DICIONÁRIO DE CRISTIANISMO E CIÊNCIA

Obra de referência definitiva para a interseção entre fé cristã e ciência contemporânea

Organizadores:

Paul Copan
Tremper Longman III
Christopher L. Reese
Michael G. Strauss

Tradução de:

Paulo Sartor Jr.

Rio de Janeiro
2018

Título original: *Dictionary of Christianity and Science*

Copyright © 2017 by Paul Copan, Tremper Longman III, Christopher L. Reese, Michael Strauss

Edição original por Zondervan. Todos os direitos reservados.

Copyright da tradução © Vida Melhor Editora S.A., 2018. Todos os direitos reservados.

As citações bíblicas são da *Nova Versão Internacional* (NVI), da Biblica, Inc.,
a menos que seja especificada outra versão da Bíblia Sagrada.

Os pontos de vista dessa obra são de responsabilidade dos autores e colaboradores diretos, não refletindo necessariamente a posição da Thomas Nelson Brasil, da HarperCollins Christian Publishing ou de sua equipe editorial.

Gerente editorial	Samuel Coto
Editor responsável	André Lodos Tangerino
Assistente editorial	Bruna Gomes
Produção editorial	Aldo Menezes
Copidesque	Aldo Menezes, Jean Charles Xavier, Luiz Werneck Maia e Marcus Braga
Revisão	Patrícia Murari
Diagramação	Aldo Menezes
Adaptação de capa	Filigrana

CIP-BRASIL. CATALOGAÇÃO NA FONTE
SINDICATO NACIONAL DOS EDITORES DE LIVROS, RJ

D542

Dicionário de cristianismo e ciência : obra de referência definitiva para a interseção entre fé cristã e ciência contemporânea / organização Paul Copan ... [et al.] ; tradução Paulo Sartor Jr.. - 1. ed. - Rio de Janeiro : Thomas Nelson Brasil, 2018.

768 p.

Tradução de: Dictionary of christianity and science
Inclui bibliografia
ISBN 9788578609894

1. Religião e ciência. 2. Cristianismo - Dicionários. 3. Ciência - Dicionários. I. Copan, Paul. II. Sartor Jr., Paulo.

18-52789   CDD: 215
              CDU: 279.21(038)

Vanessa Mafra Xavier Salgado - Bibliotecária - CRB-7/6644

Thomas Nelson Brasil é uma marca licenciada à Vida Melhor Editora S.A.
Todos os direitos reservados à Vida Melhor Editora S.A.
Rua da Quitanda, 86, sala 218 – Centro
Rio de Janeiro, RJ, Brasil - CEP 20091-005
Tel.: (21) 3175-1030
www.thomasnelson.com.br

À minha esposa, Alice,
com todo meu amor, por seu maravilhoso apoio em todos esses anos.
Tremper Longman III

À minha esposa, Naomi,
por trilhar essa jornada comigo,
e à minha mãe, ao meu pai e ao meu avô,
por me estimularem a ser curioso sobre o mundo.
Christopher L. Reese

Ao meu pai, Richard L. Strauss,
que me ensinou a amar as Escrituras e buscar a verdade.
Michael G. Strauss

Em memória do meu amado pai,
Valery Andreiyevich Copan (21/5/1924-14/4/2016).
Paul Copan

INTRODUÇÃO

A fé bíblica e a ciência têm sido aliadas e inimigas em toda a história do Ocidente. Do modelo heliocêntrico de Copérnico às meditações de Blaise Pascal sobre os mistérios de Deus, desde o agnosticismo de Darwin até as disputas no âmbito escolar sobre o *design inteligente*, o diálogo entre ambas foi repleto de emoção e bastante fecundo para investigação. Hoje, várias teorias e descobertas científicas continuam a suscitar questões para as perspectivas cristãs da cosmologia, antropologia e filosofia, e para o estudo da Bíblia e o testemunho público. Possivelmente mais do que em qualquer outro momento da história, as opiniões sobre a relação entre ciência e cristianismo na cultura ocidental são tanto polarizadoras como confusas. Assim, é essencial um diálogo razoável sobre a interseção dessas duas áreas e o esclarecimento de seus respectivos conceitos e implicações.

O *Dicionário de cristianismo e ciência* é exatamente essa investigação contemporânea da interação entre fé cristã e ciência. Não pretende ser exaustivo — muito mais poderia ser escrito sobre cada um de seus verbetes —, mas é abrangente e acessível. Praticamente todos os colaboradores são cristãos evangélicos especialistas em seus respectivos campos de estudo. Todas as entradas foram cuidadosamente revisadas pelos organizadores. É nossa esperança que os leitores do *Dicionário* sejam informados e desafiados a todo instante por resumos precisos e análises imparciais.

O cristianismo evangélico não é unânime em relação à ciência. Grupos bem estabelecidos, muitas vezes com suas próprias publicações, organizações e eventos, discordam quanto a questões fundamentais. Embora nenhum livro possa reclamar para si objetividade perfeita, o propósito deste volume é representar vários grupos evangélicos e pontos de vista da maneira mais justa possível em seus próprios termos. Essa abordagem não agradará a todos. Os leitores que preferem conclusões categóricas podem ficar desapontados. No entanto, o objetivo deste dicionário é traçar os contornos do pensamento evangélico sobre a ciência e sugerir um quadro para discussões futuras, e não esgotar essas discussões.

Este dicionário contém três tipos de entradas, a saber:

- **Introduções.** Esses trechos mais curtos descrevem, em forma de resumo, os fatos centrais sobre um tópico. Onde há questões interpretativas, são apresentadas explicações simples das hipóteses mais viáveis, com igual tratamento dado a cada hipótese. O objetivo das **Introduções** é fornecer uma visão geral rápida e fácil de entender.
- **Ensaios.** Essas entradas mais longas começam com a mesma informação que as entradas **Introduções**, mas incluem uma maior exploração das implicações e do significado do tema em discussão. As referências a personagens importantes ou a trabalhos relacionados ao tópico são frequentemente incluídas, assim como informações relevantes de apoio. O objetivo dos **Ensaios** é uma sinopse introdutória completa de um assunto relacionado.
- **Discussões com múltiplas hipóteses.** Ao contrário de outras entradas no *Dicionário*, as **Discussões com múltiplas hipóteses** [indicadas pelo símbolo ↭] não pretendem ser imparciais. Em vez disso, em temas-chave que têm estimulado o desentendimento contínuo e que possuem maior relação entre o pensamento cristão e o pensamento científico, os expoentes de importantes perspectivas escreveram artigos que apresentam seus pontos de vista, o que foi feito de forma veemente, mas com amor. Contra-argumentação e antecipação de críticas de pontos de vistas opostos são incluídas. Deve-se observar que os autores de determinada perspectiva não leram os verbetes um do outro antes da publicação. Esses trechos de ponto de vista dependem da pesquisa atual e tentam apresentar outras visões com precisão, mas o enfoque de cada texto é persuadir, em vez de apenas informar. O objetivo das **Discussões com múltiplas hipóteses** é um debate que delineie os diferentes pontos de vista e equipe melhor os leitores a chegar a suas próprias conclusões de maneira mais bem informada. Consequentemente, os organizadores não concordam com todas as opiniões expressas nestes artigos. Em vez disso, eles tentaram promover a precisão, mas

6 INTRODUÇÃO

permitiram um diálogo baseado em bons princípios, mesmo quando controverso. Às vezes há uma linha tênue entre precisão e opinião.

As entradas de todos os tipos incluem um título final nomeado "Referências e leituras recomendadas", listando as principais fontes mencionadas em cada trecho e/ou leitura adicional sugerida.

Como organizadores, fomos desafiados e elucidados, pois revisamos as várias contribuições de artigos para este dicionário. Acreditamos que você terá a mesma experiência quando interagir com os artigos e tópicos incluídos neste livro.

Tal como acontece com qualquer trabalho de referência, sabemos que certos tópicos ou pontos de vista importantes podem ter sido omitidos. Convidamos os leitores deste dicionário a enviar sugestões sobre tópicos que poderiam ser incorporados em futuras edições para dcs@harpercollins.com.

Abril de 2017

Paul Copan
Tremper Longman
Chris Reese
Michael G. Strauss

COLABORADORES

Alexander H. Pierce (Mestre em Teologia, Trinity Evangelical Divinity School) é um pesquisador independente do Carl F. H. Henry Center for Theological Understanding.

Andrew D. Cuthbert é doutorando em Psicologia na Wheaton College.

Angus J. L. Menuge (PhD, Universidade do Wisconsin, em Madison) é professor de Filosofia na Concordia University Wisconsin.

Ann Gauger (PhD, Universidade de Washington) é pesquisador sênior no Biologic Institute e membro sênior no Center for Science and Culture do Discovery Institute.

Ardel B. Caneday (PhD, Trinity Evangelical Divinity School) é professor de Estudos do Novo Testamento e Grego na University of Northwestern, em Saint Paul, Minnesota.

Benjamin H. Arbor é pós-doutorando na Universidade de Bristol, no Reino Unido.

Bradley J. Gundlach (PhD, Universidade de Rochester) é professor de História e diretor da Divisão de Humanidades da Trinity International University.

Bradley L. Sickler (PhD, Universidade de Purdue) é professor assistente de Filosofia e diretor do Programa do Mestrado em Ciências Humanas em Estudos Teológicos da Northwestern University de Saint Paul, Minnesota.

Brandon L. Rickabaugh (Mestre em Ciências Humanas, Universidade Biola) é professor adjunto no Departamento de Filosofia da Azusa Pacific University.

Brendan Sweetman (PhD, Universidade do Sul da Califórnia) é presidente do Departamento de Filosofia e presidente da cátedra John J. e Laura Sullivan de Filosofia na Universidade Rockhurst.

Bruce Ashford (PhD, Southeastern Baptist Theological Seminary) é professor de Teologia e Cultura, diretor e reitor de faculdade e membro do Bush Center for Faith and Culture no Southeastern Baptist Theological Seminary.

Bruce L. Gordon (PhD, Northwestern University) é acadêmico residente e professor adjunto de História e Filosofia da Ciência na Houston Baptist University e membro sênior do Center for Science and Culture do Discovery Institute.

Byron Noordewier (PhD, Universidade de Utah) é professor de Biologia na Northwestern College.

C. Ben Mitchell (PhD, Universidade do Tennessee) é professor da cátedra Graves de Filosofia Moral, reitor e vice-presidente de assuntos acadêmicos da Union University.

Calvin B. DeWitt (PhD, Universidade de Michigan) é professor titular de Estudos Ambientais no Gaylord Nelson Institute for Environmental Studies da Universidade do Wisconsin-Madison.

Casey Luskin (Doutor em Direito, Universidade de San Diego) anteriormente atuou como diretor do programa em políticas públicas e assuntos jurídicos e como coordenador de pesquisa no Center for Science and Culture do Discovery Institute.

Chad Meister (PhD, Universidade Marquette) é professor de Filosofia na Bethel College, em Indiana.

Chris Firestone (PhD, Universidade de Edimburgo) é professor de Filosofia e presidente do Departamento de Filosofia da Trinity International University.

Christopher L. Reese (Mestre em Teologia, Talbot School of Theology) é escritor, editor e intelectual independente. Anteriormente, atuou como gerente de *marketing* da academia B&H e como editor associado da Moody Publishers. Ele é o cofundador da Christian Apologetics Alliance.

Craig S. Keener (PhD, Universidade Duke) é professor da cátedra F. M. e Ada Thompson de Estudos Bíblicos no Asbury Theo-logical Seminary.

Darrel R. Falk (PhD, Universidade de Alberta) é professor titular de Biologia na Point Loma Nazarene University e consultor sênior de diálogo na BioLogos.

Darrell L. Bock (PhD, Universidade de Aberdeen) é diretor executivo de engajamento cultural e professor titular de Estudos do Novo Testamento no Dallas Theological Seminary.

David H. Glass (PhD, Queen's University de Belfast) é professor sênior na School of Computing and Mathematics da Universidade de Ulster.

David R. Legates (PhD, Universidade do Delaware) é professor adjunto de Geografia na Universidade do Delaware.

David Snoke (PhD, Universidade de Illinois, em Urbana-Champaign) é professor de Física e Astronomia na Universidade de Pittsburgh.

Davis A. Young (PhD, Universidade Brown) é professor emérito de Geologia na Calvin College.

Deborah Haarsma (PhD, Massachusetts Institute of Technology) é presidente da BioLogos e anteriormente era professora e decana de Física e Astronomia na Calvin College.

Dennis R. Venema (PhD, Universidade da Colúmbia Britânica) é professor adjunto da Trinity Western University e professor de Biologia na BioLogos.

Dominick D. Hankle (PhD, Universidade Capella) é o presidente do Departamento de Psicologia e professor adjunto de Psicologia da Regent University.

8 COLABORADORES

Donald Wacome (PhD, Universidade de Duke) é professor de Filosofia na Northwestern College.

Douglas Groothuis (PhD, Universidade de Oregon) é professor de Filosofia no Denver Seminary.

Edward B. ("**Ted**") **Davis** (PhD, Universidade de Indiana) é professor de História da Ciência na Messiah College.

Edward Feser (PhD, Universidade da Califórnia em Santa Bárbara) é professor adjunto de Filosofia na Pasadena City College.

Eric Jones (PhD, Universidade Atlantic da Florida) é professor adjunto de Psicologia da Regent University.

Eric R. Hedin (PhD, Universidade de Washington) é professor adjunto de Física e Astronomia na Ball State University.

Erica Carlson (PhD, Universidade da Califórnia, em Los Angeles) é professora de Física na Universidade de Purdue.

Francis J. Beckwith (PhD, Universidade Fordham) é professor de Filosofia e Estudos sobre Igreja-Estado, diretor associado do programa de pós-graduação em Filosofia e codiretor do programa de estudos filosóficos de religião no Institute for Studies of Religion na Universidade Baylor.

Fred Zaspel (PhD, Free University of Amsterdam) é professor adjunto de Teologia Cristã no Southeastern Baptist Theological Seminary.

Frederick A. Schneider (PhD, Moscow State Institute of International Relations) é membro sênior do Rivendell Institute da Universidade Yale.

Garry DeWeese (PhD, Universidade do Colorado) é professor honorário na Talbot School of Theology da Universidade Biola.

Gary Deddo (PhD, Universidade de Aberdeen) é presidente do Grace Communion Seminary.

Gary R. Habermas (PhD, Universidade Estadual de Michigan) é professor laureado com honrarias e pesquisador de Apologética e Filosofia da Liberty University's School of Divinity.

George Schwab (PhD, Westminster Theological Seminary) é professor de Antigo Testamento no Erskine Theological Seminary.

Graham Cole (Doutor em Teologia, Australian College of Theology) é reitor e professor de Teologia Bíblica e Sistemática na Trinity Evangelical Divinity School.

Gregg Davidson (PhD, Universidade do Arizona) é reitor e professor de Geologia e Engenharia geológica da Universidade do Mississippi.

Guillermo Gonzalez (PhD, Universidade de Washington) é professor assistente de Astronomia na Ball State University e membro sênior do Center for Science and Culture do Discovery Institute.

Hans Madueme (PhD, Trinity Evangelical Divinity School) é professor assistente de Estudos Teológicos na Covenant College.

Hugh Ross (PhD, Universidade de Toronto) é presidente e fundador da Reasons to Believe.

J. B. Stump (PhD, Universidade de Boston) é editor sênior da BioLogos.

J. P. Moreland (PhD, Universidade da Califórnia do Sul) é professor titular de Filosofia na Talbot School of Theology da Universidade Biola.

James Beilby (PhD, Universidade Marquette) é professor de Estudos Bíblicos e Teológicos na Bethel University em Saint Paul, Minnesota.

James Dew (PhD, Universidade de Birmingham) é professor adjunto de História das Ideias e da Filosofia no Southeastern Baptist Theological Seminary e reitor do The College at Southeastern.

James E. Taylor (PhD, Universidade do Arizona) é o presidente do Departamento de Filosofia e professor de Filosofia da Westmont College.

James Hannam (PhD, Universidade de Cambridge) é escritor e blogueiro da BioLogos.

James LeMaster (PhD, Southeastern Baptist Theological Seminary) é um preletor no ministério médico internacional da Universidade de Louisville.

James S. Spiegel é professor de Filosofia e Religião na Universidade Taylor.

Jason M. Rampelt (PhD, Universidade de Cambridge) é professor adjunto da Universidade de Pittsburgh e membro de Cristianismo e Ciência no Greystone Theological Institute.

Jeff Ploegstra (PhD, Universidade de Iowa) é professor adjunto de Biologia na Dordt College.

Jeff Zweerink (PhD, Universidade Estadual de Iowa) é pesquisador acadêmico em Reasons to Believe.

Jeffrey Koperski (PhD, Universidade Estadual de Ohio) é professor de Filosofia na Saginaw Valley State University.

Jeffrey P. Schloss (PhD, Universidade de Washington) é professor titular de Biologia da cátedra T. B. Walker de Ciências Naturais e de Comportamento e diretor do Center for Faith, Ethics, and Life Sciences na Westmont College.

Jefrey Breshears (PhD, Universidade do Estado da Geórgia) é ex-professor da Universidade do Estado da Geórgia e do Reformed Theological Seminary e fundador do The Areopagus, um centro de estudo cristão.

Jennifer Powell McNutt (PhD, Universidade de St. Andrews) é professora adjunta de Teologia e História do Cristianismo na Wheaton College.

Joe Aguirre (graduado em Ciências, Universidade Biola) é diretor editorial de Reasons to Believe, em Covina, Califórnia, EUA.

John G. West (PhD, Claremont Graduate University) é vice-presidente do Discovery Institute e membro sênior do Center for Science and Culture.

John H. Walton (PhD, Hebrew Union College) é professor de Antigo Testamento na Wheaton College.

John Mark Reynolds (PhD, Universidade de Rochester) é o presidente fundador da Saint Constantine School,

COLABORADORES

membro sênior de Humanas no King's College de Nova York e membro do Center for Science and Culture do Discovery Institute.

John Soden (PhD, Dallas Theological Seminary) é professor e diretor de Programa Do Mestrado em Programa Bíblico na Lancaster Bible College.

Jonathan Howard Fisher (PhD, Universidade A&M do Alabama) é um intelectual independente.

Jonathan Loose (PhD, Universidade de Exeter) professor titular em Filosofia e Psicologia e diretor de aprendizagem e ensino na Heythrop College, Universidade de Londres.

Jonathan McLatchie é doutorando na Universidade Newcastle.

Justin L. Barrett (PhD, Universidade Cornell) é professor de Psicologia e chefe de desenvolvimento de projetos na Agência de Ciências, Teologia e Iniciativas Religiosas no Fuller Theological Seminary.

Ken Wolgemuth (PhD, Universidade Columbia) é professor adjunto da Universidade de Tulsa.

Kenneth Boyce (PhD, Universidade de Notre Dame) é professor assistente de Filosofia da Universidade do Missouri.

Kenneth Richard Samples (Mestre em Ciências Humanas, Talbot School of Theology) é pesquisador erudito sênior em Reasons to Believe e professor adjunto da Universidade Biola.

Kerry Magruder (PhD, Universidade de Oklahoma) é professor adjunto e curador da cátedra de John H. e Drusa B. Cable de História da Ciência e presidente das coleções de história da ciência na Universidade de Oklahoma.

Kevin Sharpe (PhD, Univesidade de Purdue) é professor adjunto no Departamento de Filosofia da Universidade de St. Cloud.

Kevin W. Hamlen (PhD, Universidade Cornell) é professor adjunto de Ciência da Computação na Universidade do Texas, em Dallas.

Laurie Furlong (PhD, Universidade da Califórnia, em Santa Bárbara) é chefe de departamento e professora de Biologia na Northwestern College.

Logan Paul Gage (PhD, Universidade Baylor) é professor assistente de Filosofia da Universidade Franciscana de Steubenville.

Lydia McGrew (PhD, Universidade Vanderbilt) é uma intelectual independente.

Marcus R. Ross (PhD, Universidade de Rhode Island) é professor de Geologia e diretor assistente do Center for Creation Studies da Liberty University.

Mark Nelson (PhD, Universidade de Notre Dame) é professor da cátedra Monroe de Filosofia da Westmont College.

Mark Pichaj (Mestre em Ciências Humanas, Talbot School of Theology) é o professor assistente de Ciências Físicas da Universidade Biola.

Martin Erdmann (PhD, Universidade de Brunel) é o diretor fundador do Verax Institute.

Matthew S. Tiscareno (PhD, Universidade do Arizona) é pesquisador sênior no Carl Sagan Center for the Study of Life in the Universe, do SETI Institute.

Matthew Walhout (PhD, Universidade de Maryland) é professor de Física e Astronomia e decano para pesquisa e bolsas de estudo na Calvin College.

Maurice Lee (PhD, Universidade de Yale) é professor assistente de Estudos Religiosos da Westmont College.

Michael Behe (PhD, Universidade da Pensilvânia) é professor de Ciências Biológicas da Universidade Lehighe e pesquisador sênior no Center for Science and Culture do Discovery Institute.

Michael Egnor (médico, Universidade Columbia) é professor de Cirurgia Neurológica e Pediatria na Stony Brook University.

Michael Flannery (Mestre em Biblioteconomia e Ciência da Informação, Universidade do Kentucky) é diretor adjunto de coleções históricas na Lister Hill Library of the Health Sciences da Universidade do Alabama, em Birmingham, e membro do Center for Science and Culture do Discovery Institute.

Michael G. Strauss (PhD, Universidade da Califórnia, em Los Angeles) é professor da cátedra David Ross Boyd de Física da Universidade de Oklahoma.

Michael J. Murray (PhD, Universidade de Notre Dame) é vice-presidente sênior de programacão da John Templeton Foundation.

Michael Keas (PhD, Universidade de Oklahoma) é professor de história e filosofia da ciência no Southwestern Baptist Theological Seminary e membro sênior no Center for Science and Culture do Discovery Institute.

Milton Eng (PhD, Universidade Drew) é professor adjunto da William Paterson University e diretor da costa leste do Institute for the Study of Asian American Christianity.

Naomi Noguchi Reese (PhD, Trinity Evangelical Divinity School) é professora adjunta de Religião na Belmont University.

P. C. Kemeny (PhD, Universidade de Princeton) é professor de Religião e Humanidades na Grove City College.

Paul Copan (PhD, Universidade Marquette) é professor de Filosofia e Ética da Cátedra Pledger Family na University's School of Ministry da Palm Beach Atlantic University.

Paul Gould (PhD, Universidade de Purdue) é professor assistente de Filosofia e Apologética Cristã e decano de Filosofia e Estudos Culturais no Southwestern Baptist Theological Seminary.

Paul K. Moser (PhD, Vanderbilt University) é professor de Filosofia da Loyola University, Chicago.

Paul Nelson (PhD, Universidade de Chicago) é membro do Discovery Institute e professor adjunto da Universidade Biola.

Peter S. Williams (Mestre em Filosofia, Universidade de East Anglia, na Califórnia; mestre em Ciências Humanas,

Universidade de Sheffield) é professor assistente em Comunicação e Visão Mundial na School of Journalism and Communication de Gimlekollen na NLA University College, na Noruega.

R. Douglas Geivett (PhD, Universidade do Sul da Califórnia) é professor de Filosofia da Talbot School of Theology da Universidade Biola.

R. Keith Loftin (PhD, Universidade de Aberdeen) é professor assistente de Filosofia e Humanidades e reitor adjunto no Southwestern Baptist Theological Seminary.

Ralph Stearley (PhD, Universidade de Michigan) é professor de Teologia na Calvin College.

Richard F. Carlson (PhD, Universidade da Califórnia, em San Diego) é diretor do Departamento de Magnetismo Terrestre do Carnegie Institution for Science.

Robert B. Sheldon (PhD, Universidade de Maryland) ensina Astronomia no Ensino Médio na Covenant Christian Academy em Huntsville, Alabama.

Robert C. Bishop (PhD, Universidade do Texas) é professor de Física e Filosofia e professor titular de Filosofia e História da Ciência da cátedra John e Madeleine McIntyre na Wheaton College.

Rodney Holder (Doutor em Filosofia, Universidade de Oxford) é ex-diretor de curso do Faraday Institute for Science and Religion na St. Edmund's College, Cambridge, onde é associado.

Ryan G. Hornbeck (Doutor em filosofia, Universidade de Oxford) é membro do corpo docente de pesquisa da escola de pós-graduação em Psicologia do Fuller Theological Seminary.

Samuel E. Matteson (PhD, Universidade Baylor) é professor titular com honrarias na Universidade do Norte do Texas.

Sara Sybesma Tolsma (PhD, Northwestern University) é professora de Biologia na Northwestern College.

Scott B. Rae (PhD, Universidade do Sul da Califórnia) é professor de Ética Cristã e reitor da Talbot School of Theology da Universidade Biola.

Scott Shalkowski (PhD, Universidade de Michigan) é orador sênior na Universidade de Leeds.

Stephen A. Contakes (PhD, Universidade de Illinois) é professor assistente de Química na Westmont College.

Stephen C. Meyer (PhD, Universidade de Cambridge) é diretor de programa e membro sênior do Center for Science and Culture do Discovery Institute.

Stephen Case (PhD, Universidade de Notre Dame) é professor de Química e Geociências e diretor do planetário da Olivet Nazarene University, em Illinois.

Stephen Dilley (PhD, Universidade Estadual do Arizona) é professor adjunto de Filosofia da St. Edwards University.

Stephen O. Moshier (PhD, Universidade Estadual da Louisiana) é professor de Geologia, diretor da Black Hills Science Station e presidente do Departamento de Geologia e Ciência Ambiental na Wheaton College.

Steward E. Kelly (PhD, Universidade de Notre Dame) é professor de Filosofia da Minot State University.

Teri R. Merrick (PhD, Universidade da Califórnia, em Irvine) é professor de Filosofia e presidente do Departamento de Teologia e Filosofia da Azusa Pacific University.

Todd S. Beall (PhD, Catholic University of America) é professor de Literatura do Antigo Testamento e Exegese no Capital Bible Seminary.

Todd Tracy (PhD, Universidade Estadual do Colorado) é professor de Biologia na Northwestern College.

Travis Dickinson (PhD, Universidade de Iowa) é professor adjunto de Filosofia e Apologética Cristã no Southwestern Baptist Theological Seminary.

Tremper Longman III (PhD, Universidade de Yale) é professor da cátedra de Robert H. Gundry de Estudos Bíblicos na Westmont College.

Tyler S. Greenway (Mestre em Teologia, Calvin Theological Seminary) é assistente de pesquisa no Centro de Desenvolvimento Humano e doutorando no Programa de Ciências Psicológicas do Fuller Theological Seminary.

Van Herd (PhD, Universidade de Oklahoma) é professor adjunto da Universidade do Texas em Austin e ministro de educação de adultos na Congregational Church of Austin.

Victor Reppert (PhD, Universidade de Illinois) é professor adjunto de Filosofia na Glendale Community College em Glendale, Arizona.

Ward B. ("Ward") Davis (Doutor em Psicologia, Regent University) é professor adjunto de Psicologia na Wheaton College.

Warren Rogers (PhD, Universidade de Rochester) é professor de Física na Westmont College.

Wayne Rossiter (PhD, Universidade Rutgers) é professor assistente de Biologia na Universidade de Waynesburg, e professor adjunto na Universidade da Carolina do Norte, em Wilmington.

William Dembski (PhD, Universidade de Illinois, em Chicago) é ex-professor e pesquisador do Center for Science and Culture do Discovery Institute.

William Lane Craig (PhD, Universidade de Birmingham, doutor em Teologia pela Universidade Ludwig-Maximillién, em Munique) é professor titular de Filosofia da Talbot School of Theology e professor de Filosofia da Houston Baptist University.

Winfried Corduan (PhD, Universidade Rice) é ex-professor de Filosofia e Religião na Taylor University.

Winston Ewert (PhD, Universidade Baylor) é pesquisador sênior no Evolutionary Informatics Lab.

AGRADECIMENTOS

Nós, os editores gerais, gostaríamos de agradecer à Zondervan pela oportunidade de editar um livro que acreditamos ser uma contribuição importante e atualizada para a discussão científico-cristã. Estamos especialmente agradecidos ao editor da Zondervan, Madison Trammel. Ele foi um guia sábio e cortês, sempre aberto às nossas sugestões, oferecendo seu bom conselho ao longo dos vários anos necessários para levar esse projeto da proposta até sua publicação.

Também gostaríamos de agradecer a Michael Murray, John Churchill e Alex Arnold da Templeton Foundation por suas sugestões úteis nos estágios iniciais deste projeto.

ABORTO. O aborto é o término prematuro da gravidez, sempre resultando na morte do organismo humano por nascer. Um aborto pode ocorrer naturalmente, como em um aborto espontâneo, ou intencionalmente, como quando uma mulher grávida providencia um. Este último geralmente é consumado por procedimentos efetuados por médicos ou por outros profissionais de saúde. É este tipo de aborto, a interrupção voluntária da gestação, o foco deste verbete.

A igreja cristã rejeitou a admissibilidade moral do aborto opcional desde o início, mesmo que a Bíblia não o condene explicitamente. No entanto, a compreensão das Escrituras sobre o ser humano feito à imagem de Deus, combinada com a proibição textual de matar injustamente, explica a mensagem consistente da igreja sobre a santidade da vida humana incipiente. Por exemplo, no primeiro livro extrabíblico sobre a prática cristã, a *Didaquê* (c. 80-100 d. C.), lê-se: "Não mate a criança no seio de sua mãe e nem depois que ela tenha nascido". Embora durante a história da igreja, filósofos e teólogos cristãos diferiram em relação à questão de saber quando, precisamente, a vida em desenvolvimento no útero adquire uma alma humana (ou o que Tomás de Aquino chamou de "alma racional"), esse desentendimento não teve qualquer influência sobre se o aborto era moralmente admissível. Em outras palavras, o momento no qual a alma começa a habitar o corpo de modo racional não determinou se o aborto é um homicídio injusto.

Esses debates sobre a habitação da alma desapareceram após o início da embriologia moderna, quando se descobriu que o ser humano não nascido é desde a concepção o mesmo que sai do útero no nascimento, embora muito mais desenvolvido (Haldane e Lee, 2003). Assim que o caráter ininterrupto da concepção até o nascimento foi estabelecido, com a criança nascida manifestando a maturação para a qual a natureza do embrião no estado inicial foi ordenada, tornou-se claro para a maioria dos pensadores cristãos que o jovem embrião tinha uma alma humana. No entanto, alguns afirmam que o embrião não é um órgão individual unificado nas duas primeiras semanas após a concepção, uma vez que consiste em um conjunto de células totipotentes idênticas (até os primeiros quatro dias) e células pluripotentes (após os primeiros quatro dias) que parecem células independentes e não as partes de um único organismo (Corcoran, 2006). Outros contestaram essa ideia, argumentando que o jovem embrião é, de fato, um organismo individual unificado desde a concepção, uma vez que suas células totipotentes e pluripotentes parecem funcionar em conjunto de uma forma dirigida por um objetivo para o bem do todo (George e Tollefsen, 2011).

Para alguns pensadores, especialmente fora da igreja, a natureza humana do feto não é relevante para a admissibilidade moral do aborto. Alguns argumentam que os nascituros, embora humanos, não são "pessoas", uma vez que não adquiriram as características que tipicamente atribuímos a pessoas, como, por exemplo, a capacidade de raciocinar, ter um autoconceito, e assim por diante (Tooley, 1983). Outros argumentam que os nascituros, ainda que sejam pessoas, podem ser mortos pelo aborto, uma vez que nenhum indivíduo, nascido ou não, tem o direito de usar o corpo de outro contra sua vontade (Boonin, 2002). Filósofos cristãos têm criticado os dois tipos de argumentos favoráveis ao aborto (Beckwith, 2007; Kaczor, 2014; Lee, 2010).

Francis J. Beckwith

REFERÊNCIAS E LEITURAS RECOMENDADAS

Beckwith, Francis J. 2007. *Defending Life: A Moral and Legal Case against Abortion Choice*. Cambridge: Cambridge University Press.

Boonin, David. *A Defense of Abortion*. Cambridge: Cambridge University Press, 2002.

Corcoran, Kevin J. *Rethinking Human Nature: A Christian Materialist Alternative to the Soul*. Grand Rapids: Baker, 2006.

George, Robert P; Tollefsen, Christopher. *Embryo: A Defense of Human Life*. 2. ed. Princeton, NJ: Witherspoon Institute, 2011.

Haldane, John; Lee, Patrick. "Aquinas on Ensoulment, Abortion, and the Value of Human Life." *Philosophy* 78:255-78, 2003.

Kaczor, Christopher. *The Ethics of Abortion: Women's Rights, Human Life, and the Question of Justice*. 2. ed. Londres: Routledge, 2014.

Lee, Patrick. *Abortion and Unborn Human Life*. 2. ed. Washington, DC: Catholic University of America Press, 2010.

Tooley, Michael. *Abortion and Infanticide*. Oxford: Oxford University Press, 1983.

AÇÃO DIVINA (hipótese da governança engajada). Os teístas acreditam que Deus criou o

14 AÇÃO DIVINA (hipótese da governança engajada)

universo e continua a sustentá-lo, mas o que mais Deus faz? Em particular, Deus às vezes intervém na ordem natural para provocar eventos que de outra forma não ocorreriam, e às vezes intervêm para evitar que outros eventos aconteçam? Esta é a questão da *ação divina especial*.

Do ponto de vista bíblico, a resposta parece clara. No Antigo Testamento, há atos de Deus que são contrários ao fluxo normal da natureza. Alguns são pequenos, como uma cabeça de machado que flutua (2Reis 6); outros são dramáticos, como as pragas contra o Egito (Êxodo 7—10). No Novo Testamento, há **milagres** realizados por Jesus, mas também há "sinais e maravilhas" provocados pelo poder de Deus trabalhando através de seus seguidores: Pedro curando o coxo (Atos 3) e os dons espirituais da cura e milagres mencionados por Paulo (1Coríntios 12), entre outros.

Teólogos de mente mais liberal tentaram naturalizar os milagres bíblicos. Em vez da alimentação milagrosa dos 5 mil (Mateus 14:13-21), por exemplo, alguns propuseram que o ensinamento de Jesus levou seu público a compartilhar espontaneamente seus alimentos com os outros, alimentando assim a todos. Há também outra questão, que é saber se os milagres devem ser entendidos como a quebra das **leis da natureza** ou, antes, como "maravilhas" que são religiosamente significativas, mas não exigem a intervenção divina. Como William Pollard disse: "Os milagres bíblicos são, como esse no Êxodo, o resultado de uma combinação extraordinária e extremamente improvável de **acaso** e casualidade. Eles, em análise, envolvem, como se supõe tão frequentemente, uma violação das leis da natureza"(Pollard, 1958, p. 115).

Por exemplo, imagine que os judeus na Jerusalém do primeiro século tenham jejuado e orado durante 40 dias para serem poupados do general romano Tito. Imagine que, no dia 40, Tito tenha sido atingido e morto por um meteorito. Isso foi um milagre? Embora aqueles em Jerusalém o descrevessem dessa maneira, poderia ser apenas uma maravilha. Deus poderia ter previsto essas **orações** e colocado esse meteoro em movimento na criação para que ele caísse em Tito no horário designado; não é necessária nenhuma intervenção. (Tais "maravilhas" oportunas são algumas vezes chamadas de "providência extraordinária". Isso contrasta com a "providência ordinária" — fornecer chuva e luz do sol e uma terra frutífera [Mateus 5:45; Atos 14:17] — e com o "milagre", que é discutido adiante.)

Embora alguns eventos e aspectos do propósito na natureza possam ser considerados como maravilhas, este não é o caso de muitos milagres bíblicos. Como N. T. Wright observou frequentemente, por exemplo, as pessoas antigas sabiam que as pessoas mortas ficavam mortas. A ressurreição de Lázaro exigia que Deus interviesse. O mesmo é verdade para muitas supostas respostas à oração ao longo dos séculos. Os milagres do Novo Testamento, ao longo da história da igreja, e em todo o mundo em nossos dias foram documentados com perfeição nos dois volumes de Craig Keener, *Miracles* [Milagres] (Keener 2011). Com isso em mente, eu tomo a ação divina intervencionista como a posição padrão neste debate. O ônus da prova é sobre o não intervencionismo. Portanto, em vez de apresentar argumentos positivos em favor desta hipótese, consideremos algumas objeções não intervencionistas.

1. *Incompetente*. Uma analogia poderosa apresentada pelo filósofo alemão Gottfried Leibniz moldou por muito tempo esse debate. Enquanto **Isaac Newton** e outros permitiram a intervenção divina na natureza, Leibniz argumentou que uma divindade onisciente não agiria assim:

> De acordo com a doutrina [newtoniana], o Deus todo-poderoso precisa dar corda em seu relógio de vez em quando: de outra forma, deixaria de trabalhar. Ele não tinha, aparentemente, clarividência suficiente para colocá-lo em movimento perpétuo. Não! A máquina da fabricação de Deus é tão imperfeita, de acordo com esses homens gentis, que ele é obrigado a limpá-la de vez em quando por um processo extraordinário, e mesmo consertá-la, como um relojoeiro conserta seu trabalho. (Leibniz e Clarke, 1956, p. 11-12)

Em outras palavras, uma divindade onisciente e onipotente teria feito a coisa direito desde o início. Um relojoeiro infinito, diz Leibniz, faria um relógio que marcaria as horas perfeitamente para sempre sem precisar de corda ou fazer ajustes. O mesmo vale para o universo como um todo. Um Deus que precisa intervir na natureza de tempos em tempos seria incompetente. Pensar como os newtonianos fazem é "ter uma noção muito má da sabedoria e do poder de Deus".

2. *Inconsistente*. Desde o século XVII, os teístas acreditaram amplamente que Deus estabeleceu as leis da natureza e continua a sustentá-las. Isso apresenta um problema para a intervenção divina. Os não intervencionistas argumentam que seria inconsistente para Deus intervir na natureza e, assim, violar as próprias leis que

AÇÃO DIVINA (hipótese da governança engajada)

ele anteriormente ordenou. Se Deus quisesse que algum evento acontecesse, ele poderia ter estruturado as leis para trazê-lo ou mudar as condições iniciais na criação. Implementar e depois quebrar suas próprias leis envolveria uma espécie de esquizofrenia divina. Portanto, Deus não viola os decretos que reconhecemos como leis naturais.

3. *Deus das lacunas*. A teoria da gravitação de Newton é "universal" no sentido de que ela se aplica a todos no universo. Por que, então, Newton se perguntou, não observamos estrelas caindo umas sobre as outras durante longos períodos de tempo? Afinal, elas se atraem. Por que elas não se movem? Sua resposta no *Opticks* foi que Deus intervém para manter as estrelas no lugar (1704, pergunta 31). Com o tempo, é claro, uma explicação naturalista foi encontrada e não havia necessidade de colocar a intervenção divina para explicar as estrelas fixas.

A explicação de Newton é um exemplo do que agora é chamado de "raciocínio do Deus das lacunas": Quando um fenômeno dado não parece possível de acordo com nossas melhores teorias, se infere que Deus é responsável, preenchendo assim a lacuna em nosso entendimento. Os não intervencionistas argumentam que essa mesma inferência é usada sempre que a ação divina é invocada como uma explicação. O problema, como o exemplo de Newton ilustra, é quando a ciência finalmente fecha as lacunas explicativas e Deus é posto para fora. Cada vez que Deus é eliminado, fortalece a conclusão ateísta de que a ação divina nunca é necessária para explicar nada. "Ciência", o ateísmo nos assegura, "irá tapar todas as lacunas com o tempo". Os não intervencionistas acreditam que esse argumento pode ser prejudicado ao evitar o raciocínio das lacunas, em primeiro lugar. Os teístas, dizem eles, não devem apelar para a intervenção divina para explicar fenômenos que eles acham surpreendentes (ver **Deus das lacunas**).

4. *Não científico*. Com a possível exceção da mecânica quântica, somos informados, a ciência mostrou que a realidade física é composta por uma cadeia inquebrável de causas naturais. As observações apenas revelam efeitos físicos produzidos por causas físicas. Em outras palavras, muitos acreditam que a ciência provou o *fechamento causal do físico*: os eventos físicos só podem ser causados por eventos físicos anteriores em conjunto com as leis da natureza. A intervenção divina é problemática porque quebra a cadeia de **causalidade**. Daí ateus e alguns teístas acreditam que a intervenção milagrosa é contrária à ciência.

Em particular, Deus atuando dentro do universo exigiria energia para ser colocada no sistema. Tal ato violaria a **conservação da energia** e, portanto, não é científico no sentido mais forte: é um evento que a ciência mostrou ser impossível.

Na medida em que a ciência é considerada o padrão-ouro do conhecimento humano, os não intervencionistas acreditam que o teísmo deve evitar qualquer conflito com a ciência. É melhor, portanto, que os cristãos evitem os apelos à intervenção divina.

Eu acredito que há boas respostas para cada uma dessas objeções. Vamos considerá-los em ordem.

1. *Metáfora ruim*. Leibniz apresentou a sua analogia do relojoeiro em um momento em que o universo era considerado uma máquina vasta. E faz sentido que, se Deus criasse uma máquina, funcionaria perfeitamente e sem manutenção. Mas e se Deus não vê sua criação assim? E se Deus vê a criação como algo como um jardim ou talvez um instrumento musical? Nesses casos, a ideia não se limita a fazer ou possuir, mas sim na interação com o que foi feito. Sugiro que, em vez de um deus deísta distante, o Deus criativo do cristianismo aprecia o que ele fez e se alegra em um relacionamento interativo com sua criação, como ele faz conosco. Os atos que entendemos como intervenção divina não são as marcas da incompetência, mas sim o gênio criativo. Em qualquer caso, nossa teologia da ação divina não deve ser conduzida por uma metáfora do século XVII.

2. *Leis e vontade de Deus*. Não devemos esquecer que a ideia de que existem leis da natureza foi desenvolvida dentro de uma estrutura teísta (Koperski, 2015, p. 15-20). A afirmação de que a declaração das leis de Deus é inconsistente com a ação divina especial teria sido uma grande surpresa para **Descartes**, Newton e a maioria dos outros cientistas que dependiam tanto dessa ideia. Muitos concordaram com **Robert Boyle** que, embora as leis sejam o que Deus normalmente declara ou ordena, ele foi livre para escolher de outra forma, como no caso dos milagres (1772, p. 161). Por que isso implica um conflito de vontade divina?

Considere uma analogia. Quando se trata de dor, minha vontade e desejo para meu cachorro são claros: eu quero que ele não a tenha. No entanto, eu o levei ao veterinário para tomar vacinas, o que eu sabia antecipadamente que seria doloroso. Isso foi inconsistente? Não, a vontade de alguém tem camadas diferentes e muitas vezes leva em consideração uma grande variedade de circunstâncias. Minha vontade geral para o Thatcher é que ele não sofra, mas eu permito isso às vezes para obter um bem maior. Da mesma forma, Deus pode ter uma vontade geral de governar através das leis da natureza e ainda há casos/circunstâncias especiais em que ele não o faz. Não vejo razão para pensar nisso como inconsistência ou conflito de vontade.

3. *Explicações das lacunas*. É verdade que praticamente qualquer fenômeno pode ser "explicado" como sendo um ato de Deus. Alguém pode se preocupar, então, que os teístas usarão a intervenção divina como uma explicação para qualquer evento que esteja além do alcance da ciência atual. Esta é uma boa razão para a rejeição geral da intervenção divina?

A história da ciência é um guia útil aqui. Além do exemplo de Newton e das estrelas, essa história contém uma longa linha de cientistas teístas que rotineiramente apelam para Deus como uma explicação para eventos desconcertantes? Não. A razão pela qual Newton é citado com tanta frequência deve-se ao fato de ele ser uma exceção. Os cientistas teístas preferem explicações naturalistas a sobrenaturais. Como mencionei acima, no entanto, muitos desses mesmos cientistas também acreditavam que Deus, por vezes, intervém e que os milagres realmente ocorrem. A preferência por explicações naturalistas não é a mesma coisa que a rejeição absoluta da ação divina especial.

Sem dúvida, alguns cristãos rápida e desnecessariamente alcançam explicações sobrenaturais de eventos. Proibir tais recursos, porém, é uma reação exagerada teológica.

4. *Fechamento causal e **metafísica***. Dadas as alegações sobre o fechamento causal acima, pode-se perguntar qual observação científica ou teoria estabeleceu que o universo é causalmente fechado. A resposta é *nenhuma*. O fechamento não é uma reivindicação encontrada em nenhuma lei, teoria ou observação; o fechamento é um princípio metafísico. Agora, não há nada intrinsecamente errado com isso. A ciência não poderia decolar sem uma grande variedade de princípios filosóficos, como a independência mental da realidade e a confiabilidade do motivo. Embora muitos naturalistas ontológicos — aqueles que acreditam que as entidades naturais são tudo o que existe — argumentem que o fechamento causal também pertença à lista de princípios cientificamente aprovados, este é muito mais controverso. Em particular, por que alguém que não seja naturalista ontológico acredita no fechamento causal? Como argumenta com razão o filósofo Alvin Plantinga:

> Há uma ironia interessante, aqui, no fato de que os teólogos não intervencionistas, em sua determinação de dar à ciência moderna a honra devida, exigem uma compreensão da ciência clássica que vai muito além do que a ciência clássica realmente propõe. Os teólogos não intervencionistas não podem apontar adequadamente a ciência — nem mesmo a ciência clássica do século XVIII e XIX — como uma razão para a sua oposição à intervenção divina. O que realmente orienta seu pensamento não é a ciência clássica como tal, mas a ciência clássica adicionada a um complemento metafísico, um complemento que não possui credenciais científicas e é contrário ao cristianismo clássico. (Plantinga, 2008, p. 380)

Então, que fique claro: enquanto a intervenção divina viola o fechamento causal, isso não equivale a ser contrário à ciência. O máximo que o naturalista ou não intervencionista podem reivindicar corretamente é que, *na ausência de causas não físicas*, os efeitos físicos são produzidos por causas físicas em conjunto com as leis da natureza.

Quanto à conservação da energia, há dois motivos para que ela seja um *non sequitur* quando se trata de ação divina. Primeiro, não se aplica ao universo como um todo. Textos sobre a **teoria geral da relatividade** deixam claro que não existe uma definição consensual para a energia de todo o espaço (Wald, 2010, p. 70). (Mais tecnicamente, a conservação de energia aplica-se se e somente se as leis que regem um sistema forem invariáveis no tempo de translação, o que não é o caso de um universo em expansão.) A conservação de energia aplica-se apenas a sistemas em que a energia é definida; portanto, não pode ser violada por forças originárias de fora do nosso espaço-tempo específico.

Em segundo lugar, princípios de conservação em física não proíbem a influência de forças de fora de um sistema. Em vez disso, eles dizem o que acontece dentro de um sistema que é considerado fechado ou isolado. Por exemplo, a conservação do impulso permitirá que um físico calcule as trajetórias dentro de um sistema fechado de duas bolas de bilhar antes e depois de uma colisão. No entanto, a conservação não impede uma criança de pegar uma das bolas fora da mesa no ponto de colisão. Observe que a criança não viola a conservação do impulso ao fazê-lo. Quando uma força externa interfere com um "sistema fechado", os princípios de conservação já não se aplicam.

Por esta razão, não é possível que a ação divina viole a conservação da energia. Esses princípios não se aplicam quando Deus age na natureza.

Por fim, embora eu defenda a legitimidade da intervenção divina, isso não exclui os modelos de ação divina que permitem a governança ativa da criação de Deus sem quebrar as leis da natureza. Tais modelos existem (Koperski, 2015, cap. 1). Minha preocupação foi defender a ação divina especial de críticos, cuja teologia se inclina desconfortavelmente para o **deísmo** e os naturalistas ontológicos que confundem suas ideias filosóficas com a ciência.

Jeffrey Koperski

REFERÊNCIAS E LEITURAS RECOMENDADAS

Boyle, Robert, 1772. "Reason and Religion", em *The Works of the Honourable Robert Boyle*, vol. 4, ed. Thomas Birch. London: J. and F. Rivington.

Keener, Craig S., 2011. *Miracles: The Credibility of the New Testament Accounts*. 2 vols. Grand Rapids: Baker Academic.

Koperski, Jeffrey, 2015. *The Physics of Theism: God, Physics, and the Philosophy of Science*. Malden, MA: Wiley-Blackwell.

Leibniz, Gottfied W.; Clarke, Samuel, 1956. *The Leibniz-Clarke Correspondence: Together with Extracts from Newton's Principia and Optics*, ed. H. G. Alexander. Manchester: Manchester University Press.

Newton, Isaac, 1704. *Opticks*. Many editions.

Plantinga, Alvin, 2008. "What Is 'Intervention'?" *Theology and Science* 6 (4): 369-401. doi:10.1080/14746700802396106.

Pollard, William G., 1958. *Chance and Providence: God's Action in a World Governed by Scientific Law*. New York: Scribner.

Wald, Robert M., 2010. *General Relativity*. Chicago: University of Chicago Press.

❧AÇÃO DIVINA (hipótese do *concursus*).

As discussões sobre a ação divina geralmente se concentram em saber se Deus precisa intervir — aqui, a intervenção é entendida como uma ação para além das **leis da natureza** ou contrária a elas — para atuar no mundo (p. ex., Saunders, 2002; Koperski, 2015). É também o caso de a maioria das discussões de ação divina se concentrar em milagres (ver **Milagres**). No entanto, essas discussões são tipicamente emolduradas como um **teísmo** bastante abstrato, em vez da rica natureza trinitária de Deus. O amor trinitário reformula a maneira como pensamos sobre o relacionamento e a ação de Deus na criação, além de nos ajudar a ver que Deus é ativo em todos os aspectos da criação e não apenas em eventos especiais ou miraculosos.

Contexto teológico

Não há nenhuma criação *ex nihilo* sem propósito, e os propósitos de Deus são sempre infundidos com amor. O amor trino de Deus é o fundamento da criação. Uma vez que a comunidade amorosa da Trindade é um amor libertador, a criação foi um ato livre do Pai, do Filho e do Espírito. O amor libertador da Trindade é expresso em fidelidade através da criação e sustentação de todas as coisas (através do Filho), e permitindo que a criação chegue à perfeição em Cristo (através do Espírito). O amor de Deus pela criação está fundamentado no ser trinitário de Deus e na natureza da aliança do amor divino (ver **Trindade**).

Se o relacionamento de Deus com a criação é de um amor livre, a Trindade não precisava criar o mundo, nem pela necessidade da natureza de Deus nem por algum sentido de incompletude. Isso significa que Deus fez a criação por si mesmo como objeto de amor. A habilidade do Espírito e a dinamização da criação para ser o que o Pai a chamou a ser não é apenas para a glória de Deus, mas também para o bem da criação. Além disso, o trabalho do Espírito, permitindo e aperfeiçoando a criação, implica que quando a criação age, é um meio através do qual Deus age (Bishop, 2011; Gunton, 1998).

Ação divina

Um resultado de tudo isso é que a criação toma sua forma através de um relacionamento dinâmico com o Deus trino e, finalmente, age para cumprir os propósitos de seu Criador. Um segundo resultado é que a ação de Deus na criação tipicamente não é na forma de intervenções especiais. Deus não precisa contornar ou suspender as leis da natureza para atuar na criação. Tampouco Deus precisa de "brechas indeterministas" dentro da criação para agir veementemente. A gravidez e o nascimento são ações divinas mediadas por processos regulares de criação (Salmos 139:13). Fontes e córregos que fornecem água para plantas e animais, árvores e penhascos que fornecem abrigo para animais e ciclos de dia e de noite e as estações são retratados como atuação e provisão de Deus através da criação (Salmos 104; Jó 38—39). Quando as flores florescem na primavera, Deus está trabalhando através da criação. Da mesma forma, os processos físicos, químicos, biológicos e geológicos que os cientistas estudam podem ser vistos como meios pelos quais o Pai cria por intermédio da superintendência do Filho e da capacitação do Espírito.

Isso significa que o modo habitual de Deus agir na criação é *concursus* (concomitante), atuando através e ao lado dos processos de criação que foram todos feitos através do Filho. A **encarnação** nos dá a melhor ilustração do *concursus*: tudo o que Jesus fez em sua vida e ministério

18 AÇÃO DIVINA (hipótese do *concursus*)

na terra era uma ação totalmente humana, ao mesmo tempo em que era uma ação totalmente divina pelo poder e capacitação do Espírito, fazendo assim a vontade do Pai (ver **Encarnação**). O Espírito concebeu o corpo humano de Jesus e estimulou seu crescimento, permitindo que ele fosse tecido no ventre de Maria. A natureza física de Jesus era tanto genuína como um meio importante através do qual ele atuava no mundo pela capacitação do Espírito.

Da mesma forma, a natureza da criação é genuína e é um meio importante através do qual Deus cumpre os propósitos divinos na criação. Todas as coisas criadas, sejam *quarks*, células, organismos, estrelas ou galáxias, são ativadas e habilitadas pelo Espírito para ser o que eles são chamados a ser no Filho e para servir aos propósitos do Pai. Deus trabalha através de todas as coisas criadas de tal forma que exibem completamente sua natureza e se tornam o que são chamadas a ser. Além disso, porque esta relação trinitariana com a criação é, em última instância, baseada no amor da aliança, é uma relação de capacitação, conferindo uma liberdade relativa a todas as coisas criadas. Biblicamente, esse é o principal meio através do qual Deus age na criação (Gênesis 1:24,25; Salmos 104).

Essa imagem bíblica do relacionamento de Deus para com a criação e de sua ação nela contrasta fortemente com a metáfora do relógio determinista que recebemos a partir do século XVII. A soberania de Deus sobre a criação não implica que a criação seja alguma máquina determinista operando sob algum tipo de necessidade em que Deus ocasionalmente intervém. A realização da criação para o seu próprio bem, por causa do amor libertador de Deus, fundamenta a relativa liberdade que a criação tem de se tornar efetivamente o que é chamada a ser. Mal comparando, os pais praticam o amor libertário em relação aos filhos quando lhes dão liberdade relativa para que se desenvolvam e cresçam. Da mesma forma, a Trindade dá à criação liberdade relativa para que se desenvolva e cresça naquilo a que é chamada no Filho e capacitada pelo Espírito. A fidelidade da aliança divina é o que torna possível a relativa liberdade de criação como dádiva. Por sua vez, essa liberdade relativa que Deus dá à criação é uma das condições que possibilitam o livre-arbítrio humano.

Ação divina ordinária e especial

A ação divina ordinária é muitas vezes definida como a criação preservadora ou sustentadora de Deus, enquanto a ação divina especial é muitas vezes definida como ocasiões em que a ação de Deus faz diferença no mundo. A visão trinitária do *concursus* que esbocei aqui tende a apagar essa distinção entre a ação divina ordinária e especial. Todo evento na criação é um evento natural e divino. A tentativa de Langdon Gilkey (1961) de distinguir *objetivamente* entre atos naturais e atos especificamente divinos prova ser incoerente, pois não há casos em que a criação age pura ou simplesmente por conta própria. Nenhuma distinção objetiva desse tipo pode ser concluída.

A distinção ordinária/especial pressupõe um falso dilema de que os eventos na criação são devidos a (1) intervenções divinas não mediadas por Deus ou a (2) processos naturais sem qualquer influência divina. O segundo dilema pode ser reconhecido como **deísmo**. Esse dilema é considerado o domínio da explicação científica — daí a tremenda dificuldade que tantos relatos da ação divina enfrentam ao tentar se conciliar com uma **cosmovisão** científica (Saunders, 2002). Parece não haver um espaço coerente para a ação divina representada pelo primeiro dilema em uma cosmovisão científica.

No entanto, essa é uma escolha falsa, como Gênesis 1:24,25; Jó 38—39; Salmos 104 e 139:13 mostram: o Pai sempre está atuando genuinamente através dos próprios processos da natureza estudados por cientistas. Esses processos são criados e sustentados através do Filho e habilitados e guiados pelo Espírito. Além disso, contentar-se com relatos científicos e uma cosmovisão científica como a única explicação e cosmovisão é filosoficamente arbitrário, pois não há nada nas ciências que autorize ou force essas escolhas.

Milagres

Isso não quer dizer que Deus sempre e apenas atue através da criação, mas sim que grande parte da atividade divina revelada na Bíblia é mediada pela criação (Bishop, 2011; Gunton, 1998). Certamente, alguns milagres (p. ex., ressurreições ou ressuscitações) são intervenções no sentido de suspender ou contornar leis naturais. Mas a visão que esbocei aqui implica que esse intervencionismo não é o único meio nem mesmo o modo principal em que Deus age na criação. Alguns milagres podem ser o resultado de *concursus* com excelente sincronização (p. ex., Israel atravessando o rio Jordão para entrar na Terra Prometida). É uma questão adicional sobre o número de intervenções ocorridas ao longo da história da criação que se enquadram nos requisitos para suspender ou contornar as leis naturais. Uma implicação de uma compreensão trinitária consistente do relacionamento de Deus com a criação é que apenas *algumas* das atividades de Deus na criação tomam a forma de tais intervenções.

Explicação

Mesmo que alguns milagres possam ocorrer através do *concursus*, na melhor das hipóteses só poderíamos dar uma explicação científica do "lado natural" de tais eventos. Não haveria nenhuma explicação científica do "lado divino". Também não há nenhum motivo para esperar que uma explicação científica revele uma "causalidade divina" que fosse de alguma forma estranha às explicações científicas (Gunton, 1997). Uma sólida teologia trinitária da ação implica que as explicações científicas são as formas de explicação erradas para se aplicar à ação divina. Abordar as explicações científicas como as únicas explicações válidas, exigir que um relato de ação divina seja válido somente se "se mesclar com a linguagem causal da ciência moderna" (Saunders 2002, p. 29), é entender o segundo ponto do falso dilema. A ação de Deus na criação se limita a ser apenas instâncias de intervenções divinas especiais. Tais intervenções quebrariam a suposta rede inquebrável de causa e efeito que as ciências estudam, daí as tensões que muitos reconhecem na ação divina em um mundo científico moderno.

Em vez disso, precisamos de várias camadas de explicação — científicas e teológicas, entre outras — para capturar completamente a riqueza da atividade de Deus na criação. Uma compreensão trinitária saudável do relacionamento de Deus com a criação fornece uma estrutura para ver a investigação científica como o estudo das formas normais de atuação de Deus em e através da criação.

Podemos interpretar processos naturais através de uma lente teológica como um meio comum pelo qual a Trindade cumpre os propósitos divinos. Além disso, podemos ver que sempre há mais na história do que as ciências revelam sobre o que está acontecendo na natureza. Textos bíblicos como Gênesis 1:24,25 e Salmo 104 "abrem a cortina" para revelar que os processos em ação na criação são formas de ação divina mediada. A investigação científica nos ajuda a entender alguns dos "como" das formas normais de Deus em trabalhar em e através da criação. A Bíblia e a teologia nos ajudam a entender alguns dos "porquês" da intencionalidade de Deus na criação. Grande parte da ação divina no mundo é vista através de interpretações teológicas de explicações científicas sobre as formas comuns de criação (Bishop, 2011).

E quanto aos casos em que Deus claramente trabalha além das leis da natureza, ou ressalta isso, como ressurreições ou ressuscitamentos? Esses são claramente casos que vão além da ordem usual de criação. Nesses casos, não há expectativa de que possamos ser capazes de dar uma explicação científica de tais eventos singulares. Os métodos científicos foram desenvolvidos por **Galileu**, Gassendi, Bacon, Boyle, Newton e outros para estudar eventos repetidos, a integridade funcional que Deus deu à criação, expressada nos persistentes padrões de criação. Os métodos científicos não foram projetados para estudar eventos únicos e não recorríveis. As explicações científicas podem nos ajudar a entender quando podemos enfrentar tais eventos únicos, mas não há nada sobre tais ações divinas que de alguma forma violam as normas e explicações científicas (Koperski, 2015), a menos que alguém tenha adotado uma cosmovisão científica que simplesmente exclua eventos singulares e ações divinas *a priori*. Nesse caso, a **metafísica** de alguém foi muito além de tudo o que a investigação científica poderia possivelmente autorizar.

Ação divina e aleatoriedade

O que eu tenho discutido é duplo: os debates sobre a ação divina (1) tendem a deixar a teologia trinitária de lado em seu detrimento e, como consequência, (2) se concentram muito estritamente nas intervenções especiais divinas, enquanto perdem o vasto terreno da atividade normal de Deus mediada pela integridade funcional da criação. E quanto à aleatoriedade? Como isso se encaixa em uma imagem rica da ação mediada pela Trindade? A aleatoriedade genuína não é uma ameaça ao governo de Deus na criação?

Duas formas de aleatoriedade aparecem em explorações científicas. A primeira é *aleatoriedade aparente*. Essa aleatoriedade tem uma base determinista subjacente, mas devido a limitações epistêmicas não podemos conhecer com precisão todas as condições dessa base. As roletas e o lançamento de dados são exemplos. Existe uma base determinística para os resultados (p. ex., em qual número a bola pousará), mas devido ao desconhecimento, nós não podemos dizer qual resultado será obtido.

A segunda forma é *aleatoriedade irredutível*. Para tal aleatoriedade, todos os fatores físicos relevantes determinam apenas uma **probabilidade** fixa de resultados, mas não o próprio resultado específico. O decaimento radioativo seria um exemplo. Dada uma amostra de um isótopo radioativo, a probabilidade de quantos núcleos na amostra sofram um evento de decaimento em um período de 24 horas é determinada pelas condições físicas relevantes. No entanto, quais núcleos particulares serão submetidos a eventos de decaimento não são determinados. Para ser claro, a aleatoriedade irredutível *não é* um caos sem lei. A aleatoriedade irredutível *sempre* está em conformidade com as leis estatísticas. Isso faz parte da ordem regular da integridade funcional que Deus deu à criação.

É possível que, embora Deus tenha estabelecido as probabilidades de resultados irredutivelmente aleatórios através da integridade funcional da criação, ele atualize os resultados particulares, de modo que eles sempre cumpram as leis da natureza (Russell, 1997). No entanto, se Deus está continuamente atualizando todos ou mesmo a maioria desses resultados, isso implicaria que a integridade funcional da criação é, de alguma forma, inadequada para cumprir seu chamado a tornar-se aquilo para que o Pai a destinou através do Filho e a capacitou pelo Espírito.

Em vez disso, do ponto de vista do amor libertador da Trindade, podemos ver que mesmo a aleatoriedade irredutível é parte da natureza da criação que Deus criou para o próprio bem dela. E essa aleatoriedade é capacitada pelo Espírito para cumprir os propósitos divinos. Afinal, trabalhamos com processos radioativos o tempo todo para atingir os propósitos (p. ex., terapia de radiação, energia nuclear). Essas são formas pelas quais os humanos realmente atuam, mediadas por aleatoriedade irredutível. Não é nada, então, para Deus atuar de maneiras mediadas através de tais processos para cumprir propósitos divinos. Os cientistas podem dar uma descrição de tais processos, mas eles realmente estão apenas descrevendo alguns dos meios pelos quais Deus trabalha no mundo.

Robert C. Bishop

REFERÊNCIAS E LEITURAS RECOMENDADAS

BISHOP, Robert C., 2011. "Recovering the Doctrine of Creation: A Theological View of Science." BioLogos Forum. http://biologos.org/uploads/static-content/bishop_white_paper.pdf.

GILKEY, Langdon, 1961. "Cosmology, Ontology and the Travail of Biblical Language." *Journal of Religion* 41:194-205.

GUNTON, Colin, 1997. "The End of Causality? The Reformers and Their Predecessors." In: *The Doctrine of Creation*, ed. Colin Gunton, 63-82. Edinburgh: T&T Clark.

_____. 1998. *The Triune Creator: A Historical and Systematic Study*. Grand Rapids: Eerdmans.

JOHNSON, Phillip E., 1999. "The Fear of God: Review of *The Fifth Miracle*:

The Search for the Origin of Life, by Paul Davies." Access Research Network. www.arn.org/docs/johnson/fifthmiracle.htm.

KOPERSKI, Jeffrey, 2015. *The Physics of Theism: God, Physics, and the Philosophy of Science*. Malden, MA: Wiley-Blackwell.

RUSSELL, Robert John, 1997. "Does 'the God Who Acts' Really Act? New Approaches to Divine Action in the Light of Science." *Theology Today* 54:43-65.

SAUNDERS, Nicholas, 2002. *Divine Action and Modern Science*. Cambridge: Cambridge University Press.

ACASO. O conceito de acaso tem estado no centro de um debate sobre religião e sua relação com a ciência, especialmente nos últimos tempos. Isto é particularmente verdadeiro na disciplina da biologia (mas menos em **física**), e especialmente no que diz respeito à teoria da evolução.

Um número de pensadores ateístas proeminentes (às vezes chamados de naturalistas evolucionistas), como **Richard Dawkins**, **Carl Sagan** e **Daniel Dennett**, tem interpretado o processo biológico da evolução como sendo governado por um expressivo elemento de acaso, especialmente no que diz respeito a mutações no **DNA**, e, portanto, argumentaram que a evolução é um processo acidental e aleatório, que não tem direção ou objetivo geral. O que compreender por acaso não é a afirmação de que as mutações não têm causas, mas sim que elas ocorrem sem levar em conta o benefício, a aptidão física ou o "design" do organismo. O surgimento de qualquer espécie (incluindo o *Homo sapiens*), bem como a natureza dessa espécie, é, portanto, um processo não planejado e não supervisionado, e, portanto, eles argumentam que não há um *designer* que guie o processo, nem um Deus que direcione a evolução. Esse argumento é frequentemente apresentado como uma crítica de certas formas do **argumento de *design***, especialmente o do pensador do século XVIII, **William Paley**.

Filósofos cristãos ofereceram várias críticas importantes a essa posição geral. Primeiro, os pensadores do processo ofereceram vários argumentos para a visão de que é bem possível que Deus inclua um elemento tanto de *design* como de acaso no processo de **causalidade** no mundo natural e ainda esteja direcionando os resultados finais. Uma segunda resposta é que existe uma ordem subjacente no universo, expressa nas leis da física, o que torna possível a ciência (inclusive a evolução). Em terceiro lugar, muitos pensadores evangélicos, especificamente, têm criticado diretamente a própria teoria da evolução de várias maneiras. Alguns defendem um ponto de vista criacionista, argumentando que a evidência não justifica a aceitação da teoria; outros argumentam que a afirmação

ADÃO E EVA (hipótese do casal primordial)

de que a evolução opera por acaso não é parte da teoria oficial, mas é uma suposição metafísica daqueles que cooptaram pela teoria como uma forma de defender seu ateísmo. Outros ainda afirmam que, embora devamos julgar a teoria da evolução como deveríamos fazer com qualquer teoria científica, a **emergência** de observadores racionais, cientes e autoconscientes, com livre-arbítrio e agência moral, que também têm algum controle sobre o processo de evolução, é uma evidência muito boa de um *design* geral e, portanto, de um *designer*.

Em quarto lugar, nas últimas duas décadas, os defensores da teoria do ***design* inteligente** argumentaram que existem "complexidades irredutíveis" na natureza, especialmente no nível molecular, que a tese da **seleção natural** é improvável de conseguir explicar. Essas complexidades sugerem um *designer*. Em quinto lugar, alguns pensadores negam que exista qualquer acaso operando em biologia ou em qualquer parte do mundo natural, afirmando, antes, que o processo de causa e efeito que encontramos na ciência opera de maneira determinista. Isso significa que os resultados finais dos processos evolutivos são os resultados pretendidos de Deus, que criou os ingredientes iniciais do universo e as leis da física. Assim que confusões comuns na discussão forem esclarecidas, especialmente entre acaso e aleatoriedade, e as noções de previsibilidade e **probabilidade**, é muito mais difícil ver um papel significativo para o acaso na evolução e, portanto, todos os argumentos ateístas que atraem o acaso são consideravelmente comprometidos.

Brendan Sweetman

REFERÊNCIAS E LEITURAS RECOMENDADAS

Dembski, W.; Ruse, M. (Eds.). *Debating Design: From Darwin to DNA*. New York: Cambridge University Press, 2004.

Peacocke, Arthur. *Theology for a Scientific Age*. Minneapolis: Fortress, 1993.

Sweetman, Brendan. *Evolution, Chance and God*. New York: Bloomsbury, 2015.

Van Till, Howard. *The Fourth Day*. Grand Rapids: Eerdmans, 1986.

✑ADÃO E EVA (hipótese do casal primordial).

Um livro intitulado *Did Adam and Eve Really Exist?* [Adão e Eva realmente existiram?] (Collins 2011) faz uma pergunta que, para muitos nos círculos evangélicos, pode parecer óbvia. Naturalmente, Adão e Eva realmente existiram, eles poderiam dizer, uma vez que, sem uma Queda real como descrita em Gênesis 3, não haveria necessidade de um salvador redimir a humanidade do seu estado caído. Essa tem sido a visão quase unânime dos cristãos ao longo dos primeiros dezoito séculos da igreja. Como William VanDoodewaard observa: "Quase a totalidade da cristandade sustentava um Adão e Eva que eram o primeiro casal humano, sem ascendência ou contemporâneos na sua origem. Quase todos os teólogos cristãos, seja no Império Romano, na igreja Oriental ou Ocidental, no catolicismo romano ou no protestantismo — até mesmo a maioria durante o **Iluminismo** — compreenderam Adão e Eva como literalmente criados da maneira descrita em Gênesis 2:2 e Gênesis 2:21,22" (VanDoodewaard 2015, p. 281).

Nos últimos anos, no entanto, muitos estudiosos evangélicos expressaram dúvidas quanto a um Adão e Eva literais como os primeiros seres humanos criados por Deus e os ancestrais universais de toda humanidade. Contribuições mais recentes da análise genética que sugerem que a população original de humanos era de pelo menos 10 mil pessoas, e não duas, alimentaram novas dúvidas (Collins, 2006, p. 207). O fato é que alguns estudiosos veem Adão e Eva como (1) pessoas históricas, embora, se houvesse muitos humanos ao mesmo tempo, eles seriam chefes de uma tribo especialmente selecionada por Deus (Collins 2011, p. 121); (2) arquétipos, mas pessoas históricas, embora não necessariamente os primeiros ou exclusivamente humanos (Walton 2015, p. 96-103); (3) figuras literárias que podem ou não ser históricas (Longman 2013, p. 122); ou (4) absolutamente não históricos, apesar de Paulo achar o contrário (Enns 2012, p. 120-22, 138).

Esses estudiosos devem ser elogiados por seus trabalhos, pois reinterpretam o texto de Gênesis na tentativa de harmonizar a Bíblia com a teoria científica moderna. Mas nenhuma dessas reinterpretações é, em última análise, satisfatória. Como o restante deste artigo argumenta, a melhor interpretação é que Adão e Eva são pessoas reais e históricas, criados singularmente por Deus como o primeiro casal humano e os ancestrais universais do restante da humanidade.

Adão e Eva em Gênesis

A criação do homem e da mulher é mencionada em Gênesis 1:26,27, embora não tenham nomes próprios até mais adiante na narrativa. A palavra para "homem" (heb. *'adam*) usada em Gênesis 1:26,27 é idêntica ao nome próprio Adão, mas o mesmo nome próprio não é usado até Gênesis 2:20b (onde o artigo não é usado no texto massorético, distinguindo assim "Adão" de "o homem"

ADÃO E EVA (hipótese do casal primordial)

[Collins 2011, p. 55-56]). Resumindo, "Adão" é usado nove vezes em Gênesis 1—5 (2:20b; 3:17,21; 4:25; 5:1 [2], 3, 4, 5), mas parece ser usado de forma intercambiável com "o homem" (usado 22 vezes em Gênesis 1—5) para designar o primeiro ser humano. Em outros lugares do Antigo Testamento, o substantivo próprio "Adão" ocorre apenas de forma inequívoca em 1Crônicas 1:1. O nome "Eva" (significando "vida") ocorre apenas em Gênesis 3:20 (onde Adão nomeia sua esposa "Eva" porque ela é "a Mãe de todos os seres vivos") e em Gênesis 4:1. Ela é chamada simplesmente como "a mulher" 18 vezes em Gênesis 2—5.

Em suma, no texto de Gênesis 1—5 parece claro que Adão é o primeiro ser humano criado por Deus à sua imagem (Gênesis 1:26,27) do pó do chão (Gênesis 2:7) e que Eva é a primeira mulher, formada por Deus da costela de Adão (Gênesis 2:21-22). O primeiro casamento é o deles (Gênesis 2:24); a Adão é dada uma ordem específica a respeito de uma árvore no Jardim do Éden (Gênesis 2:16,17); o próprio Éden é identificado pelo nome de quatro rios (Gênesis 2:10-14); Adão e Eva então desobedecem ao comando de Deus (Gênesis 3:6); e ele os expulsa do Jardim (Gênesis 3:22-24). Em Gênesis 4:1-2, Adão e Eva se relacionam sexualmente e têm dois filhos, o mais velho dos dois (Caim) mata o outro (Abel). Caim então constrói uma cidade com o nome de seu filho Enoque, e a **genealogia** de Caim é então dada em detalhes (11 nomes específicos estão listados), com as várias realizações (boas e más) de seus descendentes referidos (4:17-24). Outro filho (Sete) nasceu de Adão e Eva em Gênesis 4:25-26 como dado em lugar de Abel. A última menção de Adão está em Gênesis 5:1-5, onde o texto indica que Adão teve muitos filhos e filhas (respondendo, para alguns, a eterna pergunta: "Onde Caim conseguiu sua esposa?"), além dos três mencionados em Gênesis 4. A idade exata de Adão quando ele gerou Sete é dada (130 anos), assim como a idade de Adão em sua **morte** (930 anos).

Todos esses detalhes específicos demonstram que o texto apresenta Adão e Eva como indivíduos históricos que viviam em um lugar específico e tinham uma família real com seus problemas reais (incluindo a rivalidade entre irmãos e o assassinato) (ver também Barrick, 2013, p. 210-11). Adão é criado especialmente por Deus do "pó da terra" (uma entidade não viva), não de hominídeos vivos ou outras criaturas. O ato de Deus ter soprado nas narinas do homem "o fôlego de vida" (Gênesis 2:7) distingue-o

dos animais na criação de ambos. Da mesma forma, a origem de Eva é retratada como uma criação direta de Deus a partir do primeiro homem, Adão (Gênesis 2:21,22).

Problemas hermenêuticos de uma abordagem figurativa para Adão e Eva em Gênesis

Todos os detalhes apresentados acima sustentam a conclusão de que o texto de Gênesis apresenta um Adão e Eva históricos, especialmente criados por Deus como os primeiros seres humanos e os ancestrais de todos os seres humanos que viriam (ver **Gênesis, Interpretação dos Capítulos 1 e 2**). No entanto, muitos tomam trechos de Gênesis 1—11 como figurativos ou "literários", não necessariamente literais em todos os detalhes. É impossível (considerando o espaço) discutir cada um dos pontos de vista figurativos, mas o de **John Walton** será suficiente como expoente. Principalmente com base nas genealogias e na discussão do Novo Testamento sobre a **Queda**, ele (corretamente) reconhece que Adão e Eva são pessoas históricas, não meramente mitológicas ou lendárias. No entanto, uma vez que Walton vê seus papéis como arquetípicos, ele acredita que pode haver componentes "que não se destinem a transmitir elementos históricos": eles apresentam verdades sobre Adão e Eva "em vez de eventos históricos" (Walton 2015, p. 101). Walton conclui que "se pode aceitar o Adão histórico sem, com isso, tomar uma decisão sobre as origens humanas materiais. Isso tem a vantagem de separar os elementos científicos (origens humanas materiais) dos elementos exegéticos/teológicos, pelo que se atenua o conflito entre as reivindicações da ciência e as reivindicações da Escritura sem exposição a riscos" (Walton 2015, p. 103).

Mas essa abordagem é problemática. Há muitas afirmações sobre a criação direta de Adão por Deus e sua função em Gênesis 1—5 (mais de vinte estão listadas na discussão anterior). Como o leitor pode determinar quais são históricas e quais não são? Como alguns detalhes podem ser precisos e outros não históricos uma vez que todos são apresentados como históricos? Perguntas semelhantes poderiam ser levantadas sobre o **dilúvio**, Babel, Abraão, e assim por diante. Não existe qualquer indicador interno que sugira que o texto de Gênesis 1—5 ou de Gênesis 1—11 deve ser tomado figurativamente. A estrutura de Gênesis gira em torno da frase *elleh toledoth* ("Esta é a história das..."). Essa frase, e suas variantes, é usada dez

ADÃO E EVA (hipótese do casal primordial) 23

vezes no livro: duas vezes em Gênesis 1—5 (2:4 e 5:1), quatro vezes mais em Gênesis 6—11 e quatro vezes no restante do livro (Kaiser, 1970, p. 59-61).

Enquanto alguns tentam argumentar que as passagens de Gênesis 1, Gênesis 1—3, Gênesis 1—11 constituem gêneros separados, tal não é o caso. Praticamente todo o Gênesis 1—11 é uma prosa narrativa direta. A forma padrão para a prosa narrativa consecutiva é o imperfeito com *vav* consecutivo (IVC). O relato da Criação em Gênesis 1:1—2:3 contém 55 formas IVC em seus 34 versos, ou uma média de 1,6 por verso. Da mesma forma, todo Gênesis 1:1—5:5 (da Criação à narrativa sobre Adão e Eva) contém 155 formas de IVC, ou uma média de 1,4 por verso. Em contraste, a seção poética de Gênesis 49: 1b—27 contém apenas 8 formas de IVC, ou uma média de apenas 0,30 por verso (Beall, Banks e Smith, 2000, p. 1-4, 46). A conclusão inevitável é que Gênesis 1—5 (e Gênesis 1—11, nesse sentido) está escrito em forma narrativa hebraica padrão, e não em poesia (Westermann, 1984, p. 80). Portanto, não há base hermenêutica ou estrutural para considerar porções de Gênesis 1—2 (sobre a Criação) ou Gênesis 1—5 (Criação, Adão, Eva, Queda) como uma narrativa histórica figurativa em vez de direta.

Genealogias

Outra forte evidência para a historicidade de Adão é encontrada na **genealogia**. Alguns estudiosos tentam separar Gênesis 1—11 do restante do livro, considerando esses capítulos como história primitiva, enquanto Gênesis 12—50 retrata história efetiva (p. ex., Westermann, 1984, p. 1-5), mas essa separação não é justificada. Além do marcador estrutural *elleh toledoth* mencionado acima, as genealogias encontradas em Gênesis 1—11 são fundamentais para Gênesis 12. A primeira menção do grande patriarca Abraão não está em 12:1, mas em 11:26, como parte de um longa genealogia que se estende até o filho de Noé, Sem. Mas a menção de Sem tem conexão com a genealogia de Gênesis 10, com a narrativa do dilúvio em Gênesis 6—9, e com a genealogia de Gênesis 5, na qual Noé e seus filhos são mencionados pela primeira vez (Gênesis 5:29-32). Por sua vez, Gênesis 5 contém uma genealogia que começa com o próprio Adão, voltando à Criação quando Deus "homem e mulher os criou" (Gênesis 5:1-2). Se Adão é simplesmente "um homem arquetípico", como alguns atestam, cabe perguntar por que razão

Gênesis 5:3-5 nos informa com que idade gerou Sete e quantos anos tinha quando morreu.

A mesma fórmula continua em toda a genealogia de Adão. Se algumas gerações são "omitidas" nas genealogias de Gênesis (ver Sexton, 2015), é irrelevante: as genealogias parecem ser de pessoas reais, cada uma das quais viveu um número específico de anos antes de morrer. É difícil ver qualquer justificativa hermenêutica para considerar Abraão e os patriarcas como pessoas históricas, mas não Adão, Noé e seus filhos: todos são apresentados como pessoas históricas que viveram determinada idade e depois morreram (exceto Enoque [Gênesis 5:24]).

As genealogias de Gênesis também não são as únicas. O último livro do Antigo Testamento (de acordo com o texto massorético), Crônicas, começa com uma extensa genealogia, que inclui os patriarcas e os filhos de Israel, mas começa com Adão. Semelhante a Gênesis, a genealogia passa pela linhagem de Sete até Noé e seus filhos, dá uma genealogia limitada de Cam e Jafé e fornece uma genealogia mais extensa de Sem, levando direitamente a Abraão (1Crônicas 1:1-28). Da mesma forma, no Novo Testamento, Lucas 3:23-38 traça a genealogia Jesus retrocedendo até Adão, terminando com estas palavras: "filho de Enos, filho de Sete, filho de Adão, filho de Deus".

Por causa desta última frase, Longman argumenta que a genealogia de Lucas é, "em última análise, uma afirmação teológica e não puramente histórica" (Longman, 2013, p. 123), mas na verdade a última frase parece ligar Adão diretamente a Deus, como que criado à sua imagem, reafirmando exatamente o que diz Gênesis 1:26,27. Sim, a genealogia é uma declaração teológica, mas também é histórica. Setenta e cinco nomes são mencionados, incluindo Davi e Abraão. Essas são pessoas reais, apresentadas como antepassados de Cristo. Adão é o único nome não histórico na lista? Essa visão é pouco crível (ver Beall, 2008, p. 148). Como Walton observa: "As genealogias do mundo antigo contêm nomes de pessoas reais que habitavam um passado real. Consequentemente, não haveria precedentes para pensar as genealogias bíblicas de modo diferente. Ao colocar Adão em listas de antepassados, os autores das Escrituras o tratam como uma pessoa histórica" (Walton 2015, p. 102).

Referências do Novo Testamento a Adão

Além do texto de Gênesis e das genealogias, o Novo Testamento fornece fortes evidências de que Adão e Eva eram

24 ADÃO E EVA (hipótese do casal primordial)

pessoas históricas, criadas por Deus como os primeiros seres humanos (ver **Adão no Novo Testamento**). Na verdade, o Novo Testamento trata todo o Gênesis 1—11 de maneira histórica e não figurativa (ver Mateus 19:4-6; 24:37,38; Marcos 10:6-8; Lucas 3:38; 17:26,27; Romanos 5:12-20; 8:19-22; 1Coríntios 11:8,9; 15:22; 2Coríntios 4:6; 1Timóteo 2:13,14; Hebreus 4:4; 11:3-7; 1Pedro 3:20; 2Pedro 2:5; 3:5,6; e 1João 3:12; Beall, 2008, p. 146-49). Mas com referência específica a Adão, à Eva e à Criação, as seguintes passagens são especialmente pertinentes.

Os Evangelhos. Quando perguntado sobre a questão do divórcio, Jesus cita Gênesis 1:27 e 2:24 como uma Escritura autorizada (Mateus 19:4-6, Marcos 10:6-8). Não apenas faz referência à criação do homem e da mulher em Gênesis 1, observando que "desde o princípio da criação Deus os fez macho e fêmea" (Marcos 10:6, ARC), mas também segue citando a afirmação feita após a criação de Eva em Gênesis 2, de que "serão os dois uma só carne" (10:8).

Atos. Em seu sermão aos atenienses em Atos 17, Paulo primeiro afirma que Deus "fez o mundo e tudo o que nele há" (v. 24) e depois explica ainda mais: "De um [homem] só fez ele todos os povos, para que povoassem toda a terra" (v. 26). Aqui Paulo claramente diz que todo o restante da humanidade descende de um homem, assim como Gênesis afirma.

Cartas paulinas. Em suas cartas, Paulo dá detalhes sobre a criação de Adão e Eva e a Queda. Em 2Coríntios 11:3, ele se refere à **serpente** tentando Eva; e em 1Timóteo 2:11-14, diz que "primeiro foi formado Adão, e depois Eva" (v. 13, referindo-se a Gênesis 2:20-23), e que "a mulher [que foi] enganada" (v. 14, referindo-se a Gênesis 3:1-13). Da mesma forma, em 1Coríntios 11:8,9, Paulo explica que a mulher foi criada do homem e para o homem, assim como Gênesis 2:18-23 descreve. Em todos esses casos, Paulo extrai detalhes específicos das narrativas da Criação e da Queda para sustentar sua argumentação.

Duas passagens muito importantes que contrastam Adão e seu pecado com Cristo e sua redenção são 1Coríntios 15:20-23, 45-49 e Romanos 5:12-19. Em 1Coríntios 15:21-22, Paulo diz: "Visto que a morte veio por meio de um só homem, também a ressurreição dos mortos veio por meio de um só homem. Pois da mesma forma como em Adão todos morrem, em Cristo todos serão vivificados", em 1Coríntios 15:45, Paulo afirma que "o primeiro homem, Adão, se tornou um ser vivente", e no versículo

47, Paulo observa que Adão foi feito "do pó da terra". Ambas as frases são tiradas da narrativa da Criação de Gênesis 2:7. Além disso, quando Paulo diz em Romanos 5:12 que "o pecado entrou no mundo por um homem", ele está se referindo à Queda em Gênesis 3, além de ver Adão como o ancestral de todas as pessoas. Paulo continua no versículo 14, dizendo que "a morte reinou desde o tempo de Adão até o de Moisés", ligando assim Adão à outra figura histórica, Moisés. O restante da passagem contrasta o pecado de Adão e a desobediência (conduzindo à morte) com a obediência e justiça de Cristo (levando à vida).

Como Douglas Moo escreve de modo convincente: "é difícil ver como o argumento de Paulo em Romanos 5:12-21 é consistente caso consideremos Adão uma figura mítica. Pois Adão e Cristo são abundantemente comparados nessa passagem para nos levar a pensar que um poderia ser 'mítico', e o outro, 'histórico'. Devemos ser honestos e admitir que, se o pecado de Adão não é 'real', então qualquer argumento baseado no pressuposto de que seja real deve cair por terra" (Moo 1996, p. 325, para um tratamento mais extenso, ver Collins 2011, p. 78-90).

Conclusão

A evidência em toda a Escritura é que Adão e Eva são pessoas históricas criadas de modo único por Deus como os ancestrais universais da humanidade. Os dados do **Projeto Genoma Humano** não contradizem isso: o grupo inicial de 10 mil seres humanos é uma *inferência* a partir dos dados — uma inferência feita usando os pressupostos evolutivos de **ancestralidade comum**, mudança gradual em longos períodos de tempo e **seleção natural** (Carter, 2011). Deus não poderia ter projetado uma infinidade de variantes genéticas em Adão e Eva desde o início (Sanford e Carter, 2014)? Pode-se também se perguntar sobre as ramificações da intervenção de Deus na **Torre de Babel**: a diferenciação genética poderia ter sido introduzida paralelamente à confusão das línguas?

Tentar reinterpretar Adão simplesmente com base nas inferências dos geneticistas evolucionistas, especialmente devido à novidade do campo (veja o aumento e a diminuição de interesse sobre o DNA não codificante [Sanford e Carter, 2014]), não parece inteligente e nem producente. **Peter Enns** comenta, acertadamente, sobre aqueles que tentam introduzir algum tipo de primeiro casal no processo evolutivo para preservar a teologia de Paulo: "A

ADÃO E EVA (hipótese do casal representativo)   25

ironia, no entanto, é que ao fazer todo esse esforço para preservar o ensino bíblico, ficamos com um primeiro casal que é totalmente estranho à descrição bíblica" (Enns, 2012, p. XVII). A descrição das Escrituras de Adão e Eva como o primeiro casal criado de modo único por Deus é consistente, clara e correta.

Todd S. Beall

REFERÊNCIAS E LEITURAS RECOMENDADAS

BARRICK, William D. "A Historical Adam: Young-Earth Creation View", em *Four Views on the Historical Adam*, ed. Matthew Barrett e Ardel B. Caneday. Grand Rapids: Zondervan, 2013.

BEALL, Todd S. "Contemporary Hermeneutical Approaches to Genesis 1—11", em *Coming to Grips with Genesis: Biblical Authority and the Age of the Earth*, ed. Terry Mortenson and Thane Ury. Green Forest, AR: Master, 2008.

BEALL, Todd S.; Banks, William A.; Smith, Colin. *Old Testament Parsing Guide*. Nashville: B&H, 2000.

CARTER, Robert W. "The Non-Mythical Adam and Eve! Refuting Errors by Francis Collins and BioLogos." Publicado em 20 de agosto de 2011. Disponível em: www.creation.com/ historical-adam-biologos.

COLLINS, C. John. *Did Adam and Eve Really Exist?* Wheaton, IL: Crossway, 2011.

COLLINS, Francis S. *The Language of God*. New York: Free Press, 2006.

ENNS, Peter. *The Evolution of Adam*. Grand Rapids: Baker, 2012.

KAISER, Walter C., Jr. "The Literary Form of Genesis 1—11", em *New Perspectives on the Old Testament*, ed. J. Barton Payne, 1970. Waco, TX: Word.

KULIKOVSKY, Andrew. *Creation, Fall, Restoration: A Biblical Theology of Creation*. Fearn, Ross-shire, Scotland: Mentor, 2009.

LONGMAN, Tremper, III. "What Genesis 1—2 Teaches (and What It Doesn't)", em *Reading Genesis 1—2: An Evangelical Conversation*, ed. J. Daryl Charles. Peabody, MA: Hendrickson, 2013.

MOO, Douglas. *The Epistle to the Romans*. The New International Commentary on the New Testament. Grand Rapids: Eerdmans, 1996.

MORTENSON, Terry; Ury, Thane, eds. *Coming to Grips with Genesis: Biblical Authority and the Age of the Earth*. Green Forest, AR: Master, 2008.

SANFORD, John C.; Carter, Robert. "In Light of Genetics — Adam, Eve, and the Creation/Fall." *Christian Apologetics Journal* 12 (2): 51-98, 2014.

SARFATI, Jonathan D. *The Genesis Account: A Theological, Historical, and Scientific Commentary on Genesis 1—11*. Powder Springs, GA: Creation Books, 2015.

SEXTON, Jeremy. "Who Was Born When Enosh Was 90? A Semantic Reevaluation of William Henry Green's Chronological Gaps." *Westminster Theological Journal* 77:193-218, 2015.

VANDOODEWAARD, William. *The Quest for the Historical Adam: Genesis, Hermeneutics, and Human Origins*. Grand Rapids: Reformation Heritage, 2015.

WALTON, John. *The Lost World of Adam and Eve*. Downers Grove, IL: InterVarsity, 2015.

WESTERMANN, Claus. *Genesis 1—11*. Continental Commentary. Minneapolis: Fortress, 1984.

⮌ADÃO E EVA
(hipótese do casal representativo)

Adão e Eva no Antigo Testamento

Os capítulos de abertura **Gênesis** apresentam Adão e Eva como os primeiros seres humanos criados por Deus. O primeiro relato da Criação (1:1—2: 4a) narra a criação da humanidade no sexto dia. Gênesis 1:27 poderia, teoricamente, ser traduzido "Criou Deus Adão à sua imagem...". Mas, como a palavra hebraica *'adam* significa humanidade, é mais provável que aqui a palavra não seja o nome pessoal, pois o versículo continua a informar o leitor que Deus os criou "homem e mulher".

Na verdade, é possível, mesmo plausível, que o nome pessoal Adão não ocorra no segundo relato da Criação (2:4b-25). No entanto, nessa seção o narrador fala sobre "o homem" como um indivíduo, e como o primeiro homem é chamado de Adão, pelo menos em Gênesis 4:25 (Eva é primeiro nomeada em 3:20), muitas traduções (como a NVI, por exemplo) traduzem o hebraico como Adão em Gênesis 2 e 3. O restante deste artigo identificará o homem e a mulher em Gênesis 1—3 como Adão e Eva, lendo esse nome em Gênesis 4—5.

O primeiro relato de criação fala de humanos, homem (Adão) e mulher (Eva), como criados no derradeiro sexto dia da semana da Criação. Deus os cria à sua imagem (ver **Imagem de Deus**) e os incumbe de dominar, ou governar, sobre as demais criaturas que ele criou. Ele também lhes diz para multiplicar e encher a terra e subjugá-la (1:28). Ele lhes dá os vegetais como alimento.

O segundo relato da Criação apresenta uma descrição mais detalhada da história da criação do primeiro homem (Adão) e da primeira mulher (Eva). Depois de criar o mundo e antes de criar a vegetação, Deus soprou no pó da terra para formar o primeiro homem ("o Senhor Deus formou o homem do pó da terra e soprou em suas narinas o fôlego de vida, e o homem se tornou um ser vivente" 2:7).

Após a criação de Adão, Deus então plantou um jardim, chamado Éden, que significa "abundância", e colocou o homem nele. O narrador destaca duas árvores no Éden, a árvore da vida e a árvore do conhecimento do bem e do mal. Deus proíbe Adão de comer o fruto da última árvore. Se ele fizer isso, morrerá. Deus também ordena a Adão que "trabalhe" no jardim e o "cuide" (2:15). "Cuidar" pode ser igualmente traduzido como "guardar" (*shamar*), e a tarefa de Adão é análoga ao papel posterior dos sacerdotes no Lugar Santo. Tal como acontece no santuário que viria, Deus faz sua presença conhecida no Éden, e Adão, como os levitas, deve guardar o lugar sagrado.

Adão está em um relacionamento harmonioso com Deus e vive em um lugar de abundância. Portanto, é surpreendente que Deus, então, declare: "Não é bom que o homem esteja só; farei para ele alguém que o auxilie

26 ADÃO E EVA (hipótese do casal representativo)

e lhe corresponda" (2:18). O termo hebraico "alguém que auxilie" (*'ezer*) não indica subordinação como alguns podem acreditar em uma leitura superficial. Na verdade, Deus mais tarde é chamado de "ajudador" de Israel (Salmos 10:14; 27:9; 118:7), e ele certamente não é seu servo. Talvez uma tradução melhor de *'ezer* seja "aliada", porque ambos são encarregados de proteger o jardim de predadores (como a "serpente", que aparece em Gênesis 3:1). Depois de exibir os animais perante Adão e não encontrar nenhum para ser seu complemento apropriado, Deus cria a primeira mulher (Eva) que será uma auxiliadora adequada para Adão.

A maneira como Deus forma a mulher enfatiza sua igualdade e reciprocidade com o homem. Ela não é criada de sua cabeça ou de seus pés, mas de seu lado (ou costela). Após sua criação, o homem a elogia, e também a intimidade que eles compartilham. Ela é "osso dos [seus] ossos e carne da [sua] carne" (2:23). O narrador, então, faz uma afirmação que desde então tem sido entendida como o estabelecimento da instituição do casamento ("Por essa razão, o homem deixará pai e mãe e se unirá à sua mulher, e eles se tornarão uma só carne", 2:24). A harmonia no jardim é sinalizada por eles poderem ficar nus um diante do outro e não sentirem vergonha.

A mudança radical ocorre no próximo capítulo, começando com a aparição da **serpente**, um antigo símbolo do Mal bem conhecido no Oriente Próximo. A serpente aborda a mulher (Eva) com uma pergunta provocativa: "Foi isto mesmo que Deus disse: 'Não comam de nenhum fruto das árvores do jardim'?" (3:1). Sua pergunta é ridícula porque, se fosse verdade, o homem e a mulher morreriam de fome. A serpente, no entanto, adota uma estratégia astuta, porque em vez de proteger o jardim e ignorar a serpente ou acossá-la do jardim, a mulher involuntariamente estabeleceu um diálogo com a ela. Ela é, portanto, a primeira apologista ou defensora de Deus, mas essa abordagem causa problemas. Em sua resposta, ela revela que também é a primeira legalista, acrescentando algo à proibição de Deus, dizendo que não só Deus os instruiu a não comer da árvore, mas também que os proibiu de tocá-la.

A serpente põe em dúvida o aviso de Deus, dizendo-lhe que ela não morrerá se comer o fruto da árvore. Ela a atrai com a promessa de sabedoria ("seus olhos se abrirão", 3:5). Ela come o fruto da árvore e o dá para seu marido (Adão), que come sem discutir ou questionar. Os seus olhos são realmente abertos, e as consequências são desastrosas, destruindo a harmonia entre eles e Deus, com desdobramentos para a relação entre eles e também entre eles e o restante da Criação.

Antes de continuar, preciso comentar sobre o significado da rebeldia de comer o fruto da árvore proibida, a árvore do conhecimento do bem e do mal. Claro, Adão e Eva já sabiam o que era o bem e o que era o mal (comer o fruto da árvore proibida); então comê-lo não lhes deu conhecimento intelectual ou consciência do que é certo e errado. Os leitores modernos precisam saber que "conhecimento" em hebraico não é simplesmente apreensão intelectual, mas inclui experiência. Em outras palavras, ao comer o fruto, Adão e Eva se arrogam no direito de decidir o que é certo ou errado. Eles rejeitam a autoridade de Deus e a substituem pela própria. Ao comer o fruto, eles afirmam a própria autonomia moral.

Como resultado, Deus os castiga. A serpente já não irá caminhar, mas rastejar. Em minha opinião, a serpente é um símbolo do mal (ver **Serpente**); então o propósito dessa história não é dizer aos leitores o motivo pelo qual as serpentes se movem do jeito que fazem, mas, antes falar sobre a humilhação do mal. Deus também anuncia que a serpente será destruída pelo descendente da mulher. O último é muitas vezes entendido como uma antecipação da derrota de Satanás por Cristo, com base no testemunho do Novo Testamento (Romanos 16:20; Apocalipse 12:9). Deus castiga a mulher multiplicando dor em seus relacionamentos, tanto a dor física no parto quanto a dor emocional em sua convivência com o marido. Deus castiga o homem tornando o trabalho mais frustrante. Deus também expulsa o casal do Éden.

O Senhor havia advertido Adão e Eva que a rebelião significava a morte. A morte espiritual veio imediatamente após ela (separação de Deus) e, por fim, eles morreriam fisicamente também. Mesmo assim, Deus estende ao homem e à mulher um sinal de graça (fornecendo-lhes roupas agora que a nudez lhes trouxe vergonha), mostrando que ele ficará envolvido com eles.

Adão e Eva desempenham um papel fundamental na história bíblica, mas, surpreendentemente, mal aparecem no restante do Antigo Testamento. Antes de morrerem fisicamente, Adão e Eva geraram dois filhos, Caim e Abel (4:1,2), e quando Caim mata Abel, somos informados que Adão e Eva geraram Sete (Gênesis 4:25). Mas depois disso, Adão é mencionado apenas mais uma vez no Antigo

Testamento, no início das genealogias de 1Crônicas (1Crônicas. 1:1). No Antigo Testamento, Adão [*'adam*] não é apenas o nome de uma **pessoa**, mas também de uma localização geográfica [Adã], de acordo com Josué 3:16, e embora alguns acreditem que a referência a Adão em Oseias 6:7 é sobre o homem, certamente refere-se a uma localização geográfica, como é claro no versículo: "Mas na cidade de Adã o meu povo quebrou a aliança que fiz com ele e ali foi infiel a mim" (NTLH). Portanto, não é relevante para uma discussão sobre a pessoa de Adão.

Adão e Eva no Novo Testamento

Adão e Eva aparecem várias vezes no Novo Testamento. A **genealogia** de Jesus em Lucas se estende até Adão, que é então chamado de "filho de Deus" (Lucas 3:38), indicando que Jesus não só é plenamente humano, mas também é totalmente divino. Como John Nolland observa de modo perspicaz: "Lucas quer nos mostrar que Jesus toma seu lugar na família humana e, portanto, na sua filiação maculada (desde a desobediência de Adão); contudo, em sua própria pessoa, em virtude de sua origem singular (Lucas 1:35), mas também em resultado de sua obediência ativa (4:1-13), ele marca um novo começo para a filiação e define uma nova base para ela. Nessa condição humana, Jesus é aquele que realmente é o Filho de Deus" (Nolland 1989, p. 173). Uma segunda aparição de Adão ocorre no livro de Judas, quando, citando Enoque, o autor o chama de "o sétimo a partir de Adão" (Judas 14), uma referência à genealogia que encontramos em Gênesis 5.

Paulo faz o uso mais teológico de Adão e Eva no Novo Testamento. Em sua carta pastoral a Timóteo, argumenta que a mulher deve "aprender em silêncio, com toda a sujeição" e que não "ensine, nem [...] tenha autoridade sobre o homem", referindo-se à história de Adão e Eva. Primeiro, ele argumenta partindo do princípio que Adão foi criado antes de Eva e, segundo, que a mulher foi enganada pela serpente, não o homem (1Timóteo 2:11-15).

Embora o significado e a aplicação da passagem de Timóteo sejam muito contestados, outra reflexão enfoca o papel de Adão em Romanos 5:12-19. Nessa passagem, Paulo faz uma analogia entre Adão e Cristo. Adão introduziu o pecado e a morte ao mundo, e Jesus trouxe a graça ao mundo. A comparação baseia-se no fato de que um homem trouxe o pecado e a morte ao mundo, e o outro, a graça, mas nenhuma analogia é perfeitamente equitativa (o assunto dos versículos 15-17). Paulo diz algo

semelhante em sua primeira carta aos Coríntios: "Visto que a morte veio por meio de um só homem, também a ressurreição dos mortos veio por meio de um só homem" (15:21), e "Assim está escrito: 'O primeiro homem, Adão, tornou-se um ser vivente'; o último Adão, espírito vivificante" (15:45). Essas analogias entre Adão e Jesus contrastam Adão como aquele por quem o pecado e a morte vieram ao mundo, e Jesus como aquele por meio do qual a vida e a graça vêm ao mundo.

Antes de continuar, devemos abordar uma compreensão equivocada dessas passagens, em particular a de Romanos, uma vez que têm sido usadas para apresentar uma visão específica da razão pela qual todos somos pecadores. Primeiro observamos que, apesar de Paulo atribuir a Adão a introdução do pecado e da morte no mundo, ele nunca diz que as pessoas são culpadas por causa do pecado de Adão. Em nenhuma parte da Bíblia Adão é acusado pela culpa de qualquer outra pessoa. Paulo diz: "Portanto, da mesma forma como o pecado entrou no mundo por um homem, e pelo pecado a morte, assim também a morte veio a todos os homens, *porque todos pecaram*" (Romanos 5:12, ênfase adicionada).

Nossa culpa deve-se ao nosso próprio pecado, não ao de Adão. **Agostinho**, que geralmente é perspicaz, força a interpretação em uma direção contraproducente porque ele traduziu erroneamente a preposição grega *'eph' hô* ("porque") em latim como *in quo* ("em quem"). Assim, Adão se tornou, segundo Agostinho, o único homem que nos tornou culpados porque pecamos nele. Se Agostinho tivesse razão, seria necessário que todos, fisicamente, descendêssemos de uma figura histórica chamada Adão (ver mais adiante), mas ele não estava correto em seu entendimento nem em sua ideia de que o **pecado original** foi herdado de Adão como uma doença (Hays e Herring, 2013). Em vez disso, parece melhor entender Paulo dizendo que, quando Adão pecou, mostrou o que todos nós somos: pecadores. Adão fez o que faria se estivéssemos em seu lugar. Além disso, a rebelião humana afetou a Criação e as relações sociais de tal modo que não é possível não pecar. Como diz John Walton: "a humanidade deveria continuar o processo de Deus de mover o Cosmos da não ordem para a ordem. Com o fracasso da humanidade, toda a criação estava presa em um efeito cascata do pecado e da desordem que ele trouxe" (Walton, 2012, p. 11).

Devemos também mencionar certas passagens no Novo Testamento que não mencionam Adão e Eva pelo nome, mas que se referem à história deles. Em Mateus 19:1-12, Jesus instrui seus discípulos sobre o casamento e o divórcio e, durante a instrução, cita Gênesis 1:27 ("Ele respondeu: 'Vocês não leram que, no princípio, o Criador 'os fez homem e mulher'", Mateus 19:4) e Gênesis 2:24 ("Por essa razão, o homem deixará pai e mãe e se unirá à sua mulher, e os dois se tornarão uma só carne", Mateus 19:5) para argumentar que o casamento, entre um homem e uma mulher, deve ser vitalício e o divórcio não deve ser facilitado ou trivial. Paulo também cita o último texto de Gênesis em sua discussão acerca do casamento em Efésios 5:31.

Adão e Eva históricos

Desenvolvimentos recentes na teoria da evolução levantaram questões sobre o *status* histórico de Adão e Eva. Desde o mapeamento do genoma humano há cerca de duas décadas, a evidência indica, à grande maioria dos biólogos, que a humanidade não remonta a um único casal, mas sim a uma população de reprodução original de, talvez, 5 a 10 mil indivíduos (Venema, 2010), levantando a questão, agora muito debatida, pelo menos nos círculos protestantes evangélicos, se havia um Adão e Eva históricos. "Se o consenso da biologia é correto, a Bíblia é errada?" Ou, para colocar a mesma pergunta de outra maneira, "Se a Bíblia é verdadeira, a biologia está errada?" Para aqueles de nós que acreditamos que a Bíblia é a Palavra de Deus e, portanto, inerrante, é evidente que essa é uma questão crucial.

Ao abordarmos essa questão, precisamos lembrar que uma compreensão protestante evangélica da Bíblia insiste que ela é verdadeira *em tudo o que pretende ensinar*. Assim, devemos nos perguntar se a intenção de Deus com a Bíblia era nos ensinar de forma literal e precisa como ele criou a humanidade. Afinal, as duas histórias que temos da Criação (Gênesis 1:1—2:4a; 2:4b-25) entram em conflito em relação à sequência de seus eventos. Há um uso comprovável de linguagem figurativa nesses capítulos, bem como de intertextualidade com histórias antigas da criação no Oriente Próximo (para detalhes, veja **Gênesis, livro de; Criação**). Esses sinais indicam que o livro de Gênesis não parece interessado em nos dizer como Deus realizou a Criação, mas em celebrar o fato de que ele era o Criador de tudo. Quando se trata do gênero humano, a Bíblia não está interessada em nos contar os detalhes de como ele criou os seres humanos, mas que ele o fez.

Dito isto, em Gênesis 1 e 2, a história fundamental de Adão e Eva, certamente há reivindicações históricas (mais observáveis pela estrutura *toledot* do livro de Gênesis como um todo (ver **Gênesis, livro de**). Quais são essas afirmações históricas? Primeiro, que Deus criou os seres humanos e que, quando os criou, eles eram capazes de escolher e moralmente inocentes. Segundo, Gênesis 3 ensina claramente que os seres humanos se rebelaram contra Deus e assim, nas palavras de Paulo, trouxeram o pecado e a morte ao mundo.

Deus criou os seres humanos, não soprou literalmente no pó; afinal, Deus não tem pulmões, e essa descrição é misteriosamente semelhante (e talvez uma polêmica contrária) ao relato da criação dos primeiros humanos no *Enuma Elish* e *Atrahasis*. Quando a humanidade emerge de seu passado de primatas, Deus lhe confere a condição de **imagem de Deus**, indicando a posição e o relacionamento especiais entre as criaturas de Deus. Quem são, afinal, Adão e Eva? Existem duas maneiras de pensar sobre eles — talvez sejam um casal representativo na população original (ou mesmo um casal representativo dezenas de milhares de anos após a população original, Wright, 2014), ou talvez Adão e Eva simplesmente representem a humanidade original. Gênesis 3 ensina que a humanidade original (talvez o primeiro casal representativo ou talvez a totalidade da humanidade original) se rebelou contra Deus e, assim, como mencionamos, não só representava o que todos os humanos fariam (e realmente fazem) em seu lugar, mas também afetou o sistema social, de modo que é impossível não pecar.

Mas e o Novo Testamento, especialmente Paulo em Romanos 5? Paulo não tem que pensar que Adão é uma figura histórica para fazer sua analogia funcionar? De modo algum (em oposição a Enns 2012), como sugerimos acima, e aqui adicionamos um comentário útil de James Dunn:

> Não seria verdade dizer que a posição teológica de Paulo aqui depende de que Adão seja um indivíduo "histórico" ou que sua desobediência seja um evento histórico propriamente dito. Tal implicação não resulta necessariamente do fato de que um paralelo é desenhado com um único ato de Cristo: como que um ato na história mítica possa ser paralelo a um ato de viver a história sem perder o ponto de comparação. Enquanto a história de Adão como o iniciador da triste história do fracasso humano era bem conhecida, o que podemos presumir (a brevidade da apresentação de Paulo pressupõe tal conhecimento), tal

comparação foi significativa. A interpretação moderna também não deve incentivar a condescendência das generalizações sobre a **mente** primitiva, entendendo naturalmente as histórias de Adão como literalmente históricas. É suficientemente claro, por exemplo, no relato de Plutarco sobre as formas em que o mito de Osíris foi entendido nesse período, que tais histórias contadas sobre o princípio da história humana poderiam ser e foram tratadas com um grau considerável de sofisticação com o significado literal amplamente desconsiderado. (Dunn, 1988, p. 289-90)

Cunningham também é útil quando ressalta que em Romanos 5 "Paulo não estava interpretando a história em si e para si; ele estava realmente interpretando Cristo através do uso de imagens da história" (Cunningham, 2010, p. 384).

Conclusão

Como afirmado acima, a questão do Adão e Eva históricos é calorosamente contestada atualmente. Contra os que acreditam que toda a estrutura da teologia cristã entrará em colapso se Adão e Eva não são os primeiros (e únicos) humanos na Criação (ver Versteeg e Phillips; veja Collins para um ponto de vista mais comedido), pode ser que a ciência tenha nos ajudado a entender melhor as afirmações sobre a verdade bíblica. Os teólogos devem, pelo menos, ter a humildade de considerar isso como uma possibilidade.

Tremper Longman III

REFERÊNCIAS E LEITURAS RECOMENDADAS

BARRETT, Matthew; Caneday, Ardel B, eds. *Four Views on the Historical Adam.* Grand Rapids: Zondervan, 2013.
COLLINS, C. J. *Did Adam and Eve Really Exist? Who They Were and Why You Should Care.* Wheaton, IL: Crossway, 2011.
CUNNINGHAM, C. *Darwin's Pious Idea: Why the Ultra-Darwinists and Creationists Both Get It Wrong.* Grand Rapids: Eerdmans, 2010.
DUNN, J. D. G. *Romans 1—8.* Word Biblical Commentary. Dallas: Word, 1988.
ENNS, P. *The Evolution of Adam: What the Bible Does and Doesn't Say about Human Origins.* Grand Rapids: Brazos, 2012.
HAYS, C. M.; Herring, S. L. "Adam and the Fall," em *Evangelical Faith and the Challenge of Historical Criticism*, ed. por Hays, C. M e Ansberry, C. B. Grand Rapids: Baker, 2013.
NOLLAND, J. *Luke 1—9:20.* Word Biblical Commentary. Dallas: Word, 1989.
PHILLIPS, R. D., ed. *God, Adam, and You: Biblical Creation Defended and Applied.* Phillipsburg, NJ: P&R, 2015.
POSTELL, S. D. *Adam as Israel: Genesis 1—3 as the Introduction to the Torah and Tanakh.* Cambridge: James Clarke, 2012.
VENEMA, D. R. "Genesis and the Genome: Genomics Evidence for Human-Ape Common Ancestry and Ancestral Hominid Population Sizes." *Journal of the American Scientific Affiliation* 62:166-78, 2010.

VERSTEEG, J. P. *Adam in the New Testament: Mere Teaching Model or First Historical Man?* Phillipsburg, NJ: P&R, 2012.
WALTON, J. "Human Origins and the Bible." *Zygon* 47:875-89, 2012.
_____. *The Lost World of Adam and Eve.* Downers Grove, IL: InterVarsity, 2015.
WRIGHT, N. T. *Surprised by Scripture: Engaging Contemporary Issues.* New York: HarperCollins, 2014.

ADÃO NO NOVO TESTAMENTO. O nome Adão aparece em três escritores (Lucas, Paulo e Judas) do Novo Testamento, com a maioria das referências ligadas ao apóstolo. Adão é uma figura importante que representa o protótipo humano como a primeira pessoa mencionada na Escritura hebraica. Jesus também faz alusão ao casamento por meio da imagem de **Adão e Eva** em discussões sobre divórcio (Mateus 19:4,6, Marcos 10:6-9).

Adão em Lucas. Adão é mencionado na genealogia de Jesus em Lucas 3:38. Ao contrário da genealogia de Mateus, que só remonta a Abraão, Lucas traça a origem de Jesus com a primeira geração humana para retratar o escopo universal de seu ministério. Isso se encaixa em um tema lucano maior, que mostra como o evangelho foi dado ao mundo todo e levado até aos confins da terra. Outra observação interessante sobre o uso de Lucas é que ele descreve Adão como "filho de Deus". Isso alude a Adão como o arquétipo humano, feito à imagem de Deus e criado por ele. É claro que as raízes desse ensinamento estão em Gênesis 1 e 2. A listagem de Lucas não faz distinção entre as gerações que precedem Abraão daquelas que o precedem.

Adão em Judas. Judas 14 menciona Adão sucintamente e por alto, a sete gerações distanciado de Enoque. Diz-se que Enoque aponta para o julgamento dos ímpios. Além de um tipo de marcador temporal que remonta ao início dos tempos, Judas não fala mais nada sobre Adão.

Adão nos escritos de Paulo. Três textos sobre Adão são registrados nas epístolas paulinas: Romanos 5:14, em uma seção que compara o primeiro e o último Adão quanto ao impacto de ambos na humanidade, no pecado e na salvação; 1Coríntios 15:22, 45, 47, onde novamente o contraste é entre o primeiro e o último Adão à medida que o apóstolo concebe a ressurreição como a anulação da morte; e 1Timóteo 2:13,14, que declara que Adão foi formado primeiro, antes de Eva, sendo Eva a única enganada. Em todos os três textos, Adão é apresentado como o primeiro humano e serve, de uma forma ou de outra, como um arquétipo para a humanidade. Em 1Timóteo a referência a Adão sendo formado é uma alusão direta à sua criação por Deus em Gênesis 2:7-8, 15, 19, usando o verbo grego *plassô*. Nessa epístola pastoral, Paulo explica os papéis de homens e mulheres na igreja. A primazia de Adão é parte de seu argumento para distinguir os papéis masculino e feminino. Homens e mulheres receberam papéis básicos diferentes — o homem deve ensinar e a mulher, ter filhos.

Em 1Coríntios 15 Paulo está defendendo a ressurreição e explicando seu significado. Adão trouxe a morte para a humanidade, e o versículo 22 explica que "em Adão todos morrem". Isso configura a tipologia contrastiva que diz que, em Jesus, todos são vivificados, uma alusão ao caminho da vida que Jesus cria para quem se apropria do que ele oferece na salvação. Esta é uma tipologia reversa. Enquanto Adão trouxe a morte à humanidade por seu erro pelo pecado, Jesus traz a vida com o triunfo sobre sua morte e por sua ressurreição. Esse tipo de vida superior é visto no versículo 45, em contraste com o que vir a existir significa para as pessoas. Adão era "um ser vivente", outra citação de Gênesis 2:7, mas Jesus, o último Adão, é espírito vivificante. Os dois versículos seguintes explicam que a existência natural precedeu a existência espiritual, assim como o primeiro homem foi feito do pó, ao passo que o último é do céu. Então, um dia, as pessoas compartilharão a existência celestial do segundo Adão. Paulo está enfatizando como Jesus traz de volta tudo o que se perdeu com Adão.

Romanos 5:12-21 acompanha o mesmo raciocínio. De acordo com o versículo 14, a morte teria reinado de Adão até Moisés, mesmo entre aqueles cujo pecado não era conforme o de Adão. A **morte** estava presente antes da Lei e a responsabilização pelo pecado, razão pela qual Moisés é mencionado. O versículo também se refere a Adão como "figura daquele que havia de vir". O dom que vem com Cristo como o segundo Adão reverte a chegada da morte com a vida, pela anulação dos pecados. Na anulação de muitos pecados que leva à justificação é vista a superioridade do dom. Em Cristo, muitos são feitos justos, assim como em Adão todos foram trazidos para um mundo de pecado.

Paulo vê Adão como uma figura fundamental, o que se pode notar em todas as menções que faz a ele. Em Romanos e 1Coríntios Adão é contraposto a Jesus. O Salvador ou a sua ressurreição desfazem o que Adão introduziu na Criação para a humanidade. Isso se ajusta à forma como os judeus do período do segundo templo parecem ter visto

Adão. Em 2Esdras 7 há uma longa discussão sobre a dor que Adão introduziu no mundo. Essa dor é tão profunda que o escritor especula que teria sido melhor que Adão nunca tivesse existido ou que não tivesse pecado (v. 116-18, v. 46-48 na versão mais curta). Esses retratos, tanto no Novo Testamento como no judaísmo do segundo templo, apontam para uma verdadeira figura histórica pela qual Deus começou a história humana.

Alusão a Adão e Eva na discussão sobre o casamento. Em Mateus 19:4-6 (paralelo a Marcos 10:6-9), Jesus está lidando com questões acerca do divórcio. Em vez de ir diretamente aos motivos do divórcio, Jesus começa com o propósito para o casamento e cita Gênesis 2:24 mostrando que, quando o casamento ocorre, Deus está formando um homem e uma mulher em uma nova unidade social. Por detrás desse texto está a imagem de Adão e Eva. O que Deus forma nessa nova unidade não deve ser desfeito. Adão e Eva também são vistos aqui como protótipos humanos com base no que Deus fez na estrutura da criação.

Resumo. Todo o modo como o Novo Testamento vale-se de Adão aponta para uma figura que fornece uma base para entender o que Deus está fazendo com a humanidade. Como uma figura prototípica, Adão é visto como a origem de determinados padrões humanos de vida e, em alguns casos, como a anomalia que tornou necessária a redenção da Criação. O que Adão foi no que diz respeito ao pecado e à morte, Jesus o é em relação ao perdão e à vida. A história da salvação está envolta em reviravoltas.

Darrell L. Bock

REFERÊNCIAS E LEITURAS RECOMENDADAS

BARRETT, Matthew; Ardel, B. Caneday, eds. *Four Views on the Historical Adam.* Grand Rapids: Zondervan, 2013.

CARSON, D. A. "Adam in the Epistles of Paul", em *In the Beginning: A Symposium on the Bible and Creation*, ed. Cameron, N. M. de S. Glasgow: Biblical Creation Society, 1980.

COLLINS, C. John. *Did Adam and Eve Really Exist? Who Were They and Why Should We Care?* Wheaton, IL: Crossway, 2011.

METZGER, B. M. "The Fourth Book of Ezra", em *The Old Testament Pseudepigrapha*, ed. James Charlesworth, 1:540-41. Garden City, NY: Doubleday, 1983.

AGOSTINHO. Provavelmente o maior dos pais da igreja, Agostinho de Hipona (354-430 d.C.) viveu mais de mil anos antes do surgimento da **Revolução Científica** na Europa. No entanto, ele abordou uma série de questões críticas filosóficas e teológicas em seus volumosos escritos que anteciparam o relacionamento do cristianismo histórico com a ciência.

Criação *ex nihilo*

"Portanto, tu deves tê-los criado do nada, um grande, o outro pequeno. Pois não há nada que tu não possas fazer. Tu és bom e tudo o que fazes deve ser bom, tanto o grande céu dos céus quanto esta pequena terra. Tu eras, e além de ti, nada era. Do nada, então, tu criaste o céu e a terra" (Agostinho, 1992, p. 384-85 [7.7]).

Agostinho argumentou que Deus criou o mundo *ex nihilo* (lat., literalmente, "do nada"). Isso significa que Deus criou o universo sem recorrer a nada além de sua infinita sabedoria e poder incríveis. Deus chamou o mundo a existência, não de matéria preexistente, energia ou algum outro "material", mas literalmente do nada. Não havia nada senão Deus, e ele sozinho criou o universo (incluindo matéria, energia, espaço e tempo). O pensamento cosmológico do século V de Agostinho sobre a origem do universo parece surpreendentemente semelhante à cosmologia do *big bang* do século XXI.

Teoria do tempo

"Tu és o Criador de todos os tempos. Se, então, houve algum tempo antes de fazeres o céu e a terra, como alguém pode dizer que estavas ocioso? Tu deves ter feito esse tempo, pois o tempo não pode decorrer antes de o teres feito" (Agostinho 1992, p. 263 [11.13]). Agostinho desenvolveu um conceito de tempo instigante. Ele argumentou que o tempo em si é parte da ordem criada e é apreendida exclusivamente pela mente humana (o passado em memória, o presente em reconhecimento e o futuro em expectativa). O cético filosófico **Bertrand Russell** disse, certa vez, que a teoria do tempo de Agostinho era superior à da teoria subjetiva de **Immanuel Kant**. A ideia de que o tempo começou simultaneamente com o início do universo físico é novamente notavelmente consistente com a visão defendida pela maioria dos cosmólogos modernos.

Revelação dos dois livros

"Em tua grande sabedoria, tu, que és nosso Deus, falas conosco dessas coisas no teu Livro, o **firmamento** feito por ti" (Agostinho 1992, p. 326 [13.18]).

Agostinho utilizou a fraseologia comum conhecida na teologia cristã como a teoria dos dois livros. Essa dupla visão da **revelação** afirma que Deus é o autor do livro figurativo da natureza (o mundo criado de Deus) e do livro literal das Escrituras (palavra escrita de Deus). Agostinho insistiu que, quando interpretado corretamente, os dois livros são coerentes um com o outro. No entanto, ele advertiu em sua obra *O significado literal de Gênesis* do perigo de não cristãos ouvirem cristãos que afirmam entender o livro das Escrituras, embora falam sem sentido sobre assuntos relacionados ao livro da natureza. Esta observação de cautela da necessidade de integrar os dois livros tem implicações hoje para os cristãos envolvidos em diálogos entre ciência e fé.

Fé que busca entendimento

"Portanto, não procure entender para crer, mas creia para entender" (Agostinho, 1995, p. 184).

A ideia de Agostinho, *Crede, ut intelligas* (lat., "creia para que possa entender") influenciou séculos de pensadores cristãos sobre a relação entre fé e razão. Para Agostinho, a fé (confiança em uma fonte fidedigna) é um elemento indispensável ao conhecimento. Ele argumentou que é preciso acreditar em algo para conhecer qualquer coisa. O conhecimento começa com a fé, que fornece uma base para o conhecimento. A fé em si é conhecimento indireto (como testemunho ou autoridade). Enquanto a fé vem primeiro no tempo, o conhecimento vem primeiro em importância. Fé e razão não são conflitantes, mas antes complementares.

Agostinho viu o mundo natural como real e objetivo, uma noção que não se perdeu no pensamento cristão mais tarde quando se tratava das ciências naturais.

Kenneth Richard Samples

REFERÊNCIAS E LEITURAS RECOMENDADAS

Augustine, 1992. *Confessions*. New York: Barnes & Noble.
_____. 1995. "Tractates on the Gospel of John", em *Nicene and Post-Nicene Fathers*, ed. Philip Schaff. Peabody, MA: Hendrickson.
Fitzgerald, Allan D., 1999. *Augustine through the Ages*. Grand Rapids: Eerdmans.

AJUSTE FINO DO UNIVERSO E DO SISTEMA SOLAR. O ajuste fino refere-se à ideia de que certos parâmetros de nosso universo devem ocorrer dentro de limites rigorosos para que ele possa conter qualquer forma concebível de vida. O ajuste fino está intimamente relacionado com o **princípio antrópico** e geralmente é incluído em qualquer discussão sobre ele.

Um exemplo de ajuste fino é a força de uma das forças fundamentais no universo, a força nuclear forte. Se a forte ligação da força fosse dois por cento mais forte, embora todas as outras constantes permaneceram iguais, o hidrogênio seria muito raro em nosso universo porque a maioria dos núcleos de hidrogênio se fundiriam em núcleos diplotônicos estáveis. Sem hidrogênio estável, não teríamos estrelas longevas ou compostos contendo hidrogênio, incluindo água.

Outro exemplo de ajuste fino é a densidade da massa do universo. No primeiro segundo depois do **big bang**, a quantidade de matéria no universo foi ajustada finamente para uma fração em 10^{60}. Se houvesse menos matéria no universo, as estrelas e as galáxias não poderiam se formar. Se tivesse havido mais matéria no universo, a atração gravitacional teria feito com que todo ele entrasse em colapso sobre si mesmo antes que houvesse tempo suficiente para que estrelas e galáxias se formassem. Os cientistas acreditam que a densidade da matéria foi precisamente ajustada ao que devia ser através de um processo chamado *inflação cósmica*, que é uma rápida expansão do universo em algum momento nos primeiros 10^{-34} segundos após o *big bang*.

A inflação cósmica força a densidade da matéria a ter o valor necessário para um universo viável. Alguns cientistas afirmam que a inflação cósmica, portanto, explica o ajuste da densidade da matéria no universo. Mas encontrar um mecanismo, na realidade, não dá uma explicação fundamental para o ajuste fino em si. Por exemplo, suponha que você queira derramar gasolina em um pequeno orifício em seu cortador de grama, e você decide usar um funil para fazê-lo. Você realmente não explicou o "ajuste fino" necessário para obter a gasolina no pequeno buraco simplesmente porque agora você tem uma ferramenta que o obriga a fazê-lo. O mecanismo do próprio funil ainda deve ser explicado. Existem muitas variações da inflação cósmica, e a versão correta deve ocorrer e ser ajustada corretamente para produzir a densidade de matéria adequada.

Embora alguns dos parâmetros ajustados sejam relacionados com outros, ainda é necessário um número mínimo de parâmetros para qualquer universo que possa desenvolver e manter uma infraestrutura para suportar a vida. Em seu livro *Just Six Numbers* [Apenas seis números], Martin Rees lista seis números sem dimensão fundamental que são cruciais para o desenvolvimento da estrutura do universo (Rees, 2000). Por exemplo, esses números incluem a proporção da força eletromagnética para a força gravitacional, a fração da massa de quatro prótons que é liberada como energia quando fundida em

hélio e a densidade da matéria em proporção a uma densidade "crítica".

Um dos primeiros livros a discutir o ajuste fino foi *The Fitness of the Environment* [A aptidão do meio ambiente], escrito em 1913 pelo químico Lawrence Henderson, que discutiu as propriedades da água que são necessárias para os organismos vivos e as condições da terra que tornam possível a existência da água líquida. Muitos outros livros que desenvolveram esse conceito foram escritos na segunda metade do século XX, incluindo *The Accidental Universe* [O universo acidental] (Davies, 1982), *The Intelligent Universe* [O universo inteligente] (Hoyle, 1983) e *Cosmic Coincidences* [Coincidências cósmicas] (Gribbin e Rees, 1989). Um dos livros mais influentes e referenciados sobre este assunto é *The Anthropic Cosmological Principle* [O princípio cosmológico antrópico], de **John Barrow** e **Frank Tipler** (Barrow e Tipler, 1988).

Embora a maioria das discussões de ajuste fino trate de parâmetros fundamentais que são necessários para que o universo desenvolva a estrutura para sustentar a vida em geral, há também uma grande quantidade de fatores que devem ser ajustados finamente para se ter um planeta específico como a terra que possa suportar formas de vida superiores, definidas como qualquer forma de vida mais complexas que bactérias.

Quando os cientistas falam de planetas "terrestres", eles geralmente não querem dizer um planeta como a Terra, que pode abrigar formas de vida superiores. Em vez disso, eles geralmente querem dizer uma das três coisas: ou o planeta está à distância exata de sua estrela central para que a água líquida possa existir em sua superfície, ou o planeta tem o mesmo tamanho da Terra, ou o planeta é um planeta rochoso em vez de um planeta gasoso. Claro, nenhum desses critérios é suficiente para se ter um verdadeiro planeta terrestre que possa conter formas de vida superiores. Uma estimativa mais realista do ajuste fino necessário para um planeta para abrigar formas de vida superiores, compiladas pelo astrofísico Hugh Ross, inclui 322 características necessárias (Ross, 2004).

Os teístas apontam para o ajuste fino do universo como evidência de que um *designer* inteligente é responsável por sua existência. Os não teístas propõem outras soluções para o problema do ajuste fino. Uma solução naturalista popular é que existe um grande número de universos (um **multiverso**) com diferentes constantes fundamentais nos diferentes universos e que vivemos no universo com parâmetros adequados à vida. O argumento é que, se houver universos suficientes, existe uma grande **probabilidade** de um deles ter os componentes necessários para suportar a vida. A **teoria das cordas** e a cosmologia inflacionária (ver **Teoria do universo inflacionário**) estão entre as teorias que permitem ou preveem a possibilidade de um multiverso. É possível que nunca haja evidência de outros universos, de modo que qualquer crença neles pode continuar a ser baseada em ideias teóricas e filosofia naturalista em vez de em observação científica. Mesmo que vivamos em um multiverso, a resposta teísta ao ajuste fino permanece, já que é possível que o mecanismo de Deus para criar este universo inclua também a criação de outros universos.

Outra crítica dirigida aos teístas que utilizam argumentos do ajuste fino está relacionada ao princípio antrópico fraco, que basicamente afirma que só podemos ser observadores em um universo compatível com a nossa existência. Portanto, não devemos nos surpreender que o universo seja finamente ajustado para nós. Isso ainda deixa aberta a questão de quão finamente ajustado o universo é, pois pode ser possível que pudéssemos existir em um universo que seja compatível com a nossa existência, no qual os parâmetros do universo ainda pudessem assumir valores muito diferentes.

Subjacente a todos os debates sobre o ajuste fino do universo está o fato de que temos apenas uma amostra observável de um universo, e é desafiador fazer declarações probabilísticas definitivas com base em uma amostra única. No entanto, a conclusão esmagadora dos cientistas que estudam o assunto é que o ajuste fino desse universo para a vida é real e que é necessária alguma explicação. Qualquer apelo a um multiverso pode ser não testável, enquanto a proposta teísta é certamente compatível com todas as observações e é, sem dúvida, a melhor explicação da evidência.

Michael G. Strauss

REFERÊNCIAS E LEITURAS RECOMENDADAS

Barrow, John D.; Tipler, Frank J., 1988. *The Anthropic Cosmological Principle*. Oxford: Oxford University Press.

Davies, Paul, 1982. *The Accidental Universe*. Cambridge: Cambridge University Press.

Gribbin, John; Rees, Martin, 1989. *Cosmic Coincidences: Dark Matter, Mankind, and Anthropic Cosmology*. New York: Bantam New Age.

Hoyle, Fred, 1983. *The Intelligent Universe*. New York: Holt, Rinehart, and Winston.

Rees, Martin, 2000. *Just Six Numbers: The Deep Forces That Shape the Universe*. London: Weidenfeld & Nicolson.

Ross, Hugh, 2004. "Probability for Life on Earth." Reasons to Believe. 1 abr. www.reasons.org/articles/probability-for-life-on-earth.

ALMA. A crença na alma é primariamente uma resposta imediata à experiência de primeira pessoa e é, portanto, difundida e persistente em todas as sociedades humanas (incluindo as dos autores da Bíblia). A reflexão filosófica procurou, portanto, articular, em vez de inventar uma ideia e relacioná-la com preocupações teológicas e científicas.

Antes de **Descartes** (1596-1650), a alma era entendida como o princípio ou provedora da **vida**. Platão (c. 425-c. 347 a.C.) considerou-a a doadora de vida a seu corpo, enquanto **Aristóteles** (384-322 a.C.) distinguia tipos distintos de alma apropriados a diferentes seres vivos. Para Platão, uma pessoa é uma alma e uma alma é uma substância: uma coisa distinta, em vez de um estado do corpo. O conceito de alma de Platão é consistente com uma teoria cristã da **vida após a morte**, mas seu comprometimento com a reencarnação e sua visão negativa da encarnação claramente não são. Para Aristóteles, a alma é um princípio ativo que fornece estrutura e vida e incapaz de sobrevivência independente: é a *forma* de seu corpo.

Platão sustentou que a alma é *simples*, no sentido de que não é composta de partes. A simplicidade é importante porque os elementos de uma experiência (p. ex., forma e cor) existem como um todo unido (p. ex., um objeto colorido) para o qual, parece, apenas uma entidade simples poderia ser um assunto adequado. Essa questão antiga é ecoada hoje pelo chamado *problema de integração da informação* dentro da **ciência cognitiva**: o problema de explicar como o cérebro pode integrar tipos distintos de **informação** que são processados separadamente a fim de fornecer experiências unificadas (Hardcastle, 1998).

Na era medieval, **Agostinho** (354-430 d.C.) e Aquino (1225-1274 d.C.) foram influenciados por Platão e Aristóteles, respectivamente. Agostinho levou a alma a ser uma substância independente e imaterial, mas rejeitou a reencarnação e sustentou que a incorporação saudável era um estado bom e pacífico. No entanto, ele se esforçou para encontrar um relato da origem da alma consistente com seu compromisso com a doutrina do **pecado original**. Tomás de Aquino seguiu Aristóteles, levando a alma humana racional a estar presente em todo o corpo e a constituir uma única substância com ele. Para acomodar a sobrevivência da morte, Aquino afirmou que a alma racional é uma forma subsistente: uma alma pode ter existência independente, pensando e decidindo, mas sem ser totalmente uma pessoa, talvez da maneira que uma casa inacabada pode existir independentemente sem ser ainda uma casa (Stump, 1995, p. 505-31). Para alguns, a noção intrigante de Tomás de Aquino sobre a forma subsistente permanece problemática ou, na melhor das hipóteses, pouco clara (Kenny, 1994).

Com Descartes, a ideia da alma como o princípio da vida desaparece. Seu famoso programa de dúvida levou-o a contrastar a alma como um eu pensante com o corpo como um mecanismo autônomo e espacialmente estendido. Contudo, Descartes sustentou que a alma e o corpo estão unidos: "o eu é tão misturado com [o corpo] que eu pareço compor com ele um todo" (Descartes, 1986). Como a alma não é espacial, essa unidade não é de localização, e a alma deve *representar* eventos mentais que ocorrem em locais específicos.

Para Descartes, a única localização privilegiada da interação é a glândula pineal, escolhida erroneamente, mas pela boa razão de que é uma estrutura central e singular dentro do cérebro e, portanto, aparentemente apropriada à unidade da experiência e do eu. Descartes falou pouco sobre a maneira pela qual as substâncias mentais e físicas interagem, mas a suposição de que suas naturezas são tão diferentes que a interação deve ser considerada ininteligível ou impossível deve ser descartada. Desenvolvimentos filosóficos e científicos subsequentes enriqueceram e complicaram nossa imagem de **causalidade** ao ponto de Hasker corretamente considerar essa hipótese como "o recorde histórico de objeções superestimadas a importantes posições filosóficas" (Hasker, 1999, p. 150; para um recente argumento sério contra interação e uma resposta, ver Hasker, 2012, p. 215-28).

Propostas recentes sobre os meios de interação incluem a alegação de Eccles de que a interação resulta de certos efeitos quânticos nas junções sinápticas e a proposta sugestiva de Collins baseada na ressonância simpática (Collins, 2011, p. 222-47; Eccles, 1994).

Uma objeção científica popular à causalidade psicofísica sustenta que ela é descartada pelo princípio da **conservação de energia**: que em um sistema causalmente isolado a quantidade total de energia permanece constante. Contudo, esse problema desaparece se a causalidade psicofísica excluir a transferência de energia ou se o corpo não for um sistema físico fechado (Hasker, 1999; Larmer, 1986, p. 277-85). Tampouco a objeção é convincente se os princípios de conservação não forem encontrados em toda a **física** moderna (Collins, 2011).

Depois de Descartes, a mudança moderna em direção ao discurso da **mente** como um "sistema natural dinâmico sujeito a leis gerais de crescimento e desenvolvimento" levantou o problema de como, na possível ausência da alma, uma pessoa pode persistir como o mesmo indivíduo ao longo do tempo. Thomas Reid (1710- 96) e Joseph Butler (1692-1752) defenderam a alma, criticando a proposta de **John Locke** (1632-1704) de que a memória pode constituir identidade pessoal, argumentando que identificar uma memória como genuína requer que se saiba de antemão que há uma única pessoa que é ao mesmo tempo sua possuidora e o sujeito dos eventos lembrados. Em nítido contraste com Reid, **David Hume** (1711-1776) negou que possamos ter evidências de ser substâncias que permanecem idênticas ao longo do tempo.

Hoje, a crença generalizada na alma coexiste com o ceticismo sobre a sua existência entre os intelectuais ocidentais, provocando uma série de respostas de estudiosos cristãos. Questões como simplicidade e identidade pessoal continuam importantes, mas um tema-chave é a compatibilidade da crença da alma com as descobertas e os métodos da ciência moderna. A descoberta de correspondências detalhadas entre a função de certas áreas do cérebro e capacidades cognitivas e emocionais específicas tem tentado alguns a argumentar que o sujeito de nossos pensamentos e sentimentos é de fato o cérebro, e não um eu imaterial. No entanto, até mesmo correlações detalhadas entre eventos mentais e físicos não precisam implicar identidade, e a dependência funcional da mente no corpo tem sido aceita há muito tempo.

Os dualistas também notam que a crença da alma surge como uma resposta imediata à consciência de primeira pessoa do eu e não como um postulado científico a ser substituído à medida que as teorias se desenvolvem. Metodologicamente, alguns afirmaram que o sucesso da ciência moderna indica que o mundo físico está causalmente fechado e, portanto, não há almas interagindo com ele, e nenhum propósito não físico é a causa última da ação. Isso dá a muitos fisicalistas razões para alegar que é preciso encontrar algum caminho para reduzir propósitos a entidades físicas (Kim, 2005), enquanto dualistas e outros respondem que tal redução é incoerente e, portanto, o fechamento causal (que é uma afirmação naturalista e não científica) deve ser rejeitado.

Dadas essas questões, os dualistas cristãos contemporâneos defendem abordagens funcionalmente integrativas ou emergentistas (Hasker, 1999; Moreland e Rae, 2000; Swinburne, 2013; Taliaferro, 1994), enquanto monistas cristãos buscam oferecer versões de **fisicalismo** que preservam as características da **antropologia** cristã (Baker, 2000; Murphy, 2006). Essas respostas variadas são importantes, uma vez que o atual debate sobre a alma reflete um debate mais amplo entre o **naturalismo** e o **teísmo**.

Finalmente, alguns expoentes da **ciência cognitiva da religião** (CCR) afirmaram que a própria naturalidade da crença da alma mostra que ela pode ser explicada como um subproduto acidental de ferramentas cognitivas que evoluíram para funcionar para outros propósitos (Bloom, 2009). No entanto, a falácia genética ameaça, e tais argumentos efetivamente excluíram a base na qual eles se sustentam. A CCR só poderia minar a crença da alma ao minar uma classe mais ampla de subprodutos que também incluiria as próprias crenças científicas nas quais a explicação é baseada (Plantinga, 2009, p. 139-67).

Jonathan Loose

EFERÊNCIAS E LEITURAS RECOMENDADAS

Baker, Lynne Rudder, 2000. *Persons and Bodies: A Constitution View*. Cambridge: Cambridge University Press.
Baker, Mark C.; Goetz, Stewart, 2011. *The Soul Hypothesis: Investigations in the Existence of the Soul*. New York: Continuum.
Bloom, Paul, 2009. "Religious Belief as an Evolutionary Accident", em *The Believing Primate: Scientific, Philosophical, and Theological Reflections on the Origin of Religion*. Oxford: Oxford University Press.
Collins, Robin, 2011. "A Scientific Case for the Soul", em *The Soul Hypothesis: Investigations in the Existence of the Soul*. Eds. Mark C. Baker and Stewart Goetz, 222-47. New York: Continuum.
Descartes, René, 1986. *Meditations on First Philosophy with Selections from the Objections and Replies*. Ed. John Cottingham. Cambridge: Cambridge University Press.
Eccles, John Carew, 1994. *How the Self Controls Its Brain*. Dordrecht: Springer. Goetz, Stewart, and Charles Taliaferro. 2011. *A Brief History of the Soul*. Oxford: Wiley-Blackwell.
Hardcastle, V., 1998. "The Binding Problem", em *A Companion to Cognitive Science*. Eds. W. Bechtel and G. Graham. Oxford: Blackwell.
Hasker, William, 1999. *The Emergent Self*. Ithaca, NY: Cornell University Press.
_____. 2012. "Jaegwon Kim's Rejection of Substance Dualism", em *Philosophy and the Christian Worldview*. Eds. David Werther and Mark D. Linville, 215-28. London: Bloomsbury Academic.
Kenny, Anthony, 1994. *Aquinas on Mind*. London: Routledge.
Kim, Jaegwon, 2005. *Physicalism, or Something Near Enough*. Princeton, NJ: Princeton University Press.
Larmer, R, 1986. "Mind-Body Interactionism and the Conservation of Energy."
International Philosophical Quarterly 26 (setembro): 277-85.
Moreland, J. P; Rae, Scott B., 2000. *Body and Soul: Human Nature and the Crisis in Ethics*. Leicester: IVP.
Murphy, Nancey C., 2006. *Bodies and Souls, or Spirited Bodies*. Current Issues in Theology. Cambridge: Cambridge University Press.
Plantinga, Alvin, 2009. "Games Scientists Play", em *The Believing Primate: Scientific, Philosophical, and Theological Reflections on the Origin of Religion*. Eds. Jeffrey P. Schloss and Michael J. Murray, 139-67. Oxford: Oxford University Press.
Stump, Eleonore, 1995. "Non-Cartesian Substance Dualism and Materialism without Reductionism." *Faith and Philosophy* 12:505-31.
Swinburne, Richard, 2013. *Mind, Brain, and Free Will*. Oxford: Oxford University Press.
Taliaferro, Charles, 1994. *Consciousness and the Mind of God*. Cambridge: Cambridge University Press.

ALQUIMIA. A alquimia é uma mistura de tradições artesanais e ideias sobre matéria que floresceu na China e no Ocidente, da Antiguidade até os tempos modernos. Os alquimistas trabalharam com medicamentos, ouro, prata, pedras preciosas e corantes. Os alquimistas orientais tendiam a se preocupar mais com os medicamentos, incluindo o Elixir da Vida, que acreditavam conferir saúde, longevidade ou imortalidade. Os alquimistas ocidentais estavam mais preocupados com produtos comerciais. Muitos buscavam ouro, transmutando metais básicos; às vezes procurando pela inatingível pedra filosofal, uma catalisadora de transmutação, e, ela mesma, um produto alquímico.

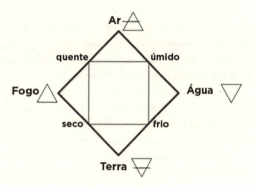

Figura 1. A teoria da matéria feita de terra, ar, fogo e água.

Ao contrário dos artesãos simples, os alquimistas usavam teorias de matéria para orientar seu trabalho. Os alquimistas chineses buscavam a imortalidade ao reverter a diferenciação da cosmologia taoísta. Eles esperavam converter o mercúrio e chumbo comuns em suas contrapartes "verdadeiras" (associadas ao *yin* e ao *yang*); estes, então, poderiam ser reintegrados na unidade original, permitindo que o alquimista transcendesse o tempo. Os alquimistas ocidentais adaptaram ideias clássicas gregas, sendo a mais importante a noção **monista** de que os materiais se constituem em "matéria-prima" infundida com qualidades. Por exemplo, na teoria "terra, ar, fogo e água", materiais reais consistem em misturas desses quatro elementos. Os "elementos", por sua vez, podem ser pensados como consistindo de matéria-prima combinada com as duas qualidades mostradas adjacentes ao vértice de cada elemento na figura 1. Por exemplo, a terra é matéria primária infundida com "frio" e "seco". A teoria do "mercúrio e enxofre" acrescentou os elementos filosóficos "mercúrio" e "enxofre". Ela sustenta que eles se combinam em várias proporções na terra para produzir metais. Além disso, uma vez que os metais básicos como o chumbo são "instáveis" e se "decompõem" (ou seja, enferrujam), eles podem amadurecer na terra à medida que a proporção de enxofre se ajusta ao valor mais estável do ouro. Esse esquema sugeria que os metais básicos poderiam ser transmutados em ouro se tão-somente os alquimistas conseguissem separar o "mercúrio" e o "enxofre" deles e recombiná-los nas quantidades corretas.

A alquimia era, muitas vezes, esotérica na prática e envolvia compromissos secretos, nomes codificados e imagens de alegoria conhecidas apenas pelo iniciado. Isso, juntamente com a imprecisão da transmutação, facilitou as atividades de alquimistas trapaceiros e levou a descrições pouco lisonjeiras de alquimistas na literatura e no teatro. Tal como acontece com as joias e bijuterias folheadas a ouro hoje, no entanto, a maioria das falsificações alquímicas foi feita para fins legítimos.

Após o declínio da civilização greco-romana, a alquimia ocidental foi preservada pelos árabes, que a desenvolveram na forma transmitida à Europa cristã no século XII. Embora alguns pensadores cristãos medievais estivessem céticos quanto à transmutação, os processos alquímicos simples foram aceitos. Os escolásticos até usaram a alquimia como uma medida dos limites do que a humanidade poderia alcançar na ausência de intervenção sobrenatural, embora discutissem se produtos alquímicos e naturais eram equivalentes. A alquimia passou a ser considerada como um "dom de Deus", pelo menos no sentido de que Deus, discretamente, guiou as pesquisas dos alquimistas. Tornou-se comum para eles usar a crucificação, sepultamento e ressurreição de Cristo como alegorias para processos alquímicos; em contrapartida, os pensadores religiosos usavam a transmutação como uma metáfora para a transformação espiritual.

A alquimia contribuiu para a química moderna classificando as reações químicas, desenvolvendo mecanismos úteis e antecipando a combinação de experiência e teoria da química atual. Muitos dos primeiros cientistas modernos (incluindo **Isaac Newton** e **Robert Boyle**) empregaram ideias alquímicas, embora a rigorosa priorização de Boyle dos resultados experimentais sobre a teoria acabasse por levar à substituição de teorias de matéria alquímica pelas da química moderna. Hoje, a alquimia é considerada uma **pseudociência**, embora suas ideias continuem a ser usadas na cultura popular e nos ensinamentos de algumas sociedades secretas, e sejam ainda promovidas por alguns praticantes remanescentes.

Stephen Contakes

REFERÊNCIAS E LEITURAS RECOMENDADAS

KNIGHT, David M. *Ideas in Chemistry: A History of the Science*. New Brunswick, NJ: Rutgers University Press, 1992.

LEVERE, Trevor Harvey. *Transforming Matter: A History of Chemistry from Alchemy to the Buckyball*. Johns Hopkins Introductory Studies in the History of Science. Baltimore: Johns Hopkins University Press, 2001.

NEWMAN, William R. *Promethean Ambitions: Alchemy and the Quest to Perfect Nature*. Chicago: University of Chicago Press, 2004.

PREDAGIO, Fabrizio. *The Way of the Golden Elixir: A Historical Overview of Taoist Alchemy*. Mountain View, CA: Golden Elixir, 2012.

PRINCIPE, Lawrence. *The Secrets of Alchemy*. Chicago: University of Chicago Press, 2013.

ALTRUÍSMO. O altruísmo, comumente entendido como o investimento sacrificialmente desinteressado no bem-estar dos outros, é uma questão fundamental tanto na compreensão cristã como científica da vida. Na tradição cristã, o altruísmo, ou o amor *agapê*, são interpretados como o último *telos* da existência humana e está sintetizado na vida e **morte** de autoanulação de Jesus Cristo. Na biologia, o "altruísmo" foi descrito como o "problema teórico central" na aplicação da biologia ao comportamento social (Wilson, 2000) — como a **seleção natural** pode favorecer ou mesmo permitir o sacrifício em favor, ao custo do agente? (ver **Psicologia evolutiva**). Perceba que essa questão é legítima mesmo que se duvide da origem evolutiva da humanidade — desde que se acredite que há disposições naturais e biologicamente enraizadas para o comportamento (p. ex., o desejo dos pais de cuidar de seus filhos), se houvesse uma inclinação hereditária para sacrificar o próprio sucesso reprodutivo para os outros, seria eliminada ao longo do tempo.

É importante fazer uma distinção frequentemente negligenciada entre dois usos da palavra *altruísmo*. O altruísmo moral ou psicológico refere-se à motivação: dar sem expectativa de retorno. No entanto, o altruísmo biológico refere-se a consequências: aumentar a capacidade de outro (sucesso reprodutivo) à custa do agente. Essencialmente, o último não implica que o que é natural é intrinsecamente "egoísta". Pode-se ter motivações voltadas aos outros de modo verdadeiro — como a maioria dos pais faz por seus filhos —, que, no entanto, beneficiam sua aptidão.

Mas nem todo investimento nos outros é para os descendentes, e há vários relatos de como a biologia poderia apoiar isso. A "seleção de parentesco" ressalta que um sacrifício em favor não apenas da prole, mas também de parentes geneticamente relacionados, é sustentável pela hereditariedade (como J. B. S. Haldane disse: "Eu daria minha vida para salvar meu irmão? Não, mas eu daria para salvar dois irmãos ou oito primos.") A teoria da reciprocidade esclarece como o investimento em outras pessoas pode "compensar" até mesmo se não houver retorno imediato pela formação de relacionamentos de apoio permanentes ou (no caso de "reciprocidade indireta"), aumentando a reputação moral do agente e, portanto, a vontade dos demais para ajudar quando necessário. Tudo isso ajuda o indivíduo ou seus genes. A teoria, ainda debatida, de "seleção de grupo" vai além disso, propondo que os indivíduos possam fazer sacrifícios efetivos em prol da aptidão de outras pessoas, em situações em que há competição entre grupos e esse sacrifício ajuda a aumentar a sobrevivência do grupo (e do indivíduo) (Wilson, 2015). Pense em um jogador de basquete que desista do *status* de melhor jogador para prestar assistência a fim de que todos do time levem o prêmio do campeonato.

Essas teorias têm sido frequentemente usadas para sugerir que todo comportamento é motivado pelo "egoísmo" do nepotismo ou favoritismo. Mas isso confunde motivos com consequências, e pode ser pensado de forma razoável, mas menos pejorativa, como um amor genuíno por familiares e pela parentela — mesmo visto como uma manifestação da graça comum. No entanto, o problema continua sendo que nenhum desses relatos explica o altruísmo efetivo deles ocorrente — sacrifício radical que não possui benefício biologicamente compensatório, como o "amor ao inimigo". Reconhecendo isso, alguns biólogos propuseram, de forma polêmica, que os humanos são únicos em sua capacidade para transcender ou "resistir à tirania" de nossas disposições biológicas (Dawkins, 2006; ver **Meme**).

Essas ideias têm múltiplas interações com a fé cristã. Os debates científicos atuais sobre a extensão em que o altruísmo está *enraizado em* — ao contrário de *oposto a* — natureza humana são prenunciados por diferentes concepções teológicas da **queda,** e por perspectivas tomistas e agostinianas, ou de perspectivas de generosidade fraternal, sobre a graça que completa ou transforma a natureza (Post et al., 2002). Além disso, a ênfase cristã no *agapē* (latim *caritas*) vai além de reconhecer a importância do sacrifício, ao afirmar não apenas o investimento nos outros, mas a compaixão e o cuidado genuínos. Na verdade, é possível, mas sem proveito, "que eu dê aos pobres tudo o que possuo e entregue o meu corpo para ser queimado", mas sem ter amor (1Coríntios 13:3). Finalmente, essas teorias iluminam a singularidade distintiva do tipo de amor afirmado no Sermão da Montanha. À medida que as teorias do altruísmo não negam a teologia cristã, iluminam o amor como o aspecto mais convincente do testemunho cristão.

Jeffrey P. Schloss

REFERÊNCIAS E LEITURAS RECOMENDADAS

DAWKINS, Richard. *The Selfish Gene: 30th Anniversary Edition.* Oxford: Oxford University Press, 2006.

POST, Stephen et al. (Eds.). *Altruism and Altruistic Love: Science, Philosophy and Religion in Dialogue.* Oxford: Oxford University Press, 2002.

WILSON, David Sloan. *Does Altruism Exist? Culture, Genes, and the Welfare of Others.* New Haven, CT: Yale University Press, 2015.

WILSON, E. O. *Sociobiology: The New Synthesis.* 25th ann. ed. Cambridge, MA: Belknap, 2000.

AMERICAN SCIENTIFIC AFFILIATION (ASA).

A American Scientific Affiliation [Associação Científica Americana] é uma organização de cientistas profissionais cristãos, definida de forma geral para incluir disciplinas nas ciências naturais e sociais, medicina, engenharia, matemática e arqueologia, bem como filosofia e teologia. A ASA fornece um fórum para discussão de ciência e teologia entre seus aproximadamente 2 mil membros que geralmente estão comprometidos com a corrente dominante da ciência (ou seja, o consenso da mais abrangente comunidade científica).

A declaração de fé da ASA compreende a aceitação da inspiração divina, confiabilidade e autoridade da Bíblia em matéria de fé e conduta; a confissão do Deus triúno, afirmada nos credos Niceno e Apostólico, aceitos como declarações breves e fiéis da doutrina cristã baseada nas Escrituras; a crença de que, ao criar e preservar o universo, Deus o dotou de ordem e inteligibilidade contingentes, que são a base da investigação científica; e o

38 ANCESTRALIDADE COMUM

reconhecimento da responsabilidade, como mordomos da criação de Deus, para usarmos ciência e **tecnologia** para o bem da humanidade e do mundo inteiro.

A ASA realiza reuniões anuais, publica um periódico revisado por pares chamado *Perspectives on Science and Christian Faith* [Perspectivas em ciência e fé cristã], hospeda um *site* (ASA3.org) com recursos educacionais e uma revista na Internet, *God and Nature* [Deus e a natureza], e apoia várias subsecções locais e grupos de interesse disciplinar, como Christian Women in Science [Mulheres Cristãs em Ciências] e Affiliation of Christian Geologists [Associação de Geólogos Cristãos]. Algumas reuniões anuais são realizadas com grupos equivalentes internacionais no Canadá e na Europa.

A origem da ASA está ligada às preocupações cristãs evangélicas e fundamentalistas do início do século XX sobre a ciência. A ASA foi fundada em 1941 por um pequeno grupo de educadores de ciência e cientistas da indústria convidados pelo presidente do Instituto Bíblico Moody, Will H. Houghton, para se considerar organizar conferências anuais para ajudar pastores e alunos a entender melhor a relação entre ciência e religião. A Segunda Guerra Mundial atrasou a primeira reunião nacional da ASA para 1946 na Wheaton College, em Illinois. Após o julgamento de **Scopes** de 1925 sobre o ensino público da evolução, muitos grupos de "ciência da Bíblia" emergiram para fornecer uma alternativa cristã científica à evolução ou para promover **provas científicas** da veracidade da Bíblia, geralmente defendendo uma compreensão particular da Bíblia e da ciência.

Os fundadores da ASA estabeleceram que a organização não representaria nenhuma abordagem particular à fé e à ciência além de suas crenças fundamentais. A ASA tornou-se rapidamente o principal fórum evangélico para debater a evolução, a geologia do Dilúvio e a idade da terra. Os primeiros colaboradores para o jornal ASA incluem **Bernard Ramm**, Carl F. H. Henry, Wilbur Smith, Lawrence Kulp e Russell Mixter. Dois livros de autores da ASA, *Modern Science and Christian Faith* [Ciências modernas e fé cristã] (1948) e *Evolution and Christian Thought Today* [Evolução e pensamento cristão hoje] (1959) foram amplamente lidos nos círculos evangélicos. O historiador **Ronald Numbers** (2006) observou que a ASA dedicou mais tempo avaliando do que se opondo à evolução, que instigou o estabelecimento de organizações abertamente criacionistas, como o **Institute for Creation Research** [Instituto para a Pesquisa da Criação] (ver também **Morris, Henry**).

Além de criação e evolução, os tópicos de interesse para os membros da ASA nos últimos anos — como refletido em artigos de revistas, temas de reuniões e apresentações — incluem ética ambiental e médica, tecnologia e desenvolvimento sustentável, **psicologia**, **neurociência** e história da ciência.

Stephen O. Moshier

REFERÊNCIAS E LEITURAS RECOMENDADAS

Everest, F. Alton. *The American Scientific Affiliation: Its Growth and Early Development.* Ipswich, UK: ASA Press, 2010.
Hart, D. G. "The Fundamentalist Origins of the American Scientific Affiliation." *Perspectives on Science and Christian Faith* 43:238-48, 1991.
Numbers, Ronald L. 2006. *The Creationists: From Scientific Creationism to Intelligent Design.* Cambridge, MA: Harvard University Press.

ANCESTRALIDADE COMUM. A maioria dos cientistas pensa que todos os organismos vivos, incluindo o *Homo sapiens*, foram formados através de um processo de modificação gradual de **espécies** preexistentes, fazendo com que todos os seres vivos compartilhem ancestrais comuns. No caso dos seres humanos, a evidência para isso, como eles veem, é em grande parte tríplice.

1. O aumento gradual da sofisticação de artefatos arqueológicos correlacionou-se com as idades geológicas estabelecidas de rocha sedimentar em que são encontrados.

2. As mudanças graduais nos restos de esqueletos de espécies humanas antigas encontrados em sedimento de rocha. Em geral, quanto mais jovem é a rocha contendo fósseis, mais estreitamente os restos de esqueletos se assemelham aos dos seres humanos modernos.

3. O padrão de características genéticas compartilhado pelos humanos e os grandes primatas. As características genéticas que são indicativas da ascendência comum se encaixam em três classes amplas:

a. *Taxa de mutação*. Os cientistas agora sabem exatamente como muitas mudanças (mutações) ocorrem nos 3 bilhões de fragmentos de **informação** codificada no **DNA** que cada um herda de nossos dois pais — é cerca de 70. Se extrapolar essas 70 mudanças em uma geração para o número de gerações desde que se acredita que os chimpanzés e os humanos tenham tido um antepassado comum (cerca de 120 mil), pode-se estimar o número de diferenças no DNA que se poderia esperar se chimpanzés e humanos compartilhassem um antepassado comum. Esse número aproxima-se de 70 mudanças x 120 mil gerações.

b. *Marcas genéticas*. Assim como nossos corpos acumulam marcas que são os sinais reveladores de desgastes antigos da pele, assim também o nosso genoma (ou seja, nosso DNA) acumula cortes que posteriormente são curados. Além disso, exatamente como podemos "mapear" a localização e a forma de cada abrasão na superfície do nosso corpo (p. ex., a ponta do dedo indicador esquerdo ou o lado direito do lábio superior), assim também podemos mapear a localização dos cortes isolados no genoma.

Os cortes no DNA, como os cortes na nossa pele, são conhecidos por serem largamente aleatórios. Compartilhamos muitos locais isolados de corte com chimpanzés, indicando que o corte ocorreu no DNA de um antepassado comum e foi preservado no genoma desde então. Além disso, nós e os chimpanzés compartilhamos muitos lugares de corte curados com gorilas, embora menor em número. E, à medida que observamos os resultados dos eventos de danos ainda mais profundos, achamos que humanos, chimpanzés e gorilas compartilham muitas dessas "cicatrizes" com orangotangos, embora o número de cicatrizes compartilhadas seja ainda mais reduzido. Este padrão de "cicatrizes genéticas" compartilhadas é considerado fortemente indicativo de ascendência compartilhada.

c. *Frequência de diferenças sinônimas e não sinônimas entre espécies estreitamente relacionadas*. Palavras que significam a mesma coisa são ditas ser sinônimas. Por exemplo, ao descrever a forma de uma bola, *circular* e *redonda* significam o mesmo. Assim como pode haver duas ou mais formas de dizer a mesma coisa ao descrever a forma de uma bola, também existem maneiras diferentes de dizer o mesmo no código do DNA para construir o corpo de um humano e de um chimpanzé.

Se a ascendência de um antepassado comum fosse verdadeira, as mudanças nas instruções para a construção de partes importantes do corpo poderiam ser alteradas através da mutação ao longo do tempo, desde que essas alterações fossem sinônimas. Considerando esses eventos de mutação em curso, quanto mais tempo decorreu desde que se acredita que dois organismos tenham compartilhado um antepassado comum, mais mudanças sinônimas se esperariam ter-se acumulado. Além disso, seria esperado que as alterações não sinônimas na construção de partes importantes do corpo fossem encontradas em uma frequência muito menor, presumivelmente porque, quando elas ocorreram, causaram danos que resultaram em menor viabilidade e perda da linhagem. Esse padrão de mudança

genética (preservação de sinônimos, mas perda de não sinônimos) é precisamente o que se esperaria se essas espécies fossem relacionadas entre si através da origem de uma única espécie ancestral anteriormente existente.

Darrel R. Falk

REFERÊNCIAS E LEITURAS RECOMENDADAS

FINLAY, Graeme. *Human Evolution: Genes, Genealogies, and Phylogenies.* Cambridge: Cambridge University Press, 2013.
LIEBERMAN, Daniel. *The Story of the Human Body: Evolution, Health, and Disease.* New York: Vintage, 2014.

ANJOS E DEMÔNIOS. A existência de anjos e demônios faz parte da **cosmovisão** cristã, uma vez que aparecem e são discutidos na Bíblia. Qualquer tentativa de desmistificar essa matéria desonra tanto os textos como os credos e confissões da igreja. Embora a doutrina da angelologia não seja tão desenvolvida como, digamos, a cristologia, há material bíblico suficiente para uma descrição coerente, mesmo que faltem alguns detalhes desejados. A relativa escassez de **revelação** sobre os anjos é instrutiva, uma vez que a principal preocupação da humanidade deve ser com o Criador, e não com espíritos imateriais. O livro de Apocalipse registra que o apóstolo João começou a adorar um anjo, que o repreendeu, dizendo: "Não faça isso! Sou servo como você e seus irmãos, os profetas, e como os que guardam as palavras deste livro. Adore a Deus!" (Apocalipse 22:9, veja também Colossenses 2:18).

As Escrituras se preocupam com a narrativa e a doutrina dos seres humanos muito mais do que com os anjos. Embora seres humanos e anjos sejam seres criados com agência (mente e vontade), nosso conhecimento sobre os anjos, ao contrário dos humanos, é mais inferencial do que direto. Os anjos, bons e maus, desempenham um papel mais proeminente no Novo Testamento do que na Bíblia hebraica, mas não há contradição entre os dois Testamentos sobre sua natureza e operação. Além disso, a angelologia é um tópico convencional na teologia sistemática.

Os anjos são seres criados que possuem poder sobrenatural não partilhado com os seres humanos. Os anjos não caídos adoram a Deus (Isaías 6:2,3), ministram ao seu povo (Salmos 34:7; 91:11,12; Hebreus 1:14), são mensageiros divinos (Lucas 1:11; Apocalipse 1:1), e estão envolvidos na guerra espiritual (Apocalipse 12:7). Os anjos caídos (demônios) se rebelaram contra Deus (Judas 6; 2Pedro 2:4) e estão sob a direção de Satanás, o principal anjo caído. A obra redentora de Cristo deu um golpe fatal

40 ANSWERS IN GENESIS

no mundo demoníaco (Colossenses 2:15; 1João 3:8), que será culminada no fim da História.

Ao contrário do secularismo, a ciência moderna não contradiz o relato bíblico dos anjos e dos demônios. A **epistemologia** do **cientificismo** (que é um corolário da **metafísica** do **materialismo**) argumenta que o conhecimento só vem por intermédio da observação científica e da teoria. Como os anjos e os demônios não estão sujeitos a tais procedimentos empíricos, não há motivo para acreditar neles. Mas o cientificismo é autocontraditório, uma vez que sua alegação de monopolizar o conhecimento não é, por si só, uma libertação de qualquer observação ou teoria científica. Se o cientificismo é falso, é possível que o conhecimento venha de outras fontes, como da **intuição** racional (Romanos 2:14,15) e da revelação bíblica (2Timóteo 3:16; 1Pedro 1:21).

Por definição, as ciências exatas (química, biologia e **física**) não são capazes de formular leis ou programas de pesquisa sobre a atividade angélica, uma vez que qualquer intervenção angelical em assuntos humanos decorre da agência pessoal deles e não é descrita de acordo com leis impessoais. Além disso, o comportamento angélico é sobrenatural e, portanto, não está sob a tutela da **lei natural** (ver **Naturalismo metodológico**). Isso, é claro, não significa que a atividade angélica seja logicamente contraditória ou sem sentido; simplesmente não está sujeita a análises científicas mais do que a atividade da mente humana imaterial (ver **Problema do corpo e da mente; Alma**).

Douglas Groothuis

REFERÊNCIAS E LEITURAS RECOMENDADAS

Dickason, C. Fred. *Angels: Elect and Evil*. New ed. Chicago: Moody, 1995.
Montgomery, John W. (Ed.). *Principalities and Powers: The World of the Occult*. Minneapolis: Bethany House, 1973.

ANSWERS IN GENESIS. Com sede em Petersburg, Kentucky, EUA, e com um ministério irmão no Reino Unido, Answers in Genesis [Respostas em Gênesis] (AiG) é uma organização evangélica sem fins lucrativos e é o maior ministério de apologética do mundo. Seu cofundador e CEO, **Ken Ham**, é talvez o criacionista mais conhecido hoje vivo. Além das viagens como palestrante, livros, vídeos de palestras, revistas e outros materiais produzidos pela AiG, também opera o Creation Museum [Museu da Criação] e o Ark Encounter [Encontro com a Arca], ambos localizados no Kentucky.

Em 1993, a Creation Science Ministries [Ministérios da Ciência da Criação] foi fundada por Ken Ham, Mark Looy e Mike Zovath e renomeada como Answers in Genesis em 1994. Desde a sua criação, houve uma estreita parceria com a Creation Science Fellowship [Associação da Ciência da Criação], com sede na Austrália, que também adotou o nome AiG em 1994. Essas duas organizações estavam legal e financeiramente separadas, mas compartilhavam um *site* e recursos de conteúdo, faziam parceria para turnê de palestras e publicavam em conjunto vários livros. Os ministérios combinados da AiG cresceram além da Austrália e dos Estados Unidos, formando filiais-satélites na Nova Zelândia, África do Sul, Canadá e Reino Unido. Em 2006, conflitos internos entre os EUA e a liderança dos ministérios australianos resultaram em uma divisão. Os escritórios dos EUA e do Reino Unido mantiveram o nome de AiG, enquanto os grupos restantes se renomearam como Creation Ministries International [Ministérios Internacionais da Criação].

A influência da AiG no debate sobre criação e evolução é imensa. Seu *site* tem uma média de mais de 400 mil visitas por mês, e está entre os mais altos de qualquer ministério evangélico. As conferências de vários dias da AiG normalmente atraem centenas de participantes, e os seus oradores frequentemente estão presentes em igrejas, escolas cristãs e outros locais. Em 2014, Ken Ham debateu com Bill Nye ("o cara da ciência", um apresentador de um programa de ciência conhecido) sobre os méritos do modelo de criação da Terra jovem da idade da Terra. O debate atraiu mais de 3 milhões de telespectadores durante sua apresentação e uma audiência total no YouTube de mais de 5 milhões desde 2015. Ao ficar mais conhecido, o Creation Museum da AiG atrai 300 mil visitantes por ano, e o Ark Encounter (uma atração com uma réplica em tamanho real da arca de Noé) estima ter recebido de 1,5 milhão a 2 milhões de visitantes apenas em seu primeiro ano.

O principal público da AiG é o leigo da igreja, com a maioria dos seus materiais (palestras, conferências, artigos da *web*, revistas e livros) feitos pensados para esse grupo. Em geral, o ministério favorece uma abordagem pressuposicional da apologética, mas não a ponto de excluir abordagens probatórias. Mais orientado academicamente é o *Answers Research Journal*, um jornal de acesso aberto, sujeito a escrutínio científico, publicado pela AiG e dedicado à bolsa de estudos para **criacionista da Terra jovem**.

A AiG também mantém uma divisão de pesquisa que emprega vários funcionários que possuem doutorado em ciência e teologia.

AiG afirma as crenças cristãs evangélicas em sua declaração de fé (incluindo a natureza eterna e trinitária de Deus, a deidade de Cristo, o **nascimento virginal**, a inspiração das Escrituras etc.; veja www.answersingenesis.org), juntamente com outras mais pertinentes à criação da Terra jovem. Os pontos notáveis para este último incluem:

As primeiras passagens de Gênesis (p. ex., cap. 1—11) representam um verdadeiro relato histórico de eventos e pessoas.

- A criação toda foi feita em seis dias consecutivos de 24 horas, seguidos de um dia (24 horas) de repouso.
- Essa criação foi realizada cerca de 6 mil anos atrás.
- Adão e Eva foram indivíduos históricos, as primeiras pessoas, e criados por Deus. O pecado deles introduziu a **morte** (física e espiritual) no mundo.
- Os animais e plantas originais foram criados por Deus de acordo com suas espécies, e não por meio de processos evolutivos.
- O dilúvio de Noé foi um evento global em extensão e efeito, e produziu a maioria das rochas sedimentares que contêm fósseis.

Marcus R. Ross

REFERÊNCIAS E LEITURAS RECOMENDADAS

Answers in Genesis: www.answersingenesis.org.
Ark Encounter: www.arkencounter.org.
Creation Ministries International: www.creation.com.
Creation Museum: www.creationmuseum.org.

ANTROPOLOGIA. A antropologia é o estudo da humanidade, no passado e no presente, e geralmente é dividida em quatro subcampos: antropologia física, antropologia sociocultural, linguística e arqueologia. Um novo e quinto subcampo, a antropologia cognitiva, utiliza-se dos *insights* dos outros quatro e das **ciências da mente** para explicar como as formas culturais e o pensamento humano se informam mutuamente.

A antropologia física, também conhecida como antropologia biológica, é o estudo comparativo dos seres humanos como uma **espécie** biológica, o *homo sapiens*, em relação a outros animais, particularmente os primatas. As pautas de pesquisa mais conhecidas incluem identificar

o que é único em relação aos humanos *versus* o que está também presente em outros primatas, reconstruir fatores causais e uma linha cronológica informativa sobre a evolução dos hominídeos e entender o significado evolutivo dos traços e comportamentos humanos. A antropologia física não é caracterizada por uma metodologia única, mas, em vez disso, emprega uma variedade diversificada de ferramentas de pesquisa tiradas da **paleontologia**, genética, arqueologia, **ecologia**, fisiologia, epidemiologia, osteologia e primatologia, dentre outras. A antropologia física está comprometida com as origens evolutivas da humanidade e gerou a antropologia evolutiva como uma subárea que emprega descobertas da evolução para abordar questões relativas ao comportamento humano em particular, como estratégias de acasalamento e de criação de filhos.

A antropologia sociocultural é o estudo comparativo de diferentes formas de vida social humana e experiência cultural. A disciplina é definida em grande parte pelo seu foco no trabalho de campo em longo prazo, métodos de observação interveniente e etnografias descritivas, que fornecem relatos detalhados e *in loco* sobre culturas específicas. O envolvimento intensivo com as pessoas em seus ambientes culturais por longos períodos de tempo conduziu a antropologia social a resultados de pesquisa que oferecem tratamentos mais holísticos e longitudinais das práticas, significados e contextos compartilhados de um grupo social e as inter-relações entre eles, mais do que os que são encontrados em outras áreas de estudo acadêmicos.

A linguística é o estudo da linguagem como fenômeno humano. Como a antropologia física, ela é uma disciplina global e abrange uma ampla gama de pesquisas sobre linguagem e forma, linguagem e significado, e linguagem em contexto. Dentro da antropologia, os dados linguísticos são tipicamente preparados para se descobrir o conhecimento cultural e para a compreensão dos processos cognitivos e sociais que informam e restringem o desenvolvimento da linguagem ao longo do tempo.

A arqueologia é o estudo do passado humano antigo e recente, através da escavação e análise de restos materiais, incluindo artefatos (p. ex., ferramentas, roupas, habitações) e resíduos e vestígios de atividades humanas.

A antropologia cognitiva é um subcampo relativamente novo que busca compreender a dialética causal entre a cultura e a mente — entre símbolos, narrativas, rituais, ideologias, motivações, eventos históricos, línguas, visões etc., que, por um lado, constituem a prática cultural, e, por outro, as estruturas da mente que permitem e restringem essas formas culturais. Para esses fins, a antropologia cognitiva utiliza uma ampla gama de perspectivas e métodos de antropologia mais ampla e as ciências da mente, a **psicologia** cognitiva e de desenvolvimento, principalmente.

De acordo com uma pesquisa da Carnegie Foundation [Fundação Carnegie], a antropologia é composta pelo corpo docente mais secular nas universidades americanas. Tal distinção pode ser devida à forte dependência da antropologia das epistemologias associadas ao relativismo social e à evolução darwiniana. Um artigo de 2006 de Dean Arnold, intitulado *Why Are There So Few Christian Anthropologists? Reflections on the Tensions between Christianity and Anthropology* [Por que há tão poucos antropólogos cristãos? Reflexões sobre as tensões entre cristianismo e antropologia], descreve alguns dos principais desafios enfrentados pelos cristãos que trabalham com a antropologia (Arnold, 2006, p. 266-82).

Ryan G. Hornbeck

REFERÊNCIAS E LEITURAS RECOMENDADAS

Arnold, Dean E. "Why Are There So Few Christian Anthropologists? Reflections on the Tensions between Christianity and Anthropology." *Perspectives on Science and Christian Faith* 58 (4): 266-82, 2006.

APOSTA DE PASCAL. Um polímata que deu importantes contribuições para física, matemática e filosofia, Blaise Pascal talvez seja mais conhecido por sua famosa "aposta" sobre Deus. O pano de fundo para sua aposta era um conjunto de argumentos ou provas que se desenvolveram para a existência de Deus, como o argumento ontológico de Anselmo, as Cinco Vias de Aquino, o argumento causal de Descartes, entre outros (ver **Teologia natural**). Esses argumentos deveriam ser tão intelectualmente convincentes que a existência de Deus só poderia ser negada sob pena de irracionalidade.

Embora muitos cristãos ainda afirmem que os argumentos da natureza são fortes o suficiente para provar a existência de Deus para qualquer um que considerar as evidências objetivamente, Pascal disse o seguinte: "A evidência de Deus na natureza não é desse tipo." Deus não declara inequivocamente sua existência; em vez disso, a evidência é de um Deus que se esconde de quem não o procura de todo o coração. Pascal diz: "Desejando parecer abertamente àqueles que o procuram de todo o coração

e escondido daqueles que o evitam com todo o coração, ele qualificou nosso conhecimento dele dando sinais que podem ser vistos por aqueles que o procuram, e não por aqueles que não o fazem. "A questão da crença em Deus não se trata de se ter provas suficientes ou provas científicas; Pascal achava que Deus nunca quis que fosse (ver **Reducionismo**; **Cientificismo**).

Em vez dos argumentos tradicionais, Pascal ofereceu uma razão pragmática para acreditar em Deus na forma de uma aposta. Ele disse: "Eu deveria ter muito mais medo de ser confundido e então descobrir que o cristianismo é verdadeiro do que estar errado em acreditar que é verdade". Essa é a essência da aposta. Enquanto Pascal estava ciente de outras religiões, ele pensava que o cumprimento das profecias do Antigo Testamento na vida de Jesus, bem como o testemunho do cristianismo sobre a nossa natureza humana caída, fez dela a única opção religiosa que merece ser considerada seriamente.

A aposta afirma que, se o cristianismo é falso, não fará muita diferença, quer aceitemos ou não. Podemos ganhar algumas coisas acreditando nela, como conforto e paz durante o sofrimento, mas também nos será negado certos prazeres por causa das exigências morais do cristianismo. Ao todo, Pascal considerou os ganhos e perdas quase equilibrados.

Em contrapartida, se rejeitarmos a Cristo, poderemos perder a esperança oferecida pela fé, mas compensaremos parte desse terreno perdido com a liberdade que teríamos para buscar o prazer. Assim, no geral, não temos a chance de ganhar ou perder muito de qualquer maneira se o cristianismo é falso. No entanto, se é verdade e nós o rejeitamos, sofremos perdas incomensuráveis porque rejeitamos os únicos meios possíveis oferecidos a nós por Deus para a felicidade eterna. Por outro lado, se o cristianismo é verdadeiro e nós o aceitamos, então ganhamos a vida eterna e a alegria infinita como nossa recompensa. Assim, o jogador prudente, quando confrontado com esses resultados possíveis, deve apostar em favor da existência de Deus, pois há um ganho potencialmente infinito se apostarmos em Deus e vencermos, e potencialmente uma perda infinita se apostarmos contra Deus e perdermos.

Mesmo que isso represente algo muito menor do que a certeza ou a prova, Pascal achou que as razões eram compelidoras o suficiente para fazer com que apostar em Deus fosse a única escolha sábia e prática.

Bradley Sickler

REFERÊNCIAS E LEITURAS RECOMENDADAS

Brown, Geoffrey, 1984. "A Defence of Pascal's Wager." *Religious Studies* 20:465-79.

Groothuis, Douglas, 2001. "Are All Bets Off? A Defense of Pascal's Wager." *Philosophia Christi* 3 (2): 517-23.

Hájek, Alan, 2012. "Blaise and Bayes", em *Probability in the Philosophy of Religion*, ed. Jake Chandler and Victoria S. Harrison, 167-86. Oxford: Oxford University Press.

Jordan, Jeff, ed. 1994. *Gambling on God: Essays on Pascal's Wager.* Lanham, MD: Rowman & Littlefield.

Kreeft, Peter, 1993. *Christianity for Modern Pagans: Pascal's Pensées.* San Francisco: Ignatius.

Monton, Bradley, 2011. "Mixed Strategies Can't Evade Pascal's Wager." *Analysis* 71:642-45.

AQUINO, TOMÁS DE. Inspirado por **Aristóteles**, Tomás de Aquino (1224-1274) produziu uma ótima síntese da filosofia aristotélica e da teologia cristã que teve uma enorme influência no pensamento ocidental. Como Aristóteles, Tomás acreditava que a ciência (lat. *scientia*) estudava a natureza das coisas, especialmente no mundo natural, na tentativa de chegar aos primeiros princípios e ao conhecimento das essências. Ele adaptou as categorias metafísicas de ser e tornar-se, substância, forma e matéria, e as **quatro causas**, na sua filosofia cristã. Ele considerava o universo tão inteligível como a natureza, e ele considerava que deveríamos usar as ferramentas que Deus nos deu, especialmente a razão, para investigar a criação divina. Dessa forma, a razão em geral, a filosofia, a teologia e a ciência (**filosofia natural**) em particular, complementam a **revelação**. Tomás dividiu as ciências em duas categorias, a teórica (**física, matemática e metafísica**) e a prática (**economia, ética e política**).

Aquino aceitou o princípio de que "toda verdade é uma", a ideia de que, se uma afirmação for estabelecida como verdadeira em uma disciplina (p. ex., teologia ou ciência), deve ser verdadeira em todas as disciplinas. Esse princípio básico da **lógica** foi aceito por muitos pensadores medievais e definiu a forma como abordaram questões teológicas. Significava, por exemplo, que, se surgisse uma teoria científica que parecesse contrariar a Bíblia ou certas doutrinas teológicas, o conflito era apenas aparente e poderia ser resolvido com uma maior reflexão (uma visão desenvolvida pela primeira vez por **Agostinho**).

Tomás é mais conhecido por argumentos das "cinco vias" (lat. *quinque viae*), segundo os quais nosso estudo do mundo natural nos leva à **existência de Deus**. É razoável acreditar em Deus por meio da **teologia natural**, isto é, examinando a evidência do mundo natural, inclusive a da **causalidade**, mudança, ordem, e chegando à conclusão de que deve haver um ser necessário por trás do universo. Deus é um ser necessário e eterno, porque é o que os argumentos para a sua existência demonstram — deve-se recorrer a um ser necessário para explicar o ser contingente; de outra forma, não se pode explicar o ser contingente. Os "artigos de fé", no entanto, como a **encarnação** e a **Trindade**, só podem ser conhecidos por intermédio da revelação e da fé.

A análise de causalidade de Tomás apelou para a distinção entre causas primárias e secundárias como uma maneira de explicar como Deus age em sua criação. Deus é a principal causa do universo e da vida porque os criou a partir de um conjunto de ingredientes iniciais, juntamente com as leis da ciência e incluiu certos objetivos no início do processo. A causalidade secundária refere-se ao fato de que os eventos físicos diários no universo são governados por leis científicas. Embora Deus normalmente não intervenha na operação diária de eventos físicos (as causas secundárias), ele pode realizar milagres sempre que desejar e muitas vezes o faz, especialmente respondendo a **oração** (ver **milagres**). Deus também é imanente na Criação de várias maneiras, de acordo com Tomás.

As noções de **causalidade** primária e secundária provaram ser muito úteis para filósofos e teólogos que pensavam sobre a diferença entre as causas locais e as últimas causas e o tema da **ação divina** no mundo. Mas os pontos de vista de Tomás sobre esses assuntos foram desafiados nos últimos tempos pela **filosofia do processo**, **naturalismo** ateísta e até mesmo pela teoria do *design* inteligente.

Brendan Sweetman

REFERÊNCIAS E LEITURAS RECOMENDADAS

Aquinas, Thomas. *Selected Writings,* ed. Ralph McInerny. New York: Penguin, 1998.

Artigas, Mariano. *The Mind of the Universe.* Philadelphia: Templeton, 2000.

McInerny, Ralph. *Aquinas.* Cambridge, MA: Polity, 2004.

Sweetman, Brendan. *Religion: Key Concepts in Philosophy.* New York: Continuum, 2007.

ARCA DE NOÉ. O navio descrito em Gênesis 6 como o veículo que Deus instruiu Noé a construir é comumente chamado de arca de Noé. A palavra hebraica para a arca de Noé no Antigo Testamento é *teba*, que também é usado para se referir ao pequeno cesto que escondeu Moisés nos juncos do Rio Nilo. O propósito da arca de Noé era resgatar Noé e sua família e, por meio deles, resgatar a humanidade do mal desenfreado tão maligno que ameaçou o futuro do mundo.

44 ARGUMENTO COSMOLÓGICO

Há mais de duzentas histórias de dilúvios no folclore de civilizações antigas e primitivas, e a maioria menciona um grande navio que salvou a humanidade da **extinção**. Por exemplo, o poema de inundação babilônico (*Epopeia de Gilgamesh*) descreve um navio que mede cerca de 61 metros por 61 metros por 61 metros.

Gênesis 6 descreve os detalhes do projeto para a construção da arca. Era para medir 300 côvados de comprimento por 50 côvados de largura por 30 côvados de altura. As estimativas do comprimento do côvado ou cúbito variam de 17,5 a 36 polegadas. No entanto, a maioria dos estudiosos concorda que era algo entre 18 e 20 polegadas. Assim, a arca provavelmente mediu 135 m x 22 m x 13,5 m. Incluía três conveses, uma entrada lateral e um teto elevado acima de uma abertura de um côvado ao redor. O material de construção principal é descrito no texto como madeira de cipreste, revestida por dentro e por fora com piche. Embora esse tipo de madeira permaneça um **mistério**, sua resistência à tração deve exceder a do carvalho, dadas as dimensões do barco, até porque qualquer madeira de menor qualidade provavelmente teria sofrido fraturas por estresse.

O folclore que cerca a arca costuma incluir a ideia de que animais de toda a terra estavam alojados na arca. Embora a Bíblia pareça implicar que a arca abrigou todos os animais terrestres, os substantivos hebraicos provavelmente indicam o contrário. O *basar, behema, hayya, nepesh, op, remes* e *sippor* incluem todos os animais com os quais os humanos daquela época teriam contato. A lei levítica indica que apenas animais nessa categoria podem ser afetados pelo mal humano. Assim, o recomeço da civilização humana após o **dilúvio** exigiu a destruição de todos os seres humanos (com exceção de Noé e sua família) e todos os animais sensíveis associados com a maldade humana (além das criaturas que Noé salvou na arca).

Dada essa limitação nos tipos de animais resgatados, a arca teria sido suficientemente grande para acomodá-los junto com toda a comida, água e suprimentos necessários para sustentá-los por treze meses. Além disso, oito pessoas seriam suficientes para cuidar dos animais. Dado o tempo de construção, planejamento e preparação de cem anos (Gênesis 5:32; 7:6; 11:10), Noé e sua família podem ter adaptado e instalado certos dispositivos de economia de trabalho. Elevadores para comida, carroças, calhas e trilhos, construídos em madeira e controlados por cordas teriam simplificado muito seu trabalho como guardiões

de animais. Ao longo dos anos, várias alegações de artefatos da arca recuperados foram feitas, mas nenhuma até hoje tem qualquer plausibilidade, e essa falta de artefatos fez com que alguns estudiosos duvidassem da realidade da arca. No entanto, nenhum artefato de arca deve ser esperado, e fragmentos de madeira mal datados encontrados nas elevações médias a altas do Monte Ararate devem ser vistos com ceticismo. Gênesis 8:4 relata que a arca repousou nas "montanhas de Ararate", não no próprio Monte Ararate. A região abrangida por essa cordilheira abrange mais de 160 mil quilômetros quadrados. Com base em pistas geográficas, parece mais provável que a arca tenha repousado nos contrafortes a cerca de 320 quilômetros a sudoeste do Monte Ararate, não muito ao norte da costa antiga cidade de Nínive.

Se essa localização (ou similar) estiver correta, as chances de encontrar qualquer remanescente do barco seriam praticamente nulas. As madeiras cortadas de alta qualidade da arca teriam sido valiosas demais para os povos pós-diluvianos, talvez a própria família de Noé, ignorarem enquanto trabalhavam para reconstruir suas casas e cidades. Além disso, é claro que, dado o clima e outros fatores, a madeira teria se deteriorado há muito tempo.

Hugh Ross

REFERÊNCIAS E LEITURAS RECOMENDADAS

EDRIDGE, Anthony L., 2012. *After the Beginning: Creation Revealed in Science and Scripture*, 121-73. Bloomington, IN: WestBow.

Ross, Allen P., 1988. *Creation and Blessing: A Guide to the Study and Exposition of Genesis*. 188-200. Grand Rapids: Baker.

Ross, Hugh, 2014. *Navigating Genesis: A Scientist's Journey through Genesis 1—11*, 131-82. Covina, CA: RTB Press.

ARGUMENTO COSMOLÓGICO. O argumento cosmológico é uma parte da **teologia natural** que procura demonstrar uma Razão Suficiente ou Primeira Causa da existência do cosmos. Seus proponentes incluem muitas das figuras mais proeminentes da história da filosofia ocidental — **Platão**, **Aristóteles**, Ibn Sina, al-Ghazali, Maimônides, Anselmo, Aquino, Scotus, **Descartes**, Spinoza, Leibniz e Locke, para citar apenas alguns.

Exposição

Podemos distinguir três tipos básicos de argumento cosmológico — o argumento cosmológico Kalam para uma Primeira Causa do início do universo, o argumento cosmológico tomista para uma sustentação do fundamento da existência do mundo e o argumento cosmológico leibniziano para uma Razão Suficiente do porquê existe qualquer coisa.

O argumento cosmológico Kalam deriva seu nome da palavra árabe que designa a escolástica islâmica medieval, o que ajudou a promover essa versão do argumento cosmológico. O argumento pretende mostrar que o universo teve um começo em algum momento no passado finito. Embora os defensores medievais do argumento tenham sustentado argumentos filosóficos contra a infinitude do passado, as deslumbrantes descobertas da cosmologia astrofísica relacionadas à origem do universo em um *big bang* há cerca de 14 bilhões de anos reviveram especialmente o interesse contemporâneo no argumento. Se o universo começou a existir, então, uma vez que algo não pode surgir do nada, o universo deve ter uma causa transcendente, que o criou.

O argumento cosmológico tomista, chamado assim por causa do teólogo e filósofo medieval Tomás de Aquino, busca uma causa que é a primeira, não no sentido temporal, mas no sentido de classificação. Na metafísica de inspiração aristotélica de Aquino, cada coisa finita existente é composta de essência e existência e, portanto, é radicalmente contingente. Se uma essência deve ser instanciada, deve haver união, junto com essa essência, um ato de ser. A instanciação de uma essência envolve uma outorga contínua de ser por uma causa externa, ou a coisa seria aniquilada. Embora Aquino argumentasse que não pode haver uma regressão infinita de causas de ser e que, portanto, deve existir uma Primeira Causa não causada de ser, sua visão real era que não pode haver causas intermediárias de ser, que qualquer substância finita é sustentada imediatamente pelo Fundamento do Ser. Este deve ser um ser que não é composto de essência e existência e, portanto, não requer nenhuma causa de sustentação. É, como diz Tomás, *ipsum esse subsistens*, o ato de ser em si mesmo. Tomás identifica este ser com o Deus cujo nome foi revelado a Moisés como "EU SOU" (Êxodo 3:14).

O argumento cosmológico leibniziano é chamado assim por causa do polímata alemão **Gottfried Wilhelm Leibniz**, do século XVII, que buscava desenvolver uma versão do argumento cosmológico da contingência sem os fundamentos metafísicos aristotélicos do argumento tomista. "A primeira pergunta que deve ser feita com razão", escreveu ele, "é esta: por que há algo em vez de nada?" ("Os princípios da natureza e da graça, com base na razão"). Leibniz quis que esta questão fosse

verdadeiramente universal, não se aplicando meramente a coisas finitas.

Com base em seu **Princípio de razão suficiente** (PRS), segundo o qual "nenhum fato pode ser real ou inexistente, nenhuma afirmação é verdadeira, a menos que haja uma razão suficiente por que é assim e não de outra forma" ("A Monadologia"), Leibniz afirmou que essa questão deve ter uma resposta. Não adianta dizer que o universo (ou mesmo Deus) existe apenas como um fato bruto. Deve haver uma explicação do porquê de sua existência. Ele prosseguiu argumentando que a Razão Suficiente não pode ser encontrada em nenhuma coisa individual no universo, nem na coleção de tais coisas que é o universo, nem em estados anteriores do universo, mesmo que esses regridam infinitamente. Portanto, deve existir um ser externo a esse mundo que seja metafisicamente necessário em sua existência, isto é, sua inexistência é impossível. É a Razão Suficiente para a sua própria existência, bem como para a existência de cada coisa contingente.

Discussão

Sem dúvida, a premissa mais controvertida no argumento cosmológico leibniziano é o PRS. Nem todo fato pode ter uma explicação, como foi dito, pois não pode haver uma explicação do que poderíamos chamar de grande fato conjuntivo contingente (GFCC), que é em si a conjunção de todos os fatos contingentes que existem; pois se tal explicação for contingente, então também deve ter uma explicação adicional; já que, se for necessário, o fato explicado por ele também deve ser necessário.

Alguns leibnizianos desafiaram o pressuposto de que existe um GFCC ou procuraram fornecer uma explicação aceitável para isso. Esse debate, embora fascinante, é ligeiramente acadêmico, já que o argumento não depende de nada tão forte quanto a própria versão de Leibniz do PRS. O proponente do argumento cosmológico leibniziano poderia sustentar, por exemplo, que para qualquer coisa contingente existente há uma explicação por que essa coisa existe. Ou, novamente, ele poderia afirmar que tudo o que existe tem uma explicação para sua existência, seja na necessidade de sua própria natureza seja em uma causa externa. Ou, mais amplamente, ele pode sustentar que, no caso de qualquer estado contingente, há uma explicação por que esse estado de coisas existe ou então uma explicação sobre por que nenhuma explicação é necessária.

46 ARGUMENTO COSMOLÓGICO

Todas essas são versões mais modestas, não paradoxais e aparentemente plausíveis do PRS.

O não teísta pode replicar que, embora o universo tenha uma explicação de sua existência, essa explicação não está em uma base externa, mas na necessidade de sua própria natureza. De modo que encarar o universo como um ente metafisicamente necessário é uma sugestão extremamente ousada. Podemos dizer, com segurança, que temos uma forte **intuição** da contingência do universo. Geralmente confiamos em nossas intuições modais em outros assuntos com os quais estamos familiarizados; se quisermos fazer de outra forma em relação à contingência do universo, então o não teísta deve fornecer algum motivo para esse ceticismo além do desejo de evitar o **teísmo**.

Ainda assim, ter um argumento mais forte para a contingência do universo do que apenas nossas intuições modais seria desejável. O argumento cosmológico tomista poderia nos ajudar aqui? Se for bem-sucedido, mostraria que o universo é um ser contingente causalmente dependente de um ser necessário para a sua existência contínua. A dificuldade com o argumento tomista, no entanto, está no fato de que é muito difícil mostrar que as coisas são, realmente, contingentes no sentido especial exigido pelo argumento. Certamente, as coisas são naturalmente contingentes na medida em que sua existência contínua depende de uma infinidade de fatores físicos, mas essa contingência natural não basta para estabelecer a contingência metafísica das coisas, no sentido de que o ser deve ser continuamente adicionado às suas essências para que não sejam aniquiladas espontaneamente. Na verdade, se o argumento de Tomás de Aquino acabar por conduzir a um ser absolutamente simples, cuja essência é a existência, pode ser levado a negar que os seres são metafisicamente compostos de essência e existência se, como pensa a maioria dos filósofos cristãos, a ideia de tal ser absolutamente simples prova ser ininteligível.

O objetivo do argumento cosmológico Kalam é mostrar que o universo não é eterno, mas teve um começo. Segue-se que o universo deve, portanto, ser contingente em sua existência. Não apenas isso, mas o argumento Kalam mostra que o universo é contingente de uma maneira muito especial — ele surgiu sem uma causa. O não teísta que contestasse Leibniz defendendo que a existência do universo é um fato que não pode ser explicado,

uma exceção ao PRS, é, assim, levado à posição embaraçosa de sustentar não apenas que o universo existe eternamente sem explicação, mas sim que, sem nenhuma razão, num passe de mágica, surgiu do nada, uma posição que poderia fazer o teísmo parecer uma alternativa bem-vinda.

O espaço não permite aqui uma revisão dos argumentos e evidências da finitude do passado. Basta dizer que a ideia de um passado infinito permanece profundamente desconcertante filosoficamente e a evidência da cosmologia astrofísica continua a se acumular em apoio ao início do universo em algum momento no passado finito.

William Lane Craig

REFERÊNCIAS E LEITURAS RECOMENDADAS

BECK, W. David. 2000. "The Cosmological Argument: A Current Bibliographical Appraisal." *Philosophia Christi* 2:283-304.

BURRILL, Donald R. 1967. *The Cosmological Arguments.* Garden City, NY: Doubleday.

CRAIG, William Lane. 1979. *The Kalam Cosmological Argument.* London: Macmillan. Repr., Eugene, OR: Wipf and Stock, 2000.

_____. 1980. *The Cosmological Argument from Plato to Leibniz.* New York: Barnes & Noble.

CRAIG, William Lane; Sinclair, James, 2009. "The *Kalam* Cosmological Argument." In: *The Blackwell Companion to Natural Theology*, ed. William Lane Craig and J. P. Moreland, 101-201. Oxford: Wiley-Blackwell.

DAVIS, Stephen T. 1997. *God, Reason, and Theistic Proofs.* Grand Rapids: Eerdmans.

GALE, Richard M. 1991. *On the Existence and Nature of God.* New York: Cambridge University Press.

HARRISON, Jonathan, 1999. *God, Freedom, and Immortality.* Avebury Series in Philosophy. Burlington, VT: Ashgate.

HICK, John, 1971. *Arguments for the Existence of God.* London: Macmillan. Leibniz, Gottfried Wilhelm. 1951. *Liebniz Selections,* ed. P. Wiener. New York: Scribner's.

_____. 1989. *Philosophical Essays,* tradução de R. Ariew e D. Garber (Clássicos Hackett). Indianapolis: Hackett Publishing Company.

MACKIE, John L. 1982. *The Miracle of Theism.* Oxford: Clarendon.

MARTIN, Michael, 1990. *Atheism: A Philosophical Justification.* Philadelphia: Temple University Press.

PRUSS, Alexander, 2005. *Ex Nihilo Nihil Fit: A Study of the Principle of Sufficient Reason.* Cambridge: Cambridge University Press.

_____. 2009. "The Leibnizian Cosmological Argument." In: *The Blackwell Companion to Natural Theology*, ed. William Lane Craig and J. P. Moreland, 24-100. Oxford: Wiley-Blackwell.

ROWE, William L. 1975. *The Cosmological Argument.* Princeton, NJ: Princeton University Press.

_____. 1997. "Circular Explanations, Cosmological Arguments, and Sufficient Reasons." *Midwest Studies in Philosophy* 21: 188-99.

SOBEL, Jordan Howard, 2004. *Logic and Theism: Arguments for and against Beliefs in God.* Cambridge: Cambridge University Press.

SWINBURNE, Richard, 1991. *The Existence of God.* Rev. ed. Oxford: Clarendon.

VALLICELLA, William, 1997. "On an Insufficient Argument against Sufficient Reason." *Ratio* 10: 76-81.

WRIGHT, Crispin; Hale, Bob, 1992. "Nominalism and the Contingency of Abstract Objects." *Journal of Philosophy* 89: 111-35.

ARGUMENTO DO *DESIGN*

ARGUMENTO DO *DESIGN*. Os filósofos gregos antigos foram os primeiros a chamar a atenção para a aparente ordem e *design* no mundo e a acreditar que uma explicação era necessária. Pensadores posteriores na tradição cristã elaboraram sobre suas ideias e desenvolveram o argumento para a existência de um *designer*, ou uma mente divina, por trás do universo.

Nos últimos tempos, a noção de *design* tornou-se o centro da disputa entre teístas cristãos e ateus em várias áreas, incluindo a **teologia natural**, a evolução e a questão da **teleologia** na natureza, e a questão da estrutura geral e organização do universo. Podemos identificar pelo menos quatro formas principais do argumento do *design* em discussões históricas e contemporâneas.

Uma das versões mais conhecidas encontra-se no trabalho do filósofo inglês **William Paley** (1743-1805). A linha básica de raciocínio de Paley é comum a muitas formas do argumento do *design*. Sua premissa é que o universo mostra evidências de *design* ou ordem. Essa ordem é detectável de maneira empírica comum. Paley concentrou-se em casos de *design* na natureza, como a estrutura fisiológica dos seres vivos; por exemplo, o arranjo de partes do olho humano ou as válvulas do coração (estruturas que se assemelham ao funcionamento complexo de um relógio, no famoso exemplo de Paley). A conclusão do argumento é que a ordem desse tipo precisa de uma explicação, então é provável que um *designer* inteligente seja responsável pelo *design* na natureza e no universo em geral.

O argumento é indutivo ou probabilístico; não afirma que o *design* no universo oferece prova conclusiva de um *designer*, apenas que é uma conclusão muito razoável. O argumento é baseado em uma comparação de artefatos humanos que são projetados (como um relógio ou um motor de carro) e são produto de (nossa) inteligência com o universo e seu *design* que aponta, analogamente, à inteligência (de Deus).

Muitos interpretaram a teoria da **evolução** de Charles Darwin como uma refutação do argumento de Paley porque propôs uma explicação naturalista para o tipo de *design* e ordem que Paley enfocou. O "*design*" nas complexidades das **espécies** e na adequação de seus *habitats* é apenas aparente, de acordo com a teoria, e é devido ao processo "cego" de **seleção natural**, que não é guiado e opera em grande medida de acordo com o **acaso**. É por isso que alguns interpretaram a evolução como um ataque à noção de teleologia, pelo menos como se aplica à origem e natureza das espécies (ver **Darwinismo**). Embora alguns pensadores tenham ficado muito felizes em interpretá-lo dessa forma, não é claro que isso prejudique a visão de que a natureza é teleológica, uma vez que a teoria se aplica apenas aos sistemas biológicos.

Apesar das afirmações exageradas de alguns naturalistas contemporâneos, como **Richard Dawkins** e **Daniel Dennett**, a evolução é incapaz de explicar (e não afirma oficialmente explicar) a origem da matéria e da energia, nem as leis físicas do universo, nem o que provocou o processo da própria evolução, nem a direção progressiva do processo.

O filósofo cristão **Richard Swinburne** foi pioneiro em uma versão moderna do argumento do *design*, às vezes chamado de "leis da **física**" ou "leis da ciência". Essa versão evita os problemas levantados pela evolução porque atrai um tipo diferente de ordem, a ordem subjacente que está presente nas leis do universo. Swinburne apela às "regularidades" que ocorrem na natureza; essas são padrões empiricamente detectáveis de como a natureza se comporta. Eles foram descobertos e estabelecidos como leis da ciência, como as leis de movimento de Newton. Ele argumenta que é um fato notável que nosso universo siga as leis de forma consistente, sem exceções, leis que tornam a vida como a conhecemos possível, incluindo a **matemática**, a ciência (incluindo a evolução) e a medicina. Não é plausível dizer que esses padrões na natureza simplesmente aconteceram por acidente. Essa ordem subjacente no universo, argumenta Swinburne, é evidência de uma inteligência.

O **argumento antrópico** para a **existência de Deus** afirma que o *design* pode ser detectado com uma análise dos ingredientes iniciais do universo que levaram, consequentemente, ao **surgimento** de observadores conscientes e racionais que têm livre-arbítrio e agência moral. Esse argumento foi adotado por **John D. Barrow**, **Frank J. Tipler** e **Paul Davies**, entre outros. Ele apela à natureza do *big bang*, especificamente ao fato de que parece "afinado" em seus ingredientes iniciais para produzir um universo que eventualmente levaria ao surgimento e sobrevivência da vida e à chegada de observadores conscientes que podem entender muitos dos processos que deram origem à sua existência.

Com base em trabalhos recentes em cosmologia, **astronomia** e astrofísica, os proponentes observam que a natureza dos processos envolvidos no *big bang* (como o grau de força gravitacional, as forças nucleares fortes e fracas, a distribuição isotrópica de matéria e radiação e a proporção de matéria para a antimatéria) revelam que a **probabilidade** das condições corretas que ocorrem na terra para o apoio e a sustentação da vida é extremamente baixa, tão baixa quanto quase incalculável. A conclusão do argumento é que o "ajuste fino" desse tipo é uma indicação de uma mente inteligente. O físico Freeman Dyson expressou esse ponto observando que até parece que o universo "em algum sentido deve ter sabido que estávamos chegando".

Muitos argumentos filosóficos apelam para analogias, e tais argumentos são avaliados julgando-se se as duas coisas comparadas são semelhantes em aspectos suficientes para que o raciocínio seja plausível. O filósofo britânico do século XVIII, **David Hume** (1711-76), questionou se a analogia com o *design* humano que é evocada na maioria dos argumentos de *design* é apropriada, uma vez que o mundo é muito diferente dos artefatos humanos. No entanto, muitos acharam o ponto básico de Paley difícil de negar — essa evidência de *design* ou ordem (o arranjo proposital das partes) sugere uma inteligência. Hume também sugeriu que talvez devêssemos concluir que o *designer* do universo seja como o homem, mas Swinburne respondeu adequadamente a esses tipos de objeções ao notar que não podemos dizer que o *designer* do universo é como o homem porque o homem não pode fazer um universo.

Nos últimos anos, um novo argumento estabeleceu-se em nossa cultura intelectual, chamado teoria do ***design* inteligente** (DI). Os defensores dessa hipótese argumentam que as complexidades que encontramos no nível da biologia molecular não podem ser explicadas pela tese de seleção natural não guiada, e tais complexidades são uma boa evidência de um *designer*. O DI ganhou notoriedade não só porque essa alegação é uma crítica à teoria da evolução, mas também porque seus defensores argumentaram que ela deve ser considerada como uma conclusão científica, e não teológica ou filosófica. Embora essa visão tenha encontrado um pouco de críticas, inclusive dentro da comunidade acadêmica cristã, os proponentes do DI propuseram ainda que ele deveria fazer parte da disciplina da ciência, uma tese que, se aceita, teria implicações não só para a questão do *design*, mas para o debate filosófico sobre a definição de ciência.

Brendan Sweetman

REFERÊNCIAS E LEITURAS RECOMENDADAS

DEMBSKI, William; Ruse, Michael, eds. 2004. *Debating Design: From Darwin to DNA*. New York: Cambridge University Press.

DYSON, Freeman, 1979. *Disturbing the Universe*. New York: Harper & Row. Manson, Neil, ed. 2003. *God and Design*. New York: Routledge.

SWEETMAN, Brendan, 2010. *Religion and Science: An Introduction*. New York: Continuum.

SWINBURNE, Richard, 1996. *Is There a God?* New York: Oxford University Press.

ARGUMENTO DO QUARTO CHINÊS.

Formulado pelo filósofo norte-americano John Searle em seu influente e amplamente discutido artigo de 1980 *Minds, Brains and Programs* [Mentes, cérebros e programas], o argumento do quarto chinês utiliza uma experiência de pensamento para mostrar a impossibilidade de uma verdadeira **inteligência artificial**. O argumento nos pede para imaginar um falante nativo de inglês sentado em uma sala seguindo as instruções em inglês para manipular uma sequência de símbolos chineses. Pessoas fora da sala enviam outros símbolos chineses, que, desconhecidos pela pessoa na sala, são perguntas em chinês. Seguindo as instruções para manipular as sequências de símbolos chineses, o homem da sala pode ignorar os símbolos chineses que respondem corretamente às perguntas.

De acordo com um sinal popular de compreensão sugerido por **Alan Turing** (1950), a pessoa no quarto entende o chinês. Mas o homem não entende uma palavra de chinês. O ponto é que, se o homem do quarto não entende o chinês com base na manipulação correta da sequência de símbolos chineses, tampouco qualquer computador digital possui compreensão seguindo regras sintáticas para a manipulação da sequência de símbolos. Assim, enquanto os computadores adequadamente programados podem parecer possuir compreensão e inteligência, na verdade não os têm.

O quarto chinês de Searle destaca os sérios problemas que enfrentamos para compreender a natureza do significado e da **consciência**, bem como o papel da **intuição** nas experiências de pensamento. O ponto maior de Searle é que você não pode obter semântica (significado) da sintaxe (manipulação de símbolos formais). Em resposta, os críticos argumentam que os computadores não são "meramente sintáticos", mas são mecanismos causais complexos que obtêm conteúdo das várias conexões causais que se mantêm entre outros estados do sistema (internalismo) ou por intermédio da realidade externa que representam (externalismo). Searle rejeita teorias computacionais de significado que dependem dessas complexas conexões causais, argumentando, em vez disso, que apenas a mente tem intencionalidade intrínseca (e conteúdo semântico intrínseco). Computadores, e qualquer conteúdo que possuam, exibem "intencionalidade derivada" e, portanto, nem significado nem consciência. Muitas respostas ao Argumento do quarto chinês aceitam a intuição "sem compreensão" e tentam mostrar como, apesar das aparências, o homem do quarto, ou alguma outra entidade na situação, cumpre os critérios computacionais para a compreensão. Outro artifício é argumentar que a intuição pré-teórica de Searle, embora amplamente compartilhada pelos defensores e opositores da inteligência artificial, é simplesmente errada e, à luz da ciência atual, deve ser rejeitada. Assim como é um fato empírico de que a água é essencialmente H_2O, também é um fato empírico que a manipulação de símbolos é a essência da compreensão (Wakefield, 2003).

Embora o próprio Searle seja um naturalista, o teísta tem uma razão adicional para pensar que a intuição não compreensiva é sólida e o Argumento do quarto chinês é satisfatório e, além disso, que não são apenas programas de computador que não têm compreensão e inteligência, mas qualquer máquina puramente física. Os fenômenos mentais são entidades não físicas, entidades que são internas e fornecem evidências de um universo amplamente teísta (Adams, 1987; Moreland, 2008). Assim, Searle, mas não o teísta, tem o ônus do problema de como localizar fenômenos mentais em um mundo físico.

Paul M. Gould

REFERÊNCIAS E LEITURAS RECOMENDADAS

Adams, Robert. "Flavors, Colors, and God." *The Virtue of Faith and Other Essays in Philosophical Theology*. New York: Oxford University Press, 1987.

Damper, Robert. "The Logic of Searle's Chinese Room Argument." *Minds and Machines* 16: 163-83, 2006.

Hauser, Larry. "Searle's Chinese Box: Debunking the Chinese Room Argument." *Minds and Machines* 7:199-226, 1997.

Moreland, J. P. *Consciousness and the Existence of God*. New York: Routledge, 2008.

Searle, John. "Minds, Brains and Programs." *Behavioral and Brain Sciences* 3:417-57, 1980.

_____. *Minds, Brains and Science*. Cambridge, MA: Harvard University Press, 1984.

_____. "Is the Brain's Mind a Computer Program?" *Scientific American* 262 (1): 26-31, 1990.

Turing, Alan. "Computing Machinery and Intelligence." *Mind* 59:433-60, 1950.

Wakefield, Jerome. "The Chinese Room Argument Reconsidered: Essentialism, Indeterminacy, and Strong AI." *Minds and Machines* 13: 285-319, 2003.

ARGUMENTO EVOLUCIONISTA CONTRA O NATURALISMO

Breve resumo do argumento

Ao longo de sua carreira acadêmica, **Alvin Plantinga** defendeu a credibilidade intelectual do teísmo cristão. Recentemente, esta defesa foi ampliada para incluir uma alegação arrojada e controversa. Plantinga argumentou que não só a crença teísta é racional, mas a conjunção do naturalismo metafísico (N) — a visão de que não há Deus ou algo como Deus — e a teoria evolucionista contemporânea (E) é autoanulante. Quem aceita N e E tem um "anulador" para sua crença de que os mecanismos de produção de crenças humanas, tão evoluídos, são confiáveis. Esse anulador, além disso, constitui um anulador para qualquer crença produzida por esses mecanismos, incluindo as crenças que compõem N e E. Portanto, apesar do fato de o naturalismo metafísico e a evolução serem tipicamente considerados de forma muito próxima e confortavelmente conectados, quando pensados juntos, sua conjunção não pode ser realizada racionalmente.

História bibliográfica

Plantinga não é o primeiro a notar esta linha de discussão. **C. S. Lewis** em *Miracles* [Milagres] (esp. cap. 3 e 13) e Richard Taylor em *Metaphysics* [Metafísica] (cap. 10) desenvolvem linhas de argumentação semelhantes, embora não cheguem a desenvolver seus argumentos quase tão completamente como Plantinga. Quanto a Plantinga, o argumento foi inicialmente apresentado em um artigo da *Logos* de 1991 e no capítulo 12 de *Warrant and Proper Function* [Função correta e necessária] (1993). Em *Warranted Christian Belief* [Crença cristã avalizada] (2000), Plantinga revisa e expande seu argumento em aspectos sutis; em particular, ele se afasta do que ele chamou de "O argumento preliminar" em seus trabalhos anteriores. Em 2002, apareceu a primeira consideração, de um livro inteiro, do argumento evolucionista contra o naturalismo. *Naturalism Defeated?* [Naturalismo derrotado?] é uma conversa entre Plantinga e 11 estudiosos que abordam aspectos de seu argumento (Beilby, 2002). Em sua defesa, Plantinga opina que seu argumento "emergiu ileso — ou ainda que um pouco lesionado, então sangrando, mas não abatido, pelo menos" (2002, 204-5). A evolução final do argumento de Plantinga envolveu uma simplificação substancial das premissas iniciais. A nova versão apareceu pela primeira vez em *Knowledge of God* [Conhecimento de Deus] (2008), um diálogo entre Plantinga e Michael Tooley, e posteriormente em *Science and Religion: Are They Compatible?* [Ciência e religião: elas são compatíveis?] (Dennett e Plantinga, 2010), uma conversa entre Plantinga e **Daniel Dennett**. Ele adicionou mais detalhes em "Content and Natural Selection" [Conteúdo e seleção natural] (2011a) e, por fim, em *Where the Conflict Really Lies* [Onde o conflito realmente se encontra] (2011b), Plantinga inclui seu argumento evolucionista contra o naturalismo como parte de uma crítica ampla do naturalismo e discussão da relação entre ciência e crença teísta.

Um olhar mais atento ao argumento

O argumento evolucionista contra o naturalismo, de Plantinga, chama a atenção para o fato de que os mecanismos de evolução selecionam o comportamento adaptativo, e não necessariamente a verdadeira crença. Esse fato, evidentemente, não se perdeu em **Charles Darwin**, que no final de sua vida expressou o que Plantinga chama de "Dúvida de Darwin": "Comigo sempre surge a horrível dúvida se as convicções da mente do homem, que foi desenvolvida a partir da mente dos animais inferiores, são de qualquer valor ou são confiáveis. Alguém poderia confiar nas convicções da mente de um macaco, se houver convicções nessa mente?"(Darwin, 1887, p. 315-16).

O mesmo pensamento foi colocado de forma ainda mais explícita por Patricia Churchland:

> Um sistema nervoso permite ao organismo ter êxito em quatro áreas: alimentação, fuga, luta e reprodução. A principal tarefa do sistema nervoso é obter as partes do corpo onde deveriam estar para que o organismo possa sobreviver [...] Um estilo mais elegante de representar [o mundo externo] é vantajoso, *desde que seja orientado para o modo de vida do organismo e melhore as chances de sobrevivência do organismo*. A verdade, seja lá qual for, definitivamente não se importa em ajudar ninguém além de si mesma. (Churchland, 1987, p. 548-49, itálico no original)

A essência do problema para o naturalismo é que é difícil ver "como *seria possível* que o conteúdo de uma crença, a proposição que está associada a essa crença como seu conteúdo, desempenhe um papel na **causalidade** do comportamento. Visto que uma crença entra na cadeia causal que leva ao comportamento, tal fato deve-se às suas propriedades neurofisiológicas, e não ao seu conteúdo" (Plantinga, 2002, p. 253). Mas se o conteúdo de uma crença não é causalmente eficaz em relação ao comportamento, "então [as crenças] seriam, por assim dizer, *invisíveis* à evolução; e o fato de que elas surgiram durante a história evolutiva desses seres não conferiria nenhuma probabilidade sobre a ideia de que elas são sobretudo verdadeiras, ou quase verdade, em vez de extremamente falsas" (Plantinga 1993, 223, itálico no original).

A primeira premissa do argumento de Plantinga é que a probabilidade condicional de que os seres humanos tenham desenvolvido mecanismos de produção de crenças confiáveis e fidedignos, dado que o naturalismo e a teoria evolutiva contemporânea são fracos. Esta reivindicação pode ser abreviada da seguinte forma:

(1) P(M/N&T) é baixa.

P deve ser lido como "a probabilidade de"; M é abreviação de "mecanismos de formação de crenças confiáveis e orientados pela verdade"; a barra [/] deve ser lida como "dada a suposição de"; N é abreviação para "naturalismo"; e T é abreviação de "teoria evolutiva atual".

É essa afirmação que sofreu a maior evolução ao longo dos anos desde que Plantinga formulou seu argumento pela primeira vez. As primeiras versões de seu argumento envolvem a afirmação de que P(M/N&T) é baixa ou, uma vez que é difícil até mesmo começar a especificar as probabilidades relevantes, impenetrável para nós. Plantinga afirmou que a impenetrabilidade da probabilidade condicional de M, dado N&T, era suficiente para criar problemas para o naturalista. Em versões posteriores (Plantinga, 2011b; Plantinga e Tooley, 2008), ele simplesmente argumenta que P(M/N&T) é baixa. Além disso, nas versões iniciais do argumento de Plantinga, ele discute cinco explicações mutuamente excludentes e conjuntamente exaustivas da relação entre crença e comportamento e argumenta que estimativas razoáveis das probabilidades não são encorajadoras para o naturalista. Em versões posteriores, Plantinga destaca o fato de que os naturalistas serão materialistas em relação aos fenômenos mentais e, portanto, as crenças teriam de ser "algo como um evento ou estrutura de longa data em seu cérebro ou sistema nervoso" (Plantinga, 2011b, 320-21).

O problema, no entanto, é que é difícil ver como o conteúdo (e o *status* de verdade) das *crenças* desempenhariam um papel na criação de comportamentos adaptativos. Os organismos devem ter a capacidade de rastrear suas presas e identificar predadores, mas tê-las não requer a formação de crenças.

Consequentemente, enquanto a **seleção natural** exige uma indicação precisa do ambiente de um organismo, nada disso resulta da confiabilidade da formação de crenças.

A segunda premissa do argumento de Plantinga é:

(2) Qualquer um que aceite (acredite que) N&T e veja que P(M/N&T) é fraca, tem um anulador para M.

Um *anulador* é uma razão para rejeitar ou reter crença. Existem diferentes tipos de anuladores, mas o anulador que Plantinga afirma que alguém que aceita N&T tem para M é um anulador de racionalidade. Um anulador de racionalidade de uma crença específica *b* "é outra crença *d*, de modo que, dada a minha estrutura noética, não consigo sustentar racionalmente *b*, dado que acredito em *d*" (Plantinga, 2000, p. 361). Ainda mais especificamente, esse anulador de racionalidade é um anulador *evidencial*. Plantinga explica isso usando o exemplo a seguir: imagine que uma pessoa entra em uma fábrica e vê uma linha de montagem carregando ostensivamente objetos vermelhos e está informada de que esses objetos estão sendo irradiados com luz vermelha. De posse dessa **informação**, seria bastante razoável que a pessoa concluísse que a probabilidade de os objetos serem realmente vermelhos é incompreensível para ela. Portanto, apesar do fato de que os objetos parecerem vermelhos, ela tem um bom motivo para rejeitar a crença sobre a cor dos objetos. Não é o caso de ela "ter adquirido alguma evidência de que esses objetos não sejam vermelhos, o que refutaria a crença de que é vermelho; trata-se, antes, que suas razões para pensar que são vermelhos foram minadas" (Plantinga, 1993, p. 230). A ideia, portanto, é que um naturalista que aceita a primeira premissa do argumento de Plantinga adquire um anulador que destrói sua crença de que suas faculdades cognitivas, produzidas por uma evolução não guiada, são confiáveis.

A terceira premissa é:

(3) Qualquer um que tenha um anulador para M tem um anulador para qualquer outra crença que ele pense ter, incluindo a própria N&T.

É claro que os anuladores podem ser anulados. Mas isso não fornece nenhum recurso para o naturalista, pois, uma vez que aceita que ele tenha um anulador para M, qualquer anulador de anulador proposto será correlacionado com crenças que estarão sujeitas à anulação.

Da terceira premissa deriva-se diretamente a quarta:

(4) Se alguém que aceita N&T e, consequentemente, adquire um anulador para N&T, N&T é autoanulante e não pode ser aceita de forma racional.

Esclarecimentos

Primeiro, o argumento de Plantinga não deve ser confundido com um argumento contra a teoria evolutiva em geral ou, mais especificamente, a afirmação de que os seres humanos poderiam ter evoluído a partir de formas de vida mais primitivas. Em vez disso, o propósito de seu argumento é mostrar que a negação da existência de uma deidade criativa é problemática. É a *conjunção* do naturalismo *e* da evolução que sofre da deficiência incapacitante da autoanulação, uma deficiência não compartilhada pela conjunção do teísmo e da atual doutrina evolutiva.

Em segundo lugar, o argumento de Plantinga não sugere, naturalmente, que os mecanismos humanos de formação de crenças não sejam realmente confiáveis. Em vez disso, ele afirma que o naturalista não se justifica em acreditar que M é verdade, dado os seus pressupostos cosmológicos e metafísicos particulares. Na verdade, de acordo com Plantinga e outros teístas, os mecanismos de formação de crenças do naturalista são, de fato, confiáveis, mas o são porque são o produto de um *designer* inteligente.

Por último, o destruidor de racionalidade de Plantinga é um anulador *puramente aleteico* (da palavra grega para a verdade, *alētheia*). *Um* anulador de racionalidade puramente aleteico especifica que os motivos que uma pessoa pode ter para sustentar M (e descartar anuladores para M) devem ser "apontados com sucesso para a verdade (isto é, na maximização da crença verdadeira e na minimização da falsa crença) e nada mais" (2000, 363; ver também Plantinga, 2002, p. 209). Por exemplo, pode ser completamente racional (na definição dessa palavra) para você acreditar que seu melhor amigo não é culpado do crime hediondo que é acusado de ter cometido. Nesse caso, a evidência esmagadora não funcionará para anular sua crença de que seu amigo é inocente desde que a anulação seja concebida em geral. Você teria, no entanto, um anulador de racionalidade puramente aleteico, porque aquilo que neutraliza o potencial de anular a evidência não é "aleteicamente direcionado". Da mesma forma, a afirmação de Plantinga é que, mesmo que seu argumento evolucionista contra o naturalismo não dê ao naturalista um anulador de racionalidade do tipo geral, dá-lhe um anulador de racionalidade puramente aleteico. Além disso, esse anulador não pode ele mesmo ser anulado, uma vez que qualquer provável anulador de anulador envolveria crenças que também estariam sujeitas à anulação.

Caminhos de resposta

Existem quatro amplos caminhos de resposta ao argumento arrojado e intrigante de Plantinga. Em primeiro lugar, pode-se negar a primeira premissa e argumentar por uma explicação evolutiva não guiada para mecanismos de produção de crenças confiáveis e fidedignas. Em segundo lugar, pode-se aceitar que a P(M/N&T) é fraca, mas argumenta-se que essa admissão não dá ao naturalista um anulador de racionalidade puramente aleteico para M. Em terceiro lugar, pode-se argumentar que o argumento de Plantinga invoca o teísmo tanto como o naturalismo. Em quarto lugar, pode-se objetar os conceitos filosóficos que Plantinga emprega em seu argumento. Por exemplo, pode-se objetar os relatos da crença, racionalidade ou anulação de Plantinga.

James Beilby

REFERÊNCIAS E LEITURAS RECOMENDADAS

BEILBY, James, ed. 2002. *Naturalism Defeated? Essays on Plantinga's Evolutionary Argument against Naturalism*. Ithaca, NY: Cornell University Press.
CHURCHLAND, Patricia Smith, 1987. "Epistemology in the Age of Neuroscience." *Journal of Philosophy* 84 (October):548-49.
DARWIN, Charles, 1887. "Letter to William Graham, July 3, 1881." In: *The Life and Letters of Charles Darwin Including an Autobiographical Chapter*, ed. Francis Darwin, 1:315-16. London: John Murray.
DENNETT, Daniel C.; Plantinga, Alvin, 2010. *Science and Religion: Are They Compatible?* Point/Counterpoint Series. New York: Oxford University Press.
PLANTINGA, Alvin, 1991. "An Evolutionary Argument against Naturalism." *Logos* 12:27-48.
_____. 1993. *Warrant and Proper Function*. New York: Oxford University Press.
_____. 2000. *Warranted Christian Belief*. New York: Oxford University Press.
_____. 2002. "Reply to Beilby's Cohorts." In: *Naturalism Defeated? Essays on Plantinga's Evolutionary Argument against Naturalism*, ed. James Beilby, 204-75. Ithaca, NY: Cornell University Press.
_____. 2011a. "Content and Natural Selection." *Philosophy and Phenomenological Research* 83, n. 2 (Set.):435-58.
_____. 2011b. *Where the Conflict Really Lies: Science, Religion, and Naturalism*. New York: Oxford University Press.
PLANTINGA, Alvin; Tooley, Michael. 2008. *Knowledge of God*. Great Debates in Philosophy Series. Malden, MA: Blackwell.

ARISTÓTELES. O pensamento de Aristóteles (384-322 a.C.), um dos mais influentes filósofos da história, tem um enorme significado para a história da ciência e para sua eventual relação com o cristianismo. Um pensador versátil, Aristóteles defendeu a "**filosofia natural**", um estudo da natureza que hoje se chamaria ciência e um assunto que ele distinguia da **matemática** e da **metafísica**. A filosofia natural tem como objetivo encontrar conhecimento objetivo, que pode ser obtido por meio de argumentos lógicos indutivos enraizados em nossa experiência das operações da natureza. O raciocínio indutivo sobre causas e efeitos ajuda a compreender a essência ou a natureza das coisas por um processo de **intuição**. Dessa forma, conhecemos os primeiros princípios, especialmente das essências, e também conhecemos suas causas.

Aristóteles abordou questões sobre a natureza das coisas através de um estudo sobre o conceito da substância, que ele usou para descrever coisas individuais que existem, como um homem, um cavalo, ou um cachorro. Ele definiu uma substância como aquilo que possui propriedades, não sendo, porém, ela própria uma propriedade (p. ex., um cão possui propriedades, como seu pelo, mas não é em si uma propriedade). Aristóteles desenvolveu sua visão de substância ao apresentar seu famoso relato das quatro causas. Ele identificou as causas materiais, formais, eficientes e finais de um objeto (ver **Quatro causas de Aristóteles**).

A noção de uma causa final foi especialmente significativa porque levantou a questão do propósito de um objeto, além de questionar quem o criou ou como foi feito. Aristóteles, portanto, introduziu a noção de **teologia** na filosofia e ciência. Precisamos saber por que as coisas existem, uma pergunta que pode ser feita sobre tudo na natureza, incluindo plantas e outras **espécies**, mas também o homem, uma abordagem que levou ao desenvolvimento da influente teoria da virtude de Aristóteles. Além disso, é uma questão que podemos estudar empiricamente.

A natureza empírica da pesquisa teleológica é uma das razões pelas quais o conceito tornou-se tão interessante. Ao contrário do próprio Aristóteles, os pensadores cristãos mais recentes desenvolveram a questão geral levantada pelo conceito de causa final, a questão do *design* no mundo natural e no universo, a questão de por que a natureza exibe objetivos teleológicos. Mil e quinhentos anos depois, após o desenvolvimento do **método científico** por **Galileu** e **Newton**, as causas finais começaram a sair da área da ciência. Mas a questão teleológica, é claro, não desapareceu, e levou eventualmente a entrar em conflito com a teoria da evolução, especialmente com o interpretações ateístas e naturalistas dela.

As hipóteses metafísicas de Aristóteles e sua compreensão da **causalidade** encontraram mais expressão em sua compreensão da natureza de Deus. Ele argumentou que precisamos de uma causa para explicar a eternidade do movimento no mundo, e essa causa é Deus, um argumento que foi um precursor do **argumento cosmológico**. Ele ainda afirmou que Deus é a causa final do universo, em vez da causa eficiente, porque as causas eficientes ter interferências e estão sujeitas a mudanças, mas Deus (o "Movedor Imóvel") é um ser perfeito e imutável. Ele concluiu que Deus deve ser um ser não físico ou incorpóreo, porque se Deus fosse feito de matéria, ele seria sujeito a mudanças e também precisaria de uma causa.

Pensadores posteriores, inclusive Tomás de Aquino, tomaram as ideias de Aristóteles e, consequentemente, suas opiniões se tornaram muito influentes no desenvolvimento histórico de vários conceitos cristãos, especialmente no que se refere à natureza de Deus, ao *design* na natureza e à natureza da vida moral.

Brendan Sweetman

REFERÊNCIAS E LEITURAS RECOMENDADAS

ARISTÓTELES. *Ética*; *Metafísica*; *Física* (qualquer edição).
BARNES, Jonathan. *Aristotle: A Very Short Introduction.* New York: Oxford, 2001.
GILSON, Etienne. *God and Philosophy.* New Haven, CT: Yale University Press.
SWEETMAN, Brendan. *Religion and Science: An Introduction.* New York: Continuum, 2010.

ARQUEÓPTERIX. *Arqueópterix* é o termo para uma **espécie** arcaica de organismos que compartilhavam muitas características de pássaros modernos, mas também tinham características que se pensava ser transitórias entre **dinossauros** clássicos e pássaros modernos. Por exemplo, tinham dentes em vez de um bico córneo e uma cauda completamente formada, em vez de um pequeno penacho encontrada em aves modernas. Eles também tinham três dedos de garras distintos e não tinham a quilha larga no esterno que caracteriza as aves modernas. Por outro lado,

como pássaros modernos, tinham penas pinadas largas no seu membro dianteiro, o que poderia ter proporcionado a resistência do ar necessária para proporcionar elevação à decolagem e ao voo sustentado. Se teria tido os meios musculares para o voo sustentado em oposição à planar, no entanto, não é conhecido.

A existência do arqueópterix é conhecida devido a 12 fósseis encontrados em pedreiras de calcário no sul da Alemanha, com cerca de 145 milhões de anos de idade. O primeiro registro fóssil da arqueologia consta de 1861, apenas dois anos após a publicação de *A origem das espécies* de **Darwin**. No momento de sua descoberta, a existência do arqueópterix foi amplamente considerada para confirmar as previsões apresentadas por Darwin. Na verdade, em uma edição posterior do livro, ele notou sua existência e discutiu seu significado.

Embora o arqueópterix tenha sido considerado uma espécie transitória importante entre aves e répteis, ao longo dos 130 anos seguintes, é surpreendente que outras espécies semelhantes não tenham sido descobertas.

A partir da década de 1990, no entanto, isso mudou dramaticamente com a exploração de várias formações geológicas, especialmente na China. Como resultado desses estudos, agora é bem reconhecido que as penas não eram uma característica exclusiva das aves. Sabe-se que trinta diferentes espécies de dinossauros já tiveram penas. Os paleontologistas acreditam que, nos tempos mais primitivos, as penas tinham outras funções além daquelas relacionadas ao voo, e que, dependendo da espécie, provavelmente eram importantes para o isolamento e/ou a exibição sexual.

Embora o arqueópterix ainda seja reconhecido como uma das espécies que mais se assemelham aos pássaros modernos, outras espécies relacionadas foram descobertas, e há uma sucessão de características de transição entre dinossauros extintos e pássaros modernos. Isso não significa, no entanto, que os biólogos evolucionistas identificaram uma trajetória evolutiva claramente marcada para a evolução do pássaro. Dada a raridade da fossilização para qualquer espécie, acredita-se que os fósseis disponíveis representam apenas uma pequena fração das espécies que realmente existiram. Ainda assim, a coleção como um todo é considerada consistente com as aves que foram criadas por intermédio de um processo evolutivo. Quanto ao próprio arqueópterix, tanto o tempo de sua presença (há 145 milhões de anos) como as características de transição que tinha são consideradas consistentes com ele ou que estiveram na linhagem ou (mais provavelmente) intimamente relacionados às espécies que estavam na trajetória que deu origem aos pássaros.

Embora o consenso esmagador de biólogos e paleontólogos seja que as espécies de arqueópterix e/ou aparentadas sejam espécies de transição na linhagem dos dinossauros para pássaros modernos, alguns cristãos hesitam em aceitar isso. Um dos pontos de vista alternativos é que um tipo específico de "quase arqueópterix" foi criado de acordo com o comando de criação e que o arqueópterix e suas espécies de primos são exemplos de "microevolução" — mudanças dentro de um "tipo" criado. De acordo com essa opinião específica, esse "tipo" está agora extinto. Outros cristãos aceitam as formas transicionais do corpo associadas a características semelhantes a aves como prova de que o controle da criação de Deus foi feito através do processo evolutivo.

Darrel R. Falk

REFERÊNCIAS E LEITURAS RECOMENDADAS

PADIAN, Kevin. "Paleontology: Dinosaur Up in the Air." *Nature* 521:40-41, 2015.

SHIPMAN, Pat. *Taking Wing: Archaeopteryx and the Evolution of Bird Flight*. New York: Simon & Schuster, 1999.

ASTROLOGIA. A astrologia é um sistema de crença que sustenta que o destino dos indivíduos e o curso dos eventos humanos são determinados ou fortemente influenciados pela posição e movimento de vários corpos celestes. De acordo com esse **paradigma**, um astrólogo pode prever futuros assuntos pessoais calculando a localização das estrelas e dos planetas no céu. No entanto, a maioria dos cientistas considera a astrologia, na melhor das hipóteses, uma pseudociência ou, na pior das hipóteses, uma superstição, embora seja uma teoria antiga e altamente desenvolvida, reivindicando milhões de adeptos atualmente.

Isso contrasta com a **astronomia**, que é aceita pela comunidade científica como uma ciência válida que foi verificada por testes rigorosos (Eysenck e Nias, 1982). Além disso, a astrologia é rejeitada por muitas tradições de fé cristãs que a identificam com a prática da adivinhação, um pecado expressamente proibido pelos mandamentos do Antigo Testamento (ver, p. ex., Deuteronômio 4:19; 18:10) e depreciado no Novo Testamento também (Atos 16:16).

No entanto, alguns praticantes continuam a insistir que a astrologia é uma ciência (Gauquelin, 1955) e uma prática incluída na Bíblia que é compatível com a fé cristã. As reivindicações científicas são baseadas em correlações relatadas de fenômenos celestiais com eventos terrestres demonstrados, estudos que foram severamente criticados por cientistas convencionais como sem qualquer validade estatística. A astrologia, além disso, tem a aparência de rigor científico porque sua prática requer o cálculo preciso da posição do sol e dos planetas relativos às casas zodiacais das 12 constelações que se encontram em torno da eclíptica ao longo das quais o sol e os planetas parecem se mover no céu.

Apesar desta conexão astrológica com a mecânica celestial e a astronomia, os cientistas verificaram apenas o efeito extremamente fraco da gravidade em objetos terrestres, como o que causa as marés oceânicas. Nenhuma outra influência crível de corpos celestes sobre assuntos humanos foi estabelecida.

A maioria das críticas à astrologia com bases bíblicas censura a falta de fé na **providência** de Deus, que está subjacente a qualquer desejo de prever o futuro através de conhecimento astral especial. Além disso, o **determinismo** fatalista que é uma premissa fundamental da astrologia, em que nossos destinos estão escritos nas estrelas, mina a esperança e trata a **oração** como uma atividade fútil, uma vez que todos os eventos humanos estão destinados.

Não obstante o descrédito bíblico, a Bíblia documenta evidências da antiga astrologia que não foi "considerada separada [da astronomia] antes do fim do Renascimento e certamente não na Mesopotâmia antiga" (Koch-Westenholz, 1995, p. 21). Vários "sinais nos céus" foram carregados de presságio, muitas vezes ameaçadores, tanto no Antigo Testamento como no Novo. Em Atos 2:20, Pedro cita, no seu discurso de Pentecostes, a terrível profecia encontrada em Joel 2:31: "O sol se tornará em trevas, e a lua em sangue; antes que venha o grande e terrível dia do Senhor." A frase "lua [se tornará] em sangue" geralmente é entendida como uma referência a um eclipse lunar.

No século I d.C., o historiador judeu Fílon de Alexandria (Yonge, 1854) discutiu as crenças astrológicas: "Nossos rabinos ensinaram: quando o sol está em eclipse é um mau presságio para os idólatras; quando a lua está em eclipse é um mau presságio para Israel" (Talmude Babilônico, Sucá 29a). Humphreys e Waddington (1989) ressaltaram o significado da lua de sangue em sua cronologia da crucificação de Jesus de Nazaré. Eles argumentaram que, em uma das datas mais prováveis para a crucificação, a lua subiu parcialmente eclipsada em Jerusalém, como a narrativa dos Evangelhos implica.

Em Mateus 2, os magos "do Oriente" seguem uma "estrela" para a Judeia procurando o recém-nascido Rei dos judeus. Muitos estudiosos argumentam que esses magos são idênticos aos astrônomos/astrólogos caldeus mencionados repetidamente no livro de Daniel durante o cativeiro de Israel na Babilônia (Ferrari-D'Ochieppo, 1989). Assim, embora não seja aceita como um meio de adivinhação, a astrologia antiga parece ser aceita como uma cultura dada na Bíblia. Além disso, a astronomia moderna deve muito à antiga prática babilônica da astrologia observacional, em que almanaques celestiais meticulosos em tabuinhas de argila duráveis registraram a correlação entre hepatoscopia (exames de fígado de animais sacrificados), alinhamentos celestiais notáveis e a ocorrência de eventos terrestres indesejáveis.

Samuel E. Matteson

REFERÊNCIAS E LEITURAS RECOMENDADAS

BABYLONIAN TALMUD. Sukkah 29a. Judeo-Christian Research. http://juchre.org/talmud/sukkah/sukkah2.htm#29a. Acesso em: 26 ago. 2016.

EYSENCK, H. J.; Nias, D. K. B. *Astrology: Science or Superstition?* New York: Penguin, 1982.

FERRARI-D'OCCHIEPPO, Konradin. "The Star of the Magi and Babylonian Astronomy", em *Chronos, Kairos, Christos: Nativity and Chronological Studies Presented to Jack Finegan*. Vardaman, Jerry; Yamauchi, Edwin M. (Eds.). Winona Lake, IN: Eisenbrauns, 1989.

GAUQUELIN, Michel. *L'influence des astres*. Paris: Du dauphin, 1955.

KOCH-WESTENHOLZ, Ulla. *Mesopotamian Astrology: An Introduction to Babylonian and Assyrian Celestial Divination*. Copenhagen: Tusculanum, University of Copenhagen, 1995. Disponível em: www.academia.edu/441807/Mesopotamian_astrology_an_introduction_to_Babylonian_and_Assyrian_celestial_divination.

HUMPHREYS, Colin J.; Waddington, W. G. "Astronomy and the Date of the Crucifixion", em *Chronos, Kairos, Christos: Nativity and Chronological Studies Presented to Jack Finegan*. . Vardaman, Jerry; Yamauchi, Edwin M. (Eds.). Winona Lake, IN: Eisenbrauns, 1989.

YONGE, C. D. Em "De Providentia II, Book 39." *The Works of Philo Judaeus*. London: H. G. Bohn, 1854. Disponível em: www.earlychristianwritings.com/yonge/book39.html.

ASTRONOMIA. A astronomia é a ciência física que descreve a identidade, a natureza e as interações físicas de corpos celestes como planetas, estrelas, galáxias e outros objetos celestes. Desde a antiguidade até o presente, as pessoas tentaram dar sentido ao que observam nos céus. Na Bíblia, encontramos alusões a conceitos astronômicos antigos da época.

Uma leitura literalista do texto, usando a **cosmovisão** de **Aristóteles**, levou muitos dentro da igreja a concluir que a terra é o centro do universo. No século XVI, **Copérnico** propôs um modelo cósmico centrado no sol; um século depois, **Galileu** corroborou esse modelo com base em suas observações celestiais. Sua defesa dessa visão o levou a entrar em um conflito terrível com a hierarquia da Igreja Católica.

Alguns, hoje, desafiam a doutrina da inerrância da Bíblia porque veem a luta histórica de Galileu como sintomática de uma grande disparidade entre a mensagem da Bíblia e os resultados da astronomia. Muitos astrônomos que aderem à fé cristã, no entanto, afirmam que conhecimento diferente é encontrado no livro da ciência e no livro da fé; os "dois livros" são, portanto, complementares, não excludentes.

A astronomia tem sido criticada por alguns cristãos porque é uma ciência "histórica", na qual muito poucos experimentos controlados diretamente podem ser realizados. Em tal disciplina, é possível formular hipóteses sobre um mecanismo para um fenômeno celestial e inferir o que se deve observar. As previsões, muitas vezes quantitativas, quando comparadas às observações, avaliam a validade das hipóteses. Por exemplo, o tamanho do universo visível pode ser deduzido por uma sequência de observações — o tamanho da terra foi determinado na Antiguidade pela observação da diferença no ângulo de luz solar em dois pontos diferentes na terra ao mesmo tempo.

A partir dessa **informação**, os astrônomos determinaram o diâmetro da terra, um fato que forneceu uma linha de base para os astrônomos calcular a distância do sol usando o método de paralaxe (ou seja, diferentes posições observacionais ou ângulos para chegar a essas medidas precisas). Em seguida, o conhecimento do diâmetro da órbita terrestre permitiu aos cientistas calcular a distância para as estrelas mais próximas por sua paralaxe, mas muitas estrelas "fixas" estão muito longe para exibir paralaxe mensurável, e suas distâncias eram desconhecidas até que estrelas variáveis como aquelas na constelação Cefeu forneceram um método alternativo de estimar seu brilho intrínseco e, portanto, sua distância. Essa informação forneceu a "vareta de medição" para estender as medidas a distâncias cada vez maiores.

Quando Edwin Hubble observou que os espectros da luz das galáxias eram "deslocados em vermelho" devido ao movimento deles, ele conseguiu resolver a relação entre sua

56 ATOMISMO

"mudança vermelha" e sua distância. Ele ficou surpreso ao concluir que o universo é de tamanho imenso e de idade surpreendente. Refinamentos nos métodos de Hubble, feitos ao longo das décadas, sugerem que o tamanho do universo é de cerca de 13,8 bilhões de anos-luz, ou seja, a luz vem viajando até nós há bilhões de anos. Essas conclusões realmente desafiam certas interpretações da Escritura que sustentam que o universo tem apenas alguns milhares de anos, da mesma forma que a crise copernicana desafiou as interpretações geocêntricas há quinhentos anos.

Samuel E. Matteson

REFERÊNCIAS E LEITURAS RECOMENDADAS

Hummel, Charles E. *The Galileo Connection*. Downers Grove, IL: InterVarsity, 1986.

Ross, Hugh. *Why the Universe Is the Way It Is*. Grand Rapids: Baker, 2008.

ATOMISMO. O atomismo sustenta que a matéria consiste em partículas pequenas (átomos) em vez de serem infinitamente divisíveis. O atomismo grego surgiu quando Leucipo e Demócrito (século V a.C.) postularam que o cosmos consiste em átomos não criados indivisíveis que se movem aleatoriamente em um vazio. Tempos depois, Epicuro acrescentou o conceito de um desvio aleatório, e ele incorporou o átomo numa filosofia materialista destinada a libertar os homens da religião ao considerar que a **alma**, composta de átomos, se distingue na **morte**.

Porque o atomismo antigo era especulativo e associado à negação do materialismo pela **providência**, alguns escritores cristãos primitivos tendiam a descartar o atomismo ao criticar o materialismo do qual fazia parte. No entanto, todos evitavam amarrar o cristianismo a concepções materiais particulares da matéria, e alguns (Justino Mártir, Lactâncio) estavam abertos a um atomismo adequadamente modificado.

Assim, a igreja preservou e nunca condenou o atomismo, mas foi desfavorável em relação a duas coisas: primeiro, o hilomorfismo de Aristóteles (a visão de que a substância [*ousia*] era composta de matéria [*hylē*] e forma [*morphē*] — por exemplo, a a alma é a forma do corpo, e o corpo, a matéria da alma) e, segundo, por causa da sua teoria dos cinco elementos (terra, água, ar, fogo e éter). O atomismo não foi seriamente considerado pelos cristãos no início da Idade Média, durante os quais o islã desenvolveu um argumento filosófico ou dialético (kalam) que defendia a existência e o caráter de Deus usando um atomismo da matéria e do tempo.

O ressurgimento tardio da aprendizagem renovou o interesse europeu nos átomos e vazio, principalmente em relação ao poder de Deus na criação e à eternidade do mundo. Os esforços escolásticos para reabilitar teologicamente o atomismo (o antiaristotelismo da condenação de Étienne Tempier em 1227, e a refutação de Henry Harclay dos argumentos antiatomistas de Aristóteles) promoveram um exame do atomismo ao definir limites teologicamente apropriados.

Os primeiros atomistas modernos incluem **Copérnico**, **Francis Bacon**, **Galileu** e Daniel Sennert, que aplicaram o átomo à química. Pierre Gassendi teologicamente reabilitou o atomismo enquanto promovia um epicurismo cristianizado; os átomos de Gassendi acomodaram a Providência, o livre-arbítrio e a criação divina. A visão corpuscular (átomo divisível) da matéria de **Robert Boyle** também distinguiu o material e o espiritual. Os átomos de Gassendi e Boyle eram passivos, sendo Deus a causa primária de seu movimento e propriedades químicas. Mais tarde, **Isaac Newton** reconceitualizou átomos como centros de força, e Roger Boscovitch propôs que os átomos atraem-se a distâncias intermediárias e repelem-se em curtas, uma ideia que o químico unitariano Joseph Priestley transformou para destruir completamente as distinções materiais-espirituais.

A ênfase de Boyle em medidas quantitativas se provou decisiva quando Antione Lavoisier, Joseph Proust e John Dalton descobriram as leis de conservação da massa, proporções constantes e proporções múltiplas. Dalton as empregou para argumentar que os átomos indivisíveis duros se combinam para formar compostos. Ao associar tipos de átomos com elementos, Dalton rejeitou átomos primordiais simples que geram elementos por combinação. Proust, que olhou para a simplicidade natural como evidência de *design* divino, propôs, por sua vez, que os átomos eram conjuntos de hidrogênio (1834).

Os químicos tenderam a considerar os átomos como ficções úteis, mesmo após a proposta de Dalton em 1803, até o trabalho em eletrólise, estereoquímica orgânica e a tabela periódica (após a aceitação da hipótese de Avogadro de que volumes iguais de gases contêm números iguais de partículas) darem credibilidade a sua existência real. Além disso, a explicação de **Einstein** em 1903 do movimento browniano em termos de movimentos moleculares convenceu os cientistas da realidade dos átomos.

Até então, as experiências de J. J. Thompson com os raios catódicos já haviam indicado que os átomos eram divisíveis. O experimento de folha de ouro de Rutherford levou rapidamente ao reconhecimento de que os átomos consistem em um núcleo rodeado de elétrons, enquanto **Niels Bohr** e outros desenvolveram um modelo mecânico quântico que descrevia o comportamento dos elétrons usando orbitais de onda prováveis — uma ideia que levou à reflexão na filosofia e teologia.

A teoria atômico-molecular atualmente é fundamental para a ciência, mesmo que os físicos de partículas continuem investigando a estrutura subatômica da matéria. Raramente é conferido um significado teológico, em parte, ironicamente, por causa da tentativa malsucedida de John Tyndall de usar o atomismo para promover o pensamento de **tese de conflito**, criando um abismo entre a religião e a ciência (1874; Turner, 1993) e, apesar da afirmação do físico **Victor Stenger** (2013), ela valida o ateísmo.

Stephen Contakes

REFERÊNCIAS E LEITURAS RECOMENDADAS

Ashworth, William B. Jr. "Christianity and the Mechanistic Universe", em *When Science and Christianity Meet*. Lindberg, David C.; Ronald, L. (Eds.). Num. 61-84. Chicago: University of Chicago Press, 2003.

Aurélien, Robert. "Atomism", em *Encyclopedia of Medieval Philosophy: Philosophy between 500 and 1500*. Lagerlund, Henrik (Ed.), 122-25. Dordrecht and New York: Springer, 2011.

Berryman, Sylvia. "Ancient Atomism", em *Stanford Encyclopedia of Philosophy*. Zalta, Edward N. (Ed.), 2011. Winter. Disponível em: http://plato.stanford.edu/archives/ win2011/entries/atomism-ancient/.

Brush, Stephen G. *Statistical Physics and the Atomic Theory of Matter: From Boyle and Newton to Landau and Onsager*. Princeton Series in Physics. Princeton, NJ: Princeton University Press, 1983.

Chalmers, A. F. *The Scientist's Atom and the Philosopher's Stone: How Science Succeeded and Philosophy Failed to Gain Knowledge of Atoms*. Boston Studies in the Philosophy of Science. Dordrecht and New York: Springer, 2009.

Chalmers, Alan. "Atomism from the 17th to the 20th Century." *Stanford Encyclopedia of Philosophy*. Zalta, Edward N. (Ed.), 2012. Winter. Disponível em: http://plato.stanford.edu/archives/win2012/entries/atomism-modern/.

Charleton, Walter; Gassendi, Pierre; Kargon, Robert Hugh. *Physiologia Epicuro-Gassendo-Charltoniana*. New York: Johnson Reprint, 1966.

Clericuzio, Antonio. *Elements, Principles, and Corpuscles: A Study of Atomism and Chemistry in the Seventeenth Century*. Archives Internationales D'histoire Des Idées. Dordrecht: Kluwer Academic, 2000.

Danton, B. Sailor. "Moses and Atomism." *Journal of the History of Ideas* 25 (1):3-16, 1964.

Dijksterhuis, E. J. *The Mechanization of the World Picture* [in English]. London and New York: Oxford University Press, 1969.

Fisher, Saul, 2005. *Pierre Gassendi's Philosophy and Science: Atomism for Empiricists*. Brill's Studies in Intellectual History. Leiden: Brill.

Funkenstein, Amos, 1986. *Theology and the Scientific Imagination from the Middle Ages to the Seventeenth Century*. Princeton, NJ: Princeton University Press.

Furley, David J., 1987. *The Greek Cosmologists*. Vol. 1. *The Formation of Atomic Theory and Its Earliest Critics*. Cambridge: Cambridge University Press.

Gregory, Joshua Craven, 1931. *A Short History of Atomism, from Democritus to Bohr*. London: A. & C. Black.

Grellard, Christophe; Aurélien, Robert, 2009. *Atomism in Late Medieval Philosophy and Theology*. History of Science and Medicine Library. Leiden: Brill.

Haas, Jack W., Jr., 2007. "Atoms and Atheism: The Changing Ways That Christians Have Viewed the Nature of Matter." American Scientific Affiliation. June. www.asa3.org/ASA/topics/Physical%20Science/atomism.html.

Henry, John, 1982. "Atomism and Eschatology: Catholicism and Natural Philosophy in the Interregnum." *British Journal for the History of Science* 15 (3): 211-39.

_____. 2000. "Atomism", em *The History of Science and Religion in the Western Tradition: An Encyclopedia*, ed. G. Ferngren; Larson E. J.; Amundsen, D. W. New York: Garland.

Hunter, Michael Cyril William, 2010. *Boyle: Between God and Science*. New Haven, CT: Yale University Press.

Jacob, H. R., 1978. "Boyle's Atomism and the Restoration Assault on Pagan Naturalism." *Social Studies of Science* 8 (2): 211-33.

Kaiser, Christopher B., 1991. *Creation and the History of Science*. The History of Christian Theology. Grand Rapids: Eerdmans.

Kargon, Robert Hugh, 1966. *Atomism in England from Hariot to Newton*. Oxford: Clarendon.

Kubbinga, Henk, 1998. "Atomisme, Molécularisme Et Déterminisme", em *The Interplay between Scientific and Theological Worldviews*, ed. Niels Henrik Gregersen, Ulf Görman, e Christoph Wassermann. Studies in Science and Theology, 2:10-109. Geneva: Labor et Fides.

Leucippus; Democritus, 1999. *The Atomists, Leucippus and Democritus: Fragments: A Text and Translation with a Commentary*, trad. C. C. W. Taylor. The Phoenix Presocratics. Toronto: University of Toronto Press, 1999.

Lüthy, Christoph Herbert; Murdoch, John Emery; Newman, William R., 2001. *Late Medieval and Early Modern Corpuscular Matter Theories*. Medieval and Early Modern Science. Leiden: Brill.

Newman, William Royall, 2006. *Atoms and Alchemy: Chemistry and the Experimental Origins of the Scientific Revolution*. Chicago: University of Chicago Press.

Osler, Margaret J. 2002. *Divine Will and the Mechanical Philosophy: Gassendi and Descartes on Contingency and Necessity in the Created World*. Cambridge: Cambridge University Press.

Prout, William, 1834. *Chemistry, Meteorology, and the Function of Digestion, Considered with Reference to Natural Theology*. The Bridgewater Treatises on the Power, Wisdom and Goodness of God as Manifested in the Creation. London: Pickering.

Pullman, Bernard, 1998. *The Atom in the History of Human Thought* [trans. from the French, *L'atome dans l' histoire de la pensée humain*]. New York: Oxford University Press.

Pyle, Andrew, 1997. *Atomism and Its Critics: From Democritus to Newton*. Bristol: Thoemmes.

Sedley, D. N., 2007. *Creationism and Its Critics in Antiquity*. Sather Classical Lectures. Berkeley: University of California Press.

Stenger, Victor J., 2013. *God and the Atom*. Amherst, NY: Prometheus.

Turner, Frank M., 1993. "Ancient Materialism and Modern Science: Lucretius among the Victorians", em *Contesting Cultural Authority: Essays in Victorian Intellectual Life*, 262-83. Cambridge: Cambridge University Press.

Tyndall, John, 1874. *Address Delivered before the British Association Assembled at Belfast*. Ed. rev. New York: Appleton.

Whyte, Lancelot Law. 1961. *Essay on Atomism, from Democritus to 1960*. Middletown, CT: Wesleyan University Press.

58   ATRAHASIS

ATRAHASIS. *Atrahasis* é um antigo mito mesopotâmico que, como Gênesis 1—11, contém tanto um relato de criação como também uma história de dilúvio. Como tal, ele, juntamente com **Enuma Elish**, forneceu **informações** para recriar os antecedentes culturais do texto bíblico. O nome *Atrahasis* (que significa "extremamente sábio") vem do nome do herói do dilúvio na história. A história é conhecida a partir de tabuinhas cuneiformes datadas do período antigo babilônico na primeira metade do segundo milênio a.C. (que são cópias de fontes ainda mais antigas que não temos) e depois de tabuinhas do período neoassírio cerca de mil anos depois. Não temos toda a história, mas o que temos é de imensa importância para o estudo dos primeiros capítulos de Gênesis, particularmente os relatos da criação e dilúvio.

Quando a narrativa começa, os deuses menores estavam cavando canais de irrigação. O trabalho foi difícil, e eles decidiram entrar em greve, recusando-se a trabalhar e reclamando ao seu chefe divino, o deus Enlil. Depois de alguma hesitação, Enlil ordena à parteira divina, Belet-ilit, que crie seres humanos que substituam os deuses menores em seu trabalho mortal. Ela alista o deus da sabedoria Enki (também conhecido como Ea), que então ordena a **morte** de um deus, Aw-ilum. Ele então mistura o sangue do deus abatido com argila da terra, após o qual todos os deuses cuspiram na mistura, criando assim a humanidade.

A partir desta primeira criação, a humanidade se multiplica, e seu ruído perturba os deuses, que tentam reduzir sua população. Enlil decide então tomar a medida extrema de enviar um dilúvio para destruir todos os seres humanos. A história do dilúvio que se segue é breve e fragmentada, mas parece ser semelhante ao relato mais longa dada na **Epopeia de Gilgamesh**. O deus Ea adverte seu devoto Atrahasis e o instrui a construir uma arca e a trazer os animais a bordo, e assim ele sobrevive ao dilúvio. Após a inundação, os deuses, agora famintos depois de serem privados dos alimentos fornecidos pelos sacrifícios de animais de seres humanos, estão aliviados que a ação impulsiva de Enlil não seja bem-sucedida. O texto termina considerando métodos menos extremos pelos quais os deuses podem controlar a população humana.

A história da *Atrahasis* despertou o interesse dos estudiosos bíblicos devido à sua conexão com a história primordial de Gênesis 1—11, particularmente os relatos da criação de seres humanos e a história do dilúvio. Na verdade, a própria combinação de uma história da criação e uma do dilúvio em uma única composição atraiu comparações entre as duas.

Existem semelhanças e diferenças entre *Atrahasis* e seu paralelo bíblico. Ambos descrevem a criação de seres humanos tanto de um componente divino quanto de um elemento terrestre. Enquanto o último elemento é muito semelhante (o pó em Gênesis 2:7 e a argila em *Atrahasis*), a diferença no componente divino é significativa. Enquanto o relato bíblico descreve Deus soprando no pó para produzir o primeiro humano, *Atrahasis* fala do sangue de um deus menor e do cuspir da congregação dos deuses. O primeiro, portanto, tem um retrato digno das origens da humanidade, enquanto o último é de desprezo. Em ambos, os seres humanos foram criados para trabalhar, mas novamente no relato bíblico, o trabalho é exaltado, pois Deus instrui os seres humanos a "trabalhar" e "cuidar" (ou "guarda") do jardim (Gênesis 2:15), enquanto em *Atrahasis* os deuses criam seres humanos para fazer o trabalho de cavar as valas de irrigação, que os deuses menores achavam desagradável.

Quando se trata da história do **dilúvio**, novamente há semelhanças e diferenças. *Atrahasis* (como na *Epopeia de Gilgamesh*) fornece diferentes motivações divinas para o dilúvio. No texto bíblico, é o pecado humano (Gênesis 6:5-7), e em *Atrahasis* o problema é a superpopulação e o ruído perturbador. Contra a versão babilônica, na Bíblia, Deus não quer erradicar completamente a humanidade, mas começar novamente com o justo Noé e sua família.

Talvez a diferença mais dramática e importante entre *Atrahasis* e os relatos bíblicos da criação e do dilúvio esteja em sua compreensão da deidade. Em *Atrahasis*, há vários deuses que muitas vezes trabalham em conjunto ou em conflito aberto. No relato bíblico, há apenas um Deus, e ele cria humanos e depois os julga pelo pecado moral.

Os estudiosos debatem por que existem semelhanças e diferenças entre as histórias da criação e do dilúvio bíblicas e as do antigo Oriente Próximo. O relato escrito de *Atrahasis* é mais antigo (e as histórias de dilúvio sumérias são ainda mais antigas) do que a escrita em Gênesis, embora ambas sejam provavelmente baseadas em fontes mais antigas orais e talvez escritas. Talvez todos esses relatos remetam a um evento original de um grande dilúvio (ver **Dilúvio de Gênesis e a geologia**; veja também **Dilúvio de Gênesis** sobre o debate se o relato bíblico é baseado em uma inundação global ou local), e as tradições do evento vieram em mais de uma tradição histórica. É claro que muitos judeus e cristãos defenderiam a ideia de que o relato bíblico é confiável, especialmente do ponto de vista teológico. Outros podem sugerir que a antiga tradição da criação e dilúvio do Oriente Próximo forneceu um modelo para a própria interpretação teológica da história bíblica desses eventos.

Tremper Longman III

REFERÊNCIAS E LEITURAS RECOMENDADAS

Foster, B. R., 1997. "The Epic of Creation", em *The Context of Scripture*, 1:450-53. Leiden: Brill.

Lambert, W. G.; Millard, A. R., (1969) 1999. *Atra-Hasis: The Babylonian Story of the Flood*. Winona Lake, IN: Eisenbrauns.

Sparks, K. L., 2005. *Ancient Texts for the Study of the Hebrew Bible: A Guide to the Background Literature*, 314-15. Peabody, MA: Hendrickson.

Wenham, G. J., 2015. *Rethinking Genesis 1—11: Gateway to the Bible*. Eugene, OR: Cascade.

AYALA, FRANCISCO. Francisco Ayala (1934-) é um importante geneticista evolucionista americano. Ordenado como padre dominicano em Madri, Espanha, em 1960, Ayala passou a estudar para um doutorado sob a tutela de Theodosius Dobzhansky na Universidade de Columbia. Dobzhansky foi um dos principais geneticistas responsáveis pela "**síntese neodarwiniana**". Quando Ayala começou seu trabalho, os elementos básicos da "síntese" foram firmemente estabelecidos. Ideias de subdisciplinas diferentes de biologia foram reunidas juntamente com a teoria matemática para fornecer uma estrutura que demonstrou de forma coerente a mecânica básica do processo evolutivo. O próximo estágio da biologia evolutiva, com o início de Ayala, foi desenvolver ferramentas científicas para ampliar os estudos do mecanismo evolutivo ao nível das moléculas — **DNA** e proteínas. Seu sucesso neste trabalho contribuiu significativamente para a compreensão da biologia evolutiva em níveis cada vez mais sofisticados.

Além de ser um biólogo proeminente — ele é membro da Academia Nacional de Ciências, da Academia Americana de Ciências, ex-presidente da Associação Americana para o Avanço da Ciência e vencedor da Medalha Nacional de Ciências — Ayala tem sido um grande defensor da interface entre ciência e religião. Ele, há muito, argumentou que não precisa haver conflito entre religião e ciência. "Ciência e religião são duas formas diferentes de olhar para o mundo. A ciência trata da constituição da matéria e da expansão das galáxias e da origem das espécies e da adaptação. A religião tem a ver com a crença em um ser supremo e valores e como devemos nos relacionar um com os outros. Então eles lidam com assuntos diferentes, que são definitivamente compatíveis em princípio" (Loose, 2013).

Ayala tem sido particularmente franco em sua opinião de que o **design inteligente** não é compatível com a boa teologia cristã. Ele sugere muitos exemplos de casos em que a estrutura dos componentes do corpo humano é mal projetada. A mandíbula humana, por exemplo, não é suficientemente grande para nossos dentes, daí a necessidade de remover os dentes do siso. O processo de divisão celular, ele ressalta, é tão ineficiente que resulta no aborto espontâneo de cerca de 20% de todas as gravidezes humanas. Ele chama a noção de blasfêmia de *design* inteligente (Ayala, 2006) e justifica essa afirmação com base em muitos casos de *design* precário. Um Criador tão amoroso não projetaria a vida dessa maneira, ele argumenta. Ele também considera que o trabalho dos defensores do movimento de *design* inteligente não é científico.

Ayala serviu como um testemunho científico especializado em dois dos julgamentos mais importantes que testaram a legalidade do criacionismo na sala de aula de ciências no século XX. Um foi no estado americano de Arkansas (1981) e o outro em Louisiana (1987). Em resposta aos eventos que cercam o julgamento de Arkansas, ele disse: "O que estava em jogo não era um ramo específico da ciência, mas a sobrevivência da racionalidade neste país. Se permitíssemos que **Gênesis** fosse ensinado como ciência, isso seria tão ruim para a ciência como seria para a religião" ("Fact Sheet — Francisco J. Ayala", 2010).

Em 2010, Ayala foi premiado com o altamente conceituado Templeton Award, concedido anualmente a "uma pessoa viva que fez uma contribuição excepcional para afirmar a dimensão espiritual da vida, seja através de *insights*, descobertas ou trabalhos práticos".

Darrel R. Falk

REFERÊNCIAS E LEITURAS RECOMENDADAS

Ayala, Francisco J., 2006. "The Blasphemy of Intelligent Design." *History and Philosophy of the Life Sciences* 28:409-21.

_____. 2007. *Darwin's Gift to Science and Religion*. Washington, DC: Joseph Henry.

_____. 2010. *Am I a Monkey? Six Big Questions about Evolution*. Baltimore: Johns Hopkins University Press.

Ayala, Francisco J.; Avise, John C., eds. 2014. *Readings in Evolutionary Biology*. Baltimore: Johns Hopkins University Press.

"Fact Sheet — Francisco J. Ayala." 2010. Templeton Prize. www.templetonprize.org/pdfs/2010_prize/A-FactSheet.pdf.

Loose, Terrence, 2013. "Interview with Francisco J. Ayala." *Coast Magazine*. 27 fev. www.coastmagazine.com/articles/ayala–2459—.html.

BACON, FRANCIS. *Sir* Francis Bacon (1561-1626) foi o lorde chanceler durante o reinado de Jaime I da Inglaterra, antes de ser demitido por corrupção. Ele escreveu prolificamente sobre filosofia e política. Embora seus métodos científicos tenham pouco valor prático, ele gozou de considerável reputação como fundador da tradição empírica da ciência.

Vida

Bacon nasceu de pais abastados em Londres e estudou para ser advogado. Sob o reinado de Elizabeth I, ele não teve sucesso em suas ambições de conseguir alto cargo, mas tornou-se favorito do sucessor da rainha, James I, que o fez visconde de St. Alban em 1621. No entanto, apesar de ele finalmente se tornar lorde chanceler, a riqueza de Bacon nunca correspondeu ao seu estilo de vida. Em 1621, ele foi condenado por aceitar subornos para completar sua renda nos casos em que ele era juiz. Isso o levou a perder o cargo. Posteriormente, ele se dedicou a escrever sobre filosofia e estava muito endividado quando morreu em 1626. É provável que ele tenha morrido de pneumonia, embora a história de que ele contraíra a doença de um experimento que intencionava descobrir se a neve poderia preservar uma galinha seja apócrifa (Henry, 2008, p. 41).

Obras

A obra mais famosa de Bacon foi *Nova Atlântida*, pertencente a um gênero de escrita utópica que traçou os mecanismos de uma sociedade perfeita. A "Nova Atlântida" deveria ser uma sociedade baseada na razão e na ciência empírica, mas, como muitas dessas ideias, seria decididamente autoritária na prática.

Seu método científico consistiu-se em reunir uma grande quantidade de dados a partir dos quais os princípios gerais deveriam ser destilados. No entanto, suas próprias investigações tendiam a ser desfocadas e sua metodologia não tem influência como meio de gerar novos conhecimentos. No entanto, sua insistência em que a ciência deve basear-se em investigação empírica e não apenas teorização estéril fez com que ele fosse celebrado pelos primeiros membros da Real Sociedade de Londres. Foi essa celebrização pela geração de Newton, Boyle e Hook que preservou o próprio renome de Bacon até o presente. Ele também foi um dos primeiros a reconhecer que a ciência poderia produzir benefícios materiais consideráveis, embora ele vivesse em uma época cujas aplicações práticas eram escassas.

O *Novum Organum* [Novo método] de Bacon pretendia ser um programa completo para a investigação científica do mundo. Foi escrito em oposição deliberada ao racionalismo das obras lógicas de **Aristóteles** (coletivamente chamado *Organum*) e forneceu uma alternativa empírica. A obra constituiu parte de um manifesto científico muito maior, chamado de *Grande instauração*, que ficou inacabado com a morte de Bacon.

Como muitos de seus contemporâneos, Bacon encontrou ampla evidência para a obra de Deus na natureza. Ele era um crítico vigoroso do ateísmo, observando que "um pouco de filosofia inclina a mente do homem para o ateísmo; mas a profundidade em filosofia traz as mentes dos homens à religião" (Bacon, 2008, p. 371). Ele também criticou o catolicismo e cria que uma das razões pelas quais a ciência era um servo útil para o cristianismo era porque podia desmistificar a "superstição papista". Nesta linha, Bacon desprezou a Idade Média e foi um dos primeiros defensores do mito de que a igreja medieval ensinou que a terra é plana.

James Hannam

REFERÊNCIAS E LEITURAS RECOMENDADAS

Bacon, Francis. *The Major Works*. Oxford: Oxford University Press, 2008.
Henry, John. *Knowledge Is Power: How Magic, the Government and an Apocalyptic Vision Helped Francis Bacon to Create Modern Science*. London: Icon, 2008.
Peltonen, Markku (Ed.). *The Cambridge Companion to Bacon*. Cambridge: Cambridge University Press, 1996.

BARBOUR, IAN. Ian Barbour (1923-2013) provavelmente fez mais do que qualquer outra pessoa para criar o diálogo moderno entre ciência e religião. Seu livro inovador, *Issues in Science and Religion* [Questões em ciência e religião] (Barbour, 1966), mostrou aos cientistas e aos estudiosos como pensar sobre ciência e religião tanto historicamente como em nossos dias, ao mesmo tempo em que identificam os principais pontos de contato e avaliam as perspectivas alternativas em cada uma delas.

Ele definiu quatro abordagens para "relacionar ciência e religião" (Barbour, 1990, p. 3) que inspiraram montanhas de trabalhos acadêmicos de terceiros e ajudaram uma geração de pensadores a lidar com questões e tópicos que, de outro modo, teriam sido proibidos na comunidade acadêmica. Cursos sobre ciência e religião são agora ministrados em centenas (talvez milhares) de faculdades, universidades e seminários em todo o mundo. Embora o apoio e incentivo financeiro da **Fundação John Templeton** seja parcialmente responsável pela explosão do interesse em tais cursos, a influência de Barbour está por trás disso — ele tornou-se academicamente respeitável para falar sobre ciência e religião ao mesmo tempo.

Barbour nasceu em Pequim, na China, onde seu pai presbiteriano e mãe episcopal ensinaram na Yenching University, uma instituição que os comunistas fecharam em 1952 por causa de suas raízes cristãs, incorporando partes dela à Universidade de Pequim e à Universidade de Tsinghua. Sua juventude muito viajada incluiu três anos em uma escola de internato Quaker na Inglaterra. Ele obteve um diploma em **física** em outra instituição quaker, Swarthmore College, e passou um verão marcante em um acampamento de trabalho quaker. Graduando-se no meio da Segunda Guerra Mundial, Barbour registrou-se como um objetor de consciência e dedicou três anos a serviços alternativos. Durante a Guerra Fria, ele concluiu um doutorado em física na Universidade de Chicago, estudando com Enrico Fermi e Edward Teller. Mais tarde, ele também obteve um diploma da Yale Divinity School.

Desejando ensinar em várias áreas do conhecimento humano, Barbour lecionou física e religião no Carleton College, onde também desenvolveu cursos altamente interdisciplinares no campo que ele essencialmente criou. Embora ele normalmente apresentasse outros pontos de vista com rigor ao lado dos seus próprios, os compromissos de Barbour com o **realismo crítico** e uma teoria da verdade como correspondência, juntamente com grande afã pela Teologia do processo — que está intimamente ligada à sua afirmação de um Deus não violento e não coercitivo — moldaram substancialmente seu trabalho (Hallanger, 2012), que é acessível a não especialistas e indispensável aos estudiosos.

Edward B. Davis

REFERÊNCIAS E LEITURAS RECOMENDADAS

Barbour, Ian G. *Issues in Science and Religion*. Englewood Cliffs, NJ: Prentice-Hall, 1966.

_____. *Religion in an Age of Science*. Gifford Lectures 1989-91. Vol. 1. San Francisco: Harper & Row, 1990.

_____. "A Personal Odyssey," em *Fifty Years in Science and Religion: Ian G. Barbour and His Legacy*, 17-28. Robert John Russel (Ed.). Aldershot, UK: Ashgate, 2004.

Hallanger, Nathan J. "Ian G. Barbour." In: *The Blackwell Companion to Science and Christianity*, 600-610. J. B. Stump; Alan G. Padgett (Eds.), Malden, MA: Wiley-Blackwell.

BARROW, JOHN D. John David Barrow (1952-), teve uma carreira extraordinária nos campos da cosmologia, da **matemática** e da **física** teórica. Foi laureado com o título honorífico Fellow of the Royal Society [Membro da Real Sociedade] de Londres. Depois de obter um doutorado em astrofísica em Oxford, em 1977, ocupou cargos acadêmicos na referida universidade, na Universidade da Califórnia, em Berkeley e na Universidade de Sussex. Em 1999, Barrow foi nomeado professor de ciências matemáticas na Universidade de Cambridge. Apenas nove anos após ter se doutorado, Barrow, com **Frank Tipler**, publicou *The Anthropic Cosmologic Principle* [O princípio cosmológico antrópico] (1986), que tem tido grande influência e sido bastante informativo em discussões sobre as implicações religiosas das descobertas científicas sobre o universo. Ao contemplar os valores específicos do conjunto de constantes da natureza que foram fixados no início do universo, tornou-se evidente que muitas vezes são finamente ajustados para dentro de um intervalo estreito, de modo que a vida como a conhecemos possa existir.

Barrow é autor de mais de 17 livros e de 400 artigos sobre física, cosmologia e matemática. Em reconhecimento ao seu papel na investigação da sobreposição entre **ciência**, pensamento humano e religião, Barrow recebeu o prestigiado Prêmio Templeton em 2006 "para o progresso em direção a pesquisas ou descobertas sobre realidades espirituais". Sua nomeação mencionou que nos escritos de Barrow há um "envolvimento profundo com os aspectos da estrutura do universo e suas leis, que tornam a vida possível... A vasta elaboração dessa simples ideia levou a uma enorme expansão da amplitude e profundidade do diálogo entre ciência e religião" (Prêmio Templeton, 2006).

Abordando a pergunta comum "Por que o universo seria tão antigo e vasto?", Barrow realça as coisas ao observar que "o universo precisa ser bilhões de anos-luz de tamanho apenas para suportar um posto de vida solitário".

62 BEHAVIORISMO

Ao invés de ver o universo como avesso à vida e sem sentido, ele sustenta que o estudo do universo "sopra nova vida em tantas questões religiosas de preocupação maior e fascínio sem fim" (Prêmio Templeton, 2006). A contínua popularidade dos trabalhos de Barrow demonstra que o interesse generalizado em entender a conexão entre descobertas científicas e questões relacionadas ao significado da vida humana continua ainda hoje.

Em seu livro de 1998, *Impossibility* [Impossibilidade], Barrow traz à tona a interessante tese de que "apenas aquelas culturas para as quais existia a crença de que havia uma distinção entre o possível e o impossível forneceram terreno fértil para o progresso científico". Uma **cosmovisão** bíblica é congruente com essa distinção. Barrow resume que os primeiros hebreus consideravam a natureza como distinta de Deus, e que o próprio mundo natural não é uma "divindade temperamental", mas "um artefato do Criador para ser respeitado, admirado e esposado por seus mestres nomeados" (Barrow, 1988).

Em seus escritos, Barrow adota um **paradigma** evolutivo, muitas vezes postulando cenários inventivos relacionados ao desenvolvimento evolutivo do homem antigo nos pensadores avançados de hoje. No entanto, ele também observa que "o cérebro humano não foi desenvolvido levando-se em conta a ciência" (Barrow, 1998). E, no entanto, as realizações científicas humanas, incluindo as de Barrow, foram incrivelmente impressionantes. Dentro das teorias da ciência, Barrow observa um padrão "surpreendentemente recorrente" que "nos sugere que podemos reconhecer teorias científicas maduras por seu caráter autolimitante" (Barrow, 1998). Talvez levar em conta os limites científicos da teoria da evolução pode catalisar avanços científicos adicionais relacionados a questões importantes que envolvem as origens humanas e a relação entre humanos e o universo.

Eric R. Hedin

REFERÊNCIAS E LEITURAS RECOMENDADAS

Barrow, John D. *The World within the World.* New York: Oxford University Press, 1988.

_____. *Theories of Everything: The Quest for Ultimate Explanation.* New York: Oxford University Press, 1991.

_____. *The Origin of the Universe.* New York: HarperCollins, 1994.

_____. *Impossibility: The Limits of Science and the Science of Limits.* New York: Oxford University Press, 1998.

_____. *The Book of Nothing: Vacuums, Voids, and the Latest Ideas about the Origins of the Universe.* London: Random House, 2000.

Barrow, John D.; Tipler, Frank J. *The Anthropic Cosmological Principle.* Oxford: Oxford University Press, 1986.

Barrow, John D. et al (Eds.). *Fitness of the Cosmos for Life: Biochemistry and Fine-Tuning.* New York: Cambridge University Press, 2008.

Gresham College. "Professor John D. Barrow FRS." Gresham College. www.gresham.ac.uk/professors-and-speakers/professor-john-d-barrow-frs.

John D. Barrow. In: *Encyclopaedia Britannica Online.* www.britannica.com/biography/John-D-Barrow.

Templeton Prize. "Prof. John D. Barrow: 2006 Templeton Prize Laureate.", 2006. www.templetonprize.org/pdfs/Templeton_Prize_Chronicle_2006.pdf.

BEHAVIORISMO. O behaviorismo é um conjunto de teorias psicológicas e filosóficas que surgiu no início do século XX como uma resposta à visão cartesiana da mente como uma entidade inerentemente privada e subjetiva que é mais bem estudada por intermédio da introspecção. Em um esforço para replicar o sucesso das ciências naturais, os psicólogos behavioristas procuraram estabelecer a **psicologia** como uma ciência empírica adequada, restringindo-a ao estudo de dados comportamentais observáveis publicamente. Ao proibir qualquer referência a estados privados de **consciência** ou processos mentais internos, a ideia central era fornecer uma explicação do comportamento humano unicamente a nível de estímulos sensoriais, respostas fisicamente especificáveis e padrões de reforço.

As primeiras modalidades de behaviorismo psicológico se concentraram em formas relativamente não sofisticadas dos mecanismos de estímulo-resposta característicos do condicionamento clássico (p. ex., Watson, 1913, p. 1930). Como John B. Watson, B. F. Skinner pensou que o comportamento era mais bem explicado pelos mecanismos de estímulo-resposta, mas ele foi além de Watson ao apelar para o conceito de reforço. Ao fazê-lo, Skinner aproveitou o trabalho de Edward Thorndike sobre a lei do efeito, segundo a qual a probabilidade de uma resposta seguir um estímulo é aumentada se a resposta for seguida pelo reforço (Skinner, 1953, cap. 5). Skinner chamou a resposta comportamental que é fortalecida pelo reforço de um "operante" e pelo processo de modelagem por meio do reforço de "condicionamento operante".

Mais famoso, Skinner (1938) usou o processo de condicionamento operante para explicar a aprendizagem de um rato para pressionar uma alavanca em uma instalação experimental (às vezes chamada de "Caixa de Skinner"), o que liberaria comida e, assim, reforçaria o comportamento de pressionar a alavanca. Embora isso represente uma forma relativamente simples de aprendizado, Skinner sustentou que o condicionamento operante poderia explicar todas as formas de aprendizagem e comportamento humano e não humano. Essa convicção baseou-se em dois pressupostos: (1) um ser humano é uma folha em branco moldada por padrões de estímulo, resposta e reforço, e (2) não há diferença de princípio entre explicar o comportamento humano e não humano. Embora o condicionamento operante continue a ser um conceito fundamental na psicologia contemporânea, ambas as premissas provaram ser profundamente problemáticas, e o behaviorismo psicológico subsequentemente não forneceu uma explicação adequada sobre a **complexidade** do comportamento humano.

Além de enfrentar dificuldades de longa data em relação a certos tipos de comportamento animal, incluindo o aprendizado que ocorre sem reforço (p. ex., a aprendizagem latente) e comportamentos contrários ao reforço prévio (p. ex., a alternância espontânea), a falha mais notável diz respeito ao comportamento linguístico humano. O linguista Noam Chomsky submeteu o tratamento de Skinner sobre a linguagem (Skinner, 1957) a críticas que são amplamente consideradas como decisivas (ver Chomsky, 1959, especialmente seção 11). Ele argumentou que o condicionamento operante não poderia explicar elementos-chave do nosso comportamento linguístico, incluindo nossa capacidade de criar e entender, sem qualquer reforço prévio, frases novas e originais.

Como argumentou Chomsky, crianças internalizam um conjunto de regras que permitem reconhecer e gerar frases gramaticais (uma gramática), e elas fazem isso muito precocemente e com certa facilidade. Isso não só anula a hipótese do reforço, uma gramática internalizada constitui exatamente o tipo de estrutura representativa evitada pelos behavioristas. Longe de serem as folhas em branco postuladas por esses psicólogos, os seres humanos possuem uma arquitetura cognitiva rica e altamente estruturada que fundamenta o nosso comportamento linguístico e ação intencional.

Além disso, o behaviorismo está em desacordo com as verdades fundamentais da **antropologia** cristã — segundo a qual somos agentes morais criados à **imagem de Deus,** capazes de buscar livremente a comunhão com ele. Em virtude de ser criado à imagem de Deus, somos dotados de um intelecto e vontade mediante os quais temos controle de nossas ações e responsabilidade por elas. No entanto, esse ponto de vista da natureza humana pressupõe o que Skinner (1971) chama de "homem autônomo" — um agente livre que é a fonte de suas ações. Para Skinner, o

"homem autônomo" é uma ilusão científica para explicar comportamentos para os quais atualmente não temos uma explicação científica adequada, com isso ele quer dizer uma explicação operante do comportamento (14, 19,20, 200).

À medida que a ciência do comportamento se desenvolve, o "homem autônomo" será substituído pelas condições ambientais que moldam e mantêm o comportamento humano. Somente ao localizar a fonte da ação humana no meio ambiente, em vez da livre agência, descobrimos as "causas reais do comportamento humano" (201). Como diz Skinner, "a análise científica do comportamento despoja o homem autônomo e muda o controle que ele achava exercer sobre o meio ambiente" (205). Porque impedem que os agentes humanos sejam a fonte de suas ações, as explicações comportamentais operantes são incompatíveis com a antropologia cristã, bem como com as principais doutrinas cristãs em que a agência humana desempenha um papel central, como nas doutrinas do pecado, da redenção e da santificação (ver Timpe, 2015, para uma extensa discussão sobre o papel da livre agência na teologia cristã.)

Kevin Sharpe

REFERÊNCIAS E LEITURAS RECOMENDADAS

CHOMSKY, N. "A Review of B. F. Skinner's *Verbal Behavior*.", 1959. *Language* 35: 26-58. Reimp. em Ned Block. *Readings in Philosophy of Psychology*. 1: 48-63, 1980.

SKINNER, B. *The Behavior of Organisms.* New York: Appleton-Century, 1938.

_____. *Science and Human Behavior.* New York: Macmillan, 1953.

_____. *Verbal Behavior.* New York: Appleton-Century-Crofts, 1957.

_____. *Beyond Freedom and Dignity.* New York: Knopf, 1971.

TIMPE, K. *Free Will in Philosophical Theology.* London: Bloomsbury Academic, 2015.

WATSON, J. "Psychology as the Behaviorist Views It." *Psychological Review* 20, 1913. Reimpr. em William Lyons. *Modern Philosophy of Mind*, 24-42. London: Orion, 1995.

_____. *Behaviorism.* Chicago: University of Chicago Press, 1930.

BEHE, MICHAEL. Michael Behe (1951-) é professor de bioquímica na Universidade Lehigh e membro sênior do **Discovery Institute**. Doutorou-se em bioquímica pela Universidade da Pensilvânia em 1978, com uma dissertação sobre a gelificação da hemoglobina falciforme. Após o trabalho de pós-doutorado em transições estruturais em **DNA** no Instituto Nacional de Saúde norte-americano, ele começou sua carreira acadêmica no Queens College em 1983 e mudou-se para Lehigh três anos depois, onde ganhou estabilidade após estabelecer um programa de pesquisa em bioquímica estrutural do DNA. Desde 1995, seu

64 BEHE, MICHAEL

trabalho tem se voltado cada vez mais para o desenvolvimento de propostas de ***design* inteligente** bioquímico.

Embora ele não visse nenhum conflito entre a evolução e o seu catolicismo romano, Behe começou a duvidar da capacidade da evolução explicar as estruturas bioquímicas depois de ler *Evolution: A Theory in Crisis* [Evolução: uma teoria em crise] de **Michael Denton**, e então se associou ao movimento de *design* inteligente centrado em Philip Johnson, depois de criticar uma resenha negativa de *Darwin on Trial* [*Darwin no banco dos réus*, no Brasil] de Johnson (Behe, 1991).

Ele posteriormente confrontou cientistas materialistas científicos na Southern Methodist University (Buell e Hearn, 1994; Witham, 2003, p. 151) e participou da conferência Pajaro Dunes Intelligent Design, onde apresentou as ideias expostas em seu *best-seller* de 1995, *A caixa preta de Darwin: o desafio da bioquímica à teoria da evolução* (Behe, 1995). Nesse livro, Behe argumenta que os sistemas bioquímicos, como a cascata de coagulação do sangue, o transporte intracelular, o sistema imunológico e o flagelo bacteriano são evidências da atividade de um *designer* inteligente intencional uma vez que são irredutivelmente complexos, um termo que ele cunhou para significar que eles contêm muitas "partes bem combinadas e interativas" para ter surgido através de processos darwinianos. Enquanto alguns cristãos receberam as ideias de Behe por seu potencial de apologética, os críticos questionaram a aparente suposição de Behe de que a evolução é incompatível com o cristianismo (Pennock, 2001a, 2001b) ou ficaram preocupados que seu argumento possa levar às teologias do "**deus das lacunas**" (Alexander, 2011). Além disso, por Behe ter rejeitado o **naturalismo metodológico** (Behe, 1995, p. 243), sua invocação de um *designer* foi descartada como não científica, mesmo quando os biólogos criticaram seus pressupostos sobre como a evolução funciona, desafiando suas afirmações de que a cascata de coagulação do sangue e o flagelo eram irredutivelmente complexos (Dembski e Ruse, 2004; Doolittle, 1997; Miller, 1999), ou alegando que ele impôs critérios não razoáveis (Behe, 2001) a explicações evolutivas aceitáveis (Boudry, 2010). Behe participou do julgamento de Kitzmillerer *versus* Dover de 2005, em Dover, Pensilvânia, que levou a várias confissões vergonhosas sobre o *status* científico do *design* inteligente, incluindo a falta de publicações revisadas por escrutínio científico (Transcript, 2005; Slack, 2007). No entanto, Behe e David Snoke já haviam publicado um modelo teórico que indica que é extremamente improvável que a duplicação de **genes** e as mutações pontuais possam, por si só, produzir novas funções de proteína quando são necessárias múltiplas mutações pontuais (Behe e Snoke, 2004), embora seus resultados tenham sido controversos (Lynch, 2005) e possam apenas indicar que meios de evolução mais complexos devem ser considerados (Behe e Snoke, 2005).

Behe refinou seus argumentos em seu segundo livro, *The Edge of Evolution: The Search for the Limits of Darwinism* [A fronteira da evolução: a busca dos limites do darwinismo] (Behe, 2007). Usando a resistência à cloroquina na malária como um padrão, ele argumentou que os mecanismos darwinianos não podem explicar os complexos de proteína de múltiplas subunidades e sugeriu que a **complexidade** do desenvolvimento celular empurrou a origem dos reinos e filos para além da "tentativa da evolução" (Behe, 2007, p. 218). Os críticos queixam-se que Behe representou erroneamente a evolução molecular e ignorou "dados experimentais que contradizem diretamente suas premissas defeituosas" (Carroll, 2007, p. 1427; Miller, 2007). Behe continua a defender e desenvolver suas opiniões no *site* do Discovery Institute's Evolution News and Views.

Stephen Contakes

REFERÊNCIAS E LEITURAS RECOMENDADAS

Alexander, Denis R. *The Language of Genetics: An Introduction.* Templeton Science and Religion Series. West Conshohocken, PA: Templeton Press, 2011.

Behe, Michael J. "Understanding Evolution." *Science* 253, no. 5023 (August 30): 951, 1991.

_____. *Darwin's Black Box: The Biochemical Challenge to Evolution.* New York: Free Press, 1995.

_____. "A True Acid Test: Response to Ken Miller." Discovery Institute, 2000. www.discovery.org/a/441.

_____. "A Reply to My Critics: A Response to Reviews of *Darwin's Black Box: The Biochemical Challenge to Evolution.*" *Biology and Philosophy* 15 (5):685-709, 2001.

_____. *The Edge of Evolution: The Search for the Limits of Darwinism.* New York: Free Press, 2007.

Behe, Michael J et al. *Science and Evidence for Design in the Universe: Papers Presented at a Conference Sponsored by the Wethersfield Institute, New York City, 25 de setembro de 1999.* The Proceedings of the Wethersfield Institute. San Francisco: Ignatius, 2000.

Behe, M. J.; Snoke, D. W. "Simulating Evolution by Gene Duplication of Protein Features That Require Multiple Amino Acid Residues." *Protein Science* 13 (10):2651-64, 2004.

_____. "A Response to Michael Lynch." *Protein Science* 14:2226-27, 2005.

Beznoussenko, Galina V.; Mironov, Alexander A. "Models of Intracellular Transport and Evolution of the Golgi Complex." *The Anatomical Record* 268:226-38, 2002.

Blair, David F.; Hughes, Kelly T. "Irreducible Complexity? Not!". In: *Microbes and Evolution: The World That Darwin Never Saw*, 275-80. R. Kolter e S. Maloy (Eds.). Washington, DC: ASM, 2012.

BOUDRY, Maarten. "Irreducible Incoherence and Intelligent Design: A Look into the Conceptual Toolbox of a Pseudoscience." *Quarterly Review of Biology* 85 (4):473-82, 2010.

BUELL, Jon et al. 1994. *Darwinism, Science or Philosophy? Proceedings of a Symposium Entitled "Darwinism, Scientific Inference or Philosophical Preference?".* Southern Methodist University, Dallas, Texas, 26-28 de março de 1992. Richardson, TX: Foundation for Thought and Ethics.

CARROLL, Sean B. "God as Genetic Engineer." *Science* 316 (5830):1427-28, 2007.

DEMBSKI, William A.; Ruse, Michael. *Debating Design: From Darwin to DNA.* Robert B. Stewart (Ed.). New York: Cambridge University Press, 2004.

DOOLITTLE, Russell. "A Delicate Balance." *Boston Review* 22 (1), 1997. http://new.bostonreview.net/BR22.1/doolittle.html.

LYNCH, Michael. "Simple Evolutionary Pathways to Complex Proteins." *Protein Science* 14, n. 9 (September): 2217-25, 2005.

McGRATH, Alister E. *Darwinism and the Divine: Evolutionary Thought and Natural Theology.* The Hulsean Lectures. Oxford and Malden, MA: Wiley-Blackwell, 2011.

LEHIGH UNIVERSITY. "MICHAEL J. BEHE, Ph.D." www.lehigh.edu/~inbios/Faculty/Behe.html.

MILLER, Kenneth R. *Finding Darwin's God: A Scientist's Search for Common Ground between God and Evolution.* New York: Cliff Street, 1999.

_____. "Falling over the Edge." *Nature* 448, n. 28 (jun.): 1055-56, 2007.

NUMBERS, Ronald L. *The Creationists: From Scientific Creationism to Intelligent Design.* Exp. ed. Cambridge, MA: Harvard University Press, 2006.

PENNOCK, Robert T. *Intelligent Design Creationism and Its Critics: Philosophical, Theological, and Scientific Perspectives.* Cambridge, MA: MIT Press, 2001a.

_____. "Whose God? What Science? Reply to Michael Behe." *Reports of the National Center for Science Education* 21 (3-4):16-19, 2001b.

SLACK, Gordy. *The Battle over the Meaning of Everything: Evolution, Intelligent Design, and a School Board in Dover, PA.* San Francisco: Jossey-Bass, 2007.

TRANSCRIPT OF *TAMMY KITZMILLER, et al. v. Dover Area School District, et al.* 2005. (400 F. Supp. 2d 707 M. D. Pa.). The trial documents are available at the National Center for Science Education website. http://ncse.com/creationism/legal/kitzmiller-trial-transcripts.

TRAVIS, John. "On the Origin of the Immune System." *Science* 324 (01 de maio):580-82, 2009.

WITHAM, Larry. *By Design: Science and the Search for God.* San Francisco: Encounter, 2003.

WOODWARD, Thomas. *Doubts about Darwin: A History of Intelligent Design.* Grand Rapids: Baker, 2003.

BELEZA. A beleza é uma das alegrias da vida humana e uma preocupação primária na estética filosófica. Um dos debates perenes sobre o assunto refere-se a saber se a beleza é uma qualidade objetiva no mundo se ou simplesmente "está nos olhos de quem vê". A última ideia, conhecida como subjetivismo estético, foi defendida por **David Hume** (1965), que afirmou que "a beleza não é uma qualidade nas próprias coisas: ela existe apenas na mente que a contempla". Em apoio à sua ideia, os subjetivistas como Hume e, mais tarde, Santayana, apelaram para a variedade de opiniões estéticas e para a estreita associação de julgamentos estéticos com prazer pessoal. Os *objetivistas*

estéticos insistem que a beleza e outras qualidades estéticas são características reais das coisas. Objetivistas aceitam que, embora as *respostas* humanas à beleza (e à feiura) sejam subjetivas, ainda assim permanecem fatos notórios quando se trata de beleza.

Embora a visão subjetivista tenha tido muitos proponentes e retivesse o apelo popular, o objetivismo explica algumas **intuições** de senso comum, como um amplo consenso crítico sobre a qualidade de certas obras de arte. Essa consideração motivou a explicação conciliatória de **Kant**, segundo a qual nossos julgamentos estéticos são fundamentados em um senso estético comum que explica a necessidade subjetiva que atribuímos aos nossos julgamentos de gosto. Mesmo Hume estava relutante em evitar toda objetividade em relação à beleza, uma vez que insistiu que existem "padrões de gosto" segundo os quais uma pessoa pode ser um juiz estético mais ou menos qualificado.

Mas se a beleza é real, o que ela é exatamente? As explicações dos *idealistas* estabelecem a beleza com base em ideias transcendentes, sejam elas existentes como formas platônicas eternas (ver **Platão**) sejam na mente de Deus (**Agostinho**, Boaventura, Hegel). As abordagens de *realistas* (como várias vezes encontradas em **Aristóteles**, **Tomás de Aquino** e Burke) analisam a beleza quanto à proporcionalidade — uma ordem, equilíbrio, simetria ou razão agradável entre os elementos de um objeto. Alguns especialistas em estética que aceitam essa abordagem (p. ex., Frances Hutcheson e Clive Bell) enfatizam a capacidade de induzir o prazer de tais qualidades formais à medida que se inclinam na direção do subjetivismo. Ainda outros (p. ex., Jerrold Levinson) optam por uma visão *contextualista*, que concebe a beleza e outros fatos estéticos do ponto de vista de seus contextos históricos ou generativos.

O conceito de beleza é atraente e tem impacto prático muito além do domínio das artes. Cientistas eminentes, de Poincaré a Einstein, enfatizaram o papel da beleza em suas pesquisas e teorizações. E muitos historiadores de ciência têm argumentado que beleza, elegância e outras qualidades estéticas foram decisivas quando se trata de seleção de teoria em ciência. Por outro lado, uma área crescente de pesquisas contemporâneas diz respeito à análise científica de julgamentos de beleza, especificamente em termos de proporcionalidade matemática e geométrica. Assim, algumas pesquisas sugerem fortemente que as pessoas acham rostos humanos mais atraentes quando se adequam mais à "proporção áurea" em matemática (ou seja, 1.61803399).

66 BIOÉTICA

Dessa forma, a relação entre ciência e beleza é surpreendentemente significativa.

James S. Spiegel

REFERÊNCIAS E LEITURAS RECOMENDADAS

BELL, Clive. *Art*. London: Chatto & Windus, 1914.

HUME, David. *Of the Standard of Taste and Other Essays*. New York: Prentice Hall, 1965.

KANT, Immanuel. *Critique of Judgment*, trad. Werner S. Pluhar. Indianapolis: Hackett, 1987.

PLATÃO. *Symposium*. In: *Collected Dialogues*. Edith Hamilton e Huntington Cairns (Eds.). Princeton, NJ: Princeton University Press, 1961.

PLOTINO. "Ennead 1." In: *The Six Enneads*. Chicago: Encyclopedia Britannica, 1952.

SANTAYANA, George. *The Sense of Beauty*. New York: Scribner, 1896.

SCRUTON, Roger. *Beauty*. New York: Oxford University Press, 2009.

BIOÉTICA. A bioética é um esforço interdisciplinar, envolvendo principalmente o estudo de questões morais nos cuidados de saúde e as ciências da vida, com o objetivo de fornecer orientações éticas para profissionais em contextos clínicos e de pesquisa.

O trabalho na bioética pode ser encontrado em vários campos acadêmicos e profissionais, incluindo medicina, filosofia, biologia, teologia, **psicologia** e direito. A razão para isso é que muitas das questões na bioética se sobrepõem a vários campos de pesquisa. Por exemplo, saber se um médico pode ajudar no suicídio de um paciente não é apenas uma questão médica ou biológica, mesmo que seja um médico treinado nas ciências biológicas e possa usar certos medicamentos para realizar os desejos do paciente. Em vez disso, é principalmente uma questão moral sobre o certo ou o errado de querer intencionalmente a **morte** de alguém, mesmo quando quem está sendo morto está solicitando isso. Assim, responder a essa questão moral requer ferramentas conceituais de filosofia e/ou teologia.

Outras disciplinas também desempenham um papel na elaboração de tais ponderações. Por exemplo, se um paciente é competente para escolher um tratamento específico ou não, requer as percepções da psicologia (ou psiquiatria), e se existem estatutos ou regulamentos do governo sobre o que o médico pode ou não fazer para seu paciente, necessita de consultoria jurídica. No entanto, porque a bioética está principalmente preocupada em responder questões *morais* — ao invés de questões médicas, legais ou biológicas —, todas as respostas, mesmo quando são inconsistentes entre si, ou emprega as categorias de filosofia e/ou teologia ou pressupõe essas categorias de uma forma ou de outra. Isso pode ser visto nos debates sobre algumas das questões mais disputadas na bioética.

Início da vida humana

O que se pensa sobre a **moralidade** do **aborto**, a clonagem humana, a **pesquisa com células-tronco embrionárias** ou as tecnologias reprodutivas será muitas vezes determinado pelo que se pensa sobre a natureza da vida humana nascente e/ou a função adequada de nossas funções sexuais. Se, por exemplo, se acredita que um embrião ou um feto humano não possui *status* moral completo porque não pode se envolver em certos tipos de atividades mentais (p. ex., ter um conceito de si mesmo, desejar direito à vida, ter um plano de vida; Tooley, 1983), então práticas como o aborto e a pesquisa com células-tronco embrionárias, que praticamente sempre resultam na morte de indivíduos humanos nascituros, não parecerão sérios erros morais (ou mesmo erros). Claro, uma visão diferente da vida humana por vir, consistente com a antropologia cristã, implica que esses atos são gravemente imorais (George e Tollefson, 2011). A última posição, ao contrário da primeira, conecta o *status* moral completo de um ser humano à sua natureza (o que ele é) em vez da maturação das funções que decorrem de sua natureza (o que ele faz).

As alternativas à reprodução humana comum (p. ex., clonagem, fertilização *in vitro*, maternidade por substituição, inseminação artificial) muitas vezes levantam questões adicionais, embora não sejam menos filosóficas ou teológicas do que a questão do *status* moral completo do ser humano nascituro. Por exemplo, é moralmente correto (e/ou consistente com o plano de Deus para o casamento) trazer crianças à existência prescindindo do ato conjugal e por métodos que parecem mais fabricação do que geração? Os cristãos oferecem respostas diferentes para esse tipo de questionamento porque assumem posições contrárias sobre a permissibilidade moral das tecnologias reprodutivas extramatrimoniais. Alguns argumentam que nenhuma delas é lícita (Austriaco, 2012), enquanto outros afirmam que algumas não são imorais (Rae, 1996).

Fim da vida humana

As decisões bioéticas, relacionadas ao fim da vida, envolvem principalmente perguntas sobre o que constitui um tratamento adequado, a retirada ou retenção deste, e a administração adequada de cuidados paliativos. Para praticamente todos os bioeticistas cristãos (Austriaco,

2012; Keown, 2002), um médico não pode matar intencionalmente o paciente. No entanto, isso não significa que alguém seja obrigado a manter um paciente vivo a todo custo. Um médico pode agir de uma maneira que promova o bem do paciente, aliviando sobrecargas substanciais, mesmo sabendo que tal ação encurtará o tempo de vida que sobra ao paciente. Assim, por exemplo, um médico pode aumentar a administração de morfina ao seu paciente para mitigar sua dor, mesmo sabendo que provavelmente irá acelerar sua morte.

Há, no entanto, alguns bioeticistas seculares que sustentam isso porque a autonomia de um paciente e a compreensão do que é no seu melhor interesse são primordiais na avaliação da responsabilidade de um médico para com o paciente . Há casos em que o suicídio assistido por um médico é justificado se o paciente for lúcido, plenamente informado e concordar livremente (Quill, 1991; Smith, 2012). Isso não quer dizer que bioeticistas cristãos neguem que a autonomia do paciente deva desempenhar qualquer papel na bioética na tomada de uma decisão. Em vez disso, eles argumentam que a autonomia do paciente não pode ser exercida de uma forma que exija que o médico coopere com fins imorais (Austriaco, 2012; Keown, 2002).

Defesa da consciência e responsabilidade profissional

À medida que a bioética secular se torna cada vez mais a maneira dominante da medicina compreender suas obrigações morais, a objeção de consciência entre profissionais de saúde religiosos provavelmente aumentará. Isso ocorre porque a bioética secular depende muito de uma escola de pensamento conhecida como *principialismo* (Beauchamp e Childress, 2013). Ele sustenta que os profissionais de saúde devem avaliar a moralidade de suas decisões clínicas com base em quatro princípios — autonomia, não maleficência, benevolência e justiça —, ao mesmo tempo em que excluem de suas decisões as crenças metafísicas controversas sobre a natureza do ser humano, que são geralmente presas às tradições religiosas. Assim, o bem de um paciente é determinado quase que exclusivamente no que ele escolhe acreditar serem seus interesses, e o que atende suas preferências.

Em uma instituição médica moldada pelo *principialismo*, haverá profissionais de saúde religiosos que se recusarão a participar dela por motivos de consciência, ou a encaminhar um paciente a médicos que estejam dispostos a fazer certos procedimentos (p. ex., aborto, eutanásia, cirurgia de redesignação sexual) que o paciente acredita serem necessários para o seu bem-estar, como ele o entende ser. Alguns argumentam que tais profissionais de saúde, com raras exceções, devem ser vistos como atuando de forma antiética (Dickens, 2009). Outros, no entanto, argumentam que devem receber uma forte defesa de sua consciência, uma vez que os procedimentos não são contestados por razões médicas, mas sim por razões que têm a ver com profundas e diferentes posições filosóficas e teológicas pelas quais os construtores das sociedades liberais modernas prometeram tolerância (Kaczor, 2012).

Francis J. Beckwith

REFERÊNCIAS E LEITURAS RECOMENDADAS

Austriaco, Nicanor Pier Giorgio. *Biomedicine and Beatitude: An Introduction to Catholic Bioethics.* Washington, DC: Catholic University of America Press, 2012.

Beauchamp, Tom L.; Childress, James F. *Principles of Biomedical Ethics.* 7 ed. Oxford: Oxford University Press, 2013.

Dickens, Bernard M. "Legal Protection and Limits of Conscientious Objection: When Conscientious Objection Becomes Unethical." *Medicine and Law* 28: 337-47, 2009.

George, Robert P.; Tollefsen, Christopher. *Embryo: A Defense of Human Life.* 2 ed. Princeton, NJ: Witherspoon Institute, 2011.

Kaczor, Christopher. "Conscientious Objection and Health Care: A Reply to Bernard Dickens." *Christian Bioethics* 18:59-71, 2012.

Keown, John. *Euthanasia, Ethics and Public Policy.* Cambridge: Cambridge University Press, 2002.

Quill, Timothy. "Death and Dignity: A Case of Individualized Decision Making," *New England Journal of Medicine* 324:691-94, 1991.

Rae, Scott B. *Brave New Families: Biblical Ethics and Reproductive Technologies.* Grand Rapids: Baker, 1996.

_____; Cox, Paul. *Bioethics: A Christian Approach in a Pluralstic Age.* Grand Rapids: Eerdmans, 1999.

Smith, Stephen S. *End-of-Life Decisions in Medical Care: Principles and Policies for Regulating the Dying Process.* Cambridge: Cambridge University Press, 2012.

Tooley, Michael. *Abortion and Infanticide.* Oxford: Oxford University Press, 1983.

BIOLOGOS FOUNDATION, THE. A Fundação BioLogos é um ministério cristão fundado em 2007 por **Francis Collins**, um importante geneticista que dirigiu o **Projeto Genoma Humano**. Collins compartilhou seu testemunho evangélico e explicou a evidência de evolução em seu livro mais vendido, *A linguagem de Deus: um cientista apresenta evidências de que ele existe.* O *site* da BioLogos foi lançado em 2009 para abordar questões comuns que Collins recebeu sobre seu o livro, tanto de cristãos como de céticos. Alguns meses depois, Collins tornou-se diretor do Instituto Nacional de Saúde norte-americano, e a nomeação presidencial exigiu que ele se afastasse da

BioLogos. A liderança passou ao físico Karl Giberson, ao geneticista Darrel Falk, e, em 2013, à astrônoma Deborah Haarsma.

A declaração de missão diz: "A BioLogos convida a igreja e o mundo a ver a harmonia entre ciência e fé bíblica enquanto apresentamos um entendimento evolutivo da criação de Deus." Em contraste com cientistas seculares, o grupo "abraça a fé cristã histórica", afirmando: "Nós acreditamos que a Bíblia é a Palavra de Deus inspirada e confiável. O Espírito Santo é o meio 'vivo e ativo' pelo qual Deus fala à igreja hoje, testemunhando sobre o Filho de Deus, Jesus, como o *Logos* divino, ou Palavra de Deus." Em contraste com hipóteses como a criação da Terra jovem, a criação da Terra antiga e o *design* inteligente, o grupo apoia a hipótese da criação evolutiva. "Acreditamos que a diversidade e a inter-relação de toda a vida na terra são mais bem explicadas pelo processo de evolução ordenado por Deus com uma origem comum. Assim, a evolução não está em oposição a Deus, mas é um meio pelo qual Deus providencialmente alcança seus propósitos" (todas são citações da *homepage* da BioLogos).

A BioLogos realiza *workshops* para formadores de opinião evangélicos, pastores e professores cristãos de ciências no Ensino Médio e sedia diálogos *on-line* com estudiosos do seminário Batista do Sul norte-americano e criacionistas da Terra antiga. Líderes evangélicos como Tim Keller, N. T. Wright e Philip Yancey endossam seu trabalho.

A organização também produz um *blog* diário com cientistas, teólogos, pastores e estudantes e, em 2012, a BioLogos iniciou um programa de bolsas competitivas de três anos. As 37 bolsas em toda a América do Norte e a Europa apoiam "projetos e construção de redes entre estudiosos, líderes eclesiásticos e organizações paraeclesiásticas para abordar questões teológicas e filosóficas comumente expressas pelos cristãos sobre a criação evolutiva de uma maneira que é relevante para a igreja".

Deborah Haarsma

REFERÊNCIAS E LEITURAS RECOMENDADAS

BioLogos Foundation. Acesse: http://biologos.org.
COLLINS, Francis, 2006. *The Language of God: A Scientist Presents Evidence for Belief.* New York: Free Press.
HAARSMA, Deborah B.; HAARSMA, Loren D, 2011. *Origins: Christian Perspectives on Creation, Evolution, and Intelligent Design.* Grand Rapids: Faith Alive Christian Resources.

BOEHME, JACOB. Jacob Boehme (al. Jakob Böhme, 1575-1624) foi um pensador alemão que influenciou o

conteúdo e o desenvolvimento da **ciência** e da filosofia tardias da Europa continental. Boehme nasceu em 1575 no povoado de Alt Seidenberg (agora Sulików, Polônia), na Lusácia, dos pais Jakob (d. 1618) e Ursula (d.C. 1606) Boehme, protestantes e camponeses livres. Aos 14 anos, seus pais o colocaram como aprendiz de um sapateiro local. Em 1592, tornou-se um sapateiro profissional, mudando-se para Görlitz, em Oberlausitz, para abrir uma loja naquela cidade. Pouco tempo depois, ele se casou com Katherina Kuntzschmann, filha de um açougueiro local.

Görlitz estava a apenas 144 km a oeste de Praga e da corte de Rodolfo II, a quem **Tycho Brahe** e **Johannes Kepler** serviram em sucessão como astrônomos imperiais durante esse período. Como consequência, muitas figuras religiosas e científicas notáveis passaram por Görlitz. Em 1600, o pietista Martin Möller tornou-se pastor da igreja de São Pedro e São Paulo, na paróquia de Boehme e, sob seu ministério, um avivamento começou em Görlitz. Boehme descreve sua conversão durante esse período. Em seu testemunho, revela uma orientação mística intelectual protestante, fundada fortemente nas Escrituras, na qual o limite entre criatura e Criador mantém uma distinção definida:

> No meu zelo resoluto, deflagrei uma forte e tempestuosa investida a Deus e a todos os portões do inferno, como se eu tivesse mais reservas de virtude e poder ao meu dispor, com uma resolução para arriscar minha vida por isso (o que certamente foi não pela minha habilidade sem a ajuda do Espírito de Deus), e, de repente, meu espírito atravessou as portas do inferno, até o sentimento mais íntimo da Divindade, e ali fui abraçado como quando um noivo abraça sua querida esposa [...] de repente, meu espírito viu através de todas as criaturas, e em todas e por todas [...] ele conhecia Deus, quem ele é e como ele é e qual é a sua vontade.

Apesar da perseguição do sucessor gnésio-luterano de Möller, Georg Richter, Boehme atribui plenamente as suas experiências à graça de Deus, *descendo* até ele, em vez de *ascender* a Deus. A conversão de Boehme não foi sua primeira experiência mística, nem foi sua última. Combinando a visão filosófica, científica, bíblica e espiritual, Boehme relata sua visão mais importante cientificamente em uma de suas correspondências abundantes:

> Pois eu vi e conheci o Ser de todos os seres, o fundado e o infundado; o nascimento da santa trindade; a fonte e

origem deste mundo e de todas as criaturas na Sabedoria divina (Sophia)[...] Vi os três mundos em mim, (1) o divino, o angélico ou o paradisíaco;[...] (2) o mundo sombrio[...] (3) o mundo externo, visível[...] e vi e conheci todo o Ser no mal e no bem, e como um se origina no outro[...] de modo que eu não só me maravilhei grandemente, como também me alegrei.

Essa visão foi sincategoremática para seu livro epônimo *Mysterium Magnum* de 1622, um comentário imenso, de dois volumes, filosófico e científico sobre Gênesis. Sua importância reside na introdução do termo *ungrund* ("abismo" ou "infundado"). *Ungrund* é traduzido corretamente como "absolutamente nada". Francis Schaeffer (1972, p. 19) captura bem a ideia de Boehme: "Outrora não havia absolutamente nada (nem massa, nem movimento, nem energia, nem personalidade). Esta posição (nunca) foi[...] proposta seriamente por qualquer um e a razão para isso é clara. Para que essa explicação seja verdade, *nada* deve ser absolutamente *nada* — totalmente nada." No entanto, Boehme realmente adota essa posição de forma transcendental, postulando a seguinte cosmologia e cosmogonia teológica:

Absolutamente Nada (*Ungrund*) → Deus (eternamente gerado) → Cosmos (criado a partir do nada)

Após a morte de Boehme em 1624, essa visão singularmente cristã e científica iria exercer grande influência sobre pensadores tão distintos quanto **Isaac Newton**, **Robert Boyle** e uma série de herdeiros espirituais, incluindo George Fox e o embrionário movimento quaker na Inglaterra.

Van Herd

REFERÊNCIAS E LEITURAS RECOMENDADAS

Bach, Jeff; Birkel, Michael. *The Genius of the Transcendent: Mystical Writings of Jacob Boehme*. Boston: Shambhala, 2010.

Berdyaev, Nicolai. Introduction. *Six Theosophic Points and Other Writings [of Jakob Boehme]*. Ann Arbor: University of Michigan Press, 1958.

Erb, Peter. *Jacob Boehme: The Way to Christ*. Classics of Western Spirituality Series. New York: Paulist, 1977.

Hartmann, Franz. *The Life and Doctrines of Jacob Böhme: The God-Taught Philosopher*. Blauvelt, NY: Steiner, (1891) 1977.

Herd, Van. "Mathematicopoeisis Nihilo: The Metanarrative of (Boehmean) Creativity.", 2014. Manuscrito não publicado.

Hessayon, Ariel; Apetrei, Sarah (Eds.). *An Introduction to Jacob Boehme: Four Centuries of Thought and Reception*. Routledge Studies in Religion Series. New York: Routledge, 2014.

Kelley, James L. *Anatomyzing Divinity: Studies in Science, Esotericism, and Political Theology*. Walterville, OR: TrineDay, 2011.

Nicolescu, Basarab. *Science, Meaning, and Evolution: The Cosmology of Jacob Boehme*. Tradução de Rob Baker. New York: Parabola, 1991.

Schaeffer, Francis A. *Genesis in Space and Time: The Flow of Biblical History*. Downers Grove, IL: InterVarsity, 1972.

Stoudt, John Joseph. *Sunrise to Eternity: A Study of Jacob Boehme's Life and Thought*. Philadelphia: University of Pennsylvania Press, 1957.

Weeks, Andrew. *Böhme: An Intellectual Biography of the Seventeenth-Century Philosopher and Mystic*. SUNY Series in Western Esotericism. Albany: SUNY Press, 1991.

Whyte, Alexander. *Jacob Behmen: An Appreciation*. Edinburgh: Oliphant, Andersen, and Ferrier, 1895.

BOHR, NIELS. Niels Henrik David Bohr (1885-1962) nasceu em Copenhague, na Dinamarca. Ele é amplamente reconhecido como um dos maiores físicos do século XX. Depois de doutorar-se na Universidade de Copenhague em 1911, trabalhou com Ernest Rutherford investigando interações de partículas alfa com átomos de ouro, concluindo que os átomos consistiam em um pequeno núcleo pesado cercado por seus elétrons.

Bohr aperfeiçoou ainda mais essa ideia, sugerindo que os elétrons de um átomo viajavam em órbitas discretas em torno de seu núcleo e que as propriedades químicas de uma dada **espécie** atômica são determinadas em grande parte pelos elétrons nas órbitas mais distantes do núcleo. Ele também propôs que um elétron pudesse fazer transições de órbitas de energia mais baixa para energias mais elevadas ao elétron ganhar energia de alguma fonte e, posteriormente, poderia fazer uma transição para uma órbita de energia mais baixa enquanto emitia um fóton (um *quantum* de luz) de energia igual à diferença das energias dos elétrons nas duas órbitas. Este trabalho (na década de 1910) foi um dos primeiros avanços nos novos campos da mecânica quântica, a **física** do micromundo, e a física nuclear.

No início do século XX, evidências experimentais mostraram que, sob certas condições, a luz exibia características parecidas a de partículas. Todos os estudos anteriores apresentaram resultados que foram consistentes com a luz sendo entendida como uma onda. Além disso, Clinton Davisson e Lester Germer demonstraram, em 1927, que o elétron, até então entendido como uma partícula, poderia ser levado a exibir propriedades de ondas inconfundíveis. Três anos antes, Louis-Victor deBroglie postulou que todas as entidades na natureza tinham características de partículas e ondas, pelo que recebeu o Prêmio Nobel em 1929 após a confirmação de sua proposta pelo experimento Davisson-Germer.

A partir desses resultados, Niels Bohr desenvolveu seu princípio de **complementaridade**, que teve uma influência direta sobre o recém-descoberto caráter dual da luz e dos elétrons. Esse princípio afirma que todas as partículas têm certas propriedades que não podem ser medidas com precisão simultaneamente. Uma manifestação do princípio é que cada entidade subatômica exibe as características da onda e das partículas, como deBroglie, Davisson e Germer estabeleceram.

Parece que essas entidades, como a luz e os elétrons, exigem características contraditórias para sua compreensão completa. No início do século XIX, outro dinamarquês, Søren Kierkegaard, desenvolveu a ideia do **paradoxo** absoluto, tendo ponderado as implicações das duas naturezas de Jesus Cristo, sendo totalmente humano e totalmente divino, como os teólogos cristãos patrísticos tinham concluído em Calcedônia em 451 d.C. Não há acordo sobre a extensão da influência de Kierkegaard sobre Bohr, mas Bohr leu Kierkegaard e julgou seu trabalho digno de consideração. De qualquer modo, o princípio da complementaridade de Bohr parece ser quase um análogo exato ao paradoxo absoluto de Kierkegaard. Outro trabalho inicialmente notável na mecânica quântica incluiu a defesa de Bohr de uma interpretação de resultados mecânicos quânticos em termos de **probabilidade**, substituindo o **determinismo** rígido da física clássica por certa indeterminação. Essa interpretação, conhecida como a interpretação de Copenhague, foi (e ainda é) fortemente contrariada por vários físicos, incluindo **Albert Einstein**. Discussões sobre as interpretações da mecânica quântica continuam até hoje (ver **teoria quântica, Interpretações da**).

Em reconhecimento ao seu trabalho no avanço do conhecimento do átomo, Bohr recebeu o Prêmio Nobel em 1922.

Richard F. Carlson

REFERÊNCIAS E LEITURAS RECOMENDADAS

BOHR, Niels. *Atomic Theory and the Description of Nature*. Cambridge: Cambridge University Press, 1934.

CUSHING, James T. *Philosophical Concepts in Physics — The Historical Relation between Philosophy and Scientific Theories*. Cambridge: Cambridge University Press, 1998.

LODER, James E.; Niedhardt, W. Jim. *The Knight's Move — The Relational Logic of the Spirit in Theology and Science*. Colorado Springs: Helmers & Howard, 1992.

BOYLE, ROBERT. Apenas poucos cientistas cristãos combinaram a piedade intensa, a profunda reflexão teológica e as importantes realizações científicas encontradas em Robert Boyle (1627-91). Um experimentalista brilhante, que fez contribuições fundamentais para a ciência física e para a **filosofia da ciência**, ele também publicou cerca de 750 mil palavras em vários tópicos teológicos, incluindo a **teologia natural** e outros aspectos da ciência e da religião — obras que foram reimpressas várias vezes em várias línguas por muitas décadas após sua morte. Em suma, ele foi reflexivo, prolífico e amplamente lido. Nenhum pensador do começo da Era Moderna era mais influente no pensamento subsequente sobre Deus e da natureza, nem mesmo **Galileu Galilei**, **René Descartes** ou **Isaac Newton**.

Boyle era quase universalmente considerado por seus contemporâneos como o maior filósofo natural da Inglaterra, até Newton (que foi influenciado por Boyle em várias frentes) o substituir. Embora seja mais conhecido hoje por publicar o que chamamos de "Lei de Boyle", ele realmente creditou outros pela formulação precisa dessa lei. No entanto, suas contribuições científicas originais foram numerosas. Ele descobriu muitas propriedades físicas e químicas de diversos líquidos, sólidos e gases, incluindo o fósforo, a atmosfera e os oceanos, contribuindo concomitantemente com percepções importantes para a teoria da matéria. Ele provou que o fogo, os animais e a bioluminescência precisam de ar, e que o som não se propaga no vácuo.

Um pioneiro da análise química (na verdade ele pode ter sido o primeiro a falar de "análise" neste contexto), ele refinou o uso de indícios químicos e de outros testes específicos, gás hidrogênio isolado e descobriu o fósforo. Acima de tudo, Boyle ajudou a estabelecer a moderna análise científica e os métodos empregados — para projetar um experimento para testar uma hipótese, construir o aparelho, supervisionar o experimento e publicar os resultados, incluindo descrições meticulosamente detalhadas do equipamento, materiais e procedimentos, para que outras pessoas os possam reproduzir.

Antes de se voltar para a ciência nos seus vinte e poucos anos, Boyle já havia escrito várias obras devocionais sobre **moralidade**, teologia e interpretação bíblica. O desejo de beneficiar a humanidade através da melhoria da química medicinal, juntamente com a sua crença de que o livro divinamente criado da natureza aumentou os outros dois livros divinos: o das Escrituras e o da consciência, motivou-o a se tornar um cientista. Em sua opinião, Deus nos deu um mandato para estudar a natureza, e o conhecimento adquirido apontou inequivocamente para o criador. É "muito provável", observou Boyle, "que o mundo foi *feito*, para manifestar a existência, e exibir os atributos de Deus; que[...] fez o mundo para o mesmo propósito, para o qual o filósofo piedoso o estuda" (Hunter e Davis, 1999-2000, 12: 483).

Ironicamente, o permanente interesse de Boyle no **argumento do *design*** como uma luz poderosa contra a incredulidade fez eco de sua própria luta ao longo da vida com a dúvida religiosa. Pouco depois de sua conversão ao cristianismo durante uma tempestade assustadora, o adolescente Boyle caiu em delírios melancólicos, levando-o a considerar o suicídio, até que "finalmente aprouve a Deus, em um dia que ele havia recebido o sacramento, restaurar o que lhe tinha sido tirado, a sensação de seu favor". Embora ele tenha passado por esse período difícil, "nunca depois essas fugazes nuvens [de dúvida] cessaram, de vez em quando, de escurecer a mais clara serenidade do seu silêncio" (Hunter, 1994, p. 25). Como ele disse em outra ocasião, "de minhas próprias dúvidas privadas, e geralmente desprezadas, não posso exibir nenhum catálogo curto" (Hunter e Davis, 1999-2000, 13:180). Consequentemente, Boyle dedicou centenas de páginas para responder às questões que perseguiam sua **alma**, quer se referissem à ciência quer não.

Nesse contexto, Boyle usou o argumento de *design* para mudar vidas e corações, não apenas mentes. Seu principal alvo era a imoralidade de certos "infiéis batizados", que "não estavam completamente persuadidos que realmente *existe* [um Deus], porque, por respeito a ele, negar-se um pecado muito amado ou muito lucrativo, ou sofrer dificuldades consideráveis, ou correr qualquer grande perigo" (Hunter e Davis, 1999-2000, 12:482). Em seu trabalho mais sistemático sobre teologia natural, *A Disquisition about the Final Causes of Natural Things* [Uma investigação sobre as causas finais das coisas naturais] (1688), Boyle expressou o desejo de "que [seu] leitor não deveria apenas observar a Sabedoria de Deus, mas estar, em certa medida, afetivamente convencido por ela". A melhor maneira de conseguir isso, em sua opinião, era "conhecendo e considerando o admirável artifício das produções singulares dessa imensa Sabedoria", pela qual "os homens podem ser levados, ao mesmo tempo, tanto a *reconhecer* a Deus, como *admirá*-lo e *agradecê*-lo" (Hunter e Davis, 1999-2000, 11:145-95, itálicos do original). Sendo assim, Boyle financiou uma cátedra para "provar a religião cristã contra infiéis notórios [e] ateus", incluindo "judeus e muçulmanos", evitando "quaisquer controvérsias que estejam entre os próprios cristãos" (Hunter, 2010, p. 241).

Boyle acreditava que os **milagres** bíblicos, e não os argumentos da natureza, ofereciam a melhor evidência da verdade do cristianismo — poderíamos experimentá-los de forma indireta por meio de testemunhas confiáveis que os registraram, estabelecendo a origem divina dos Evangelhos. Era um estudante sério da Bíblia — leu diariamente, nas línguas originais, e financiou traduções para o galês, irlandês, turco e malaio. Ele também trabalhou muito eficientemente como diretor da Companhia para a Propagação do Evangelho na Nova Inglaterra, e sob cujos auspícios John Eliot preparou sua famosa Bíblia Algonquina para os nativos norte-americanos em Massachusetts.

Em perfeita harmonia com sua piedade e devoção às Escrituras — ambas frequentemente notadas claramente por comentaristas contemporâneos —, Boyle rejeitou energicamente os hábitos da corte. Em uma era imoral, em que muitos em altas posições eram dados à vaidade, à promiscuidade e à ganância, ele cultivou a humildade, a castidade e a caridade. Enquanto doou grandes somas de dinheiro anonimamente, ele também procurou viver e trabalhar com espírito generoso. Num momento em que proeminentes filósofos naturais muitas vezes faziam ataques verbais, procurou fervorosamente "falar de pessoas com civilidade, embora de coisas com liberdade", em vez de "criticar o caráter de alguém, ou discutir sobre suas palavras", porque "uma maneira tão irascível e injuriosa de escrever passa a tornar muito mal um filósofo e um cristão" (Hunter e Davis, 1999-2000, 2:26).

Boyle considerou-se, sobretudo, um "sacerdote" no "templo" da natureza. Embora ele frequentemente falasse da natureza dessa maneira, ele realmente favoreceu uma metáfora muito mais impessoal — o mundo era "um fantástico mecanismo de relógio" (Hunter e Davis, 1999-2000, 8:75), os corpos dos seres vivos eram "relógios", e Deus era o relojoeiro projetista — um conceito apenas estimulado pelo trabalho de artesãos da sua época, que construíram diversas engrenagens de relógios, grandes e pequenas, de grande **complexidade**. Boyle comparou o universo com o grande relógio da catedral em Estrasburgo, "onde todas as coisas são tão habilidosamente criadas, que o Motor, quando posto em movimento, faz com que todas as coisas sigam de acordo com a que os Artífices conceberam previamente [...] por virtude do aparelhamento Geral e Primitivo de todo o Motor" (10: 448).

É fácil ver como, nas mãos de autores do **Iluminismo** menos religiosos, uma geração ou duas mais tarde, a metáfora do relógio se tornaria o símbolo do **deísmo**. Para Boyle, um cristão aprofundado, no entanto, a ciência mecanicista realmente tinha vantagens teológicas óbvias sobre as concepções aristotélicas, que substituiu. Ao negar a existência de uma "Natureza" quase divina que parecia funcionar autonomamente com uma mente própria, ressaltou a soberania de Deus e centrou nossa atenção no Criador, não na Criação. E, promovendo nosso conhecimento das propriedades inteligíveis e mecânicas da matéria criada, nos capacitou a obedecer ao mandato de Gênesis para usar a Criação em nosso benefício. A estratégia retórica básica de Boyle — de que essas "engrenagens" na máquina eram muito complexas para terem sido reunidas por um "**acaso** cego", sem um artífice — influenciou seriamente **William Paley** e proponentes modernos do *design* inteligente.

Edward B. Davis

REFERÊNCIAS E LEITURAS RECOMENDADAS

Davis, Edward B. "Robert Boyle's Religious Life, Attitudes, and Vocation." *Science and Christian Belief* 19:117-38, 2007.

Hooykaas, Reijer. *Robert Boyle: A Study in Science and Christian Belief.* Tradução de V. D. Dyke. Lanham, MD: University Press of America, 1997.

Hunter, Michael (Ed.). *Robert Boyle: By Himself and His Friends*. London: Pickering & Chatto, 1994.

_____. *Boyle: Between God and Science*. New Haven, CT: Yale University Press, 2010.

_____; Davis, Edward B. (Eds.). *The Works of Robert Boyle*. 14 vols. London: Pickering & Chatto, 1999-2000.

BRADLEY, WALTER L. Walter L. Bradley (1943-), professor titular emérito de engenharia mecânica (Baylor University, Texas A&M University), é um proeminente defensor de que o universo e a vida são resultado da "atividade divina de criação" (Smarr, 2012). Ele é um membro da ASM International [Sociedade Americana Internacional de Metais], da **American Scientific Affiliation** [Associação Científica Americana] e do Centro de Ciências e Cultura do **Discovery Institute**. Ele é autor de numerosos artigos técnicos relacionados à sua especialização profissional em engenharia de materiais, bem como de muitos trabalhos sobre a interação entre o cristianismo e a ciência.

Bradley teve destaque na estudo da criação com o lançamento de *The Mystery of Life's Origin: Reasoning Current Theories* [O mistério da origem da vida: argumentação das teorias atuais] (Thaxton, Bradley e Olsen, 1984), em que ele e seus coautores criticaram enfaticamente as explicações sobre a origem da vida que recorrem à geração espontânea de compostos orgânicos inanimados. Seu livro foi considerado "um trabalho seminal para a teoria do *design* inteligente" (Discovery Institute, 2014). Além disso, em numerosas palestras públicas, Bradley chamou a atenção para a congruência entre as descobertas da ciência e os relatos de Gênesis, principalmente o ***big bang***, que implica um universo físico criado, e não um universo eterno; o **ajuste fino** das constantes físicas da **física** que sugerem um universo não aleatório; e a natureza da terra e a sua história natural que parecem exclusivamente adequadas para que a vida exista. Assim, ele se caracterizou como um "criacionista da Terra antiga".

Bradley é um dos professores fundadores da Faculty Commons, o ministério da CRU [antiga Campus Crusade for Christ; no Brasil: Cruzada Estudantil e Profissional para Cristo] que atua em faculdades. Ele foi chamado de "um exemplo excepcional, que se destaca nos meios acadêmicos, ao mesmo tempo em que busca ativamente as oportunidades para compartilhar Cristo. Ele foi pioneiro no ministério em faculdade e continua a encorajar professores em todo o mundo" ("Zero Out of 50", 2011).

Nos últimos anos, Bradley mudou seus interesses de pesquisa para aplicações de engenharia de materiais "para ajudar as pessoas mais pobres em partes subdesenvolvidas do mundo, fornecendo-lhes tecnologias úteis". Em particular, ele, com colaboradores em Papua Nova Guiné, desenvolveu um composto para painéis de automóveis que emprega fibra de coco, um subproduto do seu processamento.

Desde sua aposentadoria de sua posição universitária, Bradley reside em Georgetown, Texas, EUA, com sua esposa Carol Ann Bradley. Ele também continuou a participar da pesquisa e a se apresentar quando convidado em palestras em todo os Estados Unidos.

Samuel E. Matteson

REFERÊNCIAS E LEITURAS RECOMENDADAS

Discovery Institute, 2014. www.discovery.org/scripts/viewDB/index.php?command=view&printerFriendly=true&id=3594.

"Zero Out of Fifty." *Frontlines*. Newsletter da Faculty Commons, Campus Crusade for Christ, 2011. www.facultycommons.com/wp-content/uploads/2010/11/Frontlines-Newsltr-Sept.pdf.

Smarr, Jessica. "Ratio Christi Lecture Blends Science and Faith." *The Battalion* (Texas A&M). 20 nov. 2012.

Thaxton, Charles B.; Bradley, Walter L.; Olsen, Roger L. *The Mystery of Life's Origin: Reassessing Current Theories.* New York: Philosophical Library, 1984.

BRAHE, TYCHO.

Embora não tão conhecido hoje como **Nicolau Copérnico** ou **Johannes Kepler**, Tycho Brahe (1546-1601) foi uma figura-chave no desenvolvimento histórico da revolução científica do século XVII. Ele foi um astrônomo dinamarquês que compilou as observações mais completas, sistemáticas e precisas dos planetas e estrelas antes da invenção do telescópio. Suas observações lançaram dúvidas sobre a visão geocêntrica mais antiga do universo e prepararam o caminho para a revolução copernicana. Ele também propôs um modelo influente do universo conhecido como geo-heliocentrismo.

Brahe nasceu em Knudstrup, Dinamarca (agora parte da Suécia), em 1546, em uma proeminente família nobre luterana. Ele iniciou seus estudos de direito na Universidade de Copenhague, mas logo se interessou pela astronomia. Ele continuou seus estudos em várias universidades em toda a Alemanha e na Suíça, mas voltou para casa em 1570, a pedido de seu pai doente. Em 1576, o rei Frederico II ofereceu a Brahe a ilha de Hven (agora chamada Ven), juntamente com um generoso financiamento para estabelecer um observatório nela. Uraniborg, como se chamava, tornou-se o melhor observatório e instituição de pesquisa em toda a Europa, com sua própria imprensa, fábrica de papel, laboratórios e biblioteca. Lá, Brahe e seus assistentes registraram as posições dos planetas e das estrelas por mais de 20 anos. Em 1599, ele encontrou um novo patrono no Imperador do Sacro Império Romano-Germânico Rudolfo II, e continuou seu trabalho em Praga, onde um assistente se juntou a ele, cujo nome era Johannes Kepler.

As observações astronômicas de Brahe foram importantes para minar o modelo geocêntrico do universo construído por Aristóteles e Ptolomeu. Esse modelo prevaleceu por mais de mil anos. Em 1572, observou uma nova estrela na constelação de Cassiopeia, refutando a noção de Aristóteles de que os céus acima da lua eram constantes e imutáveis.

Em 1577, Brahe observou um cometa espetacular. Com seus instrumentos de precisão, determinou que ele estava passando pela órbita de Vênus. Aristóteles ensinou que os planetas estavam embutidos em esferas sólidas e cristalinas que giravam ao redor da terra. Se os cometas pudessem passar por tais esferas, elas não deveriam existir. Talvez a maior contribuição de Brahe seja a grande quantidade de dados observacionais precisos que deixou para o assistente Johannes Kepler usar. Kepler usou esses dados para desenvolver suas três leis do movimento planetário. Essas leis reforçaram o modelo copernicano do universo.

Embora Brahe admirasse o trabalho de Copérnico, ele nunca se tornou um adepto do heliocentrismo. Para muitos astrônomos da época, a ideia de uma terra em movimento não estava de acordo com a experiência sensorial física nem com as Sagradas Escrituras. Na batalha de Gibeom, por exemplo, Josué ordena que o sol "pare" — não a terra (Josué 10). Apesar de Brahe ser um luterano devoto, no entanto, era a falta de uma teoria complementar do movimento (que **Galileu** e Newton acrescentariam mais tarde) e outras complicações empíricas que finalmente dissuadiram Brahe da **cosmovisão** copernicana. Em vez disso, ele propôs um modelo geo-heliocêntrico híbrido, em que a terra permanece imóvel no centro do universo com a lua e o sol girando ao redor dela. Então, os cinco planetas (conhecidos na época) giram ao redor do sol. Essa visão geo-heliocêntrica teve a beleza de incorporar a modelagem matemática superior de Copérnico do movimento planetário, mantendo a física (e o apoio bíblico) da visão aristotélica e ptolomaica de um universo cujo centro era a terra.

Milton Eng

REFERÊNCIAS E LEITURAS RECOMENDADAS

CHRISTIANSON, J. R. *On Tycho's Island: Tycho Brahe and His Assistants, 1570-1601.* Cambridge e New York: Cambridge University Press, 2000.

DANIELSON, Dennis; Graney, Christopher M. "The Case against Copernicus." *Scientific American* 310 (1):72-77, 2014.

THOREN, Victor E.; Christianson, J. R. *The Lord of Uraniborg: A Biography of Tycho Brahe.* Cambridge e New York: Cambridge University Press, 1990.

BROOKE, JOHN HEDLEY.

John Hedley Brooke (1944-), o primeiro professor da cátedra Andreas Idreos de Ciências e Religião na Universidade de Oxford, é indiscutivelmente o historiador mais talentoso do cristianismo e da ciência. Ele foi editor do *British Journal for History of Science*, presidente da Sociedade Britânica para a História da Ciência e da Sociedade Internacional para a Ciência e a Religião, e palestrante da Gifford Lectures (Brooke e Cantor, 1998). Como graduando em Cambridge, Brooke estudou química e história da ciência. Ele permaneceu em Cambridge para completar um doutorado sobre o desenvolvimento da química orgânica no século XIX, mas

74 BRUNO, GIORDANO

também escreveu extensivamente sobre **teologia natural** britânica do século XVII ao século XIX, sobre vários aspectos da vida e do trabalho de **Charles Darwin**, sobre a ciência e a **secularização** e a interseção da ciência e da religião em diversas culturas e contextos religiosos.

O interesse de Brooke no cristianismo e na ciência é de longa data. No começo, ele escreveu várias unidades para o excelente curso por correspondência oferecido pela Open University, "Ciência e crença: de Copérnico a Darwin", incluindo um estudo profundo sobre Deus, natureza e filosofia mecânica (Brooke, 1974). Várias dezenas de artigos e capítulos de livros seguiram, mas seu trabalho mais importante é *Science and Religion: Some Historical Perspectives* [Ciência e religião: algumas perspectivas históricas], um estudo magistral enfatizando a grande complexidade do panorama histórico. Nenhum modelo conceitual único é suficiente, de modo especial não a teses de conflito: "ciência" e "religião" simplesmente significaram muitas coisas diferentes para diferentes pessoas em momentos diferentes. Como ele disse: "A erudição séria na história da ciência revelou-se uma relação tão extraordinariamente rica e complexa entre ciência e religião no passado que teses gerais são difíceis de sustentar. A verdadeira lição revela-se ser a complexidade" (Brooke, 1991, p. 5).

Sua posição religiosa pessoal não é menos complexa — e praticamente impossível de distinguir de suas publicações. De acordo com uma entrevista recente, quando adolescente, ele estava "exposto a certo tipo de cristianismo evangélico" que "reforçou [seu] interesse pela **filosofia da ciência**", mas sua própria posição "estava sempre no extremo liberal do espectro evangélico". Questões sobre ciência e interpretação bíblica levaram-no a um estudo sério da teologia, o qual é amplamente lido. Neste ponto, Brooke não se vê "de forma alguma como um cristão praticante ortodoxo", mas ele permanece "profundamente desconfortável... quando [ouve] cientistas que tocam a religião de maneira que [ele] considere mal-informada e baseada em qualquer cultura particular antirreligiosa com a qual tenham tido contato" (Sanderson, 2013, p. 48-49, 51).

Edward B. Davis

REFERÊNCIAS E LEITURAS RECOMENDADAS

BROOKE, John Hedley. "Newton and the Mechanistic Universe", em: *Towards a Mechanistic Philosophy*. Science and Belief, from Copernicus to Darwin, Unit 2. Milton Keynes, UK: Open University Press, 1974.
_____. *Science and Religion: Some Historical Perspectives*. Cambridge: Cambridge University Press, 1991.

_____; CANTOR, Geoffrey. *Reconstructing Nature: The Engagement of Science and Religion*. Edinburgh: T&T Clark, 1998.
SANDERSON, Katharine. "Science's Spiritual Side." *Chemistry World* 10:48-51, 2013.

BRUNO, GIORDANO. Giordano Bruno (1548-1600) foi um pensador esotérico de Nápoles, Itália. Ele é mais conhecido como um dos primeiros defensores da teoria de **Copérnico** de que a terra orbita o sol. Ele foi queimado na fogueira em Roma em 1600 pela Inquisição devido à sua filosofia herética.

Vida

Bruno nasceu em 1548 e começou sua carreira como frade dominicano aos 15 anos de idade. No entanto, ele se cansou das estruturas de uma vida comum e fugiu da ordem para viajar pela Europa em 1576. Ele parece ter sido um homem sociável, que era capaz de fazer amigos rapidamente, e também inimigos, onde quer que ele fosse. Em 1583, Bruno chegou a Oxford, Inglaterra, onde começou a dar palestras que contradiziam diretamente a filosofia aristotélica dos professores locais. Ao retornar à Itália em 1591, Bruno foi preso pela Inquisição veneziana depois de ser traído por um aristocrata local com quem estava hospedado. Ele foi extraditado para Roma e passou muitos anos na prisão, enquanto seus volumosos escritos foram investigados por heresia. Por fim, ele foi convidado a retratar uma lista de oito declarações heréticas junto ao cardeal Robert Bellarmine. Sua recusa em fazê-lo acabou por condená-lo como um herege obstinado, sentenciando-o à morte.

Pensamento

Hoje, Bruno é mais conhecido por seu apoio à proposta de Nicolau Copérnico de que a terra orbita o sol. Ele fez suas declarações mais explícitas sobre o tema em seu livro *The Ash Wednesday Supper* [A ceia da Quarta de Cinzas] (Bruno, 1995), publicado na Inglaterra em 1584. Enquanto Copérnico baseou sua teoria na **matemática** complexa, Bruno argumentou, por causa de sua veneração religiosa do sol, seu lugar no centro do universo por direito. Não há evidências de que esse aspecto de seu pensamento ou sua crença em um universo infinito tenham sido decisivos na sua condenação por heresia. Em vez disso, os muitos livros de Bruno forneceram ampla evidência de heterodoxia para a Inquisição escolher. Sua filosofia parece ter sido um amálgama de neoplatonismo e pensamento esotérico derivados das obras atribuídas a Hermes Trismegisto, que haviam sido recentemente traduzidas. Ao contrário da maioria dos outros esotéricos da época, Bruno era explicitamente pagão em suas crenças religiosas. Em nenhum sentido ele era um cientista, embora estivesse feliz em usar teorias científicas como evidências para sua especulação mística.

Legado

Em 1889, os racionalistas italianos ergueram uma estátua de Bruno no Campo de' Fiori, a praça em Roma onde foi executado. A falta de candidatos mais adequados concedeu a Bruno o manto de mártir para a ciência, embora a maioria dos historiadores agora duvide que isso seja merecido. Seu significado real continua sendo uma questão de controvérsia. Na década de 1960, Frances Yates (Yates, 1964) retratou-o como um mago, enquanto outros estudiosos, liderados por Hilary Gatti (Gatti, 2002), esforçaram-se para redefini-lo como filósofo notável ou pelo menos um livre pensador. O livro de John Bossy, *Giordano Bruno and the Embassy Affair* [*Giordano Bruno e o mistério da embaixada*, publicado aqui no Brasil] (Bossy, 1991), forneceu um papel para ele no sombrio mundo de espionagem dos Tudor. Apesar de tudo o que ele pode ou não representar, sua fama hoje se baseia em sua terrível morte na fogueira, e não em qualquer coisa que ele tenha realizado em sua vida.

James Hannam

REFERÊNCIAS E LEITURAS RECOMENDADAS

Bossy, John. *Giordano Bruno and the Embassy Affair*. New Haven, CT: Yale University Press, 1991.

Bruno, Giordano. *The Ash Wednesday Supper*. Trad. Lawrence S. Lerner e Edward A. Gosselin. Toronto: Toronto University Press, 1995.

Gatti, Hilary. *Giordano Bruno and Renaissance Science*. Ithaca, NY: Cornell University Press, 2002.

Yates, Frances. *Giordano Bruno and the Hermetic Tradition*. Chicago: University of Chicago Press, 1964.

BURIDAN, JEAN. Jean Buridan (nascido antes de 1300, morto antes de 1361) ensinou **lógica** e **filosofia natural** na Universidade de Paris. Seus comentários amplamente lidos sobre as obras de **Aristóteles** fizeram dele um dos mais influentes mestres das artes do século XIV. A importância de Buridan para a ciência é especialmente clara em seu desenvolvimento da Teoria do ímpeto, em sua ênfase na evidência empírica, em seu uso de argumentos prováveis e em sua teoria da formação da terra.

Buridan empregou o termo ímpeto para se referir a uma força empregada que atua a um nível determinado por uma combinação de velocidade e quantidade de matéria do motor e que perdura em seu efeito dentro do corpo em movimento, a menos que seja contrariada por outra força. Para Buridan, o ímpeto explica a causa do movimento de projéteis sem recorrer à ação contínua do ar. Buridan também fez usou do ímpeto para explicar a aceleração dos corpos em queda. O peso não pode ser a causa do aumento da velocidade, uma vez que o peso de um corpo em queda permanece constante. Em vez disso, a aceleração deve ser devida à adição de incrementos de ímpeto. Para Buriban, um corpo continua a acumular ímpeto enquanto ele continua a cair, então a velocidade da queda aumenta de acordo com o tempo da queda.

Buridan representou um exercício mental para desafiar o pressuposto geral da imobilidade da terra. Se a terra tivesse sido iniciada em movimento ao redor de seu eixo, sua rotação seria mantida indefinidamente por ímpeto. Buridan argumentou que as supostas provas astronômicas da imobilidade da terra não eram conclusivas. Não se pode determinar, por essa experiência sensorial, se a esfera das estrelas fixas gira ao redor da terra uma vez por dia ou se a terra gira seu eixo uma vez por dia, porque as mesmas observações resultariam em ambos os casos. Embora Buridan tenha concluído, por outros motivos, em favor da imobilidade da terra, seus argumentos para a relatividade do movimento foram decisivos.

Finalmente, Buridan articulou uma teoria da formação da terra. Supondo que o lado oposto da terra é um hemisfério aquático, ele levantou a hipótese de que o sedimento erodido do hemisfério seco seria gradualmente depositado em camadas no fundo do mar. À medida que novas camadas se acumulam no lado oposto, terremotos elevam o lado seco, pois a terra se ajusta periodicamente a um novo centro de gravidade. Gradualmente, as camadas nascidas do mar tornam-se enterradas e se elevam por todo o corpo da terra, eventualmente para virem à tona na superfície do hemisfério seco. Este ciclo contínuo de erosão, deposição e elevação explica por que a terra é composta de camadas de rocha e por que os fósseis marinhos estão presentes no alto de montanhas, sob a suposição da idade muito antiga da terra e sem recorrer ao **Dilúvio** de Noé. As ideias de Buridan, aprofundadas por **Nicole d'Oresme**, Leonardo da Vinci e outros, permaneceram influentes no século XVII (Clagett, 1959; Moody, 1941).

BURIDAN, JEAN

Além de seu trabalho na filosofia natural, suas contribuições em lógica e **metafísica** também foram significativas. Sua reputação era tal que mesmo seu burro alcançou *status* lendário. Spinoza transmitiu a história que, treinado pelo mestre no **princípio de razão suficiente**, o burro de Buridan encontrou-se a meio caminho entre dois montes de feno igualmente apetitosos e, assim sendo, morreu de fome.

Os historiadores da ciência examinaram minuciosamente como a ênfase na onipotência e a contingência divinas da ordem natural do século XIV facilitaram experiências de pensamento lógico, argumentos prováveis e investigações empíricas. Ao empregar o ímpeto para explicar o movimento do projétil, a aceleração dos corpos em queda e a possível rotação da terra, Buridan e seus contemporâneos forneceram um ponto de partida para as investigações de **Galileu** quase dois séculos depois. A crítica medieval da filosofia natural aristotélica exemplificada por Buridan oferece um exemplo histórico intrigante de como a teologia, a lógica e as considerações empíricas se combinaram em uma reforma rigorosa e profícua da ciência natural.

Kerry Magruder

REFERÊNCIAS E LEITURAS RECOMENDADAS

CLAGETT, Marshall. *The Science of Mechanics in the Middle Ages*. Madison: University of Wisconsin Press, 1959.

GRANT, Edward. *The Foundations of Modern Science in the Middle Ages*. Cambridge: Cambridge University Press, 1996.

KAISER, Christopher. *Creational Theology and the History of Physical Science: The Creationist Tradition from Basil to Bohr*. Studies in the History of Christian Thought. Leiden: Brill Academic, 1997.

MOODY, Ernest A. "John Buridan on the Habitability of the Earth." *Speculum* 16: 415-25, 1941.

SYLLA, Edith. "*Ideo quasi mendicare oportet intellectum humanum*: The Role of Theology in John Buridan's Natural Philosophy." In: *The Metaphysics and Natural Philosophy of John Buridan*. Medieval and Early Modern Science, 244-45. J. M. M. H. Thijssen e Jack Zupko (Eds.). Leiden: Brill, 2000.

CALVINO, JOÃO. O século XVI foi um período cheio de mudanças, desde o desdobramento da **Reforma** protestante até a Revolução Copernicana (ver **Copérnico, Nicolau**). Da teologia à **astronomia**, a cosmovisão aristotélica estava sob pressão. No meio da nova dinâmica emergente para a sociedade e o pensamento europeus, o reformador João Calvino (1509-1564) tornou-se uma das vozes mais significativas e duradouras do início da era moderna. Como pastor e palestrante na cidade de Genebra por quase metade de sua vida, a teologia de Calvino se desenvolveu enquanto ele pregava, lecionava e publicava copiosamente. Seus escritos, particularmente *Institutas da religião cristã*, relacionaram o tema do cristianismo e da ciência em vários aspectos notáveis.

Em consonância com uma mentalidade medieval, Calvino considerava os ramos das artes liberais como as "servas" da teologia, e advertiu contra elevá-las ao nível de "amante". Por isso, a distinção era mantida entre o conhecimento de questões terrenas e o conhecimento de assuntos celestiais, o último dos quais foi a maior sabedoria dentre todas para Calvino. Ao manter a diferença fundamental entre a criatura e o Criador, Calvino negou que a sabedoria humana pudesse penetrar completamente nas alturas do conhecimento celestial em seu comentário sobre 1Coríntios 1:20: "O homem, com toda a sua astúcia, é capaz de entender, por suas próprias capacidades, os mistérios de Deus como um burro é capaz de compreender um concerto" (Holder, 2006, p. 38).

Os eruditos têm, em certos momentos, interpretado as advertências de Calvino em relação à razão humana de forma mais polêmica do que ele aparentemente pretendia. Embora Calvino afirmasse que a sabedoria revelada do Evangelho era maior que toda a filosofia humana e, de fato, era o verdadeiro fundamento da **epistemologia**, essa noção não impedia sua defesa do aprendizado das artes liberais, desde que esse conhecimento não demandasse o primeiro lugar.

Um ponto crítico sobre a questão é o ensinamento de Calvino acerca da doutrina da **Queda**, segundo a qual o **pecado original** de Adão tornou a percepção humana do mundo distorcida e cega de maneira hereditária, embora a bondade inerente da criação nunca tenha sido perdida. Calvino exaltou a **revelação** especial, explicando que, fora das "lentes" das Escrituras, a humanidade estava suscetível às armadilhas da idolatria e da confusão tornando-se indesculpável perante Deus. Contudo, o entendimento humano limitado de modo algum diminuiu o universo como um "espelho" do Deus invisível ou como um "teatro" da sua glória, particularmente em termos de **beleza** e ordem. No entanto, apenas aqueles com fé enraizada em Jesus Cristo e fundamentados na revelação das Escrituras poderiam, com razão, perceber a revelação geral de Deus como Criador e realmente apreciar a maravilha da **providência** divina.

Enquanto isso, o papel das Escrituras na explicação do mundo natural é mais bem compreendido à luz do princípio abrangente da acomodação de Calvino. Porque as Escrituras foram escritas para o "povo comum" para que possa receber conhecimento suficiente da salvação, Deus adapta a sabedoria celestial de acordo com as capacidades humanas, assim como uma "enfermeira" se comunica com uma criança. Consequentemente, Calvino negou que uma explicação precisa do mundo natural seja a intenção das Escrituras; por outro lado, ele ensinou que as Escrituras narram o mundo de acordo com as percepções comuns. No entanto, Calvino encorajou inequivocamente o avanço do conhecimento no que diz respeito à astronomia, medicina, e todas as ciências naturais, como uma avenida para desenvolver uma maior apreciação pela glória e providência de Deus, bem como para melhorar a vida humana.

Devido ao apoio de Calvino à **filosofia natural**, sua afirmação fundamental na bondade criada da criação e sua crença de que toda verdade é um presente de Deus, estudiosos têm considerado cada vez mais que o pensamento de Calvino desempenha um papel de pavimentar o caminho para o florescimento das ciências em séculos subsequentes.

Jennifer Powell McNutt

REFERÊNCIAS E LEITURAS RECOMENDADAS

GAMBLE, Richard (Ed.). *Calvin and Science.* New York: Garland, 1992.

HOLDER, R. Ward. *John Calvin and the Grounding of Interpretation: Calvin's First Commentaries.* Leiden: Brill, 2006.
SCHREINER, Susan E. *The Theater of His Glory: Nature and the Natural Order in the Thought of John Calvin.* Grand Rapids: Baker, 1995.
_____. "Creation and Providence", em *The Calvin Handbook*, 267-75. Herman J. Selderhuis (Ed.). Grand Rapids: Eerdmans, 2009.
ZACHMAN, Randall C. "The Beauty and Terror of the Universe: John Calvin and Blaise Pascal." In: *Reconsidering Calvin: Current Issues in Theology*, p. 6-34. Cambridge: Cambridge University Press, 2009.

CARNAP, RUDOLF. Rudolf Carnap (1891-1970) foi um filósofo analítico de grande influência, nascido na Alemanha, que fez importantes contribuições para a lógica, filosofia da linguagem e **filosofia da ciência**.

Carnap nasceu em 1891 no que é agora Wuppertal, na Alemanha. Pouco antes do início da Primeira Guerra Mundial, Carnap estudou filosofia e **matemática** na Universidade de Freiburg e na Universidade de Jena (onde era aluno de Gottlob Frege). Tendo terminado o serviço militar, Carnap voltou a Jena, onde concluiu uma dissertação sobre os fundamentos filosóficos da geometria.

Em 1926, ele era membro do famoso círculo de Viena de Moritz Schlick (1882-1936), um grupo de filósofos e cientistas tentando elaborar uma concepção "científica" do mundo — que, a seus olhos, era equivalente a uma **cosmovisão** materialista científica. Esse grupo de positivistas lógicos é talvez mais conhecido por seu princípio de verificabilidade, que afirmou que todas as declarações cognitivamente significativas devem ser analiticamente verdadeiras (ou seja, verdadeira em virtude do significado dos termos) ou empiricamente verificáveis por meio de observações dos sentidos. Ainda, porque eles pensavam que não podiam ser verificadas pela experiência, os positivistas rejeitaram as alegações da estética, ética, teologia e **metafísicas** tradicionais como pseudoafirmações sem sentido que não são nem verdadeiras nem falsas. O **princípio de verificação** foi criticado principalmente por não atender ao seu próprio critério — o próprio princípio não é analiticamente verdadeiro nem empiricamente verificável. Em 1931, Carnap assumiu um cargo na Universidade Alemã de Praga. Mas, vendo a crescente escuridão da Europa, imigrou para o EUA em 1935. Ali, como professor na Universidade de Chicago e na Universidade da Califórnia em Los Angeles (UCLA), influenciou muitos filósofos notáveis.

Em 1936, Carnap argumentava que declarações científicas ou empíricas não estão sujeitas à verificação, mas à **confirmação**. Uma vez que as hipóteses empíricas sempre podem ser revogadas pela experiência sensorial, Carnap pensou que elas estão sujeitas à confirmação ou à desconexão probabilística crescente (à luz de nossa evidência) em vez de estarem sujeitas à verificação. Assim, começou sua busca por uma lógica indutiva adequada, uma **lógica da probabilidade**.

Uma maneira comum de pensar em probabilidade é em termos de frequências. Nessa visão, se três quartos de todas as tartarugas marinhas não sobrevivem ao seu primeiro ano, a probabilidade de uma tartaruga marinha escolhida aleatoriamente sobreviver ao seu primeiro ano é 0,25. Mas note que muitas vezes queremos saber a probabilidade de ocorrência de um evento *dada certas provas*. Dado que um grande estudo científico informou que metade de todas as tartarugas marinhas morre no primeiro ano, na interpretação de grau de confirmação da probabilidade defendida por Carnap, a probabilidade de uma tartaruga marinha recém-nascida escolhida aleatoriamente morrer este ano é 0,5 — mesmo que isso não corresponda à frequência real. Nessa última visão, a probabilidade é uma medida do grau em que um conjunto de evidências confirma uma determinada hipótese empírica.

Um dos principais benefícios da lógica indutiva de Carnap é o seu potencial para resolver o **problema da indução** de **David Hume** (1711-1776), em que as causas não podem ser ditas que levem certamente a efeitos. Um problema persistente para a lógica de Carnap, no entanto, era que a probabilidade de leis científicas universais é sempre zero.

Ainda trabalhando arduamente em um sistema adequado de lógica indutiva, Carnap morreu em 14 de setembro de 1970.

Logan Paul Gage

REFERÊNCIAS E LEITURAS RECOMENDADAS

FRIEDMAN, Michael; Creath, Richard (Eds.). *The Cambridge Companion to Carnap.* Cambridge Companions to Philosophy. Cambridge: Cambridge University Press, 2007.
SCHILPP, Paul Arthur (Ed.). *The Philosophy of Rudolf Carnap.* Library of Living Philosophers. Vol. 11. La Salle, IL: Open Court, 1963.

CARTWRIGHT, NANCY. Nancy Cartwright (1944), uma prolífica e influente filósofa contemporânea da ciência, talvez seja mais conhecida por seus livros *How the Laws of Physics Lie* [Como as leis da física mentem] e *The Dappled World: A Study of the Boundaries of Science* [O mundo manchado: um estudo dos limites da ciência].

Ela vê suas opiniões como decorrentes de uma metodologia empírica que se volta para a prática científica real, em oposição à teorização de poltrona, para produzir nossa imagem do mundo. Um tanto irônico, ela rejeita o **empirismo** de **David Hume**, com a sua desaprovação de coisas como potências não ocorrentes e sua regularidade associada a explicação das leis, porque, em sua opinião, isso não é o que a ciência oferece.

Em *How the Laws of Physics Lie*, Cartwright argumenta que os físicos empregam leis teóricas que se aplicam apenas a situações altamente idealizadas que raramente ou nunca conseguem obter. Tomadas como descrições de situações do mundo real, portanto, essas leis são falsas ou meramente verdades vazias. Por essa razão, ela conclui que uma explicação tradicional que cubra a regra de explicação científica não pode ser correta. Ela propõe, em vez disso, um "relato de simulacro". A explicação científica não passa por incluir fenômenos do mundo real sob leis teóricas, mas construindo descrições falsas, idealizadas e "preparadas" desses fenômenos, às quais (aproximações das) leis teóricas são então aplicáveis.

No entanto, o antirrealismo de Cartwright em relação às leis teóricas não se estende a entidades teóricas, como *quarks* ou elétrons. Ela sustenta que a ciência, muitas vezes, produz *explicações causais* bem-sucedidas ao invocar essas entidades, e que aceitar explicações causais exige acreditar que as entidades citadas existem como causas.

Em *The Dappled World*, Cartwright continua esses temas bem como temas desenvolvidos em seu livro *Nature's Capacity and Their Measurement* [Capacidades da natureza e suas medidas], mas com diferentes ênfases. Ela argumenta contra o que ela chama de uma visão "fundamentalista" das leis, segundo a qual o universo é governado por leis fundamentais de alcance universal.

O mundo natural, ela sustenta, nos apresenta um fragmento, com diferentes princípios aplicando-se a diferentes domínios. Ela admite, a título meramente argumentativo, que possamos considerar corretamente as chamadas leis "fundamentais" como verdades informativas. Mas, se o fizermos, não devemos considerá-las como expressando regularidades universalmente aplicáveis, mas no estilo neoaristotélico, como reivindicações sobre a natureza ou capacidade das coisas. A lei de Coulomb, por exemplo, não nos diz quais são as forças reais entre partículas carregadas porque ignora outros fatores, como a influência da gravitação. Em vez disso, de acordo com Cartwright, relata a *tendência* de tais partículas para atrair ou repelir umas às outras *quando carregadas*.

As regularidades associadas a estas leis aplicam-se, afirma Cartwright, apenas ao que ela se refere como "máquinas nomológicas" — sistemas, muitas vezes artificialmente construídos, em que várias capacidades são exibidas na ausência de fatores interferentes. Ao aprender sobre essas capacidades, podemos construir outros tipos de máquinas nomológicas com suas próprias regularidades associadas. Ela leva essa visão das leis a ter importantes resultados práticos, na medida em que sugere estratégias para ganhar e aplicar o conhecimento científico com a finalidade de manipular o mundo, não apenas em domínios como a física, mas também em domínios como a economia.

Kenneth Boyce

REFERÊNCIAS E LEITURAS RECOMENDADAS

CARTWRIGHT, Nancy. *How the Laws of Physics Lie*. Oxford: Oxford University Press, 1983.
_____. *Nature's Capacities and Their Measurement*. Oxford: Oxford University Press, 1989.
_____. *The Dappled World: A Study of the Boundaries of Science*. Cambridge: Cambridge University Press, 1999.

CAUSALIDADE. Dois nomes destacam-se entre os cristãos que mantêm pontos de vista distintivos sobre a causalidade — **John Polkinghorne** afirma uma causalidade ascendente, enquanto **Nancey Murphy** sustenta uma causalidade descendente.

A ideia de causalidade, a qual nos referimos, neste caso a causalidade *eficiente* ou *produtiva*, pressupõe que uma coisa leva à outra e lida com a questão de saber se, por que e como uma coisa faz outra acontecer. Causalidade presume que o antecedente precede e também faz com que o incidente ocorra. Há outras categorias de causalidade — finais, formais e materiais, além de eficientes. Além disso, há a causalidade estado-estado, mas também causalidade agente-estado. A **ação divina** também é uma forma de causalidade (ver **Quatro causas de Aristóteles**; **Ação divina**).

Polkinghorne baseia seu apoio à causalidade ascendente (também referido como pensamento de baixo para cima ou **reducionismo**) em seu desejo de obter entendimento com base em uma avaliação cuidadosa dos fenômenos como guia para a realidade física. Ele distingue entre os dois tipos de causalidade: "O mundo do pensamento se divide em pensadores de cima para baixo, que dependem de princípios gerais e perseguem sua avaliação clara e discriminatória, e pensadores de baixo para cima, que

80 CIÊNCIA

sentem que é mais seguro começar no subsolo da particularidade, e então generalizar um pouco" (Polkinghorne, 1994, p. 11).

A abordagem de causalidade ascendente começa com a ideia de que tudo em nosso universo é feito de matéria e tudo pode ser reduzido às partículas elementares que são os constituintes básicos da matéria. As partículas elementares constituem átomos, os átomos criam moléculas, moléculas produzem células e as células compõem o cérebro. A causa final de tudo isso é sempre a interação entre as partículas elementares. A causalidade ascendente significa que todas as causas físicas se originam nas partículas elementares e se movem para cima. O resultado é que o comportamento de um todo ou de um sistema é completamente determinado pelo comportamento de suas partes, elementos ou subsistemas. Se alguém conhece as leis que regem o comportamento das partes, poderá deduzir as leis que regem o comportamento do todo.

Na década de 1970, Donald Campbell desenvolveu uma ideia da teoria dos sistemas, observando que, em muitos casos, o todo é maior do que a soma das partes, pois o conjunto possui propriedades emergentes que não podem ser reduzidas às propriedades das partes. A **emergência** é um conceito ambíguo, então algumas pessoas preferem expressá-la em termos do conceito mais preciso de causalidade descendente, que pode ser especificado como o oposto do reducionismo do princípio da causalidade ascendente — o comportamento das partes é determinado pelo comportamento do todo, e, assim, a determinação se move para baixo ao invés de para cima. Aqui a determinação não está completa, de modo que uma declaração mais completa do princípio da causalidade poderia ser formulada dessa maneira: "O todo é, em certa medida, limitado pelas partes (causalidade ascendente), mas, ao mesmo tempo, as partes são, em algum grau, limitadas pelo todo (causalidade descendente)."

Nancey Murphy (2000) apresenta um exemplo dado primeiro por Donald Campbell em sua explicação sobre o ótimo *design* dos maxilares das formigas operárias ou do cupim. Como isso veio à tona? A explicação de baixo para cima dá parte da resposta — os genes do cupim dão instruções para a formação de proteínas, em particular para a estrutura do maxilar. Mas como é que o cupim possui esse **DNA** particular em vez de uma miríade de outras possibilidades? A resposta é a **seleção natural**. A causalidade debaixo para cima explica a produção das macromoléculas

ideais e a causalidade de cima para baixo selecionou dentre as inúmeras variantes as úteis para a tarefa em questão e, portanto, para a sobrevivência para se reproduzir.

Uma compreensão mais completa da causalidade física deve incluir abordagens de baixo para cima e de cima para baixo.

Richard F. Carlson

REFERÊNCIAS E LEITURAS RECOMENDADAS

Murphy, Nancey. *Anglo-American Postmodernity.* Boulder, CO: Westview, 1997.
_____. "Downward Causation." Counterbalance, 2000. www.counterbalance.org/evp-mind/downw-frame.html.
Polkinghorne, John. *The Faith of a Physicist: Reflections of a Bottom-Up Thinker.* Princeton, NJ: Princeton University Press, 1994.

CIÊNCIA. A ciência, do latim *scientia*, significa "conhecimento". O escopo e os métodos da ciência evoluíram ao longo dos séculos e ainda são debatidos hoje. Originalmente, *scientia* significava uma qualidade particular de conhecimento, a saber, certos conhecimentos resultantes de uma **lógica** dedutiva válida aplicada a axiomas autoevidentemente verdadeiros e a primeiros princípios inatacáveis.

Como *scientia* era uma qualidade, e não um domínio de conhecimento, ela era procurada em todos os domínios, incluindo **matemática**, ciências naturais, ética e filosofia. Mas o significado contemporâneo da ciência é focado em um domínio particular, a saber, o conhecimento do mundo físico. O estudo do mundo natural era anteriormente chamado de **filosofia natural**, situando-o como um ramo das humanidades, e o conceito das ciências como algo distinto das humanidades levaram vários séculos para se desenvolver.

A transição começou com a **Revolução Científica**, liderada pelo trabalho filosófico de **Francis Bacon** e os métodos experimentais e observacionais de Galileu Galilei. Na década de 1830, a palavra *cientista* foi cunhada por membros da Associação Britânica para o Avanço da Ciência e popularizada por **William Whewell**. O Dicionário de inglês de Oxford observa que um novo significado para ciência se desenvolveu na década de 1860 como conhecimento físico e experimental, excluindo o conhecimento teológico e metafísico, e seu suplemento de 1987 observa que "este é agora o sentido dominante no uso comum". Embora tenha havido desenvolvimentos impressionantes em lógica, matemática, ciência e **tecnologia** na China, na

Índia, no Egito e em outros lugares, aqui a ênfase está no Ocidente.

As questões arquetípicas da filosofia natural clássica eram "de que são feitas as coisas?" e "qual é o caminho dos objetos em movimento?". Essas perguntas foram surpreendentemente difíceis e levaram dois milênios para serem respondidas satisfatoriamente.

Mas subjacente às questões específicas dos filósofos naturais estava a questão mais básica sobre como o pensamento científico funciona. Quais contribuições são necessárias para se chegar a conclusões verdadeiras sobre o mundo físico? Em outras palavras, o que deve ser levado em conta para que conclusões científicas possam aparecer? Essa questão metodológica também se mostrou surpreendentemente difícil. Três recursos são necessários: pressupostos, evidência e lógica.

Pressupostos são indispensáveis para a ciência conectar percepções sensoriais pessoais e objetos físicos externos. Assim, as pressuposições básicas da ciência são de que o mundo físico é real e ordenado, e que nós, humanos, o consideramos substancialmente compreensível, particularmente por causa das dotações de percepções sensórias geralmente confiáveis. Por exemplo, até mesmo a simples afirmação "Estou acariciando meu gato", quando interpretada de uma maneira realista e comum, implica objetos físicos reais e em meus confiáveis dotes sensoriais. No entanto, os antigos céticos Pirro de Élis e Sexto Empírico não estavam dispostos a conceder essas pressuposições, então, pararam com o julgamento.

Em contrapartida, Alberto Magno, nos anos 1200, estava confiante em que podemos ter certas demonstrações sobre objetos físicos, dadas suas pressuposições de senso comum sobre um mundo físico real e ordenado e dotações humanas adequadas. Um exemplo: Magno concluiu que é necessário que uma pessoa esteja sentada se alguém a vê sentada (Gauch, 2012, p. 74). Da mesma forma, Thomas Reid (1710-1796) estava tão certo de que a cidade de Roma existe como era de qualquer proposição na geometria de Euclides (Gauch, 2012, p. 46). Muitos grandes cientistas basearam a ciência em um apelo inicial ao senso comum.

Evidências há muito vinham de observações cuidadosas da natureza. Mas nos anos 1200, Roger Bacon, e especialmente Robert Grosseteste, enfatizaram que os experimentos poderiam expandir as oportunidades de ver o que acontece sob diferentes condições do que o que a natureza oferece, permitindo assim uma melhor discriminação entre as hipóteses concorrentes. O desenvolvimento de telescópios, microscópios e outros instrumentos expandiu os poderes de observação dos cientistas.

A lógica dedutiva raciocina a partir de determinados axiomas a teoremas derivados ou de princípios gerais a instâncias particulares, enquanto a lógica indutiva raciocina a partir de particulares a generalidades. O raciocínio dedutivo produz conclusões necessárias, enquanto o raciocínio indutivo produz conclusões prováveis, e a ciência precisa de ambos. **Aristóteles** tinha duas versões da ciência que ele nunca conectou adequadamente. Sua ciência ideal ou madura é racionalista, derivando extenso conhecimento dedutivamente de um pequeno número de primeiros princípios, e seu padrão implícito era a geometria.

Mas a ciência real de Aristóteles é empirista, com observações cuidadosas de estrelas e animais e coisas parecidas, assim como generalizações indutivas a partir dos dados. Seu método indutivo-dedutivo utilizou a indução de observações para inferir princípios gerais, deduções desses princípios para verificar os princípios com outras observações e ciclos adicionais de indução, e dedução para continuar o avanço do conhecimento. Essa interação entre a evidência física e o modelo mental continua sendo o núcleo da investigação científica. O surgimento da **estatística**, incluindo as contribuições seminais de Thomas Bayes (1701-1761), que desenvolveram o **Teorema de Bayes**, melhorou enormemente a lógica indutiva, especialmente depois que os computadores se tornaram disponíveis na década de 1960.

As pressuposições, as evidências e a lógica são a base do pensamento científico. Entre 1200 e 1600, muito depois de Aristóteles, esses três se tornaram uma base robusta para a Revolução Científica, mas nenhum subconjunto desses três recursos funciona. Os racionalistas buscavam a verdade a partir da razão ou lógica, e os empiristas buscavam a verdade a partir da experiência ou evidência, mas ambos os projetos são incompletos para a ciência natural.

Entre 1920 e 1960, os positivistas lógicos tentaram combinar razão e experiência em uma versão da ciência que rejeitou a **metafísica** e os pressupostos empiricamente improváveis (ver **Empirismo** e **Positivismo lógico**). Embora essa escola tenha alcançado consenso quase universal por algumas décadas, sua eventual morte foi rápida. O divórcio da metafísica era custoso porque desassociou a ciência de seu fundamento no senso comum. Além disso,

82 CIÊNCIA COGNITIVA

os positivistas lógicos tinham uma visão excessivamente automática ou mecânica do processo científico, enquanto outros estudiosos eram muito mais otimistas sobre a face humana da ciência.

Um interesse distinto que muitos cristãos trazem à ciência é a relação entre esta e cristianismo (ou outras **cosmovisões**). Mais explicitamente, há evidência científica de causas sobrenaturais e/ou de Deus? Os cristãos estão bastante divididos sobre isso. Alguns reúnem provas e apresentam a obra de Deus no mundo como uma teoria científica (exemplos incluem o criacionismo da Terra jovem e o criacionismo progressivo; ver **Criacionismo da Terra jovem** e **Criação progressiva**). O movimento do *design* **inteligente** objetiva provar a existência de causas inteligentes (provavelmente sobrenaturais), embora não nomeie Deus explicitamente.

Por outro lado, alguns argumentam que o **naturalismo metodológico** limita o alcance da ciência a objetos e eventos físicos, e que qualquer consideração de causas sobrenaturais (embora seja frequentemente informada pela ciência) necessariamente ocupa o reino da filosofia e teologia e não pode reivindicar os atributos da **prova científica**. Por motivos teológicos, alguns cristãos alegam que o **teísmo** genérico defendido pela **teologia natural** é demasiado fraco para proporcionar qualquer benefício real, mesmo se tais argumentos forem considerados bem-sucedidos — embora a disciplina relativamente recente da teologia natural ramificada diga respeito a princípios importantes do teísmo cristão distinto. Outros sugerem que a própria Bíblia nos leva a esperar que Deus não tornasse sua existência demonstrável por meio de provas científicas claras (ver **Ocultamento de Deus**).

As fronteiras entre a ciência e outras atividades de conhecimento, e a importância de evitar erros como o **cientificismo**, foram discutidas em documentos de posição de importantes organizações científicas, incluindo a American Association for the Advancement of Science (Associação Americana para o Avanço da Ciência), a National Science Foundation (Fundação Nacional de Ciências) e as National Academies of Science (Academias Nacionais de Ciências) e seus equivalentes em muitos países. Esses documentos são admiravelmente ponderados e merecem consideração cuidadosa.

A questão dos limites apropriados da ciência continuará a ser importante para os propósitos de garantir que a prática científica (para não mencionar o entendimento público da ciência) esteja livre de preconceitos desordenados, sejam eles pró-religiosos ou antirreligiosos. Também importante é a questão de recursos relevantes e legítimos para investigações ambiciosas sobre cosmovisão, incluindo se Deus existe (ver **Existência de Deus**). Uma postura plausível, pelo menos para os cristãos, é que as respostas mais satisfatórias e confiáveis às questões da cosmovisão exigirão os recursos combinados de ciência, filosofia e teologia, em vez dos recursos limitados de qualquer uma dessas disciplinas.

Hugh G. Gauch Jr. e Matthew S. Tiscareno

REFERÊNCIAS E LEITURAS RECOMENDADAS

AAAS, 1989. *Science for All Americans*. Washington, DC: American Association for the Advancement of Science.

_____. 1990. *The Liberal Art of Science*. Washington, DC: American Association for the Advancement of Science.

ECKLUND, E. H., 2010. *Science vs. Religion: What Scientists Really Think*. Oxford: Oxford University Press.

GAUCH, H. G., Jr., 2012. *Scientific Method in Brief*. Cambridge: Cambridge University Press.

_____. 2013. "The Methodology of Ramified Natural Theology." *Philosophia Christi* 15:283-98.

LINDBERG, D. C., 2007. *The Beginnings of Western Science*. 2. ed. Chicago: University of Chicago Press.

PLANTINGA, A., 2011. *Where the Conflict Really Lies: Science, Religion, and Natural- ism*. Oxford: Oxford University Press.

CIÊNCIA COGNITIVA. A ciência cognitiva é o estudo interdisciplinar da mente, enfatizando o pensamento, os sentimentos, a inteligência e a solução de problemas sobre o comportamento (Barrett, 2011; Thagard, 2005). O objetivo da ciência cognitiva, então, é a cognição, que pode ser entendida como todos os pensamentos e processos que ocorrem dentro da mente humana (ver também **Ciência cognitiva da religião**). Um exemplo de cognição são os pensamentos conscientes de que estamos cientes neste momento, mas outros exemplos incluem os processos inconscientes que estão presentes na mente sem nossa consciência, como a formação da memória e o reconhecimento do rosto.

Os tópicos estudados pelos cientistas cognitivos são, portanto, tão diversos quanto os diferentes domínios do pensamento humano, embora esses domínios sejam comumente agrupados de acordo com alguns dos processos cognitivos gerais mais importantes. Exemplos comuns desses agrupamentos incluem atenção, conceituação, tomada de decisão, imagens, imaginação, linguagem, aprendizagem, memória, percepção e sensação. Os tópicos geralmente se sobrepõem, e as relações entre vários processos também

CIÊNCIA COGNITIVA DA RELIGIÃO   83

são de interesse para os cientistas cognitivos. Por exemplo, um cientista cognitivo pode estar interessado no desenvolvimento do idioma, na formação da memória ou talvez na relação entre os dois.

Uma variedade de disciplinas contribui para a ciência cognitiva. Por esta razão, ela pode ser mais bem compreendida como um campo interdisciplinar, ao invés de uma disciplina acadêmica própria. Um texto importante a define como "o estudo interdisciplinar da mente e da inteligência, abrangendo filosofia, **psicologia**, **inteligência artificial**, **neurociência**, linguística e **antropologia**" (Thagard, 2005, p. ix). Os antropólogos podem suscitar questões sobre por que certos comportamentos e instintos estão presentes universalmente na humanidade ou como os sistemas culturais podem influenciar a tomada de decisões. Os linguistas podem se perguntar como a linguagem se desenvolveu ao longo do **tempo** e como ela facilita a resolução de problemas. Cientistas de informática podem investigar como a inteligência artificial pode ser desenvolvida ou modelar formas possíveis de funcionamento dos sistemas perceptivos humanos.

Nos últimos anos, os pesquisadores de estudos religiosos estão mesmo se voltando à ciência cognitiva para argumentar que a crença em deuses, em espíritos no e pós-vida é parcialmente explicável em termos de quão bem esses conceitos soam com o ajuste natural dos sistemas cognitivos (McCauley, 2011). Filósofos e teólogos estão começando a discutir se tais explicações científicas cognitivas de crenças religiosas prejudicam tais crenças (Trigg e Barrett, 2014). Todas essas questões se cruzam com a ciência cognitiva, permitindo que cada uma dessas disciplinas contribua para esse campo e aprenda umas com as outras. "O que os aufere a designação completa de 'cientistas cognitivos' [...] é que eles trazem provas científicas a respeito de reivindicações e predições sobre como os humanos pensam e sobre o caráter da mente humana, e tentam encontrar explicações naturalistas para os fenômenos que os dados revelam" (Barrett, 2011, p. 12).

Uma distinção também deve ser feita entre ciência cognitiva e neurociência, embora cada uma possa contribuir utilmente para a outra. A neurociência visa a compreender a mecânica do cérebro como revelada no sistema nervoso, enquanto a ciência cognitiva se concentra nos processos da mente como revelados na cognição. Essas duas ciências representam dois níveis diferentes de explicação. Se perguntado como a memória funciona,

um neurocientista pode apontar para diferentes partes do cérebro que são distintamente ativas quando uma pessoa está pensando sobre memórias, e nos neurônios e neurotransmissores que trabalham para fazer a memória acontecer. Se feita a mesma pergunta a um cientista cognitivo, ele pode fazer referência a diferentes processos na mente, como a percepção da memória potencial, a codificação dessa informação e sua recuperação.

Justin L. Barrett e Tyler S. Greenway

REFERÊNCIAS E LEITURAS RECOMENDADAS

BARRETT, Justin L. *Cognitive Science, Religion, and Theology: From Human Minds to Divine Minds*. West Conshohocken, PA: Templeton, 2011.
McCAULEY, Robert N. *Why Religion Is Natural and Science Is Not*. New York: Oxford University Press, 2011.
THAGARD, Paul. *Mind: Introduction to Cognitive Science*. 2. ed. Cambridge, MA: MIT Press, 2005.
TRIGG, Roger; Barrett, Justin L. (Eds.). *The Roots of Religion: Exploring the Cognitive Science of Religion*. Surrey, UK: Ashgate, 2014.

CIÊNCIA COGNITIVA DA RELIGIÃO. Do mesmo

modo que a **ciência cognitiva** é o estudo científico da mente e dos processos mentais, a ciência cognitiva da religião (CCR) é a ciência que busca compreender como os processos mentais e a expressão religiosa interagem. Ou seja, a CCR é uma abordagem para o estudo científico da expressão religiosa que usa teorias e descobertas das ciências cognitivas para prever, explicar e compreender pensamentos e ações religiosos que se repetem em todas as culturas (Barrett, 2007, 2011, 2012a). Por exemplo, a ampla recorrência da crença em divindades é explicada detalhando como as tendências processuais ordinárias da mente humana interagem com fatores ambientais típicos para acreditar na existência de deuses atraentes para as mentes humanas (p. ex., Guthrie, 1993; Pyysiäinen, 2009). Não obstante sua designação, a CCR não surgiu da ciência cognitiva, mas de estudos antropológicos e comparativos da religião (Barrett, 2011, veja também Lawson e McCauley, 1990, Whitehouse, 1995). A CCR não explica tudo sobre a religião ou mesmo todas as facetas dela (Barrett, 2007). A CCR tenta identificar as estruturas cognitivas básicas que caracterizam ou explicam o pensamento e a ação religiosos, deixando que outras disciplinas descrevam mais densamente expressões e **experiências religiosas**. Além disso, a CCR mostra relativamente pouca preocupação com a definição de "religião" ou o tratamento de "religião" como um único todo coerente (Barrett, 2011; Taves, 2010). Em vez disso, a CCR identifica diferentes pensamentos e ações que parecem ocorrer nas culturas e são geralmente considerados religiosos. Exemplos incluem a crença em agentes sobrenaturais e uma vida após a morte, e ações como rituais e **orações** direcionados a agentes sobrenaturais.

Através das culturas e das diferentes tradições de fé, esses tipos de pensamentos e ações estão geralmente presentes de alguma condição ou forma. A CCR reconhece essas ocorrências e estuda a cognição envolvida nelas. O exame da religião pela CCR é metodologicamente pluralista (Barrett, 2007, 2012a), utilizando vários métodos de pesquisa para entender a expressão religiosa. Esses métodos incluem experiências, entrevistas, etnografias, modelagem computacional, arqueologia e historiografia.

A CCR iniciou pesquisas sobre muitos temas relacionados à religião, incluindo as ideias das crianças sobre o *design* e a origem do mundo natural (Evans, 2001; Kelemen, 2004), as crenças acerca da **morte** e da vida após a morte (Astuti e Harris, 2008; Bering et al., 2005), o desenvolvimento de conceitos de Deus e dos deuses (Barrowt, 2012a), magia (Sørensen, 2005), oração (Barrett, 2001), rituais religiosos e comportamentos ritualizados (Liénard e Boyer, 2006, McCauley e Lawson, 2002), regulação religiosa social e moral (Norenzayan, 2013), formação social e política dos sistemas religiosos (Whitehouse, 2004), uso das Escrituras (Malley, 2004) e possessão espiritual (Cohen e Barrett, 2008).

A CCR, como normalmente é praticada, tende a favorecer teorias na ciência cognitiva que enfatizam tendências pan-humanas sobre como as mentes humanas funcionam, rejeitando uma visão do pensamento humano como meramente resultado de fatores culturais (Barrett, 2011; McCauley, 2011). Em outras palavras, a CCR geralmente descarta a ideia de que a mente humana é um papel em branco no nascimento, que é preenchido ao longo do tempo. A razão para esse descarte é a existência de preconceitos claros na mente humana que trata e processa certos tipos de **informações** sobre outros e surgem como uma parte normal do desenvolvimento inicial (Barrett, 2012a). Essas tendências de desenvolvimento precoce e culturalmente recorrentes de como as mentes humanas funcionam encorajam as pessoas a participar de várias ideias e práticas religiosas. O quadro geral do pensamento religioso é em grande parte "amadurecidamente natural" de acordo com Robert McCauley, e os detalhes de qualquer tradição são fornecidos por insumos culturais (McCauley, 2011). Sua

ênfase em como as mentes produzem algumas ideias mais ou menos recorrentes significa que a CCR geralmente tem pouco a dizer sobre quaisquer ideias religiosas idiossincráticas ou experiências místicas.

A CCR está intimamente aliada aos estudos evolutivos da religião, a área que leva às descobertas e às teorias dos estudos evolutivos e as aplica ao pensamento e à prática religiosa. As duas abordagens têm muitas semelhanças metodológicas e teóricas e podem ser complementares (p. ex., Bering, 2011; Norenzayan, 2013). No entanto, essas duas abordagens podem ser utilmente distinguidas. Os estudos evolutivos da religião não precisam fazer qualquer referência aos mecanismos cognitivos ou à forma como a mente funciona e, portanto, não são necessariamente cognitivos. Do mesmo modo, pode-se abordar cognitivamente o estudo da religião com pouca ou nenhuma referência à evolução ou adaptação (p. ex., Whitehouse, 1995). Com frequência, no entanto, as descrições da CCR sobre religião se baseiam na **psicologia** evolutiva para forjar sua identificação de mecanismos cognitivos relevantes para a expressão religiosa e tipicamente apresentam seu trabalho em termos de evolução cultural (p. ex., Atran, 2002; Boyer, 2001).

Como a CCR lança luz sobre a cognição envolvida no pensamento e nas ações religiosas, alguns indivíduos podem perceber a CCR como uma ameaça ao **teísmo** ou a outros compromissos religiosos. As polêmicas populares contra as religiões e alguns tratamentos mais acadêmicos de abordagens cognitivas e evolucionistas vão e voltam facilmente da CCR às críticas da racionalidade da religião (p. ex., Bering, 2011; Dawkins, 2006).

Este medo da CCR "explicar" a religião, no entanto, parece ser largamente desnecessário. Que certas características da mente tornam as pessoas receptivas a crenças ou práticas particulares que identificamos como religiosas não falam diretamente da racionalidade ou da verdade de tais crenças, ou da bondade de tais práticas. Numerosos tratamentos filosóficos das implicações da CCR para o teísmo (e outras crenças religiosas) surgiram nos últimos anos, e não surgiu nenhum consenso de que a CCR seja problemática para crenças religiosas racionais (p. ex., Schloss e Murray, 2009). Na verdade, até mesmo foi sugerido que a CCR, em equilíbrio, possa apoiar algumas doutrinas teológicas como o *sensus divinitatis* — a ideia de que todas as pessoas têm um sentido inato de que o sobrenatural existe

(Clark e Barrett, 2010, 2011), ou pode até ser levemente problemática para o ateísmo (Barrett e Church, 2013).

A CCR pode ter mais implicações para a educação religiosa e o ensino. A evidência sugere que os conceitos teológicos que se desviam muito de como as mentes habitual e intuitivamente constroem o mundo (denominado *contraintuitivo*) são difíceis de entender ou manter consistentemente (Barrowt, 1999; Slone, 2004). Essas ideias contraintuitivas, como a noção de Deus sendo onipresente, por exemplo, podem exigir instrução extra, ensino repetitivo e outros tipos de apoio. A pesquisa com crianças, no entanto, sugere que elas podem ser menos restritas conceitualmente do que se pensava anteriormente. Mesmo antes dos anos escolares, as crianças mostram sinais de serem capazes de fazer previsões precisas sobre alguns dos grandes atributos de Deus, como onisciência e onividência, abrindo a possibilidade de uma educação teológica muito cedo (Barrett, 2012a). Desse modo, compreender como a mente humana geralmente recebe ideias religiosas pode ser uma informação valiosa para educadores religiosos.

Justin L. Barrett e Tyler S. Greenway

REFERÊNCIAS E LEITURAS RECOMENDADAS

Astuti, Rita; Harris, Paul L. "Understanding Mortality and the Life of the Ancestors in Rural Madagascar." *Cognitive Science* 32: 713-40, 2008.

Atran, Scott. *In Gods We Trust: The Evolutionary Landscape of Religion.* Oxford: Oxford University Press, 2002.

Barrett, Justin L. "Theological Correctness: Cognitive Constraint and the Study of Religion." *Method and Theory in the Study of Religion* 11: 325-39, 1999.

_____. "How Ordinary Cognition Informs Petitionary Prayer." *Journal of Cognition and Culture* 1: 259-69, 2001.

_____. "Cognitive Science of Religion: What Is It and Why Is It?" *Religion Compass* 1: 768-86, 2007.

_____. "Cognitive Science of Religion: Looking Back, Looking Forward." *Journal for the Scientific Study of Religion* 50: 229-39, 2011.

_____. *Born Believers: The Science of Children's Religious Belief.* New York: Free Press, 2012a.

_____. "Toward a Cognitive Science of Christianity." In: *The Blackwell Companion to Science and Christianity*, 317-34. J. B. Stump e Alan G. Padgett (Eds.). Chichester, UK: Wiley, 2012b.

Barrett, Justin L.; Church, Ian M. "Should CCR Give Atheists Assurance? On Beer-Goggles, BFFs, and Skepticism Regarding Religious Beliefs." *The Monist* 93: 311-24, 2013.

Bering, Jesse M. *The Belief Instinct: The Psychology of Souls, Destiny, and the Meaning of Life.* New York: W. W. Norton, 2011.

_____; Hernández-Blasi, C.; Bjorkland, D. F. "The Development of 'Afterlife' Beliefs in Secularly and Religiously Schooled Children." *British Journal of Developmental Psychology* 23: 587-607, 2005.

Boyer, Pascal. *Religion Explained: The Evolutionary Origins of Religious Thought.* New York: Basic Books, 2001.

Clark, Kelly J.; Barrett, Justin L. "Reformed Epistemology and the Cognitive Science of Religion." *Faith and Philosophy* 27:174-89, 2010.

_____. "Reidian Epistemology and the Cognitive Science of Religion." *Journal of the American Academy of Religion* 79: 639-75, 2011.

Cohen, Emma; Barrett, Justin L. "Conceptualising Possession Trance: Ethnographic and Experimental Evidence." *Ethos* 36:246-67, 2008.

Dawkins, Richard. *The God Delusion.* Boston: Mariner, 2006.

Evans, E. Margaret. "Cognitive and Contextual Factors in the Emergence of Diverse Belief Systems: Creation versus Evolution." *Cognitive Psychology* 42: 217-66, 2001.

Guthrie, Stewart E. *Faces in the Clouds: A New Theory of Religion.* New York: Oxford University Press, 1993.

Kelemen, Deborah. "Are Children 'Intuitive Theists'? Reasoning about Purpose and Design in Nature." *Psychological Science* 15: 295-301, 2004.

Lawson, E. Thomas; McCauley, Robert N. *Rethinking Religion: Connecting Cognition and Culture.* Cambridge: Cambridge University Press, 1990.

Liénard, Pierre; Boyer, Pascal. "Whence Collective Ritual? A Cultural Selection Model of Ritualized Behavior." *American Anthropologist* 108: 814-27, 2006.

Malley, Brian. *How the Bible Works: An Anthropological Study of Evangelical Biblicism.* Walnut Creek, CA: AltaMira, 2004.

McCauley, Robert N. *Why Religion Is Natural and Science Is Not.* New York: Oxford University Press, 2011.

_____; Lawson, E. Thomas. *Bringing Ritual to Mind: Psychological Foundations of Cultural Forms.* Cambridge: Cambridge University Press, 2002.

Norenzayan, Ara. *Big Gods: How Religion Transformed Cooperation and Conflict.* Princeton, NJ: Princeton University Press, 2013.

Pyysiäinen, Ilkka. *Supernatural Agents: Why We Believe in Souls, Gods, and Buddhas.* New York: Oxford University Press, 2009.

Schloss, Jeffery; Murray, Michael J. (Eds.). *The Believing Primate: Scientific, Philosophical, and Theological Perspectives on the Evolution of Religion.* New York: Oxford University Press, 2009.

Slone, D. Jason. *Theological Incorrectness: Why Religious People Believe What They Shouldn't.* New York: Oxford University Press, 2004.

Sørensen, Jesper. *A Cognitive Theory of Magic.* Lanham, MD: Rowman & Littlefield, 2005.

Taves, Ann. *Religious Experience Reconsidered: A Building-Block Approach to the Study of Religion and Other Special Things.* Princeton, NJ: Princeton University Press, 2010.

Whitehouse, Harvey. *Inside the Cult: Religious Innovation and Transmission in Papua New Guinea.* Oxford: Clarendon, 1995.

_____. *Modes of Religiosity: A Cognitive Theory of Religious Transmission.* Walnut Creek, CA: AltaMira, 2004.

CIÊNCIA E BÍBLIA. Como associar a Bíblia e as ciências é um tema central nas discussões sobre ciência e cristianismo. No entanto, essa relação não é tão direta quanto muitas dessas discussões pressupõem. Deus é a fonte tanto da Bíblia quanto da criação (ver **Metáfora dos dois livros**), e todas as coisas são reconciliadas em Cristo (Colossenses 1:20). Assim, os cristãos podem prosseguir com confiança e humildade ao explorar a relação entre a Bíblia e as ciências, confiantes porque temos a promessa certa de que todas as coisas são reconciliadas naquele por meio do qual todas as coisas foram feitas e estão sendo redimidas, e humildes porque não estamos certos sobre a forma final que a reconciliação entre a Bíblia e as ciências toma. Existem duas abordagens amplas para explorar essa reconciliação: *concordismo* e *não concordismo*.

Concordismo

Concordismo é uma estrutura interpretativa que pressupõe que as declarações bíblicas e científicas estão diretamente correlacionadas. A ideia é que as declarações bíblicas têm importância científica, por isso devemos esperar implicações para o conteúdo real das ciências. Um exemplo de leituras concordistas de textos bíblicos seria interpretar Gênesis 1 como a descrição da sequência e do momento exatos da origem do mundo no espaço de seis dias corridos (p. ex., Morris, 1976). Um segundo exemplo seria uma interpretação do dia-era de Gênesis 1, na qual os "dias" correspondem às idades geológicas. Embora admiravelmente diferentes, essas duas interpretações concordistas levam muito a sério as possíveis implicações científicas do texto.

Os pontos fortes das interpretações concordistas são que elas procuram lidar autenticamente com um texto autoritativo, estabelecer a relevância da Bíblia para sociedades saturadas de ciência e geralmente apresentar o que parecem ser leituras claras e compreensíveis de textos bíblicos.

Há também objeções significativas às interpretações concordistas. Primeiro, as leituras concordistas das Escrituras só se tornaram possíveis com o desenvolvimento dos modernos padrões ocidentais de como conceber a ciência e a história, portanto, são desenvolvimentos relativamente recentes em termos de hermenêutica bíblica. Nada correspondendo ao concordismo existiu nos primeiros séculos de interpretação cristã da Bíblia (Bouteneff, 2008; Harrison, 1998; Hauser e Watson, 2008, 2009).

Em segundo lugar, dá-se demasiado valor a interpretações "literais" ou de sentido "óbvio", "claro" de textos bíblicos, como Gênesis 1, em alguns círculos cristãos, embora as leituras concordistas nem sempre considerem os textos bíblicos pelo seu valor literal. Em vez disso, eles buscam uma interpretação científica moderna dos textos bíblicos. Tais interpretações são muitas vezes estranhas ao antigo contexto histórico dos autores originais e audiência dos textos.

Uma terceira objeção relacionada é que, embora as leituras concordistas procurem tratar a Bíblia como autoritativa, tais interpretações podem privilegiar uma forma de harmonia científica sobre outros significados. Em resposta, muitos argumentam que a autoridade dos textos bíblicos deve estar em seus significados em seu contexto histórico, não no contexto da ciência moderna. Às vezes,

os concordistas respondem a tais objeções sustentando que o Espírito Santo poderia ter controlado tais significados sabendo a relevância que eles teriam para as futuras gerações (ver discussão em Howell, 2003).

Isso leva a uma quarta grande preocupação com o concordismo: ao exigir alguma forma de implicação direta entre textos bíblicos e afirmações científicas, os cristãos podem pressupor o **cientificismo**, que é a opinião de que as interpretações devem ser "científicas" para contar porque em última análise apenas conteúdo científico e compreensão importam. Interpretações concordistas podem estar preocupadas em "serem científicas", recorrendo-se, assim, de forma tácita, a pressupostos e padrões iluministas para o funcionamento de textos históricos e científicos. Indiscutivelmente, a razão para buscar leituras concordistas tem mais a ver com mudanças nos ideais ocidentais sobre o que conta como conhecimento e várias preocupações apologéticas modernas do que qualquer outra coisa (p. ex., Turner, 1986).

Não concordismo

Não concordismo é uma estrutura interpretativa em que correlações ou paralelos entre declarações bíblicas e científicas não são necessárias — nenhuma implicação científica das afirmações bíblicas é pressuposta. No entanto, Interpretações não concordistas não necessariamente espiritualizam ou alegorizam textos bíblicos, já que isso evita realidades concretas que os textos abordam. Em vez disso, interpretações não concordistas geralmente levam textos bíblicos em seus próprios termos dentro de seu contexto histórico e cultural para entender as realidades que abordam, e tais interpretações geralmente se concentram no que os autores originais e o público teriam entendido que esses textos significam.

Um exemplo de uma estrutura interpretativa não concordistas seria a hipótese da estrutura literária em que Gênesis 1 estabelece os reinos da criação nos dias 1 a 3, enquanto os dias 4 a 6 estabelecem a produção de criaturas governantes (p. ex., Kline, 1996). Outro exemplo seria a leitura de Gênesis 1 como tendo a estrutura de um texto de dedicação do templo, onde a criação é o templo de Deus (p. ex., Walton, 2009).

Os pontos fortes das interpretações não concordistas são que eles buscam lidar seriamente com um texto autoritativo, geralmente praticam o princípio da Reforma de que as Escrituras interpretam as Escrituras, normalmente evitam controvérsias "Bíblia-ciência" e possibilitam que a teologia e as ciências aprendam com uma com a outra, sem as colocar em uma camisa de força.

Há objeções a interpretações não concordistas também. A primeira é a potencial falta de relevância de tais interpretações para sociedades dominadas pelo pensamento científico. Aqueles que buscam se engajar em um tipo de apologética cientificamente relevante (p. ex., como o **Reasons to Believe**) não consideram as estruturas não conciliatórios úteis à sua causa. Em segundo lugar, às vezes, argumenta-se que as interpretações não concordistas evitam controvérsias científicas precisamente porque elas não tomam os textos bíblicos como autoritativos. Essa objeção é contrariada pelo ponto de que a autoridade bíblica está enraizada nos significados dos autores em seu contexto histórico, e não nos contextos ocidentais modernos.

Uma terceira, e talvez mais urgente, objeção é que as estruturas não concordistas parecem fornecer poucas restrições à interpretação bíblica. Sob estruturas concordistas, algo como uma abordagem "literal" de textos ou uma correspondência entre "dias" e eras restringe o alcance da interpretação bíblica de Gênesis 1, por exemplo. Estruturas não concordistas parecem permitir quase todas as leituras dos textos (incluindo a superespiritualização e alegorização de textos, uma objeção às interpretações do pai da igreja Orígenes, que reverberaram ao longo da história da interpretação bíblica).

A preocupação é que os intérpretes possam optar por espiritualizar textos bíblicos ou procurar interpretações metafóricas muito rapidamente em face do conhecimento científico. Isso deixaria a ciência ter muita influência na interpretação bíblica. Os perigos da influência científica indevida na interpretação bíblica estão sempre presentes em uma era saturada de ciência. Os proponentes de interpretações não concordistas respondem argumentando que as intenções autorais e os contextos históricos e culturais geram restrições suficientes para proteger contra influências científicas indevidas. Não concordistas geralmente não acham essas respostas convincentes.

Reconciliação e relacionamento

Voltando a Colossenses 1:20, a implicação de que todas as coisas que estão sendo reconciliadas em Cristo é que deve haver uma relação frutífera e apropriada entre a Bíblia e as ciências. Sabemos, por meio das relações humanas,

digamos, entre amigos ou marido e mulher, que os relacionamentos podem ser bem ou mal feitos. Os relacionamentos têm brigas e reconciliações, ajuda mútua e prazer, e assim por diante. Por meio dessa dinâmica, o marido e a esposa aprendem um com o outro, desenvolvem-se como pessoas e desempenham papéis importantes no crescimento um do outro. Assim deve ser com a relação entre a Bíblia e a ciência, em que as interpretações bíblicas e as interpretações científicas da criação estão familiarizadas umas com as outras, cooperam entre si e ajudam-se mutuamente, ao mesmo tempo que seguem seus próprios caminhos de desenvolvimento. Assim como nas relações humanas, elaborar um equilíbrio adequado é uma parte importante e contínua de qualquer relacionamento saudável. Nesse sentido, a relação entre a Bíblia e as ciências não é diferente.

Robert C. Bishop

REFERÊNCIAS E LEITURAS RECOMENDADAS

Bouteneff, P., 2008. *Beginnings: Ancient Christian Readings of the Biblical Creation Narratives.* Grand Rapids: Baker Academic.

Harrison, P., 1998. *The Bible, Protestantism and the Rise of Natural Science.* Cambridge: Cambridge University Press.

Hauser, A.; Watson, D., eds. 2008. *A History of Biblical Interpretation.* Vol. 1, *The Ancient Period.* Grand Rapids: Eerdmans.

_____. 2009. *A History of Biblical Interpretation.* Vol. 2, *The Medieval through the Reformation Periods.* Grand Rapids: Eerdmans.

Howell, K. J., 2003. *God's Two Books: Copernican Cosmology and Biblical Interpretation in Early Modern Science.* Notre Dame, IN: University of Notre Dame Press.

Kline, M. G., 1996. "Space and Time in the Genesis Cosmogony." *Perspectives on Science & Christian Faith* 48:2-15.

Morris, H. M., 1976. *The Genesis Record: A Scientific and Devotional Commentary on the Book of Beginnings.* Grand Rapids: Baker.

Turner, J., 1986. *Without God, without Creed: The Origins of Unbelief in America.* Baltimore: Johns Hopkins University Press.

Walton, J. H., 2009. *The Lost World of Genesis One: Ancient Cosmology and the Origins Debate.* Downers Grove, IL: InterVarsity.

CIÊNCIA E FUNDAMENTALISMO. O século XIX foi um período dinâmico na história da ciência, e novas descobertas e teorias colocaram desafios sem precedentes aos cristãos que procuraram correlacionar esses desenvolvimentos com a compreensão da **revelação** bíblica — um processo que se mostrou mais complexo do que qualquer um poderia prever. Ao longo do século, os cristãos foram confrontados com duas questões em particular, que muitos consideravam sérias ameaças à credibilidade do relato da criação em Gênesis.

O primeiro desafio envolvia a idade do universo e do planeta terra — e, por conseguinte, por quanto tempo os seres humanos haviam existido. Começando com as

88 CIÊNCIA E FUNDAMENTALISMO

especulações de Emmanuel Swendenborg (1688-1772), e posteriormente popularizado por **Immanuel Kant** (1724-1804), a hipótese nebular postulou uma alternativa à criação instantânea do sistema solar com um processo que exigiu éons de tempo. A teoria demorou a ganhar força, mas, na década de 1820, em virtude principalmente do trabalho do astrônomo francês **Pierre-Simon Laplace** (1749-1827), a hipótese nebular era geralmente aceita.

Ao mesmo tempo, muitos naturalistas defendiam que a terra, como o resto do sistema solar, também era muito mais antiga do que os poucos milhares de anos que uma leitura literal e estrita de Gênesis deduziu. Com base inicialmente nas descobertas de James Hutton (1726-1797), na virada do século XIX, alguns geólogos defendiam o **uniformitarismo**, a teoria de que as mesmas leis e processos naturais que operam em todo o universo se aplicam também à terra. O caso do uniformitarismo foi reforçado no início da década de 1830, quando Charles Lyell (1797-1875) publicou uma série de múltiplos volumes, *Principles of Geology* [Princípios de geologia], no qual argumentava que a terra estava em perpétua mudança, erodindo-se e reformando-se continuamente ao longo de milhões de anos. Isso foi significativo porque o uniformitarismo desafiou a teoria aceita do catastrofismo, segundo a qual o dilúvio de Noé alterara drasticamente o ecossistema da terra e era responsável por muitas de suas características geológicas. Com base nas novas **informações** colhidas da **cosmologia** e da **geologia**, um número crescente de naturalistas concluiu que a vida na terra, incluindo a vida humana, existiu por muito mais tempo do que os 6 mil anos que as genealogias bíblicas pareciam indicar.

Questões relativas à idade da Terra não eram necessariamente problemáticas na época, porque muitos cristãos acreditavam que as teorias da Terra antiga poderiam ser reconciliadas com o relato da criação de Gênesis. Entre os cristãos fundamentalistas (como os conservadores e os evangélicos eram chamados na época), duas teorias da geologia e da idade da Terra emergiram. A teoria do hiato permitiu um período de tempo indeterminado entre Gênesis 1:1 e 1:2, que explicou a formação das estrelas e planetas durante longos períodos de tempo, mantendo ainda seis dias literais de 24 horas em que Deus remodelou a terra e criou todas as formas de vida apenas alguns milhares de anos atrás.

Os dois mais notáveis proponentes da teoria do hiato foram o reverendo Dr. William Buckland (1784-1856),

teólogo inglês, eminente geólogo, paleontólogo e membro da Royal Society, e Thomas Chalmers (1780-1847), ministro escocês, professor de teologia, economista político e primeiro teólogo natural de sua época. A teoria do hiato foi posteriormente popularizada na Bíblia de Referência Scofield (1909), que seguiu a cronologia do Bispo **James Ussher** em datar a criação de **Adão e Eva** em 4004 a.C.

Uma alternativa mais popular, a teoria do dia-era, sustentava que os seis **dias da criação** não eram dias literais de 24 horas, mas épocas geológicas indeterminadas. Portanto, o universo poderia ter milhões de anos e alguma vida animal, incluindo **dinossauros** e outras **espécies** extintas, poderia ter existido por milhões de anos antes da criação dos seres humanos. A teoria do dia-era foi promovida por muitos naturalistas notáveis, incluindo o geólogo escocês e cristão evangélico Hugh Miller (1802-1856). Baseado em seu exame de fósseis, Miller estava convencido de que a terra tinha sido habitada por muitas espécies homólogas que tinham sido extintas ao longo do tempo, mas ele duvidava de que as espécies posteriores fossem descendentes das anteriores. Embora, sem dúvida, muitos cristãos ainda acreditassem em uma Terra jovem e na recente criação da humanidade baseada em uma interpretação estritamente literal de Gênesis 1—3, no final do século XIX muitos, se não a maioria, cristãos cultos sustentavam que a Bíblia permitia uma Terra antiga e até mesmo uma vida pré-edênica.

Muito mais alarmante para muitos cristãos foi o desafio colocado pela teoria da **evolução** de **Charles Darwin**. De acordo com Darwin, todas as formas de vida, incluindo os seres humanos, evoluíram ao longo de milhões de anos pela égide da origem comum e **seleção natural**, um processo desprovido de qualquer indício de **teleologia** divina. Não só a teoria de Darwin solapou o sentido literal "óbvio" da narrativa de Gênesis, mas também questionou muitas doutrinas teológicas centrais da fé cristã histórica, não apenas a historicidade de Adão e a doutrina da **queda**.

Com a publicação de *A origem das espécies* (1859) e *A descendência do homem* (1871), Darwin destruiu o tradicional consenso religioso na Europa e na América. Como sua teoria se relacionava com os seres humanos, o objetivo declarado de Darwin era "derrubar o dogma de criações separadas", conforme se relacionava com todas as espécies vivas, incluindo a humanidade. Como todas as outras criaturas, os seres humanos são o produto de mutações genéticas, seleção natural e "sobrevivência do mais apto". No processo, Darwin apresentou uma teoria naturalista das origens humanas em que especulou que o homem moderno é descendente de "um quadrúpede cabeludo" que evoluiu ao longo de dezenas de milhões de anos a partir de formas de vida inferiores. A implicação era clara: os seres humanos são apenas animais altamente evoluídos, não criações especiais dotadas da *imago Dei*, a **imagem de Deus**.

Sobre a questão da evolução, as reações cristãs foram variadas. A maioria dos fundamentalistas era cética, enquanto os cristãos liberais/modernistas que adotaram uma teoria mais crítica da Bíblia aceitaram prontamente a teoria. Muitos cristãos suspeitavam de que as ramificações do darwinismo eram potencialmente ruinosas para a fé cristã. Embora não necessariamente ateísta, no mínimo o **darwinismo** minou qualquer razão para se acreditar em um Deus *teísta* — embora ainda se possa manter um Deus *deísta* que iniciou todo o processo evolucionário. De fato, muitos evolucionistas afirmaram desde o início que a teoria de Darwin destruiu qualquer base real para se acreditar em Deus. Como *Sir* Julian Huxley declarou, "o darwinismo removeu toda a ideia de Deus como o criador de organismos da esfera da discussão racional". Por outro lado, outros argumentavam que o darwinismo não necessariamente destruía a **teologia natural**, nem inevitavelmente levava ao ateísmo.

Os evolucionistas teístas foram rápidos em apontar que Deus poderia ter programado todo o processo desde o início para finalmente produzir formas de vida atuais. Então, enquanto o processo pode *parecer* aleatório e despropositado, especialmente para cientistas não religiosos, na verdade, era tudo de acordo com a intenção suprema de Deus.

Entre os conservadores influentes, Edward Hitchcock, geólogo e depois presidente da Faculdade de Amherst, considerava a evolução darwinista um ataque direto à fé cristã. Em um artigo de 1863 da *Bibliotheca Sacra*, argumentou que a evolução tende ao **materialismo** filosófico e ao ateísmo, e, assim, mina qualquer base para a **moralidade**. O professor de Harvard, Louis Agassiz (1807-1873), um dos principais historiadores naturais de sua geração, era um cristão convicto da criação especial que se opunha ao darwinismo com base no argumento filosófico e cientificamente insustentável, enquanto George D.

Armstrong, ex-aluno de Princeton e um importante porta-voz da ciência e da teologia entre os presbiterianos do sul dos Estados Unidos, rejeitou "a hipótese da evolução em todas as suas formas" com bases puramente científicas. Em *The Two Books of Nature and Revelation Collated* [Os dois livros da natureza e revelação reunidos] (1886), Armstrong aceitou a teoria do dia-era de uma Terra antiga, embora argumentasse que toda a vida foi o resultado de uma criação divina especial.

A maior parte da resistência contra a evolução veio de teólogos, estudiosos da Bíblia e ministros. O Reverendo Gardiner Spring, um influente pastor presbiteriano em Massachusetts, afirmou que a ciência era incapaz de explicar o milagre da criação de Deus. O reverendo Herbert W. Morse, professor de **matemática** no Instituto Colegiado Newington e autor do best-seller *Science and the Bible* (Ciência e a Bíblia) (1871), considerou a **evolução humana** "irreconciliável [...] com o testemunho das Escrituras e os fatos da natureza". Embora ele acreditasse que Deus havia criado o mundo em seis dias naturais, Morris adotou a teoria do hiato para acomodar todas as várias eras geológicas. O reverendo Luther Townsend, ministro metodista e graduado pela Faculdade de Dartmouth e pelo Seminário Teológico de Andover, foi um dos mais influentes oponentes da teoria evolucionista no final do século XIX. Em obras como *Evolution or Creation* [Evolução ou criação] (1896), *Adam and Eve* [Adão e Eva] (1904) e *The Collapse of Evolution* [O colapso da evolução] (1896), Townsend considerou o relato da criação de Gênesis como uma narrativa histórica simples e direta dos fatos "como eles realmente ocorreram". No entanto, ele admitiu que os seis dias da criação foi uma linguagem figurada para várias épocas cosmológicas e geológicas.

Em 1874, **Charles Hodge** (1797-1878), eminente teólogo e diretor do Seminário Teológico de Princeton, publicou *What Is Darwinism?* [O que é o darwinismo?], em que ele alegou que a teoria da seleção natural e a mutação genética aleatória era "equivalente ao ateísmo". Hodge reclamou que os cristãos que creem na Bíblia estavam sendo estigmatizados como "intolerantes" e "adoradores da Bíblia", e ele advertiu que o cristianismo estava em "uma luta por sua vida" contra as tendências secularizadoras do dia que elevou a teoria científica acima das Escrituras. Mas Hodge não era um criacionista da Terra jovem. Ele aceitou a antiguidade da Terra e admitiu que as tabelas genealógicas de Gênesis estavam incompletas.

90 CIÊNCIA E FUNDAMENTALISMO

No início dos anos 1870, o darwinismo estava se tornando firmemente entrincheirado na vida intelectual americana, e muitos dos primeiros convertidos e defensores da teoria eram acadêmicos e clérigos cristãos. Em resposta aos críticos fundamentalistas, os cristãos liberais simplesmente reavaliaram e reajustaram sua interpretação das Escrituras em deferência à "ciência". Pouco depois da publicação de *Descent of Man*, Asa Gray (1810-1888), ilustre professor de história natural em Harvard e um ardente evolucionista teísta, procurou assegurar não apenas os críticos de Darwin, mas o próprio Darwin de que a teoria evolucionista permitia "um início sobrenatural da vida na terra". Em resposta, Darwin admitiu que, embora sua teoria não fosse necessariamente "ateísta", ele não podia compartilhar da crença de Gray em Deus. Gray tinha muitos aliados na academia, incluindo James McCosh (1811-1894), presidente da Faculdade de Princeton, que argumentou em *Christianity and Positivism* [Cristianismo e positivismo] (1871) que a seleção natural era simplesmente o produto do *design* sobrenatural. Como muitos acadêmicos, por exemplo, o famoso zoólogo Alexander Winchell, da Universidade Vanderbilt, McCosh foi motivado pelo medo de que o cristianismo pudesse ser rejeitado por estar do lado errado da história, e, portanto, relegado à irrelevância. Joseph LeConte, eminente historiador natural da Universidade da Califórnia, descobriu que a teoria evolucionista é consistente com a sua compreensão do "**teísmo** racional" e teologicamente não problemática, uma vez que simplesmente incorporou a "energia da Deidade" imanente.

Mas outros, como James Dwight Dana (1813-1895), principal geólogo da época nos Estados Unidos, ainda traçavam uma distinção entre a evolução aplicada ao reino animal e a criação especial da humanidade. (Mais curiosa foi a posição adotada por James Woodrow, ministro presbiteriano e professor de ciências naturais no Seminário Teológico de Columbia, que declarou que o corpo de Adão era o resultado de processos evolutivos, mas sua **alma** e o corpo de Eva eram criações divinas especiais). Até mesmo um criacionista especial como o respeitado geólogo canadense John William Dawson (1820-1899) admitiu em *The Story of the Earth and Man* [A história da Terra e do homem] (1873) que a evolução teísta poderia ser interpretada de forma a ser compatível com o desígnio divino.

Da mesma forma, muitos clérigos não viram nenhuma contradição inerente entre a evolução e a teologia cristã.

O mais notável foi Henry Ward Beecher (1813-1887), um dos pastores mais conhecidos e amados dos Estados Unidos da época. Mesmo conservadores convictos, como R. A. Torrey (1856-1928), que mais tarde coeditariam *The Fundamentals* [Os fundamentos], reconheceram que se poderia acreditar na infalibilidade da Bíblia e ainda ser "um evolucionista de certo tipo", isto é, um evolucionista teísta. Da mesma forma, o já mencionado Charles Hodge admitiu que, pelo menos teoricamente, a evolução poderia ser concebida de uma forma compatível com o desígnio divino.

O mais proeminente sucessor de Hodge no Seminário de Princeton foi o eminente teólogo **Benjamin B. Warfield** (1851-1921). No início de sua carreira, Warfield estava aberto à possibilidade de evolução teísta e, embora admitisse que as Escrituras pudessem acomodá-la, ele nunca esteve completamente convencido. Em 1888, ele proferiu uma palestra intitulada "Evolution or Development" [Evolução ou desenvolvimento], que ele repetiu com pequenas modificações nos anos subsequentes, em que ele concebeu que a evolução poderia ser uma causa secundária ou mecanismo pelo qual Deus agia. Mas ele apressou-se em acrescentar que isso era puramente conjectural e deixou a questão em aberto.

Como ele disse, a evolução era uma hipótese "altamente especulativa" que não poderia explicar as origens da matéria ou o fenômeno da vida, nem poderia explicar a alma humana, a autoconsciência ou nossas sensibilidades morais. Além disso, ele lembrou à plateia de que, embora um teísta possa ver Deus atuando no processo evolutivo, "ser teísta e cristão são coisas diferentes".

Em anos posteriores, ele acrescentou que toda a campanha pela evolução "parece incrivelmente basear os fatos em teoria, em vez de teoria em fatos" (Warfield, 2000, p. 246).

George Frederick Wright (1838-1921), respeitado geólogo e professor de teologia no Seminário Teológico de Oberlin, exemplifica a ambiguidade de muitos cristãos conservadores com relação ao darwinismo. Anteriormente em sua carreira, Wright foi um autodescrito "darwinista cristianizado" e amigo próximo de Asa Gray. Wright acreditava na inspiração divina das Escrituras, mas afirmava que elas eram infalíveis apenas em assuntos relacionados à salvação. Para reforçar sua posição, ele afirmou que até mesmo Charles Hodge, o próprio modelo de inerrância bíblica, admitia que os escritores bíblicos não possuíam discernimento especial quando escreviam sobre história ou ciência. No entanto, suas teorias começaram a mudar na década de 1890, quando ele observou a íntima conexão entre a teoria evolucionista e a teologia liberal. No momento em que ele escreveu seu ensaio "The Passing of Evolution" [O falecimento da evolução] para *The Fundamentals*, Wright estava convencido de que o darwinismo era uma teoria puramente naturalista que excluía Deus do processo de criação. Além disso, observou ele, não havia **prova científica** para tal crença porque, até onde se sabe, a vida vem apenas da "vida anterior", e não há evidência de quaisquer "elos de conexão" entre o homem e formas de vida anteriores.

Nos 20 anos seguintes à publicação de *A origem das espécies*, de Darwin, a maioria dos intelectuais norte-americanos apoiava o conceito geral de evolução orgânica. Embora a maioria dos cristãos ainda acreditasse em uma criação especial, no final do século XIX, a teoria evolucionista estava firmemente estabelecida na academia, assim como na maioria das denominações e seminários. No começo do século XX, praticamente todos os livros didáticos de ciências ensinavam teoria evolucionista, e como William Jennings Bryan certa vez reclamou, era impossível encontrar "qualquer livro didático sobre Biologia que não começasse com macacos". Assim foi o *status* da teoria evolucionista na época em que *The Fundamentals* abordaram a questão.

Jefrey D. Breshears

REFERÊNCIAS E LEITURAS RECOMENDADAS

Davis, Ted, 2013. "Debating Darwin: How the Church Responded to the Evolution Bombshell." BioLogos. 22 nov. http://biologos.org/blogs/ted-davis-reading-the-book-of-nature/debating-darwinhow-the-church-responded-to-the-evolution-bombshell.

Numbers, Ronald L., 1998. *Darwinism Comes to America*. Cambridge, MA: Harvard University Press.

_____. 2006. *The Creationists: From Scientific Creationism to Intelligent Design*. Exp. ed. Cambridge, MA: Harvard University Press.

Warfield, B. B., 2000. *Evolution, Science, and Scripture: Selected Writings*. Eds. David N. Livingstone e Mark A. Noll. Grand Rapids: Baker.

CIÊNCIA E IGREJA MEDIEVAL. Em contraste com a impressão dada por autores do século XIX, como **John William Draper** e **Andrew Dickson White**, a igreja medieval encorajou ativamente o estudo da ciência como um complemento útil à teologia. Alegações de que a igreja tentou banir a **dissecação humana**, o número zero ou uma terra esférica não são verdadeiros. Ninguém foi queimado na fogueira por crenças que hoje se qualificariam como científicas.

O Renascença do século XII

Até o século XI, o conhecimento da ciência na Europa Ocidental estava restrito aos manuais romanos antigos, que davam apenas um gostinho da plena realização da ciência grega. Entretanto, os estudiosos católicos pelo menos sabiam o que estavam perdendo. Então, em 1085, a cidade espanhola de Toledo foi capturada de seus governantes islâmicos por um exército cristão. Os livros árabes sobre **matemática** e filosofia gregas nas magníficas bibliotecas da cidade estavam agora disponíveis para os católicos estudarem. Os livros foram traduzidos para o latim e divulgados em todo o Ocidente. Ao mesmo tempo, livros gregos dos postos avançados do Império Bizantino também estavam sendo transformados em latim. Em um século, quase toda a matemática, medicina e **filosofia natural** sobreviventes do mundo antigo estavam disponíveis para os leitores ocidentais.

À medida que o novo aprendizado se expandia, os teólogos da França estavam estabelecendo a posição da filosofia natural em relação à doutrina cristã. Pensadores como William de Conches e Thierry de Chartres partiram do princípio de que o mundo foi criado por Deus, e isso significava que o estudo da natureza também era o estudo do trabalho de Deus. Uma metáfora da época (mais tarde repetida por **Galileu**) era que tanto a natureza quanto a Bíblia eram livros escritos pela mão de Deus. Isso significava que a filosofia natural não era apenas permitida, mas poderia ser um componente da devoção cristã. A natureza era separada de Deus, mas seguia as regras que ele havia ordenado para isso.

Determinar quais eram essas regras também poderia ser um componente do estudo cristão. William de Conches sugeriu que os filósofos deveriam procurar as causas secundárias por meio das quais Deus agia: a própria Deidade era a principal causa de tudo. Thierry de Chartres observou que, como a natureza foi ordenada de maneira racional, deve ser o produto da sabedoria de Deus. Assim, a ciência não era apenas permissível para um cristão; também fazia sentido racional tentar descobrir as **leis da natureza** que Deus havia decretado.

Fundação das universidades

Após o período que viu a tradução dessas obras antigas,

o mais importante dos autores gregos disponíveis para o Ocidente foi **Aristóteles**, o qual havia produzido todo um sistema de filosofia que incluía **metafísica**, ética e **física**. Muito disso era incompatível com a doutrina cristã (p. ex., Aristóteles disse que o mundo era eterno e os seres humanos careciam de **almas** individuais). No entanto, foi muito útil para fornecer uma estrutura para entender como o mundo funcionava. As universidades, em particular a Universidade de Paris, forneceram um cenário no qual essas questões poderiam ser consideradas. A universidade era um novo tipo de instituição, autônoma e que gozava de uma boa dose de independência dos governantes locais. Em Paris, a universidade flexionou seus músculos econômicos para obter concessões, enquanto os estudantes de Oxford e Bolonha fundaram as Universidades de Cambridge e Pádua, respectivamente, quando estavam insatisfeitos com o tratamento dado pelas autoridades locais.

Os programas das universidades exigiam que os estudantes abrangessem matemática e filosofia natural, assim como outros assuntos, para obter sua graduação em mestre de artes. Só então eles foram autorizados a passar para a faculdade de teologia para começar um grau mais elevado. Dessa forma, todos os teólogos tinham uma base sólida em ciência e matemática antes mesmo de serem admitidos no estudo das Sagradas Escrituras. Embora a ciência fosse inquestionavelmente uma serva da teologia, isso significava que ela gozava de um *status* protegido e era mais amplamente estudada do que seria por direito próprio.

Controvérsia sobre Aristóteles

No entanto, a relação entre a igreja e o novo aprendizado nem sempre foi tranquila. No início do século XIII, uma seita herética de panteístas descoberta em Paris levou as autoridades a proibir os livros de Aristóteles sobre a natureza como potencialmente perigosos. A proibição foi anulada alguns anos depois pelo papa, que estava convencido pelos professores da universidade de que o material útil na obra de Aristóteles superava quaisquer elementos heterodoxos. Um projeto para corrigir os livros nunca chegou a ser concretizado, e eles rapidamente se tornaram centrais no currículo universitário.

Os elementos do pensamento de Aristóteles que estavam em conflito com a doutrina cristã foram particularmente enfatizados por seu comentarista árabe Averróis. Em particular, Averróis enfatizava um **determinismo** no qual as leis da natureza eram fixadas por necessidade lógica: Deus não tinha escolha sobre como o universo era organizado. Os averroístas também argumentaram que, em questões filosóficas, Aristóteles deveria superar as Sagradas Escrituras.

A disputa chegou ao auge nos anos 1270, quando a universidade decretou que apenas teólogos qualificados poderiam determinar questões religiosas. Então, em 1277, o bispo de Paris publicou uma lista de 219 opiniões proibidas. Entre outras coisas, essa proibição tornou ilegal negar que os humanos têm livre-arbítrio, dizer que Deus só poderia ter criado um universo e afirmar que o vácuo é impossível. A mensagem essencial das condenações era que Aristóteles não era infalível. Isso era importante porque, como sabemos agora, a maior parte da ciência aristotélica estava errada, e somente condenando suas conclusões mais extremas a igreja poderia abrir caminho para qualquer progresso real na ciência.

Uma área em que a igreja apoiou Aristóteles foi em sua rejeição ao **atomismo**. A teoria de que o mundo é composto de minúsculas partículas não era compatível com a doutrina da transubstanciação até onde era compreendida na Idade Média. Por essa razão, Nicholas de Autrecourt, um dos poucos atomistas medievais, foi obrigado a retratar suas ideias em 1347.

Conquistas científicas na Idade Média

Após as condenações de 1277, estudiosos de Oxford e Paris começaram a criticar a física de Aristóteles. Em particular, os Calculadores da Faculdade de Merton (em homenagem à faculdade de Oxford, onde a maioria deles trabalhava) desenvolveu uma teoria do movimento chamada de *teorema da velocidade média*, que mais tarde foi usada por Galileu como base para sua própria mecânica.

Mais tarde, no século XIV, o teólogo parisiense **Nicole d'Oresme** usou métodos gráficos para provar o teorema da velocidade média e mostrou que quantidades, como a aceleração e a distância, podem ser representadas geometricamente. **Jean Buridan**, reitor da Universidade de Paris e professor de Oresme, sugeriu versões iniciais da lei da inércia e também que a terra poderia estar girando. Buridan argumentou que, quando dois barcos estão se movendo em relação um ao outro em um mar calmo, não é possível dizer qual deles está realmente em movimento sem referência ao seu entorno. Da mesma forma, de pé na terra, não podemos dizer se ele ou os céus estão girando. Esse argumento foi usado por **Copérnico** e Galileu quando sugeriram que a terra orbita o sol.

Apesar dessas conquistas, a ciência medieval desapareceu na obscuridade durante o período do início da era moderna, quando Copérnico, Galileu e outros se recusaram a dar qualquer crédito a seus antecedentes medievais. Ao mesmo tempo, a Reforma protestante e a veneração humanista pelo mundo antigo obscureceram ainda mais as conquistas medievais. Os historiadores modernos apenas redescobriram as conquistas medievais na ciência nas últimas décadas.

James Hannam

REFERÊNCIAS E LEITURAS RECOMENDADAS

GRANT, Edward, 2001. *God and Reason in the Middle Ages.* Cambridge: Cambridge University Press.

HANNAM, James, 2010. *The Genesis of Science: How the Medieval World Launched the Scientific Revolution.* New York: Regnery.

LINDBERG, David, 2003. "The Medieval Church Encounters the Classical Tradition: Saint Augustine, Roger Bacon and the Handmaiden Metaphor", em *When Science and Christianity Meet.* Eds. David Lindberg e Ronald Numbers, 7-32. Chicago: University of Chicago Press.

_____. 2008. *The Beginnings of Western Science: The European Scientific Tradition in Philosophical, Religious, and Institutional Context, Prehistory to A.D. 1450.* Chicago: University of Chicago Press.

MOODY, Ernest, 1970. "Buridan, Jean", em *Dictionary of Scientific Biography.* Ed. Charles Coulston Gillispie. New York: Scribner.

PEDERSEN, Olaf, 1997. *The First Universities: Studium Generale and the Origins of University Education in Europe.* Cambridge: Cambridge University Press.

THIJSSEN, J. M. M. H., 1998. *Censure and Heresy at the University of Paris, 1200-1400.* Philadelphia: University of Pennsylvania Press.

CIÊNCIA E MODERNIDADE. As ciências ocupam um lugar proeminente nas sociedades ocidentais modernas, e isso contrasta com a cristandade europeia pré-moderna, onde o cristianismo ocupava o lugar de honra. A modernidade é algumas vezes concebida simplisticamente como o lançamento das algemas religiosas, com as ciências desempenhando um papel de liderança em empurrar o cristianismo e outras formas de **teísmo** para o lado na ida até o topo do monte (p. ex., Coyne, 2015; Dawkins, 2008). Essa história popularizada oculta muito mais do que possivelmente ilumina, já que as relações entre modernidade, religião e ciências são muito mais complexas (p. ex., Taylor 2007; Turner 1985). Como a modernidade em si é um gigante complexo, o foco aqui estará em um núcleo importante da modernidade, uma concepção particularmente influente de conhecimento que ainda domina grande parte das discussões popularizadas sobre ciência, modernidade e religião.

Cristianismo, ciência e modernidade: distintos, porém inseparáveis

Parte da inspiração para essa compreensão da "ciência moderna empurra a religião" da história moderna do Ocidente vem da maneira como o Alto **Iluminismo** se autointitulou. Todavia, parte da inspiração veio da criação da metáfora da "guerra" para caracterizar a relação entre o cristianismo e as ciências no final do século XIX (Draper, 1874; White, 1896).

Os historiadores da ciência demonstraram que, por mais visceral que tenha sido esse conflito ao longo do século XX e início do século XXI, há pouca ou nenhuma base histórica para tal **tese de conflito** (Brooke, 1991; Lindberg e Numbers, 1986). Em vez de empurrar o cristianismo e outras religiões do seu caminho, a fundação e o desenvolvimento da ciência moderna como uma abordagem distinta para a compreensão das propriedades e processos da natureza deve muito à teologia cristã e ao teísmo, de um modo mais geral (Bishop 2013; Brooke 1991; Turner 1985).

O Iluminismo e modernidade são termos carregados de mal-entendidos. No entanto, há algo na **mente** moderna que se tornou cada vez mais cética sobre a religião teísta, ao mesmo tempo que se tornou cada vez mais entusiasta das ciências. Essa mentalidade que faz parte das atitudes e dos ideais maiores que passaram a ser chamados de *modernidade* forneceu um contexto intelectual sobre como as pessoas passaram a pensar sobre religião e ciência nos séculos XVIII e XIX. Eventualmente, essa mentalidade capacitou as ciências para desempenhar o papel de uma arma em batalhas culturais e políticas que vêm acontecendo desde o final do século XIX. Um elemento da história perdida nas narrativas popularizadas é que o clero de várias faixas desempenhou papéis importantes no desenvolvimento da modernidade em geral e dessa mentalidade em particular (Taylor, 2007; Turner, 1985).

Desenvolvendo a mentalidade moderna

Uma vertente que contribuiu para o desenvolvimento do modo de pensar moderno foi a ascensão do **deísmo** do século XVIII. Enfatizar Deus como engenheiro mestre em vez de redentor se encaixa muito bem com a concepção do universo como um mecanismo de relógio divinamente trabalhado. Tais concepções de Deus e da criação tornaram a ideia de intervenções divinas na natureza um tanto psicologicamente chocantes (Turner, 1985, cap. 2;

94 CIÊNCIA E MODERNIDADE

Lindberg e Numbers, 1986, p. 238-55). Um engenheiro divino faria uma criação que não necessitasse de tais intervenções externas.

Retratar Deus como engenheiro mestre e a criação como um mecanismo de relógio se encaixa com a profunda fascinação do século XVII e a adesão a novos padrões de precisão para o conhecimento. A precisão do conhecimento estava em andamento desde o período medieval, com desenvolvimentos tais como a invenção do método das partidas dobradas, em meados do século XIV (ver **Ciência e a igreja medieval**). O fascínio pelas máquinas no século XVII acelerou o ritmo dessa precisão. Além disso, houve tendências intelectuais complicadas, mutuamente moldadas e reforçadoras nos séculos XVII e XVIII que aceleraram a precisão.

O impulso para a quantificação foi encontrado não apenas no trabalho científico de **Robert Boyle** e **Isaac Newton**, mas também na ascensão do mercantilismo e capitalismo, burocratização, **secularização** e mudanças na concepção de pessoas (p. ex., o individualismo) e na sociedade. Essas últimas mudanças intelectuais e sociais moldaram grande parte do impulso pela precisão nas ciências (Turner, 1985, cap. 3).

Em meados do século XIX, surgiu uma concepção completamente moderna e restritiva do que contava como conhecimento: o conhecimento era uma proposição concreta sobre a realidade tangível demonstrável por meio da **lógica** ou da experiência. O que se qualificava como conhecimento eram fatos tangíveis, objetos materiais, verdades demonstráveis, leis e princípios que eram exatos no sentido de lógica ou matematicamente precisos, e que eram verificáveis por meio da lógica, observação e experimento. Tipicamente, associamos essas características do conhecimento às ciências, no entanto, Turner aponta que, no século XIX, "empírico a racionalidade ajustou-se muito bem ao ambiente de desenvolvimento do capitalismo comercial. Uma inclinação para a organização racional ajudou a trazer sucesso em um emaranhado cada vez mais complicado e entrelaçado de relações econômicas. Um olhar aguçado sobre as realidades específicas concretas ajudou a tirar vantagem de mercados em rápida mudança" (1985, p. 132). O modelo de desenvolvimento do conhecimento encontrou inspiração e reforço nos valores mercantis e comerciais, pelo menos tanto quanto nas ciências.

Assim, embora essa caracterização do conhecimento pareça científica, as ciências foram apenas uma entre várias tendências que contribuíram para o desenvolvimento da concepção moderna de conhecimento. Além disso, esse ideal foi considerado aplicável para todos os conhecimentos científicos, mercantis ou teológicos — as ciências tornaram-se o garoto-propaganda dessa nova concepção de conhecimento. E a combinação dessa concepção com o que os não cientistas erroneamente pensaram ser a atitude rigorosamente cética das ciências (mas foi, em muitos casos, na verdade o ceticismo do alto Iluminismo com relação à religião organizada) formou a mentalidade moderna que James Turner (1985) apropriadamente chama de a mentalidade analítico-técnica.

Implicações para a ciência e religião

As implicações dessa mentalidade são difíceis de superestimar. Para as ciências, há duas mentalidades importantes para as relações entre ciência e religião. Primeiro, as ciências foram colocadas em um pedestal e proclamaram o modelo para todo o conhecimento (não muito diferente da geometria privilegiada de **Descartes** como modelo para todo conhecimento). Em segundo lugar, alguns adotaram o que parecia ser o passo lógico de desenvolver e abraçar o **cientificismo**: o conhecimento científico era o único tipo legítimo de conhecimento e os **métodos científicos** eram o único meio legítimo de obter tal conhecimento.

Uma das primeiras ocorrências do termo está na introdução de John Hales e Frederick Furnivall às *Loose and Humorous Songs* [Canções soltas e humorísticas] do Bispo Thomas Percy (1868). No entanto, um dos mais importantes divulgadores do conceito foi Herbert Spencer, que afirmou que a ciência transmitia todo o conhecimento existente (1870, p. 102). Ironicamente, no século XIX, eram muitas vezes aqueles que não entendiam muito sobre a investigação científica os atraídos pelo cientificismo (Turner 1985, p. 189-202). Isso significava que não existiam coisas estéticas, históricas, espirituais ou quaisquer outros tipos de conhecimento fora do científico (daí porque os românticos e outros tinham tais reações vigorosas ao desenvolvimento e coroação da mentalidade analítico-técnica!).

Para a religião, há muitas implicações importantes, das quais apenas duas serão mencionadas aqui. A primeira é que a fé passou a ser vista como estando em uma categoria totalmente separada do conhecimento e da verdade. De fato, com relação à concepção analítico-técnica do conhecimento, a fé era tipicamente concebida como sendo uma má forma de crença que carecia de evidência ou crença diante de evidências contrárias (uma concepção de fé estranha à Bíblia e que era quase impensável no cristianismo pré-moderno). Segundo, Deus veio a ser tratado como um objeto do conhecimento natural em paralelo com balanços e compostos químicos (ainda em exibição em escritos ateus como Dawkins, 2008 e Coyne, 2015). O clero do século XIX era mais culpado do que os cientistas pelo conhecimento religioso ser reduzido a esse ideal (Turner, 1985).

Os efeitos da mentalidade analítico-técnica ainda estão presentes, moldando grande parte das discussões ciência-religião nos níveis tanto acadêmico quanto popular. As sociedades ocidentais contemporâneas ainda são fortemente marcadas por uma avaliação excessiva dos poderes e alcance da investigação científica. Enquanto isso, o conhecimento religioso permanece suspeito, ao passo que a fé permanece em grande parte isolada do conhecimento e da razão nas mentes de muitos cristãos e descrentes religiosos.

Robert C. Bishop

REFERÊNCIAS E LEITURAS RECOMENDADAS

BISHOP, Robert C., 2013. "God and Methodological Naturalism in the Scientific Revolution and Beyond." *Perspectives on Science and Christian Faith* 65 (1): 10-23.

BROOKE, John H., 1991. *Science and Religion: Some Historical Perspectives.* Cambridge: Cambridge University Press.

COYNE, Jerry A., 2015. *Faith vs. FACT: Why Science and Religion Are Incompatible.* New York: Viking.

DAWKINS, Richard, 2008. *The God Delusion.* Wilmington, MA: Mariner Books.

DRAPER, John W., 1874. *History of the Conflict between Religion and Science.* New York: Appleton.

LINDBERG, David C.; Numbers, Ronald N., eds. 1986. *God and Nature: Historical Essays on the Encounter between Christianity and Science.* Berkeley: University of California Press.

PERCY, Thomas, 1868. *Loose and Humorous Songs.* Eds. John W. Hales and Frederick J. Furnivall. London: N. Trübner.

SPENCER, Herbert, 1870. "Matter, Life, and Mind." *First Principles of a New System of Philosophy.* 2. ed. New York: Appleton.

TAYLOR, Charles, 2007. *A Secular Age.* Cambridge, MA: Belknap, 2007.

TURNER, James, 1985. *Without God, without Creed: The Origins of Unbelief in America.* Baltimore: Johns Hopkins University Press.

WHITE, Andrew D., 1896. *A History of the Warfare of Science with Theology in Christendom.* New York: Appleton.

CIÊNCIA E OS PAIS DA IGREJA. A ciência com a qual os primeiros cristãos tinham que lidar era um ramo da filosofia construído sobre os chamados livros naturais de **Aristóteles**. Ao contrário da ciência moderna, o trabalho de Aristóteles era altamente especulativo e quase não tinha aplicações práticas. Além disso, sabemos agora que a maioria de suas conclusões estava errada. A **matemática** grega, especialmente a geometria, tinha um valor mais duradouro e continuava sendo um elemento básico da educação, mesmo quando o cristianismo se tornou a religião oficial do Império Romano.

Os pais e a ciência da igreja primitiva

Dada a sua relação periférica com a teologia, os primeiros escritores cristãos tinham pouco a dizer sobre ciência. Alguns, como Justino Mártir, estavam confortáveis com a filosofia grega. Outros, como Tertuliano, eram notoriamente hostis. "O que", ele perguntou, "tem Atenas [filosofia pagã] a ver com Jerusalém [teologia cristã]?". Com essa pergunta, ele parecia ter rejeitado todos os frutos do aprendizado pagão e até mesmo rejeitado a razão, no entanto, sua preocupação era com a ética pagã, e não com a **filosofia natural**. Ele simplesmente não estava interessado em ciência.

A ambivalência de Tertuliano foi compartilhada por muitos escritores cristãos. A ciência era um interesse minoritário, e não havia muitas razões para os apologistas ou teólogos se engajarem nela. Onde ela poderia ser útil era na interpretação bíblica, e os pais alexandrinos do terceiro século tinham mais a dizer sobre o assunto neste contexto. Orígenes achava que disciplinas matemáticas, como **astronomia** e geometria, eram ferramentas úteis para a exegese, e ele comparou o aprendizado pagão ao ouro dos egípcios que os hebreus levaram consigo no êxodo. Os cristãos devem simplesmente pegar as partes da ciência grega que são úteis e ignorar o restante. O quase contemporâneo de Orígenes, Clemente de Alexandria, colocou esse conselho em prática, uma vez que evoca livremente filósofos pagãos em seus escritos teológicos.

O risco de que os comentários sobre as Escrituras se tornassem redundantes se fossem baseados em ciência que em si eram erradas foi reconhecido por outros pais da igreja, como Basílio, bispo de Cesareia. Suas *Homilias do Hexaemeron* (os seis **dias da criação**) mostram que ele é tanto bem versado na ciência grega quanto não disposto a correr riscos em suas interpretações. Por exemplo, ele explica o modelo grego do cosmos em alguns detalhes, mas não afirma que é verdade; em vez disso, ele insta os cristãos a levantar os olhos acima dos detalhes exatos de como o mundo trabalha para a glória de seu criador. Basílio levou muito em consideração o fato de que os pensadores gregos frequentemente discordavam sobre questões fundamentais, e, como um mero espectador de

CIÊNCIA E OS PAIS DA IGREJA

seus argumentos, ele rapidamente deduziu que não podia confiar em nenhum deles.

Oposição ao cristianismo

Também durante o terceiro século, o cristianismo tornou-se influente o suficiente para provocar uma resposta hostil. O neoplatonismo, uma mistura da filosofia de **Platão** com o pensamento mágico e teológico, tornou-se a escola dominante do pensamento pagão. Algumas de suas principais figuras, como Porfírio (cujas obras polêmicas foram proibidas pelo Império Romano Cristão), eram ativamente antagônicas ao cristianismo. No entanto, o neoplatonismo era um credo místico que estava muito distante da ciência natural de Aristóteles. A filosofia a que os últimos pais da igreja faziam oposição não se parecia em nada com o que pensamos hoje como ciência.

A oposição neoplatônica ao cristianismo provocou uma reação das autoridades quando o Império Romano se tornou oficialmente cristão no século IV. Os filósofos pagãos tinham se estabelecido em Atenas, então algo como uma cidade remota, para restabelecer a antiga academia de Platão, que havia sido fechada pelos romanos em 86 a.C.. Essa nova escola acabou sendo fechada sob as ordens do Imperador Justiniano em 529 d.C., como parte de sua campanha para cristianizar o Império.

Os pais latinos

No Império do Ocidente, onde o latim em vez do grego era a língua comum, apenas os mais instruídos tinham acesso direto às obras de filósofos e matemáticos como Aristóteles e Ptolomeu (ver **Cláudio Ptolomeu**). Isso significa que relativamente poucos Pais latinos interagiram intimamente com a ciência grega. Alguns dos que fizeram, no entanto, cometeram alguns erros notórios. Lactâncio, cuja obra *Institutas divinas* foi uma tentativa de estabelecer uma apologia cristã completa, ridicularizou os filósofos gregos por acreditarem que a terra é uma esfera.

Agostinho de Hipona foi um crítico melhor. Em *Confissões*, ele conta como resistiu às agruras dos maniqueístas porque achava a astronomia tão risível. Agostinho reconheceu as conquistas dos antigos astrônomos — por exemplo, sua capacidade de prever eclipses — ao mesmo tempo que rejeitava a capacidade dos astrólogos de prever o futuro. Ele usou seu conhecimento científico para adicionar nuances à sua interpretação bíblica e também estava preocupado com o fato de que os cristãos pudessem

ser expostos ao ridículo se não tivessem educação suficiente em ciências. "É uma coisa vergonhosa e perigosa", ele advertiu em seu *Significado literal de gênesis*, "para um pagão ouvir um cristão, presumivelmente dando o significado das Sagradas Escrituras, falando tolices sobre esses tópicos" (Agostinho, 1982, p. 42 [1:19]). Consequentemente, Agostinho leu as Escrituras à luz da melhor ciência disponível para ele.

Infelizmente, o trabalho de Agostinho é, portanto, um pouco comprometido pelas imprecisões dos pensadores pagãos que ele está usando para entender as Sagradas Escrituras. Por exemplo, ele interpretou a referência às águas acima do **firmamento** em Gênesis 1:6-7 por intermédio da teoria dos elementos de Aristóteles. As águas acima do firmamento levaram os pensadores cristãos a postular que havia três céus: o Empíreo, mais externo onde Deus e seus anjos moram; o céu aquoso cristalino; e, abaixo disso, o firmamento contendo as estrelas visíveis. Assim, as interpretações bíblicas baseadas no que quer que seja a ciência mais recente da época são sempre vulneráveis a essa ciência que depois está sendo provada errada.

Antiguidade tardia

No sexto século, o paganismo estava desaparecendo rapidamente de vista. Nessa fase, até mesmo os professores de filosofia em Alexandria poderiam ser cristãos. O principal deles foi João Filopono, cujos refinamentos da **física** alexandrina representavam considerável progresso científico. Por exemplo, ele é o primeiro escritor a notar que objetos pesados caem na mesma velocidade que objetos leves. Isso é contrário a um dos axiomas de Aristóteles e, no entanto, o inverso é facilmente demonstrado.

Filopono também desenvolveu uma das primeiras versões da teoria do ímpeto para explicar o movimento dos projéteis. Ele se envolveu ativamente com filósofos naturais pagãos, como Simplício, um daqueles que Justiniano havia expropriado da escola em Atenas. No entanto, o possível florescimento da ciência em Alexandria a partir da polinização cruzada do cristianismo e da filosofia não ocorreu porque a cidade logo foi conquistada primeiro pelos persas e, depois, pelos invasores islâmicos.

No Ocidente de língua latina, o Império Romano foi extinto por tribos bárbaras da Alemanha. Romanos cristãos procuraram emprego com os novos reis, e entre eles estava Boécio, consciente de que o velho mundo estava chegando ao fim. Ele procurou traduzir as obras de

Aristóteles, bem como cartilhas sobre aritmética e geometria, para o latim, para que a aprendizagem grega pudesse ser preservada. Infelizmente, ele foi executado pelo rei bárbaro que serviu antes que seu projeto pudesse ser concluído. Pais latinos posteriores, como Isidoro de Sevilha e o Venerável Beda, tiveram que recorrer a enciclopédias romanas como a *História natural* de Plínio, o Velho. Isso significou que apenas um mínimo de conhecimento científico e matemático foi preservado no Ocidente até que o aprendizado grego foi redescoberto no século XII.

James Hannam

REFERÊNCIAS E LEITURAS RECOMENDADAS

AUGUSTINE, 1982. *The Literal Meaning of Genesis.* Vol. 1. Trans. John Hammond Taylor. New York: Newman.

CAMERON, Alan, 1969. "The Last Days of the Academy at Athens." *Proceedings of the Cambridge Philological Society*, new ser., 195 (15): 7-29.

LINDBERG, David, 2000. "Science and the Early Church", em *The Scientific Enterprise in Antiquity and the Middle Ages.* Ed. Michael Shank, 125-46. Chicago: University of Chicago Press.

_____. 2008. *The Beginnings of Western Science: The European Scientific Tradition in Philosophical, Religious, and Institutional Context, Prehistory to A.D. 1450.* Chicago: University of Chicago Press.

SORABJI, Richard, ed. 1987. *Philoponus and the Rejection of Aristotelian Science.* London: Duckworth.

CIÊNCIA E REFORMA. A Reforma protestante começou no início do século XVI com uma série de movimentos quase contemporâneos de reforma religiosa centrados em torno de Martinho Lutero em Wittenberg e **João Calvino** em Genebra. Embora esses personagens não estivessem diretamente relacionados à ciência, sua escrita teológica influenciou o trabalho científico de seus seguidores. Isso levou alguns historiadores a postularem que a Reforma protestante foi uma das causas do surgimento da ciência moderna no século XVII. No entanto, enquanto linhas claras podem ser traçadas entre aspectos da teologia protestante e certos avanços científicos, as ideias dos pensadores católicos têm sido igualmente importantes.

Tanto Lutero quanto Calvino foram registrados como fazendo declarações críticas sobre a hipótese de **Nicolau Copérnico** de que a terra orbita o sol. Isso não é evidência de que eles eram contra a ciência porque, ao fazer esses comentários, eles estavam simplesmente ecoando o consenso de europeus educados na época.

Ciência luterana e astronomia

O ataque de Lutero à teologia católica abrangeu muitos dos elementos da filosofia escolástica e sua dependência do trabalho do antigo filósofo grego **Aristóteles**. Por exemplo, Lutero rejeitou a doutrina aristotélica de que a natureza tinha propósitos inatos e poderes de geração, porque isso comprometeria a soberania de Deus. Aristóteles havia dito que animais podiam ser gerados espontaneamente a partir de matéria em putrefação, mas Lutero insistiu que somente Deus poderia criar vida.

O jovem seguidor de Lutero, Filipe Melâncton, tomou medidas para reformar a educação na Alemanha ao longo das linhas luteranas, rebaixando o escolasticismo. Melâncton enfatizou o estudo dos clássicos gregos e latinos, ignorando em grande parte os comentários medievais sobre eles, e também deu maior destaque à geometria de Euclides e à **astronomia** de **Ptolomeu** do que era típico nas universidades medievais. Sua reforma do currículo da Universidade de Wittenberg, consequentemente, assegurou que houvesse boa provisão para matemática e astronomia. Melâncton também defendeu a astrologia como um ramo legítimo da ciência, produzindo uma edição do trabalho astrológico de Ptolomeu, *Tetrabiblios*. Embora o entusiasmo de Melâncton pela astrologia também não fosse uma posição incomum na época, o próprio Lutero não aprovou.

A faculdade astronômica de Wittenberg atraiu várias figuras importantes. Georg Joachim Rheticus ensinou matemática lá antes de se tornar aluno e colaborador de Copérnico. A *Narratio prima* (1540) de Rheticus foi a primeira explicação publicada das ideias de Copérnico. Rheticus retornou a Wittenberg em 1541 como professor de astronomia. Seu antecessor nesse papel foi Erasmus Reinhold, que usou o trabalho de Copérnico para atualizar as tabelas astronômicas mais utilizadas.

Quando as reformas educacionais de Melâncton se espalharam, outras universidades alemãs produziram luteranos que contribuíram para a inovação astronômica no século XVII. Por exemplo, Michael Maestlin lecionou em Tübingen por muitos anos, onde seu aluno mais célebre era seu colega luterano **Johannes Kepler**. Enquanto Maestlin nunca aceitou a teoria de Copérnico, Kepler desenvolveu a moderna compreensão das órbitas planetárias elípticas, e o fez isso usando os dados do dinamarquês **Tycho Brahe**, outro luterano educado em uma universidade alemã, para quem Kepler trabalhava em Viena.

Não é preciso dizer que os astrônomos protestantes não foram afetados pela condenação da Igreja Católica Romana ao copernicanismo em 1616, ou pela condenação

98 CIÊNCIA E REFORMA

de **Galileu** pela Inquisição em 1633. Embora isso seja claramente uma vantagem para a nova astronomia entre os luteranos, os historiadores descobriram que os efeitos práticos da proibição católica não eram tão grandes quanto se supunha. Em todo caso, a ampla aceitação do heliocêntrico foi o resultado das precisas tabelas astronômicas de Kepler em vez da polêmica de Galileu.

Ciência e teologia protestante

A teologia de João Calvino incluía a importante doutrina da acomodação na interpretação bíblica. Ele explicou que a Bíblia foi escrita na linguagem do povo comum para que pudesse ser prontamente entendida por todos. Isso significava que passagens que poderiam ser lidas como **informações** científicas deveriam ser lidas em linguagem cotidiana que acomodasse a capacidade do leitor comum. Em particular, Calvino defendeu o direito dos astrônomos de sustentar teorias que conflitavam com uma leitura clara das Escrituras, já que a Bíblia descreve como os céus aparecem ao olho, em vez de sua verdadeira constituição.

Essa doutrina permitiu que os teólogos reformados afirmassem que a Bíblia não deveria ser tomada literalmente se sua linguagem estivesse em conflito com novas descobertas científicas. Dito isso, o próprio Calvino favoreceu, por exemplo, uma leitura literal dos seis **dias da criação** em Gênesis 1, já que essa teoria era inteiramente consistente com o estado do conhecimento científico da época.

Em suas *Institutas da religião cristã*, Calvino dedicou considerável atenção à relação entre Deus e a natureza. Como Lutero, ele estava preocupado em preservar a soberania de Deus sobre o mundo material. Assim, ele também subestimou a capacidade da natureza de dar origem a causas ou a ter propósitos próprios.

Os historiadores dedicaram muita atenção à questão de como a Reforma afetou o surgimento da ciência: em particular, se a teologia protestante contribuiu para a desilusão do mundo que tornou possível a filosofia mecânica. A filosofia mecânica postulou que toda matéria era feita de átomos inertes que se moviam no vazio, e isso significava que a matéria em si não tinha nenhum propósito ou poderes intrínsecos. No entanto, a mancha ateísta do antigo **atomismo** foi evitada submetendo os átomos à vontade de Deus. Ele foi pensado para manter os átomos em movimento e ser responsável pela criatividade na natureza, e isso aumentou a dependência contínua da natureza em

Deus e aumentou sua soberania sobre o mundo, conforme exigido pelos teólogos protestantes.

Em 1938, Robert K. Merton sugeriu que o puritanismo, em vez do protestantismo em geral, era uma causa crucial da nova filosofia científica na Inglaterra do século XVII. Merton descobriu que algumas crenças puritanas promoviam o trabalho manual, e, ao valorizar o artesanato tanto quanto os eruditos, os puritanos encorajaram os filósofos naturais a sujar as mãos com experimentos; no entanto, os críticos notaram que o interesse pela experimentação foi muito além dos círculos puritanos. Por exemplo, **Francis Bacon**, que foi altamente influente nos fundadores da Royal Society, e de modo algum um puritano, defendeu uma abordagem empírica da ciência e colocou a natureza à prova.

Não obstante, historiadores como Reijer Hooykaas fizeram argumentos cada vez mais sutis sobre como a teologia protestante e a interpretação bíblica contribuíram para a ciência do século XVII. A ênfase de Calvino no significado claro do texto fez os protestantes duvidarem das leituras figurativas e metafóricas da Bíblia. Foi sugerido que isso também os levou a parar de procurar mensagens teológicas na natureza. Os bestiários medievais atribuíam significado religioso a vários animais e plantas: por exemplo, o pelicano matou seus filhotes e posteriormente os restituiu à vida depois de três dias, um reflexo óbvio da **ressurreição de Jesus**. Mesmo antes de a observação científica ter desbancado muitas das histórias nos bestiais, os protestantes haviam deixado de lado as críticas religiosas de seu trabalho sobre a história natural. Em vez de a Bíblia ser usada para entender o mundo, o campo emergente da teologia natural procurou encontrar conhecimento sobre Deus no funcionamento da natureza.

Críticos das teorias de Merton, Hooykaas e seus seguidores notaram que os pioneiros da filosofia mecânica incluíam os católicos Pierre Gassendi e **René Descartes**; enquanto o protestante **Isaac Newton** reintroduziu um poder inato na natureza com sua teoria da gravitação. No entanto, a influência da Reforma no início da ciência moderna continua sendo um campo ativo de pesquisa.

James Hannam

REFERÊNCIAS E LEITURAS RECOMENDADAS

Deason, Gary B., 1986. "Reformation Theology and the Mechanistic Conception", em *God and Science: Historical Essays on the Encounter between Christianity and Science*. Eds. David Lindberg e Ronald Numbers, 167-91. Berkeley: University of California Press.

HARRISON, Peter, 1998. *The Bible, Protestantism, and the Rise of Natural Science*. Cambridge: Cambridge University Press.

HOOYKAAS, Reijer, 1972. *Religion and the Rise of Modern Science*. Edinburgh: Scottish Academic Press.

MERTON, Robert K., 1938. "Science, Technology and Society in Seventeenth-Century England." *Osiris* 4:360-632.

WEBSTER, Charles, 1975. *The Great Instauration: Science, Medicine and Reform, 1626-1660*. Cambridge: Duckworth.

WESTMAN, Robert S., 1975. "The Melanchthon Circle, Rheticus, and the Wittenberg Interpretation of the Copernican Theory." *Isis* 66:164-93.

CIÊNCIA E RELIGIÃO — MODELOS DE RELAÇÃO.

Como ciência e religião se relacionam (ou deveriam se relacionar) é uma questão altamente complexa e controversa. Por um lado, existem muitas religiões, e algumas são menos propícias à ciência do que outras. Assim, para os animistas, a natureza é sagrada e sua investigação é indiscutivelmente pecaminosa ou tabu, ao passo que, para os politeístas, não há razão para esperar **leis da natureza** universais. A filosofia antiga contribuiu com a ideia de conexões universais, mas elas eram discerníveis pela razão, não pela observação.

A maioria dos historiadores da ciência concorda que foi uma visão bíblica da natureza que apoiou o surgimento da ciência empírica moderna. O Deus da Bíblia é o único criador racional e sustentador do mundo, então, leis universais da natureza podem ser esperadas. Mas Deus também é livre, então, a única maneira de descobrir essas leis é a investigação empírica. Durante a Reforma, os teólogos enfatizaram a distinção de **Agostinho** entre os dois livros de Deus, o livro das Escrituras e o livro da natureza (Harrison, 2006, 118; ver **Metáfora dos dois livros**). **Peter Harrison** (2001, 2004) argumenta que a ênfase dos reformadores no sentido literal das Escrituras (em vez de interpretações alegóricas) e no sacerdócio de todos os cristãos (1Pedro 2:9) levou cientistas como **Johannes Kepler** (1571-1630) e **Robert Boyle** (1627-1691) a se ver como sacerdotes no livro da natureza, encarregados de lerem o mundo de Deus.

No entanto, mesmo que nos limitemos à tradição judaico-cristã, é altamente controverso como melhor relacionar os dois livros de Deus por causa de diferentes suposições subjacentes sobre a relativa autoridade da ciência e religião e sobre as melhores formas de interpretar as Escrituras e a natureza. **Ian Barbour** (2000) classifica utilmente os vários modelos para relacionar ciência e religião nas categorias de conflito, independência, integração e diálogo, e seguiremos essa rubrica aqui.

Nos extremos do literalismo bíblico fundamentalista e do **materialismo** científico, a pobre exegese pode criar um aparente conflito entre o texto bíblico e as descobertas da ciência moderna. Para tomar um famoso exemplo histórico, se admitirmos que Josué 10:12-13 implica uma terra absolutamente estacionária, o literalista bíblico teria que rejeitar a astronomia copernicana, ao passo que um materialista científico teria uma razão para rejeitar as Escrituras. No entanto, muitos teólogos e cientistas consideram esse conflito lamentável e desnecessário.

O próprio Kepler, juntamente com um número significativo de teólogos católicos e protestantes, considerou que as Escrituras geralmente expressam o modo como o mundo nos aparece e não estão comprometidas com explicações científicas elaboradas.

> Agora as escrituras sagradas [...] ao tratar coisas comuns (sobre as quais não é seu propósito instruir a humanidade), fala com humanos da maneira humana, para ser entendida por eles [...] Josué quis dizer que o sol deveria ser retido em seu lugar no céu por um dia inteiro com respeito ao sentido de seus olhos, já que, para outras pessoas durante o mesmo intervalo de tempo, ele permaneceria sob a terra [...] Pois a essência do pedido de Josué é desse modo, pois parece assim a ele. (Kepler, 2008, p. 19-20)

Alguns argumentaram que o conflito entre ciência e religião pode ser minimizado, enfatizando sua independência, refletida em sua metodologia ou linguagem distinta. **Stephen Jay Gould** (1999) foi além, sugerindo que a ciência e a religião nem mesmo compartilham o mesmo domínio ou assunto, mas constituem **magistérios não interferentes** (MNI). Enquanto a ciência está preocupada com a forma como o mundo funciona, a religião está preocupada com questões de significado e valor final.

Certamente há diferenças entre ciência e religião: por exemplo, a primeiro insiste em dados publicamente acessíveis, enquanto a segunda enfatiza a devoção pessoal. Mas muitos argumentam que Gould vai longe demais ao rejeitar qualquer sobreposição entre os domínios da ciência e da religião. Negar que a criação de Deus faz qualquer diferença detectável no mundo natural parece implicar que não há conhecimento natural de Deus, e a religião cristã é fundada em um fato histórico que pode ser investigado por meios empíricos e sem o qual, diz Paulo, nossa fé é fútil (1Coríntios 15:17).

100 CIÊNCIA E RENASCIMENTO. CRISTIANISMO NO INÍCIO DA IDADE MODERNA

O uso do MNI por Gould também parece insincero, já que, enquanto ele o utiliza para impedir alegações religiosas sobre a realidade factual, ele fica feliz em usar a ciência para fazer afirmações de significado e propósito supremos. Por exemplo, Gould afirma que os seres humanos são "um evento evolutivo altamente improvável, e não a essência do propósito universal... Nós somos a prole da história e devemos estabelecer nossos próprios caminhos" (Gould, 1999, p. 206-7). O problema é que Gould combina os dados empíricos da ciência com uma filosofia do materialismo científico que não é religiosamente neutra.

Uma preocupação mais geral sobre o modelo de independência é que ele estimula indivíduos com mentes divididas e compartimentalizadas, e encoraja os cientistas cristãos a dizer: "Minha fé é uma coisa, minha ciência outra", roubando-lhes um sentido holístico da vocação cristã em seu trabalho (Pearcey, 2004a, 2004b). Para lidar com essa preocupação, alguns argumentam em favor da integração entre ciência e religião. Uma abordagem para a integração é a **teologia natural** (p. ex., Paley, [1802] 2008), que usa dados científicos para apoiar a existência e os atributos de Deus. Embora fortemente criticado por **David Hume** ([1779] 2007) e **Charles Darwin** (1859), a teologia natural fez recentemente um grande retorno (Craig e Moreland, 2009). Outra abordagem, assinalada por Barbour, é partir de uma tradição religiosa e desenvolver uma teologia da natureza na qual as doutrinas religiosas (como a **providência**) são reinterpretadas para que se apliquem ao mundo revelado pela ciência moderna.

Uma abordagem mais ambiciosa da integração é a síntese sistemática da religião e da ciência. Um exemplo é o esforço de Tomás de Aquino (1225-1274) para combinar a teologia bíblica com a filosofia aristotélica. Exemplos mais modernos são várias tentativas de entender a evolução como um meio de criação de Deus, e uma grande preocupação com a integração sistemática é que ela pode implicitamente dar às teorias finitas e falíveis da **mente** humana o mesmo *status* epistêmico que a revelação de um Deus infinito e onisciente. Além disso, a religião pode parecer desacreditada se for aliada a uma teoria científica que é abandonada. Para evitar esses problemas, alguns defendem um diálogo mais cauteloso e aberto entre ciência e religião, e, sob esse ponto de vista, a ciência e a religião exploram um terreno comum, mas nenhuma delas se compromete com uma síntese final.

Angus J. L. Menuge

REFERÊNCIAS E LEITURAS RECOMENDADAS

BARBOUR, Ian G., 2000. *When Science Meets Religion*. New York: HarperOne.

CRAIG, William Lane; Moreland, J. P., eds. 2009. *The Blackwell Companion to Natural Theology*. West Sussex, UK: Wiley-Blackwell.

DARWIN, Charles, 2009. Reprint. *On the Origin of Species*. London and New York: John Murray.

GOULD, Stephen Jay, 1999. *Rock of Ages: Science and Religion and the Fullness of Life*. New York: Penguin Classics.

HARRISON, Peter, 2001. *The Bible, Protestantism, and the Rise of Natural Science*. New York: Cambridge University Press.

_____. 2004. "Priests of the Most High God, with Respect to the Book of Nature", em *Reading God's World: The Scientific Vocation*. Ed. Angus Menuge, 59-84. St. Louis, MO: Concordia.

_____. 2006. "The Bible and the Emergence of Modern Science." *Science and Christian Belief* 18 (2): 115-32. www.scienceandchristianbelief.org/articles/Harrison-article-18-2.pdf.

HUME, David, (1779) 2007. *Dialogues concerning Natural Religion and Other Writings*. New York: Cambridge University Press.

KEPLER, Johannes, 2008. *Selections from Kepler's Astronomia Nova*. Ed. William H. Donahue. Santa Fe, NM: Green Lion.

PALEY, William, (1802) 2008. *Natural Theology*. New York: Oxford World's Classics.

PEARCEY, Nancy, 2004a. *Total Truth*. Wheaton, IL: Crossway.

_____. 2004b. "How Science Became a Christian Vocation." In *Reading God's World: The Scientific Vocation*. Ed. Angus Menuge, 23-57. St. Louis, MO: Concordia.

CIÊNCIA E RENASCIMENTO. CRISTIANISMO NO INÍCIO DA IDADE MODERNA.

Apesar do conflito de alto nível sobre o trabalho de **Galileu**, tanto católicos quanto protestantes consideravam a ciência uma aliada do cristianismo em todo o Renascimento e nos primeiros períodos modernos. Muitos dos cientistas pioneiros dessa época eram eclesiásticos ou cristãos devotos.

O Renascimento

O Renascimento foi caracterizado por um florescimento das artes e uma apreciação das realizações literárias do mundo clássico, incluindo nas áreas do ocultismo e **astrologia**. O principal efeito do Renascimento na ciência foi assegurar que a astrologia fornecesse um mercado para manuais astronômicos. A igreja era inicialmente otimista com relação ao material sobre ocultismo, especialmente porque seus entusiastas incluíam os renomados eclesiásticos como Marsílio Ficino e o papa Pio II. O cardeal Nicolau de Cusa sentiu-se à vontade para especular sobre assuntos que vão desde o movimento da Terra até os habitantes de outros planetas em seu trabalho teológico radical *On Learned Ignorance* [Da douta ignorância]. Mais tarde, a igreja ficou muito mais desconfiada e, em 1600, chegou a ponto de queimar **Giordano Bruno** na fogueira por se recusar a retratar sua filosofia mágica.

CIÊNCIA E RENASCIMENTO. CRISTIANISMO NO INÍCIO DA IDADE MODERNA

Alguns artistas, incluindo Leonardo Da Vinci, foram fascinados pelo mundo natural e especialmente pela formação do corpo humano. No entanto, ele não divulgou suas descobertas e, portanto, não contribuiu para os avanços científicos de seu tempo. Em todos os casos, seus cadernos permaneceram inéditos durante séculos após sua morte. Por outro lado, Andreas Vesalius contratou artistas da escola de Ticiano para ilustrar *On the Fabric of the Human Body* [Sobre o tecido do corpo humano], publicado em 1543, o que certamente ajudou com o sucesso deste livro seminal. Ao contrário do mito, nem Leonardo nem Vesalius sofreram perseguição da igreja por causa de seus estudos anatômicos.

Astronomia no início da Idade Moderna

Nicolau Copérnico foi um cônego da catedral de Freiburg, na Polônia, uma posição que lhe deu tempo para trabalhar com **astronomia**. Ele circulou os primeiros rascunhos de seu sistema heliocêntrico em forma de manuscrito, o que levou ao cardeal Nikolaus von Schönberg, entre outros, instando-o a publicar. Entretanto, Copérnico era um perfeccionista e não podia ser persuadido a libertar *Das revoluções das esferas celestes* até que ele estivesse em seu leito de morte em 1543. Embora o próprio Copérnico acreditasse que a terra orbitasse o sol, seu editor anexou um prólogo ao trabalho publicado afirmando que era apenas uma hipótese. Em todo caso, apesar de uma dedicação ao papa Paulo III, o livro teve pouco impacto inicial, não menos devido ao seu pesado conteúdo matemático. Não foi proibido, e Copérnico não se preocupou com a perseguição religiosa por suas ideias.

Embora inicialmente ignorasse o heliocentrismo de Copérnico, a Igreja Católica Romana usou parte de seu trabalho matemático em seu próprio programa de reforma do calendário, levando ao calendário gregoriano de 1582. No entanto, em 1616 a igreja sentiu-se obrigada a tomar posição sobre o heliocêntrico depois que os teólogos começaram a considerar se a teoria era compatível com a Bíblia. Um comitê de juízes concluiu que a teoria era filosoficamente absurda e contrária à fé. O livro de **Copérnico** foi submetido a algumas pequenas correções, mas não foi proibido. Ao chegar a essa decisão, o comitê concordou com a grande maioria das opiniões científicas da época. **Galileu Galilei**, já famoso astrônomo por conta de seu trabalho com o telescópio, estava certo de que não

fizera nada de errado, mas foi advertido contra o apoio ou ensino do heliocêntrico no futuro.

Em 1632, Galileu publicou seu *Diálogo sobre os dois principais sistemas do mundo* — um argumento mal disfarçado em favor de Copérnico, com o outro sistema mundial discutindo ser o geocentrismo tradicional dos antigos gregos. O livro quebrou sua liminar anterior e também ofendeu o papa Urbano VIII, que achava que parte dele tinha a intenção de ridicularizá-lo. Ele insistiu que Galileu fosse julgado por desobedecer a Inquisição, e, ao ser considerado culpado, Galileu foi condenado à prisão domiciliar por toda a vida, e seu livro, suprimido.

Depois que a sentença de Galileu foi promulgada em toda a Europa católica, o filósofo francês **René Descartes** decidiu deixar de lado seu próprio trabalho cosmológico, *On the World* [Sobre o mundo], já que isso também sugeria um cosmos heliocêntrico. No entanto, a precisão das tabelas astronômicas do luterano Johannes Kepler convenceu os astrônomos de que Copérnico estava correto, deixando a Igreja Católica em uma posição embaraçosa da qual não se retirou até o século XIX.

Apesar do fiasco de Galileu, cientistas católicos devotos, como **Blaise Pascal**, Nicolaus Steno e Marin Mersenne, praticavam ciência sem ofender a igreja. Pascal foi um dos pioneiros da pneumática; Steno, que terminou sua vida como arcebispo, é um dos fundadores da **geologia**; e Mersenne, apesar de pertencer à austera Ordem dos Frades Mínimos, ligou quase todas as principais figuras da ciência do século XVII em sua correspondência. Essas três figuras também demonstram variações na crença teológica entre os católicos, mesmo no auge da Contrarreforma.

Ciência jesuíta

A Companhia de Jesus, fundada por Inácio de Loyola em 1534, interessou-se pela ciência como resultado de sua vocação coletiva na educação. O Colégio Jesuíta de Roma abrigou muitas figuras científicas influentes, incluindo o célebre astrônomo Cristóvão Clávio. Inicialmente, eles eram fortes defensores de Galileu, exaltando-o em uma viagem a Roma em 1611, no entanto, a disputa de Galileu com o jesuíta Christoph Scheiner sobre manchas solares levou-os a um desentendimento.

O chamado principal dos jesuítas era como missionários. Um pequeno grupo, incluindo Matteo Ricci, viajou até a China em um esforço para converter o imperador. Em uma série de competições públicas, eles demonstraram

CIÊNCIA E TEOLOGIA (teoria da reconciliação)

a superioridade da astronomia ocidental em relação aos métodos tradicionais chineses, prevendo um eclipse com enorme precisão. Dada a importância da astrologia para a Corte Imperial, os jesuítas foram imediatamente colocados no comando do próprio observatório do imperador. No entanto, apesar de terem conseguido um certo número de convertidos, os missionários nunca foram capazes de convencer o Império Chinês a adotar o cristianismo.

A ciência jesuíta continuou a se desenvolver ao longo dos séculos XVII e XVIII. Eles estavam na linha de frente dos experimentadores e dos primeiros inquiridores em eletricidade, e também valorizavam a colaboração. As cartas de e para Athanasius Kircher, um jesuíta sediado no Colégio de Roma, cobriam a Europa e alimentaram seu prolífico registro de publicações.

Ciência na Europa protestante da Idade Moderna

Nem Martinho Lutero nem João Calvino ficaram impressionados com a teoria de Copérnico, uma vez que pensavam sobre isso. No entanto, sob a orientação de Filipe Melâncton, as universidades protestantes da Alemanha, especialmente Wittenberg, enfatizaram o lugar da ciência e da **matemática** em seus currículos. Uma quantidade considerável de erudição moderna perguntou se o protestantismo era mais propício à ciência do que o catolicismo. Pouca evidência conclusiva tem sido fornecida para apoiar essa tese, e importantes cientistas do início da era moderna dividem-se entre as denominações em números aproximadamente iguais.

O que é indiscutível é que cientistas protestantes como Johannes Kepler e **Robert Boyle**, assim como crentes heterodoxos como **Isaac Newton**, foram sobremaneira inspirados pela Bíblia. Eles também acreditavam que a ciência poderia ser usada para provar a **existência de Deus**. Boyle legou fundos para uma palestra anual sobre **teologia natural** para mostrar como ciência e religião se iluminam mutuamente. Newton concebeu sua **física** como uma réplica aos sistemas continentais que ele considerava ateísta, como os de Descartes. A própria negação de Newton da divindade de Jesus, que poderia ter garantido a morte na fogueira um século antes, foi encoberta para mantê-lo em um cargo de professor na Universidade de Cambridge. Assim, no século XVIII, a religião era cada vez mais aceita como uma questão de escolha, e não de

compulsão; então, a influência direta das igrejas estabelecidas sobre a prática científica começou a diminuir.

James Hannam

REFERÊNCIAS E LEITURAS RECOMENDADAS

Ashworth, William B., 1986. "Catholicism and Early Modern Science", em *God and Science: Historical Essays on the Encounter between Christianity and Science*. Eds. David Lindberg e Ronald Numbers, 136-66. Berkeley: University of California Press.

Gingerich, Owen, 2004. *The Book Nobody Read: Chasing the Revolutions of Nicolaus Copernicus*. New York: Walker.

Hannam, James, 2010. *The Genesis of Science: How the Christian Middle Ages Launched the Scientific Revolution*. New York: Regnery.

Heilbron, John L., 2010. *Galileo*. Oxford: Oxford University Press.

Henry, John, 2008. *The Scientific Revolution and the Origins of Modern Science*. London: Palgrave Macmillan.

Hooykaas, Reijer, 1972. *Religion and the Rise of Modern Science*. Edinburgh: Scottish Academic Press.

Lattis, James, 1994. *Between Copernicus and Galileo: Christoph Clavius and the Collapse of Ptolemaic Cosmology*. Chicago: Chicago University Press.

McMullin, Ernan, ed. 2005. *The Church and Galileo*. Notre Dame, IN: University of Notre Dame Press.

↝CIÊNCIA E TEOLOGIA (teoria da reconciliação).

A maioria dos cristãos reconhece a ciência e a teologia como modos legítimos de investigação. Nem todos concordam, no entanto, em como as descobertas dessas disciplinas deveriam estar relacionadas. Este artigo explora esse relacionamento.

Eu escrevo como alguém que está familiarizado com o rótulo de *criacionista evolutivo*. Quer dizer, eu acredito que Deus é o Criador e que a Bíblia é inspirada e autoritativa; e acredito que a ciência contemporânea está correta em suas conclusões sobre a vasta idade da Terra e a **ancestralidade comum** da vida sobre ela. Não tenho espaço aqui para defender a teologia ou a ciência por trás dessas afirmações, mas vou discutir e defender uma maneira de reconciliá-las. Em vez de passar diretamente para essa discussão, será útil primeiro estabelecer um contexto sobre como os acadêmicos falam acerca da relação entre ciência e teologia.

Estruturando a discussão

O falecido **Ian Barbour** (1923-2013) foi o padrinho da disciplina acadêmica contemporânea de ciência e religião — o que é mais apropriadamente chamado de ciência e *teologia*, já que se aplica principalmente às dimensões cognitivas da religião. Seu livro *Issues in Science and Religion* [Problemas de ciência e religião] (1966) é uma visão geral completa dos tópicos relevantes e estabeleceu a pauta para os pensadores subsequentes no campo. Nesse livro e em *Myths, Models and Paradigms* [Mitos, modelos e paradigmas] (1974), ele começou a desenvolver um sistema de classificação de como a ciência e a teologia podem se relacionar umas com as outras. Suas **Gifford Lectures** de 1989-1990 (Barbour, 1990) deram uma defesa mais sistemática da tipologia.

Barbour identifica quatro maneiras diferentes pelas quais a ciência e a teologia podem estar relacionadas entre si: conflito, independência, diálogo e integração.

O primeiro modelo assume que a maneira científica ou teológica de adquirir conhecimento está correta, e não ambas; assim, eles estão em conflito uns com os outros. A visão da independência está no outro extremo do espectro: a ciência e a teologia são formas de conhecimento completamente separadas e autocontidas; como tal, elas operam em diferentes esferas, e suas reivindicações não conflitam nem concordam entre si. O terceiro modelo de Barbour — o diálogo — pressupõe que a ciência e a religião colidem em certos pontos, como quando discutem a origem do universo, e por isso devem reconhecer os *insights* que cada um traz para essas questões. Por fim, o modelo de integração ultrapassa o mero diálogo entre disciplinas distintas e tenta realizar uma síntese da ciência e da teologia; isso pode ser visto nas tentativas de desenvolver uma teologia da natureza ou na teologia do processo, em que são desenvolvidas explicações que derivam das ciências e da teologia.

Com o amadurecimento da disciplina de ciência e religião, outros estudiosos refletiram sobre o trabalho de Barbour e ofereceram críticas e modificações à sua tipologia. Ted Peters (1996) expandiu a lista de categorias, identificando oito maneiras diferentes pelas quais a ciência e a religião interagem. E Christian Berg (2004) reorganizou a tipologia completamente, acreditando ser mais útil olhar a relação entre ciência e religião sob as dimensões da **metafísica**, da **epistemologia** e da ética.

Para este artigo, adotarei a revisão das categorias dadas pelo filósofo sueco Mikael Stenmark em suas "Ways of Relating Science and Religion" (Formas de relacionar ciência e religião) (2010). Ele apresenta quatro categorias amplas: irreconciliação, reconciliação, independência e substituição. Para os nossos propósitos aqui, podemos dizer que seus modelos de irreconciliação e independência mapeiam de perto as categorias de conflito e independência de Barbour; a substituição é uma teoria mais radical de pessoas como E. O. Wilson, que afirma que a ciência acabará substituindo a religião. A maioria das pessoas que trabalham na disciplina de ciência e religião afirmaria alguma versão do modelo de reconciliação de Stenmark; então, é isso que vou discutir.

De acordo com o modelo de reconciliação, existe algum conflito entre ciência e teologia, mas, em última instância, esse conflito pode ser conciliado (o que o distingue do modelo de irreconciliação). Stenmark apresenta três subcategorias, chamando-as de modelos de reconciliação *conservadora*, *tradicional* e *liberal*. Naturalmente, essas são abstrações e podem ser mais bem consideradas pontos em um *continuum* que permitem posições intermediárias, mas, em traços amplos, elas podem ser caracterizadas da seguinte maneira: na versão *conservadora*, é principalmente a ciência que deve mudar para se alinhar aos entendimentos tradicionais da teologia cristã. Stenmark dá como exemplos dessa posição **Phillip Johnson, William Dembski** e talvez **Alvin Plantinga**.

No outro extremo do *continuum*, o modelo de *reconciliação liberal* afirma que é a teologia cristã que deve mudar e adaptar-se ao que a ciência contemporânea descobriu sobre o mundo. Aqui, Stenmark indica Gordon Kaufman, **Arthur Peacocke** e Sallie McFague como exemplos. E, então, no meio, está a posição (de maneira um tanto confusa) chamada de *reconciliação tradicional*, segundo a qual tanto a ciência quanto a teologia podem precisar mudar um pouco do que reivindicaram. **Alister McGrath, John Polkridge** e **Francis Collins** enquadram-se em algum lugar dentro do alcance da reconciliação tradicional.

As duas posições representadas neste volume mapeiam de perto os modelos conservadores e tradicionais, então, não tenho muito a dizer sobre o modelo liberal aqui.

Modelos de reconciliação

Eu sugeriria que a distinção central entre os modelos conservadores e tradicionais de reconciliação é sua visão de como as Escrituras funcionam na reconciliação. É importante notar que a questão não é se a Bíblia é autoritativa — ambos os lados aceitam isso. Pelo contrário, parece haver uma diferença no reconhecimento do papel das interpretações das Escrituras. A maioria (mas não todos) do campo de reconciliação conservadora admitirá que suas posições teológicas envolvem a interpretação das Escrituras, mas elas mantêm essas interpretações mais firmemente. Isso significa que eles estão atribuindo mais autoridade à tradição do que os reconciliadores tradicionais — uma

104 CIÊNCIA E TEOLOGIA (teoria da reconciliação)

ironia que pode ser desfeita considerando a doutrina da *sola Scriptura*.

Somente a Escritura! Este foi o clamor dos Reformadores Protestantes contra a autoridade da Igreja Católica Romana para determinar o conteúdo e a prática do Cristianismo (ver **Ciência e Reforma**). A doutrina da *sola Scriptura* começou como um meio de unir os Protestantes contra a Igreja Católica, mas, uma vez que o direito dos intérpretes individuais foi afirmado, a doutrina rapidamente se tornou a base para divisões sem fim. A leitura de Lutero das Escrituras foi questionada por Zwinglio e **Calvino**; a deles foi questionada pelos anabatistas, e assim por diante. Na última contagem, o número de denominações cristãs distintas em todo o mundo excede 33 mil (Barrett et al. 2001, 18).

Dada a conjuntura no cristianismo protestante hoje, é óbvio que há mais na doutrina da *sola Scriptura* do que o *slogan* popular e piedoso aparenta: "A Bíblia assim fala, e a dúvida se cala". Os próprios reformadores — apesar de algumas citações que poderiam ser feitas — não teriam defendido tal abordagem à Bíblia. Eles não teriam reconhecido o arqui-individualismo para a leitura da Bíblia que surgiu no contexto americano, que é tipificado por um grupo de estudos bíblicos que consiste em cada pessoa dizer o que uma passagem significa para ela. Os reformadores entenderam que nossa leitura das Escrituras devem ser informadas e guiadas pela tradição da igreja e pelos credos. A questão é que eles não achavam que tal tradição carregava o mesmo peso da própria Bíblia, e também que as tradições precisavam estar abertas ao questionamento.

Mas, nos Estados Unidos, no século XVIII, o espírito da democracia permeou a maior parte da vida, e a abordagem da ciência e da Bíblia não foi exceção. Em vez de ser regulada por um processo autoritário, a **ciência e a Bíblia**, ambas, foram abordadas democraticamente. Isso foi considerado a proteção mais segura contra as tendências da tradição de corromper (Noll, 2009, p. 6). Mas como você poderia saber se sua interpretação estava correta? Tinha que ser clara de se ver. Havia uma suposição subjacente a essa abordagem, a saber, que a mensagem das Escrituras fosse clara se alguém somente quisesse prestar atenção a ela.

Desde o tempo dos pais da igreja na tradição cristã, houve uma abordagem multifacetada da interpretação das Escrituras (ver **Ciência e os pais da igreja**). Além do significado literal das palavras, os intérpretes "profissionais" também discerniriam o sentido espiritual do texto, que poderia incluir um sentido alegórico, um sentido moral ou tropológico e um sentido anagógico ou futuro. Compreensivelmente, esses sentidos espirituais do texto eram muito mais ambíguos; então, se uma mensagem clara fosse desejada pelos reformadores, teria de haver uma ênfase maior no significado literal das Escrituras.

O problema é que, tomando o sentido literal das passagens, entramos em todo tipo de dificuldade para descobrir qual é a posição "bíblica". Tomemos como exemplo a doutrina da salvação: o que as Escrituras dizem sobre isso? Limitando-nos a apenas algumas passagens do Novo Testamento, podemos apontar para Efésios 2:8-9, onde é somente pela graça que fomos salvos, não pelas obras; mas Tiago 2:24 diz que uma pessoa é justificada por obras, e não somente pela fé; e Jesus nos ensina a parábola das ovelhas e dos bodes em Mateus 25, onde ele indica que ser salvo da separação eterna de Deus é o resultado de boas obras que fazemos; mas ele também diz em João 6:29 que o trabalho que devemos fazer é simplesmente acreditar nele. Poderíamos citar muitas outras passagens com outras nuances.

O ponto aqui não é que não podemos conciliar essas declarações e produzir uma doutrina clara e coerente de salvação. Em vez disso, o ponto é que a doutrina clara e consistente é uma de nossas decisões, não algo que é lido diretamente das Escrituras. E, talvez indo mais ao ponto, existem várias doutrinas que nós, humanos, poderíamos inventar, que sejam claras e consistentes e que usem as Escrituras como suporte. Então, é claro, poderíamos nos voltar para as doutrinas da **escatologia**, eclesiologia, eleição e eterna segurança (para citar apenas os "Es"!) e fazer a mesma coisa. É assim que acabamos com 33 mil denominações, todas achando que o entendimento delas sobre a Bíblia é o correto.

O sociólogo Christian Smith pesquisou o modo como a Bíblia funciona em contextos protestantes norte-americanos conservadores, nos quais uma versão de *sola Scriptura* (biblicismo) é adotada, e ele descreveu o problema da seguinte forma: "A mesmíssima Bíblia — que os biblicistas insistem ser perspícua e harmoniosa — dá origem a entendimentos divergentes entre leitores inteligentes, sinceros e comprometidos acerca do que diz sobre a maioria dos tópicos de interesse. O conhecimento dos ensinamentos "bíblicos", em suma, é caracterizado pelo pluralismo interpretativo generalizado" (Smith, 2011, p. 17).

CIÊNCIA E TEOLOGIA (teoria da reconciliação)

Para conectar isso de volta ao modelo conservador de reconciliação, as pessoas que são resistentes a alterar sua teologia geralmente afirmam que fazer isso seria comprometer a autoridade das Escrituras. Todavia, deve ficar claro a partir do exposto que não é a autoridade das Escrituras que está em jogo, mas apenas a autoridade de algumas interpretações das Escrituras. O modelo tradicional de reconciliação exige que nós mantenhamos essas interpretações de forma mais livre, especialmente porque elas interferem em questões científicas sobre as quais os intérpretes originais não tinham conhecimento.

Como exemplo, considere um tema atual em ciência e teologia: a doutrina da **queda** e do **pecado original**. Há uma interpretação tradicional segundo a qual o pecado de **Adão e Eva** foi passado a todos os seres humanos porque todos descendem deles, mas a genética contemporânea dá provas contundentes de que nunca houve um único par de quem todos nós descendemos (Venema, 2014). Diante desse conflito, os reconciliadores conservadores dizem que devemos apresentar uma interpretação diferente da evidência científica, mas não são as próprias Escrituras que forçam isso. É verdade que Paulo diz: "De um só sangue fez todas as nações" (Atos 17:26); mas Gênesis 4 parece indicar que havia outras pessoas ao redor além dos descendentes diretos de Adão e Eva.

Assim como vimos com a doutrina da salvação, é possível interpretar as passagens bíblicas de várias maneiras, mantendo a percepção de que todos os humanos pecam e precisam de salvação. A interpretação tradicional da queda vem em grande parte da interpretação de **Agostinho**. Suas interpretações podem ser muito importantes para a história da teologia, mas não fogem de serem questionadas. Existem outros modelos da queda, incluindo alguns que reconhecem um Adão e uma Eva históricos, que são mais consistentes com os dados científicos (ver, p. ex., Haarsma, 2013).

Agora, para que não se pense que o modelo tradicional de reconciliação só altera a teologia, considere também interpretações da teoria científica da evolução. Assim como com as Escrituras, é possível dar diferentes interpretações das evidências científicas. Os novos ateus querem que acreditemos que fatos estabelecidos como ancestralidade comum provam que não há plano ou projeto para a evolução e que somos acidentes, e não criações intencionais à **imagem de Deus**. Mas isso é uma interpretação. Um paleontólogo de classe mundial como Simon Conway Morris interpreta as evidências de maneira diferente, dizendo que há propósito e até mesmo inevitabilidade que podemos ver no processo geral de evolução (Conway Morris, 2015).

De acordo com a abordagem tradicional de reconciliação, o que precisa de reconciliação não é a Bíblia e o mundo natural. Deus inspirou a Bíblia e criou o mundo natural, portanto, eles não estão em conflito. Pelo contrário, existem interpretações da Bíblia (teologia) e interpretações do mundo natural (ciência). Nós somos os autores de ambas as interpretações, e não há nenhuma boa razão para pensar que nossas interpretações da Bíblia estão mais próximas do infalível do que nossas interpretações do mundo natural. Então, devemos deixá-los ficar conversando.

Escrevendo em 1855 (antes de Darwin publicar seu trabalho), John Henry Newman ofereceu palavras sábias para a pessoa que está preocupada em reconciliar as "verdades" entregues das ciências e da teologia: "Se ele tem uma máxima cardinal em sua filosofia é que a verdade não pode ser contrária à verdade; se ele tem uma segunda é que a verdade muitas vezes *parece* contrária à verdade; e, se uma terceira, é a conclusão prática, que devemos ser pacientes com tais aparências, e não sermos apressados em declará-las como realmente de caráter mais formidável" (citado em Newman, 1982, p. 347).

Quando há conflitos entre teologia e ciência, devemos reconhecer que não são conflitos entre a Palavra autoritativa de Deus e a ordem criada, mas entre nossas interpretações, mas separar essas interpretações é um negócio complicado e leva algum tempo. Em vez de permitir imediatamente que a nossa teologia supere a ciência como o modelo conservador de reconciliação faz (ou a ciência para imediatamente sobrepujar a teologia, como faz o modelo de reconciliação liberal), devemos ser pacientes e permitir conversações entre as duas disciplinas. Sugiro que essa seja a abordagem preconizada pelo modelo tradicional de reconciliação.

J. B. Stump

REFERÊNCIAS E LEITURAS RECOMENDADAS

Barbour, Ian, 1990. *Religion in an Age of Science*. San Francisco: HarperSan Francisco.

Barrett, David B.; Kurian, George T.; Johnson, Todd M., eds. 2001. *World Christian Encyclopedia*. Oxford: Oxford University Press.

Berg, Christian, 2004. "Barbour's Way(s) of Relating Science and Theology", em *Fifty Years in Science and Religion: Ian G. Barbour and His Legacy*. Ed. Robert John Russell, 61-75. Aldershot, UK: Ashgate.

106 CIÊNCIA E TEOLOGIA (teoria do diálogo)

Conway Morris, Simon, 2015. *The Runes of Evolution: How the Universe Became Self-Aware*. West Conshohocken, PA: Templeton.

Haarsma, Loren, 2013. "Why the Church Needs Multiple Theories of Original Sin (Parte 1)." 25 de novembro. http://biologos.org/blogs/archive/why-the-church-needs-multiple-theories-of-original-sin.

Newman, John Henry, 1982. "Christianity and Scientific Investigation", em John Henry Newman, *The Idea of a University*. Notre Dame, IN: University of Notre Dame Press.

Noll, Mark, 2009. "Evangelicals, Creation, and Scripture: An Overview." BioLogos. http://biologos.org/uploads/projects/Noll_scholarly_essay.pdf.

Peters, Ted, 1996. "Theology and Science: Where Are We?" *Zygon* 31 (2): 323-43. Smith, Christian. 2011. *The Bible Made Impossible: Why Biblicism Is Not a Truly Evangelical Reading of Scripture*. Grand Rapids: Brazos.

Stenmark, Mikael, 2010. "Ways of Relating Science and Religion", em *The Cambridge Companion to Science and Religion*. Ed. Peter Harrison. Cambridge: Cambridge University Press.

Venema, Dennis, 2014. "Adam, Eve, and Human Population Genetics: Defining the Issues." BioLogos. 12 nov. http://biologos.org/blogs/dennis-venema-letters-to-the-duchess/series/adam-eve-and-human-population-genetics.

ᐱCIÊNCIA E TEOLOGIA (teoria do diálogo).

A relação entre ciência e teologia deve ser de harmonia, Afinal, o Deus cristão que se revela nas Escrituras e na história da salvação é o mesmo Deus que criou o mundo estudado pela ciência. No entanto, nos últimos cem anos, com o surgimento da ciência moderna, a ciência e a teologia experimentaram uma tensão considerável.

Essa tensão pode assumir várias formas. De acordo com cientistas materialistas como **Richard Dawkins** (2008), a teologia e a religião constituem uma praga para a humanidade. Assim, a glória final dos cientistas é usar a ciência como arma para destruir a fé. Por outro lado, de acordo com os criacionistas da Terra jovem como **Ken Ham** (2013), qualquer coisa além de uma interpretação literalista da Bíblia trai a fé, de modo que muito do que hoje é chamado de ciência é uma afronta à fé e precisa ser abandonada. Ambos os campos se envolvem em um modelo de conflito sobre a relação entre ciência e teologia, e ambos estão equivocados, elevando a ciência ou a teologia à custa do outro, em vez de dar os devidos benefícios.

No outro extremo estão aqueles que negam que a ciência e a teologia experimentam qualquer tipo de tensão. Essa é a abordagem adotada pelos compartimentistas ou complementaristas, os quais não apenas negam que a ciência e a teologia experimentam tensão, mas vão mais longe ao afirmar que a ciência e a teologia são inerentemente incapazes de experimentar tensão.

Embora os compartimentistas e os complementaristas cheguem essencialmente à mesma conclusão, eles diferem no raciocínio subjacente para manter a paz entre a ciência e a teologia. Os compartimentistas veem a ciência e a teologia como pertencentes a domínios de investigação fundamentalmente diferentes e, portanto, falam de questões tão diferentes que não podem colidir. O falecido **Stephen Jay Gould** representou essa teoria. Por outro lado, os complementaristas veem a ciência e a teologia não tanto como sendo sobre coisas completamente diferentes quanto sobre o uso de métodos radicalmente diferentes para estudar as mesmas coisas (o mundo, a humanidade etc.). A ciência e a teologia constituem, assim, diferentes abordagens para descrever a mesma realidade, com a diferença entre abordagens tão profundas que a ciência e a teologia não podem colidir.

O problema com o compartimentismo e com o complementarismo é que eles não são fiéis à relação entre ciência e teologia, conforme estes se manifestam em conversas reais entre cientistas reais e teólogos reais. Tome o compartimentismo de Gould, ao qual ele se referiu pela sigla MNI (**Magistérios não interferentes**, descrita em seu livro *Rocks of Ages* [Rochas eternas]). Gould só foi capaz de compartimentar a ciência e a teologia redefinindo tendenciosamente as duas. Para ele, a ciência estava preocupada com o mundo factual das coisas e eventos, enquanto a teologia estava preocupada com a ética e a **experiência religiosa** interna.

Dada tal redefinição, segue-se a compartimentalização da ciência e da teologia, mas esta está preocupada com mais do que a ética e a experiência religiosa interna. Teólogos cristãos, por exemplo, também estão preocupados se Jesus era verdadeiramente uma figura histórica, se ele morreu da maneira descrita nas Escrituras e se ele surgiu fisicamente dos mortos, todos estes caindo no mundo factual das coisas e eventos. Gould, um ateu, rejeitou a ressurreição de Jesus e o fez com base em uma ciência materialista que não deixava espaço para **milagres**. A compartimentalização, portanto, mantém a paz entre a ciência e a teologia, mas ao custo de não permitir que ela seja ela mesma.

O complementarismo, como uma maneira de manter a ciência e a teologia em paz, atingirá a maioria dos cristãos como menos ofensiva do que o compartimentismo. Este não pode deixar de redefinir artificialmente a ciência e a teologia de maneiras que os cristãos acham inaceitáveis. O complementarismo, pelo contrário, anuncia-se como sendo fiel à ciência e à teologia; além disso, respeita que a ciência e a teologia operem como formas distintas de investigação.

O próprio termo *complementarismo* remonta à interpretação da Mecânica Quântica em Copenhague, do físico **Niels Bohr**, na qual os processos quânticos se comportam de duas maneiras distintas, nenhuma das quais é privilegiada, e ambas necessárias para compreender adequadamente os fenômenos quânticos. Isso, às vezes, é chamado de dualidade onda-partícula. No entanto, quando a complementaridade é aplicada à relação entre ciência e teologia, pretende-se sugerir não apenas que os dois são necessários para fornecer uma explicação completa do mundo, mas também que os dois envolvem modos inerentemente diferentes de descrição que são incapazes de colidir.

Mas, novamente, como uma questão de experiência prática, quando verdadeiros cientistas e verdadeiros teólogos conversam, suas teorias científicas e teológicas podem colidir. A própria mecânica quântica, que foi a inspiração do complementarismo, pode ser interpretada como produzindo um mundo com aleatoriedade irredutível em que o futuro é inerentemente aberto e indeterminado. No entanto, a teologia cristã, tradicionalmente concebida, considera Deus como tendo conhecimento completo de eventos contingentes futuros. A mecânica quântica sugere, assim, um mundo em que esse conhecimento é impossível, mas uma teologia que coloca Deus como transcendente sobre o cosmos sugere que as leis da mecânica quântica não devem limitar o conhecimento ou poder divino.

Essa tensão entre a mecânica quântica e as concepções clássicas da onisciência divina é muito discutida na literatura científica e teológica (Davis, 1997). Além disso, na medida em que essa tensão é resolvida, isso não é feito citando o complementarismo, mas pesando as afirmações concorrentes da ciência e da teologia. Isso pode levar a conclusões radicalmente diferentes.

Assim, aqueles que veem a mecânica quântica como um enfraquecimento das concepções clássicas da onisciência divina, considerarão a ciência moderna um *insight* da natureza do mundo fechado à teologia clássica. Em particular, como a teologia clássica carecia dos *insights* da ciência moderna, suas formulações teológicas estavam necessariamente limitadas a uma era pré-científica. Consequentemente, os *insights* científicos contemporâneos precisam agora ser reconhecidos pelos teólogos à medida que atualizam e modernizam sua teologia, e isso inclui dispensar a onisciência divina clássica.

Por outro lado, os teólogos clássicos se recusarão a sacrificar uma doutrina tão básica quanto a presciência divina de eventos contingentes futuros. Como eles veem, Deus criou as **leis da natureza**, mas não está vinculado a elas. Portanto, não há razão para que as limitações ao conhecimento que se aplicam a nós, porque vivemos em um mundo governado pelas leis da mecânica quântica, também se apliquem a Deus. Deus pode conhecer tudo, até mesmo o futuro, porque ele fez as leis pelas quais o universo opera, no entanto, ao mesmo tempo, essas leis não podem restringir Deus.

Esse exemplo de como a mecânica quântica se relaciona com a onisciência divina ilustra a importância de julgar adequadamente entre ciência e teologia quando elas se chocam. Uma tendência generalizada entre os pensadores que julgam entre ciência e teologia é usar de favoritismo e tratar um como inerentemente superior à outra.

Assim, entre os teólogos mais liberais que, digamos, consideram o Antigo e o Novo Testamentos como uma miscelânea de fontes muito distantes dos supostos eventos relatados, a ciência parecerá um caminho muito mais seguro para o conhecimento, e os pronunciamentos da ciência serão aceitos em detrimento de quaisquer reivindicações tradicionais de teologia. A relação entre ciência e teologia torna-se, assim, uma via de mão única, com todos os benefícios da dúvida indo para a ciência à custa da teologia.

É claro que é possível inverter a direção dessa via de mão única, vendo na teologia verdades duradouras e imutáveis, tão estabelecidas e perspicazes que o progresso ou amadurecimento teológico contínuo é impedido. Nesse caso, a ciência se alinha melhor com a teologia, e, na medida em que é percebida como fora de sintonia, a ciência é falsa e precisa ser descartada.

Tratar a relação entre ciência e teologia como uma via de mão única é típico do modelo de conflito discutido anteriormente neste artigo. Entretanto, uma mentalidade de via de mão única pode prevalecer mesmo quando o conflito evidente está ausente. Tudo o que é necessário é uma mentalidade que, por reflexo, favoreça uma sobre a outra (ciência ou teologia) sem tentar pesar suas respectivas afirmações e sem examinar as particularidades do caso em questão.

O que a ciência e a teologia precisam é de um *diálogo vivo* que reconheça quão imperfeito é o nosso conhecimento da ciência e teologia e que, ao mesmo tempo, traga

108 CIÊNCIA E TEOLOGIA (teoria do diálogo)

clareza para esse diálogo sem trair nem ciência nem teologia. Isso não quer dizer que não conhecemos bem algumas coisas na ciência e também algumas coisas na teologia. Sabemos, como cientistas (e não como teólogos), que a água congela a zero grau Celsius ao nível do mar, e sabemos, como teólogos cristãos (e não como cientistas), que Jesus é o salvador do mundo.

Mas há muito no diálogo ciência-teologia que estamos apenas começando a apreciar, que só agora faz sentido, dada a nossa crescente compreensão do mundo. A via aqui entre ciência e teologia é de mão dupla, com a ciência potencialmente impactando nossas teorias teológicas e, da mesma forma, com a teologia potencialmente impactando nossas teorias científicas. Além disso, se isso é verdadeiramente um diálogo vivo, ciência não pode invariavelmente superar a teologia ou vice-versa.

O problema é que, em nossa cultura polarizada, é muito mais fácil manter os adeptos felizes, deixando que um deles supere de maneira consistente o outro. Vemos isso com o **criacionismo da Terra jovem**, onde nenhuma evidência da astrofísica ou **geologia** é suficiente para estabelecer que a terra tem bilhões em vez de milhares de anos. Mas também vemos isso com certos defensores da evolução darwinista, que veem o **darwinismo** como um bastão para bater em cristãos religiosos e desanimar a crença religiosa.

Em um diálogo vivo entre ciência e teologia, reconhece-se que Deus é o autor do mundo estudado pela ciência e que ele é o ator principal na história da salvação que a teologia tenta entender. Assim, Deus é a fonte principal da verdadeira ciência e verdadeira teologia, e a tarefa do pensador em tentar entender sua relação é menos para resolver as tensões (embora isso seja bom quando pode ser tido) e mais para ganhar clareza.

Na verdade, a teologia é repleta de paradoxos (sobretudo a **Trindade** e as duas naturezas da cristologia), por isso não é de se surpreender que o diálogo entre ciência e teologia possa envolver paradoxos. Isso não é revelar-se em paradoxos ou recusar-se a tentar resolvê-los onde possam ser resolvidos, mas sim rejeitar uma mentalidade simplista que pensa que as grandes questões da vida, e especialmente aquelas na interseção da ciência e da teologia, requerem uma solução ordenada, e também que se pode chegar a tal solução dando prioridade à teologia sobre a ciência ou vice-versa.

Considerando que a teologia lida com verdades eternas ("a fé que uma vez foi entregue aos santos" de acordo com Judas 3), ao passo que a ciência lida com a nossa melhor compreensão atual do mundo físico e está sujeita a constantes revisão, aquela não deveria ter prioridade sobre esta? É verdade que certos aspectos da teologia cristã são totalmente seguros e inegociáveis, como a **encarnação** e a ressurreição. Livre-se disso e você não tem uma teologia cristã. Ainda assim, certos aspectos da ciência são totalmente seguros e inegociáveis, como que vivemos em um mundo físico com certas características claras, que o mundo opera dessa maneira e não de outra (p. ex., armas carregadas disparam balas e armas descarregadas não), e que podemos saber o suficiente sobre como o mundo funciona para sermos moralmente responsáveis por nossas ações.

Consequentemente, onde a ciência ou a teologia não são claras, precisamos de um diálogo vivo que não privilegie uma sobre a outra. Da mesma forma, precisamos de um diálogo vivo, onde a ciência recentemente se tornou clara e lançou por terra afirmações teológicas que anteriormente pensávamos serem claras em questão. Com certeza, esse diálogo vivo pode causar desconforto, e como o teólogo do século XIX, **Charles Hodge**, observou em sua *Teologia sistemática*, "pode custar à igreja uma luta severa para abandonar uma interpretação e adotar outra, como aconteceu no século XVII [quando o sistema copernicano deslocou decisivamente o sistema ptolomaico do universo], mas nenhum mal real precisa ser apreendido. A Bíblia permaneceu e ainda permanece na presença de todo o mundo científico com suas afirmações inabaláveis", no entanto, a busca da verdade exige disposição para suportar tal desconforto.

Os exemplos em que a ciência nos levou a revisar nossas teorias teológicas existem, e isso não deve surpreender, tendo em vista que a ciência moderna, como uma investigação disciplinada sobre a natureza, usando ferramentas e métodos de tempos recentes, veio consideravelmente depois da teologia. A revolução copernicana, anunciada no último parágrafo, é um bom exemplo. Até então, os teólogos cristãos haviam lido a Bíblia como um ensinamento de que a terra era imóvel (cf. Salmo 93:1). Mais recentemente, a teoria generalizada entre os cristãos de que a criação e a humanidade são consideravelmente mais antigas do que os poucos milhares de anos evidentes em Gênesis pode ser creditada à ciência.

Mas isso levanta a questão de saber se as alegações científicas podem ser legitimamente contestadas com base na teologia. A resposta é sim, mas precisa ser bem feito. Considere, por exemplo, a alegação generalizada, feita em nome da ciência, de que "a **singularidade**" está bem próxima. Essa alegação, alardeada pelo futurista Ray Kurzweil (2005), deve ser baseada na lei de Moore, a descoberta empírica de que o poder do computador (em termos de velocidade de processamento e capacidade de memória) dobra a cada 18 meses. Em algum momento, essa lei se quebrará em virtude das limitações de matéria e energia, mas, nas próximas duas décadas, espera-se que a lei de Moore se mantenha.

Agora, de acordo com Kurzweil, 2029 marcará uma singularidade na qual o poder computacional começa a se igualar à cognição humana e, depois disso, os computadores nos alcançarão completamente. Uma vez que os computadores nos alcançarem, a melhor coisa que podemos fazer, segundo Kurzweil, é dispensar nossa humanidade e nos colocar em um computador. (Se nos recusarmos, podemos, no melhor dos mundos, tornar-nos os animais de estimação dos computadores; ou, no pior dos mundos, experimentar a desgraça da humanidade como retratada nos filmes do *Exterminador do futuro*).

Teologicamente, a ideia de que somos computadores e, portanto, de dispensar nossos corpos, transferindo nossa essência para um computador, é repugnante e prejudica a salvação em Cristo. De fato, se somos programas rodando em computadores, então o papel apropriado da salvação seria, provavelmente, reescrever ou depurar os programas, e não fornecer um sacrifício propiciatório em uma cruz romana.

Ainda assim, para resolver tais tensões entre ciência e teologia, não basta simplesmente dizer que um pronunciamento científico é teologicamente objetável. O problema é que, se Kurzweil está certo sobre nós sermos computadores e se sua predição sobre os computadores nos suplantando se tornar realidade, a teologia cristã será refutada. É, portanto, essencial desconstruir o pronunciamento de Kurzweil sobre a singularidade em seus próprios termos.

Como dá para se notar, Kurzweil está apenas fazendo falsas promessas. Ele pressupõe a verdade da forte **inteligência artificial** (IA), que somos, literalmente, computadores que executam programas (os computadores, nesse caso, são nossos cérebros). Assim, os computadores não

fornecem evidências de alcançar a **consciência**, de dominar a linguagem natural ou resolver qualquer número de problemas clássicos conectados à IA, notadamente o problema de enquadramento (que se refere à nossa capacidade de reduzir o conhecimento de fundo relevante em resolução de problemas). Seu argumento é, portanto, fraco.

O ponto a ser observado, no entanto, é que seu argumento precisava ser derrotado em seus próprios termos, sem apelar para a teologia, pois só assim um desafio científico à teologia pode ser efetivamente alcançado. Note que eu disse "efetivamente alcançado", não "definitivamente alcançado", pois esses debates entre ciência e teologia têm uma vitalidade interminável. Kurzweil, longe de ser convencido, apenas redobrará seus esforços para mostrar que os computadores podem alcançar a consciência, fazendo, assim, com que o teólogo continue a tarefa de mostrar que ele ainda está dando falsas promessas.

Concluindo, o único modelo sobre a relação entre ciência e teologia que funciona é aquele que reconhece que ambas estão em diálogo vivo e dão contribuições substanciais. Qualquer coisa menor que isso é considerada uma compreensão simplista do mundo em que usamos a ciência para superar a teologia reflexivamente, ou vice-versa, ao custo de evitar problemas reais e errar a verdade.

William A. Dembski

REFERÊNCIAS E LEITURAS RECOMENDADAS

Davis, John Jefferson, 1997. "Quantum Indeterminacy and the Omniscience of God." *Science and Christian Belief* 9:129-44.

Dawkins, Richard, 2008. *The God Delusion.* New York: Mariner.

Gordon, Bruce; Dembski, William A., eds. 2011. *The Nature of Nature: Examining the Role of Naturalism in Science.* Wilmington, DE: ISI Books.

Gould, Stephen Jay. 1999. *Rocks of Ages: Science and Religion in the Fullness of Life.* New York: Random House.

Ham, Ken, 2013. *Six Days: The Age of the Earth and the Decline of the Church.* Green Forest, AR: Master.

Kurzweil, Ray, 2005. *The Singularity Is Near: When Humans Transcend Biology.* New York: Penguin.

CIÊNCIA, ENSINO DE. Além de ter uma obrigação para seus alunos de ensinar o melhor possível, o professor cristão de ciência tem o dever adicional de ensinar no serviço de Cristo (Colossenses 3:23-24). Isso leva à tarefa muito debatida da *integração bíblica*. Assim, o professor de ciências cristão deve não apenas ser bem versado na história e na **filosofia da ciência** e no funcionamento geral da criação física de Deus, mas também ter uma visão clara de seu próprio entendimento sobre onde esculpir o universo em seu contexto natural/sobrenatural e sobre as

110 CIÊNCIA, ENSINO DE

articulações materiais/imateriais, embora os detalhes disso possam diferir entre cristãos comprometidos.

A integração pode ser realizada tanto enfatizando como a criação declara a glória de Deus e defendendo uma formulação adequada da ciência, distinguindo-a adequadamente do **naturalismo**, do **materialismo** e do **cientificismo**. Desafiar os alunos a olhar para o mundo físico não como um fato bruto, mas como a obra de seu Pai celestial e digna de estudo, apenas por causa disso, pode levá-los a maneiras novas e mais profundas de louvá-lo e honrá-lo.

As lições que realizam isso podem referir-se ao ajuste fino das constantes físicas — sem mencionar as propriedades da água ou da proximidade com o sol e a lua — que permitem que a terra seja um "planeta privilegiado", ou o maquinário molecular extraordinariamente complexo e rico em informações de uma célula viva, notando que os próprios naturalistas usam a linguagem do *design* quando falam de células como "fábricas" ou cérebros como parecidos a "computadores". Por exemplo, "o pensamento teleológico tem sido firmemente resistido pela biologia moderna, e, no entanto, em quase todas as áreas de pesquisa os biólogos têm dificuldade em encontrar uma linguagem que não impute intencionalidade às formas de vida" (Lenoir, 1992, p. ix). É claro que as lições não devem deixar de considerar que o cristianismo também oferece diretrizes e limites frutíferos para fazer ciência e usar a **tecnologia** eticamente e para o benefício de nossos próximos, e para cuidar da criação.

Moreland (2003), no entanto, acredita que a integração deve ir além de uma simples abordagem "doxológica". Desde o **Iluminismo**, um naturalismo metafísico radical deu autoridade epistêmica à "ciência" na cultura ocidental. O professor de ciências cristãs não deve perder a oportunidade de salientar que uma formulação adequada da ciência e do **método científico** não pressupõe necessariamente um naturalismo metafísico, que o materialismo forte é uma redução injustificada e que o cientificismo não é ciência, mas sim uma posição filosófica não descoberta por simples observação e experimentação.

O professor de ciências cristãs que trabalha em uma instituição secular também pode fazer isso, dentro de limites, usando uma abordagem minimalista (Plantinga, 2011). Ele pode ensinar as explicações naturalistas dadas no livro, expondo reduções injustificadas e humildemente apontando suas fraquezas de uma maneira não sectária,

apontando que a atividade humana que chamamos de "ciência" praticamente não explica, e de fato metafisicamente não consegue, explicar tudo.

Os livros didáticos oferecem outra oportunidade para discutir uma abordagem mais equilibrada. O capítulo 1, na maioria dos livros de ciências, geralmente contém uma história e uma filosofia da ciência rudimentares e amadoras (McComas, 1998) que contém pelo menos uma discussão em sala de aula, se não uma correção direta. A história da ciência também pode ser integrada a um currículo, já que muitos cientistas proeminentes eram pelo menos teístas, e alguns, como Faraday e Maxwell, eram bastante evangélicos.

Assim, é possível ensinar as ciências naturais de modo a não criar inadvertidamente mais naturalistas acidentais, mas reproduzir estudiosos treinados para detectar as sutis influências do naturalismo e do materialismo em seus livros didáticos, em sua cultura e na mídia, e que também valorizam a criação material e imaterial de Deus de uma maneira que o honre.

Mark A. Pichaj

REFERÊNCIAS E LEITURAS RECOMENDADAS

BARBOUR, Ian, 1997. *Religion and Science: Historical and Contemporary Issues.* New York: HarperOne.

BLOOM, John A., 2015. *The Natural Sciences: A Student's Guide.* Reclaiming the Christian Intellectual Tradition. Ed. David S. Dockery. Wheaton, IL: Crossway.

BRUSH, Nigel, 2005. *The Limitations of Scientific Truth: Why Science Can't Answer Life's Ultimate Questions.* Grand Rapids: Kregel.

COHEN, I. Bernard, ed. 1990. *Puritanism and the Rise of Modern Science: The Merton Thesis.* Rutgers University Press.

HUNTER, Cornelius G., 2007. *Science's Blind Spot: The Unseen Religion of Scientific Naturalism.* Grand Rapids: Brazos.

LENNOX, John C., 2009. *God's Undertaker: Has Science Buried God?* Oxford: Lion.

LENOIR, Timothy, 1992. *The Strategy of Life.* Chicago: University of Chicago Press. McComas, William F., ed. 1998. *The Nature of Science in Science Education.*

Leiden: Kluwer Academic. Adaptação online de "The Principal Elements of the Nature of Science: Dispelling the Myths." http://i.e-teoria.ru/u/39/95da7cd0c811e495c88addfed12f18f/-/TheMythsOfScience.pdf.

MORELAND, J. P., 1989. *Christianity and the Nature of Science: A Philosophical Investigation.* Grand Rapids: Baker.

_____. 2003. "Academic Integration and Christian Scholarship", em *Philosophy: Christian Perspectives for the New Millennium.* Eds. Paul Copan, Scott B. Luley e Stan W. Wallace. Dallas e Norcross, GA: CLM/RZIM.

PEARCEY, Nancy R.; Thaxton, Charles B., 1994. *The Soul of Science: Christian Faith & Natural Philosophy.* Wheaton, IL: Crossway.

PLANTINGA, Alvin, 2011. *Where the Conflict Really Lies: Science, Religion, and Naturalism.* Oxford: Oxford University Press.

WIKER, Benjamin; Witt, Jonathan, 2006. *A Meaningful World: How the Arts and Sciences Reveal the Genius of Nature.* Downers Grove, IL: IVP Academic.

CIÊNCIA, LIMITES DA. As ciências naturais dão contribuições importantes para o conhecimento e bem-estar humanos, mas, em virtude de seu surpreendente progresso ao longo dos séculos, é fácil superestimar seus poderes. Não é incomum ler que o único conhecimento que importa é o conhecimento científico ou que os **métodos científicos** são os únicos meios confiáveis para o conhecimento (ver **Cientificismo**). Uma visão mais razoável das ciências reconhece tanto o poder quanto os limites da investigação científica (Gauch, 2012). Este verbete falará sobre as ciências naturais, daqui em diante referidas como "ciências".

Pressuposições para a ciência

A mais clara e mais facilmente negligenciada limitação da investigação científica envolve os pressupostos básicos que possibilitam essa investigação, e talvez o menos reconhecido desses pressupostos seja que a verdade existe. O tipo de verdade que as ciências buscam é provisório no sentido de que é condicionado pelo que é atualmente conhecido, bem como pelo compromisso com métodos empíricos. Tais métodos não podem produzir certeza absoluta, porque isso requer uma onisciência empírica: os cientistas teriam que coletar todas as evidências relevantes possíveis e entender todas as influências possíveis sobre um fenômeno para alcançar — ou pelo menos quase alcançar — certeza absoluta sobre ele. Métodos científicos são projetados para nos dizer o que podemos saber sobre as coisas agora com o melhor de nossa capacidade. Os cientistas, portanto, permanecem abertos a novas descobertas que podem levá-los a revisar suas teorias atuais sobre um determinado assunto.

A investigação científica também pressupõe a existência de um mundo independente da mente, e os métodos empíricos pressupõem uma realidade real a ser descoberta e medida que estaria lá mesmo se ninguém estivesse olhando (p. ex., os elétrons teriam a massa que eles têm mesmo que não soubéssemos de sua existência). De uma maneira mais óbvia, os métodos científicos pressupõem a inescapabilidade das leis lógicas (ver **Lógica**), bem como a confiabilidade básica da razão e da experiência sensorial. Conduzir um experimento controlado depende da razão em termos de trabalhar as implicações de uma hipótese ou modelo, planejar um projeto, pensar nas coisas, e assim por diante. Além disso, a observação só é significativa se a experiência sensorial for confiável como um meio para obter conhecimento, e não há exigência de que a razão ou experiência sensorial seja perfeita (caso contrário, o conhecimento seria impossível), apenas basicamente confiável.

Além disso, a experiência sensorial está ligada a uma realidade material que pode ser envolvida. Não que a experiência sensorial humana deva ser apenas da realidade física — por exemplo, os cristãos sentem a presença do Espírito Santo testificando que somos filhos do Pai (Romanos 8:15-16). Em vez disso, os tipos de experiências sensoriais baseadas na investigação científica pressupõem um mundo físico genuíno a ser observado.

A aplicação de métodos científicos para estudar a natureza também pressupõe a uniformidade desta, a ideia de que as leis naturais e os processos que os cientistas estudam são os mesmos em todos os lugares e em todos os momentos. Por exemplo, eletricidade e magnetismo funcionam da mesma forma na América do Norte, na África e na América do Sul, em todo o nosso sistema solar, na galáxia e no universo. Além disso, essas forças têm funcionado da mesma forma no passado como hoje e continuarão a fazê-lo. A exploração das **leis da natureza** pressupõe que a natureza tenha esse tipo de uniformidade (ver **Uniformitarismo**).

Além disso, a investigação científica pressupõe que a natureza é inteligível. Não importa quão uniformes e persistentes sejam os padrões da natureza, se não for possível entender esses padrões, a investigação científica seria impossível.

Demonstrando pressuposições da ciência

Sem essas pressuposições, a investigação científica é inaceitável; de fato, nenhuma forma de investigação humana é possível sem tais pressuposições. No entanto, os métodos científicos em si não podem ser usados para demonstrar a verdade dessas pressuposições, pois, ao tentar fazer isso, comete-se a falácia do argumento circular, assumindo o que se deseja demonstrar. A ciência deve assumir que essas pressuposições estão bem justificadas e ver onde sua investigação leva à luz desses compromissos.

Por causa de qualquer tipo de investigação humana baseada em pressuposições básicas, o tipo de **epistemologia** evidencialista exemplificada por W. K. Clifford ("É errado, sempre, em todos os lugares, e para qualquer um acreditar em qualquer coisa com evidências insuficientes") (1901, p. 183) é incoerente. Não podemos produzir "evidências suficientes" para a confiabilidade básica da razão e da experiência sensorial sem já pressupormos essa confiabilidade. Por isso, a evidência à qual Clifford apelaria só faz sentido à luz de certas pressuposições. Além disso, ninguém acredita nessas pressuposições com base no tipo de evidência que Clifford exige; em vez disso, descobrimos e avaliamos evidências baseadas nelas. Cientificismo — a teoria de que apenas métodos científicos podem produzir conhecimento e somente o conhecimento científico é genuíno — fracassa de maneira semelhante.

Pressupostos só podem ser motivados ou justificados como elementos de uma teoria filosófica ou teológica maior. Assim, as ciências dependem de compromissos filosóficos profundos e subjacentes, como qualquer outra investigação humana — ou, na verdade, qualquer coisa que valha a pena na vida. Nesse sentido, as ciências estão em uma posição de confiança não diferente do compromisso religioso.

Portanto, os métodos científicos têm uma limitação significativa: eles se baseiam em pressuposições que chegamos a compreender por meio de formas filosóficas e teológicas de conhecer. De maneira semelhante, as ciências representam algumas, mas não as únicas, maneiras de se conhecer. Métodos científicos podem ser a melhor maneira de descobrir conhecimento sobre a natureza, mas eles não são o único caminho, tampouco são a única maneira de conhecer em geral, uma vez que existem formas históricas, filosóficas e estéticas de saber, entre outros.

Além disso, os métodos científicos não são projetados para detectar ou descobrir o significado, mas sim para explorar a realidade física, o que eles fazem efetivamente. Propriedades físicas e processos estudados pelas ciências não descobrem propósitos, juízos e afins — nem produzem linguagem para raciocinar e articular experiências. Propósitos, valores, significados, declarações, argumentos e afins não existem nos domínios subatômicos, químicos e biológicos — eles existem no domínio da **consciência** humana. Até mesmo as teorias científicas, que os métodos científicos ajudam a formular e investigar, são significados que os humanos devem classificar como entendimentos do mundo natural.

Ciência como autolimitante

Em suma, como os métodos científicos são projetados para investigar a realidade física, eles são limitados a essa realidade, e essa autolimitação tem sido parte do poder

das ciências de descobrir um vasto conhecimento sobre a natureza e, ao mesmo tempo, servir como um limite natural e apropriado (Gauch, 2012).

Portanto, qualquer investigação científica envolve mais do que meros "métodos científicos", "dados" e "análise". Sem os propósitos, valores e significados que os humanos trazem para os processos de investigação, os métodos científicos não poderiam existir ou ser capazes de contribuir para a nossa compreensão de coisas não físicas. Além disso, categorizar propósitos, valores e significados como "subjetivos" ou "menos reais", porque não são físicos, é (a) cair em uma teoria filosófica chamada *naturalismo metafísico*, onde a natureza — a física — é tudo o que existe genuinamente objetivamente, e (b) falha em perceber o quanto as ciências dependem do não físico para sua existência e seu sucesso. Com uma compreensão dos **limites da ciência**, podemos ver essa dependência mais claramente.

A autolimitação do foco dos métodos científicos na realidade física está subjacente ao **naturalismo metodológico**, que tem sido uma parte importante das ciências, mas também é motivado teologicamente (Bishop, 2013), uma vez que a autolimitação para fenômenos físicos não requer que nada seja além do físico. Pelo contrário, essa autolimitação — juntamente com as próprias ciências — pode ser vista como dependente do não físico: os propósitos, valores e significados que fazem a existência e busca da investigação científica possível.

Robert C. Bishop

REFERÊNCIAS E LEITURAS RECOMENDADAS

Bishop, R. C. 2013. "God and Methodological Naturalism in the Scientific Revolution and Beyond." *Perspectives on Science and Christian Faith* 65:10-23.

Clifford, W. K. 1901. *Lectures and Essays.* London: Macmillan.

Gauch, H. 2012. *Scientific Method in Brief.* Cambridge: Cambridge University Press.

CIÊNCIA, PRESSUPOSTOS DA. Muitas pessoas, incluindo alguns físicos famosos, não estão cientes de que a ciência exige que pressupostos filosóficos sejam uma busca racional adequadamente fundamentada. Essas pressuposições são evidentes por si mesmas ou requerem apoio por meio de investigação além da ciência. "A filosofia está morta", Stephen Hawking e Leonard Mlodinow anunciaram em seu best-seller (Hawking e Mlodinow, 2010, p. 5), porque "não acompanhou os desenvolvimentos modernos na ciência".

Embora a ciência tenha derrubado algumas ideias filosóficas sobre o espaço, o tempo e outros aspectos da existência, esses episódios não justificam declarar a morte de uma disciplina inteira. Além disso, a própria afirmação "A filosofia está morta" é filosófica, não científica, e, portanto, autoanuladora nesse contexto. É tão autoanulável como dizer "não consigo falar uma só palavra em português". Os cientistas não estão isentos da regra lógica (filosófica) de "uma afirmação autoanulável não pode ser verdadeira". Tal regra (como a afirmação "a filosofia está morta") não pode ser justificada pela realização de experimentos ou pelo envolvimento em outros modos de investigação científica. Essa regra lógica é autoevidente, e a ciência depende de tal percepção filosófica.

Hawking e Mlodinow ilustram ainda, involuntariamente, como a filosofia está *viva* no contexto pressuposicional da ciência quando eles escrevem: "Pelo fato de existir uma lei como a gravidade, o universo pode e irá se criar a partir de nada" (Hawking e Mlodinow, 2010, p. 180). Algo não pode vir a existir porque já deveriam existir poderes causais, então, a afirmação deles é autocontraditória. Além disso, uma lei natural como a gravidade não é "nada". Isso é um equívoco sobre o termo nada, ou uma contradição (Keas, 2013). Os cientistas necessariamente se engajam na irracionalidade quando propõem teorias que violam o princípio filosófico da coerência interna (isto é, evitam a autocontradição). Hawking fez profundas descobertas, apesar de seu **cientificismo** desafiador da racionalidade, que assume que a filosofia é obsoleta. Ele fez essas descobertas enquanto fazia uso de princípios lógicos (como a coerência interna) que se enquadram no âmbito da filosofia.

Contraste o cientificismo ingênuo de Hawking e Mlodinow com as pressuposições filosófico-teológicas de **Johannes Kepler** (1571-1630). Kepler, celebrado em livros de **astronomia** por suas três leis do movimento planetário, contrastou sua análise matemática da natureza com **Aristóteles**, "que não acreditava que o mundo tivesse sido criado e, portanto, não podia reconhecer o poder dessas figuras quantitativas como arquétipos [ou seja, planos de *design* para o mundo material], porque, sem um arquiteto, não existe tal poder para fazer qualquer coisa "física". No entanto, argumentou Kepler, um estudo matemático da **física** celestial "é aceitável para mim e para todos os cristãos, pois nossa fé sustenta que o mundo, que não tinha existência anterior, foi criado por Deus em peso,

medida e número, e isso está de acordo com ideias coeternais com Ele" (Kepler, 1997, p. 115).

Kepler pressupunha que as ideias matemáticas existissem eternamente na **mente** divina e que Deus selecionou livremente algumas dessas regras matemáticas para governar sua criação. As pressuposições filosóficas cristãs de Kepler ajudaram-no a descobrir leis naturais. Se Hawking e Mlodinow estivessem comprometidos com a **filosofia da ciência** de Kepler, eles teriam evitado declarações autocontraditórias sobre o universo vindo do nada.

Historiadores da ciência documentaram (Keas, 2013) como a teologia cristã ajudou no estabelecimento de pressupostos filosóficos que ajudaram a justificar métodos observacionais e outros **métodos científicos**. A crença cristã na liberdade divina minou a teoria estabelecida por **Platão** e Aristóteles de que a estrutura do cosmos é necessária. Os cristãos insistiram que Deus poderia ter criado um universo bem diferente daquele que Aristóteles imaginou, e então concluíram que o teste de múltiplas hipóteses por experimentos e outras técnicas observacionais é um modo efetivo de determinar qual conjunto de leis naturais Deus realmente criou (Davis, 1999). Sem tal pressuposto, é difícil justificar o empreendimento científico.

O cristianismo cultivou humildade e confiança no conhecimento humano. A confiança deriva da ordem do mundo de Deus, projetada para a descoberta por seus portadores de imagens humanos. No entanto, a doutrina cristã da **queda** de **Adão e Eva** (e nossa condição como criaturas finitas) fornece uma **explicação** para a dificuldade da razão humana de alcançar a certeza sobre o cosmos, com uma consequente ênfase no teste de hipóteses. Muitos cientistas medievais e primitivos modernos pressupunham esse equilíbrio de confiança e humildade (Harrison, 2007).

Para ampliar esse levantamento histórico das pressuposições filosóficas da ciência para uma análise contemporânea adicional desse assunto, as regras morais pressupostas pela ciência são importantes. A ética, um ramo da filosofia, analisa a **moralidade**, incluindo regras morais importantes para a trajetória da pesquisa científica orientada pela verdade. Por exemplo, os cientistas deveriam avaliar honestamente e relatar todos os dados relevantes para o seu trabalho em vez de lidar apenas com dados amigáveis às suas teorias preferidas. O sucesso da ciência depende de cientistas operando em harmonia com tais pressuposições éticas.

114 CIÊNCIA, VOCAÇÃO DA

A ética, que se encaixa no estudo filosófico do valor (axiologia), está relacionada aos valores indicativos da verdade, chamados *virtudes teóricas*, que os cientistas pressupõem em seu trabalho. De fato, as melhores teorias da maioria das disciplinas acadêmicas exibem muitas das mesmas virtudes teóricas. Esses traços virtuosos indicam que uma teoria é provavelmente verdadeira e usualmente inclui precisão de evidência, adequação causal, clareza conceitual, coerência interna (falta na teoria de Hawking-Mlodinow citado anteriormente), coerência universal, escopo, elegância, simplicidade, falta relativa de modificação *ad hoc*, sucesso preditivo, produtividade e aplicabilidade.

No entanto, outras pressuposições e questões filosóficas (metafísicas e epistemológicas) residem dentro e sob as virtudes teóricas. As virtudes teóricas são verdadeiras indicativas ou meramente pragmáticas? O que é **causalidade**? Por que é mais provável que teorias simples e elegantes sejam verdadeiras do que feias e complicadas? Os pressupostos naturalistas (ver **Naturalismo metodológico**) impedem o reconhecimento de certas verdades sobre a natureza? Os cientistas não devem tentar desvendar os ramos da filosofia nos quais se encontram (Plantinga, 2011).

Embora a identificação, caracterização e classificação das virtudes teóricas sejam debatidas pelos filósofos (Lacey, 1999, p. 52-53; McMullin, 2012, p. 697-99) e pelos participantes em disputas teóricas específicas, muitos estudiosos concordam que essas virtudes nos ajudam a inferir qual a teoria rival é a melhor explicação (Kuhn, 1977, p. 321-22; Lipton, 2004, p. 122-23; veja **Inferência para a melhor explicação**). Estudos históricos e filosóficos de teorias amplamente aceitas, especialmente nas ciências naturais (Doppelt, 2007, p. 96-118), nos ajudaram a reconhecer, aperfeiçoar e aplicar com mais habilidade essas ferramentas racionais em todas as empreitadas de elaboração de teorias em todas as disciplinas. Isso ilustra como muitos dos pressupostos filosóficos amplamente reconhecidos da ciência também orientam a investigação em outros campos acadêmicos.

A teologia cristã tem recursos para nos ajudar a entender os pressupostos filosóficos da ciência (Plantinga, 2011), muitos dos quais direcionam a busca da verdade em todos os campos. Embora não tenhamos espaço para desenvolver ainda mais esse ponto (ver Keas a seguir), vimos como Kepler compreendeu isso quatro séculos atrás. É uma tragédia que alguns físicos famosos, como Hawking e Mlodinow, apesar de sua grande admiração por Kepler, tenham tentado se isolar dos pressupostos filosóficos (e *insights* teológicos associados) nos quais ele fundamentou a ciência como um empreendimento racional.

Michael N. Keas

REFERÊNCIAS E LEITURAS RECOMENDADAS

Davis, Edward, 1999. "Christianity and Early Modern Science: The Foster Thesis Reconsidered", em *Evangelicals and Science in Historical Perspective*. Eds. David Livingstone et al., 75-95. New York: Oxford University Press.

Doppelt, G., 2007. "Reconstructing Scientific Realism to Rebut the Pessimistic Meta-induction." *Philosophy of Science* 74:96-118.

Harrison, Peter, 2007. *The Fall of Man and the Foundations of Science*. Cambridge: Cambridge University Press.

Hawking, Stephen; Mlodinow, Leonard, 2010. *The Grand Design*. New York: Bantam.

Keas, Michael, 2013. "In the Beginning: Episodes in the Origin and Development of Science." *Salvo* 26:6-12. http://salvomag.com/new/articles/salvo26-science-faith/in-the-beginning.php.

Kepler, Johannes, 1997. *The Harmony of the World*. Trans. E. J. Aiton et al. Philadelphia: American Philosophical Society.

Kuhn, Thomas, 1977. "Objectivity, Value Judgment, and Theory Choice", em *The Essential Tension*. Ed. Thomas Kuhn, 310-39. Chicago: University of Chicago.

Lacey, Hugh, 1999. *Is Science Value Free? Values and Scientific Understanding*. London: Routledge.

Lipton, Peter, 2004. *Inference to the Best Explanation*. 2. ed. London: Routledge.

McMullin, Ernan, 2012. "Values in Science." *Zygon* 47:686-709.

Plantinga, Alvin, 2011. *Where the Conflict Really Lies*. New York: Oxford University Press.

CIÊNCIA, VOCAÇÃO DA.

Embora o uso moderno da palavra *vocação* possa significar simplesmente uma ocupação, a ideia original de uma vocação foi desenvolvida dentro do cristianismo e se referiu a um chamado específico de Deus.

No contexto da ciência e vocação, o trabalho seminal dedicado a esse assunto é, sem dúvida, o texto de uma palestra dada pelo filósofo e economista político alemão Max Weber, em 1918, na Universidade de Munique e publicada por Dunker & Humboldt, em 1919. Intitulado "Science as Vocation" (Ciência como vocação), esse discurso aborda as realidades políticas e econômicas de se seguir uma carreira em ciência na Alemanha e nos Estados Unidos no início do século XX, bem como o valor intrínseco da investigação científica em comparação com outras disciplinas acadêmicas e artísticas. Inclui discussão sobre o papel da religião na vida contemporânea e sobre o desencantamento de nosso mundo racionalizado e intelectualizado (Weber, 1946).

Weber apontou que os cientistas dos períodos da Idade Média e da Reforma acreditavam que estavam fazendo a tarefa de Deus ao compreender a natureza e estavam mostrando um caminho para Deus. No entanto, ele então declarou: "Quem [...] ainda acredita que as descobertas da astronomia, biologia, física ou química poderiam nos ensinar alguma coisa sobre o significado do mundo?" (Weber, 1946, p. 8). Ele então argumentou que, embora a ciência não dê o caminho para Deus ou mesmo o caminho para a felicidade, ela ainda tem algo a contribuir para a vida prática e pessoal. Weber lista três aspectos da ciência que fazem dela uma verdadeira "vocação".

> A ciência contribui para a **tecnologia** de controle da vida, calculando objetos externos, bem como a atividade do homem.
> A ciência pode contribuir... com métodos de pensar, ferramentas e treinamento para o pensamento.
> A contribuição da ciência não atinge seu limite com isso. Estamos em posição de ajudá-lo a um terceiro objetivo: obter clareza de pensamento (Weber, 1946, p. 13).

Embora Weber tenha rejeitado a crença dos primeiros cientistas de que a ciência é uma vocação e um chamado porque mostra um caminho para Deus, essa ideia não pode ser facilmente descartada. O apóstolo Paulo escreve em Romanos 1:20: "Pois desde a criação do mundo os atributos invisíveis de Deus, seu eterno poder e sua natureza divina, têm sido vistos claramente, sendo compreendidos por meio das coisas criadas, de forma que tais homens são indesculpáveis". O rei Davi escreve no Salmo 19:1: "Os céus declaram a glória de Deus; o firmamento proclama a obra das suas mãos". Mais tarde nos Salmos, lemos: "Grandes são as obras do Senhor; nelas meditam todos os que as apreciam" (Salmo 111:2).

Essas e outras passagens bíblicas indicam que o caráter de Deus pode ser visto pela observação da natureza. Um cientista que estuda o funcionamento do universo deve claramente ser capaz de ver a mão de Deus e até mesmo observar qualidades específicas sobre o ser de Deus. Como exemplo, observações que levaram à nossa compreensão da **origem do universo** indicam que a causa desse universo deve ser transcendente, uma característica clara de Deus. Observações de **ajuste fino** e *design* do universo levam ao **princípio antrópico** que indica que os humanos têm um lugar especial no universo. As proclamações bíblicas e as descobertas modernas apoiam a ideia de que uma carreira na ciência pode ser uma vocação de fato.

Michael G. Strauss

REFERÊNCIAS E LEITURAS RECOMENDADAS

Weber, Max, (1919) 1946. *From Max Weber: Essays in Sociology.* Tradução e eds. H. H. Gerth e C. Wright Mills. New York: Oxford University Press. http://anthropos-lab.net/wp/wp-content/uploads/2011/12/Weber-Science-as-a-Vocation.pdf.

CIÊNCIAS SOCIAIS. As ciências sociais são um grupo de disciplinas (p. ex., antropologia, economia, educação, história, geografia humana, linguística, ciência política, **psicologia** e **sociologia**) projetadas para estudar o comportamento humano e os fenômenos sociais. Embora as ciências sociais empreguem **métodos científicos** (p. ex., medição quantitativa), elas são consideradas ciências "leves" em vez de ciências "duras", como **física** e química. O objetivo das ciências sociais é buscar o florescimento humano pela compreensão do comportamento social e dos fenômenos da humanidade por meio de métodos científicos. Nesse sentido, os cientistas sociais usam observação, experimentos e hipóteses para entender e interpretar os fenômenos sociais e o comportamento humano.

As ciências sociais surgiram no século XIX e início do século XX, embora suas origens remontem ao século VI a.C., nas especulações filosóficas dos gregos. Auguste Comte (1798-1857), o pai fundador da sociologia, é considerado o arquiteto das ciências sociais em geral à luz de suas tentativas de sistematizá-las. A ciência natural, que surgira três séculos antes, exercia enorme influência sobre as ciências sociais; e como a ciência natural procurou entender o mundo através das lentes das causas estritamente materiais, e não do ponto de vista religioso, as ciências sociais seguiram o exemplo. As teorias de **Charles Darwin** tornaram-se influentes, e muitos cientistas sociais no século XIX e no início do século XX acreditavam que o comportamento humano era estritamente derivado biologicamente. À medida que o **darwinismo** biológico e social alcançou proeminência, muitos cristãos evangélicos na América começaram a se afastar da educação superior tradicional, e isso marcou o início de um cisma entre as faculdades bíblicas cristãs e as faculdades seculares de artes liberais, uma vez que os cristãos passaram a ver aspectos da ciência natural e social como antagônicos à sua fé.

Apesar dos desafios que existem entre a religião e as ciências sociais, houve movimentos positivos em ambos os

116 CIENTIFICISMO

lados. Muitos cientistas sociais tornaram-se menos hostis à religião (Rolston, 1987; p. 200-201). Da mesma forma, alguns estudiosos cristãos argumentam que as ciências sociais foram mal interpretadas pelos estudiosos religiosos. Como resultado, contribuições significativas que as ciências sociais podem fazer para a fé cristã foram negligenciadas (Moberg, 1972, p. 120-21; Segal, 2006, p. 312-17). Além disso, os cientistas sociais Robert N. Bellah, Peter L. Berger e Clifford J. Geertz argumentaram, de várias maneiras, que as ciências sociais revelam que a religião é uma base apropriada para a visão da realidade (Segal, 2006, p. 317-19).

O envolvimento da teologia com as ciências sociais também tem sido precário, mas, ainda assim, alguns teólogos incorporaram a ciência social em seu trabalho. A teologia da libertação, por exemplo, é uma clara tentativa de "construir fundamentos teológicos contextuais influenciados pelo *insight* marxista" (Roberts, 1997, p. 712). De modo similar, o teólogo **Wolfhart Pannenberg** incorporou teorias antropológicas em seu sistema teológico para argumentar que a credibilidade da fé cristã pode ser validada por meio da antropologia. Além disso, mais recentemente, a teóloga e filósofa **Nancey Murphy** se baseou na literatura em psicologia para defender sua tese do **fisicalismo** não redutor.

Embora a teologia e as ciências sociais muitas vezes pareçam estar em desacordo, ambas estão profundamente interessadas em compreender a humanidade. Nesse sentido, à medida que os cristãos se deparam com um mundo cada vez mais pluralista e globalizado, as ciências sociais podem servir como um parceiro útil que possibilita que a teologia seja mais explicitamente relevante e eficaz no enfrentamento de questões contemporâneas como pobreza, gênero, etnia, sexualidade e conflito.

Naomi Noguchi Reese

REFERÊNCIAS E LEITURAS RECOMENDADAS

Balswick, Jack O.; King, Pamela E.; Reimer, Kevin S., 2005. *The Reciprocating Self: Human Development in Theological Perspective.* Downers Grove, IL: InterVarsity.

Brown, Warren S.; Murphy, Nancey; Malony, H. Newton, 1998. *Whatever Happened to the Soul? Scientific and Theological Portraits of Human Nature.* Minneapolis: Fortress.

Browning, Don, 2004. "Social Theory", em *The Blackwell Companion to Modern Theology.* Ed. Gareth Jones, 65-81. Oxford: Blackwell.

Kamm, Richey S., 1968. "The Social Sciences: A Christian Perspective", em *Christianity and the World of Thought.* Ed. Hudson T. Armerding, 11-30. Chicago: Moody.

Moberg, David O., 1972. "The Social Sciences", em *Christ and the Modern Mind.* Ed. Robert W. Smith, 109-22. Downers Grove, IL: InterVarsity.

Reimer, Kevin, 2009. "Social Sciences", em *A Science and Religion Primer.* Eds. Heidi A. Campbell e Heather Looy, 203-5. Grand Rapids: Baker Academic.

Roberts, Richard H., 1997. "Theology and the Social Sciences", em *The Modern Theologians: An Introduction to Christian Theology in the Twentieth Century.* Ed. David F. Ford, 700-719. 2. ed. Cambridge, MA: Blackwell.

Rolston, Holmes, 1987. *Science and Religion: A Critical Survey.* New York: Random House.

Segal, Robert A., 2006. "Contributions from the Social Sciences", em *The Oxford Handbook of Religion and Science.* Eds. Philip Clayton e Zachary Simpson, 311-27. Oxford: Oxford University Press.

Van Leeuwen, Mary Stewart, 1989. "Evangelicals and the Social Sciences." *Evangelical Review of Theology* 13:246-63.

CIENTIFICISMO. Existem duas formas de cientificismo: *forte* e *fraco*. O cientificismo forte afirma que alguma proposição é verdadeira e/ou racional para acreditar se e somente se for uma proposição científica, isto é, se e somente se for uma proposição científica bem estabelecida que, por sua vez, depende de ter sido corretamente formada, testada e utilizada de acordo com uma metodologia científica apropriada. Não há verdades à parte das verdades científicas e, mesmo se houvesse, não haveria razão para acreditar nelas.

Defensores do cientificismo fraco permitem verdades à parte da ciência e até mesmo admitem que elas têm algum *status* mínimo de racionalidade positiva sem o apoio da ciência, mas esses defensores ainda sustentam que a ciência é o setor mais autorizado da aprendizagem humana. Todas as outras atividades intelectuais são inferiores à ciência. Além disso, virtualmente não há limites para a ciência. Não há campo no qual a pesquisa científica não possa lançar luz. Na medida em que alguma questão fora da ciência pode receber apoio científico ou ser reduzida à ciência, a questão torna-se racionalmente aceitável. Assim, temos uma obrigação intelectual de tentar usar a ciência para resolver problemas em outros campos que até agora não foram tocados pela metodologia científica. Por exemplo, devemos tentar resolver problemas sobre a **mente** pelos métodos da neurofisiologia.

O cientificismo sofre de três críticas devastadoras. Primeiro, o cientificismo forte é autorrefutável, mas não é em si uma proposição de ciência, e sim uma proposição de segunda ordem *de* filosofia *sobre* a ciência no sentido de que apenas proposições científicas são verdadeiras e/ou racionais para acreditar. E o cientificismo forte é oferecido como uma crença verdadeira e racional. Proposições autorrefutáveis (p. ex., "Não há verdades") não são falsas, mas poderiam ter sido verdadeiras. Elas são necessariamente falsas — não é possível que sejam verdadeiros. Assim, nenhum progresso científico no futuro terá o menor efeito em tornar o cientificismo forte mais aceitável.

Há mais dois problemas que contam igualmente contra o cientificismo forte e fraco. Em primeiro lugar, o cientificismo (em ambas as formas) não permite adequadamente a tarefa de afirmar e defender as pressuposições necessárias para que a própria ciência seja praticada (assumindo o realismo científico). Assim, o cientificismo mostra-se um inimigo, e não um amigo da ciência.

Cientificismo forte exclui essas pressuposições porque nem elas nem sua defesa são uma questão científica. Cientificismo fraco interpreta erroneamente sua capacidade em sua teoria de que proposições científicas têm maior autoridade cognitiva do que aquelas de outros campos, como a filosofia. Isso significaria que as conclusões da ciência são mais certas do que as pressuposições filosóficas usadas para justificar essas conclusões, e isso é um absurdo.

Por fim, há a existência de crenças verdadeiras e razoáveis fora da ciência, e tais crenças existem em uma série de campos fora da ciência. O cientificismo forte não permite esse fato e deve ser rejeitado como uma explicação inadequada de nosso empreendimento intelectual.

Além disso, algumas proposições acreditadas fora da ciência (p. ex., "Torturar bebês por diversão está errado"; "Eu estou pensando agora em ciência") são mais bem justificadas do que algumas acreditadas dentro da ciência (p. ex., "A evolução acontece por meio de uma série de pequenos passos"). Algumas de nossas crenças científicas atuais serão racionalmente revisadas ou abandonadas em 100 anos, mas seria difícil ver como o mesmo poderia ser dito das proposições extracientíficas citadas. O cientificismo fraco não leva em conta esse fato — em suma, o cientificismo em ambas as formas é inadequado.

J. P. Moreland

REFERÊNCIAS E LEITURAS RECOMENDADAS

MORELAND, J. P., 1989. Christianity and the Nature of Science. Chap. 3. Grand Rapids: Baker.

RESCHER, Nicholas, 1984. The Limits of Science. Berkeley: University of California Press.

SORRELL, Tom, 1994. Scientism: Philosophy and the Infatuation with Science. London: Routledge.

WILLIAMS, Richard N.; Robinson, Daniel N., eds. 2015. Scientism: The New Orthodoxy. London: Bloomsbury.

CLAYTON, PHILIP. Philip Clayton (1956-) é um filósofo e teólogo contemporâneo norte-americano da cátedra Professor Ingraham de Teologia na Claremont School of Theology. Ele possui quatro pós-graduações: uma no Fuller Theological Seminary e três na Universidade de Yale, incluindo um doutorado conjunto em Estudos Religiosos e Filosofia. Ele ensinou ou teve cátedra de pesquisa no Williams College, na Universidade Estadual da Califórnia, na Universidade de Harvard, na Universidade de Cambridge e na Universidade de Munique.

Clayton começou seu trabalho de doutorado sob a supervisão do proeminente teólogo alemão **Wolfhart Pannenberg**, completando esse trabalho na Universidade de Yale. Enquanto exerceu sua carreira de docente e pesquisa, seus interesses evoluíram da filosofia para as controvérsias entre ciência e religião para, mais recentemente, o que ele chama de "teologia construtiva", uma teologia cristã em diálogo com a **metafísica**, a filosofia e a ciência contemporânea. Seu trabalho é amplo e inclui publicações em **epistemologia**, **filosofia da ciência**, biologia evolutiva, **neurociência**, teologia comparativa e metafísica positiva. Sua pesquisa centrou-se principalmente em **emergência** biológica, religião e ciência, estudos de processos e questões contemporâneas na metafísica, **ecologia**, religião e ética. Ele também tem sido uma voz preeminente na internacionalização do diálogo ciência-religião, incluindo ser o principal investigador do Programa Ciência e a Busca Espiritual, envolvendo mais de 120 cientistas seniores ilustres em diálogo nas interseções da ciência e da espiritualidade. Além disso, ele tem sido um dos principais defensores das abordagens multiculturais e multirreligiosas da área, inclusive de tradições religiosas muçulmanas, judaicas, cristãs, hindus e do sudeste asiático.

Teologicamente, Clayton mantém uma forma dialógica e pluralista da teologia do processo. Ele nega o **teísmo** tradicional, ou o que ele chama de "teísmo cristão clássico", e defende o panenteísmo, afirmando a transcendência de Deus embora negue a separação de Deus e do mundo. O seu panenteísmo implica um universo não recessivo, não dualista, emergente e evolutivo, e ele sustenta que esse modelo fornece um relato mais plausível da **ação divina**, da ética, da metafísica e do **problema do mal** do que o teísmo tradicional.

Clayton também é um pioneiro e principal proponente da emergência forte — uma teoria inovadora e abrangente sobre as ciências naturais e a mente humana e sua relevância para a religião. Ele esteve profundamente envolvido no movimento cristão da igreja emergente e deu palestras em todos os Estados Unidos e no exterior

118 CLONAGEM

sobre a evolução na compreensão da fé cristã no século XXI, incluindo abordagens novas e imaginativas para se ser igreja. Ele é o chefe do projeto TransformingTheology.org, e lançou o movimento de teologia liberal e progressista Big Tent Christianity com Brian McLaren e Tony Jones. O professor Clayton é destinatário de numerosos subsídios de pesquisa e cátedras internacionais, e publicou mais de 20 livros e centenas de artigos populares e acadêmicos.

Chad Meister

REFERÊNCIAS E LEITURAS RECOMENDADAS

Clayton, Philip. *The Problem of God in Modern Thought.* Grand Rapids: Eerdmans, 2000.
_____. *The Oxford Handbook of Religion and Science.* Oxford: Oxford University Press, 2006.
_____. *The Re-emergence of Emergence: The Emergentist Hypothesis from Science to Religion.* Oxford: Oxford University Press, 2008.
_____. *Transforming Christian Theology: For Church and Society.* Minneapolis: Fortress, 2010.
_____; Knapp, S. *The Predicament of Belief: Science, Philosophy, and Christian Minimalism.* Oxford: Oxford University Press, 2011.

CLONAGEM. A clonagem é um processo artificial pelo qual as cópias genéticas de organismos vivos ou suas partes são criadas. Assim, um gene, célula, planta, animal ou ser humano pode ser clonado. A clonagem é bastante comum na agricultura e horticultura, e os cientistas têm clonado genes humanos e animais há muitas décadas. A ideia de clonagem de animais inteiros tem raízes no trabalho do embriologista Hans Spemann (1938).

Organismos inteiros podem ser clonados de duas maneiras gerais. A clonagem embrionária (CE) é a réplica artificial do que ocorre naturalmente na geminação monozigótica. Porque as células do embrião muito precoces são totipotentes (o que significa que podem se desenvolver em qualquer um dos tipos de células do corpo) uma pode ser separada das outras e se tornar um novo embrião. A primeira CE conhecida ocorreu em 1885, quando um embrião de ouriço-do-mar de duas células foi dividido e cada célula então se desenvolveu em um ouriço-do-mar individual. Em 1993, a CE foi conduzida com sucesso em um ser humano embrionário, embora cada embrião tenha morrido logo após a divisão celular porque o óvulo utilizado no experimento foi fertilizado intencionalmente, *in vitro*, por dois espermatozoides.

A clonagem de transferência nuclear (CTN) ocorre quando o núcleo de um óvulo é removido, substituído pelo núcleo da célula não germinal de um doador, e este óvulo renucleado é estimulado eletricamente para começar a divisão celular como uma concepção comum. Experiências bem-sucedidas iniciais com anfíbios e mamíferos usaram núcleos de células embrionárias totipotentes e pluripotentes. As células somáticas (as que são diferenciadas para partes específicas do corpo) foram utilizadas pela primeira vez na clonagem de um sapo em 1958 e na clonagem de um mamífero em 1997. O último, uma ovelha chamada Dolly, aumentou a perspectiva de clonar seres humanos inteiros por transferência nuclear de células somáticas (TNCS).

A infertilidade e a doação de órgãos são as razões mais populares sugeridas para clonagem de seres humanos via TNCS (Kahn, 1989). Embora essa clonagem tenha apoio (Pence, 1998), também há oposição (Beckwith, 2002; Kass, 1997). Alguns argumentam que, se a clonagem de seres humanos se tornasse uma prática aceitável, mudaria sutilmente nossa percepção da reprodução humana de crianças geradas pela união corporal de seus pais e amor às crianças produzidas e cujos genomas são selecionados pela vontade de seus criadores.

Outros argumentam que, porque um clone é literalmente o gêmeo idêntico da pessoa cujo genoma foi utilizado para formá-lo, o uso generalizado da clonagem contribuiria para o contínuo desenvolvimento de noções comuns de família e propriedade que serviram muito bem a civilizações há milênios. Por exemplo, a esposa que carrega em seu útero o clone TNCS de seu marido, que resultou do genoma deste e de seu óvulo, está literalmente gestando seu cunhado. Quando essa criança nasce e se torna um adulto, ele pode se clonar? Ou deveria o seu "pai" ter uma opinião, já que essa criança foi clonada do seu **DNA**? E quanto aos avós "paternos" da criança, que agora têm outro herdeiro, já que ele é literalmente o gêmeo idêntico de seu filho?

De acordo com os críticos, a clonagem dos seres humanos para usar ou colher suas partes para o bem dos outros não trata apenas esses clones humanos como meras mercadorias, mas também injustamente nega-lhes os bens corporais e pessoais, aos quais eles têm direito e para os quais seu desenvolvimento é assegurado (Beckwith, 2002).

Francis J. Beckwith

REFERÊNCIAS E LEITURAS RECOMENDADAS

Beckwith, Francis. "Cloning and Reproductive Liberty." *Nevada Law Journal* 3: 61-87, 2002.

KAHN, Carol. "Can We Achieve Immortality? The Ethics of Cloning and Other Life-Extension Technologies." *Free Inquiry* (2): 14-18, 1989.

KASS, Leon. "The Wisdom of Repugnance." *The New Republic* 2: 17-26, 1997.

PENCE, Gregory. *Who's Afraid of Human Cloning?* Lanham, MD: Rowman & Littlefield, 1998.

SPEMANN, Hans. *Embryonic Development and Induction*. New Haven, CT: Yale University Press, 1938.

COLLINS, C. JOHN. C. John "Jack" Collins (1954-) é professor de Antigo Testamento no Covenant Theological Seminary (Igreja Presbiteriana na América) em Saint Louis, Missouri, EUA, onde ensina desde 1993 e é membro do Centro de Ciência e Cultura no **Discovery Institute** em Seattle, Washington, EUA. Ele possui graduação e pós-graduação em informática e engenharia de sistemas pelo Instituto de **Tecnologia** de Massachusetts, uma pós-graduação pelo Faith Evangelical Lutheran Seminary [Seminário Evangélico de Fé Luterana] e um doutorado em linguística hebraica pela Escola de arqueologia e estudos orientais da Universidade de Liverpool. Ele trabalhou como pesquisador em engenharia e plantador de igrejas, mas é professor e acadêmico desde 1993.

Um estudioso do Antigo Testamento bem respeitado, seu trabalho inicial (1988) era focado na gramática hebraica, mas ele também escreve sobre a teologia bíblica e os usos do Antigo Testamento no Novo Testamento (2000, 2003a, 2004, 2008, 2009a). É mais conhecido pela defesa de uma exegese de "dias análogos" de Gênesis 1 e 2 (1994, 1995, 1999a, 1999b, 2003c, 2006, 2009b, 2013b), sua defesa da historicidade de **Adão e Eva** no contexto de uma compreensão criacionista da Terra antiga (1997, 2001, 2006, 2010a, 2011, 2012b, 2013a, 2014), sua exposição dos pontos de vista de **C. S. Lewis** sobre a relação entre ciência e fé, sua defesa da **teoria da lei natural** como um reconhecimento de um sentido moral universal e sua defesa do *design* inteligente como um programa de pesquisa em ciências (2000, 2003a, 2003b, 2010b, 2012a, 2016). Collins também foi o presidente de Antigo Testamento para a tradução da Bíblia em inglês, *English Standard Version*, e o editor de Antigo Testamento para a Bíblia de estudo *English Standard Version Study Bible*.

A hipótese do dia analógico de Gênesis 1 e 2 é distinta das hipóteses do dia-era, do dia intermitente, da estrutura literária, do dia revelador, da inauguração do templo cósmico, e do dia literal de 24 horas, (ver **cronologia bíblica; dias da criação**, também Gordon, 2014; Lennox, 2011; Parry, 2014; Poythress, 2006, p. 79-85, 107-47; e Walton,

2009). Collins encontra precedentes para sua hipótese nos escritos do teólogo presbiteriano americano William Shedd (1820-1894) e do teólogo reformado holandês Herman Bavinck (1854-1921). A posição do dia analógico afirma que "os dias [da criação] são dias úteis de Deus, o seu comprimento não é especificado nem importante, e nem tudo na conta precisa ser tomado como historicamente sequencial" (Collins, 2006, p. 124). Collins argumenta que Gênesis 1:1 é mais bem interpretado como um resumo da atividade de Deus antes do primeiro dia de criação em Gênesis 1:3, o que permite que um período de tempo não especificado tenha passado antes de Deus iniciar a moldar a terra para torná-la habitável.

Collins desenvolve sua compreensão analógica à luz das seguintes considerações: (1) a natureza contínua do sétimo "dia" em que *falta* uma noite e uma manhã (Gênesis 2:2); (2) a expansão do sexto "dia" no segundo relato da criação (Gênesis 2:5-25); (3) uma resolução léxico-gramatical do problema do quarto "dia" no qual — uma vez que Deus aqui lida com o sol, a lua e as estrelas para *governar* o dia e a noite (Gênesis 1:14-16) — o hebraico permite a ação de Deus de designar esses corpos celestes *criados anteriormente* (Gênesis 1:1) para sua função de marcar o tempo para a vida senciente (Collins, 2006, p. 56-58); e (4) o paralelismo poético correlacionando os "dias" um a três como uma tríade com "dias" de quatro a seis (a observação da estrutura literária), o que indica que o comprimento do dia e a cronologia não são considerações primárias no relato da criação.

Collins também defende a historicidade de um Adão e Eva literais, no contexto de uma cronologia da Terra antiga (ver **Adão e Eva; cronologia bíblica; criacionismo da Terra antiga; criacionismo da Terra jovem; morte; criacionismo evolutivo; Queda;** e **genealogias**) em contraste com as hipóteses não históricas, arquetípicas e da Terra jovem (além das obras de Collins, veja Barrett e Caneday, 2013; Enns, 2005, 2010; Gordon, 2014; Halton, 2015; Lamoureux, 2008; Madueme e Reeves 2014; Walton, 2015). Em particular, para que a história da Bíblia tenha coerência máxima, ele argumenta que toda a humanidade precisa ter um um par de ancestrais e constituir uma família, que Deus deve ter atuado de algum modo sobrenatural apropriado para criar nossos primeiros pais, e que nossos primeiros antepassados, por sua desobediência, devem ser a fonte suprema do pecado, disfunção e **morte** espiritual na história humana.

Embora ele admita a possibilidade de uma poligênese circunscrita (Adão como chefe de uma população humana aborígene, com Eva como esposa), Collins tem uma forte preferência pela monogênese, uma posição que ele considera biblicamente preferível e historicamente sustentável. À luz do foco ancestral das genealogias bíblicas, que são indicativas de linhas de descendência, mas que comprovadamente incluem muitas lacunas, ele admite uma grande flexibilidade temporal para a criação de Deus da humanidade, observando que ele reconhece que "não há como descobrir se há até um limite máximo para o número de possíveis lacunas" nas genealogias bíblicas (2003c, 109).

Em resumo, embora reconheça que as antigas formas e convenções literárias do texto bíblico introduzam elementos metafóricos e sem cronologia na história, Collins oferece uma defesa vigorosa e convincente da visão de que os primeiros capítulos de Gênesis fornecem um registro de coisas que, em um sentido histórico apropriado, realmente aconteceram.

Bruce L. Gordon

REFERÊNCIAS E LEITURAS RECOMENDADAS

Barrett, Matthew; Caneday, Ardel B. (Eds.). *Four Views on the Historical Adam*. Grand Rapids: Zondervan, 2013.

Collins, C. John. *Homonymous Verbs in Biblical Hebrew: An Investigation of the Role of Comparative Philology*. Tese de doutoramento. University of Liverpool, 1988.

_____. "How Old Is the Earth? Anthropomorphic Days in Genesis 1:1—2:3." *Presbyterion* 20: 109-30, 1994.

_____. "The *Wayyiqtol* as 'Pluperfect': When and Why." *Tyndale Bulletin* 46 (1): 117-40, 1995. www.tyndalehouse.com/tynbul/library/TynBull_1995_46_1_08_Collins_WAYYIQTOL_Pluperfect.pdf.

_____. "A Syntactical Note on Genesis 3:15: Is the Woman's Seed Singular or Plural?" *Tyndale Bulletin* 48:141-48, 1997.

_____. "Discourse Analysis and the Interpretation of Gen. 2:4-7." *Westminster Theological Journal* 61: 269-76, 1999a.

_____. "Reading Genesis 1:1—2:3 as an Act of Communication: Discourse Analysis and Literal Interpretation." In: *Did God Create in Six Days?*, 131-51. J. Pipa e D. HallTaylors (Eds.). SC: Southern Presbyterian Press, 1999b.

_____. *The God of Miracles: An Exegetical Examination of God's Action in the World*. Wheaton, IL: Crossway, 2000.

_____. "What Happened to Adam and Eve? A Literary-Theological Approach to Genesis 3." *Presbyterion* 27: 12-44, 2001.

_____. "Galatians 3:16: What Kind of Exegete Was Paul?" *Tyndale Bulletin* 51: 75-86, 2003a.

_____. "Miracles, Intelligent Design, and God-of-the-Gaps." *Perspectives on Science and the Christian Faith* 55: 22-29, 2003b.

_____. *Science and Faith: Friends or Foes?* Wheaton, IL: Crossway, 2003c.

_____. "The Eucharist as Christian Sacrifice: How Patristic Authors Can Help Us Read the Bible." *Westminster Theological Journal* 66:1-23, 2004.

_____. *Genesis 1—4: A Linguistic, Literary, and Theological Commentary*. Phillipsburg, NJ: P&R, 2006.

_____. "The Theology of the Old Testament." In: *The ESV Study Bible*. L. T. Dennis et al (Ed.). Wheaton, IL: Crossway, 2008.

_____. "Proverbs and the Levitical System." *Presbyterion* 35:9-34, 2009a.

_____. "The Refrain of Genesis 1: A Critical View of Its Rendering in the English Bible." *Technical Papers for the Bible Translator* 60 (3), 2009b. www.ubs-translations.org/fileadmin/publications/tbt/technical/TBT_TP_Collins_Jul_09.pdf.

_____. "Adam and Eve as Historical People, and Why It Matters." *Perspectives on Science and Christian Faith* 62 (3): 147-65. www.asa3.org/ASA/PSCF/2010/PSCF9-10Collins.pdf.

_____. "Echoes of Aristotle in Romans 2:14-15: Or, Maybe Abimelech Was Not So Bad After All." *Journal of Markets and Morality* 13 (1): 123-73, 2010b. www.marketsandmorality.com/index.php/mandm/article/download/112/106.

_____. *Did Adam and Eve Really Exist? Who They Were and Why You Should Care*. Wheaton, IL: Crossway, 2011.

_____. "A Peculiar Clarity: How C. S. Lewis Can Help Us Think about Faith and Science." In: *The Magician's Twin: C. S. Lewis on Science, Scientism, and Society*, 69-106. J. G. West (Ed.). Seattle: Discovery Institute Press, 2012a.

_____. "Replies to Reviews of *Did Adam and Eve Really Exist?*" *Journal of Creation, Theology, and Science, Series B: Life Sciences* 2:43-47, 2012b. www.coresci.org/jcts/index.php/jctsb/article/download/32/50.

_____. "A Historical Adam: Old-Earth Creation View." In: *Four Views on the Historical Adam*, 143-95. Matthew Barrett e Ardel B. Caneday (Eds.). Grand Rapids: Zondervan, 2013a.

_____. "Reading Genesis 1—2 with the Grain: Analogical Days." In: *Genesis 1—2: An Evangelical Conversation*, 73-92. J. Daryl Charles (Ed.). Peabody, MA: Hendrickson, 2013b.

_____. "Adam and Eve in the Old Testament." In: *Adam, the Fall, and Original Sin: Theological, Biblical, and Scientific Perspectives*, 3-32. H. Madueme e M. Reeves (Eds.). Grand Rapids: Baker Academic, 2014.

_____. "Freedoms and Limitations: C. S. Lewis and Francis Schaeffer as a Tag Team." In: *First fruits of a New Creation: Essays in Honor of Jerram Barrs*. M. Ryan e J. E. Eubanks (Eds.). Forthcoming, 2016.

Enns, Peter. *Inspiration and Incarnation: Evangelicals and the Problem of the Old Testament*. Grand Rapids: Baker Academic, 2005.

_____. *The Evolution of Adam: What the Bible Does and Doesn't Say about Human Origins*. Grand Rapids: Brazos, 2010.

Gordon, Bruce L. "Scandal of the Evangelical Mind: A Biblical and Scientific Critique of Young Earth Creationism." *Science, Religion and Culture* 1: 144-73, 2014.

Halton, Charles (Ed.). *Genesis: History, Fiction, or Neither? Three Views on the Bible's Earliest Chapters*. Grand Rapids: Zondervan, 2015.

Lamoureux, Denis O. *Evolutionary Creation: A Christian Approach to Evolution*. Eugene, OR: Wipf and Stock, 2008.

Lennox, John C. *Seven Days That Divide the World: The Beginning According to Genesis and Science*. Grand Rapids: Zondervan, 2011.

Madueme, Hans; Reeves, M. (Eds.). *Adam, the Fall, and Original Sin: Theological, Biblical, and Scientific Perspectives*. Grand Rapids: Baker Academic, 2014.

Parry, Robin A. *The Biblical Cosmos: A Pilgrim's Guide to the Weird and Wonderful World of the Bible*. Eugene, OR: Cascade, 2014.

Poythress, Vern S. *Redeeming Science: A God-Centered Approach*. Wheaton, IL: Crossway, 2006.

Walton, John H. *The Lost World of Genesis One: Ancient Cosmology and the Origins Debate*. Downers Grove, IL: IVP Academic, 2009.

_____. *The Lost World of Adam and Eve: Genesis 2—3 and the Human Origins Debate*. Downers Grove, IL: IVP Academic, 2015.

COLLINS, FRANCIS. Francis S. Collins (1950-) é um dos principais geneticistas e ex-chefe do **Projeto Genoma Humano**, e o atual diretor dos Institutos Nacionais de Saúde estadunidense. Collins, um antigo ateu, tornou-se cristão enquanto era estudante de medicina na Carolina do Norte, EUA.

Sua conversão foi desencadeada inicialmente após uma conversa com uma paciente mais velha que, tendo compartilhado suas crenças cristãs pessoais, perguntou em que ele acreditava. Ele ficou envergonhado por sua incapacidade de responder à pergunta, e isso constituiu o início de sua busca para encontrar uma resposta. Depois de fazer alguma leitura sobre as religiões mundiais, e se sentindo completamente confuso, ele visitou um pastor metodista em uma igreja do bairro. O pastor lhe emprestou sua cópia de *Cristianismo puro e simples* de **C. S. Lewis**. Percebendo que "seus próprios constrangimentos contra a plausibilidade da crença eram os de um garotinho", ele começou a busca que acabou por levá-lo à sua decisão de se tornar um cristão. Ele descreve que o momento de sua conversão ocorreu durante uma expedição de caminhadas nas Montanhas das Cascatas, em Washington, EUA:

> Fiz uma curva e vi na minha frente essa cachoeira congelada, com pouco mais de sessenta metros de altura. Na verdade, uma cachoeira que tinha três partes — também o simbólico três em um. Naquele momento, senti minha resistência me deixar. E foi uma grande sensação de alívio. Na manhã seguinte, na grama úmida na sombra das cascatas, caí de joelhos e aceitei esta verdade — que Deus é Deus, que Cristo é seu filho e que estou dando minha vida a essa crença. (Collins, 2006, p. 225)

Collins foi criado em uma pequena fazenda no Vale Shenandoah, Virgínia, EUA. A fazenda não tinha água corrente e algumas outras comodidades físicas, mas ele escreve que "essas coisas foram mais do que compensadas pela mistura estimulante de experiências e oportunidades que estavam disponíveis para [ele] na notável cultura de ideias criadas por [seus] pais" (Collins, 2006, p. 11). Ele foi escolarizado pelos pais, em casa, até a sexta série.

Inicialmente, em seus anos de Ensino Médio e depois na universidade, ele aspirava a ser químico e tinha pouco interesse no campo "bagunçado" da biologia. Ele licenciou-se em química na Universidade da Virgínia em 1970 e doutorou-se em físico-química na Universidade de Yale em 1974. Foi em Yale, no entanto, que ele fez um curso em bioquímica, e isso despertou seu interesse pelas moléculas que sustentam o projeto em prol da vida: **DNA** e RNA. Ele posteriormente mudou de campo, matriculando-se na faculdade de medicina da Universidade da Carolina do Norte, onde se tornou médico em 1977.

Depois de completar sua residência na Carolina do Norte, Collins retornou a Yale em 1981 como médico pesquisador em Genética Humana. Foi lá que desenvolveu um método eficaz para cortar grandes repetições de DNA para identificar os genes relacionados a doenças. A técnica, chamada de salto cromossômico, tornou-se amplamente utilizada como método para isolar genes. Em 1984, ele se juntou ao corpo docente da faculdade de medicina da Universidade de Michigan. Lá, seus experimentos levaram a um trabalho pioneiro sobre o isolamento bem-sucedido do **gene** responsável pela fibrose cística através de uma técnica que ele chamou de **clonagem** posicional. Isto foi seguido por seu trabalho sobre o isolamento bem-sucedido de outros genes de importância médica, incluindo aqueles para a doença de Huntington e neurofibromatose.

Em 1993, Collins foi convidado para substituir o codescobridor da estrutura do DNA, James Watson, para liderar o projeto altamente ambicioso e controverso para determinar a sequência de 3 bilhões de letras do código que compõem o genoma humano. Esta era "uma aventura", disse ele, "isso supera ir até a lua ou dividir o átomo" (NIH, 2015). De fato, foi, de longe, o maior projeto da história da biologia. Em 2003, dois anos antes do previsto e 400 milhões de dólares abaixo do orçamento, o projeto foi concluído.

Embora Collins tenha falado frequentemente sobre sua fé cristã em vários fóruns evangélicos, como o encontro anual da **American Scientific Affiliation** (ASA) e o Veritas Forums em campus universitários, sua posição de cristão evangélico tornou-se especialmente conhecida após a publicação do *best-seller* do *New York Times*, *A linguagem de Deus*. Esse livro esboçou as bases de sua fé cristã e abordou diversos aspectos da inter-relação entre a ciência e a fé cristã. Especialmente digno de nota nesse livro é a sua forte posição no Deus que criou toda a vida através do processo evolutivo e sua crítica de várias posições criacionistas mais tradicionais, incluindo o movimento de ***design inteligente***.

O livro levou muitos cristãos que estavam na ciência a apoiá-lo, e fez com que muitos investigassem as próprias crenças em vários pontos em que ciência, bíblia e fé cristã se conectam. Isso, por sua vez, resultou em sua decisão de formar a **BioLogos Foundation** para abordar mais detalhadamente essa inter-relação e informar melhor os cristãos sobre sua crença de que a ciência e o cristianismo não estão em conflito, mas sim compartilham uma profunda coerência. A BioLogos foi fundada em 2007 e, a partir de abril de 2009, a lançou um *site* público e um ministério com Collins como presidente.

No verão de 2009, Collins foi indicado para a diretoria dos Institutos Nacionais de Saúde norte-americanos, uma posição que ele ainda mantém até o momento da feitura desse livro, mas que exigiu que ele renunciasse a qualquer cargo na BioLogos, embora a organização continue a desenvolver-se e seja bastante influente no diálogo entre ciência e fé cristã. Ele recebeu inúmeros prêmios, incluindo o de membro da Academia Nacional de Ciências e do Instituto de Medicina. Em 2007, o presidente George W. Bush concedeu a Collins a Medalha Presidencial da Liberdade, o mais alto prêmio civil nos Estados Unidos, e em 2009 o presidente Barack Obama presenteou a Collins com a Medalha Nacional de Ciência, a maior honra concedida pelo governo dos Estados Unidos a cientistas. Francis Collins é uma das únicas nove pessoas na história a receber os dois prêmios.

Darrel R. Falk

REFERÊNCIAS E LEITURAS RECOMENDADAS

COLLINS, Francis. *The Language of God.* New York: Free Press, 2006.
_____. *Belief: Readings on the Reason for Faith.* New York: HarperOne, 2010.
_____. *The Language of Life: DNA and the Revolution in Personalized Medicine.* New York: Harper Perennial, 2011.
_____; GIBERSON, Karl. *The Language of Science and Faith.* Downers Grove, IL: InterVarsity, 2011.
NIH. "Francis S. Collins, M.D., Ph.D." National Human Genome Research Institute. Updated September 25, 2015. www.genome.gov/10001018/former-nhgri-director-francis-collins-biography.

COMPATIBILISMO. O **naturalismo** filosófico sustenta que toda realidade é de natureza física, consistindo em configurações de matéria e energia, e, portanto, todas as coisas que existem têm uma explicação científica no que diz respeito às causas e seus efeitos, pelo menos em princípio. No entanto, a existência do livre-arbítrio humano é considerada por muitos como um forte argumento contra essa visão. O compatibilismo na filosofia da mente foi desenvolvido como uma resposta ao problema de como conciliar o livre-arbítrio com um conhecimento completamente científico e, portanto, determinista, da realidade física. Foi defendido por A. J. Ayer, Harry Frankfurt, John Mark Fischer e Kadri Vilvelin, entre outros.

O livre-arbítrio envolve uma escolha genuína entre as alternativas, por exemplo, no que diz respeito à aceitação ou não de uma oferta de emprego, e embora um indivíduo possa ter motivos a favor de uma opção específica,

a decisão depende do indivíduo ou do eu e assim, não é causada no sentido científico. Em outras palavras, não é o resultado final de uma cadeia causal (ou seja, causalidade eficiente) que se origina no cérebro e no ambiente da pessoa. Nesse sentido, o livre-arbítrio é incompatível com explicações causais científicas (ver **Quatro causas de Aristóteles**).

Se, no entanto, os seres humanos são seres completamente físicos, parece estar sujeito ao **determinismo** causal, a visão que, juntamente com as leis da **física**, todo evento ou acontecimento no universo é causado por eventos antecedentes. Portanto, essa visão parece descartar a existência do livre-arbítrio. Compatibilismo é a visão segundo a qual o determinismo causal e o livre-arbítrio são compatíveis, apesar das aparências em contrário. Compatibilistas argumentam que as ações livres devem ser entendidas como aquelas que não são coagidas, como nos casos em que um indivíduo é hipnotizado, passa por lavagem cerebral, é enganado ou sujeitado à força por um agente externo ou evento. Qualquer ação realizada após um "processo de deliberação" e ausência de influências externas deste tipo pode ser dito "livre". Isso ocorre porque o indivíduo justifica uma decisão e depois decide agir, mesmo que ele ainda não tenha uma escolha genuína entre as alternativas por causa do determinismo causal. Central para este argumento é a afirmação compatibilista de que, apesar da nossa compreensão do senso comum da **moral**, não é necessária uma escolha genuína entre alternativas para se agir de forma livre e, portanto, ser moralmente responsável pelas decisões de alguém.

No entanto, as propostas compatibilistas nunca chegaram a um acordo com a objeção séria de que, se o determinismo causal se sustenta, todos os eventos atuais são determinados por eventos passados e pelas **leis da natureza**, incluindo crenças humanas, processos de raciocínio, inferências lógicas e "decisões". A única diferença entre as ações de uma pessoa hipnotizada para a de uma pessoa deliberativa é a cadeia de causas envolvidas. De fato, uma vez que todas as nossas decisões ainda estão sujeitas a causas físicas, realmente não há decisões deliberativas tomadas livremente se o determinismo for verdadeiro. Em geral, a indispensabilidade do livre-arbítrio e da agência moral, e sua conexão crucial com a responsabilidade moral, o castigo e até com a democracia, é considerada por muitos teístas cristãos como fortes argumentos não só contra o compatibilismo, mas também contra relatos naturalistas da realidade em geral (ver **naturalismo**). Além disso, o livre-arbítrio sugere fortemente que existe uma **alma** ou um eu incorpóreo, que vai de encontro a uma **cosmovisão** naturalista (ver **Dualismo**; **Problema entre mente e corpo**).

Brendan Sweetman

REFERÊNCIAS E LEITURAS RECOMENDADAS

Honderich, Ted. *A Theory of Determinism*. Oxford: Clarendon, 1988.
Howard-Snyder, Daniel; Jordan, Jeff (Eds.). *Faith, Freedom, and Rationality*. Lanham, MD: Rowman & Littlefield, 1996.
van Inwagen, Peter. *An Essay on Free Will*. Oxford: Clarendon, 1983.
Vihvelin, Kadri. *Causes, Laws and Free Will*. New York: Oxford University Press, 2013.

COMPLEXIDADE. A complexidade é um termo geral para sistemas físicos que não só tem muitas partes, mas também tem muitos tipos diferentes de interações entre as partes. Por exemplo, um gás com bilhões de átomos não é considerado complexo porque as interações entre os átomos são iguais; uma célula viva é considerada complexa porque existem muitos tipos diferentes de interações entre diferentes grupos de átomos. Outros exemplos de sistemas complexos são sociedades humanas, rede de computadores e ecossistemas ambientais. Exemplos de tipos de interações complexas são hierarquia, *feedback* e não linearidade.

Em um sistema hierárquico, grupos de peças se conectam entre si para criar subsistemas, que se combinam com outros subsistemas para criar subsistemas ainda maiores, e assim por diante, algumas vezes até dezenas de níveis de hierarquia. Em um sistema com *feedback*, as próprias interações são alteradas dependendo do que está acontecendo no sistema e das entradas de dados que recebem de fora. A não linearidade é um termo geral para interações que podem ser amplificadas ou enfraquecidas à medida que mais ou menos partes participam do sistema.

A teoria da complexidade está intimamente ligada ao amplo programa de pesquisa em **física** iniciado na década de 1970, associado ao vencedor do Nobel, Ilya Prigogine, que procurou explicar a origem da vida como um fenômeno físico que naturalmente surge em sistemas de não equilíbrio com absorção e dissipação de energia. Em geral, a aparência de novas estruturas em sistemas com muitas partes é conhecida como **emergência**. Nas décadas de 1970 e 1980, vários fenômenos emergentes simples foram demonstrados, como a aparência de listras ordenadas de nuvens no céu e padrões ordenados de vórtices. Na década de 1990, no entanto, a esperança começou a desaparecer

para mostrar o surgimento de comportamentos complexos de nível superior, como aqueles vistos em organismos vivos. Muitos na comunidade da teoria da complexidade mudaram para uma abordagem diferente de tomar sistemas complexos existentes e analisar como eles funcionam.

O primeiro tipo de pesquisa de complexidade, associado à comunidade da física de matéria condensada suave, pode ser chamado de abordagem "de baixo para cima", buscando a emergência de comportamentos complexos em sistemas com regras de interação bem compreendidas. Tais sistemas, às vezes, são chamados de "modelos de brinquedos" porque eles realmente não representam sistemas vivos reais ou outros sistemas complexos reais; eles têm um grau de complexidade muito limitado. A esperança com esses estudos é que os princípios gerais possam ser deduzidos, e então aplicados a sistemas mais complexos, como células vivas. O segundo tipo de pesquisa de complexidade, associado às comunidades de biologia de sistemas e biofísica, pode ser chamado de abordagem "de cima para baixo", em que os organismos vivos existentes, ou os ecossistemas, são estudados a fim de se ver como eles funcionam. Isso, às vezes, é chamado de engenharia reversa, pois é semelhante à forma como os engenheiros costumam se apropriar de dispositivos fabricados por outras empresas e desmontá-los para saber como funcionam.

A teoria da complexidade também tem fortes conexões com a engenharia de sistemas, um campo de engenharia em que são estudadas máquinas complexas e sistemas projetados. Nesses sistemas, todas as interações são conhecidas, tendo sido colocadas por planejamento; porém, otimizar a eficiência e prever o comportamento de um sistema inteiro pode ser muito difícil. A teoria da complexidade também foi aplicada à *economia*, um subconjunto do comportamento complexo das sociedades humanas. Isso levou a controvérsias, uma vez que as interações humanas são consideradas aleatórias ou deterministas (ver **Ciências sociais**). No entanto, o uso de modelos baseados em regras para as interações humanas pode ser visto como apenas uma maneira de calcular o comportamento de muitas pessoas.

David Snoke

REFERÊNCIAS E LEITURAS RECOMENDADAS

Pearcey, Nancy; Thaxton, Charles B. *The Soul of Science*, chap. 10. Wheaton, IL: Crossway, 1994.
Snoke, David. "Systems Biology as a Research Paradigm for Intelligent Design." *Bio-complexity* 3:1, 2014.

COMPLEXIDADE ESPECIFICADA

COMPLEXIDADE ESPECIFICADA. Considere uma montanha típica. Por meio dos efeitos do intemperismo e da erosão, a montanha é altamente complexa. De fato, seriam necessários muitos terabytes de memória de computador para registrar onde cada canto e recanto daquela montanha está. Mas considere a seguir o monte Rushmore. Sua face rochosa também é complexa, mas, ao contrário da montanha típica, também corresponde a um padrão dado independentemente; isto é, coincide com a aparência de quatro presidentes dos Estados Unidos. O monte Rushmore, ao contrário de uma montanha típica, é, portanto, também especificado e, portanto, exibe complexidade especificada.

O termo *complexidade especificada* tem mais de 40 anos e o conceito em si é ainda mais antigo. A bióloga Leslie Orgel usou pela primeira vez o termo em seu livro de 1973, *The Origins of Life* [As origens da vida]: "Os organismos vivos distinguem-se por sua complexidade específica. Cristais como o granito não se qualificam como vivos porque não têm complexidade; misturas de polímeros aleatórios não se qualificam porque lhes falta especificidade" (Orgel, 1973, p. 189). No entanto, o conceito está implícito nas reflexões de 1950 de **Francis Crick** sobre sua descoberta com James Watson sobre a estrutura do **DNA** e continua a dominar as reflexões sobre a **origem da vida**.

Referências anteriores à complexidade especificada sugeriam uma verdade mais profunda, mas não eram suficientemente desenvolvidas. Uma formulação rigorosa da complexidade especificada como uma ferramenta para inferir uma **causalidade** inteligente pode ser creditada ao trabalho de **William Dembski**, primeiro em sua monografia de Cambridge, "The Design Inference" [A inferência do *design*] (Dembski, 1998), em que assumiu a forma de "improbabilidade especificada", e depois em seu trabalho subsequente.

O significado da complexidade especificada é que ela serve como um critério para identificar os efeitos da inteligência não apenas em artefatos humanos, mas também na natureza em geral. Assim como a complexidade especificada do monte Rushmore indica que uma inteligência está por trás de sua formação (neste caso, o artista Gutzon Borglum), complexidade tão especificada na natureza é apropriadamente atribuída a uma fonte inteligente. A complexidade especificada é especialmente evidente no DNA e em outras biomacromoléculas dentro de todas as células vivas.

No entanto, cientistas materialistas contestam que a complexidade especificada seja um marcador confiável de inteligência. Eles afirmam que o processo darwiniano de **seleção natural**, agindo sobre variações aleatórias, pode simular os efeitos da inteligência e, assim, produzir complexidade específica na natureza sem exigir uma inteligência real.

Diversos teoremas matemáticos importantes que governam a origem e o fluxo da **informação**, conhecidos sob a rubrica "conservação da informação" (resumida para um público leigo em Dembski, 2014), mostram que a complexidade especificada não pode ser explicada pelos processos darwinianos. Em vez disso, a conservação da informação mostra que, uma vez que os processos darwinianos produzem uma complexidade especificada, isso se dá porque o processo em si foi carregado pela complexidade especificada. Em geral, a conservação das informações mostra que os processos materiais só podem redistribuir a complexidade especificada existente, não criá-la do zero.

Pesquisas na comunidade do ***design* inteligente** desde a década de 1990 demonstraram de forma convincente que a única fonte legítima de complexidade especificada é a inteligência. Crucialmente importante nessa pesquisa tem sido o trabalho do Evolutionary Informatics Lab — http://evoinfo.org, que desenvolveu a complexidade especificada como uma medida teórica de informação precisa para quantificar a organização funcional das estruturas biológicas.

William A. Dembski

REFERÊNCIAS E LEITURAS RECOMENDADAS

Dembski, William A., 1998. *The Design Inference: Eliminating Chance through Small Probabilities.* Cambridge: Cambridge University Press.

_____. 2014. *Being as Communion: A Metaphysics of Information.* Surrey, UK: Ashgate.

Orgel, Leslie, 1973. *The Origins of Life.* New York: Wiley.

COMPLEXIDADE IRREDUTÍVEL. O termo *complexidade irredutível* refere-se a uma propriedade de um sistema de partes separadas que interagem entre si para realizar uma função específica, na qual a remoção de uma ou mais partes elimina a função do sistema. O termo ganhou amplo uso primeiramente após a publicação em 1996 do meu livro *Darwin's Black Box* [A caixa-preta de Darwin].

COMPLEXIDADE IRREDUTÍVEL 125

O termo foi introduzido para focar a atenção em uma dificuldade aparente para a teoria da evolução de Darwin por variação aleatória e **seleção natural**, que, como Darwin insistia, era necessária para construir sistemas biológicos por "numerosas, sucessivas e leves modificações" por longos períodos de tempo (ver **Seleção natural; Síntese neodarwiniana**). A dificuldade é que, se sistemas irredutivelmente complexos (IC) não atingem sua função até que todas as partes necessárias estejam no lugar, e se um ou mais sistemas de IC ocorrem em biologia, a seleção natural não teria disponível a longa série de intermediários funcionais melhorando gradualmente necessários para construí-los, e, assim, uma explicação darwiniana para pelo menos algumas partes da vida seria bloqueada.

Como ilustração do conceito, considere uma ratoeira mecânica comum. Uma ratoeira muitas vezes é composta de múltiplas partes, como uma plataforma de madeira, mola de metal mantida no lugar por dois grampos com uma extremidade moldada para pressionar contra a plataforma, e a outra extremidade para sobrepor outra parte de metal, pressionando o martelo quando a armadilha está definida. Outra parte de metal, a barra de apoio, estabiliza o martelo, e deve ter sua extremidade presa por um grampo e sua outra extremidade inserida em uma peça móvel chamada de *trava*. A remoção de um ou mais dos componentes da ratoeira torna incapaz de capturar camundongos. Assim, a armadilha é irredutivelmente complexa.

Muitos sistemas biológicos moleculares também são irredutivelmente complexos, na medida em que a remoção de um de seus componentes necessariamente causa a perda da função do sistema. Os exemplos dados na *Caixa-preta de Darwin* incluem o sistema de coagulação sanguínea dos vertebrados, o flagelo bacteriano e o transporte intracelular. Uma estratégia comum em biologia molecular para identificar os componentes necessários de um sistema é "derrubar" **genes** (inoperantes) de partes suspeitas para ver se o sistema falha. Tais sistemas são IC.

Expandir a definição básica de **complexidade** irredutível dada anteriormente para esclarecer sua relevância para a **evolução biológica**. A *Caixa-preta de Darwin* (Behe, 2006) explica que o termo deve ser reservado para um sistema "único" contendo várias partes "bem combinadas". A razão para "único" é para evitar a confusão que pode surgir quando uma entidade é um agregado de muitos sistemas complexos, alguns irredutíveis, outros não. Por exemplo,

uma cidade tem muitos componentes independentes (edifícios, ruas, esgotos, e assim por diante) que podem ser removidos sem interrompê-la, mas uma luz elétrica incandescente dentro da cidade falha sem um filamento. Do mesmo modo, uma célula bacteriana pode viver sem um flagelo, mas um flagelo não pode operar sem uma de suas partes necessárias. Assim, na biologia, o termo *irredutivelmente complexo* deveria estar confinado à descrição de sistemas moleculares. A razão para "bem combinado" é concentrar a atenção na função do sistema que requer a maior quantidade de complexidade interna do sistema (forma, posicionamento ou composição das partes).

Por ter sido usado para questionar a evolução darwiniana, o conceito de complexidade irredutível é controverso, e algumas concepções errôneas a respeito dele se espalharam. Uma confusão é sobre se um sistema é IC se um caminho gradual, talvez indireto, para sua construção evolutiva pode ser encontrado. A definição de IC, no entanto, apenas afirma que a remoção de uma parte faz com que ela cesse sua função; se o sistema pode ser produzido gradualmente é uma questão à parte. Um equívoco relacionado diz respeito a se um sistema é IC se as partes individuais puderem ser usadas para outros propósitos quando removidas do arranjo original. Por exemplo, partes de uma ratoeira podem ser usadas isoladamente como pesos de papel ou palitos de dente. O termo *função* na definição de complexidade irredutível, no entanto, refere-se ao do sistema (p. ex., a capacidade da ratoeira de capturar ratos), e não a usos que podem ser encontrados para os componentes individuais.

Alguns sistemas complexos contêm partes que são úteis, mas não absolutamente necessárias para a função, ou podem conter componentes redundantes. Como um exemplo do primeiro, a adição de isca como o queijo ajuda a atrair um rato para uma armadilha, mas não faz parte do mecanismo essencial. Um exemplo deste último é uma ratoeira que contém duas molas para dar força extra. Uma das molas pode ser removida que a armadilha ainda funcionará, mas se ambas forem removidas, ela já não funcionará mais. Assim, a ocorrência de componentes não essenciais ou redundantes de um sistema biológico contendo um núcleo irredutivelmente complexo não podem eliminar as dificuldades conceituais de sua evolução darwiniana.

Os sistemas biológicos moleculares são muito mais complexos do que máquinas (como as ratoeiras) e

126 CONCORDISMO

enfrentam problemas proporcionalmente severos para sua suposta construção evolutiva não direcionada. As máquinas moleculares são compostas de proteínas e/ou ácidos nucleicos — biopolímeros lineares de centenas ou milhares de aminoácidos ou resíduos de nucleotídeos. Assim, até mesmo uma proteína de um sistema multiproteico terá muitas características críticas que podem afetar a função do sistema, assim como uma chamada "parte" de uma ratoeira (como a barra de retenção) pode ter vários recursos críticos (como comprimento, rigidez, dobras e curvas) que afetam a função do sistema. Ao considerar as explicações evolucionistas propostas, todas essas características devem ser consideradas.

Uma diferença vitalmente importante entre a maquinaria artificial e a biológica é que os aparelhos celulares devem se automontar — nenhum agente inteligente dirige sua construção. Muitas das informações para a montagem de máquinas moleculares estão contidas na complementaridade geométrica e química das superfícies de proteínas que interagem, onde, por exemplo, uma carga negativa, um adesivo oleoso e um doador de ligação de hidrogênio em uma superfície convexa pode ficar em frente a uma carga positiva, a um adesivo oleoso e a um aceitador de ligação de hidrogênio na superfície côncava complementar. Tais características que causam a automontagem de máquinas moleculares fazem parte do sistema irredutivelmente complexo, que falharia sem elas, porque as partes não aderem corretamente umas às outras.

Em um nível mais fino de biologia molecular, duas proteínas diferentes podem ter sequências de aminoácidos similares, mas não idênticas, e atividades biológicas similares, mas não idênticas. Tem sido amplamente aceito que os processos darwinianos em todas as instâncias poderiam converter um no outro ao longo do tempo evolutivo, mas pesquisas recentes colocaram isso em questão porque, em pelo menos alguns casos, as pequenas mudanças individuais necessárias em sequência são inúteis (e, portanto, não favorecidos pela seleção natural) ou prejudiciais (e, portanto, ativamente desfavorecidos pela seleção).

Somente quando várias mudanças evolutivas ocorreram é que existe um benefício líquido para o organismo, e, nesses casos, pode ser útil aplicar o conceito de complexidade irredutível. As mudanças discretas de aminoácidos necessárias para a transformação seriam, então, consideradas partes individuais do sistema de proteínas, e um grau de complexidade irredutível poderia ser atribuído à via

evolucionária. Assim, se cada uma das várias mudanças necessárias fosse benéfica, o grau de IC seria zero; se uma mudança necessária fosse por si só prejudicial, o grau de IC seria um; se dois fossem prejudiciais, o grau seria dois, e assim por diante. Em *The Edge of Evolution* [O limite da evolução] (Behe 2007), argumento que, em virtude da probabilidade exponencialmente decrescente de encontrar um alvo evolucionário, se um passo não for favorecido pela seleção, apenas algumas dessas mudanças prejudiciais o colocariam além do alcance dos processos darwinianos.

Michael J. Behe

REFERÊNCIAS E LEITURAS RECOMENDADAS

BEHE, M. J., 2000. "Self-Organization and Irreducibly Complex Systems: A Reply to Shanks and Joplin." *Philosophy of Science* 67:155-62.
_____. 2001. "Darwin's Breakdown: Irreducible Complexity and Design at the Foundation of Life", em *Signs of Intelligence: Understanding Intelligent Design*, ed. W. A. Dembski, chap. 7. Grand Rapids: Brazos.
_____. 2002. "The Challenge of Irreducible Complexity." *Natural History* 111:74.
_____. 2004. "Irreducible Complexity: Obstacle to Darwinian Evolution", em *Debating Design: From Darwin to DNA*, ed. M. Ruse and W. A. Dembski, 352-70. Cambridge: Cambridge University Press.
_____. 2006. *Darwin's Black Box: The Biochemical Challenge to Evolution.* 10th ann. ed. New York: Free Press.
_____. 2007. *The Edge of Evolution: The Search for the Limits of Darwinism.* New York: Free Press.
DRAPER, P., 2002. "Irreducible Complexity and Darwinian Gradualism." *Faith and Philosophy* 19:3-21.
MILLER, K. R., 2002. "The Flaw in the Mousetrap." *Natural History* 111:75.
SHANKS, N.; Joplin, K. H., 1999. "Redundant Complexity: A Critical Analysis of Intelligent Design in Biochemistry." *Philosophy of Science* 66:268-82.

CONCORDISMO. O *concordismo* refere-se à posição de que o ensino da Bíblia no mundo natural, devidamente interpretado, concordará com o ensino da ciência (quando se entende corretamente os dados) e, com efeito, pode complementar a ciência. O concordista não só acredita que a natureza e as Escrituras se harmonizarão, mas veem referências específicas na Bíblia para a compreensão científica atual do universo. O concordista, então, procura por esses paralelos para mostrar que as Escrituras concordam ou coincidem com conclusões científicas.

Como o concordista considera as Escrituras inteiramente verdadeiras, não pode haver nenhuma contradição final entre as Escrituras interpretadas corretamente e a natureza interpretada corretamente. Tanto nas Escrituras quanto na natureza, é claro, existe a possibilidade de erro na interpretação. O concordismo, no entanto, pressupõe que as correlações podem ser feitas, acreditando em um grau de precisão de interpretação (embora não infalível) na ciência atual e em mostrar como as Escrituras corroboram conclusões científicas claras.

Com base no reconhecimento crescente da **astronomia** copernicana (a partir do século XVII) e no argumento de que Deus se adaptou ao homem usando a linguagem que lhe é comum para explicar verdades teológicas, a crescente autoridade das ciências no século XIX abriu o caminho para a ciência ter um impacto reconhecido na interpretação das Escrituras e para o crescente desejo de mostrar a harmonia das duas disciplinas (Davis, 2003, 35-42). Esse desejo de mostrar harmonia levou ao reexame das Escrituras e à defesa de pontos de vista que permitiram essa harmonia, como a hipótese do dia-era da criação em Gênesis 1. Aqueles que encontram consistentes paralelos específicos entre a ciência e as Escrituras apresentam uma forte posição concordista. Os concordistas mais recentes veem menos paralelos específicos e defendem uma correlação mais geral, promovendo um concordismo moderado.

A posição da Terra jovem adere a um princípio fundamental similar e, por isso, às vezes é considerada concordista, mas adeptos abordam a questão na direção inversa. Os teóricos da Terra jovem também pressupõem que as Escrituras e a ciência não podem se contradizer se bem entendidas. Os proponentes da Terra jovem começam com as Escrituras, no entanto, supondo a precisão de sua interpretação das Escrituras. Eles, então, reexaminam a ciência para tentar mostrar que ela realmente concorda com sua hipótese da criação recente. Essencialmente, a mesma convicção de que tanto as Escrituras como o mundo natural são de Deus e, em última instância, devem estar de acordo, levam ambos sistemas ao concordismo.

Uma visão alternativa no debate sobre as origens considera que, no final, a ciência e as Escrituras concordarão com o que afirmam. No entanto, essa posição acredita que estamos perdendo o foco quando tentamos ler Gênesis à luz da ciência moderna ou para interpretar os dados científicos à luz de Gênesis. Em vez disso, precisamos ler o texto à luz do seu antigo contexto em relação à sua intenção original. Nesta visão, o relato da criação de Gênesis não afirma uma posição sobre questões científicas modernas e, portanto, não fala diretamente sobre os problemas científicos esperados (Miller e Soden, 2012). Uma vez que Gênesis 1 não apresenta afirmações científicas, coisas como a idade da Terra podem ser deixadas para investigação científica sem necessidade de demonstrar correlação específica.

John Soden

REFERÊNCIAS E LEITURAS RECOMENDADAS

Davis, Edward B. "The Word and the Works: Concordism and American Evangelicals." In: *Perspectives on an Evolving Creation*, 34-58. Keith B. Miller (Ed.). Grand Rapids: Eerdmans, 2003.

Miller, Johnny V.; Soden, John M. *In the Beginning... We Misunderstood: Interpreting Genesis 1 in Its Original Context*. Grand Rapids: Kregel, 2012.

Ross, Hug. *Genesis One: A Scientific Perspective*. Pasadena, CA: Reasons to Believe, 2006.

CONFIRMAÇÃO. O termo confirmação refere-se à relação entre uma hipótese e a evidência que a apoia ou conta a seu favor. Apesar do importante papel que a evidência desempenha na avaliação de hipóteses não só na ciência, mas também em outros campos de estudo, bem como na vida cotidiana, torna-se bastante difícil esclarecer exatamente o que significa para uma evidência apoiar uma hipótese. O objetivo da teoria da confirmação é esclarecer a natureza desse relacionamento. Uma explicação popular de confirmação é conhecida como hipotética-dedutiva (HD). A ideia geral é bem direta. Uma hipótese h é confirmada pela evidência e, se h implica e e é desconfirmado por e, se h implica que e é falso. Por exemplo, a descoberta da partícula Bóson de Higgs parece confirmar o **modelo padrão** de **física** de partículas que o previu. Neste caso, a abordagem HD dá certo, mas um problema bem conhecido é o de uma *conjunção irrelevante*. Se uma hipótese h implica e, então, combinar h com uma hipótese irrelevante também implicará e. Isso significa que a descoberta do Bóson de Higgs também confirma a hipótese combinada consistindo no modelo padrão e que existe vida em Marte.

Embora várias modificações possam ser feitas na abordagem HD, a abordagem principal para confirmação é a teoria da confirmação bayesiana (ver o **teorema de Bayes**), segundo a qual o grau de confirmação da hipótese h pela evidência e, denotada $c\ (h,\ e)$, satisfaz as seguintes condições:

$$c(h,e) \; \{mt\} \; 0 \text{ se } P(h|e) \; \{mt\} \; P(h)$$
$$c(h,e) = 0 \text{ se } P(h|e) = P(h)$$
$$c(h,e) \; \{lt\} \; 0 \text{ se } P(h|e) \; \{lt\} \; P(h)$$

Ou seja, o grau de confirmação de h por e é positivo se a **probabilidade** de h dado e, denotado $P\ (h|e)$, é maior do que a probabilidade de h e similarmente para os outros casos. Em outras palavras, a evidência confirma uma hipótese se aumentar sua probabilidade. Esta abordagem leva em consideração as ideias da abordagem HD, mas evita o problema de uma conjunção irrelevante e pode lidar com hipóteses estatísticas. Existem também várias maneiras de quantificar o grau de confirmação, que permite que duas ou mais hipóteses sejam comparadas quantitativamente.

Carl Hempel chamou a atenção para o famoso paradoxo do corvo. Parece sensato dizer que uma observação de um corvo preto confirma a hipótese de que todos os corvos são pretos. No entanto, também faz sentido dizer que, se a evidência confirmar uma determinada hipótese, também confirma uma hipótese equivalente. Como a hipótese de que todas as coisas que não são pretas não são corvos é equivalente à hipótese de que todos os corvos são pretos, isso significa que observar um objeto que não seja preto que não é um corvo, como um sapato branco, confirma a hipótese de que todos os corvos são pretos. A solução bayesiana padrão para o paradoxo aceita que a observação de um sapato branco, de fato, confirma a hipótese de que todos os corvos são pretos, mesmo que apenas em certa medida, mas continua argumentando que a hipótese recebe maior confirmação da observação de um corvo preto.

Por fim, a teoria da confirmação bayesiana desempenha um papel importante não só na **filosofia da ciência,** mas também em muitas discussões modernas sobre evidências para a existência de Deus. Em vez de argumentar que alguma característica do nosso universo, como a sua ordem, prova a existência de Deus, o teísta pode argumentar que isso fornece provas da existência de Deus aumentando sua probabilidade. Isso pode ser usado como parte de um caso cumulativo. O exemplo mais claro dessa abordagem é encontrado no trabalho de Richard Swinburne (2004).

David H. Glass

REFERÊNCIAS E LEITURAS RECOMENDADAS

Crupi, Vincenzo. "Confirmation." In: *Stanford Encyclopedia of Philosophy.* Edward N. Zalta (Ed.). Fall, 2014. http://plato.stanford.edu/archives/fall2014/entries/confirmation/.

Swinburne, Richard. *An Introduction to Confirmation Theory.* London: Methuen, 1973.

_____. *The Existence of God.* 2. ed. Oxford: Oxford University Press, 2004.

CONSCIÊNCIA. A consciência é uma característica extraordinária e única do mundo, especialmente conforme encontrada nos seres humanos. Parece ser uma característica essencial da natureza do eu e é o cerne da identidade pessoal, da autoconsciência, da subjetividade, do livre-arbítrio e da agência moral. Envolve nossas experiências comuns subjetivas, perceptivas e racionais, incluindo nossos pensamentos, sentimentos, memórias, imaginação e capacidade de sentir dor. Tais experiências são muitas vezes chamadas de **qualia** e incluem as experiências de ver um pôr do sol, de cheirar uma rosa, de ter confiança ao fazer um exame, de sentir uma dor como uma dor de dente e, talvez, entender um conceito e pensar sobre o jogo hoje à noite.

Também se diz que nossa experiência de consciência envolve outras propriedades incomuns, como intencionalidade e introspecção. A intencionalidade refere-se ao "sobre" ou ao "referente" de nossos estados mentais, o fato de que nosso pensamento é muitas vezes "sobre" um objeto fora da mente — por exemplo, pensando sobre seu carro estacionado na calçada. A introspecção refere-se à nossa capacidade de olhar dentro de nossas próprias mentes e de relatar (de forma incorrigível) nossos estados, imagens e sentimentos conscientes, aos quais temos acesso privilegiado. A consciência também está intimamente relacionada com a experiência do livre-arbítrio, em que nossa tomada de decisões envolve muitas das características acima mencionadas; além disso, nossas decisões, se elas forem verdadeiramente livres, não estão totalmente sujeitas a explicações científicas quanto a causa e efeito.

Muitos filósofos, sendo o mais famoso deles **René Descartes**, argumentaram que a consciência é tão única que é mais bem entendida como uma substância mental ou espiritual que existe por si só (ver **Dualismo**). Sua essência é pensar e, embora relacionada ao cérebro, é uma entidade separada e tem poder causal sobre o cérebro — por exemplo, quando atuamos em nossas decisões. Mais recentemente, filósofos como **Thomas Nagel** e Robert Adams argumentaram que existe uma subjacência envolvida na consciência que não pode ser explicada em termos físicos ou científicos. Isso ocorre porque uma explicação científica precisa ser uma explicação objetiva e em terceira pessoa, mas tal explicação necessariamente exclui nossa experiência pessoal de subjetividade, que envolve um ponto de vista em primeira pessoa.

Há "algo que é como ser nós", de acordo com Nagel, e parece que, em princípio, essa experiência de subjetividade não pode ser capturada em uma explicação científica. Adams também criticou as tentativas de explicar a consciência em termos de atividade cerebral, recorrendo a causas e efeitos físicos envolvendo matéria e energia. Ele argumentou que, mesmo que plausivelmente mostrássemos que (1) uma experiência de A (p. ex., de ver vermelho) estava correlacionada com um estado cerebral B, e mesmo que (2) B causasse A, isso ainda não seria uma explicação da natureza e conteúdo de A (a *experiência* de ver vermelho). Esta característica essencial ainda faltaria na explicação. Esses argumentos transmitem bem o problema notoriamente difícil que enfrentam tentativas de explicar a consciência e a mente em termos puramente físicos.

A natureza única da consciência tem sido observada por filósofos cristãos, com muitos que a consideram como a essência, ou uma parte significativa da essência da natureza humana. Também foi identificada com a **alma** por alguns pensadores, enquanto outros sugeriram que ela pode ser parte da alma. Filósofos cristãos muitas vezes têm argumentado que a existência da consciência constitui um argumento mais geral para a **existência de Deus** e do reino sobrenatural. Isso ocorre porque, uma vez que a consciência é não física, não só poderia ser o caso que outras coisas não físicas poderiam existir, como Deus, mas se concluiria também que o **naturalismo** ateísta é falso. A natureza independente da consciência também sugere que sua sobrevivência após a **morte** é uma possibilidade, e essa é uma maneira de defender a noção de imortalidade. A sobrevivência da consciência também seria uma forma de proteger a nossa identidade pessoal na vida após a morte (ver **Vida após a morte**). Outro argumento contra o naturalismo é proporcionado pelo fenômeno do livre-arbítrio, uma parte significativa da consciência.

Os materialistas da mente apresentaram uma variedade de posições como alternativas à existência de consciência não material, **incluindo materialismo eliminativo**, **reducionismo** e **funcionalismo**, entre outros. Em geral, a visão materialista propõe que a consciência depende da sua existência de alguma forma no cérebro e provavelmente seja produzida como subproduto do cérebro durante o desenvolvimento inicial. Há divergências se a consciência, uma vez que surge, é física ou não física, se é redutível ou pode ser explicada em termos de propriedades cerebrais, e também sobre se ela pode ter poder causal sobre o cérebro. Muitos argumentos materialistas são motivados pelo naturalismo ateísta. Esses argumentos se depararam com problemas difíceis em relação ao livre-arbítrio e à agência moral. Isso ocorre porque, se alguém afirma que a consciência é produzida pelo cérebro e pode ser explicada quanto a causas e efeitos da atividade cerebral, essa visão parece não deixar espaço para o livre-arbítrio genuíno e, portanto, **moralidade**, punição e responsabilidade moral seriam comprometidas. Alguns materialistas (com relutância) abraçaram tais conclusões e outros desenvolveram teorias compatibilistas contraintuitivas do livre-arbítrio e **determinismo** causal como forma de tentar abordar essas dificuldades. A existência da consciência também levanta questões em relação à evolução. Não há boas explicações sobre como a consciência emergiu do processo evolutivo, um processo que apela a explicações físicas no que diz respeito à causa e efeito, mas que, pelo menos em suas interpretações contemporâneas, também deve ser capaz de explicar todas as características de organismos (incluindo a consciência). A consciência deve ter surgido em algum momento da história evolutiva, mas como se originaria de um arranjo específico de matéria e energia, especialmente com suas propriedades incomuns de autoconhecimento, subjetividade, razão, intencionalidade e livre-arbítrio? De modo mais geral, como é que os seres evoluíram a partir de um processo material com uma forma altamente sofisticada de consciência que lhes permite compreender e pensar sobre o processo que os originou e também alcançar uma medida crescente de controle sobre ele?

Muitos pensadores cristãos têm argumentado que uma explicação puramente materialista da evolução, que também sustenta que o processo não é guiado e está sujeito a um elemento importante de **acaso**, é contraintuitivo, e que inventar histórias para sugerir como a evolução pode ter dado origem a características incomuns da humanidade (como no trabalho de **Richard Dawkins**, **Daniel Dennett** e **Michael Ruse**) está longe de ser convincente, e que desenvolvimentos tão exclusivos como a consciência, a moral e o livre-arbítrio sugerem a orientação de uma inteligência (divina). Os materialistas muitas vezes agem com a suposição de que a consciência deve ser física e defendem que, eventualmente, descobriremos como ela funciona e se origina por meio da ciência. É por isso que o problema da qualia e o problema da natureza subjetiva da consciência são difíceis para o **materialismo** e são interessantes para o argumento em geral, porque eles sugerem que, em princípio, uma explicação científica para a natureza da consciência pode não ser possível. Além disso, os teóricos cristãos apontam para os fenômenos mentais, incluindo o livre-arbítrio e a agência moral, como parte de um caso cumulativo para uma visão teísta da realidade.

Brendan Sweetman

130 CONSERVAÇÃO DE ENERGIA

REFERÊNCIAS E LEITURAS RECOMENDADAS

ADAMS, Robert. "Flavors, Colors and God." In: *Contemporary Perspectives on Religious Epistemology*, 225-40. R. Douglas Geivett e Brendan Sweetman (Eds.). New York: Oxford University Press, 1992.

BLACKMORE, Susan. *Consciousness: An Introduction*. London: Routledge, 2010.

GOETZ, Stewart; Taliaferro, Charles. *A Brief History of the Soul*. Oxford: Wiley, 2011.

LOWE, E. J. *An Introduction to the Philosophy of Mind*. Cambridge: Cambridge University Press, 2000.

NAGEL, Thomas. *Mortal Questions*. New York: Cambridge University Press, 2012.

CONSERVAÇÃO DE ENERGIA. A conservação da energia é o princípio da **física** segundo o qual a energia de um sistema isolado não pode mudar. Ela é conservada. Um sistema isolado é um sistema que não permite que a matéria ou energia seja transferida para dentro ou para fora do sistema. O universo é considerado um sistema fisicamente isolado.

A energia dentro de um sistema isolado pode ser transformada de uma forma para outra. Por exemplo, quando uma bola é removida perto da superfície da Terra, a energia potencial gravitacional é transformada em energia cinética (energia de movimento) à medida que a bola cai e sua velocidade aumenta. A famosa equação de **Einstein**, $E = mc^2$ (energia = massa vezes a **velocidade da luz** ao quadrado) indica que a massa é uma forma de energia. Consequentemente, em um sistema isolado, a massa pode se transformar em outras formas de energia, como a energia cinética e vice-versa.

É quase impossível criar um sistema verdadeiramente isolado em qualquer parte do universo. Assim, para a maioria dos sistemas definidos, a energia do sistema pode mudar à medida que a energia é transferida para dentro ou para fora do sistema. Isso não viola o princípio de que a energia sempre é conservada em um sistema isolado.

Como todos os princípios da física, o princípio da conservação da energia foi desenvolvido por observação cuidadosa e experimentação. Nunca houve qualquer violação observada deste princípio. Alguns eventos importantes prepararam o caminho para o desenvolvimento dessa ideia. Em 1798, Benjamin Thompson (conde de Rumford) notou que o metal que era perfurado para fazer canhões parecia aquecer continuamente por fricção, sem qualquer limite. Esta observação contradizia a "teoria calórica" predominante que propunha que o calor era uma substância que fluía de objetos mais quentes para objetos mais frios.

As observações de Thompson se encaixam melhor com a ideia de que o calor era uma transferência de energia devida a uma diferença de temperatura. Em meados do século XIX, James Joule fez uma série de experimentos que mostraram que a energia potencial de um peso em queda poderia ser transferida para a água por uma pá inserida na água, e conectada ao peso em queda por um barbante. Assim, ele mostrou que a maior temperatura da água se devia ao aumento da energia interna da água, que era idêntica à diminuição da energia potencial do peso em queda. A energia poderia ser transformada de uma forma para outra, mas não foi criada ou destruída. O princípio da conservação da energia é importante ao se discutir a origem deste universo. Alguns cientistas acreditam que a energia total do nosso universo é exatamente zero com a energia cinética e a energia em massa de todos os objetos (que é um valor positivo) exatamente equilibrada pela potencial energia gravitacional de todos os objetos (que pode ser um valor negativo). Isso leva à ideia proposta de que nosso universo poderia surgir espontaneamente do nada sem violar o princípio da conservação de energia.

Os teólogos têm discutido a relação entre **milagres** e leis da física, como a conservação da energia. O postulado mais comum é que Deus suspende as leis da física para realizar um milagre. Alguns teólogos acreditam que Deus trabalha dentro das leis da natureza para realizar milagres ou que nossa compreensão das leis da física é simplesmente incompleta e insuficiente para entender o mecanismo que Deus usa para realizar milagres.

Michael G. Strauss

REFERÊNCIAS E LEITURAS RECOMENDADAS

GIANCOLI, Douglas. *Physics: Principles with Applications.* 7. ed. Cambridge, UK: Pearson, 2014.

LARMER, Robert. *Water into Wine? An Investigation of the Concept of Miracle.* Montreal: McGill-Queen's University Press, 1996.

CONSTANTES COSMOLÓGICAS. (Para uma descrição do que é mais frequentemente chamado de Constante cosmológica, veja **Matéria escura** e **Energia escura**.)

As constantes cosmológicas são parâmetros mensuráveis do universo que são fixos (ou quase) no **espaço e no tempo** do universo.

Em Jeremias 33:19-26, Deus compara as suas promessas imutáveis ao seu povo com a invariabilidade das leis que governam o céu e a terra. A comparação centra-se na constância física observada, as leis que governam genericamente a operação do mundo físico. Muitas dessas leis são descritas pelas constantes cosmológicas fundamentais da **física**.

Os exemplos observados de padrões fixos na natureza, no contexto de Jeremias, teriam incluído a constância do efeito da gravidade, os movimentos do sol, da lua e das estrelas, padrões sazonais e muito mais. Os exemplos hoje incluem o constante de Planck, a velocidade da luz, a carga do elétron, a massa do próton e certas relações como a constante da estrutura fina, a relação entre a massa de prótons e a massa de elétrons e a proporção da força eletromagnética com a força gravitacional. A constância dessas leis permite investigações científicas e avanços. Também possibilita a sobrevivência da vida. Testes de laboratório repetidos ao longo de muitos anos mostram que certas constantes cosmológicas variam menos de 4 partes em 100 quadrilhões por ano (Rosenband et al., 2008). Os testes astronômicos — por exemplo, as observações das operações de átomos codificados nos espectros de luz que chegam de galáxias a bilhões de anos-luz de distância — revelam que as constantes físicas do universo variaram não mais de 2 partes em 10 quadrilhões por ano nos últimos 10 bilhões de anos (Thong et al., 2010). Os primeiros dados divulgados a partir das observações do satélite Planck, que estudou a radiação que sobrou do evento de criação do ***big bang*** (a radiação cósmica de fundo), indicam que a constante de estrutura fina varia de forma não mensurável em toda a extensão espacial do universo (O'Bryan et al., 2013).

Não só essa constância física é essencial para a vida, mas também, de acordo com a pesquisa em curso, esses componentes físicos parecem ter sido ajustados para tornar a vida possível. A menor mudança no valor de qualquer dessas constantes prejudicaria a estabilidade da química essencial da vida, termodinâmica e mais (ver **Princípio antrópico**). Os físicos determinaram que, se a proporção das constantes de força eletromagnética e gravitacional fosse alterada por apenas uma parte em 10 mil decilhões, as estrelas nunca se formariam ou se formariam e logo explodiriam. De uma forma ou de outra, a vida física não existiria.

Do ponto de vista histórico, a confiança na constância das leis físicas forneceu um suporte fundamental para o avanço científico. A constância temporal e espacial das leis que regem o universo físico sugeriu que a pesquisa científica poderia descobrir a verdade sobre o reino natural, e que essas verdades ou fatos poderiam ser levados em consideração a fim de serem aplicados de modo consistente e universal. Não é de admirar, então, que a **revolução científica** tenha surgido na Europa Ocidental, onde Deus foi entendido como o criador de um universo racional que obedecia a leis consistentes e compreensíveis.

Hugh Ross

REFERÊNCIAS E LEITURAS RECOMENDADAS

O'Bryan, Jon et al., jun. 2013. eprint arXiv:1306.1232.

Rosenband, Till et al, 2008. "Frequency Ratio of Al+ and Hg+ Single-Ion Optical Clocks; Metrology at the 17th Decimal Place." *Science* 319 (28 mar.): 1808-12.

Thong, Le Duc et al., 2010. "Constraining the Cosmological Time Variation of the Fine-Structure Constant." *Astrophysics* 53 (jul.): 446-52.

CONWAY MORRIS, SIMON. Simon Conway Morris (1951-) é um cristão (anglicano), paleontologista de invertebrados e professor de paleobiologia na Universidade de Cambridge. Formado pelas universidades de Bristol (graduação em geologia, 1972) e de Cambridge (mestrado, 1976), Conway Morris destacou-se inicialmente por causa de suas interpretações dos fósseis dos Xistos de Burgess, uma formação do Cambriano Médio na Colúmbia Britânica, Canadá, caracterizada pela requintada preservação de uma grande variedade de filos de invertebrados.

Sob a orientação de seu professor do mestrado em Cambridge, Harry Whittington (1916-2010), Conway Morris reanalisou fósseis cambrianos originalmente descobertos pelo paleontólogo do Instituto Smithsoniano, Charles Walcott (1850-1927), originando uma série de artigos técnicos no final dos anos 1970 e 1980 a respeito de gêneros como *Nectocaris* e *Wiwaxia*, trabalho indicado para um público geral no primeiro livro de Conway Morris, *Crucible of Creation* [O crisol da criação] (1998), e relatado no popular livro de ciência do falecido paleontólogo Stephen Gould, *Wonderful Life* [Vida maravilhosa] (1989). Notavelmente, em 1977, Conway Morris nomeou e descreveu o extinto gênero *Hallucigenia*, cujas curiosidades impressionaram muito Gould, embora depois tenha determinado que Conway Morris reconstruiu o táxon de baixo para cima. Eleito membro da Royal Society em 1990 e nomeado professor de paleobiologia na Universidade de Cambridge em 1991, Conway Morris logo começou a discordar da hipótese da evolução da "contingência histórica" de Gould (uma visão que Gould havia apoiado, em parte, citando as interpretações fósseis de Conway

132 COOPÇÃO

Morris), segundo a qual os resultados evolutivos no planeta derivam fundamentalmente de circunstâncias únicas e irrepetíveis — "contingentes". O "filme" da evolução, se reproduzido, não produziria o *Homo sapiens* ou qualquer outra **espécie**.

Conway Morris se opôs a essa interpretação da evolução argumentando que a ubiquidade em toda a vida terrestre de *convergência*, ou seja, ao aparecimento, em múltiplas linhagens emergentes independentes, da "mesma" solução (seja molecular seja anatômica), apontaram para um direcionamento inerente ao processo evolutivo. Seu segundo e terceiro livros, *Life's Solution: Inevitable Humans in a Lonely Universe* [Solução da vida: seres humanos inevitáveis em um universo solitário] (2003) e *The Runes of Evolution: How the Universe Became Self-Aware* [As runas da evolução: como o universo se tornou autoconsciente] (2015), apresentam a argumentação de Conway Morris para mecanismos evolutivos a partir dos quais a aparência de seres morais e sencientes são "uma quase inevitabilidade", em que os desenvolvimentos posteriores se baseiam em potencialidades preparadas em estágios anteriores, um conceito que Conway Morris denomina "herança evolutiva". Um processo evolutivo assim orientado, ele argumenta, embora não prove nem pressuponha a existência de Deus, é totalmente "congruente" com o **teísmo** e a criação.

Conway Morris mantém um *site* dedicado a explicar a convergência e suas implicações (https://mapoflifeblog. wordpress.com/about/), financiado pela **Fundação John Templeton**, com a qual ele tem sido um colaborador ativo, da qual tem recebido bolsas de estudo e servido com referência acadêmica para alunos. Embora fortemente persuadido da verdade da evolução darwiniana, tanto em termos da força central do seu processo causal primário, **seleção natural** e da árvore da vida ramificada global descrita por Darwin, Conway Morris é extremamente crítico acerca do **materialismo** e do **reducionismo** defendido por importantes biólogos evolucionistas.

Paul Nelson

REFERÊNCIAS E LEITURAS RECOMENDADAS

Conway Morris, S. "A New Metazoan from the Burgess Shale of British Columbia." *Palaeontology* 20: 623-40, 1977.
_____. *Crucible of Creation: The Burgess Shale and the Rise of Animals.*New York: Oxford University Press, 1998.
_____. *Life's Solution: Inevitable Humans in a Lonely Universe.* New York: Cambridge University Press, 2003.
_____. "Darwin's Dilemma: The Realities of the Cambrian 'Explosion.'"

Philosophical Transactions of the Royal Society, B 361:1069-83, 2006. www. ncbi.nlm.nih.gov/pmc/articles/PMC1578734/.
_____. *Darwin's Compass: How Evolution Discovers the Song of Creation.* Gifford Lectures. Edinburgh: University of Edinburgh, 2007. www.ed.ac. uk/arts-humanities-soc-sci/news-events/lectures/gifford-lectures/archive/ archive-2006-2007/prof-conway (seis palestras gravadas em arquivos em MP3).
_____. "Creation and Evolutionary Convergence." In: *The Blackwell Companion to Science and Christianity*, 258-69. J. B. Stump e A. G. Padgett (Eds.). Oxford: Wiley, 2012.
_____. *The Runes of Evolution: How the Universe Became Self-Aware.* West Conshohocken, PA: Templeton Press, 2015.

COOPÇÃO. A coopção, também chamada de cooptação ou exaptação, é um modelo de evolução em que a função de uma peculiaridade muda durante sua evolução. Esse modelo contrasta com a adaptação, em que a função de um traço permanece constante enquanto é refinada pela **seleção natural**. Durante a coopção, um componente biológico é emprestado ou "cooptado" de um sistema para executar uma nova função em outro.

Uma hipótese famosa de coopção é que as penas e asas de aves evoluíram inicialmente para fornecer isolamento térmico ou ser armadilha para insetos, e foram posteriormente cooptadas para o voo (Ostrom, 1974, 1979; Gould, 1980). Outro exemplo notável é o osso sesamoide radial do panda gigante, que acredita-se ter sido cooptado em um "polegar", usado para tirar folhas de bambu (Gould, 1978).

No nível bioquímico, a coopção é frequentemente citada como um mecanismo para recrutar novos genes ou desenvolver sistemas irredutivelmente complexos. Um artigo propõe que o flagelo bacteriano surgiu através da coopção, ou de "fusões entre vários subsistemas modulares", que inicialmente desempenharam outras funções não flagelares (Pallen e Matzke, 2006). Outro artigo argumenta que a trombina — crucial para a cascata de coagulação do sangue — tem múltiplas funções e pode ter surgido originalmente para um propósito diferente antes de ser cooptada na cascata (Forrest e Gross, 2007).

Os dados brutos que dão suporte às explicações da coopção normalmente implicam homologia, ou similaridade de sequência, entre diferentes proteínas. Poucos detalhes são fornecidos, além de afirmar que as peças homólogas foram cooptadas, retrabalhadas e reimplantadas para formar um novo sistema. Como dois biólogos evolucionistas observam: "Pouco se sabe sobre os mecanismos pelos quais a coopção da função dos **genes** ocorre", mas é apoiada por "ampla distribuição de proteínas e padrões conservados em toda a árvore da vida" (True e Carroll, 2002).

Os críticos da coopção oferecem múltiplas razões pelas quais ela não pode explicar a **complexidade** irredutível. Primeiro, muitas partes são únicas e indisponíveis para serem emprestadas de outros sistemas (p. ex., genes órfãos) (Meyer, 2013). Em segundo lugar, mesmo que existam proteínas homólogas para todos os componentes de uma forma irredutível de sistema complexo, no máximo isso sugere uma **ancestralidade comum**; a simples semelhança de sequência não constitui uma explicação evolutiva gradual (Behe, 1996). Em terceiro lugar, as peças da máquina não são necessariamente facilmente intercambiáveis, ou "modulares". Os carrinhos de supermercado e as motocicletas possuem rodas, mas um não poderia tomar emprestado do outro sem modificação significativa. Na biologia, onde muitas mudanças podem ser necessárias para converter uma proteína em uma nova função, esse problema pode ser grave (Gauger e Axe, 2011). Em quarto lugar, mesmo que todas as partes necessárias estivessem disponíveis para serem emprestadas e fossem compatíveis, a coopção não explica as instruções de montagem necessárias para a construção do sistema. Em quinto lugar, a coopção depende de pura sorte, uma vez que o sistema inicial, por acaso, é "previamente adaptado" à função do sistema final, fazendo com que as explicações soem teleológicas.

Angus Menuge argumenta que qualquer explicação de coopção deve explicar o seguinte:

1. Disponibilidade de elementos (p. ex., homologia).
2. Sincronização, na qual os elementos estão disponíveis ao mesmo tempo.
3. Localização, na qual as peças estão disponíveis no mesmo local.
4. Coordenação, na qual a produção parcial é coordenada para montagem.
5. Compatibilidade de interface, na qual as peças são "mutuamente compatíveis, isto é, 'bem combinadas' e capazes de 'interagir' adequadamente". (Menuge, 2004)

Os críticos afirmam que as explicações de coopções praticamente nunca explicam nada além do fator (1). Eles procuram exemplos em que a coopção produziu de forma notável novos sistemas através de mecanismos materiais não guiados. **William Dembski** observa que nenhum deles é conhecido: "Qual é a única coisa em nossa experiência que coopta máquinas irredutivelmente complexas e usa seus elementos para construir uma máquina nova e mais intrincada? Agentes inteligentes" (Dembski e Witt, 2010).

Casey Luskin

REFERÊNCIAS E LEITURAS RECOMENDADAS

Behe, Michael J. *Darwin's Black Box: The Biochemical Challenge to Evolution.* New York: Free Press, 1996.

Dembski, William A.; Witt, Jonathan. *Intelligent Design Uncensored.* Downers Grove, IL: InterVarsity, 2010.

Forrest, Barbara C.; Gross, Paul R. "Biochemistry by Design." *Trends in Biochemical Sciences* 32: 301-10, 2007.

Gauger, Ann; Axe, Douglas. "The Evolutionary Accessibility of New Enzyme Functions: A Case Study from the Biotin Pathway." *BIO-Complexity* 2011 (1): 1-17, 2011.

Gould, Stephen Jay. "The Panda's Peculiar Thumb." *Natural History* 87: 20, 1978.

_____. "Is a New and General Theory of Evolution Emerging?" *Paleobiology* 6: 119-30, 1980.

Menuge, Angus. *Agents under Fire: Materialism and the Rationality of Science.* Oxford: Rowman & Littlefield, 2004.

Meyer, Stephen. *Darwin's Doubt: The Explosive Origin of Animal Life and the Case for Intelligent Design.* New York: HarperOne, 2013.

Ostrom, John. "*Archaeopteryx* and the Origin of Flight." *Quarterly Review of Biology* 49: 27-47, 1974.

_____. "Bird Flight: How Did It Begin?" *American Scientist* 67:45-56, 1979.

Pallen, Mark J.; Matzke, Nicholas J. "From the Origin of Species to the Origin of Bacterial Flagella." *Nature Reviews Microbiology* 4: 784-90, 2006.

True, John R.; Carroll, Sean B. "Gene Co-option in Physiological and Morphological Evolution." *Annual Review of Cell and Developmental Biology* 18: 53-80, 2002.

COPÉRNICO, NICOLAU.

Nicolau Copérnico (1473-1543) era um clérigo e astrônomo polonês que foi o primeiro nos tempos modernos a argumentar que a terra não era o centro do universo, mas que orbitava o sol. Seu livro *De revolutionibus orbium coeslestium* [Sobre a revolução das esferas celestes] (1543) apresentou um modelo matemático abrangente do sistema solar. Embora ele soubesse que suas ideias eram controversas, ele não sofria de nenhuma pressão religiosa para suprimi-las.

Copérnico nasceu Nikolaj Kopernik e foi criado por seu tio, o bispo de Ermeland, na Polônia. Ele estudou inicialmente na Universidade de Cracóvia, mas, em 1496, viajou para a Itália para passar algum tempo nas universidades de Bolonha e Pádua antes de se graduar em direito canônico em Ferrara. Ao retornar à Polônia, o tio de Copérnico o nomeou cônego da Catedral de Frombork, o que lhe proporcionou uma boa renda para o resto da vida. Os seus deveres como cônego não lhe exigiam muito, o que lhe dava muito tempo para se dedicar à sua paixão pela **astronomia**.

134 COSMOLOGIA ANTIGA

Copérnico começou a divulgar sua teoria de que a terra girava em torno do sol a um pequeno número de correspondentes em 1507. Ele continuou a trabalhar em suas ideias, oferecendo um modelo completo do sistema solar para rivalizar com o sistema de Cláudio Ptolomeu de um cosmos centrado na terra. É provável que Copérnico induzisse indiretamente alguns de seus teoremas geométricos de matemáticos medievais e muçulmanos, embora ele não os mencione em seu trabalho. Em 1543, Copérnico finalmente permitiu que sua teoria fosse publicada. O livro resultante, *De revolutionibus orbium coeslestium*, lhe foi apresentado pouco antes de sua morte. Copérnico acreditava que sua teoria representava a realidade física e que a terra realmente movia-se pelo espaço ao redor do sol em alta velocidade. No entanto, Andreas Osiander, um amigo de Copérnico, que viu o livro pela imprensa, acrescentou um prefácio não assinado afirmando que a teoria era apenas uma hipótese e não um fato. A maioria dos leitores presumiu que o próprio Copérnico havia escrito o prefácio, gerando uma incompreensão generalizada de seus próprios pontos de vista.

Copérnico estava plenamente consciente que suas ideias eram intelectualmente controversas e insistiu que ele fosse julgado apenas por aqueles capazes de entender a densa síntese matemática que ele havia apresentado. Seu livro foi discutido pelos astrônomos, mas poucas pessoas achavam que ele estava certo em postular que a terra girava em torno do sol. No entanto, sua conquista matemática foi amplamente reconhecida. Ele não temia a censura eclesiástica — um cardeal estava entre aqueles que o incitavam a publicar, e seu livro foi dedicado ao papa Paulo III. Apenas em 1616 que a Igreja Católica Romana condenou formalmente o heliocentrismo e, mesmo assim, só exigiu que algumas correções triviais fossem feitas no livro de Copérnico, em vez de proibi-lo completamente. Entretanto, a igreja ficou feliz em usar a matemática de ponta de Copérnico para sua própria reforma do calendário, concluída em 1582.

Uma vez que o sistema heliocêntrico se tornou amplamente aceito a partir de meados do século XVII, Copérnico foi celebrado como pioneiro científico, além de um talentoso matemático. Hoje, a publicação de *De revolutionibus orbium coeslestium*, em 1543, é frequentemente citada como o início da ciência moderna.

James Hannam

REFERÊNCIAS E LEITURAS RECOMENDADAS

COPÉRNICO, Nicolau. *On the Revolutions of the Heavenly Spheres*. Amherst, NY: Prometheus, 1995.

HENRY, John. *Moving Heaven and Earth: Copernicus and the Solar System*. Cambridge, UK: Icon, 2001.

SALIBA, George. *Islamic Science and the Making of the European Renaissance*. Cambridge, MA: MIT Press, 2007.

WESTMAN, Robert. "The Copernicans and the Churches." In: *God and Nature: Historical Essays on the Encounter between Christianity and Science*, 76-113. David Lindberg e Ronald Numbers (Eds.). Berkeley: University of California Press, 1986.

_____. "Proof, Poetics and Patronage: Copernicus's Preface to *De Revolutionibus*." In: *Reappraisals of the Scientific Revolution*, 167-205. David Lindberg e Robert Westman (Eds.). Cambridge: Cambridge University Press, 1990.

COSMOLOGIA ANTIGA. A literatura do antigo Oriente Próximo (LOP) apresenta numerosos textos que podem ser classificados como textos de cosmologia, mas muitos mais textos de vários gêneros fornecem **informações** para entender as perspectivas cosmológicas do mundo antigo. Linhas em hinos, mitos, literatura sapiencial, encantamentos, textos de adivinhação e relatos de construção de templo contribuem para uma imagem maior, assim como a cosmologia do Antigo Testamento é encontrada não só em Gênesis, mas também em Salmos, em Jó e nos profetas. Os gráficos deste artigo abordam os textos LOP mais importantes.

Ontologia

A *criação* pertence à transição da inexistência para a existência em vários níveis diferentes. A *ontologia* é o termo filosófico que se aplica à existência de algo. A *cosmologia* diz respeito ao estudo do cosmos, particularmente no que se refere às suas origens e à sua natureza. A *ontologia cósmica*, portanto, pergunta o que caracteriza a existência do cosmos. Os textos de cosmologia de qualquer cultura expressam como essa cultura entende a existência e os eventos que levaram o cosmos à existência.

Na cultura ocidental moderna, a ontologia cósmica concentra-se habitualmente nas origens do universo material. Temos dificuldade para imaginar qualquer maneira diferente de pensar. No entanto, informações substanciais dos textos da LOP indicam que sua ontologia cósmica se concentrou na ordem, e não na matéria. Em tal ontologia, algo realmente não existe até ter um papel e um propósito em um sistema ordenado. "Criação", então, envolveu atividades que trouxeram ordem (como separação e nomeação, observáveis tanto em Gênesis como na LOP), em vez de um ato ou processo que apenas produziu algo de material. O pensamento israelita e os textos bíblicos refletem essa ontologia. Por conseguinte, um antigo relato de origens cósmicas relacionaria naturalmente as origens da ordem e não as origens do cosmos material.

Não existência

Uma vez que entendemos essa característica do respectivo modo cultural de pensar, podemos começar a ler os textos sob uma nova luz, agora compreendendo como o antigo público os teria entendido. Nos textos egípcio e babilônicos, se algo não tem nome, não existe. Os textos egípcios rotulam o deserto e seus animais exóticos como inexistentes (Allen 1988, 57; Assmann, 2002, 206; Hornung, 1982, 173-83). Na Babilônia, a cosmologia mais famosa, **Enuma Elish**, começa quando nada ainda é nomeado, incluindo os deuses. Na cosmologia de Israel, o estado não ordenado é descrito pelas palavras hebraicas *tohu wabohu* em Gênesis 1:2. Quando o uso dessas palavras no texto hebraico é examinado, achamos que elas não estão relacionadas à falta de forma de objetos materiais, mas à ausência de ordem, papel ou função (Walton 2009, 46-52). Assim, a cosmologia de Gênesis 1 começa sem ordem e depois narra o estabelecimento da ordem.

Causalidade/propósito

Em todo o mundo antigo, os deuses eram vistos como agentes da causalidade nas origens cósmicas. Os antigos não tinham nenhuma categoria de leis ou causas "naturais" e não faziam distinções entre os níveis de causalidade, como estamos inclinados a fazer. Eles não distinguiriam entre a atividade dos deuses e os níveis de origens que poderiam ser explicados "naturalmente". Em hebraico, uma palavra como *'asa* (muitas vezes traduzida "agir" ou "fazer") simplesmente indica um papel na causalidade sem esclarecer se esse papel era direto ou indireto.

Como os deuses estão sempre envolvidos como agentes causadores, a criação é realizada com propósito. Em Gênesis, o propósito de Deus pode ser facilmente inferido, mas nem sempre é tão claro no resto do mundo antigo, em grande parte porque os deuses não tinham o hábito de comunicar seus propósitos. Uma distinção, no entanto, é que os deuses da LOP tendiam a concentrar suas atividades em si mesmos e em suas necessidades, e não nas pessoas. Apesar dessa distinção, a cosmologia no mundo antigo é conduzida pelos desígnios dos deuses, mesmo quando os seus fins são desconhecidos.

Ordem/funções

No mundo antigo, as realidades políticas e sociais foram estabelecidas por decreto de entidade competente (p. ex., rei, governador, ancião). As realidades cósmicas foram igualmente estabelecidas pelos decretos dos deuses. Portanto, não é surpresa que, embora as cosmologias não mencionem explicitamente a criação pela palavra falada, a ordem no cosmos, na sociedade, no templo, e em todos os níveis da existência foi determinada por decreto. Nas fontes acadianas e sumerianas, as principais forças da vida são todas estabelecidas num processo conhecido como o decreto dos destinos. Os papéis de deuses, pessoas, grupos, instituições sociais, templos e entidades cósmicas (o cosmos estava cheio de entidades e não de objetos) foram decretados. Uma perspectiva semelhante pode ser vista em Gênesis, de modo geral quando a palavra falada é usada para estabelecer decretos que trazem ordem, e especificamente como os papéis do sol, da lua e das estrelas são indicados.

Luta contra o caos

Uma das ideias comumente identificada como distintiva entre o pensamento israelita e a LOP diz respeito ao papel dos conflitos na criação. Curiosamente, no entanto, o conflito na cosmologia não é tão comum quanto pensamos. A **mitologia** egípcia apresenta conflitos diários à medida que o sol nasce e é ameaçado pela criatura do caos, Apofis. Na literatura sumeriana, os textos da cosmologia não apresentam conflitos. Na acadiana, o *Enuma Elish* fala da batalha entre Marduque e Tiamat, mas, mesmo assim, o relato é de uma reorganização do cosmos sob o domínio de Marduque (Walton, 2011, 68-74). Claramente, no entanto, Gênesis não dá nenhuma indicação de tal conflito (embora o Salmo 74 demonstre que tal elemento não está totalmente ausente). No entanto, essa não é, como se afirma frequentemente, uma distinção tão clara, uma vez que o conceito é a exceção em todas as cosmologias da LOP, e não a regra.

Cosmos e templo

Como as cosmologias se concentram no estabelecimento da ordem, não é de admirar que os templos tenham um papel importante na cosmologia. O templo no mundo antigo era o lugar da autoridade divina. Era do templo que o deus governava e mantinha a ordem no cosmos. O

136 COSMOLOGIA ANTIGA

COSMOLOGIA ANTIGA

TABELA 11: Resumo das características que aparecem em relatos cosmológicos antigos

	Fontes primárias	Condições pré-criação	Separação entre terra e céu	Teogonia misturada com cosmogonia	Teomaquia	Nomeação como ato de criação	Separação como ato de criação	Criação de pessoas	Conexão com templo	Repouso
Egípcio	Hermopolitano: pBremner-Rhind BM 10188			X			X			
	Hermopolitano: CT encantamento 76-80	X	X	X				X		
	Heliopolitano: CT 335/Livro dos mortos, 17	X	[X]	X			X	X		
	Tebano: Papiro Leiden I 350	X		X						
	Teologia menfita			X		X			X	X
	Instruções de Merikare		X		X			X	X	
Sumeriano	Árvore de Huluppu	X	X			X		X	X	
	Ovelha e trigo			X		[X]				
	Pássaro e peixe									
	Hino de E'engura							X	X	
	Louvor à enxada		X					X	X	
	Enki e a ordem do mundo								X	
	Enki e Ninhursag	X								
	Enki e Ninmah		(X)	X		X		X		
	Gênesis de Eridu							X	X	
	NBC 11108	X	[X]							
	KAR 4		X					X		

(X) = pressuposto   [X] = apresentado como não corrido ainda

TABELA 1: *Resumo das características que aparecem em relatos cosmológicos antigos (continuação)*

	Fontes primárias	Condições pré-criação	Separação entre terra e céu	Teogonia e cosmogonia misturadas	Teomaquia	Nomeação como ato de criação	Separação como ato de criação	Criação de pessoas	Conexão com templo	Repouso
Acadiano	Atrahasis				X			X		
	Enuma Elish	X	(X)	X	X	X		X	X	X
	Teogonia de Dunnu			X	X					
	O verme e a dor de dente									
	Os dois insetos									
	A tamargueira e a palmeira									
	Grande tratado de astrologia									
	VAT 17019							X		
	Fundamentos das orações dos selêucidas	X	X	X		X		X	X	

(X) = pressuposto   [X] = presentado como não corrido ainda

TABELA 2: *Resumo dos elementos que aparecem nos relatos cosmológicos antigos*

	Fontes primárias	Deuses	Céu e terra	Firma-mento	Àguas	Terra seca	Fecunda-ção das plantas	Pás-saros/ peixes	Animais	Sociedade da civilização	Corpos celestes
Egípcio	Hermopolitano: pBremner-Rhind BM 10188		X			X					
	Hermopolitano: CT encantamento 76-80	X	X	X		X		X	X		
	Heliopolitano: CT 335/ Livro dos Mortos, 17	X									X
	Tebano: Papiro Leiden I 350	X	X								X
	Teologia menfita	X	X							X	
	Instruções de Merikare		X				X	X	X	X	

TABELA 2: Resumo dos elementos que aparecem nos relatos cosmológicos antigos (continuação)

Categoria	Composição										
Sumeriano	Árvore de huluppu		X				X			X	
	Ovelha e trigo						X		X	[X]	
	Pássaro e peixe		X		X		X	X	X	X	
	Hino de E'engura						X				
	Louvor à enxada		X							X	
	Enki e a ordem do mundo				X		X	X	X	X	
	Enki e Ninhursag								[X]	X	
	Enki e Ninmah	X	X							X	
	Gênesis de Eridu								X	X	
	NBC 11108]	[X]	[X]	[X]						[X]	
	KAR 4		X		X		X			X	
Acadiano	Atrahasis				X	X					
	Enuma Elish	X	X	X	X						X
	Teogonia de Dunnu	X		X			X		X		
	O verme e a dor de dent		X		X						
	Os dois insetos		X						X		
	A tamargueira e a palmeira				X	X				X	
	Grande tratado de astrologia		X								X
	VAT 17019										X
	Fundamentos das orações dos selêucidas	X	X		X	X	X		X	X	

(X) = pressuposto   [X] = presentado como não corrido ainda

Observação: Esses gráficos listam as composições egípcias, sumerianas e acadianas que nos permitem compreender a cosmologia da LOP. A linha vertical à esquerda lista as composições relevantes, enquanto a linha horizontal na parte superior observa características cosmológicas importantes, que são marcadas se estiverem presentes no respectivo texto. Este gráfico originalmente apareceu em Genesis 1 as Ancient Cosmology [Gênesis 1 como cosmologia antiga] (Eisenbrauns, 2011); reimpresso com permissão.

COSMOLOGIA BÍBLICA — 139

templo também era um elo entre o céu e a terra. Em cosmologias como *Enki e a ordem do mundo* e *Enuma Elish*, a cosmologia apresenta o estabelecimento de um templo a partir do qual o deus pode assumir o domínio sobre o cosmos que foi organizado sob seu controle.

Geografia cósmica

A cosmologia é composta não apenas de perspectivas sobre as origens do mundo, como é conhecida, mas também da forma do mundo, conhecida como geografia cósmica. Embora existam variações individuais de cultura para cultura e de tempos em tempos, pontos comuns gerais permeiam o mundo antigo. As principais características do cosmos eram os céus, a terra e os mares. O mundo inferior era um componente da terra. As cosmologias relataram frequentemente a separação inicial entre esses componentes (céu e terra, terra e mares, águas acima e águas abaixo). Os deuses estabeleceram limites para o mar e para manter a terra e o céu separados, bem como para conter as águas acima. Uma ideia no mundo antigo era que havia um único continente circundado por águas cósmicas. As cosmologias antigas também conceberam regularmente o céu como sólido, embora existam muitas ideias diferentes em relação à natureza da abóbada. Gênesis reflete muitas das perspectivas comuns do mundo antigo.

John H. Walton

REFERÊNCIAS E LEITURAS RECOMENDADAS

ALLEN, J. 1988. *Genesis in Egypt.* New Haven, CT: Yale University Press.

ASSMANN, J. 2002. *The Mind of Egypt.* New York: Metropolitan.

CLIFFORD, R. 1994. *Creation Accounts in the Ancient Near East and the Bible.* Catholic Biblical Quarterly Monograph Series 26. Washington, DC: Catholic Biblical Association.

HORNUNG, E. 1982. *Conceptions of God in Ancient Egypt.* Ithaca, NY: Cornell University Press.

HOROWITZ, W. 1998. *Mesopotamian Cosmic Geography.* Winona Lake, IN: Eisenbrauns.

KEEL, O. 1978. *The Symbolism of the Biblical World.* New York: Seabury.

LESKO, L. 1991. "Ancient Egyptian Cosmogonies and Cosmology." In: *Religion in Ancient Egypt,* ed. B. Shafer, 88-122. Ithaca, NY: Cornell University Press.

WALTON, John H. 2006. *Ancient Near Eastern Thought and the Old Testament: Introducing the Conceptual World of the Hebrew Bible.* Grand Rapids: Baker Academic.

_____. 2009. *The Lost World of Genesis 1.* Downers Grove, IL: InterVarsity.

_____. 2011. *Genesis 1 as Ancient Cosmology.* Winona Lake, IN: Eisenbrauns.

COSMOLOGIA BÍBLICA. A cosmologia, embora inclua a cosmogonia (as origens e a estrutura do universo), oferece a distinção útil, incluindo a função e o destino do universo, e informa a **cosmovisão** de uma cultura. A cosmologia bíblica, portanto, examina a visão dos escritores bíblicos sobre a origem, organização, função e futuro do cosmos, incluindo o papel de Deus e da humanidade nele.

Cosmologia no Antigo Testamento

A Bíblia não apresenta uma cosmologia claramente ordenada. Devemos juntar várias referências à cosmologia no contexto das reflexões teológicas sobre a criação, o trabalho e o poder de Deus, ou o louvor dele. Os escritores do Antigo Testamento geralmente usam terminologia e imagens semelhantes às do mundo antigo ao seu redor, por isso é útil entender algo desses contextos, tanto para poder ver as semelhanças como para reconhecer as diferenças.

Cosmologia no antigo contexto do Oriente Próximo

O mundo antigo tinha ampla concordância sobre os conceitos básicos da criação e estrutura do cosmos, que se refletem no Antigo Testamento, embora muitos detalhes variem. Dos vizinhos próximos de Israel, mais **informações** foram fornecidas a partir da arqueologia para a visão mesopotâmica e egípcia sobre a cosmologia do que para as várias nações cananeias.

Cosmologia mesopotâmica. Embora os textos sumerianos anteriores descrevam a criação de seres humanos entre os eventos da criação, apenas dois relatos acadianos mais tardios (segundo milênio a.C.), *Atrahasis* e ***Enuma Elish***, dão mais detalhes, e nenhum fornece um relato completo de toda a criação. *Atrahasis* apresenta a criação da humanidade e a sua quase extinção pelos deuses com alguns paralelos gerais em estrutura e conteúdo com Gênesis 2—11. *Enuma Elish* defende a afirmação do deus Marduque de que é soberano sobre os deuses e inclui a criação do universo e da humanidade. Marduque criou o cosmos após sua batalha épica com o abismo de água (Tiamat), dividindo as águas cósmicas, usando metade dela para o céu acima e metade para abaixo. Depois de criar a terra e enchê-la de plantas e animais, as pessoas são criadas para aliviar os deuses de seu trabalho.

Os vários relatos mesopotâmicos fornecem uma estrutura bastante consistente do universo, imaginando-o em três níveis — o paraíso (em três níveis: reinos de diversos deuses, dependendo do período, com as estrelas no nível mais baixo), a terra (em três níveis: reino das pessoas, reino da água doce [o deus Ea] e do mundo inferior), e o mar

140 COSMOLOGIA BÍBLICA

cósmico inferior. O mundo habitado forma uma bolha no meio das águas cósmicas. Vários deuses governam todas as áreas do cosmos. As pessoas foram criadas para servir os deuses e fazer o seu trabalho por eles. Os assuntos da humanidade e o seu futuro são determinados por esses deuses.

Cosmologia egípcia. Nenhum único relato abrangente registra a cosmogonia do Egito. No entanto, a imagem geral da criação permanece notavelmente consistente ao longo de mais de dois milênios (Allen, 1988, 56). Para os egípcios, a criação começa com um mar infinito, aquoso e caótico. O deus criador (Atum, Ré, Amun ou Ptah, dependendo do escritor e do tempo) traz a si mesmo à existência, e então cria o restante do cosmos, começando com a atmosfera como uma bolha de luz e ordem no meio das águas caóticas sombrias. Terra, plantas, animais e todas as pessoas surgem em seguida. Nos relatos egípcios, o ponto principal é realmente a criação dos deuses, que incorporam as várias partes do cosmos.

A estrutura do mundo egípcio inclui o céu, a terra e o mundo inferior, ou Duat, que flutuam nas infinitas e escuras águas como uma bolha. O sol era a parte mais importante da criação e, portanto, a divindade principal. A ordem cósmica, ou Ma'at, estabelecida na criação, foi mantida pelo faraó, o representante dos deuses. A humanidade foi formada pelos deuses para seu uso.

Os relatos da criação em Gênesis

A colocação do relato da criação no início da Bíblia hebraica destaca a importância da cosmologia para a cosmovisão e a teologia de Israel. Gênesis 1:1—2:3, uma cosmogonia teológica, apresenta Deus como o único criador soberano, benfeitor e governante de toda a criação. O relato enfatiza a bondade de Deus como criador, bem como o seu domínio soberano. Gênesis 2:4-25 centra-se na criação da humanidade por Yahweh e seu papel e responsabilidades como portadores de sua imagem.

O relato da criação em Gênesis 1 tem numerosas semelhanças com as histórias antigas ao redor de Israel, mas com diferenças significativas. Existem semelhanças gerais com os relatos mesopotâmicos, incluindo uma escuridão aquosa antes da criação; luz, dia e noite antes do sol, da lua ou das estrelas; águas separadas para criar a atmosfera com águas acima e águas abaixo; o sol, a lua e as estrelas criadas para sinais, estações, dias e anos; o homem formado de pó ou argila; e Deus (ou os deuses)

descansando após a criação do homem. Os relatos egípcios incluem semelhanças mais específicas, incluindo a criação trazida à existência pela fala de um deus (em alguns relatos) e os principais eventos da criação na mesma ordem (Miller e Soden, 2012, 77-96). As diferenças são particularmente significativas, no entanto, para a nossa compreensão da cosmologia.

Em contraste com as outras visões antigas do Oriente Próximo, Deus não é criado em Gênesis, existindo independentemente da sua criação. Ele, portanto, transcende toda a criação. Deus exibe poder absoluto e sem esforço, trazendo todas as coisas à existência por meio da fala, sem inimigos ou conflitos. Toda a criação obedece à ordem soberana de Deus. Ele não precisa de magia. De fato, Gênesis não admite outros deuses ou poder, e o que as culturas ao redor de Israel adoraram como deidades aparecem como objetos subservientes no mundo criado por Deus.

A criação do homem e da mulher por Deus, como aqueles que carregam sua imagem e são seus representantes, culmina em Gênesis 1. Deus provê para a humanidade, a quem toda a criação servirá, em vez de a humanidade prover para os deuses. Em uma distinção significativa de seus vizinhos, Israel deve entrar no descanso do sábado de Deus, o objetivo da criação, imitando-o e aproveitando sua provisão para eles (Êxodo 31:12-17). O descanso de Deus, como objetivo da criação, contrasta diretamente com uma visão cíclica da história, com o sol no Egito, por exemplo, lutando todos os dias para reafirmar sua supremacia, apenas para sucumbir e retornar ao nada.

Gênesis 2 aumenta a função e responsabilidades da humanidade, retratando homem e mulher como foco da criação de Yahweh, seu sumo sacerdote e sacerdotisa, colocados em seu jardim do templo real. O relato apresenta a humanidade com seus deveres e também a sua fragilidade, feita do pó. Gênesis 3 revela a causa da luta da humanidade para exercer o domínio para o qual foi criada. A rebelião da humanidade desperdiça a oportunidade para a vida, trazendo a **morte** certa, bem como frustração e luta até a morte.

Gênesis 1 pode parecer familiar, mas na verdade se encaixa em seu antigo contexto conceitual melhor do que o moderno. Coisas como a separação das águas para fazer a atmosfera em Gênesis 1:7 não se encaixam facilmente em uma cosmologia moderna, mas estão perfeitamente alinhadas com o mundo ao redor de Israel. A luz, o dia e a noite antes dos luminares (Gênesis 1:3-5, 14-18) também se encaixam na visão antiga do universo, em vez de uma visão moderna. O restante do Antigo Testamento continua a retratar o cosmos em termos antigos. A preocupação dos escritores não é, contudo, com a estrutura física, mas com o significado teológico e as implicações sobre como Israel deve ver a vida, Deus e seu mundo, e o que eles podem esperar.

Cosmologia no restante do Antigo Testamento

O restante do Antigo Testamento dedica pouca atenção à cosmogonia, além de alguns relatos poéticos da criação que não fornecem descrições específicas (Jó 38:4-15; Salmos 104; Provérbios 8:22-31). O vocabulário usado nessas passagens se encaixa muito bem no ambiente antigo, mas é mais difícil ter certeza das crenças subjacentes.

A origem do cosmos. Todo o Antigo Testamento pressupõe que Yahweh criou todas as coisas, de acordo com as narrativas de Gênesis. Curiosamente, a ordem da criação varia nas passagens de Jó, dos Salmos e dos Provérbios. No entanto, essas passagens enfatizam que o Senhor criou todas as coisas, dando boas coisas a todos (Salmo 104). Ele ordenou a criação em sabedoria, fundando a vida sábia de Israel (Provérbios 8:22-31) e governando tudo de seu templo no céu (Salmos 104:2-3, 13) com controle absoluto (Jó 26, 38).

A estrutura do cosmos. Comumente entende-se que os termos e as descrições que encontramos no Antigo Testamento apresentam um universo de três níveis, semelhante às descrições da Mesopotâmia (Stadelmann, 1970). Jonathan Pennington criticou de forma útil essa visão, defendendo uma visão do universo em duas partes, retratada na frequente expressão "céu e terra" (2004). Mesmo assim, as representações refletem consistentemente seu contexto antigo.

Os "céus" no Antigo Testamento descrevem a atmosfera e o domínio das estrelas e dos anjos (Gênesis 1:8, 14-17; 28:12), estendidos como uma tenda sobre a terra (Salmos 104: 2; Isaías 40:22). Os céus também apresentam uma barreira para separar as águas superiores das águas inferiores, onde a terra está (Gênesis 1:6-8). Os céus referem-se ao lugar em que Deus construiu sua habitação (Isaías 40:22; Amós 9:6, embora, às vezes, sua habitação seja descrita como sendo acima dos céus, Salmos 113:5,6), o que pode refletir uma cosmologia mais ontológica do que física (Pennington, 2004).

Teologicamente, Salomão compreendeu que nem todo o céu pode, de fato, conter Deus (1Reis 8:27), demonstrando o possível entendimento figurativo de muitas das descrições. Há águas acima dos céus (Salmos 148:4) ou armazenadas nos céus (Salmos 104:13, Jeremias 10:12,13), e Deus coloca as colunas das suas câmaras nas águas (Salmos 104:3). Essa imagem, juntamente com o Salmo 29:10, em que Yahweh "assentou-se soberano sobre o **dilúvio**", reverbera a imagem do oceano cósmico dos vizinhos de Israel. Várias passagens exibem janelas ou portões no céu para regar a terra (Gênesis 7:11; Salmos 104:13; Malaquias 3:10), ou lugares para armazenar o vento (Salmos 135:7) ou neve e granizo (Jó 38:22,23).

O Antigo Testamento também descreve a terra com linguagem que é familiar ao mundo antigo. A terra e as montanhas são descritas em muitas passagens tendo bases e uma pedra angular (Jó 38:6) ou fundamentos (Salmos 18:7; 104: 5; Isaías 48:13) ou colunas (Jó 9:6). Essas descrições refletem a construção do templo (Salmos 78:69; Jó 38:4-7,) porque o universo forma o templo de Deus (Isaías 66:1). Em outros lugares, a terra está estendida sobre as águas (Salmos 24:2; 136:6), e em Jó 26:7 está suspensa sobre nada. Jó 26:7 soa suspeitamente moderno, embora possa simplesmente estar visualizando Gênesis 1:2 de maneira poética, descrevendo as águas desoladas antes da criação (usando o termo "sem forma" de Gênesis 1:2 em Jó 26:7a), ou talvez refletisse outra antiga concepção mesopotâmica de Shamash, o deus do sol, suspendendo as terras dos céus. As descrições díspares mostram maior interesse na função e significado do que na estrutura real.

Abaixo da terra, as "profundezas" (Gênesis 49:25) fornecem água para as fontes (Deuteronômio 8:7) ou as águas do julgamento do Dilúvio (Gênesis 7:11). O submundo, tipicamente chamado de *Sheol* ou cova, também está embaixo da terra (Números 16:28-33; Deuteronômio 32:22). O *Sheol*, mais que o túmulo, descreve com conotações negativas o lugar dos mortos (Salmos 49:14; Johnston 2002, 34, 82-83). O Antigo Testamento não desenvolve uma teologia completa da vida após a morte.

Função e destino do cosmos. Toda a criação existe para a glória de Yahweh, com a humanidade destinada a exibir a sua glória e a conduzir a sua criação ao seu louvor (Salmos 72:19; 96). Os profetas, em particular, vislumbram o cosmos sendo renovado sob o último governo de Yahweh e seu Ungido, com novos céus e terra (Isaías 65:17-25) e o culto universal de Yahweh (Isaías 66:22-24, Zacarias

14:6-9), estendendo a imagem do jardim do templo real e trazendo a cura da maldição (Ezequiel 47:1-12). Por fim, toda a criação reconhecerá o domínio eterno de Deus (Salmos 96—99, Isaías 45:22,23).

Cosmologia no Novo Testamento

Os pensadores gregos revolucionaram a percepção da estrutura do universo. No quarto século a.C., **Platão** forneceu a base para a visão aristotélica clássica de uma terra esférica com esferas concêntricas à sua volta carregando sol, lua, planetas e estrelas (Adams 2008, 13-14). Não devemos presumir, portanto, que os escritores do Novo Testamento retrataram uma **Terra plana**, por exemplo, embora se refiram aos "quatro cantos da terra" (Apocalipse 7:1; 20:8). Com pouca dedicação aos aspectos concretos das origens e da estrutura, o Novo Testamento concentra o leitor muito mais na função subjacente do universo, com atenção voltada para o plano soberano de Deus e o resultado final desse plano no objetivo da criação.

Origem e estrutura do cosmos

Os escritores do Novo Testamento basearam consistentemente sua mensagem na cosmologia de Gênesis 1, com Deus sendo externo à criação (Apocalipse 1:4), como único criador (Romanos 1:20; Efésios 3:9; Apocalipse 4:11), e Jesus como agente de toda a criação (João 1:1-3; Colossenses 1:15-17; Hebreus 1:2). A criação aparece *ex nihilo* ou do nada (ver Romanos 4:17), pela palavra de Deus (Hebreus 11:3; 2Pedro 3:5,6). Os escritores do Novo Testamento não descrevem claramente sua estrutura, resumindo-a como céu e terra (Atos 17:24; Efésios 1:10; Hebreus 1:10), "os céus, a terra e o mar" (Atos 14:15), ou "céu... terra e sob a terra" (ver Filipenses 2:10; Apocalipse 5:3, 13). A referência de Paulo ao "terceiro céu" em 2Coríntios 12:2 pode refletir a terminologia judaica de um céu estratificado, embora seja incerto. Da mesma forma, o templo de Deus, às vezes, aparece acima dos céus (Apocalipse 4:1, 6; 6:14), embora as imagens no **Apocalipse** não forneçam uma geografia física.

O Novo Testamento expressa uma teologia muito mais desenvolvida da vida após a morte e do castigo contínuo no inferno do que o desenvolvimento do reino sombrio dos mortos no Antigo Testamento. Os nomes do submundo como Hades ou Geena são complementados por descrições como "escuridão" e "fogo", destacando a condição e não a localização (Mateus 3:12; 22:13; Apocalipse 20:13-15). A localização é geralmente nas profundezas, seguindo a concepção do Velho Testamento do submundo (Mateus 11:23), também sugerida pelo uso de *Hades* em passagens como Atos 2:25-31, onde se traduz o *Sheol* de Salmos 16:10. Da mesma forma, "o céu" parece ser "no alto", como, por exemplo, vemos na ascensão de Cristo (Atos 1:9).

Função e destino do cosmos

Deus, como criador de todas as coisas, leva toda a história à sua consumação (Mateus 25:34; Marcos 13:31), por seu propósito preordenado (Efésios 1:4; 1Coríntios 2:7) planejado dede o início e sob sua direção final (Mateus 24:3-35, João 17:20-26, Atos 17:24-31). O mundo atual é entregue por um tempo aos poderes espirituais do mal, liderado pelo próprio Satanás (1Coríntios 2:6; Efésios 2:2; 6:11,12; Apocalipse 12:9, 12), mas será julgado por Jesus (Mateus 13:36-43; Atos 17:31; Apocalipse 20:11-21: 8), reconciliado com Deus (2Coríntios 5:19; Colossenses 1:20) por meio da redenção em Cristo (Romanos 8:18-25) para a sua glória e supremo domínio (1Coríntios 15:20-28, Efésios 1:10). Os escritores do Novo Testamento desenvolvem a interação entre os céus físicos e a terra e os céus espirituais e a terra do Antigo Testamento à medida que eles contrastam a terra ou este "mundo" (incluindo a oposição humana e espiritual a Deus, João 1:10) e os céus (incluindo o reino dos céus de Deus, João 6:33; Hebreus 9:11; Apocalipse 4, 6:11-17), do qual Deus envia comunicação, bênção ou julgamento.

Enquanto Gênesis mostra a natureza fundamental da cosmologia, o Apocalipse fornece o clímax e retrata o objetivo da criação (incluindo uma geografia como a do Éden). A representação temporal da criação, destacada com o uso de "eras" para o universo (Hebreus 1:2; 11:3), enfatiza o objetivo como a herança do Filho (Hebreus 1:2), que reinará para sempre sobre ele (Apocalipse 11:15). A nova criação ideal, que se seguirá ao fim da atual criação corrompida (2Pedro 3:10-13; Apocalipse 21—22), está disponível para todos os crentes em Cristo (2Pedro 3:13), que reinarão com ele (Apocalipse 20:6; 22:5).

Resumo

Os escritores bíblicos mostram muito mais interesse no Deus da criação e nas implicações de sua criação para a vida agora do que na mecânica da origem e estrutura do universo.

COSMOLOGIA CONTEMPORÂNEA   143

A cosmologia fundamenta a teologia, levando a uma perspectiva de vida e a um objetivo a seguir, com foco no governo de Deus e no plano primordial da criação. Embora os escritores bíblicos utilizem consistentemente a terminologia em voga no mundo em que vivem, a cosmologia que desenvolvem mostra diferenças significativas que expandem a visão que possuem de um único Rei soberano que trará toda a criação sob seu absoluto controle benevolente por meio de seu próprio sacrifício, acabando com toda a corrupção no seu mundo.

John Soden

REFERÊNCIAS E LEITURAS RECOMENDADAS

ADAMS, Edward, 2008. "Graeco-Roman and Ancient Jewish Cosmology." In: *Cosmology and New Testament Theology*, 5-27. New York: T&T Clark.

ALLEN, James P. 1988. *Genesis in Egypt: The Philosophy of Ancient Egyptian Creation Accounts*. Yale Egyptological Studies 2. New Haven, CT: Yale University Press.

BEALE, Gregory K. 2004. *The Temple and the Church's Mission: A Biblical Theology of the Dwelling Place of God*. New Studies in Biblical Theology. Downers Grove, IL: InterVarsity.

JOHNSTON, Philip S. 2002. *Shades of Sheol: Death and Afterlife in the Old Testament*. Downers Grove, IL: Apollos/InterVarsity.

LAMBERT, W. G. 1975. "The Cosmology of Sumer and Babylon." In: *Ancient Cosmologies*, ed. Carmen Blacker and Michael Loewe, 43-65. London: Allen and Unwin.

MILLER, Johnny V.; Soden, John M. 2012. *In the Beginning… We Misunderstood: Interpreting Genesis 1 in Its Original Context*. Grand Rapids: Kregel.

OSWALT, John. 2009. *The Bible among the Myths: Unique Revelation or Just Ancient Literature?* Grand Rapids: Zondervan.

PENNINGTON, Jonathan T. 2004. "Dualism in Old Testament Cosmology: Weltbild and Weltanschauung." In: *Scandinavian Journal of the Old Testament* 18 (2): 260.

PENNINGTON, Jonathan T.; McDonough, Sean M. 2008. *Cosmology and New Testament Theology*. Library of New Testament Studies. New York: T&T Clark.

STADELMANN, Luis I. J. 1970. *The Hebrew Conception of the World*. Analecta Biblica. Rome: Pontifical Biblical Institute.

TSUMURA, David Toshio, 1989. *The Earth and the Waters in Genesis 1 and 2: A Linguistic Investigation*. Journal for the Study of the Old Testament: Supplement Series. Sheffield Academic Press.

WALTON, John H. 2006. *Ancient Near Eastern Thought and the Old Testament: Introducing the Conceptual World of the Hebrew Bible*. Grand Rapids: Baker Academic.

COSMOLOGIA CONTEMPORÂNEA. Cosmologia, definida como o estudo da origem e da estrutura do universo, tem sido um assunto de interesse desde que a humanidade olhou com admiração para o céu noturno e ponderou como o mundo veio a existir. A cosmologia científica contemporânea, no entanto, realmente começa com **Albert Einstein** (1879-1955), cuja **teoria geral da relatividade** de 1915 substituiu a teoria da gravidade desenvolvida por **Isaac Newton** (1642-1727). Na teoria de Einstein, a existência da matéria tem efeitos gravitacionais que alteram a estrutura do espaço-tempo em torno dela à medida que as ondas gravitacionais se irradiam do ponto de origem na **velocidade da luz**.

Como o físico John Wheeler exprimiu sucintamente, na relatividade geral, a matéria diz ao espaço-tempo como se curvar, e o espaço-tempo diz à matéria como se mover.

Uma consequência matemática da relatividade geral é a extraordinariamente bem confirmada **teoria do *big bang*** sobre a origem do universo. Como Roger Penrose e **Stephen Hawking** mostraram no final da década de 1960, independentemente de qual modelo geral-relativista de nosso universo seja escolhido, todo o caminho temporal retroativo através do espaço-tempo leva a um ponto inicial no passado finito — uma singularidade, para usar o termo técnico —, do qual surgiram não apenas matéria e energia, mas o próprio espaço-tempo. O *big bang* prevê a expansão registrada do universo, que, a partir da medida da taxa de expansão, permite um cálculo razoável da sua idade (13,7 bilhões de anos). O modelo também explica a origem do hidrogênio e do hélio no universo primitivo e prevê suas abundâncias relativas, além de prever e explicar a radiação cósmica de fundo em micro-ondas observada e que permeia o cosmos.

Essas explicações exitosas nos dão uma boa compreensão do universo que remonta à época logo após a grande força que mantém o núcleo do átomo separado da força eletrofraca (ao redor de 10^{-32} a 10^{-12} segundos), todavia a **física** antes deste ponto é altamente especulativa.

Toda a física decompõe-se em uma singularidade, e como os efeitos quânticos no campo gravitacional devem se manifestar em tamanhos menores que o comprimento de Planck (10^{-35} metros), que era o tamanho do universo observável antes de 10^{-43} segundos, esta era na história universal é chamada de época de Planck, e as especulações relativas a ela formam um ramo da física teórica conhecida como cosmologia quântica.

Imediatamente segue-se a época da Grande Unificação, que se estende de 10^{-43} a 10^{-36} segundos e é compreendida como o período em que a gravidade se separou das outras três forças fundamentais (forte, eletromagnética e fraca), que permaneceram unificadas nessa escala de energia.

Conjectura-se, então, que a separação da força nuclear forte das duas forças unificadas remanescentes desencadeou um período de expansão cósmica exponencial (ver **Teoria do universo inflacionário**) que durou de 10^{-36} a

144 COSMOLOGIA CONTEMPORÂNEA

10^{-32} segundos e distribuiu radiação e matéria (a última na forma de um plasma de quarks e glúons) de maneira relativamente uniforme em toda a extensão do universo observável durante essa época (um volume que variava de 10 centímetros a um metro de diâmetro, dependendo dos parâmetros do modelo inflacionário). É a partir desse ponto da história do universo que a física bem conhecida do modelo padrão e da teoria do *big bang* assumem o controle.

Esse tratamento da cosmologia contemporânea será seletivo porque muitos problemas relevantes são discutidos em outras entradas neste dicionário. Uma leitura superficial de várias ideias sobre a origem do universo revela que grande parte da cosmologia contemporânea é altamente especulativa. Isso deriva do fato de que o nosso conhecimento da estrutura global do universo é vago mediante o universo observável e as premissas que muitos cosmologistas fazem para superar esse fato. Como os astrônomos e os cosmologistas usam o que podemos ver (o universo observável) para fazer inferências sobre o que não podemos ver (a estrutura global de todo o universo)? Uma vez que a velocidade da luz é a velocidade do sinal de limitação no universo, só temos acesso a **informações** sobre a nossa parte local do espaço-tempo — o "cone de luz do passado", dentro do qual a luz teve tempo de nos alcançar.

Embora as equações da relatividade geral produzam uma relação local entre a geometria do espaço-tempo e a distribuição em massa-energia, não há restrições globais que justifiquem uma inferência das observações locais para alguma "melhor" estrutura global (Manchak, 2009). Mesmo localmente, o entendimento atual é que explicar o que vemos usando a relatividade geral exige atribuir 96% da densidade de massa-energia do universo a entidades hipotéticas que não podem ser vistas diretamente (ver **matéria escura** e **energia escura**), mas cuja existência é inferida de efeitos observados na matéria. No entanto, essa inferência baseia-se em suposições e desdobramentos em teorias aceitas que podem ser questionadas, aumentando a possibilidade de que alguma teoria gravitacional alternativa possa explicar o que podemos ver sem a postulação de novas entidades (Smeenk, 2014).

Para aplicar a relatividade geral ao universo como um todo, Einstein presumiu algo chamado de Princípio cosmológico — em grandes escalas, a geometria do espaço-tempo é homogênea (a energia em massa é uniformemente distribuída) e isotrópica (o universo parece basicamente o mesmo em todas as direções a partir de todos os lugares). De fato, o grau de homogeneidade e isotropia no que podemos ver é tão pronunciado que a **teoria do universo inflacionário** foi proposta na década de 1980 como uma explicação para isso. O mecanismo inflacionário funciona impelindo quaisquer heterogeneidades além do horizonte do que pode ser visto. Em suma, os cálculos da estrutura global são justificados com base em um pressuposto não verificável que pode ser desafiado, mas que também fornece algumas previsões que podem ser observadas. Os argumentos para o princípio cosmológico variam desde sua utilidade como uma suposição simplificadora até sua condição necessária para a teorização global (Beisbart 2009), mas seu *status* como uma hipótese metafísica utilizada para ampliar a pesquisa cosmológica para além do observável deve ser reconhecido.

O Princípio cosmológico relativamente inócuo se transformou no **Princípio copernicano** (Gonzalez e Richards, 2004, 247-74) que nega que a Terra ocupe um lugar privilegiado no cosmos. Como Jim Baggott (2013, 23) afirma: "O universo não está organizado para nosso benefício e não somos observadores privilegiados." Esse pressuposto metafísico descarado, oferecido sob o pretexto do **naturalismo metodológico**, é problemático pelas propriedades singulares da Terra e seu ambiente local (Gonzalez, 2011; Gonzalez e Richards, 2004) e por descobertas cosmológicas contemporâneas, mostrando que vivemos em um "universo da Cachinhos Dourados" com as condições iniciais, leis e constantes naturais exatas para sustentar a vida (Barnes, 2011; Barrow e Tipler, 1986; Colins, 1999, 2003, 2009, 2013; Copan e Craig, 2004; Davies, 1982; Gordon, 2011; Holder, 2004).

Muito trabalho contemporâneo na cosmologia teórica é motivado por tentativas de mitigar as implicações metafísicas do universo ter um começo (ver **Teoria do *big bang*; Teorema da singularidade de Borde-Guth-Vilenkin; Argumentos cosmológicos**) e ser afinado para a vida (ver **Ajuste fino do universo e do sistema solar**). Em suma, parece ser a resistência ao fato da hipótese de um Deus transcendente se encaixar nos dados observacionais da cosmologia contemporânea que impulsiona muito da especulação atual.

Uma vez que um começo singular para o universo tornaria inacessível a explicação física, alguns físicos teóricos propuseram uma "física diferente" no início dos tempos. O *big bang* nos diz que o universo observável era mais ou

COSMOLOGIA CONTEMPORÂNEA **145**

menos um átomo, que é a escala em que a **física quântica** começa. A aplicação da teoria quântica a esta época criou um ramo especulativo da física, chamado "cosmologia quântica".

O cosmólogo quântico mais famoso é Stephen Hawking, que popularizou sua "proposta sem fronteiras" no *best-seller Uma breve história do tempo* (1988). Esse modelo tem problemas graves (ver Gordon, 2011; Isham, 1993; Lennox, 2011 para mais detalhes).

Primeiro, não temos um relato consistente da gravidade quântica, e se algum dia nós o tivermos, pode não corresponder aos modelos cosmológicos quânticos atuais.

Segundo, a proposta de Hawking faz uso essencial da interpretação problemática de muitos mundos da teoria quântica (ver **Teoria quântica, Interpretações da**).

Terceiro, ele transforma matematicamente a estrutura do espaço-tempo para tornar suas equações solucionáveis e, enquanto isso elimina a **singularidade** no começo do tempo, essa singularidade reaparece quando o procedimento é revertido para descrever o espaço-tempo do nosso universo. A famosa questão de Hawking se baseava em um universo sem princípios: "Existe um lugar, então, para um Criador?" (1988, 141). Portanto, falha em duas explicações: (a) a necessária transformação reversa requer um começo; e (b) mesmo que não o fizesse, a particularidade estrutural do universo ainda exigiria um **argumento cosmológico** da contingência (Koons, 1997; Pruss, 2009).

Em quarto lugar, como o cosmólogo quântico Alexander Vilenkin admitiu: "Um teste observacional de cosmologia quântica não parece possível. Portanto[...] a cosmologia quântica provavelmente não se tornará uma ciência observacional" (Vilenkin, 2002).

Em quinto lugar, os modelos cosmológicos quânticos requerem um infinito refinamento (ajuste fino) de estruturas matemáticas para produzir sua maquinaria técnica, estabelecer a relação correta entre variáveis de matéria e a curvatura do espaço e fornecer a geometria típica do nosso universo de acordo com o princípio copernicano. Mas qualquer tipologia copernicana de um universo tão "explicado" é mais do que anulada pelo ajuste fino do modelo necessário para produzi-lo.

Por fim, ainda enfrentamos a pergunta mais lúcida de Hawking (1988, p. 174): "Que é que dá vida às equações e forma ao universo por elas descrito?" O fato de uma equação matemática poder ser descrita não significa que descreva qualquer coisa. Mesmo que as equações cosmológicas quânticas descrevessem algo, a existência do que eles descrevessem ainda precisaria ser explicada e os próprios modelos matemáticos ainda estariam aperfeiçoados.

Embora a agência inteligente transcendente pareça implícita pela existência do universo e suas propriedades bem ajustadas, permitindo a vida, muitos cosmólogos contemporâneos tentam evitar essa conclusão por meio de mecanismos especulativos da criação do universo, projetados para produzir um número ilimitado de universos com diferentes propriedades (condições iniciais, leis e constantes). Nessas hipóteses de **multiversos**, as propriedades que permitem a vida de nosso universo são explicadas como "efeitos de seleção do observador" — devemos existir em uma região do multiverso com condições compatíveis com nossa existência. A mais conhecida dessas propostas é a das "paisagens antrópicas das cordas" (Susskind, 2003, 2006; Weinberg, 2011), que combina as especulações da cosmologia inflacionária com as da **teoria das cordas** em uma tentativa de atenuar o ajuste fino no universo observável. No entanto, a proposta está repleta de dificuldades e, sob pena de regressão infinita, não pode resolver as questões de afinação que afligem o **materialismo** científico.

Concluímos mencionando brevemente algumas destas dificuldades (ver Gordon, 2010 e 2011 para uma discussão abrangente). A cosmologia inflacionária exige um ajuste fino que vai muito além do ajuste fino que foi inventado para explicá-lo (Barnes, 2011; Gordon, 2011; Penrose, 2005; Steinhardt, 2011), mas expande todas as improbabilidades ao multiplicar o número de universos gerados sem limite. Uma vez que tudo o que pode acontecer acontece em algum lugar no multiverso inflacionário, invocar a inflação para explicar o ajuste fino tem a consequência de minar a racionalidade científica. O "**paradoxo** do cérebro de Boltzmann" (Bousso e Freivoge, 2007; Dyson et al., 2002; Linde, 2007) e o "paradoxo da juventude" (Guth, 2011) ilustram isso. Do ponto de vista probabilístico, observadores típicos em um multiverso infinito serão flutuações térmicas espontâneas com memórias de um passado que nunca existiu (cérebros de Boltzmann) em vez de observadores do tipo que cremos ser (Overbye, 2008). Por outro lado, os universos pós-inflacionários terão acabado de se formar, de modo que universos tão antigos como nossos se tornam extraordinariamente improváveis. Em suma, a paisagem de cordas inflacionárias torna o nosso universo infinitamente improvável em relação à sua idade e aos seus observadores — é demais para o princípio copernicano! A contribuição da teoria das cordas para o cenário não se sai melhor (Gordon, 2011; Smolin, 2006; Woit, 2006). Além do fato de que sua riqueza matemática pode incorporar quase qualquer coisa — levando a uma completa falta de previsões únicas e testáveis — sua explicação da matéria requer supersimetria, o que parece cada vez mais insustentável (Wolchover, 2012).

Por último, qualquer "gerador de universo" terá parâmetros de projeto que exijam explicação. Postulando um gerador de universo aleatório para explicar os parâmetros de *design* de um único universo não remove o *design* da conjuntura, ele simplesmente o joga para o próximo nível. Evitar uma regressão explicativa infinita requer um *design* efetivo por uma inteligência transcendente e logicamente eternamente existente antes de qualquer universo ou multiverso. A existência eterna é a existência necessária e, desde que as propriedades intrínsecas dessa causa necessariamente inexistente sejam elas próprias necessárias, põe fim à exigência explicativa. Então, vemos que as cosmologias multiversas requerem também fundamentos teóricos (Collins, 2007; Page, 2008 oferece uma visão mais idiossincrática), que, com perfeita ironia, mina a motivação para propô-los *a priori*.

Bruce L. Gordon

REFERÊNCIAS E LEITURAS RECOMENDADAS

BAGGOTT, Jim, 2013. *Farewell to Reality: How Modern Physics Has Betrayed the Search for Scientific Truth*. New York: Pegasus.

BARNES, Luke A. 2011. "The Fine-Tuning of the Universe for Intelligent Life." December 21. http://arxiv-web3.library.cornell.edu/pdf/1112.4647v1.pdf.

BARROW, J. D.; Tipler, F. J. 1986. *The Anthropic Cosmological Principle*. Oxford: Oxford University Press.

BEISBART, Claus, 2009. "Can We Justifiably Assume the Cosmological Principle in Order to Break Underdetermination in Cosmology?" *Journal for General Philosophy of Science* 40: 175-205.

BOUSSO, Raphael; Freivogel, Ben, 2007. "A Paradox in the Global Description of the Multiverse." *Journal of High-Energy Physics* 6 (18). 0706:018. http:// arxiv.org/pdf/hep-th/0610132.

COLLINS, Robin, 1999. "A Scientific Argument for the Existence of God: The Fine-Tuning Design Argument." In: *Reason for the Hope Within*, ed. Michael J. Murray, 47-75. Grand Rapids: Eerdmans.

_____. 2003. "Evidence for Fine-Tuning." In: *God and Design: The Teleological Argument and Modern Science*, ed. N. Manson, 178-99. New York: Routledge.

_____. 2007. "The Multiverse Hypothesis: A Theistic Perspective." In: *Universe or Multiverse?* ed. Bernard Carr, 459-80. Cambridge: Cambridge University Press.

_____. 2009. "The Teleological Argument: An Exploration of the Fine-Tuning of the Universe." In: *The Blackwell Companion to Natural Theology*, ed. William L. Craig and J. P. Moreland, 202-81. Oxford: Blackwell.

_____. 2013. "The Fine-Tuning Evidence Is Convincing." In: *Debating Christian Theism*, ed. J. P. Moreland, Chad V. Meister e Khaldoun A. Sweis, 35-46. New York: Oxford University Press.

COPAN, Paul; Craig, William Lane, 2004. *Creation Out of Nothing: A Biblical, Philosophical, and Scientific Exploration*. Grand Rapids: Baker Academic.

DAVIES, P. C. W. 1982. *The Accidental Universe*. Cambridge: Cambridge University Press.

DYSON, L.; Kleban, M.; Susskind, L. 2002. "Disturbing Implications of a Cosmological Constant." *Journal of High-Energy Physics* 210: 11-38. http:// arxiv.org/pdf/hep-th/0208013v3.

GONZALEZ, Guillermo, 2011. "Habitable Zones and Fine-Tuning." In: *The Nature of Nature: Examining the Role of Naturalism in Science*, ed. Bruce L. Gordon and William A. Dembski, 602-38. Wilmington, DE: ISI Books.

GONZALEZ, Guillermo; Richards, Jay, 2004. *The Privileged Planet: How Our Place in the Cosmos Is Designed for Discovery*. Washington, DC: Regnery.

GORDON, Bruce L. 2010. "Inflationary Cosmology and the String Multiverse." In: *New Proofs for the Existence of God: Contributions of Contemporary Physics and Philosophy*, ed. Robert J. Spitzer, p. 75-103. Grand Rapids: Eerdmans.

_____. 2011. "Balloons on a String: A Critique of Multiverse Cosmology." In: *The Nature of Nature: Examining the Role of Naturalism in Science*, ed. Bruce L. Gordon and William A. Dembski, 558-601. Wilmington, DE: ISI Books.

GUTH, Alan H. 2011. "Eternal Inflation and Its Implications." In: *The Nature of Nature: Examining the Role of Naturalism in Science*, ed. Bruce L. Gordon and William A. Dembski, 487-505. Wilmington, DE: ISI Books.

HAWKING, Stephen W. 1988. *A Brief History of Time: From the big bang to Black Holes*. New York: Bantam.

HOLDER, Rodney D. 2004. *God, the Multiverse, and Everything: Modern Cosmology and the Argument from Design*. Burlington, VT: Ashgate.

ISHAM, Christopher J. 1993. "Quantum Theories of the Creation of the Universe." In: *Quantum Cosmology and the Laws of Nature*, ed. R. J. Russell, N. Murphy e C. J. Isham, 51-89. Notre Dame: University of Notre Dame Press.

KOONS, Robert C. 1997. "A New Look at the Cosmological Argument." *American Philosophical Quarterly* 34: 171-92.

LENNOX, John, 2011. *God and Stephen Hawking: Whose Design Is It Anyway?* Oxford: Lion Hudson.

LINDE, Andrei, 2007. "Sinks in the Landscape, Boltzmann Brains, and the Cosmological Constant Problem." *Journal of Cosmology and Astroparticle Physics* 0701:022. http://arxiv.org/pdf/hep-th/0611043.

MANCHAK, John, 2009. "Can We Know the Global Structure of Spacetime?" *Studies in History and Philosophy of Modern Physics* 40: 53-56.

OVERBYE, Dennis, 2008. "Big Brain Theory: Have Cosmologists Lost Theirs?" *New York Times*, Science Section, Jan. 15.

PAGE, Donald N. 2008. *"Does God So Love the Multiverse?"* January 17. http:// arxiv.org/pdf/0801.0246.

PENROSE, Roger, 2005. *The Road to Reality: A Complete Guide to the Laws of the Universe*. New York: Knopf.

PRUSS, Alexander, 2009. "Leibnizian Cosmological Arguments." In: *The Blackwell Companion to Natural Theology*, ed. William L. Craig and J. P. Moreland, 24-100. Oxford: Blackwell.

SMEENK, Christopher, 2014. "Cosmology." In: *The Routledge Companion to the Philosophy of Science*, ed. Martin Curd and Stathis Psillos, 609-20. 2. ed. New York: Routledge.

SMOLIN, Lee, 2006. *The Trouble with Physics: The Rise of String Theory, the Fall of a Science, and What Comes Next*. New York: Mariner.

STEINHARDT, Paul, 2011. "The Inflation Debate", *Scientific American* 34 (4): 36-43.

SUSSKIND, Leonard, 2003. "The Anthropic Landscape of String Theory." 27 fev. http://arxiv.org/pdf/hep-th/0302219.

_____. 2006. *The Cosmic Landscape: String Theory and the Illusion of Intelligent Design*. New York: Little, Brown.

VILENKIN, Alexander, 2002. "Quantum Cosmology and Eternal Inflation." 18 abr. http://arxiv.org/pdf/gr-qc/0204061v1.

WEINBERG, Steven, 2011. "Living in the Multiverse." In: *The Nature of Nature: Examining the Role of Naturalism in Science*, ed. Bruce L. Gordon and William A. Dembski, 547-57. Wilmington, DE: ISI Books.

WOIT, Peter, 2006. *Not Even Wrong: The Failure of String Theory and the Search for Unity in Physical Law.* New York: Basic Books.

WOLCHOVER, Natalie, 2012. "Supersymmetry Fails Test, Forcing Physics to Seek New Ideas." *Scientific American.* 29 nov. www.scientificamerican.com/article.cfm?id=supersymmetry-fails-test-forcing-physics-seek-new-idea.

COSMOVISÃO. Em termos bem simples, cosmovisão pode ser definida como alguém vê a vida e o mundo como um todo. Uma cosmovisão funciona como um par de óculos, como uma lente interpretativa através da qual se dá sentido à vida e se compreende o mundo ao seu redor.

Derivada do termo alemão *Weltanschauung*, a palavra cosmovisão refere-se ao conjunto de crenças que uma pessoa detém sobre as questões mais importantes da vida, como Deus, o cosmos, conhecimento, valores, humanidade e história (Naugle, 2002). Essas crenças, que podem ser verdadeiras ou erradas ou uma combinação delas — não são muito diferentes da clareza visual ou da distorção dada por óculos — formam um quadro geral, uma perspectiva geral ou uma perspectiva grandiosa da vida e do mundo.

Em termos mais técnicos, uma cosmovisão é uma estrutura mental que se organiza como a mais completa. Essa estratégia é uma visão abrangente do que uma pessoa considera real, verdadeiro, racional, bom, valioso e belo.

As perspectivas da cosmovisão envolvem muito mais do que um conjunto de crenças intelectuais. Entretanto, pensar em uma cosmovisão em termos de um sistema conceitual básico é crítico. Em vez de um grupo desconectado ou não identificado, uma cosmovisão foi analisada e foi incluída em uma rede de ideias interconectadas que formam um todo unificado.

Esse sistema de crenças, então, gera as maiores questões da vida, concentrando-se particularmente em questões centrais às preocupações humanas. Essas questões incluem pensamentos sobre o predicamento humano (por que os seres humanos são como são e por que enfrentam os desafios que produzem) e como os seres humanos derivam sentido, propósito e significado.

Três cosmovisões populares que competem por adeptos no mercado de ideias incluem o **naturalismo** secular, o panteísmo místico e o **teísmo** cristão.

1. O *naturalismo secular* considera o universo natural, material e físico como a única realidade; assim, não existem realidades ou entidades sobrenaturais (em resumo: "a natureza é o espetáculo inteiro").

2. O *panteísmo místico* proclama que toda a realidade é uma espiritualidade indiferenciada e que a unidade é Deus ou a Realidade Suprema (em resumo: "Tudo é Deus e Deus é tudo").

3. O *teísmo cristão* revela que Deus é espiritual, infinito, eterno, imutável, moralmente perfeito e um ser espiritual tripersonal: o Criador transcende todas as coisas e é o Sustentador soberano delas (em resumo: "o Deus triúno da Bíblia é o criador e redentor da humanidade"; ver **Trindade**).

As cosmovisões são tipicamente avaliadas em termos de sua coerência, testabilidade, poder explicativo e escopo, simplicidade e habitabilidade.

Cosmovisão e ciência

A operação da ciência pressupõe certas verdades fundamentais não totalmente derivadas da própria ciência. Para que o empreendimento experimental da ciência funcione e prospere, certas suposições não empíricas sobre o mundo devem ser verdadeiras. Em outras palavras, é necessário ter um tipo de mundo para que a ciência seja possível. Assim, a ciência não pode funcionar separada das considerações de cosmovisão. Em particular, eram pressupostos de uma cosmovisão cristã teísta que permitia que a ciência emergisse e florescesse, levando ao desenvolvimento amplamente aceito do **método científico**.

Esse método depende de uma série de suposições ou crenças fundamentais que não podem ser validadas pela própria ciência. Essas suposições ou **pressupostos da ciência** do mundo incluem:

- Realidade objetiva do cosmos.
- Ordem, regularidade e uniformidade da natureza.
- Inteligibilidade do cosmos.
- Validade de **matemática** e **lógica**.
- Confiabilidade básica das faculdades cognitivas humanas e dos órgãos sensoriais.
- Congruência entre a mente humana e a realidade física.

As considerações sobre a cosmovisão são, portanto, críticas para o empreendimento científico, bem como para todas as pessoas que buscam significado e verdade na vida.

Kenneth Richard Samples

148 CRAIG, WILLIAM LANE

REFERÊNCIAS E LEITURAS RECOMENDADAS

NAUGLE, David K., 2002. *Worldview: The History of a Concept*. Grand Rapids: Eerdmans.

SAMPLES, Kenneth Richard, 2007. *A World of Difference: Putting Christian Truth-Claims to the Worldview Test*. Grand Rapids: Baker.

CRAIG, WILLIAM LANE. William Lane Craig (1949-) é um filósofo analítico especializado na **filosofia da religião**. Ele graduou-se na universidade de Wheaton em 1971 e, em 1973, entrou na Trinity Evangelical Divinity School durante o mandato de Norman Geisler. Depois de concluir dois mestrados, Craig matriculou-se como aluno do doutorado em filosofia na Universidade de Birmingham, tendo John Hick por orientador. Posteriormente Craig se matriculou na Universidade de Munique, onde concluiu um segundo doutorado em teologia sob a tutela de **Wolfhart Pannenberg**. Atualmente, Craig realiza consultas como professor de pesquisa tanto na Houston Baptist University como na Talbot School of Theology.

Seu principal trabalho acadêmico centra-se na interseção da **metafísica** contemporânea com várias questões em filosofia da religião. Ele é célebre por suas defesas do **argumento cosmológico** Kalam para a **existência de Deus**. Craig apela à ciência e à filosofia ao defender as principais premissas do argumento Kalam. Especificamente, ele apela à cosmologia do ***big bang*** para defender a ideia de que o universo teve um início, bem como a noção da impossibilidade de infinitos reais.

À luz de sua compreensão quanto à cosmologia e de seu trabalho sobre a metafísica do tempo, ele sugere uma nova abordagem à questão da relação de Deus com o tempo. Craig afirma que o próprio tempo surgiu na criação. Portanto, "anterior" à criação, Deus "era" atemporal, mas no momento da criação, de acordo com Craig, Deus passou de ser atemporal a ser temporal. Essa visão às vezes é chamada de temporalismo divino acidental.

Embora Craig esteja firmemente comprometido com as articulações tradicionais da onisciência divina, ele defende o presentismo como a própria ontologia do tempo, que é a mesma abordagem A-teórica (tensionada) do tempo que os teístas abertos defendem. Suas defesas de teorias tensionadas do tempo e do presentismo em particular envolvem interação significativa com a **física** contemporânea, especialmente as duas teorias da **relatividade** de **Einstein** (ver **Tempo**). Suas abordagens científicas e filosóficas para essas questões também influenciam fortemente sua articulação e defesa do molinismo como uma teoria da meticulosa **providência** divina. Além de seu trabalho acadêmico, Craig é o presidente de Reasonable Faith [Fé razoável], um ministério dedicado a defender publicamente a fé cristã e a sensibilizar os cristãos a se envolverem em apologética nos níveis acadêmico e popular. Craig tem debatido com muitos filósofos e cientistas renomados, incluindo Sean Carroll, **Antony Flew**, Christopher Hitchens, **Lawrence Krauss**, Quentin Smith e Michael Tooley. Mais recentemente, Craig vem pesquisando a asseidade divina.

Ele argumentou contra o platonismo cristão (ver **Platão**) ao sugerir que as percepções platônicas de Deus falham na preservação da ortodoxia nicena, uma vez que Deus não é corretamente entendido, na visão platônica, como o criador de todas as coisas, visíveis e invisíveis (o que muitos entendem que inclui objetos abstratos). Essa investigação envolve a doutrina da *creatio ex nihilo* (criação a partir do nada) e sua defesa dessa vertente da teologia cristã inclui um envolvimento significativo com a literatura científica.

Além disso, Craig é célebre por defender a história da ressurreição corporal de Jesus de Nazaré. Seu trabalho de apologética é feito, normalmente, apontando para evidências, mas Craig não está comprometido com epistemologias evidencialistas. Na verdade, ele defende um pensamento plantingiano (ver **Plantinga, Alvin**) para garantir a abordagem correta e o **funcionalismo**, que é muitas vezes chamado de **epistemologia** reformada.

Benjamin H. Arbor

REFERÊNCIAS E LEITURAS RECOMENDADAS

CRAIG, William Lane, 1977. "The Cosmological Argument and the Problem of Infinite Temporal Regression." *Archiv für Geschichte der Philosophie* 59: 261-79.

_____. 1978. "A Further Critique of Reichenbach's Cosmological Argument." *International Journal for Philosophy of Religion* 9: 53-60.

_____. 1979a. "Dilley's Misunderstandings of the Cosmological Argument." *New Scholasticism* 53: 388-92.

_____. 1979b. "God, Time, and Eternity." *Religious Studies* 14: 497-503.

_____. 1979c. *The Kalam Cosmological Argument*. London: Macmillan.

_____. 1979d. "Kant's First Antinomy and the Beginning of the Universe." *Zeitschrift für philosophische Forschung* 33: 553-67.

_____. 1979e. "Wallace Matson and the Crude Cosmological Argument." *Australasian Journal of Philosophy* 57: 163-70.

_____. 1979f. "Whitrow and Popper on the Impossibility of an Infinite Past." *British Journal for the Philosophy of Science* 39: 165-70.

_____. 1980a. *The Cosmological Argument from Plato to Leibniz*. London: Macmillan.

_____. 1980b. "Julian Wolfe and Infinite Time." *International Journal for Philosophy of Religion* 11: 133-35.

_____. 1981. "The Finitude of the Past." *Aletheia* 2: 235-42.

CRAIG, WILLIAM LANE 149

_____. 1985. "Professor Mackie and the *Kalam* Cosmological Argument." *Religious Studies* 20: 367-75.

_____. 1986. "God, Creation, and Mr. Davies." *British Journal for the Philosophy of Science* 37: 168-75.

_____. 1988a. "Barrow and Tipler on the Anthropic Principle vs. Divine Design." *British Journal for the Philosophy of Science* 38: p. 389-95.

_____. 1988b. *The Problem of Divine Foreknowledge and Future Contingents from Aristotle to Suarez.* Leiden: Brill.

_____. 1990a. *Divine Foreknowledge and Human Freedom: The Coherence of Theism: Omniscience.* Leiden: Brill.

_____. 1990b. "'What Place, Then, for a Creator?' Hawking on God and Creation." *British Journal for the Philosophy of Science* 41: 229-34.

_____. 1991a. "The *Kalam* Cosmological Argument and the Hypothesis of a Quiescent Universe." *Faith and Philosophy* 8: p. 104-8.

_____. 1991b. "Theism and big bang Cosmology." *Australasian Journal of Philosophy* 69: 492-503.

_____. 1991c. "Time and Infinity." *International Philosophical Quarterly* 31: 387-401.

_____. 1992a. "God and the Initial Cosmological Singularity: A Reply to Quentin Smith." *Faith and Philosophy* 9: 237-47.

_____. 1992b. "The Origin and Creation of the Universe: A Reply to Adolf Grünbaum." *British Journal for the Philosophy of Science* 43: 233-40.

_____. 1993a. "The Caused Beginning of the Universe: A Response to Quentin Smith." *British Journal for the Philosophy of Science* 44: 623-39.

_____. 1993b. "Graham Oppy on the *Kalam* Cosmological Argument." *Sophia* 32: 1-11.

_____. 1993c. "Smith on the Finitude of the Past." *International Philosophical Quarterly* 33: 225-31.

_____. 1994a. "Creation and big bang Cosmology." *Philosophia Naturalis* 31: 217-24.

_____. 1994b. "Professor Grünbaum on Creation." *Erkenntnis* 40: 325-41.

_____. 1994c. "A Response to Grünbaum on Creation and big bang Cosmology." *Philosophia Naturalis* 31: 237-49.

_____. 1994d. "The Special Theory of Relativity and Theories of Divine Eternity." *Faith and Philosophy* 11: 19-37.

_____. 1996. "Timelessness and Creation." *Australasian Journal of Philosophy* 74: 646-56.

_____. 1997a. "Adams on Actualism and Presentism." *Philosophia* 25: 401-5.

_____. 1997b. "Divine Timelessness and Necessary Existence." *International Philosophical Quarterly* 37: 217-24.

_____. 1997c. "Hartle-Hawking Cosmology and Atheism." *Analysis* 57: 291-95.

_____. 1997d. "In Defense of the *Kalam* Cosmological Argument." *Faith and Philosophy* 14: 236-47.

_____. 1997e. "Is Presentness a Property?" *American Philosophical Quarterly* 34: 27-40.

_____. 1998a. "Design and the Cosmological Argument." In: *Mere Creation*, ed. William A. Dembski, 332-59. Downers Grove, IL: InterVarsity.

_____. 1998b. "The Tensed vs. Tenseless Theory of Time: A Watershed for the Conception of Divine Eternity." In: *Questions of Time and Tense*, ed. Robin LePoidevin, 221-50. Oxford: Oxford University Press.

_____. 1998c. "Theism and the Origin of the Universe." *Erkenntnis* 48: 47-57.

_____. 1999a. "The Presentness of Experience." In: *Time, Creation, and World Order*, ed. Mogens Wegener, 107-20. Veja *Acta Jutlandica* 54:1. Humanities Series 72. Aarhus, Denmark: Aarhus University Press.

_____. 1999b. "A Swift and Simple Refutation of the *Kalam* Cosmological Argument?" *Religious Studies* 35: 57-72.

_____. 1999c. "Temporal Becoming and the Direction of Time." *Philosophy and Theology* 11: 349-66.

_____. 1999d. "Tensed Time and Our Differential Experience of the Past and Future." *Southern Journal of Philosophy* 37: 515-37.

_____. 1999e. "The Ultimate Question of Origins: God and the Beginning of the Universe." *Astrophysics and Space Science* 269-70: 723-40.

_____. 2000a. "The Extent of the Present." *International Studies in the Philosophy of Science* 14: 165-85.

_____. 2000b. *Naturalism: A Critical Appraisal*, ed. William Lane Craig and J. P. Moreland. Routledge Studies in Twentieth-Century Philosophy. London: Routledge.

_____. 2000c. "Relativity and the 'Elimination' of Absolute Time." In: *Recent Advances in Relativity Theory*, vol. 1, *Formal Interpretations*, ed. M. C. Duffy and Mogens Wegener, 47-66. Palm Harbor, FL: Hadronic.

_____. 2000d. *The Tensed Theory of Time: A Critical Examination.* Synthese Library 293. Dordrecht: Kluwer Academic.

_____. 2000e. *The Tenseless Theory of Time: A Critical Examination.* Synthese Library 294. Dordrecht: Kluwer Academic.

_____. 2000f. "Timelessness, Creation, and God's Real Relation to the World." *Laval théologique et philosphique* 56:93-112.

_____. 2000g. "Why Is It Now?" *Ratio* 18: 115-22.

_____. 2001a. "God and the Beginning of Time." *International Philosophical Quarterly* 41: 17-31.

_____. 2001b. *God, Time, and Eternity.* Dordrecht: Kluwer Academic.

_____. 2001c. "McTaggart's Paradox and Temporal Solipsism." *Australasian Journal of Philosophy* 79: 32-44.

_____. 2001d. "Prof. Grünbaum on the 'Normalcy of Nothingness' in the Leibnizian and *Kalam* Cosmological Arguments." *British Journal for the Philosophy of Science* 52: 1-16.

_____. 2001e. "Tense and Temporal Relations." *American Philosophical Quarterly* 38: 85-97.

_____. 2001f. *Time and the Metaphysics of Relativity.* Philosophical Studies Series 84. Dordrecht: Kluwer Academic.

_____. 2001g. "Wishing It Were Now Some Other Time." *Philosophy and Phenomenological Research* 62: 159-66.

_____. 2002a. "Divine Eternity and the Special Theory of Relativity." In: *God and Time*, ed. Gregory E. Ganssle and David M. Woodruff, 129-52. Oxford: Oxford University Press.

_____. 2002b. "Must the Beginning of the Universe Have a Personal Cause? A Rejoinder." *Faith and Philosophy* 19:94-105.

_____. 2002c. "On the Mind-Dependence of Temporal Becoming." In: *Time, Reality, and Transcendence in Rational Perspective*, ed. Peter Ohrstrom, 129-45. Copenhagen: Aalborg University Press.

_____. 2002d. "Relativity and the Elimination of Absolute Time." In: *Time, Reality, and Transcendence in Rational Perspective*, ed. Peter Ohrstrom, 91-127. Copenhagen: Aalborg University Press.

_____. 2003a. "Design and the Anthropic Fine-Tuning of the Universe." In: *God and Design: The Teleological Argument and Modern Science*, ed. Neil Manson, 178-99. London: Routledge.

_____. 2003b. "In Defense of Presentism." In: *Time, Tense, and Reference*, ed. Aleksander Jokic and Quentin Smith, 390-408. Cambridge, MA: MIT Press.

_____. 2004. *Creation Out of Nothing: A Biblical, Philosophical, and Scientific Exploration.* Grand Rapids: Baker.

_____. 2006. "J. Howard Sobel on the *Kalam* Cosmological Argument." *Canadian Journal of Philosophy* 36: 565-84.

_____. 2009. "Divine Eternity." In: *The Oxford Handbook of Philosophical Theology*, ed. Thomas P. Flint and Michael C. Rea, 145-66. New York: Oxford University Press.

_____. 2011a. "Divine Eternity and Einstein's Special Theory of Relativity." In: *God, Eternity, and Time*, ed. Christian Tapp and Edmund Runggaldier, 145-55. Aldershot, UK: Ashgate.

_____. 2011b. "Graham Oppy on the *Kalam* Cosmological Argument." *International Philosophical Quarterly* 51: 303-30.

Craig, William Lane; Sinclair, James, 2009. "The *Kalam* Cosmological Argument." In: *The Blackwell Companion to Natural Theology*, ed. William L. Craig and J. P. Moreland, 101-201. Oxford: Wiley-Blackwell.

_____. 2012. "On Non-singular Spacetimes and the Beginning of the Universe." In: *Scientific Approaches to the Philosophy of Religion*, ed. Yujin Nagasawa, 95-142. Palgrave Frontiers in Philosophy of Religion. London: Macmillan.

CRAIG, William Lane; Smith, Quentin, 1993. *Theism, Atheism, and big bang Cosmology.* Oxford: Clarendon.

_____. 2007. *Einstein, Relativity, and Absolute Simultaneity.* London: Routledge.

150   CRIAÇÃO

CRIAÇÃO. Os seres humanos sempre foram curiosos sobre as origens. De onde veio o mundo? O que explica nossa existência? Assim, não é de todo surpreendente que tenhamos relatos da criação do cosmos e dos seres humanos de muitas culturas antigas. Neste artigo, estamos particularmente interessados no relato bíblico e em outras composições antigas da criação do Oriente Próximo. O nosso interesse no antigo Oriente Próximo (AOP) deve-se ao fato de ele nos ajudar a recuperar o antigo contexto das histórias bíblicas. A ciência moderna também explora questões relativas às origens do cosmos e da humanidade, o que faz com que alguns vejam isso como uma ameaça às explicações bíblicas. Este artigo descreverá os diferentes relatos da criação na Bíblia, no AOP e na ciência moderna em termos gerais, e considerará a questão da relação entre eles. A Bíblia inicia-se com dois relatos discretos da criação (Gênesis 1:1—2:4a; 2:4b-25). A primeira história enfoca a criação do cosmos e tudo que nele existe. É uma questão de debate se o texto fala ou não da criação da matéria (*creatio ex nihilo*) ou começa a história da criação com matéria sem forma já presente (Copan e Craig, 2004). O hebraico de Gênesis 1:1-2 não é claro sobre esse ponto, e diferentes traduções suportam diferentes visões (algumas favorecem a criação do nada, e outras, a presença da matéria no início). O livro de Hebreus deixa o ensinamento da criação a partir do nada explícito (Hebreus 11:3). Pode ser que os leitores originais de Gênesis não estivessem interessados na questão da origem da matéria (e presumiram que Deus a criou), embora o Novo Testamento tenha sido escrito em um contexto greco-romano que era interessado na questão.

A criação do cosmos e da humanidade ao longo de um período de seis dias pode não se concentrar na criação material, mas em Deus tornar o cosmos funcional para o ápice de sua criação, a humanidade (Walton, 2011). A natureza dos **dias da criação** também é uma questão de controvérsia. Depois que a criação foi completada e dita ser "muito boa" (Gênesis 1:31), Deus cessou suas atividades, o que é representado na semana da criação como o primeiro sábado.

A segunda história da criação concentra-se na criação da humanidade. Alguns leem-na como uma visão ampliada do sexto dia (Collins, 2003), outros como uma história completamente separada. Existem aparentes diferenças de sequência entre as duas histórias (a criação da vegetação precede ou segue a criação de seres humanos?). Na segunda história da criação, o homem é criado primeiro e a mulher depois. O debate gira em torno da descrição da criação de Adão e Eva, se a narrativa descreve literalmente como ela aconteceu (do pó e do sopro de Deus [Gênesis 2:7] e do lado/costela do homem [Gênesis 2:21-23]). Mas seja literal ou não, não falta o significado simbólico dos atos. O primeiro homem criado a partir do pó mostra que ele é parte da criação, mas o sopro de Deus indica que a humanidade tem um relacionamento especial com Deus. A criação da mulher mostra que seu relacionamento com o homem é de reciprocidade e igualdade. O relato da criação bíblica não é apenas registrado para dizer aos seres humanos que a sua existência é o resultado da atividade criativa de Deus, mas também para informar assuntos como gênero, sexualidade, casamento, sábado e trabalho.

Os capítulos 1—2 de Gênesis podem ser o relato mais importante da criação na Bíblia, mas eles não estão sozinhos. Um número de salmos (p. ex., 8, 19, 24, 33, 74, 104, 136), o livro de Provérbios (3:19,20; 8:22-31), e uma passagem em Jó (38:4-11), bem como textos no Novo Testamento (João 1:1-5; Romanos 1:18-20; Colossenses 1:15-20) são exemplos de outras passagens que descrevem a criação do cosmos e/ou da humanidade por Deus. A variação de imagens usadas para narrar a criação divina é impressionante, levantando a questão se os autores bíblicos pretendiam usar qualquer uma dessas descrições como representações literais de como Deus criou o mundo e os seres humanos.

Os vizinhos de Israel também tiveram relatos de criação que fornecem os antecedentes para a leitura da história bíblica. Embora existam relatos de criação na Suméria (p. ex., o *Gênesis de Eridu*, *Louvor à enxada*, *Enki e Ninhursag*) e no Egito (*A pedra de Shabaka*), as histórias da criação mais relevantes para os textos bíblicos estão escritas em acadiano (a língua dos assírios e babilônios) e ugarítico (o idioma dos cananeus). Os dois textos acadianos mais importantes da criação são **Enuma Elish** e **Atrahasis** (ver entradas para detalhes e resumos de enredo), e o texto ugarítico mais importante é o Épico de Baal. Tanto *Enuma Elish* como o Épico de Baal retratam a criação como resultado de uma batalha entre o deus criador (Marduque/Baal) e o/a deus(a) do mar (Tiamat/Yam). Depois que o mar é derrotado, o criador molda a carcaça do corpo deste em um cosmos funcional. Em *Enuma Elish* e *Atrahasis*, os seres humanos são criados a partir de argila e sangue e/ou cuspe dos deuses, uma semelhança interessante com o fato de Adão ser criado a partir de um componente terreno, poeira, e divino, o sopro de Deus (Gênesis 2:7).

A ciência moderna faz perguntas sobre as origens do cosmos e da humanidade. A maioria dos cientistas, hoje, acredita que o cosmos começou com uma grande explosão (o *big bang*), o que levou à formação final do universo por meio da evolução estelar e planetária. Quando se trata da humanidade, as evidências persuadem a grande maioria dos biólogos e outros cientistas quanto ao surgimento da humanidade mediante um processo evolutivo, mais recentemente compartilhando uma **ancestralidade comum** com primatas.

A natureza da relação entre a Bíblia e a ciência, quando se trata da criação, é muito contestada. Os criacionistas da Terra jovem e antiga (ciência da criação) se voltam primeiro para a Bíblia e, em regra, contestam provas contrárias da comunidade científica. Outros acreditam que a ciência aniquila o relato bíblico e consideram-se ateístas (**novo ateísmo**). Outros, ainda, acreditam que a Bíblia, quando lida à luz da ciência moderna, revela a percepção do estado real do mundo, tal como é atualmente entendido pelos cientistas (**concordismo; razões para acreditar**). Outros, ainda, acreditam que a ciência não pode explicar tudo por causas naturais, e, nessas lacunas de explicação, veem a mão de Deus em ação (*design* **inteligente**). Por fim, outros veem a ciência e a Bíblia tratando de questões completamente diferentes, esta a respeito de realidades físicas, aquela, de realidades metafísicas; o que é conhecido como **magistérios não interferentes** (*non-overlapping magisteria* ou NOMA, em inglês). Uma variação deste último sugere que a religião fornece o quadro conceitual dentro do qual a ciência opera, mas que a religião e a ciência são "parceiros na teorização", tendo "competências diferentes" para responder às mesmas questões (Van Till em Carlson, 2000, 126, 195). Qualquer reconciliação cristã da relação entre a Bíblia e a ciência concluirá, em última análise, que as duas possuem o mesmo autor e fornecem um panorama consistente.

Tremper Longman III

REFERÊNCIAS E LEITURAS RECOMENDADAS

Carlson, Richard F. ed. 2000. *Science and Christianity: Four Views.* Downers Grove, IL: InterVarsity.

Carlson, R. F.; Longman, Tremper, III, 2010. *Science, Creation, and the Bible*, Downers Grove, IL: InterVarsity.

Collins, C. J. 2003. *Science and Faith: Friends or Foes?* Wheaton, IL: Crossway.

Copan, Paul; Craig, William Lane, 2004. *Creation Out of Nothing: A Biblical, Philosophical, and Scientific Exploration.* Grand Rapids: Baker Academic.

Walton, John H. 2011. *Genesis 1 as Ancient Cosmology.* Winona Lake, IN: Eisenbrauns.

CRIAÇÃO PROGRESSIVA. O princípio central da criação progressiva sustenta que Deus interveio milagrosamente em diferentes épocas e de diferentes maneiras na longa história da Terra para introduzir novas formas de vida. O termo *progressiva* descreve a observação de que a vida se torna mais diversificada, complexa e avançada com o tempo e em condições variáveis. O processo de criação física começa com a origem das primeiras formas de vida e culmina com a criação de seres humanos.

Enquanto os criacionistas progressistas diferem em alguns pontos, a maioria concorda que os eventos de especiação de massa da Terra — quando um grande número de espécies diversas aparece quase simultaneamente no registro fóssil — ocorrem pela intervenção de Deus. Esses grandes eventos de criação são separados por longos períodos de estase biológica, durante os quais a vida sofre apenas mudanças microevolutivas. Em outras palavras, a criação progressiva afirma que a microevolução, mas não a macroevolução, ocorre ao longo da história da vida na terra. De acordo com essa teoria, o Criador projetou a genética de modo a permitir que as criaturas se adaptassem, dentro dos limites, a mudanças ambientais e a desafios de espécies invasoras.

A criação progressiva rejeita a origem comum universal, a noção de que toda a vida descende de processos naturais ao longo de um contínuo ininterrupto a partir de um último ancestral comum universal (do inglês, LUCA, Last Universal Common Ancestor). A maioria dos defensores da criação progressiva também rejeitaria, por exemplo, a ideia de que todos os hominídeos, incluindo os neandertais e os humanos, compartilham um ancestral comum ou que os pássaros e os dinossauros compartilham um ancestral comum.

Historicamente, a perspectiva da criação progressiva remonta ao século XVIII. O anatomista Georges Cuvier e o naturalista Alcide d'Orbigny defenderam ideias progressivas de criação em seus escritos, e o geólogo do século XIX Hugh Miller e o naturalista Louis Agassiz também escreveram extensivamente em defesa da criação progressiva, como fez Russell Mixter no começo do século XX.

Os defensores da criação progressiva consideram Gênesis 1 uma visão geral cronológica, ou resumo, dos

152 CRIACIONISMO DA TERRA ANTIGA (perspectiva crítica)

atos criativos de Deus, incluindo a introdução de formas de vida cada vez mais avançadas ao longo do tempo. Eles apontam para a declaração de Gênesis 1, que menciona as "espécies" que se reproduzem segundo a própria espécie, em vez de se transformarem em espécies distintas.

A criação progressiva aceita o registro da história da vida e da história geológica da Terra que emerge da pesquisa científica predominante. Difere, no entanto, de teorias amplamente difundidas sobre os *meios* pelos quais a vida emerge e o *grau* em que a vida muda por processos estritamente naturais. No entanto, por causa dessa concordância com a sequência fóssil e a medida das eras, alguns criacionistas depreciam a criação progressiva como uma posição "comprometida" (Ham, 2014; Ham et al. 2006).

Os proponentes da criação progressiva, como John Lennox, Robert Newman e Vern Poythress, responderiam que um exame de todas as passagens bíblicas sobre a criação, não apenas os dois primeiros capítulos de Gênesis, e uma interpretação dessas passagens como revelação literal e consistente de Deus apoia a sua posição na história da Terra e da vida.

Hugh Ross

REFERÊNCIAS E LEITURAS RECOMENDADAS

Ham, Ken, 2014. "Hugh Ross Twists the Bible to Fit Man's Fallible Opinions." *Ken Ham.* Answers in Genesis. 27 de setembro. https://answersingenesis.org/blogs/ken-ham/2014/09/27/hugh-ross-twists-the-bible-to-fit-mans-fallible-opinions/.

Ham, Ken; Riddle, Mike; Hodge, Bodie, et al. 2006. *War of the Worldviews: Powerful Answers for an Evolutionized Culture.* Ed. David Menton, Jason Lisle, Terry Mortenson, and Georgia Purdom. Forest, AR: New Leaf.

Lennox, John C., 2011. *Seven Days That Divide the World.* Grand Rapids: Zondervan.

Newman, Robert C.; Eckelmann, Herman J., Jr. 1977. *Genesis One and the Origin of the Earth.* Grand Rapids: Baker.

Poythress, Vern, 2006. *Redeeming Science.* Wheaton, IL: Crossway.

Ross, Hugh, 2015. *A Matter of Days.* 2nd exp. ed. Covina, CA: RTB Press.

CRIACIONISMO DA TERRA ANTIGA (perspectiva crítica). O criacionismo da Terra antiga é um termo geral usado para descrever aqueles que acreditam em uma Terra antiga, mas ainda assim afirmam que, de alguma forma, Deus foi responsável pela criação. Além disso, os criacionistas da Terra antiga acreditam que não há conflito importante entre as Escrituras e a ciência. Igualmente, os criacionistas da Terra antiga aceitam amplamente o consenso geológico moderno em relação à antiguidade da Terra. No entanto, muitos rejeitam veementemente a macroevolução e acreditam que Deus esteve ativamente envolvido em todo o processo criativo.

Outros são céticos quanto à questão do processo (evolutivo ou não), afirmando que o texto de Gênesis diz pouco sobre o processo de criação.

Como as visões dos criacionistas da Terra antiga diferem amplamente, só será possível discutir brevemente algumas das principais posições e as fraquezas de cada uma delas.

Teoria do intervalo

Uma maneira de harmonizar a Bíblia e a teoria científica moderna é colocando um "hiato" entre Gênesis 1:1 e 1:2. Essa hipótese, popularizada pela *Bíblia de Referência de Scofield* (em 1909 e nas edições seguintes), sustenta que havia duas criações: Gênesis 1:1 descreve a primeira criação, após a qual Satanás, o governante da terra (sobre os "homens" pré-adâmicos), rebelou-se. Por causa da queda de Satanás, o pecado entrou no universo e trouxe o juízo de Deus sobre a terra sob a forma de um dilúvio (indicado pela água de 1:2) e depois uma era glacial global. Isso resultou na condição da terra como julgada, indicada pela frase "sem forma e vazia" (heb., *tohu wabohu*) em Gênesis 1:2. Os fósseis vegetais, animais e humanos na terra datam hoje dessa inundação e geneticamente não estão relacionados às plantas, animais e humanos na terra hoje. Gênesis 1:2 descreve assim a condição arruinada da terra, enquanto Gênesis 1:3-31 descreve a recriação divina.

Existem vários problemas importantes com essa hipótese. Primeiro, está cheia de especulações, uma vez que não há uma única palavra sobre a queda de Satanás em Gênesis 1, nem "homens" anteriores a Adão, nem qualquer julgamento na terra antes do **dilúvio** de Gênesis 6—8. Em segundo lugar, a frase hebraica *tohu wabohu* usada em Gênesis 1:2 nem sempre possui a ideia de julgamento, mas simplesmente significa que a terra não estava formada e era vazia (ver Campos 1976, p. 113-30). Por fim, em Gênesis 1:2, a forma hebraica usada é um vav disjuntivo, indicando o contexto no **tempo** em que a terra foi criada por Deus. Se o significado de Gênesis 1:2 fosse "a terra *tornou-se* sem forma e vazia", como o a teoria do hiato requer, então, a forma consecutiva do vav teria sido usada, como o é ao longo dos versículos restantes de Gênesis 1. Assim, Gênesis 1:2 não descreve uma ação subsequente a Gênesis 1:1, conforme exigido pela teoria do intervalo. Por esse motivo, a teoria do intervalo não é hoje popular entre os estudiosos evangélicos.

Hipótese do dia-era

Uma segunda maneira de harmonizar Gênesis 1 e 2 com a teoria científica moderna é ver os "dias" de Gênesis 1:1—2:3 como períodos sequenciais de milhares ou milhões de anos (ver **dias da criação, Interpretações dos**). Na maior parte, os criacionistas da Terra antiga aceitam a **geologia** moderna em relação à idade da Terra, mas rejeitam a evolução como parte do processo de criação. Essa visão às vezes é chamada de criacionismo progressivo. No entanto, alguns que seguem a evolução teísta (também chamada de criacionismo evolutivo) como mecanismo de criação também são chamados criacionistas da Terra antiga (ver **criacionismo evolutivo**). Em ambos os casos, o princípio central é que os "dias" de Gênesis 1:1—2:3 não são dias literais, mas sim representam longos períodos de tempo.

Os argumentos contra a teoria do dia-era serão resumidos aqui (embora apresentados de forma mais completa em **Dias da criação**). A principal dificuldade com esta visão é que o significado predominante de *yôm*, a palavra hebraica para "dia", é um dia de 24 horas (a palavra tem esse significado 2.239 de 2.304 ocorrências, ou 97% de seu uso). Além disso, a frase "noite e manhã", usada seis vezes em Gênesis 1, reforça a ideia de um dia de 24 horas. Passagens como Salmos 90:4 e 2Pedro 3:8 (que comparam mil anos na visão de Deus a um dia) não podem ser usadas como argumentos válidos para a teoria do dia-era, uma vez que elas simplesmente estão ensinando que a visão de Deus sobre o tempo é diferente da visão do homem. A comparação nestes textos é para um único dia de 24 horas, com a partícula comparativa *como* usada nesses textos, mas não em Gênesis 1. Por fim, Êxodo 20:8-11 é um forte argumento contra a hipótese do dia-era, uma vez que o texto relaciona explicitamente os **dias da criação** com os dias da semana de trabalho. O termo *yôm* é usado seis vezes na passagem. Não faz sentido que o termo signifique uma duração literal de um dia de 24 horas nos três primeiros usos (descrevendo a semana de trabalho), mas depois signifique um período de tempo indeterminado nos últimos três usos (lidando com a criação).

A visão do dia-era também não ajuda a harmonizar o texto bíblico com a teoria evolucionista. O modelo de evolução difere em muitos detalhes da ordem dos eventos apresentados em Gênesis 1. Se os dias de Gênesis 1 fossem realmente longos períodos de tempo, faria pouco sentido criar insetos após as plantas (como Gênesis 1 afirma), uma vez que os insetos teriam sido necessários para a polinização. Além disso, de acordo com a teoria evolucionista, os animais simples (insetos) não devem aparecer após os animais mais complexos, mas isso é exatamente o que Gênesis 1 retrata. Este é apenas um dos inúmeros problemas que indicam que a teoria do dia-era não funciona do ponto de vista evolutivo (ver mais Kulikovsky 2009, p. 152-53).

Embora a visão progressista do criacionismo não tenha as dificuldades mencionadas no parágrafo anterior (uma vez que a evolução não é considerada como o "mecanismo" da criação), ela também se depara com algumas dificuldades científicas próprias. Como o modelo científico atual do sistema solar exige que o sol tenha se formado antes da Terra, há um conflito direto com o Gênesis 1, no qual a terra foi criada no dia (ou "época"!) 1, enquanto o sol foi criado no dia-era 4. Criacionistas progressistas, como **Hugh Ross**, tentaram argumentar que o sol foi criado no dia-era 1, mas só parece visível do ponto de vista da Terra no dia 4 (Ross e Archer, 2001, p. 135). Mas essa interpretação parece distorcer as Escrituras para se adequar à ciência, já que o texto de Gênesis 1:16 diz claramente que Deus "criou" o sol e a lua no dia 4.

Hipótese da estrutura

Outro meio de interpretação de Gênesis 1 que permite uma Terra antiga é a hipótese da estrutura. Nela, o dia é de 24 horas, mas os dias são literários e não sequenciais. A semana criativa de Deus é vista como uma estrutura literária, em que os três primeiros dias retratam os reinos da criação enquanto os últimos três dias falam das criaturas reais que "governam" sobre os respectivos reinos dos dias 1—3 (p. ex., o sol, a lua, e estrelas do dia 4 regem durante o dia e a noite do dia 1). Ou, em outras palavras, as "formas" são criadas nos três primeiros dias e são correspondentemente "preenchidas" ou habitadas na segunda série de três dias. Muitas vezes, o seguinte padrão é notado:

Reinos da criação	Criaturas reinantes
Dia 1: luz; dia e noite	**Dia 4:** portadores de luz: sol, lua, estrelas
Dia 2: mar e céu	**Dia 5:** criaturas do mar; pássaros
Dia 3: terra e vegetação	**Dia 6:** criaturas da terra; homem
	(Irons e Kline 2001, p. 224)

CRIACIONISMO DA TERRA ANTIGA (perspectiva crítica)

Mas há problemas com a abordagem da estrutura. Primeiro, mesmo que tal padrão literário existisse, isso ainda não requereria uma abordagem não literal do capítulo, uma vez que os dois (literal e literário) não se excluem mutuamente. Em segundo lugar, esse padrão falha em diversos pontos. Por exemplo, a luz do dia 1 não é dependente do sol; então o sol não é seu governante. E o homem (criado no dia 6) não devia dominar a terra e a vegetação (criado no dia 3), mas os animais terrestres (criados no dia 6) e as criaturas do mar e os pássaros (criados no dia 5). Além disso, as águas existiam no dia 1, não apenas no dia 2. Ademais, no versículo 14, os "luminares" do dia 4 são colocados no "firmamento" criado no dia 2 (não no dia 1). Por fim, as criaturas do dia 5 deveriam encher as "águas dos mares", que foram criadas no dia 3, e não no dia 2, contrariamente ao gráfico acima (ver Gênesis 1:10). O suposto padrão simplesmente não existe (ver mais em Kulikovsky 2009, p. 155-62).

Além disso, o texto de Gênesis 1 não é poético (como seria de se esperar de uma abordagem estrutural tão literária como a hipótese da estrutura), mas é uma narrativa sequencial direta, com a forma padrão de narrativa hebraica com o vav imperfeito consecutivo usado 50 vezes no capítulo. Além disso, se uma abordagem figurativa é tomada em Gênesis 1 e 2, onde se deve entender o texto literalmente em Gênesis? Não existe um simples "botão" de transição exegética ou hermenêutica entre Gênesis 1 e 2 e o restante do livro (Beall 2008, p. 144-58).

Problemas bíblicos com o criacionismo da Terra antiga

Independentemente da teoria específica proposta (intervalo, dia-era ou estrutura), há vários problemas bíblicos com o criacionismo da Terra antiga. Alguns desses (como a indispensabilidade de *yôm* em Gênesis 1 referente a um dia literal de 24 horas) foram discutidos acima e, portanto, não serão repetidos.

Gênesis 1:1 faz parte da criação de seis dias. Muitas vezes, afirma-se que Gênesis 1:1 não faz parte da semana de criação, mas é meramente uma epígrafe; portanto, é impossível saber quando a criação da Terra realmente começou, visto que o dia 1 começa em Gênesis 1:3 (como diz Waltke, citado em Kulikovsky 2009, p. 109). É verdade que Gênesis 1:1 é um verso de abertura majestoso que, em certo sentido, pode servir como uma grande introdução à narrativa da criação a seguir. Mas Gênesis

1:1 também deve ser considerado parte do primeiro dia da criação. Gênesis 1:1 diz: "No princípio Deus criou *os céus e a terra*" (ênfase adicionada). A frase idêntica, *os céus e a terra*, é usada em Êxodo 20:11: "Pois em seis dias o Senhor fez *os céus e a terra*, o mar e tudo o que neles existe" (ênfase adicionada; ver também Êxodo 31:17 para uma expressão semelhante).

O único lugar que a criação dos céus é mencionada é em Gênesis 1:1, e, de acordo com Êxodo 20:11 e 31:17, a criação dos céus é uma parte dos seis dias da criação, não fora dela. Não se pode recorrer a separar Gênesis 1:1 do restante da história da criação a fim de possibilitar um grande período de tempo entre Gênesis 1:1 e os versos seguintes. Todo o texto de Êxodo 20:8-11, falando da semana de trabalho humana em vista da criação de Deus em seis dias (usando *yôm* seis vezes na passagem) é uma forte indicação de que os céus, a terra e tudo neles foi criado em seis dias literais.

As genealogias em Gênesis 5 e 11 indicam uma criação recente da humanidade. Os criacionistas da Terra antiga geralmente afirmam que o homem foi criado há, no mínimo, 50 mil anos atrás (Ross afirma que o homem foi criado entre 50 e 100 mil anos. Mas essa soma de tempo é impossível de acordo com as genealogias de Gênesis 5, 10 e 11 (e em grande parte repetidas em Lucas 3:34-38). A genealogia em Gênesis 5 começa com Adão e continua por meio de Noé e seus filhos. Gênesis 10—11 prossegue com a genealogia dos filhos de Noé, com Gênesis 11 traçando a linhagem de Sem por meio de Abraão.

Mesmo que as genealogias saltem algumas gerações, há um limite finito para o número de gerações ignoradas, o que significa que o homem foi criado entre 6 e (no máximo) 10 mil anos atrás. Na verdade, é provável que, embora essas genealogias possam conter lacunas, não existem lacunas cronológicas reais, uma vez que as genealogias indicam a idade real do pai ou dos avós quando a criança nasceu (Sexton 2015, p. 195-205). Este ponto é muitas vezes ignorado na discussão das genealogias de Gênesis 5, 10 e 11. Se as genealogias nesses capítulos devem ser levadas a sério, é impossível chegar a tão longas idades da humanidade (50 mil-100 mil) como postulado por defensores da Terra antiga.

A afirmação de Jesus de que a humanidade foi criada no início da criação. A declaração de Jesus em Marcos 10:6 que "no princípio da criação Deus 'os fez homem e mulher'", implica fortemente que a terra não

CRIACIONISMO DA TERRA ANTIGA (perspectiva favorável)

existiu por milhões de anos antes que **Adão e Eva** fossem criados — eles foram criados "no princípio da criação", ou seja, no sexto dia. A mesma frase, "no princípio da criação", é usada de forma semelhante em Marcos 13:19 e 2Pedro 3:4. Jesus diz que a humanidade foi criada na semana inicial da criação, não milhões de anos depois.

Morte antes do pecado? Outro problema para o criacionismo da Terra antiga é que requer milhares ou milhões de anos de morte animal antes do pecado de Adão e Eva no jardim. No entanto, as Escrituras afirmam que a morte não entrou no mundo até o pecado de Adão: "Portanto, da mesma forma como o pecado entrou no mundo por um homem, e pelo pecado a morte, assim também a morte veio a todos os homens, porque todos pecaram" (Romanos 5:12, ver também 1Coríntios 15:21).

Embora possa ser argumentado a partir desses versículos que somente a morte humana entrou no mundo por causa do pecado de Adão, Romanos 8:21,22 parece excluir essa possibilidade: "[...] a própria natureza criada será libertada da escravidão da decadência em que se encontra para a gloriosa liberdade dos filhos de Deus. Sabemos que toda a natureza criada geme até agora, como em dores de parto". O gemido da criação começou após a queda de Adão, com toda a criação sentindo seus efeitos (Gênesis 3:14-19). Uma vez que a criação divina originalmente foi declarada "muito boa" pelo próprio Senhor (Gênesis 1:31), foi somente após **a queda** que a morte e a corrupção entraram no mundo. É somente a morte e a ressurreição de Cristo que inaugurarão a restauração final da criação, onde os efeitos da maldição serão revertidos e não haverá mais morte (Isaías 11: 6-9; Apocalipse 21:3-5; 22:3). As Escrituras não têm espaço para milhões de anos de morte e corrupção antes do pecado de Adão.

Conclusão

O criacionismo da Terra antiga não possui um sólido apoio bíblico. É uma corajosa tentativa de harmonizar o Gênesis com a atual teoria científica, mas, como se mostrou acima, os vários modelos da Terra antiga são insustentáveis perante as Escrituras. Em vez de torcer as Escrituras para apoiar a visão científica atual, seria preferível examinar mais de perto os pressupostos de uma cosmologia da Terra antiga (ver **Idade do universo e da Terra**, para discussão posterior). Em particular, deve-se olhar os efeitos de um dilúvio global catastrófico (como retratado em Gênesis 6—9), que durou mais de um ano, no qual

"todas as fontes das grandes profundezas jorraram" (Gênesis 7:11), produzindo todos os tipos de estragos geológicos na terra. Deve-se também olhar para os métodos de **datação radiométrica** que são usados, reconhecendo que a hipótese de uma taxa uniforme de decaimento de um isótopo particular é altamente questionável, especialmente à luz de uma inundação catastrófica.

Além disso, quando Deus criou o universo, ele teve uma aparência de idade — Adão não era um mero bebê, mas um ser humano completamente desenvolvido. Assim como quando Jesus transformou a água em vinho em Caná, e o encarregado da festa pensou que o vinho tinha envelhecido por um longo tempo (João 2:1-11), assim também o Senhor, milagrosamente, criou um universo acabado em um curto período de tempo. Ele não é capaz de fazê-lo (Hebreus 11:3)?

Parece melhor não alterar a nossa compreensão das Escrituras para se adequar à opinião científica atual — afinal, como o Senhor lembra Jó, nós não estávamos lá quando ele colocou os fundamentos da terra (Jó 38:4), então é melhor aderir ao relato que ele nos dá em sua Palavra.

Todd S. Beall

REFERÊNCIAS E LEITURAS RECOMENDADAS

BEALL, Todd S., 2008. "Contemporary Hermeneutical Approaches to Genesis 1—11." In: *Coming to Grips with Genesis: Biblical Authority and the Age of the Earth*, ed. Terry Mortenson and Thane Ury. Green Forest, AR: Master.

FIELDS, Weston, 1976. *Unformed and Unfilled*. Nutley, NJ: Presbyterian and Reformed.

HASEL, Gerhard F., 1994. "The 'Days' of Creation in Genesis 1: Literal 'Days' or Figurative 'Periods/Epochs' of Time?" *Origins* 21 (1): 5-38.

IRONS, Lee; Kline, Meredith G., 2001. "The Framework View." In: *The Genesis Debate*, ed. David Hagopian. Mission Viejo, CA: Crux.

KULIKOVSKY, Andrew., 2009. *Creation, Fall, Restoration: A Biblical Theology of Creation*. Fearn, Ross-shire, Scotland: Mentor.

MCCABE, Robert V., 2000. "A Defense of Literal Days in the Creation Week." *Detroit Baptist Seminary Journal* 5 (outono): 97-123.

MORTENSON, Terry; Ury, Thane, eds. 2008. *Coming to Grips with Genesis: Biblical Authority and the Age of the Earth*. Green Forest, AR: Master.

PIPA, Joseph, Jr.; Hall, David, eds. 2005. *Did God Create in Six Days?* 2. ed. White Hall, WV: Tolle Lege.

ROSS, Hugh; Archer, Gleason, 2001. "The Day-Age View." In: *The Genesis Debate*, ed. David Hagopian. Mission Viejo, CA: Crux. Veja também www. reasons.org/rtb-101/ageofadam.

SARFATI, Jonathan D., 2015. *The Genesis Account: A Theological, Historical, and Scientific Commentary on Genesis 1—11*. Powder Springs, GA: Creation.

SEXTON, Jeremy, 2015. "Who Was Born When Enosh Was 90? A Semantic Reevaluation of William Henry Green's Chronological Gaps." *Westminster Theological Journal* 77 (2015): 193-218.

CRIACIONISMO DA TERRA ANTIGA (perspectiva favorável). O criacionismo da Terra antiga

156 CRIACIONISMO DA TERRA ANTIGA (perspectiva favorável)

procura casar o consenso científico de que a terra é muito antiga com a doutrina bíblica da criação que surge da Escritura. A Bíblia fornece *insights* que não existem em outros lugares, como a humanidade sendo criada à imagem de Deus. Mas a compreensão geral de como Deus criou tudo vem do estudo do mundo físico. O criacionismo da Terra antiga interpreta a Bíblia de forma consistente com a ciência. Os criacionistas da Terra antiga estão convencidos de que o consenso moderno é válido e que o universo tem cerca de 13,7 bilhões de anos, e eles procuram maneiras de ler a Bíblia que sejam consistentes com isso.

O criacionismo da Terra jovem, ao contrário, contrasta com a visão de consenso de todos os campos relevantes da ciência, incluindo estratigrafia, paleontologia, astronomia, glaciologia, estudo de recifes de corais, datação radiométrica, geocronologia, cosmologia física e até arqueologia e egiptologia. Os criacionistas da Terra jovem têm argumentado que, durante mais de um século, a grande maioria dos cientistas tem sido cegada por seus pressupostos, enquanto a posição da Terra jovem vê os dados claramente porque rejeitou os pressupostos naturalistas que permeiam essas disciplinas.

Mas, historicamente, foi o pressuposto da Terra jovem que se mostrou inadequado. A hipótese de que o universo é antigo tornou-se progressivamente a visão dominante entre os naturalistas cristãos nos séculos XVIII e XIX, por meio do estudo de formações geológicas e fósseis. Em primeiro lugar, a ideia de que os fósseis eram restos de espécies extintas foi rejeitada, uma vez que isso parecia contrariar a doutrina da criação. Uma vez que Deus permitisse que extinções tivessem ocorrido, todo o sentido da **arca de Noé** estaria comprometido. Por isso, os fósseis foram considerados simplesmente minerais com aparência de esqueletos. (A **arca de Noé** tem sido radicalmente repensada pelos criacionistas da Terra jovem e da Terra antiga.)

Várias tentativas para calcular a idade da Terra com base no teor de sal nos oceanos, ou na taxa de resfriamento da Terra, surpreendentemente renderam idades muito mais longas do que os seis milênios comumente supostos pelos criacionistas da Terra jovem. A estratificação das rochas parecia inconsistente com uma inundação mundial, mas sim indicativa de ciclos de depósitos sedimentares. A superfície da Terra foi reconhecida como uma "formação". Suas camadas poderiam ser contadas como anéis de árvores para sugerir uma idade para a terra — que inesperadamente antecedeu a história humana (mais de seis dias). Contra os pressupostos bíblicos dos pesquisadores, a evidência aumentou para um lento processo geológico gradual ao longo de muitos milhões de anos, e não para uma catástrofe global que durou apenas meses. Quando **Charles Darwin** publicou a *A origem das espécies* (1859), já se admitia que a terra era antiga. "A visão moderna de que a terra é extremamente antiga foi desenvolvida por homens cristãos que acreditavam de todo o coração na criação e no dilúvio e se opunham à evolução" (Young, 1982, p. 66).

Por fim, uma correspondência foi observada entre os tipos de fósseis e estratos específicos. As rochas estavam repletas de fósseis de criaturas extintas, fóssil após fóssil, com regularidade previsível. As mais simples e menos desenvolvidas estavam em camadas mais antigas, as mais modernas, em novas. A história natural do planeta parecia apresentar espécies desconhecidas para o homem que prosperaram por uma época até que desaparecessem repentinamente, apenas para ser substituída por outra época com um novo conjunto de espécies. Distinguíveis são a era dos invertebrados, a era dos peixes, a era dos anfíbios, a era dos répteis, e assim por diante.

Este ciclo repetido certamente não é a imagem apresentada nas interpretações de Gênesis da Terra jovem. E por que criaturas aquáticas e marinhas, como peixes e jacarés, pereceram no início do dilúvio de Noé, enquanto animais que quase nunca nadam, como os primatas, ficaram emersos por mais tempo? Alguém pode imaginar samambaias submergindo primeiro, incapazes de escapar da inundação crescente, enquanto árvores de doze a quinze metros erguem-se para perecer posteriormente?

O criacionismo da Terra jovem não tem uma resposta sincera para por que os fósseis de plantas e animais estão consistentemente dispostos em ordem crescente, como poderia haver uma ecologia sem a morte de plantas ou animais, como a luz de estrelas distantes atingiu a terra em 6 mil anos, como poderia haver luz e vida vegetal sem o sol, como todas as espécies cabem na arca ou por que se diferenciaram rapidamente depois (e desde então praticamente pararam), e assim por diante. Para escaparem da crítica, alguns invocam *deus ex machina*, uma situação de criação especial. Eles também insistem em uma hermenêutica inflexivelmente literal, mesmo quando isso causa contradições bíblicas. Essa mesma hermenêutica fez com que alguns rejeitassem Galileu há séculos, concluindo que os telescópios enganam.

CRIACIONISMO DA TERRA ANTIGA (perspectiva favorável)

Várias versões do criacionismo da Terra antiga são apresentadas abaixo e criticadas. Alguns procuram encontrar um ponto de vista científico dentro de Gênesis, que nenhum leitor teria entendido antes da metade do século XX. Outros procuram ler o Gênesis livres dessa perspectiva distintamente moderna e recuperar um antigo entendimento da criação.

Caos original

A teoria do "intervalo" supõe que a grande maioria da história da Terra aconteceu entre os dois primeiros versos de Gênesis. Em vez de lerem "a terra era sem forma e vazia", os teóricos do intervalo leem "a terra tornou-se sem forma e vazia". Com essa leitura, a terra original não era sem forma e vazia, mas foi criada habitável (Isaías 45:18). Por algum motivo (a queda de Satanás?), desintegrou-se e exigiu uma segunda criação. Então, em seis dias literais, Deus a remodelou de material antigo de bilhões de anos. Mas por que os luminares celestes — e a própria luz — precisam ser refeitos? A teoria do intervalo é desenvolvida no século XIX e popularizada em meados do século XX. Caiu em desuso hoje, em grande medida substituída por outros modelos.

Alguns argumentam que o estado sem forma e vazio da Terra foi seu estado original, que continuou por eras incontáveis. "Criação", propriamente dita, é a imposição de uma nova ordem sobre esta antiga terra devastada, começando pelo "Haja luz". Alguns teóricos da Terra antiga, trabalhando com o pressuposto de uma longa pré--história no Gênesis, acreditam ter suporte bíblico para um estado caótico de duração indeterminada.

Claro que a criação da luz, plantas, animais, estrelas, e assim por diante, veio depois dessa longa era. Assim, o registro fóssil, recheado com os ossos das criaturas, não pode ser um registro de eventos da pré-criação. Nem a luz das estrelas. O problema, por exemplo, são os pássaros — criados no dia cinco — encontrados na Era Mesozoica. Eras que precedem a semana da criação não podem explicar isso. O que é obtido com essa visão? Com relação ao objetivo de resolver a diferença entre a ciência e as Escrituras e datar o universo conhecido, as teorias do caos da pré-criação faz muito barulho por nada.

A teoria do dia-era

Outra estratégia interpretativa é a teoria do "dia-era", em que cada dia em Gênesis representa longas eras em tempo real. Uma versão dessa teoria é o modelo da criação progressiva proposto por **Hugh Ross** (2004). Quando Deus disse "Haja luz", a luz solar primeiro penetrou na atmosfera da Terra primordial. O céu clareou no dia quatro, de modo que, se alguém estivesse lá, poderia ter visto o sol, a lua e as estrelas. O dia cinco fala de pássaros e "mamíferos marinhos". (O peixe com brânquias viria muito antes.) Deus continuou a criar e destruir espécies até o advento do homem no dia seis. Desde então, não surgiram novas formas. Além disso, os versículos que dizem que Deus "estendeu os céus" (Isaías 42:5) referem-se à expansão cósmica do universo, conhecida hoje pelo deslocamento vermelho observado das galáxias. "Nenhum autor que escreveu há mais de 3.400 anos poderia ter descrito com precisão esses eventos e sua sequência, além das condições iniciais, sem inspiração divina" (Ross 2004, p. 235).

Mas, como os criacionistas da Terra jovem são rápidos em apontar, Gênesis fala claramente dos dias comuns (o que chamaríamos de 24 horas). Cada um segue o calendário judaico, começando com a noite e seguido pela manhã. Se o escritor bíblico pretendia algo além de uma semana regular, por que não o disse?

Talvez não seja tão simples. Os criacionistas da Terra antiga argumentam que a palavra hebraica para "dia" pode significar qualquer número de coisas. Em Gênesis 2:4 lemos: "No dia em que o Senhor Deus criou os céus e a terra". Aqui e em 5:1, "dia" parece ser um sinônimo de "gerações" — período de tempo indeterminado, longas eras históricas. O dia sete não tem uma noite e uma manhã e parece continuar para sempre. Talvez cada um dos dias também continue. Não houve sol durante os três primeiros dias, então, obviamente, essas "noites" e "manhãs" não poderiam ser entendidas em um sentido estritamente literal.

Talvez "a noite e a manhã" seja como "céus e terra" ou "primavera e colheita", uma figura de linguagem que não significa período de tempo *per se*, mas sim a ideia de completude, isto é, tudo o que Deus queria que acontecesse nesse "dia" foi realizado. Assim, há uma abundância de "espaço de manobra" nas manhãs e noites para acomodar interpretações alternativas.

Uma maneira de harmonizar um cosmos antigo com seis dias literais é empregar a teoria da relatividade de Einstein. Em um forte campo gravitacional ou em alta velocidade, o tempo é "dilatado" ou desacelerado. Assim, nos bilhões de anos necessários para o desenvolvimento

158 CRIACIONISMO DA TERRA ANTIGA (perspectiva favorável)

do universo, apenas seis dias de 24 horas podem ter ocorrido em relação a algum quadro de referência universal. (Alguns criacionistas da Terra jovem também se interessam por aspectos dessa abordagem.)

Rumo a uma leitura não científica

Os criacionistas da Terra jovem calculam um curto período de história humana em grande parte com base em uma compreensão estritamente literal das genealogias bíblicas. As genealogias de Gênesis 5 e 11 somam menos de 2 mil anos entre Adão e Abraão. Mas Mateus 1:8,9 mostra os reis da linhagem de Jesus ignorando três gerações (1Crônicas 3:10-13). Isso permite um histórico bem equilibrado com três painéis de 14 gerações cada, propositadamente sacrificando detalhes históricos em prol da construção literária. Mas esse método pode converter 2 mil anos em 40 mil ou até 130 mil anos?

Gênesis 10 registra a humanidade espalhando-se após o Dilúvio, desenvolvendo as grandes civilizações antigas. Na época de Abraão, as culturas e línguas distintivas do Egito, Babilônia, Assíria e Canaã se desenvolveram. A época de Noé, as condições pós-dilúvio já haviam desaparecido. A nova era, caracterizada por diversas nações, surgira.

Mas essa história é completamente enfraquecida se as genealogias são usadas para calcular a idade da Terra, criando a ilusão de que, entre Noé e Abraão, nenhuma pessoa morrera. Uma abordagem da Terra jovem para Gênesis 11 resulta em Noé ainda vivendo quando Abraão nasceu. Obviamente, esta não é a impressão que a narrativa quer deixar. Tal uso das genealogias subverte a lista das nações (ver Gênesis 10). É melhor considerar que as genealogias selecionam representantes meramente ilustrativos do passado, apesar dos detalhes de nascimento, morte, descendência e nomeação, que parecem uma cadeia ininterrupta de pai para filho. Elas podem pular grandes períodos de tempo. (Gênesis 4:22 condensa as inovações antediluvianas do bronze e do ferro em uma geração, que na história pós-diluviana foram separadas por dois milênios.) O público original provavelmente entendeu que as genealogias no Gênesis eram convencionalizadas. A estilização de Mateus não era incomum. (Além disso, as genealogias só sugerem por quanto tempo os humanos existem, não o universo inteiro.)

Mesmo assim, nenhum leitor israelita teria visto no texto uma lacuna de milhões de milênios, um universo em

expansão, uma evolução pontual em épocas progressivas ou uma dilatação do tempo relativista. A ciência moderna era desconhecida dos hebreus e não pode ser esperada em Gênesis. Os defensores da Terra jovem estão corretos em criticar essas tentativas de modernizar o Gênesis.

Encontrando uma mensagem teológica em Gênesis 1

Mas alguns enfoques da Terra antiga consideram que a ciência e as Escrituras não respondem o mesmo tipo de perguntas, e, portanto, pode-se ter uma Terra antiga e reiterar o Gênesis também. As respostas de Gênesis são de um tipo, enquanto as respostas das ciências físicas são de outro. A "Hipótese da estrutura" é uma dessas abordagens. Os dias de Gênesis são considerados um dispositivo literário e não uma sequência no tempo. Os três primeiros dias configuram os espaços ou reinos dentro dos quais as criaturas correspondentes são colocadas nos próximos três dias. Deus separou a luz da escuridão no primeiro dia. Mas Deus também fez exatamente isso novamente no dia quatro. Assim, o dia um e o dia quatro não são separados no tempo, mas, na verdade, descrevem o mesmo ato criativo. A semana da criação não está descrevendo uma sucessão de eventos, mas está usando o esquema artificial de uma semana para descrever Deus criando todas as coisas decentemente e em ordem, culminando no sétimo dia. Os leitores israelitas teriam visto isso e lido isso desse modo.

Neste contexto de Gênesis estão todos os relatos da criação dos contemporâneos pagãos de Israel. Essas mitologias descrevem a criação como resultado da luta cósmica. Embora uma ou outra divindade guerreira possa alcançar a proeminência, nenhuma divindade única — nem mesmo os pais originais dos deuses — era sozinha responsável pela forma atual do universo. Assim sendo, é claro que Deus, sozinho, ser o Criador e o mundo funcionar de acordo com seu desígnio é uma afirmação teológica significativa em Gênesis (ver **Cosmologia bíblica**).

Os antigos mitos da criação geralmente envolvem a construção de um lugar de habitação de um deus poderoso. "Sem hesitação, o antigo leitor concluiria que [Gênesis 1] é um texto do templo e que o dia sete é o mais importante dos sete dias" (Walton 2009, p. 71). Gênesis 1 pode ser lido como um relato estilizado da construção do templo cósmico de Deus. Deus descansou no sétimo dia. O lugar de seu descanso é o seu templo, toda a criação (Isaías 66:1). Os sete dias se movem tematicamente através da criação do tempo e do espaço, enchendo-os de vida, culminando na humanidade, finalmente com o próprio Deus descansando neles, santificando-os (Gênesis 2:3).

Se esse tipo de doutrina teológica é esperado, em oposição a um tratamento científico, é claro que o leitor pode confirmar a mensagem de Gênesis, ao mesmo tempo em que endossa o consenso científico de uma Terra antiga. Gênesis responde quem, o que e por que; a natureza nos diz como e quando.

Na história pré-científica da igreja, as interpretações de Gênesis tendem a lê-lo como tendo tal mensagem espiritual. Na *Interpretação literal de Gênesis* de **Agostinho** (c. 394 d.C.), "Haja luz" significa que Deus remoldou e iluminou o céu e a terra e criou os anjos. Agostinho acreditava na criação instantânea, de fato, baseado em parte em Gênesis 2:4, que literalmente afirma que Deus criou o céu e a terra em um dia.

De acordo com a hipótese documental e a subsequente teoria crítica da fonte, o primeiro capítulo de Gênesis é uma adição pós-exílica. Se isso é correto, antes do exílio, o texto sagrado de Israel pode ter começado com: "No dia em que Deus criou o céu e a terra...", sem nenhum indício de um período de sete dias. Assim, a semana da criação, acrescentada mais tarde, teria sido interpretada harmoniosamente com a já estabelecida criação de um dia, consagrada na Lei pré-exílica de Moisés.

O método interpretativo geral de Agostinho foi altamente influente, e o vemos repercutido no Venerável Beda (673-735) e em Anselmo (1033-1109). As versões da hipótese da estrutura podem ser vistas já no século XII, e foram promovidas por **Tomás de Aquino** (1225-1274). O Novo Testamento parece pouco interessado no que Gênesis significou para o público hebreu original, tampouco em uma história independente. Em vez de interpretar o Gênesis *per se*, as passagens de Gênesis são citadas para explicar aspectos do evangelho. Paulo diz explicitamente que trata Sara e Agar alegoricamente (Gálatas 4:24), e ele chama Adão de "tipo" de Cristo (Romanos 5:14). Assim, Adão, formado a partir do pó (Gênesis 2:7), é interessante para Paulo como uma ilustração de Cristo e da ressurreição (1Coríntios 15:42-49). Adão é chamado de "filho de Deus" na genealogia estilizada de Lucas de 77 gerações (3:38). Isto é mais longe que Lucas chega ao descrever as origens de Adão. Paulo chama Gênesis 2:23 de um "profundo mistério" sobre Cristo e a igreja (Efésios 5:32). No dia 1, Paulo não vê o *big bang*, a luz brilhando através da neblina, o início do tempo, a infusão de energia na terra ou qualquer outro processo físico. Em vez disso, ele diz que "das trevas resplandeça a luz" se relaciona com a luz do evangelho que brilha no coração dos cristãos (2Coríntios 4:6).

O escritor de Hebreus não considera o sétimo dia significativo como um dia de calendário, mas como um estado que se experimenta, o descanso do sábado que os crentes sempre têm em Cristo (Hebreus 4:1-11). Até mesmo o "no início" é reatribuído a Jesus (João 1:1-14). Portanto, uma metodologia que encontra nos primeiros capítulos de Gênesis grandes verdades sobre o Criador, o evangelho e as implicações para a fé, para além de qualquer referência à ciência moderna, tem um modelo de como os autores do Novo Testamento se referiram ao Gênesis.

É essa característica do criacionismo da Terra antiga que, por fim, satisfaz. Ele exalta o Criador e encontra uma mensagem teológica que os hebreus entenderiam e os crentes modernos ainda podem endossar, deixando a questão dos detalhes técnicos para os cientistas que estudam tais coisas.

George Schwab

REFERÊNCIAS E LEITURAS RECOMENDADAS

Ross, Hugh, 2004. *A Matter of Days*. Colorado Springs: NavPress.
Walton, John H., 2009. *The Lost World of Genesis One*. Downers Grove, IL: InterVarsity Press.
Young, Davis, 1982. *Christianity and the Age of the Earth*. Grand Rapids: Zondervan.

☙CRIACIONISMO DA TERRA JOVEM (perspectiva crítica).

Duas questões básicas nos dizem respeito ao avaliar a posição do criacionista da Terra jovem (CTJ) sobre a relação entre as Escrituras e a ciência. A primeira é se é o caminho certo para se entender a Bíblia e, se não, se uma maneira melhor está disponível. Este artigo argumentará que o criacionismo da Terra jovem entende seriamente a natureza do relato bíblico da criação e que é necessária outra abordagem. A segunda questão é se as premissas do CTJ oferecem uma abordagem sustentável para fazer ciência. Como veremos, elas não o fazem.

Os evangélicos compartilham a crença de que toda a Escritura é inspirada por Deus e, quando interpretada corretamente, é completamente confiável e autorizada em tudo o que ensina. A questão-chave é uma interpretação adequada, o que explica as muitas diferenças doutrinárias entre

160 CRIACIONISMO DA TERRA JOVEM (perspectiva crítica)

os cristãos de hoje. Essas diferenças são possíveis mesmo quando são seguidos princípios sólidos de interpretação. Infelizmente, o literalismo da Terra jovem ignora tanto o antigo contexto do Oriente Próximo da **revelação** bíblica como o significado interpretativo inerente aos antigos aparatos literários hebraicos, convenções sociais e gêneros literários, especialmente porque estes se relacionam com o desenrolar da narrativa da história da salvação e o contexto canônico mais amplo pelo qual a teologia do Novo Testamento ilumina nossa compreensão do Antigo Testamento.

Criação no contexto da história

O relato da criação bíblica e da história da humanidade em Gênesis 1—11, que leva à história de Abraão e seus descendentes como progenitores do povo hebreu e da nação de Israel, não foi dado em um vácuo histórico. Isto funciona como uma polêmica teológica que responde às cosmogonias, cosmologias e teorias politeístas das antigas culturas do Oriente Próximo durante o segundo milênio a.C. Portanto, não é de admirar que a cosmografia bíblica, tal como entendida pelos destinatários originais da revelação, seja da antiga estrutura do Oriente Próximo. Ao invés de sobrecarregar os antigos israelitas com detalhes cosmológicos de coisas que eles não teriam entendido e não precisavam para fins teológicos, Deus acomodou as concepções cosmológicas desse tempo e lugar, usando-os para revelar sua identidade e propósitos na história. A Bíblia fornece uma descrição fenomenológica da criação, isto é, um relato e interpretação do que os seres humanos viram e entenderam dentro de sua perspectiva histórica e geograficamente situadas.

Vamos explorar o significado disso com mais detalhes. A primeira compreensão registrada de que a terra é esférica remete à antiguidade grega, no VI ou V século a.C., e é atribuída de maneira variada a Pitágoras, Parmênides ou Hesíodo. No século III a.C., Aristarco de Samos foi o primeiro a formular a hipótese de que a terra orbitava o sol, mas um reconhecimento amplo dessa verdade teve que aguardar o trabalho de **Copérnico, Kepler, Galileu** e Newton, quase 2 mil anos depois. Observando isso, podemos perguntar se os autores bíblicos acreditavam que a terra era esférica e orbitava o sol. A resposta é que eles sequer levantaram tais questões. Deus falou com eles em um amplo contexto mesopotâmico em que a terra foi descrita como um disco plano rodeado pelo oceano sob um céu hemisférico.

Embora não esteja claro o quanto disso os hebreus antigos tomaram literalmente (Collins 2006, p. 260-65), é claro que vemos essa cosmografia refletida na Bíblia. Após o tema de abertura (Gênesis 1:1) em que Deus cria "os céus e a terra" (isto é, tudo o que existe), Deus vai trabalhar formando a terra de um caos aquoso ("o abismo" em Gênesis 1:2). Depois de criar a luz e separá-la da escuridão, Deus cria uma abóbada (heb., *raqîa'*) que divide o abismo em dois, com águas acima e abaixo da abóbada (Gênesis 1:6,7). Essa imagem de Deus criando e dividindo as águas primordiais é uma correção teológica para os mitos da criação, como o ***Enuma Elish*** da Babilônia, que é anterior ao Gênesis. *Enuma Elish* diviniza as águas primitivas como o deus Tiamat, a quem o deus Marduque mata, dividindo seu corpo em dois e formando a terra com a metade e o céu com o outro.

Na correção bíblica, a deificação das águas primitivas e a batalha entre os deuses da natureza são rejeitadas. O único Deus verdadeiro, que é anterior e separado da sua criação, traz todas as coisas à existência. As águas primitivas que ele cria estão sujeitas ao seu comando, e ele as divide em dois para trazer ordem ao caos e criar um lar para os seres vivos (ver Parry, 2014, para uma boa discussão sobre a cosmografia bíblica em seu antigo contexto cultural; ver também Arnold e Beyer, 2002; Enns, 2005, 2014; Godawa, 2011; Lamoureux, 2008, p. 105-47; Seely, 1991, 1992, 1997; e Walton, 2006; Collins, 2006, p. 249-78 para enriquecer esta discussão).

Em uma leitura literal, os "céus e a terra" no relato bíblico são feitos a partir dessas águas primordiais e, mais tarde, divididos por Deus. O firmamento ou abóbada do céu (*raqîa'*) que divide as águas é apoiado pelas "colunas dos céus" (ver 2Samuel 22:8; Jó 26:1-11) e também divide os céus bíblicos (*shâmayim*) no espaço abaixo da abóbada e no espaço acima. No cume do céu estão o sol, a lua e as estrelas (Gênesis 1:17; Salmos 19:4b-6). Imediatamente sobre o céu, as abóbadas são as "águas acima dos céus" (Gênesis 1:6-8, Salmos 148:3,4), e acima dessas águas estão os céus mais altos, a morada de Deus (Deuteronômio 26:15; 1Reis 8:27,30,39; 2Crônicas 30:27; Salmos 104:2,3; 115:16; Lamentações 3:66). A abóbada do céu também contém "portões" ou "portas" ou "janelas" (Gênesis 7:11b; 8:2; 28:17; Salmos 78:23-25). São essas janelas que são abertas no relato bíblico do dilúvio de Noé para inundar a terra com águas de cima da abóbada celeste (Gênesis 7:11). Essas janelas são fechadas para acabar com

CRIACIONISMO DA TERRA JOVEM (perspectiva crítica)

a inundação (Gênesis 8:2). Abaixo da abóbada celeste está o céu no qual os pássaros voam e sucedem os fenômenos meteorológicos (Gênesis 1:20; 8:2; Josué 10:11; Jó 38:28,29; Salmos 147:8; Isaías 55: 9-11).

As águas abaixo dos céus são, então, reunidas em um só lugar, a partir do mandamento de Deus, que faz surgir a terra seca (Gênesis 1:9,10; 2Pedro 3:5) e forma o círculo da terra no meio do oceano (Jó 26:10; Provérbios 8:27-29, Isaías 40:21,22). Essa extensão de terra é plana (Jó 28:24; 37:3; 38:13; Salmos 65:5; Isaías 11:12; Jeremias 16:19; Daniel 4:10,11; Atos 13:47; Apocalipse 7:1; considere também as implicações de Mateus. 4:8 e Apocalipse 1:7) e apoiada nas profundezas por pilares que lhe servem de base (1Samuel 2:8; 2Samuel 22:16; Jó 9:6; 38:4; Salmos 75:3; 104:5). A terra, assim estabelecida, é mantida por Deus e não pode ser movida (1Crônicas 16:30; Salmos 93:1; 96:10; 104:5). Abaixo do solo estão as águas debaixo da terra (Êxodo 20:4; Deuteronômio 5:8; Salmos 24:1,2; 33:7; 136:6; Provérbios 8:27-29), das quais surgem as fontes das profundezas que brotam durante o dilúvio de Noé (Gênesis 7:11) e que são posteriormente fechadas (Gênesis 8:2). Por último, nas maiores profundezas da terra, perto de suas colunas, está o Sheol, o reino dos mortos (Deuteronômio 32:22; Jó 11:7,8; 26:5,6; Salmos 71:20; Provérbios 9:18; Amós 9:2), e é o correlato mais profundo do mais alto céu, que é a habitação de Deus (Salmos 139:8, Isaías 7:11).

Dado o conhecimento da geografia naquele tempo e uma perspectiva fenomenológica enraizada nas aparências e respondendo ao paganismo antigo, podemos entender por que a cosmografia bíblica, tal como os antigos israelitas falaram a respeito dela, tomou essa forma. Mais uma vez, o quão literalmente os hebreus antigos tomaram essa representação do mundo é discutível (Collins 2006, p. 263-65); é uma cosmografia religiosa que comunica uma **cosmovisão**, não uma descrição científica da constituição do universo.

No entanto, a abordagem do CTJ consiste em ler porções seletivas dessa representação do mundo como literal e como uma base para a ciência. Os intérpretes de CTJ quase universalmente rejeitam: (1) o geocentrismo; (2) a ideia de que a terra é plana e repousa em pilares que o sustentam sobre as águas primordiais ainda existentes; (3) a concepção de que o sol, a lua e as estrelas estão embutidos em um domo sólido no céu; (4) a ideia de que esse domo no céu é sustentado por pilares; (5) a ideia de que as águas primordiais não despejadas pelo dilúvio de Noé ainda permanecem acima do domo celeste; (6) a concepção de que o céu que Deus habita está literalmente localizado acima das águas celestiais; e (7) a ideia de que um mundo inferior dos mortos ocupa as próprias entranhas da terra na base de seus pilares.

Ao descartar essas construções cosmológicas como metafóricas, os intérpretes de CTJ, no entanto, mantêm: (1) uma compreensão literal de 24 horas dos dias de criação; (2) a ideia de que o sol, a lua e as estrelas (ou seja, o restante do universo) foram criados *após* a terra no quarto dia da semana de criação; (3) um dilúvio mundial de Noé que é reivindicado para explicar os fenômenos de **geologia** e **paleontologia**; e (4) a crença de que tudo isso aconteceu nos últimos 6 mil anos ou mais. Essa seletividade mostra um duplo padrão. A coerência exige uma literalidade geral ou o reconhecimento de que uma interpretação sensível ao gênero da linguagem fenomenológica, condicionada por razões socio-históricas, fundamenta as verdades sobre história e teologia que Deus está comunicando nas Escrituras. O bom senso exige o último.

Para ser claro, esse reconhecimento não anula um núcleo histórico para o texto. As histórias bíblicas da criação, da **queda** e do **dilúvio** são baseadas em eventos que realmente aconteceram. Mas a maneira altamente estilizada com que os capítulos iniciais de Gênesis apresentam essa história indica a natureza metafórica de certos traços da narrativa à medida que se depara com as teogonias pagãs e as cosmogonias das culturas circundantes antigas e as supera. É nesse ponto — em que a exegese histórico-crítica atende a uma perspectiva teológica mais ampla — que outras opções hermenêuticas consistentes com uma Terra antiga (a interpretação do dia-era, a hipótese da estrutura e a interpretação dos dias analógicos) ganham força (ver Collins 2003, 2006; Futato, 1998; Kline, 1958, 1996; Rana e Ross, 2005; Ross, 2006).

Três soluções propostas problemáticas

Embora o fracasso em discernir a cosmografia religiosa antiga seja ruim, a ciência da Terra jovem, construída sobre aspectos arbitrariamente escolhidos dessa representação do mundo, é pior (para uma crítica mais detalhada, veja Gordon 2014, p. 162-69). Cosmologicamente, os defensores da Terra jovem devem lidar com o fato de que a luz viaja a uma velocidade finita e levou 13,7 bilhões de anos para nos alcançar a partir dos objetos mais distantes do universo visível.

162 CRIACIONISMO DA TERRA JOVEM (perspectiva crítica)

Foram propostas três soluções para a CTJ. A primeira é que a luz viajou milhões de vezes mais rápido na criação e, desde então, desacelerou (Setterfield e Norman, 1987); o segundo é que a terra está em um poço gravitacional criado por um buraco negro próximo e sujeito à dilatação temporal da teoria da relatividade geral (Humphreys, 1994); e a terceira é a proposta do "criacionismo maduro", segundo o qual Deus criou a luz das galáxias distantes já visíveis.

A primeira proposta cai por terra, uma vez que não há indicação de variabilidade na velocidade da luz, e a produção de energia ($E = mc^2$) do sol teria incinerado a terra no início, se fosse milhões de vezes mais rápida. A segunda conjectura falha por diversos motivos (Conner e Page,1998; Conner e Ross, 1999; Fackerell e McIntosh, 2000); o mais fácil de entender é que a luz que caísse em um poço gravitacional seria deslocada para a extremidade azul do espectro, em vez de para o vermelho, devido à expansão universal observada e aos ciclos de estrelas variáveis Cefeida e às taxas orbitais de sistemas estelares binários distantes serem significativamente diferentes. Não estamos em um poço gravitacional. Uma vez que a terceira opção, a do criacionismo maduro, envolve mais do que apenas dados astronômicos, será confrontada no final das críticas à ciência da Terra jovem.

Sugestões de que a taxa de decaimento do campo magnético da Terra coloca um limite máximo de 10 mil anos para a antiguidade da Terra (Barnes, 1973; Humphreys 1984, 1986, 1988) ignoram as flutuações da força do campo magnético terrestre (Muscheler et al., 2005) devido ao efeito dínamo, induzido por velocidades de rotação diferenciais de seu núcleo interno fundido e externo sólido (NASA, 2003) e a inversão da polaridade do campo magnético ocorrida diversas vezes. Essas inversões de polaridade são confirmadas por diferentes direções de magnetização do leito do oceano, correlacionadas com a deriva continental, cuja taxa atual é mensurável por satélite e mostrada por **datação radiométrica,** tem sido relativamente constante por milhões de anos (Nelson 2015; USGS, 1999). Essas observações também refutam a teoria do CTJ de John Baumgardner (1994), segundo a qual a subducção desenfreada de placas oceânicas empurrou os oceanos para terra ocasionando uma inundação universal.

O criacionismo da Terra jovem que tenta imputar imprecisão à datação radiométrica (DeYoung 2005; Slusher, 1973) também é mal concebido. O desvio de uma linear em um gráfico de razões isotópicas é um indicador confiável de qualquer contaminação que distorça a idade em uma amostra, e o fato de existirem mais de 40 técnicas diferentes de datação radiométrica fornece recursos suficientes para verificações cruzadas independentes de determinações de dados (Dalrymple, 1994; Gordon, 2014; Nave, 2014; Wiens, 2002; Young, 1977, e apêndice; Young e Stearley, 2008).

As evidências geológicas e biológicas também são contrárias a um dilúvio global, tanto no que concerne à fonte para as águas da inundação como ao que diz respeito à sua ocorrência. Vimos que o modelo de subducção de Baumgardner (1994) falha, mas a hipótese do dossel de água (Baugh, 1992; Dillow, 1982; Patten, 1966) e a teoria das hidroplacas (Brown, 2008) são piores. Além da insustentabilidade física de tais hipóteses e de sua inconsistência com o que observamos, as pressões e temperaturas atmosféricas associadas à existência e à liberação de tais águas teriam tornado a vida na terra estéril (Deem, 2007; Gordon, 2014).

Além disso, em nenhum momento da história humana a terra inteira foi coberta por água (Davidson e Wolgemuth, 2010; Gordon, 2014): (1) A camada estratigráfica do Grand Canyon, EUA, é inconsistente com uma inundação global, exibindo ocorrências múltiplas de camadas que apresentam uma sequência ascendente, em que o tamanho dos sedimentos diminui gradualmente da base para o topo, apenas explicadas por inúmeras inundações locais ao longo de milhares de anos e corroboradas de forma independente por datação radiométrica dos estratos geológicos do cânion. Esses estratos também contêm camadas maciças de calcário que nunca estão presentes em quantidades substanciais em depósitos de inundação. (2) Camadas de sal de centenas de metros de espessura enterradas sob toneladas de rocha no fundo do oceano do Golfo do México não podem ser explicadas, como afirmam os defensores das inundações, pela evaporação das águas do dilúvio de Noé. Essas águas não poderiam evaporar para depositar o sal e ainda, simultaneamente, permanecerem com força suficiente para soterrá-lo sob milhares de metros de sedimento. (3) Evidências de sedimentação anual em lagos de água doce, como o Lago Suigetsu no Japão, que remonta a 100 mil anos e são corroboradas de forma independente por meio de datação por radiocarbono nos últimos 50 mil anos, mostram que não poderia ter havido uma inundação global durante esse período. (4) Atualmente, existem entre 3 e 5 milhões de **espécies** de animais que povoam a terra (maio de 1988), e

CRIACIONISMO DA TERRA JOVEM (perspectiva crítica) 163

se adicionarmos os **dinossauros** e outras espécies extintas, esse número aumenta rapidamente.

Que a história de Noé não pode ser lida literalmente em muitos de seus detalhes é evidente pelo fato de sete pares de todos os animais limpos e um par de todos os animais impuros a bordo da arca com suprimentos de alimentos ser matematicamente impossível. Mesmo sem os peixes, não há espaço suficiente nem em uma centena de arcas — e quanto aos peixes de água doce que não podem viver em água salgada? Isso não é remediado ao se conjecturar que as espécies animais estavam restritas a representantes de espécies maiores. A diferenciação microevolutiva na diversidade biológica atual e a dispersão ao redor do mundo a partir de um só local exigiria muito mais tempo e deixaria um registro paleontológico diferente. Poderíamos multiplicar essas evidências em contrário indefinidamente, mas está claro que um dilúvio global na história recente não tem base comprobatória sólida. O dilúvio de Noé foi um evento local que, de uma perspectiva fenomenológica antiga, cobriu toda a terra "debaixo do céu" (Gênesis 7:19), entendido como a abóbada celeste visível (ver Gordon, 2014, p. 156-60 para uma defesa completa dessa interpretação).

Para sermos completos, exige-se a menção da "hipótese de Omphalos" (Gosse, 1857), segundo a qual Deus criou o mundo há alguns milhares de anos com uma *aparência* de idade a fim de que possuísse funcionalidade imediata. A objeção frequentemente feita de que, por este padrão, Deus poderia ter criado o mundo com nossas memórias intactas há alguns segundos, ilustra como as hipóteses do "criacionismo maduro" minam quaisquer inferências históricas confiáveis. O mesmo raciocínio envolvido na defesa da historicidade da ressurreição de Cristo que se vale de múltiplas fontes de evidências históricas também é usado na determinação da idade do universo (13,7 bilhões de anos) e da Terra (4,5 bilhões de anos) com base em fontes independentes de evidências do mundo natural. Não podemos ter dois pesos e duas medidas, e, acertadamente, o fundamental para ambas as inferências é o compromisso de usar nossa racionalidade dada por Deus para descobrir e defender o que é verdadeiro. Além disso, o criacionismo maduro ainda sustenta um dilúvio global após a criação da humanidade, o que é racionalmente insustentável.

Para melhores abordagens para a ciência dentro de uma cosmovisão teísta, veja os recursos na leitura recomendada (Collins, 2003, 2011; Copan e Craig, 2004;

Dembski, 1999, 2009; Dembski e Wells, 2008; Gauger et al., 2012; Gordon, 2013, 2014, Gordon e Dembski, 2011; Holder, 2004; Lamoureux, 2008; Lennox, 2007, 2011; Meyer, 2009, 2013; Plantinga, 2011; Rana e Ross, 2005; Ross, 2006; Snoke, 2006; Walton, 2009, 2015; Young, 1977; Young e Stearley, 2008).

Há boas razões para pensar que o literalismo da CTJ em relação à história da criação seja insustentável e que a ciência do CTJ seja impossível. Para outras e melhores maneiras de relacionar a ciência às Escrituras, veja **Criacionismo da Terra antiga**; **Criacionismo evolucionista**; e **Criação progressiva**. Visto que não cristãos instruídos que se deparem com os defensores da Terra jovem equipararão imprecisões sobre o mundo natural com o ensino da Bíblia e, portanto, estarão menos inclinados a dar credibilidade ao evangelho e, uma vez que os jovens cristãos imersos no ensino do CTJ, o qual descobrirão mais tarde ser insustentável, poderão enfrentar uma crise que os prive de sua fé, é hora de o cristianismo evangélico ultrapassar esses obstáculos e armadilhas para uma integração abrangente entre fé e erudição. Deus nos deu dois livros — o livro de suas palavras e o livro de suas obras (**Metáfora dos dois livros**). Interpretada corretamente, as Escrituras e a natureza não estão em conflito, e os cristãos devem prosseguir com graça e sabedoria a fim de discernir como elas estão relacionadas.

Bruce L. Gordon

REFERÊNCIAS E LEITURAS RECOMENDADAS

ARNOLD, Bill T.; Beyer, Bryan E., eds. 2002. *Readings from the Ancient Near East: Primary Sources for Old Testament Study.* Grand Rapids: Baker Academic.

BARNES, Thomas G., 1973. *Origin and Destiny of the Earth's Magnetic Field.* ICR Technical Monograph 4. San Diego: Creation-Life.

BARRETT, Matthew; Caneday, Ardel B., eds. 2013. *Four Views on the Historical Adam.* Grand Rapids: Zondervan.

BARTON, John, 1984. *Reading the Old Testament: Method in Biblical Study.* Philadelphia: Westminster.

_____. 2007. *The Nature of Biblical Criticism.* Louisville, KY: Westminster John Knox.

BAUGH, Carl, 1992. *Panorama of Creation.* Oklahoma City: Hearthstone Publishing, Inc.

BAUMGARDNER, John R., 1994. "Runaway Subduction as the Driving Mechanism for the Genesis Flood." Institute for Creation Research. http://www.icr.org/article/runaway-subduction-genesis-flood.

BLOCHER, Henri, 1984. *In the Beginning: The Opening Chapters of Genesis.* Downers Grove, IL: InterVarsity.

BROWN, Walt, 2008. *In the Beginning: Compelling Evidence for Creation and the Flood.* 8. ed. Phoenix: Center for Scientific Creation.

COLLINS, C. John, 2003. *Science and Faith: Friends or Foes?* Wheaton, IL: Crossway.

_____. 2006. *Genesis 1—4: A Linguistic, Literary, and Theological Commentary.* Phillipsburg, NJ: P&R.

_____. 2011. *Did Adam and Eve Really Exist? Who They Were and Why You Should Care.* Wheaton, IL: Crossway.

CONNER, Samuel R.; Page, Don N., 1998. "*Starlight and Time* Is the Big Bang." *CEN Technical Journal* 12 (no. 2): 174-94. http://static.icr.org/i/ pdf/news/rh_connpage1.pdf.

_____; Ross, Hugh, 1999. "The Unraveling of *Starlight and Time*." Reasons to Believe. 22 mar. www.reasons.org/articles/the-unraveling-of-starlight-and-time.

COPAN, Paul; Craig, William Lane, 2004. *Creation Out of Nothing: A Biblical, Philosophical, and Scientific Exploration*. Grand Rapids: Baker Academic.

DALRYMPLE, G. Brent. 1994. *The Age of the Earth*. Palo Alto, CA: Stanford University Press.

DAVIDSON, Gregg; Wolgemuth, Ken, 2010. "Christian Geologists on Noah's Flood: Biblical and Scientific Shortcomings of Flood Geology." BioLogos Foundation. jul. http://biologos.org/uploads/projects/davidson_wolgemuth_scholarly_essay.pdf.

DEEM, Richard, 2007. "The Water Vapor Canopy Theory: Why the Bible (and Science) Says It Is False." Evidence for God from Science. http://godandscience.org/youngearth/canopy.html.

DEMBSKI, William A., 1999. *Intelligent Design: The Bridge between Science and Theology*. Downers Grove, IL: InterVarsity.

DEMBSKI, William A., Wells, Jonathan, 2008. *Design of Life: Discovering Signs of Intelligence in Biological Systems*. Dallas: Foundation for Thought and Ethics.

DEMBSKI, William A., 2009. *The End of Christianity: Finding a Good God in an Evil World*. Nashville: B&H.

DEYOUNG, Don, 2005. *Thousands... Not Billions: Challenging an Icon of Evolution, Questioning the Age of the Earth*. Green Forest, AR: Master.

DILLOW, Joseph C., 1982. *The Waters Above: Earth's Pre-flood Vapor Canopy*. Chicago: Moody.

ENNS, Peter, 2005. *Inspiration and Incarnation: Evangelicals and the Problem of the Old Testament*. Grand Rapids: Baker Academic.

_____. 2014. *The Bible Tells Me So... Why Defending Scripture Has Made Us Unable to Read It*. San Francisco: HarperOne.

FACKERELL, E. D.; McIntosh, C. B. G., 2000. "Errors in Humphreys' Cosmological Model." *CEN Technical Journal* 14 (2): 77-80. www.trueorigin.org/rh_fackmcin1.pdf.

FOKKELMAN, J. P., 1975. *Narrative Art in Genesis*. Amsterdam: Van Gorcum. Frei, Hans. 1974. *The Eclipse of Biblical Narrative: A Study in Eighteenth and Nineteenth Century Hermeneutics*. New Haven, CT: Yale University Press.

FUTATO, Mark, 1998. "Because It Had Rained: A Study of Gen. 2:5-7 with Implications for Gen. 2:4-25 and Gen. 1:1-2:3." *Westminster Theological Journal* 60:1-21.

GAUGER, Ann; Douglas Axe; Luskin, Casey, 2012. *Science and Human Origins*. Seattle: Discovery Institute Press.

GODAWA, Brian, 2011. "Mesopotamian Cosmic Geography in the Bible." BioLogos Foundation. http://biologos.org/uploads/projects/godawa_scholarly_paper_2.pdf.

GORDON, Bruce L., 2013. "In Defense of Uniformitarianism." *Perspectives on Science and Christian Faith* 65 (2): 79-86.

_____. 2014. "Scandal of the Evangelical Mind: A Biblical and Theological Critique of Young Earth Creationism." *Science, Religion and Culture* 1 (3): 144-73.

GORDON, Bruce L.; Dembski, William A., eds. 2011. *The Nature of Nature: Examining the Role of Naturalism in Science*. Wilmington, DE: ISI Books.

GOSSE, Philip. 1857. *Omphalos: An Attempt to Untie the Geological Knot*. London: John Van Voorst.

GREEN, William Henry, 1890. "Primeval Chronology." *Bibliotheca Sacra* 47:285-303.

HAM, Ken, 2013. *Six Days: The Age of the Earth and the Decline of the Church*. Green Forest, AR: Master.

HAYES, John H.; Holladay, Carl R., 1982. *Biblical Exegesis: A Beginner's Handbook*. Atlanta: John Knox.

HAYS, Christopher M.; Ansberry, Christopher B., eds. 2013. *Evangelical Faith and the Challenge of Historical Criticism*. Grand Rapids: Baker Academic.

HERDER, Johann G. 1833. *The Spirit of Hebrew Poetry*. Vol. 1. Trad. J. Marsh. Burlington, VT: Edward Smith.

HILL, Carol A., 2003. "Making Sense of the Numbers of Genesis." *Perspectives on Science and the Christian Faith* 55 (4): 239-51.

HOFFMEIER, James K.; Magary, Dennis R., eds. 2012. *Do Historical Matters Matter to Faith? A Critical Appraisal of Modern and Postmodern Approaches to Scripture*. Wheaton, IL: Crossway.

HOLDER, Rodney D., 2004. *God, the Multiverse, and Everything: Modern Cosmology and the Argument from Design*. Burlington, VT: Ashgate.

HUMPHREYS, D. Russell. 1984. "The Creation of Planetary Magnetic Fields." *Creation Research Society Quarterly* 21:140-49.

_____. 1986. "Reversals of the Earth's Magnetic Field during the Genesis Flood." *Proceedings of the First International Conference on Creationism* 2:113-26.

_____. 1988. "Has the Earth's Magnetic Field Ever Flipped?" *Creation Research Society Quarterly* 25:130-37.

_____. 1994. *Starlight and Time: Solving the Puzzle of Distant Starlight in a Young Universe*. Green Forest, AR: Master.

KITCHEN, K. A., 2003. *On the Reliability of the Old Testament*. Grand Rapids: Eerdmans.

KLINE, Meredith, 1958. "Because It Had Not Rained." *Westminster Theological Journal* 20:146-57.

_____. 1996. "Space and Time in the *Genesis* Cosmogony." *Perspectives on Science and Christian Faith* 48 (1): 2-15.

KRENTZ, Edgar, 1975. *The Historical-Critical Method*. Philadelphia: Fortress.

LAMOUREUX, Denis O. 2008. *Evolutionary Creation: A Christian Approach to Evolution*. Eugene, OR: Wipf and Stock.

LANG, Bernhard, 1985. "Non-Semitic Deluge Stories and the Book of Genesis: A Bibliographic and Critical Survey." *Anthropos* 80:605-16.

LENNOX, John C., 2007. *God's Undertaker: Has Science Buried God?* Oxford: Lion Hudson.

_____. 2011. *Seven Days That Divide the World: The Beginning According to Genesis and Science*. Grand Rapids: Zondervan.

LONGMAN, Tremper, III, 1987. *Literary Approaches to Biblical Interpretation*. Grand Rapids: Zondervan.

_____. 2005. *How to Read Genesis*. Downers Grove, IL: InterVarsity.

LONGMAN, Tremper, III e Raymond B. Dillard, 2006. *An Introduction to the Old Testament*. 2. ed. Grand Rapids: Zondervan.

MADUEME, Hans; Reeves, Michael, eds. 2014. *Adam, the Fall, and Original Sin: Theological, Biblical, and Scientific Perspectives*. Grand Rapids: Baker Academic.

MAY, Robert M., 1988. "How Many Species Are There on Earth?" *Science*, new ser., 241 (4872): 1441-49.

MCCARTER, P. Kyle, Jr., 1986. *Textual Criticism: Recovering the Text of the Hebrew Bible*. Philadelphia: Fortress.

MERRICK, J.; Garrett, Stephen M., eds. 2013. *Five Views on Biblical Inerrancy*. Grand Rapids: Zondervan.

MEYER, Stephen C., 2009. *Signature in the Cell: DNA and the Evidence for Intelligent Design*. New York: HarperOne.

_____. 2013. *Darwin's Doubt: The Explosive Origin of Animal Life and the Case for Intelligent Design*. New York: HarperOne.

MORELAND, J. P.; Reynolds, John Mark, eds. 1999. *Three Views on Creation and Evolution*. Grand Rapids: Zondervan.

MORRIS, Henry M., 1974. *Scientific Creationism*. Public School ed. San Diego: Creation-Life.

MORRIS, John., 2007. *The Young Earth: The Real History of the Earth — Past, Present, and Future*. Green Forest, AR: Master.

MUSCHELER, R.; Beer, J.; Kubik, P. W.; Synal, H. A., 2005. "Geomagnetic Field Intensity during the Last 60,000 Years Based on ^{10}Be and ^{36}Cl from the Summit Ice Cores and 14C." *Quaternary Science Reviews* 24:1849-60.

NASA, 2003. "Earth's Inconstant Magnetic Field." NASA Science News. 29 dez. http://science1.nasa.gov/science-news/science-at-nasa/2003/29dec_magneticfield/.

NAVE, C. R, 2014. "Radioactive Dating." HyperPhysics. http://hyperphysics.phy-astr.gsu.edu/hbase/nuclear/raddat2.html.

NELSON, Stephen A., 2015. "Continental Drift, Sea Floor Spreading and Plate Tectonics." Tulane University. www.tulane.edu/~sanelson/eens1110/pltect.pdf.

NOLL, Mark A., 1991. *Between Faith and Criticism: Evangelicals, Scholarship, and the Bible in America*. 2. ed. Vancouver: Regent College Publishing.

_____. 1994. *The Scandal of the Evangelical Mind*. Grand Rapids: Eerdmans.

PARRY, Robin A. 2014. *The Biblical Cosmos: A Pilgrim's Guide to the Weird and Wonderful World of the Bible*. Eugene, OR: Cascade.

PATTEN, Donald. 1966. *The Biblical Flood and Ice Epic: A Study in Scientific History*. Seattle: Pacific Meridian Publishing Company.

PERRIN, Norman. 1969. *What Is Redaction Criticism?* Philadelphia: Fortress.

PLANTINGA, Alvin. 2011. *Where the Conflict Really Lies: Science, Religion and Naturalism*. New York: Oxford University Press.

PRICE, George McCready. 1906. *Illogical Geology: The Weakest Point in the Evolution Theory*. Los Angeles: Modern Heretic.

_____. 1923. *The New Geology: A Textbook for Colleges*. 2. ed. Mountain View, CA: Pacific.

RANA, Fazale; Ross, Hugh, 2005. *Who Was Adam? A Creation Model Approach to the Origin of Man*. Colorado Springs: NavPress.

RATZSCH, Del., 1996. *The Battle of Beginnings: Why Neither Side Is Winning the Creation-Evolution Debate*. Downers Grove, IL: InterVarsity.

_____. 2000. *Science and Its Limits: The Natural Sciences in Christian Perspective*. Downers Grove, IL: InterVarsity.

RICHARDS, Jay, ed. 2010. *God and Evolution*. Seattle: Discovery Institute Press.

Ross, Hugh. 2006. *Creation as Science: A Testable Model Approach to End the Creation/Evolution Wars*. Colorado Springs: NavPress.

SARFATI, Jonathan, 2004. *Refuting Compromise: A Biblical and Scientific Refutation of "Progressive Creationism" (Billions of Years) as Popularized by Astronomer Hugh Ross*. Green Forest, AR: Master.

SEELY, Paul H, 1991. "The Firmament and the Waters Above. Part I: The Meaning of *raqia'* in Gen. 1:6-8." *Westminster Theological Journal* 53:227-40.

_____. 1992. "The Firmament and the Waters Above. Part II: The Meaning of 'The Water above the Firmament' in Gen. 1:6-8." *Westminster Theological Journal* 54:31-46.

_____. 1997. "The Geographical Meaning of 'Earth' and 'Seas' in Genesis 1:10." *Westminster Theological Journal* 53:231-55.

SETTERFIELD, Barry; Norman, Trevor, 1987. "The Atomic Constants, Light, and Time." Genesis Science Research. Ago. www.setterfield.org/report/report.html.

SLUSHER, Harold S., 1973. *Critique of Radiometric Dating*. ICR Technical Monograph 2. San Diego: Creation-Life.

SNOKE, David, 2006. *A Biblical Case for an Old Earth*. Grand Rapids: Baker.

SPARKS, Kenton L. 2008. *God's Word in Human Words: An Evangelical Appropriation of Critical Biblical Scholarship*. Grand Rapids: Baker Academic.

STEK, John H. 1970. "Biblical Typology Yesterday and Today." *Calvin Theological Journal* 5:133-62.

USGS (US GEOLOGICAL SURVEY). 1999. "MAGNETIC STRIPES AND ISOTOPIC CLOCKS." HTTP://PUBS.USGS.GOV/GIP/DYNAMIC/STRIPES.HTML.

Vos, Geerhardus, 1948. *Biblical Theology: Old and New Testaments*. Grand Rapids: Eerdmans.

WALTKE, Bruce K., 1975. "The Creation Account in Genesis 1:1-3. Part 3: The Initial Chaos Theory and the Procreation Chaos Theory." *Bibliotheca Sacra* 32:216-28.

WALTON, John H., 2006. *Ancient Near Eastern Thought and the Old Testament: Introducing the Conceptual World of the Hebrew Bible*. Grand Rapids: Baker Academic.

_____. 2009. *The Lost World of Genesis One: Ancient Cosmology and the Origins Debate*. Downers Grove, IL: IVP Academic.

_____. 2015. *The Lost World of Adam and Eve: Genesis 2—3 and the Human Origins Debate*. Downers Grove, IL: IVP Academic.

WALTON, John H.; Sandy, D. Brent, 2014. *The Lost World of Scripture: Ancient Literary Culture and Biblical Authority*. Downers Grove, IL: IVP Academic.

WARFIELD, Benjamin B. 1911. "On the Antiquity and the Unity of the Human Race." *Princeton Theological Review* 9 (1): 1-25.

WELLS, Jonathan, 2011. *The Myth of Junk DNA*. Seattle: Discovery Institute Press.

WENHAM, Gordon J. 1978. "The Coherence of the Flood Narrative." *Vetus Testamentum* 28, Fasc. 3:336-48.

_____. 1987. *Genesis 1—15*. Word Biblical Commentary 1A. Nashville: Thomas Nelson.

WHITCOMB, John C.; Morris, Henry M., 1961. *The Genesis Flood: The Biblical Record and Its Scientific Implications*. Philadelphia: Presbyterian and Reformed.

WIENS, Roger C., 2002. "Radiometric Dating: A Christian Perspective." American Scientific Affiliation. www.asa3.org/ASA/resources/Wiens2002.pdf.

WRIGHT, N. T., 2014. *Surprised by Scripture: Engaging Contemporary Issues*. New York: HarperOne.

YOUNG, Davis A., 1977. *Creation and the Flood: An Alternative to Flood Geology and Theistic Evolution*. Grand Rapids: Baker.

YOUNG, Davis A.; Stearley, Ralph F., 2008. *The Bible, Rocks and Time: Geological Evidence for the Age of the Earth*. Downers Grove, IL: InterVarsity.

CRIACIONISMO DA TERRA JOVEM (perspectiva favorável)

Introdução

O criacionismo da Terra jovem (CTJ) é um movimento diverso de crenças relacionadas com a história da criação em Gênesis e o **dilúvio** nos dias de Noé.

A maioria dos criacionistas contemporâneos da Terra jovem acredita que todo o cosmos tem menos de 10 mil anos. Alguns criacionistas da Terra jovem afirmam que o restante do cosmos é relativamente antigo (seguindo a maioria da opinião científica) e a terra, ou a vida na terra, mais nova. Todos os criacionistas da Terra jovem acreditam que **Adão e Eva** eram pessoas históricas e que o relato da **queda** tem valor tanto teológico como histórico. Quase todos os criacionistas da Terra jovem acreditam que houve uma inundação global nos dias de Noé e que a narrativa da arca é histórica.

O criacionismo da Terra jovem não impede interpretações mitológicas, teológicas ou místicas de Gênesis, mas afirma que o cerne do relato de Gênesis é histórico. Se todas as formas de ideias evolucionistas e uma terra relativamente antiga fossem falsas, o CTJ não seria provado, apenas demonstrado ser possivelmente verdadeiro. Como resultado, o CTJ tem, aos poucos, deixado de ser quase sempre "antievolução" para tentar fornecer uma positiva **cosmovisão** científica e teológica alternativa.

História

A posição dos escritores bíblicos sobre a concepção da idade da Terra, da criação ou do alcance do dilúvio é controversa. A posição da maioria dos pais da igreja não o é. O falecido Pe. Serafim Rose redigiu uma pesquisa exaustiva acerca das opiniões dos pais da igreja, com uma ênfase especial no Oriente, o que demonstra que a maioria dos estudiosos e líderes cristãos primitivos presumiu que a

166 CRIACIONISMO DA TERRA JOVEM (perspectiva favorável)

terra era relativamente jovem, que Adão e Eva eram figuras históricas, que a criação originou-se "do nada", e que o dilúvio foi global (Rose, 2000). A dissidência fundamental do consenso veio de figuras influenciadas pelo platonismo e as preocupações cosmológicas encontradas em seu diálogo, o *Timeu*. Os platonistas estavam, estranhamente, mais preocupados com a extensão de uma criação levada a efeito ao longo de sete dias. Por que tão demorada? Para um platonista, tanto tempo para criar parecia desafiar o poder e a sabedoria divinos. Como resultado, alguns dos Pais, entre os quais **Agostinho**, estavam inclinados a ler o Gênesis mais metaforicamente. Por outro lado, interpretar esses Pais é igualmente difícil para um leigo, já que os escritores antigos tendiam a presumir a historicidade das narrativas, embora as achassem de pouco interesse. Eles estavam procurando os significados teológicos e, sobretudo, cristológicos das histórias do Antigo Testamento. Em todo o caso, tirante alguns Pais, designadamente Basílio e Agostinho (Agostinho, 1982), não há dúvida de que a maioria das principais figuras da igreja no século XVIII teria sido simpatizante do CTJ.

O criacionismo da Terra jovem não nasceu, portanto, no século XX, mas o CTJ moderno é uma tentativa de estudiosos e cientistas de defender ou sustentar uma posição cristã há muito defendida. Muitos leigos e teólogos continuaram a preferir comumente um ponto de vista da Terra jovem, mas as defesas científicas dessa visão haviam desaparecido principalmente em meados do século XX. O ceticismo quanto à teoria geral da evolução era bastante comum em evangelistas proeminentes como Billy Sunday, mas também veio de figuras mais tradicionais, como G. K. Chesterton (Chesterton, 2007). Uma alternativa positiva não foi proposta (Numbers, 2006).

Os eruditos evangélicos aceitaram bastantes elementos da concepção da Terra antiga, inclusive alguns pontos da teoria evolucionista. Um documento tão consistente como *The Fundamentals* [Os fundamentos] incluiu o criacionista progressista **James Orr**. Isso mudou com uma defesa intelectualmente interessante da criação e um ataque à evolução por figuras no movimento Adventista do Sétimo Dia, lideradas por **George McCready Price**.

Na década de 1960, acadêmicos evangélicos, como o engenheiro **Henry Morris** (1918-2006), trouxeram a posição histórica do CTJ e as ideias geológicas de Price para um público evangélico mais amplo. Morris e o teólogo **John C. Whitcomb** produziram um livro intitulado *The Genesis Flood* [O dilúvio de Gênesis], que estimulou o amplo apoio popular ao CTJ e um ressurgimento do interesse por ele em alguns círculos acadêmicos (Morris e Whitcomb, 2011).

Nos anos 1970 e 1980, o CTJ era um movimento popular, legítimo e acadêmico. Muitas das organizações populares, como o **Institute for Creation Research** [Instituto para a pesquisa sobre a criação), começaram a desaparecer na virada do século conforme seus defensores envelheciam. Ações judiciais falharam em dar ao criacionismo o mesmo tempo nas aulas de biologia no Ensino Médio, e fizeram com que muitos criacionistas, que prefeririam aguardar por mais maturidade em seu movimento, se tornassem malquistos. As primeiras afirmações, de que simplesmente olhar para a evidência científica com uma mente aberta faria com que qualquer um adotasse um ponto de vista do CTJ, falharam. Havia *motivos* para afirmar uma visão de CTJ, mas essas razões apareceram como meras anomalias para alguém que trabalha com um quadro explicativo diferente.

Enquanto isso, na década de 1990, muitos criacionistas eruditos começaram a organizar conferências, como a *International Conference on Creationism* [Conferência internacional sobre o Criacionismo], com um conjunto mais rigoroso de parâmetros e sob a liderança de uma "nova geração" de criacionistas, como o paleontologista diplomado por Harvard, Kurt Wise (Wise e Wood, 2003), que criticaram argumentos ruins no movimento e exerceram pressão com vista à implementação de uma alternativa mais positiva às ideias darwinianas.

O movimento também começou a desenvolver uma maior sofisticação filosófica, pois o contato com o movimento do *design* **inteligente** trouxe alguns reforços. J. P. Moreland escreveu uma defesa seminal do criacionismo como ciência (Moreland, 1999). O "pai do movimento do *design* inteligente", Phillip E. Johnson, recusou a pressão para adotar um ponto de vista do CTJ ou para remover os defensores do CTJ do movimento DI. O filósofo do CTJ e DI, Paul Nelson, tem sido influente na construção de pontes entre os dois grupos e em aumentar o nível de sofisticação da **filosofia da ciência** do CTJ.

A tendência mais acadêmica do CTJ, com menos debates e mais pesquisas, levou a menos atenção pública e a um trabalho de melhor qualidade. Muitas escolas, incluindo a Liberty University, têm feito experiências com centros de pesquisa criacionistas, que vêm produzindo um trabalho moderno e mais erudito. Essa institucionalização

CRIACIONISMO DA TERRA JOVEM (perspectiva favorável)

do movimento obteve um impulso popular com um Museu da Criação [o *Creation Museum*] que promove a educação pública conforme as ideias do CTJ e estudos realizados por uma equipe de cientistas.

Diferenças filosóficas e teológicas no movimento

A organização americana mais proeminente da Terra jovem, **Answers in Genesis** [Respostas em Gênesis], tem uma abordagem pressuposicional para o debate. Os estudiosos da organização e palestrantes populares como **Ken Ham** começam com a leitura das Escrituras e desenvolvem teorias científicas a partir desses pressupostos. Eles foram responsáveis por eliminar os argumentos mais irresponsáveis no CTJ popular. Embora apoiem as críticas à evolução que surgem do movimento de *design* inteligente, eles são críticos de qualquer teorização científica que não comece com sua interpretação das Escrituras.

Em contrapartida, escritores como Paul Nelson e John Mark Reynolds propuseram uma "filosofia aberta da ciência" e abraçaram o movimento de *design* inteligente (Moreland, 1999). Uma filosofia aberta da ciência permite que os cientistas considerem a agência inteligente como uma causa de eventos em todas as áreas da ciência, incluindo a biologia. Uma filosofia aberta da ciência não está *fechada* à existência de agentes imateriais e está disposta a admitir que o método científico pode ter limites importantes se esses agentes existirem.

Contrariamente ao cético que desprezaria a revelação divina como irrelevante e a abordagem pressuposicional que começa na **revelação**, muitos pensadores do CTJ argumentam que a razão e a revelação existem em uma relação bicondicional. Ambas nos diriam o mesmo se pudéssemos ouvir corretamente, mas em um mundo caído, a certeza nos escapa.

Revelação e interpretação científica devem ser mantidas em tensão entre si. Nossa exegese pode estar equivocada e deve levar em conta a ciência, mas nossa interpretação dos dados também pode estar errada. Seguindo outras mudanças na história da ciência, esta posição do CTJ postula que um modelo de CTJ provavelmente incorporará muitos dos *insights* úteis da teoria evolucionista. Defende-se que os cientistas devem continuar a usar ideias evolucionistas até que o CTJ tenha melhores teorias para os cientistas usarem. Ideias falsas podem ser úteis, afinal.

Estado do argumento e melhores recursos

A maioria dos acadêmicos evangélicos considerou o CTJ pouco convincente cientificamente e uma hipótese teológica inconclusiva. A maioria dos departamentos de ciências das faculdades evangélicas não está aberta a argumentos ou a proponentes da Terra jovem. O movimento popular do CTJ mudou com a alteração da liderança de meados do século XX, com um foco maior em argumentos positivos para a ciência criacionista e menos em antievolução. No geral, isso pode ter sido bom para o movimento, pois permitiu que o tempo e a liberdade desenvolvessem melhores argumentos.

Os estudiosos da Terra jovem argumentam que, embora as inadequações nas opiniões científicas convencionais não comprovem que o CTJ está correto, elas fornecem uma base racional para explorar alternativas. As leituras tradicionais das Escrituras fornecem motivo suficiente para tornar o trabalho contínuo no CTJ importante para os evangélicos. Livros recentes como *Coming to Grips with Genesis* [Entendendo-se com Gênesis] atacaram qualquer base supostamente bíblica para uma leitura do texto para além de uma que seja compatível com a CTJ (Ury e Mortenson, 2008).

Por que um cristão deveria ser um criacionista da Terra jovem? Primeiro, a visão tem um apoio esmagador na história da igreja. Em segundo lugar, a visão continua a ser exegeticamente defensável. Em terceiro lugar, o consenso científico é grande, mas adotá-lo não significa que alguém concorde que seja *verdade*. Um cristão na ciência tem fundamentação satisfatória na teologia e na história para olhar para um conjunto alternativo de explicações científicas que preservaria sua leitura preferida das Escrituras. Esse pensamento não só não prejudica a ciência, mas também pode gerar novas ferramentas para a ciência. Esse foi, certamente, o caso na carreira de John Baumgardner. Seu interesse pela **geologia** das inundações ajudou a motivá-lo a produzir ferramentas de modelagem de computadores usadas por geólogos convencionais.

A comunidade científica do CTJ é pequena, em comparação com os grupos científicos principais, mas mostrou disposição para se engajar na autocrítica. Desenvolve teorias concorrentes e abandona ideias sem comprovação. Em suma, mostra todos os traços de uma verdadeira comunidade acadêmica. Se alguém deseja fazer ciência, não há provas de que não possa fazê-lo com grande sucesso como criacionista da Terra jovem. Como os críticos da CTJ gostam de salientar, se a pequena comunidade puder cumprir bem seu desígnio, então pode ser uma revolução para ciência.

Os Adventistas do Sétimo Dia continuam a produzir alguns dos melhores estudos positivos relacionados ao criacionismo da Terra jovem no Geoscience Research Institute [Instituto de Pesquisa em Geociência]. Leonard Brand passou sua carreira examinando evidências de um dilúvio global (Brand, 2009). Acadêmicos como Andrew Snelling e Steven Boyd levaram os argumentos relativos a um dilúvio em Gênesis, encontrados em autores anteriores como Morris e Whitcomb, para um novo nível de sofisticação (Snelling e Boyd, 2014). O *Answers Research Journal* divulga bolsas de estudo periódicas destinadas ao desenvolvimento de um modelo CTJ. Cientistas como Todd Wood, da Core Academy of Science [Academia central de ciência] dedicam-se ao trabalho científico e popular responsável. A bióloga molecular Georgia Purdom fundou e lidera vários grupos de estudo da criação. Se o criacionismo da Terra jovem é uma pseudociência, então é uma raridade — uma pseudociência que se tornou mais sofisticada ao longo do tempo.

O criacionismo da Terra jovem continua dividido quanto à necessidade de suas ideias para a fé cristã. O ministério Answers in Genesis [Respostas em Gênesis] reconhece que o CTJ não é "necessário para a salvação", mas insiste em que a posição do CTJ seja a única aceitável para os crentes. Outros defensores do CTJ argumentam que sua posição é a melhor opção para os cristãos, mas estão abertos a outras possibilidades.

Por fim, os criacionistas da Terra jovem estão corretos quando argumentam que, se puderem provar suas hipóteses, grande parte da crítica acadêmica contemporânea do cristianismo se desmoronaria. As teorias darwinianas podem ser logicamente compatíveis com o cristianismo, mas o cristianismo tradicional não é a conclusão mais natural à adoção de tais teorias. O desenvolvimento de uma alternativa sofisticada capaz de fazer predições do mundo natural seria uma conquista importante na história da Ciência.

John Mark Reynolds

REFERÊNCIAS E LEITURAS RECOMENDADAS

Augustine, 1982. *On a Literal Genesis.* Mahwah, NJ: Paulist.
Brand, Leonard, 2009. *Faith, Reason, and Earth History.* Berrien Springs, MI: Andrews University Press.
Chesterton, G. K., 2007. *The Everlasting Man.* Peabody, MA: Hendrickson Publishers.

Moreland, J. P., 1999. *Christianity and the Nature of Science.* Grand Rapids: Baker.
Morris, Henry e John C. Whitcomb. 2011. *The Genesis Flood. 50th Anniversary Edition.* Phillipsburg, NJ: P&R.
Nelson, Paul; Reynolds, John Mark, 1999. "Young Earth Creationism", em *Three Views of Creation and Evolution*, ed. J. P. Moreland and John Mark Reynolds. Grand Rapids: Zondervan.
Numbers, Ronald, 2006. *The Creationists.* Cambridge, MA: Harvard University Press.
Rose, Seraphim, 2000. *Genesis, Creation, and Early Man: The Orthodox Christian Vision.* Platina, CA: Saint Herman.
Snelling, Andrew; Boyd, Steven, 2014. *Grappling with the Chronology of the Biblical Flood.* Green Forest, AR: Master.
Ury, Thane; Mortenson, Terry, 2008. *Coming to Grips with Genesis Biblical Authority and the Age of the Earth.* Green Forest, AR: Master.
Wise, Kurt; Wood, Todd, 2003. *Understanding the Pattern of Life.* Nashville: B&H.

⌖CRIACIONISMO EVOLUCIONISTA (perspectiva crítica).

O que é a evolução teísta (ET) (ou o criacionismo evolucionista, como às vezes é chamado atualmente) e o que exatamente afirma? É uma posição logicamente coerente? É uma posição teologicamente ortodoxa? É apoiado pela evidência científica relevante ou consistente com ela? A resposta a cada uma dessas questões depende crucialmente da definição ou sentido de *evolução* que está em jogo. A *evolução teísta* pode significar coisas diferentes para pessoas diferentes, em grande parte porque o termo *evolução*, em si, tem vários significados distintos.

Esta entrada descreverá e avaliará esses diferentes conceitos da evolução teísta. Também irá criticar uma formulação do conceito de evolução teísta, em particular o que afirma o mais cientificamente controverso, e também metafísica ou religiosamente carregado, significado da evolução.

No entanto, uma vez que o termo evolução tem vários significados distintos, primeiro é necessário descrever os diferentes significados que são comumente associados ao termo para avaliar os diferentes conceitos possíveis de evolução teísta que os proponentes da ideia podem ter em mente. Serão mostrados que três significados distintos do termo *evolução* são especialmente relevantes para a compreensão de três diferentes conceitos possíveis de evolução teísta. O biólogo da Universidade de Yale, Keith Stewart Thomson, por exemplo, observou que, na biologia contemporânea, o termo *evolução* pode se referir (1) à mudança ao longo do tempo, (2) à **ancestralidade comum** geral e (3) aos mecanismos naturais que produzem mudanças nos organismos (Thomson, 1982, p. 521-39). Seguindo Thomson, esta entrada irá descrever e distinguir esses três significados distintos da evolução, a fim de promover a clareza na análise e avaliação de três conceitos distintos da *evolução teísta*.

CRIACIONISMO EVOLUCIONISTA (perspectiva crítica)

1º conceito de evolução — mudança ao longo do tempo

A evolução em seu sentido mais rudimentar simplesmente afirma a ideia de "mudança ao longo do tempo". Muitos cientistas naturais usam *evolução* neste primeiro sentido, à medida em que buscam reconstruir uma série de eventos passados para contar a história da história da natureza (Bowler, 1975, p. 99). Os astrônomos estudam os ciclos de vida das estrelas e a *evolução* (mudança ao longo do tempo) do universo ou galáxias específicas; os geólogos descrevem as mudanças (*evolução*) na superfície terrestre; os biólogos observam mudanças ecológicas dentro da história humana registrada, que podem ter, por exemplo, transformado uma ilha estéril em um arquipélago desenvolvido e arborizado. Esses exemplos, no entanto, têm pouco ou nada a ver com a moderna teoria neodarwinista da evolução.

Na biologia evolutiva, a evolução (definida como mudança ao longo do tempo) também pode se referir especificamente à ideia de que as formas de vida que vemos hoje são diferentes das formas de vida que existiam no passado distante. O **registro fóssil** fornece um forte suporte para essa ideia. Os paleontólogos observam mudanças nos tipos de vida que existiram ao longo do tempo, representados por diferentes formas fossilizadas no registro de rocha sedimentar (um fenômeno conhecido como "sucessão fóssil"). Muitas das plantas e animais que são fossilizados em camadas de rocha recentes são diferentes das plantas e animais fossilizados em rochas mais antigas. A composição da flora e da fauna na superfície da terra hoje também é diferente das formas de vida que viviam há muito tempo, como atesta o registro fóssil.

A evolução definida como "mudança ao longo do tempo" também pode se referir a pequenas mudanças observadas em características de espécies individuais: mudanças em pequena escala que ocorrem em um período de tempo relativamente curto. A maioria dos biólogos pensa que esse tipo de evolução (às vezes chamada de *microevolução*) resulta de uma mudança na proporção de diferentes variantes de um **gene** (chamado *alelos*) dentro de uma população ao longo do tempo. Assim, os geneticistas populacionais estudam mudanças nas frequências de alelos em um grupo genético. Um grande número de observações precisas estabeleceu a ocorrência desse tipo de evolução. Estudos de melanismo em mariposas *Biston betularia*, embora atualmente contestados (Coyne, 1998, p. 35-36; Wells, 1999, p. 13), estão entre os exemplos mais célebres de microevolução. As mudanças observadas no tamanho e na forma dos bicos dos fringilídeos das Galápagos, em resposta às mudanças nos padrões climáticos, fornecem outro bom exemplo de mudanças em pequena escala ao longo do tempo dentro de uma espécie.

2º conceito de evolução — origem comum, ou origem comum geral

Atualmente, muitos biólogos também costumam usar o termo *evolução* para se referir à ideia de que todos os organismos estão relacionados por ancestralidade comum. Essa ideia também é conhecida como a teoria da ancestralidade comum geral. Essa teoria afirma que todos os organismos vivos conhecidos são descendentes de um único antepassado comum em algum lugar do passado distante. Em *A origem das espécies*, **Darwin** tentou provar a verdade da evolução neste segundo sentido. Em uma passagem famosa no final do livro, ele argumentou que "provavelmente todos os seres orgânicos que já viveram nesta terra descenderam de uma única forma primordial" (Darwin, 1859, p. 484). Darwin pensou que essa forma primordial se desenvolveu gradualmente em novas formas de vida, que, por sua vez, gradualmente se tornaram outras formas de vida, produzindo eventualmente, depois de muitos milhões de gerações, toda a vida complexa que vemos no presente.

Hoje, os livros didáticos de biologia representam essa ideia exatamente como Darwin o fez, com uma grande árvore ramificada. O interior do tronco da árvore da vida de Darwin representa o primeiro organismo primordial. Os ramos e galhos da árvore representam as muitas novas formas de vida que se desenvolveram a partir dela. O eixo vertical em que a árvore é traçada representa a seta do tempo. O eixo horizontal representa mudanças na forma biológica, ou o que os biólogos chamam de "distância morfológica".

A teoria de Darwin sobre a história biológica é muitas vezes referida como uma visão "monofilética" da história da vida porque retrata todos os organismos como, no final das contas, relacionados como uma única família conectada. Darwin argumentou que essa ideia explicava melhor uma variedade de linhas de evidência biológica: a sucessão de formas fósseis, a distribuição geográfica de várias **espécies** (como plantas e animais das Ilhas Galápagos) e as semelhanças anatômicas e embriológicas entre diferentes tipos de organismos.

170 CRIACIONISMO EVOLUCIONISTA (perspectiva crítica)

A *evolução* neste segundo sentido não só especifica que toda vida compartilha uma ancestralidade comum, mas também implica que praticamente não existem limites para a quantidade de alterações morfológicas que podem ocorrer nos organismos. Presume que organismos relativamente simples podem, com tempo adequado, mudar para organismos muito mais complexos. Assim, a evolução nesse segundo sentido implica não apenas a mudança, mas também a mudança biológica gradual, contínua e até ilimitada.

3º conceito de evolução — o poder criativo da seleção natural/mecanismo de variação aleatória (ou mutação)

O termo *evolução* também é comumente usado para se referir à causa, ou mecanismo, que produz a mudança biológica representada pela árvore da vida de Darwin. Quando a evolução é usada dessa maneira, geralmente se refere ao mecanismo da seleção natural atuando em variações ou mutações aleatórias. (Os neodarwinistas modernos propõem que a seleção natural atua sobre um tipo especial de variação chamado *mutações genéticas*. As mutações são mudanças aleatórias nas subunidades químicas que transmitem **informações** no **DNA**. Os neodarwinistas modernos também afirmariam o papel de outros mecanismos evolutivos aparentemente não direcionados, como a deriva genética, embora esses mecanismos sejam tipicamente considerados de menor importância em comparação com a mutação/seleção na geração da **complexidade** adaptativa da vida.)

Este terceiro uso da *evolução* implica a ideia de que o mecanismo de seleção/mutação natural tem o poder criativo de produzir inovações fundamentais na história da vida. Considerando que a teoria da ancestralidade comum geral postulou um padrão (a árvore de ramificação) para representar a história da vida, o mecanismo de seleção natural e variação/mutação aleatória representa um processo causal que, alegadamente, pode gerar a mudança macroevolutiva em larga escala, implicada pelo segundo significado da evolução (ver acima). Uma vez que os proponentes do poder criativo do mecanismo de mutação/seleção natural o veem (e outros mecanismos evolutivos similarmente materialistas) explicando a origem de todas as formas e características da vida, essa definição de evolução está intimamente associada a, ou engloba, outra definição de evolução.

3º conceito de evolução (desdobramentos) — o mecanismo de seleção natural/variação aleatória (ou mutação) pode explicar a aparência de *design* em sistemas vivos, além da atividade de uma inteligência de projeto real

Biólogos evolutivos desde Darwin afirmaram que o mecanismo de seleção/variação natural não só explica a origem de todas as novas formas e características biológicas, mas também afirmaram uma ideia intimamente relacionada, a saber, que o mecanismo pode explicar uma característica particularmente marcante dos sistemas biológicos: a aparência de *design*. Os biólogos reconheceram há muito tempo que muitas estruturas organizadas em organismos vivos — a forma elegante e a cobertura protetora do náutilo enrolado, as partes interdependentes do olho dos vertebrados, os ossos, os músculos e as penas interligados de uma asa de pássaro — parecem ter sido concebidos para um propósito (Dawkins, 1986, p. 1). Durante o século XIX, antes de Darwin, os biólogos ficaram particularmente impressionados com a forma como os organismos vivos pareciam bem adaptados aos seus ambientes. Eles atribuíram essa adaptação de organismos aos seus ambientes ao planejamento e à inventividade de uma poderosa inteligência de *design*.

No entanto, Darwin (e os neodarwinistas modernos) argumentou que a aparência de *design* em organismos vivos poderia ser simplesmente mais bem explicada como o produto de um mecanismo puramente não direcionado, em particular o mecanismo de variação/seleção natural. Darwin tentou mostrar que o mecanismo de seleção natural poderia explicar a aparência de *design*, fazendo uma analogia com o notório processo de "seleção artificial" ou "procriação seletiva". Qualquer um no século XIX familiarizado com a criação de animais domésticos — cães, cavalos, ovelhas ou pombos, por exemplo — sabiam que criadores humanos poderiam alterar as características de linhagens de animais domésticos, permitindo que apenas animais com determinadas características se reproduzissem. Um pastor escocês pode criar uma ovelha mais cheia de lã para aumentar suas chances de sobrevivência em um clima frio do norte (ou para colher mais lã). Para fazê-lo, ele escolheria apenas os machos com mais lã e as ovelhas com mais lã para se reproduzirem. Se geração após geração ele continuasse a selecionar e criar somente a ovelha com mais lã entre os descendentes resultantes, ele acabaria por produzir uma raça de ovelha com mais lã, uma raça mais bem adaptada ao seu meio ambiente. Em tais casos, "a chave é o poder do homem de seleção acumulativa", escreveu Darwin. "A natureza dá variações sucessivas; o homem as acrescenta em determinadas direções úteis para ele" (Darwin, 1859, p. 30).

Mas, como Darwin ressaltou, a natureza também tem um meio de peneirar: as criaturas defeituosas têm menos probabilidades de sobreviver e se reproduzir, enquanto os descendentes com variações benéficas são mais propensos a sobreviver, reproduzir e transmitir suas vantagens para as gerações futuras. Em *A origem das espécies*, Darwin argumentou que esse processo — seleção natural que atua em variações aleatórias — poderia alterar as características dos organismos, assim como a seleção inteligente por criadores humanos pode. A própria natureza poderia desempenhar o papel de criador e, assim, eliminar a necessidade de uma inteligência de projeto real para produzir as complexas adaptações que os organismos vivos manifestam.

Considere mais uma vez nosso rebanho de ovelhas. Imagine que, em vez de um ser humano que seleciona os machos e as fêmeas com mais lã para se reproduzirem, uma série de invernos rigorosos faça com que todas as ovelhas de uma população, menos as com mais lã, morram. Agora, novamente, apenas ovelhas com muita lã sobreviverão para se reproduzir. Se os invernos rigorosos continuarem durante várias gerações, o resultado não será o mesmo que antes? Sem dúvida, a população de ovelhas não desenvolverá mais lã?

Esta foi o ótimo *insight* de Darwin. A natureza, na forma de mudanças ambientais ou outros fatores, poderia ter o mesmo efeito em uma população de organismos que as decisões intencionais de um agente inteligente. A natureza favoreceria a preservação de certas características em relação a outras — aquelas que confeririam uma vantagem funcional ou de sobrevivência aos organismos que as possuíssem — causando mudanças nas características da população. A mudança resultante ou o aumento da aptidão (adaptação) teriam sido produzidos não por um criador inteligente, escolhendo um traço ou variação desejável, não por "seleção artificial", mas por um processo totalmente natural. Como o próprio Darwin insistiu: "Parece não haver mais *design* na variabilidade dos seres orgânicos e na ação da seleção natural, do que no curso em que o vento sopra" (Darwin, 1887, p. 278-79).

Ou, como o eminente biólogo evolucionista, Francisco Ayala, argumentou, Darwin foi o responsável pelo "*design* sem *designer*", já que "foi a maior realização de Darwin mostrar que a organização diretiva dos seres vivos pode ser explicada como resultado de um processo natural, seleção natural, sem necessidade de recorrer a um Criador ou a outro agente externo" (Ayala, 2007, p. 8567-73).

Na verdade, desde 1859, a maioria dos biólogos evolutivos compreendeu a aparência de *design* nos seres vivos como uma ilusão — uma ilusão poderosamente sugestiva, mas uma ilusão, no entanto. Por esse motivo, **Richard Dawkins** insiste em *The Blind Watchmaker* [O relojoeiro cego] que "a biologia é o estudo de coisas complicadas que parecem ter sido projetadas para um propósito" (Dawkins, 1986, p. 1). Ou como Ernst Mayr explicou: "O cerne real do darwinismo [...] é a teoria da seleção natural. Essa teoria é tão importante para o darwinista porque permite a explicação da adaptação, o '*design*' do teólogo natural, por meios naturais, em vez de pela intervenção divina" (Mayr, 1982, p. xi-xii). Ou como Francis Crick pensou, os biólogos devem "constantemente ter em mente que o que eles veem não foi projetado, mas evoluiu" (Crick, 1988, p. 138). Da mesma forma, George Gaylord Simpson, um dos artífices do neodarwinismo, escreveu em *The Meaning of Evolution* [O significado da evolução] que o neodarwinismo implica que "o homem é o resultado de um processo sem propósito e natural que não o tinha em mente" (Simpson, 1967, p. 345).

Mas se o *design* aparente é uma ilusão — se é apenas uma aparência — como argumentaram os darwinistas e os neodarwinistas modernos, segue-se que, qualquer que seja o mecanismo que produziu essa aparência, deve ser totalmente descomprometido e despreocupado. Por esta razão, o terceiro significado da evolução — a definição que afirma o poder criativo do mecanismo de seleção natural/**mutação aleatória** e nega evidências de projeto real nos sistemas vivos — levanta um problema significativo para qualquer proponente da evolução teísta que aceite esse significado de evolução.

Avaliando diferentes conceitos de evolução teísta (ou criação evolucionista)

Os três diferentes significados da evolução discutidos acima correspondem a três conceitos possíveis e distintos da evolução teísta, um dos quais é trivial, o outro, contestável, mas não incoerente, e um o último parece

172 CRIACIONISMO EVOLUCIONISTA (perspectiva crítica)

profundamente problemático. No último caso, uma atenção especial deve-se à importante questão de saber se os evolucionistas teístas consideram o processo evolutivo guiado ou não guiado.

Se, por "evolução", o evolucionista teísta refere-se à evolução no primeiro sentido (mudança ao longo do tempo) e, se, além disso, o evolucionista teísta afirma que Deus causou essa "mudança ao longo do tempo", então certamente nenhum teórico contestaria a ortodoxia teológica ou coerência lógica de tal afirmação. Se existe um Deus pessoal do tipo afirmado pelo judaísmo ou pelo cristianismo bíblico, então não há, logicamente, contradição em tal afirmação, nem contradiz nenhum princípio teológico específico. As Escrituras judaicas e cristãs afirmam claramente que Deus causou mudanças ao longo do tempo, não só na história humana, mas também no processo de criação do mundo e das diferentes formas de vida.

Dadas as extensas evidências científicas que mostram que a representação das formas de vida na terra mudou ao longo do tempo, não parece haver uma base teológica ou científica significativa para se questionar a evolução, ou a evolução teísta, quando a evolução é definida neste sentido estrito. Da mesma forma, como Deus poderia criar diferentes organismos com uma capacidade incorporada para mudar ou "evoluir" dentro dos limites, sem negar seu *design* de diferentes sistemas vivos como formas distintas de vida, e uma vez que existe uma evidência científica extensa de mudanças desse tipo, não parece haver nenhuma base científica ou teológica significativa para questionar a evolução nesse sentido. O entendimento da evolução teísta dessa maneira parece não questionável, talvez até trivial.

Outra concepção da evolução teísta aceita o segundo significado da evolução. Ela afirma a teoria de que Deus causou mudanças biológicas contínuas e graduais, de modo que a história da vida seja mais bem representada por um grande padrão de árvore ramificada como argumentou Darwin. A evolução teísta assim concebida não é, obvia e logicamente, incoerente, uma vez que Deus, tal como concebido pelos teístas, incluindo teólogos bíblicos, certamente é capaz de produzir mudanças contínuas e graduais.

No entanto, alguns teístas bíblicos questionam a origem comum geral com base em sua interpretação do ensinamento bíblico em Gênesis sobre Deus, criando distintas "espécies" de plantas e animais, todos os quais

"se reproduzem segundo sua própria espécie". Aqueles que pensam em uma leitura natural do relato de Gênesis sugerem que diferentes espécies de plantas e animais só se reproduzem segundo sua própria espécie e não variam além de um limite fixo em sua morfologia, questionando a teoria da origem comum geral com bases bíblicas. Alguns teólogos bíblicos também questionam que os seres humanos e os animais inferiores compartilham uma ancestralidade comum, acreditando que o relato bíblico afirma que os seres humanos surgiram de um ato criativo especial, excluindo assim a ideia de que os seres humanos se originaram de ancestrais não humanos.

Além dessas objeções teológicas, há um crescente número de evidências científicas que desafiam uma imagem tão "monofilética" da história da vida. Esses desafios científicos para a teoria da origem comum universal são examinados no livro didático de biologia *Explore Evolution: The Arguments for and against Neo-Darwinism* [Explore a evolução: os argumentos favoráveis e contrários ao neodarwinismo] (Meyer et al., 2007) e discutidos em vários artigos científicos. (ver, p. ex., Doolittle, 2009, p. 2221-28; Gordon, 1999, p. 331-48; Koonin, 2007, p. 21; Lawton, 2009, p. 34-39; Merhej e Raoult, 2012, p. 113; Raoult, 2010, p. 104-5; Syvanen, 2012, p. 339-56; Woese, 2002, p. 8742-47.) Sobre a questão específica de origens humanas e desafios científicos à ideia de que humanos e chimpanzés (p. ex.) compartilham um antepassado comum, veja o livro *Science and Human Origins* [Ciência e origens humanas] (Gauger et al., 2012).

Uma questão ainda mais fundamental surge quando se considera a causa da mudança biológica e a questão de saber se os evolucionistas teístas concebem mecanismos evolutivos como processos guiados ou não guiados.

Alguns defensores da evolução teísta afirmam abertamente que o processo evolutivo é um processo não guiado e não dirigido. **Kenneth Miller**, um dos principais evolucionistas teístas e autor de *Finding Darwin's God* [Encontrando o Deus de Darwin], afirmou repetidamente nas edições de seu famoso livro que "a evolução funciona sem plano nem propósito." A evolução é aleatória e não dirigida" (Miller e Levine, 1991; 1993; 1995; 1998, p. 658).

No entanto, a maioria dos evolucionistas teístas, incluindo Francis Collins, talvez o defensor mais célebre do mundo, tem relutado em esclarecer o que pensam sobre essa importante questão. Em seu livro *The Language of God* [A linguagem de Deus], Collins deixa claro o seu

CRIACIONISMO EVOLUCIONISTA (perspectiva crítica)

apoio à origem comum geral. Ele também parece assumir a adequação dos mecanismos evolutivos padrões, mas não diz claramente se ele pensa que esses mecanismos são dirigidos ou não dirigidos, apenas que eles "poderiam ser" dirigidos.

Em todo caso, quando a evolução teísta é entendida como aceitando o terceiro significado da evolução — o poder criativo e a adequação do mecanismo neodarwinista e a consequente negação do *design* verdadeiro — o conceito torna-se profundamente problemático. De fato, dependendo de como esse entendimento particular da evolução teísta é articulado, gera (1) contradições lógicas, ou (2) uma visão teologicamente heterodoxa da **ação divina**, ou (3) uma explicação complicada e cientificamente vazia. Além desse dilema (ou melhor, "trilema"), um enorme corpo de evidências científicas agora desafia o poder criativo do mecanismo de mutação/seleção, especialmente em relação a algumas das aparências mais marcantes do *design* em sistemas biológicos. Vamos examinar cada uma dessas dificuldades com mais detalhes.

Uma visão lógica contraditória

Em primeiro lugar, algumas formulações de evolução teísta, que afirmam o terceiro significado da evolução, resultam em contradições lógicas. Por exemplo, se o evolucionista teísta quer afirmar a teoria neodarwinista padrão do mecanismo de seleção/mutação natural como um processo não dirigido ao mesmo tempo em que afirma que Deus ainda é causalmente responsável pela origem de novas formas de vida, então o evolucionista teísta diz que Deus, de alguma forma, guiou ou dirigiu um processo não orientado e não dirigido. Logicamente, nenhum ser inteligente — nem mesmo Deus — pode dirigir um processo não dirigido. Assim que ele o dirigisse, o processo "não dirigido" não seria mais não dirigido.

Por outro lado, um proponente da evolução teísta pode conceber o mecanismo de seleção/mutação natural como um processo dirigido (com Deus talvez dirigindo mutações específicas). Essa visão representa uma concepção decididamente não darwinista do mecanismo evolutivo. Também constitui uma versão da teoria do *design* **inteligente**, uma que afirma que Deus criou organismos inteligentemente projetando diretamente mutações (ou outros processos) em direção a pontos finais funcionais durante a história da vida. No entanto, se os organismos vivos são o resultado de um processo dirigido, segue-se

que a aparência de *design* em organismos vivos é real, não meramente aparente ou ilusória. No entanto, os principais proponentes da evolução teísta rejeitam a teoria do *design* inteligente afirmando que a aparência de *design* em organismos vivos é real. Assim, qualquer proponente da evolução teísta que afirma que Deus está direcionando o mecanismo evolutivo e que rejeita o *design* inteligente, se contradiz implicitamente. (Claro que não há contradição na afirmação de um mecanismo de evolução guiado por Deus e de um *design* inteligente, embora poucos evolucionistas teístas afirmem essa teoria publicamente — ver Ratzsch, 2001, para uma notável exceção).

Teorias teologicamente problemáticas

Outras formulações de evolução teísta negam explicitamente que Deus esteja dirigindo ou guiando o mecanismo de mutação/seleção e, em vez disso, vê um papel divino muito mais limitado no processo de criação da vida. Uma formulação afirma que Deus criou as **leis da natureza** no início do universo para tornar possível a origem e o desenvolvimento da vida (ou inevitável). Esta teoria é cientificamente problemática, no entanto, uma vez que pode ser demonstrado que a informação necessária para construir mesmo um único gene funcional (ou seção de DNA) não pode ter sido contida nas partículas elementares e energia presente no início do universo (Meyer, 2010, p. 147-64). Outra formulação sustenta que Deus criou as leis da natureza no início do universo e também afirma que ele constantemente sustenta essas leis a todo instante. No entanto, ambos os entendimentos da evolução teísta negam que Deus de qualquer forma ativamente dirigiu os mecanismos de mutação/seleção (ou outros mecanismos evolutivos). Ambas as formulações concebem o papel de Deus na criação da vida (em oposição à manutenção da lei física) principalmente como passiva e não ativa ou diretiva. Em ambos os pontos de vista, os mecanismos de seleção natural e mutação aleatória (e/ou outros mecanismos evolutivos não dirigidos) são vistos como os principais atores causais na produção de novas formas de vida. Assim, Deus não age diretamente ou "intervém" dentro do sistema ordenado da natureza.

No entanto, essa visão é teologicamente problemática, pelo menos para judeus e cristãos ortodoxos que derivam sua compreensão da ação divina a partir do texto bíblico. Isso é fácil de ver na primeira dessas duas formulações, onde a atividade de Deus é confinada a um ato de criação ou *design* no início do universo. Essa teoria de *design* carregada do início ao fim é, é claro, uma visão logicamente possível, mas é indistinguível do **deísmo**. Por isso, contradiz a visão claramente teísta da ação divina articulada na Bíblia, onde Deus atua em sua criação após o início do universo. Na verdade, a Bíblia descreve Deus não apenas agindo para criar o universo no começo, mas também o descreve mantendo o universo em seu sistema ordenado e também agindo discretamente como um agente dentro da ordem natural. (ver, p. ex., Gênesis 1:27: "Criou (*bara*) Deus o homem"; Êxodo 10:13: "o Senhor fez soprar sobre a terra um vento oriental").

A versão da evolução teísta que afirma que Deus criou e sustenta as leis da natureza, mas não orienta ativamente a criação da vida, também é teologicamente problemática, pelo menos para aqueles que professam uma compreensão bíblica da natureza e do poder de Deus. Se Deus não está, pelo menos, direcionando o processo evolutivo, então a origem dos sistemas biológicos deve ser atribuída, em parte, à natureza, agindo independentemente da direção de Deus. Isso implica uma visão diminuída do envolvimento de Deus na criação e soberania divina em desacordo com a maioria das leituras tradicionais da Bíblia (seja ela judaica ou cristã).

Tradicionalmente, os teólogos entenderam que a Bíblia afirma a soberania de Deus e a dependência absoluta de sua criação dele, não só pela sua existência contínua (como em "nele tudo subsiste", Colossenses 1:17), mas também para sua origem em primeiro lugar (como em "sem ele, nada do que existe teria sido feito", João 1:3). Falando logicamente, isso significa que a ação de Deus é uma condição necessária e suficiente para a origem do universo e a ordem criada. Ao tornar um processo natural causalmente responsável (ou seja, suficiente) para produzir várias estruturas biológicas, sistemas e aparência de *design*, essa versão da evolução teórica torna a ação de Deus e os poderes causais no melhor dos casos, meramente condições necessárias (mas não suficientes) para a origem e existência dos seres vivos. Isso provavelmente implica uma visão diminuída e não bíblica da soberania divina.

De fato, se Deus não conduziu, pelo menos, o processo de mutação e seleção (e/ou outros mecanismos evolutivos relevantes), mas apenas sustentou as leis da natureza que as tornaram possíveis, então conclui-se que ele não sabia e não sabe o que esses mecanismos produziriam (ou produzirão), incluindo se eles teriam produzido seres humanos.

Por conseguinte, muitos evolucionistas teístas que abraçam essa visão insistiram que o processo evolutivo poderia ter produzido "um dinossauro com grande cérebro" em oposição a um hominídeo bípede com cérebro grande — isto é, um ser humano (Miller, 1999, 2007; West, 2010, p. 40-45). Como Deus não dirige ou controla o processo evolutivo, ele não pode saber o que produzirá — uma conclusão em desacordo com a onisciência e a **providência** de Deus. Da mesma forma, uma vez que Deus não dirige o processo evolutivo, não se pode dizer que o que esse processo produz expressa suas intenções específicas na criação — uma conclusão que também está em desacordo com a afirmação bíblica de que Deus fez o homem expressamente à sua imagem e o "conheceu de antemão".

Uma explicação complicada (e cientificamente vazia)

Talvez porque os defensores cristãos evangélicos da evolução teísta não quiseram abraçar nem os problemas lógicos e nem os problemas teológicos associados à afirmação do terceiro significado da evolução, eles geralmente se recusam a especificar se eles pensam que o mecanismo de seleção natural/mutação aleatória é um processo direcionado ou não direcionado. Em vez disso, muitos aceitam uma formulação cientificamente complicada e vazia da evolução teísta, pelo menos, na medida em que é uma explicação para a aparência de *design* nos organismos vivos.

Lembre-se de que, de Darwin ao presente, os principais biólogos evolutivos reconheceram a aparência de *design* nos organismos vivos e procuraram explicar sua origem. Darwinistas e neodarwinistas procuraram explicar essa aparência como resultado de um mecanismo não direcionado e não guiado (seleção natural agindo em variações ou mutações aleatórias) que podem imitar os poderes de uma inteligência de *design*. Os evolucionistas teístas que afirmam o poder criativo desse(s) (ou talvez) e de outro(s) mecanismo(s) evolutivo(s) relacionado(s) têm argumentado que Deus ativamente dirigiu o processo evolutivo de maneira discernível. Isso, é claro, constituiria uma forma de *design* inteligente e a maioria dos evolucionistas rejeita esta ideia.

Francis Collins, por exemplo, rejeitou explicitamente a teoria do *design* inteligente. No entanto, a teoria não rejeita necessariamente a evolução em nenhum dos dois primeiros sentidos acima, mas argumenta que as aparências-chave de *design* em organismos vivos são reais, não

CRIACIONISMO EVOLUCIONISTA (perspectiva crítica)   175

ilusórias. Ao rejeitar a teoria do *design* inteligente, Collins, portanto, parece estar afirmando o contrário, a saber, que a aparência de *design* não é real, mas apenas uma aparência. Ele parece, assim, comprometer-se com a posição de que o processo que produziu a aparência de *design* em organismos vivos não é direcionado. Isso aconteceria porque, novamente, se fosse de outra forma (se o processo fosse direcionado ou guiado) então a aparência do *design* em organismos vivos seria real e não apenas aparente.

No entanto, em *A linguagem de Deus*, Collins não especifica se o processo evolutivo é dirigido ou não, apenas que "poderia ser" (Collins, 2006, p. 205). Como ele explica, "a evolução pode nos parecer conduzida pelo **acaso**, mas, da perspectiva de Deus, o resultado seria totalmente especificado. Assim, Deus pode estar completa e intimamente envolvido na criação de todas as espécies, embora a partir de nossa perspectiva [...] isso pareceria um processo aleatório e não dirigido" (ênfase adicionada).

Que Deus poderia ter agido de forma tão oculta é, naturalmente, uma possibilidade lógica, mas, defender tal hipótese, no entanto, traz dificuldades que os proponentes da evolução teísta raramente abordam.

Primeiro, essa versão da evolução teísta sugere uma explicação logicamente complicada para a aparência de *design* em sistemas vivos. Como o **darwinismo** clássico e o neodarwinismo, esta versão da evolução teísta nega que qualquer coisa sobre sistemas vivos indica que uma inteligência de *design* verdadeiro desempenhou um papel na sua origem. Por quê? Os evolucionistas teístas, como os neodarwinistas, afirmam o terceiro significado da evolução, isto é, a suficiência do mecanismo de seleção/mutação natural (possivelmente em conjunto com outros mecanismos evolutivos naturalistas semelhantes) como uma explicação para a origem de novas formas e características da vida. Uma vez que a seleção natural e as mutações aleatórias podem explicar a origem dos sistemas biológicos (e suas aparências de *design*), os evolucionistas teístas negam firmemente a necessidade de propor uma inteligência de *design* verdadeira.

Ainda afirmando o que os darwinistas clássicos e os neodarwinistas afirmam — a saber, a suficiência dos mecanismos evolutivos padrão —, eles sugerem então que tais mecanismos só podem parecer não direcionados e não dirigidos. Assim, Francis Collins sugere que "da nossa perspectiva" a mutação e a seleção "pareceria um processo aleatório e não dirigido". Portanto, sua formulação

implica que a aparência ou ilusão de *design* em sistemas vivos resulta da atividade de um processo material aparentemente não direcionado (isto é, darwinismo clássico e neodarwinismo), a menos que este processo aparentemente não direcionado esteja sendo usado por uma inteligência de *design*, ou pelo menos poderia estar, embora ninguém possa dizer com certeza. Ou, em outras palavras, passamos da famosa declaração de Richard Dawkins: "A biologia é o estudo de coisas complicadas que parecem ter sido projetadas para um propósito" (Dawkins, 1986, p. 1) à proposição de que "a biologia é o estudo de coisas complicadas que dão a aparência de ter sido projetadas para um propósito, embora essa aparência de *design* seja uma ilusão" (darwinismo clássico), mesmo que possa haver um *designer* inteligente por trás de tudo — nesse caso, essa aparência não seria uma ilusão, afinal".

Esta teoria emaranhada — de fato complicada — da origem dos sistemas vivos não acrescenta nada ao nosso entendimento científico do que causou o surgimento de organismos vivos. Como tal, também representa uma explicação completamente vazia. Na verdade, não tem conteúdo empírico ou científico além do oferecido por teorias evolucionistas estritamente materialistas. Não diz nada sobre o papel de Deus no processo evolutivo ou mesmo se ele tinha algum papel. Isso torna supérfluo o adjetivo *teísta* no termo *evolução teísta*. Não representa uma teoria alternativa das origens biológicas, mas uma reafirmação de alguma versão materialista da teoria evolucionista reformulada usando a terminologia teológica.

Evidentemente, os evolucionistas teístas que mantêm esse ponto de vista normalmente não explicam suas implicações, de modo a revelar a natureza complicada da explicação para a aparência do *design* que sua teoria implica. Em vez disso, eles geralmente evitam discutir ou oferecer explicações para a aparência de *design* em sistemas vivos, embora essa aparência seja tão impressionante que mesmo os biólogos evolutivos seculares a reconheceram consistente por vários anos (Crick, 1988, p. 138; Dawkins, 1986, p. 1).

Os evolucionistas teístas, como Collins, também negam o que os defensores do *design* inteligente afirmam, a saber, que a atividade passada de uma inteligência de *design*, incluindo a inteligência de Deus, é detectável ou discernível nos sistemas vivos. No entanto, negar a detectabilidade do *design* na natureza gera outra dificuldade teológica. Em particular, essa teoria parece contradizer o

CRIACIONISMO EVOLUCIONISTA (perspectiva crítica)

que a Bíblia afirma sobre o mundo natural (ou "as coisas que são feitas"), revelando a realidade de Deus e suas "qualidades invisíveis", como seu poder, glória, natureza divina e sabedoria. Como John West explicou:

> [A versão de Francis Collins da evolução teísta] ainda está em conflito com a compreensão bíblica de Deus e sua revelação geral. Tanto o Antigo quanto o Novo Testamento ensinam claramente que os seres humanos podem reconhecer a obra de Deus na natureza através de suas próprias observações, em vez de revelação divina especial. Do salmista que proclamou que os "céus declaram a glória de Deus" (Salmos 19:1) ao apóstolo Paulo que argumentou em Romanos 1:20 que "desde a criação do mundo os atributos invisíveis de Deus... têm sido vistos claramente, sendo compreendidos por meio das coisas criadas" a ideia de que podemos ver o *design* na natureza foi claramente ensinada. O próprio Jesus indicou a alimentação dos pássaros, a chuva e o sol e o *design* requintado dos lírios do campo como evidência observável do cuidado ativo de Deus para com o mundo e seus habitantes (Mateus 5:44,45,48; 6:26-30) [...] para sair fora de uma colisão entre darwinism o náodirecionado e a doutrina da soberania de Deus, Collins parece descrever Deus como um embusteiro cósmico que engana as pessoas para que pensem que o processo pelo qual foram produzidas era cego e sem propósito, mesmo quando não era. (West, 2010, p. 46-47).

Dificuldades científicas

Além dessas dificuldades, as versões da evolução teísta que afirmam o poder criativo do mecanismo de seleção natural/mutação aleatória são agora contrariadas por uma grande quantidade de evidências científicas de uma diversidade de subdisciplinas biológicas, incluindo biologia molecular, genética populacional, **paleontologia** e biologia do desenvolvimento. Recitar muitos estudos empíricos e argumentos matemáticos que desafiam o poder criativo dos mecanismos evolutivos neodarwinianos e outros mecanismos materialistas evolutivos estão além do escopo desta entrada. No entanto, pode-se encontrar uma extensa discussão sobre esta evidência no livro *Darwin's Doubt* [A dúvida de Darwin] (Meyer, 2013).

A Dúvida de Darwin também mostra que muitos biólogos evolucionistas convencionais rejeitaram a teoria evolucionista neodarwinista ortodoxa precisamente porque reconhecem que o mecanismo de mutação/seleção natural não possui o poder criativo para gerar nova forma biológica. Em apoio desta afirmação, o livro também descreve as muitas novas teorias da evolução (e mecanismos evolutivos) que os biólogos evolucionistas atuais agora estão propondo como alternativas. Nenhuma dessas teorias, no entanto, propôs mecanismos com a eficácia necessária demonstrada para explicar a origem da novidade morfológica ou as aparências-chave do *design* em sistemas vivos, como a informação genética e epigenética que possuem (o que é necessário para produzir novas formas de vida).

Para os defensores da evolução teísta (segundo a qual a evolução é entendida como afirmação do terceiro significado da evolução), o estado atual da opinião científica apresenta um problema agudo, além das considerações lógicas e teológicas acima descritas. Se os biólogos evolutivos já não concordam que o mecanismo de mutação/seleção possui o poder criativo para explicar novas formas biológicas, e se nenhum mecanismo evolutivo alternativo ainda demonstrou esse poder, então a alegação de que os processos evolutivos aparentemente não orientados são a maneira de Deus criar novas formas de vida é, cada vez mais, uma relíquia de um ponto de vista científico obsoleto. Isso levanta uma questão: se a evidência não suporta o poder criativo dos mecanismos evolutivos materialistas, por que tentar sintetizar a teoria evolucionista com uma compreensão teísta da criação?

Stephen C. Meyer

REFERÊNCIAS E LEITURAS RECOMENDADAS

AXE, Douglas; GAUGER, Ann; LUSKIN, Casey, 2012. *Science and Human Origins.* Seattle: Discovery Institute Press.

AYALA, Francisco J., 2007. "Darwin's Greatest Discovery: Design without Designer." *Proceedings of the National Academy of Sciences USA* 104 (15 maio):8567-73.

BOWLER, Peter J., 1975. "The Changing Meaning of 'Evolution.'" *Journal of the History of Ideas* 36 (1975):99.

COLLINS, Francis, 2006. *The Language of God: A Scientist Presents Evidence for Belief.* New York: Free Press.

COYNE, Jerry, 1998. "Not Black and White." Review of Michael Majerus's 1998 book *Melanism: Evolution in Action. Nature* 396:35-36.

CRICK, Francis, 1988. *What Mad Pursuit: A Personal View of Scientific Discovery.* New York: Basic Books.

DARWIN, Charles, 1859. *On the Origin of Species by Means of Natural Selection.* Um facsimile da primeira edição, publicada por John Murray, London, 1859. Reimpr., Cambridge, MA: Harvard University Press, 1964.

_____. 1887. *The Life and Letters of Charles Darwin*, ed. Francis Darwin.

DAWKINS, Richard. 1986. *The Blind Watchmaker.* New York: W. W. Norton.

DOOLITTLE, W. Ford, 2009. "The Practice of Classification and the Theory of Evolution, and What the Demise of Charles Darwin's Tree of Life Hypothesis Means for Both of Them." *Philosophical Transactions of the Royal Society, B* 364:2221-28.

FUTUYMA, Douglas J., 1998. *Evolutionary Biology.* Sunderland, MA: Sinauer.

GAUGER, Ann; AXE, Douglas; LUSKIN, Casey, 2012. *Science and Human Origins.* Seattle: Discovery Institute Press.

GORDON, Malcolm S., 1999. "The Concept of Monophyly: A Speculative Essay." *Biology and Philosophy* 14:331-48.

CRIACIONISMO EVOLUCIONISTA (perspectiva favorável)

Koonin, Eugene V, 2007. "The Biological Big Bang Model for the Major Transitions in Evolution." *Biology Direct* 2:21.

Lawton, Graham, 2009. "Why Darwin Was Wrong about the Tree of Life." *New Scientist* (21 de janeiro):34-39.

Mayr, Ernst, 1982. Prefácio de Michael Ruse, *Darwinism Defended: A Guide to the Evolution Controversies*, xi-xii. Reading, MA: Addison-Wesley.

Merhej, Vicky; Raoult, Didier, 2012. "Rhizome of Life, Catastrophes, Sequence Exchanges, Gene Creations, and Giant Viruses: How Microbial Genomics Challenges Darwin." *Frontiers in Cellular and Infection Microbiology* 2 (28 ago.):113.

Meyer, Stephen C., 2010. "The Difference It Doesn't Make", em *God and Evolution: Protestants, Catholics, and Jews Explore Darwin's Challenge to Faith*, ed. Jay Wesley Richards, 147-64. Seattle: Discovery Institute Press.

_____. 2013. *Darwin's Doubt: The Explosive Origin of Animal Life and the Case for Intelligent Design*. New York: HarperOne.

Meyer, Stephen C.; Nelson, Paul A.; Moneymaker, Jonathan; Seelke, Ralph; Minnich, Scott, 2007. *Explore Evolution: The Arguments for and against Neo-Darwinism*. London: Hill House.

Miller, Kenneth, 1999. *Finding Darwin's God: A Scientist's Search for Common Ground between God and Evolution*. New York: HarperCollins.

_____. 2007. Comentários durante a conferência "Evolution and Intelligent Design: An Exchange", no congresso "Shifting Ground: Religion and Civic Life in America", Bedford, NH, patrocinada por New Hampshire Humanities Council. 24 mar.

Miller Kenneth R.; Levine, Joseph S., 1991. *Biology*, 658. Englewood Cliffs, NJ: Prentice Hall.

_____. 1993. *Biology*, 658. 2. ed. Englewood Cliffs, NJ: Prentice Hall.

_____. 1995. *Biology*, 658. 3. ed. Englewood Cliffs, NJ: Prentice Hall.

_____. 1998. *Biology*, 658. 4. ed. Upper Saddle River, NJ: Prentice Hall.

Raoult, Didier. 2010. "The Post-Darwinist Rhizome of Life." *Lancet* 375:104-5.

Ratzsch, Del, 2001. *Nature, Design, and Science: The Status of Design in Natural Science*. Albany: State University of New York Press.

Simpson, George Gaylord, 1967. *The Meaning of Evolution*. Rev. ed. New Haven, CT: Yale University Press.

Syvanen, Michael, 2012. "Evolutionary Implications of Horizontal Gene Transfer." *Annual Review of Genetics* 46:339-56.

Thomson, Keith S., 1982. "The Meanings of Evolution." *American Scientist* 70:529-31.

Wells, Jonathan, 1999. "Second Thoughts about Peppered Moths." *Scientist* 13:13.

West, John G., 2010. "Nothing New under the Sun", em *God and Evolution: Protestants, Catholics, and Jews Explore Darwin's Challenge to Faith*, ed. Jay Wesley Richards, 40-45. Seattle: Discovery Institute Press.

Woese, Carl R., 2002. "On the Evolution of Cells." *Proceedings of the National Academy of Sciences USA* 99 (June 25):8742-47.

⌖CRIACIONISMO EVOLUCIONISTA (perspectiva favorável). O criacionismo evolucionista (CE) é a teoria cristã de que Deus, como criador e sustentador do cosmos, contentou-se em usar a evolução (ver **Evolução biológica**) como meio para criar a biodiversidade na terra (Lamoureux, 2008, 2009). Essa teoria, também conhecida como evolução teísta, existe desde o tempo de Darwin (Livingstone, 1984), mas nos últimos anos tem se tornado cada vez mais prevalente entre os cristãos evangélicos, principalmente através dos escritos de Francis Collins e do trabalho da **BioLogos Foundation** (BioLogos, 2016; Collins, 2006).

Embora a principal razão para a CE seja a evidência abundante que apoia a biologia evolutiva, outros fatores contribuem. Avanços na compreensão do contexto do Antigo Oriente Próximo (AOP) das narrativas de Gênesis trazem provas consistentes de que Gênesis não está falando de preocupações científicas modernas, mas sim das preocupações de sua audiência pretendida naquela época da história (Walton, 2009). Além disso, as tentativas cristãs de minar a teoria evolucionista têm sido cada vez mais baseadas em argumentos fracos (Venema, 2010a, 2014). A evolução é uma teoria no sentido científico, significando que é uma estrutura explicativa apoiada por um grande número de evidências experimentais que fazem previsões precisas sobre o mundo natural (Futuyma, 2013). Desta forma, a evolução não é diferente de outras teorias científicas que os cristãos aceitam prontamente: a teoria heliocêntrica de como nosso sistema solar funciona (com o sol em seu centro e não a terra), ou a teoria da hereditariedade cromossômica. Nesse sentido, os cristãos são "gravitadores teístas" e "geneticistas teístas" na medida em que veem esses processos naturais como os meios pelos quais Deus ordena o sistema solar e a passagem de cromossomos de uma geração para a próxima.

Esta teoria se enquadra diretamente na longa visão judaico-cristã de que o que percebemos como "natural" é igualmente o resultado da **providência** divina, que é o que consideramos "sobrenatural". De fato, as categorias de "natural" e "sobrenatural" são de fato estranhas à **cosmovisão** bíblica (Walton, 2009). Como tal, não há uma razão *a priori* para que um cristão rejeite uma teoria científica simplesmente porque oferece uma explicação não sobrenatural para uma característica da ordem criada. Em vez disso, uma decisão sobre a validade da evolução deve ser feita a partir de um exame cuidadoso das evidências para isso.

Evidência a favor da evolução

Uma vez que a evolução tem sido uma teoria científica produtiva há mais de 150 anos, há mais evidências de sua validade do que se pode apresentar em um artigo breve. Alguns exemplos, no entanto, ilustram como a evolução, como uma teoria científica, continua a fazer previsões precisas e resistir aos desenvolvimentos tecnológicos que permitem as observações que Darwin não poderia prever.

Uma característica interessante da teoria evolucionista é que ela pode "forçar", em certo sentido, alguém a fazer previsões bastantes contraintuitivas. Um desses exemplos são as origens dos cetáceos modernos (baleias, golfinhos e toninhas). Os cetáceos são mamíferos, e é altamente improvável que as características definidoras de mamíferos surgiram mais de uma vez através de um processo evolutivo. Dessa forma, a evolução prevê que os cetáceos, como todos os outros mamíferos, descendem dos ancestrais terrestres de quatro membros (ou seja, tetrápodes), mesmo que sejam completamente aquáticos e careçam de membros traseiros. Em *A origem das espécies*, o próprio Darwin especulou sobre as origens de criaturas similares através da **seleção natural** (Darwin, 1859, p. 184):

> Na América do Norte, o urso preto foi visto por Hearne nadando por horas com boca amplamente aberta, atraindo, assim como uma baleia, insetos na água. Mesmo em um caso tão extremo como este, se o suprimento de insetos fosse constante, e se concorrentes mais bem adaptados já não existissem no país, não vejo dificuldade em uma raça de ursos tornando-se, por seleção natural, cada vez mais aquática em sua estrutura e hábitos, com bocas cada vez maiores, até que uma criatura fosse produzida tão grandiosa quanto uma baleia.

Embora Darwin não tivesse a capacidade de testar sua teoria, o trabalho posterior o faria.

Uma previsão óbvia desta teoria é que os **registros fósseis** devem preservar as formas intermediárias entre os cetáceos atuais e seus antepassados terrestres e tetrápodes. Embora nunca se possa ter certeza de que uma **espécie** fóssil seja, de fato, um antepassado direto de qualquer espécie viva, seria de esperar, pelo menos, encontrar espécies *relacionadas* à linhagem ancestral direta e encontrar o suficiente para que essas espécies possam fornecer uma imagem geral de que tipo de formas estava presente e quando vivia. No tempo de Darwin, supostas "formas de transição" que não deixavam a distinção entre mamíferos terrestres e cetáceos muito nítida eram desconhecidas, fato do qual os apologistas antievolutivos se apressaram em tirar vantagem (Seeley 1870, 231):

> Assim, o sr. Darwin, embora tenha achado impossível acreditar nas palavras simples de Moisés... "não vê nenhuma dificuldade" em acreditar que uma raça de ursos, ao contrair o hábito de nadar, perdeu as patas gradualmente, e se "desenvolveu" em baleias de cem vezes seu próprio volume! E esse tipo de lixo é chamado de "ciência"! [...] Vejamos, por um momento, essa baleia, ou urso, ou baleia-urso. O

que diz a ciência geológica sobre isso? A resposta da geologia é que ela encontra ursos na crosta da Terra, e muitos deles; e que ela também encontra baleias. Mas que o urso-baleia, ou criatura que estava se desenvolvendo a partir de um urso em uma baleia, nunca foi encontrado. E, não encontrando, ela acredita nele tanto quanto acredita em uma fênix ou em uma roca.

Desde o tempo de Darwin, no entanto, foram descobertas várias espécies de fósseis que poderiam ter feito o sr. Seeley hesitar (McGowen et al., 2014; Uhen, 2010). Por exemplo, os basilosauros são mamíferos totalmente aquáticos muito semelhantes aos cetáceos modernos que, no entanto, possuem minúsculos membros posteriores. Esses membros posteriores são incapazes de suportar seu peso corporal fora da água porque seus ossos não estão conectados à sua pélvis ou a qualquer outro osso no esqueleto. Os protocetídios, novamente com semelhanças impressionantes com os cetáceos atuais e com os basilosauros, possuem membros posteriores em sua pélvis (e grandes membros posteriores em forma de remo que combinam com os membros anteriores); no entanto, a pélvis não é parte integrante da espinha dorsal como seria de esperar de um mamífero tetrápode. Os ambulocetídios, no entanto, têm membros tanto em forma de remo como uma pélvis integral. Essas espécies fósseis apoiam a teoria de que os cetáceos modernos descendem de antepassados de quatro membros através de formas semelhantes a essas, embora estes sejam provavelmente parentes próximos da linhagem que leva aos cetáceos modernos, em vez de seus antepassados diretos (McGowen et al., 2014; Thewissen et al., 2009).

Curiosamente, verifica-se que os cetáceos atuais têm quatro membros, mas apenas no início do desenvolvimento. Os embriões modernos de cetáceos desenvolvem os membros anteriores e posteriores como gomos precisamente no estágio de desenvolvimento correto que todos os mamíferos o fazem (Thewissen et al., 2009). Nos cetáceos modernos, no entanto, o desenvolvimento dos membros posteriores é ativamente interrompido mais tarde pelo desenvolvimento de um programa regulatório que substitui o programa anterior para produzir um membro posterior (Thewissen et al., 2006). Assim, os cetáceos são tetrápodes, mas apenas por um breve período de desenvolvimento embrionário. Essa observação também apoia fortemente a teoria de que os cetáceos descendem de ancestrais tetrápodes.

CRIACIONISMO EVOLUCIONISTA (perspectiva favorável)

Claro, com o advento da biologia molecular e do sequenciamento de **DNA**, agora temos meios adicionais de testar essa teoria.

Certamente, o sequenciamento do genoma teve o potencial de derrubar completamente a biologia evolutiva, uma vez que essa nova **tecnologia** poderia ter revelado que as espécies não estão geneticamente relacionadas entre si, como a evolução prevê. Para os cetáceos, o sequenciamento do genoma revelou que eles carregam **genes** dedicados aos modos de vida terrestres — mas que eles os carregam apenas como remanescentes que não podem desempenhar suas funções originais. Por exemplo, os mamíferos têm um grande número de genes que ajudam na caça e no consumo de presas: pigmentos visuais que nos permitem ver o uso de comprimentos de onda de luz que facilmente se propagam através do ar; receptores de proteínas em nossas superfícies nasais que unem moléculas aéreas e transmitem impulsos percebidos como cheiros; e receptores de proteínas semelhantes manifestados na língua, possibilitando a sensação gustativa.

Curiosamente, as três classes desses genes nas baleias são reduzidas: as baleias quase não têm o número de genes que os mamíferos terrestres têm para essas funções (Feng et al., 2014, McGowen et al., 2008, 2014). Apesar disso, as baleias retêm muitas das sequências para esses genes, exceto pelo fato de estarem repletas de mutações que removem sua função: não podem ser usadas para ver, cheirar ou provar. A razão para isso é relativamente direta: as enzimas que copiam os cromossomos não conhecem a função das sequências que estão copiando. Eles simplesmente tentam copiar todas as sequências com a maior fidelidade possível.

Quando ocorrem erros, e eles ocorrem (mesmo que raramente), as enzimas continuam a copiar a sequência que sofreu mutação tão fielmente quanto possível. Desta forma, os restos de genes (**pseudogenes**) podem persistir em uma linhagem por centenas de milhares de gerações antes de se tornarem irreconhecíveis. Os cetáceos atuais mantêm assim os restos de genes que sejam pertinentes para um mamífero terrestre: os cetáceos não dependem muito da visão para a caça (em vez disso, eles empregam sonar); nem confiam muito em odoríferos no ar para encontrar suas presas como os mamíferos terrestres, uma vez que caçam na água e não no ar; e sua sensação gustativa é reduzida, uma vez que vivem em um ambiente com alto teor de sal e geralmente engolem sua presa inteira em vez de mastigá-la (McGowen et al., 2014). Mais uma vez, essas observações sustentam a teoria de que os cetáceos descendem dos antepassados tetrápodes e são difíceis de explicar a partir de um quadro não evolutivo.

A evolução, como uma teoria, previu com precisão que devemos encontrar evidências de que os cetáceos descendem de mamíferos terrestres e as observações de campos tão distintos quanto a **paleontologia**, a embriologia e a genética continuam a apoiar essa ideia.

Evidência a favor da evolução humana

Embora não haja evidência de que os cetáceos modernos tenham sua origem nos animais terrestres que cause incomodo, os cristãos comumente acham a noção de evolução humana inquietante. No entanto, há evidências abundantes de que nossa linhagem é também o resultado de um processo evolutivo. Assim como vimos com espécies intermediárias entre baleias modernas e tetrápodes terrestres, há uma série de espécies fósseis com características que sugerem que os seres humanos compartilham antepassados comuns com grandes símios atuais. Embora não possamos ter certeza se alguma espécie fóssil é um antepassado direto dos seres humanos, espécies como os vários *Ardipithecines*, *Australopithecines* e não humanos *Homo* (*habilis*, *erectus*) são, pelo menos, parentes próximos de nossa linhagem (Wood e Lonergan, 2008). Curiosamente, embora os grupos antievolucionistas cristãos concordem que algumas dessas espécies são meramente "símios" e outras "totalmente humanas", eles discordam sobre a partir de onde o limite deve ser definido (Wood, 2010): tais desentendimentos, no entanto, são esperados se o limite estiver sendo definido sobre o que é, de fato, uma variação (ver **Evolução biológica**).

Ainda mais impressionante do que a evidência da paleontologia é uma evidência recente de genômica (ou seja, de DNA), agora que o genoma humano e vários genomas de grandes símios foram sequenciados. Por exemplo, o esboço inicial do genoma do chimpanzé, quando comparado ao genoma humano, mostrou que 2,7 bilhões de letras de DNA (de um total de cerca de 3 a 3,1 bilhões) combinam com apenas uma diferença de 5% entre elas (*Chimpanzee Sequencing and Analysis Consortium*, 2005). A identidade dos genes entre nossas duas espécies é ainda maior, com mais de 99% idênticos ao nível do DNA; além disso, temos nossos genes dispostos na mesma ordem ao longo de nossos cromossomos, com apenas algumas exceções causadas pela ruptura e reinserção cromossômicas (Venema, 2010a).

No nível dos genes, humanos e chimpanzés utilizam o mesmo código para os mesmos genes, mesmo que existam bilhões de possíveis códigos. Por exemplo, o gene que codifica a insulina (um pequeno hormônio de proteína usado para regular os níveis de açúcar no sangue) em seres humanos começa com as seguintes 36 "letras" de DNA, que são convertidas em conjuntos de três letras, chamados códons, em 12 aminoácidos (representados abaixo com as abreviaturas de cada códon):

Humano: atg gcc ctg tgg atg cgc ctc ctc ccc ctg ctg gcg
Met Ala Leu Trp Met Arg Leu Leu Pro Leu Leu Ala

O gene do chimpanzé para insulina difere por apenas uma letra de DNA para esses 12 códons e tem, como resultado, um aminoácido que é diferente:

Chimpanzé: atg gcc ctg tgg atg cgc ctc ctg ccc ctg ctg *gtg*
Met Ala Leu Trp Met Arg Leu Leu Pro Leu Leu Val

O que é de interesse aqui é que, para muitos aminoácidos, existem várias maneiras para o código de letra de DNA especificá-los. Por exemplo, existem quatro maneiras de codificar a alanina (o segundo aminoácido na insulina): GCC, GCA, GCT e GCG funcionarão todos. Para a leucina, o terceiro aminoácido, existem seis códons possíveis: CTA, CTC, CTG, CTT, TTA e TTG. No entanto, o que vemos, repetidas vezes, é que humanos e chimpanzés usam os mesmos códons para os mesmos aminoácidos. Considere este pequeno trecho do gene da insulina: existem muitas combinações possíveis de códons que codificariam exatamente esses mesmos aminoácidos (com as alternativas das duas sequências que observamos apresentadas abaixo):

Humano: atg gcc ctg tgg atg cgc ctc ctg ccc ctg ctg gcg
Chimpanzé: atg gcc ctg tgg atg cgc ctc ctg ccc ctg ctg *gtg*
Possíveis alternativas: atg gcc ctg tgg atg cgc ctc ctg ccc ctg ctg gcg
a a a a a a a a
g c g g c g c c
t t t t t t t t
tta aga tta tta tta
ttg agg ttg ttg ttg ttg

Na verdade, somente para este pequeno trecho, existem $(4^2 \times 6^6)$ = 746.496 possíveis combinações que funcionariam igualmente bem, mas a que observamos é a mais consistente com a hipótese da ancestralidade compartilhada (Venema, 2014). Lembre-se de que os genes humanos e os genes dos chimpanzés são mais de 99% idênticos para todo o conjunto: esse exemplo, embora seja apenas um segmento curto, é representativo do todo. Mesmo que os genes de chimpanzé e humanos exigissem que suas sequências de aminoácidos coincidissem, não precisariam ser tão idênticos no nível do DNA (Venema, 2010a). Esse nível de correspondência, que vai muito além do que é necessário para a funcionalidade, é exatamente o que se poderia prever se os genomas humanos e dos chimpanzés fossem os descendentes ligeiramente modificados do que antes era um genoma ancestral comum, assim como as línguas relacionadas podem ser identificadas devido a suas características compartilhadas (ver **Evolução biológica**).

Uma característica interessante dos genomas é que os genes que perdem sua função devido à mutação ainda serão copiados com a maior fidelidade possível. As enzimas que copiam DNA não "conhecem" a função (ou falta de função) das sequências que copiam. Assim sendo, um gene que perde a função devido à mutação pode permanecer reconhecível para milhares de gerações após o evento de mutação. As mutações que tornam um gene sem função podem ser tão pequenas como uma única mudança de letra de DNA: por exemplo, alguns códons de aminoácidos são apenas uma letra de DNA diferente de um códon de "parada", que diz para a maquinaria celular parar de adicionar aminoácidos à cadeia proteica como é convertida. Um códon de parada prematura no início da sequência de codificação de um gene provavelmente destruirá a função do gene. A sequência de DNA para esse gene, no entanto, permanece praticamente idêntica à versão funcional do gene e permanece na mesma localização cromossômica, com os mesmos genes que os vizinhos de ambos os lados.

Quando os geneticistas começaram a sequenciar genomas, eles encontraram muitos exemplos de tais genes no genoma humano. Por exemplo, muitos dos nossos genes de receptores olfativos (genes expressos na superfície nasal que se ligam aos produtos químicos no ar e transmitem sinais aos nossos cérebros que sentimos como cheiro) têm mutações que impedem que sejam traduzidas para proteínas funcionais (Gilad et al., 2003). Isso por si só não é

CRIACIONISMO EVOLUCIONISTA (perspectiva favorável)

muito surpreendente, já que sabemos que os humanos (e os primatas em geral) têm um olfato menos apurado do que outros mamíferos.

Quando os geneticistas começaram a sequenciar genomas de outros primatas, eles notaram que muitos dos genes que sofreram mutações em seres humanos também sofreram mutações em chimpanzés. Não só os mesmos genes sofreram mutações, mas eles sofreram mutações exatamente da mesma maneira, exatamente na mesma localização do gene. Há duas possíveis explicações para isso. Uma delas é que, por alguma razão desconhecida, exatamente o mesmo local em muitos genes sofreram mutação de forma independente exatamente da mesma maneira em espécies separadas. A outra possibilidade é que as mutações ocorreram uma vez, em uma população ancestral comum, e foram herdadas por humanos e chimpanzés porque essas espécies descendem dessa população ancestral comum. Essa explicação é muito mais provável e se encaixa com a grande identificação observada entre os dois genomas.

O sequenciamento dos genomas do gorila e do orangotango forneceu mais evidências de que os seres humanos compartilham populações ancestrais comuns com outros primatas. Nós compartilhamos mutações idênticas com essas espécies também (Gilad et al., 2003). Além disso, observamos um padrão particular para essas mutações compartilhadas. Algumas mutações que compartilhamos apenas com chimpanzés; outras que compartilhamos com chimpanzés e gorilas; e ainda outras que compartilhamos com os três símios. Aquelas que compartilhamos com os orangotangos nós compartilhamos com gorilas e chimpanzés, e aquelas que compartilhamos com os gorilas nós compartilhamos com os chimpanzés.

O que não observamos também é importante: por exemplo, mutações compartilhadas com orangotangos, mas não com chimpanzés ou gorilas. Esse padrão é o que poderíamos esperar se algumas mutações ocorressem na população ancestral comum de todas as quatro espécies (e posteriormente fossem herdadas pelas quatro); se algumas mutações ocorressem na população ancestral comum de humanos, chimpanzés e gorilas depois que a linhagem de orangotango se separasse; e se algumas mutações ocorressem na população ancestral comum de humanos e chimpanzés depois que a linhagem do gorila se separou. Nós também esperaríamos que, dado esse padrão de especiação (ver **Evolução biológica**), o genoma humano fosse

o mais idêntico ao genoma do chimpanzé, coincidisse com o genoma do gorila como o segundo mais idêntico e coincidisse com o genoma do orangotango como o terceiro mais idêntico, e é exatamente isso que observamos. Essas duas linhas de evidência genômica coincidem entre si; tanto o padrão de genes inativados como a identidade geral de DNA contam a mesma história: compartilhamos antepassados comuns com chimpanzés, depois gorilas e orangotangos (Locke et al. 2011; Venema, 2010a).

Muitos outros exemplos podem ser dados. Os seres humanos não possuem a capacidade de sintetizar vitamina C, embora tenhamos resquícios do gene necessário para fazê-lo. Outros primatas também não possuem uma versão funcional desse gene, e as mutações que removem sua função são as mesmas em humanos e em outros primatas (Lachappelle e Drouin, 2011). Ainda mais impressionante, os seres humanos têm os resquícios de um gene, a vitelogenina, que é usado para a formação da gema de ovo em organismos que colocam ovos, mesmo que os seres humanos sejam mamíferos placentários e, portanto, não necessitem de vitelogeninas funcionais (Brawand et al., 2008). Os resquícios deste gene no genoma humano estão localizados ao lado de um gene funcional, e este mesmo gene funcional também está ao lado da vitelogenina funcional no genoma da galinha (Brawand et al., 2008). Explicar estas observações para além da evolução é um desafio, para dizer o mínimo (Venema, 2010a).

Objeções científicas para o criacionismo evolucionista

Embora a evolução seja fortemente apoiada por evidências científicas, a CE como posição cristã das origens foi criticada por razões científicas. Por exemplo, os estudiosos associados ao movimento do *design* **inteligente** (DI) apresentaram dois argumentos principais contra a evolução: essa evolução não pode explicar a origem das **informações**, como observamos no DNA, e que certas características biológicas são mais bem explicadas como produtos de *design* porque elas são inacessíveis para mecanismos evolutivos. Abordaremos esses argumentos por sua vez.

O argumento de informação do DI contra a evolução foi promovido principalmente por **Stephen Meyer** (Meyer, 2009). Meyer argumenta que nossa experiência uniforme é que a informação é o produto de uma inteligência de *design*; portanto, se observarmos informações, podemos concluir que foi projetado e não o resultado de processos naturais. Meyer afirmou algumas vezes que a evolução, em geral, é incapaz de gerar novas informações (Meyer, 1999; Venema, 2010b) e, em outras ocasiões, restringiu seu argumento unicamente à origem da informação biológica, ou seja, a origem do sistema de códon de DNA na **origem da vida** (Meyer, 2009; Venema, 2011).

O argumento anterior é facilmente demonstrado como incorreto: processos como a duplicação de genes e a subsequente divergência para novas funções (Venema, 2010b) ou mesmo a conversão direta de DNA não codificado em novos genes de proteínas (Kaessmann, 2010) são bem conhecidos. O último argumento, no entanto, é mais resistente à crítica, uma vez que diz respeito a uma área da ciência que não está bem descrita (Venema, 2011). Há, no entanto, características conhecidas sobre como a informação é armazenada no DNA que desafia a afirmação de Meyer de que o sistema de códon de DNA seja, de fato, um código real, uma criptografia arbitrária projetada por um *designer* inteligente, além de um processo evolutivo. Atualmente, os códons são combinados com seus aminoácidos apropriados através de uma molécula de ligação chamada RNA de transferência. Um RNA de transferência tem três "letras" (chamado anticódon) que se combinam e se ligam às três letras de DNA de cada códon. Uma vez que um aminoácido está ligado a um RNA de transferência específico, o anticódon especifica que o RNA de transferência irá se ligar ao códon apropriado, fornecendo o aminoácido correto quando um gene é convertido em proteína (ver **Gene**).

O que é interessante é que vários aminoácidos se ligam diretamente ao seu códon (ou em alguns casos, ao seu anticódon). Esta é uma forte evidência de que o sistema RNA de transferência é uma adição posterior, e que pelo menos uma parte do "código" códon foi determinada por interações químicas diretas sem RNA de transferência (Fontecilla-Camps, 2014; Yarus et al., 2009). Se, de fato, o código de códon é um algoritmo projetado para além de um processo evolutivo, não há motivo para se esperar que tais afinidades químicas estejam presentes, ainda assim, Meyer não oferece nenhuma explicação para o porquê de o código genético conter essas características (Venema, 2011). A origem do código de DNA deve-se a um evento que ocorreu há mais de 3 bilhões de anos e, portanto, é difícil de estudar. No entanto, o progresso continua a ser feito e basear argumentos de apologética sobre a confiança

de que a origem do código de DNA nunca será resolvida é um exemplo particular de uma estratégia geral que não serviu à igreja, nem ao *design* inteligente, bem no passado (Venema, 2011).

Um segundo argumento de DI contra mecanismos evolutivos é o da **complexidade** irredutível (CI) defendido pelo bioquímico Michael Behe (Behe, 1996, p. 39).

Darwin sabia que sua teoria da evolução gradual pela seleção natural carregava um pesado fardo: "Se pudesse ser demonstrado que existia qualquer órgão complexo que não poderia ter sido formado por numerosas modificações sucessivas e pequenas, minha teoria seria absolutamente derrubada."

É seguro dizer que a maior parte do ceticismo científico sobre o **darwinismo** no século passado centrou-se nessa exigência [...] os críticos de Darwin suspeitaram que seu critério de falha havia sido achado. Mas como podemos ser confiantes? Que tipo de sistema biológico não poderia ser formado por "numerosas, sucessivas e pequenas modificações"? Bem, para iniciantes, um sistema que é irredutivelmente complexo.

Por irredutivelmente complexo quero dizer um sistema único composto por várias partes que combinam bem, que contribuem para a função básica, em que a remoção de qualquer uma das partes faz com que o sistema pare efetivamente de funcionar. Um sistema irredutivelmente complexo não pode ser produzido diretamente (isto é, melhorando continuamente a função inicial, que continua a funcionar pelo mesmo mecanismo) por ligeiras modificações sucessivas de um sistema precursor, porque qualquer precursor de um sistema irredutivelmente complexo que está faltando uma parte é, por definição, não funcional. Um sistema biológico irredutivelmente complexo, se existe tal coisa, seria um poderoso desafio para a evolução darwiniana.

Uma analogia para um sistema CI é um portal de pedra: sem cada uma das pedras presentes, não há portal funcional; cada pedra do portal é necessária para que a estrutura fique parada; e remover qualquer pedra fará com que o portal caia. É claro que é impossível que um portal seja construído diretamente — não há nenhuma maneira para que cada pedra seja colocada na posição correta simultaneamente na ausência de outros componentes. Como tal, podemos considerar um portal de pedra como um CI. Essa analogia, no entanto, também revela uma falha potencial no argumento de Behe: os portais são construídos com o uso de andaimes que suportam as

CRIACIONISMO EVOLUCIONISTA (perspectiva favorável)

pedras até que todas elas estejam no lugar. Behe considera essa possibilidade para sistemas biológicos, mas o rejeita (Behe, 1996, p. 40):

> Mesmo que um sistema seja irredutivelmente complexo (e, portanto, não tenha sido produzido diretamente), no entanto, não é possível excluir definitivamente a possibilidade de uma rota indireta e tortuosa. Contudo, à medida que a complexidade de um sistema de interação aumenta, a probabilidade de tal rota indireta cai acentuadamente. E à medida que o número de sistemas biológicos inexplicáveis e irrecuperáveis aumenta, nossa confiança de que o critério de falha de Darwin foi atingido dispara em direção ao máximo que a ciência permite.

Como o argumento de Meyer a partir da informação, o argumento de Behe do CI depende de uma falta de compreensão científica: o argumento de Meyer depende da ciência não entender como o código do DNA surgiu, e o argumento de Behe depende da ciência não entender o processo pelo qual cada sistema CI surgiu biologicamente. O argumento de Behe, então, é igualmente vulnerável aos avanços no conhecimento científico.

Embora a ciência esteja longe de determinar a história evolutiva de cada sistema de CI (e permanecerá assim no futuro previsível), os cientistas assistiram a sistemas de CI se formarem. Como esperado, eles empregam o equivalente biológico de andaimes. Um exemplo é um estudo de como um vírus se liga a seu hospedeiro e depois o infecta (Meyer et al., 2012). Originalmente, esse sistema biológico era composto por uma proteína de vírus que se liga a uma proteína celular hospedeira e uma cascata subsequente de interações proteína-proteína que permitiram que o vírus entrasse na célula e se replicasse. A remoção de qualquer dessas proteínas torna o vírus incapaz de funcionar, confirmando que este sistema de múltiplas peças bem combinadas é, de fato, um CI. No decurso de um experimento, no entanto, o vírus evoluiu repetidamente a capacidade de usar uma segunda proteína de célula hospedeira para entrada, mantendo suas habilidades originais. Isso exigiu quatro mutações para ocorrer dentro de um dos genes do vírus, mutações que aconteceram uma após a outra e não simultaneamente (Meyer et al., 2012).

Curiosamente, Behe argumentou que esse número de mutações é inacessível aos mecanismos evolutivos (Behe 2007), algo que ele não menciona na tentativa de refutar este estudo (Behe, 2012). Uma vez que estas mutações estavam no lugar, o vírus poderia dispensar a proteína

hospedeira original e usar a segunda. Assim, um sistema CI (usando a primeira proteína hospedeira) passou por um intermediário de "andaimes" (capaz de usar qualquer proteína hospedeira) para um novo estado que também era um CI (capaz de usar a nova proteína hospedeira mesmo quando a proteína original foi removida) (Meyer et al., 2012). Embora esta experiência não forneça, obviamente, um relato detalhado de todos os sistemas CI, demonstra que o argumento de Behe pode ser facilmente anulado com evidências adicionais.

Em contraste com o DI, a CE não está ameaçada por avanços em entendimento científico, uma vez que a CE vê a ciência como um meio para entender os mecanismos pelos quais Deus escolheu (e escolhe) fazer a criação. Portanto, a CE provavelmente continuará a ganhar adeptos entre os cristãos, à medida que a evidência de evolução continua a se acumular, e os argumentos de grupos antievolutivos são pesados e vistos como deixando a desejar, e os avanços na exegese revelam que a configuração e o contexto dos relatos da criação bíblica não os colocam em conflito com as descobertas da ciência moderna.

Dennis R. Venema

REFERÊNCIAS E LEITURAS RECOMENDADAS

BEHE, Michael J., 1996. *Darwin's Black Box: The Biochemical Challenge to Evolution.* New York: Free Press.

———. 2007. *The Edge of Evolution: The Search for the Limits of Darwinism.* New York: Free Press.

———. 2012. "More from Lenski's Lab; Still Spinning Furiously." *Evolution News.* 30 de janeiro. www.evolutionnews.org/2012/01/more_from_lensk055751.html.

BIOLOGOS, 2016. www.biologos.org/. A Fundação BioLogos é a principal organização evangélica que promove uma teoria de criação evolucionista.

BRAWAND, D.; Wali, W.; Kaessmann, H., 2008. "Loss of Egg Yolk Genes in Mammals and the Origin of Lactation and Placentation." *PLOS Biology* 6:507-17.

CHIMPANZEE SEQUENCING AND ANALYSIS CONSORTIUM, 2005. "Initial Sequence of the Chimpanzee Genome and Comparison with the Human Genome." *Nature* 437:69-87.

COLLINS, Francis, 2006. *The Language of God: A Scientist Presents Evidence for Belief.* New York: Free Press.

DARWIN, Charles, 1859. *On the Origin of Species by Means of Natural Selection.* London: John Murray.

FENG, P.; Zheng J.; Rossiter, S.; Wang, D.; Zhao, H., 2014. "Massive Losses of Taste Receptor Genes in Toothed and Baleen Whales." *Genome Biology and Evolution* 6:1254-65.

FONTECILLA-CAMPS, J, 2014. "The Stereochemical Basis of the Genetic Code and the (Mostly) Autotrophic Origin of Life." *Life* 4:1013-25.

FUTUYMA, D. J., 2013. *Evolution.* 3. ed. Sunderland, MA: Sinauer.

GILAD, Y.; Man, O.; Pääbo, S.; Lancet, D., 2003. "Human Specific Loss of Olfactory Receptor Genes." *Proceedings of the National Academy of Sciences USA* 100:3324-27.

KAESSMANN, H., 2010. "Origins, Evolution, and Phenotypic Impact of New Genes." *Genome Research* 20:1313-26.

LACHAPPELLE, M.; Drouin, G., 2011. "Inactivation Dates of the Human and Guinea Pig Vitamin C Genes." *Genetica* 139:199-207.

184 CRIACIONISMO, *DESIGN* INTELIGENTE E OS TRIBUNAIS NOS EUA

LAMOUREUX, D., 2008. *Evolutionary Creation: A Christian Approach to Evolution*. Eugene, OR: Wipf and Stock.

_____. 2009. *I Love Jesus and I Accept Evolution*. Eugene, OR: Wipf and Stock. Livinstone, D. 1984. *Darwin's Forgotten Defenders*. Vancouver: Regent College Publishing.

LOCKE, D.; Hillier, L. W.; Warren, W. C., et al. 2011. "Comparative and Demographic Analysis of Orangutan Genomes." *Nature* 469:529-33.

McGOWEN, M.; Clark, C.; Gatesy, J., 2008. "The Vestigial Olfactory Receptor Subgenome of Odontocete Whales: Phylogenetic Congruence between Gene-Tree Reconciliation and Supermatrix Methods." *Systematic Biology* 57:574–90.

McGOWEN M.; GATESY, J.; Wildman, D., 2014. "Molecular Evolution Tracks Macroevolutionary Transitions in Cetacea." *Trends in Ecology and Evolution* 29:336-46.

MEYER, J.; Dobias, D.; Weitz, J.; Barrick, J.; Quick, R.; Lenski, R., 2012. "Repeatability and Contingency in the Evolution of a Key Innovation in Phage Lambda." *Science* 335:428-32.

MEYER, S., 1999. "Teleological Evolution: The Difference It Doesn't Make." In: *Darwinism Defeated? The Johnson-Lamoureux Debate over Biological Origins*, ed. P. Johnson and D. Lamoureux. Vancouver: Regent College Publishing.

_____. 2009. *Signature in the Cell: DNA and the Evidence for Intelligent Design*. New York: HarperCollins.

SEELEY, R. 1870. *Essays on the Bible*. London: n. p.

THEWISSEN, J.; Cohn, M.; Stevens, L.; Bajpai, S.; Heyning, J.; Horton, W., Jr., 2006. "Developmental Basis for Hind Limb Loss in Dolphins and the Origin of the Cetacean Body Plan." *Proceedings of the National Academy of Sciences USA* 103:8414-18.

THEWISSEN, J.; Cooper, N.; George, J.; Bajpai, S., 2009. "From Land to Water: The Origin of Whales, Dolphins, and Porpoises." *Evolution Education Outreach* 2:272-88.

UHEN, M., 2010. "The Origin(s) of Whales." *Annual Review of Earth and Planetary Sciences* 38:189-219.

VENEMA, D., 2010a. "Genesis and the Genome: Genomics Evidence for Human-Ape Common Ancestry and Ancestral Homininod Population Sizes." *Perspectives on Science and Christian Faith* 62:166-78.

_____. 2010b. "Seeking a Signature: Essay Book Review of *Signature in the Cell: DNA and the Evidence for Intelligent Design* by Stephen C. Meyer." *Perspectives on Science and Christian Faith* 62:276-83.

_____. 2011. "Intelligent Design, Abiogenesis, and Learning from History: A Reply to Meyer." *Perspectives on Science and Christian Faith* 63:183-92.

_____. 2014. "Intelligent Design and Common Ancestry." Biologos Foundation. 27 mar. http://biologos.org/blogs/dennis-venema-letters-to-the-duchess/series/intelligent-design-and-common-ancestry=part=1.

WALTON, John, 2009. *The Lost World of Genesis One: Ancient Cosmology and the Origins Debate*. Downers Grove, IL: InterVarsity.

WOOD, B.; Lonergan, N. 2008. "The Homininon Fossil Record: Taxa, Grades and Clades." *Journal of Anatomy* 212:354-76.

WOOD, T., 2010. "Baraminological Analysis Places *Homo habilis*, *Homo rudolfensis*, and *Australopithecus sediba* in the Human Holobaramin." *Answers Research Journal* 3:71-90.

YARUS, M.; Widmann, J.; Knight, R., 2009. "RNA-Amino Acid Binding: A Stereochemical Era for the Genetic Code." *Journal of Molecular Evolution* 69:406-29.

CRIACIONISMO, *DESIGN* INTELIGENTE E OS TRIBUNAIS NOS EUA.

As escolas americanas levaram quase uma geração para alcançar **Charles Darwin**, que apresentou sua teoria da evolução em 1859, apenas dois anos antes da Guerra de Secessão americana. Não havia livros didáticos na ciência unificada da "biologia" antes do início do século XX, e os livros didáticos do século XIX sobre botânica, zoologia e **geologia** eram completamente criacionistas até a década de 1870 ou até mais adiante (Larson, 2003). Uma vez que a evolução entrou em cena, foi colocada em um quadro explicitamente teísta, no início; de fato, o termo *evolução teísta* foi cunhado não antes de 1877, embora não o tenha sido em um livro didático. No final do século, no entanto, mesmo as referências implícitas à agência divina quase desapareceram, deixando os alunos se perguntando o que, exatamente, Deus tinha a ver com a história da vida em um mundo em evolução. Ao mesmo tempo, o número de estudantes matriculados em escolas secundárias públicas explodiu. Em 1890, havia apenas cerca de 2.500 escolas secundárias em todos os EUA; em 1910, o número havia quadruplicado, com um aumento adicional de 40% na década seguinte. Pela primeira vez, milhões de estudantes estavam sendo expostos à evolução, e a Deus não coube nenhum papel nisso, mesmo que muitos cientistas da época acreditassem que a evolução era um processo proposital e orientado por objetivos. Além disso, os livros didáticos promoveram cada vez mais o racismo científico, a eugenia e outras formas de **darwinismo** social. Por exemplo, o livro *A Civic Biology* [Uma biologia cívica] de George W. Hunter, exigido no Tennessee, onde foi usado por John Scopes, descreveu os caucasianos como "o tipo mais elevado de todos" (Larson, 2003, p. 21).

A oposição feroz ao darwinismo social motivou em parte o apoio de William Jennings Bryan às leis estaduais que proibiam o ensino da evolução em escolas públicas e universidades. Sendo o candidato presidencial mais novo da história americana, Bryan tinha concorrido sem sucesso três vezes como um democrata populista, defendendo reformas progressivas, como a independência filipina, o sufrágio feminino, o imposto gradual sobre rendimentos e a abolição do padrão-ouro. Após a Primeira Guerra Mundial, chocado com o biólogo Vernon Kellogg, que tinha escrito em seu livro *Headquarters Nights* [Noites no quartel-general] (1917) sobre o vínculo entre militarismo e evolução no pensamento alemão anterior à Guerra, Bryan liderou uma campanha nacional contra o ensino da evolução com fundos públicos. Para obter apoio político, ele argumentou que os próprios contribuintes, e não as elites acadêmicas, têm o direito para determinar o que é ensinado nas escolas públicas se não querem evolução, deve ser removida. Ele também acreditava que a evolução é intrinsecamente ateísta, de modo que o seu ensino com

CRIACIONISMO, *DESIGN* INTELIGENTE E OS TRIBUNAIS NOS EUA

dinheiro dos impostos viola a neutralidade religiosa exigida pelo governo americano.

Bryan conseguiu bons frutos. Antes do final da década de 1920, mais de 20 estados norte-americanos examinavam leis antievolutivas, cinco as tinham aprovado, e o Senado dos Estados Unidos debatia a proibição de programas de rádio favoráveis à evolução (Numbers 2006, p. 55). O turbilhão ocorreu em 1925, quando o Tennessee estabeleceu que era crime "ensinar qualquer teoria que nega a história da divina criação do homem como ensinado na Bíblia e ensinar que o homem descende de uma ordem inferior de animal" (Larson, 2003, p. 54). Imediatamente, a *American Civil Liberties Union* [União Americana de Liberdades Civis] (ACLU) requisitou um professor que estaria disposto a infringir a lei para colocar a própria lei em julgamento em um tribunal superior como uma violação da liberdade de expressão. Os donos do poder em Dayton, Tennessee, viram uma oportunidade para colocar sua pequena cidade rural no mapa. Agindo de acordo com as instruções do presidente do conselho escolar, o professor novato John Scopes concordou em enfrentar um julgamento. Por fim, a Suprema Corte do Tennessee anulou sua condenação com base em um pormenor técnico improvisado, ao mesmo tempo em que considerou a lei constitucional; ela nunca foi apreciada em tribunal federal e permaneceu nos livros até 1967. Entretanto, por três décadas, as escolas e os livros didáticos davam substancialmente menos ênfase à evolução.

Enquanto o objetivo de Bryan era simplesmente parar o ensino da evolução, os criacionistas desde a década de 1960 tentaram colocar o criacionismo em aulas de ciências sem remover a evolução. Um argumento comum sustenta que se pode encontrar apoio científico para qualquer hipótese. Sendo assim, os alunos devem poder escolher por si o que faz mais sentido — uma posição que conquistou algum apoio popular e atraiu comentários favoráveis do presidente Ronald Reagan (Larson, 2003, p. 157, 173).

No entanto, o tipo de criacionismo promovido hoje é muito diferente do criacionismo anterior. Os líderes fundamentalistas da geração de Bryan quase inteiramente aceitaram a evidência de vastas idades geológicas, cheias de criaturas fossilizadas, agora em grande parte extintas, muito antes de as pessoas serem criadas. Em contraste, os criacionistas da Terra jovem de hoje rejeitam quase inteiramente qualquer ciência que contradiga sua hipótese de que todo o universo foi criado em seis dias literais, não

mais do que dez a 12 mil anos atrás, com a maioria dos fósseis resultantes do dilúvio de Noé. Nem mesmo a cosmologia do ***big bang***, que se presta a interpretações teístas, é aceitável. É difícil imaginar um conflito mais violento com a ciência moderna.

O criacionismo deste novo tipo chegou aos tribunais federais na década de 1980, nos casos originários do Arkansas e Louisiana, com a ACLU alegando que as leis estaduais recentemente promulgadas que exigiam o ensino do criacionismo equivaliam a um estabelecimento inconstitucional de religião. Duas testemunhas no caso de Arkansas, o filósofo **Michael Ruse** e o teólogo Langdon Gilkey, persuadiram o tribunal de que o criacionismo é uma religião sectária, e não ciência — uma conclusão que continua a moldar a controvérsia. Quando o caso da Louisiana chegou à Suprema Corte do país em 1987, a objeção da ACLU foi apoiada, mas o tribunal também explicitamente deixou a porta aberta para que múltiplas teorias sobre a origem humana fossem ensinadas, desde que uma clara finalidade educacional secular fosse atendida. O *design* inteligente (DI) foi cuidadosamente elaborado por um professor de direito, Phillip E. Johnson, para passar por essa porta. O problema com o criacionismo da Terra jovem, na opinião de Johnson, é a sua estreita associação com a Bíblia. A questão essencial deveria ser uma inteligência planejada em face à evolução puramente naturalista, distinguindo claramente o DI do criacionismo da Terra jovem (Larson 2003, p. 186-87).

O objetivo de Johnson de excluir por completo a Bíblia e o criacionismo da Terra jovem da discussão de DI fracassou quando alguns dos seus principais defensores cooperaram com os criacionistas para publicar o primeiro livro explicitamente pró-DI, *Of Pandas and People* [Sobre pandas e pessoas] (1989), como suplemento aos textos de biologia da escola pública. As versões anteriores desse livro (que tiveram títulos diferentes ao longo dos anos) eram obras puramente criacionistas, fazendo uso frequente das palavras *criação* e *criacionistas*. Após o caso de Louisiana, no entanto, esses termos foram substituídos indiscriminadamente por "*design* inteligente" e "proponentes do *design*" (Numbers 2006, p. 375-76). Consequentemente, quando o conselho da escola em Dover, Pensilvânia, tentou inserir o livro no currículo, um juiz federal o obstou em 2005, acrescentando que a evidência mostrou "que o *design* inteligente nada mais é do que a cria do criacionismo" (Davis 2006, p. 11). A decisão atualmente se

186 CRICK, FRANCIS

aplica apenas a esse distrito federal; veremos se outros casos surgirão em outros lugares.

Edward B. Davis

REFERÊNCIAS E LEITURAS RECOMENDADAS

Davis, Edward B. 2006. "Intelligent Design on Trial." *Religion in the News* 8 (inverno): 8-11, 26.

Larson, Edward J. 1997. *Summer for the Gods: The Scopes Trial and America's Continuing Debate over Science and Religion.* New York: Basic Books.

_____. 2003. *Trial and Error: The American Controversy over Creation and Evolution.* 3. ed. Oxford: Oxford University Press.

Numbers, Ronald L. 2006. *The Creationists: From Scientific Creationism to Intelligent Design.* Exp. ed. Cambridge, MA: Harvard University Press.

CRICK, FRANCIS. Francis Harry Compton Crick (1916-2004) nasceu em Northampton, no Reino Unido, e aos 14 anos de idade, com uma bolsa de estudos, entrou na escola religiosa não conformista Mill Hill School, um internato no norte de Londres. Ele havia deixado de frequentar os cultos dois anos antes e tolerava a educação religiosa que fazia parte da escola. Ele se destacou em **matemática** e **física** e graduou-se no University College de Londres, e depois continuou como estudante graduado em física. Durante a Segunda Guerra Mundial, o laboratório em que trabalhou foi fechado e seu projeto de pós-graduação foi finalmente destruído por uma bomba alemã em 1941. Em 1940, ele se juntou à Marinha Real Britânica e desenvolveu inúmeras novas minas marítimas e tecnologias de varredura de minas com sucesso.

Com um crescente interesse na base física da vida, Crick deixou sua posição de pesquisa militar estável em 1947 para realizar pesquisa biológica no laboratório Strangeways, em Cambridge. Sob os auspícios do Conselho de Pesquisa Médica, em 1949, ele se juntou a uma equipe que trabalhava em cristalografia de raios X. Ele continuou como doutorando em 1950, como membro do Gonville and Caius College. Trabalhando com Max Perutz, John Kendrew e Hugh Huxley no laboratório, Crick dominou as habilidades de interpretação de padrões de difração de raios X de moléculas orgânicas e estudar sua estrutura através de construção de modelo conjectural. James Watson juntou-se ao laboratório em 1951, e com ele, Maurice Wilkins e Rosalind Franklin, no King's College de Londres, descobriram a estrutura de dupla hélice do **DNA** em 1953. Pela conquista, Crick, Watson e Wilkins receberam um Prêmio Nobel em 1962.

Crick doutorou-se e continuou a pesquisa sobre o papel do DNA na estrutura molecular da vida. Ele entendeu que o DNA era um código escrito em quatro letras e que era responsável por organizar os 20 aminoácidos em proteínas — a hipótese da sequência — essenciais para a função celular. Ele também articulou o "Dogma Central", que afirma que a **informação** flui em uma só direção: do DNA para o RNA e deste para a proteína. Ou seja, as proteínas são o produto, não a fonte de informação biológica, contrariamente ao que foi sugerido anteriormente.

Tendo sido um dos principais participantes na fundação da nova disciplina da biologia molecular, no final da década de 1960 Crick voltou sua atenção para a **neurociência**. Em 1977 ele deixou a Mill Hill School e assumiu uma cátedra no Instituto Salk em La Jolla, Califórnia, tendo desfrutado um ano sabático no ano anterior. Seu principal interesse era a **consciência** humana, e ele iniciou uma parceria com Christof Koch em 1981. Ele abordou a questão da consciência por meio de um estudo do sistema visual e da atenção, mas não realizou experiências próprias e deu apenas uma modesta contribuição para o campo.

Crick prosseguiu sua pesquisa científica em busca de algumas das mais profundas questões humanas — a natureza da vida e da consciência. Nesta busca, ele rejeitou a religião e a **revelação** como fontes de informação. Em vez disso, ele considerava a religião como um obstáculo para o conhecimento, acreditando que tudo seria, em última instância, englobado pela física e química, como sugeriu sua descoberta anterior do papel do DNA. "Vitalismo", a visão de que a vida era um princípio não material único, era para ele uma transição de um tempo anterior e deveria ser expurgada do pensamento científico. Isso incluiu a eliminação de qualquer discussão de "mente" além do cérebro físico.

Jason M. Rampelt

REFERÊNCIAS E LEITURAS RECOMENDADAS

Crick, Francis, 1966. *Of Molecules and Men.* Seattle and London: University of Washington Press.

_____. 1970. "The Central Dogma of Molecular Biology." *Nature* 227:561-63.

_____. 1981. *Life Itself: Its Origin and Nature.* New York: Simon & Schuster.

_____. 1988. *What Mad Pursuit: A Personal View of Scientific Discovery.* New York: Basic Books.

_____. 1994. *The Astonishing Hypothesis: The Scientific Search for the Soul.* New York: Scribner.

Olby, Robert, 2009. *Francis Crick: Hunter of Life's Secrets.* Cold Spring Harbor, NY: CSH Press.

Watson, James, 1968. *The Double Helix: A Personal Account of the Discovery of the Structure of DNA.* New York: Penguin.

Watson, J. D.; Crick, F. H. C., 1953a. "Genetical Implications of the Structure of Deoxyribonucleic Acid." *Nature* 171:964-67.

_____. 1953b. "A Structure for Deoxyribose Nucleic Acid." *Nature* 171:737-38.

CRONOLOGIA BÍBLICA

CRONOLOGIA BÍBLICA. Aos eventos da narrativa do Antigo Testamento podem ser atribuídas datas precisas e correlacionadas com fontes não bíblicas desde o início do reino dividido no século X a.C. Antes disso, a falta de material externo e períodos precisos na própria Bíblia tornam mais difícil estabelecer uma cronologia. Quanto ao Novo Testamento, é possível um alto grau de certeza sobre a data da morte de Jesus e alguns episódios significativos do livro de Atos.

O reino dividido

Os livros históricos da Bíblia, especialmente 1Reis, 2Reis, 1Crônicas e 2Crônicas, fornecem uma lista de governantes e a duração de seus reinados sobre os reinos de Israel e Judá. Isso é típico dos registros arqueológicos descobertos em outras civilizações. A lista bíblica pode ser correlacionada com essas fontes não bíblicas usando-se eventos que são mencionados em ambos. O mais famoso deles é o cerco de Jerusalém pelo rei assírio Senaqueribe, mencionado em 2Reis 18:13—19:36 e 2Crônicas 32:1-21, bem como nos próprios anais da Assíria. Duzentos anos antes, o faraó Sisaque I realizou uma incursão, tomando várias cidades cananeias e judaicas. Isso é mencionado na Bíblia em 1Reis 14:25 e comemorado por Sisaque I em inscrições em seu templo em Karnak, no Egito.

O tempo que os reinados dos reis de Israel e Judá duraram segundo a Bíblia suscita algumas questões difíceis nos detalhes. Por exemplo, quando 2Reis 21:19 diz que o rei Amom de Judá governou por dois anos, pode ser que isso inclua o primeiro e o último ano do seu reinado ou nenhum deles. Isso significaria que um ano poderia ser contado juntamente com de seu antecessor ou sucessor, ou não. Então, Amon poderia ter reinado por apenas um ano ou quase quatro. Usando correlações de dentro da Bíblia e de eventos mencionados em fontes extrabíblicas, é possível estabelecer que a dupla contagem foi comum no Reino do Norte, mas provavelmente foi abandonada no Reino do Sul no século VII a.C. Judá e Israel também parecem ter marcado o novo ano com seis meses de intervalo, na primavera em Judá e no outono em Israel. Ao se considerar tais complicações, pode-se estabelecer a lista dos reis bíblicos e sincronizar os eventos descritos na Escritura com aqueles ocorridos em outras civilizações antigas do Oriente Próximo com maior precisão. As listas reais são conhecidas como cronologias "flutuantes" ou "relativas"

pelos historiadores porque nos contam o que aconteceu em relação a outros eventos, mas não fornecem datas exatas. Assim, por exemplo, podemos dizer com certeza que o rei Oseias de Israel subiu ao trono quatro anos antes de Salmanaser V da Assíria, porque sabemos que Salmanaser subjugou Samaria no quinto ano de seu reinado, que foi o nono de Oseias. Mas não podemos, a partir dessa **informação** isolada, saber em que ano o reinado de Oseias começou.

Para fornecerem datas exatas, os historiadores dependem de referências raras a eventos astronômicos que podem ser datados precisamente devido aos movimentos regulares das estrelas. Em 15 de junho de 763 a.C., um eclipse quase total do sol era visível em uma faixa do Oriente Próximo. O evento foi notado na lista oficial de altos funcionários da Assíria, fornecendo a primeira data absoluta e incontroversa na história antiga. Ao contar com este evento por meio das listas reais, os historiadores podem fornecer datas absolutas para todos os outros episódios registrados em crônicas hebraicas, egípcias e assírias. Assim, sabemos que o reinado de Oseias começou em 732 a.C., o de Salmanaser, em 727 a.C., e que Samaria caiu em 722 a.C.

Essas datas são relativamente incontroversas. Um pequeno número de cronologistas, como Peter James, tentou construir outras cronologias que diferem das reconstruções convencionais. Embora alguns desses modelos alternativos sejam superficialmente atraentes, eles receberam pouca aceitação. A correlação dos eventos bíblicos com determinados vestígios arqueológicos também se mostrou difícil. O exame de cerâmicas e a datação por carbono não são atualmente suficientemente precisos para fornecer datas exatas para achados arqueológicos, e eles exigem aferição externa em qualquer caso. Pode ser que a dendrocronologia (datação pela contagem de anéis do tronco das árvores) e os núcleos de gelo eventualmente permitam que datas precisas sejam atribuídas a alguns dos restos desenterrados no Oriente Médio.

O reino unido e antes dele

Antes de Canaã ser invadida pelo faraó Sisaque em 925 a.C., não existem fontes externas que corroborem os eventos descritos na Bíblia. Na verdade, datar com precisão o ataque da Sisaque só é possível usando evidências bíblicas. Assim, a cronologia antes dessa data só pode ser estabelecida usando evidências internas da própria

Bíblia. Isso significa que as datas para os reinados dos reis Saul, Davi e Salomão não podem ser determinadas precisamente, uma vez que não há controle externo para mediar questões como a "dupla contagem" descrita acima. No entanto, as incertezas no que se refere a esse período são improváveis de ser mais do que alguns anos para mais ou para menos.

A falta de fontes externas não é de modo algum surpreendente. Os séculos XIII a XI a.C. são conhecidos como o colapso da Idade do Bronze, quando várias civilizações antigas do Oriente Próximo entraram em declínio ou desapareceram completamente. Esse é precisamente o ambiente em que um reino ascendente, como Israel à época de Davi, poderia desfrutar de um período de expansão à medida que o poder de seus vizinhos diminuía. No entanto, a queda significa que existem poucas fontes escritas pertencentes a Canaã para este tempo. Essas questões tornam-se ainda mais graves para os eventos anteriores ao reino unido. As datas fornecidas pelos próprios autores bíblicos tornam-se menos precisas para o período dos Juízes e anteriormente. As fontes externas permanecem escassas. Além disso, como os hebreus não formaram, naquele momento, um reino identificável, há menos motivos para serem mencionados nos documentos oficiais de outras civilizações. Também é uma pena que o livro do Êxodo não nomeie o faraó que deixou os israelitas partirem. Embora ele seja tradicionalmente identificado com Ramsés II, não há como ter certeza.

Nos últimos anos, os núcleos de gelo e o melhoramento da datação por carbono promoveram uma revisão de toda a cronologia do segundo milênio a.C. A erupção do vulcão Tera, no mar Mediterrâneo oriental, anteriormente aceita como tendo ocorrido depois de 1500 a.C., já foi redatada para aproximadamente 1620 a.C. Com toda a cronologia antes de 1200 a.C. tão fluida, não é possível atribuir datas precisas aos eventos bíblicos. A evidência interna na Bíblia data o êxodo para antes de 1400 a.C., nesse caso, fazendo com que José provavelmente tenha vivido por volta de 1800 a.C. e Abraão tenha deixado Ur alguns séculos antes.

Em meados do século XX, o arqueólogo William Albright sugeriu que o êxodo tenha ocorrido mais tarde, no século XIII a.C. Sua datação, que se baseava em camadas de destruição e em artefatos que ele havia descoberto na Palestina, obteve um consenso considerável, sobretudo porque coincidiu com o reinado de Ramsés II, tradicionalmente identificado como o faraó do êxodo. No entanto, em anos mais recentes, o trabalho de Albright caiu em descrédito, e a evidência que ele usou para datar o êxodo foi questionada.

O Novo Testamento

Ao contrário de muitos outros autores bíblicos, Lucas está preocupado em fornecer aos seus leitores datas precisas, e outros autores no Novo Testamento fazem referência a eventos externos. No entanto, embora a maioria dos eventos no Novo Testamento possa ser datada dentro de um ou dois anos, ainda existem áreas de controvérsia. Por exemplo, as narrativas da natividade são difíceis de conciliar, e a maioria dos estudiosos prefere a data de Mateus para o nascimento de Jesus em torno de 6 a.C. Em Lucas 3:1, o evangelista nos diz que o ministério de João Batista começou no décimo quinto ano do imperador Tibério, enquanto Pôncio Pilatos era governador da Judeia. É provável que se trate do ano 26 d.C. O Evangelho de João, preferido por muitos estudiosos por ser um relato de testemunhas oculares, data a purificação do Templo em Jerusalém 46 anos após a sua conclusão, o que ter-se-ia dado no ano 28 d.C.

Todos os Evangelhos concordam que Jesus foi crucificado na Páscoa, na sexta-feira. Isso significa que ele deve ter morrido em 7 de abril de 30 d.C., embora tenha quem defenda o ano 33 d.C. Os acontecimentos nos Atos dos Apóstolos ocorreram entre os anos 30 e 50 de nossa era e encerram-se com Paulo prisioneiro em Roma em cerca de 62 d.C. Tanto ele como Pedro foram executados durante as perseguições de Nero pouco depois, e sabe-se terem ocorrido em 64 d.C.

James Hannam

REFERÊNCIAS E LEITURAS RECOMENDADAS

Cogan, Mordechai. "Chronology. The Hebrew Bible." In: *Anchor Bible Dictionary*. D. N. Friedman (Ed.). 1:1002-11. New York: Doubleday, 1992.

Jamesones, Peter. *Centuries of Darkness*. London: Jonathan Cape, 1991.

Kitchen, K. A. *On the Reliability of the Old Testament*. Grand Rapids: Eerdmans, 2003.

Meier, John P. *A Marginal Jew: Rethinking the Historical Jesus*. New York: Doubleday, 1991.

Ramsey, C. B.; Manning, Sturt W.; Galimberti, Mariagrazia. "Dating the Volcanic Eruption at Thera." *Radiocarbon* 46 (1):325-44, 2004.

Renfrew, C.; Bahn, P. "Dating the Thera Eruption." *Archaeology: Theories, Methods and Practice*. London: Thames & Hudson, 2012.

DARWIN, CHARLES. O nome Charles Darwin (1809-1882) carrega imenso poder simbólico no mundo moderno. Normalmente, representa a racionalidade científica sobre a credulidade religiosa, a livre investigação sobre a ortodoxia imposta. Em 1909, John Dewey escreveu que Darwin tinha efetuado a maior transformação intelectual dos tempos modernos. Embora o próprio Darwin tenha evitado abertamente o ateísmo, seu nome e a teoria da evolução associada a ele permanecem como ponto de apoio para a incredulidade.

No entanto, Darwin, o homem, não equivale à teoria — ou antes, às teorias — que tem seu nome. A chamada revolução darwiniana do século XIX consistiu em grande parte na mudança do criacionismo para versões *não* darwinistas da evolução, apesar do uso do nome de Darwin como etiqueta. O que Darwin fez foi apresentar uma teoria plausível da evolução apoiada por um conjunto de pormenores científicos e abrir amplas perspectivas para novas pesquisas e teorias adicionais em **paleontologia**, embriologia, genética, bioquímica e muito mais. Depois de Darwin, as noções mais amplas da evolução tomaram emprestado o prestígio da ciência — a sociedade, a cultura e a religião eram agora vistas em função do desenvolvimento natural desde os primórdios, uma história de progresso que encorajava a rejeição ou a reformulação radical da crença cristã.

Embora os cristãos liberais celebrem Darwin por ter substituído a invariabilidade pela variação (e assim encorajar a revisão doutrinal e moral), e os cristãos fundamentalistas o deplorem como a fonte da incredulidade, deterioração cultural e mesmo de genocídio (Darwin como uma inspiração para Hitler), muitas visões moderadas a respeito de Darwin e da evolução existem dentro do rebanho cristão (ver **Darwinismo**).

Biografia

Charles Darwin nasceu em 12 de fevereiro de 1809, em Shrewsbury, Inglaterra, filho do médico Robert Darwin e neto do pitoresco deísta e evolucionista Erasmus Darwin. A mãe de Charles era a filha do extemporâneo industrial e unitarista Josiah Wedgwood, um ceramista de fama.

O pai de Charles enviou-o para estudar medicina em Edimburgo, onde gostava de colecionar espécimes de invertebrados, encontrou ideias materialistas radicais e negligenciou seus estudos médicos. Em Cambridge, ele obteve treinamento eclesiástico, na esperança de que, como pároco de alguma província, conseguisse respeitabilidade, renda e tempo livre para perseguir seus interesses na ciência natural. Nessa altura, ele recordou mais tarde, não duvidava da "verdade estrita e literal de cada palavra na Bíblia" (Darwin, 1887, 1:45). Ele achava seus estudos em Cambridge pouco inspiradores, exceto (ironicamente, em vista de desenvolvimentos posteriores) o trabalho de **William Paley**, em cuja *Teologia natural*, com sua famosa analogia do relojoeiro, Darwin encontrou um modelo de raciocínio ordenado e um pensamento correto sobre a religião. Seu amor pela coleta de espécimes continuou e, ao ler a *Narrativa pessoal* de Alexander von Humboldt, ele adquiriu um "zelo ardente" pela ciência como uma aventura romântica.

A aventura que viria a se concretizar o atraiu para uma posição de acompanhante do capitão no HMS Beagle. Na sua viagem de cinco anos pelo litoral da América do Sul e ao redor do mundo, Darwin coletou 5.436 espécimes, produziu 1.750 páginas de notas e manteve um diário de 770 páginas. Seu estudo dos vulcões e da formação das ilhas o convenceu da teoria uniformitarista de **Charles Lyell**. A abundância de florestas tropicais o inspirou, mas os detalhes bizarros, às vezes horríveis nas estruturas e no comportamento das formas de vida, perturbaram suas noções anteriores de um plano divino bondoso. Os nativos da Terra do fogo, presos em uma luta pela sobrevivência, o assustaram. O mundo era pujante e belo, mas também cruel e violento.

Logo após seu retorno à Inglaterra em 1836, Darwin mudou-se para Londres, entrou para os principais círculos científicos e preparou seu diário de bordo do *Beagle* para publicação. Darwin utilizou-se dos melhores especialistas para interpretar seus espécimes — nos principais casos (como os tentilhões de Galápagos), anulando suas primeiras impressões. Ele achou a ideia da mutabilidade das **espécies** fascinante, pois apresentava a natureza e o Deus da natureza em termos mais simples e sublimes: Deus deu leis naturais através das quais formas de vida se adaptaram às condições mutáveis.

A obra *An Essay on the Principle of Population* [Ensaio sobre o princípio da população], de Thomas Malthus, retrata uma luta pela existência na sociedade humana resultante da superpopulação. Como Gertrude Himmelfarb argumenta (1959, 163), o que Malthus pretendia como um argumento contra o progresso infinito, Darwin transformou em um mecanismo de melhoria na sucessão das formas de vida. Dada a variação dentro de uma população, a luta pela existência favoreceria naturalmente aquelas características mais bem adaptadas às condições atuais, levando a mudanças graduais nas espécies ao longo do tempo. Isso pareceu a Darwin uma maneira natural e indireta de fazer o que os criadores de animais fazem intencionalmente — portanto, "**seleção natural**".

Darwin esperou 20 anos para publicar sua Teoria da evolução, estimulado, finalmente, por um artigo de Alfred Russel Wallace. *Sobre a origem das espécies por meio da seleção Natural; ou, a Preservação de raças favorecidas na luta pela vida* apareceu em 1859. O público se precipitou rapidamente sobre suas implicações para as origens humanas, embora Darwin evitasse discuti-las. Na Associação Britânica em 1860, o bispo Samuel Wilberforce ridicularizou a teoria da ancestralidade animal humana, suscitando a defesa vigorosa de **Thomas Henry Huxley** da ciência contra o preconceito clerical. No momento em que Darwin publicou *A descendência do homem* (1871), Huxley e outros já haviam aplicado a evolução à humanidade, mas Darwin chocou muitos ao derivar todos os poderes mentais e morais humanos dos precursores de animais, colocando-nos em todos os sentidos em um *continuum* com os animais mortais.

A árvore da vida, para Darwin, não se elevou para a apresentação do homem no ponto mais alto; ela teve muitos ramos em vez de um tronco principal. A humanidade não era mais vista como sendo melhor, e nem mais perfeita, do que qualquer outro ramo. Essa descentralização da humanidade e a atribuição de evolução ao **acaso** distinguiram especialmente a teoria de Darwin. O botânico norte-americano Asa Gray tentou convencer Darwin de que a seleção natural ainda evidenciava o desígnio divino, mas Darwin não queria envolver-se com nada disso.

A partir dos 30 anos, Darwin sofreu crises crônicas de saúde. Ele se retirou para uma casa de campo em Kent, manteve uma volumosa correspondência e morreu tão reverenciado que foi enterrado ao lado de **Isaac Newton** na Abadia de Westminster.

Interpretações de Darwin e seu significado

Lições divergentes foram tiradas da história da vida de Darwin. Ele foi celebrado como o gênio de sua era, um grande homem cuja mente perspicaz mudou o curso da história. Por outro lado, alguns tomaram o fato de ele ser um estudante pouco notável ou promissor para destacar a **objetividade** da ciência evolucionista — os dados, e não o pensador, produziram a teoria.

Os historiadores da ciência e das ideias rejeitaram por muito tempo a representação triunfalista de Darwin e seu trabalho, tendo o cuidado de mapear eventos e mudanças de opinião e observando a complexa interação da teoria científica com os desenvolvimentos sociais, políticos e religiosos. Eles observam os paralelos impressionantes entre as teorias de Darwin e sua situação na Grã-Bretanha vitoriana, uma sociedade caracterizada pela superpopulação, competição feroz, os fortes dominando os fracos e a firme convicção no progresso. E eles contestam qualquer releitura de entendimentos evolutivos posteriores em Darwin, o homem, ou a redução da gama de evolucionistas ao trabalho de Darwin.

Talvez o que mais se contestou seja o significado da biografia religiosa de Darwin. Seu contexto familiar de livre pensamento, a educação anglicana convencional, a fé devota, mas unitarista, da esposa, a sua crise de fé por ocasião da morte de sua filha e as subsequentes reflexões sobre a imagem ortodoxa do inferno para os incrédulos, como seu pai e seu avô e, finalmente, sua incapacidade confessada para perceber o propósito divino ou beneficência na história natural, todas essas coisas convidam o intérprete a tirar lições religiosas ou irreligiosas de sua história.

Os relatos do próprio Darwin convidam o leitor a simpatizar com suas dúvidas, crises e perda de fé. B. B. Warfield retratou a vida religiosa de Darwin como uma história de advertência: ele desceu gradualmente à incredulidade à medida que seu senso religioso se atrofiava por puro desuso. Uma história muito diferente ganhou ampla aceitação entre os crentes: que Darwin, entristecido pelos efeitos de negação a Deus que sua teoria produziu, renunciou ao evolucionismo pouco antes de morrer e se converteu à fé evangélica. A família Darwin negou com veemência a história, e James Moore a desmascarou completamente.

Bradley J. Gundlach

REFERÊNCIAS E LEITURAS RECOMENDADAS

Bowler, P. J., 1990. *Charles Darwin: The Man and His Influence.* New York: Cambridge University Press.
Browne, J., 1995. *Charles Darwin: Voyaging.* New York: Knopf.
_____. 2002. *Charles Darwin: The Power of Place.* New York: Knopf.
Darwin, C. 1887. *The Life and Letters of Charles Darwin, Including an Autobiographical Chapter,* ed. F. Darwin. New York: Appleton.
Desmond, A.; Moore, J., 1991. *Darwin: The Life of a Tormented Evolutionist.* New York: Warner.
Himmelfarb, G., 1959. *Darwin and the Darwinian Revolution.* Garden City, NY: Doubleday.
Moore, J., 1994. *The Darwin Legend.* Grand Rapids: Baker.
Warfield, B. B., 1888. "Charles Darwin's Religious Life: A Sketch in Spiritual Biography." *Presbyterian Review* 9:569-601.

DARWINISMO. O antigo teólogo de Princeton, **Charles Hodge** (1797-1898), concluiu: "O que é Darwinismo? É ateísmo" (Hodge 1874, p. 156). Em contraste, Chauncey Wright (1832-1875), matemático e filósofo da ciência da Universidade de Harvard, em seu opúsculo de 1871, definiu o darwinismo como metafísica e religiosamente neutro. Essas são apenas duas das muitas conotações que o "darwinismo" teve historicamente.

Darwinismo como uma explicação científica da evolução

Às vezes, o darwinismo é usado como sinônimo da teoria científica da evolução de **Charles Darwin** (1809-82). **Thomas Henry Huxley** (1825-95), biólogo britânico e membro da Royal Society, primeiro cunhou o termo apenas para tal descrição (Huxley 1860, p. 569). Em resumo, a teoria de Darwin sustentava que uma população de organismos em um determinado nicho ecológico enfrenta uma série de pressões (p. ex., recursos restritos, como alimentos e abrigo, competição por companheiros, predação e doença). Os descendentes herdam pequenas variações das características dos pais. Algumas variações que a prole herda conferem uma ligeira vantagem ao passar pelas pressões ecológicas, dando-lhes uma pequena vantagem diferencial reprodutiva. Essa vantagem diferencial é o que Darwin entendeu por *seleção natural*. Essas vantagens reprodutivas serão transmitidas às futuras gerações de descendentes e, eventualmente, se espalharão pela população.

O processo de seleção natural é uma das contribuições importantes de Darwin para a nossa compreensão da história natural dos organismos. Ele também levou em consideração que outros processos desempenham papéis na evolução, como seleção sexual, variação correlativa e uso ou desuso de partes. No entanto, para cada processo que produz novos tipos de **espécies**, Darwin também teve que assumir que as espécies poderiam mudar ao longo do tempo. Essa concepção contrastava com a crença dominante de que as espécies eram imutáveis. A ideia de que as espécies eram fixas e imutáveis estava consolidada na natureza invariável das formas platônicas e aristotélicas (Wilkins, 2009). A teoria de Darwin forneceu um meio e uma base lógica para as espécies serem modificadas ao longo do tempo, produzindo a enorme diversidade de vida que observamos.

Em 1871, St. George Mivart, também um biólogo britânico e membro da Royal Society, definiu o darwinismo apenas como seleção natural em seu *On the Genesis of Species* [O começo das espécies], imitando o título da obra-prima de Darwin. Tal redução do darwinismo — um estratagema retórico perspicaz, embora impreciso — se mostrou difícil para Darwin e Huxley superarem, embora nenhum deles se qualificasse como darwinista sob uma interpretação tão estreita.

Darwinismo como evolução não teleológica

Em 1864, Huxley desenvolveu o darwinismo como uma rejeição da **teleologia**, escrevendo: "Longe de supor que os gatos existem para bem capturar camundongos, o darwinismo supõe que os gatos existem porque capturam bem os ratos, não sendo o fim, mas a condição de sua existência" (1864, p. 569). Ele articulou claramente a visão de Darwin de que os processos na natureza, como a seleção natural, levaram à diversificação das espécies ao longo do tempo. A ênfase era em processos naturais, em vez de uma mão projetista, sendo esta última a visão dominante do século XIX.

Darwinismo como evolução ateísta

Na década de 1860, o darwinismo também se associou a um **naturalismo** anticriacionista que pode ou não ter envolvido a seleção natural como o único, ou mesmo principal meio, para a transformação de espécies. Este naturalismo é o que Hodge contestava.

Embora ele tenha aceitado que alguma forma mitigada de diversificação de espécies ao longo do tempo tivesse ocorrido, Hodge compreendeu que era uma questão empírica, mesmo que a seleção natural pudesse explicar essa diversificação. O âmago de sua preocupação com as ideias de Darwin, no entanto, era a exclusão de qualquer influência divina na dinâmica da seleção natural: "Ao usar a expressão 'seleção natural', o sr. Darwin pretende excluir o propósito ou as causas finais" (Hodge 1874, p. 41). Hodge tinha uma concepção particular de um projetista em mente; assim, pelo darwinismo, ele referia-se a um banimento metafísico dessa concepção de desígnio e propósito do funcionamento da natureza. O que ele aponta como, "seguramente, o elemento mais distintivo" da teoria de Darwin é "que essa seleção natural é sem plano, sendo conduzida por causas físicas ininteligentes" (1874, p. 48).

Hodge estava seguro de que nenhuma investigação científica poderia levar a uma conclusão inequívoca de que Deus estava ausente do trabalho na natureza. Tal conclusão só pode vir de pressuposições ateístas. Portanto, a "teoria ateísta" de Darwin era biblicamente inadmissível porque excluía o propósito da natureza (1874, p. 177). Que espécies mudam ao longo do tempo e que a seleção natural pode ter sido importante eram questões científicas legítimas que mereciam investigação mais cuidadosa, na opinião de Hodge. Além disso, ele considerou que isso poderia ser compatível com o cristianismo, desde que se reconhecesse que a teleologia e o desígnio estavam implicados nesses processos. Assim, poderia haver interpretações da evolução teísticamente autorizadas e interpretações ateístas. A interpretação de Darwin, Hodge cria, era um tipo do último.

Benjamin Breckenridge Warfield (1851-1921) foi outro importante teólogo da Antiga Princeton com visões complexas sobre a evolução. Como Hodge, ele acreditava que Darwin havia sucumbido à articulação de um relato ateísta da evolução. Portanto, ele frequentemente tratava o darwinismo no mesmo sentido metafísico de Hodge. Em outros momentos, no entanto, Warfield parece se referir ao darwinismo meramente como a teoria científica de Darwin, sem os adornos metafísicos. Investigações científicas adicionais iriam esclarecer e validar ou invalidar as ideias científicas de Darwin. Paralelamente, Warfield também teve uma concepção sofisticada de como Deus trabalhava por meio de causas secundárias (Noll e Livingstone, 2000) e acreditava que, de alguma forma,

> tudo o que surgiu desde [a criação original do mundo material] — exceto e somente as almas dos homens — surgiu como uma modificação desse mundo material original

por intermédio da interação de suas forças intrínsecas. Essas forças não existem além de Deus, é claro [...] todas as modificações do mundo material ocorreram diretamente sob a sustentadora e regente mão de Deus, e encontram sua explicação, em última instância, em sua vontade. Mas elas encontram sua explicação imediatamente em "causas secundárias". (Warfield, 1915, p. 208)

A concepção de desígnio de Warfield divergia da concepção de Hodge, por isso não é de admirar que a resposta de Warfield ao darwinismo (e à evolução em geral) tenha muitos matizes diferentes em relação à resposta de Hodge.

Darwinismo como evolução teísta

Havia cristãos, como o botânico Asa Gray (1810-88), possivelmente o mais proeminente e renomado cientista norte-americano no século XIX até sua morte, que argumentavam que o darwinismo não deveria ser entendido como ateísta, mas teísta (1877, p. 266-82). James Dwight Dana (1813-95), um notável geólogo e editor do *American Journal of Science* [Revista americana de ciência], é outro exemplo de um cristão que interpreta o darwinismo de forma teísta (Sanford, 1965).

Seguindo essas interpretações, alguns argumentaram que Hodge e Warfield (entre outros) não se atentaram à teleologia implícita ou explícita em *A origem das espécies* de Darwin. Por exemplo, no final de sua obra-prima, Darwin escreve: "Há grandeza nesta visão da vida, com suas várias forças, tendo sido originalmente insuflada pelo Criador em algumas formas ou em uma; e que, enquanto este planeta foi girando de acordo com a lei fixa da gravidade, a partir de um começo tão simples, infinitas formas mais belas e magníficas foram, e estão, evoluindo" (1876, p. 429). No entanto, deve-se ter cuidado ao interpretar o que Darwin quis dizer com esta vaga referência a um criador. E, embora Darwin use uma linguagem que pode ser facilmente interpretada como teleológica, nas cartas que trocou ele foi diversas vezes claro quanto à ausência de uma teleologia em sua teoria.

Darwinismo como cosmovisão

A edição de 10 de fevereiro de 1868 do *Pall Mall Gazette* [Gazeta de Pall Mall] observou: "Por toda parte o termo 'darwinismo' tornou-se uma palavra de ordem, que já ultrapassou largamente o emprego do termo 'materialismo'". O **materialismo** geralmente era entendido como uma cosmovisão que rejeitava o sobrenatural sob qualquer forma e sustentava que a realidade era apenas matéria e processos naturais. Este era o Darwinismo como uma cosmovisão para a totalidade da vida. Seja um termo de desdém seja um motivo de honra, o materialismo foi controverso na década de 1860. Huxley afirmou que ele "é tão desprovido de razão como o mais infundado dos dogmas teológicos" (1868, p. 162) e começou a se dissociar de seu neologismo, o darwinismo, por causa dessa associação com o materialismo.

Por sua vez, Alfred Russel Wallace, que descobriu a seleção natural independentemente de Darwin, também passou a associar o darwinismo a uma cosmovisão, mas uma no extremo oposto do espectro do materialismo. Wallace havia se convertido ao espiritismo já em 1866 e, em 1871, argumentou que "a matéria é essencialmente força e nada além de força [...] Não parece uma conclusão improvável que toda força possa ser força da vontade; e assim, que todo o universo não seja meramente dependente, mas *seja* efetivamente a vontade de inteligências mais elevadas ou de alguma Inteligência Suprema" (1871, p. 365-66, 368, ênfase do original).

Darwinismo hoje

Uma das advertências da história do darwinismo do século XIX é a facilidade com que os escritores projetaram sobre o termo os maiores interesses que tinham. Essa dissonância de significados ainda ocorre com o darwinismo. A redução de Mivart (1871) do significado do darwinismo para uma simples seleção natural ganhou e ainda tem muitos adeptos (graças ao panfleto de Wright criticando *Genesis of Species* [Origem das espécies], de Mivrat). Stephen J. Gould (1941-2002), um paleontologista e biólogo evolucionista de Harvard durante muitos anos, e Richard C. Lewontin, professor de zoologia da cátedra de Alexander Agassiz e professor de biologia na Universidade de Harvard, caracterizam o darwinismo como uma teoria científica sobre o fenômeno da mudança das espécies. No entanto, Gould considerou que o darwinismo era evolução apenas pela seleção natural, enquanto Lewontin não.

Richard Dawkins, biólogo evolucionista e membro da Royal Society, argumenta que o darwinismo é uma seleção natural e essa seleção funciona apenas no nível dos genes. Em contrapartida, Darwin sustentava que a seleção operava no nível de organismos ou grupos de organismos. Peter Bowler, historiador da ciência, também reduziu o darwinismo apenas à seleção natural em seu trabalho (p. ex., 1992).

Por outro lado, Dawkins também combina o darwinismo como a seleção natural e cosmovisão em uma sentença concisa: "A lógica do darwinismo conclui que a unidade na hierarquia da vida que sobrevive e passa pelo filtro da seleção natural tenderá a ser egoísta" (2008, p. 246). Phillip Johnson, professor de direito durante muitos anos na Universidade da Califórnia em Berkeley e membro fundador do movimento do *design* inteligente, remete às preocupações de Hodge, escrevendo que o darwinismo é "evolução totalmente naturalista — ou seja, uma evolução que não é dirigida ou controlada por qualquer inteligência intencional" (Johnson, 1991, p. 4n).

Muitas vezes, em livros e artigos, os autores usam o darwinismo com um ou mais desses significados sem indicar (ou mesmo notar) que é um termo complexo com uma rica história. Como foi no século XIX, o mesmo acontece hoje: a resposta das pessoas ao darwinismo depende da sua compreensão particular desse termo, bem como da forma como elas entendem propósito (p. ex., engenharia *versus* direção de uma produção artística).

Robert C. Bishop

REFERÊNCIAS E LEITURAS RECOMENDADAS

BOWLER, Peter J., 1992. *The Eclipse of Darwinism: Anti-Darwinian Evolution Theories in the Decades around 1900.* Baltimore: Johns Hopkins University Press.

DARWIN, Charles, 1876. *On the Origin of Species by Natural Selection; or The Preservation of Favoured Races in the Struggle for Life, Sixth Edition, with Additions and Corrections to 1872.* London: John Murray.

DAWKINS, Richard, 2008. *The God Delusion.* New York: Mariner.

GRAY, Asa, 1877. *Darwinia: Essays and Reviews Pertaining to Darwinism.* New York: Appleton.

HODGE, Charles, 1874. *What Is Darwinism?* New York: Scribner, Armstrong, and Co.

HUXLEY, Thomas Henry, 1860. "The Origin of Species." *Westminster Review*, n.s., 17:541-70.

_____. 1864. "Criticisms on 'The Origin of Species.'" *Natural History Review*, n.s., 4:566-80.

_____. 1868. "On the Physical Basis of Life." In: *Collected Essays* 1:130-65. New York: Appleton.

JOHNSON, Phillip E., 1991. *Darwin on Trial.* Downers Grove, IL: InterVarsity Press. Mivart, St. George.1871. *On the Genesis of Species with Numerous Illustrations.* 2. ed. London: Macmillan.

NOLL, Mark A.; Livingstone, David N., eds. 2000. *B. B. Warfield: Evolution, Science, and Scripture: Selected Writings.* Grand Rapids: Baker.

SANFORD, William, 1965. "Dana and Darwinism." *Journal of the History of Ideas* 26:531-46.

WALLACE, Alfred Russel, 1871. *Contributions to the Theory of Natural Selection: A Series of Essays.* London: Macmillan.

WARFIELD, Benjamin B., 1915. "Calvin's Doctrine of Creation." *Princeton Theological Review* 13:190-225.

WILKINS, John, 2009. *Species: A History of the Idea*. Los Angeles: University of California Press.

WRIGHT, Chauncey, 1871. *Darwinism: Being an Examination of Mr. St. George Mivart's "Genesis of Species."* London: John Murray. Reprinted from the *North American Review* (jul. 1871), com adições.

DATAÇÃO RADIOMÉTRICA. Datação radiométrica refere-se a análises de materiais que ocorrem naturalmente e artefatos humanos que dependem de medições de átomos radioativos, ou os produtos de radioatividade, para quantificar a passagem do **tempo**.

As primeiras técnicas de datação radiométrica foram desenvolvidas no início do século XX, pouco depois da descoberta da radioatividade, por Henri Becquerel, em 1896, e aplicadas a rochas e minerais da crosta terrestre. Desde aquela época, muitos métodos radiométricos diferentes foram criados e aplicados a centenas de milhares de amostras de rochas, minerais, tecidos, ossos, água, artefatos arqueológicos e até mesmo à luz das estrelas. As idades determinadas para materiais terrestres consistentemente caem dentro de uma faixa de zero (moderno) a aproximadamente quatro bilhões e meio de anos. As rochas mais antigas da crosta terrestre são encontradas na Austrália Ocidental e datam sua formação há aproximadamente 4,4 bilhões de anos.

Os meteoritos mais antigos, pensados para representar detritos solidificados logo após o nascimento do nosso sistema solar, datam de aproximadamente 4,6 bilhões de anos atrás. A radioatividade surge de uma combinação instável de nêutrons e prótons no núcleo de um átomo. Para um elemento específico, o número de prótons é constante, mas o número de nêutrons pode variar. Átomos do mesmo elemento (mesmo número de prótons) com números diferentes de nêutrons são chamados *isótopos*. Usando o carbono como exemplo, cada átomo de carbono tem seis prótons, mas o número de nêutrons varia. Isótopos de carbono com seis, sete ou oito nêutrons têm massas atômicas de 12, 13 e 14, respectivamente. O carbono-12 e o carbono-13 são estáveis. Carbono-14 (radiocarbono) não é, e se deteriora radioativamente. Durante a deterioração, o número de prótons e nêutrons muda, resultando em um novo elemento chamado de *isótopo filho* (o original é chamado de *isótopo pai*). Em alguns casos, como o carbono-14, a deterioração acontece em um único passo para produzir um isótopo filho estável (nitrogênio-14). Em outros, como o urânio-238, a deterioração produz

uma série de isótopos filhos instáveis antes de produzir uma forma estável (chumbo-206).

A taxa de deterioração de um determinado isótopo radioativo é descrita pela sua meia-vida, a quantidade de tempo que leva para que metade dos átomos sofra deterioração radioativa. Se começarmos com mil átomos radioativos, depois de uma meia-vida, haverá 500; depois de passar um tempo igual (uma segunda meia-vida), haverá 250; depois de uma terceira meia-vida, 125; e assim por diante. Quanto mais instável a configuração nuclear, menor a meia-vida. Formas altamente instáveis podem ter meia-vida de menos de um microssegundo, enquanto outros têm meias-vidas de bilhões de anos. Os isótopos radioativos úteis para a datação normalmente têm meia-vida de pelo menos vários anos (para datas de amostras de anos a décadas) a bilhões de anos (para amostras de milhões de anos ou mais). Por exemplo, o chumbo-210, com uma meia-vida de 22 anos, é útil para datar os sedimentos acumulados nos lagos modernos no último século. Em amostras mais antigas, há muito pouco chumbo-210 para medir. O urânio-238, com uma meia-vida de 4,5 bilhões de anos, é útil para datação de rochas de milhões a bilhões de anos de idade.

Se a concentração inicial (ou atividade) de um isótopo radioativo for conhecida, a meia-vida pode ser usada para calcular quanto tempo foi necessário para a concentração inicial decair até o nível atual. Se a concentração inicial não é conhecida, uma combinação dos isótopos pai e filho pode ser usada. Quando uma rocha se solidifica a partir de um magma (rocha derretida), formam-se cristais que incluem alguns elementos e excluem outros. Em um magma, urânio e chumbo se misturam livremente, mas à medida que cristais se formam, minerais como o zircão incorporam urânio e excluem chumbo, ajustando o "relógio" radiométrico para zero.

Com o tempo, o chumbo se acumula dentro do cristal sólido, enquanto o urânio deteriora. A relação entre urânio e chumbo pode então ser usada para calcular quanto tempo teve que passar para atingir a relação atual. É por isso que muitos métodos de datação radiométrica são identificados por um par pai-filho, como os métodos urânio-chumbo (U-Pb) ou potássio-argônio (K-Ar). Se os isótopos filhos foram incorporados na amostra no momento da formação, uma relação pai-filho simples produzirá uma idade que é muito antiga. Neste caso, um método mais complexo é empregado usando múltiplas amostras da mesma fonte, com parcelas de razões de isótopos produzindo a concentração de isótopos filhos no início e a idade das amostras. Estes são chamados *isócronos* (*iso* = igual, *cronos* = tempo) porque as amostras de igual idade marcam no mesmo sentido. Os cientistas que usam datação radiométrica têm o cuidado de incorporar todos os dados relevantes e condições iniciais em sua determinação de idade.

A precisão da datação radiométrica é dependente da ausência de vazamento de isótopos pai ou filho dentro ou fora da amostra ao longo do tempo (é um sistema fechado) e nas taxas de deterioração radioativa serem constantes. Sabe-se que o aquecimento intenso permite a migração de átomos para dentro e para fora dos minerais, assim, rochas metamórficas são normalmente evitadas para propósitos de datação (a não ser que se deseje saber a idade do aquecimento). Um isócrono que falha em produzir uma linha reta é uma maneira que um geocronólogo (geólogo que mede as idades) pode reconhecer vazamento.

A suposição de taxas de deterioração constantes tem sido posta em dúvida pelos defensores da Terra jovem com alegações de que as taxas provavelmente foram muito mais rápidas no passado. Existem várias maneiras, no entanto, de testar tanto a constância das taxas de deterioração quanto a confiabilidade da datação radiométrica. Para períodos de tempo de alguns milhares de anos, as datas radiométricas para amostras coletadas de antigas erupções vulcânicas podem ser comparadas com datas conhecidas de erupção. Datas radiométricas de amostras da erupção do Monte Vesúvio, que enterraram Pompeia, coincidem com a data relatada de 79 d.C. com uma tolerância de alguns anos. Para amostras que datam de milhões de anos, a taxa de propagação do oceano em locais como a Dorsal Mesoatlântica pode ser calculada usando a idade radiométrica da crosta oceânica e a distância da cordilheira, com medições em tempo real usando a **tecnologia** de GPS.

Se as taxas de deterioração foram muito mais rápidas no passado, as taxas calculadas e medidas não devem corresponder. Significativamente, tanto a taxa calculada usando as idades radiométricas da crosta oceânica quanto as medições por satélite da velocidade na qual a América do Norte e a África estão se separando é de aproximadamente 2,54 cm por ano.

Isótopos comumente usados e tipos de amostras:

Técnica radiométrica	Meia-vida (em anos)	Intervalo das idades	Tipos de amostras
Urânio-chumbo	4,5 bilhões	1 milhão a 4,5 bilhões	minerais vulcânicos
Rubídio-estrôncio	28 bilhões	60 milhões a 4,5 bilhões	minerais vulcânicos
Potássio-argônio	1,3 bilhão	3 milhões a 4,5 bilhões	minerais vulcânicos
Argônio-argônio*	1,3 bilhões	por volta de 2.000 a 4,5 bilhões	minerais vulcânicos
Séries de urânio	75.000	poucos séculos a 400.000	corais e depósitos em cavernas
Carbono-14	5.730	por volta de 50 a 45.000	anéis de árvores, ossos, material de carbono
Chumbo-210	22	50 a 100	sedimentos recentes

* Emprega dois isótopos diferentes de argônio

Radiocarbono

O carbono-14 recebe mais atenção do que outros isótopos radioativos, em parte porque sua meia-vida de 5.730 anos o torna ideal para datar espécimes arqueológicos que remontam a várias dezenas de milhares de anos. Tem sido empregado para datar com sucesso vários artefatos bíblicos, incluindo a madeira do túnel de abastecimento de água de Ezequias, abaixo de Jerusalém. Ele também oferece outra oportunidade única para testar afirmações concorrentes de taxas de decaimento constantes *versus* variáveis.

Em um estudo realizado no Lago Suigetsu, no Japão, coletaram-se núcleos no fundo do lago que continham milhares de camadas de sedimentos que parecem ser depósitos anuais (chamados de *varves*). Se cada camada representar um ano e as taxas de deterioração do carbono-14 tiverem sido constantes, um gráfico de carbono-14 em comparação com a contagem de variáveis deve mostrar um declínio relativamente constante ao longo de uma trajetória previsível. Taxas de deterioração variável ou deposição de sedimentos seriam igualmente identificáveis com desvios dessa tendência esperada. Os dados atuais se ajustam às expectativas de taxas de declínio constantes e deposição anual de sedimentos em 45 mil camadas (abaixo das quais o teor de carbono-14 fica muito baixo para ser detectado com precisão).

Na figura 1, quando a quantidade de radiocarbono no osso mamário é colocada na linha de contagem do varve, o tempo no passado, quando o mamute viveu, é obtido a partir da contagem do varve. A figura mostra a tendência linear do carbono-14 em camadas de sedimentos de dois lagos, e onde a madeira do túnel de Ezequias cai. Ele também mostra a quantidade de radiocarbono em um osso de mamute, demonstrando que quando a data do radiocarbono do osso é colocada na linha de contagem do varve, o tempo no passado quando o mamute viveu é obtido a partir da contagem do varve. A correspondência de radiocarbono com as contagens variáveis mostra uma história ininterrupta da Terra nos últimos 50 mil anos.

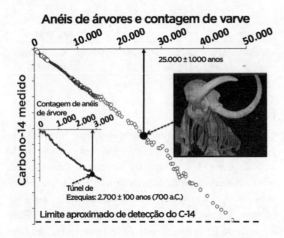

Figura 1. H. Kitagawa e J. van der Plicht, "Calibração de Radiocarbono Atmosférico além de 11.900 Cal BP de Sedimentos Laminados do Lago Suigetsu". *Radiocarbon* 42 (2000):370-81.

Ken Wolgemuth

REFERÊNCIAS E LEITURAS RECOMENDADAS

Dalrymple, G. Brent. 2000. "Radiometric Dating Does Work!" *Reports of the National Center for Science Education* 20 (maio-junho): 14-19. https://ncse.com/library-resource/radiometric-dating-does-work.

———. 2004. *Ancient Earth, Ancient Skies: The Age of Earth and Its Cosmic Surroundings*. Stanford, CA: Stanford University Press.

Davidson, Gregg; Wolgemuth, Ken, 2012. "How Old Is the Earth? What God's Creation Professes." *Christian Research Journal* 35 (1): 54-57.

Frumkin, A.; Shimron, A.; Rosenbaum, J., 2003. "Radiometric Dating of the Siloam Tunnel, Jerusalem." *Nature* 425:169-71.

Tian, J.; Brown, T. A.; Hu, F. S., 2005. "Comparison of Varve and 14C Chronologies from Steel Lake, Minnesota, USA." *The Holocene* 15:510-17.

Wiens, Roger C. 2002. "Radiometric Dating: A Christian Perspective." American Scientific Affliation. www.asa3.org/ASA/resources/Wiens.html.

DAVIES, PAUL. Paul Charles Williams Davies (1946) é um físico teórico, cosmólogo e astrobiologista de origem britânica. Autor de *best-sellers* científicos que muitas vezes exploram questões teológicas, Davies recebeu o Prêmio Templeton de 1995, a Medalha Kelvin de 2001 e o Prêmio **Michael Faraday** de 2002 (da Royal Society).

Após doutorar-se na University College de Londres, Davies realizou pesquisa de pós-doutorado sob a orientação de **Fred Hoyle**, em Cambridge. Após várias nomeações acadêmicas na Inglaterra, Davies mudou-se para a Austrália em 1990 para lecionar física matemática na Universidade de Adelaide. Enquanto esteve lá, ele também ajudou a fundar o Australian Centre for Astrobiology [Centro Australiano de Astrobiologia]. Davies atualmente é diretor e membro do conselho do Beyond Center for Fundamental Concepts in Science [Centro Beyond para Conceitos Fundamentais em Ciência] da Universidade do Estado do Arizona.

Davies afirma: "Um dos grandes mistérios por se resolver é a origem da vida", opinando que "ninguém tem uma pista" de como aconteceu (Davies 2006, p. 35). Davies reconhece que a questão-chave aqui é a origem da complexidade especificada da vida: "Uma célula viva se distingue pela sua imensa **complexidade** organizada [...] é um estado específico e peculiar da matéria com alto conteúdo de **informação**" (Davies 2007, p. 263). Ele observa que "a aparência espontânea de uma complexidade tão elaborada e organizada parece muito improvável" (Davies 1995, p. 18-19).

Para superar essas improbabilidades, Davies olha para um tipo de lei natural ainda não descoberto, considerando que, embora "a contingência, sem dúvida, desempenhe um papel importante nos detalhes da evolução[...] a tendência geral do simples ao complexo[...] parece-me incorporada nas **leis da natureza** de uma maneira básica" (54). Davies acredita que a vida e a **consciência** são propriedades emergentes fundamentais da natureza, "aplicando as leis da **física**" (70). Por isso, ele prevê que "dadas as condições corretas, a vida e a consciência podem emergir em outro lugar" (71). Davies foi um precursor da teoria de que a vida no planeta terra foi transferida de marte e sugere que a terra pode hospedar uma biosfera de formas de vida alternativas.

Para explicar o ajuste fino cósmico, Davies favorece a concepção de um **multiverso**: "Postular uma **infinidade** de universos ocultos e invisíveis, apenas para explicar o que vemos, parece um caso de abuso de uma questão aberta levada ao extremo. É mais simples postular um Deus invisível" (Davies 1993, p. 190). Além disso, "um multiverso não é uma explicação completa da existência, porque ainda requer algumas leis físicas sem explicação" (Davies 2007, p. 250). Davies argumenta que o desígnio não precisa significar um apelo ao milagre: "*Nós* podemos forjar maneiras de produzir processos altamente não aleatórios [...] sem violar nenhuma lei da física, então, presumivelmente, uma divindade com um propósito também poderia fazê-lo" (Davies 1995, p. 20). No entanto, embora Davies diga: "A **navalha de Occam** me obriga a apostar em desígnio" (Davies 1993, p. 220), ele evita o **teísmo**, apelando para o universo participativo (autocontraditório) de John Wheeler, modelo em que "o universo físico vem autonomamente à existência" (224).

Davies reconhece que isso "está aquém de uma explicação completa" (225) e conclui: "A busca por [...] uma explicação completa e consistente para tudo está condenada ao fracasso" (226). Por confundir a necessidade da existência de Deus com a necessidade de suas ações, Davies pensa que o desígnio divino é incompatível com a contingência do universo (Davies, 2007, p. 231).

Peter S. Williams

REFERÊNCIAS E LEITURAS RECOMENDADAS

Davies, Paul, 1990. *God and the New Physics*. London: Penguin.
_____. 1993. *The Mind of God: Science and the Search for Ultimate Meaning*. London: Penguin.
_____. 1995. *Are We Alone? Philosophical Implications of the Discovery of Extra-terrestrial Life*. London: Penguin.
_____. 2003. *The Origin of Life*. London: Penguin.
_____. 2006. "Paul Davies forecasts the future" *New Scientist* (15 nov.): 35. https://www.newscientist.com/article/mg19225780-078-paul-davies-forecasts-the-future/.
_____. 2007. *The Goldilocks Enigma: Why Is The Universe Just Right for Life?* London: Penguin.
_____. 2011. *The Eerie Silence: Searching for Ourselves in the Universe*. London: Penguin.
_____. 2013. "Are We Alone in the Universe?" *New York Times*. 18 nov. www.nytimes.com/2013/11/19/opinion/are-we-alone-in-the-universe.html.
Johnson, Phillip E., 1999. "The Fear of God: Review of *The Fifth Miracle: The Search for the Origin of Life*, by Paul Davies." Acesso à rede de pesquisa. www.arn.org/docs/johnson/fifthmiracle.htm.

Website
Professor Paul Davies, ASU Department of Physics. https://physics.asu.edu/content/paul-davies.

Áudio
The Guardian Science Weekly Extra audio interview, "Paul Davies on the Search for ET." www.theguardian.com/science/blog/audio/2010/mar/15/science-weekly-extra-podcast-paul-davies.

DAWKINS, RICHARD. Richard Dawkins (1941-) é um biólogo, etnólogo, notável conferencista ateu, escritor e intelectual renomado. Ele nasceu em Nairobi, no Quênia britânico, de Jean Mary Vyvyan e Clinton John Dawkins. Ambos os pais de Dawkins eram entusiastas da ciência e procuravam responder as perguntas de Dawkins com respostas científicas. Dawkins abraçou o anglicanismo até a metade da adolescência, sendo confirmado na Igreja da Inglaterra aos 13 anos. Concluindo que a Teoria da evolução biológica pela **seleção natural** proporcionou uma explicação mais satisfatória para a **complexidade da vida**, Dawkins sentiu que "puxou o tapete debaixo dos pés do argumento do *design*", o que "[o] deixou sem nada" (Hattenstone, 2003). Dawkins perdeu definitivamente sua fé em Deus.

Como estudante de graduação e pós-graduação de Oxford, Dawkins estudou sob a tutela do ganhador do prêmio Nobel Niki Tinbergen, doutorando-se em etologia, o estudo do comportamento animal. A maior contribuição científica de Dawkins foi a sua popularização do **gene** como a principal unidade de seleção, uma visão que ele expôs em 1976 em seu livro *O gene egoísta* (Dawkins, 2006b) e em seu livro posterior *The Extended Phenotype* [O fenótipo estendido] (Dawkins, 1982, ver **Gene egoísta**).

Richard Dawkins tem sido um crítico público sem rodeios da religião e talvez seja mais famoso por seu *best-seller* internacional *Deus, um delírio* (Dawkins, 2006a), que foi traduzido para mais de 30 idiomas e vendeu mais de 3 milhões de exemplares. Dawkins discorda do princípio **magistérios não interferentes** (ing., *non-overlapping magisteria*, NOMA) apresentado por **Stephen Jay Gould** e argumenta, em vez disso, que o conceito de Deus deveria ser tratado como qualquer outra hipótese científica. Em *Deus, um delírio*, Dawkins apresenta um espectro de **probabilidade** teísta, de 1 (100 % de crença em Deus) a 7 (100 % de crença de que Deus não existe). Dawkins se coloca em um 6,9, representando aquele que pensa "Eu não posso saber ao certo, mas acho que Deus é muito improvável, e eu vivo minha vida com a suposição de que ele não existe" (ver **Probabilidade; Teorema de Bayes**).

Em 2006, Dawkins fundou a Richard Dawkins Foundation for Reason and Science [Fundação Richard Dawkins para Razão e Ciência], com sede nos Estados Unidos.

198   DEÍSMO

Em 2008, sua fundação apoiou a *Atheist Bus Campaign* [Campanha do ônibus ateu], que arrecadou fundos para colocar propagandas nos ônibus de Londres com o *slogan*: "Provavelmente não há Deus. Agora pare de se preocupar e aproveite sua vida." Em 2011, a fundação também lançou *The Clergy Project* [O projeto clero], que é uma comunidade *on line* que apoia membros do clero que perderam a fé. Dawkins também é um patrono da *British Humanist Association* [Associação humanista britânica].

Deus, um delírio, de Dawkins, recebeu fortes críticas de filósofos e teólogos. Dawkins participou de debates e diálogos com teólogos cristãos, incluindo **John Lennox**, Rowan Williams e **Alister McGrath**. Dawkins também recebeu críticas por se recusar a debater com o filósofo **William Lane Craig**, considerado por muitos um dos maiores intelectuais do mundo que defende a fé cristã. Daniel Came, um filósofo ateu da Universidade de Oxford, criticou a recusa de Dawkins em debater com Craig como "cínica e anti-intelectualista" (Came, 2011). Dawkins defendeu sua decisão de não debater com Craig em um artigo publicado no *The Guardian*, afirmando: "Esse 'filósofo cristão' é um apologista do genocídio. Eu me recuso a compartilhar uma tribuna com ele" (Dawkins, 2011).

Jonathan McLatchie

REFERÊNCIAS E LEITURAS RECOMENDADAS

CAME, D., 2011. "Richard Dawkins's Refusal to Debate Is Cynical and Anti-intellectualist." *The Guardian*. www.theguardian.com/commentisfree/belief/2011/oct/22/richard-dawkins-refusal-debate-william-lane-craig.

DAWKINS, Richard, 1982. *The Extended Phenotype*. Oxford: Oxford University Press.

_____. 2006a. *The God Delusion*. London: Transworld.

_____. 2006b. *The Selfish Gene: 30th Anniversary Edition*. Oxford: Oxford University Press.

_____. 2011. "Why I Refuse to Debate with William Lane Craig." *The Guardian*. www.theguardian.com/commentisfree/2011/oct/20/richard-dawkins-william-lane-craig.

HATTENSTONE, S., 2003. "Darwin's Child." *The Guardian*. www.theguardian.com/world/2003/feb/10/religion.scienceandnature.

DEÍSMO. Durante o **Iluminismo** (1650-1800), o deísmo — do latim *Deus* — destacou-se. Alcançou seu auge na década de 1790 na Inglaterra, seu país de origem, e em 1794 tornou-se a religião nacional oficial da França por força de Robespierre.

Muitos descreveram essa **cosmovisão** como aquela em que um Deus que cria e conclui o universo como um relógio não está envolvido diretamente nos assuntos do mundo através de **milagres** ou **revelações** especiais. Na verdade, os deístas argumentavam que, se Deus agisse no mundo realizando milagres, isso sugeriria que ele não teria feito as coisas direito no início; o milagroso equivale à irracionalidade. Enquanto o filósofo deísta **David Hume** definiu os milagres como uma violação das leis da natureza, Voltaire foi mais enfático: "Um milagre é a violação das leis matemáticas, divinas, imutáveis e eternas. Pela própria exposição, um milagre é uma contradição em termos: uma lei não pode, ao mesmo tempo, ser imutável e violada"(Voltaire, 1901, p. 272).

O presidente dos Estados Unidos, Thomas Jefferson, exemplificou o espírito do deísmo em sua tentativa de tratar Jesus como um simples mestre de moral iluminado pela razão, em vez de o Filho de Deus, da revelação especial, que opera milagres. Enquanto esteve na Casa Branca em 1804, Jefferson cortou porções dos Evangelhos e criou seu próprio "evangelho" iluminista e sem elementos sobrenaturais — "um bocado precioso de ética" sem a **encarnação** de Jesus, milagres, reivindicações autoritárias, expiação e **ressurreição**. O produto foi *The Jefferson Bible* [A Bíblia de Jefferson], ou *The Life and Morals of Jesus of Nazareth Extracted Textually from the Gospels* [A vida e a moral de Jesus de Nazaré, extraídas textualmente dos Evangelhos] (2011). Ele expressou abertamente seu deísmo em uma carta a John Adams datada de 11 de abril de 1823: "O dia virá, quando a geração mística de Jesus, pelo Ser Supremo como Seu Pai, no ventre de uma virgem, será classificada como a fábula da geração de Minerva no cérebro de Júpiter" (citado em Sanford, 1984, p. 111-12).

Um exemplo recente de um deísta jeffersoniano foi o falecido filósofo **Antony Flew**, que abandonou seu ateísmo de longa data à luz da incrível **complexidade** do universo e da vida biológica (Flew e Varghese, 2008).

O deísmo adotou um "evangelho [...] tão antigo quanto a criação", de acordo com o deísta Matthew Tindal (1730). Outro proeminente deísta, Benjamin Franklin, descreveu essa "religião natural" como contendo "o essencial de toda religião" (Franklin 1962, p. 80): que existe um Deus que fez todas as coisas; que ele governa o mundo por sua providência; que ele deve ser cultuado mediante a adoração, **oração** e ação de graças; que o serviço mais aceitável a Deus é fazer o bem ao homem; que a **alma** é imortal; e que Deus certamente recompensará a virtude e punirá os vícios, aqui ou depois.

O deísmo clássico não era um sistema monolítico de crenças, mas tinha matizes diferentes. Pode-se enfatizar o afastamento divino da humanidade ou uma Providência divina a quem os humanos possam orar. Pode-se enfatizar que Deus distancia-se dos seres humanos para que vivam por um sistema moral que pode ser universalmente conhecido pela humanidade e afirmado pela razão. Ou pode ser entendido mais negativamente, a saber, que um Deus que não se envolve em milagres ou revele a si mesmo por meio de revelação particular, não produza dogmas irracionais, supérfluos e talvez até prejudiciais, como o **pecado original**, a encarnação/concepção virginal, assim como a expiação e a ressurreição de Jesus. E o argumento comum do **Deus das lacunas** pressupõe mais uma visão deísta de Deus do que uma visão bíblica, na qual Deus sustenta o universo estando ternamente comprometido com suas criaturas, atuando no mundo por meio da providência, dos milagres e da revelação.

Uma versão contemporânea do deísmo comum entre os jovens americanos é o "deísmo moralista terapêutico": Deus existe, mas não está necessariamente envolvido com vidas humanas; o objetivo da vida é ser feliz e sentir-se bem consigo mesmo; e todos os seres humanos, qualquer que seja sua religião, devem ser bons e agradáveis, e se eles o forem, irão para o céu (Smith e Denton, 2005).

Paul Copan

REFERÊNCIAS E LEITURAS RECOMENDADAS

Byrne, Peter, 1989. *Natural Religion and the Nature of Religion: The Legacy of Deism.* London: Routledge.

Flew, Antony, com Varghese, Abraham, 2008. *There Is a God.* New York: HarperOne.

Franklin, Benjamin, 1962. *The Autobiography of Benjamin Franklin.* New York: Collier.

Jefferson, Thomas, 2011. *The Jefferson Bible: The Life and Morals of Jesus of Nazareth.* Washington, DC: Smithsonian Books.

Sanford, Charles B., 1984. *The Religious Life of Thomas Jefferson.* Charlottesville: University of Virginia Press.

Smith, Christian e Denton, Melinda L., 2005. *Soul Searching: The Religious and Spiritual Lives of American Teenagers.* Oxford: Oxford University Press.

Voltaire. (1764) 1901. *Philosophical Dictionary.* In *The Works of Voltaire*, vol. 11. New York: E. R. DuMont.

DEMARCAÇÃO, PROBLEMA DA. A **ciência** moderna tem feito progressos espetaculares, tanto na sua compreensão teórica como na sua capacidade prática de resolver problemas. Por outro lado, outras disciplinas, como a literatura e a filosofia, apresentam inovações modestas, mas seus principais temas são perenes e suas ideias básicas são resistentes à mudança. O crescimento incomparável do conhecimento científico sugere que a ciência possui um método distintivo que incorpora

virtudes epistêmicas especialmente importantes. Isso motiva o problema da demarcação na **filosofia da ciência**: podemos estabelecer o critério que distingue entre afirmações e atividades científicas e não científicas para que possamos traçar uma linha nítida entre as duas?

Em seu *Analíticos posteriores*, Aristóteles (384-22 a.C.) argumentou que as crenças científicas "lidam com causas, [...] usam demonstrações lógicas, [...] identificam os universais que são 'inerentes' aos detalhes" e "deve ter *certeza apodíctica* "(Laudan 1983, p. 112). Aristóteles pressupôs que a ciência era fundada em **intuições** infalíveis de necessidade natural, governadas por essências, mas pensadores posteriores questionaram sua abordagem. No período medieval, nominalistas como William de Occam (1287-1347) rejeitaram essências como construções fictícias e insistiram que o curso da natureza não é necessário, mas reflete as escolhas livres de Deus. No momento da **revolução científica**, os cientistas recuperaram a ideia de Agostinho de que a natureza é o outro livro de Deus (**Agostinho**, 1987, 32.20, ver **Metáfora do dois livros**). **Galileu** (1564-1642) escreveu que a ciência "está escrita neste grande livro, o universo [...] na linguagem da matemática" (Galileu, 1957, p. 237) e **Johannes Kepler** (1571-1630) e **Robert Boyle** (1627-1691) concordou (Harrison, 2004, p. 73-74).

Francis Bacon (1561-1626) foi claro sobre como essa concepção de método científico discordava com o método de Aristóteles. Bacon acusou os aristotélicos de tentar perceber o curso da natureza através de uma **metafísica** *a priori* e argumentou que o crescimento do conhecimento científico exigia um método melhor, que fosse mais honesto sobre as limitações humanas e mais disposto a se surpreender com a observação e o experimento (Bacon, 2000). Para Bacon, os cientistas devem primeiro reconhecer e se livrar de preconceitos preconcebidos (que ele chamou de "ídolos da mente"). Em seguida, eles devem coletar grandes quantidades de dados empíricos para distinguir criticamente hipóteses concorrentes.

Para Bacon e muitos outros, um rigoroso método empírico é o que distingue a ciência da não ciência. No entanto, Bacon seguiu Aristóteles em busca de causas (ele tenta encontrar a causa do calor), enquanto a **astronomia** de seu tempo era mais modesta, visando apenas a descrever com precisão as relações matemáticas entre corpos (cinemática), não suas causas (dinâmica). Uma das mais profundas controvérsias da história da ciência diz respeito

200 DEMARCAÇÃO, PROBLEMA DA

a saber se é suficiente para a ciência conceber modelos que "salvem as aparências", permitindo uma previsão precisa de eventos observáveis, ou se a ciência deve descobrir as causas reais dos fenômenos. Certamente, muitas declarações que parecem inegavelmente científicas, como as leis do movimento planetário de Kepler e a lei de gravitação de Newton, não identificam a causa das relações que descrevem.

Uma série de desenvolvimentos na filosofia contribuiu para uma visão mais limitada da natureza da ciência. **David Hume** (1711-76) argumentou que os sentidos podem revelar a combinação constante de eventos, mas não uma conexão necessária entre eles, e que não houve demonstração logicamente sólida de que as regularidades observadas no passado continuariam no futuro (ver **Indução, Problema de**). **Immanuel Kant** (1724-1804) tentou reabilitar a ideia de **causalidade** como conexão necessária, argumentando que refletia categorias que nos são impostas sobre os fenômenos e, portanto, necessariamente válidas. O custo da solução de Kant foi que não podemos afirmar que essa conexão é válida a partir das coisas em si (*noumena*), e, portanto, a ciência é aparentemente incapaz de descobrir a *vera causa* (verdadeira causa) das coisas. **Pierre Duhem** (1861-1961), entretanto, defendeu o *instrumentalismo*: segundo o qual uma teoria científica não é uma tentativa de capturar a realidade, mas um mero dispositivo de cálculo que mapeia dados observáveis para resultados observáveis.

Essa tendência geral para dissociar a ciência empírica da **metafísica** encontrou sua afirmação mais acurada no **positivismo lógico** (ou **empirismo** lógico) do século XIX e início do século XX. Representantes importantes incluíram Auguste Comte (1798-1857), membros do Círculo de Viena, como Moritz Schlick (1882-1936) e **Rudolf Carnap** (1891-1970), e A. J. Ayer (1910-89). De acordo com o **princípio de verificação** (Ayer 1936), as declarações significativas são analíticas (verdadeiras por definição) ou sintéticas (elas fazem uma reivindicação sobre o mundo), e as últimas são literalmente significativas apenas se forem verificáveis por observação. Nessa visão, há uma demarcação rigorosa entre asserções científicas (empíricas ou definicionais) e afirmações metafísicas (que são sintéticas, mas não empíricas). As declarações metafísicas são declaradas literalmente sem sentido, enquanto a ciência é concebida como a **confirmação** indutiva da teoria pela observação.

O positivismo lógico foi categoricamente rejeitado pela maioria dos filósofos. C. E. M. Joad (1891-1953) observou que o princípio de verificação é autodestrutivo: uma vez que não é nem analítico, nem empírico, "suas afirmações, sendo metafísicas, devem ser absurdas" (Joad, 1950, p. 72). **Karl Popper** (1902-94) rejeitou o positivismo por uma série de razões. Ele reconheceu que, no *contexto da descoberta* (quando encontramos nossas hipóteses), contribuições não científicas — como sonhos, intuições e filosofias — têm sido importantes para a ciência, e, concordando com Hume, ele observou que as declarações universais da ciência nunca são confirmadas de forma conclusiva por observações. Popper valorizava assim a não ciência despretensiosa como a literatura e a filosofia, e considerava que a fronteira importante era entre ciência e *pseudo*ciências (como a **psicanálise** e o marxismo). Este limite surge no *contexto da fundamentação* (quando as teorias são testadas): uma teoria verdadeiramente científica deve ser *verificável*.

Os críticos de Popper observaram que é difícil dizer quando uma teoria científica foi refutada porque é testada apenas ao lado de outros "pressupostos auxiliares", por exemplo, sobre a confiabilidade de nossos sentidos e instrumentos e a ausência de fatores interferentes. Popper admitiu que não podemos dizer se uma declaração está sendo usada cientificamente inspecionando seu conteúdo — o que importa é como a usamos, "os métodos aplicados" e uma "decisão" (Popper, 1980, p. 82) para não usar um "estratagema convencionalista" (Popper, 1972, p. 37), o que preserva uma teoria apenas por pressupostos *ad hoc*.

No entanto, **Thomas Kuhn** (1922-96) argumentou que os cientistas eram muitas vezes justificados em fazer tais manobras. Isso ocorre porque as teorias científicas dominantes criam **paradigmas** que definem o que conta como ciência convencional (Kuhn, 1970). Dentro da ciência convencional, o paradigma é assumido como um programa de pesquisa, e as anomalias desencadeiam a resolução de enigmas, mas não a refutação. Isso parece particularmente racional quando a teoria tem um forte histórico de sucesso e não há rival confiável: quando as previsões newtonianas conflitavam com a observação da órbita de Urano, os cientistas esperavam que algum fator desconhecido explicasse isso, até que a descoberta de Netuno as confirmou.

Popper admitiu que a refutação é muitas vezes contrastiva, exigindo que testemos uma teoria contra outra.

Mas Kuhn negou que mesmo isso fosse logicamente decisivo, porque os proponentes de diferentes paradigmas veem os dados de forma diferente, tornando os paradigmas incomensuráveis e causando um problema de comunicação. Os críticos de Kuhn viram isso como um ataque à racionalidade científica, argumentando que os cientistas compartilham de um "nível básico de observação [...] relacionado à nossa herança genética e às nossas necessidades e interesses como seres humanos, [que] fornece um terreno comum para a comunicação" (O'Hear, 1989).

No entanto, a maioria dos filósofos da ciência concorda hoje com **Larry Laudan** — não possuímos um critério de demarcação confiável: toda tentativa conhecida de propor condições necessárias e suficientes para a atividade científica é suscetível a contraexemplos. Assim, se a explicação de modo rígido for necessária, grande parte da ciência histórica é excluída, mas se apenas uma observação cuidadosa é necessária, o romance de Jane Austen está incluído. Laudan argumenta que isso ocorre porque a ciência é uma família de atividades caracterizadas por "heterogeneidade epistêmica" (Laudan, 1983, p. 124), com diferentes padrões epistêmicos relevantes para diferentes contextos. Laudan também sugeriu que a rotulagem de ideias como pseudociência foi, em grande parte, ideológica.

Angus J. L. Menuge

REFERÊNCIAS E LEITURAS RECOMENDADAS

AUGUSTINE, 1987. *Contra Faustum Manichaeum.* In: *Nicene and Post-Nicene Fathers*, ser. 1, vol. 4, ed. Philip Schaff. Buffalo, NY: Christian Literature Publishing. Available at Christian Classics Ethereal Library: www.ccel.org/ccel/schaff/npnf104.pdf.

AYER, A. J., 1936. *Language, Truth, and Logic.* London: Victor Gollancz.

BACON, Francis. 2000. *The New Organon*, ed. Lisa Jardine and Michael Silverthorne. New York: Cambridge University Press.

GALILEI, Galileo, 1957. *The Assayer.* In: *Discoveries and Opinions of Galileo*, trad. Stillman Drake. New York: Doubleday.

HARRISON, Peter, 2004. "Priests of the Most High God, with Respect to the Book of Nature." In: *Reading God's World: The Scientific Vocation*, ed. Angus J. L. Menuge, 59-84. St. Louis, MO: Concordia.

JOAD, C. E. M., 1950. *A Critique of Logical Positivism.* Chicago: University of Chicago Press.

KUHN, Thomas, 1970. *The Structure of Scientific Revolutions.* 2. ed., enl. Chicago: University of Chicago Press.

LAUDAN, Larry, 1983. "The Demise of the Demarcation Problem." *Physics, Philosophy, and Psychoanalysis.* Boston Studies in the Philosophy of Science 76:111-27. Dordrecht: D. Reidel.

O'HEAR, Anthony, 1989. *An Introduction to the Philosophy of Science.* Oxford: Clarendon.

POPPER, Karl, 1972. *Conjectures and Refutations.* 4. ed., rev. London: Routledge e Kegan Paul.

_____. 1980. *The Logic of Scientific Discovery.* 10th impression, rev. London: Hutchinson.

DEMBSKI, WILLIAM. William Dembski (1960-) é um matemático, filósofo e teólogo e um dos principais teóricos do movimento do *design* **inteligente** (DI). Ele é doutorado em **matemática** e filosofia, bem como graduado em teologia e **estatística**, e ensinou na Universidade de Baylor, Seminário Batista do Sul e Seminário Teológico Batista do Sudoeste. Ele também é pesquisador do Discovery Institute em Seattle, Washington, EUA, o principal grupo de pesquisa para a defesa e propagação do DI.

Dembski publicou *The Design Inference: Eliminating Chance through Small Probabilities* [A inferência do *design*: eliminando a hipótese por meio de pequenas probabilidades] em 1998 pela editora da universidade de Cambridge, um trabalho que forneceu uma base teórica sofisticada para o DI. (Um trabalho menos técnico e mais teológico foi publicado em 1999 pela InterVarsity.) O *design* pode ser detectado de forma confiável, argumenta Dembski, através do uso de um "filtro de *design*". Em resumo, se um estado de coisas material não pode ser explicado por leis naturais ou eventos ao **acaso** ou pela combinação de ambos, então esse estado de coisas (digamos, um mecanismo molecular dentro de uma célula) deve ser projetado.

Esses objetos exibem o que Dembski chama de "**complexidade especificada**". A *especificação* é um padrão que existe independentemente do objeto considerado, como o rosto de Abraham Lincoln esculpido no Monte Rushmore, nos EUA. A **complexidade** diz respeito à improbabilidade do objeto em questão. Os padrões que formam o rosto de Lincoln em Rushmore são extremamente improváveis. Quando a especificação e a complexidade são encontradas em qualquer objeto — vivo ou não vivo — indica uma causa inteligente como explicação.

O *design* pode ser detectado dessa maneira em muitas áreas da ciência, como na arqueologia (determinar se um objeto é um artefato ou uma mera rocha), na criptografia (encontrar padrões de *design* em códigos) e em evidências forenses (determinar se uma **morte** foi acidental ou intencional). A disciplina da biologia, no entanto, resiste a tais inferências, mesmo quando a evidência para o *design* é esmagadora. Dembski argumenta que essa recusa é meramente *ad hoc*. Devido a influência da inferência do *design*, ela deve ser aplicada no domínio da biologia e da **física** também. Apenas um compromisso teimoso com o *naturalismo metodológico* (a natureza deve ser explicada por

DENNETT, DANIEL

causas não inteligentes) isola a biologia da inferência do *design*.

Dembski adicionou dois livros ao *The Design Inference* para formar uma trilogia de *design* inteligente. Em 2002, ele lançou *No Free Lunch: Why Specified Complexity Cannot Be Purchased without Intelligence* [Nada é de graça: por que complexidade especificada não pode ser aceita sem inteligência], publicada por Rowman & Littlefield. *Being as Communion: A Metaphysics of Information* [Ser como comunhão: uma metafísica da informação] foi lançado em 2014, publicado pela Ashgate. Dembski também escreveu vários livros e artigos sobre apologética popular.

Douglas Groothuis

REFERÊNCIAS E LEITURAS RECOMENDADAS

DEMBSKI, William A., 1998. *The Design Inference: Eliminating Chance through Small Probabilities*. Cambridge: Cambridge University Press.
_____. 2004. *The Design Revolution*. Downers Grove, IL: InterVarsity.

DENNETT, DANIEL. Daniel Clement Dennett III (1942-) nasceu em Boston, Massachusetts, filho de Ruth Marjorie e Daniel Clement Jr. Ele graduou-se em filosofia pela Universidade de Harvard e doutorou-se em filosofia pela Christ Church, Oxford. Ele ganhou uma bolsa de estudo da Fulbright, duas bolsas da Guggenheim e uma bolsa do Center for Advanced Study in the Behavioral Sciences [Centro de estudos avançados nas ciências do comportamento]. A carreira de Dennett como acadêmico se concentrou na filosofia e na ciência da mente, bem como na teoria evolutiva. Ele escreveu extensivamente sobre a teoria da decisão e a **consciência** humana, incluindo seu livro *Consciousness Explained* [Consciência explicada] (1992). Dennett é um forte defensor da memética, onde "**memes**" são considerados ideias virais que podem influenciar o comportamento social (e individual). Embora não biologicamente hereditário, Dennett argumenta que os memes estão sujeitos aos mesmos princípios darwinianos básicos que os genes; a **seleção natural** preserva e amplifica memes que são bem-sucedidos em se estabelecer e transmitir-se através de milhares de mentes.

Grande parte do trabalho público de Dennett está na interface entre ciência e fé, no qual ele tem argumentado a partir da perspectiva do **naturalismo** científico, sustentando que todos os fenômenos podem ser reduzidos a processos naturais. Nas ciências biológicas, Dennett vê esses processos como darwinistas e, em seu livro *Darwin´s Dangerous Idea* [Ideias perigosas de Darwin], ele se refere ao teorema darwiniano como um "ácido universal" que "devora quase todo conceito tradicional e deixa em seu rastro uma cosmovisão revolucionária, com a maioria dos antigos marcos ainda reconhecíveis, mas transformados de maneira fundamental" (1996, p. 65).

Em um livro posterior, *Breaking the Spell* [Quebrando o encantamento] (2006), Dennett fez um ataque frontal à religião, argumentando que a própria religião é um fenômeno natural que é explicável em termos naturalistas. Dennett acredita no sobrenatural como um tipo complexo memético, semelhante à *superstição* observada nos experimentos de pombo de B. F. Skinner (no qual os pombos memorizam e reencenam uma série de comportamentos elaborados sob um falso pretexto que levam a uma recompensa alimentar). Em outros lugares, ele expressou preocupações sobre os efeitos prejudiciais da religião na sociedade, dizendo: "Se a religião não é a maior ameaça à racionalidade e ao progresso científico, o que é?", e "a religião está impedindo [as pessoas] de serem tão boas quanto poderiam ser".

Filosoficamente, Dennett reivindica o realismo moral e mantém um processo decisório em dois estágios no livre-arbítrio humano. Notavelmente, Dennett foi nomeado um dos "quatro cavaleiros" do **novo ateísmo** (juntamente com Richard Dawkins, Sam Harris e o falecido Christopher Hitchens). Como um humanista secular, ele atuou no conselho consultivo da *Secular Coalition for America* [Coalizão secular para a América] e foi nomeado para o conselho honorário de alunos ilustres da Freedom from Religion Foundation's [Fundação da libertação da religião] em 2010. Mais recentemente, ele foi convidado como um dos 15 principais naturalistas metafísicos para o encontro "Moving Naturalism Forward" [Levando o naturalismo adiante] (Stockbridge, MA, 2013). Atualmente ele é professor de filosofia na Austin B. Fletcher e codiretor do Centro de estudos cognitivos da Universidade Tufts.

Wayne Rossiter

REFERÊNCIAS E LEITURAS RECOMENDADAS

DENNETT, Daniel C., 1991. *Consciousness Explained*. Boston: Little, Brown.
_____. 1996. *Darwin's Dangerous Idea: Evolution and the Meaning of Life*. New York: Simon & Schuster.
_____. 2003. "The Bright Stuff." *New York Times*. July 12. www.nytimes.com/2003/07/12/opinion/the-bright-stuff.html.
_____. 2006. *Breaking the Spell: Religion as a Natural Phenomenon*. New York: Penguin.
DENNETT, Daniel, and Robert Winston. 2008. "Is Religion a Threat to Rationality and Science?" *Guardian*. 22 abr. www.theguardian.com/education/2008/ apr/22/highereducation.uk5.

DENTON, MICHAEL.

DENTON, MICHAEL. Michael Denton (1943 -) é um médico, geneticista e defensor de uma compreensão teleológica não teísta da biologia que primeiramente ganhou proeminência internacional após a publicação de seu livro *Evolution: A Theory in Crisis* [Evolução: uma teoria em crise] (1985).

Nascido em Newcastle upon Tyne, no Reino Unido, Denton formou-se em medicina pela Universidade de Bristol em 1969 e doutorou-se (em bioquímica) pelo King's College London em 1974, com estadias na Universidade de Toronto e na Universidade Hebraica. De 1990 a 2005, foi pesquisador sênior no Departamento de bioquímica da Universidade de Otago, Dunedin, Nova Zelândia. Denton pesquisou a genética de doenças oculares humanas, usando amostragem de populações no sul da Ásia e do subcontinente indiano.

Ele atualmente é um pesquisador sênior do Centro para ciência e cultura do **Discovery Institute**. O primeiro livro de Denton, *Evolution: A Theory in Crisis* (publicado no Reino Unido em 1985, e depois em uma edição americana em 1986) foi digno de nota por sua ampla cobertura de dados biológicos e paleontológicos, os quais Denton argumentou serem incompatíveis com a clássica evolução gradual neodarwiniana. Ele argumentou ainda que um fenômeno de "equidistância molecular" nos padrões de **DNA** e proteína também era inconsistente com as previsões neodarwinianas, uma reivindicação amplamente contestada por biólogos evolucionistas perante os mesmos padrões.

O caso geral de Denton contra a evolução neodarwiniana foi especialmente distintivo porque ele não propôs uma hipótese alternativa de criação ou ***design*** inteligente, continuando agnóstico sobre a causa da origem e diversidade da vida, ao mesmo tempo em que mantinha que a biologia deu evidência de propósito e **teleologia**. Essa tese foi ainda articulada em seu segundo livro, *Nature's Destiny* [O destino da natureza] (1998), cujo subtítulo, *How the Laws of Biology Reveal Purpose in the Universe* [Como as leis da biologia revelam propósito no universo], expressou a crença de Denton em uma direcionalidade teleológica, embora governada por uma lei, no processo evolutivo (como se desenrolou na descendência comum da vida na terra). As publicações científicas mais estreitamente técnicas de Denton, como a publicação de 2002 sobre enovelamento de proteínas (Denton et al., 2002),

também defendem uma visão de biologia governada por uma lei, em que os papéis funcionais são "modificações claramente secundárias de dados primários da física".

Mais recentemente, Denton ampliou esta posição em seu terceiro livro, *Evolution: Still a Theory in Crisis* (Evolução: uma teoria ainda em crise) (2016), no qual ele revisa os argumentos de seu livro de 1985 à luz de novas descobertas, concluindo que a teoria evolutiva de livros didáticos ainda está aquém de seus alvos explicativos, e que uma visão amplamente teleológica deve ser preferida. Denton continua a defender sua posição através de seus escritos, vídeos e palestras globais sobre genética, evolução e o argumento antrópico para o *design*. Ele continua a desenvolver uma compreensão não biológica mas motivada por teleologia de biologia e ciência em geral, visando o propósito nas estruturas mais fundamentais do universo.

Paul Nelson

REFERÊNCIAS E LEITURAS RECOMENDADAS

DENTON, Michael, 1985. *Evolution: A Theory in Crisis*. London: Burnett.
_____. 1998. *Nature's Destiny: How the Laws of Biology Reveal Purpose in the Universe*. New York: Free Press.
_____. 2016. *Evolution: Still a Theory in Crisis*. Seattle: Discovery Institute.
DENTON, Michael, Craig J. Marshall, and Michael Legge. 2002. "The Protein Folds as Platonic Forms: New Support for the Pre-Darwinian Conception of Evolution by Natural Law." *Journal of Theoretical Biology* 219:325-42.

DESCARTES, RENÉ. Descartes (1596-1650) é considerado o "pai da filosofia moderna", liderando a mudança do escolasticismo, e desenvolveu uma grande base para o pensamento científico moderno. Ele foi educado numa tradição escolástica que combinava a doutrina cristã com a filosofia de **Aristóteles** e Aquino. No entanto, ele abandonou a visão da causa final do aristotelismo para uma visão mecanicista do mundo. Descartes também fez contribuições significativas para a **matemática**, desenvolvendo o sistema de coordenadas cartesianas.

Ele pensou que a visão dos escolásticos de que a sensação é a fonte de todo conhecimento era suscetível ao ceticismo. Em *Meditações sobre filosofia primeira* (1641), ele argumentou que, porque nossos sentidos podem enganar, é impossível saber com certeza que não estamos nos sonhos ou sendo enganados por um demônio maligno, de modo que não podemos confiar em nossos sentidos ou em nosso raciocínio (Primeira meditação). No entanto, Descartes argumentou que a única coisa de que ele não podia duvidar é que ele existe. O ato de duvidar é um ato de pensar. Para pensar, é preciso existir (Segunda meditação).

Ele então argumentou que o conceito de Deus não pode ser construído a partir de sua própria mente, mas deve vir de Deus, que é a fonte da verdade (Terceira meditação). Descartes argumentou então que, porque Deus não é um enganador, podemos confiar na nossa capacidade de saber nos casos em que temos "ideias claras e precisas" (Quarta meditação).

Para apoiar ainda mais o seu argumento contra o ceticismo, ele ofereceu uma versão do argumento ontológico para a **existência de Deus** (Quinta meditação). Em última análise, Descartes argumentou que "a certeza e a verdade de todo o conhecimento dependem exclusivamente da minha consciência do Deus verdadeiro, de tal forma que eu era incapaz de conhecimento perfeito sobre qualquer outra coisa até tomar consciência dele" (Quinta meditação).

Descartes sustentou que as pessoas humanas são constituídas por um corpo físico e uma mente ou **alma** não física (ver **Dualismo**; **Alma**). No entanto, ele rejeitou o dualismo de **Platão**, que vê a alma e o corpo como completamente separados. A alma, disse Descartes, não reside no corpo "como um piloto reside em um navio" (1641, Sexta meditação), mas sim forma uma espécie de unidade natural. Sua visão tem mais em comum com as teorias escolásticas da união alma-corpo do que é comumente retratado (Skirry, 2005). Para Descartes, a alma não é um fantasma na máquina (ver **Gilbert Ryle**), mas uma "forma substancial" (CSM 3:207-8) e "substancialmente unida" (CSM 3:243) com o corpo. No entanto, ao contrário dos escolásticos, Descartes mantinha uma visão mecanicista do corpo.

Descartes ofereceu uma variedade de argumentos para apoiar o dualismo da substância. Ele argumentou que ele deve ser distinto de seu corpo porque (1) ele pode duvidar de que ele tenha um corpo, (2) ele pode se conceber sem um corpo, e (3) seu corpo é divisível embora ele não seja (1641, Sexta meditação). Além disso, Descartes argumentou que a capacidade de raciocinar e usar a linguagem está além das habilidades de um corpo, que é meramente uma máquina de estímulo-resposta (1637, parte 5). Cada argumento tem sido contestado embora as versões contemporâneas ainda sejam defendidas.

Brandon L. Rickabaugh

REFERÊNCIAS E LEITURAS RECOMENDADAS

Beck, L. J., 1965. *The Metaphysics of Descartes: A Study of the Meditations.* Oxford: Oxford University Press.

Clarke, Desmond M., 1982. *Descartes' Philosophy of Science.* Manchester: Manchester University Press.

Cottingham, John G., 1986. *Descartes.* Oxford: Blackwell.

_____. 1992. *The Cambridge Companion to Descartes.* Cambridge: Cambridge University Press.

Descartes, René, 1620-c. 1628. *Rules for the Direction of the Mind.* In: *The Philosophical Writings of Descartes*, vol. 1. Ed. and trad. J. Cottingham,

R. Stoothoff; Murdoch, D., Kenny, A., 3 vols. Cambridge: Cambridge University Press. Hereafter CSM.

_____. c. 1630-33. *The World.* In: CSM, vol. 1.

_____. 1637. *Discourse on the Method.* In: CSM, vol. 1.

_____. 1641. *Meditations on First Philosophy.* In: CSM, vol. 2.

_____. 1644. *Principles of Philosophy.* Excerpted in CSM, vol. 1.

_____. 1649. *The Passions of the Soul.* In: CSM, vol. 1.

_____. 1984-91. *The Philosophical Writings of Descartes*, ed. and trans. J. Cottingham, R. Stoothoff, D. Murdoch, and A. Kenny. 3 vols. Cambridge: Cambridge University Press.

Des Chene, Dennis, 1996. *Physiologia: Natural Philosophy in Late Aristotelian and Cartesian Thought.* Ithaca, NY: Cornell University Press.

Doney, Willis, 1967. *Descartes: A Collection of Critical Essays.* Garden City, NY: Doubleday.

Garber, Daniel, 1992. *Descartes' Metaphysical Physics.* Chicago: University of Chicago Press.

Grosholz, Emily, 1991. *Cartesian Method and the Problem of Reduction.* Oxford: Oxford University Press.

Skirry, Justin, 2005. *Descartes and the Metaphysics of Human Nature.* New York: Continuum.

DESIGN INTELIGENTE. É possível que a natureza exiba padrões que apontem de maneira confiável para o efeito de uma inteligência? Apresentando de uma maneira mais simples, o *design* na natureza poderia ser detectável (como no **DNA** das células)? Cristãos, acreditando que Deus criou o mundo com um propósito, sustentam que há desígnio ou intenção na natureza, e esta não é o que é por causa de um acidente aleatório, mas porque Deus, por intenção ou projeto, fez dessa maneira. Os cristãos, no entanto, discutem se tal projeto é detectável no sentido de que os métodos da ciência poderiam detectá-lo.

De acordo com os proponentes do *design* inteligente, a **informação**, especialmente a **complexidade especificada**, é a chave para detectar o *design*. Uma grande literatura científica e filosófica defende ou ataca alternadamente a ideia de que o *design* na natureza é detectável pelos métodos da ciência, no entanto, esse ponto central do *design* inteligente também é resistido por motivos teológicos.

Os evolucionistas teístas, por exemplo, sustentam que, no que diz respeito à ciência da evolução, Darwin acertou em grande parte, de modo que tudo o que vemos, como cientistas, é a atividade das forças naturais (como a **seleção natural** agindo sobre variações aleatórias). Tais forças não fornecem evidência direta de atividade por parte de Deus. Antes, Deus estabelece aquele pano de fundo da natureza em que a natureza essencialmente faz sua própria criação. De acordo com a evolução teísta, o *design* é indetectável cientificamente.

Os criacionistas da Terra jovem também tendem a resistir ao *design* inteligente. Não é que eles pensem necessariamente que os sinais de inteligência na natureza podem não ser detectados de maneira confiável por meio de **métodos científicos**. Em vez disso, eles tendem a considerar tal esforço como inútil. De fato, se a terra tem apenas alguns mil anos de idade, então não havia tempo para a evolução produzir organismos, assim eles devem ter sido especialmente criados por Deus (os organismos não podem apenas materializar-se magicamente). A detecção do *design* torna-se, assim, supérflua. Além disso, o *design* inteligente mostra, na melhor das hipóteses, que uma inteligência estava por trás do mundo, não que essa inteligência seja o Deus judaico-cristão descrito em Gênesis.

O *design* inteligente é ao mesmo tempo radical demais para os evolucionistas teístas e não é radical o suficiente para os criacionistas da Terra jovem. Os evolucionistas teístas, por exemplo, concordarão com os evolucionistas ateístas sobre a ciência da evolução, mas depois discutirão com eles as implicações teológicas da evolução (como quando **Richard Dawkins** afirma que Darwin tornou possível ser um ateu intelectualmente satisfeito). Para isso, o *design* inteligente diz que os evolucionistas ateus não estão apenas errando a teologia, mas também a ciência. Os criacionistas da Terra jovem, por outro lado, veem o *design* inteligente como não suficientemente próximo da Bíblia e, portanto, não indo longe o bastante.

A comunidade do *design* inteligente, em contrapartida, vê a si mesma como tendo resolvido a solução certa para o problema das origens. Ao encontrar sinais claros de inteligência na cosmologia (como no ajuste fino do universo) e na biologia (como nas estruturas nano projetadas em todas as células vivas), ela vai tão longe em inferir o *design* na natureza quanto a evidência científica permite.

William A. Dembski

REFERÊNCIAS E LEITURAS RECOMENDADAS

DEMBSKI, William A., 2004. *The Design Revolution: Answering the Toughest Questions about Intelligent Design.* Downers Grove, IL: InterVarsity.

DEMBSKI, William A.; Wells, Jonathan, 2008. *The Design of Life: Discovering Signs of Intelligence in Biological Systems.* Dallas: Foundation for Thought and Ethics.

GONZALEZ, Guillermo; Richards, Jay W., 2004. *The Privileged Planet: How Our Place in the Cosmos Is Designed for Discovery.* Washington, DC: Regnery.

MEYER, Stephen C., 2009. *Signature in the Cell: DNA and the Evidence for Intelligent Design.* San Francisco: HarperOne.

_____. 2014. *Darwin's Doubt: The Explosive Origin of Animal Life and the Case for Intelligent Design.* San Francisco: HarperOne.

DETERMINISMO. O determinismo é a visão de que, para cada evento, há uma causa ou condição suficiente para sua ocorrência. A doutrina data dos filósofos pré-socráticos, mais notavelmente Demócrito (c. 460 a.C.-c. 370 a.C.). Com o advento do cristianismo, a tese determinista, consequentemente, passou a ser vista como um grande problema, já que teólogos, de **Agostinho** a Aquino, lutaram com as implicações do determinismo para a liberdade humana e a responsabilidade moral.

No início do período moderno, surgiram duas formas de determinismo. Uma delas é o determinismo rígido, a visão de Demócrito, que diz que, como todos os eventos são causados, os humanos não são livres ou moralmente responsáveis. Outra visão, defendida por **Descartes**, Locke, **Hume** e a maioria dos outros filósofos modernos iniciais, é o **compatibilismo** (ou às vezes "determinismo suave"), assim chamado porque afirma que a **causalidade** universal é logicamente compatível com a liberdade humana e a responsabilidade moral. Entre os pontos de vista não deterministas, há o **indeterminismo**, que nega completamente que os eventos de qualquer tipo sejam especificamente causalmente determinados, e há uma posição mais moderada, o libertarismo, que afirma a lei da causalidade, exceto em relação à vontade humana. Nessa hipótese, a vontade humana às vezes é caracterizada como uma espécie de motor imóvel e, seja como for, não compelida por fatores causais, sejam eles físicos, psicológicos, sociais ou outra coisa.

Os argumentos em apoio ao determinismo variam do teológico ao científico, com os proponentes de cada um que remontam aos tempos antigos. Deterministas teológicos como o reformador protestante **João Calvino** e o filósofo panteísta **Baruch Spinoza** explicaram todos os eventos, incluindo escolhas humanas, em termos de vontade ou natureza de Deus. Outros teólogos deterministas não chegam a afirmar a preordenação divina de todos os eventos, mas, apesar disso, afirmam o determinismo pela argumentação teológica de que, se Deus conhece eternamente toda a história humana, todos os eventos devem ser predeterminados, ou sequer pode ser de outra forma.

O argumento científico do determinismo explica que, uma vez que a ciência se baseia na doutrina da causalidade universal e que os seres humanos são parte do mundo físico, mesmo as escolhas humanas devem ser determinadas. Em apoio a essa afirmação, deterministas científicos apelam para a previsibilidade e explicabilidade das ações humanas. Mais notáveis são as duas principais escolas de pensamento na **psicologia** desde meados do século XX, ambas fortemente deterministas (duras) — a **psicanálise** freudiana e o **behaviorismo** de Skinner. Ambas as abordagens teóricas procuram subordinar o comportamento humano de acordo com generalizações quase imutáveis.

Os indeterministas usam argumentos teológicos e científicos próprios. Assim, alguns apelam para a **moralidade**, argumentando que a presunção bíblica de responsabilidade pessoal por suas ações implica o chamado "poder de escolha contrária", que é a capacidade de escolher de outra forma o que efetivamente se escolhe. Do lado científico, os indeterministas às vezes apelam à indeterminação quântica na **física**.

Assim, tanto a teologia como a ciência tem sido utilizadas para se apontar para qualquer direção relacionada à tese determinista. Por conseguinte, numerosos estudiosos cristãos podem ser encontrados em ambos os lados do debate sobre o determinismo. Mas onde há um consenso próximo entre os cristãos é acreditar que os humanos são livres e têm responsabilidade moral. Uma vez que a negação desta parece contradizer as Escrituras, poucos estudiosos cristãos endossaram o determinismo duro.

James S. Spiegel

REFERÊNCIAS E LEITURAS RECOMENDADAS

BUTTERFIELD, Jeremy, 1998. "Determinism and Indeterminism." In: *Routledge Encyclopedia of Philosophy*, ed. E. Craig. London: Routledge.

EARMAN, John, 1986. *A Primer on Determinism*. Dordrecht: Reidel.

FISCHER, John Martin; Kane, Robert; Pereboom, Derek; Vargas, Manuel, 2007. *Four Views on Free Will*. Walden, MA: Blackwell.

JAMES, William, 1956. "The Dilemma of Determinism." In: *The Will to Believe and Other Essays in Popular Philosophy*. New York: Dover.

MELE, Alfred R., 2013. *A Dialogue on Free Will and Science*. New York: Oxford University Press.

PEREBOOM, Derk, 2001. *Living without Free Will*. Cambridge: Cambridge University Press.

DEUS DAS LACUNAS.

DEUS DAS LACUNAS. "Deus das lacunas" refere-se a uma inferência falaciosa baseada em uma compreensão deficiente da **teologia natural** e da metodologia científica. A forma clássica de um argumento do Deus das lacunas é: "Não existe nenhuma explicação científica natural conhecida de X; portanto, sabemos que uma ação sobrenatural de Deus explica X". Esse é um apelo à ignorância (uma falácia lógica), uma vez que erroneamente afirma que o nosso *não* saber algo (uma explicação científica natural de X) implica que *realmente* conhecemos alguma outra coisa (uma explicação sobrenatural de X).

Uma afirmação frequente é que os argumentos do Deus das lacunas são prejudiciais à teologia e à ciência. Assim, **Henry Drummond** reclamou: "Há mentes reverentes que exploram incessantemente os campos da natureza e os livros da ciência em busca de lacunas — lacunas que eles preenchem com Deus. Como se Deus vivesse em lacunas? Que visão da natureza ou da verdade é a deles, cujo interesse pela ciência não está no que ela pode explicar, mas naquilo que não pode, cuja busca é pela ignorância e não pelo conhecimento?" (Drummond, 1908, p. 333).

Teologicamente, confundir Deus com lacunas no nosso conhecimento é preocupante. Isso sugere que, à medida que a ciência avança e aquelas lacunas diminuem, há menos espaço para Deus no mundo. Isso nega a onipresença de Deus e encoraja o **deísmo**. Dietrich Bonhoeffer enfatizou que Deus está em ação em todos os lugares: "Devemos encontrar Deus no que sabemos, não no que não conhecemos; Deus quer que possamos perceber sua presença, não em problemas não resolvidos, mas naqueles que estão resolvidos" (Bonhoeffer, 2002, p. 276).

Cientificamente, uma grande preocupação é que se a ciência pressupusesse causas sobrenaturais prematuramente, ela poderia retardar a descoberta de causas naturais. E se forem encontradas causas naturais, isso poderia prejudicar a fé de crentes cientificamente informados (BioLogos, "Lacunas").

Francis Collins, que estabeleceu a **BioLogos Foundation** em 2007 para promover a teoria de que a evolução é compatível com a fé cristã (BioLogos, "História"), considera que o *design* inteligente é culpado do raciocínio do Deus das lacunas (Collins, 2006). Na opinião de Collins, o **argumento do *design*** é que, como a evolução naturalista não explica nada (p. ex., a **informação** complexa especificada no **DNA**), ela é mais explicada por um *designer* inteligente. No entanto, os defensores do *design* negam essa alegação, e afirmam que seu argumento apela não para a ignorância, mas para o conhecimento: o conhecimento dos limites dos processos não direcionados e dos poderes causais de agentes inteligentes, como engenheiros (Meyer,

2009, cap. 18; 2013, p. 360). Eles também argumentam que excluir o *design* inteligente como uma possível explicação permite que a falácia do materialismo simétrico das lacunas prolifere sem oposição.

Angus J. L. Menuge

REFERÊNCIAS E LEITURAS RECOMENDADAS

BioLogos. "Are Gaps in Scientific Knowledge Evidence for God?" BioLogos. Acessado em 30/9/2016. http://biologos.org/questions/god-of-the-gaps.

Biologos. "Our History." BioLogos. Acessado em 30/9/2016. https://biologos.org/about/history.

Bonhoeffer, Dietrich, 2002. "Letter to Eberhard Bethge", 29 mai. 1944, em *Letters and Papers from Prison*, ed. Eberhard Bethge. London: Folio Society.

Collins, Francis, 2006. *The Language of God: A Scientist Presents Evidence for Belief.* New York: Free Press.

_____. 2007. *A linguagem de Deus: um cientista apresenta evidências de que Ele existe.* São Paulo: Gente.

Drummond, Henry, 1908. *The Ascent of Man.* New York: James Pott. https://archive.org/details/lowelllecturso01drumgoog.

Meyer, Stephen C., 2009. *Signature in the Cell.* New York: HarperCollins.

_____. 2013. *Darwin's Doubt.* New York: HarperCollins.

⌘DIAS DA CRIAÇÃO (hipótese da estrutura).

A Bíblia é a Palavra de Deus. Como tal, ela tem autoridade e um peso sobre os cristãos, e aqueles que a leem são obrigados a acreditar e obedecer. Não é apenas um artefato da antiguidade, mas é infalivelmente verdadeira. Este e muitos outros méritos decorrem logicamente do fato de que é inspirada — soprada — pelo próprio Espírito Santo.

Mas, como obra literária, deve ser interpretada. E é precisamente aqui que o gênio do Autor divino resplandece. A Bíblia também é bastante humana e não deve ser lida como se fosse o Alcorão ou as placas de ouro de Joseph Smith. Não temos como sondar a mente infinita de Deus. As pessoas com cérebro (e mentes) como o nosso escreveram em determinado momento e circunstâncias para certo grupo, e se quisermos saber o significado de um determinado texto, primeiro perguntamos o que o autor humano pretendia e como o público original o teria entendido. A menos que sejamos sensíveis à intenção do autor, nos debateremos com interpretações anacrônicas, inapropriadas e totalmente tolas.

O intérprete deve ter em mente que Gênesis é um texto antigo escrito para uma nação de pessoas que, na maior parte, tinham uma vida pastoril. Qualquer significado encontrado deve ser confrontado com esse dado. Infelizmente para os modernos que estão mergulhados em **paradigmas** científicos, qualquer forma de significado científico é quase inteiramente excluída da consideração. Gênesis 1 não é mais científico do que Gênesis 30:37-39, onde Jacó controlou traços genéticos com varas de madeira. Em vez de invocar um cosmos em expansão, **Einstein**, **fósseis**, entropia ou qualquer ideia científica, é preciso encontrar um significado quanto ao seu antigo cenário cultural.

Os escritores do Novo Testamento não interpretaram o Gênesis, e muito menos o leram "literalmente". Eles trataram suas histórias de forma arquetípica e simbólica, como ilustrações para ajudar a explicar Jesus e o evangelho. Paulo tratou o primeiro dia desta maneira: "Pois Deus que disse: 'Das trevas resplandeça a luz', ele mesmo brilhou em nossos corações, para iluminação do conhecimento da glória de Deus na face de Cristo" (2Coríntios 4:6). Obviamente, esta não é uma exegese direta — ainda que seja seu procedimento normal. O cristão moderno deve ter isso em mente ao ler o capítulo 1 (ver **Criacionismo da Terra antiga [perspectiva favorável]**; **Criacionismo da Terra antiga [perspectiva crítica]**).

Primeiro dia, Gênesis 1:3-5

Ao longo da história, os intérpretes têm lutado com o **paradoxo** da luz sem origem. Orígenes (185-254 d.C.) acreditava que o enigma tornava qualquer interpretação literal impossível. Basílio, o Grande (330-79 a.C.), sugeriu que a "natureza da luz" foi criada, ao contrário das luzes reais, o que hoje pode ser chamado de leis que governam a radiação eletromagnética. A luz real veio mais tarde.

Porque aquele dia não tinha sol, o significado de "noite e manhã" é obscuro. Que tipo de manhã não tem nascer do sol? Isso dá ao conjunto de Gênesis 1 uma qualidade surreal e pode ser uma pista proposital para seu gênero. Talvez Moisés tenha sonhado com o capítulo ou o tenha visto em uma visão profética. Por isso, é simbólico. Ou talvez Deus tenha demorado uma semana para revelar isso. Assim, Moisés viveu durante os seis dias, e eles não são uma escala de tempo para a criação de modo algum. A melhor explicação é que os sete dias são um recurso literário, e a luz nunca existiu fisicamente, além do sol, da lua e das estrelas.

Nenhum leitor antigo teria imaginado um grande estrondo, ou o céu brilhando após partículas difundidas da estratosfera, ou Deus infundindo energia para iniciar reações químicas. Nem a dilatação do tempo relativista

208 DIAS DA CRIAÇÃO (hipótese da estrutura)

não deveria ser enviada. Não temos que adivinhar a mente infinita de Deus. Nós simplesmente temos que perguntar o que as pessoas da Terra fariam com a história do primeiro dia (ver **Cosmologia bíblica**).

Segundo dia, Gênesis 1:6-8

No segundo dia da criação, Deus colocou um "**firmamento**" que separava o oceano celestial do terrestre. A palavra hebraica "firmamento" é derivada do verbo para o trabalho de metal e (em fenício) é usada para tigelas metálicas. Números 16:38 usa um cognato para placas marteladas. Jó 37:18 afirma que o céu é duro como o metal. Parece gelo ou cristal em Ezequiel 1:22.

O antigo Oriente Próximo acreditava unanimemente que o céu era duro como a pedra e as estrelas eram luzes fixadas nele. Assim, a Bíblia fala do céu tendo colunas e fundações (Jó 26:11; 2Samuel 22:8), uma câmara superior (Amós 9:6) com um reservatório de água (Salmos 148:1-4). Quando Deus abre suas janelas e portas, a chuva vem (Gênesis 7:11).

Assim, Deus realizou duas coisas. Ele esculpiu um espaço no universo para que a vida prosperasse e estabeleceu um meio para regulá-la e preservá-la. Hoje podemos apreciar essas coisas muito mais do que o antigo público-alvo, mas as expressamos em outros termos. Se a terra fosse menor ou maior, a vida não poderia existir aqui. Se estivesse mais perto ou mais longe do sol, se seu complemento de elementos fosse diferente, ou se centenas de outros parâmetros conhecidos fossem apenas um pouco diferentes — incluindo constantes universais como a de Planck ou a **velocidade da luz** — a vida não poderia existir. As pessoas de fé de hoje podem celebrar a Deus por ele ter criado um espaço para a vida e sustentá-la, como o antigo público-alvo o fez de acordo com sua cosmologia.

Muitos intérpretes modernos se sentem desconfortáveis com uma afirmação tão flagrantemente pré-científica em Gênesis, traduzindo-a por "expansão" (Almeida Corrigida e Fiel) e relegando as águas celestiais como nuvens e vapor. Assim, Deus criou nuvens na atmosfera. Mas isso força um pino quadrado em um buraco redondo, tentando tornar um conceito cosmológico antigo compatível com a meteorologia moderna. Se alguém realmente quer que o texto seja cientificamente descritivo — com uma semana de criação literal — é preciso acreditar que há realmente um domo físico lá em cima.

Terceiro dia, Gênesis 1:9-13

O escritor de Gênesis estava bem ciente de que as plantas vêm da semente, mas usaram linguagem não científica para as primeiras plantas: a terra as germinou. Este é provavelmente um discurso não técnico que trata a semente no solo como algo "subentendido". Em outras palavras, significa "Deixe a semente no solo germinar". A origem da semente não é especificada.

A gramática de 1:11 sugere que Deus ordenou que as árvores fossem inteiramente feitas de fruta — até o centro da casca e da madeira. Rabinos antigos e medievais debateram essa questão. Uma abordagem literalista e precisa deve explicar por que as árvores não se mostraram como ordenadas.

Hoje, todo crente reconhece que Deus providencia as necessidades da vida como o alimento. "Dá-nos hoje o nosso pão de cada dia" é a **oração** que Jesus ensinou aos discípulos, o que capta a essência deste terceiro dia. A generosidade da terra é para homens e animais (1:29,30). É sobre isso que trata a passagem. O texto, escrito para homens tribais antigos, não é uma tese científica. (Embora Deus soubesse que as algas oxigenavam o ar na Era Arqueozoica, este não é o significado que Gênesis transmitiu a eles, e assim não é o que isso significa.)

Quarto dia, Gênesis 1:14-19

Com sol e lua agora circulando a terra, poderia haver noites e manhãs reais sem explicações extraordinárias. Tal como acontece com tudo neste capítulo, incluindo a própria terra, não são citadas origens ou estágios materiais de formação de substâncias anteriores.

Com os luminares, um padrão começa a surgir além da simples progressão. Nos dias 4 a 6, Deus adorna as partições dos três primeiros dias com criaturas. Essa análise é chamada de hipótese da estrutura, e pode ser a chave para ler os seis dias. Eles podem ser vistos não como uma cronologia, mas como uma revisão temática de aspectos da criação. Agora, a segunda metade começou, e o trabalho criativo da primeira metade foi revisado.

Sol e lua separaram o dia da noite (1:18). Uma vez que isso já foi feito (1:4), o dia 4 descreve o mesmo ato criativo do dia 1. O dia 4 revela como Deus concluiu o primeiro dia — resolvendo o mistério da fonte de luz não revelada. Isto é como a narrativa dupla da criação da humanidade. Primeiro, os seres humanos são simplesmente criados (Gênesis 1:27). Mais tarde, isso é recontado com

DIAS DA CRIAÇÃO (hipótese da estrutura) 209

diferentes ênfases (2:7ss). Do mesmo modo, os seis "dias" podem não ser sequenciais, mas antes um recurso literário para separar a criação em tópicos. Afinal, Gênesis 2:4 concentra todo o trabalho da semana em um único dia.

Os luminares não são deuses. Isso põe o relato de Gênesis em desacordo com os mitos pagãos, mas não o faz concordar com a ciência moderna. O Salmo 19 descreve a tenda do sol, de onde ele executa entusiasticamente seu curso diário. Os reis de Judá podem ter acreditado que o sol era conduzido por uma carruagem puxada por cavalos (2Reis 23:11). Os detratores de **Copérnico**, como Martinho Lutero, citaram Josué 10:13 para refutar seu modelo cosmológico — outra ilustração de como o literalismo pode produzir uma má ciência.

Se o universo tem apenas seis milênios, como é possível ver fenômenos celestes absolutamente distantes? Nenhuma solução para este problema chegou a um consenso entre os teóricos da Terra jovem. Alguns sugerem que o universo foi criado "maduro", com a aparência de uma idade avançada. A luz foi criada "no percurso". Assim, vemos a luz de explosões solares que nunca existiram. Este argumento encerra qualquer outra discussão científica sobre o assunto e transforma a **astronomia** em ficção. Os astrônomos examinam um passado que nunca existiu. Os céus declaram uma história de fraude.

Quinto dia, Gênesis 1:20-23

Deus adorna o firmamento acima e as águas abaixo com vida. Os pássaros voam abaixo do mar superior. Os peixes nadam no mar inferior. Ele os abençoou com a ordem de multiplicar e encher o mundo com suas espécies. Nada é dito sobre a matéria ou origem corpórea deles; parece que se reproduzem naturalmente.

Os criacionistas da Terra jovem definem uma "espécie" como um tipo básico de animal: a classificação taxonômica de uma **espécie** em alguns casos, em outros, um gênero ou família. As conjecturas da Terra jovem permitem alguns protótipos básicos na arca e uma filogênese muito rápida após o **dilúvio** — seu desenvolvimento em famílias modernas que levam menos de mil anos. Uma leitura literal das Escrituras traz a questão a Moisés, que, de acordo com essa teoria, deveria ter observado mudanças nos gêneros ao longo de sua vida. Abraão nasceu apenas 297 anos após o dilúvio, então nossa zoologia ainda não havia aparecido em sua época.

Talvez a melhor crítica da visão literalista da Terra jovem seja simplesmente expor o que ela reivindica. O dilúvio supostamente aconteceu em 2.348 a.C. Isso o colocaria no final da Primeira Era do Bronze III, a sexta dinastia do Reino Velho, vários séculos depois de os egiptólogos datarem as primeiras pirâmides.

Sexto dia, Gênesis 1:24-31

Primeiro, Deus criou os animais domésticos e selvagens que vivem na terra. Especificamente, Deus disse ao solo para "trazer" os animais. Isso pode ser simbólico para a procriação. Salmos 103:14, por exemplo, diz isso dos humanos: "somos pó". Salmos 139:15 refere-se à gestação como sendo "entretecida como nas profundezas da terra". Assim, o solo que faz com que os animais existam pode não identificar suas origens reais. Isso equivale a dizer: "Que as criaturas nasçam e eclodam". É assim, então, que Deus os criou.

Deus emite ordens de maneira executiva, mas o texto (com sabedoria) não tem interesse em como, material e organicamente, essas ordens foram cumpridas. A luz brilha sem nenhuma fonte óbvia, as plantas aparecem de sementes subentendidas, o sol e a lua são revelados já brilhando, pássaros e peixes aparecem aos montes, a fauna nasce e é produzida a partir de matrizes não declaradas. O texto se apresenta como se os dias da criação fossem um documentário, cada episódio apontando para ciclos de natureza facilmente perceptíveis para o antigo Israel, dizendo: "Deus fez isso!"

Os sistemas de suporte para a vida aparecem em três atos; estes são apresentados com criaturas reproduzindo-se em outros três. Finalmente, como culminação da criação, Deus decreta a humanidade, formando macho e fêmea à sua imagem, para que dominem e se multipliquem. Assim, o estado original de a terra estar sem forma e vazia (Gênesis 1:2) foi corrigido. É dito que isso é "muito bom". Excelentíssimo! — a criação é completa, viável e funciona como pretendido. A **ecologia** funciona. A vida prospera. A humanidade domina.

O fato de Gênesis 1 e 2 possuir dois tratamentos distintos sobre a criação dos seres humanos pode ser uma pista para esse gênero literário. Concentrar-se na sequência de dias e seus eventos pode nos fazer perder o foco. Toda a grande história gira em torno da humanidade, e isso implica contá-la em várias sequências diferentes. O foco não é qual parte da criação veio depois do que, ou quanto

210 DIAS DA CRIAÇÃO (hipótese dia-era)

tempo demorou ou como foi feito. A criação é sobre a humanidade em relacionamento com Deus. O universo é um realce para isso. A ordem dos dias em Gênesis pode ser representativa ou temática: qualquer quantidade de processos poderia ter sido empregada para expressar suas ideias teológicas proeminentes. Compare, por exemplo, Salmo 8 e 104, ou Provérbios 8:22-31.

Mas um universo secular não é suficiente. Um dia de santificação permanece como o clímax da história, dando sentido a tudo.

Sétimo dia, Gênesis 2:1-3

As partições criadas nos dias 1 a 3 são preenchidas nos dias 4 a 6. Este *design* literário deixa o sétimo dia para estar sozinho e separado. O clímax da semana de criação é quando seu objetivo final é alcançado — Deus ocupa sua morada em seu templo e isso consagra o universo.

Os santuários dos antigos hebreus (o Tabernáculo, o Templo de Salomão e o Segundo Templo) foram construídos com três partições, já que o universo possui três partições em Gênesis. Dentro dessas casas de adoração havia imagens da criação: a menorá (uma árvore estilizada com sete lâmpadas como as sete luzes no céu), pães (feitos de grãos), um lavatório (o mar) e assim por diante. A ideia é clara: o verdadeiro santuário de Deus é o universo. Os santuários artificiais simbolizam isso. Isaías 66:1 compara explicitamente o cosmos como o lugar do descanso de Deus em oposição a um edifício terrestre inadequado.

Os seis dias da criação tornaram o universo ordenado e completo, uma habitação adequada para o Deus santo. Assim, descansando da obra da criação em sua nova casa ordenada, Deus a torna sagrada — algo maior do que suas partes — adicionando uma dimensão transcendente. O sétimo dia torna o universo especial. O fato de Deus descansar no dia santo é equivalente a dizer: "Santo, santo, santo é o Senhor dos Exércitos, a terra inteira está cheia da sua glória" (Isaías 6:3). Também é equivalente à presença de Deus que enche o templo em sua dedicação. Nas palavras de Salomão: "Os céus, mesmo os mais altos céus, não podem conter-te. Muito menos este templo que construí!" (1Reis 8:27).

Os criacionistas da Terra jovem insistem que a medida do tempo em "noite e manhã" significa um dia de 24 horas (ver **Criacionismo da Terra antiga**). Mas o sétimo dia não tem essa métrica. Assim, Gênesis coloca intencionalmente o sétimo dia fora do ritmo dos primeiros seis dias. Sela

a criação como santa e abençoada. O descanso de Deus no sábado é a bem-aventurança do universo. Os hebreus celebraram sua continuação descansando de seus trabalhos a cada sete dias. Ao fazê-lo repetidas vezes, eles trataram esse dia atemporal como um estado de espírito, a condição de ser santificado. O quarto mandamento afirma isso de duas maneiras: lembre-se de quando Deus descansou (Êxodo 20:11), e lembre-se de quando ele salvou Israel da escravidão no Egito (Deuteronômio 5:15). Ambas falam da mesma realidade espiritual: Israel guarda o sábado para desfrutar da eterna bênção do descanso de Deus.

Hebreus 3:16—4:11 traça o motivo do "descanso" da semana da criação, por meio do descanso da Terra Prometida, para descansar das próprias obras e confiar em Jesus. Assim, um verdadeiro criacionista é aquele que entra no dia 7 ao ouvir o evangelho e responder com fé e obediência. Acreditar no evangelho é do que se trata a semana da criação. Isso leva o círculo completo do sétimo dia de volta ao primeiro. Nas palavras do apóstolo Paulo: "Deus que disse: 'Das trevas resplandeça a luz', ele mesmo brilhou em nossos corações, para iluminação do conhecimento da glória de Deus na face de Cristo" (2Coríntios 4:6).

George Schwab

REFERÊNCIAS E LEITURAS RECOMENDADAS

Ross, Hugh, 2004. *A Matter of Days*. Colorado Springs: NavPress.
Walton, John H., 2009. *The Lost World of Genesis One*. Downers Grove, IL: InterVarsity.
Young, Davis, 1982. *Christianity and the Age of the Earth*. Grand Rapids: Zondervan.

DIAS DA CRIAÇÃO (hipótese dia-era). Os criacionistas do dia-era acreditam que Deus transformou milagrosamente a terra e criou toda a sua vida dentro de seis dias literais, isto é, seis longos períodos de tempo, mas finitos. A palavra hebraica *yôm*, traduzida por "dia", tem quatro definições distintas, todas "literais", uma vez que se enquadram no significado rigoroso e exato da palavra:

1. Parte das horas do dia antes de o sol se por.
2. Todas as horas do dia antes de o sol se por.
3. Um período de rotação da Terra.
4. Um longo período de tempo, mas finito.

No hebraico bíblico, não há outra palavra além de *yôm* para um longo período de tempo finito.

Três dessas definições são usadas no relato da criação de Gênesis. O dia 1 da criação contrasta dia e noite,

DIAS DA CRIAÇÃO (hipótese dia-era)   211

usando a segunda definição. O dia 4 da criação contrasta as estações, os dias e os anos, usando a terceira definição. Em Gênesis 2:4, *yôm* refere-se a toda a semana da criação, usando a quarta definição. A hipótese do dia-era trata os dias da criação como seis períodos de tempo sequenciais e não sobrepostos.

Essa perspectiva sustenta que as **revelações** de Deus, tanto nas palavras da Bíblia como no registro da natureza, podem ser totalmente confiáveis para revelar a verdade. Embora a Bíblia seja a única revelação autorizada de Deus, o registro da natureza permanece totalmente confiável e fidedigno. A posição do dia-era mantém tanto uma visão elevada e literal das Escrituras como uma visão elevada e literal da natureza. Isso permite que se abrace, completa e alegremente, ambos os livros de Deus.

Evidências bíblicas para longos dias de criação

1. *Os eventos do dia 6 da criação exigem muito tempo.* Deus cria três tipos diferentes de mamíferos terrestres específicos, e ambos, **Adão e Eva**, no dia 6 da criação. Gênesis 2 lista eventos entre a criação de Adão e Eva. Deus plantou um jardim no Éden, fazendo "nascer então do solo todo tipo de árvores". Então, Adão cuidou do jardim. Em seguida, nomeou todas as *nephesh* (criaturas "viventes" — animais dotados por Deus com mente, vontade e emoção). Evidentemente, Adão examinou minuciosamente cada criatura enquanto considerava um nome para descrever como aquele animal havia sido exclusivamente projetado para servi-lo e agradá-lo. Adão teve tempo para descobrir as alegrias de interagir com todas as criaturas *nephesh* e a solidão de não ter companheira equivalente. Finalmente, Deus fez com que Adão caísse em um sono profundo, fez-lhe uma "cirurgia" e, depois que Adão acordou, apresentou-o a Eva (ver **Adão e Eva**).

A exclamação de Adão ao ver Eva é registrada em Gênesis 2:23 — *happa'am.* Esta palavra geralmente é traduzida como "finalmente" (ver Gênesis 29:34,35; 30:20; 46:30; Juízes 15:3), aproximadamente equivalente à expressão "Até que enfim!"

Posteriormente, no sexto dia, Deus ensinou a Adão e Eva sobre a responsabilidade que tinham em administrar os recursos da terra em benefício de toda a vida. Esse saber teria levado um tempo considerável. Em suma, somente as atividades desta última parte do sexto dia,

independentemente do intelecto de Adão, segundo parece, teriam requerido muitas semanas, meses ou mesmo anos.

2. *O sétimo dia continua.* Dos seis primeiros dias da criação, Moisés escreveu: "passaram-se a tarde e a manhã; esse foi o [X] dia". Ou seja, cada dia tinha uma hora de início e uma hora de término. No entanto, essa redação não é atribuída ao sétimo dia — nem em Gênesis, nem em qualquer outro lugar da Bíblia. Dada a estrutura paralela que marca os dias de criação, essa mudança distinta para narrar o sétimo dia sugere fortemente que este dia ainda não terminou.

Em Salmo 95, João 5 e Hebreus 4, aprendemos que o dia de descanso de Deus continua. Por exemplo:

> Em certo lugar ele [Deus] falou sobre o sétimo dia, nestas palavras: "No sétimo dia Deus descansou de toda obra que realizara" [...] Entretanto, resta entrarem alguns naquele descanso [...] Assim, ainda resta um descanso sabático para o povo de Deus; pois todo aquele que entra no descanso de Deus, também descansa das suas obras, como Deus descansou das suas. Portanto, esforcemo-nos por entrar nesse descanso, para que ninguém venha a cair, seguindo aquele exemplo de desobediência. (Hebreus 4:4, 6a, 9-11)

Essas passagens demonstram que o sétimo dia de Gênesis 1 e 2 representa um período mínimo de vários milhares de anos e um período máximo que é de duração ilimitada (mas finito). Parece razoável, dado o paralelismo da narrativa da Criação de Gênesis, que os primeiros seis dias também devem ter sido longos períodos de tempo.

3. *Os dias de Deus não precisam ser os mesmos que os nossos.* "Mil anos para ti são como o dia de ontem que passou, como as horas da noite" (Salmos 90:4). As palavras de Moisés nos lembram de que os dias de Deus não são os nossos, tal como os seus caminhos são os nossos caminhos (Isaías 55:9).

4. *As Escrituras fazem declarações explícitas sobre a antiguidade da Terra.* Habacuque 3:6 declara que os montes são "antigos" e as colinas são "antiquíssimas". Em 2Pedro 3:5, os céus existem "há muito tempo". Essas expressões teriam pouco impacto se o universo e as colinas da Terra fossem apenas alguns dias mais velhos do que a humanidade.

5. *As Escrituras comparam a existência eterna de Deus às montanhas e à longevidade da Terra.* Todas as figuras de linguagem usadas em Salmos 90:2-6, Provérbios 8:22-31, Eclesiastes 1:3-11 e Miqueias 6:2 retratam a imensurável

antiguidade de Deus. Em comparação com os 3 bilhões de anos, uma história terrestre de 3 mil anos (à época da composição dessas palavras) parece-me uma metáfora inadequada para a eternidade de Deus.

6. *Os dias contados* não precisam ser *dias de 24 horas*. Os criacionistas da Terra jovem argumentam que *yôm*, quando ligado a um ordinal (segundo, terceiro, quarto etc.), sempre se refere a um período de 24 horas. Embora este seja frequentemente o caso de dias de atividade humana, não significa que também deva ser assim em relação a dias de atividade divina. Além disso, nem sempre é o caso dos dias de atividade humana. Oseias 6:2 profetiza que "depois de dois dias ele [Deus] nos [Israel] dará vida novamente; ao terceiro dia nos restaurará". Durante séculos, os comentadores da Bíblia observaram que os "dias" nesta passagem (onde o ordinal é usado) se referem a anos, talvez cerca de mil ou mais.

7. *O dia do sábado para o homem e o ano sabático para a terra são analogias com a semana do "trabalho" de Deus*. "Em seis dias o SENHOR fez os céus e a terra [...] mas no sétimo dia descansou" (Êxodo 20:11). Essa passagem é frequentemente citada como prova para dias de criação de 24 horas. No entanto, esse tipo de inferência equivale a dizer que a celebração de oito dias da Festa dos Tabernáculos prova que as peregrinações no deserto do Sinai duraram apenas oito dias.

Às vezes, o *sábado* refere-se a um ano completo (cf. Levítico 25:4). O bem-estar humano exige um dia de descanso a cada sete dias; enquanto o bem-estar da terra de cultivo, um ano de descanso a cada sete anos. Como Deus não possui limitações biológicas, seu período de descanso é completamente flexível. A ênfase no Êxodo 20 está no padrão de trabalho e repouso — uma proporção de seis por um —, não na duração do dia de criação.

8. *O derramamento de sangue antes do pecado de Adão não altera a doutrina da expiação*. A Bíblia ensina que o derramamento do sangue de Cristo é o único pagamento aceitável para o nosso pecado. Não diz que *todo* derramamento de sangue se destina à remissão do pecado.

Hebreus 10:1-4 explica que o sangue de sacrifícios animais *não removerá o pecado*. A matança sacrificial de animais era uma imagem física (prefigurando a verdadeira expiação) da **morte** espiritual causada pelo pecado. Uma vez que a pena pelo pecado é a morte espiritual, nenhum sacrifício animal poderia expiar o pecado. O crime é espiritual. Assim, a expiação deve ser feita por um ser espiritual. Defender a doutrina da expiação não exige, de forma alguma, um cenário da criação em que nenhuma das criaturas de Deus tenha sofrido um arranhão ou outra ferida que a tenha feito sangrar antes de Adão pecar.

Há muitas outras evidências bíblicas para os longos dias de criação, todas descritas no livro *A Matter of Days* [Uma questão de dias] (Ross, 2015). Os longos dias de criação tornam inequívoca a defesa da autoridade, inspiração e inerrância bíblicas. É a única hipótese que permite que todos os textos bíblicos sobre a criação sejam interpretados literal e consistentemente.

Benefícios da hipótese do dia-era

Além de permitir uma visão literalmente precisa e consistente de todos os relatos da criação bíblica, a hipótese da Terra antiga realiza o seguinte.

Dá crédito a Deus, não à evolução, por criar a vida

Os modelos de criação-evolução concorrentes exigem um processo de evolução muito mais natural do que o modelo do dia-era (ver **Evolução biológica**). Por exemplo, os modelos criacionistas da Terra jovem exigem herbívoros que evoluam rapidamente em carnívoros, incluindo alterações radicais em seus fígados e tratos intestinais, por ocasião da queda de Adão. Além disso, as várias milhares de **espécies** a bordo da **arca de Noé** devem evoluir rapidamente em milhões logo após o **dilúvio**.

Embora os criacionistas da Terra jovem neguem que essas mudanças sejam evolução — eles preferem chamá-las de diversificação —, eles, apesar disso, apelam para taxas de mudanças naturais no **DNA** e morfologias de espécies que são dezenas de milhares de vezes mais eficientes e rápidas do que qualquer darwinista ateu ousaria sugerir. Como Philip Kitcher, filósofo da ciência da Universidade de Columbia, observa: "As taxas de especiação que a 'ciência da criação' exigiriam [...] são verdadeiramente de tirar o fôlego, ordens de grandeza maiores do que as que foram sonhadas na teoria evolutiva" (Kitcher, 2001, p. 259).

Os criacionistas evolucionistas acreditam que a vida desenvolveu-se da primeira forma de vida da terra até ao homem por meio do processo de descendência comum (ver **Evolução humana**). Esta descendência comum, segundo eles, é obtida por intermédio de Deus, que direciona os mecanismos de **seleção natural**, mutação e troca de genes. No entanto, em seu modelo, não há

DIAS DA CRIAÇÃO (hipótese dia-era) 213

meios científicos para distinguir entre a evolução biológica dirigida e a não dirigida. Quanto à origem da vida, os criacionistas evolucionistas concordam que atualmente não existe uma explicação naturalista, mas sustentam a possibilidade em um futuro.

Os criacionistas do dia-era acreditam que a Bíblia declara que Deus interveio milagrosamente para criar a vida e que a ciência eliminou qualquer possibilidade razoável de uma explicação naturalista para a origem da vida na terra. Eles também apontam que o uso bíblico da palavra hebraica *min* ("espécie") implica que, para os animais mais desenvolvidos (Levítico 11:14-19; Deuteronômio 14:12-18), a evolução do processo natural é limitada, no máximo, ao nível da espécie; e para as formas de vida inferiores (Levítico 11:22), no máximo, ao nível do gênero. Eles também demonstram que experiências de evolução em tempo real e de longo prazo e estudos de biologia da conservação afirmam as restrições bíblicas na evolução do processo natural. Assim, a hipótese do dia-era invoca não apenas milhares, mas dezenas de milhões de criações milagrosas de novos tipos de vida ao longo da história da Terra (ver **Evolução biológica**).

Entende a cronologia dos atos de criação corretamente

Há um século, o estudioso da Bíblia, Friedrich Delitzsch, escreveu: "Todas as tentativas de harmonizar nossa história bíblica da criação do mundo com os resultados da ciência natural têm sido inúteis e sempre devem ser assim" (Delitzsch, 1902, p. 45). Hoje, um grande número de criacionistas insiste que a Bíblia está certa e que os cientistas têm entendido errado. Por outro lado, os evolucionistas teístas e os criacionistas evolucionistas insistem que a ciência é correta e que a Bíblia é, praticamente, silenciosa em relação à história natural.

A hipótese do dia-era livra os cristãos de tais teologias derrotistas. Ela reconhece que Gênesis refere-se a um relato cronológico dos atos milagrosos de Deus ao transformar a terra e preenchê-la com a vida para preparar um lar para os seres humanos, onde um número incontável pode receber a oferta de redenção de Deus. Ao entender que os dias de criação em Gênesis 1 são seis períodos consecutivos longos de tempo e que o ponto de vista para a conta de seis dias é a superfície das águas da terra (Gênesis 1:2), permite uma narrativa da criação em perfeito acordo com o registro científico estabelecido na descrição dos atos

de criação de Deus e na ordem em que eles ocorrem (Ross, 2014, p. 25-108).

Gênesis 1 produz outra demonstração do poder preditivo da Bíblia. Descobertas recentes que demonstram que a vegetação nos continentes antecede a **explosão** cambriana e a explosão de Avalon nos oceanos por centenas de milhões de anos (Knauth e Kennedy, 2009, p. 728-32; Strother et al., 2011, p. 505-9) estabelecem que, de fato, a Bíblia fez questão de dizer que Deus criou vegetação nos continentes antes de criar animais nos oceanos. Da mesma forma, descobertas científicas que mostram que os mamíferos terrestres complexos mais importantes para a abertura civilizatória surgiram depois que os primeiros pássaros e mamíferos marinhos vindicaram as declarações bíblicas em Gênesis 1:20-25 e Jó 38—39.

O criacionismo do dia-era responde o enigma do **registro fóssil**. O registro fóssil mostra um número enorme e a frequência de eventos de especiação em todos os filos da vida antes da chegada dos humanos e uma ausência quase total que ocorre depois, especialmente para os táxons mais evoluídos. Enquanto os modelos evolutivos buscam uma explicação para esse **mistério**, Gênesis 1 oferece uma explicação pronta. Durante seis longos períodos de tempo, Deus criou novos tipos de vida. Durante a sétima época que se seguiu — a era humana — Deus cessou de sua obra de criação de vida.

Entende a história do dilúvio de Noé corretamente

A Igreja sofreu muito abuso e ridicularizações pelo fracasso dos cristãos em integrar todos os textos da Bíblia referentes ao dilúvio de Noé. Gênesis 6—8 diz que o dilúvio eliminou a população de todo o mundo e todos os animais viventes (*nephesh*) associados aos seres humanos. Muitos cristãos interpretam esses capítulos como sugerindo que o dilúvio foi global.

Duas passagens em 2Pedro indicam o contrário. De acordo com 2Pedro 2:5, o mundo dos ímpios foi inundado. O capítulo a seguir (2Pedro 3:6), diz *ho tote kosmos* — o mundo no momento em que o evento ocorreu — foi inundado. As qualificações que Pedro atribuiu ao *kosmos* (mundo) implicam que o dilúvio de Noé não foi global (ver **Dilúvio de Gênesis; Dilúvio de Gênesis e a geologia**).

Esta conclusão é confirmada em textos fora de Gênesis, descrevendo as obras de Deus no terceiro dia da criação. Por exemplo, o Salmo 104:6-8 relata os atos de Deus

DIAS DA CRIAÇÃO (hipótese do dia de 24 horas)

na transformação da terra de um mundo aquático em um mundo com plataformas continentais e oceanos. Salmo 104:9, sobre os continentes que Deus formou, declara: "Estabeleceste um limite que [as águas] não podem ultrapassar; jamais tornarão a cobrir a terra". Da mesma forma, Jó 38:8-11 e Provérbios 8:29 afirmam que os continentes estabeleceram limites permanentes para os oceanos.

Conserva o excepcionalismo humano

Os criacionistas da Terra jovem acreditam que os neandertais e *Homo erectus* são totalmente humanos. Os evolucionistas teístas e os criacionistas evolucionistas acreditam que os humanos e os neandertais são descendentes de um antepassado comum. Os criacionistas do dia-era acreditam que os seres humanos estão separados dos neandertais e *Homo erectus* e que as três espécies são criações distintas de Deus. Eles acreditam que todos os seres humanos são descendentes de dois indivíduos históricos, Adão e Eva, que Deus criou à sua imagem e independente de qualquer outra forma de vida. Os quatro famosos rios que se encontram no Éden demonstram que Adão e Eva foram criados em algum momento durante a última era glacial, uma data consistente com a melhor evidência científica.

Os defensores do dia-era apontam a riqueza de evidências científicas que mostram que apenas os seres humanos, não os neandertais ou *Homo erectus*, possuem capacidade de reconhecimento simbólico e comunicação, pintando em paredes de cavernas, tocando instrumentos musicais e envolvendo-se em atividades espirituais. Somente os seres humanos demonstram a capacidade para o avanço tecnológico e o desenvolvimento da agricultura e da civilização. Novas evidências mostram que mesmo durante episódios de instabilidade climática extrema que caracterizaram a última era glacial, os humanos mantiveram pequenas explorações agrícolas e fabricavam farinha e roupas.

É fiel a uma doutrina correta da morte

Romanos 5:12 diz: "[...] o pecado entrou no mundo por um homem, e pelo pecado a morte, assim também a morte veio a todos os homens". Mediante duas condições, "pelo pecado a morte" e "a morte veio a todos os homens", Paulo esclarece que o pecado de Adão inaugurou a morte de todos os seres humanos. Nem aqui, e em nenhum outro lugar, as Escrituras dizem que a ofensa de Adão trouxe a morte a *toda a vida* ou uma mudança nas leis físicas do universo.

A morte da vida não humana proporcionou à humanidade um depósito prodigioso de mais de 76 quadrilhões de toneladas de barris de biodepósitos (p. ex., carvão, petróleo, gás natural, clatratos, calcário) — recursos que possibilitam o cumprimento da Grande Comissão em apenas milhares de anos, ao invés de milhões. Como a crucificação e a ressurreição de Cristo demonstram, como o batismo ilustra, e como Paulo repetidamente escreve, somente por meio da morte podemos realmente viver.

Hugh Ross

REFERÊNCIAS E LEITURAS RECOMENDADAS

DELITZSCH, Friedrich, 1902. *Babel and Bible: Making Sense of the Most Talked About Book of All Time*, trad. Thomas J. McCormack and W. H. Carruth. Chicago: Open Court.

KITCHER, Philip, 2001. "Born-Again Creationism." In: *Intelligent Design Creationism and Its Critics: Philosophical, Theological, and Scientific Perspectives*, ed. Robert T. Pennock. Cambridge, MA: MIT Press.

KNAUTH, L. Paul; Kennedy, Martin J., 2009. "The Late Precambrian Greening of the Earth." *Nature* 460 (agosto): 728-32.

Ross, Hugh, 2014. *Navigating Genesis: A Scientist's Journey through Genesis 1—11*. Covina, CA: RTB Press.

_____. 2015. *A Matter of Days: Resolving a Creation Controversy*. 2. ed. Covina, CA: RTB Press, 2015.

STROTHER, Paul K., et al. 2011. "Earth's Earliest Non-marine Eukaryotes," *Nature* 473 (maio): 505-9.

DIAS DA CRIAÇÃO (hipótese do dia de 24 horas). Um possível meio de harmonizar o relato bíblico da Criação em Gênesis 1 com o consenso científico prevalecente em relação à idade e origem da Terra é ver os dias de Gênesis 1 como algo diferente dos dias comuns de 24 horas. Na Igreja medieval, com as interpretações figurativas e alegorias da Bíblia em abundância, a visão de que os "dias" da criação eram metafóricos e não literais era algo comum (ver **Ciência e Igreja medieval**).

No entanto, desde a Reforma protestante, com sua insistência na supremacia das Escrituras e em uma compreensão mais geral do texto, a visão predominante até recentemente foi que os dias da criação eram de 24 horas. Como afirma Lutero: "Afirmamos que Moisés falou no sentido literal, não alegórica ou figurativamente, ou seja, que o mundo, com todas as suas criaturas, foi criado dentro de seis dias, como as palavras lidas" (Lutero, 1958, p. 5); Lutero também deixa claro que o dia da criação tinha 24 horas de duração (ver **Ciência e Reforma**).

No entanto, nos últimos anos, com a crescente aceitação de um universo antigo e (para alguns) uma abordagem evolutiva das origens, houve um desejo renovado de ver os dias de criação em Gênesis 1 como algo diferente de dias

DIAS DA CRIAÇÃO (hipótese do dia de 24 horas)

sequenciais literais de 24 horas. Embora algumas dessas abordagens tratem o texto de Gênesis mais cuidadosamente do que outras, todas as interpretações finalmente não conseguem ser convincentes, como se argumentará no restante deste artigo.

A hipóteses do dia-era

A teoria do dia-era vê cada dia da criação como um período de milhares ou milhões de anos. Assim, os seis dias de criação são "seis períodos de tempo sequenciais e longos" (Ross e Archer, 2001, p. 147). O apoio para essa visão está no termo hebraico para "dia", *yôm*, que às vezes pode significar um período de tempo indefinido.

Em segundo lugar, passagens como o Salmo 90:4 ("mil anos para ti são como o dia de ontem que passou, como as horas da noite") e 2Pedro 3:8 ("Não se esqueçam disto, amados: para o Senhor um dia é como mil anos, e mil anos como um dia") pretendiam demonstrar que os dias de Deus "não são necessariamente os mesmos que os nossos", mas podem ser de duração indeterminada (Ross e Archer, 2001, p. 147).

Em terceiro lugar, os defensores da visão do dia-era afirmam que os vários eventos descritos antes da criação de Eva em Gênesis 2, especialmente Adão dar nome aos animais, tiveram que envolver muito mais do que uma porção de um dia. Como Gleason Archer pergunta, "quem pode imaginar que todas essas ações poderiam ter ocorrido em 120 minutos do sexto dia?" (Archer 1994, p. 201).

Por fim, os defensores do dia-era veem o sétimo dia como contínuo, uma vez que não há declaração da fórmula "noite e manhã" no final do sétimo dia, e Hebreus 4:3 (citando Salmos 95:11) parece apoiar que o descanso de Deus ainda não foi concluído. Portanto, eles supõem que "dado o paralelismo do relato da Criação de Gênesis, parece razoável concluir que os primeiros seis dias também podem ter sido longos períodos de tempo" (Ross e Archer, 2001, p. 146).

No entanto, cada uma dessas sustentações para a teoria do dia-era é problemática. O problema mais básico é o significado de *yôm*. Embora *yôm* possa significar um período de tempo indefinido em 65 ocasiões no AT (como Gênesis 2:4), de longe o significado predominante de *yôm* (2.239 vezes das 2.304 ocorrências) no AT refere-se a um dia de 24 horas. De fato, as principais exceções ao significado literal de 24 horas são encontradas com a combinação de uma preposição com *yôm* seguido de um verbo.

Essa é precisamente a construção que se encontra na Gênesis 2:4, onde *beyôm* deve ser traduzido como "quando". No entanto, nenhuma das 14 ocorrências de *yôm* em Gênesis 1:1—2:3 tem essa construção. No **livro de Gênesis** como um todo, o termo *yôm* ocorre 83 vezes no singular, incluindo 72 vezes no estado absoluto. Em cada uma dessas 72 ocorrências, *yôm* significa um dia normal de 24 horas, não um período de tempo indefinido. Além disso, em praticamente todas as passagens onde um número limitado é anexado (primeiro, segundo, terceiro, etc.), como é o caso em 9 das ocorrências de *yôm* em Gênesis 1:1—2:3, o significado é um dia de 24 horas.

Essa construção ocorre mais de 30 vezes em Gênesis (de Gênesis 7:4 a Gênesis 50:10), com *yôm* significando um dia de 24 horas em cada caso. Além disso, a expressão "noite e manhã" (usada em Gênesis 1:5, 8, 13, 19, 23 e 31) reforça a ideia de um dia de 24 horas. Todos os principais léxicos hebraicos afirmam igualmente que *yôm* em Gênesis 1 é usado para comunicar um dia de 24 horas. A evidência é tão conclusiva que mesmo muitos daqueles que sustentariam alguma forma de compreensão não literal de Gênesis 1 ainda concordam que o significado pretendido em Gênesis 1 é o de seis dias literais de 24 horas. Por exemplo, **John Walton** observa: "É extremamente difícil concluir que se pretendia qualquer outra coisa além de um dia de 24 horas. Não é o texto que faz com que as pessoas pensem de outra forma, apenas a necessidade de tentar se harmonizar com a ciência moderna" (Walton 2001, p. 81, ver mais em Hasel, 1994).

Em segundo lugar, passagens como o Salmo 90:4 e 2Pedro 3:8 têm pouca relevância na discussão de *yôm* em Gênesis 1. Nos dois textos é feita uma comparação — mil anos à vista de Deus são *como* um dia. Em nenhum dos casos sugere-se que a palavra "dia", de fato, significa um longo período de tempo. O ponto é que o que pode parecer muito tempo para nós, dada a nossa limitada expectativa de vida (especificamente referenciado em Salmos 90:10), na verdade não é muito tempo do ponto de vista do Senhor. Em Gênesis 1 não há conjunções comparativas desse tipo que indiquem uma comparação. De fato, nem o Salmo 90:4 nem 2Pedro 3:8 tem algo a ver com os dias da semana da criação.

Em terceiro lugar, a objeção de que a quantidade de eventos que ocorrem em Gênesis 2 seria um empecilho

216 DIAS DA CRIAÇÃO (hipótese do dia de 24 horas)

para que todos tivessem ocorrido no sexto dia da criação não pode ser sustentada. Archer, por razões que desconheço, compreende um intervalo de apenas 120 minutos entre o evento da criação do homem e o da criação de Eva, mas parece bem provável que a criação de cada entidade por Deus no dia 6 tenha levado apenas alguns segundos ou menos. O principal problema aqui é Adão nomear os animais antes de Eva ser criada pelo Senhor. Mas isso poderia ter sido feito com bastante facilidade por Adão em algumas horas, já que (1) o Senhor trouxe os animais até ele (Gênesis 2:19); (2) apenas o gado, os animais do campo e as aves foram incluídos, e não (p. ex.) os insetos ou os peixes; e (3) os "tipos" básicos, sem dúvida, seriam mais amplos do que as **espécies** (com talvez apenas 2.500 animais ou menos sendo nomeados [Sarfati, 2015, p. 327]). O objetivo de Adão nomear os animais era fazê-lo reconhecer que até então não havia nenhuma outra pessoa que o correspondesse.

Finalmente, o argumento para o "repouso" de Deus ainda em curso também é problemático. Primeiro, a expressão "noite e manhã" é usada para marcar o fim de cada dia criativo. Como o sétimo dia não era tecnicamente um dia de criação, mas um dia de descanso de Deus, não havia necessidade da expressão usual. Em segundo lugar, mesmo que fosse verdade que, de algum modo, o sétimo dia de descanso continua, por que haveria algum motivo para extrapolar esse conceito aos primeiros seis dias, quando a Criação realmente ocorreu? Hebreus 4 não diz que o sétimo dia do descanso de Deus continua; simplesmente parece usar o "descanso" de Deus como uma imagem da vida eterna ou de se estar presente com o Senhor; entrar em seu descanso significa cessar os próprios trabalhos, simplesmente confiar no Senhor e estar em sua presença abençoada. O significado do "repouso" de Deus em Hebreus 4 não tem relação alguma com a duração dos dias de criação de Gênesis 1:1—2:3 (McCabe, 2000, p. 113-16).

Além disso, um problema fundamental para a hipótese do dia-era é o texto de Êxodo 20:8—11. Nesta passagem, o termo *yôm* é usado seis vezes. Dificilmente faz sentido que os três primeiros usos se refiram a dias literais de 24 horas (o que eles claramente fazem), e que os três últimos usos (lidando com a criação) se refiram a um longo período de tempo indeterminado.

Para aqueles que pensam que a adoção da hipótese do dia-era lhes permite resolver a tensão básica entre a Teoria da evolução e o texto bíblico, infelizmente perceberão que ela também não resolverá a questão. Não importa quanto tempo se prolongue os "dias" de Gênesis 1, a ordem dos acontecimentos retratada em Gênesis 1 e aquela imaginada pelo modelo evolutivo são radicalmente diferentes. De acordo com Gênesis 1, as plantas foram criadas no terceiro dia e os animais marinhos, no quarto. O sol, a lua e as estrelas foram criados no quarto dia, *depois* das plantas. Os pássaros foram criados com os peixes no quinto dia, mas o modelo evolutivo diz que as aves evoluíram do peixe *após* os répteis (criados no sexto dia). Os insetos foram criados no sexto dia, *após* as plantas. Contudo, os insetos teriam sido necessários para a polinização, para não mencionar o problema de que o simples (insetos) não deveria vir depois dos animais complexos, de acordo com o modelo evolutivo (ver mais Kulikovsky, 2009, p. 152-53).

Em suma, a teoria do dia-era não só se mostra terminantemente inválida biblicamente, como também não concorda com a teoria evolutiva atual.

A hipótese da estrutura: literária, não literal, de dias

A multiplicidade de problemas com a teoria do dia-era levou alguns estudiosos a alternativas diferentes de uma criação literal de seis dias de 24 horas, algumas das quais são bastante inovadoras. Por exemplo, um estudioso acredita que a palavra *eretz* ("terra") em Gênesis 1:2 deve ser traduzida como "território", de modo que Gênesis 1:2-31 se refere à criação da Terra Prometida, e não ao mundo (Sailhamer, 1996, p. 47-59).

No entanto, essa interpretação exigiria dois significados diferentes para a mesma palavra em Gênesis 1:1 e 1:2; e em nenhum lugar em Gênesis 1 há uma sugestão de que apenas a criação da Terra Prometida está em foco. Outro estudioso vê os sete dias de Gênesis 1 como "os sete dias da **revelação** divina para Moisés", e não os dias da Criação (Garret,t 1991, p. 193). No entanto, nenhum lugar no texto indica que esses são dias da revelação divina a Moisés; na verdade, Moisés nem sequer é mencionado no livro de Gênesis. Vários outros estudiosos veem os sete dias como "dias de trabalho de Deus, análogos aos dias de trabalho humanos", mas de duração desconhecida (Collins, 2013, p. 88); no entanto, o problema com esse entendimento é que Êxodo 20:8-11 diz que a semana de trabalho de sete dias é padronizada após a semana real de criação de

DIAS DA CRIAÇÃO (hipótese do dia de 24 horas)

dias de 24 horas, não uma "jornada de trabalho" divina de duração desconhecida.

Outro estudioso pensa que os sete dias de Gênesis 1:1—2:3 não se referem à criação do mundo, mas a "sete dias de inauguração do templo cósmico" (Walton, 2009, p. 95); no entanto, não há sugestão de um templo, cósmico ou não, em qualquer lugar em Gênesis 1 e 2. Todas essas propostas exigem que se leia no texto algo que, francamente, simplesmente não é apoiado pelo contexto da passagem.

Uma das opiniões não literais mais populares relativamente recentes dos dias de Gênesis 1 é a hipótese da estrutura. Essa visão aborda uma das principais fraquezas da teoria do dia-era, à medida que os seis dias de criação geralmente são vistos como dias normais de 24 horas. No entanto, essa imagem do trabalho criativo de Deus em uma semana não deve ser tomada literalmente; em vez disso, "funciona como uma estrutura literária na qual as obras criativas de Deus foram narradas em uma ordem tópica" (Irons e Kline 2001, p. 219). Muitas vezes, o seguinte padrão é notado:

Formas/Reinos da criação	Plenitude/Criaturas reinantes
Dia 1: luz; dia e noite	**Dia 4**: portadores de luz: sol, lua, estrelas
Dia 2: mar e céu	**Dia 5**: criaturas do mar; pássaros
Dia 3: terra e vegetação	**Dia 6**: criaturas da terra; homem (Irons e Kline 2001, p. 224)

Mas a hipótese da estrutura tem muitos problemas. Em primeiro lugar, o gênero de Gênesis 1 não é poesia, mas narrativa sequencial hebraica padrão. O capítulo contém cinquenta formas de imperfeitos com *vav* consecutivos (o marcador padrão para ação consecutiva e sequencial), mais do que todos, menos os três primeiros vinte capítulos de Gênesis. Há uma média de 1,61 formas de imperfeitos com *vav* consecutivos por versículo em Gênesis 1. Em contraste, na seção poética em Gênesis 49:1b-27 (bênção de Jacó a seus filhos), há apenas um total de oito formas de *vav* consecutivos, ou 0,30 por versículo. Em outras palavras, Gênesis 1 possui cinco vezes mais marcadores sequenciais narrativos do que uma seção poética análoga.

Como Pipa observa: "Poderia existir alguma maneira de Moisés ter indicado mais precisamente seis dias normais e sequenciais?" (Pipa e Hall, 2005, p. 183).

É fascinante que os defensores do dia-era insistam (corretamente) que Gênesis 1 fala dos dias na ação *sequencial*, enquanto os defensores da hipótese da estrutura insistem (corretamente) que os dias de Gênesis 1 são dias comuns de *24 horas*. Somente a visão literal de dias de 24 horas sustenta que os dias são períodos sequenciais e literais de 24 horas.

Uma segunda objeção à hipótese da estrutura é que o padrão descrito acima se divide em vários pontos. Mesmo se o padrão fosse completamente verdadeiro, não seria um argumento para uma abordagem não literal do capítulo — o fato de algo ser apresentado de acordo com um padrão não significa que o padrão não deva ser tomado literalmente.

Mas o padrão em si não se sustenta. Alguns exemplos serão suficientes. Primeiro, a luz do dia 1 não depende do sol, de modo que o sol não é o seu "regente". Se alguns têm certa dificuldade em compreender a luz sem o sol, então devem levar em consideração que o mesmo acontecerá no estado eterno. De acordo com Apocalipse 21:23 e 22:5, o sol não será necessário, já que o próprio Senhor é a luz. Por que a luz do dia 1 não pode ter emanado do próprio Deus? Em segundo lugar, as águas existiam no dia 1, não apenas no dia 2. Em terceiro lugar, no versículo 14, as "luzes" do dia 4 são colocadas no "firmamento" criado no dia 2 (não no dia 1). Em quarto lugar, as criaturas do dia 5 deveriam encher a "água dos mares", que foi criada no dia 3, não no dia 2, contrariamente ao gráfico acima (ver Gênesis 1:10); e a nenhuma das criaturas do mar ou pássaros ou criaturas terrestres além do homem Deus disse que devesse "governar" sobre coisa alguma. Finalmente, o homem foi criado no dia 6, não para governar sobre a terra e a vegetação (criadas no dia 3), mas sobre os animais terrestres criados no dia 6 e as criaturas marinhas e aves criadas no dia 5.

Apesar do gráfico apresentado acima, os padrões simplesmente não resistem a uma análise mais aprofundada.

A terceira objeção é que se Gênesis 1 não pretende fornecer detalhes sobre a criação, mas sim a demonstrar que Deus criou de forma ordenada, então por que todos os detalhes são fornecidos? Em outras palavras, se os detalhes não são o objetivo do capítulo, então por que o autor forneceu tantos deles?

218 DIAS DA CRIAÇÃO, INTERPRETAÇÕES DOS

Finalmente, há uma grande questão hermenêutica com a hipótese da estrutura. Simplificando, se alguém considerar Gênesis 1 como não literal, mas uma linguagem figurativa que, em essência, diz que "Deus fez algo", então, quando alguém decide que o texto de Gênesis deve ser tomado literalmente? Isso é feito no capítulo 3, onde a **serpente** tenta Eva, ou isso também é metafórico? E, em caso afirmativo, houve uma queda histórica real? Perguntas semelhantes poderiam ser levantadas sobre o Dilúvio, Babel, Abraão, e assim por diante.

Não há marcador interno para indicar que o texto de Gênesis 1 deve ser tomado figurativamente. O Novo Testamento se refere claramente à Criação em Gênesis 1 e 2 e considera os relatos historicamente precisos (ver Mateus 19:4-6; Marcos 10:6-8, Lucas 3:38; Romanos 5:12-19; 8:19-22; 1Coríntios 11: 8,9; 15:22; 2Coríntios 4:6; 1Timóteo 2:13,14; Hebreus 4:4; 11:3; 2Pedro 3:5). Como E. J. Young afirma apropriadamente: "Se a hipótese da 'estrutura' fosse aplicada às narrativas do **nascimento virginal** ou à ressurreição ou a Romanos 5:12, poderia efetivamente servir para minimizar a importância do conteúdo dessas passagens como agora faz com o conteúdo do primeiro capítulo de Gênesis" (Young, 1964, p. 99).

Apesar de todas essas propostas alternativas, a melhor abordagem é considerar os dias de Gênesis 1:1—2:3 como dias literais e sequenciais de 24 horas.

Todd S. Beall

REFERÊNCIAS E LEITURAS RECOMENDADAS

ARCHER, Gleason, 1994. *A Survey of Old Testament Introduction*. Rev. ed. Chicago: Moody.

BEALL, Todd S. 2008. "Contemporary Hermeneutical Approaches to Genesis 1—11." In: *Coming to Grips with Genesis: Biblical Authority and the Age of the Earth*, ed. Terry Mortenson and Thane Ury. Green Forest, AR: Master.

COLLINS, John, 2013. "Reading Genesis 1—2 with the Grain: Analogical Days." In: *Reading Genesis 1—2: An Evangelical Conversation*, ed. J. Daryl Charles. Peabody, MA: Hendrickson.

GARRETT, Duane, 1991. *Rethinking Genesis*. Grand Rapids: Baker.

HASEL, Gerhard F., 1994. "The 'Days' of Creation in Genesis 1: Literal 'Days' or Figurative 'Periods/Epochs' of Time?" *Origins* 21 (1): 5–38.

IRONS, Lee; Kline, Meredith G., 2001. "The Framework View." In: *The Genesis Debate*, ed. David Hagopian. Mission Viejo, CA: Crux.

KULIKOVSKY, Andrew, 2009. *Creation, Fall, Restoration: A Biblical Theology of Creation*. Fearn, Ross-shire, Scotland: Mentor.

LUTHER, Martin, 1958. *Commentary on Genesis*. 2 vols. Grand Rapids: Zondervan. McCabe, Robert V. 2000. "A Defense of Literal Days in the Creation Week." *Detroit Baptist Seminary Journal* 5 (Fall): 97–123.

MORTENSON, Terry; Ury, Thane, eds. 2008. *Coming to Grips with Genesis: Biblical Authority and the Age of the Earth*. Green Forest, AR: Master.

PIPA, Joseph, Jr; Hall, David, eds. 2005. *Did God Create in Six Days?* 2. ed. White Hall, WV: Tolle Lege.

ROSS, Hugh; Archer, Gleason, 2001. "The Day-Age View." In: *The Genesis Debate*, ed. David Hagopian. Mission Viejo, CA: Crux.

SAILHAMER, John, 1996. *Genesis Unbound: A Provocative New Look at the Creation Account*. Sisters, OR: Multnomah.

SARFATI, Jonathan D., 2015. *The Genesis Account: A Theological, Historical, and Scientific Commentary on Genesis 1–11*. Powder Springs, GA: Creation Books.

WALTON, John. 2001. *Genesis*. The NIV Application Commentary. Grand Rapids: Zondervan.

_____. 2009. *The Lost World of Genesis One: Ancient Cosmology and the Origins Debate*. Downers Grove, IL: InterVarsity.

YOUNG, Edward J., 1964. *Studies in Genesis One*. Philadelphia: P&R.

DIAS DA CRIAÇÃO, INTERPRETAÇÕES DOS.

O significado e o comprimento dos dias da criação registrados no Gênesis estão entre os tópicos mais discutidos sobre o relato da criação na Bíblia. Em nenhum momento da história houve uma visão de consenso entre todos os teólogos em relação ao comprimento e significado dos dias, embora tenha havido, pelo menos, de dez a vinte ideias e propostas diferentes. Como exemplo, um relatório sobre os dias da criação lançado pela Igreja Presbiteriana da América em 2000 discutiu quatro pontos de vista importantes e seis visões menores sobre os **dias da criação** (Presbyterian Church in America, 2000).

Historicamente, as interpretações de Gênesis foram frequentemente influenciadas pela cultura. Ambos, Orígenes (185-284 d.C.) e **Agostinho** (354-430 d.C.), em seus escritos posteriores, foram influenciados pelo pensamento grego e acreditavam que o universo foi criado instantaneamente, por isso eles viram os dias da criação alegoricamente (Letham, 1999). Este artigo discutirá brevemente algumas das visões contemporâneas mais amplamente sustentadas. Três dos pontos de vista predominantes são discutidos mais detidamente nas entradas de defesa que acompanham.

A palavra traduzida para o português como "dia" é a palavra hebraica *yôm*. Como a palavra portuguesa "dia", *yôm* pode ter muitos significados diferentes, dependendo do contexto. Na frase "Este é um dia bonito", a palavra "dia" refere-se ao momento presente, pois pode ter sido escuro e chuvoso até algumas horas atrás. Se escrevo: "Nos dias de George Washington, os colonos lutaram contra a Guerra da Independência", então a palavra "dia" significa certo período longo de tempo. A clássica *Bíblia de Referência de C. I. Scofield* diz: "A palavra 'dia' é usada nas Escrituras de quatro maneiras: (1) a parte do dia solar de vinte e quatro horas que tem luz...; (2) um período de vinte e quatro horas...; (3) um tempo definido para algum propósito específico, como 'Dia da Expiação'...; e (4) um período mais longo de tempo durante o qual

DIAS DA CRIAÇÃO, INTERPRETAÇÕES DOS

certos objetivos revelados de Deus devem ser cumpridos [...] veja Gênesis 2:4, onde a palavra 'dia' cobre todo o trabalho da criação" (Scofield, 1967).

Alguns afirmam que a linguagem e o contexto de Gênesis 1 indicam claramente que os dias de criação são de 24 horas. No entanto, no hebraico original, tal conclusão não é necessariamente justificada. Alguns dos estudiosos mais proeminentes do hebraico têm concluído o contrário. Gleason Archer, um erudito de renome de hebraico antigo e um dos principais tradutores da *The New American Standard Bible* [Nova Bíblia Americana Padrão], escreve: "Com base em evidências internas, é convicção deste escritor que *yôm* em Gênesis 1 não poderia ter sido intencionado pelo autor hebreu significando um dia literal de 24 horas" (Archer, 1994). Existem muitas ideias alternativas sobre o significado dos dias da criação precisamente porque o hebraico não é conclusivo.

Estrutura do dia

Aqueles que defendem a chamada hipótese da estrutura sugerem que os dias são usados para dar uma estrutura ou um arcabouço ao texto (Kline, 1958, 1996). Não há cronologia ou tempo envolvido, portanto, os dias não são necessariamente sequenciais ou consecutivos. Gênesis 1:2 indica dois problemas: que a terra era sem forma e vazia (ou "desolada" e "vazia" [ver Isaías 34:11]).

Os dias são apresentados de forma a resolver esses problemas. Os dias 1 a 3 lidam com a natureza sem forma da terra — ou mais precisamente, os reinos que Deus cria — e os dias 4 a 6 abordam o problema de que o vazio ou os reinos devem ser preenchidos. No dia 1, a luz e a escuridão são separadas. No dia 2, as águas acima do céu são separadas das águas abaixo da terra. No dia 3, a terra seca e o mar são separados, e a vegetação brota na terra. Os dias 4 a 6 são paralelos e "preenchem" os primeiros três dias. No dia 4, as luzes no céu enchem o vazio que foi formado quando Deus criou luz e trevas. No dia 5, as aves enchem o ar que contém as águas acima e os peixes enchem o mar que contém as águas abaixo. Finalmente, no dia 6, os animais da terra e o homem são criados para preencher o vazio que se formou quando Deus criou a terra seca.

Dia de 24 horas

Os dias são dias consecutivos de uma rotação terrestre, com aproximadamente 24 horas de duração (MacArthur, 2006; Mortenson e Ury, 2008). Assim, Deus criou todo o universo em aproximadamente 144 horas. Esta visão geralmente é acompanhada pela crença de que as genealogias de Gênesis são praticamente completas, de modo que o universo tem aproximadamente 6 mil anos.

Dia-era

Cada um dos dias é um grande período de tempo, com os dias basicamente seguindo de forma sequencial. As interpretações contemporâneas do dia-era aceitam o modelo do **big bang** da origem do universo e as longas idades geológicas implicadas pelo **registro fóssil**. Um dos mais populares modelos do dia-era atual propõe que os dias da criação fornecem um relato de Deus preparando a terra para a humanidade, como se fosse contado a partir de uma perspectiva da superfície da terra (Ross, 2004). Cada um dos dias compreende dezenas a centenas de milhões de anos.

Dia analógico

Os dias da criação descrevem os dias de Deus nos quais ele faz o seu trabalho e são análogos aos nossos dias da semana em que trabalhamos, mas eles não são idênticos em duração ou em estrutura (Collins, 1994, 1999, 2003). Os dias são, de modo geral, consecutivos e sequenciais, e o comprimento de cada dia não é especificado. A semana criativa de Deus, de duração não especificada, define o padrão para a nossa semana de trabalho e descanso.

Dia de comprimento não especificado

Semelhante à visão do dia analógico, o comprimento do dia não é especificado. Cada dia pode ser de 24 horas ou mais, em contraste com a hipótese do dia-era, em que todos os dias são considerados um longo período de tempo. Nesta hipótese, os dias são sequenciais e descrevem a história sequencialmente. Essa hipótese foi endossada por estudiosos como W. H. Green, Herman Bavinck, B. B. Warfield e E. J. Young.

Teoria do intervalo

Os dias geralmente são considerados dias de 24 horas, mas depois de um grande intervalo de tempo entre os eventos descritos em Gênesis 1:1 e após aqueles descritos em Gênesis 1:2. Os defensores desta hipótese podem afirmar que a grande lacuna no tempo foi acompanhada por um evento cataclísmico, como a queda de Satanás, e que

220 DIAS DA CRIAÇÃO, INTERPRETAÇÕES DOS

Gênesis 1:2 pode ser traduzido como "a terra tornou-se sem forma e vazia". A criação então descrita nos versículos restantes de Gênesis 1 é uma recriação dos céus e da terra após o evento cataclísmico. A teoria do intervalo foi adotada por teólogos como Thomas Chalmers, Arthur Custance e C. I. Scofield.

Dias de revelação

Os dias de Gênesis 1 são seis dias consecutivos de 24 horas, mas não são dias em que Deus criou os céus e a terra. Em vez disso, eles são os dias em que Deus revelou sua criação ao autor de Gênesis (Wiseman, 1958). Nesta visão, nada está implícito no texto sobre a escala de tempo ou cronologia da criação. Só sabemos que os eventos do dia 1 foram revelados por Deus ao autor no primeiro dia, os eventos descritos no dia 2 foram revelados durante o segundo dia, e assim por diante. A criação real poderia ter levado qualquer período de tempo e ocorrido em qualquer ordem sequencial, não necessariamente na mesma ordem que os dias da **revelação**.

Dias do *fiat* divino

Os dias são seis dias consecutivos de 24 horas em que Deus fez declarações de que a terra e o universo seriam formados e preenchidos (Hayward, 1994). A execução dessas instruções divinas ocorreu, então, durante um período de tempo não especificado, posterior aos comandos divinos.

Dias intermitentes

Os dias da criação são dias normais de 24 horas nos quais Deus realizou seus atos criativos, mas todos os dias podem ser separados por um período longo e não especificado de tempo. Assim, embora Deus tenha realizado seus atos criativos em seis dias de 24 horas, a idade do universo não é especificada e pode ser muito longa por causa dos intervalos de tempo entre cada um dos dias (Newman e Eckelmann, 1977).

Dias focados na Palestina

A história da criação, como descrita em Gênesis 1:2 e adiante, está apenas descrevendo os atos criativos de Deus cujo foco é preparar a terra de Canaã para os israelitas (Sailhamer, 1996). A duração e a cronometragem dos dias permanecem indeterminadas.

Relatividade geral dos dias divinos

A hipótese da relatividade geral dos dias foi proposta pelo físico judeu **Gerald Schroeder** (Schroeder, 1990). Essa hipótese afirma que os dias de criação são contíguos e têm, cada um, 24 horas na perspectiva de Deus. No entanto, devido à diferença de tempo inerente à Teoria da relatividade geral de **Einstein**, esses seis dias consecutivos de 24 horas parecem, a um observador na Terra, como muitos bilhões de anos. Assim, na perspectiva de Deus, o tempo da criação é de cerca de 144 horas, mas, na nossa perspectiva, o universo tem bilhões de anos. Do nosso ponto de vista, cada dia sucessivo é cerca de metade do tempo do dia anterior, com o dia 1 com cerca de 7 bilhões de anos, o dia 2 por volta de 3,5 bilhões de anos, e assim por diante. (Os períodos de tempo indicados aqui foram dimensionados a partir do trabalho original de Shroeder para coincidir com o consenso atual sobre a idade do universo.)

Michael G. Strauss

REFERÊNCIAS E LEITURAS RECOMENDADAS

ARCHER, Gleason, 1994. *A Survey of Old Testament Introduction.* Chicago: Moody Bible Institute.

COLLINS, C. John, 1994. "How Old Is the Earth? Anthropomorphic Days in Genesis 1:1—2:30", *Presbyterion* 20, n. 2 (out.): 109-30.

_____. 1999. "Reading Genesis 1:1—2:3 as an Act of Communication: Discourse Analysis and Literal Interpretation." In: *Did God Create in Six Days?* ed. Joseph Pipa Jr. e David Hall. Taylors, SC: Southern Presbyterian Press and Kuyper Institute.

_____. 2003. *Science and Faith: Friends or Foes?* Wheaton, IL: Crossway. Hayward, Alan. 1994. *Creation and Evolution: Facts and Fallacies.* 2. ed. London: SPCK.

KLINE, Meredith G., 1958. "Because It Had Not Rained." *Westminster Theological Journal* 20 (maio) 146-57.

_____. 1996. "Space and Time in the Genesis Cosmogony." *Perspectives on Science and Christian Faith* 48. mar.: 2-15.

LETHAM, Robert, 1999. "In the Space of Six Days." *Westminster Theological Journal* 61:149-74.

MACARTHUR, John, 2006. *The Battle for the Beginning: Creation, Evolution, and the Bible.* Nashville: Thomas Nelson. 2001.

MORTENSON, Terry; Ury, Thane, 2008. *Coming to Grips with Genesis.* Green Forest, AR: New Leaf.

NEWMAN, Robert; Eckelmann, Herman, Jr., 1977. *Genesis One and the Origin of the Earth.* Downers Grove, IL: InterVarsity.

ORTHODOX PRESBYTERIAN CHURCH, 2004. *Report of the Committee to Study the Views of Creation.* http://opc.org/GA/CreationReport.pdf.

PRESBYTERIAN CHURCH OF AMERICA, 2000. *Report of the Creation Study Committee.* www.pcahistory.org/creation/report.html.

Ross, Hugh, 2004. *A Matter of Days: Resolving a Creation Controversy.* Colorado Springs: NavPress.

SAILHAMER, John, 1996. *Genesis Unbound.* Sisters, OR: Multnomah.

SCHROEDER, Gerald. 1990. *Genesis and the Big Bang.* New York: Bantam.

SCOFIELD, C. I., 1967. *The New Scofield Reference Bible.* New York: Oxford University Press.

WISEMAN, Donald J., 1991. "Creation Time — What Does Genesis Say?" *Science and Christian Belief* 3(1): 25-34.

WISEMAN, P. J., (1948) 1958. *Creation Revealed in Six Days: The Evidence of Scripture Confirmed by Archaeology.* London: Marshall, Morgan & Scott.

YOUNG, E. J., (1964) 1999. *Studies in Genesis One.* Phillipsburg, NJ: P&R.

DILÚVIO

DILÚVIO. Uma das histórias bíblicas mais conhecidas, e muitas vezes criticada, é a narrativa do dilúvio e da arca de Noé. Todos os geólogos seculares e quase todos os geólogos cristãos concordam que não há provas de uma inundação mundial que tenha destruído toda a humanidade. Os cristãos, em geral, discordam da extensão do dilúvio.

Existem algumas razões para acreditar que a história do dilúvio tem sua base em um evento real. Por exemplo, mais de duzentas culturas diferentes em todos os continentes (e possivelmente até quinhentas culturas) têm histórias sobre algum tipo de dilúvio. É certamente possível que esses vários relatos do dilúvio provenham de uma origem comum. Além disso, como cristãos, acreditamos que a Bíblia é a palavra inspirada de Deus (2Timóteo 3:16) e que todas os relatos bíblicos destinados a descrever eventos históricos reais são, na verdade, baseadas em história real. Para muitos cristãos, é perfeitamente razoável acreditar que a história de Noé e do dilúvio se baseie em um evento real. Além disso, a afirmação de Jesus da história do dilúvio pode se referir à sua historicidade (ver Mateus 24:37-39).

A principal área de discordância entre os cristãos diz respeito à extensão do dilúvio. Foi uma inundação global ou local? Destruiu toda a humanidade ou apenas uma fração dela? Pode parecer claro que a tradução portuguesa da história hebraica original do dilúvio descreva um evento universal. No entanto, há discordância sobre a melhor forma de traduzir o texto e sobre a origem e o propósito da linguagem universal do texto, e é possível que uma tradução adequada não se refira a um evento universal.

Os cristãos possuem basicamente quatro teorias sobre o dilúvio.

1. Foi uma inundação global que destruiu toda a humanidade, exceto Noé e sua família imediata.
2. Foi uma grande inundação local. A água cobriu tudo o que os sobreviventes da arca podiam ver e tudo o que conheciam. Para eles, foi uma inundação universal, e essa história foi passada para o autor de Gênesis. Consequentemente, a história escrita desse ponto de vista é de uma inundação universal.
3. Foi uma grande inundação local. O autor de Gênesis usa linguagem superlativa simplesmente para enfatizar a teologia dos julgamentos de Deus,

não para fazer uma declaração sobre a extensão da inundação. (Ver o artigo **Dilúvio de Gênesis**, de Tremper Longman.)
4. A história do dilúvio tem um propósito teológico em relação ao julgamento divino do pecado e não se baseia em nenhum evento real.

Todas essas teorias afirmam que o objetivo fundamental da história diluviana é apresentar uma lição teológica.

Nas hipóteses anteriores 2 e 3, o alcance da destruição humana depende de quando a inundação ocorreu e da extensão da migração humana. Alguns cristãos defendem a hipótese 2 e acreditam que a humanidade não havia migrado para muito longe no momento do dilúvio, de modo que todos os seres humanos na terra que não estavam na arca foram destruídos. **Hugh Ross** refere-se a essa hipótese como uma inundação "local" e "universal" (Ross, 2009). Outros poderiam sustentar que os seres humanos que viviam nas áreas inundadas foram destruídos, e isso cumpriu o propósito do julgamento de Deus.

Um dos pontos de controvérsia tem a ver com a melhor maneira de se traduzir o texto hebraico para o vernáculo. A frase hebraica traduzida na maioria dos relatos do dilúvio como "toda a terra" é *kol haerets* (Gênesis 8:9). A palavra *kol* significa "tudo", "todo", mas a palavra *erets* tem muitos significados, incluindo região, solo, terra, território e até habitantes ou pessoas da terra. A maioria dos usos da palavra *erets* no relato do dilúvio não inclui a palavra *kol*. Enquanto *erets* é usada mais de 2.500 vezes no Antigo Testamento e traduzida por "região" cerca de 1.500 vezes, é traduzida apenas por "terra" cerca de um quarto das das vezes.

A frase *kol (ha) erets* é usada cerca de 207 vezes e pode referir-se ao planeta terra em cerca de 40 delas. Em todas as outras ocorrências, é usada para se referir a outra coisa. Por exemplo, as duas primeiras vezes que a frase é usada na Bíblia é em Gênesis 2:11 e 2:13: "O nome do primeiro [rio] é o Pisom. Ele percorre toda a terra [*kol erets*] de Havilá, onde existe ouro. [...] O do segundo [rio], que percorre toda a terra [*kol erets*] de Cuxe, é o Giom." Claramente, o significado de *kol erets* aqui é simplesmente a terra ao redor do jardim do Éden, e não a terra inteira. Outro exemplo do uso de *kol haerets* é em Gênesis 11:1, onde o texto diz que "No mundo todo [*kol haerets*] havia apenas uma língua, um só modo de falar." Nesse contexto, a frase indica a população da terra, ou possivelmente a população de uma região da terra, e não uma localização geográfica. Às vezes, na Bíblia, *kol erets* realmente significa "pessoas" e não região, território ou terra. De qualquer modo, a maioria das vezes em que *erets* é usada no relato do dilúvio não é acompanhada pela palavra *kol*. Consequentemente, alguns estudiosos acreditam que uma tradução adequada da história do dilúvio não deve se referir ao globo inteiro, mas simplesmente à "região" ou mesmo às "pessoas".

Outro fator a considerar ao tentar determinar a extensão da inundação é que as pessoas nas culturas bíblicas costumavam usar a linguagem universal para dar ênfase de uma maneira que provavelmente não usaríamos no século XXI. Por exemplo, em Daniel 4:1, o rei Nabucodonosor envia uma proclamação às "nações e povos de todas as línguas, que vivem em toda a terra". Nessa passagem, a grande extensão "toda a terra" não se refere à terra como a conhecemos hoje, mas a uma grande porção da terra conhecida à época de Daniel. Em Colossenses 1:6, Paulo proclama que o evangelho "está dando frutos e cresce em todo o mundo". Mais uma vez, vemos que o uso que Paulo faz da expressão "todo o mundo" difere do uso que fazemos dela. Paulo se refere a todos os cantos dos sete continentes do mundo, mas, sim, a uma grande porção do mundo conhecido de sua época.

Nos tempos antigos, frases inclusivas como "todo o mundo" podem significar "uma grande porção do mundo conhecido" e foram usadas dessa maneira para explicar algo. Consequentemente, é possível que a linguagem inclusiva acerca do dilúvio tenha um significado semelhante. Isso daria credibilidade à hipótese 3 mencionada há pouco, na qual o autor faz uso da linguagem universal principalmente para explicar uma posição teológica.

Michael G. Strauss

REFERÊNCIAS E LEITURAS RECOMENDADAS

Morris, Henry; Whitcomb, John C., 2011. *The Genesis Flood, 50th Anniversary Edition*. Phillipsburg, NJ: P&R.

Ross, Hugh, 1998. *The Genesis Question*. Colorado Springs: NavPress.

_____. 2009. "Exploring the Extent of the Flood." Reasons to Believe. 1 jan. www.reasons.org/articles/exploring-the-extent-of-the-flood-part-one.

Young, Davis A., 1977. *Creation and the Flood: An Alternative to Flood Geology and Theistic Evolution*. Grand Rapids: Baker.

_____. 1982. *Christianity and the Age of the Earth*. Grand Rapids: Zondervan.

_____. 1995. *The Biblical Flood: A Case Study of the Church's Response to Extrabiblical Evidence*. Grand Rapids: Eerdmans; Carlisle, UK: Paternoster.

Young, Davis A. com Stearley, Ralph, 2008. *The Bible, Rocks and Time*. Downers Grove, IL: InterVarsity.

↪DILÚVIO DE GÊNESIS (perspectiva teológica)

Contexto da história do dilúvio

A história do dilúvio (Gênesis 6—9) desempenha um papel central na narração dos primórdios (Gênesis 1—11) que abre o livro de Gênesis. A narrativa das origens começa com dois relatos da criação do cosmos e da humanidade (1:1—2:4a; 2:4b-25). A humanidade é criada à **imagem de Deus**, refletindo a glória do Criador. Homens e mulheres são moralmente inocentes quando criados por Deus, mas Gênesis 3 relata sua rebelião contra a autoridade divina, um episódio referido como a **queda** por teólogos cristãos.

Três histórias adicionais ligadas por **genealogias** completam a seção de abertura de Gênesis antes de recorrer à história dos patriarcas (cap. 12—50). Estas três histórias — Caim e Abel (4:1-16), o dilúvio (6—9) e a **Torre de Babel** (11:1-9) — seguem um padrão narrativo semelhante à história da queda (Clines, 1997; Longman, 2016). Cada uma se refere de um pecado flagrante que traz o juízo de Deus (Caim assassina Abel; toda a humanidade com exceção de Noé torna-se perversa; pessoas arrogantes construíram uma cidade e uma torre para fazerem um nome para si). A execução do julgamento é precedida de um discurso que anuncia as intenções de Deus. Mas com a possível exceção da história da torre, sempre há um sinal de graça que indica a intenção de Deus de se relacionar com as pessoas pecaminosas.

A história bíblica do dilúvio

Com esse padrão (pecado/discurso de julgamento/símbolo de graça/julgamento) em mente, vamos dar uma olhada na história do dilúvio. O pecado humano atingiu proporções sem precedentes, conforme indicado pelo relato do narrador: "O Senhor viu que a perversidade do homem tinha aumentado na terra e que toda a inclinação dos pensamentos do seu coração era sempre e somente para o mal" (6:5), bem como "a terra estava corrompida aos olhos de Deus e cheia de violência" (Gênesis 6:11) e Deus viu "como a terra se corrompera, pois toda a humanidade havia corrompido a sua conduta" (Gênesis 6:12). A história enigmática que começa Gênesis 6 (v. 1-4), na qual os "filhos de Deus" casam com as "filhas dos homens" e produzem os nefilins, é um exemplo de tal maldade. Nesse

DILÚVIO DE GÊNESIS (perspectiva teológica) **223**

drama trágico de abertura, há debates sobre a identidade precisa desses "filhos de Deus" (anjos que tiveram relações sexuais com seres humanos; ou filhos da linhagem santa que se casaram com filhas da linhagem impiedosa, etc.), mas não há dúvida sobre o fato de que uma transgressão sexual séria de algum tipo ocorreu (Longman, 2016).

Como resultado do pecado flagrante da humanidade, Deus determina destruir suas criaturas e anuncia: "Farei desaparecer da face da terra o homem que criei, os homens e também os animais grandes, os animais pequenos e as aves do céu. Arrependo-me de havê-los feito" (6:7).

No entanto, Deus primeiro estende um símbolo de graça, antecipado pelo comentário do narrador de que "Noé achou favor nos olhos do SENHOR" (6:8). Antes de executar seu julgamento por meio de um dilúvio, Deus adverte Noé do desastre iminente. Ele destruirá a humanidade e os animais por meio de um dilúvio. Assim, ele manda Noé construir uma arca que o preservará, bem como a sua família imediata e os representantes de animais. Deus fornece instruções a Noé sobre a construção da arca, que é enorme. Ela deve ter 300 côvados (135 metros) de comprimento, 50 côvados (quase 23 metros) de largura e 30 côvados (13,5 metros) de altura. Ele deve então reunir sete pares de animais ritualmente puros e um par de todos os outros animais a bordo.

Uma vez que a arca foi carregada, Deus enviou as águas dos céus e também das "fontes das grandes profundezas" (7:11). As chuvas vieram por quarenta dias e noites. As águas subiram na terra de modo que "foram cobertas todas as altas montanhas debaixo do céu" (7:19) e " Todos os seres vivos foram exterminados da face da terra; tanto os homens, como os animais grandes, os animais pequenos que se movem rente ao chão e as aves do céu foram exterminados da terra. Só restaram Noé e aqueles que com ele estavam na arca" (7:23).

Depois que os objetivos de Deus foram cumpridos, as águas baixaram. Depois de um tempo, o topo das montanhas podia ser visto, e Noé soltou três pássaros, um após o outro (corvo, pomba e pomba) até o último retornar com uma folha de oliveira arrancada, o que indicava a Noé que ele e sua família podiam desembarcar.

Quando desembarcaram, Noé imediatamente construiu um altar e ofereceu um sacrifício a Deus, que deu esta instrução a Noé: "sejam férteis e multipliquem-se; espalhem-se pela terra" (9:7) — palavras que relembram aquelas originalmente entregues ao primeiro homem e mulher (1:28). Noé é o novo Adão, de quem descenderá a humanidade.

Deus faz uma aliança com Noé, no qual ele promete que ele não destruiria a humanidade novamente pelo dilúvio. Ele confirma que a terra será estável, e ele aponta para o arco-íris como um sinal de seu compromisso.

A narrativa de Noé termina com uma história final sobre a embriaguez do patriarca e seu filho Cam o desonrando (9:18-22). O propósito dessa curta narrativa parece ser que, apesar de novos começos, a humanidade permanece pecaminosa, embora Deus mantenha seu relacionamento com eles e continue trabalhando para a redenção e restauração deles.

O resumo acima fornece uma visão geral da história do dilúvio e uma indicação de sua função na narrativa geral de Gênesis 1—11. A humanidade foi criada inocente, mas se rebelou contra Deus. Deus julga humanos pecaminosos, mas também através de gestos de graça (começando com as vestimentas que ele forneceu para **Adão e Eva**) mostra sua intenção de trabalhar em direção à sua redenção. A história do dilúvio é outro episódio que fala da pecaminosidade humana e do julgamento de Deus, mas também da redenção.

Uma segunda maneira de entender o lugar da história do dilúvio na narrativa dos primórdios é explicada por Westermann. Ele viu um movimento da criação até a destruição e a recriação. Afinal, no início do processo de criação, a terra é representada como uma massa aquosa (1:1-2) que Deus moldou em algo habitável durante os seis dias da criação. A água do dilúvio retorna a terra ao seu estado original "sem forma e vazia", mas à medida que as águas do dilúvio recuam e Deus dá suas instruções a Noé, o mundo é recriado.

Gênesis 1—11 funciona como um preâmbulo da história de Abraão. O ciclo do pecado, do julgamento e da graça cede lugar ao chamado de Abraão (12:1-3). Deus buscará a redenção da humanidade através da eleição do patriarca, e através dele alcançará "todos os povos na terra" (12:3).

O dilúvio e a ciência moderna

Agora que revisamos os principais contornos da história do dilúvio e seu lugar na narrativa de Gênesis, passamos para a questão da relação entre a história do dilúvio e a ciência, porque não há evidências geológicas para o dilúvio, e deveria haver se houve uma inundação global da

224 DILÚVIO DE GÊNESIS (perspectiva teológica)

terra. Os esforços para encontrar essa evidência ao longo dos anos falharam. A evidência apresentada hoje por alguns pensadores ultrapassados é baseada na pseudociência e não é aceita pela comunidade científica (para detalhes, ver **O dilúvio de Gênesis e a geologia**).

Uma resposta à falta de evidência de uma inundação global é argumentar que a Bíblia descreve uma inundação local. Ao invés de um dilúvio que cobre toda a superfície da terra, os defensores da interpretação das inundações locais sugerem que a Bíblia realmente descreve uma inundação que é mais restrita do que a inundação da teoria tradicional. Essa interpretação é realizada traduzindo a palavra hebraica *'eretz* como "região" em vez de "terra", produzindo traduções como "Quarenta dias durou o dilúvio sobre a região, e as águas aumentaram e elevaram a arca acima da região. As águas prevaleceram, aumentando muito sobre a região" (7:17-18a).

Na minha opinião, esse é um movimento de desespero para explicar a falta de evidências geológicas para uma inundação global. Certamente, *'eretz* pode ser traduzida como "região" em alguns contextos, mas o contexto da história do dilúvio sugere que o narrador retrata as águas como cobrindo a "terra", pelo menos como ele entendia a terra. Devemos lembrar que o autor e o público originais não teriam entendido a terra como um globo, então a nomenclatura "inundação global" é um anacronismo, embora ainda o usemos como uma rápida expressão abreviada.

Que o autor original descreve uma inundação que cobre a terra pode ser vista em:

1. O julgamento de Deus é trazido para a humanidade como um todo (6:5, 11-12, ver especialmente 6:13: "Darei fim a todos os seres humanos").
2. A necessidade de trazer todos os animais a bordo (se não abrangeu a terra inteira, então os animais sobreviveriam, só morreriam na zona de inundações).
3. As águas que cobrem as "altas montanhas" (7:19) para "uma profundidade de mais de quinze côvados" (quase 7 metros; 7:20).

Essas são apenas várias indicações dentro da história que apontam para uma inundação que cobre a terra inteira e não apenas uma parte dela.

Assim, ficamos com um texto bíblico que descreve uma inundação que cobre a terra e a ausência de qualquer evidência geológica ou arqueológica de tal inundação. Aqui temos um caso em que o dito segundo o qual "a ausência de evidência não é evidência de ausência" não é relevante. Se houvesse uma inundação global, então certamente devemos encontrar provas disso.

Alguns defensores de um dilúvio global referem-se a tradições de dilúvio encontradas em todo o mundo (uma lista bastante completa pode ser vista em www.talkorigins.org/faqs/flood-myths.html). Essas lendas de dilúvios (com algumas exceções, ver abaixo as tradições de dilúvio da Mesopotâmia) não têm conexão significativa com a história bíblica, e descrevem muitas vezes inundações locais. Não é surpreendente encontrar narrativas de dilúvios independentes ao redor do mundo. Em alguns casos, elas são influenciadas pela história bíblica do dilúvio ou por outras histórias diluvianas do antigo Oriente Próximo, e, em outros casos, surgem da experiência bastante comum de destruição pela água.

O que então devemos concluir? A história bíblica do dilúvio é enganosa ou errada? Para responder a essa pergunta, temos de perguntar o que o autor bíblico pretende nos ensinar com essa história. O conceito moderno da inerrância das Escrituras afirma que é verdade tudo o que ela pretende ensinar; e para descobrir o que uma passagem pretende ensinar, devemos considerar seu gênero.

Na minha opinião, o livro de Gênesis pode ser descrito como um trabalho de história teológica. Gênesis faz afirmações históricas (não é ficção, mito, lenda ou parábola), mas conta o passado para fins teológicos; ou seja, o livro fala do passado para revelar Deus e seu relacionamento com seu povo. Deus se revelou atuando no espaço e no tempo, e o autor de Gênesis interpreta (sob a inspiração divina) essa história para seu público.

Enquanto alguns atribuem um gênero diferente a Gênesis 1—11 do restante do livro, existem fortes indicadores textuais que nos impedem de fazê-lo. Em primeiro lugar, não há intervalo entre Gênesis 1—11 e 12—50 em termos de estilo narrativo (forma verbal de *vav* consecutivo). Além disso, tanto Gênesis 1—11 (ver 2:4; 5:1; 6:9; 10:1; 11:10, 27) como 12—50 (25:12, 19; 36:1, 9; 37:2) usam a fórmula *toledot* que estrutura o livro (ver **Gênesis, Livro de**).

Embora a totalidade de Gênesis seja história teológica, há uma diferença definitiva entre Gênesis 1—11 e

12—50 em termos de interesse em detalhes históricos. Gênesis 1—11 cobre o que poderíamos chamar de passado profundo, um período incrivelmente longo desde a criação até Abraão, em apenas 11 capítulos, enquanto Gênesis 12—50 diz respeito apenas a quatro gerações (Abraão a José). Gênesis 1—11 tem como assunto todo o mundo, enquanto Gênesis 12—50 dá conta de uma única família com foco em uma pessoa por vez.

Outro fator para nossa consideração ao ler a história do dilúvio como história teológica é a intensa interação entre as histórias de Gênesis 1—11 e a literatura antiga do Oriente Próximo. Essa interação é bem conhecida pela história da criação (**Atrahasis**, **Enuma Elish**), bem como a história do dilúvio.

Anteriormente, observei que a ideia comumente citada da história de dilúvios que se encontra muitas vezes na literatura e no pensamento em todo o mundo é baseada em paralelos fracos e é improvável que seja o resultado de uma experiência compartilhada ou influência literária. No entanto, esse não é o caso da tradição do dilúvio da Mesopotâmia, na qual a lenda da dilúvio é conhecida desde as primeiras fases da literatura da Mesopotâmia (lista de reis sumérios; o Gênesis Eridu). As semelhanças e diferenças entre a história bibliográfica e a tradição da Mesopotâmia são mais dramáticas em *Atrahasis* e, especialmente, a tabuinha onze da *Epopeia de Gilgamesh* (detalhes podem ser encontrados nos verbetes deste dicionário).

Observamos também uma propensão em Gênesis 1—11 de usar linguagem figurativa para descrever eventos históricos. Na história da criação, os dias são figurativos (sem sol, lua e estrelas até o quarto dia), Deus faz Adão do pó e do seu fôlego (mas Deus, que é espírito, não tem pulmões), e assim por diante. Em Gênesis 3, uma **serpente** ambulante (um conhecido símbolo do mal no antigo Oriente Próximo) persuade Adão e Eva a comer o fruto proibido.

A pessoa que presta atenção aos sinais gerais de Gênesis 1—11 e lê o texto no contexto de seu antigo meio cognitivo não esperará encontrar uma explicação prosaica detalhada ou precisa do passado; trata-se, antes, de uma representação figurativa de um acontecimento histórico.

Quais as implicações que isso tem para nossa compreensão da história do dilúvio? Para honrar a intenção histórica do autor, estaremos certos em ver um acontecimento histórico por trás da história do dilúvio; isso pressupõe uma inundação catastrófica. Mas, para transmitir a sua mensagem teológica (sobre o pecado e o julgamento), o autor, talvez influenciado pela história do dilúvio da Mesopotâmia, descreve-a como uma inundação que cobre toda a terra, enquanto o fato por trás da história é mais provavelmente uma inundação local particularmente devastadora. Mesmo assim, certamente não entendemos o relato bíblico como mera repetição da história mesopotâmica. De fato, as diferenças são destacadas pelas semelhanças, como explicado no artigo sobre a *Epopeia de Gilgamesh*. As diferenças têm a ver principalmente com a distinta concepção da deidade. Enquanto os deuses e deusas da Mesopotâmia são petulantes e mesquinhos, lutando não só contra a humanidade, mas também entre si, o Deus da história bíblica do dilúvio é soberano e moral em seus julgamentos e redenção.

Durante séculos, os problemas com a leitura da história do dilúvio literalmente foram muito discutidos. O tamanho da arca, a sua navegabilidade, a hidráulica da inundação e, nos tempos modernos, a falta da menor evidência geológica para o dilúvio levou a algumas teorias absurdas ou a um milagre (como Noé e sua família poderiam construir um barco do tamanho de um campo e meio de futebol?), que nem sequer é insinuado no texto bíblico.

Conclusão

Se lido de acordo com o seu gênero (história teológica) e dentro do seu ambiente cognitivo, isto é, de acordo com a intenção de seu autor, entenderemos que Gênesis 6—9 não pretende nos dar uma descrição precisa e literal do evento que está por trás da história. O autor, talvez em resposta à história da Mesopotâmia como a conhecemos, particularmente na *Epopeia de Gilgamesh*, narrou a história de um dilúvio devastador para ensinar aos seus contemporâneos sobre os perigos do pecado à luz do julgamento de Deus. O autor também tem uma mensagem de esperança para seus leitores. Deus não abandonará seu povo pecador, mas continuará trabalhando para a sua redenção e restauração.

Tremper Longman III

REFERÊNCIAS E LEITURAS RECOMENDADAS

CLINES, D. J. A., 1997. *The Theme of the Pentateuch.* 2. ed. London: T&T Clark. Kaminski, C. M. 2014. *Was Noah Good? Finding Favour in the Flood Narrative.* London: T&T Clark.

LONGMAN III, T., 2016. *Genesis.* Story of God Bible Commentary. Grand Rapids: Zondervan.

WESTERMANN, C., 1984. *Genesis 1—11: A Commentary.* Minneapolis: Fortress.

DILÚVIO DE GÊNESIS (perspectiva universal)

⚭DILÚVIO DE GÊNESIS (perspectiva universal). Uma inundação global é atestada ao longo da história da igreja, inclusive por mais pais antigos da igreja, reformadores e eruditos modernos do que podem ser mencionados (ver VanDoodewaard, 2015, para uma avaliação abrangente). Mas não é simplesmente porque essa teoria tem boa reputação histórica que é preferível; é porque é robusta em sua abordagem às dificuldades propostas. Pode uma teoria do dilúvio universal fornecer uma síntese das questões e evidências bíblicas e científicas modernas? Acredito que sim. Aqui me concentro em quatro temas: armadilhas do dilúvio local e das percepções mitológicas, a afirmação bíblica de um dilúvio universal em Gênesis 6—9, o uso da narrativa do dilúvio no Novo Testamento e evidências geológicas para um dilúvio global.

Armadilhas do dilúvio local e das percepções mitológicas

A história do dilúvio, como o restante de Gênesis 1—11, tem uma visão tematicamente universal do mundo, dos seus habitantes e da sua história. O propósito de Deus para enviar o dilúvio, dado em Gênesis 6:17, é destruir toda a carne (*basar*), mas Deus também preserva a vida através do justo Noé e sua arca. Vários defensores da Terra antiga (p. ex., Ross, 2014) alegaram que o dilúvio era universal em relação à humanidade, mas geograficamente limitada à Mesopotâmia. O texto bíblico não se presta imediatamente a tais pontos de vista (ver abaixo), e tampouco a evidência extrabíblica é vista *dentro* de uma perspectiva da Terra antiga. Por exemplo, se alguém afirma a cronologia da Terra antiga, os fósseis mais antigos dos *Homo sapiens* são originários da África há cerca de 200 mil anos. As migrações subsequentes da África para a Europa, Ásia e Austrália foram várias vezes realizadas de 125 mil a 40 mil anos atrás, e há 13 mil anos as Américas estavam habitadas.

Quando alguém adota uma teoria da Terra antiga, parece não haver uma disposição temporal para uma inundação local dentro e/ou perto da Mesopotâmia que permita a destruição de toda a humanidade, uma vez que os seres humanos se espalharam muito além dessa área em todos os pontos da história.

Caso seja histórico e universal para a humanidade, o dilúvio deve ter alcance global para realizar o julgamento divino de Deus. No entanto, ao assumir uma cronologia da Terra antiga, não há evidências de tal dilúvio nos solos e sedimentos mais altos da terra (uma posição da Terra jovem, discutida abaixo, alivia esse problema). Alguns evangélicos abandonaram completamente um dilúvio universal, argumentando que a narrativa do dilúvio é uma **mitologia** que pode ou não ser enraizada em algum evento local (p. ex., Enns, 2012; Lamoureux, 2009). Similaridades com as mitologias do antigo Oriente Próximo (AOP) de *Eridu*, **Atrahasis** e *Gilgamesh* fornecem aos defensores argumentos de que a narrativa do dilúvio pode ter funcionado como esses (ou derivado desses) e outros textos do AOP e tradições de dilúvio, uma vez que se centram em um herói que, usando um barco, se salva e salva outros e animais da ira do julgamento aquoso dos deuses. Essas histórias do AOP compartilham muitas semelhanças (p. ex., avisos, pássaros [pelo menos nos textos posteriores], sacrifícios, montanhas), mas diferem significativamente tanto na estrutura como nos detalhes. Westermann (1984) observa diferenças nas estruturas do politeísmo/monoteísmo, componentes de uma narrativa épica/autônoma, verso épico/prosa simples e outros. Kitchen (1977) lista inúmeras e importantes diferenças nos detalhes da história, como fazem Millard (1967) e Tsumura (1994), o que indica que uma forte dependência de estudos comparativos para entender a narrativa do dilúvio pode ser injustificada. Vários desses estão resumidos na tabela 1.

Tabela 1. Diferenças notáveis nas mitologias diluvianas do Antigo Oriente Próximo e na narrativa do dilúvio de Gênesis.

Mitologias do AOP	Narrativa do dilúvio em Gênesis
Uma inundação é provocada porque os deuses estão irritados com o ruído humano ou a superpopulação, ou nenhum motivo especificado.	Deus está triste pelo pecado.
O herói engana a morte e se torna imortal.	Noé é justo, mas morre como todos os homens.
As riquezas são levadas a bordo da arca.	Não há necessidade de armazenar riqueza, pois toda a humanidade morre.

Família, membros do grupo e/ou barqueiros (para a navegação) são levados a bordo.	Somente Noé e sua família entram, e Deus sozinho preserva e supervisiona a arca.
As enchentes aumentam e caem rapidamente (seis a sete dias), como em uma inundação local.	A inundação dura mais de um ano com as águas cobrindo o globo.
O herói sai do barco por sua própria vontade, e um sacrifício é oferecido para apaziguar os deuses.	Noé permanece no barco até ser instruído, e seu sacrifício é de ação de graças.
Os deuses famintos descem sobre o sacrifício "como moscas".	O sacrifício de Noé é agradável a Deus, mas não é consumido.

Afirmação bíblica de um dilúvio universal em Gênesis 6—9

De dentro do próprio texto, uma perspectiva global do dilúvio é afirmada em todos os lugares, e o uso do termo hebraico *mabbul* para apenas esse fato no Antigo Testamento, e *kataklysmos* na Septuaginta (LXX) e no Novo Testamento defendem sua singularidade. Muitos pontos podem ser apresentados em apoio de um dilúvio global, como estes a seguir (embora haja outros): as dimensões e a carga da arca, a duração da inundação, o uso da linguagem universal, o desembarque da arca, Noé como um tipo de Adão e a aliança do arco-íris.

As dimensões e a carga da arca

Ao contrário do cubo estilizado/zigurate de Utnapishtim e o coracle circular do *Atrahasis*, a embarcação em forma de barcaça de Noé é adequadamente proporcionada para uma inundação maciça. Noé é instruído a carregar "tipos" de animais terrestres e pássaros a bordo da arca (não espécies, como é frequentemente alegado pelos críticos — veja adiante). As dimensões e a carga estão em conformidade com a catástrofe global e não fazem sentido se a inundação for local ou não histórica. Além da capacidade de se mover/migrar para longe de uma inundação local (particularmente com tempo suficiente para se preparar), considere que as *aves* são frequentemente especificadas para preservação na arca (Gênesis 6:20; 7:3, 8; 8:17, 19). Sua inclusão é absurda se a inundação for local, já que os pássaros não morrem em massa durante as inundações locais.

A duração do dilúvio

Da entrada de Noé na arca até sair, o dilúvio dura mais de um ano (Gênesis 7:11; 8:14), com a terra inundada pela água na maior parte desse tempo. As tempestades locais não duram 40 dias, e mesmo as piores inundações locais não duram um ano.

Linguagem universal

"Todos" e "tudo" são usados extensivamente (30 e 32 vezes, respectivamente) em todo Gênesis 6—9 em referência à humanidade, animais, pássaros, extensão do dilúvio e promessas feitas aos sobreviventes. Essa não é uma mera hipérbole. Constantes e repetitivas, sua ênfase impressiona ao leitor ao ser informado que, de fato, *toda* a carne foi destruída e *todas* as montanhas altas sob *todo* o céu foram cobertas, sem exceção em qualquer lugar da terra (contra Walton, 2001 e H. Ross, 2014; ver Cassuto, 1964; Leupold, 1942; Waltke e Fredricks, 2001; Wenham, 1987; Westermann, 1984). Essa destruição deve ser global, uma vez que afeta não apenas todos os seres humanos (cuja perversidade trouxe juízo sobre si mesmos), mas também todos os animais, pássaros e criaturas que se movem sobre o solo. Todo ser vivo foi "aniquilado", cumprindo o propósito do dilúvio declarado em Gênesis 6:17. Essa destruição universal é então contrastada de forma climática com "Só restaram Noé e aqueles que com ele estavam na arca" (Gênesis 7:23).

Da mesma forma, as expressões "as águas se elevaram", "aumentaram" e "inundadas" são vistas seis vezes em Gênesis 7:17-24 como um lembrete contínuo de que as águas do dilúvio (*mabbul*) estão submergindo o mundo inteiro, não apenas uma região localizada. Ao cobrir completamente (*submergindo*; Cassuto, 1964; Hamilton, 1990; Wenham, 1987) todas as montanhas em 15 côvados [quase 7 metros] (Gênesis 7:20), o dilúvio não deixou lugar para animais ou seres humanos escapar e, de fato, todos morreram (leia 1Pedro 3:20).

A arca pousa nas montanhas de Ararate; o topo das montanhas torna-se visível

O texto afirma que "a arca veio descansar em (*al*) as montanhas de Ararate" (Gênesis 8:4), em vez de "próximo", "ao lado de" ou "perto de". Dez semanas depois, o topo das montanhas finalmente aparece (Gênesis 8:4-5) à medida que as águas se afastam. Walton (2001) observa que a última descrição argumenta fortemente para uma inundação global.

Noé como um tipo de Adão

Com o dilúvio terminado, Noé e os animais saem da arca, e a narrativa baseia-se fortemente em temas relacionados à criação. A descrição de Noé e sua família, os animais e a terra reconta os acontecimentos de Gênesis 1—4 de maneiras que são claramente destinadas a enfatizar o início completamente novo do mundo, incluindo humanos e animais. Considere os paralelos pós-diluvianos entre Adão e Noé na tabela 2.

Tabela 2. Paralelos pós-dilúvios entre Adão e Noé.

Adão	Noé
A terra é amaldiçoada por causa do pecado do homem (3:17-18).	A terra nunca mais será amaldiçoada por causa do homem (8:21).
"Sejam férteis e multipliquem-se! Encham a terra" (1:28).	"Sejam férteis, multipliquem-se e encham a terra" (9:1, 7).
O homem deve dominar e reinar sobre os animais (1:28).	Os animais teráo medo e temeráo o homem (9:2).
O homem é ordenado apenas a comer plantas (1:29).	O homem recebe permissão para comer animais juntamente com plantas (9:2-4).
O interlúdio poético inclui "Criou Deus o homem à sua imagem" (1:27).	O interlúdio poético inclui "à imagem de Deus foi o homem criado" (9:6).
Três filhos de Adão são nomeados (4:1-2, 25).	Três filhos de Noé são nomeados (5:32; 9:18).
Um filho (Caim) comete um pecado grave e é amaldiçoado (4:8, 11-16).	Um filho (Cam) comete um pecado grave, e seu filho, Canaã, é amaldiçoado (9:22-27).

Esses paralelos e outros (ver Waltke e Fredricks, 2001) enfatizam a importância de Noé como um tipo de Adão. Noé e sua família devem começar a humanidade de novo e cumprir o papel de domínio sobre os animais e a terra precisamente *porque* toda a vida fora da arca foi destruída. As perspectivas de um dilúvio não universal encalharam aqui, uma vez que eles exigem logicamente que humanos e animais existam fora da influência do dilúvio e alheios a ele.

Nunca mais a aliança do arco-íris

A aliança de Deus com Noé para nunca mais destruir o mundo com o *mabbul* só pode ser tomada como uma promessa legítima e contínua com um dilúvio global. Se o dilúvio fosse local, o arco-íris nas nuvens ficaria sem sentido, tanto do ponto de vista histórico como atual. Como nem toda a vida humana e animal teria sido morta, o arco-íris não proporcionaria nenhum lembrete real da proteção do julgamento. Além disso, a promessa de nunca mais destruir o mundo com um *mabbul* é dada não só a Noé, mas também a *todas* as criaturas da terra (oito referências a "toda a vida" e "toda criatura viva" em Gênesis 9:8-17). Por que os animais precisariam de uma promessa de nenhum julgamento futuro se a grande maioria deles não fosse afetada por uma inundação local? Apenas uma inundação global dá sentido à aliança do arco-íris, sobre o qual Deus continua se lembrando "da aliança *eterna* entre Deus e todos os seres vivos de todas as espécies que vivem na terra" (Gênesis 9:16; itálico adicionado).

O uso da narrativa do dilúvio no Novo Testamento

Embora Noé e a narrativa do dilúvio sejam raramente citadas no Antigo Testamento fora da história dos primórdios (p. ex., 1Crônicas 1:4; Salmos 29:10; 104:6-9; Isaías 54:9; Ezequiel 14:14, 20), sua historicidade é afirmada (especialmente em 1Crônicas 1:4). Sua presença no Novo Testamento está mais integrada na teologia cristã. A genealogia de Jesus (Lucas 3:36) inclui Noé entre outras figuras históricas dos primórdios (p. ex., Adão). Jesus menciona Noé e o dilúvio como histórico (Mateus 24:37-39; Lucas 3:36; 17:26-27), assim como o escritor de Hebreus (11:7) e Pedro (1Pedro 3:20; 2Pedro 2:5-6; 3:1-7). A observação de Matthews de que "para o autor de Gênesis, o evento do dilúvio é tão real como o nascimento de Abraão" (1996, p. 376) soa tão verdadeiro como para todos os outros autores do Antigo Testamento e do Novo Testamento.

Devemos lembrar que o que parece ser uma leitura possível de Gênesis 6—9 isoladamente pode não ser admissível à luz do Novo Testamento. Por exemplo, os

DILÚVIO DE GÊNESIS (perspectiva universal) 229

argumentos de Walton (2001) para um dilúvio não global estão grandemente ancorados na suposição de que os israelitas tinham um conceito do Oriente Próximo de geografia mundial. Eles poderiam ter, mas a geografia conhecida por Jesus e Pedro foi muito mais ampla, e ambos afirmam que todas as pessoas fora da arca foram destruídas, assim como todos serão impactados pelo retorno de Cristo. A passagem de 2Pedro 3:1-7 é especialmente notável porque apresenta um paralelo triplo entre os acontecimentos universais da criação, do dilúvio e da segunda vinda/parúsia (Bauckham, 1983, que também observa isso em 2Pedro 2:5). Se a história do dilúvio é histórica, uma inundação local é insuficiente para destruir todo o "mundo daquele tempo" (2Pedro 3:6, ver Donelson, 2010; Schaeffer, 1973). Se não é histórica, então essas declarações do Novo Testamento perdem a razão de ser.

Evidências geológicas para um dilúvio global

No que diz respeito às questões científicas, um dilúvio global tem enfrentado historicamente dificuldades da **geologia**, pois a maioria dos cientistas afirma uma idade antiga da Terra e a evidência de um dilúvio nos solos e sedimentos mais altos (mais recentes) está ausente. Afirmo que esses geólogos estão no lugar errado: a evidência para o dilúvio é encontrada não nos depósitos mais altos, mas na maior parte do **registro fóssil** e de rocha. Essa ideia tem raízes na antiguidade, pois muitos pais da igreja e reformadores afirmaram que os fósseis nas rochas eram prova do dilúvio (incluindo Tertuliano, Aquino e Lutero; VanDoodewaard, 2015). *The Genesis Flood* [O dilúvio de Gênesis] (Whitcomb e Morris, 1961) foi o primeiro modelo cientificamente moderno para o dilúvio como agente geológico. Muito se desenvolveu desde então, e o leitor é direcionado para Garner (2009), Snelling (2009) e Wise (2002) para as perspectivas atuais.

Uma série de características dá base a uma deposição rápida e catastrófica da maior parte dos registros rochosos. Enquanto os defensores da Terra antiga e da evolução reconhecem essas características e fornecem interpretações alternativas, os seguintes pontos se ajustam bem com um dilúvio recente e global (ver Snelling, 2009 para detalhes e documentação):

- A grande maioria das rochas sedimentares e fósseis encontradas nos continentes tem origens marinhas, não terrestres. No geral, o registro geológico preserva abundantes rochas marinhas nas unidades fossilíferas mais baixas, com o aumento dos componentes terrestres mais elevados. Esse padrão pode refletir a destruição sequencial de vários ecossistemas à medida que a inundação trouxe materiais marinhos para os continentes pré-diluvianos.

- As unidades sedimentares finas, mas amplas, que muitas vezes se estendem em grande parte de um continente, são inconsistentes com os sistemas sedimentares modernos, mas explicáveis por condições de inundação em grande escala.

- Indicadores da direção do fluxo de água nas rochas sedimentares (como ondulações e estratificações cruzadas preservadas) indicam correntes quase unidirecionais que fluem sobre o continente norte-americano durante grande parte de sua história geológica. Os contextos modernos, em contraste, mostram uma infinidade de direções atuais com base em bacias de drenagem regionais e processos de linha costeira.

- Os fragmentos de rocha e minerais desgastados pelo tempo que compõem rochas sedimentares foram frequentemente transportados por imensas distâncias antes da deposição. Por exemplo, alguns grãos de areia em rochas do Grand Canyon parecem ter sido derivados de rochas nos Apalaches.

- Uma erosão quase universal ocorre perto da base das unidades de rochas fossilíferas do mundo. Esse desgaste, chamado de "grande discordância", provavelmente representa o avanço destrutivo das águas da enchente. Abaixo, os fósseis complexos são raros, enquanto imediatamente acima deles são abundantes os fósseis marinhos complexos (como artrópodes diversos, moluscos, vermes e muitos outros).

- Também acima da grande discordância estão uma série de *megasequências*. Estas são padrões de escala continental, padrões recorrentes de unidades sedimentárias de grossa a fina, como arenitos cobertos por xistos, cobertos por calcários. Os desgastes de erosão (discordâncias) separam frequentemente as megasequências, que provavelmente refletem o movimento das águas do dilúvio que afetaram os tipos e as fontes de sedimentos depositados.

230 DILÚVIO DE GÊNESIS (perspectiva universal)

- A fossilização é uma ocorrência muito rara hoje, mas o registro de rochas não só preserva uma multidão de fósseis, mas também numerosos casos de "cemitérios fósseis", onde ecossistemas inteiros foram destruídos e preservados. Um dilúvio global fornece os mecanismos para produzir e preservar grandes quantidades de fósseis, particularmente em áreas espalhadas. Isto é bem diferente dos poucos ambientes modernos que conduzem à fossilização, que têm uma natureza altamente localizada.

Os geólogos da Terra jovem também trabalharam para desenvolver modelos geológicos mais robustos para entender como o dilúvio remodelou a face da terra e para fazer previsões baseadas nesses modelos. A teoria Tectônica de Placas Catastróficas (TPC, Austin e outros, 1994; ver também Wise, 2002 para uma discussão compreensível) combina restrições temporais baseadas na Bíblia, observações de campo e modelagem computacional para propor um movimento rápido da crosta continental e oceânica durante o dilúvio (uma "corrida continental" em vez de "deriva continental"). ATPC também explica a fonte da água para o dilúvio, primeiramente dos oceanos, e não um dossel de água (como em escritos anteriores da Terra jovem), e explica muitas das características da superfície terrestre (p. ex., tempo e formação de cordilheiras, locais de grandes vulcões e terremotos, distribuição de rochas sedimentares e seus fósseis). A TPC marca um importante avanço no desenvolvimento do criacionismo da Terra jovem e da geologia diluviana porque, ao invés de mera retórica antievolução, apresenta um modelo testável que pode orientar a pesquisa e ser avaliado por descobertas futuras, ilustrativas da crescente sofisticação do criacionismo da Terra jovem.

Uma observação final: as muitas questões logísticas relativas à arca frequentemente criadas por críticos (p. ex., número de animais, cuidados, provisões, estabilidade no oceano) foram completamente abordadas na literatura da Terra jovem (Snelling, 2009; Woodmorappe, 1996). Basta mencionar que a alegação de que Noé deve levar seis milhões de espécies a bordo da arca (Lamoureux, 2009) falha em reconhecer que (a) a grande maioria das espécies é composta de micróbios, invertebrados aquáticos e peixes (Noé construiu uma arca, não um aquário); e (b) equiparar o termo hebraico "tipo" (*min*) para espécies

biológicas impõe incorretamente conceitos modernos ao texto. Podemos ter a certeza de que a arca foi suficiente para realizar a tarefa de preservar a vida através do dilúvio, principalmente porque seus materiais e suas dimensões foram designados pelo próprio Deus.

Marcus R. Ross

REFERÊNCIAS E LEITURAS RECOMENDADAS

AUSTIN, Steven A.; BAUMGARDNER, John R.; HUMPHREYS, D. Russell, et al. 1994. "Catastrophic Plate Tectonics: A Global Flood Model of Earth History," em *Proceedings of the Third International Conference on Creationism*, ed. R. E. Walsh, 609-62. Pittsburgh: Creation Science Fellowship.

BAUCKHAM, Richard, 1983. *Jude, 2 Peter.* Word Biblical Commentary. Waco, TX: Word.

BOYD, Steven A.; Snelling Andrew A., 2014. *Grappling with the Chronology of the Genesis Flood.* Green Forest, AR: Master.

CASSUTO, Umberto, 1964. *Commentary on the Book of Genesis.* Jerusalem: Hebrew University, Magnes.

DONELSON, Lewis R., 2010. *I and II Peter and Jude: A Commentary.* New Testament Library. Louisville, KY: Westminster John Knox.

ENNS, Peter, 2012. *The Evolution of Adam: What the Bible Does and Doesn't Say about Human Origins.* Grand Rapids: Brazos.

GARNER, Paul, 2009. *The New Creationism.* Faverdale North, UK: EP Books. Hamilton, Victor P. 1990. *The Book of Genesis: Chapters 1—17.* Grand Rapids: Eerdmans.

KITCHEN, Kenneth A., 1977. *The Bible in Its World: The Bible and Archaeology Today.* Downers Grove, IL: InterVarsity.

LAMOUREUX, Denis O., 2009. *Evolutionary Creation.* Eugene, OR: Wipf and Stock.

LEUPOLD, H. C., 1942. *Exposition of Genesis.* Vol. 1. Grand Rapids: Baker.

MATTHEWS, Kenneth A., 1996. *Genesis 1—11:26.* Nashville: Broadman and Holman.

MILLARD, A. R., 1967. "A New Babylonian 'Genesis' Story." *Tyndale Bulletin* 18:3-18.

Ross, Hugh, 2014. *Navigating Genesis.* Covina, CA: RTB Press.

SCHAEFFER, Francis A., 1973. *Genesis in Space and Time: The Flow of Biblical History.* London: Hodder & Stoughton.

SNELLING, Andrew, 2009. *Earth's Catastrophic Past.* 2 vols. Dallas: Institute for Creation Research.

TSUMURA, David Toshio, 1994. "Genesis and Ancient Near Eastern Stories of Creation and Flood: An Introduction", em Richard S. Hess; David Toshio Tsumura, *I Studied Inscriptions from before the Flood: Ancient Near Eastern, Literary and Linguistic Approaches to Genesis 1—11*, 27—57. Winona Lake, IN: Eisenbrauns.

VANDOODEWAARD, William, 2015. *The Quest for the Historical Adam.* Grand Rapids: Reformation Heritage.

WALTKE, Bruce K.; FREDRICKS, Cathi J., 2001. *Genesis: A Commentary.* Grand Rapids: Zondervan.

WALTON, John H., 2001. *The NIV Application Commentary: Genesis.* Grand Rapids: Zondervan.

WENHAM, Gordon J., 1987. *Genesis 1—15.* Word Biblical Commentary, vol. 1. Waco: Word Books.

WESTERMANN, Claus, 1984. *Genesis 1—11: A Commentary.* Minneapolis: Augsburg; London: SPCK.

WHITCOMB, John C.; Morris, Henry M., 1961. *The Genesis Flood.* Philadelphia: P&R.

WISE, Kurt P., 2002. *Faith, Form, and Time.* Nashville: B&H.

WOODMORAPPE, John, 1996. *Noé's Ark: A Feasibility Study.* Dallas: Institute for Creation Research.

DILÚVIO DE GÊNESIS E A GEOLOGIA

A era pré-científica

Durante séculos, a história de Noé e o grande dilúvio em Gênesis 6—9 estimularam a especulação sobre os possíveis efeitos físicos de uma inundação devastadora. No século II, Teófilo de Antioquia afirmou que os restos da arca eram visíveis nas montanhas "árabes". No século VI, Procópio de Gaza sustentou que os restos marinhos descobertos em "altas montanhas" foram depositados pelo dilúvio. Um milênio mais tarde, Martinho Lutero escreveu que pedaços de madeira petrificada e fósseis de peixes recuperados de minas eram relíquias deixadas por um cataclismo aquoso tão extenso que cobria a cordilheira do Himalaia.

Rochas sedimentares como evidência para o dilúvio

Durante os séculos seguintes, estudiosos começaram a formular teorias criativas sobre os efeitos do dilúvio na paisagem. John Woodward (1665-1722), por exemplo, afirmou que os estratos terrestres generalizados de areia e cascalho agora consolidados foram depositados pelas águas do dilúvio com camadas densas e de granulação grossa, acumulando primeiro um material menos denso e de granulação fina que se instalou no topo. Os oponentes de Woodward apontaram que sua hipótese fracassou espetacularmente; pilhas espessas de estratos sedimentares de fato não demonstram mudanças sistemáticas regulares na densidade de rocha de baixo para cima. As camadas de pedra calcária densas geralmente se situam acima de arenitos menos densos, e os depósitos de sal de baixa densidade ocorrem sob os xistos mais densos.

Outro estudioso do século XVII, Nicolas Steno (1638-1686), também acreditava que as rochas estratificadas resultaram do dilúvio. Steno, no entanto, elaborou princípios básicos para reconstruir a sequência temporal de eventos que formaram pilhas de estratos, e posterior aplicação dos princípios de Steno serviram para rebaixar a hipótese do dilúvio. Ao longo do século XVIII, numerosos filósofos naturais, entre eles Giovanni Arduino, Johann Gottlieb Lehmann, Georg Christian Füchsel e Abraham Gottlob Werner, rastrearam cuidadosamente os estratos individuais dentro de sucessões estratigráficas em todo o campo e mediram suas espessuras. Eles reconheceram continuidade consistente e ordem em sucessões de estratos de grande extensão, e não encontraram indícios de desordem caótica que um dilúvio turbulento possa gerar.

No início do século XIX, William Smith (1769-1839) demonstrou que os pacotes de camadas de rochas sedimentares em toda a Inglaterra também eram caracterizados por distintivos restos fósseis e que os tipos de organismos preservados mudaram para cima através de sucessões espessas de estratos rochosos.

Outros estudos no início do século XIX indicaram que algumas camadas sedimentares continham organismos marinhos com conchas, como trilobitas e braquiópodes, enquanto outras camadas continham restos de tetrápodes terrestres (quadrúpedes), característica que sugere que muitas sucessões de rochas sedimentares resultaram de intercâmbios repetidos de terra e mar.

O reconhecimento das grandes espessuras de acumulações de rochas sedimentares em muitas localidades, a regularidade na ordem de sucessão dos estratos, a distribuição ordenada de restos fósseis nas camadas sedimentares e a alternância entre depósitos marinhos e terrestres deixaram claro que o grande volume de rochas em camadas não tinha sido depositado como sedimentos durante um dilúvio global de um ano de duração. Os primeiros geólogos do século XIX, muitos dos quais eram cristãos, perceberam que o registro de rocha sedimentar contou a história de uma longa e complexa história terrestre.

Depósitos de superfície não consolidados como evidência para o dilúvio

Onde então havia evidências do grande dilúvio para serem encontradas? Vários geólogos, entre eles William Conybeare, Georges Cuvier, William Buckland, Jean-Andre de Luc, Adam Sedgwick e George Bellas Greenough, postularam que vastas acumulações de cascalho e areia não consolidados se espalham por grandes regiões do globo, particularmente no norte da América do Norte e no norte da Europa, e que forneceu a resposta. O fato de que tais acumulações de cascalho fossem comumente acompanhadas por grandes pedregulhos erráticos que haviam sido transportados de afloramentos distantes em regiões como o Canadá ou a Escandinávia, proporcionaram mais apoio ao conceito de uma catástrofe de dimensões continentais, se não globais. Por exemplo, Cuvier (1768-1832), ilustre fundador da anatomia de vertebrados, imaginou que os depósitos de superfície representavam a catástrofe mais recente de cerca de 6 mil anos, embora não o identificasse especificamente com o dilúvio bíblico.

Em uma caverna inglesa, Buckland (1784-1856) descobriu restos de numerosas **espécies** de vertebrados extintos que acompanham abundantes ossos de hiena encrustados em depósitos de cavernas cristalinas. Esses depósitos de cascalho contendo fósseis foram cobertos por uma camada de lama vermelha sobre a qual havia material de caverna mais cristalina, geralmente desprovido de fósseis. Buckland sugeriu que enquanto as hienas se banqueteavam com as carcaças que haviam arrastado para a caverna, uma grande inundação havia depositado a lama vermelha e erradicado os animais agora extintos.

Edward Hitchcock (1793-1864), geólogo da Nova Inglaterra, atribuiu os extensos depósitos de cascalho do nordeste dos Estados Unidos a um dilúvio em grande escala, acompanhado de *icebergs* contendo rochas de vários tamanhos. Depois de flutuar longas distâncias, os *icebergs* finalmente derreteram, e as grandes rochas foram liberadas do gelo para serem depositadas como os pedregulhos erráticos associados aos depósitos de cascalho.

Identificação da Era do Gelo

John Fleming (1785-1857), naturalista escocês e ministro religioso da Igreja da Escócia, argumentou que os depósitos britânicos de cascalho foram formados durante eventos de inundações separadas, em vez de uma única grande inundação. Mais devastador para a ideia de uma inundação catastrófica foi a demonstração de Ignatz Venetz, Jean de Charpentier e, especialmente, Louis Agassiz (1807-1873) de que muitos dos extensos cascalhos superficiais eram mais bem explicados como produtos de ação glacial. Ao estudar geleiras modernas na Europa central, Agassiz familiarizou-se com os efeitos da glaciação, incluindo estriamentos, suavização e polimento de afloramentos rochosos e arredondamentos de pedras individuais transportadas pelo gelo glacial. Ao aplicar suas observações sobre geleiras modernas às localidades do norte da Europa, onde penedos erráticos e rochas matrizes estriadas ocorreram longe de geleiras ativas, Agassiz concluiu que as placas de gelo deveriam ter coberto anteriormente grandes porções da Europa. Em última análise, ele postulou o conceito de uma era de gelo quando as vastas placas de gelo glacial prevaleceram nas latitudes do norte.

Os geólogos americanos também perceberam que rochas matrizes estriadas, comum em todo o nordeste dos Estados Unidos e no Canadá, forneceram evidências de que uma camada de gelo generalizada já havia coberto essa área. Com o triunfo da teoria glacial, os geólogos já não consideravam os depósitos generalizados de cascalho como prova de um dilúvio global.

Em resposta a esses desenvolvimentos, alguns geólogos começaram a vincular o dilúvio bíblico até o final da era do gelo. Por exemplo, George Frederick Wright referiu o dilúvio ao derretimento das placas de gelo continental, juntamente com os movimentos verticais da terra pós-glacial para criar bacias, como o mar Cáspio, situação também apoiada por Hugh Miller.

Uma variante muito mais recente dessa última teoria foi publicada em 1998 por Walter Pitman e William Ryan, do Observatório Terrestre Lamont-Doherty da Universidade de Columbia. Eles postularam que o mar Negro era um remanescente do dilúvio de Noé. Na sua opinião, graças a uma abundância de água de derretimento glacial no final da Idade do Gelo, o nível do mar Mediterrâneo aumentou de forma tão dramática que a água fluía rapidamente sobre uma barreira de pedra previamente exposta que separava o Mediterrâneo de uma grande bacia agora ocupada pelo mar Negro. Os habitantes da bacia em grande parte seca, que supostamente tinham se instalado lá durante a Era do Gelo, foram dizimados pelo afluxo catastrófico da água.

A descoberta das antigas lendas de dilúvios do Oriente Próximo

No meio do final do século XIX e início do século XX, uma nova linha de evidências não geológicas com profundas implicações para a interpretação da narrativa do dilúvio bíblico emergiu do campo da arqueologia. Fragmentos de documentos cuneiformes antigos inscritos em tabuinhas de argila foram descobertos em vários locais de escavação no Oriente Médio. Alguns dos documentos reconstruídos contaram a história de uma grande inundação, preeminentemente a **Epopeia de Gilgamesh**, que contém uma narrativa de inundação que se parece muito com a de Gênesis. Gilgamesh, um rei da Suméria, em busca do segredo da imortalidade, procurou Utnapishtim, o sobrevivente de longa data do grande dilúvio. Utnapishtim construiu um navio gigante sob a forma de um cubo, carregava todos os tipos de animais a bordo e escapou do dilúvio. Quando a enchente começou a recuar, ele enviou uma pomba, uma andorinha e um corvo em sucessão para determinar se a terra já havia secado. O épico de *Atrahasis* continha uma história semelhante do dilúvio.

Dado o cenário mesopotâmico desses épicos, os estudiosos começaram a suspeitar que o dilúvio de Gênesis também poderia ter sido uma grande inundação confinada à bacia da Mesopotâmia. Além disso, as escavações do século XX no Iraque descobriram estratos de inundação em Ur, Kish, Fara e Nínive. Alguns escavadores excessivamente otimistas identificaram camadas de inundações específicas com o dilúvio de Gênesis, mas uma datação cuidadosa dos depósitos de inundação em diferentes locais confirmou que eles eram produtos de eventos de inundações temporariamente distintas. No entanto, tornou-se claro que as inundações em larga escala caracterizaram a Mesopotâmia ao longo de sua história até um grau suficiente para gerar lendas de inundações excepcionalmente memoráveis.

Apesar de séculos de evidências acumuladas de que a inundação bíblica não poderia explicar os estratos sedimentares da terra ou até mesmo os depósitos de cascalho não consolidados e superficiais, a metade do século XX testemunhou um ressurgimento da geologia global das inundações, desencadeada por *The Genesis Flood* [O dilúvio de Gênesis] por **John C. Whitcomb** e **Henry M. Morris**, que, de fato, procurou fornecer maior credibilidade científica às especulações de **George McCready Price**, escritor adventista do sétimo dia do século XX. Até hoje, o movimento criacionista da Terra jovem exerce influência generalizada nos círculos teologicamente conservadores ao defender a ideia de que grande parte do registro de rocha sedimentar deve sua origem ao dilúvio de Noé.

O estado atual da evidência geológica
Rochas sedimentares

Apesar da influência generalizada entre os crentes com menos estudos, os criacionistas da Terra jovem não conseguiram persuadir a comunidade geológica dominante, que inclui a grande maioria dos geólogos cristãos com curso superior em geologia, de sua posição por um simples motivo: a evidência geológica é esmagadoramente incompatível com uma teoria de inundação global. Para aqueles que sustentam a crença de que o registro geográfico suporta a teoria de um recente dilúvio global, uma sinopse muito breve de **informações** relevantes extraídas de rochas sedimentares, ígneas e metamórficas deve ser suficiente para sustentar minha argumentação.

As rochas sedimentares consistem principalmente em conglomerados, arenitos, xisto e argilito, calcário, carvão e evaporitos, como a gipsita. Essas rochas foram formadas a partir de acumulações de cascalho, areia, lama, lima e/ou plantas depositadas a partir de água, ar ou gelo glacial ou, no caso da gipsita, pela cristalização dos corpos de água evaporantes. As acumulações de sedimentos geralmente atingem espessuras superiores a 20 quilômetros.

Os geólogos diluvianos argumentam que uma proporção significativa dessas sucessões de rochas sedimentares estratificadas foi depositada como sedimentos não consolidados durante o cataclismo bíblico de um ano. Mas as rochas sedimentares não refletem tal origem. Por exemplo, as superfícies de camadas sucessivas de argilito geralmente contêm fissuras de lamas fósseis idênticas àquelas que se formam nos fundos do lago seco ou nas planícies expostas por marés atuais. A existência de camadas sucessivas contendo fissuras de lamas fósseis implica alternância repetida de saturação e dessecação de sedimentos durante a deposição das camadas de lama. Um mundo afogado por um dilúvio global, no entanto, não sofre uma fase de secagem até a água ter desaparecido.

Ambas as pilhas de rochas sedimentares em camadas, bem como pilhas de fluxos de lava vulcânica, geralmente incluem os horizontes do solo fóssil, indicando que uma camada de rocha sedimentar ou lava que flui diretamente debaixo do solo foi exposta à atmosfera por um longo período de tempo, deixando a rocha exposta ao clima e formando o solo, antes que o próprio solo fosse enterrado sob uma nova camada de sedimento ou lava. Além disso, os solos provavelmente seriam varridos pela inundação gigante imaginada por geólogos diluvianos. Como exemplos, as lavas basálticas das ilhas havaianas, o Planalto do Rio Columbia (lindamente exposto ao longo dos vales dos rios Snake e Columbia, em Idaho e Washington), e a Ilha de Skye, na costa noroeste da Escócia, estão interligadas com inúmeros horizontes do solo de espessuras variadas. Em alguns casos, vegetais ou fósseis de animais ocorrem nos horizontes do solo.

Alguns geólogos diluvianos afirmam que a dobra geológica comumente exibida por sucessões espessas de rochas sedimentares nos Apalaches, nos Alpes, nas Montanhas Rochosas canadenses e outros sistemas de montanha, deve ter ocorrido pouco depois ou durante o depósito de sedimentos ainda encharcados. No entanto, as pilhas de rochas sedimentares contêm abundante evidência de que camadas de sedimentos foram cimentadas e consolidadas na rocha antes da dobra e, em muitos casos, antes da deposição de camadas sucessivas. Por exemplo, as rochas sedimentares dobradas do vale e da colina de Province, no centro da Pensilvânia, oeste da Virgínia e leste do Tennessee, contêm fósseis distorcidos das formas originais dos organismos vivos. Se o sedimento não tivesse sido consolidado durante o dobramento, os fósseis teriam conservado suas formas originais. Também haveria evidências mais convincentes de queda em grande escala e contorção de camadas de sedimento macio devido à gravidade, mas essas características normalmente são encontradas apenas em uma escala local.

No Grand Canyon do rio Colorado, as camadas mais baixas da pedra calcária de Redwall contêm fragmentos de rocha angular que foram corroídas da pedra calcária de Muav subjacente. Um limite erosional conhecido como discordância também separa o Redwall do Muav.

Os fragmentos do calcário de Muav não poderiam ter sido compostos de sedimentos macios no momento em que foram corroídos e incorporados nos novos depósitos da Redwall; caso contrário, eles teriam sido facilmente separados. A mesma situação se aplica a números incontáveis de casos em que seixos arredondados ou fragmentos angulares foram incorporados em camadas de conglomerado depois de serem corroídos das camadas já sólidas abaixo. Além disso, a pedra calcária de Redwall contém indícios de que a topografia de carste, caracterizada por poços parcialmente preenchidos por blocos de escombros de Redwall, desenvolvidos antes da deposição das rochas do grupo Supai superpostas. Essas observações refutam a noção falsa de que todas as pilhas inteiras de camadas de sedimentos permaneceram não consolidadas até que toda a pilha de sedimentos maleáveis tivesse se acumulado durante o dilúvio, como seria de se esperar em um gigantesco dilúvio global que depositava lama, areia, limo e seixos em uma taxa incrivelmente alta.

Por fim, as pilhas de camadas sedimentares geralmente ficam no "porão" erodido, que consiste em rochas metamórficas e ígneas mais antigas. Os geólogos diluvianos sugeriram frequentemente que a parte superior do porão estava na superfície terrestre antes do início do dilúvio. Se fosse verdade, as plantas teriam crescido naquela superfície do porão erodido, e uma variedade de animais teria vagado ou entrado na superfície. Se um dilúvio global ocorreu há apenas alguns milhares de anos, várias formas

modernas teriam existido entre esses organismos. Assim, camadas de rocha sedimentares na base de pilhas grossas que repousam diretamente em pedras do porão — por exemplo, o arenito de Tapeats perto do fundo do Grand Canyon, o quartzito de Flathead em Montana, o quartzito de Hardyston no norte de Nova Jersey, o arenito de Potsdam nos arredores das Montanhas Adirondack em Nova York, ou o quartzito de Sawatch no Colorado, devem conter alguns fósseis de organismos familiares, como folhas, sementes e hastes de arbustos e árvores de coníferas e de folhas caducas, bem como restos esqueletais e rastros de pequenos animais terrestres que não podiam escapar rapidamente para terrenos altos, como ratos, cobras, sapos, lagartos e esquilos. Mas não encontramos restos de mamíferos, répteis ou árvores em tais formações.

Os fósseis que foram descobertos nessas rochas representam invariavelmente os tipos de organismos extintos e antigos, e não os tipos de organismos familiares que vivem no presente. Se a terra tivesse sido subitamente afogada em uma inundação cataclísmica, algumas dessas criaturas deveriam ter sido inseridas rapidamente em uma lama de sedimento grosso, mas, depois de séculos de busca, ninguém descobriu fósseis modernos nas formações listadas acima.

Rochas ígneas

As rochas ígneas se formam quando a rocha fundida intensamente quente (até 1.150ºC ou 2.100ºF), denominada magma, solidifica em cristais e/ou vidro. As rochas ígneas grosseiramente cristalizadas, como o granito, sienito, diorito e o gabro, cristalizam sob a superfície (em muitos casos, dezenas de quilômetros), onde o magma é inserido em rochas preexistentes. Tais corpos intrusivos abrangem uma ampla gama de tamanhos e formas. O maior desses corpos (dezenas a centenas de quilômetros de largura e comprimento), geralmente consistem em rochas de granito e são chamados de batólitos. Os exemplos incluem os batólitos na Sierra Nevada e na cordilheira peninsulares da Califórnia, as Cordilheiras da Costa da Colúmbia Britânica, os Andes e o Japão.

Muitos batólitos compreendem dezenas de massas de rochas ígneas que representam injeções individuais sucessivas de magma que cortaram massas previamente cristalizadas. Cálculos baseados na forma, dimensões e propriedades térmicas de magmas, rochas ígneas e rochas profundas em que os magmas foram intrudidos, sugerem fortemente que as intrusões de batólitos exigiram muito tempo (centenas de milhares de anos, em vários casos) para esfriar, cristalizar e ser elevados à superfície. Esses batólitos não podem ter sido introduzidos durante, ou mesmo depois de, um dilúvio de um ano.

Além disso, as pilhas de lava vulcânica de milhares de metros de espessura, como Mauna Loa e Mauna Kea na Ilha do Havaí, também exigiram milhares de anos para se acumular, dada a espessura total da pilha de lava, o número de fluxos de lava individuais e a taxa de erupção.

Rochas metamórficas

Grandes trechos de rocha metamórfica incluem os ganisses do leste de Ontário e Quebec, os xistos na região do Piemonte a leste das montanhas Apalaches no leste dos Estados Unidos e os chertes, xistos e pedras verdes da Formação Franciscana expostas nas Cordilheiras da Costa da Califórnia. Tais rochas representam material que anteriormente consistia em rochas sedimentares formadas na superfície terrestre. Em raros casos, os fósseis foram preservados nas rochas metamorfoseadas. Se se sugere que o dilúvio bíblico depositou os sedimentos originais, como podemos explicar o metamorfismo, que deve ter ocorrido durante ou após o dilúvio? Alguns dos supostos depósitos do dilúvio foram profundamente enterrados até 150 quilômetros para experimentar as temperaturas extremamente altas (até 1.000°C) e as pressões necessárias para o metamorfismo, um processo complexo que envolve reações químicas que produzem minerais, como granada, sillimanite, estaurolita, clorita, cianite, cordierita, actinolita, glaucofano e moscovita, que são características das rochas metamórficas, sem mencionar, em casos raros, o diamante! Sob as altas pressões em profundidade, as rochas bandadas tornam-se dúcteis e são intensamente deformadas em dobras espetaculares.

Qualquer rocha metamórfica que agora ocorre na superfície deve ter sido elevada e, em última instância, exposta pela erosão das rochas sobrepostas. Tais processos são inexplicáveis com base em uma inundação de um ano; em suma, o metamorfismo é um processo extremamente demorado.

Pensamentos finais

A evidência geológica demonstrou que as densas acumulações de rochas sedimentares, seja no Grand Canyon, nas Montanhas Rochosas canadenses, nos Andes, nas montanhas Drakensberg da África do Sul, nos Alpes ou no Himalaia, não são o produto de uma inundação global de um ano. Nem são os vastos depósitos de cascalho e areia que cobrem o norte, o centro e o nordeste dos Estados Unidos, o sudeste do Canadá, a Escandinávia ou o norte da Europa, como resultado de inundações de água em todo o continente. Embora existam evidências geológicas suficientes para documentar a existência anterior de algumas inundações em larga escala no oeste dos Estados Unidos associadas a lagos antigos em Missoula (Montana) e Bonneville (Utah), falta a evidência geológica de um dilúvio bíblico em larga escala.

Davis A. Young

REFERÊNCIAS E LEITURAS RECOMENDADAS

Montgomery, David R., 2011. *The Rocks Don't Lie: A Geologist Investigates Noah's Flood.* New York: W. W. Norton.

Young, Davis A., 1995. *The Biblical Flood: A Case Study of the Church's Response to Extrabiblical Evidence.* Grand Rapids: Eerdmans.

Young, Davis A.; Stearley, Ralph F., 2008. *The Bible, Rocks and Time: Geological Evidence for the Age of the Earth.* Downers Grove, IL: InterVarsity.

DINOSSAUROS. Os dinossauros são um grupo extinto de répteis diapsidas. Os diapsidas vivos incluem lagartos, cobras, crocodilos e pássaros. Os restos de dinossauros são encontrados em estratos depositados durante a Era Mesozoica, desde o período Triássico (aproximadamente 230 milhões de anos atrás durante a época Carniana) até o final do período Cretáceo (aproximadamente 66 milhões de anos). A junta de seu quadril cilíndrico e aberto internamente permitiu que os dinossauros se movessem como bípedes ou quadrúpedes com peso dominante nos membros traseiros.

Duas ordens taxonômicas de dinossauros são distinguidas com base na estrutura pélvica. Os *saurísquios* incluem os sauropodomorfos, principalmente quadrúpedes herbívoros com pescoços e caudas alongados, como o colossal braquiossauro; e terópodes, principalmente bípedes carnívoros, como os celófises, parecidos com os pássaros, e o gigantesco tiranossauro. Os *ornitíquios* eram herbívoros que incluem quadrúpedes arginocefálios como o tricerátopo, quadrúpedes tireoforanos como o estegossauro, e ornitópodes bípedes como o iguanodonte e o edmontossauro. Os dinossauros herbívoros usavam linhas de dentes interligados e gastrólitos (pedras ingeridas) para processar plantas para alimentação. Muitos poderiam se defender de predadores com couraças de corpo ou cabeça, caudas espinhosas ou com clavas e chifres de crânio. Os predadores eram musculosos, rápidos e armados com garras afiadas e dentes serrilhados.

Mais de 1.500 **espécies** de dinossauros foram identificadas. Os dinossauros dominavam a ecologia e a paisagem mesozoica, e sua diversidade excedia a dos anfíbios terrestres contemporâneos, aves e mamíferos. Os estratos preservam não apenas os seus restos ósseos, mas também rastros e ninhos de ovos que fornecem **informações** sobre seus movimentos e comportamentos sociais. Em contraste com os répteis vivos, há evidências de que alguns dinossauros possuíam penas, e a maioria provavelmente era homoeotérmica (de sangue quente). Os pássaros mesozoicos arcaicos se comparam aos dinossauros terópodes chamados avépodas, levando a maioria dos paleontologistas a acreditar que os pássaros modernos são descendentes evolutivos de dinossauros (ver **Arqueópterix**). O reinado dos dinossauros terminou com uma extinção em massa que removeu cinquenta por cento das espécies de animais e plantas da Terra (ver **Extinção**).

Heródoto (século V a.C.) descreveu, certamente, um depósito de ossos de dinossauro no Egito. A descrição científica dos dinossauros começou na Grã-Bretanha do século XIX. Em 1824, o reverendo William Buckland identificou restos fósseis (o monstro de Stonesfield) como de um réptil carnívoro e o chamou de megalossauro. O respeitado anatomista Richard Owen cunhou o termo *dinossauria* como uma nova categoria de répteis em 1842.

Ao mesmo tempo, na América do Norte, o reverendo Edward Hitchcock (presidente da Amherst College) realizou uma coleta significativa de rastros de dinossauro dos estratos mesozoicos iniciais da Nova Inglaterra, presumindo que se tratava de rastros de pássaros. Um grande número de dinossauros foi descoberto no oeste dos Estados Unidos, levando às infames Guerras dos Ossos (1890 a 1920) entre Othiel Charles Marsh, Edward Drinker Cope, e seus pupilos, que representavam diferentes museus competindo pelas melhores coleções.

Os dinossauros na cultura popular, muitas vezes, refletem as perspectivas científicas dos tempos, dos monstros de madeira monocromáticos da animação de Walt Disney, *Fantasia* (1940), aos animais ágeis, astutos e coloridos do *Jurassic Park* de Steven Spielberg (1993). Foram feitas comparações entre os dinossauros e o beemote bíblico (Jó 40:15), mas tradicionalmente o gigante foi identificado como um hipopótamo ou, mais recentemente,

criaturas míticas conhecidas na literatura antiga do Oriente Próximo.

Os criacionistas da Terra jovem acreditam que os dinossauros e os seres humanos viveram juntos na Terra, pelo menos até o tempo do **dilúvio de Gênesis**. As supostas pegadas humanas em um rastro de dinossauro na Formação Glen Rose no Texas (expostas no rio Paluxy) são agora conhecidas como pegadas de dinossauro alteradas ou farsas. Na falta de evidências físicas para a convivência humana com dinossauros, alguns autores criacionistas da Terra jovem propõem que as lendas do dragão refletem a antiga memória dos dinossauros na história humana.

Stephen O. Moshier

REFERÊNCIAS E LEITURAS RECOMENDADAS

Brett-Surman, M. K.; Holtz, T. R. Jr.; Farlow, J. O.; Walters, B., eds. 2012. *The Complete Dinosaur*. Bloomington: Indiana University Press.
Paul, G. S., ed. 2010. *The Princeton Field Guide to Dinosaurs*. Princeton: Princeton University Press.

DISCOVERY INSTITUTE. O Discovery Institute (www.discovery.org) é uma organização educacional e de pesquisa sem fins lucrativos, não partidária, cuja missão é "promover uma cultura de propósito, criatividade e inovação". Sua filosofia orientadora é a crença de que "a mente, não a matéria, é [...] a fonte do sucesso humano" (Discovery Institute, "About Discovery").

Fundada pelo ex-funcionário da administração do Presidente Reagan, Bruce Chapman, e pelo visionário George Gilder em 1990, o instituto tem um foco especial no impacto da ciência e **tecnologia** na cultura. Atualmente, mantém programas em diversas áreas, incluindo economia, **bioética**, liderança cidadã, telecomunicações e políticas públicas. No entanto, o instituto é mais conhecido pelo seu maior programa, o Centro para ciência e cultura (www.discovery.org/id), cofundado pelo filósofo da ciência **Stephen Meyer** e pelo cientista social John G. West em 1996. O centro serve como centro institucional para cientistas e outros estudiosos que se identificam com a teoria do ***design* inteligente**, que o centro define como a ideia de que "certas características do universo e dos seres vivos são mais bem explicadas por uma causa inteligente, não um processo não direcionado, como a **seleção natural**".

O Centro para ciência e cultura tem quase 40 bolsistas de pesquisa afiliados, incluindo os biólogos **Michael Behe**, Jonathan Wells e Richard Sternberg; os matemáticos **William Dembski** e David Berlinski; o astrônomo

Guillérmo González; os filósofos Jay Richards e Paul Nelson; e o historiador Richard Weikart.

O centro apoia pesquisa, educação, comunicação e liberdade acadêmica. Na área de pesquisa e escolarização, o centro apoia a composição de livros e artigos e financia a pesquisa de laboratório de uma organização afiliada, o Biologic Institute, dirigido pelo biólogo molecular Douglas Axe. Na área da educação, o centro desenvolve planos curriculares e organiza conferências e eventos, incluindo programas de verão para estudantes de pós-graduação e profissionais.

Na área de comunicação, o centro interage com jornalistas, cria documentários educacionais e opera mais de 50 *sites*, um serviço de notícias *online* e *sites* de redes sociais. Na área de liberdade acadêmica, o centro defende o direito de cientistas, professores e estudantes de levantar questões críticas sobre a teoria darwiniana moderna, sem retaliação.

O Centro opõe-se a exigir o estudo do *design* inteligente nas escolas públicas entre o Ensino Fundamental e Médio, e se opõe publicamente à política que exige uma menção de *design* inteligente, que levou à ação judicial *Kitzmiller vs. Dover* (DeWolf et al., 2007). Em vez disso, o centro favorece as políticas que estimulem os alunos a estudar os pontos fortes e fracos da moderna teoria evolucionista e que protejam a liberdade dos professores para discutir controvérsias científicas de maneira imparcial e pedagogicamente apropriada. Uma série de estados e distritos escolares locais adotaram padrões científicos ou estatutos que refletem a abordagem educacional do centro, e nenhum deles enfrentou ações judiciais.

O Discovery Institute é uma organização secular, mas seu trabalho é conscientemente inspirado pela tradição judaico-cristã, e muitos de seus líderes se identificam com ramos protestantes, católicos ou ortodoxos do cristianismo. Em termos teológicos, o instituto opera dentro da esfera do que foi chamado de "**revelação** geral", buscando oferecer ideias e *insights* baseados em evidências publicamente disponíveis para todas as pessoas, independentemente de suas crenças religiosas. Essas ideias (como *design* inteligente) podem ter implicações de afirmação de fé, mas elas mesmas não são baseadas na fé religiosa.

John G. West

REFERÊNCIAS E LEITURAS RECOMENDADAS

DeWolf, David K.; West, John G.; Luskin, Casey, 2007. "Intelligent Design Will Survive *Kitzmiller v. Dover.*" *Montana Law Review* 68:7-57. www.discovery.org/f/1372.

Discovery Institute. "About Discovery." www.discovery.org/about.
_____. "A Brief History of Discovery Institute." www.discovery.org/a/9781.
_____. "Discovery Institute's Science Education Policy." www.discovery.org/a/3164.
_____. "Fellows." www.discovery.org/id/about/fellows.

DISPARIDADE DO PRINCÍPIO ANTRÓPICO.

O cosmólogo Brandon Carter (Carter, 1983) foi o primeiro a chamar a atenção para a disparidade flagrante entre o tempo necessário para que a vida inteligente apareça na cena cósmica e o tempo que essa vida pode permanecer na cena — a disparidade do princípio antrópico. Ele reconheceu que, devido às leis da **física** que governam o funcionamento do universo, leva-se muito tempo para se preparar um *habitat* no qual os humanos possam existir, mas o tempo máximo durante o qual os seres humanos podem sobreviver em um estado civilizado é muito breve.

Ao se levar em conta as leis da física, as características do universo, as propriedades necessárias e a longa história progressiva da vida, dois físicos (Barrow e Tipler, 1986) demonstraram que um mínimo de 13 a 15 bilhões de anos é necessário antes de o universo ser capaz de sustentar vida inteligente, enquanto o tempo máximo que a vida inteligente pode existir em um estado civilizado é de 41 mil anos ou menos. O estado civilizado foi definido como uma **espécie** inteligente que ocupa globalmente seu planeta, onde ocorre especialização e comércio, aproximadamente semelhante à revolução neolítica, que começou há cerca de 12 mil anos. Os fatores que confirmam esse cálculo incluem o fornecimento de combustíveis fósseis e minérios metálicos concentrados, a história do índice de rotação do planeta e das placas tectônicas, e a história e estabilidade da luminosidade da estrela hospedeira do planeta. A necessidade de um ciclo de era do gelo e de um tempo interglacial com estabilidade climática quente dentro de um ciclo de era do gelo provavelmente reduziria o tempo para a existência da vida inteligente em um estado civilizado em até 20 mil anos. Assim, a disparidade é extrema. O universo leva quase um milhão de vezes mais de tempo para se preparar para a vida inteligente do que o tempo máximo que a vida pode sobreviver em um estado civilizado.

Quais são as implicações dessa disparidade? Dada a quantidade de tempo e qualidade do projeto necessários para preparar uma morada para somente uma espécie senciente, que pode existir em um estado civilizado por um período de tempo tão breve, pode-se questionar o alto

238 DISSECAÇÃO HUMANA

valor e propósito relevante para a existência dessa espécie. Uma analogia útil pode ser encontrada nas cerimônias de casamento de várias culturas ao redor do mundo. Nos Estados Unidos, uma cerimônia de casamento típica, em que os votos são trocados, mal dura vinte minutos. O custo médio desse casamento típico, incluindo cerimônia e celebração, excede os 20 mil dólares. O tempo médio de preparação investido nesse evento típico é equivalente a vários meses de trabalho em tempo integral por mais de uma pessoa. Em outras culturas, esses números tendem a ser mais elevados.

O investimento financeiro e de trabalho dos noivos e suas famílias pode parecer ridiculamente desproporcional à duração da cerimônia em si, e, no entanto, as partes envolvidas consideram seus recursos bem gastos por causa do significado do que está estabelecido nessa breve troca. Da mesma forma, pode-se inferir razoavelmente que aquele que planejou, preparou e providenciou a existência humana civilizada considerou o investimento de cerca de 13,8 bilhões de anos de ajuste de extraordinária sintonia valesse o investimento. A disparidade do princípio antrópico atesta o altíssimo e especial valor, propósito e destino dos seres humanos.

Hugh Ross

REFERÊNCIAS E LEITURAS RECOMENDADAS

Barrow, John D.; Tipler, Frank J. *The Anthropic Cosmological Principle*. New York: Oxford University Press, 1986.

Carter, Brandon. *Philosophical Transactions of the Royal Society of London, A* 310 (20 dez.): 347-63, 1983.

DISSECAÇÃO HUMANA. A anatomia humana é uma ciência antiga e é o fundamento da ciência da medicina. As sociedades pagãs desencorajavam a dissecação humana e o conhecimento mais clássico da anatomia humana era a anatomia comparativa, derivada de dissecções de animais. Embora Herófilo de Calcedônia e Erasístrato de Chio dissecassem os corpos humanos no século III a.C., de acordo com o direito romano, a dissecação humana era proibida e não era sistematicamente praticada no Ocidente na antiguidade.

O principal anatomista clássico, Galeno de Pérgamo (129-c.200 a.C.), nunca dissecou um ser humano. Galeno dissecava animais, incluindo macacos-de-gibraltar, e extrapolou sua investigação de anatomia animal para seres humanos. O trabalho de Galeno foi seminal; ele descreveu o papel do diafragma na respiração, o vácuo nas cavidades pleurais contendo os pulmões e a anatomia do sistema venoso do cérebro. O trabalho de Galeno, embora bastante exato quanto à anatomia animal, era errado sobre aspectos importantes da anatomia humana (como o número de lóbulos do fígado humano e o *rete mirabile*, uma estrutura de vasos sanguíneos encontrados em ovelhas e cães, mas não em seres humanos), devido à extrapolação injustificada da anatomia animal para a humana.

Após a queda do Império Romano, a restrição pagã sobre dissecação humana persistiu no caos da Idade Média. Com a Alta Idade Média no século XIII, a civilização cristã — a primeira civilização na história a fazê-lo — endossou e promoveu o estudo da anatomia por dissecação sistemática humana.

Dissecação humana medieval

Com a cristianização generalizada da Europa, a ciência europeia, amarrada durante séculos à escolaridade pagã clássica, começou a adotar a experimentação e o método científico. Katharine Park, professora de Harvard da história da ciência, observa que a dissecação humana para estudo anatômico foi amplamente praticada na Europa medieval cristã, começando o mais tardar no século XIII e muito antes do Renascimento (Park, 2006). Os estudiosos cristãos na Idade Média ampliaram a prática comum de embalsamamento e autópsia para o estudo científico do corpo humano. Houve um foco particular na anatomia reprodutiva das mulheres, embora todos os aspectos da anatomia humana tenham sido estudados por dissecação, começando na Alta Idade Média. Esses estudos anatômicos foram apoiados em universidades católicas e foram amplamente aprovados pela igreja. Mondino de Liuzzi realizou a primeira dissecação pública de um ser humano para estudo anatômico em 1315, com a sanção da Igreja. A Igreja ordenou um estudo anatômico realizado nos corpos dos gêmeos siameses Joana e Melchiora Ballostero, em Hispanola, em 1533, para investigar a relação entre o corpo e a **alma**.

No século XVI, André Vesálio, um católico que trabalhou na Universidade de Pádua, na Itália, revolucionou a ciência anatômica, realizando dissecções humanas detalhadas e demonstrando a inexatidão de muitos dos ensinamentos de Galeno sobre anatomia. A obra-prima de Vesálio, *De humani corporis fabrica* [Da organização do corpo humano], é amplamente reconhecido como o primeiro manual de anatomia moderna. Com base no fundamento anatômico de estudiosos do cristianismo medieval, Ambroise Paré, William Harvey, Giovanni Morgagni, John Hunter e inúmeros cientistas cristãos efetuaram descobertas anatômicas e fisiológicas seminais ao longo dos séculos seguintes e criaram a ciência médica moderna.

Cristianismo e dissecação humana

A ciência da dissecação humana foi amplamente praticada na Idade Média cristã e foi endossada e apoiada pela Igreja. Na verdade, a dissecação humana como empreendimento científico é exclusivamente um produto da civilização cristã. Outras civilizações — a antiguidade pagã, o Extremo Oriente e o islamismo — nunca praticaram a dissecação humana científica em nenhuma escala e, na verdade, geralmente proibiram esse estudo.

Tal como acontece com a maioria da ciência moderna, a civilização cristã foi a centelha e o combustível do avanço científico no estudo da anatomia humana. O mito de que a civilização cristã impediu a ciência da anatomia humana (um conceito que teria surpreendido os estudiosos medievais e renacentistas como Vesálio, que fizeram seu trabalho anatômico em uma cultura imersa na teologia cristã e que trabalharam em instituições católicas com apoio e incentivo da Igreja) surgiu no século XIX como parte da, agora refutada, erudição histórica, visando a favorecer uma narrativa de conflito entre o cristianismo e a ciência.

Michael Egnor

REFERÊNCIAS E LEITURAS RECOMENDADAS

MERRIGAN, T., 1907. "Anatomy." In: *The Catholic Encyclopedia.* New York: Robert Appleton Co. Accessed September 7, 2016. www.newadvent.org/cathen/01457e.htm.

NULAND, Sherwin, 1988. *Doctors: The Biography of Medicine.* New York: Vintage.

PARK, Katherine, 2006. *Secrets of Women: Gender, Generation, and the Origins of Human Dissection.* New York: Zone.

STARK, Rodney. 2004. *For the Glory of God: How Monotheism Led to Reformations, Science, Witch-Hunts, and the End of Slavery.* Princeton, NJ: Princeton University Press.

DNA. O ácido desoxirribonucleico (ADN, ou DNA, em inglês) é a molécula primária que transporta **informações** genéticas em organismos vivos. A sua estrutura de dupla hélice, descoberta em 1953 por James Watson e **Francis Crick** (Watson e Crick, 1953), foi comparada a uma escada sinuosa, com bases de nucleotídeos que ligam duas colunas helicoidais feitas de açúcares alternados (desoxirribose) e grupos de fosfato, enrolados simetricamente sobre um eixo. Todos os organismos vivos conhecidos usam o DNA para transportar informações biológicas e transmitir essas informações à sua prole. O DNA carrega informações em formas digitais e analógicas.

A informação digital do DNA é transportada através da sequência de pares de bases nucleotídicas ao longo da coluna. Como um artigo na revista *Nature* intitulado "The Digital Code of DNA" [O código digital de DNA] explicou: "O DNA pode acomodar quase qualquer sequência de pares de bases — qualquer combinação das bases adenina (A), citosina (C), guanina (G) e timina (T) — e, portanto, qualquer mensagem ou informação digital" (Hood e Galas, 2003). O engenheiro da MIT, Seth Lloyd, nos diz como o DNA carrega informações digitais:

> O DNA é muito digital. Existem quatro pares básicos possíveis por seção, dois dígitos binários por seção, três bilhões e meio de seções, sete bilhões de dígitos binários de informação no DNA humano. Há um código digital muito reconhecível do tipo que os engenheiros elétricos redescobriram na década de 1950 que mapeia os códigos para sequências de DNA sobre expressões de proteínas. (Lloyd, 2007)

A linguagem bioquímica do DNA usa cordas de três bases de nucleotídeos (chamados códons) para simbolizar comandos que especificam a ordenação de aminoácidos em proteínas, bem como outros comandos, como "comece" ou "pare" a produção de proteínas. A maquinaria celular interpreta e executa essas instruções através de um processo chamado transcrição e tradução. Durante a transcrição, a maquinaria celular copia a informação em uma seção codificadora de genes de DNA em ARN (ou RNA, em inglês) mensageiro (mRNA), uma molécula móvel, embora menos estável, também capaz de transportar informações genéticas. Em seguida, o mRNA viaja para o ribossomo, uma máquina molecular que lê e "traduz" as instruções do mRNA para montar uma proteína. Outra molécula chamada de transferência de RNA (tRNA) transporta aminoácidos necessários para o ribossomo para que a cadeia de proteínas possa ser montada. Os códigos digitais secundários também existem dentro do DNA para regular a velocidade de tradução e o enovelamento de proteínas (D'Onofrio e Abel 2014).

A informação analógica do DNA é transportada através da forma contínua de DNA superenrolado como um cromossomo, que expõe apenas certas seções ao longo da molécula de DNA em determinados momentos para permitir a transcrição, regulando assim a produção de proteínas (Muskhelishvili e Travers, 2013).

Muitos reconheceram as propriedades computacionais do código baseado em linguagem do DNA. Bill Gates observa: "O DNA humano é como um programa de computador, mas muito, muito mais avançado do que qualquer *software* que já criamos" (Gates, 1996); **Francis Collins** assevera: "O DNA é algo parecido com o disco rígido no seu computador" contendo "programação" (Collins, 2003); e Craig Venter afirma que "a vida é um sistema de *software* de DNA" (Venter, 2013). Mesmo **Richard Dawkins** diz: "O código da máquina dos genes é incrivelmente semelhante a um computador" (Dawkins, 1995).

A estrutura elegante do DNA para transportar informações genéticas confundiu as tentativas de explicar sua origem. **Stephen Meyer**, o teórico de ***design*** inteligente argumenta que "as propriedades de informação do DNA" mostram que "há pelo menos uma aparência de *design* em biologia que talvez ainda não tenha sido devidamente explicada pela **seleção natural** ou qualquer outro mecanismo puramente natural" (Meyer, 2009). De fato, décadas após a descoberta da estrutura do DNA, Francis Crick reconheceu que "os biólogos devem constantemente ter em mente que o que eles viram não foi projetado, mas sim evoluído" (Crick, 1988).

Casey Luskin

REFERÊNCIAS E LEITURAS RECOMENDADAS

Collins, Francis S., 2003. "Faith and the Human Genome." *Perspectives on Science and Christian Faith* 55:142-53.

Crick, Francis H., 1988. *What Mad Pursuit: A Personal View of Scientific Discovery.* New York: Basic Books.

Dawkins, Richard, 1995. *River Out of Eden: A Darwinian View of Life.* New York: Basic Books.

D'Onofrio, David J.; Abel, David L., 2014. "Redundancy of the Genetic Code Enables Translational Pausing." *Frontiers in Genetics* 140:1-16.

Franklin, Rosalind E.; Gosling, R. G., 1953a. "Molecular Configuration in Sodium Thymonucleate." *Nature* 171:740-41.

_____. 1953b. "Evidence for 2-Chain Helix in Crystalline Structure of Sodium Deoxyribonucleate." *Nature* 172:156-57.

Gates, Bill, 1996. *The Road Ahead.* Rev. ed. New York: Viking.

Hood, Leroy; Galas, David, 2003. "The Digital Code of DNA." *Nature* 421:23.

Lloyd, Seth, 2007. "Life: What a Concept!" *Edge.* www.edge.org/documents/life/lloyd_index.html.

Meyer, Stephen C., 2009. *Signature in the Cell: DNA and the Evidence for Intelligent Design.* New York: HarperOne.

Muskhelishvili, Georgi; Travers, Andrew, 2013. "Integration of Syntactic and Semantic Properties of the DNA Code Reveals Chromosomes as Thermodynamic Machines Converting Energy into Information." *Cellular and Molecular Life Sciences* 70 (23): 4555-67.

Venter, J. Craig, 2013. "The Big Idea: Craig Venter on the Future of Life." *Daily Beast.* October 25. www.thedailybeast.com/articles/2013/10/25/the-big-idea-craig-venter-the-future-of-life.html.

Watson, James D.; Crick, Francis H., 1953. "A Structure for Deoxyribonucleic Acid." *Nature* 171:737-38.

DOR ANIMAL. Nos últimos anos, a existência, a natureza e a extensão da dor animal tem sido cada vez mais discutida por filósofos e teólogos porque representa uma forma de mal que não é facilmente explicada por teodiceias tradicionais. Por que a dor animal apresenta esse desafio incomum para o **teísmo**, e como o teísta pode explicar a permissão de Deus para isso?

Se Deus não fosse onisciente ou onipotente, poderia ser que tal dor e sofrimento existam porque Deus não pode impedi-lo (veja **mal, Problema do**). No entanto, aqui consideramos as respostas ao problema da existência da dor animal sob a ótica da compreensão clássica de Deus. O primeiro tipo de resposta busca negar a existência do problema. Se os animais, na verdade, não experimentam dor e sofrimento, não há nenhum mal a ser explicado. Essa resposta ao problema é frequentemente atribuída aos escritos de **René Descartes** (1991, p. 148). Para Descartes e seus defensores mais recentes, os animais são máquinas complexas que não possuem os estados mentais necessários para sustentar estados como a dor e o sofrimento (Lewis, 1962, p. 162; Harrison, 1989). Os defensores mais recentes têm argumentado que tanto o trabalho sobre filosofia da mente como sobre comportamento e cognição dos animais apoiam igualmente essa hipótese. Murray (2008, cap. 2), por exemplo, examina as teorias contemporâneas da **consciência** fenomenal — o tipo de consciência associada aos estados mentais que "sentem" de uma certa maneira para aqueles que as possuem — e observa que, em algumas delas, os animais podem não ter uma consciência fenomenal ciente de dor.

Uma dessas hipóteses baseia-se numa teoria da consciência segundo a qual os estados mentais têm um caráter fenomenal (esse elemento que os faz "sentir vontade" de algo quando os temos) quando esses estados mentais são objeto de outro estado mental chamado "pensamento de ordem superior". Nessa visão, quando piso em uma tachinha, isso induz em mim um estado mental; e quando eu direciono um pensamento de ordem superior em ou para esse estado mental, então, e somente então, o estado mental "se sente" como algo (Rosenthal, 2002; Lau e Rosenthal, 2011). Os defensores desta visão argumentam que ela pode explicar certos fenômenos estranhos como a visão cega. Na visão cega, os pacientes afirmam que não podem ver nada, mesmo que possam realizar comportamentos que claramente exigem visão (como andar por um corredor cheio de objetos sem qualquer assistência). Os teóricos do pensamento de ordem superior argumentam que os pacientes com visão cega têm estados mentais visuais, mas esses estados não "sentem" qualquer coisa para eles e, portanto, eles não têm "consciência" que eles os têm (descrevendo-se como cegos).

Se os animais não têm pensamentos de ordem superior, e essa teoria da consciência estiver certa, então eles não têm uma noção consciente de suas dores, mesmo que tenham estados de dor. Eles têm, no caso da dor, algo análogo à visão cega.

Outros argumentaram que, mesmo que os animais tenham estados de dor com alguma "sensação" fenomenal, isso pode não ser tão grave ou mal. A razão para isso é que sabemos que mesmo os seres humanos com estados de dor fenomenalmente conscientes às vezes os consideram como não desagradáveis. Em meados do século XX, o neurocientista Walter Freeman desenvolveu um procedimento que passou a ser conhecido como lobotomia, no qual partes do córtex pré-frontal dos pacientes foram destruídas ou drasticamente alteradas.

O procedimento foi usado ocasionalmente com pacientes com dor crônica. Posteriormente, esses pacientes costumavam expressar alívio, não porque a dor tivesse desaparecido, mas porque, de acordo com seus relatórios, eles já não "se importavam com" a dor. O trabalho mais recente na **neurociência** mostra que a dor é mediada por dois caminhos: um que detecta os estímulos prejudiciais e outro que modera o nível com que nos preocupamos com isso (para um trabalho mais recente, veja Damasio et al., 1990). Uma vez que quase todos os animais não possuem uma parte do cérebro que está associada a "cuidar" de nossos estados mentais (Markowitsch e Pritzel, 1979; Preuss, 1995), uma possibilidade que se apresenta é a seguinte — os animais têm estados de dor conscientes, mas, tendo, não os "incomodam".

Claro, os animais ainda exibiriam todos os comportamentos que associamos à dor desagradável. Presumivelmente, esses comportamentos evoluíram porque são comportamentos adaptativos para serem utilizados quando estamos feridos, não porque eles necessariamente sinalizam desconforto. Então, ficamos com a pergunta: são assim os estados mentais animais quando se trata de

dor? A resposta é que não sabemos. Mas, se alguma dessas propostas estiver correta, parece que a dor e o sofrimento dos animais não são um problema a se resolver acima de tudo. E, sendo assim, o problema da dor e do sofrimento dos animais se desfaz.

Não surpreendentemente, esses pontos de vista não são populares, pois os animais parecem exibir comportamentos em resposta a estímulos dolorosos, assim como os humanos. Portanto, é natural inferir que os animais sentem dor como nós. Essa linha de raciocínio foi defendida recentemente por Francescotti (2013) e por Dougherty (2014). No entanto, em ambos os casos, eles apontam para comportamentos exibidos pelos animais que são análogos aos exibidos pelos humanos, e inferem que os animais também devem sofrer dor fenomenalmente consciente. Esse raciocínio não reconhece que os comportamentos associados à dor (retirar um membro de um estímulo doloroso, por exemplo) provavelmente evoluiriam, mesmo que não existissem estados fenomenalmente conscientes (veja **consciência**). Então, se esses comportamentos evoluem por razões adaptativas, é uma questão aberta se os correspondentes estados mentais de consciência fenomenal também teriam que evoluir e, em caso afirmativo, por quê (veja Murray, 2015).

Outras respostas ao problema da dor animal aceitam que o fenômeno é real, mas argumentam que a permissão de Deus a tal dor é justificada moralmente como uma condição necessária para garantir a benefícios muito maiores. O que se segue é uma breve revisão das principais posições que foram defendidas nesse sentido.

Os pensadores cristãos muitas vezes argumentaram que todas as situações más devem ser explicadas como consequências da transgressão moral de um casal humano original criado por Deus (veja **Adão e Eva**). Este evento (a **Queda**) é considerado a origem causal de todos os males morais e naturais. De acordo com essa hipótese, a Queda e suas consequências são justificadamente permitidas por Deus como uma condição necessária para permitir o livre-arbítrio de suas criaturas. Talvez a existência da dor e do sofrimento animal deva ser entendida como consequência da Queda.

Os postulantes **criacionistas da Terra jovem** muitas vezes defendem essa posição e, de fato, entendem qualquer outra hipótese incompatível com o bem divino (Morris 1973, p. 72-73; ver **Criacionismo da Terra jovem**). No entanto, tais hipóteses sofreram uma pressão crescente, pois a evidência científica parece confirmar que a existência de animais é muito anterior à existência de seres humanos. Em resposta, alguns têm argumentado que a existência da dor animal deve ser explicada como resultado da transgressão de Satanás, anterior à criação da vida orgânica (Boyd, 2001), enquanto outros argumentam que a Queda tem algo como um impacto causal retroativo no mundo natural, que existia antes do advento dos seres humanos (Dembski, 2009). Embora esses pontos de vista acomodem mais plausivelmente o fato de os animais serem anteriores aos seres humanos, eles enfrentam o desafio de explicar por que um Deus inteiramente bom criaria um mundo em que consentiria que a dor e o sofrimento de animais inocentes pudessem ser consequência de um único ato de desobediência moral humana. Tal mundo parece colocar animais inocentes em um nível de risco questionavelmente alto por nenhuma razão plausível.

Outros têm argumentado que a dor e o sofrimento dos animais são permitidos por Deus não como resultado do uso indevido do livre-arbítrio por agentes humanos, mas sim como resultado de Deus conferir ao próprio cosmos físico a liberdade de se desenvolver em direções que possam levar a ocorrência de situações ruins. Conforme essa hipótese, a própria Criação, como os seres humanos que ela contém, tem uma "liberdade para ser errante", o que, necessariamente, deixa aberta a possibilidade de que ela vagueie em direções que envolvam o mal natural. Ao defender essa hipótese, **John Polkinghorne** afirma que "Deus criou esse universo incrível para que a vida possa evoluir e surgir, dotada da verdadeira liberdade necessária para o amor. Isso implica dar certa liberdade aos processos físicos, e um processo de 'destruição criativa' por meio da evolução" (Polkinghorne, 2005).

As explicações baseadas na "liberdade da criação" enfrentam três objeções significativas. Primeiro, apesar do rótulo, a criação não consciente não é livre no mesmo sentido de que os humanos são. Pelo contrário, na melhor das hipóteses, a natureza exibe comportamentos contingentes ou imprevisíveis. Podemos ser tentados a pensar na contingência ou imprevisibilidade como um sinal de que a natureza como um todo também é livre, mas isso seria cair no que parece ser uma forma censurável de antropomorfismo.

Em segundo lugar, mesmo que o cosmos fosse livre para ser errante, não está claro por que Deus permitiria que ele contivesse tanto mal quanto tem e persistisse por

tanto tempo. Um universo criado totalmente formado, do mesmo modo que a hipótese dos **criacionistas da Terra jovem**, poderia ser igualmente "livre para ser errante". Mas não incluiria o enorme sofrimento que faz parte de nossa herança evolutiva. Isso nos dá razão para duvidar de que esta explicação satisfaça a exigência de que o mal permitido seja uma "condição necessária" para garantir a superação do bem.

Finalmente, mesmo que possamos resolver esses dois problemas, ainda nos resta o problema de que o bem de um cosmos que é "livre para ser errante" não parece superar o mal resultante — todos os bilhões de organismos que sofrem e morrem horrivelmente. O bem de uma criação "livre para ser errante" vale o preço? É difícil imaginar como alguém aceitaria isso.

Alguns têm argumentado que a dor e o sofrimento animal existem porque Deus deseja, a fim de consolidar a criação por meio de um processo natural e rígido, por meios que implicam a existência de animais potencialmente em sofrimento. Em uma dessas hipóteses, a evolução é a única maneira de trazer os humanos à existência através desse processo. No entanto, tal processo exigiria a existência de organismos que seriam precursores dos seres humanos conscientes, e dada a natureza incremental da mudança evolutiva, isso exigiria a existência de animais que experimentem dor e sofrimento (Southgate, 2008).

Outros têm argumentado que, mesmo que os processos evolutivos graduais não sejam *a única maneira* pela qual Deus possa suscitar a existência de seres humanos, o processo evolutivo em si mesmo manifesta algo que Deus valoriza, isto é, suscitar estados desejáveis na criação por um processo que se move do caos à ordem ao longo do tempo. Nessa visão, o cosmos é análogo a uma máquina de fabricar máquinas, que, por causa disso, em parte manifesta a inteligência e a engenhosidade de seu Criador (Beecher, 1885). Tal como acontece com as hipóteses acima, o processo evolutivo gradual envolvido em suscitar seres humanos exigiriam organismos precursores que pudessem experimentar dor e sofrimento.

Outra abordagem para o problema da dor e sofrimento dos animais argumenta que a capacidade de experimentar esses estados é necessária para os organismos que estão em corpos e vivem em um mundo regido por regularidades rígidas, e que a existência de tais organismos é suficientemente boa para justificar sua dor potencial. Em tal mundo, os corpos de animais são suscetíveis a lesões e, consequentemente, exigem algum tipo de mecanismo de alarme que os avise quando sua integridade corporal está comprometida ou em risco (veja Yancey e Brand, 1997).

Pode-se argumentar que os pontos de vista ao longo desta linha de raciocínio ficam insatisfeitos, pois parece que Deus poderia criar animais com a capacidade de reagir a estímulos prejudiciais por meio de algo como reações reflexas não conscientes, em vez de comportamentos que são mediados por estados de dor. No entanto, se os animais agem com intenções — se *pretendem* fazer as coisas quando agem — deve haver algum mecanismo que lhes permita equilibrar seus desejos para atingir o objetivo pretendido, e os riscos que os objetivos pretendidos representam para a integridade corporal deles. Há uma boa razão para pensar que o único tipo de ferramenta que pode fornecer a contrapartida adequada seja a dor. Se não houvesse tais mecanismos, os animais não conseguiriam equilibrar os riscos de ferimentos físicos de suas ações contra a força de seu desejo de alcançar algum objetivo pretendido.

É claro que alguém ainda pode se perguntar por que essa motivação compensatória tem que ser a *dor*. Aqui, o trabalho de Paul Brand (citado acima) fornece algumas dicas sobre uma resposta a essa questão. Brand trabalhou com pacientes que sofrem de doença de Hanson, uma enfermidade que causa perda de dor nos membros e dedos. Brand tentou uma variedade de procedimentos para sinalizar aos pacientes que seus corpos estavam sendo submetidos a estímulos prejudiciais (luzes que piscavam na lente de seus óculos ou tons que soavam nos ouvidos). No entanto, o único procedimento que parecia impedir que os pacientes se machucassem quando tivessem um forte desejo de atingir algum objetivo era a indução de dor de forma que o paciente não pudesse ignorar. De acordo com Brand, a dor não é apenas uma maneira de evitar que os agentes intencionais se firam; é o único jeito ou o jeito mais eficaz.

Por último, alguns têm argumentado que a capacidade dos animais para experimentar a dor e o sofrimento é necessária para que eles possam mostrar o grande bem da ação intencional nobre. Richard Swinburne (1998, p. 171-75; 189-92), por exemplo, argumenta que, na ausência da capacidade de sofrer perda, seja por meio da **morte** seja por meio de dor e sofrimento reais, os animais não poderiam ter o tipo de estados mentais necessários para suas ações serem contadas como instâncias de simpatia, carinho, coragem, paciência e assim por diante. Além

disso, para que os animais sejam capazes de se envolver em ações intencionais desse tipo, eles precisam saber as consequências que suas ações provavelmente terão.

Para que um animal pretenda resgatar sua prole, deve acreditar ou de outra forma dispor de uma certeza do fato de que atuar de certa maneira provavelmente dará o resultado desejado. Assim, para que os animais atuem com coragem ou compaixão, por exemplo, eles devem saber que algumas de suas ações impedirão ou prevenirão a ocorrência de certos males. E para saber isso, eles terão que ter crenças ou uma consciência do fato de que certas circunstâncias causarão danos a outros animais. Ter essas crenças (ou chegar a tal consciência), no entanto, implica em sofrimento animal.

Explicações desse tipo enfrentam dois tipos de dificuldades. Primeiro, não está claro que a dor seja realmente necessária para que os animais se envolvam em ações nobres desse tipo. Embora agir em favor de outros seres vivos de modo louvável possa exigir que esses outros organismos sejam capazes de sofrer alguma perda, não está claro por que essas perdas devem, às vezes, envolver dor. Em segundo lugar, para que essas explicações constituam boas razões para Deus permitir a dor e o sofrimento dos animais, deve verificar-se que a bondade das ações supere a dor e o sofrimento exigido deles. Não está claro que esse seja o caso.

Michael J. Murray

REFERÊNCIAS E LEITURAS RECOMENDADAS

Beecher, H. W. *Evolution and Religion.* New York: Fords, Howard and Hurlbert, 1985.

Boyd, Gregory. *Satan and the Problem of Evil.* Downers Grove, IL: InterVarsity, 2001.

Damasio, Antonio; Tranel, Daniel; Damasio, Hanna. "Individuals with Sociopathic Behavior Caused by Frontal Damage Fail to Respond Autonomically to Social Stimuli." *Behavioural Brain Research* 41:81-94, 1990.

Dembski, William. *The End of Christianity: Finding God in an Evil World.* Nashville: B&H Academic, 2009.

Descartes, René. The Philosophical Writings of Descartes. Vol. 3. *The Correspondence.* Cottingham, John et al. (Ed.). Cambridge: Cambridge University Press, 1991.

Dougherty, Trent. *The Problem of Animal Pain: A Theodicy for All Creatures Great and Small.* New York: Palgrave Macmillan, 2014.

Francescotti, Robert. "The Problem of Pain and Suffering", em *The Blackwell Companion to the Problem of Evil.* McBrayer, Justin P.; Howard-Snyder, Daniel (Eds.). Malden, MA: Blackwell, 2013.

Harrison, Peter. "Theodicy and Animal Pain." *Philosophy.* 64:79-92, 1989.

Lau, Hawkwan; Rosenthal, David. "Empirical Support for Higher-Order Theories of Conscious Awareness." *Trends in Cognitive Science* 15 (8):365-73, 2011.

Lewis, C. S. *The Problem of Pain: How Human Suffering Raises Almost Intolerable Intellectual Problems.* New York: Collier, 1962.

Markowitsch, H. J.; Pritzel, M. "The Prefrontal Cortex: Projection Area of the Thalamic Mediodorsal Nucleus?" *Physiological Psychology* 7 (1):1-6, 1979.

244 D'ORESME, NICOLE

Morris, Henry M. "The Day-Age Theory", em *And God Created*. Segraves, Kelly L (Ed.). San Diego: Creation-Science Research Center, 1973.

Murray, Michael J. *Nature Red in Tooth and Claw*. Oxford: Oxford University Press, 2008.

_____. "Review of Trent Dougherty, *The Problem of Animal Pain: A Theodicy for All Creatures Great and Small*." *International Journal of the Philosophy of Religion* 78 (1): 137-41, 2015.

Polkinghorne, John. *Exploring Reality: The Intertwining of Science and Religion*. New Haven, CT: Yale University Press, 2005.

Preuss, T. M. "Do Rats Have Prefrontal Cortex? The Rose-Woolsey-Akert Program Reconsidered." *Journal of Cognitive Neuroscience* 7 (1):1-24, 1995.

Rosenthal, David. *Consciousness and the Mind*. Oxford: Oxford University Press, 2002.

Southgate, Christopher. *The Groaning of Creation: God, Evolution, and the Problem of Evil*. Louisville, KY: Westminster John Knox, 2008.

Swinburne, Richard. *Providence and the Problem of Evil*. Oxford: Oxford University Press, 1998.

Yancey, Philip; Brand, Paul. *The Gift of Pain*. Grand Rapids: Zondervan, 1997.

D'ORESME, NICOLE. Nicole d'Oresme (c. 1320-1382) foi um dos principais matemáticos e filósofos naturais do século XIV. Ele desenvolveu métodos geométricos em **matemática** e considerou que a terra poderia estar girando.

Vida e carreira

D'Oresme nasceu na Normandia, França. Como estudou na Universidade de Paris com uma bolsa de estudos para estudantes pobres, ele provavelmente era de origem humilde. É provável que ele tenha sido ensinado por Jean Buridan, reitor da universidade e célebre filósofo natural. Depois de obter um mestrado em artes, d'Oresme passou a estudar na faculdade de teologia da universidade, onde obteve seu doutorado em 1356, e, no mesmo ano, tornou-se chefe do Colégio de Navarra. Mais ou menos nessa época, d'Oresme se envolveu com a corte como conselheiro real e capelão. A partir de 1362, ele foi nomeado para várias posições da Igreja com base em seu valor para o rei Carlos V da França, culminando com o bispado de Lisieux em 1377. Ele morreu em 1382.

Filosofia natural

D'Oresme construiu o trabalho de Buridan em várias áreas da **filosofia natural**. Por exemplo, Buridan havia considerado se a Terra estava girando e concluiu que não foi porque uma flecha disparou verticalmente nas terras aéreas onde foi disparada. D'Oresme observou corretamente que isso não mostra que a Terra não está se movendo porque a flecha traz consigo o movimento da Terra.

Como teólogo, d'Oresme também procurou na Bíblia uma resposta. Ele concluiu que a maioria das passagens que sugerem uma Terra estacionária está apenas usando a linguagem cotidiana. Essa "passagem está em conformidade com o uso normal da fala popular, como acontece em muitos outros lugares [...] que não devem ser tomadas literalmente" (Grant, 1974, p. 67). No entanto, ele decidiu que, no caso de Salmos 93:1 ("O mundo está firme e não se abalará"), uma interpretação literal seria a preferida. Assim, concluiu que a Terra não gira, no entanto, ele havia mostrado que a observação por si só não poderia determinar essa questão de qualquer maneira.

Trabalho matemático e musical

A teoria da velocidade média, que permitia calcular a distância percorrida por um objeto uniformemente acelerado, havia sido desenvolvida em Oxford no início do século XIV. D'Oresme desenvolveu uma maneira de provar a teoria da velocidade média com um gráfico e mostrou como tais técnicas poderiam ser usadas para modelar o mundo real três séculos antes de **René Descartes** popularizar os gráficos. Ele também tinha bastante interesse em proporções e intervalos musicais.

Legado

Incomum para o seu tempo, d'Oresme não escreveu exclusivamente em latim. Ele traduziu vários tratados científicos para o francês em benefício do rei, originando grande parte do vocabulário científico daquela língua. No entanto, embora seu trabalho sobre o teorema da velocidade média tenha sido usado por Galileu (ver **Galilei, Galileu**), a reputação de d'Oresme desapareceu junto com muitos outros filósofos medievais durante o início do período moderno.

James Hannam

REFERÊNCIAS E LEITURAS RECOMENDADAS

Clagett, Marshall, 1968. *Nicole d'Oresme and the Medieval Geometry of Qualities and Motions*. Madison: University of Wisconsin Press.

_____. 1970. "D'Oresme, Nicole", em *Dictionary of Scientific Biography*, ed. Charles Coulston Gillispie. New York: Scribner.

Grant, Edward, 1974. *A Source Book in Medieval Science*. Cambridge, MA: Harvard University Press.

DRAPER, JOHN WILLIAM. John William Draper (1811-1882) era um fotoquímico americano nascido na Inglaterra, conhecido por contribuições para o começo da fotografia, fotoquímica e história intelectual. Sua *History of the Conflict between Religion and Science* [História do conflito entre religião e ciência] (Draper, 1875) é um exemplo da "**tese do conflito**".

Filho de um ministro metodista inclinado para a ciência, Draper recebeu uma educação completa e recebeu uma "certificação de honra" em química da Universidade de Londres. Depois ele imigrou para Virgínia para ensinar em um colégio metodista. Quando os atrasos de viagem custaram a Draper o trabalho, ele conduziu pesquisa independente, apoiado por suas irmãs que dirigiam um seminário para meninas e davam aulas de pintura e desenho (Fleming, 1950). Depois de publicar vários trabalhos científicos, formou-se em medicina pela Universidade da Pensilvânia com uma tese sobre "ação glandular" (Chamberlain, 1902), argumentando (contra o vitalismo) que a respiração pode ser explicada em termos de processos físico-químicos comuns (Fleming, 1950).

Após um curto período no corpo docente da Faculdade Hampton-Sidney, Draper foi nomeado professor de química na Universidade de Nova York. As suas conquistas científicas incluem um dos primeiros retratos de daguerreótipos (Fleming, 1950; McManus, 1995), trabalho pioneiro em fotografia científica (McManus, 1995), manuais de sucesso (Draper, 1846, 1848; Kane e Draper, 1842), um fotômetro inicial, a lei Grothuss-Draper e a descoberta do ponto Draper (525 °C), no qual os sólidos se tornam incandescentes.

Os esforços de Draper para explicar a fisiologia vegetal e humana (Draper, 1844, 1856) em termos de leis deterministas foram estendidos para o campo da história social a partir da década de 1850. Um esboço inicial de suas ideias, que se concentraram na aplicação da adaptação darwiniana à história intelectual europeia, proporcionou a ocasião para o debate Wilberforce-**Huxley** na reunião da Associação Britânica de 1860 (Fleming, 1950). Os seus esforços culminaram em sua enorme *History of the Intellectual Development of Europe* [História do desenvolvimento intelectual da Europa] (Draper, 1869), em que Draper, apoiando-se na experiência do liberalismo do século XIX, apresentou o desenvolvimento intelectual do continente como uma luta entre a expansão da investigação humana e a fé cega de um catolicismo romano repressivo.

Depois que sua história da Guerra Civil Americana (Draper, 1867) consolidou ainda mais sua reputação como historiador intelectual, ele foi convidado para produzir *History of the Conflict between Religion and Science* (Draper, 1875), que é, essencialmente, uma versão condensada das partes relevantes de sua *History of the Intellectual Development of Europe*, embora seu tom tenha sido moldado por tentativas católicas romanas mais recentes de resistir à modernidade, interferir na política europeia e reivindicar a infalibilidade papal (Fleming, 1950, p. 125-26).

Embora ele tenha iniciado a *History of the Conflict between Religion and Science* com a tese do conflito e apresentado uma imagem da religião como travada em uma luta perdedora com uma ciência triunfante, Draper pessoalmente viu Deus como um planejador cósmico (Fleming, 1950, p. 130-31) e declarou que "uma reconciliação da Reforma com a ciência [...] aconteceria com facilidade, se as Igrejas Protestantes [seguissem Lutero ao permitir] a interpretação privada das Escrituras" (Draper, 1875, p. 363). Contudo, diante do positivismo de Draper, isso significou efetivamente uma reinterpretação radical do cristianismo controlado pela ciência. Seu livro vendeu incrivelmente, embora os contemporâneos se queixassem de que tanto a sua erudição histórica como a visão da ciência fossem profundamente imperfeitas (Fleming, 1950, p. 80, 134), uma conclusão apoiada por estudos modernos (Brooke, 1991; Brooke e Cantor, 2000).

John Draper serviu como o primeiro presidente da American Chemical Society [Sociedade Americana de Química) em 1876 e continuou seu trabalho de ensino acadêmico até pouco antes de sua morte em 1882 (Bohning, 2001).

Stephen Contakes

REFERÊNCIAS E LEITURAS RECOMENDADAS

BARKER, George F., 1886. "Biographical Memoir of John William Draper." In: *National Academy of Sciences Biographical Memoirs, Volume II*, 349-88. Washington, DC: National Academy of Sciences.

BOHNING, James J., 2001. "American Chemical Society Founded 1876, John W. Draper First President." Ed. American Chemical Society. Washington, DC: National Historical Chemical Landmarks Program of the American Chemical Society.

BROOKE, John Hedley, 1991. *Science and Religion: Some Historical Perspectives*. Cambridge History of Science. Cambridge and New York: Cambridge University Press.

BROOKE, John Hedley; Cantor, G. N., 2000. *Reconstructing Nature: The Engagement of Science and Religion*. Gifford Lectures. New York: Oxford University Press.

CHAMBERLAIN, Joshua Lawrence, 1902. "Draper, John William 1811-1882." In: *University of Pennsylvania: Its History, Influence, Equipment and Characteristics; with Biographical Sketches and Portraits of Founders, Benefactors, Officers and Alumni*, 2:47-49. Boston: R. Herndon.

DRAPER, John William, 1844. *A Treatise on the Forces Which Produce the Organization of Plants*. New York: Harper & Brothers.

246 DRUMMOND, HENRY

_____. 1846. *A Text-Book on Chemistry: For the Use of Schools and Colleges.* New York: Harper & Brothers.

_____. 1848. *A Text-Book on Natural Philosophy.* 3. ed. New York: Harper & Brothers.

_____. 1856. *Human Physiology, Statistical and Dynamical.* New York: Harper & Brothers.

_____. 1867. *History of the American Civil War.* 3 vols. New York: Harper.

_____. 1869. *History of the Intellectual Development of Europe.* 5. ed. New York: Harper & Brothers.

_____. 1871. *Thoughts on the Future Civil Policy of America.* 4. ed. New York: Harper & Brothers.

_____. 1875. *History of the Conflict between Religion and Science.* New York: Appleton.

_____. 1878. *Scientific Memoirs, Being Experimental Contributions to a Knowledge of Radiant Energy.* New York: Harper & Brothers.

FLEMING, Donald, 1950. *John William Draper and the Religion of Science.* Philadelphia: University of Pennsylvania Press.

FLYNN, Tom, 2007. "Draper, John William." In: *The New Encyclopedia of Unbelief,* ed. Tom Flynn, 265-66. Amherst, NY: Prometheus.

KALFUS, Sly, 2010. "Across the Spectrum." *Chemical Heritage* 28, n. 2 (verão). www.chemheritage.org/distillations/article/across-spectrum.

KANE, Robert John; Draper, John William, 1842. *Elements of Chemistry.* New York: Harper & Brothers.

MCMANUS, Howard R., 1995. "The Most Famous Daguerreian Portrait: Exploring the History of the Dorothy Catherine Draper Daguerreotype." *The Daguerreian Annual,* 148-71.

DRUMMOND, HENRY. Nascido em uma próspera família de comerciantes de Stirling, Escócia, devota da Igreja Livre da Escócia, Drummond (1851-97) estudou durante três anos na Universidade de Edimburgo, mas não completou sua graduação. Em 1870, ele se inscreveu na New College da Igreja Livre de Edimburgo para se preparar para o ministério. Depois de completar seus estudos na New College, foi nomeado para uma cátedra em Ciências na Free Church College, em Glasgow, em 1877, e em 1883 para uma cátedra em teologia (Bebington, 2007).

Em face do desafio darwinista às crenças protestantes convencionais do século XIX, Drummond tentou sintetizar o protestantismo conservador com a evolução. As opiniões de Drummond sobre ciência e religião gozavam de ampla aprovação entre muitos evangélicos, pelo menos em parte porque ele era amplamente admirado como um evangelista.

Quando a equipe americana de avivamento de Dwight L. Moody e Ira Sankey lançou uma campanha em Edimburgo em 1874, Drummond cooperou para a realização do evento. Moody reconheceu que Drummond, simpático e bem articulado, era eficaz como evangelista, tanto que o convenceu a suspender sua educação por um ano para ajudá-lo em sua campanha em toda a Grã-Bretanha. Embora ele tenha recusado um convite para se juntar a Moody de forma permanente, Drummond trabalhou com o evangelista em suas campanhas na Grã-Bretanha em 1887 e 1892 (Bebbington, 2005; Moore, 1985). Os dois, além disso, permaneceram amigos por toda a vida. A piedade pessoal de Drummond impressionou tanto a Moody, que o evangelista americano o descreveu como o "homem mais cristão que ele conheceu" (Smith, 1898).

O comentário devocional de Drummond em 1887 sobre 1Coríntios 13, *The Greatest Thing in the World* [A maior coisa do mundo], rapidamente se tornou um clássico devocional e foi traduzido para 19 idiomas diferentes (Bebbington, 2005; Moore, 1985).

Além de seu sucesso como evangelista, o trabalho de Drummond como cientista aumentou a credibilidade de seus pontos de vista sobre a evolução, pelo menos entre os evangélicos. Ele juntou-se ao geólogo de Edimburgo, Archibald Geikie, em sua expedição às Montanhas rochosas canadenses em 1879. No ano seguinte, ele se tornou membro da Royal Society de Edimburgo. Em 1883-1884, explorou a região entre os lagos Nyasa e Tanganyika para a African Lakes Corporation [Compainha dos Lagos Africanos], que resultou na publicação de *Tropical Africa* [África tropical] em 1888. Apesar de ser amplamente visto como um amador por seus contemporâneos, Drummond tinha competência suficiente como cientista para merecer um profundo respeito entre muitos protestantes (Bebbington, 2005; Moore, 1985). Os livros *Natural Law and the Spiritual World* [A lei natural e o mundo espiritual] de Drummond (1883) e *The Ascent of Man* [A ascensão do homem] (1894) representam suas publicações mais importantes. Baseando-se profundamente nas visões puramente naturalistas da evolução do ateísmo de Herbert Spencer, Drummond argumentou que os mesmos princípios que operam no mundo material também estavam dirigindo o mundo espiritual. Em outras palavras, Drummond tentou aproveitar a evolução para a causa da **teologia natural**, argumentando que a evolução era o método que Deus usou para criar e aperfeiçoar o mundo. O livro revelou-se extremamente popular, vendendo mais de 69 mil cópias nos primeiros cinco anos após a publicação. Por volta de 1897 contava com 29 edições na Grã-Bretanha e 14 edições pirateadas na América.

Elaborado como uma resposta à *A descendência do homem* de Darwin, *The Ascent of Man* [A ascensão do homem], de Drummond, argumentou que a luta pela vida que **Darwin** descreveu foi seguida pela luta pela vida dos outros. Por causa desse impulso altruísta, argumentou

Drummond, tanto a evolução como o cristianismo foram, em última instância, um, porque resultaram em amor.

Criticado pelos cientistas por sua erudição e por teólogos conservadores por suas opiniões heterodoxas sobre a inspiração da Bíblia, a expiação substitutiva e a ressurreição corporal de Cristo, a importância de Drummond está no fato de ele demonstrar que os protestantes evangélicos do final do século XIX tentaram aproveitar o darwinismo, sintetizando a evolução com sua teologia (Bebbington, 2005; Moore, 1985). Drummond sofria de uma doença óssea e morreu prematuramente aos 45 anos em 1897 (Bebbington, 2007).

P. C. Kemeny

REFERÊNCIAS E LEITURAS RECOMENDADAS

BEBBINGTON, David W., 2005. "Henry Drummond, Evangelicalism and Science." *Records of the Scottish Church History Society* 28:129-48.

_____. 2007. "Orr, James (1844-1913)." *Oxford Dictionary of National Biography.* Oxford: Oxford University Press.

DRUMMOND, Henry, 1888. *Tropical Africa.* London: Hodder and Stoughton.

_____. 1890. *Natural Law in the Spiritual World.* London: Hodder and Stoughton.

_____. 1894a. *The Ascent of Man.* London: Hodder and Stoughton.

_____. 1894b. *The Greatest Thing in the World and Other Addresses.* London: Hodder and Stoughton.

MOORE, James R., 1985. "Evangelicals and Evolution: Henry Drummond, Herbert Spencer, and the Naturalisation of the Spiritual World." *Scottish Journal of Theology* 38 (3): 383-417.

SMITH, George Adam, 1898. *The Life of Henry Drummond.* New York: Double-day and McClure.

DUALISMO. O dualismo é uma hipótese de que o universo como um todo, ou algum aspecto central dele, é composto por dois tipos fundamentais e irredutíveis de entidades ou princípios. Nesse sentido, o dualismo contrasta com o **monismo**, uma visão em que existe apenas um tipo de entidade ou princípio fundamental e irredutível; e também contrasta com o pluralismo, uma hipótese em que existem muitos tipos de entidades ou princípios fundamentais e irredutíveis. Na teologia cristã, por exemplo, o dualismo pode se referir ao dualismo metafísico, no qual se faz uma distinção entre Deus, que é espírito imaterial e o universo, que é algo material. Ou pode referir-se ao dualismo mente-corpo no qual o corpo humano físico é considerado distinto da **alma** imaterial.

Platão (428-348 a.C.) estabeleceu o dualismo metafísico ao propor uma distinção entre o mundo das formas ou ideias (que são as realidades universais, atemporais, imutáveis e permanentes), que é mais real, e o mundo das coisas visíveis (que são coisas concretas, temporais, em mudança e em decomposição), que é menos real. Essa hipótese estava em contraste tanto com Parmênides (c. 515-c. 460 a.C.), que propôs que a realidade é única e imutável, como com Demócrito (c. 460-c. 370 a.C.), que propôs que a realidade é diversa, material, e está em fluxo constante. Platão também propôs o dualismo mente-corpo, argumentando que a alma humana pertence ao mundo imaterial das formas, enquanto o corpo pertence ao mundo material das coisas visíveis e corruptíveis.

No pensamento cristão, tanto o dualismo metafísico como o corpo-mente foram amplamente afirmados ao longo da história. A influência platônica foi significativa nos primeiros séculos do pensamento cristão, tanto no lado oriental como no lado ocidental do Império Romano. Para muitos teólogos cristãos primitivos, as Escrituras cristãs pareciam apoiar o dualismo metafísico (cf. João 4:24) e o dualismo mente-corpo (cf. Mateus 10:28; 2Coríntios 5:8), embora nos últimos tempos haja uma série de fisicalistas cristãos (neste contexto, aqueles que negam a existência de uma alma imaterial).

Em recentes discussões filosóficas, o dualismo geralmente se refere ao dualismo mente-corpo, como o dualismo da substância, a hipótese de que a alma ou a mente são distintas do corpo material, ou o dualismo da propriedade, a hipótese de que, embora exista apenas um tipo de substância (matéria), os estados mentais são propriedades distintas dos estados físicos. Os adeptos clássicos do dualismo mente-corpo incluem Platão, **Agostinho** (354-430 d.C.) e **René Descartes** (1596-1650 d.C.).

O dualismo mente-corpo não é uma posição proeminente entre filósofos e teólogos de hoje, mas está bem vivo. Os adeptos contemporâneos incluem Stewart Goetz, **J. P. Moreland**, Howard Robinson, Daniel Robinson, Charles Taliaferro e Richard Swinburne.

Chad Meister

REFERÊNCIAS E LEITURAS RECOMENDADAS

MURPHY, Nancey, 2006. *Bodies and Souls, or Spirited Bodies?* Cambridge: Cambridge University Press.

PLATÃO (c. 360 a.C.), 1997. *Phaedo.* In: *Plato: Complete Works*, ed. John Cooper, 49-100. Indianapolis: Hackett.

SWINBURNE, Richard, 1997. *The Evolution of the Soul.* Rev. ed. Oxford: Oxford University Press.

TALIAFERRO, Charles, 1994. *Consciousness and the Mind of God.* Cambridge: Cambridge University Press.

DUHEM, PIERRE. Pierre Duhem (1861-1916) era um físico, filósofo e historiador da ciência francês. Ele fez contribuições duradouras no campo da termodinâmica e

248 DURKHEIM, ÉMILE

argumentou que o campo é fundamental para o restante da teoria física (incluindo **física**, química, eletricidade e magnetismo). Na história da ciência, Duhem mostrou que a sabedoria convencional sobre a escassez do pensamento científico original na Idade Média era errada, através de suas obras colossais e de vários volumes, Études *sur Léonard de Vinci* [Estudos sobre Leonardo da Vinci] e *Le système du monde* [O sistema do mundo].

O mais relevante para o tema da ciência e da religião é o trabalho de Duhem em **filosofia da ciência**, principalmente seu *Aim and Structure of Physical Theory* [Objetivo e estrutura da teoria física]. Originalmente escrito como uma série de artigos na *Revue de philosophie* [Revista de filosofia] em 1904-5, *Aim and Structure* foi publicado como um livro em 1906, e então uma segunda edição em 1914 acrescentou dois novos artigos em um apêndice, incluindo "Physics of a Believer" [A física de um crente]. Duhem era um católico zeloso e não fez nenhuma tentativa de ocultar suas crenças religiosas. Mas ele foi zeloso ao rejeitar a alegação de que elas influenciaram sua ciência. Em sua opinião, a tarefa da ciência é meramente resumir e classificar economicamente os fatos descobertos pelos experimentadores. Não compete ao cientista formular hipóteses sobre as causas subjacentes da experiência. Isso seria confundir a ciência com a **metafísica**.

Na verdade, o pensamento de Duhem sobre a ciência é mais sutil do que isso e permite que as previsões corretas pela teoria científica possam apontar para uma "classificação natural", que é o reflexo de uma ordem real. Mas Duhem tornou-se o representante da visão de que a ciência e a metafísica devem permanecer separadas. Na década de 1990, o filósofo cristão **Alvin Plantinga** escreveu uma série de artigos sobre o **naturalismo metodológico**, contrastando o que chamou de ciência duhemiana com a ciência agostiniana. A última, às vezes chamada de ciência teística, é a abordagem que Plantinga favorece, cujas crenças metafísicas ou religiosas são levadas em consideração ao avaliar a ciência. A ciência duhemiana supostamente adere aos ditames do naturalismo metodológico.

Talvez ironicamente, o trabalho de Duhem foi uma inspiração importante para a filosofia da ciência na metade do século, que defendia o profundo emaranhamento da ciência e dos valores extracientíficos. Duhem afirmou que "o físico nunca pode sujeitar uma hipótese isolada ao teste experimental, mas apenas um conjunto de hipóteses" (Duhem 1954, p. 187). Essa tese foi revivida por **W. V. O. Quine** e passou a ser conhecida na literatura como a **Tese de Duhem-Quine**. É a fonte do conceito de observação carregada de teoria, segundo a qual as posições e as expectativas de uma pessoa afetam o que se vê.

Um corolário da tese de Duhem-Quine (ou Quine-Duhem) é que é possível que haja múltiplas teorias consistentes com o mesmo conjunto de dados. Quando for esse o caso, inevitavelmente haverá fatores não científicos (e talvez até teológicos) que influenciam a seleção da teoria. Essa é uma questão central de disputa em grande parte da discussão contemporânea da ciência e da religião.

J. B. Stump

REFERÊNCIAS E LEITURAS RECOMENDADAS

DUHEM, Pierre, 1954. *The Aim and Structure of Physical Theory*. Princeton, NJ: Princeton University Press.
PLANTINGA, Alvin, 1996. "Science: Augustinian or Duhemian?" *Faith and Philosophy* 13:368-94.

DURKHEIM, ÉMILE. Émile Durkheim (1858-1917) foi um sociólogo francês e um professor de ciência, educação e ciências sociais. Ele é considerado um dos pais fundadores da **Sociologia**, juntamente com August Comte (1789-1857), Max Weber (1864-1920) e Karl Marx (1818-83). Ele é conhecido por sua análise do suicídio (1970), a influência da divisão moderna do trabalho sobre a mudança social (1964) e o papel da religião na vida social (1995).

Durkheim nasceu em Épinal, na França, filho de um pai rabino judeu de oitava geração. Embora Durkheim não fosse um fiel ortodoxo, seu judaísmo pode ter influenciado muito sua erudição como sociólogo, especialmente em sua análise do papel da religião na sociedade (Fournier, 2005). Na verdade, ao contrário de **Sigmund Freud** (1856-1939), que viu a religião como uma doença mental, "sintoma de aberração psíquica" (Pals, 1996), Durkheim percebeu a religião como um sinal de saúde social, apesar de ambas as teorias se adequarem ao "molde de um **funcionalismo** agressivamente reducionista" (ibid.).

As contribuições de Durkheim para a sociologia são muitas. Ele tentou estabelecer a sociologia como uma disciplina científica dentro da academia. Ele considerou que, para que ela se tornasse científica, a sociologia devia estudar os *fatos sociais*, que são "as propriedades emergentes e as realidades de uma coletividade que não pode ser reduzida às ações e motivos dos indivíduos e que os indivíduos foram moldados e limitados por seu ambiente social

DURKHEIM, ÉMILE **249**

externo. Durkheim entendeu a sociedade como uma realidade *sui generis*, uma vez que os fatos sociais existiam por mérito próprio (Fish, 2008). Além disso, foi fundador da *L'Année Sociologique*, que publicou e revisou muitos artigos de uma perspectiva sociológica. A popularidade deste jornal na França e em todo o mundo permitiu a Durkheim promover a sociologia e lhe deu uma voz significativa no seu desenvolvimento, bem como em outras disciplinas de ciências sociais.

Entre as contribuições significativas de Durkheim estão as suas ideias sobre sociedade, moralidade e religião. Embora existam ecos pregressos dessas ideias em livros e artigos anteriores a 1912, seu tratamento definitivo sobre o papel da religião na sociedade apareceu em *As formas elementares da vida religiosa*, em que Durkheim empregou dados etnográficos recolhidos dos arunta, uma tribo australiana primitiva, para identificar a natureza da religião.

Em *As formas elementares da vida religiosa*, Durkheim definiu a religião como "um sistema de crenças e práticas que vinculam uma comunidade em torno das coisas que é sagrada" (1995). Notavelmente, ideias teológicas como um Deus transcendente e o sobrenatural não são encontradas na definição de religião de Durkheim. Para ele, "o verdadeiro propósito da religião não é intelectual, mas social" (Pals, 1996). Assim, o propósito da religião não é ensinar verdades sobre a criação do mundo e explicar fenômenos sobrenaturais. Em vez disso, a religião funciona como "a portadora de sentimentos sociais, proporcionando símbolos e rituais que permitem às pessoas expressar as emoções profundas que os ancoram em sua comunidade" (ibid.). Durkheim argumentou que, embora as crenças religiosas sejam falsas e absurdas no pensamento moderno, os comportamentos religiosos (p. ex., os rituais) resistirão porque funcionam para apoiar a coesão e a unidade da sociedade. Consequentemente, a religião mantém sua vitalidade, uma vez que a sociedade precisa de rituais para existir em harmonia.

Naomi Noguchi Reese

REFERÊNCIAS E LEITURAS RECOMENDADAS

Durkheim, Émile, (1893) 1964. *The Division of Labor in Society*, trad. George Simpson. Glencoe, IL: Free Press.

_____. 1982. *The Rules of Sociological Method and Selected Texts on Sociology and Its Method*, ed. Steven Lukes. Trad. W. D. Halls. New York: Free Press.

_____. (1897) 1970. *Suicide: A Study in Sociology*, trans. John A. Spaulding e George Simpson. London: Routledge.

_____. (1898-99) 1961. *Moral Education: A Study in the Theory and Application of the Sociology of Education*, ed. Peter Hamilton. Trad. Steven Lukes. London: Routledge.

_____. (1912) 1995. *The Elementary Forms of Religious Life*, trad. Karen E. Fields. New York: Free Press.

Fish, Jonathan S., 2008. "Durkheim, Émile." In: *International Encyclopedia of the Social Sciences*, ed. William D. Darity Jr., 2:465-67. 2. ed. Detroit: Macmillan Reference.

Fournier, Marcel, 2005. "Durkheim's Life and Context: Something New about Durkheim?" In: *The Cambridge Companion to Durkheim*, ed. Jeffrey C. Alexander e Philip Smith, 41-69. Cambridge: Cambridge University Press.

Luke, Steven, 1973. Émile Durkheim: His Life and Work. London: Allen Lane.

Nielsen, D. A., 1999. *Three Faces of God: Society, Religion and the Categories of Totality in the Philosophy of Émile Durkheim*. Albany, NY: State University of New York Press.

Pals, Daniel L., 1996. "Society as Sacred: Émile Durkheim." In: *Seven Theories of Religion*, 88-123. New York: Oxford University Press.

Pickering, W. S. F., 2009. *Durkheim's Sociology of Religion: Themes and Theories*. Cambridge: James Clarke.

ECCLES, SIR JOHN C. John Eccles (1903-1997) disse aos 17 ou 18 anos: "[Eu] me entusiasmo com o problema cérebro-mente, em particular no que se refere à minha própria autoconsciência experienciada" (Eccles, 1975, p. 158). Esse entusiasmo levou-o finalmente a pesquisar no laboratório de Charles Sherington, em Oxford. Sherrington tinha inventado o termo *sinapse*, que se tornou o tema da pesquisa de Eccles e, em seu pensamento posterior, o ponto central de contato entre a **alma** e o cérebro (ver **Dualismo; Mente; mente-corpo, Problema; Alma**). Em seus laboratórios de pesquisa na Austrália e Nova Zelândia, Eccles estudou a ação dos neurônios através da gravação elétrica intracelular. Ele compartilhou um Prêmio Nobel em 1963 com Alan Hodgkin e Andrew Huxley por seu trabalho no arco reflexo na medula espinhal.

Na década de 1940, os meios de comunicação entre neurônios foram debatidos, com base em transmissão elétrica ou processos químicos. Eccles resistiu ao modelo químico da transmissão sináptica. Através de seu relacionamento com o filósofo **Karl Popper**, ele apreciou a importância do experimento crucial, que poderia falsear uma teoria. Eccles realizou tal experiência em 1951, refutou seu próprio modelo e aceitou de bom grado o modelo químico da transmissão sináptica, que o bioquímico britânico Henry Dale denominou a "experiência científica do caminho de Damasco" de Eccles.

Eccles era católico romano e, em 1964, organizou, com sucesso, uma conferência sob a coordenação da Pontifical Academy of Sciences [Pontifícia Academia de Ciências]. O encontro em Roma incluiu os principais neurocientistas de seu tempo e foi projetado para discutir as relações entre o cérebro e a **consciência**. Eccles estava frustrado, no entanto, por que estava impedido de convidar alguns filósofos, e os cientistas presentes estavam autorizados a considerar a consciência apenas em um sentido científico, não religioso ou moral.

Embora ele tenha aceitado que o cérebro humano seja um órgão evoluído, a alma era uma criação especial independente de Deus que agia em "ligação" com o cérebro. Ele expressou essa visão muitas vezes em suas publicações mais filosóficas que se seguiram a sua aposentadoria do trabalho científico em meados da década de 1970. Suas opiniões são mais explicitamente apresentadas em sua colaboração com Karl Popper, *How The Self Controls Its Brain* [Como o ego controla seu cérebro], em que ele defendeu um dualismo interacionista de alma e corpo, reminiscente do filósofo do século XIX, **René Descartes**.

Eccles acreditava que a liberdade e a dignidade humanas ficavam perdidas em uma descrição estritamente física dos seres humanos, exigindo a posição dualista.

Trabalhando com os outros, ele continuou a buscar a possibilidade de entender como a alma poderia inserir sua vontade no funcionamento do cérebro, e ele publicou vários artigos sobre o assunto perto do final de sua vida. Ele postulou que a matriz vesicular no botão pré-sináptico é tão pequena que os efeitos quânticos se tornam considerações relevantes na transmissão sináptica. Isso significa que, embora estatisticamente possamos prever o comportamento geral do neurônio, a transmissão real de uma vesícula sináptica particular é imprevisível. Isso cria "espaço" para a ação da alma ainda sem nossa capacidade de ver essa ação e sem violar leis da física. Desta forma, Eccles acreditava que a ciência e a fé poderiam ser reconciliadas.

Jason M. Rampelt

REFERÊNCIAS E LEITURAS RECOMENDADAS

Beck, Friedrich; Eccles, John C., 1992. "Quantum Aspects of Brain Activiity and the Role of Consciousness." *Proceedings of the National Academy of Sciences USA* 89, n. 23 (Dec. 1):11357-61.
Eccles, John Carew, 1953. *The Neurophysiological Basis of Mind: The Principles of Neurophysiology.* Oxford: Oxford University Press.
_____. 1964. *The Physiology of Synapses.* Berlin: Springer.
_____. 1975. "Under the Spell of the Synapse", em *The Neurosciences: Paths of Discovery*, ed. Frederic G. Worden, Judith P. Swazey, e George Adelman, 158-79. Cambridge, MA: MIT Press.
_____. 1979. *The Human Mystery.* Gifford Lectures. 1977-1978. University of Edinburgh. Heidelberg: Springer.
_____. 1980. *The Human Psyche.* Gifford Lectures. 1978-1979. University of Edinburgh. Berlin: Springer.
_____. 1986. "Do Mental Events Cause Neural Events Analogously to the Probability Fields of Quantum Mechanics?" *Proceedings of the Royal Society of London, B* 227, n. 1249, 411-28.
_____; Ito, Masao; Szentágothai, János, 1967. *The Cerebellum as a Neuronal Machine.* Berlin: Springer.
_____; MacKay, Donald M., 1967. "The Challenge of the Brain." *Science Journal* 3, n. 4 (abr.):79-83.
_____; Popper, Karl, 1977. *The Self and Its Brain.* Berlin: Springer.

ECOLOGIA. Muitos historiadores acreditam que os fundamentos da ecologia (ou seja, a biologia dos ecossistemas) foram lançados pelo barão Alexander von Humboldt (1799). O termo *ecologia* foi usado pela primeira vez por Ernst Haeckel (1866) e, literalmente, significa "ciência da casa" (ou seja, o estudo das habitações dos organismos). Haeckel definiu a ecologia como "toda a ciência das relações do organismo com o meio ambiente, incluindo, no sentido amplo, todas as 'condições da existência'". Charles Elton (1927) simplesmente a definirá como "história natural científica".

A interpretação de Elton mostra uma clara transição do pensamento dos naturalistas da pré-ecologia para uma linha científica de pesquisa. Enquanto Henry David Thoreau (e muitos naturalistas anteriores) meditavam e escreviam sobre o significado da natureza, os ecologistas procuravam entender os padrões e processos envolvidos na estruturação da natureza como uma iniciativa científica amoral. Nesse sentido, isso também significava que a ecologia não seria apenas descritiva, mas estabeleceria teorias funcionais que permitiriam que ela fosse também preditiva.

Em seu livro pioneiro *Fundamentals of Ecology* [Fundamentos de ecologia], Eugene Odum definiu a ecologia como "o estudo da estrutura e função da natureza" (1959). Com base na definição produzida por Herbert Andrewartha, Charles Krebs a definiu como "o estudo científico das interações que determinam a distribuição e abundância de organismos" (2008). Mesmo essa definição, provavelmente, é muito restritiva, e uma definição de ecologia mais básica é o estudo de organismos e suas interações com o ambiente biótico e abiótico. Dada esta definição, a ecologia é dedicada em grande parte a padrões e processos de ordem superior na natureza. Como exemplos, um ecologista pode estudar a eficiência metabólica de uma **espécie** de peixe em riachos de água fria, a competição entre duas espécies coexistentes de salamandras, os efeitos da seca sobre a dispersão de sementes em uma savana, a diversidade microbiana dos solos florestais, os ciclos de nutrientes em ecossistemas inteiros, ou a formação de comunidades ecológicas em arquipélagos. Modificando a afirmação de Theodosius Dobzhansky de que "nada na biologia faz sentido exceto à luz da evolução", pode-se argumentar que nada na biologia faz sentido fora do contexto da ecologia do organismo. Afinal, os traços

da história da vida, as interações entre espécies (ou seja, competição, predação, mutualismo etc.), espaço de nicho e reprodução diferencial são todas ideias devidamente estabelecidas em ecologia. Por esta razão, a ecologia liga quase todos os aspectos da biologia ao nível do organismo e suas interações relevantes.

Após o surgimento do ambientalismo moderno, o campo da ecologia recuperou o componente moral que muitos antigos naturalistas adotaram em relação à relação entre a humanidade e a natureza. Conservação de espécies, biologia de espécies invasivas, toxicologia, gestão de recursos e biologia de conservação são extensões de ecologia em comportamentos e políticas societárias. Isso também levou a uma divisão entre os aspectos básicos e aplicados da ciência ecológica.

Hoje, o campo da ecologia situa-se na confluência de muitas diferentes áreas de ciência e representa um vasto e expansivo grupo de subdisciplinas (p. ex., fisiologia ecológica, genética populacional, dinâmica comunitária, biogeografia, ecologia evolutiva, comportamento e **psicologia** animal, e climatologia).

Wayne Rossiter

REFERÊNCIAS E LEITURAS RECOMENDADAS

Egerton, Frank N., 2013. "History of Ecological Sciences, Part 47: Ernst Haeckel's Ecology." *Bulletin of the Ecological Society of America* 94:222-44.

Elton, Charles S., 1927. *Animal Ecology.* London: Sidgwick & Jackson.

Krebs, Charles C. J., (1972) 2008. *Ecology: The Experimental Analysis of Distribution and Abundance.* 6th ed. San Francisco: Benjamin Cummings.

Morris, Christopher, *Milestones in Ecology.* http://press.princeton.edu/chapters/s9_m8879.pdf.

Odum, Eugene P., 1959. *Fundamentals of Ecology.* Philadelphia: W. B. Saunders.

EDDINGTON, ARTHUR. O astrônomo e astrofísico britânico Arthur Stanley Eddington (1882-1944) foi amplamente reconhecido em vida como um dos cientistas mais importantes de sua geração. Educado no Owens College (agora a Universidade de Manchester) por um curto período de tempo, ele ganhou uma bolsa de estudos para ingressar na Trinity College, Cambridge, em 1902, e se formou em três anos, sendo nomeado em 1905 adjunto no Royal Observatory in Greenwich. Ao longo dos sete anos seguintes, ele começou seu trabalho teórico sobre o movimento estelar, fazendo parte de uma expedição astronômica de 1909 para Malta, e liderou uma expedição astronômica para o Brasil em 1912 para observar um eclipse solar. Ele foi nomeado professor para assumir a prestigiada cátedra Thomas Plume de **Astronomia** em

EDDINGTON, ARTHUR

Cambridge em 1913, cargo que ocupou por 31 anos até sua morte em 1944.

Ganhador de inúmeras honras, principalmente a Medalha Henry Draper da National Academy of Sciences [Academia Nacional de Ciências] dos Estados Unidos (1924), a Medalha de Ouro da Royal Astronomical Society [Sociedade Astronômica Real] (1924) e a Medalha Real da Royal Society [Sociedade Real] (1928), Eddington foi nomeado cavaleiro em 1930 e premiado com a Ordem do Mérito em 1938. Quaker por toda a vida, sua fé cristã evidenciou-se na participação regular nas reuniões da Society of Friends [Sociedade dos Amigos], em sua objeção de consciência durante a Primeira Guerra Mundial (embora ele tenha se oferecido, mas foi recusado, para conduzir ambulância na linha de frente), e na forma como o misticismo inerente ao seu quakerismo permeou seu pensamento sobre o universo e a interpretação da ciência, especialmente em seus escritos mais filosóficos (Batten 1994; Cohen, 1930; Eddington, 1925, 1928, 1929; Seeger, 1984).

O misticismo cristão de Eddington pode ser uma surpresa para aqueles que estão familiarizados com o seu famoso comentário em resposta à evidência que o convenceu do *big bang*: "Filosoficamente, a noção de um começo da presente ordem da Natureza é repugnante para mim" (Eddington, 1931a, p. 450). Embora muitos cristãos encontrem evidências científicas para a doutrina da criação *ex nihilo* na descoberta de que nosso universo teve um começo, a ideia de um início abrupto do universo perturbou o sentido de simetria estética de Eddington na teoria física. Ele preferiu um espaço-tempo estático quadridimensional sem início temporal, lindamente estruturado, com Deus concebido como o fundamento do seu ser de um modo eternamente eterno. Suas sensibilidades espirituais, avaliadas pelas ambiguidades temporais na relatividade geral, eram agostinianas nesse aspecto

Eddington também resistiu às inferências formais para o propósito ou o *design* das características observadas do universo, considerando-as como uma base empobrecida e pouco confiável para a fé. Em vez disso, em suas palestras de Swarthmore, *Science and the Unseen World* [A ciência e o mundo invisível], ele enfatizou a apreensão mística e a comunicação com o divino por meio de argumentos acadêmicos para a existência de Deus (Eddington, 1929, p. 42-48, ver também Seeger, 1984). "A coisa primeira e mais direta em nossa experiência é a mente", afirmou, e

"no sentido místico da criação que nos rodeia, na expressão da arte, num anseio por Deus, a **alma** cresce e encontra o cumprimento de algo plantado em sua natureza". Em nossa experiência pessoal e nosso estudo da realidade física e espiritual, "a ideia de uma Mente universal, ou Logos, seria, a meu ver, uma inferência razoavelmente plausível do estado atual da teoria". No entanto, embora "a religião ou o contato com o poder espiritual deva ser habitual na vida cotidiana", Eddington opinou que, "antes de mais nada, não é um mundo a ser analisado, mas um mundo a ser vivido".

Embora Eddington seja, talvez, mais conhecido por ser o líder de uma expedição à ilha de Príncipe, junto à costa da África Ocidental, em 1919, para medir a deflexão da luz das estrelas pelo campo gravitacional do sol durante um eclipse total no primeiro teste bem-sucedido da **Teoria geral da relatividade de Albert Einstein** (Dyson et al., 1920, Earman e Glymour, 1980), e por sua exposição magistral da teoria de Einstein (Eddington, 1923), foi seu trabalho em astrofísica estelar que foi revolucionário (ver **relatividade, Teoria geral da**).

Suas primeiras investigações teóricas trataram do movimento das estrelas (Eddington, 1914), mas começou a estudar sua composição em 1916 e estabeleceu que sua energia térmica interior era transportada para a superfície por radiação, e não por convecção, como se pensara anteriormente. Ele também estabeleceu que a pressão de radiação era um fator importante para manter o equilíbrio estelar, o que era alcançado pela pressão externa de gás e radiação sendo equilibrada pela atração interna da gravitação. Ele mostrou isso à medida que a pressão da matéria estelar aumentava com a profundidade interna, assim como a pressão e a temperatura radiativas, e, portanto, a luminosidade da estrela. Isso levou à descoberta da lei de massa-luminosidade, que demonstrou que a quantidade de energia radiativa produzida por uma grande estrela depende quase exclusivamente da sua massa. O trabalho de Eddington foi crucial para uma compreensão adequada da astrofísica estelar e exigiu uma revisão completa da nossa compreensão da evolução estelar (Eddington, 1917, 1920a, 1926, 1927).

Depois de 1930, Eddington trabalhou na relação entre a relatividade e a teoria quântica (Eddington, 1931b, 1935, 1936, 1939b, 1942b), tentando dar uma expressão viável à sua ideia de que, sem recorrer à observação, pode-se calcular todos os valores das constantes naturais que poderiam ser expressos como números puros (Eddington, 1936, 1942a). Em seu livro *Fundamental Theory* [Teoria fundamental] (1946), que foi publicado postumamente, apresentou seus cálculos de muitas dessas constantes — por exemplo, o número de partículas no universo, a proporção da força gravitacional para a força elétrica entre um próton e um elétron, a constante de estrutura fina, a velocidade de recessão das galáxias fora da nossa e a **velocidade da luz** — defendendo a ideia de que essas constantes eram integrantes e naturais para qualquer especificação completa para a construção de um universo e que seus valores não eram acidentais (Kilmister, 1995).

Esse trabalho, sem dúvida colorido pelo misticismo cristão de Eddington, antecipa descobertas e discussões sobre o ajuste fino cosmológico e o princípio antrópico (ver **Princípio antrópico**; **Ajuste fino do universo e sistema solar**) e se encaixa bem na construção de sua filosofia da **ciência** mais abrangente e sua relação com a religião (Eddington, 1920b, 1920c, 1925, 1928, 1929, 1939a, 1941; também Batten, 1994; Cohen, 1930; e Douglas, 1957). De fato, a visão de Eddington sobre a natureza do universo é indiscutivelmente uma forma de idealismo estruturalista (ver **Idealismo**) que se baseou nas epistemologias de **Immanuel Kant** (1724-1804) e Edmund Husserl (1859-1938) e foi influenciada por **Bertrand Russell** (1872-1970). Mas, embora o estruturalismo transcendental-fenomenológico de Eddington esteja resguardado no **naturalismo** pelos filósofos modernos da ciência (2001, Ladyman 2014; Ryckman, 2005; Yolton, 1960), ele, não obstante, emerge como um corolário da apreciação de Eddington da primazia metafísica da mente dentro do contexto mais amplo de seu **teísmo** cristão místico.

Bruce L. Gordon

REFERÊNCIAS E LEITURAS RECOMENDADAS

BATTEN, Alan H., 1994. "A Most Rare Vision: Eddington's Thinking on the Relation between Science and Religion." *Quarterly Journal of the Royal Astronomical Society* 35:249-70.

COHEN, Chapman, 1930. *God and the Universe: Eddington, Jeans, Huxley and Einstein. With a Reply by A. S. Eddington.* London: Pioneer.

DOUGLAS, A. V., 1957. *Arthur Stanley Eddington.* New York: Thomas Nelson.

DYSON, F.; Eddington, A. S.; Davidson, C., 1920. "A Determination of the Deflection of Light by the Sun's Gravitational Field, from Observations Made at the Total Eclipse of May 29, 1919." *Philosophical Transactions of the Royal Society of London, A* 220:291-333.

EARMAN, John; Glymour, Clark, 1980. "Relativity and Eclipses: The British Eclipse Expeditions of 1919 and Their Predecessors." *Historical Studies in the Physical Sciences* 11:49-85.

EDDINGTON, Arthur S., 1914. *Stellar Movements and the Structure of the Universe.* London: Macmillan.

_____. 1917. "On the Radiative Equilibrium of the Stars." *Monthly Notices of the Royal Astronomical Society* 77:596-612.

_____. 1920a. "The Internal Constitution of the Stars." *Scientific Monthly* 11 (4):297-303.

_____. 1920b. "The Meaning of Matter and the Laws of Nature according to the Theory of Relativity." *Mind* 29:145-58.

_____. 1920c. "The Philosophical Aspect of the Theory of Relativity." *Mind* 29:415-22.

_____. 1923. *The Mathematical Theory of Relativity.* Cambridge: Cambridge University Press.

_____. 1925. "The Domain of Physical Science." In *Science, Religion and Reality*, ed. J. Needham, and J. A. Balfour, 187-218. New York: Macmillan.

_____. 1926. *The Internal Constitution of the Stars.* Cambridge: Cambridge University Press.

_____. 1927. *Stars and Atoms.* Oxford: Oxford University Press.

_____. 1928. *The Nature of the Physical World.* Gifford Lectures. Cambridge: Cambridge University Press.

_____. 1929. *Science and the Unseen World.* New York: Macmillan.

_____. 1931a. "The End of the World: From the Standpoint of Mathematical Physics." *Nature* 127:447-53.

_____. 1931b. "On the Value of the Cosmical Constant." *Proceedings of the Royal Society of London, A* 133:605-15.

_____. 1935. "On 'Relativistic Degeneracy.'" *Monthly Notices of the Royal Astronomical Society* 95:194-206.

_____. 1936. *Relativity Theory of Protons and Electrons.* Cambridge: Cambridge University Press.

_____. 1939a. *The Philosophy of Physical Science.* Cambridge: Cambridge University Press.

_____. 1939b. "Lorentz Invariant Quantum Theory." *Proceedings of the Cambridge Philosophical Society* 35:186-94.

_____. 1941. "Discussion: Group Structure in Physical Science." *Mind* 50:268-79.

_____. 1942a. "The Theoretical Values of the Physical Constants." *Proceedings of the Physical Society* 54:491-504.

_____. 1942b. "Lorentz Invariant Quantum Theory 2." *Proceedings of the Cambridge Philosophical Society* 38:201-9.

_____. 1946. *Fundamental Theory.* Cambridge: Cambridge University Press.

FRENCH, Steven, 2003. "Scribbling on the Blank Sheet: Eddington's Structuralist Conception of Objects." *Studies in History and Philosophy of Modern Physics* 34 (2):227-59.

KILMISTER, C. W., 1995. *Eddington's Search for a Fundamental Theory: A Key to the Universe.* Cambridge: Cambridge University Press.

LADYMAN, James, 2014. "Structural Realism." In: *Stanford Encyclopedia of Philosophy*, ed. Edward N. Zalta. 10 jan. http://plato.stanford.edu/entries/structural-realism/.

RYCKMAN, Thomas, 2005. *The Reign of Relativity: Philosophy in Physics 1915-1925.* Oxford: Oxford University Press.

SEEGER, Raymond J., 1984. "Eddington, Mystic Seeker." *Journal of the American Scientific Affiliation* 36 (1):36.

YOLTON, John W., 1960. *The Philosophy of Science of A. S. Eddington.* The Hague: Martinus Nijhoff.

ÉDEN. O Éden, o jardim em que Deus colocou Adão e Eva para tomarem conta depois de criá-los em Gênesis 2, forneceu o primeiro espaço sagrado para a criação de Deus. O próprio nome, embora debatido, provavelmente significa algo como "bem-aventurança, luxo ou prazer" (Tsumura, 1989, 136).

Embora normalmente pensemos no Éden como um jardim, ele é, na verdade, a região maior onde Deus colocou um jardim (Gênesis 2:8; Ezequiel 28:13), e de onde flui o rio que rega o jardim (Gênesis 2:10). O jardim, então, vem a ser referido simplesmente como Éden, tomando o nome da região maior (Isaías 51:3). Esta observação nos ajuda a entender este espaço sagrado inicial, retratado no tabernáculo e no templo. Em termos antigos, o Éden retrata a habitação de Deus (o Santo dos Santos) adjacente ao jardim (o Lugar sagrado) em que os sacerdotes servem em adoração a Deus (Beale, 2004, p. 66-80). Os templos sagrados descritos mais tarde nas Escrituras correlacionam-se com a descrição aqui. Ezequiel retrata a água que flui de baixo da soleira do templo, produzindo vida (47:1-12), e Apocalipse 22 retrata o rio da vida que flui do trono de Deus regando a árvore da vida (v. 1,2).

Yahweh coloca Adão e Eva em seu jardim, então, para "trabalhar" (ou servir) no jardim e "manter" (ou proteger) o lugar (Gênesis 2:15). Os dois termos hebraicos usados aqui referem-se sistematicamente ao serviço sacerdotal no tabernáculo quando usados em conjunto (p. ex., Números 3:7,8). Gênesis alude à função de Adão e Eva no jardim como reis-sacerdotes servindo a Deus no seu jardim sagrado.

A imagem do Éden como espaço sagrado, semelhante ao templo ou ao tabernáculo descritos mais tarde no Antigo Testamento, nos ajuda a entender as imagens em Ezequiel 28, onde o Éden é entendido naqueles mesmos termos antigos do Oriente Próximo. O jardim no Éden não é o jardim de Adão, mas é o jardim de Deus (Isaías 51:3, Ezequiel 28:13). O jardim está no "santo monte de Deus" (Ezequiel 28:14,16), que em termos antigos descreve o santuário de Deus, consistente com a imagem do jardim em uma região chamada Éden. A comparação complexa do poder da Assíria com os cedros no Líbano e as árvores no Éden em Ezequiel 31:1-9 expande a imagem do Éden como não só o jardim de Deus (Ezequiel 31:8), mas sim um símbolo de seu controle sobre todos os reinos do mundo.

A imagem do espaço sagrado, da montanha sagrada e do santuário de Deus suscita a questão da relação do Éden bíblico com a geografia física. A visão tradicional de que era um local histórico, com tentativas de localizar esse lugar, seja com referência à geografia moderna, seja através de mudanças assumidas devido a uma inundação catastrófica, foi contestada por aqueles que veriam a descrição como mítica, simbólica ou utópica. Certamente, a geografia suscita dificuldades, como a forma como uma nascente pode se tornar quatro grandes rios e como ela se correlaciona com a geografia moderna (incluindo a identidade de dois dos rios). Embora nem a possibilidade de linguagem simbólica nem um contexto ambíguo negue necessariamente a existência física, provoca uma interação necessária com o texto.

As imagens do Éden são usadas por autores bíblicos posteriores para simbolizar a provisão exuberante do criador do universo. Quando Yahweh mostra o seu domínio trazendo o seu dia de julgamento sobre o seu povo, a devastação é descrita como transformando o "jardim do Éden", antes dos destruidores, em um "deserto desolado", depois deles (Joel 2:3). A descrição baseia-se na imagem do santuário soando o "alarme no [seu] santo monte" (Joel 2:1). Em contraste, quando Yahweh restaura seu povo, sua terra que foi desolada por seu julgamento florescerá como o Éden (Ezequiel 36:35).

O posicionamento original da humanidade no jardim de Yahweh, então, mostra-lhe o papel pretendido diante dele, bem como a disposição graciosa e exuberante de Deus para eles. Esta próspera provisão só será finalmente realizada no fim dos tempos (Apocalipse 21:1-4).

John Soden

REFERÊNCIAS E LEITURAS RECOMENDADAS

Beale, Gregory K., 2004. *The Temple and the Church's Mission: A Biblical Theology of the Dwelling Place of God.* New Studies in Biblical Theology. Downers Grove, IL: InterVarsity.

Tsumura, David Toshio, 1989. *The Earth and the Waters in Genesis 1 and 2: A Linguistic Investigation.* Journal for the Study of the Old Testament: Supplement Series. Sheffield: Sheffield Academic Press.

EINSTEIN, ALBERT. Albert Einstein (1879-1955) é considerado por muitos como o maior físico do século XX, e talvez o maior físico desde *Sir* **Isaac Newton**. Ele nasceu em Ulm, na Alemanha. Ele é mais conhecido por suas teorias especiais e gerais da relatividade (ver **relatividade, Teoria geral da; relatividade, Teoria especial da**), bem como pelo seu desenvolvimento da teoria fotônica da luz, que ajudou a iniciar o campo da mecânica quântica.

A educação religiosa de Einstein começou muito cedo, quando seus pais judeus, Pauline e Hermann, que não abraçavam o judaísmo ou nenhuma de suas tradições, colocaram-no em uma escola católica em Munique por causa da proximidade com sua casa. Ele era o único filho judeu entre 70 crianças em sua classe e aparentemente gostava da instrução requerida na religião católica. Quando ele tinha nove anos, foi transferido para uma escola perto de Munique especializada em matemática e ciência. Ao receber instruções no judaísmo naquela escola secundária, Einstein ficou muito interessado nas tradições judaicas e começou a observar o sábado e muitas restrições alimentares com grande paixão e disciplina, ainda que a família não o fizesse.

Ao contrário dos mitos populares, Einstein era bastante habilidoso em **matemática** desde muito cedo. Ele foi encorajado e tutoreado em matemática por seu tio Jacob Einstein, um engenheiro. Ele desenvolveu uma forte inclinação e habilidade para resolução de problemas matemáticos e reiteradamente esteve entre os melhores de sua classe ou perto deles. Einstein começou sua educação em ciências aos 12 anos, quando começou a abandonar suas convicções religiosas, acreditando que vários relatos na Bíblia eram falsos e a desenvolver uma profunda suspeita e desconfiança pela religião organizada, bem como da autoridade em geral. A partir desse momento em sua vida, ele evitou todas as práticas religiosas. Quando solicitado a registrar sua preferência religiosa (para apresentação de candidaturas e similares), ele escrevia "mosaica".

Einstein se formou em 1900 pela Zurich Polytechnic [Politécnica de Zurique] e, não conseguindo encontrar nenhum emprego como professor, trabalhou como escriturário no escritório suíço de patentes em Berna, enquanto estudava na Universidade de Zurique. Em 1905, aos 26 anos, ele escreveu sua tese de doutorado e mais quatro artigos científicos inovadores, em alguns meses, um período muitas vezes chamado de *annus mirabilis*, ou "ano milagroso". Em março, ele escreveu um trabalho científico sobre uma teoria da luz que consiste em partículas isoladas e elementares, ou "fótons", uma visão que impulsionaria o desenvolvimento da mecânica quântica moderna. Em abril, concluiu sua tese de doutorado (submetida à Universidade de Zurique em julho) sobre o tema da determinação do tamanho das moléculas, um tópico que ele escolheu por ser "seguro" de ser aceito pelo seu comitê de tese (em comparação com algumas das ideias mais radicais que ele publicaria). Em maio, ele escreveu um artigo esboçando uma explicação teórica para o movimento browniano, estabelecendo, assim, de uma vez por todas, a existência física dos átomos. Em junho, ele escreveu um artigo sobre sua **Teoria da relatividade especial**, que alterou completamente as noções fundamentais do **espaço e tempo** físicos. E, por fim, em setembro, concluiu seu *annus mirabilis* escrevendo um artigo sobre a relação entre massa e energia, apreendida por aquela que é,

provavelmente, a equação mais célebre em toda a ciência: $E = mc^2$.

Em 1908, Einstein foi amplamente reconhecido como um eminente cientista e foi nomeado professor na Universidade de Berna. Entre 1911 e 1915, ele desenvolveu sua teoria mais ambiciosa e abrangente, sua **Teoria geral da relatividade**, que trata da natureza da gravidade e sua relação com o espaço-tempo, com profundas consequências para a estrutura em grande escala do universo. Em 1921, ele recebeu um Prêmio Nobel por seu trabalho sobre o efeito fotoelétrico.

Depois de ocupar uma série de cargos docentes tanto na Suíça como na Alemanha, Einstein finalmente emigrou para os Estados Unidos em 1933 quando os nazistas chegaram ao poder sob Adolf Hitler. Foi-lhe concedido um cargo no Instituto de Estudos Avançados da Universidade de Princeton e passou os últimos anos de sua vida a serviço das causas dos direitos civis e do pacifismo. Ele continuou associado ao Instituto até sua morte em 1955.

Ao longo de sua vida, Einstein chegou a abraçar, talvez influenciado pela instrução religiosa da primeira infância, a crença de que o universo físico e as pessoas que nele habitam não eram produto de um acidente cósmico. Ele vivia com profunda reverência pela **beleza** do cosmos e pela simetria matemática e simplicidade das leis pelas quais funcionava. Um desejo motivador para ele na busca de suas teorias físicas da natureza era "conhecer a mente de Deus".

Warren Rogers

REFERÊNCIAS E LEITURAS RECOMENDADAS

Isaacson, Walter, 2007. *Einstein: His Life and Universe.* New York: Simon & Schuster.
Pais, Abraham, 1982. *Subtle Is the Lord: The Science and Life of Albert Einstein.* London: Oxford University Press.

ELLIS, GEORGE F. R. George F. R. Ellis (1939-) nasceu na África do Sul. Ele doutorou-se em **matemática** aplicada e **física** teórica pela Universidade de Cambridge em 1964 (Templeton Prize, 2004). Ellis atuou como professor visitante em várias universidades em todo o mundo, incluindo a Universidade de Boston, a Universidade de Chicago e a Universidade de Londres. Atualmente é professor emérito de matemática na Universidade de Cape Town, África do Sul. O prestígio de Ellis como um dos mais importantes cosmólogos especializado na Teoria da relatividade geral é incontestável. Juntamente com

Stephen Hawking, Ellis publicou uma série de importantes artigos científicos que demonstram que a relatividade geral previu a existência de uma singularidade na história passada do nosso universo, que tem implicações para um começo único para o **espaço e tempo** (Hawking e Ellis, 1968). Em 1973, Ellis, em coautoria com Stephen Hawking, escreveu *The Large Scale Structure of Space-Time* [A estrutura de grande escala do espaço-tempo], que, entre outras coisas, fornece a base matemática para os buracos negros.

Como um físico de renome, os interesses de Ellis se estendem para além dos limites das equações matemáticas até o domínio das questões fundamentais, com interesse permanente nos seres humanos em todos os lugares. Em seu livro *On the Moral Nature of the Universe* [Sobre a natureza moral do universo], Ellis e a coautora Nancey Murphy apresentam um argumento profundamente fundamentado para "a incompletude das ciências físicas além de uma superestrutura metafísica". Eles analisam abordagens múltiplas para explicar a **causalidade** final na cosmologia, incluindo **acaso** aleatório e necessidade, e concluem: "Comparando as diferentes possibilidades, é difícil evitar a conclusão de que o conceito de *design* é uma das abordagens gerais mais satisfatórias" (Murphy e Ellis 1996, 59). Mais notavelmente, Ellis afirma que "o objetivo final do universo é permitir [uma] resposta voluntária ao criador" e, como tal, uma característica importante do universo é "a natureza oculta da realidade última" (Murphy e Ellis, 1996, p. 209).

Embora reconhecendo que o conceito de um **multiverso** é "provavelmente a única resposta científica a essa questão de ajuste fino", Ellis critica categoricamente o conceito de um multiverso, afirmando: "O único problema com isso é que não se tem o menor conhecimento de como esses outros universos são, não se tem nenhuma conexão causal com eles, você nem mesmo sabe se eles existem." Ellis, portanto, sustenta que "a existência desses universos é um pressuposto metafísico, e não científico" (Templeton Prize, 2004, p. 17). Em seus escritos, Ellis argumentou que o livre-arbítrio humano é uma realidade espaço-temporal e que certas filosofias humanistas que negam a realidade da **consciência** e do livre-arbítrio estão promovendo "um posicionamento completamente incoerente" (Templeton Prize, 2004, p. 18). Seu argumento baseia-se na **lógica** de que, se a consciência e a livre escolha não são reais, as conclusões científicas não são confiáveis.

E se este for o caso, então não se pode levar a sério a conclusão de que o livre-arbítrio não é uma realidade.

Ellis recebeu o prestigiado Prêmio Templeton de 2004 pelo progresso em pesquisas ou descobertas sobre realidades espirituais. Em seu discurso de agradecimento, Ellis afirmou: "Eu acredito que o diálogo científico e religioso é uma das questões mais importantes com as quais podemos nos envolver atualmente" (Templeton Prize, 2004, p. 7). Além de seu trabalho acadêmico em cosmologia, Ellis teve seus pés firmemente plantados no chão, como exemplificado por sua oposição ativa contra o *apartheid* na África do Sul. Ele também destinou metade do seu dinheiro do Prêmio Templeton para vários projetos na África do Sul a fim de apoiar o desenvolvimento econômico, cultural e religioso.

Eric R. Hedin

REFERÊNCIAS E LEITURAS RECOMENDADAS

Ellis, George F. R.; Hawking, Stephen W., 1975. *The Large-Scale Structure of Space-Time*. Cambridge: Cambridge University Press.

Ellis, George F. R.; Williams, Ruth M., 1988. *Flat and Curved Space-Times*. New York: Oxford University Press.

Hawking, S. W.; Ellis, G. F. R., 1968. "The Cosmic Black-Body Radiation and the Existence of Singularities in Our Universe." *Astrophysical Journal* 152:25-36.

Murphy, Nancey; Ellis, George F. R., 1996. *On the Moral Nature of the Universe: Theology, Cosmology, and Ethics*. Minneapolis: Augsburg Fortress.

Templeton Prize, 2004. "Prof. George F. R. Ellis: 2004 Templeton Prize Laureate." www.templetonprize.org/pdfs/Templeton_Prize_Chronicle_2004.pdf.

EMERGÊNCIA. A emergência tem sido entendida de várias maneiras. É a ideia de que novas características irredutíveis (propriedades ou substâncias) podem surgir de sistemas suficientemente complexos de elementos mais fundamentais. A importância concedida às discussões de emergência pode ser atribuída aos emergencistas britânicos, um grupo de pensadores, incluindo John Stuart Mill (Mill, 1882), que se tornou proeminente no início do século XX, através das perspectivas contrastantes de Samuel Alexander e C. D. Broad, cada um dos quais usou uma ideia distinta de emergência para explicar o lugar da mente no mundo natural. Se os processos que eles descreveram realmente caracterizam os processos naturais observáveis, permanece incerto (Alexander, 1920; Broad, 1925).

O trabalho de Alexander prefigura a chamada emergência epistemológica — a visão de que alguns sistemas podem possuir características emergentes no sentido de serem imprevisíveis ou irredutíveis à atividade dos elementos mais fundamentais dos quais o sistema é composto. A emergência epistemológica implica a existência de limites de princípios para o conhecimento de sistemas complexos. Portanto, é impossível prever a presença de certas características antes de serem observadas. Esses recursos, juntos, constituem um nível emergente em que o sistema pode ser descrito, cuja dinâmica pode ser definida em termos de leis emergentes. Essas leis são irredutíveis para aqueles que exercem influência sobre o comportamento dos elementos mais fundamentais e, juntos, constituem uma ciência especial.

A emergência epistemológica nos permite apreender o mundo em termos de características de sistema de níveis. O mundo não está, portanto, no sentido mais amplo, disposto em camadas, mas é mais bem descrito como sistematicamente padronizado. Broad seguiu Mill ao adotar uma visão mais consistente, que é a precursora da chamada emergência ontológica. Nessa visão, o mundo está realmente disposto em camadas. À medida que os sistemas se tornam cada vez mais complexos, surgem novas entidades que não são apenas irredutíveis, mas também fundamentais.

A alegação de que as pessoas são entidades emergentes tem sido empregada para evitar explicações reducionistas, fisicalistas ou eliminativistas da mente, que obliterariam muitas crenças antropológicas de senso comum e universal, bem como as que são amplamente defendidas por razões teológicas (ver **Materialismo eliminativo**). Por exemplo, **Nancey Murphy** propõe um **fisicalismo** não redutivo que leva as propriedades mentais a serem epistemologicamente emergentes (Murphy, 2006). Timothy O'Connor vai mais longe, considerando que as pessoas são indivíduos ontologicamente emergentes — seres essencialmente consubstanciados que, no entanto, existem como entidades fundamentais e irredutíveis, graças à posse de "particularidades" ontologicamente emergentes que unem os complexos sistemas físicos dos quais participam (O'Connor e Jacobs, 2003). Por fim, William Hasker argumentou que as pessoas são **almas** ontologicamente emergentes que são contingentemente relacionadas com os corpos que apresentam e as sustentam (Hasker, 1999). A emergência explica assim a ligação duradoura de uma alma com um corpo específico.

Tais teorias são problemáticas. A emergência epistemológica de Murphy tem problemas com a **causalidade** mental; a noção de O'Connor de um sistema particularizado pode não ser coerente; e o **dualismo** emergente de Hasker pode reforçar os problemas do fisicalismo e do dualismo, bem como suas virtudes. No entanto, esses exemplos ilustram que as diferentes interpretações da aparente noção vaga de emergência permanecem importantes para alguns relatos cristãos da relação entre as pessoas e o mundo natural.

Jonathan Loose

REFERÊNCIAS E LEITURAS RECOMENDADAS

Alexander, Samuel, 1920. *Space, Time, and Deity*. 2 vols. London: Macmillan.
Broad, C. D., 1925. *The Mind and Its Place in Nature*. London: Routledge and Kegan Paul.
Hasker, William, 1999. *The Emergent Self*. Ithaca, NY: Cornell University Press.
Mill, John Stuart. 1882. *A System of Logic, Ratiocinative and Inductive*. New York: Harper & Brothers.
Murphy, Nancey C., 2006. *Bodies and Souls, or Spirited Bodies*. Current Issues in Theology. Cambridge: Cambridge University Press.
O'Connor, Timothy; Jacobs, Jonathan D., 2003. "Emergent Individuals." *Philosophical Quarterly* 53 (213):540-55.

EMPIRISMO. O empirismo é um conceito filosófico que pode ser contrastado com o racionalismo; na verdade, eles são exatamente os extremos opostos um do outro. No empirismo, a ideia básica é que a experiência, a percepção dos sentidos e a indução são a base do conhecimento, enquanto que no racionalismo a base do conhecimento são ideias, pensamentos, razão e dedução inatas.

A palavra empirismo é derivada do grego *empeiria*, que significa "experiência", da qual recebemos a palavra *experimento*, o que implica que o empirismo está envolvido com a pesquisa real, experiência, observação.

Os empiristas acreditam que a percepção sensorial é a principal fonte de conhecimento, e esse conhecimento é obtido apenas através da experiência e não através de ideias inatas. Através da experiência, obtém-se ideias simples, e essas ideias simples podem ser combinadas em ideias complexas. A ideia-chave é que a experiência é a fonte do conhecimento, e isso significa que o conhecimento depende, em última análise, do uso dos sentidos e do que é descoberto através deles.

A visão tradicional da ciência moderna é que o primeiro passo para o conhecimento é a coleta de dados observacionais de uma maneira puramente objetiva, livre de preconceitos de noções *a priori*, livres de coações ou pressupostos filosóficos ou religiosos. Em segundo lugar, os dados são então organizados de alguma forma apropriada, novamente sem condições *a priori*, embora o processo de

258 ENCARNAÇÃO

passar de meros dados brutos para responder às perguntas para quais o projeto foi concebido possa exigir o uso de princípios acordados e cálculos complexos. Em terceiro lugar, pelo uso da indução, podem surgir generalizações e princípios explicativos, incluindo teorias relacionadas a possíveis conhecimentos ou efeitos científicos adicionais para os quais ainda não houve entendimento satisfatório. Este procedimento é chamado de *método hipotético-indutivo* e é baseado no primeiro passo crucial da aquisição de dados empíricos.

Devemos acrescentar mais uma palavra sobre percepção e experiência dos sentidos. Muitos tópicos de interesse científico não são diretamente observáveis pelos olhos. Os tamanhos e as distâncias variam em quantidades enormes — tamanhos cosmológicos de galáxias, por exemplo, todo o caminho para o micromundo da molécula, átomo, núcleo e partículas fundamentais envolvem a impossibilidade de observações diretas em cada extremidade da escala de tamanho, o que traz à tona a questão dos "extensores sensoriais". Vários tipos de telescópios ajudam nas investigações cosmológicas e o entendimento envolvido no funcionamento de tais dispositivos é bem conhecido por muitos, de modo que parece que as observações diretas são possíveis por causa de lentes de vidro ou espelhos e, portanto, não é tão difícil de aceitar essas medidas. Mas o sistema submicroscópico é um pouco mais sutil, uma vez que os dispositivos altamente especializados e complicados são empregados nessas investigações, e o melhor que se pode dizer é que esses procedimentos contêm vários passos, cada um dos quais pode ser entendido em termos de princípios científicos aceitos.

Todo o conjunto de operações que leva ao que é referido como "observar" um determinado evento nuclear ou de partículas compõe uma história autoconsistente, que depois de muitas verificações e cruzamentos de informações o grupo que realiza a investigação se convence de que o que estão "vendo", na verdade, é o que eles pretendiam "ver" em seu experimento. E assim, esta é uma evidência empírica obtida de forma direta, mas indireta, tendo em vista o tipo de investigações submicroscópicas que estão sendo realizadas. A prova para se determinar se isso é bom ou ruim vem, pelo menos em parte, dos usos práticos que o conhecimento nuclear derivado dessa maneira pode ser usado, como, por exemplo, para terapia de radiação bem-sucedida em vítimas de câncer, para projetar e construir reatores nucleares para a produção de energia, para nos

dar compreensão a fim de projetar e construir imagens de ressonância magnética (um processo nuclear).

Muitas pessoas acreditam que restringir a ciência, na prática, aos conceitos naturais (gerados empiricamente) é válido desde que se perceba que não se pode, em nome da ciência, extrapolar princípios científicos em tópicos metafísicos ou religiosos.

Richard F. Carlson

REFERÊNCIAS E LEITURAS RECOMENDADAS

Ratzsch, Del, 1980. *Philosophy of Science*. Downers Grove, IL: InterVarsity.

ENCARNAÇÃO. A doutrina da encarnação, que significa "tornar-se carne", é derivada de textos bíblicos claros, os quais afirmam tanto a divindade plena quanto a humanidade de Jesus de Nazaré, duas naturezas em uma pessoa: João 1:1 ("A Palavra [...] era Deus"); 1:14 ("Aquele que é a Palavra tornou-se carne e viveu entre nós. Vimos a sua glória..."); Mateus 1:23 ("Deus conosco"); e assim por diante.

Essa doutrina foi confirmada pelos concílios de Niceia (325 d.C.) e de Calcedônia (451 d.C.). Niceia afirmou o Filho de Deus como *homoousios* — da mesma substância ou sendo como o Pai, ele "desceu do céu" e "encarnou pelo Espírito Santo da Virgem Maria". Calcedônia afirmou que as naturezas divina e humana são distintas e preservadas sem confusão, mudança, divisão ou separação na pessoa de Jesus de Nazaré; ele é "verdadeiramente Deus e verdadeiramente homem, de corpo e **alma** [racional]; consubstancial ao Pai segundo a divindade e consubstancial a nós segundo a humanidade; em tudo semelhante a nós, excetuando o pecado".

Embora considerada metafisicamente impossível e logicamente contraditória pelos críticos (p. ex., Martin, 1991), vários filósofos e teólogos têm defendido a doutrina como racionalmente coerente, sem negar o "**mistério da piedade**" (1Timóteo 3:16). A encarnação foi possível precisamente porque os seres humanos foram feitos à imagem de Deus (Gênesis 1:26-27; Salmos 8, esp. v 5: "um pouco menor do que os seres celestiais"). O que é essencial para a humanidade é derivado da natureza de Deus; assim, o Cristo encarnado é o humano mais verdadeiro ou arquetípico — "*a* **imagem de Deus**" (ver 2Coríntios 3:18; Colossenses 1:15; Hebreus 1:3): "Foi fato de o homem, na ordem criativa, ter a imagem de seu Criador que possibilitou ao Filho de Deus encarnar como homem e, em sua humanidade, demonstrar a glória do Deus invisível" (Bruce, 1957, p. 194).

Para entender a lógica da encarnação, alguns propuseram uma teoria da *kenosis* (cf. Filipenses 2:7), na qual o Filho, igual a Deus, "esvaziou-se"); assim, o Filho de Deus despoja-se das propriedades divinas, como onisciência e onipotência, ao assumir a humanidade. Se tais propriedades grandiosas puderem ser renunciadas, elas não devem ser propriedades necessárias de Deus. Ou talvez, argumenta-se, essa "perda" de propriedades divinas foi simulada: o Filho só pareceu não tê-las. O problema aqui é o de uma falsa impressão divinamente criada, semelhante à heresia gnóstica do docetismo. Uma teoria da *kenosis* que afirma o limitado exercício de poderes intocáveis e divinamente necessários de Jesus, mas não apresenta nenhum problema teológico (ver Davis et al. 2004; Evans, 2006).

A proposta das "duas mentes" do filósofo Thomas Morris também se mostra promissora (Morris, 1986, 1990; DeWeese, 2007). Ele faz três distinções cruciais.

1. *Natureza e pessoa.* A natureza ou essência de uma coisa a torna o que é; sem propriedades essenciais, inevitavelmente essa coisa não existiria. Uma pessoa — isto é, um centro de (auto) **consciência**, vontade, ação e responsabilidade — tem uma natureza. Aqueles qualificados como pessoas incluem seres humanos, anjos e membros da Divindade triuna. Jesus é uma pessoa que compartilha nossa natureza humana enquanto ainda possui a natureza divina.

2. *Totalmente versus meramente humano.* Embora os seres humanos normalmente pequem, tenham quatro membros e morram, estes são meramente — não essencialmente — características humanas. Por exemplo, os humanos redimidos serão sem pecado na vida após a morte, e Enoque e Elias não morreram. Assim, ser essencial ou totalmente humano não exclui a possibilidade de ser totalmente divino. Somos essencialmente — não meramente — portadores de imagem de Deus, com capacidades racionais, relacionais, criativas, espirituais e morais para realizar nossa função como reis-sacerdotes representativos de Deus na terra. Essas qualidades derivam de Deus como um subconjunto finito de infinitas qualidades divinas.

3. *Consciência divina e consciência humana.* Estas são comparáveis aos nossos dois níveis de "consciência" — consciente e subconsciente — trabalhando em conjunto. O Filho de Deus veio para se identificar completamente com os seres humanos, tornando-se um nazareno, de língua aramaica do primeiro século, que cresceu em virtude (Lucas 2:52; Hebreus 2:18; 5:8) e no entendimento de sua missão à medida que lia as Escrituras hebraicas. O tempo todo ele possuía o "subconsciente" eterno e divino, baseando-se nisso como necessário para realizar sua tarefa triunfalmente predeterminada na terra (cf. João 17:5, 22-26; Filipenses 2:6-11). Esses dois níveis de consciência não exigem a colocação de duas vontades.

A missão de Jesus incluía a fraqueza humana e o acesso autorrestrito ao conhecimento de que era impossível pecar (cf. Tiago 1:13) e ao momento de seu retorno (Mateus 24:36). A "realidade divina não estava completa e compreensivelmente presente na mente [humana] de Jesus" (O'Collins, 1983, p. 186). Embora Jesus pudesse ter tido acesso a conhecer esses assuntos, ele voluntariamente desistiu de acessar para viver fielmente a história e o chamado de Adão (da humanidade) e de Israel. Como Jesus foi "guiado pelo Espírito" (Lucas 4:1) em face da tentação, devemos ser do mesmo modo guiados por esse Espírito (Romanos 8:14).

Para compartilhar nossa luta contra a tentação, Jesus não se envolveu em fingimento, mas desistiu de ter acesso ao conhecimento de que pecar para ele, como Deus, era impossível (cf. Tiago 1:13), assim como ele abandonou outros itens de conhecimento (O'Collins, 1995, 271). Podemos, além disso, argumentar que a tentação não tem que envolver a possibilidade do pecado.

Reconhecidamente, a identificação de Deus com a humanidade é uma situação única, contudo, a tentação sem a possibilidade de pecar é concebível. Imagine entrar em uma sala e, sem que você saiba, a porta tem um bloqueio automático de duas horas. Você pensa em sair uma ou duas vezes, mas decide livremente ler durante as duas horas completas, após as quais você sai da sala. Considerando não teria sido capaz de sair da sala durante esse tempo, você não se incomodou em se mover em direção à porta para tentar sair porque decidiu livremente ficar parado. Ou pense em um espião que está em uma missão perigosa e leva junto com ele — no caso de ser torturado para dar **informações** ultrassecretas — uma pílula de produção de amnésia limitada com um antídoto para uso posterior. Ele estaria sob os efeitos da pílula de amnésia se capturado, mas, ainda assim, possuiria a informação em sua mente, mesmo que tivesse escolhido uma autolimitação (Morris, 1986, p. 149-50, 91).

Alguns acusaram essa visão de ser um Nestorianismo herético — duas pessoas em Cristo (Moreland e Craig, 2003, p. 612), mas essa crítica não é preocupante, pois podemos reconhecer prontamente a integração de mentes conscientes e subconscientes dentro de uma pessoa sem suspeita de esquizofrenia. Por que isso não poderia ser verdade das consciências humanas e divinas em Jesus de Nazaré? Uma modificação dessa visão de dois níveis de consciência é que, em vez de usar a analogia do "subconsciente", pode-se apropriar-se da noção de uma consciência "pré-consciente". Isso pode ser comparado ao pronto acesso de uma pessoa a fórmulas familiares de cálculo em sua mente — mesmo que ele não esteja pensando conscientemente sobre elas. Da mesma forma, os poderes voluntariamente restringidos de, digamos, onisciência e onipotência divinas em Jesus de Nazaré, seriam localizados e prontamente acessíveis nesta consciência pré-consciente de sua mente (Loke, 2014).

A doutrina da encarnação tem implicações abrangentes, uma vez que reafirma a bondade do mundo físico (Gênesis 1:31) e a digna empreitada de estudá-lo (Salmos 111:2) — em total oposição à difamação da matéria pelo gnosticismo. Além disso, a encarnação não foi temporária, mas permanente, selada na imortalidade por meio da **ressurreição** corporal de Jesus até a imperecibilidade (1Coríntios 15; Filipenses 3:21). Este "oitavo dia da criação", como Irineu o chama, põe em movimento a nova criação (cf. 2Coríntios 5:17) que leva a uma final e incorruptível "fisicalidade transformada" de todos os redimidos e do céu e da terra (ver Wright, 2006). As doutrinas da criação e encarnação opõem-se às visões filosóficas orientais como o **monismo**, que considera o mundo físico ilusório e, portanto, nega o empreendimento científico, e o **panteísmo**, que diviniza todas as coisas e diminui tanto os seres humanos como portadores exclusivos de imagem de Deus quanto o mérito do estudo científico. Essas doutrinas também se opõem à visão dominante do **cientificismo**, que pressupõe apenas que a matéria existe.

De fato, a história da ciência demonstra que as doutrinas da criação e da encarnação tornaram a ciência moderna possível, tendo em vista que enfatizam um Deus racional que projeta um universo ordenado e previsível que pode ser estudado e do qual os seres humanos racionais feitos à imagem de Deus podem usufruir, com Jesus de Nazaré como o humano arquetípico. A natureza pode ser estudada sem negar sua realidade, sem idolatrá-la e sem

reduzi-la a uma massa de processos materiais não orientados. **Stanley Jaki** argumenta corretamente que o Cristo encarnado é "o salvador da ciência" (Jaki, 1988; cf. Stark, 2005).

Paul Copan

REFERÊNCIAS E LEITURAS RECOMENDADAS

Bruce, F. F., 1957. *The Epistles of Paul to the Ephesians and to the Colossians.* New International Commentary on the New Testament. Eds. E. K. Simpson and F. F. Bruce. Grand Rapids: Eerdmans.

Davis, Stephen T.; Kendall, David; O'Collins, Gerald, eds. 2004. *The Incarnation: An Interdisciplinary Symposium on the Incarnation of the Son of God.* Oxford: Oxford University Press.

DeWeese, Garrett, 2007. "One Person, Two Natures: Two Metaphysical Models of the Incarnation", em *Jesus in Trinitarian Perspective*, ed. Fred Sanders and Klaus Issler, 114-53. Nashville: B&H Academic.

Evans, C. Stephen, ed. 2006. *Exploring Kenotic Christology: The Self-Emptying of God.* Oxford: Oxford University Press.

Jaki, Stanley, 1988. *The Savior of Science.* Washington, DC: Regnery.

Loke, Andrew Ter Ern, 2014. *A Kryptic Model of the Incarnation.* Burlington, VT: Ashgate.

Martin, Michael, 1991. *The Case against Christianity.* Philadelphia: Temple University Press.

Moreland, J. P.; Craig, William Lane, 2003. *Philosophical Foundations for a Christian Worldview.* Downers Grove, IL: IVP Academic.

Morris, Thomas, 1986. *The Logic of God Incarnate.* Ithaca, NY: Cornell University Press.

_____. 1988. "The Metaphysics of God Incarnate", em *Trinity, Incarnation, and Atonement*, ed. Ronald Feenstra. Notre Dame, IN: University of Notre Dame Press.

_____. 1990. *Our Idea of God.* Downers Grove, IL: InterVarsity. O' Collins, Gerald. 1983. *Interpreting Jesus.* Ramsey, NJ: Paulist.

_____. 1995. *Christology.* Oxford: Oxford University Press.

Stark, Rodney, 2005. *The Victory of Reason: How Christianity Led to Freedom, Capitalism and Western Success.* New York: Random House.

Wright, N. T., 2006. *Evil and the Justice of God.* Downers Grove, IL: InterVarsity.

ENNS, PETER. Peter Enns (1961-) é um erudito bíblico evangélico e autor ou editor de mais de uma dúzia de livros sobre a interpretação do Antigo Testamento, a inspiração das Escrituras e a interseção entre ciência e fé. Ele lecionou no Seminário Teológico de Westminster por 14 anos (1994-2008) até sua saída controversa após a publicação de seu livro *Inspiration and Incarnation: Evangelicals and the Problem of the Old Testament* [Inspiração e encarnação: evangélicos e o problema do Antigo Testamento] em 2005. Atualmente é professor da cátedra de Abram S. Clemens de Estudos Bíblicos na Universidade Eastern, St. Davids, Pensilvânia, EUA.

Enns nasceu em Passaic, Nova Jersey, EUA, e graduou-se em ciência comportamental na Faculdade Messiah em 1982. Recebeu o grau de mestre em Teologia no Westminster Theological Seminary em 1989, e doutorou-se em línguas e civilizações do Oriente Médio na

Universidade de Harvard em 1994. Depois de Harvard, lecionou Antigo Testamento e Hermenêutica Bíblica em Westminster até 2008. De 2009 a 2011, atuou como pesquisador sênior em estudos bíblicos na **BioLogos Foundation**, redigindo *blogs* semanais sobre ciência e fé. Em 2012, ele publicou *The Evolution of Adam* [A evolução de Adão], que tentou conciliar a teoria moderna da evolução com o estudo bíblico atual do Adão histórico. Enns também mantém uma presença ativa na *web*, escrevendo para seu próprio *site* e *blog* e fazendo contribuições para o *Huffington Post*.

Em *Inspiration and Incarnation*, Enns argumentou a favor de uma compreensão revisada da inspiração bíblica como tradicionalmente compreendida pelos evangélicos. De acordo com Enns, o campo dos estudos bíblicos modernos e os fenômenos da própria Escritura requerem isso. Consequentemente, as porções narrativas do Antigo Testamento não são "historiografia objetiva", nem a Bíblia é inteiramente tão "original" em seu antigo contexto do Oriente Próximo.

Em *The Evolution of Adam* (2012), Enns parte do pressuposto de que a teoria evolucionista é verdadeira, argumentando que após a conclusão do **Projeto Genoma Humano** em 2003, comandado pelo fundador da BioLogos, **Francis Collins**, está "além de qualquer dúvida científica razoável que os humanos e os primatas compartilham **ancestralidade comum**" (ix). Ele então prossegue em defesa de uma releitura de porções-chave da Escritura, a saber, a história de Adão (parte 1) e os comentários do apóstolo Paulo sobre a história de Adão (parte 2).

Em primeiro lugar, Enns argumenta que Gênesis não pode ser lido literal, histórica ou cientificamente. Além disso, uma leitura cuidadosa de Gênesis e de todo o Pentateuco reconhece que este material foi compilado e moldado pela perspectiva da autodeterminação de Israel durante os períodos exílico e pós-exílico. Enns sugere que mais que uma história de origens humanas, a história de Adão é uma história das origens de Israel (e rebelião e exílio derradeiros).

Em relação a Paulo, Enns admite que o apóstolo compreendeu Adão em Romanos 5 como histórico, mas propõe que ele estava meramente apoiando uma verdade teológica com o único idioma que ele poderia usar no contexto de sua cultura judaico-helenística. O uso que Paulo faz do Adão histórico não compromete a verdade teológica que apoia, assim como a **cosmovisão** geocêntrica da Bíblia

é essencial para sua mensagem. Inspirado pelos eventos basilares da morte e ressurreição de Cristo, Paulo acrescentou uma nova dimensão à antiga compreensão judaica da origem humana, incluindo não só a morte, mas também a *condenação*, uma contribuição paulina interpretativa e hermenêutica única. Enns argumenta ainda que as tentativas de supor um casal de hominídeos ao qual Deus infundiu com a *imago Dei* (imagem de Deus, em latim) dentro da cadeia da evolução ou ao qual incumbiu da responsabilidade de ser algum tipo de "chefe represente" são inadequadas, pois não são fiéis nem ao Gênesis e nem a Paulo.

Milton Eng

REFERÊNCIAS E LEITURAS RECOMENDADAS

Enns, Peter, 2005. *Inspiration and Incarnation: Evangelicals and the Problem of the Old Testament*. Grand Rapids: Baker Academic.

_____. 2011. "Evolution and Our Theological Traditions: Wesleyanism." *Daily Blog* (Peter Enns). The BioLogos Foundation. 17 de maio. http://biologos.org/blogs/archive/evolution-and-our-theological-traditions-wesleyanism.

_____. 2012. *The Evolution of Adam: What the Bible Does and Doesn't Say about Human Origins*. Grand Rapids: Brazos.

_____. 2014. "The Bible, History, and Storytelling (from *The Bible Tells Me So*)." Rethinking Biblical Christianity." *Patheos*. 1 set. http://www.patheos.com/blogs/peterenns/2014/09/the-bible-history-and-storytelling-from-the-bible-tells-me-so/.

ENUMA ELISH. *Enuma Elish* é uma composição babilônica que descreve como o deus Marduque assumiu o reinado entre os deuses dos babilônios e a consequente construção de seu templo Esagila (para a tradução em inglês, ver Foster, 1997). Como Marduque era o deus da cidade de Babilônia, sua ascensão ao domínio do panteão provavelmente coincide com a ascensão da cidade de Babilônia ao domínio político na região da Mesopotâmia. Enquanto alguns eruditos estimam que a ascensão de Babilônia tenha ocorrido sob Nabucodonosor I (século XII a.C.), outros remontam-na ao antigo reino da Babilônia sob Hammurabi (século XVIII a.C.). O interesse contemporâneo no *Enuma Elish* é aumentado pelo relato da criação do cosmos e da humanidade e por sua relação com as descrições bíblicas da criação.

O título do *Enuma Elish* vem das primeiras palavras do mito, que traduzidas do acádio significam "quando no alto". Essas palavras são seguidas por uma teogonia, um relato do nascimento dos deuses. O deus Apsu (que representa a água doce) e a deusa Tiamat (a água salgada) estão lá no início. A mistura de suas águas produz a geração seguinte de deuses e deusas, aqueles que os leitores originais da Babilônia teriam reconhecido como os que eles adoravam.

Os deuses jovens, no entanto, estão inquietos e perturbam o sono de Tiamat e Apsu, levando Apsu a declarar sua intenção de acabar com eles, mesmo que Tiamat tente dissuadi-lo disso. Ea, conhecida amplamente na literatura babilônica como o deus da sabedoria, fica sabendo da trama de Apsu e toma ações preventivas. Ele consegue matar Apsu, construindo sua casa em sua carcaça. Nessa casa, Ea e seu cônjuge, Damkina, deram à luz Marduque, que é a figura central da composição.

Embora resolva a ameaça representada por Apsu, a ação de Ea resulta em um perigo maior. Tiamat tentou dissuadir Apsu de matar seus filhos divinos, mas agora ela está brava, e ela é muito mais poderosa que o marido. Ela produz uma horda demoníaca e determina que eles retomem a missão na qual Apsu fracassou. Ela nomeia um deus demoníaco chamado Qingu como seu novo cônjuge e o líder da horda.

Ea sabe que ele não é rival para Tiamat, mas seu filho Marduque avança como o campeão dos deuses. Ele anuncia que ele vai lutar contra Tiamat, e, se for bem-sucedido, ele irá reivindicar o reinado sobre os deuses.

Marduque então confronta Tiamat, e o resultado é uma batalha assustadora. No final, Marduque sai vitorioso. Ele mata Tiamat e depois separa seu corpo pela metade. Com a parte superior da metade do corpo dela, ele cria os céus (dos quais as águas caem sob a forma de chuva), e com a metade inferior ele cria as águas do mundo. Ele coloca os deuses e deusas na metade superior do seu corpo, e eles constituem o sol, a lua e as estrelas. Ele então afasta as águas para formar a terra. Por fim, ele mata Qingu e "de seu sangue ele fez a humanidade; eles impuseram o fardo dos deuses sobre eles!" (tabuinha VI, 33-34). Esse relato da criação da humanidade e o propósito para sua criação são apresentados com mais detalhes em outro texto de criação da Babilônia, *Atrahasis*. *Enuma Elish* termina exaltando os cinquenta nomes de Marduque.

Enuma Elish é uma importante narrativa concorrente dos relatos bíblicos da criação, e fornece (juntamente com *Atrahasis*) um contexto cultural significativo para as histórias da criação bíblica, tanto em termos de semelhanças como também de diferenças. Em *Enuma Elish* a criação do cosmos é o resultado do conflito divino, ausente na Bíblia. Enquanto os corpos celestes são deidades em *Enuma Elish*, eles são a criação de Deus em Gênesis. A humanidade é criada a partir do sangue de um deus demoníaco na história babilônica e com o propósito de fazer trabalho servil, em oposição ao relato bíblico segundo o qual os seres humanos são criados a partir do pó da terra e do sopro divino (Gênesis 2:7). Em vez de se engajarem em trabalho servil, os humanos "subjugam" a terra e "dominam" as suas criaturas (Gênesis 1:28). Deus os coloca em seu jardim paradisíaco e ordena que "trabalhem e cuidem [ou protejam]" (Gênesis. 2:15).

Os relatos da criação bíblica não foram escritos em um vácuo cultural. O *Enuma Elish*, juntamente com outras histórias antigas de criação do Oriente Próximo, fornece um precioso pano de fundo para o nosso estudo da criação na Bíblia.

Tremper Longman III

REFERÊNCIAS E LEITURAS RECOMENDADAS

Foster, B. R., 1997. "The Epic of Creation." In: *The Context of Scripture* 1:390-402. Leiden: Brill.

Lambert, W. G., 2013. *Babylonian Creation Myths*. Winona Lake, IN: Eisenbrauns.

Sparks, K. L., 2005. *Ancient Texts for the Study of the Hebrew Bible: A Guide to the Background Literature*. Peabody, MA: Hendrickson.

EPIGENÉTICA. A epigenética é o campo da biologia que estuda mudanças na expressão do **gene** ou no fenótipo celular que são causadas por outros fatores além da sequência de **DNA**. Conforme definido pela conferência de Cold Spring Harbor em 2008, um traço epigenético refere-se a um "fenótipo hereditário estável resultante de mudanças em um cromossomo sem alterações na sequência de DNA" (Berger et al., 2009). A epigenética, portanto, envolve alterações funcionalmente relevantes para o genoma que afetam a forma como os genes são expressos sem qualquer alteração na sequência do DNA (tais alterações incluem metilação do DNA ou modificação das histonas). Por exemplo, as proteínas inibidoras que se encaixam nas regiões silenciadoras do DNA podem influenciar a expressão gênica sem afetar a sequência de DNA subjacente.

Após a fertilização de um óvulo, o zigoto resultante sofre uma série de divisões, resultando eventualmente nos vários tipos celulares diferentes do organismo (Mitalipov e Wolf, 2009). As células-tronco totipotentes (isto é, células com o maior potencial de diferenciação) desenvolvem-se nas várias linhas celulares pluripotentes do embrião, que se desenvolvem em células totalmente diferenciadas, incluindo vasos sanguíneos, células musculares, neurônios, epitélio e endotélio. Isso ocorre ativando e inibindo a expressão gênica. As células diferenciadas são, assim, capazes de expressar apenas os genes que são necessários para os seus próprios tipo de célula. Quando as células se dividem, as modificações epigenéticas são preservadas (Bird, 2002; Jablonka e Raz, 2009).

Uma fonte adicional de **informação** epigenética que afeta o desenvolvimento embriológico é encontrada no arranjo de moléculas de açúcar na superfície exterior da membrana plasmática da célula (Gabius 2000, Gabius et al., 2004). Os açúcares podem se unir às moléculas lipídicas da membrana para formar glicolípidos. Os padrões de superfície celular que emergem consequentemente podem ser extremamente complexos e, portanto, possuir um alto nível de capacidade de armazenamento de informações. A capacidade dessas estruturas para influenciar o arranjo dos tipos de células durante a embriogênese fez com que fosse chamada de "código de açúcar".

Outro fator que contribui para a morfogênese é a distribuição e disposição espacial dos canais iónicos na membrana celular (embora esses canais iônicos sejam eles próprios codificados pelo DNA, a distribuição espacial não é). Esses canais de íons podem estabelecer um campo eletromagnético capaz de influenciar a forma de um organismo em desenvolvimento (Levin, 2003; Shi e Borgens, 1995; Skou, 1998; Vandenberg et al., 2011).

Outro tipo de fenômenos epigenéticos ocorre no nível da população celular, em relação aos casos em que as interações indutivas entre duas populações celulares resultam na criação de uma terceira. Por exemplo, certos aspectos da morfologia óssea surgem como consequência da interação entre a atividade óssea e muscular — sendo completamente imprevisíveis a partir do desenvolvimento intrínseco dos próprios tecidos — e, portanto, são entendidos como epigenéticos (Allori et al., 2008; Pearson e Lieberman, 2004).

Os fenômenos epigenéticos também podem ser encontrados nas interações entre espécies ou nas interações entre membros da mesma espécie. Por exemplo, na interação entre **espécies** de predadores e presas no plâncton, substâncias químicas expelidas do predador resultam na formação de características na presa que, de outra forma, não estão presentes na ausência do predador (Vaughn, 2007).

Os defensores do *design* inteligente argumentaram que o papel da informação epigenética na direção da morfogênese da forma organizacional representa um desafio significativo para o **paradigma** evolutivo neodarwiniano, já que o DNA mutante pode ser inadequado para produzir um plano corporal fundamentalmente novo (Wells, 2013).

Jonathan McLatchie

REFERÊNCIAS E LEITURAS RECOMENDADAS

ALLORI, A. C.; Sailon, A. M.; Pan, J. H.; Warren, S. M., 2008. "Biological Basis of Bone Formation, Remodeling, and Repair. Part III: Biomechanical Forces." *Tissue Engineering* 14:285-93.

BERGER, S. L.; Kouzarides, T.; Shiekhattar, R.; Shilatifard, A., 2009. "An Operational Definition of Epigenetics." *Genes and Development* 23:781-83.

BIRD, A., 2002. "DNA Methylation Patterns and Epigenetic Memory." *Genes and Development* 16:6-21.

GABIUS, H. J., 2000. "Biological Information Transfer beyond the Genetic Code: The Sugar Code." *Naturwissenschaften* 87:108-21.

GABIUS, H. J.; Siebert, H. C.; Andre, S.; Jimenez-Barbero, J.; Rudiger, H., 2004. "Chemical Biology of the Sugar Code." *ChemBioChem* 5:740-64.

JABLONKA, E.; Raz, G.; 2009. "Transgenerational Epigenetic Inheritance: Prevalence, Mechanisms, and Implications for the Study of Heredity and Evolution." *Quarterly Review of Biology* 84:131-76.

LEVIN, M., 2003. "Bioelectromagnetics in Morphogenesis." *Bioelectromagnetics* 24:295-315.

MITALIPOV, S.; Wolf, D., 2009. "Totipotency, Pluripotency and Nuclear Reprogramming." *Advances in Biochemical Engineering/Biotechnology* 114:185-99.

PEARSON, O. M., Lieberman, D. E., 2004. "The Aging of Wolff's 'Law': Ontogeny and Responses to Mechanical Loading in Cortical Bone." *Yearbook of Physical Anthropology* 47:63-99.

SHI, R.; Borgens, R. R., 1995. "Three-Dimensional Gradients of Voltage during Development of the Nervous System as Invisible Coordinates for the Establishment of Embryonic Pattern." *Developmental Dynamics* 202:101-14.

SKOU, J. C., 1998. "The Identification of the Sodium Pump." *Bioscience Reports* 18:155-69.

VANDENBERG, L. N.; Morrie, R. D.; Adams, D. S. 2011. "V-ATPase-Dependent Ectodermal Voltage and pH Regionalization Are Required for Craniofacial Morphogenesis." *Developmental Dynamics* 240:1889-1904.

VAUGHN, D., 2007. "Predator-Induced Morphological Defences in Marine Zoo- plankton: A Larval Case Study." *Ecology* 88:1030-39.

WELLS, Jonathan, 2013. "The Membrane Code: A Carrier of Essential Biological Information That Is Not Specified by DNA and Is Inherited Apart from It." *Biological Information— New Perspectives*, www.worldscientific.com/doi/pdf/10.1142/9789814508728_0021.

EPISTEMOLOGIA. A epistemologia é um subcampo da filosofia preocupada com a natureza do conhecimento — o que é, como é adquirido e quais são os limites do conhecimento humano. Durante a maior parte da história da filosofia ocidental, o debate epistemológico diz respeito às fontes do conhecimento, com os filósofos tendendo a optar ou pelo *racionalismo* (**Platão**, **Descartes** e **Spinoza**) ou pelo *empirismo* (**Aristóteles**, **Locke** e **Hume**). A escola racionalista enfatizou a razão como a fonte de conhecimento mais confiável e defendeu que havia ideias inatas, enquanto os empiristas viram a experiência sensorial como

264 EPISTEMOLOGIA NATURALIZADA

a fonte final de todo conhecimento e, portanto, negou as ideias inatas.

No período moderno, a diferença entre racionalistas e empiristas se aprofundou com a **Revolução científica**. A ciência moderna formalizou essencialmente o método empírico, levando a descobertas e aplicações que transformaram a civilização ocidental. Apesar dos êxitos práticos da ciência, no entanto, os sistemas filosóficos racionalistas modernos de **Kant** e **Hegel** foram, e continuam sendo, extraordinariamente influentes.

Os contornos do debate epistemológico foram completamente remodelados em 1963 com a publicação da crítica da definição padrão de conhecimento de Edmund Gettier, que remonta a Platão. A visão recebida até aquele momento era que a verdadeira crença fundamentada é suficiente para o conhecimento. Mas usando alguns argumentos contrários convincentes, Gettier demonstrou que este não é necessariamente o caso. Os últimos cinquenta anos da epistemologia têm consistido principalmente em debater sobre várias sugestões para resolver o "problema Gettier". Alguns têm insistido em um quarto ingrediente na definição (p. ex., irrevocabilidade, uma condição causal, um mecanismo confiável de formação de crenças, fatores baseados em virtudes etc.).

Alguns insistiram em que o problema é mais bem tratado ao se deixar de lado ou redefinir o requisito de justificação para o conhecimento, sugerindo que, para se saber, não é preciso saber como alguém sabe. Tal abordagem é chamada de *externalista,* uma vez que garante que as condições de conhecimento não precisam ser acessíveis ao conhecedor. Isso se afasta significativamente da visão tradicional *internalista* de que as condições justificativas para o conhecimento devem ser internamente acessíveis ao conhecedor.

Entre os internalistas, muitos debates envolvem a estrutura lógica da justificação das crenças. Os *fundacionalistas* sustentam que algumas crenças são adequadamente básicas, de modo que sua justificativa não é herdada de outras crenças. Os *coerentistas* negam tais crenças básicas, insistindo que cada crença é apenas justificada em relação ao sistema de crenças de que é parte. Outra abordagem é oferecida por *contextualistas*, que argumentam que toda justificativa é relativa ao social e ao contexto conversacional.

Embora os epistemólogos tendessem à análise do conhecimento e da justificação, muitas questões epistemológicas ocuparam estudiosos na interface de múltiplas disciplinas. Entre os mais controversos são os que envolvem ciência e teologia (p. ex., origens biológicas, *design* **inteligente**, **consciência** e **milagres**). Um amplo desacordo sobre essas questões persiste mesmo dentro da comunidade cristã, e uma importante fonte de desacordo tem a ver com a epistemologia, especificamente relacionada à visão de conhecimento científico e/ou teológico.

James S. Spiegel

REFERÊNCIAS E LEITURAS RECOMENDADAS

ALSTON, William, 1989. *Epistemic Justification: Essays in the Theory of Knowledge.* Ithaca, NY: Cornell University Press.
AUDI, Robert, 1998. *Epistemology: A Contemporary Introduction to the Theory of Knowledge.* Cambridge: Cambridge University Press.
DEW, James K., Jr.; Foreman, Mark W., 2014. *How Do We Know? An Introduction to Epistemology.* Downers Grove, IL: InterVarsity.
FELDMAN, Richard, 2003. *Epistemology.* Upper Saddle River, NJ: Prentice Hall.
Gettier, Edmund L. 1963. "Is Justified True Belief Knowledge?" *Analysis* 23:121-23.
STEUP, Matthias, 2005. "Epistemology." In: *Stanford Encyclopedia of Philosophy,* ed. Edward N. Zalta. http://plato.stanford.edu/entries/epistemology/.
ZAGZEBSKI, Linda Trinkaus, 1996. *Virtues of the Mind: An Inquiry into the Nature of Virtue and the Ethical Foundations of Knowledge.* Cambridge: Cambridge University Press.

EPISTEMOLOGIA NATURALIZADA.

Epistemologia naturalizada pode ser caracterizada como uma epistemologia (que é definida como o estudo da natureza do conhecimento e da justificação) que apenas faz referência a propriedades "cientificamente respeitáveis". Essa definição é, na melhor das hipóteses, não esclarecedora, já que o significado de ser cientificamente respeitável é inescapavelmente vago.

A melhor maneira de entender a epistemologia naturalizada é por meio de exemplos paradigmáticos de noções naturalistas. Conceitos usados nessa família de teorias epistemológicas incluem coisas como confiabilidade e conexões causais legais. Isso porque, em teoria, podemos usar as ferramentas da ciência para medir coisas como confiabilidade ou se uma cadeia causal se estabelece entre uma crença e um fato relevante. Assim, se o conhecimento é definido amplamente como crença verdadeira justificada, um conceito como justificação, para ser cientificamente respeitável, deve ser redutível à confiabilidade, à causalidade ou a algo desse tipo.

O que uma epistemologia naturalizada deixa para trás são conceitos conhecidos *a priori* (antes ou independentemente da experiência) como primeiros princípios epistêmicos e conceitos deônticos, que pressupõem obrigações epistêmicas (p. ex., abraçar tantas crenças verdadeiras quanto possível enquanto rejeita tantas crenças falsas quanto possível), uma vez que estas não são mensuráveis pelas ferramentas da ciência. De fato, para a maioria dos naturalistas, não há fatos puramente epistêmicos, mas apenas fatos não epistêmicos (naturais) aos quais os fatos epistêmicos são redutíveis sem o restante. Os fatos epistêmicos são, desses pontos de vista, meras restrições filosóficas de ontologias antiquadas, isto é, categorias metafísicas como "substância" ou "essência".

O **naturalismo** epistemológico surge de uma variedade de pontos de vista. O trabalho de Willard Van Orman Quine é o *locus classicus* do tópico, no qual ele afirmou: "Epistemologia, ou algo parecido, simplesmente se encaixa como um capítulo da **psicologia** e, portanto, da ciência natural" (Quine, 1969, p. 82-83). A ideia é que o projeto de tentar analisar o conceito de conhecimento *a priori* falhou. Em vez disso, devemos substituir esse projeto por um estudo científico das maneiras pelas quais, de fato, formamos crenças.

Uma dificuldade aqui para a teoria de Quine é que não está claro que isso seja algo parecido com epistemologia. Queremos saber não apenas *como* realmente formamos crenças (isto é, descritivamente), mas como *devemos* formar crenças (ou seja, prescritivamente) e, mais importante, o que é para uma crença elevar-se ao ideal de ser racionalmente justificada ou mesmo se qualificar como "conhecimento". Indiscutivelmente, as ferramentas da psicologia são inadequadas para descobrir o que origina os ideais epistêmicos.

Embora influente, o trabalho de Quine não gerou muitos adeptos para uma teoria especificamente quineana. No entanto, teorias que se aproximam do extremo quinino tornaram-se principais, se não dominantes, da epistemologia contemporânea. Alvin Goldman é corretamente visto como o divulgador desse tipo de abordagem, que é tipicamente externalista em natureza (ver **Epistemologia**). Anteriormente, ele argumentou a favor de uma teoria causal do conhecimento, na qual deve haver uma cadeia causal apropriada a partir do fato conhecido pelo conhecedor (Goldman, 1967). Mais tarde, ele se ajustou a uma teoria confiabilista da justificação, segundo a qual uma crença é justificada se for produzida por um processo confiável de formação de crenças. Ambas as teorias se enquadram na família das epistemologias naturalizadas.

Embora **Alvin Plantinga** seja um firme defensor do **teísmo** cristão, suas teorias epistemológicas também cairiam na categoria mais ampla de uma epistemologia naturalizada. Isso porque, para ele, a justificação (que é o que faz a diferença entre mera crença e conhecimento verdadeiros) tem a ver crucialmente com faculdades cognitivas que funcionam adequadamente e, como confiabilidade e causalidade, a função adequada é, em princípio, cientificamente testável. Além disso, sua explicação não faz referência a conceitos deônticos ou a conceitos conhecidos *a priori*.

No entanto, embora o relato epistemológico de Plantinga seja, em um sentido amplo, naturalista, isso não é uma dádiva para o naturalismo metafísico. Plantinga argumenta que "a epistemologia naturalista floresce melhor no jardim da metafísica sobrenaturalista" (Plantinga, 1993, p. 237; ver também **Argumento evolucionista contra o naturalismo**). Isso porque, além do teísmo, não há garantias de que nossas faculdades cognitivas visem produzir crenças verdadeiras. Assim, um tanto ironicamente, uma epistemologia naturalizada desse tipo favorece uma ontologia não natural (ou seja, o teísmo).

Travis M. Dickinson

REFERÊNCIAS E LEITURAS RECOMENDADAS

GOLDMAN, Alvin, 1967. "A Causal Theory of Knowing." *Journal of Philosophy* 64 (12): 357-72.
_____. 1979. "What Is Justified Belief?" em *Justification and Knowledge: New Studies in Epistemology*, ed. G. Pappas, 1-23. Dordrecht: Reidel.
PLANTINGA, Alvin, 1993. *Warrant and Proper Function*. New York: Oxford University Press.
QUINE, W. V. O., 1969. *Ontological Relativity and Other Essays*. New York: Columbia University Press.

EPOPEIA DE GILGAMESH. A *Epopeia de Gilgamesh* é talvez a composição literária mais conhecida da Mesopotâmia hoje, e tem conexões importantes com a história bíblica do dilúvio, embora o relato do **dilúvio** em *Gilgamesh* seja apenas um episódio dentro da narrativa maior.

A *Epopeia de Gilgamesh* é mais conhecida por sua recensão neoassíria, que é o relato mais completo da história. Tigay (1982) descreveu a história da tradição e a redação de lendas anteriores da Suméria (segunda metade do terceiro milênio a.C.) e uma antiga versão babilônica (século XVIII a.C.).

O enredo da *Epopeia de Gilgamesh* começa na cidade de Uruk, no sul da Mesopotâmia, onde Gilgamesh é um jovem rei. Embora a epopeia apresente uma imagem obviamente lendária de Gilgamesh, sabemos das inscrições reais contemporâneas que ele era um rei que governou essa cidade suméria no século XXI a.C. O relato não apresenta Gilgamesh como um homem mau, mas, sim, como um rei imaturo. Seus súditos detestaram-no porque ele machucou homens jovens da cidade no campo de esportes e também aproveitou sua posição para dormir com noivas novas nas noites de núpcias. Por essas razões, os cidadãos de Uruk rezam aos deuses para ajudá-los com seu jovem rei impetuoso.

Os deuses respondem suas orações de maneira estranha, criando um homem primitivo, chamado Enkidu, colocando-o no campo, fora da cidade de Uruk. Enkidu, descrito quase como um animal, corre com os animais selvagens e não presta atenção à civilização. O povo de Uruk o atrai para a cidade enviando uma prostituta chamada Shamhat. Ela o seduz, e depois os animais não terão mais nada a ver com ele.

Ele relutantemente vai com Shamhat para Uruk, mas, ao ouvir relatos sobre as atividades de Gilgamesh, fica cada vez mais irritado; então, quando ele encontra o rei, o arrasta ao combate. A luta é feroz, mas, por fim, Gilgamesh prevalece. Apesar da derrota de Enkidu, o resultado é a formação de um vínculo profundo de amizade entre Gilgamesh e Enkidu, e assim os dois deixam Uruk em busca de aventura e glória. E assim os deuses respondem as orações dos habitantes de Uruk.

E, de fato, Gilgamesh e Enkidu vivem muitas aventuras. Uma das mais notáveis é a derrota da criatura demoníaca que protege as florestas de cedros do Líbano. Após essa batalha, Gilgamesh, ao lavar o sangue de seu corpo nu, é observado por Istar, a deusa do amor e da guerra.

Seu corpo encharcado de sangue impressiona muito Istar, que então tenta seduzi-lo. Gilgamesh, no entanto, rejeita seus avanços, sabendo bem os destinos desagradáveis que seus amantes anteriores experimentaram. A desprezada Istar vai a seu pai, Anu, o deus do céu, para se queixar. Embora pareça entender a relutância de Gilgamesh, ele responde à insistência de Istar ao enviar o touro do céu contra Gilgamesh. No entanto, Gilgamesh facilmente derrota o touro, rasga seu topete e joga-o na cara de Istar. Agora Anu deve agir contra esse ultraje em relação a Istar, mas, em vez de prejudicar Gilgamesh diretamente, ele mata seu querido amigo Enkidu. Como Enkidu está morrendo nos braços de Gilgamesh, o rei percebe que ele também morrerá um dia. Essa percepção cria nele

um desejo de escapar desse destino final; então ele se põe em busca da vida eterna. Essa intenção é o que o leva finalmente a Utnapishtim, o único mortal que já recebeu o dom da vida eterna. No caminho para o encontro com Utnapishtim, cujo nome significa "aquele que viveu longamente", ele para em uma cervejaria, onde a cervejeira lhe diz que a vida eterna não é possível para os seres humanos. Em palavras que relembram o pensamento do Sábio no livro de Eclesiastes, ela diz-lhe: "Quando os deuses criaram a humanidade, eles puseram a morte ao lado dela e retiveram a vida em suas próprias mãos. Quanto a ti, Gilgamesh, enche tua barriga e faze-te feliz de dia e de noite" (da versão do babilônico antigo; tradução de Speiser, 1958, p. 90).

Mesmo assim, ele ainda busca Utnapishtim, o único humano conhecido por ter alcançado a vida eterna. Transportado a ele pelo barqueiro, Urshanabi, Gilgamesh encontra-se com Utnapishtim para perguntar como ele alcançou a imortalidade.

Em resposta à pergunta de Gilgamesh, Utnapishtim relata a história do dilúvio. Ele diz a Gilgamesh sobre a decisão de Enlil de enviar uma inundação porque ele é perturbado pelo barulho que a crescente população de seres humanos faz. Embora obrigado por juramento a não revelar isso a nenhum humano, o deus da sabedoria, Ea, vai para a cidade de Shuruppak, onde o seu devoto Utnapishtim vive em sua cabana de junco e lhe diz que vem um dilúvio e que ele deve "construir uma arca e salvar a vida. Leve a bordo do navio semente de todos os seres vivos" (Foster, 1997, p. 458).

Utnapishtim segue suas instruções e constrói uma arca que tem a forma de um cubo. Antes do início do dilúvio, Utnapishtim traz a bordo a família, os animais e os artesãos habilidosos que o ajudaram a construir a arca.

Uma vez a bordo, as chuvas começam. A tempestade é tão poderosa que mesmo os próprios deuses estão assustados. Eles são descritos como encolhendo-se como cães. E Istar "gritou como uma mulher no parto".

Depois de sete dias de tempestade, as chuvas pararam e "toda a humanidade se tornou argila". Depois de algum tempo, a arca repousa no topo do monte Nimush. Depois de sete dias, Utnapishtim lança uma série de três pássaros: primeiro uma pomba, depois uma andorinha e, por último, um corvo. O último não volta para a arca, indicando que as águas se recuaram até o ponto em que há terra exposta suficiente. Por fim, Utnapishtim e os outros desembarcam da arca. Sua primeira ação é oferecer um sacrifício. Os deuses respondem como aqueles que não comeram há muito tempo: "Os deuses sentiram o sabor, os deuses sentiram o sabor doce, os deuses se aglomeraram em torno do sacrifício como moscas". Quando Enlil descobre que há sobreviventes do dilúvio, ele está extremamente irritado. Quando descobre que Ea advertiu seu devoto, ele o confronta. Ea se defende desafiando a sabedoria por trás do dilúvio. Ele chama o plano de Enlil de "irracional". Afinal, se não há humanos, quem oferecerá os sacrifícios que proporcionam aos deuses seus alimentos? Ele então aconselha Enlil a tomar medidas menos extremas no futuro. Em vez de um extermínio total, Enlil deve usar doenças, animais selvagens e outras medidas menos extremas para diminuir a população.

Ea então pede a Enlil para favorecer a Utnapishtim (também chamado **Atrahasis**), e Enlil então lhe concede condição como a dos deuses. Assim, em resposta à pergunta de Gilgamesh, Utnapishtim diz que é um evento único; assim, Gilgamesh não pode alcançar a vida eterna dessa maneira.

No entanto, Utnapishtim avisa Gilgamesh que existe uma planta no fundo do mar que pode lhe dar vida. Com grande esforço, Gilgamesh pega a planta, mas, antes de poder comê-la, uma cobra aparece e a leva embora (assim explicando como as cobras rejuvenescem trocando a pele).

Agora, esgotadas as possibilidades, Gilgamesh por fim volta para casa, a sua Uruk natal. Quando ele vê os muros de longe, ele tem uma epifania. Ele pode não ganhar a vida eterna, mas se for um rei sábio e responsável, ganhará um legado eterno. Assim, chega-se a um círculo completo para o início da história. De forma indireta, os deuses respondem as preocupações dos cidadãos da cidade de Uruk, pois, quando ele volta de suas aventuras, Gilgamesh amadureceu até o ponto em que ele pode ser um rei efetivo.

Os estudiosos reconheceram a importância da *Epopeia de Gilgamesh* desde sua descoberta e primeira tradução, mais importante ainda em relação à história do dilúvio em Gênesis 6—9. Certamente há semelhanças. Enlil, como Yahweh, usa uma inundação para destruir a humanidade. Ea, também como Yahweh, adverte um devoto (Noé/Utnapishtim) para construir uma arca e reunir familiares e animais a bordo para sobreviver à tempestade. Há também pormenores de detalhes. Para descobrir se as águas haviam recuado o suficiente para desembarcar, tanto o herdeiro babilônico como o herói bíblico enviam três pássaros em sucessão, o último retornando com uma folha de uma árvore. Depois de desembarcar da arca, Utnapishtim, como Noé, oferece um sacrifício.

Essas semelhanças tornam altamente provável que haja alguma conexão entre essas tradições de dilúvios, mas exatamente qual a relação é uma questão de especulação. Não sabemos com precisão quando a *Epopeia de Gilgamesh*, ou sequer a história bíblica, foi composta pela primeira vez. Aqueles que tomam o relato bíblico literalmente podem argumentar que ambos retomam o episódio da inundação e eventualmente o transmitem de forma independente. Aqueles que tomam a história como ficcional, ou talvez como um relato de um evento elaborado para fins teológicos, podem argumentar que a história bíblica foi desenvolvida com a história Mesopotâmica como pano de fundo, a fim de proporcionar uma interpretação teológica diferente do evento.

A última interpretação é apoiada pelas diferenças entre as duas histórias. Existem diferenças de detalhes (o tamanho da arca, a duração da tempestade), mas essas são relativamente sem importância. As diferenças significativas são teologicamente reveladoras, indicando uma compreensão completamente diferente do reino divino. Na história da Mesopotâmia, os vários deuses têm propósitos conflitantes uns com os outros (Enki ordena o dilúvio, e Ea adverte Utnapishtim), enquanto no texto bíblico, Yahweh, o único Deus, ordena e avisa. A motivação para o dilúvio na *Epopeia de Gilgamesh* é a superpopulação e o ruído humano perturbando Enlil, enquanto no texto bíblico, Deus provoca um dilúvio por causa do pecado da humanidade. A resposta dos deuses ao sacrifício de Utnapishtim é se amontoarem como moscas, uma vez que dependem de sacrifícios de seus devotos para se alimentar. O Senhor recebe o sacrifício de Noé como um ato de adoração e entra em aliança com ele.

Tremper Longman III

REFERÊNCIAS E LEITURAS RECOMENDADAS

Foster, B. R., 1997. "Gilgamesh", em *The Context of Scripture: Canonical Compositions from the Biblical World*, ed. William W. Hallo e K. Lawson Younger, 1:458-60. Leiden: Brill.

Speiser, E. A., 1958. "Gilgamesh", em *Ancient Near Eastern Texts*, ed. J. Pritchard, 77-92. Princeton, NJ: Princeton University Press.

Tigay, J., 1982. *The Evolution of the Gilgamesh Epic*. Philadelphia: University of Pennsylvania Press.

EQUILÍBRIO PONTUADO. Desenvolvido primeiramente por Stephen Jay Gould e Niles Eldredge, o modelo

268 EQUILÍBRIO PONTUADO

de equilíbrio pontuado da evolução tenta explicar um padrão comum no registro fóssil no qual novas espécies aparecem abruptamente sem precursores transicionais. Embora o modelo afirme a importância da seleção natural, o equilíbrio pontuado se contrasta com o gradualismo darwiniano porque propõe que as populações exibam "estase" (permanecendo inalteradas por longos períodos de tempo), pontuadas por curtos períodos de rápida mudança evolucionista durante os quais novas espécies podem se fundir (Eldredge e Gould, 1972; Gould, 2002, 2007).

Um fator importante por trás do desenvolvimento do modelo foi a recorrência do surgimento abrupto de novas espécies no registro fóssil sem evidência fóssil mostrando uma origem gradual. Como disse Gould, "a extrema raridade das formas de transição no registro fóssil persiste como o segredo do ofício da paleontologia" (Gould, 1977). Sob o equilíbrio pontuado, "lacunas" fósseis são consideradas "o resultado lógico e esperado do modelo alopátrico de especiação" (Schopf, 1972) porque "mudanças nas populações podem ocorrer muito rapidamente para deixar muitos fósseis transicionais" (Academia Nacional de Ciências, 1998).

Sob especiação alopátrica, uma parte de uma população torna-se geograficamente isolada, e essa "população-filha" muda em resposta a novas pressões de seleção em um ambiente alternativo. Eldredge e Gould argumentam: "A especiação alopátrica (ou geográfica) sugere... Se novas espécies surgem muito rapidamente em pequenas populações periféricas isoladas, então, a expectativa de fósseis insensivelmente classificados é uma quimera. Uma nova espécie não evolui na área de seus ancestrais; não surge da lenta transformação de todos os seus candidatos. Muitas quebras no registro fóssil são reais" (Eldredge e Gould, 1972).

Segundo Gould, o equilíbrio pontuado também implica que uma grande força motriz por trás dos padrões macroevolutivos não é a competição entre organismos individuais, mas sim a competição entre espécies, ou "seleção de espécies" (Gould, 2002). Assim como o neodarwinismo sustenta que a seleção natural prolifera indivíduos aptos, o equilíbrio pontuado propõe que algumas espécies "sobreviverão" (ou seja, evitarão a extinção) e "reproduzirão" (ou seja, sofrerão mais eventos de especiação) mais frequentemente que outras, diversificando, assim, em clados maiores.

Vários desafios foram levantados contra o equilíbrio pontuado. O Darwinismo Clássico sustentava que populações maiores e longos períodos de tempo aumentam as chances de surgirem variações favoráveis (Darwin, 1859), mas o equilíbrio pontuado comprime a mudança evolucionista em populações pequenas e períodos curtos de tempo, proporcionando menos oportunidades para que mutações benéficas ocorram (Luskin, 2008; Meyer, 2013).

Os críticos também argumentam que o modelo exige improváveis circunstâncias finamente ajustadas onde as populações são grandes o suficiente para gerar novos traços, mas apenas pequenas o suficiente para que os representantes de transição não sejam fossilizados (Luskin, 2008; Meyer, 2013). Como Thomas J. M. Schopf explica, o equilíbrio pontuado requer "populações grandes o suficiente para serem razoavelmente variáveis, mas pequenas o suficiente para permitir grandes mudanças nas frequências de gene em virtude da deriva aleatória" (Schopf, 1972).

Debates sobre o equilíbrio pontuado levaram a discordâncias entre os cientistas evolucionistas. Alguns paleontologistas, cientes da falta de fósseis transicionais, favorecem esse modelo (Stanley, 1981, 1998), mas outros biólogos influentes opõem-se ao equilíbrio pontuado porque ele aparentemente entra em conflito com o gradualismo — uma premissa básica do neodarwinismo (ver **Síntese neodarwiniana**; Dawkins, 1996).

Outros críticos observam que o equilíbrio pontuado não pode explicar a origem abrupta de táxons superiores, como na explosão cambriana (Valentine e Erwin, 1987). Outros ainda sustentam que "mecanismos genéticos que foram propostos para explicar a aparência abrupta e a estase prolongada de muitas espécies estão visivelmente ausentes do suporte empírico" (Charlesworth et al. 1982). Mesmo Gould e Eldredge admitiram: "A infelicidade contínua, justificada desta vez, concentra-se em alegações de que a especulação causa mudanças morfológicas significativas, pois não apareceu nenhuma validação de tal posição" (Gould e Eldredge, 1993). Após intensos debates, os críticos carinhosamente chamaram o equilíbrio pontuado de "evolução por empurrões" (Turner, 1984), levando Gould a responder que os gradualistas que se opuseram à sua teoria defendem a "evolução por rastejamento" (Rose, 2006).

Casey Luskin

REFERÊNCIAS E LEITURAS RECOMENDADAS

CHARLESWORTH, Brian; Lande, Russell; Slatkin, Montgomery, 1982. "A Neo-Darwinian Commentary on Macroevolution." *Evolution* 36:474-98.

DARWIN, Charles, 1859. *The Origin of Species*. "Chapter 6: Difficulties on Theories." Literature.org. www.literature.org/authors/darwin-charles/the-origin-of-species/chapter-06.html.

DAWKINS, Richard, 1996. *The Blind Watchmaker*. New York: W. W. Norton.

ELDREDGE, Niles; Gould, Stephen Jay, 1972. "Punctuated Equilibria: An Alternative to Phyletic Gradualism", em *Models in Paleobiology*, ed. Thomas J. M. Schopf, 82-115. San Francisco: Freeman, Cooper.

GOULD, Stephen Jay, 1977. "Evolution's Erratic Pace." *Natural History* 86 (May): 12-16.

_____. 2002. *The Structure of Evolutionary Theory*. Cambridge, MA: Belknap.

_____. 2007. *Punctuated Equilibrium*. Cambridge, MA: Belknap.

GOULD, Stephen Jay; Eldredge, Niles, 1993. "Punctuated Equilibrium Comes of Age." *Nature* 366:223-27.

LUSKIN, Casey, 2004. "Punctuated Equilibrium and Patterns from the Fossil Record." Intelligent Design and Evolution Awareness (IDEA) Center. 18 set. www.ideacenter.org/contentmgr/showdetails.php/id/1232.

_____. 2008. "Finding Intelligent Design in Nature", em *Intelligent Design 101: Leading Experts Explain the Key Issues*, ed. H. Wayne House, 67-112. Grand Rapids: Kregel.

MEYER, Stephen C., 2013. *Darwin's Doubt: The Explosive Origin of Animal Life and the Case for Intelligent Design*. New York: HarperOne.

NATIONAL ACADEMY OF SCIENCES, 1998. *Teaching about Evolution and the Nature of Science*. Washington, DC: National Academy Press.

ROSE, Steven, 2006. *The Richness of Life: The Essential Stephen Jay Gould*. New York: W. W. Norton.

SCHOPF, Thomas J. M., 1972. Editorial introduction to Niles Eldredge and Stephen Jay Gould, "Punctuated Equilibria: An Alternative to Phyletic Gradualism", em *Models in Paleobiology*, ed. Thomas J. M. Schopf. San Francisco: Freeman, Cooper.

STANLEY, Steven M., 1981. *The New Evolutionary Timetable: Fossils, Genes, and the Origin of Species*. New York: Basic Books.

_____. 1998. *Macroevolution: Pattern and Process*. Baltimore: Johns Hopkins University Press.

TURNER, John, 1984. "Why We Need Evolution by Jerks." *New Scientist* 1396 (9 de fevereiro): 34-35.

VALENTINE, James W.; Erwin, Douglas H., 1987. "Interpreting Great Developmental Experiments: The Fossil Record", em *Development as an Evolutionary Process*, eds. R. A. Raff e E. C. Raff, 71-107. New York: Liss.

ERIKSON, ERIK. Erik Homburger Erikson (1902-1994) nasceu próximo a Frankfurt, Alemanha. Sua mãe era judia, e a identidade do pai biológico é desconhecida. Erikson tinha três anos quando sua mãe se casou com o dr. Theodor Homburger, um pediatra judeu. Erikson acreditou que o dr. Homburger fosse seu pai biológico por um bom tempo. Ele (1975, 27) afirmou mais tarde que seus pais "não contaram o fato de que [sua] mãe tinha se casado anteriormente e que [ele] era filho de um dinamarquês que a abandonara antes do parto". Erikson nunca foi próximo de seu padrasto ou de suas três meias-irmãs.

Erikson se formou com uma educação básica, nunca buscando nenhum treinamento acadêmico formal. Como um retratista talentoso, percorreu o sul da Alemanha, França e Itália até ser convidado para lecionar em uma escola montessoriana em Viena. Em Viena, conheceu Anna Freud, que o instruiu como psicanalista. Essa credencial o levou a ser aceito como membro da Sociedade Psicanalítica de Viena.

O surgimento do fascismo na Europa convenceu Erikson, sua esposa e seus dois filhos a imigrarem para os Estados Unidos. Erikson conseguiu um cargo de pesquisa no Hospital geral de Massachusetts, na Escola de medicina de Harvard e na Clínica de psicológica de Harvard, embora ele não possuísse credenciais acadêmicas e médicas.

Erikson continuou viajando pelos estados dos Estados Unidos e viveu temporariamente entre os índios sioux, eventualmente lecionando na Universidade da Califórnia-Berkeley. Seus estudos antropológicos culturais entre os sioux influenciaram profundamente sua teoria psicológica. Durante esse período, Erikson tornou-se um cidadão americano e mudou oficialmente seu nome para Erik Erikson, associando-se ao grande explorador europeu Leif Ericson (Erikson, 1975).

Em 1950, publicou seu primeiro livro *Childhood and Society* [Infância e sociedade], com base no trabalho de **Freud** e em sua própria pesquisa em **psicologia**, **antropologia** cultural e análise histórica. Erikson viu seu trabalho como um meio de ampliar o que Freud havia começado (Erikson, 1963, p. 403). O trabalho de Erikson é reconhecido como fundamental para estudos sobre expectativa de vida e desenvolvimento de identidade até hoje.

Erikson deixou Berkeley e terminou sua carreira docente em Harvard, como professor de desenvolvimento humano. Ele aposentou-se do ensino em 1970, mas continuou uma carreira produtiva de pesquisa, orientação e como autor até morrer em 1994, aos 91 anos.

Sua teoria é criticada por falta de validação científica. Ele reflete os mesmos elementos deterministas da teoria de Freud, minimizando a existência do livre-arbítrio. Semelhante à abordagem humanista da psicologia, a teoria enfatiza demais a natureza positiva das pessoas e raramente reconhece o lado pecaminoso da condição humana. Embora a teoria possa contribuir para uma compreensão cristã do desenvolvimento humano, deve ser cuidadosamente avaliada.

Dominick D. Hankle

REFERÊNCIAS E LEITURAS RECOMENDADAS

ERIKSON, E. H., 1963. *Childhood and Society*. 2. ed. New York: W. W. Norton.

_____. 1968. *Identity: Youth and Crisis*. New York: Norton.

_____. 1975. *Life History and the Historical Moment*. New York. W. W. Norton.

_____. 1980. *Identity and the Life Cycle*. New York: W. W. Norton.

_____. 1982. *The Life Cycle Completed*. New York: W. W. Norton.

HOPKINS, J. R., 1995. "Erik Homburger Erikson (1902-1994)." *American Psychologist* 50:796-97.

ESCATOLOGIA. Na teologia cristã, a escatologia descreve o destino final da criação de Deus, o destino que aguarda todo o cosmos e cada pessoa individualmente. É o estudo das "últimas coisas" e inclui doutrinas como a ressurreição geral, o céu e o inferno, a imortalidade da **alma**, a Segunda Vinda de Cristo, o novo céu e a nova terra e o julgamento final. De acordo com a escatologia instituída na Bíblia, o reino de Deus já entrou em nosso mundo na morte e ressurreição de Cristo, mas a completa transformação divina deste mundo aguarda o *eschaton* (Apocalipse 21—22). É precisamente esse rico quadro bíblico que é minado pelas cosmologias científicas padrão.

A **teoria do *big bang*** é o modelo cosmológico prevalecente, segundo o qual o nosso universo surgiu em um único momento — há cerca de 14 bilhões de anos — e vem se expandindo desde então. Por um lado, o cenário do "congelamento" (o *Big Freeze*) do *big bang* tem um universo de tamanho infinito e, no entanto, continua expandindo-se sem limites, com temperaturas que eventualmente despencarão para o zero absoluto. O cenário da "fritura", por outro lado, sugere um universo finito, que está destinado a parar de se expandir em um futuro distante; ele irá, então, voltar a uma singularidade, com sua temperatura e densidade aumentando vertiginosamente até o **infinito** (Russell, 2012). Curiosamente, esse cenário de "fritura" (o *Big Crunch*) parece menos provável, dado que a energia escura está levando o universo a se expandir de modo acelerado e sem limites (o *Big Rip*, ver Riess et al., 1998, e Weinberg, 2008). Todos esses cenários cosmológicos estão muito distantes da imagem bíblica do novo céu e da nova terra, nos quais a habitação de Deus estará com seu povo (Apocalipse 21:3).

Os cristãos têm oferecido uma série de sugestões para resolver esse conflito entre ciência e teologia (Russell, 2008b). Alguns argumentam que a cosmologia científica e a escatologia bíblica são projetos independentes, domínios de conhecimento separados; em princípio, não pode haver conflito. Outros, mais radicais, tentaram reinterpretar a escatologia como uma instância da cosmologia física (p. ex., Tipler, 1994). **John Polkinghorne** sugere que as características distintivas do corpo ressurreto de Jesus — por exemplo, as marcas da crucificação na pós-glorificação — nos levam a esperar continuidade e descontinuidade entre a cosmologia presente e a nova criação. Ele antecipa que a continuidade se manifestará em características-chave da cosmologia, como o holismo, a relacionalidade, a energia e o padrão (Polkinghorne, 2002). Em seu trabalho inovador, Robert John Russell analisa como áreas específicas de continuidade e descontinuidade escatológica trazem informações sobre futuros programas de pesquisa científica (p. ex., Russell, 2012). Outras questões iminentes de preocupação escatológica incluem ambientalismo e ecoteologia (p. ex., Northcott, 2002).

Os evangélicos têm estado, praticamente, ausentes desse diálogo interdisciplinar; em parte, porque rejeitam os pressupostos naturalistas da cosmologia moderna. Seu foco escatológico, em vez disso, tem sido historicamente limitado a disputas interpretativas a respeito do milênio (p. ex., pré-milenarismo, pós-mileranismo e amileranismo, cf. Bock, 1999; Grenz, 1992). Mas os evangélicos também analisaram questões sobre a encarnação e seu significado para a **antropologia** teológica e o estado intermediário (ou vida após a morte); eles dividem-se entre dualistas tradicionais e cristãos fisicalistas (p. ex., Cooper, 2001; Green e Palmer, 2005).

Os desentendimentos escatológicos sobre o significado das cosmologias científicas persistirão. Os cristãos devem, no entanto, reter a promessa de uma futura ressurreição corporal, do retorno físico do Senhor Jesus e de um novo céu e uma nova terra.

Hans Madueme

REFERÊNCIAS E LEITURAS RECOMENDADAS

BOCK, Darrell, ed. 1999. *Three Views on the Millennium and Beyond*. Grand Rapids: Zondervan.

COOPER, John W., 2001. *Body, Soul and Life Everlasting: Biblical Anthropology and the Monism-Dualism Debate*. 2. ed. Grand Rapids: Eerdmans.

GREEN, Joel; Palmer, Stuart L., eds. 2005. *In Search of the Soul: Four Views*. Downers Grove, IL: InterVarsity.

GRENZ, Stanley, 1992. *The Millennial Maze: Sorting Out Evangelical Options*. Downers Grove, IL: InterVarsity.

MOLTMANN, Jürgen, 1996. *The Coming of God: Christian Eschatology*, trans. Margaret Pannenberg. Minneapolis: Fortress.

MURPHY, George L., 2002. "Hints from Science for Eschatology — and Vice-Versa." In: *The Last Things: Biblical and Theological Perspectives on Eschatology*, ed. Carl Braaten and Robert Jensen, 146-68. Grand Rapids: Eerdmans.

NORTHCOTT, Michael S., 2002. *A Political Theology of Climate Change*. Grand Rapids: Eerdmans.

PETERS, Ted; Russell, Robert John; Welker, Michael, eds. 2002. *Resurrection: Theological and Scientific Assessments*. Grand Rapids: Eerdmans.

POLKINGHORNE, John, 2000. "Eschatology: Some Questions and Some Insights from Science." In: *The End of the World and the Ends of God: Science and Theology on Eschatology*, ed. John Polkinghorne e Michael Welker, 29-41. Harrisburg, PA: Trinity Press International.

_____. 2002. *The God of Hope and the End of the World*. New Haven, CT: Yale University Press.

RIESS, Adam G.; Filippenko, Alexei V.; Challis, Peter, et al. 1998. "Observational Evidence from Supernovae for an Accelerating Universe and a Cosmological Constant." *Astronomical Journal* 116 (3):1009-38.

RUSSELL, Robert John, 2008a. "Cosmology and Eschatology." In: *The Oxford Handbook of Eschatology*, ed. Jerry Walls, 563-80. Oxford: Oxford University Press.

_____. 2008b. *Cosmology from Alpha to Omega: The Creative Mutual Interaction of Theology and Science*. Minneapolis: Fortress.

_____. 2012. *Time in Eternity: Pannenberg, Physics, and Eschatology in Creative Mutual Interaction*. Notre Dame: University of Notre Dame Press.

STOEGER, William R., 2010. "God, Physics, and the Big Bang." In: *The Cambridge Companion to Science and Religion*, ed. Peter Harrison, 173-89. Cambridge: Cambridge University Press.

TIPLER, Frank J., 1994. *The Physics of Immortality: Modern Cosmology, God, and the Resurrection of the Dead*. Garden City, NY: Doubleday.

WEINBERG, Steven, 2008. *Cosmology*. Oxford: Oxford University Press.

ESPAÇO E TEMPO. O universo é restrito a uma única dimensão de tempo. Múltiplos experimentos independentes em **física** estabelecem que, embora seja possível desacelerar ou acelerar a passagem do tempo, é impossível reverter ou interromper a passagem do tempo. O espaço, por outro lado, não é restrito a uma única dimensão, e a viagem espacial pode ser interrompida e invertida.

As Escrituras, as observações astronômicas da história passada do universo e os teoremas do espaço-tempo demonstram que o espaço e o tempo tiveram um começo coincidente com a origem de nosso universo. Somente a Bíblia, entre todos os livros sagrados e ensinamentos religiosos do mundo, declara que Deus criou espaço e tempo quando criou o cosmos. Hebreus 11: 3 diz que o universo que podemos detectar veio daquilo que não pode ser detectado. Matéria, energia, espaço e tempo são todas as entidades que nós humanos podemos detectar e medir. Assim, a mensagem de Hebreus 11 se alinha com a interpretação tradicional de Gênesis 1:1, que diz que "no princípio" Deus trouxe à existência tudo o que reconhecemos como realidade física.

A frase em Gênesis 1:1, "os céus e a terra" é encontrado em outras oito passagens do Antigo Testamento. Para os leitores antigos, assim como para os leitores de hoje, essa frase se refere à totalidade do reino físico. A palavra traduzida "criou" em Gênesis 1 é o verbo hebraico *bara*. Esse verbo ocorre em 53 passagens do Antigo Testamento, e, no contexto da atividade de Deus, denota "trazer à existência" ou "iniciar algo novo" (Harris et al. 1980, p. 127-28), algo que não existia anteriormente.

Essa compreensão dos textos da criação bíblica serve como base para a histórica doutrina cristã da "criação *ex nihilo*", ou "criação a partir do nada". Ela aparece no Credo Niceno, Confissão de Fé Belga, Confissão de Fé Escocesa, Confissão de Fé de Westminster, Confissão de Fé Batista e Catecismo de Heidelberg. Paul Copan e **William Lane Craig** (Copan e Craig, 2004) forneceram um tratamento extenso da origem, do desenvolvimento e do suporte evidencial para a doutrina da criação *ex nihilo*.

Afirmações científicas de que o espaço e o tempo tiveram início quando a matéria e a energia começaram vêm de descobertas que sustentavam a cosmologia do *big bang* (ver **Teoria do *big bang***), a relatividade geral e os teoremas do espaço-tempo. As equações da relatividade geral de Einstein, quando resolvidas, previram que o universo está se expandindo de um começo e esfriando de um estado quase infinitamente quente. A noção de expansão em curso desafiava o **paradigma** reinante da cosmologia do século XIX, que afirmava que o universo era vasto e antigo, além de quaisquer limites conhecidos. No entanto, as observações posteriores mostraram que o universo inteiro, incluindo a superfície espaço-temporal ao longo da qual toda a sua matéria e energia estão distribuídas, tem realmente se expandido e esfriado desde um começo, ou singularidade, como as equações da relatividade geral previram.

No final da década de 1960, **George Ellis**, **Stephen Hawking** e Roger Penrose desenvolveram o primeiro dos teoremas do espaço-tempo na física (Hawking e Penrose, 1970). Com esse teorema, Hawking e Penrose demonstraram que, *se* o universo contém massa e *se* as equações da relatividade geral descrevem com segurança os movimentos dos corpos no universo, então tudo no universo — não apenas a matéria e a energia, mas também as dimensões de espaço-tempo — tem um limite singular passado (um começo).

A existência de massa nunca esteve em dúvida, mas os pesquisadores da época queriam evidências mais firmes da relatividade geral. Então, os testes aumentaram. Hoje, a relatividade geral classifica-se como o princípio mais exaustivamente testado e firmemente estabelecido em física. Enquanto isso, como muitos cientistas acreditaram que o conceito de um começo de espaço-tempo era filosoficamente perturbador, vários físicos investiram anos em busca de uma brecha, algo relacionado ao começo. Ironicamente, essa busca culminou em um teorema ainda mais poderoso (ver **Teorema de singularidade de Borde-Guth-Vilenkin**), que concluiu que quaisquer características que o universo possua (homogeneidade, isotropia, uniformidade ou falta dela) e quaisquer que sejam suas condições energéticas ou inflacionárias, se o universo se expandiu, na média, ao longo de sua história, então o universo teve, de fato, um começo de espaço-tempo, como o teorema original predisse.

Os teoremas do espaço-tempo e os princípios da causa e efeito implicam que um agente causal além do espaço e do tempo é responsável pela criação do espaço e do tempo. Assim, no mínimo, os teoremas espaço-tempo apontam razoavelmente para uma interpretação deísta da realidade. Como até mesmo **Lawrence Krauss** reconhece: "Não se pode descartar uma visão tão deísta da natureza" (Krauss, 2013, p. 173). Eles também afirmam a concepção bíblica de espaço e tempo, ao mesmo tempo que contradiz a das religiões orientais e de vários filósofos, incluindo **Immanuel Kant**.

Pesquisas avançadas mostraram que espaço e tempo não são totalmente distintos da matéria, e a relatividade geral demonstra que o espaço e o tempo estão entrelaçados, que o tempo é uma parte inseparável da superfície do espaço cósmico. Além disso, tanto as experiências quanto a teoria mostram que as **flutuações quânticas** nesse tecido espaço-temporal podem gerar energia e matéria. Um exemplo bem conhecido é a produção de partículas virtuais. Com uma maior compreensão da física dos buracos negros, da física de partículas e da suposição de que existe uma teoria do campo unificada válida, os físicos postulam agora que o universo possui não apenas três grandes dimensões de espaço, mas também seis dimensões muito pequenas.

No âmbito da **teoria das cordas**, nove dimensões do espaço são necessárias para explicar todos os sintomas da mecânica quântica que coexistem com a gravidade. Somente se o universo incluir nove dimensões do espaço, uma teoria autoconsistente para os buracos negros se tornará possível. Nós, humanos, não interagimos pessoalmente com todas essas nove dimensões espaciais, porque seis dos nove pararam de se expandir quando o campo unificado se separou em duas forças: a gravidade e a força eletrofraca forte. Essa separação ocorreu quando o universo tinha apenas 10^{-43} segundos de idade, portanto, essas seis dimensões permanecem firmemente enroladas, e suas seções transversais medem muito menos do que um trilionésimo do diâmetro de um elétron.

Essas descobertas espaço-temporais têm relevância para passagens bíblicas como Jeremias 23:24 e o Salmo 139, que falam da imanência de Deus — sua capacidade de estar presente em todos os lugares simultaneamente dentro de tudo que ele criou. Outras passagens — como 1Reis 8:27; Jó 37:23; Isaías 55:8-9; e 1Timóteo 6:16 — concentram-se na transcendência de Deus — sua liberdade de operar além dos limites do espaço e do tempo cósmicos, não confinado por tudo o que ele criou.

A qualidade da transcendência levou muitos teólogos a afirmar a atemporalidade divina, a noção de que Deus tem um modo de existência atemporal (Ganssle, 2001; Poe e Mattson, 2005). Essa teoria, no entanto, parece contradizer a afirmação bíblica de que Deus estava vivo e ativo antes de criar o tempo cósmico. O Pai, o Filho e o Espírito Santo existiam em relação uns com os outros, uma indicação de algum tipo de existência "temporal", e Paulo escreve que Deus colocou graça e esperança em efeito "antes do começo dos tempos" (2Timóteo 1:9; Tito 1:2). O próprio ato de criar o universo representa uma causa que "antecede" seu efeito.

A teoria da relatividade geral estabelece que, uma vez que os observadores físicos existam no universo, é impossível para a variedade espaço-tempo (superfície) do universo tocar ou sobrepor uma variedade espaço-temporal de qualquer outro universo possivelmente existente. Essa limitação, no entanto, não impediu os teóricos de especular sobre outros reinos do espaço-tempo. Exemplos de tais especulações incluem a teoria-M, hipóteses de branas e várias formas de **multiverso**. Na teoria-M e nas hipóteses de branas, presume-se que o nosso universo quadridimensional exista dentro de um espaço dimensional superior muitas vezes referido como "hiperespaço". Em alguns desses modelos cosmológicos, especula-se que o hiperespaço contenha um número muito grande de branas.

Modelos de multiversos presumem a existência de um número infinito de universos. Alguns modelos de multiversos também presumem que o número infinito de universos manifesta todos os conjuntos imagináveis de leis físicas, constantes físicas e características físicas. As possibilidades infinitas oferecidas por essa versão do multiverso frequentemente são invocadas para explicar o *design* e os argumentos de ajuste fino para Deus preparar o universo para a vida e a humanidade. No entanto, o astrofísico Jeffrey Zweerink (Zweerink, 2008) demonstrou que, embora modelos de multiversos teístas autoconsistente existam, esse não é o caso dos modelos de multiversos não teístas.

Hugh Ross

REFERÊNCIAS E LEITURAS RECOMENDADAS

Copan, Paul; Craig, William Lane, 2004. *Creation Out of Nothing*. Grand Rapids: Baker.

Ganssle, Gregory E., ed. 2001. *God and Time: Four Views*. Downers Grove, IL: InterVarsity.

Harris, A. Laird; Archer, Gleason L.; Waltke, Bruce K., 1980. *Theological Wordbook of the Old Testament*. Chicago: Moody, 1980.

Hawking, S. W.; Penrose, R., 1970. *Proceedings of the Royal Society of London*, *A* 314:520-49.

Krauss, Lawrence M., 2013. *A Universe from Nothing: Why There Is Something Rather Than Nothing*. New York: Atria.

Poe, Harry Lee; J. Mattson, Stanley, 2005. *What God Knows: Time and the Question of Divine Knowledge*. Waco, TX: Baylor University Press.

Zweerink, Jeffrey, 2008. *Who's Afraid of the Multiverse?* Covina, CA: Reasons to Believe.

ESPÉCIES. Considerada a única unidade biologicamente real da classificação taxonômica, a espécie é conotada em nomenclatura binomial — *Genus species* (p. ex., *Homo sapiens*). O termo foi cunhado pelo naturalista inglês John Ray (1686) para descrever tipos de organismos claramente delineados que possuem "características distintas que se perpetuam na propagação a partir da semente" e, em animais, "preservam suas espécies distintas permanentemente".

Essa concepção das espécies continha métodos *tipológicos* e *biológicos* para distinguir espécies, os quais definem espécies como dentro de limites particulares de características físicas (morfológicas). Embora existam variações dentro de uma espécie, todos os indivíduos estão em conformidade com certas características oferecidas pelo "tipo de espécime" para o qual a espécie foi nomeada. O método tipológico tornou-se a base do moderno sistema de classificação taxonômica estabelecido por Carlos Lineu em seu tratado *Systema Naturae* (1758), que também instituiu o sistema binomial de nomeação de espécies.

O conceito de espécie biológica depende da compatibilidade reprodutiva como propriedade definidora de indivíduos dentro de uma espécie. Se dois indivíduos são capazes de produzir descendentes viáveis, eles são considerados membros da mesma espécie. Híbridos estéreis (ou aqueles com aptidão muito reduzida) conotam o limite entre espécies intimamente relacionadas (mas separadas — como é visto ao cruzar o cavalo moderno com o burro). Mais recentemente, a revolução molecular do século XX produziu um método *filogenético* para definir espécies. Aqui, as espécies podem ser nomeadas e separadas com base em um grau mínimo de similaridade genética entre os indivíduos, bem como um nível limiar de diferença genética entre as espécies. Usando essas definições coletivamente, estima-se que existam de 8 a 9 milhões de espécies no planeta.

Deve-se notar que a versão original de Ray sugere fixidez nas características de uma espécie e pode ter sido usada para equacionar "tipos" bíblicos com o conceito de espécie. No entanto, está bem confirmado que as características das espécies podem mudar ao longo do tempo e (principalmente por meio da detecção por métodos genéticos) que é possível que novas espécies emerjam de espécies progenitoras previamente descritas. Além disso, existe um consenso científico geral de que a diversidade de espécies aumentou com o tempo (não obstante eventos ocasionais de **extinção**).

Enquanto os métodos tipológico, biológico e filogenético para determinar as espécies se complementam para formar uma definição geral de trabalho, a discordância permanece em torno das margens. O método tipológico é mais acessível, mas discorda frequentemente de métodos genéticos. Além disso, numerosos casos de "espécies crípticas" demonstraram que o método tipológico não consegue distinguir entre espécies intimamente relacionadas (ou aquelas similares na aparência). O conceito de espécie biológica é preferível, mas muito limitado na aplicação. Ela se desfaz em situações em que indivíduos de duas populações geograficamente distintas podem produzir descendentes viáveis em cativeiro, mas não na natureza, porque as duas populações nunca estão em contato. Ele também falha em casos de reprodução assexuada e nos casos em que simplesmente não podemos verificar os resultados de acasalamento (como em espécies muito raras ou geograficamente remotas).

Assim como no método tipológico, os métodos filogenéticos requerem regiões de **gene** ou marcadores de DNA que foram combinados para comparação, assim como graus mínimos de semelhança que muitos consideram arbitrariamente estabelecidos. Como o método biológico, isso não pode ser aplicado a táxons extintos (onde o DNA não é recuperável). Também foi estabelecido que as taxas de mutação para marcadores homólogos diferem entre as espécies. Ainda não está claro se os traços morfológicos (tipológicos) ou genéticos são de igual peso ou importância, mas ambos foram usados em conjunto para definir espécies.

Wayne Rossiter

REFERÊNCIAS E LEITURAS RECOMENDADAS

Mora, Camilo; Tittensor, Derek P.; Adl, Sina, et al. 2011. "How Many Species Are There on Earth and in the Ocean?" *PLOS Biology* 9:e1001127. doi:10.1371/ journal.pbio.1001127.

Shen, Yong Yi; Chen, Xiao; Murphy, Robert W., 2013. "Assessing DNA Barcoding as a Tool for Species Identification and Data Quality Control," *PLOS One* 8, no. (19 de fevereiro): e57125.doi: 10.1371/journal.pone.0057125. "Species Concepts and the Definition of 'Species.'" Acessado em 13 de Agosto de 2014. http://science.kennesaw.edu/~rmatson/Biolpor cento203380/3380species.html.

Taylor, Peter J., "Evolution and the Species Concept", em *Biological Science Fundamentals and Systematics*, vol. 1. Eds. Giancarlo Contrafatto and Alessandro Minelli. www.eolss.net/sample-chapters/c03/e6 -71-03-03.pdf.

ESTADO DO VÁCUO QUÂNTICO.

O estado de vácuo quântico é o estado de energia mais baixo possível de qualquer sistema, às vezes também chamado de *estado fundamental*. O estado de vácuo quântico exibe **flutuações quânticas** devido ao **princípio de incerteza de Heisenberg**. Por exemplo, no estado fundamental de um oscilador harmônico de mecânica quântica (pense em uma bola no fundo de uma tigela), a posição da partícula varia. Uma consequência é que todas as partículas, mesmo em seu estado fundamental, exibem flutuações quânticas em sua posição (isto é, elas se mexem).

Ao considerar um sistema que pode ter diferentes números de partículas, o estado de vácuo quântico é tipicamente aquele sem partículas. No entanto, este estado de vácuo quântico não deve ser pensado como "nada", ou mesmo como "espaço vazio" sem nada nele. O estado de vácuo quântico não é a mesma coisa que nada, já que requer **espaço e tempo**, e também que as leis físicas (incluindo a mecânica quântica) que governam o vácuo quântico estejam em vigor. Nem o estado de vácuo quântico deve ser considerado como espaço vazio. Por exemplo, no estado de vácuo quântico associado ao espaço intermediário entre as moléculas de ar em uma sala, os pares partícula-antipartícula estão continuamente surgindo e desaparecendo, um processo chamado *criação de par* e *aniquilação de par*. (Uma antipartícula é a cópia exata da partícula correspondente, mas com carga oposta. Por exemplo, a antipartícula do elétron é o pósitron.)

Essas flutuações quânticas de pares partícula-antipartícula sendo criados e aniquilados estão continuamente acontecendo ao redor e dentro de nós, e por todo o universo. Uma das razões pelas quais sabemos isso é porque afeta os níveis de energia atômica de uma maneira mensurável, chamada de *desvio de Lamb*.

Por serem de vida tão curta, os pares partícula-antipartícula são frequentemente chamados de partículas virtuais. Quanto maior a massa do par partícula-antipartícula, menor a sua duração média. Isso ocorre porque as partículas que têm massa (como os prótons, nêutrons e elétrons que compõem os átomos regulares) também têm energia, conforme expresso na famosa relação $E = mc^2$ de **Einstein**. Como a massa é uma forma de energia, ela despende energia para formar um par partícula-antipartícula.

Enquanto isso pode aparecer na superfície para violar a conservação de energia, no nível quântico, essas flutuações na energia são governadas por um tipo de relação de incerteza de Heisenberg entre energia e tempo. Quanto maior for o custo energético para criar um par partícula-antipartícula (isto é, quanto maior a massa das partículas virtuais), mais rapidamente as duas irão se recombinar em média. O custo energético multiplicado pelo tempo médio de recombinação é controlado pela constante de Planck. Note que esses pares partícula-antipartícula não estão surgindo do nada — sua existência depende da existência do próprio estado de vácuo quântico.

Alguns defenderam a ideia de que talvez o nosso universo físico tenha começado como um tipo similar de flutuação quântica de um presumido estado de vácuo quântico preexistente. Essa ideia teórica ainda não foi avaliada pela observação e pelo experimento. A ideia não propõe uma explicação para o começo do universo, mas empurra o problema para trás no tempo e levanta a questão: "Qual é a causa do estado de vácuo quântico preexistente?" Enquanto flutuações quânticas de um estado de vácuo quântico podem (temporariamente) gerar partículas, existem algumas dificuldades em aplicar este conceito ao universo como um todo:

1. O princípio da incerteza de Heisenberg *restringe fortemente essa ideia*. Como explicado acima, mesmo as partículas criadas através de flutuações quânticas devem obedecer à versão quântica da conservação de energia contida na relação de incerteza de Heisenberg de energia e tempo. Qualquer flutuação quântica que custe energia tem que desaparecer dentro de um intervalo de tempo que é inferior a 10% da constante de Planck dividido pelo custo de energia da flutuação.

Enquanto alguém poderia conceber a energia total do universo sendo um número excessivamente pequeno (contando, por exemplo, partículas com massa como energia positiva, mas a atração gravitacional entre elas como energia negativa), note que a energia em questão não é necessariamente a energia total do universo como é frequentemente discutida, mas é na verdade a *diferença* de energia entre o estado quântico inicial pressuposto e a energia total atual do universo. (p. ex., devido ao custo de energia de produzir a massa associada a um par de elétrons e pósitrons virtuais, esses pares de partículas virtuais podem existir por no máximo 3×10^{-22} segundos. Para tratar um universo de aproximadamente 14 bilhões de anos como uma flutuação quântica, a relação de incerteza de Heisenberg entre energia e tempo exigiria que o custo de energia da flutuação fosse menor do que cerca de $7,5 \times 10^{-34}$ elétron-volts. Observe que a energia necessária para um adulto típico subir um único degrau da escada é cerca de um trilhão de trilhões de trilhões de trilhões de milhões de vezes maior do que isso).

Com isso em mente, torna-se claro que essa ideia não diz respeito tanto ao começo do universo quanto ao começo da época de expansão do universo.

2. *Deve haver tempo, espaço e leis físicas preexistentes.* Um estado de vácuo quântico preexistente requer que o espaço físico para abrigar o estado já exista, que o tempo já exista e que as leis físicas, incluindo a mecânica quântica, já estejam em operação. Note que flutuações quânticas acontecem com uma certa **probabilidade** por segmento de tempo que passa, e sem a passagem do tempo, qualquer flutuação quântica tem probabilidade zero de ocorrer. No caso do universo como um todo, o espaço e o tempo estão intimamente ligados, de modo que qualquer começo para o universo também marcaria o início da dimensão temporal deste universo, e antes deste evento não haveria tempo em que uma flutuação quântica pudesse acontecer.

3. *A mecânica quântica em si pode não se aplicar a um suposto estado preexistente.* Não sabemos se alguma das leis físicas que atualmente entendemos se aplica antes do universo ter 10^{-43} segundos de idade, e isso inclui mecânica quântica. Isso é consistente com Hebreus 11: 3, que afirma que "o que se vê não foi feito do que é visível".

Erica W. Carlson

REFERÊNCIAS E LEITURAS RECOMENDADAS

Cohen-Tannoudji, Claude; Diu, Bernard, 1991. *Quantum Mechanics.* New York: Wiley.

Polkinghorne, John, 1986. *The Quantum World.* Princeton, NJ: Princeton University Press.

Tryon, Edward P., 1973. "Is the Universe a Vacuum Fluctuation?" *Nature* 246:396-97.

ESTATÍSTICA. Estatística, como um campo, é a ciência de coletar, organizar e interpretar dados. As estatísticas também são técnicas usadas para descrições, resumos ou conclusões com base em análises de dados. As técnicas estatísticas são classificadas em descritiva e inferencial. As estatísticas descritivas organizam e resumem os dados e incluem medidas de tendências, frequências, proporções, assimetria e variabilidade centrais, ao passo que as estatísticas inferenciais usam amostras de populações para fazer inferências sobre essas populações e incluem procedimentos estatísticos comuns, como correlações, testes t de Student e análise de variância. A análise estatística é usada em muitas disciplinas diferentes para interpretar o significado de um efeito nos dados. Esse artigo foca principalmente no uso de estatísticas na pesquisa em ciências sociais para ilustrar princípios gerais de análise estatística.

Em estudos psicológicos, populações inteiras raramente podem ser testadas, portanto, amostras são extraídas de populações. Inferência estatística é o processo de tirar conclusões sobre a população com base nos resultados dos procedimentos estatísticos realizados nas amostras. Como as estatísticas normalmente diferem dos parâmetros populacionais correspondentes, a teoria da **probabilidade** é usada para determinar com que precisão as estatísticas da amostra representam os parâmetros da população.

O teste de hipóteses é comumente usado para extrair inferências de amostras para populações e apresenta duas opções para o pesquisador. A hipótese nula, em que não existem diferenças significativas entre os grupos de tratamento do estudo, e a hipótese alternativa, em que existem diferenças significativas entre os grupos de tratamento. As estatísticas de teste (ou seja, t, z, F) são usadas para determinar se a hipótese nula ou alternativa é mais provável. Apoiar a hipótese alternativa geralmente requer um achado no extremo 5% do intervalo de possibilidades (um nível alfa de 0,05, $p < 0,05$). Se a descoberta não ultrapassar a marca extrema de 5%, a hipótese nula é suportada.

Independentemente de a hipótese nula ou alternativa ser suportada pelas análises, um erro de decisão é possível porque as inferências estatísticas são baseadas na probabilidade. Um erro do tipo I resulta quando a hipótese alternativa é suportada, mas não há diferença significativa (falso positivo). Um erro tipo II ocorre quando a hipótese

276 ESTRELA DE BELÉM

nula é suportada, mas há uma diferença significativa (falso negativo). Portanto, qualquer descoberta em particular pode ser imprecisa, embora a probabilidade seja de que a descoberta esteja correta. Vários estudos investigando o mesmo fenômeno ajudam os pesquisadores a ganhar maior certeza sobre descobertas específicas ao longo do tempo.

Em campos científicos fora das **ciências sociais**, os critérios necessários para sustentar certa hipótese podem ser muito mais rigorosos do que esse nível de 5%. Por exemplo, na **física** de partículas experimentais, uma descoberta é geralmente proclamada somente quando o efeito observado exclui a hipótese nula em um nível maior que 99,9999%.

Críticas à estatística inferencial estão relacionadas a suposições subjacentes ao uso de pesquisa empírica, e não a análises estatísticas em si. Por exemplo, a decisão de tornar o **empirismo** o principal meio de se conhecer o pensamento e o comportamento humano é um compromisso filosófico e pode não ser a melhor maneira de conhecer tal **informação**. Sendo esse o caso, as estatísticas ajudam a confirmar ou validar esse compromisso epistêmico com a quantificação e, portanto, trabalham contra outras maneiras apropriadas de se conhecer o pensamento e o comportamento humanos. Estatísticas inferenciais ajudam a responder questões importantes, mas são limitadas na capacidade de informar, assim como em qualquer forma de conhecimento. Para investigar mais profundamente a humanidade, um espectro mais amplo de métodos deve ser usado, especificamente métodos qualitativos. Além disso, muito do que é investigado pode se adequar melhor a modelos não lineares ou dinâmicos, como a **teoria do caos** e a teoria da catástrofe.

No geral, as estatísticas quantitativas desempenham um papel importante nas ciências sociais, mas o poder explicativo dos estudos quantitativos seria significativamente aumentado pela inclusão de métodos qualitativos e modelos não lineares.

C. Eric Jones

REFERÊNCIAS E LEITURAS RECOMENDADAS

Frost, Nollaig, 2011. *Qualitative Research Methods in Psychology.* New York: McGraw-Hill.

Gravetter, Frederick; Wallnau, Larry, 2012. *Statistics for the Behavioral Sciences.* Belmont, CA: Wadsworth/Thomson Learning.

Vallacher, Robin; Nowak, Andrzej, 1994. *Dynamical Systems in Social Psychology.* San Diego: Academic Press.

ESTRELA DE BELÉM. Três fatores devem ser considerados em qualquer investigação da estrela de Belém. Em ordem de precedência, eles são o texto do Evangelho de Mateus, os próprios magos e os fenômenos astronômicos plausíveis. Essas considerações estão relacionadas a vários enigmas cronológicos, incluindo o ano preciso do nascimento de Cristo. A maioria dos historiadores coloca o nascimento de Cristo por volta do ano 5 a.C., não mais que a morte de Herodes após um eclipse lunar na primavera de 4 a.C..

Talvez a estrela tenha sido milagrosa, uma manifestação dos "filhos da manhã" (cf. Jó 38:7). A curiosa descrição de Matthew da estrela "indo adiante" dos magos e "parou" em Belém levou os escritores desde João Crisóstomo (século IV) a **Bernard Ramm** (século XX) a considerar a estrela como um fenômeno angélico ou sobrenatural. No entanto, Mateus não associa explicitamente a estrela à orientação angélica direta. A interpretação dos magos da estrela, de acordo com sua própria sabedoria, levou-os a Jerusalém; Herodes os enviou a Belém com base na profecia de Miqueias (5:2).

Com relação aos magos, Mateus afirma nem que eles eram reis nem que eram em número de três. De acordo com Mateus, eles não vieram do Império Romano, mas do leste. Babilônia nessa época era o principal centro de magos que não eram apenas astrólogos, mas também astrônomos proficientes. Os magos babilônicos eram históricos, não lendários, e seu conhecimento astronômico era sofisticado, não trivial. Esses magos, os "escribas de Enuma Anu Enlil", foram pioneiros em métodos quantitativos na **astronomia** antiga e puderam prever ciclos planetários centenas de anos no futuro (Swerdlow, 1998). Poucas discussões sobre a estrela de Belém apreciam a capacidade da astronomia matemática nessa tradição cuneiforme ou mergulham profundamente na questão histórica da **astrologia** dos magos, isto é, como eles interpretaram eventos celestes.

Além da astronomia e da astrologia dos magos, por causa da presença de uma comunidade judaica na Babilônia desde o tempo do exílio, os magos também podem estar familiarizados com as profecias judaicas de uma vinda do Messias. Uma das principais preocupações dos magos era aconselhar o rei sobre a ascensão e queda dos impérios. O livro de Daniel, que se refere a Daniel como chefe dos magos (p. ex., Daniel 2:48; 5:11), reflete com precisão essa preocupação, enquanto contraria que o Deus do céu, não as próprias estrelas, dá o domínio. A visão de Daniel sobre o Ancião de Dias pode descrever aquele a quem os magos estavam procurando. Ao contrário da longa sucessão de reinos da Mesopotâmia, o reino do Messias nunca seria destruído, e todas as nações do mundo o adorariam. Quando este reino eterno chegar, adivinhação pelas estrelas — o modo de vida dos magos — passaria. De fato, a tradição cuneiforme astronômica desapareceu no primeiro século d.C., apenas algumas gerações depois da viagem a Belém.

No que diz respeito à astronomia, o estudo da estrela em si oferece uma perspectiva envolvente, pois em um momento ou outro praticamente todos os fenômenos astronômicos foram propostos. Podemos agrupar a multiplicidade de teorias de acordo com se elas consideram a estrela como uma fonte inesperada de luz brilhante ou como um planeta familiar se movendo para uma configuração significativa durante o curso de seu ciclo planetário.

No primeiro grupo, há **explicações** da estrela como uma nova, supernova ou cometa. Muitos imaginaram a estrela brilhando intensamente no céu, de Inácio (final do século I) a representações do nascimento de Albrecht Dürer (século XVI) ou o poema de Longfellow, "The Three Kings" (Os três reis) (século XIX). Outros invocaram cometas para fornecer uma explicação do senso comum de como a estrela "permaneceu" no horizonte de Belém, de Orígenes (século III) à pintura de Giotto, *A adoração dos reis magos* (século XIV). Os registros chineses confirmam a aparição de uma nova ou um cometa em 5 a.C., embora os observadores antigos não tenham deixado nenhum registro de uma estrela brilhante ou supernova neste momento. Colin Nicholl (2015) argumenta que a estrela era um cometa diferente, não registrado, com base em evidências escriturais, incluindo Apocalipse 12.

No segundo grupo, há explicações em que a estrela, ou "aster" em grego antigo, refere-se a um planeta em uma configuração significativa de acordo com a antiga astrologia. Essas interpretações associam a estrela ao movimento heliográfico ascendente e retrógrado de Júpiter, o planeta régio. Mateus 2:2 e 2:9 referem-se à estrela "no oriente", que um astrônomo entenderia como sua ascensão helíaca no horizonte oriental momentos antes do nascer do sol. Uma ascensão helíaca é a primeira aparição de uma estrela ou planeta no céu da manhã, logo à frente do sol, após um período de invisibilidade no céu diurno. Ascensões

helíacas foram associadas ao nascimento, à **morte** e à transformação. A descrição de Mateus da estrela "indo adiante" (*proēgen*, Mateus 2:9) provavelmente se refere ao que é conhecido como movimento retrógrado de um planeta, que os antigos astrônomos descreveram como "avançar" (p. ex., *proēgoumenoi*, Ptolomeu, 1940, 3.11, p. 312).

Durante o movimento retrógrado, um planeta inverte brevemente sua direção leste comum e parece viajar para o oeste contra o fundo de estrelas fixas. Em outras palavras, durante o movimento retrógrado, um planeta se move mais rápido para oeste do que, ou "vai adiante" de, o movimento noturno para o oeste das estrelas. Os planetas também parecem mais brilhantes enquanto retrogradam. A descrição de Mateus da estrela "parada" refere-se, em termos astronômicos, ao "ponto estacionário" de um planeta no início ou no fim do movimento retrógrado, quando um planeta parece estar fixo no lugar contra as estrelas de fundo. Como esses eventos planetários não são visualmente impressionantes para um observador casual, não é de surpreender que a corte de Herodes não tenha percebido a estrela, nem que o relato de Mateus pareça confuso para os leitores não familiarizado com os movimentos aparentes dos planetas.

Considere o notável movimento do planeta régio Júpiter, por volta do tempo do nascimento de Cristo. Júpiter completou pelo menos dois episódios interessantes de levante helíaco, seguidos de movimento retrógrado.

O primeiro episódio, que ocorreu na Constelação de Peixes, começou com a ascensão helíaca de Júpiter em 7 de março a.C. Júpiter, movendo-se mais rapidamente que Saturno, passou por Saturno em maio, fazendo uma conjunção. *Conjunção* refere-se ao compartilhamento da mesma coordenada com relação à eclíptica ou ao caminho do sol (se os dois planetas estão próximos ou parecem se fundir é irrelevante). Júpiter alcançou seu primeiro ponto estacionário em julho, após o qual iniciou um período de movimento retrógrado. Júpiter então passou por Saturno novamente em outubro para fazer uma segunda conjunção. Em novembro, Júpiter alcançou seu segundo ponto estacionário, quando seu movimento retrógrado terminou e retomou seu movimento normal para o leste. Em dezembro, ele passou por Saturno pela terceira vez, completando uma rara "união tripla" de um tipo que ocorre apenas a cada 800 anos. Uma conjunção tripla ocorre quando um planeta passa por outros três vezes em sucessão antes, durante e depois de sua volta retrógrada. Depois dessa tríplice conjunção em 6 de janeiro a.C., os dois planetas se juntaram a Marte, e então Júpiter desapareceu no céu diurno (Parpola, 2001).

Os magos babilônicos estavam profundamente interessados nesses eventos e eram capazes de prevê-los. De fato, os pontos estacionários de Júpiter e o movimento retrógrado durante a tríplice conjunção com Saturno em 7 a.C., são atestados por quatro tabuinhas cuneiformes existentes. Essas tabuinhas são almanaques, que, no entanto, não documentam como os magos interpretaram os eventos (Sachs, 1984). Mais tarde, o rabino Isaac Abravanel (século XV), que recorreu à astrologia de Masha'allah (século VIII), atestou em um comentário sobre o livro de Daniel que as conjugações triplas em Peixes eram associadas na tradição judaica com os adventos de Moisés e do Messias.

Johannes Kepler é o exemplo mais conhecido de interpretações de conjunção tripla, embora seu cenário culmine com uma estrela brilhante. O que hoje é conhecido como supernova de Kepler apareceu em 1604. Seguiu-se uma conjunção tripla de Júpiter e Saturno em 1603 e uma associação planetária de Júpiter, Saturno e Marte em 1604. Impressionado por essa sequência, Kepler descobriu a conjunção tripla em Peixes de Júpiter e Saturno em 7 a.C., seguido pela junção com Marte, como observado anteriormente. Kepler então postulou que a antiga sequência também teria levado a uma estrela brilhante, a estrela de Belém, como uma contrapartida da supernova testemunhada em 1604 (Kepler, *De stella nova*, 1606; repetida em Kepler, *De anno natali Christi*, 1614). A proposta de Kepler é frequentemente adotada em programas populares de planetas no Natal. Numerosos escritores ao longo dos séculos XIX e XX favoreceram-no, com algumas variações (Hughes, Kidger, Ferrari-D'Occhieppo, Parpola).

O segundo episódio, que ocorreu na Constelação de Áries, começou com a ascensão helíaca de Júpiter em 17 de abril de 6 a.C., com outros planetas em posições auspiciosas. No mesmo dia, foi ocultado pela lua. Júpiter então entrou em outro período de movimento retrógrado entre seu primeiro ponto estacionário em agosto e seu segundo ponto estacionário em 6 de dezembro a.C. Molnar demonstra que, de acordo com a astrologia romana, a configuração planetária de 17 de abril de 6 a.C., anunciou um inconquistável rei do universo nascido na Judeia. Com Mercúrio, Vênus, Marte e Saturno posicionados de forma

auspiciosa, o horóscopo para essa data era superior ao de César Augusto (Molnar, 1999). Nesse cenário, Mateus 2:2 e 2:9 referem-se ao movimento heliográfico ascendente e retrógrado de 6 a.C., em vez da ascensão helíaca e tríplice conjunção com Saturno em 7 a.C..

Consequentemente, as explicações da estrela como um evento astronômico planetário envolvendo o movimento de Júpiter em Peixes em 7 a.C., ou em Áries em 6 a.C., que os magos interpretaram como prevendo o nascimento de um Messias judeu, parecem consistentes com o que é atualmente conhecido dos magos.

A viabilidade potencial de vários candidatos para a estrela torna o ceticismo com relação à historicidade da história de Mateus desnecessário. No entanto, a natureza e a identidade da estrela devem permanecer uma questão em aberto, pelo menos até que os magos e sua antiga tradição cuneiforme da astrologia matemática sejam mais bem compreendidos.

Kerry Magruder

REFERÊNCIAS E LEITURAS RECOMENDADAS

BARTHEL, Peter; Van Kooten, George, eds. 2015. *The Star of Bethlehem and the Magi: Interdisciplinary Perspectives from Experts on the Ancient Near East, the Greco-Roman World, and Modern Astronomy.* Leiden: Brill.

FERRARI-D'OCCHIEPPO, Konradin, 1989. "Star of the Magi and Babylonian Astronomy", em *Chronos, Kairos, Christos.* Eds. Jerry Vardaman and Edwin M. Yamauchi, 41-54. Winona Lake, IN: Eisenbrauns.

HUGHES, David, 1979. *The Star of Bethlehem: An Astronomer's Confirmation.* New York: Walker.

KIDGER, Mark, 1999. *The Star of Bethlehem: An Astronomer's View.* Princeton, NJ: Princeton University Press.

MOLNAR, Michael, 1999. *The Star of Bethlehem: The Legacy of the Magi.* New Brunswick, NJ: Rutgers University Press.

NICHOLL, Colin R., 2015. *The Great Christ Comet: Revealing the True Star of Bethlehem.* Wheaton, IL: Crossway.

PARPOLA, Simo, 2001. "The Magi and the Star: Babylonian Astronomy Dates Jesus' Birth." *Bible Review* 17:17-23, 52-54.

PTOLOMEU, 1940. *Tetrabiblos.* Trans. Frank E. Robbins. Loeb Classical Library. Cambridge, MA: Harvard University Press.

SACHS, Abraham J.; Walker, C. B. F., 1984. "Kepler's View of the Star of Bethlehem and the Babylonian Almanac for 7/6 B.C." *Iraq* 46:43-55.

SWERDLOW, Noel, 1998. *The Babylonian Theory of the Planets.* Princeton, NJ: Princeton University Press.

ÉTICA AMBIENTAL. A ética ambiental é o estudo dos princípios e padrões relativos à relação moral entre os humanos e a natureza. A ética ambiental pode ser pensada como uma pessoa (ou grupo de pessoas) atribui valor à natureza. As opiniões modernas sobre a ética ambiental cristã (muitas vezes denominada "cuidados com a criação" ou "governança ambiental cristã") são largamente enraizadas nas Escrituras, mas também são influenciadas por pontos de vista seculares.

Valor utilitário da natureza

O valor instrumental (ou utilitário) da natureza baseia-se na provisão que ela fornece à subsistência para as necessidades humanas. Exemplos de tais provisões (geralmente chamadas de *serviços ecossistêmicos*) incluem alimentos, combustível, fibras e materiais de construção; purificação do ar e água; decomposição de resíduos; estabilização e contenção do clima; contenção de enchentes; ciclagem de nutrientes e renovação da fertilidade do solo; polinização de plantações; controle de pragas e doenças; e benefícios culturais e estéticos. O movimento de conservação moderno (liderado por Theodore Roosevelt no início do século XX) foi criticado pelos preservacionistas pelo foco no valor instrumental da natureza, especificamente sobre o uso sustentável dos recursos para que eles possam estar disponíveis para serem usados pelas gerações futuras.

O valor instrumental da natureza é provavelmente o propósito mais compreendido e abraçado para a criação entre os cristãos, pois há muita justificativa em toda as Escrituras (começando com Gênesis 1:29) pelo argumento de que Deus estabeleceu a criação para nosso uso. No entanto, esse valor utilitário descrito nas Escrituras se estende além dos humanos, como Gênesis 1:30 sugere que a mesma **providência** foi dada a todos os animais. Salmos 104:14,15 fala de um Deus que não só prove as necessidades humanas e animais, mas, através da criação, também proporciona nosso bem-estar. Embora Deus disponha a criação para nossas necessidades e satisfação, esse uso também tem certos limites, pois existem várias passagens das Escrituras em que Deus nos adverte contra o desperdício dos recursos da criação para além de sua capacidade de regenerar-se (Deuteronômio 20:19,20; 22:6; Apocalipse 11:18).

Valor intrínseco da natureza

O valor atribuído à criação, além da utilidade humana, é tipicamente referido como "valor intrínseco" — valor por si só, geralmente ligado à ideia de que os seres vivos têm o direito intrínseco de existir e buscar fins e interesses próprios. Essa filosofia se manifesta na Nova Era — relacionada ao movimento **ecologia** profunda, que postula que toda a natureza está em uma interação equilibrada, sem nenhuma parte (p. ex., humanos) tendo mais importância que qualquer outra. A preservação da vida selvagem, o controle da população e a vida simples são três pilares principais do movimento da ecologia profunda, que está intimamente associado ao animismo, ao **panteísmo** e à adoração da natureza, de modo que alguns cristãos tendem a considerar "culpados por associações" quaisquer sentimentos que sugiram que devemos levar uma vida simples, cuidar da criação ou salvar a terra.

Valor intrínseco teísta da natureza

Muitos estudiosos cristãos incluem o valor da criação *para Deus* como um aspecto do valor intrínseco, mas como o valor para Deus é tecnicamente extrínseco, seria mais preciso usar o termo *valor intrínseco teísta*, cunhado por Barrett e Bergstrom (1998). Sobre esta explicação centrada em Deus sobre o valor da criação, Bouma-Prediger afirma: "As criaturas individuais e a terra como um todo têm uma integridade criada por Deus e, como tal, têm mais do que meramente valor instrumental. As criaturas existem para louvar a Deus e são valiosas independentemente da utilidade humana" (2001, 142). Há uma infinidade de exemplos nas Escrituras da criação que louva seu Criador (p. ex., Salmos 103:20-22; 148; Is 49:13; 55:12), e, de fato, quando os cristãos cantam a doxologia, eles reconhecem que todas as criaturas louvam Deus, não apenas as pessoas.

As Escrituras descrevem um Deus que aprecia e ama *toda* a sua criação (p. ex., Gênesis 1; Salmos 104:31; 145:9). Em Romanos 8:19-22, Paulo aponta para a redenção final de toda a criação: "A natureza criada aguarda, com grande expectativa, que os filhos de Deus sejam revelados. Pois ela foi submetida à futilidade, não pela sua própria escolha, mas por causa da vontade daquele que a sujeitou, na esperança de que a própria natureza criada será libertada da escravidão da decadência em que se encontra para a gloriosa liberdade dos filhos de Deus. Sabemos que toda a natureza criada geme até agora, como em dores de parto". Os argumentos de que essa passagem não descreve a redenção de toda a criação normalmente envolvem uma interpretação que os versículos se referem especificamente aos seres humanos. No entanto, "toda natureza criada", no versículo 22, e "E não só isso, mas nós mesmos", no versículo 23, parecem sugerir o contrário. Outros cristãos acreditam que o restante da criação deixará de existir, findando, desse modo, seus gemidos, mas, como apontou Campolo (1992, 58), "aniquilação não é libertação".

O valor intrínseco teísta da criação inclui o papel de Deus para a criação na **revelação** geral, que envolve Deus usando a criação para divulgar seu poder e divindade,

280 ÉTICA AMBIENTAL

fornecendo o contexto para a revelação especial através das Escrituras (ver **Metáfora dos dois livros**). O Salmo 19 fala da manifestação do poder, da divindade e da criatividade de Deus, como mostrados nos céus. Romanos 1:19,20 também descreve o papel da criação na revelação geral, como **João Calvino** explica nas suas *Institutas da religião cristã*: "[Deus] não só semeou na mente dos homens a semente da religião de que falamos, mas revelou-se e revela-se diariamente em toda a obra do universo. Como consequência, os homens não podem abrir seus olhos sem serem obrigados a vê-lo [...] Mas, em suas obras individuais, gravou marcas inconfundíveis de sua glória, tão claras e tão proeminentes que até mesmo pessoas iletradas e estúpidas não podem alegar a desculpa da ignorância" (Calvin 1960, 1.5.1).

Mordomia ambiental cristã

Um mordomo ["administrador" na NVI] é alguém que é encarregado de cuidar de algo que não possui, muitas vezes enquanto o dono está ausente. No nível secular, a governança ambiental pode ser pensada como cuidar do mundo natural e utilizar com sabedoria os recursos para que possamos passar as coisas para a próxima geração (como a frase: "Estamos tomando emprestado a terra de nossos filhos"). Embora os cristãos geralmente abracem essa ideia (amar nosso futuro próximo como a nós mesmos), os eruditos cristãos geralmente apontam para a diretiva dada por Deus em Gênesis 1:28 e especialmente Gênesis 2:15 para cuidar de sua criação e ajudar a manter sua fertilidade. Além disso, em Salmos 24:1 ("Do SENHOR é a terra e tudo o que nela existe"), e em outras partes das Escrituras, Deus nos lembra de que toda a criação pertence a ele, dando mais credibilidade ao **paradigma** do cuidado da criação.

Muitos eruditos cristãos subscrevem algum nível de modelo de cuidado com a criação, mas os cristãos em geral são menos propensos a defender tais pontos de vista por vários motivos. Estes incluem a **escatologia** (acreditando que a terra será queimada quando Cristo retornar; 2Pedro 3:10); rejeição às coisas "deste mundo" (Romanos 12:2); e rejeição a um paradigma que parece muito panteísta (ou seja, devemos servir o Criador, não a criação). Além disso, muitos cristãos (e muitos críticos do cristianismo) acreditam que Gênesis 1:28 dá aos humanos licença para dominar, subjugar e tirar proveito da terra. Tomando o verso isoladamente, essa interpretação parece plausível, mas, considerando a Bíblia na íntegra, a maioria dos estudiosos cristãos conclui que essa interpretação é falha. Na verdade, vemos em alguns versículos mais adiante (em Gênesis 2:15) que Deus dá a diretriz para cuidar do jardim (e presumivelmente da terra), não para tirar proveito dele. Os seres humanos, de fato, compartilham o domínio da criação com Deus (Salmos 8), e ele não abusa de sua criação.

Outra razão para os cristãos evitarem um modelo de cuidado com a criação é que ele parece elevar o restante da criação ao mesmo nível das pessoas. Na verdade, algumas das mais controversas questões ambientais entre os cristãos envolvem desentendimentos quanto à forma como a mordomia e o cuidado com a criação devem se manifestar em políticas públicas, quando tais políticas têm o potencial de impactar negativamente os pobres e oprimidos. Por exemplo, enquanto muitos estudiosos cristãos apoiam os esforços internacionais para conter as **mudanças climáticas** globais, membros da Cornwall Alliance for Stewardship of Creation [Aliança de Cornwall para a mordomia da criação] consideram que as políticas climáticas bem-intencionadas que restringem o uso de combustíveis fósseis acabarão por condenar os pobres, impedindo o desenvolvimento econômico. O fundador da Aliança de Cornwall, E. Calvin Beisner, defende a crença de que um Deus infinitamente sábio equipou nosso planeta com ciclos robustos, autorreguladores e autocorretivos a reações negativas, que compensariam os insumos potencialmente prejudiciais, como o aumento do dióxido de carbono atmosférico (ver **Mudança clim**ática).

Todd Tracy

REFERÊNCIAS E LEITURAS RECOMENDADAS

BARRETT, Christopher B.; Bergstrom, John C., 1998. "The Economics of God's Creation." *Bulletin of the Association of Christian Economists* 31:4-23.

BERRY, Wendell, 1993. "Christianity and the Survival of Creation." In: *Sacred Trusts: Essays on Stewardship and Responsibility*, ed. M. Katakis, 38-54. San Francisco: Mercury House.

BOUMA-PREDIGER, S., 2001. *For the Beauty of the Earth: A Christian Vision for Creation Care.* Grand Rapids: Baker Academic.

CALVIN, John, 1960. *Institutes of the Christian Religion.* Library of Christian Classics. Vol. 20. Ed. J. McNeill. Trans. F. Battles. Louisville, KY: Westminster.

CAMPOLO, Tony, 1992. *How to Rescue the Earth without Worshiping Nature.* Nashville: Thomas Nelson.

DEWITT, C. B., 1994. "Christian Environmental Stewardship: Preparing the Way for Action." *Perspectives on Science and the Christian Faith* 46:80-89.

FINGER, T., 1998. *Evangelicals, Eschatology, and the Environment.* Scholars Circle Monograph #2. Evangelical Environmental Network. www.creationcare.org.

LEGATES, D.; van Kooten, G. C., 2014. "A Call to Truth, Prudence, and Protection of the Poor: The Case against Harmful Climate Policies Gets Stronger."

Cornwall Alliance for the Stewardship of Creation. Burke, VA. September. http://www.cornwallalliance.org/wp-content/uploads/2014/09/A-Call-to-Truth-Prudence-and-Protection-of-the-Poor-2014-The-Case-Against-Harmful-Climate-Policies-Gets-Stronger.pdf.

Petersen, K., 2003. "The Educational Imperative of Creation Care." *Christian Scholar's Review* 32 (4):433-54.

Stott, J., 2001. *The Birds Our Teachers: Biblical Lessons from a Lifelong Bird Watcher.* Grand Rapids: Baker.

Van Dyke, F.; Mahan, D.; Sheldon, J.; Brand, R., 1996. *Redeeming Creation: The Biblical Basis for Environmental Stewardship.* Downers Grove, IL: InterVarsity.

Warners, D.; Ryskamp, M.; Dragt, R. Van, 2014. "Reconciliation Ecology: A New Paradigm for Advancing Creation Care." *Perspectives on Science and the Christian Faith* 66:221-35.

ÉTICA CRISTÃ. A ética cristã é uma mescla de virtudes e princípios. É profundamente deontológica (baseada em princípios) por causa da ênfase nos mandamentos divinos e princípios bíblicos. Mas também é significativamente orientada para a virtude, uma vez que as virtudes fornecem a ênfase cristã adequada ao caráter de uma pessoa, em vez de se concentrar exclusivamente nas ações dela. A ética cristã pergunta não só "O que é o que é certo?", mas também "Que tipo de pessoa estou me tornando?".

Na ética cristã, a fonte suprema da **moralidade** é o caráter de Deus. Seus mandamentos vêm imediatamente após, sendo, portanto, a segunda fonte de moralidade, e são derivados de seu caráter. Em última análise, a razão pela qual Deus ordena as coisas que ele ordena é porque ele é um Deus de um determinado tipo. A ética cristã convida seus seguidores para serem pessoas amorosas, mas não principalmente porque é "o amor que faz o mundo girar" (e mesmo que isso fosse verdade, essa não seria a razão mais convincente para se tornar uma pessoa amorosa). A ética cristã exige amor porque Deus é fundamentalmente amor. Da mesma forma, a ética cristã exige perdão, mas não principalmente porque o perdão cura relacionamentos quebrados, embora isso seja certamente verdade. A razão mais persuasiva para o perdão deve-se ao fato de ele estar intrinsecamente relacionado a quem Deus é, e, consequentemente, é o que deve caracterizar seus seguidores.

A ética cristã é definida no contexto do relacionamento do indivíduo com Deus. Embora seja verdade que as exigências éticas de Deus estão inseridas na estrutura do mundo e são normativas ao longo do tempo e da cultura (embora a aplicação de qualquer virtude ou princípio ético possa parecer bastante diferente em diferentes culturas), a Bíblia estabelece a ética cristã no contexto de uma relação com Deus. As exigências éticas não são simplesmente princípios morais abstratos, mas são uma expressão do relacionamento de alguém com Deus. Na ética cristã, a pessoa segue as exigências porque elas são uma expressão de lealdade e amor a Deus.

A Bíblia ainda conecta a obra do Espírito Santo e a renovação moral (Gálatas 5:16, 22-25). A adesão à ética cristã não é algo que pode ser alcançado por conta própria, mas exige que o Espírito Santo permaneça capacitando a pessoa a viver consistentemente com as exigências da ética cristã. Além disso, a Bíblia afirma veementemente a dimensão social da ética cristã (Mateus 25:34-40). Ela não é só para os indivíduos, mas encontra seu cumprimento na vida das comunidades, manifestando o caráter de Deus na forma como vivem suas vidas em comunidade. Essa dimensão social é desenvolvida nos reiterados mandamentos para cuidar dos pobres e marginalizados na comunidade.

A ética cristã é conhecida tanto pela maneira como ela é revelada na Palavra de Deus, como pela maneira que é revelada no mundo de Deus. Esta última é comumente conhecida como lei natural (Romanos 2:14,15) (ver **Lei natural**), ou a lei que está "escrita no coração". Ambos os meios de revelação são importantes. A Bíblia esclarece e especifica ainda mais o que pode ser pouco claro na lei natural, mas a lei natural é importante para comunicar a ética cristã a uma cultura pós-cristã.

Scott B. Rae

REFERÊNCIAS E LEITURAS RECOMENDADAS

Grenz, Stanley J., 2000. *The Moral Quest: Foundations of Christian Ethics.* Downers Grove, IL: IVP Academic.

Hollinger, Dennis P., 2002. *Choosing the Good: Christian Ethics in a Complex World.* Grand Rapids: Baker Academic.

Rae, Scott B., 2013. *Doing the Right Thing: Making Moral Choices in a World Full of Options.* Grand Rapids: Zondervan.

ÉTICA EM CIÊNCIA. O espectro de questões éticas que os cientistas enfrentam reflete os objetivos da ciência como uma empreitada de busca da verdade e geração de tecnologia, suas redes de colaboração e sua natureza de grande intensidade. No entanto, as questões específicas que os cientistas enfrentam são moldadas pela forma como a ciência funciona e por suas normas culturais.

A ciência contemporânea é, até certo ponto, institucionalizada (Ravetz, 1971). Sua direção geral é parcialmente moldada por governos, indústrias e fundações privadas; estes trabalham com cientistas para sugerir vias promissoras para a pesquisa e propor grandes desafios científicos e tecnológicos. Pesquisadores individuais e grupos de pesquisadores respondem propondo soluções específicas (ou, mais comumente, soluções parciais) a esses desafios e escrevendo propostas de subvenção, que são revisadas por comitês científicos (para subsídios governamentais e a maioria das fundações) ou empresários (para pesquisas industriais) que determinam quais propostas serão financiadas com base em seu "mérito intelectual" e potenciais "impactos mais amplos" (National Science Board, 2011). Espera-se, então, que os pesquisadores bem-sucedidos façam progressos significativos no trabalho proposto, medidos em termos de volume de produção de publicações, produtos, patentes ou capital de risco, com falhas resultando em perda de competitividade nos futuros ciclos de financiamento ou no mercado.

Todo o processo é competitivo e muitas vezes envolve somas significativas; por exemplo, em 2012, a taxa de financiamento global da US National Science Foundation [Fundação nacional de ciência dos EUA] foi de 24%, e o subsídio médio, de 166 mil dólares (National Science Foundation, 2013). Além disso, afigura-se que a maior parte do trabalho científico é realizada em regime de cooperação por equipes de pesquisadores em diferentes fases de sua carreira, às vezes trabalhando em diferentes instituições, em locais geograficamente distintos.

A pesquisa científica pode ser um trabalho extremamente intensivo e envolver altos riscos, porque subsídios bem-sucedidos, publicações de periódicos, patentes e outros produtos são frequentemente usados como medidas de sucesso para a concessão de títulos, contratações, retenções e decisões de promoção. No entanto, a tentação de reduzir custos é significativamente contrabalançada pelo *status* da ciência como uma empreitada colaborativa que busca a verdade e o correspondente valor elevado que a comunidade científica atribui à integridade.

Não apenas a honestidade na condução e divulgação de pesquisas é enfatizada pelo maioria dos códigos de ética das organizações científicas, como também muitos subcampos científicos são comunidades relativamente pequenas nas quais os cientistas envolvidos dependem da confiabilidade e honestidade das publicações e do trabalho de revisão de cada membro. Porque a honestidade é amplamente apreciada pelas comunidades científicas, a flagrante "má conduta científica" sob a forma de "fabricação, falsificação ou plágio (FFP) na proposição, execução ou revisão de pesquisa ou no relatório de resultados de pesquisa" (Public Policy Commitee, 2009, p. 3) é relativamente rara. Em vez disso, a maioria dos dilemas éticos

surge nas áreas cinzentas onde as ideias dos outros são parcialmente lembradas ou esquecidas, as alegações exageradas de importância são apresentadas em propostas e artigos, os estudos são projetados para promover um resultado esperado, os resultados exemplares são rotulados como representativos, os procedimentos mal documentados são reconstruídos a partir da memória, as discrepâncias indesejáveis são descartadas sem causa estatística, os dados são apresentados de forma seletiva ou sugestiva e os contratos sociais informais de carga de trabalho e compartilhamento de crédito são negociados em um contexto de relações de poder distintas.

Assim, em muitos aspectos, o comportamento científico ético começa no nível de líderes de grupos de pesquisa, editores de jornais e outros controladores de acesso. O grau de transparência e honestidade com o qual estes propõem e avaliam projetos, recrutam colaboradores, projetam estudos, mantêm e gerenciam registros, seguem as melhores práticas de análise de dados e disseminam seus resultados, determinam o clima e as normas éticas para os trabalhadores em seus campos. Os líderes dos grupos de pesquisa desempenham um papel especialmente importante, uma vez que são responsáveis por estabelecer expectativas claras para a carga de trabalho, produtividade e exigências de cada colaborador para instigar e para criar um clima de responsabilidade ética entre os colaboradores júnior que atuam como trabalhadores *in loco*. Esses colaboradores são mais propensos a estar conscientes do comportamento antiético no nível de coleta e análise de dados e, portanto, têm maior oportunidade de corrigir os lapsos antes de atingir o nível em que ocorrem danos e acidentes ou os documentos precisam ser retraídos, investigações de má conduta iniciadas e sanções impostas por comitês institucionais ou governamentais de ética.

Várias questões éticas especiais ocorrem comumente, o bastante para que os procedimentos para lidar com elas tenham sido codificados. Estudos envolvendo humanos ou animais geralmente são supervisionados por comitês de ética para garantir que os tais sejam tratados de forma humana e ética. Experimentos com humanos, em particular, estão sujeitos ao código de Nuremberg, que estabelece que os pesquisadores são responsáveis pela concepção de estudos em humanos de forma responsável, minimizando o potencial de sofrimento e danos e garantindo que a participação seja voluntária e sujeita ao consentimento informado. Da mesma forma, foram estabelecidas diretrizes federais e institucionais para evitar conflitos potenciais de interesse, envolvendo membros de mecanismos de controle, pesquisadores principais, funcionários da concessão e agência política e outros tomadores de decisão. Esses foram reforçados nos últimos anos à medida que um número crescente de cientistas se engaja em consultoria industrial ou busca comercializar suas inovações através de *startups* de transferência de **tecnologia**.

Há alguns casos em que o comportamento antiético na ciência é reconhecido, mas efetivamente tolerado, tipicamente devido à ignorância ou incapacidade da comunidade científica de resistir a interesses politicamente astutos, bem financiados e potencialmente imorais. Talvez os exemplos mais proeminentes envolvam "cientistas mercenários" financiados pela indústria, publicando e fazendo circular "periódicos reféns" com a finalidade de "fabricar" dúvidas para a "defesa do produto"; suas táticas típicas incluem manipular dados ou conceber estudos para dar o resultado desejado, muitas vezes reduzindo as dimensões da população estudada até que quaisquer efeitos nocivos sejam estatisticamente insignificantes (Michaels, 2008; Oreskes e Conway, 2010).

Alguns projetos têm o potencial de gerar ideias revolucionárias ou novas tecnologias ou têm importantes implicações sociais, econômicas e políticas públicas. Nestes casos, podem surgir questões éticas adicionais devido aos impactos e implicações potenciais do trabalho. No entanto, enquanto a maioria dos cientistas persegue projetos com a esperança de que eles produzam conhecimentos valiosos ou inovações benéficas, relativamente poucos consideram os potenciais impactos adversos de seu trabalho.

Isso é compreensível, já que o conhecimento científico e a tecnologia geralmente atingem o público e outras partes interessadas através de uma rede complexa de engenheiros, técnicos, profissionais de negócios e políticos; consequentemente, muitos cientistas, alguns dos quais têm treinamento ético significativo, se contentam em deixar que outros considerem as implicações éticas mais amplas de seu trabalho (Wolpe, 2006). No entanto, existem vários exemplos bem aceitos, em que os cientistas geralmente reconhecem sua responsabilidade para com o público em geral. Esses incluem a proteção da saúde e segurança dos colegas de trabalho e do público e a necessidade de limites para a **clonagem** humana e outras linhas de pesquisa eticamente questionáveis. Recentemente, tem

havido esforços para se exercer controle responsável sobre a disseminação de pesquisas de dupla finalidade, a saber, aquela que pode ser adaptada para propósitos prejudiciais por terroristas e outros agentes desonestos.

Da mesma forma, há uma tradição de longa data de reconhecer o direito de cientistas individuais de se absterem conscientemente do trabalho que considerem objetável. Por exemplo, vários cientistas se recusaram conscientemente a participar na pesquisa de armas nucleares após a Segunda Guerra Mundial; com base em seu conhecimento especial sobre a destrutividade dessas armas, alguns até sentiram uma responsabilidade social especial em protestar contra as próprias armas nucleares.

Os cientistas envolvidos em campos como a epidemiologia e a ciência do clima muitas vezes têm um forte senso de responsabilidade social devido às implicações desses campos para o bem-estar humano e sua potencial influência sobre as políticas econômicas e públicas. Os cientistas que trabalham nesses campos enfrentam o desafio adicional de determinar quando divulgar os resultados de seu trabalho, uma decisão que pode ser complicada devido à necessidade de equilibrar a incerteza inerente aos estudos epidemiológicos de baixa incidência ou modelagem climática preditiva com o risco de danos devido à falta de ação (Krimsky, 2000). Além disso, como seu trabalho pode ter implicações políticas e jurídicas, esses cientistas às vezes se tornam alvo de ataques políticos e profissionais de grupos de interesse especial ou de cientistas mercenários (Michaels, 2008).

No geral, a ética da integridade científica é consonante com a ética cristã da integridade; a última ainda fornece motivação para o comportamento honesto nas áreas cinzentas, onde as normas sociais científicas praticamente permitem (mas não endossam) o comportamento não ético. Na verdade, é importante que os cristãos nas ciências sejam conscientes do seu comportamento nessas áreas cinzentas, pois apresentam oportunidades tanto para o testemunho prático como para a corrupção moral (Hearn, 1973).

Às vezes, cientistas cristãos optam por trabalhar em áreas que consideram compatíveis com sua visão moral; é fácil, por exemplo, procurar pesquisas médicas ou ambientais como uma forma de serviço cristão prático. Do mesmo modo, as perspectivas teológicas e as culturas das igrejas podem influenciar as decisões dos cientistas para se absterem formalmente ou informalmente do trabalho

284   ÉTICA EM CIÊNCIA

que acreditam ser eticamente questionável. Por exemplo, os pacifistas cristãos geralmente evitam a pesquisa militar, enquanto os evangélicos conscientes do **aborto** têm estado apreensivos em relação à pesquisa envolvendo células- -tronco embrionárias (ver **Pesquisa com células-tronco embrionárias**).

Stephen A. Contakes

REFERÊNCIAS E LEITURAS RECOMENDADAS

BENNETT, George D., 2008. "A Comparison of Green Chemistry to the Environmental Ethics of the Abrahamic Religions." *Perspectives on Science and Christian Faith* 60:16-25.

BROCK, Brian, 2010. *Christian Ethics in a Technological Age.* Grand Rapids: Eerdmans.

CARSON, Joseph P., 2002. "Should ASA Defend and Advance Professional Ethics in Science and Technology Professions?" *Perspectives on Science and Christian Faith* 54:124-26.

CHALK, Rosemary, 1989. "Drawing the Line: An Examination of Conscientious Objection in Science." *Annals of the New York Academy of Sciences* 577:61-74.

"CHEMICAL PROFESSIONAL'S CODE OF CONDUCT." 2007. AMERICAN CHEMICAL SOCIETY.

COATES, Joseph F. 1989. "The Ethics of Corporate and Military Research." *Annals of the New York Academy of Sciences* 577:149-53.

COMSTOCK, Gary, 2012. *Research Ethics: A Philosophical Guide to the Responsible Conduct of Research.* Cambridge and New York: Cambridge University Press.

COPPOLA, Brian P., 2001. "The Technology Transfer Dilemma: Preserving Morally Responsible Education in a Utilitarian Academic Culture." *Hyle International Journal for the Philosophy of Chemistry* 72 (1):156-67.

CRAVEN, Bruce, 2006. "Ethics in Research." *ISCAST Online Journal* 2. www.iscast.org/journal/opinion/Craven_B_2006-12_Ethics_In_Research.pdf.

CROUCH, Catherine H., 2000. "Scientific Ethics: A Realm for Partnership." *Perspectives on Science and Christian Faith* 52:156-58.

DABROCK, Peter, 2009. "Playing God? Synthetic Biology as a Theological and Ethical Challenge." *Systems and Synthetic Biology* 3:47-54.

DEANE-DRUMMOND, Celia, 2006. *Genetics and Christian Ethics.* New Studies in Christian Ethics. Cambridge: Cambridge University Press.

DOUGLAS, Heather E., 2009. *Science, Policy, and the Value-Free Ideal.* Pittsburgh: University of Pittsburgh Press.

EDGAR, Brian, 2009. "Biotheology: Theology, Ethics and the New Biotechnologies." *Christian Perspectives on Science and Technology: ISCAST Online Journal.* www.iscast.org/journal/articles/Edgar_B_2009-07_Biotheology.pdf.

ERMER, Gayle E, 2008. "Professional Engineering Ethics and Christian Values: Overlapping Magesteria." *Perspectives on Science and Christian Faith* 60 (1):26-34.

FISCHER, Julie Elizabeth, 2005. *Dual-Use Technologies: Inexorable Progress, Inseparable Peril: A Report of the Project on Technology Futures and Global Power, Wealth, and Conflict.* CSIS Series on Technology Futures and Global Power, Wealth, and Conflict. Washington, DC: CSIS Press.

HATFIELD, Charles, 1973. *The Scientist and Ethical Decision.* Downers Grove, IL: InterVarsity.

HEARN, Walter R., 1973. "Whole People and Half-Truths." In: *The Scientist and Ethical Decision,* ed. Charles Hatfield, 83-96. Downers Grove, IL: InterVarsity.

IMPERIALE, Michael J., 2012. "Dual-Use Research after the Avian Influenza Controversy." *Bulletin of the Atomic Scientists.* 11 Jul. http://thebulletin.org/dual-use-research-after-avian-influenza-controversy.

KOVAC, Jeffrey, 2000a. "Professionalism and Ethics in Chemistry." *Foundations of Chemistry* 2: 207-19.

_____. 2000b. "Science, Law, and the Ethics of Expertise." *Tennessee Law Review* 67:397-408.

_____. 2004. *The Ethical Chemist: Professionalism and Ethics in Science.* Prentice Hall Series in Educational Innovation. Upper Saddle River, NJ: Pearson Prentice Hall.

KRIMSKY, Sheldon, 2000. *Hormonal Chaos: The Scientific and Social Origins of the Environmental Endocrine Hypothesis.* Baltimore: Johns Hopkins University Press.

_____. 2003. *Science in the Private Interest: Has the Lure of Profits Corrupted Biomedical Research? Lanham, MD: Rowman & Littlefield.*

KULAKOWSKI, Elliott C., Chronister, Lynne U.; Enterprise, Research, 2006. *Research Administration and Management.* Sudbury, MA: Jones and Bartlett.

LONSDALE, Kathleen, 1951. "The Ethical Problems of Scientists." *Bulletin of the Atomic Scientists* 7, n. 7 (ago.):2014.

MACRINA, Francis L., 2005. *Scientific Integrity: Text and Cases in Responsible Conduct of Research.* 3. ed. Washington, DC: ASM Press.

MARTINSON, Brian C., Melissa S. Anderson, and Raymond de Vries. 2005. "Scientists Behaving Badly." *Nature* 435:737-38.

MICHAELS, David, 2008. *Doubt Is Their Product: How Industry's Assault on Science Threatens Your Health.* Oxford and New York: Oxford University Press.

MITCHAM, Carl, 1989. "The Spectrum of Ethical Issues Associated with the Military Support of Science and Technology." *Annals of the New York Academy of Sciences* 577: 1-9.

MITCHELL, C. Ben, 2007. *Biotechnology and the Human Good.* Washington, DC: Georgetown University Press.

MOGHISSI, A. Alan, Betty Love, e Sorin Straja. 2011. *Peer Review and Scientific Assessment: A Handbook for Funding Organizations, Regulatory Agencies, and Editors.* Cambridge and New York: Cambridge University Press.

NATIONAL SCIENCE ADVISORY BOARD FOR BIOSECURITY, 2007. *Proposed Framework for the Oversight of Dual Use Life Sciences Research: Strategies for Minimizing the Potential Misuse of Research Information.* http://osp.od.nih.gov/office-biotechnology-activities/nsabb-reports-and-recommendations/proposed-framework-oversight-dual-use-life-sciences-research.

NATIONAL SCIENCE BOARD, 2011. "National Science Foundation's Merit Review Criteria: Review and Revisions." Arlington, VA: National Science Foundation.

NATIONAL SCIENCE FOUNDATION, 2013. *Report to the National Science Board on the National Science Foundation's Merit Review Process Fiscal Year 2012.* Arlington, VA: National Science Foundation.

"Office of Research Integrity." U.S. Department of Health and Human Services. http://ori.hhs.gov.

"Online Ethics Center." National Academy of Engineering. www.onlineethics.org.

ORESKES, Naomi; Conway, Erik M., 2010. *Merchants of Doubt: How a Handful of Scientists Obscured the Truth on Issues from Tobacco Smoke to Global Warming.* 1. US ed. New York: Bloomsbury.

PUBLIC POLICY COMMITTEE ON SCIENCE, Engineering, and Public Policy: National Academy of Sciences, National Academy of Engineering, and Institute of Medicine of the National Academies, 2009. *On Being a Scientist: Responsible Conduct in Research.* 3. ed. Washington, DC: National Academies Press.

RAVETZ, Jerome R., 1971. *Scientific Knowledge and Its Social Problems.* Oxford: Clarendon.

SANTORO, Michael A.; Gorrie, Thomas M., *Ethics and the Pharmaceutical Industry.* Cambridge: Cambridge University Press.

SCHUMMER, Joachim, 2001. "Ethics of Chemical Synthesis." *HYLE—International Journal for the Philosophy of Chemistry* 7 (2):103-24.

SCHUURMAN, E., *The Technological World Picture and an Ethics of Responsibility: Struggles in the Ethics of Technology.* Sioux Center, IA: Dordt College Press.

SELGELID, Michael J., 2009. "Governance of Dual-Use Research: An Ethical Dilemma." *Bulletin of the World Health Organ* 87:720-23.

SHINN, Roger L., 1989. "Moral Arguments and the Traditions of Religious Ethics." *Annals of the New York Academy of Sciences* 577:40-46.

STEWART, Gavin, 1999. *The Partnership between Science and Industry: Co-operation or Conflict of Interest?* London: British Library.

VAN DEN BELT, Henk, 2009. "Playing God in Frankenstein's Footsteps: Synthetic Biology and the Meaning of Life." *Nanoethics* 3:257-68.

WHITBECK, Caroline, 2011. *Ethics in Engineering Practice and Research.* 2. ed. Cambridge: Cambridge University Press.

WOLPE, Paul R., 2006. "Reasons Scientists Avoid Thinking about Ethics." *Cell* 125, no. 6 (jun.):1023-25.

ZIERLER, David, 2011. *The Invention of Ecocide: Agent Orange, Vietnam, and the Scientists Who Changed the Way We Think about the Environment.* Athens: University of Georgia Press.

ÉTICA EVOLUTIVA. A ética evolutiva é a tentativa de fornecer uma explicação evolutiva para as sensibilidades morais dos seres humanos e de quaisquer outros animais com instintos sociais altamente desenvolvidos capazes de comportamento cooperativo. Na visão de **Darwin**, qualquer animal com os instintos sociais certos "inevitavelmente adquire um senso ou consciência moral, assim que seus poderes intelectuais tenham se desenvolvido tanto, ou quase tanto, quanto no homem" (Darwin, 1998, p. 101). Ele ofereceu um relato em quatro estágios da origem do nosso sentido moral: (1) os instintos sociais foram selecionados como auxílio à sobrevivência e à reprodução; (2) surgiram faculdades mentais que podiam julgar a superioridade do instinto social a impulsos instintivos mais curtos como fome e desejo sexual; (3) o surgimento da linguagem permitiu à comunidade expressar o bem comum e responsabilizar os indivíduos; e (4) a instrução e a prática permitiram que o comportamento moral se tornasse habitual, reforçando assim os instintos sociais.

Uma importante consequência da ética evolutiva é que a sensibilidade moral dos seres humanos depende da sua história natural. Esta é uma conclusão que Darwin (1998) elaborou explicitamente.

> Se [...] os homens tivessem sido criados sob precisamente as mesmas condições que as abelhas, não pode haver dúvida de que nossas fêmeas solteiras, como as abelhas trabalhadoras, pensariam que é um dever sagrado matar seus irmãos e as mães se esforçariam para matar suas filhas férteis; e ninguém pensaria em interferir. No entanto, a abelha, ou qualquer outro animal social, ganharia em nosso suposto caso, como me parece, algum sentimento de certo ou errado, ou uma consciência. Pois cada indivíduo teria uma sensação interior de possuir certos instintos mais fortes ou duradouros, e outros menos fortes ou duradouros

> [...] Nesse caso, um admoestador interno diria ao animal que teria sido melhor ter seguido um impulso, e não outro. Um curso deveria ter sido seguido, e outro não deveria; aquele teria sido certo, e o outro errado. (Darwin, 1998, p. 102-3)

O que não é claro na explicação de Darwin é se a nossa história natural molda apenas nosso sentido moral ou se também determina obrigações morais. Suponhamos que tivéssemos sido criados como abelhas. Conforme a visão de Darwin, (1) o fratricídio e o infanticídio teriam então *sido* deveres? Ou o que sucede é que (2) teríamos *pensado* que o fratricídio e o infanticídio feminino eram deveres?

Considere a primeira alternativa. Isso afirma que o valor moral e as próprias obrigações derivam da história natural. Uma dificuldade para essa visão é o famoso problema do **altruísmo**. Se a **moral** reflete os nossos interesses biológicos, então parece que só pode haver razões morais para ajudar aqueles com quem estamos geneticamente relacionados. Isso pode incluir mais do que a nossa família imediata: como argumentou William Hamilton, pode haver alguma conexão genética com uma parenta mais distante ou uma *seleção de parentesco* (Wilson, 1993, p. 41). Darwin foi mais longe, argumentando que, uma vez que a sobrevivência e a reprodução de indivíduos são reforçadas pela pertença a uma tribo coesa, alguns traços serão selecionados porque são bons para a tribo (*seleção de grupo*).

No entanto, Christopher Boehm argumenta que nenhuma dessas abordagens explica adequadamente o altruísmo: "os humanos não apenas ajudam seus parentes de sangue próximos ou distantes; eles também ajudam as pessoas que não estão relacionadas com eles. No entanto [...] essa assistência altruísta será dispendiosa para sua aptidão porque não há hereditariedade compartilhada" (Boehm, 2012, p. 8). Nem é o caso que as ações altruístas se limitam a pessoas da mesma tribo: no 11 de Setembro, equipes de emergência arriscaram suas vidas para resgatar pessoas de muitas nações presas nas torres do World Trade Center.

A própria teoria de Boehm consiste no fato de que o altruísmo surgiu devido à *seleção social*: ao tornar a reputação de uma pessoa dependente do comportamento moral, os indivíduos são mais propensos a prosperar e encontrar companheiros se fizerem o que é certo. Um problema para a conta do Boehm é que a seleção social ainda não explica por que devemos valorizar a vida de *todos* os seres humanos, inclusive aqueles que não têm impacto em nossa reputação. Outro problema, comum a muitas teorias na ética evolutiva, é que Boehm mistura a explicação de nossas faculdades morais com a explicação da existência e autoridade das normas morais, afirmando que "a moral começou com a consciência" (Boehm, 2012, p. 15). Embora seja plausível que não se pode se sujeitar a uma demanda moral que não se reconhece, tal reconhecimento não cria a demanda ou explica sua autoridade.

Uma preocupação mais geral é que, se a moralidade depende da história natural, as obrigações morais não têm necessidade normativa. Pois, mesmo que as fêmeas sejam contingentemente obrigadas a respeitar a vida de seus irmãos, se fossem criadas como abelhas, essas fêmeas não teriam essa obrigação e seriam obrigadas a matar seus irmãos. Isso também implica que não há direitos humanos genuinamente inalienáveis, uma vez que uma história natural diferente significaria que alguns humanos perderiam esses direitos. E este mesmo resultado também pode ser conseguido artificialmente, através da engenharia social. Sem dúvida, organizações sociais que dependem do *apartheid* e da escravidão são tentativas de engendrar condições de vida para que (assim se afirma) as mesmas obrigações morais não se apliquem a alguns seres humanos.

Também é altamente problemático basear o valor humano na distribuição historicamente contingente de características naturais. A ideia de direitos humanos básicos é que todos os seres humanos têm igual valor moral, mas as vantagens naturais (como força e inteligência) não são uniformemente distribuídas e são propriedades degradadas (algumas pessoas são mais fortes ou mais inteligentes do que outras); então "por que devemos tratar todas as pessoas de forma igual em qualquer aspecto em face de desigualdades manifestas entre elas?" (Moreland, 2009, p. 144). Tal pensamento permitiu que os médicos nazistas exterminassem milhares de indivíduos com deficiência física e mental porque eram considerados "indignos da vida" (Lifton, 1986).

Agora considere a segunda alternativa. Nesse caso, nosso sentido moral poderia ter sido diferente (poderíamos ter pensado que o fratricídio era um dever), mas não se faz qualquer afirmação sobre a realidade moral (o fratricídio pode ainda estar errado). Mas se nosso sentido moral não é dependente da realidade moral, nossos julgamentos morais só podem ser corretos por coincidência acidental; então não podemos pretender ter conhecimento moral.

Na verdade, muitos defensores da evolução naturalista aceitam a implicação cética de que o conhecimento moral é impossível. Por exemplo, Michael Ruse e **E. O. Wilson** argumentam: "Os seres humanos funcionam melhor se eles são enganados por seus **genes** ao pensar que existe uma moral objetiva desinteressada que se liga a eles, à qual todos devem obedecer" (Ruse e Wilson, 1986, p. 179). Richard Joyce reforça a ideia: o fato de que era "sistematicamente útil para os nossos antepassados formar crenças sobre a justiça e o mal moral" não implica "que exista qualquer realidade ou injustiça moral real na conjuntura ancestral" (Joyce, 2007, p. 183).

Angus J. L. Menuge

REFERÊNCIAS E LEITURAS RECOMENDADAS

Boehm, Christopher, 2012. *Moral Origins: The Evolution of Virtue, Altruism, and Shame.* New York: Basic Books.

Darwin, Charles, (1871) 1998. *The Descent of Man.* Amherst, NY: Prometheus. Joyce, Richard. 2007. *The Evolution of Morality.* Cambridge, MA: MIT Press.

Lifton, Robert Jay, 1986. *The Nazi Doctors: Medical Killing and the Psychology of Genocide.* New York: Basic Books.

Moreland, J. P., 2009. *The Recalcitrant Imago Dei: Human Persons and the Failure of Naturalism.* London: SCM.

Ruse, Michael; Wilson, E. O., 1986. "Moral Philosophy as Applied Science." *Philosophy* 61 (236):173-92.

Wilson, James Q., 1993. *The Moral Sense.* New York: Free Press.

EVOLUÇÃO BIOLÓGICA.

No seu nível mais fundamental, a evolução é a mudança nas características comuns de uma população ao longo do tempo. **Darwin** denominou esse efeito "descendência com modificação". Todas as populações exibem variação genética, uma vez que a cópia de **DNA** é imperfeita e podem ocorrer mutações. A recombinação em organismos reprodutores sexuais gera maior diversidade ao produzir novas combinações de alelos. Assim, a composição genética de uma população pode mudar ao longo do tempo, levando a uma mudança correspondente nas características médias. Somente a transmissão uniforme de toda a variação genética em uma população em proporções estáveis de geração em geração impedirá que ocorram mudanças. Portanto, as populações de organismos, ou mesmo espécies inteiras, têm um potencial inerente para mudar ao longo do tempo.

Esta possibilidade intrínseca de mudança incremental ao longo do tempo dentro de uma população pode levar à formação de novas espécies, e o termo *evolução* é frequentemente usado neste contexto. Se surgir uma barreira que bloqueie ou dificulte o compartilhamento da variação genética entre os membros de uma população, então o processo de mudança incremental é executado de forma independente nos dois grupos e pode fazer com que os dois grupos divirjam em suas características comuns. Por exemplo, se uma população se separar em duas subpopulações, então as mudanças incrementais que se acumulam ao longo do tempo nas duas subpopulações agora não são comuns em toda a população. Isso significa que a mudança incremental ao longo do tempo pode mudar as características comuns de cada uma das subpopulações para longe da outra. Havendo tempo suficiente, se as características médias das duas subpopulações divergirem o suficiente, esse efeito pode levar a subpopulações que não se reconhecem como membros da mesma espécie.

Qualquer coisa que altere a transmissão uniforme da variação genética em proporções estáveis de geração em geração contribuirá para a evolução de uma **espécie** ao longo do tempo. Um desses mecanismos, a **seleção natural**, foi a visão seminal de Darwin sobre como ocorreu a descendência com modificação. Darwin argumentou que a natureza poderia agir de maneira análoga à criação seletiva realizada por humanos: a partir de um conjunto de variantes genéticas existentes dentro de uma população (que ocorrem por **mutação aleatória**), aqueles capazes de deixar mais descendentes ao longo de gerações sucessivas viriam a predominar com o tempo. Este processo, uma vez que está selecionando continuamente aqueles indivíduos em uma população mais adequada para a reprodução nesse ambiente (ou seja, com a maior *aptidão* relativa), ao longo do tempo produz organismos que estão bem adaptados para seu nicho ecológico.

Desde o tempo de Darwin, os geneticistas passaram a compreender que há mecanismos — além da seleção natural — que também operam para moldar a história das espécies ao longo do tempo. Por exemplo, muitas mutações são neutras, ou seja, não têm efeito sobre a aptidão evolutiva de uma espécie. Além disso, eventos ao **acaso** podem eliminar variantes genéticas dentro de uma população, mesmo que tais variantes sejam adaptativas; uma variante deletéria pode aumentar em frequência ao longo do tempo, apesar da seleção contra ela, e assim por diante. Tais mudanças conduzidas por eventos casuais são exemplos do que é conhecido como *deriva genética*.

Uma analogia que pode ser útil considerar é a mudança linguística ao longo do tempo. Embora nenhuma analogia seja perfeita, há muitas correspondências úteis entre a mudança de língua ao longo do tempo e a evolução biológica. Uma língua é falada por uma população de falantes, e também pode mudar suas características comuns ao longo do tempo: as palavras podem adquirir novas grafias ou novos significados; novas palavras podem ser introduzidas ou inventadas; ou as palavras podem cair em desuso e desaparecer. Nenhuma dessas mudanças é instantânea. Novas palavras (ou grafias ou significados) começam como variáveis incomuns que se tornam mais comuns ao longo do tempo. Eventualmente, o que antes era uma variante incomum pode tornar-se comum; mais tarde, pode tornar-se predominante. Assim também para a variação genética em uma população: novas variantes entram na população como eventos de mutação singular, mas então podem se tornar mais comuns dentro da população ao longo do tempo, pois são transmitidas a gerações sucessivas. O importante é que a mudança dentro de uma população — para organismos ou para um idioma — não é um evento rápido, mas sim é executado ao longo de muitas gerações.

Considere a mudança dentro da linhagem que levou ao inglês moderno: começando nos dias de hoje, retrocedendo através dos tempos vitorianos, até o período da Bíblia *King James*, e assim por diante, de volta aos tempos anglo-saxões há mais de mil anos. Embora os leitores modernos possam ler o inglês da *King James* com alguma dificuldade, as obras da Idade Média e de antes são incompreensíveis para todos, exceto para acadêmicos. No entanto, sabemos que essa linhagem representa uma série ininterrupta de mudanças incrementais ao longo do tempo. Cada geração falava a "mesma língua" que seus pais e ensinava a "mesma língua" aos filhos. Ainda assim, ao longo do tempo, seu idioma mudou, e mudou de tal forma que ninguém poderia afirmar que o inglês anglo-saxão e atual são equivalentes. Assim também com a mudança dentro de uma linhagem biológica: não há um ponto fácil de demarcação quando uma linhagem muda de uma espécie para outra, uma vez que o processo é gradual ao longo do tempo.

A formação de novas línguas ao longo do tempo também é análoga à formação de novas espécies. Se uma população é separada através da migração, então as mudanças incrementais nas características comuns entre os dois grupos são desfeitas. Dado tempo suficiente, essas populações isoladas podem vir a falar línguas que são suficientemente diferentes entre si a ponto de se reconhecer que são distintas. Esses exemplos são comuns e formam uma gradação de diferenças. Os ingleses americanos e britânicos acumularam apenas algumas diferenças desde a sua separação relativamente recente (e incompleta), e permanecem quase inteiramente inteligíveis de maneira recíproca. Os falantes atuais do frísio ocidental e do inglês compartilham uma população ancestral comum de falantes que data de cerca de 1.600 anos atrás. Embora essas duas línguas modernas não sejam mutuamente inteligíveis, elas mantêm um número impressionante de pontos comuns que refletem sua ascendência compartilhada recente. Da mesma forma, as línguas neolatinas, como espanhol, português e italiano, derivam do latim após o declínio do Império Romano e a posterior fragmentação de sua população.

Como qualquer um que tenha estudado mais de uma dessas línguas modernas sabe, aprender uma é uma grande vantagem para aprender outra, devido ao grande número de características compartilhadas, características que refletem a sua **ancestralidade comum**.

Como as línguas, o que os biólogos chamam de "espécie" também formam uma variedade. Dentro de uma espécie, "variedades" ou "subespécies" podem ser reconhecidas. As espécies estreitamente relacionadas podem permanecer férteis entre si, apesar de raramente se cruzarem. As espécies com uma população ancestral comum mais distante são facilmente reconhecidas como espécies distintas. Definir uma "espécie", então, é uma tentativa de traçar uma linha sobre o que é de fato uma variedade, assim como é distinguir um dialeto de um idioma distinto. Em ambos os casos, encontramos dificuldade porque o processo que os produz, seja espécie seja língua, é incremental.

Também é possível, para línguas ou espécies, determinar graus de relacionamentos comparando características compartilhadas. As populações que compartilham uma população ancestral comum mais recente terão características mais compartilhadas do que com populações mais distantes. Para as espécies, o resultado é uma *filogenia*: uma "árvore genealógica" de relacionamentos entre espécies. Interpretando a partir das informações da filogenia, que representa as espécies no presente, as filogenias mostram quais as espécies que compartilham uma população ancestral comum mais recente (onde dois ramos convergem para um), e assim por diante, retrocedendo no tempo. A evidência atual apoia fortemente a teoria de que todos os seres vivos atuais compartilham ancestrais

comuns e que todos descendem da última população ancestral comum. Assim, parece que a vida se originou na terra apenas uma vez e se diversificou em aproximadamente 3,8 bilhões de anos até o presente. (ver também **Criacionismo evolucionista**.)

Dennis R. Venema

REFERÊNCIAS E LEITURAS RECOMENDADAS

Futuyma, D. J., 2013. *Evolution*. 3. ed. Sunderland, MA: Sinauer.
Venema, D. R., *Evolution Basics*. Blog series. BioLogos. http://biologos.org/blogs/dennis-venema-letters-to-the-duchess/series/evolution-basics.

EVOLUÇÃO E PROBABILIDADE. Independentemente da posição de alguém sobre as origens, todos concordam que a vida complexa é muito improvável de ter sido produzida apenas por **acaso**. A teoria da evolução fornece uma explicação de por que a vida não é tão improvável quanto parece inicialmente (Dawkins, 1986, 1996). A **seleção natural** permite um aumento gradual da **complexidade** da vida. Essa gradualidade permite que a teoria da evolução evite a extrema improbabilidade do acaso somente. Assim, para os defensores da teoria darwinista, a improbabilidade da vida é um problema, mas é resolvido pela seleção natural.

Os críticos da teoria darwinista discordam de que o problema esteja resolvido. Eles argumentam que, apesar dos efeitos da seleção natural, a evolução da vida complexa permanece proibitivamente improvável. A seleção não é capaz de fornecer um gradualismo suficiente para tornar provável o desenvolvimento da vida complexa.

No entanto, como frequentemente é apontado por críticos e adeptos do *design*, eventos improváveis acontecem o tempo todo (Brigandt, 2013; Dembski, 1998; Rosenhouse, 2005a). Tirar cinco cartas de um baralho bem embaralhado produzirá uma combinação muito improvável de cinco cartas. Será menos provável do que ganhar algumas vezes na loteria. No entanto, é fácil dar as cartas e difícil de ganhar na loteria. Os proponentes do *design* veem a diferença como sendo de especificidade. Um evento específico é aquele que adere a um padrão independente. Sua mão aleatória de cinco cartas não corresponde a nenhum padrão além de si. O bilhete de loteria vencedor se encaixa no padrão independente do número vencedor selecionado pelo apostador. Os críticos da evolução argumentam que a vida biológica apresenta **complexidade especificada** (Dembski, 1998). Isso significa que a vida é improvável na evolução darwinista e

EVOLUÇÃO E PROBABILIDADE   289

é especificada, ajustando-se ao padrão independente de sistemas funcionais.

Os defensores da evolução argumentam que a evolução dessas adaptações complexas não é tão improvável como postulam os proponentes do *design* inteligente. Eles argumentam que a seleção natural tornará a evolução das formas complexas relativamente prováveis. Eles também argumentam que as especificações oferecidas pelos defensores do ***design* inteligente** são muito restritas, enfocando os resultados efetivamente observados na evolução ao contrário de muitos outros que poderiam ter sido observados.

Em alguns casos, os defensores da evolução se opõem à forma desse argumento. Várias críticas foram oferecidas aos detalhes técnicos da formulação da complexidade especificada (Elsberry e Shallit, 2011; Felsenstein, 2007; Olofsson, 2007). As objeções levantadas são diversas, trazendo um grande número de questões. Com base nessas supostas questões, esses críticos argumentam que a complexidade especificada é um conceito incoerente. Em contraste, os defensores do *design* inteligente têm argumentado que essas objeções compreendem mal a complexidade especificada e estão envolvidas na falácia do espantalho (Dembski, 1999; 2004b; 2005; Ewert, 2013a; 2013b; Luskin, 2010).

Os evolucionistas comumente acusam que as afirmações de que a evolução dá pouca **probabilidade** para a vida complexa são simplesmente impostas (Brigandt, 2013). Quando as probabilidades são calculadas, os críticos da evolução calculam a probabilidade sob um pressuposto do acaso sozinho, ignorando o efeito da seleção (Bailey, 2001; Brigandt, 2013; Musgrave, 1998; Rosenhouse, 2005a). Tais cálculos ignoram os processos reais que são demonstrados para se produzir uma vida complexa e, como consequência, são irrelevantes para a questão de saber se a evolução é verdadeira.

Alguns defensores do **Darwinismo** oferecem argumentos de que a probabilidade de evolução é alta o suficiente para ser plausível (Schneider, 2000; Wilf e Ewen,s 2010). Outros afirmam que qualquer cálculo desse tipo é inviável (Olofsson, 2007; Rosenhouse, 2005a). O cálculo de estimativas precisas da probabilidade de qualquer sistema complexo exigiria um conhecimento extensivo que não possuímos. Como Rosenhouse escreve: "Seria necessário um conhecimento quase divino da história natural e das fisiologias de organismos extintos há muito tempo para produzir um cálculo de probabilidade significativo para qualquer sistema biológico complexo" (Rosenhouse, 2005a).

A verdade é provavelmente ainda mais problemática. Para determinar uma probabilidade precisa, não só seria necessário saber sobre organismos extintos há muito, como também avaliar a miríade de organismos que na verdade não existiam, mas poderiam ter existido, se a evolução tivesse sido diferente (Bailey, 2001).

O cálculo de tais probabilidades é completamente inviável. Ao invés de confiar em cálculos de probabilidade defeituosos, os darwinistas apelam para provas em outras áreas da ciência, como o registro fóssil ou a genômica comparativa. Argumenta-se que a evidência nessas áreas é esmagadora, e podemos concluir com segurança que a evolução da vida complexa deve ser suficientemente provável. Como Rosenhouse escreve: "Se uma montanha de evidências biológicas diz que a evolução aconteceu, mas um cálculo simples de probabilidade diz que a evolução é impossível, então o que você tem é a evidência de que seu cálculo foi baseado em suposições defeituosas" (Rosenhouse, 2005b).

Os defensores do *design* argumentam que essa caracterização de seu argumento de probabilidade é imprecisa. Existem argumentos de probabilidade errados contra a evolução, mas é confundido com a afirmação de que todos os argumentos se enquadram nesta categoria. São feitos cálculos que presumem somente o acaso, mas esses geralmente são feitos para preparar o cenário para discussões sobre a evolução; eles não se destinam a um argumento contra o processo da própria evolução darwinista (Lennox, 2009; Meyer, 2010).

Alguns argumentos feitos contra a evolução darwinista abordam o processo evolutivo, não simplesmente uma falácia do espantalho de puro acaso. Por exemplo, a **complexidade irredutível** (Behe, 1996, 2001; Dembski, 2004a) defende situações biológicas em que a seleção não pode ajudar a construir sistemas complexos. Outro trabalho argumentou que as adaptações muitas vezes exigem mutações múltiplas antes que qualquer benefício seletivo se acumule e a obtenção de múltiplas mutações é terminantemente improvável (Ax, 2010; Behe, 2007; Gauger e Axe, 2011; Sanford et al., 2015).

Os críticos do *design* inteligente argumentam que seus defensores estão muito focados nos resultados reais da evolução em oposição aos outros resultados potenciais. O resultado individual pode ser muito improvável. No entanto, há muitos resultados possíveis que poderiam ter ocasionado uma evolução além dos que observamos. Se o resultado observado não aconteceu, algum outro resultado igualmente complexo e funcional assumiria seu lugar (Bridgham et al. 2009; Harms e Thornton, 2014; Zimmer, 2009). Argumenta-se que um evento aparentemente improvável é evidência de muitas outras possibilidades que não ocorreram. Moran argumenta este ponto: "Quando tal tripla mutação ocorre, reconhecemos que foi apenas um dos milhões e milhões de possíveis resultados evolutivos" (Moran, 2014).

Os defensores do *design* discutem a existência dessa multidão de resultados alternativos (Behe, 2014). Não há evidências de milhões e milhões de alternativas para a evolução do flagelo, do voo ou dos olhos. Sem dúvida, existem outras alternativas, mas para resolver o problema de improbabilidade da evolução, eles são forçadas a recorrer a um imenso número de alternativas para as quais não há provas.

Em suma, os críticos da evolução argumentam que a vida biológica é altamente improvável sob a evolução darwinista e é altamente especificada. Isso demonstra que a evolução é falsa. Os defensores da evolução argumentam que a vida é muito mais provável do que os críticos afirmam, e que existem muitas outras formas possíveis especificadas além das que os defensores do *design* acreditam. Os defensores do *design* argumentam que a probabilidade é corretamente considerada como sendo muito baixa, e o imenso número de possibilidades alternativas invocadas pelos darwinistas existe apenas na imaginação.

Winston Ewert

REFERÊNCIAS E LEITURAS RECOMENDADAS

Axe, Douglas D., 2010. "The Case against a Darwinian Origin of Protein Folds." *BIO-Complexity* 2010 (1):1-12. doi:10.5048/BIO-C.2010.1.

Bailey, David H., 2001. "Evolution and Probability." *Reports of National Center for Science Education* 20 (4):4-7.

Behe, Michael J. 1996. *Darwin's Black Box: The Biochemical Challenge to Evolution.* New York: Free Press.

_____. 2001. "Reply to My Critics: A Response to Reviews of *Darwin's Black Box*: The Biochemical Challenge to Evolution." *Biology and Philosophy* 16, n. 5 (nov.):685-709.

_____. 2007. *The Edge of Evolution.* New York: Free Press.

_____. 2014. "Drawing My Discussion with Laurence Moran to a Close." *Evolution News & Views.* 26 ago. www.evolutionnews.org/2014/08/drawing_my_disc089331.html.

Bridgham, Jamie T.; Ortlund, Eric A.; Thornton, Joseph W., 2009. "An Epistatic Ratchet Constrains the Direction of Glucocorticoid Receptor Evolution." *Nature* 461:515-19. doi:10.1038/nature08249.

Brigandt, Ingo, 2013. "Intelligent Design and the Nature of Science", em *The Philosophy of Biology*, ed. Kostas Kampourakis, 1-36. New York: Springer.

Dawkins, Richard, 1986. *The Blind Watchmaker: Why the Evidence of Evolution Reveals a Universe without Design.* New York: W. W. Norton.

_____. 1996. *Climbing Mount Improbable.* New York: W. W. Norton.

Dembski, William A, 1998. *The Design Inference: Eliminating Chance through Small Probabilities. Mind.* Vol. 112. Cambridge: Cambridge University Press. doi:10.1093/mind/112.447.521.

_____. 1999. "Explaining Specified Complexity." *Metaviews.* www.metanexus. net/essay/explaining-specified-complexity.

_____. 2004a. "Irreducible Complexity Revisited." Bill Dembski.com. www. billdembski.com/documents/2004.01.Irred_Compl_Revisited.pdf.

_____. 2004b. *The Design Revolution: Answering the Toughest Questions about Intelligent Design.* Downers Grove, IL: InterVarsity.

_____. 2005. "Specification: The Pattern That Signifies Intelligence." *Philosophia Christi* 7 (2):299-343.

Elsberry, Wesley; Shallit, Jeffrey, 2011. "Information Theory, Evolutionary Computation, and Dembski's 'Complex Specified Information.'" *Synthese* 178 (2):237-70. doi:10.1007/s11229-009-9542-8.

Ewert, Winston, 2013a. "Design Detection in the Dark." *Evolution News & Views.* 6 jun. www.evolutionnews.org/2013/06/design_detectio072931. html.

_____. 2013b. "Information, Past and Present." *Evolution News & Views.* 15 abr. www.evolutionnews.org/2013/04/information_pas071201.html.

Felsenstein, Joe, 2007. "Has Natural Selection Been Refuted? The Arguments of William Dembski." *Reports of National Center for Science* 27 (3-4):1-12.

Gauger, Ann K.; Axe, Douglas D., 2011. "The Evolutionary Accessibility of New Enzyme Functions: A Case Study from the Biotin Pathway." *BIO-Complexity* 2011 (1):1-17. doi:10.5048/BIO-C.2011.1.

Harms, Michael J.; Thornton, Joseph W., 2014. "Historical Contingency and Its Biophysical Basis in Glucocorticoid Receptor Evolution." *Nature* 512:203-7. doi:10.1038/nature13410.

Lennox, John, 2009. *God's Undertaker: Has Science Buried God?* Oxford: Lion Hudson.

Luskin, Casey, 2010. "Intelligent Design Proponents Toil More Than the Critics: A Response to Wesley Elsberry and Jeffrey Shallit." Intelligent Design & Evolution Awareness Center. jul. www.ideacenter.org/content-mgr/showdetails.php/id/1488.

Meyer, Stephen C., 2010. *Signature in the Cell: DNA and the Evidence for Intelligent Design.* New York: HarperOne.

Moran, Laurence A., 2014. "Understanding Michael Behe." *Sandwalk.* 22 ago. http://sandwalk.blogspot.ca/2014/08/understanding-michael-behe. html.

Musgrave, Ian. 1998. "Lies, Damned Lies, Statistics, and Probability of Abiogenesis Calculations." 21 dez. *TalkOrigins Archive.* www.talkorigins.org/faqs/abioprob/abioprob.html.

Olofsson, Peter, 2007. "Intelligent Design and Mathematical Statistics: A Troubled Alliance." *Biology & Philosophy* 23 (4):545-53. doi:10.1007/s10539-007-9078-6.

Rosenhouse, Jason, 2005a. "Can Probability Theory Be Used to Refute Evolution? (Parte um)." *Commitee for Skeptical Inquiry Special Articles.* CSI. September 19. www.csicop.org/specialarticles/show/can_probability_theory_be_used_to_refute_evolution_part_one/&title=.

_____. 2005b. "Can Probability Theory Be Used to Refute Evolution? (Parte dois) — CSI." *Commitee for Skeptical Inquiry Special Articles.* CSI. 19 set. www.csicop.org/specialarticles/show/can_probability_theory_be_used_to_refute_evolution_part_two.

Sanford, John C.; Brewer, Wesley H.; Smith, Franzine; Baumgardner, John R., 2015. "The Waiting Time Problem in a Model Homininon Population." *Theoretical Biology and Medical Modelling*, 1-28. doi:10.1186/s12976-015-0016-z.

Schneider, Thomas D., 2000. "Evolution of Biological Information." *Nucleic Acids Research* 28 (14):2794-99. doi:10.1093/nar/28.14.2794.

Wilf, Herbert S.; Ewens, Warren J., 2010. "There's Plenty of Time for Evolution." *Proceedings of the National Academy of Sciences USA* 107 (52):22454-56. doi:10.1073/pnas.1016207107.

ZIMMER, Carl, 2009. "The Blind Locksmith Continued: An Update from Joe Thornton." *Loom*. 15 out. http://blogs.discovermagazine.com/loom/2009/10/15/the-blind-locksmith-continued-an-update-from-joe-thornton/#.Vg67MRNVikp.

EVOLUÇÃO E TEOLOGIA.

A relação entre teologia e evolução é complexa e concêntrica, especialmente no contexto da tradição judaico-cristã. Embora exista um debate animado sobre se a evolução compromete ou apoia as reivindicações teológicas ortodoxas, poucos pensadores de ambos os lados observaram o papel importante que a teologia desempenha em argumentos para a teoria evolutiva.

Uma série de biólogos proeminentes depende de reivindicações teológicas em alguns dos seus argumentos para a **ancestralidade comum**. Esses pensadores incluem Theodosius Dobzhansky (1973), **Stephen Jay Gould** (1980, 2002), Sean Carroll (2009), Niles Eldredge (2000), Douglas Futuyma (1995, 2013), **Francisco Ayala** (2007), Gavin de Beer (1964), Jerry Coyne (2009), **Richard Dawkins** (2009), George Williams (1997), **Francis Collins** (2006), Kenneth Miller (1999) e outros, sem mencionar o próprio **Charles Darwin** (1859). A teologia pode não aparecer em todos os argumentos para a evolução, no entanto, no mínimo, desempenha um papel verdadeiramente significativo na atual defesa da ancestralidade comum (ver Dilley, 2012, 2013; Hunter, 2001, 2007, 2014; Lustig 2004; Nelson, 1996; Sober, 2008).

Considere três exemplos. O primeiro vem de Stephen Jay Gould, um prolífico biólogo do final do século XX. Ele escreve:

> Nossos livros didáticos gostam de ilustrar a evolução com exemplos de *design* ideal: mimetismo quase perfeito entre uma folha morta e uma borboleta ou de uma espécie venenosa por um correspondente palatável. Mas o *design* ideal é um péssimo argumento para a evolução, pois simula a ação postulada de um criador onipotente. Disposições estranhas e soluções engraçadas são a prova da evolução — caminhos que um Deus sensível nunca trilharia, mas que um processo natural, constrangido pela história, segue necessariamente. (1980, p. 20-21)

As imperfeições são "a prova da evolução" porque "um Deus sensível" nunca produziria tais falhas, embora a evolução, que remenda organismos ao longo do tempo, permita traços aquém do ideal (ou criaturas). Por mais de 20 anos, o exemplo favorito de Gould foi o polegar do panda (1980, 2002). O polegar é mal projetado, diz ele, uma mera "contração" que "não ganha nenhum prêmio numa competição de engenharia" (1980, 24). Gould afirma que "um Deus sensato" teria tornado o polegar mais funcional do que ele é. Consequentemente, a suposta imperfeição do polegar serve como forte evidência para a evolução.

Um segundo exemplo vem de Jerry Coyne, um premiado geneticista na Universidade de Chicago. No seu trabalho consolidado em defesa da evolução, *Why Evolution is True* [Por que a evolução é verdadeira], Coyne invoca a teologia em uma série de argumentos para a evolução (2009, 12, 13, 18, 26-58, 64, 71-72, 81-85, 96, 101, 108, 121, 148, 161). De forma mais pungente, ele identifica o **registro fóssil** como a melhor evidência para a evolução (79). Ele discute:

> Não há nenhuma razão pela qual um *designer* celestial, formando organismos do zero, como um arquiteto projeta edifícios, deva fazer novas espécies remodelando as características das existentes. Cada espécie poderia ser projetada desde o início. Mas a seleção natural pode agir apenas mudando o que já existe. Não pode produzir novas características do nada. O **darwinismo** prevê, então, que as novas espécies serão versões modificadas das mais antigas. O registro fóssil confirma amplamente esta previsão. (54)

O argumento de Coyne, de que o registro fóssil suporta a evolução e não o *design* divino, depende, em parte, de uma reivindicação teológica crucial sobre um "*designer* celestial". Esse *designer* modela "organismos do zero" em vez de fazer "novas **espécies**, remodelando as características das existentes". Em outras palavras, Deus criaria cada nova espécie de novo, construindo cada uma de forma inteira e independente desde o início. Ele não tomaria emprestado de concepções anteriores, modificando-as para cada nova espécie.

Um exemplo final e mais complexo vem de Richard Dawkins, talvez o evolucionista mais expressivo do início do século XXI. Sua defesa consolidada da teoria evolutiva, *The Greatest Show on Earth* [O maior espetáculo da terra], depende fortemente da teologia (2009, 270, 296-97, 315, 321-22, 332, 341, 351, 354, 356, 362, 364, 369, 371, 375, 388-89, 390-96). Seu melhor argumento não é exceção: "O código do **DNA** está invariante em todas as criaturas vivas, embora os próprios **genes** individuais variem. Este é um fato verdadeiramente espantoso, que mostra mais claramente do que qualquer outra coisa que todas as criaturas vivas são descendentes de um único antepassado"

292 EVOLUÇÃO E TEOLOGIA

(315). Esse fato apoia a evolução em parte por causa de uma razão *teológica*: a análise filogenética de genes animais mostra que "todo gene fornece aproximadamente a mesma árvore da vida. Mais uma vez, isso é exatamente o que você esperaria se você estivesse lidando com uma verdadeira árvore genealógica. Não é o que você esperaria se um *designer* tivesse examinado todo o reino animal e selecionado e escolhido (ou 'emprestado') as melhores proteínas para o trabalho, onde quer que possam ser encontradas no reino animal" (322).

De acordo com Dawkins, a análise de cada gene animal revela individualmente o *mesmo* padrão de relações ancestrais-descendentes em todos os genes animais. Essa árvore da vida única e consistente é exatamente o que se esperaria na tese de ancestralidade comum. Mas por que um *designer* divino não criaria o mesmo padrão?

A resposta de Dawkins é que um *designer* só selecionaria as "melhores proteínas" para otimizar a adaptação de cada nova espécie (322). Mais plenamente, um "criador" agiria como "qualquer *designer* humano sensato" que "está bastante feliz em emprestar uma ideia de uma de suas invenções, se isso beneficiar outra" (297). Então, Deus criaria uma nova espécie examinando espécies mais antigas e *emprestando seus genes de forma fragmentada* para melhor beneficiar uma nova espécie. Assim, não haveria uma árvore da vida consistente de gene para gene. A deidade não criaria novas espécies e genes a partir do zero. Deus também não criaria "variações em um tema" modificando um código de DNA universal para cada nova espécie. (Isso pode produzir um único padrão de relações ancestrais-descendentes de genes para genes.) Assim, estudos de genes apoiam a evolução, em parte por causa de reivindicações particulares sobre Deus.

Observações sobre esses argumentos

Olhando para trás, algumas características emergem desses exemplos.

Primeiro, todos esses argumentos são argumentos positivos para a evolução. Não são simplesmente críticas ao criacionismo ou ao **design** inteligente, mas parte de evidências a favor da origem com modificação.

Em segundo lugar, a teologia nesses argumentos é indispensável. Em cada caso, se o argumento a favor de Deus é removido, então a conclusão não segue mais os dados empíricos.

Em terceiro lugar, Coyne, Dawkins e Gould confiam em ideias sectárias sobre Deus. Eles não usam a teologia criacionista ou um credo, por exemplo, mas invocam suas próprias ideias partidárias sobre o que Deus faria.

Em quarto lugar, eles oferecem uma justificativa mínima para sua teologia particular.

Em quinto lugar, o próprio trio relata que esses argumentos são seus únicos melhores argumentos a favor da evolução, respectivamente.

Em sexto lugar, os argumentos de vários outros biólogos exibem os mesmos cinco recursos (ver abaixo "Referências e leituras recomendadas").

Por fim, e mais abrangentemente, os argumentos carregados de teologia aparecem repetidamente não apenas em trabalhos polêmicos defendendo a evolução e atacando o criacionismo ou o *design* inteligente, mas mesmo em contextos "neutros" ou "puramente científicos", como entradas de enciclopédia ou descrições de livros didáticos para a evidência a favor da evolução (p. ex., Ayala, 1988; Belk e Maier, 2010; Futuyma, 2013; Herron e Freeman, 2014; Reece et al., 2011).

Perguntas recorrentes

Permanecem perguntas em aberto. Em primeiro lugar, em que medida a doutrina da **queda**, que sustenta que o mundo natural é decaído, contesta a afirmação de Gould de que Deus nunca permitiria a imperfeição? Em segundo lugar, qual teologia está correta? Lembre-se de que Dawkins considerou, entre outras coisas, que Deus sempre tomaria emprestado de projetos anteriores, nunca formando novas espécies a partir do zero. Em contraste, Coyne afirmou que Deus criaria do zero, nunca pegando emprestado de espécies mais antigas. Ambos os biólogos não podem estar corretos. Em terceiro lugar, os argumentos de evolução da teologia são compatíveis com o compartimentismo, a complementaridade ou o **naturalismo metodológico** (ver **Ciência e religião, modelos de relação**)? Todas essas três posições normalmente sustentam (ou implicam) que o conteúdo proposicional da teologia não pode afetar a justificação epistêmica de uma dada hipótese ou teoria científica. No entanto, nos argumentos que acabamos de examinar, a teologia desempenha precisamente esse papel.

Embora seja bem possível discutir a evolução sem se basear em proposições teológicas, ainda há muito a ser feito para explorar a plausibilidade e as implicações dos

EVOLUÇÃO HUMANA (teoria da origem única) 293

muitos argumentos que dependem do argumento a favor de Deus.

Stephen Dilley

REFERÊNCIAS E LEITURAS RECOMENDADAS

AYALA, Francisco, 1988. "Evolution, The Theory of." In: *Encyclopedia Britannica*, 987. 15. ed. Chicago: Encyclopedia Britannica. https://www.britannica.com/science/evolution-scientific-theory.

_____. 2007. *Darwin's Gift to Science and Religion*. Washington, DC: Joseph Henry.

BELK, Colleen; Maier, Virginia Borden, 2010. *Biology: Science for Life*. 3. ed. San Francisco: Pearson/Benjamin Cummings.

CARROLL, Sean, 2009. "The Making of the Fittest." Darwin College Lecture Series. 20 jan. http://sms.cam.ac.uk/media/520976.

COLLINS, Francis, 2006. *The Language of God*. New York: Free Press.

COYNE, Jerry A., 2009. *Why Evolution Is True*. New York: Penguin. Darwin, Charles. 1859. *On the Origin of Species*. London: John Murray.

DAWKINS, Richard, 2009. *The Greatest Show on Earth: The Evidence for Evolution*. New York: Free Press.

DE BEER, Sir Gavin, 1964. *Atlas of Evolution*. London: Thomas Nelson.

DILLEY, Stephen. 2012. "Charles Darwin's Use of Theology in the *Origin of Species*." *British Journal for the History of Science* 44 (1):29-56.

_____. 2013. "Nothing in Biology Makes Sense Except in Light of Theology?" *Studies in History and Philosophy of Biological and Biomedical Sciences* 44:774-86.

DOBZHANSKY, Theodosius, 1973. "Nothing in Biology Makes Sense Except in the Light of Evolution." *American Biology Teacher* 35 (March):125-29.

ELDREDGE, Niles, 2000. *The Triumph of Evolution... and the Failure of Creationism*. New York: Freeman.

FUTUYMA, Douglas, 1995. *Science on Trial: The Case for Evolution*. Sunderland, MA: Sinauer.

_____. 2013. *Evolution*. 3. ed. Sunderland, MA: Sinauer.

GOULD, Stephen Jay, 1980. *The Panda's Thumb*. New York: W. W. Norton.

_____. 2002. *The Structure of Evolutionary Theory*. Cambridge, MA: Harvard University Press.

HERRON, Jon C.; Freeman, Scott, 2014. *Evolutionary Analysis*. 5. ed. New York: Pearson.

HUNTER, Cornelius, 2001. *Darwin's God*. Grand Rapids: Brazos.

_____. 2007. *Science's Blind Spot*. Grand Rapids: Brazos.

_____. 2014. "Darwin's Principle: The Use of Contrastive Reasoning in the Confirmation of Evolution." *HOPOS: Journal of the International Society for the History of Philosophy of Science* 4 (verão):106-49.

LUSTIG, Abigail, 2004. "Natural Atheology", em *Darwinian Heresies*, ed. Abigail Lustig et al., 69-83. Cambridge: Cambridge University Press.

MILLER, Kenneth, 1999. *Finding Darwin's God*. New York: HarperCollins. Nelson, Paul. 1996. "The Role of Theology in Current Evolutionary Reasoning." *Biology and Philosophy* 11:493-517.

REECE, Jane; Urry, Lisa A.; Cain, Michael L., et al. 2011. *Campbell Biology*. 9. ed. San Francisco: Pearson.

SOBER, Elliott, 2008. *Evidence and Evolution*. Cambridge: Cambridge University Press.

WILLIAMS, George C., 1997. *The Pony Fish's Glow*. New York: Basic Books.

⮑EVOLUÇÃO HUMANA (teoria da origem única)

Introdução

Como podemos entender quem somos e de onde viemos? Qual é a natureza do nosso ser? Nos últimos séculos, essas questões eram do domínio da filosofia ou da religião, mas nos últimos 150 anos os cientistas afirmam que as novas **informações** provenientes da **paleontologia** e da biologia superam e até eliminam respostas antigas. Alguns chegam a afirmar que as respostas antigas são prejudiciais (Dawkins, 2006).

Lidar com nossas origens biológicas tornou-se, assim, um assunto particularmente repleto de desafios. A cosmologia pode ser usada para apoiar uma visão teísta das origens (Richards e Gonzales, 2004), e o mesmo pode ser dito da química e da astrobiologia (Denton, 2013). A biologia, no entanto, apresenta um desafio muito maior. Os dados biológicos que tratam das nossas origens devem, portanto, ser examinados criticamente e não serem tomados automaticamente como levando a uma única conclusão.

Existem quatro posições possíveis que podemos tomar em relação as nossas origens: (1) estamos aqui como resultado de um processo estritamente naturalista não guiado; (2) somos o produto de um processo evolutivo guiado, porém indetectável; (3) somos o resultado de um processo guiado e detectável que usou origem comum; e (4) não somos produto da origem comum e, de fato, podemos ter uma origem única.

Para distinguir entre esses pontos de vista, devemos primeiro considerar se um mecanismo puramente naturalista de evolução é capaz de produzir o que vemos na vida hoje. As teorias evolutivas atuais incluem a teoria evolutiva padrão, auto-organização, engenharia genética natural, estruturalismo ou alguma forma de **epigenética** hereditária (Dawkins, 1986; Denton, 1986; Kauffman, 1995; Pigliucci, 2013; Salthe, 1993; Shapiro, 2005). Existem algumas sobreposições entre as teorias mencionadas. Por exemplo, um estruturalista pode considerar processos emergentes ou auto-organizados parte do estruturalismo, e ele pode ou não apoiar o ***design*** **inteligente**. Igualmente, com a engenharia genética natural e epigenética. A postura de um cientista particular depende, em grande medida, de seus pressupostos filosóficos.

A discussão de todas essas teorias requer mais espaço do que é atribuído a este artigo. As referências citadas, no entanto, podem servir de ponto de partida para os interessados. Nos concentraremos aqui se o mecanismo evolutivo padrão é suficiente, pois é aceito pela maioria dos cientistas e, em particular, pelos evolucionistas teístas. A evidência para o *design* inteligente e para a origem comum também será apresentada.

294 EVOLUÇÃO HUMANA (teoria da origem única)

O mecanismo padrão proposto para a evolução é uma combinação de variação aleatória (mutação e recombinação), **seleção natural** (os organismos mais adequados ao seu ambiente tendem a ter a maioria dos descendentes) e a deriva genética (os eventos aleatórios da vida que afetam a sobrevivência e a reprodução). Essas coisas, quando combinadas, podem ou não ser suficientes para explicar a mudança evolutiva. Se forem suficientes, o resultado natural desses processos será produzir uma árvore ramificada de origem comum, à medida que os organismos mudam ao longo de milênios.

O mecanismo de evolução e a ideia de origem comum estão bem entrelaçados, mas não inseparáveis. Se o mecanismo evolutivo proposto descrito acima é suficiente para produzir as mudanças necessárias no tempo disponível, a origem comum segue como um resultado natural. Por outro lado, se puder ser demonstrado que a origem comum é falsa, total ou parcialmente, segue-se que a história evolutiva padrão é necessariamente falsa e as questões de mecanismo tornam-se irrelevantes. Obviamente, essa conclusão exigiria que muitos pensamentos científicos fossem substancialmente revisados.

Talvez seja por isso que a origem comum é um conceito privilegiado na biologia evolutiva. Os biólogos evolucionistas estão dispostos a desafiar os mecanismos da evolução — de fato, muitos o têm feito (Mazur, 2009), mas para preservar a origem comum em face de resultados anômalos (dos quais há muitos), todos os tipos de explicações alternativas e casos especiais são propostos. Isso deve ser visto com suspeita.

Mutação e seleção não guiadas são suficientes?

Muitos cientistas agora reconhecem a insuficiência da clássica história darwiniana para explicar o aparecimento de novas características ou inovações na história da vida. Eles percebem que a história tradicional da genética populacional (mais sobre isso daqui a pouco) não pode explicar "a chegada do mais apto" nem a "sobrevivência do mais apto" (De Vries, 1904). Eles reconhecem a insuficiência do **darwinismo** porque sabem que a conta não fecha.

As mutações surgem a uma taxa específica e são propagadas de geração em geração, de modo que o número de gerações e o tamanho da população limitam quantas mutações podem se acumular. Então, há a questão de essas mutações persistirem e se tornarem fixas (universais) na população. Em pequenas populações, como a nossa, as mutações provavelmente estarão perdidas e terão de se repetir muitas vezes antes de se manter, apenas por causa de efeitos aleatórios. Uma mutação neutra específica pode ter que surgir muitas vezes antes de se estabelecer na população. Com base nesses fatores, pode-se estimar quantos anos levaria para se adquirir mutações específicas.

Em um caso particular, vários geneticistas de população examinaram quanto tempo demoraria para desenvolver um local de ligação de **DNA**, um pequeno trecho de DNA que regula a quantidade de produto que o **gene** vizinho produz. Este é um problema sério para a evolução darwiniana (a evolução dos locais de ligação é o principal caminho proposto para a evolução das novas formas de animais ou plantas). Uma estimativa de um artigo recente usando simulações numéricas é de 1,5 milhão de anos (Sanford et al., 2015). Nosso tempo de divergência estimado dos chimpanzés (o tempo em que compartilhamos um antepassado comum com os chimpanzés) é de 6 milhões de anos.

E se duas mutações específicas forem necessárias para criar um novo local de ligação e efetuar uma mudança benéfica? Sanford e outros estimam 84 milhões de anos, o que é bem mais do que os últimos 6 milhões de anos. Outros cientistas fizeram esse cálculo usando métodos analíticos, mas seus números são ainda piores. Um relatório calcula 6 milhões de anos para alterações de base específicas em um alvo típico de oito bases do tamanho de um local de ligação de DNA para corrigir (Durrett e Schmidt, 2007), e cem milhões de anos para obter duas mutações específicas (Durrett e Schmidt, 2008; o trabalho foi posteriormente modificado para 216 milhões de anos). A extrapolação de outros dados publicados apenas confirma o problema (Axe, 2010b; Behe e Snoke, 2004; Ewert, 2015).

Deve reconhecer-se que outro artigo surgiu com intervalos de tempo muito menores ao assumir que qualquer local de ligação de 5 a dez bases poderia surgir em qualquer lugar dentro de mil bases de *qualquer* promotor de genes dentro do genoma (Behrens e Vingron, 2010). Isso é aproximadamente 20 mil x 400 sequências de cinco bases ou 8 milhões de lugares disponíveis para um novo local de ligação aparecer. Isso parece encurtar consideravelmente as chances de se obter um novo local de ligação. Mas para que isso seja verdade, novos locais de ligação em frente de quaisquer genes precisariam ser benéficos, o que é improvável. Muito mais de dois locais de ligação precisariam mudar de maneiras específicas para realizar qualquer alteração adaptativa significativa. Os genes operam em redes, e mudar uma rede reguladora de genes exigiria muitas mutações específicas, e não apenas aleatórias.

Quanta mudança é necessária?

Não sabemos como o suposto ancestral comum mais recente (ACMR) com os chimpanzés se parecia, mas os fósseis indicam que era parecido com símios, então teve que haver numerosas mudanças para se chegar do ACMR até nós. Temos diferenças significativas com os chimpanzés — genéticas, anatômicas, fisiológicas, comportamentais e intelectuais. Quanto à diferença genética entre genomas humanos e de chimpanzés de 1,2% citada, essa porcentagem conta apenas alterações de base única (Cohen, 2007). Adicione pequenas inserções e eliminações e as diferenças sobem para cerca de 3 a 5%, dependendo de qual estimativa é usada (Britten, 2002; Chen et al., 2007). Adicione outros 2,7% para duplicações ou eliminações em grande escala (Cheng et al. 2005; Hahn et al., 2005), especialmente no cromossomo Y (Hughes et al., 2010) e algum número desconhecido para rearranjos em larga escala do DNA, e pelo menos 0,7% para inserções de elementos genéticos móveis (Hedges et al., 2004), ou novos genes (Knowles e McLysaght, 2009; Wu et al., 2011), e pelo menos 7,7% do nosso genoma difere do genoma dos chimpanzés.

Esse número, é claro, é contestado pelos naturalistas, mas o fato é que a estimativa de 1,2% é bastante insuficiente. Os métodos utilizados para esse valor não levam em conta as diferenças descritas acima. As duplicações de genes provavelmente serão perdidas, assim como as sequências repetitivas de DNA e rearranjos. E as diferenças na expressão de genes seriam completamente perdidas. Apenas como um exemplo, um artigo recente descreveu mais de seiscentos transcritos de RNA expressos em seres humanos, mas não em chimpanzés ou em outras espécies, devido à presença de sequências ascendente de promotores desses "genes" em seres humanos, mas ausentes nas outras espécies. As transcrições resultantes podem ter papéis funcionais importantes, mas, como elas provêm de extensões de DNA alinhadas, seriam contadas como tendo poucas diferenças genéticas (Ruiz-Orera et al., 2015). Além dos novos promotores, as modificações de DNA e RNA afetam a expressão gênica, especialmente no cérebro (Oldham et al., 2006; Paz-Yaacov et al., 2010; Shulha

et al., 2012). Essas mudanças podem ser as mais significativas de todas. Por algumas estimativas, cerca de 17,4% das conexões neurais no córtex do cérebro são específicas dos seres humanos em comparação com os chimpanzés (Oldham et al., 2006), devido, pelo menos em parte, a modificações no DNA e no RNA que são específicas do ser humano.

As diferenças genéticas ajudam a produzir as muitas diferenças morfológicas e fisiológicas que nos distinguem dos chimpanzés. Uma lista parcial dessas diferenças morfológicas e fisiológicas inclui nossa pélvis, caixas torácicas, ombros, coluna, pernas, pés, braços, mãos, gargantas, crânios, neurologia, desenvolvimento e biologia reprodutiva. Caminhamos e corremos direito, arremessamos, falamos, criamos ferramentas precisas e pensamos (Bramble e Lieberman, 2004; Marks, 2009a; Roach et al. 2013).

Nossas diferenças são grandes o suficiente para que não tenhamos as mesmas doenças que os chimpanzés (Varki e Altheide, 2005). Em termos do que nos torna humanos, não são as coisas que são iguais, mas as que são diferentes que importam (Marks, 2009b). É improvável que mesmo a evolução paralela de muitas mutações únicas em muitos genes diferentes possa produzir todas as diferenças anatômicas, fisiológicas e genéticas acima. De fato, se apenas duas ou mais mutações coordenadas que fossem benéficas apenas em combinação fossem necessárias em um único gene específico em algum lugar ao longo do caminho para a humanidade, não poderia acontecer *de nenhum jeito* no tempo disponível, dada a estimativa de 216 milhões de anos de Durrett e Schmidt (2008).

Em conjunto, muitas mudanças coordenadas deveriam ter ocorrido por meios naturalistas conhecidos. Simplesmente não há tempo suficiente ou recursos probabilísticos para que isso aconteça. O mecanismo padrão proposto para explicar a evolução é insuficiente. Isso argumenta contra as alternativas um e dois como uma explicação de nossas origens e em favor das opções três e quatro (ver introdução).

Alguns podem perguntar: e as outras teorias ou explicações naturalistas ainda não descobertas? Claro, a ciência é provisória, e novos dados podem derrubar ou apoiar qualquer teoria existente. No entanto, só podemos discutir e testar a evidência atualmente disponível para qualquer teoria das origens. Não podemos discutir ou testar teorias desconhecidas. É apropriado chegar a uma conclusão baseada na evidência em mãos; não devemos nos

296 EVOLUÇÃO HUMANA (teoria da origem única)

recusar a tirar uma conclusão com o argumento de que ainda existe uma possibilidade desconhecida. Em segundo lugar, permitir explicações naturalistas futuras ilimitadas é essencialmente uma nota promissória — não há tal explicação agora, mas talvez algum dia haja. Quando a nota promissória expirará?

Em terceiro lugar, e o mais importante, a questão acima está ignorando evidências positivas para o *design*. A única causa conhecida em nossa experiência uniforme e repetida que é capaz de gerar códigos que carregam informação, especialmente sobrepondo códigos funcionais como vemos no DNA, é a inteligência (Meyer, 2009). As máquinas celulares complexas e sofisticadas, como a ATP (adenosina trifosfato) sintase, o flagelo, o ribossomo ou o spliceossoma, são constituídas por muitas partes integradas e essenciais, mais uma vez o tipo de coisa que agentes inteligentes, mas não as propriedades emergentes, são capazes de gerar (Axe, 2010a; Behe, 1996; Staley e Woolford, 2009). As redes metabólicas complexas e causalmente circulares (Axe e Gauger, 2013; Kun et al., 2008) e as propriedades integradas e autossustentadas dos ecossistemas (Leisola et al., 2012) também argumentam a favor do *design*.

A semelhança indica uma origem comum?

Nós descartamos o mecanismo darwiniano como insuficiente, mas ainda não abordamos a questão da origem comum. A evidência de origem comum é frequentemente tomada como evidência contra o *design* inteligente. Isso não procede logicamente. O *design* inteligente poderia ter acontecido de duas maneiras: uma envolvendo uma **ancestralidade comum** guiada, levando até os seres humanos, e outra envolvendo uma origem única para os seres humanos. A ideia de origem comum afeta a forma como vemos nossa origem, no entanto.

Como o argumento acima, usando a genética populacional humana, o trabalho sobre a evolução bacteriana de novas funções enzimáticas mostrou que mesmo as transições aparentemente simples podem exigir que muitas mutações coordenadas tenham acontecido de forma não guiada (Axe e Gauger, 2015; Gauger e Axe, 2011; Gauger et al., 2010; Reeves et al., 2014). Mesmo para as bactérias, com tamanhos de população muito amplos e tempos de geração rápida, o limite para o que é possível pode ser duas ou três mutações (Axe 2010b; Reeves et al., 2014). Isso coloca um limite extremo sobre os tipos

de mudanças puramente aleatórios que processos naturais podem realizar.

A outra lição a ser tirada deste trabalho é que *só porque duas coisas parecem ser semelhantes, não significa que haja um caminho evolutivo não guiado entre eles*. Ou, dito de outra maneira, a semelhança de estrutura ou sequência não indica necessariamente origem comum por processos evolutivos (Gauger et al., 2012). Esta regra aplica-se às proteínas, mas também aos genomas, fósseis e espécies, especialmente os humanos, e vai diretamente de encontro à teoria compartilhada por biólogos evolutivos de que a semelhança de sequência ou forma significa ancestralidade comum (Gauger et al., 2012).

Na verdade, uma ampla distinção pode ser feita entre os pressupostos dos biólogos evolucionistas e dos biólogos do *design*. Os biólogos evolucionistas tendem a presumir aleatoriedade e atribuem qualquer semelhança à origem comum; os biólogos do *design* tendem a presumir a ordem e o propósito e presumir que qualquer similaridade é funcional, não necessariamente devido à origem comum.

Por exemplo, os biólogos evolucionistas tomam o fato de as **espécies** similares possuírem uma disposição de genes altamente semelhante ao longo de seus cromossomos (chamada *sintenia*) como evidência de sua origem comum. O pressuposto subjacente é que a única explicação para similaridade é uma origem comum. Da mesma forma, os genes devem ser aleatórios em ordem. Os biólogos do *design* diriam que, porque as espécies são semelhantes, elas têm restrições funcionais e de *design* semelhantes, o que pode ser refletido na ordem dos genes. O pressuposto é que a ordem e a funcionalidade são o estado original, e a semelhança é a evidência do *design* compartilhado.

Os evolucionistas darwinistas tendem a assumir que muitos aspectos mal compreendidos de nossos genomas (p. ex., códons sinônimos, pseudogenes ou DNA não codificante) não possuem funções importantes e são produto de **mutações aleatórias** e/ou de origem comum. Em contraste, os proponentes do DI conjecturam que, se nossos genomas foram projetados, muitas dessas características misteriosas terão funções importantes. O problema é distinguir entre os dois pontos de vista.

Argumentos usados para apoiar a origem comum

Uso de códons sinônimos*. Uma das evidências oferecidas em favor da origem comum é a "reutilização" de

EVOLUÇÃO HUMANA (teoria da origem única)   297

códons sinônimos. Alguns códons — sequências triplas de nucleotídeos no DNA — especificam o mesmo aminoácido. Por exemplo, a lisina pode ser codificada por quatro códons, CUU, CUC, CUA ou CUG. A suposição é que os códons são verdadeiramente sinônimos e podem ser usados de forma intercambiável. Quando há uma escolha entre possíveis códons, os genomas de chimpanzés e humanos quase sempre usam o mesmo códon. Portanto, argumenta-se que isso ocorre porque as sequências compartilham um antepassado comum.

No entanto, desde então, descobriu-se que os códons são utilizados para múltiplas finalidades — dependendo de qual códon é usado, se altera a sequência de DNA, o que por sua vez, pode afetar a expressão gênica (Stergachis et al., 2013), a degradação da proteína (a destruição controlada das proteínas pela célula), ou como as proteínas se enovelam em formas tridimensionais (Cannarozzi et al., 2010; Li et al., 2012; Tuller et al., 2010; Weygand-Durasevic e Ibba, 2010; Zhang et al., 2010).

Os códons podem, portanto, ser idênticos porque eles têm que executar vários trabalhos que são específicos a um códon — nenhum dos outros o fará. O fato de humanos e chimpanzés usarem os mesmos códons pode ser por essa razão, e não por sua ascendência. Além disso, este é um forte argumento para o *design* — a sofisticação necessária para ter códigos dentro de códigos não surgiria por simples mutação e **seleção natural**.

Sintenia refere-se ao quão bem as sequências cromossômicas de diferentes espécies se alinham entre si. Se elas se alinham bem, presume-se que isso indica que vieram de um antepassado comum. Mas há uma possível explicação funcional: a estrutura cromossômica tem um efeito profundo na regulação de genes. O lugar em que os genes do núcleo estão localizados afeta sua expressão (Cavalli, 2011; Filion et al., 2010; Hoang e Bekiranov, 2013; Homouz e Kudlicki, 2013; Jachowicz et al. 2013; O'Sullivan, 2011; Verdaasdonk et al., 2013).

Sintenia é uma área de pesquisa ativa, como indica a lista precedente de citações. O que está sendo descoberto é que "a associação de cromossomos uns com os outros e com outros componentes nucleares desempenha um papel crítico na organização nuclear e na função do genoma [...] os genomas são entidades altamente ordenadas e dinâmicas nas quais as posições, estruturas e interações cromossômicas são controladas para regular processos nucleares"

(Rodley et al., 2009). Mais uma vez, essa sofisticação reforça o *design*.

Pseudogenes são genes que parecem ter sido truncados ou alterados de outra forma em suas sequências de codificação para que não possam produzir proteínas. Alguns parecem ser o produto da mutação; outros parecem ser o resultado de uma transposição de RNA mensageiro processado para um novo local. Como eles parecem produzir proteínas defeituosas, ou nenhuma, pensava-se que fossem «lixo», remanescentes do processo evolutivo. Porque eles tendem a estar localizados no mesmo lugar e têm os mesmos «erros» nos humanos e nos chimpanzés, eles são tomados como evidências de origem comum.

No entanto, aqueles que foram adequadamente estudados muitas vezes são funcionais (Balakirev e Ayala, 2003; Wen et al., 2012). Um pseudogene só pode ser ativo em tecidos específicos durante estágios específicos de desenvolvimento, dificultando a identificação de suas funções. À medida que as técnicas se tornam mais sofisticadas, serão descobertos pseudogenes mais funcionais (Wen et al., 2012).

Uma das razões para se esperar a funcionalidade é o seu alto grau de conservação da sequência de DNA entre as espécies. Com mais de oito mil pseudogenes processados no genoma humano, dos quais sessenta por cento são altamente conservados entre ratos e humanos, é provável alguma função essencial para eles (Wen et al., 2012). Essa conservação não seria esperada se fossem restos genéticos sem função.

Por fim, o funcionamento desses pseudogenes é altamente dependente de suas sequências precisas, portanto a semelhança entre o chimpanzé e as sequências humanas não é surpreendente. É provável que eles estejam executando a mesma função, exigindo a mesma sequência em ambos os genomas.

Para mais informações sobre pseudogenes, ver Hirotsune et al. 2003; Moleirinho et al. 2013; Pink et al. 2011; Poliseno, 2012; Poliseno, et al. 2010; Tam et al. 2008; e Zheng e Geraldine, 2007.

Fusão cromossômica. Quando os genomas dos chimpanzés e humanos são comparados, nosso cromossomo 2 parece ser uma fusão de dois cromossomos de chimpanzé. Argumenta-se que isso demonstra nossa ancestralidade comum com os chimpanzés. No entanto, a junção onde a suposta fusão ocorreu não é feita de sequências teloméricas típicas (telômeros são sequências especiais encontradas

EVOLUÇÃO HUMANA (teoria da origem única)

no final dos cromossomos). Em vez disso, são encontradas sequências degeneradas, sequências encontradas em outras partes do genoma, mas não associadas a quebras ou fusões (Fan et al., 2002).

O cromossomo humano 2 pode ter sido sempre o que parece agora. Não há nenhuma razão particular para propor que houve um evento de fusão, exceto sob a suposição de origem comum. Portanto, ele não pode ser usado como um argumento para a origem comum.

O designer *como enganador.* Este argumento é algo assim: "Se existe um *designer* inteligente, então, por que ele fez parecer que as coisas evoluem? Isso faz com que ele seja um enganador."

Há uma falha lógica aqui também: afirma-se como fato que as coisas parecem evoluídas por processos naturais. Mas as coisas não parecem evoluir. Como foi demonstrado, a biologia molecular fornece muitos bons motivos para acreditar que as coisas foram projetadas. Há também muitos exemplos do desenho de estruturas de maior escala como o olho ou a asa de um pássaro; mesmo a natureza complementar e interligada da biosfera evidencia o *design* (Denton, 1986; Leisola et al., 2012; Meyer, 2009). Na verdade, os biólogos são continuamente avisados de que eles devem se lembrar de que as coisas só *aparentam* ser projetadas — na verdade, elas não são (Dawkins, 1986). Isso significa claramente que o *designer* não é um enganador. Ele fez isso a fim de todos possam detectar seu *design*.

Críticas à origem comum

Tendo considerado os argumentos feitos em favor da origem comum, consideremos evidências que indicam que a origem comum pode não ser verdadeira. Tenha em mente que o *design* inteligente não exige que a origem comum seja falsa. Somente a questão de nossa origem única e o tamanho da população fundadora são afetados por esses argumentos.

Árvores filogenéticas incongruentes. Muitas vezes, quando os cientistas tentam desenhar árvores que mostram as relações evolutivas entre as espécies, surgem inconsistências, dependendo do gene ou do personagem escolhido para basear a árvore. Numerosos artigos da literatura convencional reconhecem o problema das árvores incongruentes (Degnan e Rosenberg, 2009; Rokas e Carroll 2006). Muitas explicações para esses problemas existem: a transferência de genes entre espécies confunde

os histogramas genéticos; a perda de traços em algumas linhagens dá uma história falsa; a classificação incompleta da linhagem pode produzir árvores de genes codificados entre espécies estreitamente relacionadas; pode ocorrer uma evolução independente dos mesmos traços em linhagens diferentes (evolução convergente). Todas essas explicações são possibilidades — mas em algum momento é preciso se perguntar por que a origem comum merece uma proteção tão especial. Pode haver outro motivo por que existem tantos problemas?

Por exemplo, descobriu-se recentemente que as proteínas produzidas a partir de retrovírus endógenos (*endogenous retroviruses*, em inglês, ERVS), vírus que residem permanentemente em nossos genomas, estão envolvidas na formação placentária. A formação placentária é considerada a característica que distingue todos os verdadeiros mamíferos de outros animais. Após um estudo mais aprofundado, verificou-se que ratos, camundongos, cachorros, vacas, coelhos e primatas requerem esse tipo de proteína para a formação placentária. Mas em todos esses diferentes grupos de mamíferos, as proteínas são diferentes entre si (Lavialle et al., 2013). Em outras palavras, diferentes proteínas estão sendo usadas na formação placentária de diferentes ordens de mamíferos. Se a origem comum é verdadeira, pode-se argumentar que esse não deveria ser o caso, porque o método de desenvolvimento placentário deveria ter sido compartilhado entre todos esses grupos. Como esses dados não podem ser facilmente explicados pela origem comum, biólogos evolucionistas citam isso como um exemplo incrível de evolução convergente (Lavialle et al., 2013). Os biólogos do *design* acham que a evidência aponta mais razoavelmente para o *design* comum.

Padrões e função onde não deve haver nenhum. Elementos nucleares curtos intercalados (*short interspersed nuclear elements*, em inglês, SINEs) também representam um desafio para a origem comum. SINEs são elementos genéticos curtos que, acredita-se, podem se espalhar pelo genoma. Usando as enzimas de outro elemento genético, eles se copiam e, em seguida, se inserem em um novo local no genoma aleatoriamente (ou assim foi presumido) (Doolittle e Sapienza, 1980). Assim, ao longo do tempo, disseram os biólogos evolucionistas, o nosso genoma ficou repleto deles, como se fosse um monte de lixo (Orgel e Crick, 1980). Este argumento pressupõe que os SINEs não possuem função.

EVOLUÇÃO HUMANA (teoria da origem única)

Verificou-se que SINEs específicos de espécies, supostamente com histórias de inserção independentes ocorrendo após a divergência das duas espécies, têm quase exatamente os mesmos padrões de distribuição nos cromossomos de ratos e camundongos, um padrão distintamente não aleatório (*Rat Genome Sequencing Project Consortium*, 2004). Além disso, eles são encontrados na proximidade de classes semelhantes de genes em camundongos e seres humanos, e estão envolvidos na regulação de sua produção (Tsirigos e Rigoutsos, 2009). Por último, seis por cento do nosso genoma são SINEs específicos para humanos, chamados elementos de *Alu* (Hedges et al., 2004), pelo menos alguns dos quais regulam a metilação do DNA e a edição de RNA no cérebro (Paz-Yaacov et al., 2010; Shulha et al. 2012). Essas coisas contribuem para uma diferença substancial na expressão gênica entre nós e os chimpanzés, especificamente no cérebro (Oldham et al., 2006). Assim, pelo menos, alguns *Alus* em seres humanos são funcionalmente significativos. Que esses elementos têm uma distribuição e função não aleatória compartilhada endossa o argumento do *design*. Que há *Alus* exclusivos para os seres humanos que influenciam a expressão gênica no cérebro também sugere o *design*.

Os padrões idênticos de inserção em chimpanzés e humanos na presumida ausência de função foram tomados anteriormente como evidência de origem comum. Mas, se houver razões funcionais para a colocação, o argumento não se sustenta.

Lacunas fósseis intransponíveis. As diferenças genéticas, fisiológicas, morfológicas, funcionais, sociais e intelectuais entre os chimpanzés e os humanos (Varki e Altheide 2005, Varki et al., 2008) são muito grandes para serem superadas pelos processos evolutivos, pelo menos sem uma intervenção substancial do *designer*. Nós não sabemos como nosso suposto ACMR com chimpanzés se parecia; se existiu, teria sido essencialmente como um símio, com base em evidências fósseis, de modo que a diferença entre nós e esse antepassado é real. Há fósseis propostos para serem intermediários na forma, mas há uma grande lacuna entre o australopiteco e outros fósseis supostamente em nossa linhagem, e o *Homo erectus*, o primeiro fóssil verdadeiramente humano. A ausência de fósseis de transição que transponham a lacuna é discutida por Casey Luskin em uma das entradas desse volume sobre **fósseis de hominídeos**.

População genética e Adão e Eva. Nos últimos anos, tem havido muita discussão sobre se os dados genéticos indicam que os seres humanos não poderiam ter descendido de um casal inicial. Os biólogos evolucionistas frequentemente citam modelos de genética populacional a esse respeito. Esses métodos matemáticos dependem de suposições sobre comportamentos de populações antigas que não podem ser verificadas. São apenas modelos, não reproduções do passado, e os modelos são tão bons como os seus pressupostos (Hawks, 2008). Na verdade, em algumas condições, em que a população é dividida em grupos e em migração, não sequer é possível determinar o tamanho da população (Sjödin et al., 2005). Claro, os modelos também dependem da suposição de origem comum.

Um método usado para estimar a história evolucionária antiga é olhar para os polimorfismos genéticos. Todos na população humana têm o mesmo genoma básico, mas alguns dos nossos genes têm mais de uma versão, o que significa que são polimórficos. Os cientistas usam as posições de mutações nesses genes variáveis para criar modelos de nossa história genética. Eles usam esses modelos para estimar o número de variáveis genéticas e o tamanho da população no momento de nosso ACMR com os chimpanzés, tudo presumindo, é claro, que a origem comum e os outros pressupostos que entram no modelo são verdadeiros.

Francisco Ayala usou essa técnica em um gene altamente variável do sistema imunológico para mostrar que não poderíamos ter vindo de apenas um homem ou mulher. Ele comparou as sequências de vários genes de DNA de humanos, chimpanzés e macacos. A partir desses dados, Ayala calculou que deve ter havido 32 versões humanas separadas do gene e uma população de cerca de cem mil indivíduos no momento da nosso ACMR com chimpanzés (Ayala, 1995). Isso excluiu a possibilidade de dois primeiros pais, disse ele.

No entanto, Ayala quebrou uma série de regras na escolha do DNA para comparar. Para que seu cálculo funcione, a sequência que ele escolheu deveria ter tido apenas uma taxa de fundo de mutação, recombinação e seleção. O DNA que ele escolheu apresentou altas taxas dos três. Outro laboratório apontou o problema e refez a comparação usando sequências vizinhas (não sujeitas aos mesmos problemas) do mesmo gene. Seus cálculos surgiram com apenas sete versões humanas separadas no momento do nosso ACMR (Bergström et al., 1998). Eles refizeram o cálculo usando dados de sequência de todo o gene e encontraram apenas quatro versões no momento do nosso ACMR com chimpanzés (von Salome et al., 2007). A refutação de Ayala de Adão e Eva entrou em colapso, uma vez que quatro versões de um gene podem ser transmitidas por dois pais iniciais. (É preciso dizer que essa nova análise não prova a existência de dois pais iniciais, mas pelo menos a torna possível).

Resumo

Lembre-se das quatro possibilidades relativas à evolução humana que foram delineadas no início. A alternativa um é puramente naturalista. A alternativa dois permite a ação indetectável de um *designer*. A alternativa três diz que o *design* é detectável, mas postula que o *designer* se utilizou de origem comum, enquanto a alternativa quatro diz que a origem comum geral não é verdade (há muitas dificuldades não resolvidas) e, além disso, nossa origem pode ser única.

A partir das evidências apresentadas aqui, as alternativas um e dois são improváveis. O mecanismo de mutação aleatória e seleção natural não é suficiente para realizar nossa origem no tempo existente, de modo que um mecanismo darwinista não guiado não funcionará. Embora seja verdade que outros processos naturalistas existam (ver introdução), não é necessário postulá-los — a sofisticação e a funcionalidade das coisas descritas aqui e em outro lugar (Denton, 1986; Meyer, 2009; Meyer, 2014; Wiker e Witt, 2006), além de sua ordem intrínseca, sugerem *design*. Em particular, certas características da vida, como o código genético, só podem ser explicadas pelo *design*. As alternativas três e quatro, ambas exigindo *design* detectável, são, portanto, explicações viáveis.

A preponderância da evidência sugere a alternativa quatro, nossa origem única, porque a origem comum não pode explicar adequadamente os padrões que vemos em nossos genomas. Se coisas como sintenia, uso de códon compartilhado e pseudogenes podem ser explicados funcionalmente, a origem comum é prejudicada e uma origem única torna-se mais provável. A evidência fóssil de uma lacuna intransponível entre nós e nosso ACMR, e as significativas diferenças genéticas entre nós e os chimpanzés, apontam para uma origem única. Por último, os argumentos de genética populacional contra uma origem única estão sujeitos a questionamento devido a suposições implícitas de origem comum.

Todos os proponentes de *design* inteligente concordam com a necessidade de *design*; uma origem humana única não é essencial. No entanto, uma das perguntas principais sobre a evolução humana é esta: somos o produto da origem comum de um antepassado símio ou somos únicos, com uma origem distinta? A resposta a esta questão afeta a forma como nos vemos a nós mesmos e ao mundo que nos rodeia, e como integramos religião e ciência. Uma resposta provisória desta análise é que somos únicos. O trabalho científico futuro, interpretado sem preconceitos, continuará, sem dúvida, a esclarecer o assunto, no presente ainda um assunto de debate. Independentemente da resposta, porém, não precisamos temer a verdade.

Ann Gauger

REFERÊNCIAS E LEITURAS RECOMENDADAS

Axe, Douglas D., 2010a. "The Case against a Darwinian Origin of Protein Folds." *BIO-Complexity* 2010 (1):1-12.

_____. 2010b. "The Limits of Complex Adaptation: An Analysis Based on a Simple Model of Structured Bacterial Populations." *BIO-Complexity* 2010 (4):1-10. doi:10.5048/bio-c.2010.4.

Axe Douglas D.; Gauger, Ann K., 2013. "Explaining Metabolic Innovation: Neo-Darwinism versus Design." In: *Biological Information: New Perspectives*, ed. Marks R. J., II, M. J. Behe, W. A. Dembski, B. L. Gordon, and J. C. Sanford, 489-507. Hackensack, NJ: World Scientific.

_____. 2015. "Model and Laboratory Demonstrations That Evolutionary Optimization Works Well Only If Preceded by Invention — Selection Itself Is Not Inventive." *BIO-Complexity* 2015 (2):1-13.

Ayala, Francisco, 1995. "The Myth of Eve: Molecular Biology and Human Origins." *Science* 270: 1930-36.

Balakirev, Evgeniy S.; Ayala, Francisco J., 2003. "Pseudogenes: Are They 'Junk' or Functional DNA?" *Annual Review of Genetics* 37 (1):123-51.

Behe, Michael J., 1996. *Darwin's Black Box: The Biochemical Challenge to Evolution*. New York: Simon & Schuster.

Behe, Michael J.; Snoke, David W., 2004. "Simulating Evolution by Gene Duplication of Protein Features That Require Multiple Amino Acid Residues." *Protein Science* 13:2651-64.

Behrens, Sarah; Vingron, Martin, 2010. "Studying the Evolution of Promoter Sequences: A Waiting Time Problem." *Journal of Computational Biology* 17 (12):1591-1606.

Bergström, Tomas F.; Josefsson, Agnetha; Erlich, Henry A.; Gyllensten, Ulf, 1998. "Recent Origin of HLA-DRB1 Alleles and Implications for Human Evolution." *Nature Genetics* 18 (3):237-42.

Bramble, Dennis M.; Lieberman, Daniel E., 2004. "Endurance Running and the Evolution of Homo." *Nature* 432:345-52.

Britten, Roy J., 2002. "Divergence between Samples of Chimpanzee and Human DNA Sequences Is 5%, Counting Indels." *Proceedings of the National Academy of Sciences USA* 99 (21):13633-35.

Cannarozzi, Gina; Schraudolph, Nicol N.; Faty, Mahamadou, et al. 2010. "A Role for Codon Order in Translation Dynamics." *Cell* 141 (2):355-67.

Cavalli, Giacomo, 2011. "From Linear Genes to Epigenetic Inheritance of Three- Dimensional Epigenomes." *Journal of Molecular Biology* 409 (1):54-61.

Chen, Feng-Chi; Chen, Chueng-Jong; Li, Wen-Hsiung; Chuang, Trees-Juen, 2007. "Human-Specific Insertions and Deletions Inferred from Mammalian Genome Sequences." *Genome Research* 17 (1):16-22.

Cheng, Z.; Ventura, M.; She, X., et al. 2005. "A Genome-Wide Comparison of Recent Chimpanzee and Human Segmental Duplications." *Nature* 437:88-93. doi:10.1038/nature04000.

EVOLUÇÃO HUMANA (teoria da origem única)   301

COHEN, Jon, 2007. "Relative Differences: The Myth of 1%." *Science* 316:1836.

Dawkins, Richard. 1986. *The Blind Watchmaker: Why the Evidence of Evolution Reveals a Universe without Design.* New York: W. W. Norton.

_____. 2006. *The God Delusion.* New York: Mariner.

DEGNAN, J. H.; Rosenberg, N. A., 2009. "Gene Tree Discordance, Phylogenetic Inference and the Multispecies Coalescent." *Trends in Ecology and Evolution* 24 (6):332-40. doi: 10.1016/j.tree.2009.01.009.

DENTON, Michael J., 1986. *Evolution: A Theory in Crisis.* Chevy Chase, MD: Adler & Adler.

_____. 2013. "The Place of Life and Man in Nature: Defending the Anthropocentric Thesis." *BIO-Complexity* 2013 (1). doi:10.5048/bio-c.2013.1.

DE VRIES, Hugo, 1904. *Species and Varieties: Their Origin by Mutation.* Chicago: Open Court.

DOOLITTLE, W. Ford; Sapienza, Carmen, 1980. "Selfish Genes, the Phenotype Paradigm and Genome Evolution." *Nature* 284:601-3.

DOXIADIS, G. G.; de Groot, N.; de Groot, N. G.; Doxiadis, I. I. N.; Bontrop, R. E., 2008. "Reshuffling of Ancient Peptide Binding Motifs between HLA-DRB Multigene Family Members: Old Wine Served in New Skins." *Molecular Immunology* 45 (10):2743–51. doi: 10.1016/j.molimm.2008.02.017.

DURRETT, Richard; Schmidt, Deena, 2007. "Waiting for Regulatory Sequences to Appear." *Annals of Applied Probability* 17 (1):1-32. doi:10.1214/105051606000000619.

_____. 2008. "Waiting for Two Mutations: With Applications to Regulatory Sequence Evolution and the Limits of Darwinian Evolution." *Genetics* 180 (3):1501-9. doi:10.1534/genetics.107.082610.

EWERT, Winston, 2015. "Overabundant Mutations Help Potentiate Evolution: The Effect of Biologically Realistic Mutation Rates on Computer Models of Evolution." *BIO-Complexity* 2015 (1):1-11.

FAN, Yuxin; Linardopoulou, Elena; Friedman, Cynthia; Williams, Eleanor; Trask, Barbara J. 2002. "Genomic Structure and Evolution of the Ancestral Chromosome Fusion Site in 2q13-2q14.1 and Paralogous Regions on Other Human Chromosomes." *Genome Research* 12:1651-62.

FILION, Guillaume J.; van Bemmel, Joke G.; Braunschweig, Ulrich, et al. 2010. "Systematic Protein Location Mapping Reveals Five Principal Chromatin Types in Drosophila Cells." *Cell* 143 (2):212-24.

GAUGER, Ann K.; Axe, Douglas D., 2011. "The Evolutionary Accessibility of New Enzymes Functions: A Case Study from the Biotin Pathway." *BIO-Complexity* 1:1-17. doi:10.5048/bio-c.2011.1.

GAUGER, Ann K.; Axe, Douglas; Luskin, Casey, 2012. *Science and Human Origins.* Seattle: Discovery Institute Press.

GAUGER, Ann K.; Ebnet, Stephanie; Fahey, Pamela F., Seelke, Ralph, 2010. "Reductive Evolution Can Prevent Populations from Taking Simple Adap- tive Paths to High Fitness." *BIO-Complexity* 2010 (2):1-9. doi:10.5048/ BIO-C.2010.2.

HAHN, M. W.; Bie, T. De; Stajich, J. E.; Nguyen, C., Cristianini, N., 2005. "Estimating the Tempo and Mode of Gene Family Evolution from Comparative Genomic Data." *Genome Research* 15 (8):1153-60. doi:10.1101/gr.3567505.

HAWKS, John, 2008. "From Genes to Numbers: Effective Population Sizes in Human Evolution." In: *Recent Advances in Palaeodemography*, ed. Jean-Pierre Bocquet-Appel, 9-30. New York: Springer.

HEDGES, D. J.; Callinan, P. A.; Cordaux, R.; Xing, J.; Barnes, E.; Batzer, M. A., 2004. "Differential Alu Mobilization and Polymorphism among the Human and Chimpanzee Lineages." *Genome Research* 14 (6):1068-75. doi:10.1101/gr.2530404.

HIROTSUNE, Shinji; Yoshida, Noriyuki; Chen, Amy et al. 2003. "An Expressed Pseudogene Regulates the Messenger-RNA Stability of Its Homologous Coding Gene." *Nature* 423:91-96.

HOANG, Stephen A.; Bekiranov, Stefan, 2013. "The Network Architecture of the *Saccharomyces cerevisiae* Genome." *PLOS ONE* 8:e81972.

HOMOUZ, Dirar; Kudlicki, Andrzej S., 2013. "The 3D Organization of the Yeast Genome Correlates with Co-expression and Reflects Functional Relations between Genes." *PLOS ONE* 8:e54699.

HUGHES, J. F.; Skaletsky, H.; Pyntikova, T. et al. 2010. "Chimpanzee and Human Y Chromosomes Are Remarkably Divergent in Structure and Gene Content." *Nature* 463:536-39. doi:10.1038/nature08700.

JACHOWICZ, Joanna W.; Santenard, Angèle; Bender, Ambre; Muller, Julius; Torres-Padilla, Maria-Elena, 2013. "Heterochromatin Establishment at Pericentromeres Depends on Nuclear Position." *Genes and Development* 27 (22):2427-32.

KAUFFMAN, Stuart, 1995. *At Home in the Universe: The Search for the Laws of Self-Organization and Complexity.* New York: Oxford University Press.

KNOWLES, D. G.; McLysaght, A., 2009. "Recent De Novo Origin of Human Protein-Coding Genes." *Genome Research* 19 (10):1752-59. doi:10.1101/gr.095026.109.

KUN, Ádám; Papp, Balázs; Szathmáry, Eörs, 2008. "Computational Identification of Obligatorily Autocatalytic Replicators Embedded in Metabolic Networks." *Genome Biology* 9 (3):51.

LAVIALLE, C.; Cornelis, G.; Dupressoir, A., et al. 2013. "Paleovirology of 'Syncytins,' Retroviral ENV Genes Exapted for a Role in Placentation." *Philosophical Transactions of the Royal Society, London, B* 368 (1626):20120507. doi:10.1098/rstb.2012.0507.

LEISOLA M.; PASTINEN, O.; Axe, D. D., 2012. "Lignin — Designed Randomness." *BIO-Complexity* 2012 (3):1-11.

LI, G. W.; Oh E.; Weissman, J. S., 2012. "The Anti-Shine-Dalgarno Sequence Drives Translational Pausing and Codon Choice in Bacteria." *Nature* 484:538-41.

MARKS, Jonathan, 2009a. "Darwin's Ventriloquists." *Anthropology Now* 1 (3):1–11.

_____. 2009b. "What Is the Viewpoint of Hemoglobin, and Does It Matter?" *History and Philosophy of Life Sciences* 31:241-62.

MAZUR, Suzan, 2009. *The Altenberg 16: An Exposé of the Evolution Industry.* Berkeley, CA: North Atlantic.

MEYER, Stephen C., 2009. *Signature in the Cell: DNA and the Evidence for Intelligent Design.* New York: HarperCollins.

_____. 2014. *Darwin's Doubt: The Explosive Origin of Animal Life and the Case for Intelligent Design.* New York: HarperOne.

MOLEIRINHO, Ana; Seixas, Susana; Lopes, Alexandra M.; Bento, Celeste; Prata, Maria J.; Amorim, António, 2013. "Evolutionary Constraints in the â-Globin Cluster: The Signature of Purifying Selection at the ä-Globin (HBD) Locus and Its Role in Developmental Gene Regulation." *Genome Biology and Evolution* 5 (3):559-71.

OLDHAM, Michael C.; Horvath, Steve; Geschwind, Daniel H., 2006. "Conservation and Evolution of Gene Coexpression Networks in Human and Chimpanzee Brains." *Proceedings of the National Academy of Sciences USA* 103 (47):17973-78. doi:10.1073/pnas.0605938103.

ORGEL, Leslie E.; Crick, Francis H. C., 1980. "Selfish DNA: The Ultimate Parasite." *Nature* 284:604-7.

O'SULLIVAN, Justin M, 2011. "Chromosome Organization in Simple and Complex Unicellular Organisms." *Current Issues in Molecular Biology* 13:37-42.

PAZ-YAACOV, N.; Levanon, E. Y.; Nevo, E., et al. 2010. "Adenosine-to-Inosine RNA Editing Shapes Transcriptome Diversity in Primates." *Proceedings of the National Academy of Sciences USA* 107 (27):12174-79. doi:10.1073/pnas.1006183107.

PIGLIUCCI, Massimo, 2013. "Between Holism and Reductionism: A Philosophical Primer on Emergence." *Biological Journal of the Linnean Society* 112 (2):261-67.

PINK, Ryan Charles; Wicks, Kate; Caley, Daniel Paul, et al. 2011. "Pseudogenes: Pseudo-Functional or Key Regulators in Health and Disease?" *RNA* 17 (5):792-98.

POLISENO, Laura, 2012. "Pseudogenes: Newly Discovered Players in Human Cancer." *Science Signaling* 5 (242):5.

POLISENO, Laura; Salmena, Leonardo; Zhang, Jiangwen, et al. 2010. "A Coding- Independent Function of Gene and Pseudogene mRNAs Regulates Tumour Biology." *Nature* 465:1033-38.

RAT GENOME SEQUENCING PROJECT CONSORTIUM, 2004. "Genome Sequence of the Brown Norway Rat Yields Insights into Mammalian Evolution." *Nature* 428:493-521.

REEVES, Mariclair A.; Gauger, Ann K.; Axe, Douglas D., 2014. "Enzyme

Families — Shared Evolutionary History or Shared Design? A Study of the GABA-Aminotransferase Family." *BIO-Complexity* 2014 (4):1-16.

Richards, Jay W.; Gonzales, Guillermo, 2004. *The Privileged Planet: How Our Place in the Cosmos Is Designed for Discovery.* Washington, DC: Regnery.

Roach, Neil T.; Venkadesan, Madhusudhan; Rainbow, Michael J.; Lieberman, Daniel E., 2013. "Elastic Energy Storage in the Shoulder and the Evolution of High-Speed Throwing in Homo." *Nature* 498:483-86.

Rodley, C. D. M.; Bertels, F.; Jones, B.; O'Sullivan, J. M., 2009. "Global Identification of Yeast Chromosome Interactions Using Genome Conformation Capture." *Fungal Genetics and Biology* 46 (11):879-86.

Rokas, A.; Carroll, S. B., 2006. "Bushes in the Tree of Life." *PLOS Biology* 4 (11): e352. doi:10.1371/journal.pbio.0040352.

Ruiz-Orera, Jorge; Hernandez-Rodriguez, Jessica; Chiva, Cristina, et al. 2015. "Origins of De Novo Genes in Human and Chimpanzee." *PLOS Genetics* 11 (12): e1005721.

Salthe, Stanley N., 1993. *Development and Evolution: Complexity and Change in Biology.* Cambridge, MA: MIT Press.

Sanford, John; Brewer, Wesley; Smith, Franzine; Baumgardner, John, 2015. "The Waiting Time Problem in a Model Homininon Population." *Theoretical Biology and Medical Modelling* 12:18.

Ségurel, Laure; Thompson, Emma E.; Flutre, Timothée, et al. 2012. "The ABO Blood Group Is a Trans-Species Polymorphism in Primates." *Proceedings of the National Academy of Sciences USA* 109:18493-98. doi:10.1073/pnas.1210603109.

Shapiro, J. A., 2005. "A 21st-Century View of Evolution: Genome System Architecture, Repetitive DNA, and Natural Genetic Engineering." *Gene* 345 (1):91-100. doi:10.1016/j.gene.2004.11.020.

Shulha, H. P.; Crisci, J. L.; Reshetov, D., et al. 2012. "Human-Specific Histone Methylation Signatures at Transcription Start Sites in Prefrontal Neurons." *PLOS Biology* 10 (11): e1001427. doi: 10.1371/journal.pbio.1001427.

Sjödin, P.; Kaj, I.; Krone, S.; Lascoux, M.; Nordborg, M., 2005. "On the Meaning and Existence of an Effective Population Size." *Genetics* 169 (2):1061-70. doi:10.1534/genetics.104.026799.

Staley, Jonathan P.; Woolford, John L., Jr. 2009. "Assembly of Ribosomes and Spliceosomes: Complex Ribonucleoprotein Machines." *Current Opinion in Cell Biology* 21 (1):109-18.

Stergachis, A. B.; Haugen, E.; Schafer, Anthony, et al. 2013. "Exonic Transcription Factor Binding Directs Codon Choice and Affects Protein Evolution." *Science* 342:1367-72.

Tam, Oliver H.; Aravin, Alexei A.; Stein, Paula, et al. 2008. "Pseudogene-Derived Small Interfering RNAs Regulate Gene Expression in Mouse Oocytes." *Nature* 453:534-38.

Tsirigos, A.; Rigoutsos, I., 2009. "Alu and B1 Repeats Have Been Selectively Retained in the Upstream and Intronic Regions of Genes of Specific Functional Classes." *PLOS Computational Biology* 5 (12): e1000610. doi:10.1371/journal. pcbi.1000610.

Tuller, Tamir; Carmi, Asaf; Vestsigian, Kalin, et al. 2010. "An Evolutionarily Conserved Mechanism for Controlling the Efficiency of Protein Translation." *Cell* 141 (2):344-54.

Varki, A.; Altheide, T. K., 2005. "Comparing the Human and Chimpanzee Genomes: Searching for Needles in a Haystack." *Genome Research* 15 (12):1746-58. doi:10.1101/gr.3737405.

Varki, A.; Geschwind, D. H.; Eichler, E. E., 2008. "Explaining Human Uniqueness: Genome Interactions with Environment, Behaviour and Culture." *Nature Review of Genetics* 9 (10):749-63. doi:10.1038/nrg2428.

Verdaasdonk, Jolien Suzanne; Vasquez, Paula Andrea; Barry, Raymond Mario, et al. 2013. "Centromere Tethering Confines Chromosome Domains." *Molecular Cell* 52 (6):819-31.

von Salome, J.; Gyllensten, U.; Bergstrom, T. F., 2007. "Full-Length Sequence Analysis of the HLA-DRB1 Locus Suggests a Recent Origin of Alleles." *Immunogenetics* 59 (4):261-71. doi:10.1007/s00251-007-0196-8.

Wen, Yan-Zi; Zheng, Ling-Ling; Qu, Liang-Hu; Ayala, Francisco J.; Lun, Zhao-Rong, 2012. "Pseudogenes Are Not Pseudo Anymore," *RNA Biology* 9 (1):27-32.

Weygand-Durasevic, I.; Ibba, M.; 2010. "New Roles for Codon Usage." *Science* 329 (5998):1473-74.

Wiker, Benjamin; Witt, Jonathan, 2006. *A Meaningful World: How the Arts and Sciences Reveal the Genius of Nature.* Downers Grove, IL: InterVarsity.

Wu, D. D., Irwin, D. M.; Zhang, Y. P., 2011. "De Novo Origin of Human Protein-Coding Genes." *PLOS Genetics* 7 (11): e1002379. doi: 10.1371/journal.pgen.1002379.

Zhang, F.; Saha S.; Shabalina, S. A.; Kashina, A.; 2010. "Differential Arginylation of Actin Isoforms Is Regulated by Coding Sequence-Dependent Degradation." *Science* 329:1534-37.

Zheng, Deyou; Gerstein, Mark B., 2007. "The Ambiguous Boundary between Genes and Pseudogenes: The Dead Rise Up, or Do They?" *Trends in Genetics* 23 (5):219-24.

⌁EVOLUÇÃO HUMANA
(teoria da criação evolucionista)

Introdução

Poucos assuntos são mais interessantes para os cristãos do que nossa própria origem como espécie. A investigação científica retrata uma origem humana que é gradual — e não do nada — através de um processo evolutivo que é frequentemente retratado por certos eruditos como ateísta. Os cristãos, no entanto, discordam.

Alguns exibem seu desacordo ao argumentar que a ciência da evolução está profundamente incorreta, e alguns também argumentam que uma terra de 4,5 bilhões de anos de idade e um universo de 13,8 bilhões de anos estão incorretos. Outros aceitam que a evolução ocorreu e que até nossa própria espécie, *homo sapiens*, tenha sido criada através do processo evolutivo de espécies de primatas previamente existentes. No entanto, esses últimos afirmam que, mesmo que os seres humanos tenham sido formados através da evolução, isso não exclui a **ação divina** do processo (ver **Providência**). Além disso, não exclui a existência de um primeiro casal, **Adão e Eva**, como visto, por exemplo, na maneira bíblica apresentada tão profundamente por **John Walton** (2015; ver também Provan, 2014). O objetivo deste ensaio é examinar as evidências de que Deus criou a humanidade através do processo evolutivo e resumir os resultados que surgiram da corrente científica dominante.

Os seres humanos compartilham uma série de traços com os grandes símios que não são encontrados em outros primatas. Essas características únicas compartilhadas incluem cérebros relativamente grandes, ausência de uma cauda, uma postura mais ereta, maior flexibilidade dos quadris e dos tornozelos, maior flexibilidade do pulso e polegar, bem como mudanças na estrutura e uso do braço e ombro (Herron e Freeman, 2014). Além

EVOLUÇÃO HUMANA (teoria da criação evolucionista)   303

disso, juntamente com os grandes símios africanos, eles são caracterizados de forma exclusiva por crânios alongados, arcadas supraciliares alargadas, dentes caninos curtos e robustos e algumas outras características distintivas.

Evidência fóssil

Os biólogos e os paleontólogos tradicionais estimam que o último antepassado comum dos seres humanos e nossos parentes mais próximos, o chimpanzé e o bonobo, viveram cerca de 5 a 7 milhões de anos atrás. Todas as **espécies** que estão no lado humano da linhagem daquela espécie ancestral comum (em oposição ao lado do chimpanzé) são conhecidas como hominídeos. Embora existam alguns esqueletos parciais que podem ser datados ao tempo aproximado da transição, existe um esqueleto fóssil quase completo de *ardipithicus ramidus*, que viveu no nordeste da África há cerca de 4,5 milhões de anos atrás.

Ardi, como ela é geralmente conhecida, teve várias características que sugeriram fortemente que, ao contrário dos chimpanzés e gorilas modernos, ela não caminhava sobre os quatro membros como eles, mas era bípede como nós. Ainda assim, seus pés tinham o dedão esticado, saindo de lado, de uma maneira que se assemelha à do pé de chimpanzés e gorilas, e ela também tinha mãos perfeitas para a vida nas árvores. Avançando um pouco para o estudo de espécies que viveram na terra cerca de 3,5 a 2 milhões de anos atrás, descobrimos que elas possuem traços cada vez mais comuns aos nossos. Elas eram bípedes com um porte muito semelhante ao nosso (baseado, p. ex., em um trecho de pegadas de 3,6 milhões de anos que mostram que o dedão do pé era paralelo aos outros dedos, não mais aberto para fora). A tíbia (osso da canela) teria se juntado ao tornozelo de uma maneira que se assemelha ao nosso e diferente de um chimpanzé, e a estrutura do tornozelo é como a humana. Por outro lado, o rosto era parecido ao dos símios, com um nariz achatado e mandíbula inferior fortemente protuberante, e o cérebro era cerca de um terço do tamanho do nosso.

Múltiplas espécies foram encontradas, e teriam vivido dentro desse período, provavelmente várias delas eram espécies de primos que não estavam na linhagem direta da do *homo* que posteriormente foram extintas. Começando cerca de 2 milhões de anos atrás, surgiram as primeiras espécies de nosso próprio gênero, *homo*, compartilhando um número crescente de nossas próprias características. No início deste período, o crânio (caixa craniana) ainda

era parecido com o dos símios em tamanho, mas, gradualmente, ao longo dos próximos milhões de anos, o crânio aumentou para um tamanho que corresponde ao do nosso. Geralmente, quanto mais tarde o fóssil é encontrado, maior o tamanho do cérebro, até se estabilizar há cerca de um milhão de anos atrás.

Tantas espécies fósseis de 5 a 7 milhões de anos atrás já foram descobertas e datadas que os cientistas não podem dizer com qualquer grau de certeza quais delas estavam na linhagem direta do *homo sapiens*. No entanto, o ponto-chave em questão para os propósitos deste resumo da evolução humana é que o modelo evolutivo prediz que existe um conjunto de espécies de transição que, com o passar do tempo, se aproximou cada vez mais da nossa própria espécie. Essa predição é fruto de detalhes anatômicos notáveis, provavelmente mais do que qualquer outra linhagem em toda a árvore da vida. Voltaremos a discutir os espécimes com mais detalhes abaixo, mas, neste momento, é importante enfatizar que os dados fósseis são altamente consistentes com um modelo evolutivo para a criação humana.

Evidência genética

Três tipos básicos de evidências genéticas indicam que Deus criou a humanidade através do processo de descendência comum de espécies de primatas formadas anteriormente. Aqui está um resumo dessa evidência. Para mais detalhes, consulte o excelente livro do geneticista neozelandês e pastor evangélico de tempo parcial, Graeme Finlay (Finlay, 2013).

Taxa de mutação

As crianças recebem todos o seu **DNA** (as instruções para construir seus corpos) de seus dois pais. O DNA está na forma de código, com 6 bilhões de unidades (chamadas *bases*) no código, 3 bilhões de bases de cada pai. Embora o código seja passado dos pais, ele sempre muda muito ligeiramente de uma geração para outra. Podemos medir precisamente a taxa de mudança, e uma média de 70 mudanças de base (de 6 bilhões) ocorrem a cada geração.

À medida que avançamos no tempo, isso significa que há mais e mais diferenças genéticas entre nossos antepassados e nós. Por exemplo, nas suas 6 bilhões de bases, haveria 140 alterações não encontradas em nenhum dos seus quatro avós e, recuando ainda mais no tempo, 210 não seriam encontradas em um século ou mais entre o

304 EVOLUÇÃO HUMANA (teoria da criação evolucionista)

seu nascimento e o de cada um dos seus bisavós. Se a origem comum é verdadeira, então, pode-se calcular quantas mudanças (mutações) teriam ocorrido nos 6 milhões de anos (60 mil séculos), uma vez que tanto as espécies ancestrais comuns de chimpanzés como de humanos existiam. Quando esse cálculo é feito, verifica-se que o número de diferenças genéticas está dentro do dobro do número previsto.

"Cicatrizes" genéticas

Talvez em algum momento da sua vida você sofreu um corte e ainda carrega a cicatriz desse evento. Não importa quantos anos você tenha, os vestígios desse evento ainda existem como uma marca em um determinado local em seu corpo. Às vezes, o código de DNA é alterado não como uma base única (como na seção anterior), mas como a exclusão ou inserção de um *bloco* de bases. Uma vez que existem 6 bilhões de bases, existem muitos locais onde uma exclusão ou inserção pode ocorrer. Os limites de tal mudança podem ser identificados na base exata em ambos os lados. Assim como a cicatriz de seu corte ainda está no lugar exato em que você sofreu o acidente, do mesmo modo também a "cicatriz" no DNA permanece no lugar ao longo dos séculos, pois é transmitida pela linhagem. Os chimpanzés e os seres humanos compartilham muitas eliminações e inserções (o equivalente a cicatrizes), e cada uma está exatamente na mesma localização. Isso implica que eles resultam de um único evento em um único antepassado.

Pode-se pensar que existe uma razão funcional pela qual as inserções e eliminações dos chimpanzés e dos humanos estão nos mesmos locais precisos — talvez elas necessitem ocupar uma posição exata para o corpo funcionar corretamente. No entanto, uma quantidade enorme de evidências indica que, mesmo que a sequência inserida ou excluída tivesse significância funcional, poderia fazer seu trabalho bem, se mudasse um pouco. Existem centenas de milhares dessas "cicatrizes", cada uma em um local preciso de um único evento. Cada uma aconteceu ao mesmo tempo em um antepassado comum que ambos compartilham.

Codificação sinônima versus não sinônima

As palavras que significam o mesmo são chamadas de *sinônimas*. Por exemplo, eu posso descrever a forma de um objeto como circular, ou posso dizer que é redondo. As duas palavras, *circular* e *redondo*, utilizadas neste contexto, significam o mesmo. Da mesma forma, o código genético contém sinônimos. Certas partes do código genético podem ser escritas de maneiras alternativas que significam exatamente a mesma coisa para as células. Dado que as mutações ocorrem (ver acima), podemos esperar que as alterações sinônimas sejam toleradas, mas as não sinônimas — porque elas mudam as instruções —, não.

Pensemos nisso. Se os chimpanzés e os humanos realmente derivam de uma única espécie ancestral, esperaríamos encontrar sessenta mil séculos depois muito mais diferenças sinônimas em nosso DNA (já que teriam sido toleradas) do que diferenças não sinônimas. Aqui está uma maneira de pensar sobre o conceito. Você pode facilmente alterar uma frase de "Pegue esse objeto vermelho *circular* e traga-o para mim" para "Pegue esse objeto *redondo* vermelho e traga-o para mim". Isso significaria o mesmo. No entanto, você não mudaria para "Pegue esse objeto vermelho *branco* e traga-o para mim". Essa alteração na frase resultaria em uma instrução sem sentido.

Existem milhões de sinônimos potenciais no genoma, e as diferenças neles são abundantes quando se compara a sequência de DNA do chimpanzé com a do humano. Há também muitas mudanças não sinônimas potenciais, mas essas diferenças são muito menos frequentes. Isso é o que se poderia esperar se houvesse uma única espécie ancestral. Alterações sinônimas seriam toleradas em uma linhagem. No entanto, quando as mudanças não sinônimas ocorressem, elas reduziriam frequentemente a viabilidade ou fertilidade e, portanto, não seriam transmitidas tão eficazmente.

Tanto os dados genéticos como os dados fósseis surgiram com grande força nas últimas duas décadas, e os dois conjuntos de dados juntos são considerados por quase todos no campo da biologia como uma evidência extremamente forte para a evolução humana.

A irradiação dos hominídeos

Inicialmente, havia duas maneiras diferentes de pensar sobre a evolução hominídea. Uma foi uma transição gradual de uma única linhagem que mudou gradualmente para se tornar cada vez mais como humanos modernos através do tempo: a evolução como uma escada. A alternativa não possui uma única escada ascendente, mas sim um conjunto de linhagens — a evolução como um arbusto.

EVOLUÇÃO HUMANA (teoria da criação evolucionista)

Todos os ramos do arbusto eventualmente terminam abruptamente como uma **extinção**, exceto para aquele ramo que leva ao *homo sapiens*. Os dados fósseis agora deixam claro que, durante a maior parte da história desde a existência dessa espécie ancestral comum que gerou humanos e chimpanzés, provavelmente houve múltiplas espécies de hominídeos na terra. Nossa situação atual, com apenas uma nos últimos vinte mil anos, é provavelmente quase sem precedentes nos últimos 5 milhões de anos de história hominídea.

Dois espécimes, encontrados no Chade e no Quênia, respectivamente, competem pela identificação do mais antigo representante hominídeo identificado — *Sahelanthropis tchadensis* e *Orrorin tugeensensis*. Cada um é identificado através de restos mortais parciais e detalhes diferentes de sua idade aproximada (5 a 7 milhões de anos) são um pouco escassos. No entanto, isso mudou com a caracterização recente do espécime quase completo de *Ardipthicus ramidus* de 4,5 milhões de anos de idade. Ele tinha 1,22 metros de altura, um cérebro do tamanho do de um chimpanzé e, como mencionado acima, apresentava vários traços anatômicos distintivos que indicavam que teria sido um caminhante bípede vertical e bem adaptado para escalada e vida nas árvores.

Começando com espécimes datados de cerca de 4 milhões de anos e que se estendem até uma data de cerca de 2 milhões de anos, um conjunto de fósseis que representam pelo menos cinco espécies do gênero australopiteco foram encontrados. Todos foram encontrados na África. Alguns estão razoavelmente completos. Os cinco australopitecos identificados têm cérebros pequenos, tórax largos e características dentárias associadas à capacidade de comer material vegetal bastante resistente. Uma vez que o **registro fóssil** é incompleto, não é possível dizer qual dessas espécies está na linhagem do *Homo*. Na verdade, é concebível que nenhuma esteja, e que os cinco identificados até agora sejam primos do precursor real. Ainda é provável que um ou mais desses (ou pelo menos seus parentes muito próximos) façam parte de uma sucessão que eventualmente dá origem a membros do gênero *Homo*.

Cerca de 2 milhões de anos atrás, surgiram várias espécies únicas. Elas foram caracterizadas por propriedades esqueléticas robustas e uma mandíbula com dentes distintamente grandes. Embora claramente relacionadas com os outros membros mais delgados (graciosos) do gênero australopiteco, elas são tão caracteristicamente diferentes que muitos pesquisadores as colocam em seu próprio gênero, parantropo, embora outros prefiram classificá-las simplesmente como membros robustos do gênero australopiteco. Independentemente disso, elas são bastante distintas dos membros do gênero concomitantemente emergente *Homo,* que são considerados espécies de primos na grossa árvore de hominídeos, todos os quais foram extintos sem contribuir diretamente com a linhagem *Homo*.

Isso mostra que, na paleoantropologia, há um grau de arbitrariedade associado à determinação dos critérios que devem ser usados para definir uma espécie ou mesmo um gênero. Este fato é provavelmente não menos evidente do que é o caso da dificuldade de classificar os primeiros membros do gênero *Homo*, especialmente porque os espécimes que representam a transição são fragmentários. Os primeiros membros dessa categoria que foram descobertos, cada um encontrado na região central da África Oriental e rotulado como *Homo habilis* e *Homo rudolfensis*, datam de cerca de 2 milhões de anos. Alguns pesquisadores colocariam esses espécimes no gênero australopiteco, embora o tamanho do cérebro adulto de ambos seja até 40% maior do que o dos australopitecos.

A análise geológica indica que uma tendência de resfriamento global significativa começou há cerca de 2,5 milhões de anos. Com isso, as florestas diminuíram enquanto bosques, pastagens e outros *habitat* mais áridos e mais sazonais se expandiam na África. Por volta de 2 milhões de anos atrás, mais da região estava se aproximando do cenário de *O rei leão* em vez da selva de *Tarzan* (Lieberman, 2013). À medida que os alimentos se tornavam mais escassos e mais restritos à disponibilidade sazonal, houve uma transição para o modo de vida caçador-coletor e, com isso, uma mudança significativa no corpo dos hominídeos. O *Homo erectus*, com fósseis que remontam há cerca de 1,9 milhão de anos na África, tinha um corpo longo e delgado como o nosso, com pernas mais longas, arcos completos nos pés, dedos mais curtos, uma cintura estreita, quadris maiores, bem como maiores juntas de joelho e tornozelo, tornando as espécies mais bem adaptadas para correr e andar. Nesse ambiente de escassez e oferta sazonal de alimentos, provavelmente o *Homo erectus* comia mais carne, com seu conteúdo calórico mais rico, usando ferramentas para processar a carne que de outra forma seria difícil de mascar, e cooperou de uma maneira que lhes permitisse compartilhar alimentos e várias tarefas.

306 EVOLUÇÃO HUMANA (teoria da criação evolucionista)

Curiosamente, imediatamente logo após o aparecimento do *Homo erectus* no registro fóssil africano, temos a primeira evidência de hominídeo na Ásia. Existe um extenso registro fóssil em 1,8 milhões de anos na república da Geórgia, entre os mares Cáspio e Negro; em Java, há cerca de 1,6 milhões de anos; e na China, na mesma época. Hominídeos também são encontrados no registro fóssil do sul da Europa em cerca de 1,2 milhão de anos atrás. Ao longo desse tempo, ocorre um aumento contínuo e gradual no tamanho do cérebro de 700 centímetros cúbicos [cm³](em comparação com cerca de 500 cm³ do australopiteco), nos primórdios, até cerca de 1200 cm³ no último *Homo erectus*, que foi extinto há cerca de 150 mil anos (ver fig. 10 de Lieberman, 2013 e cap. 8 de Begun, 2013).

Começando há cerca de setecentos mil anos, outra espécie de *Homo*, o *Homo heidelbergensis*, provavelmente derivada do *Homo erectus*, aparece no registro fóssil. Muito similar nas proporções corporais com o *Homo erectus*, mas com algumas diferenças estruturais, espécimes desta espécie foram encontrados na região central e sul da África e em toda a Europa. Recentemente, seu DNA foi isolado com sucesso de ossos de aproximadamente 350 mil anos de idade encontrados em uma caverna na Espanha — os espécimes mais antigos sobre os quais realmente temos **informações** genéticas. Curiosamente, a análise genética do DNA presente nesses indivíduos indica que eles eram ancestrais não de humanos modernos, mas de *Homo neanderthalensis* (Neandertais) — uma espécie primitiva de *Homo sapiens* que existia na Europa e na Ásia de cerca de duzentos mil a quarenta mil anos atrás. As populações africanas anteriores ao *Homo heidelbergensis* (cerca de setecentos mil anos atrás) também podem ter sido antepassados dos humanos modernos (*Homo sapiens*), mas esta questão permanece ainda pouco clara por causa da ausência de dados paleontológicos significativos desse ponto-chave no tempo.

A origem do *Homo sapiens*

Os primeiros fósseis que são em grande parte indistinguíveis dos humanos modernos foram encontrados no Vale do Rift, na África, e datados há cerca de duzentos mil anos. Embora muitos sítios arqueológicos de antes e depois desse período forneçam artefatos que mostram detalhes da atividade humana, nenhum deles evidencia o pensamento simbólico. Começando há cerca de setenta a cem mil anos, isso mudou à medida que as atividades

culturais distintivas intimamente associadas ao raciocínio simbólico começaram a se tornar evidentes. Depois de descrever o desenvolvimento da complexa **tecnologia** necessária para que determinados materiais de criação de ferramentas sejam encontrados em depósitos de 75 mil anos nas cavernas do sul da África, Ian Tattersall (2015), talvez o especialista em evolução humana mais notável da América, escreve o seguinte:

> Há muitas outras evidências de que a maneira humana única de ver o mundo e de manipular informações sobre isso estava ativamente emergindo no continente africano depois de cerca de cem mil anos atrás. Antes dessa época, evidências inequívocas de comportamentos simbólicos são raras ou faltam no registro; depois disso, essas evidências gradualmente se acumulam. Então, o que poderia ter acontecido para estimular os membros da espécie *Homo sapiens* já estabelecida a começar a usar seus cérebros da maneira radicalmente nova? Afinal, a transição da condição cognitiva não simbólica para simbólica era, ao contrário, extremamente improvável; certamente não poderia ter sido prevista a partir de qualquer coisa que ocorreu antes. Na verdade, a única razão pela qual temos de acreditar que tal transição pôde acontecer é que ela evidentemente *aconteceu*. (loc. 3678)

Enquanto o *Homo sapiens* emergia como uma espécie distinta na África, o *Homo neanderthalensis* surgia de forma semelhante na Europa. Os Neandertais prosperaram na Europa e no norte da Ásia até sua extinção há cerca de quarenta mil anos. Embora haja evidências de que os Neandertais enterraram seus mortos e cuidaram de seus enfermos, há pouco sinal de pensamento simbólico. No que se refere à prática de enterrar seus mortos, Tattersall (2013, 175) escreve:

> Sim, os Neandertais inventaram a prática do enterro; e não, não há provas realmente convincentes de que o tenham feito com o ritual que normalmente acompanha enterros humanos modernos [...] Que eles [isto é, a natureza dos enterros] implicam algum tipo de profundo sentimento de empatia parece quase certo; mas no contexto mais amplo do que sabemos sobre os Neandertais, é muito menos provável que impliquem crença em uma vida após a morte, algo que realmente exigiria habilidades cognitivas simbólicas.

Ao examinar outros aspectos da atividade dos Neandertais como evidenciado pelo registro arqueológico, Tattersall (2013, p. 177) prossegue:

EVOLUÇÃO HUMANA (teoria da criação evolucionista)   307

O resultado de tudo isso é que não encontramos nada no registro tecnológico dos Neandertais para sugerir que eles eram pensadores simbólicos. Hábeis, sim; complexos, certamente. Mas não da maneira que somos [...] Comportamentalmente não houve ruptura qualitativa com o passado; os Neandertais estavam simplesmente fazendo o que seus antecessores haviam feito, apenas aparentemente melhor. Em outras palavras, eles eram como seus antepassados, apenas em maior grau. Nós não somos. Nós somos simbólicos.

Enquanto isso, na África, nossa espécie, *Homo sapiens*, estava surgindo com clara evidência de capacidade simbólica. Infelizmente, os atributos-chave, como a linguagem e uma teoria completa da mente (definida como a capacidade de reconhecer que os outros têm uma mente com pensamentos muito parecidos com os próprios), não são fossilizados. No entanto, a maioria dos pesquisadores acredita que esses atributos emergiram pouco antes desse período e durante ele. Um aspecto da fala que se fossiliza é a anatomia daquela parte do crânio que a produz. No *Homo sapiens*, os "tubos" geradores de som verticais (laringe) e horizontais (boca) são quase iguais em comprimento, e a passagem inclui um espaço aberto entre a epiglote e o palato mole. Ter dois tubos desse tipo de comprimento igual permite a produção de vogais cujas frequências são mais distintas e que podem ser pronunciadas com mais facilidade (Lieberman, 2013; Tattersall, 2013). A anatomia geradora de sons dos Neandertais e outros hominídeos primitivos foi estruturada de maneira diferente de maneira que não levaria à precisão de nossa estrutura geradora de som.

Outras mudanças, especialmente mudanças no cérebro, também foram responsáveis por tornar a linguagem possível. Ao longo dos últimos anos, as instruções genéticas (ou seja, o DNA) para fazer o corpo dos Neandertais foram obtidas a partir de ossos antigos. Assim, ao saber mais sobre como essas instruções estão envolvidas na construção física do cérebro, será cada vez mais possível comparar nossas capacidades neurológicas para a linguagem com as dos Neandertais. Na verdade, uma vez que os pesquisadores obtiveram o DNA dos ancestrais antigos dos Neandertais (ver acima), é bem provável que seja possível explorar as mudanças evolutivas que ocorreram na construção do cérebro do Neandertal no período evolutivo. Para a nossa espécie, o genoma mais antigo que foi decifrado até agora é de um indivíduo que morava na Sibéria

há cerca de 45 mil anos (Fu et al., 2014). Surpreendente como esta façanha é, seria extremamente instrutivo ter as informações genéticas de indivíduos que viveram ainda mais remotamente.

Migração para fora da África

A primeira evidência paleontológica de nossa própria espécie fora da África é a descoberta de um crânio de cem mil anos, quase indistinguível do nosso, no sítio da caverna israelense chamada Jebel Qafzeh (Tattersall, 2013). Através da análise genética, foi possível mostrar que a ascendência dos humanos modernos não africanos pode ser rastreada até cerca de mil indivíduos que deixaram a África aproximadamente há setenta mil anos (Harris, 2015). Isso foi determinado ao se decifrar o código para o cromossomo Y e demonstrar que todos os machos não africanos possuem cromossomos Y que são bastante semelhantes. À luz do nosso conhecimento das taxas de mutação (ver acima), as diferenças que existem podem ser prontamente explicadas pelo acúmulo de mutações ao longo de um período de tempo de setenta mil anos. Conhecendo a taxa de mutação, pode-se calcular para determinar quanto tempo se passou, já que havia um único conjunto de cromossomos Y, e quantas variedades havia naquele momento. O mesmo tipo de análise foi feito para os **genes** encontrados em uma parte de nossas células conhecida como mitocôndria, e os resultados são quase idênticos.

Por fim, a análise foi feita com um conjunto de genes que são encontrados em todos os principais cromossomos. Os vários aspectos de toda a análise sugerem o mesmo: os não africanos surgiram de um grupo de cerca de mil pessoas que deixaram a África (provavelmente não todas de uma vez) há cerca de setenta a cem mil anos. No momento da(s) migração/ões, havia provavelmente cerca de dez mil indivíduos na própria África (ver Harris, 2015, para uma discussão geral sobre a base dessas conclusões). Após a migração para fora da África, o *Homo sapiens* gradualmente se espalhou para o restante do mundo. Por exemplo, humanos chegaram ao que hoje é a Austrália há cerca de 50 mil anos atrás. Essa disseminação de nossa espécie em todo o mundo não implica uma migração em massa. Por exemplo, se a população se espalhou lentamente a cada geração (digamos, a fim de ilustrar, cerca de 16 km a cada geração), isso aumentaria até 24 mil km em 2.500 anos. Ainda assim, a chegada à Austrália é

308 EVOLUÇÃO HUMANA (teoria da criação evolucionista)

notável. Esses indivíduos teriam que atravessar 80,5 km de oceano aberto — uma façanha que, de acordo com Tattersall (2013), "exigiria não só barcos (ou pelo menos balsas sofisticadas), mas também excelentes habilidades de navegação". Dados paleontológicos, arqueológicos e genéticos indicam que seres humanos atravessaram o estreito de Bering, no Alasca, há cerca de vinte mil anos. Os nativos do norte e do sul da América estão mais intimamente relacionados com indivíduos do nordeste da Ásia. No entanto, recentemente, foi demonstrado que algumas populações amazônicas têm sinais genéticos que indicam que uma parte do seu genoma é de origem australasiana. Isso sugere que a chegada às Américas pode ser mais complexa do que o pensamento inicial, com algumas migrações de barco em todo o Pacífico (Skogland et al., 2015).

DNA antigo

A capacidade de decifrar o código do DNA antigo a partir de ossos antigos é um avanço totalmente inesperado. O DNA é um fio frágil de apenas um milésimo da espessura de um fio de cabelo humano. A noção de que o código de minúsculas porções quebradas da sequência de caracteres poderia ser decifrado e, em seguida, reutilizadas por um computador era inimaginável até recentemente. Talvez nenhuma ilustração de seu poder seja mais pungente do que a identificação das espécies anteriormente desconhecidas, *Homo denisova* (Denisovanos), agora conhecida por seu DNA, completamente decifrada, mesmo que apenas um único osso do dedo com o tamanho de uma borracha de lápis e alguns dentes tenham sido descobertos. A partir do seu código genético, agora sabemos que representantes desta espécie cruzaram com a nossa espécie.

Hoje, as pessoas da Oceania ainda carregam uma pequena porcentagem (menos de 1%) de seus genes de denisovanos. Além disso, as pessoas do Tibete são mais capazes de desenvolver-se em altas elevações por causa de um gene que se originou com os denisovanoss, mas foi trazido para sua linhagem específica pelo cruzamento antigo entre seus antepassados e denisovanos. Ao analisar o DNA denisovano, descobrimos que Neandertais e denisovanos compartilham um antepassado comum de cerca de 550 mil anos, e que os humanos modernos (*Homo sapiens*) compartilham um antepassado comum com essas duas espécies que viveram há cerca de setecentos mil anos (Gibbons, 2015). O fato de que uma espécie de *Homo* diferente era desconhecida do registro fóssil e só

foi identificada por um remanescente molecular, enfatiza o quão incompleto é o registro fóssil. Só porque não temos representantes fósseis de vários intermediários (ou primos de intermediários) não significa que eles nunca existiram. Pelo contrário. Nosso conhecimento é fragmentário nos detalhes paleontológicos, mas os pesquisadores precisam trabalhar com o que eles têm e preencher as lacunas de acordo com a maneira mais informada possível.

Assim como foi possível mostrar que seres humanos modernos se cruzaram com denisovanos, também é possível explorar o que aconteceu quando se mudaram da África para o Oriente Médio e para a Europa, para locais ocupados pelas populações de Neandertais. Foi possível mostrar inequivocamente que ocorreu o cruzamento. De fato, cerca de 2% do DNA de não africanos são derivados de Neandertais. Isso levanta a questão de saber se é possível identificar qualquer Neandertal — híbridos humanos modernos no registro fóssil. Um espécime fóssil encontrado na Romênia deixou os paleontólogos perplexos quando foi descoberto pela primeira vez. Embora tenha características humanas principalmente modernas, parece compartilhar algumas características com Neandertais e não com outros *Homo sapiens*. O DNA foi isolado com sucesso de um dos ossos, e verificou-se que era de um homem que continha de 6 a 9% de DNA Neandertal. Em alguns casos, esse componente Neandertal ocorreu como longos blocos não quebrados ao longo do cromossomo. Com base nessa análise, é evidente que um de seus antepassados, cerca de quatro a seis gerações anteriores, havia sido um Neandertal.

Quanto à retenção a longo prazo da forma Neandertal de certos genes, há evidências de que pelo menos alguns foram mantidos em nossa linhagem porque eles conferiram uma vantagem, provavelmente em parte por causa da adaptação dos Neandertais ao clima frio e temperado de alta latitudes.

Considerações teológicas

Se os seres humanos realmente foram criados através do processo evolutivo, então qualquer problema teológico percebido deve ser mais aparente que real. Na verdade, se o processo evolutivo fosse o modo de Deus de realizar sua vontade para a nossa existência, a compreensão da evolução humana deveria enriquecer a teologia cristã e não a denigrir. Isso, afinal, seria a resposta da criação ao decreto de Deus; a manifestação ativa daquilo que emana do Deus que acima de tudo é amor.

Tornou-se cada vez mais evidente que o sucesso evolutivo de nossa espécie é o resultado de características que promovem a cooperação e a afeição. Em essência, os pesquisadores estão percebendo que o que nos fez florescer como uma espécie foi a nossa capacidade de trabalhar bem em comunidade, e, portanto, estes foram os traços que o processo evolutivo progressivamente selecionou. Considere a citação do biólogo evolutivo não teísta, David Sloan Wilson (2015, 52):

> Na verdade, a maioria dos atributos mentais que consideramos distintamente humanos, como a nossa capacidade de pensamento simbólico (incluindo, mas não restrito à linguagem), e a capacidade de transmitir informações aprendidas em todas as gerações (cultura), são fundamentalmente atividades comunitárias. Essa afirmação levou a uma teoria de que uma única mudança no equilíbrio entre os níveis de seleção levou a *todo o pacote* de traços distintamente humanos, incluindo a nossa capacidade de cooperar em grupos de indivíduos não relacionados, nossa cognição distintiva e nossa capacidade de transmitir cultura. (Ênfase no original)

Na verdade, tornou-se evidente que, com a mudança na seleção da sobrevivência individual para o sucesso do grupo, os grupos que mais tiveram sucesso foram aqueles que operavam nos princípios da cooperação e da afeição. Tão importante foi essa mudança que vários pesquisadores preferem pensar que grupos de indivíduos funcionavam quase como um único organismo com seus muitos órgãos, interagindo em oposição a um grupo desconectado de indivíduos autocentrados independentes. Wilson (2015, p. 143) prossegue dizendo: "O fato de que os organismos únicos são sociedades e sociedades funcionalmente integradas qualificadas como organismos — não figurativamente, mas literalmente — foi um dos desenvolvimentos mais importantes do pensamento evolutivo durante o século XX."

Essa mudança de ênfase para o grupo se tornar como um organismo em funcionamento parece bastante bíblica (quase diretamente de 1Coríntios 12 ou Efésios 4) e, portanto, é teologicamente muito gratificante. Mas há mais. E. O. Wilson (2012) sugere que existe uma guerra dentro da mente humana entre dois conjuntos de tendências: um conjunto de um produto da nossa antiga história pré-humana, em que houve seleção para melhor, e melhor funcionamento como indivíduos, e um segundo conjunto de tendências que emergem da seleção mais recente para viver dentro de grupos que cooperam: "Existe uma guerra inevitável e perpétua entre honra, virtude e dever, os produtos de seleção de grupo, de um lado, e a covardia do egoísmo e a hipocrisia, os produtos de seleções individuais, no outro lado" (loc. 808).

Embora uma série de biólogos evolucionistas esteja desconfortável com certos aspectos da discussão de E. O. Wilson sobre a mecânica de como isso ocorre, como David Sloan Wilson enfatiza, o *princípio* é válido e é resumido especialmente pelo próprio E. O. Wilson (2012): "Em resumo, a condição humana é uma turbulência endêmica enraizada nos processos de evolução que nos criaram. O pior em nossa natureza coexiste com o melhor, e assim será sempre" (loc. 814).

Por fim, é importante examinar outra característica da evolução humana que é teologicamente enriquecedora. Se o processo evolutivo simplesmente descreve a forma como os seres humanos foram criados em resposta ao comando da criação de Deus, então, por razões teológicas, a evolução humana deve ter um componente teleológico. As Escrituras deixam claro (p. ex., João 1) que a humanidade foi trazida à existência desde o início por Deus. Existe alguma coisa sobre a criação como revelada pela ciência que aborde a questão de saber se a nossa existência é o cumprimento de um plano divino específico?

O ajuste fino do universo físico é bem conhecido. De fato, é incorporado ao **princípio antrópico** que afirma que, se as constantes físicas e os parâmetros que governam o cosmos fossem ligeiramente diferentes, moléculas complexas e, portanto, a vida não poderia ter surgido. O ateísta Christof Koch (2012, 155) resume assim:

> Tome a lei de gravidade de Newton e a lei de Coulomb, que rege a forma como as partículas carregadas eletricamente se atraem e se repelem. Ambas as leis têm a mesma forma, afirmando que as forças se desintegram com o quadrado da distância entre duas partículas. Apenas a constante perante o termo de degradação quadrática difere. Curiosamente, a atração entre duas cargas opostas deve ser exatamente 10 mil trilhões de trilhões de trilhões de vezes mais forte do que sua atração gravitacional mútua para que a vida como a conhecemos se forme. Um mínimo detalhe a mais ou a menos e não estaríamos aqui. Outra restrição cósmica é que a soma de todas as partículas carregadas positivamente no universo deve ser igual à soma de todas as partículas carregadas negativamente; de outra

forma, o eletromagnetismo dominaria a gravidade, e estrelas, galáxias e planetas não poderiam se formar. O número de elétrons deve ser igual ao número de prótons, algo em torno de uma parte em um trilhão de trilhões de trilhões. Se a força nuclear forte fosse ligeiramente mais forte ou mais fraca do que realmente é, não haveria nada além de hidrogênio ou não haveria elementos mais pesados que o ferro. Se o universo se expandisse muito rapidamente, os prótons e os nêutrons não poderiam se unir aos núcleos atômicos; se a expansão inicial do universo tivesse sido um pouco mais lenta, a poção ardente que compunha o universo primordial teria sido muito quente para que os núcleos se formassem. Em suma, um número incrível de "coincidências" teve que ocorrer para dar origem a um universo que era estável por um tempo suficientemente longo e diversificado o bastate em elementos químicos para suportar formas de vida complexas baseadas em carbono.

Na verdade, como Koch ressalta, o princípio *antró*pico (*anthro* = humano) é mal denominado. É um princípio que aborda o ajuste fino de vários parâmetros físicos que tinham que se alinhar se a vida, em si, (e não apenas a vida humana) viesse a existir. Se a teologia cristã exige que a criação tenha começado com a mente de Deus, então talvez algo parecido um princípio antrópico também possa ser detectado na biologia. Então, se existe um princípio antrópico que emerge das ciências físicas, também existe um biológico — um que aborda especificamente a questão da vida humana? O biólogo ateísta E. O. Wilson (2013) responde à questão para a existência *humana* de uma maneira que se assemelha a como os cientistas físicos abordam a mesma pergunta para a probabilidade de parâmetros físicos que se alinham:

> Que a linhagem pré-humana tenha feito todo o caminho para o *Homo sapiens* foi o resultado de nossa oportunidade única combinada com extraordinária boa sorte. As dificuldades que se opunham eram imensas. Uma das populações diretamente no caminho para as espécies modernas sofreu a extinção nos últimos seis milhões de anos desde a separação entre chimpanzés e humanos (sempre uma possibilidade difícil), outras centenas de milhões de anos poderiam ter sido necessárias para uma segunda espécie humana aparecer. (loc. 945)

Praticamente todos os livros sobre evolução humana, escritos por cientistas seculares, enfatizam a pura sorte de nossa presença aqui. Muitos eventos altamente improváveis tiveram que se alinhar para que qualquer outra coisa, além de sorte, fizesse que surgíssemos. No entanto, para os teístas, o fato de estarmos aqui é maravilhosamente congruente com o que os teístas têm acreditado o tempo todo. Estamos aqui por causa da Providência. Nós não estamos aqui por pura sorte, mas como resultado da resposta da criação ao convite do Criador. E isso faz toda a diferença.

Darrel R. Falk

REFERÊNCIAS E LEITURAS RECOMENDADAS

BEGUN, David, 2013. *A Companion to Paleoanthropology.* Hoboken, NJ: Wiley-Blackwell.

FINLAY, Graeme, 2013. *Human Evolution: Genes, Genealogies and Phylogenies.* Cambridge: Cambridge University Press.

FU, Qiaomei; Li, Heng; Moorjani, Priaya, et al. 2014. "Genome Sequence of a 45,000-Year-Old Modern Human from Western Siberia." *Nature* 514:445–49.

GIBBONS, Ann, 2015. "Cave Was Lasting Home to Denisovans." *Science* 349:1270.

HARRIS, Eugene E., 2015. *Ancestors in Our Genome: The New Science of Human Evolution.* Oxford: Oxford University Press.

HERRON, Jon C., e Scott Freeman. 2014. *Evolutionary Analysis.* 5. ed. New York: Pearson.

KOCH, Christof, 2012. *Consciousness.* Cambridge, MA: MIT Press.

LIEBERMAN, Daniel. 2013. *The Story of the Human Body: Evolution, Health and Disease.* New York: Vintage.

PROVAN, Iain, 2014. *Seriously Dangerous Religion: What the Old Testament Really Says and Why It Matters.* Waco TX: Baylor University Press.

SKOGLUND, Pontus; Mallick, Swapan; Bortolini, Maria Cátira, et al. 2015. "Genetic Evidence for Two Founding Populations of the Americas." *Nature* 525:104–8.

TATTERSALL, Ian, 2013. *Masters of the Planet: The Search for Our Human Origins.* New York: Macmillan.

_____. 2015. *The Strange Case of the Rickety Cossack: And Other Cautionary Tales from Human Evolution.* New York: St. Martin's. E-book.

WALTON, John, 2015. *The Lost World of Adam and Eve: Genesis 2—3 and the Human Origins Debate.* Downers Grove, IL: IVP Academic.

WILSON, David Sloan, 2015. *Does Altruism Exist? Culture, Genes and the Welfare of Others.* New Haven, CT: Yale University Press.

WILSON, E. O., 2012. *The Social Conquest of the Earth.* New York: Liveright. E-book.

_____. 2013. *The Meaning of Human Existence.* New York: Liveright. E-book.

EXISTÊNCIA DE DEUS. A crença de que Deus existe continua a ser amplamente aceita entre acadêmicos e não acadêmicos, entre cientistas e leigos. Muitas razões e evidências para a existência de Deus foram propostas, inclusive razões científicas avançadas. O foco dessa entrada será em argumentos para a existência de Deus cuja ciência tem desempenhado um papel.

Um tipo de argumento que tem uma longa e rica história é o **argumento cosmológico**. Utilizando uma estrutura geral de raciocínio (*logos*), esse argumento faz inferência de certos fatos sobre o universo (*cosmos*) para a existência de uma realidade além do universo, que geralmente é entendida como Deus. Um tipo de fato utilizado é que existem coisas (eventos ou entidades) no universo cuja existência é contingente, o que significa que tais coisas não contêm em si o motivo de sua existência. Em vez disso, elas recebem sua existência de algo externo a elas.

Além disso, argumenta-se que todos os constituintes que compõem o universo são contingentes; todos poderiam ter sido diferentes, ou todos eles poderiam não ter existido. A partir desses fatos, o argumento segue, pode-se inferir que existe uma causa não contingente ou necessária que trouxe o universo à existência. O argumento pode ser expresso proposalmente desta maneira:

1. Tudo o que existe tem uma causa de sua existência, tanto em si mesmo como em algo externo a si mesmo.
2. Se o universo tem uma causa de sua existência, essa causa é Deus.
3. O universo existe.
4. Portanto, a causa da existência do universo é Deus.

As duas primeiras premissas foram desafiadas, embora a primeira seja amplamente afirmada. Na verdade, o **método científico** e a própria prática da ciência parecem depender de que seja verdade. Uma resposta bem conhecida à segunda premissa foi oferecida por **David Hume**, que argumentou que, se cada uma das partes de uma coisa tem uma explicação para a sua existência, a existência do conjunto também é explicada. Em certo sentido, isso é verdade, de modo que a existência de uma cidade pode ser explicada pela existência de cada um dos constituintes da cidade (a cidade existe porque existe em determinado local, em determinado momento, uma escola, um prefeito, uma câmara de vereadores, uma força policial, uma população, e assim por diante).

No entanto, em outro sentido, esse ponto pode ser desafiado. Pois quando a existência de um constituinte de um todo é explicada por referência a outros constituintes desse conjunto (existe uma força policial porque uma parte da população é constituída por policiais), não se segue que o todo foi totalmente explicado, já que a existência dos constituintes contingentes que compõem o conjunto não é explicada por si mesma. Com relação ao universo, o argumento diz que uma série de coisas contíguas, por mais vasta que seja, é ainda contingente e, portanto, depende de outra coisa (ou seja, uma causa não contingente, necessária, a saber, Deus).

Outra versão do argumento cosmológico é o argumento *kalam*, que tem raízes na filosofia e teologia árabe medieval (o termo *kalam* é o termo árabe para "palavra", mas geralmente se refere à **teologia natural** medieval islâmica). De acordo com este argumento, deve haver uma causa inicial do universo que seja, ela própria, externa ao universo. Ao contrário da versão anterior do argumento cosmológico, o *kalam* não afirma que tudo o que existe deve ter uma causa. Em vez disso, argumenta que o que quer que comece a existir deve ter uma causa. Uma vez que o próprio universo começou a existir, deve ter uma causa externa a ele. Além disso, o argumento diz que essa causa deve ser pessoal. O argumento pode ser expresso proposalmente desta maneira:

1. Tudo o que começa a existir tem uma causa de sua existência.
2. O universo começou a existir.
3. Portanto, o universo tem uma causa de sua existência.
4. Uma vez que nenhuma explicação científica (em termos de leis naturais) pode fornecer um relato causal da origem do universo, a causa deve ser um agente pessoal, que chamamos de Deus.

A primeira premissa é amplamente afirmada, embora tenham sido levantadas objeções, incluindo as baseadas na **física quântica**. No nível quântico, alguns argumentam, causa e efeito operam diferentemente em níveis superiores. A natureza dos eventos quânticos, e se eles são completamente desprovidos de condições causais, é uma questão de debate científico e filosófico atual (ver **teoria quântica, Interpretações da**). Em relação à segunda premissa, argumentos filosóficos e evidências científicas foram postos em apoio disso. Filosoficamente, por exemplo, argumenta-se que um passado infinito é impossível, pois se um número infinito de eventos anteriores teve que ocorrer antes do presente, o presente nunca chegaria. Mas se o universo fosse eterno, então teria um passado infinito. Então o universo não deve ser eterno. Além disso, duas teorias científicas amplamente difundidas, a **teoria do big bang** e a **segunda lei da termodinâmica**, tendem a apoiar a origem do universo no passado finito.

Um desafio recente à origem do universo no passado finito é que, dada a Teoria da relatividade, o *big bang* não é um evento, no final das contas, pois não há tempo antes

312 EXPERIÊNCIA RELIGIOSA

do *big bang* nem um espaço no qual o *big bang* ocorre. Como entender o *big bang* em relação à Teoria da relatividade é uma questão de debate em curso entre cientistas e filósofos da ciência.

Um segundo tipo de argumento para a existência de Deus é o argumento de *design* ou teleológico (ver **Argumento teleológico**). Existem muitas versões do mesmo, que utilizam uma estrutura geral de raciocínio (*logos*) para fazer uma inferência de certos recursos do mundo natural que refletem o *design*, a finalidade e a inteligência orientada para o objetivo (*telos*) para a existência de um grande *designer*, deus. Uma versão do argumento centra-se no ajuste fino aparente do universo e pode ser expressa propositalmente desta forma:

1. O ajuste fino do universo deve-se à necessidade física, **acaso** ou *design*.
2. Não se deve à necessidade física ou ao acaso.
3. Portanto, deve-se ao *design*.

Em apoio ao argumento, alegou-se que uma série de constantes físicas do universo parecem estar afinadas para um universo que permite a vida. Uma das dezenas de exemplos dessas constantes aparentemente finamente ajustadas é a força nuclear forte que une as partículas subatômicas (prótons e nêutrons) do núcleo. Se essa constante fosse diferente em 0,4%, não haveria o suficiente de um ou outro para que a vida existisse, pois a variabilidade de qualquer maneira destruiria a maior parte do carbono ou oxigênio nas estrelas.

Uma resposta ao argumento de ajuste fino é o **princípio antrópico** segundo o qual, se as constantes físicas fossem variadas de forma significativa, não haveria observadores conscientes a notar. Dado que existem observadores (como nós), não é surpreendente que as constantes sejam da forma como são. Uma maneira de explicar esses observadores é a teoria de muitos mundos, segundo a qual existe um grande número de universos, talvez um número infinito deles. Embora a maioria desses universos possivelmente inclua parâmetros que não permitam a vida, pelo menos um número mínimo deles provavelmente inclui possibilidade de vida. Portanto, não deve ser surpreendente que um deles, o nosso, neste caso, é que permite a vida. Grande parte da discussão atual sobre o argumento de ajuste fino gira em torno da plausibilidade do princípio antrópico e da teoria de muitos mundos.

Outros argumentos importantes para a existência de Deus incluem o argumento ontológico, o argumento moral (ver **Moralidade**) e o **argumento da razão**.

Chad Meister

REFERÊNCIAS E LEITURAS RECOMENDADAS

CRAIG, William Lane; SMITH, Quentin, 1993. *Theism, Atheism, and Big Bang Cosmology.* New York: Oxford University Press.

HUME, David, (1779) 1998. *Dialogues concerning Natural Religion*, ed. Richard Popkin. Indianapolis: Hackett.

OPPY, Graham, 2006. *Arguing about Gods.* Cambridge: Cambridge University Press.

SWINBURNE, Richard, 2004. *The Existence of God.* 2. ed. Oxford: Clarendon.

Versões recentes de argumentos cosmológicos (David Oderberg), teleológicos (Robin Collins), ontológicos (E. J. Lowe), e morais (Paul Copan) podem ser econtrados em *The Routledge Companion to Philosophy of Religion*, 2. ed., eds. Chad Meister e Paul Copan. London: Routledge, 2012. Versões recentes dos argumentos contra a existência de Deus estão também incluídas.

EXPERIÊNCIA RELIGIOSA. Uma experiência religiosa pode ser caracterizada como uma experiência que é entendida pela pessoa como tendo significado religioso e sendo uma realidade que está além da pessoa. Em um sentido amplo, a experiência religiosa refere-se a qualquer experiência do sagrado dentro de um contexto religioso, incluindo sentimentos religiosos, visões e experiências místicas e numinosas. Tal experiência é geralmente intensamente pessoal, e frequentemente ocorre em meio a práticas religiosas como a **oração**, a meditação, a adoração, o canto ou outros rituais religiosos. Diferentes esquemas têm sido usados para descrever e classificar os diversos tipos de experiência religiosa. Um desses esquemas distingue três categorias de experiência: regenerativa, carismática e mística.

Uma *experiência religiosa regenerativa* é aquela em que o experimentador passa por uma transformação ou conversão de vida. Por meio de tais experiências, os indivíduos muitas vezes percebem que suas vidas são mudadas, tornam-se cheios de significado e propósito, e cheios de amor, compaixão e esperança. Outra faceta da experiência regenerativa é a transformação moral. Nesse caso, antes da experiência, o indivíduo pode sentir um sentimento de pecado, culpa ou incapacidade de fazer o que ele sabe que é moralmente apropriado. Após ter a experiência religiosa regenerativa, a pessoa sente que o pecado e a culpa foram removidos e uma nova visão de bondade é verificada e perseguida.

Outra categoria de experiência religiosa é a *experiência carismática*. Com essa experiência, habilidades especiais, dons ou bênçãos são manifestadas. Tais experiências podem incluir curar, falar em línguas, profetizar, sonhar e ter visões. Embora experiências carismáticas sejam descritas na Bíblia, elas não estão limitadas à tradição judaico-cristã.

A *experiência mística* é uma terceira categoria. **William James** (1842-1910) atribuiu a essas experiências quatro características (James 1902, p. 370-72):

inefabilidade — a experiência não pode ser adequadamente descrita, se é que é;

qualidade noética — o experimentador acredita que aprendeu algo importante com a experiência;

transiência — a experiência é temporária e o experimentador logo retorna a um estado mental "normal"; e

passividade — a experiência ocorre sem decisão consciente ou controle, e não pode ser levada a acontecer à vontade.

Rudolf Otto (1869-1937) descreveu um tipo particular de experiência mística como um *mysterium tremendum*. Ele notou que tal experiência, às vezes, vem "varrendo como uma maré suave, permeando a **mente** com um clima tranquilo de adoração mais profunda". Ela também pode "explodir repentinamente das profundezas da **alma** com espasmos e convulsões, ou levar às excitações mais estranhas, ao frenesi intoxicado, ao transporte e ao êxtase". Com essas experiências, o indivíduo pode sentir uma "superpotência absoluta" ou uma sensação de "medo" e "pavor" ou um "temor" sedutor que é "belo e puro e glorioso" (Otto, 1923, p. 12-23).

Experiências místicas podem ser focadas em algum indivíduo em particular, como Jesus ou Krishna, ou em algum objeto, como um ícone ou uma estátua. Ou pode não haver nenhum objeto identificado na experiência. No entanto, eles geralmente refletem um encontro com um "outro" — um eu separado ou vontade ou poder que se força na **consciência** do experimentador, inesperada e profundamente.

Aqueles que têm experiências religiosas geralmente as consideram experiências autênticas de uma realidade real além de si mesmos. É razoável concordar com eles? Para colocar a questão de maneira diferente, essas experiências fornecem razões para a crença religiosa? Ou existem explicações naturalistas para a experiência religiosa? O trabalho

nas ciências — tanto as **ciências sociais** como as físicas — tentou responder a essas questões. Duas abordagens científicas para a experiência religiosa serão consideradas aqui.

Primeiro, existem várias explicações psicológicas de experiência religiosa. **Sigmund Freud** (1856-1939) argumentou que os sentimentos de desamparo e medo na infância fomentam o desejo de proteção paternal e amorosa. Esse anseio, ou desejo, de uma figura protetora continua na idade adulta e exige um ser maior e mais poderoso do que um pai humano. Dois outros desejos são proeminentes: a comprovação da justiça universal e a continuação de nossa própria existência após a **morte**. De acordo com Freud, esses desejos combinados são satisfeitos pela ilusão da **Providência** divina, pela crença e até pela experiência de tal realidade divina. A hipótese de satisfação de desejos de Freud, da experiência religiosa, foi dirigida principalmente à religião teísta, na qual um pai celestial substituiu um terapeuta terrestre como provedor. Mas pode aplicar-se a todos os tipos de experiência religiosa, com a conclusão de que tais experiências são projeções psicológicas que satisfazem certas necessidades e desejos humanos fundamentais.

Em segundo lugar, embora possa ser verdade que uma determinada experiência religiosa é provocada por certas necessidades e desejos, a conclusão de Freud não se segue necessariamente. Suponha que acreditemos na existência de um Deus pessoal e poderoso por causa de uma profunda necessidade de um Pai celestial. Isso prova que um Deus pessoal e poderoso não existe? Parece que não. Talvez tenhamos sido criados com essa necessidade. De fato, é precisamente isso que muitos judeus, cristãos, muçulmanos e hindus realmente acreditam e é como eles interpretam passagens em suas sagradas Escrituras que se referem a Deus como Pai, Provedor, Protetor e assim por diante.

Olhando para as ciências físicas, trabalhos recentes em **neurociência** levaram a um campo de estudo apelidado de "neuroteologia", que preenche os campos da neurociência e da teologia. Um tipo de questão levantada na neuroteologia diz respeito ao *status* ontológico das experiências religiosas. Alguns afirmam que explicações neurológicas de experiências religiosas as desacreditam ou demonstram sua natureza não verídica ou delirante. Os eventos cerebrais que ocorrem durante as experiências religiosas são semelhantes ou mesmo idênticos aos tipos de eventos cerebrais que ocorrem quando se tem convulsões ou quando são induzidos com drogas. Alguns concluíram que, portanto,

314 EXPERIÊNCIAS DE QUASE-MORTE

as experiências religiosas nada mais são do que eventos cerebrais físicos; não precisa haver uma realidade além do cérebro que os produziu.

No entanto, como muitos filósofos apontaram, todas as experiências têm um estado neurológico correspondente. Assim, é uma falácia afirmar que uma experiência é ilusória ou delirante porque existe um evento cerebral correspondente. Seguindo esta falaciosa linha de pensamento, podemos concluir que todas as experiências sensoriais são ilusórias ou delirantes, já que todas elas têm um estado cerebral correspondente.

De qualquer perspectiva que sejam estudadas ou vivenciadas, talvez por causa de suas manifestações incomuns e, às vezes, estranhas, as experiências religiosas continuam a atrair a atenção dos crentes e céticos religiosos.

Chade Meister

REFERÊNCIAS E LEITURAS RECOMENDADAS

ALSTON, William, 1991. *Perceiving God.* Ithaca, NY: Cornell University Press.

DONOVAN, Peter, 1979. *Interpreting Religious Experience.* New York: Seabury.

FREUD, Sigmund, (1927) 1989. *The Future of an Illusion.* Trans. James Strachey. New York: W. W. Norton.

GRIFFITH-DICKSON, Gwen, 2000. *Human and Divine: An Introduction to the Philosophy of Religious Experience.* London: Duckworth.

JAMES, William, 1902. *The Varieties of Religious Experience.* New York: Modern Library.

JANTZEN, Grace, 1995. *Power, Gender and Christian Mysticism.* Cambridge: Cambridge University Press.

MOSER, Paul, 2008. *The Elusive God: Reorienting Religious Epistemology.* New York: Cambridge University Press.

OTTO, Rudolf, 1923. *The Idea of the Holy.* Oxford: Oxford University Press.

EXPERIÊNCIAS DE QUASE-MORTE.

Nos últimos anos, poucos tópicos religiosos cativaram mais a atenção do público do que as experiências de quase-morte (EQM). Pelo menos dois aspectos-chave são importantes para os cristãos aqui: a questão das evidências juntamente com as questões desafiadoras da **cosmovisão** levantadas por alguns que reivindicam tais experiências, as quais nos interessarão brevemente.

De muito mais interesse evidencial do que os inúmeros relatos de olhar para baixo em um corpo incapacitado, atravessando um corredor, e experimentando uma bela luz, estão os relatos de pessoas que afirmam ter testemunhado coisas durante a primeira fase de sua experiência que mais tarde poderia ser verificado. Quase sem exceção, esses realatos dizem respeito a objetos e eventos deste mundo, e não àqueles que estão na fase mais celestial de algumas EQM.

É claro que muitas religiões e filosofias propõem a existência de algum tipo de vida após a morte, de modo que até mesmo fenômenos evidenciados não provam a superioridade do cristianismo. Mas eles podem argumentar fortemente contraposições filosóficas, como o **naturalismo**, que nega uma **vida após a morte**. Além disso, as EQM podem oferecer considerações pastorais ou outras considerações práticas relativas a pelo menos a existência de vida após a morte. Esses são alguns benefícios potenciais que as EQM podem apresentar, mas, como as partes pessoais e bastante subjetivas desses depoimentos são insuficientes para argumentar, as alegações apresentadas são cruciais.

Ao longo dos anos, dezenas de relatos evidenciados de EQM foram relatados, desde aqueles que oferecem apoio moderado até os outros com fortes evidências de várias variedades. O que os casos mais fortes até agora se parecem? Isso provavelmente depende do apelo que diferentes tipos de circunstâncias têm em diferentes pesquisadores.

Por exemplo, alguns que tiveram EQM ficaram cegos antes e depois de sua experiência enquanto relatavam a visão durante a experiência. Alguns estavam submersos por períodos significativos de tempo, com cada um deles descrevendo corretamente os eventos ao seu redor durante sua experiência. Ainda mais evidentes, outros não tinham batimento cardíaco ou atividade cerebral mensurável, mas oferecem detalhes verificáveis corretamente durante esses momentos. Mais raramente, outros relataram com exatidão certos eventos a uma distância de suas localizações imediatas, coisas que eles não poderiam ter visto de sua localização, mesmo se estivessem totalmente conscientes e estivessem bem (ver Holden, 2009, cap. 9, e Habermas e Moreland, 1998, para evidências de episódios).

Portanto, há, sem dúvida, um grande número e variedade de EQM relatadas que incluem evidências de vários tipos. Além disso, diferentes pesquisadores aplicaram diferentes tipos de cruzamentos e ponderações aos dados, a fim de detectar, da forma mais completa possível, quaisquer ocorrências de erros testemunhais.

As instâncias deste último incluem a comparação do cardiologista Michael Sabom sobre os relatórios de EQM com 25 relatos controlados de pacientes médicos que estavam em circunstâncias similares, mas sem relatar EQM (Sabom, 1998, p. 84-86). A professora de aconselhamento Holden empregou vários métodos, incluindo a exclusão de seu estudo tanto de relatórios populares quanto autobiográficos, além de avaliar apenas os relatos que surgiram de episódios de quase-morte. Ela também criou uma maneira de classificar o mais precisamente possível os casos mais fortes e os mais fracos, e separar os relatórios completamente precisos daqueles que contêm alguns erros e aqueles com grandes quantidades de material incorreto (Holden, 2009, p. 193-97).

Por cada um desses meios, incluindo tanto os relatórios em si quanto a aplicação de vários exames, certamente parece que muitos desses relatos evidenciais relatam de maneira confiável a **consciência** além dos momentos iniciais dos estados de quase-morte. Então, o naturalismo parece ter levado um duro golpe neste momento. Mas e as questões muito difíceis que são levantadas para a cosmovisão cristã no processo?

Perguntas da cosmovisão

Experiências de quase-morte certamente levantam algumas questões difíceis para os cristãos. A maioria das pessoas que têm EQM relatam principalmente experiências positivas, mesmo que sejam ateus ou membros de outra religião. Poucos reportam julgamentos de qualquer tipo tradicional. Além disso, a interpretação comum de muitos parece ser algum tipo de universalismo sincrético, com todas as religiões fornecendo caminhos a Deus. Conexões ocultistas também surgem aqui e ali. Se as EQM forem bem evidenciadas, o que se deve concluir com relação a esses vários enigmas?

Inicialmente, cada questão aqui pode ser tratada individualmente, embora não possamos trabalhar com elas no contexto de um único artigo (Habermas e Moreland, 1998, p. 178-83). Mas apenas para comentar brevemente sobre uma das principais preocupações, por que as NDEs mais negativas não são relatadas? Embora aparentemente não se dê tanta publicidade, muitos estudos de EQM ainda indicaram um número razoável de experiências indesejáveis. Por exemplo, Nancy Bush relata que, em uma dúzia de estudos sobre EQM, que incluíram 1.369 experiências, 23% foram negativas. O número específico de casos indesejáveis variou de 12% a 60%, com alguns descritos como "aterrorizantes". Surpreendentemente, em três estudos os percentuais de experiências negativas variaram de pouco menos de 50% a 60% (Bush, 2009, 66-71).

Apontando para a possibilidade de alguma subnotificação aqui também, Bush ressalta: "As pessoas que tiveram uma EQM terrível são notoriamente relutantes em falar".

Como outro pesquisador relatou honestamente a respeito dos primeiros estudos de EQM, os pesquisadores não tentaram localizar esses terríveis relatórios, especificamente porque eles não querem saber sobre eles (Bush, 2009, p. 70-71).

Ainda assim, em geral, há uma consideração muito mais abrangente que parece anular em grande parte a força dessas difíceis questões de cosmovisão. Comecei argumentando que apenas os dados evidenciados deveriam ser utilizados quando se considera a força das EQM, uma vez que outros relatórios são muito subjetivos, e esse princípio se aplica especificamente nesse ponto.

Novamente, as considerações evidenciadas são quase todos os relatos deste mundo sobre eventos observados durante a experiência de EQM. Mas essas grandes questões de cosmovisão envolvem relatórios de outro mundo desprovidos de tais dados. Portanto, sem essas evidências, não podemos distinguir entre esses tipos de relatórios sectários "diz-que-diz". Em outras palavras, como podemos distinguir entre visões religiosas contrárias apenas com base em interpretações indevidas da EQM? Afinal, não há testes para a presença de anjos. Se acreditamos que não podemos fazer tal proposta, então essas questões de cosmovisão devem ser resolvidas em outras bases.

Gary R. Habermas

REFERÊNCIAS E LEITURAS RECOMENDADAS

Bush, Nancy Evans, 2009. "Distressing Western Near-Death Experiences: Finding a Way through the Abyss", em *The Handbook of Near-Death Experiences: Thirty Years of Investigation*, ed. Janice Miner Holden, Bruce Greyson, and Debbie James. Santa Barbara, CA: Praeger.

Habermas, Gary R.; Moreland, J. P., 1998. *Beyond Death: Exploring the Evidence for Immortality*. Wheaton, IL: Crossway.

Holden, Janice Miner, 2009. "Veridical Perception in Near-Death Experiences", em *The Handbook of Near-Death Experiences: Thirty Years of Investigation*, ed. Janice Miner Holden, Bruce Greyson, and Debbie James. Santa Barbara, CA: Praeger.

Sabom, Michael B., 1981. *Recollections of Death: A Medical Investigation*. New York: HarperCollins.

_____. 1998. *Light and Death: One Doctor's Fascinating Account of Near-Death Experiences*. Grand Rapids: Zondervan.

EXPLICAÇÃO. Central para o atrativo da ciência é a sua capacidade de oferecer explicações convincentes dos fenômenos naturais. Para **Aristóteles**, a explicação de eventos particulares foi comprometida com o realismo: dependia da identificação das causas reais nas propriedades essenciais das substâncias. No século XX, quando Carl Hempel fez da explicação uma subdivisão reconhecida na **filosofia da ciência** (Hempel, 1965; Hempel e

Oppenheim, 1948), muitos filósofos mantinham pontos de vista antirrealistas e procuraram analisar a explicação como uma relação formal entre sentenças, evitando os compromissos metafísicos.

Inspirado pelo **paradigma** do **empirismo** lógico, Hempel viu a explicação como um tipo de argumento lógico que relacionava um conjunto de frases explicativas (o *explanans*) a uma frase a ser explicada (o *explanandum*). Ele afirmou que o *explanans* deve ser verdadeiro e conter pelo menos uma lei, bem como descrições de fatos particulares relevantes. Ele distinguia a explicação por leis rigorosas (o modelo dedutivo-nomológico [D-N], no qual o *explanandum* é ocasionado pelo *explanans*) da explicação por leis estatísticas — o modelo indutivo-estatístico (I-E), no qual o *explanans* torna o *explanandum* provável. A visão de Hempel implica que essa explicação e previsão são simétricas: uma explicação correta de um evento também nos permite prever isso.

Infelizmente, os filósofos da ciência logo mostraram que os requisitos de Hempel não são suficientes para a explicação (Salmon, 2006). Dadas as leis geométricas e o comprimento de sua sombra, podemos deduzir a altura de um mastro, mas a sombra não explica a altura do mastro. Pode ser uma lei (estrita ou estatística) que, sempre que a pressão do ar cai, a artrite de Joe agrava-se e depois uma tempestade chega, então podemos deduzir que uma tempestade virá de um *explanans*, incluindo a lei, além do fato de que a artrite de Joe se agrava. Mas a dor da artrite de Joe não contribui para explicar a tempestade. E é uma lei que os homens que tomam pílulas anticoncepcionais não fiquem férteis, mas tomar comprimidos não explica que não fiquem férteis.

Provavelmente, as condições de Hempel também não são necessárias para ser uma explicação. Pode-se certamente explicar uma poça de café citando uma pessoa que acidentalmente derrubou um copo sem especificar as leis relevantes. Hempel pensou que tal "explicação" era um esboço elíptico, mas nos casos em que ainda não conhecemos as leis, seria estranho dizer que não poderíamos dar nenhuma explicação. Outro problema é que nem todas as explicações são preditivas. Fumar não prevê câncer (não o torna provável): ele só *aumenta* a **probabilidade** de câncer. No entanto, em um caso particular, o tabagismo pode contribuir para uma explicação do câncer de uma pessoa.

A fraqueza comum que todos esses contraexemplos expõem é que Hempel não exige uma relação substantiva (não lógica) entre o *explanans* e o *explanandum*. Salmon concluiu que as explicações não são apenas argumentos formais, mas dependem de conexões objetivas entre eventos; por exemplo, um evento pode aumentar a probabilidade de outro. Inicialmente, Salmon propôs a relevância estatística (R-S) como a relação apropriada (Salmon, 1970). Uma explicação pode ser estatisticamente relevante para um *explanandum* sem torná-lo provável (como no caso de fumar).

Ao desenvolver a ideia de "descarte", Salmon mostrou que os contraexemplos de Hempel poderiam ser evitados, mostrando que eles citavam fatores estatisticamente irrelevantes. Por exemplo, a probabilidade de que uma tempestade ocorra devido a uma queda na pressão do ar permanece inalterada se a artrite de Joe se agrava, mas a probabilidade de que uma tempestade ocorra devido ao agravamento da artrite de Joe depende da existência de uma queda na pressão do ar (afinal, a artrite de Joe pode se agravar por uma razão diferente, mas uma tempestade não é provável sem a mudança atmosférica). Então, a dor da artrite de Joe é descartada. Da mesma forma, a verdadeira explicação da altura de um mastro (o comprador queria um daquela altura exata) descartará a sombra como uma possível explicação, já que o mastro teria essa altura, mesmo que não fizesse sombra nenhuma.

No entanto, os críticos apontaram que a explicação nem sempre acompanha a relevância estatística. Suponhamos que desenvolvamos pílulas anticoncepcionais perfeitamente eficazes: então não há diferença estatística na tendência de fertilidade entre as mulheres que tomam a pílula e os homens. No entanto, a explicação da ausência de fertilidade é certamente diferente nos dois casos (McGrew et al., 2009, 523). Exemplos como esses levaram Salmon a concluir que nada menos que uma relação causal basta para a explicação (Salmon, 1978). Em seu modelo causal-mecânico (C-M), as explicações dependem das interações dos processos causais, e essa abordagem parece dispor facilmente dos contraexemplos padrões para Hempel. A sombra de um mastro claramente não faz com que o mastro tenha a altura que ele tem; uma crise da artrite de Joe não faz com que uma tempestade chegue, e as pílulas anticoncepcionais que um homem toma não o faz infértil.

Embora plausível, a explicação de Salmon também tem problemas. Não nos diz *quais* fatores de uma rede causal são relevantes. Por exemplo, o despertar de Kant faz parte da rede causal que o leva a escrever *A crítica da razão pura*, mas dificilmente é uma explicação esclarecedora. Além disso, dentro da ciência, nem todas as explicações são causais: às vezes explicamos uma lei como um caso especial de outra através de uma derivação puramente lógico-matemática. Mas, mais profundamente, os antirrealistas rejeitam a explicação de Salmon porque ela exige um comprometimento metafísico com as causas e porque ignora questões pragmáticas importantes, como "Por que pedimos explicações?", e "O que conta como uma boa explicação para um investigador específico?"

Philip Kitcher (1981, 1989) argumentou que o objetivo pragmático da explicação é encontrar uma causa que una tantos fenômenos quanto possível. A teoria de **Newton** é uma boa explicação porque alguns princípios simples revelam uma unidade oculta por trás de fenômenos aparentemente diversos como as órbitas planetárias, as variações das marés e o percurso de projéteis. Em geral, Kitcher sugere que uma boa explicação é um padrão de argumento com muitos argumentos semelhantes como ilustração. Desta forma, ele pode facilmente mostrar que sombras, crises de artrite e pílulas anticoncepcionais para homens não fornecem explicações simples e unificadoras.

Mas, como a teoria de Hempel, a teoria antirrealista de Kitcher não requer uma conexão causal ou claramente diferencia explicação e previsão. Realistas como Ian Hacking (1983) afirmam que a **inferência para a melhor explicação** (ver Lipton 2004) nos ajuda a aproximar a estrutura real da **natureza**, mas antirrealistas como van Fraassen (1980) observam que a melhor explicação ainda pode ser falsa e sugerir que a adequação empírica é suficiente. Ele sugere que entendamos a explicação pragmaticamente — como uma resposta a um "por quê". Um investigador quer saber por que X em vez de alguma alternativa ao X em uma classe de contraste. Uma boa resposta depende do que o investigador já conhece e, nesse sentido, é subjetiva. Assim, "A água é molhada" pode ser uma boa explicação para Joe estar molhado para alguém de um mundo de gelo, mas não é útil para nós. Na mesma linha, Achinstein analisa o uso da explicação na linguagem comum, sugerindo que é um ato ilocutivo em que a intenção do explicador causa um enunciado que produz conhecimento no destinatário (Achinstein, 1983, 2010). No entanto, essa visão é inaceitável para os antirrealistas porque presume causas objetivas.

Atualmente, o único consenso é que o relato original de explicação de Hempel era inadequado. O debate em curso entre proponentes de explicações rivais reflete em grande parte a oposição subjacente e perene entre realismo e antirrealismo.

Angus J. L. Menuge

REFERÊNCIAS E LEITURAS RECOMENDADAS

ACHINSTEIN, Peter, 1983. The Nature of Explanation. New York: Oxford University Press.

_____. 2010. Evidence, Explanation and Realism. New York: Oxford University Press.

HACKING, Ian, 1983. Representing and Intervening. New York: Cambridge University Press.

HEMPEL, Carl C., 1965. Aspects of Scientific Explanation and Other Essays in the Philosophy of Science. New York: Free Press.

HEMPEL, Carl C.; Oppenheim, P., 1948. "Studies in the Logic of Explanation." Philosophy of Science 15:135-75.

KITCHER, P., 1981. "Explanatory Unification." Philosophy of Science 48:507-31.

_____. 1989. "Explanatory Unification and the Causal Structure of the World", em Scientific Explanation, ed. P. Kitcher e W. C. Salmon, 410-505. Minneapolis: University of Minnesota Press.

LIPTON, P., 2004. Inference to the Best Explanation. 2. ed. New York: Routledge.

McGREW, Timothy; KELLY, Marc Alspector; ALLHOFF, Fritz, eds. 2009. Philosophy of Science: An Historical Anthology. Malden, MA: Wiley-Blackwell.

PITT, Joseph C., ed. 1988. Theories of Explanation. New York: Oxford University Press.

RUBIN, David-Hillel, ed. 1993. Explanation. New York: Oxford University Press.

_____. 2012. Explaining Explanation. 2. ed. atualizada e expandida. Boulder, CO: Paradigm.

SALMON, Wesley C., 1970. "Statistical Explanation and Statistical Relevance," em The Nature and Function of Scientific Theories, ed. Robert G. Colodny, 171-231. Pittsburgh: University of Pittsburgh Press.

_____. 1978. "Why Ask, 'Why?' An Inquiry Concerning Scientific Explanation." Proceeding and Addresses of the American Philosophical Association 51 (6):683-705.

_____. 2006. Four Decades of Scientific Explanation. Pittsburgh: University of Pittsburgh Press.

STREVENS, Michael, 2011. Depth: An Account of Scientific Explanation. Cambridge, MA: Harvard University Press.

VAN FRAASSEN, Bas C., 1980. The Scientific Image. Oxford: Clarendon.

_____. 1989. Laws and Symmetry. Oxford: Clarendon.

EXPLOSÃO CAMBRIANA. A explosão cambriana refere-se ao aumento relativamente rápido da diversidade de animais que ocorreu durante o período geológico cambriano há pouco mais de meio bilhão de anos.

Com base no registro geológico, a maioria dos cientistas acredita que a vida surgiu há cerca de 3,5 bilhões de anos. As primeiras células do **registro fóssil** se assemelham a bactérias simples, e não há nenhum sinal das células de múltiplos compartimentos mais sofisticadas, conhecidas como eucariotas até há cerca de 1,8 bilhões de anos. Aproximadamente 300 milhões de anos depois, de acordo com achados fósseis, surgiram eucariotas multicelulares, mas provavelmente houve pouca diversificação dessas colônias de células até muito mais tarde. Por volta de 750 milhões de anos atrás, no entanto, pelo menos oito grupos diferentes de eucariotas multicelulares surgiram (Erwin e Valentine, 2013, p. 4). As evidências para a **criação** de animais relacionados a esponjas modernas, bem como outros de afinidade não identificada, foram encontradas em rochas datadas dentro de um período geológico conhecido como Ediacarano, entre 550 a 575 milhões de anos. As rochas dessa era também contêm embriões de animais maravilhosamente preservados. Além disso, evidências moleculares independentes sugerem a origem de esponjas e cnidários (um agrupamento que inclui águas-vivas) por volta desse período também.

O período Cambriano é oficialmente datado como começando a 541 milhões de anos, e é caracterizado pela rápida diversificação de animais que manifestam simetria bilateral. Como o *site* do Museu de Paleontologia da Universidade da Califórnia diz: "O crescimento mais rápido no número de grandes grupos de novos animais ocorreu durante o segundo e terceiro estágios do início do Cambriano, um período de cerca de 13 milhões de anos. Naquela época, os primeiros fósseis inquestionáveis de anelídeos, artrópodes, braquiópodes, equinodermos, moluscos, onicóforos, poríferas e priapulidas aparecem em rochas em todo o mundo". Embora 13 milhões de anos não sejam pouco tempo, é pouco em relação ao período de tempo em que a vida existe na terra.

Não se sabe, ao certo, por que a diversidade animal apareceu tão rapidamente naquele momento, mas há uma forte evidência de que isso foi precedido por um período de rápido aumento do nível de oxigênio nos oceanos. Sendo assim, muitos pesquisadores acreditam que esse aumento pode ter sido um fator importante que estimulou a diversificação animal. Além disso, há evidências consideráveis de que algumas das principais **informações** genéticas necessárias para construir organismos multicelulares mais sofisticados estavam sendo lentamente montadas nos 200 milhões de anos anteriores.

Curiosamente, as plantas terrestres tiveram uma "explosão" similar associada a novos grupos de plantas e formas de crescimento, mas ocorreu cerca de 140 milhões de anos depois durante o período geológico devoniano. Essa rápida diversificação em plantas terrestres foi seguida por uma rápida diversificação em artrópodes, como insetos.

A história da vida é caracterizada por episódios de "miniexplosões" em novas formas corporais, e isso geralmente está associado a algum tipo de mudança ecológica (p. ex., a diversificação dos mamíferos que ocorreu logo após a extinção dos **dinossauros**). No entanto, a explosão cambriana é especialmente notável, porque as diferentes formas animais que surgiram naquela época eram muito diferentes umas das outras e, quase sem exceção, nenhuma outra inovação importante no plano do corpo animal foi desenvolvida novamente. Hoje e, aparentemente, nos últimos 500 milhões de anos, parece que as mudanças genéticas que modificam o embrião de uma forma que provocaria uma grande mudança na morfologia não ocorreram ou, se elas ocorreram, são menos viáveis e foram perdidas subsequentemente.

Um dos mistérios atuais da biologia é o que era diferente no momento da explosão cambriana, de modo que a mudança genética permitiu desenvolver novos projetos de corpos importantes. Embora sem resposta até o momento, é uma questão de grande interesse e investigação ativa. O **mistério** associado à rapidez e singularidade da explosão cambriana levou muitos cristãos a proporem que a atividade de *design* de Deus seja especialmente evidente durante esse período de tempo. Outros enfatizam que todo o processo evolutivo ocorre em resposta ao comando da criação e ocorre por intermédio da presença contínua de Deus. De acordo com este ponto de vista, não é preciso procurar momentos específicos quando a ciência ainda não possui uma explicação de um fenômeno.

Darrel R. Falk

REFERÊNCIAS E LEITURAS RECOMENDADAS

Erwin, Douglas; Valentine, James. *The Cambrian Explosion: The Construction of Animal Biodiversity*. Englewood, CO: Roberts and Company, 2013.

Meyer, Stephen. *Darwin's Doubt: The Explosive Origin of Animal Life and the Case for Intelligent Design*. New York: HarperOne, 2013.

EXTINÇÃO. Extinção refere-se ao término da existência de uma espécie biológica. Os fósseis, antes do século XVII, eram considerados curiosidades naturais ou sobrenaturais. Robert Hooke (1635-1703) demonstrou que os fósseis eram os restos da vida antiga na terra e ele suspeitava que alguns fósseis não possuíam equivalentes vivos. O anatomista Georges Cuvier (1769-1832) determinou que os mamutes e os mastodontes eram variedades fósseis de elefantes extintos. À medida que os geólogos estabeleceram a ordem relativa de estratos em toda a Grã-Bretanha e Europa Ocidental, eles reconheceram uma *sucessão fóssil* em que diferentes conjuntos de fósseis ocuparam as várias formações (ver **Registro fóssil**).

Um grande número de **espécies** desaparece do registro fóssil durante as extinções em massa. Com base na **datação radiométrica** de precisão do registro das rochas, as espécies individuais típicas parecem ter sobrevivido entre 2 e 4 milhões de anos, e os gêneros de 5 a 20 milhões de anos. Na década de 1980, uma base de dados global de fósseis permitiu aos paleontólogos rastrear o número de famílias e gêneros taxonômicos conhecidos no registro fóssil nos últimos 600 milhões de anos. Esses dados revelam a taxa de base estatística para extinções de animais de cerca de duas a cinco famílias por milhão de anos e identificam cinco grandes extinções em massa, resultando em desaparecimentos repentinos de entre 50 e 85% dos gêneros conhecidos (Raup e Sepkoski, 1982; Sepkoski, 1981).

O evento final do Período Permiano (há 252 milhões de anos) envolveu a extinção de 96% de todas as espécies marinhas e 70% das espécies de vertebrados terrestres. As vítimas do evento Cretáceo final (66 milhões de anos atrás) incluíram os **dinossauros**, répteis voadores e aquáticos, muitos grupos de moluscos marinhos e plâncton e muitas espécies terrestres de plantas e insetos (observação: muitos paleontólogos consideram os pássaros como dinossauros que sobreviveram). As evidências de causas das principais extinções em massa apontam para perturbações globais do clima e dos ecossistemas resultantes de atividade vulcânica extraordinária, da mudança do nível do mar ou de impactos cósmicos. Cerca de 12 mil anos atrás, grandes mamíferos da idade do gelo, incluindo mamutes, mastodontes, ursos de pernas longas e castores gigantes desapareceram. As estimativas das taxas de extinção modernas, aparentemente aceleradas pela atividade humana, variam de 30 mil a 140 mil espécies por ano.

O conceito de extinção de espécies foi controverso quando proposto por causa de ideias filosóficas e religiosas prevalecentes sobre a continuidade da vida. O conceito neoplatônico de uma grande cadeia do ser descreveu o *continuum* das formas de vida, das mais elevadas às mais inferiores, coexistindo em plenitude. Esta perspectiva deu base à teoria evolutiva pré-darwiniana de Jean-Baptiste de Lamarck (1744-1829), em que as extinções são inconsistentes com a mudança gradual e contínua de espécies para espécies (Rudwick, 1972). Cuvier acreditava que as extinções eram consistentes com a ideia de revoluções globais na história da terra, refletidas nos registros bíblicos e outros registros antigos de catástrofes.

Charles Darwin (1809-1882) aceitou a extinção na sucessão de espécies evolutivas, mas rejeitou o conceito de extinção em massa. As extinções pareciam desafiar a ideia de uma criação "boa" com criaturas feitas para serem frutíferas e se multiplicarem (especificamente referentes à vida marinha e aos pássaros em Gênesis 1:20-22). A narrativa do **dilúvio** em Gênesis fala de como a arca preservaria "um casal de cada um dos seres vivos, macho e fêmea" (Gênesis 6:19) e como os sobreviventes "se espalharam pela terra, foram férteis e se multiplicaram" (Gênesis 8:17). Os criacionistas modernos da Terra jovem afirmam que as extinções são simplesmente o registro das espécies destruídas durante o dilúvio em Gênesis (apesar da promessa de Gênesis 8:17) e que as extinções ao longo de milhões de anos são inconsistentes com uma criação recente e a introdução da morte física somente depois da queda (Gênesis 2:17; 3:19; ver **Morte; Queda**).

Stephen O. Mosh

REFERÊNCIAS E LEITURAS RECOMENDADAS

RAUP, D. M., 1994. "The Role of Extinction in Evolution." *Proceedings of the National Academy of Sciences USA* 91:6758-63.
_____; SEPKOSKI, J. J., Jr., 1982. "Mass Extinctions in the Marine Fossil Record." *Science* 215 (4539):1501-3.
RUDWICK, M. J. S., 1972. *The Meaning of Fossils: Episodes in the History of Palaeontology.* 2. ed. Chicago: University of Chicago Press.
SEPKOSKI, J. J., Jr., 1981. "A Factor Analytic Description of the Phanerozoic Marine Fossil Record." *Paleobiology* 7:36-53.

FALÁCIA NATURALISTA. Como os fatos morais e naturais estão relacionados? O famoso ditado de Hume de que é impossível derivar um "dever" de um "ser" parece sugerir que é uma falácia tentar equacionar fatos morais e descritivos. O *Principia Ethica* de 1903, escrito por G. E. Moore, fundamento o estudo contemporâneo da metaética e concorda com essa sugestão, introduzindo o que ele chama de falácia naturalista para descrever um erro formal cometido em qualquer tentativa de equacionar fatos morais e descritivos. O nome que Moore escolheu para essa falácia sugere que ela se aplicaria apenas aos fatos naturais, mas pretendia que se aplicasse a qualquer descrição de fatos morais, seja em termos naturais ou divinos (Moore, 1903).

Ele apoia sua afirmação com seu Argumento da Questão em Aberto (AQA), que pretende mostrar que o "bom" é indefinível. De acordo com o AQA, as definições bem-sucedidas implicam que as questões sobre instâncias terão um recurso específico. No entanto, as perguntas sobre instâncias do "bom" não têm esse recurso e, portanto, "o bom" não tem uma definição bem-sucedida. Especificamente, o AQA afirma que, se um tipo de coisa, *X* (p. ex., um solteiro) pode ser definido como outro tipo de coisa, *Y* (não casado), então, a questão de se determinado *x* (p. ex., o solteiro George) também é um *y* específico (um homem não casado) tem a característica de estar *fechado*. Isso ocorre porque a resposta é dada na definição do termo (*solteiro*). Em contraste, na ausência de uma definição clara, as questões permanecem em *aberto*. Por exemplo, se George é um cientista, então a questão de se ele é um físico está *aberta*, uma vez que a definição de *cientista* não é adequada para determinar isso. Moore argumentou que as questões sobre se um ato é "bom" estão sempre abertas e, portanto, nenhuma definição de "bom" é adequada.

Um século de trabalho metaético forneceu críticas incisivas ao AQA de Moore e sua falácia formal e naturalista, ainda que, para alguns, "parece impossível negar que Moore tenha descoberto algo" (Darwall et al. 1992, p. 115). O que esse algo poderia ser? Não há uma explicação naturalista inequivocamente bem-sucedida das qualidades motivacionais e normativas características dos fatos morais (ver Garcia e King, 2009 para o debate). De acordo com o ateu J. L. Mackie, essas características tornam os fatos morais "esquisitos", e a única resposta apropriada é negar sua própria existência (Mackie, 1977).

Em contrapartida, muitos teístas encontram uma relação explicativa harmoniosa entre as características de Deus e a realidade dos fatos morais. Por exemplo, pode-se afirmar que uma coisa é *boa* na medida em que é semelhante à natureza necessariamente boa de um Deus amoroso, enquanto uma ação é *correta* se for consistente com os comandos que fluem dessa natureza (Adams, 1999). Assim, a falácia naturalista pode "ter descoberto" a desvantagem do **naturalismo** em comparação com o **teísmo** na explicação de fatos morais. Em suma, podemos "derivar um dever", mas apenas a partir de um "ser *divino*".

Se o AQA fosse aceito, a falácia naturalista de Moore apresentaria um tipo diferente de problema para o naturalismo. Os fatos morais se revelariam características empiricamente indetectáveis do mundo natural. O naturalista considera que as faculdades cognitivas são o produto de processos evolutivos não dirigidos que são *insensíveis* a tais fatos. Portanto, se o naturalismo fosse verdadeiro e o AQA fosse consistente, então o conhecimento moral seria impossível.

Jonathan Loose

REFERÊNCIAS E LEITURAS RECOMENDADAS

ADAMS, Robert Merrihew, 1999. *Finite and Infinite Goods: A Framework for Ethics*. Oxford: Oxford University Press.
DARWALL, Steven; Gibbard, Allan; Railton, Peter, 1992. "Towards *fin de siècle* Ethics: Some Trends." *Philosophical Review* 101:115-89.
GARCIA, Robert K; King, Nathan L., eds. 2009. *Is Goodness without God Good Enough? A Debate on Faith, Secularism and Ethics*. Plymouth, UK: Rowman & Littlefield.
MACKIE, John L., 1977. *Ethics: Inventing Right and Wrong*. New York: Penguin.
MOORE, G. E. 1903. *Principia Ethica*. Cambridge, UK: Cambridge University Press.

FALSIFICABILIDADE. O conceito de falsificação, como chamou o filósofo do século XX Karl Popper (Keuth, 2004, 384), é o que separa a ciência de todas as outras disciplinas. Em princípio, isso significa que, para que uma teoria seja considerada científica, deve ser possível construir testes em que os resultados possam provar que a teoria é falsa. A hipótese de que "dois pesos desiguais lançados no vácuo cairão a velocidades iguais" é testável e pode ser comprovadamente falso se um peso for observado caindo mais rápido do que o outro. A hipótese de que "Deus supervisiona a queda de dois pesos no vácuo" não pode ser testada desse modo e, portanto, sai do domínio da investigação científica. Embora não seja universalmente aceito como uma demarcação fundamental da ciência (ver, por exemplo, **argumentos de *design* inteligente**, Meye,r 2002, 151-211), o teste de falsificação é a prática comum da ciência hoje.

De acordo com a literatura da Terra jovem, as hipóteses sobre o passado não observado não podem ser testadas nem falsificadas e, portanto, saem dos limites da ciência genuína. Esta é a base para as distinções reivindicadas entre a chamada ciência observacional (ou experimental) e a ciência histórica (ou das origens), onde se argumenta que apenas o que pode ser observado acontecendo no presente é testável, repetível e falsificável, e pode ser qualificado como ciência (Thaxton et al., 1984, 202-6).

O esforço para reconstruir eventos passados a partir de evidências deixadas para trás é tecnicamente referido como ciência forense. Os cientistas forenses aplicam rotineiramente o princípio da falsificabilidade, como exemplificado pelas modernas investigações de cena do crime (ICC). Os detetives de cena do crime regularmente juntam evidências, mesmo sem testemunhas oculares, para determinar o que aconteceu no passado não observado. Em caso de assassinato, as hipóteses que favorecem um suspeito e modo de ataque em particular podem ser comprovadamente falsas se as impressões digitais na arma do crime ou as amostras de **DNA** abaixo das unhas das vítimas não combinarem com as do agressor suspeito.

O estudo da história geológica e biológica da terra também é ciência forense, com testes de falsificação rigorosa aplicados. Considerando um exemplo da história geológica, a hipótese de que a atmosfera prematura da terra não possuía oxigênio pode ser testada examinando antigas camadas sedimentares ao redor do mundo para minerais de óxido de ferro que se formam facilmente na presença de oxigênio. Se os óxidos de ferro forem comuns nos depósitos mais antigos, a hipótese será comprovada falsa. A **paleontologia**, o estudo da vida passada, funciona da mesma maneira. A hipótese de que as plantas em flor não apareceram até tarde na história da terra (o Cretáceo inferior) pode ser testada examinando a miríade de camadas sedimentares mais antigas que o Cretáceo. Se os fósseis de plantas floridas ou pólen são encontrados em uma rocha mais antiga do Cretáceo, a hipótese pode ser demonstrada como falsa. (Esse teste é especialmente poderoso sabendo quão facilmente o pólen é transportado e distribuído por vento ou água). Assim, o estudo do passado da terra atende a critérios científicos de falsificação.

Gregg Davidson

REFERÊNCIAS E LEITURAS RECOMENDADAS

KEUTH, Herbert, 2004. *The Philosophy of Karl Hopper.* Cambridge: Cambridge University Press.

MEYER, Stephen C., 2002. "The Scientific Status of Intelligent Design: The Methodological Equivalence of Naturalistic and Non-naturalistic Origins Theories." In: *Science and Evidence for Design in the Universe*, 151-211. Proceedings of the Wethersfield Institute. San Francisco: St. Ignatius. www.discovery.org/a/1780.

THAXTON, Charles B.; Bradley, Walter L.; Olson, Roger L., 1984. *The Mystery of Life's Origin: Reassessing Current Theories.* Dallas: Lewis and Stanley.

FARADAY INSTITUTE FOR SCIENCE AND RELIGION.

O Faraday Institute for Science and Religion [Instituto Faraday para Ciência e Religião] é uma organização de pesquisa interdisciplinar com sede na St. Edmund's College, Cambridge, Inglaterra. Foi estabelecido sob a liderança de Denis R. Alexander com uma doação de 2 milhões de dólares da **John Templeton Foundation** (Faraday Institute, 2015). A subvenção da Fundação Templeton foi utilizada para fundar o Instituto Faraday com o objetivo de realizar pesquisas, seminários e palestras, e divulgar publicações sobre vários tópicos na interseção de ciência e religião; o instituto pretende envolver as comunidades acadêmicas, religiosas e não religiosas em questões de ciência, fé e cultura (John Templeton Foundation, 2015).

O Faraday Institute foi dedicado a **Michael Faraday**, um renomado físico e químico, além de um devoto cristão. Ele era um líder ativo na comunidade científica, tendo descoberto a indução eletromagnética e o diamagnetismo, inventou motores elétricos e demonstrou a relação entre eletricidade e ligações químicas, ao mesmo tempo em que era diácono ativo, ancião e membro da igreja. As biografias de Faraday observam que sua vida e seu trabalho foram influenciados por sua compreensão da unidade de Deus e da natureza (Baggott, 1991).

Os objetivos estabelecidos pelos Institutos são executar as seguintes atividades (Faraday Institute, 2015):

322 FARADAY, MICHAEL

Apoiar pesquisa e publicação acadêmica sobre ciência e religião, incluindo a organização de grupos de especialistas convidados para escrever publicações conjuntas.

Fornecer cursos de curta duração em ciência e religião.

Organizar seminários e palestras sobre ciência e religião.

Fornecer informações precisas sobre ciência e religião para a mídia internacional e público em geral.

O Faraday Institute atua com uma equipe, um conselho consultivo, palestrantes e membros da Faraday, incluindo cientistas notáveis como **Alister McGrath** e **John Polkinghorne**, e recebe apoio financeiro da Universidade de Cambridge, Tyndale House e muitas outras instituições. Fornece e promove material de cursos, conferências, palestras, debates e seminários com o objetivo de fornecer informações precisas sobre ciência e as Escrituras, para promover a discussão, debate e assistência. O Faraday estabeleceu as "Faraday Schools", parte do projeto Learning about Science and Religion [Aprendendo sobre ciência e religião, LASAR, em inglês], para apoiar a pesquisa e educação, além de fornecer recursos, jogos educacionais e aplicativos, e eventos livres de um dia para escolas primárias e secundárias. O Instituto produziu mais de quinhentas apresentações multimídia, numerosos livros, "*Faraday Papers*" [Jornais Faraday] e material introdutório para jovens e adultos em ciência e cristianismo.

O Faraday Institute tem uma forte parceria com a BioLogos, fundada pelo dr. **Francis Collins**, e vários defensores, incluindo a **American Scientific Affiliation** [Associação Americana Científica], a John Templeton Foundation, a International Society for Science and Religion [Sociedade internacional para a ciência e a religião] e outros. O instituto também tem vários detratores, incluindo **Answers in Genesis** [Respostas em Gênesis], liderada por **Ken Ham**.

Jonathan Howard Fisher

REFERÊNCIAS E LEITURAS RECOMENDADAS

BAGGOTT, Jim, 1991. "The Myth of Michael Faraday: Michael Faraday Was Not Just One of Britain's Greatest Experimenters. A Closer Look at the Man and His Work Reveals That He Was Also a Clever Theoretician." *New Scientist* (21 set.): 1787.

Website do Faraday Institute for Science and Religion. Acessado em maio de 2015. www.faraday.st-edmunds.cam.ac.uk.

Faraday Schools.. Acessado em maio de 2015. www.faradayschools.com.

John Templeton Foundation Grant Summary with the Faraday Institute for Science and Religion. Accessed May 2015. https://www.templeton.org/

what-we-fund/grants/faraday-institute-for-science-and-religion-interdisciplinary-research-and-projec.

Test of Faith: Introductory Resources from the Faraday Institute for Science and Religion. Acessado em 28/9/2016. www.testoffaith.com.

FARADAY, MICHAEL. Michael Faraday (1791-1867) era um cientista inglês que fazia avanços notáveis em eletricidade, magnetismo, eletroquímica e química orgânica. Filho de um ferreiro, Faraday recebeu pouca escolaridade e começou a trabalhar como aprendiz de encadernador como pupilo de George Ribeau, onde foi exposto a escritos que despertaram seu interesse pela eletricidade, como *Improvement of the Mind* [Melhoria da Mente] de Isaac Watts. Seguindo o conselho de Watts, Faraday cultivou seu intelecto, sua habilidade como palestrante e seu conhecimento científico. Através da diligência, persistência e da ajuda de um dos clientes de Ribeau, ele finalmente conseguiu um cargo de assistente de Humphrey Davy, o principal químico da Inglaterra de então. O trabalho de Faraday com Davy na Royal Institution da Inglaterra serviu como um aprendizado científico e, quando acompanhou Davy em uma turnê europeia, pôde desenvolver relações de trabalho com pesquisadores europeus proeminentes. Logo, Faraday tornou-se conhecido como um químico analítico e investigador independente. Suas descobertas incluem o benzeno e a liquefação de gases sob pressão, enquanto seu trabalho em eletroquímica ajudou a estabelecer conceitos como íons, cátodos, ânodos e estados de oxidação. Faraday fez muito para desenvolver a ciência e a **tecnologia** da eletricidade e do magnetismo; ele descobriu a indução eletromagnética e a capacitância elétrica, descreveu o diamagnetismo e o paramagnetismo, desenvolveu o conceito de campo e foi o primeiro a reconhecer que a eletricidade e o magnetismo são os mesmos. Suas invenções incluem os primeiros motores elétricos e as "Gaiolas de Faraday" para blindagem elétrica.

Uma parcela significativa do tempo de Faraday foi gasto no serviço público. Notavelmente, ele ajudou Davy a desenvolver uma lâmpada de segurança de mineração, envolveu-se em projetos de restauração e preservação de arte, e investigou a poluição ambiental no Tâmisa. Ele também procurou tornar a ciência acessível ao público através das Royal Institution's Friday Evening Discourses [Palestras de sexta-feira à noite no Instituto Royal] e conferências anuais de Natal.

Ao longo de sua vida, Faraday foi associado com os sandemanianos, uma pequena denominação primitivista, não conformista protestante, formada durante o Primeiro Grande Despertamento, que enfatizava o primado da autoridade bíblica e era avessa ao evangelismo. Como Faraday era escrupuloso em manter a teologia fora de suas publicações científicas e raramente falava sobre religião para não sandemanianos, às vezes presume-se que Faraday manteve sua fé e ciência separadas. Na verdade, ele escreveu a Ada Loveace que "não pensou que é necessário vincular o estudo das ciências naturais e da religião" (Jones, 1870, 97). No entanto, Faraday estava respondendo ao pontos de vista "religiosos" da própria Loveace, que ela descreveu em termos filosóficos, um anátema para os sentimentos sandemanianos (Cantor, 2005). Além disso, os comentários de Faraday refletiram sua aversão às teologias naturais que começam a partir da **lógica** e da evidência do mundo natural, uma aversão em consonância com os ensinamentos sandemanianos, que sustentavam que as Escrituras sozinhas são suficientes para a fé.

De fato, a fé e a ciência de Faraday foram profundamente entrelaçadas. Ele achou relativamente fácil viver a ética social sandemaniana como cientista (Cantor, 1991), e seus escritos privados (Levere, 1968) e palestras públicas (Cantor, 2005; Faraday, 1846) mostram sua propensão para reconhecer a **providência** de Deus na natureza. A fé de Faraday também ajudou a moldar sua ciência (Cantor, 1991, 2005; Russell, 2000). Sua visão de Deus trabalhando ativamente na natureza ajudou a moldar seu pensamento sobre as cargas como centros de força e campos elétricos como linhas de força, enquanto sua busca pela unidade na ciência, vista em sua teoria da química elétrica e a unificação de eletricidade e magnetismo, é consistente com sua crença em um Criador racional e organizado.

A fé de Faraday também foi vista em sua atitude direta e despretensiosa, ao se recusar em patentear inventos e a renunciar honras. Assim, em sua morte, ele foi enterrado no Cemitério de Highgate, em vez de na Abadia de Westminster.

Stephen A. Contakes

REFERÊNCIAS E LEITURAS RECOMENDADAS

Cantor, G. N., 1991. *Michael Faraday: Sandemanian and Scientist: A Study of Science and Religion in the Nineteenth Century*. New York: St. Martin's.
_____. 2005. "Michael Faraday Meets the 'High Priestess of God's-Works': A Romance on the Theme of Science and Religion." 2005. In: *Science and Beliefs: From Natural Philosophy to Natural Science, 1700-1900*, ed. David M. Knight e Matthew D. Eddy, 157-70. Science, Technology and Culture, 1700-1945. Aldershot, UK: Ashgate.

Eichman, Phillip, 1988. "Michael Faraday: Man of God — Man of Science." *Perspectives on Science and Christian Faith* (June): 40, 91-97.
Faraday, Michael, 1846. *"A Course of Lectures on Electricity and Magnetism." London Medical Gazette* 2 (25 abr.): 977-82.
Hamilton, James, 2002. *A Life of Discovery: Michael Faraday, Giant of the Scientific Revolution*. 1st US ed. New York: Random House.
Hirshfeld, Alan, 2006. *The Electric Life of Michael Faraday*. New York: Walker.
James, Frank A. J. L., 2010. *Michael Faraday: A Very Short Introduction*. Oxford and New York: Oxford University Press.
Jones, Bence, 1870. *The Life and Letters of Faraday*. 2 vols. London: Longmans, Green.
Kaiser, Christopher B., 1997. *Creational Theology and the History of Physical Science: The Creationist Tradition from Basil to Bohr*. Studies in the History of Christian Thought. Leiden and New York: Brill.
Levere, Trevor Harvey, 1968. "Faraday, Matter, and Natural Theology — Reflections of an Unpublished Manuscript." *British Journal for the History of Science* 4 (14): 95-107.
Russell, Colin A., 2000. *Michael Faraday: Physics and Faith*. Oxford Portraits in Science. Oxford and New York: Oxford University Press.
_____. 2007. "Faraday Paper No. 13: Science and Faith in the Life of Michael Faraday." Cambridge, UK: Faraday Institute for Science and Religion, St. Edmund's College. www.faraday.st-edmunds.cam.ac.uk/Papers.php.

FEYERABEND, PAUL K. Paul Feyerabend (1924-94) passou a maior parte de sua carreira na Universidade da Califórnia, Berkeley, durante o auge do ativismo estudantil e da **filosofia da ciência** anglo-analítica. Os interlocutores de Feyerabend incluem **Rudolph Carnap**, **Karl Popper**, **Thomas Kuhn** e **Imre Lakatos**, seu melhor amigo, a quem seu *After Method* [Depois do método] é dedicado. A publicação de *After Method* foi apropriadamente descrita como "um evento [...] o Woodstock da filosofia" (Hacking, 2010). A notoriedade de Feyerabend atingiu o pico em 1987, quando a revista *Nature* o chamou de "o pior inimigo da ciência" (Feyerabend, 1995).

A famosa tese de *After Method* é que a história da ciência ocidental moderna mostra que ela é uma iniciativa cognitiva "anárquica", em que o único princípio que explica o sucesso é que "vale tudo" (Feyerabend, 2010). Apesar de sua aparência provocativa, a tese de Feyerabend é um ataque bem direcionado aos esforços de Carnap, Popper e outros, que buscam identificar os princípios que regem a prática científica que poderia explicar e justificar sua autoridade epistêmica. Feyerabend argumenta que a história da ciência inclui transições de uma teoria abrangente para outra — da **física** aristotélica para a mecânica newtoniana, da mecânica newtoniana para a relatividade de Einstein e as teorias quânticas de Bohr.

Dada a natureza abrangente dessas teorias e o que é preciso para mudar de uma para a aceitação indiscriminada de outra, devemos concluir que um antecessor e seu sucessor são incomensuráveis. Para Feyerabend, dizer

324 FIDEÍSMO

que duas teorias são incomensuráveis é dizer que duas teorias de proporções de tipo de cosmovisão, onde uma é a concorrente genuína da outra, vêm com ontologias distintas, diferindo padrões de confirmação e condições de verdade mutuamente incompatíveis. Portanto, o tipo de princípios que filósofos carnapianos ou popperianos buscam, princípios de racionalidade que abrangem desenvolvimentos científicos históricos, não são nem possíveis nem desejáveis: impossíveis porque não podem fazer sentido na prática científica real, e indesejáveis porque, se impostos, proibiriam consideração de concorrentes com o argumento de que eles são "irracionais" como atestado pelas experiências bem confirmadas e recursos discursivos da teoria predominante.

Em vez de ver a incomensurabilidade como uma ameaça para o progresso científico, Feyerabend vê a proliferação de teorias incompatíveis como um meio de assegurá-lo. Ele repetidamente nega a defesa de um relativismo imaturo do "vale tudo". Ele, no entanto, exige consistentemente a tolerância e o pluralismo defendidos em *On Liberty* [Sobre a Liberdade] de John Stuart Mill, cujos benefícios são três: (1) tempo para que as potenciais sucessoras reunam os recursos necessários para colmatar o hiato comunicativo entre elas e sua antecessora; (2) encorajando-nos a ver a racionalidade em teorias destronadas ou **visões de mundo**; e (3) nos permitindo ver o valor epistêmico de práticas religiosas ou não ocidentais que não se conformam à prática científica euro-americana e reconhecer suas contribuições para atender a necessidade humana.

Quinze anos depois de sua publicação, *After Method*, mais uma vez, foi notícia. Em um discurso desafiando a história padrão do Iluminismo da Igreja Católica Romana em resposta a **Galileu**, o cardeal Ratzinger citou Feyerabend: "Ele escreve: 'A igreja na época de Galileu era muito mais fiel à razão do que o próprio Galileu'" (Ratzinger, 1990). Na verdade, a análise de Feyerabend do caso de Galileu sofreu críticas substanciais. No entanto, três tendências atuais da erudição cristã refletem um espírito feyerabendiano: (1) reconhecendo ciência e religião como esforços cognitivos distintos, mas igualmente válidos; (2) atendendo a críticas feministas e pós-coloniais sobre a supremacia epistêmica concedida à ciência euro-americana; e (3) explorando a perspectiva do pluralismo nas práticas eclesiais e na hermenêutica bíblica.

Teri R. Merrick

REFERÊNCIAS E LEITURAS RECOMENDADAS

FEYERABEND, Paul K., 1978. *Science in a Free Society.* London: Verso.

_____. 1981a. *Philosophical Papers.* Vol. 1. *Realism, Rationalism and the Scientific Method.* Cambridge: Cambridge University Press.

_____. 1981b. *Philosophical Papers.* Vol. 2. *Problems of Empiricism.* Cambridge: Cambridge University Press.

_____. 1987. *Farewell to Reason.* London: Verso.

_____. 1995. *Killing Time: The Autobiography of Paul Feyerabend.* Chicago: University of Chicago Press.

_____. 1999a. *Conquest of Abundance: A Tale of Abstraction versus the Richness of Being.* Chicago: University of Chicago Press.

_____. 1999b. *Philosophical Papers.* Vol. 3. *Knowledge, Science and Relativism.* Cambridge: Cambridge University Press.

_____. 2010. *Against Method.* 4. ed. London: Verso.

_____. 2011. *The Tyranny of Science.* Malden, MA: Polity.

FINOCCHIARO, Maurice A., 2005. *Retrying Galileu, 1633-1992.* Berkeley: University of California Press.

HACKING, Ian, 2010. "Introduction to the Fourth Edition" In: *Against Method.* London: Verso.

PRESTON, John; MUNÉVAR, Gonzalo; Lamb, David, eds. 2010. *The Worst Enemy of Science? Essays in Memory of Paul Feyerabend.* New York: Oxford University Press.

RATZINGER, Joseph, 1990. "The Crisis of Faith in Science." *National Catholic Reporter.* 15 mar. http://ncronline.org/news/ratzingers-1990-remarks-galileo.

VAN FRAASSEN, Bas C., 2004. *The Empirical Stance.* New Haven, CT: Yale University Press.

WESTPHAL, Merold, 2009. *Whose Community? Which Interpretation? Philosophical Hermeneutics for the Church.* Grand Rapids: Baker Academic.

FIDEÍSMO. O fideísmo é muitas vezes definido como a visão de que se pode acreditar em Deus "pela fé somente" e, por isso, parece implicar que não se precisa de razão ou evidência para justificar a própria crença. Pensadores cristãos influentes que, segundo se acredita, teriam proposto pontos de vista fideístas incluem **Blaise Pascal**, William James, Søren Kierkegaard, Karl Barth e D. Z. Phillips. O fideísmo, às vezes, significa que alguém pode se comprometer com a crença em Deus e em vários credos e doutrinas religiosas porque a fé está acima da razão e, embora esteja aberta a uma investigação racional voltada para o aumento da compreensão, a fé não está sujeita à interrogação racional voltada para a refutação.

Alguns fideístas consideram a própria razão como uma empreitada mundana e, portanto, é uma forma de idolatria sujeitar a verdade religiosa a ela (essa teoria também é popular nas religiões orientais). Kierkegaard propôs uma versão consistente do fideísmo com seu argumento de que a própria essência da crença religiosa consiste em fazer "um salto de fé", um compromisso um tanto "cego", mesmo que esse compromisso crie uma tensão por causa do fracasso da razão, não só para estabelecer a verdade das crenças religiosas, mas para capturar a essência do modo de vida religioso. Uma visão semelhante pode ser encontrada nas reflexões influentes de Wittgenstein sobre a religião como um jogo de linguagem e forma de vida.

O fideísmo tem sido frequentemente criticado como uma abordagem irracional à crença religiosa no simples e lógico fundamento de que primeiro deve-se apresentar evidências e considerar a racionalidade do que se acredita antes de se comprometer com essas crenças e viver por elas. Muitos pensadores religiosos apoiam essa crítica, especialmente aqueles que são fortes adeptos de vários argumentos da **teologia natural** para a **existência de Deus** e da superioridade racional de uma **cosmovisão** teísta sobre alternativas secularistas. Os fideístas respondem ao argumentar que, do ponto de vista de Deus, a abordagem fideísta não é inadequada, porque o que é importante na religião é a crença de alguém e a forma como alguém vive, e não se alguém pode discutir as crenças racionalmente ou fornecer evidências. Na verdade, alguns fideístas sugerem que acreditar em Deus somente pela fé permite que alguém viva com sucesso em termos de realização espiritual e moral, e esse sucesso pode ser tomado como uma espécie de argumento indireto para a verdade do fideísmo. Alguns pensadores desenvolveram essa visão para defender um "fideísmo racional".

O movimento conhecido como fideísmo wittgensteiniano, representado pelo filósofo galês D. Z. Phillips, mudou-se para uma visão quase totalmente metafórica do cristianismo, na qual o compromisso de alguém (às vezes chamado de lado expressivo da crença religiosa) é a única característica que conta, porque não existe conteúdo proposicional para a religião. Alguns também classificariam o movimento da **epistemologia** Reformada liderada por Alvin Plantinga como uma forma de fideísmo, porque seus defensores argumentam que se pode acreditar em Deus com base em **experiências religiosas** (comuns, mas privadas) e que não são necessárias mais evidências. No entanto, isso não é exatamente fideísmo, como foi tradicionalmente entendido, porque a experiência seria uma espécie de evidência para a pessoa envolvida, e assim a crença em Deus não se basearia em um compromisso cego, embora assim pareça para os de fora e, o que é muito importante, parece não haver uma garantia comunitária da veracidade de tais experiências.

A principal crítica a todas as formas de fideísmo é que, como não podemos saber antecipadamente ou com certeza se Deus existe a partir de nosso ponto de vista humano limitado, é irracional, pelo menos para os filósofos e teólogos dentro de uma religião, acreditar sem considerar a questão da evidência e da racionalidade do que se acredita.

Brendan Sweetman

REFERÊNCIAS E LEITURAS RECOMENDADAS

Bishop, John, 2007. *Believing by Faith.* New York: Oxford University Press.
James, William, 1960. *The Will to Believe, Human Immortality, and Other Essays in Popular Philosophy.* New York: Dover.
Kierkegaard, Søren, 1968. *Concluding Unscientific Postscript.* Princeton, NJ: Princeton University Press.
Pascal, Blaise, 1995. *Pensées.* London: Penguin.
Phillips, D. Z., 2013. *Faith and Philosophical Enquiry.* London: Routledge. Wittgenstein, Ludwig. 2007. *Lectures and Conversations on Aesthetics, Psychology, and Religious Belief.* 2007. Berkeley: University of California Press.

FILOSOFIA DA CIÊNCIA. Embora seja sempre um assunto de grande importância, a filosofia da ciência atraiu uma atenção renovada nos últimos 50 anos, em parte devido ao grande sucesso do **método científico** em descobrir como o universo físico funciona e na aplicação prática em muitas áreas da vida humana, como tecnologia, viagens, comunicações e medicina.

As realizações da ciência parecem dar a ela um tipo de hegemonia sobre a vida e a cultura modernas, e esse desenvolvimento levou filósofos, incluindo filósofos cristãos, a examinar a disciplina mais de perto. A filosofia da ciência, portanto, levanta questões fundamentais com relação a questões como a definição da ciência e seu método de investigação, o *status* de verdade das teorias científicas, se a ciência nos dá conhecimento objetivo do mundo real, a diferença entre ciência e não ciência, limites da ciência e sua relação com outras formas de investigação, como filosofia, teologia, religião e ética.

A ciência é distintiva em seu método de investigação, que pode ser caracterizado como o estudo do domínio físico por meio da coleta de fatos e dados baseados em observação empírica, confirmação por experimentação e proposição e teste de hipóteses e teorias para explicar fenômenos.

Chegar a uma definição de ciência que abranja todos os tipos de teorias e alegações científicas tem se mostrado notoriamente difícil, mas é importante notar que a ciência não deve ser entendida como equivalente ou como a definição do "racional" ou do "razoável", um ponto-chave na discussão de sua relação com a religião. O domínio do racional é mais amplo que o do científico, o que significa que uma afirmação ou teoria pode ser apoiada por

326 FILOSOFIA DA CIÊNCIA

razões e aceita como verdadeira mesmo se não estiver sujeita a testes científicos — por exemplo, um argumento para a existência de Deus ou um argumento para uma conclusão moral. Esse ponto é importante porque frustra aqueles pensadores, começando com o movimento do **positivismo lógico**, que tentam equacionar o domínio do racional ou do lógico com o domínio do científico como uma forma de minar reivindicações religiosas e, por vezes, éticas.

Uma preocupação relacionada é se o método científico produz uma verdade objetiva sobre a realidade e, em caso afirmativo, sobre quais partes da realidade. Enquanto a maioria dos cientistas praticantes seria realista sobre a natureza do conhecimento e sustentaria que as descobertas da ciência nos dizem a maneira como o mundo realmente é, a disciplina da ciência não foi afetada pelo movimento de **antirrealismo** que dominou a discussão dos fundamentos filosóficos do conhecimento no século XX. De fato, essa é uma visão influente na atual filosofia da ciência, um entendimento de que todo conhecimento, incluindo conhecimento científico, envolve uma perspectiva humana que compromete a objetividade até certo ponto, e, assim, a ciência não descreve de fato o modo como o mundo realmente é.

É desnecessário dizer que, embora muitos pensadores aceitem e, às vezes, acolham essa visão de religião, filosofia e ética, eles relutam em aceitá-la na ciência e, portanto, estão abertos a uma acusação de inconsistência. Vários argumentos têm sido propostos para por que devemos aceitar teorias e afirmações científicas mesmo se pensamos que elas estão aquém da verdade objetiva, incluindo o instrumentalismo — a visão de que uma teoria deve ser considerada um instrumento útil e prático em nossas tentativas atuais de entender o reino físico até que uma teoria melhor apareça.

Tais considerações contribuíram para uma crescente percepção de que é problemático afirmar que uma teoria científica é objetivamente verdadeira. Embora possamos dizer que uma teoria científica pode ser a melhor teoria que temos atualmente, devemos reconhecer que ela pode ser seriamente modificada, e até mesmo abandonada, à luz de mais evidências, e essa posição é geralmente defendida apelando para dois argumentos.

O primeiro argumento é baseado na história da ciência, com muitas teorias agora abandonadas que antes eram consideradas verdadeiras, como os humores da medicina

medieval, a existência do flogístico como um elemento liberado na combustão e o eletromagnético que deveria cercar a terra. O mesmo provavelmente será verdade para algumas de nossas teorias atuais.

O segundo argumento aponta que muitas teorias são subdeterminadas pelas evidências oferecidas para apoiá-las. Exemplos frequentemente citados em apoio a esse argumento incluem a evolução, teorias da física de partículas, como a **teoria das cordas**, e teorias sobre a estrutura do universo, como as que dizem respeito aos buracos negros e à inflação cósmica.

Esses argumentos na filosofia da ciência servem como uma precaução que, apesar da grande confiança na abordagem científica, há considerável incerteza por trás de muitas teorias. Esses argumentos também nos corrigem para não sermos tão rápidos em afirmar que a ciência está próxima de desvendar os mais profundos mistérios da vida e do universo. Apesar de serem fortes apoiadores da disciplina da ciência, os filósofos cristãos acolhem *insights* na filosofia da ciência porque colocam a ciência em perspectiva apropriada e inspiram os pensadores tanto na ciência quanto na religião para trabalhar juntas na tentativa de entender mais completamente a criação de Deus.

Nessa linha, a filosofia da ciência levanta a questão dos limites da investigação científica. A ciência estuda o domínio físico, e o método científico parece estar limitado a esse domínio, mas isso não deve ser tomado como uma crítica ao método científico, e sim como um reconhecimento de que existem algumas áreas de investigação, incluindo aquelas que lidam com questões significativas na vida humana, que não estão dentro de seu domínio. Como exemplo dessas áreas, podemos citar questões-chave de religião e ética, bem como questões sobre a origem do universo, a origem das leis da física e a natureza da consciência humana.

Tal entendimento está por trás de argumentos famosos sobre a existência de Deus na tradição cristã, como o argumento cosmológico, que é baseado na ideia de que a ciência não pode, em princípio, responder à questão sobre a principal causa das coisas, isto é, por que alguma coisa existe. A ciência também encontra seu limite na área da ética; por exemplo, o método científico pode descobrir como tecnicamente colher células-tronco embrionárias, mas não pode abordar as questões morais levantadas por essa prática, uma vez que estas estão fora de seu domínio. As áreas em que a ciência atinge seus limites são

FILOSOFIA DA RELIGIÃO   327

frequentemente objeto de disputa, com alguns afirmando que tópicos como a **origem da vida** e da **consciência** estão bem dentro de seu alcance; inclusive, alguns pensadores propuseram relatos científicos da origem da religião e da ética.

A distinção entre **naturalismo** metodológico e metafísico tem sido frequentemente invocada como uma maneira de abordar o alcance da ciência e de ilustrar os limites da investigação científica. O **naturalismo metodológico** é a teoria de que, ao fazer ciência, apenas explicações físicas e testáveis devem ser consideradas e buscadas, enquanto o naturalismo metafísico descreve a teoria ateísta de que o único tipo de explicação que devemos considerar para qualquer questão é a científica, porque apenas causas físicas naturais existem.

Embora o naturalismo metodológico esteja sujeito a críticas (Plantinga, 2001), muitos pensadores cristãos se valeram dessa distinção em suas tentativas de criticar o modelo de conflito da relação entre religião e ciência, mostrando que o conflito não é entre religião e ciência, mas entre religião e naturalismo metafísico disfarçado de ciência. Esse argumento tornou-se importante em muitas discussões contemporâneas porque o naturalismo metafísico tornou-se popular dentro de algumas seções da comunidade acadêmica, mas a ciência deve ser claramente diferenciada do naturalismo metafísico porque a ciência como disciplina não afirma que todas as perguntas têm explicações científicas.

Essa última alegação é filosófica, não científica, uma confusão perpetrada por muitos pensadores e uma que espalhou a confusão entre o público em geral que muitas vezes, de maneira errônea, pensam que a ciência e o naturalismo metafísico são equivalentes. Além disso, um número crescente de pensadores cristãos argumenta que, no debate entre o teísmo e o naturalismo, evidências científicas em várias áreas, como a cosmologia, a biologia molecular e o estudo da consciência apoiam melhor a compreensão religiosa da realidade.

Brendan Sweetman

REFERÊNCIAS E LEITURAS RECOMENDADAS

De Vries, Paul, 1986. "Naturalism in the Natural Sciences: A Christian Perspective." *Christian Scholar's Review* 15:388-96.

Okasha, Samir, 2002. *Philosophy of Science.* London: Oxford University Press.

Plantinga, Alvin, 2011. *Where the Conflict Really Lies: Science, Religion and Naturalism.* New York: Oxford University Press.

Ratzsch, Del, 2000. *Science and Its Limits.* Downers Grove, IL: InterVarsity.

Sweetman, Brendan, 2010. *Religion and Science: An Introduction.* New York: Continuum.

FILOSOFIA DA RELIGIÃO. A filosofia da religião é a investigação filosófica do conteúdo e das reivindicações centrais da verdade das tradições religiosas. Questões abordadas nessa área são de significado humano central e duradouro e incluem a existência e natureza de Deus (ver **Existência de Deus**), mal (ver **Mal, Problema do**), moralidade, linguagem religiosa, experiência religiosa, milagres, vida após morte, diversidade religiosa e as relações entre fé, razão e ciência. Como tal, a filosofia da religião pode ser a mais ativa e energética de todas as áreas contemporâneas da investigação filosófica. (Para a alegação de que a filosofia da religião tem o maior número de sociedades, periódicos, conferências e editoras dedicadas a ela de qualquer área de pesquisa filosófica, ver Taliaferro, 2009, p. 1.)

Todas as áreas da filosofia estão envolvidas na filosofia da religião. A **metafísica** preocupa-se com a natureza e a estrutura da realidade e é, portanto, relevante para os debates centrais, como o que ocorre entre o naturalismo e o teísmo. A **epistemologia** aborda a natureza do conhecimento, ocupando um lugar central nas discussões da justificação ou garantia da crença em Deus, e as questões da relação entre Deus e moralidade se baseiam em questões de teoria e ética de valores.

A explicação da relação entre ciência e religião é um projeto importante que conecta a filosofia da religião à filosofia da ciência e a outras disciplinas. A filosofia da religião também contribui cada vez mais para o diálogo intercultural por meio da investigação da panóplia mundial de conceitos de divindade. No entanto, o foco histórico e contemporâneo da filosofia ocidental da religião permanece no teísmo, "a filosofia de Deus, segundo a qual Deus é o criador e sustentador do cosmos, todo bom, onipresente, eterno ou perpétuo, onipotente, onisciente, existente necessariamente... e providente" (Taliaferro et al. 2013, p. 1-7). Os teístas cristãos acrescentam conceitos como **Trindade** e **encarnação** a essa lista.

O campo tem um longo passado, começando em um sentimento grego de admiração expresso em primeiro lugar no ritual religioso e na linguagem, e subsequentemente na emergência separada da reflexão filosófica que infundiu linguagem com a crença. Mais tarde, entendimentos não religiosos do mundo suscitaram argumentos iniciais para a existência de Deus, como os registrados por Platão (Boys-Stones, 2009).

Mais tarde, o cristianismo passou a dominar um mundo romano permeado pela filosofia grega, e a subsequente tentativa de corrigir e integrar o pensamento grego com a doutrina cristã produziu um milênio de discussão filosófica e teológica entrelaçada que abordava argumentos sobre a natureza e a existência de Deus e relação entre fé e razão.

O Renascimento trouxe uma resistência à autoridade religiosa, abrindo caminho para uma renovada independência filosófica, bem como para a Reforma (ver **Ciência e a Reforma**), a ciência moderna e, posteriormente, a filosofia moderna, que incluía a filosofia da religião como um subcampo distinto.

A questão da interação de Deus com a natureza foi predominante para os pensadores do século XVII, como Ralph Cudworth, o platonista de Cambridge (1617-1688) (Anstey, 2009), que cunhava os termos *filosofia da religião* e *teísmo* em inglês (Taliaferro, 2005, p. 12). O campo desenvolveu-se dentro da fermentação intelectual dos séculos XVII e XVIII, incluindo tanto a tradição religiosamente construtiva de Descartes, Locke, Leibniz e Berkeley, quanto a contribuições céticas de Spinoza e Hume.

Esse fermento produziu defesas filosóficas renovadas da crença tradicional, o **deísmo** (entendido como teísmo sem religião revelada) e incredulidade. O trabalho de Hume, Kant e Hegel (1730-1830) levou a filosofia da religião ao século XIX, enfatizando "um estudo da religião... ao mesmo tempo livre da dependência funcional de qualquer teologia, sensível ao poder total do desafio cético em suas implicações religiosas e completamente filosófico por natureza" (Collins, 1967).

Hume e Kant atacaram as provas tradicionais da existência de Deus, produzindo a crença generalizada, ainda que temporária, de que a teologia natural estava danificada além do que seria possível reparar. Enquanto o ceticismo de Hume inauguraria uma tradição de suspeita envolvendo a busca de motivos ocultos para a crença religiosa, o próprio ceticismo metafísico continuaria em movimentos materialistas, positivistas e naturalistas que se supunham sancionados pela ciência (Taliaferro, 2009; Westphal, 2010). Kant procurou reduzir a religião à moralidade e catalisar uma tradição idealista fundada em sua afirmação de que os objetos do pensamento humano são aparências, e não coisas.

A tradição idealista continuou no século XX, oferecendo uma posição próxima o suficiente do teísmo para ataques de ateus filósofos, como G. E. Moore e Bertrand Russell, enquanto o movimento positivista de Ayer apareceu para desafiar o teísmo, proclamando a falta de sentido da linguagem religiosa e metafísica. O colapso do positivismo na segunda metade do século contribuiu para uma exploração do interesse pela filosofia da religião e uma ampliação de seu escopo.

Juntamente com desenvolvimentos importantes na epistemologia religiosa, a filosofia de Deus voltou à proeminência com a atenção voltada para os atributos divinos e um enfoque energético na teologia natural que continua até os dias atuais (Moreland e Craig, 2009). Esse crescimento na filosofia analítica da religião tem sido acompanhado pelo surgimento de uma corrente europeia continental focada em métodos fenomenológicos e enfatizando a experiência vivida com base em argumentos esotéricos. O aumento da confluência desses fluxos sugere um crescente enriquecimento mútuo.

A necessidade de entender a relação "tumultuada, multifacetada e confusa" (Plantinga, 2014) entre a religião e a ciência representa um projeto importante para a filosofia da religião. As abordagens foram tipicamente classificadas de acordo com o quádruplo esquema de conflito, independência, diálogo e integração de **Ian Barbour** (Barbour, 1997). Os proponentes do conflito ou mesmo da guerra do século XIX sustentavam que a ciência e a religião abordam algumas das mesmas questões de maneiras incompatíveis, de tal modo que os modos religiosos de pensamento devem inevitavelmente ceder. Em nítido contraste, a visão da independência sustenta que os assuntos de ciência e religião não se cruzam de forma alguma.

Entre esses extremos, uma abordagem dialógica busca pontos de contato frutíferos em áreas como os pressupostos da atividade científica. Por exemplo, a consideração de longo prazo da doutrina cristã da criação produziu a crença de que o mundo pode ser conhecido por meio da investigação empírica, e não pela reflexão intelectual como os gregos supunham anteriormente (Mascall, 1956). Além dos pontos de contato está a integração total. Por exemplo, a teologia natural baseia-se na investigação científica enquanto utiliza métodos e objetivos distintos, mas complementares. Versões atuais do argumento teleológico baseado no suposto ajuste fino das constantes físicas mostram que os desenvolvimentos na ciência continuam a fornecer teologia natural com novos recursos (Collins, 2009).

Contribuições recentes para essa discussão quebram a classificação de Barbour, enfatizando que a fonte de um conflito muito percebido é encontrada na tentativa de casamento da ciência moderna com o naturalismo. **Thomas Nagel** não deseja entreter o teísmo, mas enfatiza que a exclusão da mente e do propósito das explicações científicas assegura não apenas seu surpreendente sucesso, mas também sua impotência para apresentar uma explicação abrangente da realidade. Nagel utiliza argumentos empíricos contemporâneos para que a necessidade do *design* na natureza seja um indicador da insuficiência de uma teoria naturalista da realidade (Nagel, 2012).

Em uma contribuição substancial adicional, **Alvin Plantinga** argumenta que existe uma concordância profunda entre ciência e teísmo, e muitos conflitos presumidos se evaporam quando hipóteses naturalistas desnecessárias são identificadas e rejeitadas. Ele também argumenta que, se alguém aceita tanto o naturalismo quanto a evolução biológica, a confiabilidade das faculdades cognitivas humanas é prejudicada, juntamente com as afirmações de verdade que elas produzem (Plantinga, 2011). Assim, existe um conflito entre a ciência e a crença naturalista.

Essas contribuições enfatizam a contribuição contínua, importante e distintiva feita pelo trabalho em filosofia da religião às áreas centrais do pensamento contemporâneo e da crença cristã.

Jonathan Loose

REFERÊNCIAS E LEITURAS RECOMENDADAS

ANSTEY, Peter, 2009. "Early Modern Philosophy of Religion: An Introduction", em *Early Modern Philosophy of Religion*, ed. Graham Oppy e N. N. Trakakis, 1-18. Durham, UK: Acumen.

BARBOUR, Ian, 1997. *Religion and Science: Historical and Contemporary Issues.* San Francisco: Harper.

BOYS-STONES, George, 2009. "Ancient Philosophy of Religion: An Introduction", em *Ancient Philosophy of Religion*, ed. Graham Oppy e N. N. Trakakis, 1-22. Durham, UK: Acumen.

COLLINS, James, 1967. *The Emergence of Philosophy of Religion.* New Haven, CT: Yale University Press.

COLLINS, Robin, 2009. "The Teleological Argument: An Exploration of the Fine-Tuning of the Universe", em *The Blackwell Companion to Natural Theology*, 202-81. West Sussex, UK: Wiley-Blackwell.

MASCALL, E. L., 1956. *Christian Theology and Natural Science.* New York: Ronald.

MORELAND, J. P.; William Lane Craig. 2009. *The Blackwell Companion to Natural Theology.* West Sussex, UK: Wiley-Blackwell.

NAGEL, Thomas, 2012. *Mind and Cosmos.* Oxford: Oxford University Press.

PLANTINGA, Alvin, 2011. *Where the Conflict Really Lies.* Oxford: Oxford University Press.

TALIAFERRO, Charles, 2005. *Evidence and Faith.* Cambridge: Cambridge University Press.

_____. 2014. "Religion and Science", em *Stanford Encyclopedia of Philosophy*, ed. Edward N. Zalta. primavera. http://plato.stanford.edu/archives/spr2014/entries/religion-science/.

_____. 2009. "Twentieth-Century Philosophy of Religion: An Introduction", em *Twentieth-Century Philosophy of Religion*, ed. Graham Oppy e N. N. Trakakis, 1-12. Durham, UK: Acumen.

TALIAFERRO, Charles; Victoria Harrison, S.; Goetz, Stewart, eds. 2013. *The Routledge Companion to Theism.* Introduction. — New York: Routledge.

WESTPHAL, Merold, 2010. "The Emergence of Modern Philosophy of Religion", em *A Companion to Philosophy of Religion*, ed. Paul C. Quinn e Charles Taliaferro, 133-40. Oxford: Blackwell.

FILOSOFIA DO PROCESSO. Se todas as principais escolas de metafísica podem ser rastreadas até os pré-socráticos, então a filosofia do processo encontra suas raízes em Heráclito de Éfeso (ca. 540-480 a.C.). Há polaridades estridentes nesses filósofos antigos, e Heráclito levou a um extremo: tudo, ou quase tudo, está em estado de mudança. Flutuação é a norma. Você não pode entrar duas vezes no mesmo rio, já que não é uma entidade estática, mas um fluxo de eventos. As forças da natureza estão em "conflito" umas com as outras e "a guerra é o pai de todos e o rei de todos".

A filosofia do processo amplia e modifica essa perspectiva, visualizando a realidade como um processo evolutivo. Ao contrário do fluxo não impositivo e violento de Heráclito, os filósofos processuais negociam a ideia de desenvolvimento ou resultado e ampliam as ideias evolucionistas tiradas do **darwinismo** — que negavam a estase ou as formas das espécies — e as estendiam a todo o cosmos e até mesmo ao próprio Deus. Os filósofos processuais consideram que Deus é uma entidade mutável e finita, não totalmente distinta do cosmos e que não criou o mundo a partir do nada. Isso é panteísmo.

Os pensadores do processo geralmente alegam que Hegel é seu predecessor, mas a filosofia do processo foi formulada mais especificamente pelo filósofo e matemático **Alfred North Whitehead** (1861-1947) em seu *Process and Reality* (Processo e Realidade) (1929). Ele desafiou as noções tradicionais da realidade como estáticas, dizendo que as estruturas básicas do ser eram substâncias ou essências imutáveis. Whitehead argumentou que a ênfase em "ser" suplantava a realidade do "tornar-se". Whitehead e filósofos do processo subsequentes, como Charles Hartshorne, John Cobb e David Ray Griffin, destacaram a natureza dinâmica da realidade, sua mutabilidade. Em vez de considerar-se como primário e tornar-se secundário (pois as substâncias fundamentam seus atributos ou suas

330 FILOSOFIA NATURAL

qualidades mutáveis), o pensamento do processo inverte a ordem ontológica, fazendo com que tornar-se seja a categoria central da existência.

Os filósofos do processo também tendem a manter o panenteísmo. Ao contrário do panteísmo (tudo é divino), o panenteísmo afirma que o mundo está em Deus e que Deus está no mundo em um processo contínuo de interação e evolução mútuas.

Os filósofos do processo acreditam que estão no fluxo do progresso científico. Assim como Darwin substituiu as formas estáticas na biologia (**espécies**) por um processo de seleção natural, e assim como a **física quântica** acabou com a noção de um mundo simples de substâncias estáticas, a filosofia processual aplica a categoria de processo a um estudo mais amplo de questões filosóficas e teológicas.

Apesar das alegações científicas, o pensamento do processo não combina com os pré-requisitos da ciência. Os processos são evidentes na realidade, mas as constantes que os governam também são. As realidades estáticas incluem a tabela periódica, as verdades matemáticas e a constante cosmológica, que são necessárias para a vida no universo.

Além disso, a cosmologia moderna afirma que o universo começou há um tempo finito (ver **Teoria do *big bang***), e isso dá credibilidade à criação *ex nihilo*, e não à compreensão do processo de que Deus e o universo sejam coeternos e mutuamente dependentes. A física revela um universo finamente ajustado no fio da navalha por toda a vida, e deus finito e em evolução da filosofia do processo clássico não está pronto para esta grande tarefa cósmica, especialmente porque essas condições foram previamente dadas no *big bang*. Essa evidência da ciência moderna apoia o teísmo e mina as ideias-chave na filosofia do processo.

Douglas Groothuis

REFERÊNCIAS E LEITURAS RECOMENDADAS

Henry, Carl F. H., 1983. "The Resurgence of Process Philosophy." *God, Revelation, and Authority.* Vol. 6. Waco, TX: Word.

Whitehead, Alfred North, 1979. *Process and Reality.* 2nd ed. New York: Free Press.

FILOSOFIA NATURAL. A filosofia natural era um dos três ramos tradicionais da filosofia (os outros eram **metafísica** e ética). Tinha um significado mais restrito do que o conceito de **ciência** de hoje, já que era puramente teórico. Um filósofo natural estudava as causas dos fenômenos no mundo natural e tentava explicá-las. Embora a *ciência natural* fosse sinônimo de *filosofia natural*, o termo *cientista natural* não existia até o século XIX.

O escopo da filosofia natural

A filosofia natural estava preocupada apenas com causas, e não com observações — por isso a concepção tradicional da **astronomia** como um ramo da **matemática**, e não da filosofia natural. Os astrônomos observaram os céus e tentaram prever o movimento dos planetas, o que era conhecido como "salvar os fenômenos". Na verdade, explicar como o universo funcionava e o que fazia com que os planetas se movessem como tal era no reino da filosofia natural. Infelizmente, até o século XVII, as explicações dos filósofos e dos modelos dos astrônomos eram incompatíveis. Os círculos excêntricos e os epiciclos que os gregos usaram para descrever as órbitas dos planetas não tinham lugar na compreensão dos filósofos sobre suas causas subjacentes.

O trabalho arquetípico da filosofia natural é *A Física*, de **Aristóteles**, que procurou explicar as causas do movimento. Aristóteles não delineou equações matemáticas para descrever como os objetos se movem. Seus objetivos eram mais profundos, mas menos precisos. Foi somente no século XIV que Thomas Broadwardine, mais tarde arcebispo de Canterbury, produziu uma equação que descrevia a teoria aristotélica do movimento. Depois disso, as fronteiras entre matemático e filósofo natural tornaram-se cada vez mais imprecisas. Tanto **Galileu** quanto **Isaac Newton** consideravam-se filósofos, mas o cargo oficial deles era professor de matemática. Hoje, parece óbvio que fórmulas matemáticas podem ser usadas para descrever fenômenos naturais complicados, mas, antes de Bradwardine, raramente alguém tentava isso.

Filosofia natural e teologia natural

Até o século XIX, a filosofia natural consistia explicitamente no estudo da criação de Deus. Cristãos medievais tentaram aprender sobre Deus examinando seu trabalho. Teólogos do século XII sugeriram a metáfora, popularizada por Galileu, de que a Bíblia e a natureza eram dois livros, ambos escritos por Deus, e, sendo assim, incapazes de entrar em conflito (ver **Metáfora dos dois livros**). Na Idade Média, a filosofia natural tornou-se um prolegômeno essencial para os teólogos. Qualquer um que desejasse estudar teologia em uma das novas universidades primeiramente tinha de passar vários anos obtendo um diploma de mestrado em artes, que incluía estudar profundamente *A física* e *sobre o céu* de Aristóteles.

No início do período moderno, a filosofia natural foi amplamente usada para fornecer argumentos para a existência de Deus, uma prática conhecida como **teologia natural**. No entanto, no início do século XIX, Simon Laplace quebrou explicitamente o vínculo entre filosofia natural e teologia quando disse a Napoleão que não precisava da hipótese de Deus. Não obstante, muitos físicos do século XIX, como **Michael Faraday** e **James Clerk Maxwell**, continuaram a encarar a ciência como um imperativo religioso.

Depois que a palavra *cientista* foi cunhada em 1834, os praticantes da ciência gradualmente pararam de se considerar filósofos. O termo *filosofia natural*, que sempre teve competição com a *ciência natural*, também desapareceu quando os cientistas profissionalizados começaram a dominar a academia no final do século XIX.

James Hannam

REFERÊNCIAS E LEITURAS RECOMENDADAS

ARISTOTLE, 1984. *The Complete Works of Aristotle: The Revised Oxford Translation.* Ed. Jonathan Barnes. Princeton: Princeton University Press.

GRANT, Edward, 2007. *A History of Natural Philosophy: From the Ancient World to the Nineteenth Century.* Cambridge: Cambridge University Press.

MAIER, Anneliese, 1982. *On the Threshold of Exact Science: Selected Writings of Anneliese Maier on Late Medieval Natural Philosophy.* Trans. Steven D. Sargent. Philadelphia: University of Pennsylvania Press.

FIRMAMENTO. Em Gênesis 1 é dito que a criação ocorreu em seis dias, e que no sétimo dia Deus descansou. O debate continua sobre se os versículos 1,2 descrevem a criação das águas primordiais, ou se as águas estão lá no início da narrativa. No primeiro dia, Deus criou a luz e a separou das trevas, enquanto no segundo dia da criação Deus separou as águas acima das águas abaixo. Deus colocou o firmamento (heb., *raqia*) entre os dois corpos de águas para criar a separação (1:6-8). A identificação do firmamento e sua relação com a cosmologia antiga e moderna são temas de discordância hoje.

O substantivo é construído a partir do verbo *raqa'*, que na raiz básica (qal) significa "bater os pés" (2Samuel 22:43; Ezequiel 6:11; 25:6) ou em um ambiente cosmológico (qal e hiphil), "espalhar" a terra no mar (Salmos 136:6, Isaías 42:5; 44:24) ou a propagação dos céus (Jó 37:18). Em outra raiz (piel), refere-se ao processo de martelar metal em folhas (Êxodo 39: 3; Números 16:39).

Tomando a sugestão do significado do verbo (particularmente como descrevendo o processo de martelar metal em folhas) e o contexto que descreve o *raqia'* como separando as águas acima e abaixo, alguns estudiosos acreditam que o *raqia'* foi pensado para ser uma cúpula dura. Além disso, o autor de Gênesis afirma que no dia 4 Deus colocou os corpos celestes no *raqia'*. No quinto dia da criação, Deus criou os pássaros, que atravessam o *raqia'* (1:20). De acordo com esse entendimento, a cosmologia dos hebreus antigos incluiu a ideia de que havia uma cúpula sólida acima da terra na qual Deus colocava o sol, a lua e as estrelas.

Outros estudiosos (Walton, 2011) sugerem que o *raqia'*, ao contrário, se refere à atmosfera, que separaria as águas abaixo (os oceanos etc.) das águas acima (das quais vêm as chuvas). **John Walton** aponta para Jó 37:18, onde o verbo *raqa'* refere-se à propagação dos céus, como uma referência às nuvens ("[você] pode ajudá-lo a estender os céus [...]?"). No entanto, a segunda parte do mesmo versículo poderia nos levar de volta à interpretação de que o *raqia'* é uma cúpula sólida ("[...] duros como espelho de bronze").

Tremper Longman III

REFERÊNCIAS E LEITURAS RECOMENDADAS

SEELY, P., 1991. "The Firmament and the Water Above." *Westminster Theological Journal* 53:227-40.

WALTON, J. H., 2011. *Genesis 1 as Ancient Cosmology.* Winona Lake, IN: Eisenbrauns

---

FÍSICA. A física é o ramo da ciência que, mais geralmente, tenta entender os princípios fundamentais que governam o universo. É frequentemente descrita como a ciência natural que envolve o estudo da matéria e seu movimento através do espaço e do tempo, juntamente com conceitos relacionados, como energia e força. Com a inclusão da astronomia, pode-se argumentar que a física é a mais antiga de todas as ciências.

Os assuntos da física são frequentemente divididos em duas grandes categorias: física clássica e física moderna. A física clássica lida com assuntos que foram desenvolvidos essencialmente antes do século XX e incluem mecânica, termodinâmica e eletromagnetismo. Perto do final do século XIX, alguns físicos acreditavam que o estudo da ciência básica estava se aproximando de uma conclusão, já que esses assuntos tendiam a descrever quase todos os fenômenos conhecidos. No entanto, descobertas inesperadas no início do século XX mudaram radicalmente nossa visão do universo e levaram ao desenvolvimento de muitos dos assuntos agora descritos como física moderna, que incluem a relatividade especial, relatividade geral e física quântica.

A palavra *física* vem do grego *physikē*, "pertencente à natureza". Antes do século XVII, a física fazia parte da filosofia natural que incluía química, biologia e matemática, e era praticada principalmente com base no raciocínio humano, e não na observação e experimentação. Nossa compreensão atual da ciência e da física se desenvolveu durante a Revolução Científica do século XVII, quando surgiu uma distinção entre os filósofos da ciência, que basearam muitas de suas conclusões simplesmente na razão ou na beleza, e os matemáticos e físicos que desenvolveram suas ideias com base em observações.

Existem muitos campos da física, e alguns dos principais ramos incluem astrofísica, física da matéria condensada, física atômica, física óptica, física nuclear e física de partículas. Física interdisciplinar inclui biofísica e geofísica; além disso, cada campo da física é frequentemente dividido em teórico ou experimental. Embora os teóricos e os experimentalistas trabalhem frequentemente em conjunto, os físicos teóricos tendem a desenvolver e refinar as teorias matemáticas que descrevem o universo, ao passo que os físicos experimentais tendem a realizar observações para testar ou refutar essas teorias. Comparações entre ideias teóricas e resultados experimentais levam à confirmação de teorias e ao desenvolvimento de novas teorias.

Todas as teorias da física devem ser testáveis para serem confirmadas ou refutadas. Na verdade, os "fatos" conhecidos sobre o nosso universo físico são uma sinopse dos resultados de experimentos que foram realizados, geralmente muitas vezes, e fornecem uma descrição de como a natureza opera. Teorias viáveis não devem apenas fornecer previsões qualitativas, mas previsões quantitativas reais que podem ser testadas com precisão.

Os princípios da física são considerados significativos apenas se puderem ser expressos por equações matemáticas. Por séculos, cientistas, filósofos e teólogos se maravilharam com o fato de que o universo é descrito pela precisão inerente à matemática. Teístas assinalam que uma descrição matemática do universo leva claramente aponta para o caráter do Criador. Por exemplo, **Galileu Galilei** afirmou: "A matemática é a língua com a qual Deus escreveu o universo" ("Galileo Galilei").

Mesmo os não teístas ficam surpresos com a nossa capacidade de usar a matemática para explicar o universo. O físico e ganhador do prêmio Nobel Eugene Wigner escreveu: "O milagre da adequação da linguagem da matemática para a formulação das leis da física é um presente maravilhoso que não entendemos nem merecemos" (1960, p. 14). Por fim, podemos dizer que as leis matemáticas da física fornecem evidências convincentes de que o universo é inteligentemente projetado.

Michael G. Strauss

REFERÊNCIAS E LEITURAS RECOMENDADAS

"Galileo Galilei." Refspace. Acessado em 17/10/2016. http://refspace.com/quotes/Galileo_Galilei/mathematics.

Giancoli, Douglas, 2014. *Physics: Principles with Applications.* 7. ed. San Francisco: Pearson.

Kepler, Johannes, 1601. *New Astronomy.*

Wigner, Eugene, 1960. "The Unreasonable Effectiveness of Mathematics in the Physical Sciences." *Communications on Pure and Applied Mathematics* 13:1-14.

FÍSICA QUÂNTICA. A física quântica, ou mecânica quântica, é o ramo da física que descreve as propriedades da matéria e da energia em escalas de tamanho pequeno, aproximadamente do tamanho dos átomos (10^{-10} m) ou menores. Os princípios da mecânica quântica realmente se aplicam a todas as escalas de tamanho, incluindo escalas macroscópicas, mas os desvios entre as previsões de física não quântica (física clássica) e física quântica são apenas perceptíveis em ou abaixo das escalas nanoscópicas. Alguns fenômenos macroscópicos, como superfluidez e supercondutividade, só podem ser explicados usando princípios da mecânica quântica.

A palavra *quantum* vem do latim para "quanto" e se refere ao fato de que certos aspectos da natureza podem assumir apenas valores discretos específicos, em vez de valores contínuos. Um lance de degraus, no qual você só pode ficar em alturas discretas em cada degrau, pode servir como uma ilustração grosseira de um sistema quantizado, enquanto uma rampa inclinada na qual você poderia ficar a qualquer altura seria um sistema clássico não quantizado, ou analógico.

Os fundamentos da mecânica quântica foram desenvolvidos no início do século XX, estudando radiação eletromagnética e espectros atômicos. Experiências do século XIX, como o experimento da dupla fenda de Young, mostraram que a radiação eletromagnética é um fenômeno de onda, composto de campos elétricos e magnéticos oscilantes. No entanto, esta explicação da luz não poderia descrever adequadamente a relação conhecida entre a temperatura e o comprimento de onda emitida pelo, assim chamado, corpo negro, um objeto que absorve toda a radiação eletromagnética incidental.

Max Planck propôs que, para resolver o problema da radiação do corpo negro, o processo de absorção e emissão de radiação deve ocorrer apenas em certas energias discretas, dependendo do comprimento de onda de luz. Planck não atribuiu nenhuma realidade física a esses quanta, mas viu sua hipótese como um truque matemático que combinava corretamente seus cálculos com as observações experimentais. No entanto, em 1905, **Albert Einstein** usou os quanta de Planck para descrever corretamente o efeito fotoelétrico em que a luz que brilhava em uma superfície metálica expulsava elétrons da superfície. Einstein interpretou esses quanta como "partículas" físicas reais de luz, agora chamadas de *fótons*.

Experimentos atômicos e observação de espectros atômicos também exibiram propriedades discretas que foram eventualmente interpretadas dentro da construção da mecânica quântica. Energia, momento angular e outras propriedades de átomos e partículas subatômicas mostraram ser capazes de assumir valores quantizados. Algumas propriedades fundamentais das partículas, como o spin, mostraram ser fenômenos puramente de mecânica quântica.

Até a década de 1920, uma forma inicial de física quântica menos sofisticada foi desenvolvida, mas em meados da década de 1920 e além, a teoria quântica foi reformulada em uma teoria mais ampla e refinada por físicos como Werner Heisenberg, Max Born e Louis de Broglie, Erwin Schrödinger, Wolfgang Pauli e Satyendra Bose.

A **matemática** formal da física quântica incorpora funções de onda complexas que descrevem o estado, ou propriedades, de um sistema e que evoluem com o tempo. A função de onda pode ser usada para calcular o resultado de experimentos feitos no sistema. Os cálculos fornecem uma previsão precisa com relação à **probabilidade** dos possíveis resultados experimentais. As previsões são inerentemente probabilísticas, pois o resultado de qualquer experimento único não pode ser determinado antecipadamente. No entanto, a mecânica quântica é completamente bem-sucedida na medida em que o resultado real das experiências corresponde exatamente aos resultados previstos em uma base estatística.

Muitas das características dos sistemas de mecânica quântica parecem violar nossa experiência cotidiana de como as coisas devem funcionar. Por exemplo, a função de onda que descreve a posição de uma partícula parece indicar que a partícula pode existir em vários locais antes de ser medida. Após a medição, a partícula será encontrada em apenas um dos locais possíveis. Historicamente, isso tem sido descrito como o ato de medir o colapso da função de onda em um de seus possíveis estados. A realidade da localização da partícula antes da medição é indeterminada, e tem havido muita discussão sobre como exatamente interpretar o significado da função de onda antes que uma medição seja feita. Mas a matemática pode certamente ser interpretada como a partícula existindo em vários locais simultaneamente antes que sua posição seja medida.

Uma das características estranhas mais conhecidas da física quântica é a dualidade onda-partícula. Cada partícula fundamental na natureza pode agir como uma onda ou uma partícula com propriedades que são, em parte, determinadas pela escolha de como uma observação é feita. Por exemplo, quando as ondas coerentes são direcionadas a duas pequenas aberturas, ou fendas, observa-se um padrão de difração que é característico apenas das ondas. Quando as partículas são direcionadas para as duas fendas, um padrão diferente é observado. Se o experimento de duas fendas é realizado com elétrons que muitas vezes são considerados partículas, um padrão de difração que só pode ser causado por ondas é observado. É como se cada elétron passasse pelas duas fendas.

Se o mesmo experimento é feito, mas um aparelho é montado para determinar por qual fenda cada elétron realmente passa, então o padrão observado muda para mostrar um padrão característico de partículas. Em outras palavras, quando o observador não sabe a qual fenda o elétron passa, é como se o elétron passasse por ambas as fendas e um padrão de onda fosse visto, mas quando o observador sabe a qual fenda o elétron passa, é como se o elétron passasse por apenas uma fenda e um padrão de partículas é visto (Gribbon, 1984; Wolf, 2010). Essa interação entre o observador e a observação é uma característica intrigante dos sistemas mecânicos quânticos.

Dentro da mecânica quântica, certas propriedades físicas não podem ser conhecidas simultaneamente com uma precisão arbitrária. Por exemplo, quanto mais precisamente a posição de uma partícula é conhecida, menos precisamente seu momento pode ser conhecido. Werner Heisenberg desenvolveu este "princípio da incerteza" em 1927.

O princípio da incerteza parece ser uma propriedade mais fundamental da natureza do que simplesmente quão bem certos aspectos da natureza podem ser medidos. Parece se relacionar com alguma propriedade inerente da natureza. Por exemplo, o princípio da incerteza dá uma relação entre energia e tempo, da mesma forma que entre a posição e o momento. Em essência, o princípio da **conservação da energia** pode ser violado se a violação ocorrer em um período extremamente curto de tempo, de modo que as duas grandezas não possam ser, em algum sentido abstrato, medidas com precisão em conjunto. Este princípio da incerteza tem uma manifestação física real quando partículas "virtuais" aparecem no vácuo, aparentemente do nada, por uma fração de segundo. Tais partículas virtuais são reais e desempenham um papel importante nos cálculos e medições da física de partículas.

O princípio do entrelaçamento quântico é uma característica central da física quântica e lida com a relação de partículas múltiplas com funções de onda sobrepostas. Um exemplo clássico de emaranhamento é o **paradoxo EPR** (Einstein-Podolsky-Rosen). Neste experimento, duas partículas são inicialmente configuradas de modo que a soma de seus spins deva ser zero — se uma partícula tiver um spin de metade positiva, a outra deve ter um spin de menos uma metade. As duas partículas são então separadas por uma longa distância sem medir os spins de nenhuma partícula.

Agora, de acordo com a função de onda quântica, antes de qualquer medição, ambas as partículas estão em superposição de ambos os estados de spin. Isto é, cada partícula é uma mistura de ambos os spins com apenas uma probabilidade conhecida de qual dos dois spins deve ser medido. No entanto, quando o spin de uma das partículas é medido (digamos, para ser uma metade positiva), então o spin da outra é imediatamente ajustado para o outro valor (digamos, metade negativa). As partículas podem ser separadas por uma longa distância; na verdade, elas poderiam estar a anos-luz de distância uma da outra. E embora nenhuma partícula tenha um estado de spin bem definido, no momento em que uma das partículas é medida para ter um estado de spin, a outra partícula é imediatamente forçada a ter o outro estado de spin. É como se as duas partículas pudessem se comunicar instantaneamente

através de grandes distâncias. As duas partículas são consideradas emaranhadas.

Mostrou-se que este colapso instantâneo das funções de onda simultaneamente não pode ser usado para enviar **informações** de uma partícula para outra mais rápida que a **velocidade da luz**, de modo que a **teoria da relatividade especial** não seja violada, mas ainda parece estranho que aparentemente a duas partículas são instantaneamente conectadas através de uma grande distância por suas funções de onda.

Cientistas e filósofos propuseram diferentes interpretações do que a matemática da mecânica quântica nos diz sobre a realidade da natureza. A função de onda subjacente não pode ser medida, então várias ideias foram propostas sobre seu significado e ramificações, e sobre qual papel o observador realmente desempenha na determinação do resultado dos experimentos.

A interpretação de Copenhague, proposta por Werner Heisenberg e **Niels Bohr**, é defendida pela maioria dos físicos. A interpretação de Copenhague afirma que as únicas questões significativas são aquelas que podem ser respondidas por experimento, e que não há implicações filosóficas da matemática subjacente. A "interpretação de muitos mundos" afirma que toda vez que uma medição é feita, todos os resultados possíveis realmente ocorrem pela divisão do universo em múltiplos universos, cada um com um resultado diferente.

Alguns cientistas defenderam que certas características da física quântica são suficientes para trazer nosso universo à existência a partir do nada. **Flutuações quânticas** permitem que partículas pareçam existir a partir do nada, e a natureza probabilística da mecânica quântica propõe que eventos quânticos específicos são sem causa. Juntos, isso parece permitir um começo incausado do universo a partir do nada. No entanto, existem restrições severas a esses princípios que proíbem tal evento não causado. Sabe-se que as flutuações quânticas ocorrem apenas dentro do tecido espaço-temporal de nosso universo. Eles exigem a estrutura subjacente do universo e, portanto, não podem ser defendidos como uma causa do nosso universo. Além disso, é um tanto presunçoso argumentar que os eventos quânticos são sem causa.

É certamente possível que a imagem completa não tenha sido determinada. De fato, algumas teorias propõem que existem princípios subjacentes que ainda não foram descobertos, que dariam origem à causa de eventos individuais. Mas, mesmo à parte dessa possibilidade, os próprios princípios da mecânica quântica são a causa de todo evento mecânico quântico. É enganoso dizer que um evento não tem causa quando, na verdade, as **leis da natureza**, precisas e inalteráveis, fazem com que o evento ocorra. As previsões probabilísticas da física quântica mostraram ser tão precisas que todos os cientistas aceitam a mecânica quântica como a teoria correta de como o universo opera. De fato, as estranhas propriedades da mecânica quântica são realmente necessárias para que a vida exista no universo. O princípio de exclusão de Pauli, que afirma que não há dois férmions no mesmo estado quântico, fornece a força motriz por trás da estrutura da tabela periódica e, em última instância, da química da vida. Partículas virtuais dentro do próton dão à massa do próton seu valor finamente ajustado, o que é necessário para equilibrar criticamente as forças na natureza. As propriedades da física quântica parecem fazer parte do *design* requintado observado em tantos aspectos diferentes do nosso universo.

Michael G. Strauss

REFERÊNCIAS E LEITURAS RECOMENDADAS

Gribbon, John, 1984. *In Search of Schrödinger's Cat: Quantum Physics and Reality.* New York: Bantam.

Rosenblum, Bruce; Kuttner, Fred, 2011. *Quantum Enigma: Physics Encounters Consciousness.* 2. ed. New York: Oxford University Press.

Styer, Daniel F., 2000. *The Strange World of Quantum Mechanics.* Cambridge, UK: Cambridge University Press.

Wolf, Fred Alan, 2010. "Dr. Quantum— Double Slit Experiment." Acessado em 20/10/2016. www.youtube.com/watch?v=Q1YqgPAtzho.

FISICALISMO. O termo *fisicalismo* denota a afirmação de que, em certo sentido, tudo é físico. Embora normalmente usado de forma intercambiável com o "materialismo", evita qualquer conotação de uma física desatualizada. A alegação de que até mesmo as mentes e propriedades mentais são inteiramente físicas é dissonante, e os debates sobre a adequação do fisicalismo são encontrados mais frequentemente dentro da filosofia da mente. Poderíamos, assim, entender o projeto fisicalista nas palavras de Jaegwon Kim:

> O projeto compartilhado da maioria daqueles que trabalharam no projeto mente-corpo ao longo das últimas décadas tem sido encontrar uma maneira de acomodar o mental dentro de um esquema fisicalista baseado em princípios e, ao mesmo tempo, preservá-lo como algo distinto, ou seja, sem perder o que valorizamos ou achamos especial

em nossa natureza como criaturas com mentes (Kim, 1998, p. 2).

O uso inicial do termo *fisicalismo* é encontrado entre os pensadores lógico-positivistas do século XX, como Carnap, Hempel e Ayer, que abraçaram o termo como um componente de seu behaviorismo filosófico. Eles sustentavam que a psicologia é, em última análise, redutível à física e que afirmações sobre estados mentais são traduzíveis em afirmações sobre comportamentos ou disposições para se comportar. Por exemplo, a dor nada mais é do que a disposição de exibir o comportamento da dor em certas condições. Adotar essa teoria implausível parecia exigir que alguém "fingisse anestesia", uma frase cunhada por I. A. Richards (citado em Ayer, 1964, p. 101).

Desafios importantes nas décadas de 1950 e 1960 incluíram a demonstração de Chisholm de que as tentativas de reduzir as declarações mentais às comportamentais são circulares, exigindo que mais declarações mentais sejam invocadas (Chisholm, 1957, cap. 11). O eventual fim do behaviorismo deixou o campo aberto para o seu sucessor natural, funcionalismo (ver **Funcionalismo**) e para outras teorias reducionistas. O termo "*fisicalismo*" é usado às vezes em um sentido restrito para se aplicar a um deles: a chamada teoria da identidade de tipo (Block, 1980).

Em vez de identificar as declarações mentais com as comportamentais, a teoria da identidade de tipo considera que os tipos de estado mental (p. ex., dor) são idênticos aos tipos de estado neurofisiológico (p. ex., um processo eletroquímico em uma estrutura neural) (Feigl, 1958; Smart, 1959). No entanto, a teoria de tipo não pode acomodar a alegação sensata de que criaturas com neurofisiologia distinta (p. ex., um rato ou uma pessoa) devem ser capazes de estar no mesmo estado mental (p. ex., dor) — esse é o problema da realização múltipla (Fodor, 1974).

Uma alternativa que supera esse problema é a teoria do *token*, a qual sustenta que, embora os tipos de estados mentais sejam de fato irredutíveis, cada *token* (atributo) do estado (p. ex., cada caso particular de dor) é idêntico a um ou outro estado neurofisiológico. Daí o mesmo tipo de estado mental pode ser realizado em sistemas físicos qualitativamente diferentes. No entanto, a teoria do *token* não explica o que mantém essas instâncias de estados mentais juntas como atributos do mesmo tipo. Assim, ao tentar evitar o problema de realização múltipla para tipos de estados mentais, a teoria do *token* solapa sua própria existência. O eliminativismo abraça e amplia essa conclusão, argumentando que os estados mentais intencionais são parte de uma teoria superada do comportamento inteligente e devem, portanto, ser eliminados (Churchland, 1984): essa teoria é tipicamente considerada autorrefutável.

Donald Davidson destacou a noção de *superveniência*, que se tornou central nas discussões do fisicalismo, e definiu-a minimamente da seguinte forma: "Não pode haver dois eventos iguais em todos os aspectos físicos, mas diferentes em algum aspecto mental" (Davidson, 1970, p. 214). David Lewis ilustra de forma célebre a superveniência em termos da conexão entre as propriedades globais de uma imagem matricial (como sua simetria) e a disposição dos pontos individuais que a compõem: "Duas imagens não podem diferir em suas propriedades globais sem diferir, em algum lugar, se existe ou não um ponto" (Lewis, 1986, p. 14).

O fisicalismo da superveniência é, portanto, uma relação de covariância necessária entre as propriedades mentais e físicas, e é normalmente interpretada em termos de dependência unidirecional do mental no físico. Entretanto, a superveniência frequentemente falha em explicar a conexão que descreve, e algumas fórmulas são consistentes com, o dualismo de propriedade (a teoria de que um ser humano é uma substância material com propriedades físicas e mentais). Assim, a superveniência não oferece um relato completo do fisicalismo, mas é, no entanto, sugestivo de relatos não reducionistas que podem evitar problemas com a identidade e preservar o mental da eliminação.

Alguns estudiosos cristãos consideram que uma perspectiva amplamente científica requer participação no projeto fisicalista e que aceitar o fisicalismo com relação às mentes e propriedades mentais humanas pode ser teologicamente benigno. Tais pensadores desafiam as tendências redutivas que estão se desdobrando tanto no senso comum quanto nos relatos teológicos das pessoas humanas, e exploram versões não redutivas do fisicalismo.

Essas propostas devem estabelecer que as propriedades mentais causalmente eficazes são distintas das propriedades físicas enquanto são inteiramente dependentes e percebidas por elas. Lynne Baker oferece um relato não redutivo baseado na afirmação de que pares de objetos podem permanecer distintos, apesar de serem totalmente físicos e perfeitamente coincidentes. Segundo Baker, tais objetos podem existir em uma relação de constituição, na qual a *constituição não é identidade*. Para estar em uma relação constitucional, os objetos devem diferir em uma ou mais propriedades essenciais, e Baker argumenta que as pessoas humanas e seus corpos diferem dessa maneira. Ela afirma, assim, que as pessoas humanas são *constituídas* em vez de idênticas a seus corpos humanos, e por isso é coerente sustentar que somos objetos totalmente físicos perfeitamente coincidentes com nossos corpos, permanecendo irredutíveis a eles (Baker, 2000). No entanto, é muito difícil manter posições como essa, evitando ao mesmo tempo ficar entre a espada do dualismo e a cruz do reducionismo. Por exemplo, a constituição pode revelar-se nada mais que coincidência (Wasserman, 2004).

Recuando, Daniel Stoljar avalia as numerosas interpretações e falhas do fisicalismo, concluindo que "o fisicalismo não tem formulação sobre a qual seja verdadeiro e merecedor do nome" (Stoljar, 2010). Isso levanta a questão de por que o projeto fisicalista deve ser buscado.

Talvez existam argumentos esmagadores para o fisicalismo, apesar das dificuldades de formulação, mas esse não é o caso. Por exemplo, é comum os fisicalistas argumentarem a partir da alegação de que todas as causas são físicas (o "fechamento causal do físico") para a conclusão de que os eventos mentais se aproveitam dos eventos físicos de maneira a garantir a verdade do fisicalismo. Entretanto, mesmo se o fechamento causal puder ser estabelecido, a solidez desse argumento é questionável. Por exemplo, pode ser compatível com a conclusão de que as propriedades mentais são causalmente eféticas, entidades *não físicas* (epifenomenalismo).

Em contrapartida, os argumentos contra o fisicalismo são mais diversos e difíceis de lidar, dadas as características das mentes e propriedades mentais a que se referem. Talvez os mais significativos entre eles sejam argumentos da sensação qualitativa intrínseca dos estados mentais (**qualia**) (Jackson, 1986; Nagel, 1974). Stoljar conclui que os padrões de evidência exigidos para persuadir alguém com relação à verdade do fisicalismo são tipicamente baixos, uma vez que "vivemos em uma cultura intelectual esmagadoramente fisicalista ou materialista" (Stoljar, 2015).

O fisicalismo mostrou-se difícil tanto para especificar como para apoiar, e sua persistência pode ser amplamente explicada por ventos culturais favoráveis. Diante disso, outros estudiosos cristãos veem a existência de mentes e propriedades mentais como evidência contra o projeto fisicalista e a narrativa cultural naturalista mais ampla que o leva adiante. Nessa teoria, o fisicalismo é uma expressão de um "monismo filosófico cientificista" (Moreland, 2009) que é antitético ao teísmo e não requerido pela ciência. A recalcitrância do mental em face do fisicalismo é, portanto, considerada evidência da inadequação do naturalismo em comparação com o teísmo.

Jonathan Loose

REFERÊNCIAS E LEITURAS RECOMENDADAS

AYER, A. J., 1964. "The Concept of a Person", em *The Concept of a Person and Other Essays*. London: Macmillan.

BAKER, Lynne Rudder, 2000. *Persons and Bodies: A Constitution View*. Cambridge: Cambridge University Press.

BLOCK, Ned, 1980. "Troubles with Functionalism", em *Readings in the Philosophy of Psychology*, ed. Ned Block. Cambridge, MA: Harvard University Press.

CHISHOLM, Roderick M., 1957. *Perceiving: A Philosophical Study*. Contemporary Philosophy Series. Ithaca, NY: Cornell University Press.

CHURCHLAND, Paul M., 1984. *Matter and Consciousness*. Cambridge, MA: MIT Press.

DAVIDSON, D., 1970. "Mental Events", em *Essays on Actions and Events*, ed. B. Vermazen and and M. B. Hintikka. Oxford: Oxford University Press.

FEIGL, Herbert, 1958. "The 'Mental' and the 'Physical.' " em *Concepts, Theories, and the Mind-Body Problem*, ed. Herbert Feigl, Michael Scriven, and Grover Maxwell. Studies in the Philosophy of Science. Minneapolis: Minnesota University Press.

FODOR, Jerry, 1974. "Special Sciences: Or the Disunity of Science as a Working Hypothesis." *Synthese* 28:97-115.

JACKSON, Frank, 1986. "What Mary Didn't Know." *Journal of Philosophy* 83:291-95.

KIM, Jaegwon, 1998. *Mind in a Physical World*. Cambridge, MA: MIT Press.

LEWIS, D., 1986. *On the Plurality of Worlds*. Oxford: Blackwell.

MORELAND, J. P., 2009. *The Recalcitrant Imago Dei: Human Persons and the Failure of Naturalism*. London: SCM.

NAGEL, Thomas, 1974. "What Is It Like to Be a Bat?" *Philosophical Review* 4:435-50.

SMART, J. J. C., 1959. "Sensations and Brain Processes." *Philosophical Review* 68:141-56.

STOLJAR, Daniel, 2010. *Physicalism*. London: Routledge.

_____. 2015. "Physicalism", em *Stanford Encyclopedia of Philosophy*, ed. Edward N. Zalta. primavera. http://plato.stanford.edu/archives/spr2015/entries/physicalism/.

WASSERMAN, Ryan, 2004. "The Constitution Question." *Nous* 38, n. 4 (janeiro): 693-710.

FLEW, ANTONY G. N. Provavelmente o filósofo cético que escreveu mais trabalhos sérios defendendo o ateísmo do que qualquer outro estudioso da história, Antony Flew (1923-2010) nasceu em Londres em 1923. Embora ele fosse filho de um ministro metodista conservador, Flew tornou-se ateu durante os seus primeiros anos de idade.

Flew tinha um mestrado pela St. John's College, Universidade de Oxford, onde estudou com o célebre filósofo **Gilbert Ryle,** e um doutorado em literatura pela Universidade de Keele. Flew regularmente frequentava o famoso Socratic Club [Clube Socrático], fundado em Oxford por **C. S. Lewis**, um erudito que sempre estava disposto a dialogar publicamente. De fato, Flew esteve presente em fevereiro de 1948, quando Lewis e a filósofa Elizabeth Anscombe participaram do seu célebre debate.

Pouco depois de concluir seu mestrado, Flew apresentou antes ao Socratic Club o que viria a ser uma das suas obras filosóficas mais conhecidas e muitas vezes reproduzidas, *Theology and Falsification* [Teologia e falsificação] (1950). Entre seus cerca de 30 volumes, outras publicações influentes incluíram a *Hume's Philosophy of Belief* [Filosofia da crença de Hume] (1961), *God and Philosophy* [Deus e Filosofia] (1966) e *The Presumption of Atheism* [O pressuposto do ateísmo] (1976).

Durante sua carreira, Flew ensinou na *Christ Church* (Universidade de Oxford), bem como nas universidades de Aberdeen, Keele e Reading no Reino Unido, além de York, em Toronto, e em outros lugares. Sempre filósofo, os interesses de Flew migraram um pouco mais tarde em sua carreira devido aos eventos atuais para a filosofia política e moral, os quais ele pareceu nunca se cansar de abordar.

Em 2004, Flew fez o grande anúncio de que ele havia acreditado na **existência de Deus**, informando que ele tomara a decisão depois de ter se inclinado durante toda a carreira a seguir a evidência onde quer que ela o levasse. Entre seus motivos para isso, ele listou o peso da **metafísica de Aristóteles** (ver **Aristóteles**) e alguns princípios recentes do *design* **inteligente** (Flew e Habermas, 2004).

A notícia chocou grande parte da comunidade filosófica, mas especialmente os céticos, entre os quais Flew era tido como um herói. Ele também surpreendeu aqueles que pensavam que ele havia empregado por muito tempo uma rejeição *a priori* do **teísmo**. Então, em 2007, ele publicou em coautoria o livro *There Is a God: HOw the World's Most Notorious Atheist Changed His Mind* [Existe um Deus: como o ateu mais notório do mundo mudou de ideia] (Flew e Varghese, 2007), que incluiu muitos detalhes da história de sua carreira.

Flew nunca abraçou nenhuma visão reveladora, pelo menos publicamente, e identificou sua visão de forma diversificada como a do teísmo ou do **deísmo**. No entanto, ele relatou fascinantemente que estava aberto ao contato divino (ver Flew 2007, 158, 213; Flew também me afirmou que estava totalmente aberto a essa possibilidade). Ele morreu em 2010.

Gary R. Habermas

REFERÊNCIAS E LEITURAS RECOMENDADAS

Flew, Antony; Habermas, Gary R., 2004. "My Pilgrimage from Atheism to Theism: A Discussion between Antony Flew and Gary Habermas." *Philosophia Christi* 6 (2): 197-211.

Flew, Antony; Varghese, Roy Abraham, 2007. *There Is a God: How the World's Most Notorious Atheist Changed His Mind.* New York: Harper.

FLUTUAÇÃO QUÂNTICA. Alguns cientistas invocam princípios como a flutuação quântica, o **princípio da incerteza de Heisenberg**, o vácuo (nada) e energia zero para todo o cosmos, que juntos servem como uma possível imagem científica para o começo do nosso universo.

A **mecânica quântica** trata principalmente de fenômenos microscópicos — átomos, núcleos e partículas subatômicas. Nesta escala infinitesimal, a matéria age de maneira diferente do que na escala macroscópica. Em particular, o mundo determinístico das interações físicas com um resultado definido é substituído no mundo quântico microscópico por uma gama de resultados possíveis, cada um dos quais tem alguma **probabilidade** de ocorrer.

Associado a isso, está o princípio da incerteza de Heisenberg, que sustenta que certos pares de variáveis conjugadas, como momento e posição de uma partícula, ou energia e tempo decorridos para uma interação, não podem, em princípio, ser conhecidos simultaneamente com precisão arbitrária. Este princípio permite que os pares partícula-antipartícula (partículas virtuais) apareçam por breves momentos e depois desapareçam, aparentemente, do vácuo espaço-tempo do nosso universo. Este princípio também foi invocado por alguns cientistas como a chave para a questão do que aconteceu no início do nosso universo, de acordo com a teoria inflacionária cosmológica.

Uma maneira de imaginar isso é o seguinte exemplo simples. Pense em uma tigela lisa feita na forma de um segmento de uma esfera fina, com um mármore descansando na parte inferior. Quando o mármore parar de se mover, ele permanecerá em repouso na parte inferior. Nenhuma surpresa. Substitua o mármore por uma partícula microscópica, talvez um próton no fundo da tigela. Um exame minucioso revela que não estará exatamente em repouso (resultando em uma determinação precisa de sua posição) devido à verdade descrita pelo princípio da incerteza. Em vez disso, sofrerá algum movimento agitado aleatório e, portanto, exibirá alguma energia de movimento. Isso é chamado de *energia de ponto zero*, e se a tigela for pequena o suficiente, a energia pode ser enorme, o suficiente para iniciar o cosmos através de um *big bang* e, assim, resultar nas partículas iniciais do universo sendo formado. Movimento de energia de ponto zero é uma flutuação de vácuo chamada *flutuação quântica*, e é uma parte importante das ideias atuais na física da cosmologia que explicam como o universo surgiu em um vácuo cuja energia total era zero.

Atualmente, esta é uma proposição especulativa, mas se for demonstrada ser provável, será um exemplo de uma teoria normalmente útil para fenômenos microscópicos aplicados ao cosmos, claramente uma entidade macroscópica. E há a questão de saber se essa ideia está em consonância com a compreensão teológica da **criação**. Um problema com esta proposta é que todas as flutuações quânticas conhecidas aparecem dentro do tecido espaço-temporal do nosso universo, e não se sabe se fenômenos similares podem ser produzidos à parte desta estrutura.

Richard F. Carlson

REFERÊNCIAS E LEITURAS RECOMENDADAS

Copan, Paul; Craig, William Lane, 2004. *Creation Out of Nothing: A Biblical, Philosophical, and Scientific Exploration.* Grand Rapids: Baker.

Davies, Paul, 1992. *The Mind of God.* New York: Simon & Schuster.

Isham, C. J., 1988. "Creation of the Universe as a Quantum Process", em *Physics, Philosophy and Theology: A Common Quest for Understanding.* Eds. Robert John Russell, William R. Stoeger e George V. Coyne. Notre Dame, IN: Notre Dame Press.

Polkinghorne, John, 2002. *Quantum Theory: A Very Short Introduction.* Oxford: Oxford University Press.

Strassler, Matt, 2012. "Of Particular Significance: Quantum Fluctuations and Their Energy." Abr. Acessado em 27/9/2016. http://facebook.com/ProfMattStrassler.

⌗FÓSSEIS HOMINÍDEOS (teoria da origem única). Os paleoantropólogos descobriram uma impressionante diversidade de fósseis hominídeos ao longo do século passado, levando a numerosas afirmações de que nossa própria **espécie**, o *Homo sapiens*, é descendente de ancestrais semelhantes aos símios. No entanto, os fósseis hominídeos geralmente se enquadram em um dos dois grupos: espécies simiescas e espécies semelhantes a humanos, com uma grande lacuna sem conexões entre elas. Não há, indubitavelmente, fósseis documentando a transição de hominídeos simiescos para membros humanoides do gênero *Homo*.

O registro fóssil fragmentados de Hominídeos

A terminologia em paleoantropologia é algumas vezes usada inconsistentemente, o que pode causar confusão.

Estritamente falando, os hominídeos são membros da família *Hominidae*, que inclui os grandes símios, os seres humanos e quaisquer organismos que remontam ao suposto ancestral comum mais recente. No entanto, "hominídeo" também é frequentemente usado como sinônimo de "hominino", que significa quaisquer organismos no ramo que incluam humanos, remontando ao nosso mais recente suposto ancestral comum com os chimpanzés (*Pan*) e excluindo o ramo que levou a chimpanzés. Seguindo White et al. 2009, este ensaio definirá "hominídeo" no último sentido.

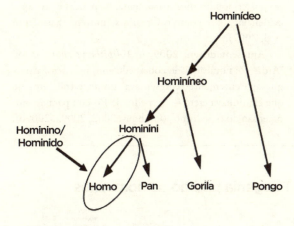

Figura 1. Definição de hominídeo

O registro fóssil dos hominídeos é fragmentado em múltiplos sentidos, dificultando o fortalecimento de qualquer explicação evolutiva das origens humanas.

Primeiro, o registro em si é fragmentado. Fósseis hominídeos são raros e existem longos períodos de tempo para os quais existem poucos fósseis (Gibbons, 2002, 2011a; Kimbel, 2013). São tão escassos os dados que, segundo **Richard Lewontin** (1995), "Quando consideramos o passado remoto, antes da origem da espécie atual *Homo sapiens*, nos deparamos com um registro fóssil fragmentado e desconectado. Apesar das alegações animadas e otimistas feitas por alguns paleontólogos, nenhuma espécie de hominídeo fóssil pode ser estabelecida como nosso ancestral direto".

Da mesma forma, uma grande revisão de 2015 sobre a evolução de hominídeos lamenta "a escassez de evidências inequívocas para linhagens descendentes de ancestrais" e admite: "A sequência evolucionária para a maioria das linhagens de hominídeos é desconhecida. A maioria dos táxons hominídeos, particularmente os hominídeos primitivos, não tem ancestrais óbvios e, na maioria dos casos, sequências ancestrais-descendentes (séries temporais fósseis) não podem ser construídas de maneira confiável" (Wood e Grabowski, 2015).

Um segundo desafio é a natureza fragmentada dos próprios espécimes. A grande maioria dos espécimes de hominídeos consiste em alguns fragmentos ósseos, tornando difícil tirar conclusões definitivas sobre sua morfologia, seu comportamento e seus relacionamentos. Como observou Stephen Jay Gould, "a maioria dos fósseis hominídeos, embora sirvam de base para especulações intermináveis e narrativas elaboradas, são fragmentos de mandíbulas e restos de crânios" (Gould, 1980).

Uma terceira dificuldade é reconstruir com precisão o comportamento, a inteligência ou a morfologia interna de organismos extintos (De Waal, 2001). O famoso antropólogo físico de Harvard, Earnest Hooton, alertou, de maneira presciente, que "alegações de restaurações de tipos antigos de homens têm muito pouco valor científico e provavelmente só enganam o público" (Hooton, 1946).

Por causa dos dados fragmentados e da natureza emocional do tópico das origens humanas, o campo da paleoantropologia evolutiva em si é fragmentado. Um artigo na revista *Science* intitulado "The Politics of Paleoanthropology" [A política da paleoantropologia] reconhece que "a principal evidência científica" usada "para construir a história evolutiva do homem" é "extremamente insignificante" e "um conjunto de ossos lamentavelmente pequenos", tornando "difícil separar o pessoal das disputas científicas que se desenrolam no campo" (Holden, 1981). Henry Gee descreve a situação da seguinte maneira: "As evidências fósseis da história evolutiva humana são fragmentárias e abertas a várias interpretações" (Gee 2001).

A história padrão das origens evolutivas humanas

Apesar dos desacordos e das controvérsias generalizados, um relato padrão das origens humanas é recontado em inúmeros livros didáticos, exposições de museus e artigos de mídia. A seguir, retratamos uma filogenia típica dos hominídeos.

Começando com os primeiros hominídeos na parte inferior esquerda da figura 2 e subindo pelos australopitecos, e, depois, para os membros do gênero *Homo*, este ensaio revisará evidências fósseis importantes e constatará que elas não apoiam a alegação de que os seres humanos evoluíram de precursores de forma simiesca. Muitos, se não a maioria dos cientistas citados neste ensaio, aceitam alguns relatos evolutivos das origens humanas, mas suas opiniões sobre partes cruciais dessa história mostram que essa história padrão tem muitos problemas científicos. Isso não é meramente crítica por causa da crítica. Como será demonstrado, em uma parte crucial da árvore evolucionária padrão — precisamente onde surgem os membros humanos do *Homo* —, vemos uma ruptura distinta na evidência fóssil que falha em mostrar que os seres humanos evoluíram a partir de criaturas simiescas.

Hominídeos primitivos

O *Sahelanthropus tchadensis* (o "crânio de Toumai") é conhecido apenas a partir de um crânio e alguns fragmentos de mandíbula de 6 a 7 milhões de anos atrás, mas ele é chamado de hominídeo mais antigo que se encontra na linhagem humana. Nem todo mundo concorda. Quando o fóssil foi relatado pela primeira vez, alguns pesquisadores sugeriram que era um crânio de gorila (BBC News, 2002). Um artigo da revista *Nature* relaciona o espécime com chimpanzés e gorilas, chamando o *Sahelanthropus* de "um símio" (Wolpoff et al. 2002).

Orrorin tugenensis era um primata do tamanho de um chimpanzé conhecido por "uma variedade de fragmentos ósseos", incluindo pedaços do braço, coxa e mandíbula, bem como alguns dentes (Potts e Sloan, 2010). Apesar dos relatos iniciais que o chamavam de "o ancestral mais conhecido da família humana" capaz de locomoção bípede (caminhada ereta) (Wilford, 2001), um comentário posterior admitiu: "Atualmente, há poucas e preciosas evidências sobre como o Orrorin se moveu" (Sarmiento et al. 2007).

Apresentado em 2009, o *Ardipithecus ramidus*, ou "Ardi", foi nomeado "descoberta do ano" pela *Science* porque aparentemente representava um ancestral humano que caminhava ereto — a "pedra de Rosetta para a compreensão do bipedismo" (Gibbons, 2002, 2009a, 2009b).

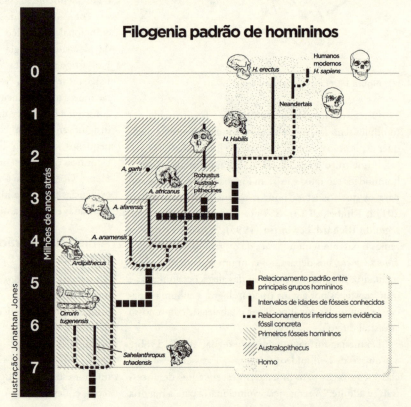

Figura 2. Uma filogenia padrão de hominídeos/homininos. (Gibbons, 2009b; Leakey e Walker, 2003; Potts e Sloan, 2010; Zimmer, 2005)

Alegações sobre a locomoção bípede exigem medições precisas de ossos-chave como a pelve, mas vários artigos relataram que os ossos de Ardi eram "calcários", "distorcidos", "esmagados em pedacinhos", "tão frágeis que se transformariam em pó em um toque" e demandaria uma "extensa reconstrução digital" (Gibbons, 2002; Lemonick e Dorfman, 2009; Shreeve, 2009). Em particular, a pelve de Ardi inicialmente "parecia um ensopado de carne e vegetais" (Lemonick e Dorfman 2009). Após reanálises morfológicas e cladísticas, os paleoantropólogos contestaram as alegações da bipedalidade de Ardi, e não há consenso de que ele tenha sido um ancestral humano (Gibbons, 2009b; Harrell, 2010; New York University, 2011; Sarmiento, 2010; Sarmiento e Meldrum, 2011; Wilford, 2010; Wood e Harrison, 2011). Um paleoantropólogo "considera que o entusiasmo em torno de Ardi foi exagerado" (Harrell, 2010).

Os *Australopithecus*

Australopithecus (literalmente "símio do sul") é um gênero de hominídeos extintos que viveu na África de cerca de 1-4 milhões de anos atrás. Enquanto a maioria dos paleoantropólogos evolucionistas acredita que os australopitecos eram ancestrais dos humanos, permanece a controvérsia sobre se eles eram ancestrais do *Homo* que andam eretos.

As quatro espécies de *Austrolopithecus* mais comumente aceitas são *afarensis*, *africanus*, *robustus* e *boisei*. *Robustus* e *boisei* têm ossos maiores, e acredita-se que pertençam a uma linhagem extinta. As formas "graciosas" menores, *africanus* e *afarensis* (que incluem o famoso fóssil "Lucy"), viveram mais cedo e são muitas vezes considerados ancestrais dos seres humanos.

Lucy é um dos fósseis mais completos de hominídeos pré-*Homo* conhecidos, embora apenas 40% de seu esqueleto tenha sido encontrado. Geralmente, alega-se que ela tenha sido um hominídeo bípede com uma cabeça parecida com um chimpanzé — um precursor ideal para os humanos —, mas há boas razões para o ceticismo.

Muitos afirmaram que a pelve de Lucy apoia a locomoção bípede, mas seus descobridores relataram que ela foi "muito machucada", com "distorções" e "rachaduras" (Johanson et al. 1982), e um artigo argumenta que sua pelve parece ser humana por causa de "erro na reconstrução" (Marchal, 2000). A falta de dados fósseis impede conclusões firmes sobre o modo de locomoção de Lucy (Abitbol, 1995). Um artigo da *Nature* descobriu que grande parte de seu corpo era "bastante simiesco", com ossos das mãos indicando que ela "andava sobre os nódulos dos dedos das mãos, como os chimpanzés e gorilas fazem hoje" (Collard e Aiello, 2000).

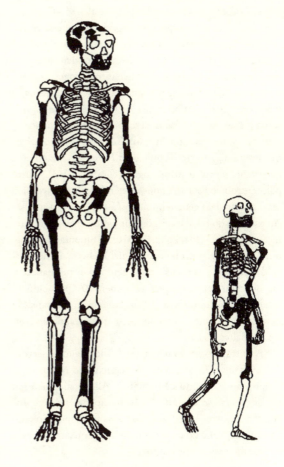

Figura 3. Uma comparação entre o *Australopithecus* (à direita) e o *Homo* mais antigos (à esquerda). Ossos sombreados são aqueles que foram encontrados.

Ilustração da figura 1, John Hawks et. al, "Gargalos da população e evolução humana do Pleistoceno", Biologia Molecular e Evolução, copyright 2000, 17 (1):2-22, com permissão da Molecular Biology and Evolution.

Outro artigo da *Nature* descobriu que o esqueleto do *Austrolopithecus* é mais parecido com o de um orangotango e questionou se "qualquer um dos *Autrolopithecus* é uma parte direta da ancestralidade humana" (Oxnard, 1975). Ao todo, vários estudos descobriram que os braços,

342 FÓSSEIS HOMINÍDEOS (teoria da origem única)

ossos da mão, abdômen, dedos, ombros, o modo de andar, tamanho do cérebro, dedos dos pés, tórax, dentes, canais do ouvido interno, padrões de desenvolvimento e hábitos ecológicos dos *Austrolopithecus* são distintos dos humanos e mais semelhantes a símios (Collard e Aiello, 2000; Leakey e Lewin, 1993; Spoor et al. 1994).

Alguns sustentam que uma espécie descoberta recentemente, *Australoepithecus sediba*, foi ancestral do *Homo* (Pickering et al. 2011). Os críticos respondem que posterga a aparição do *Homo*, e paleoantropólogos proeminentes duvidam que tenha sido um ancestral humano (Gibbons, 2011a; White, 2013). Um estudo da *Nature* sobre a anatomia do *sediba* descobriu que não era ancestral dos humanos, concluindo: "Os eventos evolutivos que levaram à origem da linhagem *Homo* são um enigma persistente na paleoantropologia" (Kimbel, 2013). Outro paleoantropologista chamou-o de "muito primitivo para ser o ancestral do gênero humano *Homo*" e advertiu que a "descoberta do fóssil é cercada por entusiasmo e interpretação excessiva" (Macknight, 2010). Comentando sobre o *sediba*, o paleoantropólogo Daniel Lieberman, de Harvard, declarou: "As origens do gênero *Homo* permanecem tão obscuras como sempre" (Zimmer, 2010), e Donald Johanson (descobridor de Lucy) lamentou: "A transição para o *Homo* continua sendo quase que totalmente confusa." (Balter, 2010).

A antropóloga evolucionária Leslie Aiello observou: "Os *Austrolopithecus* são como macacos, ao passo que o grupo *Homo* é como os humanos. Algo maior ocorreu quando o *Homo* evoluiu, e não foi apenas no cérebro" (Leakey e Lewin, 1993). A maior coisa foi o aparecimento abrupto do plano do corpo humano, sem precursores evolutivos diretos, no registro fóssil.

Uma teoria do *big bang* do *Homo*

Se os seres humanos evoluíram de criaturas simiescas, quais foram as espécies de transição entre os hominídeos simiescos já discutidos e os membros verdadeiramente humanos do gênero *Homo*? Não há bons candidatos fósseis.

Muitos citaram o *Homo habilis*, datado de aproximadamente 1,9 milhão de anos como uma espécie de transição entre os *Austrolopithecus* e nosso gênero *Homo*, mas, cronologicamente, o *habilis* não pode ser um "elo", porque posterga as mais antigas evidências fósseis do verdadeiro *Homo*, de cerca de 2 milhões de anos (Spoor et al., 2007).

Análises morfológicas confirmam ainda que o *habilis* é um improvável candidato a um "intermediário" entre o *Australopithecus* e o *Homo*. Uma revisão oficial na *Science* descobriu que o *habilis* é diferente do *Homo* em termos de tamanho corporal, forma do corpo, locomoção, mandíbula, dentes, padrões de desenvolvimento e tamanho do cérebro, e deve ser reclassificado dentro do *Australopithecus* (Wood e Collard, 1999). Outro artigo observou que o *habilis* "amadureceu e se moveu menos como um humano e mais como um *Austrolopithecus*", com uma faixa dietética "mais parecida com a de Lucy" (Gibbons, 2011b). Uma análise dos canais auditivos do *habilis* descobriu que seu crânio é mais semelhante ao dos babuínos e sugeriu que "dependia menos do comportamento bípede do que os *Austrolopithecus*", tornando-o "um intermediário improvável" (Spoor et al. 1994). Outro estudo descobriu que o *habilis* era *mais* semelhante aos símios vivos do que os *Austrolopithecus* como Lucy, e concluiu: "É difícil aceitar uma sequência evolutiva na qual o *Homo habilis*, com adaptações locomotoras menos humanas, é intermediário entre o *Australopithecus afaren[s]is*... e o *Homo erectus* totalmente bípede" (Hartwig-Scherer e Martin, 1991).

Um coautor chamou esses resultados de "inesperados em vista de relatos anteriores do *Homo habilis* como um elo entre *Austrolopithecus* e humanos" (Hartwig-Scherer, 1998).

Sem o *habilis* como intermediário, é difícil encontrar fósseis hominídeos para servir como formas de transição direta entre os *Austrolopithecus* e o *Homo*. Em vez disso, o registro fóssil mostra mudanças dramáticas e abruptas que correspondem ao surgimento do *Homo*.

Um estudo de ossos pélvicos propôs "um período de evolução muito rápida, correspondente à **emergência do gênero *Homo***" (Marchal, 2000). Da mesma forma, cerca de 2 milhões de anos atrás, "a capacidade craniana no *Homo* iniciou uma trajetória dramática" que resultou em uma "duplicação aproximada do tamanho do cérebro" (Falk, 1998). Wood e Collard (1999) descobriram que apenas um único traço de uma espécie de hominídeo se qualificava como "intermediário" entre o *Austrolopithecus* e o *Homo*: o tamanho do cérebro do *Homo erectus*. No entanto, o tamanho do cérebro é um traço complexo, muitas vezes não relacionado à inteligência e de significado evolutivo pouco claro (Deacon, 1997; Molnar, 2002; Wood e Collard, 1999). Alguns crânios de tamanho intermediário fazem pouco para sustentar a **evolução humana**.

FÓSSEIS HOMINÍDEOS (teoria da origem única) 343

Um artigo no *Journal of Molecular Biology and Evolution* descobriu que o *Homo* e o *Australopithecus* diferem significativamente no tamanho do cérebro, função dentária, aumento do reforço craniano, aumento da altura do corpo, alterações visuais e respiratórias, e afirmou: "Nós, como muitos outros, interpretamos a evidência anatômica para mostrar que o *H. sapiens* inicial era significativa e dramaticamente diferente do […] *Austrolopithecus* em virtualmente todos os elementos de seu esqueleto e em cada remanescente de seu comportamento" (Hawks et al. 2000).

Observando essas muitas mudanças, o estudo chamou a origem dos humanos de "uma aceleração real da mudança evolutiva do ritmo mais lento da evolução do *Austrolopithecus*" e afirmou que tal transformação teria incluído mudanças radicais: "A anatomia das mais antigas amostras de *H. sapiens* indica modificações significativas do genoma ancestral e não é simplesmente uma extensão das tendências evolutivas em uma linhagem de *Austrolopithecus* anterior. Essas rápidas mudanças são denominadas "uma revolução genética", onde "nenhuma espécie de *Australopithecus* é obviamente transitória" (Hawks et. al, 2000).

Três paleoantropólogos de Harvard confirmam a falta de evidências para uma transição do *Australopithecus* para o *Homo*: "A transição do *Australopithecus* para o *Homo* foi, sem dúvida, uma das mais críticas em sua magnitude e consequências. Como acontece com muitos eventos evolutivos importantes, há boas e más notícias. Primeiro, a má notícia é que muitos detalhes dessa transição são obscuros em virtude da escassez de registros fósseis e arqueológicos" (Lieberman et al. 2009).

Quanto às boas novas, os autores admitem: "Embora não tenhamos muitos detalhes sobre exatamente como, quando e onde ocorreu a transição do *Australopithecus* para o *Homo*, temos dados suficientes de antes e depois da transição para fazer algumas inferências sobre a natureza geral das principais mudanças que ocorreram" (Lieberman et al. 2009). Essencialmente, o registro fóssil mostra *Austrolopithecus* simiescos ("antes") e *Homo* humanoides ("depois"), mas não fósseis que documentam uma transição entre eles. Na ausência de intermediários, ficamos com inferências de uma transição baseada estritamente na suposição de evolução — que uma transição não documentada deve ter ocorrido de alguma forma, em algum momento e em algum lugar.

Da mesma forma, o biólogo evolucionista Ernst Mayr reconheceu nossa aparição abrupta: "Os primeiros fósseis de *Homo*, *Homo rudolfensis* e *Homo erectus* são separados do *Austrolopithecus* por uma grande lacuna sem ligação. Como podemos explicar esse aparente salto? Não tendo fósseis que possam servir como elos perdidos, temos de recorrer ao método tradicionalmente consagrado pela ciência histórica, a construção de uma narrativa histórica" (Mayr, 2004).

A evidência mostra uma aparência de "*big bang*" do nosso gênero *Homo* no registro fóssil dos *hominídeos* (University of Michigan News Service, 2000).

Todos na família

Em contraste com os *Austrolopithecus*, os principais membros do *Homo* — como o *erectus* e os neandertais (*Homo Neanderthalensis*) — são muito semelhantes aos humanos modernos. Vários paleoantropólogos os classificaram como membros de nossa própria espécie, *Homo sapiens* (Hawks et al. 2000; Luskin, 2012). *Homo erectus* significa "homem em pé" e, abaixo do pescoço, eram extremamente semelhantes aos humanos modernos (Hartwig-Scherer e Martin, 1991). Embora o tamanho médio do cérebro do *Homo erectus* seja menor que o dos humanos modernos, ele está bem dentro da faixa da variação humana normal (Luskin, 2012; Molnar, 1998; Wood e Collard, 1999). Donald Johanson sugere que, se os *erectus* estivessem vivos hoje, poderiam se reproduzir com os humanos modernos, e nós seríamos membros da mesma espécie (Johanson e Edey, 1981).

Embora os neandertais tenham sido estereotipados como trapalhões, precursores primitivos dos humanos modernos, eles eram tão parecidos conosco que, se um neandertal descesse a rua, você provavelmente não notaria as diferenças. A forma do corpo neandertal estava "dentro da faixa de variação vista nos humanos modernos" (Wood e Collard, 1999), e seu tamanho médio do cérebro era, na verdade, um pouco maior do que os humanos modernos (Molnar, 2002). O paleoantropólogo Erik Trinkaus argumenta: "Eles podem ter tido supercílios maiores, narizes mais largos ou estruturas mais encorpadas, mas comportamental, social e reprodutivamente eles eram apenas pessoas" (Lemonick, 1999). O arqueólogo Francesco d'Errico concorda: "Os neandertais usavam **tecnologia** tão avançada quanto a dos humanos anatomicamente modernos contemporâneos e usavam o

FÓSSEIS HOMINÍDEOS (teoria da origem única)

simbolismo da mesma maneira" (Alper 2003). Enquanto alguns paleoantropólogos discordam, a presença de esqueletos do "mosaico morfológico" sugere que os neandertais e os humanos modernos "são membros da mesma espécie que se cruzaram livremente" (Trinkaus e Duarte 2003). Ao contrário das percepções populares, os neandertais não mostram que estamos relacionados a algumas espécies não humanas.

Segundo Siegrid Hartwig-Scherer, as diferenças entre esses membros humanoides do gênero *Homo* podem ser explicadas como efeitos microevolutivos da "variação de tamanho, estresse climático, deriva genética e expressão diferencial de genes [comuns]" (Hartwig-Scherer, 1998). Essas diferenças de pequena escala não demonstram humanos evoluindo de criaturas simiescas mais primitivas.

Conclusão

Enquanto o registro fóssil dos hominídeos é marcado por fósseis incompletos e fragmentados, as evidências mostram que nosso gênero *Homo* aparece abruptamente, sem formas transicionais de espécies simiescas. Membros não ambíguos do gênero *Homo* são muito semelhantes aos humanos modernos, e suas diferenças implicam mudanças microevolutivas em pequena escala. A visão evolutiva neodarwiniana padrão de que os humanos evoluíram a partir de ancestrais simiescos requer inferências que vão além da evidência e não são apoiadas pelo registro fóssil dos hominídeos.

É claro que há espaço para um desacordo saudável entre os cristãos sobre essas questões, mas os criacionistas evolucionistas e os evolucionistas teístas que acreditam que os humanos evoluíram de espécies simiescas deveriam moderar sua retórica à luz das evidências e usar cautela e humildade em vez de simplesmente adotar a visão evolucionária padrão e, então, inflexivelmente afirmar que a Igreja deveria aceitá-la.

Casey Luski

REFERÊNCIAS E LEITURAS RECOMENDADAS

ABITBOL, M. Maurice, 1995. "Lateral View of *Australopithecus Afarensis*: Primitive Aspects of Bipedal Positional Behavior in the Earliest Hominids." *Journal of Human Evolution* 28:211-29.

AGUIRRE, Emilio, 1994. "*Homo Erectus* and *Homo Sapiens*: One or More Species?" em *100 Years of Pithecanthropus: The Homo Erectus Problem 171 Courier Forschungsinstitut Senckenberg*, ed. Jens Lorenz, 333-39. Frankfurt: Courier Forschungsinstitut Senckenberg.

ALPER, Joe, 2003. "Rethinking Neanderthals." *Smithsonian*. junho. www.smithsonianmag.com/science-nature/rethinking-neanderthals-83341003/.

BALTER, Michael, 2010. "Candidate Human Ancestor from South Africa Sparks Praise and Debate." *Science* 328:154-55.

BBC NEWS, 2002. "Skull Find Sparks Controversy." *BBC News*, 12 de julho. http://news.bbc.co.uk/2/hi/science/nature/2125244.stm.

CLARKE, Ronald J.; Tobias, Phillip V., 1995. "Sterkfontein Member 2 Foot Bones of the Oldest South African Hominid." *Science* 269:521-24.

COLLARD, Mark; Aiello, Leslie C., 2000. "From Forelimbs to Two Legs." *Nature* 404:339-40.

DEACON, Terrence W., 1997. "What Makes the Human Brain Different?" *Annual Review of Anthropology* 26:337-57.

DE WAAL, Frans B. M., 2001. "Apes from Venus: Bonobos and Human Social Evolution", em *Tree of Origin: What Primate Behavior Can Tell Us about Human Social Evolution*, ed. Frans B. M. de Waal, 39-69. Cambridge, MA: Harvard University Press.

FALK, Dean, 1998. "Hominid Brain Evolution: Looks Can Be Deceiving." *Science* 280:1714.

GEE, Henry, 2001. "Return to the Planet of the Apes." *Nature* 412:131-32.

GIBBONS, Ann. 2002. "In Search of the First Hominids." *Science* 295:1214-19.

_____. 2009a. "Breakthrough of the Year: *Ardipithecus ramidus*." *Science* 326:1598-99.

_____. 2009b. "A New Kind of Ancestor: *Ardipithecus* Unveiled." *Science* 326:36-40.

_____. 2011a. "Skeletons Present an Exquisite Paleo-Puzzle." *Science* 333:1370-72.

_____. 2011b. "Who Was *Homo Habilis* — and Was It Really *Homo*?" *Science* 332:1370-71.

GOULD, Stephen Jay, 1980. *The Panda's Thumb: More Reflections in Natural History*. New York: W. W. Norton.

HARRELL, Eben, 2010. "Ardi: The Human Ancestor Who Wasn't?" *Time*. 27 de maio. http://content.time.com/time/health/article/0,8599,1992115,00.html.

HARTWIG-SCHERER, Sigrid, 1998. "Apes or Ancestors?" em *Mere Creation: Science, Faith and Intelligent Design*, ed. William Dembski, 212-35. Downers Grove, IL: InterVarsity.

HARTWIG-SCHERER, Sigrid; Martin, Robert D.. 1991. "Was 'Lucy' More Human Than Her 'Child'? Observations on Early Hominid Postcranial Skeletons." *Journal of Human Evolution* 21:439-49.

HAWKS, John; Hunley, Keith; Lee, Sang-Hee; Wolpoff, Milford, 2000. "Population Bottlenecks and Pleistocene Human Evolution." *Journal of Molecular Biology and Evolution* 17 (1): 2-22.

HOLDEN, Constance, 1981. "The Politics of Paleoanthropology." *Science* 213:737-40.

HOOTON, Earnest Albert, 1946. *Up from the Ape*. Rev. ed. New York: Macmillan. Johanson, Donald C. e Maitland Edey. 1981. *Lucy: The Beginnings of Humankind*. New York: Simon & Schuster.

JOHANSON, Donald C.; Lovejoy, C. Owen; Kimbel, William H.; White, Tim D.; Ward, Steven C.; Bush, Michael E.; Latimer, Bruce M.; Coppens, Yves. 1982. "Morphology of the Pliocene Partial Hominid Skeleton (A.L. 288-1) from the Hadar Formation, Ethiopia." *American Journal of Physical Anthropology* 57:403-51.

KIMBEL, William H, 2013. "Hesitation on Hominin History." *Nature* 497:573-74.

LEAKEY, Meave, and Alan Walker. 2003. "Early Hominid Fossils from Africa." *Scientific American* 13 (2): 14-19.

LEAKEY, Richard; Lewin, Roger; 1993. *Origins Reconsidered: In Search of What Makes Us Human*. New York: Anchor.

LEMONICK, Michael D., 1999. "A Bit of Neanderthal in Us All?" *Time*. 25 de abrl. http://content.time.com/time/magazine/article/0,9171,23543,00.html.

LEMONICK, Michael D.; Dorfman, Andrea, 2009. "Ardi Is a New Piece for the Evolution Puzzle." *Time*. 1 de outubro. http://content.time.com/time/printout/0,8816,1927289,00.html.

LEWONTIN, Richard, 1995. *Human Diversity*. New York: Scientific American Library.

LIEBERMAN, Daniel E.; Pilbeam, David R.; Wrangham, Richard W., 2009. "The Transition from *Australopithecus* to *Homo*", em *Transitions in*

Prehistory: Essays in Honor of Ofer Bar-Yosef, ed. John J. Shea and Daniel E. Lieberman, 1-22. Cambridge: Oxbow Books.

LUSKIN, Casey, 2012. "Human Origins and the Fossil Record." In Douglas Axe, Ann Gauger, and Casey Luskin, *Science and Human Origins*. Seattle: Discovery Institute Press.

MACKNIGHT, Hugh; 2010. "Experts Reject New Human Species Theory." *The Independent*. 8 de abril. www.independent.co.uk/news/science/experts-reject-new-human-species-theory-1939512.html.

MARCHAL, François, 2000. "A New Morphometric Analysis of the Hominid Pelvic Bone." *Journal of Human Evolution* 38:347-65.

MAYR, Ernst, 2004. *What Makes Biology Unique? Considerations on the Autonomy of a Scientific Discipline*. Cambridge: Cambridge University Press.

MOLNAR, Stephen, 1998. *Human Variation: Races, Types, and Ethnic Groups*. 4th ed. Upper Saddle River, NJ: Prentice Hall.

_____. 2002. *Human Variation: Races, Types, and Ethnic Groups*. 5th ed. Upper Saddle River, NJ: Prentice Hall.

NEW YORK UNIVERSITY, 2011. "Fossils May Look Like Human Bones: Biological Anthropologists Question Claims for Human Ancestry." *ScienceDaily*. 16 de fevereiro. www.sciencedaily.com/releases/2011/02/110216132034.htm. Oxnard, C. E. 1975. "The Place of the Australopithecines in Human Evolution: Grounds for Doubt?" *Nature* (December 4): 389-95.

PICKERING, Robyn; Dirks, Paul H. G. M.; Jinnah, Zubair, et al. 2011. "*Australopithecus sediba* at 1.977 Ma and Implications for the Origins of the Genus *Homo*." *Science* 333:1421-23.

POTTS, Richard; Sloan, Christopher, 2010. *What Does It Mean to Be Human?* Washington, DC: National Geographic.

RICHMOND, Brian G.; Strait, David S., 2000. "Evidence That Humans Evolved from a Knuckle-Walking Ancestor." *Nature* 404:382-85.

SARMIENTO, Esteban E, 2010. "Comment on the Paleobiology and Classification of *Ardipithecus ramidus*." *Science* 328:1105b.

SARMIENTO, E. E.; Meldrum, D. J., 2011. "Behavioral and Phylogenetic Implications of a Narrow Allometric Study of *Ardipithecus Ramidus*." *HOMO: Journal of Comparative Human Biology* 62:75-108.

SARMIENTO, Esteban E.; Sawyer, Gary J.; Milner, Richard, 2007. *The Last Human: A Guide to Twenty-Two Species of Extinct Humans*. New Haven, CT: Yale University Press.

SHREEVE, Jamie, 2009. "Oldest Skeleton of Human Ancestor Found." *National Geographic*. October 1. http://news.nationalgeographic.com/news/2009/10/091001-oldest-human-skeleton-ardi-missing-link-chimps-ardipithecus-ramidus.html.

SPOOR, F.; Leakey, M. G.; Gathogo, P. N., et al. 2007. "Implications of New Early *Homo* Fossils from Ileret, East of Lake Turkana, Kenya." *Nature* 448:688-91.

SPOOR, Fred; Wood, Bernard; Zonneveld, Frans, 1994. "Implications of Early Hominid Labyrinthine Morphology for Evolution of Human Bipedal Locomotion." *Nature* 369:645-48.

TATTERSALL, Ian, 1992. "The Many Faces of *Homo Habilis*." *Evolutionary Anthropology* 1:33-37.

_____. 2000. "Once We Were Not Alone." *Scientific American* (janeiro de 1): 55-62. Tattersall, Ian, and Jeffrey H. Schwartz. 2009. "Evolution of the Genus *Homo*." *Annual Review of Earth and Planetary Sciences* 37:67-92.

TRINKAUS, Erik; Duarte, Cidália, 2003. "The Hybrid Child from Portugal." *Scientific American* (August): 32.

UNIVERSITY OF MICHIGAN NEWS SERVICE, 2000. "New Study Suggests Big Bang Theory of Human Evolution." University of Michigan News Service. 10 de janeiro. http://ns.umich.edu/Releases/2000/Jan00/r011000b.html.

WALKER, Alan, 1993. "The Origin of the Genus *Homo*", em The Origin and Evolution of Humans and Humanness, ed. D. Tab Rasmussen, 29-48. Boston: Jones and Bartlett.

WHITE, Tim, 2013. "Five's a Crowd in Our Family Tree." Current Biology 23: R112-15.

WHITE, Tim D.; Asfaw, Berhane; Beyene, Yonas, et al. 2009. "Ardipithecus ramidus and the Paleobiology of Early Hominids." Science 326:75-86.

WILFORD, John Noble, 2001. "On the Trail of a Few More Ancestors." New York Times. 8 de abril. www.nytimes.com/2001/04/08/world/on-the-trail-of-a-few-more-ancestors.html.

_____. 2010. "Scientists Challenge 'Breakthrough' on Fossil Skeleton." New York Times. May 27. www.nytimes.com/2010/05/28/science/28fossil.html.

WOLPOFF, Milford H.; Senut, Brigitte; Pickford, Martin; Hawks, John, 2002. "Sahelanthropus or 'Sahelpithecus'?" Nature 419:581-82.

WOOD, Bernard, 2002. "Hominid Revelations from Chad." Nature 418:133-35. Wood, Bernard, and Mark Collard. 1999. "The Human Genus." 1999. Science 284:65-71.

WOOD, Bernard; Grabowski, Mark, 2015. "Macroevolution in and around the Hominin Clade." Macroevolution: Explanation, Interpretation and Evidence, ed. Serrelli Emanuele and Nathalie Gontier, 347-76. Heidelberg: Springer-Verlag.

WOOD, Bernard; Harrison, Terry, 2011. "The Evolutionary Context of the First Hominins." Nature 470:347-52.

ZIMMER, Carl, 2005. Smithsonian Intimate Guide to Human Origins. Toronto: Madison Books.

_____. 2010. "Yet Another 'Missing Link.'" Slate. April 8. www.slate.com/articles/health_and_science/science/2010/04/yet_another_missing_link.2.html.

⚥FÓSSEIS HOMINÍDEOS (teoria evolucionista).

O **registro fóssil** de nosso surgimento da linhagem dos grandes macacos é encontrado na África. Lá, foram encontradas uma variedade de restos esqueletais fossilizados de muitas **espécies** de transição que ilustram as características da mudança de andar em quatro pernas para duas, de usar antebraço para balançar as árvores para usá-las para a manipulação finamente ajustada de objetos, desde pequenos cérebros até grandes, e do rosto de um macaco para as características faciais de um ser humano.

No entanto, uma coisa é identificar características de transição no registro fóssil, outra é mostrar que sua existência foi cronometrada de uma maneira consistente com uma sequência progressiva do símio para o humano. Em nenhum lugar o momento progressivo das transições é mais bem documentado do que no Grande Vale do Rift, no nordeste da África, onde hoje estão a Etiópia, o Quênia e a Tanzânia. Esse vale surgiu por meio da ação de divisão geológica causada por duas placas continentais que se deslocaram umas das outras por milhões de anos. O vale resultante ainda está sujeito a inundações, assim como ocorreu durante todo esse período, e os animais ainda ficam presos no sedimento de inundação lamacenta, assim como tem ocorrido por milhões de anos. Depois que seus corpos se deterioram dentro dessa lama, o resíduo esquelético resultante, se inalterado, é cimentado no lugar; e, à medida que o sedimento continua a se endurecer nos futuros milênios, eles se tornarão os fósseis de amanhã.

A idade dos fósseis pode ser prontamente determinada por outra característica geológica única da região. A

346 FÓSSEIS HOMINÍDEOS (teoria evolucionista)

instabilidade geológica causada pelas placas continentais deslizantes resulta em erupções vulcânicas frequentes, e essa atividade esporádica produz camadas precisas de cinzas embutidas no sedimento, assim como os fósseis. Portanto, embora os fósseis não possam ser datados, a cinza pode.

O esqueleto de hominino mais antigo e bastante completo representando a espécie, *Ardipithecus ramidus*, apelidado de Ardi, foi identificado nessa região e datado de 4,4 milhões de anos atrás. (O termo *hominino* refere-se a membros de qualquer espécie naquela linhagem, que inclui o *Homo sapiens*, mas não os grandes símios. Alguns autores usam o antigo homínido.) A história da existência de Ardi começou em novembro de 1994, quando um único osso de mão foi encontrado saindo de uma rocha sedimentar. A escavação cuidadosa do local resultou na recuperação de 45% dos restos esqueletais de um indivíduo, uma fêmea. É provável que Ardi tenha sido bípede como nós, mas ela certamente não tinha as características esqueléticas que lhe permitiriam ser um caminhante como chimpanzés e gorilas. Em vez disso, ela tinha características que apontaram para um estilo de vida adaptado às árvores e ao solo (Lovejoy, 2009, p. 72). Como os grandes macacos de hoje, ela teve um dedo grande esticado que teria servido bem na escalada de árvores e também tinha mãos e braços bem adaptados para a vida nas árvores. Não há nenhum sinal de ferramentas de pedra em nenhum dos muitos sítios arqueológicos dessa idade ou mesmo até um milhão de anos depois (Harmand et al., 2015, p. 310-15), por isso é improvável que os membros de sua espécie estivessem usando ferramentas.

Embora *Ardipithecus* seja o fóssil de hominino primitivo mais completo encontrado até o momento, existem vários outros espécimes menos completos e não discutidos aqui que são um milhão ou mais de anos mais velhos. O que é especialmente importante a notar é que o primeiro sinal de fósseis de hominino ocorre a partir de cerca de 5 a 6 milhões de anos atrás, o representa apenas os últimos 0,1% da história da terra. As rochas de 99,9% da história anterior, apesar da análise geológica generalizada, nunca renderam nenhum osso de hominino ou ferramentas de pedra. Além disso, apesar dos levantamentos geológicos em todo o mundo, nenhum fóssil de hominino diferente dos que representam o nosso próprio gênero, o *Homo*, já foi encontrado em qualquer outro continente que não a África e, mais especificamente, a

parte oriental e sul da África. Assim, os paleontólogos concluem que houve um período de tempo altamente específico quando, e uma única área do mundo onde, os homininos se originaram.

Embora o registro seja escasso antes de 3,8 milhões de anos atrás, a situação muda dramaticamente depois disso. Em estudos que abrangem os 2 milhões de anos seguintes, foram encontrados milhares de fósseis de centenas de indivíduos que representam quase uma dúzia de espécies. O gênero *Australopithecus* predomina ao longo desse período, e *Australopithecus afarensis*, uma das cinco espécies, é o mais bem representado e estudado. Os investigadores encontraram vários espécimes bastante completos de *A. afarensis* (a conhecida Lucy é um desses espécimes) abrangendo o intervalo de 3,8 a 2,9 milhões de anos atrás, após o qual a espécie nunca mais é encontrada.

A tíbia de *A. afarensis* foi estruturada de tal forma que teria sido anexada ao tornozelo de uma maneira que se assemelhava à forma como a nossa está ligada, em vez da maneira como se junta no chimpanzé. Além disso, a estrutura do tornozelo é humana. Por outro lado, o rosto era como de um símio, com um nariz achatado e uma mandíbula inferior fortemente protuberante. O cérebro era cerca de um terço do tamanho do nosso e o ombro não era humano; em vez disso, ele se assemelhava ao de um gorila. Em suma, *A. afarensis* tinha um corpo que teria sido bem adaptado para uma existência em árvores, bem como no chão. Curiosamente, o osso hioide, uma parte da caixa de voz, foi estruturado de maneira muito mais próxima da de um gorila do que de um humano, e isso sugere que Lucy e seus parentes tinham habilidades vocais símias (Tattersall, 2015).

A partir de sítios arqueológicos de 2,5 milhões de anos, fósseis de um conjunto de espécies que representam um gênero intimamente relacionado ao *Australopithecus* aparecem em determinados sítios. Seu gênero, *Paranthropus*, (representado por três espécies) é conhecido por suas características robustas. Os indivíduos tinham dentes maiores e mais duros, uma área maior para o apego de seus músculos de mastigação presumidamente enormes e um rosto grande. Eles também compartilharam muitas características em comum com os *Australopithecus* e, de fato, foram colocados anteriormente nesse gênero. Uma vez que as espécies de *Paranthropus* têm uma série de novas características anatômicas não encontradas em nossa linhagem, a maioria dos pesquisadores acredita que sejam

FÓSSEIS HOMINÍDEOS (teoria evolucionista)   347

um grupo de espécies de primos — um ramo secundário —, e não na linhagem direta para o *Homo*. O registro fóssil para membros desse gênero cessa em 1,2 milhão de anos atrás.

Embora as características anatômicas de *Ardipithecus* sugerem fortemente que a bipedalidade surgiu no início da história dos homininos — pelo menos 4,4 milhões de anos atrás —, a demonstração mais pungente da bipedalidade é proveniente de um conjunto de pegadas de 3,6 milhões de anos de dois indivíduos que se estendem a uma distância de cerca de 24 metros no que teria sido cinza vulcânica úmida. O dedão do pé era quase paralelo aos outros dedos; não era para fora como no Ardi. A análise detalhada da marcha do par indica que eles caminharam de uma maneira quase indistinguível de nós, e as pegadas provavelmente pertenciam às espécies de Lucy, especialmente porque os fósseis de *A. afarensis* foram encontrados nas proximidades da mesma camada de cinzas vulcânicas.

Nosso gênero, *Homo*, entra no registro fóssil com um gemido, e não um estrondo. Tudo o que temos até agora de 2,8 até 1,9 milhões de anos atrás são duas descobertas independentes na Etiópia — porções de mandíbula de *Homo* —, uma em um sítio de 2,8 milhões de anos atrás (Callaway, 2015; Gibbs, 2015) e a outra datada de 2,3 milhões de anos atrás (Kimbel et al, 1997, p. 235-62). O gemido muda dramaticamente em 1,9 milhão de anos atrás, quando o *Homo* começa a predominar o registro de fóssil hominino. À medida que o *Homo* vai surgindo, o *Australopithecus* desaparece da cena fóssil (a última descoberta é em um sítio precisamente datado de 1,98 milhão de anos atrás). O *Paranthropus* persiste como uma ramificação lateral até 1,2 milhão de anos atrás. O *Homo* é geralmente definido por um cérebro maior, uma forma de corpo mais estreita e menos pesada, braços mais curtos e pernas mais longas. Atualmente não é possível definir uma trajetória específica para as várias espécies de *Homo*, em parte porque parece provável que o gênero tenha se originado bem antes dos fósseis se tornarem abundantes. Se outros achados fósseis confirmarem e extensão e o achado de um maxilar de *Homo* em 2.8 milhões de anos atrás, então isso significaria que atualmente temos um período de 900 mil anos em que o *Homo* existia, mas quase nenhum fóssil foi encontrado.

Como o *Homo* se torna bem estabelecido no registro fóssil começando 1,9 milhão de anos atrás, duas espécies, o *Homo habilis* e *Homo rudolfensis*, destacam-se

como sendo os mais primitivos (ou seja, parecidos com o *Australopithecus*). Um pouco mais "derivado" (menos primitivo) o *Homo erectus* aparece em outros locais em quase o mesmo tempo. Parece provável que houvesse até três linhagens de *Homo* presentes na África durante esse período, juntamente com certas espécies de *Australopitheicus* e *Paranthropus* que ainda não haviam se extinguido.

Quase simultaneamente ao aparecimento de *Homo erectus* nos leitos fósseis de África, a mesma espécie (ou uma variedade intimamente relacionada dele) surge na cena fóssil na Ásia. Inicialmente representado por cinco crânios — o mais antigo é datado de 1,85 milhão de anos — em uma caverna em Dmanisi, República da Geórgia (Lordkipandze et al. 2013, p. 326-31), seus fósseis também estão representados em 1,6 milhões de anos de idade em sítios perto de Pequim, na China, e na Indonésia. Na verdade, o *H. erectus* (ou variedades intimamente relacionadas) persistiram em partes da Ásia até pelo menos algumas centenas de milhares de anos atrás e, possivelmente, ainda mais. (Alguns achados recentes em uma região isolada do sudoeste da China sugerem que as espécies podem ter persistido até 14 mil anos atrás [Cumoe et al. 2015]). Assim, a distribuição geográfica do *Homo erectus* — de vários locais na África para muitas partes da Ásia — foi generalizada. Ao longo dos primeiros mil anos da existência dessa espécie, o tamanho do cérebro aumentou gradualmente. A maioria dos primeiros crânios recuperados indicam um tamanho de cérebro apenas um pouco maior do que o dos macacos. No entanto, ao longo do tempo houve um aumento gradual no volume do cérebro até que ele finalmente atingiu um volume próximo do nosso (Schoenemann, 2013, p. 136-64).

Em setembro de 2015, o maior e mais completo achado para qualquer espécie hominina, o *Homo naledi*, foi anunciado (Berger et al., 2015). Essa espécie, encontrada em uma caverna sul-africana, tem semelhanças consideráveis com *Australopithecus* com seu pequeno cérebro, pelve arcaica, ombro e caixa torácica. No entanto, sua mão, seu pulso, seu pé e seu tornozelo são bastante semelhantes aos nossos. Até o momento desse artigo, os espécimes permanecem sem data, mas, dada a seção primitiva da anatomia, semelhante ao *Australopithecus*, parece provável que eles tenham vivido perto do tempo da transição de *Australopithecus* para o *Homo*, talvez 2,5 a 2 milhões de anos atrás. As características anatômicas sozinhas, no

348 FÓSSEIS HOMINÍDEOS (teoria evolucionista)

entanto, são insuficientes para dar mais do que uma estimativa bastante especulativa de sua idade.

Nossa própria espécie, *Homo sapiens*, aparece pela primeira vez no registro fóssil do Vale do Rift em um local datado de 195 mil anos atrás. Precedendo isso, outra espécie, *Homo heidelbergensis*, viveu de cerca de 700 mil a 200 mil anos atrás, e muitos pesquisadores consideram que ela tenha sido uma espécie ancestral nossa. *H. heidelbergensis* está representado no registro fóssil até o sul da África do Sul, assim como ao norte da Inglaterra e da Alemanha, e ao extremo leste da China. Na verdade, como resultado do trabalho apenas relatado em 2015, agora temos uma quantidade significativa do **DNA** codificando **informações** de um conjunto de ossos de *H. heidelbergensis* de 300 mil anos de idade (Gibbons, 2015, p. 1270).

Começando na mesma época em que os humanos modernos (*H. sapiens*) aparecem no registro fóssil na região do Grande Vale do Rift da África, os Neandertais (*Homo neanderthalensis*) surgem no registro fóssil em vários locais na Europa e no oeste da Ásia. Ao contrário do que com a nossa espécie, no entanto, o registro de fósseis neandertais cai abruptamente 39 mil anos atrás. O DNA dessa espécie foi recentemente isolado de fósseis e completamente sequenciado. Surpreendentemente, agora sabemos que, dependendo do nosso patrimônio étnico, muitos de nós temos traços genéticos não derivados do *H. sapiens* original, mas de *H. neanderthalensis*. Em média, aqueles cujos rastreamentos de linhagem voltam para fora da África contêm cerca de 2% de DNA de Neandertal como resultado do acasalamento entre espécies que aconteceu há cerca de 50 mil anos, já que nossa espécie se mudou para território dos Neandertais. De fato, os pesquisadores têm um fóssil de um indivíduo de *H. sapiens* que, com base na sequência de DNA, teve um bisavô Neandertal quatro a seis gerações antes (Fu, 2015, p. 216-19).

Com base em muitos artefatos encontrados nos sítios arqueológicos de Neandertais, é claro que eles eram caçadores habilidosos e inteligentes, equipados para sobreviver às condições árticas da era do gelo. No entanto, eles mostraram pouco sinal de atividade criativa. Com base na análise dos artefatos extensivos nos sítios de Neandertais, sua cognição era muito diferente da nossa, e provavelmente não possuía a capacidade de usar símbolos para uma atividade baseada na lógica relativamente simples.

Uma das descobertas mais importantes dos últimos 15 anos foi a de uma espécie diminuta de homininos que vivia em uma ilha chamada Flores, no arquipélago indonésio, até cerca de 12 mil anos atrás (Brown et al., 2004, p. 1055-1961). Fósseis das espécies, *Homo floresiensis*, datam de 100 mil anos, e ferramentas de pedra datam de 800 mil anos atrás. Essa presença antiga, juntamente com as características anatômicas altamente primitivas dos fósseis, levou à conclusão de que uma espécie de *Homo* precoce colonizou a ilha ao longo de 1 milhão de anos e, depois, isolada, sofreu mudanças substanciais para se tornar sua própria espécie única. O tamanho diminuído é frequentemente uma manifestação daquela que acontece em uma ilha isolada onde os predadores não estão mais presentes e o tamanho grande não é mais uma vantagem. Uma espécie minúscula extinta da família de elefantes também foi encontrada no registro fóssil. Embora a descoberta de *H. floresiensis* em 2004 tenha sido notável, igualmente impressionante foi a descoberta de mais uma espécie até agora desconhecida, *Homo denisova*, que morava na Ásia até pelo menos 50 mil anos atrás (Sawyer et al., 2015). Essa espécie é conhecida não por meio de suas características anatômicas (tudo o que temos são dois dentes molares e uma porção do osso do dedo), mas pelo seu DNA. Nunca teríamos sabido da existência dessa espécie se não fosse pelo fato de sua informação genética ter sido extraída desses três fósseis. Quando analisado, o genoma mostrou-se muito diferente do dos neandertais e da nossa própria espécie. A análise mostrou que as três espécies de homininos descenderam de uma única espécie ancestral que existia cerca de 700 mil anos atrás.

Tudo isso ilustra um dos pontos mais importantes a surgir da paleoantropologia. Embora tenhamos milhares de fósseis de um período de tempo de 6 milhões de anos, é claro que nossa compreensão da história dos homininos é fragmentada. Nossa própria história é, de longe, a mais bem estudada e é o registro paleontológico mais completo de qualquer outra espécie na terra, mas, ainda assim, tudo o que temos é um conjunto de imagens isoladas. A fossilização é um evento muito raro, e tudo o que podemos esperar daquela s imagens são pequenos vislumbres no álbum da história hominina. Isso é algo que conhecemos há muito tempo — muitas condições altamente específicas devem ser atendidas para que os ossos de um animal sejam preservados e posteriormente descobertos. É por isso que, essencialmente, nem sequer temos imagens da linhagem que levam aos grandes símios de hoje, por exemplo. Seus antepassados viviam em selvas, um habitat que é notoriamente infrutífero na preservação fóssil.

Portanto, a coisa notável sobre a linhagem hominina não são as muitas lacunas (é de se esperar), e sim as muitas imagens e até o ponto em que esses vislumbres permitiram que nosso conhecimento avançasse apesar da incompletude esperada do registro fóssil. Durante pelo menos os primeiros 800 mil anos de existência do *Homo* (começando em 2.8 milhões de anos atrás), tudo o que temos para mostrar até agora são dois fragmentos de mandíbula. Da mesma forma, nossas próprias espécies de primos, os Denisovanos, coexistiram com nossas espécies na Ásia há dezenas de milhares de anos, mas todos os fósseis que temos são dois dentes e uma parte de um osso pequeno. Dada essa escassez, sabemos com certeza que houve muita coisa em que não conhecemos. Mas a coisa mais incrível de tudo é o quanto sabemos e que as conclusões numéricas tão sólidas que se aproximam da certeza.

Dadas as lacunas no registro fóssil, alguns cristãos propunham que as muitas espécies homininas são eventos de criação *ex nihilo* independentes. No entanto, não são apenas os ossos que fornecem evidências de **ancestralidade comum**. O DNA permite que os pesquisadores tracem a ascendência das espécies de quem os ossos foram derivados. Ao traçar o DNA e as alterações anatômicas de volta a mais de 300 mil anos até agora, o caso para a ancestralidade comum é considerado essencialmente certo por virtualmente todos os paleoantropólogos e paleogeneticistas. Isso não implica de modo algum que a atividade de nosso Criador seja de alguma forma removida como o agente causal final e sempre presente. O que demonstra é que a criação é um processo gradual.

O Deus da Bíblia — da teologia cristã — leva muito tempo para realizar seus propósitos, mas os eventos não são menos uma resposta ao propósito e direção divina quando ocorrem gradualmente em vez de instantaneamente.

À medida que examinamos o caminho da criação que conduziu a pessoas humanas, somos atraídos a adorar. Como Davi, enquanto refletia sobre o mundo natural, compartilhamos sua admiração: "Quando contemplo aos teus céus, obra dos teus dedos, a lua e as estrelas que ali firmastes, pergunto: Que é o homem, para que com ele te importes? E o filho do homem, para que com ele te preocupes? Tu o fizeste um pouco menor do que os seres celestiais e o coroaste de glória e de honra"(Salmos 8:3-5).

Nada foi descoberto para mudar isso. Na verdade, as descobertas devem apenas melhorar e enriquecer nosso senso de admiração, pois observamos a natureza com a mesma atitude reverente que Davi. À medida que o conhecimento biológico avança todos os dias, vemos com mais clareza agora do que nunca, exatamente como "de modo especial e admirável" realmente somos.

Darrel R. Falk

REFERÊNCIAS E LEITURAS RECOMENDADAS

BERGER, L., et al. 2015. "*Homo Naledi*: A New Species of the Genus *Homo* from the Dinaledi Chamber, South Africa." *eLife* 4:e09560.

BROWN, P.; Sutikna, T.; Morwood, M. J., et al. 2004. "A New Small-Bodied Hominin from the Late Pleistocene of Flores, Indonesia." *Nature* 431:1055-61.

CALLAWAY, Ewen. 2015. "Ethiopian Jawbone May Mark Dawn of Humankind." *Nature* (4 de março). doi:10.1038/nature.2015.17039.

CUMOE, Darren; Xueping, Ji; Liu, Wu, et al. 2015. "A Hominin Femur with Archaic Affinities from the Late Pleistocene of Southwest China." *PLOS ONE* (17 de dezembro). doi:10.1371/journal.pone.0143332.

FALK, Dean, 2011. *The Fossil Chronicles: How Two Controversial Discoveries Changed Our View of Human Evolution*. Berkeley: University of California Press.

FU, Qiaomai; Hajdinjak, Mateja, et al. 2015. "An Early Modern Human from Romania with a Recent Neanderthal Ancestor." *Nature* 524:216-19.

GIBBONS, Ann, 2015. "Deep Roots for the Genus *Homo*." *Science* 349:1056-57.

_____. 2015. "Humanity's Long, Lonely Road." *Science* 349:1270.

HARMAND, Sonia; Lewis, Jason E.; Feibel, Craig S., et al. 2015. "3.3-Million-Year-Old Stone Tools from Lomekwi 3, West Turkana, Kenya." *Nature* 310:310-15.

KIMBEL, W. H.; Johansen, Donald C.; Rak, Yoel. 1997. "Systematic Assessment of a Maxilla of *Homo* from Hadar, Ethiopia." *American Journal of Physical Anthropology* 103:235-62.

LORDKIPANIDZE, David; Ponce de León, Marcia S.; Margvelashvili, Ann, et al. 2013. "A Complete Skull from Dmanisi, Georgia, and the Evolutionary Biology of Early *Homo*." *Science* 342:326-31.

LOVEJOY, C. Owen; Latimer, Bruce; Suwa, Gen, et al. 2009. "Combining Prehension and Propulsion: The Foot of *Ardipithicus ramidu*." *Science* 326:72.

SAWYER, Susanna; Renaud, Gabriel; Viola, Bence, et al. 2015. "Nuclear and Mitochondrial DNA Sequences from Two Denisovan Individuals." *Proceedings of the National Academy of Sciences* 112, n. 51 (22 de dezembro). doi:10.1073/ pnas.1519905112.

SCHOENEMANN, P. Thomas, 2013. "Hominid Brain Evolution." In *A Companion to Paleoanthropology*, ed. D. R. Begun, 136-64. Chichester, UK: Wiley-Blackwell.

SMITHSONIAN HUMAN ORIGINS WEBSITE. HTTP://HUMANORIGINS.SI.EDU/ EVIDENCE/HUMAN-FOSSILS.

TATTERSALL, Ian, 2015. *The Strange Case of the Rickety Cossack*. New York: Palgrave, Macmillan.

WOOD, Bernard, e Lonergan, Nicholas. 2008. "The Hominin Fossil Record: Taxa, Grades and Clades." *Journal of Anatomy* 212:354-76. www.ncbi.nlm.nih.gov/pmc/articles/PMC2409102/pdf/joa0212-0354.pdf.

FREUD, SIGMUND. Sigmund Freud (1856-1939) foi um médico, neurologista e escritor austríaco, mais conhecido por ser o pai da **psicanálise**. Ele é amplamente reconhecido como um dos maiores cientistas e pensadores da era moderna (Gay, 1999). Suas teorias não só revolucionaram as profissões aliadas de saúde mental, mas tiveram um impacto vasto e contínuo no pensamento, ciência e cultura ocidentais. Em particular, suas teorias sobre personalidade, subconsciente, mecanismos de defesa, sexualidade e agressão foram as ideias mais influentes do século XX (Gay, 1988).

Vida. Freud nasceu em uma família judia pobre de Freiburg, Moravia (atual Pøíbor, República Tcheca), em 1856. Em 1860, sua família mudou-se para Viena, Áustria, onde Freud viveu e trabalhou durante a maior parte de sua vida. Graduou-se em medicina em 1881, posteriormente especializando-se no tratamento de "distúrbios nervosos" e, em seguida, abriu uma clínica particular em 1886. No mesmo ano, casou-se com Martha Bernays, com quem teve seis filhos e permaneceu casado toda a vida. Perto do fim de sua carreira influente e controversa, Freud fugiu da Viena ocupada pelos nazistas para Londres, Inglaterra, onde morreu em 1939, após uma longa batalha contra um câncer na mandíbula (Gay, 1988).

Contribuições importantes. Da década de 1890 até 1938, Freud escreveu prolificamente. Sua primeira grande obra foi *Estudos sobre a histeria* (1895), na qual ele e Josef Breuer argumentaram que a neurose é causada pela sexualidade reprimida e curada através de terapia conversacional envolvendo a livre associação (ou seja, dizer o que vem à mente sem reservas), a catarse (ou seja, aliviar a tensão expressando pensamentos e sentimentos reprimidos), a interpretação (ou seja, declarações ou perguntas destinadas a promover a descoberta da psicodinâmica inconsciente) e a análise dos sonhos (ou seja, explorar o conteúdo manifesto e o significado latente dos sonhos).

Em *A interpretação dos sonhos* (1900), Freud descreveu sua teoria topográfica (ou seja, a mente é composta de consciente, pré-consciente e inconsciente), a noção de pensamento de processo primário e secundário (ou seja, pensamento irracional e que busca prazer *versus* pensamento racional e constrangido pela realidade) e a ideia de que os sonhos representam desejos inconscientes não satisfeitos.

Em *Três ensaios sobre a teoria da sexualidade* (1905) e suas edições subsequentes, Freud explicou suas ideias controversas sobre a sexualidade humana, incluindo sua teoria do desenvolvimento psicossexual e as noções de sexualidade infantil. Além disso, em sua *Psicologia de grupo e análise do Ego* (1921) e em *O Ego e o Id* (1923), Freud apresentou sua teoria estrutural, argumentando que

a mente é composta pelo Id (isto é, impulsos instintivos para o sexo/prazer e raiva/agressão), Ego (ou seja, mediador entre impulsos instintivos, restrições de realidade e padrões morais internalizados) e Superego (ou seja, árbitro moral internalizado; Gay, 1988).

Os livros mais vendidos de Freud foram *A psicopatologia da vida cotidiana* (1901) e *Conferências introdutórias sobre psicanálise* (1916-17). Essas obras popularizaram as ideias psicanalíticas, como a repressão (ou seja, o esquecimento inconscientemente motivado), os deslizes no ato da fala (atos falhos), a transferência (ou seja, redirecionando sentimentos inconscientes ou desejos para uma pessoa substitutiva) e tornar o inconsciente consciente (p. ex., desenvolver o conhecimento subjetivo; Gay 1988).

Ideias sobre religião. Freud era um ateu veemente que adotou ideias polêmicas sobre religião. Notavelmente, em seus livros *Totem e tabu* (1913), *O futuro de uma ilusão* (1927), *O Mal-estar na civilização* (1930) e *Moisés e o monoteísmo* (1938), Freud argumentou que a religião é uma "neurose obsessiva" transmitida culturalmente, Deus é uma "figura paterna exaltada", e a **experiência religiosa** é meramente uma satisfação de desejos ilusórios. Ele viu a ciência e a religião como inimigos inconciliáveis, e ansiava por um dia em que a ciência tornaria a religião obsoleta (Gay, 1988).

Edward B. Davis e Andrew D. Cuthbert

REFERÊNCIAS E LEITURAS RECOMENDADAS

BLAND, Earl D.; Strawn, Brad D., eds. 2014. *Christianity and Psychoanalysis: A New Conversation*. Downers Grove, IL: InterVarsity.

FREUD, Sigmund. 1953–74. *The Standard Edition of the Complete Psychological Works of Sigmund Freud*. 24 vols. Ed. J. Strachey, A. Strachey, and A. Tyson. London: Hogarth. Ver www.instituteofcfs.org/informationresources/the-freud-abstracts para resumos de cada volume. Ver www.freud.org.uk/education para recursos educacionais sobre Freud.

GAY, Peter, 1988. *Freud: A Life for Our Time*. New York: Doubleday.

_____. 1999. "Sigmund Freud." *Time* 153 (12): 66-69.

HOFFMAN, Marie T., 2011. *Toward Mutual Recognition: Relational Psychoanalysis and the Christian Narrative*. New York: Routledge.

JONES, James W., 1991. *Contemporary Psychoanalysis and Religion: Transference and Transcendence*. New Haven, CT: Yale University Press.

MITCHELL, Stephen A.; Black, Margaret J., 1996. *Freud and Beyond: A History of Modern Psychoanalytic Thought*. New York: Basic Books.

RIZZUTO, Ana-María, 1998. *Why Did Freud Reject God? A Psychodynamic Interpretation*. New Haven, CT: Yale University Press.

FUNCIONALISMO. O funcionalismo é a teoria segundo a qual os estados mentais são definidos por suas causas e efeitos, isto é, por seus papéis dentro de sistemas adequadamente organizados. Para ser controlado por uma mente, um sistema não precisa incluir uma substância

FUNCIONALISMO

específica ou ser composto de certo tipo de coisa, mas deve ter um tipo particular de organização.

O movimento em direção ao funcionalismo foi provocado pelo fracasso de certas alternativas às teorias impopulares da mente imaterial. Enquanto o **behaviorismo** mostrou-se incapaz de explicar a vida mental na ausência de estados mentais internos, a teoria da identidade mente-cérebro mostrou-se incapaz de acomodar as diferentes bases fisiológicas para o mesmo estado mental em diferentes tipos de organismos. Uma família de teorias funcionalistas surgiu em resposta tanto a essas dificuldades como a desenvolvimentos em ciência da computação, sugerindo que os estados internos poderiam ser sistematicamente descritos em termos computacionais (Putnam, 1960, 148-79).

O funcionalismo afirma que os estados internos são mentais não porque possuem propriedades intrínsecas particulares, mas porque mantêm relações causais particulares com estímulos ambientais (*input*), respostas comportamentais (*outputs*) e, crucialmente, outros estados mentais (estados internos). Por exemplo, de acordo com o funcionalista, a crença de que "está gelado lá fora" pode ser possuída por *qualquer* sistema capaz de estar em um estado caracterizado pelas relações relevantes. Essas relações podem incluir as causadas pela observação (*input*) de que a temperatura está abaixo de zero, sendo conectada à crença adicional (estado interno) de que ficou úmido lá fora e, sendo uma causa de comportamentos (*outputs*), tal como andar com cuidado.

O funcionalismo tem consequências bizarras. É incapaz de acomodar o caráter intrínseco, qualitativo ou a "sensação" dos estados mentais conscientes (***qualia***) que parecem, do ponto de vista da primeira pessoa, ser essenciais para eles. Por exemplo, há uma qualidade experiencial distinta (como Nagel, 1974, expressou, "algo que é") estar com dor e, intuitivamente, é esse aspecto qualitativo que parece essencial para a dor em si.

Uma série de experiências de pensamento bem conhecidas ilustram o problema. Considere a questão das "qualia invertidas" levantada por Block e outros (Block, 1990, 53-79). Dado o funcionalismo, dois indivíduos poderiam ser funcionalmente organizados exatamente da mesma maneira, mas, no entanto, possuem qualia totalmente diferentes. Por exemplo, olhando para um tomate maduro, ambos os indivíduos podem estar no mesmo estado mental funcionalmente definido, descrevendo o tomate como "vermelho", enquanto o *quale* experimentado por um indivíduo é o que o outro experimentaria ao olhar para um gramado viçoso. De fato, a experiência de todo o espectro de cores pode ser invertida de forma que seja funcionalmente irrelevante e, portanto, empiricamente indetectável.

Chalmers discute o problema relacionado de "qualia ausentes". O funcionalismo parece implicar a possibilidade de criaturas fisicamente indistinguíveis de nós em todos os aspectos além de uma completa falta de experiência consciente fenomenal. Chalmers argumenta que a ideia de "zumbis filosóficos" (Chalmers, 1996) é coerente, o que sugere que o funcionalismo é incapaz de fornecer qualquer descrição da natureza experiencial da **consciência**. Isso destaca a desesperança do funcionalismo para abordar as características da vida mental que são mais fundamentais para isso.

Jonathan Loose

REFERÊNCIAS E LEITURAS RECOMENDADAS

Block, Ned, 1990. "Inverted Earth." *Philosophical Perspectives* 4:53-79.

Chalmers, David. 1996. *The Conscious Mind: In Search of a Fundamental Theory.* Oxford: Oxford University Press.

Dennett, Daniel C., 1991. *Consciousness Explained.* London: Penguin.

Lewis, David, 1980. "Mad Pain and Martian Pain." In *Readings in the Philosophy of Psychology*, ed. Ned Block. 2 vols. Cambridge, MA: Harvard University Press.

Nagel, Thomas, 1974. "What Is It Like to Be a Bat?" *Philosophical Review* 4:435-50.

Putnam, H., 1960. "Minds and Machines", em *Dimensions of Mind*, ed. Sidney Hook, 148-79. New York: New York University Press.

GALILEI, GALILEU. As contribuições de Galileu Galilei (1564-1642) para a **astronomia**, a **física** matemática e a metodologia experimental fazem dele um fundador da ciência moderna. O julgamento ao qual foi submetido muitas vezes é considerado um paradigma de conflito entre ciência e religião. Quando abordado em um nível mais humano, Galileu surge como um polímata florentino culto, cujos esforços para sustentar a família o envolveram em contínuas lutas financeiras ao longo de sua carreira, mas que continuou sendo um católico fiel segundo os padrões de seu tempo (Drake, 1980; Fantoli, 2003; Sobel, 1999).

No *Mensageiro sideral* (1610), Galileu imprimiu as primeiras observações feitas com um telescópio. Ele relatou montanhas na lua em um momento em que os físicos argumentavam que a superfície lunar era plana. Sua descoberta dos quatro maiores satélites de Júpiter demonstrou que existem múltiplos centros de revolução no sistema solar e provaram que um planeta em movimento não precisa perder a lua. Estrelas inesperadas nas regiões mais claras da Via Láctea sugeriram a vastidão do universo, o que tornou improvável a antiga noção de uma esfera celestial que carregava as estrelas fixas e girava ao redor da Terra a cada 24 horas.

Essas descobertas sensacionais catapultaram Galileu no cenário mundial, tornando-o uma celebridade quase da noite para o dia. Em *História e demonstração sobre as manchas solares* (1613), Galileu mostrou que o Sol não é imutável, o que sugeriu que os céus são perecíveis, contrariamente à cosmologia aristotélica. Galileu informou que, através do telescópio, Vênus mostra um conjunto completo de fases, o que implica que ele gira em torno do Sol ao invés de ao redor da Terra. Embora as fases de Vênus fossem compatíveis com as cosmologias centradas na Terra de Martianus Capella e **Tycho Brahe**, entre outros, Galileu interpretou todas essas descobertas como apoiando a cosmologia centrada no Sol que **Nicolau Copérnico** publicou no século anterior em *Das revoluções das esferas celestes* (1543).

Galileu publicou sua obra-prima em física matemática e experimental, o *Discurso e demonstrações matemáticas sobre duas novas ciências*, em 1638. Na primeira seção, estabeleceu as bases para uma nova ciência sobre a resistência à tração e a coesão dos materiais. Na segunda parte, com base na tradição do impulso de **Jean Buridan**, Galileu provou que os projéteis seguem uma trajetória parabólica. Nessa seção, Galileu também demonstrou que os corpos em queda aceleram, de modo que a distância que atravessam é proporcional ao quadrado de seu tempo de queda, independentemente do peso. João Filopono, trabalhando em Atenas no século VI, deixou cair objetos de altura alta para mostrar que eles não caíram em velocidades proporcionais ao seu peso.

Galileu nunca afirmou soltar objetos da torre inclinada de Pisa, nem testemunhas oculares afirmam que ele fez isso. Em vez disso, sua ideia era usar um plano inclinado para diminuir a velocidade da queda livre de corpos para uma velocidade mensurável. O experimento de plano inclinado, em vez da Torre de Pisa, representa melhor a nova física de Galileu. Numa época em que os físicos não foram treinados em **matemática**, mas procuravam demonstrações lógicas baseadas em princípios qualitativos, ele foi pioneiro em uma abordagem que combinava matemática e experimentação.

Suas atividades como engenheiro na República de Veneza proporcionaram um contexto importante para seu trabalho, encorajando sua abordagem quantitativa e experimental à física, seu interesse especial na física do movimento e um entendimento teórico das máquinas e seu desenvolvimento de instrumentos científicos (Valleriani, 2010). Por exemplo, seu primeiro livro impresso (*Compasso*, 1606) era um manual para um instrumento de engenharia, um pantômetro, contendo escalas inovadoras de seu projeto próprio. Ele forneceu o instrumento e o livro aos alunos que o abordaram para tutoriais em engenharia militar.

O envolvimento de Galileu na medicina e na história natural é ilustrado pelo seu desenvolvimento do microscópio e termoscópio, e sua conexão com a publicação da mais importante história natural das Américas. Como muitos astrônomos, ele foi treinado em medicina e circulou em circuitos médicos em Veneza, onde ele e vários amigos realizaram experimentos com o termoscópio, no decorrer do qual adicionaram escalas numéricas para criar o termômetro.

Galileu juntou-se a muitos dos principais naturalistas do seu tempo em uma sociedade científica inicial, a Academia dos Linces, fundada pelo príncipe Frederigo Cesi. Quando Cesi mostrou-lhe um manuscrito de história natural asteca compilado por Francisco Hernandez no século anterior, Galileu confessou perplexidade com a variedade de medicamentos das Américas. Francesco Stelluti, membro fundador da Linces, publicou uma edição definitiva em 1651. Cesi e Stelluti incluíram notas do manuscrito sobre abelhas americanas no *Apiarium* (1625). Eles publicaram esse resumo do conhecimento da abelha para honrar a ascensão ao papado de seu aliado, o cardeal Maffeo Barberini, que se tornou o papa Urbano VIII em 1623.

O *Apiarium* reporta suas observações com um instrumento que Galileu forneceu, o qual ele descreveu como um "telescópio acomodado para ver o muito pequeno". Outro membro da Linces chamou-o de "microscópio". Assim, Galileu foi associado à primeira publicação de observações feitas através do telescópio e do microscópio, isto é, o *Mensageiro sideral* e o *Apiarium*, respectivamente.

O caráter polimático do trabalho de Galileu ilustra a capacidade da matemática para contribuir para áreas temáticas além da astronomia e da física, incluindo engenharia, arte, música e até crítica literária. Como jovem, parece ter estudado na oficina artesanal de Bernardo Buontalenti, em Florença, onde o currículo enfatizou geometria (Valleriani, 2010, p. 13). Colegas estudantes tornaram-se pintores, escultores, arquitetos ou engenheiros, dependendo de seus projetos de conclusão de curso. Nesse contexto, talvez não seja surpreendente que o amigo de Galileu, o pintor Cigoli, que também estudou na oficina de Buontalenti, considerou Galileu seu mestre em desenho de perspectiva. Os historiadores da arte sugerem que a descoberta de montanhas de Galileu na superfície da lua dependia tanto do seu treinamento artístico como da ótica primitiva de seu telescópio inicial (Edgerton, 2009).

As descobertas científicas de Galileu também foram facilitadas por sua habilidade em música. Seu pai, Vincenzo Galilei, conhecido compositor de alaúde, foi um influente teórico da música que contribuiu para o nascimento da ópera italiana. Galileu deu palestras sobre a acústica do alaúde e gravou os tempos de bolas rolando o plano inclinado para um décimo de pulsação. Outros, com pouca experiência na música, não conseguiram replicar o experimento de plano inclinado. Como seu pai, Galileu escreveu em forma de diálogo e recitava a poesia contemporânea de cor. Em palestras sobre Dante, Galileu adicionou técnicas matemáticas arquitetônicas a seu arsenal como crítico literário para defender a geografia de Dante do inferno. Assim, em uma infinidade de esforços, Galileu exemplifica o alcance inesperado de perspectivas matemáticas que talvez seja um dos legados culturais mais importantes da Florença renascentista.

O desafortunado encontro de Galileu com a Igreja ocorreu em duas fases principais: primeiro, eventos associados a um decreto da Inquisição em 1616 e, segundo, seu julgamento posterior, que resultou em uma retratação humilhante em 1633. O decreto de 1616 acrescentou *Das revoluções* (1543) de Copérnico ao Índice de Livros Proibidos até que ele pudesse ser corrigido. O decreto não implicou diretamente Galileu, embora o cardeal Roberto Belarmino o tenha instruído a não ensinar o copernicanismo como uma verdade demonstrada na física, mas para discutir isso apenas hipoteticamente na maneira apropriada para um matemático. As correções de *Das revoluções* foram emitidas em 1620, o que permitiu ler e discutir novamente, desde que se interpretasse hipoteticamente.

Antes do decreto, em um vão esforço para evitar a oposição a Copérnico, Galileu compôs uma carta à grã-duquesa Cristina, que circulava em manuscrito e não foi impressa até 1636. Nessa carta, Galileu citou **Agostinho** para demonstrar que os métodos tradicionais de interpretar as Escrituras foram capazes de resolver alegados conflitos entre a Bíblia e o copernicanismo. O papa João Paulo II usou a linguagem galileana para afirmar princípios hermenêuticos semelhantes em 1992.

Depois de receber a permissão do papa Urbano VIII para publicar uma explicação equilibrada do copernicanismo para que os protestantes não tivessem base para zombar da ignorância dos católicos na cosmologia, Galileu escreveu o *Diálogo sobre os dois principais sistemas do mundo* (1632). O livro, repleto de sagacidade sarcástica e divertida, tornou-se um *best-seller* imediato. Apesar da advertência de Urbano que Galileu deveria escrever hipoteticamente, Galileu dedicou a seção mais longa do trabalho para a defesa do copernicanismo com base em um argumento causal do movimento das marés. Este era um argumento não da matemática, que era amplamente percebido como hipotético, mas da física, e pretendia ser uma prova demonstrativa.

A implausível defesa de Galileu era que a forma fictícia do trabalho tornava seus argumentos hipotéticos. O livro foi rapidamente censurado, e Galileu foi convocado a Roma para julgamento. No entanto, os motivos legais de acusação foram minados, quando Galileu apresentou uma carta que Belarmino escreveu para ele em 1616. Os relatos do julgamento de Galileu dependem de diferentes interpretações das circunstâncias que envolvem a carta de Belarmino, mas os observadores contemporâneos esperavam que um acordo fosse negociado para o célebre matemático dos Médici. A evidência documental não é suficiente no presente para explicar os motivos da condenação da Galileu, mas em 22 de junho de 1633, Galileu foi conduzido perante o Colégio dos Cardeais na túnica de um penitente e confessou ter sido levado pela ambição vaidosa. A acusação era uma veemente suspeita de heresia, um passo tímido da própria heresia.

Ao contrário da crença generalizada, não há provas de que Galileu foi torturado pela Inquisição, e que, depois da sua retratação, ele murmurou a reivindicação desafiante: "E mesmo assim, se move". O julgamento de Galileu é invocado frequentemente para justificar a ideia de um conflito inevitável entre ciência e religião, mas o registro histórico é muito mais complexo. Alguns dos maiores defensores de Galileu estavam na Igreja Católica, enquanto muitos dos opositores mais fortes de Galileu eram físicos poderosos nas universidades. Por exemplo, muitos jesuítas eram proficientes nas ciências matemáticas e simpatizavam com o copernicanismo. (Um amigo de Galileu, Johann Schreck, que o acompanhou durante suas descobertas telescópicas iniciais, juntou-se aos jesuítas e foi para a China, onde apresentou um telescópio para o imperador chinês).

É apropriado considerar Galileu um católico comprometido que se julgou chamado para evitar que sua igreja tragicamente errasse na questão do copernicanismo, que ele considerava a questão científica mais importante do dia (Drake, 1980; Fantoli, 2003). Infelizmente, os teólogos na igreja não estavam mais preparados do que os físicos nas universidades para reconhecer a inesperada competência das novas metodologias matemáticas e a surpreendente eficácia da nova ciência da Galileu.

Kerry Magruder

REFERÊNCIAS E LEITURAS RECOMENDADAS

DRAKE, Stillman, 1980. *Galileu: A Very Short Introduction.* Oxford: Oxford University Press.

EDGERTON, Samuel Y., 2009. *The Mirror, the Window, and the Telescope: How Renaissance Linear Perspective Changed Our Vision of the Universe.* Ithaca, NY: Cornell University Press.

FANTOLI, Annibale, 2003. *Galileu: For Copernicanism and for the Church.* Studi Galileiani. Vol. 6. 3. ed. Rome: Vatican Observatory Publications.

FINOCCHIARO, Maurice, trad. e ed. 2008. *The Essential Galileu.* Indianapolis: Hackett.

HEILBRON, John L., 2012. *Galileu.* Oxford: Oxford University Press.

MAGRUDER, Kerry. 2015. *Galileu's World Exhibit Guide.* Norman: University of Oklahoma Libraries.

NUMBERS, Ronald, ed. 2009. *Galileu Goes to Jail and Other Myths about Science and Religion.* Cambridge, MA: Harvard University Press.

SOBEL, Dava, 1999. *Galileu's Daughter: A Historical Memoir of Science, Faith, and Love.* New York: Walker.

VALLERIANI, Matteo, 2010. *Galileu: Engineer.* Boston Studies in the Philosophy of Science 269. Dordrecht: Springer.

GATO DE SCHRÖDINGER. O gato de Schrödinger é um experimento mental proposto pelo físico Erwin Schrödinger (1887-1961) em uma tentativa de compreender e discutir algumas das implicações da teoria da mecânica quântica. Dentro da teoria matemática da mecânica quântica que descreve com precisão todas as observações experimentais feitas, um objeto pode estar em uma superposição de múltiplos estados. Isso significa que a **matemática** que descreve uma partícula subatômica parece implicar que ela existe com dois conjuntos diferentes de propriedades ao mesmo tempo. É como se uma moeda pudesse estar simultaneamente mostrando tanto cara como coroa. Embora qualquer tentativa de medir um objeto sempre encontre o objeto em apenas um único estado (cara, por exemplo), a matemática da teoria parece indicar que, antes da medição, o objeto realmente existe em ambos os estados.

Schrödinger propôs um cenário com um gato colocado em uma caixa fechada isolada do mundo exterior. Além disso, um único objeto de mecânica quântica, como um átomo que poderia estar em um dos dois estados, é colocado na caixa com o gato. Um mecanismo seria montado de modo que, se o átomo estivesse em um estado, o gato fosse morto e, se o átomo estivesse no outro estado, o gato não seria morto. Por exemplo, um frasco de ácido cianídrico poderia estar na caixa que quebraria e mataria o gato se o átomo estivesse em um estado, mas permanecesse intacto se o átomo estivesse no outro estado. De acordo com a interpretação prevalecente de Copenhague da mecânica quântica, o átomo estaria em uma superposição de ambos os estados até que fosse realizado algum tipo de medição. Consequentemente, parece que o mecanismo que poderia matar o gato, que é acoplado ao átomo, também estaria em uma superposição de ambos os estados (o frasco quebrado, mas não quebrado), e, portanto, o gato estaria morto e vivo ao mesmo tempo. Parece, então, que a indeterminação intrínseca ao mundo microscópico da mecânica quântica é transferida para o gato macroscópico.

Este experimento mental é usado como um argumento para tentar explicar e compreender o significado dos cálculos mecânicos de quanta. O que é necessário para a função de onda que descreve o objeto para colapsar em um de seus possíveis estados? Requer um dispositivo de medição macroscópico (como o frasco) ou um ser sensível (como o gato ou a pessoa que finalmente abre a caixa)?

Uma interpretação da mecânica quântica, a *hipótese de muitos mundos*, propõe que ambas as possibilidades realmente acontecem e duas realidades alternativas são geradas, uma onde o gato está vivo e aquele em que o gato está morto. Outra interpretação, a *interpretação conjunta*, afirma que a função de onda que descreve o átomo é apenas um dispositivo estatístico e não tem qualquer base na realidade única de um átomo. Uma proposta teológica é a de que Deus é o observador final de tudo na natureza e que sua observação consciente é, em última análise, responsável pelo colapso da função de onda.

Seja qual for a relação real entre a matemática da mecânica quântica e as precisas e exatas previsões feitas pela teoria, o experimento mental do gato de Schrödinger serve como uma ilustração intrigante e ponto de discussão sobre a interação entre as probabilidades intrínsecas à matemática da mecânica quântica e os resultados definitivos de experimentos observacionais.

Michael G. Strauss

REFERÊNCIAS E LEITURAS RECOMENDADAS

GRIBBIN, John, 1984. *In Search of Schrödinger's Cat*. New York: Bantam.
POLKINGHORNE, John, 1986. *The Quantum World*. Princeton, NJ: Princeton University Press

GENE. Um gene é uma área de um cromossomo que codifica tanto um produto de proteína quanto um de ácido ribonucleico (RNA) que possui um papel funcional nas células. Os cromossomos são moléculas longas de **DNA** de cadeia dupla, uma molécula bem adaptada ao armazenamento e transmissão de **informações** porque uma vertente pode ser usada como modelo para formar uma cadeia complementar. Um cromossomo pode conter milhares de genes individuais, com regiões não gênicas entre eles.

Embora o DNA seja adequado para seu papel hereditário, é incapaz de desempenhar papéis enzimáticos ou estruturais dentro da célula. Essas funções são realizadas pelos produtos dos genes: RNA e proteínas. Todos os genes são copiados do DNA para uma molécula de RNA de cadeia simples através de um processo conhecido como transcrição, uma vez que a cópia de RNA está na mesma "linguagem" — bases de nucleótidos — como o DNA de que é copiado. Para alguns genes, o produto do RNA é a entidade funcional: por exemplo, RNA transportador (tRNA) e RNA ribossômico (rRNA), ambos necessários para a tradução de genes proteicos.

A tradução, como o nome indica, é uma transferência de informação de uma linguagem para outra — neste caso, do RNA de genes codificadores de proteínas (conhecido como RNA mensageiro ou mRNA) na "linguagem" de proteínas — uma sequência de aminoácidos. Os genes especificam uma sequência de aminoácidos através de grupos de bases nucleotídicas em mRNA que são lidos em grupos de três. Esses agrupamentos são chamados de códons, e as quatro bases de nucleótidos fazem 64 códons possíveis, que por sua vez especificam apenas 20 aminoácidos encontrados em proteínas. Isso significa que o código de códon é parcialmente redundante, e que muitos aminoácidos podem ser codificados por vários códons (ver **Criacionismo evolucionista**). Durante a tradução, um complexo de rRNA chamado *ribossoma* se liga ao mRNA e recruta moléculas de tRNA, que reconhecem códons através de um "anticódon" complementar e introduz o aminoácido prescrito para adicionar à cadeia de proteínas em crescimento (Alberts et al., 2014). O processo enzimático de tradução é assim realizado apenas pelas moléculas de ribossoma e tRNA. A observação de que essa atividade biológica fundamental de toda a vida se baseia em enzimas de RNA é uma linha de evidência para a hipótese do "mundo RNA" que sugere que o RNA precedeu o DNA como material hereditário, já que o RNA pode armazenar informações e atuar como uma enzima (Cech, 2000).

Embora a replicação do DNA seja altamente precisa, os erros na replicação cromossômica podem mutar genes (ver **Mutação aleatória**). Tais erros produzem genes com uma sequência alterada em relação ao modelo do qual foram copiados. Tais versões alternativas de genes são chamadas *alelos*. Os alelos podem ter uma redução ou perda

356 GENE EGOÍSTA

da função do gene, nenhuma alteração na função do gene, ou um ganho (ou modificação) da função. Mutações de maior escala, como a duplicação de uma seção de um cromossomo, podem produzir genes duplicados lado a lado, o que pode ser perdido (devido a mutação) ou divergir uns dos outros em função, pois eles adquirem mais mutações. Exemplos de mutações que produzem novos genes de DNA que anteriormente não produziram um RNA ou produto proteico também são conhecidos (Kaessmann, 2010). Os genes estão, portanto, em fluxo durante as escalas de tempo evolutivas (veja **Evolução biológica**).

Dennis R. Venema

REFERÊNCIAS E LEITURAS RECOMENDADAS

ALBERTS, B; Bray, D.; Hopkin, K., et al. 2014. *Essential Cell Biology.* 4. ed. New York: Garland Science.

CECH, T., 2000. "The Ribosome Is a Ribozyme." *Science* 289:878-79.

KAESSMANN, H. 2010. "Origins, Evolution, and Phenotypic Impact of New Genes." *Genome Research* 20:1313-26.

GENE EGOÍSTA. O gene egoísta foi um termo cunhado pelo zoólogo **Richard Dawkins**, de Oxford, em seu livro *O gene egoísta*, de 1976, como um meio de expressar a teoria da evolução que entende o gene como a unidade de seleção, em oposição a teorias alternativas que tomam um organismo ou grupo inteiro para ser a unidade de seleção (Dawkins, [1976] 2006). As teorias alternativas incluem a teoria da seleção de parentesco (que favorece os parentes de um organismo, mesmo com o sacrifício da própria sobrevivência e sucesso reprodutivo do organismo) e a teoria de seleção de grupo (onde a **seleção natural** ocorre no nível do grupo).

A tese do gene egoísta de Dawkins foi desenvolvida sobre o trabalho de escritores anteriores nos anos 1960, notavelmente John Maynard Smith e W. D. Hamilton, e em particular o trabalho de George C. Williams, que, em seu livro *Adaptation and Natural Selection* [Adaptação e seleção natural], argumentou que o **altruísmo** não é baseado principalmente em sua concessão de algum benefício para o grupo, mas é, em vez disso, um resultado de seleção que ocorre no nível do gene que é "mediado pelo fenótipo" (Williams, 1966, p. 26). Além disso, Williams sustentou que "a seleção natural dos fenótipos não pode, por si só, produzir uma mudança cumulativa, porque os fenótipos são manifestações extremamente temporárias" (Williams, 1966, p. 24).

Williams argumentou contra a seleção em nível de grupo com base no fato de que a seleção de nível mais alto é geralmente muito fraca em relação à seleção de nível inferior. Ele argumentou que as relações sexuais favoreciam a seleção no nível do indivíduo, e não do grupo, uma vez que a seleção em nível de grupo favoreceria uma relação sexual desigual (masculino dominante ou feminino dominante, dependendo de se o crescimento populacional ou a regulação é benéfico para a população do grupo como um todo), enquanto a seleção dentro do grupo favoreceria uma relação sexual igual. Entende-se agora que existem numerosos exemplos de relações sexuais extremas com viés feminino, particularmente em **espécies** pequenas de artrópodes (Hamilton, 1967). A rejeição de Williams à seleção em nível de grupo passou a ser geralmente aceita (West et al. 2007).

O entendimento centrado no gene da evolução argumenta que as variantes genéticas (alelos) cujos efeitos fenotípicos favorecem a própria propagação é favorecida pela seleção natural em relação a outros alelos e, portanto, aumenta a frequência na população. Assim, argumenta-se, a evolução e a seleção natural são mais bem entendidas a partir da perspectiva dos genes.

A teoria da evolução centrada no gene tem sido criticada por biólogos proeminentes, incluindo Ernst Mayr (Mayr, 1997), Stefen Jay Gould (Gould, 1990) e Niles Eldredge (Eldredge, 2005). Por exemplo, Stephen Jay Gould apontou que "não importa quanto poder Dawkins queira atribuir aos genes, há uma coisa que ele não pode lhes dar — visibilidade direta à seleção natural" (Gould, 1990, p. 90). Gould entendeu que a unidade de seleção é o fenótipo, pois é isso que, em última análise, interage com o ambiente.

O conceito de "**DNA** egoísta" também tem conotações com relação ao DNA móvel, elementos do DNA que se acredita se espalharem formando cópias de si mesmos, enquanto não conferem nenhum benefício fenotípico aparente ao organismo hospedeiro. Como Leslie Orgel e **Francis Crick** disseram em 1980: "Os replicadores mais eficientes aumentam em número à custa de seus concorrentes menos eficientes. Depois de um tempo suficiente, apenas os replicadores mais eficientes sobrevivem" (Orgel e Crick, 1980, p. 605). Muitos desses elementos móveis são, no entanto, agora entendidos como funcionais (p. ex., Shapiro e Sternberg, 2005), enfraquecendo um argumento comum que tem sido usado por muitos anos contra o ***design* inteligente**, isto é, que o acúmulo do chamado

DNA egoísta ou não codificante é extremamente improvável em uma hipótese do *design*.

Jonathan McLatchie

REFERÊNCIAS E LEITURAS RECOMENDADAS

DAWKINS, Richard, (1976) 2006. *The Selfish Gene: 30th Anniversary Edition.* Oxford: Oxford University Press.

_____. 2007. *O gene egoísta.* São Paulo: Companhia das Letras.

ELDREDGE, N., 2005. *Why We Do It: Rethinking Sex and the Selfish Gene.* New York: W. W. Norton.

GOULD, S. J., 1990. "Caring Groups and Selfish Genes", em *The Panda's Thumb: More Reflections in Natural History.* London: Penguin.

HAMILTON, W. D., 1967. "Extraordinary Sex Ratios. A Sex-Ratio Theory for Sex Linkage and Inbreeding Has New Implications in Cytogenetics and Entomology." *Science* 156 (3774):477-88.

MAYR, E., 1997. "The Objects of Selection." Proceedings of the National Academy of Sciences USA 94:2091-94.

ORGEL, L. E.; Crick, F. H. C., 1980. "Selfish DNA: The Ultimate Parasite." *Nature* 284:604-7.

SHAPIRO, J. A.; Sternberg, R., 2005. "Why Repetitive DNA Is Essential to Genome Function." *Biology Reviews* 80:1-24.

WEST, S. A.; Griffin, A. S.; Gardner, A., 2007. "Social Semantics: How Useful Has Group Selection Been?" *Journal of Evolutionary Biology* 21:374-85.

WILLIAMS, G. C., 1966. *Adaptation and Natural Selection.* Princeton, NJ: Princeton University Press.

GENEALOGIA. Uma genealogia é um registro de antepassados mostrando uma linha de descendência de uma pessoa, família ou grupo. O Antigo e o Novo Testamento da Bíblia contêm muitas genealogias de diferentes tamanhos e propósitos. Algumas genealogias voltam apenas duas ou três gerações, enquanto outras mostram uma longa linha de descendência.

Embora seja tentador compreender e avaliar as genealogias bíblicas de acordo com os padrões modernos (mostrando apenas relações genéticas exaustivas e objetivas), devemos definir e julgar antigas genealogias em seu próprio ambiente cognitivo em vez de impor expectativas modernas sobre elas. Fazer isso é especialmente importante à luz daqueles que usariam as genealogias bíblicas até à data da criação dos primeiros humanos para o passado relativamente recente e também aqueles que as usariam para argumentar que Adão deve ser um indivíduo histórico.

Gênesis 4:17—5:32 apresenta as duas primeiras de uma série de genealogias no livro de Gênesis (ver também Gênesis 10; 11:10-26; 25:12-18; 36; et al.). Nem todas essas genealogias são do mesmo tipo ou propósito, mas não importa qual tipo exato de genealogia encontramos em Gênesis, devemos lembrar que são antigas genealogias do Oriente Próximo, não modernas, ocidentais.

Os dois principais tipos de genealogias que encontramos na Bíblia são lineares e segmentadas. A primeira, como ilustrado na presente passagem, vai de pai a um filho, enquanto a última nomeará um número de filhos de um pai (ver Gênesis 10). As genealogias antigas são fluidas; isto é, elas podem mudar para refletir as realidades sociais e políticas contemporâneas. Elas também podem ignorar gerações, tornando-as inúteis para tentar calcular o tempo real coberto pela genealogia (ver Numbers, 2000; ele aponta para o trabalho do erudito do Antigo Testamento do século XIX, W. H. Green, que demonstra que as genealogias não são consecutivas comparando com genealogias sinóticas; ver abaixo).

Segundo Wilson, "as genealogias não são normalmente criadas para fins históricos. Não se destinam a ser registros históricos. Em vez disso, na Bíblia, bem como na antiga literatura do Oriente Próximo e no material antropológico, as genealogias parecem ter sido criadas para fins internos, político-jurídicos e religiosos, e as informações históricas são preservadas apenas incidentalmente nas genealogias" (Wilson, 1977, p. 199).

Deve ser feita uma menção especial à Lista dos Reis da Suméria (LRS), uma vez que, pelo menos em linhas gerais, parece compartilhar o escopo e a função de Gênesis 4:17—11:26. Em termos de escopo, ambos os textos listam pré-diluvianos (no caso do LRS, eles são reis), seguido de um relato do **dilúvio** (muito mais desenvolvido no texto bíblico do que na LRS) e, em seguida, uma lista de pós-diluvianos. O objetivo do LRS é ensaiar o surgimento do reinado como um presente do céu para a cidade de Eridu e depois seguir a sucessão de reis até o último rei de Isin (1816-1794 a.C., pelo menos na última cópia da LRS que temos).

Outra semelhança impressionante entre o texto bíblico e a LRS tem a ver com o comprimento das vidas/dos reinos daqueles listados, que são espetacularmente longas, particularmente para os pré-diluvianos. Enquanto os personagens bíblicos vivem por muito tempo (Matusalém sendo o mais velho com 969 anos), eles empalidecem à luz da duração dos reinados dos reis da LRS pré-diluvianos (o reinado mais longo foi de Alagar de Eridu de 36 mil anos). Os períodos de vida/reinos são consideravelmente mais curtos após o dilúvio. Sparks ressalta que "a duração dos reinos é absurdamente longa e parece ter sido derivada usando números astronômicos (para a cronologia antediluviana) e operações da **matemática** sexagesimal (para a cronologia pós-diluviana)" (Sparks, 2005, p. 346). Nossa conscientização sobre a semelhança entre o LRS e Gênesis 5 nos torna abertos à possibilidade de não pressionar literalmente as idades dos pré-diluvianos.

As genealogias bíblicas entram na discussão da relação entre a Bíblia e a ciência sobre a questão da data da criação. De acordo com a ciência, o universo tem aproximadamente 14 bilhões de anos de idade, e a Terra, cerca de 4,5 bilhões (ver **Idade do universo e da Terra**). Os criacionistas da Terra jovem, no entanto, insistem em que a ciência deve estar errada porque as genealogias da Bíblia, tomadas literalmente e como um registro exaustivo, indicam que a Terra (que foi criada durante o período de criação de seis dias literais) e o universo têm apenas alguns milhares de anos de idade. Na verdade, no século XVI, o bispo James Ussher datou a criação em 4004 a.C., baseado em genealogias bíblicas, data reiterada pela primeira edição da *Bíblia de referência Scofield*.

O uso de Ussher das genealogias até a data da criação, reiterada pelos defensores modernos do criacionismo da Terra jovem, cometeu o erro de tratar genealogias antigas como as modernas, inclusive acreditando que elas são exaustivas. Sua visão também não conta com o fato de que os "números fornecidos para as idades de muitos dos indivíduos mencionados no texto Massorético não concordam com os registros correspondentes em outras versões, como a LXX (tradução grega) e o Pentateuco Samaritano" (Harrison, 1969, p. 148).

No entanto, pelo menos desde o final do século XIX, estudiosos bíblicos teologicamente ortodoxos, como W. H. Green e B. B. Warfield, considerados os arquitetos da doutrina moderna da inerrância bíblica, mostraram que as genealogias não pretendem dar um significado literal e exaustivo dos números de gerações. Green demonstrou isso comparando as genealogias sinóticas, por exemplo, a linha dos sumos sacerdotes em 1Crônicas 6:1-14 e Esdras 2:36-40. Também podemos observar o pular das gerações na genealogia de Jesus em Mateus 1 quando a comparamos com a história da monarquia no livro de Reis (o primeiro salta Acazias [2Reis 8:25]; Joás [2Reis 12:1] e Amazias [2Reis 14: 1]).

Os propósitos das genealogias da Bíblia são primariamente teológicos e não históricos, embora não sejam a-históricos. Eles são manifestamente não exaustivos e, portanto, não nos permitem datar a criação do universo ou a idade da Terra.

Que as genealogias bíblicas são principalmente teológicas e apenas secundariamente históricas são dramaticamente ilustradas pela genealogia de Lucas de Jesus, que termina com "Adão, o filho de Deus". Como afirma Nolland, Lucas conclui sua genealogia de Jesus não com Adão, mas com Deus por razões teológicas e não históricas ou genéticas: "Lucas quer que vejamos que Jesus toma seu lugar na família humana e, portanto (desde a desobediência de Adão), em sua filiação imperfeita; no entanto, em sua própria pessoa, em virtude de sua origem única (Lucas 1:35), mas também como elaborado em sua obediência ativa (4:1-13), ele marca um novo começo para a filiação e define-a totalmente com um novo fundamento. Nessa situação humana, Jesus é aquele que é realmente o Filho de Deus" (Nolland, 1989, p. 173).

Tremper Longman III

REFERÊNCIAS E LEITURAS RECOMENDADAS

GREEN, W. H., 1890. "Primeval Chronology." *Bibliotheca Sacra* 47:285-303.
HARRISON, R. K. 1969. *Introduction to the Old Testament.* Grand Rapids: Eerdmans.
JOHNSON, M. D. 2002. *The Purpose of Biblical Genealogies.* 2nd ed. Eugene, OR: Wipf and Stock.
NOLLAND, J., 1989. *Luke 1—9:20.* Word Biblical Commentary. Dallas: Word.
NUMBERS, R. 2000. "The Most Important Biblical Discovery of Our Time: William Henry Green and the Demise of Ussher's Chronology." *Church History* 69:257-76.
SPARKS, K. L., 2005. *Ancient Texts for the Study of the Hebrew Bible: A Guide to the Background Literature.* Peabody, MA: Hendrickson.
USSHER, J., 1650-1654. *Annales Veteris et Novi Testamenti.*
WARFIELD, B. B., 1911. "On the Antiquity and Unity of the Human Race." *Princeton Theological Review*, 1-25.
WILSON, R. R., 1977. *Genealogy and History in the Biblical World.* New Haven, CT: Yale University Press.

GÊNESIS, INTERPRETAÇÃO DOS CAPÍTULOS 1 E 2 (teoria canônica). A hermenêutica é a ciência da interpretação, fazendo perguntas sobre a natureza da interpretação e o desenvolvimento de princípios de interpretação. Em um sentido amplo, toda atividade mental humana envolve interpretação, desde parar em um sinal de pare, responder a um aceno de mão de outra pessoa, diagnosticar uma doença, conversar com os filhos, aplicar uma lei ou ler o jornal da manhã. A lista pode ser infinita; somos animais interpretantes.

Neste artigo, estamos interessados na interpretação de Gênesis 1 e 2. Ao discutir a natureza da hermenêutica bíblica, consideraremos as implicações da hermenêutica para a questão da relação entre a Bíblia e a ciência, sendo esta última também, claro, uma empreitada interpretativa (ver **Hermenêutica, bíblica e científica**). Muitas

GÊNESIS, INTERPRETAÇÃO DOS CAPÍTULOS 1 E 2 (teoria canônica)

das questões que discutirei são passíveis de contestação, embora a natureza e o alcance deste artigo não permitirão uma descrição completa ou uma refutação de abordagens alternativas (mas ver Fee e Stuart, 2014; Klein et al., 2004; Longman, 1997 e Osborne, 2007 para hermenêutica em geral, e Longman, 2016 especificamente para Gênesis). A hermenêutica é uma disciplina rica e extensa, e teremos de ser seletivos em nosso tratamento, escolhendo os tópicos que consideramos mais relevantes para a interação entre o estudo da Bíblia, particularmente Gênesis 1 e 2 e a ciência.

O texto

Estamos interessados na interpretação do texto bíblico, Antigo e Novo Testamentos, considerado canônico (padrão de fé e prática) pela igreja cristã. Tradicionalmente, e ainda por muitos em todo o mundo hoje (incluindo eu), a Bíblia é entendida como a Palavra de Deus e, portanto, verdadeira em tudo o que pretende ensinar. Deus nos fala através das palavras escritas de seus porta-vozes humanos, e, como acontece com qualquer ato de comunicação, o ouvinte/leitor deve interpretar as palavras do falante/escritor para ouvir a mensagem do texto.

Uma das questões mais fundamentais da hermenêutica é onde a mensagem é encontrada. Ou para dizer de outra forma, onde está o significado do texto localizado?

Qualquer ato de comunicação escrita, incluindo a Bíblia, envolve três partes básicas: autor, texto e leitor. Um autor escreve um texto para se comunicar com um leitor.

Parece bastante direto, na superfície, que o significado do texto escrito seria encontrado na intenção do autor. Assim, quando lemos/interpretamos um texto, fazemos isso para descobrir a mensagem pretendida do autor. Assim, em resposta à pergunta "Onde o significado está localizado?", responderíamos: "Na intenção do autor". Mesmo assim, como muitos desde os Novos Críticos de meados do século XX apontaram, mesmo com um texto onde o autor ainda está vivo e pode ser entrevistado, ele não é inevitavelmente um intérprete confiável de seu trabalho. Ele pode esquecer o que quis dizer ou, ao longo do tempo, mudar sua interpretação, ou nem sequer estar plenamente consciente das implicações completas do que escreveu (como apontam os que estudam a intertextualidade). No caso da Bíblia, não há acesso independente ao autor. Em primeiro lugar, a questão da autoria é complexa, particularmente para aqueles que acreditam que Deus é o autor final da Bíblia. O autor humano compreende completamente as intenções de Deus? E, em qualquer caso, os autores humanos estão mortos e Deus não escolheu nos dar um guia inerrante de interpretação. Entender isso, no entanto, não deve nos levar a desistir, como alguns fazem, da ideia de identificar a mensagem do texto com a intenção do autor, mas as questões que envolvem a intenção autoral nos lembram que ganhamos acesso a essa intenção somente através do texto (*sola Scriptura*). Também devemos estar cientes do papel do leitor enquanto interpretamos. Todos abordamos a Bíblia a partir de nossa perspectiva humana limitada e caída. Esta consciência não deve nos levar ao desespero, mas deve nos humilhar como intérpretes e também incentivar-nos a ouvir outros intérpretes que possam nos ajudar a ver as dimensões do texto que perdemos.

Também devemos ter a certeza de que a mensagem mais importante da Bíblia é absolutamente clara, uma vez que é ensinada de muitas maneiras e difundida em todas as Escrituras. Estou falando aqui da mensagem do Evangelho, e a igreja afirmou justamente, através do que muitas vezes se chama doutrina da perspicácia das Escrituras, que a Bíblia ensina claramente que todos nós somos pecadores que precisam de um Salvador e esse Salvador é Jesus Cristo. Claro, estes não são os únicos ensinamentos que são claros na Bíblia, mas meu argumento é que nem tudo na Bíblia é interpretado com igual certeza, e vários textos bíblicos suscitam muitos dos debates entre os cristãos, incluindo aqueles que têm a ver com a relação entre o cristianismo e a ciência moderna (p. ex., qual é a natureza dos dias em Gênesis? O **dilúvio** foi local ou universal? A **alma** é não material?).

Em resumo, onde está o significado do texto a ser encontrado? O que estamos fazendo quando lemos a Bíblia? Nós, como leitores, estudamos o texto (Bíblia) para ouvir a mensagem do autor, o autor humano em primeiro lugar, mas, por último, o autor divino.

As Escrituras como um Ato de Encarnação: Estudar as Escrituras em seu "Ambiente Cognitivo"

Como indiquei acima, Deus é o autor final das Escrituras, mas ele usou autores humanos (Moisés, Davi, Paulo e uma série de outros, alguns dos quais não temos conhecimento) durante muitos séculos para produzir a Bíblia que seguramos em nossas mãos no século XXI d.C. Os

GÊNESIS, INTERPRETAÇÃO DOS CAPÍTULOS 1 E 2 (teoria canônica)

teólogos muitas vezes pensaram na Bíblia em analogia com a **encarnação** de Jesus Cristo. A doutrina da encarnação afirma que Jesus é totalmente divino e totalmente humano. De modo semelhante, a Bíblia é totalmente divina e totalmente humana. Enquanto a Bíblia ensina que a humanidade é pecadora, Jesus é totalmente humano sem pecado. Do mesmo modo, podemos argumentar que a Bíblia, embora escrita por seres humanos (sob a inspiração de Deus, 2Timóteo 3:16-17), é sem erro (nos manuscritos originais) em tudo o que ensina (ao contrário do que diz Sparks, 2008).

No entanto, a humanidade das Escrituras nos lembra que a Bíblia não desceu do céu, nem foi produzida diretamente pela atividade humana (algo como a alegada história das tabuinhas douradas de Joseph Smith). Os autores humanos das Escrituras escreveram na linguagem dos seus dias (hebraico, aramaico, grego) e utilizaram as convenções literárias e os estilos de seu tempo. Para dizer sem rodeios, a Bíblia foi escrita para nosso benefício, mas não para nós. Por exemplo, os livros de Samuel e Reis foram escritos aos judeus durante o exílio na Babilônia; o livro de Romanos é chamado assim porque foi escrito aos romanos. O livro de Gênesis foi escrito para um antigo público israelita.

Não devemos ler a Bíblia como se fosse o jornal da manhã, mas, sim, no seu "ambiente cognitivo" (Walton, 2011, p. 6-15). Novamente, um lembrete: ainda podemos obter uma imagem panorâmica sem lê-la em seu ambiente original, mas para entender verdadeiramente as profundezas das Escrituras e colocar nossa interpretação em um terreno firme, devemos estudá-la no seu contexto original. E aqui é onde o estudo do contexto antigo — o antigo contexto do Oriente Próximo para o Antigo Testamento, e a cultura greco-romana para o Novo Testamento — torna-se tão importante para os leitores modernos.

Se alguém se opõe à necessidade de estudar o contexto antigo para entender completamente a Bíblia com base no sentimento de que "tudo o que preciso é a Bíblia", lembremo-nos de que ninguém hoje pode ler nem uma palavra da Bíblia sem a ajuda de alguém que estudou hebraico antigo, aramaico e grego. E quem estudou as línguas antigas percebe que mesmo a tradução das palavras hebraicas envolve o estudo de linguagens cognitivas como o ugarítico, o acadiano, o árabe e assim por diante. E é assim que aprimoramos nossa compreensão do ambiente cognitivo da Bíblia: estudamos as línguas e as literaturas do mundo

contemporâneo do Antigo e do Novo Testamento. Isso é fundamental no estudo de Gênesis 1 e 2.

Como a totalidade da Bíblia, os capítulos 1 e 2 de Gênesis foram escritos *para o nosso benefício*, mas não *para nós*. Os estudiosos debatem precisamente quando Gênesis 1 e 2 foram escritos (ver **Gênesis, Livro de**), mas ninguém duvida que foi composto no contexto do antigo Oriente Próximo. Foi escrito para abordar as questões de um antigo público hebraico, usando linguagem e conceitos que eles entendiam. A questão principal em que estavam interessados foi "Quem criou o mundo?", e não "Como o mundo foi criado?". Eles fizeram essa pergunta à luz das reivindicações de histórias de criação rivais (p. ex., **Atrahasis** e **Enuma Elish**) e proclamaram que Yahweh, o Deus que eles adoravam, era o criador de tudo e de todos. O ensino sobre a criação em Gênesis 1 e 2 não interage diretamente com Charles Darwin, mas com esses antigos relatos rivais da criação do Oriente Próximo.

Lembre-se de que a doutrina evangélica da inerrância afirma que a Bíblia é verdadeira em tudo o que pretende ensinar, e a leitura de Gênesis 1 e 2 em seu ambiente cognitivo nos informa sobre o que ensina e o que não ensina. Não se esperaria necessariamente encontrar nada como uma compreensão científica moderna da cosmogonia ou do processo de criação (ao contrário do que dizem **Hugh Ross** e **Reasons to Believe** [Razões para Acreditar]).

A importância do gênero

Entre os princípios mais importantes da hermenêutica está o significado do gênero para a tarefa interpretativa. Mais diretamente, o gênero desencadeia a estratégia de leitura.

Em estudos literários, o gênero refere-se a uma categoria de textos que estão intimamente relacionados na forma, conteúdo, tom ou alguma combinação de elementos. Os gêneros não são categorias rígidas ou conjuntos discretos, mas, sim, fluidos e sobrepostos. Eles não caem do céu ou surgem de algum tipo de ditadura literária autoritária, mas surgem porque os autores escrevem em tradições literárias, enviando sinais aos leitores sobre como tomar suas palavras. O gênero tem sido útil como um tipo de código ou convenção ou um contrato que existe entre autor e leitor.

Um exemplo comum (não bíblico) de um sinal genérico seria uma linha de abertura como "Era uma vez", o que daria a um leitor moderno competente que o que se segue é um conto de fadas, não um tratado científico

GÊNESIS, INTERPRETAÇÃO DOS CAPÍTULOS 1 E 2 (teoria canônica) 361

ou histórico. Qualquer um que tenha entrado em uma livraria ou biblioteca moderna está familiarizado com o gênero, pois existem seções separadas em que se podem encontrar romances, biografias, livros didáticos e assim por diante. Esperamos coisas diferentes e sabemos que seus autores fazem alegações de verdade diferentes com base em nosso reconhecimento de seu gênero. Obras de ficção fazem diferentes afirmações de verdade do que obras de não ficção. Aprendemos muito sobre a vida e a condição humana, por exemplo, em *O Hobbit* de J. R. R. Tolkein, mesmo que tais criaturas de baixa estatura com pés peludos realmente não existam.

Posso ilustrar a premissa acima — de que o gênero desencadeia a estratégia de leitura — com um exemplo bíblico que tem sido objeto de disputa interpretativa ao longo dos séculos. O Cântico dos Cânticos começa assim:

Ah, se ele me beijasse, se a sua boca me cobrisse de beijos...
Sim, as suas carícias são mais agradáveis que o vinho.
A fragrância dos seus perfumes é suave;
o seu nome é como perfume derramado.
Não é à toa que as jovens o amam!
Leve-me com você! Vamos depressa!
Leve-me o rei para os seus aposentos! (1:2-4)

Como interpretamos essas palavras? Por muitos anos (há evidência de interpretação que começa em torno de 100 d.C.), o Cântico dos Cânticos foi identificado como uma alegoria. Assim, na tradição judaica, por exemplo, a mulher, que aqui fala, foi considerada como Israel, e o homem, a quem ela fala, foi identificado com Deus. Assim, o Targum para o Cântico dos Cânticos interpreta essa passagem como uma referência a Israel. A mulher, Israel, pede ao homem, Deus, que a traga para o quarto dele (a Terra Prometida).

Hoje, pouquíssimos estudiosos, se é que ainda há alguns de qualquer linha, acreditam que Cântico dos Cânticos é uma alegoria, já que não há sinais gerais de que um leitor deva tomá-lo como alegoria (leia *O peregrino* para saber o quão óbvio são esses sinais). Graças, em parte, à redescoberta de poemas de amor antigos do Oriente Próximo (ver acima a importância da leitura em um antigo "ambiente cognitivo"), os intérpretes de Cântico dos Cânticos considerariam os versos acima como parte de um poema de amor em que uma mulher expressa seu desejo de intimidade física por um homem.

A Bíblia não é um livro monolítico; contém exemplos de muitos gêneros diferentes: história, lei, sabedoria, poesia de todos os tipos, profecia, apocalíptico, evangelho, epístola, para citar apenas alguns. Cada um deles desencadeia diferentes estratégias de leitura (ver Longman, 1997).

Uma das razões pelas quais há diferenças radicais quanto à interpretação adequada de Gênesis 1 e 2 entre intérpretes cristãos tem a ver com a identificação do gênero. Nos extremos estão aqueles que argumentam que os relatos de criação de Gênesis 1 e 2 são uma história literal (ou simples história), não apenas nos dizendo que Deus criou tudo, mas nos dando uma descrição precisa de como ele fez. Assim, recorremos à Bíblia e não à ciência para aprender que Deus criou Adão, o primeiro homem, do pó e soprou o fôlego nele. No outro extremo estão aqueles que argumentam que o conteúdo de Gênesis 1 e 2 está mais perto de poesia, mito ou parábola.

Na minha opinião, ambos esses extremos apontam para algo verdadeiro, mas estão enganados. Em termos de sinais de gênero, gostaria de destacar quatro pontos.

Primeiro, o texto reflete sobre o passado, o passado remoto por certo. Está fazendo alegações históricas pelo menos no sentido amplo. Está dizendo que Yahweh, e nenhum outro, criou o cosmos e seus habitantes. Vemos isso em parte no estilo narrativo do texto (tecnicamente no uso de *vav* consecutivo [uma forma sintática hebraica], que é frequentemente, mas não exclusivamente, usado para se contar o passado), bem como o fato de que Gênesis 1 e 2 é uma parte da chamada história primitiva de Gênesis 1—11. Ela compartilha semelhanças com o restante de Gênesis 12—50, que é claramente histórico em intenção (tecnicamente visto na estrutura de *toledot* compartilhada de todo o livro, para o qual ver **Gênesis, Livro de**). No entanto, devemos notar como Gênesis 12—50 diminui o ritmo narrativo e reduz o alcance (focando em indivíduos como Abraão), mostrando maior preocupação com o que poderíamos chamar de detalhes sobre a história.

Em segundo lugar, Gênesis 1 e 2 contêm muita linguagem figurativa, fazendo com que tentativas para tratar o texto como uma descrição literal de como Deus criou o cosmos sejam duvidosas. Desde a igreja primitiva, o fato de que o sol, a lua e as estrelas não são criados até o quarto dia indicou que os três primeiros dias não são períodos literais de 24 horas de uma noite e uma manhã. A descrição de Deus criando Adão do pó e do seu fôlego (2:7) também deve ser figurativa, uma vez que Deus é puro espírito e não tem pulmões.

Em terceiro lugar, a intensa interação entre Gênesis 1 e 2 e as antigas histórias da criação do Oriente Próximo também suscitam dúvidas sobre se o autor do primeiro pretende que possamos compreender sua descrição literalmente. Afinal, *Atrahasis* e *Enuma Elish* também descrevem a criação dos primeiros seres humanos de um componente terrestre (argila) e um divino (sangue de um deus demoníaco e cuspe dos deuses). A melhor compreensão dessa interação particular é que o autor bíblico está fazendo uma declaração polêmica contestando a antiga alegação do Oriente Médio e sua visão bastante desprezível da humanidade, e não nos apresentando uma descrição literal de como Deus criou.

Em quarto lugar, a falta de sequência, há muito reconhecida, entre as duas histórias da criação em Gênesis 1 e 2 também deixa suspeito qualquer tentativa de impor uma leitura literal no texto. Um exemplo da falta de concordância é a observação de que, enquanto na primeira história (1:1—2:4b) a vegetação é criada antes da humanidade, no segundo (2:4b-25), é criada após Adão.

Independentemente de alguém concordar com essa compreensão do gênero de Gênesis 1 e 2, não se pode negar a importância da questão do gênero na questão do que Deus quer nos ensinar nesses capítulos.

Interpretação canônica

Um tópico final neste tratamento seletivo da hermenêutica é a interpretação canônica. Um dos princípios mais básicos de interpretação insiste em que leiamos qualquer texto em seu contexto. Tirar uma passagem de seu contexto resulta no que foi chamado de *texto-prova*, o que corre alto risco de distorcer o significado da passagem, uma vez que as palavras encontram seu significado no contexto das orações; as frases acham seu significado no contexto dos parágrafos; os parágrafos no contexto do discurso mais amplo, e assim por diante.

A interpretação canônica reconhece que todos os textos bíblicos existem hoje no contexto da Bíblia como um todo. Isso significa que qualquer passagem deve ser lida hoje no contexto de todo o cânone, que para o cristão inclui o Antigo e o Novo Testamentos.

O exemplo que usei neste ensaio, as duas histórias da criação encontradas em Gênesis 1 e 2, fica hoje no início do cânone. Interpretá-los canonicamente levaria muito mais espaço do que o permitido neste artigo, então farei apenas algumas observações.

Primeiro, Gênesis 1 e 2 não é a única história de criação na Bíblia; podemos encontrar descrições da criação do cosmos e dos seres humanos por Deus em Salmos (8; 19; 24; 33; 74; 104; 136), também no livro de Provérbios (3:19-20; 8:22-31) e Jó (38:4-11), como em textos do Novo Testamento (João 1:1-5; Romanos 1:18-20, Colossenses 1:15-20). Quando comparamos essas histórias, ficamos impressionados com a alta incidência de linguagem figurativa. Deus cria, derrotando um monstro de muitas cabeças chamado Leviatã (Salmos 74:14); ele ordena ao Mar personificado não ir além das fronteiras que estabeleceu (Jó 38:11; Provérbios 8:29); uma mulher chamada Sabedoria observa suas ações criativas e até o ajuda (Provérbios 8:22-31); e assim por diante. A análise detalhada desses poemas não é possível aqui, mas mesmo um olhar rápido apoia nossa compreensão do relato de Gênesis 1 e 2 como não interessado em uma descrição literal e precisa da criação (Carlson e Longman, 2010).

Em segundo lugar, a narrativa de Gênesis 1 e 2 desempenha um papel crucial de fundação na história geral das Escrituras, que muitas vezes é descrita como um drama com quatro atos. Gênesis 1 e 2 é o primeiro ato (criação), seguido de Gênesis 3 (a **queda**), depois Gênesis 4—Apocalipse 20 (redenção), seguido de Apocalipse 21 e 22 (consumação). Curiosamente, a cena final, como a primeira, é descrita usando linguagem altamente figurativa que repete algumas das imagens da cena de abertura (o jardim leva a uma cidade [a Nova Jerusalém], mas há um jardim com duas árvores da vida na cidade). Assim, podemos dizer que a Bíblia emprega linguagem figurativa ao descrever o passado remoto (criação) e o futuro distante (consumação).

Em terceiro lugar, é importante ressaltar, embora não seja necessariamente diretamente relevante para a questão da relação entre ciência e religião, que quando lido canonicamente, todas as Escrituras apontam, em última instância, para Jesus Cristo (Lucas 24:25-27, 44-45). Embora seja crucial interpretar primeiro um texto do Antigo Testamento como Gênesis 1 e 2 em seu contexto original, o intérprete cristão atende a insistência de Jesus de que todo o Antigo Testamento aponta para ele. Ao interpretar Gênesis 1 e 2 à luz do cânone completo, somos atraídos para aquelas passagens que descrevem Jesus como um participante no processo da criação.

GÊNESIS, INTERPRETAÇÃO DOS CAPÍTULOS 1 E 2 (teoria factual)

Conclusão

Todos os leitores da Bíblia devem interpretá-la. O campo da hermenêutica estuda o processo interpretativo e reflete sobre os princípios que orientam o leitor para a interpretação adequada, aqui definida como aquela que nos leva à mensagem final do autor no texto. Minha afirmação em relação à questão da relação da **ciência e da Bíblia** é que a prática interpretativa apropriada se afastará de leituras impróprias (como aquelas que esperam encontrar a ciência moderna no texto) e para as apropriadas. E quando a configuração original e seu "ambiente cognitivo", o gênero do texto e o contexto canônico são levados em consideração, veremos que não há choque entre o livro da revelação especial de Deus, a Bíblia, e o livro da revelação geral de Deus, a natureza, o domínio estudado pela ciência.

Tremper Longman III

REFERÊNCIAS E LEITURAS RECOMENDADAS

CARLSON, R. F.; LONGMAN, T., III, 2010. *Science, Creation, and the Bible*. Downers Grove, IL: InterVarsity.

FEE, G. D.; STUART, D., 2014. *Reading the Bible for All Its Worth*. 4th ed. Grand Rapids: Zondervan.

KLEIN, W. W.; BLOMBERG, C. L.; HUBBARD, R. I., Jr., 2004. *Introduction to Biblical Interpretation*. Nashville: Thomas Nelson.

LONGMAN III, T., 1997. *Reading the Bible with Heart and Mind*. Colorado Springs: NavPress.

_____. 2016. *Genesis*. Story of God Bible Commentary. Grand Rapids: Zondervan.

OSBORNE, G., 2007. *The Hermeneutical Spiral: A Comprehensive Introduction to Biblical Interpretation*. Grand Rapids: Zondervan.

SPARKS, K. L., 2008. *God's Word in Human Words: An Evangelical Appropriation of Critical Biblical Scholarship*. Grand Rapids: Baker.

WALTON, J., 2011. *Genesis 1 as Ancient Cosmology*. Winona Lake, IN: Eisenbrauns.

⌖GÊNESIS, INTERPRETAÇÃO DOS CAPÍTULOS 1 E 2 (teoria factual)

Pressuposições filosóficas dominantes

Platonismo e intérpretes antigos. Discordâncias contemporâneas sobre se Gênesis 1 e 2 deve ser interpretado literalmente ou figurativamente tem antecedentes antigos. Porque todos eles foram influenciados pelo platonismo e por Fílon, cristãos antigos, como Clemente de Alexandria, Orígenes e **Agostinho**, não podiam conceber que o ato de Deus de criar todas as coisas durava seis dias. Eles abraçaram a noção de Fílon de que Deus criou instantaneamente tudo ao mesmo tempo (Fílon, 1993, III). Além disso, Agostinho apoiou essa crença, apelando para a tradução errada da Vulgata de Eclesiástico 18:1, *omnia simul*, "todos juntos". Refletindo a influência do platonismo, Orígenes se pergunta: "Agora, quem há (ore e seja possuído de compreensão) que considerará a declaração como apropriada: que o primeiro dia, o segundo e o terceiro, nos quais também são mencionadas a noite e a manhã, existiram sem sol, lua e estrelas — até mesmo o primeiro dia, sem céu?" (Origen, 1982, 4.1.16).

Embora Gênesis apresente os atos criativos de Deus como ocorrendo em seis dias sequenciais, esses primeiros cristãos interpretaram a sucessão não como temporal, mas como um dispositivo alegórico para priorizar o valor crescente da criação, com os seres humanos no lugar mais alto, mostrando a influência da explicação numerológica de Fílon sobre os dias da criação (Clement, 1982, 6.16; Augustine, 1982, 1.135-36).

Mais uma vez, Orígenes pergunta, ironicamente, quem poderia ser "tão ignorante quanto a supor que" Deus assumiu o papel de fazendeiro que plantou árvores em um jardim, cujo fruto, quando mordido, renderia a vida ou o conhecimento do bem e do mal, e esse Deus entrou no jardim e encontrou Adão escondido debaixo de uma árvore? Ele duvida que alguém possa deixar de reconhecer que Deus não assumiu esse papel, mas que esses estão "relacionados figurativamente nas Escrituras, que algum significado místico pode ser indicado por ele" (Origen, 1982, 4.1.16).

Evolução e intérpretes modernos. Uma vez que a **geologia**, a arqueologia e a biologia modernas asseguraram a hegemonia da **cosmovisão**, muitos cristãos têm dificuldade em resistir à busca de harmonia entre as afirmações da Bíblia sobre as origens e as da ciência. Assim, os cristãos tendem a interpretar Gênesis 1—3 de acordo com qualquer idade da Terra que presumem, conscientemente ou não. O resultado é uma renovação dos conflitos entre os cristãos sobre as origens do universo e da vida. Talvez o maior impulso para essa renovação tenha ocorrido quando a recente interpretação da pesquisa do genoma humano levou ao lançamento da **BioLogos** em 2007, para chamar cristãos a abraçar a fé bíblica e a criação evolucionista harmoniosamente como a explicação de como Deus criou toda a vida terrena. Os defensores da BioLogos acreditam: "Se os resultados científicos parecem entrar em conflito com uma determinada leitura da Bíblia, deve-se considerar cuidadosamente a possibilidade de que uma maneira diferente de entender a Bíblia seja mais apropriada" (Carlson e Longman, 2010, p. 125-26).

364 GÊNESIS, INTERPRETAÇÃO DOS CAPÍTULOS 1 E 2 (teoria factual)

Porque Gênesis não revela "como Deus criou o mundo e a humanidade", é permissível e adequado recorrer à investigação científica humana para buscar a resposta (Longman, 2013, p. 103). Muitos defensores da criação evolucionista estão confiantes de que o conhecimento derivado das ciências modernas e das descobertas arqueológicas feitas no século XIX, nos permite deixar de lado a noção de que os relatos da criação de Gênesis 1 e 2 retratam a realidade, com Deus criando todas as coisas sucessivamente ao longo de um período de seis dias (Carlson e Longman, 2010, p. 112-14; Lamoureux, 2013, p. 46-55). Eles afirmam que, dada a veracidade da evolução, as correlações entre as cosmologias de Gênesis 1 e as histórias antigas da criação do Oriente Próximo corrigem as leituras equivocadas de Gênesis 1 e 2, realizadas por gerações anteriores de cristãos. Assim, um defensor declara veementemente: "*A Sagrada Escritura declara como Deus criou os céus, o que, na verdade, nunca aconteceu*". Ele reitera: "*A Sagrada Escritura declara como Deus criou organismos vivos, o que, na verdade, nunca aconteceu*" (Lamoureux, 2013, p. 54, 56, ênfase no original). Ele pergunta: "Deus mentiu na Bíblia?" E responde: "Não!" Ele explica que Deus acolheu a ciência antiga errática "como um vaso incidental para revelar" que ele criou a vida, embora na verdade não seja a maneira como sua sagrada Palavra diz (Lamoureux, 2013, p. 54, 57). Por conseguinte, a ciência evolucionista, não Gênesis, revela como Deus criou a vida. Outros identificaram problemas com a afirmação de que a história bíblica da criação reflete aquelas antigas cosmologias pagãs (Weeks, 2010, p. 219-36). Então, o que se segue enfoca o texto de Gênesis 1 e 2.

A interpretação não é literal nem figurativa

Como na igreja antiga, questionar se a interpretação é literal ou simbólica polariza os defensores de ambos os lados por causa de um erro comum englobado em graus variados. Em um nível popular, mesmo semierudito, muitos acreditam falsamente que se o literal é *real*, então figurativo é *imaginário, irreal*. O resultado é uma "rigidez interpretativa" (literalismo) que suprime imagens bíblicas e incita a ridicularizar e dissociar. Os estudiosos não são inoculados em cair nesse erro. Isso dificulta rotineiramente a conversa, afastando os participantes de ambos os lados para os extremos e reduzindo o debate para um impasse entre interpretação literal e interpretação figurativa das histórias

da criação, um problema que parece aparente em *Reading Genesis 1—2: An Evangelical Conversation* [Lendo Gênesis 1—2: uma conversa evangelical] de J. Daryl Charles.

O erro é mudar o sentido literal (*sensus literalis*) do ato de escrever para o ato de interpretar um texto. Para quebrar o impasse, é necessário abandonar a noção de que a interpretação é literal ou figurativa. Não é, pois tanto literal quanto figurativo não são descrições adequadas sobre como interpretar qualquer texto ou discurso. Em vez disso, literal ou figurativo são formas em que falantes e escritores retratam a realidade. Isso é verdade porque tanto o significado literal quanto o simbólico dizem respeito aos falantes e escritores referentes às coisas. Se devêssemos interpretar, literalmente ou figurativamente, nossas conversas comuns entre nós, tornaríamos a comunicação boba, até impossível. Muitas vezes nos referimos figurativamente a coisas concretas, como "Eu uso minha lata-velha para ir trabalhar". Este é um retrato figurativo de algo real; não é interpretação figurativa.

A ausência do sol nos primeiros três dias: um problema? É certo que a falta de menção ao sol nos primeiros três dias da semana da criação é um ponto de tropeço que leva os defensores das interpretações literais e figurativas a questionar se os dias de Gênesis 1 são literais, alegóricos ou figurativos. A questão está errada e equivocada, pois os dias em si não são nem literais nem figurativos. A questão precisa ser reestruturar: Gênesis apresenta os dias literalmente ou figurativamente? Esta não é uma distinção sem uma diferença. A distinção e a diferença estão perdidas para nós porque nos tornamos tão atolados em discutir a interpretação literal *versus* a interpretação figurativa.

A questão apropriada é: como Gênesis 1 retrata os dias sucessivos preenchidos com os atos criativos de Deus? O texto apresenta os dias do trabalho do Criador literal ou figurativamente, ou ambos? Se Gênesis, literalmente, apresenta os dias, nos confundimos com os dias *literais*; em vez disso, os dias são *reais*. Mais uma vez, se o texto apresenta literalmente os dias, isso dificilmente implica que o texto não investe função simbólica nos atos de Deus e nos eventos dos dias sequenciais. Da mesma forma, se Gênesis apresenta "dia" com significado figurativo, isso não significa que o "dia" não seja real, mas ilusório ou simplesmente acomodando ciências antigas errôneas.

Gênesis 1 e 2 usa "dia" (*yôm*) literalmente e figurativamente. Depois que Deus cria a luz, ele chama a luz "dia" e as trevas "noite" (1:5). O texto reiterou esse uso quando

GÊNESIS, INTERPRETAÇÃO DOS CAPÍTULOS 1 E 2 (teoria factual)   365

Deus cria as luzes celestiais no quarto dia, "a luz maior para governar o dia" (1:14-16). Além disso, 1:5 usa "dia" de uma segunda maneira literal para o ciclo da escuridão e da luz — "Passaram-se a tarde e a manhã; esse foi o primeiro dia" —, o primeiro dos seis dias sucessivos do trabalho criativo de Deus. Embora o texto use o número cardinal, "dia 1", em uma cláusula hebraica desse tipo, o cardinal funciona como um número ordinal, "primeiro dia" (Waltke e O'Connor, 1990, p. 274). As próximas cinco designações de "dia", definidas pela frase temporal anterior, "passaram-se tarde e manhã", são todos números ordenados que indicam a sequência.

Assim, Gênesis 1, literalmente, retrata as ações criativas de Deus como seis dias, conforme calculado pelos humanos. O sétimo dia é único, pois a frase temporal que precede os seis primeiros não se repete porque sua presença significaria sua transição para o dia seguinte (Cassuto, 1961, p. 28). "Tarde" e "manhã" significam, respectivamente, o fim da luz do dia (quando Deus suspende seu trabalho criativo) e a renovação da luz (quando ele retoma a criação) (Sarna, 1989, p. 8). Assim, a ausência da noite e da manhã enfatiza que quando Deus cessa sua criação no final do sexto dia, seu trabalho criativo é completo e ele não retoma a criação após o sétimo dia chegar ao fim. Um quarto uso do "dia" ocorre em uma frase preposicional (*beyôm*), que tem o sentido idiomático de "no dia em que" ou "no tempo em que" (2:4).

Para muitos contemporâneos, a exemplo de Orígenes, a ausência do sol nos primeiros três dias exige que os dias de Gênesis 1 não possam ser dias reais. O texto de Gênesis 1:3-5 explicita que a Verdadeira Luz (João 1:9) — por quem todas as coisas foram feitas (João 1:3) e por quem todas as coisas são formadas (Colossenses 1:17) — criou a luz e a chamou de "dia". Que o sol não é introduzido até o quarto dia não significa necessariamente que estava ausente, pois o hebraico de 1:14 afirma: "Disse Deus: 'Haja luminares no firmamento do céu para separar o dia da noite'" (Sailhamer, 1996, p. 93). Como tal, o texto assume que as luzes já estavam nos céus desde o primeiro dia, mas que no quarto dia, como com todas as criaturas, os corpos celestes estão sujeitos à vontade do Criador. Então, Deus os ordena e obedecem ao servir os seus respectivos propósitos, "governar o dia e a noite" (1:18) e "sirvam eles como sinais para marcar os estações, dias e anos" (1:14).

Representação antropomórfica de Deus: um problema? Mais uma vez, os contemporâneos seguem a liderança de Orígenes, apelando para a representação de Deus "como um ser humano, que tem um corpo com pulmões, para que ele possa soprar no pó" como prova de que "o relato da criação de Adão deve ser figurativo", de modo que "não informa o leitor como Deus criou o primeiro ser humano" (Longman, 2013, p. 106).

Na verdade, a representação de Deus é antropomórfica. O mesmo é verdade para toda representação de Deus em todo Gênesis 1 e 2 e em todas as Escrituras.

Como Deus poderia realmente se revelar e revelar seus atos para os seres humanos, além da analogia, ou seja, antropomorficamente? Por exemplo, cada verso em todo Gênesis 1 é composto com a representação antropomórfica de Deus, como falar, nomear, ver, fazer, separar, autoconsultar-se, abençoar, descansar e assim por diante. Essas Escrituras que representam figurativamente o Criador dessa maneira não apresentam as ações retratadas de Deus como irreais, míticas ou acomodando uma ciência pagã antiga errante, como afirmam os defensores do BioLogos e outros (p. ex., Walton, 2013, p. 147-62). Porque o Criador formou Adão do pó e soprou nele o fôlego de vida, fazendo-o segundo a sua própria semelhança (seu análogo terrestre), Deus revela-se a suas criaturas à semelhança deles, como se ele apresentasse sua forma e suas qualidades, quando, na verdade, suas criaturas apresentam a semelhança do Criador (Caneday, 2003, p. 161).

Seguindo os pais da igreja, tanto Martinho Lutero quanto **João Calvino** insistem que, porque Deus, na sua essência, é desconhecido para os humanos, ele condescende ao nosso estado de criaturas para revelar-se em nossa semelhança, mesmo adaptando-se à simplicidade de uma criança, para que ele mesmo possa se fazer conhecido por nós (Luther, 1960, 2.46). Porque eles acreditam que Deus sempre se revela desse jeito, ambos os reformadores acreditavam que Deus criou todas as coisas dentro de seis dias reais (Calvin, 1960, 1.14.1; Calvin, 1979, 1.78, 1.105; Luther, 1960, 1,3,5-6). Os estudiosos contemporâneos interpretam erroneamente a compreensão dos reformadores sobre a acomodação divina quando eles os forçam para sustentar suas afirmações de que os usos do "dia" nos relatos de criação de Gênesis permitem milhões de anos (Caneday, 2011, p. 31-35).

Através de toda a história da igreja, numerosos cristãos brilhantes reconheceram "que a Escritura não contém

366 GÊNESIS, INTERPRETAÇÃO DOS CAPÍTULOS 1 E 2 (teoria factual)

apenas uns poucos antropomorfismos dispersos, mas são antropomórficos do começo ao fim" (Bavinck, 2004, 2.99). Assim, a **revelação** de Deus "é em todos os aspectos finita e limitada, mas nem por isso é desonesta ou falsa" (Bavinck, 2004, 2.106; contra Enns, 2011, p. 144). Porque toda a revelação de Deus, seja na natureza ou nas Escrituras, é direcionada aos humanos, ele fala como um ser humano terrestre e assume as formas humanas. Assim, a declaração inicial da Escritura — "No princípio, Deus criou os céus e a terra" — revela a Deus de forma *análoga*, nem como ele é em si mesmo (*univocamente*) nem completamente diferente de suas criaturas humanas (*equivocamente*) (Van Til, 1976, p. 212). Deus abrange o abismo Criador-criatura, revelando-se antropomorficamente a si mesmo e a seus atos aos humanos. O Criador entra em sua própria criação como um oleiro que forma Adão "do pó da terra e soprou em suas narinas o fôlego de vida" (Gênesis 2:7).

Essa analogia é rica, pois Deus, que não possui mãos, forma Adão, e aquele que não tem pulmões "soprou em suas narinas o fôlego de vida, e o homem se tornou um ser vivente" (Mickelsen, 1963, p. 314-15; compare Silva, 1990, p. 22). Ele assumiu a forma do ser humano que ele estava formando do pó para revelar a grande distinção entre ele próprio como Criador, e Adão, como criatura, que é e não é como seu Criador, o que é implicado pela frase "conforme a nossa semelhança" (Gênesis 1:26). Em todo o Antigo Testamento, o Criador, que nunca se revela aos humanos como ele é em si mesmo, para que não pereçam (Êxodo 33:15-23), revela-se à humanidade como se fosse um humano, encobrindo toda a sua glória, assim prefigurando a encarnação da Palavra (João 1:14).

Conclusão

Debates sobre interpretação literal *versus* interpretação figurativa conduzem mal nossa leitura tanto do primeiro quanto do último livro da Bíblia. Assim, não é surpreendente que a igreja tenha tantos desentendimentos e opiniões divergentes sobre as origens e a consumação de todas as coisas.

Perguntar se devemos interpretar Apocalipse literal ou figurativamente é colocar a questão erroneamente, prejudicando assim a resposta. A interpretação não é literal nem figurativa, pois, com imagens vivas, João *ensina não literalmente* cada uma das suas visões das realidades celestiais. Depois que ele vê os novos céus e a nova terra,

ele *figurativamente retrata* sua visão da realidade, usando análises exageradas e extravagantes de coisas terrenas familiares. Cada portão da cidade esculpido em enormes pérolas singulares e uma rua principal pavimentada com ouro puro, transparente como vidro (Apocalipse 21:21), traz uma *representação figurativa* da realidade que viu. João apresenta a cidade como real, não irreal ou ilusória, tão superlativa que a mais requintada das metrópoles imagináveis, construída a partir das pedras e metais mais caros conhecidos na terra, é um análogo terrenal sem brilho.

Da mesma forma, investigar se devemos interpretar os primeiros capítulos de Gênesis literalmente ou figurativamente é fazer a pergunta incorretamente, o que torna a discussão tendenciosa. Não devemos interpretar Gênesis 1 e 2 literalmente ou não literalmente. A questão correta é, como o texto representa a criação de Deus de todas as coisas? Gênesis retrata essas coisas de forma não figurativa ou figurativa? Gênesis retrata a realidade dos atos criativos de Deus com literalidade — "Deus criou os céus e a terra".

Essa não é interpretação literal *versus* exegese não literal. A literalidade dos atos criativos de Deus não é propriedade de nossa leitura, mas da escrita do texto de Gênesis, em como a narrativa retrata essas coisas. Isto é assim porque a narrativa apresenta factualmente os atos do Criador sem exagero ou embelezamento, embora antropomorficamente. Assim, a representação factual de Gênesis 1 e 2 não significa que os relatos da criação sejam desprovidos de linguagem figurativa. Na verdade, tudo o que Deus faz — falar, criar, ver, nomear, separar, autoconsultar-se, criar os seres humanos segundo a sua semelhança, nomear os seres humanos sobre a criação, abençoar, descansar, formar Adão do pó, soprar vida em Adão e colocar os humanos no Éden — implica em antropomorfismo.

Que esses são todos representações antropomórficas de Deus não os torna não factuais. Em vez disso, o narrador apresenta todos os atos criativos de Deus em plena continuidade com a forma como o restante da Bíblia, em todos os lugares, emprega o antropomorfismo para retratar a Deus como atuando e falando. Como Gênesis retrata essas coisas como factuais, os escritores das Escrituras tanto no Antigo quanto no Novo Testamento aceitam sua historicidade (p. ex., Mateus 19:4-6), ao mesmo tempo que reconhecem seus significados banhados de simbolismo, à medida que prefiguram a nova criação no Messias prometido (p. ex., 2Coríntios 4:6). Expresso de forma diferente, para os escritores das Escrituras, a continuidade teológica entre a representação da criação em Gênesis 1 e 2 e a nova criação em Cristo Jesus é incorporada indivisivelmente tanto na factualidade quanto nos significados simbólicos que as histórias da criação retratam.

Ardel B. Caneday

REFERÊNCIAS E LEITURAS RECOMENDADAS

AUGUSTINE, 1982. *The Literal Meaning of Genesis*, traduzido por John Hammond Taylor. Vol. 1. New York: Paulist.

BAVINCK, Herman, 2004. *Reformed Dogmatics*. Vol. 2, *God and Creation*. Ed. John Bolt. Trad. John Vriend. Grand Rapids: Baker Academic.

BEALL, Todd, 2013. "Reading Genesis 1—2: A Literal Approach," em *Reading Genesis 1—2: An Evangelical Conversation*, ed. J. Daryl Charles, 45-59. Peabody, MA: Hendrickson.

CALVIN, John, 1960. *Institutes of the Christian Religion*. Philadelphia: Westminster.

CALVINO, João. *Intituições da religião cristã*. 2. vols. São Paulo: Unesp, 2008.

_____. 1979. *Commentary on the First Book of Moses Called Genesis*. Vol. 1. Trans. John King. Edimburgo: Calvin Translation Society; Grand Rapids: Baker.

CANEDAY, A. B., 2003. "Veiled Glory: God's Self-Revelation in Human Likeness — A Biblical Theology of God's Anthropomorphic Self-Disclosure", em *Beyond the Bounds: Open Theism and the Undermining of Biblical Christianity*, ed. John Piper, Justin Taylor e Paul Kjoss Helseth, 149-99. Wheaton, IL: Crossway.

_____. 2011. "The Language of God and Adam's Genesis and Historicity in Paul's Gospel." *Southern Baptist Journal of Theology* 15:26-59.

CARLSON, Richard; Longman, Tremper, III, 2010. *Science, Creation, and the Bible: Reconciling Rival Theories of Origins*. Downers Grove, IL: IVP Academic.

CASSUTO, U., 1961. *A Commentary on the Book of Genesis: Part One — From Adam to Noah*. Trans. Israel Abraham. Jerusalem: Magnes.

CLEMENT OF ALEXANDRIA, 1982. *The Stromata*. Vol. 2. The Ante-Nicene Fathers. Comp. A. Cleveland Coxe. Ed. Alexander Roberts, James Donaldson e Henry Wace. Grand Rapids: Eerdmans.

ENNS, Peter, 2011. *The Evolution of Adam: What the Bible Does and Doesn't Say about Human Origins*. Grand Rapids: Brazos.

LAMOUREUX, Denis, 2013. "No Historical Adam: Evolutionary Creation View", em *Four Views on the Historical Adam*, ed. Matthew Barrett e Ardel B. Caneday. Grand Rapids: Zondervan.

LONGMAN, Tremper, III, 2013. "What Genesis 1—2 Teaches (and What It Doesn't)", em *Reading Genesis 1—2: An Evangelical Conversation*, ed. J. Daryl Charles, 103-28. Peabody, MA: Hendrickson.

LUTHER, Martin, 1960. *Lectures in Genesis*. Luther's Works. Vols. 1-2. Trad. George Schick. St. Louis: Concordia.

MICKELSEN, A. Berkeley, 1963. *Interpreting the Bible*. Grand Rapids: Eerdmans.

ORIGEN, 1982. "De Principiis." *The Ante-Nicene Fathers*. Vol. 4. Comp. A. Cleveland Coxe. Ed. Alexander Roberts, James Donaldson e Henry Wace. Grand Rapids: Eerdmans.

FÍLON, 1993. "On the Creation." Vol. 3 of *The Works of Filon: Complete and Unabridged*. Trans. C. D. Yonge. Peabody, MA: Hendrickson.

SAILHAMER, John, 1996. *Genesis Unbound: A Provocative New Look at the Creation Account*. Sisters, OR: Multnomah.

SARNA, Nahum J., 1989. *Genesis*. JPS Torah Commentary. Philadelphia: Jewish Publication Society.

SILVA, Moisés, 1990. *God, Language, and Scripture: Reading the Bible in the Light of General Linguistics*. Foundations of Contemporary Interpretation. Vol. 4. Grand Rapids: Zondervan.

VAN TIL, Cornelius, 1976. *An Introduction to Systematic Theology*. Nutley, NJ: Presbyterian & Reformed.

WALTKE, Bruce; O'Connor, M., 1990. *An Introduction to Biblical Hebrew Syntax*. Winona Lake, IN: Eisenbrauns.

WALTON, John H., 2013. "Reading Genesis 1 as Ancient Cosmology," em *Reading Genesis 1—2: An Evangelical Conversation*, ed. J. Daryl Charles, 114-69. Peabody, MA: Hendrickson.

WEEKS, Noel, 2010. "The Ambiguity of Biblical 'Backgrounds.'" *Westminster Theological Journal* 72:219-36.

GÊNESIS, LIVRO DE. Gênesis é o primeiro livro da Torá, que é a primeira seção da Bíblia Hebraica (Antigo Testamento cristão). A Torá, também referida como Pentateuco (ou "cinco rolos", Gênesis, Êxodo, Levítico, Números e Deuteronômio) é realmente uma composição literária dividida em cinco livros, porque um rolo antigo não podia conter o todo. De Êxodo até o fim de Deuteronômio, conta-se a história da saída do Egito e a jornada pelo deserto, que culminou no sermão final de Moisés (Deuteronômio) feito nas planícies de Moabe, do outro lado do rio Jordão, de Jericó, o primeiro alvo da conquista narrado no livro de Josué. Gênesis é um prelúdio da história do êxodo, e há um intervalo de tempo indeterminado de alguns séculos entre o fim de Gênesis e o início de Êxodo.

Autoria, data e composição

Uma vez que Gênesis é a primeira parte do Pentateuco, a questão de sua autoria, data e composição está ligada aos cinco livros que constituem o todo literário.

Nossa primeira observação é que o próprio Pentateuco não menciona o autor em lugar nenhum. Assim, o Pentateuco e Gênesis, em particular, são anônimos. Mesmo assim, o Pentateuco descreve Moisés escrevendo coisas, como a lei, um itinerário de viagem e um cântico (ver Êxodo 24:4; 34:27; Números 3:2; Deuteronômio 31:22). Além disso, as Escrituras tanto do Antigo Testamento (Josué 1:7-8, 2Crônicas 25:4; Esdras 6:18; Neemias 13:1) quanto do Novo (Mateus 19:7; 22:24; Marcos 7:10; 12:26; João 1:17; 5:46; 7:23) associam a Torá a Moisés.

Levando-se isso em consideração, o livro de Gênesis, bem como a Torá como um todo, contém material que se origina de um período pós-mosaico; há referências a pessoas, lugares e eventos que ocorreram após a partida de Moisés. A mais óbvia dessas passagens é o relato da morte do próprio Moisés em Deuteronômio 34. Podemos apontar o fato de Gênesis fazer referência a Ur dos caldeus, embora os caldeus — os habitantes de língua aramaica da antiga cidade de Ur — tenham vivido séculos depois de Moisés (Gênesis 11:31), bem como uma referência à cidade de Dã, apenas chamada assim no momento do período posterior dos Juízes (Gênesis 14:14; ver Juízes 18:29).

368 GÊNESIS, LIVRO DE

Além disso, há indícios de que o autor usou fontes anteriores em sua redação do Pentateuco, particularmente do livro de Gênesis. Por exemplo, por onze vezes Gênesis usa uma fórmula para introduzir uma nova seção do livro ("Esta é a história [*toledot*] de X"; ver 2:4; 5:1; 6:9; 10:1; 11:10, 27; 25:12, 19; 36:1, 9; 37:2). Provavelmente indicam fontes orais e/ou escritas (ver "registro" em 5:1) usadas na composição do livro de Gênesis.

Assim, uma teoria da composição do livro de Gênesis e do Pentateuco como um todo, implícita no próprio texto bíblico, nomeia Moisés como autor, mas reconhece que ele usou fontes e que também há adições editoriais até o período pós-exílico. Desafios para a ideia de que Moisés tinha algo a ver com a escrita do Pentateuco fervilham (ver descrição e crítica em Longman e Dillard, 2006, p. 4-51).

Estrutura e conteúdos

Há mais de uma maneira de descrever a estrutura e os conteúdos do livro de Gênesis. Já mencionamos que o livro é composto por doze seções apresentadas pela fórmula "Esta é a história (*toledot*) de X." Com exceção da primeira ocorrência (2: 4), X é um nome pessoal e a seção que a fórmula de *toledot* introduz é uma história dos descendentes de X. Assim, por exemplo, a seção final do livro introduzida pela "história da família de Jacó" (37:2) conta a história dos doze filhos de Jacó com ênfase principal em José.

Outra maneira de descrever o livro reconhece três partes principais. A primeira parte narra eventos da criação do mundo até o tempo de Abraão (1:1—11:26). Aqui, a narrativa segue a história de toda a humanidade no passado remoto. Aprendemos que, embora Deus tenha criado o cosmos bom e a humanidade moralmente inocente, os humanos escolheram se rebelar contra Deus (Gênesis 3). Deus julga o pecado, mas permanece envolvido com suas criaturas humanas, embora eles repetidamente pequem (Caim e Abel; o **dilúvio**; a **Torre de Babel**). A segunda parte do livro reduz o foco a uma família, a de Abraão, por três gerações — a de Abraão, seu filho Isaque e seu neto Jacó, os chamados patriarcas (11:27-37:1). A terceira e última seção do livro segue a história dos doze filhos de Jacó com ênfase em José (37:2-50:26).

Gênesis e a ciência

O livro de Gênesis tem desempenhado um papel fundamental nas discussões modernas sobre cristianismo e ciência. A maior parte do livro tem pouco a dizer que afeta o debate, mas a história dos primórdios, Gênesis 1—11, em especial, tem estado, talvez, no centro das altercações mais acaloradas sobre o assunto, porque nessa seção encontramos uma descrição da criação do cosmos e da humanidade, descrição essa muitas vezes considerada incompatível com a explicação dada pela ciência moderna. Além disso, a narrativa do dilúvio também entrou no debate. Por fim, as **genealogias** desses primeiros capítulos de Gênesis levam alguns a acreditar que a Bíblia ensina que a criação do cosmos e da humanidade tem apenas alguns mil anos de idade em oposição ao consenso científico de que o cosmos tem quase 14 bilhões de anos e que os seres humanos surgiram cerca de 100 mil anos atrás.

Os detalhes dessas questões e diferentes interpretações são discutidos em mais detalhes em outros artigos (**Cosmologia antiga; Criação; Éden; Queda; Genealogias; Dilúvio de Gênesis; Dilúvio de Gênesis e a geologia; Serpente**). Neste ensaio, nosso foco será sobre a questão do gênero do livro. Os autores adotam convenções gerais específicas para ajudar os leitores a entender a natureza das afirmações verdadeiras de sua composição.

Muitos cristãos conservadores, para não falar de judeus e muçulmanos, leem as narrativas e genealogias de Gênesis como se estivessem dando uma descrição detalhada e literal do processo de criação. Não surpreendentemente, no entanto, há diferenças mesmo entre aqueles que encaram Gênesis como uma história literal da maneira como Deus criou o universo.

Por exemplo, os criacionistas da Terram jovem (CTJ) interpretam as genealogias de Gênesis como uma listagem quase exaustiva de gerações e duração exata dos períodos de vida. Assim, eles acreditam que Gênesis ensina que a Terra tenha talvez 6 mil a 10 mil anos de idade. Outros comparam as genealogias sobrepostas (p. ex., 1Crônicas 6:1-14 e Esdras 2:36-40) para demonstrar que as genealogias de Gênesis são construídas e podem pular gerações (também podemos comparar Mateus 1 com a história da monarquia em Reis), enquanto ainda outros apontam para antigas genealogias semelhantes do Oriente Próximo, como a Lista dos Reis da Suméria, que atribui reinos na ordem de dezenas de milhares de anos para sugerir que genealogias antigas funcionavam por razões ideológicas/teológicas, em vez de estritamente históricas, e assim concluíram que não podemos usá-las para construir uma cronologia. Eles concluem, portanto, que não há conflito com os relatos científicos da idade do universo ou do surgimento da humanidade.

Diferenças também existem entre aqueles que acreditam que os **dias da criação** são dias literais, descrevendo uma criação de 24 horas por dia, seis dias, e aqueles que dizem que os dias são figurativos. Os últimos argumentam que os dias indicam longos períodos de tempo, embora ainda descrevam a sequência da criação (teoria do dia-era), ou que a semana da criação é totalmente figurativa e, portanto, os dias não são necessariamente sequenciais.

A ideia figurativa é mais conhecida como teoria da estrutura, na qual os três primeiros dias, que descrevem a criação dos reinos, são completados pelos atos criativos dos três dias seguintes. Por exemplo, no primeiro dia Deus cria luz e escuridão, e no quarto dia 4, o sol, a lua e as estrelas que habitam o reino da luz e da escuridão.

Aqueles que adotam uma interpretação mais literal apontam para o fato de que cada dia tem uma "noite" e "manhã", enquanto aqueles que tomam uma abordagem mais figurativa dos dias argumentam que não podem ser dias literais com noites e manhã literais, porque o sol, a lua e as estrelas não são criadas até o quarto dia. Outros argumentam que a noite e a manhã se referem simplesmente ao começo e ao fim de um período de tempo indefinido.

As questões relativas ao significado do dilúvio (Gênesis 6—9) são semelhantes às que envolvem as narrativas de criação. Uma leitura literal da história do dilúvio leva muitos a defender uma inundação global que aniquilou toda a humanidade e a maioria dos animais, exceto aqueles preservados em um grande barco. A ciência não apoia uma leitura literal da história do dilúvio, uma vez que não há evidências de uma inundação global (ver **Dilúvio de Gênesis e a geologia**).

Essa tensão leva alguns a ler a narrativa do dilúvio como não indicando uma inundação global, mas, sim, uma (grande) inundação local. Essa interpretação é conseguida traduzindo a palavra hebraica *'eretz* não como "terra", mas "região". Assim, as enchentes não cobrem a terra, mas uma porção específica, talvez grande, de terra. Tal tradução é possível, mas outros detalhes da narrativa, como o fato de que "As águas subiram até quase sete metros acima das montanhas" (Gênesis 7:20), podem sugerir que a passagem descreve uma inundação global. Assim, outros acreditam, o texto baseia-se em um evento histórico, talvez uma inundação local significativa, que, por razões teológicas, é descrita como uma inundação global, encorajada por histórias semelhantes no antigo Oriente Próximo, como a ***Epopeia de Gilgamesh*** (Longman, 2016).

Novamente, essas questões estão profundamente enraizadas na compreensão do gênero de Gênesis 1—11, o que indica as intenções do autor. O autor está escrevendo uma história literal, onde mesmo os detalhes devem ser tomados no valor nominal? Ou é uma alegoria narrativa ou um mito? Uma terceira abordagem sustenta que há intenções históricas na narrativa (Deus criou todas as coisas, o mal humano é o resultado da rebelião humana, Deus trouxe o julgamento sobre a humanidade pecadora), mas que esses eventos históricos do passado remoto são informados usando linguagem figurativa e em diálogo com outros textos antigos do Oriente Próximo. Nessa teoria, é um mal-entendido acreditar que a intenção do autor de Gênesis é nos transmitir um relato literal e preciso dos eventos históricos. Outra maneira de enxergar os desentendimentos sobre Gênesis é perguntar se devemos esperar encontrar descrições científicas modernas da cosmogonia e do processo de criação em Gênesis, ou se a história é contada no contexto de seu "ambiente cognitivo" contemporâneo (Longman, 2016; Walton, 2011).

Tremper Longman III

REFERÊNCIAS E LEITURAS RECOMENDADAS

Charles, J. D., ed. 2013. *Reading Genesis 1—2: An Evangelical Conversation.* Peabody, MA: Hendrickson.

Longman III, T., 2016. *Genesis.* Story of God Bible Commentary. Grand Rapids: Zondervan.

Longman III, T.; Dillard, R. B., 2006. *An Introduction to the Old Testament.* 2. ed. Grand Rapids: Zondervan.

Walton, J., 2011. *Genesis 1 as Ancient Cosmology.* Winona Lake, IN: Eisenbrauns.

GEOCENTRISMO/HELIOCENTRISMO. Poucas

pessoas com algum grau escolar que observam o movimento do sol ao longo do céu ou o movimento das estrelas em grandes círculos ao longo da noite são susceptíveis de pensar que a Terra é fixa, enquanto o céu se move ao nosso redor. No entanto, a noção de Terra em movimento que aprendemos na escola é contraintuitiva. Já no século IV a.C., **Aristóteles** sabia que a Terra é esférica, e seu tamanho aproximado foi calculado corretamente em Alexandria em torno de 250 a.C. Esse conhecimento nunca foi perdido e raramente questionado nos séculos seguintes. Qualquer pessoa familiarizada com esses fatos sabe que se a Terra estiver realmente girando em seu eixo uma vez por dia, todos estamos nos movendo várias centenas de milhas por hora, uma proposição tão contrária à observação comum e ao bom senso que é difícil acreditar.

Assim, quando **Copérnico** desafiou a visão geocêntrica tradicional de que a Terra está em repouso no centro do universo, com todos os outros objetos celestiais circundando em torno dela, o ônus da prova estava inteiramente nele. Seus argumentos não persuadiram ninguém, até **Galileu Galilei** virar o telescópio nos céus e encontrar novas evidências de observação favorecendo a teoria heliocêntrica de Copérnico.

Embora Copérnico realmente tenha recebido incentivo inequívoco de autoridades católicas romanas para publicar suas ideias, objeções bíblicas foram levantadas por autoridades católicas e protestantes à medida que suas ideias começaram a circular. Martinho Lutero, famosamente, invocou Josué 10:12-13, uma passagem que Galileu tratou habilmente; outros textos incluem Eclesiastes 1:5 e Salmos 19:6-7, 93:1 e 104:5. Em cada caso, pensava-se que a Bíblia ensinava o geocentrismo, de acordo com o significado simples das palavras, em vez de simplesmente falar fenomenalmente do ponto de vista da pessoa comum (que é como a maioria dos cristãos aborda esses textos agora).

As questões surgiram em 1616, quando o Vaticano emitiu um decreto contra o heliocentrismo, resultando na proibição de ler cópias não censuradas do livro de Copérnico, algo que não foi oficialmente revertido até o início do século XIX (Gingerich, 2002, p. 103). Até então, era um ponto discutível: a controvérsia científica havia sido resolvida muito antes, e quase todos os exegetas aceitaram o apelo de Galileu ao princípio de acomodação de **Agostinho** para argumentar que a Bíblia não era para ensinar fatos ou teorias científicas (Langford, 1992).

No entanto, as questões hermenêuticas levantadas pelo heliocentrismo não se desvaneceram inteiramente no esquecimento. Embora quase todos os criacionistas contemporâneos aceitem o heliocentrismo, a maioria tem grandes reservas sobre o uso de Galileu da acomodação; um pequeno punhado, incluindo Gerardus Bouw, Robert Sungenis e o falecido Walter Lang, também rejeitaram o movimento da Terra (Davis e Chmielewski, 2008). Bouw e Sungenis defendem um tipo de geocentrismo sofisticado, atualizado com ideias da teoria da relatividade de Einstein, para afirmar a precisão literal de Josué 10 e outras passagens bíblicas.

Edward B. Davis

REFERÊNCIAS E LEITURAS RECOMENDADAS

DAVIS, Edward B.; Chmielewski, Elizabeth, 2008. "Galileo and the Garden of Eden: Historical Reflections on Creationist Hermeneutics", em *Nature and Scripture in the Abrahamic Religions: 1700-Present*, ed. Jitse M. van der Meer e Scott H. Mandelbrote, 2:437-64. Leiden: Brill Academic.

GINGERICH, Owen, 2002. "The Copernican Revolution", em *Science and Religion: A Historical Introduction*, ed. Gary B. Ferngren, 95-104. Baltimore: Johns Hopkins University Press.

LANGFORD, Jerome J., 1992. *Galileo, Science and the Church*. 3. ed. Ann Arbor: University of Michigan Press.

GEOLOGIA. A geologia é o estudo dos minerais e das rochas que compõem a Terra, incluindo os processos físicos e químicos que formam a crosta terrestre com continentes e bacias oceânicas, o manto abaixo da crosta e o núcleo da Terra.

As seguintes são algumas das principais especialidades relevantes para nossa vida diária e para a discussão sobre o cristianismo e a geologia: (1) mineralogia e geologia econômica — estudo de minerais em depósitos de minério e de gemas preciosas para joias; (2) estratigrafia — estudo dos estratos em camadas, incluindo os do Grand Canyon e do Golfo do México, com suas enormes reservas de petróleo e gás; (3) geologia estrutural — estudo de rochas sob alta pressão e estresse, como as rochas dobram e fraturam, e como as montanhas se formam; (4) **paleontologia** — estudo de fósseis; (5) geologia do petróleo — estudo de como o petróleo e o gás são formados e ficam presos em reservatórios; (6) geoquímica — estudo dos ciclos químicos na Terra e nos oceanos e aplicação de métodos de **datação radiométrica** para conhecer a história da Terra; e (7) geofísica — estudo da estrutura interna da Terra para entender o campo magnético e as placas tectônicas, ambos absolutamente críticos para a vida existir aqui no planeta. Deus ajustou este universo e preparou um planeta onde podemos viver.

A geologia como uma investigação da ciência natural tem suas raízes no século XVII. Conceitos da história da Terra centrados nas **genealogias** da Bíblia levaram o arcebispo **James Ussher**, da Irlanda, em 1650, a determinar que a criação ocorreu em 4004 a.C. Com a influência dominante da Bíblia sobre a compreensão da criação, foi realizado um esforço significativo para demonstrar a evidência do dilúvio de Noé. *A New Theory of the Earth* [Uma nova teoria da terra] de William Whiston foi publicada em 1696 e amplamente aceita, argumentando que o grande dilúvio havia formado os estratos rochosos da Terra. O século XVII também incluiu o debate entre religião e ciência, que desencadeou o estudo sistemático dos estratos da Terra, com Nicolaus Steno como pioneiro importante no estudo da geologia (ver **Dilúvio de Gênesis e a geologia**).

Durante o século XVIII, o termo *geologia* foi usado pela primeira vez tecnicamente e tornou-se um campo de estudo distinto nas instituições educacionais. Com a crescente influência da química, Abraham Gottlob Werner, da Alemanha, argumentou que as rochas da Terra, como basaltos e granitos, precipitaram-se das águas oceânicas, e aqueles que acreditam nessa teoria se tornaram conhecidos como neptunistas. Em contraste, o naturalista escocês James Hutton argumentou que essas rochas foram formadas a partir de lava derretida, e essa teoria se tornou conhecida como Plutonismo. Ele observou discordâncias em que a rocha antiga havia sido revolvida e erodida, e então os sedimentos horizontais foram depositados em cima, evidenciando uma história extremamente longa e complexa. Em 1785, ele propôs a teoria do **uniformitarismo**, que afirma que o presente é a chave do passado e que o tipo de processos geológicos observados hoje são aqueles que formaram a evidência deixada para trás do passado. Ele reconheceu que essa **complexidade** não poderia ser explicada dentro da cronologia bíblica comumente aceita em seus dias. Com base em suas observações e influências, James Hutton é considerado o pai da geologia moderna.

No início do século XIX, a Revolução Industrial estimulou uma rápida compreensão da coluna geológica com a identificação de fósseis, distinguindo camadas de sedimentos por seus fósseis únicos. Na Inglaterra, um topógrafo mineiro chamado William Smith produziu o primeiro mapa geológico da Grã-Bretanha, publicado em 1815.

A paleontologia e o registro fóssil foram usados para estabelecer "datação por idade relativa" para a coluna geológica. O registro fóssil e as sequências sedimentares grossas convenceram os geólogos de que a Terra era extremamente antiga, mas nenhum método estava disponível para oferecer uma medida quantitativa crível. Várias tentativas foram feitas, mas deixaram grandes incertezas. O geólogo irlandês John Joly coletou dados sobre a quantidade de sódio nos oceanos e a taxa em que os rios transportavam sódio para os oceanos e, em 1899, calculou que levaria 80 a 90 milhões de anos para que os oceanos atingissem a atual concentração de sódio. William Thompson (mais tarde, Lord Kelvin) considerou o resfriamento da Terra a partir de um estado inicial quente e fundido e o tempo necessário para que isso ocorra pelo fluxo de calor na superfície. Isso resultou em estimativas da idade da Terra de 20 a 40 milhões de anos, relatadas em 1899. Ambos os métodos incluíram pressupostos que posteriormente se tornaram inválidos.

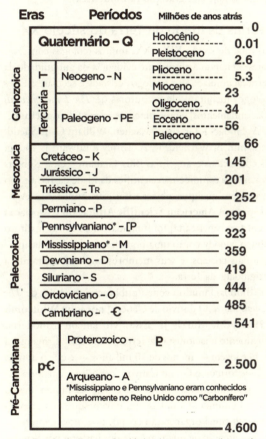

A Escala de Tempo Geológico integra os registros de rocha e fóssil com datação radiométrica. A ordem relativa e os nomes dos períodos geológicos foram largamente estabelecidos na Europa no século XIX. Quando os métodos de datação radiométrica foram desenvolvidos durante o início do século XX, as idades absolutas resultantes confirmaram a sucessão relativa de idade estabelecida com os registros fósseis.

A radiatividade foi descoberta em 1896, e os cientistas descobriram que a decomposição de átomos radioativos adicionou calor ao interior da Terra, tornando inválido o cálculo de Lord Kevin. Mas, em última análise, a radioatividade forneceu uma medida quantitativa crível para a idade das rochas ígneas. Em 1905, o principal físico britânico, John William Strutt, fez a primeira estimativa de datação radioativa ao medir o hélio em rochas contendo rádio para determinar uma idade de 2 bilhões de anos. Durante as próximas duas a quatro décadas, os geólogos desenvolveram a deterioração radioativa em "métodos robustos de datação" de rochas ígneas, comumente aplicadas hoje (ver **Datação radiométrica**).

Teorias da idade da Terra do século XX

No final do século XIX e XX, muitos teólogos conservadores aceitaram a abundante evidência da antiguidade da Terra, acumulada por geólogos cristãos e seculares. Esses teólogos incluíram alguns autores de *The Fundamentals* [Os fundamentos] e proeminentes, como **Charles Hodge**, A. A. Hodge, J. Gresham Machen, William G. T. Shedd, Benjamin B. Warfield, R. A. Torrey e Edward J. Young. Os conhecidos evangelistas Billy Graham e Oral Roberts aceitaram a compreensão científica da idade da Terra e não levantaram qualquer objeção nos seus ministérios evangelísticos. A **American Scientific Affiliation** [Associação Científica Americana] foi fundada em 1941 no Instituto Bíblico Moody como uma organização de cientistas profissionais cristãos, e seus membros também aceitaram a antiguidade da Terra.

Tudo isso mudou com a publicação em 1961 de *The Genesis Flood* [O dilúvio de Gênesis] por **John Whitcomb** e **Henry M. Morris Jr**. Esse livro lançou o moderno movimento criacionista da Terra jovem, que afirma que a Terra é jovem — menos de 10 mil anos — e que o dilúvio de Noé formou o Grand Canyon, depositou a maioria das rochas sedimentares e formou as cadeias de montanhas ao redor do mundo. Com base em uma pesquisa da Lifeway Research (uma organização cristã), esse movimento capturou a atenção de quase metade dos pastores nos Estados Unidos. O conceito de *The Genesis Flood* tem suas raízes em ensinamentos do final do século XIX de Ellen G. White e da Igreja Adventista do Sétimo dia.

Geologia convencional *versus* geologia diluviana

A geologia convencional, ou moderna, permite que a evidência na Terra conte sua própria história. Baseia-se na regularidade da natureza, faz observações de rochas, realiza medições de laboratório e desenvolve as interpretações mais lógicas e de sentido comum de como as leis naturais de Deus formaram essas rochas no passado, como o trabalho de investigação forense. O objetivo é seguir os dados, assim como os pesquisadores fazem em medicina. Os métodos de datação radiométrica desenvolvidos e aplicados em todos os tipos de rochas ígneas calcularam a idade da Terra em 4,56 bilhões de anos.

A geologia convencional reconhece que os sedimentos de Grand Canyon são da era Paleozoica, com fósseis dos períodos Cambriano, Devoniano, Mississippiano, Pennslvaniano e Permiano. As rochas Ordovicianas e Silurianas estão faltando. A pedra calcária de Redwall, no Grand Canyon, é o tipo de rocha mais comumente formada lentamente, e geralmente em um recife de coral como a Grande Barreira de Corais australiana. O topo da pedra calcária de Redwall está cheio de cavernas mostrando evidências de que essa pedra calcária estava exposta a intempéries com tempo suficiente para que as cavernas se formassem. As pedras dobradas e apertadas no Carbon Canyon também estão cheias de fraturas, demonstrando que essas rochas eram duras antes de serem dobradas e movidas por tensões na Terra.

Ken Wolgemuth

REFERÊNCIAS E LEITURAS RECOMENDADAS

DAVIDSON, G. R., 2009. *When Faith and Science Collide: A Biblical Approach to Evaluating Evolution and the Age of the Earth.* Oxford, MS: Malius.

GREENE, Jon W., 2012. "A Biblical Case for Old-Earth Creationism." Evidence for God. 2 ago. http://godandscience.org/youngearth/old_earth_creationism.html.

HILL, C.; Davidson, G.; Helble, T.; Ranney, W., eds. 2016. *Grand Canyon, Monument to an Ancient Earth: Can Noah's Flood Explain the Grand Canyon?* Grand Rapids: Kregel.

ROACH, David, 2012. "Poll: Pastors Oppose Evolution, Split on Earth's Age." Lifeway Reasearch. 9 jan. http://www.lifeway.com/Article/Research-Poll-Pastors-oppose-evolution-split-on-earths-age#Image-Gallery.

YOUNG, Davis A.; Stearley, Ralph F., 2008. *The Bible, Rocks and Time: Geological Evidence for the Age of the Earth.* Downers Grove, IL: InterVarsity.

WERNER, Abraham Gottlob, 1787. *Short Classification and Description of Rocks.* Ver Google; acessado em 9/8/2015.

GIFFORD LECTURES. As Gifford Lectures [Palestras Gifford] tornaram-se as séries de conferências mais prestigiadas do mundo que tratam de religião, ciência e filosofia. Elas são oferecidas anualmente nas quatro universidades escocesas: Edimburgo, Glasgow, Aberdeen e St. Andrews.

Em 1885, o juiz escocês Lord Adam Gifford legou 80 mil libras esterlinas a essas universidades com o objetivo de:

"Promover, avançar, ensinar e difundir o estudo da teologia natural", no sentido mais amplo desse termo, ou seja, "O conhecimento de Deus, o Infinito, o Todo, a Primeira e Única Causa, a Única e Exclusiva Substância, o Ser Único, a Realidade Única e a Única Existência, o conhecimento de Sua natureza e de Seus atributos, o conhecimento das relações que os homens e o universo inteiro possuem com Ele, o conhecimento da natureza e da fundação da ética ou moral, e de todas as obrigações e deveres que disso surjam." (Testamento de Lord Adam Gifford)

Gifford era um defensor da **teologia natural**, que em seu tempo significava a tentativa de encontrar Deus através da razão e da ciência empírica. Mas ele não colocou nenhuma restrição sobre os palestrantes em termos dos pontos de vista que eles apresentariam, desde que tomassem a questão de Deus além de considerações sobrenaturais. Alguns palestrantes esticaram a cláusula "no sentido mais amplo possível" para comprimentos tais que Gifford teria tido problemas para reconhecer seu trabalho como teologia natural. Mas os palestrantes refletem os tempos em mudança ao longo do século XX, e isso faz das Palestras Gifford um dos melhores repositórios de pensar sobre Deus no contexto do que sabemos sobre o mundo através da ciência natural.

Alguns dos mais renomados cientistas, teólogos e filósofos foram convidados a ministrar as palestras, e seus livros resultantes se tornaram clássicos em seus campos. Estes incluem o seguinte:

William James (1901-1902 em Edimburgo), *The Varieties of Religious Experience* [As variedades das experiêncais religiosas].

Alfred North Whitehead (1928 em Edimburgo), *Process and Reality* [Processos e realidade].

Reinhold Niebuhr (1939 em Edimburgo), *The Nature and Destiny of Man* [A natureza e destino do homem].

Michael Polanyi (1951-1952 em Aberdeen), *Personal Knowledge* [Conhecimento pessoal]

Werner Heisenberg (1955 em St. Andrews), *Physics and Philosophy* [Física e Filosofia]

Richard Swinburne (1982-1984 em Aberdeen), *The Evolution of the Soul* (A evoluç-ão da alma]

Iris Murdoch (1982 em Edimburgo), *Metaphysics as a Guide to Morals* [Metafísica como um guia à moral].

Freeman Dyson (1983-1985 em Aberdeen), *Infinite in All Directions* [Infinito em todas as direções].

John Hick (1986-1987 em Edimburgo), *An Interpretation of Religion* [Uma interpretação da religião].

Ian Barbour (1989-1990 em Aberdeen), *Religion in an Age of Science* [Religião na Era de Ciência].

Mary Midgley (1989-1990 em Edimburgo), *Science as Salvation* [Ciência como salvação].

John Polkinghorne (1993-1994 em Edimburgo), *The Faith of a Physicist* [A fé de um físico].

Charles Taylor (1998-1999 em Edimburgo), *A Secular Age* [Uma era secular].

J. B. Stump

REFERÊNCIAS E LEITURAS RECOMENDADAS

Jaki, Stanley, 1987. *Lord Gifford and His Lectures.* Macon, GA: Mercer University Press.
"Lord Adam Gifford's Will." Acessado em 26/5/ 2014. www.giffordlectures.org/will.asp.
Witham, Larry, 2005. *The Measure of God: History's Greatest Minds Wrestle with Reconciling Science and Religion.* San Francisco: Harper San Francisco.

GISH, DUANE. Duane Tolbert Gish (1921-2013) foi bioquímico profissional por formação, ex-líder do **Institute for Creation Research** [Instituto para a Pesquisa de Criação] (ICR), escritor e orador proeminente a favor do criacionismo científico e do criacionismo bíblico. Gish era conhecido por sua liderança, textos de criação e os mais de trezentos debates em que participou. Algumas pessoas chamaram Gish de "buldogue" do criacionismo ou de "T. H. Huxley" [defensor do darwinismo apelidado de "O Buldogue de Darwin"], pela forma como ele "apreciou os enfrentamentos" durante seus debates formais com cientistas proeminentes, incluindo George Bakken, Kenneth R. Miller, Massimo Pigliucci, Kenneth Saladin, Michael Shermer, e William Thwaites (NCSE, 2013). O YouTube fornece cerca de 950 vídeos completos ou parciais dos debates de Duane Gish. Ele pode ser mais conhecido por ter debatido com Phil Donahue, uma personalidade dos meios de comunicação e escritor (Numbers, 1993).

Gish, um gêmeo, nasceu em 17 de fevereiro de 1921, em White City, Kansas, o menor de nove filhos. Ele serviu no Exército dos EUA de 1940 a 1946 no Teatro de Operações do Pacífico, alcançando o cargo de capitão e sendo premiado com uma estrela de bronze (Legacy, 2013). Ele obteve um bacharelado em Química da Universidade da Califórnia, Los Angeles, em 1949, e depois um doutorado em Bioquímica pela Universidade da Califórnia, em

Berkeley, em 1953. Gish continuou seu desenvolvimento profissional e pesquisa como um pós-doutorando e depois professor assistente de bioquímica no Faculdade de Medicina da Universidade Cornell antes de retornar à pesquisa na Universidade da Califórnia-Berkeley, até 1960. Gish foi um pesquisador sênior em bioquímica na Upjohn Company entre 1960 e 1971.

Gish cresceu como cristão nominal da Igreja Metodista, mas depois tornou-se membro da Igreja Batista Regular. Numbers (2006, 225) observa que Gish sempre considerou a história de criação de Gênesis como um evento histórico factual. No final da década de 1950, Gish foi convencido, ao ler o livreto anonimamente publicado de John R. Howitt, *Science Falsely So-Called* [A assim falsamente chamada ciência], de que a ciência produziu evidências falsas contra a teoria evolutiva biológica, levando-o a participar da American Scientific Affiliation [Associação Científica Americana] (ASA).

Ele logo percebeu que a ASA não promovia a visão do criacionismo bíblico que ele apoiava. Walter Lammerts e William Tinkle recrutaram Gish, **Henry M. Morris** e outros para organizar um Comitê Consultivo de Pesquisa da Criação em resposta à desilusão sobre a direção da American Scientific Affiliation.

O Comitê Consultivo de Pesquisa da Criação rapidamente se mudou para a Creation Research Society [Sociedade de Pesquisa da Criação] em junho de 1963 e começou a organizar suas primeiras conferências (Numbers, 1993). Gish ficou ativo na Creation Research Society até 1971, quando se tornou professor na Christian Heritage College (agora San Diego Christian College), trabalhando com Morris na divisão de pesquisa que, em última instância, se tornou o Institute for Creation Research. Foi promovido para o cargo de vice-presidente e depois se aposentou como vice-presidente emérito.

A primeira grande publicação criacionista de Gish foi *Evidence against Evolution* [Evidências contra a evolução] (Gish, 1972), enquanto seu livro mais popular, *Evolution? The Fossils Say No!* [Evolução? Os fósseis dizem não!] (Gish, 1979), passou por várias impressões e edições. Ele escreveu dez livros e coescreveu outros onze, principalmente através das editoras Creation-Life e Master. O livro de Gish *Creation Scientists Answer Their Critics* [Cientistas da criação respondem a seus críticos] (1993) foi analisado de modo crítico e respondido pela ASA. Seu livro mais recente foi *Letter to a Theistic Evolutionist* [Cartas a um evolucionista teísta] (Gish, 2012).

Gish morreu em 6 de março de 2013 e deixou a esposa, Lolly, quatro filhos da primeira esposa falecida (também chamada Lolly), nove netos e três bisnetos (Legacy, 2013).

Jonathan Howard Fisher

REFERÊNCIAS E LEITURAS RECOMENDADAS

Gish, Duane T., 1972. *Evidence against Evolution*. Wheaton, IL: Tyndale.
_____. 1979. *Evolution? The Fossils Say No!* San Diego: Creation-Life.
_____. 1993. *Creation Scientists Answer Their Critics*. El Cajon, CA: Institute for Creation Research.
_____. 2012. *Letter to a Theistic Evolutionist*. London: ICON.
ICR, 1970. *Evolution: Science Falsely So-Called*. Toronto: International Christian Crusade.
Legacy, 2013. "Duane T. Gish Obituary/Condolences." 2013. Legacy.Com, Inc. www.legacy.com/obituaries/utsandiego/obituary.aspx?n=duane-t-gish& pid=163795335#fbLoggedOut.
NCSE, 2013. "Duane T. Gish Dies." National Center for Science Education. 6 de março. http://ncse.com/news/2013/03/duane-t-gish-dies-0014753.
Numbers, Ronald, 1993. *The Creationists: The Evolution of Scientific Creationism*. Berkeley: University of California Press.
"Remembering Dr. Duane T. Gish, Creation's 'Bulldog.'" 2013. Institute for Creation Research. 6 mar. www.icr.org/article/remembering-dr-duane-t-gish-creations/.

GOODENOUGH, URSULA. Ursula Goodenough (1943-) é professora de Biologia da Universidade de Washington em St. Louis, Missouri, USA, formada por Harvard e Columbia. Bióloga celular e molecular reconhecida, ela faz pesquisas laboratoriais focadas no controle molecular e na evolução da transição dos estágios do ciclo de vida sexual, do crescimento vegetativo à diferenciação gamética ao desenvolvimento do zigoto. Sua pesquisa usa o organismo modelo *C. reinhardtii*, uma alga verde encontrada no solo. Seu laboratório é responsável pela **clonagem** de muitos dos **genes** responsáveis por essas mudanças no estágio do ciclo de vida. Recentemente, o laboratório se concentrou em dois desses genes: Gsm1 e Gsp1. Ambos são proteínas que possuem homeodomínio que dimerizam quando os gametas se fundem e regulam a transcrição de genes importantes na progressão através do ciclo de vida do *C.reinhardtii*. Mais recentemente, seu trabalho incluiu estudos sobre a produção de triglicerídeos, o que pode contribuir para o uso de algas como fonte de biodiesel. Ela publicou extensivamente em revistas revisadas por pares. Goodenough também atuou como presidente da Sociedade Americana de Biologia Celular e é membro da Academia Americana de Artes e Ciências. Goodenough é uma defensora do **naturalismo** religioso, que ela apresenta e explora em seu best-seller *The Sacred Depths of Nature* [As profundezas sagradas da natureza), publicado em 2000. O livro consiste em doze partes nas quais uma história científica é seguida por uma reflexão espiritual baseada na história. Desde a publicação desse livro, tornou-se um dos proponentes primários do movimento do naturalismo religioso, um movimento que procura orientação religiosa através da interação com o mundo natural. Ela afirma que a orientação religiosa inclui a reconciliação, ou encontrar-se, e um foco para a adoração; espiritualidade, ou a experiência de assombro, maravilhamento, gratidão e comunhão ou empatia; preocupação com o sofrimento; e ajuda. Ela argumenta que uma **cosmovisão** científica tem potencial religioso sem invocar o sobrenatural e que, ao contrário das religiões tradicionais, o fato de que essa **cosmovisão** não está organizada em torno de um criador de propósito oferece o potencial de consenso global.

Ao considerar-se não teísta, Goodenough conclui que, embora exista uma sacralidade no mundo natural, não há nenhum Deus, nenhum motor impassível, nenhum propósito. Ela se mostra satisfeita por experimentar gratidão simplesmente pelo "o que é", em vez de precisar de um ser a quem a gratidão é dada. Ela argumenta que o significado vem do "o que é", e que através de uma orientação religiosa derivada de uma **cosmovisão** puramente científica, encontramos uma doutrina que nos obriga a cuidar do mundo natural em geral e dos humanos especificamente.

Goodenough é ativa em fóruns públicos que buscam compreender melhor a relação entre ciência e religião. Ela se juntou ao Institute on Religion in an Age of Science [Instituto de Religião em uma Era da Ciência] em 1989, que atuou como presidente de 1992 a 1996 e é palestrante na conferência anual. Ela contribui com o blog 13.7 do NPR: *Cosmos and Culture* [Cosmos e Cultura], até 2011.

Sara Sybesma Tolsma

REFERÊNCIAS E LEITURAS RECOMENDADAS

Cosby, Donald A., 2014. *The Thou of Nature: Religious Naturalism and Reverence for Sentient Life*. New York: State University of New York Press.

Goodenough, Ursula, 2000. *The Sacred Depths of Nature*. Oxford: Oxford University Press.

Raymo, Chet, 2008. *When God Is Gone, Everything Is Holy: The Making of a Religious Naturalist*. Notre Dame, IN: Sorin.

Rue, Loyal, 2012. *Nature Is Enough: Religious Naturalism and the Meaning of Life*. Albany, NY: SUNY Press.

GOULD, STEPHEN JAY. Stephen Jay Gould (1941-2002) foi criado por pais judeus seculares em Queens, Nova York. Quando criança, ele se inspirou nos escritos evolucionistas populares de George Gaylord Simpson. Na sequência da formação de graduação na Antioch College, Ohio, EUA, Gould foi à Universidade de Columbia como estudante de pós-graduação em **paleontologia** (1963-1967). Lá, ele realizou estudos quantitativos de diversos organismos e completou uma dissertação sobre os fósseis de caracóis de terra (Pleistoceno) das Bermudas. Seus mentores em Columbia incluíam Norman Newell, que durante esse intervalo investigava o fenômeno das extinções biológicas em larga escala durante a história geológica. Depois de completar seu doutorado, Gould foi nomeado professor de **geologia** e biologia na Universidade de Harvard, onde ensinou até sua morte.

No início, Gould mergulhou na literatura histórica sobre a medida e análise da forma organizacional. Mais tarde, reconheceu seu endividamento intelectual a D'Arcy Thomson, Étienne Geoffroy Saint-Hilaire e muitos outros. Entre 1965 e 1975, ele empreendeu, por si próprio ou em colaboração, estudos sobre mudança alométrica e função organizacional em caracóis, vieiras, ostras jurássicas, pelicossauros permianos, primatas e "alces irlandeses" pleistocênicos. Durante esse período, ele publicou artigos de revisão significativos sobre a variação alométrica e seu papel na evolução das linhagens ao longo do tempo. Seu livro *Ontogeny e Phylogeny* (Ontogenia e filogenia) (1977) continua a ser um estudo magistral sobre a história das ideias e bases biológicas para as conexões entre os fatores que governam o desenvolvimento do organismo e sua aplicação durante a história da linhagem.

Durante o início da década de 1970, Gould se associou a Niles Eldredge para introduzir a teoria do **equilíbrio pontuado**, ou "Punk Eek" como se tornou conhecido; e com David Raup, Daniel Simberloff e Thomas Schopf para modelar matematicamente a forma de diversificação da vida. Através de ambos os esforços, Gould incentivou e estimulou paleontólogos clássicos. Gould e Eldredge sugeriram que o fenômeno da estase das espécies por um tempo geológico significativo era real e seguiu frequentemente eventos de especiação bastante rápidos. Essa afirmação poderia ser e foi interpretada como um desafio para o gradualismo neodarwinista operacional ou, alternativamente, como uma valiosa contribuição para um **darwinismo** avançado.

Em 1974, Gould começou a escrever um ensaio regular para cada edição da revista *Natural History*, uma série intitulada "This View of Life" [Essa ideia de vida] (o título tirado de uma frase de *Origem das espécies* de Darwin). Isso continuou pelos próximos 26 anos, resultando em trezentos ensaios. A maioria deles foi periodicamente coletada em volumes, sendo o primeiro *Ever Since Darwin* [Desde Darwin] (1977) e o último, *I Have Landed* [Pousei] (2002). Enquanto estava escrito para uma audiência geral, a linguagem dos ensaios foi elaborada. Gould costumava empregar um personagem histórico, cientista ou outro, como um trampolim para uma discussão sobre mal-entendidos comuns da teoria evolucionista. Esses ensaios também fornecem uma visão paralela sobre as visões variáveis de Gould sobre a natureza do processo evolutivo.

Os primeiros ensaios das séries são muito mais "doutrinariamente darwinianos". Vários deles descrevem o processo evolutivo como "remendado", em contraste com uma elaboração intencional. Um exemplo desse remendo é o polegar do Panda, na realidade um osso sesamoide modificado com musculatura acompanhante, que ajuda a criatura a tirar as folhas do bambu. "Arranjos estranhos e soluções engraçadas são a prova da evolução — de caminhos que um Deus sensato nunca percorreria, mas que um processo natural, constrangido pela história, segue forçosamente" (Gould, 1978).

Gould evoluiu como um evolucionista. Seus estudos de forma organizacional e seu envolvimento com a literatura continental europeia sobre integração morfológica e os limites da forma — o que seria caracterizado como "restrições evolutivas" — o levaram a perceber que a **seleção natural** não era necessariamente o árbitro final do sucesso da linhagem. Além disso, durante a década de 1980, o reconhecimento entre os paleontólogos de que as extinções em massa eram um fenômeno real e não algum artefato de um registro fóssil imperfeito, estabeleceu o fato de que espécies bem adaptadas poderiam ser removidas do mundo orgânico por acidentes em grande escala. David Raup, um dos colaboradores de Gould, escreveria um livro intitulado *Extinction: Bad Genes ou Bad Luck?* [Extinção: maus genes ou má sorte?], para o qual Gould contribuiu com o prefácio. Assim, a forma da vida foi simultaneamente mais determinada (internamente) e mais contingente (externamente) do que retratada pelos arquitetos da clássica **síntese neodarwiniana**.

Wonderful Life [A maravilhosa vida] de Gould elaborou sua forte posição sobre a contingência da história da vida orgânica através de sua metáfora de "reproduzir a fita cassete da vida" (1989). Se começasse de novo, a vida diversificaria muito diferente do que no nosso mundo. Do seu ponto de vista, essa contingência radical deve prejudicar qualquer tentativa de ver o progresso expresso na história da vida. Ele foi particularmente ríspido em relação às ideias ortogenéticas populares nas décadas de 1900, e o emprego metafórico de escadas para descrever histórias evolutivas, em vez de arbustos cheios de galhos, como **Darwin** originalmente ilustrou em *Origem das espécies*.

Em vários de seus ensaios populares, bem como no livro *Rocks of Ages: Science and Religion in the Fullness of Life* [Rocha eterna: ciência e religião na plenitude da vida], Gould tentou colocar a religião e a ciência como dois reinos completamente diferentes de pensamento e ação. Ele designou sua abordagem "non-overlapping magisteria" (magistérios não interferentes), ou NOMA. Ele criticava as explicações sociobiológicas para o comportamento humano. No entanto, ele repetidamente insistiu que o processo evolutivo não poderia ser guiado e que a adaptação representava um processo de remendos — declarações sobre o que um Deus poderia ou não conseguir.

Obteve inúmeros prêmios durante sua vida, incluindo o Prêmio Charles Schuchert da Sociedade de Paleontologia, a Medalha Darwin-Wallace da Sociedade Linnean e uma bolsa de estudos McArthur. Ele se casou com Deborah Lee em 1965; tiveram dois filhos, Jesse e Ethan. Gould e Lee divorciaram-se em 1995. Nesse mesmo ano, Gould se casou com Rhonda Roland Shearer, a quem deixou viúva.

Ralph Stearley

REFERÊNCIAS E LEITURAS RECOMENDADAS

Publicações escolhidas de S. J. Gould (Allmon listou 814 títulos, dos quais pelo menos 154 foram revistas por pares).

1966. "Allometry and Size in Ontogeny and Phylogeny." *Biological Reviews* 41:587-640.

1972. com Niles Eldredge. "Punctuated Equilibria: An Alternative to Phyletic Gradualism", em *Models in Paleobiology*, ed. T. J. M. Schopf, 82-115. San Francisco: Freeman, Cooper.

1973. Raup, D. M.; Gould, S. J.; Schopf, T. J. M.; Simberloff, D. S., "Stochastic Models of Phylogeny and the Evolution of Diversity." *Journal of Geology* 81 (5): 525-42.

1977a. *Ever Since Darwin*. New York: W. W. Norton.

1977b. *Ontogeny and Phylogeny*. Cambridge, MA: Harvard University Press.

1977c. com R. C. Lewontin. "The Spandrels of San Marco and the Panglossian Paradigm: A Critique of the Adaptationist Programme." *Proceedings of the Royal Society of London, B* 205:581-98.

1977d. Gould, S. J.; Raup, D. M.; Sepkoski, J. J., Jr.; Schopf, T. J. M.; Simberloff, D. S., "The Shape of Evolution: A Comparison of Real and Random Clades." *Paleobiology* 3 (1): 23-40.

1978. "The Panda's Peculiar Thumb." *Natural History* 87 (9): 20-30. Repr. e rev. em *The Panda's Thumb*. New York: W. W. Norton, 1980.

1980a. "The Promise of Paleobiology as a Nomothetic Evolutionary Discipline." *Paleobiology* 6 (1): 96-118.

1980b. "Is a New and General Theory of Evolution Emerging?" *Paleobiology* 6 (1): 119-30.

1983. "The Hardening of the Modern Synthesis", em *Dimensions of Darwinism: Themes and Counterthemes in Twentieth-Century Evolutionary Theory*, ed. Marjorie Grene, 71-96. Cambridge: Cambridge University Press.

1985. "The Paradox of the First Tier: An Agenda for Paleobiology." *Paleobiology* 11 (1): 2-12.

1987. *Time's Arrow, Time's Cycle: Myth and Metaphor in the Discovery of Geological Time*. Cambridge, MA: Harvard University Press.

1988. "Trends as Changes in Variance: A New Slant on Progress and Directionality in Evolution." *Journal of Paleontology* 62 (3): 319-29.

1989. *Wonderful Life: The Burgess Shale and the Nature of History*. New York: W. W. Norton.

1993. *The Book of Life: An Illustrated History of the Evolution of Life on Earth*, ed. Stephen Jay Gould. New York: W. W. Norton.

1996. *Full House: The Spread of Excellence from Plato to Darwin*. New York: Harmony.

1999. *Rocks of Ages: Science and Religion in the Fullness of Life*. New York: Ballantine.

2002. *I Have Landed: The End of a Beginning in Natural History*. New York: Harmony.

2002. *The Structure of Evolutionary Theory*. Cambridge, MA: Harvard University Press.

Fontes secundárias

ALLMON, W. D.; Kelley, P. H.; Ross, R. M., eds. 2009. *Stephen Jay Gould: Reflections on His View of Life*. Oxford: Oxford University Press. Inclui muitos capítulos ponderados por alunos ou colegas de Stephen Jay Gould.

CAIN, J., 2009. "Ritual Patricide: Why Stephen Jay Gould Assassinated George Gaylord Simpson", em *The Paleobiological Revolution: Essays on the Growth of Modern Paleontology*, ed. D. Sepkoski and M. Ruse, 346-63. Chicago: University of Chicago Press.

SEPKOSKI, D., 2012. *Rereading the Fossil Record: The Growth of Paleobiology as an Evolutionary Discipline*. Chicago: University of Chicago Press.

VRBA, E. S.; ELDREDGE, N., eds. 2005. *Macroevolution: Diversity, Disparity, Contingency: Essays in Honor of Stephen Jay Gould*. Supplement to *Paleobiology* 31 (2). Lawrence, KS: Paleontological Society.

HAM, KEN. Ken Ham (1951-) é um imigrante australiano que foi para os Estados Unidos; é ainda um reconhecido criacionista da Terra jovem e CEO do ministério de apologética **Answers in Genesis** [Respostas em Gênesis].

Ken Ham é bacharel em Ciência Aplicada pelo Queensland Institute of **Technology** [Instituto de Tecnologia de Queensland] e graduado em Pedagogia da Universidade de Queensland; depois disso, ele ensinou Ciência no sistema de escolas públicas australianas. Juntamente com John Mackay, Ham cofundou a Creation Science Foundation [Fundação de Ciência da Criação], (CSF) em 1977, como um programa evangelísitico com uma mensagem da relevância de Gênesis para o Cristianismo. Em 1979, ele deixou a sala de aula para se dedicar aos ministérios de criação em tempo integral com a CSF. Após uma série de palestras nos Estados Unidos, Ham foi convidado a se juntar ao **Institute for Creation Research** [Instituto de Pesquisa da Criação, ICR] em 1986. Ele frequentemente fez turnês com cientistas do ICR, apresentando seminários sobre "De volta ao Gênesis" nas igrejas e em outros locais. O estilo de apresentação dinâmico de Ham e a ênfase nas questões bíblicas e de relevância mostraram-se populares e aumentaram a visibilidade do ICR entre os cristãos conservadores.

Ham deixou ICR em dezembro de 1993 e mudou-se para Kentucky, onde ele e algumas outras pessoas fundaram os Creation Science Ministries (agora Answers in Genesis [AiG]). Como antes, ele frequentemente apresentava seminários, e a AiG rapidamente ganhou destaque nos Estados Unidos no final dos anos 1990 e início dos anos 2000. Durante esse tempo, ele continuou no conselho da CSF, e os dois ministérios finalmente se uniram sob o nome de AiG. Embora legalmente separados, as organizações trabalham em estreita cooperação, compartilhando recursos e conteúdo. Os ministérios combinados da AiG se expandiram para além da Austrália e dos Estados Unidos, formando filiais satélites na Nova Zelândia, na África do Sul, no Canadá e no Reino Unido. As tensões internas entre os Estados Unidos e a liderança australiana resultaram em uma divisão em 2006. Os escritórios dos Estados Unidos e do Reino Unido mantiveram o nome do AiG, enquanto os grupos restantes foram renomeados como Creation Ministries Internacional [Ministérios Internacionais da Criação]. O AiG é o maior ministério de apologética do mundo e está entre as mais influentes organizações de criacionismo da Terra jovem.

Em 2007, a AiG abriu o Museu da Criação (que recebe em média 300 mil visitantes por ano), uma instalação de vários milhões de dólares no norte do Kentucky dedicada a apresentar uma teoria da Terra jovem da Bíblia e da ciência. Em 2016, a AiG abriu uma reprodução em grande escala da **Arca de Noé**, chamada Ark Encounter [Encontro com a Arca], localizada no Kentucky, a cerca de 70 quilômetros do Museu da Criação.

Em fevereiro de 2014, Ham participou de um debate de alto nível com Bill Nye ("o cara da ciência", famoso pelo programa de ciência para crianças no Serviço Público de Radiodifusão dos Estados Unidos) sobre o tema "A criação é um modelo viável de origens na era científica moderna de hoje?" O debate foi transmitido ao vivo pela Internet e atraiu mais de 3 milhões de telespectadores. Milhões de outros já assistiram ao debate via YouTube.

Dois dos livros de Ham têm sido altamente influentes no debate criação-evolução. *The Lie* [A mentira] é uma apresentação ampliada da mensagem pertinente de Ham. Desde sua publicação, em 1987, *The Lie* vendeu mais de 1 milhão de cópias e foi traduzido para vários idiomas. *The Answers Book* [O livro de respostas] originou-se a partir de perguntas recorrentes encontradas em seminários. O multiautorado *The Answers Book* e seus três volumes que o seguiram (todos editados por Ham) são os livros de apologética da criação mais lidos no mundo. A AiG produz numerosos outros livros e vídeos, como a *Answers Magazine* e a *Answers Research Journal*.

Marcus R. Ross

REFERÊNCIAS E LEITURAS RECOMENDADAS

HAM, Ken (ed.). *The New Answers Book 1*. Green Forest, AR: Master.
_____. 2012. *The Lie*. 25. ed. Green Forest, AR: Master.

Websites
Homepage do Answers in Genesis: www.answersingenesis.org
Homepage do Ark Encounter: www.arkencounter.org
Homepage do Museu da Criação: www.creationmuseum.org

HARRIS, SAM. Sam Harris (1967-) é um filósofo e ateu norte-americano que ganhou proeminência por meio do livro *A morte da fé* (2004), que marcou o início do movimento do "**novo ateísmo**", que defendeu uma renúncia estridente da religião como um todo. O livro *Deus, um delírio* (2006), do biólogo Richard Dawkins, deu mais impulso ao movimento. Impulsionado pelos ataques terroristas muçulmanos de 11 de setembro de 2001, Harris, enquanto ainda estudante de pós-graduação em **neurociência**, emitiu um ataque verbal violento não apenas contra o islamismo, mas contra toda religião. Levando os piores exemplos possíveis de várias religiões, Harris afirmou que a "fé" é a antítese da razão e a causa da maioria dos males do mundo. Ele fez afirmações semelhantes em seu breve livro *Carta a uma nação cristã*, de 2006.

O *site* da Harris identifica-o como cofundador e CEO do Project Reason [Projeto Razão], uma fundação sem fins lucrativos dedicada à disseminação do conhecimento científico e dos valores seculares na sociedade. Ele graduou-se em filosofia pela Universidade de Stanford e tem doutorado em neurociência pela Universidade da Califórnia (UCLA). Project Reason é a plataforma que ele utiliza para se comunicar.

Nos escritos pró-ateísmo e antirreligiosos de Harris, ele falha constantemente em abordar os melhores defensores filosóficos do cristianismo, como **William Lane Craig, J. P. Moreland** e **Alvin Plantinga**. No entanto, ele debateu com Craig sobre se a **moralidade** depende ou não de Deus. Ele define a fé como credulidade, algo para o qual não pode haver provas, e adverte sobre a ameaça de seus perigos, como o fanatismo muçulmano.

Desde seus escritos abertamente pró-ateísmo e antiteísmo, Harris escreveu dois livros muito curtos: *Lying* [Mentir] e *Free Will* [Livre-arbítrio]. *Lying* argumenta sobre os benefícios da veracidade na conduta humana, mas sem basear esse dever na dignidade inerente da natureza humana ou em qualquer comando divino; já em *Free Will*, ele afirma que a ciência do cérebro eliminou qualquer agente autônomo da máquina gigante da natureza.

Harris defende uma moral sem Deus em *A paisagem moral*, de 2011, alegando que a ciência sozinha pode determinar o que é o bem-estar humano e como alcançá-lo. Ele também contribuiu para o movimento ateu espiritual, que procura esculpir uma espiritualidade naturalista para aqueles que não acreditam em Deus, nem na **alma** nem na vida após a morte. *Despertar*, de 2014, defende e articula uma maneira de ser espiritual em um mundo ateísta.

Douglas Groothuis

REFERÊNCIAS E LEITURAS RECOMENDADAS

Harris, Sam, 2005. *The End of Faith*. Repr. ed. New York: W. W. Norton.
_____. 2009. *A morte da fé: religião, terror e o futuro da razão*. São Paulo: Companhia das Letras.
_____. 2014. *Wake Up: A Guide to Spirituality without Religion*. New York: Simon & Schuster.
_____. 2015. *Despertar: Um guia para a espiritualidade sem religião*. São Paulo: Companhia das Letras.

HARRISON, PETER. Peter Harrison (1955-), de Queensland, Austrália, é um estudioso renomado e especialista em história intelectual do início do período moderno e nas conexões entre o pensamento cristão e o surgimento da ciência natural.

Depois de se formar pela Universidade de Yale e pela Universidade de Queensland, Harrison passou dezessete anos como professor de História e Filosofia na Bond University. Em 2007, foi nomeado professor da cátedra Andreas Idreos de Ciência e Religião na Universidade de Oxford, onde atuou durante quatro anos como diretor do Ian Ramsey Center e membro do Harris Manchester College. Em 2011, retornou à Universidade de Queensland para assumir o cargo de professor pesquisador e diretor do Centro de História dos Discursos Europeus da Universidade de Queensland. Ele recebeu inúmeras honras e prêmios, incluindo a Gifford Lectureship, um doutorado em literatura da Universidade de Oxford e a Australian Laureate Fellowship do Australian Research Council.

As publicações de Harrison incluem quatro monografias principais, dois volumes editados (mais três próximos) e mais de uma centena de artigos, capítulos de livros e revisões de livros. Ao se concentrarem mais frequentemente na Inglaterra do século XVII, esses trabalhos também exibem um vasto conhecimento da filosofia grega antiga, do cristianismo primitivo, do catolicismo medieval, da teologia protestante e de vários movimentos intelectuais modernos. Suas monografias estabelecem teses centrais que se expandem ou apoiam muitos dos argumentos feitos em ensaios mais curtos. Três de suas teses mais importantes serão resumidas brevemente aqui.

Tese 1: "Religião" é um conceito historicamente instável. O período moderno inicial minimizou a ideia da religião como piedade individual e enfatizou a importância da crença correta. Consequentemente, a validação da religião entrou em alinhamento com os métodos empíricos de teste de crença que emergiram durante o século XVII (Harrison, 1990, 2015).

Tese 2: entendimentos protestantes das Escrituras e do pecado criaram motivação para a validação empírica das crenças religiosas. Ao rejeitar a tradição hermenêutica emblemática que encontrou significados espirituais em coisas e criaturas naturais, a Reforma deixou os cristãos com pouca compreensão do que o livro da natureza de Deus significava. Métodos empíricos foram adotados como uma maneira de procurar esse significado, e alguns até esperavam que os novos métodos permitissem recuperar os conhecimentos imaculados do Éden. Para aqueles que duvidaram de que os efeitos noéticos do pecado poderiam ser superados metodologicamente, a promessa de desenvolvimento tecnológico e bens da sociedade proporcionaram um conjunto alternativo de razões para apoiar o projeto empírico (Harrison, 1998, 2007).

Tese 3: "Ciência" é um conceito historicamente instável. Na filosofia cristã medieval, *scientia* significava a atenção habitual às criaturas naturais e destinava-se a levar um indivíduo à contemplação de Deus e à verdade teológica. Foi somente por meio do desenvolvimento de tecnologias modernas e de complexos tipos de conhecimento que o conceito moderno de ciência se tornou desincorporado, institucionalizado e potencialmente separável de um quadro teológico mais amplo (Harrison, 2015).

O trabalho de Harrison introduziu um novo nível de cautela historiográfica e um novo quadro para a explicação histórica nas principais discussões científicas e religiosas. Sua leitura da história oferece correções poderosas tanto para as narrativas de "conflito" quanto de "harmonia" da ciência e da religião, que se tornaram populares durante o século XX.

Matthew Walhout

REFERÊNCIAS E LEITURAS RECOMENDADAS

Harrison, Peter, 1990. *"Religion" and the Religions in the English Enlightenment*. Cambridge: Cambridge University Press.

_____. 1998. *The Bible, Protestantism, and the Rise of Natural Science*. Cambridge: Cambridge University Press.

_____. 2007. *The Fall of Man and the Foundations of Science*. Cambridge: Cambridge University Press.

_____. 2015. *The Territories of Science and Religion*. Chicago: University of Chicago Press.

HARTSHORNE, CHARLES. Charles Hartshorne (pronunciado "Rarts-rorn") (1897-2000) foi um filósofo e teólogo norte-americano, mais conhecido por seu trabalho no argumento ontológico pela **existência de Deus** e por explicar a **filosofia do processo** de **Alfred North Whitehead** em uma elaborada teologia do processo. O professor Hartshorne estudou na Universidade de Harvard, onde obteve um bacharelado, mestrado e doutorado em Ciências Humanas. Em seguida, fez seu pós-doutorado na Alemanha, na Universidade de Freiburg, estudando sob a tutela de Edmund Husserl, e também na Universidade de Marburg, estudando sob a orientação de Martin Heidegger, embora nenhum desses filósofos tenha influenciado seu pensamento tanto como C. S. Peirce, cujos documentos coletivos ele coeditou. Mais tarde, ele retornou à Universidade de Harvard como pesquisador, ajudando Whitehead.

Ao completar seu trabalho de pós-graduação em Harvard, Hartshorne ensinou filosofia na Universidade de Chicago de 1928 a 1955, na Universidade Emory de 1955 a 1962, e depois na Universidade do Texas em Austin, de 1962 até sua aposentadoria, em 1978. Ele foi eleito companheiro da Academia Americana de Artes e Ciências, e, após sua aposentadoria, continuou sendo acadêmico, publicando inclusive quando estava na faixa dos noventa anos e dando sua palestra final aos 98 anos. Talvez um pouco excêntrico, ele nunca possuiu um automóvel e sempre se absteve da cafeína e de álcool.

Hartshorne é lembrado por sua profunda defesa da racionalidade do **teísmo**, que ele defendeu durante a maior parte de sua carreira em um momento em que não era filosófico fazer isso. Um exemplo significativo é sua redescoberta e desenvolvimento do argumento ontológico de Anselmo. Ainda mais importantes, no entanto, são suas opiniões sobre a natureza de Deus e a relação Deus-mundo. Hartshorne argumentou que o teísmo clássico estava desprovido de coerência, cheio de inconsistências lógicas e metafísicas, e era religiosamente insatisfatório. Rejeitando a **metafísica** aristotélica e afirmando a biologia evolutiva contemporânea e a cosmologia, ele formulou uma concepção baseada em processo de Deus e do mundo que ele apelidou de "teísmo neoclássico", em que Deus é participante da evolução cósmica — um ser supremo em transformação, e não um ser estático e imutável.

Para Hartshorne, Deus não é impassível, nem onipotente, nem onisciente nos sentidos clássicos desses termos. Em vez de ficar impassível com o sofrimento humano, por exemplo, Deus experimenta alegria e dor, e, em vez de determinar eventos, ele atrai a criação sempre em evolução e livre em direção à máxima bondade e perfeição.

Profundamente arraigado tanto na investigação metafísica como científica, Hartshorne ratificou o panpsiquismo, a teoria de que cada entidade ativa no mundo natural — mesmo coisas como fótons e células individuais que não exibem vida mental — tem uma vida mental e, como tal, tem valor intrínseco. Isso forneceu uma base fundamental para o valor na natureza e também proporcionou uma ética ambiental em que os valores intrínsecos e instrumentais no mundo natural poderiam ser avaliados. Sua preocupação com a natureza foi especialmente manifesta em sua paixão pela ornitologia, particularmente o canto dos pássaros, e ele ensinou que os pássaros têm uma vida subjetiva e são motivados pelo gozo do canto. Ele fez pesquisas extensas em apoio a essa teoria e tornou-se um especialista reconhecido internacionalmente no campo publicando *Born to Sing: an Interpretation and World Survey of Bird Song* (Nascido para cantar: uma interpretação e pesquisa mundial de canto de pássaros).

A concepção do divino de Hartshorne teve grande influência sobre filósofos e teólogos, particularmente sobre pensadores do processo e teístas abertos, e suas publicações importantes incluem os recursos recomendados a seguir.

Chad Meister

REFERÊNCIAS E LEITURAS RECOMENDADAS

HARTSHORNE, Charles, 1948. *The Divine Relativity.* New Haven, CT: Yale University Press.
_____. 1953. *Philosophers Speak of God.* Chicago: University of Chicago Press; repr., Amherst, NY: Humanity, 2000.
_____. 1984. *Omnipotence and Other Theological Mistakes.* Albany, NY: SUNY Press.
_____. 2011. *Creative Experiencing.* Albany, NY: SUNY Press.

HAWKING, STEPHEN W. Stephen W. Hawking (1942-2018) é um dos físicos teóricos mais famosos do século XX, uma circunstância ilustrada e ampliada pelo filme *A teoria de tudo*, que rendeu o Oscar de melhor ator para Eddie Redmayne. Nascido em Oxford trezentos anos após a **morte** de **Galileu** e após o nascimento de *Sir* **Isaac Newton**, Hawking mostrou extraordinário talento em **física** e **matemática** desde os primeiros anos de idade. Seus interesses em termodinâmica, teoria da relatividade e teoria quântica começaram enquanto ele era um graduando em Oxford, mas permaneceram com ele ao longo de sua carreira. Ele completou seu mestrado em física em Oxford em 1962 e ingressou na Universidade de Cambridge como estudante pesquisador na área de relatividade geral no mesmo ano.

Aos 21 anos, no início de seus estudos de pós-graduação, ele foi diagnosticado com Esclerose Lateral Amiotrófica (ELA, mais comumente conhecida como "doença de Lou Gehrig") e lhe foi dado dois anos de vida. Enquanto a doença eliminou progressivamente seu movimento e sua fala, Hawking desafiou heroicamente seu diagnóstico terminal e, com a ajuda sacrificial de Jane Wilde, a mulher que se tornou sua primeira esposa, continuou seus estudos, completou seu trabalho de doutorado em relatividade sob a orientação de Dennis Sciama e teve a uma carreira científica distinta e produtiva. Ele foi eleito membro da Royal Society em 1974 e, em 1979, tornou-se Professor Lucasiano de Matemática em Cambridge, uma posição que já foi de *Sir* Isaac Newton. Ele se aposentou dessa posição em 2009 e posteriormente ocupava uma cadeira com bolsa como diretor de pesquisa no Departamento de Matemática Aplicada e Física Teórica (DamTP) em Cambridge. Ele recebeu o CBE (Comandante da Ordem do Império Britânico) em 1982.

Desde o início, a pesquisa de Hawking focou em singularidades — locais no contínuo espaço-tempo onde as leis da física se quebram —, sendo o principal um buraco negro. Trabalhando com Roger Penrose no final da década de 1960, Hawking conseguiu demonstrar que, se a relatividade geral é correta, então, independentemente da solução das equações de Einstein, deve haver uma singularidade a partir da qual o espaço-tempo universal e tudo nele contido começaram (ver **Teoria do *big bang***). Em 1970, a pesquisa de Hawking voltou-se para as propriedades dos buracos negros, que são objetos tão maciços e densos que nem mesmo a luz pode escapar de sua gravidade. O limite ao redor deles, de dentro do qual nada pode escapar, é chamado de *horizonte de eventos*. Hawking percebeu que a área superficial desse limite nunca poderia diminuir ao longo do tempo, apenas aumenta ou permanece constante — uma propriedade também compartilhada pela entropia (aleatoriedade) de um sistema físico (ver **Segunda lei da termodinâmica**) — de modo que a área de superfície do horizonte de eventos pode ser entendida como uma medida da entropia de um buraco negro.

Nos quatro anos seguintes, trabalhando com outros físicos, Hawking foi capaz de provar a conjectura de John Wheeler, conhecido como "teorema da calvície". Esse teorema afirma que as únicas propriedades da matéria preservadas depois de entrar em um buraco negro são massa, momento angular e carga — todo o restante em sua história e identidade se perde. No final da década de 1970, ele voltou sua atenção para o comportamento da matéria nas proximidades de um buraco negro e, aplicando a teoria quântica à sua descrição, descobriu paradoxalmente que os buracos negros poderiam emitir radiação térmica (posteriormente denominada "radiação Hawking") com a principal consequência de que sua área de superfície *diminui*, a sua temperatura aumenta, a sua taxa de emissão de radiação aumenta e, no longo prazo, elas "evaporam". Quando desaparecem, Hawking afirmou, toda a informação associada à substância que caiu neles é perdida.

Essa reivindicação foi chamada de **paradoxo da** *informação do buraco negro*, pois, de acordo com a teoria quântica, essa informação é conservada como parte da função de onda, descrevendo como essas partículas se desenvolvem ao longo do tempo. O paradoxo foi resolvido na década de 1990, ao contrário da afirmação de Hawking, por intermédio de provas de complementaridade do buraco negro e do princípio holográfico (ver **Universo holográfico**).

Desde o final da década de 1970, grande parte do trabalho de Hawking foi direcionada para encontrar uma síntese da teoria quântica e da relatividade geral que levaria a uma teoria quântica da gravidade. Seus esforços mais conhecidos se concentraram na construção de modelos cosmológicos quânticos em que a função de onda quântica-gravitacional do universo — moldada como uma soma em todos os caminhos que descrevem espaços-tempo em quatro dimensões com configurações de matéria associadas — "atravessa para a existência" de um espaço matemático de fundo de forma restrita para produzir nosso universo como um dos resultados mais prováveis.

Ao tornar as equações solucionáveis, Hawking e seu colaborador, James Hartle, submeteram o espaço-tempo da relatividade geral a uma transformação matemática que tornava o tempo sem direção e sem começo. Como o tempo não tem um limite inicial (ponto de partida) em seu modelo, eles chamaram essa abordagem da "proposta sem fronteira", e Hawking afirmou em seu trabalho popular que isso nos alivia de qualquer necessidade de atrair explicações transcendentes para a existência do universo. "Se o universo é de fato completamente autônomo, sem fronteira ou borda, não teria início nem fim: simplesmente seria. Qual lugar, então, para um criador?" (Hawking, 1988, p. 141).

Como seus trabalhos populares indicam, Hawking é um físico e matemático teórico muito melhor do que filósofo ou teólogo. Concluo com algumas ilustrações das inconsistências e negligências em seus pronunciamentos filosóficos e sua falta de visão das limitações de seu trabalho teórico. Hawking afirmou repetidamente ser um positivista e instrumentista (ver **Instrumentalismo**, **Positivismo lógico**) quanto ao significado de seu trabalho, afirmando: "Tomo o ponto de vista positivista de que uma teoria física é apenas um modelo matemático e que não tem sentido perguntar se corresponde à realidade. Tudo o que se pode pedir é que suas previsões devem estar de acordo com a observação" (Hawking e Penrose, 1996, p. 3-4). Claro, se não tem sentido perguntar se uma teoria corresponde à realidade, não é sensato afirmar que explica *qualquer coisa* sobre o mundo. Mas, se não explica nada sobre o mundo, certamente não explica como isso poderia existir sem um Criador. Interpretada instrumentalmente, os modelos matemáticos não permitem conclusões metafísicas.

Hawking, no entanto, afirmou que "porque existe uma lei como a gravidade, o universo pode e se criará a partir do nada... A criação espontânea é a razão pela qual há algo em vez de nada, por que o universo existe, por que existimos. Não é necessário invocar Deus para iluminar o papel táctil azul e definir o universo" (Hawking e Mlodinow, 2010, p. 180). Agora, mesmo *se* fosse verdade que as leis gravitacionais quânticas — o que, aliás, ainda não temos — permitissem a geração "espontânea" de universos, ainda seríamos rejeitados na pergunta que o próprio Hawking fez uma vez: "O que é isso que respira fogo nas equações e faz um universo para que eles descrevam?" (Hawking, 1988, p. 174).

Ainda mais fundamentalmente, o que explica o fato de termos essas equações e não outras? Essa questão não é respondida apelando para teorias de **multiversos** — mais notavelmente o multiverso de cordas inflacionárias a que Hawking se refere —, nas quais as leis da física podem variar de um universo para outro, e depois invocando a "seleção de observadores", porque só nos encontraríamos nessas regiões do multiverso que são compatíveis com a nossa existência (ver **Cosmologia contemporânea**; **Multiverso**; **Teoria das cordas**). Todas essas "explicações" de multiversos devem justificar uma variedade de mecanismos estáveis para funcionar (Collins, 2009; Gordon, 2011): (1) *um mecanismo que fornece energia* que impulsiona a expansão do espaço: o hipotético campo de ínflaton; (2) *um mecanismo para formar universos de bolhas*: as equações de Einstein da relatividade geral; (3) *um mecanismo de conversão de energia* que transforma a energia do ínflaton em massa-energia normal do nosso universo é constituído: a equivalência de massa e energia de Einstein e uma constante de acoplamento hipotética entre os campos de ínflaton e os campos de matéria e radiação de nossa experiência; (4) *um mecanismo de variação* que permite que diferentes universos de bolhas exibam leis e constantes diferentes: saltos quânticos aleatórios na topologia das dimensões extras compactificadas do espaço; e (5) *as meta-leis corretas* que regem o comportamento do gerador do multiverso — (a) *as leis transuniversais* fundamentadas na própria máquina criadora de universo, (b) *um princípio de quantização* que rege todos os campos e permite a estabilidade da matéria e (c) *um princípio de exclusão* semelhante ao de Pauli, que permite a formação de complexas estruturas.

Se algum desses recursos de lei do multiverso for instável, o mecanismo gerador do universo será quebrado. Em suma, os geradores de universo que exigem explicações de multiverso têm parâmetros de *design* finamente ajustados, os quais exigem explicação. Portanto, apelar a um multiverso para explicar por que nosso universo tem *essas* regularidades de lei e não outras não evita a necessidade de uma explicação; simplesmente o supera para o próximo nível. Evitar uma regressão infinita de demandas explicativas exige que a explicação termine em uma causa transcendente que existe necessariamente, que é capaz de ação e, uma vez que existe *atemporalmente*, logicamente antes de qualquer universo ou multiverso, não requer explicação de sua própria existência.

Portanto, a conclusão é que os estados de coisas que são consolidados, que poderiam ter sido diferentes do que são, *exigem* uma explicação (ver **razão suficiente, Princípio da**). Portanto, se a proposta sem fronteiras estava correta e o universo não teve um começo no tempo, ainda seria uma entidade contingente e, desse modo, *ainda* exigiria uma explicação que só poderia ser fornecida por uma causa transcendente que existe necessariamente (ver **Argumento cosmológico**).

Mas tais inconsistências filosóficas e negligências são agravadas por um excesso de alcance que esconde as limitações em seus modelos. Como Hawking reconhece, a transformação matemática que torna suas equações solucionáveis e torna o tempo inoperante deve ser revertida após o cálculo estar completo, se o modelo tiver alguma esperança de descrever o universo tal como o conhecemos (Hawking, 1988, p. 139). Após a reversão, a **singularidade** no início dos tempos reaparece, porém, não podemos sustentar que o universo não tenha começado. Além disso, uma interpretação realista do modelo, que é necessária para ter qualquer força explicativa, implica aceitar a interpretação tecnicamente deficiente e metafisicamente problemática de muitos mundos da teoria quântica (ver **teoria quântica, Interpretações da**), uma condição que dificilmente conta a seu favor. Por fim, como admitiu Alexander Vilenkin, um dos colaboradores da Hawking na pesquisa quântico-cosmológica: "Um teste observacional de cosmologia quântica não parece possível... [não] é provável que se torne uma ciência observacional" (Vilenkin, 2002, p. 12-13).

Na análise final, então, apesar da divertida proclamação de Hawking de que "a filosofia está morta" (Hawking e Mlodnow, 2010, p. 5), suas próprias excursões na cosmologia quântica são pouco mais do que incursões especulativas na **metafísica** altamente matemática. (Para uma discussão mais detalhada sobre esses assuntos, ver Copan e Craig, 2004; Craig e Smith, 1993; Gordon 2011, p. 563-69; Lennox, 2011.)

Stephen Hawking faleceu em Cambridge, Inglaterra, no dia 14 de março de 2018.

Bruce L. Gordon

REFERÊNCIAS E LEITURAS RECOMENDADAS

BARDEEN, James B.; Carter, Brandon; Hawking, Stephen W., 1973. *"The Four Laws of Black Hole Mechanics." Communications in Mathematical Physics 31:161-70.*

COLLINS, Robin, 2009. "The Teleological Argument: An Exploration of the Fine- Tuning of the Universe", em *The Blackwell Companion to Natural Theology*, ed. William L. Craig and J. P. Moreland, 202-81. Oxford: Blackwell.

COPAN, Paul; Craig, William Lane, 2004. *Creation Out of Nothing: A Biblical, Philosophical and Scientific Exploration.* Grand Rapids: Baker Academic.

CRAIG, William Lane, and Quentin Smith. 1993. *Theism, Atheism, and Big Bang Cosmology.* Oxford: Clarendon.

GORDON, Bruce L., 2011. "Balloons on a String: A Critique of Multiverse Cosmology", em *The Nature of Nature: Examining the Role of Naturalism in Science*, ed. Bruce L. Gordon and William A. Dembski, 558-601. Wilmington, DE: ISI Books.

_____. Forthcoming. "The Necessity of Sufficiency: The Argument from the Incompleteness of Nature." In *Two Dozen (or So) Arguments for God: The Plantinga Project*, ed. Trent Dougherty and Jerry Walls. Oxford: Oxford University Press.

HARTLE, James; Hawking, Stephen W., 1976. "Path Integral Derivation of Black Hole Radiance." *Physical Review* D13:2188-2203.

_____. 1983. "Wave Function of the Universe." *Physical Review* D28:2960-75.

HAWKING, Stephen W. 1965. "Occurrence of Singularities in Open Universes." *Physical Review Letters* 15:689-90.

_____. 1972. "Black Holes in General Relativity." *Communications in Mathematical Physics* 25:152-66.

_____. 1974. Black Hole Explosions." *Nature* 248:30-31.

_____. 1975. "Particle Creation by Black Holes." *Communications in Mathematical Physics* 43:199-220.

_____. 1977. "The Quantum Mechanics of Black Holes." *Scientific American*, 236:34-49.

_____. 1987. "Quantum Cosmology." In *300 Years of Gravitation*, ed. Stephen W. Hawking e Werner Israel, 631-51. Cambridge: Cambridge University Press.

_____. 1988. *A Brief History of Time from the Big Bang to Black Holes*. New York: Bantam.

_____. 1998. "Is Information Lost in Black Holes?" In *Black Holes and Relativistic Stars*, ed. Robert Wald, 221-40. Chicago: University of Chicago Press.

_____. 2001. *The Universe in a Nutshell*. New York: Bantam.

HAWKING, Stephen W.; Ellis, George F. R., 1973. *The Large-Scale Structure of Space-Time*. Cambridge: Cambridge University Press.

HAWKING, Stephen W.; Mlodinow, Leonard, 2010. *The Grand Design*. New York: Bantam Books.

HAWKING, Stephen W.; Penrose, Roger, 1970. "The Singularities of Gravitational Collapse and Cosmology." *Proceedings of the Royal Society of London*, A 314:529-48.

_____. 1996. *The Nature of Space and Time*. Princeton, NJ: Princeton University Press.

LENNOX, John, 2011. *God and Stephen Hawking: Whose Design Is It Anyway?* Oxford: Lion Hudson.

SUSSKIND, Leonard, 2008. *The Black Hole War: My Battle with Stephen Hawking to Make the World Safe for Quantum Mechanics*. New York: Little, Brown.

UNRUH, William, 2014. "Has Hawking Radiation Been Measured?" 26 de janeiro. http://arxiv.org/pdf/1401.6612v1.

VILENKIN, Alexander, 2002. "Quantum Cosmology and Eternal Inflation." 18 de abril. Disponível em: <http://arxiv.org/pdf/gr-qc/0204061v1.pdf>.

HEISENBERG, PRINCÍPIO DA INCERTEZA DE.

O físico teórico alemão Werner Heisenberg (1901-1976) foi o primeiro a demonstrar a existência de um limite fundamental para a precisão com que certas características (chamadas *pares complementares*) de partículas físicas podem ser conhecidas e medidas. Por exemplo, ele observou que, quanto mais precisa a determinação de um pesquisador sobre a posição de uma partícula, menor será o fato de que o pesquisador possa determinar seu impulso e vice-versa. Por esse motivo, o princípio tem seu nome.

Embora Heisenberg tenha sido o primeiro a demonstrar que esse limite de medição existe, os físicos teóricos Hermann Weyl e Earle Kennard foram os únicos a determinar o quão grande é a incerteza. Está longe de ser trivial. Se um físico determina o impulso de uma partícula subatômica típica com a melhor precisão disponível usando equipamentos modernos, ele só poderia colocar sua localização em cerca de mais ou menos quinhentos e trinta e cinco metros. No entanto, quanto maior o número de partículas incluídas na medição, menor será a incerteza desse agregado. Para qualquer pedaço de matéria grande o suficiente para ser visível a olho nu, por exemplo, a incerteza cai para perto de zero.

O princípio da incerteza de Heisenberg também significa que, dentro de um conjunto de partículas, alguns passarão por uma barreira que na **física** clássica seria considerada impenetrável (ver **Isaac Newton**). Considere esta analogia: de acordo com a física clássica, um mármore liberado da borda de uma tigela irá rolar para o fundo da tigela e para cima do outro lado (dependendo do nível de atrito) para uma altura não maior que a altura no qual foi lançado. Essa é a altura da barreira. Para as partículas individuais, no entanto, o princípio da incerteza significa que algumas das partículas (em um conjunto de partículas) terão ímpeto insuficiente para levá-las à barreira da altura, enquanto o impulso dos outros os levará sobre essa barreira.

Esse fenômeno que ultrapassa a barreira é chamado de tunelamento quântico, o qual mostra que o princípio da incerteza não é apenas sobre o quão bem podemos medir, mas sobre como a natureza pode restringir as coisas em algum sentido. Os teóricos demonstraram que o tunelamento quântico desempenha um papel essencial nas reações de fusão nuclear que tornam possíveis estrelas estáveis, sem as quais os blocos de construção elementares da vida não existiriam. O tunelamento quântico também é crucial para a operação de um tipo de transistor — um diodo de túnel — que tornou possível a revolução eletrônica moderna. Tais diodos são agora conhecidos por operar dentro dos corpos de todos os animais vertebrados e invertebrados. O tunelamento quântico, então, desempenha um papel crítico nos sistemas vivos, por exemplo, ao permitir que a hemoglobina transporte a quantidade certa de oxigênio para as células. Para que a vida complexa seja possível, o tunelamento quântico deve ser possível, e para que o tunelamento quântico seja possível, o grau de incerteza no princípio da incerteza de Heisenberg deve ser precisamente como está, nem maior nem menor. Nos primórdios da teoria quântica, **Albert Einstein** reagiu negativamente. Em uma carta ao seu amigo e físico quântico Max Born, ele escreveu: "Eu, pelo menos, estou convencido de que Ele ("o Ancião", como ele se referia à deidade) não joga dados". Hoje, um cientista pode dizer que Deus, em certo sentido, "joga dados", mas ele cuidadosamente projeta os dados para produzir o resultado essencial para a vida.

Hugh Ross

REFERÊNCIAS E LEITURAS RECOMENDADAS

Heisenberg, Werner, 1929. *The Physical Principles of Quantum Theory.* Chicago: University of Chicago Press.

Messiah, Albert, 1966. *Quantum Mechanics.* Vol. 1. New York: Wiley.

Wick, David, 1995. *The Infamous Boundary: Seven Decades of Controversy in Quantum Mechanics.* Boston: Berkhäuser.

HEMPEL, CARL G. Carl Gustav Hempel (1905-1997) foi um filósofo de ciência altamente influente que foi associado aos empiristas lógicos do Círculo de Viena (ver **Positivismo Lógico**). Estudou com **Rudolf Carnap** (1891-1970) em Viena, no período de 1929-1930, participando dos debates do Círculo de Viena sobre frases de observação, e completou seu doutorado, que se concentrou na **lógica da probabilidade**, sob a orientação de **Hans Reichenbach** (1891-1953) na Universidade de Berlim, em 1934. Mudou-se para os Estados Unidos para continuar trabalhando com Carnap na Universidade de Chicago nos anos de 1937-38 e depois ensinou no Queen's College, em Nova York, e na Universidade de Yale antes de se mudar para a Universidade de Princeton, onde ensinou de 1955 até 1975. Seu trabalho sobre a lógica da **confirmação** e a natureza da explicação científica revelou novos fundamentos e permanece central para os exames desses assuntos hoje.

Hempel foi influenciado pela escola fisicalista de positivistas (ver **Fisicalismo**), particularmente por Otto Neurath (1882-1945) e Rudolf Carnap, e seus primeiros trabalhos focaram no desenvolvimento analítico dessa perspectiva. No final da década de 1940, ele colaborou com Paul Oppenheim em uma série de trabalhos sobre a lógica de confirmação e explicação (Hempel, 1945; Hempel e Oppenheim, 1945, 1948) e manteve seu interesse nessas disciplinas ao longo de sua carreira (Hempel, 1952, 1962a, 1962b, 1965b, 1966b, 1981). Alguns dos seus artigos mais influentes sobre esses assuntos — e preocupações relacionadas à formação de conceitos científicos, a natureza das teorias científicas e os critérios de significância — foram coletados em um volume intitulado *Aspects of Scientific Explanation* (Aspectos da explicação científica) (1965b). Ele também escreveu um texto introdutório de grande influência, *Philosophy of Natural Science* (Filosofia da ciência natural) (1966a), que foi amplamente utilizado por muitos anos.

Mais tarde em sua carreira, **Thomas Kuhn** (1922-1996) se tornou um de seus colegas em Princeton, e sua interação deslocou a atenção de Hempel das análises positivistas para o envolvimento com questões históricas e pragmáticas na **filosofia da ciência** (George, 2012; Hempel, 1970, 1979, 1983; Kuhn, 1970, 1977, 2000).

Um dos trechos mais famosos da discussão de Hempel sobre a lógica da confirmação (1945) é o "**paradoxo do corvo**". Hempel observou que muitas hipóteses ou leis científicas assumem a forma de generalizações universais, como "todos os Fs são Gs" ou, mais especificamente, declarações como "Todos os corvos são coisas negras". A observação de um corvo preto, obviamente, apoia essa hipótese, mas Hempel observou que, se um princípio muito intuitivo é afirmado, ou seja, que qualquer coisa que confirme uma afirmação também confirma qualquer outra afirmação que seja logicamente equivalente a ela, temos consequências contraintuitivas. Por exemplo, "Todas as coisas não negras não são corvos" é logicamente equivalente a "Todos os corvos são coisas negras"; então, a existência de bananas amarelas, que confirma a não escuridão dos não corvos, também confirma que todos os corvos são negros. Esse e outros "paradoxos de confirmação" eram obstáculos para construir uma lógica puramente formal de confirmação e o foco de muita discussão.

O trabalho de Hempel sobre a lógica da explicação científica (Hempel, 1965b et al.; Hempel e Oppenheim, 1948) também foi de fundamental importância. Mais notavelmente, ele articulou o chamado modelo dedutivo-nomológico, ou método da lei de cobertura de explicação científica, que sustenta que a verdadeira explicação científica de um fenômeno tem a forma de um argumento dedutivo válido que procede de premissas, que são declarações das leis gerais e condições iniciais que regem esse fenômeno ao comportamento observado como conclusão do argumento. O "modelo D-N" serviu de ponto de partida para todas as discussões subsequentes sobre a natureza da explicação científica (Fetzer, 2000; Lambert e Brittan, 1992, p. 9-50). Por fim, as análises críticas de Hempel do critério de verificabilidade do significado (**Princípio de Verificação**; Hempel, 1950, 1965a) ajudaram a mitigar os relatos não cognitivistas de ética e religião, característicos do positivismo. À medida que Hempel tirou suas conclusões sobre o trabalho de Ayer (1970) e outros (Hempel, 1950, p. 63), "a ideia de significância cognitiva, com a sugestão de uma distinção nítida entre frases ou sistemas significativos e não significativos de tais sistemas, perdeu sua garantia e fertilidade como *explicandum* [...] então, é melhor substituir por certos conceitos que admitem diferenças de grau [...] para oferecer a maneira mais promissora de avançar no esclarecimento das questões implícitas na ideia de significância cognitiva". Como observa Charles Taliaferro (2005, p. 348-61), os debates sobre o positivismo e a sua morte revigorizaram as discussões sobre o significado da linguagem religiosa e suas funções explicativas, ajudando a abrir a porta para o renascimento da **filosofia da religião** cristã no final do século XX.

Bruce L. Gordon

REFERÊNCIAS E LEITURAS RECOMENDADAS

AYER, Alfred J., (1936) 1970. *Language, Truth, and Logic.* New York: Penguin.

FETZER, James H., ed. 2000. *Science, Explanation, and Rationality: Aspects of the Philosophy of Carl G. Hempel.* Oxford: Oxford University Press.

_____. 2014. "Carl Hempel." In *Stanford Encyclopedia of Philosophy.* ed. Edward N. Zalta. 4 de agosto. http://plato.stanford.edu/entries/hempel/.

GEORGE, Alexander, 2012. "Opening the Door to Cloud-Cuckoo Land: Hempel and Kuhn on Rationality." *Journal for the History of Analytical Philosophy* 1 (4): 1-17.

HEMPEL, Carl G., 1945. "Studies in the Logic of Confirmation, I and II." *Mind* 54:1-26, 97-121.

_____. 1950. "Problems and Changes in the Empiricist Criterion of Meaning." *Revue Internationale de Philosophie* 41 (11): 41-63.

_____. 1952. *Fundamentals of Concept Formation in Empirical Science.* Chicago: University of Chicago Press.

_____. 1962a. "Deductive-Nomological vs. Statistical Explanation", em *Minnesota Studies in the Philosophy of Science,* ed. H. Feigl e G. Maxwell, 3:98-169. Minneapolis: University of Minnesota Press.

_____. 1962b. "Explanation in Science and in History", em *Frontiers of Science and Philosophy,* ed. R. G. Colodny, 9-33. Pittsburgh: University of Pittsburgh Press.

_____. 1965a. "Empiricist Criteria of Cognitive Significance: Problems and Changes", em C. G. Hempel, *Aspects of Scientific Explanation,* 101-19. New York: Free Press.

_____. 1965b. "Aspects of Scientific Explanation", em C. G. Hempel, *Aspects of Scientific Explanation,* 331-496. New York: Free Press.

_____. 1966a. Philosophy of Natural Science. Englewood Cliffs, NJ: Prentice-Hall.

_____. 1966b. "Recent Problems of Induction." In *Mind and Cosmos,* ed. R. G. Colodny, 112-34. Pittsburgh: University of Pittsburgh Press.

_____. 1970. "On the 'Standard Conception' of Scientific Theories", em *Minnesota Studies in the Philosophy of Science,* ed. M. Radner and S. Winokur, 4:142-63. Minneapolis: University of Minnesota Press.

_____. 1979. "Scientific Rationality: Analytic vs. Pragmatic Perspectives", em *Rationality To-Day,* ed. T. S. Geraets, 46-58. Ottawa: University of Ottawa Press.

_____. 1981. "Turns in the Evolution of the Problem of Induction." *Synthese* 46:193-404.

_____. 1983. "Valuation and Objectivity in Science", em *Physics, Philosophy, and Psychoanalysis: Essays in Honor of Adolf Grunbaum,* ed. Robert S. Cohen and Larry Laudan, 73-100. Dordrecht: Kluwer.

HEMPEL, C. G.; Oppenheim, P., 1945. "A Definition of 'Degree of Confirmation.'" *Philosophy of Science* 12:98-115.

_____. 1948. "Studies in the Logic of Explanation." *Philosophy of Science* 15:135-75.

KUHN, Thomas S., 1970. *The Structure of Scientific Revolutions.* 2nd ed. Chicago: University of Chicago Press.

_____. 1977. *The Essential Tension: Studies in Scientific Tradition and Change.* Chicago: University of Chicago Press.

_____. 2000. *The Road since Structure: Philosophical Essays 1970-1993.* Ed. J. Conant and J. Haugeland. Chicago: University of Chicago Press.

LAMBERT, Karel; Brittan, Gordon G., 1992. *An Introduction to the Philosophy of Science.* 4th ed. Atascadero, CA: Ridgeview.

TALIAFERRO, Charles, 2005. *Evidence and Faith: Religion and Philosophy since the Seventeenth Century.* Cambridge: Cambridge University Press.

HERMENÊUTICA, BÍBLICA E CIENTÍFICA.

A palavra *hermenêutica* é uma derivação da palavra grega *hermēnuetēs,* que significa "intérprete". Desde a Idade Média, o termo *hermenêutica* esteve intimamente ligado à formulação dos princípios destinados a produzir uma interpretação válida da Bíblia. Mais recentemente, seu significado se expandiu para denotar o estudo das teorias e dos métodos envolvidos no estudo de textos de forma mais geral. Tornou-se um método de interpretação cujo objetivo é compreender a mente do autor e, portanto, identificar sua intenção — significado específico que o autor transmitiu ao texto em questão. Recentemente, o conceito de texto foi ampliado além dos textos escritos ou orais para incluir objetos como filmes, arte e outras coisas que podem ser tratados como textos e, portanto, sujeitos a interpretação.

Neste ensaio, o tópico tradicional da hermenêutica bíblica é abordado juntamente com a extensão da ideia de hermenêutica às ciências naturais, um tema de preocupação para a compreensão bíblica e a teologia cristã. A hermenêutica da ciência natural é de interesse para os cristãos por causa do reconhecimento de que Deus escreveu dois livros: o livro das nossas Escrituras e o livro da natureza — o estudo e a compreensão deste último que compõem as ciências naturais.

Hermenêutica bíblica

O leitor enfrenta uma série de dificuldades na compreensão e aplicação da Bíblia, um livro de um passado distante. A Bíblia aborda culturas e situações históricas muito diferentes das nossas; além disso, o intérprete deve escolher entre vários métodos hermenêuticos diferentes. Ao ler a Bíblia, uma pessoa sempre aplica um princípio interpretativo, pois não se pode ler nenhuma literatura sem um desses princípios.

Todas as abordagens contemporâneas da hermenêutica bíblica envolvem três componentes principais — o autor, o texto e o leitor —, e cada método hermenêutico compartilha dois objetivos principais: chegar ao que o texto significava para seus primeiros destinatários e auxiliar o leitor contemporâneo na formulação de um entendimento atual apropriado. Todos os métodos começam com conteúdo e contexto.

Conteúdo (exegese)

Inúmeras etapas estão envolvidas na determinação do conteúdo do texto de interesse, um processo chamado exegese.

1. O texto em seu idioma original é o ponto de partida ideal, no entanto, isso requer conhecimento desse antigo idioma. Os estudiosos compararam os muitos manuscritos existentes do Novo Testamento para a criação de um texto grego crítico confiável, a versão Nestle-Aland. Já o hebraico do Antigo Testamento, *Bíblia Hebraica Stuttgartensia*, é amplamente utilizado pelos estudiosos do estudo do Antigo Testamento.
2. Muitas vezes as palavras escolhidas pelo escritor bíblico apresentam problemas, pois o significado delas em hebraico e grego sofreram mudanças desde o seu uso bíblico original. Felizmente, existem léxicos que rastreiam esses significados ao longo do tempo.
3. As nuances de uma construção gramatical particular podem conter a chave para a compreensão de uma passagem, o que significa que um conhecimento profundo da gramática antiga auxilia na compreensão.
4. A consciência da sintaxe é um fator adicional na determinação do significado de uma unidade como um todo, e isso se refere a todas as inter-relações dentro de uma frase, incluindo aquelas entre palavras, frases, orações e até mesmo entre sentenças.

Em resumo, o objetivo na determinação do conteúdo é produzir uma tradução precisa do texto bíblico no idioma do leitor. Muitos leitores da Bíblia não terão as ferramentas para fazer isso e, portanto, devem depender de uma tradução disponível. Os leitores em língua portuguesa têm à sua disposição uma infinidade de traduções modernas que tentam realizar com competência as etapas exegéticas descritas e podem escolher uma ou mais para estudar.

Contexto

A determinação precisa do conteúdo de um texto é um passo necessário, mas não suficiente, para a interpretação bíblica completa. A consciência do contexto da passagem de interesse constitui outro componente importante na compreensão da motivação do autor. Os seguintes passos ajudam a fazê-lo.

1. Os autores bíblicos escrevem em gêneros literários particulares. Sendo assim, a identificação do gênero de uma passagem desempenha um papel crucial na compreensão da intenção do autor.
2. O contexto histórico e cultural é mais um passo na determinação do propósito de uma determinada passagem. Nesse sentido, a configuração histórica dos destinatários originais possivelmente proporcionou a motivação e o contexto para o autor bíblico enquanto falava à sua situação. Além disso, a cultura dos destinatários ou a cultura de sua configuração podem ter influenciado a redação de uma passagem particular.
3. O contexto social ou religioso direciona o uso de uma passagem pelos seus destinatários. A forma de comunicação (escrita) era geralmente apropriada para o ambiente social ou religioso, e essa forma deveria ser identificada pelo leitor. Por exemplo, os salmos foram usados pelos povos de Israel na adoração.
4. Compreender o estilo, as formas literárias ou o tom de uma passagem dá uma pista para entender o que o autor estava tentando concluir nessa passagem. A intenção pode ser revelada por sua atitude e emoções por meio do tom da passagem. Compare a atitude gentil de aprovação do apóstolo Paulo com a igreja filipense com seus comentários severos de crítica aos Gálatas ("Admiro-me [...] ó gálatas insensatos!" (Gálatas 1: 6; 3:1).
5. Um escritor bíblico às vezes agiu como um editor, incorporando fontes em uma passagem ou um livro. A escolha das fontes pode dar uma pista para entender a mensagem pretendida do editor.
6. Um princípio adicional de interpretação que se aplica especialmente ao estudo bíblico envolve determinar como certa passagem se compara com outras passagens bíblicas. O princípio de comparar as Escrituras com as Escrituras ajuda a tentar

388 HERMENÊUTICA, BÍBLICA E CIENTÍFICA

entender completamente uma passagem. As considerações incluem como uma determinada passagem se enquadra no livro bíblico em que está na seção de seu testamento e em todas as Escrituras.

7. O passo final é que o ouvinte ou o leitor devem entender o ponto da passagem e a motivação e a mensagem do autor para o público que pretende.

Juntas, essas etapas de interpretação constituem um estudo cuidadoso da Bíblia.

Resposta do leitor (compreensão)

O estudo bíblico completo levará tempo e esforço, pois o estudo da Bíblia merece tal coisa. Não se deve chegar a uma passagem despreocupadamente, lê-la, principalmente isolada de outras passagens, e esperar compreender o propósito e a mensagem do autor para o público original. Tal compreensão e aplicação estarão abertas à pergunta quando uma pessoa usa uma abordagem casual e de curto prazo, especialmente com relação a questões complexas. Isso não se refere a verdades que simplesmente saem da Bíblia, mas pertencem especialmente a problemas sobre quais questões interpretativas surgiram dentro da igreja, questões como o conflito criação-evolução.

Hermenêutica científica

À primeira vista, parece que a hermenêutica científica deveria ser um pouco mais fácil do que a hermenêutica bíblica. Afinal, a moderna estratégia científica ocidental tem sido bem-sucedida há cerca de 300 a 400 anos. Na forma do método hipotético-dedutivo, a ciência provou ser frutífera, pois há entendimento geral e concordância entre cientistas praticantes (ativos) para a maioria dos fenômenos que foram investigados. Com o desenvolvimento da **tecnologia** dos séculos XX e XXI, os últimos 100 anos foram um momento muito frutífero para a ciência, já que as esferas de tamanho, massa, tempo e distância aberta à investigação aumentaram além da imaginação de pessoas no início do século XX. Esse **método científico** tem sido usado para estudar o universo e a terra a partir do regime submicroscópico da **física** de partículas (p. ex., o bóson de Higgs; ver **Partícula de Deus**) ao cosmológico; e o estudo da **matéria escura**, envolvendo tempos tão baixos quanto o tempo de Planck, de 10^{-43} segundos, para além da idade do universo de 13,8 bilhões de

anos; e massas tão pequenas como o elétron para massas cosmológicas. Mas um resultado é que a ciência contemporânea e sua compreensão não são tão facilmente investigadas. Qual é o significado da teoria quântica, buracos negros, **teoria das cordas**, fractais e **teoria do caos**? O que apresentamos a seguir é uma discussão de três fatores que resultam em desafios para a clara interpretação da pesquisa científica e dos conceitos.

Fenômenos não diretamente observáveis (muito pequenos e muito grandes)

Um componente significativo do trabalho científico está relacionado aos fenômenos que não podem ser observados diretamente com nossos sentidos, isto é, sem ajuda de aparelhos. O mundo microscópico de tamanhos moleculares e menores não pode ser observado diretamente com nossos olhos. Vários tipos de microscópios — ópticos, ultravioleta e microscópios eletrônicos de varredura — vêm em nossa ajuda. O microscópio eletrônico de varredura é um microscópio complicado e sutil, e sua operação e compreensão dependem de um conhecimento da teoria eletromagnética e atômica. Dependemos das teorias da instrumentação para serem corretas, e isso é crucial na realização da hermenêutica científica — interpretar os sinais ópticos e eletrônicos que resultam do perfil de um objeto microscópico da ordem de 0,0000000001 metros ou mais de tamanho.

O processo de investigação torna-se ainda mais indireto quando buscamos detalhes da estrutura dos núcleos de átomos; então, detectores nucleares especializados são usados para medir a presença e as energias das partículas nucleares envolvidas nessas investigações. Essas partículas não são observadas diretamente, mas produzem pequenos flashes de luz no material do detector que é convertido em um pulso elétrico por um dispositivo fotossensível. Esses impulsos elétricos são transmitidos da sala experimental (radioativa) para um local de processamento de dados, onde os bancos de módulos eletrônicos executam operações lógicas nos impulsos elétricos, eventualmente fornecendo o tipo de informação útil que é armazenada em um computador, como pedaços de informação que representa os dados numéricos. Os físicos então tomam essas informações computacionais e as interpretam em termos da informação nuclear que está sendo buscada no programa de pesquisa, e o resultado é que flashes de luz eventualmente são interpretados em termos de reações nucleares.

HERMENÊUTICA, BÍBLICA E CIENTÍFICA

Aqueles que investigam a física nuclear devem perceber que nunca observarão diretamente um núcleo ou uma reação nuclear. Eles devem ficar satisfeitos de compreenderem todos os aspectos da operação do equipamento experimental e os dispositivos de processamento de dados, incluindo a análise informática, e devem explicar cada resultado enigmático (ou não enigmático) quando os incidentes esperados (ou inesperados) ocorrem durante o curso da experiência e a posterior análise de dados. A compreensão dentro dos limites da teoria física, a operação de todos os tipos de equipamentos experimentais e a autoconsciência são os objetivos mínimos de todo o procedimento, mas nunca se pode ter 100% de certeza de que o resultado é válido. A equipe de pesquisa para um determinado estudo deve ser a crítica mais difícil do projeto, e o trabalho incompetente ou desonesto entre cientistas deve ser penalizado pela exclusão da comunidade de pesquisa científica. Os riscos são altos.

O cosmológico é outro regime que fornece desafios ao cientista da pesquisa. O estudo do cosmos exige equipamentos e compreensões sofisticados e complicados, e tudo isso depende da correção da compreensão em muitos campos da física, **astronomia**, cosmologia, química, ciências da terra etc. Mais uma vez, o entendimento do funcionamento correto da instrumentação e a coleta de dados e o processamento de dados competentes e suficientes são cruciais na interpretação dos bits de informação óptica e elétrica em estudos cosmológicos, assim como no caso da ciência microscópica.

As ciências históricas

Os cientistas de laboratório e de campo têm a vantagem de repetir as investigações até estarem satisfeitos por terem finalmente conseguido fazer direito. Os cientistas históricos não têm esse privilégio, pois nunca haverá outro *big bang*. E, ainda assim, a aplicação de conhecimento científico aos fenômenos observados no cosmos e em nossa terra permitiram, por exemplo, investigações sobre a idade do universo e da terra. Em cada caso, métodos independentes foram usados para determinar essas idades, e os resultados tanto para a terra quanto para o universo são surpreendentemente consistentes.

Os cientistas que fazem esses tipos de investigações estão confiantes em que a idade do universo é de 13,8 bilhões de anos e a da terra é de 4,54 bilhões de anos, com cada determinação de idade precisa dentro de 1%.

Por exemplo, a datação radioativa pode ser usada para determinar a idade da terra ao estudar isótopos de átomos pesados de longa duração incorporados nas rochas. Para períodos de tempo mais curtos, o carbono-14, com uma meia-vida de 5.730 anos, pode ser usado para datar objetos vivos (p. ex., animais e árvores) com idades de poucas, e até várias, semividas de carbono-14, para 50 mil anos ou mais. A consistência nas consequentes determinações de idade confere aos cientistas a certeza de que certos eventos importantes do passado podem ser datados com uma precisão surpreendente.

Esse tipo de sucesso científico pode ser a prova de que outras questões históricas poderiam ser investigadas com sucesso usando métodos científicos. O desenvolvimento da vida em nossa terra é uma dessas questões sobre as quais cientistas biológicos acreditam que um progresso significativo foi feito, já que o consenso entre pesquisadores ativos é que a versão atual do entendimento evolutivo interpreta com êxito uma grande quantidade de dados relevantes existentes. É verdade que a questão de como a primeira vida — as primeiras células autorreplicantes — surgiu permanece aberta, mas os pesquisadores acreditam que essa é uma questão que pode ser abordada com sucesso e que o trabalho continua. Além dessa questão do início da primeira vida na terra, a maioria dos cientistas biológicos está convencida de que eles têm um bom controle sobre o desenvolvimento subsequente da vida e suas muitas formas desde a primeira vida até o presente. Em muitos sentidos, a interpretação de dados relacionados ao histórico é muito parecida com as de laboratório e campo científico. Muitas das técnicas são as mesmas, e a questão é sempre esta: quantos dados são suficientes? Quando é que a investigação para?

Teoria quântica

Existe um consenso geral de que as equações teóricas quânticas, desenvolvidas no início do século XX, são bem-sucedidas para fenômeno microscópico, uma vez que as previsões mensuráveis (resultados) da teoria quântica representam todos os tipos de fenômenos microscópicos. Uma formulação da teoria envolve a equação de Schrödinger, uma espécie de reformulação do princípio de **conservação de energia**, mas aplicada aos processos microscópicos.

A equação de Schrödinger é uma equação de movimento e produz uma "função de onda" que pode levar a uma descrição do comportamento do sistema em questão, seja um processo atômico, processo nuclear ou algum outro, mas o significado da função de onda em si permanece aberto para a pergunta. Existem duas interpretações principais das implicações dos resultados quânticos, com físicos famosos em ambos os lados do argumento. Por exemplo, **Niels Bohr** assumiu uma posição contrária à de **Einstein**, mas também há uma versão da teoria quântica iniciada por David Bohm que, embora bem diferente, fornece resultados mensuráveis idênticos.

Portanto, embora as contas e as previsões de processos e entidades microscópicas possam ser feitas por teóricos quantitativos, o significado subjacente da teoria quântica não foi resolvido.

Resumo

A empreitada científica contemporânea resulta em alguns desafios à teologia cristã. Uma questão-chave é: resultados científicos — isto é, que derivam do método científico moderno que emprega metodologia naturalista — são consistentes com o entendimento teológico cristão? Deus escreveu dois livros — o livro revelado das Escrituras, mas também o livro da natureza (a competência da ciência). Não deveria, pelo menos, não haver conflito entre os dois livros? E mesmo assim, nos últimos 200 anos, houve conflito. Por quê? Pode haver reconciliação? E, em caso afirmativo, a hermenêutica bíblica e/ou científica desempenhará algum papel, talvez um papel fundamental?

Richard F. Carlson

REFERÊNCIAS E LEITURAS RECOMENDADAS

Carlson, Richard F.; Longman, Tremper, III, 2010. *Science, Creation and the Bible-Reconciling Rival Theories of Origins*. Downers Grove, IL: InterVarsity.

Murphy, Nancey. 1990. *Theology in the Age of Scientific Reasoning*. Ithaca, NY: Cornell University Press.

Osborne, Grant R., 1991. *The Hermeneutical Spiral— A Comprehensive Introduction to Biblical Interpretation*. Downers Grove, IL: InterVarsity.

Polkinghorne, John, 1995. *Serious Talk— Science and Religion in Dialogue*. Valley Forge, PA: Trinity Press International, 1995.

_____. 2002. *Quantum Theory— A Very Short Introduction*. Oxford: Oxford University Press.

HIPÁTIA. Hipátia (ou Hipácia) (415 d.C.) era uma professora neoplatônica altamente respeitada, que vivia e trabalhava em Alexandria, no Egito. Ela foi assassinada por uma turba que supostamente eram partidários de Cirilo, patriarca da cidade.

Vida

O pai de Hipátia, Téon, era ligado ao museu em Alexandria e um matemático de certo renome. Ele preparou a edição padrão do livro de geometria de Euclides, *The Element* [Os elementos], organizando o material com o objetivo de clareza, em vez de precisão filológica.

Hipátia contava com cristãos e pagãos entre seus amigos e admiradores. Sinésio, o bispo de Ptolomaida, na Líbia, foi um ex-aluno que continuou a escrever cartas de admiração para ela depois que eles se separaram. Seu ensino parece ter sido baseado no neoplatonismo místico do tipo popular entre os pensadores pagãos da época. Ela via a **matemática** como uma forma de treinar a mente para a contemplação de coisas superiores, e sua realização mais duradoura foi a edição do texto grego do *Almagesto*, de Ptolomeu, que descreveu matematicamente um universo geocêntrico. Embora sua filosofia fosse típica de sua época, ela se destacou como uma mulher em um mundo de homens e manteve seu *status* profissional permanecendo indiferente e inatingível a qualquer candidato masculino (Dzielska, 1996).

Morte

Como Hipátia era um membro respeitado da sociedade alexandrina, era impossível que ela não se envolvesse na política da cidade. Surgiu uma disputa entre o bispo (um distinto, embora militante, teólogo chamado Cirilo) e o governador alexandrino Orestes. Sua feroz rivalidade se espalhou pelas ruas. Ambos os líderes eram cristãos, e a violência da multidão que assolou Alexandria durante séculos ganhou novo ímpeto de sua rivalidade. Hipátia, que estava no lado do governador, foi assassinada em 415 d.C. por um bando de partidários de Cirilo que cercaram sua carruagem e a arrastaram para longe. Sua morte foi provavelmente um ato espontâneo de violência, e não uma conspiração organizada por Cirilo.

Não há evidências de que ela tenha sido uma vítima particularmente por causa de sua religião pagã, embora sua condição de professora de filosofia feminina pudesse ter feito dela um alvo de alto perfil. O cronista cristão contemporâneo Sócrates, o Escolástico, relatou que seu assassinato "não poderia deixar de trazer o maior opróbrio, não apenas sobre Cirilo, mas também sobre toda a igreja de Alexandria. E certamente nada pode estar mais longe do espírito do cristianismo do que a permissão de massacres, lutas e negócios desse tipo" (Sócrates, o Escolástico,

1853, p. 349, 7:15). Escritores cristãos posteriores foram menos generosos com ela.

Legado

Se Hipátia era a editora do *Almagesto* de Ptolomeu, seu legado matemático foi penetrante e duradouro. No entanto, ela é mais conhecida como uma heroína romântica. Em 1853, Charles Kingsley, um vigário anglicano, publicou *Hypatia or New Foes com um Old Face* [Hipátia, ou novos inimigos com antigas faces], que ficcionalmente a apresenta como uma convertida ao cristianismo. Mais recentemente, uma história fortemente romantizada da sua vida foi transformada no filme Ágora (2009), com a atriz britânica Rachel Weisz no papel principal. Embora ela seja quase sempre retratada como uma mulher jovem e atraente, não temos registro da aparência de Hipátia. Ela provavelmente estava em seus 50 anos, uma idade madura na época, quando foi assassinada.

James Hannam

REFERÊNCIAS E LEITURAS RECOMENDADAS

DZIELSKA, Maria, 1996. *Hypatia of Alexandria*, trans. F. Lyra. Cambridge, MA: Harvard University Press.
KINGSLEY, Charles, 1915. *Hypatia or New Foes with an Old Face*. Oxford: Oxford University Press.
SOCRATES SCHOLASTICUS, 1853. *The Ecclesiastical History*, trans. Henry Bohn. LONDON: HENRY G. BOHN.

HIPÓTESE DE GAIA. Como consultor da NASA, o cientista britânico James Lovelock foi encarregado de elaborar um experimento para determinar se havia vida em Marte. Ele argumentou que um planeta com vida teria uma atmosfera muito diferente de um sem vida. Assim, a composição atmosférica da terra, que inclui 0,03% de dióxido de carbono, 78% de nitrogênio e 21% de oxigênio, deve ser determinada biologicamente, uma vez que, na ausência de vida, deveria ter entrado em equilíbrio químico e constituído por 99% de dióxido de carbono. As observações infravermelhas de Marte na década de 1960 mostraram que sua atmosfera era 95% de dióxido de carbono, perto do valor de equilíbrio e, portanto, incapaz de suportar a vida.

São considerações como essa que levaram Lovelock à Hipótese de Gaia, nome dado em homenagem à deusa grega da Terra, e postula que a Terra pode ser considerada um único organismo vivo (Lovelock, 1979). Mais precisamente, a biosfera é um sistema autorregulador que controla e mantém as condições de vida. Isso contrasta com a teoria tradicional em que o planeta fornece as condições de vida: de acordo com a Hipótese de Gaia, a vida dá origem às condições planetárias que observamos e as controla.

Lovelock pensa que a terra regula sua temperatura e composição como um sistema de controle cibernético, usando ciclos de realimentação negativos. Por exemplo: "A biosfera mantém e controla ativamente a composição do ar ao nosso redor, de modo a proporcionar um excelente ambiente para a vida terrestre" (Lovelock, 1979, p. 69). Assim, se a concentração de oxigênio aumenta, e um aumento de até 4% significaria desastre, é reduzido pela combinação com o metano produzido por fermentação bacteriana em lamas do solo oceânico e outras áreas úmidas onde o carbono está enterrado.

Richard Dawkins, para quem a **seleção natural** opera no nível do gene individual, atacou a Hipótese de Gaia porque ele não vê como a vida pode cooperar para regular o meio ambiente (Dawkins, 1982, p. 234-37). Em resposta, Lovelock ilustrou como a hipótese é compatível com a evolução darwiniana, produzindo um modelo de "Daisyworld" [Mundo das Margaridas], de um planeta que contém margaridas escuras e de cor clara. A cor determina a proporção de luz incidente refletida. À medida que a estrela iluminante do planeta cresce mais brilhante, a proporção de margaridas escuras e claras altera-se, mas a temperatura permanece quase constante durante um longo período. Em contraste, em um modelo tradicional, a vida não tem influência no meio ambiente, mas simplesmente se adapta a ele: então a temperatura do planeta aumenta proporcionalmente à luminosidade da estrela, e as margaridas desaparecem muito mais cedo (Lovelock, 1988, p. 36-39).

Lovelock é considerado um dissidente na comunidade científica ortodoxa, mas sua teoria não pode ser menosprezada. Qual é a sua relevância para o discurso ciência-fé?

Primeiro, Gaia é uma teoria holística e, portanto, antirreducionista. Como Lovelock diz, as "propriedades do planeta não poderiam ser preditas a partir da soma de suas partes". Em segundo lugar, se a teoria é correta ou errada, Lovelock destacou alguns fatos significativos pertinentes à existência da humanidade na Terra. Assim, muitos dos parâmetros do ambiente estão aparentemente "finamente ajustados" para que possamos estar aqui. A concentração de oxigênio é uma; a salinidade do mar mantida em 3,4% é outra — um aumento de 6% destruirá a vida na Terra. Como o bispo Hugh Montefiore observou (Montefiore, 1985, p. 43-58), essas propriedades parecem ser ideais para a existência humana, assim como as coincidências antrópicas mais conhecidas na cosmologia.

A ideia de Gaia também pode levar em uma direção mais abertamente espiritual, ainda que panteísta ou pagã. Lovelock rejeita qualquer forma de religião formal, embora "respeite a intuição daqueles que acreditam" e fica tocado pela beleza da liturgia do livro de orações (Lovelock, 1988, p. 205). No entanto, ele tem uma grande reverência, de um tipo religioso, por Gaia e fala de "todo o planeta comemorando uma cerimônia sagrada". Ele compara Gaia com a virgem Maria, perto e flexível em comparação a Yahweh, mais distante, e escreve: "Ela é deste universo e, concebivelmente, é uma parte de Deus. Na Terra, ela é a fonte da vida eterna e está viva agora; ela deu à luz a humanidade e somos parte dela" (Lovelock, 1988, p. 206).

Alguns teólogos concebem o mundo como "o corpo de Deus" (Jantzen, 1984; McFague, 1987), e uma ideia semelhante é o **panenteísmo** de **Arthur Peacocke** e outros (p. ex., Peacocke, 2001), seja com referência consciente a Gaia ou não. Como o corpo humano é uma organização complexa da matéria com uma mente que interage e trabalha através desse corpo, o mundo é um sistema complexo altamente organizado através do qual Deus pode expressar sua vontade. Contudo, do ponto de vista da ortodoxia cristã, essa ideia certamente é mais bem tratada como uma analogia útil para a **ação divina**, através de uma **causalidade** de cima para baixo, em vez de um relato literal da relação de Deus com o mundo.

O nome Gaia e a fala antropomórfica da Terra como um organismo vivo proporcionam uma credibilidade enganosa a uma redeificação da natureza. Mas falar de geofisiologia e um sistema de controle cibernético talvez não soem iguais a ele. Como Lawrence Osborn apontou (Osborn, 1992), precisamos distinguir cuidadosamente entre a hipótese científica e o mito que lhe é atribuído.

Mais recentemente, Lovelock entrou no debate sobre **mudanças climáticas**. Ele acha que a mudança climática é irreversível porque ele vê uma realimentação positiva, e não negativa, por exemplo, no esgotamento do gelo do Ártico (Lovelock, 2006, 2009). Além disso, a taxa de mudança devido à atividade humana é rápida demais para que o planeta se autocorrija e mantenha a estabilidade, como quando a evolução darwiniana, muito mais lenta, dominou. Sua solução é que devemos mudar para a energia nuclear e passar para as grandes cidades (Lovelock, 2009, 2014).

Rodney Holder

REFERÊNCIAS E LEITURAS RECOMENDADAS

DAWKINS, Richard, 1982. *The Extended Phenotype.* Oxford: Oxford University Press.

HOLDER, Rodney D., 2008. *Nothing but Atoms and Molecules? Probing the Limits of Science.* Cambridge, UK: Faraday Institute for Science and Religion.

JANTZEN, Grace M., 1984. *God's World, God's Body.* London: Darton, Longman and Todd.

LOVELOCK, James, 1979. *Gaia: A New Look at Life on Earth.* Oxford: Oxford University Press.

_____. 1988. *The Ages of Gaia: A Biography of Our Living Earth.* Oxford: Oxford University Press.

_____. 2006. *The Revenge of Gaia: Why the Earth Is Fighting Back— and How We Can Still Save Humanity.* London: Allen Lane.

_____. 2009. *The Vanishing Face of Gaia: A Final Warning.* London: Allen Lane.

_____. 2014. *A Rough Ride to the Future.* London: Allen Lane.

McFAGUE, Sallie. 1987. *Models of God.* London: SCM.

MONTEFIORE, Hugh. 1985. *The Probability of God.* London: SCM.

OSBORN, Lawrence, 1992. "The Machine and the Mother Goddess: The Gaia Hypothesis in Contemporary Scientific and Religious Thought." *Science and Christian Belief* 4 (1): 27-41.

PEACOCKE, Arthur, 2001. *Paths from Science towards God: The End of All Our Exploring.* Oxford: Oneworld.

HISTÓRIAS "E FOI ASSIM QUE ACONTECEU".

O termo "história 'e foi assim que aconteceu'" é um rótulo pejorativo frequentemente usado pelos cientistas ao criticar uma hipótese científica por carecer de uma base concreta, testável, probatória ou de forte poder explicativo. Em vez disso, as "histórias de 'e foi assim que aconteceu'" são tipicamente vistas como meras especulações ou narrativas, fornecendo apenas um verniz de explicação.

O termo foi inspirado no livro de 1902 de Rudyard Kipling, *Histórias assim*, que incluía contos extravagantes como "Como o camelo tem sua corcunda", "Como o rinoceronte tem sua pele" e "Como o leopardo tem suas manchas". Apesar de ofender as normas do "politicamente correto", a última história é uma das mais famosas de Kipling, relatando que o leopardo conseguiu suas manchas depois que um caçador etíope borrou a "cor preta-amarronzada" da ponta de seus dedos no leopardo para fornecer camuflagem para caçar na floresta (Kipling, 1902).

Como as "histórias assim" de Kipling parodiavam as investigações sobre as origens biológicas, o termo tem sido frequentemente empregado por aqueles que criticam as explicações evolucionistas. Como um artigo na *Chronicle of Higher Education* [Crônica de Educação Superior] explica: "Entre os biólogos evolucionistas em particular, isso pode ser uma crítica contundente: chamar algo de uma 'história de 'e foi assim que aconteceu' é descartá-la como fantasia não científica... é fácil — muito fácil, em muitos casos — apresentar "explicações" da realidade biológica que revelam mais sobre a criatividade do escritor do que sobre a evolução" (Barash e Lipton, 2010).

Por exemplo, quando vários cientistas e matemáticos se reuniram no Simpósio Wistar, na Universidade da Pensilvânia, em 1966, para debater a **síntese neodarwiniana**, o antropólogo Loren Eisley perguntou: "Nós realmente respondemos a todas as perguntas; ou há algo peculiarmente atraente, quase como uma história de 'e foi assim que aconteceu' de Kipling, sobre a **seleção natural**?" (Eisley, 1967).

O campo da **psicologia** evolucionista há muito tempo enfrenta acusações de oferecer histórias "e foi assim que aconteceu". O filósofo **Daniel Dennett** argumenta que "os sociobiólogos, de Thomas Hobbes até o presente, ofereceram histórias como essas sobre a evolução da **moralidade**, mas, segundo alguns filósofos, qualquer tentativa desse tipo comete a **'falácia naturalista'**: o erro de ver fatos sobre a maneira como o mundo é para fundamentar — ou reduzir — conclusões éticas sobre como as coisas *deveriam* ser" (Dennett, 1995). Da mesma forma, em um artigo intitulado "Como o humano conseguiu suas manchas", o psicólogo Henry Schlinger escreve que "a psicologia evolucionista, embora diferente em muitos aspectos de sua sociobiologia predecessora, ainda está sujeita à acusação de contar histórias de 'e foi assim que aconteceu'" (Schlinger, 1996).

Às vezes, os cientistas toleram as histórias "e foi assim que aconteceu" quando ajudam a sustentar uma **cosmovisão** materialista. O biólogo evolucionista de Harvard, **Richard Lewontin**, reconhece: "Nós tomamos o lado da ciência apesar do absurdo patente de algumas de suas construções, apesar de seu fracasso em cumprir muitas de suas extravagantes promessas de saúde e vida, apesar da tolerância da comunidade científica para histórias de 'e foi assim que aconteceu' pouco justificadas, porque temos um compromisso anterior, um compromisso com o materialismo" (Lewontin, 1997).

De fato, os psicólogos evolucionistas David Barash e Judith Eve Lipton recomendam abraçar as histórias "e foi assim que aconteceu" — mesmo quando elas implicam em "meras suposições" — porque "a alternativa de propor uma história de 'e foi assim que aconteceu'" é a possibilidade de que "Deus fez isso" (Barash e Lipton, 2010).

Filósofo da ciência, Carol Cleland, observa que cientistas experimentais às vezes afirmam que as alegações dos cientistas históricos não podem ser testadas, afirmando:

"Que eles não podem falsificar suas hipóteses ou que seus argumentos confirmatórios se assemelham a histórias de 'e foi assim que aconteceu' (histórias fantasiosas de Rudyard Kipling, por exemplo, de como os leopardos conseguiram suas manchas). O número surpreendente de físicos e químicos que atacam o *status* científico da evolução neodarwiniana fornece exemplos expressivos desse fenômeno" (Cleland, 2001).

Cleland argumenta que as alegações científicas históricas podem ser testadas cientificamente (embora de uma maneira diferente das ciências experimentais), mas conclui que, se uma hipótese científica histórica carece de alguma evidência positiva confirmatória, que apenas essa hipótese pode explicar de forma única, então, talvez seja "uma tão temida história de 'e foi assim que aconteceu'" (Cleland, 2001).

Casey Luskin

REFERÊNCIAS E LEITURAS RECOMENDADAS

BARASH, David P.; Lipton, Judith Eve, 2010. "How the Scientist Got His Ideas." *Chronicle of Higher Education*. 3 de janeiro. http://chronicle.com/article/How-the-Scientist-Got-His/63287/.

CLELAND, Carol E., 2001. "Historical Science, Experimental Science, and the Scientific Method." *Geology* 29 (novembro): 987-90.

DENNETT, Daniel C., 1995. *Darwin's Dangerous Idea: Evolution and the Meanings of Life*. New York: Simon & Schuster.

EISLEY, Loren C., 1967. "Introduction to the Conference", em *Mathematical Challenges to the Neo-Darwinian Interpretation of Evolution: Wistar Institute Symposium Monograph No. 5*, ed. P. S. Moorhead and M. M. Kaplan, 1-4. New York: Liss.

KIPLING, Rudyard, 1902. "How the Leopard Got Its Spots", em *Just So Stories* (many editions). www.boop.org/jan/justso/leopard.htm.

LEWONTIN, Richard, 1997. "Billions and Billions of Demons." *New York Review of Books* 44 (9 de janeiro): 28.

MAZUR, Susan, 2010. *The Altenberg 16: An Exposé of the Evolution Industry*. Berkeley, CA: North Atlantic Books.

SCHLINGER, Henry D., Jr. 1996. "How the Human Got Its Spots: A Critical Analysis of the Just So Stories of Evolutionary Psychology." *Skeptic* 4:68-76.

HODGE, CHARLES.

HODGE, CHARLES. Os historiadores da ciência hoje em dia reconhecem cada vez mais que a descrição de guerra da relação entre ciência e religião durante o surgimento da modernidade como sendo, em grande parte, a-histórico (ver **Tese de conflito**). No entanto, poucos negariam que as tensões do século XIX surgiram sobre qual seja a melhor forma de avaliar e se envolver com o surgimento da publicação histórica de **Charles Darwin**, *A Origem das Espécies* (1859). Os mais importantes pastores-eruditos, como o renomado teólogo americano e o professor do Seminário de Princeton Charles Hodge (1797-1878), lidaram com a complexidade das observações de Darwin, mas não com a oposição frequentemente relatada.

A *Teologia sistemática* em três volumes de Hodge (publicada em 1872-1873) revela como os principais aspectos de sua teologia abriram a porta para conversar com o avanço científico. Por exemplo, sua defesa da inspiração plenária das Escrituras como obra do Espírito Santo incluiu a negação da teoria do ditador e a afirmação da autoria humana. Consequentemente, os escritores não eram infalíveis em *todos* os aspectos e dotados de conhecimento pleno de *todos* os assuntos, de acordo com Hodge. Como o porta-voz de Deus, a verdade infalível das Escrituras estava limitada aos propósitos de Deus, um ponto que se manteve na tradição reformada.

Com o fervor apologético, Hodge afirmou que os escritores bíblicos não se elevavam acima de seu contexto de maneiras irracionais: "Sua inspiração não mais os tornou astrônomos do que os faz agricultores" (Hodge 1872, p. 165). Dessa forma, a hermenêutica bíblica e o avanço científico foram mantidos sem conflito. As Escrituras nunca poderiam contradizer os fatos de Deus, apenas as teorias da humanidade. Por exemplo, Hodge observou que as gerações anteriores uma vez interpretaram as Escrituras de acordo com a **cosmovisão** ptolomaica até o sistema copernicano assumir sem ameaça para as Escrituras.

Embora os cristãos do tempo de Hodge tenham sustentado que a terra se originou há apenas alguns mil anos antes, ele não mostrou preocupação se os geólogos pudessem provar que a terra existia muito mais do que isso. Ele escreveu: "Será descoberto que o primeiro capítulo de Gênesis está totalmente de acordo com os fatos e que os últimos resultados da ciência são incorporados na primeira página da Bíblia. Pode custar à igreja uma luta severa para desistir de uma interpretação e adotar outra, como ocorreu no século XVII, mas nenhum mal real precisa ser apreendido. A Bíblia manteve-se e ainda está na presença de todo o mundo científico com suas reivindicações inabaláveis"(Hodge, 1872, p. 171).

Logo depois, Hodge se comprometeu diretamente com as implicações teológicas da teoria evolutiva em seu ensaio *What is Darwinism?* (O que é Darwinismo?) (1874). Depois de resumir as leis de Darwin de hereditariedade, variação, superprodução e **seleção natural**, ele admitiu que o relato de Darwin sobre o universo forneceu uma explicação satisfatória sobre as adaptações de organismos. Em vez disso, a principal preocupação da Hodge

foi sobre a afirmação de que o *design* inteligente ou o *telos* estava ausente de mudanças biológicas (ver **Teleologia**). Para Hodge, um processo que funcionava cegamente de acordo com as leis naturais e sem intenção tornava o darwinismo equivalente ao ateísmo. Em oposição, ele defendeu a agência de Deus como Criador do mundo e como governador de toda **causalidade** física sem negar a eficiência de causas secundárias em cooperação com a vontade de Deus (ver **Ação divina**). Para Hodge, o darwinismo ultrapassou os limites disciplinares e o apoio evidencial procurando responder a questão das origens do universo.

Majoritariamente, a teologia de Hodge foi marcada pelo desejo de harmonizar a ciência e a religião, mantendo ao mesmo tempo compromissos e convicções protestantes históricos. Consequentemente, embora definisse a teologia como uma "ciência indutiva" que recolheu dados das Escrituras, ele não virou as costas para a compreensão reformada da revelação interna do Espírito Santo das verdades das Escrituras. Em termos inequívocos, Hodge denunciou a crescente alienação entre o clero e os cientistas de seu tempo (Hodge, 1874, p. 126).

Jennifer Powell McNutt

REFERÊNCIAS E LEITURAS RECOMENDADAS

BATTLE, John A., 1997. "Charles Hodge, Inspiration, Textual Criticism, and the Princeton Doctrine of Scripture." *WRS Journal* 4 (2): 28-41.

GUNDLACH, Bradley J., 1997. "McCosh and Hodge on Evolution: A Combined Legacy." *Journal of Presbyterian History* 75 (2): 85-102.

GUTJAHR, Paul C., 2011. *Charles Hodge: Guardian of American Orthodoxy.* New York: Oxford University Press.

HODGE, Charles, 1872. *Systematic Theology.* New York: Scribner.

_____. 1874. *What Is Darwinism?* New York: Scribner.

MOORE, James, 1979. *The Post-Darwinian Controversies: A Study of the Protestant Struggle to Come to Terms with Darwin in Great Britain and America 1870-1900.* Cambridge: Cambridge University Press.

STEWART, John; Moorehead, James, eds. 2002. *Charles Hodge Revisited: A Critical Appraisal of His Life and Work.* Grand Rapids: Eerdmans.

HOYLE, FRED. Fred Hoyle (1915-2001) foi um nativo de Yorkshire, Inglaterra, sincero e direto, que era um grande cientista com um temperamento radical. Ele passou a maior parte de sua carreira na Universidade de Cambridge, onde fundou o Instituto de **Astronomia** Teórica, embora mais tarde tenha renunciado à política interna. Ele é mais conhecido por ser um dos fundadores da Teoria do "estado estacionário" na cosmologia, que explicou a expansão observada do universo postulando a criação contínua de matéria no espaço entre as galáxias em recuo na taxa correta para produzir um universo eterno e imutável (Hoyle, 1948). Hoyle cunhou o termo "*big bang*" para a

HOYLE, FRED 395

teoria rival, que ele odiava, em uma transmissão de rádio da BBC em 1949 (Mitton, 2003, 129).

Hoyle não gostava da **teoria do *big bang*** porque, escreveu ele, "É contra o espírito da investigação científica considerar os efeitos observáveis como decorrentes de 'causas desconhecidas para a ciência', e isso é, em princípio, o que implica a 'criação no passado'" (Hoyle, 1948, p. 372). Mais especialmente, o *big bang* requer condições iniciais "que somos obrigados a aceitar como condições arbitrariamente impostas por nenhuma razão que entendamos", e esse é um procedimento "característico da perspectiva dos povos primitivos" que postulou a existência de deuses para explicar as condições de começo (Hoyle, 1970, p. 351). Como um ateu militante, Hoyle tinha claramente razões ideológicas para preferir o estado estacionário. O que ele deixou de apreciar, como **Stephen Hawking** e outros o fizeram, é que a doutrina cristã da criação é muito mais sobre a questão de por que há um universo do que sobre deixar as pessoas irrequietas sobre o começo, e também que essa doutrina é compatível com a teoria do estado estacionário ou com a teoria do *big bang*, como alguns teólogos — por exemplo, E. L. Mascall — disseram na época.

Hoyle defendeu fortemente o estado estacionário contra seu rival em Cambridge, o radioastrônomo Martin Ryle, cujas observações das contagens de fontes de rádio durante os anos 1950 e início dos anos 1960 eram cada vez mais incompatíveis com o estado estacionário. Ele só chegou a um acordo com o *big bang* quando a radiação de fundo das micro-ondas, que confirmou a teoria de uma vez por todas e que não pôde ser explicada com base no estado estacionário, foi observada em 1965 (Hoyle, 1965). O ateísmo de Hoyle foi expresso em suas transmissões na BBC, nas quais ele descreveu a religião como ilusória, e seus escritos muitas vezes continham polêmicas antirreligiosas, embora sua imagem de religião fosse uma caricatura da realidade (Hoyle, 2012, p. 42-49).

Além da teoria do estado estacionário, Hoyle também é bem conhecido por sua postura antidarwiniana independente e por propor, juntamente com Chandra Wickramasinghe, que a vida na terra é semeada a partir do espaço sideral (***panspermia***), uma postura que o coloca à margem de respeitabilidade científica (Hoyle e Wickramasinghe, 1978). Menos conhecido pelo público é sua contribuição verdadeiramente grande e duradoura à astrofísica, a saber, seu trabalho na fabricação dos elementos químicos nas estrelas. O artigo magistral produzido com Geoffrey, Margaret Burbidge e William Fowler, invariavelmente abreviado como B^{2}FH, provavelmente deveria ter lhe garantido uma parte do Prêmio Nobel em 1983 (Burbidge et al. 1957). Na Biblioteca da Faculdade de St. John, em Cambridge, há uma carta de Fowler para Hoyle, lamentando a injustiça de que Hoyle não tenha sido incluída no prêmio (Fowler, 1983).

O trabalho de Hoyle sobre a nucleossíntese estelar levou-o a fazer comentários surpreendentes, mas em desacordo com o que ele havia dito anteriormente sobre religião. Ele notoriamente previu uma "ressonância", um efeito aprimorado no átomo de carbono no nível certo para garantir que o carbono pudesse ser produzido ao colidir com três núcleos de hélio, apesar do elemento intermediário, o berílio, ser instável. Além disso, verificou-se que havia um nível de energia no átomo de oxigênio abaixo do qual a produção de oxigênio teria ressonância e teria destruído todo o carbono. Essas "coincidências" são necessárias para que a vida baseada no carbono exista no universo — sem elas, não poderíamos estar aqui. Hoyle disse o seguinte sobre sua descoberta:

> Se essa fosse uma questão puramente científica e não uma que abordasse o problema religioso, não acredito que nenhum cientista que examinou as evidências deixasse de inferir que as leis da **física** nuclear foram deliberadamente projetadas com relação ao sequências que eles produzem dentro das estrelas. (Hoyle, 1959, p. 64)

E de novo:

> Uma interpretação de bom senso dos fatos sugere que um superintelecto mexeu com a física, assim como com a química e a biologia, e que não há forças cegas das quais valham a pena falar na natureza. Os números um calculados a partir dos fatos me parecem tão esmagadores que colocam essa conclusão quase fora de questão. (Hoyle 1981, 12)

Hoyle estava preparado para seguir aonde sua ciência o levasse, mesmo que isso significasse falar sobre um "superintelecto" por trás do universo.

Rodney Holder

REFERÊNCIAS E LEITURAS RECOMENDADAS

Burbidge, E. M.; Burbidge, G. R.; Fowler, W. A.; Hoyle, F., 1957. "Synthesis of the Elements in Stars." *Review of Modern Physics* 29:547-650.

Fowler, William F., 1983. Letter to Fred Hoyle in St John's College Library,

Cambridge. www.joh.cam.ac.uk/sites/default/files/images/article_images/hoyle-object03_big_0.jpg.

HOLDER, Rodney D., 2012. "Georges Lemaître and Fred Hoyle: Contrasting Characters in Science and Religion", em *Georges Lemaître: Life, Science and Legacy*, ed. Rodney D. Holder and Simon Mitton, 39-53. Heidelberg: Springer.

HOYLE, Fred, 1948. "A New Model for the Expanding Universe." *Monthly Notices of the Royal Astronomical Society* 108 (5): 372-82.

_____. (1955) 1970. *Frontiers of Astronomy*. London: Heinemann.

_____. 1959. *Religion and the Scientists*, ed. Mervyn Stockwood. London: SCM.

_____. 1965. "Recent Developments in Cosmology." *Nature* 208 (5006): 111-14.

_____. 1981. "The Universe: Some Past and Present Reflections." *Engineering & Science*. 8-12 de novembro. http://calteches.library.caltech.edu/527/2/Hoyle.pdf.

HOYLE, Fred; Wickramasinghe, N. C., 1978. *Lifecloud: The Origin of Life in the Universe*. London: J. M. Dent.

MITTON, Simon, 2003. *Fred Hoyle: A Life in Science*. London: Aurum.

HUME, DAVID. David Hume (1711-1776) foi um filósofo, economista, historiador, diplomata e ensaísta escocês que se destacou como o principal proponente do **empirismo** radical. A consistência do empirismo de Hume provocou um ceticismo que consumia tudo e que deixou um caminho de falência intelectual em sua esteira.

Empunhando sua pena habilmente a serviço de uma crítica abrangente do raciocínio dedutivo, Hume nivelou seus implacáveis golpes intelectuais — muito mais detalhadamente do que Locke e Berkeley jamais haviam feito — no enfraquecido edifício do racionalismo continental (ver **John Locke**). Hume assumiu que todo conhecimento se origina na percepção dos sentidos e também acreditava que, ao provocar o uso da imaginação, a mente humana poderia identificar e diferenciar ideias concebidas em momentos diferentes e, posteriormente, alojadas na memória. A capacidade de comparar ideias poderia então ser usada para formular uma teoria da continuidade espacial e temporal. Até seria possível reconhecer as diferentes propriedades dos números. Ao contrário do que se poderia esperar como o resultado lógico do ceticismo, se seguido até o fim, Hume admitiu em seu sistema filosófico a capacidade humana de calcular matematicamente.

A contribuição mais importante para o declínio do empirismo foi a crítica amarga de Hume à teoria tradicional da **causalidade**. Ele tentou martelar o último prego no caixão da filosofia de Locke, expondo suas contradições internas. Em sua análise do problema da causalidade, o filósofo escocês dividiu todos os objetos do conhecimento em duas categorias — "relações de ideias" e "questões de fato". Ele sustentou que todas as afirmações de verdade dos fatos nessa primeira categoria de conhecimento — "relações de ideias" — poderia ser examinado levando-se em conta a interação de aspectos ideacionais, em particular sua clareza e distinção. A tentativa de falsificar uma proposição verdadeira nessa categoria terminaria como uma contradição lógica. Além disso, pode-se perguntar se essa dupla divisão é uma relação de ideias ou uma questão de fato.

Hume chamou a segunda categoria de conhecimento de "questões de fato"; essa categoria continha detalhes, entre outros, da geografia, química e história. O oposto de qualquer proposição nessa categoria não levaria a uma contradição lógica. Por exemplo, uma declaração como "a Declaração de Independência Americana foi promulgada em 1776" não constitui uma contradição lógica, nem a fórmula de NaCl denota a composição química do sal. Em aparente contradição com o que ele pretendia provar, Hume afirmava que esses princípios derivam do conceito de causa e efeito.

Para evitar que seus detratores concluíssem que o ceticismo nada mais é do que uma confusão mental, Hume defendeu a opinião de que ideias não podem ser objetos nem o conteúdo da mente (isto é, ideias inatas), e, assim, o conhecimento se refere apenas a essências que emergem quando as ideias estão sendo comparadas pela mente humana. A inevitável inferência dessa linha de raciocínio era que o conhecimento não consistia em proposições absolutamente verdadeiras, mas poderia reivindicar para si apenas uma certeza mais ou menos provável. Consequentemente, esse foi um pequeno passo para se postular vários graus de **probabilidade** para a negação do conceito tradicional de causalidade (Coventry, 2006, p. 91-92). O resultado dessa teoria foi que a porta para as câmaras internas do que ele identificou como a interação entre causa e efeito — a saber, o **acaso** em vez de prova matemática — era totalmente inacessível para qualquer ser humano.

Ao concluir seu argumento, Hume admitiu que determinada causa pode produzir um efeito predeterminado em vários casos, ao mesmo tempo que não o faz em outros (Hume, 1777, p. 110-11). No final, tudo dependeria de uma proporção de probabilidade que pudesse ser calculada. Isso impediria, no entanto, a demonstração empírica de uma procissão uniforme de fenômenos naturais. Não obstante, ele admitiu que as hipóteses de causalidade e uniformidade da natureza poderiam, às vezes, ser extremamente úteis.

Analisando o problema da causalidade a partir de uma perspectiva psicológica, Hume registrou os três aspectos fundamentais desse conceito como ele os definiu: contiguidade, sucessão e necessidade (Hume, 1739-1740, p. 167). Admitindo livremente que a contiguidade e a sucessão eram sensações que podiam ser percebidas pelos sentidos, ele se opunha inflexivelmente à noção de que a necessidade também afetaria a mente como uma impressão mediada pelo sentido (Hume, 1739-1740, p.78). Sendo assim, podemos dizer que a necessidade não é uma qualidade ou um relacionamento inerente às próprias impressões. A impressão aparente de fogo produzindo calor é meramente um modo convencional de pensar ("conjunção constante"), um hábito da mente que ajuda os seres humanos a conectar conceitualmente duas impressões distintas, embora, na realidade, não exista tal relação causal (Hume, 1739-1740, p. 79).

Consequentemente, não é de surpreender que, no cerne do ceticismo de Hume, o irracionalismo tenha saído de uma pilha eclética de pressuposições metafísicas. O filósofo escocês acreditava que toda ideia abstrata, incluindo até mesmo a noção da existência de substâncias materiais, era destituída de significado. Declarando em sua forma apodíctica costumeira que nenhum objeto isolado, animado ou não, pode ser conhecido pelo que realmente é, Hume afirmou que cada ser humano sucumbe ao hábito enganoso de reconhecer o que está sendo percebido com o que é considerado real. Se esse processo de pensamento quimérico fosse exposto pelo que é, a crença na continuidade da natureza humana seria destruída de uma vez por todas.

Hume não permitiria que qualquer certeza de conhecimento permanecesse em seu caminho de averiguação da verdade, como ele a via, da validade absoluta do ceticismo. Enquanto o idealista filosófico George Berkeley, em virtude de sua inclinação religiosa, ainda insistia na existência de substâncias espirituais, Hume foi tão longe a ponto de negar tanto o conceito de substâncias espirituais como o conceito do "eu". Vigorosamente brandindo o machado do ceticismo, ele partiu para demolir a noção de que os humanos poderiam realmente saber quem eles são.

A única resposta que ele deu à questão central do que constitui a individualidade foi a injunção para que cada ser humano a defina para si mesmo (Ayer 1946, 135-36). E, no entanto, na realidade, ele não tinha resposta para dar, porque, apesar de seu evidente ceticismo, Hume não questionava sua própria existência ou, aliás, a existência de todos os outros. No desenvolvimento de sua posição filosófica, ele afirmava e negava simultaneamente o que ele, baseado em suas pressuposições céticas, não podia nem provar nem negar a existência.

A aversão radical de Hume em permitir a lei da causalidade, não sendo nem necessária nem segura, não impediu que ele visse a noção aparentemente contraditória de algum tipo de lei natural. De certa forma, a visão da ciência de Hume mostra uma semelhança com a de Berkeley. Apesar do postulado de Hume de que as ideias são passivas e desprovidas de toda força, elas ainda exibem uma regularidade sequencial e, assim, a ciência se propõe simplesmente a descrever essa regularidade. Enquanto Berkeley apontou o Espírito de Deus como o agente controlador para causar a regularidade das ideias, Hume, sendo um deísta cético, só pôde afirmar que a ocorrência sucessiva de impressões é um fato bruto e inexplicável. Sua definição de **milagres** era, portanto, nada mais do que "uma transgressão de uma lei da natureza".

O ceticismo de Hume ameaçou destruir inteiramente a visão newtoniana da natureza que se apoiava inteiramente na realidade das relações causais entre eventos e objetos. Se ele estava certo em sua suposição de que a causalidade e a uniformidade da natureza eram, na melhor das hipóteses, apenas hipóteses úteis, estas seriam simplesmente invenções da mente sem nenhuma base na realidade. É verdade que essa aplicação lógica do empirismo lockeano estava muito distante daquilo que Locke tinha em mente quando contemplou a verdadeira realização dos princípios de sua filosofia, pois ele nunca teria concedido a Hume a satisfação de ter proposto um argumento melhor. Mas, no entanto, Hume conseguiu derrubar, aos olhos de muitos, o antes imponente edifício do empirismo lockeano.

Martin Erdmann

REFERÊNCIAS E LEITURAS RECOMENDADAS

ALLISON, H. E., 2008. *Custom and Reason in Hume*. Oxford: Oxford University Press.

AYER, Alfred Jules. 1946. *Language, Truth and Logic*. Repr. ed. New York: Penguin.

BAILEY, Alan, and Dan O'Brien. 2006. *Hume's "Enquiry concerning Human Understanding": A Reader's Guide*. New York: A&C Black.

BAXTER, D. L. M. 2008. *Hume's Difficulty*. London: Routledge.

COVENTRY, Angela M., 2006. *Hume's Theory of Causation*. Continuum Studies in British Philosophy. New York: A&C Black.

DICKER, Georges, 2002. *Hume's Epistemology and Metaphysics: An Introduction*. London: Routledge.

EARMAN, J., 2000. *Hume's Abject Failure: The Argument against Miracles*. Oxford: Oxford University Press.

398 HUXLEY, THOMAS HENRY

Fieser, James, 2003. *A Bibliography of Hume's Writings and Early Responses.* Bristol, UK: Thoemmes.

Hume, David, 1739-1740. *A Treatise of Human Nature: Being an Attempt to Introduce the Experimental Method of Reasoning into Moral Subjects.* London: John Noon.

_____. 1740. *An Abstract of a Book Lately Published; Entitled, "A Treatise of Human Nature," &c. Wherein the Chief Argument of That Book Is Farther Illustrated and Explained.* London: C. Borbett.

_____. 1741-1742. *Essays: Moral, Political, and Literary.* Edinburgh: A. Kincaid.

_____.1745. *A Letter from a Gentleman to His Friend in Edinburgh: Containing Some Observations on a Specimen of the Principles concerning Religion and Morality, Said to be Maintain'd in a Book Lately Publish'd, Intituled a Treatise of Human Nature Etc.* Edinburgh: s.p.

_____. (1748) 1777. *An Enquiry concerning Human Understanding.* London: A. Millar.

_____. (1751) 1907. *An Enquiry concerning the Principles of Morals. David Hume, Essays Moral, Political, and Literary,* com dissertação preliminar e notas de T. H. Green e T. H. Grose, 1:1-8. London: Longmans, Green.

_____. (1752-1758) 1993. *Political Discourses/Discours politiques.* English-French ed. Trad. Fabien Grandjean. Mauvezin, France: Trans-Europ-Repress.

_____. 1757. *Four Dissertations.* London: A. Millar.

_____. 2011. T*he Letters of David Hume: 1727-1765. The Letters of David Hume.* Vol. 1. Ed. J. Y. T. Greig. Oxford: Oxford University Press.

Huxley, Thomas Henry, 2011. *Hume.* English Men of Letters 39. Cambridge: Cambridge University Press.

Kail, P. J. E., 2007. *Projection and Realism in Hume's Philosophy.* Oxford: Oxford University Press.

Mossner, Ernest Campbell, 1980. *The Life of David Hume.* Oxford: Oxford University Press.

Mounce, H. O., 2002. *Hume's Naturalism.* London: Routledge.

Norton, David Fate, 1982. *David Hume: Common-Sense Moralist, Sceptical Metaphysician.* Princeton, NJ: Princeton University Press.

Norton, David Fate; Taylor, Jacqueline, eds. 2009. *The Cambridge Companion to Hume.* Cambridge: Cambridge University Press.

Passmore, John A., 2013. *Hume's Intentions.* Cambridge: Cambridge University Press.

Read, Rupert; Richman, Kenneth, eds. 2002. *The New Hume Debate.* London: Routledge.

Spencer, Mark G., ed. 2013. *David Hume: Historical Thinker, Historical Writer.* Philadelphia: Penn State University Press.

Strawson, Galen, 2014. *The Secret Connexion: Causation, Realism, and David Hume.* Chicago Studies in Ethnomusicology. Oxford: Oxford University Press.

HUXLEY, THOMAS HENRY. T. H. Huxley (1825-1895) nasceu em uma família de classe média baixa nos arredores de Londres. Dos 13 aos 16 anos, Huxley passou por estágios com dois cirurgiões, ministrando aos moradores de favelas de Londres em condições terríveis. Durante 1841-1842, o financiamento de membros da família permitiu que ele frequentasse o Sydenham College, onde obteve prêmios em botânica e química medicinal. Suas habilidades lhe renderam uma bolsa de estudos integral na faculdade de medicina em Charing Cross (1842-1846). Estudando para se tornar médico, ele passou no primeiro exame médico, mas não realizou o segundo. Logo no início, ele desenvolveu um bom talento para o desenho

anatômico, uma habilidade que ele implantaria com grande sucesso ao longo de sua carreira.

Desesperado para pagar as dívidas, em maio de 1846 Huxley se alistou como assistente do cirurgião da Marinha Real Britânica. Ele serviu como companheiro de cirurgião e naturalista do navio na viagem (1847-1850) do H. M. S. *Rattlesnake*, sob o comando do Capitão Owen Stanley. Essa viagem foi dirigida para avaliar o litoral e as águas costeiras do norte e leste da Austrália e sudeste da Nova Guiné. Lá, Huxley empreendeu estudos pioneiros sobre a estrutura e a sistemática de sifonóforos e ascídias, que posteriormente resultaram no reconhecimento de suas habilidades como zoólogo de invertebrados. Enquanto estava em Sydney, em 1847, Huxley conheceu e depois ficou noivo de Henrietta (Nettie) Heathorn, com quem se casou em 1855.

Após o retorno de Huxley à Inglaterra, ele foi indicado para ser membro da Royal Society pelo biólogo marinho Edward Forbes e ganhou a medalha da Royal Society em 1859 por seu trabalho em sifonóforos. A competência de Huxley como biólogo marinho foi amplamente reconhecida: de 1881 a 1885, ele serviu como inspetor de pesca; e de 1884 a 1890 ele serviu como presidente da Associação Biológica Marinha. No final da vida, ele publicou um estudo anatômico minucioso do lagostim.

Em 1851, o governo britânico estabeleceu a Royal School of Mines, mais tarde uma parte do Imperial College London. Em 1854, Huxley foi nomeado professor de história natural, servindo até 1885. Durante esse período, ele voltou sua atenção para diversos grupos de fósseis, principalmente os de animais vertebrados. Entre os organismos significativos que Huxley analisou estão os peixes com nadadeiras lobadas, para os quais ele gerou o termo *crossopterygii*, crocodilos, dinossauros e mamíferos. Huxley argumentou com fidelidade as afinidades dinossaurianas das aves, abordando a anatomia do pássaro jurássico ***Archaeopteryx*** *lithographica*. Sua proficiência em anatomia levou à sua eleição para a Cátedra de Hunter do Royal College of Surgeons (1863-1869). Os assistentes de ensino de laboratório de Huxley tornaram-se uma geração de importantes morfologistas evolucionários.

Desde o início de sua carreira, Huxley percebeu o valor dos estudos embriológicos para averiguar o que Richard Owen denominaria *homologias*. A visão de Huxley sobre a aplicação da evidência embriológica, derivada da escola alemã representada por Von Baer, diferia do conceito fundamental de Owen do arquétipo dos vertebrados e contribuía para um antagonismo degenerativo entre os dois. A concepção original de Huxley da permanência do tipo levou-o inicialmente a questionar a visão gradualista de **Darwin** da evolução, mas depois inverteu essa postura. E, embora fosse um grande amigo de Darwin, Huxley sentia-se livre para desafiá-lo em detalhes do processo evolutivo.

Em tenra idade, Huxley sentiu-se obrigado a questionar todos os conceitos religiosos recebidos e desenvolveu uma postura pessoal que ele chamou de *agnosticismo*. (Seu emprego do termo começou seu uso cultural mais amplo.) Ele reuniu um grupo de cientistas que tinham a mesma opinião, incluindo o botânico Joseph Hooker, o físico William Tyndall e o antropólogo John Lubbock, que se reuniam regularmente e se denominavam Clube X. No entanto, Huxley se dissociou de formas mais radicais de positivismo e favoreceu a leitura da Bíblia em escolas públicas.

A partir de 1855, Huxley deu palestras sobre as ciências naturais para os trabalhadores, as quais ele denominou "sermões leigos", e muitos deles foram pirateados e publicados em edições de rua; mas Huxley acabaria (1870) publicando uma coleção. Essas palestras também proporcionaram oportunidades para criticar a ordem social estabelecida, incluindo o papel da Igreja Anglicana, e promover as ciências como fonte primária de autoridade em vez de tradição ou doutrina cristã. Depois de se convencer de que a teoria da origem de Darwin era válida, ele falava frequentemente em vários locais sobre as evidências para a evolução orgânica, ganhando o apelido de "O Buldogue de Darwin". Em junho de 1860, a Associação Britânica para o Avanço da Ciência se reuniu em Oxford; Huxley deu uma resposta cáustica a um longo discurso proferido pelo bispo Wilberforce, criticando a evolução darwiniana. Esse evento foi consagrado nas histórias populares da ciência como o "debate de Oxford", mas representa apenas uma instanciação do argumento público de Huxley em versão impressa e em palestra em apoio à proposta de Darwin.

Enquanto Darwin foi inicialmente circunspecto sobre as implicações de uma abordagem genealógica da organização da vida para os seres humanos, Huxley assumiu a tarefa de fornecer um resumo das evidências — naquela época principalmente anatômicas — da ascendência humana dentro dos símios. Estes foram publicados como *Man's Place in Nature* (O lugar do homem na natureza) (1863).

Thomas e Henrietta Huxley tiveram oito filhos. Seu primeiro filho, Noel, morreu aos quatro anos de idade, causando grande tristeza ao casal. O romancista Aldous Huxley e os biólogos *Sir* Julian Huxley e *Sir* Andrew Huxley eram todos filhos do filho de Thomas, filho de Leonard.

Ralph Stearley

REFERÊNCIAS E LEITURAS RECOMENDADAS

BOWLER, P. J., 1996. *Life's Splendid Drama: Evolutionary Biology and the Reconstruction of Life's Ancestry, 1860-1940.* Chicago: University of Chicago Press.

COSANS, C., 2009. *Owen's Ape and Darwin's Bulldog.* Bloomington: Indiana University Press.

DESMOND, Adrian, 1994. *Huxley: From Devil's Disciple to Evolution's High Priest.* Reading, MA: Addison-Wesley.

DIGREGORIO, M. A., 1984. *T. H. Huxley's Place in Natural Science.* New Haven, CT: Yale University Press.

HESKETH, I., 2009. *Of Apes and Ancestors: Evolution, Christianity and the Oxford Debate.* Toronto: University of Toronto Press.

HUXLEY, Thomas Henry, 1859a. *The Oceanic Hydrozoa.* London: Ray Society.

_____. 1859b. "On the Theory of the Vertebrate Skull." Proceedings of the Royal Society, *Scientific Memoirs*, 1:538-606.

_____. (1863) 1971. *Man's Place in Nature.* Ann Arbor, University of Michigan.

_____. 1865. "On a Piece of Chalk." *MacMillan's Magazine* 18:396-408.

_____. 1868. "A Liberal Education and Where to Find It." *MacMillan's Magazine* 17:367-78.

_____. 1870a. "Further Evidence of the Affinity between the Dinosaurian Reptiles and Birds." *Quarterly Journal of the Geological Society* 26:12-31.

_____. 1870b. *Lay Sermons, Addresses and Reviews.* London.

_____. 1876. "Three Lectures on Evolution." In *Collected Essays*, 4:46-138. New York: Appleton.

_____. 1878. *A Manual of Anatomy of Invertebrated Animals.* New York: Appleton.

_____. 1880a. *The Crayfish: An Introduction to the Study of Zoology.* London: C. KEGAN PAUL.

_____. 1880b. "On the Application of the Laws of Evolution to the Arrangement of the Vertebrata and More Particularly of the Mammalia." *Proceedings of the Zoological Society* 1880:649-61.

MCCALMAN, I., 2009. *Darwin's Armada: Four Voyages and the Battle for the Theory of Evolution.* New York: W. W. Norton.

RUPKE, N., 1994. *Richard Owen: Biology without Darwin.* Chicago: University of Chicago Press.

IDADE DAS TREVAS. A Idade das Trevas é um termo outrora usado pelos historiadores para se referir ao início da Idade Média. Seu uso continua na linguagem corrente hoje em dia, mas tem sido amplamente rejeitado pelos estudiosos.

Origens do conceito de "Idade das Trevas"

Na Inglaterra, geralmente estimava-se que a Idade das Trevas havia começado em 410 a. C., quando um pedido de reforços da província da Britânia a Roma foi em vão. O período terminou com a Conquista Normanda em 1066, quando a Inglaterra se aproximou mais dos assuntos da Europa continental por meio do rei francófono William I e de seus descendentes. Em outros lugares da Europa, a Idade das Trevas começou com a deposição do último imperador romano ocidental em 476 a. C. e terminou com a coroação de Carlos Magno como imperador romano em 800 d. C. Nos Estados Unidos, também tem sido comum usar o termo "A Idade das Trevas" para denotar toda a Idade Média, da antiguidade tardia até o Renascimento.

Francesco Petrarca (1304-74), erudito italiano e humanista embrionário, cunhou o termo *a Idade das Trevas* no século XIV. Ele estava pensando especificamente em termos literários, comparando a qualidade do latim escrito no antigo Império Romano com a do período intermediário (Russell, 1997, p. 65). No século XVIII, o historiador inglês Edward Gibbon culpou o cristianismo pelo declínio no aprendizado após a queda do Império Romano, uma visão que nenhum estudioso sério agora mantém. Para historiadores mais recentes, as trevas do período medieval inicial significavam a falta de documentos escritos.

Civilização na Alta Idade Média

Pode-se apresentar argumentos consistentes quanto a ter havido uma queda acentuada no nível de civilização na Europa após a invasão bárbara das províncias ocidentais do Império Romano no século V. Em algumas áreas, como a Espanha e a Itália, invasores godos tentaram manter o aparato administrativo romano. No entanto, a fragmentação do império provocou um colapso no comércio e um declínio geral no padrão de vida. A substituição da elite civil romana por uma casta de governantes militares estrangeiros também mudou a fisionomia da sociedade. Educação e competência administrativa tornaram-se prerrogativa da igreja já que a aristocracia se concentrava nos assuntos atinentes à guerra.

Alguns territórios, em particular a província da Britânia, sofreram um colapso quase total. A economia monetária deixou de existir nas Ilhas Britânicas, e até mesmo o conhecimento de uma **tecnologia** tão básica como a roda do oleiro ficou perdido por dois séculos (Ward-Perkins, 2005). Apesar desse período mais tenebroso, a Alta Idade Média foi um tempo de avanço tecnológico lento, mas significativo. As engrenagens, sob a forma de rodas d´água, espalharam-se pela Europa de tal forma que milhares foram registradas na Inglaterra no século XI. Melhorias no projeto de arreios fizeram dos cavalos animais de carga eficientes, enquanto o estribo, introduzido pelo Oriente, os transformou em montarias mais eficientes para os cavaleiros (White, 1966).

Durante este período, não é exagero dizer que a luz do conhecimento foi preservada pela Igreja Católica, que foi a única instituição do Império Romano tardio que sobreviveu ao seu colapso. A igreja também assegurou a continuação da alfabetização latina. Quase toda a antiga literatura romana existente foi copiada e recopiada por monges cristãos que trabalharam para preservar esta herança pagã e secular, juntamente com a literatura exclusivamente cristã. À medida que as tribos bárbaras eram convertidas ao cristianismo por monges irlandeses do Ocidente e missionários italianos do Sul, a civilização europeia era lentamente reconstruída.

James Hannam

REFERÊNCIAS E LEITURAS RECOMENDADAS

COLLINS, Roger, 2005. *Early Medieval Europe 300 AD-1000 AD.* 3. ed. New York: Palgrave Macmillan.

FLETCHER, Richard, 1999. *The Barbarian Conversion: From Paganism to Christianity.* Oakland: University of California.

IDADE DO UNIVERSO E DA TERRA (hipótese de bilhões de anos)

RUSSELL, Jeffrey Burton, 1997. *Inventing the Flat Earth: Columbus and Modern Historians.* Westport: Praeger.

WARD-PERKINS, Bryan, 2005. *The Fall of Rome and the End of Civilization.* Oxford: Oxford University Press.

WHITE, Lynn, 1966. *Medieval Technology and Social Change.* Oxford: Oxford University Press.

IDADE DO UNIVERSO E DA TERRA (hipótese de bilhões de anos). A maioria dos estudiosos evangélicos tem afirmado que o registro bíblico não fornece nenhuma **informação** sobre a idade da terra ou do universo. Por exemplo, C. I. Scofield escreveu: "A Escritura não fornece dados que permitam determinar há quanto tempo o universo foi criado" (1967, p. 1). Uma das principais razões para essa obscuridade deve-se ao contexto de Gênesis 1, que não requer que os **seis dias de criação** sejam seis dias consecutivos de 24 horas. De fato, Gleason Archer, principal tradutor do Antigo Testamento da *New American Standard Bible* escreveu: "Com base em evidências internas, é a convicção deste escritor de que *yôm* em Gênesis não poderia ter sido intencionado pelo autor hebraico como sendo um dia literal de vinte e quatro horas" (1994, p. 199).

Embora a Sagrada Escritura não responda qualquer dúvida sobre quando Deus criou os céus e a terra, o registro da natureza dá uma resposta inequívoca e consistente de que o universo tem quase 14 bilhões de anos e a terra, cerca de 4,5 bilhões. Somos informados de que "Os céus declaram a glória de Deus e o firmamento anuncia a obra das suas mãos" (Salmos 19:1) e que "as suas coisas invisíveis, desde a criação do mundo, tanto o seu eterno poder, como a sua divindade, se entendem, e claramente se veem pelas coisas que estão criadas, para que eles fiquem inescusáveis" (Romanos 1:20). Assim, podemos esperar que o registro da natureza dê uma representação precisa do caráter de Deus e do tempo de suas obras criativas.

Se houvesse apenas um ou dois métodos para datar a idade da terra ou do universo, a idade deles poderia ser ambígua. No entanto, existem muitos métodos independentes que se reforçam mutuamente para determinar as idades do Cosmos, do sistema solar e da terra. Quando comparados com atenção, esses métodos proporcionam idades consistentes. Com tantos métodos de datação complementares, as idades determinadas são totalmente inequívocas.

Talvez os métodos mais diretos para estabelecer um limite mínimo da idade da terra envolvam uma contagem simples. Por exemplo, porque as árvores adicionam um anel de crescimento anual, contar os anéis em uma árvore dará uma idade exata para ela. As árvores mais antigas em especial possuem anéis que datam de cerca de 5 mil anos. No entanto, mesmo essa datação não é a mais antiga possível usando anéis de árvore. Como o tamanho e o espaçamento dos anéis das árvores variam de ano para ano, é possível combinar anéis de diferentes árvores para encontrar os anos em que a idade das duas árvores se sobrepõe. Por exemplo, o padrão de anéis de uma árvore durante seu segundo ano de vida pode coincidir com o padrão de outra árvore durante seu décimo ano de vida. Assim, usando esses padrões sobrepostos, um registro ininterrupto de anéis de árvore pode ser rastreado usando árvores mortas e petrificadas muito mais longe no tempo do que a vida de uma única árvore. Atualmente, os padrões de anéis de árvore ininterruptos da mesma área geográfica mostram a terra mais ter mais de 12 mil e 400 anos (Friedrich et al., 2004, p. 1111-22).

Certos lagos, particularmente aqueles alimentados por geleiras, possuem camadas de sedimento depositadas anualmente. As camadas anuais, chamadas varves, podem ser contadas para dar uma idade mínima do lago. Os varves dos lagos mostraram uma contínua história de sedimentação, e o Lago Suigetsu, no Japão, possui mais de 60 mil varves anuais de sedimentos acumulados em seu fundo (Ramsey et al., 2012, p. 370). Nas regiões polares, neva no inverno e, com a exposição ao sol no verão, os geólogos encontram um registro no núcleo de gelo com camadas anuais claramente visíveis. Estes dados do núcleo de gelo mostram um registro do clima na Groenlândia de um pouco mais de 100 mil anos (Alley, 2014) e na Antártica de cerca de 800 mil anos (Luthi et al., 2008). Finalmente, em certas cavernas com mudanças sazonais de temperatura ou umidade, os espeleotemas que se formam conterão camadas anuais discerníveis que podem ser contadas. Certas formações de cavernas mostram mais de 200 mil anos de camadas anuais (Wang et al., 2008). Esses quatro métodos de contagem dependem de diferentes tipos de registros anuais causados por processos muito diferentes, mas todos eles mostram um histórico consistente e contínuo da terra por dezenas e centenas de milhares de anos.

A **datação radiométrica** compreende outra classe de métodos de datação envolvendo medidas da radioatividade de isótopos instáveis em um material de amostra.

IDADE DO UNIVERSO E DA TERRA (hipótese de bilhões de anos)

Certos isótopos nucleares de ocorrência natural são instáveis e decadentes a uma taxa que pode ser medida e verificada experimentalmente. A meia-vida de um isótopo é definida como o tempo que leva para metade dos núcleos radioativos se decomporem. A taxa de decomposição é essencialmente um valor constante e demonstrou ser independente de todos os fatores externos, incluindo temperatura, pressão, presença de campos eletromagnéticos e ambiente químico. Existem dezenas de cadeias de decomposição radiométricas, e todas dão valores consistentes para a idade da terra e do universo. A decomposição radiométrica mais conhecida é, provavelmente, a de Carbono-14 (C-14) para Nitrogênio-14 (N-14). Esse método de datação só pode ser usado para algo que já foi vivo e morreu, e dá o tempo desde a **morte** da planta ou animal. Um núcleo C-14 tem 6 prótons e 8 nêutrons, enquanto um núcleo N-14 possui 7 prótons e 7 nêutrons. O núcleo C-14 é instável e se decompõe em N-14 com meia-vida de 5.370 anos. A maior parte do carbono na atmosfera da terra é Carbono-12 (C-12), com 6 prótons e 6 nêutrons, mas uma fração muito pequena do carbono é C-14. A atmosfera teve aproximadamente a mesma pequena proporção de átomos de C-14 para átomos de C-12 durante pelo menos 100 mil anos, uma vez que o C-14 é produzido principalmente através do bombardeio de raios cósmicos com nitrogênio nas camadas mais altas da atmosfera terrestre. Consequentemente, qualquer coisa que interaja com a atmosfera (isto é, que esteja viva) terá uma proporção similar de C-14 para C-12 como a atmosfera. Quando essa planta ou animal morre e deixa de trocar carbono com a atmosfera, a proporção de C-14 diminuirá à medida que se desintegra. Os métodos de datação por C-14 têm sido utilizados para datar coisas até o limite efetivo de cerca de 40 a 60 mil anos, dependendo da qualidade das amostras.

Esse cálculo baseado na meia-vida do C-14 tem a conhecida imprecisão da porcentagem de C-14 na atmosfera devido a variações de produção nas altas camadas da atmosfera terrestre, já que o bombardeio do raio cósmico do sol varia com o tempo. Para calibrar precisamente essa imprecisão conhecida, os especialistas em radiocarbono desenvolvem curvas de calibração com base na contagem de anéis das árvores e na contagem de varves sedimentares. Os anéis das árvores antigas são contabilizam desde há algumas centenas de anos até mais de 12.400 anos atrás, e o Carbono-14 é medido nesses anéis (Davidson e Wolgemuth, 2010). Do mesmo modo, o Carbono-14

é medido no material orgânico em varves, que vêm de camadas de algumas centenas de anos até 50 mil anos atrás (Kitagawa e van der Plicht, 1998).

A correlação geral entre contagem de anéis de árvores, contagem de varves sedimentares e datação radiométrica dá credibilidade à precisão dos métodos de datação. A idade mais próxima possível pode ser determinada pela medição do Carbono-14 em uma amostra de idade desconhecida, e obtendo os anos civis de contagem de anéis de árvore e varves. Quando feita dessa maneira, a meia-vida não precisa ser usada para determinar os anos civis a partir dessa curva de calibração. (Veja a figura no ensaio sobre **datação radiométrica**).

Como a datação de C-14 só pode ser usada em amostras com carbono de plantas ou animais que já viveram, e por causa de sua meia-vida relativamente curta, não pode ser usada para datar objetos mais antigos da terra. No entanto, muitos métodos podem ser usados para datar rochas ígneas que se formaram a partir de lava ou magma. Quando o magma derretido esfria, a estrutura atômica é configurada, e qualquer núcleo radioativo fica preso nas rochas. Os isótopos radioativos, então, decompõem-se para produzir outros elementos. Em um dos métodos de datação mais usados, o Potássio-40 radioativo se decomporá em Argônio-40. Sendo um gás, há pouco ou nenhum argônio na rocha inicialmente formada, porque ele pode escapar do magma derretido antes que a rocha esfrie. Uma vez esfriada, os núcleos de argônio que são produzidos a partir da decomposição de potássio prendem-se à rede cristalina da rocha e uma medição da proporção de potássio para argônio pode ser usada para determinar a idade da rocha.

Existem muitos outros processos de decomposição radioativa com meias-vidas bastante diferentes que dão datas antigas precisas. Esses vários processos utilizam métodos diversos com diferentes elementos pais (iniciais) e filhos (decomposição), mas chegam à mesma datação antiga. Por exemplo, as rochas do Complexo Fen, na Noruega, foram datadas por, pelo menos, sete métodos diferentes, todos apontando para, aproximadamente, 580 milhões de anos atrás, com imprecisões na ordem de algumas dezenas de milhões de anos. Rochas no oeste da Groenlândia foram datadas, usando-se cinco técnicas independentes de datação radiométrica, com idades entre 3,5 e 3,8 bilhões de anos(Wiens, 2002). A consistência das datas de vários métodos com meias-vidas múltiplas

IDADE DO UNIVERSO E DA TERRA (hipótese de bilhões de anos)

só é possível porque as rochas realmente se formaram nos tempos indicados. Minerais do oeste da Austrália datam de entre 4 e 4,2 bilhões de anos. A datação radiométrica de rochas da lua e meteoritos fornece dados consistentes para a formação do nosso sistema solar, entre 4,4 e 4,6 bilhões de anos atrás (Heads, 1976, p. 265).

Toda técnica radiométrica possui uma extensão de escala de tempo sobre a a qual a técnica é confiável. Usar a técnica para tentar encontrar idades para objetos com origens fora do intervalo confiável apresentará valores que estão próximos dos extremos do intervalo. Por exemplo, a datação de Carbono-14 pode indicar a idade de objetos que viveram há cerca de 60 mil anos, ou, em circunstâncias específicas, talvez até há 10 mil anos a mais. Assim, um objeto que deixou de existir há mais de 60 mil anos apresentará uma idade aproximada pelo método de datação por Carbono-14. A datação de potássio-argônio pode ser usada para datar objetos de algumas centenas de milhares de anos até a idade da terra. Alguns laboratórios, usando técnicas menos sofisticadas, têm um limite menor para datação de potássio-argônio de alguns milhões de anos. Portanto, uma rocha de formação recente (p. ex., a partir da erupção do Santa Helena) terá uma data perto do limiar, talvez alguns poucos milhões de anos ou mais.

Para usar corretamente a datação radiométrica, os limites da confiabilidade devem ser considerados. Seria tolo supor, por exemplo, que o método de datação de potássio e argônio daria uma idade confiável para uma rocha formada recentemente. No entanto, o potássio-argônio dará uma data confiável para uma rocha formada há alguns bilhões de anos.

Medições astronômicas também podem ser usadas para se obter uma idade precisa para a origem do universo. As observações da mudança da luz vermelha de outras galáxias mostram que ele está se expandindo. Para entender isso, considere o som de uma sirene de uma viatura policial enquanto o carro está se afastando de você. À medida que o carro se aproximar de você, a sirene soará mais alto, e diminuirá conforme for se afastando. Essa alteração na intensidade, chamada efeito Doppler, deve-se ao comprimento da onda sonora captada pelo ouvido, que dependerá de como a fonte geradora do som se move em relação a você.

Da mesma forma, o comprimento de onda de luz que recebemos depende de um objeto se mover para perto ou para longe de nós. Quando olhamos para galáxias distantes, vemos que os comprimentos de onda de luz característicos de elementos particulares — hidrogênio, por exemplo — são deslocados de tal forma que indicam que sua fonte está se afastando de nós. Podemos correlacionar a velocidade pela qual os objetos estão se afastando de nós com sua distância, e quando o fazemos, observamos que quanto mais longe um objeto está de nós, mais rápido ele se afasta. Uma das maneiras pelas quais a distância de um objeto pode ser determinada usando uma "vela padrão". Um exemplo de uma vela padrão pode ser uma lâmpada de 100 watts. À medida que a lâmpada se move mais para longe, seu brilho aparente diminui. Ao saber que se está observando uma lâmpada de 100 watts e medindo seu brilho aparente, pode-se determinar quão longe a lâmpada está do observador. Para escalas astronômicas, certas estrelas que explodiram, chamadas supernovas tipo Ia (SNIa), servem como uma vela padrão. Conhecemos precisamente a produção de luz de uma supernova desse tipo. Assim, podemos dizer quão longe está a SNIa por quão brilhante ela aparece. Ao comparar a velocidade de recuo de galáxias distantes usando o deslocamento vermelho com a distância usando velas padrão, observamos que as galáxias mais distantes estão se afastando de nós mais depressa do que as galáxias próximas. As medições da taxa de expansão e a distância dos objetos cosmológicos mostram que, em algum momento, há cerca de 14 bilhões de anos, todos os objetos estavam localizados em uma pequena região do espaço onde a expansão começou. Ou seja, o universo teve sua origem há cerca de 14 bilhões de anos.

Os radioisótopos também podem ser medidos em estrelas para determinar a idade de cada uma. O processo, chamado nucleocosmocronologia, usa a abundância relativa de elementos em uma cadeia de decomposição radioativa para estabelecer a idade de uma estrela. São utilizados vários processos diferentes, incluindo proporções de tório para európio e cadeias de decomposição de urânio-238. Essas medidas têm uma imprecisão de alguns bilhões de anos. No entanto, a idade do universo determinada por esses métodos varia de 12 a 16 bilhões de anos, aproximadamente (Cowan et al., 1999, p. 194; Cayrel et al., 2001, p. 691), com a variação compatível com a imprecisão da medição. O modelo cosmológico aceito de desenvolvimento do universo também fornece uma medida precisa da idade do universo. Dentro desse modelo, esperamos observar o calor residual da origem do universo. Na verdade, medimos a Radiação Cósmica de Fundo em

404 ANJOS E IDADE DO UNIVERSO E DA TERRA (hipótese de bilhões de anos)

Micro-ondas (RCFM) com uma temperatura de aproximadamente 2,7 Kelvins, exatamente como previsto pelo modelo. Essa radiação dá uma medida de como o universo era, aproximadamente, há 400 mil anos após o seu início, o que é como olhar para "fotos de bebê" do universo na escala de tempo de sua idade. A medida mais precisa da idade do universo pode ser inferida comparando os cálculos do espectro esperado de RCFM com o espectro observado. É notável que os cálculos teóricos e o espectro observado concordem um com o outro com cerca de 1 parte em 10 mil e dão uma idade para o universo de cerca de 13,82 bilhões de anos (Ade et al., 2014).

Há vários outros métodos para determinar a idade do universo e da terra, e um artigo desse tamanho não pode abordar todos eles. Estes incluem a contagem de camadas anuais de crescimento de corais, medições de termoluminescência de minerais cristalinos, medições de ressonância de spin eletrônico de material arqueológico, observações da idade dos grupos de estrelas e da idade das estrelas anãs brancas e observações de taxas de movimento da deriva continental com padrões repetidos de formação de ilhas. Todos esses métodos fornecem datas consistentes para a idade do universo e da terra. Os três primeiros são capazes de datar eventos na terra de cerca de 300 mil anos. O conjunto de estrelas e as anãs brancas dão idades consistentes do universo entre 11 e 15 bilhões de anos.

Resumindo, todas as dezenas de métodos especiais para determinar a idade do universo e da terra produzem resultados consistentes dentro de suas respectivas gamas de aplicabilidade e não há exceções à cronologia do universo determinada por esses diferentes métodos. Alguns cristãos propuseram que Deus criou um universo que parece velho, mas que é efetivamente jovem, na ordem de alguns milhares de anos. Essa hipótese tem graves problemas. Talvez o principal seja que o universo não tenha apenas uma idade aparente, mas uma história aparente.

Como exemplo da diferença entre a aparência da idade e a aparência da história, suponha que Deus tenha criado uma árvore totalmente crescida. Para essa árvore, a idade aparente pode incluir o seu grande porte ou anéis internos uniformes. No entanto, a aparência da história pode incluir coisas como furos aparentemente feitos por pica-paus, cicatrizes na árvore ao que tudo indica provocadas por fogo ou relâmpagos, galhos quebrados presumivelmente devido à ação do vento e largura variável dos anéis das árvores que parecem vir de períodos secos e úmidos incomuns.

As observações acerca do universo mostram não apenas que ele parece antigo, mas que também tem uma história. Se essa história observada não é uma história real, pode-se argumentar que Deus criou uma história enganosa, e o próprio Deus, então, é um enganador. Como Deus não engana e não mente, a leitura mais direta da história do universo é que ela aconteceu desse modo .

Alguns cristãos que acreditam que a idade do universo seja de apenas alguns milhares de anos apresentaram supostas evidências que apoiam uma Terra jovem ou tentaram refutar a evidência da idade cientificamente aceita do universo (ver, por exemplo, Batton, 2009). Em tais casos, a evidência apresentada a favor de uma Terra jovem pode ser refutada lendo-se os artigos científicos originais ou investigando as reivindicações mais detalhadamente, o que nos fará perceber que os argumentos da Terra jovem tendem a escolher partes de artigos que possam apoiar uma crença preconcebida ao ignorar outras evidências. Em muitos casos, a suposta evidência de uma Terra jovem distorce as conclusões do artigo original. Em quase todos os casos, os argumentos que sustentam uma Terra jovem dependem de um raciocínio falso (Tiscareno, 2000).

Uma vez que a Bíblia não indica a idade da terra ou do universo, que há múltiplas e variadas observações e técnicas que apresentam uma idade consistente para eles, que Deus não proporcionaria um registro da natureza que distorce sua história real, e que essa suposta evidência contrária é facilmente demonstrada como uma distorção dos fatos e observações, podemos afirmar com toda certeza que o universo tem cerca de 14 bilhões de anos e a terra, cerca de 4,5 bilhões.

Michael G. Strauss

REFERÊNCIAS E LEITURAS RECOMENDADAS

Ade, P. A. R.; Aghanim, N. et al. "Planck 2013 Results." *Astronomy and Astrophysics 571* (November), 2014.

Alley, Richard B. *The Two-Mile Time Machine: Ice Cores, Abrupt Climate Change, and Our Future*. Princeton Science Library. Princeton, NJ: Princeton University Press, 2014.

Archer, Gleason. *A Survey of Old Testament Introduction*. Ed. Rev.e exp. Chicago: Moody, 1994.

Batton, Don. 2009. "Age of the Earth: 101 Evidences for a Young Age of the Earth and the Universe". http://creation.com/age-of-the-earth.

Becker, B.; Kromer, B. 1993. "The Continental Tree-Ring Record—Absolute Chronology, ^{14}C Calibration and Climatic Change at 11 Ka." *Palaeogeography Palaeoclimatology Palaeoecology* 103 (1-2): 67-71.

Cayrel, R.; Hill, V.; Beers, T. C.; Primas, F. "Measurement of the Stellar Age from Uranium Decay." *Nature* 409, n. 6821 (mar.): 691-92, 2001.

IDADE DO UNIVERSO E DA TERRA (hipótese de milhares de anos) 405

COWAN, J. et al. "R-Process Abundances and Chronometers in Metal-Poor Stars." *Astrophysical Journal* 521 (9 abr.): 195-204, 1999.

DAVIDSON, Gregg; Wolgemuth, Ken. "Christian Geologists on Noah's Flood: Biblical and Scientific Shortcomings of Flood Geology." BioLogos Foundation, jul. 2010. https://biologos.org/files/modules/davidson_wolgemuth_scholarly_essay.pdf.

FRIEDRICH, Michael et al." The 12,460-Year Hohenheim Oak and Pine Tree-Ring Chronology from Central Europe— A Unique Annual Record for Radiocarbon Calibration and Paleoenvironment Reconstructions." *Radiocarbon* 46 (3): 1111-22, 2004.

HEAD, J. W., III. "Lunar Volcanism in Space and Time." *Reviews of Geophysics and Space Physics* 14 (2): 14, 1976.

KITAGAWA, H.; van der Plicht, J. "A 40,000-Year Varve Chronology from Lake Suigetsu, Japan: Extension of the ^{14}C Calibration Curve." *Radiocarbon* 40 (1): 505-15, 1998.

LÜTHI, Dieter et al. "High-Res Carbon Dioxide Concentration Record 650,000-800,000 Years before Present." *Nature* 453:370-82, 2008.

MEERT, Joe. "Consistent Radiometric Dates." Site do dr. Joseph Meert, 6 jan. 2000. http://gondwanaresearch.com/radiomet.htm.

RAMSEY, C. et al. "A Complete Terrestrial Radiocarbon Record for 11.2 to 52.8 KYR B.P." *Science* 338:370-74, 2012.

SCOFIELD, C. I. (Ed.). *The New Scofield Reference Bible.* New York: Oxford University Press, 1967.

TISCARENO, Matthew. 2000. "Is There Really Scientific Evidence for a Young Earth?". http://chem.tufts.edu/science/Geology/OEC-refutes-YEC.htm.

WANG, Yongjin et al. "Millennial and OrbitalScale Changes in the East Asian Monsoon over the Past 224,000 Years." *Nature* 451:1090-93, 2008.

WIENS, Roger C. "Radiometric Dating: A Christian Perspective." American Scientific Affiliation. www.asa3.org/ASA/resources/Wiens.html.

⌀IDADE DO UNIVERSO E DA TERRA (hipótese de milhares de anos).

O consenso científico moderno é que o universo tem entre 13 e 14 bilhões de anos, e a terra tem entre 4 e 5 bilhões de anos. Embora muitos cristãos aceitem essas datas como válidas, existem fortes evidências bíblicas de que o universo e a terra são muito mais jovens, tendo entre 6 e 10 mil anos. Este artigo irá destacar o apoio bíblico para uma Terra jovem e, em seguida, discutir brevemente alguns dos dados científicos.

Evidências bíblicas para uma Terra jovem

Várias passagens nas Escrituras apontam para uma Terra jovem. Essas serão discutidas abaixo.

Gênesis 1. Gênesis 1:1—2:3 descreve a criação dos "céus e da terra" em seis dias. Essa criação incluiu a vegetação da terra no terceiro dia, o sol, a lua e as estrelas no quarto dia, as criaturas marinhas e os pássaros no quinto dia, e os demais animais e o homem no sexto dia. Se os **dias da criação** forem dias normais de 24 horas e se não houve intervalos de tempo (p. ex., entre Gênesis 1:1 e 1:2), então o universo, a terra, o sol, a lua, as estrelas e o primeiro homem e mulher foram todos criados por Deus na mesma semana.

Para harmonizar as Escrituras com uma terra e universo antigos, alguns postulam grandes intervalos de tempo entre Gênesis 1:1 e 1:2 (Teoria da lacuna). No entanto, Gênesis 1:2 descreve a terra no tempo da Criação, não uma ação posterior. Além disso, Gênesis 1:1 também deve ser considerado parte do primeiro dia da Criação. A frase idêntica, "os céus e a terra", utilizada em Gênesis 1:1 é usada em Êxodo 20:11: "Porque em seis dias fez o Senhor *os céus e a terra*, o mar e tudo que neles há" (ênfase adicionada, veja também Êxodo 31:17). A única ocorrência em Gênesis 1 quanto à criação dos céus é em Gênesis 1:1, e de acordo com Êxodo 20:11 e 31:17, a criação dos céus é uma parte dos seis dias da Criação, não fora deles. Portanto, não é possível separar Gênesis 1:1 do resto da conta da criação para permitir um grande período de tempo entre Gênesis 1:1 e os versículos seguintes (ver **Criacionismo da Terra antiga**).

Outros procuram harmonizar Gênesis 1—2 com uma Terra antiga, considerando os "dias" de Gênesis 1:1—2:3 como períodos sequenciais de milhares ou milhões de anos (hipótese dia-era). A principal dificuldade com essa hipótese é que o significado predominante de *yôm*, a palavra hebraica para "dia", é um dia de 24 horas (a palavra tem esse significado 2.239 em 2.304 ocorrências, ou 97% das vezes). Além disso, a frase "noite e manhã", usada seis vezes em Gênesis 1, reforça a ideia de um dia de 24 horas. Passagens como Salmos 90:4 e 2Pedro 3:8 (que comparam mil anos na perspectiva de Deus a um dia) não podem ser usadas como argumentos válidos para a hipótese dia--era, já que simplesmente ensinam que a perspectiva de Deus sobre o tempo é diferente da perspectiva do homem. Finalmente, todo o texto de Êxodo 20:8-11, que fala da semana humana de trabalho levando em consideração a criação divina de seis dias (usando *yôm* seis vezes na passagem), é uma forte indicação de que os céus, a terra e tudo neles foram criados em seis dias literais (para mais discussões, ver **Dias da criação**).

Finalmente, alguns veem Gênesis 1 como um quadro literário, não como narrativa histórica. Os defensores dessa visão (a hipótese do quadro literário) veem um padrão literário com as "formas" criadas nos primeiros três dias e, em seguida, respectivamente "recheadas" ou preenchidas nos últimos três dias. Como os dias estão simplesmente fornecendo um quadro literário, argumenta-se que nem os dias, nem os detalhes do que é criado em cada dia, devem ser tomados literalmente ou sequencialmente. Mas alguém pode perguntar por que tantos detalhes são fornecidos em Gênesis 1 se o autor simplesmente está

406 IDADE DO UNIVERSO E DA TERRA (hipótese de milhares de anos)

dizendo que "Deus fez". O texto não indica que seja um artifício literário; na verdade, as formas verbais indicam que Gênesis 1 é uma prosa sequencial narrativa, e não poesia (onde se poderia esperar tal artifício). Além disso, se considerarmos que Gênesis 1:1—2:3 é uma abordagem figurativa, como determinar que textos em Gênesis devem ser vistos como narrativa histórica? Não há base para uma "mudança" exegética ou hermenêutica entre Gênesis 1—2 e o restante do livro (Beall, 2008, p. 144-58; Kulikovsky, 2009, 155-62) (para mais discussões, veja **Dias da criação**).

Genealogias. As genealogias de Gênesis 5, 10 e 11 indicam, de forma semelhante, uma criação recente da humanidade. A genealogia em Gênesis 5 começa com Adão e continua com Noé e seus filhos. Gênesis 10—11 continua a genealogia dos filhos de Noé, com Gênesis 11 traçando a linhagem de Sem por meio de Abraão. Mesmo que as genealogias saltem algumas gerações, há um limite finito para o número de gerações ignoradas, o que significa que o homem foi criado entre 6 e (no máximo) 10 mil anos atrás. Embora essas genealogias possam conter lacunas de nomes, não existem lacunas cronológicas reais, uma vez que as genealogias indicam a idade real do pai ou do avô quando a criança nasceu (Sexton, 2015, p. 195-205). Uma vez que Gênesis 1 afirma que o homem foi criado no sexto dia, enquanto o universo e a terra foram criados no primeiro dia, nem o universo nem a terra podem ter mais de 10 mil anos de idade.

Dilúvio universal. Gênesis 6—8 detalha um dilúvio universal, que Deus enviou para julgar o pecado da humanidade. Noé e sua família foram os únicos seres humanos poupados. Todos os animais terrestres e pássaros, exceto aqueles na **arca de Noé**, foram mortos (Gênesis 7:21-23). A chuva caiu sem parar durante pelo menos 40 dias, com os efeitos do **dilúvio** durando mais de um ano. Gênesis 7:20 afirma que "as águas subiram até quase sete metros acima das montanhas".

Embora alguns insistam que a inundação foi apenas local ("Como devemos interpretar o relato do dilúvio em Gênesis?"), e outros afirmem que ela afetou toda a humanidade, mas ainda assim não foi global (Ross, 2009), a narrativa de Gênesis 6—8 deixa claro que a inundação foi global em seu alcance e em seus efeitos. Uma arca com as medidas informadas em Gênesis 6:15 não teria sido necessária para uma inundação local, e, acima de tudo, Noé também não teria que construir uma arca, já que poderia

simplesmente se mudar. Respondendo àqueles que negam a Vinda do Senhor e afirmam que tudo continuou inalterado desde a Criação, Pedro escreve: "Eles deliberadamente se esquecem de que há muito tempo, pela palavra de Deus, existem céus e terra, esta formada da água e pela água. E pela água o mundo daquele tempo foi submerso e destruído. Pela mesma palavra os céus e a terra que agora existem estão reservados para o fogo, guardados para o dia do juízo e para a destruição dos ímpios." (2Pedro 3:5-7). Assim como houve um dilúvio universal nos tempos de Noé, destruindo toda a terra, haverá uma destruição universal pelo fogo no fim dos tempos.

Outra indicação de que o Dilúvio foi mundial, é que há mais de 150 histórias de dilúvios de quase todas as partes do mundo (Beall, 2015, p. 98, 102). Embora a maioria dos geólogos modernos pressuponham um uniformitarismo gradual em sua interpretação da evidência geológica, Gênesis 6—8 indica que houve uma dilúvio global catastrófico, que provavelmente causou a maioria das características geológicas que muitas vezes são percebidas como o resultado final de um processo que durou milhões de anos (Kulikovsky, 2009, p. 223-37; para uma discussão geológica detalhada, veja Snelling, 2009).

A declaração de Jesus em Marcos 10:6. A declaração de Jesus em Marcos 10:6 de que "desde o princípio da criação, Deus os fez macho e fêmea", implica fortemente que a terra não havia existido por milhões de anos antes que **Adão e Eva** fossem criados — eles foram criados "desde o princípio da criação", ou seja, no sexto dia. A mesma sentença, "desde o princípio da criação", é usada de forma semelhante em Marcos 13:19 e 2Pedro 3:4. Jesus afirma que a humanidade foi criada no início da criação, não milhões de anos depois (Kulikovsky, 2009, p. 175; Mortenson, Ury, 2008, p. 318-25). Mais uma vez, essa declaração une a idade do universo (e da terra) e a idade da humanidade — não há milhões ou bilhões de anos separando os dois.

Morte antes do pecado? Romanos 5:12 afirma que a morte não entrou no mundo até o pecado de Adão: "como por um homem entrou o pecado no mundo, e pelo pecado a morte, assim também a morte passou a todos os homens por isso que todos pecaram" (ver também 1Coríntios 15:21). Embora possa-se argumentar a partir desses versículos que somente a morte humana entrou no mundo por causa do pecado de Adão, Romanos 8:21,22 parece excluir essa possibilidade: "Na esperança de que também

IDADE DO UNIVERSO E DA TERRA (hipótese de milhares de anos)

a mesma criatura será libertada da servidão da corrupção, para a liberdade da glória dos filhos de Deus. Porque sabemos que toda a criação geme e está juntamente com dores de parto até agora." O "gemido" da Criação começou após a queda de Adão, com toda a Criação sentindo seus efeitos (Gênesis 3:14-19). Como a criação de Deus foi originalmente declarada "muito boa" pelo próprio Senhor (Gênesis 1:31), foi só depois da **Queda** que a morte e a corrupção entraram no mundo. De acordo com 1Coríntios 15:20-28, a morte e ressurreição de Cristo derrotou a morte, e seu retorno inaugurará a restauração final da Criação, em que os efeitos da maldição serão revertidos e não haverá mais morte (veja também Isaías 11:6-9, Atos 3:21; Colossenses 1:15-20; Apocalipse 21:3-5; 22:3). Não há espaço nas Escrituras para milhões de anos de morte e corrupção antes do pecado de Adão.

Questões científicas

Dada a forte evidência das Escrituras de que o universo é jovem, pode parecer surpreendente que alguns cristãos ainda considerem que ele tenha de 13 a 14 bilhões de anos e a terra, entre 4 e 5 bilhões de anos. Mas eles fazem isso porque estão persuadidos pelos argumentos científicos favoráveis a um universo e a uma terra velhos.

Cosmologia, o **big bang** *e a característica da ciência.* Infelizmente, alguns cristãos não distinguem adequadamente entre ciência empírica (às vezes chamada de "ciência operacional") e ciência das origens (também chamada de "ciência histórica"). A cosmologia, o estudo da origem e desenvolvimento do universo, se encaixa diretamente na ciência das origens. Com a ciência empírica, uma hipótese é testada e comprovada pela experimentação repetida. Mas esse processo empírico simplesmente não é possível para a cosmologia ou qualquer ciência das origens. Como Kate Land explica, "o principal problema com a cosmologia é o tamanho da nossa amostra — apenas todo o universo" (Cho, 2007, p. 1848). James Gunn, professor de **astronomia** na Universidade de Princeton, observa: "A cosmologia pode parecer uma ciência, mas não é ciência. Um princípio básico da ciência é que você pode fazer experiências repetitivas, e você não pode fazer isso na cosmologia" (Cho 2007, p. 1850).

No entanto, a idade do universo (13—14 bilhões de anos) baseia-se no modelo cosmológico padrão, a chamada **teoria do** *big bang*. Este modelo, por sua vez, depende do princípio cosmológico, que afirma que "a distribuição da matéria em todo o universo é homogênea (ou uniforme) e isotrópica (o mesmo em todas as direções)" (Hartnett, 2014, p. 220). O problema é que, como **Stephen Hawking** afirma, "não temos evidências científicas a favor dessa suposição ou contra ela" (citado em DeWitt, 2007, p. 147).

Do mesmo modo, Richard Lieu afirma que todos os principais pressupostos na cosmologia "não são verificados (ou não verificáveis) no laboratório, e os pesquisadores estão bastante à vontade para inventar incertezas para explicar o incerto" (Lieu, 2007). Ele afirma que as explicações de vários fenômenos implicam a invenção de outras incertezas (como "**matéria escura**" e "**energia escura**"), nenhumas das quais baseiam-se em experiências laboratoriais ou podem-se verificar de qualquer maneira.

Hilton Ratcliffe, apresentando um relatório na conferência intitulada The First Crisis in Cosmology [A primeira crise na cosmologia], conclui que os trabalhos apresentados naquela conferência "por alguns dos principais cientistas mundiais, mostraram, sem dúvida, que o peso da evidência científica indica claramente que a teoria dominante sobre a origem e o destino do universo é profundamente falha. As implicações deste consenso condenatório são realmente graves" (Ratcliffe, 2005, p. 24). Dado todos os problemas e premissas não comprovadas (e não prováveis) da cosmologia do *big bang*, pode-se pergunta por que se deve aceitar uma idade para o universo que se baseia em uma teoria tão questionável.

Catastrofismo, uniformitarismo e datação radiométrica. Outro argumento para uma Terra antiga vem do campo da **geologia**. Mas, como a teoria do *big bang*, a geologia da Terra antiga baseia-se em uma série de pressupostos não prováveis, cujo principal é o uniformitarismo. Até o início do século XIX, os geólogos sustentavam o catastrofismo, postulando que a terra atual foi moldada por grandes eventos catastróficos (com o dilúvio de Noé desempenhando um papel central).

Sob a influência de James Hutton e Charles Lyell, a ideia de uniformitarismo tornou-se o modelo dominante na geologia. O uniformitarismo é a ideia segundo a qual, com tempo suficiente, processos que estão acontecendo agora podem explicar todas as características geológicas do globo. Em seu *Princípios de geologia* (1830-33), Lyell argumenta que "nenhum dos fatores, desde o primeiro momento em que podemos olhar no passado até o presente, já agiram, a não ser aqueles que agora agem; e que

408 IDADE DO UNIVERSO E DA TERRA (hipótese de milhares de anos)

eles nunca agiram com graus de energia diferentes dos que utilizam hoje" (Lyell, 1881, 1:234).

Essa mudança do catastrofismo para o uniformitarismo não foi causada por novos dados; antes, foi uma mudança filosófica, impulsionada pelo desejo de Lyell de "libertar a ciência de Moisés" (Lyell, 1881, 1:268; ver também Mortenson, 2004, p. 226). No entanto, o uniformitarismo está em flagrante contradição com as Escrituras. Pedro escreve que os escarnecedores dirão: "desde que os antepassados morreram, tudo continua como desde o princípio da criação" (2Pedro 3:4). A resposta de Pedro é que esses escarnecedores "deliberadamente se esquecem de que há muito tempo, pela palavra de Deus, existiam céus e terra, esta formada da água e pela água. E pela água o mundo daquele tempo foi submerso e destruído" (2Pedro 3:5,6, veja também Hebreus 11:3, o que implica que não se pode explicar a origem do universo criado a partir do que se vê atualmente).

Além disso, existem todos os tipos de problemas científicos com o uniformitarismo. Por exemplo, cemitérios fósseis, fósseis de águas-vivas e os de várias camadas de sedimentos dão evidência de soterramento e fossilização rápidos, não de uniformitarismo (ver Snelling, 2009, p. 467-610; Walker 2014, p. 155-91). Como o geólogo Warren Allmon observa, "Lyell também vendeu gato por lebre para a geologia[...] Esse gradualismo extremo levou a inúmeras consequências infelizes, incluindo a rejeição de eventos súbitos ou catastróficos diante de evidências positivas para eles, sem nenhuma outra razão que não fosse a gradual. De fato, a geologia parece ter superado Lyell" (Allmon, 1993, p. 122).

Outro método usado para determinar a idade da terra é a **datação radiométrica.** No entanto, como um cientista observou, "as datas radiométricas são umas das medições mais difíceis, mais delicadas e mais controversas para a terra" (Hand, 2012, p. 422). Certos pressupostos devem ser feitos sobre a datação radiométrica, e um deles é que a taxa de decomposição (meia-vida) do isótopo pai analisado permanece constante no índice atual ao longo da existência do objeto (Mason, 2014, p. 197-98; Snelling, 2009, p. 800).

Mas isso envolve o pressuposto uniformitarista mais uma vez, algo que não seria verdade se houvesse um dilúvio catastrófico universal, como descreve Gênesis 6—8 (ver Snelling, 2009, especialmente p. 467-76). Como Snelling observa: "Este é o uniformitarismo no seu extremo,

porque se presume que os índices de decomposição medidos no presente (durante o século passado) tenham sido constantes por milhões e bilhões de anos, uma extrapolação de até sete ordens de magnitude" (801). E as datas radiométricas foram consideradas extremamente imprecisas. Para citar apenas um exemplo, as idades radiométricas para o domo de lava formado no Monte Santa Helena em 1984 variaram de 350 mil a 2,8 milhões de anos, em vez da idade correta de menos de 10 anos (Mason, 2014, p. 197).

Muitas vezes, afirma-se que a luz das estrelas distantes é prova de um universo antigo, já que, se uma estrela está a milhões de anos-luz de distância, então levou milhões de anos para a luz dessa estrela alcançar a terra. Mas entre os pressupostos feitos usando esta metodologia é que a **velocidade da luz** permaneceu constante — uniformitarismo mais uma vez. Na verdade, alguns astrofísicos realmente propuseram que a velocidade da luz fosse muito mais rápida no passado (Davies et al. 2002, p. 602-3; veja também DeWitt, 2007, p. 129-32).

Conclusão

Todas essas metodologias de datação contêm pressupostos que são não demonstráveis cientificamente ou são efetivamente refutados por uma catástrofe global como o Dilúvio. No mínimo, ao lidar com as origens do ponto de vista científico, uma grande dose de humildade deve estar presente — afinal, não estávamos na Criação. Como o Senhor lembra a Jó: "Onde você estava quando lancei os alicerces da terra?" (Jó 38:4a). O registro bíblico e a verdadeira ciência nunca podem estar em conflito, mas a ciência empírica tem suas limitações quando se trata das origens. Parece mais prudente manter o testemunho consistente das Escrituras em vez das suposições questionáveis da teoria científica atual. As Escrituras são claras — o universo, a terra e a humanidade foram todos criados há milhares de anos, não bilhões.

Todd S. Beall

REFERÊNCIAS E LEITURAS RECOMENDADAS

ALLMON, Warren D. "Review: Post-Gradualism." *Science* 262 (5130): 122-23, 1993.

BEALL, Todd S. "Contemporary Hermeneutical Approaches to Genesis 1—11", em *Coming to Grips with Genesis: Biblical Authority and the Age of the Earth.* Terry Mortenson e Thane Ury (Ed.). Green Forest, AR: Master, 2008.

_____. "Noah's Flood: Just Another Pagan Myth?" *Bible and Spade* 28 (4):98-102, 2015.

BioLogos Foundation. "How Should We Interpret the Genesis Flood Account?". http://biologos.org/common-questions/biblical-interpretation/genesis-flood.

Cho, Adrian. "A Singular Conundrum: How Old Is Our Universe". *Science* 317 (5846): 1848-50, 2007.

Davies, P. C. W.; Davis, Tamara M.; Lineweaver, Charles H. "Black Holes Constrain Varying Constants." *Nature* 418: 602-3, 2002.

DeWitt, David A. Unraveling the Origins Controversy. Lynchburg, VA: Creation Curriculum, 2007.

Hand, Eric. "Planetary Science: The Time Machine." *Nature* 487 (7408): 422-25, 2012.

Hartnett, John. "Cosmology", em *Evolution's Achilles' Heels*. Robert Carter (Ed.). Powder Springs, GA: Creation Ministries, 2014.

Kulikovsky, Andrew. *Creation, Fall, Restoration: A Biblical Theology of Creation.* Fearn, Ross-shire, Scotland: Mentor, 2009.

Lieu, Richard. "ËCDM Cosmology: How Much Suppression of Credible Evidence, and Does the Model Really Lead Its Competitors, Using All Evidence?". http://arxiv.org/pdf/0705.2462v1.pdf.

Lyell, Katharine M. (Ed.) (1881). *Life, Letters, and Journals of Sir Charles Lyell, Bart.* Cambridge: Cambridge University Press, 2010.

Mason, Jim. "Radiometric Dating", em *Evolution's Achilles' Heels*. Robert Carter (Ed.). Powder Springs, GA: Creation Ministries, 2014.

Mortenson, Terry. *The Great Turning Point: The Church's Catastrophic Mistake on Geology — Before Darwin.* Green Forest, AR: Master, 2004.

_____.; Ury, Thane (Eds.). *Coming to Grips with Genesis: Biblical Authority and the Age of the Earth.* Green Forest, AR: Master, 2008.

Ratcliffe, Hilton. "The First Crisis in Cosmology Conference." *Progress in Physics* 3:19-24, 2005.

Ross, Hugh. "Exploring the Extent of the Flood: What the Bible Says: Part Two." Reasons to Believe, 2009. April 1. www.reasons.org/articles/exploring-the-extent-of-the-flood-what-the-bible-says-part-two.

Sarfati, Jonathan D. *The Genesis Account: A Theological, Historical, and Scientific Commentary on Genesis 1—11.* Powder Springs, GA: Creation Books, 2015.

Sexton, Jeremy. "Who Was Born When Enosh Was 90? A Semantic Reevaluation of William Henry Green's Chronological Gaps." *Westminster Theological Journal* 77:193-218, 2015.

Snelling, Andrew A. *Earth's Catastrophic Past: Geology, Creation and the Flood.* 2 vols. Dallas: Institute for Creation Research, 2009.

Walker, Tasman. "The Geologic Record", em *Evolution's Achilles' Heels*, ed. Robert Carter. Powder Springs, GA: Creation Ministries, 2014.

IDEALISMO. O idealismo é uma visão filosófica que afirma que a realidade é, em certo sentido, mental. Os diferentes sentidos em que o caráter mental da realidade é afirmado levam a diferentes versões do idealismo. Nós os discutimos brevemente na ordem histórica. A teoria das ideias (ou formas) de **Platão** (428-348 a.C.) sustenta que o mundo material é uma pálida sombra da realidade absoluta constituída por formas ideais eternas, imutáveis, que são apreendidas pela mente.

A participação nessas formas dá identidade a tudo no mundo de nossa experiência, e a compreensão dessas formas é o objetivo de todo conhecimento. Embora as formas platônicas só possam ser apreendidas pelas mentes, a teoria platônica não é frequentemente chamada de idealismo hoje porque as formas, embora não sejam materiais, também não são dependentes da mente. O Neoplatonismo de Gregório de Nissa (c. 335-c. 395) e **Agostinho** (354-430), que transformaram formas platônicas em ideias na mente de Deus que diferenciam e dão inteligibilidade ao mundo de nossa experiência — uma interpretação da doutrina do *Logos* (João 1:1-3; Colossenses 1:16-17) como a razão divina que infunde a realidade — é precisamente classificada como uma forma de idealismo e fortemente influenciada posteriormente por formas cristãs de idealismo, incluindo as de John Scotus Eriugena (815-877) e George Berkeley (1685-1753).

Indiscutivelmente, as variações dessa metafísica também reforçam o papel primordial atribuído à **informação** entre filósofos, cientistas e matemáticos orientados pela teoria, os quais pesquisam sobre **design inteligente** em **física**, cosmologia e biologia (Dembski, 1999, 2014; Gordon, 2011, 2013, 2017; Meyer, 2009; Sternberg, 2008a, 2008b, 2017).

No contexto da filosofia moderna, o idealismo é mais frequentemente associado ao imaterialismo de Berkeley ou ao idealismo alemão e seus descendentes ideológicos (Adams, 1973, 2007; Boyle et al., 2013; Cowan e Spiegel, 2016; Daniel, 2001; Downing, 2004; Farris et al. 2016; Foster, 1982, 2000, 2008; Gersh e Moran, 2006; Colina, 2009; Kim e Hoeltzel, 2014; Redding, 2010; Robinson, 1994; Rohlf, 2010; Wainwright, 2012). Berkeley sustentou que o que consideramos coisas físicas (mesas, cadeiras, árvores, montanhas, nossos próprios corpos) são realmente coleções ordenadas de ideias dependentes da mente que são, em última instância, produzidas na e dependentes da mente de Deus. Na opinião de Berkeley, não existe uma realidade materialmente substancial que exista e cause nossas percepções, nem qualquer corpo físico substancial que possuímos e que mede nossa experiência do mundo. Pelo contrário, as coisas físicas existem apenas como ideias na mente de Deus, que é a principal causa das sensações e ideias que nós, como seres finitos espirituais (imateriais), experimentamos objetiva e intersubjetivamente como o universo físico. Dessa maneira, o universo funciona (como sua ordem, padrão e regularidade indicariam) como um modo do discurso e da comunicação de Deus conosco.

A linhagem alemã do idealismo começa com **Immanuel Kant** (1724-1804). Kant sustentou que existe uma realidade independentemente de nós, mas como ela nos parece é determinada pela estrutura da mente humana. Nossas percepções do mundo são organizadas pelo espaço e pelo tempo como modos da cognição humana e por categorias inatas da compreensão (quantidade, qualidade, relação, modalidade) que estruturam nossa percepção e concepção do que nos é dado na experiência. O eu como unidade transcendental da **consciência** que precedente e fundamenta a experiência — o que Kant chamou de "unidade transcendental da apercepção" — é a fonte desses modos de cognição e categorias de entendimento e os aplica à nossa experiência "crua" do mundo. Assim, nunca experimentamos a realidade em si (realidade numenal), mas apenas a realidade como nos *aparece* (realidade fenomênica) por meio da estruturação inata da mente humana.

G. W. F. Hegel (1770-1831) rejeitou o idealismo transcendental de Kant, negando uma diferença entre o que é dado na experiência e as categorias que o estruturam — em suma, negando qualquer distinção real entre sujeito e objeto — e afirmando que tudo (incluindo toda a consciência finita) existe em inter-relação com tudo o mais como parte de uma substância consciente em evolução, concebida como Espírito Absoluto. Esse Espírito Absoluto é um todo de pensamento perfeitamente relacionado e abrangente que está em processo de realizar e cumprir a existência transitória de todas as coisas finitas. Assim, em contraste com o idealismo de Berkeley e Kant, que reconhece uma pluralidade de sujeitos mentais, o idealismo hegeliano é monista, até panteísta, sustentando que tudo o que existe é uma forma de Espírito Absoluto autorrealizável. Embora esse idealismo absoluto subsequentemente tenha tomado muitas formas, especialmente entre os idealistas britânicos T. H. Green (1836-1882), F. H. Bradley (1846-1924) e Bernard Bosanquet (1848-1923), todas elas eram amplamente monistas e enfatizam a inter-relação e o caráter fundamentalmente mental da realidade.

Como nota final, elementos de idealismo entendidos como afirmação de que a realidade é de certo modo irredutível estão presentes em várias linhas da filosofia personalista que reagem à despersonalização pós-iluminista da natureza (Williams, 2013), bem como no pensamento do processo e na filosofia panpsiquista. A **filosofia do processo** de **Alfred North Whitehead** (1861-1947) e sua atuação teológica (Cobb e Griffin, 1976; Haught, 2001; Jungerman, 2000; **Teilhard de Chardin**, [1959] 2004; Whitehead, [1929] 1979) oferecem uma concepção essencialmente neo-hegeliana da progressão histórica da natureza, na qual todas as coisas têm um aspecto mental irredutível e estão sendo atraídas por uma "atração" divina para a atualização e realização. Um aspecto mental irredutível como parte dos componentes mais físicos do universo é também afirmado pelas teorias panpsiquistas sobre a natureza da realidade, sendo o mais notável recente exemplo as teorias de **Thomas Nagel** (Nagel, 2012; ver também Seager, 2010).

Bruce L. Gordon

REFERÊNCIAS E LEITURAS RECOMENDADAS

ADAMS, Robert, 1973. "Berkeley's 'Notion' of Spiritual Substance." *Archiv für Geschichte der Philosophie* 55:47-69.

_____. 2007. "Idealism Vindicated." In *Persons: Human and Divine*, ed. Peter van Inwagen and Dean Zimmerman, 35-54. New York: Oxford University Press.

BOYLE, N., L. Disley, and K. Ameriks, eds. 2013. *The Impact of Idealism: The Legacy of Post-Kantian German Thought.* Philosophy and Natural Sciences. Vol. 1. Cambridge: Cambridge University Press.

COBB, John; Griffin, David Ray. 1976. *Process Theology: An Introductory Exposition.* Philadelphia: Westminster.

COWAN, Steven; Spiegel, James S., eds. 2016. *Idealism and Christian Philosophy.* Idealism and Christianity. Vol. 2. New York: Bloomsbury Academic.

DANIEL, Stephen H., 2001. "Berkeley's Christian Neoplatonism, Archetypes, and Divine Ideas." *Journal of the History of Philosophy* 39 (2): 239-58.

DEMBSKI, William A., 1999. *Intelligent Design: The Bridge between Science and Theology.* Downers Grove, IL: InterVarsity.

_____. 2014. *Being as Communion: A Metaphysics of Information.* Burlington, VT: Ashgate.

DOWNING, Lisa, 2004. "Berkeley", em *Stanford Encyclopedia of Philosophy*, ed. Edward N. Zalta. http://plato.stanford.edu/archives/win2004/entries/berkeley/.

DUNHAM, J.; Grant, I. H.; Watson, S., 2011. *Idealism: The History of a Philosophy.* Montreal: McGill-Queen's University Press.

FARRIS, Joshua; Hamilton, Mark; Spiegel, James S., eds. 2016. *Idealism and Christian Theology.* Idealism and Christianity. Vol. 1. New York: Bloomsbury Academic.

FOSTER, John, 1982. *The Case for Idealism.* London: Routledge and Kegan Paul.

_____. 2000. *The Nature of Perception.* Oxford: Oxford University Press.

_____. 2008. *A World for Us: The Case for Phenomenalistic Idealism.* Oxford: Oxford University Press.

GERSH, Stephen; Moran, Dermot, eds. 2006. *Eriugena, Berkeley, and the Idealist Tradition.* Notre Dame, IN: University of Notre Dame Press.

GORDON, Bruce L., 2011. "A Quantum-Theoretic Argument against Naturalism", em *The Nature of Nature: Examining the Role of Naturalism in Science*, ed. Bruce L. Gordon and William A. Dembski, 79-114. Wilmington, DE: ISI Books.

_____. 2013. "In Defense of Uniformitarianism." *Perspectives on Science and Christian Faith* 65 (2): 79-86.

_____. 2017. "The Necessity of Sufficiency: The Argument from the Incompleteness of Nature," em Trent Dougherty and Jerry Walls, eds., *Two Dozen (or So) Arguments for God: The Plantinga Project.* Oxford: Oxford University Press.

GOULD, Paul, ed. 2014. *Beyond the Control of God? Six Views on the Problem of God and Abstract Objects.* New York: Bloomsbury Academic.

HAUGHT, John F., 2001. *God after Darwin: A Theology of Evolution.* Boulder, CO: Westview.

HILL, Jonathan, 2009. "Gregory of Nyssa, Material Substance and Berkeleyan Idealism." *British Journal for the History of Philosophy* 17 (4): 653-83.

JUNGERMAN, John A., 2000. *World in Process: Creativity and Interconnection in the New Physics.* Albany, NY: SUNY Press.

KIM, H.; Hoeltzel, S., eds. 2014. *Kant, Fichte, and the Legacy of Transcendental Idealism.* Lanham, MD: Lexington.

MEYER, Stephen C., 2009. *Signature in the Cell: DNA and the Evidence for Intelligent Design.* San Francisco: HarperOne.

MORAN, Dermot, 1989. *The Philosophy of John Scottus Eriugena: A Study of Idealism in the Middle Ages.* Cambridge: Cambridge University Press.

NAGEL, Thomas, 2012. *Mind and Cosmos: Why the Materialist Neo-Darwinian Conception of Nature Is Almost Certainly False.* New York: Oxford University Press.

REDDING, Paul, 2010. "Georg Wilhelm Friedrich Hegel", em *Stanford Encyclopedia of Philosophy*, ed. Edward N. Zalta. http://plato.stanford.edu/entries/hegel/#NatIdeGerTra.

ROBINSON, Howard, 1994. *Perception.* New York: Routledge.

ROHLF, Michael, 2010. "Immanuel Kant", em *Stanford Encyclopedia of Philosophy*, ed. Edward N. Zalta. http://plato.stanford.edu/entries/kant/.

SEAGER, William, 2010. "Panpsychism", em *Stanford Encyclopedia of Philosophy*, ed. Edward N. Zalta. http://plato.stanford.edu/entries/panpsychism/.

STERNBERG, Richard, 2008a. "DNA Codes and Information: Formal Structures and Relational Causes." *Acta Biotheoretica* 56 (3): 205-32.

_____. 2008b. "How My Views on Evolution Evolved." Available at www.richardsternberg.com/pdf/sternintellbio08research.pdf (acessado em 7 de novembro de 2016).

_____. 2017. *The Immaterial Genome.* A ser publicado em breve. Publisher TBA.

TEILHARD DE CHARDIN, Pierre, (1959) 2004. *The Future of Man.* New York: Image. Wainwright, William 2012. "Jonathan Edwards", em *Stanford Encyclopedia of Philosophy*, ed. Edward N. Zalta. http://plato.stanford.edu/entries/edwards/#2.2.

WHITEHEAD, Alfred N., (1929) 1979. *Process and Reality.* New York: Free Press.

WILLIAMS, Thomas D., 2013. "Personalism", em *Stanford Encyclopedia of Philosophy*, ed. Edward N. Zalta. http://plato.stanford.edu/entries/personalism/.

ILUMINISMO. O período de 1650-1800, aproximadamente, é conhecido como o Iluminismo e, embora seja geralmente simplista e impreciso descrever algo sem muitos detalhes, certas ideias e temas definidores podem ser identificados como característicos desse período na história intelectual. Estes incluem uma ênfase na razão e na ciência ao se pensar nas grandes questões da vida humana; uma nova crença no progresso da humanidade na religião, **moralidade** e sociedade política; e o fenômeno do avanço científico em várias áreas, inclusive em nossa compreensão do universo.

Esses progressos foram acompanhados pelo trabalho de alguns pensadores influentes através de um questionamento das formas tradicionais de autoridade e religião, uma preocupação sobre a estreita relação entre igreja e Estado em muitos países e uma suspeição geral de ideias estabelecidas. O Iluminismo também é significativo para o surgimento, no trabalho de alguns pensadores, de visões materialistas do ser humano e de abordagens humanistas seculares à ética e à política que tenderam a colidir com as perspectivas religiosas tradicionais.

O início do período do Iluminismo pode ser atribuído ao trabalho de **René Descartes** (1596-1650), especificamente seu programa de dúvida visando a estabelecer a disciplina da filosofia em bases sólidas e racionais, embora o próprio Descartes eximisse Deus e a ética de seu questionamento cético e de seu desejo de ir além da **metafísica** especulativa da filosofia e da teologia medievais.

John Locke também foi uma figura influente com a sua *Letter Concerning Toleration* [Carta a respeito da tolerância] (1689), que reuniu várias ideias que ganharam destaque, incluindo a liberdade de consciência e de religião. Ele propôs uma forma limitada de liberdade religiosa no Estado, mas excluiu os católicos e ateus. Além disso, seu famoso trabalho *Two Treatises of Government* [Dois tratados sobre o governo] (1689) introduziu algumas das ideias fundamentais da democracia, como os direitos naturais, incluindo o direito à propriedade, a compreensão do contrato social da sociedade política e a soberania do povo. Ele também apresentou um plano para a estrutura básica do governo democrático. Suas ideias foram muito influentes entre os Pais Fundadores dos EUA e, consequentemente, a Constituição e a Declaração de Direitos dos EUA são muitas vezes consideradas como legados importantes do período iluminista.

A experiência americana em liberdade ordenada foi um dos principais fatores que contribuíram para a contínua influência das ideias do Iluminismo, como o desejo da forma democrática de governo, a separação entre igreja e Estado, a liberdade de religião, o foco nos direitos humanos e liberdade individual, e a distinção entre religião racional e revelada, evidente nos escritos de Thomas Jefferson e Benjamin Franklin. Esse período também verificou um afastamento do **teísmo** em direção a uma visão mais deísta do universo no trabalho de alguns proeminentes pensadores. Em geral, tais ideias eram consideradas por alguns como uma forma de encorajar a separação do poder civil e religioso, afastar-se dos estados teocráticos e diminuir a possibilidade de intolerância e violência religiosas em consequência das perturbações da Reforma e da Guerra dos Trinta Anos (1618-1648).

O pensamento iluminista também foi influenciado por novas descobertas na ciência após **Galileu** (1564-1642) e **Newton** (1642-1746), particularmente pelo desenvolvimento do **método científico**, que foi considerado, com razão, uma maneira nova e poderosa de estudar o mundo físico, uma que estava constantemente nos dando novas ideias e descobertas, o que contribuiu para a crença no progresso, satirizada nos escritos de Jonathan

412 IMAGEM DE DEUS

Swift (1667-1745), entre muitos intelectuais de áreas como **tecnologia**, medicina e estudo da natureza.

Um pensador pioneiro foi **Francis Bacon** (1561-1626), cujas reflexões sobre o raciocínio indutivo e a natureza da **causalidade** em sua obra *Novum Organum* [Novo método] (1620) chamaram a atenção para o potencial do método científico. Bacon também promoveu uma atitude prática e utilitária em relação ao conhecimento e ao progresso científicos, juntamente com a rejeição da metafísica aristotélica. O trabalho de **Isaac Newton** em **matemática** e mecânica clássica, que muitas vezes descrevia o mundo como uma máquina que opera de acordo com a causa e efeito e, em grande parte, de maneira determinista, sugeriu uma inteligibilidade geral no mundo natural e enfatizou a razão e a ciência como uma forma de descobrir sua natureza.

Não demorou muito para que uma visão materialista da natureza e do homem fosse proposta, especialmente no trabalho dos pensadores franceses Denis Diderot (1713-1784) e Julien Offray de La Mettrie (1709-1751). Diderot foi um dos editores da influente *Encyclopédie* francesa do século XVIII, que introduziu as últimas ideias em filosofia, teologia e ciência e ganhou notoriedade por questionar muitas das visões estabelecidas da época. As ideias de Diderot foram uma versão inicial do naturalismo ateísta. Ele entendeu que a natureza era matéria em movimento e formulou uma teoria materialista dos seres vivos, incluindo os seres humanos. Ele também concordou com Baron D'Holbach (1723-1789) e outros pensadores iluministas, de que a mente humana é apenas uma propriedade do cérebro. Ele argumentou que a alma é, na verdade, produzida a partir da matéria, dando assim prioridade à metafísica no estudo do corpo e da vida humanos, e da ciência, no estudo da realidade, em vez de dar prioridade à filosofia ou à teologia. Seu livro *Man a Machine* [O homem é uma máquina] (1748) expressou a visão de que os seres humanos são seres completamente físicos e que a ciência é a melhor maneira de abordar o estudo do comportamento humano.

Outros pensadores iluministas, como Voltaire (1694-1778) e Thomas Paine (1736-1809), embora não fossem abertamente ateus, influenciaram na disseminação de ideias políticas e sociais, como liberdade de consciência e separação entre igreja e Estado, que visava a minar a religião revelada e a influência da Bíblia. Voltaire rejeitou os dogmas religiosos, muitas vezes ridicularizava o cristianismo e foi crítico da igreja institucional. Uma abordagem semelhante foi encontrada nos Estados Unidos nos escritos de Thomas Paine, que apoiou uma forma de **deísmo**, mas rejeitou a religião institucional e questionou a confiabilidade da revelação.

Embora muitos pensadores iluministas tenham permanecido teístas, como Descartes, Locke, Newton e **Immanuel Kant** (1724-1804), suas ideias contribuíram para o que veio a ser reconhecido como um modo do Iluminismo de examinar as questões filosóficas mais profundas, e essas ideias teriam uma influência cada vez maior no desenvolvimento subsequente do mundo moderno. Alguns argumentariam que hoje somos todos produtos do Iluminismo, no sentido de que a maioria dos intelectuais aceita alguma versão das ideias-chave que emergiram daquele período. A influência das ideias do Iluminismo é evidente em todos os lugares, inclusive em um ceticismo crescente em relação à capacidade da mente humana de conhecer a realidade, na crença na inadequação e falibilidade do conhecimento humano, em uma suspeita da religião, em uma maior confiança na ciência e em uma ênfase decisiva na liberdade, na tolerância e na autonomia do indivíduo — todas são ideias defendidas por pensadores iluministas.

O legado do Iluminismo, entre os pensadores cristãos, em particular, é que alguns concordam com os secularistas ao vê-lo como uma significativa realização intelectual da humanidade, enquanto outros o consideram uma suspeita saudável para a abertura de tendências em ética, política e religião, cuja fruição vemos hoje e que teve o efeito prático de levar a atitudes céticas, relativistas e niilistas em relação à ética e ao significado da vida.

Brendan Sweetman

REFERÊNCIAS E LEITURAS RECOMENDADAS

Byrne, James, 1997. *Religion and the Enlightenment: From Descartes to Kant.* Louisville, KY: Westminster John Knox.

Kramnick, Isaac, 1995. *The Portable Enlightenment Reader.* London: Penguin.

Pagden, Anthony, 2013. *The Enlightenment: And Why It Still Matters.* New York: Random House.

IMAGEM DE DEUS. Depois de anunciar suas intenções ("Façamos a humanidade à nossa imagem, conforme a nossa semelhança", Gênesis 1:26), Deus criou os seres humanos à sua imagem ("Criou Deus o homem à sua imagem, à imagem de Deus o criou; homem e mulher os criou" (v. 27). Gênesis 5:1 faz um retrospecto da criação da humanidade na "semelhança" de Deus, e Deus diz a Noé que ele "exigirá uma explicação para a vida de outro ser humano" baseado no fato de que os seres humanos são feitos "à imagem de Deus" (9:6).

Surpreendentemente, essa proclamação obviamente profunda de que os seres humanos são criados à imagem de Deus não é encontrada em outras partes do Antigo Testamento, tampouco é explicada. Assim, os intérpretes ao longo dos séculos se esforçaram para descrever exatamente o que significa ser criado à imagem de Deus. Além disso, como se diz que os seres humanos são criados unicamente à imagem de Deus, surgem questões sobre se essa visão digna da humanidade é compatível com a teoria evolucionária que sugere que os humanos compartilham uma **ancestralidade comum** com primatas e outras criaturas.

Os pais da igreja primitiva tendiam a identificar a imagem de Deus nos seres humanos com algum aspecto da humanidade que torna os humanos diferentes das outras criaturas, como a sua razão (Clemente de Alexandria, assim como Louth, 2001, p. 29) ou seu "homem interior, invisível, incorruptível e imortal" (Orígenes, João Cassiano, e também Louth, 2001, p. 31).

Uma estratégia melhor para o entendimento é ver como as palavras "imagem" e "semelhança" são usadas em outras partes das Escrituras, mesmo quando não relacionadas à ideia da imagem de Deus. Quando o fazemos, vemos que "imagem" geralmente se refere a estátuas de reis que eles montaram em torno de seus reinos para representar sua presença e autoridade real (notavelmente, por exemplo, em Daniel 3). Essa visão de imagem e semelhança é apoiada por uma referência extrabíblica a esse par de palavras em uma inscrição aramaico-acadiana em uma estátua de Tell Fakhariyeh, na região do Alto Habur, na Síria, que se refere à estátua como a que fornece "imagem" e "semelhança" do rei Hadad-yis'i (Garr, 2000, 2003). Relevantes também são passagens nas quais os falsos deuses das nações são representados por "imagens" ou "ídolos". Essas imagens são destinadas a representar a presença e autoridade das divindades no mundo.

Assim, a melhor compreensão da "imagem de Deus" é que ela aponta para o *status* da humanidade como representantes de Deus no mundo, isto é, os humanos refletem a glória e autoridade de Deus no mundo. A esse respeito, é notável que a imagem de Deus esteja ligada à comissão de Deus a suas criaturas humanas, de modo que sejam "férteis e multipliquem-se! Encham e subjuguem a terra!

Dominem sobre os peixes do mar, sobre as aves do céu e sobre todos os animais que se movem pela terra" (Gênesis 1:28). Em outras palavras, os humanos representam a autoridade real de Deus na terra (reconhecida por Gregório de Nissa e por Louth, 2001, p. 34). De acordo com Brueggemann, "agora é geralmente aceito que a imagem de Deus refletida nas pessoas humanas é como um rei que se estabelece para afirmar seu governo soberano onde o próprio rei não pode estar presente" (Brueggemann, 1982, p. 32; também Longman, 2016; McDowell, 2015; Middleton, 2005, p. 27).

Pesquisas recentes também têm percebido conexões linguísticas e conceituais entre a descrição de seres humanos como portadores de imagens e o uso proibido de imagens para representar divindades falsas ou, em alguns casos, até o próprio Deus (como proibido pelo segundo mandamento, Êxodo 20: 4-6). De fato, a criação de imagens de Deus não apenas erra ao violar o *status* de Deus como Criador, mas também ao violar o *status* dos seres humanos como a única imagem divinamente autorizada de Deus.

Consequentemente, contra muitos dos teólogos da igreja primitiva, a imagem não é uma propriedade dos seres humanos, mas sim um *status*. Humanos, homens e mulheres, refletem a glória e autoridade de Deus e servem como governantes benevolentes sobre o restante da criação de Deus. Esse estado foi manchado pela **queda** (Gênesis 3), mas não eviscerado (Gênesis 9:6).

Quando olhamos para o Novo Testamento, aprendemos que Jesus é "a imagem do Deus invisível" (Colossenses 1:15). Ele reflete a glória divina (2Coríntios 4:4), e Paulo escreve que os seres humanos são chamados a se tornarem novas criaturas em Cristo e, assim, "ser semelhante a Deus em justiça e santidade" (Efésios 4:24).

Entender que a imagem de Deus é um *status* significa que ela não fornece uma objeção teológica à teoria evolutiva, que afirma que os humanos compartilham uma ancestralidade comum com outras criaturas. Se alguém pensa que Deus, em sua sabedoria e para seus próprios propósitos, escolheu usar a evolução como meio de criar humanos, então, no ponto em que algumas de suas criaturas alcançam a possibilidade de escolha moral e são moralmente inocentes, ele poderia ter conferido sobre eles o *status* de portadores de imagem. Humanos (*Homo sapiens*) são aqueles que ele fez "um pouco menor do que os seres celestiais e o coroaste [...] de glória e de honra" (Salmos 8:5).

Tremper Longman III

REFERÊNCIAS E LEITURAS RECOMENDADAS

BRUEGGEMANN, W., 1982. *Genesis.* Louisville, KY: Westminster John Knox.

GARR, W. R. 2000. " 'Image' and 'Likeness' in the Inscription from Tell Fakhariyeh." *Israel Exploration Journal* 50:227-34.

_____. 2003. *In His Own Image: Humanity, Divinity, and Monotheism.* Leiden: Brill.

LONGMAN III, T., 2016. *Genesis.* Story of God Bible Commentary. Grand Rapids: Zondervan.

LOUTH, A., ed. 2001. *Genesis 1—11.* Ancient Christian Commentary on Scripture: Old Testament. Vol. 1. Downers Grove, IL: InterVarsity.

McDOWELL, C., 2015. *The "Image of God" in Eden: The Creation of Mankind in Genesis 2:5-3:24 in Light of the mis pi pit pi and wpt-r Rituals of Mesopotamia and Ancient Egypt.* Winona Lake, IN: Eisenbrauns.

MIDDLETON, J. R., 2005. *The Liberating Image: The Imago Dei in Genesis 1.* Grand Rapids: Brazos.

IMANÊNCIA E TRANSCENDÊNCIA. Em contextos cristãos, a transcendência geralmente se refere à *distância* ou *diferença* epistemológica e/ou metafísica de alguma realidade — especialmente de Deus — insuperável do empírico ou do cotidiano, de tal modo que o transcendente não pode ser conhecido, estudado ou encontrado nos modos que as realidades mundanas são, pois não pode ser categorizado ou assimilado a (e não está "no mesmo nível de") nenhum deles. Do mesmo modo, a imanência se refere à *proximidade* ou *intimidade* de alguma realidade com este mundo em seus níveis mais profundos, embora, assim como ocorre com a transcendência, essa proximidade não resulta de similaridade ou integração e não significa que a realidade em questão pode ser entendida empiricamente.

A afirmação da transcendência de Deus — a não identidade radical de Deus com este mundo em qualquer aspecto — é um ponto básico da teologia bíblica, assim como da experiência mística. No entanto, isso é normalmente associado à afirmação da imanência de Deus — o contato radical "direto" de Deus até mesmo com os particulares mais íntimos deste mundo, bem como paradigmaticamente na celebração de sua presença penetrante e do conhecimento insuperável do Salmo 139, ou, ainda, na insistência de Isaías 40 na dependência unidirecional do mundo e de todas as nações no poder criativo de Deus.

Agostinho é responsável por grande parte da tradição teológica cristã em sua caracterização evocativa de Deus como — apesar de suas tentativas de evasão — "mais próximo do que o meu mais íntimo, mais alto do que o meu mais elevado" (*Confissões* 3.6.11). A identificação trinitária de Deus tem sido usada para interpretar a conjunção da transcendência e da imanência divinas: "Somente as pessoas do Filho e do Espírito agem diretamente na criação.

O Pai age no mundo somente por meio do Filho e do Espírito. Ele próprio permanece transcendente" (Pannenberg, 1991, p. 328).

As noções de transcendência e imanência atingem um ponto crucial do que dificulta o diálogo entre o cristianismo e as ciências naturais. Aquilo que é transcendente e/ou imanente não está sujeito à análise empírica, não pode ser incluído em um "catálogo" dos conteúdos do universo ou das regularidades que governam sua estrutura e dinâmica. Mas, então, qual é a relação, se houver, entre Deus, que é transcendente e imanente, e o mundo natural? Como essa relação é reconhecida e entendida?

A tese do **panenteísmo** (Clayton e Peacocke, 2004; Moltmann, 1993), na qual o mundo é entendido como estando *dentro*, mas (não como no **panteísmo**) sendo idêntico a Deus, é uma tentativa de fazer justiça tanto à transcendência quanto à imanência de Deus, quanto à dependência radical que o universo tem de Deus como sua origem criativa, embora não esteja totalmente claro o quanto de explicação adicional o panenteísmo realmente oferece. A tradicional afirmação cristã da transcendência e/ou imanência de Deus também levanta questões sobre a **ação divina**. Deus, que não faz parte deste mundo, causa eventos e resultados nele, conforme exigido pela **providência**, pela **revelação**, pelos **milagres**, e assim por diante, de certo modo ou de maneira análoga à conexão entre causas e efeitos aparente em nossa experiência cotidiana? Como Deus age em e dentro da ordem criada? A **informação**, a matéria ou a energia são criadas *ex nihilo*, inseridas de "fora" ou aniquiladas sem deixar resto? Essa possibilidade não teria consequências para os princípios de conservação que sustentam nossa compreensão e manipulação de eventos naturais? Ou é a causalidade divina um tipo diferente de coisa, em um "nível" diferente inteiramente da causalidade da criatura (Tomás de Aquino, *Suma Teológica*; Tanner, 2001)? Perguntas como essas permanecem em discussão.

Maurice Lee

REFERÊNCIAS E LEITURAS RECOMENDADAS

AGOSTINHO, (397-401) 2014-2016. *Confessions.* Tr. Carolyn J.-B. Hammond. Loeb Classical Library 26-27. Cambridge: Harvard University Press.

CLAYTON, Philip; Peacocke, Arthur, eds. 2004. *In Whom We Live and Move and Have Our Being: Panentheistic Reflections on God's Presence in a Scientific World.* Grand Rapids: Eerdmans.

MOLTMANN, Jürgen, 1993. *God in Creation: A New Theology of Creation and the Spirit of God.* Minneapolis: Fortress.

PANNENBERG, Wolfhart, 1991. *Systematic Theology.* Vol. 1. Grand Rapids: Eerdmans.

TANNER, Kathryn. 2001. *Jesus, Humanity and the Trinity: A Brief Systematic Theology.* Minneapolis: Fortress.

INDETERMINISMO.

Em termos simples, o **determinismo** é a ideia de que qualquer evento que acontece o faz necessariamente. Eventos deterministas têm uma causa, mas, de acordo com o determinismo, esses eventos não poderiam ter sido de outra forma; assim, em outro mundo possível, dadas as condições idênticas, os efeitos idênticos se seguiriam. Tecnicamente, enquanto o indeterminismo é simplesmente o contrário do determinismo, o indeterminismo muitas vezes se refere à aleatoriedade ou mesmo, de acordo com alguns, à falta de causa. No entanto, em discussões sobre agência pessoal, o **livre-arbítrio libertário** não se encaixaria em nenhuma das categorias. Essa é a opinião de que cabe ao agente ou ao eu provocar um evento em virtude de um certo objetivo em mente — o que **Aristóteles** chamou de causalidade *final*.

As discussões sobre o determinismo e o indeterminismo estão principalmente relacionadas a uma causalidade produtiva ou *eficiente* (ver **Quatro Causas de Aristóteles**). De acordo com a visão libertária do livre-arbítrio, mesmo se certos fatores (p. ex., o ambiente externo ou mesmo várias disposições ou inclinações internas) puderem influenciar a vontade, a responsabilidade é aceita pelo eu ou agente como a causa fundamental ou iniciadora de uma ação. (ver **Livre-arbítrio libertário**).

Entretanto, os conceitos de determinismo e indeterminismo são mais simples e claros quando aplicados à ciência física. Um evento indeterminista não tem nada que faça com que ocorra; é um **acaso** puro ou um evento aleatório. Uma teoria científica é determinista no caso de suas leis serem determinísticas. Além disso, uma noção aceita por muitos nas ciências é que todos os eventos na natureza são deterministas. Todavia, as evidências sugerem para alguns que existem complicações difusas no mundo físico.

À primeira vista, parece que a **física** clássica é determinista e a mecânica quântica, indeterminista. Considere primeiramente a física clássica. As leis da física formuladas antes do final do século XIX têm um caráter determinista. Por exemplo, expressar o desenvolvimento temporal de um sistema envolvendo interações mecânicas por meio das leis de Newton envolve a solução de equações diferenciais de segunda ordem, incluindo a especificação das condições iniciais (posições e velocidades) para os componentes do sistema.

Isso é determinista. Mas a **teoria do caos** foi desenvolvida no século XX, quando se percebeu que, para muitos sistemas físicos, as condições iniciais não podem ser inerentemente especificadas com precisão suficiente para permitir a determinação inequívoca da evolução desses sistemas no tempo. O resultado é que, embora um sistema possa ser representado por equações determinísticas, não pode haver determinação satisfatória do comportamento do sistema na ausência de condições iniciais especificadas suficientemente precisas. E, portanto, qualquer sistema é indeterminista no sentido de que a determinação precisa de sua evolução temporal é limitada se o requisito preciso da condição inicial não for atendido.

A versão de Schrödinger da **teoria quântica** nos dá uma boa explicação para muitos fenômenos microscópicos (ver **o gato de Schrödinger**). Por exemplo, a meia-vida de um núcleo radioativo pode ser calculada com sucesso usando a equação de movimento quântico de Schrödinger e o conhecimento das forças nucleares relevantes. Esse resultado aplica-se apenas ao comportamento médio dos núcleos radioativos de interesse, pois o tempo de deterioração de um núcleo individual não pode ser determinado completamente. Tudo o que se pode saber é que existe uma **probabilidade** de 50% de que um núcleo individual se deteriorará em algum momento dentro de um intervalo de tempo de meia-vida. Se e quando a deterioração ocorrerá não pode ser determinado com mais precisão do que isso. No entanto, a meia-vida média medida de uma amostra estatisticamente grande o suficiente será a meia-vida prevista resultante do cálculo quântico.

E assim, a versão de Schrödinger da mecânica quântica é inerentemente indeterminista. Mas uma versão alternativa, desenvolvida por Louis de Broglie e David Bohm, usa as chamadas *ondas-piloto*, que evoluem de maneira determinista. Assim, temos interpretações quânticas deterministas, não meramente indeterministas.

A conclusão, porém, é que a física clássica determinista de Newton é uma versão da física que pode ser usada para colocar uma pessoa em nossa lua e que possa calcular o próximo eclipse solar, mas que também tem alguns aspectos indeterministas. E ainda há debate entre os físicos sobre o *status* da teoria quântica, uma teoria que pode prever com sucesso a existência de algumas partículas elementares exóticas como o bóson de Higgs, mas não pode nos dizer precisamente quando um núcleo de Césio-137 vai se deteriorar. Embora um cálculo da mecânica quântica

416 INDETERMINISMO

possa fornecer uma previsão definitiva da meia-vida para um núcleo de Césio-137 e, portanto, permita determinar um número preciso de tais deteriorações ao longo de um dado período para uma amostra estatisticamente significativa, o que se pode saber com relação a um único núcleo de Césio-137 é que este tem 50% de chance de sobreviver pelo tempo de meia-vida, que é de 30 anos.

Indeterminismo e teologia

Indeterminismo também cai na categoria de presciência divina e a doutrina de Deus. Há várias posições que os teólogos assumem nessa questão, desde a posição clássica conhecida como a teoria agostiniana-calvinista em uma extremidade desse espectro, até a teoria oposta do **teísmo aberto**, com pelo menos duas teorias intermediárias de uma perspectiva calvinista modificada — a simples presciência e a posição arminiana/molinista do conhecimento médio.

Em resumo, na teoria agostiniana-calvinista (reformada), Deus sabe tudo o que acontecerá, visto que ele preordena a todos. A posição de conhecimento mediano sustenta que Deus sabe tudo o que acontecerá — o mundo real que Deus escolhe criar, que inclui escolhas livres de criaturas —, além do que teria acontecido (isto é, mundos possíveis) se ele tivesse criado um universo diferente do nosso. A teoria simples da presciência é que Deus simplesmente sabe o que acontecerá. Por fim, a posição aberta-teísta é que o futuro está parcialmente aberto ao conhecimento de Deus, pois ele não pode saber quais decisões os agentes livres farão, e até certas características dos processos naturais são desconhecidos de Deus. Grande parte dessa discussão se concentra no conhecimento de Deus sobre as ações humanas, mas também tem havido alguma discussão científica, principalmente por cientistas-teólogos que estão interessados na presciência de Deus sobre o desdobramento dos processos científicos.

Existe concordância de que Deus é onisciente e conhece toda a realidade perfeitamente. A questão chave é: qual é o conteúdo dessa realidade? E como isso está relacionado com a doutrina da criação? O conteúdo do conhecimento infalível de Deus é exaustivamente estabelecido desde toda a eternidade, mas alguns diriam que a realidade é composta de aspectos estabelecidos e abertos, ao passo que outros diriam que toda a realidade está resolvida. Para colocar de outra forma, a realidade é composta de ambos aspectos resolvidos e abertos, de acordo com o

teísmo aberto. Deus resolve tudo o que ele quer resolver e, portanto, sabe perfeitamente o que quer. Mas ele deixa em aberto tudo o que escolhe para deixar em aberto e, portanto, sabe tanto do futuro quanto possível sob essa posição kenótica. O resultado é que existe certa quantidade de abertura, tanto para a humanidade quanto para os processos de criação. Uma questão chave nessa discussão é a seguinte: "Esta posição de abertura teísta é crível?" A resposta tem ramificações que resultam em pessoas que tomam suas próprias decisões livres, em um universo/terra que se desenvolve de forma livre, em um Deus que altera processos físicos em resposta a **orações** humanas e em Deus que responde como ele observa o resultado dessa liberdade no universo e na terra.

Muitos teólogos interessados em sustentar que Deus ativamente responde à oração quase necessariamente apoiam a conclusão de que existe uma verdadeira abertura no processo físico e, portanto, tendem a apoiar a posição teísta aberta. Por exemplo, **John Polkinghorne** sustenta a ideia de um componente de livre-arbítrio para os seres humanos e de livre processo para os mundos em desenvolvimento físico e biológico. Mas essa é uma liberdade limitada, pois a combinação de acaso e necessidade — ou, em outras palavras, a ideia de aleatoriedade legítima — caracteriza o relacionamento de Deus com a humanidade e com a criação. No entanto, essa aleatoriedade/indeterminação é cercada pelas leis físicas do universo, o que dá ao universo, à terra e à vida na terra a capacidade de explorar/desenvolver não de um modo aleatório, mas de uma maneira verdadeiramente exploradora, porém limitada pelas características e leis do universo.

Essas características finamente ajustadas e as leis do universo resultaram em vida senciente em nossa terra em desenvolvimento 13,8 bilhões de anos pós-*big bang*. Além disso, Deus (muitas vezes) responde à oração de maneira oculta à investigação científica, mas de uma forma que os seguidores de Jesus podem observar. E com a meta de Deus para o universo claramente à sua vista, Deus é capaz de responder à oração e às ações da humanidade e da criação como apenas mestre improvisador pode fazer para eventualmente produzir o resultado escatológico de sua escolha.

Richard F. Carlson

REFERÊNCIAS E LEITURAS RECOMENDADAS

BEILBY, James K.; Eddy, Paul R., eds. 2001. *Divine Foreknowledge: Four Views.* Downers Grove, IL: InterVarsity.

Bishop, Robert C., 2006. "Determinism and Indeterminism." In *Encyclopedia of Philosophy*, 3:29-35. 2nd ed. Farmington Hills, MI: Thomson Gale.

D'Espagnat, Bernard, 1989. *Reality and the Physicist*. Cambridge: Cambridge University Press.

Polkinghorne, John, 1989. *Science and Providence*. London: SPCK.

_____. 1994. *The Faith of a Physicist*. Princeton, NJ: Princeton University Press.

_____. 1998. *Science and Theology: An Introduction*. London: SPCK.

Ware, Bruce A., ed. 2008. *Perspectives on the Doctrine of God: Four Views*. Nashville: B&H Academic.

INDUÇÃO, PROBLEMA DE. Quando você inferir que choverá, baseado na observação de nuvens escuras e em sua experiência anterior de que tais nuvens levam à chuva, você está fazendo um argumento indutivo. A indução pode ser contrastada com a dedução. Em um argumento dedutivo válido, a conclusão do argumento é garantida como verdadeira se as premissas forem verdadeiras. Existem vários tipos de argumentos indutivos, mas uma coisa que eles têm em comum é que não garantem suas conclusões. Sua inferência de que vai chover pode ser boa, mas o resultado não é garantido. Ou, para dar outro exemplo, o fato de que todas as esmeraldas *observadas* são verdes não garante que *todas* as esmeraldas sejam verdes. Talvez seja razoável acreditar na conclusão ou dizer que a conclusão é provavelmente verdadeira, mas que, de fato, pode ser falsa. A indução está, portanto, intimamente relacionada ao raciocínio científico e ao raciocínio evidencial de maneira mais geral. Evidências são tomadas para apoiar ou confirmar uma hipótese, mas isso não garante que a hipótese seja verdadeira, uma vez que novas evidências poderiam minar a hipótese.

David Hume levantou uma questão séria sobre o raciocínio indutivo, que é conhecido como o problema da indução. Ele argumentou que não há justificativa para aceitar as conclusões dos argumentos indutivos; em outras palavras, ele alegou que não pode haver nenhum argumento dedutivo no apoio à indução porque o raciocínio dedutivo não pode nos levar de casos observados a casos não observados, e qualquer tentativa de fornecer um argumento indutivo em apoio à indução suscitaria uma pergunta. É importante enfatizar a natureza radical de seu argumento. Considere novamente o exemplo de inferir a chuva das nuvens escuras. Pode-se pensar que é justificável acreditar que provavelmente choverá mesmo se não tivermos razão para acreditar que realmente choverá, mas Hume negou isso. Para ele, não há justificativa para acreditar na conclusão de um argumento indutivo. Além disso, qualquer relato satisfatório de indução deve lidar não apenas com o problema de Hume, mas também com o "novo enigma da indução" de Nelson Goodman (Goodman, 1983).

Diversas respostas foram dadas ao problema da indução. **Karl Popper** concordou com Hume em que a indução não poderia ser justificada, mas ele tentou dar conta da racionalidade da ciência sem ela. No entanto, objeções significativas à abordagem de Popper foram levantadas, e está longe de ficar claro se ele era realmente capaz de evitar a indução de qualquer maneira.

Alguns argumentaram que a indução é justificada porque o que *queremos* dizer com a justificativa em acreditar em uma hipótese com base em evidências é que estamos aplicando padrões indutivos. Outros argumentaram que o sucesso passado do raciocínio indutivo justifica indução. Claro, esse é um argumento indutivo em si, mas seus defensores afirmaram que o raciocínio circular envolvido aqui não é fatal para seu argumento. Outros ainda propuseram uma justificação pragmática da indução que não afirma que a indução leva à verdade, mas que, se há uma verdade a ser encontrada, a indução é a melhor maneira de encontrá-la.

Por fim, dado o sucesso do raciocínio bayesiano como uma abordagem à inferência científica, ele poderia ser visto como uma resposta ao problema da indução (ver **Teorema de Bayes**). O bayesianismo fornece uma justificativa para atualizar as crenças com base em evidências, e alguns resultados formais mostram como isso pode convergir para a verdade. Entretanto, não há consenso de que essa abordagem, ou qualquer uma das outras mencionadas, forneça uma resolução completamente satisfatória para o problema da indução.

David Glass

REFERÊNCIAS E LEITURAS RECOMENDADAS

Goodman, Nelson, 1983. *Fact, Fiction, and Forecast*. 4th ed. Cambridge, MA: Harvard University Press.

Huber, Franz, 2007. "Confirmation and Induction", em *The Internet Encyclopedia of Philosophy*, ISSN 2161-0002. (acessado em 3 de julho de 2015) www.iep. utm.edu/conf-ind/.

Swinburne, Richard, ed. 1974. *The Justification of Induction*. Oxford: Oxford University Press.

INFERÊNCIA PARA A MELHOR EXPLICAÇÃO. Diferindo tanto da **dedução** quanto da **indução**, a inferência para a melhor explicação (IME), ou abdução, como também é conhecida, é um modo de raciocínio que dá prioridade a considerações explicativas. Quando um detetive infere que Jones cometeu o crime porque essa hipótese explica melhor todas as evidências do que qualquer outra hipótese, uma IME foi empregada. Então, Sherlock Holmes está incorreto quando descreve seu raciocínio como *dedutivo*, já que ele é mais precisamente caracterizado como *abdutivo*. Esse tipo de raciocínio é comum na vida cotidiana, no diagnóstico médico e na ciência em geral. Em geral, alega-se, por exemplo, que os cientistas decidem entre hipóteses concorrentes com base em quão bem eles explicam as evidências relevantes.

Apesar de seu apelo intuitivo, o IME tem sido objeto de considerável discussão e debate. A questão de como as hipóteses devem ser comparadas em termos de coerência explicativa é de importância central. Geralmente se recorre a diversas virtudes explanatórias, como simplicidade, escopo, coerência, adequação a outras teorias, poder explicativo (ou preditivo) etc. A ideia é que a melhor explicação é aquela mais bem classificada no geral. Em determinado caso, uma explicação pode ser melhor para algumas virtudes, porém, uma explicação diferente pode ser aplicada a outras virtudes, o que significa que fazer uma comparação pode ser difícil. Em outros casos, uma explicação pode ser muito melhor em uma ampla gama de virtudes e, assim, facilitar a comparação.

Como forma não dedutiva de inferência, a IME não garante a verdade do que é inferido. À luz disso, parece mais razoável inferir que a melhor explicação é verdadeira, mas que é provável ou aproximadamente verdadeira. Uma questão adicional, levantada pelo filósofo **Bas van Fraassen**, é que a inferência feita, quando se usa a IME, depende de que explicações são consideradas em primeiro lugar. Se a lista de possíveis explicações consideradas em determinado caso não contém a explicação verdadeira, então a verdade não pode ser encontrada, e uma inferência será feita com o melhor dos dados disponíveis. Por essa razão, uma versão mais plausível da IME alegará apenas que é *mais provável* que a melhor explicação seja verdadeira (ou que esteja mais próxima da verdade) do que as alternativas que foram consideradas. No entanto, se houver boas razões para pensar que a lista de possíveis explicações esgota todas as opções, é possível justificar uma conclusão mais consistente.

Outra objeção à IME, levantada por van Fraassen, diz respeito à sua relação com o raciocínio bayesiano (ver **Teorema de Bayes**). De modo geral, seu argumento é o seguinte: se a IME é formulada em termos de **probabilidade**, ela envolverá a atualização de crenças de modo semelhante ao bayesianismo nos casos em que a IME for redundante ou estiver em conflito com o bayesianismo, que, nesse caso, é irracional. Muitos defensores da IME argumentam que é compatível com o bayesianismo, mas isso não significa que ela seja redundante. Eles argumentam que considerações explicativas podem desempenhar um papel fundamental na implementação do bayesianismo; já outros argumentaram que a IME pode ser racional mesmo que, de certo modo, contradiga o bayesianismo.

Por último, a IME é frequentemente usada em debates sobre a existência de Deus, particularmente no contexto de argumentos de *design*, mas também é empregada em argumentos para crenças especificamente cristãs. Por exemplo, a **ressurreição de Jesus** é frequentemente apresentada como a melhor explicação de uma série de evidências relacionadas aos eventos após a crucificação.

David Glass

REFERÊNCIAS E LEITURAS RECOMENDADAS

Douven, Igor, 2011. "Abduction", em *Stanford Encyclopedia of Philosophy*, ed. Edward N. Zalta. http://plato.stanford.edu/archives/spr2011/entries/abduction/.

Lipton, Peter, 2004. *Inference to the Best Explanation*. 2nd ed. London: Routledge.

van Fraassen, Bas, 1989. *Laws and Symmetry*. Oxford: Clarendon.

INFINIDADE. O termo *infinito* descreve algo sem limites — sem começo, sem fim ou ambos. Estritamente falando, a quantidade infinita pode incluir eventos, pontos, causas, espaço, tempo e muito mais.

Remontando a Aristóteles, os filósofos distinguiram entre dois tipos de infinitos: *potenciais* e *reais*. Um infinito potencial surge adicionando continuamente um novo membro a uma série em um processo contínuo e sem fim. Em qualquer ponto, o número de membros da série é finito, mas o número cresce sem limite. Por exemplo, supondo que nada faça com que o universo cesse, a passagem do tempo representa um infinito potencial. Em contrapartida, um infinito real ocorre quando um conjunto completo contém um número ilimitado de membros. Cientistas, teólogos, filósofos e matemáticos debatem se um infinito real pode de fato existir.

Várias discussões filosóficas, teológicas e científicas envolvem o conceito de infinito. O paradoxo do movimento de Zenão usa a divisibilidade infinita da distância para argumentar a favor da impossibilidade de movimento. O paradoxo de Olbers observa que um universo infinitamente grande e eterno (a visão científica prevalecente do universo no início do século XIX) resulta em um céu tão brilhante quanto o sol em todos os pontos. Na matemática, o trompete de Torricelli (ou o chifre de Gabriel), quando estendido a um comprimento infinito, pode conter apenas uma quantidade finita de tinta, mas requer uma quantidade infinita de tinta para cobrir sua superfície. Vários filósofos cristãos e islâmicos defendiam um começo para o universo, pois um universo eterno exigiria a travessia de um regresso temporal infinito (ver Craig, 2000). Mais recentemente, físicos de partículas recorreram a infinidades em cálculos de quantidades mensuráveis, confirmadas por resultados de experimentos com aceleradores.

Matemáticos, cientistas e filósofos abordam infinitos com diferentes preocupações (ver **Matemática**). Os matemáticos partem de alguns postulados e usam regras matemáticas bem estabelecidas para derivar outras afirmações verdadeiras. Os cientistas buscam determinar a maneira correta de entender como o universo opera e utilizam testes extensivos que comparam diferentes modelos baseados matematicamente com observações do universo para avaliar qual modelo funciona melhor. Os filósofos avaliam proposições diferentes de acordo com princípios construídos a partir de conceitos lógicos fundamentais, como a lei de causa e efeito ou a lei da não contradição. A questão fundamental, então, é como os infinitos interagem com esses esforços matemáticos, científicos e filosóficos, e se os infinitos reais podem existir no mundo real.

Durante o final do século XIX e início do século XX, o matemático Georg Cantor formalizou um sistema matemático consistente para descrever e ordenar séries infinitas dentro do contexto da teoria dos conjuntos (uma teoria fundamental da matemática), trabalho este que trouxe infinitos confortavelmente para o mundo matemático.

No entanto, uma preocupação filosófica principal diz respeito a como os infinitos afetam conceitos fundamentais, como a lei da não contradição (duas afirmações contraditórias não podem ser ambas verdadeiras no mesmo sentido ao mesmo tempo). A existência de um infinito real parece violar (ou pelo menos modificar) esse princípio.

Considere um hotel hipotético, articulado em primeiro lugar pelo matemático David Hilbert, que contém um número infinito de salas. Quando um número infinito de jogadores de futebol chega, eles "enchem" o hotel (mais precisamente, os jogadores podem ser colocados em uma correspondência de um-para-um com os quartos do hotel). Quando um segundo número infinito de jogadores de beisebol chega, eles também se encaixam no hotel "cheio". O dono do hotel simplesmente move cada um dos jogadores de futebol para a sala com o dobro do número atual (1 se move para 2, 2 se move para 4, 3 se move para 6, e assim por diante). Isso deixa o número infinito de quartos ímpares desocupados. Em forma aritmética, infinito + infinito = infinito, ou 2 x infinito = infinito.

Hilbert originalmente propôs o exemplo do hotel para demonstrar a natureza contraintuitiva de quantidades infinitas em comparação com quantidades finitas. Sua ilustração sequer lida com os diferentes níveis de infinito delineados por Cantor. Por exemplo, o conjunto de números de contagem é um infinito menor que o conjunto de números reais. No entanto, muitos filósofos afirmam que o hotel de Hilbert leva a conclusões absurdas e, portanto, infinitos reais não devem existir.

Os físicos invocam infinidades quando tentam entender como o universo se comporta em escalas grandes e pequenas. Na teoria quântica de campo (TQC), os cálculos necessários para determinar as características mensuráveis e o comportamento das partículas subatômicas resultam em valores infinitos. No entanto, o método bem definido chamado *renormalização* subtrai outras quantidades infinitas para chegar a números finitos que os físicos comparam com dados coletados a partir de instrumentos sensíveis ao redor de poderosos aceleradores de partículas. Reminiscente do hotel de Hilbert, quantidades infinitas subtraídas de outras quantidades infinitas resultam em quantidades finitas bem definidas que correspondem a medições no mundo real. Um ponto merece destaque: os infinitos na TQC geralmente resultam do tratamento de partículas fundamentais como ponto material; isto é, sem tamanho discernível. Por exemplo, qualquer cálculo relacionado à densidade da partícula leva a um valor infinito. Muitos físicos consideram esse valor um artefato de uma teoria incompleta, resultando em um nível crescente de interesse e apoio a modelos como a teoria das cordas, na qual o tamanho finito das partículas elimina muitos, se não todos, os infinitos que surgem na TQC.

Infinidades também se aplicam a outra teoria altamente bem-sucedida chamada *relatividade geral*. Toda

420 INFORMAÇÃO

massa exerce uma atração gravitacional, descrita pela relatividade geral, em qualquer outra massa no universo. Essa atração atrai a massa para um centro comum e, a menos que alguma força repulsiva neutralize a atração gravitacional, a massa colapsa até um ponto de densidade infinita chamado *buraco negro*. Novamente, o infinito aparece porque a massa termina em um ponto com volume zero. Os cientistas veem o infinito como um indicador de que a relatividade geral se decompõe e que uma teoria quântica mais abrangente da gravidade descreverá os buracos negros sem infinitos. No entanto, uma regressão temporal infinita associada a um universo eterno passado não parece incomodar a maioria dos cientistas.

Os cosmólogos também encontram infinitos à medida que tentam entender o comportamento em grande escala do universo. Um crescente corpo de evidências mostra que o universo passou por uma época inflacionária nas primeiras frações de segundo da sua origem. À medida que os cosmólogos constroem modelos para explicar o mecanismo por trás dessa inflação, os modelos geralmente levam à conclusão de que o universo é parte de um multiverso muito maior (múltiplos universos). O número de universos, todos experimentando um começo como este, cresce sem limites, assim como as dimensões espaciais do universo. Embora ambos os infinitos representem presumivelmente os infinitos em potencial, muitos cientistas argumentam que um número infinito de universos espacialmente infinitos explica adequadamente, sem necessidade de Deus, o ajuste fino observado para a vida no universo (ver **Multiverso**; Guth, 1997).

O infinito desempenha um papel proeminente em argumentos apologéticos para o início do universo. Por exemplo, se o universo existisse para sempre, houve uma série infinita de eventos temporais para se chegar a este ponto. Essa série infinita de eventos representaria um infinito real. Se infinitos reais não podem existir, então é possível argumentar definitivamente que o universo deve ter um começo — uma conclusão que diretamente sustenta a segunda premissa do **argumento cosmológico** de kalam.

1. Tudo o que tem um começo de sua existência tem uma causa de sua existência;
2. o universo tem um começo de sua existência; logo
3. o universo tem uma causa de sua existência. (Craig, 2000)

Considere como filósofos, matemáticos, cientistas e teólogos podem abordar a proposição de um infinito real, como um universo espacialmente infinito. Um filósofo pode argumentar contra tal proposição observando que os infinitos reais levam à contradição. O matemático pode argumentar que não existem contradições porque tudo neste universo espacialmente infinito se comporta adequadamente de acordo com as regras bem definidas da teoria dos conjuntos infinitos. O cientista pode acrescentar que devemos explicar a natureza finita dos instrumentos de medição (a saber, humanos) antes de declarar algo contraditório. O teólogo poderia esclarecer que um universo espacialmente infinito não precisa entrar em conflito com um Deus soberano, porque Deus seria o nível mais alto do infinito. No entanto, infinitos reais (quantitativos) não precisam existir para explicar os atributos de Deus, como a onisciência (um infinito qualitativo).

Cientistas, teólogos, filósofos e matemáticos continuarão debatendo a existência dos infinitos reais, no entanto, todos concordam que algo é finito *ou* infinito. Um universo finito não pode crescer para ser infinito em qualquer tempo finito, nem poderia um universo infinito ser subdividido em conjuntos finitos.

Jeff Zweerink

REFERÊNCIAS E LEITURAS RECOMENDADAS

CRAIG, William Lane, 2000. *The Kalam Cosmological Argument*. Repr. ed. Eugene, OR: Wipf and Stock.
DAUBEN, Joseph Warren, 1990. *Georg Cantor: His Mathematics and Philosophy of the Infinite*. Princeton, NJ: Princeton University Press.
GUTH, Alan, 1997. *The Inflationary Universe*. Reading, MA: Addison-Wesley.

INFORMAÇÃO. "No princípio era a Palavra". Essa abertura do Evangelho de João serviu como uma rica fonte para reflexão teológica. As palavras são os instrumentos para transmitir intenções, assegurar significados e demonstrar inteligência. O interessante é que a palavra, desenvolvida pela moderna teoria da informação, não é meramente de significado teológico ou filosófico, mas também um objeto apropriado do estudo científico.

A Teoria da Informação moderna é inspirada em Claude Shannon (Shannon e Weaver, 1949), um matemático ativo principalmente nos anos 1930 e 1940. Durante esse tempo, como estudante no MIT e, posteriormente, como pesquisador na Bell Labs, ele estava preocupado com "a transmissão da inteligência", como ele a chamava. Por viver em uma era de telefones e rádios, ele precisava transmitir sinais através dos canais de comunicação e fazê-lo de forma confiável na presença de ruído. Sua teoria da informação mostrou como fazer isso de maneira eficiente e como neutralizar os efeitos do ruído.

A teoria da informação de Shannon foi subsequentemente generalizada e extraída para uma compreensão mais profunda da natureza. Para ele, a informação estava confinada a cadeias de símbolos codificadas e transmitidas pelos canais de comunicação. Mas o conceito de informação implícito na teoria de Shannon é consideravelmente mais amplo, visto que, em seu núcleo, a informação é sobre a transmissão de padrões. Para Shannon, os padrões tomavam a forma de cadeias de símbolos particulares transmitidas por engenheiros de comunicação. Mas, onde quer que haja padrões, há informação.

Os padrões, pela própria natureza, são distintos, tomando uma forma para a exclusão de outras. De fato, poderíamos inverter isso: onde quer que exista uma exclusão-inclusão, há um padrão significando o que foi incluído no lugar do que foi excluído. Segue-se que a informação está no cerne de todo ato inteligente, pois as inteligências agem decidindo sobre um curso de ação com a exclusão de outras.

Em seu livro *Orthodoxy* [Ortodoxia], G. K. Chesterton destacou o seguinte ponto: "Todo ato de vontade é um ato de autolimitação, e desejar ação é desejar a limitação. Nesse sentido, todo ato é um ato de autossacrifício. Quando você escolhe qualquer coisa, rejeita todo o restante... Todo ato é uma seleção e exclusão irrevogáveis" (Chesterton, 1986, 243). Quando agimos, imprimimos um padrão na realidade, um padrão que teria sido diferente se tivéssemos agido de forma diferente.

A informação pode, portanto, apropriadamente ser concebida como um verbo em vez de um substantivo, como uma força ativa em vez de um objeto passivo. Com certeza, muitas vezes falamos de itens de informação, como em um livro cujo texto, obviamente, contém informações. Mas as informações nesse livro podem ser representadas de várias maneiras. O que é crucial sobre a informação em um livro é como seu padrão textual foi concebido e transmitido. Informação é sobre dar forma a algo; trata-se de transformação, tomando algo sem um determinado padrão e, em seguida, dando-lhe esse padrão.

Informação é como a inteligência é transmitida; por esse motivo, a informação é um conceito-chave no *design*

inteligente. O tipo de informação mais utilizado entre os teóricos do *design* é a de **complexidade especificada**.

William A. Dembski

REFERÊNCIAS E LEITURAS RECOMENDADAS

CHESTERTON, G. K., 1986. *Orthodoxy.* In *Collected Works of G. K. Chesterton.* Vol. 1. San Francisco: Ignatius.

DEMBSKI, William A., 2014. *Being as Communion: A Metaphysics of Information.* Surrey, UK: Ashgate.

GLEICK, James, *The Information: A History, a Theory, a Flood.* New York: Vintage.

SHANNON, C.; Warren Weaver. 1949. *The Mathematical Theory of Communication.* Urbana: University of Illinois Press.

INSTITUTE FOR CREATION RESEARCH. O

doutor **Henry M. Morris** (1918-2006), coautor do livro *The Genesis Flood* [O dilúvio de Gênesis], pai do movimento criacionista moderno e ex-acadêmico universitário, fundou o Institute for Creation Research [Instituto para Pesquisa da Criação] (ICR) em 1972. O ICR é um instituto cristão de apologética com o objetivo de fornecer pesquisa, educação e comunicações que promovam e defendam os princípios do criacionismo científico e do criacionismo bíblico.

Em suma, o ICR promove a inerrância bíblica e a compreensão de que a Bíblia pode ser lida literalmente para entender fatos científicos e históricos sobre o mundo em que vivemos. Uma declaração mais completa de seus princípios pode ser encontrada em seu *site* (ICR, "Principles of Scientific Creationims"). A pesquisa, o material educacional e os princípios científicos promovidos pelo ICR são aceitos na comunidade evangélica, mas foram fortemente rejeitados e ridicularizados pela academia tradicional, a **American Scientific Affiliation** [**Associação Científica Americana**], o **National Center for Science Education** [**Centro Nacional para Educação de Ciência**] (NCSE), entre outros (Numbers, 1993).

O doutor Henry Morris teve uma impressionante carreira acadêmica em engenharia em várias universidades entre 1942 e 1970, ocupando cargos de instrutor a chefe de departamento nas faculdades de Rice, na Universidade de Minnesota, na Universidade de Lafayette, na Universidade do Sul de Illinois e no Instituto Politécnico e Universidade Estadual da Virginia. As tensões aumentaram com a sua teoria sobre a **geologia** diluviana durante a década de 1960, até que ele deixou voluntariamente o Instituto Politécnico e a Universidade Estadual da Virgínia (Virginia Tech) em 1970. Ao sair, o dr. Morris e o dr. Timothy

LaHaye, autores da série *Deixados para trás*, cofundaram o Christian Heritage College (agora San Diego Christian College) em 1970, com a intenção de fornecer educação cristã para treinar tanto o coração quanto a mente, construída com base em uma estrutura de literalismo bíblico e incluindo o criacionismo científico baseado na interpretação da Terra jovem de Gênesis.

Morris lançou o Creation Science Research Center [Centro de Pesquisa da Ciência da Criação] como um complemento da universidade, mas a liderança dentro da organização estava em conflito sobre as metas do centro, levando Morris a reorganizá-lo como o Institute for Creation Research em 1972. O ICR manteve sua afiliação com o Christian Heritage University até o início dos anos 1980. Em 2007, o instituto se mudou da Califórnia para Dallas, no Texas, após a morte de seu fundador. O ICR é atualmente liderado pelo Dr. Henry Morris III (presidente) e pelo Dr. John D. Morris (presidente). A ICR orientou **Ken Ham** entre 1987 e 1994, quando ele saiu para fundar a **Answers in Genesis** (**Respostas em Gênesis**).

Douglas Futuyma (1995) e o NCSE observaram que a função de pesquisa do ICR tem um forte número de seguidores dentro da comunidade científica criacionista e da comunidade de ensino domiciliar, fracassando em ser aceita pela comunidade científica dominante ou por uma grande parte da comunidade evangélica mais ampla. Alguns proeminentes líderes evangélicos, como Albert Molher e John MacArthur, promovem o **criacionismo da Terra jovem** e o ICR. O ICR foi ridicularizado pela comunidade científica, com mais de 109 organizações científicas e acadêmicas denunciando seus princípios básicos (NSCE, 2014). Outras organizações cristãs, incluindo a American Scientific Affiliation, **Reasons to Believe** [Razões para acreditar] e **BioLogos** também criticaram suas pesquisas. Autores como **Bernard Ramm** (1954), Alan Hayward (1995), **Hugh Ross** (1994), Andrew Balian (2011) e David Snoke (2006) documentaram erros e falácias lógicas dentro do material ICR. Até mesmo o Answers in Genesis, a organização criacionista da Terra jovem fundada por Ken Ham, denunciou algumas das ciências da criação do ICR (AiG, 2014).

O ICR enfrentou muitos obstáculos ao estabelecer programas de educação científica e de pós-graduação entre 1980 e 1990 na Califórnia, mas recebeu acreditação em 1982 da Transnational Association of Christian Colleges (Associação Transnacional de Faculdades e Escolas Cristãs — TRACS). O ICR entrou com uma ação e foi posteriormente premiado com um acordo e permissão do Estado da Califórnia para continuar seu programa de pós-graduação. As questões legais continuaram quando o ICR se mudou para o Texas em 2007, levando a organização a encerrar seu programa de pós-graduação após várias rodadas de rejeição pelo Conselho de Coordenação do Ensino Superior do Texas (THECB) e finalmente uma decisão do Tribunal Distrital do Distrito Oeste do Texas. Em 2010, o conselho de diretores do ICR votou pelo fechamento de seu programa de educação científica e pela abertura de uma Escola de Apologética Bíblica (NCSE, 2010; Numbers, 1993).

O ICR tem tido muito sucesso em sua função de comunicação, tendo publicado inúmeros livros, DVDs, comentários bíblicos e materiais relacionados. Representantes do ICR participam e debatem regularmente com os principais cientistas. O Dr. **Duane Gish** foi provavelmente o debatedor mais conhecido do ICR, tendo uma vez debatido a personalidade da mídia e autor Phil Donahue.

O ICR publica uma revista mensal, *Acts & Facts* [Atos e Fatos], programas multimídia, aplicativos para celular e livros.

Jonathan Howard Fisher

REFERÊNCIAS E LEITURAS RECOMENDADAS

AiG, 2014. "Arguments to Avoid." Answers in Genesis. https://answersingenesis. org/creationism/arguments-to-avoid/.

BALIAN, Andrew S., 2011. *The Unintended Disservice of Young Earth Science*. Charleston, SC: Christian Research.

FLANK, Lenny, 2007. *Deception by Design: The Intelligent Design Movement in America*. St. Petersburg, FL: Red and Black.

FUTUYMA, Douglas J., 1995. *Science on Trial: The Case for Evolution*. Sunderland, MA: Sinauer.

HAYWARD, Alan, 1995. *Creation and Evolution: Rethinking the Evidence from Science and the Bible*. Bloomington, NM: Bethany House.

ICR, "Principles of Scientific Creationism." Institute for Creation Research. Acessado em 10 de outubro de 2016. www.icr.org/tenets/.

MORRIS, Henry; Whitcomb, John C., 2011. *The Genesis Flood, 50th Anniversary Edition*. Phillipsburg, NJ: P&R.

NCSE, 2010. Glenn Branch. "ICR Concedes Defeat over Its Graduate School." National Center for Science Education. 1 de setembro. http://ncse.com/news/2010/09/icr-concedes-defeat-over-its-graduate-school-006160.

_____. "Statements from Scientific and Scholarly Organizations." National Center for Science Education. Acessado em 10 de outubro de 2016. http://ncse.com/media/voices/science.

NUMBERS, Ronald, 1993. *The Creationists: The Evolution of Scientific Creationism*. Berkeley: University of California Press.

RAMM, Bernard, 1954. *The Christian View of Science and Scripture*. Grand Rapids: Eerdmans.

Ross, Hugh, 1994. *Creation and Time*. Colorado Springs: NavPress.

SNOKE, David, 2006. *A Biblical Case for an Old Earth*. Grand Rapids: Baker.

INSTRUMENTALISMO

INSTRUMENTALISMO. Em linhas gerais, as ideias modernas de instrumentalistas remontam a **Francis Bacon** (1561-1626), que defendia uma metodologia indutiva voltada para a previsão e o controle (Bacon, [1620] 2000) como o caminho apropriado para o conhecimento, concebido como poder sobre natureza, com o objetivo final de encontrar uma panaceia para a condição humana e criar uma utopia social (Bacon, [1626] 1996). Nessa linha indutivista, mediada pelo **empirismo** e por uma concepção evolutiva de conhecimento influenciada por Hegel e Darwin, o pragmatista americano John Dewey (1859-1952) explicitamente se apropriou do termo *instrumentalismo* como o nome de sua filosofia (ver **Indução, Problema de**).

Dewey sustentava que as ideias deveriam ser avaliadas experimentalmente e experiencialmente em termos de sua utilidade adaptativa para o progresso benéfico no manejo da natureza e da sociedade humana (Dewey, [1910] 1997, [1920] 1957, 1922, [1938] 1991).

O relato de Dewey sobre conceitos, sejam eles científicos ou não, os tratou funcionalmente como ferramentas para a ação racional direcionada à integração, previsão e controle do mundo de nossa experiência. Evitando o que ele chamou de "teoria do espectador", que diferenciaria entre saber e fazer, representação e realidade, Dewey tornou o conhecimento inseparável dos contextos de investigação experimental, levando-o a uma visão da verdade como assertividade instrumentalmente garantida em vez de correspondência representacional com o mundo (Dewey, 1941). Sua abordagem rejeitou o **dualismo** entre teoria e observação e qualquer noção de que as teorias científicas fossem representações de uma realidade metafísica independente.

A maioria dos filósofos sustentaria que dizer que algo é verdadeiro é conceitualmente diferente de dizer que sua asserção é assegurada, e, portanto, rejeitariam a explicação de Dewey da verdade — bem como os relatos pragmatistas da verdade em geral — como erros de categoria que não respeitam o significado do predicado da verdade. Em particular, tanto **Hans Reichenbach** quanto **Bertrand Russell** criticaram duramente a abordagem de Dewey à ciência e à lógica (Reichenbach, [1939] 1989; Russell, [1939] 1989; ver também **Teorias da Verdade**).

Embora a forma de instrumentalismo de Dewey não tenha sido influente na **filosofia da ciência** do século XX, ela tem algumas semelhanças com o instrumentalismo dos positivistas lógicos (ver **Positivismo Lógico**) decorrentes de sua ênfase na teoria da verificabilidade do significado (ver **Princípio da Verificação**). Nesse contexto, enquanto a semântica ordinária do predicado da verdade é aceita, as teorias científicas não são candidatas à verdade ou à falsidade, mas sim ferramentas para predizer, manipular e representar os dados.

Uma forma de instrumentalismo positivista, associada ao trabalho de Percy Bridgman (1927), é chamada de *operacionalismo*. Operacionalistas sustentam que todas as entidades físicas, propriedades e processos empregados em uma teoria científica devem ser definidos instrumentalmente em termos de operações e experimentos pelos quais eles são medidos e apreendidos. Mais genericamente, o instrumentalismo positivista toma as teorias como instrumentos convenientes para passar de um determinado conjunto de observações para outro conjunto de observações previstas (Bird, 1998, p. 125-31). A entrada informacional passa pela "caixa preta" da teoria e gera saída informacional. Como a entrada e a saída observacionais são representáveis em afirmações que são verdadeiras ou falsas, sustentar que as próprias teorias não são verdadeiras nem falsas requer distinguir entre afirmações de observação e enunciados teóricos, sendo a primeira a verdade avaliada e a segunda não. Mas fazer uma distinção clara entre enunciados observacionais e teóricos se mostrou intratável, e como a dedução lógica é necessária para derivar previsões de teorias, a alegação de que as próprias teorias carecem de valores de verdade é agora amplamente considerada insustentável (como o próprio **positivismo lógico** com base em muitas considerações).

Por razões como essas, o instrumentalismo moderno foi assimilado ao antirrealismo genérico (ver **Realismo e Antirrealismo**). Os filósofos da ciência que se apropriam do rótulo instrumentalista hoje em dia reconhecem principalmente que as teorias são verdadeiras ou falsas, mas ainda negariam que todo aspecto de uma teoria deva ser construído de forma realista e sustentariam que as razões para aceitar uma teoria como útil ou empiricamente adequada não precisam ser razões para considerá-la verdadeira.

O reconhecimento de que a verdade das teorias científicas é sempre subdeterminada (ver a **subdeterminação**) pelos dados e que a história da ciência é um cemitério de teorias descartadas antes consideradas verdadeiras

424 INTELIGÊNCIA ARTIFICIAL

(Laudan, 1981) é central para uma visão instrumentalista (antirrealista) de teorias científicas. Por exemplo, **Thomas Kuhn** (1970, 1977), que localiza o valor das teorias científicas em sua utilidade na solução de problemas, e **Larry Laudan** (1977, 1984), que caracteriza o progresso científico em termos de maior capacidade de resolver problemas, são instrumentistas que permitem que as teorias tenham valores de verdade, mas consideram a verdade ou a falsidade tangenciais para compreender a natureza e o progresso da ciência.

Bruce L. Gordon

REFERÊNCIAS E LEITURAS RECOMENDADAS

Bacon, Francis, (1620) 2000. *The New Organon.* Cambridge Texts in the History of Philosophy. Eds. Lisa Jardine and Michael Silverthorne. Cambridge: Cambridge University Press.

_____. (1626) 2017. *New Atlantis and the Great Instauration, Second Edition.* Jerry Weiberg, ed. Malden, MA: John Wiley & Sons. http://oregonstate.edu/instruct/phl302/texts/bacon/atlantis.html.

Bird, Alexander, 1998. *Philosophy of Science.* Montreal: McGill-Queen's University Press.

Bridgman, Percy W., 1927. *The Logic of Modern Physics.* New York: Macmillan. Dewey, John. (1910) 1997. *The Influence of Darwin on Philosophy and Other Essays.* Amherst, NY: Prometheus.

_____. (1920) 1957. *Reconstruction in Philosophy.* Boston: Beacon.

_____. 1922. *Human Nature and Conduct: An Introduction to Social Psychology.* New York: Henry Holt.

_____. (1938) 1991. *Logic: The Theory of Inquiry.* Carbondale: Southern Illinois University Press.

_____. 1941. "Propositions, Warranted Assertability, and Truth." *Journal of Philosophy* 38:169-86.

Kuhn, Thomas S., 1970. *The Structure of Scientific Revolutions.* 2nd ed. Chicago: University of Chicago Press.

_____. 1977. *The Essential Tension: Selected Studies in Scientific Tradition and Change.* Chicago: University of Chicago Press.

Laudan, Larry, 1977. *Progress and Its Problems: Toward a Theory of Scientific Growth.* Berkeley: University of California Press.

_____. 1981. "A Confutation of Convergent Realism." *Philosophy of Science* 48:19-49.

_____. 1984. *Science and Values: The Aims of Science and Their Role in Scientific Debate.* Berkeley: University of California Press.

Reichenbach, Hans, (1939) 1989. "Dewey's Theory of Science", em *The Philosophy of John Dewey*, ed. P. A. Schilpp e L. E. Hahn, 157-92. La Salle, IL: Open Court.

Russell, Bertrand, (1939) 1989. "Dewey's New *Logic*", em *The Philosophy of John Dewey*, ed. P. A. Schilpp e L. E. Hahn, 135-56. La Salle, IL: Open Court.

INTELIGÊNCIA ARTIFICIAL. A Inteligência Artificial (IA) é um ramo da informática que procura desenvolver sistemas informáticos e algoritmos que replicam ou imitam funções cognitivas tipicamente atribuídas aos humanos. Exemplos de tais funções incluem o reconhecimento de fala (tradução de sons falados para palavras), processamento de linguagem natural (geração e compreensão de linguagens humanas escritas), sistemas experientes (computadores que podem responder a questões sobre áreas de conhecimento especializadas), visão computacional (compreensão de imagens visuais) e pesquisa de dados (descoberta de padrões em grandes conjuntos de dados).

A automação de tais funções tem muitas vantagens práticas, incluindo a melhoria da usabilidade dos computadores pelos humanos, facilitando tarefas repetitivas pelas quais os seres humanos são imprecisos ou lentos e ajudam os humanos com deficiência. Avanços na IA produziram smartphones que aceitam comandos de voz, sistemas médicos especializados que ajudam os médicos a diagnosticar doenças e sistemas de visão computacional que auxiliam os cegos.

Os objetivos da inteligência artificial como um campo podem ser divididos em *inteligência artificial geral* (também conhecida como "IA forte") e em *inteligência artificial aplicada* (também conhecida como "IA estreita"). A inteligência artificial geral procura criar máquinas de pensamento que possam ter sucesso em tarefas cognitivas arbitrárias, emulando efetivamente todos os aspectos da cognição humana. Em contraste, a inteligência artificial aplicada concentra-se mais estreitamente no desenvolvimento de proficiência automatizada em domínios especializados, como xadrez ou medicina. A inteligência artificial aplicada é amplamente vista como mais fácil de definir e historicamente viu sucessos mais decisivos do que o problema muito mais difícil da inteligência artificial geral. A inteligência artificial geral foi a inspiração motivadora original para a inteligência artificial como um campo. Uma das suas primeiras caracterizações vem do cientista da computação, Alan Turing, cujo famoso artigo de 1950 intitulado *Computing Machinery and Intelligence* [Máquinas computacionais e a inteligência] colocou a pergunta "As máquinas podem pensar?" (Turing, 1950). Como ainda continua não havendo nenhuma definição científica universalmente aceita do que exatamente compreende "inteligência", Turing adotou uma abordagem mais pragmática, sugerindo que, se o comportamento de uma máquina é indistinguível de um ser humano, ele pode ser considerado "inteligente" para fins práticos. Ele, então, desafiou os cientistas da computação a construir uma máquina que demonstre essa "inteligência" ganhando um jogo agora conhecido como o *Teste de Turing*.

Em um Teste de Turing, um interrogador humano escreve questões aleatórias em um computador, que são respondidas por um humano ou uma máquina. O interrogador deve decidir se o entrevistado é humano ou não. Para passar no teste, um computador entrevistado deve convencer os interrogadores de que é humano mais de metade do tempo com sucesso. Embora tenha havido um debate sobre se algum computador já passou por tal teste e se qualquer computador que passe pode realmente ser considerado "inteligente", o teste foi, no entanto, uma força motriz no desenvolvimento de novos avanços de inteligência artificial desde a década de 1950.

Seis anos depois de Turing apresentar seu desafio, o Dartmouth Summer Research Project on Artificial Intelligence [Projeto de Pesquisa de Verão de Darthmouth sobre inteligência artificial] de 1956, do cientista de computação John McCarthy, reuniu-se, dando início ao termo *inteligência artificial* e lançando IA como disciplina científica. A inteligência artificial geral continuou a ser perseguida agressivamente durante a década de 1960; mas nos anos 1970 e 1980 os defensores sofreram contratempos significativos na percepção pública quando as previsões demasiado otimistas de sucesso não foram cumpridas. Por exemplo, um artigo da revista *Life*, de 1970, citou pesquisadores proeminentes de IA, como prevendo a criação de máquinas com inteligência geral igual aos humanos em menos de duas décadas (Darrach, 1970).

Quando ficou claro que os cientistas haviam subestimado significativamente a dificuldade de alcançar esses objetivos, o público ficou desiludido com a pesquisa em IA, o que causou um subfinanciamento da pesquisa por certo tempo no final da década de 1970, no final dos anos 1980 e no início dos anos 1990. Esses contratempos motivaram muitos pesquisadores da IA a estabelecer e promover metas mais pragmáticas e alcançáveis para a pesquisa da IA, ocasionando aumentos de pesquisa de inteligência artificial aplicada.

Alguns sucessos proeminentes na inteligência artificial aplicada ao longo das últimas décadas incluem a vitória de 1997 do supercomputador de xadrez da IBM, Deep Blue, contra o então campeão mundial reinante, Garry Kasparov; o Desafio Autônomo Intercontinental VisLab em 2010, no qual quatro carros automáticos foram de Parma, Itália, para Xangai, na China, com sucesso, com pouca ou nenhuma assistência humana; e a vitória televisionada, em 2011, do jogo de perguntas americano *Jeopardy!* do supercomputador da IBM Watson, sobre os ex-vencedores humanos Brad Rutter e Ken Jennings. Em cada caso, uma máquina demonstrou a "inteligência" humana em um domínio especializado (xadrez, condução e conhecimentos gerais, respectivamente). Os avanços da Inteligência Artificial também renderam inúmeras aplicações comerciais bem-sucedidas, como a **tecnologia** de reconhecimento de voz Siri introduzida nos iPhones da Apple em 2010, o sistema de sugestão de produtos baseado em pesquisa de dados da Amazon e o algoritmo de classificação de página por trás do mecanismo de busca da Internet no Google. Depois de vencer o jogo *Jeopardy!*, Watson da IBM foi subsequentemente reutilizado como um sistema médico especializado que agora sugere diagnóstico a médicos e enfermeiros.

Os fundamentos de engenharia para a maioria dos algoritmos de inteligência artificial são baseados na **matemática** de **probabilidade**, **estatística** e pesquisa. Por exemplo, as redes neurais artificiais usam a probabilidade de aproximar fluxos de dados como composições de funções. À medida que a rede observa mais dados, as funções se adaptam para melhor prever dados futuros. À medida que suas previsões melhoram, ela aprende efetivamente novos conceitos para os quais não foi pré-programada. Por exemplo, se os dados são imagens ou fala, a rede pode aprender a reconhecer certos objetos ou palavras. Os algoritmos de pesquisa tomam uma abordagem alternativa (mas complementar), explorando exaustivamente um espaço de soluções possíveis de uma maneira que se assemelha a atravessar um labirinto. Por exemplo, os programas de **lógica** respondem a perguntas, pesquisando uma base de conhecimento das regras de inferência. Dada a pergunta "os porcos voam?", um programa de lógica cuja base de conhecimento contenha as regras "porcos sem asas" e "animais voadores têm asas" inferiria que "os porcos não voam". Alguns algoritmos de aprendizado, como redes neurais artificiais, são inspirados em processos biológicos conhecidos, enquanto outros possuem bases puramente matemáticas que não se parecem necessariamente com qualquer metodologia pela qual os humanos solucionem problemas.

Desde o final dos anos 1800, escritores e cineastas de ficção associaram mais estreitamente o termo *inteligência artificial* com consciência artificial ou *autoconsciência*. O artigo intitulado *Darwin among the Machines* [Darwin entre as máquinas], de Samuel Butler (1863), levantou a

426 INTELIGIBILIDADE DO UNIVERSO

hipótese de que as máquinas possam desenvolver **consciência** um dia. A série influente sobre robôs de Isaac Asimov (entre 1939 e 1990, mais tarde adaptada aos filmes *O homem Bicentenário*, de 1999, e *Eu, robô*, de 2004) explorou várias implicações filosóficas e morais de máquinas autoconscientes. A novela de Philip K. Dick de 1968, *Androides sonham com carneiros elétricos?* (depois adaptado ao filme de 1982, *Blade Runner*), descreve androides perigosos e autoconscientes quase indistinguíveis dos seres humanos. A série televisiva *Jornada nas estrelas: a nova geração* (1987-1994) apresentou um androide chamado Data (interpretado por Brent Spiner) como um dos personagens principais.

Nas ciências, a natureza e definição da consciência (em seres humanos ou máquinas) continuam a ser um tema de debate considerável entre filósofos, psicólogos cognitivos e neurologistas. O filósofo David Chalmers distingue o "problema fácil da consciência", que define a consciência puramente em termos de comportamentos funcionais de entrada e saída expressáveis como cálculos, do "difícil problema da consciência", que considera a experiência subjetiva (fenomenologia) como um ingrediente essencial na consciência (Chalmers, 1995). Enquanto os computadores podem ser programados para abordar o "problema fácil" imitando os seres humanos em vários graus, ainda não está claro se as máquinas terão experiências subjetivas de acordo com o "difícil problema da consciência".

Kevin W. Hamlen

REFERÊNCIAS E LEITURAS RECOMENDADAS

CHALMERS, D. J. "Facing Up to the Problem of Consciousness." *Journal of Consciousness Studies* 2 (3): 200-219, 1995.

DARRACH, B. "Meet Shaky: The First Electronic Person." *Life* November 20: 58B-68, 1970.

TURING, A. M. "Computing Machinery and Intelligence." *Mind* 59: 433-60, 1950.

INTELIGIBILIDADE DO UNIVERSO. Albert Einstein (1879-1955) notoriamente observou que "o **mistério** eterno do mundo é sua compreensibilidade... O fato de ser compreensível é um milagre" (Einstein, 1936). E o físico matemático Eugene Wigner (1902-1995) opinou: "O milagre da adequação da linguagem da **matemática** para a formulação das leis da **física** é um presente maravilhoso que não entendemos nem merecemos" (Wigner, 1960; ver também Steiner, 1998). Como essas observações destacam, a inteligibilidade do universo para a mente humana pede explicações em dois aspectos. O primeiro é

ontológico: Por que a natureza é ordenada de tal maneira que possa ser entendida? A segunda é epistemológica: por que a mente humana é capaz de entender a ordem natural?

Para que a ciência seja possível, a ordem deve estar presente na natureza e deve ser descoberta pela mente humana. Mas por que uma dessas condições deveria ser cumprida? Historicamente, embora houvesse manifestações temporárias de pesquisas sistemáticas sobre a natureza na Grécia antiga e no início do islamismo, bem como descobertas isoladas em outros lugares, as sementes da ciência moderna chegaram primeiro à viabilização concentrada e sustentada na cultura ocidental antes que suas metodologias e conquistas fossem disseminadas em todo o mundo. Esse desenvolvimento duradouro e que mudou o mundo emergiu no contexto da **cosmovisão** judaico-cristã que permeava a Europa medieval (Gordon, 2011; Hannam, 2011; Lindberg, 2007; Pearcey e Thaxton, 1994; Whitehead, 1925). O que a levou a isso foi uma concepção profundamente arraigada de toda a sociedade do universo como a criação livre e racional da mente de Deus para que os seres humanos, como criaturas racionais feitas à imagem de Deus, fossem capazes de buscar e compreender uma realidade divinamente ordenada (ver **Imagem de Deus**). A liberdade da vontade criativa de Deus significava que essa ordem não poderia ser deduzida abstratamente, pois precisava ser descoberta por meio de observação e experimento, mas o caráter estável e fiel de Deus garantia que ela tivesse uma estrutura racional que o estudo diligente poderia revelar.

Esse fundamento teológico deu respostas sólidas a questões ontológicas e epistemológicas relativas à inteligibilidade do universo, mas, como as citações de Einstein e Wigner deixam claro, essa fundação havia sido perdida em meados do século XX. Por quê?

Alguns a veem como o resultado da filosofia mecânica do século XVII que procurou explicar todos os fenômenos naturais em termos de mecanismos de contato material (Ashworth 2003). Sob esse ponto de vista, a filosofia mecânica reduziu conceitualmente a causalidade científica a causas eficientes e materiais, explicando as noções aristotélicas de causalidade formal e final da ciência (ver **Quatro causas de Aristóteles**). Isso talvez seja preciso metodologicamente, mas não metafisicamente (Gordon, 2011). A concepção de mecanismo na filosofia mecânica manteve causas formais em seu *design* e causas finais no *propósito* para o qual foram criadas para servir.

INTELIGIBILIDADE DO UNIVERSO 427

A ruptura com **Aristóteles** surgiu do fato de que, na concepção dos filósofos mecânicos teístas e deístas, o *design* e o propósito eram *transcendentalmente* impostos, e não *imanentemente* ativos, e a busca de explicações científicas se voltava para a implementação material de mecanismos eficientes (ver **Deísmo**). O expurgo de qualquer senso de desígnio e propósito da concepção "científica" da natureza deve ser localizado com o surgimento da filosofia darwiniana (naturalista) no final do século XIX, que vê os mecanismos da natureza como fatos brutos e o curso de seu desenvolvimento completamente cego e sem propósito (Gordon, 2011).

É o **darwinismo**, assim concebido, que torna a existência de regularidades matematicamente descritíveis na natureza e sua inteligibilidade para a mente humana (ela própria concebida como o resultado acidental de processos cegos) como uma surpresa, pois assume o **naturalismo** — o caráter autocontido da natureza e a negação do sobrenaturalismo — como o contexto da ciência. Sob a égide do naturalismo, não pode haver nenhuma expectativa de que a natureza seja regular de uma maneira que permita que as causas atualmente operacionais sejam projetadas no passado para explicar o estado atual do universo ou no futuro para prever seu desenvolvimento. A ausência de qualquer causa suficiente para explicar por que a natureza existe deixa o naturalista sem nenhuma razão para pensar que o que existe deve ser ordenado, ou que qualquer ordem que ele encontre deve ser projetável no passado ou no futuro (Craig e Moreland, 2000; Goetz e Taliaferro, 2008; Plantinga, 2006; Rea, 2002).

Ao negar a transcendência e deixar de conceber o universo como um sistema fechado e, em última análise, arbitrário de causas e efeitos, o naturalismo faz da ciência a empreitada excepcional a qual Einstein e Wigner observaram. Por outro lado, a cosmovisão judaico-cristã reconhece que a natureza existe e é regular não porque está fechada à atividade divina, mas porque — e *somente* porque — a causalidade divina é operativa. É só porque a natureza é uma criação e, portanto, não é um sistema fechado de causas e efeitos que existe em primeiro lugar e exibe ordem regular que torna a ciência possível. A existência e a ação de Deus não são obstáculos para a ciência; eles são a própria base de sua possibilidade (Gordon, 2011, 2013; Nash, 1997; Plantinga, 2011b).

Por fim, se o naturalismo fosse verdadeiro, haveria pouca base para supor que a mente humana fosse capaz de fazer ciência (Lewis, 1960; Nash, 1997; Plantinga, 1993, 2011a, 2011b). A perspectiva do conhecimento humano depende da confiabilidade e veracidade de nossas faculdades perceptivas e de nossos processos de raciocínio. Se nossas percepções e inferências fornecem uma compreensão genuína de como a realidade *deve* ser, independente de nossas mentes, então o conhecimento é possível; mas se a certeza que experimentamos é um mero sentimento, e não um guia confiável de como as coisas são, então não temos conhecimento. O naturalismo nos diz que nossas faculdades cognitivas são o resultado final de causas sem sentido e acidentes históricos, *não levando* em conta a verdade ou a lógica. Isso significa que *qualquer* complexo de percepções e desejos conducentes à sobrevivência pode ser bloqueado pela **seleção natural** como a forma como nossas mentes *calharam* de funcionam. Que nossas crenças seriam verdadeiras sob tais condições parece bastante improvável; no mínimo, sua verdade ou falsidade não seriam verificáveis (Beilby, 2002; Plantinga, 2011a, 2011b). Portanto, se o naturalismo fosse verdadeiro, nossos processos de raciocínio seriam tão desacreditados que nem o próprio naturalismo nem a prática da ciência seriam supérfluos (ver **Argumento evolucionista contra o naturalismo**).

Em suma, o **teísmo** não apenas catalisou a ascensão da ciência moderna, mas continua a ser a única cosmovisão sobre a qual a origem, a ordem e a inteligibilidade da natureza fazem algum sentido.

Bruce L. Gordon

REFERÊNCIAS E LEITURAS RECOMENDADAS

ASHWORTH, William B., Jr., 2003. "Christianity and the Mechanistic Universe", em *When Science and Christianity Meet*, eds. David C. Lindberg and Ronald L. Numbers, 61-84. Chicago: University of Chicago Press.

BEILBY, James, ed. 2002. *Naturalism Defeated? Essays on Plantinga's Evolutionary Argument against Naturalism*. Ithaca, NY: Cornell University Press.

CRAIG, William Lane; Moreland, J. P., 2000. *Naturalism: A Critical Analysis*. New York: Routledge.

EINSTEIN, Albert, 1936. "Physics and Reality." *Journal of the Franklin Institute* 221 (3). Repr. in Albert Einstein, *Ideas and Opinions*, 290-323. New York: Crown, 1954.

GOETZ, Stewart; Taliaferro, Charles, 2008. *Naturalism*. Grand Rapids: Eerdmans.

GORDON, Bruce, 2011. "The Rise of Naturalism and Its Problematic Role in Science and Culture", em *The Nature of Nature: Examining the Role of Naturalism in Science*, eds. Bruce L. Gordon and William A. Dembski, 3-61. Wilmington, DE: ISI Books.

_____. 2013. "In Defense of Uniformitarianism." *Perspectives on Science and Christian Faith* 65 (2): 79-86.

HANNAM, James, 2011. *The Genesis of Science: How the Christian Middle Ages Launched the Scientific Revolution*. Washington, DC: Regnery.

LEWIS, C. S., (1947) 1960. *Miracles: A Preliminary Study*. New York: Macmillan.

LINDBERG, David C., 2007. *The Beginnings of Western Science: The European Scientific Tradition in Philosophical, Religious, and Institutional Context, Prehistory to a.d. 1450.* 2nd ed. Chicago: University of Chicago Press.

NASH, Ronald, 1997. "Miracles and Conceptual Systems", em *In Defense of Miracles: A Comprehensive Case for God's Action in History*, eds. R. Douglas Geivett and Gary Habermas, 115-31. Downers Grove, IL: IVP Academic.

PEARCEY, Nancy; Thaxton, Charles. 1994. *The Soul of Science: Christian Faith and Natural Philosophy.* Wheaton, IL: Crossway.

PLANTINGA, Alvin, 1993. *Warrant and Proper Function.* New York: Oxford Uniersity Press.

_____. 2006. "Against Materialism." *Faith and Philosophy* 23 (1): 3-32.

_____. 2011a. "Evolution versus Naturalism", em *The Nature of Nature: Examining the Role of Naturalism in Science*, eds. Bruce L. Gordon and William A. Dembski, 137-51. Wilmington, DE: ISI Books.

_____. 2011b. *Where the Conflict Really Lies: Science, Religion, and Naturalism.* New York: Oxford University Press.

REA, Michael, 2002. *World without Design: The Ontological Consequences of Naturalism.* New York: Oxford University Press.

STEINER, Mark, 1998. *The Applicability of Mathematics as a Philosophical Problem.* Cambridge, MA: Harvard University Press.

WHITEHEAD, Alfred North, 1925. *Science and the Modern World.* New York: Macmillan.

WIGNER, Eugene, 1960. "The Unreasonable Effectiveness of Mathematics in the Natural Sciences." *Communications on Pure and Applied Mathematics* 13, no. 1. Repr. em Eugene Wigner, *Symmetries and Reflections*, 222-37. Bloomington: Indiana University Press, 1967.

INTUIÇÃO. Na **epistemologia**, as crenças são consideradas inferenciais quando são logicamente inferidas de outras crenças e não inferenciais quando não são. Muitos tipos de crenças, tais como aquelas produzidas pela percepção sensorial, testemunho e memória, são não inferenciais nesse sentido, de modo que o termo *intuição* é reservado para crenças não inferenciais que não sejam aquelas produzidas pela percepção sensorial, testemunho e memória. Os intuicionistas sustentam que algumas crenças não inferenciais (às vezes chamadas *pré-filosóficas*) são racionalmente confiáveis, de modo que podemos apelar para elas no curso de nosso raciocínio. Os anti-intuicionistas negam isso. Todos os itens a seguir foram considerados intuições de acordo com a definição acima:

1. Princípios básicos da lógica, como a lei da não contradição, ou a validade dos padrões de inferência, como o *modus ponens*.

2. Princípios metafísicos, como o **princípio da razão suficiente**.

3. Julgamentos metafísicos particulares em experimentos mentais referentes, por exemplo, a identidade, sobrevivência ou **causalidade**.

4. Princípios morais gerais, como a alegação de que a quebra da promessa está errada.

5. Julgamentos morais sobre casos particulares (p. ex., que seria errado retirar órgãos de uma pessoa saudável para salvar as vidas de cinco pessoas que precisam de transplantes).

6. Princípios gerais da epistemologia, como o princípio do evidencialismo, segundo o qual não devemos acreditar em qualquer proposição sem evidência suficiente.

7. Julgamentos epistemológicos sobre casos particulares (p. ex., que em certas circunstâncias algumas pessoas não conhecem determinada proposição).

Isso é importante porque muitas afirmações sobre conhecimento científico, teológico e cotidiano não podem ser sustentadas a menos que nos sejam permitidas premissas além do mínimo austero permitido pelo **empirismo**. Isto é, o intuicionismo parece necessário se quisermos evitar o solipsismo, o ceticismo ou o **reducionismo**.

Alguns anti-intuicionistas argumentam que não temos razão para pensar que nossas intuições são confiáveis (ou seja, na maioria das vezes, verdadeiras). Eles alegam que as intuições não são, por definição, apoiadas por argumentos, que sua verdade não pode ser verificada independentemente e que, até que tenhamos alguma razão para considerá-las confiáveis, devemos considerá-las como não melhores do que palpites. Outros anti-intuicionistas vão mais longe, argumentando que temos razão para pensar que as intuições não são confiáveis (ou seja, na maioria das vezes, falsas). Eles apontam para descobertas experimentais de neurofisiologia que pretendem explicar como as intuições surgem e que sugerem sua contingência, maleabilidade e variabilidade. Muito do que se tornou conhecido como "filosofia experimental" baseia-se em tais descobertas para desacreditar o apelo às intuições na "filosofia de poltrona" [metodologia que procura novos avanços em determinada área que não envolvesse coletar novas informações, mas, sim, uma análise ou síntese mais detalhada de trabalhos acadêmicos já existentes]. Alguns intuicionistas responderam caracterizando crenças intuitivas como expressando relações entre conceitos, e que nossa capacidade de compreender tais relações garante que as crenças resultantes são confiáveis. Outros responderam que a falta de discernimento das intuições é apenas mais um exemplo da circularidade epistêmica que caracteriza a maioria dos tipos básicos de crença, incluindo aqueles favorecidos

INTUIÇÃO   429

pelo anti-intuicionista: por exemplo, a confiabilidade das crenças perceptivas não pode ser estabelecida sem apelar às crenças perceptivas, e a confiabilidade das crenças da memória não pode ser estabelecida sem apelar para outras crenças. Outros ainda responderam que certo apelo às intuições é inescapável até mesmo pelos anti-intuicionistas, pois qualquer princípio epistemológico normativo que exclui intuições é em si uma intuição.

Mark T. Nelson

REFERÊNCIAS E LEITURAS RECOMENDADAS

ALSTON, William P., 1993. *The Reliability of Sense Perception*. Ithaca, NY: Cornell University Press.

APPIAH, Anthony, 2008. *Experiments in Ethics*. Cambridge: Cambridge University Press.

BEALER, George, 1998. "Intuition and the Autonomy of Philosophy", em *Rethinking Intuition: The Psychology of Intuition and Its Role in Philosophical Inquiry*, ed. Michael R. DePaul and William Ramsey. Lanham, MD: Rowman & Littlefield.

GREENE, J. R.; Sommerville, R.; Nystrom, L.; Darley, J.; Cohen, J., 2001. "An fMRI Investigation of Emotional Engagement in Moral Judgment." *Science* 293:2105-8.

JAKI, STANLEY. O reverendo dr. Stanley Jaki (1924-2009) nasceu em Györ, Hungria. Jaki frequentou a Jedlik Preparatory School and Junior College e, em 1942, ingressou na ordem de São Bento. Em 1947, concluiu o curso de graduação em filosofia, teologia e **matemática** e mudou-se para Roma para estudar pós-graduação em teologia no Instituto Pontifício de San Elmo. Em 1948 foi ordenado sacerdote e, em 1950, concluiu o doutorado com a tese "Les tendances nouvelles de l'ecclésiologie" [Novas tendências da eclesiologia].

De 1951 a 1954, Jaki lecionou teologia sistemática na Escola de Teologia do St. Vincent College em Latrobe, Pensilvânia, onde também se formou em ciências. Ele começou então o trabalho de doutorado em **física** na Universidade de Fordham sob a orientação do prêmio Nobel Victor Hess, e, em 1958, completou sua graduação; o núcleo de sua tese foi publicado no *Journal of Geophysical Research* [Revista de Pesquisa Geofísica] como "A Study of the Distribution of Radon, Thoron, and Their Decay Products above and below the Ground" [Um estudo da distribuição de radônio, torônio e seus produtos de deterioração acima e abaixo do solo].

O estudo de pós-doutorado em história e **filosofia da ciência** em Stanford e na Universidade de Berkeley imediatamente precedeu a publicação de seu trabalho de referência *The Relevance of Physics* [A relevância da física] (1966).

Em 1965, ele se juntou ao corpo docente em Seton Hall, onde permaneceu até sua morte. Enquanto esteve lá, Jaki tornou-se um acadêmico internacionalmente reconhecido, atuando como membro e palestrante convidado em várias instituições. Talvez seus marcos mais notáveis tenham sido nomeações em 1974-1975 e 1975-1976 como professor da Universidade de Edimburgo em Gifford.

Jaki contribuiu para uma variedade de campos, como evidenciado por seu recebimento da Medalha Lecomte du Nouy (1970), o Prêmio Temple (1987) e nove doutorados honorários abrangendo literatura, teologia sistemática, ciência e direito. As contribuições mais conhecidas de Jaki para o discurso da fé e da ciência são captadas em duas de suas principais obras, *The Relevance of Physics* [A relevância da física] e *Science and Creation* [Ciência e criação] (1974).

The Relevance of Physics é uma análise histórica dos métodos e das limitações da ciência exata, particularmente no que diz respeito à física. Jaki descreve as implicações da forte dependência das ciências naturais na "lógica de primeira ordem" e na matemática. Mais tarde, ele explora essas implicações dentro da interação da física com teologia, filosofia, outras ciências e sociedade em geral, e tópicos significativos de seus trabalhos posteriores podem ser rastreados até este trabalho. Mais notavelmente, decorrente de sua análise de **Duhem**, **Quine** e outros, ele aperfeiçoa aspectos importantes da subdeterminação da teoria científica por fatos e também articula uma aplicação do teorema da incompletude de Gödel à física (veja o **Teorema de Gödel**) e uma "teoria de tudo".

O livro mais recente e mais amplamente publicada por Jaki, *Science and Creation*, explora o que ele chama de "os invasores da natimortalidade do empreendimento científico" em uma variedade de culturas históricas. O principal objetivo do livro é elaborar ideias sobre o livro *Système du Monde* [O sistema do mundo], de **Pierre Duhem** (1914). A análise histórica/filosófica de Jaki sobre a importância de uma **cosmovisão** cristocêntrica e monoteística, especificamente a doutrina da criação, como o único "nascimento viável" do empreendimento científico na Europa medieval encontrou, em suas próprias palavras, júbilo e desprezo (Jaki 2002).

Em trabalhos posteriores, Jaki explorou as interseções entre ciência e religião, acreditando que as duas eram mais profundamente interdependentes do que a maioria dos cientistas ou teólogos gostaria de admitir e que "a ciência naturalmente se abriu para a afirmação da fé" (Tobin, 2009).

Padre Jaki morreu de um ataque cardíaco em Madri, na Espanha, em 7 de abril de 2009, retornando de uma palestra na sede da Pontifícia Academia das Ciências.

Jeffrey T. Ploegstra

REFERÊNCIAS E LEITURAS RECOMENDADAS

DUHEM, Pierre, 1914. *Le Système du Monde: Histoire des Doctrines Cosmologiques de Platon à Copernic.* 2:390. English translation: *The System of World: A History of Cosmological Doctrines from Plato to Copernicus.*

"Father Stanley L. Jaki, O.S.B." Seton Hall faculty biographical sketch. Acessado em 2/10/2014. www.shu.edu/academics/artsci/physics/jaki.cfm.

Jaki, Stanley, 1966. *The Relevance of Physics.* Chicago: University of Chicago Press.

_____. 1974. *Science and Creation: From Eternal Cycles to an Oscillating Universe.* Edinburgh: Scottish Academic Press.

_____. 2002. *A Mind's Matter: An Intellectual Autobiography.* Grand Rapids: Eerdmans.

"Stanley Jaki Curriculum Vitae." Acessado em 2/10/2014. www.rbsp.info/bs/RbS/CLONE/jaki00.html.

Tobin, G. Gregory, 2009. "Death of Rev. Stanley L. Jaki, O.S.B." *Seton Hall News and Events.* 7 de abril.

Weber, Bruce, 2009. "The Rev. Stanley L. Jaki, Physicist and Theologian, Dies at 84." *New York Times.* 12 de abril. www.nytimes.com/2009/04/13/nyregion/13jaki.html?r=0.

JAMES, WILLIAM. Figura proeminente do movimento filosófico norte-americano conhecido como "Pragmatismo", William James (1842-1910) deu importantes contribuições para vários campos acadêmicos. Como seus irmãos, que incluíam o famoso romancista Henry James, William recebeu ampla formação acadêmica em artes e **ciências**. Embora tenha estudado para ser médico, ele nunca praticou medicina, voltando-se para **psicologia** e filosofia no professorado de Harvard. Mas James manteve uma forte tendência empírica ao longo de sua carreira acadêmica.

Logo no início, James desenvolveu um intenso interesse na questão da liberdade humana, tornando-se um feroz crítico do **determinismo** e defensor do livre-arbítrio, o que o levou ao estudo da psicologia. Isso culminou na publicação de *The Principle of Psychology* [Princípios da psicologia] ([1890] 1950), que posteriormente se tornou um texto padrão no campo por décadas. Um dos principais objetivos de James ao escrever os *Princípios* era transformar a psicologia em uma ciência genuína. Seu sucesso nesse empreendimento impactou profundamente a história da psicologia no século XX, e, ironicamente, isso também levou a um predomínio do determinismo no campo da psicologia (mais explicitamente evidente nas escolas psicanalíticas behavioristas e freudianas), um fato que, sem dúvida, teria feito James sentir muito desgosto.

Posteriormente, os interesses de James voltaram-se principalmente para questões de **epistemologia**, **antropologia** filosófica e **filosofia da religião**, mas seu interesse pela **psicologia moral** nunca diminuiu. De fato, ele aplicou suas percepções nessa área à maioria das questões que ele explorou, muitas vezes com resultados novos. Em ensaios como "The Dilemma of Determinism" [O dilema do determinismo], "The Will to Believe" [A vontade de crer] e "The Sentiment of Rationality" [O sentimento da racionalidade], James explorou a natureza da liberdade humana e o papel da vontade na formação de crenças. Ele defendeu a tese de que as paixões não apenas às vezes são, mas também *devem* ser, decisivas quando se trata de chegar a pontos de vista sobre questões relacionadas à **moralidade** e à religião.

Influenciado por C. S. Peirce, James adotou a visão conhecida como pragmatismo, que é uma orientação epistemológica que entende a verdade e a adequação teórica em termos de utilidade prática. Assim, ele endossou uma visão verificacionista da verdade segundo a qual as ideias verdadeiras são aquelas que podem, de alguma forma, ser verificadas ou aplicadas na experiência sensorial. Muitos de seus ensaios relacionados ao assunto foram publicados no livro *Pragmatism* (Pragmatismo) ([1907] 1979).

James ministrou as **Gifford Lectures** em 1901-1902, publicadas sob o título *The Varieties of Religious Experience* [As variedades das experiências religiosas] (1982). A extensa pesquisa de James sobre prática religiosa e experiência mística causou um profundo impacto, levando-o para uma visão mais simpática da crença religiosa do que ele tinha anteriormente em sua carreira. No trabalho, entretanto, ele não abandona sua abordagem empirista e também pragmatista. Em vez disso, esses padrões epistêmicos são ampliados na aplicação para incluir experiências humanas que desafiam a análise científica padrão. De muitas maneiras, a *Varieties* representa a culminação de um interesse central em suas buscas filosóficas: como conciliar o método empírico com a experiência humana do transcendente. O trabalho é um clássico e, sem dúvida, um modelo para a investigação de questões na interface da fé e da ciência.

James S. Spiegel

REFERÊNCIAS E LEITURAS RECOMENDADAS

Gale, Richard M., 2004. *The Philosophy of William James: An Introduction.* Cambridge: Cambridge University Press.

James, William, (1890) 1950. *The Principles of Psychology.* Vols. 1-2. New York: Dover.

_____. 1956. *The Will to Believe and Other Essays in Popular Philosophy.* New York: Dover.

_____. (1907) 1979. *Pragmatism.* Cambridge, MA: Harvard University Press.

_____. 1982. *The Varieties of Religious Experience.* New York: Penguin.

Myers, Gerald. 1986. *William James: His Life and Thought.* New Haven, CT: Yale University Press.

Proudfoot, Wayne, ed. 2004. *William James and a Science of Religions.* New York: Columbia University Press.

Suckiel, Ellen Kappy. 1982. *The Pragmatic Philosophy of William James.* Notre Dame, IN: University of Notre Dame Press.

JASTROW, ROBERT

JASTROW, ROBERT. Robert Jastrow (1925-2008) foi um cientista pesquisador altamente talentoso, popularizador de ciência, administrador de pesquisa e escritor. Depois de obter seu doutorado em **física** pela Universidade de Columbia, ele passou a ensinar e fazer pesquisas em Leiden, Princeton, Berkeley e Yale.

Na década de 1950, Jastrow juntou-se ao Project Vanguard, o primeiro esforço dos Estados Unidos para colocar um satélite artificial em órbita ao redor da terra, e então serviu como chefe da divisão teórica da recém-formada NASA. Ele permaneceu envolvido em vários aspectos do programa espacial dos Estados Unidos durante os anos 1960 e fundou o Instituto Goddard de Estudos Espaciais, perto de Columbia, em 1961. Durante esse período, Jastrow mudou seus interesses da física teórica de partículas para a **astronomia**, ciência espacial e **geologia**, tendo ensinado essas matérias em Columbia e depois em Dartmouth.

Jastrow também começou a desenvolver seu interesse pela ciência atmosférica e pela climatologia durante o funcionamento do Instituto Goddard. Entre 1962 e 1974, ele editou o *Journal of Atmospheric Sciences*. Mais tarde, seu interesse nesse campo encontraria expressão no Instituto George C. Marshall, uma organização sem fins lucrativos de política científica pública que ele fundou em 1984. O instituto é mais conhecido por seu apoio à Iniciativa de Defesa Estratégica e sua postura cética sobre o alarmismo do aquecimento global. Mas seu interesse em comunicar ciência ao público começou anos antes com vários livros de ciência popular e aparições frequentes na TV para discutir ciência espacial.

Jastrow é indiscutivelmente mais lembrado hoje por seu popular livro de ciência *God and the Astronomers* [Deus e os astrônomos], em que ele contou a história da **cosmologia** moderna. Em particular, ele observou as reações quase universalmente negativas dos principais cientistas à **teoria do big bang**. As passagens mais citadas incluem estas duas:

> Agora vemos como a evidência astronômica apoia a visão bíblica da origem do mundo. Os detalhes diferem, mas os elementos essenciais nos relatos astronômicos e bíblicos de Gênesis são os mesmos: a cadeia de eventos que levou ao homem começou repentina e bruscamente em um momento definido no tempo, em um lampejo de luz e energia (Jastrow, 1978, p. 3-4).

> Para o cientista que vive por sua fé no poder da razão, a história termina como um pesadelo. Ele escalou as montanhas da ignorância; ele está prestes a conquistar o pico mais alto; quando ele se aproxima da rocha final, é recebido por um bando de teólogos que estão sentados ali há séculos (p. 105-6).

Além disso, no livro anterior de Jastrow, *Until the Sun Dies* [Até que o sol se apague], ele expressou sua interpretação antropocêntrica de nosso lugar no cosmos: "Finalmente, o homem permanece sobre a terra, mais perfeito que qualquer outro" (Jastrow, 1977, p. 138). Contudo, apesar dessas declarações favoráveis a Deus, Jastrow consistentemente se descreveu como reducionista e agnóstico. Ele estava claramente em conflito com a questão de Deus e admitiu isso no documentário *The Privileged Planet* [O planeta privilegiado].

Jastrow aceitou plenamente a evolução darwiniana e usou-a como base para uma "religião natural", unindo a evolução biológica e cósmica. Em *The Enchanted Loom* [O tear encantado], ele acrescenta um elemento escatológico transumanista à sua religião, propondo uma forte forma de inteligência artificial, na qual os humanos baixam suas mentes em máquinas (Jastrow, 1981).

Guillermo Gonzalez

REFERÊNCIAS E LEITURAS RECOMENDADAS

JASTROW, Robert, 1977. *Until the Sun Dies*. New York: W. W. Norton.
_____. 1978. *God and the Astronomers*. New York: Warner.
_____. 1981. *The Enchanted Loom: Mind in the Universe*. New York: Simon & Schuster.
THE PRIVILEGED PLANET, 2004. DVD. La Mirada, CA: Illustra Media.

JOHN TEMPLETON FOUNDATION. A John Templeton Foundation [Fundação John Templeton] (JTF) foi fundada em 1987 por *Sir* John Templeton (1912-2008). Templeton ganhou sua fortuna na indústria de fundos de investimentos, na qual ingressou em 1954, quando criou o Templeton Growth Fund. Ele vendeu o agrupamento de fundos Templeton para o Grupo Franklin em 1999. A JTF, com uma renda de mais de 3 bilhões de dólares, supervisiona o Prêmio Templeton, concede bolsas, confere fundos e publica pela Templeton Foundation Press.

A John Templeton Foundation foi criada para financiar bolsas de estudos nas intersecções entre ciência e religião, e religião e sociedade. Encoraja a pesquisa relacionada às "grandes questões" da vida. Atualmente, a fundação considera os pedidos de subsídios em cinco áreas centrais de financiamento: ciência e as grandes questões, desenvolvimento de virtude de caráter, liberdade individual e livre mercado, talento cognitivo excepcional e genialidade, e genética. Propostas são aceitas e revisadas duas vezes por ano, e as propostas completas são apenas por convite, depois que um candidato envia uma proposta bem-sucedida.

Pesquisas relevantes para a relação entre ciência e fé, propósito humano e significado, evolução, cosmologia, criatividade e tópicos psicológicos humanos, incluindo perdão, amor e livre-arbítrio estão entre as muitas áreas apoiadas financeiramente nas cinco áreas principais de financiamento. As doações da John Templeton Foundation encorajam e permitem um diálogo respeitoso e informado entre cientistas, teólogos, filósofos e outros especialistas, e são, portanto, muitas vezes interdisciplinares por natureza. O trabalho acadêmico publicado apoiado pela JTF, na forma de livros, ensaios, apresentações de conferências e outros projetos, também é frequentemente interdisciplinar.

Além de apoiar pesquisas por meio de subsídios, a John Templeton Foundation supervisiona e concede o Prêmio Templeton, criado em 1972, a uma pessoa viva considerada "empreendedora do espírito". Estudiosos, médicos, jornalistas e outros que demonstram criatividade e inovação, e cujo trabalho impacta e demonstra o progresso na compreensão das realidades espirituais, recebem o prêmio anual de 1,1 milhão de libras esterlinas.

A Templeton Foundation Press publica livros, cria *websites*, fornece bolsas de estudo, cria aplicativos para smartphones e tablets, e promove campanhas de ação pública que exploram os temas das virtudes humanas, da ciência e das grandes questões, saúde e espiritualidade, e liberdade e livre empreendimento, tendo publicado mais de 200 títulos desde que foi criada em 1997.

O blog da JTF, *Big Questions Online* [Grandes perguntas online], assim como sua lista de autores de Big Questions Essays [Artigos sobre as grandes perguntas], são vistos como referências dos mais proeminentes cientistas, filósofos e teólogos envolvidos em trabalhos acadêmicos sérios na interface da ciência, religião e espiritualidade.

Algumas questões e preocupações sobre a influência da JTF surgiram no passado (Waldrop, 2011, p. 323-25), o que talvez não seja nenhuma surpresa para uma instituição com o poder financeiro da ordem de 3 bilhões de dólares. Parece, no entanto, que o número de críticos sinceros é pequeno, e a fundação trabalhou para fazer mudanças para resolver algumas preocupações.

Jack Templeton, cirurgião e filho de *Sir* John Templeton, é o atual presidente e chefe do conselho da John Templeton Foundation.

Sara Sybesma Tolsma

REFERÊNCIAS E LEITURAS RECOMENDADAS

HERMANN, Robert L., 2008. *Sir* John Templeton: Supporting Scientific Research for Spiritual Discoveries. Philadelphia: Templeton Foundation.
_____. 2013. Looking Forward, Looking Upward: My Life, My Friendship with *Sir* John, and the Early Years of the Templeton Foundation. Philadelphia: Templeton Foundation.
JOHN TEMPLETON FOUNDATION, Acessado em 29/1/2015. www.templeton.org/.
TEMPLETON, Sir John, 1997. Golden Nuggets from Sir John Templeton. Philadelphia: Templeton Foundation.
WALDROP, Mitchell M., 2011. "Religion: Faith in Science." Nature 470:323-25. doi:10.1038/470323a.

JUNG, CARL G. Carl Jung (1875-1961) nasceu em Kesseil, na Suíça. Seu pai era ministro da Igreja Reformada Suíça e sua mãe, filha de um teólogo cristão. A vida espiritual de sua família incluía influências do ocultismo e do espiritismo, assim como o cristianismo, e essas influências convergiram para Jung e influenciaram seus desenvolvimentos teóricos posteriores.

Quando criança, Jung passou muitas horas concentrando-se em suas experiências interiores. Aos três anos, ele se lembra de ter sentido uma sensação de abandono quando sua mãe foi hospitalizada por vários meses, separação esta que o perturbou profundamente. Ele se lembrou de associar a figura das "mulheres" com a insegurança e o "pai" com imagens de "confiável, mas impotente" (Jung, 1961). Esse primeiro sentimento de autoexploração foi o começo de uma vida de autoexploração para Jung. Durante sua adolescência, ele sentiu uma divisão dentro de sua personalidade: a primeira personalidade, que ele chamou de "Número 1", foi extrovertida e ajudou-o a cuidar de sua rotina diária; já a outra personalidade, "Número 2", era introvertida e permitia que ele explorasse suas experiências interiores. A ocupação inicial de Jung com autoexploração e identidade influenciou grandemente suas ideias psicológicas posteriores.

Esse desejo de explorar a vida interior levou Jung a estudar psiquiatria (Singer, 1994). Ele se formou em medicina pela Universidade de Basel em 1900 e estudou em Zurique com Eugene Bleuler, um dos principais

434 JUNG, CARL G.

especialistas em esquizofrenia. Os interesses de Jung o levaram a ler *A interpretação dos Sonhos*, de **Sigmund Freud**. Jung iniciou uma correspondência com Freud, que mais tarde os levou a se encontrarem pessoalmente em 1907. Dizem que eles conversaram por 13 horas seguidas (Singer, 1994). Freud descobriu que Jung era um intelecto excepcional e o nomeou o primeiro presidente da Associação Psicanalítica Internacional. Essa amizade durou até 1913. Quando estava em um círculo de palestras na Universidade Clark, Freud e Jung experimentaram diferenças pessoais e teóricas, levando-os a seguir caminhos separados.

Após a separação de Jung e Freud, ele entrou em um período sombrio de autoexploração, de dezembro de 1913 a 1917. Durante esses anos, Jung sofreu o que Marvin Goldwert (1992) chama de "doença criativa". Por meio de sua exploração de fantasia, cultura, arte e mito, Jung propôs que as pessoas compartilhavam um "inconsciente coletivo", no qual toda a humanidade compartilha imagens primordiais chamadas *arquétipos*. Ele acreditava que, quando uma pessoa explora e integra esses arquétipos, ela pode experimentar um renascimento psicológico chamado de *individuação* (Jung, 1961).

Jung morreu em 6 de junho de 1961, após uma longa carreira como professor, médico particular e psicólogo teórico. A escola de exploração psicanalítica de Jung, chamada *psicologia analítica*, influenciou vários campos, e sua influência é percebida nas disciplinas de **psicologia**, filosofia, religião e cultura pop (Brome, 1978). Embora ele alegasse ser cristão, não era frequentador de igreja e parece ter sido fortemente influenciado por seu interesse em **alquimia**, arqueologia, gnosticismo e filosofias orientais. Sua teoria, embora popular, é frequentemente criticada por sua incapacidade de ser cientificamente explorada, uma crítica comum à maioria dos teóricos da psicanálise.

Dominick D. Hankle

REFERÊNCIAS E LEITURAS RECOMENDADAS

BROME, V., 1978. *Jung: Man and Myth.* New York: Atheneum.

GOLDWERT, M., 1992. *The Wounded Healers: Creative Illness in the Pioneers of Depth Psychology.* Lanham, MD: University Press of America.

JUNG, C. G., 1933. *Modern Man in Search of a Soul.* Orlando: Harcourt.

_____. 1958. *The Undiscovered Self.* New York: Signet.

_____. 1961. *Memories, Dreams, Reflections.* Ed. A. Jaffe. New York: Random House.

_____. 1964. *Man and His Symbols.* New York: Doubleday.

SINGER, J., 1994. *Boundaries of the Soul: The Practice of Jung's Psychology.* 2nd ed. New York: Doubleday.

KANT, IMMANUEL. A filosofia de Immanuel Kant (1724-1804) e suas consequências estão entre duas grandes épocas filosóficas. Com os modernistas, a filosofia de Kant afirma a preeminência epistêmica da ciência; ainda em antecipação ao **pós-modernismo**, ele apresenta uma abordagem radicalmente nova aos fundamentos da ciência. "Mas, embora todo o nosso conhecimento comece com a experiência", escreve Kant, "não se segue que tudo tenha surgido da experiência". A geometria euclidiana, a **física** newtoniana, a **astronomia** kepleriana e o cálculo leibniziano moldam o pensamento de Kant. Sua preocupação, no entanto, não é com o desenvolvimento da ciência como tal, mas sim com seus alicerces filosóficos.

Para David Hume, a **matemática** e a ciência baseavam-se no conhecimento sintético *a posteriori* e seu corolário, as "relações de ideias". Racionalistas, como René **Descartes** e Gottfried Wilhelm von Leibniz, lidavam com a ciência da mesma forma, mas determinavam que a matemática fosse fundamentada no conhecimento analítico *a priori*. O problema de ambos era que a ciência estava fundamentada nas areias movediças da inferência indutiva, e a matemática era incapaz de dar-lhe apoio suficiente. A "Revolução Copernicana" de Kant na filosofia fez algo por essa área que a filosofia pré-kantiana não poderia fazer por si mesma, a saber, fundamentar a matemática *e* a ciência nos recessos racionais da razão.

Para Kant, causa e necessidade fundamentam a ciência natural, no entanto, eles não são inerentes a objetos naturais. São capacidades receptivas da mente conhecedora. Kant chama essas capacidades receptivas de conhecimento "sintético *a priori*". **Espaço e tempo** como "formas de intuição" e as 12 categorias como "formas de concepção" constituem o mundo tal como nos aparece. Não são nem generalizações indutivas (de Hume) nem axiomas *a priori* (de Spinoza), mas sim os próprios constituintes da razão que lhe dão uma capacidade ativa para construir e conhecer a natureza.

Com base nessas percepções, as ideias seminais de Kant sobre ciência são encontradas na *Crítica da razão pura* ([1781] 1997) e *Primeiros princípios metafísicos da ciência natural* ([1786] 2004), obras nas quais ele define a ciência de maneira bastante restrita. A ciência contém um corpo de conhecimento ordenado sistematicamente em princípios puramente racionais conhecidos *a priori*, mas com a "**consciência** de sua necessidade" (4:468). Somente a física, pensou Kant, chega ao nível de ser uma ciência adequada nesse sentido, porque só ela dá certeza apodítica com relação aos seus constituintes transcendentais. A química e a **geologia**, por exemplo, estudam a "natureza particular" dos objetos empíricos, mas não envolvem o conhecimento transcendental de uma coisa em geral.

É importante ressaltar que Kant fundamenta as "ciências" inorgânicas e orgânicas em diferentes dimensões da filosofia crítica. A biologia, embora exija observação experimental, é uma questão de julgamento teleológico. Um organismo, argumenta Kant, é tanto "a causa e o efeito de si mesmo" (5:370) e, portanto, possui "intencionalidade" inerente que permite que ele interaja com seu ambiente de maneiras autodeterminadas. Essa compreensão da biologia permite que Kant faça uma analogia para a compreensão da "intencionalidade sem propósito" sintética do julgamento estético. Isso implica uma ontologia significativa no terreno da natureza, mas, apenas pela razão, é inexplicável em termos de sua origem e fim. A descoberta de Kant e o emprego do raciocínio sintético nesses processos naturais prenuncia a teoria da evolução de Charles Darwin e é explicitamente trabalhada nos grandes idealistas alemães do século XIX.

Os estudos das contribuições de Kant para a ciência contemporânea continuam a florescer. Parece claro para muitos que a natureza subjetiva do conhecimento transcendental estabelece as bases filosóficas para a teoria da relatividade de **Einstein** e até certos aspectos da teoria quântica, por exemplo. Ainda assim, não está claro que Kant tenha imaginado esses desenvolvimentos revolucionários nem que sua filosofia esteja pronta para apoiá-los.

Chris L. Firestone

REFERÊNCIAS E LEITURAS RECOMENDADAS

BRITTAN, Gordon, Jr., 1978. *Kant's Theory of Science*. Princeton: Princeton University Press.
FRIEDMAN, Michael, 1992. *Kant and the Exact Sciences*. Cambridge, MA: Harvard University Press.

436 KAUFFMAN, STUART A.

Kant, Immanuel, 1952. *Critique of Judgment*. Trad. James Creed Meredith. Oxford: Clarendon.

_____. 1993. *Opus Postumum*. Ed. Eckart Förster. Trad. Eckart Förster e Michael Rosen. Cambridge: Cambridge University Press.

_____. (1781) 1997. *Critique of Pure Reason*. Trads. e eds. Paul Guyer e Allen W. Wood. Cambridge: Cambridge University Press.

_____. (1786) 2004. *Metaphysical Foundations of Natural Science*. Trad. Michael Friedman. Cambridge: Cambridge University Press.

Quarfood, Marcel, 2004. *Transcendental Idealism and the Organism*. Stockholm: Almquist & Wiksell.

Watkins, Eric, ed. 2001. *Kant and the Sciences*. New York: Oxford University Press.

KAUFFMAN, STUART A. Stuart Kauffman (1939-) é um biólogo teórico e pesquisador de sistemas complexos. Ele é um dos principais defensores da auto-organização, a hipótese ampla de que sistemas físicos ou biológicos simples ou complexos possuem propriedades coletivas que os permitem se auto-organizar (Kauffman, 1993, p. 16).

Médico e graduado pela Universidade de Chicago, pelos Institutos Nacionais de Saúde e pela Universidade da Pensilvânia, Kauffman também foi cofundador, professor e professor externo no Instituto Santa Fé (NPR). Ele também ocupou cargos na Universidade em Calgary (Edge) e na Universidade de Tecnologia de Tampere, na Finlândia. Mais recentemente, tornou-se professor de pesquisa na Universidade de Vermont (NPR; Universidade de Vermont). Atualmente, Kauffman é uma faculdade afiliada ao Instituto de Biologia de Sistemas em Seattle (Wikipedia; Instituto de Biologia de Sistemas).

Kauffman publicou aproximadamente 300 artigos (NPR) e quatro livros principais: *The Origins of Order* [As origens da ordem] (1993), *At Home in the Universe* [Em casa no universo] (1995), *Investigations* [Investigações] (2000) e *Reinventing the Sacred* [Reinventando o sagrado] (2008). Ele lançou um quinto livro em 2015 chamado *Humanity in a Creative Universe* [Humanos em um universo criativo].

Como proponente da auto-organização, Kauffman rejeita o **reducionismo** puro (Kauffman, 2003, p. 903; 2008, p. 3), pois, em si, afirma ele, os processos darwinianos esgotam os recursos de tempo disponíveis da natureza (Kauffman, 1993, p. 16). Ele hipotetiza um processo interativo e complementar entre mecanismos auto-organizacionais coletivos e mecanismos de seleção darwiniana (Kauffman, 1995, p. 25, 71, 90-91, 185).

Kauffman menciona exemplos observados que apontam para a auto-organização, incluindo flocos de neve (Kauffman, 2000, p. 1) e pilhas de areia crescentes (p. 20-21), bem como **tecnologia** humana e dinâmica de negócios (Kauffman, 1995, p. 191-92, 203-6). Ele também oferece evidências para a auto-organização, comparando os modelos de simulação de redes booleanas a redes reguladoras de genes ou por meio da representação de tendências biológicas auto-organizacionais como buscas ou interações de paisagens de condicionamento robusto.

Kauffman levanta a hipótese de que tanto "a própria **origem da vida** e... as origens da ordem na ontogenia de cada organismo" incluem processos de auto-organização (Kauffman, 1993, xiv). Ele afirma que, em ambos os domínios, a ordem espontânea surge em sistemas coletivos complexos posicionados no limiar — ou na "fase de transição" — entre ordem e caos (p. 26, 223).

Ele propõe que a vida — ou o que ele chama de "agentes autônomos" (Kauffman, 2000, p. 8) — poderia surgir espontaneamente quando "misturas suficientemente complexas" (Kauffman, 1995, p. 24) de polímeros alcançam a fase de transição e se tornam autocatalíticas (Kauffman, 2000, p. 16). Eles, então, podem realizar ciclos de trabalho, ficando fora do equilíbrio "por fontes externas de matéria ou energia" (p. 4, 64).

Com relação ao desenvolvimento do organismo, Kauffman teoriza que as propriedades de certos sistemas complexos podem restringir tipos de células e formas de órgãos e tecidos a subconjuntos de possibilidades pequenos, simples e ordenados (Kauffman, 1993, p. 637; 1995, p. 111).

Num artigo mais recente, ele propõe que, como a natureza contém *leis de causa formal*, e não apenas causas eficientes (Kauffman, 2013, p. 1), "a evolução da biosfera é não decorrente e, muitas vezes, imprevisível" (p. 7; ver as **Quatro causas de Aristóteles**). Novamente repudiando o reducionismo, Kauffman recentemente propôs também uma possível fonte quântica para a **consciência** responsável em um mundo totalmente natural (Kauffman, 2014).

As hipóteses de Kauffman têm implicações religiosas. Ele afirma que um Deus criador é desnecessário para explicar as origens da vida (Kauffman, 2008, p. 4). Em vez disso, ele defende uma visão do divino aparentemente parecido com o panteísmo, afirmando que esse "Deus totalmente natural... é a própria criatividade no universo" (p. 6). Além disso, admite sua hipótese de que a **mente** quântica (Kauffman, 2014, p. 6) poderia implicar panpsiquismo (19).

James Charles LeMaster

REFERÊNCIAS E LEITURAS RECOMENDADAS

BARBOUR, Julian, "Stuart A. Kauffman." Edge. Acessado em 28/1/2015. http://edge.org/memberbio/stuart_a_ Kauffman.

"Contributor: Stuart Kauffman." *Closer to Truth*. Acessado em 28/1/2015. www.closertotruth.com/contributor/stuart-kauffman/profile.

Institute for Systems Biology. Professor afiliado. Acessado em 28/1/2015. www.systemsbiology.org/affiliate-faculty.

KAUFFMAN, Stuart A., 1993. *The Origins of Order: Self-Organization and Selection in Evolution*. New York: Oxford University Press.

____. 1995. *At Home in the Universe: The Search for Laws of Self-Organization and Complexity*. New York: Oxford University Press.

____. 2000. *Investigations*. New York: Oxford University Press.

____. 2003. "Beyond Reductionism: Reinventing the Sacred." *Zygon* 42, n. 4 (dezembro): 903-14.

____. 2008. *Reinventing the Sacred: A New View of Science, Reason, and Religion*. New York: Basic Books.

____. 2013. "Beyond Reductionism: No Laws Entail Biosphere Evolution; Formal Cause Laws beyond Efficient Cause Laws." Cornell University Library. March 20. Acessado em 29/1/2015. http://arxiv.org/abs/1303.5684.

____. 2014. "Beyond the Stalemate: Conscious Mind-Body Quantum Mechanics — Free Will — Possible Panpsychism — Possible Interpretation of Quantum Enigma." Cornell University Library. 20 out. http://arxiv.org/abs/1410.2127.

NPR. *About 13.7: Cosmos and Culture*. Acessado em 21/1/2015. www.npr.org/blogs/13.7/about.html.

Universidade de Vermont. "Stuart Kauffman." Acessado em 28/1/2015. www.uvm.edu/~cems/?Page=employee/profile.php&SM=employee/_employeemenu.html&EmID=1053.

WIKIPEDIA. "KAUFFMAN, Stuart." Wikipedia. Acessado em 28/1/2015. http://n.wikipedia.org/wiki/Stuart_Kauffman.

KENYON, DEAN. Dean Kenyon (1939-) é professor emérito de biologia da San Francisco State University (SFSU) e um dos primeiros cofundadores do movimento de *design* **inteligente** (DI).

Ao obter seu diploma de graduação em **física** pela Universidade de Chicago, Kenyon participou da Celebração Centenária de Darwin em 1959 e se interessou por origens biológicas. Ele obteve seu doutorado em biofísica pela Universidade de Stanford em 1965 e, depois, recebeu uma bolsa de pós-doutorado sob o prêmio Nobel Melvin Calvin na Universidade da Califórnia em Berkeley. Ele começou a ensinar biologia na SFSU em 1966.

Seu livro *Biochemical Predestination* [Predestinações bioquímicas], de 1969, coescrito com o biofísico Gary Steinman, foi, segundo Calvin, que escreveu o prefácio, "a primeira tentativa" de produzir um "livro básico para uma discussão sistemática" da **origem da vida** (Calvin, 1969). O livro defende uma origem naturalista da vida, por uma base puramente física e química para a origem dos componentes celulares. Kenyon também publicou vários artigos científicos técnicos que apoiam a origem química da vida, tornando-o um proeminente pesquisador no campo (Kenyon, 1974, 1975, 1988; Kenyon e Nissenbaum, 1976; Nissenbaum et al. 1975; Smith e Kenyon, 1972a, 1972b; Steinman et al. al., 1966).

Na SFSU, Kenyon ensinou a evolução e a origem da vida, mas em meados dos anos 1970 começou a duvidar de uma origem naturalista da vida, bem como da evolução darwinista. Um estudante o desafiou a explicar como as proteínas poderiam se reunir sem instruções genéticas, levando Kenyon a duvidar que proteínas funcionais pudessem surgir sem a informação no **DNA** (Illustra, 2001; Woodward, 2003). Kenyon posteriormente tornou-se um proponente do *design* inteligente, afirmando que: "Quanto mais... nós aprendemos... sobre os detalhes químicos da vida, da biologia molecular e estudos sobre a origem da vida... é menos provável que uma explicação estritamente naturalista das origens exista" (Meyer, 1994).

Em 1989, Kenyon copublicou com o biólogo Percival Davis o livro *Of Pandas and People* [Sobre pandas e pessoas], um dos primeiros livros a defender DI: "Se a ciência é baseada na experiência, ela nos diz que a mensagem codificada no DNA deve ter se originado de uma causa inteligente. Mas que tipo de agente inteligente? Por si só, a ciência não pode responder a essa pergunta; deve deixá-la para a religião e à filosofia. Mas isso não deve impedir que a ciência reconheça evidências para uma causa inteligente, onde quer que elas possam existir" (Davis e Kenyon, 1989).

O livro *Pandas* se tornou o foco de controvérsia durante o processo de *Kitzmiller vs. Dover*, após um juiz federal considerar inconstitucional o uso em escolas públicas porque rascunhos de pré-publicação usaram a terminologia criacionista (Jones, 2005). Kenyon não escreveu os controversos rascunhos de pré-publicação de *Pandas* — eles foram escritos por seu coautor, Davis — mas os defensores de *Pandas* observam que a substância das versões de pré-publicação diferia das ideias criacionistas porque afirmavam que sequências ricas em **informação** no DNA "não podem nos dizer se o intelecto por trás delas é natural ou sobrenatural" (DeWolf et al. 2007). Charles Thaxton, editor acadêmico do *Pandas*, explica que os primeiros rascunhos adotaram a terminologia de DI sobre a terminologia criacionista para não esconder alguns argumentos religiosos, mas porque os criacionistas "estavam querendo trazer Deus para a discussão, e eu estava querendo permanecer dentro do domínio empírico" (Thaxton 2005).

438 KEPLER, JOHANNES

Kenyon também enfrentou controvérsia em suas aulas na SFSU. Depois de se tornar defensor do DI, ele continuou a ensinar as evidências para a evolução, mas também começou a abordar os desafios científicos desta, incluindo o DI. Em 1992, Kenyon foi forçado a parar de lecionar biologia introdutória após ter sido solicitado por seu reitor e chefe de departamento a parar de ensinar "criacionismo" e apenas ensinar "a visão científica dominante" (Meyer, 1993). Kenyon acreditava que ele não estava ensinando criacionismo e que sua instrução era protegida pela liberdade acadêmica. O Comitê de Liberdade Acadêmica da SFSU e o senado da faculdade concordaram com Kenyon, e ele foi reintegrado (Johnson, 1994).

Casey Luskin

REFERÊNCIAS E LEITURAS RECOMENDADAS

CALVIN, Melvin, 1969. Prefácio de Dean H. Kenyon e Gary Steinman, *Biochemical Predestination*. New York: McGraw-Hill.

DAVIS, Percival; Kenyon, Dean H., 1989. *Of Pandas and People: The Central Question of Biological Origins*. Dallas: Foundation for Thought and Ethics.

DEWOLF, David K.; West, John G.; Luskin, Casey, 2007. "Intelligent Design Will Survive *Kitzmiller v. Dover*." *Montana Law Review* 68:7-57.

ILLUSTRA, *Unlocking the Mystery of Life*. 2001. DVD. La Mirada, CA: Illustra Media.

JOHNSON, Phillip, 1994. "Is God Unconstitutional?" *University of Colorado Law Review* 66:461-75.

JONES, Judge John E., 2005. *Kitzmiller v. Dover Area School District*, 400 F. Supp. 2d 707 (M.D. Pa. 2005).

KENYON, Dean H., 1974. "Prefigured Ordering and Protoselection in the Origin of Life", em *The Origin of Life and Evolutionary Biochemistry*, ed. K. Dose, S. W Fox, G. A. Deborin e T. E. Pavlovskaya, 207-20. New York: Plenum.

_____. 1975. "On Terminology in Origin of Life Studies" *Origins of Life* 6 (July): 447-48.

_____. 1988. "A Comparison of Proteinoid and Aldocyanoin Microsystems as Models of the Primordial Protocell", em *Molecular Evolution and Protobiol- ogy*, eds. K. Matsuno, K. Dose, K. Harada e D. L. Rohlfing, 163-88. New York: Plenum.

KENYON, Dean H.; Nissenbaum, A., 1976. "Melanoidin and Aldocyanoin Microspheres: Implications for Chemical Evolution and Early Precambrian Micropaleontology." *Journal of Molecular Evolution* 7:245-51.

KENYON, Dean H.; Steinman, Gary, 1969. *Biochemical Predestination*. New York: McGraw-Hill.

MEYER, Stephen C., 1993. "A Scopes Trial for the '90s." *Wall Street Journal*. 6 dez.

_____. 1994. "The Methodological Equivalence of Design and Descent: Can There Be a Scientific Theory of Creation?", em *The Creation Hypothesis: Scientific Evidence for an Intelligent Designer*, ed. J. P. Moreland, 67-112. Downers Grove, IL: InterVarsity.

NISSENBAUM A.; KENYON, Dean H.; Oro, J., 1975. "On the Possible Role of Organic Melanoidin Polymers as Matrices for Prebiotic Activity." *Journal of Molecular Evolution* 6 (Dec. 29): 253-70.

SMITH, Adolph E.; Kenyon, Dean H., 1972a. "Is Life Originating De Novo?" *Perspectives in Biology and Medicine* 15 (Summer): 529-42.

_____. 1972b. "The Origin of Viruses from Cellular Genetic Material." *Enzymologia* 43 (31 jul.): 13-18.

STEINMAN, Gary; KENYON, Dean H.; CALVIN, Melvin, 1966. "The Mechanism and Protobiochemical Relevance of Dicyanamide-Medicated Peptide Synthesis." *Biochimica et Biophysica Acta* 124 (August 24): 339-50.

THAXTON, Charles, 2005. Deposition Testimony in *Kitzmiller v. Dover Area School District*, 400 F. Supp. 2d 707 (M.D. Pa.).

WOODWARD, Thomas, 2003. *Doubts about Darwin: A History of Intelligent Design*. Grand Rapids: Baker.

KEPLER, JOHANNES. Johannes Kepler (1571-1630) foi o astrônomo imperial do Sacro Imperador Romano. Ele desenvolveu a teoria de que os planetas orbitam o sol em elipses e, assim, ajudou a provar que a terra não era o centro do universo.

Vida

Kepler nasceu perto de Stuttgart, na Alemanha. Ele frequentou a Universidade de Tübingen com a intenção de se tornar um clérigo luterano, mas, apesar de sua grande piedade, ele era incapaz de subscrever todos os aspectos do ensino de Lutero. Em vez disso, inspirado por seu professor em Tübingen, ele se tornou **astrônomo**. "Por muito tempo, eu quis ser um teólogo", escreveu Kepler mais tarde, "agora, no entanto, eis como, por meio do meu esforço, Deus está sendo celebrado por meio da **astronomia**" (Linton, 2004, p. 170).

Em 1597, Kepler publicou seu primeiro livro, *The Mystery of the Universe* [O mistério do universo], no qual seguiu a hipótese de Copérnico de que os planetas orbitavam o sol. O livro foi bem avaliado e Kepler estava agora suficientemente qualificado para se tornar assistente do astrônomo dinamarquês **Tycho Brahe**, que trabalhava para o imperador do Sacro Império Romano, Rudolfo II. Após a morte de Brahe, Kepler tornou-se astrônomo imperial, e seu principal papel era fornecer prognósticos astrológicos, mas ele também preparou as observações astronômicas de Tycho Brahe para publicação.

A vida pessoal de Kepler foi muitas vezes instável. Em 1611, ele perdeu um filho para varíola, e sua esposa morreu pouco depois. Logo após sua morte, ele perdeu o emprego como astrônomo imperial, após a morte de seu patrono, Rudolfo II. Então, em 1615, sua mãe foi falsamente acusada de feitiçaria em um caso que se arrastou por seis anos. Embora ela tenha sido absolvida, nunca se recuperou do tormento.

Teorias astronômicas

Usando os dados de Brahe, Kepler refinou seu modelo do sistema solar. Ele dedicou atenção especial à órbita de

Marte e notou que seu melhor modelo existente continha um erro de oito minutos de arco. Como sabia que o universo havia sido criado por um Deus perfeito, ele acreditava que essa imperfeição tinha de estar em seu modelo, e não na natureza. Mais tarde, ele chamou o erro de "boa ação de Deus", porque o levou à resposta correta (Caspar, 1959, p. 128).

Ao mostrar que os planetas têm órbitas elípticas em vez de circulares, Kepler foi capaz de criar um modelo dos céus de precisão e elegância sem precedentes. Quando ele finalmente publicou as observações de Brahe como as *tabelas rudolfinas*, elas continham previsões dos movimentos planetários melhores do que qualquer outra coisa disponível. Foi a precisão dessas tabelas, tanto quanto qualquer outra coisa, que convenceu a Europa de que a terra realmente estava orbitando o sol com os outros planetas.

Trabalho ótico e legado

Além de seu trabalho em astronomia, Kepler também expôs a compreensão moderna da visão, observando como a lente em nossos olhos focaliza a entrada de luz em uma imagem nítida na retina. Ele mostrou que essa imagem está de cabeça para baixo usando a lente de um olho de boi para projetar uma imagem e usou suas percepções para inventar um telescópio aprimorado que também produziu uma imagem invertida.

Johannes Kepler está na linha de frente dos inovadores científicos. Ele resolveu dois dos principais problemas que haviam intrigado os filósofos desde os gregos antigos — como a visão funciona e como os planetas se movem. E, em tudo o que ele fez, sua fé cristã foi sua inspiração central.

James Hannam

REFERÊNCIAS E LEITURAS RECOMENDADAS

Caspar, Max, 1959. *Kepler.* Trad. C. Doris Hellman. New York: Abelard-Schuman.
Lindberg, David. 1981. *Theories of Vision from al-Kindi to Kepler.* Chicago: University of Chicago Press.
Linton, C. M., 2004. *Eudoxus to Einstein: A History of Mathematical Astronomy.* Cambridge: Cambridge University Press.
Stephenson, Bruce, 1994. *The Music of the Heavens: Kepler's Harmonic Astronomy.* Princeton: Princeton University Press.

KRAUSS, LAWRENCE. O físico Lawrence Krauss (1954-) é uma importante figura pública que argumenta em livros, artigos e debates que ciência e religião são incompatíveis. Ele é um ateu sincero que acredita que a **física** não oferece evidências para um criador ou *designer*. Krauss é professor de física na Universidade Estadual do Arizona. Bem-sucedido como um escritor acadêmico e popular, Krauss apresenta desafios para o cristianismo como uma **cosmovisão** intelectualmente verossímil. Krauss ganhou uma audiência popular com livros como *The Physics de Star Trek* [A física de Jornada nas Estrelas] (1995) e, mais recentemente, seu best-seller *A Universe from Nothing: Why There Is Something Rather Than Nothing* [Um universo que veio do nada: por que há algo em vez de nada] (2012), que apresenta um posfácio do biólogo e ateísta **Richard Dawkins**.

Krauss está firmemente no campo dos novos ateus (ver **Novo ateísmo**), junto com Dawkins e **Sam Harris**. Krauss, como Stephen Hawking, assume o papel do físico especialista que desafiou Deus. Para esse fim, ele esteve envolvido em dois debates informais com o filósofo cristão **William Lane Craig**. Durante esses eventos na Austrália, Krauss não abordou os argumentos de Craig, mas repetidamente o interrompeu e se engajou em ataques *ad hominem* — inclusive usando uma campainha para atrapalhar a apresentação de abertura de Craig.

Filosofia da ciência não é o forte do professor Krauss. Em *Um universo do nada*, ele admite que seu "viés intelectual" o leva a desprezar a filosofia. As limitações de Krauss estão claras nesse livro, que foi escrito para descartar a alegação teísta de que Deus criou o universo *ex nihilo*. É significativo que muitos físicos ateus enfrentem a alegação de que nada é a fonte de tudo. A abordagem ateísta mais antiga não colocou nada em seu lugar afirmando que algo deve ter existido sempre, desde que esse algo não seja Alguém. Mas Krauss acaba fazendo o mesmo, embora ele use a palavra *nada*, mas ambiguamente. O sentido de *nada* de Krauss não é realmente nada, mas uma versão esotérica de *algo*, que é algo muito semelhante ao **vácuo quântico** desse universo. Assim, ele comete a falácia do equívoco.

Krauss descarta a ideia teísta de que Deus criou o universo *ex nihilo* porque essa afirmação não pode responder à questão de quem criou Deus. No entanto, o **teísmo** afirma que, ao contrário do cosmo, Deus não é uma coleção de objetos e eventos contingentes, mas um ser autoexistente, de modo que não pode haver um criador de Deus.

Douglas Groothuis

440 KUHN, THOMAS S.

REFERÊNCIAS E LEITURAS RECOMENDADAS

HALVERSON, Dean, 2013. "The New Nothingness: A Look at Lawrence Krauss's *A Universe from Nothing*." *The Christian Research Journal* 36 (6).

KRAUSS, Lawrence, 2012. *A Universe from Nothing: Why There Is Something Rather Than Nothing*. New York: Atria.

_____. 2013. *Um universo que veio do nada: porque há criação sem Criador*. Rio de Janeiro: Paz e Terra.

KUHN, THOMAS S. Thomas Kuhn (1922-1996) foi um dos mais importantes filósofos e historiadores da ciência do século XX. Seu livro *A estrutura das revoluções científicas*, publicado em 1962, mudou a visão da sociedade sobre a ciência e o progresso científico. Duas de suas ideias do livro, *paradigmas* e *mudanças de paradigma*, assumiram vida própria e se tornaram conceitos comuns no discurso contemporâneo.

Kuhn nasceu em Cincinnati, Ohio, filho de pais judeus não praticantes. Seu pai era engenheiro hidráulico e sua mãe, educadora e editora profissional. Depois de frequentar várias escolas particulares em Nova York, Pensilvânia e Connecticut, ele foi para Harvard, a universidade onde seu pai havia se formado, para estudar **física**. Em 1943, ele se graduou e, em 1946, terminou seu mestrado.

Foi durante seus estudos de doutorado, em 1947, que uma tarefa de ensino ao **acaso** despertou seu interesse para a história da ciência. Ele foi convidado pelo renomado químico e presidente da Harvard, James B. Conant, para ajudar no ensino de uma recém-concebida aula de história da ciência para cursos que não eram sobre ciência na faculdade. Na preparação para suas palestras, Kuhn começou a ler textos antigos sobre mecânica e movimento, especialmente a *Física* de **Aristóteles**, e ficou inicialmente surpreso por quão "incorreto" Aristóteles tinha sido do ponto de vista dos padrões modernos. Finalmente, outra perspectiva lhe ocorreu. "Aristóteles não estava escrevendo má física, mas boa filosofia grega!" (Gregory, 2003). Kuhn percebeu que, em seus próprios termos e dentro de sua própria estrutura conceitual (seu "paradigma"), a física de Aristóteles não era ilógica ou irracional, mas fazia perfeito sentido. Além disso, ele percebeu que era perigoso e até errado estudar a teoria do movimento de Aristóteles do ponto de vista moderno (ou "paradigma").

Kuhn decidiu naquele momento mudar de campo. Em suas próprias palavras, ele se tornaria "um físico transformado em historiador para fins filosóficos" (Kuhn, 2000, p. 320). No entanto, ele completou seu doutorado em física em 1949 e tornou-se um membro júnior da Harvard Society of Fellows até 1951. Foi nessa época, como um pós-doutorando, que ele se tornou um autodidata na história da ciência. Ele começou sua carreira docente como professor assistente de educação geral e história da ciência em Harvard em 1952. Enquanto estava lá, escreveu seu primeiro livro, *The Copernican Revolution* [A revolução copérnica] (publicado em 1957), detalhando a mudança sísmica na **astronomia** da **cosmovisão** geocêntrica ao heliocentrismo como estudo de caso em mudança paradigmática.

Em 1956, ele deixou Harvard para lecionar na Universidade da Califórnia, em Berkeley, onde publicou sua monografia inovadora, *A estrutura das revoluções científicas*, em 1962 (doravante denominada *Estrutura*). Dois anos depois, ele partiu para Princeton para se tornar professor de Filosofia e História da Ciência da Cátedra M. Taylor Pyne, lecionando lá até 1979. Kuhn completou sua carreira docente no MIT como professor de Filosofia da Cátedra Laurence S. Rockefeller, aposentando-se em 1991. Depois de *A estrutura*, muito do trabalho acadêmico de Kuhn concentrou-se na historiografia da mecânica quântica.

Em *Estrutura*, Kuhn argumentou que a noção tradicional de ciência como uma progressão cumulativa, linear e lógica do avanço é incorreta. O desenvolvimento da ciência, ao contrário, é caracterizado por períodos de progresso estável chamado "ciência normal" e pontuados de tempos em tempos pela ciência "revolucionária" ou "extraordinária". A ciência normal é guiada e controlada por um "**paradigma**" ou uma estrutura conceitual que é comumente aceita pela comunidade científica e dentro da qual o investigador trabalha. Paradigmas incluem compromissos compartilhados com teorias, conceitos, métodos e instrumentação, e também determinam quais problemas são significativos e como resolvê-los. Kuhn caracterizou a ciência normal como "solução de quebra-cabeças". Mas um problema com a ciência normal é que ela não procura mudar ou derrubar seu paradigma; seu objetivo é articulá-lo e ampliá-lo.

Ao longo do tempo aparecem anomalias que não se conformam e podem até contradizer o modelo conceitual aceito. Um estágio de "crise" resulta quando essas anomalias persistem e continuam resistindo à solução sob o paradigma reinante. Uma vez em um estágio de crise, os paradigmas alternativos são sugeridos até que um novo paradigma seja adotado e substitua o antigo. A ciência normal, então, prossegue sob o novo paradigma.

O principal exemplo de Kuhn desse processo é a Revolução Copernicana. A astronomia tinha prosseguido com sucesso por 2 mil anos sob a formulação aristotélica-ptolomaica, e, durante esse tempo, ele previu com sucesso as posições das estrelas e planetas. Com o tempo, no entanto, e com observações mais precisas no progresso da ciência normal, discrepâncias e anomalias começaram a aparecer e se tornaram maiores. Agora, ao calcular as posições dos planetas e a precessão dos equinócios, por exemplo, o sistema começou a desmoronar e, no século XVI, a astronomia atingiu um ponto de crise. Como **Copérnico** se queixou famosamente no prefácio de seu *De Revolutionibus*, "a tradição astronômica que herdou finalmente criara apenas um monstro" (Kuhn, 1962, p. 69).

É importante reconhecer em detalhes como é verdadeiramente revolucionária a história das **revoluções científicas** de Kuhn. Em primeiro lugar (por conta de Kuhn), revoluções e escolha de teorias não são necessariamente decisões lógicas, racionais ou científicas, mas sim histórica e socialmente condicionados. Houve muitos outros fatores que levaram Copérnico e aqueles que o seguiram a adotar o ponto de vista heliocêntrico. De fato, no princípio, o sistema de Copérnico não era mais preciso que o de Ptolomeu, e outros fatores, como o *design* do calendário, a estética e até mesmo a **astrologia**, entraram em jogo.

Segundo, a ciência não progride necessariamente de forma acumulativa e linear, porque os novos paradigmas são "incomensuráveis" com os antigos. Ou seja, eles não se constroem uns sobre os outros, porque uma mudança de paradigma envolve uma mudança tão dramática na visão que os investigadores quase "vivem em dois mundos diferentes". Mesmo definições básicas de termos significam coisas diferentes e têm relações diferentes. Essa mudança é comparada ao experimento visual Gestalt, em que se vê a imagem como "pato" ou "coelho", mas não como ambos ao mesmo tempo. Por exemplo, quando um aristotélico vê um objeto pesado balançando em uma corda enquanto o elemento terra se esforça para alcançar seu lugar de descanso, **Galileu** vê um "pêndulo" lutando para alcançar o movimento perpétuo (Kuhn 1962, 119). A incomensurabilidade e a mutabilidade dos paradigmas também implicam certa qualidade "relativa" (e não objetiva) à ciência.

Kuhn contribuiu para a história e a **filosofia da ciência** refutando a filosofia dominante da ciência nos anos 1960, conhecida como **positivismo lógico**. Representado por homens como **Rudolph Carnap** e **Karl Popper**, o positivismo lógico sustentava que a ciência progredia cumulativa e linearmente por meio de regras lógicas em direção a uma realidade objetiva. Kuhn enfatizou a importância do estudo da história da ciência porque tal estudo revela que a visão do positivismo lógico não é o caso. Em vez disso, a ciência progride por meio de mudanças de um paradigma revolucionário que são social e historicamente condicionadas e não determinadas unicamente por regras científicas ou filosóficas. A ciência e o progresso científico, portanto, não são tão diretos e objetivos como gostaríamos que fosse.

A Estrutura das revoluções científicas de Kuhn é considerado um dos cem livros mais influentes do século XX e é uma das obras acadêmicas mais citadas de todos os tempos. Traduzido para cerca de 20 idiomas diferentes, já vendeu mais de 1 milhão de cópias em quatro edições. É um texto padrão nos cursos de filosofia universitária e história da ciência, e suas ideias de paradigmas e mudanças de paradigma foram adotadas e adaptadas em inúmeros outros contextos, da **sociologia** e feminismo à gestão de negócios e economia.

Milton Eng

REFERÊNCIAS E LEITURAS RECOMENDADAS

ANDERSEN, Hanne, 2001. *On Kuhn*. Belmont, CA: Wadsworth/Thomson Learning.

BIRD, Alexander, 2001. *Thomas Kuhn*. Philosophy Now. Princeton, NJ: Princeton University Press.

_____. 2013. "Thomas Kuhn", em *Stanford Encyclopedia of Philosophy*, ed. Edward N. Zalta, http://plato.stanford.edu/archives/fall2013/entries/thomas-kuhn.

GORDON, Peter E., et al. 2012. "Forum: Kuhn's *Structure* at Fifty." *Modern Intellectual History* 9 (1): edição completa.

GREGORY, Frederick, 2003. "Lecture One: Science in the 18th and 19th Centuries." *The History of Science: 1700-1900*. MP3. Chantilly, VA: The Great Courses.

HOYNINGEN-HUENE, Paul. 1993. *Reconstructing Scientific Revolutions: Thomas S. Kuhn's Philosophy of Science*. Chicago: University of Chicago Press.

_____. 1998. "Kuhn, Thomas Samuel." *Routledge Encyclopedia of Philosophy*. Ed. Edward Craig. London: Routledge.

IRZIK, Gürol, 2008. "Kuhn, Thomas Samuel." *New Dictionary of Scientific Biography*. Ed. Noretta Koertge. Detroit: Scribner/Thomson Gale.

KUHN, Thomas S., 1957. *The Copernican Revolution: Planetary Astronomy in the Development of Western Thought*. Cambridge, MA: Harvard University Press.

_____. (1962) 2012. *The Structure of Scientific Revolutions*. 50. ed. com introdução de Ian Hacking. Chicago: University of Chicago Press. A 2. ed. (1970) contém importante pós-escrito de Kuhn.

_____. 1977. *The Essential Tension: Selected Studies in Scientific Tradition and Change*. Chicago: University of Chicago Press.

_____. 2000. *The Road since Structure: Philosophical Essays, 1970-1993, with an Autobiographical Interview*. Eds. James Conant e John Haugeland. Chicago: University of Chicago Press. Contém uma lista completa de todos os escritos de Kuhn.

NICKLES, Thomas, ed. 2002. *Thomas Kuhn*. New York: Cambridge University Press.

L

LAKATOS, IMRE. Imre Lakatos (1922-1974) foi um dos principais filósofos da ciência do século XX. Nascido Imre Lipschitz em uma família judia na Hungria, Lakatos escapou da perseguição nazista durante a Segunda Guerra Mundial mudando seu nome para Imre Molnár; ele se tornou Imre Lakatos depois da guerra. Ele veio para o Reino Unido após a invasão soviética da Hungria em 1956. Ele lecionou na Escola de Economia de Londres em 1960 enquanto **Karl Popper** ainda estava lá e recebeu um doutorado da Universidade de Cambridge em 1961. Sua famosa "metodologia da pesquisa científica" (Lakatos, 1978) deve ser contrastado tanto com o falsificacionismo de Popper quanto com o relativismo de **Thomas Kuhn**.

Popper havia reconhecido que as teorias científicas não podem ser verificadas no sentido do **positivismo lógico**, uma vez que não se pode observar todas as instâncias de uma lei geral. Antes, para ser científico, uma teoria deve ser falsificável. Por exemplo, a lei da gravidade de Newton poderia ser falsificada por um único contraexemplo.

Lakatos percebeu que isso não captura como a ciência funciona na prática. Era sabido no século XIX que a órbita do planeta Urano não correspondia às previsões feitas usando a teoria de Newton, mas essa teoria não foi abandonada. Adams e LeVerrier calcularam que a órbita de Urano se encaixaria se houvesse outro planeta ao redor, prevendo, assim, a existência de Netuno.

Lakatos via as teorias dentro de "programas de pesquisa científica" muito mais amplos, que aumentam ou diminuem, dependendo de como elas se adaptam a novos dados. Tais programas de pesquisa têm um "núcleo duro" de teorias bem estabelecidas, que são altamente resistentes a mudanças, e um grande "cinturão protetor" de "hipóteses auxiliares" menos seguras (Lakatos, 1978, p. 4). Os programas de pesquisa são "progressistas" se conseguirem prever fatos novos, ou "degenerados" se continuarem exigindo modificações *ad hoc* para acomodar os fatos (Lakatos, 1978, p. 5). Assim, o modelo ptolomaico do universo teve de ser salvo pela introdução de padrões cada vez mais complexos de epiciclos (ver **Copérnico, Nicolau**). A nova cosmologia desenvolvida por Copérnico, Galileu e, por fim, Newton explicou os fatos de maneira bela e simples, e também previu novos fatos, como a existência de Netuno (embora a opinião de Lakatos sobre a história seja mais complexa do que isso — ver Lakatos, 1978, p. 168-92). A metodologia de Lakatos é tanto racional quanto mais semelhante à maneira como a ciência realmente procede do que as metodologias de Popper ou Kuhn, cujas "mudanças de **paradigma**" ocorrem mais por razões sociológicas do que lógicas (Kuhn, 1980).

A relevância de Lakatos para a teologia vem de filósofos e teólogos que veem a teologia como uma busca racional que precisa de justificação, assim como a ciência. Por exemplo, tanto Philip Hefner quanto **Nancey Murphy** argumentam que a teologia apresenta programas de pesquisa científica no sentido de Lakatos.

Hefner e Murphy veem o teólogo alemão **Wolfhart Pannenberg** como um programa desse tipo (Hefner, 1988, p. 281-86; Murphy, 1990, p. 174-211). O "núcleo duro" seria Deus, a realidade que tudo determina, conferindo significado à totalidade incompleta da realidade, com a conclusão chegando escatologicamente. "Hipóteses auxiliares" se relacionam tanto à tradição bíblica/teológica quanto às teorias científicas que, pelo menos, "deixam em aberto a conjectura de que elas manifestam os efeitos da totalidade determinadora de Deus" (Hefner, 1988, p. 283).

Murphy amplia a metodologia de Lakatos para outros programas teológicos — por exemplo, o modernismo católico, um movimento de católicos romanos do início do século XX que visava conciliar o catolicismo com o pensamento modernista, incluindo crítica bíblica e **epistemologia** empirista.

A necessidade de prever novos fatos é talvez a maior dificuldade aqui, uma vez que os exemplos oferecidos tendem a ser bastante vagos em comparação com os da ciência. O problema é evitado na abordagem alternativa da teoria de **confirmação** bayesiana (ver **Teorema de Bayes**). Assim, Richard Swinburne argumenta que a **probabilidade** de uma hipótese é a mesma independentemente de se o que ela explica é conhecido antes ou somente após a hipótese ser formulada, um ponto conhecido pelo próprio Lakatos (Lakatos, 1978, p. 39; Swinburne, 2004, p. 69-70).

Rodney Holder

REFERÊNCIAS E LEITURAS RECOMENDADAS

HEFNER, Philip, 1988. "The Role of Science in Pannenberg's Theological Thinking", em *The Theology of Wolfhart Pannenberg*, ed. Carl E. Braaten e Philip Clayton, 266-86. Minneapolis: Augsburg.

KUHN, Thomas S. (1962) 1980. *The Structure of Scientific Revolutions*. Chicago: University of Chicago Press.

LAKATOS, Imre, 1978. *The Methodology of Scientific Research Programmes: Philosophical Papers*. Vol. 1. Cambridge: Cambridge University Press.

MURPHY, Nancey, 1990. *Theology in the Age of Scientific Reasoning*. Ithaca, NY: Cornell University Press.

SWINBURNE, Richard, 2004. *The Existence of God*. 2. ed. Oxford: Oxford University Press.

LAMARCK, JEAN-BAPTISTE.

Jean-Baptiste Lamarck (1744-1829) iniciou sua carreira científica como botânico e taxonomista. Grande parte de sua pesquisa botânica foi publicada em três volumes do *Flore française* (Flora francesa), que usou chaves dicotômicas para identificação de plantas, artigos nos *Mémoires* da Academia de Ciências e três volumes da *Encyclopédie méthodique*.

A carreira de Lamarck foi radicalmente alterada quando o Jardin du Roi, do qual ele era membro, se tornou o Muséum National d'Historie Naturelle. Como outros colegas foram nomeados professores de botânica para o Muséum, Lamarck foi professor de "insetos, vermes e animais microscópicos". Embora tenha sido o menos prestigiado das profissões do Muséum, Lamarck aproveitou a oportunidade para realizar uma taxonomia inovadora de invertebrados. Muito desse trabalho foi publicado em dois volumes da *Histoire naturelle des Animaux sans vertébres* [História natural dos animais invertebrados]. Ele ainda recebe o crédito pela invenção da palavra *invertebrado*.

Os interesses de Lamarck não se limitavam à taxonomia, botânica ou zoologia de invertebrados. Como autoproclamado "filósofo naturalista", ele propôs extensas teorias da física, química, meteorologia e da história geológica da terra, muitas das quais publicadas na *Hydrogéologie* em 1802.

Um dos primeiros naturalistas a desenvolver e propor uma teoria abrangente da evolução, Lamarck começou a publicar suas ideias sobre as origens da vida em 1801. Em seu trabalho mais famoso, *Philosophie zoologique* [Filosofia zoológica], ele propôs que a vida veio a existir por meio de um processo natural que ele chamou de "transmutação das **espécies**", um termo ultrapassado para a evolução.

Enquanto seu livro insinuava entendimentos modernos fundamentais como a teoria das células e a **seleção natural**, ele nunca desenvolveu plenamente essas ideias. A teoria da evolução de Lamarck diferiu significativamente da moderna síntese darwiniana, compreensivelmente refletindo a falta de consideração dos princípios mendelianos e o *Omne vivum ex vivo* [toda vida vem da vida] de Pasteur, que foram descobertos mais tarde. Lamarck argumentou que os organismos simples (protistas) eram continuamente gerados espontaneamente e que as espécies desapareciam, não por causa da **extinção**, mas porque evoluíram para uma espécie mais complexa.

Um mecanismo-chave subjacente à sua teoria, chamado hoje de lamarquismo (ou lamarckismo), é que os traços hereditários podem ser adquiridos pela interação de um organismo com seu ambiente físico, pelo esforço do organismo ou pelo uso ou desuso de estruturas do corpo pelo organismo. Embora o lamarquismo seja frequentemente visto como irrelevante à luz de uma compreensão moderna da evolução, até mesmo Darwin viu Lamarck como um importante precursor do pensamento evolutivo. Darwin (1872) escreveu: "[Lamarck] primeiro fez o serviço eminente de despertar a atenção para a **probabilidade** de todas as mudanças no mundo orgânico, assim como no inorgânico, serem o resultado da lei, e não da interposição milagrosa". Além disso, a recente descoberta de mecanismos epigenéticos de hereditariedade tornaram a teoria de Lamarck mais uma vez relevante. Sabemos agora que as características adquiridas, como a metilação do **DNA**, podem ser hereditárias.

Muitos dos contemporâneos de Lamarck criticaram duramente sua afirmação de que a vida passou a existir por meio de processos naturais, e não de uma intervenção milagrosa, pois eles acreditavam que a natureza refletia o trabalho manual e o projeto de Deus. Portanto, eles viram as ideias evolucionárias de Lamarck excluindo a possibilidade de Deus trabalhando para criar coisas vivas.

Infelizmente, apesar de suas contribuições significativas para a botânica, a zoologia dos invertebrados e o pensamento evolucionista, Lamarck morreu na pobreza e na obscuridade.

Sara Sybesma Tolsma

REFERÊNCIAS E LEITURAS RECOMENDADAS

DARWIN, Charles, 1872. *On the Origin of Species*. 6. ed. www.gutenberg.org/files/2009/2009-h/2009-h.htm.

GISSIS, Snait B.; JABLONKA, Eva; ZELIGOWSKI, Anna, 2011. *Transformations of*

444 LAPLACE, PIERRE-SIMON

Lamarckism: From Subtle Fluids to Molecular Biology. Cambridge, MA: MIT Press.

LAMARCK, Jean-Baptiste, 1914. *Zoological Philosophy: An Exposition with Regard to the Natural History of Animals.* Trad. Hugh Elliot. London: Macmillan.

LAPLACE, PIERRE-SIMON. Pierre-Simon Laplace (1749-1827) talvez seja mais conhecido na cultura popular hoje por sua reputação quando Napoleão Bonaparte notou a ausência de referências a Deus no magistral *Mécanique céleste* [Mecânica celeste] de Laplace. Dizem que Laplace respondeu que ele "não precisava dessa hipótese". Como a história de Newton e a queda da maçã, essa anedota é fundamentada em plausibilidade, não em evidência documental. Todavia, está de acordo com as percepções do trabalho desse filósofo e matemático natural francês mais importante do final do século XVIII e início do século XIX.

A carreira de Laplace abrangeu o tumulto da Revolução Francesa, bem como a eflorescência da **física** matemática francesa. De origem humilde, Laplace subiu rapidamente para se tornar uma das figuras mais importantes do panorama matemático e científico europeu, dando contribuições significativas para a **probabilidade**, análise, **astronomia** e física. Ele resistiu aos vários levantes políticos do período, incluindo o Reino de Terror, a ascensão e queda de Napoleão, e a restauração dos Bourbons. De fato, as manobras políticas oportunistas de Laplace (votar pela restauração da monarquia, por exemplo, depois de ter sido condecorado por Napoleão e de ter recebido um posto em seu governo) lhe trouxeram algumas críticas.

Como muitos de seus colegas, Laplace recebeu seu primeiro ensino das mãos da igreja e foi matriculado na Universidade de Caen com a intenção de se tornar padre. Durante esse período, os debates contemporâneos sobre a religião resultaram no abandono dessa intenção, bem como na sua fé cristã. Durante o resto de sua carreira, Laplace foi funcionalmente agnóstico. Embora haja pelo menos um relato dele expressando um ateísmo inequívoco (Hahn, 2005, p. 67), em seus escritos publicados ele permaneceu em silêncio sobre temas religiosos. Em manuscritos inéditos, no entanto, ele expressou sua negação de **milagres** e outras crenças cristãs fundamentais, tomando-as como exemplos da natureza crédula da humanidade.

Laplace estabeleceu o campo da mecânica celeste, um termo que ele cunhou para a aplicação da gravitação universal e que descreve completamente os movimentos complexos do sistema solar. Ele foi capaz de mostrar que as variações nos movimentos dos planetas não eram seculares — o que significa que elas não seriam ampliadas com o tempo, mas seriam periódicas dentro de limites específicos; em outras palavras, o sistema solar era estável. Ele popularizou seu trabalho em sua *Exposition du système du monde* [Exposição do sistema do mundo] (1796), "uma das mais bem-sucedidas obras de ciência já compostas" (Gillispie, 1997, p. 169). (Os quatro volumes de *Mécanique céleste*, publicado de 1799 a 1805, oferecem um tratamento muito mais técnico.)

Foi uma única seção conclusiva da *Exposição* (o sexto capítulo do Livro V) que ganhou notoriedade ao oferecer uma explicação naturalista da evolução do sistema solar. Aqui, Laplace descreveu o que originalmente era uma hipótese para explicar as propriedades ordenadas do sistema solar. Consideremos, disse Laplace, o fato de que todos os planetas e seus satélites orbitam o sol e giram em seus eixos na mesma direção e no mesmo plano (como se acreditava na época, embora Laplace tenha ignorado o contraexemplo das luas recém-descobertas de Urano). Ele mostrou matematicamente a grande improbabilidade de que isso aconteça por **acaso**. Em vez disso, ele especulou que no passado um sol mais jovem e mais quente tinha uma atmosfera maior a partir da qual os planetas se condensavam quando essa atmosfera recuava, com suas órbitas compartilhando naturalmente a direção rotacional e a inclinação axial do sol.

Como **Immanuel Kant** (1724-1804) fez independentemente especulações semelhantes, algumas vezes nos referimos a essa teoria como a hipótese nebular de Kant-Laplace.

O trabalho de Laplace na astronomia estava ligado ao seu trabalho matemático em probabilidade. Como determinista, ele não acreditava em aleatoriedade na natureza e disse que, se uma inteligência soubesse as relações exatas de todas as entidades no universo, seria capaz de prever o futuro e reconstruir o passado a partir de leis físicas (Gillespie, 1997, p. 26-27). Probabilidade e acaso foram simplesmente expressões da ignorância humana em relação aos resultados. Tal visão estava de acordo com o programa físico de Laplace, que envolvia explicar tudo, desde os movimentos planetários até a natureza do calor, pelas leis físicas, descrevendo as relações entre partículas e corpos. Após sua morte, as últimas palavras de Laplace foram relatadas como "O que sabemos é insignificante, o que não sabemos é imenso" (Hahn, 2005, p. 204).

Stephen Case

REFERÊNCIAS E LEITURAS RECOMENDADAS

GILLISPIE, Charles Coulston, 1997. *Pierre-Simon Laplace 1749-1827: A Life in Exact Science*. Princeton, NJ: Princeton University Press.

HAHN, Roger, 2005. *Pierre-Simon Laplace 1749-1827: A Determined Scientist*. Cambridge, MA: Harvard University Press.

LAPLACE, Pierre-Simon, 1809. *The System of the World*. Trad. J. Pond. 2 vols. London: Richard Phillips.

_____. (1829-1839) 1966. *Celestial Mechanics*. Trad. Nathaniel Bowditch. 4 vols. New York: Chelsea.

SUZUKI, Jeff, 2007. "De Laplace, Pierre-Simon", em *Biographical Encyclopedia of Astronomers*, ed. Thomas Hockey, 543-45. New York: Springer-Verlag.

LAUDAN, LARRY. Larry Laudan (1941-) é epistolologista e filósofo da ciência na Universidade do Texas-Austin, um dos principais antirrealistas da **filosofia da ciência** e crítico do programa demarcacionista. Estudou na Universidade do Kansas (Bacharelado em **Física** em 1962) e na Universidade de Princeton (mestrado e doutorado em Filosofia, entre 1964 e 1965), Laudan iniciou sua carreira docente na Universidade de Londres (1965-1969), depois, mudou-se para a Universidade de Pittsburgh, onde ajudou a estabelecer seu programa de história e filosofia da ciência (HFC). Em 1972, Laudan tornou-se professor pleno nos departamentos de filosofia, história e HFC em Pittsburgh, atuando nessa função até 1983. De 1987 a 1997, Laudan foi professor de filosofia na Universidade do Havaí e agora leciona na Universidade do Texas — Austin.

Ao longo de sua carreira, Laudan argumentou contra a compreensão realista do conhecimento científico e do progresso, sob o qual a ciência "converge" constantemente na verdade. Em sua mais influente publicação antirrealista, "A Confutation of Convergent Realism" [Uma confusão do realismo convergente] (1981), Laudan sustenta que abundantes evidências históricas contradizem os princípios-chave do **realismo** (p. ex., que os termos centrais das teorias empiricamente "bem-sucedidas" se referem genuinamente a entidades existentes). Os continentes estáveis (não móveis) da **geologia** física, por exemplo, amplamente considerados como sendo os casos anteriores à teoria das placas tectônicas, não são considerados reais hoje . No fundo, conclui Laudan, não estamos justificados em afirmar a verdade de qualquer teoria apenas porque ela "teve algumas consequências verdadeiras" (1981, p. 45): isso representaria a falácia de afirmar o consequente.

No campo da ciência e da religião, Laudan é mais conhecido como um crítico do programa demarcacionista, segundo o qual — por algum critério (ou critérios)

— a ciência natural pode ser demarcada de maneira confiável de todos os outros aspectos do conhecimento ou prática humanos. Pelo contrário, argumenta Laudan (1983), nenhum critério proposto propriamente separa proposições ou teorias "científicas" de enunciados "não científicos" (ver **Demarcação, Problema da**). Historicamente, observa Laudan, os critérios de demarcação foram implantados como *machines de guerre* (armas de guerra) entre campos rivais, com a consequente surpresa de que a teoria sob escrutínio de uma das partes se mostra "não científica" à luz de um padrão epistêmico supostamente desapaixonado. Nesse sentido, Laudan voltou sua lente crítica ao julgamento federal de 1981 (*McLean* versus *Arkansas*) da filosofia do testemunho científico de seu colega **Michael Ruse** (embora implicitamente; Ruse nunca é nomeado por Laudan [1982], apesar de Ruse ter oferecido os critérios empregados pelo juiz William Overton, que é nomeado). Embora não expresse simpatia pelo criacionismo, Laudan argumenta que muitas de suas afirmações, contrárias às opiniões de Overton, são testáveis e, de fato, falharam nesses testes. "Debater o *status* científico do criacionismo", conclui Laudan, "é uma pista falsa que desvia a atenção das questões que devem nos interessar" (1982, p. 19).

Paul Nelson

REFERÊNCIAS E LEITURAS RECOMENDADAS

LAUDAN, L., 1981. "A Confutation of Convergent Realism." *Philosophy of Science* 48:19-49.

_____. 1982. "Science at the Bar: Causes for Concern." *Science, Technology and Human Values* 7:16-19.

_____. 1983. "The Demise of the Demarcation Problem", em *Physics, Philosophy and Psychoanalysis*, ed. Robert Cohen e L. Laudan, 111-28. Dordrecht: Reidel.

LEIBNIZ, GOTTFRIED WILHELM. Gottfried Wilhelm Leibniz (1646-1716) foi sem dúvida o intelectual alemão mais proeminente de sua geração. Nascido em Leipzig e filho de um professor de filosofia moral, Leibniz estava inclinado para a vida acadêmica desde cedo. Um leitor voraz na juventude (especialmente dos pais da igreja), ele obteve um doutorado em direito pela Universidade de Altdorf em 1687.

Em vez de aceitar um convite para se juntar à faculdade em Altdorf, Leibniz optou por entrar em serviço na corte do príncipe-eleitor de Mainz. As extensas viagens desse serviço proporcionaram a ele a oportunidade de interagir com outros importantes estudiosos de sua época, incluindo Nicolas Malebranche, Antoine Arnauld e **Baruch** (Benedict) **Spinoza**.

Apesar de renunciar a uma vida acadêmica profissional, as buscas intelectuais de Leibniz variaram de teologia, direito e diplomacia a **física**, cálculo e filosofia. Além de sua própria pesquisa, Leibniz influenciou a fundação de numerosas associações e periódicos acadêmicos. Perto de sua morte, em 1716, em Hanover, Leibniz havia publicado pouco no sentido de tratados sistemáticos e duradouros; a maior parte de sua obra escrita pode ser encontrada em cartas privadas e incontáveis trabalhos (em grande parte ainda não publicados).

Embora mergulhado no escolasticismo aristotélico, com sua afirmação de formas substanciais, causas finais e *design* divino, Leibniz logo se apaixonou pela "filosofia mecanicista" anteriormente adotada por **Francis Bacon** e **René Descartes**. Enquanto o escolasticismo dominante ao longo da era medieval compreendia os fenômenos naturais em termos de vários compostos de "matéria" e "forma" e suas causas, o esquema mecanicista moderno buscava explicar os fenômenos naturais apenas em termos de mecânica (isto é, o tamanho, a forma, posição e movimento da matéria). Foram em grande parte os escritos de Pierre Gassendi que trouxeram essa influência para Leibniz, assim como para **Isaac Newton**.

Talvez a versão mais extrema da filosofia mecanicista, o **atomismo**, reduziu a matéria a átomos distintos e indivisíveis que constituem a ontologia básica do mundo material. Embora ele rejeitasse o atomismo, Leibniz permaneceu comprometido com a filosofia mecanicista — ainda assim, na tentativa de conciliar isso com o aristotelismo, ele procurou preservar um lugar para formas substanciais. De fato, argumentou ele, a matéria não poderia existir sem um tal "princípio incorpóreo".

A expressão madura de Leibniz dessa posição reconciliadora é sua doutrina de *mônadas* (substâncias simples, imateriais — até mesmo semelhantes à alma) que se juntam para formar corpos compostos). Cada uma dessas mônadas, criadas por Deus e mantidas em existência por ele, contém dentro de si o seu princípio único de ação. Enquanto agem em independência causal uma da outra, o comportamento de cada mônada se desdobra de acordo com a harmonia preestabelecida de Deus. A ideia é que, na **criação**, Deus providencialmente ordenou uma perfeita harmonia entre os "reinos" de causas eficientes e finais (veja **Quatro causas de Aristóteles**); o mecanismo do mundo natural, desdobrando-se na atividade monádica, reflete as intenções de Deus.

Intimamente ligado à sua noção de harmonia preestabelecida está a crença de Leibniz de que o mundo atual é de fato o melhor de todos os mundos possíveis. Nessa afirmação, Leibniz sustentou que está a chave para desvendar questões teológicas complexas — notavelmente o **problema do mal**: já que esse é o melhor mundo possível, Deus não previne o mal porque isso mudaria o mundo para pior.

R. Keith Loftin

REFERÊNCIAS E LEITURAS RECOMENDADAS

ADAMS, Robert Merrihew, 1994. *Leibniz: Determinist, Theist, Idealist.* New York: Oxford University Press.

ARIEW, Roger; Garber, Daniel, trad. e ed. 1989. *G. W. Leibniz: Philosophical Essays.* Indianapolis: Hackett.

JOLLEY, Nicholas, ed. 1995. *The Cambridge Companion to Leibniz.* New York: Cambridge University Press.

LEIBNIZ, Gottfried Wilhelm, 1969. *Philosophical Papers and Letters.* Trad. e ed. Leroy E. Loemker. 2. ed. Dordrecht: Kluwer.

_____. 1985. *Theodicy.* Ed. Austin Farrer. La Salle, IL: Open Court. Woolhouse, R. S., ed. 1994. *Gottfried Wilhelm Leibniz: Critical Assessments.* New York: Routledge.

LEIS DA NATUREZA. A visão de que a natureza é regida por leis, de modo que os eventos se desdobram de maneira regular e previsível, é amplamente aceita. Essa ideia básica tem sido útil no desenvolvimento de explicações simples de uma ampla variedade de fenômenos complexos (p. ex., a lei da gravitação de **Isaac Newton** permite uma explicação unificada do comportamento dos projéteis, das marés e das órbitas planetárias).

O conceito de lei da natureza parece derivar de várias fontes. **Platão** contribuiu com a ideia de que podemos entender o mundo das aparências, sempre em mudança, recorrendo aos universais. No entanto, Platão acreditava que as conexões perfeitas e racionais eram obtidas apenas no reino ideal das formas, e não no mundo natural, que foi feito na semelhança imperfeita das formas (Platão em Hamilton e Cairnes, 1963). Ao sugerir que as formas eram, em matérias específicas, como essências, **Aristóteles** contribuiu com a importante ideia de que os objetos se comportarão de maneira previsível (de acordo com sua natureza). Mas esses ingredientes não captam totalmente o pensamento de que a natureza é governada por princípios racionais análogos ao sistema legal de um estado.

Muitos estudiosos concordam que um elemento essencial deu origem à ideia moderna de uma lei da natureza é teológico (ver **Ciência e igreja medieval**). **A. N. Whitehead** defendeu que "a crença inexpugnável de que toda ocorrência detalhada pode ser correlacionada com seus antecedentes de uma maneira perfeitamente definida, exemplificando princípios gerais" derivados da "insistência medieval na racionalidade de Deus, concebida como com a energia pessoal de Jeová e com a racionalidade de um filósofo grego" (Whitehead, 1997, p. 13). Da mesma forma, A. R. Hall argumentou que a ideia medieval de uma lei da natureza estava "relacionada ao conceito de direito natural nos sentidos sociais e morais familiares aos juristas medievais... O uso da palavra "lei" em tais contextos teria sido ininteligível na antiguidade, ao passo que a crença hebraica e cristã em uma divindade que foi ao mesmo tempo Criador e Legislador a tornou válida" (Hall, 1954, p. 171-72).

Hoje, essa compreensão transcendente de uma lei da natureza é rejeitada pela maioria dos filósofos. Alguns sustentam que uma lei da natureza é simplesmente uma regularidade que sobrevém em fatos locais (p. ex., Earman e Roberts, 2005a, 2005b), uma visão atribuída ao filósofo do século XVIII **David Hume** (Hume, [1748] 2008), embora alguns digam que é por engano (Strawson, 1989). Muitos rejeitam a teoria da regularidade porque ela não distingue uma lei (como a **segunda lei da termodinâmica**) de uma generalização acidentalmente verdadeira (p. ex., suponha que todos em São Paulo sejam corintianos). No primeiro, mas não no último caso, há algo sobre a natureza que torna a generalização verdadeira, e a lei apoia contrafactuais (declarações sobre o que aconteceria em casos não reais), mas uma generalização acidental não (se os fãs do Flamengo se mudassem do Rio para São Paulo, eles não se tornariam corintianos instantaneamente).

Para evitar essa dificuldade, alguns filósofos propõem que as leis da natureza são conexões necessárias entre universais (Armstrong, 1983; Tooley, 1987). Entretanto, alguns consideram essas conexões misteriosas e não naturalistas, e alguns inclusive negam que as leis da natureza existam (van Fraassen, 1990).

Angus J. L. Menuge

REFERÊNCIAS E LEITURAS RECOMENDADAS

Armstrong, David, 1983. *What Is a Law of Nature?* New York: Cambridge University Press.
Earman, J.; Roberts, J., 2005a. "Contact with the Nomic: A Challenge for Deniers of Humean Supervenience about Laws of Nature (Part I)." *Philosophy and Phenomenological Research* 71:1-22.
_____. 2005b. "Contact with the Nomic: A Challenge for Deniers of Humean Supervenience about Laws of Nature (Part II)." *Philosophy and Phenomenological Research* 71:253-86.
Hall, A. R., 1954. *The Scientific Revolution 1500-1800: The Formation of the Modern Scientific Attitude.* London: Longmans, Green.
Hamilton, Edith; Cairnes, Huntington, eds. 1963. *The Collected Dialogues of Plato: Including the Letters.* "Timaeus." Princeton, NJ: Princeton University Press.
Hume, David, (1748) 2008. *An Enquiry concerning Human Understanding.* New York: Oxford World Classics.
Strawson, Galen, 1989. *The Secret Connexion: Causation, Realism, and David Hume.* Oxford: Oxford University Press.
Tooley, Michael, 1987. *Causation.* Oxford: Clarendon.
Trevena, J.; Miller, J., 2010. "Brain preparation before a voluntary action: Evidence against unconscious movement initiation." *Consciousness and Cognition,* 19(1), 447-56. http://dx.doi.org/10.1016/j.concog.2009.08.006
van Fraassen, B., 1990. *Laws and Symmetry.* Oxford: Clarendon.
Whitehead, A. N., 1997. *Science and the Modern World.* New York: Free Press.

LEMAÎTRE, GEORGES. Georges Lemaître (1894-1966) foi um físico e astrônomo belga, além de sacerdote católico. Juntamente com o matemático russo Alexander Friedmann (1888-1925), que independentemente fez uma descoberta semelhante, Lemaître foi o descobridor das crescentes soluções universais para a **teoria geral da relatividade de Einstein**. Essas soluções foram antecessoras da **teoria do** *big bang*, que é fundamental para a cosmologia contemporânea (ver Belinkiy, 2012; Berger, 1984; Dirac, 1968; Friedmann, 1922, 1924; Godart e Heller, 1985; Kragh, 1987; 1996, p. 1-79; Lemaître, 1925, 1927, 1929, 1931a, 1931b, 1933a, 1933b, 1934, 1936, 1946, 1949a, 1949b, 1958).

Formado em línguas clássicas, humanidades e teologia em uma escola jesuíta em Lovaina, Lemaître ingressou na Universidade Católica de Lovaina em 1911 como estudante de engenharia, com uma carreira que ajudaria a sustentar sua família, planos estes que foram interrompidos pela Primeira Guerra Mundial. Lemaître se voluntariou para o exército belga e serviu como oficial de artilharia, enfrentando intensos combates e, mais notavelmente, o primeiro ataque com gás venenoso (cloro) na história da guerra. Mais tarde, ele recebeu várias honras militares por seu serviço, incluindo a Croix de Guerre avec Palmes.

Lemaître leu sobre a **física** durante a guerra e, quando acabou, voltou para a Universidade Católica para terminar uma licenciatura em **matemática** e física, o que ele fez em pouco tempo e, então, começou a pós-graduação em teologia em 1920. Ao seguir esses estudos, ele se mantinha interessado em matemática complicada, para a qual possuía considerável habilidade, e ficou fascinado com a

448 LEMAÎTRE, GEORGES

relatividade geral. Foi ordenado sacerdote após a conclusão dos estudos teológicos em 1923 e iniciou uma carreira clerical que acompanhava sua carreira científica. Ele subiu na hierarquia católica até o nível de monsenhor, foi nomeado para a Pontifícia Academia de Ciências quando foi estabelecida em 1936 e serviu como presidente da academia de 1960 até sua morte, em 1966.

Lemaître passou o ano acadêmico de 1923-1924 em Cambridge estudando relatividade **com Arthur Eddington**, depois dois anos nos Estados Unidos trabalhando em um doutorado em **astronomia** no Instituto de Tecnologia de Massachusetts (MIT). Enquanto esteve nos Estados Unidos, ele foi influenciado pelas teorias dos astrônomos Edwin Hubble (1889-1953) e Harlow Shapley (1885-1972) sobre um universo em expansão. Ele obteve seu doutorado em 1927 e no mesmo ano foi nomeado professor de astrofísica na Universidade Católica de Lovaina, cargo que ocupou até sua aposentadoria, em 1964.

Enquanto esteve no MIT, Lemaître foi cada vez mais atraído para o estudo do universo e, em 1925, propôs uma modificação da cosmologia de Willem de Sitter (1872-1934), que era não estática e envolvia um desvio para o vermelho induzido pelo efeito Doppler (Lemaître, 1925). Ele continuou este trabalho após seu retorno a Lovaina e logo propôs uma nova teoria (Lemaître, 1927) que oferecia uma solução às equações de campo do relativismo geral de Einstein, nas quais o universo estava se expandindo e uma relação velocidade-distância poderia ser calculada.

A equação básica de Lemaître (1927) foi semelhante à de Friedmann (1922), mas foi derivada independentemente. Eddington endossou o trabalho de Lemaître e o traduziu para o inglês em 1931. Embora seu modelo não implicasse um instante de criação ou uma idade definitiva para o universo, Lemaître passou de relativa obscuridade para celebridade científica em 1931, quando publicou um artigo na revista *Nature* (Lemaître, 1931b) propondo que o universo pode ter se originado de um quantum de energia enorme.

Mais tarde naquele ano, ele desenvolveu esse cenário em sua hipótese de um átomo primitivo (ver Lemaître, 1946, para uma explicação completa). Ele publicou várias explicações de sua proposta na década de 1930. Esses artigos constituíram a primeira versão do que mais tarde seria chamado de "cosmologia do *big bang*". Lemaître sugeriu que a teoria poderia ser testada observacionalmente examinando raios cósmicos e a formação de galáxias e

aglomerados de galáxias (Lemaître, 1933a, 1933b, 1934, 1936). No final da década de 1940, George Gamow (1904-1968) e seu aluno de pós-graduação Ralph Alpher (1921-2007) melhoraram a base teórica e experimental da teoria, que é agora a teoria aceita na cosmologia.

Dado o fato de que Lemaître era um padre, supõe-se frequentemente que sua hipótese de átomo primitivo foi motivada pela crença na criação *ex nihilo*. Embora essa motivação possa ter desempenhado um papel em sua teorização cosmológica na década de 1920 (Graves, 1996, p. 161), Lemaître a negou resolutamente a partir da década de 1930. Em várias entrevistas e palestras públicas, ele deixou claro que achava que nem a Bíblia nem a teologia eram, em nenhum sentido, relevantes para a cosmologia científica, e que nenhuma conclusão teológica poderia ser justificada com base na ciência (p. ex., *Literary Digest,* 1933; Farrell, 2005; Godart e Heller, 1978, 1979; Laracy, 2009).

Na linguagem moderna, Lemaître afirmava que a ciência e a teologia eram estritamente complementares, ocupando domínios separados do discurso. Quando o papa Pio XII, influenciado pela apologética científica aberta do físico Edmund Whittaker (1873-1956) (Whittaker, 1943, [1946] 2008), argumentou que a teoria do *big bang* era evidência para a doutrina cristã da criação (Berger, 1984, p. 387-88), Lemaître ficou chateado e, mais tarde, na décima primeira Conferência da Solvay, afirmou que sua teoria do átomo primitivo "permanece inteiramente fora de qualquer questão metafísica ou religiosa. Deixa o materialista livre para negar qualquer Ser transcendental" (Lemaître, 1958, p. 7).

As contestações a Lemaître provavelmente estavam relacionados a percepções na comunidade científica de que sua teoria era motivada por questões teológicas, uma percepção tornada óbvia pelos esforços de **Fred Hoyle** (1915-2001) para avançar a teoria do estado estacionário como uma alternativa sem implicações teístas. Ironicamente, a teoria de Hoyle não enfrentou acusações paralelas de motivação ateísta; simplesmente não conseguiu explicar as evidências e acabou sendo abandonada. Preconceitos filosóficos semelhantes afligem a comunidade científica atual, mas criticar uma teoria com base no que a motivou continua sendo uma instância da falácia genética. A influência da **cosmovisão** de um cientista individual em qualquer teoria que ele propõe é tão inevitável quanto irrelevante para uma avaliação da viabilidade dessa teoria (Plantinga, 1996).

Bruce L. Gordon

REFERÊNCIAS E LEITURAS RECOMENDADAS

BELINKIY, Ari, 2012. "Alexander Friedmann and the Origins of Modern Cosmology." *Physics Today* 65 (10): 38-43. http://hrsbstaff.ednet.ns.ca/jenninj2/Physics%2011/2012-3/Projects/Cosmology/Alan%20Friedmann%20nd%20the%20Origins%20of%20Modern%20Cosmology.pdf.

BERGER, A., ed. 1984. *The Big Bang and Georges Lemaître: Proceedings of a Symposium in Honour of G. Lemaître Fifty Years after His Initiation of Big-Bang Cosmology.* Dordrecht: Reidel.

DIRAC, Paul A. M., 1968. "The Scientific Work of Georges Lemaître." *Pontificia Accademia delle Scienze: Commentarii* 2 (11): 1-20.

FARRELL, John, 2005. *The Day without Yesterday: Lemaître, Einstein, and the Birth of Modern Cosmology.* New York: Avalon.

FRIEDMANN, Alexander, 1922. "Über die Krümmung des Raumes." *Zeitschrift für Physik* 10:377-86.

_____. 1924. "Über die Möglichkeit einer Welt mit konstanter negativer Krümmung des Raumes." *Zeitschrift für Physik* 21:326-32.

GODART, O.; Heller, M., 1978. "Un travail inconnu de Georges Lemaître." *Revue d'Histoire des Sciences* 31:345-56.

_____. 1979. "Les relations entre la science et al foi chez Georges Lemaître." *Pontificia Accademia delle Scienze: Commentarii* 3:1-12.

_____. 1985. *Cosmology of Lemaître.* Tucson: Pachart.

GRAVES, Dan. 1996. *Scientists of Faith.* Grand Rapids: Kregel.

HELLER, Michael, 2012. "Light in the Beginning: Georges Lemaître's Cosmological Inspirations", em *Light from Light: Scientists and Theologians in Dialogue*, ed. Gerald O'Collins and Mary Ann Meyers, 28-42. Grand Rapids: Eerdmans.

HOLDER, Rodney D.; Mitton, Simon, eds. 2012. *Georges Lemaître: Life, Science, and Legacy.* Astrophysics and Space Science Library. Vol. 395. New York: Springer.

KRAGH, Helge, 1987. "The Beginning of the World: George Lemaître and the Expanding Universe." *Centaurus* 32:114-39.

_____. 1996. *Cosmology and Controversy: The Historical Development of Two Theories of the Universe.* Princeton, NJ: Princeton University Press.

LARACY, Joseph R., 2009. "The Faith and Reason of Father George Lemaître." CatholicCulture.org. fevereiro. https://www.catholicculture.org/culture/library/view.cfm?recnum=8847.

LEMAÎTRE, George, 1925. "Note on de Sitter's Universe." *Journal of Mathematics and Physics* 4:188-92.

_____. 1927. "Un univers homogéne de masse constant et de rayon croissant rendant compte de la vitesse radiale des nébuleuses extra-galactiques." *Annales de Société Scientifique de Bruxelles* 47:49-56. Translated as "A Homogeneous Universe of Constant Mass and Increasing Radius Accounting for the Radial Velocity of Extra-Galactic Nebulae." *Monthly Notices of the Royal Astronomical Society* 91 (1931): 483-90.

_____. 1929. "La grandeur de l'espace." *Revue des Questions Scientifiques* 15:189-216.

_____. 1931a. "The Expanding Universe." *Monthly Notices of the Royal Astronomical Society* 91:490-501.

_____. 1931b. "The Beginning of the World from the Point of View of Quantum Theory." *Nature* 127:706.

_____. 1933a. "L'Universe en expansion." *Annales de Société Scientifique de Bruxelles* 53:51-85.

_____. 1933b. "La formation des nébuleuses dans l'univers en expansion." *Comptes Rendu de l'Académie des Sciences* 196:1085-87.

_____. 1934. "Evolution of the Expanding Universe." *Proceedings of the National Academy of Sciences USA* 20:12-17.

_____. 1936. "On the Geometric Analysis of Cosmic Radiation." *Physical Review*, 2. ser. 49:719-26.

_____. 1946. *L'Hypothèse de l'Atome Primitif: Essai de Cosmogonie.* Neuchatel: Éditions du Griffon. Trad. Betty H. Korff e Serge A. Korff as *The Primeval Atom: An Essay on Cosmogony.* New York: D. Van Nostrand, 1950.

_____. 1949a. "Cosmological Applications of Relativity." *Reviews of Modern Physics* 21:357-66.

_____. 1949b. "The Cosmological Constant." In *Albert Einstein: Philosopher-Scientist*, ed. Paul A. Schlipp, 437-56. Evanston, IL: Library of Living Philosophers.

_____. 1958. "The Primeval Atom Hypothesis and the Problem of the Clusters of Galaxies", em *La Structure et l'Évolution de l'Univers*, ed. R. Stoops, 1-32. Brussels: Coudenberg.

LITERARY DIGEST. 1933. "Salvation without Belief in Jonah's Tale." *Literary Digest* 115 (1): 23. www.unz.org/Pub/LiteraryDigest-1933mar11-00023.

PLANTINGA, Alvin C., 1996. "Science: Augustinian or Duhemian?" *Faith and Philosophy* 13:368-94.

WHITTAKER, Edmund, 1943. *The Beginning and End of the World.* Riddell Lectures 1941. London: Oxford University Press.

_____. (1946) 2008, *Space and Spirit: Theories of the Universe and the Arguments for the Existence of God.* Donnellan Lectures 1946. Whitefish, MT: Kessinger.

LENNOX, JOHN. John Lennox (1943-) é professor emérito de **matemática** da Universidade de Oxford e tem uma carreira notável nessa disciplina. Em 2004, ele foi coautor da *The Theory of Infinite Soluble Groups* [*Teoria de grupos solúveis infinitos*] como parte das Monografias Matemáticas de Oxford. Mas, nos últimos anos, ele escreveu e falou muito publicamente sobre o cristianismo e a ciência.

Embora ele tenha ensinado e escrito na área de teologia, filosofia e ciência por muitos anos (falando frequentemente na Europa Oriental), Lennox ganhou destaque nos anos 2000 como líder pensador e debatedor em assuntos de ciência em relação ao Cristianismo. Isso se deu em virtude principalmente de seu livro *A ciência enterrou Deus?* (2009) e por causa de seu debate com o biólogo e provocador ateísta **Richard Dawkins** em 2008. Ele também debateu com o filósofo ateu Michael Tooley. Outros livros de Lennox incluem *Seven Days That Divide the World: The Beginning according to Genesis and Science* [Sete Dias que dividem o mundo: o começo de acordo entre Gênesis e ciência] (2011c), *Atirando em Deus: por que os novos ateus estão perdendo o alvo* (2011b) e *Deus e Stephen Hawking: de quem é o projeto final?* (2011a), que a revista *Christianity Today* [Cristianismo Hoje] nomeou o melhor livro de apologética de 2011.

As credenciais acadêmicas de Lennox incluem três doutorados. Ele combina um jeito paternal com um intelecto perspicaz e uma transmissão caprichada, o que lhe dá uma plataforma forte para seus muitos debates. Ao contrário de muitos cientistas, Lennox é, além de cientista, um filósofo hábil.

450 LEWIS, C. S.

Lennox desafia o **naturalismo metodológico** na investigação científica. O **naturalismo** metodológico é uma **epistemologia** da ciência que permite que apenas causas naturais e não intencionais expliquem o mundo material. Por exemplo, as **informações** em **DNA** e RNA devem ser explicadas sem o benefício de qualquer mente projetista para avaliar seu sistema de mensagens específico e complexo. Assim, qualquer **explicação** em química, biologia e **física** deve necessariamente evitar qualquer coisa não material, o que torna Lennox único como intelectual cristão público de alto nível na Grã-Bretanha, dada sua rejeição do naturalismo metodológico e sua postura teológica ortodoxa.

Lennox afirma que a ciência moderna revelou aspectos de um projeto até então desconhecido, tanto no nível cósmico (ajuste fino ou coincidência antrópica) quanto celular (máquinas moleculares e DNA). Ele defende uma **filosofia da ciência** que persegue as evidências em qualquer direção, mesmo que leve a um projetista fora do próprio universo; também desmascara alguns relatos lendários — como o debate de Huxley-Wilberforce — sobre como a ciência sempre derrota o **teísmo** cristão.

Embora Lennox tenha argumentos contrários ao **darwinismo** como uma explicação suficiente da biologia, ele afirma, em *Sete dias que dividem o mundo*, que a Bíblia não ensina que a terra tem apenas alguns milhares de anos. Portanto, Lennox não refuta a antiguidade do cosmos, mas sim o **materialismo** filosófico para explicar sua origem ou operação.

Douglas Groothuis

REFERÊNCIAS E LEITURAS RECOMENDADAS

LENNOX, John, 2009. *God's Undertaker*. Oxford: Lion Hudson.
_____. 2011a. *God and Stephen Hawking*. Oxford: Lion Hudson.
_____. 2011b. *Gunning for God*. Oxford: Lion Hudson.
_____. 2011c. *Seven Days That Divide the World*. Grand Rapids: Zondervan.

LEWIS, C. S. Clive Staples Lewis (1898-1963) foi um escritor e estudioso anglo-irlandês fenomenalmente popular, mais conhecido por sua série infantil *As crônicas de Nárnia* e obras de teologia popular e ficção adulta, como *Cristianismo puro e simples* e *Cartas de um diabo ao seu aprendiz*. Lewis era um notável estudioso da literatura medieval e da renascença inglesa, trabalhando por muitos anos como tutor no Magdalen College, na Universidade de Oxford, e terminando sua carreira como professor na Faculdade Magdalene, Universidade de Cambridge.

Lewis tinha grande interesse no impacto da ciência na cultura e, por fim, escreveu nove livros, quase 30 ensaios e vários poemas que exploraram a ciência e suas ramificações culturais (West, 2012). Muitas das contribuições de Lewis para o debate sobre ciência e cultura provaram ser extraordinariamente proféticas, e suas ideias são frequentemente citadas pelos proponentes do *design* **inteligente** e outros participantes no diálogo entre fé e ciência.

Ele também foi uma das primeiras vozes a desafiar a ideia de que a Idade Média era a "Idade das Trevas" quando se tratava de ciência, desmentindo em particular o mito de que pensadores durante a Idade Média acreditavam que a terra era plana (Akins, 2012) (ver **Idade das Trevas**; **Terra plana**; **Ciência e igreja medieval**). Em seu trabalho acadêmico final, entretanto, Lewis realizou uma análise sofisticada da natureza provisória das teorias científicas e das raízes culturais das **revoluções científicas** (Lewis, 1964).

Ele também desafiou o surgimento do cientificismo, o esforço para aplicar a ciência fora de sua esfera própria. Em livros como *A abolição do homem* e o romance *Aquela força medonha*, Lewis criticou a ascensão do que ele chamou de "tecnocracia", administração pública em nome da ciência por funcionários que recebem poder político por causa de sua suposta experiência científica. Segundo Lewis, a tecnocracia foi fundamentalmente equivocada porque "o governo envolve questões sobre o bem do homem e a justiça, e o que vale a pena ter e a que preço; e neles, um treinamento científico não dá à opinião do homem nenhum valor agregado" (Lewis, 1970).

Há um desacordo sobre as visões de Lewis sobre um ponto crítico em debates sobre ciência e religião: a evolução. O filósofo Michael Peterson enfatizou o apoio de Lewis à evolução, chegando a alegar que este teria sido hostil a pensadores recentes que veem evidências de *design* inteligente na natureza (Peterson, 2010). Outros discordam, argumentando a partir dos escritos publicados e não publicados de Lewis que ele foi fortemente crítico dos princípios fundamentais da teoria darwiniana ortodoxa (West, 2012). Outros estudiosos apontaram o crescente ceticismo de Lewis com relação à teoria evolutiva nos últimos anos de sua vida (Ferngren e Numbers, 1996).

Talvez a contribuição mais influente de Lewis para a discussão da evolução tenha sido sua crítica aos relatos evolutivos da **mente**. No livro *Milagres*, ele defendeu que atribuir o desenvolvimento da razão humana a um processo não racional como a **seleção natural** acaba minando nossa confiança na própria razão. Afinal de contas, se a razão é meramente um subproduto não intencional de um processo fundamentalmente não racional, quais fundamentos temos para confiar em suas conclusões (ver **razão, Argumento da**)? Lewis adaptou esse argumento de *Theism and Humanism* [Teísmo e humanismo], de Arthur Balfour. Depois de Lewis, o argumento avançou ainda mais por meio do notável filósofo cristão **Alvin Plantinga** (Plantinga, 2011) e do filósofo ateísta **Thomas Nagel** (Nagel, 2012).

John G. West

REFERÊNCIAS E LEITURAS RECOMENDADAS

Aeschilman, Michael D., 1998. *The Restitution of Man: C. S. Lewis and the Case against Scientism.* 2. ed. Grand Rapids: Eerdmans.

Akins, Jake, 2012. "C. S. Lewis, Science, and the Medieval Mind", em *The Magician's Twin: C. S. Lewis on Science, Scientism, and Society,* ed. John G. West, 59-67. Seattle: Discovery Institute Press.

Balfour, Arthur J., 2000. *Theism and Humanism.* Ed. Michael W. Perry. Seattle: Inkling.

Ferngren, Gary B.; Numbers, Ronald L., 1996. "C. S. Lewis on Creation and Evolution: The Acworth Letters, 1944-1960." *Perspectives on Science and Christian Faith* 48:28-33.

Lewis, C. S., 1955. *The Abolition of Man.* New York: Macmillan.

_____. 1960. *Miracles: A Preliminary Study.* New York: Macmillan.

_____. 1964. *The Discarded Image.* Cambridge: Cambridge University Press.

_____. 1965. *That Hideous Strength.* New York: Macmillan.

_____. 1970. "Is Progress Possible? Willing Slaves of the Welfare State", em *God in the Dock,* ed. Walter Hooper, 311-16. Grand Rapids: Eerdmans.

Nagel, Thomas, 2012. *Mind and Cosmos: Why the Materialist Neo-Darwinian Conception of Nature Is Almost Certainly False.* New York: Oxford University Press.

Peterson, Michael L., 2010. "C. S. Lewis on Evolution and Intelligent Design." *Perspectives on Science and the Christian Faith* 62:253-66.

Plantinga, Alvin, 2011. *Where the Conflict Really Lies: Science, Religion, and Naturalism.* New York: Oxford University Press.

West, John G., ed. 2012. *The Magician's Twin: C. S. Lewis on Science, Scientism, and Society.* Seattle: Discovery Institute Press.

LEWONTIN, RICHARD. Richard Lewontin (1929-) é um geneticista, teórico evolucionista e professor emérito de biologia na Universidade de Harvard. Nascido em Nova York em 1929, Lewontin estudou em Harvard (bacharelado em Biologia, 1951) e na Universidade de Columbia (doutorado em Zoologia, 1954), onde foi orientado pelo geneticista de *Drosophila* e principal teórico neodarwinista Theodosius Dobzhansky.

Depois de ocupar cargos na Universidade Estadual da Carolina do Norte, na Universidade de Rochester e na Universidade de Chicago, em 1973, Lewontin foi nomeado professor de Zoologia e Biologia da Cátedra Alexander Agassis, na Universidade de Harvard, cargo que ocupou até 1998. Em Chicago, trabalhando com o colega

geneticista Jack Hubby, Lewontin foi pioneiro no uso da técnica de eletroforese em gel para medir níveis de heterozigosidade genética (isto é, variação alélica) no gênero *Drosophila* de mosca-da-fruta, trabalho experimental cujas implicações teóricas ele explorou em seu livro influente de 1974 intitulado *The Genetic Basis of Evolutionary Change* [As bases genéticas da mudança evolutiva].

Ao mesmo tempo, ele tornou-se cada vez mais crítico do que ele e seu colega professor de Harvard, o paleontólogo Stephen Jay Gould, chamaram de "programa adaptacionista", uma teoria da evolução que desafiaram em seu artigo de 1979 "The Spandrels of San Marco and the Panglossian Paradigm" [Os tímpanos de São Marcos e o Paradigma Panglossiano]. Lewontin duvidava que a **seleção natural** otimizasse os organismos, sustentando que muitos resultados evolutivos se deviam mais a processos do **acaso** e restrições não adaptativas. Politicamente de esquerda, Lewontin também criticou o determinismo genético e a aplicação da sociobiologia aos assuntos humanos, desenvolvendo seu pensamento em colaboração com o biólogo Richard Levins, de Harvard, trabalho que publicaram em conjunto em *The Dialectical Biologist* [O biólogo dialetal] (1985).

Na área da fé e da ciência, a contribuição mais significativa de Lewontin resultou de um artigo de 1997 na New York Review of Books, "Billions and billions of Demons" [Bilhões e bilhões de demônios], uma resenha do *The Demon-Haunted World* [O mundo assombrado por demônios] do astrônomo **Carl Sagan**. No artigo, Lewontin (um ateu) argumentou que as ciências naturais estão comprometidas sob "uma adesão *a priori*" ao "**materialismo**", e, assim, necessariamente devem rejeitar qualquer **ação divina** em, ou exercendo influência sobre, o universo físico. "Além disso", concluiu ele, "o materialismo é absoluto, pois não podemos permitir Deus entrando por baixo". Lewontin observou, no entanto, que esse materialismo é historicamente recente e contingente, e teria sido estranho a figuras como **Isaac Newton**.

Sua declaração sobre a absoluta inadmissibilidade da ação divina (i.é, a observação do "Deus entrando por baixo") alcançou a posição de um aforismo cultural dentro da corrente de debates sobre o **naturalismo metodológico** e o ***design* inteligente**. Em 2015, Lewontin recebeu o Prêmio Crafoord (o equivalente em biologia evolutiva do Prêmio Nobel) por seu trabalho de eletroforese e análises teóricas.

Paul Nelson

452 LIBET, BENJAMIN

REFERÊNCIAS E LEITURAS RECOMENDADAS

LEWONTIN, R., 1974. *The Genetic Basis of Evolutionary Change*. Chicago: University of Chicago Press.

_____. 1997. "Billions and Billions of Demons." *New York Review of Books*. 9 de janeiro. www.nybooks.com/articles/1997/01/09/billions-and-billions-of-demons/.

LEWONTIN, R.; Gould, Stephen Jay, 1979. "The Spandrels of San Marco and the Panglossian Paradigm: A Critique of the Adaptationist Programme." *Proceedings of the Royal Society of London, B* 205:581-98.

LIBET, BENJAMIN.

LIBET, BENJAMIN. Benjamin Libet (1916-2007) obteve seu doutorado em fisiologia pela Universidade de Chicago, em 1939. Seus primeiros trabalhos concentraram-se no funcionamento do sistema nervoso central, como mecanismos sinápticos e funções da medula espinhal, e são relativamente desconhecidos fora do campo da fisiologia.

Em contrapartida, seus estudos posteriores sobre as bases fisiológicas do controle da **consciência** são conhecidos em várias disciplinas e são mais notáveis para uma discussão do cristianismo e da ciência. Libet e seus colegas conduziram um programa de pesquisa no qual os participantes viram uma luz girando em torno de um círculo a cada 2,5 segundos e foram instruídos a mover o dedo sempre que desejassem, mas anotassem onde a luz estava no círculo quando percebessem sua necessidade de mover o dedo. Libet usou um eletroencefalógrafo (EEG) para medir o acúmulo de potencial elétrico (potencial de prontidão, PP) no córtex motor do cérebro relacionado ao movimento dos dedos. Como esperado, o autorrelato do desejo de mover precedeu o movimento do dedo. Surpreendentemente, o PP precedeu o desejo de mover.

Esses estudos têm sido interpretados por muitos como mostrando que o cérebro inicia movimentos voluntários antes de nossa consciência de decidir que vamos nos mover, o que significa que uma decisão consciente de agir não é a verdadeira causa do movimento. Essas interpretações levam à teoria de que o controle consciente é epifenomenal ou uma ilusão.

Embora as descobertas tenham sido replicadas, o significado delas é tão controverso quanto interessante. Os críticos postularam numerosos problemas possíveis com o estudo e os resultados subsequentes. A concepção do estudo permite vários tipos de erros relacionados à determinação dos achados, como estimar o início do PP e o aparecimento do desejo consciente. O mais notável é o fato de que o momento da conscientização do desejo de agir é autorrelatado. A crítica também foi direcionada à área do cérebro em que o PP foi detectado, observando que essa região do cérebro pode causar movimentos, mas não pode provocar a vontade de se mover. Outras críticas concentraram-se na ação de baixo nível envolvida no estudo, no movimento de um dedo, e questionam se essa é uma tarefa representativa para testar o controle consciente.

Além dos argumentos racionais contra as interpretações do controle anticonsciente, há dois argumentos contra essas mesmas interpretações baseados em pesquisa. Trevena e Miller (2009) usaram uma metodologia semelhante à de Libet, na qual os participantes decidiam se moviam ou não o dedo depois de ouvir um tom. Eles descobriram que o PP ocorreu independentemente de os participantes decidirem mover os dedos ou não, sugerindo que os estudos de Libet não eram uma atividade neural não especificada e não previam a preparação da ação. Aaron Schurger propôs que o PP não é realmente uma preparação para a ação do cérebro, mas é um ruído aleatório no sistema neurológico e, portanto, não é necessário para a decisão de agir.

Dadas as descobertas originais, as críticas das interpretações e os dados mais recentes, pode ser muito útil reformular a discussão dentro de uma estrutura simples de intenções distais e proximais. Muitos dos que tomam as descobertas de Libet como evidência contra o controle consciente ignoram o fato de que, ao concordar em participar dos estudos de Libet, os participantes já conscientemente decidiram agir. Os estudos de Libet podem mostrar que a intenção distal, no início do estudo, de agir no futuro, leva a um impulso inconsciente proximal de agir, do qual se torna consciente. Dessa perspectiva, não há razão para interpretar as descobertas de Libet como antagônicas ao controle consciente.

C. Eric Jones

REFERÊNCIAS E LEITURAS RECOMENDADAS

EKSTROM, Laura, 2000. *Free Will: A Philosophical Study*. Boulder, CO: Westview.

LIBET, Benjamin, 1999. "Do We Have Free Will?" em *The Volitional Brain: Towards a Neuroscience of Free Will*, ed. Benjamin Libet, Anthony Freeman e Keith Sutherland. Exeter, UK: Imprint Academic.

MELE, Al, 2006. *Free Will and Luck*. New York: Oxford Press.

MENUGE, Angus, 2004. *Agents under Fire*. Lanham, MD: Rowman & Littlefield.

LINDBERG, DAVID C. Um importante historiador de **ciência** medieval, David C. Lindberg (1935-2015) nasceu em uma família de missionários fundamentalistas.

Depois de estudar **física** na Faculdade de Wheaton e Universidade Northwestern, obteve o doutorado em História e **Filosofia da Ciência** na Universidade de Indiana e lecionou na Universidade de Wisconsin por 34 anos.

No auge de sua carreira, encorajado por seu colega de trabalho Ronald L. Numbers, Lindberg se juntou a Numbers para liderar grandes projetos sobre a história do cristianismo e da ciência. Eles começaram organizando uma conferência para historiadores da igreja e historiadores da ciência, realizada em Madison, Wisconsin, em abril de 1981. Isso levou à publicação de uma coletânea de ensaios (Lindberg e Numbers, 1986) que desafiaram diretamente a **tese de conflito** de **Andrew Dickson White** e outros, que dominaram a historiografia até aquele ponto. Como escreveram em um artigo separado, "A relação histórica entre ciência e cristianismo — ou, mais propriamente, cientistas e teólogos — não pode ser reduzida simplesmente a conflitos ou guerras". Ao mesmo tempo, "não pretendemos de forma alguma sugerir que o cristianismo e a ciência têm sido aliados perenes. Tal interpretação, apesar de amplamente aceita em alguns círculos, particularmente entre os apologistas cristãos, falha em passar por questões históricas" (Lindberg e Numbers, 1987, p. 147-48).

Projetos subsequentes resultaram em volumes adicionais, editados em conjunto, promovendo uma visão similar (Lindberg e Numbers, 2003, 2009).

Ironicamente, em paralelo com seu crescente interesse acadêmico pelo cristianismo e pela ciência, a trajetória religiosa pessoal de Lindberg o afastava gradualmente da fé cristã. Após sua aposentadoria, Lindberg disse a Numbers que ele e sua esposa tinham sido "atacados por dúvidas teológicas", mesmo na pós-graduação (Lindberg, 2003). Sua teologia mudou rapidamente durante a década de 1970, levando o casal Lindberg a ajudar a fundar uma congregação local da Igreja Reformada na América que aceitaria a discordância e seria mais liberal em sua atitude teológica. Ao longo dos anos, no entanto, membros conservadores ganharam controle. Os Lindbergs partiram em 1986 e, depois disso, "quase nunca chegaram perto da porta de uma igreja".

Avaliando sua própria jornada, Lindberg afirmou que o estudo da história pode ter um "efeito corrosivo" sobre a crença religiosa. No entanto, seu trabalho acadêmico permanece inestimável.

Edward B. Davis

REFERÊNCIAS E LEITURAS RECOMENDADAS

LINDBERG, David C., 2003. *Oral History Program interview with David Lindberg.* University Archives. Madison: University of Wisconsin.

LINDBERG, David C.; Numbers, Ronald L.., eds. 1986. *God and Nature: Historical Essays on the Encounter between Christianity and Science.* Berkeley: University of California Press.

_____. 1987. "Beyond War and Peace: A Reappraisal of the Encounter between Christianity and Science." *Perspectives on Science and Christian Faith* 39:140-49.

_____. eds. 2003. *When Science and Christianity Meet.* Chicago: University of Chicago Press.

_____. eds. 2009. *Galileo Goes to Jail and Other Myths about Science and Religion.* Cambridge, MA: Harvard University Press.

LINEU, CARLOS. O naturalista sueco Carlos Lineu (1707-1778) é merecidamente considerado o "pai da taxonomia" por estabelecer os princípios da classificação e taxonomia biológica. Suas muitas contribuições incluem o *Systema Naturae* (1735), um volume que organizou organismos semelhantes morfologicamente em hierarquias aninhadas — gêneros semelhantes aninhados dentro da mesma ordem e ordens semelhantes incluídas dentro da mesma classe. Esse sistema permitiu que o dilúvio de organismos recém-descritos ou descobertos estivesse nitidamente associado aos mais semelhantes a eles.

Além disso, Lineu trouxe ordem ao sistema de atribuição de nomes às **espécies**, dando a cada um deles um único binômio (nome de duas palavras). Isso simplificou enormemente o sistema de polinômios cada vez mais complicado e variável, no qual o nome de uma espécie consistia frequentemente em 10 ou mais termos. Seu volume *Species Plantarum* (1753) tentou catalogar todas as espécies de plantas conhecidas usando seu sistema de binômios únicos. Ele também associou esses nomes com sinônimos conhecidos e forneceu descrições detalhadas de cada espécie. Esse trabalho marca um importante marco na nomenclatura biológica, e nenhum nome de espécie reconhecido oficialmente antecede sua publicação.

Mais controverso na época foi o uso de órgãos sexuais de planta por Lineu como as características morfológicas primárias utilizadas em seu sistema hierárquico. Como a reprodução é uma atividade biológica essencial, ele acreditava que seu sistema sexual de classificação era mais útil do que sistemas baseados em características vegetais. A tendência de Lineu de descrever as partes de flores masculinas e femininas em termos tipicamente aplicados a humanos foi considerada particularmente provocativa. Embora a aplicação desse sistema fosse altamente prática, ele não caiu bem para seus colegas mais pudicos.

454 LINGUAGEM, ORIGEM DA

No início da carreira, Lineu atribuiu a fixidez das espécies, acreditando que as espécies eram essencialmente inalteradas desde sua criação inicial. Essa crença permitiu-lhe a confiança para basear suas descrições de espécies em um único "tipo" de espécime observado (ou de poucos observados). Ele considerou as espécies "entidades naturais" com importância no esquema da criação. Em contrapartida, ele considerava níveis mais altos na hierarquia taxonômica (p. ex., ordens e classes) como construtos artificiais que facilitavam a organização das espécies e não assumiam nenhum tipo de relacionamento natural entre os membros do grupo.

Mais tarde na vida, Lineu reconheceu que plantas de diferentes espécies poderiam se hibridizar, criando novas formas e possivelmente dando origem a novos gêneros. Mantendo sua crença de que Deus criou no início e especialmente as espécies, ele também reconheceu que a natureza pode desempenhar um papel na produção de novas espécies e revisou edições posteriores do *Systema Naturae* para refletir suas mudanças de opinião.

Como muitos naturalistas de sua época, Lineu considerava o cuidadoso estudo científico da criação como um ato de adoração e se considerava singularmente chamado e equipado para realizar seu trabalho. Sua abordagem sistemática da nomenclatura e classificação de organismos foi uma tentativa de descrever a ordem de criação ordenada por Deus. O lema de Lineu era *Deus creavit, Linnaeus disposuit*: "Deus criou, Lineu arranjou". Embora nosso entendimento atual das espécies biológicas com sua riqueza e parentesco tenha ultrapassado o do tempo de Lineu, seu sistema binomial e sua abordagem na classificação ainda são amplamente empregados.

Laura Furlong

REFERÊNCIAS E LEITURAS RECOMENDADAS

Blunt, Wilfrid, 1971. *The Compleat Naturalist: A Life of Lineu.* New York: Viking.

Frängsmyr, Tore, ed. 1983. *Lineu: The Man and His Work.* Berkeley: University of California Press.

Harrison, Peter, 2009. "Lineu as a Second Adam? Taxonomy and the Religious Vocation." *Zygon* 44:879-93.

Morris, Mary J.; Berwick, Leonie, eds. 2008. *The Linnaean Legacy: Three Centuries after His Birth.* Linnaen special issue no. 8. Oxford: Wiley-Blackwell. https://ca1-tls.edcdn.com/documents/Special-Issue-8-The-Linnaean-Legacy. pdf?mtime=20160213060737.

Paterlini, Marta, 2007. "There Shall Be Order— The Legacy of Lineu in the Age of Molecular Biology", *emBO Reports* 8:814-16.

Reid, Gordon McGregor, 2009. "Carlos Lineu (1707-1778): His Life, Philosophy and Science and Its Relationship to Modern Biology and Medicine." *TAXON* 58:18-31.

LINGUAGEM, ORIGEM DA. O relato da Torre de Babel, em Gênesis 11, apresenta uma etiologia da diversidade das línguas humanas, mas o propósito da história é mais provavelmente uma associação negativa da Babilônia com a arrogância humana e a superação das fronteiras divinamente ordenadas (Wenham, 1987). Além disso, a origem da linguagem humana não é narrativamente explicada. No entanto, a colocação da história em Gênesis e seus ecos no evento de Pentecostes em Atos 2 atestam a importância da linguagem dentro do testemunho bíblico e a sua centralidade para o encontro divino-humano.

Os eventos biológicos e culturais que deram origem à linguagem humana têm sido objeto de intenso debate. O estudo da linguagem, há muito tempo monopólio da linguística e da filosofia, é agora vigorosamente perseguido pela **psicologia** cognitiva e evolutiva. Dentro de um quadro evolutivo, as tentativas de compreender a origem da linguagem levantam questões como: a capacidade humana de linguagem foi uma adaptação que permitiu aos seus detentores ter vantagens na sobrevivência e na reprodução? Ou a linguagem emergiu como um "efeito colateral", por assim dizer, de outros desenvolvimentos cognitivos mais diretamente selecionados? A investigação produtiva dessas questões demanda um esclarecimento da função original da linguagem, uma questão igualmente debatida. A linguagem é uma ferramenta para "a comunicação de estruturas proposicionais sobre um canal serial" (Pinker e Bloom, 1990)? Ou é fundamentalmente um instrumento de poder, "uma maneira eficiente de mudar o comportamento de outra pessoa" (Catania, 1990)? Ou é mais sobre "fofoca", mantendo o controle de indivíduos dentro e fora do grupo (Dunbar, 1988)?

Dada a escassez de nosso conhecimento do substrato neurobiológico da linguagem e a falta de artefatos físicos deixados pelo uso da linguagem primal, pode ser difícil que essas discussões deixem de ter de um ar de especulação.

Até onde podemos dizer, outras **espécies** não usam linguagem ou usam algo análogo à linguagem humana, mas de formas extremamente limitadas. Isso significa que a capacidade de linguagem é única para os seres humanos? E, de uma perspectiva cristã, isso indica que a linguagem humana não é de origem natural, que, apesar das aparentes semelhanças e continuidades com as formas de comunicação de outras espécies, nenhuma explicação puramente natural pode dizer corretamente de onde veio a linguagem? Tais argumentos foram levantados: "O homem fala, mas nenhum animal irracional jamais pronunciou uma palavra... Nenhum processo de seleção natural destilará palavras significativas das notas das aves e dos gritos dos animais" (Müller, 1862, p. 354). Essa afirmação, no entanto, implica pressuposições sobre o que a seleção natural é ou não é capaz de fazer.

No entanto, há aspectos da linguagem humana que são, quando considerados de um ponto de vista puramente natural, fascinantes e problemáticos. Como a linguagem passou a significar, para fins de comunicação interpessoal mutuamente compreensível, algo invisível — abstrações, obrigações morais, história passada, fantasias, espíritos? Como é, em particular, que a linguagem humana pode ser usada para se referir a, apelar a e tomar posições com relação ao divino, o qual não faz parte do mundo ao qual temos acesso empírico? Uma explicação materialista óbvia é que tal linguagem aponta para coisas que são imaginadas, não correspondendo a nenhuma realidade existente. Todavia, isso ainda deixa questões em aberto sobre como e por que do movimento linguístico — e, portanto, social —, desde afirmações sobre o mundo natural, como "Há algumas frutinhas", até declarações sobrenaturais como "Um Deus que nos criou" foi feito.

Maurice Lee

REFERÊNCIAS E LEITURAS RECOMENDADAS

Catania, A. Charles, 1990. "What Good Is Five Percent of a Language Competence?" *Behavioral and Brain Sciences* 13:729-31.

Dunbar, Robin, 1988. *Grooming, Gossip, and the Evolution of Language.* Cambridge, MA: Harvard University Press.

Müller, Friedrich Max, 1862. *Lectures on the Science of Language Delivered at the Royal Institution of Great Britain in April, May, and June, 1861.* New York: Scribner.

Pinker, Steven e Paul Bloom, 1990. "Natural Language and Natural Selection." *Behavioral and Brain Sciences* 13:707-84.

Wenham, Gordon J., 1987. *Genesis 1—15.* Word Biblical Commentary. Vol. 1. Waco, TX: Word.

LIVRE-ARBÍTRIO LIBERTÁRIO. Uma discussão sobre o livre-arbítrio geralmente começa distinguindo as diferentes possibilidades. Suponha, primeiro, que estejamos em um universo determinista. Alguns filósofos argumentam que o livre-arbítrio é incompatível com o **determinismo**, enquanto outros argumentam que ele é compatível.

O que é importante para compatibilistas é que uma pessoa faça o que ela quer fazer, uma vez que não há restrições externas à ação dessa pessoa. Então, se eu decido lançar um tijolo na janela do meu vizinho, isso é uma ação livre da minha parte, mesmo que seja determinada pelos processos físicos que ocorrem no meu cérebro, que são todos determinados por processos físicos anteriores, voltando atrás até onde a sequência de causa e efeito irá, até as condições iniciais no *big bang*, se necessário. Não seria uma ação livre se alguém pegasse meu braço, forçando-me a pegar o tijolo e jogá-lo; além de tais restrições externas, seria livre.

Um terceiro grupo de filósofos não está satisfeito com essa explicação do livre-arbítrio. Eu posso fazer o que quiser, mas o que eu quero fazer é determinado por eventos que vão desde o começo do tempo, até predeterminados por Deus desde "antes da fundação do mundo". Isso não soa como livre-arbítrio genuíno e, além disso, torna o problema da **teodiceia** particularmente acentuada. Supondo que o universo seja indeterminista, este terceiro grupo de filósofos argumenta que o que importa é ter escolhas alternativas genuínas. Posso escolher jogar o tijolo, mas poderia ter feito o contrário, pois estava em meu poder jogar o tijolo ou não. Além disso, somente se esse for o caso, posso ser responsabilizado por minhas ações. Esse é o "livre-arbítrio libertário".

Essas diferentes explicações de livre-arbítrio cabem mais ou menos confortavelmente em diferentes relatos do que a ciência diz e com diferentes perspectivas teológicas. Além disso, nenhuma delas está livre de problemas, o que torna difícil chegar a uma posição global satisfatória.

Para a liberdade libertária, o **indeterminismo** é uma condição necessária, mas não suficiente. Assim, não seria compatível com o rígido **determinismo** de um universo laplaciano fechado (Laplace, [1814] 1902). No entanto, a interpretação probabilística padrão de Copenhague da mecânica quântica torna a liberdade libertária possível, mas de modo algum a garante. O mesmo ocorre com relação à **ação divina**: Deus não está simplesmente apoiando leis deterministas que decretou desde a fundação do mundo, mas é capaz de agir dentro da abertura e flexibilidade de processos indeterminados e imprevisíveis.

Para Robert John Russell, "a promulgação somática da liberdade humana incompatibilista requer um indeterminismo de nível inferior" (Russell, 2001, p. 317), o que o leva a ver Deus agindo em todos os eventos quânticos no universo até que a vida e a **consciência** surjam, mas que vai gradualmente abstendo-se de determinar os resultados,

456 LIVRE-ARBÍTRIO LIBERTÁRIO

de modo a permitir passem a ser determinados por seres humanos (p. 318).

Em contrapartida, **Nancey Murphy** propõe que Deus determina cada evento quântico. No entanto, isso ainda deixa espaço para a "**causalidade** de cima para baixo" para tornar possível o livre-arbítrio humano. Ela rejeita a visão reducionista de que, se todos os eventos quânticos são determinados por Deus, então simplesmente todos os eventos são determinados desse modo, como haviam cogitado alguns pensadores anteriormente, em especial o físico-teólogo William Pollard (Pollard, 1958), tendo em vista que isso leva ao **ocasionalismo** (Murphy, 1995, p. 343).

Um problema em invocar a teoria quântica é que as indeterminações quânticas tendem a desaparecer no nível macroscópico. Peter Clarke, por exemplo, argumenta que elas são irrelevantes no nível da função cerebral (Clarke, 2010) e, de qualquer forma, o livre-arbítrio requer mais do que aleatoriedade. Tanto para a ação humana quanto para a ação divina, os eventos quânticos precisariam ser controlados por agentes, contudo, não deveriam entrar em conflito com as leis probabilísticas. **John Polkinghorne** observa que as influências que ocorrem ou podem ocorrer, por sua "natureza episódica", são inadequadas para descrever as "ações flexíveis dos agentes" (Polkinghorne, 2001, p. 189) e, portanto, se voltam para a **teoria do caos** como um *locus* mais promissor tanto para a ação humana quanto para a divina no mundo.

Os sistemas caóticos são teoricamente deterministas, mas imprevisíveis na prática. No entanto, Polkinghorne argumenta que o que consideramos serem leis determinísticas de nível mais baixo são, em todo caso, mais bem vistas como aproximações, já que as obtivemos tratando sistemas como se estivessem isolados do todo, um procedimento intrinsecamente impossível. Polkinghorne conclui: "Há uma propriedade emergente do processo flexível, mesmo dentro do mundo da **física** clássica, que nos encoraja a ver a explicação rigidamente determinista de Newton como não mais do que uma aproximação a uma realidade mais flexível" (Polkinghorne, 2005, p. 35-36).

Se aceitarmos o livre-arbítrio libertário, haverá ramificações filosóficas e teológicas adicionais. Se eu tiver uma escolha genuína de opções, Deus pode saber o futuro? Parece que não, porque posso decidir o que acontece no futuro por meio das minhas escolhas. Se Deus antecipa agora o que eu vou comer no café da manhã daqui a um mês, um assunto que eu nem pensarei até que esse dia chegue, parece que minha escolha já está encerrada e decidida por mim; será uma ilusão pensar que eu realmente tenho uma escolha quando o dia chegar. Negar que Deus sabe que o futuro, sem dúvida, não compromete sua onisciência, uma vez que até mesmo Deus só pode saber o que pode ser logicamente conhecido, e futuras decisões contingentes de agentes livres não seriam conhecíveis na visão libertária.

O argumento de Nelson Pike ao longo destas linhas (Pike, 1965) parece inexpugnável, mas se refere a uma imagem de Deus envolvido no tempo. No entanto, a visão alternativa e clássica de que Deus é atemporal e vê todos os momentos — passado, presente e futuro — de nosso tempo fluindo em um único presente atemporal é bastante problemático. Nessa visão, Deus não experimenta a passagem do tempo (é esse o Deus aparentemente interativo da Bíblia?), mas também, ao que parece, as criaturas possuem liberdade libertária, pois é difícil ver que diferença faz se Deus sabe atemporalmente a minha escolha de café da manhã em determinado dia ou se ele sabe disso, dentro do tempo, antes daquele dia.

Mesmo que Deus não conheça o futuro, isso não significa que ele não possa realizar seus propósitos no mundo. Um grande mestre de xadrez jogando com um jogador médio não saberá quais movimentos seu oponente realizará de antemão, mas certamente conseguirá xeque-mate independente do que ele faça: "Deus, como um grande mestre do xadrez, pode realizar seu plano mesmo que tenha anunciado de antemão... Nenhuma série de jogos que os jogadores finitos são capazes de pensar pode forçar Deus a improvisar: seu conhecimento do jogo já abrange todas as possíveis séries variantes de jogo; as deles não" (Geach, 1977, p. 58).

Outra ideia útil é dada por J. R. Lucas: "O plano de Deus para o futuro deve ser como o dos fazedores de tapetes persas, que permitem que seus filhos os ajudem. Em cada família, as crianças trabalham em uma extremidade do tapete, o pai na outra. As crianças não conseguem executar as instruções do pai com exatidão, mas a habilidade do pai é tão grande que ele adapta seu *design* ao final para receber cada erro no final do trabalho infantil e o transforma em um padrão novo e constantemente adaptado. Assim também Deus" (Lucas, 1976, p. 39).

Essas analogias nos ajudam a ver como, ao responder às ações dos agentes livres, humanos, que ele criou, Deus pode, ainda assim, atingir perfeitamente seus propósitos para o mundo, mesmo que haja muitas rotas possíveis pelas quais ele o faça. Mesmo assim, o livre-arbítrio libertário *versus* compatibilista permanece uma questão controversa na teologia e na filosofia.

Rodney Holder

REFERÊNCIAS E LEITURAS RECOMENDADAS

CLARKE, P. G. H., 2010. "Determinism, Brain Function and Free Will." *Science and Christian Belief* 22:133-49.

GEACH, Peter, 1977. *Providence and Evil*. Cambridge: Cambridge University Press.

HOLDER, Rodney D., 2012. "Quantum Theory and Theology", em *The Blackwell Companion to Science and Christianity*, eds. James B. Stump and Alan G. Padgett, 220-30. Chichester, UK: Wiley-Blackwell.

LAPLACE, P. S., (1814) 1902. *A Philosophical Essay on Probabilities*. Trad. F. W. Truscott e F. L. Emory. New York: Wiley; London: Chapman and Hall.

LUCAS, J. R., 1976. *Freedom and Grace: Essays*. London: SPCK.

MURPHY, N., 1995. "Divine Action in the Natural Order: Buridan's Ass and Schrödinger's Cat", em *Chaos and Complexity: Scientific Perspectives on Divine Action*, ed. R. J. Russell, N. Murphy e A. R. Peacocke, 325-58. Vatican City: Vatican Observatory; Berkeley, CA: Center for Theology and the Natural Sciences.

PIKE, Nelson, 1965. "Divine Omniscience and Voluntary Action." *Philosophical Review* 74:27-46.

POLKINGHORNE, J. C., 2001. "Physical Process, Quantum Events, and Divine Agency", em *Quantum Mechanics: Scientific Perspectives on Divine Action*, eds. R. J. Russell, P. Clayton, K. Wegter-McNelly e J. C. Polkinghorne, 5:181-90. Vatican City: Vatican Observatory; Berkeley, CA: Center for Theology and the Natural Sciences.

_____. 2005. *Science and Providence: God's Interaction with the World*. 2. ed. West Conshocken, PA: Templeton Foundation.

POLLARD, W. G., 1958. *Chance and Providence: God's Action in a World Governed by Scientific Laws*. London: Faber and Faber.

RUSSELL, R. J., 2001. "Divine Action and Quantum Mechanics: A Fresh Assessment", em *Quantum Mechanics: Scientific Perspectives on Divine Action*, ed.

R. J. RUSSELL; CLAYTON, P.; Wegter-McNelly, K.; Polkinghorne, J. C., 5:293-328. Vatican City: Vatican Observatory; Berkeley, CA: Center for Theology and the Natural Sciences.

VAN INWAGEN, Peter, 1983. *An Essay on Free Will*. Oxford: Clarendon.

LOCKE, JOHN. John Locke (1632-1704) nasceu em Wrington, Somerset, Inglaterra, e morreu em Oates, Epping Forest, Essex, Inglaterra. De sua produção literária prodigiosa, as obras filosóficas mais importantes são os *Dois tratados do governo* (1690), *Ensaio sobre o entendimento* (1690a) e *A razoabilidade do cristianismo* (1695). Locke foi um filósofo e médico inglês que é geralmente considerado o "pai do liberalismo clássico", já que ele defendeu a causa do governo limitado (Locke [1689] 2006, p. 5). Sua filosofia também influenciou as visões contemporâneas sobre teologia, tolerância religiosa e teoria educacional.

A publicação de *Ensaio sobre o entendimento* (1690) marcou o início da era do **Iluminismo**, uma era de otimismo ilimitado que chegou ao fim quase cem anos depois com *Crítica da razão pura*, de **Immanuel Kant** (1781). Quase todo o século XVIII testemunhou o surgimento de uma nova perspectiva intelectual que permeava o pensamento europeu.

A era anterior do humanismo renascentista (isto é, as humanidades [*humanitiatis*]) tinha sido um movimento predominantemente cristão (Kristellar, 1961, 1965). Seus proponentes utilizaram temas e imagens clássicas — como o poeta puritano John Milton faria mais tarde —, ao passo que o pensamento iluminista de vanguarda diminuiria ou até abandonaria essa herança, favorecendo os humanos como a medida de todas as coisas em **epistemologia**, ética e política. A essência dessa nova filosofia acabaria se tornando naturalista em sua perspectiva. Descartando a estrutura intelectual da **revelação** cristã conforme registrada nas Escrituras, os pensadores do Iluminismo consideravam a lei natural como o guia infalível da verdade. A metodologia científica abriu uma nova abordagem para desvendar os segredos do mundo natural e a constituição humana. Apesar de seu verniz secular, não foi menos dogmático do que tentativas anteriores de explicar os mistérios da existência humana.

No início da era do Iluminismo, John Locke deixou sua marca como o mais influente proponente dos novos sentimentos. Embora considerasse que os seres humanos eram obra de Deus, ele deu a ideia bíblica de que a depravação humana interior não era digna de atenção, ao mesmo tempo em que afirmava com confiança a bondade natural de cada indivíduo. Como o primeiro teórico social, seu objetivo mais ambicioso era reformular as ideias filosóficas, políticas e econômicas predominantes com base e em conformidade com a **cosmovisão** mecanicista de Newton. Em vez do racionalismo de **Descartes**, ele procurou estabelecer uma nova filosofia que permanecesse diretamente no fundamento da epistemologia empírica, e seu interesse particular focou em uma análise da mente humana e sua aquisição de conhecimento. O conhecimento verdadeiro não poderia ser comprovado por meio de ideias inatas, como a filosofia convencional havia postulado (Locke, 1690a, 1.1.3). Em vez disso, ele acreditava que todos os conceitos mentais se originam nas operações dos sentidos na mente.

De acordo com uma interpretação da crítica de Locke ao nativismo, ideias são *objetos* mentais, o que significa que, quando uma pessoa percebe um objeto externo,

458 LOCKE, JOHN

como uma árvore, há alguma *coisa* na mente que representa essa árvore; a percepção de uma árvore é simplesmente a *ideia* dessa árvore. Uma interpretação alternativa postula que ideias são *ações* mentais; sendo assim, a percepção humana de uma árvore é direta e não mediada de nenhuma maneira.

Nos últimos anos, a maioria dos comentaristas optou pela primeira dessas duas perspectivas. Assim, é importante notar que a posição de Locke é mais sutil do que parece à primeira vista. Ele deixou claro que a mente tem inúmeras capacidades, predisposições e inclinações inerentes antes de receber qualquer ideia da sensação, e seu argumento era que nada disso é exercido até que a mente receba ideias da sensação. Consequentemente, ele rejeitou a proposição de princípios éticos elementares que fossem ativamente engajados em informar uma consciência inata.

Igualmente ofensiva a Locke foi a sugestão de um *sensus divinitatis*, a ideia universal da existência de Deus residindo nos recessos espirituais de cada **alma** humana. No entanto, Locke nunca duvidou em público da realidade de Deus ou da imortalidade da alma. O que ele refutou foi o argumento de que essas crenças poderiam ser verificadas por um apelo a ideias inatas. Em *Razoabilidade do cristianismo de acordo com as Escrituras* ([1695] 2012), ele mesmo se propôs a demonstrar a veracidade da fé cristã. Defendendo uma forma ecumênica de cristianismo, esse trabalho atraiu críticas de dignitários da Igreja Anglicana, como Edward Stillingfleet, o bispo de Worcester, porque argumentava de maneira deísta que muitas crenças tradicionalmente consideradas obrigatórias para os cristãos eram desnecessárias.

De acordo com Locke, as faculdades da mente humana poderiam facilmente combinar ideias elementares para formar noções complexas como **beleza** e miséria (Locke 1690a, 2.4.18). A mente poderia até mesmo colocar ideias simples e complexas lado a lado e considerá-las individual ou simultaneamente como um todo. Assim que os sentidos informavam a mente de que certos objetos estavam sendo observados, processos mentais eram acionados para obter conhecimento real na forma de três tipos de ideias elementares, a primeira das quais Locke chamava de sensação, a segunda, reflexão, e a terceira, experiências como prazer, dor, existência e sucessão de eventos no tempo. A capacidade de abstrair uma ideia a partir de conceitos associados constituía outra função da mente (2.8.22).

Ao contrário das proposições dos universais platônicos e aristotélicos como realidades independentes ou entidades particulares, Locke erigiu sua filosofia com base em noções induzidas por sentido que se tornaram os blocos mentais de construção de pressuposições básicas. Ele nunca refutou a objeção de que essas pressuposições careciam da qualidade essencial da verificabilidade. Insistindo na sensação e na reflexão como sendo os princípios operativos para obter conhecimento real, a epistemologia lockeana teve que acomodar diferentes graus de conhecimento.

A **intuição** seria a mais alta forma de certeza cognitiva, como a percepção instantânea de que um círculo não é um triângulo. (4.2.1) O conhecimento demonstrativo seria uma forma de conhecimento um pouco menos correta, e a intuição seria necessária para determinar sua validade. A percepção sensorial seria o tipo de conhecimento menos confiável; ela poderia dar garantia da existência de um mundo externo fora da mente humana, mas seria incapaz de fornecer qualquer **informação** adicional. Assim, o **empirismo** de Locke limitou o conhecimento humano à essência nominal dos objetos (ver **Nominalismo**), mas excluiu qualquer possibilidade de conhecer sua essência real (4.2.14).

Considerando que qualquer aprendizado verdadeiro teria origem na percepção sensorial, que, de acordo com Locke, é a forma menos correta de conhecimento, a certeza absoluta é excluída. Testar a confiabilidade das coisas existentes seria possível, até certo ponto, com base na experiência; mas o conhecimento perfeitamente confiável, exceto em **matemática** e ética, jamais iludiria a compreensão da cognição humana. O conhecimento pode ser baseado apenas na **probabilidade** e no pressuposto acordo ou desacordo de ideias, e não em proposições (4.2.2). Locke discutiu ainda a extensão do conhecimento humano no livro 4, capítulo 3 de *Ensaio sobre o entendimento*.

Locke nunca pareceu estar ciente das graves deficiências de sua filosofia do empirismo., uma vez que rejeitar inteiramente a realidade das ideias inatas impedia a possibilidade de uma **consciência** humana existir independentemente da interação mediada pelos sentidos da mente com o mundo material. Assim, o empirismo lockeano deixou inexplicada a questão de como a matéria inconsciente poderia produzir a consciência humana apenas pelo contato da mente com o mundo externo por meio da experiência sensorial.

O determinismo, em todas as suas variadas formas na política, na educação, na **psicologia** e em muitas outras áreas, exerceu-se na esteira da ampla aceitação do empirismo no mundo ocidental. O empirismo pode sugerir que os seres humanos são produtos de forças materiais determinísticas e sem valor, sugerindo que sociedades inteiras são um barril sem pó na onda de forças políticas além de seu controle. Um empirismo sem referência ao divino implicaria uma negação da dignidade humana, com os seres humanos sendo capturados na rede de um **materialismo** que amortece a alma. Apesar dos problemas do empirismo, Locke, o empirista cristianizado, no entanto, afirmou que "toda a humanidade" é "toda igual e independente" e que "ninguém deve prejudicar o outro em sua vida, saúde, liberdade ou posses". O raciocínio por trás disso é que todos os seres humanos são "obra de um criador onipotente e infinitamente sábio" (Locke, [1690a] 1988, 2.6) .

Martin Erdmann

REFERÊNCIAS E LEITURAS RECOMENDADAS

ANSTEY, Peter R., ed. 2003. *The Philosophy of John Locke: New Perspectives.* London: Routledge.

AYERS, Michael R. 1991. *Locke: Epistemology and Ontology.* London: Routledge.

DUNN, John, 1969. *The Political Thought of John Locke: An Historical Account of the Argument of the "Two Treatises of Government."* Cambridge: Cambridge University Press.

_____. 1984. *Locke.* Oxford: Oxford University Press.

HUDSON, Nicholas, 1997. "John Locke and the Tradition of Nominalism", em *Nominalism and Literary Discourse: New Perspectives, Critical Studies,* ed. Hugo Keiper, Christoph Bode e Richard J. Utz, 283-99. Amsterdam: Rodopi.

KRISTELLAR, P. O. 1961. *Renaissance Thought: The Classic, Scholastic, and Humanistic Strains.* New York: Harper & Row.

_____. 1965. "The Moral Thought of Renaissance Humanism." In P. O. Kristellar, *Renaissance Thought II: Papers on Humanism and the Arts.* New York: Harper & Row.

LOCKE, John, (1689) 2006. *Epistola de tolerantia (A Letter concerning Toleration).* Ed. J. R. Milton and P. Milton. Oxford: Oxford University Press.

_____. (1690a) 1997. *An Essay concerning Human Understanding.* Ed. Roger Woolhouse. New York: Penguin.

_____. (1690b) 1988. *Locke: Two Treatises of Government.* Ed. P. Laslett. Cambridge: Cambridge University Press.

_____. (1691) 1824. *Some Considerations of the Consequences of the Lowering of Interest, and the Raising of the Value of Money.* The Works of John Locke in Nine Volumes. Vol. 4. 12. ed. London: Rivington.

_____. (1692a) 1983. *A Second Letter concerning Toleration.* Ed. James H. Tully. Indianapolis: Hackett.

_____. (1692b) 2010. *A Third Letter for Toleration.* Cambridge: Cambridge University Press.

_____. (1693) 1996. *Some Thoughts concerning Education and of the Conduct of the Understanding.* Eds. Ruth W. Grant and Nathan Tarcov. Indianapolis: Hackett.

_____. (1695) 1997. *The Reasonableness of Christianity as Delivered in the Scrip- tures.* Dulles, VA: Thoemmes Press.

_____. (1706) 1901. *Of the Conduct of the Understanding.* Oxford: Clarendon.

_____. 1954. *Essays on the Law of Nature: The Latin Text with a Translation,* *Introduction and Notes, Together with Transcripts of Locke's Shorthand in His Journal for 1676.* Ed. W. von Leyden. Oxford: Clarendon.

LOLORDO, A., 2012. *Locke's Moral Man.* Oxford: Oxford University Press.

Lowe, E. J. *Locke.* 2005. New York: Routledge.

MOSELEY, Alexander, 2008. *John Locke.* Continuum Library of Educational Thought. New York: Bloomsbury Academic.

NEWMAN, L, 2007. *The Cambridge Companion to Locke's Essay concerning Human Understanding.* Cambridge: Cambridge University Press.

PYLE, A. J., 2013. *Locke.* London: Polity.

RICKLESS, S., 2014. *Locke.* Malden, MA: Blackwell.

STUART, M., 2013. *Locke's Metaphysics.* Oxford: Oxford University Press. Waldron, Jeremy. 2002. *God, Locke, and Equality: Christian Foundations in Locke's Political Thought.* Cambridge: Cambridge University Press.

WOOLHOUSE, Roger, 2009. *Locke: A Biography.* Cambridge: Cambridge University Press.

YOLTON, John W., ed. 1969. *John Locke: Problems and Perspectives.* Cambridge: Cambridge University Press.

_____. ed 1993. *A Locke Dictionary.* Oxford: Blackwell.

ZUCKERT, Michael P., 2002. *Launching Liberalism: On Lockean Political Philosophy.* Lawrence: University Press of Kansas.

LÓGICA. Lógica é o estudo e uso de métodos para avaliar o raciocínio, que é um processo psicológico que envolve a inferência de uma ou mais reivindicações da verdade para outra. Um exemplo é inferir que existe um projetista inteligente do universo que observa que o universo parece ser projetado.

As alegações de verdade sobre as quais uma inferência é baseada são premissas, e a afirmação de verdade inferida de uma premissa ou premissas é uma conclusão. Qualquer combinação de premissas e conclusão é um argumento. Por exemplo, a premissa da inferência precedente é a afirmação de que o universo parece ter sido projetado, e a conclusão é a afirmação de que há um projetista inteligente do universo. Essa combinação de premissa e conclusão é um argumento, uma versão do argumento do *design* para a existência de Deus.

Os argumentos podem ser dedutivos ou indutivos. A conclusão de um argumento dedutivo pretende ser uma consequência necessária da (s) premissa (s) desse argumento. A conclusão de um argumento indutivo pretende ser uma consequência provável, mas não necessária, da (s) premissa (s) desse argumento. Se a conclusão de um argumento dedutivo é uma consequência necessária da (s) premissa (s) desse argumento, então o argumento é válido. Caso contrário, é inválido. Se a conclusão de um argumento indutivo é uma consequência provável (mas não necessária) da (s) premissa (s) desse argumento, então o argumento é forte. Se as premissas de um argumento indutivo não tornam sua conclusão provável, o argumento é fraco. O principal objetivo da lógica dedutiva é determinar se os argumentos dedutivos são válidos ou inválidos, e o principal objetivo da lógica indutiva é determinar se e em que grau os argumentos indutivos são fortes ou fracos.

O argumento do *design* é muitas vezes pretendido como um argumento indutivo. Geralmente admite-se que a aparência do *design* não garante, mas, na melhor das hipóteses, torna provável a existência de um *designer*. Alguns críticos desse argumento contribuem para o fato de que sua força é diminuída (isto é, a **probabilidade** de sua conclusão, dada sua premissa, é diminuída) porque a teoria da evolução pela **seleção natural** fornece uma explicação alternativa naturalista da aparência do *design* no universo.

Essa questão sobre o grau de força do argumento do *design* é uma questão de lógica indutiva. O argumento do *design* indutivo pode ser dedutivo, adicionando a premissa de que tudo o que parece ser projetado tem um projetista inteligente. Essa premissa, juntamente com a premissa de que o universo parece ser projetado, exige a conclusão de que o universo tem um projetista inteligente. A lógica dedutiva garante a validade desse argumento.

Argumentos dedutivamente válidos com premissas verdadeiras são sólidos, e argumentos indutivamente fortes com premissas verdadeiras são convincentes. Além disso, se um argumento dedutivo é sólido, sua conclusão é verdadeira, e se um argumento indutivo for convincente, sua conclusão provavelmente será verdadeira. Críticos do argumento do *design* indutivo provavelmente admitirão a verdade de sua premissa, mas negarão a força do argumento com bases lógicas indutivas. Críticos do argumento do *design* dedutivo provavelmente admitirão sua validade com bases lógicas dedutivas, mas negarão sua sensatez em fundamentos não lógicos que questionem a verdade de uma ou mais de suas premissas. Em ambos os casos, a avaliação de argumentos requer o emprego dos métodos da lógica.

James Taylor

REFERÊNCIAS E LEITURAS RECOMENDADAS

HARDY, Lee, Del Ratzsch; De Young, Rebecca K.; Mellema, Gregory, 2013. *The Little Logic Book*. Grand Rapids: Calvin College Press.

HOWARD-SNYDER, Francis; Howard-Snyder, Daniel; Wasserman, Ryan, 2013. *The Power of Logic*. 5. ed. New York: McGraw-Hill.

MACKAY, DONALD M. Donald MacKay (1922-1887), filho de um ministro da Igreja Livre da Escócia, estudou **física** na Universidade de St. Andrews e, após se formar em 1943, ingressou no Admiralty Signal Establishment [Instituição do Almirantado para Sinal] para auxiliar no desenvolvimento secreto de radares para navios de guerra durante a Segunda Guerra Mundial. Lá, lidando com questões da **inteligência artificial** rudimentar exigida por uma máquina que tenta detectar sinais no meio do ruído, MacKay começou a formar as primeiras perguntas que caracterizariam sua carreira de pesquisador em **neurociência** e teoria da **informação**. Em seguida, ele ensinou física no King's College, em Londres, por 14 anos e recebeu um doutorado trabalhando em uma solução de hardware para um problema matemático. Em 1951, como uma bolsa de estudo Rockefeller e sob a orientação de Warren McCullough, ele viajou pelos Estados Unidos por 12 meses, visitando todos os grandes laboratórios de neurociência e estabelecendo relacionamentos que manteria por toda a sua vida.

MacKay mudou-se para a Universidade Keele, em Staffordshire, em 1960, e montou um laboratório onde conduziu pesquisas em psicofísica, eletrofisiologia e microscopia eletrônica, testando sistemas visual e auditivo de humanos e animais. Nos experimentos visuais humanos, os sujeitos foram expostos a uma variedade de linhas simples ou móveis ou pontos em uma tela, às vezes no contexto de "ruído" visual. Essas imagens invocaram várias ilusões de ótica que foram úteis para revelar como o cérebro se organizava, interpretava e processava informações visuais. A partir desses e de outros experimentos, ele conseguiu provar que os sistemas cerebrais não são meramente receptores passivos, mas buscam ativamente estímulos visuais padrões. Esses experimentos foram importantes para estabelecer um ponto filosófico e teológico mais amplo de que nossos cérebros não são apenas máquinas reflexivas passivas, mas agentes ativos.

Como calvinista, MacKay era um compatibilista em relação à predestinação e o livre-arbítrio, em contraste com os filósofos reducionistas de seu tempo, como **Gilbert Ryle**, e cientistas como Jacques Monod, **Francis Crick** e B.F. Skinner, com quem ele debateu no programa de televisão de William Buckley *Firing Line*. Filosoficamente, ele explicou que existe uma "indeterminação lógica" ou "relatividade lógica" que resulta de considerar Deus um criador fora do tempo e agentes livres agindo no tempo. Declarações verdadeiras da perspectiva do criador podem ser incompatíveis com a perspectiva do agente temporal. MacKay frequentemente descreveu as diferenças de ponto de vista como "complementares" e, portanto, não contraditórias.

Essa teologia também formou a base de sua aceitação do livre-arbítrio dentro de um cérebro físico. Um termostato é uma máquina muito básica que inclui um sensor de temperatura, uma capacidade de ativar o calor e o resfriamento, e um comparador com um ponto de ajuste. Este ajusta o termostato e compara o ajuste com a temperatura ambiente e toma a ação apropriada. MacKay imaginou a agência humana como um sistema de controle, mas modificou de uma maneira especial. O agente humano possui um recurso adicional que permite alterar seu ponto de ajuste — ou seja, alterar seus objetivos —, e isso nos distingue de máquinas simples e, ao mesmo tempo, inclui um conceito de livre agência inteiramente dentro de uma máquina.

McKay foi editor fundador da revista *Experimental Brain Research* atuou como editor de série para o *Handbook of Sensory Physiology* [Guia de fisiologia sensorial] (1971-1981) e foi editor da revista *Vision Research*. MacKay participou de inúmeras conferências internacionais sobre neurociência e filosofia, oferecendo uma perspectiva cristã bem informada e sutil sobre as principais questões.

Jason M. Rampelt

REFERÊNCIAS E LEITURAS RECOMENDADAS

MacKay, Donald M., 1951. "Mind-Like Behaviour in Artefacts." *British Journal for the Philosophy of Science* 2 (6): 105-21.
_____. 1956. "Towards an Information-Flow Model of Human Behaviour." *British Journal of Psychology* 47, no. 1 (February): 30-43.
_____. 1960. "On the Logical Indeterminacy of a Free Choice." *Mind* 69 (273): 31-40.
_____. 1961. "Visual Effects of Non-redundant Stimulation." *Nature* 192, no. 4804 (25 de novembro): 739-40.

_____. 1967. *Freedom of Action in a Mechanistic Universe.* Arthur Stanley Eddington Memorial Lecture. Cambridge: Cambridge University Press.

_____. 1968. "The Sovereignty of God in the Natural World." *Scottish Journal of Theology* 21, no. 1 (março): 13-26.

_____. 1969. *Information, Mechanism, and Meaning.* Cambridge, MA: MIT Press.

_____. 1974. *The Clockwork Image: A Christian Perspective on Science.* London: IVP.

_____. 1977. *Human Science and Human Dignity: London Lectures in Contemporary Christianity.* London: Hodder and Stoughton.

_____. 1978. *Science, Chance and Providence.* Riddell Memorial Lecture. Oxford: Oxford University Press.

_____. 1980. *Brains, Machines and Persons.* Henry Drummond Lectures. University of Stirling. Grand Rapids: Eerdmans.

_____. 1986. *Behind the Eye.* Gifford Lectures. Glasgow University. Ed. Valerie MacKay. Oxford: Basil Blackwell.

MAGISTÉRIOS NÃO INTERFERENTES. Ian

Barbour forneceu a tipologia padrão de maneiras pelas quais a ciência e a religião podem estar relacionadas: conflito, independência, diálogo e integração. Magistérios não interferentes (MNI) é uma versão radical da independência entre ciência e religião desenvolvida pelo biólogo evolucionista norte-americano Stephen Jay Gould.

A palavra *magistério* vem do latim *magister*, que significa "mestre". Gould usa a palavra para significar "áreas de ensino" e afirma que o magistério da ciência deve ser restrito ao campo empírico dos fatos, ao passo que o magistério da religião deve ser restrito a questões de significado e valores fundamentais. O próprio Gould era um agnóstico religioso, mas esperava que a abordagem do MNI à ciência e à religião ajudasse a reduzir ou eliminar o que ele via como o crescente clima de rancor entre ciência e religião.

A teoria de Gould é mais sofisticada do que às vezes se apresenta. Ele admite que há contato entre esses dois magistérios diferentes e até mesmo que eles são absolutamente inseparáveis, enquanto ainda mantém que são completamente diferentes (Gould, 1999, p. 65-67). Ele cita as diferentes atitudes de dois papas do século XX sobre o tema da **evolução humana** como um exemplo de como sua abordagem deveria e não deveria funcionar na prática.

O primeiro é o modelo negativo: o papa Pio XII publicou uma encíclica em 1950 intitulada *Humani Generis*, na qual admite que pode ser permitido aos cientistas investigar as origens do corpo humano ao longo das linhas sugeridas pela evolução, mas que a fé católica nos obriga a considerar a **alma** humana como uma criação imediata por Deus. Além disso, a ciência não pode superar o ensino das Escrituras de que todos os seres humanos são descendentes de Adão. É claro que, mesmo que Pio permita algum espaço para a investigação científica proceder de acordo com suas próprias regras, é a igreja que determina o quanto a ciência da sala possui.

O papa João Paulo II parecia inverter a autoridade nessa esfera de investigação. Em sua "Mensagem à Pontifícia Academia de Ciências sobre Evolução", em 1996, ele reconhece que, desde a encíclica de Pio de 1950, os dados para a evolução se tornaram impossíveis de resistir. E ele admite que a ciência pode determinar os limites da interpretação bíblica aceitável mostrando quando algumas interpretações estão erradas. Gould interpreta o mandato de João Paulo de estabelecer limites apropriados sobre a interpretação bíblica e a teologia como esculpindo uma esfera independente para a ciência.

Os críticos do MNI enfatizam que um sistema religioso — e o Cristianismo em particular — implicará reivindicações sobre o que existe no campo empírico. Por exemplo, um universo no qual Deus existe e realiza **milagres** terá uma realidade empírica diferente da de universo em que ele não o faz (ver **Milagres**). E a vida, morte e ressurreição de Jesus Cristo, conforme descrito nos Evangelhos, é tão aberta à pesquisa histórica e ao estudo empírico quanto qualquer outra reivindicação na história (ver **Ressurreição de Jesus**). Se esses críticos estiverem corretos, haverá necessariamente alguma sobreposição entre os magistérios da ciência e da religião, em conflito com a sugestão do MNI.

J. B. Stump

REFERÊNCIA E LEITURAS RECOMENDADAS

GOULD, Stephen Jay, 1999. *Rocks of Ages.* New York: Ballantine

ᴖMAL, PROBLEMA DO (teoria criacionista evolutiva).

Eu abordo o problema do mal como um criacionista evolucionista. A criação evolutiva (CE) tem pouca conexão com alguns aspectos do problema do mal. Por exemplo, os seres humanos têm livre-arbítrio e, assim, têm causado inúmeros males. Existe uma consistente discussão filosófica sobre o papel de Deus em relação a esse tipo de maldade, mas sua relação com a CE é indireta, então não vou abordar isso aqui. Em vez disso, vou me concentrar nos aspectos do problema que estão diretamente relacionados e, talvez, até acentuados pela CE.

Para os propósitos deste artigo, partirei do princípio de que Deus trouxe a diversidade da vida hoje na terra

MAL, PROBLEMA DO (teoria criacionista evolutiva) 463

através do processo de evolução. Essa é a parte "evolutiva" da CE. Eu também quero afirmar claramente a parte da "criação" da CE: Creio que Deus é o Criador e que ele criou seres humanos à sua imagem. Não estou me posicionando sobre se os mecanismos de mutação genética e **seleção natural** são suficientes para explicar esse processo em termos científicos, mas afirmarei a teoria da **ancestralidade comum**, segundo a qual toda a vida de hoje está relacionada.

Além disso, aceito as interpretações da evidência genética que demonstram que não pode ter havido um casal humano do qual todos os outros humanos descenderam. Algumas versões da CE ainda apelam para **Adão e Eva** como pessoas reais e como representantes (não ancestrais) de toda a humanidade. Não sou persuadido pelos argumentos teológicos da necessidade de tal postulação, e é difícil ver como poderia haver evidências disso tanto na ciência como na história. Então, eu trabalharei a partir do quadro científico padrão, segundo o qual os seres humanos se desenvolveram a partir de primatas anteriores e nunca numerados abaixo de cerca de 10 mil indivíduos. Isso impede as respostas ao problema do mal, majoritariamente atribuído ao resultado do pecado de Adão e Eva.

A principal dificuldade para essa perspectiva é dimensionar a caracterização da evolução como algo selvagem e sem coração, e com um Deus bom, todo-poderoso que é digno de adoração. É pouco confortável dizer que Deus sabe quando um pardal cai ou uma gazela é dilacerada por um guepardo, ou uma **espécie** de hominídeos se extingue se ele criou o sistema que garante que tais eventos aconteçam — com frequência com dor e sofrimento horríveis. **Richard Dawkins** descreve a imagem para nós:

> Enquanto escrevo este parágrafo, milhares de animais estão sendo comidos vivos; outros estão correndo a fim de salvar suas vidas, choramingando com medo; outros estão sendo lentamente devorados de dentro por parasitas; milhares de todos os tipos estão morrendo de fome, sede e doença. Deve ser assim. Se houver algum tempo de abundância, esse fato levará automaticamente a um aumento da população até que o estado natural de fome e miséria seja restaurado. (Dawkins, 1995, p. 132)

Considere os eventos ocorridos no curto espaço de tempo mencionado acima e multiplique-os por centenas de milhões de anos de vida animal no planeta, e você verá o problema. Há razões que podem ser apresentadas para harmonizar os tipos e a quantidade de mal que encontramos no mundo com a concepção tradicional de Deus? Tais razões geralmente são chamadas de *teodiceia*. A seguir, proponho alguns breves esboços sobre os tipos de teodiceias que podem ser dadas para esse problema.

A dor e o sofrimento associados à evolução são realmente maus?

A primeira pergunta que podemos fazer é se a dor e o sofrimento que acompanham a evolução são realmente maus. Nós não dizemos que o leão é maligno quando ele mata um gnu (ou mesmo um ser humano). Certamente isso causa dor e sofrimento, e nós faríamos tudo o que pudéssemos para detê-lo se ele estivesse solto em alguma aldeia ameaçando as pessoas de lá. Mas não julgamos que o leão seja moralmente repreensível, como faríamos com uma pessoa que fizesse a mesma coisa. Então, alguém poderia afirmar que não há problema do mal que se limite ao mundo animal pré-humano.

Mas agora temos que perguntar qual será o papel de Deus nisso. Pois não dizemos que uma arma ou uma faca é má quando é um instrumento usado para matar uma pessoa inocente. Pelo contrário, é o agente que os usou que causou o mal. A evolução é um instrumento que Deus usa? Os criacionistas evolucionistas acreditam que sim. Da mesma forma que ele usa vulcões para criar as ilhas do Havaí, ele usou a evolução para criar seres humanos e outras formas de vida. Isso torna Deus responsável pelo que parece ser o enorme desperdício da vida? Em certo sentido, sim. Não podemos simplesmente afirmar que não é mal, mas devemos procurar uma maneira diferente de conciliar o que encontramos na natureza com o caráter de Deus.

Extinção e essencialismo

Parece-me que existe uma maneira de responder à acusação de desperdício que é aventada contra o processo evolutivo. Está comprovado que cerca de 99% de todas as espécies que já existiram estão agora extintas. Se Deus criou seres humanos através deste processo, nossa existência vem às custas dessas outras espécies? A sobrevivência dos fracos em detrimento dos fortes não parece ir exatamente de encontro à mensagem de Jesus? Consideraremos uma resposta escatológica a essa acusação mais tarde. Primeiro, considero o problema a partir do ponto de vista da **metafísica**, ou mais especificamente, da ontologia.

464 MAL, PROBLEMA DO (teoria criacionista evolutiva)

A ontologia é o estudo da existência e dos tipos de coisas que existem, e a questão específica aqui é que tipo de *status* ontológico dar às "espécies". As coisas realmente existem independentemente do que pensamos sobre elas, ou são categorias artificiais para ajudar no nosso pensamento sobre as coisas? Não podemos deixar de usar termos que se refiram a grupos de indivíduos como carvalhos, zebras e rolinhas. Mas o que é que nos permite agrupar esses indivíduos semelhantes? Tradicionalmente, o conceito de espécie foi usado e implicitamente entendido como sendo estático e imutável. A evolução desafia isso. Claro, entre indivíduos com diferenças significativas, podemos inseri-los facilmente em grupos distintos. Mas quando as diferenças são mais leves e especialmente quando olhamos para uma população ao longo do tempo, é muito mais difícil.

Os descendentes têm uma forte semelhança com seus pais, mas, após muitas gerações, a semelhança com os antepassados é consideravelmente menor. Cerca de 50 mil gerações antes de nós hoje, chegamos ao *homo erectus*, uma espécie de hominídeo que viveu há cerca de 1 milhão de anos, possivelmente em grupos de caçadores e coletores, usando ferramentas e fogo. Mas esse antepassado era um ser humano? A maioria dos biólogos diria que não. Mas não há uma fronteira clara em que o *homo erectus* se torna *homo sapiens*. O mesmo pode ser dito de outras linhas hereditárias que podem ser rastreadas dos organismos vivos hoje. E há outras linhas hereditárias que terminam sem outros descendentes. Esta é uma "extinção", mas se é difícil definir uma "espécie", então é difícil dizer o que foi extinto. Tudo o que podemos dizer é que alguns grupos de indivíduos não tinham mais descendentes.

O fato é que, quando dizemos que é uma coisa ruim que uma espécie seja extinta, estamos supondo que há alguma entidade existente acima e além dos indivíduos que deixa de existir quando todos os indivíduos desse grupo deixam de existir. Mas o grupo em questão só pode ser arbitrariamente definido. É apenas no pressuposto do "essencialismo" (que existe uma essência particular do que é ser um gato ou um cacto) que essa objeção sobre a **extinção** de espécies na evolução ganha alguma força. A vida de um gato ou cacto individual não é afetada por suas "espécies" extintas algumas gerações após a sua vida. Há vidas individuais, e estas têm o mesmo tipo de vida independentemente de seus descendentes viverem ou prosperarem.

Agora, é claro, alguns desses indivíduos têm vidas difíceis. Dissolver o problema da extinção não faz com que o problema do sofrimento e da **dor animal** desapareça. Já vimos que, durante as escalas de tempo evolutivas, muitos e muitos indivíduos morrem prematuramente e de maneiras horripilantes. Que sentido o cristão pode tirar desse processo?

Bens maiores e única maneira

As estratégias para responder a este problema tipicamente apelam para "bens maiores" ou "única maneira". Por exemplo, um mundo com livre-arbítrio humano — mesmo com todos os problemas que causa — é considerado um bem maior do que um mundo sem ele. E os males naturais, como furacões e tornados, podem ser considerados consequências da única maneira de manter um planeta dinâmico capaz de sustentar a vida. Pode-se argumentar que a evolução é o único meio de produzir bens maiores desejados por Deus para sua criação? Podemos saber o que esses bens maiores podem ser?

Alguns teístas dizem que não, cuja posição passou a ser chamada de *teísmo* cético. É a opinião de que devemos ser céticos quanto à nossa capacidade de discernir e entender as razões que Deus pode ter para permitir os males que vemos no mundo. Os caminhos de Deus estão tão além de nossos caminhos que a nossa incapacidade de apresentar boas razões para por que há o tipo e a quantidade de maldades existentes no mundo não mostra que Deus não tem boas razões para permitir esse mal. Certamente há alguma verdade na afirmação de que nossas mentes finitas não podem compreender completamente os caminhos de Deus. Mas há implicações com as quais devemos nos preocupar ao adotar o teísmo cético no grau conveniente para responder plenamente o problema do mal natural. A principal entre elas é o enfraquecimento de todas as nossas reivindicações ao conhecimento moral. O teísmo cético parece sugerir que, para qualquer circunstância do mal natural, até onde sabemos, pode haver razões para que essa circunstância seja, de fato, uma coisa boa (ou, pelo menos, melhor do que a outra opção). Isso parece minar nossa capacidade de fazer qualquer tipo de julgamento moral de que as coisas não deveriam ser da forma como as encontramos. Além disso, há a **intuição** comum de que devemos ser capazes de oferecer algo mais sobre a razão de por que o mundo é como é. Portanto, devemos continuar procurando por maiores bens e maneiras únicas, mesmo que esses sejam apenas especulativos.

Um dos bens maiores que a evolução possibilita pode ser o deleite divino em transformar o caos em ordem, e seu regozijo na cooperação de sua criação no processo. Gênesis não afirma que o mundo criado era perfeito e completo. Pelo contrário, tornou-se bom. Mas, mesmo assim, Deus imbuiu àqueles que traziam sua imagem de subjugar a terra, implicando que o trabalho de transformar o caos em ordem não estava completo. Se Deus não se deleitasse nesse processo, esperaríamos que ele criasse as coisas de uma forma final e perfeita em vez de criá-las paulatinamente. Mesmo a posição criacionista da Terra jovem entra em colapso aqui quando perguntamos por que Deus demorou sete dias para realizar o que poderia ter feito instantaneamente. Deus não parece estar com pressa, mas, em vez disso, provoca pacientemente a ordem do caos. Afirmar de outra maneira provoca a pergunta: por que Deus se deu ao trabalho de criar as coisas desse modo quando simplesmente poderia começar com um paraíso perfeito e eterno?

Poucas pessoas pensariam que o processo de transformação é suficiente para justificar os milhões de anos de dor e do sofrimento dos animais. Para isso, no entanto, podemos adicionar uma **teodiceia** da "única maneira". Talvez a luta evolutiva seja a única maneira de desenvolver seres sensíveis e morais como nós. Pode-se argumentar que a maturidade moral é uma qualidade que deve ser desenvolvida através da tomada de decisões morais. Deus não pode criar criaturas moralmente maduras mais do que ele poderia criar seres livres que são incapazes de pecar. Portanto, para alcançar a maturidade moral, os agentes devem estar envolvidos em sua própria formação moral ao tomar decisões com implicações morais. Mas, então, para se ter decisões morais genuínas, deve haver um ambiente desafiador no qual os seres sejam submetidos aos tipos de males naturais que forçam decisões difíceis.

Quando confrontadas com tais situações, as criaturas optarão por sua própria preservação egoísta em detrimento de fazer o que é certo e bom? Até recentemente, ninguém que estudasse história da evolução sequer teria considerado essa questão. Mas agora, cada vez mais pessoas estão se interessando no papel da cooperação e até mesmo no **altruísmo** na história do desenvolvimento de formas animais mais complexas (ver Coakley, 2016; Deane-Drummond, 2014). Neste sentido, o sofrimento é um catalisador para bens maiores, mas não de maneira instrumental bruta. O sofrimento e a dor são, de certo modo, constitutivos do bem maior da formação moral — e é a única maneira de produzi-lo.

Se essa linha de pensamento tem mérito, devemos questionar se queremos uma história mundial desprovida do tipo de males naturais considerados neste capítulo. Não precisamos tentar nos forçar a pensar que o mal é bom, mas parece que Deus estruturou as coisas para que o bem venha do mal — e os tipos de bens que não poderiam surgir de outra maneira.

Escatologia

Essas são possibilidades teóricas interessantes, mas ainda permanecem os exemplos de incontáveis indivíduos neste mundo que sofreram e morreram sem viver a vida plena a que estavam destinados. Essa verdade inescapável leva alguns pensadores cristãos a concluir que pode haver algum tipo de existência após a morte para os animais. **Keith Ward** diz: "A imortalidade, tanto para animais como para humanos, é uma condição necessária de qualquer teodiceia aceitável" (Ward 1982, 201).

Essa não é apenas uma inovação pós-darwiniana na teologia cristã. No século XVIII, o fundador do Metodismo, John Wesley, considerou a objeção do sofrimento animal e disse: "A objeção desaparece se considerarmos que algo melhor permanece após a morte para essas criaturas também; que elas também serão libertadas um dia da escravidão da corrupção, e receberão ampla compensação por todos os seus sofrimentos presentes." (Wesley, 1998, p. 251). Quando entendemos que o gemido de toda a criação foi considerado no ato de redenção de Cristo, é plausível pensar que todas as criaturas têm a possibilidade de atingir os fins aos quais se destinavam.

Essas respostas à dor e ao sofrimento que encontramos na imagem evolutiva do mundo são especulativas, pois agora vemos como por um reflexo obscuro. Mas elas são equilibradas pelas condições do mundo natural e parecem consistentes com o caráter de Deus conforme revelado pelas Escrituras.

J. B. Stump

REFERÊNCIAS E LEITURAS RECOMENDADAS

Coakley, Sarah, 2016. *Sacrifice Regained: Evolution, Cooperation and God.* Oxford: Oxford University Press.

Dawkins, Richard, 1995. *River Out of Eden.* New York: Basic Books.

DEAN-DRUMMOND, Celia, 2014. *The Wisdom of the Liminal: Evolution and Other Animals in Human Becoming.* Grand Rapids: Eerdmans.

MEISTER, Chad, 2012. *Evil: A Guide for the Perplexed.* New York: Bloomsbury.

SOUTHGATE, Christopher. 2008. *The Groaning of Creation.* Louisville, KY: Westminster John Knox.

WARD, Keith, 1982. *Rational Theology and the Creativity of God.* New York: Pilgrim.

WESLEY, John. 1998. "The General Deliverance." In: *The Works of John Wesley*, 3. ed., vol. 6. Grand Rapids: Baker.

⚓MAL, PROBLEMA DO (teoria criacionista progressiva).

Os ateus, os agnósticos e os deístas citam o problema do mal como um poderoso desafio à verdade do cristianismo. O silogismo para o argumento pode ser indicado da seguinte forma:

1. O Deus da Bíblia é onisciente, onipresente e onibenevolente.
2. Um mundo criado por tal Deus não conteria o mal.
3. O mundo contém o mal.
4. Portanto, tal Deus não existe.

O cristianismo rejeita a segunda premissa; portanto, os cristãos devem fornecer uma justificativa racional para a existência do mal no mundo; dito isto — *todas* as **visões de mundo**, não simplesmente as cristãs — devem lidar com a questão do mal (ver **Teodiceia**).

Modelo de duas criações

A premissa do modelo de duas criações consiste no fato de que Deus não tem um bom propósito para o mal e o sofrimento atualmente existentes. Alguns sistemas de crenças aceitam essa afirmação como verdadeira. Várias religiões mundiais importantes compartilham o princípio de que os humanos surgiram em um estado paradisíaco sem mal, que logo foi perdido. Elas diferem na crença de que Deus, deuses ou forças cósmicas estão trabalhando para restaurar a humanidade a esse paraíso. Nos sistemas de crenças não cristãs, o mal presente é em grande parte gratuito — não tem fins benéficos. Em contrapartida, o cristianismo proclama um modelo de duas criações em que ambos os reinos são radicalmente diferentes, e o mal, em última instância, tem um propósito.

A primeira criação é "muito boa" (Gênesis 1:31). É o melhor reino possível para encorajar o maior número possível de seres humanos a escolher algo muito melhor, um relacionamento eternamente seguro e amoroso com Deus. Essa criação também prepara e treina indivíduos para receber os papéis, recompensas e realizações relacionais da nova (segunda) criação. Parte desse preparo e treinamento inclui uma breve (relativa à eternidade) exposição ao mal e ao sofrimento. E, no entanto, essa criação presente também oferece o melhor estágio possível para a remoção rápida e permanente de todo o mal. Enquanto isso, Deus permite que a humanidade seja brevemente exposta ao mal por causa de um bem maior que tal exposição produz.

A segunda criação é "perfeita". O mal nunca existirá nela. Ao contrário da criação atual, nenhuma limitação provocada pelo pecado humano irá restringir o livre-arbítrio de qualquer pessoa. Consequentemente, o amor sem limites poderá ser expresso, e o será.

Alguns céticos podem replicar: "Por que Deus não colocou **Adão e Eva** na nova criação desde o começo?" Esse modelo de duas criações afirma que, a menos que os seres humanos sejam testados pela maior tentação possível — a atração mais irresistível do mal —, então os papéis, as recompensas e as relações da nova criação não podem ser dados de forma perfeita e permanente. Ou o livre-arbítrio humano e a capacidade de amor diminuiriam grandemente (em vez de serem grandemente reforçados) ou a rebelião contra a autoridade de Deus e o mal consequente continuariam sendo um perigo sempre presente.

Liberdade eterna

Adão e Eva apreciaram um relacionamento amoroso com Deus e um com o outro no Éden. Deus poderia ter mantido as coisas assim por toda a eternidade. Ele tinha o poder de manter a tentação longe, mas sua vontade para a humanidade não incluía um paraíso terrestre para sempre. Ele tinha planos melhores.

No Éden, Adão e Eva não tinham certeza de que o relacionamento que tinham com Deus, um com o outro e com as demais criaturas do Éden permaneceria eternamente puros. Deus os criou com livre-arbítrio; que era crucial, porque sem ele o amor é impossível. Mas o livre-arbítrio implicava que, a qualquer momento, os humanos eram suscetíveis a seguir o próprio caminho e a adorar algo ou alguém menos digno.

Para que as pessoas possuam segurança em um relacionamento com Deus, esse relacionamento deve ser testado. Para garantir a possibilidade de um relacionamento eternamente seguro, os humanos tiveram que suportar o teste mais difícil possível.

Deus deixou o portão de Éden aberto de propósito. Ele fez com que Satanás, e não algum demônio menor,

MAL, PROBLEMA DO (teoria criacionista progressiva)   467

testasse Adão e Eva. Da mesma forma, Deus permitiu que Satanás tentasse Jesus de Nazaré enquanto estava prestes a iniciar seu ministério público. Deus deliberadamente permite que todo ser humano seja exposto ao mal e à sua fonte no reino espiritual.

Ao conceder a Satanás a oportunidade de enganar a humanidade, Deus consente que cada pessoa enfrente o mais difícil de todos os testes possíveis. Nenhum ser criado em qualquer lugar na criação de Deus é mais poderoso, sedutor ou inteligente que Satanás. Se alguém puder suportar esse teste mais difícil — um teste que é muito desafiador para que um ser humano passe sem receber ajuda de Deus por sua graça, ou favor imerecido —, ela ou ele pode ter certeza, por toda a eternidade, de que nunca mais haverá um desafio maior do que o já superado.

Física otimizada para superar o mal

Até certo ponto, os seres humanos estão equipados para superar. O corpo humano é biologicamente projetado para que ninguém desfrute de trabalho extra, dor ou tempo desperdiçado. Essa característica é tão forte que os pais, professores e autoridades governamentais usam trabalho extra, dor e tempo desperdiçado como ferramentas para corrigir comportamentos inaceitáveis. Deus criou as leis da física, de modo que as consequências negativas crescem à medida que o comportamento piora.

Considere a Lei da degradação (ou seja, a **Segunda lei da termodinâmica**) descrita em Romanos 8:20-22. Essa lei generalizada não desencoraja os seres humanos da atividade criativa e do trabalho produtivo, porque a taxa de degradação não é muito alta. Por outro lado, a taxa de degradação não é tão baixa a ponto de permitir que o pecado e o mal se tornem desenfreados.

Todas as outras leis físicas complementam a Lei da degradação, garantindo um ótimo equilíbrio entre trabalho produtivo e prevenção do mal. As dimensões espaço-tempo do universo também contribuem. O tempo para o universo ocorre apenas em uma dimensão e a passagem do tempo não pode ser revertida ou interrompida. As propriedades do tempo cósmico e os curtos períodos de vida dos humanos limitam o dano que as pessoas más podem perpetrar. Um malfeitor como Adolf Hitler poderia cometer o mal por décadas, mas não por séculos.

Além disso, os humanos estão confinados a três grandes dimensões espaciais. Assim, as limitações de viagem impedirão a execução de um mal intencional considerável.

Tanto as consequências naturais decorrentes das leis físicas como a justiça das autoridades humanas são necessárias para controlar adequadamente o impulso da humanidade de cometer o mal. Além disso, como a Bíblia revela e a observação nos permite verificar, a menos que as autoridades humanas sejam sempre vigilantes, diligentes e justas, e, a menos que as leis físicas tragam consistentemente consequências para atos perversos, o mal se multiplicará.

Mal natural?

Dadas as leis da física e das dimensões espaço-tempo, as forças que deram origem a desastres naturais (às vezes chamadas de *mal natural*) são todas concebidas para oferecer o máximo benefício para a humanidade. Por exemplo, Deus pode erradicar os furacões. Tal eliminação, no entanto, reduziria drasticamente a entrada de aerossóis de sal marinho e partículas bacterianas e virais na atmosfera. Essa redução levaria a uma diminuição potencialmente fatal nas chuvas globais. Os furacões também regulam a temperatura dos oceanos tropicais e também fornecem clorofila para os ecossistemas das plataformas continentais. Tanto a frequência quanto a intensidade média dos furacões são ajustadas para beneficiar ao máximo da humanidade e a civilização humana. Da mesma forma, tornados, terremotos, vulcões, incêndios florestais, eras de gelo, inundações, secas e doenças estão todos estabelecidos em níveis que proporcionam o máximo benefício e menor dano aos humanos e sua civilização (Ross, 2006).

Mas os humanos nem sempre fazem escolhas sábias sobre onde e como construir suas estruturas (Mateus 7:24-27). Mesmo assim, é impressionante considerar as altas taxas de sobrevivência em face dos descontroles da natureza. Não há como determinar quão catastrófico um evento "poderia ter sido" sem o controle de Deus. Em algumas ocasiões, parece que ele milagrosamente intervém para resgatar pessoas do desastre. No entanto, se Deus interviesse em calamidades naturais de uma maneira imperativa, ele anularia os benefícios disciplinares e de produção de efeitos benéficos das leis físicas e das dimensões do espaço-tempo.

Nova criação física

Porque o mal não será mais possível na nova criação, a necessidade de física de contenção do mal desaparecerá. Apocalipse 21:4 diz que não haverá decadência ou morte no novo mundo. As leis termodinâmicas terão sido

MAL, PROBLEMA DO (teoria criacionista progressiva)

anuladas. Na nova criação, existirão estruturas que exigem a eliminação da gravidade. Não haverá trevas ou sombras, o que implica que a luz surgirá de uma fonte diferente do eletromagnetismo. "A cidade não precisa de sol nem de lua para brilharem sobre ela, pois a glória de Deus a ilumina, e o Cordeiro é a sua candeia" (21:23).

Na nova criação, as pessoas experimentarão comunhão contínua e íntima com Deus e umas as outras entre si. Tais relacionamentos implicam que, na nova criação, os seres humanos serão libertados das restrições da tridimensionalidade e do tempo para um domínio muito mais expansivo.

Não haverá tristeza ou arrependimento. Todos os seres humanos valorizarão e entenderão por que cada pequeno sofrimento e maldade que experimentaram na terra foi necessário para prepará-los para seus papéis e recompensas na nova criação. Como Paulo diz em 2Coríntios 4:17: "Os nossos sofrimentos leves e momentâneos estão produzindo para nós uma glória eterna que pesa mais do que todos eles."

Evidências inadequadas para se crer?

No entanto, alguns humanos lutam para ver evidências do Deus da Bíblia aqui e agora. Uma variante do argumento do mal diz que a onipotência e a onibenevolência de Deus implicam que ele não dificultaria para que as criaturas dotadas de consciência teológica o descobrissem e se relacionassem com ele. Uma vez que encontrar evidências a favor de Deus, sem mencionar adquirir um relacionamento com ele, parece difícil, os céticos concluem que o Deus da Bíblia não pode existir.

Esse argumento contra a existência de Deus é muitas vezes expresso com comentários como "Se Deus existe e realmente me ama, por que ele não se apresentará diante de mim neste momento?" Os cristãos ao longo dos séculos desenvolveram várias respostas.

Uma é baseada em Hebreus 11:6: "Quem dele [de Deus] se aproxima precisa crer que ele existe e que recompensa aqueles que o buscam". Os ateus presumem que a presença de qualquer quantidade de mal por um período de tempo prova que Deus não é um recompensador daqueles que o buscam. Mas, como explica Romanos 1:18-25, essa presunção fará com que o indivíduo se envolva na ignorância autoimposta, cegando-o para a evidência clara da existência de Deus e dos atributos abundantemente disponíveis no registro da natureza.

Uma segunda resposta, também baseada em Hebreus 11:6, sugere que uma busca sem hesitante ou apática por Deus não será suficiente. Os seres humanos se comportam irracionalmente se não consideram a questão da existência ou da inexistência de Deus como a questão mais valiosa na vida. Falhar em fazer uma busca diligente por Deus é desistir do significado da vida. Jesus prometeu em Mateus 7:7, "Busquem e encontrarão". Essa declaração implica, no entanto, que se alguém não buscar, não encontrará (ver **Ocultação de Deus**).

Uma terceira resposta argumenta que, se o Deus da Bíblia existe, ele deve — na maioria das formas e na maioria das vezes — ser invisível e inatingível. Como a Bíblia declara repetidamente e como os teoremas do espaço-tempo provam (ver **Teorema da singularidade Borde-Guth-Vilenkin**), o início do universo marca o início de toda a realidade física: matéria, energia, espaço e tempo. A causa do universo, portanto, deve ser um agente com a capacidade de criar independente ou além da matéria, energia, espaço e tempo. Essa ação transcendente aponta para o Deus pessoal revelado nas Escrituras.

Uma quarta resposta é encorajar o não crente a sair da cidade e ir para o campo e partes selvagens da natureza. Romanos 1:20 diz: "Os atributos invisíveis de Deus, seu eterno poder e sua natureza divina, têm sido vistos claramente, sendo compreendidos por meio das coisas criadas." Esse verso implica que o exame das maravilhas da natureza leva à evidência dos atributos de Deus. De acordo com essa resposta, não é coincidência que a maioria dos ateus viva em áreas urbanas.

Providência

Se alguém puder estabelecer que existe um Deus que é onisciente, onipresente e onibenevolente, então inferirá que ele deve possuir boas razões para a presente existência e nível do mal. Embora os seres humanos não compreendam completamente essas razões, o mal é temporário e, em algum sentido, benéfico para os seres humanos e para todos os outros seres que Deus criou (Romanos 8:28). Mas também há muita bondade na criação.

No sermão de Paulo aos cidadãos de Listra, o apóstolo apontou (Atos 14:17) que Deus "não ficou sem testemunho: mostrou sua bondade, dando-lhes chuva do céu e colheitas no tempo certo, concedendo-lhes sustento com fartura e enchendo de alegria os seus corações". Para os atenienses, Paulo explicou (Atos 17:24-28) que Deus é o doador da vida e da respiração, e que ele projetou a terra para que os humanos possam habitar e prosperar sobre todas os seus continentes. O argumento de Paulo é que a abundante provisão de chuva, plantações, alimentos e lugares agradáveis para se viver só faz sentido se existir um Deus onisciente, onipresente e onibenevolente.

À medida que o conhecimento e a compreensão do registro da natureza se acumulam continuamente, o argumento para a existência de Deus vindo da **providência** se fortalece substancialmente. Os astrônomos agora reconhecem que toda a grandiosidade, imensidão e antiguidade do universo que podem ser mensuradas mostram que cada pedacinho de seu tamanho, massa e idade são necessários para que a vida complexa exista na terra. Os paleontólogos e os geólogos também reconhecem que toda vida que já existiu na terra era necessária para se começar e sustentar a civilização global de alta tecnologia. Os meteorologistas acrescentam que não só a chuva abundante, mas também o orvalho, a névoa, a neve, as geadas, o granizo, as camadas de gelo e vários outros resultados do ciclo da água (ver Jó 37—38) são todos necessários para manter a civilização global. Os recursos naturais que o universo, a terra e a vida da terra proporcionam para o benefício da humanidade deixam a mente perplexa. Nenhuma dúvida racional deve permanecer quanto à existência de um Deus onisciente, omnipresente e onibenevolente.

Demasiado mal, demasiado bom

Além disso, os céticos devem abordar sua *própria* dificuldade em explicar o mal e o bem. Os ateus, os agnósticos e os deístas atribuem o mal e o bem às leis da física e da evolução biológica. As normas sociais ou a "**moralidade**" evoluíram quando os seres humanos aprenderam a cooperar em alguns casos, ou a agir de forma egoísta em outros, para sobreviver. No entanto, essas explicações falham em explicar os comportamentos mais extremos da humanidade. Por exemplo, o mal que Hitler, Lenin, Stalin, Mao, Pol Pot e Calígula perpetraram contra seu próprio povo não pode simplesmente ser atribuído a processos naturais e instintos de sobrevivência. Esse mal é muito grande e contrário aos melhores interesses dos déspotas.

Do mesmo modo, o **altruísmo**, pelo qual os indivíduos sacrificam sua vida, riqueza e/ou bem-estar em benefício de completos desconhecidos ou inimigos declarados e no qual nenhuma esperança de reconhecimento, retribuição ou recompensa existe, desafia explicações naturais.

Os seres humanos são depravados além do que os processos naturais jamais poderiam prever; eles também são virtuosos além do que os processos naturais jamais poderiam prever. Os naturalistas não só têm o problema do mal a abordar, mas também o problema da bondade; a existência do mal real pressupõe um padrão de bem ou algum plano de *design*, de qual o mal é um afastamento.

O propósito final de Deus

O propósito declarado de Deus para criar era ampliar a expressão de seu amor. Gênesis 1:31 proclama a criação presente como "muito boa". No entanto, apenas a nova criação (Apocalipse 21—22) é descrita em termos de perfeição final. Em um aspecto, porém, a criação atual é "perfeita". É a criação projetada perfeitamente para a realização dos planos de Deus para derrotar e remover o mal e o sofrimento de forma rápida, eficiente e permanente. Ao mesmo tempo, esta criação aprimora grandemente as capacidades de livre-arbítrio para receber e expressar amor, para aqueles humanos que estão dispostos a assim fazê-lo. Embora esta criação esteja repleta de exposição momentânea ao mal, o estado glorificado da humanidade promete o amor irrestrito de um Criador infinitamente amoroso.

Hugh Ross

REFERÊNCIA E LEITURA RECOMENDADA

Ross, Hugh, 2006. *Creation as Science*, 165-74. Colorado Springs: NavPress.

MANDATO CULTURAL. O mandato cultural é a injunção divina dada à humanidade em Gênesis 1:26-28 para cuidar da sua Criação e extrair, trabalhar e se beneficiar de suas potencialidades inerentes como representantes de Deus na terra. O mandato cultural decorre do fato de os seres humanos serem feitos à imagem de Deus. A humanidade tem o privilégio de cuidar da Criação de Deus porque reflete a **imagem de Deus** (v. 26). Analogamente ao modo como Deus cria, a humanidade é chamada não só para "encher a terra", mas também para "subjugá-la" [hebraico *kabash*] (v. 28), o que sugere certa resistência e necessidade de ser domada.

No entanto, isso não implica a permissão da humanidade para explorar a Criação para benefício próprio. Pelo contrário, devemos preservar a Criação como os vice-regentes reais de Deus que a tratam com amor e cuidado como presente divinos. A humanidade não deve apenas subjugar a natureza, mas cultivá-la e mantê-la. Na verdade,

470 MATEMÁTICA

como Gênesis 2 indica, Adão foi instruído a trabalhar e cuidar do jardim do Éden (v. 15). Essa é uma maneira pela qual a humanidade glorifica a Deus.

Para cumprir esse mandamento divino, o conhecimento de como o mundo natural funciona é indispensável. A mordomia responsável requer esse conhecimento para obedecer ao encargo de Deus. Desse modo, a ciência como um empreendimento sistemático para obter o conhecimento da natureza é um meio adequado para a administração responsável da Criação que contribui para o cumprimento do mandato cultural (ver Isaías 28:23-29).

Essa visão é atestada na história cristã. **Galileu Galilei** (1564-1642), em uma carta de 1615 à grã-duquesa da Toscana, afirmou a importância de se estudar a Bíblia e observar fenômenos naturais para obter conhecimento da Criação, e argumentou: "A Bíblia Sagrada e os fenômenos da natureza procedem da Palavra divina, a primeira como ditada pelo Espírito Santo, e os últimos como perspicazes executores dos mandamentos de Deus" (Galilei, 1957). Da mesma forma, cientistas cristãos e teístas como **Robert Boyle** (1627-1691) e **Isaac Newton** (1642-1727) acreditavam que o estudo do mundo criado revela a sabedoria e inteligência do Criador. Eles argumentaram, portanto, que tal desígnio estabelece a relação providencial de Deus com sua Criação. Desse modo, "todo o empreendimento de estudar o mundo natural foi incorporado em um quadro teológico que enfatizava a criação, desígnio e **providência** divina" (Osler, 2009).

No entanto, aqueles envolvidos em atividades científicas devem exercer cautela. Embora **a revolução científica** e a industrialização tenham contribuído para o florescimento humano, os problemas ecológicos decorrentes dessa atividade não podem ser ignorados. À humanidade foi dado domínio sobre a Criação como representante divina. Esse ensinamento que está intimamente associado a sermos feitos à imagem de Deus indica que o domínio é um aspecto essencial da nossa identidade humana. Assim, nosso destino e o destino da Criação estão entrelaçados, e a Criação, portanto, não deve ser percebida como dispensável. Na realidade, o próprio fato de Deus ter se encarnado em Cristo dá significado à Criação e revela sua indispensabilidade à condição humana.

O mandato cultural é o mandato para que nós "habitemos atentamente no mundo como mordomos fiéis de Deus, produzindo os frutos da ordem criada de uma maneira que sustente nosso bem-estar em honra ao verdadeiro Rei Criador" (Lundberg, 2011). O florescimento humano só é possível quando a humanidade e a Criação coexistem em harmonia.

Naomi Noguchi Reese

REFERÊNCIAS E LEITURAS RECOMENDADAS

Deane-Drummond, Celia, 2006. "Theology, Ecology, and Values." In: *The Oxford Handbook of Religion and Science*, ed., Philip Clayton, 891-907. Oxford: Oxford University Press.

Galilei, Galileo, 1957. "Letter to the Grand Duchess Christina", em *Discoveries and Opinions of Galileo*, ed. Stillman Drake, p. 173-216. Garden City, NY: Doubleday. http://inters.org/galilei-madame-christina-Lorraine

Gunton, Colin E., 1992. *Christ and Creation*. Eugene, OR: Wipf and Stock. Hoekema, Anthony A. 1986. *Created in God's Image*. Grand Rapids: Eerdmans.

Lundberg, Matthew D., 2011. "Creation Ethics", em *Dictionary of Scripture and Ethics*, ed. Joel B. Green, p. 189-92. Grand Rapids: Baker Academic.

Matthews, Kenneth A., 1996. *Genesis 1—11:26*. Vol. 1a. New American Commentary, ed. E. Ray Clendenen. Nashville: B&H.

Middleton, J. Richard, 2011. "The Image of God", em *Dictionary of Scripture and Ethics*, ed. Joel B. Green, p. 394-97. Grand Rapids: Baker Academic.

Osler, J. Margaret, 2009. "That the Scientific Revolution Liberated Science from Religion", em *Galileo Goes to Jail: And Other Myths about Science and Religion*, ed. Ronald L. Numbers, p. 90-98. Cambridge, MA: Harvard University Press.

Ratzsch, Del, 2000. *Science and Its Limits: The Natural Sciences in Christian Perspective*. Downers Grove, IL: InterVarsity.

Rolston, Holmes, III, 2006. "Environmental Ethics and Religion/Science", em *The Oxford Handbook of Religion and Science*, ed. Philip Clayton, p. 908-28. Oxford: Oxford University Press.

Wenham, Gordon J., (1986) 2002. *Genesis 1—15*. Vol. 1. Word Biblical Commentary. Nashville: Thomas Nelson.

MATEMÁTICA. Duas questões principais frequentemente surgem na interface da teologia cristã e da matemática aplicada na ciência: (1) se a verdade de nossas melhores teorias científicas nos compromete com a realidade das entidades matemáticas empregadas nessas teorias e (2) qual a melhor explicação para a aplicabilidade da matemática no mundo físico.

Com relação à primeira questão, tanto platonistas quanto ficcionalistas tendem a concordar que a verdade de nossas melhores teorias científicas está comprometida ontologicamente com objetos matemáticos como números, funções, matrizes, e assim por diante. Os platonistas, portanto, concluem que há, além dos objetos concretos postulados por nossas melhores teorias, uma **infinidade** de objetos matemáticos abstratos. Os ficticistas, por outro lado, concluem que nossas melhores teorias científicas não são totalmente verdadeiras. O conteúdo abstrato dessas teorias é falso, uma vez que os objetos abstratos não existem, sendo apenas ficções úteis, como gases ideais, planos sem atrito, pontos no infinito, e assim por diante. É útil, e talvez indispensável, falar como se tais entidades existissem, mas tais afirmações não são realmente verdadeiras.

Os teólogos cristãos têm uma participação vital nesse debate porque os objetos matemáticos, se existirem, são tipicamente considerados incriados, necessários e eternos, em contradição às doutrinas cristãs da asseidade divina e da criação *ex nihilo*. Na tradição judaico-cristã, Deus é considerado a única realidade suprema, o Criador de todas as coisas à parte de si mesmo. Portanto, a principal posição cristã, desde os primeiros apologistas gregos até os teólogos escolásticos medievais, estava unida em rejeitar o platonismo em favor de um conceitualismo divino. Seguindo a orientação dos platonistas médios e, em particular, do teólogo filosófico judeu Filo de Alexandria (20 a.C.-50 d.C.), os pensadores cristãos assumiram que os objetos supostamente abstratos eram, de fato, ideias no *Logos* ou na mente de Deus.

O conceitualismo ainda é uma forma de **realismo** (não platônico) sobre objetos matemáticos. Se os pensamentos divinos podem desempenhar com sucesso os papéis tipicamente atribuídos a objetos abstratos, há uma questão que permanece em aberto. Felizmente, na cena contemporânea há uma grande variedade de antirrealismos também disponíveis ao teólogo cristão para reverter o desafio do platonismo. Esses pontos de vista, embora compartilhem o antirrealismo do ficcionalismo, diferem dele ao afirmar a verdade das sentenças matemáticas. O construtibilismo e o estruturalismo modal oferecem paráfrases de sentenças matemáticas que não estão logicamente comprometidas com objetos matemáticos. O neutralismo, a lógica livre e o neomeinongianismo rejeitam, no todo ou em parte, o critério do compromisso ontológico assumido pelos platonistas e ficcionalistas, de modo que as sentenças matemáticas verdadeiras não têm os compromissos ontológicos que os platonistas e ficcionistas acham que possuem.

Os pretensos teóricos e figuralistas negam que as sentenças matemáticas devam ou têm que ser tomadas literalmente, mas podem ser tomadas como figurativamente verdadeiras ou como declarações prescritas para serem imaginadas como verdadeiras. O debate contemporâneo é jovem e os teólogos cristãos mal começaram a se beneficiar disso.

A segunda questão levantada pela interface da teologia cristã e da matemática aplicada é o que o físico Eugene Wigner chamou de "a eficácia irracional da matemática".

Esse problema tem confundido tanto os realistas quanto os antirrealistas da mesma maneira.

Para o platônico, o fato de a realidade física se conformar à estrutura das entidades matemáticas acausais existentes além do **espaço e tempo** é, nas palavras do filósofo da matemática Mary Leng, apenas "uma feliz coincidência". Para o antirrealista, não existe um reino abstrato ao qual o mundo físico se conforma, mas o que permanece sem explicação é por que o mundo físico exibe uma tão complexa e impressionante estrutura matemática inicialmente, de modo a tornar possível uma teorização científica bem-sucedida com base na matemática.

Agora, independentemente de ser um realista ou um antirrealista sobre objetos matemáticos, parece que o teísta goza de uma considerável vantagem sobre o naturalista ao explicar o extraordinário sucesso da matemática na ciência física.

O realista teísta pode argumentar que Deus modelou o mundo na estrutura dos objetos matemáticos, visto que essa é essencialmente a visão que **Platão** defendeu em seu diálogo *Timeu*. Deus olha para o reino dos objetos matemáticos e modela o mundo sobre ele, e, como resultado, o mundo tem uma estrutura matemática. Assim, o realista que é teísta tem uma vantagem considerável sobre o realista naturalista ao explicar por que a matemática é tão eficaz na descrição do mundo físico.

Da mesma forma, o antirrealista teísta tem uma explicação pronta da aplicabilidade da matemática ao mundo físico: Deus a criou de acordo com um certo projeto que ele imaginou. No antirrealismo teísta, o mundo exibe a estrutura matemática que exibe porque Deus escolheu criar de acordo com o modelo imaginário que ele tinha em mente. Essa foi a opinião de Fílon de Alexandria, que sustentou em seu tratado *On the Creation of the World* [Sobre a criação do mundo] que Deus criou o mundo físico com base no modelo mental em sua mente. O teísta — seja ele um realista ou um antirrealista sobre objetos matemáticos — tem, assim, os recursos para explicar a estrutura matemática do mundo físico e, portanto, a eficácia irracional da matemática — os recursos de que o naturalista carece. Temos aqui os ingredientes de uma poderosa contribuição à **teologia natural**.

William Lane Craig

REFERÊNCIAS E LEITURAS RECOMENDADAS

BALAGUER, Mark, 1998. *Platonism and Anti-Platonism in Mathematics*. New York: Oxford University Press.

_____. 2009. "Platonism in Metaphysics", em *Stanford Encyclopedia of Philosophy.* 7 de abril. http://plato.stanford.edu/entries/platonism/.

BAUCKHAM, Richard, 2008. "God Crucified", em *Jesus and the God of Israel.* Grand Rapids: Eerdmans.

COPAN, Paul; Craig, William Lane, 2004. *Creation Out of Nothing: A Biblical, Philosophical, and Scientific Exploration.* Grand Rapids: Baker Academic.

GOULD, Paul, ed. 2014. *Beyond the Control of God? Six Views on the Problem of God and Abstract Objects.* Com artigos, réplicas e trépicas de K. Yandell, R. Davis, P. Gould, G. Welty, W. Craig, S. Shalkowski e G. Oppy. London: Bloomsbury.

LENG, Mary, 2010. *Mathematics and Reality.* Oxford: Oxford University Press.

PLANTINGA, Alvin, 2011. *Where the Conflict Really Lies: Science, Religion, and Naturalism.* Oxford: Oxford University Press.

MATÉRIA ESCURA E ENERGIA ESCURA.

Embora as pessoas normalmente imaginem o universo como uma vasta extensão de galáxias, nebulosas, estrelas, planetas, luas, asteroides e cometas, esses corpos celestes representam apenas 0,27% de tudo o que há no cosmos. Os restantes 99,73% foram rotulados como "matéria escura" e "energia escura".

Há dois tipos de matéria escura. A matéria escura ordinária (prótons, nêutrons e elétrons) interage fortemente com os fótons (luz), mas existe em concentrações insuficientes para emitir luz detectável. A matéria exótica (neutrinos, áxions e outras partículas) interage fracamente ou não com fótons e, independentemente da concentração, não emite luz detectável. De acordo com os dados mais recentes dos satélites Wilkinson de Anisotropia de Micro-ondas (Hinshaw, 2013) e Planck (Ade, 2013), a matéria escura comum compõe 4,48% do universo, e a matéria escura exótica, 25,23%.

Um modo pelo qual os astrônomos podem detectar as localizações espaciais da matéria escura é mediante a observação de sua influência gravitacional sobre a matéria emissora de luz, uma técnica chamada lente gravitacional. Medições da lente gravitacional revelaram que as galáxias estão inseridas em halos gigantescos de matéria escura. Esses halos desempenham um papel significativo na manutenção da estrutura de uma galáxia. Parece agora que certas características desses halos, tais como massa, tamanho e forma, devem estar dentro de certas faixas precisamente ajustadas para possibilitar a existência de vida sofisticada no universo e em nossa Via Láctea em particular. A matéria escura também pode ser inferida observando-se a velocidade em que as galáxias giram em torno de seus eixos.

A energia escura parece ainda mais misteriosa do que a matéria escura exótica. Embora represente 70% da densidade de energia do universo, só foi detectada pela primeira vez em 1999. Desde então, os astrônomos dedicaram muito esforço para compreendê-la e descrevê-la. O entendimento atual diz que a energia escura é uniformemente distribuída por toda superfície espaço-temporal do universo, e sua propriedade básica é expandir a superfície cósmica ao longo da qual todas as coisas do universo são restringidas. Uma vez que a superfície cósmica aumenta à medida que o universo envelhece, a energia escura torna-se progressivamente mais intensa na sua capacidade de acelerar a expansão cósmica.

Essa expansão, ou "alongamento", dos céus é uma observação relativamente nova, que desempenhou um papel significativo no desenvolvimento da cosmologia do *big bang*. Contudo, vários escritores do Antigo Testamento descreveram o alongamento dos céus (por Deus) como semelhante ao desdobramento de uma tenda dobrada. Portanto, essas passagens bíblicas podem ser recentemente interpretadas como indicando que residimos em um universo em expansão. O livro mais antigo da Bíblia, Jó, também nos diz que a "escuridão" é algo mais do que simplesmente a ausência de luz. Segundo Jó, a escuridão é algo que tem um lugar, uma residência, no universo. Mais uma vez, esse comentário pode ser um prenúncio único da descoberta da matéria escura.

Até o momento, a energia escura produz o que pode ser considerado a evidência mensurável mais espetacular para o projeto sobrenatural e intencional do cosmos em benefício da vida. Para que a energia escura impulsione a expansão cósmica na velocidade correta para que as estrelas e os planetas se formem no lugar correto para a vida sofisticada, ela deve ser ajustada em um grau que exceda, de longe, os melhores exemplos conhecidos de criatividade e projeto humanos. A segunda prova mais espetacular para o *design* divino pode muito bem ser o grau de ajustes finos na quantidade e na localização específica da matéria escura. Graças à matéria e à energia escuras, os céus estão gritando a glória de Deus mais alto do que nunca.

Hugh Ross

REFERÊNCIAS E LEITURAS RECOMENDADAS

ADE, P. A. R.; Aghanim, N.; C., Armitage-Caplan et al. 2013. "Planck 2013 Results. XVI. Cosmological Parameters." In: the Smithsonian/NASA Astrophysics Data System, mar. http://arxiv.org/abs/1303.5076.

HINSHAW, G. et al, 2013. "Nine-Year *Wilkinson Microwave Anisotropy Probe (WMAP)* Observations: Cosmological Parameter Results." *Astrophysical Journal Supplement* 208 (outubro): n. 19.

MATERIALISMO ELIMINATIVO   473

MATERIALISMO. Em sua forma mais básica, o materialismo é a crença de que toda a existência é matéria ou derivada de matéria ou processos materiais. Isso levanta questões sobre a natureza da matéria em si, suas propriedades e suas possíveis implicações ontológicas e epistemológicas. Como tal, **Antony Flew** (1923-2010), escrevendo antes de sua conversão ao **teísmo**, observou que o materialismo é um "grupo de doutrinas um pouco mal definido, em vez de uma tese específica", frequentemente defendido como uma "política de pesquisa e não uma declaração de um resultado de pesquisa" (Flew, 1984, p. 222).

Evitando todas as entidades imateriais — espíritos, anjos, divindades — para um **monismo** físico completo, o materialismo tem sido assombrado pelo problema da mente e da agência imaterial (ver **Mente**; **Problema mente-corpo**; **Alma**). De fato, a consciência subjetiva dos seres humanos — **qualia** ou **consciência** fenomenal — incomodou os materialistas. "Eu mesmo ainda quero abraçar o materialismo", admitiu um filósofo, "mas não sei como seria uma explicação materialista adequada da consciência fenomenal" (Horgan, 2006, p. 179).

Enquanto o materialismo mecanicista mais comum está associado ao **reducionismo** e, portanto, ao monismo físico, uma tentativa de resolver o problema mente-corpo tem sido proposta no materialismo não reducionista, por meio do qual a mente é considerada ontologicamente parte do mundo material, mas não redutível a entidades físicas ou propriedades — a mente simplesmente é. Uma terceira forma, desenvolvida por Karl Marx (1818-1883) e Friedrich Engels (1820-1895), foi cunhada por Joseph Dietzgen (1828-1888) como "materialismo dialético". Aqui, o materialismo não é estático, mas dinâmico, interagindo com certas tensões e contradições, e resultando em mudança progressiva. Embora seja uma descrição ostensiva da ciência e da natureza, ela realmente constitui um modelo socioeconômico para a luta de classes marxista.

O materialismo tem sido muitas vezes uma importante base do **naturalismo metodológico** e um **cientismo** abrangente que teve os primeiros proponentes em Thomas Hobbes (1588-1679), La Mettrie (1709-1751) e Barão d'Holbach (1723-1789). Embora não seja requisito, o materialismo implícito na evolução darwinista — embora não necessariamente em outros teóricos evolucionistas (p. ex., **Alfred Russel Wallace** [1823-1913], Saint George Mivart [1827-1900] e Henri Bergson [1859-1941])

— encontrou aceitação entre muitos ateus, como Will Provine, **Daniel Dennett** e **Richard Dawkins**.

Apesar de sua longa e duradoura história, há razões para duvidar do materialismo. Primeiro, isso não pode ser provado, e, mesmo se todas as questões que acompanham o materialismo pudessem ser esclarecidas, observou Flew, "Certamente não há observações ou métodos analíticos para estabelecê-lo como verdadeiro" (Flew, 1984, p. 222). Segundo, o materialismo não oferece nenhuma explicação satisfatória para a origem e a natureza da vida, uma deficiência que ajudou a converter Flew à crença em um Deus deísta (Flew e Varghese, 2007, p. 124-26). Por fim, há a própria natureza: a não localidade e a não localizabilidade dos fenômenos quânticos levaram alguns a confessarem: "Percebemos que, quanto mais examinamos [a **física quântica**], mais a realidade material tem ficado efêmera, até que finalmente parece que nada existe" (Gordon, 2011, p. 205).

Mesmo com essas dificuldades, o materialismo continuará a ser mantido e defendido, se não como um fato demonstrável, como um artigo de fé.

Michael A. Flannery

REFERÊNCIAS E LEITURAS RECOMENDADAS

Flew, Antony, 1984. *A Dictionary of Philosophy.* 2nd rev. ed. New York: St. Martin's. Flew, Antony, com Roy Abraham Varghese. 2007. *There Is a God: How the World's Most Notorious Atheist Changed His Mind.* New York: HarperCollins.

Gordon, Bruce L., 2011. "A Quantum-Theoretic Argument against Naturalism", em *The Nature of Nature*, ed. Bruce L. Gordon and William A. Dembski, 179-208. Wilmington, DE: ISI Books.

Horgan, Terry, 2006. "Materialism: Matters of Definition, Defense, and Deconstruction." *Philosophical Studies* 131, no. 1 (outubro): 157-83.

MATERIALISMO ELIMINATIVO. O materialismo eliminativo (também eliminativismo) é a visão radical e contraintuitiva de que nossa compreensão de senso comum da mente é errada e que estados mentais como crenças, desejos e percepções não existem. Eliminativistas como Patricia e Paul Churchland adotam a chamada teoria da mente, tomando nosso entendimento de senso comum como uma teoria do comportamento intelectual ou "**psicologia** popular" (Churchland, 1984; Churchland, 1986; Putnam, 1960, p. 148-79; Sellars, 1956, p. 250-329). Esta teoria não é adquirida pela percepção direta da vida interior, mas pela aprendizagem informal do mundo linguístico e social dentro do qual a psicologia popular está inserida.

Se a mente é entendida de acordo com uma teoria, então uma teoria melhor pode ser descoberta para substituí-la. Os eliminativistas acreditam que a **neurociência** é mais elucidativa e supera a psicologia popular. A única maneira de preservar crenças e outros estados intencionais seria mostrar que eles são *redutíveis* a categorias neurocientíficas. Os eliminativistas afirmam que essa redução é impossível e, portanto, esses estados são eliminados. Os estados mentais intencionais são "calóricos psicológicos" (calórico: um líquido postulado sem peso e espacialmente idêntico ao calor; foi eliminado das explicações em química quando se mostrou que o calor é de fato uma forma de energia).

Stephen Stich adota uma posição eliminativista vista por outro ângulo. Ele articula a psicologia popular em termos da teoria representacional da mente e, portanto, assume que a mente é um dispositivo de computação de propósito geral. Nessa visão, os estados mentais são sentenças em uma linguagem de pensamento inata, e os processos mentais são operações nessas declarações (Stich, 1983). No entanto, a operação da máquina dependerá das propriedades *sintáticas* das frases isoladas. Portanto, o conteúdo *semântico* e intencional de um estado mental não desempenha nenhum papel causal na produção de comportamento.

Este ponto é esclarecido pelo **argumento do quarto chinês** de Searle, e Stich efetivamente oferece esse argumento em sentido inverso. Tomado de maneira usual, o quarto chinês demonstra que esse pensamento não pode ser atribuído a máquinas computacionais, pois elas podem produzir comportamentos inteligentes (como responder perguntas em mandarim), ao mesmo tempo em que não possuem os estados intencionais relevantes (como a compreensão do mandarim). Invertendo isso, Stich argumenta que a melhor compreensão da psicologia popular é que o pensamento é computação e, como a computação não tem lugar para estados intencionais, devemos eliminá-los das teorias do pensamento humano também.

A implausibilidade e a incoerência do eliminativismo são comumente expressas na afirmação de que é autorrefutável. Baker ressalta que, se o eliminativismo é verdadeiro, muitos dos motivos para aceitá-lo desaparecem, de modo que o eliminativismo é "suicídio cognitivo" (Baker, 1987). O neurocientista *Sir* **John Eccles**, premiado com o Prêmio Nobel, pergunta com determinação: "Como os filósofos e psicólogos profissionais consideram a ideia de que não há pensamentos, acreditam que não há crenças e convencem-se de que não há sentimentos?" (Eccles e Robinson, 1985, p. 53). Não há como fugir facilmente de tais objeções. Isso também é importante para outras posições, como o materialismo redutivo e os pontos de vista instrumentalistas de **Daniel Dennett** (ver **Instrumentalismo**), que acabam sendo formas propriamente ditas de eliminativismo.

Jonathan Loose

REFERÊNCIAS E LEITURAS RECOMENDADAS

BAKER, Lynne Rudder, 1987. "The Threat of Cognitive Suicide." In: *Saving Belief: A Critique of Physicalism*. Princeton, NJ: Princeton University Press.

CHURCHLAND, Patricia Smith, 1986. *Neurophilosophy: Toward a Unified Science of the Mind/Brain*. Cambridge, MA: MIT Press.

CHURCHLAND, Paul M., 1984. *Matter and Consciousness*. Cambridge, MA: MIT Press.

ECCLES, John Carew; Robinson, Daniel N., 1985. *The Wonder of Being Human: Our Brain and Our Mind*. Boston & London: Shambhala.

PUTNAM, H., 1960. "Minds and Machines." In: *Dimensions of Mind*, ed. Sidney Hook, 148-79. New York: New York University Press.

SELLARS, W, 1956. "Empiricism and the Philosophy of Mind." In: *The Foundations of Science and the Concepts of Psychology and Psychoanalysis*, ed. H. Feigl and M. Scriven, 250-329. Minneapolis: University of Minnesota Press.

STICH, Stephen, 1983. *From Folk Psychology to Cognitive Science: The Case against Belief*. Cambridge, MA: MIT Press.

MAXWELL, JAMES CLERK. Nascido na Escócia, filho de um rico proprietário de terras, James Clerk Maxwell (1831-1879) teve uma educação precoce realizada por sua mãe na remota propriedade da família, Glenair. Com oito anos, ele podia recitar, entre outras coisas, todos os 176 versos do Salmo 119. Sua mãe morreu naquele mesmo ano e, depois de dois anos improdutivos com um professor contratado, ele foi enviado para morar com sua tia em Edimburgo, onde se matriculou na Academia de Edimburgo aos dez anos de idade. Enquanto estava lá, ele tinha o hábito de escrever proposições matemáticas e, aos 14 anos, descobriu sozinho um conjunto de ovais bifocais discutido pela primeira vez por **René Descartes**, embora a derivação Maxwell fosse mais simples, e ampliou o trabalho de Descartes. Esta se tornou a primeira publicação científica de Maxwell. Foi apresentado à Royal Society of Edinburg pelo amigo da família e professor de **filosofia natural** James Forbes, da Universidade de Edimburgo, uma vez que Maxwell era considerado jovem demais para se dirigir à sociedade.

Realizou seus estudos no ensino superior na Universidade de Edimburgo, depois na Universidade de

Cambridge, onde era membro do Trinity College, ganhando o segundo Wrangler (segundo lugar) no famoso exame Mathematical Tripos de Cambridge e compartilhando o mais prestigioso prêmio Smith com seu amigo e primeiro Wrangler, Edward Routh. O compromisso de Maxwell com o raciocínio indutivo foi influenciado por **William Whewell**, sacerdote anglicano e mestre do Trinity College na Universidade de Cambridge, enquanto Maxwell estudava lá. O livro de Whewell de 1840, *The Philosophy of the Inductive Sciences: Founded upon Their History* [A filosofia das ciências indutivas: fundamentada em sua história], estabelece uma **filosofia da ciência** guiada pelas epistemologias gêmeas do raciocínio indutivo e dedutivo, em que saltos de descoberta, juntamente com deduções, são testados em comparação com experimentos e observações. Nas palavras do próprio Maxwell, "é um trabalho árduo procurar ideias apropriadas, como Whewell os chama. No entanto, acho que elas estão finalmente saindo, e por força de confrontá-las com todos os fatos e teorias semidigeridas à tona, espero conseguir moldá-las" (Hutchinson, 2014, p. 93).

Esse poderoso método de raciocínio ultrapassou as buscas científicas de Maxwell e seu exame de sua própria fé cristã. Como escreveu a seu amigo Lewis Campbell durante seu segundo ano em Cambridge, "Agora meu grande plano... é deixar que nada seja voluntariamente deixado sem exame. Nada é para ser solo sagrado consagrado à Fé Estacionária... Agora estou convencido de que ninguém, a não ser um cristão, pode realmente purgar sua terra desses pontos sagrados" (Campbell e Garnett, 1882, p. 96). Outras cartas de Maxwell a Campbell contêm exposições de passagens nas epístolas paulinas e revelam que Maxwell lecionou em uma aula de escola dominical enquanto visitava Campbell. Ele escolheu qual igreja frequentar em Londres, em parte porque o pastor "[fazia] o que ele [podia] para permitir que as afirmações da Bíblia fossem compreendidas por seus ouvintes" (p. 170).

O trabalho mais famoso de Maxwell foi a criação de uma teoria unificada de magnetismo e eletricidade, agora chamada de *eletrodinâmica*, ou simplesmente de *Equações de Maxwell*. A principal descoberta era postular uma simetria, raciocinando que, se um campo magnético variável produz um campo elétrico, então um campo elétrico variável deveria produzir um campo magnético. O método de raciocínio de Maxwell por simetria continua sendo um dos principais impulsionadores das descobertas

da **física** hoje em dia, e as Equações de Maxwell mostraram que a eletricidade e o magnetismo estão intimamente interligados, como os dois lados da mesma moeda, e até mostraram que a própria luz é uma onda eletromagnética.

Maxwell fez muitas outras descobertas notáveis, contribuindo com ideias fundamentais para nossa compreensão da ótica e visão de cores, fornecendo uma teoria detalhada da mecânica estatística e termodinâmica de gases (a distribuição de Maxwell-Boltzmann), e descobrindo que os anéis de Saturno são particulados em vez de rígidos. Richard Feynman, físico teórico ganhador do Prêmio Nobel, comentou: "A partir de uma visão de longo prazo da história da humanidade — vista, digamos, daqui a dez mil anos —, não resta dúvida de que o evento mais significativo do século XIX será julgado como a descoberta de Maxwell das leis da eletrodinâmica" (Feynman et al., 1964). Certamente Maxwell, que passou algum tempo lecionando em uma faculdade de trabalhadores por causa de uma convicção cristã de ajudar os outros, ficaria satisfeito em ver que as tecnologias possibilitadas pelas suas equações de eletrodinâmica continuam a elevar o padrão de vida das pessoas em todo o mundo.

Erica W. Carlson

REFERÊNCIAS E LEITURAS RECOMENDADAS

Campbell, Lewis; Garnett, William, 1882. *The Life of James Clerk Maxwell.* London: Macmillan.

Feynman, Richard P., Leighton, Robert B.; Sands, Matthew, 1964. *The Feynman Lectures on Physics.* cap. 1, sec. 6. Boston: Addison-Wesley. Acessado em 7 de setembro de 2016. http://feynmanlectures.caltech.edu/.

Hutchinson, Ian H., 2014. "The Genius and Faith of Faraday and Maxwell." *New Atlantis*, no. 41 (inverno): 81-99. Ver também http://silas.psfc.mit.edu/maxwell/.

Mahon, Basil, 2004. *The Man Who Changed Everything: The Life of James Clerk Maxwell.* New York: Wiley.

McGRATH, ALISTER. Alister E. McGrath (1953-) nasceu em Belfast, na Irlanda, e é uma das figuras centrais do evangelicalismo que lida com a relação entre teologia e ciência. Embora tenha ocupado cargos na Universidade de Londres, a grande maioria de sua formação e carreira foi em Oxford, Inglaterra. Durante o ensino médio e os primeiros anos da faculdade, ele era um ateu comprometido com grande interesse no marxismo e nas ciências naturais, mas, durante seu primeiro ano de estudos em Oxford, ele se converteu ao cristianismo depois de achar que era muito mais robusto intelectualmente do que imaginava anteriormente. Ele obteve seu doutorado em biofísica molecular de Oxford em 1978. Durante seu trabalho de doutorado, no entanto, ele também começou a estudar formalmente teologia, e mais tarde passou a fazer outros cursos de graduação (1978), pós-graduação (1983) e doutorado (2001) em teologia e teologia histórica de Oxford.

A influência de McGrath na discussão contemporânea sobre ciência e teologia não pode ser exagerada. De 2001 a 2003, seu trabalho de referência foi publicado como uma série de três volumes intitulada *A Scientific Theology* [Teologia científica], com cada um dos três volumes lidando com as questões da natureza, realidade e teoria, respectivamente. Contra o modernismo e suas tendências em direção ao **realismo** ingênuo e ao **pós-modernismo** e seu compromisso com o **antirrealismo**, McGrath defende uma perspectiva de verdade e conhecimento que passou a ser conhecida como **realismo crítico**.

Com o modernismo, esta abordagem continua a manter o realismo e a possibilidade de conhecimento. Com o pós-modernismo, sua abordagem reconhece e aceita o papel do contexto, da história e de outros fatores que moldam nossa cosmovisão e causam possíveis pontos cegos (ver **Realismo e antirrealismo**; **Realismo crítico**).

Teologia científica tem sérias implicações para a relação entre ciência e teologia, pois nele McGrath mostra como a teologia e a ciência empregaram uma perspectiva realista crítica ao longo de suas histórias na formação de suas doutrinas e teorias mais importantes. Assim, McGrath argumenta que, longe de serem amargos inimigos, a ciência e a teologia são parceiros de diálogo natural com muito a aprender uma com a outra. Além disso, ao longo desse livro, ele procura reconceber a **teologia natural**, permitindo-lhe operar a partir de dentro e à luz dos ensinamentos do cristianismo. Aqui, a teologia natural não é obrigada a despir seus artigos de fé e partir de uma suposta visão neutra da natureza na tentativa de provar a existência de Deus. Em vez disso, em sua abordagem, a teologia natural assume uma visão da criação que é distintamente cristã e se vê como um empreendimento que produz **confirmação** de crenças já consideradas verdadeiras pela igreja.

Desde 2000, grande parte do trabalho de McGrath em ciência e teologia tem se concentrado em responder ao **novo ateísmo**, com um foco particular em **Richard Dawkins**. Em várias publicações e inúmeros discursos públicos, McGrath contrariou muitas das alegações de Dawkins, mostrando sua fraqueza, suas inconsistências e

suas consequências sociais negativas em geral. Além disso, McGrath também escreveu extensamente sobre o cristianismo e a evolução, mostrando como o pensamento evolutivo não só pode ser reconciliado com o cristianismo, mas como em muitos casos ele pode ser usado para confirmar a fé cristã.

James K. Dew Jr.

REFERÊNCIAS E LEITURAS RECOMENDADAS

McGrath, Alister E., 1998. *The Foundations of Dialogue in Science and Religion.* Oxford: Blackwell.
_____. 1999. *Science and Religion.* Oxford: Blackwell.
_____. 2001-3. *A Scientific Theology.* 3 vols. Grand Rapids: Eerdmans.
_____. 2004. *The Science of God.* Grand Rapids: Eerdmans.
_____. 2006. *The Order of Things: Explorations in Scientific Theology.* Oxford: Blackwell.
_____. 2008. *The Open Secret: A New Vision for Natural Theology.* Oxford: Blackwell.
_____; McGrath, Joanna Collicutt, 2007. *The Dawkins Delusion?* London: SPCK.

McMULLIN, ERNAN. Ernan McMullin (1924-2011) foi um filósofo e padre católico nascido na Irlanda que passou sua carreira na Universidade de Notre Dame. Ele realizou muitas palestras como convidado em diversas universidades, incluindo Princeton e Yale, e fez contribuições significativas nas áreas de **filosofia da ciência**, história da ciência e **filosofia da religião**. Suas muitas publicações abrangiam as relações entre o catolicismo e a ciência, o processo de **Galileu** e a natureza da ciência.

McMullin é provavelmente mais conhecido por sua abordagem dialógica ao debate sobre religião e evolução, no qual ele promoveu uma versão da visão conhecida como evolução teísta. Ele criticava a **ciência da criação** e a teoria do **design inteligente**, e apoiou a distinção entre **naturalismo** metodológico e metafísico; além disso, também defendeu uma posição realista na filosofia da ciência.

Ele foi convencido pela teoria da evolução; sobre isso, ele discordou de **Alvin Plantinga** e argumentou que as duas principais linhas de evidência do **registro fóssil** e análise de **DNA** eram convincentes, e também ficou impressionado com o apoio universal que a evolução tem entre os especialistas nos campos relevantes da ciência natural.

Influenciado pela abordagem de **Agostinho** acerca da relação entre religião e ciência, McMullin argumentou que o cristianismo e a evolução são bastante compatíveis. Agostinho argumentou que a criação do universo é mais bem compreendida do ponto de vista de que Deus é atemporal; todas as coisas já estavam presentes na primeira instância da aparência temporal do universo e, portanto, a criação não foi sequencial. Segue-se que o livro de Gênesis não precisa ser lido de maneira literal. Agostinho então defendeu a metáfora das *rationes seminales*, ou princípios germinais, que estão presentes desde o começo cósmico e em cada uma delas está contido o potencial para o desenvolvimento posterior de um tipo vivo específico.

McMullin desenvolveu esse ponto de vista para argumentar que esses princípios germinais continham neles as potencialidades de todos os tipos vivos que mais tarde apareceriam, e, assim, **milagres**, ou intervenções especiais na natureza, não seriam necessárias. Ele sugeriu que tal teoria poderia ser desenvolvida apelando para a teoria da evolução. A evolução pode ser uma maneira de explicar como os princípios germinais devem funcionar, e, assim, sustentou que essa abordagem apoiaria uma cosmogonia plausível que respeitasse de imediato as descobertas das ciências naturais e os conhecimentos mais profundos da teologia cristã da criação.

Para as objeções de que a evolução opera por **acaso** e que geralmente é apresentada como um processo não guiado, McMullin invocou em resposta a tradicional distinção entre causalidade primária e secundária. Deus é a principal causa do universo e da vida porque o criou a partir de um conjunto de ingredientes iniciais, juntamente com as leis da ciência, e construiu certos fins no início do processo. A **causalidade** secundária refere-se então ao fato de que os eventos físicos do cotidiano no universo (inclusive na evolução) ocorrem naturalmente, regidos por leis científicas. McMullin também concordou com um número de teólogos modernos sobre o fato de que, no processo de causalidade secundária, Deus poderia ter usado elementos do acaso para realizar seus objetivos teleológicos e que os eventos do acaso são tanto o trabalho do Criador quanto as leis da natureza. (ver também **Agostinho**; **Acaso**; Artigos sobre **criacionismo**; Artigos sobre **evolução**; **Teoria do Design Inteligente**; **Naturalismo Metodológico e Metafísico**; **Religião e Ciência**; **Evolução Teísta**.)

Brendan Sweetman

REFERÊNCIAS E LEITURAS RECOMENDADAS

ALLEN, Paul, 2013. *Ernan McMullin and Critical Realism in the Science-Theology Dialogue*. Aldershot, UK: Ashgate.

McMULLIN, Ernan, ed. 1985. *Evolution and Creation*. South Bend, IN: University of Notre Dame Press.

———. 1991. "Plantinga's Defense of Special Creation." *Christian Scholar's Review* 21 (1): 55-79.

———. 2013. "Cosmic Purpose and the Contingency of Human Evolution." *Zygon* 48 (2): 338-63.

SWEETMAN, Brendan, 2012. "The Dispute between Plantinga and McMullin over Evolution." *American Catholic Philosophical Quarterly* 86 (2): 343-54.

MELHORAMENTO GENÉTICO. Parte do projeto maior de aprimoramento humano, o melhoramento genético é um meio de aumentar o genoma humano ou o código genético para criar "seres humanos melhores". A ideia de manipular a estrutura genética, ou o **DNA**, de entidades vivas remonta pelo menos aos experimentos com ervilha de Gregor Mendel. O **Projeto Genoma Humano** — o esforço para mapear todo o código genético humano — recentemente gerou novas esperanças para a manipulação genética dos seres humanos, não apenas para erradicar doenças, mas para prolongar a vida humana e melhorar traços como QI, visão, memória, habilidade atlética, habilidades musicais etc.

Uma vez que foi tema de ficção científica, os proponentes do melhoramento genético esperam que em breve se torne um fato científico. O filósofo John Harris vê o projeto de aprimoramento como uma maneira de direcionar a evolução humana (ver Harris, 2010). O objetivo, de acordo com pensadores como Nick Bostrom é criar uma nova **espécie** de pós-humanos, humanos transicionais (ou transumanos) que, em última instância, são projetados para desenvolver traços melhorados, de modo que não podem mais ser considerados meros humanos (ver **Robert Jastrow**).

Existem essencialmente três **métodos científicos** de manipulação da genética humana. Primeiro, os pesquisadores podem manipular o material genético em esperma ou óvulo, as chamadas células germinativas. Um queixo fendido, por exemplo, é uma característica dominante de um gene singular passada de uma geração para a próxima através da procriação humana normal. Se fosse determinado que os seres humanos "melhorados" não teriam um queixo fendido, pode ser possível "desligar" esse **gene** na célula germinativa para não se manifestar nas gerações futuras.

Em seguida, o material genético de um embrião humano pode ser manipulado *in vitro*. O material genético do esperma e do óvulo se combinam na fertilização *in vitro* para gerar um membro geneticamente único da espécie humana, ou seja, uma pessoa individual. Essa

MELHORAMENTO GENÉTICO

pessoa tem dois tipos de células em seu corpo: células germinativas e células somáticas. As células germinativas, ou células reprodutivas, são passadas para futuras gerações. As células somáticas, ou do corpo, são únicas para esse indivíduo. Atualmente, os especialistas podem, através do diagnóstico genético pré-implantação (DGPI), identificar anomalias genéticas *in vitro*, como o gene da doença de Tay-Sachs, a distrofia muscular de Duchenne ou a síndrome de Down, mas não conseguem erradicar esses genes sem destruir o embrião. Consequentemente, o DGPI é usado com maior frequência na seleção de embriões que serão transferidos para o útero de uma mulher. Os não selecionados são congelados, destruídos no processo de pesquisa ou descartados.

A manipulação bem-sucedida da genética do embrião — em células germinativas ou células somáticas — parece ser especialmente difícil. Há poucas razões para esperar que isso mude muito cedo. A modificação da linha germinal atualmente não é apoiada por financiamento governamental nos Estados Unidos e em muitos outros países, mas algumas jurisdições, incluindo o Reino Unido, estão começando experimentos com a modificação do DNA mitocondrial.

Por fim, os pesquisadores esperam poder modificar o DNA de adultos em um futuro não muito distante. A terapia genética pode ser um meio de tratar um distúrbio inserindo ou excluindo certos genes. Uma vez que isso seja possível, alguns esperam que as mesmas técnicas possam ser usadas para melhorar os traços genéticos de um indivíduo, seja nas células germinativas, seja nas células somáticas. A terapia genética foi empregada um número limitado de condições diferentes, mas sem muito sucesso. Se essas técnicas permitirão ou não aos cientistas melhorar a genética humana, depende das respostas a uma série de questões.

Primeiro, o melhoramento genético depende do desenvolvimento da ciência genética. Os especialistas preveem que o intervalo atual entre a capacidade de diagnosticar e tratar condições genéticas persistirá por um bom tempo. O encerramento do chamado intervalo de diagnóstico-terapia não será fácil, mas há poucas razões para duvidar que o espaço seja reduzido ao longo do tempo. E mesmo que as manipulações de genes únicos estejam disponíveis, características como o QI são multifatoriais e notoriamente complexas. Aumentar o QI em dez pontos será desafiador, para dizer o mínimo. Da mesma forma,

apesar da possibilidade de modificar os músculos de contração rápida de alguém, isso não significa que essa pessoa será um melhor jogador de baseball ou críquete. Alguns certamente se preocupam com o fato de que uma pessoa incrivelmente inteligente, que também é incrivelmente má, faria estragos. Portanto, o aprimoramento moral também pode ser considerado necessário. Mesmo que existam, os genes para traços morais provavelmente seriam bastante elusivos.

Em segundo lugar, e ainda mais problemática, a sociedade terá de chegar a um consenso sobre a natureza e os objetivos do aprimoramento humano. Quem determina o que é um aprimoramento? Por definição, um aprimoramento é uma melhoria. Os filósofos, como Gregory Pence, consideram a adição de vitaminas ao cereal ou o acesso a smartphones uma forma de aprimoramento humano (ver Pence, 2015). Embora a distinção de terapia *versus* melhoramento seja um pouco difusa, parece haver uma diferença categórica entre corrigir a visão de alguém com lentes de contato e, por exemplo, manipular o genoma de um soldado para que possa ver distâncias longas à noite. Da mesma forma, parece haver uma diferença entre as propriedades de uma xícara de café que melhoram a atenção e a alteração da estrutura genética para que alguém possa ficar acordado e alerta uma semana inteira. Com o funcionamento normativo humano, não é claro para todos que a não insônia é um melhoramento. Além disso, algumas condições genéticas têm efeitos colaterais positivos que podem ser perdidos por manipulação. Por exemplo, o mesmo gene associado ao traço falciforme também protege contra a malária. Destruir o gene da célula falciforme faria uma pessoa mais suscetível à malária.

Em terceiro lugar, nem todos os meios justificam os fins. Ou seja, mesmo se pudéssemos concordar que certos aprimoramentos genéticos sejam desejáveis, isso não implica que os meios para os alcançar sejam eticamente aceitáveis. Devido à dificuldade, complexidade e problema dos efeitos colaterais indesejados, a experimentação em embriões humanos, por motivos de melhorias, é extrajudicialmente difícil de justificar. Podemos colocar uma criança em risco para salvar sua vida, mas queremos realmente colocar uma criança em risco em um esforço para aumentar seu QI ou expandir sua memória? É difícil imaginar quais os chamados melhoramentos genéticos podem justificar ensaios clínicos em seres humanos.

Por último, a teologia cristã ensina que todo ser humano, independentemente de características genéticas, habilidades, incapacidades, idade ou capacidades é feito à imagem e semelhança de Deus (Gênesis 1:27-28). Como tal, somos seres contingentes cuja existência depende de Jesus, o Messias ressuscitado, que "sustenta todas as coisas por sua palavra poderosa" (Hebreus 1:3). A busca de melhorias genéticas pode nos atrair a confiar na **tecnologia** para obter o *shalom* (a completude, a ordenação adequada das coisas) em vez de confiar em Deus. Além disso, por causa da queda da ordem criada, podemos ter certeza de que, enquanto não houver a consumação dos tempos, a fragilidade humana de um tipo ou outro persistirá, seja genética ou de alguma outra fonte.

C. Ben Mitchell

REFERÊNCIAS E LEITURAS RECOMENDADAS

AGAR, Nicholas, 2013. *Truly Human Enhancement: A Philosophical Defense of Limits.* Cambridge, MA: MIT Press.

HARRIS, John, 2010. *Enhancing Evolution: The Ethical Case for Making Better People.* Princeton, NJ: Princeton University Press.

MEHLMAN, Maxwell J., 2003. *Wondergenes: Genetic Enhancement and the Future of Society.* Bloomington: Indiana University Press.

MEILAENDER, Gilbert, 2013. *Bioethics: A Primer for Christians.* 2nd ed. Grand Rapids: Eerdmans.

PENCE, Gregory, 2015. *Medical Ethics: Accounts of Ground-Breaking Cases.* 7th ed. New York: McGraw-Hill Higher Education.

PRESIDENT'S COUNCIL ON BIOETHICS AND LEON KASS, 2003. *Beyond Therapy: Biotechnology and the Pursuit of Happiness.* New York: Harper Perennial.

RAMSEY, Paul, 1970. *Fabricated Man: The Ethics of Genetic Control.* New Haven, CT: Yale University Press.

SANDEL, Michael J., 2009. *The Case against Perfection.* Cambridge, MA: Belknap.

WATERS, Brent. 2006. *From Human to Posthuman: Christian Theology and Technology in a Postmodern World.* Burlington, VT: Ashgate.

_____. 2009. *This Mortal Flesh: Incarnation and Bioethics.* Grand Rapids: Brazos.

MEME. *Meme* é um termo proposto por **Richard Dawkins** ([1976] 2006) para se referir a unidades de **informação** cultural — análogas aos genes — que influenciam o comportamento humano de formas não determinadas apenas pelos genes. A ideia aborda três questões principais.

Primeiro, o comportamento humano não parece totalmente redutível à influência genética. Estritamente falando, nenhum traço de qualquer **espécie** é "redutível" à genética, já que a expressão gênica é modificada pelo ambiente. Contudo, o ambiente cultural é único em conter informação criada pelo próprio organismo e que também é transmitida aos outros.

Segundo, o meme procura explicar o que alguns veem como uma capacidade humana distinta para o comportamento de abandono da aptidão: ele não é apenas irredutível, mas também é capaz de se opor à influência genética (ver **Altruísmo**). A ideia é que o meme pode "infectar a **mente**", superando a influência genética, como um vírus.

Terceiro, diferentemente de muitas teorias sociológicas da cultura, o meme é entendido como unidade de informação relativamente distinta que se replica diferencialmente por transmissão de mente para mente, passível de uma explicação darwiniana da evolução cultural pela **seleção natural**.

A noção de que ideias e outras inovações culturais realmente *têm consequências*, em vez de *serem* meras *consequências* da influência genética, é — depois de um período de dominação do materialismo reducionista — amplamente aceita como "teoria da herança dual" ou "coevolução genes-cultura" (Richerson e Boyd 2006; ver **Reducionismo**). Mas as alegações específicas de memética são debatidas calorosamente dentro e fora da biologia por várias razões (Aunger, 2001).

Primeiro, há incerteza sobre o que realmente constitui um meme. Pode ser qualquer coisa que seja transmitida de mente para mente: uma expressão idiomática, uma melodia cativante, um movimento de dança, alguns tipos de ideias. Mas a ciência é um complexo de memes? E, em contraste com a genética, como a memética quantifica os memes e o que distingue um meme de outro? Além disso, se os memes "literalmente parasitam o meu cérebro", eles deveriam "ser considerados estruturas vivas" (Dawkins [1976] 2006, p. 192)? Até mesmo os proponentes da memética discordam sobre essas questões.

Em segundo lugar, os críticos apontam que, embora a memética não seja reducionista ao postular que a cultura transcende os genes, ela é problematicamente reducionista ao interpretar a própria cultura como particulada. E, mesmo que se concedam partículas culturais, nem todas prevalecem pela transmissão. Algumas são independentemente alcançadas por meio da razão, outras o são por imaginação artística convergente ou "**revelação**" moral (ou religiosa).

Por fim, qual é o mecanismo causal real pelo qual o meme "resiste" ao impulso de melhoria do condicionamento físico dos genes (Dawkins [1976] 2006)? Alguns criticam essas ideias como, no mínimo, tautológicas — os memes têm esse poder porque obviamente têm esse

MENDEL, GREGOR

poder — ou, pior, quase mágico. Outros afirmam que atribuir aos memes comportamentos que ostensivamente transcendem a influência genética não tem mais mérito empírico do que afirmar o livre-arbítrio, a **emergência** cognitiva (ver **Emergência**) ou até mesmo uma **alma** imaterial.

Memética tem várias implicações fascinantes para a compreensão cristã. Uma é a explicação da religião em si. Na opinião de alguns, "fé" é um meme viral patológico, alheio às nossas disposições naturais, que subverte o bem-estar humano. Na opinião de outros, a religião é tanto uma inclinação cognitiva inata quanto uma inovação cultural que estabiliza a cooperação e beneficia o florescimento individual e social (Schloss e Murray, 2010). Outra implicação importante é a inesperada afirmação da distinção humana: "Como outros animais, temos desejos embutidos de reproduzir e fazer praticamente tudo o que for necessário para atingir esse objetivo, mas também temos credos e a capacidade de transcender nossos imperativos genéticos, e é esse fato nos torna diferentes" (Dennett, 2007, p. 4).

Jeffrey P. Schloss

REFERÊNCIAS E LEITURAS RECOMENDADAS

Aunger, Robert, 2001. *Darwinizing Culture: The Status of Memetics as a Science.* Oxford: Oxford University Press.

Dawkins, Richard, 2006. *The Selfish Gene: 30th Anniversary Edition.* Oxford: Oxford University Press.

Dennett, Daniel, 2007. *Breaking the Spell: Religion as a Natural Phenomenon.* New York: Penguin.

Richerson, Peter; Boyd, Robert, 2006. *Not by Genes Alone: How Culture Transformed Human Evolution.* Chicago: University of Chicago Press.

Schloss, Jeffrey; Murray, Michael, eds. 2010. *The Believing Primate: Scientific, Philosophical, and Theological Reflections on the Origin of Religion.* Oxford: Oxford University Press.

MENDEL, GREGOR. Gregor Johanne Mendel (1822-1884) foi um frade agostiniano, botânico e "pai da genética moderna". Gregor Mendel nasceu Johanne Mendel em julho de 1822, de pais camponeses, Anton e Rosine Mendel, em Heinzendorf (Hynèice), Silésia Austríaca (agora República Checa). Embora sua educação tenha criado uma tremenda pressão financeira e limitado sua capacidade de ajudar seu pai aleijado a cuidar da fazenda, Mendel destacou-se em estudos acadêmicos. Ele começou em Leipnik e frequentou Troppau e a Universidade de Olmütz antes de ser admitido na Abadia de São Tomás em Brno no ano de 1843 (onde recebeu o nome Gregor).

Depois de ser ordenado padre, Mendel ensinou ciência e **matemática** até 1851, quando estudou por dois anos na Universidade de Viena, trabalhando com os influentes cientistas Christian Doppler e Franz Ungler, antes de retornar ao mosteiro em Brno. Entre suas outras realizações, Mendel fundou a Sociedade Meteorológica Austríaca.

Mendel começou seus famosos experimentos por volta de 1854 e se empenhou em seu trabalho por oito anos. Ele inicialmente usou camundongos em seus experimentos sobre hereditariedade, mas o "sexo animal" foi desaprovado, e ele optou por se concentrar em uma série de traços conspícuos observados na ervilha comum (*Pisum*). Na época, Mendel não tinha certeza sobre quais (ou com quantas) **espécies** ele estava trabalhando. Seu principal objetivo era descobrir "o que é herdado e por que", e ele utilizou muitos milhares de experimentos replicados em seu trabalho. Para sua grande sorte, muitos desses traços (pelo menos sete) eram dicotômicos, incluindo textura enrugada ou lisa, cor verde ou amarela, cor de flor branca ou roxa, hábitos de crescimento altos ou anões e vários outros. Espécies de *Pisum* também são capazes de autopolinização, o que permitiu Mendel a reprodução de cepas genéticas puras e observar os estados de características resultantes.

Por meio de seus experimentos, Mendel foi capaz de demonstrar que muitas características são produtos de interações entre unidades hereditárias discretas (agora comumente consideradas **genes**) transmitidas à progênie por plantas progenitoras. Além disso, algumas unidades hereditárias de características (alelos recessivos) pareciam ser mascaradas por outras unidades hereditárias (alelos dominantes) para esses mesmos traços. Uma planta que recebesse um alelo para textura enrugada de um dos pais ainda produziria ervilhas lisas se tivesse herdado o alelo de textura lisa do segundo progenitor. Assim, o traço da textura enrugada só seria visto se a planta recebesse o alelo de textura rugosa de ambos os pais. A progênie com os mesmos dois alelos foi denominada *homozigota*, enquanto aquelas portadoras de dois alelos diferentes para uma característica foram denominadas *heterozigotas*. Mendel também demonstrou que os alelos responsáveis por diferentes características (p. ex., cor, textura, tamanho etc.) não estavam ligados, mas ordenados independentemente durante a reprodução.

A partir dessa descoberta, ele também fez previsões matemáticas sobre as proporções esperadas de traços expressos (fenótipos) entre a progênie, dados os dois alelos que cada progenitor poderia potencialmente transmitir. Assim, ele foi o primeiro a demonstrar e modelar a expressão de unidades hereditárias discretas responsáveis por traços físicos em um organismo. Mendel relatou esses achados em uma série de publicações e apresentações orais que começaram em 1865. No entanto, a plena realização da importância de seu trabalho não seria amplamente celebrada até 1900. Em 1935, o famoso geneticista R. A. Fisher mostrou evidências de que os dados de Mendel eram muito próximos dos índices previstos para serem autênticos. O debate sobre se Mendel falsificou ou não os dados continua, mas as principais conclusões não estão em questão. Em 1868, ele assumiu a posição de abade, a qual manteve até sua morte em 1884.

Wayne Rossiter

REFERÊNCIAS E LEITURAS RECOMENDADAS

FRANKLIN, A., 2008. "The Mendel-Fisher Controversy", em *Ending the Mendel-Fisher Controversy*, ed. Allan Franklin, A. W. F. Edwards, Daniel J. Fairbanks, Daniel L. Hartl e Teddy Seidenfeld, 1-77. Pittsburgh: University of Pittsburgh Press.

HENIG, R. M., 2001. *The Monk in the Garden: The Lost and Found Genius of Gregor Mendel, the Father of Genetics*. New York: Mariner.

"MENDEL, Mendelism.", 2012. *New Advent*. www.newadvent.org/cathen/10180b.htm.

MIKO, I., 2008. "Gregor Mendel and the Principles of Inheritance." *Nature Education* 1(1):134. www.nature.com/scitable/topicpage/Gregor-Mendel-and-the-Principles-of-Inheritance-593.

MENTE. Os filósofos geralmente concordam que a mente é aquilo que pensa, compreende, raciocina e sente. Tem consciência do mundo por meio da sensação e de si mesmo por meio da introspecção. Os estados mentais parecem radicalmente diferentes dos físicos. Estados físicos estão no tempo e no espaço; os pensamentos estão no tempo, mas não parecem ocupar o espaço (ou ocupá-lo da mesma maneira). Um pensamento é intrinsecamente subjetivo (não pode ser desvinculado de seu pensador), ao passo que os neurônios podem ser destacados de um cérebro. Os pensamentos têm intencionalidade: eles são sobre algo além de si mesmos, e pode-se pensar em eventos futuros e até entidades inexistentes como duendes. Mas estados físicos não parecem ser sobre qualquer coisa, e eventos futuros e entidades inexistentes não podem fisicamente nos levar a pensar neles.

Uma explicação desses contrastes é o **dualismo** de substâncias, em que uma "substância" mental é entendida de forma muito ampla como um objeto mental permanente de algum tipo: pode ser um objeto emergente (Hasker, 1999) ou uma forma substancial tomista, substância no sentido estritamente cartesiano. Muitos filósofos veem essa substância mental como a **alma** (Goetz e Taliaferro, 2011; Moreland 2014; Swinburne 2013).

Para os cristãos, uma característica atraente do dualismo da substância é que ele dá sentido à existência da alma entre a **morte** física e a ressurreição: se a essência de uma alma é suas propriedades mentais, ela pode existir sem um corpo. A queixa mais comum sobre o dualismo de substâncias é que torna difícil entender como o mundo mental e físico interage causalmente (o **problema mente-corpo**). Os dualistas normalmente respondem que podemos ter uma boa razão para pensar que uma interação causal ocorre sem se saber como ocorre (p. ex., uma pessoa do século XVII tinha boas razões para pensar que baixas temperaturas faziam a água congelar sem uma explicação molecular).

Tentando harmonizar nossa compreensão da agência humana com a ciência moderna, a maioria dos filósofos hoje adota alguma versão do **materialismo** (ou **fisicalismo**), segundo a qual tudo o que existe depende exclusivamente de entidades físicas subjacentes, como partículas. Materialistas eliminativos como Paul e Patricia Churchland (1998) afirmam que os estados mentais familiares de nosso autoconhecimento do senso comum ("**psicologia** popular") não existem realmente e podem ser substituídos por padrões de ativação neural. A maioria dos materialistas rejeita essa teoria porque parece incompatível com os fatos da **consciência** e da racionalidade. O materialismo reducionista afirma que se pode identificar estados mentais com estados físicos ou funcionais do cérebro. Um problema recorrente é que os últimos estados não têm subjetividade e intencionalidade (Searle, 1992).

Outros defendem o materialismo não redutivo (p. ex., Searle, 2007). Essa visão admite que as propriedades mentais são diferentes das propriedades físicas típicas, mas afirma que as propriedades mentais são inteiramente determinadas por (supervenientes ou emergem de) propriedades físicas "básicas". Um grande problema para o materialismo não redutivo é que ele aparentemente nega a existência da **causalidade** mental: as propriedades básicas físicas excluem qualquer contribuição causal das propriedades mentais supervenientes (Kim, 2010). Além disso, o materialista não redutivo tem um problema de interação

482 METAFÍSICA

do mesmo tipo que o dualista da substância: já que as propriedades mentais e físicas são admitidas como muito diferentes, como elas poderiam afetar umas às outras?

Angus J. L. Menuge

REFERÊNCIAS E LEITURAS RECOMENDADAS

CHURCHLAND, Paul; Churchland, Patricia. 1998. *On the Contrary: Critical Essays, 1987-1997.* Cambridge, MA: MIT Press.

GOETZ, Stewart; Taliaferro, Charles. 2011. *A Brief History of the Soul.* Malden, MA: Wiley.

HASKER, William, 1999. *The Emergent Self.* Ithaca, NY: Cornell University Press.

KIM, Jaegwon. 2010. *Philosophy of Mind.* 3rd ed. Boulder, CO: Westview.

MORELAND, J. P., 2014. *The Soul.* Chicago: Moody.

SEARLE, John, 1992. *The Rediscovery of the Mind.* Cambridge, MA: MIT Press.

_____. 2007. *Freedom and Neurobiology.* New York: Columbia University Press.

SWINBURNE, Richard. 2013. *Mind, Brain, and Free Will.* New York: Oxford University Press.

METAFÍSICA. A metafísica (o estudo do que existe e como é) é geralmente contrastada com a **epistemologia** (o estudo do conhecimento e da crença racional), a **lógica** (o estudo da inferência que preserva a verdade) e a ética (o estudo do bem, do direito e do justo) como um dos principais domínios da filosofia. Enquanto a metafísica e a ciência estão ambas preocupadas com o que existe, os detalhes de suas preocupações e seus métodos em geral diferem acentuadamente.

A metafísica está preocupada com o que é o mais definitivo ou mais fundamental sobre a existência. Tanto nos contextos antigos como nos modernos, a metafísica está "além da física", submetendo-a ao escrutínio, à análise e talvez à revisão da natureza dos objetos, das características e das relações citadas nas próprias ciências. Os cientistas estão preocupados com as causas de vários efeitos, ao passo que os metafísicos estão preocupados com o que é, por uma coisa, evento ou fato causar outro. Os cientistas estão preocupados com o funcionamento do cérebro e quais áreas estão associadas a várias atividades ou experiências cognitivas, ao passo que os metafísicos estão preocupados com o que é se envolver em qualquer tipo de atividade cognitiva ou ter qualquer tipo de experiência consciente. As preocupações científicas são tipicamente tratadas com métodos empíricos, muitas vezes quantitativos, enquanto as preocupações filosóficas são tipicamente tratadas com métodos que são, *a priori*, puramente racionais, não requerendo investigação empírica.

Metafísica é o título dado por um editor de obras de **Aristóteles** ao volume que aparece após a coleção conhecida como *Física*. Dizia respeito à "primeira filosofia" ou "ser *qua* ser", em contraste com a *Física* e alguns de seus outros trabalhos que diziam respeito a tipos específicos de coisas, como carvalhos ou cavalos. A metafísica antiga incluía a teologia e abrangia Deus/deuses, criação, primeiras causas e o que era imutável, incluindo assim as questões eternas. Com o surgimento da ciência moderna, a filosofia ampliou o leque de questões metafísicas para incluir questões sobre o que era fundamental para questões temporais e contingentes.

Estas são algumas questões metafísicas comuns: Qual é a natureza e a origem/explicação do universo? Existem muitos objetos ou apenas um? Se muitos, o que explica as características e relações entre objetos particulares, tipicamente concretos? Quais coisas existem "em si", não dependendo dos outros? O movimento ou a mudança são possíveis? Se a mudança é possível, como os objetos perduram ao longo da mudança? Qual é a relação entre a **mente** e o corpo? Qual é a natureza da **consciência**? Algum agente racional tem livre-arbítrio? O livre-arbítrio é compatível com o determinismo? Quais são as características essenciais de qualquer tipo de coisa particular ou específica? Qual é a natureza da possibilidade? Existe necessidade na natureza? O que significa dizer que uma coisa, um evento ou um fato causa outro? O espaço existe por direito próprio ou são apenas as relações espaciais entre objetos concretos que "habitam" o espaço? Qual é a natureza do tempo? O tempo flui? Somente o momento presente existe ou o passado e/ou o futuro também existem? O momento presente tem *status* privilegiado entre os tempos existentes? Quanto da realidade depende da existência e das atividades das mentes?

A prática da ciência é sempre e em toda parte metafisicamente carregada, e é contingente no que os cientistas consideram real ou ilusório. Ilusões, por sua natureza, são pensadas como não representando a realidade com precisão; assim, seu conteúdo não é investigado no processo de descobrir como as coisas são. Em vez disso, as causas, os efeitos e talvez as prevenções ou facilitações da ilusão podem ser objetos de investigação científica. Uma metafísica das ondas, em vez de partículas, afeta como se detectaria o fenômeno em questão. Uma metafísica dos indivíduos faz com que seja sensato rastrear um objeto ao longo do tempo, do espaço e das interações com outros indivíduos, e uma metafísica na qual a individualidade é inexistente ou se degrada sob certas condições torna tal rastreamento inadequado.

No entanto, a prática da ciência não exige que se adote uma estrutura metafísica naturalista/antissobrenaturalista. Apenas a suposição muito mais modesta de que o assunto da investigação não é afetado pelas atividades incomuns do sobrenatural associado aos **milagres** é necessária.

Se as questões metafísicas são assuntos frutíferos para o progresso filosófico é por si só uma questão filosófica antiga e moderna. Alguns sustentam que afirmações metafísicas surgem de confusões sobre as funções de partes da linguagem, outros rejeitaram muitas afirmações metafísicas porque se pensa que surgem de uma descrição errônea de como tais afirmações poderiam ser conhecidas ou por causa da falha percebida dos metafísicos em abordar completamente a questão de como suas afirmações poderiam ser conhecidas, se verdadeiras.

Scott Shalkowski

REFERÊNCIAS E LEITURAS RECOMENDADAS

Loux, Michael J., 2006. *Metaphysics: A Contemporary Introduction*. 3rd ed. London: Routledge.

Sider, Theodore; Hawthorne, John; Zimmerman, Dean W., eds. 2008. *Contemporary Debates in Metaphysics*. Malden, MA: Blackwell.

van Inwagen, Peter; Zimmerman, Dean W., 2008. *Metaphysics: The Big Questions*. 2nd ed. Malden, MA: Blackwell.

METÁFORA DA SERVA. Os cristãos, desde os pais da igreja, geralmente pensavam na ciência como uma "serva" da teologia, e esta, por sua vez, como a "rainha" das ciências (ver **Ciência e os pais da igreja**). Esse conceito foi expresso em palavras semelhantes, mas não idênticas, por um filósofo judeu helenístico, Fílon de Alexandria. Buscando integrar o pensamento grego e judeu, Fílon ensinou que "a filosofia é prática ou estudo da sabedoria, e a sabedoria é o conhecimento das coisas divinas e humanas e suas causas. Portanto, assim como a cultura das escolas é a escrava (*doulē*) da filosofia, esta deve ser a serva da sabedoria" (Fílon, 1932, p. 497). Em outro trecho na mesma passagem ele usou o termo *criada* (*therapainis*). Seu ponto geral era que todas as formas de conhecimento — o significado original da palavra portuguesa *ciência* — deveriam servir às Escrituras e, em última análise, essa razão deveria servir a fé (Wolfson, 1947, 1:149-51).

Muitos dos maiores pensadores cristãos ao longo da Alta Idade Média usaram a metáfora da serva dessa maneira: Clemente de Alexandria, Orígenes, Basílio de Cesareia, **Agostinho**, Beda, Roger Bacon, Boaventura e **Tomás de Aquino** (Grant, 2001, p. 33-34; Lindberg, 2013, p. 274-77). Um gênero literário inteiro, o tratado hexameral — comentários sobre seis **dias da criação** — está em conformidade com esse esquema; além disso, autores como Basílio usavam a **filosofia natural** grega para ajudar a entender as referências bíblicas à natureza, como as "águas acima do **firmamento**".

Durante o Renascimento, no entanto, os filósofos naturais começaram a elevar o *status* de sua "ciência" de criada inteiramente subordinada à parceira igual na busca da verdade (ver **Ciência e Renascimento**, **Cristianismo da Idade Moderna**). Sustentando o "livro da Palavra de Deus" ao lado do "livro das obras de Deus", **Francis Bacon** defendeu "um progresso ou proficiência sem fim em ambos", desde que "não se misture ou confunda essas aprendizagens juntas" (Bacon, 1973, p. 8).

Galileu Galilei foi ainda mais longe. Com receio de que os teólogos invocassem as Escrituras contra a **astronomia** de Copérnico, ele rejeitou a ideia de "que, uma vez que a teologia é rainha de todas as ciências, ela não precisa se dobrar de forma alguma para se acomodar aos ensinamentos de ciências menos dignas que estão subordinadas a ela". Admitindo que a "teologia pode ser rainha" porque o seu objeto "destaca todos os outros objetos" e "porque seus ensinamentos são divulgados de maneiras mais sublimes", ele negou-lhe a competência simplesmente para vetar conclusões científicas (Drake, 1957, p. 191-92).

Embora a maioria dos escritores cristãos modernos provavelmente concorde com Galileu, muitos criacionistas da Terra jovem mantêm a ciência em um papel totalmente subordinado.

Edward B. Davis

REFERÊNCIAS E LEITURAS RECOMENDADAS

Bacon, Francis, 1973. *The Advancement of Learning*, ed. G. W. Kitchen. London: J. M. Dent & Sons.

Drake, Stillman, 1957. *Discoveries and Opinions of Galileo*. Garden City, NY: Doubleday.

Grant, Edward, 2001. *God and Reason in the Middle Ages*. Cambridge: Cambridge University Press.

Lindberg, David C., 2013. "Science and the Medieval Church". In: *The Cambridge History of Science*, ed. David C. Lindberg and Michael H. Shank, 2:268-85. Cambridge: Cambridge University Press.

Fílon, 1932. *De congressu quaerendae eruditionis gratia*. In: *Philo: Volume IV*, Loeb Classical Library, 449-51. Trad. F. H. Colson e G. H. Whitaker. Cambridge, MA: Harvard University Press.

Wolfson, Harry Austryn, 1947. *Philo: Foundations of Religious Philosophy in Judaism, Christianity, and Islam*. 2 vols. Cambridge, MA: Harvard University Press.

484 METÁFORA DO MECANISMO DO RELÓGIO

METÁFORA DO MECANISMO DO RELÓGIO.

Os relógios mecânicos provavelmente eram desconhecidos antes do século VIII na China, ou no final do século XIII na Europa, mas máquinas capazes de imitar o movimento planetário certamente existiram antes de Cristo. Notavelmente, um desses dispositivos foi recuperado do fundo do mar perto da ilha grega de Anticítera em 1900.

Segundo Cícero, os romanos pilharam um planetário de bronze feito por Arquimedes quando capturaram Siracusa, e o próprio Cícero comparou os céus com essa máquina. "Quando vemos algo movido pela maquinaria, como um planetário mecânico ou relógio[...] não duvidamos de que esses inventos sejam obras da inteligência". Da mesma forma, a "velocidade maravilhosa" e a "regularidade perfeita" dos movimentos celestiais não deixam nenhuma dúvida de que tudo isso não se realiza apenas pela razão, mas por uma razão transcendente e divina" (Cícero, 1933, p. 217-19). Pelo menos dois proeminentes filósofos naturais medievais, João de Sacrobosco e Nicole d'Oresme, também falaram do mundo como uma "máquina" ou "mecanismo".

Durante a **Revolução científica**, quando os relógios eram onipresentes, as metáforas mecânicas tornaram-se comuns, não só para os céus, mas também para quase tudo — os anjos, Deus e a alma humana eram as únicas exceções. A natureza e seus componentes passaram a ser vistos como máquinas inertes e impessoais, ao invés de organismos vivos capazes de agir propositadamente.

Como **Johannes Kepler** disse a um amigo em 1605, "[seu] objetivo [era] mostrar que a máquina celestial não é uma espécie de ser divino, vivo, mas um tipo de mecanismo" (Koestler, 1967, p. 331). Ao contrário do que é dito frequentemente, **Isaac Newton** rejeitou a metáfora do relógio, que (na opinião dele) efetivamente negou a atividade de governança divina da Criação, antecipando a forma como os deístas mais tarde a usariam. No entanto, o profundamente piedoso **Robert Boyle**, que cria piamente em **milagres** e na soberania divina, fez mais do que qualquer outra pessoa para promovê-la, especialmente na **teologia natural** — os maravilhosos "aparelhos" mecânicos de criaturas vivas, argumentou ele, eram muito complexos para terem sido montados pelo "**acaso** cego". Mathew Hale foi ainda mais longe em 1677, originando o famoso mito de encontrar um relógio em um campo e se perguntar de onde veio — a mesma ideia com a qual **William**

Paley abriu seu livro, *Natural Theology* (1802). Os defensores contemporâneos do ***design* inteligente** seguem de perto os passos de Cícero, Boyle e Paley.

Edward B. Davis

REFERÊNCIAS E LEITURAS RECOMENDADAS

CICERO, Marcus Tullius. *De Nature Deorum*, trad. H. Rackham. Cambridge, MA: Harvard University Press, 1933.

DAVIS, Edward B. "Newton's Rejection of the 'Newtonian World View': The Role of Divine Will in Newton's Natural Philosophy." In: *Facets of Faith and Science, vol. 3: The Role of Beliefs in the Natural Sciences*, 75-96. Jitse M. van der Meer (Ed.). Lanham, MD: University Press of America, 1996.

KOESTLER, Arthur. "Kepler, Johannes." In: *Encyclopedia of Philosophy*, 4:329-33. Paul Edwards (Ed.). New York: Macmillan, 1967.

MACEY, Samuel L. *Clocks and the Cosmos: Time in Western Life and Thought*. Hamden, CT: Archon, 1980.

PRICE, Derek J. de Solla. "On the Origin of Clockwork, Perpetual Motion Devices, and the Compass." *United States National Museum Bulletin* 218: 81-112, 1959.

METÁFORA DOS DOIS LIVROS.

A metáfora dos dois livros é uma ideia muito antiga, talvez datada de Orígenes. **Agostinho**, **Galileu** e outros usaram essa metáfora ao longo dos séculos para caracterizar nosso conhecimento de Deus e da criação. A ideia básica é que Deus escreveu dois livros, o livro da natureza e o livro das Escrituras.

Revelação

A metáfora dos dois livros baseia-se no conceito de *revelação*. Em sua forma mais ampla, **revelação** significa conhecimento recebido como um presente que precisa ser entendido (Gunton, 1995). Embora o Deus triúno seja o doador derradeiro desse dom, a revelação pode ser mediada pela natureza ou por um ser humano (p. ex., por meio de textos escritos ou sermões).

A investigação científica, por exemplo, medeia o conhecimento provisório sobre a natureza para nós; em outras palavras, a investigação científica revela o conhecimento quando estudamos a criação. Os cientistas não têm acesso imediato à natureza. O conhecimento que a investigação científica produz envolve a mediação de instrumentos, construtos teóricos e análise de dados. Além disso, os conhecimentos prévios e os pressupostos que os cientistas carregam desempenham papéis importantes na descoberta do conhecimento (Gauch, 2012). O que os dados, os fatos e as verdades significam é mediado pelas práticas experimentais e teóricas das várias comunidades científicas, bem como pelas premissas que essas comunidades estabelecem. A criação nesses domínios revela-se aos cientistas à medida que realizam o seu trabalho normal.

METÁFORA DOS DOIS LIVROS 485

A ideia central da metáfora dos dois livros, então, é que todo conhecimento é revelado, seja revelado através de leitura, discussão, experimentos controlados ou qualquer outro meio. Os teólogos geralmente distinguem duas categorias de revelação: (1) revelação geral ou natural e (2) revelação especial ou específica. A revelação geral é tipicamente vista como um conhecimento geral sobre Deus divulgado através da natureza (p. ex., o poder e a divindade de Deus; cf. Romanos 1:20). Em contraste, a revelação especial é um conhecimento específico e altamente detalhado sobre Deus, a redenção e Cristo.

Uma terceira subcategoria menos discutida da revelação geral é chamada de *revelação da criação*. Esse é um conhecimento específico e detalhado sobre a criação revelada através da criação (Bavinck, 2003, p. 341-42; Goheen, 1996). Os teólogos estão interessados principalmente no conhecimento de Deus; por isso, não é de surpreender que eles raramente discutam a revelação da criação. Quando se concentram no livro da natureza, eles o leem principalmente com relação ao que pode ser conhecido sobre Deus através dele. Por outro lado, Kepler, Galileu, Boyle e Newton, entre outros filósofos, geralmente se basearam fortemente na revelação da criação (Bishop, 2013). Por exemplo, Boyle descreve o estudo da criação como a leitura de um pergaminho que está sendo lentamente desenrolado (Boyle, [1772] 1965). Os cientistas tipicamente leem o livro da natureza com relação ao que pode ser conhecido sobre a criação através dele.

Exemplos bíblicos de revelação da criação incluiriam 1Reis 4:29-33, que mostra a sabedoria dada por Deus a Salomão, aprendendo sobre a nomeação apropriada de peixes e outros animais através do estudo desses animais, e Isaías 28:23-29, que fala do agricultor conhecendo sobre Deus trabalhando no solo. O Salmo 104 articula uma considerável quantidade de conhecimento sobre a criação que foi aprendido a partir da observação e experimentação da criação (cf. Jó 12:7-8). Deus dá conhecimento através do livro da natureza e do livro das Escrituras, e esse conhecimento é mediado por formas de interpretação ou exegese apropriadas para cada livro.

Relacionando os dois livros

Como o Espírito Santo é o autor final dos dois livros, o que eles revelam sobre a criação não pode entrar em conflito. Pelo contrário, os conflitos surgem do nosso manuseio dos dois livros. Para o livro da natureza, os cientistas observam e interpretam a criação usando abordagens sistemáticas que levam a teorias bem confirmadas. A cada passo do caminho, existe a possibilidade de má compreensão e erro. Para o livro das Escrituras, trabalhamos com traduções, nos engajamos na exegese e geramos doutrinas e teologias. Novamente, a cada passo do caminho, existe a possibilidade de má compreensão e erros.

Muitas discussões científicas e religiosas do final do século XIX supõem que os conflitos entre os dois livros surgem quando se comparam as afirmações bíblicas às teorias científicas. Essa forma de dispor conflitos é, no entanto, fundamentalmente equivocada. Os humanos nunca têm acesso direto e não interpretativo à Bíblia ou à natureza. Em vez disso, estamos sempre lidando com interpretações desses dois livros e devemos perguntar sobre a qualidade e o rigor dessas interpretações ao julgar possíveis conflitos.

Sempre lemos esses dois livros com uma série de conhecimentos e suposições que moldam nosso envolvimento com os textos (p. ex., um entendimento causal-material da criação). Por exemplo, sempre já temos uma estrutura teológica que medeia nossa leitura da Bíblia. Por sua vez, quando lemos as Escrituras através dessa estrutura, nossa estrutura teológica é retrabalhada e mais articulada. Nossa teologia sempre molda nossa interpretação das Escrituras, enquanto nossa interpretação das Escrituras molda constantemente nossa teologia. Da mesma forma, para os cientistas, a interpretação está envolvida em suas práticas conceituais, empíricas e de análise, levando ao trabalho contínuo de desenvolvimento de teorias que, por sua vez, orienta seu trabalho conceitual e empírico.

Levar a sério nossas práticas interpretativas humanas e a **Trindade** como a fonte de ambos os livros implica que distorcemos os conflitos entre ciência e religião ao enquadrá-los em termos de "o que a Escritura diz" *versus* "o que a ciência diz". O impulso histórico da metáfora dos dois livros tem sido para evitar o que poderia ser chamado de abordagens *bíblicas primeiro* versus *ciência primeiro*.

Uma abordagem bíblica exige que as teorias científicas sejam derivadas de textos bíblicos para serem relevantes. Isto privilegia as Escrituras sobre a investigação científica. Uma abordagem da ciência primeiro exige que a interpretação bíblica deva derivar da investigação científica para ser relevante. Isso privilegia os métodos de investigação científica sobre as Escrituras. Como a revelação da criação — o livro da natureza de Deus — faz parte do testemunho

486 MÉTODO CIENTÍFICO

bíblico, escolher um dos dois livros de Deus sobre o outro é uma escolha falsa. Em vez disso, devemos considerar os propósitos e diferentes focos dos dois livros. A revelação especial lida principalmente com assuntos de salvação, história de salvação, fé e prática; a revelação da criação trata principalmente da natureza e do funcionamento da criação. Levar a Bíblia a sério como autoridade é tratar ambos os livros de Deus com reverência e cuidado.

Considere este exemplo: não escolheríamos aprender de um livro sobre a história da Segunda Guerra Mundial ao invés de um livro sobre dinâmica de fluidos, quando estamos tentando entender o fluxo de fluidos. Em vez disso, o texto de dinâmica de fluidos é a fonte primária para a natureza do fluxo de fluido e suas aplicações. No entanto, a partir da história da Segunda Guerra Mundial, poderíamos aprender sobre todas as maneiras pelas quais o fluxo de fluidos era relevante para o curso da guerra. Aqui há alguma sobreposição entre dois livros que têm propósitos muito diferentes e tratam domínios de conhecimento muito diferentes. No entanto, eles podem ser colocados conversando entre si, proporcionando-nos a oportunidade de aprender mais do que podemos, concentrando-nos em um à custa do outro.

O caso dos dois livros de Deus é semelhante. O conhecimento que obtemos deles pode nos informar mutuamente sobre a criação. Pense nos dois livros como parceiros de conversa em um relacionamento. Como em qualquer relacionamento, essa conversa pode ser bem-feita ou malfeita. Pode haver brigas e reconciliações, ajuda mútua e prazer, e assim por diante. Envolver totalmente os dois livros de Deus nos permite aprender o máximo possível sobre a totalidade da revelação divina.

Robert C. Bishop

REFERÊNCIAS E LEITURAS RECOMENDADAS

Bavinck, Herman, 2003. *Reformed Dogmatics.* Vol. 1, *Prolegomena.* Ed. John Bolt. Tradução de John Vriend. Grand Rapids: Baker Academic.

Bishop, Robert C., 2013. "God and Methodological Naturalism in the Scientific Revolution and Beyond." *Perspectives on Science and Christian Faith* 65 (March): 10-23.

Boyle, Robert, (1772) 1965. *The Works of the Honorable Robert Boyle.* Ed. T. Birch. 6:796. Hildersheim, Germany: Georg Olms.

Gauch, Hugh, 2012. *Scientific Method in Brief.* Cambridge: Cambridge University Press.

Goheen, Michael, 1996. "Scriptural Revelation, Creational Revelation, and Natural Science: The Issue," em *Facets of Faith and Science,* vol. 4, *Interpreting God's Action in the World.* Ed. Jitse M. van der Meer, 331-43. Lanham, MD: University Press of America.

Gunton, Colin, 1995. *A Brief Theology of Revelation.* London: T&T Clark.

MÉTODO CIENTÍFICO. O método científico é um termo amplo dado ao processo de obter conhecimento sobre o universo por meio da experimentação e observação de evidências empíricas. Não existe uma implementação única e bem definida do método científico comum a todos os campos; na verdade, qualquer investigação superficial sobre esse assunto revelará que o método pode ser expresso usando de 4 a 10 etapas distintas. Várias disciplinas implementam o método científico em formulações distintas, e a execução exata pode depender das questões que estão sendo exploradas.

Uma representação típica do método científico incluirá etapas como (1) observar alguns fenômenos na natureza, (2) desenvolver uma hipótese para explicar os fenômenos, (3) fazer testes experimentais da hipótese, (4) analisar dados e tirar conclusões, e (5) formular novas hipóteses baseadas em dados. Outras etapas frequentemente incluídas em uma formalização do método científico são (1) fazer uma pergunta, (2) fazer pesquisa de fundo, (3) usar hipóteses para fazer previsões sobre outros fenômenos e (4) comunicar os resultados.

O objetivo da maioria dos experimentos é comparar os resultados com as previsões teóricas para testar se uma hipótese descreve corretamente os fenômenos ou não. A maioria dos praticantes concorda que qualquer hipótese científica deve ser falsificável; deve haver algumas observações ou experimentos que produzam resultados contrários aos previstos pela hipótese. Em ciências como **física** e química, as teorias devem fazer previsões quantitativas que possam ser comparadas com resultados experimentais.

Embora uma afirmação definitiva do método científico possa ser valiosa e informativa, os cientistas quase nunca seguem metodicamente uma receita enquanto realizam observações e experimentos e desenvolvem hipóteses. A prática da ciência tende a ser altamente criativa, e a implementação do método científico reflete a criatividade e a engenhosidade humanas. Por exemplo, certas hipóteses podem primeiro ser desenvolvidas sem observações, mas baseadas em princípios matemáticos de simetria ou **beleza.**

Certas considerações práticas devem ser seguidas para implementar adequadamente o método científico. Experimentos devem ser estabelecidos para, na medida do possível, eliminar qualquer viés experimental. Os dados devem ser tratados imparcialmente. Um pesquisador não deve descartar dados simplesmente porque contradiz sua hipótese preferida. Incertezas estatísticas e sistemáticas devem ser adequadamente tratadas e contabilizadas para que um nível razoável de confiança no resultado possa ser alcançado.

Algumas descrições do método científico incluirão uma explicação do processo no qual uma ideia se move de conjectura para fato aceito. Como uma hipótese é testada ou um fenômeno é observado, certos padrões são vistos, e um modelo ou teoria é desenvolvido. Uma teoria pode ser uma descrição quantitativa mais refinada dos fenômenos do que um modelo, mas ambos procuram propor algum princípio subjacente que descreva a observação. À medida que a teoria é testada mais e mais completamente, ela pode eventualmente se transformar em uma lei, uma declaração abrangente sobre como a natureza se comporta (Giancoli, 2014, p. 5). Nessa descrição, uma lei tem mais peso que uma teoria, e, consequentemente, alguns oponentes da teoria da evolução proclamarão que não pode ser acreditado porque "é apenas uma teoria", o que implica que ela ainda não alcançou o *status* elevado de uma lei.

No entanto, a ideia de que apenas uma lei científica constitui uma teoria bem confirmada é uma ideia antiquada. Desde por volta de 1900, cientistas perceberam que é impossível testar qualquer ideia em todas as circunstâncias (ver **Provas Científicas** e **Leis da Natureza**). Assim, é impossível afirmar que qualquer princípio é uma lei absoluta que nunca pode ser violada, portanto, na linguagem científica moderna, até mesmo as ideias para as quais não há exceções conhecidas e para as quais os cientistas não esperam nenhum desvio conhecido são chamadas de teorias. Por exemplo, sabe-se que as três leis do movimento de Newton são inadequadas para descrever fenômenos em escalas muito pequenas ou em velocidades muito rápidas, mas, como foram desenvolvidas no século XVIII, são chamadas *leis*, enquanto a **teoria da relatividade especial** de Einstein não tem exceções conhecidas e espera-se que se sustente sob todas as circunstâncias, mas ainda é referida como uma "teoria", uma vez que foi desenvolvido no século XX. Na linguagem científica moderna, a maioria das "teorias" são princípios bem testados da física que provavelmente teriam sido rotulados como "leis" nos séculos anteriores.

Ao longo da história, muitas pessoas praticaram aspectos do método científico. Em Daniel 1, Daniel testa a hipótese de que ele e seus companheiros cativos judeus terão uma aparência melhor se não comerem a comida escolhida do rei Nabucodonosor. A hipótese foi verificada como correta comparando um grupo de controle que comeu a comida com aqueles que não comeram a comida. Grande parte do método científico moderno foi desenvolvido entre os séculos XVI e XVIII. No início dos anos 1600, **Francis Bacon** enfatizou que as teorias alternativas deveriam ser examinadas experimentalmente para eliminar aquelas que não estavam corretas.

O método científico tem limitações, e essas limitações são impostas ao método porque ele é projetado para testar hipóteses sobre o mundo natural que podem ser falsificadas e repetidas. O método científico não pode determinar **moralidade** ou ética. Por exemplo, ele pode desenvolver a tecnologia para uma bomba termonuclear, mas não pode determinar a moralidade do uso de tal bomba. Nem qualquer teste experimental pode provar a **existência de Deus**.

Embora a evidência de Deus possa ser observável em sua criação, é impossível realizar qualquer experimento que possa testá-la. Uma razão para isso é que Deus é transcendente e nenhuma experiência física pode testar com precisão qualquer realidade não física. Outra razão é que as experiências científicas devem ser imparciais, mas qualquer divindade onisciente e onipotente poderia injetar preconceitos em qualquer experimento destinado a sondar seu caráter. Considere, por exemplo, estudos que tentaram testar a eficácia da **oração**. Por definição, nenhum estudo desse tipo pode ser um estudo científico se Deus existe, porque Deus poderia optar por arbitrariamente influenciar qualquer estudo desse tipo. Assim, embora o método científico tenha provado ser extremamente bem-sucedido em revelar o funcionamento do universo, ele tem suas limitações e não pode ser o único caminho para a descoberta de todo conhecimento.

Michael G. Strauss

REFERÊNCIAS E LEITURAS RECOMENDADAS

Giancoli, Douglas, 2014. *Physics: Principles with Applications*. 7th. ed. San Francisco: Pearson.

Sanford, Fernando, 1899. *The Scientific Method and Its Limitations*. Stanford, CA: Stanford University Press.

MEYER, STEPHEN C. Stephen C. Meyer (1958-) é um filósofo da ciência norte-americano e um dos arquitetos da teoria moderna do **design inteligente**, que ele define como a ideia de que "há características reveladoras dos sistemas vivos e do universo que são mais bem

488 MILAGRES

explicadas por uma causa inteligente... e não por um processo não direcionado" (Meyer, 2009). Meyer escreveu vários livros e artigos significativos desenvolvendo a teoria. Além de ser um estudioso, ele é uma figura pública e tem sido entrevistado com frequência pelos meios de comunicação, e também lecionou em todo o mundo e apareceu em inúmeros documentários científicos.

Antes de cursar pós-graduação, Meyer trabalhou como geofísico para a Atlantic Richfield Company (ARCO) em Dallas, Texas, de 1981-1985 em processamento de sinais digitais e interpretação de pesquisas sísmicas. Selecionado como bolsista do Rotary International, ele fez seu doutorado em história e **filosofia da ciência** na Universidade de Cambridge em 1991. Posteriormente, atuou como professor de filosofia na Universidade Whitworth de 1990 a 2002 e como professor universitário nas Fundações Conceituais da Ciência em Palm Beach Atlantic University, de 2002 a 2005. Desde 1996, ele dirige o Centro de Ciência e Cultura no **Discovery Institute**, um programa que ele cofundou com o cientista social John G. West.

As obras mais importantes de Meyer são *Signature in the Cell: DNA and the Evidence of Intelligent Design* [Assinatura na célula: DNA e evidências do *design* inteligente] (2009) e *Darwin's Doubt: The Explosive Origin of Animal Life and the Case for Intelligent Design* [A dúvida de Darwin: a origem explosiva da vida animal e o caso do *design* inteligente] (2013). Em *Signature in the Cell*, Meyer se concentrou na origem da primeira vida, argumentando que uma inteligência projetada é a melhor explicação para as imensas quantidades de **informações** biológicas codificadas pelo **DNA**. Em Darwin's Doubt, Meyer ampliou seu argumento para o desenvolvimento da vida animal, especialmente a explosão da **complexidade** biológica durante o que é conhecido como a explosão cambriana. Em ambos os livros, Meyer formulou o argumento do *design* inteligente como uma **inferência para a melhor explicação** e argumentou, de forma provocativa, que sua teoria do *design* inteligente segue a metodologia para as ciências históricas originalmente pioneiras de Charles Lyell e **Charles Darwin**.

Embora controverso, o trabalho de Meyer tem sido elogiado por um número de estudiosos que não aceitam *design* inteligente, incluindo o geneticista George Church e o famoso filósofo **Thomas Nagel**, que selecionou o *Signature in the Cell* como um dos melhores livros do ano no *Times Literary Supplement* [Suplemento Literário *Times*] (Nagel, 2011).

Meyer enfatizou que, em sua opinião, a teoria do *design* inteligente não é baseada na fé religiosa, mas continuou dizendo que tem *implicações* positivas para a fé. De acordo com essa ideia, Meyer explorou a relação entre o cristianismo e a ciência em vários ensaios, defendendo o que ele chama de modelo de "concordância qualificada" entre ciência e cristianismo (Meyer, 2000).

Ele também tem interesse pela política de educação científica e testemunhou perante os conselhos estaduais de educação no Texas, em Ohio e no Kansas no tocante ao desenvolvimento de padrões científicos, e também perante a Comissão de Direitos Civis dos Estados Unidos sobre o tema da discriminação de ponto de vista na educação científica.

John G. West

REFERÊNCIAS E LEITURAS RECOMENDADAS

"Biography." StephenCMeyer.org. Acessado em 9 de agosto de 2014. www.stephenc meyer.org/biography.php.

KLINGHOFFER, David, ed. 2010. *Signature of Controversy: Responses to Critics of "Signature in the Cell."* Seattle: Discovery Institute Press.

MEYER, Stephen C., 2000. "Qualified Agreement: Modern Science and the Return of the 'God Hypothesis.'" em *Science and Christianity: Four Views*, ed. Richard F. Carlson, 127-74. Downers Grove, IL: IVP Academic.

_____. 2009. Signature in the Cell: DNA and the Evidence of Intelligent Design.

NEW YORK: HARPERONE.

_____. 2013. Darwin's Doubt: The Explosive Origin of Animal Life and the Case for Intelligent Design. New York: HarperOne.

NAGEL, Thomas, 2011. "Thomas Nagel and Stephen C. Meyer's Signature in the Cell." Times Literary Supplement. www.the-tls.co.uk/articles/public/thomas-nagel-and-stephen-c-meyers-signature-in-the-cell/.

SOCRATES IN THE CITY, 2013. "Stephen Meyer and Eric Metaxas Discuss Darwin's Doubt at Socrates in the City." www.youtube.com/watch?v=aFPhTDfcbrA.

MILAGRES. Pensadores definiram milagres de diversas maneiras. Para **Agostinho**, os milagres estão acima da natureza; porque a natureza é o que Deus faz, no entanto, os milagres não são verdadeiramente contra ela. Para Tomás de Aquino, os milagres são atos divinos que geram reverência; podem exceder o que a natureza pode produzir ou podem realizar o que a natureza também pode produzir, mas de uma maneira sobrenatural.

Um ensaio sobre os milagres de **David Hume** (1711-1776) deu forma à discussão subsequente. Ignorando as definições de seus detratores (Burns, 1981, p. 234-37), Hume definiu inovativamente milagres como violações das **leis da natureza**, as quais, argumentou ele, não podem ser violadas. O argumento de Hume contra os milagres nesse ponto apenas joga com as palavras, uma vez que até mesmo os cientistas do **Iluminismo**, de quem ele dependia, não acreditavam que o Legislador divino "violou" suas próprias leis quando realizou milagres (ver Brooke, 1991, p. 118).

No entanto, a maioria dos estudiosos desde Hume definiu os milagres como eventos "sobrenaturais", identificáveis em parte porque diferem do curso normal da natureza. Alguns vão além, definindo milagres como eventos sem explicações naturais plausíveis; à medida que a gama de explicações naturais possíveis aumenta, o campo de eventos naturalmente inexplicáveis se contrai. Apesar do alvo polêmico de Hume, entretanto, sua definição de milagres "não naturais" falha com a maioria dos exemplos bíblicos de milagres (ver, por exemplo, Tucker, 2005, p. 375-79). Em muitos sinais bíblicos fundamentais, Deus usou a natureza para alcançar resultados extraordinários (p. ex., Êxodo 10:13; 14:21).

Uma definição de milagre que abrange melhor as instâncias bíblicas, realizada por muitos estudiosos hoje, é uma *ação divina especial* (ver Gwynne, 1996). "Especial", nesse caso, é uma questão de grau, distinguindo os milagres da atividade *comum* de Deus no curso da natureza. Essa definição se sobrepõe ao termo bíblico *sinal*: uma ação divina que difere da experiência humana comum de maneira suficientemente dramática para exigir atenção (e muitas vezes decisão).

Reivindicações cristãs históricas

A maioria dos estudiosos do Novo Testamento acredita que o evangelho de Marcos foi o primeiro a ser escrito; histórias contando milagres e exorcismos constituem cerca de 40% da narrativa desse livro. Da mesma forma, eles constituem cerca de um quinto dos Atos, o relato mais antigo dos primeiros seguidores de Jesus. A maioria das analogias propostas são tardias (como de Apolônio de Tiana) ou muito limitadas (Eve, 2002; Keener, 2011a), embora narrativas bíblicas anteriores, como relatos de Moisés, Elias e Eliseu, forneçam modelos.

Praticamente todas as fontes antigas e substantivas sobre Jesus descrevem-no como um operador de milagres, e mesmo antigos críticos de seu movimento admitiram que ele realizava sinais. A maioria dos estudiosos do Jesus histórico de hoje reconhece que os contemporâneos de Jesus o vivenciaram como operador de milagres, mas isso é explicado. Alguns sugerem que as recuperações envolvem doenças psicogênicas (ver Capps, 2008). Sem excluir esse fator em alguns casos, as condições para a maioria das curas relatadas por Jesus, por exemplo, de cegueira, diferem significativamente das curas com tratamento psiquiátrico: elas eram públicas e imediatas. Suas curas da cegueira aparecem inúmeras vezes e são multiplamente atestadas, na tradição compartilhada chamada Q (Mateus 11: 5//Lucas 7:22), em Marcos (8:25; 10:52), João (9:1-7) e Mateus (21:14). Quantos casos psicogênicos Jesus teria enfrentado durante seu breve ministério na Galileia, e como as multidões responderiam se a vasta maioria dos casos de cegueira, não explicada psicologicamente, se recusasse a responder ao seu tratamento?

Mais tarde, rabis hostis relatam que alguns dos seguidores de Jesus continuaram a curar os doentes. Os pais da igreja ofereceram seus próprios testemunhos oculares de milagres, deram nomes de não cristãos curados, e incluíram relatos de ressuscitados da **morte**. De fato, as principais razões conhecidas para a conversão ao cristianismo nos anos 300 foram milagres e exorcismos (MacMullen, 1984, p. 60-62). Histórias dramáticas continuam ao longo da história, particularmente proeminente em relatos de missão em novos lugares (ver Porterfield, 2005; Keener, 2011a, p. 264-599). Em todo o mundo, a maioria dos cristãos hoje confirma e ora pela cura divina.

Hume contra os milagres

Alguns deístas do século XVII começaram a negar a possibilidade de milagres, algumas vezes citando a **física** mecanicista (ver **Deísmo**). Ironicamente, **Isaac Newton** (1642-1727), cujo modelo mecanicista da natureza foi mais frequentemente invocado, e muitos outros cientistas ingleses antigos, ratificaram os milagres bíblicos, assim como os primeiros seguidores de Newton. Não foi a descoberta científica, mas uma estrutura filosófica particular que levou muitos círculos a abandonar a crença em milagres.

Embora outros ensaios em oposição aos milagres fossem mais proeminentes nos dias de Hume, a estatura deste como filósofo acabou por tornar o seu ensaio contra os milagres o dominante, e círculos hoje que *a priori* negam a possibilidade de afirmar milagres, usualmente dependem, consciente ou inconscientemente, do argumento de Hume.

490 MILAGRES

No entanto, o ensaio de Hume foi controverso e tem sido debatido desde sua publicação (ver Burns, 1981, p. 176-246; Mullin, 1996, p. 33). Embora o ensaio de Hume tenha seus defensores acadêmicos (p. ex., Fogelin, 2003), um número maior de filósofos hoje o criticou severamente (p. ex., Earman, 2000; Houston, 1994; Johnson, 1999; Swinburne, 1970). O ensaio de Hume sobre milagres é um de seus trabalhos menos consistentes; Robert Burns mostrou que muitas lacunas em seu argumento aparecem porque ele pressupõe o argumento mais completo de deístas anteriores (1981, por exemplo, p. 72-73, 75-76, 89-93).

Embora os estudiosos debatam o caráter preciso do argumento de Hume, todos concordam que inclui duas seções principais. Primeiro, ele aparentemente argumenta que os milagres são violações das leis da natureza e que tais leis não podem ser violadas; assim, arbitrariamente ele os exclui da definição. (Muitos reclamam do uso circular de definições aqui por Hume; ver, por exemplo, Brown, 1984, p. 94; Johnson 1999, p. 5-8, 19; Larmer, 1988, p. 17-30, 37; 2014, p. 69-72, 101-4; Nichols, 2002, p. 704; Taylor, 1927, p. 7, 11).

Como os críticos de Hume reclamaram regularmente, sua suposição de uma divindade sujeita a leis criadas não aborda concepções teístas reais da divindade (Houston, 1994, p. 133-34, 148, 160, 162; Smart, 1969, p. 32-33). De fato, em suposições teístas, os milagres podem até ser prováveis (p. ex., Hamberger, 1980, p. 601; Langtry, 1990, p. 70; Otte, 1996, p. 155-57; Swinburne, 1989, p. 151; Ward, 1985, p. 144-45). Além disso, a tentativa de Hume de excluir a aceitação de milagres *a priori* não pode prosseguir empiricamente ou com base na indução; ele leva em conta apenas exemplos possíveis muito limitados e exclui muito rapidamente os alternativos. Seu argumento dedutivo contra os milagres contradiz sua própria **epistemologia**, que não apenas desafia a dedução, mas também limita as inferências causais (ver, por exemplo, Brown, 1984, p. 168; Gwynne, 1996, p. 171; Larmer, 1988, p. 38; 2014, p. 61- 65; Taylor, 1927, p. 29-36).

Atualmente, os detratores de Hume em geral respondem que a física moderna trata as leis como descrições da natureza em vez de limitações sobre o que é possível. (Os teólogos modernos divergem entre si quanto à relação entre natureza e experiências consideradas milagrosas.) Alguns também sugerem que, assim como as normas da natureza podem diferir sob diferentes condições, como buracos negros ou supercondutividade, a atividade divina especial permite normas especiais (Nichols, 2002, p. 705). A compreensão de Hume da lei natural interage com o que ele considera a experiência humana uniforme (relacionada ao seu segundo argumento).

O segundo argumento de Hume apela à experiência humana uniforme (ou pelo menos padrão) para excluir a confiabilidade das afirmações de testemunhas oculares que se desviam de tal experiência. A maioria dos críticos considera o argumento circular (p. ex., Holder, 1998, p. 57; Larmer, 1988, p. 36). Argumentar contra o testemunho de milagres porque os milagres violam a experiência é circular; argumentar contra isso porque é considerado raro é inconsistente com a forma como tratamos outros eventos raros.

Hume afirma que nenhuma testemunha de milagres satisfaz seus critérios de credibilidade, como ser altamente respeitável e de bom senso. Muitas testemunhas cumprem seus critérios, exceto na medida em que ele questiona o bom senso de qualquer um que afirma testemunhar milagres (Colwell, 1983, p. 10). Como a maioria das testemunhas está ciente da improbabilidade natural de suas afirmações (Breggen, 2002, p. 451-52), rejeitá-las como mentirosas simplesmente pelo que elas testemunham assume o que ela afirma provar (ver mais em Cramer, 1988, p. 136-37; Phillips, 1993, p. 35; Ward, 2002, p. 745). Pode-se então confiar apenas nos relatórios que confirmaram as crenças anteriores (Weintraub, 1996, p. 360).

Um dos argumentos de apoio de Hume, a exclusão de testemunhos de culturas não europeias, pode ser descartado hoje como refletindo um viés racista explícito em alguns de seus outros escritos (Keener, 2011b; Taliaferro e Hendrickson, 2002; Tem, 2002). Seu argumento de que as alegações de religiões concorrentes se anulam mutuamente pressupõe um motivo exclusivamente apologético para milagres. (As alegações de cura são mais comuns em algumas religiões, como o hinduísmo e as religiões tradicionais, do que em outras.) A extrapolação de Hume de milagres espúrios reflete a falácia da falsa analogia, ao passo que um único milagre demonstrável minaria seu caso.

Com base em modelos de **probabilidade** legais e matemáticos, os detratores há muito desafiam o ceticismo mais amplo de Hume quanto ao valor do testemunho (para vozes iniciais, ver Dawid e Gillies, 1989, p. 58; Earman, 1993, p. 305; Sober, 2004, p. 487, 491). Em particular, múltiplas testemunhas independentes tornam prováveis os testemunhos (ver, por exemplo, Earman, 2000, p. 24-25; Holder, 1998, p. 53; McGrew, 200, p. 641-42; Weintraub, 1996, p. 371).

Hume extrapolou a experiência humana uniforme de um tamanho de amostra muito pequeno (Mavrodes, 1998, p. 176, 180), um erro contra o qual sua própria epistemologia (Landesman, 1997, p. 136-41) deveria tê-lo alertado. Sem testemunhos de fora do nosso círculo imediato, saberíamos muito pouco sobre o passado ou sobre o restante do mundo (Lawton, 1960, p. 56; Licona, 2008, p. 97, 129; Popper, 1969, p. 21).

Um dos exemplos específicos de Hume foi a bem atestada cura pública da sobrinha de **Blaise Pascal**, cujo testemunho atende a maioria dos critérios declarados por Hume. No entanto, como a cura estava associada aos jansenistas, que eram católicos demais para o gosto protestantes e também muito agostinianos para os católicos franceses, ele podia simplesmente descartá-la. Como um caso tão bem atestado não é confiável, ele argumentou ainda, por que alguém acreditaria em casos menos atestados como os da antiguidade? (Aqui ele seguiu uma linha de argumentação deísta; Burns, 1981, p. 74-75.)

O padrão para as evidências

Hume coloca o padrão para as evidências tão alto que pouquíssimos eventos históricos poderiam alcançá-lo (ver Hesse, 1965, p. 40). Uma posição mais neutra não é pressupor que os milagres não podem acontecer, mas admitir que eles possam se as evidências justificarem e/ou se apoiarem o **teísmo** de maneira mais geral. Excluir os milagres com base no fato de que eles são eventos divinamente causados é trabalhar não com suposições neutras, mas com atitudes especificamente ateístas, trapaceando no jogo. Essas suposições não são menos contingentes historicamente do que as religiosas (Gregory, 2006).

Alguns críticos jogam sujo, mesmo tendo exigências insuperáveis de provas. Por exemplo, em alguns trabalhos, seguindo a lógica de Hume, quaisquer relatos inconcebíveis naturalmente são descartados como obviamente fabricados, enquanto os concebíveis naturalmente são descartados como não milagrosos (refutado em Hambourger, 1980, p. 600). Alguns críticos rejeitam qualquer caso medicamente diagnosticado, alegando que o paciente estava sob cuidados médicos e, portanto, não foi milagrosamente curado, ao mesmo tempo que rejeita qualquer estudo de caso daqueles que não estão sob cuidados

médicos, já que isso elimina um diagnóstico médico. Nos últimos anos, as curas são consideradas potencialmente temporárias, mas a documentação muitas vezes não existe mais para curas mais antigas. Em outras palavras, todas as evidências são descartadas desde o início. Algumas das primeiras críticas a relatos de milagres, ainda citadas hoje, rejeitaram evidências significativas (ver Opp, 2005, p. 176-87).

Outras críticas descartam evidências de milagres até mesmo prometendo que uma explicação puramente natural surgirá (fontes em Mullin, 1996, p. 42); embora essa promessa possa ser verdadeira em alguns casos, a abordagem é aquela que *a priori* exclui a admissibilidade de qualquer evidência. Uma admissão tácita de falta de contra-argumento é simplesmente uma forma invertida do argumento do "Deus das lacunas", que os naturalistas insistem que os teístas não usam (cf. Larmer, 2014, p. 85-86; Plantinga, 2009, p. 109, 112-13). Quando um ônus intransponível da prova é colocado em teístas e nenhum em céticos, uma investigação não pode reivindicar **objetividade**.

Os críticos muitas vezes exigem documentação médica para todos os casos (descartando exemplos de muitos períodos e culturas), e esta, contudo, às vezes está disponível. Por exemplo, embora os padrões particularmente rigorosos em Lourdes sejam difíceis hoje em dia para quase qualquer cura, alguns dos casos são muito fortes. Quando tal documentação é produzida, no entanto, alguns críticos a rejeitam. Praticamente qualquer cura inexplicável pode ser descartada simplesmente como uma anomalia, não deixando evidência para discussão (Krippner e Achterberg, 2000, p. 358).

Explicação apenas em termos de coincidência pode se tornar reducionista. Um estudioso, por exemplo, sugere que, mesmo que uma ocorrência ocorra naturalmente apenas uma vez em 10 milhões de vezes, essa explicação é mais satisfatória do que um milagre (Diamond, 1973, p. 314-153, 323). No entanto, até mesmo David Hume reconheceu que a coincidência pode ser apenas uma explicação quando os padrões aumentam (Hume, 1985, p. 31-32). Grupos de casos hoje em dia em torno dos novos lugares de evangelismo aumentam as improbabilidades.

Ciência e milagres

Os interesses da ciência e da fé teísta se sobrepõem, mas suas questões frequentemente diferem (ver Polkinghorne,

1994, 1998). Verificar as deficiências ou a falta de uma pessoa está dentro do alcance da ciência; a explicação das curas requer interpretação, mas as interpretações serão completas apenas na medida em que os métodos da disciplina permitirem. Por exemplo, podemos descrever corretamente uma página em termos da composição química de papel e tinta, mas as mãos, o cérebro, a **mente** e o contexto social do autor refletem diferentes níveis de **causalidade**, todos assuntos apropriados de estudo em suas próprias esferas. Além disso, diferentes ordens de linguagem podem ser necessárias para diferentes esferas (cf. Ramsey, 1964, p. 23-26).

A questão da possibilidade dos milagres como *milagres* não é da ciência, mas da filosofia (da ciência e da religião). Eventos anômalos ocorrem (cf. Krippner e Achterberg, 2000; McClenon, 1994), mas os contextos controlam sua interpretação. Teístas, por exemplo, normalmente consideram milagres apenas em contextos teístas. Os críticos normalmente resistem a evidências que não podem ajustar-se a **paradigmas** reinantes até que ocorram mudanças de paradigma (ver, por exemplo, Kuhn, 1970, p, 64-65, 107, 133, 169; Polanyi, 1962, p. 138). Assim, alguns estudiosos relatam medo de expressar fé ou de publicar anomalias (cf. Ecklund, 2010, p. 43-45; Matthews com Clark, 1998, p. 58; Nichols, 2002, p. 707). Embora muitos cientistas sejam cristãos, a hostilidade contra a religião, muitas vezes baseada em desinformação, aparece desproporcionalmente entre os cientistas de algumas universidades de elite (Ecklund, 2010).

Mesmo quando documentação médica suficiente demonstra curas anômalas em contextos teístas, alguns rejeitam seu valor sem estudos controlados. Estudos controlados, no entanto, buscam padrões previsíveis, exigindo que a divindade participe como agente no estudo. A maioria das formas de teísmo, no entanto, vê Deus como um agente pessoal, o que torna problemáticos os tipos de previsões esperadas em tais estudos (cf. Polkinghorne e Beale, 2009, p. 29; Ward, 1985, p. 137; 2002, p. 746-47). As ações de agentes pessoais, sejam humanos ou (*a fortiori*) divinos, não são previsíveis da mesma forma que as reações químicas. Além disso, estudos controlados não podem controlar a **oração** fora do estudo. Pior, ambos são difíceis e não experimentados nos cenários (novos contextos de evangelismo), onde os milagres são, de longe, mais frequentemente relatados (para outros problemas, ver Brown, 2012, p. 87-98.)

Como replicabilidade e explicações naturais são importantes em publicações científicas, anomalias como milagres raramente são publicadas em tais contextos (Llewellyn, 2008, p. 253). No entanto, diferentes disciplinas necessárias exigem diferentes abordagens epistêmicas. Eventos na história, por exemplo, não são, estritamente falando, replicáveis; nem a maioria dos eventos é tratada pelo jornalismo ou pela lei. Enquanto a maioria das ciências lida corretamente com fenômenos naturais básicos que podem ser replicados por experimentos ou observação regular, a replicabilidade não pode ser um critério epistêmico para eventos únicos na história (Copleston, 1972, p. 43-44; Gorsuch, 2008, p. 284-85; Polkinghorne, 2007, p. 34-35; Ward, 2002, p. 744-47). A ciência observa padrões de regularidade; já a história deve dar maior atenção às particularidades (Popper, 1961, p. 143). Reconhecido isso, pode-se frequentemente comparar eventos com tipos análogos de eventos. Afirmar que os milagres não atendem a esse critério, entretanto, só é possível se alguém, *a priori,* rejeitar todas as outras reivindicações na mesma categoria, ou seja, todas as outras reivindicações milagrosas (Swinburne, 1970, p. 33-51).

Assim, a epistemologia científica típica, embora corretamente indispensável em sua esfera, não pode circunscrever totalmente os limites da experiência. De fato, uma epistemologia exclusivamente empírica é logicamente autodestrutiva. Hume admitiu que não viveu por sua epistemologia estrita fora de seu trabalho filosófico (Taylor, 1927, p. 24-25), e ninguém, incluindo empiristas, avalia todas as comunicações pessoais de fontes confiáveis, exigindo replicabilidade.

Alegações de milagres hoje

O argumento de Hume a partir da experiência humana uniforme depende fortemente da alegada falta de alegações críveis de testemunhas oculares. Ainda assim, ao contrário de suas suposições baseadas em seu círculo de experiência, testemunhas oculares de várias origens frequentemente oferecem tais afirmações, principalmente na África, Ásia e América Latina. Uma pesquisa do Pew Forum de 2006 (PewResearchCenter, 2006) sugere centenas de milhões de pedidos de cura em apenas 10 países estudados; esses números incluem não apenas muitos pentecostais e carismáticos (cf. estudos em Brown, 2011), mas mais de um terço dos "outros cristãos" pesquisados. Mesmo nos Estados Unidos, 34% dos participantes de uma pesquisa de 2008 relatam que testemunharam ou experimentaram a cura divina.

Essas alegações não podem ser simplesmente descartadas como um viés apologético de uma religião. Por exemplo, um estudo de 1981 concluiu que um décimo de não cristãos em Chennai (então Madras), na Índia, acreditava que eles haviam sido curados por meio de orações a Jesus. Além disso, as experiências de cura provaram ser suficientemente convincentes para persuadir milhões de pessoas a mudarem suas crenças ancestrais. Por exemplo, as curas desencadearam movimentos de grupos inteiros de pessoas (como muitos do povo Nishi, na Índia, ou outro movimento em Nickerie, Suriname) para uma nova fé (Keener, 2011a, p. 277, 509-10). Em um nível mais individual, alguns relatórios da China, que não foram incluídos na pesquisa Pew mencionada anteriormente, atribuem entre metade e 90% de todos os milhões de novas conversões nas últimas duas décadas do século XX a experiências de cura religiosa (Tang, 2005, p. 481; Wahrich-Oblau, 2001, p. 92-93; 2011, p. 313).

A natureza das alegações milagrosas varia, mas um número surpreendente de alegações de testemunhas oculares relata experiências dramáticas como curas instantâneas da cegueira, em algumas situações causadas por catarata, e ressurreições dos mortos, em vários casos aqueles que se acredita estarem mortos por muitas horas (Keener, 2011a, p. 508 79; 2015, p. 58-79). Testemunhas oculares relatam milagres instantâneos, como o desaparecimento instantâneo de papada (Keener, 2011a, p. 745-46). Alguns relatórios vêm de médicos que revisaram a documentação médica (p. ex., Brown, et al. 2010; Gardner ,1983, 1986; Wilson, 2008, p. 269-73; ver ainda Brown, 2012, p. 202-33; Keener, 2011a, p. 714-25). Uma pesquisa de 2004 com médicos dos Estados Unidos descobriu que mais da metade relatou ter testemunhado o que eles acreditavam ser milagres (Keener, 2011a, p. 721-22). A incidência maciça de tais alegações de testemunhas em uma variedade de culturas e estratos sociais parece problemática para o argumento de Hume sobre a experiência humana uniforme. Mas a experiência humana em tais assuntos dificilmente parece uniforme.

Avaliação

Se tais alegações representam ação divina especial genuína é debatida com base nas explicações atribuídas a tais experiências. Explicações êmicas são aquelas oferecidas pelas testemunhas ou suas culturas. As explicações éticas surgem, em vez disso, das categorias de intérpretes externos, embora essas explicações também reflitam suposições de **cosmovisão**, permitindo ou não causas sobrenaturais.

Algumas reivindicações refletem fraude, imaginação ou negação. O diagnóstico errôneo é comum, e algumas recuperações inevitavelmente se provam mais rápidas do que as estimativas médicas gerais do tempo de recuperação. A documentação médica pode ser ambígua; nem sempre é facilmente coletada, e suposições anteriores podem moldar interpretações. Prioridades filosóficas determinam o nível de evidência necessária, e alguns críticos descartam qualquer medida de evidência, ao passo que outros entendem com evidências muito limitadas.

Muitas doenças são psicossomáticas; algumas outras (incluindo até mesmo alguns distúrbios dramáticos) podem ser doenças físicas genuínas com causas psicológicas. A psicoimunologia demonstrou a estreita conexão em muitos casos entre a integridade física e psicológica, e vários estudos de saúde e religião sugeriram fatores positivos para a saúde em algumas práticas religiosas. Teístas geralmente admitem que Deus possa trabalhar por tais causas.

No entanto, os teístas também costumam argumentar que, se a possibilidade do teísmo não for descartada, a possibilidade de ação divina especial mais dramática não pode ser descartada em muitos casos de cura espiritual. Onde anomalias improváveis se agrupam em determinados contextos espirituais (como a oração em ambientes novos de evangelismo), sua improbabilidade estatística cumulativa sustenta a probabilidade de causas específicas para esses contextos.

Um pesquisador cristão descobriu que cerca de dez pessoas em seu círculo imediato ofereciam testemunhas oculares de ressuscitação completa dos mortos por meio da oração sem intervenção médica. A maioria deles parecia morta há pelo menos uma hora e alguns por oito ou mais horas. Reconhecido isso, ocasionalmente as pessoas são consideradas mortas prematuramente; mas, se mais de 10% das pessoas experimentarem tais mortes meramente aparentes em seu círculo imediato, um número desordenado de pessoas sem dúvida será enterrado prematuramente. Além disso, mesmo com essa estimativa generosa de uma probabilidade de 1 em 10 de determinado círculo de pessoas testemunhar essa recuperação, as chances de encontrar 10 recuperações desse tipo, independentemente,

494 MILAGRES

em um círculo, seriam aproximadamente 1 em 10 bilhões. Deve-se acrescentar que todos esses casos envolviam oração; que nenhuma dessas testemunhas relatou ressurreições que não envolviam oração ou relatavam orações aleatórias para outras pessoas mortas; e a coincidência adicional de o pesquisador conhecer outros círculos semelhantes aos seus (Keener, 2011a, p. 662-63, 752-56; 2015, p. 79).

Uma variedade de causas pode estar por trás de várias reivindicações de milagres, porém a interpretação de muitas alegações envolve não apenas evidências, mas as suposições pelas quais as evidências são contextualizadas. Diferentes contextos culturais fazem com que uma gama de opções, da credulidade ao ceticismo, pareça plausível para vários intérpretes. O que parece além do debate, entretanto, é que, globalmente, centenas de milhões de pessoas sinceramente acreditam ter vivenciado milagres.

Conclusão

O argumento de Hume contra os milagres é circular. Sua posição *a priori* contra os milagres tornou-se dominante em muitos círculos acadêmicos, mas hoje é amplamente debatida entre os filósofos. Enquanto isso, centenas de milhões de pessoas em todo o mundo alegam não apenas acreditar em milagres, mas tê-los vivenciado.

Craig Keener

REFERÊNCIAS E LEITURAS RECOMENDADAS

BECKWITH, Francis J., 1989. *David Hume's Argument against Miracles: A Critical Analysis*. Lanham, MD.: University Press of America.

BROOKE, John Hedley, 1991. *Science and Religion: Some Historical Perspectives*. Cambridge History of Science Series. New York: Cambridge University Press.

BROWN, Candy Gunther, ed. 2011. *Global Pentecostal and Charismatic Healing*. Foreword by Harvey Cox. Oxford: Oxford University Press.

_____. 2012. *Testing Prayer: Science and Healing*. Cambridge, MA: Harvard University Press.

BROWN, Candy Gunther; Mory, Stephen C.; Williams, Rebecca; McClymond, Michael J., 2010. "Study of the Therapeutic Effects of Proximal Intercessory Prayer (STEPP) on Auditory and Visual Impairments in Rural Mozambique." *Southern Medical Journal* 103 (September 9): 864-69.

BROWN, Colin, 1984. *Miracles and the Critical Mind*. Grand Rapids: Eerdmans. Burns, Robert M. 1981. *The Great Debate on Miracles: From Joseph Glanvill to David Hume*. Lewisburg, PA: Bucknell University Press.

CAPPS, Donald, 2008. *Jesus the Village Psychiatrist*. Louisville, KY: Westminster John Knox.

COLWELL, Gary G., 1983. "Miracles and History." *Sophia* 22:9-14.

COPLESTON, Frederick, 1972. *Contemporary Philosophy: Studies of Logical Positivism and Existentialism*. Rev. ed. London: Search; Paramus, NJ: Newman.

CRAMER, John A. 1988. "Miracles and David Hume." *Perspectives on Science and Christian Faith* 40 (September 3): 129-37.

DAWID, Philip; Gillies, Donald, 1989. "A Bayesian Analysis of Hume's Argument concerning Miracles." *Philosophical Quarterly* 39:57-65.

DIAMOND, Malcolm L. 1973. "Miracles." *Religious Studies* 9 (3): 307-24.

EARMAN, John. 1993. "Bayes, Hume, and Miracles." *Faith and Philosophy* 10 (3): 293-310.

_____. 2000. *Hume's Abject Failure: The Argument against Miracles*. Oxford: Oxford University Press.

ECKLUND, Elaine Howard, 2010. *Science vs. Religion: What Scientists Really Think*. Oxford: Oxford University Press.

ELLENS, J. Harold, ed. 2008. *Religious and Spiritual Events*. Vol. 1 of *Miracles: God, Science, and Psychology in the Paranormal*. Westport, CT; London: Praeger.

EVE, Eric, 2002. *The Jewish Context of Jesus' Miracles*. Journal for the Study of the New Testament: Supplement Series 231. Sheffield: Sheffield Academic Press.

FOGELIN, Robert J., 2003. *A Defense of Hume on Miracles*. Princeton Monographs in Philosophy. Princeton, NJ: Princeton University Press.

GARDNER, Rex, 1983. "Miracles of Healing in Anglo-Celtic Northumbria as Recorded by the Venerable Bede and His Contemporaries: A Reappraisal in the Light of Twentieth-Century Experience." *British Medical Journal* 287 (December 24-31): 1927-33.

_____. 1986. *Healing Miracles: A Doctor Investigates*. London: Darton, Longman & Todd.

GEIVETT, R. Douglas; Habermas, Gary R., eds. 1997. *In Defense of Miracles: A Comprehensive Case for God's Action in History*. Downers Grove, IL: InterVarsity.

GORSUCH, Richard L., 2008. "On the Limits of Scientific Investigation: Miracles and Intercessory Prayer", em *Religious and Spiritual Events*, vol. 1 of *Miracles: God, Science, and Psychology in the Paranormal*, ed. J. Harold Ellens, 280-99. Westport, CT; London: Praeger.

GREGORY, Brad S., 2006. "The Other Confessional History: On Secular Bias in the Study of Religion." *History and Theory* 45 (December 4): 132-49.

GWYNNE, Paul, 1996. *Special Divine Action: Key Issues in the Contemporary Debate (1965-1995)*. Tesi Gregoriana, Serie Teologia 12. Rome: Gregorian University Press.

HAMBOURGER, Rober, 1980. "Belief in Miracles and Hume's Essay." *Nous* 14:587-604.

HESSE, Mary, 1965. "Miracles and the Laws of Nature", em *Miracles: Cambridge Studies in Their Philosophy and History*, ed. C. F. D. Moule, 33-42. New York: Morehouse-Barlow.

HOLDER, Rodney D., 1998. "Hume on Miracles: Bayesian Interpretation, Multiple Testimony, and the Existence of God." *British Journal for the Philosophy of Science* 49 (1 de março): 49-65.

HOUSTON, J., 1994. *Reported Miracles: A Critique of Hume*. Cambridge: Cambridge University Press.

HUME, David, 1985. *Of Miracles*. Introduction by Antony Flew. La Salle, IL: Open Court.

JOHNSON, David, 1999. *Hume, Holism, and Miracles*. Cornell Studies in the Philosophy of Religion. Ithaca, NY: Cornell University Press.

KEE, Howard Clark, 1983. *Miracle in the Early Christian World: A Study in Sociohistorical Method*. New Haven, CT: Yale University Press.

KEENER, Craig S., 2011a. *Miracles: The Credibility of the New Testament Accounts*. 2 vols. Grand Rapids: Baker Academic.

_____. 2011b. "A Reassessment of Hume's Case against Miracles in Light of Testimony from the Majority World Today." *Perspectives in Religious Studies* 38, no. 3 (Fall): 289-310.

_____. 2015. "'The Dead Are Raised' (Matthew 11:5//Luke 7:22): Resuscitation Accounts in the Gospels and Eyewitness Testimony." *Bulletin for Biblical Research* 25 (1): 55-79.

KRIPPNER, Stanley; Achterberg, Jeanne. 2000. "Anomalous Healing Experiences", em *Varieties of Anomalous Experience: Examining the Scientific Evidence*, ed. Etzel Cardeña, Steven Jay Lynn e Stanley Krippner, 353-96. Washington, DC: American Psychological Association.

KUHN, Thomas S., 1970. *The Structure of Scientific Revolutions*. 2nd ed. Chicago: University of Chicago Press.

LANDESMAN, Charles, 1997. *An Introduction to Epistemology*. Cambridge, MA; Oxford: Blackwell.

LANGTRY, Bruce, 1990. "Hume, Probability, Lotteries, and Miracles." *Hume Studies* 16 (1 de abril): 67-74.

LARMER, Robert A., 1988. *Water into Wine? An Investigation of the Concept of Miracle*. Montreal: McGill-Queen's University Press.

_____. 2014. *The Legitimacy of Miracle*. Lanham, MD: Rowman & Littlefield.

LAWTON, John Stewart, 1960. *Miracles and Revelation*. New York: Association Press.

LICONA, Michael R., 2008. "The Historicity of the Resurrection of Christ: Historiographical Considerations in the Light of Recent Debates." PhD diss. University of Pretoria.

LLEWELLYN, Russ, 2008. "Religious and Spiritual Miracle Events in Real-Life Experience", em *Religious and Spiritual Events*, vol. 1 of *Miracles: God, Science, and Psychology in the Paranormal*, ed. J. Harold Ellens, 241-63. Westport, CT; London: Praeger.

MACMULLEN, Ramsay, 1984. *Christianizing the Roman Empire*. New Haven, CT: Yale University Press.

MATTHEWS, Dale A.; Clark, Connie, 1998. *The Faith Factor: Proof of the Healing Power of Prayer*. New York: Viking Penguin.

MAVRODES, George I., 1998. "David Hume and the Probability of Miracles." *International Journal for Philosophy of Religion* 43 (3): 167-82.

MCCLENON, James, 1994. *Wondrous Events: Foundations of Religious Belief*. Philadelphia: University of Pennsylvania Press.

MCGREW, Timothy, 2009. "The Argument from Miracles: A Cumulative Case for the Resurrection of Jesus of Nazareth", em *The Blackwell Companion to Natural Theology*, ed. J. P. Moreland and William Lane Craig, 593-662. Malden, MA: Blackwell.

MULLIN, Robert Bruce, 1996. *Miracles and the Modern Religious Imagination*. New Haven, CT: Yale University Press.

NICHOLS, Terence L., 2002. "Miracles in Science and Theology." *Zygon* 37 (3): 703-15.

OPP, James, 2005. *The Lord for the Body: Religion, Medicine, and Protestant Faith Healing in Canada, 1880-1930*. Montreal: McGill-Queen's University Press.

OTTE, Richard, 1996. "Mackie's Treatment of Miracles." *International Journal for Philosophy of Religion* 39 (3): 151-58.

PEWRESEARCHCENTER, 2006. "Spirit and Power: A 10-Country Survey of Pentecostals." PewResearchCenter. 5 de outubro. http://pewforum.org/survey/pentecostal.

PHILLIPS, D. Z., 1993. "Miracles and Open-Door Epistemology." *Scottish Journal of Religious Studies* 14 (1): 33-40.

PILCH, John J., 2000. *Healing in the New Testament: Insights from Medical and Mediterranean Anthropology*. Minneapolis: Fortress.

PLANTINGA, Alvin, 2009. "Science and Religion: Why Does the Debate Continue?" em *The Religion and Science Debate: Why Does It Continue?* ed. Harold W. Attridge, 93-123. New Haven, CT: Yale University Press.

POLANYI, Michael, 1962. *Personal Knowledge: Towards a Post-critical Philosophy*. Rev. ed. Chicago: University of Chicago Press.

POLKINGHORNE, John, 1994. *The Faith of a Physicist: Reflections of a Bottom-Up Thinker*. Gifford Lectures, 1993-94. Minneapolis: Fortress.

_____. 1998. *Belief in God in an Age of Science*. Terry Lectures. New Haven, CT: Yale University Press.

_____. 2007. *Quantum Physics and Theology: An Unexpected Kinship*. New Haven, CT: Yale University Press.

POLKINGHORNE, John; Beale, Nicholas, 2009. *Questions of Truth: Fifty-One Responses to Questions about God, Science, and Belief*. Louisville, KY: Westminster John Knox.

POPPER, Karl R., 1961. *The Poverty of Historicism*. 3rd ed. New York: Harper & Row.

_____. 1969. *Conjectures and Refutations: The Growth of Scientific Knowledge*. 3rd rev. ed. London: Routledge and Kegan Paul.

PORTERFIELD, Amanda, 2005. *Healing in the History of Christianity*. New York: Oxford University Press.

RAMSEY, Ian T., 1964. "Miracles: An Exercise in Logical Mapwork." Palestra inaugural feita perante a Universidade de Oxford, 7 de dezembro de 1951. em *The Miracles and the Resurrection: Some Recent Studies by I. T. Ramsey, F. H. Boobyer, F. N. Davey, M. C. Perry, and Henry J. Cadbury*, 1-30. Theological Collections 3. London: SPCK.

SMART, Ninian, 1969. *Philosophers and Religious Truth*. 2nd ed. London: SCM.

SOBER, Elliott. 2004. "A Modest Proposal." *Philosophy and Phenomenological Research* 68, no. 2 (March): 487-94.

SWINBURNE, Richard, 1970. *The Concept of Miracle*. London: Macmillan.

_____. 1989. "Historical Evidence", em *Miracles*, ed. Richard Swinburne, 133-51. New York: Macmillan.

TALIAFERRO, Charles; Hendrickson, Anders. 2002. "Hume's Racism and His Case against the Miraculous." *Philosophia Christi* 4 (2): 427-41.

TANG, Edmond, 2005. " 'Yellers' and Healers— Pentecostalism and the Study of Grassroots Christianity in China", em *Asian and Pentecostal: The Charismatic Face of Christianity in Asia*, ed. Allan Anderson and Edmond Tang, 467-86. Regnum Studies in Mission, *Asian Journal of Pentecostal Studies*. Ser. 3. Oxford: Regnum; Baguio City: APTS Press.

TAYLOR, A. E., 1927. *David Hume and the Miraculous*. Cambridge: Cambridge University Press.

TEN, C. L., 2002. "Hume's Racism and Miracles." *Journal of Value Inquiry* 36:101-7.

THEISSEN, Gerd, 1983. *The Miracle Stories of the Early Christian Tradition*, ed. John Riches; trad. Francis McDonagh. Philadelphia: Fortress.

TUCKER, Aviezer, 2005. "Miracles, Historical Testimonies, and Probabilities." *History and Theory* 44 (October): 373-90.

TWELFTREE, Graham H., ed. 2011. *The Cambridge Companion to Miracles*. New York: Cambridge.

VAN DER BREGGEN, Hendrik, 2002. "Hume's Scale: How Hume Counts a Miracle's Improbability Twice." *Philosophia Christi* 4 (2): 443-53.

WÄHRICH-OBLAU, Claudia, 2001. "God Can Make Us Healthy Through and Through: On Prayers for the Sick and the Interpretation of Healing Experiences in Christian Churches in China and African Immigrant Con- gregations in Germany." *International Review of Mission* 90, no. 356/357 (janeiro-abril): 87-102.

_____. 2011. "Material Salvation: Healing, Deliverance, and 'Breakthrough' in African Migrant Churches in Germany", em *Global Pentecostal and Charismatic Healing*, ed. Candy Gunther Brown, 61-80. Oxford: Oxford University Press.

WARD, Keith, 1985. "Miracles and Testimony." *Religious Studies* 21:134-45.

_____. 2002. "Believing in Miracles." *Zygon* 37 (3): 741-50.

WEINTRAUB, Ruth, 1996. "The Credibility of Miracles." *Philosophical Studies* 82:359-75.

WILSON, William P., 2008. "How Religious or Spiritual Miracle Events Happen Today", em *Religious and Spiritual Events*, vol. 1 of *Miracles: God, Science, and Psychology in the Paranormal*, ed. J. Harold Ellens, 264-79. Westport, CT; London: Praeger.

MILLER, KENNETH R.

MILLER, KENNETH R. Kenneth R. Miller (1949-) é um biólogo celular, autor e professor de biologia na Universidade Brown. Formado pela Universidade Brown (bacharelado em Biologia, 1970) e pela Universidade do Colorado (doutorado em Biologia Celular, 1974), Miller lecionou na Universidade de Harvard de 1974 a 1980, depois se mudou para a Universidade Brown, onde, em 1986, tornou-se professor titular.

O trabalho científico de Miller se concentrou em caracterizar as estruturas do aparato fotossintético. Ele é mais conhecido, no entanto, por duas outras áreas de trabalho: (1) como coautor, com o escritor de ciência Joseph Levine, de um dos livros de biologia de ensino médio mais amplamente adotados, *Biology* (várias edições, começando em 1990) e (2) contendendo como um teísta (católico romano) defensor da evolução, originalmente contra

496 MISTÉRIO

criacionistas da Terra jovem (CTJ), e, mais tarde, contra os proponentes do **design inteligente** (DI). No início dos anos 1980, o líder dos CTJ, Henry Morris, do **Institute for Creation Research**, reconheceu que Miller era seu oponente de debate mais eficaz, e ele então rapidamente ganhou reputação como um defensor articulado e entusiasmado da evolução.

Com a ascensão da comunidade do DI no início dos anos 1990, Miller começou a concentrar suas energias críticas nos argumentos mais populares de DI, como o conceito de **complexidade irredutível** de Michael Behe. Ele também realizou uma série de debates públicos com os principais defensores do DI, como Behe e **William Dembski** (admiravelmente, em abril de 2002, no Museu Americano de História Natural, em Nova York). O primeiro livro de Miller abordando especificamente o debate sobre DI apareceu em 1999: *Finding Darwin's God: A Scientist's Search for Common Ground between God and Evolution* [Encontrando o Deus de Darwin: a busca de um cientista por um consenso Deus e a evolução] (HarperCollins), que argumentava que, apropriadamente compreendido, a teoria evolutiva e a fé cristã eram totalmente compatíveis, e que esse raciocínio de identificação encerrou prematuramente a investigação científica ao inserir um Deus interventor nos enigmas abertos da natureza.

Em 2005, Miller serviu como perito para a American Civil Liberties Union [União Americana pelas Liberdades Civis] (ACLU) para os queixosos da demanda judicial no caso federal *Kitzmiller x Distrito Escolar da Região de Dover*, onde o ensino de DI foi considerado pelo juiz John Jones como inconstitucional. Em seu depoimento, Miller criticou a coerência de noções centrais do DI, como a complexidade irredutível, e defendeu a solidez da teoria evolutiva. Em 2009, ele publicou sua segunda avaliação crítica do DI e defesa da evolução, *Only a Theory: Evolution e Battle for America's Soul* [Somente uma teoria: a evolução e a batalha pela alma da América] (Viking), no qual argumentou novamente que exemplos aparentes de complexidade irredutível haviam sido refutados por pesquisas mais extensas; além disso, o DI não poderia escapar de sua conexão com o criacionismo, dado que qualquer *designer* deve tornar seus projetos reais, trazendo-os à existência, um evento que só pode representar um ato de criação como normalmente entendido.

Paul Nelson

REFERÊNCIAS E LEITURAS RECOMENDADAS

Kitzmiller v. Dover Area School District. http://ncse.com/files/pub/legal/itzmiller/trial_transcripts/2005_0926_day1_am.pdf e http://ncse.com/files/pub/legal/kitzmiller/trial_transcripts/2005_0926_day1_pm.pdf.
MILLER, Kenneth R., 1999. *Finding Darwin's God: A Scientist's Search for Common Ground between God and Evolution.* New York: HarperCollins.
_____. 2008. *Only a Theory: Evolution and the Battle for America's Soul.* New York: Viking.
NCSE. "Forum on 'Intelligent Design' realizado no American Museum of Natural History (23/4/2002)." 2002. Transcrição em http://ncse.com/creationism/general/forum-intelligent-design-held-at-american-museum-natural-his.

MISTÉRIO. A noção de mistério talvez adequadamente esteja envolvida na ambiguidade. Basicamente, refere-se ao modo como certas realidades escapam à compreensão meramente racional. Mas de que modo essas realidades fazem tal fuga, e como, de que forma elas podem ser compreendidas e qual o significado da "misteriosidade" para o intelecto e para a vida. Todas essas questões podem ser interpretadas de forma bastante diferente dentro de diferentes contextos.

No uso popular — incluindo o de profissionais e jornalistas que comunicam resultados científicos para um público mais amplo —, "mistério" frequentemente descreve o que não é conhecido ou entendido agora, mas a designação não exclui necessariamente a compreensão em princípio. Falar do mistério ou dos mistérios de Stonehenge ou da **consciência** é reconhecer lacunas, possivelmente muito grandes e fundamentais, em nossa compreensão dessas coisas no nível de causas naturais, dinâmicas e narrativas. Todavia, essas lacunas podem muito bem ser preenchidas eventualmente, com financiamento, conhecimento ou esforço suficientes, afinal de contas, os mistérios devem ser resolvidos.

A noção de "mistério" nas tradições bíblicas e teológicas, no entanto, é mais complexa. No Novo Testamento, *mystérion* frequentemente se refere ao cumprimento escatológico dos propósitos eternos de Deus em Cristo, o qual foi revelado — assim, em certo sentido, entendido por — seres humanos, mas que não está agora nem nunca sujeito à investigação humana, e, assim, deve ser revelado por Deus e verdadeiramente conhecido apenas na consumação final (como em Efésios 3). O "mistério" também passou a ser aplicado a eventos significativos na vida de Cristo e ao eixo sacramental da existência litúrgica da igreja.

Quando a ambiguidade ameaça, o esclarecimento pode ser tudo o que é necessário para evitar erros de interpretação. No entanto, em um nível mais profundo, a noção mais rica de mistério levanta questões sobre o que significa dizer que algumas verdades a princípio estão além do entendimento humano; se e como os seres humanos podem, no entanto, saber o que transcende o racional; e a realidade e natureza da **revelação** divina. "A visão cristã das coisas afirma a principal coerência da realidade, de modo que a opacidade da existência reflete um mistério, não uma incoerência" (McGrath, 2003, p. 98).

Maurice Lee

REFERÊNCIAS E LEITURAS RECOMENDADAS

BORNKAMM, Gunther, 1964. "Mysterion", em Theological Dictionary of the New Testament, ed. Gerhard Kittel, 4:802-28. Grand Rapids: Eerdmans.
CATECISMO DA IGREJA CATÓLICA, 1997. 2nd ed. Vatican City State: Libreria Editrice Vaticana.
McGRATH, Alister E, 2003. A Scientific Theology. Vol. 3. Theory. Grand Rapids: Eerdmans.

MITOLOGIA. Um mito é uma história "sobre algo significativo" (Segal, 2004, p. 5), ou seja, não é necessariamente a "história falsa" do uso coloquial. Embora a mitologia não se enquadre perfeitamente nas concepções modernas da ciência, ela não pode ser descartada como mera fantasia ou ciência falsificada. **William Lane Craig** relata: "Enquanto os estudiosos do século XIX consideravam os antigos mitos da criação como uma espécie de protociência grosseira, os estudiosos contemporâneos tendem mais à visão de que tais histórias eram interpretadas figurativamente, não literalmente, pelas pessoas que as contavam" (Craig, 2014, p. 39). Como conclui Robert A. Segal, "os mitos servem como *guias* para o mundo, e não como *representações* do mundo" (Segal, 2004, p. 139).

Mais ou menos como o altamente abstrato Mapa do Metrô de Londres guia as pessoas pelo sistema metroviário, um mito fornece uma narrativa que ajuda as pessoas a se entenderem dentro da estrutura de uma dada **cosmovisão** em termos imaginativos e intelectuais. Como tal, os mitos articulam afirmações de verdade que podem ser avaliadas criticamente. Por exemplo, se compararmos os mitos da criação da antiga Babilônia, China, Egito e Grécia com o mito bíblico da criação, descobrimos pontos de similaridade e diferença:

- Em todos esses mitos, há um desenvolvimento de uma ordem cósmica sem vida para uma com a vida.
- Assim como os mitos babilônicos e alguns egípcios, a Bíblia atribui esse desenvolvimento à intencionalidade divina, e não a nada além de processos naturais.
- Os mitos babilônicos e bíblicos representam o cosmos pré-vida como "água".
- Os mitos babilônicos e bíblicos referem-se a uma divindade que paira sobre a "água".
- Na Bíblia (como na cosmogonia egípcia), a ordem cósmica *per se* (e não meramente sua forma atual com a vida) tem um "começo" claro (cf. Craig, 2001; Craig e Copan, 2004).
- Somente o mito bíblico é apresentado dentro de um contexto de monoteísmo (trinitário), e não de politeísmo.
- Somente na Bíblia está a *existência e a forma* de toda a ordem cósmica, passado e presente, explicada com referência à atividade intencional de uma divindade pessoal infinita, autoexistente, totalmente sobrenatural, que transcende e cria toda a ordem cósmica.
- Assim, somente dentro do mito bíblico a realidade como um todo não é claramente um fato bruto (porque Deus, o Criador incriado, não é um fato bruto).

Tendo cuidadosamente abstraído as cosmovisões dos mitos da criação da linguagem figurada na qual elas são expressas, podemos avaliar essas cosmovisões à luz do pensamento filosófico e científico contemporâneo. Filosoficamente, a forma leibniziana do **argumento cosmológico** mostra que precisamos mais do que uma explicação definitiva do "fato bruto" e que Deus é o fundamento necessariamente existente da realidade (cf. Craig, 2008).

Filosofica e cientificamente, temos boas razões para pensar que o cosmos teve um começo há um tempo finito (cf. Craig, 2008; Holder, 2013). Como afirma o cosmólogo ateísta Alexander Vilenkin, "todas as evidências que temos dizem que o universo teve um começo" (Grossman, 2012, p. 7).

As chamadas versões kalam do argumento cosmológico baseiam-se na premissa de um passado cósmico finito para defender Deus como a causa não causada da realidade física (cf. Craig, 2008; Williams, 2013). Cientificamente, vemos que a ordem cósmica primordial emergente do ***big bang*** exibiu uma estrutura "finamente ajustada" necessária, mas não suficiente, para a **emergência** da vida (cf. Abel et al. 2011; Craig, 2008; Holder, 2013; Meyer,

498 MODELO PADRÃO

2009). Da mesma forma, a água é uma precondição necessária, porém insuficiente, para a vida. Juntas, essas observações, argumentos e teorias modernas contradizem as cosmovisões da criação da Babilônia, China, Egito e Grécia, mas confirmam a cosmovisão da criação da Bíblia.

Peter S. Williams

REFERÊNCIAS E LEITURAS RECOMENDADAS

ABEL, David L.; Dunston, Kurk K.; Johnson, Donald, 2011. *The First Gene: The Birth of Programming, Messaging and Formal Control.* New York: Longview Academic.

CRAIG, William Lane, 2001. *Time and Eternity: Exploring God's Relationship to Time.* Wheaton, IL: Crossway.

_____. 2008. *Reasonable Faith: Christian Truth and Apologetics.* 3rd ed. Wheaton, IL: Crossway.

_____. 2014. Interviewed in *Science and Religion: 5 Questions,* ed. Gregg D. Caruso. New York: Automatic.

CRAIG, William Lane; Copan, Paul, 2004. *Creation Out of Nothing: A Biblical, Philosophical, and Scientific Exploration.* Grand Rapids: Baker Academic.

GRANT, Edward, 2007. *A History of Natural Philosophy: From the Ancient World to the Nineteenth Century.* Cambridge: Cambridge University Press.

GROSSMAN, Lisa, 2012. "Death of the Eternal Cosmos." *New Scientist* 2847 (14 de janeiro): 6-7.

HOLDER, Rodney, 2013. *Big Bang, Big God: A Universe Designed for Life?* Oxford: Lion.

McGRATH, Alister, 2014. "The Concept of Myth in Lewis' Thought", em Alister McGrath, *The Intellectual World of C. S. Lewis.* Oxford: Wiley-Blackwell.

MEYER, Stephen C., 2009. *Signature in the Cell: DNA and the Evidence for Intelligent Design.* New York: HarperOne.

SEDLEY, David, 2009. *Creationism and Its Critics in Antiquity.* Berkeley: University of California Press.

SEGAL, Robert A., 2004. *Myth: A Very Short Introduction.* Oxford: Oxford University Press.

WILLIAMS, Peter S., 2013. *A Faithful Guide to Philosophy: An Introduction to the Love of Wisdom.* Milton Keynes, UK: Paternoster.

_____. 2014. "Comparing Creation Myths." Damaris. www.damaris.org/podcasts/897.

MODELO PADRÃO. O modelo padrão de partículas e campos descreve as partículas fundamentais conhecidas e três das quatro forças conhecidas que compõem o universo. É formalmente uma teoria matemática de campo quântico. Embora o modelo padrão tenha sido extremamente bem-sucedido em descrever e prever os resultados de experimentos, alguns aspectos do universo não estão incluídos no modelo padrão. A força da gravidade é muito fraca no nível subatômico para desempenhar um papel significativo e não faz parte do modelo padrão. Além disso, a **matéria escura e a energia escura** são características do universo que produzem resultados observáveis, mas cujos mecanismos subjacentes são desconhecidos e não são descritos pelo modelo padrão.

As partículas do modelo padrão incluem seis quarks, seis léptons, o fóton, três bósons vetoriais intermediários

(W^+, W^- e Z^0), 8 glúons e o bóson de Higgs. Cada uma das partículas tem uma antipartícula com números quânticos opostos, incluindo carga elétrica. Para algumas das partículas, incluindo o fóton e o bóson de Higgs, a partícula é idêntica à antipartícula.

Quarks e léptons são considerados partículas de "matéria", e cada um é classificado em três gerações, com cada geração consistindo de duas partículas. Quarks e léptons todos têm um spin da mecânica quântica que é um múltiplo de meio inteiro da constante de Planck e, portanto, são férmions. Partículas fundamentais como quarks e léptons são consideradas partículas "pontuais" sem tamanho, e limites experimentais colocam seu tamanho como menos de 10^{-18} metros.

A primeira geração de léptons é o elétron e neutrino do elétron; a segunda geração é o múon e neutrino do múon; e a terceira geração é o tau lépton e neutrino do tau. Todos os neutrinos têm carga elétrica nula, e os outros três léptons têm uma carga elétrica de -1 vezes a do próton.

A primeira geração de quarks é o quark up e down; a segunda geração é o charme e quarks *strange*; e a terceira geração são os quarks top e *bottom*. A massa de cada geração fica sucessivamente mais pesada. O primeiro quark mencionado em cada geração tem uma carga elétrica de $+2/3$ da do próton, e o segundo quark mencionado em cada geração tem uma carga de $-1/3$ da de um próton. Os prótons e nêutrons são, em um nível simplista, cada um composto de três quarks. Um próton é feito de dois quarks up e um quark down, com uma carga elétrica de $+2/3 + 2/3 - 1/3 = 1$, e o nêutron é feito de um quark up e dois quarks down, com uma carga elétrica de $+ 2/3 - 1/3 - 1/3 = 0$.

Embora os léptons possam ser encontrados como partículas isoladas, os quarks não podem. Os quarks estão sempre ligados em grupos de três (bárions), como o nêutron e o próton, ou agrupados como um quark com um antiquark (mésons). Coletivamente, qualquer coisa feita de quarks é chamada de *hádron*. Todos os quarks e glúons carregam uma propriedade chamada de *cor* que lhes permite interagir por meio da força forte e os une firmemente em grupos. Léptons não têm cor e não podem interagir por meio da força forte.

As forças da natureza são descritas pelas próprias partículas que carregam a força de uma partícula para outra. Uma analogia para essa ideia seria dois jogadores de basquete que estão distantes. Um jogador pode exercer uma "força" no outro jogador jogando a bola para ele. Da

MONOD, JACQUES LUCIEN   499

mesma forma, a força do eletromagnetismo é transportada por fótons quando uma partícula carregada "lança" um fóton para outra partícula carregada. A força fraca é carregada pelos bósons intermediários dos vetores e a força forte é transportada pelos glúons. Essas partículas que transportam força têm um spin de mecânica quântica de 1 e são classificadas como bósons.

O bóson de Higgs (às vezes chamado de **partícula de Deus**; Lederman, 1993) tem spin mecânico quântico zero e desempenha um papel em dar massa às outras partículas fundamentais. Na teoria matemática, as partículas fundamentais têm massa nula, mas adquirem massa interagindo com o bóson de Higgs.

Michael G. Strauss

REFERÊNCIAS E LEITURAS RECOMENDADAS

GIANCOLI, D., 2014. *Physics: Principles with Applications.* 7th ed. San Francisco: Pearson.

LEDERMAN, Leon; Teresi, Dick, 1993. *The God Particle: If the Universe Is the Answer, What Is the Question?* Boston: Houghton Mifflin.

MONISMO. De acordo com o *monismo*, a realidade é uma. Um tipo de monismo afirma que a realidade é uma *coisa* individual. Acredita-se tradicionalmente que o antigo filósofo grego Parmênides de Eleia (c. 515-450 a.C.) tenha sido um monista desse tipo. O filósofo britânico Francis Herbert Bradley (1846-1924) também defendia essa visão. O **panteísmo**, a tese de que toda a realidade é um ser divino, é um exemplo desse tipo de monismo. Entre os filósofos geralmente rotulados como panteístas estão Plotino (204/5-270), Sankara (788-820), **Baruch Spinoza** (1632-1677) e Georg Wilhelm Friedrich Hegel (1770-1831).

Em outro tipo de monismo, a realidade consiste em um *tipo* de coisa (existe ou não apenas uma coisa individual). As duas teorias mais dominantes deste último tipo são o **materialismo**, segundo o qual tudo é material, e o **idealismo**, segundo o qual tudo é imaterial e mental. A teoria monista individual de Hegel é também uma teoria monista idealista, já que ele afirmava que a principal realidade é fundamentalmente imaterial e mental em espécie. Mas a teoria *pluralista* individual dos antigos atomistas é uma teoria monista materialista, pois sustentavam que muitas coisas existem, mas que são todas materiais.

Com respeito a ambos os tipos de monismo (individual e de tipo), pode haver teorias dualistas e pluralistas correspondentes. Por exemplo, os materialistas atomistas eram pluralistas individuais (existem muitas coisas individuais) e monistas de tipo (cada uma dessas coisas é o mesmo tipo de coisa — material).

Os cristãos ortodoxos não podem ser monistas individuais, pois acreditam que Deus é um ser que criou muitas outras coisas, mas alguns cristãos ortodoxos são monistas de tipo. Essas pessoas são ou idealistas, como o filósofo George Berkeley (1685-1753), ou materialistas, como vários pensadores cristãos contemporâneos que acreditam que, embora Deus seja um ser imaterial, a ordem criada é inteiramente material. No entanto, a posição tradicional dos cristãos ortodoxos tem sido a do "**dualismo** da substância", segundo a qual a criação contém dois tipos diferentes de substâncias ou coisas — **mentes** imateriais e objetos materiais, incluindo corpos — essa era a posição de **René Descartes**. Foi também a posição tomada pelo grande pensador cristão **Agostinho** (354-430), seguindo **Platão** (embora sem endossar a difamação de Platão sobre o corpo). Dualistas como Descartes também afirmam que mentes imateriais e corpos materiais interagem causalmente (dualismo de substâncias "interacionistas").

Muitos monistas idealistas e materialistas consideram problemática essa característica interacionista do dualismo de substâncias, alegando que é inexplicável como uma coisa imaterial pode interagir causalmente com uma coisa material. Esse "problema de interação" tornou-se uma razão padrão para rejeitar o dualismo em favor de uma dessas versões do monismo. Hoje, o tipo dominante de monismo é o materialismo (também conhecido como **fisicalismo**), que é frequentemente ratificado com base no fato de que é mais bem apoiado pela ciência contemporânea e mais simples que o dualismo. Contudo, os cristãos continuam a debater se o materialismo pode acomodar a doutrina da **vida após a morte**.

James Taylor

REFERÊNCIAS E LEITURAS RECOMENDADAS

COOPER, John W., 2000. *Body, Soul, and Life Everlasting: Biblical Anthropology and the Monism-Dualism Debate.* Grand Rapids: Eerdmans.

KOONS, Robert C.; Bealer, George, eds. 2010. *The Waning of Materialism.* New York: Oxford University Press.

VAN INWAGEN, Peter, 2014. *Metaphysics.* 4th ed. Boulder, CO: Westview.

MONOD, JACQUES LUCIEN. Jacques Lucien Monod (1910-1976) recebeu o Prêmio Nobel de medicina e fisiologia em 1965, juntamente com François Jacob e Andre Lwoff, por seu trabalho de referência sobre a regulação dos **genes**. Este trabalho começou com a análise genética de bactérias associadas a mudanças fenotípicas no metabolismo de carboidratos a mutações em genes específicos. Isso levou a um modelo para a corregulação da expressão gênica de três proteínas envolvidas no metabolismo da lactose (beta-galactosidase, permease e transacetilase). Conhecido como *operon lac*, seu modelo postulou que uma única proteína repressora é alostericamente modificada pela lactose para permitir a transcrição simultânea dos três genes funcionais. Hoje, esses experimentos elegantes e importantes são usados para introduzir a expressão gênica em quase todos os textos introdutórios sobre genética ou microbiologia.

Nascido em Paris, na França, Monod estudou no Instituto de Tecnologia da California em 1936 como bolsista da Fundação Rockefeller. Ele obteve seu doutorado em 1941 pela Universidade de Paris e continuou seu trabalho e sua pesquisa durante a Segunda Guerra Mundial e a ocupação nazista da França. Foi um participante ativo no movimento de resistência francês juntamente com seu amigo e colega Albert Camus. Apesar de suas inclinações esquerdistas políticas e sua oposição ao nazifascismo, em 1948, após as autoridades comunistas na Rússia denunciarem o estudo da genética, ele defendeu publicamente a ciência da genética no jornal de resistência *Combat*.

Em 1969, Monod apresentou as Palestras de Robbins na Faculdade de Pomona, na Califórnia, nas quais apresentou o que ele acreditava ser as extensões filosóficas e sociais de seu trabalho como cientista; posteriormente, publicou suas ideias na monografia *Chance and necessity* [Chance e necessidade]. Nesse ensaio, ele apresentou sua teoria do universo baseada na biologia molecular e nos processos evolutivos, e concluiu que não há plano nem intenção no universo. Ele afirmou isso como um postulado fundamental a que ele se referiu como o postulado da **objetividade**; e concluiu: "O homem finalmente sabe que está sozinho na imensidão insensível do universo, do qual emergiu apenas por **acaso**. Seu destino não está determinado, tampouco está seu dever" (Monod, 1971).

No que diz respeito à possibilidade de evolução teísta, Monod disse em uma entrevista: "Eu não tenho nenhum conflito com isso, exceto um (que não é um conflito científico, mas uma questão moral). Especificamente, a seleção é a maneira mais cega e cruel de desenvolver novas **espécies**". Ele declarou: "Estou surpreso que um cristão defenda a ideia de que este é o processo que Deus, mais ou menos, estabeleceu para ter evolução" (Gadsby, 1980).

A carreira de Monod está ligada ao Instituto Pasteur, ao qual ele se juntou em 1931 como instrutor. Foi nomeado chefe de laboratório em 1945, chefe do departamento de bioquímica celular em 1954 e diretor-geral em 1971. Além do Prêmio Nobel, Monod recebeu muitas outras honrarias e prêmios, incluindo os de seus serviços militares: Chevalier de al Légion d'Honneur (Cavaleiro da Legião de Honra), Croix de Guerre (Cruz da Guerra) e Medalha de Estrela de Bronze. Ele era membro estrangeiro da Royal Society e membro estrangeiro da Academia Nacional de Ciências.

Byron Noordewier

REFERÊNCIAS E LEITURAS RECOMENDADAS

Carroll, Sean B., 2013. *Brave Genius: A Scientist, a Philosopher, and Their Daring Adventures from the French Resistance to the Nobel Prize*. New York: Crown.

Crick, Francis, 1976. "Obituary of Jacques Monod." *Nature* 262:429-30.

Gadsby, W. Peter, 1980. "Jacques Monod and Theistic Evolution." *Creation* 3:18-19.

Monod, Jacques, 1971. *Chance and Necessity: An Essay on the Natural Philosophy of Modern Biology*. New York: Vintage.

Nobel Media, 2014a. "Jacques Monod—Biographical." Nobelprize.org. Acessado em 30 de novembro de 2015. www.nobelprize.org/nobel_prizes/medicine/laureates/1965/monod-bio.html.

Nobel Media, 2014b. "Jacques Monod — Nobel Lecture: From Enzymatic Adaption to Allosteric Transitions." Nobelprize.org. Acessado em 30 de novembro 2015. www.nobelprize.org/nobel_prizes/medicine/laureates/1965/monod-lecture.html.

MORALIDADE. O termo *moralidade* deriva do latim *moralis*, que significa costumes ou maneiras. Moralidade refere-se a crenças, noções ou opiniões sobre que comportamento ou decisões são boas, ruins, certas ou erradas. De um modo geral, ética é um sinônimo.

Quando usada *descritivamente*, a moralidade refere-se às crenças ou aos costumes éticos de uma pessoa, de um grupo ou de uma época. Assim, a frase "Os Callatianos canibalizam seus idosos mortos" apenas descreve certo estado moral de coisas entre um antigo grupo de pessoas sem avaliar se seu comportamento era certo ou errado, bom ou ruim. Quando usada *normativamente* ou *prescritivamente*, a moralidade pode ser usada para oferecer uma prescrição de certas crenças e/ou comportamentos ou uma avaliação da retidão ou incorreção de certas crenças e/ou comportamentos. Assim, "A prática Callatiana do canibalismo era moralmente abominável" afirma que o comportamento do grupo de pessoas era imoral ou errado.

O relativismo moral é o **paradigma** reinante hoje não apenas entre os acadêmicos, mas especialmente entre a população em geral. O relativismo moral é a visão de que as noções de certo e errado são questões de opinião que podem diferir de pessoa para pessoa e cultura para cultura — e não têm base na realidade objetiva. A moralidade, como o pensamento popular sobre a beleza, está nos olhos de quem vê, visão esta que é problemática em qualquer nível.

Em primeiro lugar, certas crenças morais parecem ser universais. O falecido cientista político James Q. Wilson, por exemplo, argumentou que toda pessoa racional e toda cultura compartilha uma sensibilidade moral, ou **intuição**, de que as virtudes da simpatia, imparcialidade, autocontrole e dever são normas morais universais. Membros de gangues, advogados corporativos, europeus e aborígenes australianos parecem ter a ideia de que cumprir o dever é obrigatório e que não cumprir o dever, seja lá o que for, é repreensível. É verdade que o conteúdo do dever de uma pessoa pode diferir de uma pessoa ou cultura para outra, mas que a pessoa deve cumprir seu dever, seja ela qual for, parece incontestável entre as culturas.

Segundo, se não há moralidade objetiva, as locuções "Isso é moralmente correto" e "Isso é moralmente errado" são puramente questões de etiqueta. Nunca se pode dizer que uma crença ou um comportamento é verdadeiramente errado; pode-se dizer que eles são diferentes das crenças ou dos comportamentos de outra pessoa ou cultura. No entanto, a morte arbitrária de outro ser humano parece ser mais do que uma violação do costume; é moralmente censurável. A aniquilação de 6 milhões de judeus por Hitler parece mais do que uma violação da etiqueta adequada. A pedofilia não é apenas uma violação do código moral ocidental; é uma violação de uma lei moral absoluta e está, portanto, em toda parte e sempre errada, quer uma pessoa ou cultura acredite ou não que esteja errada. Estupro é o abuso de outro ser humano e não um comportamento infeliz em determinada subcultura. Todos esses são exemplos que apontam para leis morais absolutas e objetivas, não apenas para os costumes.

Terceiro, se o relativismo moral é verdadeiro, não há lugar para reformadores morais como Martin Luther King Jr., Desmond Tutu ou mesmo Jesus. Se não há verdades morais universais, não há papel para alguém chamar indivíduos ou sociedade a obedecer a essas verdades. Em um modelo relativista, a moralidade é apenas uma construção social ou um código de sociedade educada. Se isso for verdade, a discriminação baseada na cor da pele não pode ser universalmente errada. Se, no entanto, o preconceito baseado na identidade étnica ou racial é uma violação dos direitos humanos básicos, então deve haver alguma moralidade objetiva que se baseie na **natureza** dos seres humanos como tais. Certamente, a justiça racial não é apenas uma questão de costumes e comportamentos sociais, mas faz parte do tecido da moralidade humana, para não mencionar a **revelação** bíblica.

Esses problemas levantam a questão das fontes de moralidade. Entre a moralidade não relativista, existem essencialmente duas fontes de moralidade normativa ou prescritiva. Por um lado, os teóricos da lei natural argumentam que as normas morais são incorporadas à natureza da realidade — são normas morais não escritas, cuja observância contribui para o florescimento humano. A moralidade da lei natural tem uma longa história começando com **Aristóteles** e Aquino e evoluindo por intermédio de **Immanuel Kant**, Hugo Grotius, Samuel Pufendorf e **John Locke**.

Two Treatises on Government [Os dois tratados sobre o governo] de Locke é um texto clássico da lei natural. Na opinião de Locke, a lei natural não depende da revelação divina, mas tem sua origem na razão humana e está fundamentada em direitos humanos básicos. A Declaração de Independência dos Estados Unidos ecoa a lei natural lockeana em sua afirmação: "Consideramos estas verdades evidentes, que todos os homens são criados iguais, são dotados pelo Criador de certos direitos inalienáveis, que entre estes estão a Vida, a Liberdade e a busca da Felicidade". Esses direitos não são discernidos por meio da análise da Bíblia, do Alcorão ou de outros documentos religiosos, mas são verdades autoevidentes, de acordo com Locke.

Mais recentemente, teóricos jurídicos, como John Finnis e Robert P. George, conceberam a lei natural que se baseia em certos bens incomensuráveis, como a vida, o conhecimento, a brincadeira, a estética, a sociabilidade ou a amizade, a racionalidade prática e a religião. Finnis define a lei natural como "o conjunto de princípios da razoabilidade prática para ordenar a vida humana e a comunidade humana" para o florescimento humano (Finnis, 2011, p. 23). Uma vida moral é aquela em que esses bens são devidamente ordenados pelos indivíduos e pela sociedade, e a proteção desses bens é necessária para uma sociedade justa e moral.

Por outro lado, outros não relativistas encontram a base da moralidade na revelação bíblica, não na razão humana. Entre os eticistas judeus, a Torá e as interpretações rabínicas da Torá são normativas. Entre os cristãos, o Antigo e o Novo Testamento compreendem a revelação normativa ou prescritiva da vontade moral de Deus para a humanidade. Os pais da igreja primitiva, como Clemente de Alexandria, Cipriano e Ambrósio, escreveram comentários sobre o ensino ético da Bíblia. Os reformadores, como **João Calvino** e Martinho Lutero, embora um pouco céticos com relação à lei natural em virtude dos efeitos noéticos da depravação humana, consideraram as Escrituras do Antigo e do Novo Testamento como a base das exigências morais de Deus e do dever ético do cristão.

A revelação geral e a graça comum deixam claro que existe uma lei moral, mas o conteúdo dessa lei deve ser dado a conhecer por meio de revelação especial. Assim, o apóstolo Paulo diz em Romanos 1:20, por exemplo, "os atributos invisíveis de Deus, seu eterno poder e sua natureza divina, têm sido vistos claramente, sendo compreendidos por meio das coisas criadas". No entanto, o apóstolo passa grande parte do restante de sua carta à igreja romana delineando as demandas exclusivas de Deus para os seguidores de Jesus, incluindo: "Não se amoldem ao padrão deste mundo, mas transformem-se pela renovação da sua **mente**, para que sejam capazes de experimentar e comprovar a boa, agradável e perfeita vontade de Deus" (12: 2). Conhecer a vontade prescritiva de Deus, portanto, requer estudo do texto bíblico. Oliver O'Donovan, um eticista cristão contemporâneo, expressou isso da seguinte maneira: "Os fundamentos da ética cristã devem ser fundações evangélicas; ou, em outras palavras, a ética cristã deve surgir do evangelho de Jesus Cristo. Caso contrário, não poderia ser ética cristã" (O'Donovan, 1994, p. 11). Para O'Donovan e outros que seguem essa linha, a moralidade cristã deve estar fundamentada na revelação de Jesus, o Messias, e nas Escrituras Cristãs canônicas.

C. Ben Mitchell

REFERÊNCIAS E LEITURAS RECOMENDADAS

BECKWITH, Frances J.; Koukl, Greg, 1998. *Relativism: Feet Firmly Planted in Mid-Air.* Grand Rapids: Baker.

FEDLER, Kyle D., 2009. *Exploring Christian Ethics: Biblical Foundations for Morality.* Louisville, KY: Westminster John Knox.

FEINBERG, John S.; Feinberg, Paul, 2010. *Ethics for a Brave New World.* 2nd ed. Wheaton, IL: Crossway.

FINNIS, John, 2011. *Natural Law and Natural Rights.* 2nd ed. Oxford: Oxford University Press.

KREEFT, Peter, 1999. *A Refutation of Moral Relativism: Interviews with an Absolu ist.* San Francisco: Ignatius.

McQUILKIN, Robertson; Copan, Paul, 2014. *An Introduction to Biblical Ethics: Walking in the Way of Wisdom.* Downers Grove, IL: IVP Academic.

MITCHELL, C. Ben, 2013. *Ethics and Moral Reasoning: A Student's Guide.* Wheaton, IL: Crossway.

O'DONOVAN, Oliver, 1994. *Resurrection and the Moral Order: An Outline for Evangelical Ethics.* 2nd ed. Grand Rapids: Eerdmans.

POJMAN, Louis P., 2011. *Ethics: Discovering Right from Wrong.* Boston: Cengage Learning, 2011.

WRIGHT, N. T., 2012. *After You Believe: Why Christian Character Matters.* New York: HarperOne.

MORELAND, J. P. James Porter Moreland (1948-) é o ilustre professor de filosofia da Talbot School of Theology, na universidade de Biola, na Califórnia. Ele possui quatro graduações (um bacharelado em química pela Universidade de Missouri, um mestrado em teologia do Seminário Teológico de Dallas, um mestrado em filosofia pela Universidade da Califórnia, Riverside, e um doutorado em filosofia pela Universidade do Sul da Califórnia). Sua dissertação "Universals and the Qualities of Things: A Defense of Realism" (Universais e as qualidades das coisas: uma defesa do realismo) foi supervisionada por Dallas Willard, que exerceu influência formativa em Moreland tanto como filósofo quanto como cristão.

Moreland ajudou a fundar três igrejas, serviu com o Campus Crusade for Christ [no Brasil: Cruzada Estudantil e Profissional para Cristo) por dez anos e falou ou debateu em mais de duzentos *campi* universitários. Por oito anos ele atuou como bioeticista para o PersonaCare Nursing Homes, Inc. Embora seja um filósofo de primeira linha, Moreland é bem treinado em se comunicar com o público leigo.

Ele deu importantes contribuições para vários campos filosóficos ao abordar a **cosmovisão** cristã e foi um pioneiro do movimento de **design inteligente** (Moreland, 1987, 1989, 1994; Moreland e Nielsen, 1993). Crítico do **cientificismo** e do **naturalismo metodológico**, Moreland defende o *status* científico da ciência da criação (cf. Moreland, 1989, 1994), a ciência teística e a teoria do *design* inteligente (cf. Moreland, 2008). Moreland se inclina "fortemente para teorias da Terra antiga", mas considera que a evolução teísta "é biblicamente inadequada e menos que exigida pelas considerações científicas relevantes" (Moreland e Reynolds, 1999, p. 142).

No campo da **teologia natural**, Moreland defende uma ampla gama de argumentos teístas, mais notavelmente o argumento *kalam*, o argumento teleológico (onde o argumento de Moreland a partir da informação biológica prefigura o trabalho de teóricos do *design* como William A. Dembski e **Stephen C. Meyer**), argumentos axiológicos da bondade e da beleza, bem como argumentos da experiência religiosa e da existência da alma humana (Moreland, 1987, 2009a, 2009c, 2009d; Moreland e Craig, 2003; Moreland e Nielsen, 1993) .

Moreland abordou várias questões relevantes para a teologia natural ramificada, especialmente a historicidade do Novo Testamento (cf. Moreland, 1987, 1995, 2009c) e a evidência da ressurreição de Jesus (cf. Moreland, 1987, 1998, 2009c). Ele defende que os Evangelhos do Novo Testamento foram escritos entre os anos 40 e 50 d.C., enquanto as cartas de Paulo datam de 49 a 65 d.C. E conclui: "Em não mais do que cinco anos após a crucificação, Jesus estava sendo adorado pelos judeus monoteístas como Deus todo-poderoso", e "uma alta cristologia remonta ao próprio Jesus de Nazaré" (Moreland, 2009c, 109, 117).

Na filosofia da **mente**, Moreland defende (uma versão tomística) do **dualismo** mente-corpo (Moreland, 2009b; Moreland e Craig, 2003; Moreland e Roe, 2000), **livre-arbítrio libertário** (cf. Moreland e Craig, 2003) e uma visão cristã da vida após a morte (cf. Moreland e Habermas, 1998). Ele também defende uma versão especificamente cristã da **psicologia** do *design* inteligente contra a psicologia evolutiva (cf. Moreland, 2007b).

Moreland traz a clareza de um filósofo aos assuntos de formação espiritual e discipulado cristão, onde ele enfatiza a necessidade de os cristãos adorarem a Deus com suas mentes (Moreland, 1997a, 2007a; Moreland e Matlock, 2005) e desenvolve uma abordagem intelectual de tópicos como **oração** e dons sobrenaturais (cf. Moreland, 2007a, 2009c).

Peter S. Williams

REFERÊNCIAS E LEITURAS RECOMENDADAS

Gould, Paul M.; Davis, Richard Brian, eds. 2014. *Loving God with Your Mind: Essays in Honor of J. P. Moreland*. Chicago: Moody.
Moreland, J. P., 1987. *Scaling the Secular City: A Defense of Christianity*. Grand Rapids: Baker.
_____. 1989. *Christianity and the Nature of Science: A Philosophical Investigation*. Grand Rapids: Baker.
_____. ed. 1994. *The Creation Hypothesis: Scientific Evidence for an Intelligent Designer*. Downers Grove, IL: InterVarsity.
_____. ed. 1995. *Jesus under Fire: Modern Scholarship Reinvents the Historical Jesus*. Grand Rapids: Zondervan.
_____. 1997a. *Love Your God with All Your Mind: The Role of Reason in the Life of the Soul*. Colorado Springs: NavPress.
_____. 1997b. "Science, Miracles, Agency Theory and the God-of-the-Gaps", em In Defence of Miracles: A Comprehensive Case for God's Action in History, ed. R. Douglas Geivett and Gary R. Habermas. Leicester, UK: Apollos.
_____. 1998. "The Explanatory Relevance of Libertarian Agency as a Model of Theistic Design", em Mere Creation: Science, Faith and Intelligent Design, ed. William A. Dembski. Downers Grove, IL: InterVarsity.
_____. 2007a. Kingdom Triangle. Grand Rapids: Zondervan.

_____. 2007b. "Intelligent Design and Evolutionary Psychology as Research Programs: A Comparison of Their Most Plausible Specifications", em Intelligent Design: William A. Dembski and Michael Ruse in Dialogue, ed. Robert B. Stewart. Minneapolis: Fortress.
_____. 2008. "Intelligent Design and the Nature of Science", em Intelligent Design 101, ed. H. Wayne House. Grand Rapids: Kregel.
_____. 2009a. Consciousness and the Existence of God: A Theistic Argument. London: Routledge.
_____. 2009b. The Recalcitrant Imago Dei: Human Persons and the Failure of Naturalism. London: SCM.
_____. 2009c. The God Question: An Invitation to a Life of Meaning. Eugene, OR: Harvest House.
_____. 2009d. "The Argument from Consciousness", em The Blackwell Companion to Natural Theology, ed. William Lane Craig and J. P. Moreland. Oxford: Wiley-Blackwell.
_____. 2012. "Four Degrees of Postmodernism", em Come Let Us Reason: New Essays in Christian Apologetics, ed. Paul Copan and William Lane Craig. Nashville: B&H Academic.
Moreland, J. P.; Craig, William Lane, 2003. Philosophical Foundations for a Christian Worldview. Downers Grove, IL: InterVarsity.
Moreland, J. P.; Habermas, Gary, 1998. Beyond Death: Exploring the Evidence for Immortality. Wheaton, IL: Crossway.
Moreland, J. P.; Matlock, Mark, 2005. Smart Faith: Loving Your God with All Your Mind. Colorado Springs: Think.
Moreland, J. P.; Nielsen, Kai, 1993. Does God Exist? The Debate between Theists and Atheists. Amherst, NY: Prometheus.
Moreland, J. P.; Rae, Scott B., 2000. Body and Soul: Human Nature and the Crisis in Ethics. Downers Grove, IL: InterVarsity.
Moreland, J. P.; Reynolds, John Mark, eds. 1999. Three Views on Creation and Evolution. Grand Rapids: Zondervan.

Artigos Online

Moreland, J. P., 1996. "Philosophical Apologetics, the Church, and Contemporary Culture." Journal of the Evangelical Theological Society 39, no. 1 (março): 123-40. www.etsjets.org/files/JETS-PDFs/39/39-1/39-1-pp123-140_JETS.pdf.
_____. 2007. "The Historicity of the New Testament." Bethinking. www.bethinking.org/is-the-bible-reliable/the-historicity-of-the-new-testament.
_____. "How Evangelicals Became Over-committed to the Bible and What Can Be Done about It." Acessado em 25 de janeiro de 2015. http://indiegospel. net/data/media/0/0/Ning_Media/blogs/1-1000/490-BibliolatryOver committmenttotheBible.pdf.

Websites

Página do Facebook de J. P. Moreland. www.facebook.com/pages/J-P-Moreland/118 578028208045?sk=timeline&ref=page_internal.
Página dos docents da Talbot de J. P. Moreland. www.talbot.edu/faculty/profile/jp_moreland/.
J. P. Moreland's website. www.jpmoreland.com.

Áudio

"Apologist Interview: J. P. Moreland." 2010. Apologetics 315. 6 de setembro. www.apologetics315.com/2010/09/apologist-interview-jp-moreland. html.

Vídeo

Williams, Peter S. "J. P. Moreland." YouTube. www.youtube.com/playlist?list =PLQhh3qcwVEWjPZDXV4NVvh68QwYeKY25F.

MORRIS, HENRY M. Henry M. Morris (1918-2006) é amplamente considerado o pai do moderno movimento criacionista do século XX. Morris é provavelmente mais conhecido pelo livro *The Genesis Flood* [O dilúvio de gênesis] (1961), um livro em coautoria com o dr. **John C. Whitcomb**, que defendia o **criacionismo da Terra jovem** e a **geologia** diluviana, e pelo **Institute for Creation Research** (ICR) [Instituto para a Pesquisa da Criação], que ele fundou em 1970. *The Genesis Flood* passou por 29 impressões, vendeu mais de 200 mil cópias e foi amplamente aceito pela comunidade evangélica, mas fortemente ridicularizado pela academia tradicional, pela **American Scientific Affiliation** [Associação Científica Americana] e por outras instituições. *The Genesis Flood*, o ICR e o material relacionado inspiraram muitos outros a estudar, pesquisar e defender ou atacar a posição de Morris, e também motivaram a criação de organizações como **Answers in Genesis** [Respostas em Gênesis] e o **National Center for Science Education** [Centro Nacional para Ensino da Ciência].

Henry Morris nasceu em 6 de outubro de 1918, cresceu no Texas antes e durante a Grande Depressão, e mais tarde obteve um bacharelado em ciência com honra em engenharia civil pela Universidade Rice no ano de 1939. Ele iniciou seu primeiro estudo aprofundado da história da criação bíblica após a formatura, enquanto trabalhava como engenheiro na International Boundary and Water Commission [Comissão de Águas e Divisas Internacionais]. Morris estava inicialmente aberto à ideia de uma Terra antiga e evolução, mas não conseguiu conciliar esses argumentos com sua leitura das Escrituras. Ele então conciliou as Escrituras e a ciência após ser fortemente influenciado pelos escritos de dois criacionistas autodidatas, **George McCready Price** e Harry Rimmer. Morris concluiu que a criação bíblica ocorreu em seis dias, a terra é jovem, e a aparência da idade da terra se deve principalmente à "geologia diluviana".

Morris obteve seu mestrado em ciência e seu doutorado em engenharia hidráulica pela Universidade de Minnesota em 1948 e 1950. A impressionante carreira acadêmica começou como instrutor na Universidade Rice (1942-1946), continuou como instrutor e professor assistente na Universidade de Minnesota (1946-1951), como professor e chefe de departamento de engenharia civil na Universidade de Louisiana em Lafayette (1951-1956) e atuando como reitor de engenharia (1956), como professor de ciências aplicadas em 1957 na Universidade do Sul de Illinois, e, por fim, como professor de engenharia hidráulica e presidente do Departamento de Engenharia Civil do Instituto de Politécnica e Universidade Estadual da Virgínia (Virginia Tech). Morris também participou de dois Institutos de Verão da Fundação Nacional de Ciência em 1959 e 1963.

Recebeu diplomas honorários da Universidade Bob Jones e da Universidadee Liberty, foi autor de vários artigos de revistas técnicas e artigos de enciclopédia, bem como um livro de pós-graduação, *Applied Hydraulics in Engineering* [Hidráulica aplicada em engenharia] (1963; segunda edição com James M. Wiggert em 1972), e também orientou quatro dissertações de doutorado e doze teses de mestrado em engenharia.

O primeiro livro de apologética de Morris, *That You Might Believe* [Para que se possa crer], impressionou muitos, incluindo teólogos e estudiosos, e elevou o *status* de Morris dentro da comunidade evangélica, tornando natural para ele responder à publicação de *The Christian View of Science and Scripture* [A visão cristã da ciência e das Escrituras] de **Bernard Ramm**, 1954), que ridicularizou a posição da Terra jovem e da geologia diluviana. *The Genesis Flood*, escrito pelo Dr. Morris e pelo Dr. John C. Whitcomb, tornou-se o catalisador do movimento moderno da ciência da criação. Em 1963, Morris e alguns colegas fundaram a Creation Research Society [Sociedade da Pesquisa da Criação], e ele continuou escrevendo e falando sobre criacionionimso, fazendo com que sua influência crescesse ainda mais. As tensões aumentaram durante a década de 1960 na Virginia Tech entre Morris, o corpo docente e o reitor de engenharia, levando-o a tirar uma licença sabática e, eventualmente, uma demissão voluntária que lhe permitiu concentrar-se em tempo integral na pesquisa sobre a criação.

Morris fundou a Christian Heritage College (atualmente, San Diego Christian College em parceria com Timothy LaHaye e criou o Creation Science Research Center [Centro de Pesquisa da Ciência da Criação], que foi reorganizado como o Institute for Creation Research (ICR) em 1970. Ele também foi o primeiro presidente da Transnational Association of Christian Schools and Colleges [Associação Transnacional de Escolas e Faculdades Cristãs], uma agência de credenciamento. Morris influenciou a cultura, teólogos, políticos, cientistas, legislação e litígios. O debate público mais conhecido de Morris foi com **Kenneth Miller**, da Universidade Brown, em 10 de abril de 1981. O ICR normalmente deixava os debates nas mãos de **Duane T. Gish**.

O erudito faleceu em 25 de fevereiro de 2006 e deixou sua esposa de 66 anos, Mary Louise Morris, e cinco filhos, dezessete netos e nove bisnetos.

Jonathan Fisher

REFERÊNCIAS E LEITURAS RECOMENDADAS

Morris, Henry M., (1946) 1978. *That You Might Believe*. 2nd ed. Chicago: Good Books.

Morris, Henry M.; Whitcomb, John C., 2011. *The Genesis Flood: The Biblical Record and Its Scientific Implications*. Phillipsburg, NJ: P&R.

NCSE. "Creationism Controversy." National Center for Science and Education. http://ncse.com/creationism/general/miller-morris-debate-1981.

Numbers, Ronald L., 1993. *The Creationists*. Berkeley: University of California Press. Ramm, Bernard. 1978. *The Christian View of Science and Scripture*. Grand Rapids: Eerdmans.

Rudoren, J., 2006. "Henry M. Morris, 87, Dies; A Theorist of Creationism." *New York Times*. 4 de março. http://query.nytimes.com/gst/fullpage.html?res=9507EEDC1431F937A35750C0A9609C8B63.

Schudel, M., 2006. "Henry Morris: Intellectual Father of 'Creation Science.'" *Washington Post*. 28 de fevereiro. www.washingtonpost.com/wp-dyn/content/article/2006/02/28/AR2006022801716_pf.htm.

MORTE. A morte é a cessação das funções vitais ou, em termos bíblicos, a retirada do espírito e da respiração (Jó 34:14; Salmos 104:29). O foco da morte (e da vida) no Antigo Testamento é tangível e físico, enquanto o Novo Testamento destaca os aspectos figurativos e espirituais da morte. A visão bíblica da morte é relevante para as questões do debate sobre a criação e a evolução.

Morte no Antigo Testamento

A morte inicialmente apareceu em Gênesis 2, quando o Senhor ordenou ao homem que não comesse do fruto da árvore do conhecimento do bem e do mal, caso contrário ele "certamente [morreria]" (Gênesis 2:17). Quando Adão e Eva comeram daquela árvore, em Gênesis 3, a morte tornou-se a certeza final para a vida humana (Gênesis 3:22-23; Salmos 49:10; 82:7). Yahweh, o Criador da vida (Gênesis 1) e aquele que pode decretar a morte (Gênesis 2:17; 18:25) tem o poder supremo sobre a vida e a morte (Deuteronômio 32:39; 1Samuel 2:6). Ele é capaz de libertar da morte (Salmos 9:13), e ele finalmente destruirá a morte (Isaías 25: 8). Para os fiéis do Antigo Testamento, então, a própria existência e perspectiva sobre a vida e a morte estavam intimamente relacionadas com a compreensão e conexão que tinham com Yahweh.

Em contraste com os vizinhos de Israel, que personificaram a morte como uma divindade e a entenderam como resultado da ofensa contra uma variedade de divindades, as Escrituras de Israel retratam a vida e a morte como resultado da resposta de Israel a Yahweh somente (Deuteronômio 4:1; 8:3: 30:15-20; 32:39,47). Portanto, todas as possíveis razões para a fragilidade da vida no mundo antigo, a seca e a fome, doenças, inimigos, acidentes e até animais selvagens, estão todos sob o controle de Yahweh (Levítico 26; Deuteronômio 28). Consequentemente, Israel deveria entender Yahweh como justo, bom e digno de sua fidelidade e louvor (Deuteronômio 6:4,5; Salmo 9). Longe de ser caprichoso, Deus valoriza a vida, particularmente estimando os justos (Salmos 116:15; Ezequiel 18:32; 33:11).

Israel ocasionalmente personifica a morte, mas quando o faz, não é como uma divindade, mas sim a colocando sob o absoluto controle de Yahweh (Isaías 28:15-19). Do ponto de vista do homem, a morte é esmagadora e bastante incompreensível. A morte é retratada como ondas ou cordas ou uma armadilha que pode facilmente dominar ou capturar a vítima indefesa (2Samuel 22:5,6; Salmos 18:4,5; 116:3; Provérbios 13:14). Por outro lado, Yahweh pode libertar da morte porque ele é a vida do justo (Deuteronômio 30:20; Salmos 27:1). Ele é o Criador (1Samuel 2:6-8) e, portanto, Deus, o único Deus, que tem a vida sob controle (Deuteronômio 32:39; 2Reis 5:7).

Porque os escritores do Antigo Testamento viram a morte como uma certeza (2Samuel 14:14; Salmos 49:10-12; 82:7), voltaram a atenção para os meios, o tempo e o modo de morte. Deus julgou a rebelião de Adão (Gênesis 3) em cada pecador que o sucedeu (Ezequiel 18:4,20). A morte inevitavelmente foi aplicada a pecados específicos na justiça taliônica (Êxodo 21:23; Levítico 20:9-16), mas também ocasionou a perda da presença de Yahweh (Salmos 13:1-3).

Como castigo ou desastre, a morte provocou medo, mas ela nem sempre foi negativa. Era o fim natural da vida e foi descrita em termos pacíficos no contexto da bênção de Yahweh (Gênesis 25:8). Embora Enoque e Elias mostrem a possibilidade de se escapar da morte (Gênesis 5:24; 2Reis 2:11), tal oportunidade nunca foi motivo de ânsia ou de reflexão no Antigo Testamento. Em vez disso, um fim pacífico com a bênção de Deus e a família ao redor, culminando em uma vida longa, retratava consistentemente o fim apropriado do justo (Gênesis 15:15; Números 23:10).

MORTE

Os mortos habitam o Sheol, com explicação pouca clara. Enquanto a teologia popular pode equiparar o Sheol com o inferno, os estudiosos geralmente entenderam o Sheol como o lugar de todos os mortos. O Sheol não descreve o "inferno" no sentido do Novo Testamento (sem uma clara conotação de julgamento), mas ocorre em contextos predominantemente negativos, sugerindo que pode ter havido uma teologia de punição mais subjacente do que os textos expressam, e não era necessariamente o destino dos justos. As duas passagens que sugerem que ele contém tanto os justos como os ímpios não são conclusivas (Salmos 89:48; Eclesiastes 9:10; Johnston 2002, p. 82-83). Com o número relativamente pequeno de referências ao Sheol no Antigo Testamento, o pós-vida não é uma grande preocupação para seus escritores. A ressurreição para uma vida após a morte é ainda mais evasiva, com apenas algumas referências claras (Isaías 26:19, Daniel 12: 2,13).

Religiosamente, Israel parecia estar focado no presente e em seu relacionamento atual com Yahweh: amar a Deus trouxe vida agora (Deuteronômio 30:19,20). Dos cerca de mil usos da raiz hebraica geral para "morte" no Antigo Testamento (verbo e substantivo), nenhum deles se refere claramente à morte espiritual. Podemos presumir, por exemplo, que pelo fato de Adão não ter morrido "no dia" em que ele comeu da árvore, mas, na verdade, centenas de anos depois, de acordo com o texto (Gênesis 5:5), ele deve ter morrido espiritualmente. Essa suposição, no entanto, não se encaixa nos demais usos do Antigo Testamento. A explicação mais simples fica com o hebraico "no dia" com o seu significado regular de "quando" e a certeza ("certamente morrerás") como referindo-se ao evento, não ao momento ("Terás nessa ocasião a certeza da morte" em vez de "Certamente morrerás nessa ocasião").

Morte no Novo Testamento

A literatura judaica entre o Antigo e o Novo Testamento desenvolveu significativamente a teologia judaica da vida e da morte, incluindo eventos pós-morte e a ressurreição. Jesus e o os autores do Novo Testamento continuaram isso, direcionando muito mais atenção ao espiritual do que ao físico, incluindo a vida após a morte. O Novo Testamento ainda se refere à morte física na maioria das vezes, mas a compreensão expressa da morte se expande significativamente para incluir várias ideias figurativas, entre as quais a morte espiritual.

Os escritores do Antigo Testamento, às vezes, retrataram os mortos como separados de Yahweh porque não estavam mais experimentando os benefícios imediatos de suas promessas: sem suas maravilhas ou louvores (Salmos 88:10-12) e apartados de seus cuidados (Salmos 88:5). O Novo Testamento descreveria agora uma segunda morte como separação de Deus e de tudo o que é eterno e, em última análise, da vida (Apocalipse 2:11; 20:6,13-15). A morte define o estado da viúva que vive para os prazeres (1Timóteo 5:6) ou dos falsos mestres (Judas 12), mesmo que ainda estejam fisicamente vivos. A morte descreve as consequências do pecado (Romanos 7:8-13), o estado do incrédulo (João 5:24), bem como o julgamento final e a separação de Deus (a segunda morte — João 11:25,26; Apocalipse 20:6). Como julgamento final, a segunda morte traz tormento (Lucas 16:22-25) e sofrimento (2Tessalonicenses 1:7-10; Apocalipse 20:14,15).

O Novo Testamento esclarece que a morte de toda a humanidade, incluindo a possibilidade da segunda morte, originou-se do pecado de Adão (Romanos 5:12-21; 1Coríntios 15:21,22). Alguns argumentam a partir dessas passagens que não houve morte para outras criaturas antes da **queda** da humanidade em Gênesis 3. Nenhuma das passagens relevantes, no entanto, refere-se à morte de qualquer outra coisa que não a da humanidade. Uma vez que o homem não foi criado imortal, mas com a potencialidade da vida (a árvore da vida), por que presumir que outras criaturas eram originalmente imortais? A clara proibição aos frutos da árvore do conhecimento do bem e do mal apenas mencionou a morte para aqueles que os comessem (Gênesis 2:17). Os efeitos da morte passam para aqueles que nascem à imagem de Adão (Gênesis 5).

Por último , na providência final de Deus por meio de Jesus, a própria morte será destruída (1Coríntios 15:26, 50-57). Embora o Novo Testamento descreva o sofrimento e o julgamento na morte, também expressa a promessa para os crentes em Jesus; eles viverão com Cristo para sempre (Filipenses 1:21-23), sendo a mortalidade absorvida pela vida (2Coríntios 5:4), e a morte tragada na vitória final (1Coríntios 15:54). A segunda morte, o julgamento final de Deus, não terá poder sobre os que estão em Cristo (Apocalipse 2:11; 20:6).

John Soden

REFERÊNCIAS E LEITURAS RECOMENDADAS

Johnston, Philip S., 2002. *Shades of Sheol: Death and Afterlife in the Old Testament.* Downers Grove, IL: Apollos/InterVarsity.

Levenson, Jon Douglas, 2006. *Resurrection and the Restoration of Israel: The Ultimate Victory of the God of Life.* New Haven, CT: Yale University Press.

Miller, Johnny V., e John M. Soden. 2012. *In the Beginning... We Misunderstood: Interpreting Genesis 1 in Its Original Context.* Grand Rapids: Kregel.

Routledge, Robin L., 2008. "Death and Afterlife in the Old Testament." *Journal of European Baptist Studies* 9 (1): 22-39.

⌀MUDANÇA CLIMÁTICA (hipótese das variações naturais). Poucos debates receberam maior atenção mundial nas duas últimas décadas do que o aquecimento global antropogênico (ou seja, ocasionado por ações humanas). Embora os pontos de vista variem entre acreditar que é um engano e acreditar que é uma ameaça à própria sobrevivência do planeta, a maioria dos cientistas tem uma infinidade de posições intermediárias. Mas quais são os fatos e o que devemos fazer com eles? Estabelecer um terreno comum é importante. Nosso clima sempre mudou, e sempre mudará. Nunca houve um período na história da terra em que o clima foi "estável", e provavelmente nunca haverá. Além disso, os seres humanos certamente podem influenciar o clima da terra e o fazem. As estimativas da temperatura ambiente global aumentaram em grande medida nos últimos 160 anos (ou seja, o registro observacional). Essas questões não estão na vanguarda da discussão.

Os pontos em que os cientistas do clima — e os cientistas cristãos — discordam são em questões as mais complexas. Em que medida os seres humanos são responsáveis pela mudança climática que observamos? Quais são as consequências futuras das mudanças climáticas, tanto de fontes naturais como antropogênicas? Como devemos, como cristãos que acreditam na Bíblia, responder? De fato, as respostas à segunda e à terceira questões dependem da resposta dada à primeira questão.

Mas, para uma questão mais básica, o que é clima? Muitas tentativas foram feitas para formular uma resposta concisa (ver Legates, 2012), e a pior é provavelmente aquela que é a mais utilizada — o clima é simplesmente um "tempo *normal*". Essa definição implica que o clima deve ser visto como estático e não dinâmico, particularmente em uma escala de tempo de um século ou menor; portanto, a *mudança climática* de curto prazo não é natural nem desejável. Muitas outras definições banalizam o clima, conceituando-o simplesmente como as características radioativas da atmosfera. Por exemplo, declarações como "A atmosfera da terra funciona como um cobertor" ou "O dióxido de carbono faz com que a terra esquente como as janelas fechadas aquecem um carro numa tarde quente" ignoram a maioria dos processos climáticos e se concentram apenas nos efeitos radioativos dos gases de efeito estufa, mais notavelmente o dióxido de carbono.

Na realidade, é quase impossível entender exatamente quão complexo é o nosso sistema climático. O tempo e o clima variam em uma gama de escalas espaciais e temporais e, como resultado, em uma miríade de fatores que influenciam o clima da terra. Infelizmente, muitos processos climáticos importantes ocorrem em resoluções muito inferiores às da maioria dos modelos climáticos, que geralmente fornecem o ímpeto para discutir mudanças climáticas antropogênicas catastróficas. Por exemplo, modelos climáticos simulam as precipitações de modo deficiente, uma vez que geram chuva com demasiada frequência com pouquíssima umidade (ou seja, chuvas leves todos os dias na maior parte do planeta) e não exibem toda a variedade de mecanismos de formação de precipitação que foram observados (Legates, 2014). Ou seja, o modelo de precipitação geralmente é limitado às chuvas convectivas, embora os mecanismos frontais estejam em grande parte ausentes. Além disso, esses efeitos não são triviais — um erro de apenas 5 mm na simulação de precipitação líquida é equivalente à energia necessária para aquecer a troposfera inteira em 1,56 °C. Os modelos climáticos tipicamente apresentam diferenças entre a precipitação simulada e observada acima de 5mm de precipitação por dia. Assim, modelos climáticos não têm a capacidade de simular adequadamente processos climáticos fundamentais.

A ciência básica das mudanças climáticas

Em carta recente, um cientista climático cristão definiu os fundamentos das mudanças climáticas da seguinte forma:

> A ciência básica das mudanças climáticas é incrivelmente simples. Estamos queimando uma quantidade crescente de combustíveis fósseis. Quando queimados, produzem dióxido de carbono (CO_2); o dióxido de carbono retém calor; mais dióxido de carbono equivale a mais calor retido na atmosfera, e se o clima estivesse sendo controlado por fatores naturais agora, estaríamos resfriando.

O uso de combustível fóssil tem aumentado nos últimos anos, e o dióxido de carbono, produzido pela queima de combustíveis fósseis, é um gás com efeito estufa

508 MUDANÇA CLIMÁTICA (hipótese das variações naturais)

significativo, que faz com que a terra se torne mais quente do que seria se não estivesse presente na atmosfera. Mas essa demonstração falha em dois pontos importantes.

O primeiro equívoco é que o clima da terra pode simplesmente ser explicado pela concentração de dióxido de carbono na atmosfera terrestre. Na verdade, o componente fundamental que é responsável pela maior parte do clima e da variabilidade climática não é o dióxido de carbono; é a água (H_2O). Não só o vapor de água é o gás de efeito estufa mais importante; o fato de existir em todos os três estados (gás, líquido e sólido) na superfície da terra e na sua atmosfera faz com que a água tenha um efeito predominante sobre o clima. O vapor da água na atmosfera tende a espalhar a luz solar e pode formar nuvens altamente refletivas quando se condensam. Quando se encontra na superfície da terra, seja em forma líquida seja em sólida, ela muda a quantidade de energia solar absorvida. O gelo e a neve são altamente refletivos, e os oceanos, que compõem quase três quartos da superfície do planeta, ditam muito o albedo (ou seja, a quantidade de energia solar refletida) da superfície do planeta.

Como o gás com efeito estufa mais importante, o vapor de água é responsável por cerca de 62% do efeito estufa total se agir sozinho (as nuvens representam cerca de 36%), enquanto a diminuição da absorção de ondas longas (ou seja, calor) seria apenas cerca de 14% se o dióxido de carbono fosse removido da atmosfera. (As contribuições totais dos vários constituintes na atmosfera somam para mais de 100%, porque as contribuições relativas dos vários gases são difíceis de verificar devido às suas bandas de absorção de ondas longas sobrepostas — Schmidt et al., 2010.) O armazenamento e a transferência de energia por água evaporada (isto é, calor latente) é de cerca de 80 Wm^{-2}, ou metade da troca total de energia da superfície terrestre para a atmosfera (Trenberth et al., 2009). Assim, a água é um componente importante na determinação da quantidade de radiação solar atingida e absorvida pela superfície terrestre e pela quantidade de energia térmica emitida entre a atmosfera terrestre e a superfície (ou seja, efeito estufa) e transferida para a atmosfera através da evaporação de água. De fato, a água afeta praticamente todos os componentes do equilíbrio térmico da terra (Trenberth et al., 2009). É verdadeiramente o composto químico mais importante em qualquer estudo de clima ou mudança climática.

Um segundo equívoco é que a terra esfriaria se as concentrações atmosféricas de dióxido de carbono não aumentassem. Existe uma forte correlação entre a irradiância solar total (TSI em inglês — energia do sol recebida pela terra) e as temperaturas ambientes globais (ver figura 1) e a TSI fica perto de um máximo de longo prazo (p. ex., Shapiro et al., 2011; Soon et al., 2011; Breitenmoser et al., 2012; Soon e Legates, 2013; Velasco Herrera et al., 2015). Os argumentos de que o recente aumento da temperatura ambiente global é causado pelo dióxido de carbono são enfraquecidos quando as temperaturas ambientes e a atividade solar são examinadas no último milênio. De fato, as observações por satélite e por terra mostram que o aquecimento cessou desde 1998, consistente com as tendências da TSI, apesar do fato de as concentrações de dióxido de carbono terem aumentado.

Extremos climáticos — estão se tornando mais frequentes?

Praticamente nada reage à temperatura média global do ar. São os extremos climáticos (p. ex., secas, inundações e furacões) que causam a maioria das mortes, criam aos maiores impactos econômicos e, de fato, produzem o maior impacto na mídia internacional. Geralmente, uma discussão sobre esses eventos é precedida do termo *"sem precedentes"* ou do uso da frase "o novo normal", em referência à caracterização de um clima "normal". Apesar de uma conexão tênue que muitas vezes é feita às mudanças climáticas antropogênicas, ainda deve ser demonstrado que uma mudança nos extremos climáticos está ligada a um aquecimento do clima. Embora a cobertura de tais eventos tenha aumentado devido à globalização dos meios de comunicação e à proliferação da cobertura de notícias globais, os extremos climáticos realmente se tornam mais frequentes?

Entendemos que a circulação global é conduzida pela gradação de temperatura do equador ao polo (EPTG em inglês); isto é, porque o equador é quente e o polo é frio, há uma transferência líquida de energia em direção ao polo que se manifesta na circulação global da atmosfera e dos oceanos. Com o aquecimento, o EPTG diminui porque (1) o ar mais frio aquece mais com a mesma entrada de energia (ou seja, a derivação de temperatura da lei de radiação Stefan-Boltzmann), (2) o ar frio e seco aquece mais do que o ar quente e úmido (uma vez que o vapor de água tem um calor específico superior a outros gases na atmosfera), e (3) uma mudança no albedo do gelo derretido cria uma reação positiva sobre o aumento da temperatura ambiente em regiões polares. Observacionalmente, isso foi demonstrado por Soon e Legates (2013), que encontraram uma forte correlação entre a mudança no EPTG e a irradiação solar (figura 1), que defende uma forte interação sol-clima.

Assim, um mundo mais quente implica uma diminuição para o EPTG (tanto do ponto de vista teórico como do observacional) e uma diminuição concomitante no grau de tempestuosidade (Hayden, 1999) devido à diminuição da interação das massas fria *versus* quente. Na verdade, Chris Huntingford e colegas (2013, p. 327) concluíram que "muitos modelos climáticos preveem que a variabilidade total acabará diminuindo sob altas concentrações de gases de efeito estufa[...] nossos achados contradizem a visão de que um mundo de aquecimento será automaticamente uma das variações climáticas mais gerais" (ver também Kim et al., 2013).

A seca hidrológica é definida como níveis de fluxo ou reserva que se situam abaixo de um determinado limite, e depende da quantidade (falta) de precipitação, urbanização (ou seja, aumento da demanda de água) e de uma mudança nas atividades de intensidade aquática. De fato, o aumento da urbanização — um efeito antropogênico — levou a um aumento das frequências de seca nas áreas povoadas. Para evitar explicitamente as influências humanas sobre o abastecimento e a demanda de água, os climatologistas utilizam uma série de índices; por exemplo, Hao et al. (2014) documentaram uma ligeira diminuição na proporção de seca no globo desde 1982. Sheffield et al. (2012, p. 435) examinaram os dados nos últimos 60 anos e concluíram que o uso de "cálculos mais realistas, com base nos princípios físicos subjacentes que levam em consideração as mudanças na energia, umidade e velocidade do vento disponíveis, sugerem que houve pouca mudança em seca [global] nos últimos 60 anos[...] os resultados têm implicações sobre a forma como interpretamos o impacto do aquecimento global no ciclo hidrológico e seus extremos".

Mesmo o IPCC (2012), em sua publicação focada em eventos climáticos extremos, concordou que "há uma confiança média de que algumas regiões do mundo experimentaram secas mais intensas e mais longas[...] mas em algumas regiões as secas tornaram-se menos frequentes, menos intensas ou mais curtas como, por exemplo, no centro da América do Norte".

Hidrologicamente, uma inundação ocorre quando o fluxo excede certo limite. A sua frequência depende da quantidade e do tempo de precipitação (reforçada pela fusão de neve e condições de umidade antecedentes), da urbanização (ou seja, criando mais escoamento e menos infiltração) e canalização de córregos e rios através de diques, atividades de dragagem ou reforço das magens. O aumento do asfalto e do concreto nas áreas urbanas levou ao aumento das inundações e, como as secas, é um

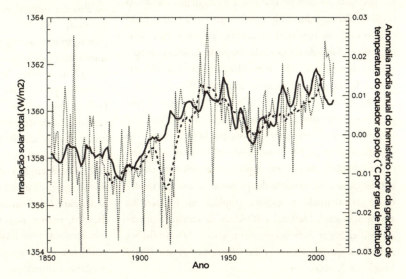

Figura 1. Irradiação solar total em Wm^{-2} (linha escura inteiriça) e anomalia média anual do hemisfério norte da gradação de temperatura do equador ao polo (EPTG) em °C por grau de latitude (linha tracejada mais clara — média do movimento de cinco anos mostrada na linha tracejada mais escura). Note-se que os valores positivos do EPTG indicam uma gradação de temperatura enfraquecida do equador ao polo (isto é, menos resfriamento por grau de latitude). (De Soon e Legates, 2013)

efeito direto da mudança antropogênica, mas não é uma mudança climática. Lins e Slack (1999, p. 227) avaliaram 395 rios rurais e concluíram que "hidrologicamente, [os] resultados indicam que o contíguo [os Estados Unidos] está cada vez mais úmido, mas menos extremo".

O *US Geological Survey* [Levantamento Geológico dos EUA] mostrou que a vazão da água de canal — definido como o maior valor médio diário de vazão da água esperada ocorre, em média, uma vez a cada 2,3 anos — não mudou desde 1950 (Pielke, 2013). E o IPCC (2012) concluiu que "há poucas a médias evidências disponíveis para sugerir mudanças observadas pelo clima na magnitude e frequência das inundações nas escalas regionais[...] assim, há baixa confiança na escala global em relação ao sinal dessas mudanças". De fato, Legates (2016) demonstrou que a tendência frequentemente citada em eventos extremos de precipitação de um dia no *United States Climate Extremes Index* [Índice de extremos climáticos dos Estados Unidos] deve-se inteiramente a uma descontinuidade introduzida por uma mudança no modelo de pluviometria resultante do programa de modernização do Serviço Meteorológico dos EUA.

Apesar do muito alarde em contrário, a atividade de ciclone tropical (ou seja, furacão) não está aumentando. Maue (2009, 2011 e atualizações) avaliou a energia ciclônica acumulada (ECA) para todas as tempestades no hemisfério norte e no globo e mostrou que não houve tendência em longo prazo desde 1972. A ACE é uma medida da atividade do ciclone tropical e é calculado somando o quadrado da velocidade máxima sustentada estimada (62,76 km/h ou superior) a intervalos de seis horas. Nem o número global de tempestades tropicais e ciclones tropicais mudou (Maue, 2009 e atualizações), nem o número global de chegadas de ciclones tropicais (Weinkle et al., 2012). O IPCC (2012) concluiu que "as incertezas nos registros históricos do ciclone tropical, a compreensão incompleta dos mecanismos físicos que ligam as métricas dos ciclones tropicais às mudanças climáticas, e o grau de variabilidade do ciclone tropical proporcionam pouca confiança para a atribuição de quaisquer mudanças detectáveis na atividade do ciclone tropical por influências antropogênicas". De fato, a atividade de ciclone tropical intensificada é mais frequentemente associada a condições mais frias (p. ex., Boose et al., 2001, Liu et al., 2001, Mock 2002, 2008).

Devido às limitações dos modelos climáticos e, em particular, à sua incapacidade de demonstrar habilidade adequada para simular o clima atual e sua variabilidade, seus prognósticos de mudanças climáticas antropogênicas catastróficas iminentes não são cenários prováveis. Além disso, as observações não sustentam que o clima está mudando de forma dramática ou perigosa; nem a teoria sugere que as concentrações de dióxido de carbono são o principal componente da recente variabilidade climática. Um mundo mais quente é mais propício para a vida e o dióxido de carbono favorece o crescimento das plantas. Nunca podemos "estabilizar" o clima (o que quer que implique, ou mesmo que se possa definir um clima ideal) através de ações humanas para limitar os gases de efeito estufa. O clima é muito complexo para ser conduzido simplesmente pelas concentrações atmosféricas de dióxido de carbono.

Resposta cristã — prudente e fundamentada

Eu acredito em Deus e acredito que os seres humanos afetaram nosso meio ambiente. No entanto, após um estudo cuidadoso da ciência por trás das alterações climáticas antropogênicas, conclui que as variações climáticas naturais superam os efeitos provocados pelo ser humano. A maioria dos impactos humanos se concentra nas mudanças no uso/cobertura do solo, que agravam inundações e secas, e no conhecido efeito da ilha de calor urbano. Uma duplicação das concentrações de dióxido de carbono provavelmente aumentará as temperaturas globais ambientes a mais de 1 °C, e seu impacto em outros aspectos do clima provavelmente será ainda menos notável. Mas enquanto somos exortados a ser bons mordomos de toda a Criação (Gênesis 1:26-28; 2:15), também somos ordenados a "[por] à prova todas as coisas e ficar com o que é bom" (1Tessalonicenses 5:21). As políticas devem basear-se na melhor ciência disponível e estarem de acordo com a realidade da condição humana atual.

As tentativas de "controlar" as futuras temperaturas globais, reduzindo o dióxido de carbono e outras emissões de gases de efeito estufa causarão mais danos do que benefícios. Os recursos preciosos não devem ser desperdiçados, nem o nosso ambiente deve ser prejudicado, mas também não devemos nos concentrar em "resolver" problemas. As consequências negativas da luta contra as mudanças climáticas cairão desproporcionalmente sobre

MUDANÇA CLIMÁTICA (hipótese das variações naturais)

aqueles que estão sem água limpa e saneamento adequado, que devem contar com esterco ou outra biomassa para cozinhar e aquecer recintos fechados ou que estão oprimidos. Isso ocorre porque eles serão afetados de forma adversa por políticas prejudiciais projetadas para resolver esse problema exagerado.

Reduzir o uso de combustíveis fósseis teria muito pouco impacto nas temperaturas ambientes globais. Como o cientista climático evangélico, dr. John R. Christy, observou em seu depoimento no Congresso dos EUA (Christy, 2012, p. 19), uma redução das emissões de gases de efeito estufa "não produzirá um efeito climático mensurável que pode ser atribuível ou previsível com qualquer nível de confiança, especialmente a nível regional". Mas energia confiável, acessível e abundante é fundamental para o desenvolvimento econômico, especialmente no mundo em desenvolvimento. Se o custo da energia for autorizado a disparar ou se a energia for racionada, os necessitados serão impactados desproporcionalmente.

A energia é uma ferramenta eficaz para combater a pobreza, a doença, a fome e a opressão. A busca pela "estabilização do clima" afetará negativamente mais de um bilhão de pessoas que não possuem eletricidade suficiente, fazendo com que continuem dependentes de madeira, esterco seco e outras biomassas como principais combustíveis para aquecimento e cozimento. Essa dependência faz com que centenas de milhões sofram de doenças respiratórias e leva a mais de 4 milhões de óbitos prematuros anualmente no mundo em desenvolvimento, principalmente entre mulheres e crianças pequenas (Organização Mundial de Saúde, 2014). Não podemos condenar os cidadãos mais pobres do mundo a condições brutais por causa das severas restrições de energia impostas pelos esforços de "estabilização" do clima.

Lembro-me da parábola dos talentos (Mateus 25:14-30), em que Jesus falou de um mestre que deu talentos [unidade de peso antiga] a três servos. Aquele a quem foi dado um único talento foi condenado por escondê-lo na terra e não o usar. Embora geralmente pensemos em talentos como dinheiro ou habilidade, Chenoweth (2005, p. 61) argumentou que os talentos na parábola se referem ao "conhecimento dos segredos do reino dos céus". Através do conceito dos talentos nessa parábola, Jesus provavelmente enfatizou a administração de seus discípulos para aproveitar ao máximo o conhecimento que Deus lhes deu.

Esse ponto pode ser amplamente estendido para enfatizar a aplicação responsável de qualquer recurso, incluindo os recursos naturais, especialmente no que diz respeito à nossa responsabilidade de cuidar dos pobres (Provérbios 19:17). Nenhum dos três servos perdeu seus talentos; na verdade, todos os talentos distribuídos pelo mestre foram devolvidos. Mas o servo desleixado foi condenado quando retornou seu talento não utilizado com a declaração: "Veja, aqui está o que lhe pertence" (Mateus 25:25).

Eu acredito firmemente que, se não usarmos os recursos que Deus nos deu para cuidar dos necessitados, seremos condenados pelo nosso Criador por ter enterrado no chão o que nos foi dado. A falta de uso de recursos para cuidar dos pobres, dos famintos, dos doentes e dos oprimidos nos renderá o mesmo destino do servo chamado por seu mestre de "servo mau e negligente" (Mateus 25:26). Embora ser eficiente com os nossos recursos naturais seja parte do nosso chamado cristão, cuidar do que é realmente o "segundo maior presente" que Deus nos deu — nossos companheiros humanos — significa que devemos proteger os pobres contra os danos do alarmismo das mudanças climáticas.

David R. Legates

REFERÊNCIAS E LEITURAS RECOMENDADAS

Boose, E. R.; Chamberlin, K. E.; Foster, D. R. "Landscape and Regional Impacts of Hurricanes in New England." *Ecological Monographs* 71 (1): 27-48, 2001.

Breitenmoser, P. et al. "Solar and Volcanic Fingerprints in Tree-Ring Chronologies over the Past 2000 Years." *Palaeogeography, Palaeoclimatology, Palaeoecology* 313-14: 127-39, 2012.

Chenoweth, Ben. "Identifying the Talents: Contextual Clues for the Interpretation of the Parable of the Talents (Matthew 25:14-30)." *Tyndale Bulletin* 56 (1): 61-72, 2005.

Christy, J. A. *Testimony to the Senate Environment and Public Works Committee, US Senate*, 2012. <http://www.epw.senate.gov/public/_cache/files/66585975-a507-4d81-b750-def3ec74913d/8112hearingwitnesstestimonychristy.pdf>.

Hao, Z. et al. "Global Integrated Drought Monitoring and Prediction System." *Scientific Data* 1 (140001), 2014.

Hayden, B. P. "Climate Change and Extratropical Storminess in the United States: An Assessment." *Journal of the American Water Resources Association* 35 (6): 1387-97, 1999.

Huntingford, C. et al. "No Increase in Global Temperature Variability Despite Changing Regional Patterns." *Nature* 500: 327-30, 2013.

Intergovernmental Panel on Climate Change (IPCC). *Managing the Risks of Extreme Events and Disasters to Advance Climate Change Adaptation.* C. B. Field, V. Barros, T. F. Stocker et al (Eds.). Cambridge: Cambridge University Press, 2012.

Kim, O. -Y.; Wang, B.; Shin, S. -H. "How Do Weather Characteristics Change in a Warming Climate?" *Climate Dynamics* 41: 3261-81, 2013.

Legates, D. R. "Applications of Climatology." In: *Geography for the 21st Century*, 1: 67-76. J. P. Stoltman (Ed.). Thousand Oaks, CA: SAGE Publications, 2012.

512 MUDANÇA CLIMÁTICA (hipótese do aquecimento global)

_____. "Climate Models and Their Simulation of Precipitation." *Energy and Environment* 25 (6-7): 1163-75, 2014.

_____. "One-Day Precipitation Extremes in the United States Revisited." *International Journal of Climatology*, submitted, 2016.

Lins, H. F.; Slack, J. R. "Streamflow Trends in the United States." *Geophysical Research Letters* 26 (2): 227-30, 1999.

Liu, K. -B.; Chen, C., Louie, K. -S. "A 1,000-Year History of Typhoon Landfalls in Guangdong, Southern China, Reconstructed from Chinese Historical Documentary Records." *Annals of the Association of American Geographers* 91 (3): 453-64, 2001.

Maue, R. N. "Northern Hemisphere Tropical Cyclone Activity." *Geophysical Research Letters* 36 (L05805), doi: 10.1029/2008GL035946, 2009.

_____. "Recent Historically Low Global Tropical Cyclone Activity." *Geophysical Research Letters* 38 (L14803). doi: 10.1029/2011GL047711, 2011.

Mock, C. J. "Documentary Records of Past Climate and Tropical Cyclones from the Southeastern United States." *PAGES News* 10 (3): 20-21, 2002.

_____. "Tropical Cyclone Variations in Louisiana, U.S.A., Since the Late Eighteenth Century." *Geochemistry, Geophysics, and Geosystems* 9 (5): doi: 10.1029/2007GC001846, 2008.

Pielke, R. A.; Sr. *Testimony to the Committee on Science, Space, and Technology.* US House of Representatives, 2013. <https://science.house.gov/sites/republicans.science.house.gov/files/documents/HHRG-113-SY18-WState-RPielke-20131211.pdf>.

Schmidt, G. A. et al. "Attribution of the Present-Day Total Greenhouse Effect." *Journal of Geophysical Research* 115 (D20106). doi: 10.1029/2010JD014287, 2010.

Shapiro, A. I. "A New Approach to the Long-Term Reconstruction of the Solar Irradiance Leads to Large Historical Solar Forcing." *Astronomy and Astrophysics* 529 (A67), 2011.

Sheffield, J.; Wood, E. F.; Roderick, M. L. "Little Change in Global Drought over the Past 60 Years." *Nature* 491: 435-38, 2012.

Soon, W. et al. "Variation in Surface Air Temperature of China during the 20th Century." *Journal of Atmospheric and Solar-Terrestrial Physics* 73: 2331-44, 2011.

Soon, W.; Legates, D. R. "Solar Irradiance Modulation of Equator-to-Pole (Arctic) Temperature Gradients: Empirical Evidence for Climate Variation on Multi-decadal Timescales." *Journal of Atmospheric and Solar-Terrestrial Physics* 93 (2): 45-56, 2013.

Trenberth, K. E.; Fasullo, J. T.; Kiehl, J. "Earth's Global Energy Budget." *Bulletin of the American Meteorological Society* 90 (3): 311-23, 2009.

Velasco Herrera, V. M.; Mendoza, B.; Herrera, G. Velasco. "Reconstruction and Prediction of the Total Solar Irradiance: From the Medieval Warm Period to the 21st Century." *New Astronomy* 34: 221-33, 2015.

Weinkle, J.; Maue, R. N.; Pielke Jr, R. A. "Historical Global Tropical Cyclone Landfalls." *Journal of Climate* 25 (13): 4729-35, 2012.

World Health Organization. "Household Air Pollution and Health." Fact Sheet N. 292, 2014. <http://www.who.int/mediacentre/factsheets/fs292/en/>.

᧡MUDANÇA CLIMÁTICA (hipótese do aquecimento global).

"O cristianismo, e as ideias que estão por trás dele, é uma religião e uma filosofia da criação" (Glacken, 1967). O cristianismo é isso e mais por causa da sua ampla aceitação da **revelação** de Deus, tanto na Criação como nas Escrituras. Como tal, é dedicado a manter toda a verdade de Deus preservada e, consequentemente, faz grandes contribuições para a compreensão da Criação e da **providência**, incluindo a integridade da biosfera e a unidade do conhecimento.

Nesse aspecto, comemora as provisões de Deus para uma terra habitável, incluindo seus climas — "tendências" que o "tendem" a ser mais quente ou mais frio em vários ângulos do sol com a superfície da terra. Esses climas interagem com a troca de energia planetária, unindo-se a processos atmosféricos e oceanográficos, dinâmicas biogeográficas e tróficas, ciclos biogeoquímicos, ciclos de carbono e sequestro de carbono fóssil, conceitualmente para surgir como "sistema climático da terra" — um sistema inseparavelmente integrado dentro da totalidade do "sistema terrestre" (Steffen et al., 2004).

As primeiras faculdades americanas foram dedicadas a essa totalidade da verdade de Deus e concebidas para promover "a sinergia essencial entre ciência e religião" (Roberts e Turner, 2000). No entanto, isso mudou na década de 1870, à medida que a especialização e o **reducionismo** se tornaram amplamente endossados, com a divisão e subdivisão do conhecimento em disciplinas, inclusive colocando os seminários como instituições separadas.

O reducionismo fragmentou as ciências — logo ligando-as "ao ceticismo como um princípio operacional", limitando assim "a oportunidade para que as verdades religiosas sejam 'fundamentadas' nas reivindicações científicas. Isso dificultou a manutenção do conhecimento da terra como um sistema integral, muito menos para expressar reconhecimento por isso. Nunca mais um tratado científico seria concluído como o do astrônomo Frank W. Very, em 1900, *Atmospheric Radiation* [A radiação atmosférica]: "Encontramos a atmosfera desempenhando o papel de um conservador de energia térmica, e devemos admirar graciosamente o arranjo benéfico que permite que a terra seja vestida de verdor e vida abundante." Logo depois, a atmosfera simplesmente seria tomada como certa, sem admiração, maravilha ou apreciação.

A dedicação para manter toda a verdade de Deus unida resurgiu com força notável em 18 de junho de 2015, em um tratado amplamente integrador, *Laudato Si' — On Care for Our Common Home* [Louvado seja — sobre o cuidado da nossa casa comum]. Essa encíclica do papa Francisco, publicada em todo o mundo em um único dia, abraçou a revelação de Deus tanto na Criação como nas Escrituras com um propósito claro: "Enfrentado, como estamos, a deterioração ambiental global, desejo dirigir-me a todas as pessoas que vivem neste planeta". Fundamentada bíblica e cientificamente, abordou

MUDANÇA CLIMÁTICA (hipótese do aquecimento global)   513

mudanças climáticas, perda de biodiversidade, degradação dos oceanos, poluição atmosférica e degradação social em 246 parágrafos — reintegração de disciplinas e especialidades criadas no século XX.

Ao propor uma "ecologia integral", o papa afirmou que "os conhecimentos fragmentários e **informações** isoladas podem tornar-se uma forma de ignorância, quando resistem a integrar-se numa visão mais ampla da realidade" (§138). Cada especialidade promove seu "isolamento e absolutização do próprio saber" — tudo o que nos "impede de enfrentar adequadamente os problemas do meio ambiente" (§201).

Ainda, o papa Francisco denunciou "um notável excesso antropocêntrico" que nos entregou "um sonho prometeico de domínio sobre o mundo, que provocou a impressão de que o cuidado da natureza fosse atividade de fracos" (§116). Contrariamente a tal domínio, ele citou a comissão bíblica de Gênesis 2:15 que deve ser entendida mais adequadamente "no sentido de administrador responsável" (§116) — como uma "cultura de cuidados" (§14). Esse relacionamento atencioso nos abre a veneração e admiração, fala de fraternidade e **beleza**, e nos une intimamente com tudo o que existe (§11). Ele vê o sistema climático da terra como "um bem comum, um bem de todos e para todos [...] um sistema complexo, que tem a ver com muitas condições essenciais para a vida humana" (§23). A maior organização de ecologistas profissionais, a *Ecological Society of America* [Sociedade Ecológica da América] (ESA), elogiou o papa Francisco — "claramente informado pela ciência que sustenta os desafios ambientais de hoje" — por sua "encíclica perspicaz sobre o meio ambiente [...] um eloquente pedido de responsabilidade na governança da terra".

A maior associação religiosa ambiental dos EUA, a National Religious Partnership for the Environment, também elogiou o papa Francisco. Da mesma forma, a Christian Reformed Church [Igreja Cristã Reformada] publicou uma declaração intitulada "Christian Reformed Church Celebrates Pope's Call to Climate Action" [Igreja Cristã Reformada comemora o chamado do papa para a ação climática], na qual eles "acolhe[ra]m a encíclica do papa Francisco sobre a governança ambiental, a ecologia integral e a mudança climática". Afirmando que "a mudança climática induzida pelo ser humano é uma questão moral, de justiça social e religiosa", a declaração da Christian Reformed Church pede que "suas instituições,

igrejas e membros individuais tomem medidas para atendê-la" e, de acordo com o foco do papa em Gênesis 2:15, essa publicação diz que "um componente central dessa tarefa inclui levar a sério o comando de Deus em Gênesis 2:15 para servir e proteger o restante da ordem criada e exercer uma governança responsável".

A comissão da governança bíblica

A encíclica do papa afirma que o mandamento de Deus em Gênesis 2:15 promove uma "cultura de cuidados" (§231) que implica uma relação recíproca — "uma relação de reciprocidade responsável entre o ser humano e a natureza" (§67). Essa concepção espera que os seres humanos retornem os serviços do jardim com seus respectivos serviços, praticando a governança como "cosserviço". Mas essa relação recíproca pode ser quebrada por excesso de antropocentrismo, circunstância ou especialização, resultando em descuido, indiferença e consequente degradação. A governança, portanto, é uma prática não redutível a uma única palavra, mas sim é uma dimensão da governança. Tanto a lavoura arada por máquinas quanto o plantio direto podem servir ao jardim. Além do cosserviço, a comissão de Gênesis 2:15 exige "vigilância", fornecendo uma dimensão de proteção. O domínio da governança incorpora os domínios de cosservidão e proteção, como uma governança abrangente, enquanto tendo em mente que "a realidade é superior à ideias" (§110).

Providência atmosférica

Ao lidar com as realidades, a medição é importante. Uma dessas medidas é a temperatura no topo da atmosfera terrestre (TOA, em inglês). Meu colega Verner Suomi, que usou radiômetros em satélites em órbita terrestre para medir a radiação TOA, encontrou, junto com cientistas posteriores, 240 watts por metro quadrado (240 w/m2). Segundo a Lei de Stefan Boltzmann, equivale a -18 °C. No entanto, a superfície terrestre, em média, tem de cerca de 15 °C, que calcula como radiação de saída de 390 w/m2. O motivo dessa diferença? Atmosfera da terra. Claramente, um presente da providência de Deus que sustenta a vida, a atmosfera terrestre torna possível a vida na terra e a sustenta.

Como isso é conseguido? Muito foi escrito sobre a influência da absorção da atmosfera sobre o clima", escreveu Arrhenius em 1896. "A absorção seletiva da atmosfera é, segundo as pesquisas de John Tyndall, não exercida pela

514 MUDANÇA CLIMÁTICA (hipótese do aquecimento global)

massa do ar principal, mas em alto grau por vapor aquoso e ácido carbônico (isto é, dióxido de carbono), que estão no ar em pequenas quantidades" (Arrhenius, 1896). A absorção de luz solar pela atmosfera é "comparativamente pequena", mas é ótima para a radiação infravermelha de saída (RI), e isso mantém a terra mais quente do que seria do contrário.

Trinta e sete anos antes, em 1859, o físico John Tyndall deu uma palestra no Royal Institution [Insitituição real] de Londres intitulada *On the Transmission of Heat of different qualities through Gases of different kinds* [Sobre a transmissão do calor de diferentes qualidades através de gases de diferentes tipos]. Ele mostrou que passando luz através de um prisma de predra de sal em uma tela, elevava as temperaturas da tela em todo o espectro visível e, surpreendentemente, também na área invisível abaixo do vermelho (infravermelho ou RI). Depois, ele descreveu a construção de um tubo de quase um metro, selado em ambas as extremidades, com blocos de pedra de sal polida, através das quais ele projetou luz visível, descobrindo que ela passava livremente quando o tubo estava preenchido com nitrogênio, oxigênio, vapor de água ou dióxido de carbono. A luz RI também passou livremente pelo tubo preenchido com nitrogênio ou oxigênio, mas foi bloqueado quando cheio de vapor de água ou dióxido de carbono. "O impacto desse experimento sobre a ação das atmosferas planetárias é óbvio", disse ele. "O calor solar possui [...] o poder de atravessar uma atmosfera; porém, quando o calor é absorvido pelo planeta, é tão alterado em qualidade que os raios que emanam do planeta não conseguem passar com a mesma liberdade de volta ao espaço. Assim, a atmosfera permite a entrada do calor solar, mas controla sua saída; e o resultado é uma tendência para acumular calor na superfície do planeta" (Tyndall, 1859).

Absorção seletiva

Em 1865, Tyndall observou: "Se você abrir um piano e cantar com ele, alguma corda irá responder. Mude o tom da sua voz; a primeira corda deixa de vibrar, mas outra responde." Os químicos físicos modernos medem essas frequências ou ressonâncias sonantes para moléculas de gás à medida que respondem a várias frequências de RI. Agindo como pequenas molas, os elos que mantêm os átomos juntos como moléculas de gás vibram tanto por "estiramento" como por "flexão" ao absorver RI em frequências de ressonância específicas. As moléculas diatômicas têm apenas uma "vibração de estiramento" e são RI ativas apenas se os dois átomos forem diferentes — os gases atmosféricos mais abundantes, nitrogênio (N = N) e oxigênio (O = O) são RI inativos. O elemento argônio não tem ligações e, consequentemente, é RI inativo.

Todas as moléculas de gás com três ou mais átomos são RI inativas —como dióxido de carbono atmosférico (O = C = O) e vapor de água (H-O-H), cuja "conexão" central permite "vibrações de flexão" que se flexionam acima ou abaixo do ângulo "normal" de 180 graus para dióxido de carbono e a 105 graus para o vapor de água. Outros, com três ou mais átomos, são o metano (CH_4), o óxido nitroso (NO_2), o ozônio (O_3) e os clorofluorcarbonetos (CFCs). A pesquisa de Veerabhadran Ramanathan sobre CFC na Instituição Scripps encontrou algumas moléculas de CFC cerca de 10 mil vezes mais absorventes que o CO_2 (Ramanathan e Xu, 2010). Esses cinco contribuem com cerca de 5% da absorção atmosférica de RI, cuja fuga de metano de poços e tubulações pode ser prevenida e a produção de CFC pode ser eliminada, deixando dois grandes gases ativos de RI: dióxido de carbono e vapor de água.

As "funções" do vapor de água e do dióxido de carbono

Esses dois principais gases atmosféricos RI ativos diferem muito em suas respectivas "funções". O dióxido de carbono tem uma presença de carbono constante e contínua em toda atmosfera em todas as temperaturas. Mas o vapor de água varia amplamente no tempo e no espaço, desde concentrações muito altas acima dos oceanos tropicais até concentrações muito baixas em climas polares, onde pode atingir zero grau. O vapor de água é um gás de condensação e tem uma "capacidade máxima" física, dependente da temperatura — uma "capacidade de saturação" que o obriga a condensar em líquido quando atinge esse limite de temperatura. A "capacidade máxima" do vapor de água é cortada aproximadamente pela metade por cada queda de temperatura de 10°C. Em gramas de vapor de água por quilograma (g/kg) de ar seco, é de cerca de 49 a 40 °C, 15 a 20 °C, 3,8 a 0 °C, 0,75 a -20 °C, 0,1 a -40 °C, e 0,01 a -60 °C. No ar polar, pode cair abaixo deste limite para zero g/kg (Bloch e Karasiński, 2014). Em contraste, o dióxido de carbono não se condensa, não tem limite e está presente em toda a atmosfera da terra.

MUDANÇA CLIMÁTICA (hipótese do aquecimento global) 515

Dinâmica e espetáculo da água presente na atmosfera

Assim, a concentração de vapor de água aumenta para níveis mais altos em ares mais quentes, e enquanto essa concentração se move para cima e é soprada para lugares mais frios, ela se condensa em água líquida, liberando seu calor latente e formando névoas, nuvens e precipitação. A energia liberada, seu "calor latente de condensação", é igual ao seu "calor latente de evaporação" que antes era necessário para sua transformação de líquido para vapor — 540 mil calorias por quilograma. Uma vez que o vapor de água é, então, removido, logo é restaurado por mais evaporação no ar que novamente se move para cima e é soprado para áreas mais frias — seu vapor de água se move em direção ao seu limite de saturação dependente da temperatura.

O vapor de água serve assim como uma poderosa bomba de calor, movendo imensas quantidades de energia dos lugares mais quentes para os locais mais frios. Nesse movimento, a dinâmica do vapor atmosférico e da água é muitas vezes turbulenta — nas tempestades, nos ventos fortes, nas chuvas torrenciais e nos granizos pulando — e calma no orvalho suave, vapor ascendente e névoas subindo. Remova esse vapor da atmosfera e ele voltará; adicione vapor de água e ele se condensa, com um tempo de permanência atmosférica média de 10 dias. Em contrapartida, outro importante gás de RI ativo — dióxido de carbono — é estável e consistente em seu tempo de permanência, variando entre 4 a 10 anos.

Dióxido de carbono atmosférico para 250, 2 mil e 10 mil anos

O dióxido de carbono é medido em observatórios — como em Mauna Loa, Havaí, onde "medições de frascos" começaram em 1958 — e de inclusões de gás no gelo. Um núcleo de gelo da Law Dome, na Antártida, mostra uma concentração média de CO_2 de 43 registros, de 0 a 1600 d.C. (pré-Revolução industrial), como 279,5 partes por milhão (intervalo: 276 a 284 ppm). Os núcleos de Vostoc da Antártica mostram 7 medidas de 2,342 a 10,123 anos atrás, entre 254,6 e 284,7 ppm (média: 266,2 ppm). Esses dados mostram que o CO_2 se manteve com uma notável regularidade durante a história humana registrada, cerca de 280 ppm.

Essa regularidade deu à civilização humana, na forma climática, o que a regulação fisiológica dá corporalmente

— a liberdade de não ter que pensar sobre isso. Durante os cerca de 250 anos da Revolução Industrial, no entanto, a atmosfera assumiu um papel muito maior como pia para resíduos e subprodutos aéreos da indústria humana, incluindo dióxido de carbono e óxidos de nitrogênio. As medições das concentrações atmosféricas de dióxido de carbono, iniciadas em 1958 por Charles Keeling, registraram um aumento contínuo bastante inesperado. Março de 2015 tornou-se o primeiro mês na história humana registrado que a concentração de CO_2 subiu acima de 400 ppm em observatórios em todo o mundo.

"Ecologia integral" — juntando tudo

As consequências dessas adições atmosféricas estavam começando a ser entendidas na virada do século, auxiliadas por modelos físicos de clima sucessivamente melhorados que atravessavam disciplinas relevantes. Os relatórios de avaliação do Intergovernmental Panel on Climate Change (IPCC) [Painel Intergovernamental sobre Mudanças Climáticas em 1990, 1995, 2001, 2007, 2014 (que continuam a intervalos de seis a sete anos) deram uma "visão atualizada do estado atual dos conhecimentos científicos relevantes para mudança climática" (IPCC, 2015).

Esses modelos físicos foram unidos em 2010 por uma "abordagem da situação" que estendia seu escopo ao criar um quadro que integrou aspectos físicos com aspectos sociais chamados "caminhos de concentração representativos" (*representative concentration pathways* — RCPs, em inglês). Quatro RCPs foram publicados por 19 pesquisadores da Netherlands Environmental Assessment Agency [Agência de avaliação ambiental dos Países Baixos] em 2011, um dos quais (RCP2.6) manteve o aumento da temperatura média global abaixo dos 2°C, atingindo assim o objetivo principal dos acordos internacionais de Cancún de 2010 (Van Vuuren et al., 2011). Essa situação reduziu as emissões globais de gases ativos de RI em 70% de 2010 a 2100, e em mais de 95% em 2100, um "objetivo tecnicamente viável". O Institutional Investors Group on Climate Change [Grupo de investidores institucionais sobre mudanças climáticas, (IIGCC, em inglês)], que corresponde a 24 trilhões de dólares em ativos, apoiou esse objetivo em sua "Declaração Global de Investidores sobre Mudanças Climáticas" em setembro de 2014 (IIGCC, 2011; Symon, 2013). Isso foi paralelo a duas outras iniciativas importantes que integraram a "ecologia humana" com a "ecologia natural" — o projeto

516   MUDANÇA CLIMÁTICA (hipótese do aquecimento global)

Earth Stewardship [Governança da terra] da ESA (Chapin, 2015) e *Laudato Si'*.

Laudato Si'

Com essas e outras ações significativas, a ecologia e a economia mundiais têm avançado para a "descarbonização" global e uma "cultura de cuidados" no início do século XXI, já que o cristianismo e a ciência revitalizaram a longa tradição da governança (DeWitt, 1995). A transição foi, em muitos aspectos, uma tempestade, bem descrita pelo *In the Eye of the Storm* [No olho da tempestade] de *Sir* John Houghton (2015). No entanto, a sociedade está vindo a entender o sistema climático da terra e sua integração inseparável dentro do sistema terrestre e está trabalhando seriamente para a restauração da regulação atmosférica da temperatura da terra. Essa transição em conhecimento e ação tornou a leitura de *Laudato Si'*, do papa Francisco, obrigatória, pois é o único tratado abrangente sobre a compreensão e o cuidado do sistema terrestre como nosso lar comum. E seu título convida cada pessoa na terra a "admirar graciosamente o arranjo benéfico que permite que a terra seja vestida de verdor e vida abundante".

Calvin B. DeWitt

REFERÊNCIAS E LEITURAS RECOMENDADAS

ARRHENIUS, Svante. "On the Influence of Carbonic Acid in the Air upon the Temperature of the Ground." *Philosophical Magazine and Journal of Science* 41: 237-76, 1896.

BARNOLA, J.-M. et. al. "Historical CO_2 Record from the Vostok Ice Core." In: *Trends: A Compendium of Data on Global Change*. Oak Ridge, TN: Carbon Dioxide Information Analysis Center, Oak Ridge National Laboratory, U.S. Department of Energy, 2003. http://cdiac.ornl.gov/trends/co2/vostok.html.

BLOCH, Magdalena; Karasiński, Grzegorz. "Water Vapor Mixing Ratio Profiles over Harnsund, Arctic." *Acta Geophysica* 52 (2): 290-301, 2014.

BLUNDEN, Jessica; Arndt, Derek S. (Eds.). "2015: State of the Climate in 2014." Special Supplement to the *Bulletin of the American Meteorological Society* 96 (7): S1-S267, 2015. <http://journals.ametsoc.org/doi/10.1175/2015B AMSStateoftheClimate.1>.

Carbon Dioxide Information Analysis Center (CDIAC). "Global Carbon Project." U.S. Department of Energy. <http://cdiac.ornl.gov/GCP/>.

CHAPIN, F. Stewart. "Earth Stewardship: An Initiative by the Ecological Society of America to Foster Engagement to Sustain Planet Earth." In: *Earth Stewardship: Linking Ecology and Ethics in Theory and Practice*, 2:173-94. R. Rozzi et al. (Ed.). Dordrecht: Springer.

CHRISTIAN REFORMED CHURCH. *CREATION STEWARDSHIP TASK FORCE REPORT*, 2012. <www.crcna.org/sites/default/files/creationstewardship.pdf>.

COMEAU, S. et al. "Ocean Acidification Accelerates Dissolution of Experimental Coral Reef Communities." *Biogeosciences* 12 (2): 365-72, 2015. <www.biogeosciences.net/12/365/2015>.

DALY, Herman E. "Economics as a Life Science." *Journal of Political Economy* 76 (3): 392-406, 1968.

DEWITT, C. B., 1995. "Ecology and Ethics: Relation of Religious Belief to Ecological Practice in the Biblical Tradition." *Biodiversity and Conservation* 4: 838-48. <https://www.academia.edu/6704422/Ecology_and_Ethics_Relation_of_Religious_Belief_to_Ecological_Practice_in_the_Biblical_Tradition>.

_____. "Science, Ethics, and Praxis: Getting It All Together." In: *Ecology and Religion: Scientists Speak*, ed. John Carroll and Keith Warner, 53-70. Quincy, IL: Franciscan, 1998.

_____ "Biogeographic and Trophic Restructuring of the Biosphere: The State of the Earth under Human Domination." *Christian Scholar's Review* 32: 347-64, 2003.

_____. "The Professor and the Pupil: Addressing Secularization and Disciplinary Fragmentation in Academia." *Perspectives on Science and Christian Faith* 59 (2): 119-27, 2007.

_____. "To Strive to Safeguard the Integrity of Creation and Sustain and Renew the Life of the Earth." In: *Mission in the Twenty-First Century: Exploring the Five Marks of Global Mission*, ed. Andrew Walls and Cathy Ross, 84-93. London: Darton, Longman and Todd, 2008.

_____. *Earth-Wise: A Guide to Hopeful Creation Care*. 3. ed. Grand Rapids: Faith Alive, 2011a.

_____. "Going for 'Broke' (Pembroke) — The Keystone XL Pipeline in Global Petroarchitecture.", 2011b. <http://faculty.nelson.wisc.edu/dewitt/docs/keystone_xl.pdf>. Outra versão está disponível como "The Earth Is the Lord's (and Just Look What We're Doing with It)." Jun. 2014. <https://sojo.net/magazine/june-2014/earth-lords-and-just-look-what-were-doing-it>.

_____. "Climate Care: Our Profound Moral Imperative." *The Banner* 142 (4): 18-20, 2012a.

_____. "The Deadly Misnomer of 'Fossil Fuels.'" set-out, 2012b. <https://sojo.net/magazine/september-october-2012/deadly-misnomer-fossil-fuels>.

Francisco (Papa). *Encyclical Letter Laudato Si' of the Holy Father Francis on Care for Our Common Home*. Vatican: Libreria Editrice Vaticana, 2015. Também em: <www.papalencyclicals.net>.

GLACKEN, Clarence J. *Traces on the Rhodian Shore: Nature and Culture in Western Thought from Ancient Times to the End of the Eighteenth Century*. Berkeley: University of California Press, 1967.

GLOBAL CARBON ATLAS. Acesse em: <www.globalcarbonatlas.org>.

HENDERSON, Lawrence J. "The Fitness of the Environment: An Inquiry into the Biological Significance of the Properties of Matter." *American Naturalist* 47 (554): 105-15, 1913a.

_____. *The Fitness of the Environment: An Inquiry into the Biological Significance of the Properties of Matter*. New York: Macmillan, 1913b.

HOUGHTON, John T. *In the Eye of the Storm: The Autobiography of Sir John Houghton*. Oxford: Lion, 2015.

IIGCC. *Investment-Grade Climate Change Policy*. London: Institutional Investors Group on Climate Change (IIGCC), 2011. <http://www.unepfi.org/fileadmin/documents/Investment-GradeClimateChangePolicy.pdf>.

IPCC. Assessment Reports. Geneva: Intergovernmental Panel on Climate Change, 2015. <www.ipcc.ch/publications_and_data/publications_and_data_reports.shtml>.

LACIS, Andrew A. et al. "The Role of Long-Lived Greenhouse Gases as Principal LW Control Knob That Governs the Global Surface Temperature for Past and Future Climate Change." Tellus B: 65:19734, 2013. <http://dx.doi.org/10.3402/tellusb.v65i0.19734>.

_____ et al. "Atmospheric CO_2: Principal Control Knob Governing Earth's Temperature." *Science* 330, n. 6002 (15 de outubro): 356-59, 2010.

MacDOUGALL, Andrew H.; Friedlingstein, Pierre. "The Origin and Limits of the Near Proportionality between Climate Warming and Cumulative CO_2 Emissions." *Journal of Climate* 28: 4217-30, 2015.

MacFARLING MEURE, C. et al. "The Law Dome CO_2, CH_4 and N_2O Ice Core Records Extended to 2000 Years BP." *Geophysical Research Letters* 33 (14), 2006. <ftp://ftp.ncdc.noaa.gov/pub/data/paleo/icecore/antarctica/law/law2006.txt>.

MOSS, Richard H. et al. *Towards New Scenarios for Analysis of Emissions, Climate Change, Impacts, and Response Strategies*. Technical Summary. Geneva: Intergovernmental Panel on Climate Change, 2008.

_____ et al. "The Next Generation of Scenarios for Climate Change Research and Assessment." *Nature* 463: p. 747-56, 2010.

NPCC 2015 Report. New York City Panel on Climate Change. Executive Summary. *Annals of the New York Academy of Science* 1336: 9-17, 2015. <http://onlinelibrary.wiley.com/doi/10.1111/nyas.12591/epdf>.

PLANCK, Max. "On Religion and Science.", 1937. Reimpresso como "Appendix A" em Aaron Barth, *The Creation in Light of Modern Science*, 147. Jerusalem: Jerusalem Post Press, 1968.

RAMANATHAN, Veerabhadran; Xu, Yangyang. "The Copenhagen Accord for limiting global warming: Criteria, constraints, and available avenues." Proceedings of the National Academy of Sciences 107(18): 8055-8062, 2010.

ROBERTS, Jon H.; Turner, James. *The Sacred and the Secular University*. Princeton, NJ: Princeton University Press, 2000.

STEFFEN, W. et al. *Global Change and the Earth System*. Berlin: Springer, 2004. <www.igbp.net/publications/igbpbookseries/igbpbookseries/global-changeandtheearthsystem2004.5.1b8ae20512db69 2f2a680007462.html>.

SYMON, Carolyn. *Climate Change: Action, Trends and Implications for Business*. Cambridge: Judge Business School, University of Cambridge, 2013. <https://europeanclimate.org/documents/IPCCWebGuide.pdf>.

TIMMERMANS, Steven. "Christian Reformed Church Celebrates Pope's Call to Climate Action.", 2015. <http://network.crcna.org/creation-matters/christian-reformed-church-celebrates-pope's-call-climate-action>.

TYNDALL, John. "On the Transmission of Heat of Different Qualities through Gases of Different Kinds." In: *Notices of the Proceedings of the Royal Institution of Britain, Abstracts of the Discourses Delivered at the Evening Meetings*, vol. 3 (1858-1862). London: William Clowes and Sons, 1859.

UNFCCC. *Cancun Agreements. Cancun, Mexico: United Nations Framework Convention on Climate Change. Sixteenth Conference of the Parties* (COP-16), 2010.

VAN VUUREN, D. P. et al. "RCP2.6: Exploring the Possibility to Keep Global Mean Temperature Increase Below 2 ˚C." *Climatic Change* 109 (nov.): 95-116, 2011.

VERY, Frank W. *Atmospheric Radiation: A Research Conducted at the Allegheny Observatory and at Providence, R.I.* Washington: Government Printing Office, 1900. <http://archive.org/details/atmosphericradia00veryrich>.

VONDER HAAR, Thomas H.; Suomi, Verner E. "Measurements of the Earth's Radiation Budget from Satellites during a Five-Year Period. Part I: Extended Time and Space Means." *Journal of Atmospheric Science* 28:305-14, 1971.

MULTIVERSO. Uma idade finita do universo (pouco menos de 14 bilhões de anos) e uma **velocidade da luz** finita (300 mil quilômetros por segundo) definem limites fortes e fundamentais nas distâncias mais distantes que a humanidade pode ver. Radiação cósmica de fundo de micro-ondas (RCFM) observada por cientistas, viaja para a terra a partir de regiões que se aproximam desses limites fundamentais. À medida que os cientistas procuram entender a RCFM e outras medidas da região observável do universo, suas explicações incluem cada vez mais a existência de reinos físicos além desses limites: um *multiverso*. Embora seja proeminente nas explicações científicas do cosmos, o multiverso também afeta o pensamento filosófico e apologético.

Embora o termo tenha uma origem mais recente (nos últimos 150 anos), o conceito de multiverso (múltiplos universos) se estende à antiguidade, como visto em muitas religiões do mundo, incluindo o cristianismo. Nos últimos cem anos, as explicações científicas do universo muitas vezes empregaram um multiverso, mas o caráter e a natureza do multiverso mudaram drasticamente. Antes do século XX, a maior parte do pensamento científico pressupunha a existência apenas desse universo físico, mas o advento e o desenvolvimento da cosmologia do *big bang* durante os últimos cem anos trouxeram diferentes concepções do multiverso. Por exemplo, à medida que os cientistas procuraram reconciliar um universo em expansão com a noção antiga de um universo eterno, eles promoveram o modelo do universo oscilante, que postulou um multiverso resultante de uma série contínua de expansões e contrações. Os modelos multiversos atuais geralmente invocam algum aspecto de inflação ou mecânica quântica (ou ambos).

Os cosmólogos classificam os modelos do multiverso de maneira diferente. Por exemplo, Brian Greene delineia nove classes separadas, ao passo que Max Tegmark postula apenas quatro. Independentemente do esquema de classificação, apenas três têm uma ligação relativamente próxima às medições reais.

Um universo realmente grande

Dentro dos limites da observação humana, as evidências apontam fortemente para uma época de expansão inflacionária no início da história do universo. Independentemente de como a inflação possa ter funcionado, a existência de uma época inflacionária requer que o espaço, o tempo, a matéria e a energia do universo devam se estender muito além desses limites. Essa região, além da observação, representa a forma menos controversa de um multiverso. Embora seja tecnicamente correto chamar esse cenário de *multiverso* (essas regiões existem além do nosso universo observável), os cientistas geralmente reservam o termo para as ideias mais radicais abaixo.

Universos de bolhas inflacionárias

Os cientistas continuam buscando entender como a inflação poderia ter funcionado de uma maneira que explica as medidas do universo observável, e praticamente todo modelo razoável de inflação exibe algumas características-chave. Primeiro, uma "substância" (tipicamente um campo escalar que produz um vácuo falso) impulsiona a expansão exponencial necessária para a inflação, e essa substância decai para um estado de energia mais baixo em algum local que cresce com o tempo (como uma bolha). Muitas outras bolhas se formam por meio do mesmo processo. Para reproduzir as observações dos cientistas, esse universo deve residir dentro de uma dessas bolhas; consequentemente, outros universos do multiverso existem dentro das outras bolhas.

O multiverso quântico

A mecânica quântica introduz ideias científicas que parecem bizarras, mas desfrutam de uma forte validação experimental, e um dos preceitos é que as partículas quânticas existem simultaneamente em uma superposição de muitos estados diferentes. Quando os cientistas calculam os resultados esperados de um experimento, eles realizam operações matemáticas em uma função de onda (que descreve a superposição de estados) e obtêm um conjunto de números que especificam as probabilidades de medir os diferentes resultados do experimento. Assim, um experimento toma a superposição de estados inerentes à função de onda (que os cientistas não podem medir) e leva a uma medição única de apenas um estado. Uma interpretação da realidade por trás dessa sequência argumenta que o experimento resulta na manifestação de todos os estados diferentes, mas os humanos veem apenas um resultado nesse universo, pois os outros resultados se manifestam em outros ramos do multiverso.

Nenhuma evidência experimental ou observacional conhecida exige a existência de um multiverso, embora a explicação mais natural dos dados da cosmologia implica diretamente a existência de um "multiverso muito grande". Em contrapartida, o "multiverso de quantum" depende de uma interpretação particular de mecânica quântica, mas muitas outras interpretações explicam todos os dados sem um multiverso. Da mesma forma, o "multiverso da bolha inflacionária", embora razoável, depende de extrapolações enormes — tanto incompletas quanto possivelmente incorretas — da física conhecida.

Implicações do multiverso

Evidências experimentais da mecânica quântica, cosmologia inflacionária do *big bang*, **teoria das cordas** e muito mais fornecem plausibilidade suficiente para que os modelos de multiversos pertençam à arena dos cientistas. As ambiguidades científicas atuais na avaliação de modelos de multiversos impactam argumentos apologéticos para a existência de Deus. Em vez de focar na existência de um multiverso, a questão chave torna-se: "Os modelos multiversos se encaixam mais confortavelmente em uma **cosmovisão** cristã e teísta ou em uma cosmovisão ateísta do **naturalismo** estrito?" Três áreas principais em que essas duas cosmovisões diferem estão relacionadas à origem do universo (**argumento cosmológico**), design no universo (argumento teleológico) e consciência (**argumento da razão**). Inicialmente, os modelos de multiversos pareciam remover a base para a segunda premissa do argumento cosmológico, a saber, que o universo começou a existir. Por exemplo, nos multiversos inflacionários do *big bang*, esse universo ainda tem um começo, mas o mecanismo da inflação produziu novos universos para sempre no futuro. Os cosmólogos achavam que esse processo poderia se estender para sempre no passado também; se for verdade, nosso universo começaria, mas o multiverso seria eterno. A pesquisa finalmente demonstrou que qualquer modelo de multiverso inflacionário capaz de explicar o universo também deve ter um começo (Grossman, 2012), fortalecendo ainda mais o argumento cosmológico para a existência de Deus. A maioria dos cosmólogos agora concorda que o reino físico (não apenas o universo, mas todo o multiverso) começou a existir.

Muitas evidências usadas em apoio ao argumento teleológico enfocam as condições críticas para a vida neste universo que exibem ajustes finos aparentemente improváveis (ver **Ajuste fino do Universo e Sistema Solar**). No entanto, argumentos estatísticos exigem a avaliação das probabilidades e do tamanho da amostra. O enorme aumento no tamanho da amostra fornecido pelos modelos do multiverso (considerado infinito em alguns casos) praticamente garante que qualquer evento com **probabilidade** diferente de zero acontecerá em algum lugar. No entanto, a grande amostra associada ao multiverso significa que outras formas de vida improváveis (como os cérebros de Boltzmann — entidades autoconscientes que surgem das **flutuações quânticas** que ocorrem no espaço, simulações no estilo *Matrix*, etc.) também ocorrem.

A possibilidade de outras formas de vida muda a ênfase apologética de tentar explicar a raridade da vida humana para explicar por que a humanidade não é uma dessas outras formas, especialmente porque essas outras possibilidades parecem cada vez mais comuns. Os cosmólogos trabalham para construir modelos multilaterais que eliminam a existência dessas outras formas de vida, mas precisam ajustar os modelos para realizar a tarefa. Desenvolver um mecanismo adequado para gerar um multiverso parece requerer um ajuste fino (Collins, 2009); consequentemente, quer o multiverso exista ou não, o reino físico parece ser projetado para a humanidade.

Os modelos de multiversos afetam argumentos que dependem da lógica da humanidade para confiar em sua capacidade de raciocínio, *adicionando mais chances* de agrupar todos os componentes necessários. No entanto, filósofos e cientistas que buscam compreender essa capacidade descrevem um *problema difícil ou intratável da consciência*: a dificuldade (se não a impossibilidade) de explicar a consciência humana em termos de processos estritamente físicos. À luz da falta de tal mecanismo, acrescentar mais **acasos** de se reunir materiais físicos não ajuda a explicar a consciência.

Em suma, mesmo que exista um tipo de multiverso, as pesquisas mais recentes indicam que ele *começou* a existir, o que demonstra evidências de *design* para a humanidade e parece exigir uma **mente** (que existe além do multiverso) para explicar a consciência. Em vez de apoiar o argumento para uma cosmovisão naturalista e ateísta, esses resultados defendem fortemente uma cosmovisão teísta e sobrenatural semelhante ao judeu-cristianismo.

Jeff Zweerink

REFERÊNCIAS E LEITURAS RECOMENDADAS

Collins, Robin, 2009. "The Teleological Argument: An Exploration of the Fine-Tuning of the Universe", em *The Blackwell Companion to Natural Theology*, ed. W. L. Craig and J. P. Moreland. Oxford: Wiley-Blackwell.
Greene, Brian, 2001. *The Hidden Reality*. New York: Knopf.
Grossman, Lisa, 2012. "Why Physicists Can't Avoid a Creation Event." *New Scientist* 2847 (11 de janeiro): 6-7. www.newscientist.com/article/mg21328474.400-why-physicists-cant-avoid-a-creation-event.html?
Krauss, Lawrence, 2012. *A Universe from Nothing*. New York: Free Press. Tegmark, Max. 2014. *Our Mathematical Universe*. New York: Knopf.
Vilenkin, Alex, 2006. *Many Worlds in One*. New York: Hill and Wang.

MURPHY, NANCEY. Nancey Murphy (1951-) é uma filósofa cristã que contribuiu para as discussões gerais sobre a relação entre teologia e ciência e uma análise detalhada da relação entre cristianismo e **neurociência**. Murphy argumentou que os desenvolvimentos ocorridos em meados do século XX na filosofia anglo-americana marcam o início de uma nova era pós-moderna no

pensamento (Murphy, 1997). Uma das mudanças centrais nessa suposta transição é do fundacionalismo e **reducionismo** modernos para o holismo. O conhecimento não deve mais ser entendido como um edifício construído a partir de crenças que, em última análise, repousam em fundamentos elusivos, mas estáveis e não inferenciais. Esse quadro cartesiano é substituído pela teia de crenças interdependentes de Quine, na qual cada elemento depende do todo que ele constitui parcialmente.

No caso do conhecimento científico, os elementos da rede são observações e resultados experimentais, e os conjuntos são programas de pesquisa ou **paradigmas** (Kuhn, 1996; Lakatos, 1970). O progresso científico envolve, portanto, o contínuo desenvolvimento e a substituição dessas estruturas. Murphy leva o **fisicalismo** a ser o principal compromisso ontológico de um programa de pesquisa científica progressista, no entanto, ela escreve: "Se o livre-arbítrio é uma ilusão e a mais alta das realizações intelectuais e culturais humanas pode... ser entendida como a mera execução das leis da **física**, isso é totalmente devastador para nossa compreensão comum de nós mesmos e, claro, para os relatos teológicos, também" (Murphy, 1998, p. 131).

A devastação é evitada, no entanto, já que na versão de Murphy do fisicalismo não redutivo (**monismo** emergente), a redução *ontológica* das pessoas a entidades inteiramente físicas não requer a redução *causal* dos processos mentais aos da física e da química. Sua perspectiva antirreducionista implica que, à medida que se avança pela hierarquia das ciências, encontram-se entidades novas, desde os átomos até os organismos conscientes. Tais entidades emergentes são totalmente constituídas por elementos descritos em níveis mais baixos, porém com propriedades distintas e irredutíveis — por exemplo, a forma de um avião de papel é uma propriedade global irredutível do plano. Essa propriedade global também determina o desempenho aerodinâmico do avião e, portanto, desempenha um papel causal em seu comportamento. Essa é uma influência causal "descendente" em relação às partes das quais o plano é composto, mas não intervém em processos causais em níveis inferiores.

Tomando as propriedades mentais humanas como tais propriedades físicas globais, o trabalho recente de Murphy se concentrou na contabilização de características como responsabilidade moral e **causalidade** mental em maior detalhe (Murphy, 2006; Murphy e Brown, 2007).

520 MUTAÇÃO ALEATÓRIA

Murphy também considera as consequências de sua visão holista pós-moderna em teologia (p. ex., a relação entre liberalismo e fundamentalismo), ética (p. ex., irredutibilidade da ética à biologia) e a questão da **ação divina** em um mundo físico, que Murphy considera ser o caso final de causalidade descendente (Murphy, 2011; Murphy et al, 2008). Sua perspectiva permanece controversa. Por exemplo, a rejeição do fundacionalismo cartesiano não precisa exigir a aceitação do holismo (compare o fundacionalismo modesto defendido por epistemólogos reformados como **Alvin Plantinga** e Nicholas Wolterstorff), e não está claro que a causalidade descendente possa ser coerente e adequadamente entendida em termos monísticos.

Jonathan Loose

REFERÊNCIAS E LEITURAS RECOMENDADAS

Kuhn, Thomas S., 1996. *The Structure of Scientific Revolutions.* 3rd ed. Chicago: University of Chicago Press.

Lakatos, Imre, 1970. "Falsification and the Methodology of Scientific Research Programmes", em *Criticism and the Growth of Knowledge*, ed. Imre Lakatos and Ian Musgrave. Cambridge: Cambridge University Press.

Murphy, Nancey C., 1997. *Anglo-American Postmodernity: Philosophical Perspectives on Science, Religion and Ethics.* Boulder, CO: Westview.

_____. 1998. "Nonreductive Physicalism: Philosophical Issues", em *Whatever Happened to the Soul? Scientific and Theological Portraits of Human Nature*, ed. Warren S. Brown, H. Newton Malony e Nancey C. Murphy, 127-48. Minneapolis: Fortress.

_____. 2006. *Bodies and Souls, or Spirited Bodies?* Current Issues in Theology. Cambridge: Cambridge University Press.

_____. 2011. "Divine Action, Emergence and Scientific Explanation", em *The Cambridge Companion to Science and Religion*, 244-59. Cambridge: Cambridge University Press.

Murphy, Nancey C.; Brown, Warren S., 2007. *Did My Neurons Make Me Do It? Philosophical and Neurobiological Perspectives on Moral Responsibility and Free Will.* Oxford: Oxford University Press.

Murphy, Nancey C.; Russell, Robert John; Stoeger, W. R., 2008. *Scientific Perspectives on Divine Action: Twenty Years of Challenge and Progress.* Rome: Vatican Observatory Press; Notre Dame, IN: Notre Dame Press.

MUTAÇÃO ALEATÓRIA. Todos os organismos e entidades semelhantes a organismos, como vírus, fazem cópias de seus genomas de ácido nucleico no processo de replicação. Apesar de um alto grau de fidelidade na replicação do genoma, os genomas da progênie raramente são idênticos à sequência parental (modelo). Por exemplo, sabe-se agora que, para humanos, a ordem de 100 erros de replicação é feita a cada geração quando nossos 3 bilhões de pares de bases de **DNA** são copiados — uma taxa de erro menor que 1%, mas não absolutamente perfeita.

Qualquer diferença entre as sequências dos pais e dos descendentes é conhecida como uma *mutação* (do latim

mutare, "mudar"). Mutações podem surgir de vários processos distintos. Uma mutação pontual pode surgir se uma única base de DNA estiver incorretamente emparelhada durante a replicação do cromossomo. O emparelhamento incorreto pode surgir se as bases do DNA forem danificadas (por produtos químicos ou luz ultravioleta) ou por um processo natural conhecido como tautomerização, onde os átomos de hidrogênio mudam de posição na própria base do DNA (Berg et al. 2002). Tanto o dano quanto a tautomerização produzem mudanças na afinidade do emparelhamento de bases do DNA, o que pode levar a pares de bases não correspondentes durante a replicação do cromossomo. Outros tipos de mutação incluem a *deleção* de numerosos pares de bases de DNA em um evento; por outro lado, as mutações de *duplicação* podem erroneamente inserir cópias extras de uma sequência de DNA em um genoma da progênie.

Erros em como as cópias dos cromossomos se separam durante a divisão celular podem levar à duplicação ou exclusão de cromossomos inteiros. Outros eventos são possíveis: elementos genéticos móveis (*transpósons*) inserem seu pequeno genoma no genoma de seus hospedeiros (um exemplo de uma mutação de *inserção*). A quebra de cromossomos em larga escala e a junção podem levar a mutações de *inversão* ou *translocação*. Tomados em conjunto, muitos eventos físicos podem levar a mudanças na sequência de DNA entre pais e filhos, e todos caem sob a definição geral de *mutação*.

Biólogos geralmente se referem a mutações como *aleatórias*. Neste contexto, *aleatório* tem dois, e apenas dois, significados específicos (Futuyma, 2013). A primeira é que a mutação é um evento *estocástico*. Isto significa que, para qualquer sequência de DNA, é possível medir (e depois prever) a frequência de mutação para um grande número de eventos de replicação. Se uma sequência de progênie específica conterá uma mutação, no entanto, não pode ser determinada antecipadamente. Nesse sentido, a mutação é análoga à deterioração radioativa: as propriedades agregadas de uma grande população (sequências de DNA ou átomos) são prontamente previsíveis (por frequência de mutação ou meia-vida), mas propriedades individuais não podem ser preditas com antecedência (se uma sequência de DNA individual conterá uma mutação após a replicação, ou quando um átomo individual sofrerá deterioração radioativa).

O segundo significado, e mais importante, é que as mutações surgem independentemente de quão úteis elas são para um organismo em seu ambiente particular. O ambiente, portanto, não influencia a **probabilidade** de ocorrer uma mutação vantajosa. A primeira evidência de que o ambiente não influencia a probabilidade de uma mutação vantajosa foi observada pelo trabalho seminal de Lederberg e Lederberg (1952). Em seu experimento, eles expuseram bactérias ao antibiótico penicilina e observaram que variantes raras eram resistentes aos seus efeitos bactericidas. Através de um trabalho cuidadoso, eles foram capazes de determinar que as mutações que levaram à resistência a antibióticos estavam presentes dentro da população de bactérias antes de serem expostas ao antibiótico. Como tal, o antibiótico estava selecionando para mutações preexistentes que conferiam resistência, não favorecendo a produção de mutações novas e vantajosas. Trabalho subsequente nesta área nas décadas seguintes ainda tem que demonstrar um caso onde o ambiente causou mutações específicas, vantajosas ou não.

É importante notar que a aleatoriedade da mutação no sentido biológico não se estende a outras definições comuns de aleatório. Por exemplo, aleatório pode significar "imparcial": um gerador de números aleatórios é um mecanismo estocástico que produz uma cadeia de números imparcial. Biologicamente, as mutações não são aleatórias nesse sentido. Sabe-se que diferentes regiões do genoma não são igualmente propensas à mutação, e que os vários tipos de eventos de mutação não são igualmente prováveis. As propriedades físicas do DNA influenciam os eventos de mutação de muitas maneiras que introduzem predisposições. Por exemplo, DNA altamente repetitivo (onde uma sequência curta de DNA é repetida várias vezes em conjunto) é muito mais propenso a mutações de duplicação do que DNA não repetitivo.

À medida que o DNA repetitivo é replicado, é possível que a fita recém-copiada deslize para trás em relação à fita modelo, mas faça o emparelhamento com ela de novo devido às sequências repetitivas correspondentes. Esse deslizamento e emparelhamento significa que uma seção do encadeamento recém-copiado sai do modelo como uma região não emparelhada, e o novo encadeamento recodifica a sequência do encadeamento do modelo. O resultado final na nova fita é uma duplicação adicional da sequência de DNA repetida.

Em contrapartida, o DNA não repetitivo não formará prontamente essas voltas de fitas simples e se reemparelhará uma vez que tal estrutura não seria estabilizada por meio de sequências repetidas. Um segundo exemplo é a taxa de mutação elevada no que é conhecido como dinucleotídeos CpG: uma citosina seguida por uma guanina no mesmo segmento de DNA (Duncan e Miller, 1980). O p entre o C e o G é utilizado para indicar a ligação de fosfato que os liga e distingue esta estrutura de uma citosina emparelhada com uma guanina na cadeia oposta (isto é, um par de bases CG). Em dinucleotídeos CpG, a citosina é comumente metilada. A citosina metilada é facilmente submetida a uma reação de desaminação (a perda de um grupo amina), cujo produto é a timina, uma das outras bases do DNA. Como essa timina recém-produzida aparece como uma base de DNA "normal", ela não é prontamente reconhecida pelas enzimas de reparo do DNA como uma mutação. Por causa dessas propriedades físicas, o C em um dinucleotídeo CpG é muito mais suscetível à mutação para uma T (timina) do que outras bases de DNA.

Outros exemplos podem ser dados: os transpósons são conhecidos por preferir certos locais de inserção em detrimento de outros; sabe-se que a taxa de mutação varia ligeiramente para diferentes regiões dentro de **genes** individuais ou entre genes. Como tal, seria inadequado descrever a mutação como aleatória no sentido de "igualmente provável" ou "uniformemente distribuída". Além disso, a aleatoriedade da mutação não significa que o ambiente não tenha efeito sobre mutações: a presença de produtos químicos ou radiação pode aumentar a taxa de mutação em geral, mas ainda não direcionar especificamente a produção de mutações vantajosas.

Da mesma forma, em algumas bactérias, o estresse ambiental (como excesso de calor ou falta de recursos) pode elevar as taxas de mutação em geral (o que aumenta a probabilidade de que pelo menos algumas progênies mutantes tenham mutações vantajosas). Mesmo nesses casos, no entanto, as mutações resultantes são aleatórias no sentido biológico; eles são produzidos através de um processo estocástico que não "prevê" quais mutações específicas serão uma vantagem. Em vez disso, a mutação aleatória seguida pela **seleção natural** é o mecanismo pelo qual a adaptação ocorre.

Por último, é importante entender que "aleatório" no sentido biológico não significa "sem **teleologia**" ou "sem

MYSTERY OF LIFE'S ORIGIN, THE

propósito". A ciência está restrita a relações de causa e efeito dentro do mundo natural e é cega para questões não científicas de significado e propósito. Portanto, a demonstração científica de que um processo físico é estocástico não indica que ele seja sem propósito, uma vez que tal conclusão vai além do que a ciência pode demonstrar. De fato, os humanos usam rotineiramente processos estocásticos (como geradores de números aleatórios) para propósitos específicos pretendidos (como modelagem matemática). Assim, a demonstração científica de que um processo é estocástico não deve ser confundida com uma interpretação ateleológica ou disteleológica desse processo.

Dennis R. Venema

REFERÊNCIAS E LEITURAS RECOMENDADAS

Berg, J. M.; Tymoczko, J. L.; Stryer, L., 2002. *Biochemistry.* 5th ed. New York: W. H. Freeman.

Duncan, B. K.; Miller, J. H., 1980. "Mutagenic Deamination of Cytosine Residues in DNA." *Nature* 287:560-61.

Futuyma, D. J., 2013. *Évolution.* 3rd ed. Sunderland, MA: Sinauer.

Lederberg, J.; Lederberg, E. M., 1952. "Replica Plating and Indirect Selection of Bacterial Mutants." *Journal of Bacteriology* 63:399-406.

Loewe, L., 2008. "Genetic Mutation." *Nature Education* 1:113.

MYSTERY OF LIFE'S ORIGIN, THE. Publicado em 1984 por Charles Thaxton, **Walter Bradley** e Roger Olsen, *The Mystery of Life's Origin: Reassessing Current Theories* [A origem do mistério da vida: reavaliando teorias atuais] é um livro científico que critica teorias proeminentes da **origem** química **da vida** e serviu como um trabalho de referência no início do movimento de **design inteligente** (DI).

Os autores tinham fortes credenciais técnicas. Thaxton obteve seu doutorado em química física pela Universidade Estadual de Iowa e fez pós-doutorado nas Universidades de Harvard e Brandeis. Bradley obteve um doutorado em ciência de materiais da Universidade do Texas, Austin, e passou mais de 25 anos como professor de engenharia mecânica nas Universidades do Texas A & M e Baylor. Olsen é doutor em geoquímica pela Escola de Minas do Colorado, onde lecionou antes de se tornar pesquisador químico na Rockwell International. Originalmente publicado pela Philosophical Library (que publicou títulos de mais de vinte prêmios Nobel, incluindo **Albert Einstein**), o livro teve críticas favoráveis em locais de prestígio (Dose, 1988; Jekel, 1985) e se tornou um best-seller em nível universitário sobre evolução química. Como uma revisão no *Yale Journal of Biology and Medicine* declarou:

> Para todos os que compartilham da confortável suposição de que os problemas científicos da abiogênese estão em grande parte resolvidos, este livro será uma verdadeira surpresa. Os autores desenvolveram uma crítica das hipóteses atuais que é uma síntese das preocupações de muitos que trabalham no campo, combinadas com suas próprias contribuições adicionais... O volume como um todo é devastador para uma aceitação descontraída das teorias atuais de abiogênese... e é fortemente recomendado para qualquer pessoa interessada no problema das origens químicas e biológicas (Jekel, 1985)

Os problemas científicos pesquisados incluem, entre outros, os seguintes:

- Dificuldades em alcançar a síntese prebiótica, dada a composição não redutora da atmosfera primitiva da terra.
- Processos químicos "destrutivos" que quebrariam os compostos orgânicos prebióticos.
- O "encurtamento continuado do **tempo**" disponível para a origem da vida na terra.
- O fato de que "as células vivas verdadeiras são estruturas dinâmicas extraordinariamente complexas e bem orquestradas, contendo enzimas, **DNA**, fosfolipídios, carboidratos etc., às quais as chamadas protocélulas apresentam apenas uma semelhança superficial".
- O "limite de observação" "do que foi realizado em laboratório por processos naturais" e a necessidade de "interferência do pesquisador" quando "construir macromoléculas bioespecíficas" (Thaxton et al., 1984).

Embora escritos há mais de 30 anos, muitos problemas destacados no livro persistem. Em 2007, o químico George Whitesides, de Harvard, admitiu que "não tem ideia" de como "a vida surgiu espontaneamente de misturas de moléculas na terra pré-biótica" (Whitesides, 2007), e um artigo de 2009 na revista *Complexity* reconheceu: "Muitas ideias diferentes competem e nenhuma está disponível para fornecer uma raiz suficientemente plausível para os primeiros organismos vivos (Schuster, 2009).

O livro não apenas criticava teorias químicas das origens da vida, como também oferecia possíveis soluções,

MYSTERY OF LIFE'S ORIGIN, THE   523

incluindo: (1) descoberta de novas leis naturais, (2) **panspermia**, (3) panspermia dirigida, (4) uma "inteligência criadora dentro do cosmos" e (5) uma" criação de inteligência além do cosmos" (Thaxton et al. 1984, p. 196). Ao propor que a vida "só pode ser alcançada por meio do que Michael Polanyi chamou de 'uma intervenção profundamente informativa'" (Thaxton et al. 1984, p. 185), os autores prepararam o terreno para os teóricos do DI que desenvolveram esses argumentos, argumentando que as informações complexas e especificadas da vida podem surgir apenas por meio do *design* inteligente (Dembski, 1998; Meyer, 2009).

Casey Luskin

REFERÊNCIAS E LEITURAS RECOMENDADAS

DEMBSKI, William, 1998. *The Design Inference: Eliminating Chance through Small Probabilities*. Cambridge, MA: Cambridge University Press.

DOSE, Klaus, 1988. "The Origin of Life: More Questions Than Answers." *Interdisciplinary Science Reviews* 13.

JEKEL, James, 1985. "Review of *The Mystery of Life's Origin: Reassessing Current Theories*." *Yale Journal of Biological Medicine* 58:407-8.

MEYER, Stephen C., 2009. *Signature in the Cell: DNA and the Evidence for Intelligent Design*. New York: HarperOne.

SCHUSTER, Peter, 2009. "Origins of Life: Concepts, Data, and Debates." *Complexity* 15.

THAXTON, Charles; Bradley, Walter; Olsen, Roger, 1984. *The Mystery of Life's Origin: Reassessing Current Theories*. Dallas: Lewis and Stanley.

WHITESIDES, George, 2007. "Revolutions in Chemistry: Priestley Medalist George M. Whitesides' Address." *Chemical and Engineering News* 85:12-17.

NAGEL, ERNEST. Ernest Nagel (1901-1985) foi um dos mais influentes filósofos da ciência de meados do século XX e certamente o mais abrangente, trabalhando em muitas áreas, desde os fundamentos lógicos da **matemática** e a filosofia da **física quântica** e da relatividade até metodologia das **ciências sociais** e **explicação** histórica. Nascido em 1901 no que mais tarde se tornou a Tchecolováquia, Nagel imigrou com seus pais para os Estados Unidos uma década depois. Frequentou a Universidade da Cidade de Nova York e obteve seu doutorado pela Universidade de Columbia em 1931, estudando com John Dewey e Morris Cohen. Sua carreira acadêmica, quase inteiramente em Columbia, abrangeu a **filosofia** analítica **da ciência** desde o auge do **positivismo lógico** nos anos 1930 até os debates sobre a **objetividade** que surgiram na década de 1960 e à atenção às particularidades das várias ciências que caracterizam a recente filosofia da ciência.

Cético quanto à construção abrangente de teoria, Nagel foi um crítico incisivo de relatos altamente abstratos de raciocínio indutivo, da **probabilidade** e da **confirmação**. Ele era, no entanto, um defensor da unidade fundamental da razão, não apenas por meio das ciências, mas em todos os empreendimentos humanos, como a única via para o conhecimento. Suas reflexões sobre as restrições históricas e sociológicas da objetividade científica prefiguraram ideias para as quais **Thomas Kuhn** chamou atenção generalizada décadas depois em *The Structure of Scientific Revolutions* [A estrutura das revoluções científicas], mas Nagel era um defensor incansável do poder dos métodos racionais e empíricos de discernir a verdade objetiva. Na opinião dele, essa austera **epistemologia** naturalista limitou o conhecimento ao mundo físico e impediu a crença racional em Deus, na **alma** ou em um propósito para o universo.

Escrevendo em periódicos como *The New Republic* e *Saturday Review*, Nagel defendeu a aplicação — na base experimental, é claro — de **métodos científicos** para problemas sociais e políticos, manifestando um grau de confiança que pareceria ingênuo hoje em dia. *An Introduction to Logic and the Scientific Method* [Uma introdução à lógica e ao método científico], em coautoria com seu mentor Morris Cohen, foi um texto amplamente usado durante anos. *Gödel's Proof* [A prova de Gödel], em coautoria de James Newman) ainda introduz os não especialistas aos famosos resultados da incompletude.

A *magnum opus* de Nagel, *The Structure of Science* [A estrutura da ciência], um exame quase enciclopédico da explicação da ciência, defende e elabora o modelo dedutivo-nomológico como a base da unidade lógica das ciências, além de ser rico em detalhes científicos e conexões para questões filosóficas mais amplas. Seu capítulo sobre redução é a afirmação definitiva da visão clássica. A discussão do livro sobre a integração da explicação teleológica na biologia com o restante da ciência, juntamente com sua elaboração posterior em Dewey Lectures, publicada na revista *Teleology Revisited*, é uma exploração de referência da questão. *The Structure of Science* retrata de maneira similar os métodos das ciências sociais como essencialmente os das ciências físicas.

Entre os reconhecimentos que Nagel recebeu no final da vida, merece destaque a eleição para a Academia Nacional de Ciências, uma honra raramente concedida a não cientistas. Ele morreu em 1985.

Donald Wacome

REFERÊNCIAS E LEITURAS RECOMENDADAS

NAGEL, Ernest, 1954. *Sovereign Reason and Other Studies in the Philosophy of Science.* Glencoe, IL: Free Press.
_____. 1955. "Naturalism Reconsidered." *Proceedings and Addresses of the American Philosophical Association* 28:5-17.
_____. 1956. *Logic without Metaphysics and Other Essays in the Philosophy of Science.* Glencoe, IL: Free Press.
_____. 1961. *The Structure of Science: Problems in the Logic of Scientific Explanation.* New York: Harcourt, Brace, World.
_____. 1979. *Teleology Revisited and Other Essays in the Philosophy and History of Science.* New York: Columbia University Press.
NAGEL, Ernest; Cohen, Morris R., 1934. *An Introduction to Logic and Scientific Method.* New York: Harcourt, Brace, World.
NAGEL, Ernest; Newman, James R., 1958. *Gödel's Proof.* New York: New York University Press.

NAGEL, THOMAS. Thomas Nagel (1937-) é professor emérito de filosofia e direito na Universidade de Nova York. Ele nasceu de pais judeus em Belgrado, na Iugoslávia (Sérvia). Viveu nos Estados Unidos de 1939 em diante e tornou-se cidadão americano naturalizado em

1944. Recebeu seu diploma de doutorado em filosofia de Harvard em 1963 e especializou-se em filosofia política, ética, **epistemologia** e filosofia da **mente**.

Nagel é um ateu que argumenta, em seu ensaio bem conhecido de 1971, intitulado "The Absurd" [O absurdo] (Nagel [1979] 1979), que o absurdo da vida humana, como ele a entende, é uma característica não removível da existência humana que não pode ser eliminada pela adoção de uma cosmovisão diferente. Isso é contrário à posição dos apologistas cristãos que sustentam que o absurdo da vida sem Deus é uma razão para rejeitar o ateísmo.

Contudo, Nagel também tem sido um crítico consistente do **materialismo** filosófico e, em particular, da tentativa de abrigar a mente dentro de uma estrutura materialista. Isso começou com o ensaio "What Is It Like to Be a Bat?" [Como é ser um morcego?] (Nagel, 1974), no qual ele argumenta que qualquer perspectiva de terceira pessoa sobre uma pessoa, tal como poderia ser fornecida pela ciência natural, invariavelmente deixa de fora a perspectiva de primeira pessoa desse indivíduo. Tal argumento foi prefigurado no ensaio de **C. S. Lewis** "Meditation in a Toolshed" [Meditação num barracão de ferramentas], no qual Lewis distinguiu entre "olhar para" e "olhar até o fim" e afirmar que uma preferência sistemática por "olhar para" em vez de "olhar até o fim" se desfaz quando se trata de considerar nosso próprio pensamento e, consistentemente aplicado, não nos daria nada para pensar (Lewis, 1970, p. 212-15).

Em seu livro *The View from Nowhere* [A vista do nada] (1986), Nagel argumenta que a **seleção natural** apenas explica como as criaturas com visão ou razão sobreviverão, não como a visão ou o raciocínio são possíveis. Temos muitas capacidades, como a capacidade de matemática superior, que não teria sido útil para nós no estágio de caçadores-coletores. Ele pensa que o mero aumento no tamanho do cérebro não seria suficiente para explicar essas capacidades racionais e não aceita uma explicação religiosa disso, mas simplesmente diz que não tem explicação.

Em *The Last Word* [A última palavra] (1997), Nagel sustenta que uma explicação darwinista de nossas faculdades é "ridiculamente inadequada"; ele menciona uma explicação teológica e, em seguida, afirma que algumas coisas não podem ser explicadas porque têm de entrar em todas as explicações. No mesmo trabalho, Nagel menciona o "medo da religião" (que ele próprio confessa) como uma razão para o uso excessivo das explicações darwinistas e a insistência no materialismo para explicar a mente.

Em *Mind and Cosmos* [Mente e cosmos] (2012), ele diz que os defensores do **design inteligente** (DI), como **Michael Behe** e **Stephen Meyer**, não merecem a dura crítica que receberam. No entanto, ele não defende o *design* inteligente, mas oferece uma alternativa tanto para o *design* quanto para Darwin, que é a existência de uma **teleologia** inerente ao mundo natural. Curiosamente, essa posição parece ter um sabor aristotélico, e muitos filósofos aristotélicos-tomistas tomaram essa posição como uma resposta ao materialismo, desenvolvendo argumentos teístas baseados nele. Nagel tem sido criticado por alguns por dar ajuda e conforto aos defensores do DI, mas ele não é um dos apoiadores dessa teoria.

Victor Reppert

REFERÊNCIAS E LEITURAS RECOMENDADAS

Lewis, C. S., 1970. "Meditation in a Toolshed", em *God in the Dock*. Grand Rapids: Eerdmans.

Nagel, Thomas, 1974. "What Is It Like to Be a Bat?" *Philosophical Review* 83, no. 4 (ooutubro): 435-50.

_____. (1971) 1979. "The Absurd", em Thomas Nagel, *Mortal Questions*, 11-23. Cambridge: Cambridge University Press. Originally published in *Journal of Philosophy* (out.).

_____. 1986. *The View from Nowhere*. New York: Oxford University Press.

_____. 1997. *The Last Word*. New York: Oxford University Press.

_____. 2012. *Mind and Cosmos*. New York: Oxford University Press.

NASCIMENTO VIRGINAL. A expressão *nascimento virginal* está carregada de uma gama de aplicações. Primeiro, no sentido mais estrito, refere-se à ideia de que "o verdadeiro processo do nascimento de Jesus foi tão miraculoso que deixou Maria intacta como uma virgem com seu hímen não rompido" (Montefiore 1992, p. 13). Essa crença, decorrente do apócrifo *Protoevangelho de Tiago*, do século II, é incorporada na doutrina católica e ortodoxa da virgindade perpétua de Maria.

Em segundo lugar, a expressão representa a afirmação bíblica de que, por uma ação milagrosa singular de Deus, Jesus de Nazaré foi *concebido* dentro de uma virgem chamada Maria, sem qualquer contribuição de um pai biológico humano, de tal forma que Jesus nasceu (c. 5 a.C.) de uma mãe que não teve relações sexuais. Assim, o Credo dos Apóstolos declara que Jesus foi "concebido pelo poder do Espírito Santo", e o Credo Niceno diz: "Para nós e para nossa salvação ele desceu do céu, foi encarnado por obra do Espírito Santo na virgem Maria e se tornou verdadeiramente humano". Para distinguir essa afirmação da crença no "nascimento virginal", alguns teólogos preferem falar de "concepção virginal" de Jesus. A crença

526 NATIONAL CENTER FOR SCIENCE EDUCATION

na última não implica a crença na primeira, pois, como escreveu **C. S. Lewis:** "se Deus cria um espermatozoide miraculoso no corpo de uma virgem, não ocorre a quebra de nenhuma lei. As leis imediatamente assumem. A natureza está pronta. A gravidez segue, de acordo com todas as leis normais, e nove meses depois uma criança nasce" (Lewis 1998, p. 62).

Embora os dois estejam obviamente relacionados, a concepção virginal não é uma precondição necessária da **encarnação**: "Os cristãos creem que Jesus era o Filho de Deus encarnado, não no sentido de que Deus, o Pai, era literalmente o pai do homem Jesus, mas no sentido de que o eterno Filho de Deus assumiu a humanidade, de modo que o Verbo se fez carne e habitou entre nós, e na única pessoa de Jesus Cristo havia a natureza divina e humana" (Montefiore 1992, p. 13; cf. Moreland e Craig 2003; Swinburne 2008).

Alguns críticos defendem que a concepção virginal é um mito influenciado por outros mitos do nascimento milagroso. No entanto, "não há paralelos com a concepção e o nascimento de Jesus na literatura judaica ou não judaica..." (Montefiore 1992, p. 48). Tampouco as narrativas do nascimento do evangelho são *midrash* judaico não histórico ou *haggadah* (cf. Quarles 1998). As principais afirmações históricas sobre a concepção virginal de Jesus são feitas *independentemente* pelos Evangelhos de Mateus e Lucas, e a concepção virginal pode ser refletida em outras passagens bíblicas (cf. João 8:41; Gálatas 4:4). Além disso, escrevendo por volta de 108 d.C., Inácio de Antioquia confirmou que Jesus era "verdadeiramente nascido de uma virgem". Esta afirmação levanta naturalmente questões filosóficas sobre **milagres** (cf. Larmer 2014; Lewis 1998; Moreland e Craig 2003).

Terceiro, a frase é coloquialmente inclusiva de Mateus 1:1—2:23 e Lucas 1:5—2:40, ou pelo menos as porções que aparecem no típico espetáculo da natividade. Nesse sentido, "o nascimento virginal" levanta questões sobre a historicidade das passagens relevantes de Mateus e Lucas, questões que devem ser consideradas em diálogo com campos acadêmicos, incluindo história antiga, arqueologia e **astronomia**. Por exemplo, estudos astronômicos recentes contribuíram para entender o relato de Mateus sobre os "magos" e "a estrela que haviam visto" (cf. Humphreys 1995; Kidger 1999; Molnar 1999).

Peter S. Williams

REFERÊNCIAS E LEITURAS RECOMENDADAS

BARNETT, Paul, 2003. *Is the New Testament Reliable?* 2. ed Downers Grove, IL: IVP.

CABAL, Ted, ed. 2007. *The Apologetics Study Bible.* Nashville: Holman.

GEISLER, Norman L., 2005. "The Virgin Birth." The John Ankerberg Show. www.jashow.org/wiki/index.php?title=The_Virgin_Birth.

HOWARD, Jeremy Royal, ed. 2013. *The Holman Apologetics Commentary on the Bible: The Gospel and Acts.* Nashville: Holman Reference.

HUMPHREYS, Colin J., 1992. "The Star of Bethlehem, a Comet in 5 BC and the Date of Christ's Birth." *Tyndale Bulletin* 43 (1):31-56. http://98.131.162.170/tynbul/library/TynBull_1992_43_1_02_Humphreys_StarBeth lehem.pdf.

_____. 1995. "The Star of Bethlehem." *Science and Christian Belief* 5 (out.):83-101. www.asa3.org/ASA/topics/Astronomy-Cosmology/S&CB%20 10-93Humphreys.html.

HUMPHREYS, Colin J., 2008. "Science and the Star of Bethlehem." 6 jan. www.faraday.st-edmunds.cam.ac.uk/Multimedia. php?ItemID=210&Flash=Medium&Mode=Add&Play=Video_stream.

IGNATIUS (c. 108). *Ad Smyrn.* www.newadvent.org/fathers/0109.htm.

KIDGER, Mark, 1999. *The Star of Bethlehem: An Astronomer's View.* Princeton, NJ: Princeton University Press.

LARMER, Robert A., 2014. *The Legitimacy of Miracle.* Lanham, MD: Lexington.

LEWIS, C. S. 1998. *Miracles: A Preliminary Study.* London: Fount.

MACHEN, J. Gresham, 1958. *The Virgin Birth of Christ.* 2. ed London: James Clark.

MOLNAR, Michael R., 1999. *The Star of Bethlehem: The Legacy of the Magi.* London: Rutgers University Press.

MONTEFIORE, Hugh, 1992. *The Womb and the Tomb: The Mystery of the Birth and Resurrection of Jesus.* London: Fount.

MORELAND, J. P.; CRAIG, William Lane, 2003. *Philosophical Foundations for a Christian Worldview.* Downers Grove, IL: IVP.

QUARLES, L. Charles, 1998. *Midrash Criticism: Introduction and Appraisal.* Lanham, MD: University Press of America.

RATZINGER, Joseph, 2012. *Jesus of Nazareth: The Infancy Narratives.* London: Bloomsbury.

REDFORD, John, 2007. *Born of a Virgin: Proving the Miracle from the Gospels.* London: St. Pauls.

SWINBURNE, Richard, 2008. *Was Jesus God?* Oxford: Oxford University Press. Ward, Keith. 2012. "Evidence for the Virgin Birth." http://christianevidence.org/docs/booklets/evidence_for_the_virgin_birth.pdf.

WILLIAMS, Peter S., 2016. "The Nativity." 26 fev. www.youtube.com/ playlist?list=PLQhh3qcwVEWjXCwcSr2FYzpj5-uQrLKIR.

NATIONAL CENTER FOR SCIENCE EDUCATION. O National Center For Science Education [Centro Nacional para Educação de Ciências] (NCSE) é uma organização sem fins lucrativos e com isenção fiscal, com sede em Oakland, Califórnia. Fundada em 1981 com o objetivo de "defender a educação na teoria evolutiva", adotou posteriormente outras causas científicas, como o ensino da ciência das **mudanças climáticas** globais. O NCSE fornece **informações** e recursos para escolas, educadores, pais e outras pessoas para promover uma educação pública de qualidade, mantendo uma comunidade religiosamente neutra unida pela convicção de promover uma boa educação científica baseada na ciência e no **método científico**.

O NCSE surgiu da organização de base iniciada em 1980 por Stanley L. Weinberg, um professor veterano de ensino médio em Nova York e Iowa. Weinberg obteve seu bacharelado em biologia pela City College de Nova York (com honra, 1933) e foi introduzido na Phi Beta Kappa [a mais antiga sociedade de honra nas áreas de ciência e artes liberais], fez pós-graduação em Columbia e fez mestrado no Northeast Missouri State (1971). Weinberg recebeu inúmeros prêmios, além de ter escrito um livro de biologia do ensino médio intitulado *Biology: An Inquiry into the Nature of Life* [Biologia: uma investigação sobre a natureza da vida], que provocou controvérsia da comunidade criacionista por causa de sua forte apresentação da evolução (NCSE, "Weinberg").

Weinberg, educadores e cientistas foram motivados a responder ao ressurgimento criacionista durante o final dos anos 1970, em particular o plano dos criacionistas de influenciar governos locais e estaduais a exigir um tratamento equilibrado para ensinar ciência da criação como uma teoria concorrente da ciência da evolução. Weinberg conceituou e lançou uma rede de cidadãos de Comitês de Correspondência em todo o país que se comprometeram a fornecer uma defesa e resposta aos objetivos criacionistas da Terra jovem (Numbers, 1993).

Os Comitês de Correspondência organizaram uma publicação trimestral chamada *Creation/Evolution Journal*, que foi publicada pela primeira vez no verão de 1980 e usada para educar seus membros e promover sua causa. Em 1981, membros de vários Comitês de Correspondência fundaram o National Center for Science Education (NCSE), e, em 1983, o NCSE foi registrado e Weinberg foi instaurado como o primeiro presidente.

Em 1986, o conselho do NCSE recebeu uma doação da Fundação Carnegie e outras fundações privadas para abrir um escritório nacional, e o conselho contratou Eugenie Scott como diretor executivo em 1987, cargo que ele ocupou até 2014. (Scott foi motivado pela primeira vez a apoiar essa causa depois de participar de um debate entre seu mentor, James Gavan, e o criacionista **Duane Gish**). Ele tornou-se um defensor reconhecido nacionalmente, notável autor e ativista da causa da ciência e da educação científica. Scott dirigiu o NCSE para se tornar a organização mais influente na batalha sobre evolução (Dean, 2013).

O NCSE continuou a desenvolver suas estratégias, já que algumas pessoas do movimento criacionista adotaram e promoveram o **design inteligente** na tentativa de se tornarem mais científicas — uma estratégia que por fim fracassou em 2005 com o processo judicial *Kitzmiller* versus *Distrito Escolar da Região de Dover*. O NCSE desempenhou um papel fundamental apoiando a ONG American Civil Liberties Union [União Americana pelas Liberdades Civis] (ACLU) com pessoal e perícia contra o Distrito Escolar da Área de Dover (Foerstel, 2010). Em 2012, o NCSE anunciou que estaria envolvido em esforços para manter a educação sobre mudanças climáticas e as questões do aquecimento global a salvo de ameaças de interesses especiais promovidos por organizações religiosas, seculares e empresariais. O NCSE tem mais de 5 mil membros, incluindo cientistas, professores, clérigos e cidadãos com diversas afiliações religiosas e políticas.

Jonathan Howard Fisher

REFERÊNCIAS E LEITURAS RECOMENDADAS

Dean, Cornelia, 2013. "Standard-Bearer in Evolution Fight, Eugenie C. Scott Fights the Teaching of Creationism in Schools." *New York Times.* 2 de setembro.

Foerstel, Herbert N., 2010. *Toxic Mix? A Handbook of Science and Politics.* Westport, CT: Greenwood Press/ABC-CLIO.

"National Center for Science Education." Wikipedia. Acessado em 31/8/2015. https://en.wikipedia.org/wiki/National_Center_for_Science_Education.

NCSE. National Center for Science Education. http://ncse.com.

NCSE. "Weinberg, Stanley, NCSE Founder Dies." Acessado em 31/8/2015. http://ncse.com/library-resource/stanley-weinberg-ncse-founder-dies.

Numbers, Ronald L., 1993. *The Creationists: The Evolution of Scientific Creationism.* Berkeley: University of California Press.

Weinberg, Stanley L., 1966. *Biology: An Inquiry into the Nature of Life.* Boston: Allyn and Bacon.

NATURALISMO. O conceito de naturalismo gera uma variedade de respostas ou entendimentos entre filósofos e cientistas. Este artigo discute primeiro o naturalismo filosófico, seguido pelo que os cientistas chamam de **naturalismo metodológico**, como às vezes incluído nas discussões do **método científico.**

Uma pessoa que não afirma o sobrenatural — Deus, deuses, fantasmas, almas imateriais, espíritos — é alguém que afirma o naturalismo. Para os naturalistas, a natureza é tudo o que existe, e, se não é ciência, então é não ciência (isto é, absurdo). A maioria dos naturalistas dá crédito a formas empíricas, baseadas em evidências, de justificar opiniões sobre o que é real; isso é exemplificado pela ciência (ver **Cientificismo**). Naturalistas acreditam que tais crenças são mais confiáveis e objetivas do que aquelas baseadas na **intuição**, vários tipos de **revelação**, textos

528 NATURALISMO

sagrados, autoridade religiosa ou relatos de pessoas que alegam ter tido **experiências religiosas**.

Alguns adeptos do naturalismo acreditam que a ciência revela uma única variedade ou existência (chamada *natureza*) que contém uma infinidade (até agora) ilimitada de fenômenos interconectados envolvendo grandes extensões em tamanho, massa e tempo — do submicroscópico até a extensão do cosmos, de o minúsculo elétron para as galáxias e do tempo de Planck (10^{-43} segundos) para a idade do universo (4×10^{17} segundos). Isso é natureza, e, de acordo com os naturalistas, é apenas isso.

O naturalismo, como um construto filosófico metafísico, tenta dar uma descrição bem definida e válida do que seus adeptos consideram "toda a realidade". Sua metodologia é centrada no que os naturalistas chamam de um forte compromisso com a **objetividade** e abertura explicativa ou clareza. Eles veem o sobrenaturalismo como um apego às justificativas não científicas e não empíricas das crenças — o oposto da objetividade.

Um naturalista afirma que a ciência não encontrou evidências de um Deus sobrenatural, nenhuma evidência de uma **alma** imaterial ou agente mental supervisionando o corpo e o cérebro (veja **Problema Mente-Corpo**). Uma pessoa é vista simplesmente como um fenômeno natural. Em resumo, o naturalismo é uma filosofia, um sistema metafísico de crenças sobre o universo e o lugar da humanidade no universo, um universo completa e adequadamente descrito pela ciência e nada mais.

O precedente é rejeitado pelos cristãos. Cristãos ativos nas ciências geralmente concordam com o método científico, e um número se inscreve em um tipo de naturalismo, mas de uma forma diferente, um naturalismo que dita sua abordagem científica, mas não seus compromissos metafísicos. Para melhor ou pior, essa forma de naturalismo é chamada de ***naturalismo metodológico*** e deve ser claramente distinguida do que foi descrito anteriormente, que é classificado como naturalismo metafísico.

Em termos de fazer ciência, o naturalista metodológico tem a mesma atitude sobre a condução da pesquisa científica do que o naturalista metafísico. Mas, para o naturalista metodológico, existem diferenças. Primeiramente, essa pessoa está aderindo a um método — uma estratégia para adquirir e avaliar **informações** científicas —, mas não para uma filosofia geral. Essa pessoa não rejeita necessariamente o sobrenaturalismo, especialmente a existência de Deus, o Pai de nosso Senhor Jesus Cristo.

O naturalista metodológico que é cristão não vê a natureza e a ciência da compreensão da natureza como "tudo o que existe". Para essa pessoa, há "mais do que os olhos veem", mais do que pode ser empiricamente investigado, mais do que pode ser quantificável por números. E essa realidade "mais do que" é tão real ou mais real do que o que os cientistas podem descobrir dentro e fora do laboratório e inclui essencialmente todo o conhecimento religioso.

A ideia do naturalismo metodológico (NM) reconhece que, desde o advento da ciência moderna na Europa por volta de 1400-1500, o método científico enfatizou métodos investigativos e ideias que se referem a conceitos que podem ser empiricamente investigados (observados) em alguns tipos de laboratório, incluindo ambientes naturais — isso também inclui investigações históricas. As teorias básicas, leis e equações da ciência não se referem de forma alguma a Deus, ao sobrenatural ou a milagres. Os *métodos* da ciência são naturalistas e, portanto, o método científico é considerado *metodologicamente* naturalista, *metodologicamente* ateísta ou *metodologicamente* agnóstico. Talvez o NM não seja a maneira ideal de se referir a esse aspecto do método científico, mas essa é a designação que foi adotada, e as pessoas engajadas na iniciativa científica entendem seu significado.

O conceito de naturalismo recebeu alguns comentários de uma série de cientistas. Os cientistas de pesquisa ativos tendem a se contentar em associar o método científico à prática com o MN, no entanto, alguns estudiosos de outras áreas reagiram ao MN de várias formas. Phillip Johnson escreveu vários livros nos quais é altamente crítico da atual biologia evolutiva. Em vários trechos, ele escreveu que o neodarwinismo é um sistema ateu de pensamento (ver **darwinismo**), e, portanto, entende que os fundamentos filosóficos da biologia evolutiva são um naturalismo filosófico (Johnson, 1991). Em resposta, **Nancey Murphy** (1993) escreveu que Johnson está errado quando combina a ciência evolucionista com a filosofia naturalista e que não reconhece a diferença entre o MN e o naturalismo filosófico.

Outro importante contribuinte cristão para o método científico e sua relação com a filosofia e a **metafísica** é **Alvin Plantinga** em seu livro *Where the Conflict Really Lies* [Onde o conflito realmente está] (2011). Plantinga, como Johnson, está interessado na relação entre a biologia evolutiva e o naturalismo, mas, ao contrário deste, Plantinga não insiste que a biologia evolutiva necessariamente implica naturalismo, mas conclui que ela não implica naturalismo. Ele não vê problema algum com a ciência da evolução em si, mas com a ciência evolutiva combinada com o naturalismo de tal forma que juntos formem um pacote inseparável. Ele se opõe fortemente a esse pareamento e afirma que a ciência evolutiva por si só não nega, por exemplo, que os seres humanos foram criados por Deus. Os naturalistas concluem que os seres humanos não foram criados à imagem de Deus justamente porque não há Deus. Plantinga diz que essa é uma extrapolação errada e desnecessária da ciência evolutiva que não tem validade científica (ou metafísica).

Além disso, Plantinga não vê nenhum conflito entre as conclusões científicas da terra e do cosmos existindo milhares de bilhões de anos e o desenvolvimento evolutivo da vida na terra. É somente quando Plantinga vê uma extrapolação imprudente da ciência empírica para implicar o ateísmo naturalista que ele levanta objeções.

Richard F. Carlson

REFERÊNCIAS E LEITURAS RECOMENDADAS

JOHNSON, Phillip, 1991. *Darwin on Trial*. Downers Grove, IL: InterVarsity.
MURPHY, Nancey, 1993. "Phillip Johnson on Trial." *Perspectives on Science and Christian Faith*. 45:26-36.
PLANTINGA, Alvin, 2011. *Where the Conflict Really Lies: Science, Religion, and Naturalism*. New York: Oxford University Press.

NATURALISMO METODOLÓGICO. Naturalismo metodológico (NM) é um princípio altamente controverso da metodologia científica. Embora múltiplas (e às vezes incompatíveis) definições de NM tenham sido dadas, a ideia básica é que, "por sua própria natureza, a ciência é obrigada a deixar de fora qualquer apelo ao sobrenatural" (Haught, 2004, p. 231). O naturalismo metodológico não é o mesmo que o naturalismo filosófico (NF); este faz a afirmação ontológica de que apenas o mundo natural existe. NM é compatível com a existência de entidades não naturais ou sobrenaturais, mas proíbe trazê-las para dentro de teorias e explicações científicas.

Oferecer uma definição mais precisa do NM é difícil, porque não há consenso filosófico sobre o que o "mundo natural" contém. Há uma disputa entre o naturalismo rigoroso e amplo (Goetz e Taliaferro, 2008). Naturalistas rigorosos negam a existência de qualquer **teleologia** irredutível na natureza, alegando que todos os fenômenos podem ser explicados por causas indiretas que operam por **acaso** ou por necessidade. Para naturalistas rigorosos, NM

poderia ser usado para excluir da ciência não só Deus, mas também causas inteligentes que supostamente operam na natureza. Os naturalistas amplos, no entanto, permitem que a teleologia irredutível possa emergir em sistemas suficientemente complexos (como o cérebro) e, assim, permitir que os seres humanos e outras criaturas exibam um comportamento direcionado por objetivos. Para eles, NM excluiria apenas a **causalidade** sobrenatural da ciência.

O *status* do NM também é controverso, mesmo entre seus defensores. Alguns defendem isso com bases filosóficas *a priori*, alegando que o NM é uma condição necessária para qualquer atividade se qualificar como científica, ao passo que outros o defendem com base em seu histórico *a posteriori* dentro da ciência. E, enquanto alguns dão ao NM um *status* absoluto e universal, outros o veem como limitado na aplicação ou apenas como uma regra de ouro inviável.

Se o NM for restrito à *ciência de operações* padrão, que usa um método indutivo para investigar as conexões repetíveis entre causas secundárias (como em um experimento típico de química), poucos se oporão a ele, pois não há razão para apelar à causalidade sobrenatural (ou inteligente). No entanto, o NM é altamente controverso quando aplicado à ciência histórica, que tenta inferir a melhor explicação de um evento singular ou estado de coisas. Isso é particularmente claro quando a ciência histórica investiga questões de origens conclusivas, como as origens do universo, da vida, **informação** biológica, **consciência** e **moralidade**. Em tais casos, não está claro por que a melhor explicação não poderia ser uma causa sobrenatural.

Em sua decisão judicial no caso de Dover, em 2005, o juiz John Jones usou o NM como uma razão *a priori* para desconsiderar o **design inteligente** (DI) como não ciência, argumentando que o "DI viola as regras antigas da ciência, invocando e permitindo a causalidade sobrenatural" (Jones, 2005, p. 64). Defensores do DI deram um número de respostas. Primeiro, tal argumento assume que o NM funciona como um *critério de demarcação* para distinguir a ciência da não ciência, mas, como argumentou **Larry Laudan** (Laudan, 1998), os filósofos da ciência rejeitam os critérios de demarcação porque são vulneráveis a contraexemplos; e como **Stephen Meyer** aponta: "A questão real não é se uma teoria é 'científica' de acordo com alguma definição abstrata, mas se uma teoria é verdadeira ou apoiada pela evidência" (Meyer, 2009, p. 432).

530 NATUREZA

Em segundo lugar, tanto o teísta **Del Ratzsch** (2001) quanto o ateísta Bradley Monton (2009, cap. 2) argumentaram que, se a ciência é totalmente comprometida com o NM, ela não pode reivindicar ser uma busca sem limites para a verdade sobre o mundo natural, já que é logicamente possível que pelo menos alguns aspectos do mundo são mais bem explicadas por Deus (ou um *designer*). Se um pirata está procurando uma ilha por causa de um tesouro enterrado, mas se recusa a investigar alguma parte da ilha, porque o mapa diz "Aqui há dragões", isso não é motivo para pensar que o tesouro não está lá. Do mesmo modo, recusar-se a considerar explicações sobrenaturais significa que, se estiverem corretas, a ciência nunca descobrirá essa verdade.

Uma terceira resposta é que o DI não está restrito a causas sobrenaturais; ele argumenta apenas que os cientistas podem inferir causas inteligentes, e estas não precisam ser sobrenaturais: um *designer* pode ser humano (p. ex., arqueologia), uma máquina (p. ex., **inteligência artificial**) ou uma forma de vida alienígena (p. ex., o projeto **SETI**) e mesmo um *designer* cósmico pode ser um princípio teleológico dentro da natureza, e não uma divindade sobrenatural. Assim, se o NM apenas excluir causas sobrenaturais, não pode mostrar que todas as inferências de *design* são não científicas. Todavia, se excluir todas as causas inteligentes, adotou a compreensão naturalista estrita altamente duvidosa da natureza.

Outra área importante de controvérsia é se o NM é neutro entre o **teísmo** (ou *design*) e o naturalismo filosófico. Os proponentes do NM geralmente afirmam que é, porque se recusar a permitir causas sobrenaturais (ou inteligentes) no estudo científico não tem relação com a existência deles. No entanto, em geral também se afirma que o sucesso da ciência usando o NM fornece evidências de naturalismo filosófico (Forrest, 2000). A ideia é que, como podemos explicar muito da natureza sem apelar para Deus (ou um *designer*), temos boas razões para pensar que a natureza é tudo o que existe.

Um grande problema com esse argumento é que, mesmo que o NM seja neutro por pura lógica, na prática encoraja a fusão da melhor explicação com a melhor explicação *naturalista*. Por exemplo, nos estudos da **origem da vida**, o NM permitirá aos cientistas considerar apenas explicações que apelam ao acaso, à necessidade ou a alguma combinação dos dois. Pode ser que todas essas explicações sejam mal embasadas pelos dados e,

portanto, que a melhor explicação naturalista ainda seja muito improvável, enquanto uma explicação teísta (ou de projeto) é altamente provável. A preocupação é que o NM possa criar a ilusão de que as explicações naturalistas triunfaram simplesmente porque as teorias não naturalistas mais prováveis são excluídas da consideração.

Também é discutível que a conjunção do NM com o NF tenha duas consequências indesejáveis para os naturalistas (Dilley, 2010). A NF torna-se uma tese cientificamente irrefutável, porque a única evidência científica que poderia contar contra ela é a evidência de Deus (ou um *designer*), e isso é excluído pelo NM. Além disso, o NF não pode afirmar com segurança que haja suporte científico dos dados, uma vez que o NM permite apenas dados que suportam teorias naturalísticas, tornando a **confirmação** do NF trivial. Curiosamente, alguns proponentes de NM afirmam ter refutado explicações sobrenaturais (ou de *design*), mas parece incoerente manter que "hipóteses de Deus são tanto inelegíveis para a desconfirmação *como* também foram desconfirmadas" (Dilley, 2010, p. 127). Se procurarmos seguir a evidência onde quer que ela nos leve, podemos achar que o NM é uma obstrução artificial.

Angus J. L. Menuge

REFERÊNCIAS E LEITURAS RECOMENDADAS

DILLEY, Stephen C., 2010. "Philosophical Naturalism and Methodological Naturalism: Strange Bedfellows?" *Philosophia Christi* 12 (1): 118-41.

FORREST, Barbara, 2000. "Methodological Naturalism and Philosophical Naturalism: Clarifying the Connection." *Philo* 3 (2): 7-29.

GOETZ, Stewart; Taliaferro, Charles, 2008. *Naturalism*. Grand Rapids: Eerdmans.

HAUGHT, John, 2004. "Darwin, Design, and Divine Providence", em *Debating Design*, ed. Michael Ruse and William Dembski. New York: Cambridge University Press.

JONES, John, III, 2005. *Kitzmiller v. Dover*. Memorandum Opinion. https://web.archive.org/web/20051221144316/http://pamd.uscourts.gov/kitzmiller/kitzmiller_342.pdf.

LAUDAN, Larry, 1998. "The Demise of the Demarcation Problem", em *But Is It Science? The Philosophical Question in the Creation/Evolution Controversy*, ed. Michael Ruse, 337-50. Buffalo, NY: Prometheus.

MEYER, Stephen C., 2009. *Signature in the Cell*. New York: HarperCollins. Monton, Bradley. 2009. *Seeking God in Science: An Atheist Defends Intelligent Design*. Peterborough, ON: Broadview.

RATZSCH, Del, 2001. *Nature, Design, and Science*. Albany, NY: SUNY Press.

NATUREZA. De uma perspectiva científica, a natureza se refere ao universo físico inteiro, incluindo as leis físicas que o governam. O universo físico inclui matéria, energia, espaço e tempo. A natureza também é frequentemente usada em um sentido mais restrito para significar áreas externas que são praticamente intocadas por mãos humanas ou minimamente tratadas por humanos.

De uma perspectiva bíblica, a natureza é o reino criado por Deus para os seres humanos viverem até sua **morte** física. O universo físico foi criado por Deus/Cristo (p. ex., Gênesis 1:1; João 1:3) e está sujeito às leis que Deus criou para governar o comportamento de toda a sua matéria, energia, espaço e tempo. Deus é distinto e separado da natureza, já que um objeto criado é diferente do Criador (Romanos 1:20, 25); além disso, ele é soberano sobre todos os aspectos da natureza, do momento em que ele criou até o momento em que ele acabará com este universo físico. (Atos 17:24; 2Pedro 3:10-12).

Dentro do reino da natureza, conhecemos apenas um tipo de criatura criada por Deus que é tanto física (isto é, deste universo físico) quanto espiritual, ou seja, seres humanos (Gênesis 1:27; 2:7; Eclesiastes 3:11; 12:6-7). O termo *natureza* é tipicamente limitado a esse universo físico e normalmente não é levado a incluir o reino espiritual de Deus e dos anjos, embora a Bíblia ensine claramente que os anjos e o céu também foram criados por Deus /pela Palavra de Deus (João 1:3).

A Bíblia ensina que a natureza é uma fonte confiável de verdade sobre Deus (Salmos 19:1-2; Romanos 1:20), e há muitos casos na Bíblia em que Deus usa algo da natureza para ensinar a verdade (p. ex., Salmos 19:1-2; Provérbios 6:6-8; Isaías 28:23-29; Mateus 6:26-30). Como tal, o registro da natureza é parte da *revelação geral* de Deus sobre si mesmo para todos os seres humanos. Sendo parte de sua revelação geral, os fatos da natureza não podem estar em conflito com as palavras e o significado da *revelação específica* dada nas Escrituras, uma vez que Deus é a fonte de ambas. Em vez disso, estudar a natureza pode fortalecer a fé em Deus. (Ver, por exemplo, a profissão de fé de Abraão depois que Deus lhe disse para tentar contar as estrelas em Gênesis 15 e Romanos 4.) A natureza revela muitas coisas sobre Deus, incluindo sua existência, glória, poder, sabedoria, conhecimento, compreensão e eternidade, cuidado com suas criaturas e amor pela humanidade (Jó 38-39; Salmo 19; Mateus 5:45; 6:26-30; Romanos 1:19-20).

Deus deu a **Adão e Eva** autoridade sobre a terra (Gênesis 1:28) e, por extensão, os seres humanos receberam autoridade de Deus para explorar, testar e descobrir as leis físicas que governam a natureza, fazendo observações e conduzindo experimentos controlados. (P. ex., a sabedoria do rei Salomão levou-o a descobrir muitas coisas sobre a natureza: 1Reis 4:33; Provérbios 25:2).

Essa autoridade e capacidade concedidas por Deus para descobrir as **leis da natureza** provou ser de grande ajuda na execução da comissão dada aos seres humanos em Gênesis 1 para administrar os recursos da terra para o benefício de todas as **espécies**, inclusive eles mesmos. Por exemplo, a descoberta da humanidade das leis da eletrodinâmica (as equações de Maxwell) desencadeou uma revolução tecnológica que continua elevando o padrão de vida das pessoas em todo o mundo. Note que os seres humanos não receberam a mesma autoridade sobre o reino espiritual, o que representa um desafio nas tentativas de aplicar o **método científico** aos assuntos espirituais, uma vez que os seres humanos não podem presumir a realização de experimentos controlados sobre coisas ou seres espirituais, embora possamos fazer observações sobre eles.

Longe de ser tipicamente não envolvido, Deus está continuamente envolvido em todos os aspectos do comportamento do mundo natural, sustentando as leis físicas que governam o comportamento típico da natureza (Salmos 104:4; Mateus 5:45; Hebreus 1:3). Tendo criado o universo físico e as leis que o governam, Deus é soberano sobre a natureza, e pode e age no mundo natural de maneiras que às vezes se sobrepõem às suas leis físicas típicas quando realiza certos **milagres**. Nesses casos, fica eminentemente claro que o universo físico (natureza), embora possa parecer funcionar como um sistema fechado, nem sempre funciona como um sistema fechado, e eventos explicitamente sobrenaturais ocorrem quando qualquer ser do reino espiritual exerce influência sobre o reino físico, de modo a causar uma mudança da ordem natural das coisas neste universo.

Por causa do princípio de que a natureza revela verdades sobre o caráter de Deus (Romanos 1:20), as Escrituras geralmente retratam heróis bíblicos usando uma experiência pessoal da natureza como uma ferramenta para buscar a Deus. Foi enquanto Abraão contava as estrelas (como Deus lhe havia ordenado) que ele "creu em Deus, e isso lhe foi creditado como justiça" (Romanos 4:3; cf. Gênesis 15:5-6). Moisés jejuou e recebeu os Dez Mandamentos em uma montanha. Jesus ensinou ao ar livre no topo de uma colina ou montanha, jejuou no deserto, e, muitas vezes, fugiu para o deserto, jardim ou montanha para orar.

Erica W. Carlson

REFERÊNCIAS E LEITURAS RECOMENDADAS

Gênesis 1—2
Salmo 19
Romanos 1
Ross, Hugh, 2008. *Why the Universe Is the Way It Is.* Grand Rapids: Baker.

NAVALHA DE OCCAM. A navalha de Occam (ou Ockham) é um princípio heurístico tradicionalmente atribuído ao lógico franciscano Guilherme de Occam (c. 1280-c. 1349), que escreveu o seguinte: "Pluralidade não deve ser colocada sem necessidade". O teólogo e filósofo dominicano francês Durand de Saint-Pourçain usou a navalha antes de Occam, mas este se associou ao princípio por causa de sua frequente menção e aplicação.

O primeiro uso conhecido do termo *navalha de Occam* ocorreu em 1852 na obra do matemático britânico William Rowan Hamilton. Hoje, a navalha é mais conhecida por meio da paráfrase do erudito do século XVII John Ponce: "Entidades não devem ser multiplicadas além do necessário". Um princípio semelhante de parcimônia pode ser visto no pensamento de Tomás de Aquino, que escreveu: "É supérfluo supor que o que pode ser explicado por alguns princípios foi produzido por muitos" (Aquino, 1274).

A *Enciclopédia Britânica* afirma incorretamente que a navalha de Occam dá "precedência à simplicidade; de duas teorias concorrentes, deve-se preferir a explicação mais simples de uma entidade" (Duignan 2014). Em vez disso, a adequação explicativa é mais importante do que a simplicidade explicativa; uma explicação complexa, mas adequada, é obviamente preferível a uma mais simples, porém inadequada.

Pode-se pensar na navalha de Occam como consistindo de duas "lâminas": a primeira tem uma preferência pela adequação explicativa, ao passo que a segunda lâmina subordinada tem uma preferência pela simplicidade explicativa, mas com uma condição de "todas as coisas serem iguais". A navalha de Occam pode, assim, ser expressa como o princípio de que, ao tentar explicar algum conjunto de dados X, deve-se (a) eliminar explicações inadequadas e (b) eliminar explicações desnecessariamente complexas; ou seja, deve-se buscar a explicação adequada mais simples. Embora a navalha nos ajude a evitar explicações inadequadas e crenças injustificadas, talvez não nos permita estabelecer uma explicação "melhor". A navalha de Occam levanta questões sobre a simplicidade. Simplicidade em termos do número de entidades postas difere da simplicidade em termos do número de tipos ontológicos postulados. Somente no primeiro sentido de simplicidade Deus é uma explicação mais simples do ajuste fino cósmico do que um **multiverso**. A navalha de Occam também levanta questões sobre nossos critérios de adequação explicativa, e especialmente digno de nota é o papel desempenhado pelos princípios da confiança epistêmica na adequação explicativa (cf. Swinburne, 2010). Por exemplo, George Berkeley usou a navalha de Occam para eliminar a matéria como uma pluralidade desnecessária, mas ignorou o *status* básico da crença na realidade física. Da mesma forma, os epistemólogos reformados argumentam que não é necessário adotar o procedimento de Tomás de usar argumentos teístas para ter uma crença garantida em Deus, embora o **naturalismo** seja mais simples que o **teísmo** (cf. Plantinga, 2000; Plantinga e Wolterstorff, 1983).

Peter S. Williams

REFERÊNCIAS E LEITURAS RECOMENDADAS

CARROLL, Robert T., "Occam's Razor." Acessado em 11/10/2016. *The Skeptic's Dictionary.* http://skepdic.com/occam.html.

DUIGNAN, Brian, 2015. "Occam's Razor." *Encyclopaedia Brittanica.* Acessada em 11/10/2016. www.britannica.com/EBchecked/topic/424706/Occams-razor. Última atualização em 4/6/2015.

KAYE, Sharon, "William of Ockham." *Internet Encyclopedia of Philosophy.* Acessado em 11/10/2016. www.iep.utm.edu/ockham/#H2.

"Occam's Razor." *RationalWiki.* Acessado em 11/10/2016. http://rationalwiki.org/wiki/Occam's_razor.

PLANTINGA, Alvin, 2000. *Warranted Christian Belief.* New York: Oxford University Press.

PLANTINGA, Alvin; Wolterstorff, Nicholas, eds. 1983. *Faith and Rationality: Reason and Belief in God.* Notre Dame, IN: University of Notre Dame Press.

SWINBURNE, Richard, 2010. *Is There a God?* New York: Oxford University Press.

THOMAS AQUINAS. 1274. *Summa Theologica.* New Advent. www.newadvent.org/summa/1002.htm.

WARBURTON, Nigel, 2007. *Thinking from A to Z.* 3rd ed. London: Routledge.

NECESSIDADE E CONTINGÊNCIA. Assuntos de necessidade e contingência sempre tiveram grande fascínio porque levantam questões fundamentais sobre a natureza da **causalidade**, a estrutura ou arquitetura do universo, a natureza da **lógica** e da **matemática**, a questão do progresso na natureza e a natureza de Deus. Embora os conceitos também sejam empregados na lógica modal para explorar as relações lógicas entre proposições, eles são mais relevantes na área do cristianismo e da ciência quando aplicados à questão da existência de Deus, ao estudo empírico do mundo natural e à natureza da **ciência** e causalidade.

Os conceitos estão no centro do **argumento cosmológico** para a existência de Deus, especialmente a versão defendida por Tomás de Aquino. Muitas vezes esse argumento é citado como o "argumento da contingência", e o conceito de contingência destina-se a transmitir a ideia de "depender de" em vez de ser necessário ou independente. Tomás de Aquino argumentou que, quando buscamos a principal causa do universo, e não apenas a causa local, que seria mais um evento físico, percebemos que essa causa deve estar fora do universo. Ele desenvolveu o argumento recorrendo aos conceitos de ser contingente e necessário.

Um ser contingente, ou um evento contingente, é um ser ou um evento que não é a própria causa, cuja existência deve vir de fora de si mesmo. Um ser necessário é aquele que sempre existiu e, portanto, não precisa de uma causa. Uma série de eventos contingentes ligados por causa e efeito seria uma série contingente; nesse sentido, o universo é composto de eventos individuais, nenhum dos quais é a causa de si mesmo e, portanto, é uma série contingente. Tomás de Aquino sustentou que uma série de eventos como esse requer uma explicação definitiva para a sua existência, independente de quantos membros estejam na série. Podemos explicar a causa local de qualquer evento particular, ou sequência de eventos, invocando causas anteriores na série, mas, de acordo com Aquino, isso não nos ajudará a explicar a existência de toda a série ou por que uma série existe. Portanto, é sensato concluir que deve haver um ser necessário, pois, caso contrário, nenhuma série contingente pode começar em um sentido definitivo.

Ao contrário de algumas versões contemporâneas do argumento cosmológico, Tomás de Aquino não acreditava que uma série infinita de eventos físicos fosse uma impossibilidade lógica, mas ele pensava que, como tal série é contingente, ainda precisaria de uma causa fora da série. Isso teria que ser uma causa necessária porque, se também fosse contingente, ainda precisaríamos explicar como surgiu.

Uma característica fundamental desse argumento é que a noção de necessidade não é simplesmente postulada, e Tomás de Aquino também não assume no princípio que o conceito de necessidade é inteligível. O argumento começa com a existência de um ser contingente, ou eventos contingentes, e raciocina retroativamente para a conclusão de que deve haver um ser necessário, independente

de quão incomum esse conceito possa parecer ou quão difícil seja para nós compreendermos.

Deve haver um ser necessário porque, logicamente, há apenas duas respostas possíveis para a questão de como uma série de seres contingentes, como o universo, chegou aqui. A primeira é argumentar que foi provocada por um ser ou causa contingente ou por uma série de causas, mas isso é insatisfatório porque sempre podemos perguntar o que causou esse ser contingente, e assim por diante. A segunda é argumentar que deve haver um ser necessário que inicie todos os eventos contingentes e que não precise de uma causa. Caso contrário, não haveria maneira de explicar a existência do universo.

O argumento aponta para uma inteligência necessária por trás do universo em vez de para um começo sem causa, um passado infinito que não tem causa ou um começo ou um passado infinito que tem apenas uma causa contingente, todas respostas ateístas que críticos do argumento cosmológico propuseram. O argumento da contingência também se torna a base para desenvolver mais argumentos para os atributos de Deus, tais como onipotência, onisciência, onibenevolência, e similares. Também se diz que Deus é metafisicamente necessário na medida em que sua essência é sua existência, uma afirmação que também é a base do argumento ontológico, embora haja debate sobre se a existência de Deus é logicamente necessária (ou seja, se a inexistência de Deus é uma impossibilidade lógica).

O conceito de necessidade também é relevante para algumas versões do **argumento do design**, porque é levantado quando fazemos a seguinte pergunta: quais eventos e acontecimentos em nosso universo têm que ser como são e não poderiam ser de outra forma? Por exemplo, as leis científicas que descobrimos na natureza e que tornam a ciência possível poderiam ser diferentes do que são? Poderiam as leis da lógica ou os teoremas da matemática serem diferentes? É possível que os eventos no universo tenham se desdobrado de maneira diferente do que eles realmente se desdobraram?

Outra questão relacionada é se existe alguma forma de **acaso** operando no processo de causalidade e também como o acaso e a necessidade estão relacionados. Existe um elemento significativo de chance de operar na natureza; por exemplo, como argumentou **Stephen J. Gould**, se repetíssemos a história ("a fita da vida"), acabaríamos com **espécies** diferentes das que temos hoje e muito provavelmente nenhuma espécie de *Homo sapiens*?

Os teístas cristãos argumentam que a consistência das **leis da natureza** e a direção progressiva evidente na **evolução** são argumentos contra a existência de um elemento significativo de acaso e contingência na natureza, e também que existem algumas características do universo necessárias, tais como leis científicas e as leis da lógica e da matemática, todas as quais tornam não só a ciência possível, mas também a medicina, a **tecnologia** e até a própria vida. Além disso, essa necessidade é em si um argumento para o *design* na natureza, porque nos leva a refletir sobre a questão de como essa necessidade entrou na natureza se o universo surgiu por acaso. O argumento de que não há necessidade é contrário a muitas das evidências que temos de nosso estudo do universo, de nosso trabalho em razão e lógica, e da inteligibilidade geral da realidade para a **mente** humana.

Brendan Sweetman

REFERÊNCIAS E LEITURAS RECOMENDADAS

PLANTINGA, Alvin, 1979. *The Nature of Necessity.* New York: Oxford University Press. Sweetman, Brendan. 2015. *Evolution, Chance and God.* New York: Bloomsbury.

SWINBURNE, Richard. 2004. *The Existence of God.* New York: Oxford University Press.

THOMAS AQUINAS, 1998. *Selected Writings.* Ed. Ralph McInerny. New York: Penguin.

NEUROCIÊNCIA. A neurociência é o estudo científico do sistema nervoso e abrange aspectos moleculares, celulares, sistemas e aspectos cognitivos da neurobiologia. Também envolve psicofísica, modelagem computacional e o estudo de doenças do sistema nervoso. A neurociência moderna tem raízes profundas na biologia, mas é uma ciência interdisciplinar, baseada na **psicologia**, química, medicina, genética, ciência da computação, **matemática**, linguística, engenharia e filosofia. Os neurocientistas estudam o sistema nervoso em uma ampla gama de escalas, desde processos moleculares e celulares até imagens funcionais de todo o sistema nervoso.

História

O registro mais antigo da observação neurocientífica foi o reconhecimento do efeito eufórico das plantas de papoula anotados em tabuinhas sumérias. A referência mais antiga ao cérebro é o hieróglifo egípcio para *cérebro*, que aparece oito vezes no papiro Edwin Smith, do século XVII a.C. Hipócrates, no século IV a.C., descreveu o cérebro como envolvido na sensação e como a sede da inteligência, e deu a primeira descrição de uma doença neurológica — a epilepsia. Enquanto alguns autores antigos (como Hipócrates e o pitagórico Alcméon de Croton no século VI a.C.) consideravam o cérebro como a sede da **mente**, **Aristóteles** considerava o coração como a sede do intelecto e o cérebro como mecanismo de resfriamento do sangue.

Até o final do primeiro milênio d.C., os nervos cranianos foram bem descritos, e a natureza do olho, semelhante à câmera, foi reconhecida. No século XVI, os textos de anatomia de Vesalius revolucionaram a compreensão da neuroanatomia, e ele descreveu a hidrocefalia. Detalhes mais precisos da neuroanatomia foram trabalhados nos séculos XVII e XVIII, com o desenvolvimento da microscopia, e a circulação do sangue e do líquido cefalorraquidiano foi descrita em termos reconhecíveis pelos neurocientistas modernos.

O século XIX viu uma explosão de pesquisas neurobiológicas, com reconhecimento da localização cerebral para funções de fala e somáticas, como o controle motor. O desenvolvimento da radiologia, pneumoencefalografia e angiografia cerebral no início do século XX permitiu o estudo clínico do cérebro vivo, e o trabalho de Sherrington, Golgi, Ramon e Cajal, Eccles e muitos outros fizeram surgir a neurociência moderna com estudos de sinapses e eletrofisiologia. O governo dos Estados Unidos anunciou 1990 como "A Década do Cérebro" e, em 2013, o presidente Barack Obama anunciou o Projeto do Cérebro Humano.

Questões conceituais

Apesar das realizações extraordinárias das neurociências básicas e clínicas, vários problemas conceituais atormentaram a neurociência moderna. A neurociência cognitiva tem sido dificultada pelo que o filósofo da mente David Chalmers chamou de "problema difícil da **consciência**". O problema difícil é explicar a experiência em primeira pessoa — o "eu" — da **consciência**. Os notáveis avanços na neurociência falharam em fornecer qualquer explicação plausível para a natureza subjetiva da experiência, e não está claro como o conhecimento extraordinariamente detalhado sobre os fatos objetivos de terceira pessoa da neurociência — neurobiologia molecular e celular, neuroanatomia e neurofisiologia — pode explicar o fato de que a consciência é *experimentada* na primeira pessoa. O filósofo Joseph Levine descreveu esse abismo entre a neurociência e uma compreensão da base da experiência subjetiva como "a lacuna explicativa" da neurociência moderna.

Perspectivas metafísicas

A lacuna explicativa entre a neurociência e a experiência subjetiva é um problema relativamente novo, tendo surgido no século XVII com a filosofia materialista-mecânica de **Descartes**, **Bacon** e Hobbes. Os filósofos mecânicos põem de lado a **metafísica** hilomórfica de Aristóteles e Aquino, que descreveu a **alma** como a forma substancial do corpo. Na visão tradicional aristotélica-tomista, os poderes salientes da mente, como a experiência em primeira pessoa, foram prontamente explicados usando as quatro causas — material, eficiente, formal e final (ver **Quatro causas de Aristóteles**). Os filósofos mecânicos do século XVII negaram a relevância das causas finais e formais, e tentaram explicar os poderes mentais por meio de causas materiais e eficientes, efetivamente reduzindo a mente a uma máquina — uma máquina feita de carne. Essa perspectiva materialista permanece incorporada na neurociência de trabalho, apesar de sua profunda confusão conceitual.

Problemas conceituais específicos na neurociência cognitiva

Intencionalidade

No século XIX, o filósofo Franz Brentano observou que a consciência é invariavelmente caracterizada pela intencionalidade, que é a "acerquidade" de um pensamento. Cada um dos nossos pensamentos é *acerca* de algo — acerca do nosso próximo, acerca da justiça ou acerca de Deus, por exemplo. A intencionalidade é a marca da mente, mas as coisas materiais nunca são "acerca" de nada em si mesmas.

Como a intencionalidade surge? A compreensão tradicional tomista da mente explicava a intencionalidade sem dificuldade, como a avidez pela alma das formas substanciais e acidentais do objeto. Nessa perspectiva, a intencionalidade é uma manifestação da **teleologia**. A metafísica materialista excluiu a teleologia da natureza e, ao fazê-lo, tornou a intencionalidade ininteligível.

Qualia

Outra marca da experiência consciente são suas qualidades subjetivas, também conhecidas como *qualia*. Temos experiência em primeira pessoa, mas nada na explicação materialista do mundo natural explica a subjetividade. A filosofia mecânica materialista retira a matéria das qualidades subjetivas; portanto, o **materialismo** é, por estipulação, incapaz de explicar a experiência subjetiva. A compreensão tomista da psicologia coloca os qualia como aspectos da causa formal dos poderes mentais.

Representação mental

A doutrina de representação mental de **John Locke** — que quando pensamos, pensamos na ideia que temos em nossa mente, em vez de ter uma compreensão direta do objeto de nosso pensamento — encaixava-se perfeitamente na emergente filosofia mecânica materialista do século XVII. Essa teoria lockeana do pensamento nos deixa sem conhecimento confiável da realidade tal como ela é — não podemos verificar as representações mentais contra a realidade de qualquer maneira significativa, porque qualquer checagem na representação deve ser ela própria uma representação. Apesar dos esforços kantianos para consertar essa culatra em nossa confiança na razão, o problema da representação mental — o problema de como podemos conhecer a realidade e não apenas conhecer nossa representação mental da realidade — continuam atormentando a neurociência cognitiva. Na psicologia tomista, o conhecimento da realidade era pela incorporação direta das espécies inteligíveis (a forma) do objeto na mente.

Falácia mereológica

Outra confusão conceitual na neurociência é a falácia mereológica, que é a atribuição indevida de atributos do todo às suas partes. O neurocientista Max Bennett e o filósofo Peter Hacker apontaram que a afirmação muito comum na neurociência de que o cérebro "vê" ou o cérebro "entende" ou o cérebro "escolhe", e assim por diante, comete a falácia mereológica. Somente uma *pessoa* vê ou compreende ou escolhe. Existem de fato processos cerebrais que se *correlacionam* com ver e compreender e escolher, mas o próprio cérebro é um órgão e não tem visão, nem compreensão, nem escolha em si mesmo.

Negação do livre-arbítrio

Alguns neurocientistas afirmaram que a neurociência apoia a visão de que o livre-arbítrio não existe. Eles citam pesquisas que demonstram que a atividade cerebral cortical em humanos pode ocorrer vários segundos antes que

NEWTON, ISAAC

os indivíduos estejam cientes de terem tomado uma decisão. A implicação que eles tiram disso é que o livre-arbítrio é uma ilusão; nossas decisões são determinadas inteiramente por processos materiais em nosso cérebro.

Muitos cientistas e filósofos notaram que essa interpretação representa erroneamente a ciência. O pioneiro dessa pesquisa, **Benjamin Libet**, afirmou que sua pesquisa confirmou o livre-arbítrio; ele descobriu que os sujeitos eram capazes de vetar ou mudar decisões depois que a atividade cortical inconsciente preliminar era medida. Outros pesquisadores e filósofos observaram que a interpretação determinista do trabalho de Libet simplifica excessivamente o processo de tomada de decisão e não exclui o livre-arbítrio.

Evolução da consciência

As teorias evolutivas da mente são profundamente problemáticas. Embora os materialistas tenham tentado com sucesso duvidoso explicar a adaptação biológica em termos darwinistas de variação hereditária aleatória e **seleção natural**, a consciência não pode ter uma origem darwiniana. Consciência é uma propriedade subjetiva, sem manifestação necessária no comportamento objetivo. A seleção natural não selecionou a consciência porque o *comportamento* de um organismo senciente seria indistinguível do comportamento de um organismo idêntico que era não senciente.

Conclusão

Apesar dos notáveis avanços na neurobiologia no último século e meio, a neurociência permanece sobrecarregada com um profundo fardo conceitual. A filosofia mecanicista materialista impede uma compreensão adequada dos poderes salientes da mente, e essas falhas se devem aos predicados metafísicos materialistas da neurociência moderna; além disso, a neurociência cognitiva continua sendo dificultada pela profunda confusão conceitual característica da perspectiva materialista.

Michael Egnor

REFERÊNCIAS E LEITURAS RECOMENDADAS

ADLER, Mortimer, 1982. *Angels and Us.* New York: Macmillan.
_____. 1985. *Ten Philosophical Mistakes.* New York: Touchstone.
BENNETT, M. R.; Hacker, P. M. S., 2007. *Philosophical Foundations of Neuroscience.* New York: Columbia University Press.
_____. 2013. *History of Cognitive Neuroscience.* West Sussex, UK: Wiley-Blackwell.
BENNETT, M. R.; Hacker, P. M. S.; Dennet, D.; Searle, J., 2007. *Neuroscience and Philosophy: Brain, Mind and Language.* New York: Columbia University Press.
FESER, Edward, 2005a. *Aquinas: A Beginner's Guide.* Oxford: Oneworld.
_____. 2005b. *Philosophy of Mind: A Beginner's Guide.* Oxford: Oneworld.
GILSON, Etienne, 1956. *The Christian Philosophy of St. Thomas Aquinas.* New York: Random House.
KANDEL, Eric; Schwartz, James, 2012. *Principles of Neural Science.* 5th ed. New York: McGraw-Hill Professional.
LIBET, Benjamin, 2004. *Mind Time: The Temporal Factor in Consciousness.* Cambridge, MA: Harvard University Press.

NEWTON, ISAAC. *Sir* Isaac Newton (1643-1727) foi um filósofo, matemático, físico e astrônomo, uma figura grandiosa na história da ciência. Ele desempenhou um papel fundamental no desdobramento da **Revolução Científica**. Mesmo depois de mais de três séculos de avanço científico, incluindo a ascensão da mecânica quântica e da relatividade de Einstein, a **física** newtoniana continua a ser aplicável a numerosos fenômenos físicos no mundo, especialmente nas áreas de cinemática, dinâmica de fluidos, óptica e navegação espacial. Em 1687, ele publicou *Philosophiae Naturalis Principia Mathematica* [Princípios matemáticos da **filosofia natural**], comumente referido como *Principia*, que muitos consideram o trabalho científico mais influente na física e um dos maiores em toda a ciência.

Isaac Newton nasceu em uma família anglicana em 4 de janeiro de 1643, em Woolsthorpe, Inglaterra, e morreu em 31 de março de 1727, em Londres. Seu pai (com o mesmo nome de Isaac) era um fazendeiro bem-sucedido que morreu três meses antes de Isaac nascer. Depois que sua mãe o criou sozinho durante seus primeiros três anos, ela se casou com o reitor de uma paróquia próxima, o Reverendo Barnabus Smith, e deixou Isaac sob os cuidados de sua avó até os 12 anos, quando ela o recebeu sob seus cuidados depois que seu segundo marido morreu. Ele entrou no Trinity College da Universidade de Cambridge aos 18 anos.

Durante seus anos em Cambridge, Newton estudou filosofia e desenvolveu um forte interesse por questões da natureza que informariam suas ideias posteriores e seu trabalho revolucionário em **matemática** e física. A Revolução Científica havia começado com o trabalho anterior de **Nicolau Copérnico**, que propôs um universo heliocêntrico (centrado no sol), e **Johannes Kepler** e **Galileu Galilei**, que expandiram significativamente essa nova teoria do universo.

O tempo de Newton em Cambridge foi interrompido quando a Grande Praga que se movia pela Europa chegou a Cambridge e a universidade foi forçada a fechar. Ele escapou por pouco das garras da doença, voltando para casa para continuar seus estudos em particular. Foi durante o ano e meio que Newton concebeu e desenvolveu suas ideias mais influentes e de longo alcance, incluindo a invenção do cálculo, o desenvolvimento de sua teoria da óptica, da luz e da cor, e o cálculo detalhado do movimento planetário. Muitas de suas realizações durante esse breve período de intenso derramamento científico não foram formalmente compartilhadas com o mundo até muitos anos depois, com a publicação de seu *Principia*, em 1687.

Em 1667, após a praga ter terminado, Newton retornou a Cambridge para trabalhar em seu mestrado em artes. Tornou-se membro da universidade, que veio com a exigência de que ele fizesse voto de celibato e reconhecesse artigos doutrinais da Igreja da Inglaterra. Além disso, o rei Carlos II criou uma lei exigindo que todos os graduados recebessem a ordenação após a formatura, e Isaac considerou desistir de seus estudos para evitar esse dever. Mais tarde, a isenção foi fornecida aos membros do Trinity College, e então Isaac se formou livre dessa exigência.

Em 1668, ele projetou e construiu o primeiro telescópio refletivo, uma ajuda para sua teoria da óptica em desenvolvimento. Ele obteve seu diploma em 1669 e, em 1671, foi chamado pela Royal Society para demonstrar o funcionamento de seu telescópio, após o qual ele publicou seu trabalho em óptica e luz, o conteúdo do que mais tarde seria incluído em seu livro *Opticks: Or, a Treatise of the Reflections, Refractions, Inflections and Colours of Light* [Óptica: ou um tratado das reflexões, refrações, inflexões e cores da luz]. Newton tornou-se amplamente reconhecido por seu talento, e logo após a conclusão de seu mestrado, ele foi nomeado para a Cátedra Lucasiana na Universidade de Cambridge.

O trabalho de Newton em óptica sofreu fortes críticas de Robert Hooke, um membro da Royal Society. A teoria de Newton sustentava que a luz consistia em corpúsculos discretos, ou partículas, e que a luz branca era uma composição de todas as cores do espectro natural. Hooke acreditava que a luz consistia em ondas, uma visão compartilhada por Christiaan Huygens e outros contemporâneos.

Newton não lidou bem com críticas, inclusive às vezes tendo ataques de fúria. Nos meses seguintes, seu relacionamento com Hooke tornou-se cada vez mais amargo e rival, e ele teria se demitido da Royal Society, exceto pelo incentivo de vários colegas. O relacionamento de Newton com Hooke continuou a deteriorar-se nos anos seguintes, e ele acabou sofrendo um severo colapso nervoso em 1678, retirando-se em seguida da vida intelectual pública por seis anos.

Durante esse período de isolamento, Newton continuou a desenvolver seu trabalho em gravitação e movimento planetário. Robert Hooke escreveu-lhe uma carta em 1679, especulando sobre a possibilidade de os movimentos dos planetas serem explicados por uma força gravitacional dependente do quadrado inverso da distância entre os corpos. Em 1684, Hooke discutiu sua ideia de gravitação com Edmund Halley e Christopher Wren, os quais ficaram, ambos, impressionados com ideia, mas insistiu que isso requereria um tratamento matemático completo.

Mais tarde naquele ano, Halley visitou Newton e soube de sua conclusão de que a dependência da força gravitacional da distância quadrada inversa leva a órbitas planetárias elípticas consistentes com as medições anteriores de Kepler. Halley o encorajou a publicar suas descobertas, e logo depois Newton escreveu seu *Principia* e o publicou em 1687. Hooke mais tarde acusaria Newton de plagiar sua ideia de inversão de quadrados, mas Newton insistiu que ele havia desenvolvido a ideia mais cedo durante seu hiato da Universidade de Cambridge.

O impacto significativo do *Principia* no desenvolvimento da ciência até hoje é difícil de estimar. O Livro 1 definiu os conceitos básicos de massa e força e apresentou suas três célebres leis do movimento cinemático: (1) um corpo em movimento linear uniforme permanecerá assim, a menos que seja influenciado por uma força externa; (2) uma força externa aplicada a um corpo resulta em sua aceleração, com um valor proporcional à razão entre a força e a massa; e (3) para cada ação (força aplicada), há uma reação igual e oposta (força). Com essas três leis, Newton foi capaz de fornecer com sucesso uma solução para a maioria dos fenômenos físicos e questões não respondidas de seus dias, e suas ideias continuam a formar o alicerce da física clássica de hoje.

O Livro 2 apresentou uma nova filosofia e metodologia científica que era universal e de longo alcance, substituindo depois o cartesianismo. Newton afirmou que a **explicação** científica de qualquer fenômeno natural deveria se basear apenas nas causas naturais que são verdadeiras e suficientes para explicar o fenômeno; que os mesmos efeitos devem ser atribuídos às mesmas causas; que as qualidades específicas de um corpo devem ser entendidas como universais; e que as explicações científicas baseadas nas observações devem ser aceitas como exatas até que surjam outras observações que as contradigam. Essa nova metodologia adotou a **objetividade** como princípio fundamental para a investigação científica, uma atitude que tem sido valorizada e celebrada até os dias atuais.

O Livro 3 explorou numerosas aplicações de suas proposições físicas, que incluíam uma explicação das marés e uma análise detalhada do movimento lunar. Eles explicaram com sucesso a sutil influência gravitacional que os planetas têm um sobre o outro, a forma esferoidal oblata da terra em rotação, o movimento detalhado da Lua, a precessão dos equinócios, o retorno do Cometa Halley e vários outros problemas não resolvidos de sua época.

Crenças religiosas de Newton se desenvolveram ao longo do tempo, juntamente com seu estudo sistemático da natureza física. Para Newton, a existência de Deus era inegável, evidenciada pela majestade e grandeza do universo. Ele não era um deísta rígido, como alguns de seus contemporâneos, inclusive Leibniz, mas acreditava não apenas que Deus era o arquiteto mestre da ordem criada, mas que sua intervenção contínua era necessária, por exemplo, para manter o misterioso comportamento de "ação a distância" da gravidade através do vazio do espaço e da manutenção dos planetas em suas órbitas.

Hoje, muitos estudiosos consideram que as crenças de Newton são mais bem descritas como arianas, uma vez que ele não manteve a **Trindade** ou a divindade de Cristo, enquanto outros o consideram um deísta fortemente influenciado pelo cristianismo. Nas últimas décadas de sua vida, ele escreveu abundantemente sobre as Escrituras, desenvolvendo o que ele acreditava ser uma interpretação literal e apropriada da Bíblia, e buscando mensagens ocultas e verdades científicas nela. Ele estudou e escreveu vários folhetos e tratados religiosos sobre profecias, e até sobre estimativas de quando o mundo poderia acabar. De fato, Newton escreveu mais sobre religião e as Escrituras do que sobre matemática e física, embora hoje seja apenas lembrado e reverenciado por seu trabalho no nesta última área.

Como resultado do "universo mecânico" revelado pelas leis de Newton, muitos em seus dias e mais tarde vieram a abraçar uma **cosmovisão** determinística baseada em uma relação estrita de causa e efeito para todos os fenômenos físicos microscópicos. Assim, poder-se-ia (em princípio) prever o futuro se, num determinado instante no tempo, a massa, a posição e a velocidade de cada partícula no universo fossem conhecidas com precisão infinita. Embora ninguém considere seriamente que esse conhecimento seja possível para qualquer ser que não seja Deus, a visão, no entanto, ao longo dos anos, fez com que questões de livre-arbítrio e **ação divina** fossem investigadas com grande intensidade. Na ciência moderna (especialmente com o advento da **teoria do caos** e da mecânica quântica), os físicos não abraçam um ponto de vista estritamente determinista da natureza.

Warren F. Rogers

REFERÊNCIAS E LEITURAS RECOMENDADAS

CHRISTIANSON, Gale E., 1996. *Isaac Newton and the Scientific Revolution.* New York: Oxford University Press.

DOLNICK, Edward, 2012. *The Clockwork Universe: Isaac Newton, the Royal Society, and the Birth of the Modern World.* New York: HarperPerennial.

GLEICK, James, 2004. *Isaac Newton.* London: Vintage.

HOLTON, Gerald, 1988. *Thematic Origins of Scientific Thought: Kepler to Einstein.* Cambridge, MA: Harvard University Press.

NEWTON, Isaac, 1687. *Philosophiae Naturalis Principia Mathematica.*

SEGRÉ, Emilio, 2007. *From Falling Bodies to Radio Waves: Classical Physicists and Their Discoveries.* New York: Dover.

NOMINALISMO. O nominalismo é a tese de que tudo é algo específico — um particular — ou de que tudo é concreto. A primeira é inconsistente com a existência de universais — coisas que podem ter múltiplas instâncias e podem estar "totalmente presentes" em mais de uma localização espaço-temporal, como a ideia universal de vermelhidão. A segunda é inconsistente com a existência de objetos abstratos — universais (segundo algumas pessoas, teorias "platonistas" de universais), proposições e objetos matemáticos — mas consistente com a existência de universais "aristotélicos" que existem somente onde e quando há instâncias concretas.

Quando as universais são rejeitadas, muitas vezes são dadas explicações alternativas sobre a natureza da atribuição. Diferentes tipos de respostas são propostas para perguntas como "O que significa para um objeto, O, ser vermelho?" Entre elas estão as seguintes:

1. Teoria do tropo: O é vermelho por causa da existência de um particular: a vermelhidão do O.
2. Nominalismo de predicados: O é vermelho porque o predicado "vermelho" se aplica a ele.

3. Nominalismo de conceito: O é vermelho porque está sob o conceito *vermelho*.
4. Nominalismo de classe: O é vermelho porque pertence à classe de todas (e somente) coisas vermelhas.
5. Nominalismo de semelhança: O é vermelho porque se assemelha a outras coisas vermelhas.

Essas formas de nominalismo, juntamente com o platonismo contra o qual elas se sustentam, supõem que a questão "O que é ser vermelho" é, fundamentalmente, uma questão filosófica e cuja resposta é filosófica por natureza. O nominalismo também pode assumir a forma de rejeitar todas essas respostas filosóficas e tratar a questão como uma científica, cuja resposta não faz nenhuma referência às alternativas apresentadas anteriormente. Uma resposta científica pode se referir ao caráter da luz, aos caracteres dos pigmentos ou a várias características absortivas e reflexivas das coisas vermelhas.

As proposições são tipicamente consideradas objetos abstratos que podem possuir valores de verdade e manter relações lógicas entre si; já o nominalismo sobre proposições é a afirmação de que não há portadores abstratos da verdade. Os nominalistas ou propõem objetos concretos como portadores da verdade, ou então propõem maneiras alternativas de entender frases que parecem se referir a proposições abstratas.

O nominalismo matemático é a negação da existência de objetos matemáticos, como números, conjuntos e funções. O ficcionalismo matemático é uma forma de nominalismo que trata alegações matemáticas típicas como falsas porque não há objetos matemáticos aos quais, por exemplo, os numerais se referem. Então, mesmo que "7 é par" pareça referir-se ao número sete e declarar que é par, o ficcionalista matemático sustenta que não existe o número sete, portanto, "7 é par" é falso.

O estruturalismo modal é a tese de que a **matemática** é sobre a possível existência de várias estruturas concretas, em vez de sobre a existência real de estruturas abstratas. Portanto, o que parece ser pensamento, conversa e prova sobre como as coisas são abstratamente é realmente pensamento, conversa e prova sobre como as coisas *podem* ser concretas. Todas as outras formas de nominalismo matemático são variações desses temas: ou a matemática é sobre o que parece ser, mas é falsa porque os objetos apropriados não existem, ou então ela não é realmente sobre objetos abstratos, mas coisas que existem ou poderiam existir,

tornando típicas afirmações matemáticas verdadeiras (ver **Matemática**).

A teoria e a prática científicas não são afetadas pelas questões que dividem os nominalistas e os platonistas, pois são posições filosóficas, e não científicas. Alguns platonistas argumentam, no entanto, que a melhor maneira de entender importantes características das explicações científicas é rejeitando o nominalismo matemático. Algumas versões recentes do argumento da indispensabilidade para objetos matemáticos baseiam-se nessa afirmação sobre a interpretação do uso da matemática em teorias e explicações científicas.

Scott Shalkowski

REFERÊNCIAS E LEITURAS RECOMENDADAS

Azzouni, Jody, 2004. *Deflating Existential Consequence: A Case for Nominalism*. New York: Oxford University Press.
Balaguer, Mark, 1998. *Platonism and Anti-Platonism in Mathematics*. New York: Oxford University Press.
Goodman, Nelson, 1972. "A World of Individuals", em Nelson Goodman, *Problems and Projects*. New York: Bobbs-Merrill.
Loux, Michael J., 2006. *Metaphysics: A Contemporary Introduction*. 3rd ed. London: Routledge.

NOVO ATEÍSMO. Os novos ateus (neoateus) abraçam um modelo de conflito da relação entre ciência e religião, considerando-se defensores de uma **cosmovisão** baseada em evidências e, portanto, opostos à religião, que consideram "a maior ameaça à racionalidade e progresso científico" porque pensam que ela exige "irracionalidade [...] como um dever sagrado" (Dennett, 2008). Os neoateus acreditam que "a religião não é apenas errada; é má" (Wolf, 2006). O rótulo de "Novo Ateu" vem do artigo da revista *Wired*, publicada em 2006 por Gary Wolf, "A Igreja dos Não Cristãos", um título que sugere que o Novo Ateísmo é um reflexo antirreligioso do fundamentalismo religioso.

O Novo Ateísmo foi concebido por causa dos terroristas que levaram os jatos de passageiros para as Torres Gêmeas em Nova York em 11 de setembro de 2001: "Não é por acaso que Sam Harris começou a escrever *The End of Faith* [O fim da fé] no dia seguinte ao 11 de setembro" (Bullivant 2012, 115). As vendas do *End of Faith* revelaram uma fome da sociedade por polêmica antirreligiosa, anunciando uma série de livros populares, incluindo os seguintes: **Richard Dawkins**, *Deus, um delírio* (2006); **Daniel Dennett**, *Breaking the Spell* [Quebrando o encanto] (2007); A. C. Grayling, *Against All Gods* [Contra todos os deuses] (2007) e The God Argument [O argumento de Deus] (2013); Sam Harris, *A paisagem moral* [2010]; Christopher Hitchens, *Deus não é grande* [2007]; Lawrence M. Krauss, *Um universo que veio do nada* (2012); Michel Onfray, *In Desfense of Atheism* [Em defesa do ateísmo] (2007); Victor J. Stenger, *The New Atheism* [O novo ateísmo] (2009); e Peter Boghossian, *A Manual for Creating Atheists* [Um manual para a criação de ateus] (2013).

Onfray admite: "Nunca, mais do que hoje, houve tal evidência de vitalidade em [...] pensamento religioso, prova de que Deus não está morto..." (Onfray, 2007, p. 37). Além disso, observa David Fergusson, "muito do ateísmo moderno é [...] não meramente desdenhoso da religião, mas irritado e frustrado por seu ressurgimento como uma força social poderosa" (Ferguson, 2011, p. 7). **Alister McGrath** fala da subsequente "crise de confiança... agarrar o ateísmo" (McGrath, 2013). O subtítulo do *End of Faith — Religion, Terror and the Future of Reason* [Religião, terror e o futuro da razão] — resume a reação do Novo Ateu: o bode expiatório da religião abraâmica por males sociais, entre os quais a suposta irracionalidade da "fé" é o principal culpado.

O neoateísmo é caracterizado pela "fé cega de que toda fé é uma fé cega" (Lennox, 2011, p. 56). Assim, Richard Dawkins acredita: "Religião não fundamentalista, 'sensível' [...] está tornando o mundo seguro para o fundamentalismo por meio do ensino [...] essa fé inquestionável é uma virtude" (Dawkins, 2006, p. 286). Esse mal-entendido é um corolário do **cientificismo** do Novo Ateísmo. De fato, pode-se definir o neoateísmo como "a combinação de cientificismo, **materialismo** científico e ativismo antirreligioso". Apesar de rejeitar o objetivismo moral e/ou **livre-arbítrio libertário**, os novos ateístas retratam-se em uma luta ética contra a irracionalidade da religião. Essa estrutura autocontraditória oferece aos adeptos um senso de superioridade moral e intelectual, comunidade, significado, propósito e identidade (cf. Williams, 2010).

Os trabalhos dos novos ateus estão repletos de falhas lógicas e erros factuais. David Bentley Hart julga que o Novo Ateísmo consiste "inteiramente em argumentos vazios, em meio a oceanos de ignorância histórica" (Hart, 2009, p. 4), censurando os neoateus por "uma coleção formidável de erros conceituais e históricos" (19). Por exemplo, Richard Dawkins diz que os evangelhos bíblicos são obras ficcionais com vários concorrentes contemporâneos! Os novos ateus repetem muitos outros pontos de vista

céticos rejeitados pelos acadêmicos tradicionais, incluindo o mito da guerra entre ciência e religião, e duvidam da historicidade de Jesus e da ideia de que a **mitologia** pagã moldou a cristologia. Além disso, como Lennox observa, não há "nenhuma tentativa séria por nenhum dos novos ateus de se engajar com a evidência para a ressurreição de Jesus Cristo" (Lennox, 2011, p. 188). Ao contrário do seu interesse em evidência, os Novos Ateus ignoram o caso histórico da **ressurreição de Jesus** (cf. Craig, 2008; Licona, 2010; Wright, 2003) apelando aos argumentos desacreditados de **David Hume** contra os **milagres** (cf. Craig, 2008; Larmer, 2014).

James E. Taylor está surpreso com o fato de que "nenhum dos [novos ateus] aborda argumentos teístas ou ateístas em grande medida" (Taylor, 2010). De fato, eles geralmente lidam com argumentos contra o **naturalismo** e para o **teísmo**, representando-os erroneamente ou ignorando-os. **Alvin Plantinga** reclama: "Dennett [...] não sabe nada sobre a **filosofia da religião** analítica contemporânea, mas isso não o impede de fazer declarações públicas sobre o assunto" (Plantinga, 2011, p. 49). Quando se trata de **teologia natural**, Dennett joga para Dawkins: "Eu dou pouca atenção à tarefa de refutar os argumentos padrão para a existência de Deus [em *Breaking the Spell*], então eu dou as boas-vindas às [...] demolições que Dawkins reuniu" (Dennett, 2006).

Esse é um caso do cego guiando o cego. Como Taylor comenta: "Dawkins... tem sido criticado por se engajar em uma avaliação excessivamente superficial dos argumentos teístas e por ignorar a literatura filosófica na teologia natural" (Taylor, 2010). Além disso, como Jeremy Pierce observa, Dawkins "comete regularmente falácias fáceis de identificar" (Pierce, 2006). James Hannam descreve *Deus: um delírio* como "subpesquisado" e "subargumentado", e observa: "O tratamento das provas tradicionais da existência de Deus é, em grande parte, uma falácia do espantalho [...] Essa recusa em se envolver com a literatura séria é evidente em todo o processo" (Hannam, 2006).

Dennett retrata Dawkins "achatando todos os argumentos sérios *para* a existência de Deus" (Dennett, 2006). *Deus: um delírio* é a mais extensa refutação do Nova Ateísmo da teologia natural; mas, enquanto Dawkins dedica 37 páginas a dez argumentos teístas, Plantinga certa vez discutiu "algumas dúzias ou mais" de argumentos teístas (cf. Plantinga, 2006).

Dos nove argumentos positivos defendidos em *The Blackwell Companion to Natural Theology* [O assistente Blackwell à teologia natural] (Craig e Moreland, 2012), apenas cinco aparecem em *Deus: um delírio*. Como Chuck Edwards pondera, "Dawkins mostra que ele não tem nenhuma familiaridade com a riqueza da literatura sobre o assunto" (Edwards, 2007). Assim, mesmo que Dawkins oferecesse as refutações decisivas que Dennett imagina, *Deus: um delírio* não mereceria a avaliação de P. Z. Myers como "uma visão geral completa" (Myers, 2006). No entanto, Dawkins não refuta os argumentos que considera (principalmente porque ele não os entende).

Como **William Lane Craig** conclui, as objeções levantadas por Dawkins a esses argumentos "não são nem prejudiciais, nem muito mortais" (Craig, 2009, p. 30). Barney Zwartz acha que Dawkins "é espetacularmente inepto quando se trata dos argumentos filosóficos tradicionais para Deus" (Zwartz, 2006). Plantinga escreve que muitos dos argumentos de Dawkins em *Deus: um delírio* "receberiam uma nota de reprovação em uma aula de segundo ano de Filosofia" (Plantinga, 2007). De fato, Plantinga critica os novos ateus por "sua intolerância, sua relutância em considerar evidências e seu recurso ao ridículo, ao escárnio e à falsa representação no lugar de argumentos sérios" (Lennox, 2011). Paul Copan igualmente repudia seus "ataques desleixadamente argumentados" (Copan e Craig, 2009, p. vii), que ele considera "notavelmente fora de contato com argumentos teístas [contemporâneos] sofisticados para a existência de Deus" (Copan, 2008). Craig adverte que o "Novo Ateísmo é apenas uma impostura, um blefe que realmente ataca os ingênuos e os desinformados" (Craig, 2014).

Muitos ateus se distanciam do Novo Ateísmo. Por exemplo, Julian Baggini critica seu tom como "contraproducente" (Baggini, 2009). Daniel Came adverte: "Não há muito em termos de argumentação séria no arsenal dialético dos novos ateus" (Came, 2011). **Thomas Nagel** observa: "Dawkins rejeita, com desprezo, o tradicional [...] argumentos para a existência de Deus... Eu achei essas tentativas de filosofia [...] particularmente fracas" (Nagel, 2006). Massimo Pigliucci critica o Novo Ateísmo por seu cientificismo e descreve *Deus: um delírio* como uma "polêmica historicamente mal informada" (Pigliucci, 2013). **Michael Ruse** comenta: "Dawkins é descarado em sua ignorância de filosofia e teologia (para não mencionar a história da ciência)", e lamenta: "não é que os [novos] ateus estejam fazendo a festa por causa do brilhantismo e novidade de seu pensamento. Francamente [...] o material que está sendo produzido é de segunda ordem, e isso é um eufemismo para 'absolutamente terrível'" (Ruse, 2007).

Peter S. Williams

REFERÊNCIAS E LEITURAS RECOMENDADAS

BAGGINI, Julian, 2009. "The New Atheist Movement Is Destructive." Tiden Etterpå. http://fritanke.no/index.php?page=vis_nyhet&NyhetID=8484.

BOGHOSSIAN, Peter, 2013. *A Manual for Creating Atheists*. Durham, NC: Pitchstone.

BULLIVANT, Stephen, 2012. "The New Atheism and Sociology", em *Religion and the New Atheism: A Critical Appraisal*, ed. Amarnath Amarasingam. Chicago: Haymarket.

CAME, Daniel, 2011. "Richard Dawkins's Refusal to Debate Is Cynical and Anti-intellectualist." *The Guardian*. www.theguardian.com/commentisfree/belief/2011/oct/22/richard-dawkins-refusal-debate-william-lane-craig.

COPAN, Paul, 2008. "Interview with Paul Copan: Is Yahweh a Moral Monster?" *EPS Blog*. 7 de abril. www.epsociety.org/blog/2008/04/interview-with-paul-copan-is-yahweh.asp.

COPAN, Paul; Craig, William Lane, eds. 2009. *Contending with Christianity's Critics: Answering New Atheists and Other Objectors*. Nashville: B&H Academic.

CRAIG, William Lane, 2008. *Reasonable Faith: Christian Truth and Apologetics*. 3rd ed. Wheaton, IL: Crossway.

_____. 2009. "Richard Dawkins on Arguments for God", em *God Is Great, God Is Good: Why Believing in God Is Reasonable and Responsible*, ed. William Lane Craig and Chad Meister. Downers Grove, IL: IVP.

_____. 2010. "The New Atheism and Five Arguments for God." *Reasonable Faith*. www.reasonablefaith.org/the-new-atheism-and-five-arguments-for-god.

_____. 2014. "What's New with 'The WLC'?" *Reasonable Faith Podcast*. 21 de setembro. www.reasonablefaith.org/whats-new-with-the-wlc.

CRAIG, William Lane; Moreland, J. P., eds. 2012. *The Blackwell Companion to Natural Theology*. Malden, MA: Wiley-Blackwell.

DAWKINS, Richard, 2006. *The God Delusion*. New York: Mariner.

DENNETT, Daniel, 2006. "Review of Richard Dawkins' *The God Delusion* for *Free Inquiry*." 10 de outubro. www.philvaz.com/apologetics/Dawkins-GodDelusionReviewFreeInquiry.pdf.

_____. 2007. *Breaking the Spell: Religion as a Natural Phenomenon*. London: Penguin.

DENNETT, Daniel; Winston, Robert, 2008. "Is Religion a Threat to Rationality and Science?" *The Guardian*. 22 de abril. www.theguardian.com/education/2008/apr/22/highereducation.uk5.

EDWARDS, Chuck, 2007. "Dawkins' Delusional Arguments against God." Summit Ministries. 24 de abril. www.summit.org/resource/tc/archive/0407/.

FERGUSSON, David, 2011. *Faith and Its Critics: A Conversation*. Oxford: Oxford University Press.

GANSSLE, Gregory E., 2009. *A Reasonable God: Engaging the New Face of Atheism*. Waco, TX: Baylor University Press.

GILSON, Tom; Weitnauer, Carson, eds. 2013. *True Reason: Confronting the Irrationality of the New Atheism*. Grand Rapids: Kregel.

GLASS, David H., 2012. *Atheism's New Clothes: Exploring and Exposing the Claims of the New Atheists*. Nottingham, UK: Apollos.

GRANT, Edward, 2007. *A History of Natural Philosophy: From the Ancient World to the Nineteenth Century*. Cambridge: Cambridge University Press.

GRAYLING, A. C., 2007. *Against All Gods*. London: Oberon.

_____. 2013. *The God Argument*. New York: Bloomsbury.

HANNAM, James, 2006. "*The God Delusion* by Richard Dawkins." Bede's Library. www.bede.org.uk/goddelusion.htm.

HARRIS, Sam, 2004. *The End of Faith: Terror and the Future of Reason*. New York: W. W. Norton.

_____. 2010. *The Moral Landscape*. New York: Free Press.

542 NUMBERS, RONALD L.

Hart, David Bentley, 2009. *Atheist Delusions: The Christian Revolution and Its Fashionable Enemies*. New Haven, CT: Yale University Press.

Hitchens, Christopher, 2007. *God Is Not Great*. London: Atlantic.

Krauss, Lawrence M., 2012. *A Universe from Nothing*. New York: Free Press.

Larmer, Robert A., 2014. *The Legitimacy of Miracle*. Lanham, MD: Lexington. Lennox, John. 2011. *Gunning for God: Why the New Atheists Are Missing the Target*. Oxford: Lion.

Licona, Michael R., 2010. *The Resurrection of Jesus: A New Historiographical Approach*. Nottingham, UK: Apollos.

McGrath, Alister, 2013. "The Spell of the Meme." St Edmund's College. www.st-edmunds.cam.ac.uk/faraday/issues/McGrath%20RSA%20Lecture%20 13-03-06.pdf.

Myers, P. Z., 2006. "Bad Religion." Richard Dawkins Foundation. http://richarddawkins.net/article,211,Bad-Religion,PZ-Myers-Seed-Magazine.

Nagel, Thomas, 2006. "Fear of Religion." *New Republic*. 23 de outubro. www.tnr.com/article/the-fear-religion.

Onfray, Michel, 2007. *In Defense of Atheism: The Case against Christianity, Judaism and Islam*. London: Serpent's Tail.

Pierce, Jeremy, 2006. "Dawkins Review." The Prosblogion. http://prosblogion.ektopos.com/archives/2006/10/dawkins-review.html.

Pigliucci, Massimo, 2013. "New Atheism and the Scientist Turn in the Atheism Movement." *Midwest Studies in Philosophy* 37. http://philpapers.org/archive/PIGNAA.pdf.

Plantinga, Alvin, 2006. "Two Dozen or So Theistic Arguments." http://appearedtoblogly.files.wordpress.com/2011/05/plantinga-alvin-22two-dozen-or-so-theistic-arguments221.pdf.

_____. 2007. "The Dawkins Confusion." *Christianity Today*, março-abril. www.christianitytoday.com/bc/2007/002/1.21.html.

_____. 2011. *Where the Conflict Really Lies: Science, Religion, and Naturalism*. New York: Oxford University Press.

Ruse, Michael, 2007. "*The God Delusion*." *Isis* 98, no. 4 (dezembro).

Stenger, Victor J., 2009. *The New Atheism*. Amherst, NY: Prometheus.

Stewart, Robert B., ed. 2008. *The Future of Atheism: Alister McGrath and Daniel Dennett in Dialogue*. London: SPCK.

Taylor, James E., 2010. "The New Atheists." *Internet Encyclopedia of Philosophy*. www.iep.utm.edu/n-atheis/.

Ward, Keith, 2008. *Why There Almost Certainly Is a God: Doubting Dawkins*. Oxford: Lion.

Williams, Peter S., 2004. *I Wish I Could Believe in Meaning: A Response to Nihil- ism*. Southampton, UK: Damaris.

_____. 2009. *A Sceptic's Guide to Atheism: God Is Not Dead*. Milton Keynes, UK: Paternoster.

_____. 2010. "The Emperor's Incoherent New Clothes— Pointing the Finger at Dawkins' Atheism." *Think* 9:29-33.

_____. 2011. *Understanding Jesus: Five Ways to Spiritual Enlightenment*. Milton Keynes, UK: Paternoster.

_____. 2013a. *A Faithful Guide to Philosophy: A Christian Introduction to the Love of Wisdom*. Milton Keynes, UK: Paternoster.

_____. 2013b. *C. S. Lewis vs. the New Atheists*. Milton Keynes, UK: Paternoster.

Wolf, Gary, 2006. "The Church of the Non-believers." *Wired* 14 (11). www.wired.com/wired/archive/14.11/atheism.html.

Wright, N. T., 2003. *The Resurrection of the Son of God*. London: SPCK.

Zwartz, Barney, 2006. "The God Delusion." Richard Dawkins Foundation. http://richarddawkins.net/articles/366-the-god-delusion-review.

Video

Williams, Peter S., "Concerning the New Atheism." YouTube. www.youtube.com/playlist?list=PLQhh3qcwVEWifP3P_gIS8MMsRXLOGDiG_.

NUMBERS, RONALD L. Um dos principais historiadores da ciência e religião, Ronald Numbers (1942-) nasceu na família de um pastor adventista do sétimo dia. Depois de obter um bacharelado em **matemática** e **física** da Southern Missionary College e um mestrado em história pela Universidade Estadual da Flórida, ele obteve seu doutorado em história na University of Califórnia, Berkeley, em 1969.

Começando sua carreira na Universidade de Andrews (1969-1970) e na Universiade de Loma Linda (1970-1974), ele se destacou na University de Wisconsin-Madison de 1974 a 2014 e ocupou vários cargos, incluindo nos departamentos de História da Medicina (1977-1981) e História Médica e **Bioética** (1999-2003), aposentando-se como Professor Emérito da Cátedra Hilldale da História da Ciência e da Medicina.

A educação religiosa conservadora de Numbers e sua educação precoce combinaram-se com seu trabalho de graduação em matemática e física para moldar os interesses de suas ocupações históricas. Eles também forneceram a crise espiritual pessoal que pareceu motivar seu interesse contínuo pela interseção entre fé e ciência, particularmente no que diz respeito à evolução e criação. Como estudante de pós-graduação em Berkeley, Numbers relata que estava sendo confrontado com uma idade muito mais velha da terra do que seu treinamento inicial havia permitido, de uma maneira que ele não podia rejeitar. Como resultado do desmoronamento de suas crenças de infância, em suas palavras, ele "rapidamente, embora não sem dor, deslizou pelo proverbial caminho escorregadio e perigoso em direção à incredulidade" (Numbers, 2006, p. 13). Isso também o motivou a conscientemente tratar todos os defensores de todas as posições com respeito, especialmente aqueles conservadores com teorias religiosas da Terra jovem.

Numerosas sociedades e fundações reconheceram Numbers por sua bolsa de estudos e conquistas com prêmios, membresias e convites tão diversos como o Prêmio Albert C. Outler da Sociedade Americana de História da Igreja por sua publicação de *The Creationists* [Os criacionistas] (1992), até o Prêmio Benjamin Rush da Associação Psiquiátrica Americana (2000) por suas contribuições para a história da psiquiatria.

A prolífica carreira de Numbers inclui mais de 25 livros que ele escreveu ou editou e vários artigos e discursos. A história da medicina produziu um interesse precoce, mas seu trabalho posterior concentrou-se amplamente na história do criacionismo em relação à ciência, com particular interesse nas controvérsias nos círculos fundamentalistas/evangélicos sobre o **darwinismo** e os movimentos de antievolução. Esse assunto é o foco de seu trabalho

NUMBER, RONALD L. 543

principal, *The Creationists: From Scientific Creationism to Intelligent Design* [Os criacionistas: do criacionismo científico ao *design* inteligente]. Ele também foi editor ou consultor editorial ou no conselho editorial de numerosas publicações, incluindo *Isis* (1994-1999) e *Cambridge History of Science*, com David Lindberg.

Foi presidente da History of Science Society [Sociedade de História da Ciência] (2000-2001), da American Society of Church History [Sociedade Americana de História da Igreja] (1999-2000) e da International Union of History and Philosophy of Science in the Division of History of Science and Technology [União Internacional de História e **Filosofia da Ciência** na Divisão de História da Ciência e Tecnologia]. (2005-2009).

John Soden

REFERÊNCIAS E LEITURAS RECOMENDADAS

NUMBERS, Ronald L., 2000. "The Most Important Biblical Discovery of Our Time: William Henry Green and the Demise of Ussher's Chronology." *Church History* 69 (2): 257-76.
_____. 2006. *The Creationists: From Scientific Creationism to Intelligent Design.* Exp. ed. Cambridge, MA: Harvard University Press.

OBJETIVIDADE. A objetividade é tipicamente contrastada com a subjetividade, que é uma questão de como as coisas são em si, ao passo que a subjetividade é como as coisas parecem ser para algum observador ou pensador. De acordo com a maioria das formas ortodoxas de pensar sobre grande parte da realidade, na medida em que as coisas existem objetivamente, essa existência não é dependente de um sujeito que age, percebe ou pensa. A distinção objetividade/subjetividade é a distinção realidade/aparência.

A **psicologia** expõe a limitação dessa caracterização, e há fatos objetivos sobre subjetividade. Pode-se estar genuína e objetivamente com dor ou em algum outro estado mental. A objetividade é uma questão de como as coisas são e podem ser descobertas, contrastando com a *simples* aparência. Aqueles assuntos passíveis de descoberta podem ter sido o resultado de construção ou criação. Romances estão disponíveis para serem descobertos, embora sejam produtos de **mentes** criativas.

John Locke distinguiu celebremente as **qualidades primárias e secundárias** dos objetos. As qualidades primárias seriam as características objetivas que os objetos têm em si, como extensão, massa, movimento e número. Qualidades secundárias envolvem as sensações causadas por objetos, como cores percebidas, sons, sabores, cheiros e texturas. Sendo mensuráveis em graus maiores, as qualidades primárias tornaram-se o foco de grande parte da ciência física. Supondo que a realidade objetiva não é genuinamente contraditória, o mesmo estado da água pode parecer quente para um, mas frio para outro, dependendo das condições desses observadores. Nesse sentido, podemos dizer que observações semelhantes surgem com relação aos outros sentidos.

As questões filosóficas da objetividade dizem respeito não apenas ao fato de a subjetividade estar envolvida em algum estado de coisas, mas também se a realidade relevante é, em última instância, subjetiva ou dependente da mente. O bispo George Berkeley rejeitou o **materialismo** porque, segundo ele, tudo é, em última instância, uma ideia. As questões que consideramos objetivas são aquelas que não são de subjetividade da criatura, mas são assuntos que podem ser descobertos pela mente de Deus. Berkeley pensou que os estados subjetivos de Deus são o que são independentemente do que as criaturas não divinas os considerem.

Algumas teorias éticas, como o utilitarismo hedonista, tratam os fundamentos da moral como sendo basicamente subjetivos (estados de prazer e dor), mas tratam os fatos da **moralidade** como objetivos, já que não é uma questão de mera preferência se uma ação ou política maximiza prazer ou não. Teorias éticas subjetivas mais completas interpretam reivindicações morais como equivalentes à aprovação ou desaprovação de algum estado ou ação, ou então simplesmente expressam, em vez de relatar, as atitudes de alguém sobre esse estado ou ação. As teorias da moralidade "objetivista", em contrapartida, tratam a maioria das afirmações morais como relatos de uma realidade moral que tem seu caráter independentemente dos juízos ou das atitudes de qualquer pessoa a respeito dela.

Embora a objetividade não seja tipicamente tratada como uma questão de conhecimento ou crença, ela é frequentemente associada à intersubjetividade, embora não exija isso. O acordo intersubjetivo é frequentemente usado como um meio de testar ou confirmar a correção objetiva de um julgamento. Que os outros, a partir de seus diferentes pontos de vista respectivos, observem ou concluam a mesma coisa é evidência de que uma aparência ou uma conclusão surge da interação com algum estado de coisas que não é em grande parte de sua própria construção ou imaginação.

Scott Shalkowski

REFERÊNCIAS E LEITURAS RECOMENDADAS

Brock, Stuart; Mares, Edwin, 2007. *Realism and Anti-realism*. Montreal: McGill-Queen's University Press.
Reiss, Julian; Sprenger, Jan, 2014. "Scientific Objectivity", em *Stanford Encyclopedia of Philosophy*, ed. Edward N. Zalta. outono. http://plato.stanford.edu/archives/fall2014/entries/scientific-objectivity/.

OCASIONALISMO. Ocasionalismo é uma teoria sobre o modo de ação providencial de Deus no reino natural. Tal como acontece com a maioria das ideias filosóficas, ele vem em uma variedade de formas. Em sua forma mais forte, o ocasionalismo sustenta que todas as entidades criadas, sejam inanimadas ou sencientes, são destituídas do poder de causar qualquer coisa, então, Deus é o único agente causal genuíno.

Nesta forma forte, os objetos físicos não causam efeitos em outros objetos físicos ou nas **mentes**; mentes não causam efeitos no mundo material ou em outras mentes; e as mentes individuais sequer causam efeitos dentro delas mesmas. Em vez disso, a ação direta de Deus é responsável por tudo: quando uma bola de bilhar bate em outra, ela proporciona uma ocasião para Deus mover a segunda bola de acordo com as regularidades que ele prescreveu. Quando você toma seu café da manhã, o líquido em sua língua é apenas a ocasião para Deus causar sua percepção relevante do paladar; quando você exercita sua vontade de sair para buscar sua correspondência, é uma ocasião para Deus mover suas pernas e dar à sua mente a sensação de caminhar e andar; até mesmo seguir uma progressão de pensamentos em sua mente proporciona a ocasião para Deus causar aquela sucessão de ideias.

É desnecessário dizer que muitos que estão inclinados a abraçar o ocasionalismo como uma explicação da **causalidade** corpo-corpo e mente-corpo se opõem à ideia de que Deus provoca a sucessão de ideias em nossas mentes — embora o filósofo e teólogo americano Jonathan Edwards (1703-1758) tenha mantido essa visão forte (ver Wainwright, 2012). Mais comum é uma forma restrita de ocasionalismo que sustenta que Deus é a única causa ativa de tudo naquela parte do universo que não está sujeito às escolhas livres de seres sencientes finitos, cuja liberdade de pensamento e vontade conduzirão a decisões de agir que se tornam a ocasião para a realização causal de Deus dessas ações no mundo.

Precedente para uma compreensão ocasional da **providência** é encontrado tanto na Bíblia quanto no Alcorão (veja passagens bíblicas como Jó 38:25-30, 39-41; Salmos 148:3-10; Isaías 26:12; Atos 17:27-28; Colossenses 1:16-17; Hebreus 1:3; 11:3; para o Alcorão, ver, por exemplo, surata 13:2-5) e ao longo da história do pensamento judaico-cristão e islâmico. Algumas vezes tem sido argumentado que o domínio do ocasionalismo no pensamento islâmico, particularmente por meio da influência de al-Ghazali (1058-1111), levou ao declínio da **filosofia natural** no islamismo e seu fracasso em sustentar uma tradição que leva ao desenvolvimento da ciência moderna (ver, por exemplo, Grant, 2004, p. 237).

No entanto, colocar a culpa por isso no modo da ação divina em vez de em diferenças entre as concepções judaico-cristã e islâmica de Deus e a relação da religião com o Estado é um erro. Enquanto o Deus da Bíblia é imutável em seu caráter moral e constante e fiel em seu cuidado com a ordem e o amor criados para a humanidade, o islamismo lança Alá como um poder divino absoluto cuja vontade pode ser arbitrária ou caprichosa, levando a uma atitude fatalista em direção à vida humana. Foi essa visão de Deus como um poder absoluto e arbitrário, combinado com o controle do Estado pelos clérigos islâmicos, que temiam que o estudo da lógica, da **matemática** e da filosofia natural privasse os estudantes de sua religião, que levou à supressão de tais estudos e ao fim da filosofia natural sob o islamismo. O ocasionalismo, como seu conceito preferido da ação divina, não tem culpa substancial.

No Ocidente, considerações filosóficas gerais sobre a natureza das relações causais levaram ao surgimento do ocasionalismo como uma teoria da causalidade na filosofia dos séculos XVII e XVIII (Adams, 1973; Clatterbaugh, 1999; Downing, 2004; Freddoso, 1988; Lee, 2008; Nadler, 1993, 1996; Schmaltz 2008; Wainwright, 2012). Seminal a esse respeito foi a influência de **René Descartes** (1596-1650) e os subsequentes filósofos cartesianos como Johannes Clauberg (1622-1665), Géraud de Cordemoy (1626-1684), Arnold Geulincx (1624-1669), Louis de la Forge (1632-1666) e, mais notavelmente, Nicolas Malebranche (1638-1715).

Embora influenciado por Malebranche, o ocasionalismo de George Berkeley (1685-1753) veio de seu idealismo imaterialista (ver **Idealismo**), uma vez que os objetos físicos concebidos como coleções de ideias eram passivos e desprovidos de poderes causais intrínsecos. Ao contrário de Jonathan Edwards, cujo idealismo ocasionalista era derivado de seu calvinismo extremo, Berkeley, no entanto, considerava os seres espirituais finitos como causalmente ativos em si mesmos (Adams, 1973; Lee, 2008; Wainwright, 2012). Argumentos ocasionais também influenciaram fortemente a explicação de causalidade de **David Hume** (1711-1776) (Nadler, 1996).

O ocasionalismo continua a ser debatido entre os filósofos e teólogos como uma teoria da causalidade e modo de ação divina (Freddoso, 1991, 1994; Kvanvig e McCann, 1988; McCann e Kvanvig, 1991; Morris, 1988; Quinn, 1988). Mais recentemente, esse debate mudou para as implicações causais da teoria quântica (ver **teoria**

546 OCULTAMENTO DE DEUS

quântica, Interpretações da), com alguns filósofos argumentando que o ocasionalismo é a única concepção viável da ação providencial à luz da incompletude causal da natureza que a teoria quântica revela, e outros resistindo a essa inferência (Gordon, 1998, 2011, 2013; Plantinga, 2011, 2014; Pollard, 1958; Pruss, 2006; Russell et al. 2001; Saunders, 2002).

Bruce L. Gordon

REFERÊNCIAS E LEITURAS RECOMENDADAS

ADAMS, Robert, 1973. "Berkeley's 'Notion' of Spiritual Substance." *Archiv für Geschichte der Philosophie* 55:47-69.

CLATTERBAUGH, K, 1999. *The Causation Debate in Modern Philosophy, 1637-1739.* New York: Routledge.

DOWNING, Lisa, 2004. "George Berkeley", em *Stanford Encyclopedia of Philosophy*, ed. Edward N. Zalta. http://plato.stanford.edu/archives/win2004/entries/berkeley/.

FREDDOSO, Alfred, 1988. "Medieval Aristotelianism and the Case against Secondary Causation in Nature", em *Divine and Human Action: Essays in the Metaphysics of Theism*, ed. Thomas V. Morris, 74-118. Ithaca, NY: Cornell University Press.

_____. 1991. "God's General Concurrence with Secondary Causes: Why Conservation Is Not Enough." *Philosophical Perspectives* 5:553-85.

_____. 1994. "God's General Concurrence with Secondary Causes: Pitfalls and Prospects." *American Catholic Philosophical Quarterly* 67:131-56.

GORDON, Bruce, 1998. "Quantum Statistical Mechanics and the Ghosts of Modality." PhD diss., Northwestern University.

_____. 2011. "A Quantum-Theoretic Argument against Naturalism", em *The Nature of Nature: Examining the Role of Naturalism in Science*, eds. Bruce L. Gordon e William A. Dembski, 79-114. Wilmington, DE: ISI Books.

_____. 2013. "In Defense of Uniformitarianism." *Perspectives on Science and Christian Faith* 65:79-86.

GRANT, Edward. 2004. *Science and Religion, 400 b.c. to a.d. 1550: From Aristotle to Copernicus.* Baltimore: Johns Hopkins University Press.

KVANVIG, Jonathan; McCann, Hugh, 1988. "Divine Conservation and the Persistence of the World", em *Divine and Human Action: Essays in the Metaphysics of Theism*, ed. Thomas V. Morris, 13-49. Ithaca, NY: Cornell University Press.

LEE, Sukjae, 2008. "Occasionalism", em *Stanford Encyclopedia of Philosophy*, ed. Edward N. Zalta. http://plato.stanford.edu/entries/occasionalism/.

McCANN, Hugh J.; Kvanvig, Jonathan L., 1991. "The Occasionalist Proselytizer: A Modified Catechism." *Philosophical Perspectives* 5:587-615.

MORRIS, Thomas V., ed. 1988. *Divine and Human Action: Essays in the Metaphysics of Theism.* Ithaca, NY: Cornell University Press.

NADLER, Steven, ed. 1993. *Causation in Early Modern Philosophy.* University Park: Penn State University Press.

_____. 1996. " 'No Necessary Connection': The Medieval Roots of the Occasionalist Roots of Hume." *The Monist* 79:448-66.

PLANTINGA, Alvin C., 2011. *Where the Conflict Really Lies: Science, Religion, and Naturalism.* New York: Oxford University Press.

_____. 2014. "Law, Cause, and Occasionalism." Artigo apresentado no "Faith and Reason: Themes from Swinburne Conference," West Lafayette, Indiana, Purdue University. 26 de setembro.

POLLARD, William G., 1958. *Chance and Providence: God's Action in a World Governed by Scientific Law.* London: Faber and Faber.

PRUSS, Alexander, 2006. *The Principle of Sufficient Reason: A Reassessment.* Cam- bridge: Cambridge University Press.

QUINN, Philip L., 1988. "Divine Conservation, Secondary Causes, and Occasionalism", em *Divine and Human Action: Essays in the Metaphysics of Theism*, ed. Thomas V. Morris, 50-73. Ithaca, NY: Cornell University Press.

RUSSELL, R. J.; Clayton, P.; Wegter-McNelly, K.; Polkinghorne, J., 2001.

Quantum Mechanics: Scientific Perspectives on Divine Action. Notre Dame, IN: University of Notre Dame Press.

SAUNDERS, Nicholas, 2002. *Divine Action and Modern Science.* Cambridge: Cambridge University Press.

SCHMALTZ, Tad, 2008. *Descartes on Causation.* Oxford: Oxford University Press.

WAINWRIGHT, William, 2012. "Jonathan Edwards", em *Stanford Encyclopedia of Philosophy*, ed. Edward N. Zalta. http://plato.stanford.edu/entries/edwards/#2.2.

OCULTAMENTO DE DEUS. De acordo com vários céticos sobre a existência de Deus, incluindo **Richard Dawkins** em *Deus, um delírio*, a afirmação de que Deus existe deve ser avaliada com base nos modelos de uma hipótese científica típica. Se, no entanto, Deus é um agente pessoal que tem propósitos redentores às vezes escondidos das pessoas, não estamos lidando com uma hipótese científica típica na afirmação de que Deus existe. Em vez disso, estamos lidando com uma reivindicação sobre um agente pessoal único que não é um objeto científico, mas é intencionalmente indescritível às vezes e, no entanto, digno de adoração.

O Deus judeu-cristão não aparece constantemente na percepção das pessoas, porque às vezes ele se esconde das pessoas de modo declarado. O livro de Isaías anuncia: "Verdadeiramente tu és um Deus que se esconde, ó Deus e Salvador de Israel" (Isaías 45:15). Um tema semelhante se repete nos Salmos; por exemplo, o salmista pergunta a Deus: "Por que escondes o teu rosto e esqueces o nosso sofrimento e a nossa aflição?" (Salmos 44:24). O próprio Jesus escolhe o tema do ocultamento divino sobre as coisas de seu próprio ministério e agradece a Deus por esse ocultamento: "Jesus disse: 'Eu te louvo, Pai, Senhor dos céus e da terra, porque escondeste estas coisas dos sábios e cultos, e as revelaste aos pequeninos'" (Mateus 11:25; Lucas 10:21). Na mesma linha, o apóstolo Paulo fala da "sabedoria escondida" de Deus, especificamente os tesouros da sabedoria de Deus "escondidos" em Cristo (ver 1Coríntios 2:7; Colossenses 2:3). Devemos hesitar, então, em sugerir que Deus é constantemente óbvio para todas as pessoas.

Alguns filósofos da religião identificaram um "problema" de ocultamento divino; eles perguntam se um Deus perfeitamente amoroso pode deixar de ser autorrevelado de uma maneira que elimine todas as dúvidas humanas razoáveis sobre a realidade de Deus. Alguns desses filósofos afirmam que o amor perfeito impediria o ocultamento de Deus dos humanos de uma maneira que deixasse dúvidas humanas razoáveis sobre a existência de Deus. Se eles estão certos, é preciso enfrentar a consideração de que a existência de Deus não está além da dúvida razoável de acordo com muitos humanos adultos normais. De acordo com esses humanos, podemos negar razoavelmente que Deus existe ou, pelo menos, abster-se de acreditar que Deus existe.

Uma consideração sobre o ocultamento divino, então, pode figurar em um caso para o ateísmo ou pelo menos agnosticismo. Parece, no entanto, que o ocultamento de Deus de algumas pessoas não implica nem o ocultamento de Deus de *todos* sempre, ou que *todos* tenham falta de evidências adequadas para a existência de Deus; nem o ocultamento de Deus implica que alguém não possui evidências disponíveis para a existência de Deus, além da evidência que realmente tem. A evidência da existência de Deus pode ser variável entre as pessoas de uma maneira que a verdade sobre a existência dele não é, e uma razão para essa variabilidade é direta: as pessoas podem ter diferentes experiências com relação a Deus, inclusive com diferentes graus de relevância.

Alguns filósofos oferecem a *resposta da liberdade* ao problema do ocultamento divino. Essa resposta, sugerida por John Hick (2010), entre outros, implica que Deus se esconderia, pelo menos até certo ponto, para permitir às pessoas amar, confiar e obedecer a Deus *livremente*, isto é, para evitar a coerção divina dos humanos. A ideia principal é que, se Deus revelou-se sem qualquer ocultamento, os humanos ficariam sobrecarregados de uma maneira que extinguiria sua resposta gratuita a Deus. Essa resposta, no entanto, levanta uma questão: Deus não poderia oferecer uma autor**revelação** menos evasiva ou menos obscura sem extinguir a liberdade humana para responder a essa revelação? É isso que parece, de acordo com muitas pessoas. A autorrevelação de Deus com um pouco mais de clareza ou proeminência parece não sobrecarregar as pessoas ao remover a liberdade de sua resposta. Se assim for, e parece plausível, a resposta da liberdade não servirá como uma resposta completa ao problema do ocultamento divino.

Alguns filósofos oferecem a *resposta de motivação adequada* ao problema do ocultamento divino. Essa resposta, sugerida por **Blaise Pascal** (2008) e outros, implica que Deus se esconderia para evitar, ou pelo menos reduzir, a probabilidade de uma resposta humana a Deus por motivos impróprios, como o medo egoísta ou o orgulho. De acordo com essa resposta, a autorrevelação de Deus sem se esconder levaria os seres humanos a ter um medo egoísta ou um orgulho em sua resposta. Deus, no entanto,

esconde-se para desencorajar tal medo e orgulho, porque eles não se encaixam no tipo de caráter moral humano procurado por Deus. Mas essa resposta induz a uma pergunta simples: Deus não poderia prover uma autorrevelação menos evasiva ou menos obscura sem suscitar motivos impróprios em uma resposta humana a essa revelação? É isso que parece, na opinião de muitas pessoas. Um pouco mais de clareza na autorrevelação de Deus parece não exigir medo e orgulho humanos; ou, pelo menos, seria necessário ter um bom argumento para uma posição contrária. Se assim for, não podemos oferecer a resposta de motivação adequada como uma resposta completa ao problema do ocultamento divino.

A *resposta dos propósitos divinos* implica que Deus contenha a autorrevelação divina, pelo menos por um tempo, ao menos para alguns seres humanos, para aumentar a satisfação de *vários* propósitos perfeitamente amorosos que ele tem para esses indivíduos. Essa resposta, sugerida em alguns dos meus próprios escritos (Moser, 2008, 2010), permite que a quantidade e o tipo de autorrevelação de Deus possam variar entre as pessoas, e a variação pode resultar dos propósitos perfeitamente amorosos de Deus para os destinatários da revelação. Se esses propósitos são perfeitamente amorosos, Deus pode ser perfeitamente amoroso ao dar uma autorrevelação variada e evasiva aos seres humanos. Os detalhes exatos dos propósitos de Deus às vezes não podem ser claros para nós como esperamos dada a superioridade cognitiva transcendente de Deus em relação a nós. No entanto, mesmo quando não é claro sobre os detalhes de propósitos divinos, pode-se saber e confiar razoavelmente no Deus que se esconde por um tempo se ele interveio amorosamente em algum lugar em sua experiência com provas adequadas. Assim, um argumento geral para o ateísmo ou o agnosticismo não encontrará uma posição aqui, contrariamente a Schelheimberg (2006) e alguns outros estudiosos.

Se Deus é verdadeiramente redentor para com os seres humanos, buscando seu bem-estar (levando em consideração todas as coisas), então devemos esperar que a autorrevelação de Deus venha com propósitos redentores para os seres humanos. Não devemos esperar que essa autorrevelação seja apenas uma questão intelectual, como se Deus pretendesse apenas levar os humanos a acreditar que ele existe. Em vez disso, devemos esperar a autorrevelação de Deus para encorajar as pessoas a cooperar com Deus, a amá-lo totalmente, acima de tudo, e a amar os outros

548 ORAÇÃO

como Deus os ama, inclusive os inimigos. Essa cooperação dos seres humanos seria uma resposta adequada a um Deus que é digno de adoração e, portanto, de forma autossuficiente, moralmente perfeita. Também permitiria a comunhão humana com Deus, na reconciliação com ele, e, assim, restauraria os seres humanos da alienação de Deus. A esse respeito, a cooperação humana com Deus seria curativa para os seres humanos no que diz respeito à doença espiritual humana (ver Marcos 2:17).

Um problema enfrentado por um Deus redentor é que muitas pessoas não estão prontas ou dispostas a cooperar com ele. Os seus próprios compromissos e planos interferem com essa cooperação, e eles têm consciência disso, às vezes dolorosamente (ver Marcos 10:17-27). Como resultado, Deus pode decidir escondê-los por um tempo, de modo a não aprofundar sua antipatia contra Deus ou aos seus propósitos. O problema diz respeito a uma recusa em seguir Jesus no Getsêmani, onde entregou sua vontade a Deus, mesmo quando a **morte** foi o resultado. Isso é mais do que um problema intelectual; é para quem é um agente voluntário perante Deus. Como redentor, Deus escolheu mover-se rapidamente em direção aos seres humanos, procurando uma oportunidade curativa. Consequentemente, ele não é como os objetos não pessoais das ciências, uma vez que tem profundos propósitos de redenção, os quais explicam o esconderijo divino mesmo quando os humanos, como Jó, são incapazes de compreender esses propósitos. A modéstia cognitiva, então, é a ordem do dia na área do ocultamento divino.

Paul K. Moser

REFERÊNCIAS E LEITURAS RECOMENDADAS

Hick, John, 2010. *Evil and the God of Love.* London: Macmillan.
Moser, Paul, 2008. *The Elusive God.* Cambridge: Cambridge University Press.
_____. 2010. *The Evidence for God.* Cambridge: Cambridge University Press.
Pascal, Blaise. 2008. *Pensées.* Oxford: Oxford University Press.
Schellenberg, J. L., 2006. *Divine Hiddenness and Human Reason.* Ithaca, NY: Cornell University Press.

ORAÇÃO. Simone Weil (1909-1943), pensadora judaico-cristã, capta a essência da oração em seu conceito de oração como "prestar atenção a Deus" (Weil, 2009, p. 57). Na tradição evangélica recente, essa atenção a Deus é algumas vezes resumida na sigla ACAS (adoração, confissão, agradecimento e súplica).

Cada uma dessas práticas tem respaldo bíblico (Salmos 51; 143:1-2; 145:1-2; Efésios 6:19-20; Filipenses 4:6). A lista, no entanto, é incompleta à luz do testemunho bíblico. Por exemplo, lamentar-se é uma prática perdida; cerca de um terço dos salmos são lamentos que clamam a Deus por reparação em contextos de sofrimento, opressão ou ameaças de outros (p. ex., Salmo 13). Além disso, dessas práticas, súplicas ou petições levantam questões perspicazes sobre sua credibilidade em sociedades dominadas por meios científicos de conhecimento. O salmista confessou que ele amava o Senhor porque o Senhor respondeu a sua oração (Salmos 116: 1). Essa confissão ainda é possível em uma cultura tão moldada pela perspectiva científica? Voltaremos a essa pergunta, mas, primeiro, o testemunho bíblico precisa ser considerado.

O testemunho bíblico

Suplicar a Deus é uma prática bíblica, como pode ser visto nas seguintes passagens que são mais indicativas do que exaustivas. Em 1Reis 18:36-38, o profeta Elias clama para que o Deus vivo responda com fogo, para que os falsos profetas de Baal sejam desacreditados. O fogo cai. Em 2Reis 20: 1-6, o doente mortal, Rei Ezequias, pede a Deus mais tempo de vida e recebe mais 15 anos. Voltando ao Novo Testamento, Jesus ensinou os discípulos a suplicarem a Deus como seu Pai celestial na famosa Oração do Pai Nosso (Mateus 6:9-13). O apóstolo Paulo pede aos coríntios para ajudá-lo suplicando a Deus em seu nome em 2Coríntios 1:9-11. Em Tiago 5:17-18, encontramos o exemplo da oração bem-sucedida de Elias pela chuva, em uma paisagem devastada pela seca. Nesse contexto, Tiago afirma que a oração de uma pessoa justa é eficaz (5:16).

O testemunho bíblico é claro: o Deus vivo responde a oração. Mesmo assim, uma característica do escrito bíblico deve ser notada. A literatura bíblica é não postulacional (isto é, não oferece uma teoria), e as Escrituras não exploram como as coisas funcionam ou a essência delas. Em outras palavras, as Escrituras pressupõem uma metafísica, mas não apresentam uma. Neste ponto, talvez surpreendentemente, o filósofo do Iluminismo **Immanuel Kant** (falecido em 1804) pode ser de grande ajuda.

A questão transcendental

Kant criou uma forma de pergunta que é de particular relevância para o nosso tópico e conhecida como questão transcendental. Ele pergunta o que mais deve ser verdade se X ou Y for verdadeiro? Assim, com relação à oração, a questão é: o que mais deve ser verdade sobre Deus e a criação para que a oração de uma pessoa justa seja eficaz, como em Tiago 5? Da mesma forma, o que mais deve ser verdadeiro a respeito de Deus e da criação para que o comportamento cristão acelere o dia do Senhor, como em 2Pedro 3?

Ao explorar a questão transcendental, duas metáforas surgem que podem ajudar a esclarecer alternativas. Há aqueles cuja compreensão de Deus poderia ser descrita em termos do compositor ideal, o qual não apenas cria a partitura na eternidade, mas tem o poder de soberania da criação para controlar o desempenho de todos os jogadores e do maestro no tempo. Em outras palavras, o compositor perfeito exerce uma providência meticulosa sobre a natureza e a história (como em Paul Helm). Com relação à oração, Deus determinou atemporalmente a petição e a resposta — isso seria uma abordagem teísta clássica.

Não é assim para os outros. O Deus eterno é mais como o líder ideal de uma banda de jazz, ou seja, ele vai jogar o que determinou para jogar em qualquer universo possível. Ele é soberano, afinal, no entanto, há espaço para improvisação e resposta divina ao comportamento humano. Esse comportamento poderia surpreender até mesmo Deus de vez em quando. A providência de Deus é geral, e não meticulosa (como em John Sanders). Essa seria uma resposta do **teísmo aberto**.

Embora pudéssemos mencionar outras abordagens, como a afirmação dual da soberania divina meticulosa e da liberdade libertária humana na oração (como em **William Lane Craig**), as duas abordagens discutidas anteriormente levam a soberania divina e a eficácia da oração a sério, mas diferem em suas respectivas interpretações da relação de Deus com o tempo e as possibilidades lógicas que atendem à onipotência e à onisciência divinas.

Oração, experiência e perspectiva científica

Há aqueles que argumentam que a perspectiva científica pressupõe um universo fechado de causa e efeito, não permitindo nenhum supernaturalismo ou ação divina no mundo (como em **Richard Dawkins**). As leis naturais regem. Outros, no entanto, argumentariam que tal teoria não é estritamente científica (como em **John Lennox**), e isso pressupõe uma metafísica materialista. Quanto às leis naturais, isso se refere ao que em geral é estatisticamente o caso.

O descritor "lei(s)" pode ser enganador aqui. Sob esse ponto de vista, um universo aberto não é antitético a um ponto de vista científico que é epistemologicamente humilde em vez de imperialista, isto é, as leis da natureza nos informam como o mundo funcionará, a menos que um agente divino atue nele. Em um universo que é uma criação de Deus, a lei natural se torna outro nome para a fidelidade de seu Criador vivo, que a sustenta em ser. **Agostinho** (falecido em 430) tem sabedoria para contribuir com esse assunto: ele argumentou que os milagres — e eu acrescentaria respostas divinas à oração — não são contrários à natureza, mas ao que conhecemos da natureza (*Contra Fausto* 26.3).

Práticas científicas são conduzidas por pessoas com cosmovisão (ou metafísica), seja explicitamente ou de forma tácita. Algumas cosmovisões permitem respostas a orações, enquanto em outras, esperar uma resposta é pura tolice. Como o filósofo William Halverson argumentou, a divisão entre cosmovisões naturalistas e não naturalistas é fundamental. Ele afirma: "Pode ser útil ter em mente desde o início, no entanto, que um tema subjacente a quase todas as discussões filosóficas é o conflito perpétuo entre cosmovisões *naturalistas* e *não naturalistas*" (Halverson, 1981, p. 414-15).

Alguns cientistas tentaram abordar a questão da eficácia da oração suplicante de maneira experimental. Francis Galton (falecido em 1911) publicou um estudo sobre o tema da oração peticionária na revista *Fortnightly Review* de 1872 (Brümmer, 2008, p. 9), concluindo que a oração não fez diferença estatística. Um controverso estudo de 1998 feito por Randolph Byrd com cerca de 393 pacientes com problemas coronarianos internados no Hospital Geral de São Francisco sugeriu um resultado positivo para a oração de intercessão. Entretanto, um estudo maciço da Harvard Medical School (Faculdade de Medicina de Harvard) (*Study of the Therapeutic Effects of Intercessory Prayer* [Estudo dos efeitos terapêuticos da oração intercessora] ou STEP) concluiu, em 2006, que a oração intercessória de terceiros por cerca de 1.802 pacientes teve um resultado geral negativo, e não neutro. Esse estudo levou 10 anos e custou 2,4 milhões de dólares. Cada um desses estudos levanta seu próprio conjunto de questões, especialmente nos níveis de suposições e metodologia (Fung e Fung, 2009, p. 43-44).

De uma perspectiva bíblica, é difícil justificar a abordagem experimental, ma vez que a magia nunca está muito abaixo da superfície na natureza humana. Magia é sobre encontrar uma técnica que pode manipular forças

550 ORIGENS DA CIÊNCIA

sobrenaturais para benefício (magia branca) ou dano (magia negra). O Deus descrito nas Escrituras não está aberto à manipulação, como Simão, o Mago, descobriu (Atos 8:9-24). Indiscutivelmente, uma das razões pelas quais as orações nem sempre são respondidas como se desejaria é tanto manter o suplicante da magia e sua relação com Deus pessoal, e não mecânica. O Deus vivo do salmista ainda responde a oração, mas tem uma mente própria (Romanos 11:33-36).

Graham Cole

REFERÊNCIAS E LEITURAS RECOMENDADAS

Agostinho, *Contra Fausto, Livro 26*. www.newadvent.org/fathers/140626.htm. Acessdo em 10 de dezembro de 2016.

Brümmer, V., 2008. *What Are We Doing When We Pray? On Prayer and the Nature of Faith*. Rev. e exp. Burlington, VT: Ashgate.

Fung, G.; Fung, C., 2009. "What Do Prayer Studies Prove?" *Christianity Today* 53:5 (maio): 43-44.

Halverson, W. H., 1981. *A Concise Introduction to Philosophy*. 4. ed. Boston: McGraw-Hill.

"Review of Intercessory Prayer Studies." Intercessory Prayer Studies. Acessado 26/11/2014. www.intercessoryprayerstudies.com.

Weil, S., 2009. *Waiting for God*. New York: HarperCollins.

ORIGENS DA CIÊNCIA. A ciência moderna é indiscutivelmente desenvolvida no Ocidente cristão, mas é uma questão aberta se isso foi um acidente da história ou se havia algo inerente e único ao contexto cristão que permitiu que o pensamento científico moderno se desenvolvesse lá. Outras culturas pareciam ter estado mais longe no caminho da realização científica no mundo antigo, mas suas tentativas de dar nascimento à ciência moderna foram "natimortas", para usar a frase de **Stanley Jaki**. Por que a ciência viável nasceu na Europa cristianizada dos séculos XVI e XVII?

A história da ciência emergiu como uma disciplina acadêmica profissional em grande parte relacionada a essa questão sobre o surgimento da ciência moderna. O século XX produziu um considerável corpo de trabalho sobre o assunto, e há muitas facetas na história. O foco dessa entrada está limitado ao ponto controverso de quanta influência o cristianismo teve no desenvolvimento da ciência moderna.

No início do século XX, alguns afirmaram que foi, a despeito da influência do cristianismo, e não por causa dela, que a ciência se desenvolveu dentro de um contexto cristão. Tais sentimentos sugerem que teria sido mais fácil para a ciência se desenvolver em um lugar como a China, onde havia uma civilização mais antiga, uma população maior a partir da qual atrair gênio científico, e até mesmo inovações tecnológicas como uma prensa de tipos móveis, bússola magnética e pólvora que antecediam as suas contrapartes na Europa. A Índia, assim como a China, tinha civilizações antigas com um grande número de pessoas e pode muito bem reivindicar inovações significativas na **matemática**. Então, por que a Índia ou a China não descobriram o heliocentrismo, as leis do movimento ou a tabela periódica dos elementos?

Joseph Needham, especialista em história da ciência na China, argumentou que grande parte da resposta poderia ser encontrada em diferentes estruturas sociais e governamentais na China. Mas ele também deu um lugar significativo para a concepção do divino da cultura chinesa, especificamente que não girava em torno de um Deus pessoal que impusera ordem e racionalidade ao mundo natural.

Além disso, um fator observado pelo historiador holandês da ciência Reijer Hooykaas foi o efeito da **cosmovisão** bíblica da natureza demitologizadora. Para a maioria das culturas do antigo Oriente Próximo, o mundo natural estava cheio de espíritos pessoais. Os caprichos dos espíritos determinaram o curso da natureza; daí havia pouca motivação para estudar o funcionamento da natureza. Mas, na tradição hebraica, um Deus pessoal permaneceu fora da natureza e a criou. Para os hebreus, a própria natureza era impessoal e podia-se esperar que seguisse as leis naturais apropriadas. Assim, as pessoas podem aprender proveitosamente novos conhecimentos estudando a natureza e descobrindo como ela funciona. O Criador hebraico, que criou os seres humanos à **imagem de Deus**, também forneceu uma base para a racionalidade na natureza.

No entanto, os cristãos compartilham uma tradição monoteísta com judeus e muçulmanos. Então, por que essa tradição não estimulou o desenvolvimento da ciência moderna entre essas outras culturas religiosas? Na Idade Média, as culturas judaica e muçulmana estavam ainda mais avançadas e devem ser creditadas com a preservação das obras dos antigos gregos, que se mostraram importantes para o Renascimento europeu.

Segundo Hooykaas, a Reforma protestante fornece a chave para entender o significado do cristianismo para o desenvolvimento da ciência moderna. A Reforma proporcionou um ímpeto adicional para eliminar a submissão à autoridade que controlava muito o pensamento na Idade

Média. Um exemplo-chave para os Hooykaas nesse ponto é **Johannes Kepler**, com sua relutância em se curvar à concepção racionalista das autoridades tradicionais de que os corpos celestes devem se mover em círculos perfeitos. Em vez disso, Kepler permitiu a anomalia de oito minutos de arco na órbita observada de Marte para forçá-lo a abandonar o dogma da circularidade. A atitude da Reforma de não seguir cegamente a autoridade deu a Kepler a permissão para ver os dados do que era, em vez de o que havia sido dito.

O historiador Toby Huff também reconhece essa atitude intrinsecamente rebelde da ciência. No entanto, ele é menos simpático ao papel do cristianismo no desenvolvimento dessa atitude. Ele argumenta, em vez disso, que o ingrediente essencial para o desenvolvimento da ciência moderna era a existência de "espaços neutros" na sociedade, dentro dos quais a discussão de ideias poderia ocorrer livre de censores políticos e religiosos.

Na visão de Huff, a ciência moderna não se desenvolveu no Oriente nem nas culturas muçulmanas porque elas careciam de apoio institucional para o desenvolvimento de espaços neutros de investigação. No Ocidente, o desenvolvimento da ciência teve que superar a estrutura cristã da cultura, de acordo com Huff, e isso foi obtido por meio da instituição das universidades e da incorporação da **metafísica** aristotélica, que deslocou a centralidade da cosmovisão cristã. As universidades gradualmente levaram a uma separação entre o sagrado e o secular, e a proteção legal foi então oferecida ao pensamento secular que não estava disponível nas culturas chinesa, indiana ou islâmica.

No entanto, Stephen Gaukroger argumentou que falar de espaços neutros de investigação no início do período moderno é anacrônico, uma vez que pressupõe que o objetivo da investigação científica na época é o mesmo que achamos ser hoje, a saber, a busca da verdade. Mas no início do período moderno no Ocidente, a ciência (ou o que então se chamava **filosofia natural**) era valorizada por sua utilidade, e não por sua verdade, e, nesse período de tempo, sua utilidade foi medida pelo seu serviço ao cristianismo. Gaukroger desenvolve em detalhes rigorosos a tese de que o cristianismo desempenhou um papel central no desenvolvimento da filosofia natural, legitimando-a como a "serva da teologia". Em linhas gerais, o argumento é o seguinte.

No século XIII, Tomás de Aquino havia esculpido uma esfera separada para a filosofia natural, permitindo-lhe prover justificação e demonstração das verdades da **revelação**. Mas, quando o aristotelismo em que se apoiava a filosofia natural de Aquino foi posto em questão, a filosofia natural teve de ser transformada para manter a sua posição de teologia reforçadora. Os filósofos e teólogos naturais desenvolveram a **metáfora dos dois livros**, segundo a qual Deus se revelou em sua Palavra (a Bíblia) e em seu mundo (a ordem criada). Como tal, os dois domínios foram capazes de operar de forma independente em apoio uns dos outros. Assim, a filosofia natural começou como uma serva, mas tornou-se mais igual, e o fez por causa do imperativo teológico de estudar o livro da natureza de Deus.

Nesse entendimento, a atenção dada à filosofia natural pelo Ocidente cristão era um resultado direto de sua teologia. Essa filosofia natural tornou-se a disciplina mais centrada na ciência moderna e não desmente o fato de ter raízes cristãs.

James B. Stump

REFERÊNCIAS E LEITURAS RECOMENDADAS

GAUKROGER, Stephen, 2006. *The Emergence of a Scientific Culture: Science and the Shaping of Modernity 1210-1685.* Oxford: Oxford University Press.

HOOYKAAS, Reijer, 1972. *Religion and the Rise of Modern Science.* Grand Rapids: Eerdmans.

HUFF, Toby, 2003. *The Rise of Early Modern Science: Islam, China, and the West.* 2nd ed. Cambridge: Cambridge University Press.

JAKI, Stanley L., 2000. *The Savior of Science.* Grand Rapids: Eerdmans.

NEEDHAM, Joseph, 1978. *The Shorter Science and Civilisation in China: An Abridgement of Joseph Needham's Original Text.* Ed. Colin A. Ronan. Vol. 1. Cambridge: Cambridge University Press.

ORR, JAMES. Nascido em Glasgow, na Escócia, em 11 de abril de 1844, Orr foi criado por parentes depois que seus pais morreram quando ele era um menino. Com a intenção de entrar para o ministério na Igreja Presbiteriana Unida, ele se matriculou na Universidade de Glasgow em 1865. Em 1870 ele obteve um título de mestrado em filosofia e dois anos depois um bacharelado em teologia. Em 1873, tornou-se pastor da Igreja Presbiteriana East Bank United em Hawick, Roxburghshire. A Universidade de Glasgow concedeu-lhe um doutorado em teologia em 1885.

Orr tornou-se professor de História da Igreja na Faculdade Presbiteriana Unida, em Edimburgo, em 1891. Após a união entre a Igreja Presbiteriana Unida e a Igreja Livre da Escócia, tornou-se professor de apologética e dogmática na Faculdade da Igreja Livre em Glasgow em 1900 (Scorgie, 1988).

552 ORR, JAMES

A obra de Orr de 1893, *The Christian View of God and the World* [A visão cristã de Deus e do mundo], estabeleceu sua reputação internacional como teólogo evangélico. Nesse trabalho, Orr afirmou que o cristianismo não era uma filosofia, mas uma cosmovisão e vida inteira. Orr apontou como o cristianismo ressoou tanto com a razão quanto com a experiência humana como evidência de sua veracidade. Orr não só promoveu a teologia evangélica, mas também criticou o protestantismo liberal. Em *The Ritschlian Theology and the Evangelical Faith* [A teologia Ritschlian e a fé evangélica] (1897) e *The Progress of Dogma* [O progresso do dogma] (1901), Orr criticou dois dos teóricos mais influentes do liberalismo, Albrecht Ritschl e Adolf Harnack.

Embora evangélico e proponente da teologia reformada, Orr não estava preso à expressão mais estrita da ortodoxia conservadora em seus dias. Por exemplo, ele ajudou a escrever o Ato Declaratório de 1879 na Igreja Presbiteriana Unida, declaração esta que suavizou as expectativas da denominação de que seus ministros iriam afirmar uma assinatura rigorosa da Confissão de Fé de Westminster. Ele também hesitou em insistir que a doutrina da inerrância bíblica era um princípio fundamental da ortodoxia cristã (Bebbington, 2006; Scorgie, 1988). Como muitos intelectuais do final do século XIX, Orr supôs que o **darwinismo** representava uma ameaça crítica às convicções teológicas evangélicas protestantes. Ao rejeitar uma teoria puramente naturalista das origens da vida, Orr reconheceu que alguma forma de desenvolvimento evolucionário da vida orgânica era extremamente provável. Ele defendia uma teoria teísta da evolução que considerava a evolução como o método divino de criação.

De acordo com Orr, as Escrituras ensinavam que toda a vida derivava de Deus, mas ele evitou posições que consideravam a assim chamada interpretação literal do relato da criação de Gênesis, essencial à ortodoxia cristã. Ele também acreditava que pode ter havido algum tipo de ligação genética entre a humanidade e as **espécies** inferiores que precederam o Adão histórico (Hinson, 1981; McGrath, 1999). Mas sua síntese teológica ainda procurava preservar a doutrina cristã histórica de que os seres humanos foram criados à **imagem de Deus** e dotados de certos atributos que os diferenciam do restante da criação.

Orr também afirmou uma teoria classicamente agostiniana do **pecado original**. Em 1903, ele deu as Palestras de Stone no Seminário de Princeton. Publicado em 1905 como *God's Image in Man and Its Defacement in the Light of Modern Denials* [A imagem de Deus no homem e sua desfiguração à luz das negações modernas], Orr atribuiu a *imago Dei* as intervenções divinas no processo evolutivo. Ele também contribuiu com quatro ensaios para *The Fundamentals* [Os fundamentos] (1910-1915), incluindo um intitulado "Ciência e a fé cristã". O fato de que um teólogo que defendia a evolução teísta ter sido incluído em uma publicação destinada a reunir apoio para os fundamentos da fé indica que os protestantes conservadores na maior comunidade transatlântica no final do século XIX e início do século XX adotaram uma ampla variedade de posições com relação à evolução (Livingstone, 1987; Scorgie, 1988).

Além de seus tratados teológicos, Orr editou vários periódicos presbiterianos e foi editor geral da *International Standard Bible Encyclopedia* [Enciclopédia Internacional Padrão da Bíblia]. Ele morreu de uma doença cardíaca em 6 de setembro de 1913, em Glasgow (Bebbington, 2006).

P. C. Kemeny

REFERÊNCIAS E LEITURAS RECOMENDADAS

Bebbington, David W., 2006. "Orr, James (1844-1913)." *Oxford Dictionary of National Biography*. www.oxforddnb.com/view/article/41222.

Hinson, E. Glenn, 1981. "Neo-Fundamentalism: An Interpretation and Critique." *Baptist History and Heritage* 16 (2): 33-42.

Livingstone, David N., 1987. *Darwin's Forgotten Defenders: The Encounter between Evangelical Theology and Evolutionary Thought*. Grand Rapids: Eerdmans.

McGrath, Gavin Basil, 1999. "James Orr's Endorsement of Theistic Evolution." *Perspectives on Science and Christian Faith* 51 (2): 114-20.

Orr, James, 1893. *The Christian View of God and the World, as Centering in the Incarnation*. Edinburgh: A. Elliot.

_____. 1897. *The Ritschlian Theology and the Evangelical Faith*. London: Hodder and Stoughton.

_____. 1901. *The Progress of Dogma*. London: Hodder and Stoughton.

_____. 1905. *God's Image in Man and Its Defacement in the Light of Modern Denials*. London: Hodder and Stoughton.

_____. 1911a. "The Early Narratives of Genesis", em *The Fundamentals: A Testimony to the Truth*, eds. A. C. Dixon e R. A. Torrey, 6:85-97. Chicago: Testimony.

_____. 1911b. "Science and the Christian Faith", em *The Fundamentals: A Testimony to the Truth*, eds. A. C. Dixon e R. A. Torrey, 4:91-104. Chicago: Testimony.Scorgie, Glen G., 1988. *A Call for Continuity: The Theological Contribution of James Orr*. Macon, GA: Mercer University Press.

P

PALEONTOLOGIA. A paleontologia é uma disciplina científica na interseção da geologia e da biologia, relacionada ao estudo da vida antiga na terra. O termo é derivado do grego *palaios* (antigo), *onto* (coisa ou ser) e *logia* (discurso). Os materiais da paleontologia são principalmente os restos preservados de animais e plantas encerrados em rochas sedimentares. Os restos fósseis podem incluir partes duras de organismos, como conchas ou ossos (compostos de minerais originais ou substitutos); tecido mumificado, resíduo carbonizado ou impressões de partes moles; e vestígios como tocas, rastros e pegadas.

Na cultura popular, imagina-se que os paleontólogos vagam pelo mundo em busca de criaturas inspiradoras para serem exibidas em museus ou apresentadas em documentários de televisão. Os paleontólogos pioneiros do século XIX estavam preocupados com a descoberta e classificação de organismos fósseis de acordo com a taxonomia lineana, na medida em que fósseis individuais pudessem ser relacionados a organismos vivos ou conhecidos. Com o tempo, o escopo da paleontologia cresceu com o estabelecimento de várias subdisciplinas com aplicações em estudos evolutivos, mudanças climáticas e exploração de energia. A pesquisa paleontológica se encaixa nas mesmas categorias que os estudos zoológicos, botânicos e ecológicos de criaturas vivas:

A *paleontologia de vertebrados* é dedicada a animais de filo *Chordata*, incluindo tubarões, peixes ósseos e tetrápodes, como tartarugas, cobras, dinossauros, pássaros e mamíferos.

A *paleontologia de invertebrados* abrange animais sem coluna vertebral, tais como moluscos, artrópodes e cnidários (isto é, corais, águas-vivas).

Micropaleontologia aborda organismos unicelulares como os foraminíferos, diatomáceas e radiolários.

Paleobotânica é o estudo de plantas fósseis.

A *palinologia* é uma micropaleontologia especializada dedicada ao pólen e esporos de plantas e algas.

A *paleobiologia* (também conhecida como *geobiologia*) aplica princípios biológicos às questões teóricas de como os animais viviam. Usando indícios de organismos vivos, os paleobiologistas fazem perguntas sobre as funções das partes esqueléticas ou da fisiologia (partes moles não preservadas) de organismos extintos, por exemplo, modelando o tipo de sistema cardiovascular necessário para fazer circular o sangue por dinossauros saurópodes gigantescos ou determinar se uma espécie de trilobita se arrastava no fundo do mar ou podia nadar.

Paleoicnologia, o estudo de trilhas, pegadas, rastros e tocas de organismos, aborda questões de mobilidade e até mesmo o comportamento social dos organismos.

Tafonomia é o estudo da decomposição, desarticulação ou outras mudanças que ocorrem no processo de fossilização.

A maneira como espécies individuais de fósseis e montagens de fósseis se relacionam com seu ambiente é a competência da *paleoecologia*. Em comparação com espécies e comunidades existentes semelhantes, os fósseis podem ser relacionados a ambientes específicos, como recifes marinhos, fundo do mar profundo ou florestas de terras úmidas.

Princípios da ecologia podem ser aplicados a leitos fósseis extremamente ricos, conhecidos como *Lagerstätten* (do alemão, "veio principal"), para reconstruir comunidades antigas em detalhes (redes alimentares, dinâmica populacional, sucessão comunitária). Por exemplo, um conjunto diversificado de invertebrados no Burgess Shale exposto nas Montanhas Rochosas do Canadá revela um ecossistema marinho diversificado e inicial do período cambriano (cerca de 515 milhões de anos atrás). Fósseis abundantes de plantas e animais preservados em depósitos de carvão e concretizações de rochas ornamentais em Mazon Creek, Illinois, viveram em ambientes costeiros de pântano e baía durante o período Pennsylvaniano (cerca de 300 milhões de anos atrás). O Poço de piche de La Brea, em Los Angeles, prendeu animais que viviam na região durante um período de 40 mil a 8 mil anos atrás. A química do isótopo de oxigênio das cascas fósseis pode estar relacionada à temperatura da água em que o

554 PALEONTOLOGIA

organismo vivia, fornecendo uma ferramenta para avaliar a mudança climática no passado.

A *bioestratigrafia* envolve o uso de fósseis para correlacionar estratos (camadas únicas de rocha) e avaliar relações cronológicas. De acordo com o princípio estratigráfico da sucessão faunística, a sequência vertical global de rochas sedimentares na crosta terrestre contém uma sucessão paralela de fósseis únicos, representando diferentes espécies que vivem na terra ao longo da história geológica. Índices fósseis são organismos que foram preservados, abundantes, amplamente distribuídos e existiram em história da terra por apenas centenas de milhares a não mais do que alguns milhões de anos. A primeira e a última aparição de fósseis de índices e faixas de fósseis indexadas sobrepostas nos mesmos estratos podem ser usadas para criar marcadores de tempo para correlacionar estratos através de regiões amplas e, em muitos casos, entre continentes.

A sucessão biótica foi reconhecida e usada com sucesso no início do século XIX, antes que a evolução darwiniana fosse proposta como uma explicação para as mudanças nas espécies e na diversidade da vida. A **datação radiométrica** de rochas contendo fósseis, tais como camadas de cinzas vulcânicas em estratos sedimentares, fornece um meio de calibrar as zonas fósseis de índice para uma escala de tempo absoluta. A bioestratigrafia é aplicada amplamente na indústria de energia para correlacionar e subdividir estratos contendo petróleo com base no conteúdo de microfósseis em núcleos e detritos perfurados (fragmentos de rochas recuperadas durante a perfuração).

A paleontologia fornece evidências importantes para a evolução da vida na terra. À medida que desenvolveram o princípio da sucessão biótica, os geólogos do século XIX reconheceram que os estratos cada vez mais antigos continham cada vez menos espécies que se assemelhavam às formas modernas (ver **Extinção**). Eles descobriram um padrão aparente de complexidade crescente ao longo do tempo: rochas mais antigas continham apenas formas de invertebrados, seguidas das aparições sucessivas de peixes, anfíbios, répteis, mamíferos e, por fim, aves. Cada um desses grupos exibe padrões de diversificação, e linhagens evolucionistas detalhadas (filogenias) são evidentes dentro delas. Por exemplo, cavalos modernos, rinocerontes e antas representam os três famílias existentes da ordem *Perissodactyla*.

O registro fóssil contém cerca de 14 famílias extintas adicionais, incluindo os Titanotheres. A sucessão de peristodáctilos no registro da rocha, especialmente bem preservada nos primeiros estratos Cenozoicos das Dakota Badlands, mostra que cada família emergiu e diversificou (novas espécies adicionadas ao longo do tempo) de um pequeno grupo de animais primitivos muito semelhantes, incluindo *Hyracotherium* (o mais antigo ancestral conhecido dos cavalos modernos). Na maioria dos casos, os paleontologistas são cuidadosos em não inferir a ancestralidade direta entre fósseis relacionados em uma sucessão de estratos, porque a natureza dinâmica da terra e as condições específicas necessárias para enterrar e preservar fósseis trabalham contra deixar um registro completo de cada organismo que viveu no passado. No entanto, os paleontologistas interpretam a ancestralidade comum entre espécies contemporâneas ou sucessivas e mostram que o registro fóssil de diversificação é consistente com o paradigma evolutivo.

A *cladística* é um método de agrupar organismos por referência a uma ou mais características únicas compartilhadas herdadas do último ancestral comum do grupo. Transições muito precisas entre as espécies são reconhecidas por mudanças graduais e mais repentinas na forma. Exemplos de mudanças graduais incluem mudanças na morfologia e no tamanho dos microfósseis marinhos e o aumento no número de segmentos torácicos de trilobitas ascendentes em sucessões estratigráficas. Alternativamente, outro padrão observado no registro fóssil, descrito como **equilíbrio pontuado**, envolve pouca mudança em uma espécie ao longo de sua extensão (estase), seguida de extinção e rápida substituição da espécie por uma espécie similar, mas levemente modificada, sem formas transicionais (ver **Registro Fóssil**).

Várias interseções entre a paleontologia e o pensamento cristão são evidentes no desenvolvimento inicial da ciência e continuam até hoje. Depois que os fósseis foram reconhecidos como relíquias da vida antiga, cientistas europeus do século XVII ao início do século XIX, incluindo Steno (1638-1686), Hooke (1635-1703), Buffon (1707-1788) e Cuvier (1769-1832), mantiveram paradigmas da história da terra que foram moldados pelos relatos bíblicos. Suas várias interpretações catastrofistas tinham pouco em comum com o criacionismo moderno da Terra jovem e a geologia diluviana (ver **Criacionismo da Terra jovem**).

Os catastrofistas compartilhavam a pressuposição de sucessões de fósseis e épocas geológicas representavam múltiplas criações pontuadas por perturbações e extinções, revelando a obra de Deus de construir e aperfeiçoar a terra, levando à criação da humanidade. Essa teoria levantou preocupações teológicas sobre como criações passadas poderiam ser menos do que perfeitas e por que Deus criaria espécies somente para que elas fossem extintas.

Rejeitando o paradigma evolutivo, os criacionistas da Terra jovem interpretam a sucessão fóssil como um registro de destruição em massa durante o **dilúvio de Gênesis**. Sua crítica tipicamente aponta para lacunas no registro fóssil (falta de formas de transição) ou questiona linhagens evolucionistas como nada mais do que inferência subjetiva por paleontólogos. Os padrões de sucessão são interpretados como a destruição sequencial de ecossistemas pré-inundáveis. Os criacionistas propõem a baraminologia como uma nova classificação de espécies fósseis e vivas de acordo com tipos criados, seguindo o relato da criação de Gênesis 1.

O **design inteligente** e a **criação progressiva** defendem as idades geológicas padrão tipicamente aceitas atribuídas ao registro fóssil, mas argumentam que a seleção natural fornece uma explicação insuficiente para aparições aparentemente súbitas de características inovadoras, planos corporais e comunidades plenamente desenvolvidas, como a Fauna de Burgess (ver **Explosão Cambriana**). Já os criacionistas progressistas argumentam que os padrões observados de equilíbrio pontuado são consistentes com os distintos atos de criação de espécies.

Stephen O. Moshier

REFERÊNCIAS E LEITURAS RECOMENDADAS

FORTEY, Richard A., 2001. *Trilobite: Eyewitness to Evolution.* New York: Vantage.

GISH, Duane T. 1985. *Evolution: The Challenge of the Fossil Record.* El Cajon, CA: Creation Life.

GOHAU, Gabriel, 1990. *A History of Geology.* New Brunswick, NJ: Rutgers University Press.

MEYER, Stephen C., 2013. *Darwin's Doubt: The Explosive Origin of Animal Life and the Case for Intelligent Design.* New York: HarperOne.

PROTHERO, Donald R., 2013. *Bringing Fossils to Life: An Introduction to Paleobiol- ogy.* 3rd ed. New York: Columbia University Press.

RUDWICK, Martin J. S., 1976. *The Meaning of Fossils: Episodes in the History of Palaeontology.* 2nd ed. Chicago: University of Chicago Press.

PALEY, WILLIAM. William Paley (1743-1805) foi um proeminente filósofo britânico e clérigo anglicano. Ele foi educado no Christ's College, em Cambridge, onde mais tarde lecionou. Embora ele seja lembrado principalmente como um modelo da teologia natural britânica e o autor da Natural Theology (Teologia Natural) (1802), Paley escreveu vários outros livros bem recebidos, incluindo um trabalho de ética utilitarista em 1785 (*The Principles of Moral and Political Philosophy* [Princípios da filosofia moral e política]), um livro que defende a historicidade e autoria paulina das epístolas de Paulo em 1790 (*Horae Paulinae*) e uma apologética do cristianismo em 1794 (*A View of the Evidences of Christianity* [Uma visão das evidências do cristianismo]).

A *Natural Theology* começa com um famoso experimento de pensamento. Paley notou que, se um homem atravessasse uma várzea e tropeçasse em uma pedra, ele não o atribuiria necessariamente ao traçado. Todavia, se um homem tropeçasse em um relógio, ele o faria. Paley atribuiu a diferença ao arranjo proposital das partes que o relógio exibe: ao contrário da pedra, o relógio contém várias partes ordenadas para um fim ou uma função. Paley argumentou que, como o próprio mundo natural contém arranjos de partes ainda mais complexos com propósitos — um fato que ele detalha com exemplos copiosos —, deveríamos igualmente atribuir essas características do mundo natural a um *designer*.

Os leitores costumam ver Paley oferecendo um argumento analógico. Um olho tem partes dispostas como um telescópio; então o olho, como o telescópio, provavelmente também tem um projetista. Essa leitura levou à acusação de que David Hume (1711-1776) destruiu o raciocínio de Paley antes mesmo de este escrever. Em *Dialogues Concerning Natural Religion* [Diálogos sobre a religião natural] (1779), Hume argumentou que os argumentos analógicos são tão fortes quanto a analogia, no entanto, certamente existem muitas diferenças entre um telescópio e um olho (sua composição material, sua capacidade para reproduzir, etc.).

Mas, mais recentemente, o filósofo da biologia Elliott Sober (2000) argumentou que o argumento de Paley é uma inferência para a melhor explicação, um tipo de argumento comum em ciências históricas. Paley considerou o fenômeno de partes arranjadas para um propósito adaptativo, reuniu várias explicações (acaso e *design*) e concluiu que o *design* era a melhor explicação disponível. Hoje em dia, é claro, Paley também teria que considerar a explicação de Darwin — a explicação que Sober defende.

No entanto, deve-se notar que o argumento de Paley também pode receber uma leitura dedutiva (p. ex., Oppy,

556 PANNENBERG, WOLFHART

2002), uma vez que várias características de seu argumento tornam a leitura dedutiva plausível. Paley usa a linguagem da "prova", "demonstração" e "implicação", e suas conclusões não parecem ser probabilísticas ou tentativas, mas incluir linguagem como "certo", "inevitável" e "invencível". Além disso, ele pareceu se esforçar para mostrar que seu argumento evitava as críticas de Hume aos argumentos analógicos. Por exemplo, Paley (2006, p. 35-37) afirmou que a presença de órgãos inúteis em um organismo não enfraquece o caso de *design* baseado nas partes que são propositalmente organizadas, o que claramente enfraqueceria o caso do *design* se o argumento de Paley fosse analógico. Dadas essas características, talvez a interpretação padrão do argumento de Paley deva ser dedutiva.

As obras de Paley continuaram a ser leituras exigidas na Inglaterra por décadas, depois que ele foi enterrado na catedral de Carlisle, em 1805.

Logan Paul Gage

REFERÊNCIAS E LEITURAS RECOMENDADAS

OPPY, Graham, 2002. "Paley's Argument for Desig n." *Philo* 5 (2): 161-73.
Paley, William e Matthew D. Eddy. 2006. *Natural Theology.* New York: Oxford University Press.
SOBER, Elliott, 2000. *Philosophy of Biology.* 2nd ed. Boulder, CO: Westview.

PANNENBERG, WOLFHART. Wolfhart Pannenberg (1928-2014) é um dos teólogos alemães mais prolíficos do século XX. Uma maneira de compreender suas imensas realizações teológicas relacionadas à ciência é por meio da metáfora de uma ponte. O pensamento de Pannenberg é como um longo esforço concertado para preencher a lacuna entre a teologia e as ciências, a fim de abordar a tendência moderna dos teólogos de se retirar da arena da razão secular. Mais especificamente, ele procurou superar a reclusão da revelação da razão, localizando um centro de sobreposição entre as ciências exatas e a ciência da autorrevelação de Deus.

Uma característica constitutiva desse projeto é a compreensão da teologia de Pannenberg não mais como apenas *sapientia* ("sabedoria"), mas como *scientia inter alia scientias* ("uma ciência entre outras ciências"). Teologia não é de forma alguma uma ciência inferior, pois a revelação divina é histórica e indireta — com o que ele quer dizer que Deus se revela na *interpretação* de atos históricos — e, portanto, é capaz de ser mantida na corte das ciências seculares. Para Pannenberg, toda ciência faz

afirmações que, embora não sejam falsas, sempre permanecem provisórias, mas teologicamente relevantes. Como a teologia não é menos epistemologicamente viável do que as outras ciências, Pannenberg afirma que a teologia e a ciência podem funcionar como parceiras de diálogo adequados.

Na medida em que as ciências são atribuídas ao mesmo *status* provisório que a teologia, ambas fazem afirmações sobre uma realidade além da compreensão total até que a história termine seu curso. É colocando a teologia ao lado das ciências que Pannenberg põe em questão o caráter apodítico das próprias ciências modernas, abrindo-as, assim, para considerações mais aprofundadas à luz da teologia. Para Pannenberg, isso envolve a expansão teológica das alegações provisórias da ciência moderna, o que ele chama de "apropriação crítica". O trabalho de Pannenberg de construir pontes entre as ciências naturais e a teologia é caracterizado por (1) sua compreensão da contingência de todas as coisas, (2) sua coordenação de teoria de campo com a obra do Espírito Santo e (3) o papel do futuro escatológico. Ele coloca grande ênfase na contingência do universo, subordinando contingência tanto com teologia, por meio da doutrina da criação contínua, e ciência, por meio da instabilidade geral das leis científicas.

Na apropriação crítica do fenômeno da inércia, Pannenberg postula a existência potencial de um campo de forças, que ele identifica com o Espírito Santo. Hipóteses científicas identificam leis gerais porque Deus age com regularidade, mas como é ao mesmo tempo necessário e livre, ele não está obrigado a continuar agindo da mesma maneira, mas pode agir de forma diferente a qualquer momento, de modo que as leis percebidas se desvanecem em padrões indeterminados. Essa compreensão teologicamente aprimorada do mundo serve para ilustrar a afirmação de Pannenberg da simultaneidade de teorias científicas e a determinação divina.

As regularidades naturais, que são concebidas como leis, podem encontrar confirmação apenas no futuro escatológico que Panenberg descreve como a culminação da ordem criada. A "falta de lei" dos fenômenos não pode ser determinada até que a totalidade da história possa ser percebida. Pannenberg identifica esse futuro como a confirmação do poder determinante, o Deus revelado em Cristo.

Ele também aplica seu método de apropriação crítica às ciências sociais e responde à alegação das linhas de modernidade feuerbachianas de que a teologia é apenas antropologia, colocando a reivindicação teológica aos dados dos fenômenos humanos coletados da antropologia secular (ver também **Freud, Sigmund**). Para Pannenberg, essa forma científica de antropologia teológica funciona para fundamentar a religião e, portanto, Deus, como indispensável para a humanidade. No entanto, Deus não pode ser discernido completamente até a culminação da história. A experiência humana só pode ser antecipatória de Deus como a realidade determinante. Nesse sentido, a teologia, portanto, embora justificada como científica, permanece provisória.

Alexander H. Pierce

REFERÊNCIAS E LEITURAS RECOMENDADAS

ALBRIGHT, Carol Rausch; Haugen, Joel, eds. 1999. *Beginning with the End: God, Science, and Wolfhart Pannenberg.* Chicago: Open Court.
PANNENBERG, Wolfhart, 1968. *Revelation as History.* Trans. D. Granskou. New York: Macmillan.
_____. 1970. *What Is Man? Anthropology in the Theological Perspective.* Minneapolis: Fortress.
_____. 1976. *Theology and the Philosophy of Science.* Trans. Francis McDonagh. Philadelphia: Westminster John Knox.
_____. 1983. *Anthropology in Theological Perspective.* Trans. Matthew J. O'Connell. Philadelphia: Westminster John Knox.
_____. 1993. *Toward a Theology of Nature: Essays on Science and Faith.* Ed. Ted Peters. Louisville, KY: Westminster John Knox.
_____. 2008. *The Historicity of Nature: Essays on Science and Theology.* Ed. Niels Henrik Gregersen. West Conshohocken, PA: Templeton Foundation Press.

PANSPERMIA. Panspermia refere-se à disseminação da informação genética e da vida por meio de transporte em toda a galáxia, de planeta para planeta e de estrela para estrela. Esse transporte é atribuído, de maneira variada, a esporos transportados em ventos estelares, a cometas que saem do nosso sistema solar ou, ocasionalmente, à inteligência dirigida. Sua causa pode não ser clara, mas seus efeitos são indiscutíveis: a onipresença espacial e o desenvolvimento temporal dos ecossistemas.

A panspermia não é uma teoria sobre a origem da vida (ODV) — apesar de muitos críticos a rejeitam por ser uma ODV enigmática — nem é antirreligiosa, nem mesmo sobre extraterrestres inteligentes (ET), mas principalmente sobre o transporte viável de bactérias microbianas vida pelo espaço. Como uma explicação alternativa para o registro fóssil, no entanto, ele compete diretamente com as duas teorias dominantes da história da vida: a evolução darwiniana (ED; ver **darwinismo**) e o **criacionismo da Terra jovem** (CTJ). Ambas as versões, teísta e ateísta, concordam que a vida era espacialmente limitada e temporalmente desenvolvida apenas na terra, enquanto a CTJ concorda apenas com os limites espaciais, negando o desenvolvimento temporal.

A limitação espacial não é uma característica necessária da ED ou da CTJ, pois nada na ED impede que a vida se espalhe para Marte, digamos, pela contaminação de muitos rovers da NASA, e, da mesma forma, nada em Gênesis proíbe a criação ou mesmo a disseminação da vida para outros planetas, como muitos teólogos afirmaram nos últimos quatro séculos. Assim, o argumento principal contra a panspermia tem sido prático: a vida poderia sobreviver ao longo trânsito pelo espaço? Recentes descobertas científicas responderam afirmativamente a essa questão, removendo a principal objeção.

A menor objeção com relação ao desenvolvimento temporal é mais filosófica. A panspermia faz com que o registro fóssil registre as chegadas da terra, destruindo a justificativa para a ED como "a melhor de duas opções ruins". Da mesma forma, fósseis extraterrestres minam a explicação do dilúvio da CTJ para uma origem recente, apoiando a existência do "tempo profundo".

Como consequência, a panspermia é frequentemente atacada como uma tentativa transparente de evitar o problema da ODV, terceirizando-a para outros planetas. Quando os evolucionistas darwinistas empregam esse argumento, eles reconhecem o quão poderosamente a panspermia contradiz a ED e estão tentando desviar a crítica. Quando o CTJ utiliza esse argumento, eles sugerem que a panspermia é um tipo de ED e, portanto, devidamente rejeitada. No entanto, a maioria dos panspermários se recusa a apresentar qualquer teoria da ODV, seja teísta ou ateísta. Alguns ateus, como o químico-físico Svante Arrhenius (1908) ou o astrônomo **Fred Hoyle** (1981), argumentam que o universo é infinito no tempo e na extensão, e, assim, a ODV desaparece nas névoas da eternidade. Teólogos como Lord Kelvin (1871) argumentam que a ODV, em última análise, deriva de Deus simplesmente, não na terra. Outros ainda, como Richard Hoover (2011), argumentam que a ODV pode ter se originado na terra, mas há muito tempo escapou de seus vínculos terrestres. Entretanto, todos concordam que a ODV continua sendo uma suposição separada.

Da mesma forma, a panspermia deve ser cuidadosamente separada das teorias sobre ET. Michael Crowe (Crowe e Dowd, 2013) documentou os últimos seis séculos do debate sobre ET, mostrando como o modelo

PANSPERMIA

aristotélico foi transferido para os céus por **Copérnico**, resultando em um consenso de dois séculos de que os ET inteligentes eram onipresentes e numerosos; assim, por exemplo, William Whiston (1716) e Johann Lambert (1765) propuseram habitantes inteligentes de cometas. Essa analogia entre a terra e outros corpos astronômicos foi atacada por filósofos como G. W. F. Hegel (1827), cuja crítica influente juntamente com melhores observações de cometas e planetas nas primeiras décadas do século XX, reverteu o consenso ao considerar o céu inóspito para a vida.

Foi somente após a descoberta de micróbios por Louis Pasteur, no final de 1800, que surgiu a panspermia, quando Richard Proctor (1870) argumentou (contra Hegel) que os micróbios eram versáteis o suficiente para viver em Marte ou Vênus. Um ano depois, Lord Kelvin (1871) e, independentemente, Herman von Helmholtz (1875) argumentaram que esses micróbios poderiam ser transportados pelo espaço como uma alternativa à DE. O debate sobre a habitabilidade planetária continua até hoje, mas não deve obscurecer a tese independente da panspermia de que os micróbios podem atravessar as extensões do espaço.

Os primeiros trabalhos em panspermia envolveram a coleta de meteoritos e o exame destes em busca de vida. Particularmente intrigantes foram os meteoritos de condrite carbonosa (CC), raros, com grandes quantidades de carbono, água e argilas. J. J. Berzelius (1834) encontrou material orgânico no Alais CC, mas não foi capaz de determinar se era extraterrestre. Louis Pasteur (1864) tentou cultivar micróbios do Orgeuil CC, mas sem sucesso. Apesar dessas falhas, tanto Kelvin quanto Helmholz estavam convencidos de que o CC carregou vida à terra.

A panspermia recebeu um impulso no século XX, quando Arrhenius argumentou que os micróbios não precisam chegar aos meteoritos, mas que os esporos poderiam ser introduzidos pelos ventos estelares. Hoyle relatou observações espectroscópicas de infravermelho de nuvens de esporos na Nebulosa do Trapézio (1977) e, posteriormente, evidências de diatomáceas (1984), mas sem muita aceitação da comunidade. A panspermia retornou quando George Claus e Bartholomew Nagy relataram (1961) no exame microscópico de Orgeuil CC, encontrando "elementos organizados" de fósseis microbianos. A confirmação seguiu-se rapidamente (1963), juntamente com acusações injustas de adulteração fraudulenta do meteorito (1964). A controvérsia deslegitimou a panspermia, destruiu carreiras e levou à proibição da publicação por vinte anos.

Mais recentemente, a panspermia reviveu com a análise de David McKay (1996) das características biológicas do meteorito marciano ALH84001. O consenso da ED foi restaurado depois que a NASA rejeitou a análise de McKay, mas não antes de Richard Hoover começar a examinar o CC com um microscópio eletrônico (1998). Suas fotomicrografias de fósseis microbianos de todos os CC disponíveis foram detalhadas o suficiente para identificar gêneros e espécies de cada família de cianobactérias (2011). Pedras de um CC que caíram no Sri Lanka (2012) expandem a lista para incluir diatomáceas eucarióticas, como Hoyle previu.

Essas descobertas mostram que a panspermia continua sendo uma teoria viável, primeiro porque muda a perspectiva científica da vida centrada na terra. Uma vez que os CC são considerados fragmentos de cometas, e as cianobactérias são o único organismo conhecido capaz de fotossintetizar carboidratos e fixar nitrogênio, esses fósseis são consistentes com o único organismo capaz de crescer pioneiramente em cometas estéreis e imaculados. A vida poderia então se biodesenvolver com polissacarídeos para aumentar sua resistência à tração e absorção de calor, bem como com nanopartículas de magneto para fornecer regulação térmica (Sheldon e Hoover, 2012). E como os cometas se desintegram em órbita, liberando poeira que outros cometas coletam, a vida pode migrar para cometas hiperbólicos ou extra-solares que viajam de estrela em estrela. Portanto, os ecossistemas cianobacterianos não requerem planetas em zonas de habitabilidade, mas podem transformar qualquer estrela em casa.

A panspermia continua a ser uma teoria viável, em segundo lugar, porque remove um dos dois pilares da ED. Como os genes têm poucos erros de cópia e alta sensibilidade a mutações prejudiciais, a hipótese da "deriva genética" da ED é bem improvável e atualmente inobservável. Descobriu-se que as cianobactérias transportam grandes cargas de vírus, incluindo fragmentos de DNA de hospedeiros anteriores; DNA novo poderia assim ser transferido horizontalmente entre espécies e locais. Portanto, o registro fóssil e o surgimento de novos DNA na terra ao longo de sua história possivelmente seriam decorrentes da contaminação cianobactéria meteorítica, em vez de ED.

Robert Sheldon

REFERÊNCIAS E LEITURAS RECOMENDADAS

ANDERS, E., et al. 1964. "Contaminated Meteorite." *Science* 146 (3648): 1157-61.

ARRHENIUS, Svante, 1908. *Worlds in the Making: The Evolution of the Universe.* Transl. H. Borns, New York: Harper and Bros.

BERZELIUS, J. J., 1834. "Über Meteorsteine, 4. Meteorstein von Alais." *Annual Review of Physical Chemistry* 33: 113-23.

_____. 1836. "On Meteoric Stones." *London and Edinburg Philosophical Magazine and Journal of Science* LXXX.

CLAUS, G.; Nagy, B., 1961. "A Microbiological Examination of Some Carbonaceous Chondrites." *Nature* 192: 594-96.

CROWE, M.; Dowd, M. F., 2013. "The Extraterrestrial Life Debate from Antiquity to 1900", em *Astrobiology, History and Society.* Ed. D. Vakoch. Berlin: Springer Verlag.

HEGEL, G. W. F., 2002. *Vorlesungen* über *die Philosophie der Natur Berlin 1819/20.* Ed. Martin Bondelli and Hoo Nam Seelman. Vol. 10: 65-67. Hamburg: Meiner.

HELMHOLTZ, Herman, 1908. "On the Origin of the Planetary System (1875)", em *Popular Lectures on Scientific Subjects.* Transl. E. Atkinson. London: Longmans Green & Co., 129.

HOOVER, Richard B., et al. 1986. "Diatoms on Earth, Comets, Europa, and in Interstellar Space." *Earth, Moon, and Planets* 35: 19-45.

HOOVER, Richard B., 1997. "Meteorites, Microfossils and Exobiology", em *Instruments, Methods, and Missions for the Investigation of Extraterrestrial Microorganisms.* Proceedings of SPIE 3111: 115-36.

_____. 2011. "Fossils of Cyanobacteria in Cl1 Carbonaceous Meteorites." *Journal of Cosmology* 13 (March): 102.

HOYLE, F.; Wickramasinghe, N. C., 1978. *Lifecloud: The Origin of Life in the Galaxy.* London: J.M. Dent.

HOYLE, Fred, 1984. *Evolution from Space: A Theory of Cosmic Creationism,* New York: Simon & Schuster.

LAMBERT, Johann, 1976. *Cosmological Letters on the Arrangement of the World Edifice (1765).* Transl. S. L. Jaki. New York: Science History Publications: 72-73.

MCKAY, David S., et al. 1996. "Search for Past Life on Mars: Possible Relic Biogenic Activity in Martian Meteorite ALH84001." *Science* 273 (5277): 924-30.

NAGY, B., et al. 1963. "Electron Probe Microanalysis of Organized Elements in the Orgueil Meteorite." *Nature* 198: 121-25.

PROCTOR, Richard, 1870. *Other Worlds Than Ours.* London: Spottiswoode and Co.

SHELDON, M. I.; Sheldon, R. B., 2015. "Arrhenius Reconsidered: Astrophysical Jets and the Spread of Spores", em *Instruments, Methods, and Missions for the Investigation of Extraterrestrial Microorganisms.* Proceedings of SPIE 9606: 28.

SHELDON, R. B.; Hoover, R. B., 2012. "Carbonaceous Chondrites as Bioengineered Comets", em *Instruments, Methods, and Missions for Astrobiology.* Ed. Richard B. Hoover, Gilbert V. Levin e Alexei Y. Rosanov. Proceedings of SPIE 8521: 36.

THOMSON, William Baron Kelvin, 1894. "Presidential Address to the British Association for the Advancement of Science (Edimburgo, agosto de 1871)", em *Popular Lectures and Addresses,* 132-205. London: Macmillan & Co.

WALLIS, J., et al., 2013. "The Polonnaruwa Meteorite: Oxygen Isotope, Crystalline and Biological Composition." *Journal of Cosmology* 22 (2). n.p.

WHISTON, William, 1715. *Astronomical Lectures Read in the Public Schools at Cambridge.* London, 1728. Facsimile reprint, New York, 1972. (First Latin ed., Cambridge, 1707; first English ed., 1715.)

PANTEÍSMO, PANENTEÍSMO.

Panteísmo e panenteísmo são frequentemente confundidos, mas ambos rejeitam o teísmo, a cosmovisão que afirma que o Criador é um ser pessoal infinito que é metafisicamente separado da criação finita, que ele tirou do nada por seu poder onipotente.

O panteísmo admite várias escolas, e todas as formas negam (1) a personalidade de Deus, (2) a transcendência de Deus e (3) que o cosmos foi criado. Algumas formas de panteísmo são não dualistas. O filósofo hindu Sankara, por exemplo, defendeu uma leitura não dualista das escrituras hindus, argumentando que o eu e Brâman são um e idênticos. Esse é "aquele sem o segundo".

O filósofo contemporâneo Ken Wilber desenvolveu uma forma multidisciplinar de panteísmo não dualista em seus muitos livros. O panteísmo filosoficamente derivado de Baruch **Spinoza** defende uma Substância, que pode ser vista como Deus ou natureza. De qualquer forma, esse não é o Deus da aliança de sua herança judaica.

Alguns são conduzidos ao panteísmo pelo conceito de Deus como infinito. Considere o uso da palavra *é*. O *é* do conceito de *identidade* iguala X e Y, ou seja, são a mesma coisa. Um triângulo é uma figura de três lados, então, se Deus é infinito, ele é tudo porque é infinito. Isso nega que Deus tenha caráter, que possua alguns atributos (p. ex., personalidade) e não tenha outros (p. ex., o mal).

A Bíblia fala de Deus em termos do *é* do conceito *de predicação.* "Esta maçã é vermelha". Vermelhidade e maçãnidade não são idênticas. Deus é amoroso, fiel, justo e muito mais. Esses são seus atributos, o que pode ser predicados dele, portanto, em vez de afirmar que "Deus é infinito" (o *é* do conceito de *identidade*), é mais bíblico falar de Deus em termos do *é* da *predicação adverbial.* A saber, Deus é *infinitamente* bom (não finitamente bom), *infinitamente* poderoso (não finitamente poderoso), *infinitamente* conhecedor (não limitado pela ignorância), e assim por diante.

Panenteísmo, o primo do panteísmo, permite a transcendência de Deus. Cosmos e divindade não são um só, e o mundo está em Deus e Deus está no mundo. De acordo com essa visão, Deus é para o mundo o que a alma é para o corpo (em uma explicação dualista). Deus é distinto do mundo, mas não Senhor sobre ele. Inspirando-se em Hegel, a filosofia do processo afirma que Deus e o mundo são interdependentes; cada um muda em resposta ao outro. Ao contrário do teísmo, o Deus do panenteísmo não é autoexistente (ver Atos 17:25), nem o criador de tudo o mais fora de si mesmo (Gênesis 1:1). Alguns teólogos modernos (p. ex., o falecido W. Pannenberg) são panenteístas.

560 PARADIGMA

A cosmologia moderna, especificamente a necessidade de uma causa do universo, pode ser consultada para minar tanto o panteísmo quanto o panenteísmo.

Douglas Groothuis

REFERÊNCIAS E LEITURAS RECOMENDADAS

COOPER, John W., 2007. *Panentheism: The Other God of the Philosophers: From Plato to the Present.* Downers Grove, IL: IVP.

GEISLER, N.; Clark, David, 2004. *Apologetics in the New Age: A Christian Critique of Pantheism.* Eugene, OR: Wipf and Stock.

PARADIGMA. Nos círculos de ciência e religião, a palavra *paradigma* ficou famosa por conta do livro seminal de Thomas Kuhn, *The Structure of Scientific Revolutions* [Estrutura das Revoluções Científicas] (1962). Depois de ser criticado por usar "paradigma" ambiguamente, Kuhn escreveu um "posfácio" para *Structure*, sete anos depois, para esclarecer o termo (cf. Masterman [1965] 1970). Esse posfácio serve como referência para a compreensão de Kuhn do "paradigma" tanto em *Structure* quanto em escritos posteriores (p. ex., Kuhn 2000).

No posfácio, Kuhn elucida os sentidos estreitos e amplos de "paradigma", que ele denomina "exemplares" e "matriz disciplinar", respectivamente. "Exemplares" são "as soluções concretas de quebra-cabeças que, empregadas como modelos ou exemplos, podem substituir regras explícitas como base para a solução dos enigmas restantes da ciência normal" (Kuhn [1962] 1996, 175; cf. 187). A "ciência normal", como Kuhn a chama, é uma fase em que uma comunidade científica alcançou consenso sobre uma solução para um problema desconcertante. Um exemplo é essa solução. Não é um conjunto de regras explícitas nem é uma teoria ou lei abstratamente declarada, mas sim uma instância concreta de sucesso. Os exemplos exemplificam, assim, a visão de uma comunidade sobre a maneira correta de conduzir pesquisas atuais e futuras em uma área específica da ciência.

A título de exemplo, considere a solução sustentável de **Charles Darwin** para o problema da origem das espécies. Em vez de invocar a providência ou o desígnio divino direto, Darwin argumentou que a **ancestralidade comum** e a **seleção natural** explicam o surgimento e o parentesco entre a flora e a fauna. Vários cientistas, especialmente os mais jovens, achavam que esse exemplar "naturalista" dava uma explicação (ou solução) concreta para um mistério de longa data. Além disso, eles pensaram que a solução de Darwin ofereceu um modelo para futuras pesquisas.

Uma abordagem "naturalizada" da história orgânica, centrada na ancestralidade comum e na seleção natural, prometia abrir novas perspectivas de pesquisa em taxonomia, embriologia, migração, origens humanas, psicologia, e assim por diante (cf. Darwin, 1859, 486-88; Gillespie, 1979).

O segundo significado de "paradigma" é "matriz disciplinar". Uma matriz disciplinar é uma "constelação" de "crenças, valores, técnicas, e assim por diante, compartilhados pelos membros de uma determinada comunidade" (Kuhn, [1962] 1996, p. 175). Em suma, uma matriz disciplinar é o amplo guarda-chuva que inclui não apenas um determinado exemplo, mas também generalizações simbólicas, modelos metafísicos e valores. As generalizações simbólicas são proposições universais formalizáveis aceitas por determinada comunidade, por exemplo, leis naturais ou equações fundamentais de teorias (Hoyningen-Huene, 1993, p. 145). Modelos metafísicos incluem reivindicações sobre o modo como a natureza é — por exemplo, "Todos os fenômenos perceptíveis" são decorrentes da "matéria e força" em vez de, digamos, de "átomos neutros no vazio" (Kuhn, [1962] 1996, p. 184).

Por fim, os valores incluem conceitos como coerência, simplicidade, fecundidade e compatibilidade com outras teorias, e eles podem ser usados para julgar uma aplicação específica de uma teoria ou de toda uma teoria. Os valores também podem ser amplamente compartilhados entre as comunidades, embora as comunidades específicas possam aplicá-las de maneiras divergentes. Coletivamente, os elementos que compõem uma matriz disciplinar moldam os objetivos, os métodos, as técnicas experimentais, os padrões de evidência, a interpretação de dados, a direção de pesquisa, as soluções legítimas para enigmas de pesquisa, e assim por diante.

A título de exemplo, o conflito entre o darwinismo e o **design inteligente** pode ser visto, em parte, como um reflexo de diferentes exemplares e matrizes disciplinares, e essas diferenças influenciam a avaliação de cada campo sobre se a agência inteligente é uma solução científica adequada para o enigma da origem das criaturas vivas. A vontade de um agente é uma explicação legítima dentro da ciência? Ou a ciência deveria limitar-se apenas a causas secundárias ou naturais? A resposta a essas (e outras) perguntas depende muitas vezes de compromissos profundos em nível de matriz (cf. Gillespie, 1979).

Stephen Dilley

REFERÊNCIAS E LEITURAS RECOMENDADAS

Darwin, Charles, 1859. *On the Origin of Species by Means of Natural Selection, or the Preservation of Favoured Races in the Struggle for Life.* London: John Murray.

Gillespie, Neal, 1979. *Charles Darwin and the Problem of Creation.* Chicago: University of Chicago Press.

Hoyningen-Huene, Paul, 1993. *Reconstructing Scientific Revolutions.* Chicago: University of Chicago Press.

Kuhn, Thomas, (1962) 1996. *The Structure of Scientific Revolutions.* 3rd ed. Chicago: University of Chicago Press.

_____. 2000. *The Road Since Structure.* Ed. James Conant and John Haugeland. Chicago: University of Chicago Press.

Masterman, Margaret, (1965) 1970. "The Nature of a Paradigm", em *Criticism and the Growth of Knowledge*, ed. Imre Lakatos and Alan Musgrave, 59-89. Cambridge: Cambridge University Press.

PARADOXO. Um *paradoxo* é uma afirmação de verdade que é bem apoiada e, ainda assim, difícil de acreditar. É bem apoiado porque há um argumento aparentemente bom para ele, e é difícil acreditar porque parece logicamente contraditório, incoerente ou contrário ao senso comum.

Um tipo de paradoxo é uma conjunção de proposições que são individualmente plausíveis, mas que, em conjunto, são logicamente inconsistentes. Só se pode resolver esse tipo de paradoxo negando pelo menos uma das proposições. O que é paradoxal nesse tipo de conjunção é a necessidade de rejeitar uma proposição que parecia inicialmente plausível. Um exemplo de paradoxo nessa categoria é o paradoxo da liberdade e do determinismo: (1) existe livre-arbítrio; (2) o livre-arbítrio só existe se o determinismo for falso; (3) o determinismo é verdadeiro. A conjunção dessas três proposições criaria um paradoxo para alguém que tivesse uma razão para afirmar cada uma delas e, ainda assim, reconhecesse que sua conjunção implica a contradição de que o determinismo é falso e também verdadeiro. Três soluções filosóficas diferentes para o problema da liberdade e do determinismo (libertarianismo, determinismo duro e determinismo suave) podem ser definidas em utilizando-se três maneiras possíveis de afirmar duas dessas proposições enquanto se nega a terceira.

Outro tipo de paradoxo é uma afirmação bem fundamentada que é aparentemente, mas não obviamente, falsa ou contraditória. Esse tipo de paradoxo pode ser resolvido de duas maneiras diferentes. Uma delas envolve determinar que a alegação problemática é de fato falsa ou contraditória e, em seguida, explicar o que é deficiente com relação ao argumento em que se baseia. A outra maneira é certificar que a afirmação é verdadeira e o argumento é adequado, e então explicar sua aparente falsidade ou inconsistência.

Dois exemplos desse tipo de paradoxo são a teoria física da dualidade onda-partícula e a doutrina cristã ortodoxa da **encarnação**. A primeira é uma teoria científica aparentemente bem apoiada e a segunda, uma tese teológica aparentemente bem fundamentada. Mas ambas as afirmações são também paradoxais e aparentemente contraditórias. O que faz a teoria da dualidade onda-partícula aparentemente contraditória é que o conceito comum de uma onda e o conceito comum de uma partícula parecem ser, pela lógica, mutuamente excludentes (isto é, parece que nada pode ser uma onda e uma partícula). O que talvez torne a doutrina da encarnação aparentemente contraditória é que pode parecer que é logicamente impossível para uma pessoa ser totalmente divina e totalmente humana, sob o argumento de que essas duas propriedades são, do ponto de vista lógico, mutuamente exclusivas.

Apesar dessas aparentes inconsistências, os físicos continuam a afirmar a teoria anterior e os teólogos continuam a afirmar a última doutrina. Essas afirmações são racionais se for racional afirmar uma proposição que seja bem apoiada e não obviamente falsa. Além disso, cientistas e teólogos podem fortalecer a racionalidade de suas afirmações mostrando que não há uma boa razão para pensar que a alegação em questão é realmente contraditória e não apenas aparentemente contraditória.

Paradoxos são intrigantes porque podem ser difíceis de resolver e podem ser sérios porque envolvem questões importantes de interesse humano. Sua persistência oferece desafios contínuos e interessantes para filósofos, cientistas, teólogos e outros.

James Taylor

REFERÊNCIAS E LEITURAS RECOMENDADAS

Hepburn, Ronald W., 1958. *Christianity and Paradox.* New York: Pegasus.

Morris, Thomas V. 1986. *The Logic of God Incarnate.* Ithaca, NY: Cornell University Press.

Sainsbury, R. M., 2009. *Paradoxes.* 3rd ed. Cambridge: Cambridge University Press.

PARTÍCULA DE DEUS. A "partícula de Deus" é um apelido dado à partícula subatômica conhecida pelos físicos como "Bóson de Higgs" ou "partícula de Higgs". O físico vencedor do Prêmio Nobel Leon Lederman escreveu um livro popular em 1993 sobre a história da **física** de partículas e a construção do Supercolisor

Supercondutor (SSC) no Texas, EUA, que estava sendo construído na época como uma ferramenta para descobrir o bóson de Higgs proposto. A construção do SSC foi cancelada no mesmo ano. No livro, Lederman explica o título dizendo: "Este bóson é tão central para o estado da física hoje, tão crucial para a nossa compreensão final da estrutura da matéria, ainda assim tão elusiva, que lhe dei um apelido: a Partícula Deus" (Lederman, 1993). Persistem rumores de que, na realidade, Lederman simplesmente concordou em "seguir em frente com essa alcunha sob o conselho de seus agentes publicitários para vender mais livros", como reiterou o físico Vivek Sharma. O nome não dá qualquer informação sobre as propriedades da partícula, nem tem mais ou menos conexão com Deus do que muitas outras partículas subatômicas fundamentais.

O bóson de Higgs foi nomeado pelo físico teórico britânico Peter Higgs. Na teoria científica básica das partículas e interações fundamentais no universo, as partículas verdadeiramente elementares não possuem massa intrínseca. Em 1964, três artigos foram publicados de forma independente, que, juntos, propuseram um mecanismo relativista para dar massa a partículas fundamentais (Englert e Brout, 1964; Guralnik et al., 1964; Higgs, 1964). Na sua proposta, as partículas elementares adquirem massa interagindo com um campo que permeia todo o espaço e pode ser detectado através de interações quânticas com partículas de campo individuais ou partículas de Higgs. A partícula de Higgs é um bóson, o que significa que ele tem uma rotação intrínseca que é um múltiplo inteiro da constante de Planck dividido por duas vezes pi. A partícula de Higgs é a única partícula fundamental conhecida com uma rotação de zero.

Em 2012, duas experiências independentes no laboratório europeu de física de partículas (CERN [Organização Europeia para a Pesquisa Nuclear]) localizado no Grande Colisor de Hádrons (GCH) descobriram de forma independente a partícula de Higgs proposta. Em 2013, Peter Higgs e Francois Englert compartilharam o Prêmio Nobel da Física pela proposta de um mecanismo que dá massa às partículas fundamentais e que foi confirmado com a descoberta do bóson de Higgs. A menção do Prêmio Nobel (ver http://www.ph.ed.ac.uk/higgs) diz, em parte, que o laurel vai "para a descoberta teórica de um mecanismo que contribui para a nossa compreensão da origem da massa de partículas subatômicas e que

recentemente foi confirmado através da descoberta da partícula fundamental prevista, pelos experimentos do ATLAS e do CMS no Grande Colisor de Hádrons do CERN".

Michael G. Strauss

REFERÊNCIAS E LEITURAS RECOMENDADAS

Englert, F.; Brout, R., 1964. "Broken Symmetry and the Mass of Gauge Vector Mesons." *Physical Review Letters* 13:321.

Guralnik, G.; Hagen, C.; Kibble, T., 1964. "Global Conservation Laws and Massless Particles." *Physical Review Letters* 13:585.

Higgs, P., 1964. "Broken Symmetries and the Masses of Gauge Bosons." *Physical Review Letters* 13:508.

Lederman, Leon, 1993. *The God Particle: If the Universe Is the Answer, What Is the Question?* New York: Dell.

Moscowitz, Clara, 2011. "What Should 'God Particle' Be Renamed? Physicists Weigh In." Live Science. 14 de dezembro. www.livescience.com/17489-god-particle-higgs-boson.html.

Sharma, Vivek, ver http://vsharma.ucsd.edu/papers.php.

PASCAL, BLAISE. Um dos pensadores mais criativos e intuitivos da revolução científica foi também um dos apologistas mais apaixonados e únicos do cristianismo. O francês Blaise Pascal (1623-1662) foi um dos homens da Renascença da Europa do século XVII. No curto período de sua vida (apenas 39 anos), ele trabalhou e prestou serviços como matemático, físico, inventor, polemista e filósofo-teólogo cristão (Audi, 1995; Pascal, 1986).

Matemático, cientista experimental e inventor

Ao longo de sua vida adulta, Pascal deu importantes contribuições para o campo da matemática (Popkin, 1972, 1992). Sua mente fértil estabeleceu as bases para o cálculo infinitesimal, o cálculo integral e o cálculo das probabilidades. O matemático e filósofo alemão Gottfried Wilhelm Leibniz (1646-1716) creditou a análise infinitesimal de Pascal ao inspirar seu próprio desenvolvimento do cálculo. Pascal também contribuiu para o estudo da geometria e teoria dos números. O filósofo Richard H. Popkin diz dele: "A análise de Pascal da natureza dos sistemas matemáticos parece estar mais próxima da lógica matemática do século XX do que a de qualquer de seus contemporâneos" (Popkin, 1992, 210).

Pascal também foi considerado um cientista experimental de primeira linha. Ele praticou diligentemente o método científico, então emergente, testando, verificando e/ou falsificando rigorosamente suas observações e conclusões. Muitas pessoas acreditam que suas experiências originais de física sobre a pressão do ar e a natureza dos vácuos são fundamentais para o desenvolvimento da hidrodinâmica e hidrostática.

Como todos os grandes inventores, a intuição tecnológica e a imaginação produtiva de Pascal o colocaram muito à frente de seu tempo, e sua experimentação criativa produziu muitas invenções, sendo sua mais famosa a primeira calculadora digital ou máquina de calcular. Esse avanço é considerado uma das primeiras conquistas aplicadas do início da Revolução Científica e a precursora do computador moderno (Popkin, 1992).

Filósofo da ciência

Pascal tinha um apreço astuto pela "nova ciência" que nascera e se nutria na Europa do século XVII. Um ávido defensor dos pontos de vista de **Copérnico** e **Galileu**, ele argumentou que o respeito pela autoridade não deve ter precedência sobre o raciocínio analítico e a experimentação científica. Ele explorou a natureza do método científico e abordou especificamente a importância dos dados experimentais e a necessidade de desenvolver hipóteses explicativas sólidas. Além disso, afirmou que, à medida que os cientistas continuam a explorar os mistérios da natureza, hipóteses novas e mais atualizadas substituiriam as atualmente aceitas.

O reconhecimento dos limites da ciência também marcou o pensamento de ponta de Pascal. Ele acreditava que, embora as teorias científicas possam ser confirmadas ou falsificadas, elas nunca podem ser plenamente estabelecidas — uma posição, aponta Popkin, bastante semelhante à defendida pelo eminente filósofo da ciência do século XX Karl Popper (Popkin, 1992). Pascal reconheceu que o progresso científico não mudou a natureza humana para o bem e que o processo pelo qual os seres humanos formam suas crenças básicas quase nunca é puramente racional ou empírico. O filósofo cristão contemporâneo Peter Kreeft disse o seguinte sobre Pascal: "Ele conhecia o poder da ciência, mas também sua impotência para nos tornar sábios, felizes ou bons" (Kreeft, 1993).

Como pai fundador da nova ciência, as realizações de Pascal o marcam como um dos cientistas mais avançados de seu tempo. Como um pensador cristão, seus escritos fornecem uma análise penetrante e provocativa da visão cristã e mundial mais ampla da vida.

Kenneth Richard Samples

REFERÊNCIAS E LEITURAS RECOMENDADAS

Audi, Robert, ed. 1995. "Blaise Pascal", em *The Cambridge Dictionary of Philosophy*, 562-63. Cambridge: Cambridge University Press.
Kreeft, Peter, 1993. *Christianity for Modern Pagans: Pascal's Pensées Edited, Outlined and Explained*. San Francisco: Ignatius.
Morris, Thomas V., 1992. *Making Sense of It All: Pascal and the Meaning of Life*. Grand Rapids: Eerdmans.
"Pascal." 1986. Em *The New Encyclopaedia Britannica*, 25:452-54. Chicago: Encyclopaedia Britannica.
Popkin, Richard H., 1972. "Blaise Pascal", em *The Encyclopedia of Philosophy*, ed. Paul Edwards, 6:51-55. New York: Macmillan.
_____. 1992. "Blaise Pascal", em *Great Thinkers of the Western World*, ed. IanP. McGreal, 209-12. New York: HarperCollins.

PEACOCKE, ARTHUR R. Arthur Peacocke (1924-2006) foi um bioquímico-teólogo, cujas ideias moldam o diálogo científico e religioso contemporâneo. Depois de concluir seu doutorado em físico-química, Peacocke iniciou sua carreira acadêmica na Universidade de Birmingham, onde estudou como as condições de solução e a radiação gama afetam a estrutura do DNA e realizou estudos teológicos que levaram à sua ordenação anglicana em 1971. A essa altura, ele havia se mudado para Oxford, onde investigou interações biomoléculas-ligantes e se dedicou cada vez mais a várias iniciativas em ciência e religião.

Peacocke atuou como um importante mentor e inspiração para uma geração de pensadores da ciência e da religião, cofundando o Fórum de Ciência e Religião, Sociedade Europeia para o Estudo da Ciência e Teologia (ESSSAT) e a Sociedade de Cientistas Ordenados, dirigindo o Centro Ian Ramsey de Oxford e estimulando o discurso acadêmico por meio de 18 livros e numerosos artigos e palestras.

Embora as ideias de Peacocke tenham sido esboçadas pela primeira vez em *Science and the Christian Experiment* [Ciência e o experimento cristão] (1971), sua proeminência remonta de suas palestras em Bampton sobre *Creation and the World of Science* [Criação e o mundo da ciência] (1978, 2004), em que ele descreveu como a teologia cristã pode ser impactada pela imagem da ciência de um universo caótico, porém ordenado e estruturado. Como suas propostas representavam uma alternativa intelectualmente rigorosa ao criacionismo especial e ao **materialismo** e **reducionismo** extremos de escritores como **Jacques Monod**, Peacocke emergiu como o proeminente evolucionista teísta do final do século XX, um *status* solidificado por *God and the New Biology* [Deus e a nova biologia] (1987), *Theology for a Scientific Age* [Teologia para uma era científica] (1993), *Paths from Science towards God*

564 PECADO ORIGINAL

[Caminhos da ciência para Deus] (2001), *Evolution: The Disguised Friend of Faith?* [Evolução: o amigo disfarçado da fé?] (2004c) e *All That Is: A Naturalistic Faith for the Twenty-First Century* [Tudo o que é: uma fé naturalista para o século XXI] (Peacocke e Clayton, 2007).

Peacocke acreditava que a teologia cristã se tornaria culturalmente irrelevante a menos que adotasse uma fé "naturalista" que concordasse com a visão crível da ciência sobre o mundo, permanecendo, no entanto, fundamentada na ortodoxia cristã. Isso foi possível, já que tanto a ciência quanto a teologia usam a inferência para a melhor explicação e empregam conceitos e modelos imperfeitos e revisáveis para descrever realidades objetivas. Para ele, então, a ciência funciona como um "caminho para Deus", indicando se e como a doutrina cristã pode ser repensada.

Pessoalmente, Peacocke defendia uma teoria *emergentista-naturalista-panenteística* de Deus e da natureza, na qual a criação divina não é uma alternativa aos processos naturais, mas sim coincidente com eles. Especificamente, Deus estabeleceu as condições e leis iniciais do universo, manteve-as enquanto seguiam seu curso e usa processos caóticos e carregados de acaso (como a evolução) para atuar no propósito divino em meio às possibilidades contingentes.

Embora aceitasse a descrição fisicalista da ciência do cosmos e a utilidade dos modelos reducionistas, Peacocke também argumentou que a natureza exibia propriedades emergentes tanto em termos de sistemas de nível superior (como ecossistemas) que possuíam propriedades irredutíveis a níveis mais baixos (como organismos), como na capacidade de sistemas superiores influenciarem como os mais baixos se comportam por meio de todo tipo de restrições. Para Peacocke, isso explica como Deus age no mundo, respeitando sua autonomia e permanecendo imanente às suas operações e aos trabalhos. Além disso, Cristo é um emergente, ilustrando o que Deus pretende criar da humanidade derivada da evolução, com sua encarnação como um exemplo da atuação descendente de Deus no mundo.

Os esforços de Peacocke em reconciliar ciência e religião foram reconhecidos pelo Prêmio Templeton Para o Progresso na Religião de 2001. No entanto, suas teorias naturalistas de milagres e outras doutrinas significavam que suas ideias eram menos influentes em círculos fundamentalistas e evangélicos, ao passo que, para estudiosos mais radicalmente naturalistas, seu comprometimento

com a ortodoxia de credo significava que ele não ia longe o suficiente.

Stephen Contakes

REFERÊNCIAS E LEITURAS RECOMENDADAS

BARBOUR, Ian G., 2008. "Remembering Arthur Peacocke: A Personal Reflection." *Zygon* 43 (1): 89-102.

BROOKE, John Hedley, 2007. "Arthur Peacocke: An Appreciation." *Reviews in Science and Religion* 49 (May): 8-13.

DEANE-DRUMMOND, Celia, 2007. "Arthur Peacocke: A Personal Testimony." *Reviews in Science and Religion* 49 (maio): 13-16.

EAVES, Lindon, 1991. "Adequacy or Orthodoxy? Choosing Sides at the Frontier." *Zygon* 26 (4): 495-503.

GREGERSEN, Niels Henrik, "Arthur Peacocke in Memoriam (1924-2006)." *Theology and Science* 5 (1): 5-7.

HEFNER, Philip, 2007. "Arthur Peacocke: A Compleat Man." *Theology and Science* 5 (1): 9-11.

McGRATH, Alister, 2010. "Arthur Peacocke (1924-2006)", em *Science and Religion: A New Introduction*, 209-12. 2nd ed. Chichester, West Sussex, UK: Wiley-Blackwell.

MURPHY, Nancey, 2008. "Arthur Peacocke's Naturalistic Christian Faith for the Twenty-First Century: A Brief Introduction." *Zygon* 43 (1): 67-73.

PEACOCKE, A. R, 1971. *Science and the Christian Experiment*. London and New York: Oxford University Press.

_____. 1984. *Intimations of Reality: Critical Realism in Science and Religion*. Mendenhall Lectures. Notre Dame, IN: University of Notre Dame Press for Depauw University.

_____. 1987. *God and the New Biology*. New York: HarperCollins.

_____. 1991. "From DNA to Dean." *Zygon* 26 (4): 477-93.

_____. 1993. *Theology for a Scientific Age: Being and Becoming— Natural, Divine, and Human*. Theology and the Sciences. Minneapolis: Fortress.

_____. 1994. "The Religion of a Scientist: Explorations into Reality (*Religio Philosophi Naturalis*)." *Zygon* 29 (4): 639-59.

_____. 2001. *Paths from Science towards God: The End of All Our Exploring*. Oxford: Oneworld.

_____. 2004a. Reimpressão de uma palestra em Bampton em 1978. *Creation and the World of Science: The Re-shaping of Belief*. Oxford: Oxford University Press.

_____. 2004b. "'The End of All Our Exploring' in Science and Theology." *Zygon* 39 (2): 413-29.

_____. 2004c. *Evolution: The Disguised Friend of Faith? Selected Essays*. Philadelphia: Templeton Foundation Press.

PEACOCKE, Arthur R.; Clayton, Philip, 2007. *All That Is: A Naturalistic Faith for the Twenty-First Century: A Theological Proposal with Responses from Leading Thinkers in the Religion-Science Dialogue*. Theology and the Sciences. Minneapolis: Fortress.

POLKINGHORNE, J. C., 1996. *Scientists as Theologians: A Comparison of the Writings of Ian Barbour, Arthur Peacocke and John Polkinghorne*. London: SPCK.

RUSSELL, Robert John, 1991. "The Theological-Scientific Vision of Arthur Peacocke." *Zygon* 26 (4): 505-17.

_____. 2007. "Ringing the Changes: em Tribute to Arthur R. Peacocke." *Theology and Science* 5 (1): 17-19.

SMEDES, T. A. "Arthur Peacocke, 2012", em *The Blackwell Companion to Science and Christianity*, ed. J. B. Stump and Alan G. Padgett, 589-99. Chichester, West Sussex, UK: Wiley-Blackwell.

WOLOSCHAK, Gayle E., 2008. "Chance and Necessity in Arthur Peacocke's Scientific Work." *Zygon* 43 (1): 75-87.

PECADO ORIGINAL. A doutrina ocidental do pecado original descreve como toda a humanidade, por meio do pecado primordial de Adão, nasce apartada de

PECADO ORIGINAL   565

Deus, culpável e sobrecarregada com uma corrupção moral abominável, incurável e inata (a **queda** também faz parte do pecado original, mas nos concentramos aqui no pecado "originado" ou *herdado*).

Essa doutrina é significativa não apenas em identificar a pré-condição para as inestimáveis bênçãos da salvação, mas também em sua coerência com muitas outras doutrinas, como um fio em uma roupa sem costura (ver Reeves e Madueme, 2014). Desenvolvimentos científicos recentes, no entanto, levantam uma série de questões relativas à nossa compreensão do pecado original, questões que vão desde a historicidade de Adão até um repensar radical da natureza do pecado. Os relatos evolutivos das origens humanas tornam a realidade histórica de Adão altamente implausível e oferecem uma narrativa diferente para o comportamento, que reduz os comportamentos humanos às adaptações genéticas que emergem do processo evolutivo. O que os cristãos interpretam como exemplos claros de pecado (p. ex., inveja, estupro, genocídio) são rebaixados a subprodutos evolutivos da **seleção natural** (p. ex., ver Buller, 2005; Dawkins, 2006; Wilson, 1978). Estudos em **neurociência** traçam uma atividade imoral flagrante, incluindo comportamento psicopático e antissocial, a deficiências no cérebro (p. ex., Rafter, 2008; Raine, 2013). Na genética comportamental, traços específicos de comportamento são o produto de fatores genéticos e ambientais (p. ex., ver Rutter, 2006; Sesardic, 2005); raramente, fatores genéticos parecem ser a única causa de comportamento criminoso (Brunner et al. 1993).

Embora essa literatura não seja monolítica — encontramos vozes de advertência em cada uma dessas disciplinas seculares (p. ex., em genética comportamental, ver Wasserman e Wachbroit, 2004) —, a tendência é que a linguagem mais antiga do pecado seja incluída em categorias biológicas — a hamartiologia é apenas biologia.

O que devemos fazer dessas propostas científicas? Entre os estudiosos cristãos, três posições são reconhecíveis. O primeiro — chame-o "biologismo forte" — tende a ver originado o pecado como parte *natural* da história humana, uma capacidade biológica evoluída e herdada de egoísmo, violência, agressão e afins (p. ex., Williams, 2001). Outros, menos controversos, reinterpretam o pecado originado como **genes** mais ambiente, um "biologismo fraco" que reconhece notáveis dimensões não biológicas para predisposições morais (p. ex.,

Deane-Drummond, 2009; Korsmeyer, 1998; Messer, 2007). O último grupo reconhece essas predisposições evolucionistas e ainda nega sua pecaminosidade — pelas luzes desse "suprabiologismo"; para eles, apenas a desobediência consciente e voluntária conta como *pecado* (ver Edwards, 1998, 1999). Mas as dificuldades teológicas acompanham essas explorações na hamartiologia evolutiva. O problema chave é que o pecado se torna *intrínseco* aos seres humanos, um dilema biológico não teológico (levantando uma questão cristológica irritante: a humanidade plena de Jesus enfraquece sua impecabilidade?). A distinção entre o mal "moral" e o "natural" colapsa, de modo que não fica claro como alguém justifica a própria ideia de responsabilidade moral (pois, se a desobediência humana tem causas evolutivas ou genéticas conclusivas, então a *agência* moral é uma miragem?). Esses enigmas não estão muito longe dos debates sobre as implicações da autoridade bíblica para o diálogo entre ciência e fé. No final, é precisamente a proeminência de tais questões que garante que a doutrina do pecado original gerará uma agenda de pesquisa dinâmica para o futuro.

Hans Madueme

REFERÊNCIAS E LEITURAS RECOMENDADAS

BRUNNER, H. G.; Nelen, M. R.; van Zandvoort, P., et al. 1993. "X-Linked Borderline Mental Retardation with Prominent Behavioral Disturbance: Phenotype, Genetic Localization, and Evidence for Disturbed Monoamine Metabolism." *American Journal of Human Genetics* 52 (6):1032-39.

BULLER, David J., 2005. *Adapting Minds: Evolutionary Psychology and the Persistent Quest for Human Nature.* Cambridge, MA: MIT Press.

DAWKINS, Richard, 2006. *The Selfish Gene: 30th Anniversary Edition.* Oxford: Oxford University Press.

DEANE-DRUMMOND, Celia, 2009. *Christ and Evolution: Wonder and Wisdom.* Minneapolis: Fortress.

DOMNING, Dary; Hellwig, Monika, 2006. *Original Selfishness: Original Sin and Evil in the Light of Evolution.* Burlington, VT: Ashgate.

EDWARDS, Denis, 1998. "Original Sin and Saving Grace in Evolutionary Context", em *Evolutionary and Molecular Biology: Scientific Perspectives on Divine Action*, ed. Robert J. Russell, William R. Stoeger e Francisco Ayala, 377-92. Notre Dame, IN: University of Notre Dame Press.

_____. 1999. *The God of Evolution: A Trinitarian Theology.* Mahwah, NJ: Paulist. Korsmeyer, Jerry. 1998. *Evolution and Eden: Balancing Original Sin and Contemporary Science.* New York: Paulist.

MADUEME, Hans, 2014. " 'The Most Vulnerable Part of the Whole Christian Account': Original Sin and Modern Science", em *Adam, the Fall, and Original Sin: Theological, Biblical, and Scientific Perspectives*, ed. Hans Madueme and Michael Reeves, 225-49. Grand Rapids: Baker Academic.

MESSER, Neil, 2007. *Selfish Genes and Christian Ethics: Theological and Ethical Reflections on Evolutionary Biology.* London: SCM.

RAFTER, Nicole, 2008. *The Criminal Brain: Understanding Biological Theories of Crime.* New York: New York University Press.

RAINE, Adrian, 2013. *The Anatomy of Violence: The Biological Roots of Crime.* New York: Pantheon.

REEVES, Michael; Madueme, Hans, 2014. "Threads in a Seamless Garment: Original Sin in Systematic Theology", em *Adam, the Fall, and Original*

Sin: Theological, Biblical, and Scientific Perspectives, ed. Hans Madueme and Michael Reeves, 209-24. Grand Rapids: Baker Academic.

RUTTER, Michael, 2006. *Genes and Behavior: Nature-Nurture Interplay Explained.* Malden, MA: Blackwell.

SESARDIC, Neven. 2005. *Making Sense of Heritability.* Cambridge: Cambridge University Press.

WASSERMAN, David; Wachbroit, Robert, eds. 2001. *Genetics and Criminal Behavior.* Cambridge: Cambridge University Press.

WILLIAMS, Patricia.,2001. *Doing without Adam and Eve: Sociobiology and Original Sin.* Minneapolis: Fortress.

WILSON, E. O., 1978. *On Human Nature.* Cambridge, MA: Harvard University Press.

PESQUISA COM CÉLULAS-TRONCO EMBRIONÁRIAS.

Desde o final da década de 1990, quando os cientistas descobriram pela primeira vez como coletar células-tronco de embriões humanos, tem havido grande entusiasmo sobre a pesquisa de células-tronco embrionárias (PCTEs) e seu potencial para ajudar pacientes que sofrem de uma miríade de doenças. As células-tronco estão sendo usadas ou prevê-se que serão usadas para tratar vários tipos de câncer, doenças sanguíneas, distúrbios do sistema imunológico, doença de Parkinson, diabetes e esclerose múltipla (EM). Elas também podem ser usadas para reparar o tecido do coração e o crescimento de novos vasos sanguíneos, e há esperança de se usar células-tronco para tratar lesões da medula espinhal.

As células-tronco são células *indiferenciadas* que podem ser direcionadas no laboratório para se desenvolver em qualquer um dos aproximadamente 200 tipos de células e tecidos do corpo. Algumas células-tronco são completamente indiferenciadas — ou seja, não iniciaram o caminho do desenvolvimento que determina que elas se tornem determinado tipo de célula, por exemplo, células neurológicas ou células cardíacas. Estas são chamadas de células-tronco *pluripotentes* e, em teoria, podem ser projetadas no laboratório para se tornarem quaisquer células do corpo.

Contudo, algumas células-tronco se tornaram um pouco diferenciadas. Ou seja, elas começaram seu caminho de desenvolvimento, mas ainda podem ser direcionadas para se tornarem células de um tipo específico, dentro dos limites. Por exemplo, células-tronco neurológicas podem se tornar qualquer célula neurológica, mas não células sanguíneas ou qualquer outro tipo de células fora dos limites iniciais de desenvolvimento. Estas células-tronco são chamadas de células-tronco *multipotentes* e são muito úteis no tratamento de uma variedade de doenças, mas não têm a mesma *plasticidade* ou flexibilidade de desenvolvimento que as células-tronco pluripotentes têm.

Para ser claro, há uma distinção entre os tipos de células-tronco, dependendo da fonte a partir da qual elas são derivadas. A maioria das células-tronco que está em uso clínico no momento trata-se das chamadas *células-tronco adultas*, o que significa que elas são derivadas de outras fontes além de embriões humanos. Na maioria das vezes, elas são coletadas do próprio corpo do paciente adulto, como da medula óssea, por exemplo. Na verdade, um transplante de medula óssea é uma forma de terapia com células-tronco que está em vigor há algum tempo. Outras fontes de células-tronco vêm do sangue (p. ex., sangue do cordão umbilical) ou de outras partes do corpo. As fontes não embrionárias das células-tronco são consensuais hoje em dia.

As células-tronco embrionárias (CTEs) são pluripotentes e derivam de várias fontes diferentes. Elas podem vir de embriões remanescentes de tratamentos de fertilização *in vitro* para a infertilidade (cerca de quatrocentos mil embriões permanecem armazenados em clínicas para o tratamento da infertilidade nos Estados Unidos, embora muito poucos deles tenham sido designados para pesquisa). Eles também podem vir de embriões criados através de um processo conhecido como clonagem terapêutica, em que um gêmeo idêntico é criado em laboratório e suas células-tronco são coletadas. Em ambos os métodos, as células-tronco são colhidas em cerca de três a cinco dias após a concepção, e, neste momento, as CTEs coletadas a partir dessas duas fontes resultam na destruição do embrião. Isso levanta um dilema ético profundo para aqueles que sustentam que os embriões são pessoas da concepção em diante.

Uma fonte de células-tronco embrionárias é possível através das chamadas *células-tronco pluripotentes induzidas* (em inglês, *induced pluripotent stem cells*, ou iPS). Duas equipes diferentes de pesquisadores, uma no Japão e outra nos Estados Unidos, "reprogramaram" com sucesso células adultas e as induziram a avançar em seu caminho de desenvolvimento, o que lhes permitiu produzir células-tronco com todas as propriedades das células-tronco coletadas de embriões humanos. Elas têm o potencial de se tornar, nas condições corretas, quaisquer dos aproximadamente 200 tipos de células ou tecidos no corpo humano. Esse é um avanço potencialmente significativo que permite aos pesquisadores usar células-tronco embrionárias semelhantes às que podem ser coletadas sem criar nem destruir embriões. Essa descoberta supera o obstáculo moral mais significativo ao uso de células-tronco embrionárias, a destruição de embriões humanos. Debate-se sobre o que exatamente essas células-tronco pluripotentes "abrigam" quando o processo termina. São embriões propriamente ditos ou entidades semelhantes a embriões? Se este último, este processo tem o potencial de resolver o dilema ético no uso de células-tronco pluripotentes.

O debate sobre as CTEs gira em torno do *status* moral dos embriões humanos fora do útero. Se uma pessoa não acredita que os embriões humanos tenham o *status* moral de pessoas, a discussão acabou e não há debate. Mas aqueles que sustentam que os embriões humanos são pessoas com direito à vida também afirmam que seres humanos estão sendo sacrificados em benefício de outros.

No início, é importante ver que o *status* moral dos embriões não é fundamentalmente uma questão científica, mas uma questão filosófica. A ciência não pode determinar conclusivamente matérias filosóficas apenas por meio da observação científica. O que a ciência pode nos dizer é que tipo de entidade biológica é um embrião, se ele está vivo e mesmo se é humano (os embriões que são fontes de células-tronco são vivos e humanos, mesmo quando armazenados em laboratório). Mas se os embriões são *pessoas* ou não, não é uma questão biológica, mas uma questão filosófica. Não é fundamentalmente uma questão teológica, uma vez que se pode chegar às mesmas conclusões independentemente de convicções religiosas.

Os defensores da PCTEs argumentam que os embriões serão descartados e que é imoral não os usar para pesquisa e tratamento. No entanto, existe um problema com a compatibilidade do paciente, na medida em que a maioria dos CTEs não é compatível com o paciente a que destinam. Isso ajuda a explicar o sucesso das células-tronco adultas derivadas do paciente e, por isso, não têm problemas de compatibilidade. Isso também explica o ímpeto inicial para a clonagem terapêutica, a fim de produzir embriões que são compatíveis com o paciente por serem seus gêmeos idênticos. Além disso, isso ressalta a importância do iPS, uma vez que a matéria-prima para esse processo vem do paciente, e quaisquer células-tronco colhidas via iPS serão compatíveis com o paciente receptor. Os defensores da PCTEs argumentam ainda que existe uma diferença moralmente relevante entre um feto no útero e um embrião em laboratório. Eles argumentam que certamente algo que deve ser visto sob um microscópio não pode ser uma pessoa. Mas nem o tamanho nem a localização estabelecem uma diferença ontológica (ou seja, uma diferença de que tipo de coisa algo é). Isso é análogo à noção de que, no nascimento, um feto se torna uma pessoa — os oponentes sugerem corretamente que a localização não faz diferença nesse caso. O embrião humano (mais especificamente, o óvulo fertilizado) é o que é chamado de célula *totipotente*; isto é, tem tudo de que precisa para crescer e se tornar em um adulto completo. A Bíblia sugere que, desde os primeiros momentos da gravidez (Salmos 139:16, referindo-se ao nascituro como "substância ainda informe" [NAA], e Lucas 1—2 referindo-se a Jesus no útero no primeiro estágio da gravidez) existe uma pessoa que carrega a imagem divina, com plenos direitos e que deve ser protegida.

Scott B. Rae

REFERÊNCIAS E LEITURAS RECOMENDADAS

Green, Ronald M., ed. 2001. *The Human Embryo Research Debates: Bioethics in the Vortex of Controversy.* Oxford: Oxford University Press.
Holland, Suzanne; Lebacqz, Karen; Zoloth, Laurie, eds. 2001. *The Human Embryonic Stem Cell Debate: Science, Ethics and Public Policy.* Cambridge, MA: MIT Press.
Waters, Brent; Cole-Turner, Ronald, eds., 2003. *God and the Embryo: Religious Voices on Stem Cells and Cloning.* Washington, DC: Georgetown University Press.

PESSOA. Pessoa (do lat., *persona*, uma referência à máscara de um ator), filosoficamente falando, refere-se a um agente racional, independente e autônomo — esse agente pode ou não ter um corpo. Para **Platão**, por exemplo, a alma é o aspecto imortal da pessoa que sobrevive à morte do corpo físico; já para **Aristóteles**, a alma é a "forma do corpo" e não pode existir à parte dela.

Uma escola de pensamento que prioriza a noção de pessoa é chamada de *personalismo*. De acordo com o relato personalista de Christian Smith, uma pessoa é

> o tipo particular de ser que, sob condições apropriadas, é capaz de se desenvolver (ou se desenvolveu) em um centro consciente, refletivo, corporificado, autotranscendente de experiência subjetiva, identidade durável, compromisso moral e comunicação social que — como causa eficiente de suas ações e interações responsáveis — exerce capacidades complexas de agência e intersubjetividade para desenvolver e manter seu próprio eu incomunicável em relacionamentos amorosos com outros seres pessoais e com o mundo não pessoal. (Smith, 2015, p. 35)

Essa definição holística e robusta do que significa ser uma pessoa é um ponto de partida útil.

568 *PI* NA BÍBLIA

A *pessoa* também tem uma longa história no discurso teológico, especialmente nos debates cristológicos da igreja primitiva. Cristãos ortodoxos afirmam que cada membro da Trindade é uma pessoa, e essas três pessoas — Pai, Filho e Espírito Santo — são um só Deus. A Bíblia também fala de outras pessoas, incluindo pessoas angélicas e pessoas humanas. Tertuliano (c. 155-240 d.C.), o primeiro apologista cristão, foi o primeiro a usar os termos *substância* e *pessoa* para definir Deus. Mais tarde, no século VI, o estadista e filósofo Boécio definiu uma pessoa como "uma substância individual de natureza racional".

Segundo a teologia bíblica, as pessoas humanas são incorporadas desde a concepção. Na concepção, pelo menos, uma pessoa humana geneticamente única é formada (a geminação pode ocorrer durante as duas primeiras semanas de gravidez). Assim, o salmista oferece um hino a Deus no Salmo 139:

Tu criaste o íntimo do meu ser
e me teceste no ventre de minha mãe.
Eu te louvo porque me fizeste
de modo especial e admirável.
Tuas obras são maravilhosas!
Digo isso com convicção.
Meus ossos não estavam escondidos de ti
quando em secreto fui formado
e entretecido como nas profundezas da terra.
Os teus olhos viram o meu embrião;
todos os dias determinados para mim
foram escritos no teu livro
antes de qualquer deles existir (v. 13-16)

Pessoas humanas são, no entanto, as únicas feitas à *imago Dei* (imagem de Deus). Assim, Jesus — totalmente Deus e totalmente humano — é a "a imagem do Deus invisível, o primogênito de toda a criação" (Colossenses 1:15). Da mesma forma, de acordo com Gênesis, "Criou Deus o homem à sua imagem, à imagem de Deus o criou; homem e mulher os criou" (Gênesis 1:27). (ver **Consciência**; **Imagem de Deus**; **Vida após morte**; **Mente**; **Senciência**; **Alma**.)

C. Ben Mitchell

REFERÊNCIAS E LEITURAS RECOMENDADAS

Cooper, John W., 2000. *Body, Soul and Life Everlasting: Biblical Anthropology and the Monism-Dualism Debate*. Grand Rapids: Eerdmans.
Cortez, Marc., 2016. *Christological Anthropology in Historical Perspective*. Grand Rapids: Zondervan.
Rudman, Stanley, 2008. *Concept of Person and Christian Ethics*. Cambridge: Cambridge University Press.

Smith, Christian, 2011. *What Is a Person? Rethinking Humanity, Social Life, and the Moral Good from the Person Up*. Chicago: University of Chicago Press.
_____. 2015. *To Flourish or Destruct: A Personalist Theory of Human Goods, Motivations, Failure, and Evil*. Chicago: University of Chicago Press.
Van Huyssteen, J. Wentzel; Wiebe, Erik P., 2011. *In Search of Self: Interdisciplinary Perspectives on Personhood*. Grand Rapids: Eerdmans.

PI NA BÍBLIA. A letra grega *pi* (π) representa a razão entre a circunferência de um círculo e seu diâmetro. O valor de π é aproximadamente 3,14159265358979 (para 15 dígitos). Todas as expressões decimais ou fracionárias de seu valor são, necessariamente, aproximações, já que *pi* é um número irracional, ou seja, um número que não pode ser representado pela razão de inteiros, de modo que sua representação decimal possui um número infinito de dígitos. Na descrição do grande tanque de bronze do Templo de Salomão, encontrado em 1Reis 7:23 e em 2Crônicas 4: 2-5, lemos: "[Hirão de Tiro, o construtor de Salomão] Fez também o mar de fundição, redondo, de dez côvados de uma borda até à outra borda, e de cinco de altura; e um fio de trinta côvados era a medida de sua circunferência" (ARA). Parece que, a partir desse texto, a Bíblia declara (pelo menos indiretamente) que *pi* é exatamente três.

Alguns críticos da Bíblia se apegaram a essa imprecisão putativa para atacar a crença na inerrância bíblica, mas os comentaristas bíblicos ofereceram várias respostas, que vão desde o rabino Elijah (O Gaon de Vilna), um famoso estudioso talmúdico do século XVIII que argumentou que o texto contém uma gematria (um código numérico baseado no valor das letras no texto) que esconde uma maior aproximação precisa para *pi* de $3 \times 111/106 = 3,141509$, para outros que apontam que o texto hebraico usa valores aproximados frequentemente, arredondando para a unidade conveniente mais próxima.

Outros comentaristas sugerem que a "circunferência" na conta pode se referir ao perímetro da bacia sob a borda, que era a largura de uma mão em espessura, isto é, aproximadamente 4 polegadas (1Reis 7:26). Assim, se o último caso estiver certo, a circunferência de 30 côvados (aproximadamente 45 pés ou 13,716 metros) corresponderia a um diâmetro de aproximadamente 4,33 metros, ou menos por cerca de 2 palmos (8 ou 20 centímetros) da espessura da parede que os 10 côvados se abatem até a borda, conforme relatado no texto.

Por outro lado, o significado da discussão quantitativa pode estar não na precisão do relatório, mas no uso da precisão apropriada. Na prática da ciência quantitativa moderna, os dados são reportados a um determinado número de números significativos e são indicados por várias convenções de notação. No texto bíblico, o diâmetro da bacia é relatado como 10 côvados, com uma precisão de um valor significativo. Assim, a prática científica moderna exige que todos os fatores tenham a mesma precisão, sugerindo que se deve usar um valor de 3 para *pi* em todos os cálculos de um valor significativo. Como uma representação fracionária de um número irracional é sempre uma aproximação um tanto inexata, três é o nível apropriado de precisão exigido no presente caso, pressagiando a prática científica moderna.

No entanto, todas essas discussões podem ser especulações vazias, e pode ser que a interpretação matemática do leitor revele mais sobre as pressuposições do leitor do que a exatidão da exegese do próprio texto.

Samuel E. Matteson

REFERÊNCIAS E LEITURAS RECOMENDADAS

BECKMAN, Petr, 1976. *A History of Pi.* New York: St. Martin's Griffin.

PLANTINGA, ALVIN. Alvin Carl Plantinga (1932-) é um filósofo americano de religião que escreve no estilo analítico, amplamente considerado entre os filósofos mais influentes do século XX. Nascido em Ann Arbor, Michigan, em uma família reformada holandesa que levou suas crenças religiosas muito a sério, Plantinga estudou no Calvin College (Bacharel em Artes, 1954), na Universidade de Michigan (Mestre em Artes, 1955) e na Universidade de Yale (doutorado, 1958). Ocupou cargos acadêmicos na Universidade Estadual de Wayne, Michigan (1958-1963), na Faculdade Calvin (1963-1982) e na Notre Dame (1982-presente).

Plantinga se aposentou em 2010 e atualmente é professor emérito de Filosofia da Universidade de Notre Dame, da Cátedra C John A. O'Brien, e é o detentor inaugural da Cátedra Jellema de Filosofia na Faculdade Calvin. Ele realizou um trabalho inovador em **metafísica**, **epistemologia** e **filosofia da religião**, e seu envolvimento no diálogo entre ciência e religião originou-se de seu trabalho sobre a natureza da erudição cristã.

A natureza da erudição cristã

Um dos temas dominantes da educação de Plantinga, que é tecido em quase todo o seu trabalho acadêmico, é que não existe tal coisa como um empreendimento intelectual sério, substancial e relativamente completo que seja religiosamente neutro. Em outras palavras, uma vez que a rejeição ou aceitação de crenças religiosas é fundamental para todos os esforços acadêmicos razoavelmente completos, é inútil tentar assumir uma posição de neutralidade religiosa em atividades acadêmicas. Tendo em vista que a neutralidade religiosa é impossível, os cristãos podem e devem trazer suas crenças religiosas para conversar com seu trabalho filosófico e científico. Nesta linha, em "Advice to Christian Philosophers" [Conselho ao cristão filósofo] (1984), Plantinga incentiva a comunidade acadêmica cristã a fazer seu trabalho como cristãos e não serem limitados pelos padrões mais amplos da comunidade acadêmica para o que constitui uma boa erudição, uma investigação acadêmica válida ou uma explicação adequada.

Na arena da ciência, o conselho de Plantinga contraria a antiga suposição de que a verdadeira ciência deve assumir o naturalismo metodológico — as crenças religiosas devem ser ignoradas e não podem moldar ou direcionar explicações científicas de forma alguma. A resposta de Plantinga é que tal abordagem pode fazer sentido a partir de certa perspectiva, mas, a partir de uma perspectiva cristã, a abordagem sensata seria para buscar a ciência usando tudo o que sabemos, incluindo nossas crenças teológicas.

Alguns que se opõem ao argumento de Plantinga o fazem porque assumem que as crenças teológicas não podem ser de conhecimento — elas não são universalmente sustentadas, não são baseadas em argumentos ou evidências ou são o resultado da realização de desejos. Plantinga passou boa parte de sua carreira acadêmica refutando esses tipos de objeções, mais amplamentemente em *Warranted Christian Belief* [Crença cristã avalizada] (2000).

Evolução e *design* inteligente

Plantinga foi rotulado de defensor do design inteligente e membro do movimento de DI. O primeiro deles é, com algum esclarecimento, diretamente verdadeiro; o segundo, na melhor das hipóteses, é duvidoso. Em resposta a **Michael Ruse**, que rotula Plantinga como um "entusiasta aberto do design inteligente" (Ruse, 2010, p. 56), Plantinga responde: "Como qualquer cristão (e de fato qualquer teísta), acredito que o mundo foi criado por

Deus, e, portanto, "inteligentemente projetado." A marca do design inteligente, no entanto, é a afirmação de que isso pode ser demonstrado cientificamente; mas tenho dúvidas sobre isso" (Plantinga, 2010, p. 57).

Assim, enquanto Plantinga aceita pelo menos parte da crítica do movimento de DI da teoria evolucionista atual, ele rejeita suas alegações de poder demonstrar que o mundo foi criado por um projetista inteligente. Sua postura, portanto, provavelmente não agradará nem ao obstinado biólogo evolucionista nem ao inabalável membro do movimento de DI. Consequentemente, sobre essa questão (como em outros), Plantinga se encontra no proverbial "meio da estrada, atropelado por caminhões que se movem nas duas direções".

O argumento evolucionista contra o naturalismo

Uma das contribuições mais controversas de Plantinga para o diálogo ciência-religião vem na forma de um argumento evolucionista contra o naturalismo (a teoria de que Deus ou algo parecido com Deus não existe e que a natureza é a soma total da realidade). Em resumo, Plantinga argumenta que a probabilidade de que os humanos teriam desenvolvido mecanismos de produção de crenças confiáveis e focados na verdade, dado o naturalismo e a teoria evolucionista contemporânea, é baixa. Isso porque, dado o naturalismo, é difícil ver como o conteúdo de uma crença (ou a proposição associada à crença) entra na cadeia causal que leva ao comportamento adaptativo. O naturalista que chega a aceitar essa implicação do naturalismo e da evolução adquire um anulador para sua crença de que a evolução não guiada produziu faculdades cognitivas confiáveis e dirigidas à verdade. Esse amulador, então, dá ao naturalista um anulador para todas as outras crenças que ele ou ela tem, incluindo o próprio naturalismo — daí o naturalismo ser autoanulador.

Não se deve confundir o argumento de Plantinga com um argumento contra o *fato* de que os humanos têm faculdades cognitivas confiáveis ou com o conceito de evolução. Plantinga, é claro, aceita que os humanos têm faculdades cognitivas confiáveis; mas nega que eles sejam o produto da evolução não guiada, e seu argumento não aborda evolução diretamente. Não há problema, segundo Plantinga, com a evolução *divinamente guiada* que produz faculdades cognitivas confiáveis; o problema, na verdade, surge da conjunção entre naturalismo e evolução.

Onde o conflito realmente está

Where the Conflict Really Lies: Science, Religion, and Naturalism [Onde o conflito realmente está: ciência, religião e naturalismo] (2011) é a primeira discussão sobre ciência e crença religiosa de Plantinga. Nela, sua tese, deliberadamente controversa, pretende minar a crença popular de que a ciência se acomoda confortavelmente com o naturalismo metafísico, mas desconfortável com a crença teísta. Ele argumenta exatamente pelo contrário: "Há um conflito superficial, mas uma concordância profunda entre ciência e religião teísta; e concordância superficial, mas profundo conflito entre ciência e naturalismo" (2011, p. ix).

É importante notar que Plantinga está usando o termo "*conflito*" em um sentido filosófico. Há, é claro, conflito (em certo sentido) entre ciência e religião nos níveis sociológico ou histórico, e a alegação de Plantinga é, portanto, mais bem entendida como o significado de que não precisa haver inimizade entre ciência e religião; uma pessoa pode ser um entusiasta proponente de ambos, e aceitar ou valorizar um não dá à pessoa um motivo para rejeitar o outro.

Para defender seu argumento, Plantinga examina os alegados conflitos entre ciência e ação divina no mundo e defende que esses argumentos só fazem sentido se for admitido que o mundo natural é um sistema fechado de causa e efeito. Consequentemente, o conflito não é entre ciência e crença religiosa, mas entre naturalismo metafísico e crença religiosa. Além disso, o conflito entre a psicologia evolucionista e a crença religiosa é, na melhor das hipóteses, superficial e não dá aos cristãos religiosos um anulador de suas crenças religiosas. Por outro lado, embora existam argumentos científicos — por exemplo, argumentos de ajuste fino — que fornecem pelo menos "apoio moderado" à crença teísta, Plantinga defende que seu argumento evolucionista contra o naturalismo mostra que há um conflito profundo e substancial entre ciência e naturalismo.

James Beilby

REFERÊNCIAS E LEITURAS RECOMENDADAS

Dennett, Daniel C.; Plantinga, Alvin, 2010. *Science and Religion: Are They Compatible?* Point/Counterpoint Series. New York: Oxford University Press.

Plantinga, Alvin, 1984. "Advice to Christian Philosophers." *Faith and Philosophy* 1, no. 3 (July): 253-71.

_____. 1991a. "Evolution, Neutrality, and Antecedent Probability: A Reply to

Van Til and McMullin." *Christian Scholar's Review* 21, n. 1 (setembro): 80-109.

_____. 1991b. "When Faith and Reason Clash: Evolution and the Bible." *Christian Scholar's Review* 21, no. 1 (setembro): 8-32.

_____. 1992. "On Rejecting the Theory of Common Ancestry." *Perspectives on Science and Christian Faith* 44, no. 4 (dezembro): 258-63.

_____. 1996. "Science: Augustinian or Duhemian." *Faith and Philosophy* 13, no. 3 (julho): 368-94.

_____. 1997. "Methodological Naturalism." *Perspectives on Science and Christian Faith* 49 (setembro):143-54.

_____. 2000. *Warranted Christian Belief.* New York: Oxford University Press.

_____. 2010. "Evolution, Shibboleths, and Philosophers." *Chronicle of Higher Education* (11 de abril): www.chronicle.com/article/Evolution-Shibboleths-and/64990/.

_____. 2011. *Where the Conflict Really Lies: Science, Religion, and Naturalism.* New York: Oxford University Press.

_____. 2014. "Religion and Science", em *Stanford Encyclopedia of Philosophy*, ed. Edward N. Zalta. primavera. http://plato.stanford.edu/archives/spr2014/entries/religion-science/.

Ruse, Michael, 2010. "Philosophers Rip Darwin." *Chronicle of Higher Education.* 7 de março. http://chronicle.com/article/What-Darwins-Doubters-Get/64457/.

PLATÃO. É difícil pensar em uma figura mais importante no pensamento intelectual ocidental do que Platão (429-347 a.C.). **Alfred North Whitehead** caracterizou notoriamente toda a filosofia ocidental como uma série de notas de rodapé para Platão. Isso pode ser um pouco exagerado, mas ressalta que Platão perguntou virtualmente todas as grandes questões filosóficas de alguma forma ou de outra, e de fato temos buscado respostas desde então.

A característica mais importante do início da vida de Platão é que ele foi discipulado por Sócrates. Como a meditação filosófica requer tempo e recursos significativos, os alunos de Sócrates eram quase sempre filhos de aristocratas ricos. Platão não foi exceção, tendo nascido em uma família ateniense muito rica. Seu nome dado era Aristócles, mas em algum ponto inicial de sua vida, ele ficou conhecido pelo apelido de Platão (que significa simplesmente "amplo"). Ninguém sabe o que provocou o apelido, ou se é elogioso ou pejorativo, mas algumas ideias sugerem que pode ser por seu físico, suas habilidades literárias e até mesmo por que ele tinha uma testa desproporcional.

Platão é a principal razão pela qual sabemos tudo o que sabemos a respeito de Sócrates, uma vez que este último não possuía nenhum registro de escritos e aparece como o personagem primário na maioria dos diálogos de Platão. Sem a imortalização de Sócrates por Platão, ele talvez estivesse entre os filósofos obscuros, mas importantes, que o precederam, os chamados pré-socráticos, dos quais temos muito poucos escritos existentes. Em contrapartida, até onde sabemos os escritos filosóficos de Platão sobreviveram em sua totalidade.

Há um desacordo significativo sobre a precisão com que Sócrates é retratado por Platão. Platão quase certamente tomou liberdades, mas parece que conseguimos pelo menos um retrato do tipo de homem e do tipo de filósofo que ele era. Uma dificuldade mais nítida, mas relacionada, é discernir quando Platão oferece seus próprios pontos de vista na boca de Sócrates e de outros oradores. Historicamente, os primeiros diálogos de Platão (p. ex., *Eutífron, Apologia, Críton*) são considerados extremamente socráticos, talvez contando conversas reais. Seus diálogos intermediários (p. ex., *República, Simpósio, Fédon*) ainda têm Sócrates como o principal porta-voz, mas são provavelmente um desenvolvimento das teorias de Platão, e são de onde recebemos a maior parte do que chamamos de "platonismo". Em seus últimos diálogos (p. ex., *Timeu, Sofista, Leis*), Platão parece decididamente ir além de seu professor e até mesmo o que chamamos de platonismo, incluindo uma possível refutação de sua famosa teoria das formas. Por exemplo, em *Timeu*, Sócrates está presente no diálogo, mas ele não é o principal porta-voz e, em *Leis*, Sócrates está totalmente ausente, assim como qualquer defesa da teoria das formas. No entanto, este diálogo aponta exatamente para o que Platão realmente acreditava ser uma tarefa vexatória.

Os escritos filosóficos de Platão estão todos em forma de diálogo. Esses tipicamente (especialmente os primeiros e muitos dos diálogos médios) captam uma conversação filosófica entre Sócrates e algum interlocutor ou grupo de interlocutores sobre a natureza de certos conceitos, tais como virtude, santidade, conhecimento ou justiça. Sócrates tipicamente engana o interlocutor, às vezes até o ponto em que ele não recebe nenhuma resposta, mas apenas um estado de *aporia* — isto é, um estado de confusão ou contradição.

Algum tempo depois da execução de Sócrates, em 399 a.C., Platão fundou uma escola em Atenas conhecida como Academia, que é a precursora de nossa universidade moderna. Lá, estudantes, incluindo pessoas como Aristóteles, viriam buscar estudos filosóficos, amplamente interpretados.

Embora Platão, às vezes, seja retratado como um primeiro filósofo, ele definitivamente herdou ideias filosóficas daqueles que vieram antes dele. A era pré-socrática filosoficamente rica deu lugar ao ceticismo e ao niilismo dos sofistas, objeto frequente da ira de Sócrates. Platão foi capaz de sintetizar várias correntes do pensamento pré-socrático que até então impediam o progresso da ciência e do pensamento intelectual. Parmênides afirmou que não existia movimento, e Zeno parecia provar isso com vários paradoxos insolúveis. Por outro lado, Heráclito argumentara que tudo está em movimento, bem ilustrado por seu famoso slogan "Nenhum homem pisa no mesmo rio duas vezes", pois um rio é constantemente modificado por seu fluxo pulsante. Isso apresenta um problema descritivo, pois talvez existam generalidades vagas e difusas de um rio, como "o rio Nilo está no Egito", mas não parece haver verdades precisas e determinadas sobre o Nilo (como a exata localização ou o volume preciso de água que contém), dado que esses fatos estão constantemente em fluxo. Heráclito pensava que toda a realidade é como o rio em algum grau ou outro (veja **Filosofia do processo**).

Em ambos os pontos de vista, não há capacidade de fazer ciência, porque, sem movimento, não há descoberta, ou, sem estabilidade, nosso conhecimento do mundo é simplesmente ilusório.

A metafísica de Platão cortou esse nó górdio ao ver a realidade de acordo com sua hipótese de dois mundos. Ele, na verdade, concordou com Heráclito sobre o fluxo em constante mudança da realidade, mas pensou que isso seria verdade apenas no mundo visível ou sensível (isto é, no mundo dos objetos materiais que devem ser experimentados com nossos cinco sentidos). O mundo dos objetos sensíveis está em constante estado de mudança e transformação, no entanto, Platão, de fato, concordou com Parmênides que existe uma realidade eternamente fixa, e esse é o mundo inteligível ou o mundo das formas.

A relação entre esses dois mundos é que o mundo sensível não é senão uma reflexão indefinida do mundo das formas. Dizem que objetos sensatos participam dos formulários. Maçãs, por exemplo, vêm em uma variedade de tamanhos e cores, e todas as variedades têm um sabor um pouco diferente. No entanto, apesar de ter diferenças marcantes em termos de propriedades, há alguma "maçã-nidade" subjacente que cada um tem em graus variados. A maçã, como objeto material, encontra-se em constante estado de crescimento e decadência, concluindo com o apodrecimento e finalmente se desintegrando; e, em algum momento desse processo, deixa de ter maçãnidade. As maçãs decaem, mas, para Platão, a "maçãnidade" é a forma que existe eternamente e em estado de perfeição, da qual as maçãs participam, desde que permaneçam maçãs.

Dada a estabilidade do mundo das formas, somos capazes de ter conhecimento (ver **Epistemologia**). Mas como fazemos isso se não podemos sentir as formas? A teoria inovadora de Platão é que apreendemos as formas por um processo de recordação de um tempo antes de nascermos e vivermos entre as formas, e essa lembrança é provocada por intenso trabalho filosófico abstrato. Ele pensava que, de certo modo, deveríamos nos libertar do mundo sensível, ou pelo menos da nossa fixação com ele, e chegar a ver a grandeza e beleza do mundo das formas — isso é ilustrado por sua famosa alegoria da caverna em *República*.

O conhecimento do mundo sensível permanece um tanto elusivo para Platão, dado que não se pode dizer coisas perfeitamente exatas sobre o fluxo. O raciocínio científico é provavelmente mais parecido com o que Platão, em *Timeu*, chama de "uma história provável", que nada mais é do que uma explicação até certo ponto metafórica, mas ilumina verdades profundas sobre alguma característica da realidade. Considere a experiência da beleza do seu amado; isso parece totalmente insuficiente para dar uma descrição factual desta beleza. Mas quando Romeu diz "Julieta é o sol", somos capazes de entender de maneira profunda a experiência que ele está tendo.

Essa narrativa é o melhor que podemos fazer quando se trata de descrever o mundo sensível e, portanto, isso é o melhor que conseguimos quando fazemos ciência. Isso não é ter uma visão baixa da ciência, uma vez que uma história provável irá iluminar verdades profundas sobre o mundo. E, além disso, a ciência pode progredir, já que nossas histórias podem ser, de certo modo, mais parecidas. Quando se trata de nossas teorias científicas atuais, o platonista pode pensar que temos histórias científicas mais propícias do que as histórias do passado que nos ajudaram a entender melhor algumas características do mundo, mesmo que nunca cheguemos a nenhum tipo de perfeito conhecimento da realidade sensível e material, dada a sua natureza transitória. O grande repositório de teorias científicas falsas da história sugere que esse quadro talvez não seja muito distante. Embora os pontos de vista de Platão, em uma variedade de aspectos, sejam claramente inconsistentes com uma visão cristã geral, suas ideias influenciaram muitos pensadores cristãos (talvez especialmente Agostinho). Em Platão, temos argumentos para um universo inteligentemente projetado, uma realidade eterna além deste mundo contingente, uma alma imortal que sobrevive ao corpo e a realidade e o absoluto de propriedades como justiça, beleza e bondade moral. Tudo isso fez de Platão uma fonte rica à qual o cristão perspicaz pode recorrer.

Travis M. Dickinson

REFERÊNCIAS E LEITURAS RECOMENDADAS

ANNAS, Julia, 2003. *Plato: A Very Short Introduction.* Oxford: Oxford University Press.

FINE, Gail, ed. 2008. *The Oxford Handbook of Plato.* Oxford: Oxford University Press.

KRAUT, Richard, ed. 1992. *The Cambridge Companion to Plato.* Cambridge: Cambridge University Press.

_____. 2008. *How to Read Plato.* London: Granta.

REYNOLDS, John Mark, 2009. *When Athens Met Jerusalem: An Introduction to Classical and Christian Thought.* Downers Grove, IL: IVP.

POLANYI, MICHAEL. Michael Polanyi (1891-1976) foi um polímata anglo-húngaro conhecido por contribuições para a química física e filosofia. Formado em medicina, ele atuou como médico militar no exército austro-húngaro durante a Grande Guerra. Depois que uma licença médica permitiu-lhe concluir um trabalho sobre a adsorção de gases, ele foi premiado com um doutorado em química pela Universidade de Budapeste e nomeado para o corpo docente dessa instituição. Em 1919, o judeu nascido Polanyi se converteu ao Catolicismo depois de ler *Uma confissão,* de Tolstói, e *Grande inquisidor,* de Dostoiévski; pouco tempo depois ele imigrou para a Alemanha.

Enquanto no Instituto Kaiser Wilhelm e, posteriormente, na Universidade de Manchester, Polanyi desenvolveu os princípios de difração de raios-X de fibras, modelos de deslocamento para mecânica sólida e (juntamente com Henry Erying) o campo da dinâmica da reação química. Dois ganhadores do prêmio Nobel estudaram com Polanyi, Eugene Wigner e Melvin Calvin, e seu filho, também ganhador do prêmio Nobel, John, estudaram com outro ex-aluno.

Hoje, Polanyi é mais lembrado por suas contribuições à epistemologia, à sociologia da ciência e à economia. No geral, os enfoques conjugados dos esforços de Polanyi nessas áreas envolviam legitimar fé e valores como conhecimento real, e também defender a liberdade econômica e científica. Este último derivou de suas viagens à União das Repúblicas Socialistas Soviéticas (URSS), que o convenceram da ineficiência dos sistemas econômicos socialistas.

Quando os socialistas propuseram que a ciência e a economia britânicas fossem submetidas a um controle governamental centralizado, Polanyi argumentou que a introdução de medidas de controle socialista em empreendimentos complexos e difíceis de prever, como a ciência e o mercado, introduziria ineficiências e impediria o progresso. Em vez disso, sistemas "policêntricos", nos quais a tomada de decisão era distribuída sobre muitas entidades, eram necessários: por exemplo, a ciência deveria ser deixada à iniciativa de cientistas individuais e decisões econômicas a uma multiplicidade de gerentes individuais. No entanto, Polanyi não acreditava que a economia deveria ser totalmente desregulamentada; em vez disso, adotou teorias monetaristas (1945, 2014).

Ele estava preocupado com o fato de que a incompreensão da ciência como a busca impessoal do conhecimento prejudicasse a capacidade da humanidade de buscar o conhecimento genuíno, em parte rejeitando a moralidade e a espiritualidade. Influenciado por sua experiência como cientista e por ideias da psicologia da Gestalt, Polanyi respondeu que o conhecimento não é desenvolvido pela análise impessoal de dados científicos. Em *Personal Knowledge* (Conhecimento pessoal) (1958) e *The Tacit Dimension* (A dimensão tácita) (1966), ele enfatizou a importância do conhecimento "tácito" — coisas que "nós sabemos, mas não podemos dizer" (Polanyi, 1962b, p. 601) — que são adquiridas por práticas "internas" nas comunidades. Para Polanyi, o conhecimento é holístico e pessoal; sendo assim, epistemologias que enfatizam a distinção entre sujeitos e objetos dificultam a capacidade da humanidade de compreender o "significado abrangente" revelado pelos "específicos" (Polanyi 1946; 1966, p. 34; Polanyi e Grene 1969).

Embora Polanyi não estivesse preocupado principalmente com a ciência e a religião, ele reconheceu a promessa de sua epistemologia de reunir essas duas coisas (1963), e seus pontos de vista influenciaram Ian Barbour, T.F. Torrance, John Polkbridge e John Haught (Russell, 2008-2009). Ele também foi um importante emergentista inicial, sustentando que a vida não pode ser ontologicamente reduzida à química e à física, já que "níveis mais altos de realidade" (notavelmente consciência) controlam os níveis mais baixos (como física e química) impondo condições de fronteira em seu comportamento (Polanyi, 1965, 1968, 1970). No entanto, ele rejeitou a síntese neodarwinista em favor das visões teleológicas de Teilhard de

574 POLKINGHORNE, JOHN

Chardin (Polanyi, 1963), e Philip Clayton criticou seu emergentismo como baseado em uma biologia neovitalista falha (Clayton, 2002-3).

Os teólogos cristãos também foram atraídos pela epistemologia de Polanyi como uma alternativa ao positivismo e ao pós-modernismo. De fato, o próprio Polanyi reconheceu que sua epistemologia encontra consonância com as concepções cristãs tradicionais de uma fé que apreende a vida, buscando o entendimento em comunidade (1961).

Stephen Contakes

REFERÊNCIAS E LEITURAS RECOMENDADAS

Apczynski, John V., 1977. *Doers of the Word: Toward a Foundational Theology Based on the Thought of Michael Polanyi.* American Academy of Religion Dissertation Series 18. Missoula, MT: Scholars Press/American Academy of Religion.

Clayton, Philip, 2002-3. "Emergence, Supervenience, and Personal Knowledge." *Tradition & Discovery* 29 (3): 8-19.

Foster, Durwood, 2008-9. "Michael and Paulus: A Dynamic Uncoordinated Duo." *Tradition & Discovery* 35 (3): 21-39.

Gelwick, Richard, 1977. *The Way of Discovery: An Introduction to the Thought of Michael Polanyi.* New York: Oxford University Press.

———. 2008-9. "The Christian Encounter of Paul Tillich and Michael Polanyi." *Tradition & Discovery* 35 (3): 7-20.

Hodgkin, R. A.; Wigner, Eugene P., 1977. "Michael Polanyi, 1891-1976." *Biographical Memoirs of Fellows of the Royal Society* 23:421-48.

Jaeger, Lydia, 2010. *Einstein, Polanyi, and the Laws of Nature.* West Conshohocken, PA: Templeton.

Manno, Bruno V, 1974. "Michael Polanyi on the Problem of Science and Religion." *Zygon* 9 (1): 44-56.

Mitchell, Mark T., 2006. *Michael Polanyi: The Art of Knowing.* Library of Modern Thinkers. Wilmington, DE: ISI Books.

Mullins, Phil, 1982. "The Spectrum of Meaning— Polanyian Perspectives on Science and Religion." *Zygon* 17 (1): 3-8.

Nye, M. J. 2002. "Michael Polanyi (1891-1976)." *HYLE— International Journal for the Philosophy of Chemistry* 8 (2): 123-27.

———. 2011. *Michael Polanyi and His Generation: Origins of the Social Construction of Science.* Chicago: University of Chicago Press.

Polanyi, Michael. 1932. *Atomic Reactions.* London: Williams & Norgate.

———. 1936. *U.S.S.R. Economics: Fundamental Data, System and Spirit.* Manchester, UK: Manchester University Press.

———. (1940) 2014. "Unemployment and Money: The Principles Involved." www.youtube.com/watch?v=wFm_ORFfp9U.

———. 1944. *Patent Reform: A Plan for Encouraging the Application of Inventions.* n.p.

———. 1945. *Full Employment and Free Trade.* Cambridge: Cambridge University Press.

———. 1946. *Science, Faith and Society.* Riddell Memorial Lectures. London: Oxford University Press.

———. 1956. *The Magic of Marxism and the Next Stage of History.* Manchester, UK: Committee on Science and Freedom.

———. 1958. *Personal Knowledge: Towards a Post-critical Philosophy.* Chicago: University of Chicago Press.

———. 1959. *The Study of Man.* Lindsay Memorial Lectures. London: Routledge and Kegan Paul.

———. 1960. *Beyond Nihilism.* Arthur Stanley Eddington Memorial Lecture. Cambridge: Cambridge University Press.

———. 1961. "Faith and Reason." *The Journal of Religion* 41, no. 4 (outubro): 237-47.

———. 1962a. "My Time with X-Rays and Crystals", em *Fifty Years of X-Ray Diffraction. Dedicated to the International Union of Crystallography on the Occasion of the Commemoration Meeting in Munich, July 1962,* ed. Peter Paul Ewald, 629-36. Utrecht: International Union of Crystallography/A. Oosthoek's Uitgeversmij.

———. 1962b. "Tacit Knowing: Its Bearing on Some Problems of Philosophy." *Reviews of Modern Physics* 34, no. 4 (outubro): 601-16.

———. 1963. "Science and Religion: Separate Dimensions or Common Ground?" *Philosophy Today* 7, no. 1 (primavera): 4-14.

———. 1965. "Levels of Reality." Lecture delivered at Wesleyan University, Middletown, CT. 11 de novembro.

———. 1966. *The Tacit Dimension.* Terry Lectures. Garden City, NY: Doubleday.

———. 1968. "Life's Irreducible Structure: Live Mechanisms and Information in DNA Are Boundary Conditions with a Sequence of Boundaries above Them." *Science* 160, no. 3834 (21 de junho): 1308-12.

———. 1970. "Transcendence and Self-Transcendence." *Soundings* 53, no. 1 (primavera): 88-94.

———. 1974. *Scientific Thought and Social Reality: Essays.* Psychological Issues. New York: International Universities Press.

———. 1975. *The Contempt of Freedom: The Russian Experiment and After.* History, Philosophy and Sociology of Science. New York: Arno.

———. 1998. *The Logic of Liberty: Reflections and Rejoinders.* Indianapolis: Liberty Fund.

Polanyi, Michael; Allen, R. T., 1997. *Society, Economics and Philosophy: Selected Papers.* New Brunswick, NJ: Transaction.

Polanyi, Michael; Grene, Marjorie, 1969. *Knowing and Being: Essays.* London: Routledge and Kegan Paul.

Polanyi, Michael; Prosch, Harry, 1975. *Meaning.* Chicago: University of Chicago Press.

Prosch, Harry, 1986. *Michael Polanyi: A Critical Exposition.* SUNY Series in Cultural Perspectives. Albany, NY: SUNY Press.

Rae, Murray, 2012. *Critical Conversations: Michael Polanyi and Christian Theology.* Eugene, OR: Pickwick.

Russell, Robert John, 2008-9. "Polanyi's Gift to 'Theology and Science.' " *Tradition & Discovery* 35 (3): 40-47.

Scott, Drusilla, 1995. *Everyman Revived: The Common Sense of Michael Polanyi.* Grand Rapids: Eerdmans.

Scott, William T.; Moleski, Martin X., 2005. *Michael Polanyi: Scientist and Philosopher.* Oxford: Oxford University Press.

Torrance, Thomas F., 1980. *Belief in Science and in Christian Life: The Relevance of Michael Polanyi's Thought for Christian Faith and Life.* Edinburgh: Handsel.

———. 2000. "Michael Polanyi and the Christian Faith— a Personal Report." *Tradition & Discovery* 27 (2): 26-32.

POLKINGHORNE, JOHN. O reverendo dr. John Charlton Polkinghorne, condecorado com a Knight Commander of the Most Excellent Order of the British Empire (KBE) e membro da Royal Society (FRS), nasceu em 16 de outubro de 1930. Ele é um físico teórico inglês, teólogo, sacerdote anglicano e escritor. Ele é considerado um líder no campo da comunicação da relação entre ciência e teologia. Profissionalmente, foi professor de física matemática na Universidade de Cambridge de 1968 a 1979, renunciando a sua cadeira naquele momento para estudar para o sacerdócio anglicano. Ele se tornou padre anglicano ordenado em 1982 e assumiu o ministério paroquial. Então, de 1988 à sua aposentadoria, em 1996, ele foi presidente do Queens College, em Cambridge.

Uma pequena amostra de seus prêmios e honrarias inclui a investidura como Cavaleiro Comandante do Império Britânico (KBE) em 1997 e o recebimento do Prêmio Templeton por suas contribuições para o entendimento da relação entre ciência e teologia em 2002. Ele tem a distinta honra de ser o único membro da Royal Society que também é clero ordenado, e é membro fundador da Society of Ordained Scientists [Sociedade de Cientistas Ordenados] e primeiro presidente da International Society for Science and Religion [Sociedade Internacional para Ciência e Religião].

A preocupação de Polkinghorne centrou-se em investigar a compatibilidade entre ciência e religião. Ele tem falado em todo o mundo, e seus escritos incluem cinco livros em seu campo de pesquisa da física de partículas e mais de 25 livros sobre ciência e religião. Uma pequena amostra de seus livros amplamente lidos incluem *One World* [Um Mundo] (1986), *Science and Creation* [Ciência e criação] (1988), *The Way the World Is: The Christian Perspective of a Scientist* [O modo com o mundo é: a perspectiva cristã de um cientista] (1983), *Science and Providence* [Ciência e providência] (1990), *Reason and Reality* [Razão e realidade] (1991), *Quarks, Chaos and Christianity* [Quarks, caos e cristianismo] (1994), *The Work of Love* [A obra do amor (ed., 2001), *The God of Hope and the End of the World* [O Deus da esperança e o fim do mundo] (2002), *Quantum Physics and Theology* [Física quântica e teologia] (2007) e *Testing Scripture* [Testando as Escrituras] (2010). Seus livros em geral são moderadamente curtos, já que ele emprega uma economia de palavras para transmitir clara e elegantemente suas ideias.

Polkinghorne tem consistentemente mantido a posição de que a ciência e o cristianismo são primos, cada um diferente, mas cada um buscando a verdade. Como resultado, ele vê as duas empreitadas como compatíveis. E, embora diferentes, cada um pode informar o outro em situações apropriadas.

Uma das maiores honras de Polkinghorne foi ser convidado para proferir as Gifford Lectures em 1993-1994, que posteriormente foram publicadas como seu livro mais longo, *The Faith of a Physicist: Reflections of a Bottom-Up Thinker* [A fé de um físico: reflexões de um pensador que parte das bases] (1994). A sobrecapa do livro diz:

Polkinghorne [...] aqui explora exatamente quais fundamentos racionais podem existir para as crenças cristãs, sustentando que a busca por compreensão motivada é uma preocupação comum compartilhada por cientistas e pensadores religiosos... [Ele] organiza sua investigação em torno do Credo Niceno, uma declaração inicial que continua a resumir as crenças cristãs, e aplica a cada um de seus princípios à pergunta: "Qual evidência te faz você pensar que isso pode ser verdade?"

Polkinghorne descreve sua posição como a da razão crítica e sustenta que a ciência e a religião tratam de aspectos da mesma realidade. Ele, às vezes, acha o cristianismo bom demais para ser verdade, mas depois pensa: "*Tudo bem, então, negue-o*", e sabe que ele nunca fará isso (2007, p. 107).

Richard F. Carlson

REFERÊNCIAS E LEITURAS RECOMENDADAS

Polkinghorne, John, 1988. *Science and Creation*. Boston: New Science Library.
_____. 1994. *The Faith of a Physicist: Reflections of a Bottom-Up Thinker*. Princeton: Princeton University Press.
_____. 2007. *From Physicist to Priest, An Autobiography*. London: SPCK.

POPPER, KARL.

Sir Karl Popper (1902-1994) iniciou sua carreira à margem do Círculo de Viena de filósofos que desenvolveram o **positivismo lógico**. Tendo pais judeus (embora batizados como luteranos), emigrou para a Nova Zelândia em 1937, durante a ascensão do nazismo, onde firmou uma amizade significativa com *Sir* John Eccles, um neurofisiologista cristão ganhador do Prêmio Nobel. Em 1946, ele foi para a London School of Economics (Escola de Economia de Londres), onde permaneceu pelo resto de sua carreira.

Os positivistas lógicos restringiram o conhecimento real ao observável e mensurável. Para que qualquer afirmação seja considerada ciência e, de fato, tenha algum significado, deve-se ser capaz de verificá-la, isto é, conduzir uma observação ou um experimento que a demonstre. Os positivistas lógicos negaram que as afirmações sobre Deus sejam significativas porque não são verificáveis dessa maneira. Não é só que "Deus existe" seja uma declaração falsa; simplesmente não tem significado. Declarações éticas como "Você não roubará" são igualmente sem sentido.

Popper desafiou o positivismo lógico, alegando que nenhuma medida pode verificar as leis gerais, que são com que a ciência lida. Ele argumentou, ao contrário, que as leis científicas só podem ser falsificadas (Popper [1959]

1990, esp. 40-41). A declaração "Todos os cisnes são brancos", que é universal como uma lei científica, só pode ser verificada observando todos os cisnes no universo, uma tarefa impossível. Além disso, a observação de um único cisne negro iria imediatamente falsificá-la. Curiosamente, Popper pensava que a afirmação "Deus existe" não pode ser falsificada, mas ele era mais contido do que seus predecessores lógicos positivistas. Embora a afirmação "Deus existe" não seja uma afirmação científica, isso não significa que seja uma afirmação sem sentido. Ele também achava que as questões éticas não são científicas, mas ainda pode ser significativo dizer: "Você não deve roubar". A ciência simplesmente não diz nada sobre esses assuntos.

Segundo Popper, todas as teorias científicas são provisórias porque são potencialmente falsificáveis. O progresso científico vem por meio da aprendizagem de erros do passado, falsificando teorias e apresentando alternativas para críticas. Tudo o que temos são conjecturas provisórias: "A velha ideia científica de *epistême* — de conhecimento absolutamente certo e demonstrável — provou ser um ídolo. A demanda por objetividade científica torna inevitável que toda afirmação científica deva permanecer provisória para sempre" (Popper [1959] 1990, p. 280). Ironicamente, ele concluiu: "Somente em nossas experiências subjetivas de convicção, em nossa fé subjetiva, podemos estar 'absolutamente certos'" (ibid.).

De acordo com Popper, para um postulado ter o *status* de uma teoria científica, ele deveria envolver a repetibilidade dos experimentos (e, portanto, ser verdadeiramente falsificável) e também ser preditiva. Por esses motivos, Popper, a princípio, não considerou a cosmologia e a evolução biológica como teorias científicas, embora mais tarde tenha mudado de opinião sobre esse ponto.

Na prática, os cientistas não descartam teorias ao primeiro indício de falsificação e são mais otimistas do que Popper seria. Um aluno de Popper, **Imre Lakatos**, talvez capture melhor a forma como a ciência faz progressos genuínos com sua "metodologia de programas de pesquisa científica" (e melhor do que os "paradigmas incomensuráveis" de **Thomas Kuhn**). No entanto, a falsificação continua a ser um critério importante, e a ciência moderna realmente demonstra um processo de autocorreção no trabalho, como Popper exigiu, que confirma a capacidade da relatividade geral e especial para explicar dados que, pelo menos ingenuamente, falsificaram a mecânica newtoniana clássica.

O trabalho de Popper e de outros ajuda a dissipar a noção simplista de que a ciência é desumana em sua objetividade, confiando apenas em evidências experimentais e assegurada em seus resultados. Julgamentos de valor estão envolvidos, e talvez seja mais próximo da religião do que se poderia pensar inicialmente. Popper escreveu: "Estou inclinado a pensar que a descoberta científica é impossível sem a fé em ideias que são de um tipo puramente especulativo e às vezes até bastante nebuloso; uma fé que é completamente injustificada do ponto de vista da ciência e que, nessa medida, é 'metafísica'" (Popper, [1959] 1990, p. 38).

Ele também criticou o reducionismo, a ideia de que existe uma hierarquia de ciências tal que níveis mais altos na hierarquia podem ser reduzidos a níveis mais baixos, por exemplo, da biologia à química e da química à física. Embora a redução seja inestimável metodologicamente, "como uma redução da filosofia é um fracasso" (Popper, 1974, p. 269). No entanto, essa falha é importante para levar ao reconhecimento da emergência e das propriedades emergentes (p. 268-69).

De um modo extremo, Popper reconheceu que a mente humana não pode ser reduzida simplesmente a processos físicos, e essa percepção levou-o a uma forma de dualismo mente-corpo, que ele chamou de "interacionismo psicofísico" (Popper, 1974, p. 275). A interação ocorre entre três mundos, em que a emergência e a "causalidade descendente" entram em ação:

Mundo 1, o mundo dos objetos físicos;
Mundo 2, o mundo das experiências subjetivas; e
Mundo 3, compreendendo os produtos da mente humana (Popper, 1977, p. 15-16, 36-50; 1974, p. 274-75).

O materialismo e o epifenomenalismo são, portanto, contraproducentes porque implicam que nossas decisões e ações são decididas por processos puramente físicos, e não por argumentos e razões (1977, p. 74-81). O determinismo sofre de um problema semelhante: se verdadeiro, não pode ser discutido, uma vez que qualquer argumento é presumivelmente ele próprio determinado por processos puramente físicos, como são quaisquer argumentos opostos (Popper, 1979, p. 223-24).

Gilbert Ryle argumentou que o "'dogma do fantasma na máquina' [...] é totalmente falso, e não em detalhes, mas em princípio" (Ryle, 1990, p. 17). Em contrapartida, Popper declarou corajosamente: "Eu acredito no fantasma da máquina" (Popper, 1977, p. 105).

Ele acreditava que os conceitos morais dependem da linguagem. Enquanto os animais podem ter um grau de consciência, "somente um homem pode fazer um esforço para se tornar um homem melhor; dominar seus medos, sua preguiça, seu egoísmo; para superar sua falta de autocontrole" (Popper, 1977, p. 144). O conceito de Popper de três mundos foi desenvolvido em tempos mais recentes por George Ellis (Ellis, 2007, p. 126-35).

Rodney Holder

REFERÊNCIAS E LEITURAS RECOMENDADAS

Ellis, G. F. R., 2007. "Science, Complexity, and the Nature of Existence", em *Evolution and Emergence: Systems, Organisms, Persons*, ed. Nancey Murphy and William R. Stoeger. Oxford: Oxford University Press.

Holder, Rodney D., (1993) 2008. *Nothing but Atoms and Molecules? Probing the Limits of Science*. Cambridge, UK: Faraday Institute for Science and Religion; Crowborough, UK: Monarch.

Popper, Karl R., (1959) 1990. *The Logic of Scientific Discovery*. London: Unwin Hyman. First German ed., *Logik der Forschung*, 1934.

_____. 1974. "Scientific Reduction and the Essential Incompleteness of All Science", em *Studies in the Philosophy of Biology: Reduction and Related Problems*, ed. F. J. Ayala and T. Dobzhansky. London: Macmillan.

_____. 1977. Parte 1 de *The Self and Its Brain,* Karl R. Popper and John C. Eccles. Berlin: Springer International.

_____. 1979. *Objective Knowledge: An Evolutionary Approach*. Rev. ed. Oxford: Oxford University Press.

Ryle, Gilbert, 1990. *The Concept of Mind*. London: Penguin.

POSITIVISMO LÓGICO. O positivismo é um movimento filosófico que floresceu nas décadas de 1920 e 1930 na Europa e nas décadas de 1940 e 1950 nos Estados Unidos. O centro mais proeminente do início do movimento foi o Círculo de Viena. Essa coalizão de filósofos, cientistas e matemáticos reuniu-se sob a liderança de Mortiz Schlick (1882-1936) de 1924 até o assassinato de Schlick, em 1936.

Entre os pensadores notáveis associados ao positivismo lógico estão **Hans Reichenbach** (1891-1953), Otto Neurath (1882-1945), Philipp Frank (1884-1966), **Rudolf Carnap** (1891-1970), A. J. Ayer (1910-1989) e **Ludwig Wittgenstein** (1889-1951). Nos anos 1960 e 1970, o movimento foi amplamente abandonado, mas a sua influência continua, mesmo sendo reconhecido, ou não, em debates sobre a natureza da ciência, religião e filosofia.

No início do século XX, uma ciência atingiu um domínio próximo, e domínios de investigação como **física**, biologia, química e **psicologia**, que eram tradicionais filosóficas, eram agora seguidos pela filosofia.

O desafio para a filosofia era declarar seu próprio assunto e os métodos formais de pesquisa. Com o mundo material entregue à ciência e o mundo mental entregue à psicologia, o domínio da filosofia, segundo os positivistas lógicos, era o mundo do significado tal como nas expressões linguísticas. Sua metodologia deveria ser a análise lógica das expressões linguísticas para esclarecer seu significado ou declará-las como sendo absurdas. Partindo da ciência empírica, o positivista procurava localizar todo o conhecimento no mundo consciente ao propor vários princípios de verificação.

A centralidade do verificacionismo é aquela que não é importante quando se conhece o método de sua verificação empírica. A frase "José está corando" tem sentido porque pode ser verificada como verdadeira ou falsa por meio da observação, mas a sentença "Deus é amoroso", enquanto gramaticalmente similar na forma, é não verificável empiricamente e, portanto, não meramente falsa, mas sem sentido. Com base nesses motivos, muito da **metafísica** tradicional, incluindo a teologia, foi declarada sem sentido (ver **Princípio da Verificação**).

Compreensivelmente, muitos viram nessa postura antimetafísica radical um perigo real para a religião em geral e para o cristianismo em particular. Nesse ponto de vista, não pode haver disputa entre o cristianismo e a ciência, não porque ambos convirjam para a verdade, mas porque não há nada sobre o que discutir. Declarações teológicas não são alegações de que se conhece algo; em vez disso, eles apenas expressam as emoções do falante. Em uma resposta parcial, pode-se simplesmente reconhecer que afirmações como "Deus é amoroso" claramente tem sentido e que afirmações teológicas são claramente alegações de conhecimento e que, portanto, o verificacionismo é falso (Plantinga, 1984).

Mais genericamente, o principal problema do verificacionismo é que o próprio princípio de seleção escapa à verificação e, portanto, é autorrefutável (embora algumas formulações do princípio consigam evitar uma autorrefutação abandonando a célebre afirmação de que "a metafísica é sem sentido de uma vez por todas", um elemento central do programa positivista). A eliminação das reivindicações metafísicas da construção da teoria é impossível. O problema principal é se existem bons fundamentos epistêmicos para defender a crença metafísica em questão

578 PÓS-MODERNISMO

ou se a crença é confirmada por meio de algum critério empírico de significado.

Paul M. Gould

REFERÊNCIAS E LEITURAS RECOMENDADAS

AYER, A. J., 1936. *Language, Truth, and Logic*. London: Victor Gollancz.

BLUMBERG, Albert; Herbert Feigl. 1931. "Logical Positivism." *Journal of Philosophy* 28 (11): 281-96.

FLEW, Antony; MacIntyre, Alasdair, 1955. *New Essays in Philosophical Theology*. London: SCM.

KLOCKER, Harry; 1968. *God and the Empiricists*. Milwaukee: Bruce.

PLANTINGA, Alvin, 1984. "Advice to Christian Philosophers." *Faith and Philosophy* 1 (3): 253-71.

PRICE, H. H., 1935. "Logical Positivism and Theology." *Philosophy* 10 (39): 313-31.

PÓS-MODERNISMO. Embora o pós-modernismo seja difícil de definir, há vários temas comuns que o atravessam. (1) Os pós-modernos rejeitam a cosmovisão iluminista dominante do modernismo, (2) uma rejeição da possibilidade de que os seres humanos sejam observadores imparciais, objetivos e não situados; em vez disso, os defensores do pós-modernismo afirmam os seres humanos como situados de maneira radical.

(3) O significado das afirmações não pode ser encontrado por meio da referência a objetos no mundo externo, mas sim intertextualmente. Ferdinand de Saussure e os pós-estruturalistas posteriores veem o significado como uma questão de relação interna, e não de referência externa. (4) A própria verdade é socialmente construída, embora alguns pós-modernos não desejem chegar tão longe; a ideia aproximada é que a localização humana radical leva à construção social da verdade.

(5) Os pós-modernos têm dúvidas significativas se existe um eu duradouro e substancial; para muitos pós-modernos, o eu é um construto.

(6) Os textos são inerentemente instáveis (em virtude de sua desvinculação do mundo externo) e nunca revelam um significado completo; como diz Jacques Derrida, há uma negação da presença plena (significado).

(7) A objetividade metodológica é humanamente impossível; todo conhecimento é radicalmente perspectivo. (8) Seguindo o exemplo de Michel Foucault, os pós-modernos consideram que todas as afirmações da verdade são ideológicas e opressivas; tais alegações fazem parte da longa história do imperialismo e subjugação ocidentais.

(9) Muitos pós-modernos rejeitam tanto o realismo externo (a ideia de que o mundo existe independentemente de nossas representações dele) quanto a teoria da correspondência da verdade (a ideia de que verdade implica um confronto ou correspondência entre uma crença ou proposição e a realidade verdadeira).

(10) Seguindo Jean-François Lyotard, os pós-modernos compartilham uma incredulidade geral em relação às metanarrativas; tais narrativas abrangentes são consideradas epistemicamente excessivamente confiantes (simplesmente não podemos conhecer coisas dessa escala) e opressivas ideologicamente. (11) Derrida e outros viram a tradicional dependência ocidental da razão humana como logocêntrica, o que pressupõe uma teoria da **metafísica** e a possibilidade de plena presença ou significado, como afirmaram Platão, René Descartes e outros. (12) As narrativas tradicionais (como o marxismo, o modernismo e talvez o cristianismo) são vistas como opressoras, pois excluem e marginalizam aqueles que vivem à margem da sociedade, não dando espaço para eles na conversa acadêmica moderna.

Nem sempre é claro o que os estudiosos evangélicos devem fazer das várias reivindicações do pós-modernismo. Os evangélicos diferirão quanto à melhor maneira de responder ao pós-modernismo, com sua resposta baseada em dois fatores-chave: (1) quão amplamente definem o pós-modernismo e (2) quanta confiança eles têm no projeto da teologia natural, pois muito pensamento pós-moderno enfraquece uma confiança geral na razão humana sem auxílio.

Sugiro que um pós-modernismo suficientemente modesto e que se coloca em seu lugar é compatível com o cristianismo e a situação cognitiva humana. As alegações 1 e 2 apresentadas anteriormente podem ser parcialmente endossadas, mas os cristãos ainda podem afirmar que os humanos tendenciosos e caídos podem ter um conhecimento genuíno, embora limitado ("nós sabemos em parte" [1Coríntios 13:9]) e que certas leis fundamentais de lógica ou racionalidade são inescapáveis (isto é, rejeitá-las é usá-las).

As afirmações 7 e 8 têm uma medida de verdade: como cristãos, falamos de um ponto de vista particular e muitas vezes carecemos de objetividade, mas a posição pós-moderna padrão exclui qualquer possibilidade de revelação divina objetiva, o que não afirmaríamos, e o próprio pós-modernismo tem uma perspectiva específica e supostamente faz uma avaliação objetiva sobre, digamos, o Iluminismo ou o modernismo.

Por fim, os textos têm algum grau de instabilidade (afirmação 6), e a afirmação 12 é parcialmente correta, embora possamos acrescentar que os acidentes da história (isto é, eventos específicos que aconteceram, mas não precisavam ter acontecido), como a opressora Inquisição, não são intrínsecos à fé cristã. As outras afirmações, 3—5 e 9—11, são geralmente merecedoras de rejeição cuidadosamente considerada, tanto por razões filosóficas quanto por serem incompatíveis com o cristianismo histórico. O pós-modernismo em suas formas mais modestas é compatível com o empreendimento científico, mas, para aqueles pós-modernos que são antirrealistas comprometidos, falta compatibilidade com a ciência.

Stewart E. Kelly

REFERÊNCIAS E LEITURAS RECOMENDADAS

CARSON, D. A., 2002. "Domesticating the Gospel: A Review of Stanley J. Grenz's *Renewing the Center.*" *Southern Baptist Journal of Theology* 6, no. 4 (Winter): 82-97.

KELLY, Stewart E., 2011. *Truth Considered and Applied.* Nashville: B&H Academic.

ROSENAU, Pauline, 1991. *Post-modernism and the Social Sciences.* Princeton: Princeton University Press.

SMITH, James K. A., 2006. *Who's Afraid of Postmodernism?* 2nd ed. Grand Rapids: Baker Academic.

VANHOOZER, Kevin, 2009. *Is There a Meaning in This Text?* Grand Rapids: Zondervan.

PRICE, GEORGE MCCREADY. Nascido na zona rural de New Brunswick, Canadá, George McCready Price (1870-1963) foi criado em uma fazenda e, quando jovem, frequentou a Igreja Adventista do Sétimo Dia com sua mãe. Depois do ensino médio, ele trabalhou por vários anos vendendo literatura adventista no leste do Canadá. Em 1891, ele se matriculou na Faculdade de Battle Creek, mas saiu depois de dois anos sem um diploma. Depois de vender livros por mais dois anos, ele completou um curso de formação de professores de um ano na Escola Normal Provincial de New Brunswick, onde fez vários cursos de ciências naturais, e então foi lecionar em várias escolas secundárias canadenses e instituições adventistas (Numbers, 2006).

Enquanto ensinava em Tracadie, New Brunswick, em 1899,um médico local fez amizade com Price e o apresentou ao darwinismo. Depois de estudar várias obras darwinistas, Price convenceu-se de que todo o esquema evolucionista girava no que ele percebia como sua compreensão deficiente do registro geológico (Price, 1941). Em 1902, escreveu *Outlines of Modern Christianity and*

Modern Science [Linhas gerais do cristianismo moderno e da ciência moderna]. Foi o primeiro de mais de duas dúzias de livros e centenas de artigos que defendiam o que ele descreveu como "geologia diluviana" (Numbers, 2006). Embora muitos protestantes que rejeitaram o darwinismo no início do século XX o fizessem por motivos teológicos, Price tentou resistir à evolução por razões científicas.

A "geologia diluviana" de Price oferecia uma interpretação totalmente diferente da escala de tempo geológica e da sucessão de estratos que era universalmente aceita entre os geólogos. Em vez disso, ele propôs uma única sucessão de estratos que cobriam toda a terra. O dilúvio de Noé descrito em Gênesis, insistiu Price, criou todo o registro fóssil. Como os fósseis não podiam ser datados sequencialmente, afirmou ele, a evidência geológica não apenas apoiou seu modelo de dilúvio, mas também refutou uma história evolucionária da vida na terra. Por seu raciocínio, o mundo tem cerca de 6 mil anos (Numbers, 1998, 2006).

Embora ele tenha apontado para evidências geológicas para apoiar seus pontos de vista, os compromissos teológicos adventistas de Price também moldaram sua posição. A Igreja Adventista do Sétimo Dia surgiu após as previsões malsucedidas do pregador apocalíptico de meados do século XIX, William Miller, sobre o iminente retorno de Cristo.

Liderados pela profetisa Ellen G. White (1827-1915), os adventistas do sétimo dia compartilharam as convicções de Miller sobre a iminente segunda vinda de Cristo. De acordo com a interpretação do quarto mandamento, os adventistas também acreditavam que os cristãos deveriam adorar aos sábados, o dia de *shabat* no Antigo Testamento, porque era um memorial de uma criação literal de seis dias; e mais: eles consideram os escritos de White com tanta autoridade quanto a Bíblia.

Quando White supostamente recebeu uma visão divina que a levou de volta à primeira semana da criação e demonstrou a ela que cada dia da criação era um período de 24 horas, os adventistas consideravam uma interpretação literal de seis dias de Gênesis uma verdade irrefutável (Numbers, 2006; Price, 1941). Consequentemente, a "geologia diluviana" de Price não apenas o colocou em desacordo com os geólogos em sua época, mas também com muitos protestantes conservadores que defendiam a teoria do dia-era ou do hiato. Aqueles interpretavam

580 PRINCÍPIO ANTRÓPICO

os dias de Gênesis 1 para representar vastos períodos de tempo, ao passo que estes diferenciavam uma criação "no princípio" de uma criação edênica subsequente em seis dias literais. Price considerou ambas as teorias tão errôneas quanto a evolução (Numbers, 1998, 2006).

Ele ganhou a atenção da maior comunidade fundamentalista enquanto os protestantes conservadores lançavam sua campanha contra a evolução no final dos anos 1910. Obras como *Q.E.D.: Or, New Light on the Doctrine of Creation* [Q.E.D.: ou, nova luz sobre a doutrina da criação] (1917) e especialmente *The New Geology* [A nova geologia] (1923) aumentaram ainda mais a popularidade de Price.

Embora Price tenha sido considerado um amador pelos cientistas, William Jennings Bryan o convidou para servir como testemunha especialista no julgamento de **Scopes** de 1925. Como ele estava ensinando na Inglaterra na época, Price não pôde comparecer. Depois que Bryan ofereceu uma explicação confusa sobre "geologia diluviana" durante o julgamento e reconheceu durante a inquirição que não acreditava pessoalmente numa interpretação de Gênesis de seis dias de 24 horas, Price sentiu que Bryan havia traído o movimento antievolução. Embora o julgamento de Scopes possa ter sido um retrocesso para a causa antievolução, a popularidade da "geologia diluviana" de Price continuou a crescer, assim como suas publicações que promoviam sua teoria. Ele faleceu aos 93 anos de idade, em 24 de janeiro de 1963. Seus pontos de vista controversos sobre geologia e Gênesis inspiraram uma geração subsequente de cientistas e teólogos fundamentalistas, evidenciado pelo estabelecimento da Creation Research Society [Sociedade para Pesquisa da Criação] em 1963, e pela atual popularidade do criacionismo científico (Numbers, 1998, 2006).

P. C. Kemeny

REFERÊNCIAS E LEITURAS RECOMENDADAS

PRICE, George McCready, 1902. *Outlines of Modern Christianity and Modern Science.* Oakland, CA: Pacific.
_____. 1917. *Q.E.D.: Or, New Light on the Doctrine of Creation.* New York: Revell.
_____. 1923. *The New Geology: A Textbook for Colleges, Normal Schools, and Training Schools; and for the General Reader.* Mountain View, CA: Pacific.
_____. 1941. "Some Early Experiences with Evolutionary Geology." *Bulletin of Deluge Geology and Related Sciences* 1 (4): 77-92.
NUMBERS, Ronald L., 1998. *Darwinism Comes to America.* Cambridge, MA: Harvard University Press.
_____. 2006. *The Creationists: From Scientific Creationism to Intelligent Design.* Exp. ed. Cambridge, MA: Harvard University Press.

PRINCÍPIO ANTRÓPICO. O físico Freeman Dyson expressou o princípio antrópico em termos pessoais com este comentário: "Quanto mais examino o universo e estudo os detalhes de sua arquitetura, mais evidências acho de que o universo, de algum jeito, deve ter sabido que estávamos chegando" (Dyson, 1979, p. 250). Em outras palavras, o universo parece ter sido projetado para tornar possível a existência de seres humanos. Essa observação é referida como o princípio antrópico.

O astrônomo Marcelo Gleiser apontou que, na literatura astronômica, o princípio antrópico quase sempre não passa de um "princípio pré-biótico" (Gleiser, 2010). Os pesquisadores tendem a se concentrar nas precondições mínimas necessárias para a possível e breve existência das formas de vida mais primitivas, como a bactéria mais simples imaginável. Tendo como alvo os elementos essenciais pré-bióticos, ao contrário dos antrópicos, levou os cientistas a subestimar os requisitos de *design* para a existência da humanidade no universo. Também se subestima outro ponto quando o princípio antrópico é considerado apenas no contexto do universo como um todo. O aperfeiçoamento da vida e, em particular, da vida humana, pode ser visto em todas as escalas de tamanho, das maiores às menores — o universo, o superaglomerado de galáxias de Virgem, o Grupo Local de galáxias, a Via Láctea, o sistema solar, a terra, a crosta terrestre e a atmosfera, e até mesmo as partículas fundamentais.

Os cientistas são capazes de atribuir valores numéricos a várias centenas de características físicas da natureza (p. ex., a densidade de prótons e nêutrons no universo, a densidade local de galáxias anãs, o número e os tamanhos de braços e penas galácticas, formas orbitárias e massas de planetas de parceiros, a proporção da massa entre a terra e a lua, a força e duração do campo magnético da terra, a quantidade, diversidade e duração das bactérias que reduzem o sulfato), os quais devem estar dentro de uma faixa específica para que os humanos tenham alguma chance de existência (Ross, 2010). Esses valores numéricos podem, então, ser comparados com os melhores exemplos de engenharia humana. Tais comparações implicam que o Criador cósmico é muitíssimo mais inteligente, criativo e capaz do que os artesãos e engenheiros humanos mais brilhantes, habilidosos e bem financiados (que são "criadores"). Dado que o intelecto, a criatividade e a intencionalidade são atributos que apenas os seres pessoais

PRINCÍPIO COPERNICANO — 581

possuem, a evidência aponta poderosamente que o Criador cósmico é um ser pessoal.

Em seu livro *The Antropical Cosmological Principle* [O princípio antrópico-cosmológico], os astrofísicos **John Barrow** e **Frank Tipler** (Barrow e Tipler, 1986, 16-23, 305-60, 503-70, 637-77) desenvolvem quatro interpretações filosóficas distintas do princípio antrópico:

1. Princípio antrópico fraco (WAP — *Weak Anthropic Principle*): os seres conscientes só podem existir em um ambiente com características que permitem a sua habitação.
2. Princípio antrópico forte (SAP — *Strong Anthropic Principle*): a natureza *deve* assumir as características que permitam em algum lugar, em algum momento, a existência de seres conscientes.
3. Princípio antrópico participativo (PAP — *Participatory Anthropic Principle*): observadores conscientes são necessários para levar o universo à existência e o universo é necessário para tornar os observadores existentes.
4. Princípio antrópico final (FAP/OPT — *Final Anthropic Principle/The Omega Point*): Deus ainda não existe. No entanto, a vida, o universo e todos os seus recursos inanimados evoluíram juntos e continuarão a evoluir para se tornar um ser onipotente, onipresente e onisciente, com poder de criar no passado.

Como um subgrupo do princípio antrópico mais amplo, o princípio biológico (antrópico) expressa a noção de que para que os humanos tenham alguma possibilidade de existência, os eventos que cercam a origem da vida e a história subsequente da vida devem ter sido extraordinariamente detalhados. Tanto os cientistas como os filósofos inferiram que, se a arquitetura do universo revelar um alto nível de precisão de concepção, as intricadas complexidades da biologia devem revelar um ajuste muito mais cuidadoso.

Ainda outro subconjunto do princípio antrópico aborda a "incrível coincidência" da observabilidade cósmica. A pesquisa indica que a humanidade apareceu na cena cósmica em um momento único e em um local único — distante do núcleo da nossa galáxia, dos seus braços espirais e das nebulosas brilhantes — que permitem a observação e medição de toda a história do universo, desde o começo do cosmos.

Hugh Ross

REFERÊNCIAS E LEITURAS RECOMENDADAS

Barrow, John D.; Tipler, Frank J. *The Anthropic Cosmological Principle*. New York: Oxford University Press, 1986.

Dyson, Freeman J. *Disturbing the Universe*. New York: Basic, 1979.

Gleiser, Marcelo. "Drake Equation for the Multiverse: From the String Landscape to Complex Life." *International Journal of Modern Physics, D* 19 (10): 1299-1308, 2010.

Ross, Hugh. RTB Design Compendium. Reasons to Believe. 17 nov. 2010. Disponível em: www.reasons.org/fine-tuning.

PRINCÍPIO COPERNICANO. O princípio copernicano, mais frequentemente chamado de princípio cosmológico (Chaisson e McMillan, 2014, 669), é uma descoberta empírica de que não há lugares especiais no cosmos e nem instruções especiais de observação nas maiores escalas de distância. Os tipos de matéria e energia e sua densidade são iguais em todos os lugares do universo quando nós medimos em escalas de distância suficientemente grandes. Além disso, em todas as direções para as quais voltamos nossos telescópios, observamos que o universo é o mesmo em grandes escalas de distância.

Essa ideia de "nenhum lugar especial" geralmente é motivada pelo mito de que **Copérnico** removeu a humanidade de seu "lugar especial" no centro do sistema solar, uma ideia que nem Copérnico e nem ninguém mais em seu tempo endossou (Danielson, 2009). Ele foi desenvolvido como um princípio para o universo da seguinte maneira: os astrônomos descobriram, no século XIX, que o sol era uma estrela razoavelmente comum. No século XX, descobriram que a Via Láctea contém cerca de 200 bilhões de estrelas. Além disso, nosso sistema solar está localizado à beira da Via Láctea e nossa galáxia é apenas uma entre 100 bilhões ou mais de galáxias. Para todos os lugares que olhamos, existem estrelas e galáxias, hidrogênio, hélio e outros gases, as mesmas **leis da natureza**, e assim por diante.

Como um princípio estritamente científico, o princípio copernicano é uma expressão da nossa melhor compreensão da uniformidade da natureza. No entanto, também foi desenvolvido em um princípio metafísico do valor: os seres humanos não vivem em um lugar especial, portanto, não há nada particularmente especial nos seres humanos (Gingerich, 2006). Isso geralmente é chamado de princípio da mediocridade (Freedman, 1996).

582 PRINCÍPIO DA COMPLEMENTARIDADE

O princípio da mediocridade não contribui para nossa compreensão da **astronomia** ou cosmologia porque é uma interpretação ideológica da astronomia. Além disso, esta extensão injustificada do princípio copernicano não resiste aos fatos. Por exemplo, descobrimos que o nosso sistema solar ocupa um pedaço da Via Láctea favorável à vida, um dos "lugares especiais" onde as condições corretas existem para que a vida se origine e seja sustentada. Finalmente, como no mito de que Copérnico "rebaixou" o lugar dos seres humanos no universo, o princípio da mediocridade sofre de uma ambiguidade na ideia de "lugar especial". Por um lado, um lugar pode ser especial quanto à localização (p. ex., um endereço na Park Avenue). Por outro lado, muitas vezes falamos sobre o lugar especial da humanidade nos planos e propósitos de Deus. Não há nada particularmente especial sobre a localização espacial que tenha qualquer conexão com o papel especial que a humanidade pode desempenhar nos planos e propósitos de Deus. O princípio da mediocridade confunde uma característica física com uma característica de significado da realidade para tirar uma conclusão falsa sobre a humanidade.

Robert C. Bishop

REFERÊNCIAS E LEITURAS RECOMENDADAS

CHAISSON, Eric; McMillan, Steve. *Astronomy Today.* San Francisco: Pearson Education, 2014.

DANIELSON, Dennis R. "Myth 6. That Copernicus Demoted Humans from the Center of the Cosmos." In: *Galileo Goes to Jail and Other Myths about Science and Religion*, 50-58. Ronald L. Numbers (Ed.). Cambridge, MA: Harvard University Press, 2009.

FREEDMAN, David H. "The Mediocre Universe." *Discover Magazine* (11 fev.), 1996. <http://discovermagazine.com/1996/feb/themediocreunive694/>.

GINGERICH, Owen. *God's Universe.* Cambridge, MA: Belknap, 2006.

PRINCÍPIO DA COMPLEMENTARIDADE. O

"**paradoxo** absoluto" (Søren Kierkegaard) e a complementaridade (Niels Bohr) formam um par de conceitos intimamente relacionado (ver **Paradoxo**). No século XVIII, Kierkegaard (1813-1855) estava tentando resolver o paradoxo da natureza de Jesus Cristo, cuja natureza foi afirmada pelo Concílio de Calcedônia (451) como uma unidade e ainda completamente divina e completamente humana; essas naturezas existem em uma pessoa, sem confusão e em união imutável (ver **Encarnação**).

Kierkegaard percebeu que esse entendimento continuara sendo o padrão para a ortodoxia cristã desde Calcedônia, e ele aceitou plenamente essa especificação da natureza de Jesus Cristo. Além disso, essa formulação foi o ponto de partida para a cristologia de Kierkegaard quando ele desenvolveu o que chamou de paradoxo absoluto.

Existem algumas especulações sobre a possível influência que Kierkegaard exerceu sobre seu colega dinamarquês, Niels Bohr, em sua formulação do princípio da complementaridade aplicável à **física**. É verdade que o pai de Bohr, Christian Bohr, era um admirador entusiasmado pelo pensamento de Kierkegaard, talvez por meio do trabalho de Harold Hoffding. E é evidente que o princípio da complementaridade de Bohr tem uma estrutura muito parecida com o paradoxo absoluto de Kierkegaard.

Na física, até o início do século XX, as entidades na natureza tinham propriedades bem definidas. Por exemplo, a evidência apontou a luz exibindo comportamento que a classificou claramente como uma onda eletromagnética, que poderia ser pensada como se estendendo por grandes espaços. Em contraste, elementos como elétrons foram vistos como bem localizados, com quase uma extensão de um ponto e certamente não possuindo propriedades que possam ser associadas a uma onda.

No final do século XVIII, um novo fenômeno foi descoberto — o efeito fotoelétrico, pelo qual a luz poderia fazer com que os elétrons fossem ejetados de certos metais. Foi **Einstein,** em 1905, quem primeiro propôs que isso poderia ser entendido como luz sendo composta de partículas compactas de energia e que uma compreensão da luz como onda era completamente inconsistente com esse efeito. Uma consequência é que a luz apresenta uma natureza dupla — às vezes parecida com onda, mas em outras circunstâncias parecida com partículas. A análise fotoelétrica de Einstein, não o seu trabalho sobre relatividade especial e geral, conferiu-lhe o Prêmio Nobel em 1921.

Pouco tempo depois, em 1924, Louis Victor de Broglie propôs que a dualidade onda-partícula vista na luz se aplicasse a todas as entidades na natureza e que aquelas entidades que haviam sido entendidas como partículas, como os elétrons, mostrariam propriedades de ondas sob as condições adequadas. Em 1927, Clinton Davisson e Lester Germer elaborou uma experiência mediante a qual os elétrons foram vistos comportando-se como onda, e de Broglie logo depois recebeu o Prêmio Nobel por sua proposta de onda-partícula.

Também em 1927, Niels Bohr recebeu uma carta de um dos primeiros físicos quânticos, Werner Heisenberg, informando Bohr de seu recém-descoberto e inédito princípio de incerteza (ver **Princípio de incerteza de**

PRINCÍPIO DA VERIFICAÇÃO   583

Heisenberg). Em discussões subsequentes, Bohr convenceu Heisenberg de que seu princípio era uma manifestação do conceito mais profundo de complementaridade, que Bohr introduziu em setembro daquele ano.

Existem dois aspectos principais no conceito de complementaridade. Primeiro, ela refere-se ao conceito de que as propriedades subjacentes das entidades (p. ex., partículas subatômicas) podem revelar-se em formas contraditórias em momentos diferentes, dependendo das condições de observação. Como resultado, um modelo físico de uma entidade exclusivamente do ponto de vista de uma forma ou outra será necessariamente incompleto. Por exemplo, descrever um elétron apenas quanto à sua natureza de partículas é incompleto. Esse princípio implica o ponto crucial de que não existe uma separação acentuada entre o comportamento, especialmente das entidades subatômicas, e sua interação com o aparelho experimental que serve para especificar o aspecto particular da entidade que será exibida.

Em segundo lugar, a complementaridade implica o princípio de incerteza de Heisenberg e a aleatoriedade associada à interpretação de Copenhague da mecânica quântica. Essa interpretação sustenta que os sistemas físicos geralmente não possuem propriedades definidas antes de serem medidos, e que os cálculos quânticos só podem prever uma série de probabilidades de resultados de tais medidas (ver **Teoria quântica, Interpretações da**).

Richard F. Carlson

REFERÊNCIAS E LEITURAS RECOMENDADAS

Loder, James E.; Neidhardt, W. Jim. *The Knight's Move: The Relational Logic of the Spirit in Theology and Science.* Colorado Springs: Helmers & Howard, 1992.

Polkinghorne, John. *Quantum Theory: A Very Short Introduction.* Oxford: Oxford University Press, 2002.

PRINCÍPIO DA VERIFICAÇÃO. Durante as primeiras décadas do século XX, os positivistas lógicos (notavelmente Moritz Schlick, **Rudolf Carnap**, **Carl Hempel**, Otto Neurath e A. J. Ayer) procuraram um método para lidar com problemas filosóficos persistentes, especialmente aqueles gerados por linguagem e lógica (ver **Positivismo lógico**). Eles exigiam um critério para determinar a significância das expressões linguísticas. Uma sentença não é significativa se não expressar uma proposição, algo que seja verdadeiro ou falso. Há, então, um elo íntimo entre o significado de uma expressão e seu valor de verdade. Se um método pudesse ser desenvolvido para determinar o (verdadeiro) valor de verdade de uma afirmação, esse método ajudaria a determinar sua significância.

Como empiristas estritos (ver **Empirismo**), os positivistas lógicos insistiram em um critério enraizado na observação empírica. Assim, a fórmula que prescreveram estipulou que uma afirmação é significativa se, e somente se, for empiricamente verificável ou analítica (isto é, verdadeira por definição). Isso eles chamavam de *princípio da verificabilidade*.

O efeito desse princípio era que qualquer "declaração" que não é empiricamente verificável não é nem mesmo significativa. Os positivistas lógicos chamavam a si mesmos de *positivistas* por causa de sua ênfase nos "fatos" e o que eles consideravam ser a natureza de um "fato". Que uma ação, descrita em termos de estados físicos e eventos, ocorreu é um fato. Que a própria ação tenha uma qualidade moral não é um fato — não havendo meios empíricos para detectar a suposta qualidade moral. Então a frase "matar é ruim" não afirma nada. Não é nem verdadeira nem falsa. É cognitivamente sem sentido, pura e simples. Outras casualidades desse dogma empirista incluem sentenças da forma "Deus criou o universo" e "A mente é uma substância imaterial".

As implicações para a crença religiosa são severas. O critério positivista para a significação forneceu um atalho conveniente para descartar as alegações de verdade do cristianismo. Como A. C. Ewing escreveu em meados do século XX: "Hoje, as questões mais comumente expostas pelos críticos filosóficos da religião, pelo menos neste país, não se relacionam com a verdade ou a falácia das asserções religiosas, mas com o seu significado" (1968, p. 223).

Objeções comuns ao verificacionismo incluem:

1. *O verificacionismo é dogmático e arbitrário.* Sua prepotência empiricista implica que as sentenças religiosas, embora pareçam fazer afirmações, não são afirmações de modo algum. Mas isto é não favorável ao que os crentes religiosos normalmente pretendem quando proferem frases que, gramaticalmente, parecem ser afirmações. Esse dogmatismo é agravado pela arbitrariedade sem suporte de sua perspectiva geral. Não há um argumento geral de que o empirismo esteja correto, nem seria plausível tal argumento se fosse empregado.

2. *O verificacionismo é autodestrutivo.* Alista um critério que não pode, quando afirmado, satisfazer seu

584 PROBABILIDADE

próprio teste. O princípio não é analítico; nem é empiricamente verificável.

3. *O verificacionismo é uma tese metafísica, apesar dos protestos em contrário.* O verificacionismo pretende eliminar a **metafísica**. Mas isso implica que o que parece muitos fatos não são fatos. Sua ontologia é regrada, mas é, no entanto, uma ontologia.

4. *O verificacionismo é uma doutrina abstrusa sem um sentido claro.* Os conceitos de "observação" e "verificabilidade" são vagos e variadamente construídos.

A popularidade do verificacionismo diminuiu, e a metafísica, a filosofia moral e a teologia filosófica recuperaram a respeitabilidade. No entanto, esse avanço na história recente da filosofia é mitigado de alguma forma pelo dogmatismo retrógrado do **cientificismo** que, mesmo que reconheça a significação das afirmações religiosas, não as leva a sério porque elas não podem ser verificadas empiricamente.

R. Douglas Geivett

REFERÊNCIAS E LEITURAS RECOMENDADAS

AYER, A. J., 1936. *Language, Truth and Logic.* London: V. Gollancz.
_____. ed. 1959. *Logical Positivism.* New York: Free Press.
AYER, A. J.; Copleston, F. C., 1957. "Logical Positivism— A Debate", em *A Modern Introduction to Philosophy: Readings from Classical and Contemporary Sources.* Eds. P. Edwards e A. Pap. New York: Free Press.
CARNAP, Rudolf, 1936. "Testability and Meaning." *Philosophy of Science* 3 (4):419-71.
EWING, A. C., 1968. *Nonlinguistic Philosophy: Muirhead Library of Philosophy.* London: Allen & Unwin.
HAHN, Lewis Edwin, ed. 1992. *The Philosophy of A. J. Ayer.* La Salle, IL: Open Court.
SCHLICK, Moritz, 1936. "Meaning and Verification." *Philosophical Review* 45 (4).

PROBABILIDADE. Probabilidade refere-se às chances da ocorrência de um determinado evento, ao passo que a teoria da probabilidade é a matemática formal subjacente ao cálculo das probabilidades. A probabilidade pode fornecer um cálculo quantificável ou uma estimativa das chances de um evento ocorrer.

A probabilidade geralmente é descrita como um número de 0 a 1, com 0 indicando que o evento não ocorrerá e 1 indicando que o evento deve acontecer. Se uma moeda corretamente pesada é lançada no ar, a probabilidade de obter cara em qualquer tentativa é de 1/2.

Há duas interpretações primárias sobre a natureza fundamental das probabilidades: objetivistas e subjetivistas. Uma abordagem objetivista lida apenas com eventos aleatórios bem definidos, ao passo que a abordagem subjetivista atribui probabilidade mais como um grau de crença em relação a um evento.

A interpretação mais comum e padronizada é a interpretação de probabilidade frequentista, que é a abordagem objetivista clássica. A probabilidade é definida como a frequência relativa de um evento em comparação com o espaço de amostra inteiro. Por exemplo, o espaço de amostragem de um dado de seis lados consiste em todas as seis possibilidades, e a probabilidade de que qualquer lado esteja voltado para cima para qualquer jogada é de 1/6. Para eventos independentes, as probabilidades podem ser simplesmente multiplicadas. A probabilidade de obtermos um 1 em um dado de seis lados é 1/6; então, a probabilidade de obtermos dois 1s é $1/6 \times 1/6$ ou 1/36.

Desenvolver um pouco do formalismo matemático da teoria da probabilidade pode ser útil aqui. $P(A)$ é definido como a probabilidade de o evento A ocorrer. Se dois eventos — digamos, A e B — são independentes, então a probabilidade de ambos ocorrerem é $P(A \cup B) = P(A) P(B)$. Isso foi ilustrado anteriormente quando discutimos a probabilidade de obtermos dois 1s com dados de seis lados. A probabilidade de qualquer um dos dois eventos, A ou B, ocorrer é dada por $P(A \cup B) = P(A) + P(B)$. Um exemplo é a probabilidade de obter um 1 ou um 2 com um único dado de seis lados é $1/6 + 1/6 = 1/3$. Um princípio importante na teoria da probabilidade é a probabilidade condicional. Qual é a probabilidade de um evento A ocorrer se considerarmos que o evento B já ocorreu? Isso é escrito como $P(A|B)$. Se você mora em uma casa cristã, a probabilidade de você receber um presente (digamos, evento A) é muito maior se for 25 de dezembro (evento B) do que se for uma data arbitrária. Formalmente, $P(A|B) = P(A \cup B)/P(B)$. Outro conceito importante é probabilidade inversa. A probabilidade inversa para $P(A|B)$ é $P(B|A)$. É um equívoco comum que se $P(A|B)$ é grande, então $P(B|A)$ também seja, mas isso não é necessariamente verdade e é frequentemente falso. Só porque a probabilidade de você ganhar um presente é alta se a data for 25 de dezembro, isso não significa necessariamente que a probabilidade de que a data seja 25 de dezembro é alta só porque você recebeu um presente.

A abordagem subjetivista mais comum dessa área é a probabilidade bayesiana, embora esta possa ser interpretada dentro de uma estrutura frequentista. No século XVIII, Thomas Bayes ofereceu o primeiro tratamento matemático de sua ideia em um artigo intitulado "An Essay towards Solving a Problem in the Doctrine of Chances" [Um estudo para solucionar um problema na doutrina das possibilidades], e Pierre-Laplace posteriormente generalizou seu teorema. A abordagem de Bayes usa probabilidades condicionais e conhecimento prévio (probabilidades anteriores) para determinar uma probabilidade posterior. A interpretação subjetivista do **teorema de Bayes** é que ele fornece um nível do grau de crença em um axioma, dada toda a evidência disponível, e uma das principais características da matemática desse teorema é o formalismo para calcular P(B|A) dado P(A|B), P(B) e P(A).

Tanto teístas como não teístas tendem a usar argumentos probabilísticos para apoiar suas teorias. O argumento do ajuste fino indiretamente apela à baixa probabilidade de um universo que pode sustentar a vida como evidência de que existe uma divindade, enquanto não teístas, como Bill Jefferys e Michael Ikeda, afirmam que a análise bayesiana enfraquece o uso de ajuste fino como argumento para Deus (ver **Ajuste fino do universo e sistema do solar**; Ikeda e Jefferys, 2006). Os proponentes do *design* inteligente combinam baixa probabilidade com complexidade para projetar um filtro que determina se a explicação mais provável para algo deve ser atribuída ao *design* (Dembski, 1998). Em resposta, os não teístas muitas vezes afirmam que "coisas improváveis acontecem o tempo todo" e não devemos ficar surpresos em observar eventos improváveis (Hand, 2014a). Os teístas respondem que seu apelo não é simplesmente a eventos de baixa probabilidade, mas a eventos de baixa probabilidade com complexidade específica.

Ao apelar para a probabilidade, os apologistas mencionados anteriormente tendem a usar probabilidades subjetivas, que têm mais flexibilidade do que uma abordagem objetivista estrita. Embora a matemática da teoria da probabilidade seja precisa, as interpretações e suposições não são, e a teoria da probabilidade não pode fornecer uma prova inequívoca a favor ou contra a existência de Deus.

As alegações feitas pelos proponentes de determinado cálculo de probabilidade podem ser exageradas. Por exemplo, na abordagem Jefferys-Ikeda, os autores tentam apenas desacreditar o fraco princípio antrópico e não fazem distinção entre um universo com parâmetros finamente ajustados que permitem a existência da vida e um com uma ampla gama de parâmetros favoráveis à vida. Eles usam uma técnica bayesiana, mas não fazem uso de qualquer informação anterior, e sua conclusão é baseada na suposição de que uma deidade poderia realmente criar um universo inóspito à vida, mas no qual a vida é sobrenaturalmente sustentada de qualquer forma. Esse raciocínio leva à alegação absurda de que o princípio antrópico torna Deus menos provável — não mais provável — já que um denominador de probabilidade com universos naturais é somente menor que um denominador de probabilidade com universos naturais mais sobrenaturais.

Cálculos de probabilidade são formalmente usados por corporações para tomar decisões de negócios e informalmente usadas por quase todos para tomar decisões cotidianas. Uma pessoa que pergunta qual rota do passageiro terá menos tráfego, dado que há um acidente na rota usual, está utilizando a informação que ele tem para tomar uma decisão baseada na probabilidade. Usado com cuidado e com ressalvas apropriadas, os cálculos de probabilidade podem dar credibilidade aos argumentos teístas. Pode-se argumentar que a ressurreição de Jesus é a explicação mais provável para os eventos que cercam o desenvolvimento do cristianismo no primeiro século ou que a evidência para a ressurreição aumenta a probabilidade do teísmo (Miller, 2012). Cálculos de probabilidade aproximada também mostram a improbabilidade de encontrar um planeta que possa suportar formas de vida mais complexas, dado o tamanho do universo conhecido, citando a ressalva apropriada (Ross, 2004).

Michael G. Strauss

REFERÊNCIAS E LEITURAS RECOMENDADAS

DEMBSKI, William A., 1998. *The Design Inference: Eliminating Chance through Small Probabilities.* Cambridge: Cambridge University Press.

HAND, David, 2014a. *The Improbability Principle: Why Coincidences, Miracles, and Rare Events Happen Every Day.* New York: Scientific American/Farrar, Straus and Giroux.

_____. 2014b. "It's Not Actually a Miracle: Five Reasons Why Absurdly Improbable Things Happen All the Time." Slate. www.slate.com/articles/health_and_science/science/2014/02/the_improbability_principle_rare_events_and_coincidences_happen_all_the.html.

IKEDA, Michael; Jefferys, Bill, 2006. "The Anthropic Principle Does Not Support Supernaturalism." University of Texas. Acessado em 17/10/2016. http://quasar.as.utexas.edu/anthropic.html.

MILLER, Calum, 2012. *Calum Miller's Blog.* Acessado em dezembro de 2014. http://calumsblog.com/2012/02/18/resurrection-for-theism/.

Ross, Hugh, 2004. "Probability for Life on Earth." Reasons To Believe. 6 de maio. www.reasons.org/articles/probability-for-life-on-earth-apr-2004.

PROBLEMA MENTE-CORPO. O problema mente-corpo gerou uma grande atenção na filosofia, especialmente nos últimos tempos. Isso se deve ao seu lugar em

586 PROBLEMA MENTE-CORPO

debates mais amplos relacionados ao **teísmo** e ao ateísmo cristão, ao livre-arbítrio e à **moralidade**, à questão da imortalidade e aos limites da investigação científica.

Um tópico extremamente significativo na filosofia, a disputa central gira em torno da seguinte questão: qual é a relação entre a mente e o corpo? A mente se refere à consciência humana, ideias, capacidade de raciocínio, memórias e imaginação; o corpo se refere ao material físico do cérebro, como neurônios, células, córtex e assim por diante. Tradicionalmente, o cérebro (ou corpo) tem sido considerado como um objeto físico, consistindo de matéria e energia, e sujeito a leis científicas; mas a mente parece ser de uma ordem diferente, uma entidade não física, mental e espiritual, a sede de nossa consciência, de nossas memórias e de nossa identidade pessoal.

Essa distinção de senso comum entre os dois inspirou **René Descartes** (1596-1650) a desenvolver sua famosa teoria do **dualismo** da substância (ou cartesiana), a teoria de que a mente e o cérebro são duas entidades relacionadas, mas distintas. Enquanto o cérebro é uma substância física que tem poder causal sobre a mente, esta é uma substância mental que tem poder causal sobre o cérebro.

O dualismo da substância é oposto ao **materialismo**, a outra posição principal sobre a relação mente-corpo. O materialismo, às vezes chamado de **fisicalismo**, é a visão de que a mente é completamente física por natureza ou depende do físico para sua existência. Alguns filósofos têm uma teoria forte do materialismo e defendem a identidade mente/cérebro — a teoria de que a mente e o cérebro são a mesma coisa, que **consciência**, pensamentos e **lógica** são operações físicas sofisticadas e complexas do cérebro, e, embora os façamos e ainda não entendamos completamente como eles funcionam, entenderemos, no futuro, por meio de mais pesquisas científicas. Outros materialistas assumem uma posição mais moderada, sustentando que as atividades mentais podem ser não físicas, mas ainda são produzidas pelo cérebro e, portanto, são completamente dependentes deste. Essa teoria, às vezes chamada de *epifenomenalismo*, também sustenta, contraintuitivamente, que os eventos mentais não têm poder causal sobre o cérebro.

Os filósofos assumiram uma variedade de posições entre o materialismo e o dualismo da substância, incluindo o **funcionalismo** e o dualismo de propriedades.

Dualistas defenderam sua teoria com vários argumentos. A principal diz respeito à natureza irredutível das propriedades mentais, que incluem as **qualia** — aquelas experiências, sentimentos e talvez crenças que estão disponíveis para nós introspectivamente na consciência. A natureza irredutível das propriedades mentais sugere que, embora o cérebro possa ser uma condição necessária para a atividade mental nesta vida, não se segue que também seja uma condição suficiente.

Essa reivindicação apela ao princípio lógico de que, se duas coisas têm propriedades diferentes, elas não podem ser a mesma coisa. Descartes argumentou que a mente não pode ser literalmente medida, pesada ou dividida, mas o cérebro pode. Não faz sentido falar sobre o peso das propriedades mentais (como uma ideia), mas faz sentido falar sobre o peso do córtex. Além disso, a experiência de ver o vermelho é qualitativamente diferente de qualquer estado cerebral que possa estar correlacionado com ele (ver **Qualia**). Esse argumento mostra que a mente é de uma ordem diferente do cérebro e que não pode ser reduzida à atividade cerebral ou a explicações causais científicas. Os materialistas respondem a argumentos desse tipo observando que essas diferenças podem estar apenas no nível da análise conceitual ou descritiva, e que o estudo posterior poderia revelar uma relação física muito mais próxima entre a mente e o cérebro.

O dualista também recorre ao argumento da intencionalidade, o qual chama a atenção para uma propriedade muito peculiar dos estados mentais, nossos pensamentos e ideias, uma propriedade não compartilhada por objetos físicos. Quando pensamos em algo como a nossa casa, diz-se que as ideias e imagens em nossa mente têm conteúdo intencional, ou seja, elas estão "sobre" ou "de" algo no mundo real, o mundo fora da mente, o que é verdade para a maioria de nossas ideias, nossos conceitos, nossas crenças e nossos argumentos. O dualista argumenta que a intencionalidade não pode ser explicada em termos físicos, porque não faz sentido dizer que a estrutura atômica ou molecular de um objeto físico (p. ex., células cerebrais) poderia ser sobre outro objeto distinto dele. Também não faz muito sentido dizer que um objeto físico poderia produzir um efeito não físico que teria como uma de suas características o fenômeno da intencionalidade.

Quando confrontados com características recalcitrantes da mente que parecem resistir à explicação física e científica, os materialistas recorrem frequentemente a um tipo de argumento da "fé científica", o qual se baseia na afirmação de que, uma vez que encontramos muitas coisas no passado (p. ex., relâmpagos) que inicialmente pensamos ser inexplicável, mas para o qual finalmente encontramos explicações científicas, será o mesmo com a intencionalidade e, de fato, com a mente, de modo mais geral. O dualista reconhece que o argumento da fé científica é um bom argumento em geral na ciência (p. ex., quando aplicado a raios), mas nega que seja um bom argumento quando aplicado à intencionalidade, ou à mente de maneira mais geral. Isso ocorre porque a intencionalidade, diferentemente do raio, não é apenas outro objeto físico e parece não ter base na matéria física, como átomos e leis causais.

Um terceiro argumento oferecido pelos dualistas pode ser chamado de *argumento do livre-arbítrio*, um argumento que muitos afirmam ser decisivos contra qualquer teoria do materialismo sobre a mente humana. O livre-arbítrio pode ser definido como a capacidade dos seres humanos de fazer uma escolha genuína entre alternativas, uma escolha que não é determinada por leis científicas que operam sobre partículas atômicas ou moleculares ou combinações de partículas no cérebro. Sem genuíno livre-arbítrio, a moralidade não faria sentido, e nossas noções de responsabilidade moral e punição também seriam comprometidas.

O dualista afirma que, uma vez que os seres humanos têm livre-arbítrio, o materialismo é falso. Esse é um problema espinhoso para os materialistas, que são confrontados em dizer que, uma vez que todas as nossas ações estão enraizadas em nossos cérebros e no sistema nervoso central, todas as nossas "escolhas" devem ser explicadas em termos de leis causais científicas que operam sobre matéria e energia. Deveríamos ser como robôs sofisticados, cuja própria operação é determinada por sequências causais que operam de acordo com as leis científicas — em suma, parece não haver espaço para o livre-arbítrio em um universo naturalista. Os materialistas estão apenas começando a entender o problema que o livre-arbítrio cria para sua teoria, com alguns preparados para negar que ele existe e outros propondo várias teorias "compatibilistas" (ver **Compatibilismo**).

Os dualistas estenderam esses vários argumentos para a natureza irredutível da consciência a fim de apoiar um argumento para a imortalidade, como Descartes fez. Como a mente não é física, tem certa independência do cérebro e, embora a mente e o cérebro operem juntos nesta vida, não há objeção lógica em dizer que, na **morte** corporal, a mente poderia sobreviver. Uma vez que a mente também envolve nossa consciência e nossas memórias, isso também seria um argumento de que nossa identidade pessoal será mantida na vida após a morte. Em termos mais gerais, os dualistas de mente/corpo tendem a apelar a argumentos desse tipo para apoiar uma teoria teísta da realidade, embora um pequeno número de pensadores nos últimos tempos tenha argumentado que o materialismo é compatível com o cristianismo (ver **Vida após a Morte**).

Brendan Sweetman

REFERÊNCIAS E LEITURAS RECOMENDADAS

Descartes, René, *Meditations* (muitas edições).
Lowe, E. J., 2000. *An Introduction to the Philosophy of Mind.* Cambridge: Cambridge University Press.
Murphy, Nancey, 2006. *Bodies and Souls, or Spirited Bodies?* New York: Cambridge University Press.
Searle, John, 2006. *Freedom and Neurobiology.* New York: Columbia University Press.
Taliaferro, Charles, 1994. *Consciousness and the Mind of God.* New York: Cambridge University Press.
van Inwagen, Peter, 1983. *An Essay on Free Will.* Oxford: Clarendon.

PROJETO GENOMA HUMANO. O Projeto Genoma Humano (PGH) foi um programa internacional de pesquisa colaborativa cujo objetivo era o mapeamento completo e a compreensão de todos os genes dos seres humanos. Todo o conjunto de genes humanos é conhecido como "genoma", e o genoma de todos os organismos vivos é composto de duas longas cadeias de **DNA** enroladas uma na outra na famosa dupla hélice. Cada um dos 46 cromossomos humanos consiste em uma molécula longa de DNA, tipicamente cerca de dois centímetros de comprimento e com uma largura que corresponde a um milésimo do cabelo humano. Dado que existem 46 moléculas de DNA em uma célula, o comprimento total de DNA em cada célula é de cerca de 2,74 metros.

O DNA consiste de unidades de codificação chamadas *bases*, e nosso genoma como um todo consiste em cerca de 3 bilhões de bases presentes em duas cópias, um conjunto de 23 moléculas de DNA de cada progenitor. As bases são organizadas ao longo do segmento em uma ordem distinta, conhecida como *sequência*. O objetivo do projeto do genoma humano era determinar a sequência de todos os 3 bilhões de unidades de codificação.

Os genes correspondem a segmentos de código ao longo da molécula de DNA. Geralmente cada **gene** especifica as **informações** sobre como fazer uma determinada molécula de proteína, e temos cerca de 20.500 genes ao todo. O genoma também consiste em porções da molécula de DNA que regulam quais genes são lidos pela célula em qualquer momento e em qualquer tecido dado. Porções significativas do DNA atuam como interruptores, ativando e desativando a expressão de determinados genes. Embora ainda haja muito trabalho a ser feito para entender completamente os detalhes de como o código funciona, em essência, com a sequência completa do genoma humano, os cientistas têm o manual de instruções sobre como construir um corpo humano.

O projeto foi imenso — de longe, o maior esforço coordenado já tentado na história da biologia. Começou em 1990 sob a liderança de James Watson, com **Francis Collins** se tornando o diretor em 1993. Inicialmente projetado para ser concluído em 2005, foi concluído dois anos antes a um custo de 400 milhões de dólares, sob o orçamento de 3 bilhões de dólares. Durante todo o processo, os custos continuaram a diminuir significativamente, portanto, embora a leitura do primeiro genoma tenha custado cerca de 2,6 milhões de dólares, hoje um genoma inteiro pode ser sequenciado por cerca de mil dólares.

Mais de 6 mil doenças hereditárias identificadas são causadas por defeitos nas informações de codificação do DNA, e agora que os genomas podem ser prontamente sequenciados e comparados ao genoma de referência, muitas vezes é possível diagnosticar doenças específicas mais rapidamente do que se imaginava ser possível. Outras doenças como o câncer são frequentemente causadas por um conjunto de anormalidades genéticas (mudanças na sequência do DNA) que não são necessariamente um resultado da herança dos pais, mas sim mudanças na sequência que ocorreram dentro do corpo durante a vida do indivíduo. Essas alterações podem resultar na multiplicação descontrolada de células em tumores, que, dependendo das alterações genéticas específicas, podem ser metastáticas. Outras doenças são causadas por múltiplas alterações genéticas hereditárias que criam doenças por meio de um efeito aditivo. Em todos os casos, conhecer a sequência de DNA das células dentro do corpo muitas vezes leva a um tratamento mais eficaz.

Essa é a base fundamental para a medicina personalizada que está fadada a revolucionar a face da medicina no século XXI, e todo esse progresso vem do sucesso do projeto genoma humano.

Darrel R. Falk

REFERÊNCIAS E LEITURAS RECOMENDADAS

Collins, Francis, 2006. *The Language of God.* New York: Free Press. National Institutes of Health. 2016. *An Overview of the Human Genome Project.* 11 de maio. www.genome.gov/12011238.
Topol, Eric, 2015. *The Patient Will See You Now.* New York: Basic Books.

PROVA CIENTÍFICA. Merriam-Webster define a prova como "um ato ou processo de mostrar que algo é verdadeiro". Como a ciência não pode mostrar que algo é verdadeiro no sentido de que é estabelecido como correto, sem exceção em todas as circunstâncias, a prova científica absoluta não é possível. Provas só são possíveis na **lógica** e na **matemática**. Nesses dois campos, uma vez que uma proposição tenha sido provada, essa prova permanecerá válida para sempre. Em contrapartida, o conhecimento científico é a melhor explicação dos resultados de observações experimentais entre todas as opções disponíveis. Se uma experiência contradiz o **paradigma** científico atual, então essa teoria não é totalmente verdadeira e deve ser refinada ou descartada. Portanto, as ideias científicas podem ser desmentidas, mas nunca absolutamente provadas.

O **método científico** é usado para testar hipóteses e desenvolver e melhorar teorias científicas, e apenas evidências empíricas podem ser consideradas e testadas contra previsões de várias hipóteses. Quando evidências de experimentos diferentes consistentemente confirmam uma hipótese e nenhum resultado experimental entra em conflito com as previsões dessa hipótese, então essa hipótese ganha credibilidade científica. Os tipos e a quantidade de evidências confirmadoras levarão a diferentes níveis de credibilidade científica. Teorias que têm uma enorme quantidade de evidências confirmativas e nenhuma observação contraditória podem ser consideradas um corpo de conhecimento ou fatos científicos. Teorias como a **conservação da energia** e a **teoria da relatividade especial** tiveram tantas observações confirmativas que parecem ser **leis da natureza** inabaláveis ou teorias científicas comprovadas. Mas mesmo essas teorias aparentemente comprovadas não seriam absolutamente verdadeiras se uma única violação fosse encontrada.

Toda teoria na ciência tem um campo de aplicabilidade. Os limites da confiabilidade são bem conhecidos por muitas "leis" da natureza. Algumas ideias, como a lei de Ohm, que descreve a relação entre a corrente através de um condutor e a voltagem através do condutor, têm regiões de aplicabilidade muito limitadas. Outros, como as três leis do movimento de Newton, são conhecidas por funcionarem muito bem para a maioria das circunstâncias cotidianas. Mas essas leis falham a velocidades muito altas, próximas à **velocidade da luz** e a distâncias muito pequenas, aproximadamente do tamanho de um átomo. Isso não invalida a utilidade das leis de Newton para descrever observações e prever o resultado de experimentos feitos em circunstâncias usuais. Ainda outros, como a conservação da energia e a teoria da relatividade especial, não são conhecidas por terem quaisquer domínios onde não se aplicam.

Que nível de confiança em um resultado experimental é necessário para que algo seja aceito como parte do conhecimento científico coletivo? A resposta depende um pouco do campo da ciência e os métodos envolvidos.

Considere como exemplo a descoberta do bóson de Higgs em 2012. Antes que os cientistas envolvidos nessa descoberta pudessem ter certeza de que haviam descoberto uma nova partícula, primeiro atribuíram valores quantitativos a todas as fontes de possíveis incertezas sistemáticas em sua medida. Um nível quantitativo de confiança teve que ser determinado, o qual incluiu incertezas nas flutuações estatísticas nos dados e na compreensão de aparelhos e técnicas experimentais. Somente quando o resultado observado foi de cinco desvios padrão acima das estimativas de fundo é que os pesquisadores declararam que haviam descoberto um bóson de Higgs. Em outras palavras, a descoberta foi anunciada quando se determinou que havia apenas cerca de 1 em 2 milhões de chances de que essa observação não fosse causada pelos fenômenos reais que estavam sendo investigados. Na **física** de partículas experimentais, qualquer nova descoberta deve atender a esse rigoroso nível de confiança.

Embora a prova científica não seja alcançável, temos um alto nível de confiança de que o corpo de conhecimento científico que temos é extremamente robusto em sua esfera de aplicabilidade. Embora as teorias possam continuar a ser revisadas e desenvolvidas, não se espera que os principais princípios que entendemos sobre a natureza sejam descartados. Como foi o caso com as leis de Newton, podemos descobrir que certas ideias têm menos domínio de aplicabilidade, mas os princípios ainda seriam úteis e aplicáveis dentro de limites bem definidos.

Não é de surpreender que não tenhamos provas científicas da **existência de Deus** ou da veracidade das crenças cristãs. Há uma tremenda evidência de muitas áreas de investigação, incluindo observações científicas e arqueologia, de que o Deus cristão existe e que o registro bíblico é confiável. No entanto, como em qualquer área de investigação, a prova científica dessas ideias não é possível.

Michael G. Strauss

REFERÊNCIAS E LEITURAS RECOMENDADAS

Popper, Karl, (1935) 2005. *The Logic of Scientific Discovery*. http://strange-beautiful.com/other-texts/popper-logic-scientific-discovery.pdf. Originalmente publicado como *Logik der Forschung*. Vienna: Verlag von Julius Springer. 1st Eng. ed. London, UK: Hutchinson, 1959.

_____. (1963) 2012. *Conjectures and Refutations: The Growth of Scientific Knowledge*. 2nd ed. London: Routledge.

PROVIDÊNCIA. Embora o termo específico "providência" (lat., *providential*; gr., *pronoia*) desempenhe pouco papel na Bíblia, seu uso na tradição cristã posterior procura conceituar a imagem bíblica do cuidado de Deus e orientação de sua criação e de criaturas individuais.

João de Damasco, no oitavo século, definiu providência como "a solicitude que Deus tem para as coisas existentes" e "a vontade de Deus pela qual todas as coisas existentes recebem orientação adequada até o seu fim" (João de Damasco, 1958, p. 43). A linguagem de João geralmente é traçada em *Sobre a natureza do homem*, de Nemésio de Emesa no século IV; como muitos outros escritores cristãos dessa época, Nemésio estava interessado em refutar as filosofias deístas e ateístas negadoras da providência, como o epicurismo.

Tomás de Aquino, no século XIII, refletindo sobre o que contribui para o bem das criaturas, achou necessário "que um plano para ordenar as coisas até o fim delas fosse preexistente na mente de Deus. E esse plano... é a providência propriamente falando" (2006, 1.21.1, 88).

João Calvino, no século XVI, observou que, por uma "providência especial", Deus "sustenta, nutre e cuida de tudo o que fez", e, "como guardião das chaves, governa todos os eventos" (Calvino, 1960, 1.16.1 4).

A providência, então, é uma maneira de interpretar a relação de Deus com o mundo e sua história em termos de seu cuidado com o mundo e a continuidade e bem-estar de seus constituintes e sua orientação do mundo e seus constituintes em direção a um fim particular ou destino. Providência, no entanto, não é simplesmente a mesma coisa que predestinação; a noção de providência enfatiza não tanto a tomada de decisão de Deus, ou mesmo o conhecimento prévio, mas sim seu envolvimento incomparavelmente próximo nas trajetórias de suas criaturas.

590 PROVIDÊNCIA

Calvino acrescenta que a providência "não pertence menos às mãos de Deus" — ou, como diríamos, "mãos à obra" — "do que aos seus olhos" (Calvin, 1960, 1.16.4). Nem a providência é idêntica à criação, embora na tradição cristã as duas ideias estejam profundamente ligadas, e os tratamentos sistemáticos da doutrina quase sempre incluem a providência como parte do *locus* da criação.

Algumas interpretações teológicas modernas da providência tematizaram a importância da doutrina da Trindade para especificar o fim para o qual as criaturas são dirigidas por Deus, seguindo a sugestão da confissão bíblica de que o cumprimento dos propósitos de Deus para toda a criação deve ser encontrado em Jesus Cristo, em quem Deus fará "convergir em Cristo todas as coisas, celestiais ou terrenas (Efésios 1:10), que, por meio do Filho, ele "reconciliasse consigo todas as coisas, tanto as que estão na terra quanto as que estão no céu" (Colossenses 1:20). No Cristo obediente, crucificado, ressuscitado e cheio do Espírito, nos é permitido ver o destino que Deus tem para a sua criação: redenção e renovação para o eterno reino de amor de Deus. No entanto, nem mesmo o conhecimento dessa revelação dá aos seres humanos uma visão da providência que lhes permita compreender como a vontade de Deus em Cristo por meio do Espírito está sendo trabalhada nos mínimos detalhes, nas voltas e reviravoltas da vida diária.

É claro que não é apenas no que diz respeito ao diálogo entre o cristianismo e a ciência que a doutrina da providência gerou problemas difíceis. A difusão e o poder do mal, do sofrimento e da morte —considerados abstratamente, para não mencionar os efeitos devastadores que eles têm na vida real — levantam perpetuamente dúvidas sobre a realidade da providência de Deus e a coerência da afirmação.

Tentativas de respostas a essas dúvidas no nível intelectual vão desde insistir na inescrutabilidade dos propósitos de Deus até colocar limitações no escopo ou na eficácia da providência divina, a propor a redenção escatológica de todas as coisas como a maneira principal de Deus de lidar com o mal. Mas as formas científicas de entender o mundo também destacaram as tensões com a doutrina da providência. Se Deus está ativo e soberanamente envolvido no contínuo bem-estar e destino de suas criaturas, então onde é que isso deixa a agência, liberdade e responsabilidade da criatura? Como pode a operação das "leis naturais", a previsibilidade de eventos futuros baseados em regularidades passadas e a transparência dos mecanismos do mundo para a explicação racional ser compatível com uma causalidade divina determinativa e teleológica que não faz parte e nem mesmo a totalidade desses sistemas? Em um universo aparentemente dominado pela extinção, e não pela persistência, com o movimento aparentemente caracterizado mais por ciclos e acidentes do que por direção e intenção, o conceito de providência diz alguma coisa verdadeira ou acrescenta algo útil à nossa apreensão da realidade?

Alguns sugeriram que as interpretações científicas modernas das ocorrências mundiais restringiram o foco da explicação ao que, na tradição clássica derivada de Aristóteles, foram chamadas de *causas materiais e eficientes* (ver **Quatro Causas de Aristóteles**). Tal estreitamento, excluindo a consideração das causas finais e dando "chance" ou aleatoriedade ao significado metafísico, em vez de meramente epistemológico, acaba tanto excluindo propósitos, objetivos e fins — especialmente os transcendentes ou divinos —, como contribuindo para a nossa compreensão de como a natureza funciona.

No entanto, reverter a tendência e reapropriar-se da teleologia divina ainda deixaria pendentes questões sobre a integração da providência em uma abordagem do conhecimento profundamente moldada pelo **naturalismo metodológico** da ciência, sem reduzir o cuidado e a orientação de Deus a meramente outro aspecto do mundo ou a depender de "lacunas" sobrenaturais na rede de causas e efeitos empíricos para preservar espaço para o trabalho dele (ver **Deus das lacunas**).

Uma tentativa de tal integração, dada expressão influente de Tomás de Aquino, distingue entre a causalidade primária de Deus — aquela pela qual ele cria o universo, sustenta-o na existência e o guia para seu destino — e a causalidade secundária das criaturas — pela qual criaturas agem umas sobre as outras e a si mesmas com uma agência verdadeira, embora dependente. Essas causalidades não são competitivas e seus sujeitos estão em "níveis" ontológicos totalmente diferentes, mesmo quando seus objetos são de fato os mesmos, a saber, as moléculas e corpos e forças deste mundo. Assim, em vez de interferirem uns com os outros, eles de alguma forma se interpenetram para dar origem a dinamismos e eventos naturais que estão "indo para algum lugar" (também cf. Tanner, 2001).

À luz dos enigmas apresentados pela física quântica do século XX, outra possibilidade intelectualmente arriscada poderia ser ver o que parece ser uma indeterminação constitutiva, e não meramente experimental, nos próprios fundamentos da realidade física, expondo-nos às "articulações" em que Deus está providencialmente trabalhando no mundo no nível mais baixo, por assim dizer (Murphy, 1995).

As maneiras pelas quais a providência é compreendida e adotada não são meramente especulativas, e as crenças sobre a providência são expressas e aplicadas na oração diária, na adoração, no aconselhamento e em outras formas de piedade. Assim, ser capaz de explicar a providência não como uma ficção ingênua ou como uma interpretação alegre, porém basicamente vazia, colada em um mundo governado pelo acaso, mas sim como a verdade sobre Deus e o mundo da criação de Deus, é de considerável relevância num era científica.

Maurice Lee

REFERÊNCIAS E LEITURAS RECOMENDADAS

AQUINAS, T., 2006. *Summa Theologiae*, Vol. 5 (1a. 19-26). Ed. T. Gilby. Cambridge: Cambridge University Press.
CALVIN, J., 1960. *Institutes of the Christian Religion*. Library of Christian Classics, vols. 20-21. Ed. J. McNeill. Trans. F. Battles. Louisville, KY: Westminster.
JOHN OF DAMASCUS, 1958. *An Exact Exposition of the Orthodox Faith*. em *Writings*, trans. Frederic H. Chase Jr. The Fathers of the Church, vol. 37. Washington, DC: Catholic University of America Press.
MURPHY, F. A.; Ziegler, P. G., eds. 2009. *The Providence of God*. London: T&T Clark.
MURPHY, N., 1995. "Divine Action in the Natural Order: Buridan's Ass and Schrödinger's Cat", em *Chaos and Complexity: Scientific Perspectives on Divine Action*, ed. Robert John Russell, Nancey Murphy e Arthur R. Peacocke. Vatican City: Vatican Observatory Publications.
PANNENBERG, W., 1994. *Systematic Theology*. Vol. 2. Grand Rapids: Eerdmans.
TANNER, K. 2001. *Jesus, Humanity and the Trinity: A Brief Systematic Theology*. Minneapolis: Fortress.

PSEUDOGENES. Os pseudogenes são trechos de DNA que se assemelham a um gene funcional, mas parecem incapazes de produzir um RNA mensageiro (RNAm) transcrito capaz de ser traduzido em uma proteína. Sob uma teoria evolucionista, eles são frequentemente vistos como sequências "inúteis" de DNA que foram originalmente derivadas de genes funcionais, mas foram tornadas não funcionais por mutação (Ashurst e Collins, 2003; Balakirev e Ayala, 2003). Os pseudogenes dividem-se em três categorias principais:

- Os *pseudogenes processados* não possuem íntrons e uma sequência promotora. Acredita-se que eles surjam após um RNAm transcrito "processado" que teve seus íntrons e outras sequências não codificantes removidas, mas foi então inserido, ou retrotransposto, de volta no DNA.
- Acredita-se que os *pseudogenes não processados* surjam como duplicatas de genes funcionais. Eles são estruturados como genes normais, com íntrons, éxons e sequências promotoras, mas, em virtude da mutação, podem ser incapazes de produzir um RNAm transcrito traduzível.
- Os *pseudogenes unitários* também têm uma estrutura genética normal, mas não são duplicatas de outro gene. Eles tipicamente não podem produzir um RNAm transcrito traduzível aparentemente por causa de alguma mutação, como um códon de parada prematuro.

O primeiro pseudogene foi relatado em 1977 em uma rã africana (Jacq et al. 1977). Em 2012, estimou-se que o genoma humano contém mais de 11 mil pseudogenes (ENCODE, 2012). As implicações dos pseudogenes para as origens biológicas têm sido debatidas pelos evolucionistas ateus, evolucionistas teístas, criacionistas e proponentes do *design* inteligente. Tipificando a teoria de muitos biólogos não religiosos, Richard Dawkins escreve: "Os genomas estão repletos de pseudogenes não funcionais, duplicatas defeituosas de genes funcionais que não fazem nada" (2004, p. 99). Embora Dawkins sustente que eles não têm nenhuma função *biológica*, em sua opinião, "os pseudogenes são úteis para serem constrangedores para os criacionistas. Ele amplia até mesmo sua engenhosidade criativa para criar uma razão convincente para um *designer* inteligente ter criado um pseudogene [...] a menos que ele estivesse deliberadamente disposto a nos enganar" (Dawkins, 2009, p. 332).

Muito semelhante a Dawkins, o teísta biólogo evolucionista Kenneth Miller escreve: "O genoma humano está repleto de pseudogenes" que "não pode ser atribuído a nada que se assemelhe ao *design* inteligente" (Miller, 1994, p. 32). Da mesma forma, os evolucionistas teístas Francis Collins e Karl Giberson escrevem em *The Language of Science and Faith* [A linguagem da ciência e fé] que os pseudogenes são "quebrados" e "não é remotamente plausível" que "Deus tenha inserido um pedaço de DNA quebrado em nossos genomas". Em vista disso, os pseudogenes compartilhados entre diferentes espécies estabelecem "conclusivamente que os dados se encaixam em um modelo de evolução de um ancestral comum" (Giberson e Collins, 2011, p. 43).

Os proponentes do *design* inteligente possuem diferentes pontos de vista sobre os pseudogenes. Alguns, como o bioquímico Michael Behe, citam os pseudogenes como evidência de ancestralidade comum (Behe, 2007). Outros, como o biólogo Jonathan Wells, em seu livro *The Myth of Junk DNA* (O mito do DNA não codificante), citam "evidências crescentes de que, no fim das contas, muitos pseudogenes não são sem função" (Wells, 2011, p. 48).

Da mesma forma, o biólogo criacionista Jeffrey Tomkins sustenta que "grandes quantidades de novas pesquisas — agora disponíveis publicamente em uma variedade de bancos de dados online e descritas em publicações de pesquisa — estão mostrando rapidamente como os pseudogenes não são apenas funcionais, mas essenciais para a sobrevivência do organismo", mostrando "funcionalidade difusa e incrível bioengenharia — o produto de um Criador onipotente e sábio" (Tomkins, 2013, p. 9).

Cientistas críticos da evolução neodarwiniana reconhecem que existem muitos pseudogenes para os quais as funções ainda não são conhecidas, no entanto, dada a natureza nascente da pesquisa genômica, eles insistem em uma abordagem de "esperar para ver", argumentando que é prematuro concluir que os pseudogenes não são funcionais.

Por exemplo, durante o julgamento de *Kitzmiller* versus *Dover* de 2005, Kenneth Miller testemunhou que o pseudogene beta-globina humano é "quebrado" porque "tem uma série de erros moleculares que tornam o gene não funcional". Considerando que humanos, chimpanzés e os gorilas compartilham "erros de correspondência" no pseudogene, disse ele ao tribunal, "isso nos leva a apenas uma conclusão [...] de que essas três espécies compartilham um ancestral comum" (Miller, 2005). No entanto, um estudo de 2013 da revista *Genome Biology and Evolution* relatou que o pseudogene beta-globina é funcional (Moleirinho et al. 2013).

Os humanos têm seis cópias do gene da beta-globina. Cinco produzem proteínas da beta-globina, mas a sexta, a cópia do pseudogene, tem um códon de parada prematuro que impede a tradução. Os pesquisadores compararam todos os seis genes entre humanos e chimpanzés e descobriram que o pseudogene beta-globina exibe menos diferenças do que seria esperado se fosse não funcional e acumulasse mutações aleatórias a uma taxa constante. Essa sequência "conservada" sugere que o pseudogene da beta-globina tem uma função selecionável, tornando-a menos tolerante a mutações.

A incapacidade do pseudogene beta-globina de produzir um RNA transcrito traduzível não impede que ele seja funcional. Os pesquisadores argumentam que o pseudogene funciona como um interruptor liga-desliga, regulando a expressão de genes de beta-globina codificadores de proteínas durante o desenvolvimento embrionário. De fato, existem várias maneiras pelas quais os pseudogenes podem regular a expressão gênica.

Na interferência de RNA, um pseudogene produz um RNA transcrito "antissentido" que não pode produzir uma proteína, mas pode se ligar a transcritos de versões codificadoras de proteínas do gene. Quando tal ligação ocorre, o transcrito de codificação de proteína não pode ser traduzido, reduzindo a produção de proteína (Tam et al. 2008).

No mimetismo alvo, pequenos RNAs se ligam a um transcrito de RNAm codificador de proteína, inibindo a tradução. Se um pseudogene produzir transcritos de RNAm chamariz que imitam a sequência "alvo" das contrapartes de codificação de proteína, esses pequenos RNAs podem se ligar aos transcritos de pseudogene. Isso evita a inibição da tradução, aumentando a produção de proteínas (Poliseno et al. 2010).

Embora Dawkins afirme que os pseudogenes "nunca são transcritos ou traduzidos" (Dawkins, 2009), eles podem produzir RNA transcritos funcionais, proteínas funcionais ou executar uma função sem produzir qualquer transcrição. Um artigo de 2012 da revista *Science Signaling* observou que, embora "os pseudogenes tenham sido descartados como DNA não codificante", avanços recentes estabeleceram que "o DNA de um pseudogene, o RNA transcrito de um pseudogene ou a proteína traduzida de um pseudogene pode ter funções múltiplas e diversas, e que essas funções podem afetar não apenas seus genes parentais, mas também genes não relacionados". O artigo conclui que "os pseudogenes surgiram como uma classe de moduladores sofisticados do gene anteriormente negligenciados" (Poliseno, 2012). Um artigo de 2011 publicado na revista *RNA* concorda: "Pseudogenes têm sido rotulados como DNA 'lixo', cópias falhadas de genes que surgiram durante a evolução dos genomas. No entanto, os resultados recentes estão desafiando esse apelido; de fato, alguns pseudogenes parecem abrigar o potencial de regular seus primos codificadores de proteínas" (Pink et al. 2011).

Da mesma forma, um artigo de 2012 da revista *RNA Biology* diz que "os pseudogenes foram considerados por muito tempo como DNA genômico lixo", mas "a regulação de pseudogene é difundida em eucariotos" (Wen et al., 2012). De fato, funções específicas para muitos pseudogenes foram descobertas (Hirotsune et al. 2003; Pain et al. 2005; Tam et al. 2008; Zhang et al. 2006; Zheng e Gerstein, 2007), com um projeto relatando 863 pseudogenes humanos de 11.224 pseudogenes estimados) que são "transcritos e associados à cromatina ativa" (ENCODE, 2012).

Os céticos da evolução darwiniana argumentam que a suposição evolucionista de que elementos de DNA como os pseudogenes são "lixo" é uma "trava científica" (Wells, 2011, p. 107) que "impediu o progresso da ciência" (Luskin, 2014, p. 46). Um artigo na revista *Science* observa que "o termo 'DNA lixo' por muitos anos repeliu os pesquisadores tradicionais do estudo do DNA não codificante" (Makalowski, 2003). Como um pseudogene pode funcionar apenas em tecidos específicos e/ou apenas durante estágios específicos de desenvolvimento, suas funções verdadeiras podem ser difíceis de detectar. O referido artigo da *RNA Biology* conclui: "O estudo dos pseudogenes funcionais está apenas no começo" e prevê que "mais e mais pseudogenes funcionais serão descobertos à medida que novas tecnologias biológicas forem desenvolvidas no futuro" (Wen et al. 2012). Quando estudamos cuidadosamente os pseudogenes, frequentemente encontramos uma função. Um artigo na *Annual Review of Genetics* fez a seguinte observação: "Pseudogenes que foram adequadamente investigados frequentemente exibem funções "(Balakirev e Ayala 2003).

Nesses estágios iniciais da pesquisa, as funções precisas de muitos pseudogenes permanecem desconhecidas. Por exemplo, o pseudogene GULO [L-gulonolactone oxidase] de vitamina C, um pseudogene unitário compartilhado por humanos e muitos primatas (cuja função ainda não é conhecida), é o provável motivo pelo qual se tornou um argumento popular contra o *design* inteligente entre criacionistas evolucionistas (Giberson e Collins, 2011; Venema, 2012). Antes de 2013, no entanto, o mesmo poderia ter sido dito sobre o pseudogene de beta-globina,

agora conhecido por ter função. Isso sugere que pode ser mais sábio adotar uma abordagem de "esperar para ver", permitindo que as evidências determinem nossas conclusões. Aqueles que argumentam que os pseudogenes são a "bala de prata" (Venema 2012) das evidências para a evolução podem exagerar as evidências.

Casey Luskin

REFERÊNCIAS E LEITURAS RECOMENDADAS

ASHURST, J. L.; J. Collins, E., 2003. "Gene Annotation: Prediction and Testing." *Annual Review of Genomics and Human Genetics* 4:69-88.

BALAKIREV, Evgeniy S.; Ayala, Francisco J., 2003. "Pseudogenes: Are They 'Junk' or Functional DNA?" *Annual Review of Genetics* 37:123-51.

BEHE, Michael, 2007. *The Edge of Evolution: The Search for the Limits of Darwinism.* New York: Free Press.

DAWKINS, Richard, 2004. *A Devil's Chaplain: Reflections on Hope, Lies, Science, and Love.* New York: Mariner.

_____. 2009. *The Greatest Show on Earth.* New York: Free Press.

ENCODE Project Consortium, 2012. "An Integrated Encyclopedia of DNA Elements in the Human Genome." *Nature* 489:57-74.

GIBERSON, Karl; Collins, Francis, 2011. *The Language of Science and Faith: Straight Answers to Genuine Questions.* Downers Grove, IL: InterVarsity.

HIROTSUNE, S.; Yoshida, N.; Chen, A., et al. 2003. "An Expressed Pseudogene Regulates the Messenger-RNA Stability of Its Homologous Coding Gene." *Nature* 423:91-96.

JACQ, C.; Miller, J. R.; Brownlee, G. G., 1977. "A Pseudogene Structure in 5S DNA of *Xenopus laevis." Cell* 12:109-20.

LUSKIN, Casey, 2014. "The Top Ten Scientific Problems with Biological and Chemical Evolution", em *More Than Myth?* Ed. Robert Stackpole and Paul Brown. Leicester, UK: Chartwell Press.

MAKALOWSKI, Wojciech, 2003. "Not Junk After All." *Science* 300:1246-47. Miller, Kenneth. 1994. "Life's Grand Design." *Technology Review* 97:24-32.

_____. 2005. Testimony in *Kitzmiller v. Dover Area School District.* 400 F. Supp 2d 707 (M.D. Pa. 2005).

MOLEIRINHO, A.; Seixas S.; Lopes, A. M., et al. 2013. "Evolutionary Constraints in the β-Globin Cluster: The Signature of Purifying Selection at the δ-Globin (HBD) Locus and Its Role in Developmental Gene Regulation." *Genome Biology and Evolution* 5:559-71.

PAIN, D.; Chim, G. W.; Strassel, C.; Kemp, D. M., 2005. "Multiple Retropseudogenes from Pluripotent Cell-Specific Gene Expression Indicates a Potential Signature for Novel Gene Identification." *Journal of Biological Chemistry* 280:6265-68.

PINK, R. C.; Wicks, K.; Caley, D. P., et al. 2011. "Pseudogenes: Pseudo-functional or Key Regulators in Health and Disease?" *RNA* 17:792-98.

POLISENO, Laura, 2012. "Pseudogenes: Newly Discovered Players in Human Cancer." *Science Signaling* 5, no. 242 (18 de setembro): re5.

POLISENO, L.; Salmena, L.; Zhang, J., et al. 2010. "A Coding-Independent Function of Gene and Pseudogene mRNAs Regulates Tumour Biology." *Nature* 465:1033-38.

TAM, O. H.; Aravin, A. A.; Stein, P., et al. 2008. "Pseudogene-Derived Small Interfering RNAs Regulate Gene Expression in Mouse Oocytes." *Nature* 453:534-38.

TOMKINS, Jeffrey, 2013. "Pseudogenes Are Functional, Not Genomic Fossils." *Acts & Facts* 42:9.

VENEMA, Dennis, 2012. "Is There 'Junk' in Your Genome? Parte 4." BioLogos Forum. Acessado em 16 de setembro de 2014. http://biologos.org/blog/understanding-evolution-is-there-junk-in-your-genome-part-4.

WELLS, Jonathan, 2011. *The Myth of Junk DNA.* Seattle, WA: Discovery Institute Press.

WEN, Y. Z.; Zheng, L. L.; Qu, L. H., et al. 2012. "Pseudogenes Are Not Pseudo Any More." *RNA Biology* 9:27-32.

ZHANG, J.; X. Wang, M. Li, et al. 2006. "NANOGP8 Is a Retrogene Expressed in Cancers." *FEBS Journal* 273 (8): 1723-30.

ZHENG, D.; Gerstein, M. B., 2007. "The Ambiguous Boundary between Genes and Pseudogenes: The Dead Rise Up, or Do They?" *Trends in Genet- ics* 23:219-24.

PSEUDOCIÊNCIA. A pseudociência é uma crença ou metodologia que alega ser construída sobre bases científicas, mas não adere a práticas científicas aceitas ou testes confiáveis. Como a ciência e a pseudociência são categorias amplas com limites não muito definidos, a fronteira entre ciência e pseudociência nem sempre é fácil de se definir conclusivamente. O filósofo da ciência **Karl Popper** sugeriu que a verdadeira ciência é falseável, enquanto as ideias pseudocientíficas não são falseáveis e se recusam a considerar a possibilidade de estarem erradas. O historiador da ciência e cético Michael Shermer sugeriu que as crenças pseudocientíficas podem ser identificadas se a comunidade científica as adota ou não, e as incorpora em pesquisas que produzem conhecimento útil (Shermer, 2011).

A maioria das crenças da pseudociência irá compartilhar certas características, embora nem todas essas características sejam encontradas em todas as ideias pseudocientíficas.

- Observações, evidências e fatos são reinterpretados para confirmar uma conclusão previamente determinada. Os proponentes de ideias pseudocientíficas continuarão a aderir às suas crenças, apesar de qualquer evidência contrária.
- A confirmação é super enfatizada, enquanto pouca menção é feita da refutação. Aqueles que aderem a uma ideia pseudocientífica específica rapidamente adotarão qualquer evidência que pareça apoiar sua crença, mas ignorarão, rejeitarão ou reformularão observações ou evidências que contradigam sua crença.
- As ideias pseudocientíficas são frequentemente promovidas e moldadas por indivíduos com personalidades fortes que estão fora da comunidade científica dominante. Como suas ideias não resistem ao escrutínio científico, elas geralmente são apresentadas diretamente ao público, ignorando os canais científicos normais.

- As crenças pseudocientíficas tendem a permanecer estagnadas ao longo do tempo com pouca mudança ou refinamento decorrentes de novas informações. Como as evidências contraditórias são descartadas, pouco progresso é feito na revisão e reformulação de ideias à medida que informações adicionais são coletadas.
- Muitas ideias pseudocientíficas são vagas ou exageradas. Os proponentes das ideias frequentemente alegam resultados extraordinários ou conclusões que não podem ser confirmadas ou testadas independentemente.

Como os proponentes de ideias pseudocientíficas escolherão, de maneira sistemática, abraçar as observações que sustentam suas ideias e ignorar as evidências que refutam suas crenças, uma ideia pseudocientífica pode frequentemente ser exposta pela compreensão dos fatos e das razões que levam os oponentes a descartá-las. Simplesmente explorar todo o corpo de evidências pode refutar a maioria das ideias pseudocientíficas.

Algumas ideias pseudocientíficas parecem viáveis porque apenas parte de um processo multifacetado é apresentado. Por exemplo, alguns cristãos afirmaram que a quantidade de sal e outros minerais nos oceanos é muito menor do que seria esperado se a terra tivesse cerca de 4,5 bilhões de anos. No entanto, o conteúdo mineral dos oceanos é um problema complexo que envolve erosão, atividade tectônica e outros processos. A menos que todos os processos e suas variações sejam levados em conta, quaisquer conclusões tiradas pela observação do conteúdo mineral do oceano provavelmente serão imprecisas. Outras vezes, as ideias pseudocientíficas serão apoiadas por pesquisas que se mostraram desacreditadas ou superadas, e tais conclusões falsas podem ser descartadas por uma pesquisa mais precisa e recente.

Os cristãos às vezes usam métodos pseudocientíficos para apoiar suas crenças e, algumas vezes, adotam ideias pseudocientíficas apresentadas como verdade. Se os cristãos devem seguir o Deus da verdade, no entanto, é importante que sejam capazes de distinguir ideias que tenham evidências sólidas que as apoiem daquelas que não têm, e de entender alguns dos métodos empregados para apresentar ideias falsas como científicas e válidas.

Michael G. Strauss

REFERÊNCIAS E LEITURAS RECOMENDADAS

Popper, Karl, 1963. *Conjectures and Refutations*. London: Routledge and Kegan Paul.

Shermer, Michael, 2011. "What Is Pseudoscience?" *Scientific American* (1 de stembro): 92.

↪PSICANÁLISE (perspectiva crítica). A psicanálise é uma abordagem terapêutica para curar problemas de saúde mental desenvolvida por Sigmund Freud no final do século XIX e início do século XX. Freud sintetizou uma série de ideias da filosofia e métodos contemporâneos para curar a "histeria", para criar uma perspectiva teórica que descrevesse a estrutura e o funcionamento da mente humana.

O desenvolvimento da psicanálise é único em comparação com outras teorias psicológicas desse período. Enquanto a maioria das teorias emergentes da psicologia estava sendo desenvolvida a partir do uso de experimentos dentro de ambientes acadêmicos, a psicanálise emergiu do trabalho de campo prático. Esse começo não convencional permitiu uma abordagem mais descontraída e abrangente para entender o comportamento humano e os processos mentais (Hergenhahn e Henley, 2014). As ideias básicas de Freud para a psicanálise evoluíram com o tempo, mas seus elementos centrais podem ser encontrados nos livros e artigos que ele publicou, como *The Origin and Development of Psycho-Analysis* [Origem e desenvolvimento da psicanálise] (1910), *Civilization and Its Discontents* [Civilização e seu descontentamentos] (1930) e seu trabalho seminal intitulado *A interpretação dos sonhos* (1900). Essas e outras obras demonstram os muitos elementos diferentes que Freud acreditava terem criado uma experiência consciente e inconsciente.

Freud não é o único contribuinte para o pensamento psicanalítico. Ele inspirou vários pensadores que ampliaram suas ideias e as incorporaram em sua própria abordagem da psicanálise, entre os quais estão sua filha, Anna Freud, Alfred Adler, Carl Jung, Erik Erikson e Karen Horney, para citar apenas alguns (Berger, 2011). A abordagem psicanalítica persiste hoje de uma forma ou de outra. Uma organização que promove e continua o trabalho da teoria psicanalítica é a Associação Psicanalítica Americana. Esse grupo continua a pesquisar ideias psicanalíticas e promove sua prática nos Estados Unidos e no Canadá. Alguns novos movimentos baseados na psicanálise incluem a neuropsicanálise, que é uma combinação de avanços feitos na neurologia e os elementos centrais da psicanálise.

Assim, é uma tentativa de entender como determinadas áreas e funções cerebrais se relacionam com ideias como repressão, memória e sonhos (American Psychoanalytic Association, 2016).

Enquanto a prática da psicanálise varia entre aqueles que a usam (isto é, pode ser mais junguiana, freudiana ou dependente de teorias consideradas psicodinâmicas por natureza), elas aderem a um conjunto comum de ideias. Primeiro, a psicanálise baseia-se na ideia de que os pacientes podem explorar pensamentos inconscientes para aliviar a ansiedade. Como os pensamentos ansiosos são inconscientes na natureza, eles não podem ser manipulados diretamente para aliviar o sofrimento psicológico que eles causam.

Quando essa ansiedade se acumula em um ponto intolerável, ela deve ser liberada de alguma forma, e o modo como ela é liberada geralmente está em um comportamento negativo e doentio. Para ajudar os pacientes a se sentirem à vontade e estarem dispostos a explorar seus sentimentos inconscientes, pede-se aos clientes que simplesmente relaxem e conversem com o terapeuta, articulando o que vier à sua mente. É por isso que a psicanálise é muitas vezes citada como "terapia de *insight*", bem como a "cura pela fala". Falando livremente e discutindo o que vem à mente, os clientes revelam tendências subconscientes que o terapeuta interpreta, e, uma vez que os clientes entendem a fonte de seus sentimentos e comportamentos negativos, essas experiências psicológicas negativas se dissipam e eles são curados (Freud, 1904; Mitchell e Black, 1996). Os clientes ficam livres de sintomas emocionais e comportamentais desordenados nesse ponto.

Além dessa compreensão geral das forças inconscientes e da necessidade de aliviar a ansiedade, a maioria dos psicanalistas acredita que as personalidades são determinadas por um número de experiências de infância, as quais exigem que as pessoas passem por vários estágios e, se esses estágios não forem completados com sucesso, o indivíduo se torna psicologicamente "preso", fazendo com que ele funcione de maneira anormal. Por exemplo, os indivíduos do primeiro estágio devem aprender a navegar no estágio oral, que é caracterizado pela necessidade do indivíduo de explorar o mundo com a boca, exploração esta que proporciona ao indivíduo uma sensação inconsciente de prazer. Dentro do contexto do desenvolvimento normal, o indivíduo fará a transição desse estágio para o próximo. No entanto, se um indivíduo não faz a transição da fase

596 PSICANÁLISE (perspectiva crítica)

oral, ele se fixa, e essa fixação se manifesta em uma infinidade de comportamentos ao longo da vida. Exemplos de tais comportamentos podem incluir comer em excesso, colocar sempre as coisas na boca ou fumar (Griggs, 2006).

Em suma, a tradição psicanalítica supõe que todo sofrimento mental é causado por um excesso de ansiedade subconscientemente acumulado naquela parte da mente que não se pode acessar diretamente. Essa ansiedade inconsciente se manifesta em comportamentos, pensamentos e emoções particulares, mascarando o significado latente e mais importante por trás dessas manifestações. A maneira pela qual se lida com a ansiedade inconsciente está ligada à experiência da infância, e somente quando alguém está conscientemente alerta do significado latente será capaz de funcionar normalmente.

A psicanálise pode ser criticada a partir de uma perspectiva científica e teológica. Cientificamente, a teoria psicanalítica sofre do fato de que falha em pelo menos uma das duas principais funções esperadas de uma teoria científica. Qualquer teoria científica deve fornecer uma maneira organizada de compreender observações empíricas, bem como servir de guia para quaisquer observações futuras, e essa segunda função depende da capacidade de uma teoria para gerar proposições confirmadas.

Essas proposições são testadas por meio da experimentação. A teoria psicanalítica organiza bem as ideias de Freud para desenvolver a psicanálise, mas não fornece meios para o desenvolvimento de hipóteses testáveis. Assim, a tradição psicanalítica, pelo menos como Freud apresenta, muitas vezes é condenada por não ser falsificável.

O filósofo da ciência Karl Popper criticou o trabalho de Freud por essa mesma razão (Popper, [1935] 2002). Pode-se argumentar que, na tradição psicanalítica, há menos prognóstico de comportamentos que ocorrem do que o que pode ser rotulado como "pós-prognósticos": tentativas de explicar eventos depois de terem ocorrido, em vez de prever quais serão os resultados desses eventos particulares (Hergenhahn e Henley, 2014). Além disso, a base sobre a qual a psicanálise é construída é derivada de técnicas de coleta de dados deficiente. A principal fonte de dados que Freud usou para o desenvolvimento da psicanálise veio de mulheres vienenses de classe média, as quais eram suas pacientes. Freud não aplicou controles experimentais para seleção e, portanto, não foram utilizadas aleatoriedade ou tentativas de representar uma população

maior. Assim, muito do que é considerado seminal na psicanálise não é generalizável de uma perspectiva puramente científica.

Teologicamente, em primeiro lugar a psicanálise assume uma compreensão determinista do comportamento humano. A suposição subjacente à psicanálise é que o comportamento, o pensamento e a emoção são determinados pela experiência da primeira infância, ignorando o conceito de livre-arbítrio (ou, para alguns com outra persuasão teológica, "responsabilidade pessoal"). Como Deus disse a Caim: "Se você fizer o bem, não será aceito? Mas se não o fizer, saiba que o pecado o ameaça à porta; ele deseja conquistá-lo, mas você deve dominá-lo" (Gênesis 4: 7). Eliminar o livre-arbítrio implica que os seres humanos nunca são verdadeiramente capazes de amar e que eles não são culpados por comportamentos pecaminosos.

Segundo essa teoria, todo comportamento é a ampliação de algum determinante psicológico. Diz-se que até mesmo o comportamento virtuoso tem suas raízes em algum impulso psicológico inconsciente. Por exemplo, o soldado que escolhe entrar bravamente na batalha o faz porque usa o mecanismo de defesa da sublimação para transferir seus comportamentos agressivos para uma profissão aceitável. A mulher que escolhe amar e cuidar de seu vizinho idoso faz isso porque tem problemas subconscientes não resolvidos com seu pai falecido, não porque ela demonstra caridade cristã.

Para o psicanalista, todo comportamento é psicologicamente determinado; nunca é escolhido livremente. Naturalmente, isso é um problema para uma antropologia cristã, porque as Escrituras demonstram que os seres humanos são criados com livre-arbítrio, e o fato de que eles abusam de seu livre-arbítrio leva à narrativa que se desdobra de por que Cristo vem como Salvador para toda a humanidade. Em Gênesis 3, lemos que Adão e Eva foram tentados e usaram seu livre-arbítrio para desafiar o único comando que Deus lhes deu. Como o Catecismo Maior de Westminster declara: "Nossos primeiros pais, sendo deixados à liberdade de sua própria vontade, por meio da tentação de Satanás, transgrediram o mandamento de Deus ao comer o fruto proibido; e, assim, caíram do estado de inocência em que eles foram criados" (pergunta 21). Deus lhes disse para não comerem o fruto da árvore do conhecimento do bem e do mal, e as consequências dessa "escolha" são descritas em Gênesis 3, descrevendo como as pessoas viverão em um mundo impactado pela escolha de desobedecer a Deus.

Um segundo problema teológico com a psicanálise é sua ênfase no prazer como a principal força motivadora do comportamento humano (ou seja, Freud acreditava que o princípio do prazer motivou nosso comportamento por causa do constante impulso do *id* pela realização). Lembre-se que, de acordo com essa teoria, nos desenvolvemos através de vários estágios, começando com o estágio oral e progredindo pelo estágio anal, fálico, latente e, por fim, genital.

Esta abordagem propõe que o prazer é adquirido por meio de diferentes áreas do corpo (p. ex., o estágio oral atrai prazer pela boca, o anal pelo controle dos movimentos intestinais, o fálico e genital por meio do órgão sexual e, claro, o estágio latente — exatamente o que isso implica — onde há pouca motivação sexual); portanto, o prazer motiva certos comportamentos. Se alguém não consegue atravessar esses estágios com sucesso, fixa-se neles, impactando negativamente o comportamento futuro. Um indivíduo preso no estágio fálico do desenvolvimento, por exemplo, pode ser um masturbador habitual ou um desviante sexual. De acordo com a teoria psicanalítica, o princípio do prazer é a força determinante em toda experiência humana inconsciente.

Na compreensão cristã, os seres humanos são motivados, seja para o bem ou para o mal, pelo amor por alguma coisa. Embora se possa concordar com Freud, até certo ponto, que a motivação para o prazer físico está envolvida, essa teoria é muito restritiva e reducionista sobre como os seres humanos operam.

Nos escritos de **Agostinho** de Hipona, lê-se frequentemente que o amor é a força motivadora na vida das pessoas e, quando o amor é desordenado, o pecado emerge. Santo Agostinho acredita que os seres humanos são motivados a buscar o que eles acreditam ser bom, belo e verdadeiro. Contudo, em vez de amar a Deus primeiro (o lugar principal do bem, do belo e do verdadeiro) e ao próximo como a nós mesmos, amamos de maneira desordenada, causando comportamentos patológicos. Por exemplo, Agostinho diz em *Confissões* (13.9), "Meu peso é meu amor, e por ele eu sou carregado onde quer que eu seja carregado" — sua ideia é que, mesmo dentro do patológico, não é tanto o prazer físico que motiva o comportamento como é o amor. Essa distinção está ligada ao fato de que Freud foi influenciado por **Charles Darwin**

e viu o comportamento humano como nada mais do que comportamento animal complexo, enquanto Agostinho via os seres humanos como sendo de tipo diferente dos animais. Essa ideia da singularidade da pessoa humana está perdida em muitas teorias psicológicas, incluindo essa (Johnson, 2007; ver **darwinismo**).

Um terceiro problema teológico com a psicanálise é sua ênfase forte e desequilibrada na mente. A psicanálise tende a ver as pessoas como principalmente psicológicas, ignorando uma compreensão mais holística da pessoa humana. Uma antropologia cristã entende que o comportamento humano e a experiência mental são impactados por mais do que apenas forças mentais conscientes e inconscientes. Os seres humanos são criaturas físicas, cognitivas, emocionais, morais, relacionais e espirituais, e cada uma dessas esferas da antropologia humana interage com as outras e afeta toda a pessoa.

Com a psicanálise, as pessoas são descritas principalmente como psique com uma tendência vê-la como mais importante do que o corpo no qual a pessoa está "presa". Essa ideia é reflexiva do pensamento cartesiano e platônico, bem como de fortes temas gnósticos (ver **Descartes, René**; **Alma**). Dentro dessas filosofias, acredita-se que as pessoas são curadas ou iluminadas quando passam a se conhecer (e o "eu" é aquele elemento psicológico interno de quem se é). Essa ênfase no eu reflete princípios da filosofia gnóstica, ignorando uma compreensão cristã mais holística da pessoa.

A psicanálise e sua teoria psicanalítica precursora podem ser um sistema complexo usado para explorar a alma humana. No entanto, existem implicações que qualquer cristão que tente entender essa teoria precisa considerar. Enquanto Freud certamente abriu a conversa sobre o que nós, consciente e inconscientemente, experimentamos, ele o fez baseando-se em filosofias deterministas e reducionistas que ignoram a sabedoria da fé judaico-cristã (veja **Determinismo**; **Reducionismo**).

Dominick D. Hankle

REFERÊNCIAS E LEITURAS RECOMENDADAS

APA, 2016. "About Psychoanalysis." American Psychoanalytic Association. www.apsa.org/content/about-psychoanalysis.

Berger, J. M., 2011. *Personality.* 8th ed. Belmont, CA: Wadsworth.

Freud, S., 1904. *Psychopathology of Everyday Life.* New York: Macmillan; London: Fisher Unwin.

———. 1995. *The Basic Writings of Sigmund Freud.* Trans. A. A. Brill. New York: Random House.

Griggs, R., 2006. *Psychology: A Concise Introduction.* New York: Worth.

598 PSICANÁLISE (perspectiva favorável)

HERGENHAHN, B. R.; Henley, T. B., 2014. *An Introduction to the History of Psychology.* 7th ed. Belmont, CA: Wadsworth.

JOHNSON, E. L., 2007. *Foundations for Soul Care: A Christian Psychology Proposal.* Downers Grove, IL: InterVarsity.

MITCHELL, S. A.; Black, M. J., 1996. *Freud and Beyond: A History of Modern Psychoanalytic Thought.* New York: HarperCollins.

POPPER, K., (1935) 2002. *The Logic of Scientific Discovery.* New York: Routledge.

↪PSICANÁLISE (perspectiva favorável).

Dentro das profissões de saúde mental associadas, a psicanálise representa talvez a abordagem mais controversa da psicoterapia e do aconselhamento. O conjunto de teorias e terapias psicanalíticas é bastante vasto, incluindo abordagens tão variadas, mas relacionadas, como psicanálise clássica, relações objetais, psicologia do *self* e variações mais contemporâneas (p. ex., psicanálise relacional, psicanálise breve, psicanálise do apego e neuropsicoterapia). Coletivamente, essas abordagens são chamadas de *psicanalíticas* ou *psicodinâmicas*, termos que os acadêmicos psicanalíticos contemporâneos (p. ex., Nancy McWilliams e Jonathan Shedler) usam de forma intercambiável (Bland e Strawn, 2014).

Definindo características. Segundo Narramore, as características definidoras da *teoria* psicanalítica são as seguintes ideias-chave:

> [1] processos mentais inconscientes existem; [2] todo comportamento humano é motivado e proposital; [3] experiências passadas influenciam ajustes e reações atuais; [4] o funcionamento da personalidade é inerentemente conflituoso, e esses conflitos podem ser compreendidos com base em estruturas mentais hipotéticas, tais como id, ego e superego; [5] processos psicológicos envolvem várias quantidades de energia, intensidade ou força; e [6] o comportamento humano é influenciado pela interação com o meio ambiente. (1999, p. 932)

Da mesma forma, de acordo com os estudiosos da psicanálise (p. ex., Blagys e Hilsenroth, 2000; Shedler, 2010), as características definidoras da *técnica* psicanalítica são: (1) ênfase na experiência e expressão emocionais; (2) exploração de pensamentos e sentimentos tipicamente evitados e provocadores de angústia; (3) identificação de temas e padrões de vida recorrentes; (4) discussão de experiências passadas através de uma lente contextualizada para o desenvolvimento; (5) foco nas relações e dinâmicas interpessoais; (6) ênfase na relação entre o paciente e o profissional de saúde mental; e (7) exploração de fantasias, sonhos e desejos.

Como observou McWilliams (2004), a ampla família de terapias psicanalíticas pode ser conceitualizada ao longo de um *continuum*, variando da psicanálise clássica de um lado (p. ex., geralmente envolvendo um período extenso de quatro ou cinco sessões por semana), passando pela psicoterapia psicodinâmica de longo prazo (p. ex., geralmente envolvendo um período prolongado de uma ou duas sessões por semana), até psicoterapia dinâmica de curto prazo/breve no outro extremo (p. ex., geralmente envolvendo um período limitado no tempo de sessões altamente focadas; ver McWilliams, 2004; Rizzuto e Shafranske, 2013; Safran, 2012 para comentários).

Suporte de pesquisa. No que diz respeito às *técnicas* psicanalíticas, a melhor evidência de pesquisa disponível sugere que psicoterapias psicodinâmicas são tão igualmente eficazes quanto outros tratamentos psicoterapêuticos (p. ex., terapias cognitivo-comportamentais [TCC]) e são mais eficazes do que grupos de comparação inativos (p. ex., pessoas que não recebem tratamento psicoterapêutico; Abbass et al. 2006; Edwards e Davis, 2013; Gerber et al., 2011; Leichsenring et al., 2004). Entretanto, algumas terapias psicanalíticas têm alguma evidência que sustenta sua eficácia no tratamento de transtornos mentais específicos, a saber, psicoterapia psicodinâmica de curta duração para depressão, psicoterapia psicanalítica para síndrome de pânico e psicoterapia focada em transferência para transtorno de personalidade borderline (Clarkin et al. 2007; Gabbard e Bennett, 2006; Giesen-Bloo e outros 2006; Milrod e outros 2007; ver Sociedade da Psicologia Clínica). Além disso, como Edwards e Davis (2013, 142-43) explicaram:

> Os Princípios da Seleção de Tratamento Sistemático baseados em evidências prescrevem que as intervenções focadas no relacionamento e orientadas para o *insight* (por exemplo, [técnicas psicanalíticas]) têm maior probabilidade de serem efetivas com indivíduos que têm um estilo de enfrentamento internalizante (isto é, tendem a internalizar a culpa, ser introvertido e lidar voltando-se para dentro). Por outro lado, as intervenções de construção de habilidades e remoção de sintomas (por exemplo, TCC) têm maior probabilidade de serem efetivas com indivíduos que têm um estilo de enfrentamento externalizante (isto é, tendem a externalizar a culpa, a serem extrovertidos e a lidar externamente). (Ver também Norcross, 2011.)

PSICANÁLISE (perspectiva favorável)   599

Em termos de *teorias* psicanalíticas, muitas ideias psicanalíticas receberam pouco ou nenhum apoio empírico, enquanto várias outras receberam apoio empírico extenso e robusto. Por exemplo, muitas das ideias de Freud geralmente foram consideradas infalsificáveis e, portanto, essencialmente desacreditadas cientificamente, como suas teorias sobre o desenvolvimento psicossexual (p. ex., sua teoria psicossexual dos estágios, incluindo suas ideias sobre sexualidade infantil e o complexo de Édipo), sexualidade (p. ex., suas ideias sobre a etiologia da homossexualidade) e identidade de gênero (p. ex., suas ideias sobre a ansiedade de castração e a inveja do pênis; Hall et al. 1998). Por outro lado, agora existe um suporte empírico extenso e robusto para várias ideias que se originaram na literatura psicanalítica acadêmica, e várias dessas ideias serão agora destacadas.

Primeiro, como Sigmund Freud (1900, 1915) propôs, uma grande parte da atividade mental dos seres humanos ocorre fora da consciência (Hassin et al. 2005; Kihlstrom 2008; Sherman et al. 2014). Da mesma forma, como Freud e sua filha Anna argumentaram (p. ex., Freud, 1936; Freud, 1894), as pessoas rotineiramente usam mecanismos de defesa não conscientes (p. ex., negação, formação reativa, isolamento) para se autorregular e proteger contra a ansiedade e ameaças à autoestima (Baumeister et al. 1998; Burnette et al. 2013; Cramer, 1998, 2000; Papies e Aarts 2011). Além disso, como enfatizou Freud (p. ex., Breuer e Freud, 1895; Freud, 1900, 1923), a mente, o cérebro/corpo e as relações estão profundamente interligadas e se influenciam reciprocamente (Cozolino 2014; Siegel, 2012a, 2012b).

Além disso, como afirmaram os teóricos da psicanálise (p. ex., Alexander e French 1946; Breuer e Freud, 1895; Freud, 1915-1917), a mudança psicoterapêutica envolve centralmente o(s) paciente(s) com experiências emocionais corretivas na psicoterapia (Fosha et al. 2009; Schore, 2012; Siegel e Solomon, 2014). Além disso, em ressonância com o que os teóricos da psicanálise argumentavam (p. ex., Breuer e Freud, 1895; Freud, 1915, 17; Greenson, 1967), agora há evidências demonstráveis de pesquisa sobre o seguinte:

- "A relação terapêutica faz contribuições substanciais e consistentes ao resultado da psicoterapia, independente do tipo de tratamento" (Norcross e Wampold, 2011, p. 98).

- "A relação terapêutica explica por que os clientes melhoram (ou não melhoram) pelo menos tanto quanto o método de tratamento específico" (Norcross e Wampold, 2011, p. 98).
- Os elementos de uma relação de terapia que são mais comprovadamente eficazes na promoção de resultados positivos de psicoterapia são a empatia, o acompanhamento de apoio (na terapia individual e familiar) e a coesão (na terapia de grupo; consulte Norcross 2011 para revisões).

Além disso, uma ampla variedade de outras ideias psicanalíticas tem agora tantas evidências empíricas que são consideradas bem estabelecidas. Essas ideias incluem (1) a ideia de que os humanos desenvolvem representações mentais de si mesmos, dos outros e do mundo, e essas representações mentais moldam como as pessoas pensam, sentem, se comportam e dão sentido a suas vidas; (2) a proposta de que as experiências da primeira infância tenham um impacto desproporcionalmente grande no funcionamento emocional, comportamental e social das pessoas durante toda a vida; (3) a noção de que as capacidades de regulação do afeto e de autorregulação são marcadores importantes e contribuintes para a saúde e o bem-estar; (4) a crença de que a saúde mental e física estão profundamente interligadas; e (5) a teoria de que, ao longo de suas vidas, os seres humanos são fundamentalmente motivados a desenvolver e manter relacionamentos de vínculos estreitos (p. ex., uma rede de pessoas que servem como refúgio seguro em momentos de aflição e uma base segura a partir da qual explorar o ambiente psicossocial; ver Cassidy e Shaver, 2008; Cozolino, 2014; Bruto, 2013; Siegel, 2012a, 2012b; Sroufe et al., 2005; Suls et al., 2010; Vohs e Baumeister, 2011 para conentários). Em suma, dentro da literatura acadêmica, várias ideias psicanalíticas são agora amplamente aceitas como fatos científicos.

Cristianismo e psicanálise. No entanto, dentro da comunidade científica e dentro da sociedade ocidental, há uma noção popularizada de que as teorias e técnicas psicanalíticas são empiricamente sem apoio ou mesmo totalmente desacreditadas (p. ex., Anestis et al. 2011; Shedler, 2010; Weinberger e Westen, 2001). Tal visão é especialmente pronunciada entre os cristãos (Jones et al. 2011), talvez em parte devido à influência contínua de

600 PSICANÁLISE (perspectiva favorável)

livros cristãos populares que criticam a psicologia em geral e a psicanálise em particular (p. ex., Adams, 1970, 1986).

De fato, praticamente desde o início da psicanálise no final do século XIX, houve uma suspeita mútua entre o cristianismo e a psicanálise (Bland e Strawn, 2014). A suspeita dos cristãos sobre a psicanálise tende a centrar-se em três temas: (1) a ênfase [clássica psicanalítica] nos impulsos sexuais e agressivos como as bases motivacionais para o comportamento, (2) os pressupostos deterministas e naturalistas do modelo e (3) os ataques diretos à religião que Freud fez em seus escritos posteriores "(Jones et al. 2011, 94; eg, Freud, 1927, 1930, 1938; ver **Freud, Sigmund**).

No entanto, nas últimas décadas, estudiosos cristãos e profissionais de saúde mental têm explorado cada vez mais a integração do cristianismo e da psicanálise (Bland e Strawn 2014; Edwards e Davis, 2013; Hoffman, 2011; Jones et al. 2011). Curiosamente, essa maior abertura dos cristãos à psicanálise coincidiu com uma abertura correspondentemente maior da psicanálise para a religião/espiritualidade (Hoffman e Strawn, 2008; Jones, 1991; McDargh, 1983; Rizzuto e Shafranske, 2013; Spero, 1992).

Epistemologicamente, tais aumentos recíprocos na abertura talvez sejam reforçados por uma mudança cultural e científica para estimar a *consiliência*, isto é, a valorização dos esforços para promover um "'salto em conjunto' de conhecimento pela ligação de fatos e teoria baseada em fatos entre disciplinas para criar uma base comum de explicação "(Wilson, 1998, p. 8). Fiel à visão de Wilson de que existe uma "unidade intrínseca de conhecimento" e "a consiliência é a chave para [sua] unificação" (8), acadêmicos cristãos e psicanalíticos começaram a articular uma variedade de ressonâncias e convergências entre os cristãos e paradigmas psicanalíticos. A seguir, destacamos alguns desses lugares de ressonância e convergência.

Abordar as preocupações relacionadas à cosmovisão. No entanto, antes de prosseguir, é importante abordar algumas preocupações relacionadas à cosmovisão que os cristãos frequentemente têm sobre as teorias psicanalíticas (ver Jones et al. 2011 para um comentário). Por exemplo, como Edwards e Davis ressaltaram, as teorias psicanalíticas "enfatizam ideais de autonomia, autodeterminação e realização pessoal, ao passo que a teologia cristã tradicional enfatiza os ideais de depender de Deus, ser guiado pelo Espírito Santo e encontrar satisfação por meio de serviço cristão" (2013, p. 122-23).

Da mesma forma, as teorias psicanalíticas clássicas são frequentemente criticadas por sustentarem uma visão excessivamente mecanicista, naturalista, determinista e reducionista da personalidade e do comportamento humanos (Bland e Strawn, 2014; Hall et al. 1998; Jones et al. 2011). Por exemplo, Freud (1905) argumentou que a personalidade é aproximadamente fixada pela idade de cinco anos, mas uma teoria cristã tradicional sustenta que a santificação (ou seja, mudança espiritual e de personalidade holística para aumentar a semelhança com Cristo; Gálatas 5:22-23; Efésios 4:22-25) ocorre durante toda a vida de um cristão (Johnson, 1999).

No entanto, assim como os cristãos se esforçam para interpretar um texto bíblico dentro do contexto histórico e cultural desse texto (ver **Hermenêutica**), também cabe aos cristãos interpretar teorias psicanalíticas dentro do contexto histórico e cultural dessas teorias. Ou seja, os cristãos devem reconhecer que as teorias psicanalíticas foram propostas dentro de um contexto histórico e cultural de modernismo, positivismo e naturalismo — os sistemas filosóficos que permearam a ciência e a cultura ocidentais no final do século XIX e início do século XX. No entanto, como a psicanálise continuou a evoluir na era pós-freudiana, as teorias psicanalíticas adotaram cada vez mais suposições filosóficas mais sutis (p. ex., teorias pós-modernas, pós-críticas, pós-positivista e pós-materialistas; Bland e Strawn, 2014). Por exemplo, nas últimas décadas, mesmo quando a teologia cristã adotou uma orientação mais relacional e sistêmica (Shults, 2003), tem havido simultaneamente uma orientação mais relacional e sistêmica na literatura psicanalítica também (Bland e Strawn, 2014; Hoffman, 2011)

Ressonância e convergência entre os paradigmas cristão e psicanalítico. Vários autores cristãos e psicanalíticos têm articulado uma miríade de lugares de ressonância e convergência entre os paradigmas cristãos e psicanalíticos (p. ex., Bland e Strawn, 2014; Hoffman, 2011; Jones et al. 2011; Narramore, 1999). Aqui, vamos destacar alguns.

Primeiro, a noção psicanalítica de que os humanos usam rotineiramente mecanismos de defesa inconscientes para evitar pensamentos e sentimentos angustiantes (Freud, 1936; Freud, 1894) é ressonante com a noção bíblica de que os humanos são autoenganosos (Salmos 139: 23; Jeremias 17:9; Narramore 1999). De fato, existe agora uma extensa base de pesquisa científica que apoia essa afirmação bíblica (ver Alicke e Sedikides, 2011 para um comentário).

Em uma nota mais positiva, a afirmação psicanalítica de que todo comportamento é intencional, dirigido por metas e motivado é convergente com "uma visão bíblica da natureza humana que vê os indivíduos como pessoas sociais inteligentes, autodeterminadas, criadas à imagem de Deus" (Narramore, 1999, p. 935). Da mesma forma, a conceituação psicanalítica de pessoas como formadas de mente e cérebro/corpo interagindo reciprocamente é ressonante com uma visão bíblica tradicional de que os seres humanos são compostos de mente, corpo, coração, alma e espírito reciprocamente interativos (Finger, 1989; Deuteronômio 6:5; Marcos 12:30; 1 Tessalonicenses 5:23).

Paradigmas cristãos e psicanalíticos também convergem em estimar relacionamentos amorosos e empáticos como um marcador central e contribuinte para a saúde e o bem-estar humanos (p. ex., Bland e Strawn, 2014; Fromm ,1956; Hoffman, 2011; Norcross, 2011; Deuteronômio 6; Mateus 22:37-38; 1 Coríntios 13; Efésios 3:14-21). Além disso, os paradigmas cristãos e psicanalíticos compartilham uma meta ressonante de facilitar o crescimento e a transformação em nível profundo. De fato, vários escritores psicanalíticos chamaram a psicanálise de um poderoso canal para que Cristo curasse, redimisse e santificasse as pessoas (Bland e Strawn, 2014; Edwards e Davis, 2013; Hoffman, 2011; Romanos 6— 8, 12; Gálatas 5; Efésios 4:17-32; Filipenses 2:12-15).

Conclusão. Em conclusão, defendemos a integração do cristianismo e da psicanálise de modo que honrem as respectivas diferenças de cada paradigma e promovam sua ligação reflexiva. De fato, Siegel definiu a integração como "a ligação de elementos diferenciados" (2012a, p. 464) e argumentou que a integração é um mecanismo fundamental e marcador de saúde (Siegel, 2012a, 2012b).

Assim, afirmamos que, à medida que estudiosos cristãos e psicanalíticos se esforçam para celebrar suas respectivas diferenças e promover sua ligação reflexiva, cada campo alcançará, individual e coletivamente, vitalidade acadêmica cada vez maior, ao mesmo tempo que individual e coletivamente alcançam maior compreensão científica (cf. Siegel, 2012a, 2012b; Wilson, 1998). Em suma, ao ecoar o recente chamado de Hoffman (2011), os autores atuais insistem em aspirar a um aumento do "reconhecimento mútuo" (Hoffman, 2011, p. 1) da fé cristã e da psicanálise.

Edward B. Davis e Andrew D. Cuthbert

REFERÊNCIAS E LEITURAS RECOMENDADAS

Abbass, A. A.; Hancock, J. T.; Henderson, J.; Kisely, S., 2006. "Short-Term Psychodynamic Psychotherapies for Common Mental Disorders." *Cochrane Database of Systematic Reviews* 4, no. CD004687.

Adams, J. E., 1970. *Competent to Counsel.* Grand Rapids: Zondervan.

_____. 1986. *The Christian Counselor's Manual.* Grand Rapids: Zondervan.

Alexander, F.; French, T. M., 1946. *Psychoanalytic Psychotherapy: Principles and Applications.* New York: Ronald.

Alicke, M. D.; Sedikides, C., eds. 2011. *Handbook of Self-Enhancement and Self-Protection.* New York: Guilford.

Anestis, M. D.; Anestis, J. C.; Lilienfeld, S. O., 2011. "When It Comes to Evaluating Psychodynamic Therapy, the Devil Is in the Details." *American Psychologist* 66:149-50.

Baumeister, R. F.; Dale, K.; Sommer, K. L., 1998. "Freudian Defense Mechanisms and Empirical Findings in Modern Social Psychology: Reaction Formation, Projection, Displacement, Undoing, Isolation, Sublimation, and Denial." *Journal of Personality* 66:1081-1124.

Blagys, M. D.; Hilsenroth, M. J., 2000. "Distinctive Features of Short-Term Psychodynamic-Interpersonal Psychotherapy: A Review of the Comparative Psychotherapy Process Literature." *Clinical Psychology: Science and Practice* 7:167-88.

Bland, E. D.; Strawn, B. D., 2014. *Christianity and Psychoanalysis: A New Conversation.* Downers Grove, IL: IVP.

Breuer, J.; Freud, S., 1895. "Studies on Hysteria", em *The Standard Edition of the Complete Psychological Works of Sigmund Freud*, ed. J. Strachey, A. Strachey e A. Tyson. Vol. 2. London: Hogarth.

Burnette, J. L.; O'Boyle, E. H.; VanEpps, E. M.; Pollack, J. M.; Finkel, E. J., 2013. "Mind-Sets Matter: A Meta-analytic Review of Implicit Theories and Self-Regulation." *Psychological Bulletin* 139:655-701.

Cassidy, J.; Shaver, P. R., eds. 2008. *Handbook of Attachment: Theory, Research, and Clinical Applications.* 2nd ed. New York: Guilford.

Clarkin, J. F.; Levy, K. N.; Lenzenweger, M. F.; Kernberg, O. F., 2007. "Evaluating Three Treatments for Borderline Personality Disorder: A Multiwave Study." *American Journal of Psychiatry* 164:922-28.

Cozolino, L., 2014. "The Neuroscience of Human Relationships: Attachment and the Developing Social Brain." 2. ed. New York: W. W. Norton.

Cramer, P., 1998. "Defensiveness and Defense Mechanisms." *Journal of Personality* 66:879-94.

_____. 2000. "Defense Mechanisms in Psychology Today." *American Psychologist* 55:637-46.

Edwards, K. J.; Davis, E. B., 2013. "Evidence-Based Principles from Psychodynamic and Process-Experiential Psychotherapies", em *Evidence-Based Practices for Christian Counseling and Psychotherapy*, ed. E. L. Worthington Jr., E. L. Johnson, J. N. Hook e J. D. Aten, 122-45. Downers Grove, IL: IVP.

Finger, T. N., 1989. *Christian Theology: An Eschatological Approach.* Vol. 2. Scottdale, PA: Herald.

Fosha, D.; Siegel, D. J.; Solomon, M., eds. 2009. *The Healing Power of Emotion: Affective Neuroscience, Development, and Clinical Practice.* New York: W. W. Norton.

Freud, A., 1936. *The Ego and the Mechanisms of Defense.* London: Hogarth.

Freud, S. 1894. "The Neuro-psychoses of Defense", em *The Standard Edition of the Complete Psychological Works of Sigmund Freud*, ed. J. Strachey, A. Strachey e A. Tyson, 3:45-61. London: Hogarth.

_____. 1900. "The Interpretation of Dreams", em *The Standard Edition of the Complete Psychological Works of Sigmund Freud*, ed. J. Strachey, A. Strachey e A. Tyson, vols. 4-5, pp. 1-626. London: Hogarth.

_____. 1905. "Three Essays on the Theory of Sexuality", em *The Standard Edition of the Complete Psychological Works of Sigmund Freud*, ed. J. Strachey, A. Strachey e A. Tyson, 7:125-245. London: Hogarth.

_____. 1915. "The Unconscious", em *The Standard Edition of the Complete Psychological Works of Sigmund Freud*, ed. J. Strachey, A. Strachey e A. Tyson, 14:166-215. London: Hogarth.

_____. 1915-17. "Introductory Lectures on Psychoanalysis", em *The Standard Edition of the Complete Psychological Works of Sigmund Freud*, ed. J. Strachey, A. Strachey e A. Tyson, vols. 15-16. London: Hogarth.

_____. 1923. "The Ego and the Id", em *The Standard Edition of the Complete Psychological Works of Sigmund Freud*, ed. J. Strachey, A. Strachey e A. Tyson, 19:1-66. London: Hogarth.

_____. 1927. "The Future of an Illusion", em *The Standard Edition of the Complete Psychological Works of Sigmund Freud*, ed. J. Strachey, A. Strachey e A. Tyson, 21:34-63. London: Hogarth.

_____. 1930. "Civilization and Its Discontents", em *The Standard Edition of the Complete Psychological Works of Sigmund Freud*, ed. J. Strachey, A. Strachey e A. Tyson, 21:59-145. London: Hogarth.

_____. 1938. "Moses and Monotheism", em *The Standard Edition of the Complete Psychological Works of Sigmund Freud*, ed. J. Strachey, A. Strachey e A. Tyson, 23:3-137. London: Hogarth.

FROMM, E., 1956. The Art of Loving. New York: Harper & Brothers.

GABBARD, G. O.; Bennett, T. J., 2006. "Psychoanalytic and Psychodynamic Psychotherapy for Depression and Dysthymia", em The American Psychiatric Publishing Textbook of Mood Disorders, ed. D. J. Stein, D. J. Kupfer e A. F. Schatzberg, 389-404. Arlington, VA: American Psychiatric Publishing.

GERBER, A. J.; Kocsis, J. H.; Milrod, B. L., et al. 2011. "A Quality-Based Review of Randomized Controlled Trials of Psychodynamic Psychotherapy." American Journal of Psychiatry 168:19-28.

GIESEN-BLOO, J., van Dyck, R.; Spinhoven, P., et al. 2006. "Outpatient Psychotherapy for Borderline Personality Disorder: Randomized Trial of Schema- Focused Therapy vs. Transference-Focused Psychotherapy." Archives of General Psychiatry 63:649-58.

GREENSON, R. R., 1967. The Technique and Practice of Psychoanalysis. New York: International Universities Press.

GROSS, J., ed. 2013. Handbook of Emotion Regulation. 2. ed. New York: Guilford.

HALL, C. S.; Lindzey, G.; Campbell, J. B., 1998. Theories of Personality. 4th ed. Hoboken, NJ: Wiley.

HARWOOD, T. M.; Beutler, L. E.; Williams, O. B.; Stegman, R. S.; 2011. "Identifying Treatment-Relevant Assessment: Systematic Treatment Selection/ Innerlife", em Integrative Assessment of Adult Personality, ed. T. M. Harwood, L. E. Beutler; Groth-Marnat, G., 61-79. 3. ed. New York: Guilford.

HASSIN, R. R., J. S. Uleman e J. A. Bargh, eds. 2005. The New Unconscious. New York: Oxford University Press.

HOFFMAN, M. T., 2011. Toward Mutual Recognition: Relational Psychoanalysis and the Christian Narrative. New York: Routledge.

HOFFMAN, M. T.; Strawn, B. D., eds. 2008. "Transformation: Psychoanalysis and Religion in Dialogue." Special issue. Psychoanalytic Inquiry 28 (5).

JOHNSON, E. L., 1999. "Sanctification", em Baker Encyclopedia of Psychology and Counseling, ed. D. G. Benner and P. C. Hill, 1050-51. 2. ed. Grand Rapids: Baker.

JONES, J. W., 1991. Contemporary Psychoanalysis and Religion. New Haven, CT: Yale University Press.

JONES, S. L.; Watson, R.; Butman, R. E.; 2011. "Classical Psychoanalysis", em Modern Psychotherapies, ed. S. L. Jones and R. E. Butman, 94-134. 2nd ed. Downers Grove, IL: IVP.

KIHLSTROM, J. F., 2008. "The Psychological Unconscious", em Handbook of Personality, ed. O. P. John, R. W. Robins e L. A. Pervin, 583-602. 3. ed. New York: Guilford.

LEICHSENRING, F.; Rabung, S.; Leibing, E., 2004. "The Efficacy of Short-Term Psychodynamic Psychotherapy in Specific Psychiatric Disorders: A Meta-analysis." Archives of General Psychiatry 61:1208-16.

McWILLIAMS, N., 2004. Psychoanalytic Psychotherapy. New York: Guilford.

McDARGH, J., 1983. Psychoanalytic Object Relations Theory and the Study of Religion. Lanham, MD.: University Press of America.

MILROD, B.; Leon, A. C., Busch, F., et al. 2007. "A Randomized Controlled Clinical Trial of Psychoanalytic Psychotherapy for Panic Disorder." American Journal of Psychiatry 164:265-72.

NARRAMORE, S. B., 1999. "Psychoanalytic Psychology", em Baker Encyclopedia of Psychology and Counseling, ed. D. G. Benner and P. C. Hill, 932-35. 2. ed. Grand Rapids: Baker.

NORCROSS, J. C., ed. 2011. Psychotherapy Relationships That Work: Evidence-Based Responsiveness. 2. ed. New York: Oxford University Press.

NORCROSS, J. C.; Wampold, B. E., 2011. "Evidence-Based Therapy Relationships: Research Conclusions and Clinical Practices." Psychotherapy 48:98-102.

PAPIES, E. K.; Aarts, H., 2011. "Nonconscious Self-Regulation, or the Automatic Pilot of Human Behavior", em Handbook of Self-Regulation: Research, Theory, and Applications, ed. K. D. Vohs and R. F. Baumeister, 125-42. 2nd ed. New York: Guilford.

RIZZUTO, A.-M.; Shafranske, E. P., 2013. "Addressing Religion and Spirituality in Treatment from a Psychodynamic Perspective", em APA Handbook of Psychology, Religion, and Spirituality, vol. 2, An Applied Psychology of Religion and Spirituality, ed. K. I. Pargament, 125-46. Washington, DC: American Psychological Association.

SAFRAN, J. D., 2012. Psychoanalysis and Psychoanalytic Therapies. Washington, DC: American Psychological Association.

SCHORE, A. N., 2012. The Science of the Art of Psychotherapy. New York: W. W. Norton.

SHEDLER, J., 2010. "The Efficacy of Psychodynamic Psychotherapy." American Psychologist 65:98-109.

SHERMAN, J. W.; Gawronski, B.; Trope, Y., eds. 2014. Dual-Process Theories of the Social Mind. New York: Guilford.

SHULTS, F. L., 2003. Reforming Theological Anthropology: After the Philosophical Turn to Relationality. Grand Rapids: Eerdmans.

SIEGEL, D. J., 2012a. The Developing Mind: How Relationships and the Brain Interact to Shape Who We Are. 2. ed. New York: Guilford.

_____. 2012b. Pocket Guide to Interpersonal Neurobiology: An Integrative Hand- book of the Mind. New York: W. W. Norton.

SIEGEL, D. J.; Solomon, M., eds. 2014. Healing Moments in Psychotherapy. New York: W. W. Norton.

SOCIETY OF CLINICAL PSYCHOLOGY, "Research-Supported Psychological Treatments." Society of Clinical Psychology. Acessado em 17 de outubro de 2016. www.div12. org/psychological-treatments/.

SPERO. M. H., 1992. Religious Objects as Psychological Structures: A Critical Integration of Object Relations Theory, Psychotherapy, and Judaism. Chicago: University of Chicago Press.

SROUFE, L. A.; Egeland, B.; Carlson, E. A.; Collins, W. A., 2005. The Development of the Person. New York: Guilford.

SULS, J. M.; Davidson, K. W.; Kaplan, R. M., eds. 2010. Handbook of Health Psychology and Behavioral Medicine. New York: Guilford.

VOHS, K. D.; Baumeister, R. F., eds. 2011. Handbook of Self-Regulation: Research, Theory, and Applications. 2nd ed. New York: Guilford.

WEINBERGER, J.; Westen, D., 2001. "Science and Psychodynamics: From Arguments about Freud to Data." Psychological Inquiry 12:129-66.

WILSON, E. O., 1998. Consilience: The Unity of Knowledge. New York: Vintage.

PSICOLOGIA. A psicologia moderna é tipicamente definida como o estudo científico do pensamento e comportamento e é uma disciplina diversificada, incluindo pesquisas que vão desde a neuropsicologia à psicologia social e incluindo aplicações variadas, como educacional, esportes e psicologia clínica.

A psicologia moderna originou-se no final do século XIX e adotou a filosofia do naturalismo materialista das ciências naturais. Essa filosofia levou ao objetivo de descrever, explicar e prever o pensamento e o comportamento de uma perspectiva secular. Além disso, uma filosofia materialista também determinou que o método empírico fosse empregado pela psicologia. A psicologia investiga os fenômenos por meio da formação de teorias, da coleta de dados empíricos para testar teorias e da interpretação de padrões derivados de análises estatísticas dos dados empíricos. Os estudos são projetados e conduzidos como falsificáveis e replicáveis para que outros pesquisadores possam verificar os resultados. Em última análise, o uso da metodologia empírica destina-se a eliminar a natureza subjetiva das investigações psicológicas e resultar em certeza objetiva. Esse impulso para a certeza objetiva continua sendo uma forte força diretiva no campo hoje.

A psicologia floresceu sob o seu modelo atual e produziu uma quantidade impressionante de informações que abordam inteligência, memória, funcionamento neuronal, agressão, conformidade, atitudes, depressão, relacionamentos interpessoais e outros tópicos numerosos demais para serem mencionados. A psicologia provavelmente continuará a desempenhar um papel fundamental em áreas como educação, negócios, economia, administração e liderança. O valor da pesquisa psicológica é autoevidente, e o benefício para a humanidade é inquestionável. Entretanto, a filosofia subjacente à psicologia moderna não está isenta de suas fraquezas.

Apesar de sua confiança no observável, grande parte do campo investiga fenômenos imateriais, o que os cristãos podem chamar de alma. Conceitos centrais de pesquisa psicológica não são observáveis (p. ex., atitudes, inteligência, emoções), ou seja, substitutos observáveis ou construções operacionais devem ser usados na pesquisa. Por exemplo, a lacuna entre o objeto a ser estudado, a inteligência e o objeto realmente estudado, a pontuação em um teste, significa que a certeza baseada em resultados empíricos é reduzida. O movimento em direção a métodos de pesquisa qualitativa para ajudar a preencher essa lacuna foi mínimo nesse ponto.

Mais problemática é a falta de compreensão sobre a conexão entre os conceitos de pesquisa e os pressupostos metafísicos na pesquisa empírica. Por exemplo, para investigar o amadurecimento social, deve-se definir o termo que repousa sobre uma definição maior do que é a pessoa madura. A conexão entre os conceitos de pesquisa e a natureza e propósito da humanidade é amplamente ignorada e esmagadoramente respondida a partir de uma perspectiva materialista. Por exemplo, é mais do que problemático que Deus seja excluído da psicologia moderna, dado que os cristãos entendem que os seres humanos são criados à imagem de Deus. Se as suposições implícitas da natureza humana dos pesquisadores são imprecisas, a pesquisa projetada e conduzida por elas é deficiente em algum grau e pode ser melhorada.

O compromisso com o método empírico e uma filosofia materialista significa que a principal questão com a psicologia moderna é o que é deixado de fora. Um modelo filosófico cristão da pessoa pode ser usado para sugerir melhorias filosóficas e metodológicas. Por exemplo, em vez de entender a pessoa como simplesmente egoísta, a visão cristã pode oferecer uma compreensão mais rica e precisa das pessoas dentro de uma estrutura de criação/queda/redenção/consumação. Ver a pessoa como mais complexa e holística em comparação com uma visão materialista também deve resultar no reconhecimento da necessidade de métodos de investigação além do empírico. Por fim, podemos afirmar que uma psicologia fundamentalista cristã exige uma ampliação das definições filosóficas da pessoa e uma ampliação dos métodos usados para investigar a pessoa.

C. Eric Jones

REFERÊNCIAS E LEITURAS RECOMENDADAS

EVANS, C. S., 2002. *Preserving the Person*. Vancouver: Regent College Publishing.

JONES, Charles E.; Johnson, Eric L., 2012. "A Christian's Guide to Psychology", em *Omnibus VI: The Modern World*, ed. Gene Veith, Douglas Wilson e Tyler Fisher, 3-12. Lancaster, PA: Veritas.

SLIFE, Brent; Reber, Jeffrey; Richardson, Frank, 2005. *Critical Thinking about Psychology*. Washington, DC: APA Publishing.

PSICOLOGIA DA RELIGIÃO. A Divisão 36 da Associação Americana de Psicologia (APA, em inglês) é a Sociedade para a Psicologia da Religião e Espiritualidade. A divisão tem um propósito triplo:

> Promove a aplicação de métodos de pesquisa psicológica e estruturas interpretativas a diversas formas de religião e espiritualidade; encoraja a incorporação dos resultados desse trabalho em contextos clínicos e outros aplicados; e fomenta o diálogo construtivo e o intercâmbio entre o estudo e a prática psicológica, de um lado, e entre as perspectivas religiosas e as instituições, de outro. (APA, 2014)

Esta divisão apoia psicólogos interessados em pesquisar tópicos relacionados à natureza psicológica da religião

604 PSICOLOGIA EVOLUCIONISTA

e da espiritualidade, bem como aqueles interessados em encontrar maneiras apropriadas de aplicar seus resultados. Como a religião e a espiritualidade não são facilmente descritas em termos concretos, a maioria das definições utilizadas na pesquisa tende a satisfazer apenas aqueles que as elaboram (Yinger, 1967, p. 18). Contudo, os psicólogos são encorajados pelo seu trabalho nesta área por causa de suas contribuições para tópicos como conversão, desenvolvimento espiritual, experiência mística e o impacto da prática religiosa na saúde e bem-estar (Paloutzian, 1996).

Historicamente, o estudo da psicologia da religião teve sucesso no primeiro terço do século XX, mas depois ficou fora de moda por mais de 40 anos (Paloutzian e Park, 2005). Os primeiros pesquisadores incluíram Edwin Starbuck, que em 1899 explorou comportamentos religiosos em seu livro *Psychology of Religion* [Psicologia da religião]. William James explorou a psicologia da religião em sua publicação de 1902, *The Varieties of Religious Experience* [As variedades da experiência religiosa], e muitos dos tópicos abordados em seu livro continuam a ser explorados hoje.

Outros psicólogos, como Sigmund Freud e Carl Jung, exploraram fenômenos religiosos, no entanto, à medida que a pressão por abordagens mais empíricas e estatísticas aumentava em psicologia e a relação adversária entre ciência e religião se intensificava, o interesse pela psicologia da religião diminuía. Muito disso tinha a ver com a tendência crescente de "explicar a religião" em vez de descrever a natureza psicológica da experiência, mas vários fatores levaram a um ressurgimento de interesse nessa área da psicologia. Desde a década de 1970, o desenvolvimento do aconselhamento pastoral, bem como escolas religiosas que estabelecem programas de psicologia tem crescido. Como Paloutzian (1996) observa, os psicólogos redescobriram um interesse na relação entre religião e saúde mental, autoritarismo e sua relação com o fundamentalismo religioso, e novos diálogos significativos entre religião e psicologia.

Os cristãos acharão esta área da psicologia desafiadora e recompensadora. Historicamente, os psicólogos têm desconsiderado a experiência religiosa. *The Future of na Ilusion* (O futuro de uma ilusão), de Freud, considera a religião uma resposta neurótica à ansiedade. O trabalho de G. Stanley Hall em psicologia genética propõe que o cristianismo precisa de uma reestruturação que corresponda

às descobertas atuais da ciência e da teoria evolucionista (Nelson, 2009). Ainda hoje, os psicólogos acham que as intervenções espirituais são uma ferramenta poderosa no trabalho terapêutico (Sperry, 2012). Os cristãos podem contribuir muito nessa área por causa de sua rica herança no cuidado da alma.

Dominick D. Hankle

REFERÊNCIAS E LEITURAS RECOMENDADAS

ALLPORT, G. W., 1950. *The Individual and His Religion*. New York: Macmillan.
APA. 2014. "Society for the Psychology of Religion and Spirituality." American Psychological Association. www.apa.org/about/division/div36.aspx.
JAMES, W., (1902) 1985. *The Varieties of Religious Experience*. Cambridge, MA: Harvard University Press.
NELSON, J. M., 2009. *Psychology, Religion, and Spirituality*. New York: Springer.
PALOUTZIAN, R. F., 1996. *Invitation to the Psychology of Religion*. 2nd ed. Needham Heights, MA: Allyn & Bacon.
PALOUTZIAN, R. F.; Park, C. L., 2005. "Integrative Themes in the Current Science of the Psychology of Religion. em *Handbook of the Psychology of Religion and Spirituality*, ed. R. F. Paloutzian and C. L. Park, 3-20. New York: Guilford.
SPERRY, L., 2012. *Spirituality in Clinical Practice: Theory and Practice of Spiritually Oriented Psychotherapy*. 2nd ed. New York: Routledge.
WULFF, D. W., 1991. *Psychology of Religion: Classic and Contemporary Views*. New York: Wiley.
YINGER, J. M., 1967. "Pluralism, Religion, and Secularism." *Journal for the Scientific Study of Religion* 6:17-28.

PSICOLOGIA EVOLUCIONISTA.

A psicologia evolucionista é a tentativa sistemática de aplicar a teoria evolucionista à cognição e ao comportamento em humanos e outros animais. Enquanto Darwin (1859) estava preocupado em explicar a variedade de adaptações físicas de diferentes espécies biológicas, seu trabalho posterior (Darwin, 1871) também inclui relatos das origens de nossas capacidades psicológicas, como nosso senso moral e habilidades linguísticas.

Embora Darwin propusesse que a variação e a seleção natural eram suficientes para explicar as criaturas vivas, ele não ofereceu nenhum mecanismo. Nas décadas de 1930 e 1940, os cientistas sintetizaram a teoria de Darwin com a genética mendeliana e, em seguida, na década de 1950, descobriram que o DNA contém a informação genética que explica os traços hereditários. Os biólogos, então, perseguiram a ideia de que mutações aleatórias e outras mudanças indiretas no DNA combinadas com a seleção natural explicam a diversidade da vida. Em um trabalho histórico, E. O. Wilson (1975) aplicou a mesma abordagem para explicar o comportamento. Mais recentemente, a psicologia evolucionista emergiu como um campo interdisciplinar que propõe explicações evolucionistas de

PSICOLOGIA EVOLUCIONISTA

capacidades cognitivas específicas na suposição de que elas são adaptações ou subprodutos de características adaptativas.

Uma proposta grosseira (às vezes chamada de *determinismo genético*) é que os genes em si só determinam os estados e comportamentos psicológicos das criaturas. Um problema óbvio é que a cultura e a tradição nos afeta independentemente dos genes: gêmeos geneticamente idênticos criados em diferentes culturas terão ideias diferentes e realizarão ações diferentes. Como Richard Lewontin observa, não acredito que, "já que 99% dos finlandeses são luteranos, eles devem ter um gene para isso" (Lewontin, 1991, p. 94). Outra preocupação é que as explicações simplistas que apelam a um gene "para" um determinado comportamento são tipicamente feitas com base em especulações sobre nossos ancestrais e não podem ser confirmadas pela evidência genética. Lewontin reclama:

Ninguém jamais mediu em qualquer população humana a real vantagem ou desvantagem reprodutiva de qualquer comportamento humano. Todas as explicações sociobiológicas da evolução do comportamento humano são como as histórias de "E foi assim que aconteceu", de Rudyard Kipling, de como o camelo pegou sua corcunda e o elefante pegou seu baú. Eles são apenas histórias (Lewontin, 1991, p. 100; ver **Histórias de "E foi assim que aconteceu"**).

A maioria dos psicólogos evolucionistas conclui, portanto, que o que os genes explicam é, no máximo, nossas *capacidades* cognitivas, e não o conteúdo específico de nossos pensamentos ou comportamentos específicos. Um dos principais proponentes dessa teoria é Steven Pinker, segundo o qual a mente é uma coleção de módulos especializados "projetados pela seleção natural para resolver os tipos de problemas que nossos ancestrais enfrentaram em seu modo de vida de forrageamento" (Pinker, 1997, p. 21). Como cada um desses módulos é uma adaptação independente, Pinker afirma que não há razão para acreditar em um único eu supervisório que supervisiona todos os módulos (ver **Seleção Natural**). Em vez disso, como temos apenas um corpo e seu comportamento deve ser controlado consistentemente, o "eu" é uma ilusão útil que ajuda a coordenar os módulos (Pinker, 1997, p. 144).

Outros, como Richard Dawkins (1989) e Susan Blackmore (1999), argumentam que podemos explicar o conteúdo dos pensamentos das pessoas suplementando genes (replicadores biológicos) com *memes* (replicadores culturais). De acordo com Dawkins, "Exemplos de memes são melodias, ideias, frases de efeito, roupas, modas, formas de fazer panelas ou de construir arcos. Assim como os genes se propagam no conjunto de genes, saltando de corpo para corpo [...] então os memes se propagam no conjunto de memes, saltando de cérebro para cérebro via [...] imitação" (Dawkins, 1989, p. 192).

Os memes também podem ser combinados em *memeplexos*, coleções de memes associados que se replicam juntos (p. ex., memes de beisebol). Uma vantagem dos memes é que eles podem resolver enigmas que confrontam uma teoria exclusivamente genética: enquanto for difícil de encaixar o altruísmo com um relato puramente genético, não há razão para que um meme de altruísmo não seja propagado.

Ambos os relatos genéticos e meméticos foram usados para dar relatos naturalistas de religião. Dennett argumentou que a crença em Deus é simplesmente um subproduto de um Dispositivo de Detecção de Agentes Hiperativos (Dennett, 2006, p. 108-9). E Richard Dawkins comparou a crença em Deus a um vírus mental (uma coleção ilusória de memes): "A seleção natural constrói cérebros de crianças com uma tendência a acreditar naquilo que seus pais e anciãos tribais lhes dizem. Essa obediência confiante é valiosa para a sobrevivência: o semelhante a guiar a lua pela mariposa. Mas o outro lado da obediência confiante é a credulidade escrava, e o subproduto inevitável é a vulnerabilidade à infecção por vírus mentais" (Dawkins, 2006, p. 176).

Duas grandes preocupações com tais relatos são que eles assumem sem argumento que a crença teísta é falsa e que eles também poderiam ser aplicados ao materialismo. Alister McGrath ressalta: "Se todas as ideias são memes ou os efeitos dos memes, Dawkins é deixado na posição decididamente desconfortável de ter que aceitar que suas próprias ideias devem ser reconhecidas como efeitos dos memes" (McGrath, 2005, p. 124).

Uma preocupação mais geral com a psicologia evolucionista naturalista é que ela mina a confiança na racionalidade humana. C. S. Lewis (1960, cap. 3) e Alvin Plantinga (1993, cap. 12; 2011, cap. 10) desenvolveram o que é conhecido como o **argumento evolucionista contra o naturalismo** ou o **argumento da razão** (Reppert, 2009), o qual visa mostrar que, se o raciocínio humano surgiu da evolução naturalista, não se pode confiar na verdade; se somos simplesmente o resultado da evolução naturalista, então o epifenomenalismo mais provável é verdadeiro (nossos pensamentos não têm efeito sobre o nosso comportamento). Isso ocorre porque a seleção natural só pode operar em nossas respostas comportamentais, e elas podem ser refinadas indefinidamente sem exigir pensamento (uma boa analogia aqui é a melhoria na estratégia dos jogos de computador com algoritmos autoajustáveis). Mas, então, não há razão para esperar que quaisquer pensamentos que surjam sejam confiáveis: contanto que nossos corpos fujam dos leões, não importa se acreditamos que eles sejam arbustos.

Mas suponha que o epifenomenalismo seja falso e as crenças sejam selecionadas como causas de comportamento. Ainda assim, o que importa é que o comportamento causado é adaptativo, não que as crenças sejam verdadeiras; por isso, ainda é provável que nossas crenças não sejam confiáveis. Assim, se o epifenomenalismo é verdadeiro ou não, não podemos ter confiança em nenhuma teoria derivada do raciocínio, incluindo a psicologia evolucionista naturalista, uma vez que ela se enfraquece. De fato, Pinker admite que "nossos cérebros foram moldados para adequação, não para verdade" (Pinker, 1997, p. 305). Por outro lado, os teístas cristãos podem argumentar que nossas mentes são confiáveis porque somos feitos especialmente à imagem de um Deus racional.

Angus J. L. Menuge

REFERÊNCIAS E LEITURAS RECOMENDADAS

Blackmore, Susan, 1999. *The Meme Machine.* Oxford: Oxford University Press.
Darwin, Charles, 1859. *On the Origin of Species.* London: John Murray.
_____. 1871. *The Descent of Man and Selection in Relation to Sex.* London: John Murray.
Dawkins, Richard, 1989. *The Selfish Gene.* Oxford: Oxford University Press.
_____. 2008. *The God Delusion.* New York: Houghton Mifflin.
Dennett, Daniel, 2006. *Breaking the Spell: Religion as a Natural Phenomenon.* New York: Viking.
Lewis, C. S., 1960. *Miracles.* 2nd ed. New York: Macmillan.
Lewontin, Richard, 1991. *Biology as Ideology: The Doctrine of DNA.* New York: HarperCollins.
McGrath, Alister, 2005. *Dawkins' God: Genes, Memes, and the Meaning of Life.* Oxford: Blackwell.
Pinker, Steven, 1997. *How the Mind Works.* New York: W. W. Norton.
Plantinga, Alvin, 1993. *Warrant and Proper Function.* New York: Oxford University Press.
_____. 2011. *Where the Conflict Really Lies.* New York: Oxford University Press.
Reppert, Victor, 2009. "The Argument from Reason", em *The Blackwell Companion to Natural Theology*, ed. William Lane Craig and J. P. Moreland, 344-90. Malden, MA: Wiley-Blackwell.
Wilson, E. O., 1975. *Sociobiology: The New Synthesis.* Cambridge, MA: Harvard University Press.

PSICOLOGIA MORAL. A psicologia moral é o estudo científico que se preocua com os processos mentais, emocionais, comportamentais e sociais envolvidos na formação e expressão do respeito de um indivíduo pelos direitos e pelo bem-estar dos outros. As raízes do campo da psicologia moral remontam a dois cientistas sociais, Jean Piaget (1896-1980) e Emile Durkheim (1858-1917), cujo trabalho (Durkheim, 1925; Piaget, 1932) abordou diretamente o desenvolvimento de pessoas morais. Duas abordagens principais do século XX para o desenvolvimento moral floresceram a partir dessas duas figuras: a abordagem do desenvolvimento cognitivo baseada no trabalho de Piaget e a abordagem do desenvolvimento do caráter baseada em Durkheim e outros.

No final dos anos 1950, Lawrence Kohlberg (1927-1987) emergiu como uma figura dominante na psicologia moral. Com base nos estágios de desenvolvimento cognitivo de Piaget, Kohlberg expôs seis estágios de "julgamento moral", nos quais as pessoas constroem interpretações cada vez mais complexas e progressivamente mais úteis da **moralidade**. Kohlberg categorizou o pensamento moral dos indivíduos em estágios com base em como eles raciocinaram sobre os direitos e responsabilidades dos personagens em vários cenários. Carol Gilligan (1982), entre outros, criticou Kohlberg por um enfoque demasiadamente estreito na justiça e por subestimar o raciocínio sobre os cuidados com o bem-estar dos outros (Snarey e Samuelson, 2008).

Mesmo enquanto a psicologia do desenvolvimento cognitivo se afastou da teoria dos estágios piagetiana, a psicologia moral continuou a utilizar a teoria dos estágios de Kohlberg, embora reconhecendo que ela não apresenta uma imagem abrangente do funcionamento moral, particularmente na explicação da ação moral. Modelos mais complexos foram desenvolvidos (p. ex., o modelo de quatro componentes de James Rest e colegas [1999], a teoria do domínio moral de Turiel (2002)); emergiu um foco no papel da empatia, tomada de perspectiva e regulação emocional no funcionamento moral (Eisenberg e Strayer, 1987); a consideração do papel da consciência no desenvolvimento moral foi examinada (Konchanska e Aksan, 2004); e uma virada para modelos mais naturalistas da pessoa moral foi explorada (Walker e Pitts, 1998), incluindo o exame das vidas e o desenvolvimento de exemplos morais (Colby e Damon,

2010). Alguns começaram a se concentrar na formação da identidade moral como chave para entender a ação moral (Blasi, 2004).

As tendências recentes da psicologia também começaram a influenciar a psicologia moral. O movimento da psicologia positiva identificou uma lista de pontos fortes e virtudes de caráter chave que levam ao florescimento humano (Peterson e Seligman, 2002), incluindo virtudes morais que enfatizam o papel dos valores, das normas e das expectativas sociais no funcionamento moral. As descobertas da psicologia evolucionista, **antropologia** e psicologia cognitiva levaram a uma nova abordagem que enfatiza as **intuições** morais como uma força motriz na ação moral (Haidt, 2001). Nessa abordagem, o raciocínio moral é secundário (depois do fato) aos sentimentos viscerais mais rápidos (ou intuições morais) da correção ou incorreção de uma situação. A neuropsicologia e os estudos de imagens cerebrais serviram para reforçar o papel dessas respostas rápidas e pré-conscientes, e mostraram que a deliberação e a ação morais são fenômenos complexos que envolvem a coordenação de processos emocionais e de raciocínio.

Justin L. Barrett

REFERÊNCIAS E LEITURAS RECOMENDADAS

Blasi, A., 2004. "Moral Functioning: Moral Understanding and Personality", em *Moral Development, Self, and Identity*, ed. D. K. Lapsley and D. Narvaez. Mahwah, NJ: Lawrence Erlbaum.

Bloom, Paul, 2013. *Just Babies: The Origin of Good and Evil*. New York: Crow.

Colby, A.; W. Damon. 2010. *Some Do Care*. New York: Simon & Schuster.

Durkheim, E., 1925. *Moral Education: A Study in the Theory and Application of the Sociology of Education*. New York: Free Press.

Eisenberg, N.; Strayer, J., 1987. *Empathy and Its Development*. New York: Cambridge University Press.

Gilligan, C., 1982. *In a Different Voice*. Cambridge, MA: Harvard University Press.

Haidt, J., 2001. "The Emotional Dog and Its Rational Tail: A Social Intuitionist Approach to Moral Judgment." *Psychological Review* 108 (4): 814-34. doi: 10.1037/0033-295X.108.4.814.

_____. 2012. *The Righteous Mind: Why Good People Are Divided by Politics and Religion*. New York: Vintage.

Kochanska, G.; Aksan, N., 2004. "Conscience in Childhood: Past, Present, and Future." *Merrill-Palmer Quarterly* 50 (3): 299-310. doi:10.1353/mpq.2004.0020.

Lapsey, D. K., 1996. *Moral Psychology.* Boulder, CO: Westview.

Nadelhoffer, T.; Nahmias, E.; Nichols, S., eds. 2010. *Moral Psychology: Historical and Contemporary Readings*. West Sussex, UK: Blackwell.

Peterson, C.; Seligman, M. P., 2004. *Character Strengths and Virtues: A Handbook and Classification*. New York: American Psychological Association.

Piaget, J., 1932. *The Moral Judgment of the Child*. New York: Free Press.

Rest, J.; Narvaez, D.; Bebeau, M. J.; Thoma, S. J., 1999. *Postconventional Moral Thinking: A Neo-Kohlbergian Approach*. Mahwah, NJ: Lawrence Erlbaum.

Snarey, John; Samuelson, Peter, 2008. "Moral Education in the Cognitive-Developmental Tradition: Lawrence Kohlberg's Revolutionary Ideas", em *Handbook of Moral and Character Education*, ed. L. Nucci e D. Narvaez, 53-79. New York: Routledge.

Turiel, E., 2002. *The Culture of Morality: Social Development, Context, and Conflict*. Cambridge: Cambridge University Press.

Walker, L. J.; Pitts, R. C., 1998. "Naturalistic Conceptions of Moral Maturity." *Developmental Psychology* 34 (3): 403-19. doi:10.1037/0012-1649.34.3.403.

PTOLOMEU, CLÁUDIO. Cláudio Ptolomeu (c. 100-c. 170 a.C.) viveu em Alexandria, mas não sabemos nada de sua vida além dos detalhes escassos que podem ser colhidos de seus escritos. Ele foi um matemático que reelaborou e aprimorou a melhor astronomia, ótica e geografia de seu tempo. Filosoficamente, ele era um seguidor de Aristóteles e quase certamente um pagão.

Astronomia

O trabalho mais célebre de Ptolomeu foi *The Mathematical Synthesis* (A síntese matemática), mais conhecido por seu nome em árabe *Almagesto*, ou "O Grande". Esse título foi adotado por autores cristãos quando *Almagesto* foi traduzido para o latim durante o século XII.

O *Almagesto* incorporou o material mais importante da antiga astronomia matemática grega, e isso tornou obsoletos os trabalhos anteriores e é provável que seja a razão pela qual poucos deles são preservados. Além de refinar o trabalho de astrônomos anteriores como Hiparco, Ptolomeu acrescentou novas melhorias por conta própria. Em comum com a maioria dos gregos antigos, Ptolomeu acreditava que os sete planetas (o sol, a lua, Mercúrio, Vênus, Marte, Júpiter e Saturno) orbitavam uma terra esférica. Filósofos naturais exigiram que os planetas se movessem ao redor da terra com um movimento circular uniforme.

Infelizmente, os astrônomos empíricos há muito reconheceram que os movimentos dos planetas não são tão regulares quanto a teoria exigia. Portanto, os matemáticos desenvolveram várias técnicas para modelar os movimentos observados dos planetas usando combinações de círculos, os quais incluíam epiciclos (círculos menores girando na borda dos maiores) e órbitas excêntricas (onde o centro da órbita era deslocado da própria terra). Ptolomeu introduziu pontos de equilíbrio (pontos fora do centro a partir dos quais a uniformidade do movimento circular de um planeta foi determinada) que lhe permitiu refinar ainda mais o modelo.

O efeito líquido foi que o modelo de Ptolomeu foi muito complicado, mas também acurado quase até o limite de observações disponíveis no momento. Seu

PTOLOMEU, CLÁUDIO

trabalho foi aperfeiçoado por astrônomos árabes e cristãos, na tentativa de simplificar sua mecânica. Durante a Idade Média, uma série de manuais simples, como a *Esfera,* de João Sacrobosco, foram produzidos para estudantes que cobriam o básico do modelo de Ptolomeu sem a matemática difícil. No século XVI, Copérnico modificou o modelo de Ptolomeu colocando o sol no centro de seu sistema, mas usou técnicas matemáticas semelhantes. O *Almagesto* finalmente caiu em desgraça quando Johannes Kepler demonstrou que as órbitas elípticas ao redor do sol eram mais elegantes e precisas do que a astronomia circular de Ptolomeu e Copérnico.

Geografia

A *Geografia,* de Ptolomeu, usou uma projeção esférica para mapear a superfície da terra em um pedaço de papel achatado. Não foi traduzido para o latim até o século XV, quando sua utilidade foi rapidamente reconhecida, no entanto, a confiança nos antigos viajantes gregos mostrava

que Ptolomeu era frequentemente impreciso e, é claro, nada sabia sobre as Américas. Ele também subestimou o tamanho da terra, o que incentivou Colombo a afirmar que era possível navegar para o oeste até as Índias Orientais.

Outras obras de Ptolomeu incluem seu livro astrológico, *Tetrabiblios*, que deu muita credibilidade intelectual à astrologia na Idade Média e na Renascença; sua *Harmônica* sobre teoria musical; e sua Óptica, que forneceu um tratamento matemático da propagação da luz. Essa obra posterior é apenas uma tradução latina medieval de um texto em árabe, pois o original grego foi perdido.

James Hannam

REFERÊNCIAS E LEITURAS RECOMENDADAS

LINTON, C., M. 2004. *Eudoxus to Einstein: A History of Mathematical Astronomy.* Cambridge: Cambridge University Press.

PTOLEMY, Claudius, 1984. *Ptolemy's Almagest.* Trans. G. J. Toomer. London: Duckworth.

———. 2000. *Ptolemy's Geography: An Annotated Translation of the Theoretical Chapters.* Trans. J. Lennart Berggren and Alexander Jones. Princeton, NJ: Princeton University Press.

QUALIA. *Qualia* é um substantivo plural (singular *quale*) que se refere às qualidades subjetivas de experiências conscientes, como a sensação de vermelho ou a sensação de dor. A dor parece ter qualidades intrinsecamente pessoais (qualia) e, portanto, parece algo como experienciar dor. Em face disso, os qualia não podem ser compartilhados: enquanto John pode sentir uma dor semelhante à de Jane, John não pode sentir a dor de Jane da maneira como Jane sente.

Alguns filósofos (p. ex., Block, 1978; Chalmers, 1997; Kim, 2007) argumentam que os qualia representam um problema sério para os relatos fisicalistas da **mente**. O **fisicalismo** geralmente está comprometido com a **superveniência** e o fechamento causal. *Superveniência* significa que o mental é inteiramente determinado pelo físico, de modo que é impossível para dois indivíduos serem semelhantes em todos os aspectos físicos, mas diferentes em algum aspecto mental. O *fechamento causal* significa que todo efeito físico tem uma causa física suficiente. E *físico* tipicamente significa reconhecido como uma entidade real por uma ciência física.

Um problema é que todas as propriedades físicas são impessoais, mas os qualia são intrinsecamente pessoais. Se os qualia não são físicos, o fisicalismo não pode prever ou explicar sua existência ou caráter. Embora alguns fisicalistas contestem isto, parece que existem mundos metafisicamente possíveis com indivíduos fisicamente idênticos a nós que são *zumbis* (qualia estão ausentes) ou *invertidos* (qualia são invertidos para que sintam prazer quando sentimos dor, etc.), ambos os quais implicam que essa superveniência é falsa (Chalmers, 1997). E os fisicalistas teriam que declarar qualia *epifenomenal* (causalmente impotente), uma vez que, se tiverem efeitos, eles violam o fechamento causal do físico (Kim, 1998). Isso implica, implausivelmente, que sentir dor não faz alguém fazer uma careta ou gritar.

Frank Jackson (1982) usa qualia para argumentar que o fisicalismo não pode explicar a obtenção de um tipo especial de conhecimento através da experiência. Em seu exemplo, Mary é aprisionada em uma sala preta e branca, mas aprende tudo o que há para se saber sobre a **física** e a neurofisiologia da visão de cores. Quando Mary é liberada, ela vê uma rosa vermelha pela primeira vez e parece aprender algo novo: como é ver vermelho (tendo qualia vermelha). Se assim for, a experiência de vermelho de Mary confere conhecimento que não é conhecimento físico.

Uma resposta fisicalista (Lewis, 1990) é que Mary adquire uma nova habilidade (p. ex., reconhecer as coisas vermelhas), mas nenhum conhecimento factual novo. Mas seu reconhecimento é consciente? Em caso afirmativo, envolverá qualia, tornando a explicação circular. Caso contrário, poderia ser implementado por um robô inconsciente que detecta a cor pelo seu comprimento de onda física, mas não tem nenhuma qualia vermelha. Um problema recorrente para os relatos fisicalistas da **consciência** é sua aparente implicação de que os qualia não existem.

Angus J. L. Menuge

REFERÊNCIAS E LEITURAS RECOMENDADAS

BLOCK, Ned, 1978. *Troubles with Functionalism.* Minnesota Studies in the Philosophy of Science 9:261-325. Minneapolis: University of Minnesota Press.
CHALMERS, David, 1997. *The Conscious Mind.* New York: Oxford University Press.
JACKSON, Frank, 1982. "Epiphenomenal Qualia." *Philosophical Quarterly* 32:127-36.
KIM, Jaegwon, 1998. *Mind in a Physical World.* Cambridge, MA: MIT Press.
_____. 2007. *Physicalism, or Something Near Enough.* Princeton, NJ: Princeton University Press.
LEWIS, David, 1990. "What Experience Teaches", em *Mind and Cognition: A Reader.* Ed. W. Lycan. Oxford: Blackwell.

QUALIDADES PRIMÁRIAS E SECUNDÁRIAS.

O filósofo **John Locke** (1632-1704) desenvolveu uma distinção entre as *qualidades primárias e secundárias* dos objetos perceptuais (Locke, 1979). Os primeiros filósofos e cientistas fizeram distinções semelhantes. Entre eles estavam os antigos atomistas, **Galileu** (1564-1642), **Descartes** (1596-1650) e o mentor de Locke, **Boyle** (1627-1691). Alguns filósofos posteriores contestaram a distinção de Locke, incluindo **Leibniz** (1646-1716), Berkeley (1685-1753), Reid (1710-1796) e **Kant** (1724-1804).

610 QUATRO CAUSAS DE ARISTÓTELES

Whitehead (1861-1947) se opôs à "bifurcação da natureza" criada pela distinção (Whitehead, 2011).

Locke distinguiu as qualidades primárias "sensíveis" dos objetos físicos de suas qualidades sensíveis "secundárias". Ele caracterizou as qualidades primárias dos objetos como qualidades que existem nos próprios objetos, independentemente de serem percebidos. Ele disse que nossas "ideias" das qualidades primárias dos objetos (as sensações que temos dessas qualidades) se assemelham a essas qualidades. Exemplos de qualidades primárias são ocupar espaço, estar em movimento ou em repouso, número, solidez, textura, tamanho e forma. Locke sustentou que essas qualidades são objetivas no sentido de serem independentes da **mente**. Ou seja, eles existem nos objetos, sejam os objetos percebidos ou não.

Além disso, as qualidades primárias são quantificáveis — matematicamente descritíveis. Então eles são as qualidades dos objetos que estão sujeitos a descrição científica.

Locke caracterizou as qualidades secundárias dos objetos como poderes nos objetos que produzem ideias em nós como resultado da interação das qualidades primárias dos objetos e de nossas faculdades perceptivas. Essas ideias incluem nossas sensações de cor, cheiro, sabor, som e temperatura dos objetos. De acordo com Locke, eles não se parecem com nada nos objetos em si, mas são subjetivos no sentido de serem dependentes da mente. Ou seja, elas existem apenas nas mentes dos percebedores e deixam de existir quando o objeto é despercebido. Na visão de Locke, qualidades secundárias não são quantificáveis; eles são puramente qualitativos e, portanto, não estão sujeitos à descrição científica da matemática.

Uma boa maneira de ilustrar a distinção de Locke entre qualidades primárias e secundárias é considerar a bem conhecida pergunta: "Se uma árvore cai em uma floresta e ninguém está por perto para ouvi-la, faz um som?" Dada a teoria de Locke, a resposta correta é não se "som" se referir ao tipo característico de sensação auditiva consciente que um ouvinte em bom funcionamento normalmente experimentaria em tais circunstâncias. A razão dessa resposta negativa é que tal sensação depende de sua existência em uma interação apropriada entre as ondas sonoras produzidas pela árvore em queda (que são qualidades primárias objetivas da árvore) e o sistema auditivo de um ouvinte. Assim, embora as *ondas* sonoras existissem na situação hipotética apresentada pela questão, a sensação de *som* não existiria.

A crítica filosófica subsequente da distinção de Locke assumiu várias formas. Por um lado, Berkeley (e outros como Leibniz e Kant) negaram a distinção, alegando que *todas* as qualidades dos objetos perceptivos dependem da mente (ver Berkeley, 1979). Por outro lado, Reid afirmou a distinção, mas negou que os objetos perceptuais tenham qualidades dependentes da mente (ver Reid, 2014). Ele sustentou que as qualidades primárias são propriedades intrínsecas e as qualidades secundárias são propriedades relacionais dos objetos.

James Taylor

REFERÊNCIAS E LEITURAS RECOMENDADAS

Berkeley, George, 1979. *Three Dialogues between Hylas and Philonous*. Indianapolis: Hackett.

Locke, John, 1979. *An Essay concerning Human Understanding*. Oxford: Oxford University Press.

Reid, Thomas, 2014. *Essays on the Intellectual Powers of Man*. Charleston, SC: Nabu.

Whitehead, A. N., 2011. *Science and the Modern World*. Cambridge, UK: Cambridge University Press.

QUATRO CAUSAS DE ARISTÓTELES. As ideias de causalidade de **Aristóteles** (384-322 a.C.) tiveram uma grande influência nas abordagens ocidentais da ciência, da religião e da ética. A pergunta metafísica "O que é ser?" ou "O que é substância?" o levou a elaborar um estudo detalhado das naturezas ou essências das coisas. Ele fez perguntas de senso comum sobre a natureza das substâncias e suas propriedades, como as substâncias entram e saem da existência, como elas mudam e qual é o propósito delas. As substâncias individuais, argumentou ele, consistem em matéria (o material de que são feitas) e forma (o "arranjo" da matéria). Por exemplo, uma mesa é feita de madeira disposta na forma de uma mesa. A mudança, então, é o processo de trazer uma potencialidade em uma substância para sua concretização; por exemplo, uma bolota tem a potencialidade de se tornar um carvalho.

Aristóteles, então, desenvolveu um relato das quatro causas como forma de elaborar suas ideias sobre a natureza das coisas. A matéria de que um objeto é feito é a causa material, e o arranjo da matéria pode-se dizer que é a causa formal. Além disso, o que traz o objeto à existência é a causa eficiente. Existe também uma causa final, que é o propósito (*telos*) do objeto ou para que ele existe. Por exemplo, a causa material de um vaso é a argila, a causa eficiente é o oleiro, a causa formal é o arranjo da argila e a causa final é um suporte de líquido.

As noções de causa eficiente e causa final foram especialmente interessantes na abordagem de Aristóteles. Enquanto a questão da causa eficiente nos obriga a perceber a contingência de todos os eventos em nosso universo, a noção de causa final enfoca o fato de que todos os objetos têm um propósito, tanto objetos naturais (um homem, uma bolota) como objetos artificiais (uma mesa ou um instrumento musical). Podemos descobrir o propósito examinando os objetos de forma empírica. Embora, às vezes, possamos discordar sobre o *telos*, ainda é verdade que existe um *telos*, e este é um fato importante sobre a natureza.

A noção de **teleologia** tem implicações importantes para nossa compreensão de nós mesmos como seres humanos e do universo. Em primeiro lugar, levanta a questão do *design* no universo, como as coisas se tornaram, como são e como elas conseguiram seu propósito. Além disso, a noção de uma causa eficiente sentou as bases para o argumento de que o universo não pode ser a causa de si mesmo, nem sua explicação final vem de dentro de si, um argumento proeminente na tradição cristã. Em vez disso, o universo precisa de uma causa externa que seja responsável por sua existência, e isso é Deus (embora o próprio Aristóteles conclua que Deus é a causa final, não a eficiente, do universo). Em segundo lugar, a questão de que tudo tem uma natureza levou Aristóteles a argumentar que existe uma natureza humana que consiste em traços e características que, embora sejam parte da nossa essência, não são meramente biológicos. Essas características incluem razão, livre-arbítrio e virtudes morais; embora latentes, devem ser levados a cabo pela instrução, treinamento e sabedoria que vem com experiência. Essa abordagem mostrou-se atraente porque forneceu um fundamento filosófico para a vida moral, que inspirou muitos sistemas de educação ocidentais.

As explicações de Aristóteles sobre a causalidade desapareceram gradualmente da ciência depois de Newton, especialmente as causas formais e finais, mas as questões que suas considerações levantam permanecem entre as mais interessantes em filosofia e teologia. A explicação da natureza humana, também defendida por Tomás de Aquino, foi muito influente no desenvolvimento da ética cristã. Isso levou a choques com visões materialistas ou reducionistas posteriores da natureza humana e com várias visões do **determinismo** biológico, que se tornaram mais proeminentes no século XX em pensadores como **Daniel Dennett** e **E. O. Wilson**.

Brendan Sweetman

REFERÊNCIAS E LEITURAS RECOMENDADAS

Aristóteles. Ética; *Metafísica*; *Física* (qualquer edição).

Dudley, John. *Aristotle's Concept of Chance*. Albany: SUNY Press, 2013.

Gilson, Etienne. *From Aristotle to Darwin and Back Again*. San Francisco: Ignatius, 1984.

Johnson, M. R. *Aristotle on Teleology*. New York: Oxford University Press, 2008.

Sweetman, Brendan. *Religion and Science: An Introduction*. New York: Continuum, 2010.

QUEDA (perspectiva evolucionista). A queda, como empregada na teologia cristã, refere-se à transição da humanidade do gozo da bênção de Deus para um estado de pecado no qual homens e mulheres estão alienados do relacionamento íntimo com seu Criador. Essa queda foi entendida como uma queda da graça ou da inocência, e a história dessa transição é dada em Gênesis 3. A própria Bíblia nunca se refere a essa história como "a queda"; Gálatas 5:4, que se refere a uma "queda da graça", aplica a frase àqueles que tentam se relacionar com Deus mantendo a Lei, e não é uma referência ao evento de Gênesis 3.

Embora não seja um termo bíblico, a queda ainda é uma forma abreviada conveniente para se referir aos acontecimentos de Gênesis 3, embora também usemos outros termos (p. ex., "a rebelião") para se referir a eles. A história da queda entrou na discussão sobre a relação entre a Bíblia e a ciência, particularmente quanto às questões da evolução e do Adão histórico. A teoria científica da evolução, que hoje implica a compreensão de que a origem da humanidade, encontra-se não em um único casal de *Homo sapiens*, mas em uma população original numerada em milhares (Venema, 2010), minam o relato bíblico da queda? Eu argumentarei que não há contradição necessária entre o relato da queda e da ciência, se alguém reconhecer adequadamente as reivindicações pretensões da história bíblica.

A história bíblica da queda

Começamos com uma história da queda como a encontramos em Gênesis 3. As duas histórias da criação de Gênesis 1 e 2 (tecnicamente 1:1—2:4a e 2:4b-25) fornecem o pano de fundo para a queda, particularmente a segunda narrativa, que se concentra na criação dos dois primeiros

612   QUEDA (perspectiva evolucionista)

seres humanos que talvez não sejam nomeados no relato (*'adam* pode simplesmente significar "humano" e claramente não é usado como um nome pessoal até Gênesis 4:25; a mulher é chamada "Eva" pela primeira vez em 3:20). O primeiro homem é criado do pó da terra e do fôlego de Deus (2:7), enquanto a primeira mulher é criada do lado ou da costela do homem (2:21-23).

Eu tenho argumentado, alhures, que muitos elementos da história da criação dos dois primeiros humanos (pó da terra, fôlego divino, costela) são mais bem entendidos como descrições figurativas que têm significado teológico (ver **Adão e Eva**; **Gênesis, Livro de**). O ponto importante para este ensaio é que Gênesis 2 pretende ensinar que os seres humanos, quando criados pela primeira vez, eram criaturas inocentes que viviam em um relacionamento harmonioso com Deus e, portanto, um com o outro e com a criação. Em suma, eles viveram em uma condição abençoada. Essa condição mudou radicalmente de acordo com a história encontrada em Gênesis 3.

O capítulo se abre com a aparição abrupta da **serpente**, que pergunta à mulher: "Foi isto mesmo que Deus disse: 'Não comam de nenhum fruto das árvores do jardim?'" (Gênesis 3:1). A aparição da serpente no jardim é uma surpresa para o leitor, porque o narrador não a descreve ou explica sua aparição. Os leitores originais provavelmente teriam reconhecido imediatamente a serpente como uma representação do mal, uma vez que serpentes ambulantes eram símbolos do mal bem conhecidos no antigo Oriente Próximo (ver **Serpente**). A aparição da serpente é também uma surpresa, já que Deus havia incumbido Adão e Eva de "trabalhar" e "cuidar" do jardim (2:15). O segundo verbo (*shamar*) certamente implica "proteger" o jardim já que esse é um dos principais significados da palavra hebraica.

Mas nem Adão nem Eva guardam o jardim. A serpente não só encontra entrada, como também Eva se envolve em uma discussão e Adão, tristemente, permanece em silêncio por todo o ocorrido ("seu marido, que com ela estava", 3:6, *Bíblia de Jerusalém*).

A primeira pergunta da serpente é aparentemente ridícula, uma vez que, se a resposta à sua pergunta fosse afirmativa, então Adão e Eva morreriam de fome. Mas, ao invés de simplesmente ignorar a serpente e tirá-la do jardim, Eva honra-a com uma resposta e assim se abre para a persuasão. Ela explica à serpente que Deus lhes permitiu comer do fruto de todas as árvores, com exceção do fruto da árvore do conhecimento do bem e do mal. Ela diz que

Deus lhes disse para se absterem de comer e tocar o fruto dessa árvore em particular.

A proibição foi dada a Adão antes que Eva fosse criada e não incluía tocar a árvore, assim Eva faz acréscimo ao mandamento de Deus, o que a torna a primeira pessoa legalista que tenta proteger a lei de Deus, adicionando provisões adicionais. Na ordem original, Deus advertiu Adão que, se ele desobedecesse, "certamente morrer[ia]" (Gênesis 2:17), e Eva, em sua resposta à serpente, deixa claro que ela entendeu as consequências da desobediência.

A serpente, no entanto, ridiculariza o mandamento de Deus e seduz Eva com a promessa de que comer o fruto abriria seus olhos e os tornaria sábios. Ela se deixa persuadir, e come do fruto e o dá a Adão, que come do fruto sem discussão, e olhos dos dois são abertos. No entanto, a "sabedoria" recém-descoberta não tem uma consequência feliz, mas uma tristeza, pois ambos apressadamente cobrem a sua nudez.

No final de Gênesis 2, o homem e a mulher ficam nus na frente um do outro e não sentem vergonha. Essa atitude de abertura física e vulnerabilidade entre eles representa também uma completude psicológica, espiritual e emocional. O ato de rebelião contra a ordem de Deus rompe o relacionamento deles com Deus, o que imediatamente leva à alienação um do outro.

Mas antes de prosseguir com a história, devemos pausar aqui para considerar o que estava em jogo quando Deus proibiu Adão e Eva de comer o fruto da árvore do conhecimento do bem e do mal. De que maneira comer da árvore transmitiria o conhecimento do bem e do mal? Em grande medida, eles já tinham conhecimento do que era bom e do que era mau. Eles sabiam que era mau comer da árvore. No entanto, na Bíblia hebraica, o conhecimento é mais do que compreensão intelectual; isso implica experiência. Na decisão de comer do fruto proibido, Adão e Eva arrogaram a si mesmos, e não a Deus, o direito de definir o que era bom e o que era mau. Em outras palavras, eles rejeitaram a autoridade de Deus para definir categorias morais, e eles afirmaram a própria autonomia moral.

As consequências foram desastrosas. Já vimos que Adão e Eva já não conseguiam mais ficar nus na frente um do outro, mas Deus traz outros castigos específicos a cada um dos agentes malfeitores da história. Quando Deus confronta o homem e depois a mulher, cada um deles

QUEDA (perspectiva evolucionista)   613

aponta o dedo acusador para o outro, mas Deus entende que todos são culpados e, assim, os castiga a todos.

Deus transforma a serpente, que andava, em um ser rastejante e declara que haverá uma guerra perpétua entre ela e sua descendência e a mulher e a descendência dela. O Novo Testamento vê o cumprimento desse castigo na luta entre aqueles que seguem o mal e aqueles que seguem a Deus. Deus também informa à serpente que ela será finalmente vencida, e o Novo Testamento entende que essa vitória ocorre quando Cristo derrota a serpente na cruz (Gênesis 3:15; Romanos 16:20; Apocalipse 12:9). Deus castiga a mulher perturbando seus relacionamentos com os mais queridos para ela. Ele aumentará sua dor no parto (note que isto implica que houve dor antes da queda), ela desejará o marido, mas ele vai governar sobre ela. Seu desejo por seu marido tem sido identificado corretamente como um desejo de controle, não um desejo romântico (Foh, 1974-75), e, portanto, temos aqui uma explicação da luta entre homens e mulheres que tem persistido ao longo dos milênios. Deus, então, castiga Adão na área do trabalho. Havia, é claro, trabalho antes da queda (o jardim não ia "cuidar" de si mesmo, e o mundo fora do jardim exigia "subjugação"), mas agora o trabalho seria frustrante (3:17-19). Finalmente, eles são expulsos do jardim, impedidos de comer da árvore da vida, e assim a morte é introduzida no mundo. Embora a morte física não venha como consequência imediata de se comer do fruto proibido, a morte espiritual vem desde que o relacionamento com Deus foi rompido e a morte física agora se tornara inevitável.

A queda nas Escrituras posteriores
Antigo Testamento

Considerando o importante lugar de Gênesis 3 no pensamento de Paulo no Novo Testamento e seu papel consequente no desenvolvimento da doutrina cristã, é surpreendente ver como raramente os livros do Antigo Testamento reverberam essa história, a história da criação. É claro que os seres humanos continuam a pecar e sofrer o desagrado de Deus, mas nenhum outro autor posterior do Antigo Testamento olha para Adão e Eva para explicar a presença do pecado, ou de culpa e morte, no mundo. Na verdade, fora de Gênesis 1—5, Adão é mencionado apenas uma vez no Antigo Testamento, e encabeçando uma genealogia (Os 6:7 é uma referência a uma cidade chamada Adão). A ausência de referência à história da primeira rebelião no Antigo Testamento é a razão pela qual falta uma doutrina do pecado original do pensamento judaico (com exceção extremamente rara, Zevit, 2013, 3-27). Enquanto certos livros judaicos do período intermediário pré-cristão, provavelmente sob a influência das ideias helenísticas, falaram do efeito do pecado de Adão (e especialmente de Eva) na humanidade posterior (*2Baruque* 48:42,43; *Eclesiástico* 25:24-26), essa linha de raciocínio caiu em desuso com a ascensão do judaísmo rabínico nos primeiros séculos d.C. (Zevit, 2013, 9-10). Assim, passamos para a apropriação da história de Gênesis 3 pelo Novo Testamento.

Novo Testamento

Longe de ser a única alusão à queda (ver, por exemplo, Romanos 8:18-25, que fala da criação que foi submetida à futilidade), a passagem mais significativa para o assunto da queda é encontrada em Romanos 5:12-21. Não é de surpreender que a interpretação dessa passagem profunda e complexa seja contestada. No cerne do argumento de Paulo está uma analogia entre Adão e Cristo. Por meio de Adão, o pecado e a morte foram introduzidos no mundo através da sua transgressão, enquanto que por meio do gracioso ato de Jesus veio o dom da justificação. Então, enquanto que através de Adão veio a condenação, por meio de Jesus vieram "justificação e vida" (5:18). Mais adiante, consideraremos se a analogia entre Adão e Jesus depende ou não de Adão ser um indivíduo histórico que é o primeiro humano; agora estamos interessados no significado de Adão como aquele que introduziu o pecado e a morte no mundo.

Nossa primeira observação é que Paulo ensina que Adão introduziu o pecado e a morte ao mundo. Ele não diz que Adão introduziu a culpa no mundo; em outras palavras, a questão não é que o pecado de Adão faz as pessoas culpadas. A história de Adão é o relato da rebelião da humanidade inocente contra Deus (e, portanto, o primeiro pecado) e também a introdução da morte na experiência humana pela primeira vez. Mas, em nenhum lugar, Paulo afirma que o pecado de Adão faz com que alguém além de Adão seja culpado perante Deus. De fato, Paulo é bem claro que "a morte veio a todas as pessoas, porque todos pecaram" (5:12), não porque Adão pecou. O equívoco de que somos culpados por causa do pecado de Adão surgiu devido a Agostinho, que interpretou e traduziu erroneamente Romanos 5:12, dizendo que

QUEDA (perspectiva evolucionista)

a morte chegou a todos os descendentes posteriores de Adão porque é ele "em quem todos pecaram" (Hays e Herring, 2013). Agostinho introduziu uma compreensão do pecado original que requeria o que hoje chamaríamos de uma conexão genética com Adão que se espalhou para seus descendentes posteriores como uma doença.

Dito isso, há um sentido em "muitos morreram por causa da transgressão de um só" (5:15) e "por um pecado veio o julgamento que trouxe condenação" (5:16; ver também o versículo 18,19). O que fica claro ao se ler Paulo é que todos os seres humanos, sem exceção, são pecadores, mas Paulo não especifica como isso funciona, então ficamos a especular. Por que, como a doutrina do pecado original afirma com razão, a Bíblia ensina que os humanos são pecadores desde o nascimento (a ideia de crianças inocentes não é bíblica) e que é impossível os humanos não pecar?

Como dissemos, um modelo genético ou hereditário de pecado original não é necessário para preservar a doutrina do pecado original e, de fato, introduz um conceito de "culpa alheia". A ideia de culpa herdada de Adão significa que uma pessoa é condenada por causa do ato de outro, o que parece manifestamente injusto. Não, cada pessoa é culpada por seu próprio pecado.

Então, qual é a relação entre a história de Adão e Eva e meu próprio pecado, culpa e morte? Em primeiro lugar, podemos dizer que Adão e Eva fizeram o que todos nós faríamos na mesma situação. Além da graça de Cristo, cada um de nós defende sua própria autonomia moral. Além disso, o primeiro pecado que introduziu a morte no mundo afetou de tal maneira a ordem social, na verdade, a ordem cósmica (Romanos 8:18-25), que é incessantemente impossível não pecar. Nossa propensão natural à rebelião e a natureza desordenada da humanidade e da criação significam que "todos pecaram e estão destituídos da glória de Deus" (Romanos 3:23).

Evolução e queda

Pode-se manter a doutrina tradicional da queda e também afirmar a teoria evolutiva? Alguns teólogos dizem que não, e eles se dividem em dois grupos. Por um lado, certos teólogos argumentam que, se a Bíblia é verdadeira, então a evolução é falsa, não importa quão forte seja a evidência. Eles acreditam que as doutrinas da queda e do pecado original dependem do ato especial de Deus de criar um casal histórico original. Isso descreve a visão de todos os criacionistas da Terra jovem e de muitos criacionistas da Terra antiga (ver **Criacionismo da Terra antiga**; **Criacionismo da Terra jovem**). Outros dizem que, uma vez que a evolução é verdadeira, a Bíblia deve estar errada pelo menos em parte. Existe uma grande disparidade nessa segunda opinião. Por um lado, há estudiosos que afirmam a teologia do texto, mas não a história (Enns, 2012; Schneider, 2010, 2012) e outros que acreditam que a evidência leva ao ateísmo (Dawkins, 2008).

A minha opinião é que não há contradição necessária entre a doutrina tradicional e a evolução. Gênesis 1—3 é compatível com a ciência, assim como as reflexões do autor do Novo Testamento sobre essa história. No que se refere a este último, retornaremos nosso foco a Romanos 5:12-21, uma vez que esse texto é amplamente considerado como o mais problemático para aqueles que rejeitam a teoria do **Criacionismo evolucionista** e aceitam a possibilidade de que não haja um Adão histórico.

Se lermos Gênesis rigorosamente em seu contexto antigo, reconhecemos sinais textuais de que, embora Gênesis 1—3 faça afirmações históricas abrangentes, não pretende nos dar detalhes históricos de maneira precisa e literal (para detalhes, ver **Gênesis, Livro de**). As reivindicações históricas abrangentes incluem que Deus criou tudo e todos. No entanto, Gênesis 1—3 não pretende nos dizer como Deus criou o cosmos e a humanidade, já que o processo não se concentra na criação material, mas em como Deus traz funcionalidade ao cosmos. Além disso, observamos o uso generalizado da linguagem figurativa, a interação com antigas histórias de criação do Oriente Próximo e a falta de concordância de sequência. Como os autores bíblicos não estão interessados em nos dizer como Deus realizou a criação, podemos nos voltar para a ciência para responder a essa pergunta.

Mas quais são as reivindicações históricas da história da queda em Gênesis 3? Gênesis 2 deixa claro que Deus criou os seres humanos moralmente inocentes e capazes de escolha moral. Talvez aqui devamos pensar que Deus usou e orientou o processo evolutivo para produzir o *Homo sapiens*, e quando o *Homo sapiens* emergiu de seu passado de primatas, Deus lhe conferiu *status* de portador de sua imagem (ver **Imagem de Deus**). Eles agora representavam Deus na terra e refletiam a sua glória. Eles foram então encarregados de governar e subjugar a terra.

No entanto, em vez de obedecer ao seu Criador, eles se rebelaram contra ele. Para levar Gênesis 3 a sério, é

QUEDA (perspectiva evolucionista)   615

preciso insistir em uma queda histórica. Uma complicação adicional surge da comunidade científica porque os biólogos estão convencidos de que os seres humanos não descendem de um casal primitivo, mas sim de um grupo original que contou com alguns milhares de indivíduos. Como se pode pensar em Adão e Eva se esse consenso científico for verdadeiro?

Alguns respondem dizendo que Adão e Eva são um casal representativo dentro dessa população de seres humanos, talvez algo parecido com figuras reais ou sacerdotais (Wright, 2015), enquanto outros admitem a possibilidade de Adão e Eva serem símbolos de toda a população (Longman, 2016). Se essa última afirmação for verdadeira, então a rebelião original não é o ato de um único casal, mas sim da humanidade original como um todo.

Mas e Romanos 5:12-21? A analogia entre Adão e Jesus não depende de Adão ser um indivíduo histórico? Já abordamos algumas das questões relevantes acima. No entanto, precisamos adicionar mais alguns comentários.

Primeiro, a analogia entre Adão e Jesus não exige que ambos sejam figuras históricas. É crucial que Jesus seja histórico como Paulo argumenta (1Coríntios 15:13-17). Alguns se preocupam baseados na analogia de que, se Adão não é histórico, Jesus pode não ser histórico. Ou, em outras palavras, eles argumentam que, como Jesus é histórico, Adão deve ser histórico. Mas essas afirmações não são definitivas. Colocando a questão em termos simples, a analogia é válida se Adão é uma figura literária, uma vez que é possível fazer analogias entre uma figura histórica e uma literária e ainda haver sentido.

Tais analogias são conhecidas na literatura do primeiro século (Dunn, 1988, 289-90), e as fazemos o tempo todo mesmo quando falamos hoje. Se um homem chega em casa e relata a sua esposa: "Estive lutando com moinhos de vento o dia todo", sua ideia não exige que Dom Quixote (o personagem fictício aludido) seja histórico nem o orador ficcional. Da mesma forma, Paulo poderia ter consciência de que Adão não era histórico em um sentido literal, mas ainda poderia recorrer à história, pois sabia que a queda era um evento histórico.

Em segundo lugar, seja histórico seja literário, a analogia entre Adão e Jesus também não é perfeita ou equivalente em outros sentidos, e isso inclui como a introdução do pecado e da morte de Adão (e da humanidade original) no mundo e a introdução da graça de Jesus no mundo se relacionam com os outros. Se fossem estritamente equivalentes, assim como o pecado de Adão afeta todos os que vieram após ele, o ato de Jesus justificaria todos (universalismo), mas isso não é verdade. Essa falta de equivalência, argumentaríamos, estende-se ao modo como o pecado de Adão afeta seus descendentes e como a justiça de Jesus vem para aqueles que o seguem. Esse ponto é importante porque aqueles que acreditam que a justiça de Jesus é imputada aos que o seguem, insistem que o pecado de Adão é imputado a todos os seus descendentes (Murray, 1977), e eu ofereci, acima, uma compreensão diferente do pecado original.

Resumo

A queda é um momento crucial, o segundo ato após a criação, no drama bíblico da redenção. Gênesis 3 conta a história da rebelião da humanidade ao rejeitar a autoridade de Deus e afirmar sua própria autonomia moral. Como resultado, a morte entra na experiência humana. Enquanto o Antigo Testamento nunca explora as ramificações do relato da queda de forma explícita (embora certamente saiba que todos os humanos são pecadores), os escritores do Novo Testamento, especialmente Paulo, fazem importante uso teológico da história de Adão, particularmente em Romanos 5:12-21.

A teoria evolutiva apresenta desafios significativos para a compreensão tradicional da queda, predominantemente com sua evidência poderosa que favorece as origens evolutivas da humanidade em uma população de alguns milhares de indivíduos em vez de um único casal. Eu argumentei que, na reflexão, uma vez que o gênero e a natureza do texto bíblico são levados em conta, não há contradição necessária entre a Bíblia e a ciência nesses assuntos. Temos aqui mais um exemplo de como, nas palavras do papa João Paulo II, "a ciência pode purificar a religião" (citado em Cunningham, 2010, 284). Adão, como uma figura literária e não como uma figura histórica (que representa a humanidade original), não prejudica a historicidade da queda (contra Schneider, 2010, 2012) ou a verdade ensinada pela doutrina do pecado original (como presume Madueme e Reeves, 2014, 209-24), embora exclua certos modelos teológicos (particularmente aqueles que exigem uma conexão genética com um casal primitivo) de como esse pecado original e a introdução da morte afetam as gerações posteriores de seres humanos.

Tremper Longman III

REFERÊNCIAS E LEITURAS RECOMENDADAS

Cunningham, C., 2010. *Darwin's Pious Idea: Why the Ultra-Darwinists and Creationists Both Get It Wrong*. Grand Rapids: Eerdmans.

Dawkins, R., 2008. *The God Delusion*. New York: Mariner.

Dunn, J. D. G., 1988. *Romans 1—8*. Word Biblical Commentary. Nashville: Word.

Enns, P., 2012. *The Evolution of Adam: What the Bible Does and Doesn't Say about Human Origins*. Grand Rapids: Brazos.

Foh, S., 1974-75. "What Is the Woman's Desire?" *Westminster Theological Journal* 37:376-83.

Hays, C. M.; Herring, S. L., 2013. "Adam and the Fall." In: *Evangelical Faith and the Challenge of Historical Criticism*, ed. Christopher M. Hays and Christopher B. Ansberry. Grand Rapids: Baker.

Longman III, T., 2016. *Genesis*. Story of God Bible Commentary. Grand Rapids: Zondervan.

Madueme, H.; Reeves, M., eds. 2014. *Adam, the Fall, and Original Sin*. Grand Rapids: Baker.

Murray, J., 1977. *The Imputation of Adam's Sin*. Phillipsburg, NJ: P&R. Schneider, J. 2010. "Recent Genetic Science and Christian Theology on Human Origins: An Aesthetic Supralapsarianism." *Perspectives on Science and Christian Faith* 62:208.

_____. 2012. "The Fall of the 'Augustinian Adam': Original Fragility and Supralapsarian Purpose." *Zygon* 47:949-69.

Venema, D. R., 2010. "Genesis and the Genome: Genomics Evidence for Human- Ape Common Ancestry and Ancestral Homininod Population Sizes." *Journal of the American Scientific Affiliation* 62:166-78.

Wright, N. T., 2015. *Surprised by Scripture: Engaging the Contemporary Issues*. New York: HarperOne.

Zevit, Z., 2013. *What Really Happened in the Garden of Eden?* New Haven, CT: Yale University Press.

QUEDA (perspectiva literal). Deus, o Filho, desceu do céu, na **Encarnação**, como o Redentor prometido há muito tempo. Que o Deus-homem viveu por um tempo entre nós não é apenas surpreendente, mas necessário para a nossa salvação; pois **Adão e Eva** desobedeceram ao mandamento explícito de Deus, mergulhando toda a **criação** em uma ruína moral.

O cristianismo tradicional sempre entendeu essa queda como indispensável para a própria **lógica** do evangelho. Mas mesmo que esta doutrina seja contestada hoje, o ceticismo sobre a história da queda não é um desenvolvimento recente; esses eventos estavam sob escrutínio muito antes de qualquer um conhecer o nome "Charles Darwin" (p. ex., veja o rebuliço que envolveu Isaac La Peyrère no século XVII [Popkin, 1987]). De fato, o debate sobre o *status* da queda de Adão abre uma janela em questões mais profundas sobre o significado da doutrina em um mundo moldado por formas científicas de conhecimento.

Rejeitando a queda

A controvérsia entre os evangélicos resulta dos estudiosos que enfrentam seriamente, mesmo que de forma bastante tardia, questões difíceis decorrentes de campos como a biologia evolutiva, a ciência genética humana e a paleoantropologia (p. ex., ver Enns, 2012; Giberson, 2015; Venema, 2010; Walton, 2015). Isso já não é novidade para estudiosos não evangélicos, especialmente aqueles afiliados à disciplina acadêmica de ciência e religião (p. ex., ver Harrison, 2010; Southgate, 2005), que durante décadas vêm fazendo teologia sem Adão. Seis tendências ou pressupostos fundamentais caracterizam essa literatura.

Em primeiro lugar, geralmente desencadeados por pistas dentro do próprio texto, os primeiros capítulos de Gênesis são interpretados como não históricos ou míticos (geralmente, Gênesis 1—11). Gênesis 3, nesta leitura, não é uma narrativa sobre eventos históricos nem um relato da origem do mal; como diz um erudito: "O surgimento de estudos bíblicos histórico-críticos explica grande parte do alívio da opressão do dogma sobre a queda" (Towner, 1984).

Em segundo lugar, o trabalho pioneiro de **Ian Barbour** identificou quatro modelos-chave para relacionar ciência e religião, a saber — conflito, independência, diálogo e integração (p. ex., Barbour, 1990). Ele elogiou o diálogo e a integração em parte porque minimizam o conflito entre ciência e religião (ver **Ciência e religião — modelos de relação**). O modelo de conflito foi marcado como a nova "heresia" para interpretar as Escrituras literalmente e contrariar o consenso científico. A disciplina de ciência e teologia adotou os parâmetros metodológicos de Barbour e geralmente descarta a história da queda porque está em conflito com as principais interpretações evolutivas de origens humanas.

Em terceiro lugar, a leitura de Irineu de Gênesis 3 é tomada para enfatizar a *imaturidade*, e não, como Agostinho ensinou, a *falta de pecado* de Adão e Eva. Essa distinção cria a possibilidade de consonância entre imagens bíblicas e evolutivas da humanidade e consagra Irineu como o padroeiro dos evolucionistas teístas.

Em quarto lugar, há uma mudança estratégica na ênfase da pró-tecnologia (ou seja, origens) para a **escatologia**, pois se "não há idade de ouro passada", devemos olhar para o futuro quando Deus tornará todas as coisas novas (Messer, 2007).

Em quinto lugar, tendo impedido qualquer admissão ao primeiro Adão, uma maior proeminência é dada ao último Adão, ou seja, a Jesus. A cristologia e a soteriologia são infladas, compensando a ausência da queda; como um teólogo escreve: «A história do paraíso e o conceito de

QUEDA (perspectiva literal)   617

pecado herdado são a roupagem para uma proposição, de outra forma, nua, que Deus, e somente Deus, é responsável por estabelecer um relacionamento divino-humano que é *salvífico*"(Peters, 2003). Jesus deve crescer, mas Adão deve diminuir (ver **Adão e Eva**).

Finalmente, de onde vem a origem do pecado humano? A demitologização evolutiva de Adão traz novas respostas a essa pergunta. Alguns argumentam que o pecado é decorrente da tensão entre o "inato" e o "adquirido", causada pela interface entre a constituição genética e o ambiente social (Hefner, 1993). Outros apontam para o conceito de entropia como a origem final do pecado e do mal. A pecaminosidade humana é herdada de antepassados evolutivos que, por sua vez, derivaram essas predisposições dos processos físicos no mundo (Russell, 2008).

Apesar deste programa de pesquisa dinâmico, as tentativas de desenvolver teologia cristã sem uma queda histórica estão repletas de problemas e devem ser julgadas como uma falha. Gênesis 3 não pode ser desistoricizado sem eviscerar a integridade de toda a Bíblia (Blocher, 1997; Collins, 2011). As **genealogias** das Escrituras assumem os eventos Adâmicos como históricos (p. ex., Gênesis 1—11; Lucas 3:38), assim como os autores inspirados do Novo Testamento (p. ex., Mateus 19:1-11; Marcos 10:1-9; Romanos 5:12-21; 1Coríntios 6:16; 15:21,22; Efésios 5:31). A força cumulativa de tais passagens só pode ser ignorada fazendo-se suposições especulativas histórico-críticas que funcionalmente silenciam a voz de Deus, seu autor primário. Embora seja verdade que o "literalismo" muitas vezes promove leituras erradas da Bíblia e deve ser evitado, nem todos os temores do literalismo são justificados. Uma vez que os autores do Novo Testamento assumem prontamente a historicidade de Adão e a queda como parte do testemunho do Antigo Testamento, as técnicas hermenêuticas contemporâneas que nos tiram o sono não devem ser levadas tão seriamente.

As narrativas do século XIX de uma guerra eterna entre ciência e religião passaram a ser rotineiras, e com razão, criticadas na literatura acadêmica (ao contrário de Draper, 1874; White, 1876). Mas isso não quer dizer que devemos ignorar todos os conflitos *temporários* na relação entre as perspectivas científicas atuais e doutrinas específicas (ver Cantor, 2010). O cerne do problema é que alguns estudiosos são alérgicos à ideia de conflito e adotam estratégias hermenêuticas para evitar *quaisquer* conflitos entre a Bíblia e a ciência (ver **Tese de conflito**).

Os tradicionalistas, no entanto, aceitam que os conflitos às vezes se apresentam; como um historiador observou: "Preferir errar com as Escrituras a estar certo com os inovadores: esse é o *pathos* da ortodoxia" (Scholder, 1990).

Buscando proteger a fé do ridículo, aqueles que negam uma queda histórica às vezes olham para a doutrina da **revelação** geral como uma doutrina mediadora, pois então as teorias científicas relevantes podem ser recebidas como revelação divina. Mas pelo menos duas perguntas devem ser feitas aqui. Primeiro, a "revelação geral" descreve corretamente como a criação revela Deus e seus atributos (compare Romanos 1; ver **Teologia natural**); só recentemente tem sido levada a significar revelação de dados científicos, mas é essa inferência legítima (Gootjes, 1995)? Segundo, mesmo se deixarmos de lado esse ponto, a ciência seria apenas a interpretação humana, falível, da revelação geral, uma construção humana, e não a própria coisa. A teologia também é uma interpretação humana e falível das Escrituras inerrantes; no entanto, como argumento abaixo, essa visão não deve implicar uma paridade epistemológica entre a Escritura e a revelação geral.

Quanto a Irineu, tem-se dado muita importância a suas diferenças genuínas com Agostinho. Sim, Irineu enfatizou a imperfeição de Adão, sua disposição infantil e inocente, uma criatura destinada a progredir da criação para a nova criação (Irineu, 1920). Mas a teologia de Irineu sempre foi dirigida contra os hereges gnósticos, aqueles que situavam o pecado e o mal dentro da criação de Deus, um absurdo ao qual Irineu envidou esforços para negar. A criação original pode ter sido imperfeita, mas sempre foi boa, nunca pecaminosa (Irineu, 1987). É historicamente infundado fazer Irineu e Agostinho competir um contra o outro na questão da queda de Adão.

No final, este problema da origem do pecado nega uma queda histórica e coloca-nos perante um fatídico dilema (Williams, 1927). Ou Deus é moralmente ambíguo, uma mistura de bem e mal, talvez mesmo transcendendo as mesmas categorias (ou seja, **monismo**), ou o mal é um princípio coeterno ao lado de um Deus bom (isto é, **dualismo**). A única alternativa é uma **teodiceia** em que o mal aparece depois de Deus ter criado o seu mundo bom (ver **Problema do mal**).

Preservando a queda

A discussão recente entre evangelistas teologicamente conservadores tenta preservar espaço para uma queda

QUEDA (perspectiva literal)

histórica em quadros paleoantropológicos atuais. Três abordagens principais merecem destaque (ver Madueme, 2014). Alguns defendem um criacionismo da Terra antiga que engloba **geologia** e cosmologia padrão, mas rejeita qualquer processo evolutivo dentro da **espécie** humana; Adão é o primeiro ser humano, criado por Deus, caído no Éden (p. ex., Erickson, 2013; Rana e Ross, 2005). Outros vão um passo adiante, incluindo a humanidade no desenvolvimento evolutivo (p. ex., Blocher, 2009; Davis, 1980). Nessa teoria, Adão evoluiu a partir de um hominídeo ancestral para se tornar o progenitor de toda a humanidade (as opiniões variam sobre o significado de Gênesis 2:21,22, e se Eva também emergiu da evolução ou foi criada diretamente por Deus).

Um terceiro cenário atinge um grau ainda maior de tolerância com a ciência evolutiva humana; Adão, recentemente desenvolvido a partir de um hominídeo, já estava cercado por uma multidão de hominídeos, talvez milhares, mesmo antes da queda. Quando ele desobedeceu a Deus, ele atuou como líder federalista, diacrônica *e* sincronicamente, de modo que sua queda não só afetou todos os seus descendentes, mas também todos os seus hominídeos contemporâneos (p. ex., Alexander, 2014; Stott, 1994). Nessa teoria, muitos seres humanos vivos hoje não são descendentes biológicos de Adão e Eva (ver Reeves, 2009).

Ironicamente, a tese "pré-adâmica" de Isaac La Peyrère, a ideia pré-darwinista de que outros seres humanos estavam percorrendo a terra antes de Adão, julgada, no seu tempo, a maior heresia sob o sol, tornou-se — com ajustes adequados — uma estratégia-chave de cristãos conservadores para preservar um Adão histórico em um mundo pós-darwinista (Livingstone, 2008). De qualquer forma, é claro que se pode abraçar diferentes vertentes da história evolutiva dentro de um quadro teísta e ainda permanecer comprometido com uma queda histórica. Os antigos acadêmicos de Princeton abraçaram precisamente essa estratégia há um século (ver Gundlach, 2013).

Todos esses cenários estão lidando com o material bíblico nos primeiros capítulos de Gênesis. Aqueles que gostam de uma maior conexão com as perspectivas científicas convencionais exibem invariavelmente maior tensão com o testemunho bíblico, e vice-versa. Essa dinâmica inevitável surge de tentativas concordistas de mostrar harmonia entre os princípios das Escrituras e as teorias da ciência (ver **Concordismo**). O que tende a acontecer no caso da queda é que as principais linhas da paleoantropologia e disciplinas relacionadas são tomadas como epistemologicamente seguras, com a teologia então obrigada a identificar os eventos adâmicos dentro da história científica recebida. A sina de Adão é refém das vicissitudes da ciência. Mas a ciência nunca chega a um ponto final; à medida que novas teorias surgem, cenários casados com modelos científicos antigos ficam viúvos e desamparados.

Realismo bíblico

O cerne desse debate, a base em que gira, é o *status* epistemológico das Escrituras em relação ao da teoria científica atual. Por um lado, a lição duradoura do caso de **Galileu** para a igreja é que as descobertas científicas podem nos obrigar legitimamente à nova exegese das Escrituras. Modificar ou mudar radicalmente nossas interpretações da Bíblia como resultado direto de um novo pensamento científico não deve ser descartado de forma antecipada. Nossas interpretações e a teologia que delas decorrem são errantes; somente as Escrituras são inerrantes. Por outro lado, essa percepção sobre a falibilidade da teologia, tratada indiscriminadamente, pode cobrir uma multidão de pecados. O problema é que, se a Bíblia goza de uma autoridade epistêmica absoluta ou final, em detrimento das sentenças da ciência, então algumas interpretações da Bíblia nunca devem ser revisadas, mesmo quando elas entram em conflito com posições científicas amplamente aceitas, na medida em que Deus falou claramente (perspicuidade) e definitivamente (revelação especial). Cada geração de cristãos, portanto, se submeterá alegremente, aconteça o que acontecer, às partes da tradição que representam fielmente o que Deus nos comunicou (e infalivelmente) de forma clara (ver **Metáfora de Dois Livros**).

As Escrituras reconciliam os pecadores caídos com o Pai (p. ex., Romanos 15:4; 2Timóteo 3:15-17). Seu objetivo principal é o conhecimento salvador de Deus (Bavinck, 2003). Ao mesmo tempo, as obras redentoras de Deus, como a encarnação e a **ressurreição** de Cristo, ocorrem dentro da história humana, de modo que as Sagradas Escritas são inevitável e inextricavelmente ligadas a pessoas, ações e eventos em nosso mundo do espaço-tempo. A autoridade das Escrituras, portanto, é, em grande parte, não apenas relevante para preocupações morais e espirituais (em oposição a Rogers e McKim, 1979; ver Woodbridge, 1982). Mais precisamente, existem outras aberturas legítimas sobre a natureza da realidade (p. ex., estudo histórico, ciência natural, arqueologia, etc.) mas na

QUEDA (perspectiva literal) **619**

medida em que a inerrante Palavra de Deus aborda áreas específicas dessa realidade, sua confiabilidade epistemológica nessas áreas é desqualificada, embora não exaustiva ou enciclopedicamente.

O testemunho interno do Espírito Santo permite que os fiéis conheçam de modo confiante, sobrenaturalmente, que as reivindicações das Escrituras têm autoridade divina (p. ex., Romanos 8:16; 1Coríntios 2:10-16; 1João 4:6). A certeza de que as Escrituras são divinas, escreveu **Calvino**, vem de "um lugar mais elevado do que razões humanas, julgamentos ou conjecturas, isto é, do testemunho secreto do Espírito" (Calvin, 1960). Segue-se dessa confiança induzida pelo Espírito — uma confiança "pneumática" — que todo o cânone possui autoridade epistêmica final; além disso, algumas doutrinas, particularmente aquelas claramente atestadas e fundamentais para a narrativa bíblica, compartilham, derivativamente, da autoridade das Escrituras.

Essa interpretação da autoridade bíblica e da confiança pneumática, no entanto, não pode predeterminar como as disciplinas da ciência e da teologia se relacionam. A teologia deve interagir ecleticamente com teorias das ciências naturais; os cristãos devem avaliar teorias científicas caso a caso. Uma vez que as ciências naturais são complexas e multifacetadas, diferentes teorias convidarão a uma ampla gama de atitudes e respostas — às vezes o diálogo, às vezes a integração, às vezes o conflito, às vezes a independência. Não há uma solução única. Essa abordagem eclética pressupõe um concordismo "leve", não "duro".

A harmonia entre ciência e teologia é o caso ideal, mas até Cristo retornar, suas relações às vezes serão tensas, confusas e até opostas. As tentativas detalhadas de harmonizar as duas disciplinas são muitas vezes prematuras porque as Escrituras normalmente não respondem às nossas questões científicas, e as conclusões científicas estão sempre abertas à revisão (não menos importante do que os efeitos noéticos da queda na teorização científica). O resultado é que casos genuínos de conflito entre ciência e teologia, às vezes, obrigam os cristãos a rejeitar o consenso científico.

A inerrância, a confiança pneumática e uma abordagem eclética da ciência são um cordão de três cordas — chame-o de **realismo** bíblico. A partir desse quadro, a historicidade de Adão e a doutrina da queda são vistas como pedras de toque teológicas inegociáveis. A queda de Adão é claramente ensinada nas Escrituras (ver acima); é uma doutrina universal (tanto Agostinho quanto Irineu a

afirmam, bem como inúmeros outros teólogos ao longo dos tempos, sejam católicos romanos, ortodoxos orientais ou protestantes); e é central — não meramente periférica — para a narrativa histórico-redentora.

Na roupagem da teologia sistemática, a queda é um fio mestre que une outras doutrinas centrais de nossa fé (p. ex., nossa justificação garantida na **morte** e ressurreição de Cristo pressupõe a queda de Adão [Romanos 5, 12-21; 1Coríntios 15:21,22]). Puxá-lo solto desfia o todo: "Há pouquíssima importância na teologia cristã, portanto também na doxologia e na prática, que *não* esteja em jogo com relação a permitir ou não uma dimensão histórica para a queda" (Farrow, 2000, ênfase no original).

Juntando todos esses fatores, o risco de que interpretem mal as Escrituras se reduz a quase zero. Todas as doutrinas dependem da atividade interpretativa humana falível, mas quando uma doutrina é central (p. ex., claramente atestada nas Escrituras, universal e núcleo da narrativa histórico-redentora), então precisamente porque a Bíblia possui autoridade, essa doutrina provavelmente nunca será invalidada. A doutrina da queda é garantida na autoridade da palavra de Deus para nós nas Escrituras, sem necessidade de apoio probatório da ciência moderna.

Mas uma doutrina central como a queda jamais pode ser revogada? Pode, sob duas condições: primeiro, é logicamente possível que a nova exegese possa justificar uma revisão completa da compreensão tradicional de Gênesis 3 e passagens relacionadas. No entanto, devido à base bíblica clara da doutrina e ao julgamento unânime da igreja por quase 1.800 anos, tal cenário parece altamente improvável. Em segundo lugar, também é possível que uma descoberta científica possa ser suficientemente convincente para revogar a doutrina. Os cristãos discordam do *status* epistêmico das teorias relevantes (Caneday e Barrett, 2013). Qualquer decisão de retirar a queda como uma doutrina da igreja teria que envolver um espectro global de líderes eclesiásticos, não apenas indivíduos na academia. No entanto, no meu julgamento, o testemunho bíblico da queda tem uma garantia intrínseca muito maior do que qualquer interpretação conflitante da biologia evolutiva e suas disciplinas relacionadas.

Conclusão

A queda de Adão é um estudo de caso clássico na relação entre ciência e teologia. Os pontos de tensão refletem questões importantes que emergiram, e só aumentam,

620 QUEDA (perspectiva literal)

desde o surgimento do mundo moderno. Por um lado, as estruturas de plausibilidade pós-darwinistas modernas tardias sugerem que, se perdermos a nossa cabeça aqui, se não conseguimos integrar as perspectivas científicas convencionais em uma compreensão adequadamente revisada do pecado e da salvação, a credibilidade intelectual da fé se evaporará no vento. Por outro lado, as questões contestadas em torno da queda de Adão revelam uma lei da diminuição proporcional.

Sob a pressão de certos relatos científicos, as abordagens modernas para essas questões se movem cada vez mais das teorias maximalistas a minimalistas da autoridade bíblica. As Escrituras são consideradas confiáveis em questões de significado "espiritual" ou "religioso", mas não pode ser confiável, ou é simplesmente irrelevante, em qualquer outra coisa. O desafio é um "deslizamento gnóstico": à medida que as disciplinas científicas ampliam seu alcance e poder explicativo, as Escrituras falam de maneira cada vez menos significativa ou autoritária para o mundo material real em que vivemos.

As implicações pastorais são igualmente preocupantes. Para os revisionistas: muitos que negam a queda de Adão ainda abraçam as principais linhas de confissão e adoração ortodoxas, pelos quais podemos agradecer a Deus. Não está claro, no entanto, se a segunda e a terceira gerações poderão, ou até desejarão, sustentar tais alturas de destreza teológica. Será que a plausibilidade de toda a história cristã afinal entrará em colapso (ver Lucas 18: 8)? Para os tradicionalistas: muitos dos seus jovens veem apenas duas opções: afirmar a inerrância e rejeitar a ciência, ou negar a historicidade de Adão (e, portanto, a inerrância) e abandonar toda a fé, pelo menos é assim que a infeliz lógica é pensada. Mas os cristãos, devemos lembrar, muitas vezes não são logicamente consistentes. Um errancista [quem acredita que há erro na Bíblia] que nega a queda, mas ainda se apega pela fé a Jesus, é infinitamente melhor do que um ateu. Quaisquer que sejam os lapsos que não correspondam à integridade dogmática dessa posição, certamente aqui devemos erguer três vivas para a inconsistência.

Hans Madueme

REFERÊNCIAS E LEITURAS RECOMENDADAS

ALEXANDER, Denis, 2014. *Creation or Evolution: Do We Have to Choose?* Oxford: Monarch.

BARBOUR, Ian, 1990. *Religion in an Age of Science.* San Francisco: Harper & Row.

BARRETT, Matthew; CANEDAY, Ardel B. eds. 2013. *Four Views on the Historical Adam.* Grand Rapids: Zondervan.

BAVINCK, Herman, 2003. *Reformed Dogmatics.* Vol. 1, *Prolegomena.* Ed. John Bolt. Trad. John Vriend. Grand Rapids: Baker Academic.

BLOCHER, Henri, 1997. *Original Sin: Illuminating the Riddle.* Grand Rapids: Eerdmans.

_____. 2009. "The Theology of the Fall and the Origins of Evil." In: *Darwin, Creation and the Fall: Theological Challenges*, ed. R. J. Berry e T. A. Noble, 149-72. Nottingham, UK: Apollos.

CALVIN, John, 1960. *Institutes of the Christian Religion*, ed. John T. McNeill. Trad. Ford Lewis Battles. Philadelphia: Westminster.

CANEDAY, Ardel; BARRETT, Matthew, eds. 2013. *Four Views on the Historical Adam.* Grand Rapids: Zondervan.

CANTOR, Geoffrey, 2010. "What Shall We Do with the 'Conflict Thesis'?" In: *Science and Religion: New Historical Perspectives*, ed. Thomas Dixon, Geoffrey Cantor e Stephen Pumfrey, 283-98. Cambridge: Cambridge University Press.

COLLINS, C. John, 2011. *Did Adam and Eve Really Exist? Who They Were and Why You Should Care.* Wheaton, IL: Crossway.

DAVIS, John Jefferson, 1980. "Genesis, Inerrancy, and the Antiquity of Man." In: *Inerrancy and Common Sense*, ed. Roger Nicole e J. Ramsey Michaels, 137-59. Grand Rapids: Baker.

DOMNING, Daryl; HELLWIG, Monika, 2006. *Original Selfishness: Original Sin and Evil in Light of Evolution.* Burlington, VT: Ashgate.

DRAPER, John William, 1874. *History of the Conflict between Religion and Science.* New York: D. Appleton.

ENNS, Peter, 2012. *The Evolution of Adam: What the Bible Does and Doesn't Say about Human Origins.* Grand Rapids: Baker Academic.

ERICKSON, Millard, 2013. *Christian Theology.* 3rd ed. Grand Rapids: Baker Academic.

FARROW, Douglas, 2000. "Fall." In: *Oxford Companion to Christian Thought*, ed. Adrian Hastings, Alistair Mason e Hugh Pyper, 233-35. Oxford: Oxford University Press.

GIBERSON, Karl, 2015. *Saving the Original Sinner: How Christians Have Used the Bible's First Man to Oppress, Inspire, and Make Sense of the World.* Boston: Beacon.

GOOTJES, Nicolaas H., 1995. "General Revelation and Science: Reflections on a Remark in Report 28." *Calvin Theological Journal* 30:94-107.

GUNDLACH, Bradley J., 2013. *Process and Providence: The Evolution Question at Princeton, 1845-1929.* Grand Rapids: Eerdmans.

HARRISON, Peter, ed. 2010. *The Cambridge Companion to Science and Religion.* Cambridge: Cambridge University Press.

HEFNER, Philip, 1993. *The Human Factor: Evolution, Culture, and Religion.* Minneapolis: Fortress.

IRENAEUS, 1920. *The Demonstration of the Apostolic Preaching.* Trad. Armitage Robinson. London: SPCK.

_____. 1987. *Against Heresies.* The Ante-Nicene Fathers. Vol. 1. Comp. A. Cleveland Coxe. Ed. Alexander Roberts, James Donaldson e Henry Wace. Grand Rapids: Eerdmans.

LIVINGSTONE, David N., 2008. *Adam's Ancestors: Race, Religion, and the Politics of Human Origins.* Baltimore: Johns Hopkins University Press.

MADUEME, Hans, 2014. "'The Most Vulnerable Part of the Whole Christian Account': Original Sin and Modern Science." In: *Adam, the Fall, and Original Sin: Theological, Biblical, and Scientific Perspectives*, ed. Hans Madueme and Michael Reeves, 225-49. Grand Rapids: Baker Academic.

MESSER, Neil, 2007. *Selfish Genes and Christian Ethics: Theological and Ethical Reflections on Evolutionary Biology.* London: SCM.

PETERS, Ted. 2003. *Playing God? Genetic Determinism and Human Freedom.* 2. ed. New York: Routledge.

POPKIN, Richard H., 1987. *Isaac La Peyrère (1596-1676): His Life, Work and Influence.* New York: Brill.

RANA, Fazale; Ross, Hugh, 2005. *Who Was Adam? A Creation Model Approach to the Origin of Man.* Colorado Springs: NavPress.

REEVES, Michael, 2009. "Adam and Eve." In: *Should Christians Embrace Evolution? Biblical and Scientific Responses*, ed. Norman C. Nevin, 43-56. Nottingham, UK: InterVarsity.

ROGERS, Jack; McKim, Donald. 1979. *The Authority and Interpretation of the Bible.* San Francisco: Harper & Row.

RUSSELL, Robert J., 2008. *Cosmology: From Alpha to Omega.* Minneapolis: Fortress.

SCHOLDER, Klaus, 1990. *The Birth of Modern Critical Theology: Origins and Problems of Biblical Criticism in the Seventeenth Century.* Trad. John Bowden. London: SCM.

SOUTHGATE, Christopher, ed. 2005. *God, Humanity and the Cosmos.* New York: T&T Clark.

STOTT, John, 1994. *The Message of Romans: God's Good News for the World.* Leicester, UK: InterVaristy.

TOWNER, W. Sibley, 1984. "Interpretations and Reinterpretations of the Fall." In: *Modern Biblical Scholarship: Its Impact on Theology and Proclamation*, ed. Francis A. Eigo, 53-85. Villanova: Villanova University Press.

VENEMA, Dennis R., 2010. "Genesis and the Genome: Genomics Evidence for Human-Ape Common Ancestry and Ancestral Homininod Population Sizes." *Perspectives on Science and Christian Faith* 62 (2010): 166-78.

WALTON, John, 2015. *The Lost World of Adam and Eve: Genesis 2—3 and the Human Origins Debate.* Downers Grove, IL: InterVarsity.

WHITE, Andrew Dickson, 1876. *A History of Warfare of Science with Theology in Christendom.* 2 vols. New York: Dover.

WILLIAMS, N. P., 1927. *The Ideas of the Fall and of Original Sin: A Historical and Critical Study.* London: Longman, Green & Co.

WOODBRIDGE, John D., 1982. *Biblical Authority: A Critique of the Rogers/ McKim Proposal.* Grand Rapids: Zondervan.

QUINE, WILLARD V. O. Willard Van Orman Quine (1908-2000) foi um filósofo e lógico analítico americano que obteve seu doutorado na Universidade de Harvard em 1932 e, após o trabalho de pós-doutorado, foi nomeado em 1936 para a faculdade de filosofia de Harvard, onde permaneceu por toda a sua carreira. Sua orientação filosófica central, que é ao mesmo tempo relativista e pragmática, foi fortemente influenciada pela tradição empirista e pelo pragmatismo americano, mas de maneira mais formativa pelo **positivismo lógico** do Círculo de Viena.

Em seu trabalho sobre **lógica** e filosofia da lógica, Quine é mais conhecido por desenvolver um sistema semelhante ao de Russell (Russell, 1905), no qual termos singulares podem ser eliminados, por seu trabalho nos fundamentos da teoria dos conjuntos, evitando o **paradoxo** de Russell sem recorrer à teoria dos tipos de Russell (ver **Russell, Bertrand**) e por sua crítica e rejeição da lógica formal da possibilidade e da necessidade (lógica modal quantificada). As críticas de Quine à lógica modal quantificada foram, por sua vez, criticadas e rejeitadas por **Alvin Plantinga** (1974, p. 222-51; ver também a discussão em Taylor, 1998, p. 181-257). Além disso, como discutiremos brevemente, as ideias mais filosoficamente

influentes de Quine são sua rejeição da distinção analítico-sintética, seus argumentos para a indeterminação da tradução e da inescrutabilidade da referência e sua naturalização da **epistemologia**.

Em seu artigo "Two Dogmas of Empiricism" [Dois dogmas do **Empirismo**] (Quine, 1953, p. 20-46), Quine rejeita dois pilares anteriores do empirismo, a saber, a distinção analítico-sintética e o tipo de **reducionismo** associado ao **princípio de verificação** positivista. Em relação ao primeiro — a distinção entre declarações analíticas como "Todos os solteiros são homens solteiros", que são verdadeiras por definição, e afirmações sintéticas como "A lâmpada é fluorescente", em que o predicado acrescenta algo não definido de forma definitiva no assunto — Quine argumenta que não é possível dar uma explicação não circular do conceito de analiticidade como fundamentada *apenas* no significado, em contraste com declarações sintéticas baseadas em fatos: "A verdade, em geral, depende da linguagem e do fato extralinguístico" (1953, p. 36).

Além disso, com relação ao verificacionismo, Quine argumenta que, se afirmarmos que o significado de uma afirmação é o seu método de **confirmação** ou desconfirmação, somos confrontados com a dificuldade que nenhuma afirmação é confirmada ou não confirmada isoladamente. Antes, "nossas declarações sobre o mundo externo enfrentam o tribunal da experiência sensorial... como um corpo corporativo" (1953, p. 41). Nesta base holística, ele argumenta que, se uma afirmação é confirmada ou não, é radicalmente subdeterminado — isto é, sua verdade ou falsidade é indecidível com base em qualquer evidência possível — e "qualquer afirmação pode ser mantida como verdadeira, se fizermos ajustes drásticos o suficiente em outras partes do sistema" (1953, p. 43). Embora essa alegação seja trivialmente verdadeira ou espetacularmente falsa (ver **Tese de Duhem-Quine** e **Subdeterminação** para discussão), ela tem o efeito de obscurecer a fronteira entre a metafísica e a ciência natural e, para os empiristas, mudar a avaliação racional em uma direção pragmática.

À luz de tais alegações holistas, Quine defendeu, de forma famosa, que os manuais de tradução mutuamente incompatíveis, mas empiricamente equivalentes, sempre existem entre as línguas, tornando a tradução indeterminada (Quine, 1960; 1969, p. 26-68). Ele estendeu essa conclusão para a língua materna do tradutor, levando à

622 QUINE, WILLARD V. O.

sua tese da inescrutabilidade da referência e à relativização completa da ontologia (Davidson, 1984; Quine, 1969, p. 26-68). Hilary Putnam (1980) similarmente evitou o realismo na ciência ou discurso sobre o mundo, argumentando que o tratamento das teorias científicas e das linguagens naturais como sistemas formais demonstra (através dos teoremas de Löwenheim-Skolem na teoria dos modelos) que a ontologia é apenas determinada até um isomorfismo, o que, em linguagem simples, é dizer que toda teoria formal tem interpretações não intencionais que deixam todas as sentenças da teoria verdadeiras.

Deste ponto de vista formal, então, nosso discurso sobre o mundo é subdeterminado ao ponto de completa arbitrariedade: uma vez que toda teoria tem interpretações não intencionais em que todas as suas afirmações ainda são verdadeiras, é impossível fixar a referência de qualquer termo em absoluto. Tomados ao pé da letra, os argumentos de Quine e Putnam são contraproducentes, pois implicam que nossa fala não tem conteúdo determinado, uma consequência da qual seus próprios argumentos não são isentos. O argumento de Putnam também se baseia na afirmação duvidosa de que todo discurso humano sobre o mundo é expressável no formalismo da lógica de primeira ordem (com consequências associadas à teoria dos modelos). Essa redução nunca foi alcançada, e há poucas razões para pensar que isso é possível.

Além disso, a **epistemologia naturalizada** de Quine (ver abaixo) e a afirmação de Putnam de que nossa linguagem não pode ser fundamentada no mundo pela intencionalidade (concernência) de nossos estados mentais ou por teorias causais de referência — uma vez que estas postulam "poderes misteriosos" que são não científicos (Putnam, 1980, p. 474) ou apenas adicionam "mais *teoria*" para serem formalizadas e tornadas referencialmente indeterminadas (p. 477) — requerem reduções fisicalistas e formalistas bem-sucedidas de linguagem e cognição que ainda não existem e que a maioria dos filósofos considera como quiméricas, e também evidenciam uma mentalidade materialista científica que é privada de conteúdo cognitivo determinado pela própria argumentação que procura justificá-la.

Isso nos leva, finalmente, à epistemologia naturalizada de Quine (1969, p. 69-90, 114-38). Quine argumenta que a antiga epistemologia — concebida como justificação filosófica — fracassou em sua tentativa de fundamentar a ciência em algo mais firme que a própria ciência e

deveria, portanto, ser simplesmente substituída por uma explicação científica de como a cognição humana opera para produzir crenças confiáveis (Goldman, 1986; Kornblith, 1985). Mas, como James Harris (1992, p. 123-42) e Harvey Siegel (1984) apontam, a redução da epistemologia à **psicologia** behaviorista, como Quine faz, pressupõe uma teoria causal da percepção que não pode ser justificada como confiável pelas explicações psicológicas que supõem isto.

Assim, qualquer proposta metacientífica de que a epistemologia deve ser naturalizada deve ser justificada pelo raciocínio extracientífico, o que leva à rejeição da epistemologia naturalizada como concebida por Quine, uma vez que evita esse tipo de justificação. Isso não quer dizer que a psicologia não tenha nada a contribuir para a epistemologia, é claro, apenas que não pode fazê-lo à parte da filosofia. De fato, o argumento evolutivo que Quine invoca para fundamentar a indução (1969, p. 90, 126-28) é solapado pelo contexto do naturalismo filosófico em que é proposto. Contrário à orientação de Quine, como Plantinga argumenta convincentemente, "a epistemologia naturalista floresce melhor no jardim da metafísica sobrenaturalista" (Plantinga, 1993, p. 237; ver também Plantinga, 2011a, 2011b; Koons, 2011; **Argumento evolucionista contra o naturalismo**; **Inteligibilidade do universo**; **Epistemologia naturalizada**).

Bruce L. Gordon

REFERÊNCIAS E LEITURAS RECOMENDADAS

BARRETT, R. B.; Gibson, R. F., eds. 1990. *Perspectives on Quine*. Oxford: Blackwell.

DAVIDSON, Donald, 1984. "The Inscrutability of Reference", em Donald Davidson, *Inquiries into Truth and Interpretation*. Oxford: Clarendon.

GOLDMAN, A. I., 1986. *Epistemology and Cognition*. Cambridge, MA: Harvard University Press.

HARRIS, J. F., 1992. *Against Relativism: A Philosophical Defense of Method*. La Salle, IL: Open Court.

KOONS, R. C., 2011. "The Incompatibility of Naturalism and Scientific Realism", em *The Nature of Nature: Examining the Role of Naturalism in Science*. Eds. B. L. Gordon e W. A. Dembski, 215-27. Wilmington, DE: ISI Books.

KORNBLITH, H., ed. 1985. *Naturalizing Epistemology*. Cambridge, MA: MIT Press.

PLANTINGA, A., 1974. *The Nature of Necessity*. Oxford: Clarendon.

_____. 1993. *Warrant and Proper Function*. New York: Oxford University Press.

_____. 2011a. "Evolution versus Naturalism", em *The Nature of Nature: Examining the Role of Naturalism in Science* Eds. B. L. Gordon and W. A. Dembski, 137-51. Wilmington, DE: ISI Books.

_____. 2011b. *Where the Conflict Really Lies: Science, Religion and Naturalism*. New York: Oxford University Press.

PUTNAM, H., 1980. "Models and Reality." *Journal of Symbolic Logic* 45:464-82.

QUINE, W. V. O. 1940. *Mathematical Logic*. Cambridge, MA: Harvard University Press.

_____. 1941. *Elementary Logic.* Cambridge, MA: Harvard University Press.

_____. 1950. *Methods of Logic.* Cambridge, MA: Harvard University Press.

_____. 1953. *From a Logical Point of View.* Cambridge, MA: Harvard University Press.

_____. 1960. *Word and Object.* Cambridge, MA: MIT Press.

_____. 1963. *Set Theory and Its Logic.* Cambridge, MA: Belknap.

_____. 1966. *The Ways of Paradox and Other Essays.* Cambridge, MA: Harvard University Press.

_____. 1969. *Ontological Relativity and Other Essays.* New York: Columbia University Press.

_____. 1970. *Philosophy of Logic.* Cambridge, MA: Harvard University Press.

_____. 1981. *Theories and Things.* Cambridge, MA: Belknap Press/Harvard University Press.

_____. 1990. *Pursuit of Truth.* Cambridge, MA: Harvard University Press.

_____. 1995. *From Stimulus to Science.* Cambridge, MA: Harvard University Press.

ROMANOS, G. D., 1983. *Quine and Analytic Philosophy: The Language of Language.* Cambridge, MA: MIT Press.

RUSSELL, B., 1905. "On Denoting." *Mind* 14:479-93.

SCHILPP, P. A.; Hahn, L. E., eds. 1986. *The Philosophy of W. V. Quine.* La Salle, IL: Open Court.

SIEGEL, H., 1984. "Empirical Psychology, Naturalized Epistemology, and First Philosophy." *Philosophy of Science* 51:667-76.

TAYLOR, K., 1998. *Truth and Meaning: An Introduction to the Philosophy of Language.* Oxford: Blackwell.

RAMM, BERNARD. O teólogo batista Bernard Ramm (1916-1992) foi classificado, junto com Carl F. H. Henry, como "um dos principais teólogos evangélicos americanos do século XX" (Vanhoozer, 1993, p. 292). Embora ele tenha escrito 20 livros sobre muitos assuntos diferentes, provavelmente nenhum foi mais influente do que *The Christian View of Science and Scripture* [A visão cristã da ciência e das Escrituras] (1954). O livro nasceu de um curso que ele ensinou no Instituto Bíblico de Los Angeles (atual Universidade Biola) pouco depois da Segunda Guerra Mundial, enquanto completava o trabalho docente em **filosofia da ciência** na Universidade do Sul da Califórnia.

Ramm buscou uma alternativa à tendência fundamentalista de ficar na defensiva e a tendência modernista de rejeitar a Bíblia em resposta à ciência. Ele falou francamente de "duas tradições na Bíblia e na ciência" emergentes do século XIX. Uma era "a tradição ignóbil, que adotou uma atitude muito prejudicial em relação à ciência" e se baseia na falta de conhecimento acadêmico, enquanto a outra era "uma nobre tradição na Bíblia e na ciência, e essa é a tradição dos grandes cristãos evangélicos... que tiveram grande cuidado em aprender os fatos da ciência e das Escrituras". Ele lamentou que "a nobre tradição" não era "a principal tradição no evangelicalismo no século XX. Tanto o estreito biblicalismo evangélico, quanto sua estreita teologia, enterraram a nobre tradição" (Ramm, 1954, prefácio não reproduzido).

O **criacionismo da Terra jovem** ainda não se tornara popular, mas Ramm conhecia **George McCready Price** e se distanciou de suas ideias. As instituições protestantes mais conservadoras da época ensinavam a teoria do hiato, uma interpretação da Terra antiga de Gênesis que tinha sido amplamente aceita desde meados do século XIX, mas não podia mais fornecer uma explicação satisfatória dos dados geológicos. Ramm esperava convencer os leitores a abandonar essa abordagem em favor do que ele chamou de "**concordismo,** porque busca uma harmonia do registro geológico e os dias de Gênesis interpretados como longos períodos de tempo". Ele também chamou sua teoria de **criação progressiva**, enfatizando que "não é a evolução teísta que exige a criação interna sem atos novos". No entanto, ele falou positivamente de "um grupo de evolucionistas teístas convictos, mas elegantes" entre os evangélicos (Ramm, 1954, p. 211, 227-28, 284).

As conclusões ponderadas de Ramm dividiram os protestantes conservadores em grupos progressistas e reacionários. A recepção positiva que recebeu de vários membros influentes da **American Scientific Affiliation**, uma organização de cientistas evangélicos a qual Ramm havia se juntado no final dos anos 1940, levou outros membros a deixar a organização no início dos anos 1960, quando **Henry M. Morris** revigorou as teorias de Price em *The Genesis Flood* [O dilúvio de Gênesis] (1961), o livro que ele foi coautor com **John C. Whitcomb**, que lançou o moderno movimento criacionista. Apesar do considerável sucesso do criacionismo, abordagens semelhantes ao concordismo de Ramm continuam a encontrar apoio substancial entre os protestantes conservadores; os proponentes do século XXI incluem John Jefferson Davis, **Wiliam Dembski** e **Hugh Ross**.

Edward B. DavisFF

REFERÊNCIAS E LEITURAS RECOMENDADAS

HEARN, Walter, 1979. "An Interview with Bernard Ramm and Alta Ramm." *Journal of the American Scientific Affiliation* 31:179-86.
RAMM, Bernard, 1954. *The Christian View of Science and Scripture.* Grand Rapids: Eerdmans.
VANHOOZER, Kevin J., 1993. "Bernard Ramm." In *Handbook of Evangelical Theologians.* Ed. Walter A. Elwell, 290-306. Grand Rapids: Baker.

RATZSCH, DEL. Del Ratzsch (1945-) obteve seu doutorado em filosofia pela Universidade de Massachusetts. Ele é professor de filosofia (emérito) no Faculdade Calvin, onde lecionou por quase 35 anos, sendo autor e coautor de quatro livros, além de dezenas de artigos de periódicos e capítulos de livros. Embora a **filosofia da ciência** não fosse o foco principal de Ratzsch na pós-graduação, ele logo foi atraído para ela, tornando-se um dos principais filósofos da ciência dentro da Society of Christian Philosophers [Sociedade de Filósofos Cristãos] (SCP). Ele lecionou em vários países, mas foi especialmente ativo na China, ministrando seminários para estudantes chineses na Universidade de Wuhan e codirecionando grandes conferências de acadêmicos cristãos em Pequim. Sua *Science and Its Limits* [Ciência e seus limites] (2000), que foi traduzido para quatro idiomas, é considerado por muitos como a melhor introdução à filosofia acadêmica da ciência a partir de uma perspectiva cristã.

As publicações de Ratzsch concentravam-se principalmente em questões na intersecção entre ciência e religião, incluindo o trabalho sobre as **leis da natureza** (1987), **naturalismo** (2004) e o uso de conceitos de *design* na ciência (2001). Subsídios da National Science Foundation [Fundação Nacional para Ciência], do National Endowment for the Humanities [Fundação Nacional para as Humanidades], da Pew Foundation (Fundação Pew) e outros foram usados para estimular o interesse por esses tópicos em vários países. Ratzsch é mais conhecido, no entanto, por seu trabalho sobre controvérsias envolvendo criacionismo, evolução e **design inteligente**. Em *The Battle of Beginnings* [A Batalha dos Começos] (1996), ele argumenta que ambos os lados do debate criação-evolução tendem a entender mal e deturpar o outro, tornando o progresso na questão extremamente difícil. Ele também revela a tendência de ambos os lados de impor sua própria teoria da natureza da ciência, a fim de obter uma vantagem retórica.

Ratzsch tem sido influente no movimento de *design* inteligente desde meados da década de 1990, embora seja mais um "crítico amigável" do que um proponente. Embora tenha argumentado que é possível, em princípio, detectar corretamente o *design* na natureza, ele acredita que o movimento de DI ainda não forneceu evidências suficientes para cumprir seu ônus da prova. Em particular, ele mostrou que a **complexidade especificada** por **William Dembski** não é uma condição suficiente para detectar o *design* (Ratzsch, 2001). Por outro lado, Ratzsch argumentou que muitas das críticas feitas contra o DI são falhas e que a ação divina por natureza não deveria ser considerada não científica por definição. Resumindo, Ratzsch apoia alguns dos princípios centrais do DI, mas não acredita que o DI tenha se provado na prática. Através da influência do SCP, a filosofia acadêmica no mundo de fala inglesa é muito mais aberta ao teísmo do que era meio século atrás. Ratzsch foi um dos poucos filósofos da ciência envolvidos nessa reviravolta. Ele continua a ter uma influência forte e duradoura sobre uma nova geração de acadêmicos cristãos especializados na filosofia da ciência.

Jeffrey Koperski

REFERÊNCIAS E LEITURAS RECOMENDADAS

RATZSCH, Del, 1987. "Nomo(theo)logical Necessity." *Faith and Philosophy* 4 (4): 383-402.
_____. 1996. *The Battle of Beginnings: Why Neither Side Is Winning the Creation-Evolution Debate*. Downers Grove, IL: InterVarsity.
_____. 2000. *Science and Its Limits: The Natural Sciences in Christian Perspective*. 2nd ed. Downers Grove, IL: InterVarsity.
_____. 2001. *Nature, Design, and Science*. Albany, NY: SUNY Press.
_____. 2004. "Natural Theology, Methodological Naturalism, and 'Turtles All the Way Down.'" *Faith and Philosophy* 21 (4): 436-55.

RAZÃO SUFICIENTE, PRINCÍPIO DE.

A atividade científica é motivada pela crença de que existem razões pelas quais as coisas são como são. O polímata e inventor do cálculo infinitesimal, **Gottfried Leibniz**, foi o mais conhecido dos estudiosos a expressar essa ideia em um princípio de razão suficiente (PRS): "Nossos raciocínios são fundamentados em dois grandes princípios, o da contradição... e o da razão suficiente, em virtude da qual sustentamos que nenhum fato pode ser real ou existente, nenhuma afirmação é verdadeira, a menos que haja razão suficiente para que seja assim e não de outra forma, embora na maioria das vezes essas razões não possam ser conhecidas por nós" (Rescher, 1991, p. 31-32).

O PRS é, portanto, a alegação de que todo fato, ou todo fato contingente, tem uma explicação (Pruss, 2012). A convicção do cientista é validada se o PRS for verdadeiro, e a teoria de que isso é óbvio não foi desacreditada (Pruss, 2006). No entanto, um verdadeiro PRS consegue mais, uma vez que também figura em um **argumento cosmológico** válido para a **existência de Deus**, começando com a preocupação de Leibniz de que se tudo dentro do universo requer uma explicação, então, o universo como um todo também merece: "A primeira pergunta que deveria ser feita é: por que existe algo em vez de nada?" (Wiener, 1951, p. 527-28).

O PRS nos diz que a pergunta de Leibniz deve ter uma resposta. Se essa resposta não é levar a uma regressão infinita de explicações, então ela deve ser dada em termos de um ser que necessariamente existe e que contenha em si a explicação para sua própria existência — é isso que o **teísmo** clássico leva Deus a ser (ver **Existência de Deus**; **Teologia natural**).

A **ciência** e o teísmo têm um interesse comum no PRS, no entanto, uma objeção importante é que o PRS é um absurdo porque existem fatos contingentes que podem ser mostrados como não tendo explicações. Considere o chamado grande fato conjuntivo contingente (GFCC), um fato único é a combinação (conjunção) de todos os

626 RAZÃO, ARGUMENTO DA

outros fatos contingentes. Se o PRS for verdadeiro, então o GFCC tem uma explicação E, e E deve ser contingente ou necessário. Se E é contingente, então faz parte do GFCC por definição, tornando o GFCC autoexplicativo; se E é necessário, então implica o GFCC, tornando o GFCC necessário. Mas, como um fato contingente, o GFCC não pode ser nem autoexplicativo nem necessário e, como não é absurdo, E não pode existir.

O GFCC é, portanto, um fato contingente demonstravelmente *inexplicável* e, portanto, um contraexemplo para o PRS, mostrando que ele é falso (van Inwagen, 1983, p. 202-4). No entanto, Alexander Pruss argumentou convincentemente que E poderia ser uma explicação contingente e mesmo assim não ser parte do GFCC se fosse a livre escolha de um ser necessário. Além disso, E poderia ser uma explicação necessária e ainda não tornar o GFCC necessário, já que um *explanans* nem sempre implica o *explanandum* (ver **Explicação**). Outras objeções ao PRS foram levantadas, mas versões do princípio permanecem firmes e fortes, motivando tanto o esforço científico quanto a crença teísta.

Jonathan Loose

REFERÊNCIAS E LEITURAS RECOMENDADAS

PRUSS, Alexander R., 2006. *The Principle of Sufficient Reason: A Reassessment.* Cambridge Studies in Philosophy. Cambridge: Cambridge University Press.

_____. 2012. "The Leibnizian Cosmological Argument", em *The Blackwell Companion to Natural Theology*, 24-100. West Sussex, UK: Wiley-Blackwell.

RESCHER, Nicholas, 1991. *G. W. Leibniz's Monadology [1714]: An Edition for Students.* London: Routledge.

VAN INWAGEN, Peter, 1983. *An Essay on Free Will.* Oxford: Clarendon. Wiener, Philip P, ed. 1951. *Leibniz Selections.* New York: Scribner.

RAZÃO, ARGUMENTO DA. O argumento da razão é um nome aplicado a um argumento, ou a um grupo de argumentos, que tenta argumentar contra uma filosofia naturalista ao apontar que tal filosofia prejudica a reivindicação de manter crenças racionais. O argumento é mais conhecido nos escritos de **C. S. Lewis**, mas é consideravelmente mais antigo. Alguns realmente encontraram essa linha de argumentação já em **Platão**, e uma versão dela é encontrada em **Immanuel Kant**.

O que esses argumentos invariavelmente almejam são doutrinas conhecidas como **naturalismo**, **materialismo** ou **fisicalismo**. Todos esses conceitos são notoriamente difíceis de definir. O que parece ser comum a todas essas doutrinas é a ideia de que, na base da realidade, existem elementos que são inteiramente não mentais por natureza.

Podemos começar a pensar nisso contrastando dois tipos diferentes de explicação. Um tipo de explicação é o que pode ser fornecido pela forma como poderíamos explicar o movimento das rochas descendo uma montanha em uma avalanche. Se eu estiver na parte inferior da montanha, podemos esperar que as rochas se movam onde elas estão, sem considerar se minha cabeça está no caminho delas ou não. Elas não se moverão deliberadamente para bater na minha cabeça, nem se moverão para evitá-la. Elas farão o que as leis da **física** exigirem, e se minha cabeça estiver no lugar errado na hora errada, ela será atingida e, caso contrário, não será atingida. O processo é inerentemente cego.

Considere, em contraste, como podemos explicar o que acontece quando decido votar em um certo candidato a presidente. Eu peso as opções e escolho o candidato que tem mais chances de fazer o que eu quero que seja feito no país pelos próximos quatro anos. A ação de votar em um candidato ou outro é preenchida com intenção e propósito. Sei sobre o que é a escolha, tenho um objetivo em mente ao votar e realizo o ato de votar com a intenção de alcançar um determinado resultado.

Se olharmos para o mundo de uma perspectiva naturalista, estamos sempre procurando encontrar explicações não mentais mesmo por trás das explicações mentais que oferecemos. Tomemos, por exemplo, **Einstein** desenvolvendo sua teoria da relatividade. Se uma visão naturalista do mundo está correta, então podemos, e devemos, explicar o desenvolvimento da teoria de Einstein em termos mentais, em termos de certas relações matemáticas, e assim por diante. Mas o cérebro de Einstein é, de acordo com o naturalista, inteiramente o resultado de um processo puramente não intencional de variação aleatória e **seleção natural** (ver **Argumento evolucionista contra o naturalismo**). A aparência da intenção e do *design* é explicada por um processo cego subjacente que não apenas produziu o cérebro de Einstein, mas também os processos em seu cérebro, que são o resultado de partículas operando cegamente como as pedras caindo da montanha e batendo ou não batendo em minha cabeça no fundo.

Compare isso com uma teoria teísta. Sob esse ponto de vista, pode haver partículas que sigam as leis da física, mas essas leis estão em vigor porque foram incorporadas à criação por Deus. Presumivelmente, se Deus quisesse que houvesse outras leis da física, ele poderia ter feito um mundo com leis da física muito diferentes das que vemos. Assim, na teoria teísta, vemos o oposto do naturalismo. Até o que parece em um nível ser completamente explicado em termos do não mental tem uma explicação mental.

O argumento da razão tenta mostrar que se o mundo fosse como o naturalista, materialista ou fisicalista diz, então ninguém pode ser racional em acreditar que é assim. As crenças racionais devem, de acordo com o argumento, ter causas racionais, mas o naturalismo sustenta que, em última análise, todas as causas são causas não racionais. Mas se é assim, então os seres humanos realmente não raciocinam, e se eles não raciocinam, eles também não fazem ciência. Assim, a **cosmovisão** muito naturalista que é supostamente baseada na ciência é, na verdade, uma teoria que torna a ciência impossível.

Na edição original de 1947 de seu livro *Miracles: A Preliminary Study* [Milagres: um estudo preliminar], Lewis apresentou uma versão do argumento da razão que pode ser formalizada da seguinte maneira.

1. Se o naturalismo é verdadeiro, então todos os pensamentos, incluindo o pensamento "naturalismo é verdadeiro", podem ser totalmente explicados como resultado de causas irracionais.
2. Se todos os pensamentos são o resultado de causas irracionais, então todos os pensamentos são inválidos, e a ciência é impossível.
3. Se todos os pensamentos são inválidos e a ciência é impossível, então ninguém é defensável em acreditar que o naturalismo é verdadeiro.
4. Portanto, o naturalismo deve ser rejeitado.

Ao explicar por que isso é problemático para uma teoria naturalista, argumenta-se (Repert, 2003, 2009) que uma teoria naturalista requer três elementos. Primeiro, o sistema de eventos "naturais" ou "físicos" deve ser causalmente fechado. Em segundo lugar, o que quer que aconteça no mundo em algum nível que não seja o nível físico, deve surgir no físico (veja **Emergência**, **Superveniência**). O que isto significa é que, dado o estado do físico, os outros níveis não podem diferir. Dois mundos possíveis não podem ser fisicamente idênticos, mas mentalmente diferentes. Terceiro, o físico tem que ser mecanicista e, com isso, quero dizer que os fatos "mentais" não podem entrar na explicação da realidade no nível básico. Se o nível básico não tem espaço para estados mentais, e todos os outros níveis são do jeito que são porque o nível básico é do jeito que é, então, se há razões para uma crença ou não é irrelevante para a questão de em quais estados mentais, se houver algum, a pessoa está.

A discussão dessa linha de argumentação progrediu de várias maneiras. Um desenvolvimento inicial menos conhecido foi uma defesa de Lewis por Eric Mascall (1957) contra Elizabeth Anscombe antes da própria revisão do argumento por Lewis. J. R. Lucas (1973) desenvolveu um argumento centrado em torno do **teorema de Gödel** — um argumento que foi inspirado pelo argumento de Lewis — mas, curiosamente, o próprio Gödel desenvolveu as mesmas implicações em um artigo não publicado. William Hasker também desenvolveu uma versão do argumento (1973, 1999). Reppert escreveria "The Lewis-Anscombe Controversy" [A controvérsia entre Lewis e Ascombe] (1989) e desenvolveria e defenderia o argumento de Lewis (2003, 2009). O argumento da razão tem sido criticado por pensadores como **Antony Flew**, Jim Lippard, Keith Parsons, Theodore Drange e Richard Carrier.

Victor Reppert

REFERÊNCIAS E LEITURAS RECOMENDADAS

HASKER, William, 1973. "The Transcendental Refutation of Determinism." *Southern Journal of Philosophy* 11:175-83.
_____. 1999. *The Emergent Self.* Ithaca, NY: Cornell University Press. Lewis, C. S. 1978. *Miracles: A Preliminary Study.* 2nd ed. New York: Macmillan. Lucas, J. R. 1973. *Freedom of the Will.* Oxford: Clarendon.
MASCALL, E. L., 1957. *Christian Theology and Natural Science: Some Questions in Their Relations.* London: Longmans, Green.
REPPERT, Victor, 1989. "The Lewis-Anscombe Controversy: A Discussion of the Issues." *Christian Scholar's Review* 19 (September): 32-48.
_____. 2003. *C. S. Lewis's Dangerous Idea: In Defense of the Argument from Reason.* Downers Grove, IL: InterVarsity.
_____. 2009. "The Argument from Reason", em *The Blackwell Companion to Natural Theology.* Eds. William Lane Craig and J. P. Moreland. Malden, MA: Wiley-Blackwell.

REALISMO CRÍTICO. O realismo crítico (RC) é uma **filosofia da ciência** com aplicação especial em três áreas principais: filosofias da percepção, movimento de ciência e religião (MCR) e esforços para equilibrar o positivismo na **sociologia** acadêmica. O termo foi usado pela primeira vez por estudiosos da Universidade de Würzburg, começando na década de 1880, que estavam tentando construir uma filosofia e **psicologia** da percepção humana com base em suas experiências com cognição humana. O primeiro

628 REALISMO CRÍTICO

filósofo significativo a usar o termo na língua inglesa foi Roy Wood Sellars na Universidade de Michigan. Entre 1908 e 1916, Sellars introduziu e defendeu o conceito em vários artigos em periódicos importantes. Em 1916, ele publicou *Critical Realism: A Study of the Nature and Condition of Knowledge* [Realismo crítico: um estudo da natureza e condição do conhecimento].

Sellars pode muito bem ter estado ciente do grupo anterior de alemães, mas ele estava lançando novas bases enquanto procurava uma **epistemologia** que seria livre do **idealismo** transcendental kantiano, do realismo ingênuo e do pragmatismo popular do início do século XX (ver **Kant, Immanuel**; **Quine, W. V. O.**). Enquanto Sellars continuava a publicar, muitas vezes sobre tópicos enraizados em sua abordagem crítica realista, durante a década de 1970 uma série de outras posições ganhou o foco da atenção filosófica, a tal ponto que, quando **Ian Barbour** levantou a questão novamente em 1966, muitos acharam que Barbour tinha inventado um termo totalmente novo. Na verdade, Barbour levantou o tema em um momento crucial, durante um período de mudança de **paradigma** entre os filósofos teístas da **ciência**, prontos para aceitarem e expandirem o *instrumentarium* da abordagem RC. Assim floresceu o movimento de ciência e religião.

Ao mesmo tempo, outro grupo de filósofos da ciência social também estava preparado para usar essa abordagem. Em 1975, Roy Bhaskar publicou *A Realist Theory of Science* [Uma teoria realista da ciência], e embora ele não tenha usado o termo até a década de 1980, ele se tornou rapidamente um mentor (especialmente após a discussão com Margaret S. Archer) na aplicação da abordagem da filosofia da ciência e especialmente acerca de uma nova discussão sobre metodologias de ciências sociais.

Esses três nomes — Sellars, Barbour e Bhaskar — servem como orientadores para os três principais fluxos de RC. Todos os três, em vários graus, contrastam com o positivismo, o idealismo, o **instrumentalismo** e o realismo ingênuo em seus campos.

Todos os três aceitam um ceticismo kantiano quanto à incerteza da percepção humana, mas os três opõem-se à sua extensão radical como um ataque à nossa experiência de senso comum com argumentos de coerência lógica e necessidade instrumental. A MCR acrescenta um Criador sobrenatural à cena, permitindo-nos ter uma maior confiança epistêmica enraizada na implantação, pelo Criador, de ferramentas, categorias e mecanismos de percepção

precisa na mente humana (ver **razão, Argumento da**). Os seguidores teístas de Bhaskar (Archer, Colômbia, Porpora) talvez, inconscientemente, juntem esses dois mundos ao adicionar argumentos semelhantes às suas discussões sobre o método das ciências sociais (Archer et al., 2004).

As diferenças entre esses três fluxos de RC podem, pelo menos parcialmente, ser explicadas pelos movimentos que antagonizam. Sellars lutou contra os pragmáticos e os primeiros positivistas (Bergson, **Whitehead**, Dewey). Os seguidores de Bhaskar se opuseram a versões posteriores destes, mas gradualmente reorientadas a maior parte do seu trabalho contra a inércia positivista do *establishment* das ciências sociais (ver **Positivismo lógico**). Barbour, com um olhar atento sobre o diálogo contínuo entre o realismo e o idealismo, argumentou contra os esforços para separar a ciência da teologia com base no positivismo, na neo-ortodoxia, na análise linguística e em vários ramos da teologia liberal. Como resultado, os três fluxos argumentaram, em linguagem especializada, em prol de várias ideias fundamentais.

Primeiro, um realismo limitado. Como afirmou a Sellars: "Começamos a partir de coisas independentes, e não de preceitos" (Sellars 1916, p. 3). Cinquenta anos depois, Barbour apoiou esta ideia central em seu *Issues in Science and Religion* [Questões em ciência e religião]. Ele argumentou que existe uma realidade objetiva "por aí" que pode ser conhecida por observadores humanos, mesmo que não a possamos compreender exatamente. A construção mental e a atividade imaginativa nos permitem formar teorias, e algumas delas se adequam às observações melhor do que outras porque os eventos têm um padrão objetivo (Barbour 1966, p. 172).

Barbour, juntamente com uma série de importantes líderes do MCR como **Arthur Peacocke** e **John Polkinghorne**, argumenta que a fonte fundamental de toda realidade é o Deus Criador, o fundamento de todo ser. A realidade física é dotada de existência objetiva, mesmo que dependa da contínua manutenção do Criador. Eles prosseguem argumentando que, devido a essa unidade, a ciência e a teologia têm uma profunda semelhança — ambas são métodos de estudo da realidade, e ambas são limitadas pelos humanos caídos que utilizam essas ferramentas de conhecimento.

O RC secular passa a postular um "critério causal de existência". Se os efeitos são registrados, sua causa tem existência objetiva. Embora isso possa não afetar o físico ou o teólogo como um postulado importante, nas ciências sociais essa ideia tem sido sustentada para o ataque.

Outro conjunto de linhas de batalha do RC é elaborado contra o enviesamento arraigado voltado para o empirismo nas ciências sociais, especialmente nos Estados Unidos. Enquanto os físicos modernos devem lutar contra uma forte inclinação para o instrumentalismo, os cientistas sociais muitas vezes se escondem atrás da falácia epistêmica ("se não podemos medir isso, então não deve existir") para evitar os desafios levantados por Bhaskar e seus seguidores. Embora as estruturas sociais não sejam diretamente observáveis, Bhaskar diria que elas têm uma existência ontológica real porque "seu poder causal estabelece sua realidade" (Bhaskar, 1998, p. 25).

Isso é, em parte, resposta aos movimentos nas ciências sociais que aceitam apenas fatos sociais mensuráveis ou "eventos" registráveis. Entre muitos sociólogos, nada mais pode ser diretamente medido e nada mais pode ser postulado (ver **Sociologia**). O RC defende um retorno a uma compreensão mais comum das estruturas subjacentes da realidade. Como disse Barbour, "a inteligibilidade, em vez da observabilidade, é a marca do real" (Barbour, 1966, p. 170).

Claro, o RC não é apenas sobre o realismo. Também é crítico. Primeiro, os três movimentos são epistemologicamente críticos. Todos os três reconhecem que todas as percepções são afetadas pelas estruturas cognitivas humanas que tentam registrar e analisar objetivamente. Isso também é verdade sobre todos os instrumentos projetados por seres humanos para coletar e analisar dados.

Em segundo lugar, os adeptos do RC também aceitam que a maior parte da ciência e da teologia acadêmica tanto é "cheia de teorias" como "cheia de valor". As reivindicações de **objetividade** devem ser avaliadas criticamente. Para cientistas sociais (e teólogos) isso é ainda mais difícil, pois os objetos de seu estudo (sociedade, **alma**, Deus e a Bíblia) estão profundamente relacionados com a cosmovisão (e a natureza caída) do estudioso. Em campos como a ciência social moderna, uma abordagem "crítica" tem sido associada com valores "progressistas". De Comte a Foucault, muitas das ciências sociais aceitaram sem crítica uma agenda social de filosofia naturalista que muitas vezes afeta as seções "Conclusões" de periódicos especializados e até se insinua, aliás, em projetos de pesquisa cuidadosamente elaborados (ver **Naturalismo metodológico**; **Naturalismo**).

Em terceiro lugar, os profissionais do RC rejeitam os esforços para descobrir "leis abrangentes" de comportamento e efeito social (ver **Hempel, Carl G.**). Eles tendem a ser muito críticos com qualquer esforço para separar a agência humana, a cosmovisão ou a personalidade da análise e previsão social.

Em todas as suas manifestações, o RC mapeia um meio-termo entre o positivismo e o idealismo, e encoraja uma apreciação matizada da cognição e da personalidade humanas.

Frederick A. Schneider

REFERÊNCIAS E LEITURAS RECOMENDADAS

ARCHER, Margaret S.; Porpora, Douglas V.; Collier, Andrew, 2004. *Transcendence: Critical Realism and God*. London: Routledge.

BARBOUR, Ian G., 1966. *Issues in Science and Religion*. New York: Harper & Row.

BHASKAR, R. A. 1975. *A Realist Theory of Science*. London: Verso.

_____. 1998 [1979]. *The Possibility of Naturalism*. 3. ed. London: Routledge.

LOSCH, Andreas. 2009. "On the Origins of Critical Realism." *Theology and Science* 7 (1): 85-106.

SELLARS, Roy Wood, 1916. *Critical Realism: A Study of the Nature and Condition of Knowledge*. Chicago: Rand McNally.

REALISMO E ANTIRREALISMO. A questão de saber se a mente humana pode adquirir conhecimento da realidade tem sido uma das preocupações centrais dos filósofos. O realismo e o antirrealismo representam as duas posições amplas sobre essa questão. O realismo é a teoria padrão do senso comum, a teoria de que a mente humana, no ato de conhecer, apreende verdades essenciais sobre a realidade fora da mente (realidade extramental), que a mente pode vir a ter conhecimento das coisas como elas são em si mesmas. Essa teoria era mantida pela maioria dos filósofos importantes até pelo menos a época de **John Locke**. Os pontos de vista da maioria dos pensadores cristãos tradicionais, assim como os ensinamentos oficiais das várias denominações religiosas, baseavam-se numa compreensão realista do conhecimento em relação a assuntos como a natureza de Deus, articulações de doutrinas religiosas e **moralidade** religiosa, os relatos foram propostos como objetivamente verdadeiros e considerados como largamente independentes de opiniões, preconceitos ou influências culturais.

Com a distinção entre **qualidades primárias e secundárias**, Locke foi o primeiro pensador a introduzir seriamente uma teoria antirrealista do conhecimento. Essa é a teoria de que a mente humana, no ato de conhecer, modifica ou distorce os objetos do conhecimento e, consequentemente, a mente não passa a conhecer a realidade como ela realmente é, mas apenas como parece aos observadores humanos. Essa teoria pode ser melhor compreendida imaginando-se que existe um tipo de filtro na mente humana pelo qual passam nossas percepções e experiências sobre o mundo, e que, desse modo, distorce nossas reivindicações de conhecimento.

Outra maneira de fazer isso é dizer que todas as alegações de conhecimento envolvem uma perspectiva humana que compromete sua **objetividade**. Vários filósofos, então, propuseram diferentes relatos de como o "filtro" deveria funcionar (p. ex., **Kant**, Heidegger, Derrida, **Quine**). Inicialmente, pensava-se que todos os seres humanos compartilhavam o mesmo tipo de filtro, e assim alguma aparência de objetividade poderia ser mantida, mas na filosofia recente uma forma mais radical de antirrealismo tornou-se proeminente. Isso se baseia na afirmação de que a perspectiva humana sobre o conhecimento é significativamente influenciada pela criação cultural, pelo esquema conceitual, pela linguagem, pela era histórica e até mesmo pelo gênero, e, assim, o conhecimento seria relativo a cada grupo ou a cada indivíduo.

Diante da ampla influência do antirrealismo no século XX, as abordagens ortodoxas e realistas da doutrina e da ética cristãs foram alvo de severas críticas. Um pensador cujo trabalho foi especialmente influente foi o filósofo inglês John Hick, que usou a bem conhecida metáfora dos cegos, cada um fornecendo descrições inadequadas de um elefante para ilustrar uma abordagem antirrealista (kantiana) à questão do pluralismo religioso. Influências antirrealistas desse tipo fizeram um terreno significativo na teologia cristã recente e definiram as respostas de muitos pastores e igrejas a questões de interpretação bíblica, a descrições teológicas da natureza de Deus, bem como a questões morais e culturais.

No entanto, as teorias antirrealistas foram atormentadas por dois problemas familiares. A primeira é que nenhum filósofo antirrealista foi capaz de ir além de uma declaração abstrata de antirrealismo para mostrar de uma maneira concreta e convincente como funciona o filtro na mente, para mostrar como a linguagem ou a cultura, por exemplo, comprometem a capacidade da mente de conhecer a realidade. O segundo problema é o da contradição: o antirrealista argumenta que toda afirmação de conhecimento é filtrada, ainda que sua própria descrição da natureza do conhecimento deva ser objetivamente

verdadeira e, portanto, não sujeita ao processo de filtragem. Se não estiver sujeito ao filtro, é contraditório; se estiver sujeito ao filtro, não pode ser considerado como uma reivindicação objetiva e, portanto, seria um pedido ao questionamento.

Brendan Sweetman

REFERÊNCIAS E LEITURAS RECOMENDADAS

Brock, Stuart; Mares, Edwin, 2007. *Realism and Anti-realism*. Montreal: McGill-Queen's University Press.

Hick, John, 2005. *An Interpretation of Religion*. New Haven, CT: Yale University Press.

McLaren, Brian, 2011. *A New Kind of Christianity*. San Francisco: HarperOne.

Putnam, Hilary, 1988. *The Many Faces of Realism*. Peru, IL: Open Court.

REASONS TO BELIEVE. Reasons to Believe [Razões para Acreditar] (RTB) é um ministério de apologética científica fundado pelo astrônomo **Hugh Ross** em 1986 e com sede em Covina, Califórnia. Sua missão é difundir o Evangelho cristão, demonstrando que a razão sólida e a pesquisa científica consistentemente apoiam, em vez de corroer, a confiança na verdade da Bíblia e a fé no Deus pessoal e transcendente revelado tanto nas Escrituras quanto na natureza.

RTB compreende uma equipe de pesquisadores acadêmicos: Hugh Ross, presidente; Fazale Rana, bioquímico, vice-presidente de pesquisa e apologética; Jeffrey Zweerink, astrofísico, pesquisador acadêmico; Anjeanette "AJ" Roberts, biólogo molecular; e Kenneth Samples, filósofo-teólogo, pesquisador sênior de pesquisa, que discursa internacionalmente para o público em uma variedade de tópicos de fé científica. Juntamente com uma equipe de suporte local, o RTB busca o impacto global com suas listas crescentes de acadêmicos visitantes, membros da comunidade de apologéticos e quase 50 comitês nacionais e internacionais, que trabalham em conjunto para ajudar a fortalecer a fé dos crentes e remover os obstáculos dos não crentes à fé.

Operando com a crença de que ciência e fé são aliados, não inimigos, o RTB emprega uma abordagem de *integração construtiva* à **revelação** geral (ciência) e à revelação especial (Escrituras). Como tal, o RTB mantém uma visão moderada *concordista*, da criação da Terra antiga, que busca um acordo geral entre passagens das Escrituras interpretadas apropriadamente que descrevam algum aspecto do reino natural e dados científicos bem compreendidos e estabelecidos. O desenvolvimento contínuo de um modelo de criação cientificamente testável distingue o RTB de outras organizações criacionistas e desafia os cientistas céticos a considerarem a veracidade da fé cristã. Esse modelo derivado da Bíblia inclui previsões sobre a origem do universo, da vida e da humanidade.

Os acadêmicos do RTB falaram em mais de 300 campi nos Estados Unidos e no exterior e escreveram mais de 20 livros que explicam aspectos do modelo de criação. O *site* do RTB apresenta conteúdo atualizado, incluindo um arquivo considerável de artigos de "A nova razão para acreditar" entre seus muitos recursos de vídeo, áudio, podcast e outros. Estudiosos de RTB aparecem regularmente em programas internacionais de rádio e televisão, falam em igrejas de todos os tamanhos e afiliações denominacionais, e participam e/ou realizam conferências de apologética.

Os imperativos do ministério incluem envolver os céticos, equipar os crentes e capacitar a igreja com a verdade do Evangelho e fazê-lo com gentileza, respeito e uma consciência limpa. Parte do equipamento inclui o Reasons Institute [Instituto Razões], um dos dois braços educacionais do RTB, que oferece cursos de nível universitário em apologética científica para enriquecimento pessoal, um certificado em apologética científica ou crédito universitário. Reasons Academy (Academia Razões) (para Fundamental I e II), o segundo braço, traz pesquisas para a integração construtiva da Bíblia e da ciência na sala de aula, em cooperativa ou no ensino domiciliar.

O RTB publica sua declaração de fé em seu *site* (www. resources.org) e endossa a Declaração de Chicago sobre a inerrância bíblica.

Joe Aguirre

REFERÊNCIAS E LEITURAS RECOMENDADAS

"Reasons to Believe." 2014. *Wikipedia*. Acessado em 30 de dezembro de 2014. http:// en.wikipedia.org/wiki/Reasons_To_Believe.
Reasons to Believe official website. www.reasons.org.

REDUCIONISMO. Encontrar o reducionismo explícito ou tácito, isto é, reduzir as qualidades de alguma entidade às qualidades descritas em termos de partes constituintes, nas interpretações contemporâneas das teorias científicas, é comum. Frequentemente, os constituintes são considerados as partículas fundamentais da **física** (e às vezes da química). O reducionismo talvez seja mais notável nas teorias fisicalistas da **mente**, nas quais as propriedades mentais são "reduzidas" a propriedades físicas

de (constituintes do) cérebro, eliminando ou explicando as mentes como entidades imateriais (veja **Fisicalismo**).

Atualmente, cinco tipos diferentes de redução são relevantes para os debates mente-corpo: (1) *Redução ontológica individual*: um objeto (um macro-objeto como a pessoa) é identificado com outro objeto (p. ex., um composto simples físico ou mereológico como o cérebro ou corpo). (2) *Redução ontológica da propriedade*: uma propriedade (calor) é identificada com outra propriedade (energia cinética média). (3) *Redução Linguística*: uma palavra ou conceito (*dor*) é definido como ou analisado em termos de outra palavra ou conceito (*a tendência a fazer caretas quando ferido com um alfinete*). (4) *Redução causal*: a atividade causal da entidade reduzida é inteiramente explicada em termos da atividade causal da entidade redutora. (5) *Redução teórica ou explicativa*: uma teoria ou lei é reduzida a outra por princípios de lei-ponte bicondicional.

A redução ontológica individual é afirmada virtualmente por todos os fisicalistas. A redução de propriedade é afirmada por fisioterapeutas de identidade e evitada por fisicalistas simbólicos e eliminativistas. Existe um debate sobre se os funcionalistas aceitam ou não a redução da propriedade (ver abaixo), mas além dos fisicalistas supervenientes emergentes (ver abaixo), todos os fisicalistas acreditam que no mundo real todas as propriedades exemplificadas por pessoas são propriedades físicas em um sentido ou outro. A redução causal é muito disputada pelos fisicalistas. Parte do debate envolve o fechamento causal do físico e a realidade da chamada **causalidade** descendente. É seguro dizer que, atualmente, a maioria dos fisicalistas segue Jaegwon Kim e **John Searle** e aceitam a redução causal. A redução linguística não é mais uma parte principal do debate desde o fim do **behaviorismo** filosófico e das teorias positivistas de significado. A redução teórica, finalmente, é empregada nas classificações do fisicalismo e, a menos que seja indicado de outra forma, descrições de fisicalismo redutivo *versus* não fisiológico devem ser entendidas como a empregando.

Atualmente, a principal versão do fisicalismo redutivo é o fisicalismo de identidade de tipo. Os fisicalistas de identidade de tipo aceitam a redução explicativa e, nessa base, a redução ontológica da propriedade. Nessa teoria, as propriedades mentais são idênticas às propriedades físicas, de modo que as declarações de identidade que afirmam as identidades relevantes são interpretadas como afirmações

632 REGISTRO FÓSSIL (teoria criacionista da Terra jovem)

de identidade contingente que empregam expressões diferentes, porém correferenciadas (p. ex., a *dor* contingentemente identifica o mesmo estado cerebral que a expressão *disparar as fibras nervosas do tipo C*). A verdade dessas declarações de identidade é uma descoberta empírica e as declarações são identidades teóricas.

Duas objeções principais parecem decisivas contra o tipo de fisicalismo de identidade. Primeiro, é óbvio que as propriedades mentais e físicas são diferentes umas das outras. Por exemplo, o pensamento de um campo verde não é uma região verde no cérebro; mais geralmente, os estados mentais não possuem localização ou extensão espacial, enquanto essas propriedades são essenciais para as coisas físicas. Os fisicalistas não encontraram o ônus da prova exigido para derrubar essas **intuições** profundamente arraigadas. Os fisicalistas respondem que em outros casos de identidade (p. ex., o calor é a energia cinética molecular média), nossas intuições sobre a não identidade revelaram-se erradas, e o mesmo é verdadeiro no caso das propriedades mentais. Mas por dois motivos, essa resposta falha. Por um lado, esses outros casos de supostas identidades de propriedade são os casos mais prováveis de correlação de propriedades.

Em segundo lugar, como argumentou Saul Kripke, podemos facilmente explicar por que nossas intuições estavam erradas nos outros casos, mas uma percepção semelhante não aparece no caso das propriedades mentais (Kripke, 1972). Uma vez que existe uma distinção entre o que é calor (energia cinética média) e como ela nos parece (como sendo quente), nossas intuições sobre a não identidade confundem a aparência com a realidade. Mas, como as propriedades mentais, como a dor, são idênticas ao modo como aparecem, nenhuma fonte de confusão está disponível. Assim, as intuições sobre a não identidade das propriedades mentais e físicas permanecem justificadas.

A segunda dificuldade com a teoria da identidade de tipo é chamada de *problema da múltipla realização*: parece óbvio que humanos, cães, vulcanos e um número potencialmente infinito de organismos com diferentes estados físicos podem estar sofrendo; portanto o tipo mental não é idêntico a um tipo físico.

Em grande parte, em resposta ao problema de realização múltipla, uma versão do (supostamente) fisicalismo não redutor — **funcionalismo** — tornou-se a versão atual proeminente do fisicalismo. Funcionalistas empregam uma descrição "tópico neutra" de propriedades/estados mentais em termos de estímulos corporais, resultados comportamentais e outros resultados de estado mental. As propriedades mentais são reduzidas a funções do corpo/cérebro.

Há sérias dificuldades com o funcionalismo. Primeiro, há problemas com qualia ausentes ou invertidos (ver **Qualia**). Os argumentos da qualia se voltam para a observação de que os tipos mentais são essencialmente caracterizados por suas propriedades intrínsecas e apenas acidentalmente caracterizados por suas relações funcionais extrínsecas. Além disso, não há um sentido claro sobre o que é a "relação de realização" que está disponível a um fisicalista rígido. A realização não é uma relação que figure em química e física. Além disso, quando fisicalistas caracterizam a relação de realização em termos de casos de **paradigmas**, selecionam artefatos e apelam para noções mentais, como intenções, valores, objetivos e produção de agentes em sua caracterização (Papineau, 1995). Se o objetivo é caracterizar a realização em termos não mentais, isso dificilmente funcionará.

Em resumo, quaisquer que sejam os méritos do reducionismo em outras áreas teóricas, parece duvidoso quando aplicado ao **problema mente-corpo**.

J. P. Moreland

REFERÊNCIAS E LEITURAS RECOMENDADAS

Hasker, William, 1999. *The Emergent Self*. Ithaca, NY: Cornell University Press.

Horst, Steven, 2007. *Beyond Reductionism*. New York: Oxford University Press.

Kripke, Sail. 1972. *Naming and Necessity*. Cambridge, MA: Harvard University Press.

Moreland, J. P., 2008. *Consciousness and the Existence of God*. London: Routledge.

Papineau, David, 1995. "Arguments for Supervenience and Physical Realization", em *Supervenience: New Essays*. Eds. Elias E. Savellos e Umit D. Yalcin. Cambridge: Cambridge University Press.

⌁REGISTRO FÓSSIL (teoria criacionista da Terra jovem).

Quando os fósseis foram formados e em que condições? Uma visão da Terra jovem, na sua essência, afirma que (1) a criação abrangeu seis dias de 24 horas em que todas as coisas foram feitas (ver Êxodo 20:11; 31:17); (2) as **genealogias** que conectam Adão a Abraão em Gênesis 5 e 11 registram uma linhagem de indivíduos históricos que abrange apenas milhares de anos; e (3) o pecado produz mudanças profundas na economia natural, incluindo a morte física e espiritual para os seres humanos e a **morte** física para criaturas "viventes" (*nephesh*).

REGISTRO FÓSSIL (teoria criacionista da Terra jovem)

Um corolário resultante é que a maior parte do registro fóssil é produto de uma destruição global pelo dilúvio de Noé. Isso contrasta fortemente com as teorias da Terra antiga e da evolução que consideram o registro fóssil como uma série de fotografias instantâneas em uma história de vida de 3,8 bilhões de anos na terra. Aqui, trato brevemente algumas questões bíblicas que devem reger a nossa abordagem do registro fóssil e, em seguida, examino várias observações científicas notáveis que apontam para uma formação rápida, catastrófica e recente do registro fóssil.

Problemas bíblicos

No que diz respeito às afirmações centrais do criacionismo da Terra jovem, há pouca discordância que, em Genesis 1, *yôm* significa um dia normal, em vez de algum período de tempo longo não especificado (Hamilton, 1990; Waltke e Fredricks, 2001; Westermann, 1984). O debate maior, atualmente, diz respeito à estrutura, gênero e propósito de Gênesis 1 e a como funcionam os "dias" (p. ex., literal *versus* simbólico; ver Charles, 2014 para uma mudança recente). Os argumentos para um dia literal de 24 horas são bem fundamentados (ver Fretheim, 1999, para uma breve defesa mais substantiva, e Mortenson e Ury, 2008, para tratamentos mais detalhados sobre várias questões de Gênesis 1—11). Em relação às genealogias, os indivíduos listados em Gênesis 5 e 11 são atestados como históricos em ambos os Testamentos (p. ex., 1Crônicas 1:1-24; Lucas 3:34-38; Judas 14). As genealogias não precisam listar *apenas* relações pai-filho para apoiar uma Terra jovem; o que mais importa é que as genealogias registram pessoas *reais* com relações de ancestralidade/descendência reais. Mas as genealogias só conseguem ser estendidas até certo grau e ainda mantêm sua precisão, coerência e função. Somente gerações de pessoas, não os períodos ou épocas nomeadas do tempo geológico, podem ser colocadas em lacunas genealógicas.

O momento da morte animal e de comer a carne de animais está mais diretamente relacionado ao registro fóssil. No dia 6 da semana da criação, Deus afirma: "'Eis que lhes dou todas as plantas que nascem em toda a terra e produzem sementes, e todas as árvores que dão frutos com sementes. Elas servirão de alimento para vocês. E dou todos os vegetais como alimento a tudo o que tem em si fôlego de vida: a todos os grandes animais da terra, a todas as aves do céu e a todas as criaturas que se movem rente ao chão.' E assim foi" (Gênesis 1:29,30). Parece que não

há morte entre o homem ou os animais inicialmente (ver Westermann, 1984, 164-65), e isso coloca o ato de comer a carne de animais (incluindo o observado no registro fóssil) *após* a **queda** (ver Gênesis 3:14, que parece se estender a todos os animais). No entanto, as perspectivas da Terra antiga exigem que comer carne, o câncer, a infecção, a doença e o sofrimento tenham sido parte integral (mesmo necessária) da criação "muito boa" de Deus por centenas de milhões de anos.

A provisão de alimentos para animais em Gênesis 1:30 espelha as plantas e frutos dados à humanidade no verso anterior. Averbeck (2014) argumenta que Gênesis 1:30 permite comer carne de animais porque as plantas são a fonte primária de alimento para todas as criaturas. Essa lógica também permitiria a humanos comer carne na criação. Isso é difícil de reconciliar com Gênesis 9:3, onde Deus diz a Noé: "Tudo o que vive e se move lhes servirá de alimento. Assim como lhes dei os vegetais, agora lhes dou todas as coisas". Um reino animal vegetariano também encontra paralelos na nova criação, pois nos novos céus e na terra "o leão comerá palha como os bois" (Isaías 65:25; ver Isaías 11:7; ver Hamilton, 1990, 140). As passagens poéticas, que não encontram nenhum problema com o comer carne, têm pouca aplicação às condições durante a semana de criação, uma vez que essas passagens descrevem a criação tal como funciona *hoje* (p. ex., Salmos 104; perceba, especialmente, a presença de vinho e navios).

O escopo das Escrituras é claro: no início, os animais terrestres e os pássaros receberam plantas exatamente como os seus governantes humanos. Indo até o dilúvio, o aviso de Deus a Noé de que ele destruirá "todas as pessoas" (*basar*) porque "a terra está cheia de violência" (Gênesis 6:13) atesta a violência disseminada entre os animais (provavelmente incluindo a carnivoridade) e o registro fóssil é um testemunho desse afastamento pós-queda dos animais de seu estado inicial "muito bom".

Questões científicas

Quando os paleontólogos falam do registro fóssil, eles se referem à preservação de organismos em geral, ao ordenamento total e à sequência desses fósseis. Os muitos nomes geocronológicos (p. ex., Devoniano, Jurássico e Eoceno) refletem o padrão de diferentes tipos de fósseis encontrados em relacionamentos verticais uns com os outros em todo o mundo (p. ex., peixes com couraça, dinossauros e mamíferos). Esse padrão é real e deve ser a

634 REGISTRO FÓSSIL (teoria criacionista da Terra jovem)

base da discussão entre os criacionistas da Terra jovem e os defensores da Terra antiga. Ao defender um dilúvio global como a causa da maioria dos registros fósseis, abordo brevemente cinco questões científicas — a aparição súbita de ecossistemas complexos, trilhas fósseis e rastros, mistura de sedimentos por organismos, preservação fóssil excepcional e inesperada, e formas de transição.

Aparição súbita de ecossistemas complexos

Os paleontólogos leem o registro fóssil do fundo (mais antigo) em direção ao topo (o mais novo). Uma característica impressionante é a primeira aparição de uma multidão de animais complexos, denominada "explosão" cambriana (incluindo artrópodes marinhos, moluscos, equinodermos, braquiópodes, numerosos grupos de vermes e até peixes sem mandíbula). A aparição abrupta desse ecossistema rico e complexo contrasta radicalmente com as expectativas gradualistas da teoria evolutiva. Os criacionistas da Terra antiga e alguns defensores do **design inteligente** argumentam que a aparição súbita da **explosão cambriana** reflete um evento de *design* (p. ex., Meyer, 2013), enquanto os criacionistas da Terra jovem a identificam como um dos primeiros ecossistemas marinhos destruídos pelo dilúvio de Noé (Garner, 2009; Snelling, 2009; Wise, 2002).

Trilhas e rastros

À medida que os animais se movem sobre sedimentos frescos e úmidos, eles deixam trilhas e rastros. Essas impressões são mais delicadas do que os ossos, conchas e exoesqueletos; portanto, a sua preservação como *icnofóssils* ("vestígios fósseis") é incomum porque a erosão frequentemente os destrói logo após serem formados. Para qualquer possibilidade de preservação, uma camada de sedimento novo deve ser rapidamente depositada no topo das trilhas. Mais curioso, porém, é a propensão para um grupo (anfíbios, dinossauros etc.) ter uma grande diversidade de tipos de trilhas encontradas bem *abaixo* da diversidade da maioria dos restos da parte de corpos desse grupo (Brand e Florence, 1982). Parece que muitos organismos exploraram sedimentos úmidos apenas para serem destruídos e depositados nas camadas geológicas situadas em algum lugar acima das trilhas. Isso combina bem com eventos bem espaçados durante uma inundação global, mas é difícil de reconciliar com as teorias da Terra antiga, onde

longos períodos de tempo separariam as trilhas daqueles que as fizeram.

Bioturbação

As rochas sedimentares são divididas em unidades chamadas *leitos*, e esses leitos frequentemente exibem camadas internas e de escala fina, chamadas *lâminas*. Muitos animais passam suas vidas atravessando os sedimentos procurando por comida. No oceano, hoje, os moluscos, os vermes e outros organismos estão constantemente agitando os sedimentos e perturbando a lâmina fina (um processo chamado *bioturbação*). A taxa em que isso acontece depende de vários fatores (tipo de sedimento, organismos envolvidos etc.), mas em muitos casos o processo é muito rápido. Replicando as condições nos sedimentos do estuário, um estudo (Gingras et al., 2008) mostrou que apenas dez organismos escavadores poderiam bioturbar completamente uma unidade de sedimento de um metro quadrado em 42 dias e densidades elevadas de organismos poderiam bioturbar completamente a mesma unidade de metro quadrado em apenas 61 minutos!

A questão, então, é esta: se a terra é antiga e os processos biológicos/geológicos passados foram semelhantes aos de hoje, por que não existe *qualquer* lâmina preservada em rochas sedimentares? A resposta reside na deposição de sedimentos catastróficos durante o dilúvio de Noé, que é responsável pela laminação ubíqua e, simultaneamente, não permite a bioturbação normal. Uma sondagem de unidade por unidade acima de 1,6 km de espessura de rocha sedimentar revelou pouca evidência de bioturbação: apenas cerca de dez por cento apresentavam bioturbação menor, e apenas cerca de um por cento de bioturbação completa (Leonard Brand e Art Chadwick, comunicação pessoal, 2014). O registro sedimentar é cheio de sedimentos depositados repentinamente, finamente laminados, que não apresentam evidências de terem sido perturbados ao longo do tempo por animais, características que são inesperadas devido a taxas de bioturbação modernas e expectativas da Terra antiga, mas estão em plena harmonia com um recente dilúvio global.

Preservação Fóssil

O registro fóssil é de preservação, incluindo padrões de preservação consistentes com uma origem recente de todo o registro fóssil, mas bastante inconsistente com as expectativas da Terra antiga. Uma grande variedade de casos

REGISTRO FÓSSIL (teoria criacionista da Terra jovem)

pode ser explorada e aqui me concentro em três — preservação equivalente entre diferentes espessuras de cascas, preservação de tecidos macios não fossilizados e presença de carbono radioativo em restos fósseis.

***Conchas grossas* versus *finas*.** Um extenso estudo de fósseis de invertebrados marinhos (Behrensmeyer et al., 2005) revelou nenhuma preferência em relação à preservação de invertebrados marinhos de casca grossa sobre os de casca fina. Isso é surpreendente porque as observações modernas confirmam que os restos de invertebrados de casca fina são degradados mais rapidamente pelas ações de ondas e outros organismos do que as formas de casca grossa mais duráveis. No entanto, o registro fóssil de invertebrados marinhos não mostra esse viés preservativo. Isso é esperado em modelos de dilúvio global porque os sedimentos que contêm os fósseis foram enterrados em rápida sucessão por processos catastróficos, deixando pouco tempo para a degradação. Mais uma vez, os processos modernos utilizados como guias por defensores da Terra antiga não estão de acordo com a evidência geológica.

Preservação de tecidos moles. Em 2005, a comunidade científica ficou chocada com a descoberta de tecido mole original e não fragilizado preservado no fêmur (osso da perna superior) de um tiranossauro rex (Schweitzer et al., 2005). Apesar de uma idade atribuída de 68 milhões de anos, o interior do fêmur continha vasos sanguíneos originais e outros tecidos (os vasos sanguíneos poderiam até se esticar e voltar à sua forma original), e várias proteínas foram posteriormente isoladas e identificadas. Em 2009, Schweitzer e seus colegas descreveram outro fóssil (um dinossauro com bico de pato de oitenta milhões de anos) que também manteve estes e outros tecidos moles originais. Os osteócitos (células formadoras de osso) e proteínas adicionais foram identificados, e posteriormente fragmentos de **DNA** foram recuperados.

Uma questão importante é que as proteínas e DNA não fossilizadas persistiram muito além de todos os prazos de preservação empírica. Dadas as condições de soterramento realistas, mesmo as proteínas mais duráveis (como o colágeno) se degradariam completamente durante um período de centenas de milhares de anos, e não milhões. O DNA experimenta degradação completa dentro do mesmo período apenas nas melhores condições possíveis (Allentoft et al., 2012). No entanto, esses materiais foram identificados positivamente em fósseis supostamente de dezenas de milhões de anos. A sua persistência ao longo

deste tempo é além de improvável. Em vez disso, o soterramento recente durante o dilúvio pode explicar a recuperação desses materiais em seus horizontes de preservação empiricamente determinados.

Essas e dezenas de outras descobertas similares foram resumidas por Thomas (2013), o que indica que o material orgânico original não materializado é muito mais difundido do que se dava conta. Schweitzer e seus colegas propuseram que as reações químicas particulares envolvendo o ferro dentro desses ossos poderiam estabilizar os tecidos originais, embora essas propostas enfrentem desafios significativos de outros estudos empíricos.

Carbono e mais carbono por todos os lados. Os cientistas referem-se a órgãos como formas de vida à base de carbono porque o carbono é o componente central das proteínas, carboidratos e gorduras encontrados em todas as células. Enquanto um organismo vive, uma pequena porção do carbono em seu corpo é carbono-14 radioativo (C^{14}). Esse carbono é formado na atmosfera por radiação solar, absorvido durante a fotossíntese, depois passado pela cadeia alimentar através do consumo. Como resultado, todos os organismos têm um pequeno constituinte de C^{14} em seus tecidos corporais. C^{14} é instável e se deteriora ao longo do tempo em nitrogênio, com uma vida útil média de 5.370 anos. Enquanto um organismo está vivo, a perda pela deterioração é equilibrada por ganhos através do consumo. Após a morte, a proporção de C^{14} para carbono não radioativo (C^{12}) muda à medida que o C^{14} se deteriora e o organismo não o consome mais. Assim, comparando os índices de C^{14} a C^{12}, os cientistas estimam as idades de materiais orgânicos.

Se a terra é jovem e um dilúvio recente produziu a maioria dos registros fósseis, é possível que o C^{14} original ainda esteja preservado entre os fósseis. Na verdade, quantidades mensuráveis de C^{14} foram descobertas em centenas de exemplos conhecidos de madeira petrificada, conchas fósseis, ossos, carvão, petróleo e gás natural, indicando que o C^{14} sempre está presente no registro fóssil (ver Snelling, 2009, para um relatório). Cada uma desses exemplos, de fósseis e combustíveis tem, supostamente, dezenas a centenas de milhões de anos de idade, ainda que a taxa de deterioração para o C^{14} seja rápida, nenhum C^{14} mensurável deve ser encontrado em fósseis com mais de cem mil anos. O contágio de *todos* esses materiais com o C^{14} moderno é improvável, particularmente quando as composições químicas são tão variadas (carbonato de

636 REGISTRO FÓSSIL (teoria criacionista da Terra jovem)

cálcio para conchas, hidroxiapatita nos ossos, tecidos lenhosos etc.), assim como seus contextos de deposição e fossilização.

Mais surpreendente foi a descoberta de C^{14} em diamantes que se pensava convencionalmente ter quase 2 bilhões de anos (Baumgardner, 2005). O contágio é praticamente impossível, devido às quatro fortes ligações covalentes que cada átomo de carbono mantém entre seus átomos vizinhos (essas ligações explicam por que o diamante é a substância natural mais dura da terra). Nenhum geólogo da Terra antiga havia examinado anteriormente os diamantes com C^{14} devido à sua suposta idade antiga e à sua inexpugnável natureza. Mas, começando com uma estrutura da Terra jovem, uma análise revelou níveis mensuráveis de C^{14} em todas as 12 amostras submetidas para teste, confirmando explicitamente as previsões da Terra jovem.

Alguns defensores da Terra antiga (p. ex., Davidson, 2009) argumentam que todas essas ocorrências refletem o contágio ou a produção *in situ* de novos C^{14} de atividade radioativa próxima, em vez de C^{14} originais. No entanto, as datações com C^{14} fornecidas pelos laboratórios já são ajustadas no caso de baixos níveis de contaminação ocorridos durante o processamento, e a concentração de fontes radioativas próximas no carvão é de uma ordem de magnitude inferior à necessária para produzir o C^{14} observado. Além disso, o C^{14} em outros materiais fósseis (observado acima) a partir de rochas hospedeiras sedimentares com fontes de radiação próximas de zero afasta-se das fontes *in situ* de C^{14} produzido por radiação. Como a descoberta de proteínas e DNA não fossilizados, a presença generalizada de C^{14} original em fósseis e diamantes aponta fortemente para uma criação recente e um dilúvio global.

Formas de transição

Uma evidência importante para a evolução é a existência de formas transitórias, ou fósseis que parecem preencher as lacunas morfológicas entre dois grupos distintos. As formas de transição se dividem em duas categorias. As primeiras são transições que existem *dentro* de um tipo criado. Por exemplo, se as várias **espécies** vivas de cavalos descendem de um casal original trazido da arca, deve haver transições que conectem o casal da arca com as várias espécies modernas. Muitos criacionistas da Terra jovem veem o registro fóssil cenozoico (a "era dos mamíferos") como um reflexo da recolonização pós-diluviana da terra (Austin et

al. 1994; Wise, 2002; Snelling, 2009). As transições entre as muitas espécies fósseis de cavalos, rinocerontes, camelos e outros grupos são permitidas e esperadas por esses modelos da Terra jovem.

A segunda e mais difícil categoria é o que Wise (2002) define como "intermediários estratomórficos": fósseis que parecem se cruzar entre tipos criados e que são encontrados em sedimentos da idade certa para a transição, como **arqueópterix** e vários répteis parecidos com mamíferos. Existem inúmeros exemplos de possíveis intermediários estratomórficos (mais do que a maioria dos criacionistas percebem), e sua existência pode ser considerada previsões cumpridas da evolução. O espaço impede um tratamento detalhado de vários candidatos a intermediários estratomórficos, então aqui o foco será brevemente em uma das descobertas recentes mais importantes: o "peixe com pés" chamado *Tiktaalik* (Daeschler et al., 2006).

O *Tiktaalik* é um peixe sarcopterígio (de "barbatanas carnudas"), algo parecido com os peixes pulmonados e os celocantos vivos. Sua forma física inclui as estruturas de peixes esperadas de brânquias e barbatanas, mas os ossos da barbatana mostram semelhanças com os membros dos vertebrados terrestres. Os dentes, os ossos do crânio e as vértebras compartilham semelhanças não apenas com outros sarcopterígios, mas também com anfíbios primitivos. Dada essa combinação de características e o fato de o *Tiktaalik* ser encontrado em sedimentos datados antes dos fósseis do corpo de anfíbios, parece ser uma forte hipótese. Mas uma informação interessante chegou em 2010, quando um rastro deixado por um anfíbio foi encontrado em rochas sedimentares que antecedem não apenas os mais antigos fósseis de anfíbios conhecidos em 18 milhões de anos, mas também o *Tiktaalik* e outros prováveis candidatos transicionais de sarcopterígios em dez milhões de anos (Niedźwiedzki et al., 2010). Seguindo o padrão de rastros e fósseis de corpos discutidos acima, os rastros de anfíbios cuja fossilização é mais difícil são encontrados muito abaixo dos ossos que se fossilizam mais facilmente, *tanto* de seus fazedores de rastros como de seus antepassados presumidos.

Conclusões

O registro fóssil apresenta inúmeros traços totalmente compatíveis com uma Terra jovem devastada por um dilúvio global, e esta posição encontra apoio ao longo da história da igreja precisamente porque é uma leitura robusta, consistente e natural de todas as Escrituras. Concepções da Terra antiga e evolutiva do registro fóssil, embora muitas vezes bem fundamentadas por argumentos científicos, são extraordinariamente difíceis de conciliar com o texto bíblico e enfrentam desafios científicos significativos. O que está claro agora é que um modelo de Terra jovem e de dilúvio global pode orientar a pesquisa científica, fazendo perguntas (e respondendo!) que os proponentes da Terra antiga e da evolução não podem. Tal é o traço distintivo da boa ciência. Ao longo dos últimos séculos, inúmeras interpretações bíblicas da Terra antiga surgiram e se foram, sem conseguir sintetizar racionalmente supostas longas eras com as Escrituras. Embora com mais nuances e sofisticação que suas antecessoras, as tentativas modernas de evitar uma Terra jovem e um dilúvio global também irão fracassar, tanto pelas páginas das Escrituras como pelo grande número de registro fóssil.

Marcus R. Ross

REFERÊNCIAS E LEITURAS RECOMENDADAS

ALLENTOFT, Morten E.; Collins, Matthew J.; Harker, David, et al. 2012. "The Half-Life of DNA in Bone: Measuring Decay Kinetics in 158 Dated Fossils." *Proceedings of the Royal Society of London, B* 279 (1748): 4724-33.

AUSTIN, Steven A.; Baumgardner, John R.; Humphreys, D. Russell, et al. 1994. "Catastrophic Plate Tectonics: A Global Flood Model of Earth History." In: *Proceedings of the Third International Conference on Creationism*, ed. R. E. Walsh, 609-62. Pittsburgh: Creation Science Fellowship.

AVERBECK, Richard, 2014. "A Literary Day, Inter-textual, and Contextual Reading of Genesis 1—2. In *Reading Genesis 1—2: An Evangelical Conversation*, ed. J. Daryl Charles, 7-34. Peabody, MA: Hendrickson.

BAUMGARDNER, John R., 2005. "^{14}C Evidence for a Recent Global Flood and a Young Earth." In: *Radioisotopes and the Age of the Earth*, ed. L. Vardiman, A. A. Snelling; Chafin, E. F., 2:587-630. El Cajon, CA: Institute for Creation Research.

BEHRENSMEYER, A. K.; Fursich, Franz T.; Gastaldo, Robert A., et al. 2005. "Are the Most Durable Shelly Taxa Also the Most Common in the Marine Fossil Record?" *Paleobiology* 31 (4): 607-23.

BRAND, Leonard; Chadwick, Art, 2014. Personal communication.

BRAND, Leonard; Florence, James, 1982. "Stratigraphic Distribution of Vertebrate Fossil Footprints Compared with Body Fossils." *Origins* 9 (2): 67-74.

CHARLES, J. Daryl, ed. 2014. *Reading Genesis 1—2: An Evangelical Conversation*. Peabody, MA: Hendrickson.

DAESCHLER, Edward B.; Shubin, Neil H.; Jenkins, Farish A., et al. 2006. "A Devonian Tetrapod-like Fish and the Evolution of the Tetrapod Body Plan." *Nature* 440:757-63.

DAVIDSON, G. R., 2009. *When Faith and Science Collide*. Oxford, MS: Malius.

FRETHEIM, Terence E., 1999. "Were the Days of Creation Twenty-Four Hours Long? Yes." In: *The Genesis Debate*, ed. Ronald Youngblood, 12-35. Eugene, OR: Wipf and Stock.

GARNER, Paul, 2009. *The New Creationism*. Faverdale North, UK: EP Books.

GINGRAS, Murray K.; Pemberton, S. George; Dashtgard, Shahim E., et al. 2008. "How Fast Do Marine Invertebrates Burrow?" *Palaeogeography, Palaeoclimatology, Palaeoecology* 270:280-86.

HAMILTON, Victor P., 1990. *The Book of Genesis: Chapters 1—17*. Grand Rapids: Eerdmans.

MEYER, Steven, 2013. *Darwin's Doubt*. New York: HarperOne.

MORTENSON, Terry; Ury, Thane, 2008. *Coming to Grips with Genesis*. Green Forest, AR: Master.

NIEDŹWIEDZKI, Grzegorz; Szrek, Piot; Narkiewicz, Katarzyna, et al. 2010. "Tetrapod Trackways from the Early Middle Devonian Period of Poland." *Nature* 463 (7277): 43-48.

SCHWEITZER, Mary H.; Wittmeyer, Jennifer L.; Horner, John R., et al. 2005. "Soft-Tissue Vessels and Cellular Preservation in *Tyrannosaurus rex*." *Science* 307:1952-55.

SCHEWEITZER, Mary H.; Zheng, Wenxia; Organ, Chris L., et al. 2009. "Biomolecular Characterization and Protein Sequences of the Campanian Hadrosaur *B. canadensis*." *Science* 234:626-31.

SNELLING, Andrew, 2009. *Earth's Catastrophic Past*. 2 vols. Dallas: Institute for Creation Research.

THOMAS, Brian, 2013. "A Review of Original Tissue Fossils and Their Age Implications." In: *Proceedings of the Seventh International Conference on Creationism*, ed. R. E. Walsh. Pittsburgh: Creation Science Fellowship.

VANDOODEWAARD, William, 2015. *The Quest for the Historical Adam*. Grand Rapids: Reformation Heritage.

WALTKE, Bruce K.; Fredricks, Cathi J., 2001. *Genesis: A Commentary*. Grand Rapids: Zondervan.

WESTERMANN, Claus, 1984. *Genesis 1—11: A Commentary*. Minneapolis: Augsburg and London: SPCK.

WISE, Kurt P., 2002. *Faith, Form, and Time*. Nashville: B&H.

REGISTRO FÓSSIL (teoria criacionista evolucionista).

O registro fóssil se refere coletivamente a todas as evidências de vidas passadas atualmente conhecidas e ainda não descobertas que estão contidas nas camadas de rocha e sedimentos da terra. O estudo científico desse registro é o domínio da **paleontologia**, mas também é de significado teológico por pelo menos dois motivos. Primeiro, os fósseis representam não apenas a vida passada, mas também a morte. A compreensão científica predominante insiste que a **morte** se estende no tempo bilhões de anos antes dos humanos, o que entra em conflito com as interpretações da Bíblia que sustentam que nenhuma morte existia antes do pecado de Adão. Em segundo lugar, a sequência e organização dos fósseis é de importância crítica para os argumentos que apoiam a **evolução biológica**, o que entra em conflito com as interpretações de Gênesis que insistem que cada "espécie" de planta e animal foi criada *de novo*.

A utilidade do registro fóssil para a compreensão da história geológica e biológica da terra é uma descoberta relativamente recente, que remonta ao trabalho de William Smith no final dos anos 1700. Smith, encarregado de examinar a construção de canais por toda Grã-Bretanha, observou que as camadas sequenciais continham coleções únicas de organismos fósseis. Mais significativo, essas camadas podiam ser rastreadas com os mesmos agrupamentos fósseis na mesma ordem sequencial de um lado do país ao outro. Outros, como Georges Cuvier e Alexandre Brongniart, encontraram a mesma sequência em camadas rochosas na França no lado oposto do Canal da Mancha

638 REGISTRO FÓSSIL (teoria criacionista evolucionista)

(seu estudo foi posterior, mas superou Smith em publicação; Young e Stearley, 2008, 75-94).

Outros pesquisadores logo encontraram padrões correspondentes de fósseis em toda a Europa e em outros continentes. A implicação era que a terra tinha uma história de aparência repetida e substituição de formas de vida únicas, de modo que a presença de uma coleção particular de organismos fósseis (agora referidos como fósseis estratigráficos) em uma camada poderia ser vinculada a um período específico da história da terra.

Essas descobertas possibilitaram determinar a idade relativa das camadas separadas por grandes distâncias. Mais significativo, uma história composta da terra como um todo poderia ser reconstituída a partir das histórias parciais reveladas por exposições individuais. Em termos simplistas, se o agrupamento fóssil A foi encontrado acima do agrupamento fóssil B em um local e o agrupamento fóssil C foi encontrado abaixo dos fósseis do grupo B em outro lugar, pode-se argumentar que as rochas com fósseis do grupo A eram menores que as rochas com fósseis do grupo C, apesar de A, B e C não serem encontrados em uma sequência contínua em um único local. De forma semelhante, se o grupo fóssil C fosse encontrado em um lugar assentado em uma camada diretamente sobre os fósseis do grupo B, pode-se argumentar que o contato entre as duas camadas representa um intervalo no tempo (uma *inconformidade*), onde as camadas uma vez presentes foram removidas durante um tempo de elevação e erosão, ou quando não estava ocorrendo deposição.

Os pesquisadores que aplicaram esse entendimento em toda a Europa desenvolveram o que agora é referido como a coluna geológica ou a escala de tempo geológica (ver **Geologia**), em que a história da terra é dividida em intervalos discretos. Os nomes atribuídos a cada período geológico, como Cambriano, Siluriano, ou Jurássico, eram frequentemente derivados da região ou do tipo de rochas onde os estudos originais foram realizados. Por exemplo, o período Jurássico deriva do seu nome de estudos de estratos de calcário ricos em fóssil encontrados nas montanhas do Jura, na França.

Enquanto os métodos relativos de datação usando fósseis permitiram determinar a ordem sequencial das camadas, a idade absoluta e a duração (em anos) de cada intervalo da história terrestre eram desconhecidas. Significativamente, quando os métodos de **datação radiométrica** foram posteriormente desenvolvidos e aplicados em camadas de rocha, as idades absolutas sucessivas foram encontradas de acordo com a ordem originalmente determinada com base na sequência de fósseis observada.

Os fósseis estratigráficos são comumente usados para determinar a idade de rochas recém exploradas contêm fósseis. Para se qualificar como um fóssil estratigráfico, o organismo deve ter uma distribuição geográfica generalizada (tornando mais provável que seja fossilizado e encontrado em um novo lugar não estudado) e ter uma primeira e última aparição no registro fóssil bem definidas. Vários fósseis estratigráficos são frequentemente empregados, uma vez que muitos têm intervalos de sobreposição (p. ex., se dois fósseis estratigráficos forem encontrados na mesma camada, a idade restringe-se a valores dentro do intervalo de tempo de sobreposição).

Hoje, os fósseis estratigráficos incluem uma grande variedade de micro-organismos marinhos, como foraminíferos, diatomáceas e radiolários. A ordenação consistente desses microfósseis em todo o mundo provou ser inestimável para a indústria do petróleo, onde há necessidade de combinar camadas em um poço com camadas da mesma idade em outros poços. Os núcleos de rocha ou cortes extraídos dos poços de exploração são enviados a laboratórios especializados que empregam paleontólogos para identificar os microfósseis e sua colocação na coluna geológica. Como resultado da exploração global do petróleo, com muitas perfurações mais profundas do que qualquer exposição de rocha na superfície terrestre, existem agora pelo menos duas dezenas de locais identificados em todo o mundo onde cada período da coluna geológica está representado, na ordem esperada, em uma pilha de camadas de rocha (Robertson Group, 1989).

O uso de fósseis estratigráficos na datação levou a um equívoco comum em que o raciocínio circular é empregado, pois os fósseis são usados para datar as rochas, e as rochas são usadas para datar os fósseis (Morris, 1977). Essa afirmação baseia-se na crença de que a coluna geológica e as vastas idades foram desenvolvidas partindo do princípio da evolução (camadas fósseis arbitrariamente ordenadas de simples a complexas), seguidas pelo uso desses mesmos fósseis para "datar" as rochas em que são encontrados (Huse, 1997, 55-60). A coluna geológica, no entanto, já havia sido esboçada cerca de 20 anos antes de Darwin publicar *A origem das espécies* em 1859.

Embora a noção de evolução biológica existisse antes do trabalho seminal de Darwin, ela teve pouca influência

REGISTRO FÓSSIL (teoria criacionista evolucionista) 639

no desenvolvimento da coluna geológica. A maioria dos fósseis estudados para colocar as camadas terrestres em uma sequência composta eram invertebrados marinhos do fundo do mar. Embora as formas e os tipos mudassem claramente de uma sequência para a próxima, não houve um reconhecimento inicial da crescente **complexidade** ou diversificação ao longo do tempo. Vários dos primeiros desenvolvedores ou defensores da coluna geológica, como Adam Sedgwick e Louis Agassiz, opuseram-se a explicações evolutivas para a história da vida (Young e Stearley, 2008, 109-10).

À medida que um número cada vez maior de camadas fósseis foi descoberto e integrado à coluna geológica, tornou-se cada vez mais evidente que havia um padrão na sequência de fósseis. As camadas mais antigas continham evidências de vida unicelular, seguidas muito mais tarde pela vida de plantas e animais marinhos multicelulares. As camadas mais jovens continham uma apresentação sequencial de peixes, plantas terrestres não vasculares, anfíbios, plantas vasculares, répteis, dinossauros, mamíferos, pássaros e plantas com flores. Em qualquer categoria, como mamíferos ou plantas com flores, um padrão semelhante está presente com fósseis em camadas mais antigas que exibem variabilidade mínima, seguidas de uma diversificação crescente em camadas mais jovens. A diversificação dentro de um grupo de formas de vida segue frequentemente o desaparecimento de outro grupo de todas as camadas mais recentes. O registro fóssil contém cinco rupturas importantes em que grandes quantidades de espécies fósseis, gêneros, ordens e até mesmo classes desapareceram abruptamente (ver **Extinção**).

A ordem observada e a estrutura do registro fóssil são repetidas em camadas de rocha e sedimentos em todo o mundo com consistência suficiente para que a ordem geral representada na coluna geológica seja amplamente reconhecida mesmo por criacionistas da Terra jovem (Morris, 1985, 116). O desacordo está na explicação da ordem observada e as idades.

O **paradigma** científico reinante é a evolução biológica, com a vida começando como simples organismos unicelulares, seguida de adaptações genéticas sobre inúmeras gerações, produzindo todas as variadas formas de vida fósseis e modernas. O desaparecimento de uma espécie do registro fóssil (extinção) pode resultar da morte de todos os organismos representativos ou de adaptações sucessivas dentro de uma população que

levou ao desaparecimento de características de identificação específicas. Um exemplo clássico desse último é a transição pretendida de dinossauros para pássaros, da qual atualmente se pensa que a linhagem de dinossauros terópodes nunca desapareceu completamente, mas, ao longo de um grande número de gerações em populações selecionadas, a prole adquiriu características cada vez mais aviárias levando a pássaros modernos. Nos anos que se seguiram à *A origem das espécies* de Darwin, a escassez de fósseis de transição entre formas de vida anteriores e posteriores (os chamados elos perdidos) foi atribuída à natureza incompleta do registro fóssil. A **probabilidade** de um organismo ser enterrado intacto e fossilizado é muito baixa. O fato de a maioria dos organismos que se tornaram fósseis estarem enterrados para sempre além do nosso alcance torna o registro conhecido ainda mais incompleto. As descobertas de fósseis subsequentes incluíram alguns exemplos espetaculares de organismos antigos com características intermediárias, como o famoso **arqueópterix** (com características de répteis e pássaros), mas grandes lacunas continuaram a ser a norma. A raridade das formas de transição deu origem, na década de 1970, à teoria do **equilíbrio pontuado**, que propôs que as espécies permanecessem praticamente inalteradas por longos períodos de tempo, seguidas de adaptações relativamente rápidas em resposta a pressões climáticas ou ecológicas. Nesse cenário, o registro de fósseis seria fortemente tendencioso em relação a fósseis que exibissem mudanças de transição mínimas (Eldredge e Gould, 1972).

A situação atual mudou consideravelmente. Uma grande quantidade de descobertas desde a década de 1990, quando países como a China se tornaram abertos à exploração, produziu um grande número de fósseis que apresentam características intermédias entre os principais tipos de organismos. Algumas das transições mais conhecidas incluem fósseis com traços intermediários entre répteis e mamíferos, entre **dinossauros** e aves, e entre diversas formas de mamíferos terciários (incluindo supostas séries de transição de mamíferos terrestres para mamíferos marinhos e primatas primitivos para hominídeos). Significativamente, a idade da primeira aparição de muitas formas intermediárias também é amplamente consistente com as expectativas evolutivas (p. ex., os répteis semelhantes aos mamíferos aparecem pela primeira vez no registro fóssil após a primeira aparição dos répteis e antes da primeira

640 REGISTRO FÓSSIL (teoria criacionista evolucionista)

aparição de mamíferos verdadeiros; Martin, 2004, 165-73; Prothero, 2007, 270-80).

Os paleontólogos argumentam que as transições entre organismos, como dos répteis para os mamíferos, são claramente evidentes nos fósseis no nível da classe, com mudanças sucessivas na configuração da mandíbula e do ouvido interna, dentição, construção do palato e posição das pernas, mas também observam que não é possível detectar com confiança os mamíferos modernos diretamente através de qualquer espécie específica de fósseis de répteis de mamíferos. A explicação é que adaptações semelhantes ocorrem em múltiplas populações no mesmo período de tempo em resposta a nichos recém-abertos, com algumas populações produzindo descendentes sobrevivendo ao presente e outras desaparecendo. Se pequenas adaptações no maxilar de algumas populações de répteis levaram a uma melhor tradução de vibrações sonoras na orelha, essas adaptações poderiam ser favorecidas em mais de uma variedade de répteis, levando a várias espécies "primas", com características intermediárias semelhantes. Assim, é fácil identificar *características* de transição que exemplificam a via evolutiva provável, mas é difícil de identificar quais espécies individuais são os antepassados diretos de criaturas modernas.

Interpretações alternativas

Os criacionistas progressistas não questionam a fundamentação do tempo profundo, nem a morte física antes do pecado para não humanos, mas rejeitam a chamada macroevolução em favor de uma série de eventos de criação milagrosa ao longo do tempo, consistentes com a ordem descrita em Gênesis 1. Esta posição enfrenta duas dificuldades. Primeiro, a aparição de novas espécies de fósseis é espalhada ao longo do tempo geológico sem conjuntos discretos de eventos de criação. Embora as extinções em massa sejam seguidas por aparições rápidas de novas formas biológicas, novas espécies continuam a aparecer nos intervalos entre os eventos de **extinção**. Em segundo lugar, a ordem das criaturas criadas em Gênesis, de plantas floridas, peixes e aves e, em seguida, animais terrestres, não se encaixa na sequência fóssil observada.

Os criacionistas da Terra jovem começam com a suposição de que não havia nenhuma morte antes do pecado. Desse ponto de vista, todas as camadas fósseis terrestres, incluindo aquelas que estão dentro e abaixo de quilômetros de rocha sedimentar acumulada, devem ser posteriores à transgressão de **Adão e Eva**. A enormidade da morte e dos sedimentos deslocados durante um curto período de tempo requer um evento cataclísmico global, dando origem à reivindicação associada de que a maioria das camadas que absorvem fósseis na terra foram depositadas durante ou pouco depois do ano do dilúvio de Noé. Estudos das camadas terrestres ou dos processos naturais com a intenção de encontrar evidências para um dilúvio global de violência imensa são chamados de geologia diluviana. A forma geral da coluna geológica é aceita, mas com a maioria dos períodos atribuídos a um "dilúvio precoce" e um "dilúvio tardio" (p. ex., Vail, 2003, 36).

Explicações alternativas oferecidas por vários defensores da geologia diluviana para a ordem observada do registro fóssil incluem: (1) capacidade de organismos mais complexos para fugir para um terreno mais alto (Morris, 1985, 118-20), (2) soterramento sequencial de ecossistemas distintos contendo tipos únicos de organismos (Wise, 2002, 170-76), (3) classificação hidráulica de organismos durante a inundação com base no tamanho, forma e densidade (Huse, 1997, 58-59) e (4) classificação pós-deposição com base no tamanho e densidade devido a vibrações causadas por atividades violentas e constantes de terremoto (Brown, 2001, 168-81).

Embora desprezando a evolução clássica, muitos dos proeminentes criacionistas da Terra jovem agora abraçam uma forma de equilíbrio pontuado, onde Deus criou *tipos* de criaturas (como um único tipo de gato) novamente, com uma mudança subsequente mínima antes do dilúvio e evolução ultrarrápida após o dilúvio para produzir todas as variações encontradas nas camadas "pós-diluvianas" e na vida observada hoje (Lightner, 2008; Morris, 2001). Os defensores dessa posição cunharam o termo "*baraminologia*" como estudo dos "tipos criados" iniciais (baramins [heb. *bara*, "criar"]) e sua evolução posterior (Frair, 2000).

A dificuldade principal para todas as explicações do dilúvio é a ausência quase completa de mistura de organismos que deveria ser esperada. Os organismos em fuga deveriam apresentar hienas juntamente com *velociraptors* e águias em conjunto com pterodátilos. Os tsunamis gigantes que atravessam continentes devem produzir camadas de organismos marinhos e terrestres misturados como norma. A classificação hidráulica ou vibratória deve misturar criaturas de tamanho similar, como mamutes peludos e dinossauros tricerátopos. Os répteis marinhos que respiravam, como mosassauros, deveriam estar misturados com mamíferos marinhos que respiravam, como golfinhos. As carcaças inchadas e flutuantes deveriam resultar em algumas camadas com todas as formas de vida animal. E os fósseis microscópicos, como o pólen de plantas com flores que são facilmente transportadas por grandes distâncias deveriam ser distribuídos em camadas em todos os lugares. Em contraste, o registro fóssil observado é altamente ordenado, com exemplos de mistura limitados apenas ao que se poderia esperar de uma criatura terrestre que ocasionalmente cai em um rio e é arrastada para o mar.

Gregg Davidson

REFERÊNCIAS E LEITURAS RECOMENDADAS

Brown, Walt, 2001. *In the Beginning: Compelling Evidence for Creation and the Flood*. 7. ed. Phoenix: Center for Scientific Creation.

Eldredge, N.; Gould, S. J., 1972. "Punctuated Equilibria: An Alternative to Phyletic Gradualism." In: *Models in Palaeobiology*, ed. T. J. M. Schopf. San Francisco: Freeman, Cooper.

Frair, Wayne, 2000. "Baraminology — Classification of Created Organisms." *Creation Research Science Quarterly* 37 (2): 82-91.

Huse, Scott M., 1997. *The Collapse of Evolution*. 3rd ed. Grand Rapids: Baker.

Lightner, Jean. 2008. "Life: Designed by God to Adapt." *Answers in Depth* 3 (4 jun.). www.answersingenesis.org/articles/aid/v3/n1/life-designed-to-adapt.

Martin, Robert A., 2004. *Missing Links: Evolutionary Concepts and Transitions through Time*. Boston: Jones and Bartlett.

Morris, Henry, 1977. "Circular Reasoning in Evolutionary Biology." *Acts & Facts* 6 (6).

_____, ed. 1985. *Scientific Creationism*. 2nd ed. Green Forest, AR: Master.

_____, 2001. "The Microwave of Evolution." *Back to Genesis* 152 (August): a-d. www.icr.org/i/pdf/btg/btg-152.pdf.

Prothero, Donald R., 2007. *Evolution: What the Fossils Say and Why It Matters*. New York: Columbia University Press.

Robertson Group. 1989. *Stratigraphic Database of Major Sedimentary Basins of the World*. Llandudno Gwynedd, Wales: Robertson Group.

Vail, Tom, ed. 2003. *Grand Canyon: A Different View*. Green Forest, AR: Master.

Wise, Kurt P., 2002. *Faith, Form, and Time: What the Bible Teaches and Science Confirms about Creation and the Age of the Universe*. Nashville: B&H.

Young, Davis A.; Stearley, Ralph F., 2008. *The Bible, Rocks and Time*. Downers Grove, IL: InterVarsity.

REICHENBACH, HANS. Hans Reichenbach (1891-1953) foi um dos principais filósofos da ciência na primeira metade do século XX e fundador do Círculo de Berlim — um grupo de empiristas lógicos que incluía **Carl Hempel**, Kurt Grelling, Richard von Mises e David Hilbert — que foi o equivalente alemão dos positivistas lógicos do Círculo de Viena (ver **Positivismo Lógico**).

Nascido de pais judeus em Hamburgo, na Alemanha, Reichenbach ingressou na escola de engenharia em Stuttgart em 1910, mas saiu depois de um ano para estudar **matemática**, **física** e filosofia, que o levou a universidades em Berlim, Göttingen, Munique e Erlangen. Entre seus notáveis professores, durante esse período, estavam os físicos **Albert Einstein**, Max Planck e Arnold Sommerfeld; os matemáticos David Hilbert, Max Noether e Emmy Noether; e o filósofo neokantiano Ernst Cassirer. Em 1915, ele recebeu seu doutorado da Universidade de Erlangen por uma dissertação sobre os fundamentos filosóficos da teoria da **probabilidade**.

Reichenbach serviu brevemente na Primeira Guerra Mundial na frente russa, mas foi removido da ativa devido a uma doença, retornando a Berlim, onde trabalhou como físico e engenheiro por três anos, enquanto assistia às palestras de Albert Einstein sobre a teoria da relatividade. Em 1920, publicou *Relativitätstheorie und Erkenntnis a priori* [A teoria da relatividade e conhecimento *a priori*], um tratado filosófico que criticava o sintético kantiano a priori com base na física relativista, especialmente a noção de que espaço e tempo são formas a priori de cognição.

O trabalho de Reichenbach na filosofia da física continuou pelos anos 20. Em 1926, com a ajuda de Max von Laue, Max Planck e o apoio vigoroso de Einstein, Reichenbach foi nomeado para um cargo de professor em **filosofia natural** na Universidade de Berlim, onde permaneceu até 1933. Durante esse tempo, ele estabeleceu o Círculo de Berlim, fundou a revista *Erkenntnis* [Conhecimento] com Rudolf Carnap (1891-1970), e escreveu *Philosophie der Raum-Zeit-Lehre* [A filosofia do espaço e do tempo] e *Atom und Kosmos: Das physikalische Weltbild der Gegenwart* [O átomo e o cosmos: O mundo da física moderna]. O primeiro foi um texto altamente influente sobre os fundamentos da geometria, a teoria do tempo, as consequências das teorias da relatividade especial e geral de Einstein e questões gerais na **filosofia da ciência**.

Quando Hitler chegou ao poder em 1933, Reichenbach fugiu de Berlim para Istambul, dirigindo o departamento de filosofia da Universidade de Istambul de 1933 a 1938. Enquanto estava lá, escreveu dois livros, *Wahrscheinlichkeitslehre*: *Eine Untersuchung über die Logischen und Mathematischen Grundlagen der Wahrscheinlichkeitsrechnung* [A teoria da probabilidade: uma investigação sobre os fundamentos lógicos e matemáticos do cálculo da probabilidade], publicado em 1935, e *Experience and Prediction: An Analysis of the Foundations and the Structure of Knowledge* [Experiência e previsão: uma análise dos fundamentos e da estrutura do conhecimento], que foi publicado pela Imprensa da Universidade de Chicago em 1938,

642 REICHENBACH, HANS

o ano em que ele se mudou de Istambul para uma cátedra na Universidade da Califórnia em Los Angeles, cargo que ocupou até sua morte em 1953. O tratado de Reichenbach sobre probabilidade focou em seus significados e aplicações, defendendo uma interpretação frequentista e tentando estabelecer regras consistentes para derivar novas probabilidades a partir de probabilidades dadas e para atribuir probabilidades em situações onde nenhuma é dada, tudo com o objetivo de esclarecer indução e estabelecer uma base pragmática para o conhecimento científico. Este trabalho, juntamente com *Experience and Prediction*, afastou-o das reduções lógicas para os dados dos sentidos, características do positivismo e para as coordenações probabilísticas e convencionalistas da linguagem com circunstâncias físicas mais antifundacionalistas e pragmáticas em espírito.

Este último trabalho contém a famosa distinção de Reichenbach entre o contexto da descoberta e o contexto da justificação. Usando a matemática como ilustração, ele enfatiza que as relações matemáticas dedutivas são o que são, mas como nós as encontramos primeiro é uma questão subjetiva da **psicologia** (1938, p. 36-37). Ele argumenta que devemos fazer a mesma distinção nos movendo indutivamente dos fatos para as teorias. Assim, a distinção é entre a relação objetiva (dedutiva ou indutiva) entre premissas e conclusões (o contexto da justificação) e os vários meios subjetivos (contexto da descoberta) pelos quais essa relação é percebida (Glymour, 2012, §3).

Vários dos trabalhos posteriores de Reichenbach (1944, 1951, 1954, 1956), os dois últimos publicados postumamente, tratam respectivamente da filosofia da mecânica quântica, sua "filosofia científica" em geral (abordando questões de livre-arbítrio e ética, uma análise contrafactual de leis e modalidades naturais e assimetria de tempo em diferentes contextos da teoria física (mecânica, termodinâmica estatística e física quântica).

A filosofia de Reichenbach da mecânica quântica fornece uma discussão padrão do formalismo da teoria, mas seu tratamento das anomalias causais da teoria quântica está bastante ultrapassado, e sua "resolução" envolve a adoção de uma **lógica** ternária idiossincrática, para a qual ele não fornece nem axiomas nem regras de inferência. Sua "filosofia científica" é também um artefato da era positivista e amplamente desacreditada, envolvendo uma tentativa ingênua de conciliar o livre-arbítrio com uma concepção materialista do mundo e uma teoria da ética

essencialmente emotivista semelhante à de Charles Stevenson (Stevenson, 1944). Seu trabalho na modalidade e condicionais subjuntivos (Reichenbach, 1954), embora clarificado substancialmente pelo prefácio expositivo de **Wesley Salmon** em sua reedição de 1977, teve pouca influência.

Finalmente, o trabalho de Reichenbach sobre a assimetria do tempo (1956), que introduz um princípio de causa comum usado para distinguir várias estruturas causais, tem sido impactante nas discussões sobre causalidade na física (Arntzenius, 2010).

Concluindo, então, Reichenbach foi um dos mais importantes filósofos empiristas do século XX, e embora apenas um punhado de seus esforços tenha resistido ao teste do tempo, sua influência formativa no caráter interdisciplinar e na natureza rigorosa da filosofia da ciência contemporânea é sentida em toda a disciplina.

Bruce L. Gordon

REFERÊNCIAS E LEITURAS RECOMENDADAS

ARNTZENIUS, Frank, 2010. "Reichenbach's Common Cause Principle." erm *Stanford Encyclopedia of Philosophy*. Ed. Edward N. Zalta. outono. http://plato.stanford.edu/entries/physics-Rpcc/#3.2.

GLYMOUR, Clark, 2012. "Hans Reichenbach", em *Stanford Encyclopedia of Philosophy*. Ed. Edward N. Zalta. inverno. http://plato.stanford.edu/entries/reichenbach/.

REICHENBACH, Hans, 1920. *Relativitätstheorie und Erkenntnis apriori*. Berlin: Springer. Tradução em inglês e introdução por M. Reichenbach como *The Theory of Relativity and A Priori Knowledge*. Berkeley: University of California Press, 1965.

_____. 1928. *Philosophie der Raum-Zeit-Lehre*. Berlin and Leipzig: Walter de Gruyter. English trans. by M. Reichenbach and J. Freund as *The Philosophy of Space and Time*. New York: Dover, 1957.

_____. 1930. *Atom und Kosmos: Das physikalische Weltbild der Gegenwart*. Berlin: Deutsche Buch-Gemeinschaft. English trans. by H. Reichenbach as *Atom and Cosmos: The World of Modern Physics*. London: George Allen & Unwin, 1930.

_____. 1935. *Wahrscheinlichkeitslehre: Eine Untersuchung* über *die Logischen und Mathematischen Grundlagen der Wahrscheinlichkeitsrechnung*. Leiden: Sijthoff. Tradução em inglês por E. Hutten e M. Reichenbach como *The Theory of Probability: An Inquiry into the Logical and Mathematical Foundations of the Calculus of Probability*. Berkeley: University of California Press, 1949.

_____. 1938. *Experience and Prediction: An Analysis of the Foundations and the Structure of Knowledge*. Chicago: University of Chicago Press.

_____. (1944) 1998. *Philosophic Foundations of Quantum Mechanics*. New York: Dover.

_____. 1947. *Elements of Symbolic Logic*. New York: Macmillan.

_____. 1949. "The Philosophical Significance of the Theory of Relativity", em *Albert Einstein: Philosopher-Scientist*. Ed. P. Schilpp, 287-311. La Salle, IL: Open Court.

_____. 1951. *The Rise of Scientific Philosophy*. Berkeley: University of California Press.

_____. 1954. *Nomological Statements and Admissible Operations*. Dordrecht: North Holland. Reimpresso como *Laws, Modalities, and Counterfactuals*. Berkeley: University of California Press, 1977.

_____. 1956. *The Direction of Time*. Berkeley: University of California Press.

SALMON, Wesley, 1977. "The Philosophy of Hans Reichenbach," em *Hans Reichenbach: Logical Empiricist*. Ed. W. Salmon, 1-84. Dordrecht: D. Reidel.

STEVENSON, Charles L., 1944. *Ethics and Language*. New Haven, CT: Yale University Press.

RELATIVIDADE, TEORIA ESPECIAL DA. A teoria especial da relatividade foi desenvolvida por **Albert Einstein** e publicada em 1905. Ela descreve a relação entre **espaço e tempo** entre dois referenciais inerciais diferentes, isto é, dois referenciais diferentes que se movem em velocidade constante um em relação ao outro, mas não acelerando em relação um ao outro. A teoria é chamada de teoria *especial* devido à limitação de que os referenciais são inerciais, enquanto a **teoria *geral* da relatividade** descarta essa restrição.

Existem dois postulados fundamentais na relatividade especial que dão origem a um número de resultados não intuitivos em relação ao espaço e ao tempo. Todas as previsões da relatividade especial foram verificadas experimentalmente. Os dois postulados são (1) as leis da **física** são idênticas em todos os referenciais inerciais, e (2) a **velocidade da luz** no vácuo é a mesma para todos os observadores, independentemente da velocidade da fonte da luz ou da velocidade do observador. (A velocidade da luz no vácuo é de aproximadamente 300 milhões de metros por segundo). O segundo postulado foi feito por Einstein porque as teorias da mecânica newtoniana e do eletromagnetismo de Maxwell eram incompatíveis e porque parecia não existir um referencial único em que as equações de Maxwell eram válidas.

As consequências desses dois postulados mudaram nossa compreensão do espaço e do tempo. Algumas das consequências incluem as ideias de simultaneidade, dilatação do tempo, contração do comprimento, equivalência entre massa e energia, adição de velocidades e limite máximo de velocidade no universo.

Dois eventos que ocorrem simultaneamente em um quadro de referência não ocorrerão simultaneamente em um referencial inercial diferente. Consequentemente, a ideia de uma escala de tempo absoluta não é significativa em nosso universo.

Quando um observador observa outro referencial que se move em relação a ele, duas coisas parecem mudar. O comprimento dos objetos encurtará (contração de comprimento) na direção paralela à direção do movimento, e o intervalo de tempo entre os eventos aumentará (dilatação do tempo). É como se algum comprimento fosse trocado por algum intervalo de tempo. O observador no quadro "em movimento" não notará esses efeitos. Eles só serão visíveis pelo observador no quadro de referência "estacionário".

A relatividade especial implica que nenhum objeto com uma massa pode alcançar a velocidade da luz no vácuo e cada objeto sem massa sempre viajará nessa velocidade. Este limite de velocidade universal impõe severas limitações na medida em que qualquer forma de vida pode viajar pelo universo. A estrela mais próxima da terra está a cerca de 4,2 anos-luz de distância, o que significa que a quantidade mínima de tempo que levaria para alcançar a estrela mais próxima, viajando à velocidade da luz, seria 4,2 anos.

A espaçonave mais rápida que os humanos já lançaram viajou cerca de 0,005% da velocidade da luz. As velocidades devem ser adicionadas usando ideias de transformações de Lorentz em vez de transformações de Galileu. Por exemplo, se uma nave espacial viajasse a 50% da velocidade da luz em relação a um observador "estacionário" e um canhão preso à espaçonave disparasse um projétil para frente a uma velocidade de 50% da velocidade da luz em relação à espaçonave, o observador não mediria a velocidade do projétil como igual à velocidade da luz, mas igual a algo menor que essa velocidade.

Os efeitos relativísticos, como descritos acima, ocorrem em todas as velocidades, mas não são perceptíveis nas velocidades normalmente alcançadas pelos humanos. Uma regra geral é que eles só se tornam perceptíveis quando dois referenciais estão se movendo a uma velocidade relativa de cerca de 10% da velocidade da luz. Nessas velocidades, os efeitos relativísticos dão correções aos cálculos não relativísticos de cerca de 0,5%. A 50% da velocidade da luz, os efeitos relativísticos fornecem cerca de 16% de correções, e em 90% da velocidade da luz eles corrigem os cálculos não relativísticos por um fator de 2,2.

A relatividade especial também fornece a famosa equação $E = mc^2$, onde E é energia, m é massa e c é a velocidade da luz no vácuo. A interpretação desta equação é que massa é igual a energia, ou algumas vezes afirmou que massa é uma forma de energia. Algumas das implicações da relatividade especial podem ser relevantes quando se tenta explicar as características de Deus a um não teísta. Por exemplo, como o tempo decorrido depende da velocidade, um objeto viajando na velocidade da luz não tem tempo de passar em relação a um observador estacionário.

644 RELATIVIDADE, TEORIA GERAL DA

Em outras palavras, se você pudesse viajar na velocidade da luz, poderia estar em todos os lugares no universo ao mesmo tempo. Como um objeto confinado às leis da física pode, em teoria, estar em todos os lugares ao mesmo tempo, então a onipresença de uma divindade não limitada pelas leis da física parece ser facilmente compreensível. Em qualquer caso, a teoria especial da relatividade com suas implicações sobre a relatividade do espaço exige que demos crédito à possibilidade de um ser com a capacidade de manipular ao máximo o espaço e o tempo.

Michael G. Strauss

REFERÊNCIAS E LEITURAS RECOMENDADAS

Craig, William Lane, 1990. "God and Real Time." *Religious Studies* 26:335-47. www.reasonablefaith.org/god-and-real-time.

_____. 1994. "The Special Theory of Relativity and Theories of Divine Eternity." *Faith and Philosophy* 11:19-37. www.reasonablefaith.org/the-special-theory-of-relativity-and-theories-of-divine-eternity.

Giancoli, Douglas, 2014. *Physics: Principles with Applications.* 7th ed. San Francisco: Pearson.

Taylor, Edwin; Wheeler, John, 1992. *Spacetime Physics.* New York: Macmillan.

RELATIVIDADE, TEORIA GERAL DA. A teoria geral da relatividade, desenvolvida por **Albert Einstein** entre 1907 e 1915, descreve a gravidade, especificamente como a massa interage com o tecido espaço-temporal do universo. A relatividade geral faz várias previsões que foram confirmadas e que diferem da lei gravitacional universal de Newton.

Um dos princípios fundamentais da relatividade geral é o princípio da equivalência, que iguala a massa gravitacional de um objeto à sua massa inercial. Como tal, todas as observações feitas por uma pessoa influenciada por uma força gravitacional, digamos, na superfície de um planeta, são idênticas àquelas feitas por uma pessoa em um referencial de aceleração. Por exemplo, suponha que uma pessoa tenha sido colocada em uma sala sem janelas ou portas. A pessoa notou que todos os objetos caíram no chão com uma aceleração constante de 10 metros por segundo ao quadrado. De acordo com o princípio da equivalência, isso poderia ser causado porque a sala estava em um planeta com uma constante gravitacional de 10 metros por segundo ao quadrado ou porque o elevador estava acelerando "para cima" a 10 metros por segundo ao quadrado. Nenhum experimento que a pessoa realizou poderia distinguir a diferença entre as duas situações.

Einstein percebeu que a equivalência entre gravidade e aceleração poderia ser descrita pela geometria do espaço-tempo. Com efeito, objetos com massa distorcem o **espaço e tempo** ao redor deles e a forma do espaço-tempo determina o movimento dos objetos. Os objetos se movem ao longo de geodésicas no espaço-tempo que diferem da geometria euclidiana. Um exemplo de uma geodésica é a menor distância entre dois pontos em um globo. Por exemplo, para ir de Nova York a Paris, um mapa plano parece indicar que a distância mais curta é obtida indo diretamente para o leste. Mas um globo revela que a distância mais curta é um caminho chamado de rota do grande círculo que viaja para o norte sobre a Groenlândia e depois para o sul na França. Como o espaço-tempo é curvado por objetos massivos, ocorrem várias consequências geométricas.

A primeira previsão da relatividade geral que se mostrou verdadeira envolvia o deslocamento anômalo do periélio do planeta Mercúrio, o planeta mais próximo do sol. Esse fenômeno, no qual Mercúrio orbita em um padrão parecido com uma roseta, era conhecido antes de Einstein desenvolver sua teoria, mas não foi explicado com precisão pela lei da gravidade de Newton, que previa mais uma órbita elíptica quase fixa. Outras previsões da relatividade geral que foram observadas incluem lentes gravitacionais em que o campo gravitacional massivo de grandes objetos na verdade dobra a luz viajando de galáxias distantes, e o deslocamento gravitacional vermelho, no qual a expansão do espaço-tempo muda o comprimento de onda da luz. Além disso, a relatividade geral prevê que o tempo irá desacelerar para um observador em um campo gravitacional mais forte comparado a um em um campo gravitacional mais fraco. Tal efeito foi observado em medições muito precisas.

A relatividade geral também prevê que os objetos devem produzir distorções da geometria do espaço-tempo conhecidas como ondas gravitacionais. Tais ondas já foram observadas e dão ainda mais evidências para a validade da relatividade geral (Abbot et al. 2016). A relatividade geral também descreve os buracos negros. Um buraco negro é uma região do espaço com massa suficiente concentrada nele para que uma enorme força gravitacional seja produzida. Essa força da gravidade é tão forte que nada consegue escapar de sua atração gravitacional, nem mesmo a luz. Consequentemente, o espaço em torno desta concentração de massa apareceria escuro e sem luz emitida por ele.

A teoria geral da relatividade foi extensivamente testada e até agora se descobriu que faz previsões extremamente precisas. No entanto, apesar de seu extremo sucesso, ainda não existe uma teoria da gravidade que seja compatível com a teoria muito bem-sucedida da mecânica quântica (ver **Física quântica**).

Michael G. Strauss

REFERÊNCIAS E LEITURAS RECOMENDADAS

ABBOTT, B. P.; Abbott, R.; Abbott, T. D., et al. 2016. "Observation of Gravitational Waves from a Binary Black Hole." LIGO Scientific Collaboration and Virgo Collaboration. *Physical Review Letters* 116 (12 de fevereiro): 061102.

EINSTEIN, Albert, 1920. *Relativity, the Special and General Theory*. New York: Henry Holt.

GEROCH, Robert, 1981. *General Relativity from A to B*. Chicago: Chicago University Press.

RELIGIÃO. Religião pode ser definida como um conjunto de crenças e práticas ligadas ao núcleo da cosmovisão de uma pessoa, destinada a facilitar uma conexão com alguma forma de transcendência. Antes de explicar os componentes dessa definição, alguns comentários sobre definições de religião em geral seriam apropriados.

Esta definição não prescreve o que uma religião deve ser, mas tenta trazer para debaixo de uma estrutura descritiva muitos dos sistemas de crença e prática que normalmente chamamos de "religiões" quanto possível. Muitas culturas não têm um termo que se traduza diretamente como "religião", então é um tanto artificial distinguir um aspecto de sua cultura que, para eles, é simplesmente uma parte da ordem total de suas vidas. Por exemplo, as culturas do sul da Ásia muitas vezes se referem a uma religião como o *dharma*, o "caminho", que engloba as normas sociais e espirituais.

Alguns escritores afirmam que "religião" não pode ser definida. Para alguns deles, as variações entre o que chamamos de "religiões" são tão esmagadoras que não podemos agrupá-las todas na base de um núcleo comum (Hopfe, 1994, p. 4-5; James, 1902). Ainda assim, um resumo de seus significados mais frequentes parece ser útil. Outros (p. ex., Spiegelberg, 1956) afirmam que o assunto da religião é muito sagrado ou muito profundo para ser capturado por conceitos humanos sem causar danos a ele. Normalmente, tais escritores violam seus próprios preceitos e passam a escrever extensamente sobre a natureza inefável da religião, substituindo um termo completamente ambíguo. Por exemplo, Spiegelberg insiste que definir religião "seria um erro fatal, pois a religião é totalmente indefinível, como é seu objeto" (1956, p. 7). Ele prossegue dizendo que as religiões se ocupam com o "Milagre do Ser", que ele declara ser "supralógico" e que, portanto, "tem a vantagem da certeza" (1956, p. 22), uma afirmação que não pode ser apoiada nem refutada devido à falta de conteúdo significativo.

O conceito de religião de Paul Tillich como "preocupação final" é similar em certos aspectos (Tillich, 1951, p. 11-15). Ele eleva a suprema preocupação da teologia cristã acima de todas as outras porque é "aquilo que determina nosso ser e não ser" (1951, 14). Ele aponta para Deus como a preocupação final apropriada para os cristãos, mas enfatiza que há muitos objetos impróprios de preocupação final, tais como as ideologias nacionalistas, que, portanto, constituem religiões, ainda que idólatras (1951, p. 13). O problema com uma definição tão ampla é que não é mais possível manter a distinção entre religião e não religião.

A definição de religião no início deste artigo incluiu o conceito de transcendência. Uma entidade é transcendente quando ultrapassa os limites de nossa existência finita. Por exemplo, a doutrina cristã da transcendência de Deus implica que, como Deus é infinito, ele excede as propriedades de sua criação em todos os seus atributos. Ao dizer que uma religião está preocupada com algo transcendente, não pretendemos dizer que todas as religiões se referem a uma realidade transcendente idêntica, como John Hick faz com seu conceito de "O Real". O ponto é que uma religião terá algum aspecto, entidade ou meta (real ou irreal) que pode ser classificada como transcendente.

A transcendência pode assumir muitas formas. Pode aparecer como Deus ou deuses, um mundo espiritual, um Eu interior, ou até paradoxalmente algo que é inteiramente imanente, o oposto da transcendência no dicionário. Tal é o caso do **panteísmo**, a cosmovisão segundo a qual Deus e o mundo são idênticos (constituindo assim a imanência última), enquanto Deus também tem atributos de transcendência que excedem os do mundo, tais como infinitude, eternidade ou imutabilidade. Ao insistir que as religiões contêm um elemento de transcendência, somos capazes de restringir o que conta como religião. Alguns escritores definem a religião em termos do que constitui o "valor essencial" (Monk et al. 1973, p. 3) na vida de uma pessoa. No entanto, semelhante a Tillich, esse termo poderia deixar a porta aberta a ideologias como o

646 RESSURREIÇÃO DE JESUS

comunismo, que são intencionalmente materialistas, ateístas e antirreligiosas, qualificadas como religiões. O valor essencial de uma religião deve ser transcendente e, portanto, mantemos a distinção necessária.

Precisamos também reverter esse ponto e dizer que o valor transcendental de uma religião deve ser essencial. Uma religião genuína deve residir no centro da cosmovisão de uma pessoa. Por "cosmovisão" entendemos a estrutura conceitual fundamental de categorias que nos ajudam a dar sentido à nossa existência. Nossa resposta a questões como a forma como percebemos o mundo ao nosso redor, como tomamos decisões éticas ou por que nossas vidas têm significado, são guiadas por nossas cosmovisões. Uma cosmovisão religiosa faz isso direcionando uma pessoa a um objeto de transcendência. Assim, a religião tranquiliza as pessoas de que qualquer que seja a miséria que perturbe sua vida atual não é a palavra final sobre o assunto. Por exemplo, a culpa incorrida pelo pecado, as restrições de um corpo material corruptível ou a incapacidade para lidar com as crises da vida podem ser abordados com mais sucesso do ponto de vista de uma perspectiva transcendente. Os detalhes variam, claro. Nem todas as religiões são orientadas para a salvação, mas todas tratam de questões sérias com um fator transcendente.

A observação acima nos leva a fazer outra distinção importante, a saber, entre uma religião plena e fragmentos de conceitos religiosos. É possível (e provavelmente acontece com bastante frequência) que alguém afirme uma crença que se originou em uma religião sem se associar à religião como um todo. Por exemplo, acreditar que as pessoas devem guardar os Dez Mandamentos é uma apropriação de um conceito religioso, mas se essa crença não tiver mais conexões religiosas, seria inadequado dizer que tal crença única e isolada constitui uma religião. Uma pessoa cuja compreensão básica do universo é materialista e cujo objetivo na vida é adquirir riqueza material, mas que também permite a **existência de Deus** sem mais impacto sobre sua existência, dificilmente pode ser considerado religioso.

Também é preciso enfatizar que uma compreensão adequada de uma religião inclui certas crenças que podem ser expressas em declarações que são verdadeiras ou falsas. Não é necessário esperar que tudo sobre uma entidade transcendente possa ser colocado em palavras, mas se nada pode ser dito, nada pode ser acreditado. Os cristãos não acreditam que compreendem completamente a Deus, mas acreditam que possuem algum conhecimento verdadeiro dele. O hinduísmo Advaita sustenta que a realidade suprema, Brahman, não tem atributos ou formas (*Brahman nirguna*), mas faz a ressalva de que pode ser dita como se tivesse atributos (*Brahman saguna*).

Práticas religiosas geralmente criam um mundo da vida que excede os seus requisitos mínimos e carrega expressões culturais com ele. Há ações humanas diretas, como orar, cantar, sacrificar uma galinha, fazer uma peregrinação, jejuar, meditar e assim por diante. Além disso, uma religião tipicamente tem suas próprias convenções físicas e culturais, desde sentar em bancos em um prédio com um campanário enquanto se canta de um hinário a meditar debaixo de uma árvore solitária no deserto para fazer uma dança da chuva. A combinação das práticas e seu ambiente circundante são chamadas de *cultus* da religião. A preservação de um *cultus* requer que a maioria das religiões possa funcionar apenas dentro do contexto de uma comunidade, mas se não fosse por expressões individuais de uma religião, não poderia haver reforma ou reavivamento (ver **Ciência e teologia**).

Winfried Corduan

REFERÊNCIAS E LEITURAS RECOMENDADAS

Hopfe, Lewis, 1994. *Religions of the World.* 6th ed. New York: Macmillan.
James, William, 1902. *The Varieties of Religious Experience: A Study in Human Nature.* London: Longmans, Green.
Monk, Robert C.; Hofheinz, Walter C.; Lawrence, Kenneth T. et al. 1973. *Exploring Religious Meaning.* Englewood Cliffs, NJ: Prentice Hall.
Spiegelberg, Frederic, 1956. *Living Religions of the World.* Englewood Cliffs, NJ: Prentice Hall.
Tillich, Paul, 1951. *Systematic Theology.* Vol. 1. Chicago: University of Chicago Press.

RESSURREIÇÃO DE JESUS. Para o **teísmo** cristão, nenhum assunto ultrapassa a ressurreição de Jesus em termos de sua singularidade, significado e versatilidade. Seja abordando o coração da soteriologia através de sua mensagem do conteúdo do evangelho, a esperança final da vida eterna do crente, ou a pura força evidencial de seu argumento histórico multifacetado, a ressurreição de Jesus continua sendo o ensino central do cristianismo.

Importância teológica e significância

Teólogos contemporâneos, quaisquer que sejam suas inclinações teológicas, geralmente concordam que a ressurreição de Jesus dentre os mortos ocupa o coração do cristianismo. Por mais estranho que pareça, mesmo aqueles estudiosos que tendem a rejeitar esse evento literal ainda insistem em sua centralidade.

A ressurreição de Jesus é mencionada em mais de 300 versos do Novo Testamento. Nenhum autor resume a questão mais claramente do que o apóstolo Paulo. Como ele afirma num ascendente sempre crescente, se Cristo não foi ressuscitado dentre os mortos, então a pregação cristã é vã, como é nossa fé. Além disso, sem a ressurreição, os crentes ainda estariam perdidos em seus pecados. Segue-se, então, que não haveria esperança cristã para nossos entes queridos que morreram em Cristo. Em suma, se esta imagem deprimente de não ressurreição representa a extensão da nossa confiança, então nós somos certamente os mais lastimáveis e desamparados de todas as pessoas (1Coríntios 15:12-19).

No entanto, continua Paulo, todo o quadro é exatamente invertido se Cristo realmente ressuscitou dos mortos. No topo da lista é que a ressurreição de Jesus assegura a ressurreição do crente (1Coríntios 15:20-23). De fato, além de uma ressurreição, podemos também viver em prol dos prazeres presentes até morrermos, pois não há fundamento para mais nada (v. 32). Assim, tudo, desde a teologia até a apologética e a prática, claramente se mantém ou cai com esse evento. Paulo não está sozinho nessa postura. Desde as primeiras tradições contidas nas epístolas de Paulo (que na verdade antecedem seus ensinamentos) até o restante do Novo Testamento, essa é a mensagem e a abordagem gerais. O Cristo ressuscitado é claramente o centro da proclamação do evangelho (Romanos 4:24-25; 10:9). Como o principal sinal indicando que a mensagem de Jesus é verdadeira (Mateus 12:38-40; 16:1-4; Lucas 24:46-47), este evento evidencia a verdade do anúncio cristão (Atos 2:22-24; 17:29-31; Romanos 1:3-4). Além disso, a ressurreição é o padrão tanto para a vida ressuscitada do crente, como para a nova vida que vivemos agora (1João 3:2-3), proporcionando a maior alegria, mesmo apesar do sofrimento e da perseguição (1Pedro 1:3-9). Em resumo, a ressurreição de Jesus dos mortos fundamenta toda a amplitude do teísmo cristão. Ele fornece a base para os princípios mais centrais da fé, bem como o raciocínio e a fundação, não apenas por sua verdade, mas também por praticar suas disciplinas em nossa vida atual. Mas esse evento ocorreu literalmente na história?

A historicidade da ressurreição de Jesus: o método dos fatos mínimos

O método dos fatos mínimos é uma abordagem para argumentar sobre a historicidade da ressurreição. Examinando a paisagem histórica em torno da **morte** e ressurreição de Jesus, um punhado de fatos particulares são distinguidos como especialmente bem estabelecidos de acordo com estudiosos recentes. Esses fatos históricos são confirmados por múltiplas considerações factuais, sejam históricas, médicas ou arqueológicas. Como resultado, esses eventos são reconhecidos como históricos pela vasta maioria dos estudiosos céticos que os estudam. Esses fatos "mínimos" são os que formam a base para a historicidade da ressurreição. Os fatos mínimos específicos empregados variam de estudioso a estudioso. Para reforçar o argumento para a ressurreição, alguns condensam o número utilizado de aproximadamente uma dúzia para entre apenas três e sete para fazer o caso mais forte.

Escolhendo apenas cinco desses fatos, podemos destacar (1) a morte de Jesus por crucificação, (2) seguida pelos discípulos de Jesus tendo experiências, das quais eles estavam totalmente convencidos, serem aparições de seu Senhor ressuscitado. (3) Esses discípulos pregaram e ensinaram essa mensagem muito cedo, após os próprios eventos. (4) Tiago, o irmão anteriormente incrédulo de Jesus, também teve uma experiência que ele também julgou ser uma aparição do Jesus ressuscitado. (5) Por último, Saulo, o perseguidor, também estava convencido de que ele também havia visto o Cristo ressuscitado.

Se fatos mínimos adicionais fossem desejados ou considerados úteis, estes poderiam incluir as transformações desses primeiros discípulos em seguidores que estavam mais do que dispostos a morrer por sua convicção de que tinham visto o Jesus ressuscitado, bem como a centralidade desta mensagem. Outros dados também poderiam ser mencionados nesta categoria de fatos históricos amplamente aceitos. Esses detalhes também podem argumentar decisivamente contra cada uma das principais respostas naturalistas a esses fatos. Em outras palavras, mesmo essa lista reduzida de **informações** criticamente reconhecidas é suficiente para forte argumento para a ressurreição, além de revelar as inadequações das respostas alternativas. Além disso, tudo isso pode ser feito com uma quantidade mínima de dados tão excepcionalmente bem estabelecidos que praticamente todos os acadêmicos críticos reconhecem sua historicidade (ver Habermas, 2003, cap. 1). Esse

648 RESSURREIÇÃO DE JESUS

tipo de método tem deixado perplexos alguns estudiosos céticos, que designaram essa abordagem como o ponto mais forte até agora sobre o argumento da ressurreição.

Respostas científicas e filosóficas à evidência da ressurreição

A resposta mais comum à abordagem dos fatos mínimos não é questionar o próprio fundamento histórico, que é uma concessão à sua força. Em vez disso, a rota principal (especialmente entre os naturalistas) é questionar a natureza milagrosa assumida do evento e afirmar que os **milagres** são ou impossíveis ou pelo menos altamente improváveis (ver **Milagres**). Também se acusa que tais eventos nunca são observados hoje, ou que evidências extraordinárias são necessárias para mostrar que eventos excepcionais ocorreram.

Estas acusações frequentemente compartilham a suposição de que os milagres são contrários às leis da natureza e não podem ser admitidos, não importa que evidência é produzida para eles. Às vezes acrescenta-se que nenhuma outra resposta é necessária, dada a natureza bombástica das alegações. No entanto, várias respostas podem ser feitas aqui brevemente. Na verdade, nem mesmo é argumentado no contexto dos fatos mínimos que a ressurreição de Jesus é um milagre. Os críticos podem simplesmente estar se adiantando, inferindo que existe uma conexão mais rígida do que de fato existe. Argumenta-se frequentemente que um caso histórico pode apenas mostrar que certos eventos aconteceram, não que Deus agiu causando os eventos — isso envolveria um argumento teológico ou filosófico dos dados. A abordagem dos fatos mínimos é um método histórico, então nosso interesse aqui é se os eventos históricos em questão realmente ocorreram: Jesus morreu por crucificação e foi visto mais tarde? Se esses eventos ocorreram, as questões subsequentes da natureza e extensão do envolvimento de Deus podem ser abordadas. O último envolve assuntos como a verdade dos ensinamentos de Jesus, quanto a se ele fez reivindicações à divindade, bem como a ser o único caminho para Deus, seus outros milagres e porque Jesus foi ressuscitado dos mortos e visto em muitas ocasiões. Mas o método dos fatos mínimos *per se* aborda os pontos estritamente históricos dos fatos que são concedidos por praticamente todos os estudiosos que lidam com este assunto.

Assim, o tipo de objeção "milagres são impossíveis" pode ser um ponto discutível. Nem esta resposta é simplesmente um movimento complicado para desviar a discussão. Aqui está a pergunta dupla que deve ser respondida: Jesus morreu? Então, ele realmente foi visto novamente depois? Estas questões históricas são tudo o que estamos tentando responder através do método dos fatos mínimos. Antes de introduzirmos uma suposição de milagres, nem sequer propusemos se a ressurreição é um ato de Deus.

E quanto à afirmação de que eventos incríveis como os registrados no Novo Testamento não são observados hoje? Independentemente de esses eventos serem considerados milagres, esse assunto mudou significativamente nos últimos anos. Muitos estudos relevantes foram publicados em contextos religiosos e não religiosos. Na verdade, um enorme número de casos surgiu paralelamente às curas do Novo Testamento, com dúzias ainda reforçadas por ambos pré e pós-MRIs, tomografia computadorizada e evidência de raios-X (Keener, 2011; ver esp. 1:428, 431-32, 435, 440, 463, 491, 503; 2:680, 682n206). Essa riqueza de dados disponíveis até fez com que Richard Bauckham, da Universidade de Cambridge, exclamasse: "Então... quem tem medo de David Hume agora?" (Keener, 2011, vol. 2, endosso da contracapa).

Além disso, várias pesquisas recentes mostraram que a maioria dos médicos agora exibe crenças positivas sobre curas médicas cientificamente inexplicáveis. Em um desses estudos, 70% dos mais de 1.100 médicos aceitaram a possibilidade de milagres a uma taxa que fica um pouco atrás do público em geral (HCD Research, 2008). Dois anos depois, o percentual entre outro grupo de mais de mil médicos era de 75% (HCD Research, 2010).

E quanto à evidência excepcional que os céticos exigem para tais alegações? Além dos dados médicos que acabamos de mencionar, se as mais de cem bem evidenciadas experiências de quase-morte (EQM) revelam a provável presença de pelo menos alguma **consciência** além da cessação inicial de atividades mensuráveis do coração e do cérebro, isso iria fornecer evidência para a possibilidade da ressurreição de Jesus (Habermas e Moreland, 2004) (ver **Experiências de quase-morte**). Pois, se a consciência verificada após a morte já indicar a probabilidade de algum reino mínimo da vida após a morte, e talvez até muito mais, então os estudiosos críticos não devem alegar que as aparências posteriores de Jesus são impossíveis.

REVELAÇÃO 649

Em suma, a ressurreição de Jesus está longe de ser um evento ridículo que apenas os ignorantes acreditam. Fortes evidências históricas extraídas diretamente dos fatos admitidos criticamente, juntamente com dados recentes que favoreçem tanto as curas médicas quanto as EQM, indicam que deveríamos estar muito mais abertos a tais eventos. Rejeições *a priori* estão fora do lugar.

Gary R. Habermas

REFERÊNCIAS E LEITURAS RECOMENDADAS

HABERMAS, Gary R., 2003. *The Risen Jesus and Future Hope.* Lanham, MD: Rowman & Littlefield.

HABERMAS, Gary R.; Moreland, J. P., 2004. *Beyond Death: Exploring the Evidence for Immortality.* Eugene, OR: Wipf and Stock.

HCD RESEARCH, 2008. "Religion and Miracles: Doctors and General Public Share Similar Views; Majority of Both Groups Believe in Miracles and Similar Religious Practices." HCD Research. http://204.12.61.19/News/MediacurvesRelease.cfm?M=228.

_____. 2010. "National Study: Majority of Physicians Still Believe Miracles Can Occur Today." HCD Research. http://204.12.61.19/news/MediacurvesRelease.cfm?M=566.

KEENER, Craig, 2011. *Miracles: The Credibility of the New Testament Accounts.* 2 vols. Grand Rapids: Baker Academic.

REVELAÇÃO. A definição mais geral de revelação é o conhecimento recebido como uma dádiva que precisa ser entendida (Gunton, 1995). Os cristãos entendem que o maior doador deste presente é o Deus trino. A revelação é mediada pela natureza, pelos seres humanos, pela leitura das Escrituras e por outros meios.

Revelação geral e especial

Os teólogos geralmente distinguem a *revelação geral* (às vezes chamada de *revelação natural*) e a *revelação especial* (às vezes chamada de *revelação específica*). A revelação geral é o conhecimento de Deus que é revelado através da natureza. Geralmente, acredita-se que essa categoria inclua conhecimentos muito gerais sobre o poder de Deus, a divindade e assim por diante. A revelação especial é o conhecimento específico e altamente detalhado sobre Deus, redenção, e Jesus, o Messias, encontrado em textos bíblicos. A doutrina da **providência** seria um exemplo de revelação especial.

Revelação da criação

Uma terceira subcategoria, muito menos discutida, da revelação geral é chamada de *revelação da criação* (Bavinck, 2003, p. 341-42; Goheen, 1996): conhecimento específico e detalhado sobre a criação revelada através desta criação. Os teólogos geralmente se concentram no conhecimento

de Deus e, portanto, raramente discutem a revelação da criação. Em contraste, os filósofos naturais, como Albert Magnus, professor de Tomás de Aquino; **Galileu Galilei**; **Robert Boyle**; e **Isaac Newton**, em geral, tem se interessado e escrito muito mais sobre a revelação da criação (o termo cientista foi cunhado no século XIX e substituiu o termo filósofo natural; pode-se dizer que os filósofos naturais eram os cientistas de sua época). Como exemplo, Galileu escreveu que ele foi "*conduzido pela mão*" em seus estudos de movimento "para a investigação do movimento naturalmente acelerado *pela consideração do costume e procedimento da própria natureza em todos os seus outros trabalhos*, em que ela habitualmente realiza emprega o primeiro, mais simples e mais fácil meio" (Galilei, 1974, p. 153, ênfase adicionada). Da mesma forma, Johannes Kepler escreveu: "Como nós, astrônomos, somos sacerdotes do mais alto Deus em relação ao livro da natureza, somos obrigados a pensar no louvor de Deus e não na glória de nossas próprias capacidades... Essas leis estão ao alcance da **mente** humana; Deus queria que nós o reconhecêssemos, criando-nos a partir de sua própria imagem, para que pudéssemos compartilhar seus próprios pensamentos" (Baumgardt, 1951, p. 44, 50).

A base bíblica para a revelação da criação está em passagens como Isaías 28:23-29, onde os agricultores aprendem a agricultura trabalhando no solo e observando o que acontece, e Gênesis 2:19-20 e 1Reis 4:29-33, onde Adão e Salomão estudaram e nomearam animais, pássaros, peixes e outras criaturas (no antigo Oriente Próximo, não se pode dizer com precisão alguma coisa sem antes conhecer a coisa, então Adão e Salomão teriam que observar de perto as criaturas antes que pudessem nomeá-las). No Salmo 104, encontramos o salmista louvando a Deus por obras que vão desde o crescimento da grama e a sustentação de correntes que fluem para as casas dos animais, até os ciclos do dia/noite e das estações. Esse salmo está cheio de conhecimento aprendido da observação e experimentação da criação (cf. Jó 12:7-8).

Revelação e ciência

Uma implicação é que a investigação científica é uma exploração da criação, o que é uma forma de revelação da criação. As sociedades ocidentais modernas não associam as ciências à revelação; antes, as ciências e a revelação tendem a ser tratadas como opostas. Uma razão para isso é que a autoridade da Bíblia é frequentemente pensada para contrastar com a abertura da exploração científica.

650 REVELAÇÃO

A primeira, de alguma forma, contorna nossas faculdades humanas, enquanto a última, depende crucialmente delas. A revelação especial é frequentemente considerada como algo que deve ser aceito completamente à parte da razão e da experiência, ao passo que o conhecimento científico só é aceito após a aplicação rigorosa da razão e da experiência. No entanto, há menos contraste entre a investigação científica (relação da criação) e nosso trabalho com revelação especial do que muitas vezes se percebe.

Primeiro, o conhecimento adquirido através da Bíblia é mediado por práticas como adoração, **oração** e interpretação; através da tentativa de viver essa revelação com o melhor de nosso entendimento; através das comunidades cristãs chegando a uma compreensão dos textos bíblicos; através da formação e interpretação de credos; e assim por diante. Tanto a revelação especial quanto a revelação da criação são mediadas por práticas que envolvem razão e experiência.

Em segundo lugar, embora a investigação científica seja uma prática aberta, também depende de uma forma de autoridade provisória na forma de autoridade dada à natureza, cientistas ou sociedades. Por exemplo, um cientista tem que dar algum tipo de autoridade provisória ou confiança a outros cientistas para poder avaliar apropriadamente sua pesquisa publicada. Embora as razões possam surgir mais tarde para retirar essa concessão de autoridade, os tipos de dados que os cientistas coletam não podem ter qualquer *status* de evidência na ausência de tal concessão de direitos de autoridade provisória. Tanto a revelação especial quanto a revelação da criação requerem a concessão de autoridade provisória, caso alguma descoberta ou aprendizado deva ocorrer.

Em terceiro lugar, a revelação especial e a revelação da criação não são opostas, mas trabalham sinergicamente. O filósofo da religião e teólogo Colin Gunton assinalou que "a revelação fala e constitui a razão humana, mas de maneira a liberar as energias inerentes à racionalidade criada" (1993, p. 212). Por exemplo, a revelação da criação permite o envolvimento humano e a descoberta da racionalidade contingente da criação. Cientistas estudam fenômenos, descobrem e interpretam fatos e relacionamentos, e encontram "alimento para a mente". Algo similar acontece com o estudo da Bíblia. Este último acrescenta formas de pensamento e ação humana que não estariam disponíveis quando se confia somente na revelação da criação. A revelação especial também fala e molda a razão humana quando estamos abertos para ouvir, lutar, vir a entender e aprender com ela. Ambas as formas de investigação científica e bíblica são diálogos abertos.

Por fim, o papel do Espírito Santo é crucial para todas as formas de revelação. O Filho é o doador de todas as formas de revelação através do Espírito. Além disso, é o Espírito que dá aos cientistas a capacidade de reconhecer e apreender o conhecimento sobre a criação, sob a forma de uma autoridade provisória ao conformar seu pensamento à natureza. Da mesma forma, é o Espírito que dá aos leitores das Escrituras a capacidade de apreender conhecimento sobre revelação especial e estar sob sua autoridade (João 16:13). O Espírito pode trabalhar através de diferentes meios que são mais adequados para a revelação geral, criação ou especial; não há acesso livre de mediação à criação ou à Bíblia. Por exemplo, a confiabilidade básica da razão e da experiência sensorial são bons dons do Espírito, e é o Espírito que nos capacita a usar esses dons de maneiras apropriadas ao estudo e à interpretação dos textos bíblicos (no entanto, são os seres humanos que usam esses dons de maneira mais ou menos responsável quando nos envolvemos nessas atividades).

A dicotomia razão-revelação subjacente às preocupações sobre revelação e investigação científica é distintamente moderna (Turner, 1986). Os filósofos naturais da Grécia clássica operavam com uma relação amplamente ininterrupta entre razão e revelação. Embora alguns teólogos cristãos antigos tenham feito fortes distinções entre razão e revelação (p. ex., Tertuliano), muito mais frequentemente se vê esses primeiros teólogos lidando com textos bíblicos como razão e revelação, à medida que buscam entender a Bíblia e sua implicação. Os pensadores europeus medievais também conceberam a razão e a revelação como sendo inseparáveis.

As justificativas que os autores bíblicos produziram com frequência não eram empíricas, no sentido que esperamos das ciências naturais (p. ex., dizer a verdade e argumentar, às vezes, tomavam a forma de poesia e parábolas). Não obstante, suas justificativas são frequentemente os resultados da argumentação e da interpretação da experiência, assim como grande parte da racionalidade da vida é. Como observa Eric Osborne, os primeiros seguidores cristãos da regra de fé envolveram a vida e a prática das comunidades cristãs tanto quanto a interpretação da Bíblia. Como tal, era inseparável da razão: a regra era usada para dar espaço à razão na vida da igreja, tanto quanto era um exercício da razão (Osborne, 1989). A revelação como dádiva sustenta a prática científica tanto quanto a prática religiosa.

Robert C. Bishop

REFERÊNCIAS E LEITURAS RECOMENDADAS

Baumgardt, C., 1951. *Johannes Kepler: Life and Letters.* New York: Philosophical Library.

Bavinck, H., 2003. *Reformed Dogmatics.* Vol. 1, *Prolegomena.* Ed. John Bolt. Traduzido por John Vriend. Grand Rapids: Baker Academic.

Galilei, G., 1974. *Two New Sciences, Including Centers of Gravity and Force of Percussion.* Ed. e tradução port Stillman Drake. Madison: University of Wisconsin Press.

Goheen, M., 1996. "Scriptural Revelation, Creational Revelation and Natural Science: The Issue", em *Facets of Faith and Science.* Vol. 4, *Interpreting God's Action in the World.* Ed. Jitse M. Van der Meer, 331-43. Lanham, MD: University Press of America.

Gunton, C., 1993. *The One, the Three and the Many: God, Creation and the Culture of Modernity.* The 1992 Bampton Lectures. Cambridge: Cambridge University Press.

_____. 1995. *A Brief Theology of Revelation.* London: T&T Clark.

Osborn, E. R., 1989. "Reason and the Rule of Faith in the Second Century AD", em *The Making of Orthodoxy: Essays in Honor of Henry Chadwick.* Ed. Rowan Williams, 40-61. Cambridge: Cambridge University Press.

Turner, J., 1986. *Without God, without Creed: The Origins of Unbelief in America.* Baltimore: Johns Hopkins University Press.

REVOLUÇÃO CIENTÍFICA. Vários aspectos importantes da ciência moderna surgiram na Europa durante os séculos XVI e XVII, um período muitas vezes chamado de *Revolução científica*. A narrativa tradicional enfatizava a descontinuidade e a **secularização**: a ciência moderna surgiu apenas quando a **filosofia natural** antiga e medieval foi totalmente descartada, deixando para trás as crenças religiosas com os modos de pensar mais antigos.

Essa concepção positivista tem sido frequentemente desafiada, mas a alegação oposta de que o cristianismo "causou" a ciência moderna também não é totalmente persuasiva — grandes eventos históricos raramente podem ser explicados em termos de um ou dois fatores cruciais (Davis, 1999). No entanto, mesmo que a Revolução Científica não fosse um fenômeno inerentemente cristão, ela foi realizada quase inteiramente por cristãos. De que maneiras específicas a ciência e o cristianismo interagem?

Uma parte central da Revolução Científica envolveu a aceitação gradual da nova teoria dos céus de **Nicolau Copérnico**, que colocou o sol fixo no centro do que hoje chamamos de "sistema solar" e colocou uma terra girando rapidamente em torno dele em uma velocidade alucinante, desafiando totalmente o senso comum. Evidências observacionais que favoreçem a teoria copernicana não se concretizariam por quase 70 anos após sua publicação, em 1543, e a incapacidade de observar a paralaxe estelar anual

na época constituía um poderoso argumento contra ela. Consequentemente, apenas cerca de uma dúzia de pessoas endossou a nova teoria antes de **Galileu Galilei** ter publicado pela primeira vez observações telescópicas em 1610.

O próprio Copérnico não enfrentou oposição eclesiástica — muito pelo contrário. As autoridades católicas romanas há muito perceberam que o antigo calendário romano estava seriamente defeituoso; as datas dos equinócios e outros fenômenos anuais eram instáveis. A Igreja Católica Romana convidou Copérnico a participar de esforços para encontrar uma solução permanente, e várias autoridades o incentivaram a publicar suas ideias astronômicas pouco ortodoxas diante do bispo católico Tiedmann Giese e do astrônomo luterano Georg Joachim Rheticus, finalmente persuadindo-o a fazê-lo.

No entanto, a teoria copernicana foi vista como contrária às Escrituras por alguns clérigos católicos e protestantes proeminentes, incluindo Martinho Lutero (ver **Ciência e a Reforma**). Textos de Josué, Eclesiastes e dos Salmos eram tipicamente citados. A estratégia que acabou se provando bem-sucedida foi pioneira com Rheticus: invocar o princípio de acomodação de **Agostinho** para ressaltar a natureza não técnica da linguagem bíblica, enfraquecendo assim seu uso contra conclusões científicas.

Outro astrônomo luterano, **Johannes Kepler**, propôs um argumento semelhante no início do século XVII; o mesmo aconteceu com Galileu. Kepler estava ansioso para defender uma cosmologia que ele constatou ser poderosamente atraente teologicamente: sua divisão em três partes representava a **Trindade**, com o sol no centro representando o Deus Pai, o céu estrelado na borda representando o Deus Filho, e o espaço intermediário representando o Deus Espírito (Gingerich, 2002). A linha de fundo foi habilmente declarada por Galileu, citando seu conhecido, o cardeal César Barônio: "A intenção do Espírito Santo é ensinar como se vai para o céu, não como vai o céu" (Galilei, 1957, p. 186).

Uma estratégia idêntica seria usada mais tarde no século XIX para harmonizar a grande idade da terra com Gênesis. Quando Galileu o usou, no entanto, deu errado: o cardeal Roberto Bellarmine, que liderou um comitê do Vaticano encarregado de estudar a questão, concluiu que o movimento da terra não poderia ser conciliado com o entendimento comum dos pais da igreja, violando assim um princípio hermenêutico fundamental do Concílio de Trento. Consequentemente, esperava-se que os católicos lessem apenas cópias censuradas do livro de Copérnico até o início do século XIX, época em que movimento da terra já não estava em dúvida. A aceitação protestante do heliocentrismo não foi impedida por circunstâncias institucionais semelhantes, mas ainda não está totalmente livre de controvérsias.

Outro desafio veio da filosofia mecânica, a teoria de que a natureza é uma máquina vasta e impessoal de partículas que se movem e interagem. Quando os antigos atomistas originalmente propuseram essa ideia, ela foi acompanhada por negações do envolvimento divino com o universo, dificultando mais tarde que os cristãos o considerassem. Durante a Revolução Científica, no entanto, o **atomismo** foi efetivamente batizado por um padre católico, Pierre Gassendi, que viu os átomos como as criações livres de um Deus providencial.

Um químico devoto anglicano, **Robert Boyle**, foi ainda mais longe. Em sua opinião, a filosofia mecânica era teologicamente superior à filosofia natural comumente aceita de **Aristóteles** e Galeno, que personificava a Natureza como um ser inteligente, semidivino, intermediário entre Deus e a criação. Ele temia que tal concepção fosse "prejudicial à glória de Deus e um grande impedimento para a descoberta sólida e útil de suas obras" (Boyle, 1996, p. 10). Boyle defendeu uma noção alternativa da natureza como uma máquina de matéria impensada, livremente criada e intricada, que efetivamente negava a realidade de uma Natureza autônoma que parecia ter uma **mente** própria. Ele também acreditava que as propriedades mecânicas são mais inteligíveis que as formas e qualidades aristotélicas; estudando-as, poderíamos implementar com mais eficiência o mandato de Gênesis para governar a criação em nosso benefício. Por fim, a concepção da natureza como um grande mecanismo de relógio focalizou nossa atenção no sábio e benevolente Criador que a projetou, pois ela não poderia ter se organizado.

Não é por acaso que a ascensão da filosofia mecânica se sobrepõe à importante marca d'água de **teologia natural**; Boyle estava na confluência de ambos.

Dizem que a Revolução Científica lançou um novo método de **empirismo**. De fato, o que **Francis Bacon** e outros nos deram "não foi um novo método de experimento, mas uma nova *retórica* de experimento, juntamente com a plena exploração das possibilidades de experimentação em programas de investigação científica" (Lindberg, 2007, p. 364). Crenças teológicas específicas

sobre a natureza de Deus e a natureza humana eram frequentemente uma parte vital dessa retórica. Alguns dos primeiros pensadores modernos defenderam o que hoje é chamado de *voluntarismo* teológico, justificando uma atitude empírica em termos da liberdade divina e dos limites de nossas mentes criadas. Outros, especialmente filósofos naturais ingleses, enfatizaram as consequências deletérias **da queda** para o intelecto, bem como para nossa capacidade moral (ver **Queda**; **Mal, Problema do**).

Em geral, como **Peter Harrison** mostrou, "O nascimento da ciência experimental moderna não foi acompanhado de uma nova consciência dos poderes e das capacidades da razão humana, mas o oposto — uma **consciência** das múltiplas deficiências do intelecto, da miséria da condição humana e do escopo limitado da realização científica" (Harrison, 2007, p. 258).

Edward B. Davis

REFERÊNCIAS E LEITURAS RECOMENDADAS

BOYLE, Robert, 1996. *A Free Enquiry into the Vulgarly Received Notion of Nature*. Eds. Edward B. Davis and Michael Hunter. Cambridge: Cambridge University Press.

COHEN, H. Floris, 1994. *The Scientific Revolution: A Historiographical Inquiry*. Chicago: University of Chicago Press.

DAVIS, Edward B., 1999. "Christianity and Early Modern Science: The Foster Thesis Reconsidered", em *Evangelicals and Science in Historical Perspective*. Eds. David N. Livingstone, D. G. Hart, and Mark A. Noll, 75-95. Oxford: Oxford University Press.

GALILEI, Galileo, 1957. "Letter to the Grand Duchess Christina", em *Discoveries and Opinions of Galileo*. Trans. Stillman Drake, 173-216. Garden City, NY: Doubleday.

GINGERICH, Owen, 2002. "The Copernican Revolution", em *Science and Religion: A Historical Introduction*. Ed. Gary B. Ferngren, 95-104. Baltimore: Johns Hopkins University Press.

HARRISON, Peter, 2007. *The Fall of Man and the Foundations of Science*. Cambridge: Cambridge University Press.

LINDBERG, David C., 2007. *The Beginnings of Western Science*. 2nd ed. Chicago: University of Chicago Press.

ROSS, HUGH. Hugh Ross (1945 -) é um astrônomo, pastor e fundador do **Reasons to Believe** (RTB), um ministério de apologética científica cuja missão é "espalhar o evangelho cristão, demonstrando que a razão sólida e a pesquisa científica — incluindo as mais recentes descobertas — consistentemente apoiam, em vez de desgastar, a confiança na verdade da Bíblia e fé no Deus pessoal e transcendente, revelado tanto nas Escrituras como na natureza" (RTB).

Nascido em Montreal e criado em Vancouver, no Canadá, Ross formou-se em **física** pela Universidade da Columbia Britânica, e fez doutorado em **astronomia** pela Universidade de Toronto. Os estudos de pós-doutorado sobre quasares levaram-no (no início dos anos 1970) ao Instituto de Tecnologia da Califórnia em Pasadena, a cidade na qual ele lançaria o RTB em 1986.

O desenvolvimento contínuo de um modelo de criação cientificamente testável classifica-se como a contribuição seminal de Ross para o empreendimento cristão de apologética. O modelo visa atender a todas as exigências científicas: detalhadas, específicas, adaptáveis, falsificáveis e preditivas. Ele fornece uma estrutura que desafia os cientistas seculares a repensar o **paradigma** filosófico dos **magistérios não interferentes** (MNI) em favor de uma união orgânica compatível entre ciência e fé.

A abordagem de *integração construtiva* de Ross incorpora a teoria cristã clássica de "dois livros" da harmonia entre **revelação** geral (ciência) e revelação especial (Escrituras). Ele adota uma teoria *concordista*, que busca uma concordância geral entre as passagens das Escrituras apropriadamente interpretadas que descrevem algum aspecto do reino natural e dados científicos bem compreendidos e estabelecidos (ver **Concordismo**; **Metáfora de Dois Livros**).

Do outro lado do espectro das **teorias criacionistas**, Ross adere à era-dia e à **criação da Terra antiga** (ver **Dias da Criação**; **Criacionismo da Terra antiga**). Como tal, sua posição deve ser distinguida, entre outros, do **criacionismo da** Terra **jovem**, do **criacionismo evolutivo** e do movimento de **design inteligente**. Ross e sua equipe de pesquisadores do RTB endossam a Declaração de Chicago sobre a Inerrância Bíblica. Críticos, ateus e cristãos, afirmam que Ross "lê a ciência nas Escrituras", onde é injustificado. Outros encontram falhas em sua proposta de que a transdimensionalidade de Deus possa resolver conceitos teológicos difíceis, como a **Trindade** e a predestinação *versus* o livre-arbítrio. No entanto, as opiniões de Ross são endossadas por muitos líderes e pastores evangélicos como alinhadas com a ortodoxia cristã.

Ross se dirigiu a estudantes e professores em mais de 300 campi nos Estados Unidos e no exterior, em uma ampla variedade de tópicos de fé científica. Ele escreveu muitos livros, incluindo *The Fingerprint of God* [A Impressão Digital de Deus], *The Creator and the Cosmos* [O Criador e o Cosmos], *Beyond the Cosmos* [Além do Cosmo], *A Matter of Days* [Uma Questão de Dias], *Creation as Science* [Criação como Ciência], *Why the Universe Is the Way It Is* [Por que o universo é como é], *More Than a Theory* [Mais que uma

Teoria], *Hidden Treasures in the Book of Job* [Tesouros Escondidos no Livro de Jó], *Improbable Planet* [Planeta Improvável], e *Navigating Genesis* [Navegando no Gênesis]. Ross foi indicado para o Prêmio Templeton e, em 2012, ganhou o Prêmio Trotter, ao proferir a Palestra Trotter na Universidade do Texas A&M, intitulada "Implicações teístas da cosmologia do *big bang*".

Motivado pela Grande Comissão, Ross e seu ministério (agora localizado em Covina, Califórnia) usam a ciência como uma ponte para alcançar os não crentes com a verdade do evangelho. O imperativo bíblico orientador do RTB é "santifiquem Cristo como Senhor no coração. Estejam sempre preparados para responder a qualquer que lhes pedir a razão da esperança que há em vocês. Contudo, façam isso com mansidão e respeito, conservando boa consciência" (1Pe 3:15-16).

Joe Aguirre

REFERÊNCIAS E LEITURAS RECOMENDADAS

Reasons to Believe, "Mission and Beliefs." Acessado em 16 de novembro de 2015. www.reasons.org/about/our-mission. Ver também www.reasons.org/about/who-we-are/hugh-ross.

Ross, Hugh, 1991. *The Fingerprint of God*. Orange, CA: Promise.

_____. 1993. *The Creator and the Cosmos*. 3rd exp. ed. Colorado Springs: NavPress.

_____. 1999. *Beyond the Cosmos*. 2nd exp. ed. Colorado Springs: NavPress.

_____. 2001. "Beyond the Stars: An Astronomer's Quest", em *The Day I Met God: Extraordinary Stories of Life-Changing Miracles*. Eds. Jim and Karen Covell and Victorya Michaels Rogers, 47-51. Sisters, OR: Multnomah.

_____. 2006a. *Creation as Science*. Colorado Springs: NavPress.

_____. 2006b. "Why I Believe in the Miracle of Divine Creation", em *Why I Am a Christian: Leading Thinkers Explain Why They Believe*. Ed. Norman L. Geisler, 135-59. Grand Rapids: Baker.

_____. 2008. *Why the Universe Is the Way It Is*. Grand Rapids: Baker.

_____. 2009. *More Than a Theory*. Grand Rapids: Baker.

_____. 2011. *Hidden Treasures in the Book of Job*. Grand Rapids: Baker.

_____. 2014. *Navigating Genesis*. Covina, CA: RTB Press.

_____. 2015. *A Matter of Days*. 2nd exp. ed. Covina, CA: RTB Press.

RUSE, MICHAEL. Michael Ruse (1940-) é historiador da biologia e professor da cátedra de Filosofia de Lucyle T. Werkmeister na Universidade Estadual da Flórida. Embora um ateísta, ele foi criado como um quaker conservador no Reino Unido, onde foi educado em escolas particulares quaker. Ruse frequentou a Universidade de Bristol (Bacharel em Artes, 1962), a Universidade McMaster (Mestrado em Artes, 1965) e a Universidade de Bristol (doutorado em Filosofia, 1970).

Iniciando sua formação acadêmica em **matemática**, Ruse entrou em **filosofia da ciência** e, depois de obter seu doutorado, tornou-se um dos fundadores da disciplina filosófica hoje conhecida como filosofia da biologia.

654 RUSSELL, BERTRAND

Enquanto ensinava filosofia, história da ciência e zoologia na Universidade de Guelph, em Ontário (de 1965 a 2000), Ruse publicou uma influente série de livros, incluindo *The Philosophy of Biology* [A filosofia da biologia] (1973), *The Darwinian Revolution* [A revolução darwiniana] (1979), *Darwinism Defended* [Darwinismo defendido] (1982) e *Taking Darwin Seriously* [Levando Darwin a sério] (1986); aqui ele estabeleceu as posições que tem consistentemente mantido desde então, como a centralidade da **seleção natural** à explicação biológica, a fundamentação evolutiva (ou naturalista) da ética e a supremacia da compreensão materialista das origens sobre as interpretações criacionistas ou teístas.

Na última função — isto é, como um defensor filosófico da teoria evolutiva neodarwiniana — Ruse foi convocado pela American Civil Liberties Union [União Americana pelas Liberdades Civis] para servir como testemunha especializada em filosofia da ciência no julgamento federal de *McLean vs. Arkansas* em 1981, no qual a constitucionalidade da chamada lei de tratamento equilibrado do Arkansas, a Lei 590, sobre o ensino da evolução e do criacionismo, estava sob escrutínio. O testemunho de Ruse sobre a natureza da ciência, incorporado à decisão do juiz William Overton de derrubar a lei, trouxe duras críticas de outros filósofos da ciência (notavelmente Philip Quinn, **Larry Laudan** e Barry Gross), iniciando um debate sobre o papel apropriado dos filósofos da ciência em controvérsias de políticas públicas que continua até hoje.

Os críticos de Ruse argumentaram que seu testemunho no Arkansas representava erroneamente a **complexidade** de delimitar a ciência de outras partes do conhecimento e da investigação humana ao promulgar uma definição positivista errônea que era filosoficamente indefensável (ver **Criacionismo, Design Inteligente e os Tribunais**; **Demarcação, Problema da**; **Positivismo Lógico**; **Filosofia da Ciência**). Em resposta, Ruse argumentou que seu testemunho era governado não pelos amplos padrões da sala de seminários, mas pelo contexto muito mais restrito de disputas legais, onde critérios claros e nítidos são exigidos — uma posição que mais tarde ele desafiou a si próprio, em uma palestra em 1993, para a American Association for the Advancement of Science (Associação Americana para o Avanço da Ciência) (Ruse 1993). (Muitos dos escritos relevantes que surgem desse debate podem ser encontrados em Ruse, 1988.) Em 1986,

Ruse e seu colega, David Hull, fundaram a revista *Biology & Philosophy* [Biologia e Filosofia], que Ruse editou até 2000, cedendo a redação após sua mudança para a Universidade Estadual da Flórida, onde ele assumiu a cátedra de filosofia de Lucyle T. Werkmeister (2000-).

Embora ele próprio seja ateu, Ruse colaborou com teóricos do *design* inteligente como **William Dembski** na edição de uma antologia sobre o debate do *design* (Dembski e Ruse, 2004) e tem sido um crítico aberto dos "**novos ateus**", chamando sua posição de "um desastre sangrento" e "causando danos políticos terríveis à causa do combate criacionista". Para um relato pessoal abrangente da carreira e dos interesses de Ruse, veja sua entrevista com Clifford Sosis (Sosis, 2015).

Paul Nelson

REFERÊNCIAS E LEITURAS RECOMENDADAS

DEMBSKI, W.; M. Ruse, eds. 2004. *Debating Design: From Darwin to DNA* (Cambridge: Cambridge University Press).

RUSE, M., ed. 1988. *But Is It Science? The Philosophical Question in the Creation/Evolution Controversy.* Buffalo, NY: Prometheus.

———. 1993. Lecture to the Annual Meeting of the American Association for the Advancement of Science, at the symposium "The New Antievolutionism." Boston. 13 de fevereiro. www.arn.org/docs/orpages/or151/mr93tran.htm.

SOSIS, Clifford, 2015. "What Is It Like to Be a Philosopher? Interview with Michael Ruse." www.whatisitliketobeaphilosopher.com/michaelruse.

RUSSELL, BERTRAND. Bertrand Arthur William Russell (1872-1970) foi um conhecido filósofo britânico, lógico, ativista social e político e homem de letras. Ele nasceu em uma família aristocrática, órfão aos quatro anos de idade, criado por sua avó e educado em casa com a ajuda de professores particulares. Estudou **matemática** e filosofia na Universidade de Cambridge de 1890 a 1893 e, após um breve flerte com o **idealismo** britânico, liderou uma revolta contra ele, tornando-se um dos fundadores da moderna filosofia analítica, juntamente com seu antecessor alemão Gottlob Frege (1848-1925), seu contemporâneo britânico G.E. Moore (1873-1958) e seu protegido austríaco **Ludwig Wittgenstein** (1889-1951).

Por seu trabalho com **Alfred North Whitehead** (1861-1947) no *Principia Mathematica* (1910-1913), Russell é reconhecido como um dos principais lógicos do século XX. Seus escritos tiveram uma influência profunda nos desenvolvimentos da lógica, teoria dos conjuntos, ciência da computação, **inteligência artificial**, **ciência cognitiva**, linguística e filosofia — no último caso, mais especialmente na filosofia da matemática, filosofia da lógica, filosofia da linguagem, **metafísica** e **epistemologia**. Na filosofia da linguagem, seu ensaio seminal "On Denoting" (Sobre a Denotação) (1905) continua a ser um ponto focal de discussão e é universalmente reconhecido como um **paradigma** do método analítico.

Mas Russell também se envolveu apaixonadamente na política e na reforma social e escreveu extensivamente e popularmente sobre questões como guerra, pacifismo, desarmamento nuclear, ética sexual, felicidade e religião. Nesse último aspecto, seu aluno mais famoso, o filósofo Ludwig Wittgenstein, certa vez comentou que "as obras de Russell deveriam ser encadernadas em duas cores: as que lidam com a **lógica** matemática em vermelho, e todos os estudantes de filosofia deveriam lê-las; e aqueles que lidam com ética e política em azul, e ninguém deve ser autorizado a lê-los "(Monk, 1990, p. 471).

As opiniões de Russell sobre **moralidade** e religião serão tratadas brevemente no final desta discussão; entretanto, note que, entre os seus variados e volumosos escritos, os seus trabalhos mais filosoficamente importantes são geralmente considerados como uma *A Critical Exposition of the Philosophy of Leibniz* [Exposição crítica da filosofia de Leibniz] (1900), *The Principles of Mathematics* [Os princípios da matemática] (1903a), *Principia Mathematica* (3 vols., com A. N. Whitehead, 1910-1913), *The Problems of Philosophy* [Os problemas da filosofia] (1912), *Our Knowledge of the External World* (Nosso conhecimento do mundo externo) (1914), *The Analysis of Mind* [A análise da mente] (1921), *The Analysis of Matter* [A análise da matéria] (1927), *An Inquiry into Meaning and Truth* [Uma investigação sobre o significado e a verdade] (1940), *Human Knowledge: Its Scope and Limits* [Conhecimento humano: seu alcance e significado] (1948), e a coletânea de artigos *Logic and Knowledge* (Lógica e conhecimento) (1956).

Russell foi eleito membro da Royal Society de Londres em 1908, nomeado o terceiro Conde Russell em 1931. após a morte de seu irmão Frank, recebeu a Ordem do Mérito do Rei da Inglaterra em 1949, e recebeu o Prêmio Nobel de Literatura em 1950, "em reconhecimento de seus escritos variados e significativos nos quais defende ideais humanitários e liberdade de pensamento" (Prêmios Nobel e Laureados).

Quando Russell foi para Cambridge como estudante de graduação em 1890, ele sofreu a influência do neo-hegelianismo e flertou com a forma de idealismo de John McTaggart (1866-1925), mas o abandonou quando descobriu que não poderia ser estendido de maneira puramente lógica para lidar com problemas nos fundamentos da matemática. Ele então mudou para uma forma extrema de realismo platônico, esboçado em seu livro *A Critical Exposition of the Philosophy of Leibniz* [Uma exposição crítica da filosofia de Leibniz] (1900) e mais plenamente expresso em *The Principles of Mathematics* [Os princípios da matemática] (1903a). Este último trabalho foi um tratado seminal para a escola logicista na filosofia da matemática, que sustentava que toda a matemática pura é dedutivamente derivável de princípios lógicos, assim, os fundamentos da matemática, em última análise, repousam na lógica.

Sob influência do seu mentor, Alfred North Whitehead, Russell logo se afastou do seu platonismo extremo para uma teoria de que as suas estruturas matemáticas são construções lógicas, isto é, não foram como seres reais imperceptíveis, mas sim verdades matemáticas são traduzíveis em verdades lógicas e toda a matemática é apenas um desenvolvimento da lógica. Quando discutimos as propriedades aritméticas de um número, por exemplo, não estamos discutindo uma entidade platônica; em vez disso, estamos falando sobre as propriedades de uma certa classe de classes de coisas, cujos membros podem ser postos em correspondência um a um com os membros de uma classe determinada. Trabalhar os detalhes deste programa, cujo resultado final foram os três volumes do *Principia Mathematica*, levou Russell e Whitehead uma década inteira.

Alcançar a derivação da matemática a partir da lógica exigiu muita inventividade, articulação e apropriação de algumas ideias controversas, como a teoria dos tipos e o axioma do **infinito**. A teoria dos tipos foi concebida como uma forma de evitar um **paradoxo** que Russell havia descoberto na teoria dos conjuntos (classes), em 1901. O paradoxo de Russell, como é chamado, surge ao se perguntar a classe de todas as classes que não são membros de si mesmos (como, por exemplo, o conjunto de todos os cães, que não é, em si, um cão) é um membro de si mesmo. Se for, então não é, e se não for, então é, então de qualquer maneira uma contradição surge. Isso significa que não pode haver tal conjunto, o que nos diz que toda a propriedade inteligível define uma classe.

Essa percepção levou a teoria dos conjuntos a uma compreensão extensionista dos conjuntos — concebendo-os como identificados por seus membros ao invés de definir especificando condições — e levou Russell à sua (simples) teoria dos tipos, que estratificou o universo de objetos em múltiplos níveis e proibiu a referência a um conjunto contendo um objeto ao definir esse objeto, de modo a contornar os paradoxos autorreferenciais: o primeiro nível (tipo) contém apenas indivíduos, as próximas coleções de indivíduos, as próximas coleções de coleções de indivíduos, e assim por diante.

Mais tarde, Russell forneceu um esquema de estratificação mais complicado na sua teoria ramificada dos tipos. Russell também colocou o axioma do infinito — que postulava a existência de um número infinito de objetos — para garantir um número infinito de indivíduos do tipo mais baixo. Metafisicamente falando, a ideia de existir, realmente e não apenas potencialmente, um conjunto infinito de indivíduos é bastante controversa (Hilbert, 1926; ver também a discussão do argumento kalam em **Argumento Cosmológico** e uma discussão de várias teorias sobre a relação entre Deus e os objetos abstratos em Gould, 2014).

Mais tarde, todo o projeto logicista foi questionado quando Kurt Gödel (1906-1978) demonstrou, falando grosseiramente, que os sistemas axiomáticos consistentes, como o do *Principia*, são fortes o suficiente para servir de base para a aritmética, e devem ser incompletos no sentido de que há verdades matemáticas expressáveis neles que não são deriváveis dos axiomas (Gödel, 1931; ver o **Teorema de Gödel**).

O construcionismo lógico da filosofia da matemática de Russell estendeu-se ao seu trabalho em epistemologia, filosofia da **mente**, filosofia da linguagem e **filosofia da ciência**. Por exemplo, em *Our Knowledge of the External World* (1914), Russell tenta construir objetos físicos a partir de conjuntos complexos de dados dos sentidos. Em *The Analysis of Mind* (1921), Russell não interpreta a mente como o receptor substancial dos dados dos sentidos, mas sim como o padrão complexo dos dados em si, levando a uma forma de **monismo** neutro, em que matéria e mente são "eventos" construídos, nenhum dos quais pode ser classificado como substâncias materiais ou mentais (ver também Russell, 1927).

Russell também estava preocupado com a relação entre a mente e o mundo como mediada pela linguagem, e pensava que quando o real em oposição à estrutura aparente da linguagem humana fosse explicitado, haveria uma correspondência de preservação de estrutura entre linguagem

e realidade. Essa **intuição** foi enunciada em sua defesa do **atomismo** lógico, uma teoria também defendida, por diferentes razões, por Ludwig Wittgenstein em seu *Tractatus Logico-Philosophicus* (1921), em que toda afirmação, por mais complexa que fosse, era uma função de verdade de declarações atômicas relatando fatos atômicos sobre o conteúdo da experiência que não eram mais analisáveis e eram logicamente independentes um do outro.

Este **empirismo** programático, que era central para o **positivismo lógico** e culminou no tratado de **Rudolf Carnap** (1891-1970) *The Logical Structure ofthe World* [A Estrutura Lógica do Mundo] (1928) e no livro de Alfred Ayer (1910-1989) *Language, Truth, and Logic* [Língua, Verdade e Lógica] (1936), foi reconhecido como insustentável e abandonado na década de 1950 (ver **Tese de Duhem-Quine**; **Empirismo**; **Positivismo lógico**; e **Subdeterminação**), embora Russell ainda estivesse trabalhando em uma formulação viável dessas ideias em seu *An Inquiry into Meaning and Truth* (1940). A síntese mais ampla e acessível de sua abordagem de questões em metafísica, epistemologia, filosofia da linguagem e filosofia da ciência pode ser encontrada em seu livro de 1948, *Human Knowledge: Its Scope and Limits*. Russell também era, naturalmente, conhecido como um homem de letras, e escreveu extensivamente e popularmente sobre política, ética e religião. Suas inclinações políticas eram de tendência esquerdista e pacifista (Russell, 1896, 1916a, 1916b, 1920, 1959a) e mais de uma vez o levaram para a prisão, e sua defesa da eugenia, juntamente com teorias morais que eram em grande parte teorias religiosas e libertinas ateístas (Russell 1903b, 1925, 1929, 1930, 1931, 1932, 1935, 1957), o que lhe custou uma nomeação acadêmica para o City College de Nova York, em 1940.

Além de um momento fugaz em sua juventude quando considerou válido o argumento ontológico, Russell sustentou ao longo de sua vida que a existência de Deus e a imortalidade pessoal eram meras possibilidades lógicas de superar a improbabilidade e que nenhuma base suficiente para acreditar nelas poderia ser encontrada em qualquer aspecto da experiência humana. Em vez disso, o trágico romantismo de seu ensaio de 1903, "A Free Man's Worship" [A adoração do homem livre], foi sua visão ao longo da vida:

Esse Homem é o produto de causas que não tinham previsão do fim que estavam alcançando; que sua origem, seu crescimento, suas esperanças e medos, seus amores e suas crenças, são apenas o resultado de colocações acidentais de átomos; que nenhum fogo, nenhum heroísmo, nenhuma intensidade de pensamento e sentimento pode preservar uma vida individual além do túmulo; que todos os trabalhos das épocas, toda a devoção, toda a inspiração, todo o brilho do meio-dia do gênio humano, estão destinados à **extinção** na vasta morte do sistema solar, e que todo o templo da realização do Homem deve inevitavelmente ser enterrado debaixo dos escombros de um universo em ruínas — todas essas coisas, se não forem completamente questionáveis, ainda são quase tão certeiras que nenhuma filosofia que os rejeita pode esperar permanecer. Somente dentro do andaime dessas verdades, somente no firme fundamento do desespero inflexível, a habitação da alma pode ser construída com segurança. (1903b, p. 416)

Que essa visão, como um exemplo de naturalismo metafísico, é epistemicamente autodestrutiva, parece ironicamente ter escapado à atenção de Russell, pois, se todo pensamento humano é "mas o resultado de colocações acidentais de átomos", seu próprio pensamento não é exceção, e não há base para pensar que seja "quase certo", e muito menos verdadeiro (ver **Argumento evolucionista contra o naturalismo** e **Naturalismo**; ver também Plantinga 2011, p. 307-50).

Mas Russell foi muito além disso, argumentando que a crença religiosa não era apenas racionalmente indefensável, mas na verdade inibidora do progresso humano e irreconciliável com uma visão científica do mundo (Russell 1931, 1935, 1957). Sua posição sobre essas questões poderia ser melhor caracterizada como uma versão mais gentil e melhor argumentada das reivindicações associadas aos novos ateus (ver **Novo ateísmo**). Mesmo assim, sua postura é contrária à evidência da história e filosoficamente deficiente, pois a crença teísta em geral e o cristianismo em particular forneciam garantia e impulso histórico ao surgimento da ciência (ver **Inteligibilidade do universo**; também Gordon, 2011; Hannam, 2011; Plantinga, 2011, p. 255-303), e o empreendimento da teologia natural está vivo e bem (ver **Teologia natural**; também Craig e Moreland, 2009; Doughtyty and Walls, a ser publicado).

Bruce L. Gordon

REFERÊNCIAS E LEITURAS RECOMENDADAS

AYER, Alfred J., (1936) 1971. *Language, Truth, and Logic.* London: Penguin.

CARNAP, Rudolf, (1928) 1969. *Der Logische Aufbau der Welt* (The Logical Structure of the World). Berkeley: University of California Press.

CLARK, Ronald W., 1975. *The Life of Bertrand Russell.* New York: Penguin.

CRAIG, William Lane; Moreland, J. P., eds. 2009. *The Blackwell Companion to Natural Theology.* Oxford: Blackwell.

DOUGHERTY, Trent; Walls, Jerry, a ser publicado. *Two Dozen (or So) Arguments for God: The Plantinga Project.* Oxford: Oxford University Press.

GÖDEL, Kurt, 1931. "Über formal unentscheidbare Sätze der *Principia Mathematica* und verwandter Systeme I." *Monatshefte fürMathematik und Physik* 38:173-98.

GORDON, Bruce L., 2011. "The Rise of Naturalism and Its Problematic Role in Science and Culture", em *The Nature of Nature: Examining the Role of Naturalism in Science.* Eds. Bruce L. Gordon and William A. Dembski, 3-61. Wilmington, DE: ISI Books.

GOULD, Paul, ed. 2014. *Beyond the Control of God? Six Views on the Problem of God and Abstract Objects.* New York: Bloomsbury Academic.

HANNAM, James, 2011. *The Genesis of Science: How the Christian Middle Ages Launched the Scientific Revolution.* Washington, DC: Regnery.

HILBERT, David, 1926. "On the Infinite." *Mathematische Annalen* 95:161-90. Repr. em *Philosophy of Mathematics: Selected Readings.* Eds. Paul Benacerraf and Hilary Putnam; trans. E. Putnam and G. J. Massey, 183-201. 2nd ed. Cambridge: Cambridge University Press, 1983.

MONK, Ray, 1990. *Ludwig Wittgenstein: The Duty of Genius.* New York: Free Press.

_____. 1996. *Bertrand Russell: The Spirit of Solitude 1872-1921.* New York: Free Press.

_____. 2001. *Bertrand Russell: The Ghost of Madness 1921-1970.* New York: Free Press.

NOBEL PRIZES AND LAUREATES, "The Nobel Prize in Literature 1950." Nobelprize. org. Acessado em 21 de outubro de 2016. www.nobelprize.org/nobel_prizes/literature/laureates/1950/index.html.

PLANTINGA, Alvin, 2011. *Where the Conflict Really Lies: Science, Religion, and Naturalism.* New York: Oxford University Press.

RUSSELL, Bertrand, (1896) 1965. *German Social Democracy.* London: Allen & Unwin.

_____. (1897) 2007. *An Essay on the Foundations of Geometry.* New York: Cosimo.

_____. (1900) 1958. *A Critical Exposition of the Philosophy of Leibniz.* London: Allen & Unwin.

_____. (1903a) 2000. *The Principles of Mathematics.* London: Routledge.

_____. 1903b. "A Free Man's Worship." *Independent Review* 1:415-24.

_____. 1905. "On Denoting." *Mind* 14:479-93.

_____. 1912. *The Problems of Philosophy.* Cambridge: Home University Library.

_____. (1914) 1993. *Our Knowledge of the External World.* London: Routledge.

_____. (1916a) 1917. *Justice in War-Time.* Chicago: Open Court.

_____. (1916b) 1980. *Principles of Social Reconstruction.* London: Unwin Paperbacks.

_____. 1919. *Introduction to Mathematical Philosophy.* London: Allen & Unwin.

_____. 1920. *The Practice and Theory of Bolshevism.* London: Allen & Unwin.

_____. 1921. *The Analysis of Mind.* London: Allen & Unwin.

_____. 1925. *What I Believe.* London: Kegan Paul, Trench, Trubner & Co.

_____. 1927. *The Analysis of Matter.* New York: Harcourt, Brace.

_____. 1929. *Marriage and Morals.* London: Allen & Unwin.

_____. 1930. *The Conquest of Happiness.* New York: Horace Liveright.

_____. 1931. *The Scientific Outlook.* London: Allen & Unwin.

_____. (1932) 2009. *Education and the Social Order.* London: Routledge.

_____. (1935) 1997. *Religion and Science.* Oxford: Oxford University Press.

_____. (1940) 1950. *An Inquiry into Meaning and Truth.* London: Allen & Unwin.

_____. (1945) 1993. *A History of Western Philosophy.* London: Routledge.

_____. 1946. *Physics and Experience.* Cambridge: Cambridge University Press.

_____. (1948) 1993. *Human Knowledge: Its Scope and Limits.* London: Routledge.

_____. 1956. *Logic and Knowledge.* Ed. R. C. Marsh. London: Allen & Unwin.

_____. 1957. *Why I Am Not a Christian.* Ed. Paul Edwards. London: Allen & Unwin.

_____. 1959a. *Common Sense and Nuclear Warfare.* London: Allen & Unwin.

_____. 1959b. *My Philosophical Development.* New York: Simon & Schuster.

658 RUSSELL, ROBERT

_____. 1961. *The Basic Writings of Bertrand Russell*. Eds. L. E. Denonn and R. E. Egner, New York: Simon & Schuster.

_____. 1967, 1968, 1969. *The Autobiography of Bertrand Russell*. 3 vols. New York: Little, Brown.

Russell, Bertrand; Whitehead, Alfred North, 1910, 1912, 1913. *Principia Mathematica*. 3 vols. Cambridge: Cambridge University Press.

Wittgenstein, Ludwig, (1921) 1961. *Tractatus Logico-Philosophicus*. London: Routledge and Kegan Paul.

Wood, Alan, 1959. "Russell's Philosophy: A Study of Its Development." Appendix to Bertrand Russell, *My Philosophical Development*, 255-77. New York: Simon & Schuster.

RUSSELL, ROBERT. O teólogo e físico Robert John Russell (1946-), diretor fundador do The Center for Theology and the Natural Sciences [Centro de Teologia e Ciências Naturais] (Berkeley, Califórnia), é, sem dúvida, o mais importante estudioso protestante tradicional contemporâneo do cristianismo e da ciência. Embora ele não seja um evangélico, uma compreensão ortodoxa da criação, **ressurreição** e **escatologia** moldou todo o seu trabalho. Como organizador e facilitador de conversas sobre teologia e ciência, ele frequentemente colocou cientistas mundialmente famosos em contato próximo com os principais teólogos, historiadores e filósofos, todos com o objetivo de produzir publicações abrangentes que desenvolvam novas ideias criativas sobre algumas das mais difíceis questões enfrentadas por todos os cristãos que levam a ciência moderna a sério.

O maior projeto focalizou a **ação divina** em várias ciências, resultando em cinco antologias completas que fornecem um pano de fundo crucial para a ideia mais importante de Russell, a Ação Divina Objetiva Não Intervencionista (ADONI, ou NIODA, em inglês). De acordo com Russell, devido às mudanças conceituais na ciência e na filosofia nos últimos dois séculos, "*podemos agora entender a providência especial como os atos objetivos de Deus na natureza e na história e podemos entender esses atos de uma maneira não intervencionista consistente com a ciência*" (Russell, 1997, p. 45, itálico no original). Embora alguns atos divinos, incluindo a ressurreição, ainda caiam fora desse esquema, Russell acredita que a ADONI nos ajuda a entender a maior parte da ação divina, evitando a encruzilhada de um antigo dilema teológico: exigindo que Deus aja contrário às leis naturais, ou então reduzindo a ação divina para uma categoria puramente subjetiva.

Russell preparou-se cuidadosamente para abordar questões dessa natureza e magnitude. Após o curso de graduação em **física**, religião e música na Universidade de Stanford, ele estudou teologia na Escola de Religião do Pacífico, levando-o à sua ordenação na Igreja Unida de Cristo, antes de concluir o doutorado na Universidade da Califórnia, Santa Cruz, estudando física da matéria condensada com Frank Bridges. Ele, então, passou três anos lecionando física no Faculdade de Carleton (Minnesota), onde desenvolveu um relacionamento próximo com **Ian Barbour**, o principal impulsionador do moderno diálogo entre ciência e religião (Peters, 2006, p. 6).

Embora sua dívida pessoal e intelectual com Barbour seja considerável, Russell nunca foi um defensor do **teísmo** do processo de Barbour. Ele também não abraçou a separação entre religião e ciência, encapsulada pela abordagem das "duas línguas" de Langdon Gilkey. Ambas as perspectivas são especialmente claras no livro de Russell *Cosmology: From Alpha to Omega* [Cosmologia: De Alfa a Ômega] (2008), uma edição atualizada de ensaios anteriores trazendo a teologia trinitária para a cosmologia, **matemática**, mecânica quântica, evolução, **teodiceia** e escatologia de maneiras altamente originais. No livro, Russell promove o que ele chama de "interação mútua criativa" da teologia e da ciência, prestando muita atenção à "consonância *e* dissonância" como parte dessa interação (Russell, 2008, p. 9-11, itálico no original).

Edward B. Davis

REFERÊNCIAS E LEITURAS RECOMENDADAS

Peters, Ted, 2006. "Robert John Russell's Contribution to the Theology and Science Dialogue", em *God's Action in Nature's World*. Eds. Ted Peters and Nathan Hallanger, 1-18. Aldershot, UK: Ashgate.

Russell, Robert John, 1997. "Does the 'God Who *Acts*' Really *Act*? New Approaches to Divine Action in Light of Science." *Theology Today* 54:43-65.

_____. 2008. *Cosmology: From Alpha to Omega*. Minneapolis: Fortress.

RYLE, GILBERT. Gilbert Ryle (1900-1976) foi um influente filósofo britânico associado à filosofia da "linguagem comum" de pessoas como **Ludwig Wittgenstein**. Essa associação é devida à tese de Ryle de que muitos dos problemas da filosofia são meramente confusões filosóficas que surgem por meio da assimilação ou aplicação incorreta de termos categoricamente diferentes. Segundo Ryle, essas confusões só podem ser resolvidas por uma análise cuidadosa da **lógica** e do uso da linguagem.

Ryle era um escritor prolífico, focado principalmente em significado e referência. Seu livro *The Concept of Mind* [O conceito da mente] (1949) foi amplamente lido e comentado na primeira década após sua publicação. Permanece um clássico moderno. O primeiro objetivo do livro é atacar o **dualismo** da substância, segundo o qual os seres humanos são compostos de um corpo físico e uma **mente** ou **alma** não física (ver **Dualismo**; **Alma**). Ryle se referiu a isso como "Mito de Descartes" e "fantasma na máquina". Embora o retrato de Ryle da teoria de Descartes sobre os seres humanos seja contestado, a frase permanece popular (ver **Descartes, René**).

Segundo Ryle, a ideia do dualismo da substância é absurda. Fiel à sua ênfase na linguagem, Ryle argumentou que os debates filosóficos sobre a natureza da mente e a relação entre mente e corpo foram o resultado de um "erro de categoria" que levou muitos a tratarem erroneamente declarações sobre fenômenos mentais da mesma forma que afirmações sobre fenômenos físicos. Isto é para assumir que a mente e o corpo são ambos regidos por leis mecânicas, o que é um absurdo. Mentes não físicas não têm alavancas ou engrenagens. Para Ryle não existem objetos não físicos. A discussão comum da mente, na verdade, fala de objetos físicos e acontecimentos físicos.

O segundo objetivo em *The Concept of Mind* é fornecer um projeto positivo de "mapear a geografia lógica" dos muitos conceitos usados em se referir à mente. Mais uma vez, a ênfase na linguagem é dominante. Embora Ryle tenha considerado seu projeto neutro quanto à natureza dos seres humanos, muitos filósofos descreveram a teoria de Ryle do ser humano como behaviorista e também como verificacionista.

Às vezes, Ryle parece reduzir a mente humana ao comportamento humano. Por exemplo, diante do problema de saber como é a vida mental de outra pessoa, Ryle sugeriu que seja uma questão de "como nós estabelecemos, e como aplicamos, certos tipos de proposições legais sobre o comportamento aberto e silencioso das pessoas" (1949, p. 169). Consequentemente, o conhecimento da vida mental dos outros é obtido através do conhecimento de seu comportamento.

Uma leitura cuidadosa de Ryle, no entanto, revela que em alguns pontos ele fez avançar o **behaviorismo** e em outros pontos ele o rejeitou. É justo dizer que Ryle deu pouca atenção ao significado das experiências reflexivas, como a experiência da dor. Tais eventos mentais não são redutíveis ao comportamento, pois pode-se estar com dor e não agir como tal ou, inversamente, exibir um comportamento de dor sem sentir qualquer dor.

Na última parte da carreira de Ryle, ele produziu um trabalho considerável sobre **Platão**. No entanto, seu trabalho sobre a filosofia da mente continua sendo sua contribuição mais influente, que é aparente nas teorias funcionalistas contemporâneas da consciência (ver **Consciência**; **Funcionalismo**).

Brandon L. Rickabaugh

REFERÊNCIAS E LEITURAS RECOMENDADAS

Lyons, William E., 1980. *Gilbert Ryle: An Introduction to His Philosophy*. Brighton/ Atlantic Highlands, NJ: Harvester/Humanities.

Mabbott, J. D., 1976. "Gilbert Ryle: A Tribute." Reimpresso em *Aspects of Mind: Gilbert Ryle*. Ed. René Meyer, 221-25. Cambridge: Oxford, 1993.

Magee, Brian., 1971. "Conversation with Gilbert Ryle", em Brian Magee, *Modern British Philosophy*. London: Secker & Warburg.

Ryle, Gilbert, 1931-1932. "Systematically Misleading Expressions." *Proceedings of the Aristotelian Society* 32:139-70.

_____. 1945. "Philosophical Arguments." Inaugural lecture as Waynflete Professor of Metaphysical Philosophy, Oxford. Reimpresso em Ryle, *Collected Papers*, 2:194-211. London: Hutchinson, 1971.

_____. 1945-1946. "Knowing How and Knowing That." *Proceedings of the Aristotelian Society* 46:1-16.

_____. 1949. *The Concept of Mind*. London: Hutchinson.

_____. 1950-1951. "Heterologicality." *Analysis* 11:61-69.

_____. 1954. *Dilemmas: The Tarner Lectures*. Cambridge: Cambridge University Press.

_____. 1961. "Use, Usage, and Meaning." *Proceedings of the Aristotelian Society*, supp. 35:223-30.

_____. 1966. *Plato's Progress*. Cambridge: Cambridge University Press.

_____. 1971. *Collected Papers*. 2 vols. London: Hutchinson.

_____. 1979. *On Thinking*. Ed. K. Kolenda. Oxford: Blackwell.

Wood, O. P.; Pitcher, G., 1970. *Ryle, Modern Studies in Philosophy*. Ed. A. Rorty. London: Macmillan.

S

SAGAN, CARL. Carl Sagan (1934-1996) foi um cientista e educador norte-americano mais conhecido como cocriador e apresentador da minissérie *Cosmos,* de 1980, que trouxe um entusiasmo contagiante pela **astronomia** a milhões de salas de estar, bem como por seus escritos populares sobre ciência.

Sagan nasceu e cresceu no Brooklyn, Nova York, e obteve seu doutorado pela Universidade de Chicago em 1960; foi professor por um breve período na Universidade de Harvard e passou quase três décadas como professor na Universidade de Cornell, em Ithaca, Nova York. Ele fez parte de equipes científicas de muitas missões espaciais da NASA e fez uma série de contribuições para o estudo de superfícies e atmosferas planetárias, mas suas contribuições científicas mais duradouras resultaram de seu trabalho pioneiro em astrobiologia, o estudo da vida longe da terra. Sagan contemplou a habitabilidade das nuvens de Júpiter e dos oceanos de Europa, e realizou experiências de laboratório em compostos orgânicos numa tentativa de avaliar a possibilidade de química prebiótica na superfície de Titã.

Sagan era um proponente da busca de sinais de vida inteligente em outras partes do universo. Ele foi fundamental na colocação de placas a bordo das espaçonaves *Pioneer* e *Voyager* que continham saudações e outras informações sobre a humanidade, na esperança de que os seres inteligentes pudessem algum dia encontrá-las e decifrá-las.

Sagan escreveu livros populares sobre astronomia ao longo da década de 1970, mas sua carreira alcançou um momento decisivo quando foi corroteirista e apresentador da *Cosmos*, uma minissérie de 13 partes que foi lançada pelo canal de TV PBS [Public Broadcasting Service] em 1980. *Cosmos* foi uma introdução panorâmica a conceitos astronômicos incluindo a terra, a vida e o universo. Desde então, tem sido citado como inspiração por muitos cientistas de gerações sucessivas e tem sido visto por mais de 500 milhões de pessoas.

Em 1985, Sagan publicou um romance, *Contact*, que imaginava os efeitos sociais da comunicação entre humanos e uma civilização alienígena. O contato foi transformado em um filme estrelado por Jodie Foster em 1997, um ano após a morte de Sagan por complicações de mielodisplasia.

Sagan evocativamente expressou as implicações da nucleossíntese estelar, chamando os seres humanos de "matéria estelar", e falou com entusiasmo sobre a pequenez e o isolamento da terra, chamando-a de "ponto azul pálido". Essa última apareceu em um livro de 1994, *Pálido ponto azul: uma visão do futuro da humanidade no espaço*, que contemplou extensivamente o lugar da humanidade dentro do cosmos. O livro de Sagan de 1995, intitulado *O mundo assombrado pelos demônios: a ciência vista como uma vela no escuro*, definiu **o método científico** como o meio essencial para o avanço do conhecimento humano e ofereceu uma crítica da superstição e da **pseudociência**, bem como da religião organizada. Como uma ilustração de alegações que se colocam fora do domínio da ciência, com um olhar particular para a **existência de Deus**, o "dragão na minha garagem" de Sagan é uma versão mais detalhada do clássico "bule de chá no espaço sideral" de **Bertrand Russell.**

Sagan era conhecido por pronunciar entusiasticamente a palavra *bilhões* ao descrever a vastidão do universo, embora alegasse nunca ter usado essa frase característica "bilhões e bilhões", o que talvez se deva mais a paródias de Sagan feitas pelo comediante Johnny Carson do que ao próprio Sagan.

Esse estudioso foi um crítico proeminente do cristianismo e de outras religiões. Ele achava que a existência de um Deus pessoal não era crível na ausência de **provas científicas** rigorosas, de acordo com a sua afirmação de que "alegações extraordinárias exigem evidências extraordinárias", e ele não se desculpou por incorporar essa crença em sua visão de cientista (ver **Cientificismo**). Os cristãos às vezes protestavam contra a imparcialidade de suas críticas ao cristianismo histórico e contemporâneo, e os criacionistas ficaram ainda mais perturbados com a adoção da **evolução biológica** de Sagan e com a grande **idade do universo**. Por outro lado, embora as falas da abertura de *Cosmos* ("O cosmo é tudo o que é ou sempre foi ou sempre será") tenham sido tomadas como uma declaração arquetípica do naturalismo filosófico, Sagan reconheceu que a inexistência de Deus nunca pode ser provada.

Matthew Tiscareno

REFERÊNCIAS E LEITURAS RECOMENDADAS

SAGAN, Carl, 1994. *Pale Blue Dot*. New York: Random House.
_____. 1995. *The Demon-Haunted World*. New York: Random House.

SALMON, WESLEY. Wesley Salmon (1925-2001) foi um exímio filósofo da ciência que fez contribuições importantes para as discussões sobre **causalidade**, explicação, **probabilidade**, **confirmação** científica e indução. Salmon fez seu trabalho de doutorado na Universidade da Califórnia, Los Angeles, sob orientação de **Hans Reichenbach** e acabou se estabelecendo na Universidade de Pittsburgh, uma escola (especialmente durante seu mandato) conhecida pela excelência na história e na **filosofia da ciência**.

Um projeto significativo de Salmon era buscar um equilíbrio entre os empiristas lógicos, que defendiam a **objetividade** e a dedução, e a filosofia histórica da ciência de **Thomas Kuhn**, que enfatizava a subjetividade da escolha da teoria. Às vezes, duas teorias rivais podem competir para explicar o mesmo conjunto de observações, por exemplo, as teorias corpusculares e ondulatórias da luz, e Salmon procurou fornecer uma maneira de resolver disputas entre tais rivais com base na análise bayesiana e cuidadosa atenção ao papel de probabilidades anteriores. Sua abordagem evitou o subjetivismo extremo de Kuhn e a certeza dedutiva dos empiristas lógicos ao oferecer um "algoritmo bayesiano de preferência por teoria" baseado em considerações de plausibilidade (ver **Teorema de Bayes**).

Questões de causalidade também foram fundamentais para o trabalho de Salmon, o qual pensava que uma compreensão adequada da causalidade era central para explicações científicas bem-sucedidas. Em particular, Salmon rejeitou o modelo de lei de cobertura de Carl Hempel com seu uso de abordagens dedutivo-nomológico (DN) e indutivo-estatístico (IS), que tornaram a causalidade secundária à explicação. A causalidade é frequentemente vista como uma relação entre um par de eventos, A e B, que manifestam um padrão regular de eventos do tipo A sendo seguidos por eventos do tipo B. Rejeitando tais relatos baseados em eventos (bem como contrafactuais), Salmon fez a causalidade uma função de processos causais que afetavam uns aos outros por meio da interação. Para

conseguir isso, ele fez da "marca de transmissão" o indicador de um processo causal, e da mudança ou modificação das características um indicador de interação (ver **Quatro causas de Aristóteles**; **Causalidade**).

A marca de transmissão destina-se a distinguir processos causais genuínos de pseudoprocessos. Um processo causal genuíno é capaz de propagar uma marca ao longo do tempo, sendo que uma marca é uma modificação no objeto, tal como um risco em uma bola de beisebol. Uma bola de beisebol em movimento, em oposição ao pseudoprocesso de uma sombra que se move pela uma parede, é um processo causal genuíno porque a marca ou alteração pode ser permanentemente transmitida no caso do beisebol, mas não no caso da sombra. Quando um processo causal genuíno, como o voo da bola, é alterado por outro processo causal, como a rebatida de um taco, há interação, e podemos dizer que a causalidade ocorreu. Em particular, seguindo Phil Dowe, Salmon argumentou que, no caso de interação causal genuína, haverá transmissão ou alteração de uma quantidade conservada, como energia em massa, carga ou momento.

Wesley Salmon foi um dos mais influentes filósofos da ciência do século XX e um dos mais amplamente publicados, com mais de 100 artigos profissionais e inúmeros livros para o seu crédito. Embora suas ideias tenham sido amplamente debatidas, Salmon deixou uma impressão duradoura na filosofia da ciência do século XX.

Bradley Sickler

REFERÊNCIAS E LEITURAS RECOMENDADAS

DOWE, Phil, 2000. *Physical Causation*. Cambridge: Cambridge University Press.
HEMPEL, Carl, 1965. *Aspects of Scientific Explanation and Other Essays in the Philosophy of Science*. New York: Free Press.
KUHN, Thomas.,(1962) 1970. *The Structure of Scientific Revolutions*. 2nd ed. with postscript. Chicago: University of Chicago Press.
SALMON, Wesley, 1971. "Statistical Explanation and Statistical Relevance", em *Statistical Explanation and Statistical Relevance*. Ed. W. Salmon, 29-87. Pittsburgh: University of Pittsburgh Press.
_____. 1984. *Scientific Explanation and the Causal Structure of the World*. Princeton, NJ: Princeton University Press.
_____. 1994. "Causality without Counterfactuals." *Philosophy of Science* 61:297-312.
_____. 1998. *Causality and Explanation*. New York: Oxford University Press.

SCHAEFER, HENRY F. "Fritz" Schaefer (1944-) é professor da Cátedra Graham Perdue de Química na Universidade da Geórgia, onde dirige o Centro de Química Quântica Computacional (CCQC, em inglês). Nascido em Grand Rapids, Michigan, Schaefer obteve seu

662 SCHAEFER, HENRY F.

bacharelado em física química pelo Instituto de Tecnologia de Massachusetts em 1966 e um doutorado no mesmo assunto da Universidade de Stanford, três anos depois. Esse trabalho foi baseado em estudos computacionais da estrutura eletrônica de átomos leves e moléculas diatômicas. Ele iniciou sua carreira acadêmica na Universidade da Califórnia-Berkeley em 1969, onde estabeleceu um programa de pesquisa em química computacional focado na condução de rigorosos cálculos de estrutura eletrônica que representavam a correlação de elétrons (ou seja, interações elétron-elétron). Seu sucesso foi tal que ele foi recrutado como diretor inaugural do Instituto de Química Teórica da Universidade do Texas-Austin em 1979 e de sua posição atual na Universidade da Geórgia em 1987.

A produção científica prolífica e premiada de Schaefer de mais de 1.400 artigos e livros é caracterizada pela minúcia, pelo rigor metodológico e envolvimento com descobertas experimentais. Sua predição de 1969 da estrutura dobrada do metileno em oposição à estrutura linear atribuída pelo eminente espectroscopista Gerhard Hertzberg é característica de sua disposição em usar cálculos rigorosos para desafiar resultados experimentais questionáveis; além disso, essa predição também ajudou a estabelecer o campo da utilidade da química quântica para fazer previsões precisas e interpretar experimentos depois que o trabalho experimental subsequente de Schaefer se provou correto (Murphy, 2006; Richards, 1979; Schaefer, 1986).

Além de sua pesquisa, Schaefer contribuiu para quantificar o desenvolvimento da química por meio de seus mais de 100 estudantes de doutorado e quase 50 pesquisadores de pós-doutorado (Schaefer, 2010), suas monografias autorizadas no campo (1977a, 1977c, 1984), o software de química quântica PSI (Turey et al., 2012) e seu serviço de longa data como editor da revista *Molecular Physics* (Física Molecular) e presidente da Associação Mundial de Químicos Teóricos e Computacionais.

Schaefer é bem conhecido tanto na química quanto nas comunidades cristãs por sua fé cristã séria e por sua disposição em abordar questões de fé científica. Além de ensinar um seminário de calouros sobre ciência e cristianismo e envolver-se no discreto testemunho cristão (Crawford, 2010; Harris, 2010), Schaefer realizou mais de 350 palestras sobre questões de fé científica desde 1984. Elas foram publicadas como *Science and Christianity: Conflict of Coherence?* [Ciência e cristianismo: conflito de coerência?] (2003, 2010), mas muitos também estão disponíveis

em vários sites de ministério de apologética (p. ex., Schaefer's Virtual Office [Escritório Virtual de Schaefer]).

O objetivo geral de Schaefer é apresentar o cristianismo como profundamente satisfatório e intelectualmente razoável, enquanto critica os movimentos culturais e intelectuais que cooptam a ciência para promover teorias ateístas da realidade. Em um estilo altamente pessoal e coloquial, ele descreve sua jornada de fé pessoal, responde a perguntas comuns sobre o cristianismo, dá conselhos aos que buscam a verdade, explora as crenças dos cientistas do passado e do presente, e ainda descreve seu diálogo com o físico ateu **Steven Weinberg**. Também avalia o significado teológico do *big bang* e da proposta de Hartle-Hawking, critica o pós-modernismo, exorta-nos a dar atenção às advertências de C.S. Lewis sobre o **cientificismo** e discute seu ceticismo sobre os relatos científicos da origem da vida e sua crença em um *designer*.

Embora Schaefer considere debates sobre a evolução de importância secundária para a sua fé, ele é membro do **Discovery Institute** e tem sido um defensor proeminente do movimento de **design inteligente** (DI) (Forest e Gross, 2007, p. 18-22), que gerou especulações de que ele foi indicado ao Prêmio Nobel cinco vezes. Significativamente, Schaefer participou da conferência de DI de "simples criação" de 1996 (1998), assinou a dissidência científica do **darwinismo** e defendeu os esforços de "ensinar a controvérsia" em Cobb County, Georgia (2002).

As contribuições técnicas de Schaefer para o diálogo entre ciência e fé incluem a exploração da consonância entre o cristianismo e a **teoria do caos** (Allen e Schaefer, 2006) e as implicações de coincidências antrópicas para a química (Allen e Schaefer, 2010) em artigos semitécnicos em coautoria com seu colaborador do CCQC, Wesley Allen.

Stephen Contakes

REFERÊNCIAS E LEITURAS RECOMENDADAS

Allen, Wesley D.; Schaefer III, Henry F., 2006. "Complexity, Chaos and God", em *Darwin's Nemesis: Phillip Johnson and the Intelligent Design Movement*. Ed. William A. Dembski, 276-303. Downers Grove, IL: IVP Academic.

_____. 2010. "Counterfactual Quantum Chemistry of Water", em *Water and Life: The Unique Properties of H2O*. Boca Raton, FL: CRC.

Basour, J., 2006. "Review of *Science and Christianity: Conflict or Coherence?* by Henry F. Schaefer III," *Science and Christian Belief* 18 (1): 95-96.

"Biography of Fritz Schaefer." 2004. *Journal of Physical Chemistry A* 108, no. 15 (1 de abril): 2805-7.

Crawford, T. Daniel, 2010. "The Life and Science of Fritz Schaefer." *Molecular Physics* 108, no. 19-20 (10 de outubro): 2439-45.

Crawford, T. Daniel; Sherrill, C. David, 2009. "A Special Issue of Molecular

Physics Honoring Prof. Henry F. Schaefer III." *Molecular Physics* 107, no. 8-12 (20 de abril): 711.

"Curriculum Vitae of Fritz Schaefer." 2004. *Journal of Physical Chemistry A* 108, no. 15 (1 de abril): 2810-17.

Fisher, David, 2004. "Review of *Science and Christianity: Conflict or Coherence?* by Henry F. Schaefer III." *Perspectives on Science and Christian Faith* 56 (2). www.asa3.org/ASA/BookReviews2000-present/6-04.html.

Forrest, Barbara, 2007. *Creationism's Trojan Horse: The Wedge of Intelligent Design.* New York: Oxford University Press.

Garrison, Barbara J.; Scuseria, Gustavo E.; Yarkony, David R., 2004. "Dedication to Fritz Schaefer." *Journal of Physical Chemistry A* 108, no. 15 (April 1): 2803-4.

Harris, Robert A., 2010. "A Unique Friendship." *Molecular Physics* 108, no. 19-20 (10 de outubro): 2447-48.

Hearn, Walter R.; Schaefer III, Henry F., 2001. "ASAer Profile on Fritz Schaefer." *ASA Newsletter* 43, no. 5 (setembro-outubro). www.asa3.org/ASA/newsletter/SEPOCT01.htm.

IAQMS. "Henry F. Schaefer III." International Academy of Quantum Molecular Science. Acessado em 26 de outubro de 2016. www.iaqms.org/members/schaefer.php.

Murphy, John, 2006. "Leading the Computational Chemistry Field." *Scientific Computing World* 5 (agosto-setembro). www.scientific-computing.com/features/feature.php?feature_id=6.

Richards, Graham, 1979. "The Third Age of Quantum Chemistry." *Nature* 278: 507.

Rienstra-Kiracofe, Jonathan C., 2004. "God Is in the Details: A Scientist Affirms His Faith (resenha da *Science and Christianity: Conflict or Coherence?* by Henry F. Schaefer III)." *Books and Culture: A Christian Review* (fevereiro). www.booksandculture.com/articles/webexclusives/2004/february/040223a.html?paging=off.

Schaefer, Henry F., III, ed. 1977a. *Applications of Electronic Structure Theory.* Modern Theoretical Chemistry 4. New York: Plenum.

———. 1977b. "The Fuzzy Interface between Surface Chemistry, Heterogeneous Catalysis, and Organometallic Chemistry." *Accounts of Chemical Research* 10 (8): 287-93.

———, ed. 1977c. *Methods of Electronic Structure Theory.* Modern Theoretical Chemistry 3. New York: Plenum.

———. 1984. *Quantum Chemistry: The Development of Ab Initio Methods in Molecular Electronic Structure Theory.* Oxford Science Publications. Oxford: Clarendon.

———. 1986. "Methylene: A Paradigm for Computational Quantum Chemistry." *Science* 231, no. 4742 (March 7): 1100-1107.

———. 1988. Foreword to *Mere Creation: Science, Faith and Intelligent Design.* Ed. William A. Dembski. Downers Grove, IL: InterVarsity.

———. 1997. "The Reachable Dream: Some Steps toward the Realization of Molecular Quantum Mechanics by Computer." *Journal of Molecular Structure: THEOCHEM* 398-99, no. 1-3 (30 de junho): 199-209.

———. 1998. "Foreword", em *Mere Creation: Science, Faith and Intelligent Design.* Ed. William A. Dembski, 9-12. Downers Grove, IL: InterVarsity Press.

———. 2001. "Computers and Molecular Quantum Mechanics: 1965-2001, a Personal Perspective." *Journal of Molecular Structure: THEOCHEM* 573, no. 1-3 (26 de outubro): 129-37.

———. 2002. "Standard Evolutionary Theory Has Its Shortcomings." *Atlanta Journal Constitution.* September 28.

———. 2003. *Science and Christianity: Conflict or Coherence?* Watkinsville, GA: Apollos Trust.

———. 2004. "Science and Christianity: Conflict or Coherence?" em *Reading God's World.* Ed. Angus J. L. Menuge, 119-56. St. Louis, MO: Concordia.

———. 2005. "Review of *Who Is Adam?* by Fazale Rana and Hugh Ross." *Perspectives on Science and Christian Faith* 57 (4): 325.

———. 2010. *Science and Christianity: Conflict or Coherence?* 6th rev. ed. Athens: University of Georgia.

———. "Dr. Henry F. 'Fritz' Schaefer, III. Virtual Office." Leadership U. Acessado em 25 de outubro de 2016. www.leaderu.com/offices/schaefer/.

Schaefer, Henry F., III; Rodrigues, Louis F., 2010. "Henry F. Schaefer", em

Open Questions: Diverse Thinkers Discuss God, Religion, and Faith, 287-94. Santa Barbara, CA: Praeger.

Swamidass, S. Joshua; Spencer, Shoba, 2008. "A Chemist and God: Henry Schaefer Sees a Natural Nexus between Faith and Science." *World* (18 de outubro). www.worldmag.com/2008/10/a_chemist_and_god.

Turney, Justin M.; Simmonett, Andrew C.; Parrish, Robert M., et al. 2012. "PSI4: An Open-Source Ab Initio Electronic Structure Program." *Wiley Interdisciplinary Reviews: Computational Molecular Science* 2 (4): 556-65.

SCHROEDER, GERALD L. O físico e autor Gerald L. Schroeder atualmente leciona na Faculdade de Estudos Judaicos Aish HaTorah, em Jerusalém. Schroeder obteve seu doutorado nos campos combinados de física nuclear e ciências da terra e planetárias em 1965 no Instituto de Tecnologia de Massachusetts (MIT). Em 1971, depois de trabalhar na faculdade de física do MIT e na Comissão de Energia Atômica dos Estados Unidos, ele imigrou para Israel, onde continuou sua pesquisa no Instituto de Ciência Weizmann, no Instituto de Pesquisa Volcani e na Universidade Hebraica de Jerusalém.

Schroeder é mais conhecido por seus livros que integram a crença em Deus, a Torá, o Talmude, o Midrash e a Cabala aos principais entendimentos científicos da cosmologia do *big bang* (ver **Teoria do *big bang***) e com a teoria da relatividade de Einstein. Seus livros publicados incluem *Genesis and the Big Bang* [Gênesis e o *big bang*] (1990), *The Science of God* [A ciência de Deus] (1997), *The Hidden Face of God* [A face oculta de deus] (2002), e *God according to God* [Deus de acordo com Deus] (2009). Em 2012, Schroeder recebeu o Prêmio Trotter da Faculdade de Ciências da Universidade Texas A&M. Sua palestra no Prêmio Trotter, "Gênesis e o *big bang*", pode ser acessada em science.tamu.edu/trotter.

Em seus escritos e palestras, Schroeder demonstra a clareza e extensão das referências do Antigo Testamento à cosmologia do *big bang*. Ele cita os comentários de antigos teólogos judeus, especialmente Nachmánides e Maimônides, para mostrar que a teoria do *big bang* para a origem e a história do universo não é apenas um exemplo da retrospectiva interpretativa do século XX, mas sim uma doutrina bíblica bem entendida por estudiosos da Bíblia por muitas centenas de anos. Dado seu poder preditivo demonstrado, Schroeder conclui que o Antigo Testamento é a Palavra de Deus inspirada. Ele arrancou elogios e críticas por suas tentativas de reconciliar a cronologia da criação, como exposto em Gênesis 1, com o registro científico da origem e história do universo, da terra e da vida terrestre, e foi elogiado por mostrar que os eventos da ordem da criação descritos em Gênesis 1 correspondem

664 SCOPES, JULGAMENTO DE

à ordem observada no registro científico estabelecido. A crítica surge de suas tentativas de recriar a história do universo de 13,8 bilhões de anos com os seis "dias" da criação (tomados como dias de 24 horas) em Gênesis 1. Ele combina análise numérica complexa derivada de comentários místicos judaicos com o efeito de alongamento do espaço-tempo derivado da teoria da relatividade de Einstein para mostrar que os "dias" da criação de Gênesis representam progressivamente períodos de tempo mais curtos.

Em linhas gerais, a cronologia de Schroeder para Gênesis 1 parece ser semelhante à da maioria dos criacionistas da era diurna. A principal diferença entre sua teoria e a deles reside em sua tentativa de fornecer datas precisas para as fronteiras entre os seis dias da criação — fronteiras baseadas em seus métodos numéricos.

Ele também difere de muitos, embora não de todos, os criacionistas da era diurna em colocar o começo cósmico, o *big bang*, no começo do dia 1 da criação, e não antes do primeiro dia, que a maioria dos criacionistas diria que focaliza especificamente no planeta terra.

Schroeder é casado, com filhos e netos. Sua esposa, Barbara Sofer, é colunista do jornal *Jerusalem Post* e trabalha como diretora de relações públicas do Centro Médico Hadassah, em Jerusalém.

Hugh Ross

REFERÊNCIAS E LEITURAS RECOMENDADAS

SCHROEDER, Gerald L., 1990. *Genesis and the big bang: The Discovery of Harmony between Modern Science and the Bible*. New York: Bantam Books.
_____. 1997. *The Science of God: Convergence of Scientific and Biblical Wisdom*. New York: Free Press.
_____. 2002. *The Hidden Face of God: Science Reveals the Ultimate Truth*. New York: Free Press.
_____. 2009. *God according to God: A Scientist Discovers We've Been Wrong About God All Along*. New York: HarperCollins.

SCOPES, JULGAMENTO DE. O julgamento de Scopes (10 a 21 de julho de 1925) foi um processo judicial de grande repercussão em que John T. Scopes, professor de meio período de Ensino Médio em Dayton, Tennessee, foi acusado de violar o estatuto recentemente aprovado pelo Estado que proibia o ensino de evolução nas escolas públicas. Apresentando celebridades lutando contra, por meio dos advogados William Jennings Bryan e Clarence Darrow, o julgamento foi retratado na mídia e na subsequente história popular como um "tudo ou nada" entre ciência e religião — uma visão perpetuada por cronistas pop como Frederick Lewis Allen em seu bes-tseller de 1931, *Only*

Yesterday (Ontem mesmo), peças da Broadway e filmes de Hollywood como *Inherit the Wind*, e até mesmo muitos historiadores acadêmicos. Mas um exame mais detalhado revela que essa interpretação é mais **mitologia** do que história.

Na verdade, o julgamento de Scopes foi mais um golpe publicitário de certos líderes cívicos locais em Dayton, no Tennessee, do que uma séria investigação sobre os limites apropriados da ciência e da religião nas escolas públicas. Em 1925, a legislatura do Tennessee aprovou uma lei que proibia o ensino de "qualquer teoria que negue a história da criação divina do homem como ensinada na Bíblia e, em vez disso, ensine que o homem descende de uma ordem inferior de animais".

Imediatamente a American Civil Liberties Union [União Americana pelas Liberdades Civis] desafiou a constitucionalidade da lei. Em Dayton, George Rappelyea, engenheiro de minas e um ardente evolucionista, convenceu John Scopes, um professor de ciências de 24 anos na Central High School, a desafiar a lei ensinando a evolução a seus alunos. Fred Robinson, o presidente do conselho da escola local, apoiou entusiasticamente a ideia, acrescentando que um julgamento controverso e de alto perfil seria bom para os negócios e "colocaria Dayton no mapa".

Um Scopes colaborador seguiu o roteiro que, a certa altura, foi preso e julgado por violar a lei estadual. Os advogados do estado, A. T. Stuart, e dois irmãos, Herbert e Sue Hicks, convidaram o candidato presidencial e antievolucionista William Jennings Bryan a servir como conselheiro dos promotores, esperando que seu *status* de celebridade gerasse cobertura da mídia.

Uma vez que se espalhou a notícia de que Bryan estava envolvido, numerosos advogados se ofereceram para defender Scopes. A equipe de defesa da ACLU incluiu Dudley Field Malone, Arthur Garfield Hays e o renomado (e extravagante) advogado de defesa Clarence Darrow. A defesa da ACLU baseou-se em dois argumentos: (1) Separação entre igreja e Estado, que sustentava que o relato bíblico da criação se baseava no dogma religioso, e não na ciência; e (2) liberdade acadêmica, que a ACLU argumentou ser essencial para uma educação de qualidade e uma democracia saudável. Foi nesse contexto que Darrow proferiu sua famosa declaração: "É fanatismo para as escolas públicas ensinar apenas uma teoria das origens".

O julgamento em si foi pouco mais que um circo da mídia, e o resultado foi uma conclusão precipitada, já que o juiz John Raulston obviamente favoreceu o Estado. Desde o início, uma atmosfera de carnaval prevaleceu como centenas de repórteres, juntamente com uma estranha mistura de curiosos, publicitários, evangelistas que batiam na Bíblia, ateus militantes e elites da Costa leste, atacaram Dayton. O julgamento foi o primeiro a ser transmitido pela rádio, e, na sala do tribunal, fotógrafos e cinegrafistas estavam em mesas e cadeiras para capturar o evento como se fosse um campeonato de boxe. Durante todo o processo, a grande imprensa, mais notavelmente H. L. Mencken do jornal *Baltimore Evening Sun*, descreveu os antievolucionistas como simplórios de mente estreita e sem instrução.

A acusação convocou três testemunhas, as quais testemunharam que Scopes havia lido uma passagem ofensiva de um livro de ciências, e, depois, decidiram sobre o caso. A defesa procurou chamar várias testemunhas "especialistas" — a maioria cientistas que acreditavam na evolução darwiniana —, mas o juiz Raulston decidiu que tal testemunho seria irrelevante, já que o julgamento era sobre se Scopes violou a lei, não se a evolução era verdadeira. Os procedimentos prosseguiram por 10 dias enquanto os dois lados discutiam as questões técnicas até que, finalmente, em 20 de julho, Darrow manobrou para chamar Bryan ao banco das testemunhas, onde o questionou sobre sua compreensão de **ciência e Bíblia**.

Embora muitas vezes se tenha alegado que Darrow expôs a ignorância de Bryan e o sujeitou à humilhação pública, uma leitura da transcrição revela que Bryan se sustentou. O interrogatório terminou em um debate acalorado, e, sob pressão das autoridades estaduais, que consideraram o julgamento um embaraço, o juiz Raulston suspendeu todos os argumentos finais. O júri deliberou alguns minutos antes de retornar com um veredicto de culpado, e Scopes foi multado em 100 dólares. Com isso, o julgamento terminou abruptamente. A ACLU apelou prontamente do caso, mas a Suprema Corte do Tennessee confirmou o veredicto (embora tenha revogado a multa de 100 dólares com um aspecto técnico legal).

Na realidade, o julgamento não resolveu nada, no entanto, o lado darwinista, com o apoio esmagador da mídia e, posteriormente, de um cronista, venceu a guerra de relações públicas. Na imaginação popular, William Jennings Bryan e seus partidários antievolucionistas haviam sido expostos como ignorantes intolerantes. Dado o resultado inconclusivo do julgamento, certamente não foi "o julgamento do século", no entanto, em termos de percepção pública, foi um evento divisor de águas que sempre associou a "religião dos velhos tempos" do fundamentalismo protestante ao literalismo bíblico e a uma mentalidade anticientífica.

Jefrey D. Breshears

REFERÊNCIAS E LEITURAS RECOMENDADAS

Conlin, Joseph R., 2001. The American Past: A Survey of American History. 6th ed. New York: Harcourt College Publishers.

De Camp, L. Sprague, 1968. The Great Monkey Trial. New York: Doubleday. Koenig, Louis W. 1975. Bryan: A Political Biography of William Jennings Bryan. New York: Putnam/Capricorn.

Larson, Edward J., 2006. Summer for the Gods. New York: Basic Books.

Levy, Leonard W., ed. 1971. The World's Most Famous Court Trial: Tennessee v. John Thomas Scopes, 1925. Cambridge, MA: Da Capo Press.

Olson, Steven P., 2004. The Trial of John T. Scopes: A Primary Source Account. New York: Rosen.

SEARLE, JOHN. O filósofo norte-americano John Searle (1932-) deu importantes contribuições para a filosofia da linguagem, filosofia da **mente** e, mais recentemente, filosofia social. Searle obteve seu doutorado da Universidade de Oxford e passou a maior parte de sua carreira ensinando filosofia na Universidade da Califórnia — Berkeley.

Uma noção que está presente em grande parte do trabalho da Searle é a da intencionalidade. A intencionalidade, para ele, é uma característica dos fenômenos mentais e é frequentemente caracterizada como a relacionalidade ou concernência a certos estados mentais. Uma crença, por exemplo, é um estado intencional, dado o fato de que, necessariamente, a crença *concerne* a algo. Se alguém acredita que Deus existe, então devemos notar que a crença concerne à **existência de Deus**, e é essa concernência que é a intencionalidade do estado. Searle vê a intencionalidade como chave para entender a linguagem (onde a linguagem tem significado, uma vez que é derivativa intencional), os fenômenos mentais (em que certos estados mentais são intrinsecamente e irredutivelmente intencionais) e até instituições sociais (onde os construtos sociais são analisados em termos de intencionalidade coletiva).

Influenciado por J. L. Austin, o trabalho inicial da Searle focou em filosofia da linguagem e, em particular, na teoria do ato da fala. Um ato de fala é, para emprestar a frase de Austin, quando *fazemos* coisas com palavras.

666 SECULARIZAÇÃO

Existem as palavras que pronunciamos, mas também podemos fazer algo com essas palavras na comunicação, como prometer ou ameaçar. Searle argumentou que os atos de fala devem ser entendidos como enunciados que estão em conformidade com certas regras constitutivas. De acordo com sua análise de atos ilocucionários, os atos de fala não são um mero proferimento de proposições, mas incluem uma "força" que vai além do conteúdo proposicional do discurso. A força ilocucionária é determinada pelas intenções de alguém em dar o enunciado.

Na filosofia da mente, Searle argumentou que há uma solução direta para o **problema mente-corpo**. Ele acredita que características mentais, como intencionalidade, **consciência** e subjetividade, são apenas características do cérebro. Portanto, o contrário do dualismo de substâncias, a mente, para Searle, é um macrofenômeno causado pelos microprocessos subjacentes do cérebro e do sistema nervoso. Essas propriedades mentais são concretizadas, repletas de um caráter irredutivelmente subjetivo, ao contrário de um **materialismo** rígido. Assim, embora Searle seja, em linhas gerais, um naturalista, ele decididamente não é um materialista rígido. Ele argumentou que é um erro contar, por assim dizer, o número de tipos de fenômenos nos debates entre dualistas e monistas (ver **Alma**; **Mente**; **Problema Mente-Corpo**). Existem, de acordo com Searle, muitos tipos de fenômenos, e qualquer contagem será arbitrária. Os fenômenos mentais são tão naturais quanto quaisquer outras macroformas que não são redutíveis às microestruturas subjacentes, como a liquidez, que é uma macrofatura da água irredutível às moléculas constitutivas do estado. A teoria de Searle, deste modo, é uma filosofia da mente mais moderada do que, digamos, a eliminativista, mas talvez desmotivada se houver razão para acreditar na existência de uma alma substancial (ver **Materialismo eliminativo**).

Searle tem sido um oponente expressivo da **inteligência artificial** (pelo menos o que ele chama de "IA forte"). A ideia básica é que a computação, mesmo a computação extremamente sofisticada, não precisa incluir os recursos da inteligência genuína, como consciência, intencionalidade e subjetividade. Assim, o processamento digital é mais bem entendido como o uso de regras sintáticas para manipular símbolos, em vez de qualquer coisa semântica. Searle usa seu famoso **argumento do quarto chinês** para argumentar a favor dessa conclusão.

Travis M. Dickinson

REFERÊNCIAS E LEITURAS RECOMENDADAS

AUSTIN, J. L., 1975. How to Do Things with Words. Cambridge, MA: Harvard University Press.

LEPORE, Ernest; van Gulick, Robert, 1991. John Searle and His Critics. Cambridge, MA: Blackwell.

RUST, Joshua, 2009. John Searle. New York: Continuum.

SEARLE, John, 1969. Speech Acts: An Essay in the Philosophy of Language. New York: Cambridge University Press.

_____. 1979. Expression and Meaning: Studies in the Theory of Speech Acts. New York: Cambridge University Press.

_____. 1980. "Minds, Brains and Programs." Behavioral and Brain Sciences 3:417-57.

_____. 1983. Intentionality: An Essay in the Philosophy of Mind. New York: Cambridge University Press.

_____. 1984. Minds, Brains and Science. Cambridge, MA: Harvard University Press.

_____. 1992. The Rediscovery of the Mind. Cambridge, MA: MIT Press.

_____. 1995. The Construction of Social Reality. New York: Free Press.

_____. 1998. Mind, Language and Society: Philosophy in the Real World. New York: Basic Books.

_____. 2010. Making the Social World: The Structure of Human Civilization. New York: Oxford University Press.

TSOHATZIDIS, Savas L., 2007. Intentional Acts and Institutional Acts: Essays on John Searle's Social Ontology. Dordrecht: Springer.

_____. 2007. John Searle's Philosophy of Language: Force, Meaning and Mind. New York: Cambridge University Press.

SECULARIZAÇÃO. A secularização tornou-se uma tendência significativa na segunda metade do século XX e no início do século XXI, especialmente nas sociedades ocidentais. No entanto, o termo tem pelo menos um par de significados que nem sempre são claramente distinguidos um do outro. O uso popular transmite principalmente um significado negativo, destacando o fato de que a perspectiva religiosa, especialmente cristã, da vida está perdendo sua influência nos países ocidentais modernos por causa de um processo de secularização que enfatiza aquilo que é "não religioso", como o consumismo, a disseminação da **tecnologia** e um estilo de vida material — em suma, coisas "desse mundo".

A religião é menos evidente na vida moderna, especialmente em certos países ou cidades: as pessoas não frequentam a igreja com tanta frequência, não apelam como muitas vezes a suas crenças religiosas para resolver problemas ou como um guia para viver. No entanto, é importante notar que, apesar dessas tendências, de acordo com muitas pesquisas, a maioria das pessoas ainda permanece crente em algum tipo de ser superior. As causas desse nível de secularização são muito debatidas e difíceis de identificar com precisão, embora se pense que vários desenvolvimentos contribuam para o processo de secularização, incluindo a ascensão da cidade moderna como um importante local de trabalho e entretenimento

SEGUNDA LEI DA TERMODINÂMICA 667

(que incentiva uma mudança da vida rural à urbana), o aumento do ritmo e da **complexidade** da vida moderna, a difusão da tecnologia e a hegemonia da ciência em nossa cultura como forma de abordar os problemas humanos.

A conexão específica entre ciência e secularização na vida do público em geral é difícil de identificar, mas tem sido sugerido que a ciência desafia a religião em muitas áreas, direta ou indiretamente, e isso pode ter um efeito deletério sobre a influência da religião. Além disso, a ciência contribui para o surgimento de novos desenvolvimentos na sociedade (p. ex., nas áreas de produtos de consumo, entretenimento, medicina, viagens) que estimulam estilos de vida materialistas dominados pelo conforto, escapismo, busca de novidades e até mesmo hedonismo, todas coisas que podem ser uma distração sedutora da vida do espírito.

Há, no entanto, um tipo mais profundo de secularização, mais uma vez principalmente nas sociedades ocidentais — esse é o movimento do *secularismo*. O secularismo é a teoria de que tudo o que existe é de natureza física, consistindo de matéria e energia, e que o próprio homem deve criar todo significado e valor. Essa teoria é uma forma moderna de ateísmo, não implicando nenhum Deus e envolvendo uma rejeição do sobrenatural. O secularismo está se tornando uma teoria mais identificável, e agora é abertamente defendido por pensadores proeminentes nas sociedades ocidentais e também por alguns políticos e partidos políticos, e às vezes é promovido em oposição à religião. Essa visão está buscando mais influência na formação da cultura moderna e é especialmente importante na educação, na mídia, na academia e nos tribunais.

O secularismo deve ser distinguido do "secular", um termo que retém a conotação principalmente negativa de "não religioso", no sentido de não pertencer, ou não promover, um ponto de vista religioso (especialmente um denominacional), particularmente no nível político (como no conceito de "estado secular" ou o princípio democrático da "separação de igreja e Estado"). O secularismo deve agora ser considerado uma importante **cosmovisão** influente e deliberada sobre moldar a sociedade moderna de acordo com suas crenças e valores. Como resultado da ascensão do secularismo, as questões sociais, políticas e morais contemporâneas são frequentemente debatidas contra o pano de fundo do debate mais geral entre visões religiosas e secularistas sobre o sentido da vida.

Brendan Sweetman

REFERÊNCIAS E LEITURAS RECOMENDADAS

Berger, Peter, 1967. *The Sacred Canopy.* New York: Doubleday.
Habermas, Jürgen; Ratzinger, Joseph (Papa Bento XVI), 2010. *The Dialectics of Secularization.* San Francisco: Ignatius.
Smith, Christian, 2003. *The Secular Revolution.* Berkeley: University of California Press.
Sweetman, Brenda, 2006. *Why Politics Needs Religion: The Place of Religious Arguments in the Public Square.* Downers Grove, IL: InterVarsity.
Taylor, Charles, 2007. *A Secular Age.* Cambridge, MA: Harvard University Press.

SEGUNDA LEI DA TERMODINÂMICA. A segunda lei da termodinâmica descreve as limitações naturais inerentes à quantidade de energia útil produzida por qualquer sistema. A lei foi declarada de muitas maneiras diferentes que enfatizam várias aplicações. O físico Percy Bridgman escreve: "Tem havido tantas formulações da segunda lei quanto discussões sobre ela" (Bridgman, 1943, p. 116). Indiscutivelmente, a formulação mais comum e útil afirma que a entropia de um sistema isolado nunca diminuirá. Mesmo usando essa definição, há confusão sobre o que a lei significa em virtude das descrições coloquiais sobre o conceito de entropia.

A definição matemática de entropia tem a ver com o logaritmo natural do número de microestados disponíveis. O conceito de microestado pode ser mais bem compreendido considerando-se o sistema simples de dois dados de seis lados. Existe apenas um microestado disponível para os dados darem um 12: ambos devem mostrar um seis. No entanto, existem seis microestados possíveis disponíveis para os dados darem um 7. As combinações são 1 e 6, 2 e 5, 3 e 4, 4 e 3, 5 e 2, e 6 e 1. Como há mais microestados disponíveis, os dados dão com mais frequência 7. Um sistema macroscópico com microestados mais disponíveis tem uma maior entropia do que um com menos microestados. A segunda lei da termodinâmica afirma que um sistema isolado evoluirá espontaneamente para o estado com máxima entropia.

Outras declarações da segunda lei da termodinâmica podem fornecer uma compreensão mais ampla de seu significado. A declaração mais simples da lei pode ser que o calor não flui naturalmente de um objeto mais frio para um objeto mais quente. A declaração de Kelvin-Planck da lei diz que é impossível fazer um dispositivo cíclico cujo único efeito seja transformar uma determinada quantidade de calor completamente para funcionar. Em outras palavras, é impossível criar um mecanismo que funcione com eficiência de 100 por cento. Todas as formulações da lei transmitem o fato de que, em qualquer processo,

668   SELEÇÃO NATURAL

alguma quantidade de energia útil é perdida ou desperdiçada. Embora a energia total de um sistema isolado seja sempre conservada, a quantidade de energia que pode ser usada para realizar o trabalho diminui a cada processo.

Além da atividade de Deus e seres sobrenaturais dentro dele, o universo é um sistema fechado e isolado. Consequentemente, a segunda lei da termodinâmica se aplica ao universo como um todo. O aumento contínuo da entropia do universo significa que, durante um longo período de **tempo**, a temperatura do universo se tornará mais uniforme e a capacidade de qualquer processo no universo de executar um trabalho útil diminuirá. Eventualmente, o universo alcançará uma temperatura de equilíbrio, às vezes chamada de *morte térmica* do universo, na qual não será possível realizar nenhum processo que possa realizar qualquer trabalho útil.

O termo *entropia* às vezes é usado para descrever a quantidade de desordem em um sistema. Embora não seja uma definição verdadeiramente precisa da entropia, a ideia de desordem correlaciona-se com o fato de que sistemas com menos microestados parecem mais ordenados. No entanto, essa definição de entropia pode levar a mal-entendidos da segunda lei da termodinâmica. Por exemplo, os opositores da **evolução biológica** afirmaram que a evolução viola a segunda lei da termodinâmica, já que a propõe que sistemas mais complexos evoluíram a partir de sistemas mais simples. Evidentemente, a evolução não viola a segunda lei e, se existisse, nenhum cientista acreditaria. A terra não é um sistema fechado, então, a vida na terra pode se tornar mais complexa sem nenhum problema termodinâmico. Toda vida humana começa simplesmente como uma célula única e se desenvolve em um organismo complexo sem violar a segunda lei, porque o embrião em desenvolvimento não é um sistema isolado. Da mesma forma, a evolução poderia produzir vida complexa sem violar a segunda lei da termodinâmica.

A segunda lei da termodinâmica fornece **informações** sobre a origem do universo. Como a entropia sempre aumenta, o universo primordial teve a entropia mínima. Se a entropia estiver vagamente associada ao conceito de ordem ou desordem, isso significa que o universo foi mais ordenado no início, portanto, a origem do ***big bang*** no universo requer que o "estrondo" não seja como uma explosão aleatória desordenada, mas muito mais como um começo ordenado ao máximo. Um começo ordenado é apenas um dos muitos aspectos do *big bang* que sustenta

a afirmação bíblica de que nosso universo foi criado por um ser divino superior.

Michael G. Strauss

REFERÊNCIAS E LEITURAS RECOMENDADAS

BRIDGMAN, P. W., 1943. *The Nature of Thermodynamics*. 2nd ed. Cambridge, MA: Harvard University Press.
GIANCOLI, Douglas, 2014. *Physics: Principles with Applications*. 7th ed. San Francisco: Pearson.

SELEÇÃO NATURAL

Perspectiva científica

A seleção natural é o mecanismo proposto por **Charles Darwin** para explicar a origem das **espécies**. A noção surpreendentemente simples, mas também enganosamente sutil, consiste em três elementos: (1) há variabilidade em populações naturais; (2) parte dessa variabilidade é hereditária; e (3) algumas variantes possuem qualidades ("adaptações") que permitem que elas se reproduzam com mais eficácia do que outras. Assim, as espécies mais bem adaptadas aumentaram em proporção, o que implica, na famosa frase de Herbert Spencer, "sobrevivência do mais apto".

Recentes tratamentos empíricos e matemáticos acrescentariam uma quarta condição para seleção: o tamanho da população deve ser grande o suficiente e as condições ambientais devem, consistente o suficiente para que as variantes mais bem adaptadas se reproduzam mais e, assim, não sejam superadas pelo **acaso** (ou deriva genética"). Portanto, uma definição moderna de seleção natural é simplesmente "reprodução diferencial ou não aleatória de genótipos" ("Evolution Notes").

Uma questão que surge imediatamente é se nós realmente vimos a seleção natural em operação, e, se assim for, é suficiente para explicar a origem das espécies? Darwin documentou claramente a capacidade de seleção ou reprodução diferencial para gerar uma diversidade marcante por meio de registros de reprodução doméstica. Algumas raças podem até serem elegíveis para designação de espécies diferentes.

Ele também observou grupos únicos de espécies agrupadas em ilhas, que fornecem bases inferenciais para acreditar em atos de seleção sem criação genética. Desde então, a operação de seleção tem sido abundantemente confirmada em estudos laboratoriais e de campo que demonstraram modulação da proporção e da variedade de variantes genotípicas e fenotípicas, ou genes e suas características (Endler, 1986; Orr, 2009).

Mas a seleção é suficiente para gerar novas espécies? Apesar do ambicioso título de Darwin — *On the Origin of Species by Means of Natural Selection* [A origem das espécies por meio da seleção natural] —, a resposta incontroversa a isso é "não". Por um lado, a seleção por si só não cria novos traços, uma vez que o processo também requer mutação, recombinação sexual ou outras fontes de nova variação (que, em combinação com a seleção, é chamada de "Síntese Moderna"). Isso não significa que a seleção contribua pouco para a **emergência** de traços cumulativos complexos, pois a "reprodução não aleatória" amplifica as probabilidades de uma série sequencial de mudanças que se constroem umas sobre as outras, ao contrário da emergência improvável pela chance não mediada.

Richard Dawkins ilustra esse conceito com seu famoso exemplo da "doninha". A **probabilidade** de fazer um macaco escrever "mimpensa ela ser uma doninha": envolve 28 caracteres com 27 opções (letras + espaços) para uma probabilidade de cerca de 10^{-40}. Levaria mais tempo do que há no universo para que um computador reunisse os caracteres de maneira aleatória. No entanto, um programa que reproduz seletivamente as variantes mutantes aleatórias mais próximas pode fazer isso em uma série de 50 ou mais formações, em questão de minutos. Os problemas, entre outros, são estes: a seleção natural não trabalha em direção a um alvo pré-especificado, não reproduz uma e apenas a "melhor" variante e é vulnerável a populações pequenas e ambientes em mudança. Modelos mais realistas levam entre uma eternidade e uma questão de minutos, mas, ainda assim, fazem muito melhor do que a variação aleatória sozinha.

Outra razão pela qual a seleção natural por si só normalmente não gera espécies é que, na maioria das circunstâncias, as variantes precisam se separar geograficamente para desenvolver mecanismos biológicos que as impeçam de formar híbridos com outras variantes — um critério amplamente aceito de especiação. Estudos de campo e de laboratório mostraram que tais mecanismos às vezes podem se desenvolver influenciados por mudanças em apenas um único gene. Assim, embora a seleção possa ser instrumental na especiação pelas razões expostas anteriormente (e a seguir), a moderna teoria evolucionária postula "a origem das espécies por meio de mutação,

recombinação, seleção natural, deriva, isolamento geográfico e múltiplos outros processos" (Laland et al. 2015).

Debates científicos/filosóficos

Além das questões apresentadas anteriormente sobre especiação, tem havido uma série de debates com importância científica e filosófica sobre a própria seleção natural (Sober, 2004). Uma delas é se a própria ideia é um truísmo ou tautologia, uma vez que a "sobrevivência do mais apto" parece significar, ao pé da letra, meramente "sucesso reprodutivo daqueles que obtêm êxito reprodutivo". Mas isso não é bem verdade, já que a seleção natural implica sucesso reprodutivo não apenas daqueles que por acaso se reproduzem, mas daqueles com características hereditárias que melhoram de forma confiável a reprodução em um ambiente particular. Isso não é um truísmo e não pode ser o caso, a menos que todas as quatro condições específicas apresentadas anteriormente sejam atendidas.

Outras questões envolvem o quanto as características são efetivamente moldadas pela seleção. A controvérsia "neutralista-selecionista" é sobre quanta variação genética é adaptativa e, portanto, restringido pela seleção em oposição ao neutro e sujeito a deriva aleatória. Outra questão — bastante relevante quando aplicada a traços humanos como a cognição moral ou a habilidade em **matemática** — é se faz sentido tentar contar uma história adaptativa para tudo ou se algumas características não conferem nenhuma vantagem reprodutiva (e podem mesmo ser dispendioso), mas são "enjuntas" não adaptativas ou subprodutos de outras características. Outro debate ainda é se existe um arco global ou talvez direcionalidade progressiva para a história evolutiva que tenha sido moldada por restrições intrínsecas à seleção ou ao desenvolvimento *versus* com a afirmação de que a história da vida é um desvio aleatório, não repetível, atingido por contingências (Morris, 2004).

Finalmente, tem havido um debate vigoroso sobre as unidades e os níveis de seleção. Um aspecto envolve as entidades replicantes nas quais a seleção atua: apenas genes, outras **informações** biológicas ou mesmo unidades de informação cultural (ver **Memes**). Outra controvérsia bastante virulenta envolve a escala de adaptações que conferem sucesso reprodutivo: além das características individuais, a seleção opera em níveis de grupo ou mesmo de espécie? (ver, Birch e Okasa, 2015.)

670 SENCIÊNCIA

Muitas dessas questões (ainda debatidas) contribuem para o que pode ser a controvérsia mais provocativa e duradoura de todas: como entendemos os seres humanos à luz da seleção. A esmagadora maioria dos biólogos considera convincente a evidência da origem comum da humanidade, mas, desde que Darwin e seu contemporâneo, **Alfred Wallace**, propuseram a seleção natural até as recentes controvérsias sobre a sociobiologia e a **psicologia** evolutiva, tem havido um vigoroso debate dentro e fora da biologia sobre até que ponto a seleção molda as tendências centrais e/ou a gama de cognição e cultura humanas: se as mantém — na famosa frase de E. O. Wilson — "sobre uma guia genética" (ver **Altruísmo**).

Considerações teológicas

Muitas das perguntas expostas anteriormente têm importantes implicações teológicas. Embora essas questões complexas estejam além do escopo de um breve artigo, vários equívocos e simplificações excessivas podem ser corrigidos.

Uma afirmação generalizada é que "a grande contribuição de [Darwin] foi a demolição final da ideia de que a natureza é o produto do **design inteligente**" (Rachels, 1999, p. 110). No entanto, isso é falso por dois motivos. Primeiro, independente de como seus méritos são construídos, argumentos cosmológicos e físicos de ajuste fino — tanto recentes quanto datados do tempo de Darwin — não são influenciados por noções-padrão de seleção. Em segundo lugar, o reino biológico, enquanto a seleção constitui uma alternativa naturalista ao intervencionismo divino, não diz nada sobre a estrutura ou projeto das restrições bioquímicas intrínsecas, desenvolvimentais e ambientais que guiam licitamente a seleção (Barrow et al. 2008).

Outra alegação é que a singularidade humana é insustentável à luz da seleção. Embora a questão da unicidade taxonômica seja complexa, a seleção não a resolve por dois motivos. Em primeiro lugar, a continuidade filogenética não precisa implicar continuidade fenotípica: a **ancestralidade comum** descarta traços notavelmente *in*comuns. Em segundo lugar, alguns evolucionistas sugerem que a seleção realmente ilumina o excepcionalismo humano: na medida em que nosso comportamento transcende os imperativos da replicação genética (Dawkins, 2006), a "guia genética quebrou".

Por último, a seleção natural é vista por alguns como exacerbando o problema do mal natural porque o "mal"

não é apenas uma intrusão, mas desempenha um papel fundamental na natureza: pode um bom Deus criar por meio de um processo de luta implacável e concorrência egoísta? Sem minimizar o desafio da **teodiceia** (ver **Mal, problema do**), mas esse impacto alegado da seleção pode ser simplificado em dois aspectos. Primeiro, existem várias propostas emergentes para o papel crucial da cooperação no processo evolutivo (Nowak e Coakley, 2013). Todavia, mesmo sem esses relatos, a seleção e a competição não devem ser confundidas. A concorrência é definida como impactos negativos mútuos sobre o florescimento reprodutivo; portanto, lembre-se de que a seleção é simplesmente reprodução diferencial, que pode ocorrer sem impacto ou mesmo com impacto mutuamente positivo.

É claro que a teoria da origem comum universal em si suscita preocupações teológicas específicas para muitos cristãos; no entanto, não está claro se o mecanismo proposto de seleção natural coloca os desafios frequentemente defendidos pelo **teísmo**.

Jeffrey P. Schloss

REFERÊNCIAS E LEITURAS RECOMENDADAS

BARROW, John; Morris, Simon Conway; Freeland, Stephen; Harper, Charles, eds. 2008. *Fitness of the Cosmos for Life: Biochemistry and Fine-Tuning.* Cambridge: Cambridge University Press.

BIRCH, Jonathan; Okasha, Samir, 2015. "Kin Selection and Its Critics." *BioScience* 65 (1): 22-32.

DAWKINS, Richard, 2006. *The Selfish Gene: 30th Anniversary Edition.* Oxford: Oxford University Press.

ENDLER, John, 1986. *Natural Selection in the Wild.* Princeton, NJ: Princeton University Press. "Evolution Notes." www.planet.botany.uwc.ac.za/NISL/Evo_primer/Doc/EVO_NOTE.93A.doc.

LALAND, Kevin N.; Uller, Tobias; Feldman, Marcus W., et al. 2015. "The Extended Evolutionary Synthesis: Its Structure, Assumptions and Predictions." *Proceedings of the Royal Society, B* 282:20151019.

MORRIS, S. Conway, 2004. *Life's Solution: Inevitable Humans in a Lonely Universe.* Cambridge: Cambridge University Press.

NOWAK, Martin; Coakley, Sarah, eds. 2013. *Evolution, Games and God: The Principle of Cooperation.* Cambridge, MA: Harvard University Press.

ORR, H. Allen. 2009. "Testing Natural Selection with Genetics." *Scientific American* 300:44-51.

RACHELS, James, 1999. *Created from Animals: The Moral Implications of Darwinism.* Oxford: Oxford University Press.

SOBER, Elliot, 2004. *The Nature of Selection: Evolutionary Theory in Philosophical Focus.* Cambridge, MA: MIT Press.

SENCIÊNCIA. Senciência (do verbo latino *sentire*) é a capacidade de perceber ou experimentar. As criaturas sencientes são aquelas entidades vivas capazes de sentimentos, experiências ou percepções conscientes e subjetivas.

Por um lado, alguns animais não humanos — por exemplo, aranhas, formigas, moluscos e crustáceos — respondem claramente a estímulos nocivos (p. ex., recuando ao ser cutucados com um graveto), mas se são capazes de sentimentos conscientes e subjetivos é duvidoso. Eles dizem para si mesmos por meio de uma voz interna autoconsciente: "Ai, isso dói!", "Não faça isso!" e "Me deixe em paz!"? Parece muito improvável, pelo menos em parte, por conta do estado primitivo de seu sistema nervoso central (SNC). Estudos em cérebros de animais podem mostrar que eles reagem a estímulos nocivos ou prazerosos, mas esses estudos não podem demonstrar um estado subjetivo de consciência (ver **Dor de Animais**).

Alguns animais não humanos — por exemplo, grandes símios, golfinhos, cães e gatos — parecem mais propensos a serem experienciadores subjetivos do mundo e, portanto, sencientes. Senciência, nesse sentido, é sinônimo de autoconsciência consciente. Por essa definição, os seres humanos podem ser sencientes ou não sencientes, isto é, um indivíduo humano é tipicamente um experienciador subjetivo consciente do mundo, mas pode não ser assim, digamos, no estágio embrionário inicial do desenvolvimento ou quando permanentemente inconsciente. Exatamente quando um ser humano embrionário se torna consciente e autoconsciente permanece controverso, assim como acontece exatamente quando um ser humano previamente consciente se torna permanentemente inconsciente. Ocasionalmente, por exemplo, um paciente que tenha sido diagnosticado como estando em um estado vegetativo persistente e, portanto, considerado sem consciência por muitos anos, recupera e relata que estava ciente o tempo todo.

Na história da ética ocidental, a senciência tem sido vista como condição suficiente para a posse de direitos. O utilitarista iluminista John Stuart Mill (1806-1873) sustentou que todas as criaturas sencientes, incluindo os animais não humanos, têm o direito de não serem desnecessariamente prejudicadas, onde o dano é definido como causar dor consciente. Para Mill, as decisões sobre o acerto ou o erro de uma ação requerem o cálculo do prazer e da dor de todas as criaturas sencientes, incluindo animais. Uma ação que, em geral, resulta em mais dor que o prazer é geralmente considerada imoral, ao passo que uma ação que resulta em mais prazer do que dor pode ser moralmente permissível.

O filósofo e ativista dos direitos dos animais Peter Singer (1946-) segue a liderança de Mill e argumenta que a prevenção do sofrimento dos animais requer que os seres humanos se abstenham de matar e comer animais para alimentação. O tratamento ético dos animais, de acordo com Singer, implica um estilo de vida vegetariano ou vegano. Além disso, para ele, uma vez que "um chimpanzé, cachorro ou porco, por exemplo, terá um grau maior de autoconsciência e maior capacidade de ter relações significativas com outros do que um bebê severamente retardado ou alguém em estado avançado de senilidade... devemos conceder a esses animais o direito à vida tão boa quanto, ou melhor, a de tais seres humanos retardados ou senis" (Singer, *Animal Liberation*, p. 19).

De uma perspectiva naturalista, a sensibilidade ou autoconsciência é uma função do cérebro e do SNC. De uma perspectiva teológica cristã, as pessoas podem ser sencientes mesmo sem cérebros funcionais. Por exemplo, tanto Deus como os anjos são seres conscientes e autoconscientes. Além disso, de acordo com a Bíblia, os seres humanos são sencientes mesmo após a morte do corpo. (ver **Consciência**; **Vida após morte**; **Mente**; **Alma**.)

C. Ben Mitchell

REFERÊNCIAS E LEITURAS RECOMENDADAS

Cooper, John W., 2000. *Body, Soul and Life Everlasting: Biblical Anthropology and the Monism-Dualism Debate*. Grand Rapids: Eerdmans.
George, Robert P.; Tollefson, Christopher, 2008. *Embryo: In Defense of Human Life*. New York: Doubleday.
Meilaender, Gilbert, 2009. *Neither Beast nor God: The Dignity of the Human Person*. New York: Encounter.
Moreland, J. P., 2014. *The Soul: How We Know It's Real and Why It Matters*. Chicago: Moody.
Singer, Peter, 1990. *Animal Liberation*. New York: New York Review of Books.

SERPENTE. Gênesis 1—2 apresenta duas narrativas que descrevem a criação do mundo e os primeiros seres humanos (1:1—2:4a; 2:4b-25). No segundo relato da criação (ver **Criação**), ficamos sabendo que Deus colocou o primeiro homem em um jardim chamado Éden, incumbindo-o de "trabalhar e cuidar dele" (Gênesis 2:15). Uma tradução comum do segundo verbo é "guarda" (*shamar*), e é provável que o comando tenha incluído a ideia de proteger o jardim contra intrusões perigosas. Nesse ponto da narrativa, no entanto, nada foi mencionado que possa representar uma ameaça para o jardim ou seus habitantes humanos. Assim, leitores iniciantes da narrativa são surpreendidos pelo aparecimento de uma serpente em Gênesis 3:1, e uma serpente ambulante e falante.

O narrador informa ao leitor que a serpente é "o mais astuto (*'arum*) de todos os animais selvagens que o Senhor Deus tinha feito" (Gênesis 3:1). A palavra aqui traduzida

SERPENTE

como "astuto" tem um significado positivo —prudente" — no livro de Provérbios (p. ex., 1: 4; 8:5, 12), mas a serpente usa sua "sabedoria" para propósitos malignos à medida que interage com Eva em uma tentativa de fazê-la violar o mandamento de Deus de não comer da árvore do conhecimento do bem e do mal (Gênesis 2:16-17).

Em vez de cuidar (ou guardar) do jardim, Eva sucumbe ao argumento da serpente de que, em vez de levar à **morte**, o fruto da árvore os tornaria sábios. Adão, que estava "com ela" durante sua interação com a serpente (Gênesis 3:6), não resiste nem um pouco e se junta à sua esposa comendo os frutos. Sua rebelião leva a uma ruptura imediata em seu relacionamento com Deus (uma espécie de morte espiritual) e um com o outro. De acordo com Paulo, o pecado deles introduziu o pecado e a morte no mundo (Romanos 5:12-21).

Os intérpretes cristãos diferem sobre o gênero de Gênesis 3, e enquanto alguns o leem como um relato histórico simples de um evento real (Beeke, 2015; Van-Doodewaard), outros tratam a história como puramente simbólica (Enns, 2012). Outros ainda (Longman, 2016; Walton, 2015, p. 128-39) sugerem que Gênesis 3 é uma descrição figurativa de um evento histórico. Tal leitura argumenta que a história fala de uma época em que a humanidade se rebelou contra Deus, rendendo assim sua inocência moral criada e trazendo a morte para a experiência humana. Esse entendimento toma a serpente ambulante não como uma descrição literal, mas como uma representação do mal.

Em apoio a uma interpretação simbólica da serpente, está o papel desempenhado pelas serpentes, algumas delas ambulantes, na literatura do antigo Oriente Próximo. **John Walton** (2003, 2009, 2015) dá quatro exemplos. Na décima primeira tabuinha do *Epopeia de Gilgamesh*, Gilgamesh procura alcançar a vida encontrando uma planta no fundo do mar. Antes que ele possa consumi-la e alcançar uma vida duradoura, no entanto, é roubado por uma cobra. Em segundo lugar, Ningishzida (cujo nome significa "Senhor da Árvore Produtiva") é um porteiro em forma de serpente na *Epopeia de Adapa*, na qual o personagem principal, que dá nome à epopeia, recebe a oferta do pão da vida, mas o recusa em virtude do conselho enganoso dado pelo deus da sabedoria, Ea.

O terceiro exemplo de Walton é da **mitologia** egípcia, em que a cobra representa tanto a morte quanto a sabedoria. Seu último exemplo, também do Egito, é Apep,

o representante do caos que deve ser derrotado todas as noites pelo deus sol. Um quinto exemplo, e talvez mais revelador, é Tiamat, a divindade primitiva às vezes representada como uma serpente marinha que representa as águas do caos derrotadas por Marduque, o deus criador do *Enuma Elish*.

Leviatã é outro nome para uma criatura serpentina que ocorre em um relato da criação (Salmos 74:12-17). Nesse contexto poético, o salmista celebra Deus por esmagar o Leviatã de muitas cabeças e segue isso com uma descrição da criação. O antigo contexto do Oriente Próximo do Leviatã é encontrado na literatura cananeia, em que a serpente de sete cabeças (ver também Isaías 27:1) é uma aliada de Yam, o deus do mar, derrotada pelo deus criador Baal em uma tabuinha cuneiforme quebrada da antiga Ugarit, que em sua forma original quase certamente tinha um relato da criação anexada a ele.

O Novo Testamento (Romanos 16:20; Apocalipse 12:9; 20:2, antevisto em Sabedoria de Salomão 2:23-24, do período intertestamentário) associa a serpente a Satanás, e estudiosos bíblicos debatem se Satanás faz alguma aparição no Antigo Testamento. Traduções inglesas da palavra hebraica *satan* em 1Crônicas 21:1, Jó 1:6-12 e Zacarias 3:1-2 podem ser enganadoras, já que nesses contextos os termos hebraicos provavelmente deveriam ser entendidos como um agente angélico de Deus, a quem Deus usa para executar sua vontade (Day, 1988). Consequentemente, é improvável que os leitores de Gênesis 3, durante o período do Antigo Testamento, tenham entendido a serpente como Satanás, mas sim como a personificação do mal.

Dito isso, o Novo Testamento serve para aprofundar a compreensão do Antigo Testamento (os teólogos falam do progresso da revelação à medida que o ensino bíblico se torna cada vez mais claro à medida que Deus se revela cada vez mais ao seu povo). Nesse entendimento, embora seja importante ler o Antigo Testamento primeiro em seus próprios termos, interpretar Gênesis 3 a partir da perspectiva da revelação mais completa do Novo Testamento leva à conclusão de que a serpente representa Satanás.

Tremper Longman III

REFERÊNCIAS E LEITURAS RECOMENDADAS

Beeke, J. R., 2015. "The Bible's First Word", em *God, Adam, and You: Biblical Creation Defended and Applied* Ed. R. D. Phillips, 1-14. Phillipsburg, NJ: P&R.

Day, J., 1985. *God's Conflict with the Dragon and the Sea: Echoes of a Canaanite Myth in the Old Testament*. Cambridge: Cambridge University Press.

SETI (SEARCH FOR EXTRATERRESTRIAL INTELLIGENCE)   673

DAY, P. L., 1988. *An Adversary in Heaven: Satan in the Hebrew Bible.* Atlanta: Scholars.

ENNS, P., 2012. *The Evolution of Adam: What the Bible Does and Doesn't Say about Human Origins.* Grand Rapids: Brazos.

LONGMAN, Tremper, III, 2016. *Genesis.* Grand Rapids: Zondervan.

VANDOODEWAARD, W., 2015. *The Quest for the Historical Adam: Genesis, Hermeneutics, and Human Origins.* Grand Rapids: Reformation Heritage Books.

WALTON, John H., 2003. "Serpent", em *Dictionary of the Old Testament: Pentateuch.* eds. T. D. Alexander e D. W. Baker, 736-39. Downers Grove, IL: InterVarsity.

_____. 2009. "Genesis", em *Zondervan Illustrated Bible Backgrounds Commentary,* vol. 1. Ed. J. H. Walton, 2-159. Grand Rapids: Zondervan.

_____. 2015. *The Lost World of Adam and Eve: Genesis 2-3 and the Human Origins Debate.* Downers Grove, IL: InterVarsity Press.

SETI (SEARCH FOR EXTRATERRESTRIAL INTELLIGENCE).

A Search for Extraterrestrial Intelligence [Busca por inteligência extraterrestre] (SETI) tem sido feita de várias formas nos últimos cem anos ou mais. O método mais comum tem sido monitorar as ondas eletromagnéticas do espaço e buscar padrões de informação que indiquem sua origem na inteligência extraterrestre (IET). Embora o termo SETI se aplique amplamente a esse ramo da investigação científica, ele também aparece como parte do nome de vários grupos e atividades específicos, incluindo o Instituto SETI (www.seti.org), localizado em Mountain View, Califórnia; Seti@Home (http://setiathome.berkeley.edu/), um projeto em rede de milhares de computadores pessoais para analisar sinais recebidos de radiotelescópios; uma convenção interdisciplinar organizada periodicamente pelo Instituto SETI; e Active SETI (www.activeseti.org), cuja finalidade é enviar mensagens para o universo.

No final do século XIX, Nikola Tesla acreditava que o contato com seres em Marte poderia ser possível usando transmissão e detecção elétrica sem fio. Alguns anos depois, ele observou sinais usando sua bobina de Tesla, que ele acreditava que poderia ter se originado de Marte, embora mais tarde eles tenham sido determinados como espúrios ou de origem natural. Nos primeiros anos do século XX, o interesse cresceu em busca de sinais de vida em Marte e, em agosto de 1924, um esforço dos Estados Unidos para capitalizar a proximidade de Marte resultou em um Dia Nacional do Silêncio da Rádio, para permitir um receptor de rádio dedicado no Observatório Naval dos Estados Unidos para procurar por sinais de Marte.

Em 1960, o astrônomo da Universidade Cornell, Frank Drake, começou a medir sinais do espaço no primeiro esforço experimental moderno do SETI. Ele usou um radiotelescópio de 26 metros de diâmetro em Green Bank, na Virgínia Ocidental, para monitorar sinais de micro-ondas a 1.420 MHz, uma frequência correspondente a uma transição "hiperfina" bem compreendidas no hidrogênio cósmico. Pensou-se que quaisquer seres inteligentes entenderiam e reconheceriam a importância única dessa frequência de transmissão e a usariam para tentar a comunicação com outros seres inteligentes do universo.

A primeira conferência do SETI foi realizada em Green Bank, Virgínia Ocidental, e os participantes incluíram Frank Drake, **Carl Sagan** e Philip Morrison. Das discussões da conferência, Frank Drake desenvolveu sua Equação de Drake, que é projetada para calcular o número provável de planetas na Via Láctea adequado para o suporte da vida inteligente. A equação é controversa porque depende de várias variáveis cujos valores são notoriamente difíceis de estimar e/ou medir, e, assim, suas soluções variam em uma escala enorme.

Carl Sagan foi um influente e sincero defensor do SETI, cofundador da Sociedade Planetária dos Estados Unidos e, em 1982, provou-se instrumental para ajudar a restabelecer o financiamento educacional para a pesquisa da SETI depois que ele foi cortado. Jill Tarter, diretora do SETI Institute Research (Instituto de Pesquisa da SETI) até recentemente se aposentar, passou 35 anos de sua carreira profissional em busca de evidências para a IET, ganhando muitos prêmios e honras por seu trabalho; hoje, ele é uma das figuras mais reconhecidas nos esforços da SETI. A personagem Ellie Arroway de seu romance *Contact* (Contato), mais tarde transformada num filme com o mesmo nome, foi vagamente modelada em Jill Tarter e no trabalho da sua vida. Atualmente, alguns dos esforços mais bem conhecidos da SETI são dirigidos pela Universidade de Harvard, pela Universidade da Califórnia — Berkeley e pelo Instituto SETI.

Os seres humanos só foram capazes de receber e interpretar sinais eletromagnéticos do espaço nos últimos 100 anos ou mais, enquanto milhares ou milhões de civilizações em outras partes do universo podem ter surgido e talvez tenham desaparecido milhões ou bilhões de anos atrás. Além disso, as ondas eletromagnéticas diminuem de intensidade como o inverso do quadrado da distância, o que significa que os sinais se tornam cada vez mais difíceis de detectar com a distância da fonte. Transmissões de uma civilização distante de poder suficiente para serem detectáveis podem já ter passado pela terra muito antes de os humanos estarem presentes, portanto, dado o vasto espaço (mais de milhões de anos-luz) e o tempo (milhões a bilhões de anos) que poderiam caracterizar a distribuição de milhares ou milhões de civilizações de IET no universo, a probabilidade de a humanidade receber um sinal de força suficiente durante a janela de 100 anos em que havia alguém prestando atenção é muito pequena.

Embora a ciência não possa fornecer uma estimativa para a probabilidade de vida em outras partes do universo (uma vez que não temos uma compreensão completa da vida ou de sua origem), pesquisas significativas continuam na busca de vida microbiana no sistema solar usando sondas interplanetárias. Além disso, a busca por exoplanetas, aqueles que orbitam outras estrelas em nossa galáxia, é um campo ativo e de rápido crescimento que já descobriu milhares de planetas orbitando outras estrelas, algumas das quais são semelhantes à terra em tamanho e temperatura. A descoberta da vida básica em outras partes do sistema solar ou além, se existir, certamente promoveria nossa compreensão da vida e talvez possibilitasse um melhor entendimento sobre onde e como procurar a IET.

Pesquisas sobre a detecção de IET ainda estão engatinhando, e técnicas para a detecção de evidências passivas também foram postuladas. Freeman Dyson, por exemplo, propôs que as civilizações muito mais avançadas e com necessidades de energia significativamente maiores do que as nossas provavelmente desenvolveriam **tecnologias** para aproveitar a energia de suas próprias estrelas ou de uma próxima, cercando-a com uma megaestrutura esférica de coletores de energia em rede, constituindo o que veio a ser chamado de *esfera de Dyson*. Estruturas como essas emitiriam quantidades copiosas de radiação infravermelha no espaço circundante, o que significa que uma busca por objetos brilhantes no espectro de radiação infravermelha que não se assemelham a fontes astronômicas naturais poderia produzir sinais reveladores de IET.

Cristãos e não cristãos têm se interessado pela questão da vida em outras partes do universo, porém, alguns argumentaram que a descoberta de IET enfraqueceria a fé e a doutrina cristãs. O desafio enfrentado pela igreja e pela humanidade com a descoberta de IET seria semelhante ao enfrentado há vários séculos pelo advento da teoria heliocêntrica copernicana, ou, em anos mais recentes, àquela enfrentada pela compreensão evolucionária da vida na terra e da descoberta da inter-relação genética de toda a vida. Em ambos os casos, a centralidade da humanidade foi "ameaçada" por novas **revelações** científicas, mas o evangelho cristão e a vida da igreja sobreviveram a esses períodos de adaptação.

Embora a descoberta de IET possa certamente desencadear uma nova crise de identidade para a humanidade, o amor singular e incondicional de Deus pela humanidade permanecerá sempre seguro no evangelho de Jesus Cristo. Não há proibição bíblica conhecida sobre a possibilidade de vida em outras partes do universo, incluindo a vida inteligente, pois Deus é mais do que capaz de criar formas de vida adicionais para povoar seu universo e se deleitar em tal atividade criativa. Alguns autores cristãos refletiram sobre a possibilidade de IET, incluindo **C. S. Lewis**, Marie I. George e Thomas Morris.

Warren F. Rogers

REFERÊNCIAS E LEITURAS RECOMENDADAS

DYSON, Freeman, 1981. *Disturbing the Universe*. New York: Basic Books.
GEORGE, Marie I., 2005. *Christianity and Extraterrestrials? A Catholic Perspective*. Bloomington, IN: iUniverse.
LEWIS, C. S., 1990. "Dogma and the Universe", em *God in the Dock: Essays on Theology and Ethics*. Ed. Walter Hooper, 38-47. Grand Rapids: Eerdmans.
MORRIS, Thomas, 2001. *The Logic of God Incarnate*. Eugene, OR: Wipf and Stock.
SAGAN, Carl; Shklovskii, Iosif, 1984. *Intelligent Life in the Universe*. San Francisco: Holden Day.

SINGULARIDADE. A biologia não limitará definitivamente os seres humanos, segundo o inventor e visionário da ciência Ray Kurzweil. O destino humano não está amarrado ao recipiente do corpo humano. Por meio de melhorias tecnológicas, os seres humanos podem superar suas piores limitações e vencer a própria **morte**. Para ele, a ficção científica se tornará um fato científico e uma nova ordem de ser será introduzida na história da terra. Seres humanos e máquinas se fundirão em uma nova entidade dinâmica ("a singularidade") — essa teoria é parte do transumanismo. Para tais otimistas, o **materialismo** não precisa ser uma filosofia austera, que ensine que tudo o que é vivo morrerá e muito rapidamente, pois os humanos têm um futuro glorioso. Em uma descrição do livro de Kurzweil, *The Singularity Is Near: When Humans Transcend Biology* [A Singularidade está próxima: quando os humanos transcendem a biologia], sua página na Web diz:

> Neste novo mundo, não haverá distinção clara entre humano e máquina, realidade real e realidade virtual. Seremos capazes de assumir diferentes corpos e uma variedade de personas à vontade. Em termos práticos, o

SINGULARIDADE COSMOLÓGICA   675

envelhecimento humano e a doença serão revertidos; a poluição será interrompida; a fome mundial e a pobreza serão resolvidas. A nanotecnologia tornará possível criar virtualmente qualquer produto físico usando processos de **informação** de baixo custo e, em última instância, transformará a morte em um problema solúvel.

O livro foi transformado em documentário em 2010.

Para Kurzweil, a evolução cósmica está chegando a uma nova época, que transcende radicalmente seus estágios anteriores. Há seis épocas: (1) física e química, (2) biologia e DNA, (3) cérebros, (4) tecnologia, (5) fusão da tecnologia humana e inteligência humana e (6) o universo acorda.

Essa perspectiva emocionante colide com a dura realidade em alguns pontos. Primeiro, cognição não é computação. Como **John Searle** argumentou em seu experimento mental do **quarto chinês**, computação é sintaxe, não semântica, isto é, os computadores podem organizar informações de maneira programada, mas não entendem nada disso. A computação digital excede a capacidade dos humanos de computar por uma grande magnitude, entretanto, os cálculos, mesmo pelo maior supercomputador ou computador em rede, não são conscientes dos valores do que eles manipulam pelas regras sintáticas. Portanto, a computação da máquina nunca alcançará a consciência, uma vez que a consciência envolve compreensão semântica (entre muitas outras coisas). Além disso, se as máquinas nunca podem ser conscientes, elas não podem, então, fundir-se com seres humanos conscientes em uma "singularidade" consciente.

Em segundo lugar, a informação não pode emergir não guiada de estados meramente materiais. O ateísmo de Kurzweil propõe um grande futuro humano-máquina baseado em um passado impessoal e sem propósito. No entanto, não há mecanismo conhecido pelo qual elementos não vivos se combinam para gerar material genético. Nem o **acaso**, nem a lei natural, nem a combinação de ambos estão à altura dessa tarefa metafísica, como **Stephen Meyer** argumentou convincentemente em *The Signature in the Cell* [A marca na célula] (2009).

Douglas Groothuis

REFERÊNCIAS E LEITURAS RECOMENDADAS

Groothuis, Douglas, 1996. *The Soul in Cyberspace*. Grand Rapids: Baker.
Kurzweil, Ray, 2006. *The Singularity Is Near: When Humans Transcend Biology*. New York: Penguin.
Meyer, Stephen, 2009. *Signature in the Cell*. New York: HarperCollins.

SINGULARIDADE COSMOLÓGICA. As evidências astronômicas atuais mostram consistentemente que o universo vem passando por uma expansão contínua desde o início, há cerca de 13,8 bilhões de anos. Essa evidência baseia-se principalmente no desvio para o vermelho das linhas espectrais de luz provenientes de galáxias distantes, revelando a propriedade agora conhecida como Lei de Hubble, que afirma que quanto mais longe uma galáxia está, mais rápido ela está se afastando de nós. A expansão do espaço é consistente e até mesmo predita pela **Teoria geral da relatividade de Einstein**. Traçar a expansão do espaço em retrospectiva temporal leva a um estado inicial do universo em que toda a matéria e energia existiam em um volume extremamente denso, quente e pequeno.

Por mais difícil que seja imaginar, as leis da **física** nos dizem que o tamanho inicial de todo o nosso universo visível era, no começo, menor do que um único átomo! O momento do início do universo, quando começou a se expandir rapidamente e a esfriar de sua temperatura incandescente inicial tornou-se conhecido como o *big bang* (ver **Teoria do *big bang***). Sugerindo uma explosão aleatória, o termo é um nome incorreto, e o evento é mais bem caracterizado como uma expansão altamente orquestrada. As forças e constantes da natureza fixadas no início são tais que a matéria e a energia que se desdobram ao longo de eras criaram um universo de galáxias, estrelas e planetas capazes de sustentar a vida no planeta terra.

Ao discutir o início do universo, a evidência de que todas as estrelas e galáxias, e mesmo o próprio espaço, tiveram um começo no passado finito é clara. Uma questão mais sutil é se o tempo surgiu concomitantemente com o universo físico, uma vez que o tempo e o espaço são interdependentes. A Teoria geral da relatividade de Einstein não só prevê a expansão do universo (deixando um "fator de ajuste" [o *fudge factor*] que Einstein inicialmente previu quando publicou a teoria em 1919 para responder os pontos de vista equivocados da comunidade acadêmica de sua época), mas, concomitantemente, prevê também o início do tempo no momento do *big bang*.

O início do **espaço e tempo**, ou "espaço-tempo", quando o universo era quase infinitamente pequeno, quente e denso tornou-se conhecido como a *singularidade* cosmológica. O significado disso é a implicação de que a **singularidade** representa "uma origem absoluta *ex*

676 SÍNTESE NEODARWINIANA

nihilo" (Craig, 2011), consistente com a afirmação bíblica — "Pela fé entendemos que o universo foi formado pela palavra de Deus, de modo que o que se vê não foi feito do que é visível" (Hebreus 11:3). Teoremas da singularidade do espaço-tempo provados por Penrose, Hawking, Ellis e outros, nas décadas de 1960 e 1970, demonstraram que "a ocorrência de singularidades em modelos cosmológicos é a regra, e não uma exceção" (Heller, 2009). E ainda, as teorias mais recentes e especulativas tentaram contornar uma singularidade verdadeira na origem do universo, negando assim o início dos tempos (Hawking, 1988; Hawking e Mlodinow, 2010). Os teoremas de Hawking foram criticados por outros cosmologistas, que afirmaram que "Hawking não conseguiu demonstrar que o universo não teve um começo" (Holder, 2013; Gordi, 2011). Um teorema cosmológico provado por Borde, Guth e Vilenkin em 2003 (Borde et al., 2003) mostrou que o espaço *e* o tempo devem ter tido um começo sob condições de inflação rápida do universo primitivo (ver **Teorema da singularidade de Borde-Guth-Vilenkin**). Mesmo que as variações futuras da relatividade geral para incluir a gravidade quântica possam modificar essas conclusões, é seguro dizer que o universo, tal como o conhecemos, teve um começo a partir do nada.

Eric R. Hedin

REFERÊNCIAS E LEITURAS RECOMENDADAS

BORDE, Arvind; Guth, Alan H.; Vilenkin, Alexander, 2003. "Inflationary Spacetimes Are Incomplete in Past Directions." *Physical Review Letters* 90:151301.

CRAIG, William Lane, 2011. "Naturalism and the Origin of the Universe." In: *The Nature of Nature: Examining the Role of Naturalism in Science*, ed. Bruce L. Gordon and William A. Dembski, 506-34. Wilmington, DE: ISI Books.

ELLIS, George F. R.; Hawking, Stephen W. 1975. *The Large-Scale Structure of Space-Time.* Cambridge: Cambridge University Press.

GORDON, Bruce L. 2011. "Balloons on a String: A Critique of Multiverse Cosmology." In: *The Nature of Nature: Examining the Role of Naturalism in Science*, ed. Bruce L. Gordon and William A. Dembski, 558-93, Wilmington, DE: ISI Books.

GUTH, Alan H. 1997. *The Inflationary Universe: The Quest for a New Theory of Cosmic Origins.* London: Jonathan Cape.

HAWKING, Stephen, 1988. *A Brief History of Time.* London: Bantam.

HAWKING, S. W.; Ellis, G. F. R. 1968. "The Cosmic Black-Body Radiation and the Existence of Singularities in Our Universe." *Astrophysical Journal* 152: 25-36.

HAWKING, Stephen; Mlodinow, Leonard, 2010. *The Grand Design: New Answers to the Ultimate Questions of Life.* London: Bantam.

HELLER, Michael, 2009. *Ultimate Explanations of the Universe.* Berlin: Springer-Verlag.

HOLDER, Rodney, 2013. *Big bang, Big God: A Universe Designed for Life?* Oxford: Lion Hudson.

LIDDLE, Andrew, 2015. *An Introduction to Modern Cosmology.* 3. ed. Chichester, UK: Wiley.

SÍNTESE NEODARWINIANA. A síntese neodarwiniana, também chamada de *neodarwinismo* ou a *moderna síntese evolutiva*, é o modelo dominante de evolução dentro das ciências biológicas. Foi inicialmente desenvolvido durante as décadas de 1930 e 1940 por biólogos evolucionistas como Ernst Mayr, Theodosius Dobzhansky, Julian Huxley e George Gaylord Simpson. O neodarwinismo envolve três alegações primárias (Meyer e Keas, 2003):

1. As populações mudam gradualmente ao longo do **tempo** por meio da descendência com modificação.
2. Toda a vida está relacionada pela **ancestralidade comum**.
3. A **seleção natural** que age sobre mutações genéticas aleatórias foi o mecanismo impulsionador da construção da **complexidade** dos organismos vivos.

Os dois primeiros elementos do neodarwinismo (mudança ao longo do tempo ou ancestralidade comum) foram discutidos antes de Darwin, mas este (junto com **Alfred Russel Wallace**) foi o primeiro a propor uma teoria geral da evolução em que o mecanismo primário era a seleção natural atuando gradualmente sobre a variação aleatória. Esse modelo ficou conhecido como *evolução darwiniana*.

No entanto, Darwin desconhecia os mecanismos biológicos pelos quais a variação surgiu e não entendia como os traços eram passados dos pais para os descendentes. Depois de Darwin, foi mostrado que os traços são herdados por meio de **genes** e que a variação pode surgir por conta de mutações no **DNA**, a molécula que transporta os genes. Os defensores de Darwin atualizaram suas teorias para incorporar descobertas modernas sobre genética populacional e DNA, criando um novo modelo conhecido como *neodarwinismo*. Como Peter Bowler explica, "O fundo de variabilidade construído pela mutação e retido pela reprodução sexual, proporcionou a variação 'aleatória' que Darwin e os neodarwinistas haviam assumido como a matéria-prima da seleção" (Bowler, 2003).

O livro de Monroe Strickberger, intitulado *Evolution*, equipara o neodarwinismo à "síntese moderna", definindo-a como "uma mudança nas frequências dos genes introduzidos por mutação, com a seleção natural considerada a mais importante, embora não a única, causa de tais mudanças" (Strickberger, 2000). Da mesma forma, o livro *Evolution*, de Douglas Futuyma, define o neodarwinismo como "a crença moderna de que a seleção natural, agindo sobre variações genéticas geradas aleatoriamente, é uma causa principal, mas não a única, da evolução" (Futuyma, 2009). Assim, sob o neodarwinismo, outros mecanismos evolutivos aparentemente não guiados, como a deriva genética, estão em ação, mas são menores quando comparados à seleção na geração de características biológicas adaptativas.

Enquanto o neodarwinismo é o **paradigma** dominante para explicar as origens biológicas dentro da comunidade científica, nos últimos anos surgiram questões sobre se a síntese permanece viável, enfocando a capacidade de o mecanismo de seleção de mutações gerar uma novidade biológica. Mais de 900 cientistas com doutorado assinaram uma declaração expressando seu ceticismo com relação às alegações da teoria evolucionista moderna de que a capacidade de **mutação aleatória** e seleção natural são responsáveis pela complexidade da vida, e pedem que "um exame cuidadoso das evidências da teoria darwiniana seja encorajado" (*A Scientific Dissent from Darwinism* [Uma dissidência científica do darwinismo]). Em 2012, a Oxford University Press publicou um livro do filósofo ateísta **Thomas Nagel** com o subtítulo *Why the Materialist Neo-Darwinian Conception of Nature Is Almost Certainly False* [Por que a concepção neodarwinista materialista da natureza é quase certamente falsa] (Nagel, 2012).

Muitos dos principais artigos científicos desafiaram os princípios centrais do neodarwinismo, e muitos desses cientistas ainda aceitam um paradigma evolutivo naturalista, mas não acreditam que os mecanismos neodarwinistas podem criar novas funcionalidades biológicas complexas.

Um artigo na revista *Trends in Ecology and Evolution* reconhece um "debate saudável sobre a suficiência da teoria neodarwinista para explicar a macroevolução" (Bell, 2008), e um artigo na revista *Theory in Biosciences* sustenta que a teoria neodarwiniana não foi totalmente explicada para origem de novas características e complexidade biológica:

> Embora já tenhamos um bom entendimento de como os organismos se adaptam ao meio ambiente, muito menos se sabe sobre os mecanismos por trás da origem das novidades

evolucionárias, um processo que é indiscutivelmente diferente da adaptação. Apesar dos inegáveis méritos de Darwin, explicar como a enorme complexidade e diversidade de seres vivos em nosso planeta se originou continua sendo um dos maiores desafios da biologia. (Theissen, 2009)

Lynn Margulis, membro da Academia Nacional de Ciências dos Estados Unidos, até sua morte, em 2011, foi uma crítica notória do poder do mecanismo de seleção de mutações que sustentava o neodarwinismo:

> A seleção natural é de importância crítica para o processo evolutivo, mas essa pretensão darwinista de explicar toda a evolução é uma meia-verdade popular, cuja falta de poder explicativo é compensada apenas pela ferocidade religiosa de sua retórica. Embora mutações aleatórias tenham influenciado o curso da evolução, sua influência foi principalmente por perda, alteração e refinamento. Uma mutação confere resistência à malária, mas também produz células sanguíneas boas em portadoras deficientes de oxigênio de anemia falciforme. Outro converte um recém-nascido lindo em um paciente com fibrose cística ou uma vítima de diabetes precoce. Uma mutação faz com que uma distraída mosca-da-fruta de olhos vermelhos não voe. Nunca, no entanto, essa mutação fez surgir uma asa, uma fruta, um caule lenhoso ou uma garra. Mutações, em resumo, tendem a induzir doença, morte ou deficiências. Nenhuma evidência na vasta literatura de mudanças na hereditariedade mostra evidências inequívocas de que a própria mutação aleatória, mesmo com o isolamento geográfico de populações, leva à especiação (Margulis e Sagan, 2002).

Em outro trecho, ela afirmou: "Neodarwinistas dizem que novas espécies surgem quando mutações ocorrem e modificam um organismo... Eu acreditei até procurar evidências" (Margulis, 2011).

Em 2008, biólogos influentes se reuniram em Altenberg, Áustria, para discutir insuficiências na síntese neodarwinisma. De acordo com a revista *Nature*, eles acreditavam que "a síntese moderna é extraordinariamente boa em modelar a sobrevivência do mais apto, mas não é boa em modelar a chegada do mais apto" e "a origem das asas e a invasão da terra... são coisas sobre as quais a teoria da evolução nos contou pouco" (Whitfield, 2008). No mesmo ano, o historiador da ciência e biólogo evolucionista William Provine sustentou perante a History of Science Society (Sociedade de História da Ciência) que

678 SÍNTESE NEODARWINIANA

"toda afirmação da síntese evolutiva apresentada a seguir é falsa":

> 1. A seleção natural foi o mecanismo primário em todos os níveis do processo evolutivo e causou adaptação genética [...] 4. A evolução dos caracteres fenotípicos, como olhos e ouvidos etc., foi um bom guia para a evolução das proteínas [...] 5. A evolução das proteínas foi um bom guia para a evolução da sequência de DNA [...] 6. A recombinação foi muito mais importante do que a mutação na evolução. 7. Macroevolução foi uma simples extensão da microevolução. 8. Definição de "espécie" era clara [...] 9. A especiação foi entendida em princípio. 10. A evolução é um processo de compartilhar ancestrais comuns de volta à origem da vida, ou, em outras palavras, a evolução produz uma árvore da vida [...] 13. A síntese evolutiva era de fato uma síntese. (Provine, 2008)

No ano seguinte, um artigo na revista *Trends in Genetics* afirmou que os colapsos nos princípios neodarwinianos, como o conceito tradicional da árvore da vida ou a teoria de que a seleção natural é a principal força motriz da evolução, indicam que "A síntese moderna desmoronou, aparentemente, além de um restauro"; e concluiu: "Para não medir as palavras, a síntese moderna se foi" (Koonin, 2009).

Este artigo é sobre a síntese neodarwiniana. Enquanto muitos dos cientistas e estudiosos discutidos aqui são céticos com relação ao neodarwinismo, eles não estão desafiando a visão geral de que alguma forma de macroevolução naturalista está correta. No entanto, o ceticismo com relação à síntese neodarwiniana está se tornando mais comum, tanto que em 2014 a principal publicação científica do mundo, a revista *Nature*, publicou artigos opostos debatendo se a teoria neodarwiniana moderna não precisa ser "repensada". Um artigo respondeu "Não, está tudo bem" (Wray e Hoekstra, 2014) e defendeu o consenso neodarwinista. Outro grupo de biólogos respondeu "Sim, urgentemente" e propôs uma síntese evolutiva estendida (SEE) para substituir o neodarwinismo. O último grupo também observou que os biólogos evolucionistas às vezes suprimem suas próprias críticas ao neodarwinismo para evitar o aparente apoio fundamental ao **design inteligente**:

> O número de biólogos que pedem mudanças em como a evolução é conceituada está crescendo rapidamente... No entanto, a mera menção da SEE muitas vezes evoca uma reação emocional, até mesmo hostil, entre os biólogos

evolucionistas. Demasiadas vezes, discussões vitais chegam a ser rudes, com acusações de confusão ou deturpação. Talvez assombrado pelo espectro do design inteligente, os biólogos evolucionistas desejam mostrar uma frente unida para aqueles hostis à ciência (Laland et al. 2014).

Da mesma forma, em *What Darwin Got Wrong* [O que Darwin entendeu errado], os cientistas cognitivos Jerry Fodor e Massimo Piattelli-Palmarini afirmam: "Há algo errado — possivelmente de maneira fatal — com a teoria da seleção natural", e lamentam que "o neodarwinismo seja tomado como axiomático; passa literalmente inquestionável. Uma visão que parece contradizê-lo, diretamente ou por implicação, é *ipso facto* rejeitada, por mais plausível que possa parecer. Departamentos inteiros, revistas e centros de pesquisa agora trabalham com esse princípio". Eles continuam: "Fomos informados por mais de um de nossos colegas que, mesmo que Darwin estivesse errado em afirmar que a seleção natural é o mecanismo da evolução, nós não deveríamos dizer isso. Pelo menos não em público" (Fodor e Piattelli-Palmarini, 2010). Dadas as pressões enfrentadas pelos críticos da síntese moderna, não é surpresa que o neodarwinismo ainda tenha muitos defensores proeminentes e continue sendo o ponto de vista dominante. Em um ensaio de 2015, Douglas Futuyma explica que "alguns biólogos têm dúvidas de que a teoria sintética, baseada em princípios de acordo com a mutação, variação genética e seleção natural, explica adequadamente a macroevolução", mas, em sua opinião, nenhuma "mudança de paradigma" é necessária porque a evidência "pode ser interpretada principalmente dentro da estrutura da Teoria Sintética" (Futuyma, 2015). Sem dúvida, esses debates continuarão no futuro.

Casey Luskin

REFERÊNCIAS E LEITURAS RECOMENDADAS

BELL, Michael A., 2008. "Gould's Most Cherished Concept." *Trends in Ecology and Evolution* 23:121-22.

BOWLER, Peter J., 2003. *Evolution: The History of an Idea*. 3rd ed. Berkeley: University of California Press.

FODOR, Jerry; PIATTELLI-PALMARINI, Massimo, 2010. *What Darwin Got Wrong*. New York: Farrar, Straus, and Giroux.

FUTUYMA, Douglas J., 2009. *Evolution*. Sunderland, MA: Sinauer.

_____. 2015. "Can Modern Evolutionary Theory Explain Macroevolution?" em *Macroevolution: Explanation, Interpretation and Evidence*, ed. Emanuele Serrelli and Nathalie Gontier. Vol. 2. Cham, Ger.: Springer-Verlag.

KOONIN, Eugene, 2009. "The *Origin* at 150: Is a New Evolutionary Synthesis in Sight?" *Trends in Genetics* 25:473-75.

LALAND, Kevin; Uller, Tobias, et al. 2014. "Does Evolutionary Theory Need a Rethink? Yes, Urgently." *Nature* 514 (9 de outubro): 161-64.

MARGULIS, Lynn, 2011. "Lynn Margulis: Q + A." *Discover Magazine* (April).

MARGULIS, Lynn; SAGAN, Dorion, 2002. *Acquiring Genomes: A Theory of the Origins of the Species*. New York: Basic Books.

MEYER, Stephen C.; KEAS, Mike, 2003. "The Meanings of Evolution", em *Darwinism, Design, and Public Education*, ed. J. A. Campbell and Stephen C. Meyer. East Lansing: Michigan State University Press.

NAGEL, Thomas, 2012. *Mind and Cosmos: Why the Materialist Neo-Darwinian Conception of Nature Is Almost Certainly False*. Oxford: Oxford University Press.

PROVINE, William, 2008. "Random Drift and the Evolutionary Synthesis." History of Science Society HSS Abstracts. https://web.archive.org/web/20131010003728/www.hssonline.org/Meeting/oldmeetings/archiveprogs/2008archiveMeeting/2008HSSAbstracts.html.

"A Scientific Dissent from Darwinism." Dissent from Darwin. Acessado em 30/8/2016. www.dissentfromdarwin.org.

STRICKBERGER, Monroe W., 2000. *Evolution*. 3rd ed. London: Jones & Bartlett.

THEISSEN, Günter, 2009. "Saltational Evolution: Hopeful Monsters Are Here to Stay." *Theory in Biosciences* 128:43-51.

WHITFIELD, John, 2008. "Biological Theory: Postmodern Evolution?" *Nature* 455 (17 set.):281-84.

SOBER, ELLIOTT. Elliott Sober (1948-) é Professor da Cátedra Hans Reichenbach e Professor-pesquisador da bolsa de estudos de William F. Vilas de Filosofia da Universidade de Wisconsin-Madison. Além de seu cargo de professor em Wisconsin, Sober também serviu consecutivamente como professor homenageado e visitante na Escola de Economia e Ciência Política de Londres, e lecionou brevemente na Universidade de Stanford. Ele recebeu seu doutorado da Universidade de Harvard em 1974. Sua dissertação estava relacionada com "a natureza da simplicidade ou parcimônia, como caracteriza a atividade científica em geral" (Callebaut, 1993, p. 267). Sober escreveu ou foi coautor de mais de 10 livros e cerca de 250 artigos abordando vários tópicos, como abordagens científicas para inferir **causalidade**, comparando abordagens científicas de seleção de modelos, papéis de parcimônia e simplicidade na formação e avaliação de teorias, debates sobre unidades de **seleção natural** e esclarecimento de (ou relações entre) conceitos na teoria evolutiva, tais como adequação, seleção, otimização e adaptação.

Alguns desses volumes são usados como livros didáticos, como *Philosophy of Biology* [Filosofia da biologia] (1993b) e *Core Questions in Philosophy* [Questões fundamentais em filosofia] (2012). Os títulos enfocando vários aspectos da teoria da biologia evolutiva incluem *The Nature of Selection* [A natureza da seleção] (1993a), *Evidence and Evolution* [Evidências e evolução] (2008) e *Did Darwin Write the* Origin *Backwards?* [Darwin escreveu a origem de trás para frente?] (2011a). Sober relata que se interessou pela filosofia da biologia evolutiva por volta de 1976. Antes disso, ele se concentrou

em "questões gerais sobre a natureza da ciência como um todo" (Sober, 1993a, p. ix).

Sober tornou-se um colaborador consistente e firme defensor da teoria neodarwiniana, lidando com preocupações como a escassez de evidências fósseis transicionais (Sober, 2009a), objeções que propunham processos neodarwinianos que esgotam rapidamente recursos probabilísticos (Sober, 2002, p. 65-74; Sober, 2008, p. 49-51) e abordando o problema contraintuitivo de como o **altruísmo** poderia ter evoluído (Sober, 1988b; Sober e Wilson, 1998; 2011, p. 463-67; ver **Darwinismo**; **Registro Fóssil**).

Como uma ferramenta crítica para apoiar o neodarwinismo, Sober tem frequentemente utilizado uma abordagem de *probabilidade* (Sober, 2002, p. 70-71; 2004, p. 99-102; 2008, p. 8-9, 32- 33), que conjuga hipóteses rivais quanto às probabilidades que conferem respectivamente aos efeitos observados. Por exemplo, ele aplicou essa abordagem para comparar as respectivas probabilidades de ancestralidade comum *versus* separada (Sober, 2008, p. 264-352; 2009b, p. 10050-55).

Os escritos de Sober às vezes abordam questões relativas ao papel de Deus nas explicações biológicas. Embora não necessariamente endossando a evolução teísta, ele afirmou que não é logicamente contraditório (Sober, 2008, p. 110-12; 2011b, p. 189-90). Sober também analisou e objetou os **argumentos de design** (particularmente o **design inteligente**) em termos de probabilidade (Sober, 2002, p. 71-78; 2004, p. 99-144; 2008, p. 118-54). Reconhecendo as objeções de **David Hume** aos argumentos de *design* (Hume, Aiken, ed. 1948, 17-18, 23; ver **Argumento de Design**), Sober propõe que os argumentos de *design* sejam enquadrados como argumentos de probabilidade sem qualquer apelo à analogia e indução (Sober, 1993b, p. 30-36; 2008, p. 139-40). Ele afirma, no entanto, que tais argumentos carecem de apoio evidencial independente em relação aos objetivos e habilidades do projetista, eliminando assim qualquer probabilidade apreciável (Sober, 1999, p. 61-66; 2007, p. 5-6, 8; 2008, p. 143-49, 168). Consequentemente, Sober desconsidera o *design* inteligente como uma teoria científica (Sober, 2008, p. 190).

O atual cenário evidencial na ciência mudou drasticamente desde os dias de Hume. Os pensadores cristãos podem querer revisitar se uma combinação de analogia e indução, afinal, não fornece o apoio independente que,

680 SOCIOLOGIA

em contraste com as afirmações de Sober, poderia sustentar uma probabilidade robusta de hipóteses de *design* que poderiam competir com explicações neodarwinianas sobre a biologia em um macronível (ver **Indução, Problema de**).

James Charles LeMaster

REFERÊNCIAS E LEITURAS RECOMENDADAS

CALLEBAUT, Werner, ed. 1993. *Taking the Naturalistic Turn, or How Real Philosophy of Science Is Done.* Science and Its Conceptual Foundations. Chicago: University of Chicago Press.

HUME, David, 1948. *Dialogues concerning Natural Religion.* Ed. Henry D. Aiken. New York: Hafner.

LeMASTER, James Charles, 2014. "A Critique of the Rejection of Intelligent Design as a Scientific Hypothesis by Elliott Sober from His Book *Evidence and Evolution.*" Dissertação de Doutotadoi. Southern Baptist Theological Seminary.

SOBER, Elliott, 1988a. *Reconstructing the Past: Parsimony, Evolution, and Inference.* Cambridge, MA: MIT Press.

_____. 1988b. "What Is Evolutionary Altruism?" *Canadian Journal of Philosophy*, supp. vol., 14:75-99.

_____. 1993a. *The Nature of Selection: Evolutionary Theory in Philosophical Focus.* Chicago: University of Chicago Press.

_____. 1993b. *Philosophy of Biology.* Dimensions of Philosophy Series. Boulder, CO: Westview.

_____. 1994. *From a Biological Point of View: Essays in Evolutionary Philosophy.* Cambridge Studies in Philosophy and Biology. Cambridge: Cambridge University Press.

_____. 1999. "Testability." *Proceedings and Addresses of the American Philosophi- cal Association* 73 (2): 47-76.

_____. 2000. *Philosophy of Biology.* 2nd ed. Dimensions of Philosophy Series. BOULDER, CO: Westview.

_____. 2002. "Intelligent Design and Probability Reasoning." *International Journal for Philosophy of Religion* 52 (2): 65-80.

_____. 2004. "The Design Argument." In *Debating Design: From Darwin to DNA.* Eds. William A. Dembski e Michael Ruse, 98-129. Cambridge: Cambridge University Press.

_____. 2007. "What Is Wrong with Intelligent Design?" *Quarterly Review of Biology* 82 (1): 3-8.

_____. 2008. *Evidence and Evolution: The Logic behind the Science.* New York: Cambridge University Press.

_____. 2009a. "Absence of Evidence and Evidence of Absence: Evidential Transitivity in Connection with Fossils, Fishing, Fine-Tuning, and Firing Squads." *Philosophical Studies* 143:63-90.

_____. 2009b. "Did Darwin Write the *Origin* Backwards?" *Proceedings of the National Academy of Sciences USA* 106, supp. 1:10048-55.

_____. 2011a. *Did Darwin Write the* Origin *Backwards? Philosophical Essays on Darwin's Theory.* Amherst, NY: Prometheus.

_____. 2011b. "Evolution without Naturalism." In *Oxford Studies in Philosophy of Religion.* Ed. Jonathan L. Kvanvig, 3:187-221. Oxford: Oxford University Press.

_____. 2012. *Core Questions in Philosophy: A Text with Readings.* 6th ed. My Thinking Lab. Upper Saddle River, NJ: Pearson.

SOBER, Elliott, and David Sloan Wilson. 1998. *Unto Others: The Evolution and Psychology of Unselfish Behavior.* Cambridge, MA: Harvard University Press.

_____. 2011. "Adaptation and Natural Selection Revisited." *Journal of Evoluxtionary Biology* 24:462-68.

SOCIOLOGIA. A sociologia é uma ciência social que surgiu no século XIX e início do século XX, que busca estudar a vida social humana em grupos e sociedades. Embora o pensamento sociológico inicial tenha sido influenciado por vários indivíduos, Auguste Comte (1798-1857) é considerado o fundador da sociologia moderna. Comte, que cunhou o termo *sociologia*, considerava a sociologia como uma ciência (embora uma ciência social) que contava com evidências científicas para descobrir o conhecimento sobre a sociedade. Ele também acreditava que, ao usar a ciência, a sociologia poderia contribuir para o florescimento humano, compreendendo e controlando o comportamento humano, que havia sido a esfera da religião na sociedade ocidental anterior ao **Iluminismo**. No entanto, a **objetividade** da sociologia tem sido questionada em virtude da natureza de seu estudo da experiência humana subjetiva.

A sociologia americana emergiu no final do século XIX, quando a sociedade americana estava enfrentando rápidas mudanças sociais e precisando desesperadamente de uma nova ciência para enfrentar os crescentes problemas sociais. Desde a sua criação, no entanto, a sociologia americana vê a ciência e a religião como inerentemente incompatíveis. Enquanto a sociologia emprega o método científico, "fato pela observação", para observar o mundo, a religião depende da "superstição pela ignorância" (Smith, 2003). Esse ponto de vista influenciado pelo Iluminismo convenceu muitos sociólogos no início do século XX de que a religião era um "vestígio moribundo da vida primitiva e pré-científica" (Moberg, 1968). Foi, portanto, uma surpresa para muitos sociólogos quando o interesse religioso ressurgiu em meados do século XX nos Estados Unidos. A disciplina da sociologia da religião desenvolveu-se rapidamente e demonstrou o papel significativo da religião na sociedade moderna.

Apesar do ceticismo contínuo sobre a compatibilidade entre religião e sociologia, vários estudiosos cristãos tentaram se envolver com a disciplina. De fato, uma "sociologia cristã" explícita surgiu envolvendo o "estudo sistemático da ordem social que, em sua teoria, metodologia e relato está explicitamente relacionado à estrutura de entendimento que é marcadamente cristã" (Barger, 1982). Além disso, surgiram estudiosos cristãos como Christian Smith, Os Guinness, Robert Wuthnow e outros que "praticaram o engajamento público da sociologia tanto para o público cristão como para o público notadamente não cristão" (Hiebert, 2008, p. 208). E mais: a sociologia tem sido utilizada como uma ferramenta hermenêutica entre os estudiosos da Bíblia, como Walter Brueggemann, John H. Elliot e Robert R. Wilson.

Com relação à teologia cristã, a interação com a sociologia resultou em trabalhos acadêmicos no século XX. A teologia da libertação, que explora a relação entre a teologia cristã e as preocupações sociopolíticas, como os direitos humanos, a justiça social e a pobreza, é um produto da colaboração entre teologia e sociologia. Além disso, uma tipologia de cinco diferentes estratégias de apropriação da sociologia pelos teólogos foi reconhecida: (1) opção fundamentalista, (2) absorção da teologia na sociologia (Ernst Troeltsch), (3) a sociologia como parte de um projeto essencialmente teológico (Dietrich Bonhoeffer, H. R. Niebuhr), (4) a fusão mútua (Edward Farley) e (5) o quase fundamentalismo pós-moderno (John Milbank) (Roberts, 1997).

Apesar das dificuldades e dos riscos potenciais, a conversação entre teologia e sociologia continua enquanto a teologia pretende ser relevante para a sociedade moderna, já que "a modernidade é intrinsecamente sociológica" (Roberts, 1997).

Naomi Noguchi Reese

REFERÊNCIAS E LEITURAS RECOMENDADAS

BARGER, George W., 1982. "A Christian Sociology?" *Journal of the American Scientific Affiliation* 34:100-104.

BELLAH, Robert N., 2006. "Sociology and Theology", em *The Robert Bellah Reader*. Eds. Robert N. Bellah e Steven M. Tipton, 451-521. Durham, NC: Duke University Press.

HIEBERT, Dennis, 2008. "Can We Talk? Achieving Dialogue between Sociology and Theology." *Christian Scholar's Review* 37:199-214.

MARTIN, David, 1997. *Reflections on Sociology and Theology*. Oxford: Clarendon.

MILBANK, John, 2006. *Theology and Social Theory: Beyond Secular Reason*. 2nd ed. Malden, MA: Blackwell.

MOBERG, David O., 1968. "Sociology", em *Christianity and the World of Thought*. Ed. Hudson T. Armerding, 215-32. Chicago: Moody.

POYTHRESS, Vern Sheridan, 2011. *Redeeming Sociology: A God-Centered Approach*. Wheaton, IL: Crossway.

ROBERTS, Richard H., 1997. "Theology and the Social Sciences", em *The Modern Theologians: An Introduction to Christian Theology in the Twentieth Century*. Ed. David F. Ford, 700-719. 2nd ed. Cambridge, MA: Blackwell.

ROLSTON, Holmes, III, 1987. *Science and Religion: A Critical Survey*. New York: Random House.

SMITH, Christian, 2003. "Secularizing American Higher Education: The Case of Early American Sociology", em *The Secular Revolution: Power, Interests, and Conflict in the Secularization of American Public Life*. Ed. Christian Smith, 97-159. Berkeley: University of California Press.

SPINOZA, BARUCH. Baruch Spinoza (também conhecido como Benedito de Espinosa e Bento de Spinoza) nasceu em 24 de novembro de 1632, filho de judeus portugueses que viviam no exílio, na Holanda, e morreu em sua casa no Paviljoensgracht, em Haia, em 21 de fevereiro de 1677. Apesar de um início de educação rabínica, ele foi expulso da sinagoga em Amsterdã em 27 de julho de 1656 por defender opiniões heréticas.

Spinoza abordou quase todas as áreas do discurso filosófico, incluindo **metafísica**, **epistemologia**, ética, filosofia política, filosofia da **mente** e **filosofia da ciência**. A amplitude e extensão de suas realizações filosóficas asseguraram-lhe um lugar dentro da ilustre companhia de pensadores influentes e profundos da era pós-renascentista.

Nos anais da filosofia, a importância do pensamento de Spinoza, a partir de meados do século XVIII, é muitas vezes elevada a um lugar de honra alto, ocasionalmente o mais alto. Isso é, até certo ponto, surpreendente, porque o racionalismo não recebeu uma aceitação indiscutivelmente favorável entre os contemporâneos do filósofo holandês. Concordando substancialmente com o racionalista francês **René Descartes** sobre um amplo espectro de ideias, Spinoza percebeu as deficiências do cartesianismo e decidiu resolvê-las. Ao escolher empregar quase a mesma metodologia que lançara a brilhante estrela de Descartes no firmamento noturno do renome filosófico, Spinoza procurou aplicá-lo diferentemente na tentativa de evitar as incongruências conceituais que haviam diminuído o valor das fórmulas cartesianas.

O enigma do que constituía a essência da filosofia verdadeira estava no topo da escala de tarefas mentais de Descartes que ele se propunha a resolver, chegando finalmente à conclusão de que a marca distintiva entre verdade e erro era a clareza conceitual em contraste com a confusão. Nesse ponto, Spinoza estava em total concordância. Admitindo a ideia de Descartes de destacar a geometria como um modelo perfeito para o processo de raciocínio, avançando logicamente de uma proposição para outra, Spinoza identificou a **intuição** como o meio para atingir o mais alto patamar de certeza, ou seja, o conhecimento imediato do próprio Deus, divergindo, assim, do postulado de Descartes de sua própria existência como o fundamento imóvel do conhecimento seguro (Viljanen, 2011).

A principal razão pela qual o filósofo holandês isolou o conhecimento imediato de Deus como uma garantia mais conducente da certeza estava centrado em sua convicção de que a mente humana era uma parte da mente de Deus. O racionalismo europeu não poderia avançar além do teorema de Spinoza de que um intelecto divino foi igualmente distribuído entre toda a extensão da humanidade.

SPINOZA, BARUCH

Três conceitos abrangem a essência das especulações metafísicas de Spinoza. O primeiro foi "substância", o segundo "atributo" e o terceiro "modo" ou "modificações de substância". "Substância" compreende "aquilo que é em si e é concebido por si mesmo: em outras palavras, aquilo do que uma concepção pode ser formada independentemente de qualquer outra concepção" (o fundamentalmente real). "Atributo" consiste em "aquilo que o intelecto percebe como constituindo a essência da substância" (a qualidade essencial do real). E "modo" implica "aquilo que existe e é concebido por meio de algo diferente de si mesmo" (a modificação essencial do real) (Ética, pt. 1, def. 3, 4, 5).

Depois de ter definido os elementos cardeais de sua metafísica e de aderir estritamente aos limites mutiladores de suas próprias pressuposições filosóficas, o cidadão de Haia procedeu logicamente à sua conceituação de deus como a substância autocausada, autoexistente, livre e eterna; uma entidade existente que não exige nada além de existir. Ao contrário do Deus cristão, a construção mental divina de Spinoza era em essência uma entidade impessoal, totalmente acorrentada às exigências implacáveis da consistência lógica. Seu deus não foi autorizado a transcender as delimitações do próprio entendimento e aplicação do filósofo da lei da não contradição.

Desafiado a reunir evidências para a existência desse tipo de deus, Spinoza escolheu nas primeiras 11 proposições de sua Ética recorrer a uma versão truncada do argumento ontológico, deliberadamente se desviando da posição de **Agostinho** e Anselmo. Com base no seu caso anterior para a existência de deus, Spinoza abordou a ideia de que o fundamento e a causa da existência humana pressupõem a realidade de um ser infinito, uma vez que os seres humanos não podem produzir a si mesmos, nem são produzidos por outros. Em contrapartida, um ser infinito, que possui poder ilimitado, é plenamente capaz de ser a base e a causa de sua própria existência, ao mesmo tempo que a mantém eternamente. Em suma, Spinoza postulou que, por não ser impossível que a substância divina exista, ela existe.

É frequente, mas errôneo, dizer que Spinoza era um filósofo mecânico de segunda geração e um naturalista protocientífico (Nadler, 1999). Ele se distanciou do movimento intelectual (isto é, particularmente da Royal Society de seu tempo) que concebeu o mundo como sendo meramente uma máquina cujos fenômenos naturais poderiam ser estudados em termos de tamanho, forma e movimento de corpos. O método adequado para o estudo da natureza que ele apresentou no *Theological-Political Treatise* [Tratado teológico-político] é marcadamente diferente do que é usualmente associado à filosofia mecânica, principalmente porque ele era cético quanto à própria possibilidade de entender a natureza com precisão, se não de forma abrangente.

Além disso, Spinoza expressou sua simpatia por aqueles que criticavam as opiniões dos fisico-matemáticos como **Galileu**, Huygens, Wallis e Wren. Ele duvidava de que a aplicação da **matemática** à natureza se mostrasse bem-sucedida em averiguar uma correspondência exata entre o pensamento teórico e os fenômenos naturais. Especificamente, ele questionou a confiança infundada, como ele a via, na total suficiência de mensuração e na praticidade de uma metodologia fragmentada (Gabbey, 1996).

Evidentemente, Spinoza foi o autor da introdução à **física** cartesiana, sem resumir de perto os *Princípios* de Descartes sobre a mecanização do universo, em sua própria tentativa de apresentar ideias genuinamente novas (Gabbey, 1996). E, no entanto, os newtonianos do século XVIII perceberam uma descontinuidade entre suas próprias teorias sobre mecânica e passagens relevantes nas obras de Spinoza. A crítica (apesar de, em alguns aspectos, não ser merecida, porque Spinoza não poderia ter antecipado desenvolvimentos posteriores na física newtoniana) destacou, em particular, a concepção defeituosa do movimento de Spinoza.

Embora sendo reticente, se não inteiramente desinteressado, ao articular as **leis da natureza**, Spinoza promoveu a noção de que o estudo da natureza consiste em dois passos. Ele sugere, primeiro, criar uma "história" e, segundo, inferir daí as "definições" das coisas. Por "história", ele quis dizer criar listas ou tabelas de eventos naturais ordenados por tópico, semelhantes ao método de "história natural" promovido por Bacon em *Novum Organum* (Gabbey, 1996). No *Political Treatise* (1.4; 2.1; 3.1), ele propõe que há, então, um passo dedutivo que o filósofo natural precisa tomar depois de ter confiado na experiência (indução) para alcançar uma compreensão precisa das coisas (ou seja, definições).

A questão crítica que Descartes deixara sem resposta era o problema do **dualismo** entre mente e matéria. Spinoza se orgulhava de seu aparente sucesso de ter resolvido a interação entre os elementos imateriais e materiais da existência. De acordo com sua concepção metafísica, a substância divina continha simultaneamente propriedades mentais e físicas, sem que uma interferisse na outra. Consequentemente, o paralelismo universal forneceu uma resposta pronta ao interacionismo e ao **ocasionalismo**. No nível mundano, o aspecto mental e material eram dois lados da mesma realidade, uma união de duas *substâncias*, *constituindo* um ser humano. No entanto, ao avaliar a validade desse argumento, alguns dos críticos posteriores de Spinoza viram claramente que a solução para o problema do dualismo cartesiano ainda era tão ilusória quanto antes.

Na verdade, a compreensão singular de Spinoza do **panteísmo** — se sua teoria da identidade de deus e da natureza pode ser chamada de panteísta — gerou mais problemas filosóficos do que poderia resolver de maneira realista. O mais crítico deles foi a questão da individuação. Se houvesse apenas uma realidade, como descrito em suas palavras memoráveis, "Deus, ou Natureza" (*Deus, sive Natura,* em latim; Ética, 4, prefácio à edição latina), então Spinoza precisava explicar por que objetos particulares, diferentes um do outro, existiam. Além disso, como pode uma substância divina, infinita e impessoal originar seres humanos pessoais?

À maneira habitual, Spinoza estava preparado para dar uma resposta que parecesse suficientemente inteligível e persuasiva, pelo menos para ele. Ele percebeu Deus como a "natureza naturalizante", que, embora possuísse uma essência, era capaz de gerar seres individuais, tanto como a causa imanente de todos os objetos existentes quanto sua base lógica e substância. Esse processo trouxe o que Spinoza chamou de "natureza naturalizada" (*Ética,* pt. 1, prop. 29, escólio), que constitui as coisas como os humanos as percebem. O fato resistente permaneceu, no entanto, na questão que o "panteísmo" de Spinoza, em seu foco exclusivo na unidade da existência, não teve uma **explicação** sensata para o fenômeno da particularidade. O fracasso do racionalismo, mesmo em suas suposições mais básicas, de apresentar uma teoria convincente do porquê os objetos individuais poderem claramente ser distinguidos um do outro, coloca inexoravelmente o espinosismo numa trajetória descendente que levou ao pântano do irracionalismo e do determinismo.

Martin Erdmann

REFERÊNCIAS E LEITURAS RECOMENDADAS

CURLEY, E. M., 1985. *The Collected Works of Spinoza.* Princeton, NJ: Princeton University Press.

DELLA, Rocca M,. 2008. *Spinoza.* London: Routledge.

GABBEY, A., 1996. "Spinoza's Natural Science and Methodology", em *The Cambridge Companion to Spinoza.* Ed. D. Garrett. Cambridge and New York: Cambridge University Press.

HUENEMANN, C., ed. 2008. *Interpreting Spinoza: Critical Essays.* Cambridge: Cambridge University Press, 2008.

JAMES, Susan, 2012. *Spinoza on Philosophy, Religion, and Politics: The Theological-Political Treatise.* Oxford: Oxford University Press.

KISNER, M. J., 2011. *Spinoza on Human Freedom: Reason, Autonomy and the Good Life.* Cambridge: Cambridge University Press.

LEBUFFE, M., 2010. *From Bondage to Freedom: Spinoza on Human Excellence.* Oxford: Oxford University Press.

LORD, B., 2010. *Spinoza's Ethics: An Edinburgh Philosophical Guide.* Edinburgh: Edinburgh University Press.

MELAMED, Y.; Rosenthal, M. A., eds. 2010. *Spinoza's Theological-Political Treatise: A Critical Guide.* Cambridge: Cambridge University Press.

NADLER, Steven, *Spinoza: A Life.* 1999. Cambridge: Cambridge University Press. Popkin, R. 2004. *Spinoza.* Oxford: One World.

PREUS, J. S., 2001. *Spinoza and the Irrelevance of Biblical Authority.* Cambridge: Cambridge University Press.

VERBEEK, T., 2003. *Spinoza's Theologico-Political Treatise: Exploring "The Will of God."* London: Ashgate.

VILJANEN, V., 2011. *Spinoza's Geometry of Power.* Cambridge: Cambridge University Press.

YOVEL, Y.; Segal, G., eds. 2004. *Spinoza on Reason and the "Free Man."* New York: Little Room.

STENGER, VICTOR J. Victor Stenger (1935-2014) escreveu mais de uma dúzia de livros sobre tópicos relacionados à **física**, cosmologia e religião. O foco principal de vários de seus livros diz respeito à tentativa de minar a crença religiosa. Stenger recebeu seu doutorado em física pela Universidade da Califórnia (UCLA) em 1963 e, posteriormente, trabalhou na Universidade do Havaí até se aposentar em 2000. Ele também ocupou cargos de pesquisador visitante em várias universidades na Europa, incluindo Oxford. Seus campos de pesquisa centraram-se na física de partículas e na **astronomia** de neutrinos de alta energia (*Huffington Post*).

O livro mais popular de Stenger foi *God: The Failed Hypothesis* (Deus: a hipótese fracassada) (2007a), em que ele fez a alegação controversa de que a **ciência** refuta Deus. Pode-se notar que Stenger cometeu um erro categórico ao supor que Deus é uma "hipótese". As religiões monoteístas chegaram à conclusão de Deus não como uma hipótese, mas como uma resposta à evidência esmagadora da existência de Deus, que foi reconhecida por bilhões de pessoas ao longo da história humana. Onde Stenger não cometeu um erro foi em perceber que ele poderia lucrar em escrever livros com títulos ousados que atacassem a realidade de Deus. Então, em 2012, ele publicou *God and the Folly of Faith* [Deus e a loucura da fé].

Embora tenha tido uma criação católica, Stengler aparentemente nunca entendeu o conceito de fé, seja no sentido espiritual, seja com relação aos eventos cotidianos. Ele diz que "fé significa que você crê em algo para o qual você não tem provas" (Stenger, 2012, p. 23). No entanto, no sentido cotidiano, nós afirmamos: "Eu creio que o sol nascerá amanhã" com base na evidência acumulada do nascer do sol de toda manhã ao longo da história. A fé bíblica também é baseada em evidências experimentais e depoimentos de testemunhas oculares: "O que era desde o princípio, o que ouvimos, o que vimos com os nossos olhos, o que contemplamos e as nossas mãos apalparam — isso proclamamos a respeito da Palavra da vida" (1João 1:1).

Stenger concentra-se estreitamente em exemplos de orações não respondidas para construir seu caso contra Deus (Stenger, 2012). Ele faz uma pergunta que os cristãos mais honestos fizeram uma vez ou outra: "Se a Bíblia é verdadeira, por que minha sincera oração não foi respondida?" Lamentavelmente, ele concluiu que a Bíblia está errada (ver **Oração**), mas não conseguiu conduzir um protocolo científico adequado, recusando-se a considerar todas as evidências. Quantos exemplos de orações respondidas poderiam ser relatados pelos cristãos ao longo da história? Poderia seu número ser contado? Além disso, a oração é uma atividade multipessoal envolvendo a(s) pessoa(s) orando, o(s) beneficiário(s) da oração e Deus. Cada um desses participantes da oração tem um livre-arbítrio e não estão vinculados a algo como uma lei mecânica da natureza.

Ao tentar explicar o conceito de um Criador para explicar os numerosos exemplos de ajuste finos de parâmetros físicos para a vida em nosso universo, Stenger apela ao conceito de **multiverso**, que supõe um número ilimitado de universos com propriedades físicas diferentes. Infelizmente, para seu ponto de vista, a teoria do multiverso não tem um fragmento de evidência, enquanto a evidência para Deus permeia a experiência humana em todo o escopo da história. Ele atribui a **origem da vida** em nosso universo a um princípio de "auto-organização", citando furacões e flocos de neve como exemplos proeminentes. No entanto, nem furacões nem flocos de neve representam exemplos de forças naturais que causam um aumento na **informação**; sua formação representa o oposto do processo exigido da natureza para formar as biomoléculas ricas em informação necessárias à vida.

Além de sua profissão como físico, Stenger passou a ser conhecido como alguém que também fez uma espécie de carreira em negar a existência de Deus.

Eric R. Hedin

REFERÊNCIAS E LEITURAS RECOMENDADAS

STENGER, Victor J., 2007a. *God: The Failed Hypothesis: How Science Shows That God Does Not Exist*. Amherst, NY: Prometheus.
_____. 2007b. "Physics, Cosmology, and the New Creationism", em *Scientists Confront Intelligent Design and Creationism*. Eds. Andrew J. Petto e Laurie R. Godfrey, 131-49. New York: W. W. Norton.
_____. 2012. *God and the Folly of Faith*. Amherst, NY: Prometheus.
_____. 2013. *God and the Atom*. Amherst, NY: Prometheus.
_____. 2014. *God and the Multiverse: Humanity's Expanding View of the Cosmos*. Amherst, NY: Prometheus.
_____. "Victor Steger: Physicist, PhD, Bestselling Author." *Huffington Post*. Acessado em 28 de dezembro de 2015. www.huffingtonpost.com/victor-stenger/.

SUBDETERMINAÇÃO. A subdeterminação da teoria pela evidência, posto de modo simples, é o fato geralmente reconhecido de que os dados observacionais disponíveis em um dado momento podem não ser suficientes para decidir entre teorias ou hipóteses concorrentes. Um exemplo bem simples disso é dado considerando-se qual curva deve ser desenhada para se ajustar a uma coleção finita de pontos de dados em uma página. Em princípio, há infinitamente muitas curvas diferentes que passam por um número finito de pontos de dados e, tanto na ciência quanto na vida cotidiana, sempre temos apenas um número finito de pontos de dados. Então, qual curva devemos escolher?

Outra maneira de enquadrar o problema é observar que qualquer teoria que postule características não observáveis do mundo como parte de seu aparato explicativo deve confrontar a possibilidade de teorias concorrentes com coleções incompatíveis de não observáveis, que são igualmente compatíveis com os dados observacionais. Uma resposta padrão à subdeterminação é procurar alguma área onde teorias rivais façam previsões diferentes ou apelar para outras virtudes cognitivas, como simplicidade ou coerência com a ciência estabelecida, a fim de decidir qual teoria adotar.

Do ponto de vista lógico, essa versão inócua da tese da subdeterminação segue inevitavelmente da evasão de uma falácia lógica comum. Se a teoria T prevê a observação O, e O ocorre, os cientistas obviamente consideram isso uma coisa boa. Mas sob pena de cometer a falácia de afirmar o consequente, observar a ocorrência de O não implica a verdade de T, pois teorias incompatíveis T_1, T_2, e assim por diante, podem ter a *mesma* consequência observável. Se está chovendo torrencialmente fora da minha casa, a calçada descoberta estará molhada, mas também poderá estar molhada quando não estiver chovendo, porque poderei estar molhando a grama do meu jardim.

Não podemos inferir a verdade de uma teoria a partir de suas consequências previsíveis. Esse tipo fraco de subdeterminação tem sido reconhecido há muito tempo e, do ponto de vista prático, pode ser tratado, como mencionado, privilegiando as teorias mais simples compatíveis com as evidências e, quando possível, estendendo nossa coleta de dados em novas faixas que permitam distinções em observação e previsão entre teorias rivais.

Mas há mais formas perniciosas da tese de subdeterminação a serem consideradas. Willard V. O. Quine afirma que, dada *qualquer* teoria T e *qualquer* corpo de evidência que a sustente, existe *sempre* outra teoria empiricamente equivalente igualmente bem suportada pelos dados (Quine, [1953] 1980, 1960, 1969, 1975). Essa afirmação é apoiada — na medida que é apoiável — pelo argumento de Quine de que "nossas afirmações sobre o mundo externo enfrentam o tribunal da experiência sensorial não individualmente, mas apenas como um corpo corporativo [...] A unidade de significado empírico é o todo da ciência" (Quine, [1953] 1980, p. 41-42). Esse *holismo* produz uma situação na qual qualquer teoria pode ser mantida verdadeira, independentemente da evidência, se alguém estiver disposto a alterar suas outras suposições sobre a natureza (ver **Tese de Duhem-Quine**; **Quine, Willard V. O.** para discussões relacionadas).

Apesar de sua ousadia, a defesa de Quine da alegação de que alguém pode manter qualquer teoria que se queira em face de qualquer evidência está longe de qualquer defesa da racionalidade de fazê-lo. De fato, seu argumento reduz-se a observar que alguém pode sempre se agarrar a qualquer teoria, aconteça o que acontecer, "alegando alucinação ou alterando certas afirmações do tipo que se chama leis lógicas" ([1953] 1980, p. 43). Mas o apelo às simples possibilidades lógicas, por mais irracionais que sejam, torna a subdeterminação radical uma consequência trivial do holismo de Quine e, como argumentou **Larry Laudan** ([1990] 2013), não há *nada* em qualquer dos escritos de Quine que justifique afirmar que *toda* teoria, em princípio, é igualmente bem apoiada por *qualquer* evidência disponível — e, no entanto, é isso que defende a

racionalidade de se apegar a qualquer teoria em face de qualquer evidência que seja necessária.

Bruce L. Gordon

REFERÊNCIAS E LEITURAS RECOMENDADAS

Bonk, T., 2008. *Underdetermination: An Essay on Evidence and the Limits of Natural Knowledge*. Dordrecht: Springer.

Douven, Ivan, 2014. "Underdetermination", em *The Routledge Companion to Philosophy of Science*. Eds. M. Curd e S. Psillos, 336-45. 2.ed. New York: Routledge.

Duhem, P., (1906) 1954. *The Aim and Structure of Physical Theory*. 2.ed Princeton, NJ: Princeton University Press.

Earman, J., 1993. "Underdetermination, Realism, and Reason." *Midwest Studies in Philosophy* 18:19-38.

Kukla, A., 1996. "Does Every Theory Have Empirically Equivalent Rivals?" *Erkenntnis* 44:137-66.

Laudan, L., (1990) 2013. "Demystifying Underdetermination", em *Philosophy of Science: The Central Issues*. Eds. M. Curd, J. A. Cover; C. Pincock, 288-320. 2.ed. New York: W. W. Norton.

Laudan, L.; Leplin, J., 1991. "Empirical Equivalence and Underdetermination." *Journal of Philosophy* 88:449-72.

Newton-Smith, W. H., 2000. "Underdetermination of Theory by Data", em *A Companion to the Philosophy of Science*. Ed. W. H. Newton-Smith, 532-36. Oxford: Blackwell.

Quine, W. V. O., (1953) 1980. "Two Dogmas of Empiricism", em W. V. O. Quine, *From a Logical Point of View*, 20-46. 2.ed Cambridge, MA: Harvard University Press.

_____. 1960. *Word and Object*. Cambridge, MA: MIT Press.

_____. 1969. "Ontological Relativity", em W. V. O. Quine, *Ontological Relativity and Other Essays*, 26-68. New York: Columbia University Press.

_____. 1975. "On Empirically Equivalent Systems of the World." *Erkenntnis* 9:313-28.

Stanford, K., 2013. "Underdetermination of Scientific Theory", em *Stanford Encyclopedia of Philosophy*. Ed. Edward N. Zalta. 16 set. http:// plato.stanford.edu/entries/scientific-underdetermination/.

SUDÁRIO DE TURIM. O famoso artefato de linho conhecido como o Sudário de Turim mede 4,4 m por 1,1 m. Sua característica mais marcante e intrigante, observada em um lado do tecido, é uma imagem dos pés à cabeça, revelando as semelhanças frontais e dorsais de um homem crucificado, deitado de costas com os braços cruzados em sua cintura. Lacerações de chicotadas severas podem ser vistas em quase todo o corpo, juntamente com o fluxo de sangue de cinco punções principais em ambos os pulsos, ambos os pés, e uma ferida mais grave no lado direito.

Os debates sobre se esse pano cobriu ou não o corpo de Jesus Cristo após sua **morte** pela crucificação são responsáveis pela grande quantidade de testes científicos e estudos históricos realizados nas últimas décadas. Embora potenciais elos históricos com Jesus incluam feridas semelhantes com sangue humano real, a questão mais intrigante é que a crucificação de Jesus, conforme registrada nos Evangelhos, era bastante atípica. Detalhes anormais, como a gravidade do espancamento de Jesus, a coroa de espinhos, a ferida lateral e o enterro individual em uma mortalha, parecem todos idênticos àqueles observados no tecido.

Um sério desafio para a teoria de que o pano pertencia a Jesus veio dos resultados dos testes de carbono 14 realizados em 1988, que datavam do sudário entre os séculos XIII e XIV. Isso é frequentemente tratado como a última palavra sobre o assunto. Entretanto, testes químicos microscópicos subsequentes mostraram claramente que os fios que não eram imagens da datação de carbono de 1988 diferiam significativamente dos fios da área da imagem do sudário que foram removidos durante os testes científicos uma década antes, indicando que eles eram simplesmente de panos diferentes. Isso foi tomado por muitos para indicar que o material datado pelo processo de carbono-14 foi usado séculos depois para remendar o tecido original.

O Sudário de Turim é conhecido por ter existido na Europa Ocidental desde pelo menos a Idade Média, mas muitas vezes argumenta-se que descobertas adicionais sobre o tecido, como polens extintos, bem como uma **espécie** de sujeira calcária, ambas rastreáveis à região de Israel, juntamente com léptons de Pôncio Pilatos, colocados sobre os olhos, todos indicam um local de Jerusalém a partir de uma data muito anterior.

Além disso, uma história de pinturas antigas de Jesus Cristo, juntamente com moedas romanas com a imagem de Jesus, data de séculos anteriores à data medieval sugerida pela datação de carbono 14. Uma vez que muitas dessas semelhanças foram aparentemente copiadas diretamente da imagem facial do sudário em dezenas de lugares (embora datem do século VI d.C. em diante), esses resultados são considerados desafios adicionais para os testes de carbono 14.

Uma teoria popular que surgir depois de numerosas experiências científicas no Sudário é que as imagens do corpo foram causadas por um processo semelhante ao raio X. Não obstante, conclusões polarizadas persistem com relação ao Sudário de Turim.

Gary R. Habermas

REFERÊNCIAS E LEITURAS RECOMENDADAS

Antonacci, Mark., 2000. *The Resurrection of the Shroud*. New York: M. Evans.
Heller, John H., 1983. *Report on the Shroud*. Boston: Houghton Mifflin.
Rogers, Raymond N., 2005. "Studies on the Radiocarbon Sample from the Shroud of Turin." *Thermochimica Acta* 425:189-94.
Stevenson, Kenneth E.; Habermas, Gary R., 1981. *Verdict on the Shroud*: *Evidence for the Death and Resurrection of Jesus Christ*. Ann Arbor, MI: Servant.
Whanger, Mary; Whanger, Alan, 1998. *The Shroud of Turin: An Adventure of Discovery*. Franklin, TN: Providence House.

SUPERVENIÊNCIA. Madre Teresa era uma boa pessoa, e o que a fez ser boa é que ela era compassiva, corajosa, generosa e virtuosa de outras maneiras. A conexão entre bondade e caráter não é acidental. Qualquer indivíduo com uma personalidade como a de Madre Teresa deve ser bom. Não poderia haver uma pessoa exatamente como Madre Teresa em todos os aspectos não morais que não seja exatamente como ela em aspectos morais. Se dois indivíduos diferem em relação a suas qualidades morais, então deve haver uma diferença correspondente em suas qualidades não morais que explica a diferença moral.

Outro exemplo: um indivíduo que é alto é determinado por sua altura específica (em relação a uma classe de comparação). É impossível que dois indivíduos tenham exatamente a mesma altura e difiram em terem o mesmo tamanho ou não. Indivíduos com alturas exatamente iguais devem ser exatamente semelhantes em relação ao seu tamanho. Se dois indivíduos diferem em relação ao tamanho, então deve haver uma diferença correspondente em altura.

Esses exemplos ilustram como as propriedades de um tipo (qualidades morais e tamanho) são determinadas e dependem de propriedades de outro tipo (qualidades não morais e alturas). O termo *superveniência* foi introduzido para descrever esse tipo de relacionamento. Em sua essência, a superveniência é uma negação da variação independente entre famílias de propriedades: se as propriedades de um tipo sobrevierem em propriedades de outro tipo, então a similaridade exata nas propriedades do segundo tipo implica similaridade exata nas propriedades do primeiro tipo. Além disso, é impossível haver uma diferença nas propriedades do primeiro tipo sem uma diferença nas propriedades do segundo tipo (Lewis, 1983).

Os filósofos se interessaram muito pela superveniência na última parte do século XX, porque ela prometia explicar como as propriedades de diferentes domínios estavam relacionadas — por exemplo, propriedades físicas e mentais e propriedades morais e não morais. Embora tenha sido geralmente aceito que as propriedades do primeiro tipo não pudessem ser reduzidas a propriedades do segundo tipo, muitos filósofos sustentavam que as primeiras dependiam e eram determinadas pela segunda

SUPERVENIÊNCIA **687**

e usaram a superveniência para explicar como isso era possível. Quando propriedades de um tipo, por exemplo, propriedades-A, sobrevêm em propriedades de outro, por exemplo, propriedades-B, um indivíduo que tenha uma propriedade-A, A*, implica que ele tem alguma propriedade-B, B*, que exige que ele tenha A* (McLaughlin, 1995).

Se o mental sobrevém no físico, como muitos filósofos pensam, então ter uma propriedade mental — por exemplo, estar sofrendo — requer que se tenha alguma propriedade física — por exemplo, uma propriedade neural complexa como a ativação da fibra tipo C que necessita de o indivíduo estar com dor. A superveniência, então, poderia explicar como o mental é completamente fundamentado no físico sem ser redutível a ele (ver Hare, 1952 e Shafer-Landau, 2005 para discussões sobre superveniência moral; Davidson, 1970; e Kim, 1998, para discussões sobre superveniência mental).

A superveniência também pode explicar a tensão entre os relatos fisicalistas da **mente** e o **teísmo** cristão. Embora o teísmo cristão seja obviamente inconsistente com o **fisicalismo** global (a teoria de que tudo é físico), os materialistas cristãos sustentam que as pessoas humanas são puramente físicas enquanto mantêm a crença cristã tradicional de que Deus é uma entidade puramente espiritual, não física. O problema com tal combinação de pontos de vista é que, como um tipo de fisicalismo, o materialismo cristão está comprometido em sustentar que as propriedades mentais, por sua própria natureza, são supervenientes às propriedades físicas. No entanto, os estados mentais divinos não dependem nem são necessários a nenhum estado físico e, portanto, os teístas cristãos não podem sustentar que as propriedades mentais sempre sobrevêm em propriedades físicas (Vallicella, 1998).

Kevin Sharpe

REFERÊNCIAS E LEITURAS RECOMENDADAS

DAVIDSON, Donald, 1970. "Mental Events", em *Experience and Theory*. Eds. L. Foster e J. W. Swanson, 79-101. New York: Humanities. Reproduzido em D. Davidson, *Essays on Actions and Events*. Oxford: Oxford University Press, 1980.

HARE, R. M., 1952. *The Language of Morals*. Oxford: Clarendon.

KIM, Jaegwon, 1984. "Concepts of Supervenience." *Philosophy and Phenomenological Research* 45:153-76. Reproduzido em J. Kim, *Supervenience and Mind*, 53-78. Cambridge: Cambridge University Press, 1993.

_____. 1998. *Mind in a Physical World*. Cambridge, MA: MIT Press.

LEWIS, David, 1983. "New Work for a Theory of Universals." *Australasian Journal of Philosophy* 61:343-77.

McLAUGHLIN, Brian, 1995. "Varieties of Supervenience", em *Supervenience: New Essays*. Eds. Elias E. Savellos e Umit D. Yalçin. Cambridge: Cambridge University Press.

SHAFER-LANDAU, Russ, 2005. *Moral Realism: A Defense*. Oxford: Oxford University Press.

VALLICELLA, William, 1998. "Could a Classical Theist Be a Physicalist?" *Faith and Philosophy* 15:160-80.

T

TECNOLOGIA. A tecnologia (do grego *technē*, para "técnica" ou "arte") é, em certo sentido, qualquer extensão do corpo humano para transformar o ambiente ou fabricar alguma coisa. Por exemplo, uma pá é uma tecnologia. Em outro sentido, a tecnologia pode se referir a uma habilidade ou atividade. Assim, o economista John Kenneth Galbraith definiu a tecnologia como "a aplicação do conhecimento organizado". Ainda em outra acepção, a tecnologia pode se referir a uma vontade, como a de empregar o conhecimento de certas maneiras.

Por natureza, os seres humanos são sabedores (*Homo sapiens*) e fazedores ou fabricantes (*Homo faber*). Usamos ferramentas para caçar, plantar, colher, inventar, transportar, comunicar e fabricar. O domínio ou a mordomia da Bíblia significa, pelo menos, que a humanidade deve desenvolver, usar e celebrar as tecnologias apropriadas: "Deus os abençoou, e lhes disse: "Sejam férteis e multipliquem-se! Encham e subjuguem a terra! Dominem sobre os peixes do mar, sobre as aves do céu e sobre todos os animais que se movem pela terra" (Gênesis 1:28). Governar o mundo que Deus fez requer algumas vezes a aplicação da tecnologia.

Stephen Monsma, da Calvin College's, e seus colegas definiram a tecnologia como "uma atividade cultural humana distinta na qual os humanos exercem liberdade e responsabilidade em resposta a Deus, formando e transformando a criação natural, com a ajuda de ferramentas e procedimentos, para fins e propósitos práticos" (Monsma, 1986, p. 19). Essa maneira de pensar sobre a tecnologia ressalta a necessidade de administrar a tecnologia com cuidado, sabedoria e responsabilidade. Ao contrário da opinião popular, as ferramentas não são neutras. O desenvolvimento de tecnologias digitais, por exemplo, demonstra que as tecnologias alteram a maneira como habitamos, percebemos e interagimos com os outros no mundo que nos rodeia.

Essencialmente, a tecnologia oferece duas promessas fundamentais: eficiência e velocidade. Mediante a aplicação de tecnologias, as tarefas são concluídas com menos esforço humano e com maior velocidade. Estas são qualidades importantes e bem-vindas em muitos contextos.

Grandes inovações e realizações humanas — da invenção da roda à exploração lunar e ao mapeamento do **DNA** humano — não teriam sido possíveis se não fosse pela tecnologia. No entanto, em outros contextos, a facilidade e a velocidade podem ser inconsistentes com os propósitos da atividade humana. Por exemplo, o movimento Slow Food [comida lenta] é uma reação contra a cultura *fast food* [comida rápida] e sua propensão para a velocidade, precisamente porque a tecnocultura atual tende a corroer os bens humanos que valem a pena preservar em torno, digamos, de uma refeição comunitária (p. ex., longa conversa, relaxamento e saber de onde veio o alimento).

Imperativo tecnológico

Outro desafio contemporâneo da nossa era tecnológica é o chamado imperativo tecnológico. Esta é a noção de que as novas tecnologias são inevitáveis e serão, ou deverão ser, empregadas quando estiverem disponíveis. Isso implica uma espécie de **determinismo** tecnológico. O filósofo da tecnologia David Nye argumenta, no entanto, que "as tecnologias são construções sociais. As máquinas não são como meteoros que vêm espontaneamente de fora e têm um 'impacto'. Ao contrário, os seres humanos fazem escolhas ao inventar, comercializar e usar um novo dispositivo" (Nye, 1997, p. 125). Apesar da tentação do determinismo tecnológico, há poucos, mas importantes, exemplos históricos de sociedades que resistem a certas tecnologias para o bem da humanidade, incluindo o repúdio a certas formas de guerra química.

Utopismo tecnológico

Quando o determinismo tecnológico é combinado com uma visão excessivamente otimista da tecnologia, emerge um tipo de utopismo tecnológico, a teoria de que a tecnologia resolverá todos os problemas da humanidade. Essa perspectiva não é mais evidente do que no movimento conhecido como transumanismo. Os transumanistas aspiram a aplicar tecnologias emergentes como engenharia genética, **inteligência artificial**, robótica, farmacêutica e outras para melhorar as capacidades humanas e superar as limitações humanas, incluindo as limitações do QI, do envelhecimento e até mesmo das relações espaço-temporais. Consequentemente, para os transumanistas, o *Homo sapiens* é visto como uma forma de transição no caminho para ser pós-humano. Curiosamente, pela primeira vez, os seres humanos são, eles próprios, os tecnólogos e a tecnologia. Assim, mais uma vez, a questão dos bens verdadeiramente humanos e um futuro verdadeiramente humano estão em jogo (ver **Singularidade**).

C. Ben Mitchell

REFERÊNCIAS E LEITURAS RECOMENDADAS

Cohen, Eric, 2009. *In the Shadow of Progress: Being Human in the Age of Technology.* New York: New Atlantis.

Lynch, Jonah, 2012. *The Scent of Lemons: Technology and Relationships in the Age of Facebook.* London: Darton, Longman and Todd.

Mitchell, C. Ben; Pellegrino, Edmund D.; Elshtain, Jean Bethke; Kilner, John F.; Scott Rae, B., 2006. *Biotechnology and the Human Good.* Washington, DC: Georgetown University Press.

Monsma, Stephen V., ed. 1986. *Responsible Technology.* Grand Rapids: Eerdmans.

Nye, David E., 1997. "Shaping Communication Networks: Telegraph, Telephone, Computer", em Arien Mack (ed.), *Technology and the Rest of Culture.* Columbus, OH: Ohio State University Press.

Rubin, Charles T., 2016. *Eclipse of Man: Human Extinction and the Meaning of Progress.* New York: New Atlantis.

Savulescu, Julian; ter Meulen, Ruud; Kahane, Guy, 2011. *Enhancing Human Capacities.* Oxford: Wiley-Blackwell.

TEILHARD DE CHARDIN, PIERRE. Pierre Teilhard de Chardin (1881-1955) foi um místico cristão, padre jesuíta, geólogo e paleontólogo. Ele foi o quarto de onze filhos e cresceu fora de Clermont-Ferrand, em Auvergne, na França. Embora atraído pela natureza — e pela história vulcânica de sua terra natal, ele também era profundamente religioso e entrou no seminário jesuíta em Aix, em 1899.

Após o exílio jesuíta da França, Teilhard estudou em Hastings (Sussex, Inglaterra). Ele então ensinou por três anos em uma escola jesuíta no Cairo. Seus estudos subsequentes em Paris foram interrompidos pela Primeira Guerra Mundial, onde Teilhard serviu como padre não combatente no norte da África (Marrocos). Acredita-se amplamente que suas experiências como padioleiro foram formativas em sua teologia, e ele escreveu prolificamente durante esse período de sua vida. Após a guerra, ele completou seu doutorado em **geologia** e aceitou um cargo no Institut Catholique em Paris. Inspirado por uma expedição inicial ao deserto Ordos da China (1923), ele passou quase vinte anos trabalhando no Extremo Oriente, incluindo numerosas expedições geológicas.

Mais notavelmente, Teilhard participou da descoberta do Homem de Pequim (1926).

Como um teísta do processo, Teilhard rejeitou a noção de que criação e transformação (cosmicamente falando) eram distintas, e em vez disso via uma evolução contínua da criação física para a orgânica, e finalmente para a espiritual. Ele escreveu produtivamente sobre a natureza evolucionária da criação divina, na qual Deus não deveria ser visto por trás da criação, mas à frente como o ponto Ômega, ou a culminação do ser. Em uma de suas obras mais conhecidas, *Writings in a Time of War* [Escritos em tempos de guerra], Teilhard dizia: "O mundo ainda está sendo criado, e é Cristo quem está alcançando sua realização nele" (King, 1999, p. 49). Em *The Prayer of the Universe* [A oração do Universo], ele esclareceria seu **teísmo** do processo, escrevendo: "Incessantemente, ainda que de forma imperceptível, o mundo está constantemente emergindo um pouco mais acima do nada" (Haught, 2001, p. 37).

Um forte defensor da evolução darwiniana, Teilhard pode ser visto como um evolucionista teísta inicial. Ele achava que, embora de forma intuitiva, a ação direta de Deus (como nos **milagres**) seria totalmente indetectável. Sua negação de um **Adão e Eva** literais e do **pecado original** resultou na censura de seus escritos pela Igreja Católica Romana até depois de sua morte. Durante sua vida, o panteísmo "crístico" de Teilhard permaneceu problemático para a igreja, embora seus escritos teológicos tenham sido inspiradores para muitos teístas evolucionistas subsequentes (notavelmente, Theodosius Dobzhansky). Seu tênue relacionamento com a Igreja Católica Romana resultou em uma rápida transição de Paris — após a Segunda Guerra Mundial — para assumir um cargo de pesquisador nos Estados Unidos. Ele morreu no domingo de Páscoa de 1955 e foi enterrado em um cemitério jesuíta no Vale do Hudson, em Nova York.

Wayne Rossiter

REFERÊNCIAS E LEITURAS RECOMENDADAS

Grim, John; Tucker, Mary Evelyn, "Biography." American Teilhard Association. Acessado em 13/8/2014. http://teilharddechardin.org/index.php/biography.

Haught, John F., 2001. *God after Darwin: A Theology of Evolution.* Boulder, CO: Westview.

King, Ursula, 1999. *Pierre Teilhard de Chardin: Writings.* Modern Spiritual Masters Series. Maryknoll, NY: Orbis.

Teilhard de Chardin, Pierre, 1971. "On the Notion of Creative Transformation", em *Christianity and Evolution: Reflections on Science and Religion.* Ed. René Hague, 21-24. New York: Collins.

690 TEÍSMO

TEÍSMO. O teísmo ocidental — cristianismo, judaísmo e islamismo — entende que Deus é o criador e sustentador do mundo e o objeto da crença e adoração religiosas. Embora o pensamento teísta sobre a natureza de Deus derive de várias fontes distintas, incluindo a bíblica, a experiencial e a filosófica, há amplo consenso de que Deus é um ser pessoal supremamente poderoso, sábio, bom e livre. Em contraste com o **deísmo**, Deus não é apenas o criador do início do mundo, mas seu governador providencial. Em contraste com o panteísmo, Deus não está apenas no mundo, mas o transcende. A atividade de criação e sustentação de Deus levanta pelo menos três questões urgentes em relação à ciência.

Primeiro, há preocupações conceituais relacionadas à especificação da "articulação causal" (Farrer, 1967, p. 78) conectando Deus, um ser imaterial, e o mundo físico, no momento da criação (Fales, 2010). Argumenta-se que o conceito de um ser imaterial que produz um efeito material é absolutamente misterioso e, portanto, não se pode dar sentido a como Deus cria o mundo físico. Em resposta, os teístas apontam que, embora seja um **mistério**, este não é um problema peculiar para o teísmo. Em relação ao ateísmo, o universo veio do nada por nada (Kenny, 1969, p. 66). Tanto os teístas como os ateus concordam que o universo não tinha causa material. No entanto, o teísmo é justificadamente superior porque postula uma causa eficiente do universo, enquanto o ateísmo não. Além disso, os teístas apontam que temos alguma compreensão de como um ser imaterial causa um efeito físico no caso da relação mente-corpo experimentada por pessoas humanas.

Em segundo lugar, há a questão de como especificar a divisão do trabalho entre Deus e os processos em curso do mundo. Por um lado, se o mundo e toda a sua história são da exclusiva responsabilidade de Deus, parece que o **ocasionalismo** é verdadeiro, uma posição que é, na melhor das hipóteses, pouco atraente. Na pior das hipóteses, o mundo físico se torna uma farsa, desprovido de quaisquer poderes genuínos. Por outro lado, se a **causalidade** é entendida em termos de atribuição de existência, onde uma causa traz à existência o seu efeito, não há divisão funcional óbvia do trabalho entre Deus e a natureza, de tal forma que Deus ainda é um participante ativo nas operações do mundo. Uma solução para esse dilema é sustentar que a causalidade secundária é para ser entendida como um processo pelo qual quantidades conservadas de energia

e força são transferidas para produzir novas manifestações do que já existe (McCann, 2012, cap. 2). Como a causa primária, Deus é responsável pela existência de todos, mesmo que os produtos de sua criação genuinamente interajam e exerçam real influência uns sobre os outros.

Por último, há a questão da relação do teísmo com a ciência moderna. Muitas vezes afirma-se que a ciência moderna é naturalista (Dawkins, 2006; Rosenberg, 2011). Em resposta, o teísta argumenta que (1) o teísmo, e não o **naturalismo**, é o necessário para a possibilidade e o sucesso da ciência (Plantinga, 2011); e (2) que as opiniões da ciência fornecem evidências para o teísmo, não para o naturalismo.

Paul M. Gould

REFERÊNCIAS E LEITURAS RECOMENDADAS

DAWKINS, Richard, 2006. *The God Delusion.* New York: Houghton Mifflin.
FALES, Evan, 2010. *Divine Intervention: Metaphysical and Epistemological Puzzles.* New York: Routledge.
FARRER, Austin, 1967. *Faith and Speculation.* London: A. & C. Black.
KENNY, Anthony, 1969. *The Five Ways: St. Thomas Aquinas' Proofs of God's Existence.* London: Routledge.
McCANN, Hugh, 2012. *Creation and the Sovereignty of God.* Bloomington: Indiana University Press.
PLANTINGA, Alvin, 2011. *Where the Conflict Really Lies: Science, Religion, and Naturalism.* New York: Oxford University Press.
POLKINGHORNE, John, 1998. *Belief in God in an Age of Science.* New Haven, CT: Yale University Press.
ROSENBERG, Alex, 2011. *The Atheist's Guide to Reality: Enjoying Life without Illusions.* New York: W. W. Norton.

TEÍSMO ABERTO. O teísmo aberto (às vezes chamado de *teísmo do livre-arbítrio*) é a visão de que Deus não tem (ou não pode) ter total presciência; especificamente, Deus não pode conhecer o valor de verdade das futuras proposições contingentes (p. ex., "Choverá amanhã em Boston"; "O presidente dos Estados Unidos em 2024 será uma mulher").

A principal motivação para o teísmo aberto é fornecer uma solução para o dilema da presciência divina e do livre-arbítrio humano (Basinger, 1996; Boyd, 2001; Pinnock, 1994, p. 121). Outros chegaram a abrir o teísmo a partir de uma posição filosófica segundo a qual proposições contingentes futuras não têm valor de verdade, ou, se o fazem, os valores de verdade não podem ser conhecidos (Hasker, 1989; Swinburne, 1993, 1994; Hasker, 1989). Em ambos os casos, diz-se que o futuro está "aberto" a Deus, que em muitos aspectos (além da vontade decretiva de Deus, como é revelado na profecia ou nas promessas de Deus) o futuro poderia ir de muitas maneiras diferentes, permitindo aos humanos o privilégio de cooperar com Deus na determinação do futuro. Os teístas abertos insistem que esta teoria é consistente com a onisciência divina: se contingentes futuros não podem ser conhecidos, então o fato de que mesmo Deus não pode conhecê-los não conta contra a onisciência de Deus.

O teísmo aberto repousa em cinco afirmações: (1) O tempo é dinâmico (teórico-A), não estático (teórico-B); portanto, o futuro não existe em paridade com o presente. Assim, o teísmo aberto é incompatível com o espaço-tempo quadridimensional do "bloco" da teoria da relatividade. (2) Deus é temporal, não atemporal; isto é, Deus experimenta a sucessão temporal e não está "acima" ou "fora" do tempo. (3) O livre-arbítrio humano é libertário, não compatibilista; O **livre-arbítrio libertário** é incompatível com qualquer **determinismo** físico ou teológico global (embora certas ações de um agente libertário possam de fato ser determinadas, pelo menos algumas ações moralmente significativas não são). (4) Se a presciência de Deus é completa, então os eventos futuros são determinados e a liberdade humana não é libertária. (5) A única saída do determinismo é negar que Deus conhece contingentes futuros. Negar qualquer uma dessas alegações prejudica a posição de teísmo aberto.

A alegação de que Deus não conhece contingentes futuros é bastante controversa. O **teísmo** aberto foi rejeitado pela Sociedade Teológica Evangélica em 2001, quando a sociedade adotou uma resolução afirmando que "a Bíblia ensina claramente que Deus tem conhecimento completo, exato e infalível de todos os eventos passados, presentes e futuros, incluindo todas as decisões e ações futuras de agentes morais livres". Teólogos evangélicos rejeitam (pelo menos) a alegação 5 com base em uma compreensão ortodoxa tradicional dos atributos de Deus, com base na exegese bíblica (Ware, 2000). Alguns também rejeitariam algumas ou todas as reivindicações de 1 a 4, optando, em vez disso, por defender o tempo estático e um Deus atemporal (Helm, 2011), ou defendendo o **compatibilismo** contra o libertarianismo (Helm, 2001).

Alguns filósofos também rejeitam o teísmo aberto rejeitando a afirmação 4. Eles observam que, ao longo da história da igreja, várias soluções bastante sofisticadas para o dilema da presciência/liberdade foram propostas (Craig, 2001; Plantinga, 1986; Zagzebski, 1991). Essas propostas tentam demonstrar como contingentes futuros podem ter valor de verdade e como Deus pode ter conhecimento prévio, sem com isso ameaçar a liberdade humana.

Garrett J. DeWeese

REFERÊNCIAS E LEITURAS RECOMENDADAS

Basinger, David, 1996. *The Case for Freewill Theism: A Philosophical Assessment*. Downers Grove, IL: InterVarsity.

Boyd, Gregory A., 2001. "The Open Theism View", em *Divine Foreknowledge: Four Views*, ed. James K. Beilby and Paul K. Eddy. Downers Grove, IL: InterVarsity.

Craig, William Lane. 2001. "Middle Knowledge, Truth-Makers, and the Grounding Objection." *Faith and Philosophy* 18:337-52.

Hasker, William, 1989. *God, Time, and Knowledge*. Ithaca, NY: Cornell University Press.

Helm, Paul, 2001. "The Augustinian/Calvinist View", em *Divine Foreknowledge: Four Views*, eds. James K. Beilby and Paul K. Eddy. Downers Grove, IL: InterVarsity.

_____. 2011. *Eternal God: A Study of God without Time*. 2nd ed. New York: Oxford University Press.

Pinnock, Clark, 1994. "Systematic Theology", em *The Openness of God: A Biblical Challenge to the Traditional Understanding of God*, ed. Clark Pinnock et al. Downers Grove, IL: InterVarsity.

Plantinga, Alvin, 1986. "On Ockham's Way Out." *Faith and Philosophy* 3:235-69.

Swinburne, Richard. 1993. *The Coherence of Theism*. Rev. ed. Oxford: Clarendon.

_____. 1994. *The Christian God*. Oxford: Oxford University Press.

Ware, Bruce A, 2000. *God's Lesser Glory: The Diminished God of Open Theism*. Wheaton, IL: Crossway.

Zagzebski, Linda, 1991. *The Dilemma of Freedom and Foreknowledge*. New York: Oxford University Press.

***

TELEOLOGIA. A teleologia é o estudo de metas, propósitos, perfeições, fins e funções. A teleologia intrínseca ou imanente refere-se a coisas que, em virtude de seus princípios intrínsecos, tendem ao fim, como a existência da asa de uma ave com o propósito de voar. A teleologia extrínseca refere-se a coisas que, em virtude de fontes externas, tendem a um fim, como a existência de semente para nutrir as aves. As explicações teleológicas apelam para a contribuição de alguma coisa, de características ou de agentes em direção a um objetivo ou função (intrínseca ou extrínseca).

A discussão inicial da teleologia está presente em *Fédon* de **Platão** e mais completamente desenvolvida na **causalidade** final de **Aristóteles** como "o fim para o qual uma coisa é feita" (*Física* 2.3 e *Metafísica* 5.2). A teleologia desempenhou um papel significativo na filosofia e na ciência aristotélica e medieval (ver **Quatro causas de Aristóteles**; **Ciência e a igreja medieval**). No entanto, a natureza e a legitimidade da teleologia e da explicação teleológica foram desafiadas, especialmente pela biologia e pela psicologia.

Existem três explicações básicas de teleologia. De acordo com a *explicação do agente*, teleologia refere-se a um agente contribuindo com um propósito para alguma coisa. Isso é mais plausível em casos de artefatos. Por exemplo, a teleologia de um martelo ou uma pintura é a função para a qual seu criador a intencionou. O debate aqui muitas vezes se concentra em saber se os objetos naturais têm ou não uma função, pois isso implicaria algum tipo de **teísmo**.

A *explicação aristotélica não redutiva* sustenta que os fatos teleológicos estão fundamentados na natureza de um organismo ou substância. O propósito ou fim de algo é produzido por sua tendência, seus poderes, de contribuir para a harmonia do todo do qual faz parte. Essa tese é metafisicamente robusta, pois considera os fatos teleológicos (normalidade, função apropriada) como irredutível. Essa teoria também é questionada, pois o relato mais plausível da origem da teleologia não redutiva é teísta, e essa teoria oferece uma explicação que, por razões de princípio, a ciência pós-aristotélica não pode explicar (Pruss, 2009).

A *explicação redutiva* sustenta que a teleologia se refere a objetos que possuem uma função adequada de fazer algo, desde que exista porque o possui. Essa teoria reduz a teleologia das coisas biológicas para a evolução, e a teleologia dos artefatos para os agentes. De acordo com Larry Wright (1976), sob a influência de Charles Taylor (1964), uma característica F tem G como seu objetivo próprio, desde que F exista *porque* tende a produzir G. Mais especificamente, na teoria evolucionista, algum sistema tem um objetivo particular G se o sistema foi selecionado *por causa de* sua propensão para alcançar G. Por exemplo, os organismos têm olhos porque produzem representações visuais, e assim os **genes** que os codificam foram selecionados para aquele propósito.

Alvin Plantinga (1993) argumenta que a consideração de Wright falha, pois resulta em condições, como a psicopatia, que se tornam normais simplesmente porque as pessoas com o gene sobrevivem em virtude de sua psicopatia. A função adequada de algo pode ser má ou destrutiva para o organismo, o que é uma explicação absurda da teleologia. As descrições não redutivas da teleologia começaram com Aristóteles e floresceram na era medieval apenas para serem abandonadas pela ciência moderna. Ainda assim, explicações redutivas enfrentam dificuldades.

Brandon L. Rickabaugh

REFERÊNCIAS E LEITURAS RECOMENDADAS

ARISTOTLE (C. DE MEADOS DO SÉCULO IV), 1930. *Physica*, em: *The Works of Aristotle*, vol. 2. Eds. W. D. Ross e J. A. Smith, tradução de R. P. Hardie e R. K. Gaye. Oxford: Oxford University Press.

KOONS, Robert C., 2000. *Realism Regained: An Exact Theory of Causation, Teleology, and the Mind*. New York: Oxford University Press.

MILLIKAN, Ruth, 1984. *Language, Thought, and Other Biological Categories*. Cambridge, MA: MIT Press. (Defesa original de uma teoria biológica da representação.)

ODERBERG, David, 2008. "Teleology: Inorganic and Organic", em *Contemporary Perspectives on Natural Law*. Ed. A. M. González, 259-79. Aldershot, UK: Ashgate.

PLANTINGA, Alvin, 1993. *Warrant and Proper Function*. Oxford: Oxford University Press.

PRUSS, Alexander R., 2009. "Altruism, Normalcy and God", em *Evolution, Games, and God*. Eds. S. Coakley e M. Nowak, 329-85. Cambridge, MA: Harvard University Press.

TAYLOR, Charles, 1964. *The Explanation of Behavior*. London: Routledge and Kegan Paul.

WOODFIELD, Andrew, 1976. *Teleology*. Cambridge: Cambridge University Press.

WRIGHT, Larry. 1976. *Teleological Explanations*. Berkeley: University of California Press.

TEMPO. O tempo é aquela dimensão da realidade cujos momentos são ordenados por relações de *anterior/posterior a*.

O tempo desempenha um papel significativo na teologia cristã. Mais fundamentalmente, há a questão da realidade do tempo. Em contraste com algumas religiões panteístas, a tradição judaico-cristã encara o tempo como uma característica objetiva do mundo. Além disso, o tempo é concebido como linear, não circular, à medida que a história se move em direção aos fins previstos por Deus. Portanto, a **escatologia** se torna uma questão importante para essa tradição. A doutrina da vida eterna dos remidos implica que o tempo nunca cessará.

A importância teológica do tempo torna-se mais evidente quando perguntamos sobre o relacionamento de Deus com o tempo. Um dos atributos essenciais de Deus é sua eternidade. Dizer que Deus é eterno significa minimamente que Deus existe permanentemente: ele nunca começou a existir nem jamais deixará de existir. Esse entendimento mínimo deixa em aberto se Deus existe atemporal ou temporalmente; isto é, se Deus transcende completamente a dimensão temporal ou existe a todo momento, desde o infinito passado até o infinito futuro.

A resposta a essa pergunta provavelmente depende da teoria do tempo. Numa teoria do tempo não tenso, todos os eventos temporais são igualmente reais e existentes, sendo a distinção entre passado, presente e futuro apenas uma característica subjetiva da **consciência** humana. Em contraste, em uma teoria do tempo tenso, a distinção entre passado, presente e futuro é uma característica objetiva da realidade, e as coisas realmente entram e saem da existência.

Numa teoria não tensa, é natural pensar em Deus como existindo atemporalmente "fora" do bloco espaço-temporal quadridimensional, que existe coeternamente com Deus em uma relação assimétrica de dependência ontológica. Mas em uma teoria tensa, é difícil ver como Deus poderia existir atemporalmente. Pois, se Deus está realmente relacionado com o mundo, ele está mudando as relações com as coisas à medida que elas mudam e, portanto, devem estar no tempo. Além disso, se há fatos tensos sobre o mundo, então Deus, como um ser onisciente, deve conhecê-los. Mas então o conhecimento de Deus estará mudando constantemente à medida que os fatos mudam, de modo que Deus deve ser temporal. Os teólogos estão cada vez mais atraídos para compreender que Deus existe temporalmente, embora os filósofos do tempo permaneçam profundamente divididos sobre se o tempo é tenso ou não.

Em uma teoria tensa do tempo, a realidade da vida eterna implica que o futuro é potencialmente infinito, ou seja, a série de eventos temporais aumenta infinitamente em direção ao **infinito** como um limite. Mas o tempo passado é infinito ou finito? Se Deus existe temporalmente, qualquer alternativa apresenta dificuldades. Se o tempo é infinito, como poderia Deus perdurar através de um número infinito de sucessivos intervalos iguais para chegar até hoje? E por que Deus se absteve por tanto tempo (infinito) de criar o mundo? Por outro lado, se o tempo teve um começo no momento da criação, então, uma vez que Deus não teve começo, como ele se relaciona com o tempo? Uma resposta possível é sustentar que Deus sem o mundo existe atemporalmente, mas desde a criação do mundo temporalmente. A temporalidade de Deus não é, portanto, uma propriedade essencial, mas contingente, de Deus, dependente de sua livre escolha para criar um mundo temporal e entrar em relacionamento com ele.

William Lane Craig

REFERÊNCIAS E LEITURAS RECOMENDADAS

Craig, William Lane, 2001. *God, Time, and Eternity.* Dordrecht: Kluwer Academic.

DeWeese, Garrett J., 2004. *God and the Nature of Time.* Aldershot, UK: Ashgate.

Ganssle, Gregory E.; Woodruff, David M., eds. 2002. *God and Time.* Oxford: Oxford University Press.

Leftow, Brian, 1991. *Time and Eternity.* Ithaca, NY: Cornell University Press.

Macey, Samuel, ed. 1994. *The Encyclopedia of Time.* New York: Garland.

Padgett, Alan G., 1992. *God, Eternity, and the Nature of Time.* New York: St. Martin's.

Sider, Theodore, 2003. *Four-Dimensionalism.* New York: Oxford University Press.

TEODICEIA. Uma teodiceia é uma tentativa de justificar a Deus, dado o fato de que existe o mal no mundo. Ao contrário de uma defesa, cujo objetivo é demonstrar que os argumentos da existência mal contra a crença razoável em Deus são malsucedidos, dado um cenário possível ou um conjunto de cenários, uma teodiceia assume o ônus de tentar vindicar Deus ao fornecer uma explicação plausível para o mal. Uma teodiceia comumente assume a seguinte forma geral: Deus, um ser onipotente, onisciente e onibenevolente, prevenirá ou eliminará o mal, a menos que exista uma boa razão ou um conjunto de razões para não o fazer. Existe o mal no mundo. Portanto, Deus deve ter uma boa razão ou um conjunto de razões para não impedir ou eliminar o mal.

Existem várias tentativas de demonstrar qual é esse motivo ou conjunto de razões. Quatro das tentativas mais importantes são as teodiceias que apelam para (1) a significância e o valor do livre-arbítrio; (2) a significância e o valor da aquisição de traços virtuosos de caráter em meio ao sofrimento; (3) a importância e o valor de um universo que é governado por leis naturais; e (4) o significado da natureza limitada de Deus.

A teodiceia mais amplamente conhecida e usada foi formulada por **Agostinho** (354-430 d.C.) há mais de 1.500 anos. Agostinho argumentou que Deus é perfeito em bondade, e o universo, a criação de Deus, também é bom. Como todas as coisas são boas, o mal não deve representar a existência positiva de qualquer coisa substancial. O mal deve ser uma *privatio boni* — uma privação metafísica do bem.

Para Agostinho, tanto o mal moral, que é o mal diretamente trazido por um agente moral (como estupro ou assassinato), e o mal natural, que são males no mundo natural não diretamente causados por uma pessoa (como tornados e furacões que causam sofrimento humano), entraram no universo através do uso indevido do livre-arbítrio. O termo teológico usado para denotar tais ações é "pecado". Já que as criaturas livres de Deus, anjos e humanos, são finitas e mutáveis, elas têm a capacidade de escolher o mal. No entanto, mesmo que o pecado e outros males tenham entrado no mundo, em um sentido

694 TEODICEIA

grandioso e estético, toda a criação é boa a partir da perspectiva de Deus.

Essa teodiceia agostiniana, como tal, é problemática para muitos no mundo moderno. Por um lado, a maioria dos teólogos e filósofos contemporâneos acredita que os males naturais, incluindo doenças, desastres naturais e predação, ocorrem por causa das **leis da natureza**, não por causa dos pecados dos primeiros seres humanos. Assim, a teodiceia do livre-arbítrio é uma solução ineficaz para o mal natural.

Um segundo tipo de teodiceia enfatiza o valor da aquisição de traços virtuosos de caráter em meio ao sofrimento. Ao mesmo tempo que também utiliza a noção de livre-arbítrio, a teodiceia do aperfeiçoamento de almas (ou aperfeiçoamento de pessoas), desenvolvida por John Hick, contrasta com a teodiceia agostiniana do livre-arbítrio. De acordo com a teodiceia de aperfeiçoamento de almas, Deus criou um mundo que inclui leis naturais que permitem o mal natural, sofrimento e dificuldades, mas Deus tinha um propósito em permitir isso, pois estimulou o desenvolvimento de pessoas moral e espiritualmente maduras.

De forma resumida, primeiro Deus criou o mundo como um bom lugar, mas não era um paraíso para desenvolver pessoas humanas tanto espiritual quanto moralmente. Então, começando com a matéria inconsciente, através dos meios evolutivos, Deus trouxe a existência pessoas que têm liberdade de vontade e capacidade de amadurecer em amor e bondade. Colocando pessoas humanas nesse ambiente desafiador, através de suas próprias respostas livres, elas têm a oportunidade de escolher o que é certo e bom e, assim, crescer como pessoas maduras que Deus deseja que elas sejam, exibindo as virtudes da paciência, coragem, generosidade, e assim por diante. O processo levou bilhões de anos, e não será completado até algum tempo distante no futuro, quando pessoas humanas e talvez outros tipos de pessoas avançadas evolutivamente tenham atingido a maturidade moral e espiritual.

O mal é o resultado tanto da criação do mundo aperfeiçoador de almas como da escolha humana de pecar, de se rebelar contra Deus e sua bondade. No entanto, Deus continuará a trabalhar com humanos e talvez outras pessoas, mesmo na vida após a morte, se necessário, dando-lhes oportunidades de amar e escolher o bem, para que no final todos sejam levados a um lugar de perfeição moral e espiritual.

Uma objeção a essa teodiceia é que, embora possa ser verdade que um ambiente de aperfeiçoamento de almas não possa ser um paraíso, o grau e a extensão da dor e do sofrimento que existem neste mundo são certamente injustificados. As pessoas maduras não poderiam ser desenvolvidas sem os tipos de horrores que existem em nosso mundo? Além disso, alguns males experimentados pelos seres humanos parecem ser destruidores de caráter em vez de construidores de caráter. Ainda assim, poderia ser proposto que, embora Deus não pretendesse quaisquer males em particular, para fins de aperfeiçoar as almas, ele precisou criar um ambiente onde tais males fossem uma possibilidade real. Assim, enquanto cada instância individual do mal não pode ser justificada por um bem maior em particular, a existência de um mundo onde o mal é uma possibilidade real pode ser um requisito para um mundo onde o aperfeiçoamento da **alma** ocorre.

Outro tipo de teodiceia começa com a noção de que é importante que os eventos ocorram no universo de acordo com padrões regulares e confiáveis. Sem tais padrões, seria impossível que agentes inteligentes e moralmente responsáveis aprendessem e se desenvolvessem. No entanto, alguns desses padrões regulares ou leis naturais dependem de sistemas caóticos de nível inferior, e esses sistemas, às vezes, provocam eventos destrutivos e prejudiciais. Considere os sistemas caóticos subjacentes aos padrões climáticos, por exemplo. A criação de Deus dessas leis e sistemas é garantida, mesmo que às vezes tragam males naturais. **John Polkinghorne** refere-se a esse tipo de resposta ao **problema do mal** como uma "defesa de processo livre". Em resposta a esse tipo de teodiceia, pode-se perguntar por que um ser onipotente e onisciente não poderia criar um mundo regular e organizado sem ele implicar em desastres naturais.

Uma quarta abordagem à teodiceia tenta responder à questão de por que o mal existe em um mundo criado por Deus, propondo que Deus tem certas limitações que tornam impossível para ele eliminar os males que existem — pelo menos até algum tempo indeterminado em um futuro distante. Os teólogos do processo, por exemplo, negam a onipotência divina. Enquanto Deus deseja que o mal seja derrotado e possa atrair agentes humanos para o bem, nessa teoria Deus é limitado pela liberdade humana e pelas leis da natureza. Essa abordagem é entendida por muitos teólogos evangélicos como estando fora dos limites do cristianismo evangélico.

Existem outras teodiceias além das mencionadas aqui, mas essa amostragem de vários tipos principais fornece uma noção do escopo das abordagens disponíveis para o assunto.

Chade Meister

REFERÊNCIAS E LEITURAS RECOMENDADAS

ADAMS, Marilyn M., 1999. *Horrendous Evils and the Goodness of God.* Ithaca, NY: Cornell University Press.

DAVIS, Stephen T., ed. 2001. *Encountering Evil: Live Options in Theodicy.* New ed. Louisville, KY: Westminster John Knox.

HICK, John, 1978. *Evil and the God of Love.* 2nd ed. New York: Harper & Row.

MEISTER, Chad. 2012. *Evil: A Guide for the Perplexed.* New York: Bloomsbury.

PLANTINGA, Alvin. 1977. *God, Freedom and Evil.* Grand Rapids: Eerdmans.

TEOLOGIA. Anselmo de Cantuária (1033-1109) descreveu a teologia como "fé em busca de entendimento" (*fides quaerens intellectum*). Teologia é um discurso (*logos*) sobre Deus (*theos*), uma tentativa de "articular o conteúdo do evangelho de Jesus Cristo ao contexto de uma cultura particular" (Clark, 2003). Este verbete explora como a teologia foi articulada de várias maneiras no contexto das ciências naturais.

No *Zeitgeist* moderno, a ciência e a teologia são eternos inimigos, presos em uma batalha até a **morte**; o dogma religioso recua à medida que a ciência avança; os cristãos sacrificam seus cordeiros doutrinais no altar da ciência moderna. Tais imagens mantiveram as pessoas cativas por mais de um século (Draper, [1874] 1882; White, [1896] 1960). Eles contam uma história valorizada na mídia popular e na literatura (p. ex., ver os trabalhos polêmicos dos Novos Ateus). Mas esse conto é, em grande parte, falso. Muitos dos primeiros cientistas professavam a fé cristã, incluindo homens como **Isaac Newton**, **Blaise Pascal**, **Francis Bacon** e **Johannes Kepler**. Aliás, a ciência moderna surgiu em parte como resultado da influência intelectual da teologia cristã (p. ex., Foster, 1934).

A ciência e a teologia têm interagido de formas complexas ao longo da história da igreja (Brooke, 1991). A publicação *Issues in Science and Religion* [Problemas em ciência e religião] (1966), de **Ian Barbour**, deu origem à disciplina acadêmica que analisa a interface da religião e das ciências naturais. Barbour também desenvolveu uma famosa tipologia que descreve quatro formas de relacionar ciência e religião: conflito, independência, diálogo e integração. O **materialismo** científico, com sua teoria reducionista da religião, exemplifica o modelo de conflito (p. ex., sociobiologia, **determinismo** genético). O modelo da independência foi corporificado por Karl Barth e Rudolf Bultmann que, de diferentes maneiras, lançaram a ciência e a teologia como domínios de conhecimento radicalmente descontínuos (cf. **magistérios não interferentes** de **Stephen Jay Gould [NOMA]**). A ciência e a religião são mais convergentes no diálogo e nos modelos de integração (Barbour, 1990).

A disciplina de ciência e teologia é abrangente em assuntos com muitos tópicos para listar, por exemplo, biologia evolutiva e comportamento humano; cosmologias físicas e **escatologia** bíblica; **ação divina** e **física** moderna; **neurociência** e a pessoa humana; **ciência cognitiva** e crença religiosa; teoria do *design* **inteligente**; religiões científicas e mundiais, etc. Cada uma dessas áreas de pesquisa possui subdisciplinas que investigam as dimensões da teorização científica que se baseiam em preocupações teológicas ou religiosas (ver Clayton, 2006; Harrison, 2010). Historiadores da ciência fazem parte desse campo, muitos deles dando atenção sustentada a debates que tradicionalmente preocupavam os evangélicos, por exemplo, a **idade da Terra** e a **teoria da evolução de Darwin** (p. ex., Livingstone, 1987; Numbers, 2006). Questões emergentes, como biotecnologia e ambientalismo, provavelmente serão importantes em pesquisas futuras.

Em 1982, Robert John Russell estabeleceu em Berkeley o Center for Theology and the Natural Sciences (CTNS); logo depois, Philip Hefner lançou em 1988 o Zygon Center for Religion and Science na Lutheran School of Theology, em Chicago. O Observatório do Vaticano também colaborou em conferências internacionais sobre ciência e religião. A disciplina tem vários periódicos importantes, incluindo *Zygon, Perspectives in Science and Christian Faith, Theology and Science, Reviews in Science and Religion* e *Science and Christian Belief.* A Templeton Foundation e outras organizações estimulam a pesquisa através de doações, apontando para interesses culturais, políticos e intelectuais mais amplos (os evangélicos se envolveram mais no início do século XXI, especialmente através da **BioLogos Foundation**, à medida que os debates se intensificaram em relação à evolução e questões relacionadas). Em resumo, a ciência e a teologia prometem permanecer um campo interdisciplinar acalorado e disputado.

Hans Madueme

REFERÊNCIAS E LEITURAS RECOMENDADAS

BARBOUR, Ian, 1966. *Issues in Science and Religion.* New York: Harper & Row.

696 TEOLOGIA NATURAL

_____. 1990. *Religion in an Age of Science*. San Francisco: Harper & Row.

_____. 2000. *When Science Meets Religion: Enemies, Strangers, or Partners?* New York: HarperCollins.

BROOKE, John Hedley, 1991. *Science and Religion: Some Historical Perspectives*. Cambridge: Cambridge University Press.

CLARK, David K., 2003. *To Know and Love God: Method for Theology*. Wheaton, IL: Crossway.

CLAYTON, Philip, ed. 2006. *The Oxford Handbook of Religion and Science*. Oxford: Oxford University Press.

COHEN, I. Bernard, ed. 1990. *Puritanism and the Rise of Modern Science: The Merton Thesis*. New Brunswick, NJ: Rutgers University Press.

DILLENBERGER, John, 1960. *Protestant Thought and Natural Science*. Nashville: Abingdon.

DRAPER, John William, (1874) 1882. *History of the Conflict between Religion and Science*. London: Kegan Paul.

FOSTER, Michael, 1934. "The Christian Doctrine of Creation and the Rise of Modern Science." *Mind* 43:446-68.

GOULD, Stephen J., 1999. *Rocks of Ages: Science and Religion in the Fullness of Life*. New York: Ballantine.

HARRISON, Peter, ed. 2010. *The Cambridge Companion to Science and Religion*. Cambridge: Cambridge University Press.

HOOYKAS, Reijer, 1972. *Religion and the Rise of Modern Science*. Grand Rapids: Eerdmans.

JAKI, Stanley, 1979. *The Origin of Science and the Science of Its Origin*. South Bend, IN: Regnery-Gateway.

LINDBERG, David C.; Numbers, Ronald L., eds. 1986. *God and Nature: Historical Essays on the Encounter between Christianity and Science*. Berkeley: University of California Press.

LIVINGSTONE, David, 1987. *Darwin's Forgotten Defenders: The Encounter between Evangelical Theology and Evolutionary Thought*. Grand Rapids: Eerdmans.

NUMBERS, Ronald L., 2006. *The Creationists: From Scientific Creationism to Intelligent Design*. Cambridge, MA: Harvard University Press.

PEARCEY, Nancy; Thaxton, Charles, *The Soul of Science: Christian Faith and Natural Philosophy*. Wheaton, IL: Crossway.

SOUTHGATE, Christopher, ed. 2005. *God, Humanity and the Cosmos*. New York: T&T Clark.

WHITE, Andrew Dickson, (1896) 1960. *A History of Warfare of Science with Theology in Christendom*. 2 vols. New York: Dover.

TEOLOGIA NATURAL.

A teologia natural é geralmente entendida como uma investigação sistemática sobre o que pode ser conhecido sobre Deus, à parte do que Deus revelou especialmente. Existem tradições da teologia natural fora do cristianismo (e mesmo fora do monoteísmo), mas este artigo se limitará à tradição cristã.

Tradicionalmente, a teologia natural é focada em argumentos para a existência e natureza de Deus, extraídos do mundo natural (como argumentos cosmológico e teleológico) ou da razão (como o argumento ontológico). Estes continuam a ter graus variados de popularidade, e outros artigos irão examiná-los especificamente (ver **razão, Argumento da**; **Argumento cosmológico**; **Argumento do *design***). Este artigo analisa a prática da teologia natural de maneira mais geral.

A teologia natural na tradição cristã remonta a Anselmo no século XI. Ele deu uma versão influente do argumento ontológico para a existência de Deus, mas pode não ser muito certo ver isso como um exemplo de raciocínio independente da **revelação** especial. Anselmo escreveu *Credo ut intelligam* (Creio para entender). O objetivo desse compromisso metodológico não era o **fideísmo** (crença infundada e até mesmo apesar da razão). Em vez disso, foi que a fé é o ponto de partida para elaborar o entendimento cristão, isto é, a fé fornece um estoque de crenças por meio da revelação (p. ex., Deus existe, o Cristo encarnado é totalmente Deus e totalmente humano), os quais são então trabalhados pela razão e são mostrados como plausíveis e racionais no sistema de pensamento do dia.

Tomás de Aquino, no século XIII, tinha uma reivindicação melhor de fundar a teologia natural cristã. Ele defendeu a noção de que podemos "conhecer" as coisas pela fé, mas essa é uma espécie de conhecimento diferente da que podemos "conhecer" pela razão, e ele estava preocupado em não confundir as duas coisas. Tomás disse que "acreditamos" que essas coisas são verdadeiras, o que é conhecido como fé, e "vemos" essas coisas como verdadeiras, o que é conhecido como razão. Ele sustentou que há algumas coisas que só podemos acreditar pela fé — por exemplo, que Deus é uma **Trindade**. Isso nos é revelado, e nada na razão irá contradizê-lo, mas também não pode ser mostrado pela razão como verdadeiro. Existem outros pontos de revelação, ele pensou, que também podem ser demonstrados pela razão — a existência de Deus e o papel deste como criador, por exemplo. Alguns cristãos nunca trabalharão por meio das provas racionais para esses casos e somente os aceitarão como artigos de fé revelada, mas, para aquele que os vê pela razão, eles não podem ser apenas artigos de fé.

Às vezes, a solução de Tomás de Aquino é chamada de *síntese tomista*, mas isso de certa forma é enganoso, porque o que ele fez não foi sintetizar teologia e a filosofia/ciência em uma disciplina, mas claramente criar domínios separados para elas. Eles não se contradizem quando feitos corretamente, mas são caminhos separados para a verdade. Tomás de Aquino reuniu essas duas maneiras separadas para produzir um sistema coerente de conhecimento (daí a adequação do termo *síntese*), mas os pensadores cristãos posteriores não estariam tão interessados em fazê-lo. Assim, os dois modos de conhecer começaram a produzir resultados muito diferentes, que, mesmo que não fossem estritamente contraditórios, produziam retratos muito distintos de Deus. O Deus revelado em algumas partes

TEOREMA DA SINGULARIDADE DE BORDE-GUTH-VILENKIN   697

da Bíblia pode parecer uma figura pré-moderna e antropomorfizada; a razão durante todo o período moderno produziu um conceito muito diferente: o "Deus dos filósofos". Jesus como o Filho de Deus encarnado está ausente do último, e nessa tradição, ele não tinha outro papel além de um bom professor de moral. A cristologia não tem relevância na teologia natural do período, e ficamos com um **teísmo** genérico.

Aqui vemos a relevância da crítica de Karl Barth à teologia natural. De sua perspectiva, os teólogos naturais têm comprado a separação entre fé e razão, e a distinção do cristianismo é deixada de fora da equação. Os filósofos modernos buscavam certeza para suas crenças, e o caminho para a certeza não vinha de histórias passadas, mas pela aplicação da razão. Descartes achava que estava prestando um valioso serviço à teologia dando à crença em Deus e à imortalidade da **alma** um certo fundamento na razão filosófica. Outros veem esse movimento como redutor do teísmo cristão de Aquino para o teísmo filosófico, que se tornaria **deísmo** e, depois, ateísmo. Nessa objeção, a teologia natural divorciada da revelação é inerentemente instável e incapaz de justificar a fé cristã.

Há um desenvolvimento adicional dessa objeção. Quando a razão se torna o único fundamento aceitável para a crença, a **experiência religiosa** não é mais considerada adequada para fundamentar a fé; todavia, alguns afirmam que há algo fundamentalmente errado com a eliminação desse elemento subjetivo. Paul Moser, filósofo contemporâneo da religião, afirma que a teologia natural trata Deus como um objeto, semelhante aos objetos que a ciência natural investiga. Ao fazê-lo, os argumentos da teologia natural deixam de detectar o Ser pessoal que é o Deus revelado a Abraão, Paulo e (mais significativamente) a Jesus. Em vez disso, a base cognitiva apropriada para a fé cristã é encontrada no relacionamento que se pode ter com Deus por meio do Espírito pessoal de intervenção de Deus. Segundo Moser, o desejo do Deus cristão pelas pessoas não é meramente **informação** intelectual ou cognitiva; antes, Deus deseja a transformação moral.

Argumentos da teologia natural oferecem evidência de um Deus que é estático e se revela independentemente das atitudes volicionais dos humanos com relação a ele. Mas esse não é o Deus que os cristãos deveriam procurar, pois ele não se oculta em resposta à resistência voluntária humana porque não é um Deus coercitivo e deseja

que aprendamos a amar desinteressadamente como ele o faz. O verdadeiro Deus não é revelado na "evidência espectadora" da teologia natural, mas nos é dado a conhecer somente quando iniciamos um relacionamento com Deus, e Deus só entra inicia uma relação conosco se estivermos dispostos a sofrer a transformação moral que ele deseja para nós — a saber, tornar-se perfeitamente amor para todas as pessoas, mesmo para os inimigos, porque essa é a natureza de Deus.

O argumento de Moser é poderoso de uma perspectiva cristã subjetiva, mas os críticos objetarão que ele não deixa espaço suficiente para o papel da evidência objetiva. Será que os argumentos tradicionais têm valor para alguns ao fazer parecer plausível que poderia haver um ser como Deus? A razão pode ajudar a eliminar algumas das objeções que as pessoas quando se trata de acreditar em Deus. Então, pode ser que, uma vez que alguém aceite a possibilidade de haver algo sobrenatural, ela esteja mais disposta a buscar um relacionamento com o tipo de Deus que Moser descreve. Dessa forma, a teologia natural poderia abrir a porta para a crença no Deus cristão, mesmo que não possa provar por si só a existência desse Deus.

J. B. Stump

REFERÊNCIAS E LEITURAS RECOMENDADAS

Craig, William Lane; Moreland, J. P., eds. 2009. *The Blackwell Companion to Natural Theology.* Malden, MA: Wiley-Blackwell.

Moser, Paul, 2012. "Religious Epistemology Personified: God without Natural Theology", em *The Blackwell Companion to Science and Christianity*, ed. J. B. Stump and Alan G. Padgett. Malden, MA: Wiley-Blackwell.

Stump, J. B., 2012. "Natural Theology after Modernism", em *The Blackwell Companion to Science and Christianity*, ed. J. B. Stump and Alan G. Padgett. Malden, MA: Wiley-Blackwell.

TEOREMA DA SINGULARIDADE DE BORDE-GUTH-VILENKIN.

Como o próprio nome sugere, o teorema da singularidade de Borde-Guth-Vilenkin decorre dos esforços de três físicos — Arvind Borde, Alan Guth e Alexander Vilenkin — que dedicaram anos (de 1994 a 2003) à exploração dos limites e das implicações dos teoremas de espaço-tempo desenvolvidos por **Stephen Hawking** e Roger Penrose (Hawking e Penrose, 1970). De acordo com esses teoremas, *se* o universo contém massa e *se* a relatividade geral descreve de forma confiável a dinâmica dos corpos dentro do universo, *então* tudo no universo — matéria, energia e até mesmo as dimensões do espaço-tempo cósmico — retorna a um limite singular ou começo.

698 TEOREMA DE BAYES

Dado o significado dessa conclusão *se-então*, especialmente sua implicação óbvia de que algum agente causal além do **espaço e tempo** deve ser responsável por iniciar o espaço e o tempo, a comunidade de físicos, liderada por este trio, buscou explorar a possibilidade de exceções razoáveis aos teoremas do espaço-tempo de Hawking e Penrose.

Em sua pesquisa de 10 anos, Borde e Vilenkin publicaram cinco artigos, o último dos quais em coautoria com Alan Guth. Nesses artigos, os pesquisadores conseguiram formular a hipótese de vários modelos de "lacunas" que evitariam o início do espaço e do tempo. No entanto, esses modelos invocaram conceitos bizarros (como a reversão da direção do tempo, as violações da Segunda Lei da Termodinâmica e as energias e forças negativas) que eliminariam essencialmente a possibilidade da existência da **vida** em qualquer lugar do universo.

O quinto artigo que publicaram explicou a conclusão a que eles eventualmente chegaram e que se tornou o teorema que traz seus nomes: Qualquer universo que se expande de forma constante ao longo de sua história deve possuir um começo real em tempo finito que inclui o início do espaço e do tempo (Borde, Guth, Vilenkin, 2003). Esse teorema aplica-se a *todos* os modelos inflacionários de **big bang** que as leis da **física** permitirem (ver **Teoria do universo inflacionário**). Ele afirma que a inflação cósmica exige um começo no passado finito, não na eternidade do passado. O teorema aplica-se também a modelos de **multiversos** que postulam que nosso universo pode ser um dos muitos, talvez um número infinito de universos, e certas observações já confirmam que nosso universo se expandiu continuamente ao longo de sua história. Nas palavras de Vilenkin: "Com a prova agora instaurada, os cosmologistas não podem mais se esconder atrás da possibilidade de um universo eterno passado. Não há escapatória, eles têm que enfrentar o problema de um começo cósmico" (Vilenkin, 2006, p. 176). Com base no teorema de Borde-Guth-Vilenkin, a implicação de uma causa primeira, ou causador, além do espaço e do tempo, não pode ser descartada. O primeiro princípio do **deísmo**, que diz que a razão e a observação do domínio natural são suficientes para determinar a existência de um criador, parece estar firmemente estabelecido. Ironicamente, a rejeição deísta de todos e quaisquer eventos sobrenaturais, ou efeitos, além do evento de criação cósmica parece contraditória. A origem discernível da matéria, da energia, do espaço e do tempo representa o que alguns podem considerar o maior milagre que cientistas jamais poderiam descobrir. Um milagre tão grande abre a **probabilidade** de um criador ter agido várias vezes depois disso.

Hugh Ross

REFERÊNCIAS E LEITURAS RECOMENDADAS

Borde, Arvind; Guth, Alan H.; Vilenkin, Alexander. *Physical Review Letters* 90 (abr.): id. 151301, 2003.
Hawking, S. W.; Penrose, R. *Proceedings of the Royal Society of London, A* 314 (jan.): 520-49, 1970.
Vilenkin, Alexander. *Many Worlds in One*. New York: Hill and Wang, 2006.

TEOREMA DE BAYES. O teorema de Bayes é uma fórmula probabilística que pode ser usada para modelar a relação entre algumas evidências e uma hipótese para a qual essa evidência é relevante. A **probabilidade** prévia de uma hipótese é a probabilidade considerada além de uma determinada prova ou conjunto de evidências em questão. Essa prova ou conjunto de evidências é frequentemente designado pela letra E.

Se outras **informações** relevantes para a hipótese já são conhecidas, a probabilidade prévia da hipótese deve incluir seu impacto. A probabilidade posterior é a probabilidade da hipótese quando a evidência específica designada como E é levada em consideração. Uma possibilidade (discutida abaixo) é a probabilidade da evidência dada uma hipótese. Se chamamos a hipótese H e a evidência E, podemos expressar sua relação dizendo que a probabilidade posterior de H é igual à razão de duas quantidades — no topo da relação é o produto da probabilidade prévia de H e a probabilidade da evidência E dada H. Na parte inferior da relação é a probabilidade prévia da evidência — isto é, a probabilidade da evidência em considerações gerais antes de definitivamente entendê-la.

$$P(H|E) = \frac{P(H)P(E|H)}{P(E)}$$

Se tomamos conhecimento de alguma evidência E, a nova probabilidade da hipótese H após receber a evidência será igual a $P(H|E)$ conforme indicado no teorema de Bayes. Esse processo de levar em conta a evidência é chamado de "atualização". Se a probabilidade de H dar E for superior à probabilidade prévia de H, então E confirma H; se for menor do que a probabilidade prévia de H, então E nega H.

Como separa as probabilidades prévias de H e ~ H das possibilidades, uma versão do teorema de Bayes, conhecido como forma de probabilidades, é útil para isolar e considerar o impacto de algumas evidências específicas. A forma de probabilidade diz que a proporção da probabilidade posterior da hipótese para a probabilidade posterior de sua negação é igual à proporção de suas probabilidades prévias vezes a proporção das probabilidades:

$$\frac{P(H\backslash E)}{P(\sim H\backslash E)} = \frac{P(H)}{P(\sim H)} \times \frac{P(E\backslash H)}{P(E\backslash \sim H)}$$

A última relação nessa equação é conhecida como um fator Bayes ou proporção de chance e é vista por muitos bayesianos como uma importante expressão do impacto da evidência em H e $\sim H$. Uma questão contenciosa sobre o uso do teorema de Bayes é o famoso "problema dos anteriores". A evidência sobre a qual a probabilidade prévia de H é baseada, que deve ser qualquer outra evidência que *não seja* E, pode ser vasta, complexa e variada, dificultando a estimativa de um precedente. A probabilidade prévia de H também deve refletir o impacto de quaisquer considerações sobre a simplicidade ou **complexidade** inerente de H. Diferentes pessoas podem ter probabilidades prévias pessoais muito diferentes para algumas hipóteses como resultado de suas diferentes evidências anteriores e seus próprios preconceitos.

Muitas vezes, é mais fácil avaliar a proporção das chances. A evidência é mais ou menos esperada se H for verdadeiro do que se H for falso ou é igualmente esperado em ambos os casos? Podemos ter uma ideia de quantas vezes mais ou menos é esperada, dada uma hipótese ou outra? Tal foco nos permite perceber o impacto da evidência em H, mesmo que não estimemos a probabilidade prévia de H. Estimar uma proporção de chances para H e $\sim H$ é relevante para a questão do que devemos acreditar; se pudermos estimar razoavelmente esse fator de Bayes, podemos ver se um caso baseado nessa evidência é suficientemente forte para superar mesmo uma probabilidade prévia muito baixa para H. Essa é a estratégia empregada por Lydia e Timothy McGrew (2009) em sua análise bayesiana da evidência para a **ressurreição de Jesus**.

Michael Licona (2010) duvida que as probabilidades prévias possam ser estimadas com precisão. Ele também questiona completamente o uso da teoria da probabilidade na história, considerando-o inapropriado para estudar os atos de agentes pessoais e expressa ceticismo sobre a aplicação de conceitos de probabilidade aos atos divinos.

Ele prefere pensar no argumento de um evento tal como um milagre como uma inferência para a melhor explicação sem uso de probabilidade (ver também McGrew, 2012). Se a inferência para a melhor explicação pode ser modelada com precisão independentemente da teoria da probabilidade ou não é uma controvérsia de longa data na **filosofia da ciência**, mas o que quer que se conclua sobre essa questão, o ceticismo extremo sobre o uso de conceitos probabilísticos no raciocínio sobre os atos divinos ameaça minar a conclusão de que um milagre é a *melhor* explicação da evidência.

O uso do teorema de Bayes tem sido uma importante correlação na **filosofia da religião** com a tendência de colocar muita ênfase na **cosmovisão** e, portanto, nas probabilidades prévias. John Earman (2000), que não é cristão, usou o teorema de Bayes para demonstrar o fracasso do trabalho do cético **David Hume,** do século XVIII, que argumentou que nenhuma evidência meramente finita pode superar a presunção racional contra o miraculoso. A teoria de Bayes mostra que mesmo uma probabilidade prévia extremamente baixa pode ser superada por evidências suficientemente fortes, especialmente por indícios de evidências independentes, que podem constituir um caso cumulativo extremamente forte com rapidez surpreendente. Esses fatos probabilísticos ajudaram a avivar o interesse em evidências de **milagres** como comprovação para o cristianismo.

O único filósofo da religião que fez notável uso do teorema de Bayes é Richard Swinburne. Swinburne tem argumentado a favor da **existência de Deus** tanto baseado na **teologia natural** como em milagres e (2004) no próprio cristianismo (2003), usando a inferência bayesiana, e ele não hesitou em lidar com o problema dos prévios. Ele argumenta (2001) que o uso da simplicidade como critério de escolha teórica é necessário para a inferência não dedutiva em geral, incluindo o raciocínio científico, e é relevante para a probabilidade prévia de uma hipótese mesmo além de todas as evidências específicas. Swinburne argumenta que a existência de Deus é pelo menos tão provável quanto não provável com base na **teologia natural** e na **experiência** religiosa geral, e que a evidência para a ressurreição de Jesus torna a probabilidade do **teísmo** muito superior a 0,5.

O teorema de Bayes também tem sido relevante para o tema dos **argumentos de *design***. O argumento para o *design* do universo a partir do ajuste fino aparente das

700 TEOREMA DE GÖDEL

constantes e leis fundamentais recebeu um tratamento bayesiano por Swinburne e por Robin Collins (2009). Nisso, eles refletem o tratamento do argumento na literatura científica, onde o ajuste fino às vezes é usado para defender vários universos e não o *design* **inteligente**.

Na arena biológica, **William Dembski** (1998) defende uma abordagem não bayesiana que procura eliminar os concorrentes do *design* inteligente, em vez de confirmá-lo. McGrew (2005) recomenda uma abordagem bayesiana para inferências de *design* biológico.

É importante lembrar que o teorema de Bayes é um modelo benfeito de inferências históricas, científicas e outras explicações estatísticas e não os substitui. Nem é necessário ter excelentes habilidades matemáticas para se beneficiar de uma compreensão mais profunda da probabilidade. Os benefícios de um uso explícito da probabilidade bayesiana provêm de sua capacidade de resolver vários tipos e linhas de evidência e mostrar como incorporar essa evidência no *corpus* racional de uma pessoa. Na melhor das hipóteses, o raciocínio probabilístico, incluindo o raciocínio bayesiano, torna explícitos os juízos epistêmicos de agentes racionais.

Lydia McGrew

REFERÊNCIAS E LEITURAS RECOMENDADAS

Collins, Robin. "The Teleological Argument: An Exploration of the Fine-Tuning of the Universe." In: *The Blackwell Companion to Natural Theology*, p. 202-81. W. L. Craig e J. P. Moreland (Eds.). Oxford: Wiley-Blackwell, 2009.

Dembski, William. *The Design Inference: Eliminating Chance through Small Probabilities.* Cambridge: Cambridge University Press, 1998.

Earman, John. *Hume's Abject Failure.* Oxford: Oxford University Press, 2000.

Licona, Michael. *The Resurrection of Jesus: A New Historiographical Approach.* Downers Grove, IL: InterVarsity, 2010.

McGrew, Lydia; McGrew, Timothy. "The Argument from Miracles: A Cumulative Case for the Resurrection of Jesus of Nazareth." In: *The Blackwell Companion to Natural Theology*, p. 593-662. W. L. Craig e J. P. Moreland (Eds.). Oxford: Wiley-Blackwell, 2009.

McGrew, Timothy "Toward a Rational Reconstruction of Design Inferences." *Philosophia Christi* 7:253-98, 2005.

_____. "Inference, Method, and History." *Southeastern Theological Review* 3:27-39, 2012.

Swinburne, Richard. *Epistemic Justification.* Oxford: Clarendon, 2001.

_____. *The Resurrection of God Incarnate.* Oxford: Oxford University Press, 2003.

_____. *The Existence of God.* Oxford: Oxford University Press, 2004.

TEOREMA DE GÖDEL. Nascido em 28 de abril de 1906, e batizado em Brno (Bruno), na Áustria, em uma família alemã-austríaca protestante, Kurt Gödel era uma criança precoce. Ao chegar à Universidade de Viena, ele foi estudar **física**, logo depois se interessou por **matemática**

(teoria dos números) e, então, foi estudar os fundamentos lógicos da matemática. Em contraste com o reinante positivismo lógico de Wiener Kreis e o construtivismo de L. E. J. Brouwer, Gödel continuou um platônico intelectual ao longo de sua vida.

Visto como um expediente matemático para estabelecer uma prova matemática logicamente rigorosa da autoconsistência e aceitação do corpo maciço de conhecimento matemático, o teorema de incompletude de Gödel é, em muitos aspectos, uma resposta à lógica de **Alfred North Whitehead** e **Bertrand Russell** da geração anterior de matemáticos e filósofos positivistas lógicos. Em seus *Principia Mathematica*, Russell e Whitehead, inspirados por esforços inovadores por parte de Gustav Peano, tentaram demonstrar que toda a matemática é, em última instância, redutível à lógica; isto é, a matemática é uma espécie de lógica.

Sob a influência de Ernst Zermelo, progenitor do axioma de Zermelo-Frankel (ZF), Gödel publicou seu teorema da "Completude" em 1930. De acordo com Douglas Hofstadter (1979, p. 101), a completude significa que "toda afirmação verdadeira que pode ser expressa na notação de um sistema é um teorema". Ele deveria seguir essa ideia lógica em 1931 com seu primeiro teorema de incompletude, publicado em *Monatshefte für Mathematik und Physik* (38:173-98) e logo depois traduzido para o inglês como "On Formally Undecidable Propositions da *Principia Mathematica* and Related Systems" [Sobre proposições indesejáveis formalmente da *Principia Mathematica* e sistemas relacionados]. Hofstadter (via Gödel, 1962) afirma que "há verdades pertencentes à teoria dos números que não são prováveis no sistema", ou há declarações verdadeiras que não são teoremas. Goldstein (2005) afirma isso formalmente:

1. $\sim$Pr (GN [p] se e somente se p não for provável).
2. g = GN ($\sim$Pr [g])
3. G = $\sim$Pr (g)
4. $\sim$Pr (g) se e somente se G não for provável.

O segundo teorema de incompletude segue o primeiro com a seguinte *differentia* espetacular da busca mais antiga de Russell e Whitehead. Taussky-Todd (1988) descreve o desta maneira: "Pois os resultados de Gödel mostram que a **lógica** não é um assunto isolado e é uma *base* para o pensamento matemático; na verdade, é *parte* da matemática".

Assim, para o empreendimento teológico, o teorema de incompletude de Gödel exerce uma influência de grande alcance, cujo cerne é que as verdades teológicas podem estar incompletas; isto é, uma proposição teológica pode ser verdadeira sem provabilidade lógica formal.

Os anos posteriores de Gödel no Institute for Advanced Study [Princeton, Nova Jersey, EUA] para onde ele e a esposa, Adele, se mudaram permanentemente em 1940, foram marcados pelo trabalho inovador de uma versão matemática (formalizada) da prova de santo Anselmo para a existência de Deus, que Gödel não revelou a ninguém até 1970, e por ampla colaboração com Albert Einstein e John von Neumann. Gödel permaneceu no instituto até sua morte em 14 de janeiro de 1978.

Van Herd

REFERÊNCIAS E LEITURAS RECOMENDADAS

Casti, John L.; DePauli, Werner, 2000. *Gödel: A Life of Logic.* New York: Basic Books.

Dawson, John W., Jr., 1996. *Logical Dilemmas: The Life and Work of Kurt Gödel.* Wellesley, MA: A. K. Peters.

_____. 1999. "Gödel and the Limits of Logic." *Scientific American* 280:76-81.

Franzén, Torkel, 2005. *Gödel's Theorem: An Incomplete Guide to Its Use and Abuse.* Wellesley, MA: A. K. Peters.

Gödel, Kurt, 1930. "Über formal unentscheidbare Sätze der Principia Mathematica und verwandter Systeme", em *Monatshefte für Mathematik und Physik* 38:173-98.

_____. 1950. "Rotating Universes in General Relativity Theory." *Proceedings of the International Congress of Mathematicians in Cambridge* 1:175-81.

_____. 1962. *On Formally Undecidable Propositions of Principia Mathematica and Related Systems.* Trans. B. Meltzer, com uma introdução abrangente por Richard Braithwaite. New York: Basic Books.

Goldstein, Rebecca, 2005. *Incompleteness: The Proof and Paradox of Kurt Gödel.* New York: W. W. Norton.

Grattan-Guinness, Ivor, 2000. *The Search for Mathematical Roots 1870-1940.* Princeton, NJ: Princeton University Press.

Hawking, Stephen, ed. 2005. *God Created the Integers: The Mathematical Breakthroughs That Changed History.* Philadelphia: Running Press. O artigo de Gödel começa na p. 1.089, com o comentário de Hawking começando na p. 1.097.

Hintikka, Jaakko, 2000. *On Gödel.* New York: Wadsworth.

Hofstadter, Douglas R., 1979. *Gödel, Escher, Bach: An Eternal Golden Braid.* Brighton, NJ: Harvester Press.

Nagel, Ernest; Newman, James R., 1958, *Gödel's Proof.* New York: New York University Press.

Oppy, G., 1996. "Gödelian Ontological Arguments." *Analysis* 56:226-30.

_____. 2000. "Response to Gettings." *Analysis* 60:363-67.

Procházka, Jiøí, 2006-2010. *Kurt Gödel: 1906-1978: Genealogie.* Brno, Czech Republic: ITEM. Translation: Princeton University Press.

_____. 2012. *Kurt Gödel: 1906-1978: Historie.* Vol. 1. Brno, Czech Republic: ITEM. Translation: Princeton University Press.

Smullyan, Raymond, 1992. *Gödel's Incompleteness Theorems.* Oxford: Oxford University Press.

Taussky-Todd, Olga, 1988. "Remembrances of Kurt Gödel (1983)." *Engineering and Science* 51 (2): 24-28.

Wang, Hao, 1987. *Reflections on Kurt Gödel.* Cambridge, MA: MIT Press.

_____. 1996. *A Logical Journey: From Gödel to Philosophy.* Cambridge, MA: MIT Press.

Yourgrau, Palle, 1999. *Gödel Meets Einstein: Time Travel in the Gödel Universe.* Chicago: Open Court.

_____. 2005. *A World without Time: The Forgotten Legacy of Gödel and Einstein.* New York: Basic Books.

TEORIA DA GRANDE UNIFICAÇÃO. Existem quatro forças fundamentais conhecidas na natureza: gravidade, eletromagnetismo, força fraca e força forte. Na **física** de partículas, uma Teoria da Grande Unificação (TGU) que descreve corretamente a natureza é uma teoria verificada matemática e experimentalmente que combina as três forças do **modelo padrão** de física de partículas — eletromagnetismo, força fraca e força forte — em uma única força unificada. Uma teoria que combina as quatro forças em uma única força é chamada de "Teoria de Tudo" (TDT).

Há muitas razões para esperar que, em energias muito elevadas, as forças da natureza se manifestem como uma força única. Historicamente, as forças que já foram pensadas separadas foram combinadas. Por exemplo, no início do século XIX não existia conexão conhecida entre forças elétricas e magnéticas. Mas experiências de Hans Christian Orsted, **Michael Faraday** e outros pareciam mostrar uma conexão entre essas forças. Por exemplo, uma corrente elétrica produz um campo magnético, e um campo magnético em mudança pode produzir uma corrente elétrica. Mais tarde, essas ideias foram formuladas por **James Clerk Maxwell** em uma teoria consistente que explicitamente descreveu a natureza unificada do eletromagnetismo.

Na década de 1960, Abdus Salam, Sheldon Glashow e **Steven Weinberg** desenvolveram uma teoria matemática que combinava a força eletromagnética com a força fraca. As previsões dessa teoria eletromecânica mostraram ser verdadeiras por experiências nas décadas de 1970 e 1980, incluindo a descoberta das chamadas interações de corrente neutra em experimentos de dispersão de partículas e a descoberta dos portadores previstos da força fraca, as partículas W e Z, coletivamente conhecidas como bósons vetoriais intermediários. O formalismo da unificação eletromagnética é bastante diferente do da unificação eletrofraca, e a natureza exata de uma maior unificação TGU é desconhecida.

Outra motivação para uma TGU envolve o equilíbrio preciso igual, mas oposto, da carga elementar de um elétron e um próton. Não existe uma razão fundamental para esse equilíbrio dentro do modelo padrão, mas esse equilíbrio é obrigatório para a existência do universo macroscópico como o conhecemos. Esse equilíbrio pode ser alcançado por quantização de carga apropriada, que é uma consequência natural de uma TGU.

A força gravitacional é 38 ordens de magnitude mais fracas do que a força forte, 36 ordens de magnitude menores do que a força eletromagnética e cerca de 29 ordens de magnitude mais fracas do que a força fraca. Assim, ela não desempenha basicamente nenhum papel nas interações de partículas subatômicas. É esperado que deve haver uma razão fundamental para o extremo desequilíbrio entre a força da gravidade e as outras forças da natureza, embora nenhuma seja conhecida atualmente. (As dimensões extras inerentes à **teoria das cordas** fornecem uma explicação possível se a força gravitacional se estender às dimensões não acessíveis pelas outras três forças). Em qualquer caso, esse desequilíbrio, aliado aos problemas inerentes ao desenvolvimento de uma teoria quântica da gravidade, apresenta desafios extremos na tentativa de desenvolver uma TDT.

Michael G. Strauss

REFERÊNCIAS E LEITURAS RECOMENDADAS

Greene, Brian, 1999. *The Elegant Universe.* New York: W. W. Norton
Hawking, Stephen. 1988. *A Brief History of Time.* New York: Bantam.

TEORIA DA LEI NATURAL. As teorias da lei natural na ética enquadram-se em três grandes categorias: teorias clássicas da lei natural como aquela defendida por Tomás de Aquino (Aquino, 1948); teorias da lei natural moderna como aquela defendida por **John Locke** (Locke, 1980); e a "nova teoria da lei natural" desenvolvida nas últimas décadas por Germain Grisez (Grisez, 1965) e John Finnis (Finnis, 1980). As duas últimas teorias evitam os fundamentos metafísicos subjacentes à teoria clássica do direito natural, mas diferem no que colocariam no lugar dessas fundações.

A teoria clássica do direito natural de Aquino fundamenta a ética na **natureza** humana, em que "natureza" é entendida em termos aristotélicos (ver **Aristóteles**; **Quatro causas de Aristóteles**). Especificamente, a teoria pressupõe uma **metafísica** do *essencialismo* e da *teleologia* imanente.

A ideia básica pode ser ilustrada da seguinte maneira: considere uma árvore e suas atividades características:

afundar raízes no solo, atrair água e nutrientes através delas, e assim por diante. Esses são fins ou resultados *para os quais* a árvore tende, o que fará a menos que seja evitada (por dano, doença ou algum outro defeito). São, portanto, exemplos de **teleologia**, isto é, direcionamento para um fim ou meta, e essas tendências não são impostas de fora, como uma função de contagem de tempo é imposta por um relojoeiro nos pedacinhos de metal que compõem um relógio. Em vez disso, as tendências são *inerentes* ou *imanentes* na árvore, apenas em virtude de ser uma árvore; ou seja, eles fluem da *essência* ou *natureza* da árvore.

O que é verdade sobre as árvores também é verdade para os animais. Um leão, por exemplo, dada a sua natureza, tenderá a desenvolver características como ter garras afiadas e músculos poderosos, e também tenderá a atividades como caçar presas e (no caso de uma leoa) criar filhotes. Esses são os fins para os quais um leão é dirigido, dada a sua essência.

Agora, os fins para os quais uma coisa tende naturalmente implicam um padrão objetivo de bondade ou maldade. Uma árvore que, em virtude de danos ou doenças, não consegue afundar raízes profundas ou cultivar folhas saudáveis, é, nessa medida, uma árvore má, ao passo que uma árvore que alcança esses fins é, nessa medida, boa. Um leão que, em decorrência de doenças, ferimentos ou defeitos genéticos não consegue desenvolver músculos fortes, caçar presas ou nutrir seus filhotes será um leão mau, ao passo que um leão que alcança esses fins será, nessa medida, um bom leão.

Até agora não estamos falando de bondade *moral* e maldade; a alegação não é que uma árvore doente ou um leão preguiçoso sejam culpáveis. O sentido de "bom" e "mau" operativo aqui é mais o operativo quando falamos de um espécime bom ou ruim, um exemplo bom ou ruim de um tipo de coisa. Tem a ver com o sucesso ou o fracasso de uma coisa em viver de acordo com o padrão inerente ao que é.

Bondade ou maldade moral entra em cena com criaturas capazes de *escolher livremente* agir de um modo que facilite ou frustre os fins para os quais sua natureza dirige-os e, portanto, promove ou frustra a realização daquilo que é bom para eles. Isso nos leva aos seres humanos, que são animais *racionais* e, portanto, capazes de tal ação livre. A bondade moral ou a maldade nos seres humanos envolve a escolha deliberada de agir de um modo que facilite ou frustre os fins inerentes à natureza humana.

Quais são os fins que definem o que é bom para nós? Uma resposta completa requer um estudo sistemático da natureza humana, mas uma compreensão rudimentar pode ser obtida por qualquer ser humano. Tomás de Aquino fala do nosso bem como aquilo para que temos uma *inclinação natural* e que sabemos precisamente por causa da existência de tais inclinações. Ele dá como exemplos o bem comum a todos (como a autopreservação), o bem comum aos animais (como a relação sexual e a criação dos filhos) e o bem exclusivo dos seres humanos (como conhecer a Deus e viver em sociedade).

Nós os conhecemos como bens precisamente na medida em que somos naturalmente inclinados a persegui-los, assim como uma árvore tende naturalmente a criar raízes e um leão tende naturalmente a caçar presas (embora elas não *apreendam racionalmente* seus fins como bens). (Note que o sentido do operativo "natural" aqui difere do sentido em que Paulo fala em 1Coríntios 2:14 (NLT) da "pessoa natural" que considera as coisas de Deus loucura. A palavra "natural" nessa passagem tem o sentido de "sensual" ou "não espiritual", que não é o que Aquino entende por "natural").

É importante ressaltar que um mero desejo profundo não constitui uma "inclinação natural" no sentido de Aquino. Em uma árvore doente pode crescer raízes deformadas, e uma leoa geneticamente defeituosa pode comer em vez de nutrir seus filhotes. Por mais profundamente enraizadas, estas não são tendências naturais no sentido relevante, mas sim defeitos ou desvios das tendências naturais. Da mesma forma, os seres humanos podem, por causa do condicionamento psicológico ou do defeito genético, apresentar inclinações — uma predisposição para o alcoolismo, digamos — que não são "naturais" no sentido relevante, mas estão em desacordo com os fins que a natureza estabeleceu para nós. Sabemos disso não apenas pelo fato de que tais inclinações aberrantes são relativamente raras em seres humanos, mas também porque elas frustram positivamente os fins que a natureza evidentemente colocou em nós. O alcoolismo, por exemplo, frustra o uso da razão e prejudica a saúde do corpo.

O imperativo básico que a natureza colocou em nós é buscar o bem e evitar o mal, no sentido mais tênue de que naturalmente só buscamos o que *consideramos ser bom* em algum sentido e evitamos o que *consideramos ser* de alguma forma ruim. Aquino chama isso de "primeiro preceito" da lei natural. Mesmo alguém que persegue o que ele acha

que é moralmente mau obedece esse preceito, na medida em que leva o objeto de sua ação para ser bom de alguma outra forma. Por exemplo, o viciado em drogas que tem vergonha de seu vício, mas mesmo assim usa drogas, acredita que seria bom satisfazer o desejo que ele tem naquele momento.

O raciocínio prático, portanto, tem, para Aquino, a estrutura: (1) *O bem deve ser perseguido e o mal, evitado*; (2) *X é bom e Y é mau*; portanto, (3) *X deve ser perseguido e Y, evitado*. Tomás de Aquino assume que (1) é autoevidente (dada o sentido restrito de "bom" e "mau" operativo na premissa). Os valores de X e Y na premissa (2), pelo menos para os bens e males fundamentais, são revelados por nossas inclinações naturais. Por exemplo, nossas inclinações naturais nos dizem que a verdade é boa e que o erro é ruim, e, portanto, segue-se que devemos buscar a verdade e evitar o erro. Naturalmente, muitas questões morais são mais complicadas do que isso, e mesmo a aplicação de um princípio como "Perseguir a verdade e evitar erros" levanta muitas questões. A casuística da teoria clássica do direito natural trabalha as ramificações desses princípios básicos de maneira sistemática.

A moderna teoria da lei natural de Locke rejeita os fundamentos metafísicos aristotélicos da abordagem clássica. Ele fundamenta a ética na propriedade que Deus tem de nós, o que considera conhecido pela razão natural. Pelo fato de que somos "obra" de Deus, ferir a nós mesmos ou a outros seres humanos é danificar a propriedade de Deus. A "nova teoria da lei natural" evita a metafísica aristotélica de Aquino e os fundamentos teológicos de Locke. Ecoando Kant, ele fundamenta a **moralidade** em vez de na teoria da razão prática. Em particular, a teoria entra em ação para ser inteligível apenas na medida em que visa à realização de certos "bens básicos" (como a vida, o conhecimento, a amizade etc.) entendidos como autoevidentemente desejáveis.

É desnecessário dizer que a metafísica aristotélica subjacente à teoria clássica do direito natural é ainda mais controversa agora do que era no tempo de Locke (que é uma motivação para a "nova teoria da lei natural"). Em particular, é frequentemente sugerido que a ciência moderna tenha minado essa metafísica. No entanto, sua permanente defensibilidade e compatibilidade com a ciência é instada pelos tomistas e pode, sem dúvida, encontrar **confirmação** no movimento "novo essencialista"

704 TEORIA DAS CORDAS

neoaristotélico na metafísica e na **filosofia da ciência** contemporâneas.

Edward Feser

REFERÊNCIAS E LEITURAS RECOMENDADAS

AQUINAS, Thomas, 1948. *Summa Theologica*. 5 vols. Trans. Fathers of the English Dominican Province. New York: Benziger.

FESER, Edward, 2007. *Locke*. Oxford: Oneworld.

_____. 2009. *Aquinas*. Oxford: Oneworld.

_____. 2014. *Scholastic Metaphysics: A Contemporary Introduction*. Heusenstamm, Ger.: Editiones Scholasticae/Transaction Books.

FINNIS, John, 1980. *Natural Law and Natural Rights*. Oxford: Clarendon.

GEORGE, Robert P. 1999. *In Defense of Natural Law*. Oxford: Oxford University Press.

GRISEZ, Germain, 1965. "The First Principle of Practical Reason: A Commentary on the *Summa Theologiae*, 1-2 quastão 94, artigo 2." *Natural Law Forum* 10:168-201.

LISSKA, Anthony J., 1996. *Aquinas's Theory of Natural Law: An Analytic Reconstruction*. Oxford: Clarendon.

LOCKE, John, 1980. *Second Treatise of Government*. Indianapolis: Hackett. McInerny, Ralph. 1997. *Ethica Thomistica: The Moral Philosophy of Thomas Aquinas*. Rev. ed. Washington, DC: Catholic University of America Press.

NOVOTNY, Daniel D.; Novak, Lukas, eds. 2014. *Neo-Aristotelian Perspectives in Metaphysics*. London: Routledge.

ODERBERG, David S., 2000. *Moral Theory: A Non-consequentialist Approach*. Oxford: Blackwell.

_____. 2007. *Real Essentialism*. London: Routledge.

WALDRON, Jeremy, 2002. *God, Locke, and Equality: Christian Foundations in Locke's Political Thought*. Cambridge: Cambridge University Press.

TEORIA DAS CORDAS. A teoria das cordas é um construto teórico na física que propõe que os objetos mais fundamentais no universo são objetos unidimensionais chamados *cordas* e que oferece a possibilidade de resolver alguns problemas desafiadores na física básica.

Na teoria das cordas, as partículas puntiformes do **modelo padrão** (incluindo léptons, quarks e bósons) são compostas de objetos unidimensionais que são descritos como cordas vibrantes. Assim como diferentes modos vibracionais de uma corda de violão dão diferentes tons musicais, os diferentes modos de vibração das cordas primárias dão origem a diferentes partículas. A teoria das cordas permite a reconciliação da mecânica quântica com uma teoria da gravidade, e é, portanto, um forte candidato à principal teoria que incorpora todas as forças e partículas fundamentais numa teoria de tudo (ver **Teoria da Grande Unificação**).

A mais antiga teoria das cordas, chamada de *teoria das cordas bosônicas*, foi desenvolvida no final dos anos 1960 como uma tentativa de explicar como os hádrons, partículas feitas de quarks, interagiam. A teoria teve problemas fatais e acabou sendo descartada quando uma teoria correta de hádrons foi desenvolvida: a cromodinâmica quântica (QCD). No entanto, nos anos 1980, os físicos notaram que as teorias das cordas previam naturalmente a existência de uma partícula fundamental de spin-2, uma característica necessária do gráviton ainda não descoberto, que é o portador quântico da força gravitacional. Consequentemente, a teoria das cordas parecia manter a promessa de reconciliar a teoria gravitacional com a mecânica quântica, e um interesse renovado foi desenvolvido.

Eventualmente, cinco teorias de cordas independentes foram desenvolvidas, e os cientistas assumiram que apenas uma das cinco se mostraria correta. Em meados da década de 1990, no entanto, os pesquisadores perceberam que as cinco teorias poderiam estar descrevendo a mesma teoria mais fundamental sob diferentes perspectivas. A teoria abrangente que foi desenvolvida e abrange todas as várias teorias de cordas é chamada *teoria-M*, em que o significado do M é indefinido, mas teve várias interpretações, incluindo "membrana", "mãe" e "monstro".

Todas as teorias das cordas exigem que o universo seja realmente composto por mais do que as quatro dimensões conhecidas do espaço-tempo. Em geral, as cinco teorias de cordas modernas requerem 10 dimensões, enquanto a teoria-M requer 11 dimensões e afirma que as cordas são, na verdade, projeções unidimensionais de entidades de vibração bidimensional.

As cordas da teoria das cordas vibram de maneiras diferentes, e os diferentes modos vibracionais se manifestam como partículas de matéria e partículas de força diferentes. As cordas podem ser fechadas (o que significa que elas formam um círculo fechado, como um elástico) ou abertas (isto é, as extremidades não estão conectadas, como se fosse uma corda de violão). A teoria das cordas introduz não apenas cordas, mas também a ideia de "branas". Uma brana pode ser pensada como uma generalização de um ponto em dimensões superiores. Um ponto tem dimensões zero, e uma corda é um objeto unidimensional. Uma membrana é um objeto bidimensional, como uma folha de papel sem espessura. Em geral, um objeto com p dimensões, onde p é algum número inteiro, é chamado de "p-brana". Como a teoria das cordas requer dimensões além de nossas quatro dimensões conhecidas, essas branas também podem existir em multidimensões.

Existem algumas ideias sobre o porquê de experimentarmos o mundo em três dimensões espaciais e uma dimensão de tempo, se a própria realidade consiste em 10 ou 11 dimensões. A ideia mais proeminente é que as outras dimensões são "encurvadas" ou "dimensões compactas". Uma analogia do que se entende por "dimensões compactas" seria um objeto como um cabo de energia suspenso. Se você está longe do cabo, parece linear, como um objeto unidimensional. O comprimento do cabo é observável, mas não seu diâmetro ou sua espessura, no entanto, uma formiga andando no cabo seria capaz de atravessar não apenas seu comprimento unidimensional, mas também seria capaz de andar em volta da circunferência do cabo. Enquanto a formiga muito pequena experimenta o cabo como um objeto bidimensional, um humano, que é muito maior que o cabo, o experimenta como apenas um objeto unidimensional, caso em que a dimensão da circunferência é compactada.

Na teoria das cordas, é provável que a escala das dimensões compactas seja da ordem do comprimento de Planck, que tem cerca de 10^{-35} metros de tamanho. Se assim for, provavelmente seria impossível para os observadores humanos experimentarem as seis ou sete dimensões extras compactas. Outra proposta é que nosso universo está de alguma forma preso a uma chamada D-brana quadridimensional do universo multidimensional muito maior. Estamos confinados a um subespaço que nos permite experimentar apenas 3 + 1 das 10 ou 11 dimensões reais.

A teoria das cordas oferece a promessa de resolver alguns problemas desafiadores na física de partículas, incluindo o desenvolvimento de uma teoria quântica da gravidade. Atualmente, a **relatividade geral** descreve a força gravitacional em grandes escalas, enquanto a mecânica quântica descreve o universo especialmente em escalas pequenas. Os cientistas não foram capazes de desenvolver uma teoria quântica consistente da gravidade em virtude de uma série de dificuldades, incluindo as diferentes estruturas usadas na mecânica quântica e na relatividade geral. A teoria da **física quântica** mais generalizada, a teoria do campo quântico relativista, lida com campos de partículas numa geometria de espaço-tempo plana, enquanto a relatividade geral modela a gravidade como curvas no espaço-tempo em que as partículas embutidas distorcem a geometria espaço-temporal. A teoria das cordas incorpora naturalmente a gravidade nos modos vibracionais das cordas e, de fato, uma teoria gravitacional quântica mecânica consistente que se assemelha à relatividade geral a grandes distâncias é uma característica da teoria das cordas.

A teoria das cordas também oferece a possibilidade de explicar por que a gravidade é de ordens de magnitude mais fraca que as outras três forças fundamentais na natureza (ou seja, eletromagnetismo, bem como forças nucleares fortes e fracas). Uma possibilidade é que a força gravitacional opere em todas as multidões do universo enquanto as outras forças operam apenas em nossas dimensões 3 + 1. Consequentemente, observamos apenas uma fração da força gravitacional total, fazendo com que ela pareça muito mais fraca para nós.

Um grande desafio para os cientistas é determinar se existem experiências que podem ser feitas para testar as previsões da teoria das cordas. É possível que as cordas só sejam evidentes em energias próximas à escala de Planck, que é de cerca de 100 milhões de joules ou 10^{28} eV, ou cerca de 10^{15} vezes maior do que o maior acelerador de partículas feito pelo homem, o Grande Colisor de Hádrons em CERN, Suíça. Se não houver fenômenos de energia mais baixa, a teoria das cordas pode não ser passível de verificação experimental.

No entanto, existem possíveis testes indiretos e evidências para a teoria das cordas. Todas as cinco teorias de cordas propostas são, na verdade, teorias de cordas supersimétricas ou teorias de supercordas. Ou seja, eles exigem um conjunto completo de parceiros supersimétricos ainda não descobertos para todas as partículas subatômicas fundamentais conhecidas.

Cada partícula na natureza é um férmion ou um bóson. Os férmions são partículas com um spin intrínseco igual a um meio inteiro múltiplo da constante de Planck, e todos os férmions obedecem às leis estatísticas de Fermi-Dirac, incluindo o princípio de exclusão de Pauli, que afirma que não existem dois férmions idênticos no mesmo estado quântico. Bósons têm spins com números inteiros e obedecem às **estatísticas** de Bose-Einstein. Todos os quarks e léptons conhecidos são férmions, enquanto as partículas que transportam força são bósons (ver **Modelo Padrão**). A supersimetria exige que cada férmion conhecido na natureza tenha um parceiro bóson, e vice-versa. Atualmente, nenhum parceiro supersimétrico foi descoberto, no entanto, todos os modelos de cordas viáveis preveem que a supersimetria deve existir, portanto, a descoberta de uma partícula supersimétrica daria evidências indiretas e circunstanciais para a teoria das cordas.

A escala na qual certas propriedades da teoria das cordas poderiam se tornar evidentes é desconhecida, e é

706 TEORIA DO *BIG BANG*

possível que essa teoria possa se revelar em escalas distantes da escala de Planck. Por exemplo, é possível que uma ou mais das dimensões extras necessárias possam ser compactadas em uma escala que não é tão pequena quanto o comprimento de Planck, mas muito maior — segundo alguns, tão grande quanto alguns mícrons. Em caso afirmativo, os aceleradores de partículas atuais ou futuros poderiam investigar essas escalas e verificar evidências de multidimensões.

Teorias de cordas também preveem a existência de buracos negros de mecânica quântica que poderiam ser criados em aceleradores, mas que se deteriorariam rapidamente por meio da radiação de Hawking. Esses mini-buracos negros não são equivalentes aos buracos negros supermassivos que existem no centro de muitas galáxias; os buracos negros microscópicos instantaneamente decaem sem agregar qualquer outra matéria. Marcas de deterioração característicos em experimentos de física de partículas poderiam sinalizar a criação e deterioração de tais buracos negros, dando possível evidência indireta para a teoria das cordas.

Se a teoria das cordas for verificada experimentalmente, certamente mudará nossa percepção do universo e confirmará a existência de dimensões além das três conhecidas de espaço e uma de tempo. Para os teístas, que acreditam que Deus criou o universo, a **confirmação** da teoria das cordas pode realmente expandir qualquer ideia do escopo dos atributos de Deus. Por exemplo, qualquer descrição mínima de Deus exigiria que ele existisse em pelo menos 11 dimensões para criar um universo de 11 dimensões. Um ser de 11 dimensões poderia facilmente realizar atos que seriam descritos como **milagres** para nós como seres humanos de quatro dimensões (Ross 2010).

O clássico livro *Flatland* [Planolândia], de Edwin Abbott, apresenta uma descrição caprichosa da interação de um ser tridimensional com um mundo bidimensional (Abbott, 1884). Em seu relato, o ser dimensional superior é incompreensível para aqueles do mundo bidimensional. O romance de Abbott dá uma ilustração concreta de como Deus, que minimamente seria um ser de 11 dimensões se a teoria das cordas for confirmada, pode facilmente realizar milagres e é incompreensível em sua plenitude para os humanos.

Michael G. Strauss

REFERÊNCIAS E LEITURAS RECOMENDADAS

Abbott, Edwin, 1884. *Flatland: A Romance of Many Dimensions.* London: Seely & Co.

Greene, Brian, 1999. *The Elegant Universe.* New York: W. W. Norton.

Ross, Hugh, 2010. *Beyond the Cosmos: What Recent Discoveries in Astrophysics Reveal about the Glory and Love of God.* Kissimmee, FL: Signalman.

TEORIA DO *BIG BANG*. A explicação mais amplamente aceita para a origem, a história e a estrutura do universo — uma explicação consistente com todas as observações disponíveis do universo — é chamada de *big bang*. A palavra *bang* (ing., explosão) tende a criar confusão. *Bang* evoca imagens de uma explosão de bomba associada com o caos e a destruição que lhe são próprios. Em contrapartida, a "explosão" cósmica foi (e é) uma explosão de criação imensamente poderosa, porém cuidadosamente orquestrada — uma liberação súbita de poder a partir da qual o universo foi desdobrado de forma minuciosamente controlada. A evidência indica que em um único momento, a matéria, a energia, o tempo e o espaço, juntamente com as leis físicas que os regem, vieram à existência — o "efeito" de uma "causa" exterior. Em linhas gerais, a Teoria do *big bang* descreve o universo como um sistema mensurável que se expande de um começo singular de matéria, energia, espaço e tempo sob leis de **física** constantes. Essa expansão contínua a partir de um início de espaço-tempo (ver **Espaço e tempo**) sob leis imutáveis, incluindo a lei da entropia, implica que o universo iniciou-se a uma temperatura quase infinitamente quente e esfriou progressivamente de uma forma altamente específica à medida que o universo envelhecia (assim como a câmara do pistão do motor esfria à medida que se expande após o momento da ignição). Porque o universo inteiro se expandiu a partir do evento cósmico de "ignição" sob a influência da entropia (a lei da decadência), torna-se cada vez mais frio ao longo do tempo (ver **Leis naturais; Segunda lei da termodinâmica**).

O crédito para a descoberta dessas características do *big bang* é principalmente de cinco físicos e astrônomos do século XX: **Albert Einstein**, **Georges Lemaître**, Edwin Hubble, Arno Penzias e Robert Wilson. A teoria da relatividade geral de Einstein previu que o universo se expandiu desde o início. Lemaître e Hubble demonstraram a realidade da expansão cósmica. Os cálculos de Penzias e Wilson mostraram que o universo vem esfriando desde sua origem ultraquente. Vale a pena notar que as Escrituras falam sobre o início transcendente da realidade física, incluindo o próprio tempo (Gênesis 1:1; João 1:3; Colossenses 1:15-17; Hebreus 11:3); sobre a expansão cósmica contínua, ou "alongamento" (Jó 9:8; Salmos 104:2; Isaías 40:22, 45:12; Jeremias 10:12); sobre as leis físicas imutáveis (Jeremias 33:25), uma das quais é a lei universal da decomposição (Eclesiastes 1:3-11; Romanos 8:20-22). Essas descrições são contrárias a pressupostos antigos, duradouros e prevalecentes sobre um universo eterno e estático — até o século XX.

As implicações cristãs óbvias da cosmologia do *big bang* — uma Causa transcendente e um começo que remonta apenas a bilhões de anos — explicam por que os astrônomos não teístas resistiram ao modelo por décadas. *Sir* **Arthur Eddington** expressou a seguinte preocupação com relação à ideia de cronologia finita da criação: "Nós [devemos] permitir à evolução um tempo infinito para começar" (Eddington, 1931, p. 672). Mais tarde ele acrescentou: "Filosoficamente, a noção de um começo da presente ordem da Natureza é repugnante" (Eddington, 1931, p. 450). *Sir* **Fred Hoyle** afirmou: "Parece contra o espírito da investigação científica considerar efeitos observáveis como decorrentes de 'causas desconhecidas para a ciência', e isso, em princípio, é o que a criação no passado implica" (Hoyle, 1948, p. 72). John Gribbin se queixou: "O maior problema com a Teoria do *big bang* da origem do universo é filosófico — talvez até teológico: o que havia antes do '*bang*' (da explosão)?" (Gribbin, 1976, p. 15-16).

Eventualmente, no entanto, com o desenvolvimento de **tecnologia** e técnicas de medição cada vez mais avançadas, a evidência física e observacional para o *big bang* tornou-se esmagadora. Por exemplo, os astrônomos desenvolveram os meios (mediante detectores de ondas milimétricas) para determinar a temperatura da radiação de fundo cósmico, a radiação que sobrou do evento de origem cósmica. Devido à velocidade finita e constante da luz, a distância na observação astronômica representa o tempo. Assim, ao tomar medidas em distâncias diferentes, os astrônomos podem determinar condições em diferentes momentos da história do universo. As pesquisas mostraram que as temperaturas da radiação de fundo cósmico foram maiores na proporção direta da distância a que foram medidas. A curva de resfriamento cósmico observada ao longo da história cósmica prova-se consistente com a expansão cósmica contínua sob leis físicas imutáveis de um evento de origem cósmica há cerca de 13,8 bilhões de anos atrás (Muller et al., 2013).

À medida que os instrumentos mais poderosos permitiram que fossem vistas, as galáxias distantes (que representavam épocas anteriores na história cósmica) pareciam mais próximas e mais imaturas (vistas em estágios de desenvolvimento anteriores) em proporção direta à distância da Terra. A pesquisa em andamento produziu um acúmulo crescente de evidência de apoio, incluindo o seguinte:

- a abundância de hélio, deutério e lítio observada no universo pode ser mais bem explicada por um universo de 13,8 bilhões de anos que continua a expandir-se a partir de um estado inicial de densidade e temperatura quase infinitas;
- as dimensões angulares e as amplitudes das variações de temperatura registradas nos mapas de radiação de fundo cósmico se encaixam precisamente no que prevê uma grande explosão (*big bang*);
- a estabilidade orbital observada de estrelas, planetas e luas sob a influência da gravidade só é possível se a espacialidade do universo for definida por três grandes dimensões espaciais que se expandiram rapidamente por 10 a 20 bilhões de anos;
- a distribuição espacial de aglomerados e superaglomerados de galáxias e vazios cósmicos documentados em estudos observacionais adequam-se à distribuição espacial de pontos quentes e frios em nossos mapas de radiação de fundo cósmico.

Mais de uma dezena de provas adicionais (Ross, 2015, p. 135-60) estabelecem, além de qualquer dúvida razoável, que nós, de fato, residimos em um universo que veio a existir de uma grande explosão desde o início da matéria, da energia, do espaço e do tempo — um evento de criação cósmica.

Hoje, os esforços de pesquisa se concentram especificamente na determinação da versão específica do modelo de *big bang* que melhor se adapta às observações. O satélite Planck recentemente confirmou o conjunto de modelos de *big bang* inflacionários como os mais precisos (ver **Teoria do universo inflacionário**). Os mapas da galáxia, como o Sloan Digital Sky Surveym, são consistentes com o modelo de *big bang* do ËCDM, um universo de *big bang* dominado por energia escura (ver **matéria escura** e **energia escura**), em que a maior parte da matéria é matéria exótica e a maioria dessa matéria exótica está em um

708 TEORIA DO CAOS

estado resfriado, isto é, com partículas de matéria exótica movendo-se em velocidades muito menores do que a velocidade da luz.

Futuros esforços de pesquisa ajudarão a determinar qual tipo de inflação, ou evento inflacionário, o universo experimentou. Eles também procurarão determinar mais precisamente as proporções específicas de energia escura, matéria exótica fria, matéria exótica quente e matéria comum que compõem o universo. Nós mal começamos a entender a natureza misteriosa da **matéria escura** e da **energia escura**.

Há muito tempo, o livro de Jó sugeriu que a escuridão é algo mais do que apenas a ausência de luz. Jó 38:19,20 cita Deus perguntando a Jó e a seus amigos: "Como se vai ao lugar onde mora a luz? E onde está a residência das trevas? Poderá você conduzi-las ao lugar que lhes pertence? Conhece o caminho da habitação delas?"

Nenhuma outra característica medida do universo é tão precisamente fixada para a possibilidade de vida como as taxas de expansão cósmica, e a "energia escura" é um dos dois parâmetros que regem essa expansão. A massa, composta quase inteiramente pela matéria escura, é a outra.

Hugh Ross

REFERÊNCIAS E LEITURAS RECOMENDADAS

EDDINGTON, Arthur S. "The End of the World from the Standpoint of Mathematical Physics." *Nature* 127 (March 21):447-53, 1931.

GRIBBIN, John. "Oscillating Universe Bounces Back." *Nature* 259 (janeiro 1):15-16, 1976.

HOYLE, Fred. "A New Model for the Expanding Universe." *Monthly Notices of the Royal Astronomical Society* 108, 1948.

MULLER, S. et al. "A Precise and Accurate Determination of the Cosmic Microwave Background Temperature at z = 0.89." *Astronomy and Astrophysics* 551 (4 mar.), 2013. https://www.aanda.org/articles/aa/full_html/2013/03/aa20613-12/aa20613-12.html.

Ross, Hugh. *A Matter of Days*. 2. ed. exp. Covina, CA: RTB Press, 2015.

TEORIA DO CAOS. O sucesso da ciência física no século XVII até o século XIX deixou as pessoas com a impressão de que o universo funcionava como um relógio, funcionando conforme leis físicas deterministas. Ao se referir ao sucesso da **física** newtoniana para representar aparentemente todos os movimentos de objetos, grandes e pequenos, foi sugerido que dado o conhecimento das condições iniciais e as forças que atuam em todas as entidades do universo, a determinação completa de todo o movimento subsequente dessas entidades seria possível. Além disso, pensou-se que, como consequência, não existiria

algo como o livre-arbítrio, uma vez que todos os eventos futuros no universo haviam sido predeterminados.

Esse ponto de vista caiu em descrédito no século XX com o desenvolvimento da Teoria quântica (incluindo o **Princípio da incerteza de Heisenberg**) e, recentemente, com o advento da Teoria do caos. Mesmo que a Teoria quântica produza resultados definitivos (como autovalores e autofunções), as previsões da teoria são entendidas como produzindo apenas resultados probabilísticos, de acordo com o ponto de vista da maioria. O resultado é que, para certos processos físicos, o mundo se tornou profundamente imprevisível e, ao mesmo tempo profundamente aberto e dotado de verdadeira transformação. Esse estado de coisas bastante surpreendente não é simplesmente um resultado de nossa ignorância.

A Teoria do caos pode ter sido um pouco mal denominada, pois esse aspecto da física não se aplica apenas aos sistemas caóticos, mas sim a qualquer tipo de sistema complexo, pois sua evolução no tempo depende minuciosamente de conhecer com precisão suas condições iniciais — com precisão em um grau que é inalcançável, pelo menos para nós humanos. A consequência dessa falta de conhecimento é que a evolução do sistema é completamente desconhecida após certo tempo decorrido, em alguns casos uma pequena fração de segundo. Tal sistema pode ser descrito corretamente por leis físicas deterministas precisas e, portanto, é um sistema determinante. Mas, devido à falta de precisão infinita na especificação das condições iniciais do sistema, existem limitações para o que pode ser calculado sobre seu desenvolvimento. O caos é, portanto, o resultado. E porque a precisão necessária das condições iniciais é impossível, o comportamento caótico é incorporado à natureza dos sistemas (reais) complexos. Esse comportamento pode representar o estado verdadeiro de muitos sistemas físicos e, portanto, alguns concluem que esse é um estado ontológico e não um resultado da **epistemologia**.

Isso deixa um possível caminho para a ação providencial de Deus, pois o futuro não é necessariamente predeterminado rigidamente (ou seja, causalmente), mas seu desenvolvimento, sim, está contido apenas dentro de limites finitos. Isso resulta na possibilidade não apenas de uma **causalidade** de baixo para cima, mas também de uma causalidade de cima para baixo, pela qual Deus pode orientar o curso dos acontecimentos de uma forma um tanto escondida ao trabalhar com eventos quânticos

TEORIA DO UNIVERSO INFLACIONÁRIO   709

caóticos (ou mesmo microscópicos). O **acaso** ou eventos acidentais não estão em conflito com a **providência** divina.

O resultado efetivo é que o século XX viu as rígidas e determinísticas operações de mecanismo da natureza (o ponto de vista do século XVI até o século XIX) substituídas por um futuro mais aberto, dirigido por Deus que governa de forma compatível com as **leis da natureza** que foram implementadas por ele, mas leis que exibem alguma abertura inerente. A realidade da Teoria do caos é um componente que contribui para o caráter aberto do nosso universo e mundo.

Richard F. Carlson

REFERÊNCIAS E LEITURAS RECOMENDADAS

POLKINGHORNE, John. 1995. *Serious Talk*. Valley Forge, PA: Trinity Press International.

RUSSELL, Robert John; MURPHY, Nancey; PEACOCKE, Arthur R. 1995. *Chaos and Complexity: Scientific Perspectives on Divine Action*. Vatican City e Berkeley: Vatican Observatory Publications and The Center for Theology and the Natural Sciences.

TEORIA DO UNIVERSO INFLACIONÁRIO.

Inflação cósmica refere-se a um evento em que o universo expandiu em volume por um fator de 10^{78} ou mais, começando quando o universo estava entre 10^{-36} (um trilionésimo de trilionésimo de trilionésimo) e 10^{-35} segundos de idade, e terminando quando estava entre 10^{-33} e 10^{-32} segundos de idade. Esse episódio inflacionário extremamente breve responde a importantes questões do *big bang* — por exemplo, por que um universo tão jovem (13,8 bilhões de anos) e tão grande exibe uniformidade e homogeneidade em larga escala e por que sua geometria espacial é plana. A inflação também explica por que o universo é formado por aglomerados de galáxias e superaglomerados, com vazios gigantescos entre eles. Flutuações mecânicas quânticas durante a era inflacionária teriam sido ampliadas para se tornarem as sementes que originaram os aglomerados de galáxias e superaglomerados.

A inflação é um componente de muitos modelos de criação cósmica baseados na Bíblia. Milênios antes de os astrônomos descobrirem as características do *big bang* no universo, a Bíblia ficou sozinha ao declarar que o universo surgiu de um começo no espaço-tempo (Gênesis 1:1; Hb 11:3). Alguns estudiosos das Escrituras encontram evidências bíblicas de que o universo foi "ampliado", ou expandido, desde aquele princípio sob leis físicas constantes, incluindo uma lei difundida de deterioração.

Na década de 1980, a evidência física do *big bang* e da existência óbvia da vida convenceu os astrônomos de que um episódio de inflação poderia ter ocorrido. Isso até 2013, quando as medições mostraram definitivamente que um evento hiperinflacionário de fato ocorreu (Ade et al. 2013). A primeira liberação de dados do satélite Planck continha medições dos sinais de polarização na radiação remanescente do evento de criação cósmica do *big bang* (também conhecido como radiação de fundo cósmica) que produziu um valor do que é chamado de índice espectral escalar.

Para um universo em que não ocorreu inflação, o índice espectral escalar seria 1,0 ou maior. Para um universo que experimentou um evento inflacionário simples, o índice mediu exatamente 0,95. Para um evento inflacionário complexo, o índice mediria entre 0,96 e 0,97. O satélite Planck mediu um valor de 0,9603 ± 0,0073. Ao verificar a inflação, essa medida não conseguiu distinguir entre inflação simples e complexa.

Em março de 2014, o instrumento BICEP2, no Polo Sul, detectou os modos B das ondas gravitacionais que foram emitidas como resultado do evento de inflação cósmica (Overbye, 2014). Embora produzisse uma **confirmação** independente do evento de inflação do *big bang*, também não poderia distinguir entre inflação simples e complexa. Os pesquisadores antecipam que os futuros lançamentos de dados do Planck e do BICEP2 determinarão que tipo de inflação o universo experimentou. Esse conhecimento tem potencial para revelar mais recursos de *design*, mais ajustes finos, essenciais para a existência de vida avançada. A partícula pensada como responsável pelo evento inflacionário inicial é chamada, genericamente, de ínflaton. Os astrônomos viram algumas evidências — um sinal excessivo em certa linha espectral de raios X emitida pelo centro de nossa galáxia (Prokorov e Silk, 2010) e um excesso de resfriamento em estrelas anãs brancas (Isern et al. 2009, 2010) — que podem ser consistentes com existência de tais ínflatons.

Hugh Ross

REFERÊNCIAS E LEITURAS RECOMENDADAS

ADE, P. A. R.; Aghanim, N.; Armitagecaplan, C., et al. 2013. "Cosmological Parameters." *Astronomy and Astrophysics*. March 20. arXiv:1303.5076.

ISERN, J.; Catalán, S.; García-Berro, E.; Torres, S., 2009. "Axions and the White Dwarf Luminosity Function." *Journal of Physics Conference Series* 172, no. 1 (June 3): DI. 012005.

ISERN, J., García-Berro, E.; Althaus, L. G.; Córsico, A. H., 2010. "Axions and the Pulsation Periods of Variable White Dwarfs Revisited." *Astronomy & Astrophysics* 512 (April): A86.

OVERBYE, Dennis, 2014. "Space Ripples Reveal Big Bang's Smoking Gun." *New York Times*. March 17.

PROKOROV, Dimitri; Silk, Joseph. 2010. "Can the Excess in the Fe XXVI lyã Line from the Galactic Center Provide Evidence for 17 keV Sterile Neutrinos?" *Astrophysical Journal Letters* 725 (December 20): L131-34.

TEORIA QUÂNTICA, INTERPRETAÇÕES DA.

A mecânica quântica é a teoria matemática que descreve o comportamento da realidade nos níveis atômico e subatômico. Em dimensões tão pequenas, o mundo se comporta de maneira muito diferente do mundo da nossa experiência comum. A mecânica quântica lida com esse comportamento estranho deixando de lado as concepções clássicas de movimento e a interação de corpos (ver **Isaac Newton**) e introduzindo atos de medição e probabilidades de resultados observacionais de uma maneira *irredutível* que não é melhorada apelando para nosso limitado conhecimento.

O estado de um sistema quântico é descrito por um objeto matemático abstrato chamado *função de onda* (Ney e Albert, 2013). Enquanto o sistema não estiver sendo medido, essa função de onda se desenvolve deterministicamente ao longo do tempo, mas apenas especifica a **probabilidade** de que vários observáveis (como posição ou momento), quando medidos, tenham um valor particular. Além disso, nem *todas* essas probabilidades podem ser iguais a zero ou a um (isto é, ser absolutamente determinado — ver **Princípio de Incerteza de Heisenberg**). Tais resultados de medição são irredutivelmente probabilísticos: não existe condição suficiente para que um valor seja observado em vez de outro permitido pela função de onda.

Esse modo de descrever sistemas físicos tem consequências ainda mais paradoxais. **Albert Einstein** (1879-1955), Boris Podolsky (1896-1966) e Nathan Rosen (1909-1995) argumentaram, em 1935, que a descrição quântica dos sistemas físicos era incompleta porque existiam elementos da realidade que ela não reconhecia (o assim chamado *paradoxo EPR*). **Niels Bohr** (1885-1962) contrapôs que o EPR perdeu o ponto das descrições da mecânica quântica ao ignorar os diferentes contextos de medição (Bohr, 1935). O trabalho de John Bell (1928-1990) (Bell, 1964, 1966) e testes experimentais subsequentes (Aspect, Dalibard e Roger, 1982; Aspect, Grangier e Roger, 1981, 1982; Rowe et al. 2001), mostraram que Bohr estava correto e Einstein errado sobre a completude da teoria quântica.

Mas esse resultado deixa a realidade física incompleta: o universo é atingido por correlações não locais matematicamente previsíveis (instantâneas) sem causas físicas (Bell, 1981; Bub, 1997; Clifton, 1996; Cushing e McMullin, 1989; Gordon, 2011; Halvorson, 2001; Herbert, 1985; Maudlin, 2002; Era, 2004; Ruivo, 1987; Wheeler, 1983). A não localidade é ainda mais profunda porque se estende a quanta *isolados* também (Shuntaro et al. 2014; para antecedentes, ver Halvorson e Clifton, 2002; Hegerfeldt, 1974; Malament, 1996). Mas o a falha das partículas em ter locais diferentes da medição implica sua inexistência quando não observadas e torna a *realidade* microfísica profundamente problemática.

Como, então, compreendemos a transição entre o mundo microscópico e o mundo macroscópico? Isso leva ao *problema de medição*, o segundo famoso **paradoxo** da teoria quântica, detalhado primeiro no famoso artigo "paradoxo do gato" de Erwin Schrödinger (1835-1961) (ver o **Gato de Schrödinger**). Ele argumentou que todos os sistemas quânticos não observados oscilam entre a existência e a inexistência e — desde que as superposições quânticas (pense nas ondas que atravessam umas pelas outras) percolam para cima — qualquer coisa macroscópica está sempre em uma superposição de estados estaticamente atenuada (Bacciagauppi, 2012; Joos et al. 2003; Landsman, 2007; Schlosshauer, 2007; Zurek, 1991). De fato, sob condições especiais no laboratório, superposições *macroscópicas* podem ser criadas (Dunningham et al. 2006; Lambert, 2008). Nada sujeito a uma descrição quântica tem valores simultaneamente determinados para *todas* as suas propriedades associadas, um estado de coisas que problematiza a materialidade do mundo físico.

Como é possível que o mundo seja assim? Consideramos três interpretações proeminentes da teoria quântica: a interpretação de Copenhague, a mecânica bohmiana e a interpretação de muitos mundos, que oferecem uma resposta a essa questão, mas sustentam que apenas uma variante teísta da interpretação de Copenhagen dá sentido à realidade quântica.

A interpretação de Copenhagen (Bohr, 1934, 1958; Bub, 1997, p. 189-211; Faye, 2014; Healey, 1989; Heisenberg, 1958, 1967; Murdoch, 1987; van Fraassen, 1991; von Neumann, 1932; Wheeler, 1983; Wigner, 1961) não é monolítica, mas seus defensores geralmente aderem às variações dos seguintes princípios: (1) a teoria quântica é completa e a realidade física é irredutivelmente indeterminista; (2) o quadrado da amplitude da função de onda dá a probabilidade de resultados de medição associados (a regra de Born); (3) as medições quânticas pressupõem um mundo clássico de dispositivos de medição; (4) a mecânica quântica deve recuperar as previsões da mecânica clássica quando um grande número de quanta está envolvido (Bohm, 1952, p. 31) — uma versão modificada do "princípio da correspondência" defendido por Bohr (Bokulich, 2010); (5) para os observáveis não comutadores, o processo de medição é *contextual*, uma vez que são necessários arranjos experimentais mutuamente exclusivos (*complementares*) (este é o "princípio de complementaridade" de Bohr); e (6) nem todos os sistemas podem ser tratados como mecânica quântica *simultaneamente* porque o aparato de medição requer tratamento clássico.

Dentro de um quadro estritamente físico, esses princípios exigem negar o **princípio da razão suficiente** — a máxima geral de que todo evento contingente tem uma explicação (ver **Razão Suficiente, Princípio da**). Isso prejudica a explicação científica (Pruss, 2006, 2009), exigindo incontáveis eventos físicos sem causa. Como avaliamos as explicações científicas comparando-as com seus concorrentes, e "nenhuma explicação" é agora uma alternativa inescrutável a todas as explicações propostas, não temos nenhuma defesa para a afirmação de que a ciência explica alguma coisa. Portanto, para evitar a morte da ciência, a interpretação de Copenhagen precisa recorrer a uma *causalidade não física* que fundamente os resultados quânticos. Esta exigência transcendente se comporta bem com uma concepção ocasionalista da **providência** divina e da **metafísica** idealista (ver **Ocasionalismo** e **Idealismo**; elaborado em Gordon, 2011, 2013).

Outra interpretação é a teoria das variáveis ocultas não locais de De Broglie-Bohm ou "mecânica bohmiana" (Bell, 1984; Bohm, 1952, 1980; Bohm e Hiley, 1993; Cushing, 1994; Cushing et al. 1996; Goldstein, 2013; Saunders, 1999). Ele tenta restaurar a causalidade dos fenômenos quânticos, privilegiando a posição e introduzindo uma onda piloto ou um campo potencial quântico, dando trajetórias determinadas a todos os constituintes dos sistemas quânticos.

Isso enfrenta dificuldades complexas. Em primeiro lugar, nem o campo potencial nem a onda piloto carregam impulso de energia, então eles agem de uma maneira indetectável e não mecânica e não podem, em princípio, fornecer uma explicação causal para as interações de partículas. Segundo, quando a mecânica de Bohmian é estendida a campos relativísticos (a) os quanta associados a ondas piloto relativistas podem viajar mais rápido que a luz e recuar no tempo; (b) o número de partículas não varia em interações de campo, como prevê a teoria padrão e confirma a observação; (c) diferentemente de sua contrapartida ortodoxa, a teoria de campo de Bohmian não prevê a existência de antimatéria; e (d) os campos de Bohm relativísticos reintroduzem o problema de medição e o tornam insolúvel (ver Saunders, 1999). A interpretação falha.

Finalmente, há a "interpretação de muitos mundos" (IMM) (Albert, 1992, p. 112-33; Baggott, 2013, 211-21; Deutsch, 1999; DeWitt e Graham, 1973; Everett, 1957; Saunders, 1999; Saunders et al. 2010; Vaidman, 2014; Wallace, 2003). Ele nega colapsos de função de onda e, alegando que todos os resultados quânticos possíveis na história do universo foram realizados em diferentes ramos da "função de onda universal". Tudo o que pode acontecer, quântico-mecanicamente falando, aconteceu e acontecerá, mas nós, sempre, só observamos os resultados em ramos da função de onda que se encontram no passado da versão relevante de nossos inúmeros eus. Além da implausibilidade e da confusão perfeita que ela faz na teologia cristã da identidade humana e responsabilidade moral, nas doutrinas da encarnação e da expiação e na escatologia individual e corporativa, a IMM enfrenta dificuldades complexas. Primeiro, existe potencialmente uma variedade infinita de maneiras de expressar a função de onda universal como uma superposição de ondas componentes, e a ramificação que ocorre depende de qual expressão (base) é escolhida. Como a função de onda universal deveria ser construída? Essa dificuldade, conhecida como "problema de base preferencial", revela a arbitrariedade matemática dos processos de ramificação potencialmente infinitos que não refletem nenhuma realidade física.

Segundo, suponha que um evento quântico tenha dois resultados possíveis com probabilidades desiguais. Como, de acordo com a IMM, *ambos os resultados ocorrem* em diferentes ramos da função de onda universal, como podem as suas probabilidades ser diferentes? Não acontece *tudo* com absoluta certeza e, portanto, **probabilidade** um? Se seguirmos a sugestão de Deutsch (1999) e Wallace (2003) ao dizer que as probabilidades quânticas refletem como deveríamos decidir apostar em qual universo nos encontraremos, então, como argumentou David Baker

712 TEORIA QUÂNTICA, INTERPRETAÇÃO DA

(2007), nós chegamos na circularidade viciosa: falar de probabilidades no cenário de muitos mundos pressupõe a existência de uma base preferencial que ocorre apenas pela descoerência da função de onda, que é em si um fenômeno probabilístico irredutível.

Além disso, parafraseando David Albert (2010), o que precisa ser explicado sobre a teoria quântica é a frequência empírica dos resultados que observamos, caso contrário, se mantivéssemos convicções radicalmente diferentes sobre a natureza do mundo do que realmente fazemos, ainda faríamos apostas de acordo com a regra de Born. Assim, a IMM falha por várias razões (mas ver Saunders et al. 2010 para polêmicas extensas).

A interpretação de Copenhague permanece sozinha como tecnicamente adequada, mas metafisicamente incompleta. Como observado, isso cria um campo fértil para a metafísica da **ação divina.**

Bruce L. Gordon

REFERÊNCIAS E LEITURAS RECOMENDADAS

ALBERT, David Z., 1992. *Quantum Mechanics and Experience.* Cambridge, MA: Harvard University Press.

_____. 2010. "Probability in the Everett Picture", em *Many Worlds? Everett, Quantum Theory, and Reality.* Eds. Simon Saunders, Jonathan Barrett, Adrian Kent e David Wallace, 355-68. Oxford: Oxford University Press.

ASPECT, A.; DALIBARD, J.; Roger, G., 1982. "Experimental Tests of Bell's Inequalities Using Time-Varying Analyzers." *Physical Review Letters* 49:1804-7.

ASPECT, A.; GRANGIER, P.; Roger, G., 1981. "Experimental Tests of Realistic Theories via Bell's Theorem." *Physical Review Letters* 47:460-67.

_____. 1982. "Experimental Realization of Einstein-Podolsky-Rosen-Bohm *Gedanken-Experiment*: A New Violation of Bell's Inequalities." *Physical Review Letters* 48:91-94.

BACCIAGALUPPI, Guido, 2012. "The Role of Decoherence in Quantum Mechanics." *Stanford Encyclopedia of Philosophy.* Ed. Edward N. Zalta. http://plato.stanford.edu/entries/qm-decoherence/.

BAGGOTT, Jim, 2013. *Farewell to Reality: How Modern Physics Has Betrayed the Search for Scientific Truth.* New York: Pegasus Books, 27-28.

BAKER, David J., 2007. "Measurement Outcomes and Probability in Everettian Quantum Mechanics." *Studies in History and Philosophy of Modern Physics* 38:153-69.

BELL, John S., 1964. "On the Einstein-Podolsky-Rosen Paradox." Repr. in J. S. Bell, *Speakable and Unspeakable in Quantum Mechanics*, 14-21. Cambridge, UK: Cambridge University Press, 1987.

_____. 1966. "On the Problem of Hidden Variables in Quantum Mechanics." Repr. in J. S. Bell, *Speakable and Unspeakable in Quantum Mechanics*, 1-13. Cambridge, UK: Cambridge University Press, 1987.

_____. 1981. "Bertmann's Socks and the Nature of Reality." Repr. In J. S. Bell, *Speakable and Unspeakable in Quantum Mechanics*, 139-58. Cambridge, UK: Cambridge University Press, 1987.

_____. 1984. "Beables for Quantum Field Theory." CERN-TH.4035/84. Repr. In J. S. Bell, *Speakable and Unspeakable in Quantum Mechanics*, 173-80. Cambridge, UK: Cambridge University Press, 1987.

BOHM, David, 1952. "A Suggested Interpretation of the Quantum Theory in Terms of 'Hidden' Variables, I and II." *Physical Review* 85:166-93.

_____. 1980. *Wholeness and the Implicate Order.* London: Routledge.

BOHM, D.; HILEY, B. J., 1993. *The Undivided Universe: An Ontological Interpretation of Quantum Theory.* London: Routledge.

BOHR, Niels, 1934. *Atomic Theory and the Description of Nature.* Cambridge, UK: Cambridge University Press.

_____. 1935. "Can Quantum-Mechanical Description of Physical Reality Be Considered Complete?" *Physical Review* 48:696-702.

_____. 1958. *Essays 1932-1957 on Atomic Physics and Human Knowledge.* Woodbridge, CT: Ox Bow Press.

BOKULICH, Alisa, 2010. "Bohr's Correspondence Principle", em *Stanford Encyclopedia of Philosophy.* Ed. Edward N. Zalta. Winter. http://plato.stanford.edu/entries/bohr-correspondence/#BacSciCon.

BUB, Jeffrey, 1997. *Interpreting the Quantum World.* Cambridge, UK: Cambridge University Press.

CLIFTON, Robert, ed. 1996. *Perspectives on Quantum Reality: Non-relativistic, Relativistic, and Field-Theoretic.* Dordrecht, Neth.: Kluwer Academic.

CUSHING, James T., 1994. *Quantum Mechanics: Historical Contingency and the Copenhagen Hegemony.* Chicago: University of Chicago Press.

_____; Fine, Arthur I.; Goldstein, Sheldon, eds. 1996. *Bohmian Mechanics and Quantum Theory: An Appraisal.* Dordrecht, Neth.: Kluwer Academic.

_____; McMullin, Ernan, eds. 1989. *Philosophical Consequences of Quantum Theory: Reflections on Bell's Theorem.* Notre Dame, IN: University of Notre Dame Press.

DEUTSCH, David, 1999. "Quantum Theory of Probability and Decisions." *Proceedings of the Royal Society of London, A* 455:3129-37.

DEWITT, B.; Graham, N., eds. 1973. *The Many-Worlds Interpretation of Quantum Mechanics.* Princeton, NJ: Princeton University Press.

DUNNINGHAM, J. A.; Burnett, K.; Roth, R.; Phillips, W. D., 2006. "Creation of Macroscopic Superposition States from Arrays of Bose-Einstein Condensates." *New Journal of Physics* 8:182-88. http://iopscience.iop.org/1367-2630/8/9/182/fulltext/.

EINSTEIN, A.; PODOLSKY, B.; Rosen, N., 1935. "Can Quantum-Mechanical Description of Physical Reality Be Considered Complete?" *Physical Review* 47:777-80.

EVERETT, Hugh, III. 1957. "'Relative State' Formulation of Quantum Mechanics." *Reviews of Modern Physics* 29:454-62.

FAYE, Jan, 2014. "Copenhagen Interpretation of Quantum Mechanics", em *Stanford Encyclopedia of Philosophy.* Ed. Edward N. Zalta. Fall. http://plato.stanford.edu/entries/qm-copenhagen/.

FINE, Arthur I., 1986. *The Shaky Game: Einstein, Realism, and Quantum Theory.* Chicago: University of Chicago Press.

_____. 2013. "The Einstein-Podolsky-Rosen Argument in Quantum Theory", em *Stanford Encyclopedia of Philosophy.* Ed. Edward N. Zalta, ed. inverno. http://plato.stanford.edu/entries/qt-epr/.

GOLDSTEIN, Sheldon, 2013. "Bohmian Mechanics", em *Stanford Encyclopedia of Philosophy.* Ed. Edward N. Zalta. primavera. http://plato.stanford.edu/entries/qm-bohm/.

GORDON, Bruce, 2011. "A Quantum-Theoretic Argument against Naturalism", em *The Nature of Nature: Examining the Role of Naturalism in Science.* Eds. Bruce L. Gordon and William A. Dembski, 179-214. Wilmington, DE: ISI Books.

_____. 2013. "In Defense of Uniformitarianism." *Perspectives on Science and Christian Faith* 65 (2): 79-86.

_____. Forthcoming. "The Necessity of Sufficiency: The Argument from the Incompleteness of Nature", em *Two Dozen (or So) Arguments for God: The Plantinga Project.* Eds. Jerry Walls and Trent Dougherty. Oxford: Oxford University Press.

HALVORSON, Hans, 2001. "Reeh-Schlieder Defeats Newton-Wigner: On Alternative Localization Schemes in Relativistic Quantum Field Theory." *Philosophy of Science* 68:111-33.

HALVORSON, H.; CLIFTON, R., 2002. "No Place for Particles in Relativistic Quantum Theories?" *Philosophy of Science* 69:1-28.

HEALEY, Richard, 1989. *The Philosophy of Quantum Mechanics.* Cambridge, UK: Cambridge University Press.

HEGERFELDT, G. C., 1974. "Remark on Causality and Particle Localization." *Physical Review D* 10:3320-21.

HEISENBERG, Werner, 1958. *Physics and Philosophy: The Revolution in Modern Science.* New York: Harper & Row.

_____. 1967. "Quantum Theory and Its Interpretation", em *Niels Bohr: His Life and Work as Seen by His Friends and Colleagues*. Ed. S. Rozental. New York: Wiley Interscience.

HERBERT, Nick, 1985. *Quantum Reality: Beyond the New Physics*. New York: Anchor Books.

JOOS, E.; Zeh, H. D.; Kiefer, C., et al., eds. 2003. *Decoherence and the Appearance of a Classical World in Quantum Theory*. 2nd ed. Berlin: Springer.

LAMBERT, Joey, 2008. "The Physics of Superconducting Quantum Interference Devices." 8 de dezembro. www.physics.drexel.edu/~bob/Term_Reports/Joe_Lambert_3.pdf.

LANDSMAN, N. P., 2007. "Between Classical and Quantum." Ed. Jeremy Butterfield and John Earman. *Handbook of the Philosophy of Physics*, Part A. Amsterdam: Elsevier, 417-533.

MALAMENT, David, 1996. "In Defense of Dogma: Why There Cannot Be a Relativistic Quantum Mechanics of (Localizable) Particles", em *Perspectives on Quantum Reality: Non-relativistic, Relativistic, and Field-Theoretic*. Ed. Robert Clifton, 1-9. Dordrecht, Neth.: Kluwer Academic.

MAUDLIN, Tim, 2002. *Quantum Non-locality and Relativity*. 2nd ed. Oxford: Blackwell.

MURDOCH, Dugald, 1987. *Niels Bohr's Philosophy of Physics*. Cambridge, UK: Cambridge University Press.

NEY, Alyssa; Albert, David, eds. 2013. *The Wave Function: Essays on the Metaphysics of Quantum Mechanics*. Oxford: Oxford University Press.

PRUSS, Alexander, 2006. *The Principle of Sufficient Reason: A Reassessment*. Cambridge, UK: Cambridge University Press.

_____. 2009. "Leibnizian Cosmological Arguments", em *The Blackwell Companion to Natural Theology*. Eds. William L. Craig and J. P. Moreland, 24-100. Oxford: Blackwell.

RAE, Alistair, 2004. *Quantum Physics: Illusion or Reality?* 2nd ed. Cambridge, UK: Cambridge University Press.

REDHEAD, Michael, 1987. *Incompleteness, Nonlocality, and Realism: A Prolegomenon to the Philosophy of Quantum Mechanics*. Oxford: Clarendon.

ROWE, M. A.; KIELPINSKI, D.; MEYER, V., et al. 2001. "Experimental Violation of a Bell's Inequality with Efficient Detection." *Nature* 409:791-94.

SAUNDERS, Simon, 1999. "The 'Beables' of Relativistic Pilot Wave Theory", em *From Physics to Philosophy*. Eds. Jeremy Butterfield and Constantine Pagonis, 71-89. Cambridge, UK: Cambridge University Press.

_____. 2014. "Physics." Eds. Martin Curd and Stathis Psillos, 645-58. *The Routledge Companion to Philosophy of Science*, 2nd Ed. New York: Routledge.

SAUNDERS, Simon; BARRETT, Jonathan; KENT, Adrian; WALLACE, David, 2010. *Many Worlds? Everett, Quantum Theory, and Reality*. Oxford: Oxford University Press.

SCHLOSSHAUER, Maximilian, 2007. *Decoherence and the Quantum-to-Classical Transition*. Berlin: Springer-Verlag.

SCHRÖDINGER, Erwin, 1935. "Die gegenwärtige Situation in der Quantenmechanik." *Naturwissenschaften* 23:807-12, 823-28, 844-49.

SHUNTARO, Maria Fuwa; ZWIERZ, Takeda Marcin; WISEMAN, Howard M., et al. 2014. "Experimental Proof of Nonlocal Wavefunction Collapse for a Single Particle Using Homodyne Measurement." 25 de dezembro. http://arxiv.org/pdf/1412.7790v1.pdf.

VAIDMAN, Lev, 2014. "Many Worlds Interpretation of Quantum Mechanics", em *Stanford Encyclopedia of Philosophy*. Ed. Edward N. Zalta. http://plato.stanford.edu/entries/qm-manyworlds/.

VAN FRAASSEN, Bas., 1991. *Quantum Mechanics: An Empiricist View*. Oxford: Clarendon Press.

VON NEUMANN, John, 1932. *Mathematische Grundlagen der Quantenmechanik*. Berlin: Springer. Trans. R. T. Beyer as *Mathematical Foundations of Quantum Mechanics*. Princeton: Princeton University Press, 1955.

WALLACE, David, 2003. "Everettian Rationality." *Studies in History and Philosophy of Modern Physics* 34:87-105.

WHEELER, John A., 1983. "Law without Law", em John A. Wheeler and Wojciech H. Surek, eds., *Quantum Theory and Measurement*, 182-213. Princeton: Princeton University Press.

WIGNER, Eugene, 1961. "Remarks on the Mind-Body Question", em *The Scientist Speculates*. Ed. I. J. Good. London: Heinemann.

ZUREK, W. H., 1991. "Decoherence and the Transition from Quantum to Classical—Revisited." Available at: hccp://arxiv.org/pdf/quant-ph/0306072.

TEORIAS DA VERDADE.

A noção geral de verdade é maciçamente contestada. Existem muitas teorias da verdade, incluindo aquelas com uma história bastante longa (a teoria da correspondência, a teoria da coerência e a teoria pragmática) e as muito mais recentes (a teoria performativa, a teoria minimalista e a teoria descitacional). O pensamento pós-moderno também gerou várias teorias da verdade (ou não verdade). Existe uma literatura maciça e altamente sofisticada sobre o assunto, embora pareça correto afirmar que a teoria da correspondência tem sido a opinião defendida por muitos filósofos que se confessam evangélicos.

Não é preciso dizer que o conceito de verdade é crucial tanto para a narrativa central das Escrituras como para o cristianismo histórico. Como N. T. Wright afirma: "o cristão é comprometido com a crença de que certas coisas sobre o passado são verdadeiras"; além disso, as próprias Escrituras "empregam um rico e variado vocabulário da verdade" (Wright, 1992, p. 136). Kevin Vanhoozer também observa que a verdade é, antes de tudo, um atributo de Deus que enfatiza a confiabilidade e a firmeza divinas (Vanhoozer, 2005, p. 819).

Uma análise completa e abrangente da verdade examinaria criticamente todas as teorias mencionadas acima, além de oferecer uma discussão cuidadosa da questão dos portadores da verdade (enfocando o que transmite a verdade) e a questão dos criadores da verdade (a que os portadores da verdade se referem). Dada as limitações de espaço e a natureza esotérica de grande parte da literatura, este artigo centra-se em quatro principais teorias da verdade: a pragmatista, a teoria de Rorty (como representante de uma teoria pós-moderna), a da coerência e a da correspondência. Por uma questão de simplicidade, será presumido que proposições (não sentenças ou declarações) são os principais portadores da verdade e que os estados de coisas (não os fatos) são os melhores candidatos para os criadores da verdade.

A discussão abaixo está centrada no que foi chamado de *projeto metafísico da verdade* (que se concentra na natureza da verdade) e não no *projeto epistemológico*, que se concentra no que significa uma crença ser racionalmente justificada.

Teoria pragmatista

O pragmatismo floresceu nos Estados Unidos desde o final do século XIX. **William James**, Charles Peirce e John Dewey defenderam alguma teoria do pragmatismo. James, cujas observações sobre a verdade não são facilmente integradas a um todo coerente, pode ser entendido como comprometido com a ideia de que *uma proposição (P) é verdadeira se, e somente se, a crença for útil para o provável crente*. Devemos começar observando que James está certo ao pensar que as crenças verdadeiras tendem a ser úteis ou benéficas, enquanto as falsas crenças geralmente não possuem tal utilidade.

Mas a teoria da verdade de James é seriamente falha. Três dos principais problemas são os seguintes. (1) Algumas crenças verdadeiras não são úteis. Podemos ficar melhor sem saber o que certas pessoas pensam sobre nós. Por outro lado, algumas falsas crenças podem ser úteis. Ter uma visão exagerada de si mesmo pode contribuir para o sucesso de alguém, mesmo que esse grau de confiança não esteja enraizado na realidade. (2) A utilidade varia claramente de pessoa para pessoa. A verdade, por outro lado, não é relativa à pessoa. Isso indica que verdade e utilidade são noções fundamentalmente distintas, enquanto a teoria de James exige que elas sejam idênticas. (3) Por fim, James erra ao tomar um elemento importante da verdade e absolutizá-lo, ignorando os contraexemplos óbvios mencionados acima.

Teoria de Rorty

Richard Rorty foi um dos filósofos mais influentes dos últimos cinquenta anos. Ele começou sua carreira na tradição da filosofia analítica e terminou ensinando literatura comparada. Tudo isso é sugestivo da transformação de Rorty de alguém comprometido com a verdade objetiva para alguém profundamente cético em relação à verdade e grande parte da tradição filosófica ocidental. Em sua influente obra *Philosophy and the Mirror of Nature* [A filosofia e o espelho da natureza] (1981), Rorty apresenta a ideia de que *a verdade é de que seus colegas deixarão você se safar*.

Apesar do fato de que a inteligência e engenhosidade de Rorty são inegáveis, sua opinião sobre a verdade é repleta de perigos. **Alvin Plantinga** questiona Rorty mostrando as consequências de sua teoria da verdade. Se Rorty estiver correto, então a AIDS, o Holocausto e o sofrimento humano em geral podem ser eliminados simplesmente convencendo seus pares a não permitir que alguém diga que tais coisas acontecem. Quer Rorty seja ou não culpado de uma teoria tão simplória, ele claramente evita qualquer tipo de comprometimento com a ideia de que existe uma realidade independente da mente que é genuinamente cognoscível pelos seres humanos. A grande maioria dos cientistas modernos, a maioria deles realistas científicos, veria a teoria de Rorty sobre a verdade como natimorta.

Teoria da coerência

A teoria de coerência estava na moda no final do século XIX e início do século XX. Bradley, Blanshard e outros defendiam essa teoria. Nessa teoria, *uma proposição (P) é verdadeira se, e somente se, ela for coerente com o conjunto de crenças já acreditadas*. Uma proposição que falha em se mesclar com outras crenças mantidas seria rejeitada como falsa.

Se pensarmos em nosso conjunto de crenças como um quebra-cabeça enorme, para que a proposição em questão seja verdadeira, ela deve se encaixar ou combinar com as outras crenças. Tanto a consistência lógica (não existem duas crenças que se contradigam) quanto algum tipo de relação inferencial (a crença B é de algum modo inferida da crença A) são centrais para essa ideia de verdade. Mas a teoria da coerência também se depara com sérias dificuldades. (1) A coerência é (na melhor das hipóteses) uma condição necessária, mas não suficiente, da verdade; a crença de que os indivíduos da casa ao lado são marcianos pode ser coerente com o conjunto de crenças do indivíduo, mas isso dificilmente garante sua verdade. (2) Crenças contraditórias podem ser coerentes: uma proposição P pode ser coerente com a pessoa A, mas não-P pode ser coerente com a pessoa B. E apenas por razões de coerência, não haveria como resolver essa disputa. (3) Assim, na teoria de coerência, a verdade é relativa a cada pessoa (e seu conjunto particular de crenças).

Por todas essas razões, a maioria dos estudiosos cristãos tem visto a teoria da coerência como uma teoria inadequada da verdade.

Teoria da correspondência

Há boas razões para se entender porque a ideia popular de verdade é a teoria da correspondência. A ideia básica é que "a verdade envolve uma relação com a realidade". Podemos expressar isso afirmando que *uma proposição é*

TEORIAS NATURALISTAS DA RELIGIÃO 715

verdadeira se, e somente se, seu conteúdo se encaixa na realidade. Considere o dito bem conhecido de Alfred Tarski: "A neve é branca se, e e somente se, a neve for branca". Esta não é uma mera tautologia como às vezes se pensa. Como **John Searle** argumenta: "A neve é branca" especifica uma proposição particular. Mas o lado direito especifica o estado de coisas que devem ser satisfeitas se a proposição for verdadeira. As palavras à esquerda expressam uma proposição atemporal enquanto as palavras à direita descrevem uma condição que é independente da **mente** (Searle, 1995). Se as condições independentes da mente existirem, a proposição em questão é verdadeira. Se falham em ocorrer, a proposição é falsa. Isto é, a realidade é a criadora da verdade.

Bertrand Russell e **Ludwig Wittgenstein** acreditavam que uma versão extremamente forte da correspondência era defensável. Muitos defensores mais recentes (William Alston, Alvin Goldman, John Searle e outros) defendem uma versão mais modesta ou minimalista da correspondência. Aqui a ideia de correspondência como correlação é explicada. Goldman desenvolve a ideia de correspondência como adequação, e ele defende isso de forma convincente contra as teorias alternativas e a versão excessivamente ambiciosa de correspondência de Russell.

Stewart E. Kelly

REFERÊNCIAS E LEITURAS RECOMENDADAS

ALSTON, William, 1997. *A Realist Conception of Truth.* Ithaca, NY: Cornell University Press.
GOLDMAN, Alvin, 1999. *Knowledge in a Social World.* New York: Oxford University Press.
KELLY, Stewart E., 2011. *Truth Considered and Applied.* Nashville: B&H Academic.
KIRKHAM, Richard L, 1995. *Theories of Truth.* Cambridge, MA: MIT Press.
NEWTON-SMITH, W. H. 2002. *The Rationality of Science.* London: Routledge.
PLANTINGA, Alvin, 2000. *Warranted Christian Belief.* New York: Oxford University Press.
_____. *Crença cristã avalizada.* São Paulo: Vida Nova, 2018.
RORTY, Richard, 1981. *Philosophy and the Mirror of Nature.* Princeton, NJ: Princeton University Press.
_____. *A filosofia e o espelho da natureza.* 3. ed. Rio de Janeiro: Relume-Dumará, 1994.
SEARLE, John R., 1995. *The Social Construction of Reality.* New York: Free Press.
VANHOOZER, Kevin, 2005. "Truth", em *Dictionary for Theological Interpretation of the Bible.* Eds. Kevin J. Vanhoozer, Craig G. Bartholomew, Daniel J. Treier, e N. T. Wright. Grand Rapids: Baker.
WRIGHT, N. T., 1992. *The New Testament and the People of God.* Minneapolis: Fortress.

TEORIAS NATURALISTAS DA RELIGIÃO. As interpretações naturalistas da religião geralmente estipulam (1) a irrealidade dos poderes transcendentes das religiões e (2) a possibilidade de explicar a crença nesses poderes e seus supostos efeitos (p. ex., **milagres**) sem ir além dos aspectos físicos, sociais e psicológicos dos seres humanos. Essas teorias reconhecem apenas realidades materiais, excluindo todas as ideias de espíritos, deuses, **almas** e coisas semelhantes. Por exemplo, E. B. Tylor, um dos primeiros defensores da evolução da religião, descartou a possibilidade de "contribuição ou revelação sobrenatural" nas religiões que estudou (Tylor, 1989, p. 427).

Pressupostos filosóficos. Essas teorias foram levantadas no século XIX e início do século XX, e, embora, ainda que em contextos polêmicos, hoje em dia sejam frequentemente citadas como verdadeiras, há poucas tentativas, se é que existem, de criar novas versões ou defender as antigas. Em seu tempo de origem, havia apoio filosófico suficiente para o ateísmo no mundo acadêmico que se poderia supor, pelo menos tacitamente, como base para uma aplicação posterior. Por exemplo, o filósofo Ludwig Feuerbach (1841) designara Deus como uma projeção fictícia de propriedades humanas idealizadas como amor, poder ou sabedoria. Muitos proponentes das teorias naturalistas aceitaram uma posição ateísta como dada e, portanto, o ponto 1 apresentado anteriormente, a irrealidade dos poderes transcendentes, era axiomático.

O ponto 2, a suficiência das explicações materialistas, é um corolário do ponto 1, mas sua plausibilidade depende do sucesso das explicações materialistas. Na busca de explicações, questões sobre a origem, natureza e função da religião se entrelaçaram e levaram a uma preocupação comum: por que os seres humanos embelezariam suas culturas com crenças e práticas aparentemente desnecessárias? Um problema fundamental com interpretações materialistas é sua reivindicação de exclusividade. O fato de que certo aspecto de uma religião pode ser explicado materialisticamente não exclui uma realidade espiritual e sobrenatural simultânea.

Magia. Algumas teorias enfatizam que os seres humanos querem ter um papel ativo na repulsa de ameaças comuns, como doenças, secas, acidentes ou vizinhos saqueadores. Consequentemente, vários escritores (p. ex., Frazer, 1911; Graebner, 1924) argumentaram que havia um estágio antecipatório no desenvolvimento religioso humano que é caracterizado pelas tentativas de praticar a "magia", definida como *a manipulação de forças espirituais para produzir um fim desejado.*

716 TEORIAS NATURALISTAS DA RELIGIÃO

De acordo com os escritos prévios de K. T. Preuss (1904-5), os primeiros seres humanos manifestaram *Urdummheit*, "estupidez original". Suas ações eram semelhantes às de uma criança que repreende uma pedra sobre a qual acabou de tropeçar. Uma vez que nem rochas inconvenientes nem calamidades mais sérias responderam a meras palavras, elas refinaram seu pensamento, estipulando uma força mágica específica — muitas vezes chamada de *mana* (Codrington, 1891, p. 108-10) — e a necessidade de rituais mágicos cada vez mais complexos. Os escritores que defendiam essa tese acreditavam que a magia não era propriamente religiosa e que as pessoas a deixavam e recorriam à religião quando reconheciam que até mesmo essas formas mais sofisticadas de magia não funcionavam. Entretanto, a prática da magia no sentido técnico (manipulação de forças para um fim) persistiu até a religião monoteísta, onde ainda existem pessoas realizando rituais principalmente para se proteger de ocorrências malignas.

Animismo. E. B. Tylor (1989) e seus seguidores não aceitaram a ideia de uma fase inicial de orientação mágica na cultura humana. Eles argumentaram que, desde os primórdios até o presente, todas as religiões estão preocupadas com seres espirituais que diferem apenas em quantidade e magnitude. Onde quer que a cultura humana tenha evoluído até certo ponto, as pessoas perceberam que elas consistiam em duas partes: corpos físicos e almas ou espíritos. Eles observaram que a alma é realmente a parte que torna uma pessoa viva; se a alma se afasta do corpo por um tempo, a pessoa está num estado de **morte** a curto prazo (sono), durante o qual a alma pode vagar e até mesmo visitar outras pessoas. Se a alma deixa um corpo permanentemente, este está morto, mas a alma ainda está presente no mundo circundante. Essa linha de raciocínio afirmava que o que se aplica a uma pessoa deve ser aplicado a todas, e então, apenas um pequeno passo adiante, afirmou que espíritos semelhantes devem dar vida a animais e plantas, enchendo o mundo de numerosos seres espirituais.

Tylor afirmou que esse animismo foi a primeira religião dos seres humanos. Eventualmente, alguns dos espíritos foram considerados maiores que os outros e se tornaram deuses. A partir daí, um deus pode ter sido elevado acima dos outros e, por fim, esse deus superior pode ter se tornado o Deus supremo da religião monoteísta. No entanto, de acordo com Tylor, o Deus do monoteísmo ainda é apenas um espírito altamente inflado emergente das fantasias do animismo.

Manismo e naturismo. Outras teorias naturalistas tiveram ainda diferentes pontos de partida. Herbert Spencer (1921) propôs que foi especificamente o medo dos fantasmas dos ancestrais que haviam partido que despertou o impulso religioso humano, uma teoria chamada *manismo* — da palavra latina *manes*, "almas". Outra teoria foi defendida por John Muir (1872), que teorizou que a religião teve início quando as pessoas começaram a pensar em fenômenos naturais (sol, chuva, trovões, terremotos etc.) como sendo causados por deuses e deusas que tinham específica proveniência nesses itens na natureza.

Teorias sociais. Numerosos autores descreveram a religião como uma instituição dentro da sociedade para o benefício desta. Por exemplo, Émile Durkheim (1912), o pioneiro francês da sociologia acadêmica, propôs essa conclusão, e a fez afirmando que o totemismo (a divisão de uma tribo em vários clãs) era a religião original dos seres humanos e tentou mostrar como este possibilitou uma sociedade unificada e harmoniosa. Apesar de haver pouco conteúdo em seu trabalho sobre religião que se baseia em fatos e interpretações corretas, ele inspirou outros a perseguir uma função social da religião. Claude Lévi-Strauss (1955) sustentou que estruturas conceituais similares estão na base das instituições sociais (estruturalismo).

Teorias psicológicas. Como é sabido, Sigmund Freud (1918) considerou a religião um impedimento ao bem-estar psicológico dos seres humanos, como consequência de alguma anomalia arquetípica dos tabus sexuais. Outros escritores (Rudolf Otto, 1923) adotaram uma abordagem positiva para enfatizar uma experiência pessoal e de referência que uma pessoa pode transmitir em um encontro com uma transcendência.

Mesmo quando as teorias naturais eram populares, não eram unanimemente aceitas no mundo acadêmico. Os estudiosos norte-americanos, seguindo Franz Boas (1938), foram, provavelmente, insuficientes para a sustentação de uma grande teoria da religião. Outros (Lang, 1898; Schmidt, 1935) acreditavam que havia evidência suficiente, mas que apontava para longe das teorias naturalistas.

Winfried Corduan

REFERÊNCIAS E LEITURAS RECOMENDADAS

Boas, Franz, 1938. *The Mind of Primitive Man*. Rev. ed. New York: Macmillan.
Codrington, C. H. 1891. *The Melanesians*. Oxford: Clarendon.

DURKHEIM, Émile, 1912. *The Elementary Forms of Religious Life.* Oxford: Oxford University Press.

FEUERBACH, Ludwig, 1841, English trans. 1854. *The Essence of Christianity.* New York: Oxford University Press.

FRAZER, J. G., 1911. *The Golden Bough.* New York: Macmillan.

FREUD, Sigmund. 1918. *Totem and Taboo.* New York: Moffat.

GRAEBNER, Fritz. 1924. *Das Weltbild der Primitiven.* Munich: Reinhardt.

LANG, Andrew, 1898. *The Making of Religion.* London: Longmans, Green.

LÉVI-STRAUSS, Claude, 1955. *Tristes Tropiques.* Trans. John Weightman and Doreen Weightman. New York: Penguin.

MALINOWSKY, Bronislaw, 1948. *Magic, Science and Religion.* Garden City, NY: Doubleday Anchor.

MUIR, John, 1872. *Original Sanskrit Texts on the Origin and History of the People of India.* Vol. 5. London: Trübner.

OTTO, Rudolf, 1923. *The Idea of the Holy.* New York: Oxford University Press. Preuss, K. T. 1904-5. "Der Ursprung der Religion und Kunst. Vorläufige Mitteilungen." *Globus* 86 (1904): 321-92; 87 (1905): 333-419.

SCHMIDT, Wilhelm, 1935. *The Origin and Growth of Religion.* Trans. H. J. Rose. 2nd ed. New York: Humanities.

SPENCER, Herbert, 1921. *The Principles of Sociology.* 3rd ed. London: Appleton.

TYLOR, Edward B. 1989. *Primitive Culture.* Vol. 1. 2nd ed. New York: Holt.

TERRA PLANA. Os egípcios, os babilônios e os primeiros filósofos gregos pressupunham que a terra era plana. No entanto, no século V a.C., os astrônomos gregos presumiram que a terra era esférica, e a questão deixou de ser controversa entre pessoas instruídas pouco depois. Esse conhecimento de uma terra esférica não se perdeu em nenhum momento desde então. Em particular, ao longo do período medieval, foi universalmente crido, tanto dentro como fora da igreja, que a terra é uma esfera. A visão de que a igreja cristã incentivou a crença em uma Terra plana durante a Idade Média é um mito moderno.

Cosmologia bíblica

A Bíblia contém algumas passagens, tanto no Antigo como no Novo Testamento, para as quais uma leitura excessivamente literal implicaria uma Terra plana. No entanto, o propósito dessas passagens não é transmitir uma lição de geografia. O idioma usado é semelhante às frases figurativas ainda em uso hoje, como "os quatro cantos da terra" em Isaías 11:12 e Apocalipse 7: 1.

No entanto, alguns expositores cristãos primitivos não interpretaram passagens na Bíblia como apresentando uma cosmologia terrestre plana e literal. Este erro foi mais comum em relação à Antioquia e pode até ser encontrado nas obras de alguns bispos, incluindo um seguidor de João Crisóstomo, Severiano de Gabala. O exemplo mais famoso é Lactâncio, um escritor do século IV e um convertido ao cristianismo, que é o único autor conhecido em latim a afirmar uma Terra plana. Na Alexandria do século VI, um comerciante aposentado, chamado Cosmas Indicopleustes, desenvolveu uma cosmologia da Terra plana em grande escala. Ele foi ridicularizado por fazê-lo por filósofos cristãos, como João Filopono (Russell, 1997, 34).

O mito da Terra plana

Cosmas foi o último daqueles que conhecemos que realmente acreditava que a terra era plana. No entanto, no século XVI, Francis Bacon deu início ao mito de que a igreja tinha apoiado uma Terra plana no período medieval e até mesmo perseguido aqueles que não concordavam com isso. Bacon, aparentemente, interpretou mal os relatos de uma disputa no século VIII entre os missionários Virgílio de Salzburgo e Bonifácio sobre se o hemisfério sul era habitado (Hannam, 2010, p. 29); no entanto, essa disputa não era sobre se a terra era plana. Os mapas medievais estilizados (conhecidos como mapas T e O) levaram alguns autores modernos a ver referências a uma Terra plana onde não existiam.

Cristóvão Colombo

O exemplo mais flagrante do mito da Terra plana é a crença generalizada de que foi Cristóvão Colombo quem provou que o planeta é uma esfera. Essa história data de uma biografia ficcional de Colombo por Washington Irving, publicada em 1828 (Irving, 2008). Na verdade, embora a forma da terra não fosse uma questão de debate no século XV, seu tamanho o era. Colombo acreditava que a distância para as Índias Orientais, viajando para o oeste, era muito menor do que é. Ele estava errado sobre a distância, mas teve bastante sorte de ter se deparado com as Américas antes de ficar sem comida e água.

Hoje existem várias sociedades da Terra plana. Se esses grupos realmente acreditam que a terra é plana é uma questão controversa, mas suas crenças são, em qualquer caso, sem grande importância.

James Hannam

REFERÊNCIAS E LEITURAS RECOMENDADAS

COSMAS INDICOPLEUSTES, 2010. *The Christian Topography of Cosmas, an Egyptian Monk,* trans. J. W. McCrindle. Cambridge: Cambridge University Press.

HANNAM, James, 2010. *The Genesis of Science: How the Christian Middle Ages Launched the Scientific Revolution.* New York: Regnery.

IRVING, Washington, 2008. *Christopher Columbus.* London: Wordsworth Classics. Russell, Jeffrey Burton. 1997. *Inventing the Flat Earth: Columbus and Modern Historians.* Westport, CT: Praeger.

TESE DE MERTON

TESE DE MERTON. A tese de Merton é a afirmação de uma correlação positiva entre a religião protestante e a produtividade científica durante o início do período moderno (isto é, nos séculos XVI e XVII). Estudiosos continuam debatendo a validade da tese, que pode parecer mais ou menos crível dependendo de como ela é formulada.

A reivindicação originou-se com o sociólogo Robert K. Merton (1910-2003) e foi publicada pela primeira vez em 1936 como sua tese de doutorado. Merton inspirou-se na famosa afirmação de Max Weber (publicada pela primeira vez em inglês em 1930) de que a "ética do trabalho protestante" era uma força motriz no desenvolvimento do capitalismo. Ele focou nos valores culturais dos puritanos ingleses e em como eles podem ter encorajado o surgimento da ciência experimental na Inglaterra, mas suas alegações sociológicas foram difíceis de avaliar em virtude das ambiguidades sobre quem é e quem não é puritano, e quais atividades são e não são "ciência".

A tese de Merton é frequentemente expandida para além de seu enfoque original sobre os puritanos ingleses para abranger uma desigualdade geral na produtividade científica de protestantes e católicos durante o período moderno (ou ainda mais recentemente). Existem evidências de que os protestantes constituíam uma fração maior da população de cientistas produtivos do que da população em geral. No entanto, esse efeito às vezes é exagerado, talvez em parte porque os falantes de inglês modernos tendem a se familiarizar mais com a história da língua inglesa. Na verdade, italianos e franceses e outros católicos desempenharam papéis importantes na **Revolução Científica**.

Além disso, mesmo para aqueles aspectos da desigualdade que existem claramente, é difícil determinar a causa sociológica. Alguns sugeriram que a produtividade científica dos primeiros católicos modernos estava significativamente deprimida pelas reações aos casos de **Giordano Bruno** e **Galileu**, embora essa visão se deva em grande parte a uma percepção espúria do caso de Bruno como sendo sobre ciência, e de ambos os casos como sendo parte de uma tendência. Alguns sugeriram que a produtividade científica dos primeiros protestantes modernos foi reforçada por doutrinas protestantes específicas, como as que dizem respeito à natureza ou ao trabalho, ou ainda à acessibilidade de compreender Deus e seus caminhos,

embora essa visão encontre uma oposição significativa entre os estudiosos. Além disso, outros fatores, como as desigualdades na afluência (que, por Weber, podem ou não ser atribuíveis a diferenças de religião) podem ter um efeito maior sobre a produtividade científica do que fatores diretamente religiosos.

Em todo caso, qualquer aplicação da tese de Merton além do início do período moderno é claramente problemática. Muitos desses fatores afetaram o desenvolvimento cultural durante o último meio milênio para termos certeza de que quaisquer diferenças modernas entre países de maioria protestante e de maioria católica possam ser atribuídas diretamente à religião.

Matthew S. Tiscareno

REFERÊNCIAS E LEITURAS RECOMENDADAS

FENN, R. K., 1991. *Sociological Analysis* 52 (3): 307-10.
HENRY, J., 2010. "Religion and the Scientific Revolution", em *The Cambridge Companion to Science and Religion*, ed. P. Harrison, 39-58. Cambridge: Cambridge University Press.

TESE DO CONFLITO. A tese do conflito é a visão abrangente sobre a história da ciência que mantém um conflito inevitável e inerente entre ciência e religião. Os expoentes mais influentes da tese do conflito foram **John William Draper** (1811-1882) e **Andrew Dickson White** (1832-1918). Draper apresentou um artigo na reunião da Associação Britânica de 1860 sobre o desenvolvimento intelectual da Europa em relação à teoria de Darwin, apenas sete meses após a publicação de *A origem das espécies* de **Charles Darwin** (Darwin, 1859). Foi nessa reunião que ocorreu o famoso confronto entre **Thomas Huxley** e Samuel Wilberforce.

No início da década de 1870, Edward Livingston Youmans, um popularizador americano da ciência, pediu a Draper para escrever um livro intitulado *A History of the Conflict between Religion and Science* [Uma história do conflito entre religião e ciência] (Draper, 1874). O prefácio de Draper afirmou: "A história da ciência não é um mero registro de descobertas isoladas; é uma narrativa do conflito de dois poderes em litígio, a força expansiva do intelecto humano de um lado e a compressão decorrente da fé tradicional e dos interesses humanos do outro."

White publicou sua tese na revista *Popular Science Monthly* [Publicação mensal de ciência popular] (White, 1874), e em seu livro *The Warfare of Science* [A guerra da ciência] (White, 1876). White publicou ainda *A History of the Warfare of Science with Theology in Christendom* [Uma história da guerra da ciência com a teologia na cristandade] (White, 1896), na qual criticou o que considerava formas dogmáticas e restritivas do cristianismo. A perspectiva de White atraiu críticas de James Joseph Walsh, que argumentou em *The Popes and Science: The History of the Papal Relations to Science during the Middle Ages and Down to Our Own Time* [Os papas e a ciência: a história das relações papais com a ciência durante a Idade Média até nosso próprio tempo] (Walsh, 1908) que a visão de White era anti-histórica. Walsh argumentou que "a história da suposta oposição da igreja, dos papas e das autoridades eclesiásticas à ciência, em qualquer um dos seus ramos, é fundada inteiramente em noções equivocadas" (1908, 19).

Hoje, os historiadores da ciência geralmente não são mais favoráveis a um modelo de conflito. Colin Russell, anteriormente presidente da Christians in Science [Cristãos na ciência], criticou o modelo de conflito, observando que "Draper toma essa liberdade com a história, perpetuando lendas como fato, o que é justamente evitado em estudo histórico sério hoje em dia. O mesmo acontece com White, embora suas estruturas proeminentes de prolíficas notas de rodapé possam criar uma impressão enganosa de uma erudição meticulosa" (Russell, 2000, 15).

Um caso que é comumente usado para apoiar a tese do conflito é o de **Galileu Galilei** e sua condenação pela Inquisição Católica Romana em 1633 pelo seu apoio ao sistema heliocêntrico de **Nicolau Copérnico**. Costuma-se acreditar que Galileu foi preso por seu trabalho; na verdade, ele foi colocado em prisão domiciliar, e a situação era bem mais complexa do que muitas vezes é retratado. Além disso, as críticas ao sistema heliocêntrico na época incluíam objeções tanto científicas como filosóficas e teológicas.

Um estudo realizado com cientistas de 21 universidades de todos os EUA revelou que a maioria não viu nenhum conflito entre ciência e religião (Ecklund e Park, 2009). Na verdade, houve uma concordância entre aqueles que percebiam esse conflito e uma exposição limitada à religião. No entanto, há defensores proeminentes da tese do conflito, incluindo o biólogo Jerry Coyne da Universidade de Chicago (Coyne, 2015) e o zoologista aposentado da Universidade de Oxford, **Richard Dawkins** (Dawkins, 2006).

Jonathan McLatchie

REFERÊNCIAS E LEITURAS RECOMENDADAS

Coyne, J. A. *Faith vs. Fact.* New York: Viking and London: Penguin, 2015.

Darwin, C. *On the Origin of Species.* London: John Murray, 1859.

Dawkins, R. *The God Delusion.* London: Transworld, 2006.

Draper, J. W. *A History of the Conflict between Religion and Science.* New York: Appleton, 1874.

Ecklund, E. H.; Park, J. Z. "Conflict between Religion and Science among Academic Scientists?" *Journal for the Scientific Study of Religion* 48: 276-92, 2009.

Russell, C. A. "The Conflict of Science and Religion", em *Encyclopaedia of the History of Science and Religion.* New York: Routledge, 2000.

Walsh, J. J. *The Popes and Science: The History of the Papal Relations to Science during the Middle Ages and Down to Our Own Time.* New York: Fordham University Press, 1908.

White, A. D. "Scientific and Industrial Education in the United States." *Popular Science Monthly* 5:170-91, 1874.

_____. *The Warfare of Science.* New York: Appleton, 1876.

_____. *A History of the Warfare of Science with Theology in Christendom.* New York: Appleton, 1896.

TESE DUHEM-QUINE. A tese de Duhem-Quine, que homenageia ao mesmo tempo o físico francês **Pierre Duhem** (1861-1916) e o filósofo americano Willard Van Orman Quine (1908-2000), é a designação habitual para o que pode ser mais bem considerado como uma família de três teses inter-relacionadas articuladas com força variável. As três teses em questão são (1) a afirmação holística de que nenhuma hipótese ou teoria é testada de forma isolada, (2) a alegação de que não existe uma experiência crucial que decida entre duas teorias e (3) a tese de que a consideração das evidências disponíveis nunca determina absolutamente a verdade ou a falsidade de qualquer teoria (ver **Subdeterminação**).

A tese do holismo é expressa de diversas maneiras, mas tem como noção central a ideia de que um elemento individual dentro de um conjunto complexo de elementos inter-relacionados tem as propriedades que ele tem em virtude de suas múltiplas conexões com tudo a sua volta. Para Duhem (1954), isso significava que nenhuma teoria científica implica qualquer observação por si só, mas apenas quando conjugada a outras teorias relacionadas aos fenômenos, à função do aparelho experimental, a várias hipóteses auxiliares e a vários pressupostos de fundo sobre o mundo. Para Quine (1980), este holismo é semântico, e as avaliações de verdade para frases individuais dependem de uma avaliação pragmática de suas relações com outras orações na mesma língua.

A natureza radical do holismo de Quine é notoriamente expressa em sua metáfora de um campo de força que incide sobre a experiência em sua periferia e emana dos compromissos ontológicos e lógicos centrais. O

720 TESE DUHEM-QUINE

equilíbrio deste campo poderia ser mantido por vários meios, e "torna-se loucura buscar uma fronteira entre declarações sintéticas, que dependem contingentemente da experiência, e declarações analíticas, que mantêm o que pode acontecer. Qualquer afirmação pode ser verdadeira, seja qual for, se fizermos ajustes bastante drásticos no sistema. Mesmo uma declaração próxima à periferia pode ser verdadeira diante de uma experiência recalcitrante, alegando alucinações ou alterando certas declarações do tipo das chamadas leis lógicas. Por outro lado, da mesma forma, nenhuma afirmação é ´imune à revisão´" (Quine, 1980, p. 43).

Embora autorreferencialmente problemática, a sugestão de Quine de que tudo está em ação em princípio ainda está na moda para os sociólogos da ciência que entendem a aceitação de teorias unicamente em termos de convenções humanas e dinâmicas sociais (Bloor, 1976; Woolgar, 1988).

O tipo de holismo semântico de Quine também sustenta a "tese de incomensurabilidade" na **filosofia da ciência** (Feyerabend, 1975; Kuhn, 1970, 2000). Amplamente exposta, essa tese sustenta que os significados dos termos teóricos e os padrões para a avaliação da teoria são teoricamente carregados, de modo que as teorias rivais não podem ser comparadas porque não significam o mesmo ou estão em conformidade com os mesmos padrões de avaliação, mesmo quando sua terminologia e padrões *parecem* se sobrepor.

Obviamente, tais argumentos minam a ideia de que a ciência é um empreendimento cumulativo e a história da ciência é um progresso na nossa compreensão do mundo físico, uma vez que os defensores de diferentes teorias ocupam mundos conceituais incomensuráveis. Os filósofos da ciência e da linguagem responderam às reivindicações de incompatibilidade defendendo as teorias causais de referência e o papel da experiência e da observação, desafiando a coerência do relativismo conceitual e desenvolvendo relatos alternativos do progresso científico (Hacking, 1983; Harris, 1992; Kripke, 1980; Laudan, 1977; Putnam, 1975).

É evidente que, se duas teorias não forem comparáveis porque seus adeptos habitam diferentes realidades conceituais, nenhuma experiência será capaz de decidir entre elas. Mas a negação de que existe uma experiência crucial que falsifique uma das duas teorias ou hipóteses

concorrentes não precisa se basear numa reivindicação tão radical.

Como mencionado, Pierre Duhem (1954) observou que a tese mais modesta da ambiguidade da falsificação tem o mesmo envolvimento. Se uma predição se revelar falsa, a culpa por sua falha não precisa ser absorvida pela teoria, mas pode ser atribuída a hipóteses auxiliares, erro experimental, falha ou inadequação do equipamento, hipóteses de fundo e assim por diante. No entanto, a maioria dos cientistas e filósofos da ciência concorda que, ao longo do tempo, a razoabilidade e o bom juízo prevalecerão na comunidade científica quanto à questão de saber se uma teoria foi devidamente testada e merece aceitação, ou repetidamente não foi adequada e deveria ser rejeitada. No entanto, alguns filósofos, seguindo os passos de Quine (1975, 1980), defenderam a tese mais radical de que nenhuma evidência ou observação experimental pode falsear conclusivamente qualquer teoria em nenhuma circunstância (Collins 1981a, 1981b). Essa teoria de subdeterminação radicalmente relativista (ver **Subdeterminação**) foi repetidamente criticada e é amplamente rejeitada (Harris, 1992; Howson e Urbach, 2006; Laudan, 1990).

Bruce L. Gordon

REFERÊNCIAS E LEITURAS RECOMENDADAS

Bloor, David, 1976. *Knowledge and Social Imagery*. London: Routledge. Collins, Harry M. 1981a. "Stages in the Empirical Programme of Relativism." *Social Studies of Science* 11:3-10.

_____. 1981b. "Son of Seven Sexes: The Social Destruction of a Physical Phenomenon." *Social Studies of Science* 11:33-62.

Curd, Martin; Cover, J. A.; Pincock, C., eds. 2013. *Philosophy of Science: The Central Issues*. 2. ed. New York: W. W. Norton.

Duhem, Pierre, (1906) 1954. *The Aim and Structure of Physical Theory*, trad. Philip P. Wiener. Princeton, NJ: Princeton University Press.

Feyerabend, Paul, 1975. *Against Method: Outline of an Anarchist Theory of Knowledge*. New York: Verso.

Gillies, Donald, 1993. *Philosophy of Science in the Twentieth Century*. Oxford: Blackwell. Ver esp. p. 98-116; repr. em Curd, Cover e Pincock, 2013, p. 271-87.

Hacking, Ian, 1983. *Representing and Intervening: Introductory Topics in the Philosophy of Natural Science*. Cambridge: Cambridge University Press.

Harris, James F., 1992. *Against Relativism: A Philosophical Defense of Method*. La Salle, IL: Open Court.

Howson, Colin; Urbach, Peter, 2006. *Scientific Reasoning: The Bayesian Approach*. 3. ed. La Salle, IL: Open Court.

Kripke, Saul A., 1980. *Naming and Necessity*. Cambridge, MA: Harvard University Press.

Kuhn, Thomas S., 1970. *The Structure of Scientific Revolutions*. Chicago: University of Chicago Press.

_____. 2000. "Commensurability, Comparability, Communicability." In: *The Road since Structure: Philosophical Essays 1970-1993*, ed. James Conant and John Haugeland, 33-57. Chicago: University of Chicago Press.

Laudan, Larry, 1977. *Progress and Its Problems: Towards a Theory of Scientific Growth*. Berkeley: University of California Press.

_____. 1990. "Demystifying Underdetermination." In: *Scientific Theories*, ed. C. Wade Savage, 14:267-97. Minnesota Studies in the Philosophy of Science. Minneapolis: University of Minnesota Press. Repr. in *Philosophy of Science Central Issues*, ed. J. A. Cover, Martin Curd, and Christopher Pincock, 2. ed., 288-320. New York: W. W. Norton, 2013.

PUTNAM, Hilary, 1975. *Mind, Language, and Reality*. Philosophical Papers, vol. 2. Cambridge: Cambridge University Press.

QUINE, Willard Van Orman, 1975. "On Empirically Equivalent Systems of the World." *Erkenntnis* 9 (3): 313-28.

_____. (1953) 1980. "Two Dogmas of Empiricism." In: *From A Logical Point of View: Nine Logico-Philosophical Essays*, 20-46. 2. rev. ed. Cambridge, MA: Harvard University Press.

RATZSCH, Del, 2000. *Science and Its Limits: The Natural Sciences in Christian Perspective*. Downers Grove, IL: InterVarsity.

WOOLGAR, Steve, 1988. *Science: The Very Idea*. New ed. London: Routledge.

TESTE DE TURING. O célebre matemático britânico Alan Turing (1912-54) buscou esclarecer e responder a pergunta: "Máquinas podem pensar?" (Para uma visão geral, ver Oppy e Dowe, 2011; para contexto biográfico, ver Hodges, 2014). Para esse fim, ele substituiu a pergunta por um teste, perguntando: "Existem computadores digitais imagináveis que se sairiam bem no jogo da imitação?" (Ver o artigo pioneiro, Turing, 1950, p. 442).

O jogo consiste em um interrogador interagindo com dois entrevistados localizados em uma sala diferente. Sabendo que um entrevistado é um computador, e o outro, uma pessoa, a tarefa do interrogador é determinar qual é qual, fazendo perguntas remotamente via teleprompter. O computador procura impedir a identificação correta, enquanto a pessoa procura ajudá-lo. Turing acreditava que, por volta do ano 2000, os computadores seriam capazes de jogar tão bem que "um interrogador médio não teria mais de 70% de chance de fazer a identificação correta após cerca de cinco minutos de questionamento" (Turing, 1950, p. 442).

Esse critério de aprovação é incompleto, não especificando o número de tentativas sobre as quais o sucesso é necessário. No entanto, parece que Turing entendeu o jogo de maneira probabilística, de modo que um melhor desempenho aumenta a probabilidade de inteligência (pensamento). Apesar dos supostos sucessos enganosos de programas de conversação simples (ver, p. ex., Weizenbaum, 1966), o assim chamado Teste de Turing permanece extremamente desafiador, dado o foco do interrogador em desmascarar o computador, e no momento em que escrevo não há nenhuma instância não controversa de uma máquina que tem sucesso no jogo da maneira que Turing imaginou.

Uma preocupação mais importante é se Turing estava certo em acreditar que uma máquina que passa no Teste de Turing deve ser julgada como exibindo um grau de pensamento. Turing não tinha apoio positivo para sua crença e, portanto, estava focado em refutar objeções. Uma questão envolvida é que, para ser reconhecida como inteligente, não se deve exigir que uma máquina possua capacidades que não sejam demonstravelmente necessárias para o pensamento no caso humano. Turing também responde à objeção cristã de que o pensamento requer uma **alma** dada por Deus ao sugerir que é logicamente possível que Deus possa dotar de alma uma máquina que passe no Teste de Turing, que seria um receptor qualificado em virtude de sua capacidade comportamental. No entanto, muitos cristãos considerariam indivíduos com comportamentos severamente comprometidos como dotados de alma, tornando a avaliação de Turing insatisfatória.

Hoje, Turing provavelmente encontraria o apoio positivo que faltava para o uso do jogo de imitação na afirmação funcionalista de que os estados mentais são definidos por seus papéis e não por sua constituição (ver **Funcionalismo**). O sucesso no jogo poderia então ser oferecido da maneira que muitos o receberam: como condição suficiente e talvez necessária para o pensamento. A objeção mais citada a essa afirmação mais forte é a experiência do **Quarto Chinês**, de **John Searle**, que descreve um sistema equivalente a um computador que passe no Teste de Turing, mas para o qual o pensamento está obviamente ausente. A partir disso, conclui-se que os computadores digitais não são candidatos ao pensamento inteligente (ver Searle, 1980). O argumento de Searle continua a fornecer um foco para o debate sobre a relação entre o pensamento humano e a computação (ver **Alma**).

Jonathan Loose

REFERÊNCIAS E LEITURAS RECOMENDADAS

HODGES, Andrew, 2014. *Alan Turing: The Enigma*. London: Penguin.

OPPY, Graham; Dowe, David, 2011. "The Turing Test", em *Stanford Encyclopedia of Philosophy*. Ed. Edward N. Zalta. Primavera. http://plato.stanford.edu/archives/spr2011/entries/turing-test/.

SEARLE, John, 1980. "Minds, Brains and Programs." *Behavioral and Brain Sciences* 3:417-57.

TURING, A. M., 1950. "Computing Machinery and Intelligence." *Mind* 59, no. 236 (out.):433-60.

WEIZENBAUM, Joseph, 1966. "ELIZA: A Computer Program for the Study of Natural Language Communication between Men and Machines." *Communications of the ACM* 9:36-45.

TESTE GENÉTICO. Desde a conclusão do **Projeto Genoma Humano** em 2000 e a resultante explosão de **informações** genéticas, existem inúmeros testes de

722 TESTE GENÉTICO

diagnóstico que podem testar uma variedade de vínculos genéticos e predisposições, tanto em adultos quanto em fetos no útero. Na verdade, o teste genético pré-natal tornou-se parte do cuidado pré-natal de rotina para mulheres grávidas. Com os adultos, a informação genética pode, às vezes, ser muito útil tanto no tratamento como na prevenção. Mas outras vezes, quando os remédios podem fazer muito pouco para o paciente, esses pacientes são muitas vezes ambivalentes sobre conhecer suas informações genéticas.

O teste genético pré-natal tornou-se comum e pode ser feito de várias maneiras — através de exames de sangue, imagens de ultrassom, o que pode eliminar muitas anormalidades genéticas, simplesmente observando o feto, e através de testes mais sofisticados, como a amniocentese, em que o líquido amniótico é extraído do abdômen da mulher com uma agulha e as células do bebê no fluido são analisadas. Geralmente, se exames de sangue e ultrassom causam preocupação, a amniocentese é realizada. Se o casal esperançoso recebe más notícias de amniocentese, eles enfrentam decisões difíceis sobre a continuação ou finalização da gravidez. Testes genéticos em adultos podem ser úteis para prevenção, na medida que uma pessoa que está em alto risco de adquirir uma doença pode tomar uma variedade de medidas para minimizar as chances de contrair a doença. Às vezes, no entanto, há mais certeza de uma ligação genética em oposição a uma predisposição, o que indica apenas um risco aumentado. Por exemplo, indivíduos com a ligação genética à doença de Huntington (uma doença neurológica degenerativa) quase certamente terão a doença, enquanto aqueles com uma ligação genética para câncer de mama têm uma maior probabilidade de contrair câncer de mama, mas não é certo que irão.

O teste genético é muitas vezes bastante relevante para adultos quando chega a hora de considerar começar uma família. Se eles têm uma história de anormalidade genética em sua parentela, podem querer considerar ser testados para essa anormalidade antes da decisão de iniciar uma família naturalmente. Se esse teste der positivo, geralmente há uma chance de 50% de passar ao longo do gene defeituoso, ou às vezes uma chance significativamente menor se for um gene recessivo. Famílias com esse tipo de risco genético podem querer considerar outras alternativas para a procriação natural, incluindo a adoção. Ou eles podem considerar uma forma de teste genético

conhecido como diagnóstico genético pré-implantação (DGPI), no qual uma célula é retirada do embrião e selecionada (alguns chamam isso de "biópsia embrionária"). Isso requer que múltiplos embriões sejam criados através da fertilização *in vitro* (FIV), e os embriões com anormalidade genética são descartados enquanto os que são normais são implantados.

Isso levanta questões éticas no descarte dos embriões defeituosos, uma vez que não existe uma distinção moralmente relevante entre o descarte de embriões defeituosos e os fetos abortados com anormalidades genéticas. No entanto, outras famílias ficam tranquilas, assumindo o risco de passar por problemas genéticos e tentar ter uma criança naturalmente. Essas famílias frequentemente têm testes genéticos pré-natais realizados no feto no útero para ajudá-los a decidir se devem continuar a gravidez e, se decidirem fazê-lo, prepará-los para as necessidades especiais da criança que está vindo. As famílias devem estar cientes de que podem receber pressão da parte de seus médicos ou conselheiros genéticos para interromper esse tipo de gravidez (ver também **Bioética; Clonagem; Melhoramento genético**).

Para as famílias que veem o feto como uma pessoa completa desde a concepção em diante, receber más notícias sobre o teste genético provavelmente não afetará a decisão de continuar a gravidez. A ética cristã sugere que o fim da gravidez devido a uma má notícia é problemático, por várias razões. Em primeiro lugar, pode ser que o teste esteja errado, não é algo comum, mas também não é algo que nunca se ouviu falar. Em segundo lugar, muitos testes genéticos pré-natais não podem prever o grau de deformidade, pois pode variar de paciente para paciente. Mas, mesmo que esses dois itens possam ser preditos com certeza, a realidade é que a criança no útero ainda é uma pessoa com direito à vida — isto é, assumindo que a anormalidade genética é uma ligação causal à obtenção da doença, ao contrário a uma predisposição que apenas aumenta o risco.

Mesmo nos casos de vínculos causais, é presunçoso assumir que a deficiência leva necessariamente a infelicidade na vida, uma presunção que insulta as pessoas que vivem com deficiência e com seus entes queridos. É também uma falácia de *petitio principii*, que sugere que a anormalidade genética é uma base justificável para acabar com uma gravidez, porque é apenas com a suposição de que o feto não é uma pessoa que tal justificação faz sentido. Pois se o feto não é uma pessoa, então justificar o término da gravidez com base em anormalidades genéticas também justificaria acabar com a vida de adultos com anormalidades genéticas semelhantes, que a sociedade claramente não permite.

A disponibilidade de testes genéticos no mundo em desenvolvimento apresenta dilemas éticos agudos para os médicos que desejam fornecer o melhor atendimento pré-natal para suas gestantes. Algumas famílias tomam decisões para acabar com a gravidez com base em resultados de testes que revelam o sexo de seus filhos. Este é especialmente um problema em partes do mundo onde há uma forte preferência cultural para crianças do sexo masculino. Também ocorre no Ocidente, com decisões de **aborto** que não requerem razões a serem dadas aos médicos antes do término da gravidez. Os cristãos veem essa prática tão profundamente problemática, dado que a ética cristã sustenta o valor igual de homens e mulheres — nascidos e não nascidos — diante de Deus.

Alguns casais usam testes genéticos (e **tecnologia** reprodutiva) para fazer o oposto do que normalmente é feito. Em vez de usar essas tecnologias para garantir que as anormalidades genéticas sejam eliminadas, alguns usam essa tecnologia para garantir que uma anormalidade genética não seja excluída. Ou seja, eles usam essas tecnologias intencionalmente para produzir uma criança que possui uma anomalia genética específica. Pegue o caso bem divulgado do casal britânico em que ambos sofriam de deficiência auditiva, e que usaram a tecnologia para garantir que seus filhos também fossem surdos (ver Glover, 2006). Muitos veem esse uso de tecnologia como uso indevido para causar dano a uma criança. No entanto, em uma cultura que se baseia na autonomia, ou o direito de fazer as próprias escolhas, torna-se um desafio argumentar por que esse uso da tecnologia é problemático. No entanto, da perspectiva da ética cristã, é claro que tal uso da tecnologia está interferindo com o plano de Deus para a criança.

Scott B. Rae

REFERÊNCIAS E LEITURAS RECOMENDADAS

Glover, Jonathan, 2006. *Choosing Children: Genes, Disability and Design*. New York: Oxford University Press.

Mitchell, C. Ben; Pellegrino, Edmund D.; Elshtain, Jean Bethke; Kilner, John F.; Rae Scott B., 2007. *Biotechnology and the Human Good*. Washington, DC: Georgetown University Press.

Peterson, James, 2001a. *Changing Human Nature: Ecology, Ethics, Genes, and God*. Grand Rapids: Eerdmans.

_____. 2001b. *Genetic Turning Points: The Ethics of Human Genetic Intervention*. Grand Rapids: Eerdmans.

THOMSON, JOSEPH JOHN. *Sir* Joseph John Thomson (1856-1940), ganhador do Prêmio Nobel de **física** em 1906, descobriu o elétron no final do século XIX, enquanto investigava a natureza dos raios misteriosos que são emitidos a partir do cátodo de um tubo evacuado, os chamados raios catódicos. Sua descoberta da primeira partícula fundamental finalmente revolucionou nossa compreensão da natureza atômica essencial da matéria e da eletricidade. Thomson também é creditado com a invenção do espectrômetro de massa, um dispositivo que mais tarde levou à descoberta de isótopos da física nuclear. Por causa de seu trabalho inovador, ele foi chamado de "pai da física atômica".

Como diretor do Laboratório Cavendish da Universidade de Cambridge por 35 anos, J. J. Thomson exerceu profunda influência no contínuo desenvolvimento da física moderna, tanto por suas percepções teóricas e experimentais quanto por sua liderança na educação de uma geração de outros pioneiros físicos atômicos no início do século XX.

Thomson, que exibia a reserva típica dos ingleses de sua época, abstinha-se de frequentes expressões públicas de sua fé cristã, mas praticava as disciplinas espirituais da **oração** diária e da leitura da Bíblia. Frequentava a capela e interessava-se ativamente pela missão local da sua paróquia. Ao longo da vida, foi comungante da Igreja Anglicana. Em seu discurso inaugural como presidente da Associação Britânica para o Avanço da Ciência observou, citando Salmos 111:2: "À medida que conquistamos pico após pico, vemos diante de nós regiões cheias de interesse e beleza, mas não vemos nosso objetivo, não vemos o horizonte; à distância, elevam-se picos ainda mais altos, que renderão àqueles que os ascendem perspectivas ainda mais amplas, e aprofundarão a sensibilidade, cuja verdade é enfatizada por todos os avanços da ciência, pois "Grandes são as obras do Senhor" (Thomson, 1909, p. 257).

De fato, Thomson estava ecoando o lema que aparece em latim sobre as portas do antigo Laboratório Cavendish, provavelmente instigado pelo fundador do laboratório, James Clerk Maxwell, também cristão praticante e notável cientista. O texto completo diz: "Grandes são as obras do Senhor; nelas meditam todos os que as apreciam" (Salmos 111:2). No mesmo salmo, o escritor adverte que "o temor do Senhor é o princípio da sabedoria" (v. 10).

724   TIPLER, FRANK J.

Entre as listas de cientistas piedosos reunidos para refutar a alegação de que um cientista notável não pode acreditar no Deus da Bíblia, o nome de Thomson se destaca como um contraexemplo notável, embora não isolado.

Samuel E. Matteson

REFERÊNCIAS E LEITURAS RECOMENDADAS

NAVARRO, Jaume, 2012. *A History of the Electron: J. J. and G. P. Thomson.* Cambridge: Cambridge University Press, 2012.

THOMSON, J. J., 1909. "The British Association at Winnipeg" [fala inaugural], *Nature* 81 (26 ago):248-57.

TIPLER, FRANK J. Frank J. Tipler (1947-) obteve seu doutorado em relatividade geral em 1976 pela Universidade de Maryland. Em 1979, trabalhou como pós-doutorando para John A. Wheeler, um dos mais renomados físicos do final dos anos 1900. Tipler detém o título de professor no Departamento de Matemática da Universidade de Tulane, em Nova Orleans, Louisiana, onde trabalha desde 1981. Frank Tipler especializou-se em extrapolar os conceitos de cosmologia e teoria da relatividade em domínios geralmente evitados pelos cientistas. Tipler publicou cerca de sessenta artigos científicos em revistas revisadas por pares, incluindo oito artigos na prestigiada revista *Nature*.

Dois de seus livros mais controversos incluem *The Physics of Immortality* [A física da imortalidade] (1994) e *The Physics of Christianity* [A física do cristianismo] (2007). A maioria das pessoas, até mesmo cientistas e teólogos, acha que a física é uma ferramenta estranha para investigar a vida eterna ou a religião. Alguns sentem o mesmo, mesmo depois de ler os livros de Tipler (Murphy e Ellis, 1996, p. 62, 262). Tipler escreveu *A física da imortalidade* cerca de quatro anos antes da descoberta da acelerada taxa de expansão do Universo (Prêmio Nobel). Essa descoberta, juntamente com uma determinação mais precisa da atual taxa de expansão do Universo, contradiz a teoria central do livro de Tipler de 1994. Em um trabalho posterior (Tipler 2007), ele propõe um processo extravagante para transformar a expansão universal em uma contração, ou seja, que, no futuro, a vida inteligente consuma ou aniquile toda a matéria do Universo.

Uma tese-chave das ideias de Tipler é que a mecânica quântica implica uma **causalidade** retrógrada de eventos no Universo. Ele argumenta que Deus é o último estado final do Universo, de modo que todo evento na história do Universo "é determinado pela ação de Deus". Em *A*

física do cristianismo, Tipler notavelmente tenta extrapolar os conceitos da física para "explicar" os princípios centrais da fé cristã, como o **nascimento virginal**, a **ressurreição de Jesus** e a segunda vinda de Cristo. O físico cristão pode justamente desafiar a ideia de que Deus estaria limitado a usar a física deste Universo para realizar seus propósitos divinos. Deus certamente poderia usar meios além do escrutínio científico para realizar sua vontade. Os pontos de vista de Tipler são favoráveis ao cristianismo? A esta pergunta, a resposta de Jesus aos seus discípulos talvez pudesse ser aplicada: "Aquele que não é contra nós é por nós" (Marcos 9:40).

Juntamente com **John Barrow**, Tipler publicou *The Anthropic Cosmological Principle* [O princípio cosmológico antrópico] (1986), que tem sido amplamente influente e informativo nas discussões sobre as implicações religiosas das descobertas científicas sobre o Universo. Barrow e Tipler destacaram uma série de "coincidências" entre os valores de várias constantes fundamentais da natureza e observaram que "a possibilidade de nossa própria existência parece depender precariamente dessas coincidências" (Barrow e Tipler, 1986, p. xi). Em contraste com as conclusões tiradas por Tipler em *A física da imortalidade*, o avanço da descoberta científica não minou a tese do *The Anthropic Cosmological Principle*, mas revelou novas "coincidências" na natureza que tornam o Universo adequado para a vida (Davies, 2006).

Eric R. Hedin

REFERÊNCIAS E LEITURAS RECOMENDADAS

BARROW, John D.; Tipler, Frank J., 1986. *The Anthropic Cosmological Principle.* Oxford: Oxford University Press.

DAVIES, Paul, 2006. *The Goldilocks Enigma: Why Is the Universe Just Right for Life?* London: Allen Lane.

MURPHY, Nancey; ELLIS, George F. R., 1996. *On the Moral Nature of the Universe: Theology, Cosmology, and Ethics.* Minneapolis: Augsburg Fortress.

NOBEL PRIZE, 2011. "The Nobel Prize in Physics 2011." 4 out. www.nobelprize.org/nobel_prizes/physics/laureates/2011/press.html.

TIPLER, Frank J., 1994. *The Physics of Immortality: Modern Cosmology, God and the Resurrection of the Dead.* New York: Doubleday.

_____. 2003. *A física da imortalidade.* Lisboa, Portugal: Editorial Bizancio.

_____. 2003. "Intelligent Life in Cosmology." *International Journal of Astrobiology* 2:141-48.

_____. 2004. "Refereed Journals: Do They Insure Quality or Enforce Orthodoxy?" em *Uncommon Dissent: Intellectuals Who Find Darwinism Unconvincing.* Ed. William A. Dembski, 115-30. Wilmington, DE: ISI Books.

_____. 2007. *The Physics of Christianity.* New York: Doubleday.

_____. 2010. *A física do cristianismo.* São Paulo: Cultrix.

TORRANCE, THOMAS FORSYTH. O reverendíssimo professor Thomas Forsyth Torrance (1913-2007) foi professor de Dogmática Cristã na Universidade de Edimburgo, na Escócia, de 1952 a 1979. Ele foi um dos mais importantes teólogos de língua inglesa do século XX. Uma característica importante de seu trabalho foi sua contribuição para a discussão entre teologia e ciência, tendo entre os teólogos um foco único na filosofia das ciências naturais.

Reconhecido internacionalmente, Forsyth foi presidente da Académie Internationale des Sciences Religieuses de 1972 a 1981. Foi membro da Royal Society de Edimburgo e membro da British Academy. Em 1969 ele ganhou o Prêmio Collins por seu livro *Theological Science* [Ciência teológica], e foi agraciado com o Prêmio Templeton de Progresso da Religião em 1978. Ele também atuou como moderador da Assembleia Geral da Igreja da Escócia de 1976 a 1977, e possuía doutorados em teologia, literatura e ciência. Ele escreveu dez livros que abordam principalmente a inter-relação entre teologia e ciência, incluindo *God and Rationality* [Deus e racionalidade], *Theological and Natural Science* [Teologia e ciência natural], *Reality and Scientific Theology* [Realidade e teologia científica], *Christian Theology and Scientific Culture* [Teologia cristã e cultura científica], *Divine and Contingent Order* [Ordem divina e contingente] e *Transformation and Convergence in the Frame of Knowledge* [Transformação e convergência na estrutura do conhecimento].

O interesse de Torrance na inter-relação da teologia com a ciência foi gerado especialmente por seu reconhecimento da interconexão entre a criação e a **encarnação**, graça, reconciliação e **revelação**. Ele não se interessou em usar a ciência para provar a existência de Deus ou a ressurreição de Jesus, nem para fornecer conhecimento independente, mas doutrinário, da natureza, do caráter ou dos propósitos do Deus trino. Em vez disso, ele acreditava com bases bíblicas e teológicas que tal era impossível. Só Deus conhece a Deus; somente Deus revela Deus. Jesus Cristo é a única autorrevelação de Deus. Jesus Cristo não é criado, mas é gerado do Pai. A criação não é do Pai, mas é criada do nada.

Thomas estava convencido de que as duas disciplinas humanas de teologia e ciência, embora distintas por seus objetos de estudo ontologicamente distintos, Deus e a criação, poderiam, no entanto, beneficiar-se mutuamente de maneiras específicas. Ele também demonstrou como mal-entendidos generalizados sobre a natureza da teologia e da ciência contribuíram para a desconfiança e um colapso desnecessário da interação construtiva entre os dois. Ele procurou conciliar essa divergência através de sua erudição.

Torrance baseou-se na teologia bíblica e também na teologia da igreja primitiva, especialmente as obras de Basílio, Atanásio, Cirilo de Alexandria e o teólogo e físico do sexto século, João Filopono. Ao traçar a história da **filosofia da ciência**, ele explorou e encontrou o pensamento de **Blaise Pascal**, **Michael Faraday**, **James Clerk Maxwell**, **Albert Einstein**, Max Planck, Georg Cantor, Kurt Gödel, Alan Turing, Ilya Prigogine, **Bertrand Russell** e **Michael Polanyi**. Torrance referiu-se ao seu projeto como uma "teologia das ciências" e distinguiu-o claramente das formas clássicas da **teologia natural**.

Torrance achava que o que era necessário não era tanto ter novas ideias, mas ter novas maneiras de pensar, fazer novos tipos de perguntas, aquelas que realmente se comportavam com a natureza daquilo que estávamos tentando conhecer. Ele afirmou que expandir nosso conhecimento de Deus ou da criação exigiria certos corretivos-chave: (1) reconhecer a racionalidade contingente da criação; (2) reconhecer a unidade e a inteligibilidade de toda a realidade criada; (3) ordenar nossos modos de conhecer (modos de racionalidade) à natureza dos objetos de investigação; (4) questionar formas assumidas de descrição mecânica, lógico-causal, estática e ideal fechada, e buscar formas dinâmicas e ontorrelacionais de descrever a ordem da realidade; (5) evitando maneiras dicotômicas de conceber realidades e relações divinas ou criadas; (6) reconhecer a estrutura multinível da realidade, sendo os níveis mais altos mais abrangentes; (7) reconhecendo que a compreensão deve ser aberta e não insistir em formulações fechadas e autoexplicativas, de modo que as crenças de um tipo análogo possam operar tanto na teologia quanto na ciência.

Perseguir o conhecimento de Deus de acordo com a revelação e a criação dentro de tal estrutura, acreditava Torrance, levaria a avanços em ambas as frentes, sanando as divergências entre teoria e experimento, por que e como, o que é e o que deveria ser, e o moderno abismo que cresceu entre ciências exatas e ciências humanas. Dessa forma, um conhecimento mais profundo da criação poderia surgir que seria compatível com a fé cristã, a vida e a adoração, e permitiria a humanidade servir como mordomos fiéis sobre a criação.

Gary W. Deddo

726 TORRE DE BABEL

REFERÊNCIAS E LEITURAS RECOMENDADAS

COLYER, Elmer, 2007. *How to Read T. F. Torrance*. Downers Grove, IL: InterVarsity.

TORRANCE, Thomas F., 1996. *Theological Science*. Edinburgh: T&T Clark.

_____. 2002. *Theological and Natural Science*. Eugene, OR: Wipf and Stock.

TORRE DE BABEL. A história primitiva de Gênesis 1—11 fornece uma descrição abrangente do mundo antes da época de Abraão. O relato da criação (caps. 1—2) apresenta um mundo e seus habitantes (**Adão e Eva**) vivendo em harmonia com seu Criador. Essa harmonia é quebrada pela rebelião de Adão e Eva e pela punição subsequente (cap. 3). Deus, no entanto, não destrói completamente suas criaturas, mas continua a buscá-las para trazer a reconciliação. O restante da história primitiva apresenta três histórias adicionais do pecado humano e julgamento divino (Caim e Abel [4:1-16], o **dilúvio** [6—9], a Torre de Babel [11:1-9]), bem como descreve sinais de graça que mostram o contínuo envolvimento de Deus na vida de suas criaturas humanas pecaminosas (Clines, 1997).

A história final da narrativa primitiva é o relato da Torre de Babel. Esse episódio é de interesse para a relação entre a ciência e a Bíblia, porque uma leitura direta sugere que isso explica o desenvolvimento de vários idiomas.

A história começa com o anúncio de que "No mundo todo havia apenas uma língua, um só modo de falar" (11: 1). Por causa dos pecados anteriores, Deus os havia espalhado, mas agora eles se reuniram na planície de Sinear (Babilônia) e decidiram construir uma cidade com uma torre que chegasse aos céus. A maioria dos estudiosos do Antigo Testamento reconhece essa estrutura como um zigurate babilônico, ou pirâmide de degraus, feito de barro. A ideia de um zigurate é apreendido pelo nome dado ao famoso zigurate da Babilônia conhecido de fontes históricas como Etemenanki, ou "a casa da fundação do céu e da terra".

Deus, porém, anuncia ao seu conselho divino: "confundamos a língua que falam, para que não entendam mais uns aos outros" (11:7). Como resultado, os humanos são incapazes de completar seus planos e são novamente dispersos.

Assim, a história da Torre de Babel é semelhante aos relatos da **Queda**, Caim e Abel e o dilúvio, em que explica o pecado humano e o julgamento divino (que é sempre anunciado antes de sua execução por um discurso de julgamento divino). No entanto, os estudiosos observaram na história de Babel que está faltando um elemento crucial encontrado nos três anteriores: o símbolo da graça. Deus confeccionou vestimentas para Adão e Eva (3:21), protegeu Caim da violência com uma marca (4:15) e permitiu que Noé e sua família sobrevivessem ao dilúvio e iniciassem a raça humana novamente (6:8).

A ausência do sinal da graça em Gênesis 11:1-9 não deve nos fazer perder a sua presença em Gênesis 10, em que se tem um texto semelhante na genealogia que divide os filhos dos três filhos de Noé em um total de setenta descendentes "conforme seus clãs e línguas, em seus territórios e nações" (10:5; ver também 10:20, 31). O sinal da graça então, na história de Babel, pode ser encontrado no fato de que Deus não erradicou a possibilidade da comunicação humana em seu julgamento, mas a tornou muito mais difícil. Mesmo assim, o relato de Babel se afasta do padrão típico encontrado nas outras histórias de pós-criação na narrativa primitiva, e de fato sai do seu padrão para fazê-lo, já que é claro que Gênesis 10:1—11:9 é propositalmente contado fora da sequência cronológica. Afinal, Gênesis 10 alude a uma diversidade de idiomas antes da história que narra como os seres humanos passaram de uma única língua compartilhada por todas as pessoas para vários idiomas.

A razão provável para sair do padrão usual é porque a história da torre é a última da narrativa primitiva. O próximo capítulo, que descreve o chamado de Abraão (12:1-3), mostrará Deus trabalhando em uma nova direção para trazer reconciliação com suas criaturas humanas pecaminosas.

Mas o que devemos fazer desse relato das origens de vários idiomas? Deveria ser tomado sem mais explicações e fornecer a base da disciplina moderna de linguística?

Alguns estudiosos hoje tratam a história da Torre de Babel e a genealogia de Gênesis 10 como uma etiologia da presença de diversas línguas (uma explicação das origens). Nem todos os estudiosos que acreditam que Gênesis 10:1—11:9 é uma etiologia concordariam que isso é historicamente verdadeiro. De fato, muitos linguistas hoje argumentam que as línguas humanas não derivam de uma única língua original, embora qualquer tratamento do início das línguas humanas seja bastante especulativo. A maioria dos estudiosos, no entanto (Longman, 2016; Walton, 2009), entende que Gênesis 10 é um mapa linguístico primitivo na forma de uma genealogia e reflete não o período imediato pós-dilúvio, mas a percepção do mundo conhecido na época de Moisés (ou depois) na segunda metade do segundo milênio a.C.

Embora a linguagem de pai-filho seja usada na genealogia, Walton ressalta que "a linguagem de parentesco, às vezes é usada na Bíblia para refletir associações políticas" (Walton, 2009, p. 56). De fato, embora esse capítulo esteja na forma de genealogia segmentada (ver **Genealogia**), ele lista não apenas indivíduos, mas também nações como parte da genealogia (isto é, "Quitim e Rodanim" — v. 4). Em qualquer caso, o que é importante ter em mente é que essas podem ser, como já mencionado, percepções de relações linguísticas e nacionais, não relações reais. (Como Walton [2009, p. 55] aponta, como um dos muitos exemplos possíveis, Canaã é, na realidade, semita, não uma linguagem camítica [10:6].)

É verdade que, quando a linguística moderna começou, há cerca de dois séculos, adotou a terminologia fundamental desse capítulo, que persiste até hoje. Ainda falamos das línguas semitas, camitas e jaféticas hoje. Dito isso, a linguística moderna não faria as mesmas conexões entre as linguagens apresentadas nesse capítulo (ver **linguagem, Origem da**). Embora haja uma referência histórica por trás da Tabela das Nações de Gênesis 10 (reflete as realidades políticas mais prováveis da segunda metade do segundo milênio), seu propósito primordial é catalogar teologicamente a ulterior fragmentação da humanidade como resultado do pecado.

Tremper Longman III

REFERÊNCIAS E LEITURAS RECOMENDADAS

CLINES, D. J. A., 1997. *The Theme of the Pentateuch*. 2.ed. Edinburgh: T&T Clark.

LONGMAN, Tremper, III, 2016. *Genesis*. Story of God Bible Commentary. Grand Rapids: Zondervan.

WALTON, John, "Genesis." 2009. Em *Zondervan Illustrated Bible Backgrounds Commentary*, vol. 1. Ed. J. Walton. Grand Rapids: Zondervan.

TRINDADE. A doutrina distintamente cristã da Trindade afirma a existência de três Pessoas divinas — Pai, Filho e Espírito Santo — em um ser (Torrance, 2001). Assim, Deus não é uma única pessoa, mas, sim, um ser pessoal. O Credo de Atanásio (c. 500 d.C.) menciona "um único Deus na Trindade, e a Trindade na unidade", expressando distinção ("nem confundindo as Pessoas") enquanto compartilha o mesmo ser ("nem dividindo a substância") e evitando o politeísmo ("não três deuses") e subordinacionismo ("igual em glória e coeternos em majestade"). Essa formulação teológica segue o espírito do Concílio de Niceia (325 d.C.), que, contra Ário, estabeleceu que o Filho é "da mesma substância" do Pai, e o Concílio de Constantinopla (381 d.C.) que afirmou a divindade do Espírito e concluiu que existem três Pessoas em um ser.

A ortodoxia cristã tenta manter em tensão as seguintes três características trinitárias: trinitariedade, unicidade e igualdade. A trinitariedade pertence às pessoas que compartilham o ser divino (embora evitem o triteísmo — uma versão do politeísmo); a unicidade pertence ao ser divino ou mesmo à natureza (embora evitando a heresia do modalismo — uma pessoa divina revelando-se em diferentes "modos", tais como Pai, Filho e Espírito). E embora alguns teólogos mantenham uma hierarquia eterna e necessária dentro da própria Divindade, temos boas razões para afirmar a plena igualdade na classificação dentro da Trindade e, assim, rejeitar o subordinacionismo (Deddo, 2008; Nicole, 1980).

Tomás de **Aquino** afirmava, com razão, que a Trindade não pode ser conhecida pela razão natural, mas somente por **revelação** especial. De fato, as Escrituras afirmam não apenas a unicidade de Deus — isto é, o monoteísmo ("o SENHOR/Deus é um": Deuteronômio 6:4; Tiago 2:19; cf. Isaías 46:9; Marcos 12:29) — mas também a triunidade divina (Mateus 3:16-17; 28:19; João 14:16-17, 26; 15:26; 2Coríntios 13:14; Gálatas 4:6). E temos prenúncios da doutrina trinitária no Antigo Testamento com o uso de "Palavra", "Sabedoria" e "Espírito" (p. ex., Gênesis 1:2; 6:3; Números 11:29; Salmos 33:6, 9; Provérbios 8). O trinitarismo, juntamente com a doutrina relacionada da **encarnação**, distingue a fé cristã das religiões monoteístas unitárias, como o judaísmo e o islamismo. Apesar desse distintivo cristão, o teólogo Karl Rahner lamentou o fato de que muitos cristãos são "quase meros monoteístas", isto é, unitaristas. Assim, a "regra de Rahner" afirmou que a Trindade "econômica" (Deus na condição em que age no mundo ou na história da salvação) é a Trindade "imanente" (Deus tal como ele é dentro de si sem a criação), e a Trindade "imanente" é a Trindade "econômica".

O que isso significa é que podemos ter certeza de que a atividade salvadora de Deus no mundo nos informa sobre a própria natureza de Deus (Rahner, 1970). Embora apreciando o espírito dos esforços de Rahner, teólogos como Catherine Mowry LaCugna indicaram apropriadamente que "permanece um certo grau de disparidade" entre Deus como ele é em si mesmo e Deus como ele está além da vida divina interior (LaCugna, 1993, p. 219).

728 TRINDADE

O cristianismo oriental tem enfatizado historicamente a triunidade de Deus — ou seja, a distinção de cada pessoa divina, cada um dos quais habita mutuamente o outro. Essa ênfase se presta a um "trinitarismo social" que enfatiza fortemente as distinções das pessoas divinas. A cristandade ocidental, incluindo o catolicismo romano e o protestantismo, enfatizou mais enfaticamente a unicidade de Deus (p. ex., a analogia de Agostinho de três faculdades psicológicas).

Essa ênfase na unicidade tem sido frequentemente acompanhada pela doutrina debatida da simplicidade divina, que é considerada especulativa e uma distração das implicações práticas e salvíficas da doutrina trinitária. Como um aparte, a simplicidade afirma que Deus não tem partes. Os teóricos da simplicidade afirmam que Deus não tem propriedades acidentais e que, por fim, não há distinção de atributos divinos. Para este autor, tal teoria é problemática, uma vez que (1) parece estar mais enraizada na filosofia grega do que no texto bíblico; (2) bondade e onipotência, digamos, são propriedades claramente distintas; (3) aparentemente implica que Deus como "realidade pura" (e sem "potencialidade") não pode agir livremente; (4) a distinção de pessoas dentro da divindade sugere algo diferente de simplicidade; e (5) Deus, ao criar ou redimir o mundo, na verdade adquire propriedades acidentais, digamos, "Criador", o Verbo se tornando carne, "Salvador" (ver Copan e Craig, 2004, cap. 5).

Embora a Trindade seja um **mistério**, não é uma contradição, apesar da acusação feita por testemunhas de Jeová, mórmons e unitários. A trinitariedade pertence à pessoa enquanto a unicidade pertence à substância ou ao ser. Alguns cristãos se contentam em não ir além de mostrar que a doutrina da Trindade não contém nenhuma contradição formal. Ainda outros usarão analogias para ajudar a mostrar sua coerência racional, embora analogias comuns como os três estados diferentes da água (a heresia do modalismo) ou as três partes de um ovo (a heresia de parcialismo) deve ser rejeitado.

Quais analogias provam ser mais precisas, úteis e esclarecedoras? Três analogias podem ser suficientes. Uma visão de "constituição" tenta evitar as relações parte-todo para preservar a unidade das pessoas divinas. Considere, digamos, a gravura do pintor veneziano Giovanni Canaletto, do século XVIII, *Vista de uma cidade a partir da tumba de um Bispo,* de uma estrutura de pedra (aparentemente) monolítica composta por uma tumba, um dossel

sustentado por quatro pilares jônicos, em cima das estátuas dos quatro evangelistas e um anjo. Para nossos propósitos, digamos que tenhamos uma peça esculpida de mármore sólido que é o pilar, a estátua e a fonte, tudo em uma coluna. Da mesma forma, embora não seja um ser material, Deus, em sua natureza, é "formado" de uma maneira múltipla; a natureza divina é constituída pelo Pai, pelo Filho e pelo Espírito, em vez de cada pessoa possui a natureza divina (Brower; Rea, 2005). Jeremy Begbie sugere a analogia das notas de um acorde — digamos, C, E e G. Cada nota sozinha preenche todo o espaço "ouvido", mas quando as outras duas notas são adicionadas, temos um som integrado dentro do mesmo espaço com notas distintas, que se reforçam mutuamente (Begbie, 2000).

Os trinitaristas sociais, que argumentam que algum tipo de relação parte-todo é inescapável, enfatizam três centros de consciência e vontade pessoais divinas. Assim, eles podem usar outro tipo de analogia, como o cão mitológico de três cabeças, Cérbero, que guarda os portões de Hades. Embora um único organismo (substância) — um cão, não três cães — o Cérbero tinha três centros distintos de consciência, cada um com a mesma natureza canina (Moreland; Craig, 2003, p. 574-95). No mundo natural, temos analogias comparáveis em, digamos, cobras de duas cabeças ou tartarugas. Em tais casos, temos centros distintos de consciência dentro de um organismo unificado. Da mesma forma, Deus é uma **alma** imaterial (substância) com três centros distintos de **consciência**, racionalidade e vontade (pessoas) que estão profunda e necessariamente interconectadas, compartilhando a mesma natureza divina única e agindo em uníssono na criação, redenção, ressurreição e nova criação. Qualquer que seja o tipo de analogia usado, temos a tricidade e a unicidade sem contradição e com plausibilidade.

Quais são algumas implicações dessa rica doutrina? Primeiro, o Deus triúno fornece a base para a pessoalidade, a relacionalidade e a comunidade. Deus não é um eu isolado. Existe tanto a união quanto a distinção dentro de Deus. Então pode-se dizer que Deus é comunidade e unidade, embora distinção não significa separação (Hart, 2003, p. 174).

Segundo, a Trindade contribui para a resolução do problema de "um e muitos" — que o filósofo **William James** chamou de o problema mais central da filosofia. O antigo filósofo Heráclito afirmou que a realidade última é muitas e está mudando (sem unidade), enquanto o filósofo Parmênides sustentava que a realidade é una e imutável (sem pluralidade). O Deus trino nos fornece recursos metafísicos para explicar a unidade e a pluralidade (Gunton, 1993).

Terceiro, a Trindade aborda muitas das preocupações levantadas por teólogos feministas e panenteístas/processistas, que enfatizam uma relacionalidade dinâmica entre Deus e o Universo. Alguns deles usam a analogia corpo-alma para postular uma relação Deus-mundo eternamente interdependente, embora isso seja minado pela doutrina bíblica da criação a partir do nada, que é apoiada pela forte confirmação científica da cosmologia do *big bang* (Copan; Craig, 2004). Além disso, a doutrina da Trindade enfatiza a relação intrínseca e necessária de Deus, tornando a "contribuição" relacional do **panenteísmo** supérflua. De fato, apesar do apelo do panenteísmo para forjar um modelo para — ou mesmo uma síntese viável entre — ciência e teologia, os ricos recursos da teologia trinitária são mais do que adequados para isso (ver Cooper, 2006).

Paul Copan

REFERÊNCIAS E LEITURAS RECOMENDADAS

BEGBIE, Jeremy, 2000. "Hearing God in C Major", em *Beholding the Glory: Incarnation through the Arts*. Grand Rapids: Baker.

BROWER, Jeffrey E.; Rea, Michael C., 2005. "Understanding the Trinity." *Logos: A Journal of Catholic Thought and Culture* 8 (1):147-57.

COOPER, John W., 2006. *Panentheism: The Other God of the Philosophers from Plato to the Present*. Grand Rapids: Eerdmans.

COPAN, Paul; Craig, William Lane, 2004. *Creation Out of Nothing: A Biblical, Philosophical, and Scientific Exploration*. Grand Rapids: Baker Academic; Leicester, UK: Apollos.

DEDDO, Gary W., 2008. "The Trinity and Gender: Theological Reflections on the Differences of Divine and Human Persons." *Priscilla Papers* 22, no. 4 (Autumn): 4-13.

GUNTON, Colin, 1993. *The One, the Three, and the Many*. Cambridge: Cambridge University Press.

HART, David Bentley, 2003. *The Beauty of the Infinite: The Aesthetics of Christian Truth*. Grand Rapids: Eerdmans.

HASKER, William, *Metaphysics and the Tri-Personal God*. Oxford: Oxford University Press.

LACUGNA, Catherine Mowry, 1993. *God for Us: The Trinity and Christian Life*. San Francisco: HarperSanFrancisco.

MORELAND, J. P.; CRAIG, William Lane, 2003. *Philosophical Foundations for the Christian Worldview*. Downers Grove, IL: IVP Academic.

NICOLE, Roger, 1980. "The Meaning of the Trinity", em *One God in Trinity*. Peter Toon; James D. Spiceland (eds.). Westchester, IL: Cornerstone.

RAHNER, Karl, 1970. *The Trinity*. Trad. Joseph Donceel. New York: Herder & Herder.

TORRANCE, Thomas F., 2001. *The Christian Doctrine of God: One Being, Three Persons*. New York: Bloomsbury.

UNIFORMITARISMO. O uniformitarismo é um princípio básico em **geologia** que pressupõe a uniformidade das leis e processos naturais ao longo da história da terra, de modo que as rochas antigas possam ser interpretadas com respeito a processos geológicos observáveis. Quando a geologia surgiu como uma ciência entre o meio do século XVIII e final do XVII, a maioria das interpretações geológicas foram fundamentadas por pressupostos de catástrofes de magnitudes desconhecidas em suas épocas, correspondendo às suas percepções das narrativas da criação e da pré-história em Gênesis.

Catastrofistas do século XIX, como Georges Cuvier (1769-1832) geralmente não defendiam uma criação recente, mas interpretavam descontinuidades (discordâncias) no registro rochoso como prova de perturbações rápidas e convulsivas entre mais épocas longas de atividade mais normal, em que os estratos e fósseis foram depositados.

James Hutton (1726-1797) introduziu uma nova abordagem que evitava explicações catastróficas e via a história da terra em termos de ciclos de estado estacionário de processos geológicos conhecidos. *Principles of Geology* [Princípios de geologia] (1830-1833), de três volumes, de Charles Lyell (1797-1875) ofereceram uma aplicação definitiva do "princípio de uniformidade" de Hutton ao estudo da crosta terrestre. Ao revisar *Principles*, volume 2, o historiador William Whewell (1794-1866) referiu-se às teorias contrastantes dos "uniformistas e catastrofistas", assim cristalizando o termo que veio a identificar a abordagem Hutton-Lyell. As aplicações polivalentes de Lyell de uniformitarismo incluíram: (1) uma pressuposição *metodológica*, afirmando invariância espacial e temporal das leis naturais (*atualismo*) e (2) uma afirmação *substancial* de uniformidade de taxas e condições materiais ao longo da história da terra (Gould, 1965, 1984; Rudwick, 2008). Como a mudança geológica mais observada é lenta, o conceito de *gradualismo* (formação gradual) tornou-se associado ao uniformitarismo.

Em meados do século XX, os geólogos rejeitaram amplamente as afirmações substanciais de Lyell por causa da evidência de eventos de magnitude extrema preservados no registro das rochas e do reconhecimento de que as taxas de processo e as condições materiais realmente mudaram na terra ao longo do tempo. Dois exemplos proeminentes, agora amplamente aceitos, são os Channeled Scablands no Estado de Washington, formados por megainundações no final da era glacial, apenas 18 mil a 13 mil anos atrás, e a **extinção** em massa no final do período Cretáceo, 65 milhões de anos atrás, relacionado a uma catástrofe global resultante de um enorme impacto de asteroide. Em menor escala, a maior parte da acumulação de sedimentos é agora entendida como episódica, ao invés de gradual, como arenitos depositados em águas profundas por atividades de tempestade ou por fluxos de gravidade. O uniformitarismo contemporâneo mantém o conceito de atualismo, que Gould afirmava como essencialmente um princípio de simplicidade ou parcimônia, "um argumento para a inferência indutiva que, como mostrou Bacon há quase quatrocentos anos, é o modo básico de raciocínio na ciência empírica" (1965, p. 226).

Os criacionistas da Terra jovem consideram o uniformitarismo incompatível com sua aplicação do registro bíblico à história da terra. Ao longo de *The Genesis Flood* [O dilúvio de Gênesis] (1961), Whitcomb e Morris expuseram o uniformitarismo como inadequado para a maioria dos fenômenos geológicos e como totalmente não bíblico (apelo a 2Pedro 3:3-6). Em contraste, **C. John Collins** (2003) concluiu que a uniformidade dos processos naturais, mesmo no passado distante, não contradiz a doutrina cristã, uma vez que a uniformidade nos dá os meios para reconhecer eventos sobrenaturais. Young e Stearley (2008) observaram que a maioria dos geólogos diluvianos realmente emprega uma versão do uniformitarismo metodológico para interpretar o registro estratigráfico. Por exemplo, os depósitos vulcânicos canalizados no Monte Santa Helena da erupção de 1980 são apresentados como um modelo em escala reduzida para a estratigrafia e geomorfologia do Grand Canyon. Os geólogos tradicionais rejeitam a analogia baseada em características dos estratos do Grand Canyon que são inconsistentes com depósitos catastróficos de grande magnitude (Hill e Moshier, 2009).

Stephen O. Moshier

REFERÊNCIAS E LEITURAS RECOMENDADAS

COLLINS, C. John, 2003. *Science and Faith: Friends or Foes?* Wheaton, IL: Crossway.

GOULD, Stephen J., 1965. "Is Uniformitarianism Necessary?" *American Journal of Science* 263:223-28.

_____. 1984. "Toward the Vindication of Punctual Change", em *Catastrophes and Earth History: The New Uniformitarianism.* Eds. W. A. Berggren; John A. Van Couvering, 9-34. Princeton, NJ: Princeton University Press.

HILL, C. A.; Moshier, S. O., 2009. "Flood Geology and the Grand Canyon: A Critique." *Perspectives on Science and Christian Faith* 61:99-115.

RUDWICK, Martin J. S., 2008. *Worlds before Adam: The Reconstruction of Geo-history in the Age of Reform.* Chicago: University of Chicago Press.

WHITCOMB, John C., Jr.; MORRIS, Henry M., 1961. *The Genesis Flood: The Biblical Record and Its Scientific Implications.* Philadelphia: Presbyterian & Reformed.

YOUNG, Davis A.; STEARLEY, Ralph F., 2008. *The Bible, Rocks and Time: Geological Evidence for the Age of the Earth.* Downers Grove, IL: IVP Academic.

UNIVERSO HOLOGRÁFICO. Um holograma, como normalmente experimentamos, é uma representação bidimensional de informações tridimensionais na forma de uma fotografia, a partir da qual uma imagem tridimensional pode ser reconstruída. Os princípios subjacentes aos hologramas comuns foram descobertos pelo físico húngaro Dennis Gabor em 1947. O *princípio holográfico*, na **física** moderna, afirma que a informação contida em qualquer região limitada do espaço é matematicamente equivalente ao conteúdo da informação mantido na fronteira desse espaço. Mais tecnicamente, podemos dizer que a informação contida em um espaço n-dimensional é isomórfica (pode ser trazida para uma correspondência um-a-um preservando a estrutura) às informações contidas na sua superfície delimitadora $(n-1)$-dimensional (para fins de visualização, pense nisso como uma relação entre o conteúdo informativo contido no interior tridimensional de uma esfera e que na superfície curvada bidimensional que constitui seu limite).

Esse princípio surgiu a partir de discussões entre físicos teóricos sobre o destino da informação associada a partículas quânticas que caem em um buraco negro, onde "buracos negros" são entendidos como objetos tão enormes e densos que nada, nem mesmo a luz, pode escapar de sua gravidade. Conforme aplicado em um buraco negro, o princípio holográfico mostra que a informação associada às partículas quânticas que caem nele é armazenada em seu horizonte de eventos, ou seja, o limite matemático do interior do qual nada pode escapar da gravidade do buraco negro. Esse princípio foi uma chave para resolver o ***paradoxo** da informação do buraco negro.*

No início da década de 1970, Stephen Hawking mostrou que, por causa do **princípio da incerteza de Heisenberg** na teoria quântica (ver **Mecânica Quântica, Interpretações da; Física Quântica**), quando pares de partículas-antipartículas virtuais com zero energia líquida são produzidos perto do horizonte de eventos de um buraco negro, ao invés de se aniquilar, um pode cair e o outro, escapar, aparecendo para todos os propósitos práticos ter sido emitido pelo buraco negro.

Esse fenômeno é conhecido como "radiação Hawking" e, sem dúvida, foi observado (Unruh, 2014). Hawking também mostrou que, quando um buraco negro emite radiação, sua área superficial diminui, sua temperatura aumenta e sua taxa de emissão aumenta. Eventualmente, o buraco negro "evapora" como consequência desse processo, e Hawking afirmou que, quando o faz, os fragmentos de informações presas de todas as partículas que caíram nele estão irremediavelmente perdidos. Isso criou um problema para a teoria quântica, que conserva essa informação como parte da função de onda, descrevendo como o estado físico dessas partículas se desenvolve ao longo do tempo. Essa tensão entre a evaporação do buraco negro e a teoria quântica é chamada de *paradoxo da informação do buraco negro.*

Leonard Susskind, teórico elementar de partículas e cordas, retomou o desafio de Hawking, argumentando que a informação caiu em um buraco negro é preservado em sua superfície e, eventualmente, emitido como radiação Hawking: *não* é finalmente perdido quando um buraco negro se evapora. Com a ajuda do cosmólogo quântico e teórico gravitacional Don Page, ele pôde mostrar que as duas perspectivas sobre a informação quântica eram mutuamente exclusivas: *ou* a informação era perdida dentro do buraco negro *ou* poderia ser recuperada da radiação Hawking, mas essas duas coisas não poderia ser verdade ao mesmo tempo.

Esse resultado teórico é chamado de *complementaridade do buraco negro* em analogia com o princípio de complementaridade de **Niels Bohr** na mecânica quântica comum, que interpreta a dualidade onda-partícula de forma semelhante: o comportamento quântico manifesta-se como ondas em certos contextos experimentais e como partículas em outros, mas nunca como ambos ao mesmo tempo. Com a complementaridade do buraco negro no lugar, o que restava ser mostrado era que a informação que caiu em um buraco negro foi preservada em sua superfície para posterior liberação. Isto foi alcançado quando

732 UNIVERSO, ORIGEM DO

Susskind, com inspiração do físico holandês Gerard t'Hooft, provou o princípio holográfico.

Mas Susskind não parou por aí. Ele continuou a especular que tudo no universo observável, incluindo você e eu, é uma projeção holográfica de baixa energia de informações codificadas no horizonte cósmico do nosso universo (Baggott, 2013, p. 234-60; Susskind, 1994; 2008, p. 290-432). Essa ideia de um *universo holográfico* obteve mais atenção dos desenvolvimentos subsequentes na teoria das cordas, um ramo da física teórica que postula os constituintes fundamentais da natureza são filamentos unidimensionais em vez de partículas (ver **Teoria das cordas**).

Para descrever esses desenvolvimentos da maneira mais simples possível, no final da década de 1990 o físico teórico argentino Juan Maldacena (1998) descobriu que uma das cinco classes viáveis de teoria de cordas (Tipo IIB) no espaço-tempo n-dimensional é matematicamente equivalente a uma teoria de campo quântico de baixa energia em seu limite $(n-1)$-dimensional (tecnicamente, isso é conhecido como a dualidade AdS/CFT). O surpreendente sobre essa equivalência é que a teoria das cordas *inclui* a gravidade, ao passo que a teoria do campo quântico não. Edward Witten, o conhecido físico matemático do Instituto de Estudos Avançados em Princeton, usou o resultado de Maldacena para mostrar que um buraco negro no espaço-tempo em massa é equivalente a uma "sopa quente" de partículas elementares em seu limite de superfície (Witten, 1998). Essa equivalência solidificou ainda mais a solução holográfica de Susskind para o paradoxo da informação do buraco negro.

A questão que surge, é claro, é se o universo holográfico capta a natureza da realidade física. O universo da nossa experiência é uma ilusão projetada holograficamente a partir de informações armazenadas em sua superfície de fronteira? Há poucas razões para pensar assim. Uma vez que a simetria matemática não exige simetria causal, a equivalência matemática de duas representações do universo permite que uma seja causalmente básica e a outra seja uma consequência secundária.

Enquanto a hipótese do universo holográfico leva a informação do limite como a realidade fundamental, nada impede de mudar tudo, uma vez que a informação do limite é parasitária na realidade espacial do nosso universo tridimensional. No entanto, se a sugestão de que o mundo de nossa experiência não é fisicamente substancial, mas sim uma projeção holográfica, é levada a sério, pode dar credibilidade a uma forma teísta de idealismo em que o mundo "físico" de nossa experiência é meramente fenomenológico e existimos fundamentalmente como substâncias mentais imateriais cujas percepções de realidade "física" são fornecidas por Deus. Essa imagem da realidade também iluminaria a natureza da onipresença, da onisciência e da onipotência divinas. Se fundamentar a **metafísica** do idealismo teísta sobre o princípio holográfico pode ser duvidosa, uma base mais sólida para isso pode, de fato, ser encontrada na própria teoria quântica (ver **Idealismo**; **Ocasionalismo**; **Mecânica Quântica, Interpretações de**; ver também Gordon, 2011, 2013, disponível em breve).

Bruce L. Gordon

REFERÊNCIAS E LEITURAS RECOMENDADAS

BAGGOTT, Jim, 2013. *Farewell to Reality: How Modern Physics Has Betrayed the Search for Scientific Truth*. New York: Pegasus.

GORDON, Bruce, 2011. "A Quantum-Theoretic Argument against Naturalism", em *The Nature of Nature: Examining the Role of Naturalism in Science*, ed. Bruce L. Gordon e William A. Dembski, 179-214. Wilmington, DE: ISI Books.

_____. 2013. "In Defense of Uniformitarianism." *Perspectives on Science and Christian Faith* 65 (2): 79-86.

_____. disponível em breve. "The Necessity of Sufficiency: The Argument from the Incompleteness of Nature", em *Two Dozen (or So) Arguments for God: The Plantinga Project*, ed. Trent Dougherty and Jerry Walls. Oxford: Oxford University Press.

MALDACENA, Juan, 1998. "The Large N Limit of Superconformal Field Theories and Supergravity." *Advances in Theoretical and Mathematical Physics* 2:231-52. http://arxiv.org/pdf/hep-th/9711200v3.pdf.

SUSSKIND, Leonard, 1994. "The World as a Hologram." September 28. http://arxiv.org/pdf/hep-th/9409089v2.pdf.

_____. 2008. *The Black Hole War: My Battle with Stephen Hawking to Make the World Safe for Quantum Mechanics*. New York: Little, Brown.

UNRUH, W. G., 2014. "Has Hawking Radiation Been Measured?" 26 de janeiro. http://arxiv.org/pdf/1401.6612v1.

WITTEN, Edward, 1998. "Anti- de Sitter Space and Holography." *Advances in Theoretical and Mathematical Physics* 2:253-91. http://arxiv.org/pdf/hep-th/9802150v2.pdf.

UNIVERSO, ORIGEM DO. Por milênios, os humanos fizeram a pergunta sobre como o universo surgiu, ou se ele teve ou não um começo. Quase toda civilização ao longo da história registrada tem uma história sobre a origem do universo. Esses relatos geralmente envolvem um episódio de criação por algum deus ou deuses. Até o século XX, não havia observações científicas que dessem respostas a essa questão fundamental.

A maioria dos cientistas, no início do século XX, supunha que o universo não tinha um começo e existira para sempre. No entanto, observações nos últimos cem anos apresentam fortes evidências de que o universo teve um começo em um evento, cunhado de forma sarcástica pelo físico **Fred Hoyle** como o *big bang*. Observações da radiação de fundo cósmica, a expansão do universo e a abundância relativa de hidrogênio, hélio e lítio no universo oferecem evidência esmagadora de um evento há cerca de 13,8 bilhões de anos que marcou o início do universo.

Embora a evidência observacional e teórica possa ser usada para entender a evolução em grande escala do universo a partir de uma fração de segundo após sua origem até agora, a causa precisa ou os acontecimentos que levam à verdadeira origem do universo não são compreendidos, e podem nunca ser entendidos com evidência observacional inequívoca. Os cientistas esperam que a gravidade atuando em escalas extremamente curtas seja um fator dominante no universo, antes dos primeiros 10^{-35} segundos. Mas como atualmente não há uma teoria consistente da gravidade quântica, não há cálculos teóricos confiáveis sobre o que ocorreu naquela escala inicial de **tempo**. Além disso, se a inflação cósmica ocorreu no início do universo, todas as evidências observacionais sobre os primeiros 10^{-35} segundos podem ser permanentemente inobserváveis para nós. Consequentemente, todos os postulados são, até certo ponto, simplesmente uma questão de especulação.

A proposição de que um Deus transcendente criou o universo é compatível com todas essas observações, e é sem dúvida a melhor explicação para a origem do universo (Copan e Craig, 2005). Alguns cientistas, incluindo **Lawrence Krauss**, um astrofísico da Universidade do Arizona, acreditam que as ideias da **teoria das cordas** e da **física quântica** levam à conclusão de que o universo poderia ser espontaneamente criado a partir do nada (Krauss, 2012).

Tem havido muita discussão sobre o que significa "nada", com a maioria dos cientistas e filósofos criticando a definição de Krauss, já que parece se alinhar mais com o vácuo quântico de nosso universo do que com uma ideia de um filósofo ou de um teólogo de um verdadeiro "nada" (Albert, 2012). Outros cientistas sentem-se desconfortáveis com a origem do nosso universo, sendo um evento único e preferem um modelo em que os universos nascem e morrem continuamente. Embora ainda não haja observações que apoiem essa ideia, cientistas como Paul Steinhardt, um físico teórico da Universidade de Princeton, continuam a trabalhar em modelos cíclicos com ciclos intermináveis de criação e destruição de universos,

com a ideia de que evidências observacionais podem um dia apoiar tais modelos.

Michael G. Strauss

REFERÊNCIAS E LEITURAS RECOMENDADAS

ALBERT, David, 2012. "On the Origin of Everything." *New York Times Sunday Book Review.* 25 de março.
COPAN, P.; CRAIG, W. L., 2005. *Creation Out of Nothing: A Biblical, Philosophical, and Scientific Exploration.* Grand Rapids: Baker Academic.
KRAUSS, Lawrence, 2012. *A Universe from Nothing.* New York: Free Press.

USSHER, JAMES. James Ussher (1581-1656) foi o arcebispo irlandês de Armagh e primaz de toda a Irlanda entre 1625 e 1656, e é mais conhecido hoje pela sua cronologia do Antigo Testamento, intitulada *The Annals of the World* [Os anais do mundo] (1658). Ussher nasceu na paróquia de São Nicolau, na cidade de Dublin, na Irlanda, criado por pais protestantes e ensinado por suas duas tias. Ele dedicou sua juventude ao estudo das Escrituras e ingressou na Trinity College com a idade de treze anos. Ele desenvolveu sua primeira **cronologia bíblica** antes de completar seu bacharelado em artes na Trinity College em Dublin, aos dezesseis anos, que se tornou a base de seus *Annals of the World* (Lee, 1899, p. 64-72; Usher, 1658).

Ussher foi ordenado sacerdote em 1601, tornou-se professor em 1607, recebeu seu doutorado em teologia em 1612 e serviu como vice-chanceler de 1614 a 1617 na Trinity College, onde colaborou na primeira confissão de fé para a Igreja da Irlanda. Ussher era um estudioso talentoso e considerado por muitos um especialista em todas as áreas da investigação bíblica que ele empreendeu (Lee, 1899). Ussher tornou-se bispo de Meath em 1621, arcebispo de Armagh em 1635 e primaz de toda a Irlanda em 1634. Passou seus últimos anos na Inglaterra, depois que a Guerra Civil Inglesa começou em 1642.

Ussher foi respeitado como erudito, promovendo um compromisso entre os parlamentaristas e os monarquistas, mas acabou sendo influenciado para ficar do lado de seus colegas calvinistas, os parlamentaristas.

Os interesses de Ussher incluíam as Escrituras, textos da igreja primitiva, os pais da igreja primitiva, línguas semíticas, textos hebraicos, o episcopado e escrever contra o catolicismo romano. Ele é respeitado hoje por seu trabalho em escritos de pais da igreja primitiva, como as epístolas de Inácio, mas suas cronologias podem ser seu legado mais conhecido. Ussher é reverenciado por criacionistas da Terra jovem, pré e pós-milenistas e muitos fundamentalistas. Mas ele é erroneamente ridicularizado por outros. Seus *Annals of the World* datam a **criação** do universo em 23 de outubro de 4004 a.C. e a criação de Adão na quinta-feira, 28 de outubro de 4004 a.C.

Stephen J. Gould observou que "Ussher representou o melhor da erudição em seu tempo" e foi um dos membros de uma grande comunidade de intelectuais durante esse período, incluindo **Isaac Newton**, **Johannes Kepler** e mais notavelmente John Lightfoot, que realizou estudos similares (Gould, 1991). A cronologia de Ussher (às vezes chamada de *cronologia de Ussher-Lightfoot*) foi amplamente aceita até o século XIX, incluída nas versões anotadas da Bíblia King James em 1701, e depois amplamente distribuída na *Bíblia de referência de Scofield*, uma das obras teológicas evangélicas mais influentes no início do século XX. Biografias recentes sobre a vida, o trabalho e a influência de James Ussher foram escritas por Alan Ford (2007) e Crawford Gribben (2014) e incluídas em *The Blackwell Companion to Protestantism* [Guia Blackwell do protestantismo] por Alister McGrath (2004).

Jonathan Howard Fisher

REFERÊNCIAS E LEITURAS RECOMENDADAS

Ford, Alan, 2007. *James Ussher: Theology, History, and Politics in Early-Modern Ireland and England*. Oxford: Oxford University Press.

Gould, Stephen Jay, 1991. "Fall in the House of Ussher." *Natural History* 100 (nov.):12-21.

Gribben, Crawford, 2014. *The Irish Puritans: James Ussher and the Reformation of the Church*. Eugene, OR: Wipf and Stock.

Lee, Sidney, ed. 1899. "Ussher, James (1581-1656)", em *Dictionary of National Biography*, vol. 58. London: Smith, Elder.

McGrath, Alister E., 2004. *The Blackwell Companion to Protestantism*. Oxford: Blackwell.

O'Loughlin, Tom, "Why Study... James Ussher with Professor Alan Ford." 2011. University of Nottingham. www.youtube.com/watch?v=Dq2yFu2m4O4.

Ussher, James, 1658. *The Annals of the World*. London: E. Tyler.

_____. 1864. *The Whole Works of the Most Rev. James Ussher, D.D.* 17 vols. Ed. Charles Richard Elrington. Dublin: Hodges and Smith. https://archive.org/details/wholeworksmostr00elrigoog.

V

VAN FRAASSEN, BAS C. Bastiaan Cornelius van Fraassen (1941-) é professor emérito da cátedra McCosh de Filosofia na Universidade de Princeton, onde lecionou de 1982 a 2008. Quando da sua aposentadoria de Princeton, ele aceitou uma nomeação como professor de filosofia na Universidade Estadual de San Francisco, onde permanece ativo. Nascido na Holanda, imigrou para o Canadá com a família em 1956. Recebeu um diploma de graduação em filosofia pela Universidade de Alberta em Edmonton em 1963, seguido por um mestrado e doutorado em **filosofia da ciência** pela Universidade de Pittsburgh em 1964 e 1966, respectivamente.

Ele é mais conhecido por originar e defender a posição empirista construtiva na filosofia da ciência e por seu trabalho na filosofia da teoria quântica. É membro da Academia Americana de Artes e Ciências, membro estrangeiro da Academia Real de Artes e Ciências da Holanda e membro da Académie Internationale de Philosophie des Sciences. Em 1986, recebeu o Prêmio Lakatos por suas contribuições para a filosofia da ciência e, em 2012, a Associação de Filosofia da Ciência concedeu-lhe o Prêmio Hempel por suas conquistas ao longo da vida. Ele também é convertido ao catolicismo já adulto e membro fundador do Instituto Kira.

O trabalho filosófico inicial de Van Fraassen, influenciado por Karel Lambert na Universidade de Alberta, enfocou os sistemas formais, especialmente a **lógica** livre (uma lógica que prescinde das suposições da existência inerentes à lógica clássica) e sua metateoria (p. ex., Van Fraassen 1966a, 1966b, 1968, 1969b, 1971). Seus primeiros trabalhos na filosofia da ciência, ligados a seus estudos de doutorado com Adolf Grünbaum, trataram dos fundamentos da relatividade e da filosofia do espaço-tempo (p. ex., Van Fraassen, 1969a, 1970a); no entanto, seus interesses logo se voltaram para a articulação e a defesa de uma abordagem formal e empirista da ciência (Churchland e Hooker 1985; Gonzalez 2014; Monton 2007; Monton e Mohler 2012; Suppe 1989; Van Fraassen 1970b, 1972, 1980, 1981b, 1987, 1989, 2002, 2008) e para as fundações da teoria quântica. Seu trabalho sobre a teoria quântica tem focado amplamente a articulação da versão modal da interpretação de Copenhague (ver **teoria quântica, Interpretações da**) e as críticas da mecânica quântica de realismo (ver **Realismo e antirrealismo**; van Fraassen 1974, 1979a, 1979b, 1981a, 1982, 1985), culminando em seu livro *Quantum Mechanics: An Empiricist View* [Mecânica quântica: uma visão empiricista] (1991).

Van Fraassen define celebremente o **empirismo** construtivo como uma forma de antirrealismo, em que a adequação empírica é o único objetivo da ciência e a aceitação de uma teoria científica envolve apenas a crença de que é empiricamente adequada (1980, p. 10). As próprias teorias científicas são consideradas famílias de modelos, certas subestruturas empíricas dentro das quais são candidatas à representação direta de fenômenos observáveis. As estruturas descritas nos relatórios experimentais são chamadas de *aparências*, e uma teoria é empiricamente adequada se contiver um modelo cujas subestruturas empíricas sejam isomórficas para todas as aparências relevantes (1980, p. 64). Ao aceitar uma teoria, então, a única crença necessária é que as consequências observacionais da teoria sejam verdadeiras; a crença de que a teoria em si é verdadeira, embora não seja proibida, leva-nos para fora da ciência e para o campo da **metafísica** e da interpretação.

Entretanto, em vez de tentar distinguir entre enunciados observacionais e teóricos — como os empiristas lógicos faziam — e somente em relação ao primeiro como verificável pela verdade (ver **Instrumentalismo**; **Positivismo lógico**), van Fraassen privilegia aqueles objetos, processos e eventos no mundo que são diretamente perceptíveis por observadores humanos adequadamente situados com modalidades sensoriais funcionando adequadamente (1980, p. 13-19). Como a observabilidade é estritamente antropocêntrica para van Fraassen, os instrumentos científicos não ampliam o domínio do que é, em princípio, observável; ao contrário, são "motores da criação" (2008, p. 100) que produzem novos fenômenos que a ciência deve acomodar para ser empiricamente adequada.

Como contraponto ao seu desenvolvimento do empirismo construtivo e sua crítica ao realismo científico, van Fraassen articula um voluntarismo epistêmico que rejeita a **epistemologia** tradicional e fornece uma chave

736 VAN FRAASSEN BAS C.

para entender como seu empirismo austero coexiste com sua adoção do cristianismo católico (van Fraassen 1973; 1984; 1988, 1989, p. 151-82; 1995a; 1995b; 1996; 2000; 2002; ver também Jones 2011, e, especialmente, Okruhlik 2014).

Seguindo a classificação dos conceitos de lei de Oliver Wendell Holmes, van Fraassen distingue entre as concepções prussiana e inglesa da racionalidade (1989, p. 171-73). Na concepção prussiana, qualquer coisa não racionalmente obrigada por meio de crença é proibida, enquanto na concepção inglesa, qualquer coisa não proibida racionalmente é permitida. Há, portanto, espaço considerável para a operação da vontade na escolha de modelos teóricos na ciência e nas orientações filosóficas da vida, pois tais escolhas não são, e nunca poderiam ser, unicamente determinadas pela evidência e lógica observacionais.

A esse respeito, van Fraassen (2002) fala de seu empirismo como uma postura exibindo uma atitude (ver também Fine 1986, p. 112-35) que toma as ciências empíricas como um **paradigma** de racionalidade em modos de investigação objetivadores e que desconsidera demandas por explicações adicionais que levariam à metafísica. Mas ele também acredita que tais modos objetivadores são inapropriados para interações com outras pessoas, sejam humanos ou divinos, pois se totalizarmos a investigação objetivante, descobrimos que "nós mesmos não parecemos nos encaixar em nossa própria imagem de mundo" (2002, p. 189).

Sua resolução da tensão para os modos de investigação objetivador e não objetivador é encontrada em uma linha existencialista de pensamento envolvendo pensadores tão diversos quanto **Blaise Pascal**, **William James**, Rudolf Bultmann, Jean-Paul Sartre, Emil Fackenheim e **Paul Feyerabend**. A conversão a uma nova teoria ou a uma nova perspectiva — representativa de uma nova atitude em relação à evidência — religiosa ou científica, é um problema de decisão que só é superado pelo papel da emoção (2002, p. 103-10). Nossa racionalidade é, portanto, apenas "irracionalidade limitada" (1989, p. 172), restringida pelos cânones da razão. As decisões racionais baseiam-se em razões que nos movem na direção de maior precisão, mas quase nunca de maneira única, pois "a linguagem natural é inexaurivelmente rica nas maneiras possíveis de se tornar mais precisa" (2002, p. 114).

Bruce L. Gordon

REFERÊNCIAS E LEITURAS RECOMENDADAS

Churchland, Paul M.; Hooker, Clifford A., eds. 1985. *Images of Science: Essays on Realism and Empiricism, with a Reply from Bas C. van Fraassen*. Chicago: University of Chicago Press.

Fine, Arthur I., 1986. *The Shaky Game: Einstein, Realism, and Quantum Theory*. Chicago: University of Chicago Press.

Gonzalez, W. J., ed. 2014. *Bas van Fraassen's Approach to Representation and Models in Science*. Dordrecht: Springer.

Jones, Ward E., 2011. "Being Moved by a Way the World Is Not." *Synthese* 178:131-41.

Monton, Bradley, 2007. *Images of Empiricism: Essays on Science and Stances, with a Reply from Bas C. van Fraassen*. Oxford: Oxford University Press.

Monton, Bradley; Mohler, Chad. 2012. "Constructive Empiricism", em *Stanford Encyclopedia of Philosophy*. Ed. Edward N. Zalta. 17 dez. http://plato.stanford.edu/entries/constructive-empiricism/.

Okruhlik, Kathleen, 2014. "Van Fraassen's Philosophy of Science and His Epistemic Voluntarism." *Philosophy Compass* 9 (9):653-61.

Suppe, Frederick, 1989. *The Semantic Conception of Theories and Scientific Realism*. Urbana: University of Illinois Press.

van Fraassen, Bas C., 1966a. "Singular Terms, Truth-Value Gaps, and Free Logic." *Journal of Philosophy* 63:481-94.

_____. 1966b. "The Completeness of Free Logic." *Zeitschrift für mathematische Logik und Grundlagen der Mathematik* 12:219-34.

_____. 1968. "A Topological Proof of the Löwenheim-Skolem, Compactness, and Strong Completeness Theorems for Free Logic." *Zeitschrift für mathematische Logik und Grundlagen der Mathematik* 14:245-54.

_____. 1969a. "Conventionality in the Axiomatic Foundations of the Special Theory of Relativity." *Philosophy of Science* 36:64-73.

_____. 1969b. "Presuppositions, Supervaluations, and Free Logic", em *The Logical Way of Doing Things*. Ed. Karel Lambert, 67-92. New Haven, CT: Yale University Press.

_____. 1970a. *An Introduction to the Philosophy of Time and Space*. New York: Random House.

_____. 1970b. "On the Extension of Beth's Semantics of Theories." *Philosophy of Science* 37:325-34.

_____. 1971. *Formal Semantics and Logic*. New York: Macmillan.

_____. 1972. "A Formal Approach to the Philosophy of Science", em *Paradigms and Paradoxes: Philosophical Challenges of the Quantum Domain*. Ed. R. Colodny, 303-66. Pittsburgh: University of Pittsburgh Press.

_____. 1973. "Values and the Heart's Command." *Journal of Philosophy* 70:5-19.

_____. 1974. "The Einstein-Podolsky-Rosen Paradox." *Synthese* 29:291-309.

_____. 1979a. "Foundations of Probability: Modal Frequency Interpretation", em *Problems in the Foundation of Physics*. Ed. Toraldo Di Francia, 344-87. Amsterdam: North-Holand.

_____. 1979b. "Hidden Variables and the Modal Interpretation of Quantum Statistics." *Synthese* 42:155-65.

_____. 1980. *The Scientific Image*. Oxford: Clarendon.

_____. 1981a. "A Modal Interpretation of Quantum Mechanics", em *Current Issues in Quantum Logic*. Eds. E. Beltrametti and B. van Fraassen, 229-58. New York: Plenum.

_____. 1981b. "Theory Construction and Experiment: An Empiricist View", em *Proceedings of the 1980 Biennial Meeting of the Philosophy of Science Association*. Eds. P. Asquith and R. Giere, 663-78. East Lansing, MI: Philosophy of Science Association.

_____. 1982. "The Charybdis of Realism: Epistemological Implications of Bell's Inequality." *Synthese* 52:25-38.

_____. 1984. "Belief and the Will." *Journal of Philosophy* 81:235-56.

_____. 1985. "EPR: When Is Correlation Not a Mystery?" em *Symposium on the Foundations of Modern Physics*. Eds. P. Lahti and P. Mittelstaedt, 113-28. Singapore: World Scientific.

_____. 1987. "The Semantic Approach to Scientific Theories", em *The Process of Science*. Ed. N. J. Nersessian, 105-24. Dordrecht: Martinus Nijhoff.

_____. 1988. "The Peculiar Effects of Love and Desire", em *Perspectives on*

Self- Deception. Eds. Amélie Rorty and Brian McLaughlin, 123-56. Berkeley: University of California Press.

_____. 1989. *Laws and Symmetry*. Oxford: Clarendon.

_____. 1991. *Quantum Mechanics: An Empiricist View*. Oxford: Clarendon.

_____. 1995a. "Belief and the Problem of Ulysses and the Sirens." *Philosophical Studies* 77:7-37.

_____. 1995b. "Against Naturalized Epistemology", em *On Quine: New Essays*. Eds. P. Leonardi and M. Santambrogio, 68-88. Cambridge: Cambridge University Press.

_____. 1996. "Science, Materialism, and False Consciousness", em *Warrant in Contemporary Epistemology: Essays in Honor of Plantinga's Theory of Knowledge*. Ed. Jonathan L. Kvanvig, 149-81. Lanham, MD: Rowman & Littlefield.

_____. 2000. "The False Hopes of Traditional Epistemology." *Philosophy and Phenomenological Research* 60 (2):253-80.

_____. 2002. *The Empirical Stance*. New Haven, CT: Yale University Press.

_____. 2008. *Scientific Representations: Paradoxes of Perspective*. Oxford: Clarendon.

VAN TILL, HOWARD.

J. Howard Van Till (1938-) ensinou **física** e **astronomia** por mais de três décadas na Faculdade Calvin depois de obter seu doutorado na Universidade Estadual de Michigan em 1965. Enquanto sua pesquisa científica focava em física do estado sólido e astronomia de ondas milimétricas, ele passava a maior parte do tempo pesquisando e escrevendo sobre a relação entre ciência e religião dentro do contexto de sua estrutura teológica evangélica e, em particular, reformada. Seu livro *The Fourth Day* [O quarto dia] (1986) estabeleceu sua abordagem básica na época para a questão da relação entre a Bíblia e a ciência, uma abordagem que foi desenvolvida e apresentada com ainda mais clareza em publicações posteriores (ver, p. ex., Van Till 1988, bem como suas contribuições para Carlson 2000 e Moreland 2010).

Van Till argumenta que a ciência e o cristianismo são "partidários da teorização" (Van Till em Carlson 2000, p. 195). Ele não os vê como completamente independentes, mas acredita que eles têm "competências diferenciadas" (Van Till em Carlson 2000, p. 126) para abordar questões importantes (assim ele evita a ciência da criação do **criacionismo da Terra jovem** e **da Terra antiga**, bem como o **concordismo**). Quando se trata de criação, ele argumenta que a Bíblia proclama que Deus é o criador de tudo e de todas as criaturas, mas a Bíblia não nos diz como Deus criou o cosmos ou os seres humanos. A ciência, não a Bíblia, tem as ferramentas distintivas para responder à questão "como", e Van Till afirma a esmagadora evidência científica que sustenta a ideia de **evolução** cósmica e **biológica** (Van Till 1986).

Em termos da última, Van Till rejeita a expressão *evolução teísta*, porque retrata Deus usando a evolução como uma ferramenta. Em vez disso, ele fala de Deus "totalmente dotando" a criação de uma maneira que afirme plenamente a Deus como criador (sua "perspectiva da autonomia de criar" [1986, p. ix]), mas ele observa que Deus usa causas secundárias naturais para alcançar seus propósitos. Nesse sentido, ele fala de um "princípio robusto da economia de formação" em ação na criação de Deus ("a economia formacional do universo é suficientemente robusta para explicar a atualização no tempo de todos os tipos de estruturas físicas/materiais e todas as formas de vida que sempre existiu "[Van Till em Carlson 2000, p. 216]), por isso é em vão, na opinião dele, que as pessoas procurem por lacunas nas explicações científicas que apontam para interjeições milagrosas de Deus (assim, sua crítica ao movimento de *design* **inteligente**).

Van Till resiste vigorosamente à ideia de que suas opiniões são deístas, insistindo que ele proclama o envolvimento íntimo de Deus no processo de criação. Na verdade, ele argumenta que "o princípio da economia de forma robusta (EFR)" só pode ser explicado pela "criatividade insondável do Criador e generosidade ilimitada" (Van Till em Carlson 2000, p. 219). As teorias de Van Till geraram críticas significativas, e muitas vezes duras, de críticos, particularmente daqueles que defendem a ciência da criação e o *design* inteligente (ver as respostas a suas contribuições em Carlson 2000 e Moreland 2010).

Em um discurso para a Freethought Association of West Michigan (Van Till 2006), ele descreve como a resposta negativa dentro e fora da Calvin College e de seus associados o fez repensar seu compromisso com a tradição calvinista, na qual ele cresceu, anunciando que ele está em uma nova jornada para desenvolver uma nova estrutura conceitual. Em seus textos mais recentes, Van Till (2011) abraça o que ele chama de "**teísmo** naturalista", que afirma a **existência de Deus**, assim como seu envolvimento no mundo através da natureza que foi "totalmente dotada" por Deus com todos os recursos, capacidades e potencialidades necessárias. Teologicamente, ele considera a teologia do processo, particularmente o trabalho de David Ray Griffin (2000 e 2004 [Van Till escreveu o prefácio]), mais propício ao seu pensamento atual.

Tremper Longman III

REFERÊNCIAS E LEITURAS RECOMENDADAS

Carlson, R. F., 2000. *Science and Christianity: Four Views*. Downers Grove, IL: InterVarsity.

Griffin, D. R., 2000. *Religion and Scientific Naturalism: Overcoming the Conflicts*. Albany, NY: Suny Press.

738 VELOCIDADE DA LUZ

_____. 2004. *Two Great Truths: A New Synthesis of Scientific Naturalism and Christian Faith*. Louisville, KY: Westminster John Knox.

Moreland, J. P., ed. 2010. *Three Views on Creation and Evolution*. Grand Rapids: Zondervan.

Van Till, H. J., 1986. *The Fourth Day: What the Bible and the Heavens Are Telling Us about the Creation*. Grand Rapids: Eerdmans.

_____. 2006. "From Calvinism to Free Thought: The Road Less Traveled." Freethought Association of West Michigan. www.freethoughtassociation. org/images/uploads/pdf/ODoRs.pdf.

_____. 2011. "Cosmic Evolution, Naturalism and Divine Creativity, or Who Owns the Robust Formational Economy Principle?", em *Nature of Nature: Examining the Role of Naturalism in Science*. Eds. B. L. Gordon e W. A. Dembski. Wilmington, DE: ISI Books.

Van Till, H. J.; Young, D. A.; Menninga, C., 1988. *Science Held Hostage*. Downers Grove, IL: InterVarsity.

VELOCIDADE DA LUZ. A "velocidade da luz" geralmente se refere à velocidade com que a luz viaja no vácuo. A **teoria especial da relatividade** de **Einstein** e as observações experimentais confirmam que a velocidade da luz no vácuo tem exatamente o mesmo valor para a luz de qualquer comprimento de onda e para todos os observadores em qualquer referencial. Seu valor agora é definido como exatamente 299.792.458 metros por segundo, denotado por c.

Como a velocidade da luz é tão rápida, as primeiras tentativas de medir seu valor não conseguiam distinguir entre uma velocidade finita e uma velocidade infinita. Galileu tentou medir sua velocidade medindo o tempo de ida e volta que levava a luz de uma lanterna que acabava de ser descoberta para viajar até um assistente distante, que então descobria sua própria lanterna. Independentemente da distância do assistente, o tempo necessário era idêntico ao tempo de reação humano, e **Galileu** concluiu que a luz viaja instantânea ou extremamente rápido (Galilei, [1638] 1954).

Em 1676, o astrônomo dinamarquês Rømer estimou a velocidade da luz observando o período da lua de Júpiter, Io, quando a Terra estava se movendo em direção a Júpiter ou se afastando de Júpiter. Sua estimativa de que a luz deve levar 22 minutos para cruzar o diâmetro da órbita da terra, juntamente com uma estimativa do tamanho da órbita da Terra, deu um resultado que a velocidade da luz era de 220.000.000 m/s. A medição direta da velocidade da luz usando rodas rotativas com dentes por Hippolyte Louis Fizeau em 1849, e usando espelhos giratórios por Leon Foucault em 1862, deu resultados de 313.300.000 m/s e 299.796.000 m/s. Em 1975, a velocidade da luz era conhecida por ser 4 partes por bilhão e, assim, em 1983, o metro, cujo comprimento não era conhecido por essa precisão, foi redefinido em termos da velocidade da luz. O metro agora é definido como 1/299.792.458 da distância que a luz viaja em um segundo, então, a velocidade da luz é fixada por essa definição.

Como a velocidade da luz é finita, há sempre algum tempo de viagem entre a emissão da luz e a observação da luz. Por exemplo, a luz do sol leva cerca de oito minutos e meio para chegar à terra. Consequentemente, vemos o sol não como é o momento em que a luz entra em nossos olhos, mas sim como o sol estava oito minutos e meio antes. A distância que a luz viaja em um ano é chamada de *ano-luz*. A estrela visível mais próxima do nosso sol é Alpha Centauri, que fica a cerca de 4,4 anos-luz de nós. Quando olhamos para o Alpha Centauri, vemos o que essa estrela parecia há 4,4 anos atrás. A velocidade finita da luz nos permite realmente ver os eventos do passado se desdobrarem. Os objetos mais distantes que observamos da terra estão a cerca de 13 bilhões de anos-luz de distância.

Como podemos ver a luz emitida a partir desses objetos, a interpretação mais direta dos dados é que o universo deve ter pelo menos 13 bilhões de anos. Alguns cristãos propuseram interpretações alternativas dos dados, embora não haja cientistas não cristãos, que pensem que as ideias alternativas tenham alguma credibilidade ou apoio de observação. As alternativas incluem a ideia de que Deus criou a luz a partir de objetos distantes já em trânsito, que a velocidade da luz mudou drasticamente ao longo da história do universo ou que as medidas de distância para objetos distantes não são precisas.

Alguns cristãos afirmaram que as medições da velocidade da luz nos últimos 300 anos indicam que a velocidade da luz tem diminuído, e essa tendência indicaria que a velocidade da luz era muito diferente há milênios atrás, de modo que a luz poderia ter viajado de longe distâncias em muito menos tempo do que o proposto (Norman e Settlefield, 1987). No entanto, análises cuidadosas dos dados usando as incertezas corretas dos pontos de dados mostram que essa conclusão não é razoável e que não há indicação de que a velocidade da luz tenha mudado de forma significativa durante a história do universo (Aardsma, 1988; Deem, 2006).

A velocidade da luz está relacionada a outras constantes físicas, como a constante de estrutura fina, uma constante que caracteriza a força da força eletromagnética. Algumas experiências no início do século XXI pareciam indicar que a constante de estrutura fina pode ter mudado em algumas partes de 100.000 nos últimos 12 bilhões de anos (Murphy et al. 2001, 2003; Webb et al. 2001). Embora a incerteza nas medições não exigisse tal mudança, qualquer mudança na constante de estrutura fina poderia implicar uma leve mudança na velocidade da luz de aproximadamente a mesma porcentagem no mesmo período de tempo. No entanto, experimentos posteriores indicam que a constante de estrutura fina não mudou ao longo da vida do universo, o que seria outra indicação observacional da constância da velocidade da luz no vácuo (Chand et al. 2004; Srianand et al. 2004).

Independentemente do resultado final dessa discrepância, a possível pequena mudança na velocidade da luz ao longo de 12 bilhões de anos não mudaria a idade cientificamente aceita do universo de 13,7 bilhões de anos de qualquer modo significativo.

Embora toda a radiação eletromagnética viaje na mesma velocidade exata no vácuo, frequências diferentes de luz viajam em diferentes velocidades através de vários materiais. Em geral, a luz desacelera conforme percorre diferentes meios e a frequência única, ou velocidade de fase, é menor que c. No entanto, em alguns meios especiais, é possível que a velocidade de uma determinada frequência se desloque mais rápido que c. Um pulso de luz composto de muitas frequências pode ter uma velocidade de grupo que pode ser deslocada para ser mais rápida ou mais lenta que as velocidades de fase individuais. No entanto, em todos os casos, é impossível transferir **informações** mais rapidamente que c, e assim a teoria especial da relatividade não é violada.

Como c é o limite de velocidade final, é improvável que qualquer forma de vida possa viajar entre sistemas estelares. A menos que as leis do universo ofereçam alguma maneira de contornar esse limite de velocidade, as distâncias entre os sistemas estelares parecem ser grandes demais para permitir tempos de viagem razoáveis para os seres vivos. Escritores de ficção científica propuseram maneiras possíveis de contornar o limite da velocidade da luz, como buracos de minhoca ou viagens mais rápidas que a luz, distorcendo o espaço, mas atualmente não há evidências de que tais propostas sejam possíveis.

Michael G. Strauss

REFERÊNCIAS E LEITURAS RECOMENDADAS

AARDSMA, Gerald, 1988. "Has the Speed of Light Decayed?" *Acts & Facts* 17 (5). www.icr.org/article/has-speed-light-decayed.

CHAND, H.; Srianand, R.; Petitjean, Patrick; Aracil, B., 2004. "Probing the Cosmological Variation of the Fine-Structure Constant: Results Based on VLT-UVES Sample." *Astronomy and Astrophysics* 417 (abril): 853-71.

DEEM, Richard, 2006. "Is the Speed of Light Decreasing?"16 de janeiro. http://godandscience.org/youngearth/speedlight.html.

GALILEI, Galileo, (1638) 1954. *Dialogues concerning Two New Sciences*. Trans. H. Crew and A. de Salvio. New York: Dover.

MURPHY M. T.; WEBB, J. K.; Flambaum, V. V., et al. 2001. "Possible Evidence for a Variable Fine-Structure Constant from QSO Absorption Lines: Motivations, Analysis and Results." *Monthly Notices of the Royal Astronomical Society* 327 (4): 1208.

_____. 2003. "Further Evidence for a Variable Fine-Structure Constant from Keck/HIRES QSO Absorption Spectra." *Monthly Notices of the Royal Astronomical Society* 345 (2): 609.

NORMAN, Trevor; Settlefield, Barry, 1987. *The Atomic Constants, Light, and Time*. Menlo Park, CA: SRI International.

"PHASE, Group, and Signal Velocity." MathPages.com. Acessado em 26 de outubro de 2016. www.mathpages.com/home/kmath210/kmath210.htm.

SRIANAND, Raghunathan; Chand, Hum; Petitjean, Patrick; Aracil, Bastien, 2004. "Limits on the Time Variation of the Electromagnetic Fine-Structure Constant in the Low Energy Limit from Absorption Lines in the Spectra of Distant Quasars." *Physical Review Letters* 92 (12): 121302. doi:10.1103/PhysRevLett.92.121302.

WEBB, John K.; Murphy, Michael T.; Flambaum, V. V., et al. 2001. "Further Evidence for Cosmological Evolution of the Fine Structure Constant." *Physical Review Letters* 87 (9): 091301-4.

VIDA. A vida (do latim *vīta*) é a condição ou atributo que distingue o orgânico do inorgânico e objetos animados dos inanimados, sejam vegetais, animais, humanos, angélicos ou divinos.

A terra é composta de quatro sistemas básicos: a litosfera, a hidrosfera, a atmosfera e o sistema dos seres vivos, a biosfera. Todos os organismos vivos são compostos de seis elementos básicos: carbono, hidrogênio, nitrogênio, oxigênio, fósforo e enxofre. Da mesma forma, todas as **espécies** vivas são feitas de células organizadas em tecidos, órgãos e sistemas de órgãos. No nível molecular básico, todas as células vivas incluem polissacarídios, polipeptídios e polinucleotídios (Poe e Davis, 2012).

Para os primeiros filósofos gregos, algum tipo de princípio animador deu vida às coisas orgânicas. Por exemplo, para **Aristóteles**, às vezes descrito como o primeiro cientista empírico, a vida era animação, isto é, a capacidade de se mover por si mesmo (ver seu *De Anima*). Todas as coisas vivas são autoanimadas porque têm uma **alma**, sendo que a alma é apenas aquela propriedade do movimento próprio. A alma é o que separa as coisas animadas das inanimadas do mundo, e todas as coisas animadas têm uma alma nutritiva e uma alma reprodutiva que sustentam suas vidas. Além de almas nutritivas e reprodutivas, os animais têm almas locomotivas e sensíveis que lhes permitem perceber e experimentar o mundo ao seu redor. Entre os animais, apenas humanos possuem também almas racionais.

740 VIDA

Origens da vida

Toda grande **cosmovisão** ou religião tem um relato das origens da vida, e essas histórias são naturalistas ou supernaturalistas. A evolução naturalista é a visão de que a vida orgânica é o resultado de um evento cataclísmico, como um *big bang*, ou uma lenta coincidência de eventos que combinaram por acidente os elementos necessários à vida. Qualquer que seja a causa primordial, ela não teve origem divina, mas é supostamente o resultado de um movimento puramente mecanicista e naturalista dentro do sistema fechado do universo. O cientista de Oxford, **Richard Dawkins**, por exemplo, argumentou que, embora o universo e as coisas que nele vivem pareçam estar planejados, eles não são (cf. *O relojoeiro cego* e *O gene egoísta*). Desde o momento da origem da vida, entre 3 e 4 bilhões de anos atrás, os seres vivos se adaptaram ao seu ambiente por meio do processo de **seleção natural**.

Os relatos sobrenaturalistas da origem da vida recaem em um espectro que vai das teorias evolutivas às teorias não evolutivas. O que essas teorias têm em comum é a afirmação que, segundo o Credo de Niceia, Deus é o "Criador de todas as coisas, visíveis e invisíveis". Ou, de acordo com as Escrituras Hebraicas, Deus (Yahweh) é um ser vivo, eterno, autossustentável e não contingente, que fez do nada (*ex nihilo*) tudo o que existe. Esse Deus vivo é a fonte de todas as outras vidas e todas as coisas vivas, incluindo vegetação, plantas e árvores (Gênesis 1:11-12); aves, peixes e outras criaturas do mar (Gênesis 1:20-22); insetos, gado e outros animais terrestres (Gênesis 1:24-25); e seres humanos, que são feitos exclusivamente à imagem e semelhança divina (Gênesis 1:26-28). Como Deus fez todas as coisas e quando essas coisas vieram à existência é dependente da teoria. Ou seja, várias teorias oferecem diferentes relatos das origens.

O **criacionismo evolutivo**, às vezes conhecido como evolução teísta, é a visão de que, uma vez que Deus criou **espaço e tempo**, ele criou um universo "finamente ajustado" de restrições físicas que eram hospitaleiras para a vida, incluindo a vida humana (o **princípio antrópico**; **Ajuste Fino do Universo e do Sistema Solar**). Constantes como a gravidade, a força eletromagnética e a chamada ressonância de carbono, responsáveis pela produção eficiente de carbono, são características de um mundo especialmente acolhedor para formas de vida orgânica. O paleontólogo de Cambridge, Simon Conway Morris, colocou da seguinte forma:

A história da vida na terra parece incrivelmente complexa e imprevisível, mas dê uma olhada mais de perto e você encontrará uma estrutura profunda. Física e química ditam que muitas coisas simplesmente não são possíveis, e essas restrições se estendem à biologia. A solução para um problema biológico em particular pode muitas vezes ser tratada de umas poucas maneiras, e é por isso que quando você examina a tapeçaria da evolução, vê os mesmos padrões surgindo repetidas vezes (Morris, 2002, p. 26).

Embora essas constantes não provem a existência de um criador, os proponentes do criacionismo evolutivo entendem que o **teísmo** é a **explicação** mais plausível para a evidência. Da mesma forma, de acordo com os proponentes da evolução teísta, a evidência aponta para a evolução como a explicação mais plausível dos meios que Deus usou para trazer a criação ao seu estágio atual.

O criacionismo evolutivo cria dificuldades potenciais para uma teoria tradicional das origens humanas. Na teoria tradicional, Deus criou Adão de *forma nova* e Eva da costela de Adão (Gênesis 2:4-25). Os entendimentos atuais da biologia molecular, no entanto, tornam difícil afirmar a criação de *forma nova* do *Homo sapiens*. Alguns argumentam que a diversidade genética entre os humanos de hoje não poderia ter vindo de apenas dois indivíduos no passado, isto é, seria preciso uma população de milhares. Se, no entanto, Adão e Eva não são os primeiros pais humanos, então termos problemas teológicos. Por exemplo, tome Romanos 5:18-19: "Consequentemente, assim como uma só transgressão resultou na condenação de todos os homens, assim também um só ato de justiça resultou na justificação que traz vida a todos os homens. Logo, assim como por meio da desobediência de um só homem muitos foram feitos pecadores, assim também, por meio da obediência de um único homem muitos serão feitos justos". Nessa passagem, o apóstolo Paulo está traçando um paralelo importante entre Adão e Jesus, mas os cristãos diferem sobre como entender esse paralelismo (ver **Adão e Eva**).

No outro extremo do espectro está o **criacionismo da Terra jovem** (CTJ). Os criacionistas da Terra jovem têm uma interpretação mais literal do relato de Gênesis, sustentando que Deus fez os céus e a terra no espaço de seis dias de 24 horas. Assim, em alguns relatos, em vez de bilhões de anos, a terra tem 10 mil anos ou menos. Eles concordam com os evolucionistas teístas no sentido de que Deus criou um universo finamente ajustado e que o

Vida artificial

Esforços recentes estão em andamento para sintetizar a vida. Usando as ferramentas da biologia sintética, pesquisadores como George Church, de Harvard, e o biólogo molecular Craig Venter, estão tentando criar novas formas de vida por meio da recombinação genética. Há perspectivas potencialmente valiosas para biomedicina e bioenergia por meio da biologia sintética, incluindo fontes de energia mais limpas, vacinas personalizadas, medicamentos direcionados, limpadores ambientais e colheitas mais resistentes.

Ao mesmo tempo, há questões éticas, legais e sociais problemáticas sobre essa nova arena da experimentação, e uma das maiores preocupações é o risco de um organismo de bioengenharia ser lançado no meio ambiente. E se o organismo se multiplica e produz danos a outras formas de vida, incluindo os humanos? E se o organismo sofrer mutações e não puder ser contido? Essas são preocupações que convidam as organizações multinacionais a fazerem uma avaliação cautelosa dos riscos e uma boa supervisão.

C. Ben Mitchell

REFERÊNCIAS E LEITURAS RECOMENDADAS

BARRETT, Matthew; Caneday, Ardel B., eds. 2013. *Four Views on the Historical Adam*. Grand Rapids: Zondervan.

CHURCH, George; Regis, Ed. 2014. *Regenesis: How Synthetic Biology Will Reinvent Nature and Ourselves*. New York: Basic Books.

DAWKINS, R., 1986. *The Blind Watchmaker: Why Evidence of Evolution Reveals a Universe without Design*. New York: W. W. Norton.

_____. 2006. *The Selfish Gene: 30th Anniversary Edition*. Oxford: Oxford University Press.

GIBERSON, Karl, 2012. *The Wonder of the Universe: Hints of God in Our Fine-Tuned World*. Downers Grove, IL: IVP Academic.

HARRISON, Peter, 2015. *The Territories of Science and Religion*. Chicago: University of Chicago Press.

McGRATH, Alister E., 2009. *A Fine-Tuned Universe: The Quest for God in Science and Theology*. Louisville, KY: Westminster John Knox.

MORRIS, Simon Conway.,2002. "We Were Meant to Be…" *New Scientist* 176:26-29.

POE, Harry Lee; Davis, Jimmy H., 2012. *God and the Cosmos: Divine Activity in Space, Time and History*. Downers Grove, IL: IVP Academic.

WALTON, John, 2009. *The Lost World of Genesis One: Ancient Cosmology and the Origins Debate*. Downers Grove, IL: IVP Academic.

WOOD, Todd Charles; Murray, Megan J., 2003. *Understanding the Pattern of Life: Origins and the Organization of the Species*. Nashville: B&H.

VIDA APÓS A MORTE. Central para uma compreensão cristã da vida após a morte é a esperança de uma ressurreição geral: um dom divino que permite que os indivíduos que morreram vivam novamente em corpos relacionados àqueles que possuíam anteriormente (Davis, 2010, p. 108-23). Se a ressurreição é uma possibilidade coerente, dependerá do que as pessoas humanas *são*. Em especial, dependerá de se existe alguma maneira em que determinados seres humanos pré e pós-morte possam, de fato, ser a mesma pessoa (isto é, indivíduos numericamente idênticos).

A afirmação tradicional e culturalmente difundida de que uma pessoa humana é uma alma imaterial acomoda a possibilidade da ressurreição. A **alma** não depende de sua existência na continuação do corpo terreno, e se a alma de uma pessoa persiste através da morte até a ressurreição, então essa pessoa também o faz. Em contrapartida, se essa alma não persiste, então mesmo um indivíduo do próximo mundo perfeitamente similar em todos os aspectos físicos e psicológicos seria uma mera duplicata.

A crença na alma continua a ser defendida e explicada à medida que o conhecimento do mundo natural aumenta (ver Baker e Goetz, 2011; Goetz e Taliaferro, 2011; Robinson, 2012). No entanto, alguns estudiosos cristãos resistem energicamente aos relatos dualistas, levando-os a serem deslocados e desnecessários. Por exemplo, Lynne Baker descreve as almas como *irracionais* na natureza, e N.T. Wright afirmou que "não precisamos do que foi chamado de **'dualismo'** para nos ajudar a superar a lacuna entre a morte corporal e a ressurreição corporal" (Baker, 2010; Wright, 2011). Assim, relatos de vida após a morte sem dualismo foram buscados.

Uma abordagem fisicalista popular é a recriação: um indivíduo sobrevive porque Deus cria um ser no próximo mundo que é perfeitamente similar ao falecido em todos os aspectos físicos e psicológicos. No entanto, se isso for possível, então não há razão em princípio para que apenas *um* desses seres possa ser criado. Poderia haver, portanto, candidatos múltiplos, simultâneos e qualificados para continuar a vida do indivíduo pré-morte.

Note que o problema não é meramente que um observador seria incapaz de identificar qual dos candidatos é o indivíduo pré-morte. Pelo contrário, é que todos os candidatos cumprem integralmente os critérios para realmente *ser* esse indivíduo. A situação é logicamente contraditória, uma vez que não é possível que várias pessoas distintas também possam ser uma única pessoa. Essa impossibilidade demonstra que criações desse tipo podem ser nada mais que duplicatas do falecido. Outra maneira de expressar o ponto é notar que a identidade é uma relação *necessária*, mas essa visão de recriação exige que ela seja *contingente*, já que os indivíduos pré e pós-morte são apenas idênticos *se* não houver outros candidatos qualificados.

Uma maneira de restringir a recriação é exigir que ela faça uso de átomos associados ao corpo pré-morte, mas isso não ajuda, já que os corpos perdem toda a sua importância mais de uma vez durante a vida terrena, e, portanto, temos o mesmo problema de múltiplos candidatos. Restringir a recriação à simples questão de compor o corpo no momento da morte tornaria impossível uma ressurreição geral, porque esse assunto sem dúvida teria sido capturado em outros corpos ao longo do tempo, produzindo múltiplos "requerentes" para a mesma questão nesse ponto.

A remontagem de tudo seria impossível. No entanto, o fisicalista poderia negar a possibilidade de vários requerentes. Por exemplo, Peter van Inwagen sugere que a ressurreição fisicalista é possível como resultado da troca divina do corpo. Se Deus instantaneamente substitui os corpos no momento da morte por cópias indistinguíveis, então a duplicata pode ser enterrada enquanto o corpo "real" é guardado para uma futura ressurreição (van Inwagen, 1978, 2006). Essa sugestão nada plausível destina-se apenas a mostrar que a ressurreição fisicalista é metafisicamente possível, deixando a pessoa livre para supor que Deus realmente a realiza de outra maneira desconhecida. No entanto, nessa perspectiva, a ressurreição só é possível por causa da sistemática decepção de Deus com os enlutados, e isso motiva a sugestão alternativa de Zimmerman.

Considere um tornado continuamente sugando e jogando fora a matéria. A única característica estável que une o toronado ao longo do tempo é o fato de que seu estado em cada momento é diretamente causado por seu estado no momento anterior: há uma *conexão causal imanente* ao longo do tempo. Corcoran, Zimmerman e outros explicam a identidade contínua dos corpos dessa maneira (Baker, 2000; Corcoran, 2006; Loose, 2012; Zimmerman, 1999).

Zimmerman então usa essa ideia para oferecer um relato alternativo da possibilidade de ressurreição. Na morte, Deus poderia fazer com que os menores elementos que formam um corpo *brotem*, de modo que haja dois corpos estruturados de forma idêntica — um neste mundo e outro no seguinte. Uma vez que o corpo moribundo será imanente-causalmente ligado a ambos os produtos

de brotamento, cada um terá a pretensão de ser idêntico a ele. Nesse caso, o corpo deixado neste mundo não é uma duplicata introduzida de fora, e, assim, o problema de fraude de van Inwagen pode ser evitado. No entanto, uma vez que essa visão permite que dois corpos tenham uma reivindicação de identidade com o corpo pré-morte, ela também nega a necessidade de identidade com a probabilidade de incoerência ou absurdo (Loose, 2012).

Por fim, o fisicalista pode buscar outras maneiras de articular a relação entre uma pessoa totalmente física e seu corpo. Tais teorias estão alinhadas com tentativas mais amplas na filosofia da **mente** para explicar a vida mental dentro de um esquema fisicalista. Por exemplo, Lynne Baker sugere que as pessoas são, de fato, *constituídas* em vez de idênticas aos corpos. Para ilustrar, imagine-se admirando o *Davi,* de Michelangelo. Você estaria admirando uma estátua e um pedaço de mármore, mas essas são duas coisas ou uma? Se uma, todas as propriedades da estátua devem ser propriedades do mármore, e vice-versa.

No entanto, imagine ainda que cada uma das moléculas do Davi foi substituída por cobre, de tal forma que o pedaço de mármore é aniquilado enquanto a estátua permanece. A concepção disso implica, para Baker, que o mármore e a estátua têm propriedades distintas, necessitando que sejam, de fato, dois objetos diferentes. Eles não são idênticos, mas um constitui o outro. Baker argumenta que as pessoas são similarmente constituídas por corpos e são, portanto, capazes de subsistir em uma mudança de corpo (Baker, 2000). A questão central para todas as teorias desse tipo é se elas de fato oferecem relatos coerentes e adequados da natureza das pessoas humanas que evitam a identidade com o corpo de um lado e o dualismo de outro. Por exemplo, é incerto se a constituição e a identidade podem ser coerentemente distinguidas e, se puderem, se a propriedade distintiva que Baker considera essencial para as pessoas pode ser acomodada em um esquema fisicalista (Moreland, 2009; Wasserman, 2004).

Mesmo que esses relatos consigam demonstrar a simples possibilidade metafísica da ressurreição fisicalista, eles seriam incapazes de explicar um período de desencarnação consciente entre a morte corporal e a ressurreição. Um debate recente sobre se a ideia de um estado intermediário pode ser lido na Bíblia é encontrado no trabalho de John Cooper e Joel Green (Cooper, 2000; Green, 2008). Cooper defende que nem a ressurreição imediata nem relatos de extinção-recriação são possíveis, uma vez que a evidência bíblica sustenta um estado intermediário consciente seguido de uma ressurreição futura. Ele conclui que uma explicação cristã adequada da vida após a morte requer um *holismo dualista*, que ele acredita que "é fiel às Escrituras, defende o ensino tradicional da igreja sobre a vida após a morte e é perfeitamente consistente com os 'resultados assegurados' da ciência e filosofia contemporâneas" (Cooper, 2000, p. 4).

Cooper oferece cinco linhas de evidência para o estado intermediário: primeiro, o Antigo Testamento indica alguma consciência entre os mortos (*rephaim*) em seu mundo (*sheol*); segundo, as visões mais proeminentes dentro do judaísmo do segundo Templo também incluem esse estado intermediário; terceiro, textos em Lucas (p. ex., Lucas 16:19-31; 23:42-44; 24:36-39) e Paulo (p. ex., 2Coríntios 12:2-4) requerem interpretação dualista; e quarto, 2Coríntios 5:1-10 apoia um estado intermediário em vez de uma ressurreição imediata. Por fim, Lucas alinha claramente Paulo com a **antropologia** dualista dos fariseus (At 23:6-8).

Green rejeita o dualismo e desafia essa evidência, argumentando que os *rephaim* são os mortos na sepultura sem Deus e sem existência pessoal; não há corrente dualista dominante dentro do judaísmo do segundo Templo, e nem os escritos de Lucas nem os de Paulo apoiam um estado intermediário. Assim, ele insiste em que a ideia de uma alma humana "permanece em tensão" com o ensino da Bíblia sobre a ressurreição (Edgar, 2002; Green, 2008, p. 158) e afirma que a distinção radical entre corpos terrestres frágeis e celestiais glorificados é algo para o qual as capacidades das pessoas humanas não podem dar nenhuma contribuição (Green, 2008, p. 175).

Cooper responde que Green deturpa sua teoria do interesse do Antigo Testamento pela vida além do túmulo e dá uma explicação insuficiente da crença antropológica intertestamental. Ele também afirma que as análises de Green sobre textos do Novo Testamento rejeitam posições majoritárias sem argumentos adequados, ignoram passagens cruciais e introduzem uma falsa dicotomia entre **escatologia** e antropologia (Cooper, 2007). Mais importante, ele olha para o trabalho detalhado de N. T. Wright que apoia uma teoria de estado intermediário como base para sua própria posição (Cooper, 2009; Wright, 2003, 2007). Wright está aberto a acusações de confusão, uma vez que também evita o dualismo (Moreland, 2014). O debate enfatiza a necessidade de integração cuidadosa de preocupações teológicas e filosóficas.

Em resumo, o fisicalista encontra uma ressonância entre o holismo antropológico da Bíblia, a impopularidade atual do dualismo na filosofia e nos estudos bíblicos, e os desenvolvimentos na ciência natural. Isso o coloca diante de um desafio significativo para estabelecer até mesmo a simples possibilidade de ressurreição, que pode ser apenas uma parte da noção cristã de vida após a morte, caso também seja necessário um estado intermediário.

O dualista vê uma noção pré-filosófica da alma dentro do quadro holístico da Bíblia e considera que isso está de acordo tanto com a tradição teológica quanto com a **intuição** em primeira pessoa, embora não seja inconsistente com o crescente conhecimento científico. Alguns dualistas também acham evidências de experiências de quase-morte consistentes ou até mesmo favoráveis à sua posição (ver **Experiências de Quase-Morte**). As perspectivas de vida após a morte são muito melhores no dualismo do que no **fisicalismo**, mas o dualista deve procurar articular persuasivamente a crença na alma dentro de um meio acadêmico que se tornou resistente por causa de um **naturalismo** dominante.

Jonathan Loose

REFERÊNCIAS E LEITURAS RECOMENDADAS

BAKER, Lynne Rudder, 2000. *Persons and Bodies: A Constitution View*. Cambridge: Cambridge University Press.

_____. 2010. "Persons and the Metaphysics of Resurrection", em *Personal Identity and Resurrection: How Do We Survive Our Death?* 161-76. Surrey, UK: Ashgate.

BAKER, Mark C; Goetz, Stewart, 2011. *The Soul Hypothesis: Investigations in the Existence of the Soul*. New York: Continuum.

COOPER, John W., 2000. *Body, Soul and the Life Everlasting: Biblical Anthropology and the Monism-Dualism Debate*. Grand Rapids: Eerdmans.

_____. 2007. "The Bible and Dualism Once Again." *Philosophia Christi* 9 (2): 459-69.

_____. 2009. "Exaggerated Rumors of Dualism's Demise: A Review Essay on Body, Soul, and Human Life." *Philosophia Christi* 11 (2): 453-64.

CORCORAN, Kevin J., 2006. *Rethinking Human Nature*. Grand Rapids: Baker Academic.

DAVIS, Stephen T., 2010. "Resurrection", em *The Cambridge Companion to Christian Philosophical Theology*, ed. Charles Taliaferro and Chad Meister, 108-23. Cambridge: Cambridge University Press.

EDGAR, Brian, 2002. "Biblical Anthropology and the Intermediate State." *Evangelical Quarterly* 74 (1-2): 1-20.

GOETZ, Stewart; Taliaferro, Charles, 2011. *A Brief History of the Soul*. Oxford: Wiley Blackwell.

GREEN, Joel B., 2008. *Body, Soul, and Human Life: The Nature of Humanity in the Bible*. Grand Rapids: Baker Academic.

LOOSE, Jonathan, 2012. "Constitution and the Falling Elevator." *Philosophia Christi* 14 (2): 439-50.

MORELAND, J. P., 2009. *The Recalcitrant Imago Dei: Human Persons and the Failure of Naturalism*. London: SCM.

744 VIDA EXTRATERRESTRE

_____. 2014. *The Soul: How We Know It's Real and Why It Matters.* Chicago: Moody.

ROBINSON, Howard, 2012. "Dualism", em *Stanford Encyclopedia of Philosophy*, ed. Edward N. Zalta. Winter. http://plato.stanford.edu/archives/win2012/entries/dualism/.

VAN INWAGEN, Peter, 1978. "The Possibility of Resurrection." *International Journal for the Philosophy of Religion* 9 (2): 114-21.

_____. 2018 disponível em breve. "I Look for the Resurrection of the Dead and the Life of the World to Come", em Loose, Jonathan J., Angus J. L. Menuge, and J. P. Moreland, eds. *The Blackwell Companion to Substance Dualism.* Oxford, UK: Wiley Blackwell. Based on a paper with that title, 2006.

WASSERMAN, Ryan, 2004. "The Constitution Question." *Nous* 38 (4): 693-710. Wright, N. T. 2003. *The Resurrection of the Son of God.* London: SPCK.

_____. 2007. *Surprised by Hope.* London: SPCK.

_____. 2011. "Mind, Spirit, Soul and Body: All for One and One for All: Reflections on Paul's Anthropology in His Complex Contexts." NTWrightPage. março. http://ntwrightpage.com/Wright_SCP_MindSpiritSoulBody.htm.

ZIMMERMAN, Dean W., 1999. "Materialism and Survival: The Falling Elevator Model." *Faith and Philosophy* 16:194-212.

VIDA EXTRATERRESTRE. Um assunto de muito interesse popular, a questão da vida extraterrestre é também uma fonte de debate científico e teológico sério. A questão geral pode ser dividida em três questões principais: Existem formas de vida extraterrestres (ETs)? Em caso afirmativo, existem ETs inteligentes? E, em caso afirmativo, podemos entrar em contato com eles? Ao abordar essas questões, os estudiosos costumam empregar a equação de Drake, desenvolvida no início da década de 1960 pelo astrônomo Frank Drake. A fórmula é a seguinte: $N = R^* \cdot f_p \cdot n_e \cdot f_l \cdot f_i \cdot f_c \cdot L$, onde N = número de civilizações comunicativas, R^* = taxa de formação de estrelas adequadas, f_p = fração de as estrelas com planetas, n_e = o número de planetas como a terra (habitáveis) por sistema planetário, f_l = fração dos planetas onde a vida se desenvolve, f_i = fração dos locais de vida onde a inteligência se desenvolve, f_c = fração de locais de vida inteligente onde a **tecnologia** se desenvolve, e L = a vida das civilizações comunicativas.

As opiniões acadêmicas variam, mas alguns estão confiantes de que os ETs existem em números elevados. Por exemplo, o filósofo Paul Churchland estima que formas de vida inteligentes surgiram em até 10^6 planetas somente em nossa galáxia. No entanto, mesmo que esse valor seja aceito, isso não significa que devemos esperar o contato ET, por vários motivos. A probabilidade de tal contato é consideravelmente diminuída pela dispersão espacial, dispersão temporal e variação potencial da forma de vida.

No que diz respeito ao primeiro desses fatores, os planetas em nossa galáxia estão espalhados por mais de 10^{14} anos-luz cúbicos, fazendo com que a distância média entre os planetas tenha aproximadamente quinhentos anos-luz. Ainda mais importante é a dispersão temporal. Presumivelmente, formas de vida inteligentes não emergem simultaneamente. E entre os nossos ET contemporâneos inteligentes, muitos desses não serão tão tecnologicamente avançados quanto somos. Por fim, as características físicas de algumas inteligências alienígenas podem tornar o contato impossível ou menos provável. Ainda assim, muitos cientistas acreditam que é razoável esperar contato com ETs inteligentes. Em vista disso, o centro de pesquisa **SETI** (Search for Extraterrestrial Intelligence [Busca por Inteligência Extraterrestre]) foi fundado em 1985. O SETI emprega dezenas de pesquisadores e é dedicado não apenas a entrar em contato com ETs, mas também a compreender a **origem da vida** no universo.

Os defensores da hipótese da terra rara duvidam da noção de que os ETs sejam frequentes em todo o cosmos. Por exemplo, Peter Ward e Donald Brownlee argumentaram que, tendo em conta os requisitos biológicos e a hostilidade do cosmos para formas de vida complexas, devemos esperar que as formas de vida altamente desenvolvidas sejam muito raras, se existirem em qualquer parte do universo (Ward e Brownlee, 2000).

Esses temas suscitam questões teológicas. Os teólogos cristãos estão divididos sobre a questão dos ETs por várias razões. Alguns são céticos porque as Escrituras são antropocêntricas. No entanto, isso deve ser esperado independentemente de os ETs existirem, visto que a tese de que os seres humanos têm um lugar central no plano de Deus para a história da terra não implica que os seres humanos tenham um lugar central no plano de Deus para a história *cósmica*. Alguns grandes estudiosos cristãos, incluindo Paul Tillich e **C. S. Lewis**, têm sustentado a possibilidade de ETs precisamente por causa de sua crença na criatividade divina. Assim, alguns argumentam que, dada a imensa diversidade de formas de vida em nosso planeta, também devemos esperar diversidade de formas de vida em todo o nosso universo. Tais são algumas das questões exploradas no novo campo conhecido como astroteologia.

James S. Spiegel

REFERÊNCIAS E LEITURAS RECOMENDADAS

LEWIS, C. S., 2013. *The Space Trilogy.* New York: HarperCollins.

SAGAN, Carl. 1980. *Cosmos.* New York: Random House.

SHOSTAK, Seth, 1998. *Sharing the Universe: Perspectives on Extraterrestrial Life.* Landsdowne, PA: Lansdowne.

TILLICH, Paul, 1963. *Systematic Theology.* Vol. 3. Chicago: University of Chicago Press.

VAKOCH, Douglas A., ed. 2013. *Extraterrestrial Altruism: Evolution and Ethics in the Cosmos.* New York: Springer.

WARD, Peter D.; Brownlee, Donald, 2000. *Rare Earth: Why Complex Life Is Uncommon in the Universe.* New York: Copernicus.

WILKINSON, David, 2013. *Science, Religion, and the Search for Extraterrestrial Intelligence.* Oxford: Oxford University Press.

VIDA, ORIGEM DA. Embora as especulações filosóficas sobre a origem da vida da matéria inanimada datem do tempo de Anaximandro, a ciência da origem da vida teve início após o fim do vitalismo do século XIX (Farley, 1977; Fry, 2000) e ajudou Darwin a especular que a vida surgiu "em um pequeno lago quente" (Darwin, 1887, p. 18). Alexander Oparin e J. B. S. Haldane desenvolveram as primeiras ideias concretas nos anos 1920, e sua "hipótese de Oparin-Haldane" sustentava que a vida havia surgido na água sob uma atmosfera redutora.

A investigação experimental data do experimento de Miller-Urey em 1953, no qual Miller produziu pequenas quantidades de aminoácidos naturais passando uma descarga elétrica simulando raios através de uma atmosfera inicial simulada de amônia, metano, água e hidrogênio (Miller, 1953). Sínteses prebióticas subsequentes forneceram nucleobases, açúcares, ácidos graxos e nucleotídeos de precursores de moléculas pequenas (Miller, 1998; Powner et al. 2009), ao passo que a identificação de aminoácidos e outros compostos bioquímicos no meteorito de Murchinson sustentou a validade de algumas sínteses prebióticas (Pizzarello e Shock, 2010; Schmitt-Kopplin et al., 2010).

O principal desafio da pesquisa sobre a origem da vida é explicar como as moléculas biológicas podem ser agrupadas em redes complexas de carboidratos, lipídios, proteínas e polímeros de ácidos nucleicos (sendo que os dois últimos exibem sequências específicas) organizadas em uma célula de membrana fechada. Hipóteses plausíveis foram promovidas para a seletividade de forma (isto é, o problema da homoquiralidade; Blackmond, 2010), a formação de biopolímeros autorreplicantes e a construção de células mínimas semissintéticas (Mann, 2012; Stano e Luisi, 2013), mas o desenvolvimento de um cenário de origem abrangente com credibilidade enfrenta desafios significativos. Entre as numerosas propostas, duas abordagens dominam:

1. *As hipóteses dos primeiros replicadores* postulam que a vida surgiu a partir de biopolímeros autorreplicantes ou estruturas supramoleculares (como as vesículas lipídicas); a seleção entre estes resultou em sistemas metabólicos ordenados. Um exemplo proeminente é o prebiótico mundo de RNA (Atkins et al. 2011), que sustenta que a vida era originalmente baseada em RNA e, mais tarde, passou a ser baseada em proteína RNA-DNA. No entanto, embora as ribozimas autorreplicantes tenham sido demonstradas em condições de laboratório (Cheng, 2010; Lincoln e Joyce, 2009), não está claro como elas surgiram naturalmente, foram montadas em um metabolismo funcional ou substituídas.

2. *As abordagens do metabolismo em primeiro lugar* postulam que a vida surgiu de uma série de reações de conversão de energia organizadas que foram eventualmente encapsuladas e produziram replicadores. Propostas proeminentes incluem reações-modelo em superfícies minerais de argila (Cairns-Smith e Hartman, 1986; Hazen e Sverjensky, 2010) e a teoria do mundo ferro-sulfuroso (Wächtershäuser, 1992), que sustenta que a vida surgiu por meio de uma série de reduções catalisadas em ambientes ricos em enxofre em aberturas hidrotermais. Embora muitas reações mundiais de ferro-sulfuroso tenham sido demonstradas (Cody et al. 2000; Novikov e Copley, 2013), não está claro como o metabolismo baseado em minerais eventualmente deu origem a biomoléculas autorreplicantes ou como se encapsularam.

Em resumo, apesar de seu significativo progresso e e de sua promissão, a ciência da **origem da vida** ainda precisa de um mecanismo plausível para a formação de sequências específicas de biopolímeros e células funcionais primitivas.

Uma vez que a origem da ciência da vida ilumina tanto a rica diversidade química que torna a vida possível quanto os desafios associados à sua formação espontânea, ocasionou considerável reflexão metafísica. Embora a maioria dos trabalhadores em campo simplesmente observe a existência de ideias físico-químicas plausíveis sobre a origem da vida e o sucesso passado de explicações científicas como uma razão para esperar que a vida tenha surgido por processos naturais, eles discordam da importância relativa das leis deterministas e do **acaso** (Luisi, 2006, p. 4-10). Alguns trabalhadores afirmam que as condições que tornam a vida possível tornam-na provável ou mesmo inevitável, ao passo que outras enfatizam a importância de eventos contingentes.

Essas ênfases concorrentes são evidentes nos debates sobre o significado teológico da ciência da origem da vida, embora ambos tenham sido empregados para argumentar a favor e contra a religião. O **determinismo** fundamenta

746 VIDA, ORIGEM DA

tanto as teologias naturais baseadas em leis científicas quanto as alegações de que os relatos naturalistas invalidam a história cristã (de Duve, 2002). Os cristãos e ateus abraçaram argumentos baseados na natureza aleatória da natureza, com ateus alegando que indica falta de propósito e teístas afirmando que processos aleatórios por si só não podem explicar a **complexidade** da natureza.

De fato, muitas abordagens cristãs sobre a origem da vida enfatizam a complexidade dos seres vivos ou as aparentemente improváveis coincidências antrópicas que tornam a vida possível (Barrow e Tipler, 1986; Barrow et al., 2008). Os criacionistas da Terra jovem (Gish, 1972; Morris, 1996; Wilder-Smith, 1970) e os teóricos do **design inteligente** (Behe, 1995; Pullen, 2005; Thaxton et al., 1984) afirmam que os mecanismos naturais são inadequados; os defensores do DI até alegam que as coincidências antrópicas e a complexidade biológica são uma evidência positiva para o *design* intencional, embora suas propostas tenham sofrido críticas consideráveis (Dembski e Ruse, 2004; Pennock, 2001).

Suas abordagens iniciais tenderam a enfatizar as dificuldades significativas que enfrentam as propostas de origem da vida (Thaxton et al., 1984, cap. 4) ou afirmam que a **segunda lei da termodinâmica** torna uma origem natural da vida impossível ou improvável (Gish 1978; Morris 1978; Thaxton et al. 1984, cap. 7). Mas, na verdade, a segunda lei não é o problema real; como os processos de redução de entropia podem ocorrer quando acoplados a novas entropias, a maioria dos criacionistas e teóricos da DI se concentra na falta de um mecanismo identificável para acoplar a produção de entropia a um aumento na **informação** biológica (Bradley 1988, 2004; Thaxton et al. 1984, cap. 9).

Na realidade, esses proponentes criacionistas e de identificação afirmam que o problema das sequências de biopolímeros e da complexidade molecular é insolúvel. Esse problema foi extensivamente explorado por escritores de DI; no entanto, os argumentos específicos usados para promover essa afirmação são problemáticos. Por exemplo, a alegação de **William Dembski** (2002) de que biopolímeros exibem "**complexidade especificada**" indicativa do funcionamento de um projetista foi criticada como pobremente argumentada com base em uma erudição inadequada (Shallit, 2002), enquanto as alegações de **Michael Behe** (1995, 2007) de que a maquinaria bioquímica não poderia ter surgido naturalmente em virtude de sua

complexidade irredutível tem sido contestada em fundamentos científicos (Carroll, 2007; Miller, 1999, 2007), filosóficos (Boudry, 2010) e teológicos (Alexander, 2012).

Mais recentemente, **Stephen Meyer** (2009) argumenta que, dadas as dificuldades inerentes à explicação da origem da informação bioquímica, um projetista inteligente é simplesmente a "melhor explicação" para a origem da vida. Dado o estado atual da ciência, seu argumento é difícil de refutar, mas os críticos temem que ele esteja invocando um "**Deus das lacunas**" (Venema, 2011) e queixam-se de que ele não lidou adequadamente com a atual pesquisa sobre a origem da vida, ou argumentam que sua proposta é uma rolha científica com "nenhuma teoria do *design* e nenhuma hipótese vigorosa para promover o movimento [do DI]" (Venema, 2010, p. 282).

Criacionistas da Terra antiga, Fazale Rana e **Hugh Ross** (Rana e Ross, 2004) oferecem um modelo concordista para a origem da vida com previsões testáveis que podem ser usadas para julgar entre relatos "bíblicos" e puramente naturalistas. Em particular, eles argumentam que Gênesis 1:2 ensina que evidências complexas de projeto de vida surgiram no início da história da terra, persistiram por meio de condições hostis da terra primitiva e, posteriormente, se desenvolveram em formas multicelulares qualitativamente diferentes; os relatos naturalistas, eles afirmam, devem envolver o desenvolvimento gradual de formas de vida simples sob condições relativamente brandas. No entanto, as previsões do modelo "bíblico" de Ross e Rana não são necessariamente incompatíveis com a ciência da origem da vida; consequentemente, têm sido criticados como uma mistura de previsões naturalistas reembaladas e afirmações metafísicas não testadas (Hurd, 2007).

Outros pensadores cristãos aceitam mais os relatos naturalistas da origem da vida. **Pierre Teilhard de Chardin** (1959) propôs que a vida surgiu de uma teleologia inerente dentro da natureza. Embora sua **teologia natural** tenha sido bem-vinda por sua adoção da teleologia e conexão da teologia natural com a ética (Grumett, 2007), suas opiniões foram criticadas como cientificamente injustificadas e não favoráveis (Thom, 2008), e foram incorporadas em uma teologia de ortodoxia questionável (Ward, 1982).

Alister McGrath também aceita a suficiência de mecanismos fisioquímicos e da teleologia na natureza; no entanto, ele não tenta incorporar a teleologia na natureza mais do que vê a teleologia dentro dela. Além disso, a abordagem de McGrath à teologia natural rejeita explicitamente os argumentos de *design* de Paleyan em favor da demonstração de consonância entre a ciência e a fé preexistente. Assim, ele considera os relatos científicos da origem da vida consistentes com a concepção de **Agostinho** de "causalidades embutidas" na criação (McGrath, 2009, p. 107; 2011). No entanto, embora a abordagem de McGrath tenha sido bem-vinda como favorável à ciência e à teologia, há questões sobre se ela pode ou deve apoiar uma teologia natural claramente cristã (Palmer, 2012).

Stephen Contakes

REFERÊNCIAS E LEITURAS RECOMENDADAS

ALEXANDER, Denis, 2012. "A Critique of Intelligent Design", em *Darwinism and Natural Theology: Evolving Perspectives*, ed. Andrew Robinson, 101-25. Cambridge: Cambridge Scholars Press.

ATKINS, John F.; Gesteland, Raymond F.; Cech, Thomas, 2011. *RNA Worlds: From Life's Origins to Diversity in Gene Regulation*. Cold Spring Harbor, NY: Cold Spring Harbor Laboratory Press.

BARROW, John D.; Morris, Simon Conway; Freeland, Stephen J.; Harper, Charles L. Jr., eds. 2008. *Fitness of the Cosmos for Life: Biochemistry and Fine-Tuning*. Cambridge Astrobiology. Vol. 2. Cambridge: Cambridge University Press.

BARROW, John D.; Tipler, Frank J., 1986. *The Anthropic Cosmological Principle*. Oxford: Oxford University Press.

BEHE, Michael J., 1996. *Darwin's Black Box: The Biochemical Challenge to Evolution*. New York: Free Press.

_____. 2007. *The Edge of Evolution: The Search for the Limits of Darwinism*. New York: Free Press.

BLACKMOND, Donna G., 2010. "The Origin of Biological Homochirality." *Cold Spring Harbor Perspectives in Biology* 2, no. 5 (maio): 1-17. doi:10.1101/ cshperspect.a002147. www.ncbi.nlm.nih.gov/pmc/articles/PMC2857173/pdf/cshperspect-ORI-a002147.pdf.

BOUDRY, Maarten, 2010. "Irreducible Incoherence and Intelligent Design: A Look into the Conceptual Toolbox of a Pseudoscience." *Quarterly Review of Biology* 85 (4): 473-82.

BRADLEY, Walter L., 1988. "Thermodynamics and the Origin of Life." *Perspectives on Science and Christian Faith* 40 (2): 72-83.

_____. 2004. "Information, Entropy, and the Origin of Life", em *Debating Design: From Darwin to DNA*, ed. William A. Dembski and Michael Ruse, 331-51. Cambridge: Cambridge University Press.

CAIRNS-SMITH, A. G.; Hartman, H., 1986. *Clay Minerals and the Origin of Life*. Cambridge and New York: Cambridge University Press.

CARROLL, Sean B., 2007. "God as Genetic Engineer." *Science* 316 (5830): 1427-28.

CHENG, Leslie K. L.; Unrau, Peter J., 2010. "Closing the Circle: Replicating RNA with RNA." *Cold Spring Harbor Perspectives in Biology* 2 (10): 16.

CLEAVES, H. James; Chalmers, John H.; Lazcano, Antonio; Miller, Stanley L.; Bada, Jeffrey L., 2008. "A Reassessment of Prebiotic Organic Synthesis in Neutral Planetary Atmospheres." *Origin of Life and Evolution of Biospheres* 38:105-15.

CODY, George D.; Boctor, Nabil Z.; Filley, Timothy R.; Hazen, Robert M.; Scott, James H.; Sharma, Anurag; Yoder, Hatten S., 2000. "Primordial Carbonylated Iron-Sulfur Compounds and the Synthesis of Pyruvate." *Science* 289, no. 5483 (August 25): 1337-40.

DARWIN, Francis, 1887. *The Life and Letters of Charles Darwin, Including an Autobiographical Chapter.* 3 vols. London: John Murray.

DE DUVE, Christian, 2002. *Life Evolving: Molecules, Mind, and Meaning.* Oxford and New York: Oxford University Press.

DEMBSKI, William A, 2002. *No Free Lunch: Why Specified Complexity Cannot Be Purchased without Intelligence.* Lanham, MD: Rowman & Littlefield.

DEMBSKI, William A.; Ruse, Michael, 2004. *Debating Design: From Darwin to DNA.* New York: Cambridge University Press.

FARLEY, John, 1977. *The Spontaneous Generation Controversy from Descartes to Oparin.* Baltimore: Johns Hopkins University Press.

FRY, Iris, 2000. *The Emergence of Life on Earth: A Historical and Scientific Overview.* New Brunswick, NJ: Rutgers University Press.

GISH, Duane T., 1972. *Speculations and Experiments Related to Theories on the Origin of Life: A Critique.* ICR Technical Monograph No. 1. San Diego: Institute for Creation Research.

_____. 1978. "Thermodynamics and the Origin of Life (Parte 2)." *Acts & Facts* 7 (4). Institute for Creation Research. www.icr.org/article/thermodynamics-origin-life-part-ii/.

GRUMETT, David, 2007. "Teilhard De Chardin's Evolutionary Natural Theology." *Zygon* 42 (2): 519-34.

HAZEN, Robert M.; Sverjensky, Dimitri A., 2010. "Mineral Surfaces, Geochemical Complexities, and the Origins of Life." *Cold Spring Harbor Perspectives in Biology* 2 (5): 21.

HURD, Gary S., 2007. "Review: Origins of Life." *Reports of the National Center for Science Education* 27 (3-4): 45-47.

LAZCANO, A., 2010. "Historical Development of Origins Research." *Cold Spring Harbor Perspectives in Biology* 2, no. 11 (novmebro): a002089.

LINCOLN, Tracey A.; Joyce, Gerald F., 2009. "Self-Sustained Replication of an RNA Enzyme." *Science* 323 (5918): 1229-32.

LUISI, P. L., 2006. *The Emergence of Life: From Chemical Origins to Synthetic Biology.* Cambridge: Cambridge University Press.

MANN, Stephen, 2012. "Systems of Creation: The Emergence of Life from Nonliving Matter." *Accounts of Chemical Research* 45, no. 12 (18 de dezembro): 2131-41.

MCGRATH, Alister E., 2009. *A Fine-Tuned Universe: The Quest for God in Science and Theology.* 2009 Gifford Lectures. Louisville, KY: Westminster John Knox.

_____. 2011. *Surprised by Meaning: Science, Faith, and How We Make Sense of Things.* Louisville, KY: Westminster John Knox.

MEYER, Stephen C., 2009. *Signature in the Cell: DNA and the Evidence for Intel-ligent Design.* 1st ed. New York: HarperOne.

_____. 2011. "Of Molecules and (Straw) Men: A Reply to Dennis Venema's Review of *Signature in the Cell*." *Perspectives on Science and Christian Faith* 63, no. 3 (setembro): 171-82.

MILLER, Kenneth R., 1999. *Finding Darwin's God: A Scientist's Search for Common Ground between God and Evolution.* New York: Cliff Street.

_____. 2007. "Falling over the Edge." *Nature* 448, no. 28 (junho): 1055-56. Miller, Stanley L. 1953. "A Production of Amino Acids under Possible Primitive Earth Conditions." *Science* 117 (3046): 528-29.

_____. 1998. "The Endogenous Synthesis of Organic Compounds", em *The Molecular Origins of Life*, ed. A. Brack, chap. 3. Cambridge: Cambridge University Press.

MORRIS, Henry, 1978. "Thermodynamics and the Origin of Life (Parte 1)." *Acts & Facts* 7 (3). Institute for Creation Research. www.icr.org/article/thermodynamics-origin-life-part-i/.

MORRIS, John D., 1996. "How Did Life Originate?" *Acts & Facts* 25 (8). Institute for Creation Research. www.icr.org/article/how-did-life-originate/.

NORMANDIN, Sebastian; Wolfe, Charles T., 2013. *Vitalism and the Scientific Image in Post-Enlightenment Life Science, 1800-2010.* Dordrecht: Springer.

NOVIKOV, Yehor; Copley, Shelley D., 2013. "Reactivity Landscape of Pyruvate

748 VOLUNTARISMO DIVINO

under Simulated Hydrothermal Vent Conditions." *Proceedings of the National Academy of Sciences USA* 110, no. 33 (13 de agosto): 13283-88.

PALMER, Stephen J., 2012. "Review of Alister E. McGrath, *Surprised by Meaning: Science, Faith, and How We Make Sense of Things.*" *Themelios* 37 (1): 131-32.

PENNOCK, Robert T., 2001. *Intelligent Design Creationism and Its Critics: Philosophical, Theological, and Scientific Perspectives.* Cambridge, MA: MIT Press.

PIZZARELLO, Sandra; Shock, Everett, 2010. "The Organic Composition of Carbonaceous Meteorites: The Evolutionary Story Ahead of Biochemistry", em *The Origins of Life*, Cold Spring Harbor Perspectives, ed. David Deamer and Jack W. Szostak, 89-108. Cold Spring Harbor, NY: Cold Spring Harbor Laboratory Press.

POWNER, Matthew W.; Gerland, Béatrice; Sutherland, John D., 2009. "Synthesis of Activated Pyrimidine Ribonucleotides in Prebiotically Plausible Conditions." *Nature* 459 (7244): 239-42.

PULLEN, Stuart, 2005. *Intelligent Design or Evolution: Why the Origin of Life and the Evolution of Molecular Knowledge Imply Design.* Raleigh, NC: Intelligent Design.

RANA, Fazale; Ross, Hugh. 2004. *Origins of Life: Biblical and Evolutionary Models Face Off.* Colorado Springs: NavPress.

RAU, Gerald, 2012. *Mapping the Origins Debate: Six Models of the Beginning of Everything.* Downers Grove, IL: IVP Academic.

SCHMITT-KOPPLIN, Philippe; Gabelica, Zelimir; Gougeon, Régis D.; Fekete, Agnes; Kanawati; Basem, Mourad Harir; Gebefuegi, Istvan; Eckel, Gerhard; Hertkorn, Norbert, 2010. "High Molecular Diversity of Extraterrestrial Organic Matter in Murchison Meteorite Revealed 40 Years after Its Fall." *Proceedings of the National Academy of Sciences USA* 107, no. 7 (16 de fevereiro): 2763-68.

SECKBACH, J., ed. 2012. *Genesis— In the Beginning: Precursors of Life, Chemical Models and Early Biological Evolution.* Cellular Origin, Life in Extreme Habitats and Astrobiology. Dordrecht: Springer.

SHALLIT, Jeffrey, 2002. "Book Review: *No Free Lunch: Why Specified Complexity Cannot Be Purchased without Intelligence*, William Dembski, Rowman & Littlefield, 2002." *BioSystems* 66 (2): 93-99.

STANO, Pasquale; Luisi, Pier Luigi, 2013. "Semi-Synthetic Minimal Cells: Origin and Recent Developments." *Current Opinion in Biotechnology* 24 (4): 633-38.

TEILHARD DE CHARDIN, Pierre, 1959. *The Phenomenon of Man.* New York: Harper.

THAXTON, Charles B., Walter L. Bradley, and Roger L. Olsen. 1984. *The Mystery of Life's Origin: Reassessing Current Theories.* New York: Philosophical Library.

THOM, Rene, 2008. "Comments [on *The Basic Ideas of Biology* by C. H. Waddington]", em *The Origin of Life: Toward a Theoretical Biology*, ed. C. H. Waddington, 32-41. New Brunswick, NJ: Aldine Transaction.

VENEMA, Dennis, 2010. "Seeking a Signature." *Perspectives on Science and Christian Faith* 62 (4): 276-83.

_____. 2011. "Intelligent Design, Abiogenesis, and Learning from History: A Reply to Meyer." *Perspectives on Science and the Christian Faith* 63, no. 3 (setembro): 183-92.

WÄCHTERSHÄUSER, Günter, 1992. "Groundworks for an Evolutionary Biochemistry: The Iron-Sulphur World." *Progress in Biophysics and Molecular Biology* 58 (2): 85-201.

_____. 2013. "Origin of Life: RNA World versus Autocatalytic Anabolist", em *The Prokaryotes: Prokaryotic Biology and Symbiotic Associations*, ed. Eugene Rosenberg, Edward F. DeLong, Stephen Lory, Erko Stackebrandt, and Fabiano Thompson, 81-88. Dordrecht: Springer.

WARD, Terry A., 1982. "The Spirituality of Teilhard De Chardin: An Evangelical Critique." *Journal of the American Scientific Association* 34, no. 2 (junho): 103-5.

WILDER-SMITH, A. E., 1970. *The Creation of Life: A Cybernetic Approach to Evolu- tion.* Wheaton, IL: Harold Shaw.

ZUBAY, Geoffrey L., 2000. *Origins of Life on the Earth and in the Cosmos.* 2nd ed. San Diego: Academic Press.

VOLUNTARISMO DIVINO. Quando Deus criou o mundo, ele o fez livremente ou por necessidade? Podem ser dadas razões necessárias para a existência e a natureza de coisas criadas especificamente, ou Deus foi livre para criar qualquer coisa que desejasse do jeito que ele quisesse? Perguntas como essas têm sido, durante muito tempo, fundamentais para a doutrina da criação, especialmente nas discussões medievais e modernas sobre vontade e poder divinos (Oakley, 1984; Osler, 1994). A sua relevância para o desenvolvimento da ciência foi sublinhada pelo trabalho seminal do filósofo britânico Michael Beresford Foster na década de 1930.

Foster identificou duas atitudes contrastantes em relação à atividade criativa de Deus. A teologia racionalista "é a doutrina de que a atividade de Deus é uma atividade da razão", de modo que "não há [...] nada de misterioso ou inescrutável em sua natureza". Essa teologia implica "uma teoria racionalista do conhecimento da natureza". Como o mundo e nossas mentes foram criados pela razão divina, nossas mentes nos revelam os pensamentos de Deus, revelando "a natureza essencial do mundo criado". A teologia voluntarista, por outro lado, "atribui a Deus uma atividade de vontade não totalmente determinada pela razão", e, portanto, o mundo criado é contingente, não logicamente necessário. Uma vez que a razão sem ajuda não pode alcançar a verdade sobre uma realidade contingente, a evidência dos sentidos é essencial para a ciência natural (Foster, 1936, p. 1, 5n5, 10).

Os principais estudiosos ainda usam termos e concepções semelhantes, independentemente de aceitar ou não a opinião de Foster de que a teologia voluntarista leva inevitavelmente à ciência empírica moderna (Harrison, 2002; Henry, 2009). O historiador Reijer Hooykaas escreveu sobre o método do "**empirismo** racional" que "tem um olho aberto para a contingência da existência e o modo de ser das coisas" (Hooykaas, 1972, p. 29), enquanto o teólogo **Thomas Torrance** falou do próprio universo como uma "ordem contingente" (Torrance, 1981). As questões que Foster criou têm uma relevância contínua, como se viu na famosa declaração de **Albert Einstein**: "O que realmente me interessa é se Deus poderia ter feito o mundo de uma maneira diferente; isto é, se a necessidade da simplicidade lógica deixa qualquer liberdade" (Holton, 1978, p. xii).

Edward B. Davis

REFERÊNCIAS E LEITURAS RECOMENDADAS

FOSTER, Michael, 1934. "The Christian Doctrine of Creation and the Rise of Modern Natural Science." *Mind* 43:446-68.

_____. 1935. "Christian Theology and Modern Science of Nature (I)." *Mind* 44:439-66.

_____. 1936. "Christian Theology and Modern Science of Nature (II)." *Mind* 45:1-27.

HARRISON, Peter, 2002. "Voluntarism and Early Modern Science." *History of Science* 40:63-89.

HENRY, John, 2009. "Voluntarist Theology at the Origins of Modern Science: A Response to Peter Harrison." *History of Science* 47:79-113.

HOLTON, Gerald, 1978. *The Scientific Imagination.* Cambridge: Cambridge University Press.

HOOYKAAS, R., 1972. *Religion and the Rise of Modern Science.* Grand Rapids: Eerdmans.

OAKLEY, Francis, 1984. *Omnipotence, Covenant, and Order.* Ithaca, NY: Cornell University Press.

OSLER, Margaret J., 1994. *Divine Will and the Mechanical Philosophy: Gassendi and Descartes on Contingency and Necessity in the Created World.* Cambridge: Cambridge University Press.

TORRANCE, Thomas F., 1981. *Divine and Contingent Order.* Oxford: Oxford University Press.

WALLACE, ALFRED RUSSEL. Alfred Russel Wallace (1823-1913) nasceu em Usk, Monmouthshire, a poucos quilômetros ao norte do Canal de Bristol (Reino Unido). Quando Alfred tinha cinco anos de idade, sua família mudou-se para Hertford, ao norte de Londres. Aos 14 anos, Alfred foi aprendiz de seu irmão mais velho, William, para instruir-se na arte da topografia. Nos seis anos seguintes, foi autodidata durante seu tempo livre, lendo as obras de Humboldt e Lyell e *Voyage of the Beagle* [Viagem do Beagle], de Darwin, bem como tratados botânicos. Entre 1844 e 1845, ele foi contratado como professor em Leicester, ensinando desenho e cartografia. Entre 1845 e 1848, ele colaborou com seu irmão John para administrar uma empresa de engenharia civil independente, embora em dificuldades. Enquanto estava em Leicester, ele conheceu o jovem naturalista Henry Bates, que apresentou Wallace ao mundo da coleta de besouros. Wallace e Bates começaram a fazer planos para uma viagem de história natural à América do Sul, financiada pela venda de espécimes coletados para os clientes na Inglaterra.

A primavera de 1848 viu seus sonhos realizados. Com o compromisso de William Hooker, do Museu Kew, que tinha interesse em espécimes botânicos tropicais, Wallace e Bates partiram para o Brasil e a Amazônia. Entre 1848 e 1852, eles exploraram, procuram e reconheceram novas plantas e coletaram espécimes de história natural de muitos tipos para trazer de volta à Europa. Wallace realizou um mapeamento fundamental do rio Negro. No entanto, durante a viagem de volta à Grã-Bretanha, o navio pegou fogo e todos os espécimes de Wallace foram destruídos.

Wallace passou o ano e meio seguinte em Londres; durante esse intervalo, ele se familiarizou com **Charles Darwin**. Ele então partiu sozinho para o Arquipélago Malaio. Lá, durante os anos 1854-1862, coletou mais de 120 mil espécimes biológicos. Ele observou as diferenças dramáticas entre os biomas de Bornéu, Java e Bali, no Ocidente, em comparação com os biomas das Celebes, das Molucas e de Lombok, no leste; o limite foi rotulado mais tarde (por T. H. Huxley) como "Linha de Wallace".

Enquanto estava confinado, fora da estação das chuvas, em Sarawak, durante a primavera de 1855, ele escreveu uma importante contribuição na biologia teórica, "On the Law Which Has Regulated the Introduction of a New Species" [Sobre a lei que regulamentou a introdução de uma nova espécie]. Essa "lei" foi uma codificação de suas muitas observações (e as de Darwin) de que **espécies** semelhantes estavam localizadas próximas umas das outras no espaço. A implicação desse padrão espacial foi que as duas espécies semelhantes tinham compartilhado um ancestral comum. Wallace estava alcançando Darwin em sua apreciação pelo que hoje é reconhecido como hierarquia aninhada à organização da vida.

Em fevereiro de 1858, depois de ponderar que mecanismo poderia dar vida a essa organização espacial, ele chegou a uma solução muito semelhante ao conceito de **seleção natural** de Darwin. Wallace escreveu sua conclusão em um artigo intitulado "On the Tendency of Varieties to Depart Indefinitely from the Original Type" [Sobre a tendência de as variedades se afastarem indefinidamente do tipo original]. Ele enviou o documento a Charles Darwin para solicitar sua opinião. Darwin ficou surpreso ao descobrir que Wallace havia chegado à mesma conclusão que ele, à qual Darwin havia dedicado mais de 25 anos de observação e deliberação. Depois de consultar os amigos Charles Lyell e Joseph Hooker, Darwin decidiu que o artigo de Wallace seria lido simultaneamente com um ensaio anterior dele mesmo, mas não publicado, na reunião da Sociedade Linneana de Londres em julho de 1858. Wallace não tomaria conhecimento dessa decisão por vários meses.

Quando Wallace retornou à Inglaterra em 1862, foi amplamente elogiado como naturalista e explorador. No entanto, suas tentativas de encontrar uma posição como curador de museu ou professor universitário não obtiveram sucesso, e a maior parte de sua renda depois foi fornecida por contratos de livros e palestras públicas. Wallace é hoje creditado como um dos mais importantes fundadores da disciplina de biogeografia. Seu trabalho clássico, *The Geographical Distribution of Animals* [A distribuição geográfica dos animais] (1876), forneceu grandes listas de muitos táxons para delinear as principais regiões biogeográficas do mundo, ampliando o trabalho anterior do ornitólogo Philip Sclater, o qual se tornou um amigo. Waltoth escreveu em uma época antes de qualquer prova de que as massas de terra haviam mudado significativamente de posição; assim, seus mecanismos de distribuição de organismos eram os de dispersão e/ou migração passiva. Wallace ligou de forma convincente o **registro fóssil** dos organismos às suas atuais distribuições e prováveis corredores de dispersão. O registro histórico de dispersão ele explicitamente ligou aos princípios que ele havia aduzido enquanto estava no Arquipélago Malaio, e eles foram assim altamente considerados por seus correligionários evolucionistas contemporâneos, como Joseph Hooker, T. H. Huxley e Charles Darwin.

Enquanto os escritos de Wallace ao longo de sua vida refletem um firme compromisso com a noção de seleção natural, ele concluiu que as capacidades cognitivas humanas em muitos sentidos transcenderam o puramente biológico. Ele carregou essa linha de raciocínio para o que considerava ser sua conclusão lógica: deve existir uma **Mente** superior, que havia afetado o desenvolvimento neural humano. Essa conclusão foi demonstrada mais adiante, segundo ele achava, pelos fenômenos que observou em sessões espíritas. A partir de meados dos anos 1860, ele investigou o espiritualismo e se convenceu de que uma realidade psíquica subjaz a essas manifestações. Suas conclusões, expressas em vários artigos e resumidas em *Man's Place in the Universe* [O lugar do homem no universo] (1903), perturbaram seus relacionamentos cordiais com Darwin, Huxley e outros.

A partir do final da década de 1870, Wallace tornou-se cada vez mais envolvido em reformas sociais. Ele serviu como primeiro presidente da Land Nationalisation Society [Sociedade pela Nacionalização da Terra]. Seu livro *The Wonderful Century* [O século maravilhoso] (1898) elogiou os principais avanços científicos do século XIX, ao mesmo tempo que contrastava esses avanços com numerosas categorias de males sociais e morais.

Wallace se casou com Annie Mitten, 25 anos mais jovem que ele, em 1866. O casamento foi feliz e trouxe ao mundo três filhos: Herbert Spencer, William e Violet. Infelizmente, Herbert Spencer (Bertie), o filho mais velho, morreu com a idade de seis anos, em 1874. William e Violet viveram bem até a metade do século XX.

Ralph Stearley

REFERÊNCIAS E LEITURAS RECOMENDADAS

Browne, Janet, 2002. *Charles Darwin: The Power of Place.* New York: Knopf.

Camerini, Jane R., 1993. "Evolution, Biogeography and Maps: An Early History of Wallace's Line." *Isis* 84 (4): 700-727.

Fichman, Martin, 2001. "Science in Theistic Contexts: A Case Study of Alfred Russel Wallace on Human Evolution." *Osiris*, 2nd ser., 16:227-50.

_____. 2004. *An Elusive Victorian: The Evolution of Alfred Russel Wallace.* Chicago: University of Chicago Press.

McCalman, Iain, 2009. *Darwin's Armada: Four Voyages and the Battle for the Theory of Evolution.* New York: W. W. Norton.

Raby, Peter, 2001. *Alfred Russel Wallace: A Life.* Princeton, NJ: Princeton University Press.

Smith, Charles H., ed. 1991. *Alfred Russel Wallace: An Anthology of His Shorter Writings.* Oxford: Oxford University Press.

Wallace, A. R., 1853: *A Narrative of Travels on the Amazon and Rio Negro, with an Account of the Native Tribes, and Observations on the Climate, Geology, and Natural History of the Amazon Valley.* London: Reeve and Company.

_____. 1855. "On the Law Which Has Regulated the Introduction of New Species." *Annals and Magazine of Natural History* 16:184-96.

_____. 1858. "On the Tendency of Varieties to Depart Indefinitely from the Original Type." *Journal of the Proceedings of the Linnean Society, Zoology* 3 (20 August):53-62.

_____. 1864. "The Origin of Human Races from the Theory of Natural Selection." *Journal of the Anthropological Society of London* 2:clviii-clxx.

_____. 1869. *The Malay Archipelago: The Land of the Orang-utan and the Bird of Paradise: A Narrative of Travel with Studies of Man and Nature.* 2 vols. London: Macmillan.

_____. 1870. *Contributions to the Theory of Natural Selection.* London; New York: Macmillan.

_____. 1876. *The Geographical Distribution of Animals: With a Study of the Relations of Living and Extinct Faunas as Elucidating the Past Changes of Earth's Surface.* 2 vols. London; New York: Macmillan.

_____. 1880. *Island Life: Or, the Phenomenon and Causes of Insular Faunas and Floras, Including a Revision and Attempted Solution of the Problem of Geological Climates.* London; New York: Macmillan.

_____. 1889. *Darwinism: An Exposition of the Theory of Natural Selection with Some of Its Applications.* London; New York: Macmillan.

_____. 1891. *Natural Selection and Tropical Nature: Essays on Descriptive and Theoretical Biology.* London; New York: Macmillan.

_____. 1903. *Man's Place in the Universe: A Study of the Results of Scientific Research in Relation to the Unity or Plurality of Worlds.* London: Chapman and Hall.

_____. 1905. *My Life: A Record of Events and Opinions.* 2 vols. London: Chapman and Hall.

_____. 1910. *The World of Life: A Manifestation of Creative Power, Directive Mind, and Ultimate Purpose.* London: Chapman and Hall.

_____. 1913. *Social Environment and Moral Progress.* London: Cassell.

WALTON, JOHN H.

John H. Walton (1952-) é professor de Antigo Testamento na Wheaton Graduate School (desde 2001) e, antes disso, era professor de Antigo Testamento no Moody Bible Institute (1981-2001). Ele obteve o doutorado da Hebrew Union College — Jewish Institute of Religion em Cincinnati, Ohio (1981), onde escreveu sua dissertação de doutorado sobre a Torre de

Babel. Ele também atua no conselho consultivo da **Bio-Logos Foundation**.

Desde o início, a abordagem de Walton à interpretação do Antigo Testamento enfatizou a importância de entendê-lo dentro do contexto de seu "ambiente cognitivo" (Walton, 2011, p. 6-8). Assim, ele atribui alto valor ao estudo do texto do Antigo Testamento à luz da cultura e literatura do antigo Oriente Próximo. Essa abordagem é particularmente influente em seu estudo do **livro de Gênesis** e, especificamente, nos relatos da criação. Embora Walton reconheça "semelhanças ideológicas amplas" (2011, p. 194) entre textos de criação bíblicos e antigos do Oriente Próximo, ele também afirma sua singularidade, especialmente no monoteísmo de Israel e na diferente concepção de humanidade e sua relação com Deus.

Entre as mais importantes semelhanças estão a preocupação dos relatos da criação bíblica com a funcionalidade, em vez da criação material. Walton acredita que a semana da criação em Gênesis 1 não descreve a existência da matéria e os vários componentes animados e inanimados do cosmos, mas, sim, a sua transformação em um universo ordenado.

O estudo de Walton do relato da criação de Gênesis à luz da literatura do antigo Oriente Próximo também leva a sua forte ênfase na relação entre o templo e o cosmos. Ele está longe de ser a única pessoa a ver essa ênfase (Hurowitz, 1992; Levenson, 1988), mas escrevendo em um contexto evangélico protestante, ele enfatiza como mais uma vez essa analogia desafia leituras que tomam os relatos bíblicos como descrições diretas de como Deus fez a criação. Walton observa que não apenas o templo é preenchido com imagens que indicam que ele é um microcosmo do cosmos, mas os próprios relatos da criação enviam sinais de que o próprio cosmos é um templo, que é um lugar onde Deus descansa: "Antes do primeiro dia, o espírito de Deus estava ativo sobre o cosmos não funcional; Deus estava envolvido, mas ainda não havia se estabelecido em sua residência. O estabelecimento do templo cósmico funcional é efetuado por Deus tomando sua residência no sétimo dia" (Walton, 2009b, p. 85).

Walton entende **Adão e Eva** como figuras arquetípicas, no sentido de que representam cada pessoa. Por exemplo, quando o autor do segundo relato da criação diz que Adão foi criado do pó da terra (2:7), ele não está falando de origens materiais da humanidade, mas, sim, de funcionalidade. A criação do pó significa que a humanidade foi criada como mortal. Segundo Walton, os arquétipos podem ser históricos e, no caso de Adão e Eva, são, embora ele negue que sejam protótipos; em outras palavras, Adão e Eva podem não ser o primeiro casal humano.

A visão de Walton dos relatos bíblicos da criação e cosmos enfatiza a ideia de que eles não são sobre origens materiais, e assim ele não acredita que teorias científicas como a **teoria do *big bang*** da origem do cosmos, ou a teoria evolutiva para a origem da humanidade ameacem a verdade bíblica, embora ele mesmo não endosse explicitamente essas ideias.

Tremper Longman III

REFERÊNCIAS E LEITURAS RECOMENDADAS

Hurowitz, V., 1992. *I Have Built You an Exalted House: Temple Building in the Bible in the Light of Mesopotamian and Northwest Semitic Writings*. Journal for the Study of the Old Testament: Supplement Series 115. Sheffield: JSOT Press.

Levenson, J. 1988. *Creation and the Persistence of Evil*. Princeton, NJ: Princeton University Press.

Walton, J. H., 2001. *Genesis*. Grand Rapids: Zondervan.

_____. 2009a. "Genesis." In *Zondervan Illustrated Bible Backgrounds Commentary*. Ed. J. Walton, 1:2-159. Grand Rapids: Zondervan.

_____. 2009b. *The Lost World of Genesis One: Ancient Cosmology and the Origins Debate*. Downers Grove, IL: InterVarsity.

_____. 2011. *Genesis 1 as Ancient Cosmology*. Winona Lake, IN: Eisenbrauns.

_____. 2013. "A Historical Adam: Archetypal Creation View", em *Four Views on the Historical Adam*. Eds. Matthew Barrett e Ardel B. Caneday. Grand Rapids: Zondervan.

_____. 2015. *The Lost World of Adam and Eve*. Downers Grove, IL: InterVarsity.

WARD, KEITH.

Keith Ward (1938-) é um autor prolífico, preocupado com a teologia cristã, filosofia e estudos religiosos. Dentro dessas preocupações, ele escreveu muito sobre ciência e religião. Ele obteve seu doutorado em Oxford, onde foi professor de teologia de 1991 a 2003. Em 1972, foi ordenado sacerdote na Igreja Anglicana. Ele escreveu inúmeros livros para o público acadêmico e popular, além de dar palestras em todo o mundo. Em sua página da Web, ele se descreve como

> por natureza e convicção, um filósofo idealista, alguém que acredita na supremacia do Espírito ou **Mente**, e que pensa que o universo material é uma expressão ou criação de uma Mente Suprema. Eu vejo as religiões como formas muito ambíguas, mas provavelmente necessárias, de dar aos humanos alguma consciência dessa Mente Suprema. (2016)

Ward defende uma forma liberal do cristianismo protestante. Em *What the Bible Really Teaches* [O que a Bíblia realmente ensina] (2004), ele desafia teologias "fundamentalistas" sobre doutrinas da salvação, o sacrifício de Jesus, a ressurreição, a vinda de Cristo e a vida após a morte. Ward criticou convincentemente o pluralismo religioso normativo de John Hick em *Religion and Revelation: A Theology of Revelation in the World's Religions* [Religião e revelação: uma teologia da revelação nas religiões do mundo) (1994). Ele desafiou o raciocínio supostamente baseado na ciência dos novos ateus em *Why There Is Almost Certainly a God: Doubting Dawkins* [Por que quase certamente há um Deus: Duvidando de Dawkins] (2009). Escreveu várias obras contra o **materialismo**, como *More Than Matter* [Mais do que a matéria] (2010) e *In Defense of the Soul* [Pela defesa da alma] (2008); e ele não acha que o trabalho recente em **neurociência** refuta uma compreensão espiritual dos seres humanos.

Ward chama sua posição básica de mente e matéria de "idealismo de aspecto dual". No mundo das aparências materiais, existe uma realidade interior que conhecemos como mente. "O que a realidade subjacente a essas aparências pode ser em detalhes nós não sabemos", diz ele. "Mas como as mentes são o único tipo de realidade que sabemos pertencer ao mundo das coisas-em-si, é razoável pensar que a realidade não existe sem a mente e a **consciência**, a avaliação e a intenção, a compreensão e a ação. Mentes não são fantasmas ilusórios em máquinas reais. Pelo contrário, as máquinas são fenômenos espectrais, transitórios, que aparecem em um mundo inteligível de mentes" (citado em Vernon, 2016). Ele não é fisicalista em relação à pessoa humana. Ward argumenta que qualidades exclusivamente humanas não podem ser exaustivamente explicadas em categorias físicas.

Ward não contesta a macroevolução como uma explicação adequada para o desenvolvimento da **vida** na terra. Ele é um teísta evolucionista que se apega ao **naturalismo metodológico** e à ideia de que o *design* divino não pode ser inferido às descobertas da própria ciência, como afirma o movimento de ***design* inteligente**, cujos principais pensadores incluem **Michael Behe**, **William Dembski** e **Stephen Meyer**. Ward, no entanto, trabalha para reconciliar a providência de Deus com os entendimentos atuais dos processos naturais.

Douglas Groothuis

REFERÊNCIAS E LEITURAS RECOMENDADAS

BARTEL, T. W., ed. 2003. *Comparative Theology: Essays for Keith Ward*. London: SPCK.

VERNON, Mark, 2016. *"More Than Matter?* by Keith Ward." *Philosophy Now* 84 (fev.-mar). https://philosophynow.org/issues/84/More_Than_Matter_by_Keith_Ward.

WARD, Keit, 2011. *A Philosopher and the Gospels*. Oxford: Lion.

_____. 2012. *By Faith and Reason: The Essential Keith Ward*. Eds. Curtis Holtzen e Roberto Sirvent. London: Darton, Longman, Todd.

_____. website pessoal, acessado em 28/10/2016. www.keithward.org.uk.

WARFIELD, BENJAMIN BRECKINRIDGE. Benjamin Breckinridge Warfield (1851-1921) nasceu perto de Lexington, Kentucky, filho de pais cristãos cujas famílias tinham um rico legado de fé reformada piedosa. Educado primeiro em casa, em 1868, Warfield ingressou na College of New Jersey (mais tarde Princeton University), onde, aos 19 anos, se formou com as maiores honras, primeiro em sua turma, tendo recebido notas perfeitas em **matemática** e ciências. Ele então viajou para a Europa para prosseguir estudos científicos por um tempo, mas depois de um ano voltou sua atenção para o ministério cristão, e, em 1873, retornou a Princeton, dessa vez para o já bem conhecido bastião da fé reformada, o Princeton Theological Seminary, onde se sentou aos pés do já velho e altamente estimado **Charles Hodge**.

Warfield formou-se em Princeton em 1876 e, depois de outros estudos no exterior e alguns breves períodos ocupando o púlpito em Dayton, Ohio, e Baltimore, Maryland, em 1878, foi chamado para ensinar Novo Testamento no Western Theological Seminary em Allegheny (Pittsburgh), Pensilvânia.

Em apenas alguns breves anos, através de várias publicações significativas, ele atraiu a atenção de eruditos no âmbito internacional, e rapidamente se tornou reconhecido como um erudito singularmente capacitado. Seu artigo histórico de 1881, "Inspiration" [Inspiração], em coautoria com A. A. Hodge (1823-1886), e seu "Canonicity of Second Peter" [Canonicidade de Segunda Pedro], de 1882, foram especialmente notáveis, e em 1886 ele se tornou o primeiro americano a produzir um livro sobre a crítica textual do Novo Testamento grego. Muitos na época expressaram sua expectativa de que Warfield se tornaria um dos exegetas do Novo Testamento mais notáveis do seu tempo. Em 1881, ofereceram-lhe a cátedra de teologia no Theological Seminary of the Northwest, em Chicago, mas ele a recusou. Depois da morte prematura de A. A. Hodge, a diretoria do Princeton Theological Seminary contatou Warfield, solicitando que ele considerasse ir para

WEINBERG, STEVEN

lá como sucessor de Hodge, enfatizando na carta que ele era o único homem que eles estavam considerando para o cargo e que eles estavam ansiosos para que ele pelo menos considerasse isso em oração.

Quando, em 1887, Warfield começou sua carreira em Princeton como professor de teologia didática e polêmica (teologia sistemática), os parabéns foram muitos e entusiasmados, e pelas próximas décadas ele se estabeleceu como a "estrela mais brilhante" na já brilhante galáxia que era a já velha Princeton. Conhecido como um defensor da ortodoxia no auge do velho liberalismo, ele trabalhou com uma amplitude assustadora e profundidade de aprendizado para expor e defender a fé histórica da igreja.

O pai de Warfield (William Warfield) era um criador de gado, e devido em grande parte a essa exposição precoce e prolongada, Warfield, desde seus primeiros anos, tinha um profundo interesse em todas as coisas científicas, que continuaram ao longo de sua carreira. Referindo-se a si mesmo como um leigo em assuntos científicos, ele escreveu frequentemente, geralmente em resenhas de livros, sobre estudos relativos às novas teorias evolucionárias da época.

No final da vida, Warfield reconheceu que tinha acreditado na evolução quando entrou na faculdade, mas que a abandonou por volta de 1880. Sua era foi um momento triunfante para a evolução, e Warfield afirmou que, se a evolução pudesse ser provada, a Bíblia poderia adaptar-se a isto. Essa abertura levou muitos (p. ex., Noll e Livingstone, 2000) a assumir que Warfield, de fato, aceitara a evolução como verdade estabelecida, mas permaneceu cético. Suas críticas às teorias — não apenas em suas formas ateístas, darwinistas, mas em todas as suas várias propostas — às vezes eram sarcásticas, e os obstáculos exegéticos impediam-no de aceitá-las (Zaspel, 2010a; 2010b, cap. 9; 2012).

Warfield acreditava profundamente que, como tanto as Escrituras quanto o mundo criado são dados por Deus, toda a verdade (bíblica e científica) se corresponde — e deve se corresponder — perfeitamente. Deus fala infalivelmente e com uma voz em ambos os livros de sua autorrevelação: **revelação** natural e revelação especial. Certamente, os intérpretes das Escrituras podem errar, mas os intérpretes das ciências naturais também. Interpretações podem entrar em conflito, mas os fatos nunca, e Warfield estava totalmente convencido de que, no final, isso seria demonstrado. Mais do que um estudioso de amplo conhecimento, Warfield era um cristão devoto, dedicado a descobrir, expor e defender as verdades da revelação divina. Este, sem dúvida, é o seu legado principal.

Fred G. Zaspel

REFERÊNCIAS E LEITURAS RECOMENDADAS

NOLL, Mark A.; LIVINGSTONE, David N., 2000. *Evolution, Science, and Scripture: B. Warfield.* Grand Rapids: Baker.
WARFIELD, Benjamin Breckinridge, 2001. *Selected Shorter Writings.* 2 vols. Phillipsburg, NJ: P&R.
_____. 2003. *The Works of Benjamin B. Warfield.* 10 vols. Grand Rapids: Baker.
ZASPEL, Fred G. 2010a. "B. B. Warfield on Creation and Evolution." *Themelios* 35 (2):198-211.
_____. 2010b. *The Theology of B. B. Warfield: A Systematic Summary.* Wheaton, IL: Crossway.
_____. 2012. "Princeton and Evolution." *Confessional Presbyterian* 8:91-98.

WEINBERG, STEVEN. Steven Weinberg (1933-) é um físico teórico, ganhador do Prêmio Nobel, considerado por muitos como o principal profissional vivo da disciplina. Nasceu em Nova York, e estudou no Bronx High School of Science (bem como um de seus colegas laureado com o Nobel de 1979, Sheldon Glashow), na Universidade de Cornell e na Universidade de Princeton, onde recebeu seu doutorado sob Sam Treiman em 1957. Autor de vários livros didáticos respeitados e amplamente utilizados (1972, 1995, 1996, 2000, 2008), lecionou e pesquisou na Universidade de Columbia (1957-1959), na Universidade da Califórnia — Berkeley (1959-1969), no Instituto de Tecnologia de Massachusetts (1969-1973) e na Universidade de Harvard (1973-1983), e foi da cátedra Josey Regental em Ciências e membro dos departamentos de **física** e **astronomia** da Universidade do Texas, em Austin, desde 1983.

Eleito para a Academia Americana de Artes e Ciências (1968) e para a Academia Nacional de Ciências dos Estados Unidos (1972), recebeu inúmeros prêmios, incluindo o Prêmio Nobel de Física em 1979 pelo desenvolvimento da teoria eletrofraca e da Medalha Nacional de Ciência em 1991. Ele é o autor de vários livros populares sobre ciência (1977, 1983, 1992a, 2001, 2009, 2015) e também é amplamente conhecido por seu ateísmo, sendo nomeado Humanista do Ano pela Associação Humanista Americana em 2002.

Weinberg publicou um artigo intitulado "A Model of Leptons" [Um modelo de léptons] em 1967, que unificou matematicamente a força do eletromagnetismo com a força fraca que governava a deterioração radiativa. Seu modelo, posteriormente apelidado de "teoria eletrofraca", foi um avanço significativo na unificação das forças fundamentais da natureza (eletromagnetismo, força fraca, força nuclear forte e gravidade) que os físicos acreditam ter caracterizado o universo em sua primeiros momentos de existência (ver **Teoria do *big bang***).

Na física moderna, as forças naturais operam através da troca de "partículas mensageiras": fótons no caso do eletromagnetismo, e bósons W e Z no caso da força fraca. A dificuldade em tentar unificar essas forças é que tal unificação requer que tanto os fótons quanto os bósons W e Z pertençam à mesma família, mas o fóton tem massa de repouso zero enquanto os bósons de força fraca são mais massivos que o próton. Weinberg explicou essa diferença de massa em termos de quebra de simetria espontânea. Nas altas energias imediatamente após o *big bang*, fótons e bósons de força fraca eram indistinguíveis, mas à medida que as temperaturas esfriavam, a simetria entre eles era quebrada e as partículas adquiriram propriedades diferentes; mais especialmente, os bósons W e Z adquiriram massas diferentes.

Weinberg propôs que a quebra de simetria surgiu através da interação com o chamado bóson de Higgs (ver **Partícula de Deus**), uma partícula que Peter Higgs hipotetizou em 1964 para explicar a origem da massa, e cuja existência foi confirmada em 2012 no Grande Colisor de Hádrons em Genebra, Suíça.

Weinberg tem sido um proeminente defensor do domínio público para a pesquisa científica e o que ele vê como as virtudes de uma **cosmovisão** científica e oposta à religiosa. Sua animosidade para com a religião parece em grande parte motivado por questões de mal moral e natural (Weinberg, 1992b, 1999; ver **Mal, Problema do** e **Teodiceia**), e ele concebe o universo como amoral, implacável e totalmente indiferente à humanidade. Em seu livro popular *The First Three Minutes* [Os primeiros três minutos] (1977), Weinberg observou que "quanto mais o universo parece compreensível, mais parece sem sentido". Mas ao mesmo tempo, ele parece reconhecer que "beleza" é um componente necessário de teorias físicas viáveis (1992a, p. 132-65) e que o próprio universo evidencia parâmetros que são finamente ajustados para a existência da vida (1999).

Para o ajuste fino que ele é incapaz de desconsiderar (ver **Ajuste fino do universo e do sistema solar**), ele apela para a ideia de um **multiverso** (2011), embora em publicações mais técnicas ele abertamente admite que qualquer **cosmologia contemporânea** desse tipo — que opera na fração de segundo após o *big bang* e antes da aniquilação da matéria-antimatéria — é o tipo de coisa sobre a qual "podemos apenas especular" (2008, p. 201). À luz de tais considerações, Robert Koons (2011) argumentou convincentemente que o critério de **beleza** para teorias científicas, como evidenciado por simetrias e invariâncias, pode ser considerado apenas um guia para a verdade no contexto de uma **metafísica** transcendente incompatível com o **naturalismo** de Weinberg. Além disso, o ajuste fino das condições iniciais, leis e constantes de nosso universo não é facilmente descartado (Collins, 2013), e os próprios modelos de multiversos, aos quais Weinberg recorre, estão repletos de dificuldades e problemas de ajustes finos próprios. (Gordon, 2011).

Bruce L. Gordon

REFERÊNCIAS E LEITURAS RECOMENDADAS

Collins, Robin 2013. "The Fine-Tuning Evidence Is Convincing", em *Debating Christian Theism*. Eds. J. P. Moreland, C. Meister e K. A. Sweis, 35-46. New York: Oxford University Press.

Feynman, Richard; Weinberg, Steven, 1987. *Elementary Particles and the Laws of Physics*. The 1986 Dirac Memorial Lectures. Cambridge: Cambridge University Press.

Gordon, Bruce L., 2011. "Balloons on a String: A Critique of Multiverse Cosmology", em *The Nature of Nature: Examining the Role of Naturalism in Science*. Eds. B. L. Gordon e W. A. Dembski, 558-601. Wilmington, DE: ISI Books.

Koons, Robert C., 2011. "The Incompatibility of Naturalism and Scientific Realism", em *The Nature of Nature: Examining the Role of Naturalism in Science*. Eds. B. L. Gordon e W. A. Dembski, 215-27. Wilmington, DE: ISI Books.

Weinberg, Steven, 1967. "A Model of Leptons." *Physical Review Letters* 19, n. 21 (20 nov.):1264-66. http://physics.princeton.edu/~mcdonald/examples/EP/weinberg_prl_19_1264_67.pdf.

_____. 1972. *Gravitation and Cosmology: Principles and Applications of the General Theory of Relativity*. New York: Wiley.

_____. 1977. *The First Three Minutes: A Modern View of the Origin of the Universe*. New York: Basic Books.

_____. 1987. *Os três primeiros minutos: uma análise moderna da origem do universo*. Lisboa, Portugal: Gradiva.

_____. 1979. "Conceptual Foundations of the Unified Theory of the Weak and Electromagnetic Interactions." Nobel Lecture. 8 dez. www.nobelprize.org/nobel_prizes/physics/laureates/1979/weinberg-lecture.pdf.

_____. 1983. *The Discovery of Subatomic Particles*. Scientific American Library Edition. New York: W. H. Freeman.

_____. 1992a. *Dreams of a Final Theory: The Scientist's Search for the Ultimate Laws of Nature*. New York: Pantheon.

_____. 1992b. "What about God?", em Steven Weinberg, *Dreams of a Final Theory: The Scientist's Search for the Ultimate Laws of Nature*, 241-61. New York: Pantheon.

_____. 1995. *The Quantum Theory of Fields*. Vol. 1, *Foundations*. Cambridge: Cambridge University Press.

_____. 1996. *The Quantum Theory of Fields*. Vol. 2, *Modern Applications*. Cambridge: Cambridge University Press.

_____. 1999. "A Designer Universe?" *New York Review of Books*. October 21, 1999. Reimpresso com adições e modificações em Weinberg, 2001, 230-42.

WHEWELL, WILLIAM

_____. 2000. *The Quantum Theory of Fields*. Vol. 3, *Supersymmetry*. Cambridge: Cambridge University Press.

_____. 2001. *Facing Up: Science and Its Cultural Adversaries*. Cambridge, MA: Harvard University Press.

_____. 2008. *Cosmology*. New York: Oxford University Press.

_____. 2009. *Lake Views: This World and the Universe*. Cambridge, MA: Belknap.

_____. 2011. "Living in the Multiverse", em *The Nature of Nature: Examining the Role of Naturalism in Science*. Eds. B. L. Gordon e W. A. Dembski, 547-57. Wilmington, DE: ISI Books.

_____. 2012. *Lectures on Quantum Mechanics*. Cambridge: Cambridge University Press.

_____. 2015. *To Explain the World: The Discovery of Modern Science*. New York: Harper.

_____. 2015. *Para explicar o mundo: a descoberta da ciência moderna*. São Paulo: Companhia das Letras.

WHEWELL, WILLIAM. William Whewell (1794-1866) nasceu em Lancaster, na Inglaterra, filho de um mestre carpinteiro. Sua educação inicial incluiu dois anos na Heversham Grammar School em Westmorland, o que lhe permitiu acesso à Universidade de Cambridge por meio de uma bolsa de estudos reservada a estudantes da classe operária. Ingressou na Trinity College, em Cambridge, em 1812, e passou toda a sua carreira profissional subsequente na Trinity. Ele foi ordenado em 1826 para o ministério na Igreja Anglicana — uma exigência na época para todos os professores de Cambridge. Whewell foi nomeado Master of Trinity em 1841, servindo nessa capacidade até a sua morte.

A admissão de Whewell em Cambridge deveu-se em grande parte ao seu talento em **matemática**, que mais tarde lhe tornaria membro (1817) e uma posição como tutor de matemática na Trinity (1818). Ele estabeleceu uma reputação de exposição lúcida de princípios de engenharia baseados na matemática. Um sucesso inicial foi o volume *An Elementary Treatise on Mechanics* [Um tratado elementar sobre mecânica] (1819), que foi atualizado através de várias edições sucessivas. Ele então adicionou cristalografia à sua especialidade em matemática e **física**.

Durante o início da década de 1820, estudou **geologia** sob a tutela de Adam Sedgwick e depois do cristalógrafo Friedrich Mohs. Em 1828, solicitou e foi nomeado para a posição vaga de mineralogia em Cambridge, que ocupou até que renunciou em favor de seu aluno W. H. Miller em 1832. Durante essa década, ele forneceu sugestões para os fundamentos da organização do cristal, que se revelaria mais perceptivo após o reconhecimento posterior do papel da ligação molecular na formação de cristais.

Whewell é mais amplamente conhecido por sua análise de como a ciência funciona, com base em seu profundo conhecimento da história das ciências. Seu tratado preparatório, *The History of the Inductive Sciences* [A história das ciências indutivas] (1837) foi bem recebido em sua época. O objetivo de seu livro *The Philosophy of the Inductive Sciences* [A filosofia das ciências indutivas] (1840) foi mais controverso. Ele é frequentemente rotulado como kantiano (ver **Kant, Emanuel**) por discordar de empiristas puros como John Stuart Mill. Whewell acreditava que os humanos trazem um aparato cognitivo inato às suas observações da natureza, mas ele se considerava um empirista na linhagem de **Francis Bacon**.

Whewell estava confiante de que os mecanismos cognitivos inatos foram colocados nos seres humanos por seu Criador, para que os seres humanos pudessem progredir no empreendimento de investigar a natureza. As rotas naturais para inferências legítimas emergiriam à medida que os humanos examinassem mais profundamente os sistemas naturais e discernissem padrões reais (p. ex., os padrões de organização de cristais que ele havia identificado). Os próprios padrões, assim como os mecanismos, eram contingentes e dependentes da escolha do Criador.

A contingência dos padrões também pode ser vista como evidência da existência de um Criador benéfico. Particularidades de órbitas planetárias, composições de atmosferas e o papel do clima podem ser potencialmente multíplices. Na Terra, as condições foram selecionadas de modo a coincidir com as necessidades das criaturas vivas. Whewell favoreceu uma versão fraca do argumento do *design* em seu Tratado de Bridgewater, *Astronomy and General Physics Considered with Reference to Natural Theology* [Astronomia e física geral considerada com referência à teologia natural], visto que o Criador não precisa criar necessariamente um mundo como o nosso (ver **Argumento do *design***). De fato, a multiplicidade de mundos no cosmos não precisa ser preenchida. Whewell comparou a multiplicidade de mundos a sementes transmitidas por plantas, das quais a maioria não tinha permissão para germinar (*Of the Plurality of Worlds* [Da pluralidade dos mundos], cap. 11, seção 11). Whewell manteve um compromisso sério com a teoria ética desde seus anos de graduação e recebeu o prêmio de Cátedra Knightbridge de Filosofia Moral e Divindade Casuística quando foi desocupada em 1838. Seu texto *Elements of Morality Including Polity* [Elementos da moralidade incluindo política], assim como seus trabalhos em física matemática, passou por várias edições sucessivas modificadas.

WHEWELL, WILLIAM   757

A argumentação de Whewell para a fundação da ética, assim como sua filosofia da ciência natural, dependia do aparato mental inato. Por essa razão, sua argumentação foi criticada por Mill e pelos empiristas puros. Whewell renunciou a essa cátedra em 1855 em favor de seu pupilo John Grote.

Whewell, confiando em Georges Cuvier e Sedgwick, era cético em relação às ideias de um *continuum* orgânico da vida que poderia estar relacionado a uma longa progressão histórica: a evolução. Whewell respondeu negativamente ao trabalho evolutivo inicial de Robert Chambers, *Vestiges of the Natural History of Creation* [Vestígios da história natural da criação] (1844). Ele prontamente compôs uma resposta, principalmente por extração de seus trabalhos anteriores, publicada como *Indications of the Creator* [Indicações do Criador] (1845).

Como muitos outros contemporâneos, inclusive Sedgwick, Whewell sentiu a **lógica** e as evidências de *Vestiges* ser desleixado e materialista. No caso de Darwin, ele era mais gentil e mais circunspecto: os dois se conheciam há muitos anos e haviam se correspondido. Ainda no prefácio de sua sétima edição (1864a) de *Astronomy and General Physics Considered with Reference to Natural Theology* [Astronomia e física geral considerada com referência à teologia natural], ele gentilmente se opôs à proposta evolutiva de Darwin, especificamente com referência à escassez de estruturas potenciais e organismos de transição.

Whewell é distinguido como polímata. Além de seus complexos escritos sobre engenharia matemática, história e **filosofia da ciência**, cristalografia e filosofia moral, publicou estudos sobre as marés, a nomenclatura química e a arquitetura de catedral gótica. Ele também escreveu poesia. Ele cunhou as palavras *cientista*, físico, *catastrofista* e *uniformitarista*, e é relatado que ele sugeriu vários termos potenciais para fenômenos eletroquímicos para **Michael Faraday**, como o íon, que são de uso comum hoje em dia. Uma cratera na Lua tem o nome de Whewell, bem como um mineral, whewellita.

Whewell se casou duas vezes: primeiro em 1841 com Cordelia Marshall, que morreu em 1855; depois com Lady Affleck, que morreu em 1865. Nenhuma criança nasceu de qualquer dos casamentos.

Ralph Stearley

REFERÊNCIAS E LEITURAS RECOMENDADAS

Fisch, Menachem, 1991. *William Whewell, Philosopher of Science.* Oxford: Oxford University Press.

Fisch, Menachem; Schaffer, Simon, eds. 1991. *William Whewell: A Composite Portrait.* Oxford: Oxford University Press. Essa obra contém muitos capítulos úteis sobre aspectos da vida e trabalho de Whewell, incluindo um capítulo sobre a teologia natural de Whewell por John Hedley Brook, e sobre a filosofia das ciências históricas por M. J. S. Hodge.

Secord, James A., 2000. *Victorian Sensation: The Extraordinary Publication, Reception and Secret Authorship of* Vestiges of the Natural History of Creation. Chicago: University of Chicago Press.

Snyder, Laura J., 2012. "William Whewell," em *Stanford Encyclopedia of Philosophy.* Ed. Edward N. Zalta. inverno. http://plato.stanford.edu/archives/win2012/entries/whewell/.

A lista de publicações de Whewell se estende por mais de 150 itens, incluindo resenhas e traduções. Muitos dos livros didáticos e escritos filosóficos tiveram várias edições, tornando os esforços para se enumerar seus trabalhos uma tarefa complexa.

Whewell, William, 1819. *An Elementary Treatise on Mechanics.* Cambridge: Cambridge University Press.

_____. 1823. *A Treatise on Dynamics.* Cambridge: Cambridge University Press.

_____. 1826. "On the Classification of Crystalline Combinations, and the Canons by Which Their Laws of Derivation May Be Investigated." *Transactions of the Cambridge Philosophical Society* 2:87-130.

_____. 1828. *An Essay on Mineralogical Classification and Nomenclature, with Tables of the Orders and Species of Minerals.* Cambridge: Cambridge University Press.

_____. 1831. "Review of J. Herschel's Preliminary Discourse on the Study of Natural Philosophy (1830)." *Quarterly Review* 90:374-407.

_____. 1833. *Astronomy and General Physics Considered with Reference to Natural Theology.* A Bridgewater Treatise. London: Pickering.

_____. 1837. *The History of the Inductive Sciences from the Earliest to the Present Time.* 3 vols. London: John W. Parker.

_____. 1840. *The Philosophy of the Inductive Sciences Founded upon Their History.* 2 vols. London: John W. Parker.

_____. 1842. *Architectural Notes on German Churches: With Notes Written during an Architectural Tour in Picardy and Normandy, to Which Are Added, Notes on the Churches of the Rhine, by M. F. Lassaulx, Architectural Inspector to the King of Prussia.* 3. ed. London: Cambridge, J. and J. J. Deighton.

_____. 1845. *Indications of the Creator.* London: John W. Parker.

_____. 1845a. *The Elements of Morality, including Polity.* 2 vols. London: John W. Parker.

_____. 1845b. *Of a Liberal Education in General and with Particular Reference to the Leading Studies of the University of Cambridge.* London: John W. Parker.

_____. 1853. *Of the Plurality of Worlds: An Essay.* London: John W. Parker.

_____. 1857. *History of the Inductive Sciences, from the Earliest to the Present Time.* 3rd ed., in two volumes. London: John W. Parker.

_____. 1858a. *The History of Scientific Ideas.* 2 vols. London: John W. Parker.

_____. 1858b. *Novum Organon Renovatum.* London: John W. Parker.

_____. 1860. *On the Philosophy of Discovery.* London: John W. Parker.

_____. 1862. *Six Lectures on Political Economy.* Cambridge: Cambridge University Press.

_____. 1864a. *Astronomy and General Physics Considered with Reference to Natural Theology.* 7. ed. London: Pickering.

_____. 1864b. *The Elements of Morality, Including Polity.* 4. ed. Cambridge: Cambridge University Press.

Trabalhos de Whewell individuais e coletivos editados

Whewell, William, 1968. *William Whewell: Theory of Scientific Method.* Ed. com introdução de Robert E. Butts. Pittsburgh: University of Pittsburgh Press. Reimp., Indianapolis: Hackett, 1989.

_____. 2001a. *The Collected Works of William Whewell.* 16 vols. Ed. Richard Yeo. Bristol: Thoemmes Continuum.

_____. 2001b. *Of the Plurality of Worlds.* Edição com nova introdução de Michael Ruse. Chicago: University of Chicago Press.

WHITCOMB, JOHN C.

WHITCOMB, JOHN C. John C. Whitcomb Jr. (1924-) foi professor de teologia e Antigo Testamento no Grace Theological Seminary por quase quarenta anos e foi uma figura fundamental na ascensão do moderno movimento de **ciência da criação** nos EUA nos anos de 1960. Juntamente com Henry Morris, foi coautor de *The Genesis Flood* [O dilúvio de Gênesis] (1961), que se tornou o livro mais influente na história do criacionismo moderno.

Whitcomb nasceu em Washington, D.C., filho de um coronel do exército, e começou seus estudos de graduação na Universidade de Princeton em 1943. Estudando **geologia** histórica e **paleontologia,** a princípio, foi convocado para o exército e serviu no cenário europeu da Segunda Guerra Mundial de 1944 até 1946. Durante seu primeiro ano em Princeton, converteu-se ao cristianismo evangélico. Retornando à universidade após a guerra, formou-se com honras em bacharel em História Antiga e Europeia em 1948. Nesse mesmo ano, ele se matriculou no Grace Theological Seminary, em Winona Lake, Indiana, no seminário da Fellowship of Grace Brethren Churches. Ele recebeu seu bacharel em Teologia em 1951, e começou a ensinar como professor do Antigo Testamento enquanto continuava seus estudos de pós-graduação na Universidade de Princeton.

Em 1953, a **American Scientific Affiliation** [Associação Científica Americana] estava realizando sua reunião anual na universidade, e Whitcomb conheceu Henry Morris pela primeira vez. Nesse mesmo ano, ele ganhou seu mestrado em teologia no seminário e em 1957 completou seu doutorado em teologia. Estimulado e encorajado por seu encontro com Morris, Whitcomb escreveu sua dissertação sobre o **dilúvio de Gênesis**, apresentando uma base exegética, histórica e científica para uma inundação mundial universal. Ele continuou ensinando na escola por mais trinta anos, tornando-se um dos palestrantes mais populares e eloquentes no campus.

Whitcomb deixou o Grace Theological Seminary em 1990 e atualmente mantém seu próprio ministério, Whitcomb Ministries, Inc., como fundador e presidente. Ele também escreveu sobre outros assuntos, incluindo comentários bíblicos, **escatologia** dispensacionalista e Dario, o medo, no livro de Daniel.

Com a publicação de *The Genesis Flood* [O dilúvio de Gênesis], em 1961, Whitcomb e Morris são responsáveis pelo lançamento do movimento moderno de ciência da criação. Também conhecido como "criacionismo científico", esse movimento procura fornecer argumentos científicos para uma leitura literal das narrativas de Gênesis, incluindo uma Terra jovem, um dilúvio universal e a criação de humanos e **espécies** animais por ordem divina.

Enquanto Whitcomb forneceu a argumentação bíblica e interpretativa para um dilúvio universal, Morris desempenhou papel fundamental na prestação do apoio científico. Henry Morris foi um engenheiro hidráulico de sucesso, criado no Texas, que obteve o doutorado pela Universidade de Minnesota. Ele foi professor e presidente do departamento de engenharia civil da Virginia Tech. Morris prosseguiu revivendo uma teoria anterior chamada *geologia diluviana*, que havia sido defendida na década de 1920 por um geólogo adventista do sétimo dia e autodidata chamado **George McCready Price** (1870-1963). Essa teoria argumenta que os estratos fósseis e geológicos usados para apoiar uma terra muito antiga podem ser explicados pelos efeitos catastróficos da inundação mundial de Noé. O livro também defendia a ideia de um dossel de vapor criado no segundo dia da criação, do qual as "águas acima" inundaram a terra.

The Genesis Flood tornou-se um dos livros cristãos mais populares da época, vendendo mais de 200 mil exemplares em 25 anos e atualmente está em sua 49ª impressão. O livro levou à fundação da Creation Research Society [Sociedade de Pesquisa da Criação] em 1963 e do **Institute for Creation Research** [Instituto para Pesquisa da Criação] em 1972.

Milton Eng

REFERÊNCIAS E LEITURAS RECOMENDADAS

Eve, Raymond A.; Harrold, Francis B., 1990. *The Creationist Movement in Modern America: Social Movements Past and Present.* Boston: Twayne.

Morris, Henry; Whitcomb, John C., 2011. *The Genesis Flood, 50th Anniversary Edition.* Phillipsburg, NJ: P&R.

Numbers, Ronald L., (1992) 2006. *The Creationists: From Scientific Creationism to Intelligent Design.* Cambridge, MA: Harvard University Press.

WHITE, ANDREW DICKSON. O educador, político e escritor Andrew Dickson White (1832-1918) é conhecido principalmente por duas realizações. Ele foi cofundador da Universidade Cornell em 1865 e tornou-se seu primeiro presidente. Antes de seu estabelecimento, ele escandalizou muitos em Ithaca, Nova York, dizendo que Cornell seria "um lugar de acolhimento para a ciência — onde a verdade deve ser buscada pelo interesse da verdade —, o lugar em que o propósito principal não será o de

WHITEHEAD, ALFRED NORTH 759

violentar ou lapidar a ciência a fim de ajustá-la completamente à 'Religião Revelada'" (1862). Para esse fim, ele não impôs testes religiosos para professores ou estudantes.

Sua segunda realização foi a autoria do trabalho em dois volumes *A History of the Warfare of Science with Theology in Christendom* [Uma história da guerra da ciência com teologia na cristandade], que foi publicado em seis línguas, fora o inglês, durante a sua vida. Esses volumes geraram um modelo de conflito entre o cristianismo e a ciência que ainda anima discussões sobre esses tópicos. Ainda está em impressão no momento da escrita deste verbete. Os historiadores da ciência **David C. Lindberg** e **Ronald Numbers** escrevem: "Nenhum trabalho — nem mesmo o best-seller *History of the Conflict Between Religion and Science* [História do conflito entre a religião e a ciência] (1874) de **John William Draper** — fez mais do que o de White para incutir na mente do público um sentido de relação de antagonismo entre ciência e religião" (Lindberg e Numbers, 1987).

Esse trabalho declara que a história mostrou que "a interferência com a ciência, no suposto interesse da religião — por mais conscienciosa que tenha sido essa interferência — resultou nos males mais graves tanto para a religião quanto para a ciência, e invariavelmente [assim acontece]" (White, 1869). White parecia sugerir que a ciência e a religião têm suas próprias esferas ou domínios separados. Ele afirmou que a própria religião é quem sai perdendo quando tenta "interferir" na ciência. Mas, para White, o domínio da religião não era o das verdades racionalmente suportáveis, mas da fé pessoal. Assim, na opinião de White, a religião não era uma fonte de conhecimento sobre os aspectos mais significativos da vida. Sua esfera separada era uma espécie de epistemologia de gueto (ver **magistérios não interferentes**).

A explicação de White sobre o cenário histórico dessa guerra propôs que **Copérnico**, **Galileu**, **Darwin** e outros foram heróis que enfrentaram a ignorância das autoridades religiosas. Os estudos contemporâneos de Rodney Stark e outros refutam esse modelo de religião *versus* ciência como simplista e excessivamente binário. White ignorou as maneiras pelas quais a **cosmovisão** cristã encoraja a ciência. Estes incluem a crença em um Deus racional que criou um mundo no qual os seres humanos podem sondar e desenvolver a natureza para a glória de Deus e o bem comum. Além disso, hoje descobrimos que as melhores teorias da **física**, por exemplo, podem ser entendidas como reforçadoras da doutrina de que Deus criou o cosmos *ex nihilo* e o ajustou finamente para a vida.

Muitos céticos e ateus continuam a acreditar e a propagar a narrativa do conflito em sua busca de desacreditar racionalmente o cristianismo, que muitas vezes remete a White e à tese do conflito. A tese pode ser resumida da seguinte forma:

1. A ciência é o melhor — ou único — veículo para se chegar ao conhecimento sobre os assuntos mais importantes (ver **Cientificismo**).
2. Qualquer coisa que prejudique a ciência deve ser combatida como falsa e irracional.
3. O cristianismo prejudica a ciência.
4. Portanto, o cristianismo é falso e irracional.

Esse argumento falha por duas razões. Primeiro, a ciência, enquanto veículo da verdade, não pode fundamentar proposições morais ou metafísicas necessárias para o florescimento da ciência; assim, a proposição 1 é falsa. Em segundo lugar, o cristianismo não prejudica a ciência, então 3 é falso. Os cristãos podem concordar com 2 sem ameaçar o cristianismo ou o esforço científico.

Douglas Groothuis

REFERÊNCIAS E LEITURAS RECOMENDADAS

Lindberg, David C.; Numbers, Ronald L., 1987. "Beyond War and Peace." *Perspectives on Science and Christian Faith* 39 (3):140-49.

Stark, Rodney, 2004. *For the Glory of God: How Monotheism Led to Reformations, Science, Witch-Hunts, and the End of Slavery.* Princeton, NJ: Princeton University Press.

White, Andrew Dickson, 1862. "Letter from Andrew Dickson White to Gerrit Smith." 1 set. www.math.cornell.edu/m/GeneralHistory/historyP2.

_____. 1869. "The Battle-Fields of Science." *New York Daily Tribune.* 18 dez.

_____. (1896) 1993. *A History of the Warfare of Science with Theology in Christendom.* Amherst, NY: Prometheus.

WHITEHEAD, ALFRED NORTH. Nascido em Kent, Inglaterra, em 15 de fevereiro de 1861, Whitehead (1861-1947) iniciou a carreira como matemático, principalmente com seus três volumes magistrais, *Principia Mathematica* (1910-1913), coautor com **Bertrand Russell**. Após essa publicação, ele dedicou cada vez mais sua atenção à filosofia. Um de seus primeiros trabalhos filosóficos extensos foi *The Concept of Nature* [O conceito de natureza] (1920), uma compilação de Palestras Tarner, proferida na Trinity College em novembro de 1919. Em 1929, ele publicou sua obra-prima, *Process and Reality* [Processo e realidade], considerada por estudiosos de

Whitehead — como David Ray Griffin e Donald. W. Sherburne — como "uma das principais obras filosóficas do mundo moderno" (Griffin e Sherburne, 1979, p. v). Esse livro forma a base da teologia do processo.

Whitehead afirmou que a realidade não consiste em objetos, mas em eventos. Assim, a realidade é composta de encontros ou experiências episódicas. Um Deus "eternamente real" guia um universo de ocasiões sucessivas em direção à utilidade; essa é uma cosmologia na qual "todas as coisas fluem". Whitehead procurou conciliar os fundamentos empíricos do universo objetivo com as experiências subjetivas que lhe eram inerentes. Aqui o objetivo e o subjetivo não estão em tensão, mas irrevogavelmente conjugados: "Podemos não escolher. Para nós, o brilho avermelhado do pôr do sol deveria ser tão parte da natureza", escreveu ele, "quanto as moléculas e ondas elétricas pelas quais os homens da ciência explicariam o fenômeno" (Whitehead, 1920, p. 29).

Apesar de quão louvável o objetivo de Whitehead de conciliar ciência e religião possa ser, seu conceito de Deus contradiz a onisciência e a imutabilidade bíblica de Deus (Salmos 90:2; 102:24-27; Malaquias 3:6; 2Timóteo 2:13; Hebreus 13:8). O Deus de Whitehead é limitado (dependente) e contingente das ocasiões sucessivas pelas quais ele deve agir, questionando sua soberania essencial e até mesmo a graça preveniente ou irresistível, já que a identidade no modelo do processo é mais corporativa e comunal e organizada dentro de um contexto em constante mudança e em constante evolução. As implicações para uma cristologia enraizada em um relacionamento pessoal também parecem ser problemáticas. Em vez de apresentar o conceito de um Deus responsável e interagindo com sua criação, a teologia do processo é panenteísta (ver **Panteísmo**; **Panenteísmo**). Essas crenças colocam a teologia do processo em tensão com a ortodoxia cristã.

Whitehead morreu em Cambridge, Massachusetts, em 30 de dezembro de 1947. Mas a teologia do processo continua viva entre alguns cristãos liberais, mais notavelmente John B. Cobb Jr., um clérigo da Igreja Metodista Unida. Cobb tentou reformular uma cristologia mais compatível com o pensamento do processo, ligando Jesus Cristo à incorporação de um *Logos* transcendente e primordial, mas isso parece reduzir Cristo da qualidade de Deus manifesto e ressuscitado na carne para uma vaga presença panenteísta. A teologia do processo também foi desenvolvida nos anos seguintes à morte de Whitehead por **Charles Hartshorne** (1897-2000).

A sofisticada análise de Whitehead de problemas antigos como o mal, o pecado, a imperfeição, a relação da humanidade com o todo cósmico e as interseções entre ciência e religião receberam considerável atenção nos círculos acadêmicos, especialmente entre as elites clericais. No entanto, a coerência dessas formulações e conclusões permanece extremamente problemática a partir de uma perspectiva cristã ortodoxa.

Michael A. Flannery

REFERÊNCIAS E LEITURAS RECOMENDADAS

GRIFFIN, David Ray; SHERBURNE, Donald W., 1979. "Editors' Preface", em Alfred North Whitehead, *Process and Reality*. New York: Free Press.
WHITEHEAD, Alfred North, 1920. *The Concept of Nature*. Cambridge: Cambridge University Press.

WILSON, EDWARD OSBORNE. Edward Osborne Wilson (1929-) é professor emérito e curador honorário em entomologia da Universidade de Harvard. Wilson nasceu em Birmingham, Alabama, dos pais Edward e Inez Wilson. Sentiu-se atraído pela natureza e mostrou interesse em entomologia mesmo quando criança. Receberia seus diplomas de graduação e mestrado da Universidade do Albama e seu doutorado na Universidade de Harvard, onde foi contratado como professor em 1956. Como acadêmico, Wilson tem sido altamente independente e muitas vezes educadamente irreverente em toda sua distinta carreira. Suas contribuições para os campos da entomologia, **ecologia** e biologia evolutiva justificam considerá-lo entre os maiores acadêmicos das ciências naturais.

Devido à sua elegante fala e até mesmo ao tom, Wilson tem sido frequentemente referido como o "cavalheiro do sul". Entre suas muitas distinções, ele é membro da National Academy of Sciences e foi o destinatário da Medalha Nacional da Ciência, o Prêmio Internacional de Biologia, Prêmio Crafoord e dois Prêmios Pulitzer.

A primeira das contribuições significativas de Wilson foi a teoria dos "ciclos de táxons", que ligavam as **espécies** à dispersão e ampliavam a expansão e a contração à especiação. Isto foi seguido por um tratado de referência do qual foi coautor com Robert MacArthur, intitulado *The Theory of Island Biogeography* [A teoria da biogeografia da ilha] (1967), que forneceu muitas das teorias básicas e predições usadas na ecologia hoje. O trabalho de Wilson na área de comportamento de insetos sociais e **altruísmo** genético foi igualmente inovador. Ele argumentou que o comportamento eussocial surge como resultado da crescente genética compartilhada de irmãos em situações de haplodiploidia. Isso alimentou as explicações darwinianas das vantagens baseadas no condicionamento físico no comportamento altruísta.

No entanto, Wilson também rompeu com o **reducionismo** darwinista clássico ao argumentar que a **seleção natural** poderia funcionar em múltiplas escalas ou níveis simultaneamente (em oposição ao nível do **gene** ou organismo apenas). Talvez seus pronunciamentos mais perturbadores tenham surgido em uma área de pesquisa que ele chamou de "sociobiologia" (1975). Aqui Wilson argumentou que todas as características das construções sociais humanas (incluindo a religião) são produtos de processos evolutivos, e que o indivíduo e os comportamentos de grupo podem ser reduzidos a mecanismos darwinianos (baseados na aptidão).

Wilson se autointitula um humanista secular e dedica-se inteiramente à **cosmovisão** do naturalismo. Ele recebeu o Prêmio de Notável Humanista da Associação Humanista Americana e expressou genuíno desdém pela religião organizada (embora tenha sido criado na conservadora Convenção Batista do Sul). Wilson permanece aberto ao **deísmo** e, em seu livro *The Creation* [A criação], ele fez uma oferta de paz aos crentes, na tentativa de unificar todas as partes contra a perda comum da diversidade de espécies no planeta. Recentemente, Wilson fundou a Biodiversity Fundation [Fundação da Biodiversidade] e atualmente trabalha no projeto Encyclopedia of Life [Enciclopédia da vida]. Seus extensos esforços na área de conservação de espécies levaram-no a ser conhecido como "o avô da biodiversidade". Outras importantes contribuições incluem *On Human Nature* [Sobre a natureza humana] (1978, vencedor do Prêmio Pulitzer), *Promethean Fire: Reflections on the Origin of Mind* [O fogo de Prometeu: reflexões sobre a origem da mente] (1983), *The Ants* [As formigas] (1990), *The Diversity of Life* [A diversidade da vida] (1992) e *The Future of Life* [O futuro da vida] (2002).

Wayne Rossiter

REFERÊNCIAS E LEITURAS RECOMENDADAS

"E. O. Wilson (Biography): Father of Sociobiology." 2013. Academy of Achievement. 3 de jun. www.achievement.org/autodoc/page/wil2bio-1.

MacArthur, Robert H.; Wilson, Edward O., 1967. *The Theory of Island Biogeography.* Princeton, NJ: Princeton University Press.

Nowak, Martin A.; Tarnita, Corina E.; Wilson, Edward O., 2010. "The Evolution of Eusociality." *Nature* 466:1057-66.

Simberloff, Daniel S.; Wilson, Edward O., 1969. "Experimental Zoogeography of Islands: The Colonization of Empty Islands." *Ecology* 50:278-96.

Wilson, Edward O., 1971. *The Insect Societies.* Cambridge, MA: Harvard University Press.

_____. 1975. *Sociobiology: The New Synthesis.* Cambridge, MA: Harvard University Press.

WITTGENSTEIN, LUDWIG. O filósofo austríaco Ludwig Josef Johann Wittgenstein (1889-1951) foi sem dúvida o principal filósofo analítico do século XX. Durante o período de sua carreira, ele produziu duas filosofias marcadamente diferentes, mas igualmente influentes. Sua influência não se limitou à filosofia, mas estendeu-se a disciplinas como a teologia, a **física**, a **psicologia** cognitiva, a **sociologia**, a **filosofia da ciência**, a ética e a crítica literária.

A filosofia inicial de Wittgenstein foi representada por sua primeira publicação, *Tractatus Logico-Philosophicus* (Wittgenstein, 1922). Wittgenstein lidou com a **lógica**, a ciência, a matemática, o místico e as limitações da filosofia, mas sua principal preocupação era a natureza da linguagem e sua relação com o mundo. Em um primeiro momento, Wittgenstein acreditava que a linguagem espelha o mundo. Pode expressar as proposições da ciência natural, mas não pode expressar ideias sobre Deus, ética ou estética. Enquanto se pode pensar em Deus, ética ou estética, não se pode falar significativamente sobre eles. "De onde não podemos falar, devemos ficar em silêncio" (1922, 7.0).

Assim como a linguagem em geral espelha ou "retrata" o mundo, a ciência forma imagens da realidade. As teorias científicas, no entanto, não são determinadas empiricamente, mas são construídas dentro de estruturas que Wittgenstein chamou de "formas de representação". Essas formas são aceitas ou rejeitadas com base em considerações pragmáticas, como simplicidade e poder explicativo.

O *Tractatus* contém uma discussão sobre teoria científica, na qual Wittgenstein distinguiu entre três fenômenos: generalizações empíricas, que descrevem objetos; **leis da natureza**, que retratam a realidade, mas apenas indiretamente; e princípios de sistemas científicos específicos (1922, 6.3ss.). Princípios de sistemas específicos, como a mecânica de Newton, são inconsistentes quando se trata de descrever a realidade: alguns princípios, como a lei da **causalidade**, insistem em que um evento deve ser explicado por uma lei natural; outros princípios, como a lei

WITTGENSTEIN, LUDWIG

da indução, expressam uma proposição empírica (Glock, 1996, p. 342).

Os pontos de vista mais antigos de Wittgenstein, expressos no *Tractatus*, foram apropriados pelo chamado Círculo de Viena, um grupo de positivistas lógicos, incluindo Otto Neurath (sociologia), Moritz Schlick (física) e Kurt Gödel (**matemática**; ver **Teorema de Gödel**). Os membros do círculo reuniram-se para ler o *Tractatus* linha por linha e, às vezes, se encontraram com o próprio Wittgenstein. A partir dessas reuniões, surgiu o "**princípio de verificação**" dos positivistas, que afirmava que as sentenças não analíticas são insignificantes, a menos que possam ser testadas, e que os enunciados não têm sentido se não forem analítica nem empiricamente testáveis.

O período posterior da obra de Wittgenstein, expresso em *Philosophical Investigations* [Investigações filosóficas], inclui a modificação e/ou refutação de muitos aspectos de sua obra anterior e significa um distanciamento da corrente principal da filosofia ocidental (Wittgenstein, 1958).

(1) Contra a tradição ocidental, ele argumentou que o método filosófico não deveria consistir em explicações metafísicas ou construção de teoria. Em vez disso, deve ser descritivo e funcionar como uma espécie de terapia para a confusão filosófica.

(2) Contra sua própria teoria anterior de que a linguagem espelha o mundo, ele agora argumentava que a linguagem não pode espelhar o mundo porque é uma parte do mundo. O significado das palavras não é discernido ao observar como eles retratam objetos na realidade; em vez disso, é discernido observando o uso de uma palavra em seus contextos sociais, comportamentais e linguísticos. Somente prestando atenção ao contexto, as pessoas podem começar a entender a linguagem.

(3) Em oposição à sua teoria anterior, e contra a tradição da maioria na filosofia ocidental, ele rejeitou qualquer tentativa de separar o sujeito pensante de seu próprio corpo e do restante do mundo. Segundo Wittgenstein, o conhecimento não começa com a **consciência**. O conhecimento não "começa" com nada; em vez disso, surge de dentro da forma de vida de uma pessoa. Essa forma de vida compartilhada é o contexto dentro do qual ele sabe o que sabe. Assim, na **epistemologia**, assim como no método filosófico e na filosofia da linguagem, como

descrito acima, Wittgenstein estava afirmando a natureza incorporada do pensamento e da ação humanos.

Em relação à ciência, Wittgenstein argumentou que as teorias científicas não são descrições de objetos em si, mas são "formas de representação" que guiam a maneira como um cientista reage a objetos ou evidências empíricas. Quando os cientistas deixam de lado uma forma antiga de representação para uma nova, eles não o fazem porque os "fatos" os forçaram a fazê-lo, mas porque acham que a nova forma tem melhor poder explicativo. A esse respeito, as formas de representação de Wittgenstein são compatíveis com o convencionalismo (a visão de que teorias científicas de nível profundo não são impostas a nós por "fatos" naturais, mas são escolhidas por nós entre as várias maneiras pelas quais poderíamos razoavelmente explicar os fenômenos científicos), e são semelhantes aos "paradigmas" de **Thomas Kuhn** (ver **Paradigma**).

Além disso, a **antropologia** de Wittgenstein influenciou certos campos da ciência. Sua teoria da natureza incorporada do pensamento e da ação humana foi apropriada na filosofia da psicologia (Kerr, 2008; Wisdom, 1991), antropologia (Geertz, 1973), **neurociência** (Bennett e Hacker, 2003) e outros campos.

A influência de Wittgenstein nas disciplinas científicas, portanto, consiste em duas correntes diferentes, incluindo uma que flui de seu pensamento anterior e outra que flui de seu pensamento posterior. O primeiro Wittgenstein exerceu sua influência mais significativa sobre os cientistas e matemáticos do Círculo de Viena. O último Wittgenstein foi apropriado na filosofia da psicologia, antropologia, neurociência e outras disciplinas, e continua a exercer influência indireta através de teólogos wittgensteinianos, como Fergus Kerr, David Burrell, George Lindbeck, Hans Frei e James William McClendon Jr., e suas interfaces com a ciência.

Bruce Ashford

REFERÊNCIAS E LEITURAS RECOMENDADAS

BENNETT, M. R.; HACKER, P. M. S., 2003. *Philosophical Foundations of Neuroscience.* Oxford: Blackwell.

GEERTZ, Clifford, 1973. *The Interpretation of Cultures.* New York: Basic Books.

GLOCK, Hans-Johann, 1996. *A Wittgenstein Dictionary.* Oxford: Blackwell.

HACKER, P. M. S., 1972. *Insight and Illusion: Themes in the Philosophy of Wittgenstein.* Oxford: Clarendon.

KENNY, Anthony, 1973. *Wittgenstein.* Cambridge, MA: Harvard University Press.

KERR, Fergus. 1986. *Theology after Wittgenstein.* Oxford: Basil Blackwell.

_____. 2008. *"Work on Oneself": Wittgenstein's Philosophical Psychology.* Arlington, VA: Institute for the Psychological Sciences Press.

McClendon, James W.; Kallenberg, Brad, 1998. "Ludwig Wittgenstein: A Christian in Philosophy." *Scottish Journal of Theology* 51, n. 2:131-61.

Monk, Ray. (1958) 1997. *Philosophical Investigations* (texto paralelo em alemão e inglês). 2nd. ed. Trans. G. E. M. Anscombe. Oxford: Blackwell.

_____. 1990. *Wittgenstein: The Duty of Genius*. New York: Penguin.

_____. 1992. *Tractatus Logico-Philosophicus* (texto paralelo em alemão e inglês). London: Routledge and Kegan Paul. Reprodução com texto paralelo em alemão e inglês e tradução de C. K. Ogden e F. P. Ramsey. London: Routledge.

Wisdom, John. 1991. *Proof and Explanation: The Virginia Lectures*. Ed. Stephen F. Barker. Lanham, MD: University Press of America.

Wittgenstein, Ludwig, 1922, reimp. 1992. *Tractatus Logico-Philosophicus* [texto paralelo em alemão e inglês]. Tr. C. K. Ogden e F. P. Ramsey. London: Routledge.

_____. 2008. *Tractatus Logico-Philosophicus*. 3. ed. São Paulo: Edusp.

_____. 1958, repr. 1997. *Philosophical Investigations* [texto paralelo em alemão e inglês]. Trad. G. E. M. Anscombe. Oxford: Blackwell.

_____. 2014. *Investigações filosóficas*. 9. ed. Petrópolis, RJ: Vozes.

Y

YOUNG, DAVIS A. Davis A. "Dave" Young (5 de março de 1941-) passou a maior parte de seus primeiros anos na Filadélfia, onde seu pai, Edward J. Young, serviu como professor do Antigo Testamento no Seminário Teológico de Westminster (1936-1968). Aos doze anos, Young se interessou por minerais e pelo estudo da natureza em geral. Young obteve um bacharelado em ciências de Princeton em 1962, e um mestrado em ciências da Universidade Estadual da Pensilvânia em 1965.

Enquanto na Universidade da Pensilvânia, Dave também conheceu Dorothy "Dottie" Cairns; eles se casaram em 1965. Eles então se mudaram para Providence, Rhode Island, onde Dottie trabalhou como professora, enquanto Dave fez seu doutorado na Universidade Brown. Sua dissertação explorou a petrologia e a **geologia** estrutural do Reading Prong, Nova Jersey. Esse conjunto de rochas ígneas altamente metamorfoseadas o estimulou a pensar seriamente nas evidências da antiguidade da terra. Antes de obter o doutorado, Young começou o primeiro emprego como professor na Universidade de Nova York (1968-1973).

Durante meados da década de 1960, Young fez um exame minucioso do documento fundador do moderno movimento de geologia diluviana, *The Genesis Flood* [O dilúvio de Gênesis] (1961), de **Henry Morris** e **Whitcomb**. Young o achou inicialmente impressionante; mas o crescente conhecimento das rochas do Reading Prong, bem como a espessa sequência de rochas sedimentares paleozoicas metamorfoseadas expostas no centro de Connecticut, deram-lhe motivos para pensar. A última sequência foi derivada de uma cadeia de montanhas erodida (durante a Orogênese Acadiana Paleozoica Média); depois enterrada e metamorfoseada em xisto de granada; e depois, erguida e exposta pela erosão. Esses eventos não puderam ser compactados em um evento de um único ano, como acreditavam os defensores da geologia diluviana dos dias atuais. Young começou a trabalhar em um livro discutindo a antiguidade da terra. Este trabalho, *Creation and the Flood: An Alternative to Flood Geology and Theistic Evolution* [A criação e o dilúvio: alternativa à geologia das inundações e à evolução teística], seria publicado após sua mudança para a Carolina do Norte, onde Young entrou em sua próxima fase de ensino (1973-1978), na Universidade da Carolina do Norte — Wilmington.

Em 1978, Dave Young mudou-se novamente para a Calvin College, onde se juntou a Clarence Menninga no ensino de geologia, mais tarde atuando como chefe de departamento antes de sua aposentadoria em 2004.

Durante a década de 1980, Young começou a escrever ou colaborar em vários livros que abordavam coletivamente a história da geologia e as relações entre **ciência** histórica e fé cristã. Essas obras incluíram *Christianity and the Age of the Earth* [O cristianismo e a idade da terra] (1982), *Science Held Hostage* [A ciência feita refém] (1988) e *Portraits of Creation* [Retratos da criação] (1990). Esses livros atraíram uma geração crescente de cientistas evangélicos, mas não foram vistos com bons olhos pelos proponentes da geologia diluviana. Henry Morse, juntamente com o filho John, seria autor de um livro acusando Young e vários outros cientistas evangélicos de "ajudar o inimigo" (1989, p. 82).

Nos anos de 1990 e início dos anos 2000, Young completou estudos sobre a mineralogia do planalto norte de Nova Jersey e começou a se aprofundar mais na história da geologia. Esses esforços resultaram em vários artigos, bem como um volume sobre N. L. Bowen e a mais abrangente exposição individual da história da petrologia ígnea, *Mind over Magma* [Pensando em magma]. O conjunto da obra lhe renderia o Prêmio Mary Rabbitt da seção História da Geologia da Sociedade de Geologia da América.

Entre 1995 e 2010, Young continuou a escrever trabalhos que abordavam de forma mais abrangente a história do pensamento sobre o dilúvio de Noé (*The Biblical Flood* [O dilúvio bíblico], 1995), o fracasso da moderna geologia diluviana em explicar o registro rochoso (*The Bible, Rocks and Time* [A Bíblia, as rochas e o tempo], com Ralph Stearley, 2008), e uma pesquisa completa dos escritos de João Calvino sobre a natureza e as ciências naturais. Em 2012, seu livro *Good News for Science* [Boas-novas para a ciência], que explica e defende a fé cristã para o cientista não crente, foi publicado.

Ralph Stearley

REFERÊNCIAS E LEITURAS RECOMENDADAS

IDDINGS, Joseph Paxton, 2015. *Recollections of a Petrologist*. Ed. Davis Young. Boulder, CO, Geological Society of America Special Publication 512.

MORRIS, Henry M.; MORRIS, John D., 1989. *Science, Scripture and the Young Earth*. El Cajon, CA: Institute for Creation Research.

STEARLEY, R., 2014. Two formal interviews. Outono.

YOUNG, Davis A., 1971. "Precambrian Rocks of the Lake Hopatcong Area, New Jersey." *Geological Society of America Bulletin* 82:143-58.

_____. 1972. "A Quartz Syenite Intrusion in the New Jersey Highlands." *Journal of Petrology* 13:511-28.

_____. 1977. *Creation and the Flood: An Alternative to Flood Geology and Theistic Evolution*. Grand Rapids: Baker.

_____. 1982. *Christianity and the Age of the Earth*. Grand Rapids: Zondervan.

_____. 1987a. "Scripture in the Hands of Geologists (Parte um)." *Westminster Theological Journal* 49:1-34.

_____. 1987b. "Scripture in the Hands of Geologists (Parte dois)." *Westminster Theological Journal* 49:257-304.

_____. 1995a. "The Antiquity and the Unity of the Human Race Revisited." *Christian Scholar's Review* 24:380-96.

_____. 1995b. *The Biblical Flood: A Case Study of the Church's Response to Extrabiblical Evidence*. Grand Rapids: Eerdmans; Carlisle: Paternoster.

_____. 1998. *N. L. Bowen and Crystallization-Differentiation: The Evolution of a Theory*. Washington, DC: The Mineralogical Society.

_____. 2003. *Mind over Magma: The Story of Igneous Petrology*. Princeton, NJ: Princeton University Press.

_____. 2007. *John Calvin and the Natural World*. Lanham, MD: University Press of America.

_____. 2012. *Good News for Science: Why Scientific Minds Need God*. Oxford, MS: Malius.

_____. 2014. "How an Igneous Geologist Came to Terms with Evolution", em *Christians and Evolution*. Ed. R. J. Berry, 230-44. Oxford: Monarch.

YOUNG, Davis A.; Cuthbertson, John, 1994. "A New Ferrosilite and Fe-Pigeonite Occurrence in the Reading Prong, New Jersey, USA." *Lithos* 31:163-76.

YOUNG, Davis A.; STEARLEY, Ralph, 2008. *The Bible, Rocks and Time*. Downers Grove, IL: InterVarsity.

YOUNG, Davis A.; VAN TILL, Howard J.; MENNINGA, Clarence, 1988. *Science Held Hostage*. Downers Grove, IL: InterVarsity.

YOUNG, Davis A.; VAN TILL, Howard J.; SNOW, Robert E.; STEK, John H., 1990. *Portraits of Creation: Biblical and Scientific Perspectives on the World's Formation*. Grand Rapids: Eerdmans.

Z

ZONA HABITÁVEL. A habitabilidade de uma região do universo é uma medida de sua capacidade de hospedar vida simples ou complexa por um longo período de tempo. Ainda que uma região seja considerada habitável, isso não significa que ela possa abrigar vida. Portanto, a habitabilidade é um conjunto de condições necessárias, mas insuficientes para a vida. Os astrobiólogos indicam uma região habitável como uma zona habitável. Em meados do século XIX, **William Whewell** definiu o primeiro conceito de zona habitável, restrito na sua aplicação ao sistema solar. Agora é chamada de zona habitável circunstelar (ZHC), e, como o nome indica, é a zona em torno do sol dentro da qual a terra deve estar localizada para que seja habitável.

Algumas décadas atrás, o conceito de ZHC foi generalizado e ampliado em sua aplicação para incluir qualquer planeta terrestre em torno de uma estrela parecida com o sol que possa manter a água líquida em sua superfície. Hoje, enquanto isso ainda é a principal parte da definição do conceito de ZHC, tornou-se óbvio que fatores adicionais são relevantes para a habitabilidade de um planeta terrestre, e isso inclui dinâmicas planetárias, riscos de impacto, variabilidade estelar e os detalhes da formação planetária. Por exemplo, a proximidade de Marte ao cinturão de asteroides faz com que ele sofra impactos mais frequentes do que a terra.

Nos últimos anos, foram introduzidos dois tipos adicionais de zonas habitáveis. Um deles é a Zona Habitável Galáctica (ZHG), que se aplica à galáxia da Via Láctea, um sistema aplainado autogravitante que contém cerca de 200 bilhões de estrelas e que abrange 100 mil anos-luz. Os limites da ZHG são definidos por ameaças à vida e pelos "blocos de construção" planetários necessários para sistemas planetários habitáveis. As ameaças à escala galáctica para a vida incluem supernovas, rajadas de raios gama, explosões de radiação do núcleo galáctico e perturbações de cometas de nuvem de Oort, o que gera a chuvas de cometas. Todas essas ameaças aumentam em direção ao centro galáctico. Por outro lado, os elementos químicos que se destinam a fazer planetas diminuem em abundância à medida que se afasta do centro galáctico. Portanto, para ser habitável, um sistema planetário deve estar próximo o suficiente do centro galáctico para dispor de blocos de construção elementares suficientes, mas não tão próximo que sofra eventos fatais muito frequentes. O conceito ZHG também foi aplicado à vizinha grande galáxia espiral de Andrômeda.

O terceiro tipo de zona habitável, a Era Cósmica Habitável (ECH), aplica-se ao cosmos como um todo. No contexto da cosmologia do *big bang*, o espaço entre as galáxias no universo vem se expandindo desde a sua criação. Durante esse tempo, as galáxias mudaram de várias maneiras importantes que são relevantes para sua habitabilidade. À medida que o universo envelhecia, a taxa global de supernova eventualmente diminuiu a um nível que não era excessivamente ameaçador para a vida em uma galáxia típica, e as abundâncias dos elementos essenciais aumentaram para um nível que permite a formação de sistemas planetários habitáveis. Assim, o universo entrou em seu ECH. No futuro, a habitabilidade será limitada pela disponibilidade de estrelas parecidas com o sol e radioisótopos de longa duração.

Guillermo Gonzalez

REFERÊNCIAS E LEITURAS RECOMENDADAS

Gonzalez, Guillermo, 2005. "Habitable Zones in the Universe". *Origins of Life and Evolution of Biospheres*. 35:555-606.

_____. 2014. "Setting the Stage for Habitable Planets". *Life* 4:35-65.

Este livro foi impresso em 2018, pela Geográfica, para a Thomas Nelson Brasil.
A fonte usada no miolo é Adobe Garamond Pro, corpo 9,5.
O papel do miolo é Pólen Soft 70 g/m², e o da capa é couché 150 g/m².